食药侦部门管辖的36种
刑事案件法律适用指引

付立忠 编著

中国人民公安大学出版社
·北京·

图书在版编目（CIP）数据

食药侦部门管辖的36种刑事案件法律适用指引／付立忠编著．—北京：中国人民公安大学出版社，2023.5
ISBN 978-7-5653-4661-3

Ⅰ.①食… Ⅱ.①付… Ⅲ.①刑事犯罪—案件—法律适用—中国 Ⅳ.①D924.115

中国国家版本馆CIP数据核字（2023）第040501号

食药侦部门管辖的36种
刑事案件法律适用指引

付立忠 编著

出版发行：	中国人民公安大学出版社
地 址：	北京市西城区木樨地南里
邮政编码：	100038
经 销：	新华书店
印 刷：	北京市科星印刷有限责任公司
版 次：	2023年5月第1版
印 次：	2024年3月第2次
印 张：	68
开 本：	787毫米×1092毫米 1/16
字 数：	1888千字
书 号：	ISBN 978-7-5653-4661-3
定 价：	248.00元
网 址：	www.cppsup.com.cn www.porclub.com.cn
电子邮箱：	zbs@cppsup.com zbs@cppsu.edu.cn

营销中心电话：010-83903254
读者服务部电话（门市）：010-83903257
警官读者俱乐部电话（网购、邮购）：010-83903253
公安业务分社电话：010-83905672

本社图书出现印装质量问题，由本社负责退换
版权所有　侵权必究

编写说明

2019年2月27日,中办、国办印发《公安部职能配置、内设机构和人员编制规定》,决定组建公安部食品药品犯罪侦查局,承担食品药品、知识产权、生态环境、森林草原、生物安全案件侦查职能,撤销国家林业和草原局森林公安局,森林公安队伍成建制划转省级公安厅(局),迄今全国各级公安机关基本组建有专门的食品药品环境犯罪侦查部门。

1998年11月23日《公安部刑事案件管辖分工规定》、2008年2月19日《公安部刑事案件管辖分工补充规定》、2012年2月20日《公安部刑事案件管辖分工补充规定(二)》和2015年12月17日《公安部刑事案件管辖分工补充规定(三)》,以及公安部2020年9月初有关业务部门刑事案件管辖分工的新近调整规定、两高2021年3月1日实施的《关于执行〈中华人民共和国刑法〉确定罪名的补充规定(七)》和《公安部刑事案件管辖分工补充规定》(公通字〔2021〕7号),对公安机关食药侦部门管辖的刑事案件种类有了规定。为大力提升公安机关查处食品药品环境犯罪的能力和效果,编者结合现行刑法,对公安机关食品药品环境犯罪侦查部门管辖的36种刑事案件进行系统梳理后编写了本书。

本书具有三个特点:一是全面性和新颖性。本书以法律专业用语和通俗易懂的语言相结合的方式,对36种食品药品环境犯罪的罪刑条款,按照刑法条文和刑法修正案增改的顺序,根据最新的法律法规规定,采用刑法界主流学术观点逐一进行阐述。不仅确保"食药环刑事警察"能够正确理解具体罪名的含义和深入掌握构成罪名的四个要件,并在此基础上逐步提高区分罪与非罪、此罪与彼罪界限的能力,而且能够全方位体会和把握相关罪刑条款的基本内容、立法要义和公安刑事司法的重点和依据。书中所有信息截至2023年3月底,并滤除已经失效或废止的规范性文件。二是针对性和可操作性。近些年来,为了解决直接关系民生痛点领域的问题,国家立法机关通过了众多涉及食品药品环境法律法规修改决定和十一个刑法修正案,使得相关法律体系不断健全与完善、刑事法网越来越严密,刑事司法解释的步伐不断地加快,刑事司法解释的范围和深度也持续扩展,本书结合最新的立案标准、刑事警察具体的执法实践和理论研究的新成果,针对刑事警察可能遇到的关键问题、疑惑问题、边界问题通过典型案例分析作出精准的阐明,同时,对核心知识和司法重点给予必要的解答,因而具有很强的实用价值和指导意义,必将有益于"食药环刑事警察"业务能力的全面提升。三是工具性和简明性。食品药品农资和环境犯罪点多、面广、量大,新情况新问题不断出现,涉网案件高发频发,跨国跨境跨区域犯罪突出,网上网下违法犯罪交织勾连,社会危害严重。本书以每罪一个表格的形式,清晰地展示了公安机关食品药品环境犯罪侦查部门管辖的36种犯罪,每个表格内再细分为罪名与法条序号、概念、犯罪构成、认定标准、相关执法参考五个板块,系统而详尽地阐述了具体犯罪所涉及的知识体系和应有内涵，便于快速浏览查阅和精准定位查找，应能成为"食药环刑事警察"实践办案的必备利器。

在本书的编写过程中，方敏、付东方、付丽英参与了大量资料汇集整理等工作，在此表示衷心的感谢。同时，本书在编写过程中，参考借鉴了大量网络文献和相关论著，因篇幅有限不能逐一列出，在此真诚致谢！由于本书编写时间仓促，加之水平有限，不当之处在所难免，敬请读者批评指正。

编者

2023 年 3 月 31 日

目 录

☞ **第一章 生产、销售伪劣食品药品的犯罪** ………………………………… (1)

　　一、生产、销售伪劣产品罪（第 140 条） ………………………………… (1)

　　二、生产、销售、提供假药罪（第 141 条） ……………………………… (26)

　　三、生产、销售、提供劣药罪（第 142 条） ……………………………… (54)

　　四、妨害药品管理罪（第 142 条之一） ………………………………… (90)

　　五、生产、销售不符合安全标准的食品罪（第 143 条） ……………… (130)

　　六、生产、销售有毒、有害食品罪（第 144 条） ……………………… (167)

　　七、生产、销售不符合标准的医用器材罪（第 145 条） ……………… (185)

　　八、生产、销售不符合安全标准的产品罪（第 146 条） ……………… (217)

　　九、生产、销售伪劣农药、兽药、化肥、种子罪（第 147 条） ……… (254)

　　十、生产、销售不符合卫生标准的化妆品罪（第 148 条） …………… (281)

☞ **第二章 侵犯知识产权的犯罪** ………………………………………… (301)

　　十一、假冒注册商标罪（第 213 条） …………………………………… (301)

　　十二、销售假冒注册商标的商品罪（第 214 条） ……………………… (364)

　　十三、非法制造、销售非法制造的注册商标标识罪（第 215 条） …… (375)

　　十四、假冒专利罪（第 216 条） ………………………………………… (388)

　　十五、侵犯著作权罪（第 217 条） ……………………………………… (450)

　　十六、销售侵权复制品罪（第 218 条） ………………………………… (548)

　　十七、侵犯商业秘密罪（第 219 条） …………………………………… (559)

　　十八、为境外窃取、刺探、收买、非法提供商业秘密罪（第 219 条之一）
　　　　………………………………………………………………………… (583)

☞ **第三章 危害公共卫生的犯罪** ………………………………………… (590)

　　十九、传染病菌种、毒种扩散罪（第 331 条） ………………………… (590)

　　二十、妨害动植物防疫、检疫罪（第 337 条） ………………………… (632)

☞ **第四章 破坏环境资源保护的犯罪** …………………………………… (660)

　　二十一、污染环境罪（第 338 条） ……………………………………… (660)

　　二十二、非法处置进口的固体废物罪（第 339 条第 1 款） …………… (710)

　　二十三、擅自进口固体废物罪（第 339 条第 2 款） …………………… (732)

　　二十四、非法捕捞水产品罪（第 340 条） ……………………………… (744)

· 1 ·

二十五、危害珍贵、濒危野生动物罪（第341条第1款） ……………………（771）
二十六、非法狩猎罪（第341条第2款） ……………………（803）
二十七、非法猎捕、收购、运输、出售陆生野生动物罪（第341条第3款）
…………………………………………………………………………（812）
二十八、非法占用农用地罪（第342条） ……………………（822）
二十九、破坏自然保护地罪（第342条之一） ……………………（846）
三十、非法采矿罪（第343条第1款） ……………………（867）
三十一、破坏性采矿罪（第343条第2款） ……………………（890）
三十二、危害国家重点保护植物罪（第344条） ……………………（899）
三十三、非法引进、释放、丢弃外来入侵物种罪（第344条之一） ……（915）
三十四、盗伐林木罪（第345条第1款） ……………………（940）
三十五、滥伐林木罪（第345条第2款） ……………………（951）
三十六、非法收购、运输盗伐、滥伐的林木罪（第345条第3款）
…………………………………………………………………………（966）

☞ 附录 ……………………………………………………………………（972）

附录一　食品中可能违法添加的非食用物质和易滥用的食品添加剂
　　　　名单（第一批至第五批汇总） …………………………………（972）
附录二　食品中可能违法添加的非食用物质和易滥用的食品添加剂
　　　　名单（第六批） ……………………………………………………（977）
附录三　人间传染的病原微生物名录 ……………………………………（978）
附录四　国家重点保护野生动物名录 …………………………………（1012）
附录五　濒危野生动植物种国际贸易公约附录水生物种核准为国家重点
　　　　保护野生动物名录 …………………………………………………（1052）
附录六　国家重点保护野生药材物种名录 ……………………………（1066）
附录七　国家重点保护野生植物名录（第一批） ……………………（1069）

☞ 参考文献 ………………………………………………………………（1081）

第一章 生产、销售伪劣食品药品的犯罪

一、生产、销售伪劣产品罪

罪名	生产、销售伪劣产品罪（《刑法》第 140 条）
概念	生产、销售伪劣产品罪，是指生产者、销售者违反国家的产品质量管理法律、法规，在产品中掺杂、掺假，以假充真，以次充好或者以不合格产品冒充合格产品，销售金额 5 万元以上的行为。
犯罪构成 — 客体	本罪侵犯的客体是双重客体，即国家对普通产品质量的管理制度和消费者的合法权益。国家对产品质量的管理制度包括对普通产品质量的管理制度，是指国家通过《中华人民共和国产品质量法》《工业产品质量责任条例》《中华人民共和国农产品质量安全法》《中华人民共和国消费者权益保护法》《中华人民共和国标准化法》《中华人民共和国计量法》等一系列法律、行政法规规定的产品生产的标准，产品出厂或销售过程中的质量监督检查内容，生产者、销售者、经营者的产品质量责任和义务、损害赔偿、法律责任所形成的比较完整的质量监督管理和质量保障制度。普通产品是指除刑法另有规定的药品、食品、医用器材、涉及人身和财产安全的电器等产品，农药、兽药、化肥、种子、化妆品等产品以外的产品。生产、销售伪劣产品罪不仅侵犯了国家对产品质量的上述管理制度，也侵犯了广大消费者的合法权益。 本罪侵害的对象主要是普通的伪劣产品，即除伪劣药品、食品、医用器材、涉及人身和财产安全的电器等伪劣产品，伪劣农药、兽药、化肥、种子、化妆品等伪劣产品以外的其他普通伪劣产品。根据《产品质量法》的规定，产品是指经过加工、制作，用于销售的产品。因而，作为生产、销售伪劣产品罪犯罪对象的产品而言，可以用于流通的工业、农业、日常生活、生产资料等动产，以及限制流通物、军转民产品、可流通的高科技产品。同时，该法规定：建设工程不适用本法规定，但是，建设工程使用的建筑材料、建筑构配件和设备，属于前款规定的产品范围的，适用本法规定。因此，本罪侵害的对象不包括建设工程等不动产。根据《产品质量法》的规定，伪劣产品包括如下 10 种：（1）在产品中掺杂、掺假，以假充真，以次充好，以不合格产品冒充合格产品，致使产品不符合产品质量标准，如国家标准、行业标准、企业标准的；（2）不具备产品应当具备的使用性能的，但是对产品存在使用性能的瑕疵作出说明的除外；（3）不符合在产品或者其包装上注明采用的产品标准以及产品说明、实物样品等方式表明的质量状况的；（4）伪造产品产地的，伪造或者冒用他人的厂名、厂址的；（5）伪造或者冒用认证标志、名优标志等质量标志的；（6）属于国家明令淘汰的产品的；（7）伪造检验数据或者检验结论的；（8）无检验合格证或者无有关单位允许销售证明的；（9）产品或者其包装不符合要求的；（10）失效、变质的。上述 10 种伪劣产品是产品质检监督部门负责监控的范围，构成本罪的仅包括如下四种：（1）不符合保障人体健康、人身财产安全的国家标准、行业标准、企业标准等的产品；（2）掺杂、掺假，以假充真、以次充好的产品；（3）不合格的和国家明令淘汰的产品；（4）失效、变质的产品等。行为人生产、销售上述四种伪劣产品以外的伪劣产品的，不能构成本罪。

| | | 但应当明确的是，在特定条件下，伪劣药品、食品、医用器材、涉及人身和财产安全的电器等伪劣产品，伪劣农药、兽药、化肥、种子、化妆品等伪劣产品也可成为本罪的对象，因为，根据刑法第149条的规定，生产、销售假药、劣药、不符合卫生标准的食品，掺入有毒、有害的非食品原料的食品，不合标准的医疗器械、医用卫生材料，不合标准的电器、压力容器，易燃易爆产品，假农药、假兽药、假化肥、假种子，不符合卫生标准的化妆品，不构成上述各罪的，但销售金额在5万元以上的，应认定为本罪并予以处罚。

本罪在客观方面表现为生产者、销售者违反国家的产品质量管理法律、法规，在产品中掺杂、掺假，以假充真，以次充好或者以不合格产品冒充合格产品，销售金额5万元以上的行为。包括三点：

1. 行为人实施的行为必须是违反国家的产品质量管理法律、法规的行为。这里的产品质量管理法律、法规，主要包括《中华人民共和国产品质量法》《中华人民共和国标准化法》《中华人民共和国计量法》《中华人民共和国农产品质量安全法》《中华人民共和国消费者权益保护法》《工业产品质量责任条例》等法律、法规，还包括省、自治区、直辖市制定的关于产品质量的地方性法规、规章，以及有关行业标准规则等。例如，《中华人民共和国产品质量法》第26条规定，生产者应当对其生产的产品质量负责。产品质量应当符合下列要求：（一）不存在危及人身、财产安全的不合理的危险，有保障人体健康和人身、财产安全的国家标准、行业标准的，应当符合该标准；（二）具备产品应当具备的使用性能，但是，对产品存在使用性能的瑕疵作出说明的除外；（三）符合在产品或者其包装上注明采用的产品标准，符合以产品说明、实物样品等方式表明的质量状况。第29条规定，生产者不得生产国家明令淘汰的产品。第32条规定，生产者生产产品，不得掺杂、掺假，不得以假充真、以次充好，不得以不合格产品冒充合格产品。第39条规定，销售者销售产品，不得掺杂、掺假，不得以假充真、以次充好，不得以不合格产品冒充合格产品。第50条规定，在产品中掺杂、掺假，以假充真，以次充好，或者以不合格产品冒充合格产品的，责令停止生产、销售，没收违法生产、销售的产品，并处违法生产、销售产品货值金额50%以上3倍以下的罚款；有违法所得的，并处没收违法所得；情节严重的，吊销营业执照；构成犯罪的，依法追究刑事责任。第52条规定，销售失效、变质的产品的，责令停止销售，没收违法销售的产品，并处违法销售产品货值金额2倍以下的罚款；有违法所得的，并处没收违法所得；情节严重的，吊销营业执照；构成犯罪的，依法追究刑事责任。《中华人民共和国消费者权益保护法》第57条规定，经营者违反本法规定提供商品或者服务，侵害消费者合法权益，构成犯罪的，依法追究刑事责任。《中华人民共和国标准化法》第37条规定，生产、销售、进口产品或者提供服务不符合强制性标准的，依照《中华人民共和国产品质量法》《中华人民共和国进出口商品检验法》《中华人民共和国消费者权益保护法》等法律、行政法规的规定查处，记入信用记录，并依照有关法律、行政法规的规定予以公示；构成犯罪的，依法追究刑事责任。《中华人民共和国计量法》第27条规定，制造、销售、使用以欺骗消费者为目的的计量器具的，没收计量器具和违法所得，处以罚款；情节严重的，并对个人或者单位直接责任人员依照刑法有关规定追究刑事责任。

2. 实施了非法生产、销售伪劣产品的行为。其中的销售既包括市场销售，也包括网络销售。非法生产、销售伪劣产品行为具体包括以下四种：一是掺杂、掺假行为，是指在产品中掺入杂质或者异物，致使产品质量不符合国家法律、法规或者产品明示质量标准规定的质量要求，降低、失去应有使用性能的行为。例如，在米中掺沙子属于掺杂，在花生油中掺入大豆油属于掺假。二是以假充真行为，是指以不具有某种使用性能的产品冒充具有该种使用性能的产品的行为。例如，将人造皮革服装冒充牛皮服装。三是以次充好行为，是指以低等级、低档次产品冒充高等级、高档次产品，或者以残次、废旧零配件组合、拼装后冒充正品或者新产品的行为。四是以不合格产品冒充合格产品的行为，是指以 |
|---|---|---|
| 犯罪构成 | 客观方面 | |

犯罪构成	客观方面	不符合《中华人民共和国产品质量法》第26条第2款规定的质量标准（包括国家标准、行业标准、地方标准在内）要求的产品假冒符合产品质量标准的产品的行为。其中的所谓标准，根据《中华人民共和国标准化法》第2条的规定，本法所称标准（含标准样品），是指农业、工业、服务业以及社会事业等领域需要统一的技术要求。标准包括国家标准、行业标准、地方标准和团体标准、企业标准。国家标准分为强制性标准、推荐性标准，行业标准、地方标准是推荐性标准。强制性标准必须执行。国家鼓励采用推荐性标准。凡是不符合上述标准的产品，就属于不合格产品。以不合格产品冒充合格产品的行为主要包括六类模式：（1）不符合产品生产标准，或者存在危及人身、财产安全的不合理的危险，而冒充合格的产品；（2）不具备产品应当具备的使用性能，而冒充具备的产品；（3）不符合在产品或者包装上注明采用的产品标准，不符合以产品说明、实物样品等方式表明的质量状况，而冒充符合的产品；（4）属于国家明令淘汰的产品，而冒充合格的产品；（5）以研制新产品为名，生产不合格产品；（6）以处理品冒充合格产品。另外，根据有关司法解释的规定，对上述四种行为难以确定的，应当委托法律、行政法规规定的产品质量检验机构进行鉴定。 3. 本罪属于结果犯。销售伪劣产品的金额达到5万元以上的，才能构成本罪；销售金额不满5万元的，则属一般违法行为。销售金额反映了行为人生产、销售伪劣产品的规模、行为持续时间、危害范围以及行为人的主观恶性。销售金额大，反映出行为人生产、销售伪劣产品的规模大、行为持续时间长、危害范围广、行为人的主观恶性严重；反之亦然。可见，生产、销售伪劣产品的金额达到5万元以上的结果是构成生产、销售伪劣产品罪在客观上所要求的内容；不管是个体生产、销售者，还是单位生产、销售者，都必须达到这个数额，否则不能以本罪论处。这里的销售金额应当理解为经营金额，也即"货值金额"，可以违法生产、销售的伪劣产品的标价计算；没有标价的，按照同类合格产品的市场中间价格计算。经营金额既包括已经销售出去的伪劣产品的违法收入，也包括可能销售的伪劣产品的金钱总额。根据有关司法解释的规定，多次实施生产、销售伪劣产品行为，未经处理的，伪劣产品的销售金额或者货值金额累计计算；对于货值金额难以确定的，按照《扣押、追缴、没收物品估价管理办法》的规定，委托估价机构进行确定。根据有关司法解释的规定，涉嫌下列情形之一的，应当立案追诉：伪劣产品销售金额5万元以上的；伪劣产品尚未销售，货值金额15万元以上的；伪劣产品销售金额不满5万元，但将已销售金额乘以3倍后，与尚未销售的伪劣产品货值金额合计15万元以上的。
	主体	本罪的主体是一般主体，自然人和单位都可构成本罪，凡达到法定刑事责任年龄且具有刑事责任能力的16周岁以上的自然人均可构成本罪，依刑法第150条之规定，单位亦能成为本罪主体，单位犯本罪时，实行两罚制。实践中本罪的主体，表现为产品的生产者和销售者两类。生产者即产品的制造者（含产品的加工者），销售者即产品的批量或零散经销售卖者（含产品的直销者）；至于生产者、销售者是否具有合法的生产许可证或者营业执照，不影响本罪的成立。例如，上海盛禄食品有限公司（以下简称盛禄公司）法定代表人叶维禄为提高销量，在明知蒸煮类糕点使用"柠檬黄"不符合《食品添加剂使用卫生标准》的情况下，仍于2010年9月起，购进"柠檬黄"，安排生产主管、被告人谢维铣组织工人大量生产添加"柠檬黄"的玉米面馒头。盛禄公司销售经理、被告人徐剑明将馒头销往多家超市。经鉴定，盛禄公司所生产的玉米面馒头均被检出"柠檬黄"成分，系不合格产品。2010年10月1日至2011年4月11日，盛禄公司共生产并销售添加"柠檬黄"的玉米面馒头金额共计620927.02元。同期，盛禄公司还回收售往超市的过期及即将过期的馒头，重新用作生产馒头的原料，并以上市日期作为生产日期标注在产品包装上。上海市宝山区人民法院一审、上海市第二中级人民法院二审裁定认为，盛禄公司违反国家关于食品安全法律法规的禁止性规定，生产、销售添加"柠檬黄"的玉米面馒头，以不合格产品冒充合格产品，销售金额62万余元，被告人叶维禄作为盛禄公司的主管人

犯罪构成	主体	员，被告人徐剑明、谢维铣作为盛禄公司的直接责任人员，均已构成生产、销售伪劣产品罪。因盛禄公司已被吊销营业执照，依法不再追究单位的刑事责任。叶维禄系主犯；徐剑明、谢维铣系从犯，依法应当减轻处罚，徐剑明、谢维铣到案后能如实供述自己的罪行，依法可从轻处罚。法院依法判处被告人叶维禄有期徒刑9年，并处罚金65万元；判处被告人徐剑明有期徒刑5年，并处罚金20万元；判处被告人谢维铣有期徒刑5年，并处罚金20万元。
	主观方面	本罪的主观方面只能由故意构成，生产者、销售者对伪劣产品的生产、销售是明知的，并且持希望或者放任的心理态度，包括直接故意和间接故意。"明知"包括已经知道与应当知道两种情形，所谓"已经知道"，就是对将要发生的事实及其危害性已知晓明白；所谓"应当知道"，是指根据行为人的年龄、经历、学识、职务、职业以及职责等，推断其对某些事实情况及其危害性明白知晓。一般地，在判断对本罪主观罪过上明知时，难以认定的自然是应当知道的认定。本罪多以营利和获取非法利润为目的，但本条并未规定以营利为目的是构成本罪的主观方面必须具备的要件。过失不能构成本罪，行为人的动机多种多样，有的为了营利，有的为了实施其他犯罪，不同的动机一般不影响本罪的定罪。
认定标准	刑罚标准	1. 犯本罪的，销售金额5万元以上不满20万元的，处2年以下有期徒刑或者拘役，并处或者单处销售金额50%以上2倍以下罚金。 2. 犯本罪的，销售金额20万元以上不满50万元的，处2年以上7年以下有期徒刑，并处销售金额50%以上2倍以下罚金。 3. 犯本罪的，销售金额50万元以上不满200万元的，处7年以上有期徒刑，并处销售金额50%以上2倍以下罚金。 4. 犯本罪的，销售金额200万元以上的，处15年有期徒刑或者无期徒刑，并处销售金额50%以上2倍以下罚金或者没收财产。 5. 单位犯本罪的，对单位判处罚金，并对其直接负责的主管人员和其他责任人员依上述规定处罚。
	本罪与违法行为的区别	1. 本罪在犯罪形态上属结果犯。生产、销售伪劣产品的行为，必须是销售金额在5万元以上的，才能构成犯罪。因此，销售金额不满5万元的，则属一般违法行为，可由有关工商行政部门给予行政处罚。 2. 看生产、销售行为是否出于故意，只有故意生产、销售伪劣产品的，才可能构成本罪；如果是出于过失而生产、销售伪劣产品的，则不能构成本罪。
	本罪罪数的认定	本罪为选择性罪名，具体行为表现可包括：掺杂、掺假行为；以假充真行为；以次充好行为；以不合格产品冒充合格产品四种行为。上述四种行为属选择行为，即行为人具有上述四种行为之一的就构成生产、销售伪劣产品罪。即行为人只要实施了生产或销售伪劣商品中的任何一个行为，即可分别构成生产伪劣产品罪或销售伪劣产品罪。例如，江苏省丰县人民法院经审理查明：被告人李远民2007年注册成立徐州科棵旺肥业有限公司，在没有生产许可证的情况下，生产不合格"科棵旺"系列化肥，销售金额共计人民币49万余元。被告人孙言峰明知"科棵旺"系列化肥为不合格产品，仍将31吨化肥予以销售，销售金额共计人民币6万余元。丰县人民法院认为，被告人李远民、孙言峰违反国家产品质量法规，故意在生产、销售活动中以不合格产品冒充合格产品，其行为分别构成生产、销售伪劣产品罪和销售伪劣产品罪（该行为尚未使生产遭受较大损失，不按生产、销售伪劣化肥罪处理）。鉴于二被告人具有自首情节，依法可以从轻处罚，丰县人民法院依法判处李远民有期徒刑4年，并处罚金人民币25万元；判处孙言峰拘役4个月，缓刑8个月，并处罚金人民币3万元。行为人如果同时具有上述两种行为或两种以上行为的，也应视为一个生产、销售伪劣产品罪，不实行数罪并罚。

认定标准		
	本罪罪数的认定	但在实践中，如果行为人既实施了生产伪劣产品的行为，又实施了销售伪劣产品的行为，是否数罪并罚则要根据不同情况作不同分析：如果行为人既生产了伪劣产品，又销售了自己生产的伪劣产品，则销售行为是生产行为的延续，对这两种行为不能数罪并罚而仍按生产、销售伪劣产品罪一罪处罚。例如，李某自2011年以来，一直从事杀牛卖牛肉生意。看到有人给肉注水赚钱多，他也买来注水工具，并打了一口井，专门用来给牛注水。这样，每头牛注水后可以多赚近300元。他还要女婿和外甥在其手下帮忙。后经调查，李某先后赚了近40万元。经人举报，三人被公安机关以涉嫌"生产、销售伪劣产品罪"依法刑事拘留。经检测，井水的总大肠菌群、耐热大肠菌群、浑浊度等不符合生活饮用水卫生标准。法院审理后认为，三人给牛肉注水的行为已经构成生产、销售伪劣产品罪，遂判处李某有期徒刑3年，缓刑4年，罚金人民币40万元。其女婿和外甥均被判处有期徒刑1年6个月，缓刑2年，罚金人民币20万元。但如果行为人生产了伪劣产品，又销售了他人生产的伪劣产品，且销售金额都在5万元以上，则应按生产伪劣产品罪和销售伪劣产品罪两罪并罚。 根据刑法第149条第1款的规定，生产、销售刑法第141条至第148条所列产品，不构成各该条规定的犯罪，但是销售金额在5万元以上的，依照刑法第140条的规定，以生产、销售伪劣产品罪定罪处罚。同时，刑法还将生产、销售8种特定的伪劣产品的行为规定为独立的犯罪。生产、销售伪劣产品罪与其他8种犯罪的关系是一种法条竞合的关系，即第140条属于普通法，第141条至第148条属于特别法。在法条竞合的情况下，特别法应当优于普通法适用，这是处理特别法与普通法关系的基本原则，也是《刑法》第149条第1款规定之基本精神。但第149条第2款同时又规定，生产、销售本节第141条至第148条所列产品，构成各该条规定的犯罪，同时又构成本节第140条规定的犯罪的，依照处刑较重的规定定罪处罚。这一规定体现了择重而处的精神，应属特别法优于普通法适用原则的例外规定。即生产、销售刑法第141条至第148条所列产品，构成各该条规定的犯罪，同时又构成第140条规定的生产、销售伪劣产品罪的，依照处罚较重的规定定罪处罚。 根据有关司法解释的规定，实施生产、销售伪劣商品犯罪，同时构成侵犯知识产权、非法经营等其他犯罪的，依照处罚较重的规定定罪处罚。实施刑法第140条至第148条规定的犯罪，又以暴力、威胁方法抗拒查处，构成其他犯罪的，依照数罪并罚的规定处罚。
	本罪未遂的认定	本罪未遂形态是指行为人已经着手实行犯罪，由于其意志以外的原因而未得逞的情形。根据有关司法解释的规定，伪劣产品尚未销售，货值金额达到刑法第140条规定的销售金额3倍以上的，以生产、销售伪劣产品罪（未遂）定罪处罚。例如，2008年5月，被告人季某某向上海某某高压管业有限公司租借了本市真南路822弄325号106仓库，作为其存放卷烟的地点，从事销售各类假冒卷烟。2009年1月8日，上海市公安局普陀分局会同上海市烟草专卖局普陀分局前往该仓库，抓获被告人季某某并当场查获中华牌卷烟350条、三五牌卷烟2625条、红双喜牌卷烟350条。经鉴定：上述卷烟均系假冒伪劣卷烟；经估价，货值金额为人民币526725元。某区人民检察院起诉时指控：被告人季某某已经着手实行犯罪，由于其意志以外的原因而未得逞，系犯罪未遂，依法可以比照既遂犯减轻处罚；同时他自愿认罪，其家属主动缴纳了罚金，确有悔罪表现，依法可以酌情从轻处罚并适用缓刑。某区人民法院依法判决：被告人季某某犯销售伪劣产品罪，判处有期徒刑2年6个月，缓刑2年6个月，并处罚金人民币8万元；扣押在案的假冒伪劣卷烟依法没收。
	本罪共犯的认定	根据有关司法解释的规定，知道或者应当知道他人实施生产、销售伪劣商品犯罪，而为其提供贷款、资金、账号、发票、证明、许可证件，或者提供生产、经营场所或者运输、仓储、保管、邮寄等便利条件，或者提供制假生产技术的，以生产、销售伪劣商品犯罪的共犯论处。

认定标准	此罪与彼罪的区别(1)	本罪与诈骗罪的区别。 诈骗罪，是指以非法占有为目的，用虚构事实或者隐瞒真相的方法，骗取数额较大的公私财物的行为。两罪的主要区别有五个方面： 1. 两罪侵犯的客体不同。本罪侵犯的客体是双重客体，即国家对普通产品质量的管理制度和消费者的合法权益。后罪侵犯的客体是单一客体，即公私财产的所有权。 2. 两罪犯罪对象不同。本罪是伪劣产品；后罪是公私财物。 3. 两罪在客观方面的行为表现不同。本罪是在生产、销售中，违反商品质量监督管理法规，实施了在产品中掺杂、掺假，以假充真，以次充好或者以不合格产品冒充合格产品等带有欺诈性质的手段非法生产、销售伪劣产品的行为。后罪是没有生产、销售活动内容，完全采取虚构事实、隐瞒真相的方法，使受害人产生错觉，信以为真，从而自愿地"交出财物"的行为。 4. 两罪犯罪主体不同。尽管两罪都是一般主体，但前罪是复合主体，自然人和单位都可构成。后罪是单一主体，只有自然人可以构成。 5. 两罪主观方面不同。本罪一般表现为以获取非法利润为目的，但也可以是出于其他非法目的，如不正当竞争、毁坏他人名誉等，但犯罪目的不是本罪的必备要件。而后罪要求必须出于非法占有的目的，缺乏这一犯罪目的，后罪根本不能成立。 例如，2005年11月，赖某、宣某经商量决定用化工原料二氧化硒掺假后当作纯二氧化硒（含量95%以上，市场价为每公斤630元）出售。由赖某以假名"张某"在网上与湖南某实业公司业务员彭某取得联系后，赖某、宣某向彭某提供了纯二氧化硒（含量在95%以上）样品，当彭某确信检测样品符合要求后，便决定从赖某、宣某处购买500公斤的纯二氧化硒。赖某、宣某找到袁某（另案处理），由袁出资，从贵溪市某稀有金属加工厂吴某处购得纯二氧化硒120公斤和20个包装铁桶，后从浙江义乌购得过硫酸铵350公斤，并以平均约7公斤二氧化硒与约18公斤过硫酸铵（两者均为白色粉末）的比例掺和，共掺假二氧化硒17桶（每桶25公斤），共计425公斤。2005年11月21日，赖某、宣某和袁某将经掺假后的425公斤二氧化硒（经鉴定二氧化硒含量为28.1%）当作纯二氧化硒以每公斤430元的价格出售给彭某，得款18万元。除去购买原材料所花去的费用8.2万元，赖某、宣某各分得赃款3.6万元，袁某分得2.6万元。检察院以诈骗罪提起公诉，一审法院同样认定构成诈骗罪，二审法院认为构成生产、销售伪劣产品罪。本案从表面上看，赖、宣二人获取非法利益似乎是靠诈骗的手段获得的，好像符合诈骗罪的特征；但实质上仍是以假乱真，主观上具有真实交易的目的，为履行合同花去8.2万元购买相应的原材料，在纯二氧化硒中掺假后销售，使所交易的产品质量与样品不相符，取得对方信任，使得受害人彭某决定从赖、宣二人处购货，先前的该行为在赖、宣二人实现获取钱财的目的中并不起决定性作用，起决定性作用的是生产、销售伪劣产品行为，因此，二审法院以生产、销售伪劣产品罪定罪处罚是正确的。
	此罪与彼罪的区别(2)	本罪与非法经营罪的区别。 非法经营罪，是指违反国家规定，未经许可经营法律、行政法规规定的专营、专卖物品或其他限制买卖的物品；买卖进出口许可证、进出口原产地证明以及其他法律、行政法规规定的经营许可证或者批准文件；未经国家有关主管部门批准，非法经营证券、期货或者保险业务，或者非法从事资金结算业务；在国家规定的交易场所以外非法买卖外汇；或者从事其他严重扰乱市场秩序的非法经营行为，扰乱市场秩序，情节严重的行为。两罪的主要区别有四个方面： 1. 两罪侵害的客体不同。本罪侵犯的客体是双重客体，即国家对普通产品质量的管理制度和消费者的合法权益。后罪侵犯的客体是简单客体，即国家市场管理制度。 2. 两罪的行为方式不同。本罪行为是在生产、销售中，违反商品质量监督管理法规，在产品中掺杂、掺假，以假充真，以次充好或者以不合格产品冒充合格产品等非法生产、

认定标准	此罪与彼罪的区别（2）	销售伪劣产品的行为。而后罪行为是违反国家规定，未经许可经营法律、行政法规规定的专营、专卖物品或其他限制买卖的物品；买卖进出口许可证、进出口原产地证明以及其他法律、行政法规规定的经营许可证或者批准文件；未经国家有关主管部门批准，非法经营证券、期货或者保险业务，或者非法从事资金结算业务；在国家规定的交易场所以外非法买卖外汇；或者从事其他严重扰乱市场秩序的非法经营行为。 3. 两罪的行为后果不同。本罪为结果犯，生产、销售伪劣产品的行为，必须是销售金额在5万元以上的，才能构成犯罪。而后罪为情节犯，只有扰乱市场秩序、情节严重的非法经营行为才能构成犯罪。 4. 两罪的主观内容不同。本罪的主观方面只能由故意构成，包括直接故意和间接故意。后罪只能由直接故意构成，并且必须具有谋取非法利润的目的。 当然，两罪也存在法条竞合的情况，即数个刑法条文所规定的犯罪构成在内容上存在包容或交叉关系，应适用重法优于轻法原则定罪量刑。例如，2010年年初，安徽省安庆市怀宁县黄墩镇某村村民李某外出进货时认识了做烟草生意的于老板，之后在未办理烟草专卖许可证的情况下，先后多次从于老板处以19元每条购买哈德门牌伪劣卷烟，并以21元每条卖给了朱某、王某，销售金额68000余元。2012年年初，烟草专卖局执法人员在例行检查时，从李某店内及家中查获私自购进的香烟，遂移送公安机关侦查，公安机关将被告人李某抓获归案。在审理的过程中，李某主动上缴犯罪所得6520元。烟草局、公安局认为李某的行为涉嫌销售伪劣产品罪又涉嫌非法经营罪，检察院以涉嫌销售伪劣产品罪提起公诉，法院最终以非法经营罪定罪量刑。本案行为人无资质销售伪劣香烟的行为，既触犯了销售伪劣产品罪，又触犯了非法经营罪，属于法条竞合。李某的销售者身份、故意销售伪劣香烟的行为等均符合销售伪劣产品罪的构成要件。而烟草制品属于国家规定的专卖物品，其销售业务由国家实行垄断经营，统一管理，李某在没有取得烟草专卖生产、批发或零售许可证的情况下，从事伪劣烟草制品的销售业务，且销售金额达6.8万元，情节严重，也符合非法经营罪的构成要件。将两罪量刑幅度进行比较，后罪在两个法定刑幅度最高刑分别为5年和15年，相对于前罪属于"处罚较重"，应当按照重法优于轻法原则处理，因此，法院最终对无资质销售伪劣香烟的李某以非法经营罪定罪量刑的处理是正确的。
相关执法参考	刑法	中华人民共和国刑法（节录） （1979年7月1日第五届全国人民代表大会第二次会议通过，1997年3月14日第八届全国人民代表大会第五次会议修订，已先后被1999年12月25日《中华人民共和国刑法修正案》、2001年8月31日《中华人民共和国刑法修正案（二）》、2001年12月29日《中华人民共和国刑法修正案（三）》、2002年12月28日《中华人民共和国刑法修正案（四）》、2005年2月28日《中华人民共和国刑法修正案（五）》、2006年6月29日《中华人民共和国刑法修正案（六）》、2009年2月28日《中华人民共和国刑法修正案（七）》、2009年8月27日《全国人民代表大会常务委员会关于修改部分法律的决定》、2011年2月25日《中华人民共和国刑法修正案（八）》、2015年8月29日《中华人民共和国刑法修正案（九）》、2017年11月4日《中华人民共和国刑法修正案（十）》、2020年12月26日《中华人民共和国刑法修正案（十一）》修改或修正） 第一百四十条 生产者、销售者在产品中掺杂、掺假，以假充真，以次充好或者以不合格产品冒充合格产品，销售金额五万元以上不满二十万元的，处二年以下有期徒刑或者拘役，并处或者单处销售金额百分之五十以上二倍以下罚金；销售金额二十万元以上不满五十万元的，处二年以上七年以下有期徒刑，并处销售金额百分之五十以上二倍以下罚金；销售金额五十万元以上不满二百万元的，处七年以上有期徒刑，并处销售金额百分之五十以上二倍以下罚金；销售金额二百万元以上的，处十五年有期徒刑或者无期徒刑，并处销售金额百分之五十以上二倍以下罚金或者没收财产。 第一百四十九条 生产、销售本节第一百四十一条至第一百四十八条所列产品，不构

相关执法参考	刑法	成各该条规定的犯罪,但是销售金额在五万元以上的,依照本节第一百四十条的规定定罪处罚。 生产、销售本节第一百四十一条至第一百四十八条所列产品,构成各该条规定的犯罪,同时又构成本节第一百四十条规定之罪的,依照处罚较重的规定定罪处罚。 **第一百五十条** 单位犯本节第一百四十条至第一百四十八条规定之罪的,对单位判处罚金,并对其直接负责的主管人员和其他直接责任人员,依照各该条的规定处罚。
	相关法律法规(1)	最高人民检察院、公安部《关于公安机关管辖的刑事案件立案追诉标准的规定(一)》(节录) (2008年6月25日最高人民检察院、公安部文件公通字〔2008〕36号公布,自公布之日起施行) **第十六条** [生产、销售伪劣产品案(刑法第一百四十条)]生产者、销售者在产品中掺杂、掺假,以假充真,以次充好或者以不合格产品冒充合格产品,涉嫌下列情形之一的,应予立案追诉: (一)伪劣产品销售金额五万元以上的; (二)伪劣产品尚未销售,货值金额十五万元以上的; (三)伪劣产品销售金额不满五万元,但将已销售金额乘以三倍后,与尚未销售的伪劣产品货值金额合计十五万元以上的。 本条规定的"掺杂、掺假",是指在产品中掺入杂质或者异物,致使产品质量不符合国家法律、法规或者产品明示质量标准规定的质量要求,降低、失去应有使用性能的行为;"以假充真",是指以不具有某种使用性能的产品冒充具有该种使用性能的产品的行为;"以次充好",是指以低等级、低档次产品冒充高等级、高档次产品,或者以残次、废旧零配件组合、拼装后冒充正品或者新产品的行为;"不合格产品",是指不符合《中华人民共和国产品质量法》规定的质量要求的产品。 对本条规定的上述行为难以确定的,应当委托法律、行政法规规定的产品质量检验机构进行鉴定。本条规定的"销售金额",是指生产者、销售者出售伪劣产品后所得和应得的全部违法收入;"货值金额",以违法生产、销售的伪劣产品的标价计算;没有标价的,按照同类合格产品的市场中间价格计算。货值金额难以确定的,按照《扣押、追缴、没收物品估价管理办法》的规定,委托估价机构进行确定。
	相关法律法规(2)	最高人民法院、最高人民检察院《关于办理生产、销售伪劣商品刑事案件具体应用法律若干问题的解释》(节录) (2001年4月5日最高人民法院审判委员会第1168次会议、2001年3月30日最高人民检察院第九届检察委员会第84次会议通过,自2001年4月10日起施行) **第一条** 刑法第一百四十条规定的"在产品中掺杂、掺假",是指在产品中掺入杂质或者异物,致使产品质量不符合国家法律、法规或者产品明示质量标准规定的质量要求,降低、失去应有使用性能的行为。 刑法第一百四十条规定的"以假充真",是指以不具有某种使用性能的产品冒充具有该种使用性能的产品的行为。 刑法第一百四十条规定的"以次充好",是指以低等级、低档次产品冒充高等级、高档次产品,或者以残次、废旧零配件组合、拼装后冒充正品或者新产品的行为。 刑法第一百四十条规定的"不合格产品",是指不符合《中华人民共和国产品质量法》第二十六条第二款规定的质量要求的产品。 对本条规定的上述行为难以确定的,应当委托法律、行政法规规定的产品质量检验机构进行鉴定。 **第二条** 刑法第一百四十条、第一百四十九条规定的"销售金额",是指生产者、销

相关法律法规(2)		售者出售伪劣产品后所得和应得的全部违法收入。 伪劣产品尚未销售，货值金额达到刑法第一百四十条规定的销售金额三倍以上的，以生产、销售伪劣产品罪（未遂）定罪处罚。 货值金额以违法生产、销售的伪劣产品的标价计算；没有标价的，按照同类合格产品的市场中间价格计算。货值金额难以确定的，按照国家计划委员会、最高人民法院、最高人民检察院、公安部1997年4月22日联合发布的《扣押、追缴、没收物品估价管理办法》的规定，委托指定的估价机构确定。 多次实施生产、销售伪劣产品行为，未经处理的，伪劣产品的销售金额或者货值金额累计计算。 **第九条** 知道或者应当知道他人实施生产、销售伪劣商品犯罪，而为其提供贷款、资金、账号、发票、证明、许可证件，或者提供生产、经营场所或者运输、仓储、保管、邮寄等便利条件，或者提供制假生产技术的，以生产、销售伪劣商品犯罪的共犯论处。 **第十条** 实施生产、销售伪劣商品犯罪，同时构成侵犯知识产权、非法经营等其他犯罪的，依照处罚较重的规定定罪处罚。 **第十一条** 实施刑法第一百四十条至第一百四十八条规定的犯罪，又以暴力、威胁方法抗拒查处，构成其他犯罪的，依照数罪并罚的规定处罚。 **第十二条** 国家机关工作人员参与生产、销售伪劣商品犯罪的，从重处罚。
相关执法参考	相关法律法规(3)	最高人民法院《关于审理生产、销售伪劣商品刑事案件有关鉴定问题的通知》 （2001年5月21日，法〔2001〕70号） 各省、自治区、直辖市高级人民法院，解放军军事法院，新疆维吾尔自治区高级人民法院生产建设兵团分院： 自全国开展整顿和规范市场经济秩序工作以来，各地人民法院陆续受理了一批生产、销售伪劣产品、假冒商标和非法经营等严重破坏社会主义市场经济秩序的犯罪案件。此类案件中涉及的生产、销售的产品，有的纯属伪劣产品，有的则只是侵犯知识产权的产品。由于涉案产品是否"以假充真"、"以次充好"、"以不合格产品冒充合格产品"，直接影响到对被告人的定罪及处刑，为准确适用刑法和《最高人民法院、最高人民检察院关于办理生产、销售伪劣商品刑事案件具体应用法律若干问题的解释》（以下简称《解释》），严惩假冒伪劣商品犯罪，不放纵和轻纵犯罪分子，现就审理生产、销售伪劣商品、假冒商标和非法经营等严重破坏社会主义市场经济秩序的犯罪案件中可能涉及的假冒伪劣商品的有关鉴定问题通知如下： 一、对于提起公诉的生产、销售伪劣产品、假冒商标、非法经营等严重破坏社会主义市场经济秩序的犯罪案件，所涉生产、销售的产品是否属于"以假充真"、"以次充好"、"以不合格产品冒充合格产品"难以确定的，应当根据《解释》第一条第五款的规定，由公诉机关委托法律、行政法规规定的产品质量检验机构进行鉴定。 二、根据《解释》第三条和第四条的规定，人民法院受理的生产、销售假药犯罪案件和生产、销售不符合卫生标准的食品犯罪案件，均需有"省级以上药品监督管理部门设置或者确定的药品检验机构"和"省级以上卫生行政部门确定的机构"出具的鉴定结论。 三、经鉴定确系伪劣商品，被告人的行为既构成生产、销售伪劣产品罪，又构成生产、销售假药罪或者生产、销售不符合卫生标准的食品罪，或者同时构成侵犯知识产权、非法经营等其他犯罪的，根据刑法第一百四十九条第二款和《解释》第十条的规定，应当依照处罚较重的规定定罪处罚。

相关执法参考	**相关法律法规(4)** 最高人民法院、最高人民检察院、公安部、司法部《关于依法惩治妨害新型冠状病毒感染肺炎疫情防控违法犯罪的意见》（节录） （2020年2月10日发布） 各省、自治区、直辖市高级人民法院、人民检察院、公安厅（局）、司法厅（局），解放军军事法院、军事检察院，新疆维吾尔自治区高级人民法院生产建设兵团分院、新疆生产建设兵团人民检察院、公安局、司法局： 为贯彻落实2020年2月5日中央全面依法治国委员会第三次会议审议通过的《中央全面依法治国委员会关于依法防控新型冠状病毒感染肺炎疫情、切实保障人民群众生命健康安全的意见》，最高人民法院、最高人民检察院、公安部、司法部联合制定了《关于依法惩治妨害新型冠状病毒感染肺炎疫情防控违法犯罪的意见》。现予以印发，请结合实际认真贯彻执行。在执行中遇到的新情况、新问题，请及时分别报告最高人民法院、最高人民检察院、公安部、司法部。 为依法惩治妨害新型冠状病毒感染肺炎疫情防控违法犯罪行为，保障人民群众生命安全和身体健康，保障社会安定有序，保障疫情防控工作顺利开展，根据有关法律、司法解释的规定，制定本意见。 一、提高政治站位，充分认识疫情防控时期维护社会大局稳定的重大意义 各级人民法院、人民检察院、公安机关、司法行政机关要切实把思想和行动统一到习近平总书记关于新型冠状病毒感染肺炎疫情防控工作的系列重要指示精神上来，坚决贯彻落实党中央决策部署、中央应对新型冠状病毒感染肺炎疫情工作领导小组工作安排，按照中央政法委要求，增强"四个意识"、坚定"四个自信"、做到"两个维护"，始终将人民群众的生命安全和身体健康放在第一位，坚决把疫情防控作为当前压倒一切的头等大事来抓，用足用好法律规定，依法及时、从严惩治妨害疫情防控的各类违法犯罪，为坚决打赢疫情防控阻击战提供有力法治保障。 二、准确适用法律，依法严惩妨害疫情防控的各类违法犯罪 （三）依法严惩制假售假犯罪。在疫情防控期间，生产、销售伪劣的防治、防护产品、物资，或者生产、销售用于防治新型冠状病毒感染肺炎的假药、劣药，符合刑法第一百四十条、第一百四十一条、第一百四十二条规定的，以生产、销售伪劣产品罪，生产、销售假药罪或者生产、销售劣药罪定罪处罚。 在疫情防控期间，生产不符合保障人体健康的国家标准、行业标准的医用口罩、护目镜、防护服等医用器材，或者销售明知是不符合标准的医用器材，足以严重危害人体健康的，依照刑法第一百四十五条的规定，以生产、销售不符合标准的医用器材罪定罪处罚。
相关法律法规(5)	最高人民法院、最高人民检察院《关于办理妨害预防、控制突发传染病疫情等灾害的刑事案件具体应用法律若干问题的解释》（节录） （2003年5月13日由最高人民法院审判委员会第1269次会议、2003年5月13日由最高人民检察院第十届检察委员会第3次会议通过，2003年5月14日法释〔2003〕8号公布，自2003年5月15日起施行） 为依法惩治妨害预防、控制突发传染病疫情等灾害的犯罪活动，保障预防、控制突发传染病疫情等灾害工作的顺利进行，切实维护人民群众的身体健康和生命安全，根据《中华人民共和国刑法》等有关法律规定，现就办理相关刑事案件具体应用法律的若干问题解释如下： 第一条　故意传播突发传染病病原体，危害公共安全的，依照刑法第一百一十四条、第一百一十五条第一款的规定，按照以危险方法危害公共安全罪定罪处罚。 患有突发传染病或者疑似突发传染病而拒绝接受检疫、强制隔离或者治疗，过失造成传染病传播，情节严重，危害公共安全的，依照刑法第一百一十五条第二款的规定，按照过失以危险方法危害公共安全罪定罪处罚。

相关执法参考	相关法律法规（5）	第二条　在预防、控制突发传染病疫情等灾害期间，生产、销售伪劣的防治、防护产品、物资，或者生产、销售用于防治传染病的假药、劣药，构成犯罪的，分别依照刑法第一百四十条、第一百四十一条、第一百四十二条的规定，以生产、销售伪劣产品罪，生产、销售假药罪或者生产、销售劣药罪定罪，依法从重处罚。
	相关法律法规（6）	最高人民法院、最高人民检察院《关于办理非法生产、销售烟草专卖品等刑事案件具体应用法律若干问题的解释》（节录） （2009年12月28日最高人民法院审判委员会第1481次会议、2010年2月4日最高人民检察院第十一届检察委员会第29次会议通过） 为维护社会主义市场经济秩序，依法惩治非法生产、销售烟草专卖品等犯罪，根据刑法有关规定，现就办理这类刑事案件具体应用法律的若干问题解释如下： 第一条　生产、销售伪劣卷烟、雪茄烟等烟草专卖品，销售金额在五万元以上的，依照刑法第一百四十条的规定，以生产、销售伪劣产品罪定罪处罚。 未经卷烟、雪茄烟等烟草专卖品注册商标所有人许可，在卷烟、雪茄烟等烟草专卖品上使用与其注册商标相同的商标，情节严重的，依照刑法第二百一十三条的规定，以假冒注册商标罪定罪处罚。 销售明知是假冒他人注册商标的卷烟、雪茄烟等烟草专卖品，销售金额较大的，依照刑法第二百一十四条的规定，以销售假冒注册商标的商品罪定罪处罚。 伪造、擅自制造他人卷烟、雪茄烟注册商标标识或者销售伪造、擅自制造的卷烟、雪茄烟注册商标标识，情节严重的，依照刑法第二百一十五条的规定，以非法制造、销售非法制造的注册商标标识罪定罪处罚。 违反国家烟草专卖管理法律法规，未经烟草专卖行政主管部门许可，无烟草专卖生产企业许可证、烟草专卖批发企业许可证、特种烟草专卖经营企业许可证、烟草专卖零售许可证等许可证明，非法经营烟草专卖品，情节严重的，依照刑法第二百二十五条的规定，以非法经营罪定罪处罚。 第二条　伪劣卷烟、雪茄烟等烟草专卖品尚未销售，货值金额达到刑法第一百四十条规定的销售金额定罪起点数额标准的三倍以上的，或者销售金额未达到五万元，但与未销售货值金额合计达到十五万元以上的，以生产、销售伪劣产品罪（未遂）定罪处罚。 销售金额和未销售货值金额分别达到不同的法定刑幅度或者均达到同一法定刑幅度的，在处罚较重的法定刑幅度内酌情从重处罚。 查获的未销售的伪劣卷烟、雪茄烟，能够查清销售价格的，按照实际销售价格计算。无法查清实际销售价格，有品牌的，按照该品牌卷烟、雪茄烟的查获地省级烟草专卖行政主管部门出具的零售价格计算；无品牌的，按照查获地省级烟草专卖行政主管部门出具的上年度卷烟平均零售价格计算。 第五条　行为人实施非法生产、销售烟草专卖品犯罪，同时构成生产、销售伪劣产品罪、侵犯知识产权犯罪、非法经营罪的，依照处罚较重的规定定罪处罚。 第六条　明知他人实施本解释第一条所列犯罪，而为其提供贷款、资金、账号、发票、证明、许可证件，或者提供生产、经营场所、设备、运输、仓储、保管、邮寄、代理进出口等便利条件，或者提供生产技术、卷烟配方的，应当按照共犯追究刑事责任。 第七条　办理非法生产、销售烟草专卖品等刑事案件，需要对伪劣烟草专卖品鉴定的，应当委托国务院产品质量监督管理部门和省、自治区、直辖市人民政府产品质量监督管理部门指定的烟草质量检测机构进行。 第九条　本解释所称"烟草专卖品"，是指卷烟、雪茄烟、烟丝、复烤烟叶、烟叶、卷烟纸、滤嘴棒、烟用丝束、烟草专用机械。 本解释所称"卷烟辅料"，是指卷烟纸、滤嘴棒、烟用丝束。

相关法律法规（6）	本解释所称"烟草专用机械"，是指由国务院烟草专卖行政主管部门烟草专用机械名录所公布的，在卷烟、雪茄烟、烟丝、复烤烟叶、烟叶、卷烟纸、滤嘴棒、烟用丝束的生产加工过程中，能够完成一项或者多项特定加工工序，可以独立操作的机械设备。 本解释所称"同类烟草专用机械"，是指在卷烟、雪茄烟、烟丝、复烤烟叶、烟叶、卷烟纸、滤嘴棒、烟用丝束的生产加工过程中，能够完成相同加工工序的机械设备。 **第十条** 以前发布的有关规定与本解释不一致的，以本解释为准。
相关法律法规（7）	最高人民检察院《关于办理非法经营食盐刑事案件具体应用法律若干问题的解释》（节录） （2002年7月8日由最高人民检察院第九届检察委员会第112次会议通过，自2002年9月13日起施行） **第四条** 以非碘盐充当碘盐或者以工业用盐等非食盐充当食盐进行非法经营，同时构成非法经营罪和生产、销售伪劣产品罪，生产、销售不符合卫生标准的食品罪，生产、销售有毒、有害食品罪等其他犯罪的，依照处罚较重的规定追究刑事责任。
相关执法参考 相关法律法规（8）	最高人民法院、最高人民检察院、公安部、国家烟草专卖局《关于办理假冒伪劣烟草制品等刑事案件适用法律问题座谈会纪要》（节录） （2003年12月23日颁布，自颁布之日起实施） 一、关于生产、销售伪劣烟草制品行为适用法律问题 （一）关于生产伪劣烟草制品尚未销售或者尚未完全销售行为定罪量刑问题 根据刑法第一百四十条的规定，生产、销售伪劣烟草制品，销售金额在五万元以上的，构成生产、销售伪劣产品罪。 根据《最高人民法院、最高人民检察院关于办理生产、销售伪劣商品刑事案件具体应用法律若干问题的解释》的有关规定，销售金额是指生产者、销售者出售伪劣烟草制品后所得和应得的全部违法收入。伪劣烟草制品尚未销售，货值金额达到刑法第一百四十条规定的销售金额三倍（十五万元）以上的，以生产、销售伪劣产品罪（未遂）定罪处罚。货值金额以违法生产、销售的伪劣产品的标价计算；没有标价的，按照同类合格产品的市场中间价格计算。货值金额难以确定的，按照国家计划委员会、最高人民法院、最高人民检察院、公安部1997年4月22日联合发布的《扣押、追缴、没收物品估价管理办法》的规定，委托指定的估价机构确定。 伪劣烟草制品尚未销售，货值金额分别达到十五万元以上不满二十万元、二十万元以上不满五十万元、五十万元以上不满二百万元、二百万元以上的，分别依照刑法第一百四十条规定的各量刑档次定罪处罚。 伪劣烟草制品的销售金额不满五万元，但与尚未销售的伪劣烟草制品的货值金额合计达到十五万元以上的，以生产、销售伪劣产品罪（未遂）定罪处罚。 生产伪劣烟草制品尚未销售，无法计算货值金额，有下列情形之一的，以生产、销售伪劣产品罪（未遂）定罪处罚： 1. 生产伪劣烟用烟丝数量在1000公斤以上的； 2. 生产伪劣烟用烟叶数量在1500公斤以上的。 （二）关于非法生产、拼装、销售烟草专用机械行为定罪处罚问题 非法生产、拼装、销售烟草专用机械行为，依照刑法第一百四十条的规定，以生产、销售伪劣产品罪追究刑事责任。 四、关于共犯问题 知道或者应当知道他人实施本《纪要》第一条至第三条规定的犯罪行为，仍实施下列行为之一的，应认定为共犯，依法追究刑事责任： 1. 直接参与生产、销售假冒伪劣烟草制品或者销售假冒烟用注册商标的烟草制品或者直接参与非法经营烟草制品并在其中起主要作用的；

相关法律法规(8)		2. 提供房屋、场地、设备、车辆、贷款、资金、账号、发票、证明、技术等设施和条件，用于帮助生产、销售、储存、运输假冒伪劣烟草制品、非法经营烟草制品的；
3. 运输假冒伪劣烟草制品的。
上述人员中有检举他人犯罪经查证属实，或者提供重要线索，有立功表现的，可以从轻或减轻处罚；有重大立功表现的，可以减轻或者免除处罚。
五、国家机关工作人员参与实施本《纪要》第一条至第三条规定的犯罪行为的处罚问题
根据《最高人民法院、最高人民检察院关于办理生产、销售伪劣商品刑事案件具体应用法律若干问题的解释》的规定，国家机关工作人员参与实施本《纪要》第一条至第三条规定的犯罪行为的，从重处罚。
六、关于一罪与数罪问题
行为人的犯罪行为同时构成生产、销售伪劣产品罪、销售假冒注册商标的商品罪、非法经营罪等罪的，依照处罚较重的规定定罪处罚。
十、关于鉴定问题
假冒伪劣烟草制品的鉴定工作，由国家烟草专卖行政主管部门授权的省级以上烟草产品质量监督检验机构，按照国家烟草专卖局制定的假冒伪劣卷烟鉴别检验管理办法和假冒伪劣卷烟鉴别检验规程等有关规定进行。
假冒伪劣烟草专用机械的鉴定由国家质量监督部门，或其委托的国家烟草质量监督检验中心，根据烟草行业的有关技术标准进行。
十一、关于烟草制品、卷烟的范围
本纪要所称烟草制品指卷烟、雪茄烟、烟丝、复烤烟叶、烟叶、卷烟纸、滤嘴棒、烟用丝束。
本纪要所称卷烟包括散支烟和成品烟。
相关执法参考	相关法律法规(9)	国家质量技术监督局关于实施《中华人民共和国产品质量法》若干问题的意见（节录）
（2011年2月22日，国质检法〔2011〕83号）
八、关于生产、销售假冒伪劣产品行为的认定问题
根据《产品质量法》的规定，以下行为应当认定为生产、销售假冒伪劣产品的行为：
1. 生产国家明令淘汰产品，销售国家明令淘汰并停止销售的产品和销售失效、变质产品的行为。国家明令淘汰的产品，指国务院有关行政部门依据其行政职能，按照一定的程序，采用行政的措施，通过发布行政文件的形式，向社会公布自某日起禁止生产、销售的产品。失效、变质产品，指产品失去了原有的效力、作用，产品发生了本质性变化，失去了应有使用价值的产品。
2. 伪造产品产地的行为。指在甲地生产产品，而在产品标识上标注乙地的地名的质量欺诈行为。
3. 伪造或者冒用他人厂名、厂址的行为。指非法标注他人厂名、厂址标识，或者在产品上编造、捏造不真实的生产厂厂名和厂址以及在产品上擅自使用他人的生产厂厂名和厂址的行为。
4. 伪造或者冒用认证标志等质量标志的行为。指在产品、标签、包装上，用文字、符号、图案等方式非法制作、编造、捏造或非法标注质量标志以及擅自使用未获批准的质量标志的行为。质量标志包括我国政府有关部门批准或认可的产品质量认证标志、企业质量体系认证标志、名优标志、国外的认证标志、原产地域产品专用标志、免检标志等。
5. 在产品中掺杂、掺假的行为。指生产者、销售者在产品中掺入杂质或者造假，进行质量欺诈的违法行为。其结果是，致使产品中有关物质的成分或者含量不符合国家有关法律、法规、标准或者合同要求。
6. 以假充真的行为。指以此产品冒充与其特征、特性等不同的他产品，或者冒充同

相关法律法规(9)	一类产品中具有特定质量特征、特性的产品的欺诈行为。 7. 以次充好的行为。指以低档次、低等级产品冒充高档次、高等级产品或者以旧产品冒充新产品的违法行为。 8. 以不合格产品冒充合格产品的行为。不合格产品是指产品质量不符合《产品质量法》第二十六条规定的产品。以不合格产品冒充合格产品是指以质量不合格的产品作为或者充当合格产品。 十一、关于"货值金额"和"违法所得"、"违法收入"的计算问题 按照《产品质量法》的规定，货值金额是指当事人违法生产、销售产品的数量（包括已售出的和未售出的产品）与其单件产品标价的乘积。对生产的单件产品标价应当以销售明示的单价计算；对销售的单件产品标价应当以销售者货签上标明的单价计算。生产者、销售者没有标价的，按照该产品被查处时该地区市场零售价的平均单价计算。本法所称违法所得是指获取的利润。 《产品质量法》第六十一条、第六十七条规定的违法收入，指违反法律规定从事运输、仓储、保管，提供制假技术，向社会推荐产品以及进行产品的监制、监销等违法活动所获取的全部收入。
相关执法参考 相关法律法规(10)	《中华人民共和国产品质量法》（节录） （1993年2月22日第七届全国人民代表大会常务委员会第三十次会议通过 根据2000年7月8日第九届全国人民代表大会常务委员会第十六次会议《关于修改〈中华人民共和国产品质量法〉的决定》第一次修正 根据2009年8月27日第十一届全国人民代表大会常务委员会第十次会议《关于修改部分法律的决定》第二次修正 根据2018年12月29日第十三届全国人民代表大会常务委员会第七次会议《关于修改〈中华人民共和国产品质量法〉等五部法律的决定》第三次修正） 第一条 为了加强对产品质量的监督管理，提高产品质量水平，明确产品质量责任，保护消费者的合法权益，维护社会经济秩序，制定本法。 第二条 在中华人民共和国境内从事产品生产、销售活动，必须遵守本法。 本法所称产品是指经过加工、制作，用于销售的产品。 建设工程不适用本法规定；但是，建设工程使用的建筑材料、建筑构配件和设备，属于前款规定的产品范围的，适用本法规定。 第五条 禁止伪造或者冒用认证标志等质量标志；禁止伪造产品的产地，伪造或者冒用他人的厂名、厂址；禁止在生产、销售的产品中掺杂、掺假，以假充真，以次充好。 第二十六条 生产者应当对其生产的产品质量负责。 产品质量应当符合下列要求： （一）不存在危及人身、财产安全的不合理的危险，有保障人体健康和人身、财产安全的国家标准、行业标准的，应当符合该标准； （二）具备产品应当具备的使用性能，但是，对产品存在使用性能的瑕疵作出说明的除外； （三）符合在产品或者其包装上注明采用的产品标准，符合以产品说明、实物样品等方式表明的质量状况。 第二十七条 产品或者其包装上的标识必须真实，并符合下列要求： （一）有产品质量检验合格证明； （二）有中文标明的产品名称、生产厂厂名和厂址； （三）根据产品的特点和使用要求，需要标明产品规格、等级、所含主要成份的名称和含量的，用中文相应予以标明；需要事先让消费者知晓的，应当在外包装上标明，或者预先向消费者提供有关资料； （四）限期使用的产品，应当在显著位置清晰地标明生产日期和安全使用期或者失效

（五）使用不当，容易造成产品本身损坏或者可能危及人身、财产安全的产品，应当有警示标志或者中文警示说明。

裸装的食品和其他根据产品的特点难以附加标识的裸装产品，可以不附加产品标识。

第二十八条 易碎、易燃、易爆、有毒、有腐蚀性、有放射性等危险物品以及储运中不能倒置和其他有特殊要求的产品，其包装质量必须符合相应要求，依照国家有关规定作出警示标志或者中文警示说明，标明储运注意事项。

第二十九条 生产者不得生产国家明令淘汰的产品。

第三十条 生产者不得伪造产地，不得伪造或者冒用他人的厂名、厂址。

第三十一条 生产者不得伪造或者冒用认证标志等质量标志。

第三十二条 生产者生产产品，不得掺杂、掺假，不得以假充真、以次充好，不得以不合格产品冒充合格产品。

第四十九条 生产、销售不符合保障人体健康和人身、财产安全的国家标准、行业标准的产品的，责令停止生产、销售，没收违法生产、销售的产品，并处违法生产、销售产品（包括已售出和未售出的产品，下同）货值金额等值以上三倍以下的罚款；有违法所得的，并处没收违法所得；情节严重的，吊销营业执照；构成犯罪的，依法追究刑事责任。

第五十条 在产品中掺杂、掺假，以假充真，以次充好，或者以不合格产品冒充合格产品的，责令停止生产、销售，没收违法生产、销售的产品，并处违法生产、销售产品货值金额百分之五十以上三倍以下的罚款；有违法所得的，并处没收违法所得；情节严重的，吊销营业执照；构成犯罪的，依法追究刑事责任。

第五十一条 生产国家明令淘汰的产品的，销售国家明令淘汰并停止销售的产品的，责令停止生产、销售，没收违法生产、销售的产品，并处违法生产、销售产品货值金额等值以下的罚款；有违法所得的，并处没收违法所得；情节严重的，吊销营业执照。

第五十二条 销售失效、变质的产品的，责令停止销售，没收违法销售的产品，并处违法销售产品货值金额二倍以下的罚款；有违法所得的，并处没收违法所得；情节严重的，吊销营业执照；构成犯罪的，依法追究刑事责任。

第五十三条 伪造产品产地的，伪造或者冒用他人厂名、厂址的，伪造或者冒用认证标志等质量标志的，责令改正，没收违法生产、销售的产品，并处违法生产、销售产品货值金额等值以下的罚款；有违法所得的，并处没收违法所得；情节严重的，吊销营业执照。

第五十四条 产品标识不符合本法第二十七条规定的，责令改正；有包装的产品标识不符合本法第二十七条第（四）项、第（五）项规定，情节严重的，责令停止生产、销售，并处违法生产、销售产品货值金额百分之三十以下的罚款；有违法所得的，并处没收违法所得。

第五十五条 销售者销售本法第四十九条至第五十三条规定禁止销售的产品，有充分证据证明其不知道该产品为禁止销售的产品并如实说明其进货来源的，可以从轻或者减轻处罚。

第六十一条 知道或者应当知道属于本法规定禁止生产、销售的产品而为其提供运输、保管、仓储等便利条件的，或者为以假充真的产品提供制假生产技术的，没收全部运输、保管、仓储或者提供制假生产技术的收入，并处违法收入百分之五十以上三倍以下的罚款；构成犯罪的，依法追究刑事责任。

第七十二条 本法第四十九条至第五十四条、第六十二条、第六十三条所规定的货值金额以违法生产、销售产品的标价计算；没有标价的，按照同类产品的市场价格计算。

第七十三条 军工产品质量监督管理办法，由国务院、中央军事委员会另行制定。

因核设施、核产品造成损害的赔偿责任，法律、行政法规另有规定的，依照其规定。

第七十四条 本法自1993年9月1日起施行。

| 相关执法参考 | 相关法律法规（11） | 《中华人民共和国消费者权益保护法》（节录）
（1993年10月31日第八届全国人民代表大会常务委员会第四次会议通过 根据2009年8月27日第十一届全国人民代表大会常务委员会第十次会议《关于修改部分法律的决定》第一次修正 根据2013年10月25日第十二届全国人民代表大会常务委员会第五次会议《关于修改〈中华人民共和国消费者权益保护法〉的决定》第二次修正）

第十八条　经营者应当保证其提供的商品或者服务符合保障人身、财产安全的要求。对可能危及人身、财产安全的商品和服务，应当向消费者作出真实的说明和明确的警示，并说明和标明正确使用商品或者接受服务的方法以及防止危害发生的方法。

宾馆、商场、餐馆、银行、机场、车站、港口、影剧院等经营场所的经营者，应当对消费者尽到安全保障义务。

第十九条　经营者发现其提供的商品或者服务存在缺陷，有危及人身、财产安全危险的，应当立即向有关行政部门报告和告知消费者，并采取停止销售、警示、召回、无害化处理、销毁、停止生产或者服务等措施。采取召回措施的，经营者应当承担消费者因商品被召回支出的必要费用。

第二十条　经营者向消费者提供有关商品或者服务的质量、性能、用途、有效期限等信息，应当真实、全面，不得作虚假或者引人误解的宣传。

经营者对消费者就其提供的商品或者服务的质量和使用方法等问题提出的询问，应当作出真实、明确的答复。

经营者提供商品或者服务应当明码标价。

第二十一条　经营者应当标明其真实名称和标记。

租赁他人柜台或者场地的经营者，应当标明其真实名称和标记。

第二十二条　经营者提供商品或者服务，应当按照国家有关规定或者商业惯例向消费者出具发票等购货凭证或者服务单据；消费者索要发票等购货凭证或者服务单据的，经营者必须出具。

第二十三条　经营者应当保证在正常使用商品或者接受服务的情况下其提供的商品或者服务应当具有的质量、性能、用途和有效期限；但消费者在购买该商品或者接受该服务前已经知道其存在瑕疵，且存在该瑕疵不违反法律强制性规定的除外。

经营者以广告、产品说明、实物样品或者其他方式表明商品或者服务的质量状况的，应当保证其提供的商品或者服务的实际质量与表明的质量状况相符。

经营者提供的机动车、计算机、电视机、电冰箱、空调器、洗衣机等耐用商品或者装饰装修等服务，消费者自接受商品或者服务之日起六个月内发现瑕疵，发生争议的，由经营者承担有关瑕疵的举证责任。

第二十四条　经营者提供的商品或者服务不符合质量要求的，消费者可以依照国家规定、当事人约定退货，或者要求经营者履行更换、修理等义务。没有国家规定和当事人约定的，消费者可以自收到商品之日起七日内退货；七日后符合法定解除合同条件的，消费者可以及时退货，不符合法定解除合同条件的，可以要求经营者履行更换、修理等义务。

依照前款规定进行退货、更换、修理的，经营者应当承担运输等必要费用。

第二十五条　经营者采用网络、电视、电话、邮购等方式销售商品，消费者有权自收到商品之日起七日内退货，且无需说明理由，但下列商品除外：

（一）消费者定作的；
（二）鲜活易腐的；
（三）在线下载或者消费者拆封的音像制品、计算机软件等数字化商品；
（四）交付的报纸、期刊。

除前款所列商品外，其他根据商品性质并经消费者在购买时确认不宜退货的商品，不适用无理由退货。 |

相关执法参考	相关法律法规(11)	消费者退货的商品应当完好。经营者应当自收到退回商品之日起七日内返还消费者支付的商品价款。退回商品的运费由消费者承担；经营者和消费者另有约定的，按照约定。 第二十六条　经营者在经营活动中使用格式条款的，应当以显著方式提请消费者注意商品或者服务的数量和质量、价款或者费用、履行期限和方式、安全注意事项和风险警示、售后服务、民事责任等与消费者有重大利害关系的内容，并按照消费者的要求予以说明。 经营者不得以格式条款、通知、声明、店堂告示等方式，作出排除或者限制消费者权利、减轻或者免除经营者责任、加重消费者责任等对消费者不公平、不合理的规定，不得利用格式条款并借助技术手段强制交易。 格式条款、通知、声明、店堂告示等含有前款所列内容的，其内容无效。 第二十七条　经营者不得对消费者进行侮辱、诽谤，不得搜查消费者的身体及其携带的物品，不得侵犯消费者的人身自由。 第二十八条　采用网络、电视、电话、邮购等方式提供商品或者服务的经营者，以及提供证券、保险、银行等金融服务的经营者，应当向消费者提供经营地址、联系方式、商品或者服务的数量和质量、价款或者费用、履行期限和方式、安全注意事项和风险警示、售后服务、民事责任等信息。 第二十九条　经营者收集、使用消费者个人信息，应当遵循合法、正当、必要的原则，明示收集、使用信息的目的、方式和范围，并经消费者同意。经营者收集、使用消费者个人信息，应当公开其收集、使用规则，不得违反法律、法规的规定和双方的约定收集、使用信息。 经营者及其工作人员对收集的消费者个人信息必须严格保密，不得泄露、出售或者非法向他人提供。经营者应当采取技术措施和其他必要措施，确保信息安全，防止消费者个人信息泄露、丢失。在发生或者可能发生信息泄露、丢失的情况时，应当立即采取补救措施。 经营者未经消费者同意或者请求，或者消费者明确表示拒绝的，不得向其发送商业性信息。 第四十八条　经营者提供商品或者服务有下列情形之一的，除本法另有规定外，应当依照其他有关法律、法规的规定，承担民事责任： （一）商品或者服务存在缺陷的； （二）不具备商品应当具备的使用性能而出售时未作说明的； （三）不符合在商品或者其包装上注明采用的商品标准的； （四）不符合商品说明、实物样品等方式表明的质量状况的； （五）生产国家明令淘汰的商品或者销售失效、变质的商品的； （六）销售的商品数量不足的； （七）服务的内容和费用违反约定的； （八）对消费者提出的修理、重作、更换、退货、补足商品数量、退还货款和服务费用或者赔偿损失的要求，故意拖延或者无理拒绝的； （九）法律、法规规定的其他损害消费者权益的情形。 经营者对消费者未尽到安全保障义务，造成消费者损害的，应当承担侵权责任。 第四十九条　经营者提供商品或者服务，造成消费者或者其他受害人人身伤害的，应当赔偿医疗费、护理费、交通费等为治疗和康复支出的合理费用，以及因误工减少的收入。造成残疾的，还应当赔偿残疾生活辅助具费和残疾赔偿金。造成死亡的，还应当赔偿丧葬费和死亡赔偿金。 第五十条　经营者侵害消费者的人格尊严、侵犯消费者人身自由或者侵害消费者个人信息依法得到保护的权利的，应当停止侵害、恢复名誉、消除影响、赔礼道歉，并赔偿

| 相关执法参考 | 相关法律法规(11) | 损失。
第五十一条 经营者有侮辱诽谤、搜查身体、侵犯人身自由等侵害消费者或者其他受害人人身权益的行为，造成严重精神损害的，受害人可以要求精神损害赔偿。
第五十二条 经营者提供商品或者服务，造成消费者财产损害的，应当依照法律规定或者当事人约定承担修理、重作、更换、退货、补足商品数量、退还货款和服务费用或者赔偿损失等民事责任。
第五十三条 经营者以预收款方式提供商品或者服务的，应当按照约定提供。未按照约定提供的，应当按照消费者的要求履行约定或者退回预付款；并应当承担预付款的利息、消费者必须支付的合理费用。
第五十四条 依法经有关行政部门认定为不合格的商品，消费者要求退货的，经营者应当负责退货。
第五十五条 经营者提供商品或者服务有欺诈行为的，应当按照消费者的要求增加赔偿其受到的损失，增加赔偿的金额为消费者购买商品的价款或者接受服务的费用的三倍；增加赔偿的金额不足五百元的，为五百元。法律另有规定的，依照其规定。
经营者明知商品或者服务存在缺陷，仍然向消费者提供，造成消费者或者其他受害人死亡或者健康严重损害的，受害人有权要求经营者依照本法第四十九条、第五十一条等法律规定赔偿损失，并有权要求所受损失二倍以下的惩罚性赔偿。
第五十六条 经营者有下列情形之一，除承担相应的民事责任外，其他有关法律、法规对处罚机关和处罚方式有规定的，依照法律、法规的规定执行；法律、法规未作规定的，由工商行政管理部门或者其他有关行政部门责令改正，可以根据情节单处或者并处警告、没收违法所得、处以违法所得一倍以上十倍以下的罚款，没有违法所得的，处以五十万元以下的罚款；情节严重的，责令停业整顿、吊销营业执照：
（一）提供的商品或者服务不符合保障人身、财产安全要求的；
（二）在商品中掺杂、掺假，以假充真，以次充好，或者以不合格商品冒充合格商品的；
（三）生产国家明令淘汰的商品或者销售失效、变质的商品的；
（四）伪造商品的产地，伪造或者冒用他人的厂名、厂址，篡改生产日期，伪造或者冒用认证标志等质量标志的；
（五）销售的商品应当检验、检疫而未检验、检疫或者伪造检验、检疫结果的；
（六）对商品或者服务作虚假或者引人误解的宣传的；
（七）拒绝或者拖延有关行政部门责令对缺陷商品或者服务采取停止销售、警示、召回、无害化处理、销毁、停止生产或者服务等措施的；
（八）对消费者提出的修理、重作、更换、退货、补足商品数量、退还货款和服务费用或者赔偿损失的要求，故意拖延或者无理拒绝的；
（九）侵害消费者人格尊严、侵犯消费者人身自由或者侵害消费者个人信息依法得到保护的权利的；
（十）法律、法规规定的对损害消费者权益应当予以处罚的其他情形。
经营者有前款规定情形的，除依照法律、法规规定予以处罚外，处罚机关应当记入信用档案，向社会公布。
第五十七条 经营者违反本法规定提供商品或者服务，侵害消费者合法权益，构成犯罪的，依法追究刑事责任。
第五十八条 经营者违反本法规定，应当承担民事赔偿责任和缴纳罚款、罚金，其财产不足以同时支付的，先承担民事赔偿责任。
第五十九条 经营者对行政处罚决定不服的，可以依法申请行政复议或者提起行政诉讼。 |

相关执法参考	相关法律法规（11）	**第六十条** 以暴力、威胁等方法阻碍有关行政部门工作人员依法执行职务的，依法追究刑事责任；拒绝、阻碍有关行政部门工作人员依法执行职务，未使用暴力、威胁方法的，由公安机关依照《中华人民共和国治安管理处罚法》的规定处罚。 **第六十一条** 国家机关工作人员玩忽职守或者包庇经营者侵害消费者合法权益的行为的，由其所在单位或者上级机关给予行政处分；情节严重，构成犯罪的，依法追究刑事责任。 **第六十二条** 农民购买、使用直接用于农业生产的生产资料，参照本法执行。 **第六十三条** 本法自1994年1月1日起施行。
	相关法律法规（12）	《工业产品质量责任条例》（节录） （1986年4月5日国务院发布） **第七条** 所有生产、经销企业必须严格执行下列规定： （1）不合格的产品不准出厂和销售；（2）不合格的原材料、零部件不准投料、组装；（3）国家已明令淘汰的产品不准生产和销售；（4）没有产品质量标准、未经质量检验机构检验的产品不准生产和销售；（5）不准弄虚作假、以次充好、伪造商标、假冒名牌。 所有生产、经销企业都不得用搭配手段推销产品。 **第九条** 产品出厂，必须符合下列要求： （一）达到本条例第二条规定的质量要求，有检验机构和检验人员签证的产品检验合格证； （二）根据不同特点，有产品名称、规格、型号、成份、含量、重量、用法、生产批号、出厂日期、生产厂家、厂址、产品技术标准编号等文字说明。限时使用的产品应注明失效时间。优质产品必须有标志； （三）实行生产许可证制度的产品，要有许可证编号、批准日期和有效期限； （四）机器、设备、装置、仪表以及耐用消费品，除符合本条（一）、（二）、（三）项要求外，还应有详细的产品使用说明书。内容包括：产品的技术经济参数、使用寿命、使用范围、保证期限、安装方法、维修方法和保存条件、技术保养检修期以及其它有关产品设计参数的有效数据。电器产品，应附有线路图和原理图； （五）包装必须符合国家有关规定和标准。剧毒、危险、易碎、怕压、需防潮、不装倒置的产品，在内外包装上必须有显著的指示标志和储运注意事项。产品包装上必须注明实际重量（净重和毛重）； （六）使用商标和分级分等的产品，在产品或包装上应有商标和分级分等标记； （七）符合国家安全、卫生、环境保护和计量等法规的要求。 **第十四条** 经销企业在进货时，应对产品进行验收，明确产品的质量责任。经销企业出售的产品，必须符合本条例第七条、第九条的规定。 **第二十四条** 生产、经销企业违反本条例规定，有下列行为之一者，由企业主管机关对企业负责人和直接责任者给以行政处分，由工商行政管理机关没收其全部非法收入，并视其情节轻重，处以相当于非法收入的15%至20%的罚款，直至由司法机关追究法律责任。 （一）生产、经销掺假产品、冒牌产品，以"处理品"冒充合格品； （二）生产、经销隐匿厂名、厂址的产品； （三）生产、经销没有产品检验合格证的产品； （四）生产、经销国家已明令淘汰的产品； （五）生产、经销国家实行生产许可证制度而到期未取得生产许可证的产品； （六）生产、经销用不合格原材料、零部件生产或组装的产品； （七）生产、经销违反国家安全、卫生、环境保护和计量等法规要求的产品； （八）经销过期失效产品。 罚没收入全部上交国家财政。

相关法律法规（13）	《中华人民共和国农产品质量安全法》（节录） （2006年4月29日第十届全国人民代表大会常务委员会第二十一次会议通过，自2006年11月1日起施行） **第二条** 本法所称农产品，是指来源于农业的初级产品，即在农业活动中获得的植物、动物、微生物及其产品。 本法所称农产品质量安全，是指农产品质量符合保障人的健康、安全的要求。 **第三十三条** 有下列情形之一的农产品，不得销售： （一）含有国家禁止使用的农药、兽药或者其他化学物质的； （二）农药、兽药等化学物质残留或者含有的重金属等有毒有害物质不符合农产品质量安全标准的； （三）含有的致病性寄生虫、微生物或者生物毒素不符合农产品质量安全标准的； （四）使用的保鲜剂、防腐剂、添加剂等材料不符合国家有关强制性的技术规范的； （五）其他不符合农产品质量安全标准的。 **第五十三条** 违反本法规定，构成犯罪的，依法追究刑事责任。
相关执法参考 相关法律法规（14）	《饲料和饲料添加剂管理条例》（节录） （1999年5月29日中华人民共和国国务院令第266号发布 根据2001年11月29日《国务院关于修改〈饲料和饲料添加剂管理条例〉的决定》第一次修订 2011年10月26日国务院第177次常务会议修订通过 根据2013年12月7日《国务院关于修改部分行政法规的决定》第二次修订 根据2016年2月6日《国务院关于修改部分行政法规的决定》第三次修订 根据2017年3月1日《国务院关于修改和废止部分行政法规的决定》第四次修订） **第一条** 为了加强对饲料、饲料添加剂的管理，提高饲料、饲料添加剂的质量，保障动物产品质量安全，维护公众健康，制定本条例。 **第二条** 本条例所称饲料，是指经工业化加工、制作的供动物食用的产品，包括单一饲料、添加剂预混合饲料、浓缩饲料、配合饲料和精料补充料。 本条例所称饲料添加剂，是指在饲料加工、制作、使用过程中添加的少量或者微量物质，包括营养性饲料添加剂和一般饲料添加剂。 饲料原料目录和饲料添加剂品种目录由国务院农业行政主管部门制定并公布。 **第二十条** 出厂销售的饲料、饲料添加剂应当包装，包装应当符合国家有关安全、卫生的规定。 饲料生产企业直接销售给养殖者的饲料可以使用罐装车运输。罐装车应当符合国家有关安全、卫生的规定，并随罐装车附具符合本条例第二十一条规定的标签。 易燃或者其他特殊的饲料、饲料添加剂的包装应当有警示标志或者说明，并注明储运注意事项。 **第二十一条** 饲料、饲料添加剂的包装上应当附具标签。标签应当以中文或者适用符号标明产品名称、原料组成、产品成分分析保证值、净重或者净含量、贮存条件、使用说明、注意事项、生产日期、保质期、生产企业名称以及地址、许可证明文件编号和产品质量标准等。加入药物饲料添加剂的，还应当标明"加入药物饲料添加剂"字样，并标明其通用名称、含量和休药期。乳和乳制品以外的动物源性饲料，还应当标明"本产品不得饲喂反刍动物"字样。 **第二十二条** 饲料、饲料添加剂经营者应当符合下列条件： （一）有与经营饲料、饲料添加剂相适应的经营场所和仓储设施； （二）有具备饲料、饲料添加剂使用、贮存等知识的技术人员； （三）有必要的产品质量管理和安全管理制度。 **第二十三条** 饲料、饲料添加剂经营者进货时应当查验产品标签、产品质量检验合格

| 相关执法参考 | 相关法律法规(14) | 证和相应的许可证明文件。
饲料、饲料添加剂经营者不得对饲料、饲料添加剂进行拆包、分装，不得对饲料、饲料添加剂进行再加工或者添加任何物质。
禁止经营用国务院农业行政主管部门公布的饲料原料目录、饲料添加剂品种目录和药物饲料添加剂品种目录以外的任何物质生产的饲料。
饲料、饲料添加剂经营者应当建立产品购销台账，如实记录购销产品的名称、许可证明文件编号、规格、数量、保质期、生产企业名称或者供货者名称及其联系方式、购销时间等。购销台账保存期限不得少于2年。
第二十四条　向中国出口的饲料、饲料添加剂应当包装，包装应当符合中国有关安全、卫生的规定，并附具符合本条例第二十一条规定的标签。
向中国出口的饲料、饲料添加剂应当符合中国有关检验检疫的要求，由出入境检验检疫机构依法实施检验检疫，并对其包装和标签进行核查。包装和标签不符合要求的，不得入境。
境外企业不得直接在中国销售饲料、饲料添加剂。境外企业在中国销售饲料、饲料添加剂的，应当依法在中国境内设立销售机构或者委托符合条件的中国境内代理机构销售。
第二十五条　养殖者应当按照产品使用说明和注意事项使用饲料。在饲料或者动物饮用水中添加饲料添加剂的，应当符合饲料添加剂使用说明和注意事项的要求，遵守国务院农业行政主管部门制定的饲料添加剂安全使用规范。
养殖者使用自行配制的饲料的，应当遵守国务院农业行政主管部门制定的自行配制饲料使用规范，并不得对外提供自行配制的饲料。
使用限制使用的物质养殖动物的，应当遵守国务院农业行政主管部门的限制性规定。禁止在饲料、动物饮用水中添加国务院农业行政主管部门公布禁用的物质以及对人体具有直接或者潜在危害的其他物质，或者直接使用上述物质养殖动物。禁止在反刍动物饲料中添加乳和乳制品以外的动物源性成分。
第二十六条　国务院农业行政主管部门和县级以上地方人民政府饲料管理部门应当加强饲料、饲料添加剂质量安全知识的宣传，提高养殖者的质量安全意识，指导养殖者安全、合理使用饲料、饲料添加剂。
第二十七条　饲料、饲料添加剂在使用过程中被证实对养殖动物、人体健康或者环境有害的，由国务院农业行政主管部门决定禁用并予以公布。
第二十八条　饲料、饲料添加剂生产企业发现其生产的饲料、饲料添加剂对养殖动物、人体健康有害或者存在其他安全隐患的，应当立即停止生产，通知经营者、使用者，向饲料管理部门报告，主动召回产品，并记录召回和通知情况。召回的产品应当在饲料管理部门监督下予以无害化处理或者销毁。
饲料、饲料添加剂经营者发现其销售的饲料、饲料添加剂具有前款规定情形的，应当立即停止销售，通知生产企业、供货者和使用者，向饲料管理部门报告，并记录通知情况。
养殖者发现其使用的饲料、饲料添加剂具有本条第一款规定情形的，应当立即停止使用，通知供货者，并向饲料管理部门报告。
第二十九条　禁止生产、经营、使用未取得新饲料、新饲料添加剂证书的新饲料、新饲料添加剂以及禁用的饲料、饲料添加剂。
禁止经营、使用无产品标签、无生产许可证、无产品质量标准、无产品质量检验合格证的饲料、饲料添加剂。禁止经营、使用无产品批准文号的饲料添加剂、添加剂预混合饲料。禁止经营、使用未取得饲料、饲料添加剂进口登记证的进口饲料、进口饲料添加剂。
第三十条　禁止对饲料、饲料添加剂作具有预防或者治疗动物疾病作用的说明或者宣传。但是，饲料中添加药物饲料添加剂的，可以对所添加的药物饲料添加剂的作用加以 |

| 相关执法参考 | 相关法律法规(14) | 说明。
第三十一条　国务院农业行政主管部门和省、自治区、直辖市人民政府饲料管理部门应当按照职责权限对全国或者本行政区域饲料、饲料添加剂的质量安全状况进行监测，并根据监测情况发布饲料、饲料添加剂质量安全预警信息。
第三十二条　国务院农业行政主管部门和县级以上地方人民政府饲料管理部门，应当根据需要定期或者不定期组织实施饲料、饲料添加剂监督抽查；饲料、饲料添加剂监督抽查检测工作由国务院农业行政主管部门或者省、自治区、直辖市人民政府饲料管理部门指定的具有相应技术条件的机构承担。饲料、饲料添加剂监督抽查不得收费。
国务院农业行政主管部门和省、自治区、直辖市人民政府饲料管理部门应当按照职责权限公布监督抽查结果，并可以公布具有不良记录的饲料、饲料添加剂生产企业、经营者名单。
第三十三条　县级以上地方人民政府饲料管理部门应当建立饲料、饲料添加剂监督管理档案，记录日常监督检查、违法行为查处等情况。
第三十四条　国务院农业行政主管部门和县级以上地方人民政府饲料管理部门在监督检查中可以采取下列措施：
（一）对饲料、饲料添加剂生产、经营、使用场所实施现场检查；
（二）查阅、复制有关合同、票据、账簿和其他相关资料；
（三）查封、扣押有证据证明用于违法生产饲料的饲料原料、单一饲料、饲料添加剂、药物饲料添加剂、添加剂预混合饲料，用于违法生产饲料添加剂的原料，用于违法生产饲料、饲料添加剂的工具、设施，违法生产、经营、使用的饲料、饲料添加剂；
（四）查封违法生产、经营饲料、饲料添加剂的场所。
第三十五条　国务院农业行政主管部门、县级以上地方人民政府饲料管理部门或者其他依照本条例规定行使监督管理权的部门及其工作人员，不履行本条例规定的职责或者滥用职权、玩忽职守、徇私舞弊的，对直接负责的主管人员和其他直接责任人员，依法给予处分；直接负责的主管人员和其他直接责任人员构成犯罪的，依法追究刑事责任。
第三十六条　提供虚假的资料、样品或者采取其他欺骗方式取得许可证明文件的，由发证机关撤销相关许可证明文件，处5万元以上10万元以下罚款，申请人3年内不得就同一事项申请行政许可。以欺骗方式取得许可证明文件给他人造成损失的，依法承担赔偿责任。
第三十七条　假冒、伪造或者买卖许可证明文件的，由国务院农业行政主管部门或者县级以上地方人民政府饲料管理部门按照职责权限收缴或者吊销、撤销相关许可证明文件；构成犯罪的，依法追究刑事责任。
第三十八条　未取得生产许可证生产饲料、饲料添加剂的，由县级以上地方人民政府饲料管理部门责令停止生产，没收违法所得、违法生产的产品和用于违法生产饲料的饲料原料、单一饲料、饲料添加剂、药物饲料添加剂、添加剂预混合饲料以及用于违法生产饲料添加剂的原料，违法生产的产品货值金额不足1万元的，并处1万元以上5万元以下罚款，货值金额1万元以上的，并处货值金额5倍以上10倍以下罚款；情节严重的，没收其生产设备，生产企业的主要负责人和直接负责的主管人员10年内不得从事饲料、饲料添加剂生产、经营活动。
已经取得生产许可证，但不再具备本条例第十四条规定的条件而继续生产饲料、饲料添加剂的，由县级以上地方人民政府饲料管理部门责令停止生产、限期改正，并处1万元以上5万元以下罚款；逾期不改正的，由发证机关撤销生产许可证。
已经取得生产许可证，但未取得产品批准文号而生产饲料添加剂、添加剂预混合饲料的，由县级以上地方人民政府饲料管理部门责令停止生产，没收违法所得、违法生产的产品和用于违法生产饲料的饲料原料、单一饲料、饲料添加剂、药物饲料添加剂以及用于违 |

| 相关执法参考 | 相关法律法规（14） | 法生产饲料添加剂的原料，限期补办产品批准文号，并处违法生产的产品货值金额1倍以上3倍以下罚款；情节严重的，由发证机关吊销生产许可证。

第三十九条 饲料、饲料添加剂生产企业有下列行为之一的，由县级以上地方人民政府饲料管理部门责令改正，没收违法所得、违法生产的产品和用于违法生产饲料的饲料原料、单一饲料、饲料添加剂、药物饲料添加剂、添加剂预混合饲料以及用于违法生产饲料添加剂的原料，违法生产的产品货值金额不足1万元的，并处1万元以上5万元以下罚款，货值金额1万元以上的，并处货值金额5倍以上10倍以下罚款；情节严重的，由发证机关吊销、撤销相关许可证明文件，生产企业的主要负责人和直接负责的主管人员10年内不得从事饲料、饲料添加剂生产、经营活动；构成犯罪的，依法追究刑事责任：

（一）使用限制使用的饲料原料、单一饲料、饲料添加剂、药物饲料添加剂、添加剂预混合饲料生产饲料，不遵守国务院农业行政主管部门的限制性规定的；

（二）使用国务院农业行政主管部门公布的饲料原料目录、饲料添加剂品种目录和药物饲料添加剂品种目录以外的物质生产饲料的；

（三）生产未取得新饲料、新饲料添加剂证书的新饲料、新饲料添加剂或者禁用的饲料、饲料添加剂的。

第四十条 饲料、饲料添加剂生产企业有下列行为之一的，由县级以上地方人民政府饲料管理部门责令改正，处1万元以上2万元以下罚款；拒不改正的，没收违法所得、违法生产的产品和用于违法生产饲料的饲料原料、单一饲料、饲料添加剂、药物饲料添加剂、添加剂预混合饲料以及用于违法生产饲料添加剂的原料，并处5万元以上10万元以下罚款；情节严重的，责令停止生产，可以由发证机关吊销、撤销相关许可证明文件：

（一）不按照国务院农业行政主管部门的规定和有关标准对采购的饲料原料、单一饲料、饲料添加剂、药物饲料添加剂、添加剂预混合饲料和用于饲料添加剂生产的原料进行查验或者检验的；

（二）饲料、饲料添加剂生产过程中不遵守国务院农业行政主管部门制定的饲料、饲料添加剂质量安全管理规范和饲料添加剂安全使用规范的；

（三）生产的饲料、饲料添加剂未经产品质量检验的。

第四十一条 饲料、饲料添加剂生产企业不依照本条例规定实行采购、生产、销售记录制度或者产品留样观察制度的，由县级以上地方人民政府饲料管理部门责令改正，处1万元以上2万元以下罚款；拒不改正的，没收违法所得、违法生产的产品和用于违法生产饲料的饲料原料、单一饲料、饲料添加剂、药物饲料添加剂、添加剂预混合饲料以及用于违法生产饲料添加剂的原料，处2万元以上5万元以下罚款，并可以由发证机关吊销、撤销相关许可证明文件。

饲料、饲料添加剂生产企业销售的饲料、饲料添加剂未附具产品质量检验合格证或者包装、标签不符合规定的，由县级以上地方人民政府饲料管理部门责令改正；情节严重的，没收违法所得和违法销售的产品，可以处违法销售的产品货值金额30%以下罚款。

第四十二条 不符合本条例第二十二条规定的条件经营饲料、饲料添加剂的，由县级人民政府饲料管理部门责令限期改正；逾期不改正的，没收违法所得和违法经营的产品，违法经营的产品货值金额不足1万元的，并处2000元以上2万元以下罚款，货值金额1万元以上的，并处货值金额2倍以上5倍以下罚款；情节严重的，责令停止经营，并通知工商行政管理部门，由工商行政管理部门吊销营业执照。

第四十三条 饲料、饲料添加剂经营者有下列行为之一的，由县级人民政府饲料管理部门责令改正，没收违法所得和违法经营的产品，违法经营的产品货值金额不足1万元的，并处2000元以上2万元以下罚款，货值金额1万元以上的，并处货值金额2倍以上5倍以下罚款；情节严重的，责令停止经营，并通知工商行政管理部门，由工商行政管理部 |

门吊销营业执照;构成犯罪的,依法追究刑事责任:

(一)对饲料、饲料添加剂进行再加工或者添加物质的;

(二)经营无产品标签、无生产许可证、无产品质量检验合格证的饲料、饲料添加剂的;

(三)经营无产品批准文号的饲料添加剂、添加剂预混合饲料的;

(四)经营用国务院农业行政主管部门公布的饲料原料目录、饲料添加剂品种目录和药物饲料添加剂品种目录以外的物质生产的饲料的;

(五)经营未取得新饲料、新饲料添加剂证书的新饲料、新饲料添加剂或者未取得饲料、饲料添加剂进口登记证的进口饲料、进口饲料添加剂以及禁用的饲料、饲料添加剂的。

第四十四条 饲料、饲料添加剂经营者有下列行为之一的,由县级人民政府饲料管理部门责令改正,没收违法所得和违法经营的产品,并处2000元以上1万元以下罚款:

(一)对饲料、饲料添加剂进行拆包、分装的;

(二)不依照本条例规定实行产品购销台账制度的;

(三)经营的饲料、饲料添加剂失效、霉变或者超过保质期的。

第四十五条 对本条例第二十八条规定的饲料、饲料添加剂,生产企业不主动召回的,由县级以上地方人民政府饲料管理部门责令召回,并监督生产企业对召回的产品予以无害化处理或者销毁;情节严重的,没收违法所得,并处应召回的产品货值金额1倍以上3倍以下罚款,可以由发证机关吊销、撤销相关许可证明文件;生产企业对召回的产品不予以无害化处理或者销毁的,由县级人民政府饲料管理部门代为销毁,所需费用由生产企业承担。

对本条例第二十八条规定的饲料、饲料添加剂,经营者不停止销售的,由县级以上地方人民政府饲料管理部门责令停止销售;拒不停止销售的,没收违法所得,处1000元以上5万元以下罚款;情节严重的,责令停止经营,并通知工商行政管理部门,由工商行政管理部门吊销营业执照。

第四十六条 饲料、饲料添加剂生产企业、经营者有下列行为之一的,由县级以上地方人民政府饲料管理部门责令停止生产、经营,没收违法所得和违法生产、经营的产品,违法生产、经营的产品货值金额不足1万元的,并处2000元以上2万元以下罚款,货值金额1万元以上的,并处货值金额2倍以上5倍以下罚款;构成犯罪的,依法追究刑事责任:

(一)在生产、经营过程中,以非饲料、非饲料添加剂冒充饲料、饲料添加剂或者以此种饲料、饲料添加剂冒充他种饲料、饲料添加剂的;

(二)生产、经营无产品质量标准或者不符合产品质量标准的饲料、饲料添加剂的;

(三)生产、经营的饲料、饲料添加剂与标签标示的内容不一致的。

饲料、饲料添加剂生产企业有前款规定的行为,情节严重的,由发证机关吊销、撤销相关许可证明文件;饲料、饲料添加剂经营者有前款规定的行为,情节严重的,通知工商行政管理部门,由工商行政管理部门吊销营业执照。

第四十七条 养殖者有下列行为之一的,由县级人民政府饲料管理部门没收违法使用的产品和非法添加物质,对单位处1万元以上5万元以下罚款,对个人处5000元以下罚款;构成犯罪的,依法追究刑事责任:

(一)使用未取得新饲料、新饲料添加剂证书的新饲料或者未取得饲料、饲料添加剂进口登记证的进口饲料、进口饲料添加剂的;

(二)使用无产品标签、无生产许可证、无产品质量标准、无产品质量检验合格证的饲料、饲料添加剂的;

(三)使用无产品批准文号的饲料添加剂、添加剂预混合饲料的;

相关执法参考	相关法律法规（14）	（四）在饲料或者动物饮用水中添加饲料添加剂，不遵守国务院农业行政主管部门制定的饲料添加剂安全使用规范的； （五）使用自行配制的饲料，不遵守国务院农业行政主管部门制定的自行配制饲料使用规范的； （六）使用限制使用的物质养殖动物，不遵守国务院农业行政主管部门的限制性规定的； （七）在反刍动物饲料中添加乳和乳制品以外的动物源性成分的。 在饲料或者动物饮用水中添加国务院农业行政主管部门公布禁用的物质以及对人体具有直接或者潜在危害的其他物质，或者直接使用上述物质养殖动物的，由县级以上地方人民政府饲料管理部门责令其对饲喂了违禁物质的动物进行无害化处理，处3万元以上10万元以下罚款；构成犯罪的，依法追究刑事责任。 **第四十八条** 养殖者对外提供自行配制的饲料的，由县级人民政府饲料管理部门责令改正，处2000元以上2万元以下罚款。 **第四十九条** 本条例下列用语的含义： （一）饲料原料，是指来源于动物、植物、微生物或者矿物质，用于加工制作饲料但不属于饲料添加剂的饲用物质。 （二）单一饲料，是指来源于一种动物、植物、微生物或者矿物质，用于饲料产品生产的饲料。 （三）添加剂预混合饲料，是指由两种（类）或者两种（类）以上营养性饲料添加剂为主，与载体或者稀释剂按照一定比例配制的饲料，包括复合预混合饲料、微量元素预混合饲料、维生素预混合饲料。 （四）浓缩饲料，是指主要由蛋白质、矿物质和饲料添加剂按照一定比例配制的饲料。 （五）配合饲料，是指根据养殖动物营养需要，将多种饲料原料和饲料添加剂按照一定比例配制的饲料。 （六）精料补充料，是指为补充草食动物的营养，将多种饲料原料和饲料添加剂按照一定比例配制的饲料。 （七）营养性饲料添加剂，是指为补充饲料营养成分而掺入饲料中的少量或者微量物质，包括饲料级氨基酸、维生素、矿物质微量元素、酶制剂、非蛋白氮等。 （八）一般饲料添加剂，是指为保证或者改善饲料品质、提高饲料利用率而掺入饲料中的少量或者微量物质。 （九）药物饲料添加剂，是指为预防、治疗动物疾病而掺入载体或者稀释剂的兽药的预混合物质。 （十）许可证明文件，是指新饲料、新饲料添加剂证书，饲料、饲料添加剂进口登记证，饲料、饲料添加剂生产许可证，饲料添加剂、添加剂预混合饲料产品批准文号。 **第五十条** 药物饲料添加剂的管理，依照《兽药管理条例》的规定执行。 **第五十一条** 本条例自2012年5月1日起施行。

二、生产、销售、提供假药罪

罪名	生产、销售、提供假药罪（《刑法》第 141 条）
概念	生产、销售、提供假药罪，是指故意违反国家药品管理法规，非法生产、销售、提供假药的行为。
犯罪构成	**客体**　本罪侵犯的客体是双重客体，既侵犯了国家对药品的管理制度，又侵犯了不特定多数人的生命健康权利。药品是指用于预防、治疗、诊断人的疾病，有目的地调节人的生理机能并规定有适应证或者功能主治、用法和用量的物质，包括中药、化学药和生物制品等。药品质量直接关系到人民的健康和生命，国家历来对药品的生产与经销的监督管理十分重视。为了保证药品质量，增进药品疗效，保障人们用药生命健康安全，国家制定了一系列关于药品管理的法律和法规，包括《药品管理法》《药品管理法实施条例》《药品生产质量管理规范》《药品经营质量管理规范》《中药品种保护条例》等，建立了一套保证药品质量、增进药品疗效、保障用药安全的完整管理制度。生产、销售假药的行为既侵害了国家药品管理制度，同时也危害了不特定多数人的生命健康权利。 　　本罪侵害的对象是假药，通俗而言，就是冠以药名但对治疗人体疾病没有特定疗效功能的仿药品的制品。根据法律规定，所谓假药，是指具有《药品管理法》第 98 条第 2 款规定的情形之一者：①药品所含成分与国家药品标准规定的成分不符；②以非药品冒充药品或者以他种药品冒充此种药品；③变质的药品；④药品所标明的适应证或者功能主治超出规定范围。根据司法解释规定，如果难以确定是否属于假药，可以根据地市级以上药品监督管理部门出具的认定意见等相关材料进行认定。必要时，可以委托省级以上药品监督管理部门设置或者确定的药品检验机构进行检验。假药在一定意义上讲根本不属于药品。鉴别及确定劣药或者假药的基本前提是弄清和理解药品的内涵和外延。根据《药品管理法》第 2 条的规定，所谓药品，是指用于预防、治疗、诊断人的疾病，有目的地调节人的生理机能并规定有适应证或者功能主治、用法和用量的物质，包括中药、化学药和生物制品等。这里的中药，是以中医理论体系为基础并在中医基本理论指导下应用的药物。这里的化学药，是缓解、预防和诊断疾病以及具有调节机体功能的化合物的统称。生产化学药物的工业即化学制药工业，包括化学原料药业和化学制剂业两个门类。化学制药业是化学原料的分解、合成技术与现代临床诊断医学相结合的制造工业，我国是化学原料药生产大国，化学制剂加工能力位居世界第一。这里的生物制品，是指应用普通的或以基因工程、细胞工程、蛋白质工程、发酵工程等生物技术获得的微生物、细胞及各种动物和人源的组织和液体等生物材料制备的，用于人类疾病预防、治疗和诊断的药品，包括以微生物、寄生虫、动物毒素、生物组织作为起始材料，采用生物学工艺或分离纯化技术制备，并以生物学技术和分析技术控制中间产物和成品质量制成的生物活性制剂，如菌苗、疫苗、毒素、类毒素、免疫血清、血液制品、免疫球蛋白、抗原、变态反应原、细胞因子、激素、酶、发酵产品、单克隆抗体、DNA 重组产品、体外免疫诊断制品等。生物制品不同于一般医用药品，它是通过刺激机体免疫系统，在人体内产生体液免疫、细胞免疫或细胞介导免疫等免疫物质（如抗体），才发挥其功效。药品除具有商品的一般属性外，又具有其自身的五个特性：一是针对性。药品的针对性突出地表现为对症下药的特殊属性，患彼病就得用彼药、患此病就得用此药，如某人发烧、感冒，就不能用抗肿瘤类药物代替。二是双面性。药品的双面性也可视为益害性，它既有直接防治疾病的一面，又有间接损害健康的一面。用之得当，可以防治疾病；用之不当，则会毁损身体健康。三是时效性。药品的时

	客体	效性,主要体现为药品具有保质期、有效期,超过保质期、有效期的药品就不属于真正意义上的药品。四是均一性。药品的均一性表现为药品的每一个单位都应当符合时效性和针对性的规定要求。五是管控性。药品是以预防、治疗为目的而进入流通渠道的特殊商品,其质量是否符合国家管理部门的质量标准要求,直接关系到用药的安全,因而必须严格管控。从药品的生产、销售到最后使用等环节均需要得到严格的质量卫生安全控制,以防止不合格的次品、等外品在生产、销售环节滋生,避免进入流通领域供患者使用。因此,药品的"五性"决定了药品是特殊商品,不具有"五性"的可能就属于假药、劣药范畴。 应当注意的是,作为本罪犯罪对象的假药的范围,是专指人用药领域,而不包括兽用药及其他动植物用药领域;但如果某些物品本来不能用于人体,而行为人将它假冒为药品提供给人使用的,也应看作本对象中的假药。因为当行为人将某种物品假冒为对人体使用的药品时,它就是假药,而不管这种物品实际上能否用于人体。当然,当行为人将某种物品假冒为对兽类使用的药品时,它就不是这里的假药,也不必问这种物品能否用于人体,因此也就不属于本罪的假药对象范畴。
犯罪构成	客观方面	本罪在客观方面表现为违反国家药品管理法规,非法生产、销售、提供假药的行为。包括两点: 1. 行为人实施的行为必须是违反国家药品管理法规的行为。违反国家药品管理法规,主要是违反了《药品管理法》等的相关规定。《药品管理法》第 7 条规定,从事药品研制、生产、经营、使用活动,应当遵守法律、法规、规章、标准和规范,保证全过程信息真实、准确、完整和可追溯。第 42 条规定,从事药品生产活动,应当具备以下条件:有依法经过资格认定的药学技术人员、工程技术人员及相应的技术工人;有与药品生产相适应的厂房、设施和卫生环境;有能对所生产药品进行质量管理和质量检验的机构、人员及必要的仪器设备;有保证药品质量的规章制度,并符合国务院药品监督管理部门依据本法制定的药品生产质量管理规范要求。第 52 条规定,从事药品经营活动应当具备以下条件:有依法经过资格认定的药师或者其他药学技术人员;有与所经营药品相适应的营业场所、设备、仓储设施和卫生环境;有与所经营药品相适应的质量管理机构或者人员;有保证药品质量的规章制度,并符合国务院药品监督管理部门依据本法制定的药品经营质量管理规范要求。总之,相关规定明确要求,生产经营药品的单位必须具备一定的条件,取得相关许可、手续,在生产、经营活动中严格遵守相关质量、卫生要求等。 2. 实施了非法生产、销售、提供假药的行为。生产、销售、提供假药是三种行为,可以分别实施,也可以同时存在三种行为,即既生产假药又销售或提供假药。按照刑法关于本罪的客观行为规定,只要具备其中一种行为,即符合该罪的客观要求。如果行为人同时实施上述三种行为,仍视为一个生产、销售、提供假药罪,不实行数罪并罚。其中的非法生产假药的行为,表现为一切非法制造、加工、采集、收集假药的活动,如以某种原材料制造、加工成不合格药品,采集非药品充当药品,将他种药品充当此种药品,收集禁止使用的、变质不能药用的物品或被污染不能药用的物品充当药品等。其中的非法销售假药的行为,包括一切非法有偿提供假药的行为。销售的方式既可能是公开的,也可能是秘密的;既可能是批量销售,也可能是零散销售;有偿转让假药既可能是获取金钱,也可能是获取其他物质利益;既可能是在交付假药的同时获得利益,也可能是先交付假药后获取利益或者先获取利益后交付假药;假药的来源既可能是自己生产的,也可能是自己购买的,还可能是通过其他方法取得的。其中的非法提供假药的行为,是指药品使用单位的人员明知是假药而提供给他人使用的行为。 至于销售的对方则没有任何限制,即不问购买人是否达到法定年龄、是否具有辨认控制能力、是否与销售人具有某种关系。根据司法解释规定,以生产、销售假药为目的,具有下列情形之一的,属于本条规定的"生产":合成、精制、提取、储存、加工炮制药品原料的;将药品原料、辅料、包装材料制成成品过程中,进行配料、混合、制剂、储存、

犯罪构成	客观方面	包装的；印制包装材料、标签、说明书的。医疗机构、医疗机构工作人员明知是假药而有偿提供给他人使用，或者为出售而购买、储存的，属于本条规定的"销售"。无偿提供给他人使用的，属于本条规定的"提供"。 根据《刑法修正案（八）》的有关规定，对于生产、销售假药的，无论数量多少，一般都应当依法追究刑事责任。但根据司法解释规定，销售少量根据民间传统配方私自加工的药品，或者销售少量未经批准进口的国外、境外药品，没有造成他人伤害后果或者延误诊治，情节显著轻微，危害不大的除外。
	主体	本罪的主体是一般主体，自然人和单位都可构成本罪。包括假药的生产者、销售者、提供者三类。生产者即假药的制造、加工、采集、收集者，销售者即假药的有偿提供者，提供者即药品使用单位的人员。凡达到法定刑事责任年龄且具有刑事责任能力的16周岁以上的自然人均可构成本罪，依刑法第150条之规定，单位亦能成为本罪主体，单位犯本罪时，实行两罚制。
	主观方面	本罪在主观方面表现为故意，即行为人明知自己生产、销售、提供的是假药，必然危害人体健康，但仍进行生产、销售、提供的心理态度。行为人的主观故意表现在生产领域内有意制造假药，即认识到假药危害人体健康而对此持希望或放任的态度；在销售领域内必须具有明知是假药而售卖的心理状态，对不知道是假药而销售的不构成本罪；在提供领域指药品使用单位的人员明知是假药而提供的心理态度。当然，本罪一般是出于营利的目的，但生产者、销售者、提供者是否出于营利目的并不影响本罪的成立；行为人的动机多种多样，不同的动机也不影响本罪的成立。例如，为了损害某个名牌厂家的信誉，而大量生产、销售伪劣产品等，并不影响本罪的成立。 如果生产者不是故意生产假药，而是由于过失或者制造过程中的缺陷，使生产出来的产品未能全部达到规定的质量标准，就不构成本罪；如果销售者非故意销售假药，而是因未能识别而误售假药，或者药剂人员抓错了药，致使他人健康受损，同样不构成本罪；如果提供者不明知是假药而提供的，也不构成本罪。如果上述行为造成严重后果，应追究刑事责任的，可以依照重大责任事故罪、玩忽职守罪追究刑事责任。
认定标准	刑罚标准	1. 犯本罪的，处3年以下有期徒刑或者拘役，并处罚金。 2. 对人体健康造成严重危害或者有其他严重情节，处3年以上10年以下有期徒刑，并处罚金。 3. 致人死亡或者有其他特别严重情节，处10年以上有期徒刑、无期徒刑或者死刑，并处罚金或者没收财产。 4. 单位犯本罪的，对单位判处罚金，并对其直接负责的主管人员和其他责任人员依上述规定处罚。 本罪属行为犯，行为人只要实施了非法生产、销售、提供假药的行为，无论是否造成危害后果，即构成本罪，除非情节显著轻微危害不大不认为是犯罪的以外，即应适用第一档量刑条款。 构成本罪，并对人体健康造成了严重危害或者有其他严重情节的，适用第二档量刑条款。根据有关司法解释规定，这里的对人体健康造成严重危害包括：造成轻伤或者重伤的；造成轻度残疾或者中度残疾的；造成器官组织损伤导致一般功能障碍或者严重功能障碍的；其他对人体健康造成严重危害的情形。这里的其他严重情节包括：造成较大突发公共卫生事件的；生产、销售金额20万元以上不满50万元的；生产、销售金额10万元以上不满20万元，并具有根据相关司法解释应当酌情从重处罚规定情形之一的（所谓应当酌情从重处罚包括：生产、销售的假药以孕产妇、婴幼儿、儿童或者危重病人为主要使用对象的；生产、销售的假药属于麻醉药品、精神药品、医疗用毒性药品、放射性药品、避孕药品、血液制品、疫苗的；生产、销售的假药属于注射剂药品、急救药品的；医疗机

认定标准	刑罚标准	构、医疗机构工作人员生产、销售假药的；在自然灾害、事故灾难、公共卫生事件、社会安全事件等突发事件期间，生产、销售用于应对突发事件的假药的；两年内曾因危害药品安全违法犯罪活动受过行政处罚或者刑事处罚的；其他应当酌情从重处罚的情形)；根据生产、销售的时间、数量、假药种类等，应当认定为情节严重的。 构成本罪，致人死亡或者有其他特别严重情节的，适用第三档量刑条款。根据有关司法解释规定，这里的其他特别严重情节包括：致人重度残疾的；造成3人以上重伤、中度残疾或者器官组织损伤导致严重功能障碍的；造成5人以上轻度残疾或者器官组织损伤导致一般功能障碍的；造成10人以上轻伤的；造成重大、特别重大突发公共卫生事件的；生产、销售金额50万元以上的；生产、销售金额20万元以上不满50万元，并具有本解释第一条规定情形之一的；根据生产、销售的时间、数量、假药种类等，应当认定为情节特别严重的。 根据有关司法解释规定，生产、销售假药，具有下列情形之一的，应当酌情从重处罚：（1）生产、销售的假药以孕产妇、婴幼儿、儿童或者危重病人为主要使用对象的；（2）生产、销售的假药属于麻醉药品、精神药品、医疗用毒性药品、放射性药品、避孕药品、血液制品、疫苗的；（3）生产、销售的假药属于注射剂药品、急救药品的；（4）医疗机构、医疗机构工作人员生产、销售假药的；（5）在自然灾害、事故灾难、公共卫生事件、社会安全事件等突发事件期间，生产、销售用于应对突发事件的假药的；（6）两年内曾因危害药品安全违法犯罪活动受过行政处罚或者刑事处罚的；（7）其他应当酌情从重处罚的情形。
	本罪与违法行为的区别	1. 看行为对象。成立生产、销售、提供假药罪的行为对象条件必须为假药；如果行为人生产、销售、提供的行为对象不属于假药，则不能成立犯罪或者不构成生产、销售、提供假药罪。如行为人以红糖为主要成分冒充感冒冲剂的生产、销售、提供行为，一般不能作为犯罪或者本罪来处理。 2. 看客观情节。本罪属于行为犯，根据《刑法修正案（八）》的有关规定，对于生产、销售假药的，无论数量多少，一般都应当依法追究刑事责任。但根据刑法第13条规定属于情节显著轻微危害不大的，则不能成立犯罪。根据司法解释规定，销售少量根据民间传统配方私自加工的药品，或者销售少量未经批准进口的国外、境外药品，没有造成他人伤害后果或者延误诊治，情节显著轻微危害不大的，不能成立生产、销售、提供假药罪。 3. 看主观罪过内容。本罪只能出于主观故意才能成立犯罪；如果出于过失，则不能成立本罪。
	本罪罪名和罪数的认定	本罪是选择性罪名，生产假药构成犯罪的，是生产假药罪。销售假药构成犯罪的，构成销售假药罪。提供假药构成犯罪的，构成提供假药罪。既生产又销售或提供假药构成犯罪的，构成生产、销售、提供假药罪，不能实行数罪并罚。 根据司法解释规定，实施生产、销售、提供假药、劣药犯罪，同时构成生产、销售伪劣产品、侵犯知识产权、非法经营、非法行医、非法采供血等犯罪的，依照处罚较重的规定定罪处罚。违反国家药品管理法律法规，未取得或者使用伪造、变造的药品经营许可证，非法经营药品，情节严重的，依照刑法第225条的规定以非法经营罪定罪处罚。以提供给他人生产、销售药品为目的，违反国家规定，生产、销售不符合药用要求的非药品原料、辅料，情节严重的，依照刑法第225条的规定以非法经营罪定罪处罚。实施前两款生产、销售行为，非法经营数额在10万元以上，或者违法所得数额在5万元以上的，应当认定为刑法第225条规定的"情节严重"；非法经营数额在50万元以上，或者违法所得数额在25万元以上的，应当认定为刑法第225条规定的"情节特别严重"。实施本条第二款行为，同时又构成生产、销售伪劣产品罪，以危险方法危害公共安全罪等犯罪的，依照处罚较重的规定定罪处罚。

认定标准	本罪形态的认定	本罪属于行为犯，根据2011年《刑法修正案（八）》的有关规定，本罪由原来的"危险犯"修改为"行为犯"，因此，只要行为人完成了刑法规定的客观方面犯罪行为，犯罪即为完备，犯罪即成为既遂形态。也就是说一旦具有生产、销售、提供假药的行为即构成本罪。例如，案犯王洪太从1999年10月至2000年11月，先后销售"先锋胶丸""青霉素胶丸""芬必得"等假药给阆中个体药贩母安勋等人，销售金额共8710元。2001年8月、11月，王洪太又从外地购进兽药和人用药标签，制作假药"多酶片"1850盒、"红霉素"片50瓶、"四环素"片9瓶，上述行为足以严重危害人体健康。西充县人民法院于2002年6月3日依法一审判处王洪太有期徒刑7年，并处罚金40万元。如果行为发生在2011年《刑法修正案（八）》施行后，则无须以严重危害人体健康的条件，也应当认定构成本罪既遂。
	本罪共犯的认定	根据司法解释规定，明知他人生产、销售假药、劣药，而有下列情形之一的，以共同犯罪论处：提供资金、贷款、账号、发票、证明、许可证件的；提供生产、经营场所、设备或者运输、储存、保管、邮寄、网络销售渠道等便利条件的；提供生产技术或者原料、辅料、包装材料、标签、说明书的；提供广告宣传等帮助行为的。
	此罪与彼罪的区别（1）	本罪与生产、销售、提供劣药罪的区别。 生产、销售、提供劣药罪，是指故意违反国家药品管理法规生产、销售、提供劣药，对人体健康造成严重危害的行为。两罪都侵犯了国家药品管理制度和公民的健康权和生命权。两罪在犯罪的主体、犯罪主观方面、犯罪客观方面基本都相同。两罪的主要区别在于： 1. 犯罪对象及行为属性不同。本罪犯罪对象是假药，行为属性为生产、销售、提供假药；后罪犯罪对象是劣药，行为属性为生产、销售、提供劣药。假药和劣药的各自范围在《药品管理法》中已明确规定。 2. 犯罪成立的标准不同。本罪是行为犯，只要实施了具有生产、销售、提供假药的行为，即可构成本罪；而后罪是实害犯，即只有产生了对人体健康造成严重危害的后果，才能构成犯罪。 3. 犯罪的社会危害性不同，处罚也不同。"假药"往往比"劣药"对人体造成的危害大，因而生产、销售、提供假药罪的法定刑要重于生产、销售、提供劣药罪，前者法定最高刑为死刑，后者法定最高刑为无期徒刑。
	此罪与彼罪的区别（2）	本罪与生产、销售伪劣产品罪的区别。 生产、销售伪劣产品罪，是指生产者、销售者在产品中掺杂、掺假，以假充真，以次充好或者以不合格产品冒充合格产品，销售金额达5万元以上的行为。两者属于特殊与一般的关系，假药也属于伪劣产品，但两罪成立犯罪的标准不同。两罪的主要区别在于： 1. 犯罪客体不同。本罪属于双重客体，既侵犯了国家对药品的管理制度，又侵犯了不特定多数人的生命健康权利。后罪属于简单客体，侵害的是国家有关产品质量管理制度。 2. 犯罪对象有所不同。本罪的对象只能是假药。后罪的对象为一切伪劣产品，包括假药在内。 3. 犯罪成立的标准不同。本罪是行为犯，只要实施了生产、销售、提供假药的行为，即可构成本罪；而后罪是数额犯，即销售金额在5万元以上的，就能构成犯罪。根据刑法第149条第1款的规定，实施了生产、销售假药行为，由于情节显著轻微危害不大，虽然不能构成生产、销售假药罪，但是如果销售金额在5万元以上的，则成立生产、销售伪劣产品罪。当然，这里如果同时构成生产、销售、提供假药罪和生产、销售伪劣产品罪的，则根据刑法第149条第2款规定的精神，应按处罚较重的规定处罚，一般按生产、销售、提供假药罪定罪处罚。例如，被告人王某（原河南周口地区第一兽药厂厂长）、郭某（原

认定标准	此罪与彼罪的区别（2）	第一兽药厂副厂长）伙同王某（原兽药厂副厂长，批捕在逃）、李某（原第一兽药厂生产科长）、杨某（原第一兽药厂人保科长兼办公室主任）等人在没有生产技术人员、没有化验设备的情况下，大肆制造、贩卖假兽药和人用药。在制假过程中，他们采取制片剂不加原粉、少加原粉、多种药加一种原粉，用大黄水混合，或加化工染料着色等方法。为增加苦味，在不同片剂中乱加氯霉素、黄连素、氯喹等。为便于片剂成形，竟加入根本不能药用的白乳胶。还低价购买其他厂家次品重新包装后以人用药或兽药出售。在针剂生产中不按规定投料，有的根本不投原粉，仅以蒸馏水灌封就大规模生产安乃近、氨基比林、黄连素、卡那霉素、安那咖、葡萄糖、盐水、氯霉素等药，同时还大量生产了人用庆大霉素针、土霉素片、安乃近片、氯霉素片、麦迪霉素片。在销售方面，由被告人郭某、王某、杨某伙同陈某（供销科长在逃）、李某（在逃）等人采取现金交易不开发票或使用过期发票、跟踪运输、夜间运输或零担运输等方法，以经销处或个人名义销售。据已查实的生产、销售件数为14305件，伪劣假药售往八省四十多个县、市，经营数额238万元，非法所得159万元。本案经人民法院审理判处如下：主犯王某犯生产、销售伪劣产品罪，判处无期徒刑，剥夺政治权利终身；主犯郭某犯生产、销售伪劣产品罪，判处有期徒刑15年，剥夺政治权利终身；李某、杨某犯生产、销售伪劣产品罪，分别判处有期徒刑8年和7年。原审人民法院的定罪量刑正确。因为王某等人生产、销售假药，尚未造成死亡或对人体健康造成特别严重的后果。根据刑法第141条的规定，如果以生产、销售假药罪定罪处罚，只能处10年以下有期徒刑，但是依照刑法第140条的规定，销售金额在200万元以上的，处15年有期徒刑或者无期徒刑。后者的处罚重于前者，因此，原审法院就以生产、销售伪劣产品罪定罪处罚。
相关执法参考	刑法	中华人民共和国刑法（节录） （1979年7月1日第五届全国人民代表大会第二次会议通过，1997年3月14日第八届全国人民代表大会第五次会议修订，已先后被1999年12月25日《中华人民共和国刑法修正案》、2001年8月31日《中华人民共和国刑法修正案（二）》、2001年12月29日《中华人民共和国刑法修正案（三）》、2002年12月28日《中华人民共和国刑法修正案（四）》、2005年2月28日《中华人民共和国刑法修正案（五）》、2006年6月29日《中华人民共和国刑法修正案（六）》、2009年2月28日《中华人民共和国刑法修正案（七）》、2009年8月27日《全国人民代表大会常务委员会关于修改部分法律的决定》、2011年2月25日《中华人民共和国刑法修正案（八）》、2015年8月29日《中华人民共和国刑法修正案（九）》、2017年11月4日《中华人民共和国刑法修正案（十）》、2020年12月26日《中华人民共和国刑法修正案（十一）》修改或修正） **第一百四十一条** 生产、销售假药的，处三年以下有期徒刑或者拘役，并处罚金；对人体健康造成严重危害或者有其他严重情节的，处三年以上十年以下有期徒刑，并处罚金；致人死亡或者有其他特别严重情节的，处十年以上有期徒刑、无期徒刑或者死刑，并处罚金或者没收财产。 药品使用单位的人员明知是假药而提供给他人使用的，依照前款的规定处罚。 **第一百四十九条** 生产、销售本节第一百四十一条至第一百四十八条所列产品，不构成各该条规定的犯罪，但是销售金额在五万元以上的，依照本节第一百四十条的规定定罪处罚。 生产、销售本节第一百四十一条至第一百四十八条所列产品，构成各该条规定的犯罪，同时又构成本节第一百四十条规定之罪的，依照处罚较重的规定定罪处罚。 **第一百五十条** 单位犯本节第一百四十条至第一百四十八条规定之罪的，对单位判处罚金，并对其直接负责的主管人员和其他直接责任人员，依照各该条的规定处罚。

| 相关执法参考 | 相关法律法规（1） | 最高人民法院、最高人民检察院《关于办理药品、医疗器械注册申请材料造假刑事案件适用法律若干问题的解释》

（2017年4月10日最高人民法院审判委员会第1714次会议、2017年6月8日最高人民检察院第十二届检察委员会第65次会议通过，法释〔2017〕15号，自2017年9月1日起施行）

为依法惩治药品、医疗器械注册申请材料造假的犯罪行为，维护人民群众生命健康权益，根据《中华人民共和国刑法》《中华人民共和国刑事诉讼法》的有关规定，现就办理此类刑事案件适用法律的若干问题解释如下：

第一条　药物非临床研究机构、药物临床试验机构、合同研究组织的工作人员，故意提供虚假的药物非临床研究报告、药物临床试验报告及相关材料的，应当认定为刑法第二百二十九条规定的"故意提供虚假证明文件"。

实施前款规定的行为，具有下列情形之一的，应当认定为刑法第二百二十九条规定的"情节严重"，以提供虚假证明文件罪处五年以下有期徒刑或者拘役，并处罚金：

（一）在药物非临床研究或者药物临床试验过程中故意使用虚假试验用药品的；

（二）瞒报与药物临床试验用药品相关的严重不良事件的；

（三）故意损毁原始药物非临床研究数据或者药物临床试验数据的；

（四）编造受试动物信息、受试者信息、主要试验过程记录、研究数据、检测数据等药物非临床研究数据或者药物临床试验数据，影响药品安全性、有效性评价结果的；

（五）曾因在申请药品、医疗器械注册过程中提供虚假证明材料受过刑事处罚或者二年内受过行政处罚，又提供虚假证明材料的；

（六）其他情节严重的情形。

第二条　实施本解释第一条规定的行为，索取或者非法收受他人财物的，应当依照刑法第二百二十九条第二款规定，以提供虚假证明文件罪处五年以上十年以下有期徒刑，并处罚金；同时构成提供虚假证明文件罪和受贿罪、非国家工作人员受贿罪的，依照处罚较重的规定定罪处罚。

第三条　药品注册申请单位的工作人员，故意使用符合本解释第一条第二款规定的虚假药物非临床研究报告、药物临床试验报告及相关材料，骗取药品批准证明文件生产、销售药品的，应当依照刑法第一百四十一条规定，以生产、销售假药罪定罪处罚。

第四条　药品注册申请单位的工作人员指使药物非临床研究机构、药物临床试验机构、合同研究组织的工作人员提供本解释第一条第二款规定的虚假药物非临床研究报告、药物临床试验报告及相关材料的，以提供虚假证明文件罪的共同犯罪论处。

具有下列情形之一的，可以认定为前款规定的"指使"，但有相反证据的除外：

（一）明知有关机构、组织不具备相应条件或者能力，仍委托其进行药物非临床研究、药物临床试验的；

（二）支付的价款明显异于正常费用的。

药品注册申请单位的工作人员和药物非临床研究机构、药物临床试验机构、合同研究组织的工作人员共同实施第一款规定的行为，骗取药品批准证明文件生产、销售药品，同时构成提供虚假证明文件罪和生产、销售假药罪的，依照处罚较重的规定定罪处罚。

第五条　在医疗器械注册申请中，故意提供、使用虚假的医疗器械临床试验报告及相关材料的，参照适用本解释第一条至第四条规定。

第六条　单位犯本解释第一条至第五条规定之罪的，对单位判处罚金，并依照本解释规定的相应自然人犯罪的定罪量刑标准对直接负责的主管人员和其他直接责任人员定罪处罚。

第七条　对药品、医疗器械注册申请负有核查职责的国家机关工作人员，滥用职权或者玩忽职守，导致使用虚假证明材料的药品、医疗器械获得注册，致使公共财产、国家和 |

相关法律法规（1）		人民利益遭受重大损失的，应当依照刑法第三百九十七条规定，以滥用职权罪或者玩忽职守罪追究刑事责任。 第八条　对是否属于虚假的药物非临床研究报告、药物或者医疗器械临床试验报告及相关材料，是否影响药品或者医疗器械安全性、有效性评价结果，以及是否属于严重不良事件等专门性问题难以确定的，可以根据国家药品监督管理部门设置或者指定的药品、医疗器械审评等机构出具的意见，结合其他证据作出认定。 第九条　本解释所称"合同研究组织"，是指受药品或者医疗器械注册申请单位、药物非临床研究机构、药物或者医疗器械临床试验机构的委托，从事试验方案设计、数据统计、分析测试、监查稽查等与非临床研究或者临床试验相关活动的单位。 第十条　本解释自2017年9月1日起施行。
相关执法参考	相关法律法规（2）	最高人民法院、最高人民检察院《关于办理危害药品安全刑事案件适用法律若干问题的解释》（节录） （2022年2月28日由最高人民法院审判委员会第1865次会议、2022年2月25日由最高人民检察院第十三届检察委员会第九十二次会议通过，自2022年3月6日起施行） 为依法惩治危害药品安全犯罪，保障人民群众生命健康，维护药品管理秩序，根据《中华人民共和国刑法》《中华人民共和国刑事诉讼法》及《中华人民共和国药品管理法》等有关规定，现就办理此类刑事案件适用法律的若干问题解释如下： 第一条　生产、销售、提供假药，具有下列情形之一的，应当酌情从重处罚： （一）涉案药品以孕产妇、儿童或者危重病人为主要使用对象的； （二）涉案药品属于麻醉药品、精神药品、医疗用毒性药品、放射性药品、生物制品，或者以药品类易制毒化学品冒充其他药品的； （三）涉案药品属于注射剂药品、急救药品的； （四）涉案药品系用于应对自然灾害、事故灾难、公共卫生事件、社会安全事件等突发事件的； （五）药品使用单位及其工作人员生产、销售假药的； （六）其他应当酌情从重处罚的情形。 第二条　生产、销售、提供假药，具有下列情形之一的，应当认定为刑法第一百四十一条规定的"对人体健康造成严重危害"： （一）造成轻伤或者重伤的； （二）造成轻度残疾或者中度残疾的； （三）造成器官组织损伤导致一般功能障碍或者严重功能障碍的； （四）其他对人体健康造成严重危害的情形。 第三条　生产、销售、提供假药，具有下列情形之一的，应当认定为刑法第一百四十一条规定的"其他严重情节"： （一）引发较大突发公共卫生事件的； （二）生产、销售、提供假药的金额二十万元以上不满五十万元的； （三）生产、销售、提供假药的金额十万元以上不满二十万元，并具有本解释第一条规定情形之一的； （四）根据生产、销售、提供的时间、数量、假药种类、对人体健康危害程度等，应当认定为情节严重的。 第四条　生产、销售、提供假药，具有下列情形之一的，应当认定为刑法第一百四十一条规定的"其他特别严重情节"： （一）致人重度残疾以上的； （二）造成三人以上重伤、中度残疾或者器官组织损伤导致严重功能障碍的； （三）造成五人以上轻度残疾或者器官组织损伤导致一般功能障碍的；

（四）造成十人以上轻伤的；

（五）引发重大、特别重大突发公共卫生事件的；

（六）生产、销售、提供假药的金额五十万元以上的；

（七）生产、销售、提供假药的金额二十万元以上不满五十万元，并具有本解释第一条规定情形之一的；

（八）根据生产、销售、提供的时间、数量、假药种类、对人体健康危害程度等，应当认定为情节特别严重的。

第六条 以生产、销售、提供假药、劣药为目的，合成、精制、提取、储存、加工炮制药品原料，或者在将药品原料、辅料、包装材料制成成品过程中，进行配料、混合、制剂、储存、包装的，应当认定为刑法第一百四十一条、第一百四十二条规定的"生产"。

药品使用单位及其工作人员明知是假药、劣药而有偿提供给他人使用的，应当认定为刑法第一百四十一条、第一百四十二条规定的"销售"；无偿提供给他人使用的，应当认定为刑法第一百四十一条、第一百四十二条规定的"提供"。

第九条 明知他人实施危害药品安全犯罪，而有下列情形之一的，以共同犯罪论处：

（一）提供资金、贷款、账号、发票、证明、许可证件的；

（二）提供生产、经营场所、设备或者运输、储存、保管、邮寄、销售渠道等便利条件的；

（三）提供生产技术或者原料、辅料、包装材料、标签、说明书的；

（四）提供虚假药物非临床研究报告、药物临床试验报告及相关材料的；

（五）提供广告宣传的；

（六）提供其他帮助的。

第十条 办理生产、销售、提供假药、生产、销售、提供劣药、妨害药品管理等刑事案件，应当结合行为人的从业经历、认知能力、药品质量、进货渠道和价格、销售渠道和价格以及生产、销售方式等事实综合判断认定行为人的主观故意。具有下列情形之一的，可以认定行为人有实施相关犯罪的主观故意，但有证据证明确实不具有故意的除外：

（一）药品价格明显异于市场价格的；

（二）向不具有资质的生产者、销售者购买药品，且不能提供合法有效的来历证明的；

（三）逃避、抗拒监督检查的；

（四）转移、隐匿、销毁涉案药品、进销货记录的；

（五）曾因实施危害药品安全违法犯罪行为受过处罚，又实施同类行为的；

（六）其他足以认定行为人主观故意的情形。

第十一条 以提供给他人生产、销售、提供药品为目的，违反国家规定，生产、销售不符合药用要求的原料、辅料，符合刑法第一百四十条规定的，以生产、销售伪劣产品罪从重处罚；同时构成其他犯罪的，依照处罚较重的规定定罪处罚。

第十二条 广告主、广告经营者、广告发布者违反国家规定，利用广告对药品作虚假宣传，情节严重的，依照刑法第二百二十二条的规定，以虚假广告罪定罪处罚。

第十三条 明知系利用医保骗保购买的药品而非法收购、销售，金额五万元以上的，应当依照刑法第三百一十二条的规定，以掩饰、隐瞒犯罪所得罪定罪处罚；指使、教唆、授意他人利用医保骗保购买药品，进而非法收购、销售，符合刑法第二百六十六条规定的，以诈骗罪定罪处罚。

对于利用医保骗保购买药品的行为人是否追究刑事责任，应当综合骗取医保基金的数额、手段、认罪悔罪态度等案件具体情节，依法妥当决定。利用医保骗保购买药品的行为人是否被追究刑事责任，不影响对非法收购、销售有关药品的行为人定罪处罚。

对于第一款规定的主观明知，应当根据药品标志、收购渠道、价格、规模及药品追溯

| 相关执法参考 | 相关法律法规(2) | 信息等综合认定。
第十四条　负有药品安全监督管理职责的国家机关工作人员，滥用职权或者玩忽职守，构成药品监管渎职罪，同时构成商检徇私舞弊罪、商检失职罪等其他渎职犯罪的，依照处罚较重的规定定罪处罚。
　　负有药品安全监督管理职责的国家机关工作人员滥用职权或者玩忽职守，不构成药品监管渎职罪，但构成前款规定的其他渎职犯罪的，依照该其他犯罪定罪处罚。
　　负有药品安全监督管理职责的国家机关工作人员与他人共谋，利用其职务便利帮助他人实施危害药品安全犯罪行为，同时构成渎职犯罪和危害药品安全犯罪共犯的，依照处罚较重的规定定罪从重处罚。
　　第十五条　对于犯生产、销售、提供假药罪、生产、销售、提供劣药罪、妨害药品管理罪的，应当结合被告人的犯罪数额、违法所得，综合考虑被告人缴纳罚金的能力，依法判处罚金。罚金一般应当在生产、销售、提供的药品金额二倍以上；共同犯罪的，对各共同犯罪人合计判处的罚金一般应当在生产、销售、提供的药品金额二倍以上。
　　第十六条　对于犯生产、销售、提供假药罪、生产、销售、提供劣药罪、妨害药品管理罪的，应当依照刑法规定的条件，严格缓刑、免予刑事处罚的适用。对于被判处刑罚的，可以根据犯罪情况和预防再犯罪的需要，依法宣告职业禁止或者禁止令。《中华人民共和国药品管理法》等法律、行政法规另有规定的，从其规定。
　　对于被不起诉或者免予刑事处罚的行为人，需要给予行政处罚、政务处分或者其他处分的，依法移送有关主管机关处理。
　　第十七条　单位犯生产、销售、提供假药罪、生产、销售、提供劣药罪、妨害药品管理罪的，对单位判处罚金，并对直接负责的主管人员和其他直接责任人员，依照本解释规定的自然人犯罪的定罪量刑标准处罚。
　　单位犯罪的，对被告单位及其直接负责的主管人员、其他直接责任人员合计判处的罚金一般应当在生产、销售、提供的药品金额二倍以上。
　　第十八条　根据民间传统配方私自加工药品或者销售上述药品，数量不大，且未造成他人伤害后果或者延误诊治的，或者不以营利为目的实施带有自救、互助性质的生产、进口、销售药品的行为，不应当认定为犯罪。
　　对于是否属于民间传统配方难以确定的，根据地市级以上药品监督管理部门或者有关部门出具的认定意见，结合其他证据作出认定。
　　第十九条　刑法第一百四十一条、第一百四十二条规定的"假药""劣药"，依照《中华人民共和国药品管理法》的规定认定。
　　对于《中华人民共和国药品管理法》第九十八条第二款第二项、第四项及第三款第三项至第六项规定的假药、劣药，能够根据现场查获的原料、包装，结合犯罪嫌疑人、被告人供述等证据材料作出判断的，可以由地市级以上药品监督管理部门出具认定意见。对于依据《中华人民共和国药品管理法》第九十八条第二款、第三款的其他规定认定假药、劣药，或者是否属于第九十八条第二款第二项、第三款第六项规定的假药、劣药存在争议的，应当由省级以上药品监督管理部门设置或者确定的药品检验机构进行检验，出具质量检验结论。司法机关根据认定意见、检验结论，结合其他证据作出认定。
　　第二十条　对于生产、提供药品的金额，以药品的货值金额计算；销售药品的金额，以所得和可得的全部违法收入计算。
　　第二十一条　本解释自2022年3月6日起施行。本解释公布施行后，《最高人民法院、最高人民检察院关于办理危害药品安全刑事案件适用法律若干问题的解释》（法释〔2014〕14号）、《最高人民法院、最高人民检察院关于办理药品、医疗器械注册申请材料造假刑事案件适用法律若干问题的解释》（法释〔2017〕15号）同时废止。 |

| 相关执法参考 | 相关法律法规（3） | 最高人民法院、最高人民检察院《关于办理生产、销售伪劣商品刑事案件具体应用法律若干问题的解释》（节录）
（2001年4月5日最高人民法院审判委员会第1168次会议、2001年3月30日最高人民检察院第九届检察委员会第84次会议通过，自2001年4月10日起施行）
第三条　经省级以上药品监督管理部门设置或者确定的药品检验机构鉴定，生产、销售的假药具有下列情形之一的，应认定为刑法第一百四十一条规定的"足以严重危害人体健康"：
（一）含有超标准的有毒有害物质的；
（二）不含所标明的有效成份，可能贻误诊治的；
（三）所标明的适应症或者功能主治超出规定范围，可能造成贻误诊治的；
（四）缺乏所标明的急救必需的有效成份的。
生产、销售的假药被使用后，造成轻伤、重伤或者其他严重后果的，应认定为"对人体健康造成严重危害"。
生产、销售的假药被使用后，致人严重残疾、三人以上重伤、十人以上轻伤或者造成其他特别严重后果的，应认定为"对人体健康造成特别严重危害"。
第九条　知道或者应当知道他人实施生产、销售伪劣商品犯罪，而为其提供贷款、资金、账号、发票、证明、许可证件，或者提供生产、经营场所或者运输、仓储、保管、邮寄等便利条件，或者提供制假生产技术的，以生产、销售伪劣商品犯罪的共犯论处。
第十条　实施生产、销售伪劣商品犯罪，同时构成侵犯知识产权、非法经营等其他犯罪的，依照处罚较重的规定定罪处罚。
第十一条　实施刑法第一百四十条至第一百四十八条规定的犯罪，又以暴力、威胁方法抗拒查处，构成其他犯罪的，依照数罪并罚的规定处罚。
第十二条　国家机关工作人员参与生产、销售伪劣商品犯罪的，从重处罚。 |
| | 相关法律法规（4） | 最高人民法院《关于审理生产、销售伪劣商品刑事案件有关鉴定问题的通知》
（2001年5月21日，法〔2001〕70号）
各省、自治区、直辖市高级人民法院，解放军军事法院，新疆维吾尔自治区高级人民法院生产建设兵团分院：
自全国开展整顿和规范市场经济秩序工作以来，各地人民法院陆续受理了一批生产、销售伪劣产品、假冒商标和非法经营等严重破坏社会主义市场经济秩序的犯罪案件。此类案件中涉及的生产、销售的产品，有的纯属伪劣产品，有的则只是侵犯知识产权的产品。由于涉案产品是否"以假充真"、"以次充好"、"以不合格产品冒充合格产品"，直接影响到对被告人的定罪及处刑，为准确适用刑法和《最高人民法院、最高人民检察院关于办理生产、销售伪劣商品刑事案件具体应用法律若干问题的解释》（以下简称《解释》），严惩假冒伪劣商品犯罪，不放纵和轻纵犯罪分子，现就审理生产、销售伪劣商品、假冒商标和非法经营等严重破坏社会主义市场经济秩序的犯罪案件中可能涉及的假冒伪劣商品的有关鉴定问题通知如下：
一、对于提起公诉的生产、销售伪劣产品、假冒商标、非法经营等严重破坏社会主义市场经济秩序的犯罪案件，所涉生产、销售的产品是否属于"以假充真"、"以次充好"、"以不合格产品冒充合格产品"难以确定的，应当根据《解释》第一条第五款的规定，由公诉机关委托法律、行政法规规定的产品质量检验机构进行鉴定。
二、根据《解释》第三条和第四条的规定，人民法院受理的生产、销售假药犯罪案件和生产、销售不符合卫生标准的食品犯罪案件，均需有"省级以上药品监督管理部门设置或者确定的药品检验机构"和"省级以上卫生行政部门确定的机构"出具的鉴定结论。
三、经鉴定确系伪劣商品，被告人的行为既构成生产、销售伪劣产品罪，又构成生 |

相关执法参考	相关法律法规（4）	产、销售假药罪或者生产、销售不符合卫生标准的食品罪，或同时构成侵犯知识产权、非法经营等其他犯罪的，根据刑法第一百四十九条第二款和《解释》第十条的规定，应当依照处罚较重的规定定罪处罚。
	相关法律法规（5）	《关于依法惩治妨害新型冠状病毒感染肺炎疫情防控违法犯罪的意见》（节录） （2020年2月10日最高人民法院、最高人民检察院、公安部、司法部发布） 各省、自治区、直辖市高级人民法院、人民检察院、公安厅（局）、司法厅（局），解放军军事法院、军事检察院，新疆维吾尔自治区高级人民法院生产建设兵团分院、新疆生产建设兵团人民检察院、公安局、司法局： 为贯彻落实2020年2月5日中央全面依法治国委员会第三次会议审议通过的《中央全面依法治国委员会关于依法防控新型冠状病毒感染肺炎疫情、切实保障人民群众生命健康安全的意见》，最高人民法院、最高人民检察院、公安部、司法部联合制定了《关于依法惩治妨害新型冠状病毒感染肺炎疫情防控违法犯罪的意见》。现予以印发，请结合实际认真贯彻执行。在执行中遇到的新情况、新问题，请及时分别报告最高人民法院、最高人民检察院、公安部、司法部。 为依法惩治妨害新型冠状病毒感染肺炎疫情防控违法犯罪行为，保障人民群众生命安全和身体健康，保障社会安定有序，保障疫情防控工作顺利开展，根据有关法律、司法解释的规定，制定本意见。 一、提高政治站位，充分认识疫情防控时期维护社会大局稳定的重大意义 各级人民法院、人民检察院、公安机关、司法行政机关要切实把思想和行动统一到习近平总书记关于新型冠状病毒感染肺炎疫情防控工作的系列重要指示精神上来，坚决贯彻落实党中央决策部署、中央应对新型冠状病毒感染肺炎疫情工作领导小组工作安排，按照中央政法委要求，增强"四个意识"、坚定"四个自信"、做到"两个维护"，始终将人民群众的生命安全和身体健康放在第一位，坚决把疫情防控作为当前压倒一切的头等大事来抓，用足用好法律规定，依法及时、从严惩治妨害疫情防控的各类违法犯罪，为坚决打赢疫情防控阻击战提供有力法治保障。 二、准确适用法律，依法严惩妨害疫情防控的各类违法犯罪 （三）依法严惩制假售假犯罪。在疫情防控期间，生产、销售伪劣的防治、防护产品、物资，或者生产、销售用于防治新型冠状病毒感染肺炎的假药、劣药，符合刑法第一百四十条、第一百四十一条、第一百四十二条规定的，以生产、销售伪劣产品罪，生产、销售假药罪或者生产、销售劣药罪定罪处罚。 在疫情防控期间，生产不符合保障人体健康的国家标准、行业标准的医用口罩、护目镜、防护服等医用器材，或者销售明知是不符合标准的医用器材，足以严重危害人体健康的，依照刑法第一百四十五条的规定，以生产、销售不符合标准的医用器材罪定罪处罚。
	相关法律法规（6）	最高人民法院、最高人民检察院《关于办理妨害预防、控制突发传染病疫情等灾害的刑事案件具体应用法律若干问题的解释》（节录） （2003年5月13日由最高人民法院审判委员会第1269次会议、2003年5月13日由最高人民检察院第十届检察委员会第3次会议通过，2003年5月14日法释〔2003〕8号公布，自2003年5月15日起施行） 为依法惩治妨害预防、控制突发传染病疫情等灾害的犯罪活动，保障预防、控制突发传染病疫情等灾害工作的顺利进行，切实维护人民群众的身体健康和生命安全，根据《中华人民共和国刑法》等有关法律规定，现就办理相关刑事案件具体应用法律的若干问题解释如下： **第一条** 故意传播突发传染病病原体，危害公共安全的，依照刑法第一百一十四条、

相关执法参考	相关法律法规（6）	第一百一十五条第一款的规定，按照以危险方法危害公共安全罪定罪处罚。 　　患有突发传染病或者疑似突发传染病而拒绝接受检疫、强制隔离或者治疗，过失造成传染病传播，情节严重，危害公共安全的，依照刑法第一百一十五条第二款的规定，按照过失以危险方法危害公共安全罪定罪处罚。 　　**第二条**　在预防、控制突发传染病疫情等灾害期间，生产、销售伪劣的防治、防护产品、物资，或者生产、销售用于防治传染病的假药、劣药，构成犯罪的，分别依照刑法第一百四十条、第一百四十一条、第一百四十二条的规定，以生产、销售伪劣产品罪，生产、销售假药罪或者生产、销售劣药罪定罪，依法从重处罚。
	相关法律法规（7）	国务院批转卫生部等部门关于严厉打击制售假劣医药商品违法活动报告的通知 （1992年10月5日） 　　国务院同意卫生部、国家工商行政管理局、国家技术监督局、国家医药管理局、国家中医药管理局、公安部《关于严厉打击制售假劣医药商品违法活动的报告》，现发给你们，请遵照执行。 　　贯彻执行《中华人民共和国药品管理法》，严厉打击制售假劣医药商品的违法活动，是保护人民群众身体健康和生命安全的一项重要工作，也是促进改革开放和经济发展的重要内容。各级人民政府要加强领导，协调有关部门密切配合，妥善解决查处工作中的问题，坚决采取有力措施，迅速扭转当前制售假劣医药商品屡禁不止、坑害群众、图财害命的丑恶社会现象。 　　附： **关于严厉打击制售假劣医药商品违法活动的报告** 　　近年来，各级卫生、医药部门在当地党委、政府的领导下，认真贯彻《中华人民共和国药品管理法》（以下简称《药品管理法》）、《国务院关于进一步治理整顿医药市场意见的通知》（国发〔1990〕29号，以下简称《通知》），积极会同有关部门开展医药市场整顿，查处假劣医药商品案件，维护人民群众健康，取得了很好的社会效益。一九八五年夏至一九九一年间，全国共查处假劣医药商品案件四万五千六百余起，假药、劣药、淘汰药品，总值达三亿元，人民群众称这是为老百姓办了件大好事。但是，最近一个时期，社会各界不断反映医药市场混乱，制售假劣的违法活动屡禁不止，严重威胁着人民群众的生命安全，也损害了党和政府的形象。党中央、国务院领导同志对此极为关切，多次指示要坚决查处此类案件。 　　卫生部于一九九二年五月在湖南召开了全国查处制售假劣医药商品工作现场会，总结了各地开展查处工作的经验，在贯彻全国质量工作会议精神的基础上，对进一步做好查处工作进行了部署。国家中医药管理局发出《关于贯彻执行〈国务院关于进一步搞活农产品流通的通知〉的有关意见》（国中医药经〔1992〕9号，以下简称《有关意见》）。近期，国家有关部门多次派人对市场上的假劣医药商品问题进行了联合调查和抽查。目前存在的主要问题如下： 　　一、制售假劣药的违法活动屡禁不止，越来越猖獗。广东、广西、四川、湖南、山西、河南、安徽等省（自治区）相继发现出售假劣药品。不法分子为了牟取暴利，不择手段，用木薯粉、淀粉甚至动物饲料作原料，经过加工和伪装，冒充国营药厂的药品到处兜售；一些发霉变质、过期失效、淘汰的药品也在出售。不法分子以低价、高回扣的方式将这些假劣药品批发给区乡级医疗单位、个体诊所和个体药品经营户，最终大都使农民或普通居民受到坑害。个别国营医药商业企业见利忘义，从药品贩子手中进货，致使假劣药品进入国营医药流通主渠道。甚至一些医疗单位不顾三令五申，擅自从个体药贩手中购进药品。 　　二、非法经营药品的情况十分严重。《药品管理法》和《通知》对药品经营企业的管理已有明确规定。但仍有一些地区无视国家的有关法律、法规和规定，肆意违法经营药品。一些地方新开办的医药市场以放中药材为名，将化学药品和中成药引入集贸市场非

| 相关执法参考 | 相关法律法规（7） | 法经营，违反了《药品管理法》及《通知》和《有关意见》的规定。

三、当前制售假劣药违法活动的特点，一是假劣药品的品种增多，不仅有大量贵细、紧缺的中药材和保健营养药品，还有常用的治疗性化学药品和中成药品。二是数量大，广东省电白县一次就查获假西药八吨。江苏省在二十个县市查出的假氯霉素、假土霉素达一百九十多万片。三是假药混进药品流通的主渠道，造成的危害就更加严重。广东省高州县医药公司销往广西壮族自治区岑溪县的假利福平胶囊，已使七人中毒，其中一人死亡。广东省电白县也发生过八人服用假利福平后中毒的事件。

造成医药市场混乱，假劣药品案件回升的主要原因：一是不法分子置国家法律、人民健康于不顾，图财害命，知法犯法，已构成社会的一大公害。二是有些地方政府的有关管理部门贯彻执行国家药品监督管理法规不坚决，忽视医药商品的特殊性，盲目开放医药市场，管理上又有不少疏漏之处，给不法分子以可乘之机。三是一些地方存在着保护主义倾向，为了局部地方的眼前经济利益，对非法经营药品，制售假劣药等违法活动听之任之。四是少数地方的有关管理部门之间协调不够，互相扯皮，造成打击制售假劣药品的斗争成效不大。

为了维护国家法律的尊严，保护人民群众的健康和生命安全，保障社会主义经济建设的健康发展和有利于进一步改革开放，必须认真查处、严厉打击制售假劣医药商品的违法活动。对此，我们提出如下意见：

一、各级人民政府要把查处假劣药品的工作当作铲除社会公害、维护社会安定、保护改革开放成果、密切联系群众的大事来抓。切实加强领导，坚决支持执法部门依法行使对药品的监督职权，并制定相应措施，帮助执法部门解决困难和问题。对制售假劣药品的违法活动，卫生、工商行政管理、医药、中医药、公安和技术监督等部门要在当地人民政府统一领导下，密切配合，采取果断措施，坚决予以打击。要在不太长的时期内，使所辖区域的药品市场得到净化，为人民群众办好事、办实事。

二、要统一思想，统一认识，加强对医药市场的综合治理。要通过各种方式进行宣传教育，使各级领导都能认识到，药品是关系人民群众身体健康和生命安全的重要特殊商品，必须严格依照国家有关法律和文件的规定，进行管理。集市药材交易活动必须按有关规定办理经营手续，药品监督部门要对进入市场的药材质量进行监督检查。中药材以外的其他药品不得进入城乡集贸市场。

三、对制售假劣药品的违法犯罪分子，必须坚决打击，要依照法律追究其刑事责任，从严从重处理，不得以罚代刑。对制售假劣药品的集散地，如问题长期得不到解决，要追究当地政府领导的责任。对支持、包庇、纵容制售假劣药的政府工作人员，要依法追究刑事责任。对无证生产、经营药品和配制药剂的活动，要坚决取缔。对不按规定范围生产、经营药品的，要依法查处，绝不能姑息迁就。严禁从非法经营单位或个人手中采购药品，对购进假劣药品，造成药品事故的医疗单位或个体行医者，不仅要追究当事人的责任，而且要追究单位领导者的责任，构成犯罪的，依法追究法律责任。

四、在查处制售假劣药品违法犯罪活动的过程中，卫生、工商行政管理、医药、中医药、公安等部门要互相配合，各司其职，各负其责，互通情况，协同作战。查处过程中执行行政处罚的罚没款，一律上缴当地财政。各地财政部门，对查处假劣药品案件中所需的经费要予以支持。

五、为保证药品监督和查处假劣药品工作的顺利进行，各地要认真检查药品监督员编制的落实情况，凡是未落实的，要尽快落实。

六、继续做好《药品管理法》及《通知》和《有关意见》的宣传工作。要充分发挥新闻舆论的作用，采取多种形式，开展宣传和教育，普及药品监督管理法律知识。要鼓励群众大胆地举报生产、销售假劣药品的人和事，树立起人人关心、支持药品监督管理的良好社会风气。 |

相关执法参考	相关法律法规(8)	《药品说明书和标签管理规定》（节录） （2006年3月10日国家食品药品监督管理局公布，自2006年6月1日起施行） **第二条** 在中华人民共和国境内上市销售的药品，其说明书和标签应当符合本规定的要求。 **第三条** 药品说明书和标签由国家食品药品监督管理局予以核准。 药品的标签应当以说明书为依据，其内容不得超出说明书的范围，不得印有暗示疗效、误导使用和不适当宣传产品的文字和标识。 **第四条** 药品包装必须按照规定印有或者贴有标签，不得夹带其他任何介绍或者宣传产品、企业的文字、音像及其他资料。 药品生产企业生产供上市销售的最小包装必须附有说明书。 **第五条** 药品说明书和标签的文字表述应当科学、规范、准确。非处方药说明书还应当使用容易理解的文字表述，以便患者自行判断、选择和使用。 **第六条** 药品说明书和标签中的文字应当清晰易辨，标识应当清楚醒目，不得印字脱落或者粘贴不牢等现象，不得以粘贴、剪切、涂改等方式进行修改或者补充。 **第九条** 药品说明书应当包含药品安全性、有效性的重要科学数据、结论和信息，用以指导安全、合理使用药品。药品说明书的具体格式、内容和书写要求由国家食品药品监督管理局制定并发布。 **第十条** 药品说明书对疾病名称、药学专业名词、药品名称、临床检验名称和结果的表述，应当采用国家统一颁布或规范的专用词汇，度量衡单位应当符合国家标准的规定。 **第十一条** 药品说明书应当列出全部活性成份或者组方中的全部中药药味。注射剂和非处方药还应当列出所用的全部辅料名称。药品处方中含有可能引起严重不良反应的成份或者辅料的，应当予以说明。 **第十四条** 药品说明书应当充分包含药品不良反应信息，详细注明药品不良反应。药品生产企业未根据药品上市后的安全性、有效性情况及时修改说明书或者未将药品不良反应在说明书中充分说明的，由此引起的不良后果由该生产企业承担。 **第十五条** 药品说明书核准日期和修改日期应当在说明书中醒目标示。 **第十六条** 药品的标签是指药品包装上印有或者贴有的内容，分为内标签和外标签。药品内标签指直接接触药品的包装的标签，外标签指内标签以外的其他包装的标签。 **第十七条** 药品的内标签应当包含药品通用名称、适应症或者功能主治、规格、用法用量、生产日期、产品批号、有效期、生产企业等内容。包装尺寸过小无法全部标明上述内容的，至少应当标注药品通用名称、规格、产品批号、有效期等内容。 **第十八条** 药品外标签应当注明药品通用名称、成份、性状、适应症或者功能主治、规格、用法用量、不良反应、禁忌、注意事项、贮藏、生产日期、产品批号、有效期、批准文号、生产企业等内容。适应症或者功能主治、用法用量、不良反应、禁忌、注意事项不能全部注明的，应当标出主要内容并注明"详见说明书"字样。 **第二十三条** 药品标签中的有效期应当按照年、月、日的顺序标注，年份用四位数字表示，月、日用两位数表示。其具体标注格式为"有效期至××××年××月"或者"有效期至××××年××月××日"；也可以用数字和其他符号表示为"有效期至××××.××."或者"有效期至××××/××/××"等。 预防用生物制品有效期的标注按照国家食品药品监督管理局批准的注册标准执行，治疗用生物制品有效期的标注自分装日期计算，其他药品有效期的标注自生产日期计算。 有效期若标注到日，应当为起算日期对应年月日的前一天，若标注到月，应当为起算月份对应年月的前一月。 **第二十八条** 麻醉药品、精神药品、医疗用毒性药品、放射性药品、外用药品和非处方药品等国家规定有专用标识的，其说明书和标签必须印有规定的标识。

	相关法律法规（8）	国家对药品说明书和标签有特殊规定的，从其规定。 **第二十九条** 中药材、中药饮片的标签管理规定由国家食品药品监督管理局另行制定。 **第三十条** 药品说明书和标签不符合本规定的，按照《中华人民共和国药品管理法》的相关规定进行处罚。
相关执法参考	相关法律法规（9）	《药品经营许可证管理办法》（节录） （2004年2月4日国家食品药品监督管理局令第6号公布 根据2017年11月7日国家食品药品监督管理总局局务会议《关于修改部分规章的决定》修正） **第二章 申领《药品经营许可证》的条件** **第四条** 按照《药品管理法》第14条规定，开办药品批发企业，应符合省、自治区、直辖市药品批发企业合理布局的要求，并符合以下设置标准： （一）具有保证所经营药品质量的规章制度； （二）企业、企业法定代表人或企业负责人、质量管理负责人无《药品管理法》第75条、第82条规定的情形； （三）具有与经营规模相适应的一定数量的执业药师。质量管理负责人具有大学以上学历，且必须是执业药师； （四）具有能够保证药品储存质量要求的、与其经营品种和规模相适应的常温库、阴凉库、冷库。仓库中具有适合药品储存的专用货架和实现药品入库、传送、分检、上架、出库现代物流系统的装置和设备； （五）具有独立的计算机管理信息系统，能覆盖企业内药品的购进、储存、销售以及经营和质量控制的全过程；能全面记录企业经营管理及实施《药品经营质量管理规范》方面的信息；符合《药品经营质量管理规范》对药品经营各环节的要求，并具有可以实现接受当地食品药品监督管理部门监管的条件； （六）具有符合《药品经营质量管理规范》对药品营业场所及辅助、办公用房以及仓库管理、仓库内药品质量安全保障和进出库、在库储存与养护方面的条件。 国家对经营麻醉药品、精神药品、医疗用毒性药品、预防性生物制品另有规定的，从其规定。 **第五条** 开办药品零售企业，应符合当地常住人口数量、地域、交通状况和实际需要的要求，符合方便群众购药的原则，并符合以下设置规定： （一）具有保证所经营药品质量的规章制度； （二）具有依法经过资格认定的药学技术人员； 经营处方药、甲类非处方药的药品零售企业，必须配有执业药师或者其他依法经过资格认定的药学技术人员。质量负责人应有一年以上（含一年）药品经营质量管理工作经验。 经营乙类非处方药的药品零售企业，以及农村乡镇以下地区设立药品零售企业的，应当按照《药品管理法实施条例》第15条的规定配备业务人员，有条件的应当配备执业药师。企业营业时间，以上人员应当在岗。 （三）企业、企业法定代表人、企业负责人、质量负责人无《药品管理法》第75条、第82条规定情形的； （四）具有与所经营药品相适应的营业场所、设备、仓储设施以及卫生环境。在超市等其他商业企业内设立零售药店的，必须具有独立的区域； （五）具有能够配备满足当地消费者所需药品的能力，并能保证24小时供应。药品零售企业应备有的国家基本药物品种数量由各省、自治区、直辖市食品药品监督管理部门结合当地具体情况确定。 国家对经营麻醉药品、精神药品、医疗用毒性药品、预防性生物制品另有规定的，从其规定。

相关执法参考	相关法律法规（9）	**第六条** 开办药品批发企业验收实施标准由国家食品药品监督管理总局制定。开办药品零售企业验收实施标准，由各省、自治区、直辖市食品药品监督管理部门依据本办法和《药品经营质量管理规范》的有关内容组织制定，并报国家食品药品监督管理总局备案。 **第七条** 药品经营企业经营范围的核定。 药品经营企业经营范围： 麻醉药品、精神药品、医疗用毒性药品； 生物制品； 中药材、中药饮片、中成药、化学原料药及其制剂、抗生素原料药及其制剂、生化药品。 从事药品零售的，应先核定经营类别，确定申办人经营处方药或非处方药、乙类非处方药的资格，并在经营范围中予以明确，再核定具体经营范围。 医疗用毒性药品、麻醉药品、精神药品、放射性药品和预防性生物制品的核定按照国家特殊药品管理和预防性生物制品管理的有关规定执行。
	相关法律法规（10）	《新药审批办法》（节录） （1999年4月22日国家药品监督管理局令第2号发布；自2002年12月1日起废止） **第二条** 新药系指我国未生产过的药品。已生产的药品改变剂型、改变给药途径、增加新的适应症或制成新的复方制剂，亦按新药管理。 **第三条** 国家药品监督管理局主管全国新药审批工作。新药经国家药品监督管理局批准后方可进行临床研究或生产上市。 **第四条** 凡在中华人民共和国境内进行新药研究、生产、经营、使用、检验、监督及审批管理的单位或个人，都必须遵守本办法。 **第五条** 国家鼓励研究创制新药。 **第六条** 新药按审批管理的要求分以下几类： 一、中药 第一类： 1. 中药材的人工制成品。 2. 新发现的中药材及其制剂。 3. 中药材中提取的有效成分及其制剂。 4. 复方中提取的有效成分。 第二类： 1. 中药注射剂。 2. 中药材新的药用部位及其制剂。 3. 中药材、天然药物中提取的有效部位及其制剂。 4. 中药材以人工方法在动物体内的制取物及其制剂。 5. 复方中提取的有效部位群。 第三类： 1. 新的中药复方制剂。 2. 以中药疗效为主的中药和化学药品的复方制剂。 3. 从国外引种或引进养殖的习用进口药材及其制剂。 第四类： 1. 改变剂型或改变给药途径的制剂。 2. 国内异地引种或野生变家养的动植物药材。 第五类：增加新主治病证的药品。 二、化学药品 第一类：首创的原料药及其制剂。 1. 通过合成或半合成的方法制成的原料药及其制剂。

2. 天然物质中提取的或通过发酵提取的有效单体及其制剂。
3. 国外已有药用研究报道，尚未获一国药品管理当局批准上市的化合物。
第二类：
1. 已在国外获准生产上市，但未载入药典，我国也未进口的药品。
2. 用拆分、合成的方法首次制得的某一已知药物中的光学异构体及其制剂。
3. 国外尚未上市的由口服、外用或其他途径改变为注射途径给药者，或由局部用药改为全身给药者（如口服、吸入等制剂）。
第三类：
1. 由化学药品新组成的复方制剂。
2. 由化学药品与中药新组成的复方制剂并以化学药品发挥主要作用者。
3. 由已上市的多组分药物制备为较少组分的原料药及其制剂。
4. 由动物或其组织、器官提取的新的多组分生化药品。
第四类：
1. 国外药典收载的原料药及制剂。
2. 我国已进口的原料药和/或制剂（已有进口原料药制成的制剂，如国内研制其原料药及制剂，亦在此列）。
3. 用拆分或合成方法制得的某一已知药物中国外已获准上市的光学异构体及制剂。
4. 改变已知盐类药物的酸根、碱基（或金属元素）制成的原料药及其制剂。此种改变应不改变其药理作用，仅改变其理化性质（如溶解度、稳定性等），以适应贮存、制剂制造或临床用药的需要。
5. 国外已上市的复方制剂及改变剂型的药品。
6. 用进口原料药制成的制剂。
7. 改变剂型的药品。
8. 改变给药途径的药品（不包括第二类新药之3）。
第五类：已上市药品增加新的适应症者。
1. 需延长用药周期和/或增加剂量者。
2. 未改变或减少用药周期和/或降低剂量者。
3. 国外已获准此适应症者。
三、生物制品
新生物制品的审批按《新生物制品审批办法》实施。

第七条 在新药审批过程中，新药的类别由于在国外获准上市、载入国外药典或在我国获准进口注册等原因而发生变化，如国家药品监督管理局业已受理该药之申请，则维持原受理类别，但申报资料的要求按照变化后的情况办理。不同单位申报同一品种应维持同一类别。

第三十九条 新药经批准后，其质量标准为试行标准。批准为试生产的新药，其标准试行期为3年，其他新药的标准试行期为2年。

第四十条 新药的试行质量标准期满，生产单位必须提前3个月提出转正申请，填写"新药试行标准转正申请表"并附有关资料（见附件六），经省级药品监督管理部门审查同意，报国家药品监督管理局审核批准。

第四十一条 新药质量标准转正技术审查工作由国家药典委员会负责，实验室技术复核由省级药品检验所负责。两家以上生产统一质量标准的同一品种以及第二十六条所列新药，须经中国药品生物制品检定所进行实验室技术复核。

第四十二条 同一品种如有不同单位申报，存在不同的试行标准，应按照先进合理的原则进行统一，并须进行实验复核。对标准试行截止期先后不同的同一品种，以最先到期的开始办理转正。试行期未满的品种，由国家药典委员会通知有关单位提前向当地省级药

相关执法参考	相关法律法规（10）	品监督管理部门办理转正手续，以便统一标准。 第四十三条　新药试行标准转正时所采用的凡例和附录等，按照我国现行版药典的规定执行。 第四十四条　在新药标准试行期内，药品生产单位应做好产品的质量考核和标准的修订工作。标准试行期满未提出转正申请，试行标准自行废止，国家药品监督管理局同时取消其批准文号。 第四十五条　新药所需标准品、对照品，由生产单位在申请生产时提供原料药或中药对照品原料及有关技术资料，经中国药品生物制品检定所标定后统一分发，并保证其供应。 第四十八条　凡从事新药的研究、生产、经营、使用、检验、监督及审批等单位或个人违反本办法有关规定者，按《中华人民共和国药品管理法》及有关法律、法规处理。 第四十九条　承担新药研究具体工作的单位，应具备相应的专业技术人员，配备必要的研究设施和检验仪器，并按照国家药品监督管理局《药品研究机构登记备案管理办法》登记备案。药品监督管理部门应加强监督和管理。 第五十条　新药研究的原始试验资料及其档案必须真实、完整、规范。必要时，国家药品监督管理局可调阅核查。 第五十一条　新药的命名应符合国家药品监督管理局颁布的药品命名原则。 第五十二条　国外厂商在中国申报生产新药，必须由其在中国登记注册的合法药品生产企业按本办法办理；如仅申请临床研究的新药，按《国外药品在中国进行临床研究的规定》办理。对所申报资料的检查及现场考察事宜由国家药品监督管理局负责。 第五十三条　在新药审查过程中，发现报送虚假资料或样品，或无法证实所报送资料及样品真实性者，应终止审查，并按照国家药品监督管理局《药品研究与申报注册违规处理办法》予以处理。新药研制单位和个人以任何形式将新药研究资料、试制样品转让多家研制单位成为新药申报资料者，转让方与受让方均按提供虚假资料论处。 第五十四条　研制单位在申请新药临床研究、生产或试行标准转正时，应按规定交纳审批费、技术复核和样品检验费。 第五十五条　申请新生物制品按《新生物制品审批办法》办理。 第五十六条　本办法由国家药品监督管理局负责解释。 第五十七条　本办法自 1999 年 5 月 1 日起实施。 附件： 1. 新药（化学药品）申报资料项目 2. 新药（中药材）申报资料项目 3. 新药临床研究申请表 4. 新药证书，生产申请表 5. 新药试生产转正式生产申请表 6. 新药试行标准转正申请表 7. 新药补充申请申报资料的一般要求
	相关法律法规（11）	《药品流通监督管理办法》 （国家食品药品监督管理局局令第 26 号，自 2007 年 5 月 1 日起施行） 第一章　总　则 第一条　为加强药品监督管理，规范药品流通秩序，保证药品质量，根据《中华人民共和国药品管理法》（以下简称《药品管理法》）、《中华人民共和国药品管理法实施条例》（以下简称《药品管理法实施条例》）和有关法律、法规的规定，制定本办法。 第二条　在中华人民共和国境内从事药品购销及监督管理的单位或者个人，应当遵守本办法。

| 相关执法参考 | 相关法律法规（11） | 第三条　药品生产、经营企业、医疗机构应当对其生产、经营、使用的药品质量负责。药品生产、经营企业在确保药品质量安全的前提下，应适应现代药品流通发展方向，进行改革和创新。
第四条　药品监督管理部门鼓励个人和组织对药品流通实施社会监督。对违反本办法的行为，任何个人和组织都有权向药品监督管理部门举报和控告。
第二章　药品生产、经营企业购销药品的监督管理
第五条　药品生产、经营企业对其药品购销行为负责，对其销售人员或设立的办事机构以本企业名义从事的药品购销行为承担法律责任。
第六条　药品生产、经营企业应当对其购销人员进行药品相关的法律、法规和专业知识培训，建立培训档案，培训档案中应当记录培训时间、地点、内容及接受培训的人员。
第七条　药品生产、经营企业应当加强对药品销售人员的管理，并对其销售行为作出具体规定。
第八条　药品生产、经营企业不得在经药品监督管理部门核准的地址以外的场所储存或者现货销售药品。
第九条　药品生产企业只能销售本企业生产的药品，不得销售本企业受委托生产的或者他人生产的药品。
第十条　药品生产企业、药品批发企业销售药品时，应当提供下列资料：
（一）加盖本企业原印章的《药品生产许可证》或《药品经营许可证》和营业执照的复印件；
（二）加盖本企业原印章的所销售药品的批准证明文件复印件；
（三）销售进口药品的，按照国家有关规定提供相关证明文件。
药品生产企业、药品批发企业派出销售人员销售药品的，除本条前款规定的资料外，还应当提供加盖本企业原印章的授权书复印件。授权书原件应当载明授权销售的品种、地域、期限，注明销售人员的身份证号码，并加盖本企业原印章和企业法定代表人印章（或者签名）。销售人员应当出示授权书原件及本人身份证原件，供药品采购方核实。
第十一条　药品生产企业、药品批发企业销售药品时，应当开具标明供货单位名称、药品名称、生产厂商、批号、数量、价格等内容的销售凭证。
药品零售企业销售药品时，应当开具标明药品名称、生产厂商、数量、价格、批号等内容的销售凭证。
第十二条　药品生产、经营企业采购药品时，应按本办法第十条规定索取、查验、留存供货企业有关证件、资料，按本办法第十一条规定索取、留存销售凭证。
药品生产、经营企业按照本条前款规定留存的资料和销售凭证，应当保存至超过药品有效期1年，但不得少于3年。
第十三条　药品生产、经营企业知道或者应当知道他人从事无证生产、经营药品行为的，不得为其提供药品。
第十四条　药品生产、经营企业不得为他人以本企业的名义经营药品提供场所，或者资质证明文件，或者票据等便利条件。
第十五条　药品生产、经营企业不得以展示会、博览会、交易会、订货会、产品宣传会等方式现货销售药品。
第十六条　药品经营企业不得购进和销售医疗机构配制的制剂。
第十七条　未经药品监督管理部门审核同意，药品经营企业不得改变经营方式。药品经营企业应当按照《药品经营许可证》许可的经营范围经营药品。
第十八条　药品零售企业应当按照国家食品药品监督管理局药品分类管理规定的要求，凭处方销售处方药。
经营处方药和甲类非处方药的药品零售企业，执业药师或者其他依法经资格认定的药 |

学技术人员不在岗时，应当挂牌告知，并停止销售处方药和甲类非处方药。

第十九条　药品说明书要求低温、冷藏储存的药品，药品生产、经营企业应当按照有关规定，使用低温、冷藏设施设备运输和储存。

药品监督管理部门发现药品生产、经营企业违反本条前款规定的，应当立即查封、扣押所涉药品，并依法进行处理。

第二十条　药品生产、经营企业不得以搭售、买药品赠药品、买商品赠药品等方式向公众赠送处方药或者甲类非处方药。

第二十一条　药品生产、经营企业不得采用邮售、互联网交易等方式直接向公众销售处方药。

第二十二条　禁止非法收购药品。

第三章　医疗机构购进、储存药品的监督管理

第二十三条　医疗机构设置的药房，应当具有与所使用药品相适应的场所、设备、仓储设施和卫生环境，配备相应的药学技术人员，并设立药品质量管理机构或者配备质量管理人员，建立药品保管制度。

第二十四条　医疗机构购进药品时，应当按照本办法第十二条规定，索取、查验、保存供货企业有关证件、资料、票据。

第二十五条　医疗机构购进药品，必须建立并执行进货检查验收制度，并建有真实完整的药品购进记录。药品购进记录必须注明药品的通用名称、生产厂商（中药材标明产地）、剂型、规格、批号、生产日期、有效期、批准文号、供货单位、数量、价格、购进日期。

药品购进记录必须保存至超过药品有效期1年，但不得少于3年。

第二十六条　医疗机构储存药品，应当制订和执行有关药品保管、养护的制度，并采取必要的冷藏、防冻、防潮、避光、通风、防火、防虫、防鼠等措施，保证药品质量。

医疗机构应当将药品与非药品分开存放；中药材、中药饮片、化学药品、中成药应分别储存、分类存放。

第二十七条　医疗机构和计划生育技术服务机构不得未经诊疗直接向患者提供药品。

第二十八条　医疗机构不得采用邮售、互联网交易等方式直接向公众销售处方药。

第二十九条　医疗机构以集中招标方式采购药品的，应当遵守《药品管理法》、《药品管理法实施条例》及本办法的有关规定。

第四章　法律责任

第三十条　有下列情形之一的，责令限期改正，给予警告；逾期不改正的，处以五千元以上二万元以下的罚款：

（一）药品生产、经营企业违反本办法第六条规定的；

（二）药品生产、批发企业违反本办法第十一条第一款规定的；

（三）药品生产、经营企业违反本办法第十二条，未按照规定留存有关资料、销售凭证的。

第三十一条　药品生产、经营企业违反本办法第七条规定的，给予警告，责令限期改正。

第三十二条　有下列情形之一的，依照《药品管理法》第七十三条规定，没收违法销售的药品和违法所得，并处违法销售的药品货值金额二倍以上五倍以下的罚款：

（一）药品生产、经营企业违反本办法第八条规定，在经药品监督管理部门核准的地址以外的场所现货销售药品的；

（二）药品生产企业违反本办法第九条规定的；

（三）药品生产、经营企业违反本办法第十五条规定的；

（四）药品经营企业违反本办法第十七条规定的。

相关执法参考	相关法律法规(11)	第三十三条　药品生产、经营企业违反本办法第八条规定，在经药品监督管理部门核准的地址以外的场所储存药品的，按照《药品管理法实施条例》第七十四条的规定予以处罚。 第三十四条　药品零售企业违反本办法第十一条第二款规定的，责令改正，给予警告；逾期不改正的，处以五百元以下的罚款。 第三十五条　违反本办法第十三条规定，药品生产、经营企业知道或者应当知道他人从事无证生产、经营药品行为而为其提供药品的，给予警告，责令改正，并处一万元以下的罚款，情节严重的，处一万元以上三万元以下的罚款。 第三十六条　药品生产、经营企业违反本办法第十四条规定的，按照《药品管理法》第八十二条的规定予以处罚。 第三十七条　违反本办法第十六条规定，药品经营企业购进或者销售医疗机构配制的制剂的，按照《药品管理法》第八十条规定予以处罚。 第三十八条　药品零售企业违反本办法第十八条第一款规定的，责令限期改正，给予警告；逾期不改正或者情节严重的，处以一千元以下的罚款。 违反本办法第十八条第二款规定，药品零售企业在执业药师或者其他依法经过资格认定的药学技术人员不在岗时销售处方药或者甲类非处方药的，责令限期改正，给予警告；逾期不改正的，处以一千元以下的罚款。 第三十九条　药品生产、批发企业违反本办法第十九条规定，未在药品说明书规定的低温、冷藏条件下运输药品的，给予警告，责令限期改正；逾期不改正的，处以五千元以上二万元以下的罚款；有关药品经依法确认属于假劣药品的，按照《药品管理法》有关规定予以处罚。 药品生产、批发企业违反本办法第十九条规定，未在药品说明书规定的低温、冷藏条件下储存药品的，按照《药品管理法》第七十九条的规定予以处罚；有关药品经依法确认属于假劣药品的，按照《药品管理法》有关规定予以处罚。 第四十条　药品生产、经营企业违反本办法第二十条规定的，限期改正，给予警告；逾期不改正或情节严重的，处以赠送药品货值金额二倍以下的罚款，但是最高不超过三万元。 第四十一条　违反本办法第二十三条至第二十七条的，责令限期改正，情节严重的，给予通报。 第四十二条　药品生产、经营企业违反本办法第二十一条、医疗机构违反本办法第二十八条规定，以邮售、互联网交易等方式直接向公众销售处方药的，责令改正，给予警告，并处销售药品货值金额二倍以下的罚款，但是最高不超过三万元。 第四十三条　违反本办法第二十二条规定非法收购药品的，按照《药品管理法》第七十三条的规定予以处罚。 第四十四条　药品监督管理部门及其工作人员玩忽职守，对应当予以制止和处罚的违法行为不予制止、处罚的，对直接负责的主管人员和其他直接责任人员给予行政处分；构成犯罪的，依法追究刑事责任。 第五章　附　则 第四十五条　本办法所称药品现货销售，是指药品生产、经营企业或其委派的销售人员，在药品监督管理部门核准的地址以外的其他场所，携带药品现货向不特定对象现场销售药品的行为。 第四十六条　实行特殊管理的药品、疫苗、军队用药品的流通监督管理，有关法律、法规、规章另有规定的，从其规定。 第四十七条　本办法自 2007 年 5 月 1 日起施行。自本办法施行之日起，1999 年 8 月 1 日实施的国家药品监督管理局《药品流通监督管理办法（暂行）》（国家药品监督管理局第 7 号令）同时废止。

| 相关执法参考 | 相关法律法规（12） | 《麻醉药品和精神药品管理条例》（节录）
（2005年8月3日国务院令第442号发布）
　　第二条　麻醉药品药用原植物的种植，麻醉药品和精神药品的实验研究、生产、经营、使用、储存、运输等活动以及监督管理，适用本条例。
　　麻醉药品和精神药品的进出口依照有关法律的规定办理。
　　第三条　本条例所称麻醉药品和精神药品，是指列入麻醉药品目录、精神药品目录（以下称目录）的药品和其他物质。精神药品分为第一类精神药品和第二类精神药品。
　　目录由国务院药品监督管理部门会同国务院公安部门、国务院卫生主管部门制定、调整并公布。
　　上市销售但尚未列入目录的药品和其他物质或者第二类精神药品发生滥用，已经造成或者可能造成严重社会危害的，国务院药品监督管理部门会同国务院公安部门、国务院卫生主管部门应当及时将该药品和该物质列入目录或者将该第二类精神药品调整为第一类精神药品。
　　第四条　国家对麻醉药品药用原植物以及麻醉药品和精神药品实行管制。除本条例另有规定的外，任何单位、个人不得进行麻醉药品药用原植物的种植以及麻醉药品和精神药品的实验研究、生产、经营、使用、储存、运输等活动。
　　第五条　国务院药品监督管理部门负责全国麻醉药品和精神药品的监督管理工作，并会同国务院农业主管部门对麻醉药品药用原植物实施监督管理。国务院公安部门负责对造成麻醉药品药用原植物、麻醉药品和精神药品流入非法渠道的行为进行查处。国务院其他有关主管部门在各自的职责范围内负责与麻醉药品和精神药品有关的管理工作。
　　省、自治区、直辖市人民政府药品监督管理部门负责本行政区域内麻醉药品和精神药品的监督管理工作。县级以上地方公安机关负责对本行政区域内造成麻醉药品和精神药品流入非法渠道的行为进行查处。县级以上地方人民政府其他有关主管部门在各自的职责范围内负责与麻醉药品和精神药品有关的管理工作。
　　第六条　麻醉药品和精神药品生产、经营企业和使用单位可以依法参加行业协会。行业协会应当加强行业自律管理。
　　第十五条　麻醉药品和精神药品的定点生产企业应当具备下列条件：
　　（一）有药品生产许可证；
　　（二）有麻醉药品和精神药品实验研究批准文件；
　　（三）有符合规定的麻醉药品和精神药品生产设施、储存条件和相应的安全管理设施；
　　（四）有通过网络实施企业安全生产管理和向药品监督管理部门报告生产信息的能力；
　　（五）有保证麻醉药品和精神药品安全生产的管理制度；
　　（六）有与麻醉药品和精神药品安全生产要求相适应的管理水平和经营规模；
　　（七）麻醉药品和精神药品生产管理、质量管理部门的人员应当熟悉麻醉药品和精神药品管理以及有关禁毒的法律、行政法规；
　　（八）没有生产、销售假药、劣药或者违反有关禁毒的法律、行政法规规定的行为；
　　（九）符合国务院药品监督管理部门公布的麻醉药品和精神药品定点生产企业数量和布局的要求。
　　第十六条　从事麻醉药品、精神药品生产的企业，应当经所在地省、自治区、直辖市人民政府药品监督管理部门批准。
　　第十七条　定点生产企业生产麻醉药品和精神药品，应当依照药品管理法的规定取得药品批准文号。
　　国务院药品监督管理部门应当组织医学、药学、社会学、伦理学和禁毒等方面的专家 |

成立专家组，由专家组对申请首次上市的麻醉药品和精神药品的社会危害性和被滥用的可能性进行评价，并提出是否批准的建议。

未取得药品批准文号的，不得生产麻醉药品和精神药品。

第十八条　发生重大突发事件，定点生产企业无法正常生产或者不能保证供应麻醉药品和精神药品时，国务院药品监督管理部门可以决定其他药品生产企业生产麻醉药品和精神药品。

重大突发事件结束后，国务院药品监督管理部门应当及时决定前款规定的企业停止麻醉药品和精神药品的生产。

第十九条　定点生产企业应当严格按照麻醉药品和精神药品年度生产计划安排生产，并依照规定向所在地省、自治区、直辖市人民政府药品监督管理部门报告生产情况。

第二十条　定点生产企业应当依照本条例的规定，将麻醉药品和精神药品销售给具有麻醉药品和精神药品经营资格的企业或者依照本条例规定批准的其他单位。

第二十一条　麻醉药品和精神药品的标签应当印有国务院药品监督管理部门规定的标志。

第二十二条　国家对麻醉药品和精神药品实行定点经营制度。

国务院药品监督管理部门应当根据麻醉药品和第一类精神药品的需求总量，确定麻醉药品和第一类精神药品的定点批发企业布局，并应当根据年度需求总量对布局进行调整、公布。

药品经营企业不得经营麻醉药品原料药和第一类精神药品原料药。但是，供医疗、科学研究、教学使用的小包装的上述药品可以由国务院药品监督管理部门规定的药品批发企业经营。

第二十三条　麻醉药品和精神药品定点批发企业除应当具备药品管理法第十五条规定的药品经营企业的开办条件外，还应当具备下列条件：

（一）有符合本条例规定的麻醉药品和精神药品储存条件；

（二）有通过网络实施企业安全管理和向药品监督管理部门报告经营信息的能力；

（三）单位及其工作人员 2 年内没有违反有关禁毒的法律、行政法规规定的行为；

（四）符合国务院药品监督管理部门公布的定点批发企业布局。

麻醉药品和第一类精神药品的定点批发企业，还应当具有保证供应责任区域内医疗机构所需麻醉药品和第一类精神药品的能力，并具有保证麻醉药品和第一类精神药品安全经营的管理制度。

第二十四条　跨省、自治区、直辖市从事麻醉药品和第一类精神药品批发业务的企业（以下称全国性批发企业），应当经国务院药品监督管理部门批准；在本省、自治区、直辖市行政区域内从事麻醉药品和第一类精神药品批发业务的企业（以下称区域性批发企业），应当经所在地省、自治区、直辖市人民政府药品监督管理部门批准。

专门从事第二类精神药品批发业务的企业，应当经所在地省、自治区、直辖市人民政府药品监督管理部门批准。

全国性批发企业和区域性批发企业可以从事第二类精神药品批发业务。

第二十五条　全国性批发企业可以向区域性批发企业，或者经批准可以向取得麻醉药品和第一类精神药品使用资格的医疗机构以及依照本条例规定批准的其他单位销售麻醉药品和第一类精神药品。

全国性批发企业向取得麻醉药品和第一类精神药品使用资格的医疗机构销售麻醉药品和第一类精神药品，应当经医疗机构所在地省、自治区、直辖市人民政府药品监督管理部门批准。

国务院药品监督管理部门在批准全国性批发企业时，应当明确其所承担供药责任的区域。

相关执法参考	相关法律法规（12）	第二十六条　区域性批发企业可以向本省、自治区、直辖市行政区域内取得麻醉药品和第一类精神药品使用资格的医疗机构销售麻醉药品和第一类精神药品；由于特殊地理位置的原因，需要就近向其他省、自治区、直辖市行政区域内取得麻醉药品和第一类精神药品使用资格的医疗机构销售的，应当经企业所在地省、自治区、直辖市人民政府药品监督管理部门批准。审批情况由负责审批的药品监督管理部门在批准后5日内通报医疗机构所在地省、自治区、直辖市人民政府药品监督管理部门。 　　省、自治区、直辖市人民政府药品监督管理部门在批准区域性批发企业时，应当明确其所承担供药责任的区域。 　　区域性批发企业之间因医疗急需、运输困难等特殊情况需要调剂麻醉药品和第一类精神药品的，应当在调剂后2日内将调剂情况分别报所在地省、自治区、直辖市人民政府药品监督管理部门备案。 　　第二十七条　全国性批发企业应当从定点生产企业购进麻醉药品和第一类精神药品。 　　区域性批发企业可以从全国性批发企业购进麻醉药品和第一类精神药品；经所在地省、自治区、直辖市人民政府药品监督管理部门批准，也可以从定点生产企业购进麻醉药品和第一类精神药品。 　　第二十八条　全国性批发企业和区域性批发企业向医疗机构销售麻醉药品和第一类精神药品，应当将药品送至医疗机构。医疗机构不得自行提货。 　　第二十九条　第二类精神药品定点批发企业可以向医疗机构、定点批发企业和符合本条例第三十一条规定的药品零售企业以及依照本条例规定批准的其他单位销售第二类精神药品。 　　第三十条　麻醉药品和第一类精神药品不得零售。 　　禁止使用现金进行麻醉药品和精神药品交易，但是个人合法购买麻醉药品和精神药品的除外。 　　第三十一条　经所在地设区的市级药品监督管理部门批准，实行统一进货、统一配送、统一管理的药品零售连锁企业可以从事第二类精神药品零售业务。 　　第三十二条　第二类精神药品零售企业应当凭执业医师出具的处方，按规定剂量销售第二类精神药品，并将处方保存2年备查；禁止超剂量或者无处方销售第二类精神药品；不得向未成年人销售第二类精神药品。 　　第三十三条　麻醉药品和精神药品实行政府定价，在制定出厂和批发价格的基础上，逐步实行全国统一零售价格。具体办法由国务院价格主管部门制定。 　　第六十五条　药品监督管理部门、卫生主管部门违反本条例的规定，有下列情形之一的，由其上级行政机关或者监察机关责令改正；情节严重的，对直接负责的主管人员和其他直接责任人员依法给予行政处分；构成犯罪的，依法追究刑事责任： 　　（一）对不符合条件的申请人准予行政许可或者超越法定职权作出准予行政许可决定的； 　　（二）未到场监督销毁过期、损坏的麻醉药品和精神药品的； 　　（三）未依法履行监督检查职责，应当发现而未发现违法行为、发现违法行为不及时查处，或者未依照本条例规定的程序实施监督检查的； 　　（四）违反本条例规定的其他失职、渎职行为。 　　第七十三条　具有麻醉药品和第一类精神药品处方资格的执业医师，违反本条例的规定开具麻醉药品和第一类精神药品处方，或者未按照临床应用指导原则的要求使用麻醉药品和第一类精神药品的，由其所在医疗机构取消其麻醉药品和第一类精神药品处方资格；造成严重后果的，由原发证部门吊销其执业证书。执业医师未按照临床应用指导原则的要求使用第二类精神药品或者未使用专用处方开具第二类精神药品，造成严重后果的，由原发证部门吊销其执业证书。

相关执法参考	相关法律法规（12）	未取得麻醉药品和第一类精神药品处方资格的执业医师擅自开具麻醉药品和第一类精神药品处方，由县级以上人民政府卫生主管部门给予警告，暂停其执业活动；造成严重后果的，吊销其执业证书；构成犯罪的，依法追究刑事责任。 处方的调配人、核对人违反本条例的规定未对麻醉药品和第一类精神药品处方进行核对，造成严重后果的，由原发证部门吊销其执业证书。 第七十七条　药物临床试验机构以健康人为麻醉药品和第一类精神药品临床试验的受试对象的，由药品监督管理部门责令停止违法行为，给予警告；情节严重的，取消其药物临床试验机构的资格；构成犯罪的，依法追究刑事责任。对受试对象造成损害的，药物临床试验机构依法承担治疗和赔偿责任。 第八十一条　依法取得麻醉药品药用原植物种植或者麻醉药品和精神药品实验研究、生产、经营、使用、运输等资格的单位，倒卖、转让、出租、出借、涂改其麻醉药品和精神药品许可证明文件的，由原审批部门吊销相应许可证明文件，没收违法所得；情节严重的，处违法所得2倍以上5倍以下的罚款；没有违法所得的，处2万元以上5万元以下的罚款；构成犯罪的，依法追究刑事责任。
	相关法律法规（13）	《医疗用毒性药品管理办法》 （1988年12月27日国务院令第23号发布） 第一条　为加强医疗用毒性药品的管理，防止中毒或死亡事故的发生，根据《中华人民共和国药品管理法》的规定，制定本办法。 第二条　医疗用毒性药品（以下简称毒性药品），系指毒性剧烈、治疗剂量与中毒剂量相近，使用不当会致人中毒或死亡的药品。 毒性药品的管理品种，由卫生部会同国家医药管理局、国家中医药管理局规定。 第三条　毒性药品年度生产、收购、供应和配制计划，由省、自治区、直辖市医药管理部门根据医疗需要制定，经省、自治区、直辖市卫生行政部门审核后，由医药管理部门下达给指定的毒性药品生产、收购、供应单位，并抄报卫生部、国家医药管理局和国家中医药管理局。生产单位不得擅自改变生产计划，自行销售。 第四条　药厂必须由医药专业人员负责生产、配制和质量检验，并建立严格的管理制度，严防与其他药品混杂。每次配料，必须经二人以上复核无误，并详细记录每次生产所用原料和成品数，经手人要签字备查。所有工具、容器要处理干净，以防污染其他药品。标示量要准确无误，包装容器要有毒药标志。 第五条　毒性药品的收购、经营，由各级医药管理部门指定的药品经营单位负责；配方用药由国营药店、医疗单位负责。其他任何单位或者个人均不得从事毒性药品的收购、经营和配方业务。 第六条　收购、经营、加工、使用毒性药品的单位必须建立健全保管、验收、领发、核对等制度；严防收假、发错，严禁与其他药品混杂，做到划定仓间或仓位，专柜加锁并由专人保管。 毒性药品的包装容器上必须印有毒药标志，在运输毒性药品的过程中，应当采取有效措施，防止发生事故。 第七条　凡加工炮制毒性中药，必须按照《中华人民共和国药典》或者省、自治区、直辖市卫生行政部门制定的《炮制规范》的规定进行。药材符合药用要求的，方可供应、配方和用于中成药生产。 第八条　生产毒性药品及其制剂，必须严格执行生产工艺操作规程，在本单位药品检验人员的监督下准确投料，并建立完整的生产记录，保存五年备查。 在生产毒性药品过程中产生的废弃物，必须妥善处理，不得污染环境。 第九条　医疗单位供应和调配毒性药品，凭医生签名的正式处方。国营药店供应和调配毒性药品，凭盖有医生所在的医疗单位公章的正式处方。每次处方剂量不得超过二日

极量。

　　调配处方时，必须认真负责，计量准确，按医嘱注明要求，并由配方人员及具有药师以上技术职称的复核人员签名盖章后方可发出。对处方未注明"生用"的毒性中药，应当付炮制品。如发现处方有疑问时，须经原处方医生重新审定后再行调配。处方一次有效，取药后处方保存二年备查。

　　第十条　科研和教学单位所需的毒性药品，必须持本单位的证明信，经单位所在地县以上卫生行政部门批准后，供应部门方能发售。

　　群众自配民间单、秘、验方需用毒性中药，购买时要持有本单位或者城市街道办事处、乡（镇）人民政府的证明信，供应部门方可发售。每次购用量不得超过二日极量。

　　第十一条　对违反本办法的规定，擅自生产、收购、经营毒性药品的单位或者个人，由县以上卫生行政部门没收其全部毒性药品，并处以警告或按非法所得的五至十倍罚款。情节严重、致人伤残或死亡，构成犯罪的，由司法机关依法追究其刑事责任。

　　第十二条　当事人对处罚不服的，可在接到处罚通知之日起十五日内，向作出处理的机关的上级机关申请复议。但申请复议期间仍应执行原处罚决定。上级机关应在接到申请之日起十日内作出答复。对答复不服的，可在接到答复之日起十五日内，向人民法院起诉。

　　第十三条　本办法由卫生部负责解释。

　　第十四条　本办法自发布之日起施行。1964年4月20日卫生部、商业部、化工部发布的《管理毒药、限制性剧药暂行规定》，1964年12月7日卫生部、商业部发布的《管理毒性中药的暂行办法》，1979年6月30日卫生部、国家医药管理总局发布的《医疗用毒药、限制性剧药管理规定》，同时废止。

　　附：

　　毒性药品管理品种

　　一、毒性中药品种

　　砒石（红砒、白砒）　砒霜　水银　生马钱子　生川乌　生草乌　生白附子　生附子　生半夏　生南星　生巴豆　斑蝥　青娘虫　红娘虫　生甘遂　生狼毒　生藤黄　生千金子　生天仙子　闹羊花　雪上一枝蒿　红升丹　白降丹　蟾酥　洋金花　红粉　轻粉　雄黄

　　二、西药毒药品种

　　去乙酰毛花甙丙　阿托品　洋地黄毒甙　氢溴酸后马托品　三氧化二砷　毛果芸香碱　升汞　水杨酸毒扁豆碱　亚砷酸钾　氢溴酸东莨菪碱　士的年

　　注：西药毒性药品品种仅指原料药，不包含制剂。西药品种士的年、阿托品、芸香碱等包括盐类化合物。

《放射性药品管理办法》（节录）

（1989年1月13日中华人民共和国国务院令第25号发布）

　　第二条　放射性药品是指用于临床诊断或者治疗的放射性核素制剂或者其标记药物。

　　第三条　凡在中华人民共和国领域内进行放射性药品的研究、生产、经营、运输、使用、检验、监督管理的单位和个人都必须遵守本办法。

　　第四条　国务院药品监督管理部门负责全国放射性药品监督管理工作。国务院国防科技工业主管部门依据职责负责与放射性药品有关的管理工作。国务院环境保护主管部门负责与放射性药品有关的辐射安全与防护的监督管理工作。

　　第九条　国家根据需要，对放射性药品的生产企业实行合理布局。

　　第十条　开办放射性药品生产、经营企业，必须具备《药品管理法》规定的条件，符合国家有关放射性同位素安全和防护的规定与标准，并履行环境影响评价文件的审批手续；开办放射性药品生产企业，经国务院国防科技工业主管部门审查同意，国务院药品监

相关执法参考	相关法律法规(14)	督管理部门审核批准后，由所在省、自治区、直辖市药品监督管理部门发给《放射性药品生产企业许可证》；开办放射性药品经营企业，经国务院药品监督管理部门审核并征求国务院国防科技工业主管部门意见后批准的，由所在省、自治区、直辖市药品监督管理部门发给《放射性药品经营企业许可证》。无许可证的生产、经营企业，一律不准生产、销售放射性药品。 第十一条 《放射性药品生产企业许可证》、《放射性药品经营企业许可证》的有效期为5年，期满前6个月，放射性药品生产、经营企业应当分别向原发证的药品监督管理部门重新提出申请，按第十条审批程序批准后，换发新证。 第十二条 放射性药品生产企业生产已有国家标准的放射性药品，必须经国务院药品监督管理部门征求国务院国防科技工业主管部门意见后审核批准，并发给批准文号。凡是改变国务院药品监督管理部门已批准的生产工艺路线和药品标准的，生产单位必须按原报批程序提出补充申请，经国务院药品监督管理部门批准后方能生产。 第十三条 放射性药品生产、经营企业，必须配备与生产、经营放射性药品相适应的专业技术人员，具有安全、防护和废气、废物、废水处理等设施，并建立严格的质量管理制度。 第十四条 放射性药品生产、经营企业，必须建立质量检验机构，严格实行生产全过程的质量控制和检验。产品出厂前，须经质量检验。符合国家药品标准的产品方可出厂，不符合标准的产品一律不准出厂。 经国务院药品监督管理部门审核批准的含有短半衰期放射性核素的药品，可以边检验边出厂，但发现质量不符合国家药品标准时，该药品的生产企业应当立即停止生产、销售，并立即通知使用单位停止使用，同时报告国务院药品监督管理、卫生行政、国防科技工业主管部门。 第十五条 放射性药品的生产、经营单位和医疗单位凭省、自治区、直辖市药品监督管理部门发给的《放射性药品生产企业许可证》、《放射性药品经营企业许可证》，医疗单位凭省、自治区、直辖市药品监督管理部门发给的《放射性药品使用许可证》，开展放射性药品的购销活动。 第十六条 进口的放射性药品品种，必须符合我国的药品标准或者其他药用要求，并依照《药品管理法》的规定取得进口药品注册证书。 进出口放射性药品，应当按照国家有关对外贸易、放射性同位素安全和防护的规定，办理进出口手续。 第十七条 进口放射性药品，必须经国务院药品监督管理部门指定的药品检验机构抽样检验；检验合格的，方准进口。 对于经国务院药品监督管理部门审核批准的含有短半衰期放射性核素的药品，在保证安全使用的情况下，可以采取边进口检验、边投入使用的办法。进口检验单位发现药品质量不符合要求时，应当立即通知使用单位停止使用，并报告国务院药品监督管理、卫生行政、国防科技工业主管部门。

三、生产、销售、提供劣药罪

罪名	生产、销售、提供劣药罪（《刑法》第 142 条）
概念	生产、销售、提供劣药罪，是指故意违反国家药品管理法规，非法生产、销售、提供劣药，对人体健康造成严重危害的行为。
犯罪构成	**客体** 本罪侵犯的客体是双重客体，既包括国家对药品的管理制度，又包括不特定多数人的生命健康权利。《药品管理法》明确规定，从事药品生产活动，应当经所在地省、自治区、直辖市人民政府药品监督管理部门批准，取得药品生产许可证。无药品生产许可证的，不得生产药品。同时，该法第 114 条还明确规定，违反本法规定，构成犯罪的，依法追究刑事责任。可见，生产、销售劣药的行为，不仅严重侵犯了国家药品管理制度，同时还严重侵害了不特定多数人的生命健康权利。 　　本罪侵害的对象是劣药，一般理解是指含有药物成分但对治疗人体疾病缺乏疗效或者不符合药品标准的药物制品。根据法律规定，所谓劣药，是指具有《药品管理法》第 98 条第（四）项规定的情形之一者：①药品成分的含量不符合国家药品标准；②被污染的药品；③未标明或者更改有效期的药品；④未注明或者更改产品批号的药品；⑤超过有效期的药品；⑥擅自添加防腐剂、辅料的药品；⑦其他不符合药品标准的药品。劣药在一定意义上属于药品。药品与药物不同，药物比药品的涵盖范畴大，适用对象也更广泛，但药品属于法定内涵，其质量要求更高。药品的外延可从不同角度进行分类加以理解。按照医学理论体系，药品可以分为西药和中药两大类。所谓西药，是指以西医理论体系为基础，在西医基本理论指导下应用的药物，一般用化学合成方法制成或由天然产物提制而成，可分为有机化学药品、无机化学药品和生物制品。其说明书有化学名、结构式，剂量上比中药精确，通常以毫克计，如阿司匹林、青霉素、止痛片等。所谓中药，是指以中医理论体系为基础，在中医基本理论指导下应用的药物，中药按加工工艺分为中药材、中药饮片和中成药等。按照管理和使用用途，药品可以分为处方药与非处方药两类。处方药，是指凭执业医师和执业助理医师处方方可购买、调配和使用的药品。非处方药，是指由国务院药品监督管理部门公布的，不需要凭执业医师和执业助理医师处方，消费者可以自行判断、购买和使用的药品。按照生产领域进程，药品可以分为原料药和制剂两类。所谓原料药，是指尚待加工成一定剂型的药物。原料药由相应的、具有合法资格的原料药生产企业生产，其生产的要求往往与制剂不同。由于来源不同，原料药又可分为化学原料药、生物原料药、中药材等。所谓制剂，是指根据《药典》（药典是一个国家记载药品标准、规格的法典，一般由国家药品监督管理局主持编纂、颁布实施，药典从本草学、药物学以及处方集的编著演化而来，药典的重要特点是它的法定性和体例的规范化，自 1949 年中华人民共和国成立后，已编订了 1953、1963、1977、1985、1990、1995、2000、2005、2010、2015 年版共十个版次的中华人民共和国药典）、药品标准或其他适当处方，将原料药按某种剂型制成的具有一定规格的药剂。例如，根据《药典》的规定，可将红霉素原料药按一定的处方、工艺及质量要求，制成红霉素肠溶衣片、注射用红霉素、红霉素眼膏、红霉素软膏等不同制剂。另外，还可根据药理作用不同，将药品分为抗高血压药、抗心律失常药、抗肿瘤药、抗菌药物、解热镇痛药、抗炎药等。还可从药品使用时及管理需要角度，将药品分为麻醉药品、精神药品、医疗用毒性药品、放射性药品等。应当注意的是劣药与假药的区别，主要从如下五个方面加以区分。其一，从批文上看：劣药是有批准文号生产的药品；而假药则是没有取得批准文号生产的。其二，从成分上看：劣药是药，只是不符

犯罪构成		
	客体	合质量标准；而假药有时根本就不是药，如用非药品冒充药品。其三，从有效期看：超过有效期的必定是劣药，但不一定是假药；而假药根本不存在有效期问题，因而更不存在是否超过有效期问题。其四，从制药标准看：制品中不合质量的次品、等外品是劣药；而制品中所含成分的标准与国家药品标准或省、直辖市、自治区药品标准不符合的是假药。名称为板蓝根冲剂的药品，如果药品成分的含量与国家标准或省、直辖市、自治区药品标准不符合，就是劣药，因为它生产的药还是真药，只是因药品成分的含量少而成了劣药。但如果该药品中根本不含板蓝根，那就是假药。其五，生产的不合质量的次品、等外品是劣药，而不是假药。
	客观方面	本罪在客观方面表现为违反国家药品管理法规，非法生产、销售、提供劣药，对人体健康造成严重危害的行为。包括以下三点。 1. 行为人实施的行为必须是违反国家药品管理法规的行为。违反国家药品管理法规，主要是违反了国家药品质量管理相关规定，包括我国《药品管理法》《药品管理法实施条例》以及《药品生产质量管理规范》《药品经营质量管理规范》《中药材生产质量管理规范》等，这些规定明确要求，药品必须符合国家药品标准或者省、自治区、直辖市药品标准，有关生产条件设备、质量要求、环境卫生、技术保障等环节及销售过程品质要求等必须符合相应规定。例如，周中波生产、销售劣药一案。被告人：周中波，男，50岁，某私营医药公司经理。自1998年6月起，周中波在没有办理生产销售药品合格证、许可证的情况下，非法生产"中州"牌劣质清热解毒口服液5000余件。然后，周中波以低于真正的"中州"牌清热解毒口服液的价格，将贴有洛阳市中药厂专用商标的劣药"中州"牌清热解毒口服液销往10余个县、市的数十家医院，非法经营额达50万余元。在7月至8月，多名患者因使用该药，延误了治疗时间而使病情加重，有的患者还因此留下了后遗症。市药品检验所对被告人生产的"中州"牌清热解毒口服液进行抽样检验，结果表明：该药品的成分中，生物碱的含量呈不良反应，总黄酮的含量只有1mg/ml，低于河南省卫药审〔1991〕年18号文件规定的黄酮含量不得低于6mg/ml的标准；每支药液装量也少于规定的标准。后被法院以生产、销售劣药罪，判处5年有期徒刑，并判处罚金30万元。再如《药品管理法》第41条规定，从事药品生产活动，应当经所在地省、自治区、直辖市人民政府药品监督管理部门批准，取得药品生产许可证。无药品生产许可证的，不得生产药品。药品生产许可证应当标明有效期和生产范围，到期重新审查发证。《药品管理法》第51条规定，从事药品批发活动，应当经所在地省、自治区、直辖市人民政府药品监督管理部门批准，取得药品经营许可证。从事药品零售活动，应当经所在地县级以上地方人民政府药品监督管理部门批准，取得药品经营许可证。无药品经营许可证的，不得经营药品。药品经营许可证应当标明有效期和经营范围，到期重新审查发证。 2. 实施了非法生产、销售、提供劣药的行为。生产、销售、提供行为是选择性关系，行为人实施其中一个行为即构成犯罪。实施了上述任何一种行为并达到法定实害要求的，即构成相应的生产劣药罪、销售劣药罪或生产、销售、提供劣药罪。但对其中又生产又销售劣药的，在处罚上应当从重。例如，2002年，丝瓜出资成立了南瓜制药有限责任公司，丝瓜作为该公司的董事长，专门生产并销售治疗呼吸道系统的药物，为了节省开支，该公司生产的此类药品成分的含量与国家药品标准规定的成分含量不符合。2003年，通过朋友介绍，一家医院和南瓜制药有限责任公司签订了销售药品合同，而且药品数量还非常可观。丝瓜向该医院提供了本公司生产的抗组胺药、止咳药、支气管扩张剂。该医院在给病人治病时使用该药，致多名患者的呼吸道疾病更加严重，并且对患者造成了无法弥补的伤害。本案中南瓜制药有限责任公司既实施生产劣药，又将生产的抗组胺药、止咳药、支气管扩张剂故意销售，危害他人健康，因此，公司及丝瓜生产和销售行为应当构成生产、销售劣药罪。

犯罪构成	客观方面	3. 造成了"对人体健康造成严重危害"的后果，才能构成本罪。本罪为结果犯罪，即无后果不构成犯罪。根据司法解释规定，对人体健康造成严重危害，是指造成轻伤或者重伤的；造成轻度残疾或者中度残疾的；造成器官组织损伤导致一般功能障碍或者严重功能障碍的；其他对人体健康造成严重危害的情形。
	主体	本罪的主体是一般主体，自然人和单位都可构成本罪。包括劣药的生产者、销售者、提供者三类。生产者即劣药的制造、加工、采集、收集者，销售者即劣药的有偿提供者，提供者即药品使用单位的人员明知是劣药而提供者。凡达到 16 周岁以上法定刑事责任年龄且具有刑事责任能力的自然人均可构成本罪，依刑法第 150 条之规定，单位亦能成为本罪主体，单位犯本罪时，实行两罚制。
	主观方面	本罪在主观方面表现为故意，即明知生产、销售、提供劣药是违反国家药品管理规定，会对人体健康造成严重危害而故意生产、销售、提供劣药的心理态度。如果行为人由于过失违章、责任心不强、马马虎虎而生产出不合格产品或粗心大意销售劣药的，不能成本罪。行为人不知道是劣药而销售或者提供劣药的行为也不构成本罪。过失不能构成本罪。从司法实践中看，本罪行为人一般具有谋取利益的目的，但法律没有要求构成本罪必须以营利为目的，因此无论行为人出自何种目的，均不影响本罪的构成。只要是实施了生产、销售劣药行为，并且对人体健康造成严重危害的，就构成本罪。
认定标准	刑罚标准	1. 犯本罪的，处 3 年以上 10 年以下有期徒刑，并处销售金额百分之五十以上二倍以下罚金。 2. 后果特别严重，处 10 年以上有期徒刑或者无期徒刑，并处销售金额百分之五十以上二倍以下罚金或者没收财产。 3. 单位犯本罪的，对单位判处罚金，并对其直接负责的主管人员和其他责任人员依上述规定处罚。 本罪为结果犯罪，实施了非法生产、销售、提供劣药，并造成了"对人体健康造成严重危害"的后果，才能构成本罪，即适用第一档量刑条款。根据司法解释规定，这里的对人体健康造成严重危害包括：造成轻伤或者重伤的；造成轻度残疾或者中度残疾的；造成器官组织损伤导致一般功能障碍或者严重功能障碍的；其他对人体健康造成严重危害的情形。 构成本罪，并造成了特别严重后果的，适用第二档量刑条款。根据司法解释规定，这里的后果特别严重包括：致人死亡；致人重度残疾的；造成 3 人以上重伤、中度残疾或者器官组织损伤导致严重功能障碍的；造成 5 人以上轻度残疾或者器官组织损伤导致一般功能障碍的；造成 10 人以上轻伤的；造成重大、特别重大突发公共卫生事件的情形；生产、销售、提供假药的金额 50 万元以上的；生产、销售、提供假药的金额 20 万元以上不满 50 万元，并具有本解释第一条规定情形之一的；根据生产、销售、提供的时间、数量、假药种类、对人体健康危害程度等，应当认定为情节特别严重的。
	本罪与违法行为的区别	1. 看法定结果有无。依本条的规定，本罪为结果犯，无后果不能构成本罪。生产、销售、提供劣药的行为，只有对人体健康造成严重危害的，才构成本罪。根据司法解释规定，这里的严重危害包括造成轻伤或者重伤的；造成轻度残疾或者中度残疾的；造成器官组织损伤导致一般功能障碍或者严重功能障碍的；其他对人体健康造成严重危害的情形。如果没有对人体健康造成严重危害的，不能构成本罪。 2. 看销售金额大小。如果生产、销售、提供劣药未对人体造成严重危害，且销售金额未超过 5 万元的，则属一般违法行为，不构成犯罪，可给予行政处理。但如果生产、销售、提供劣药未对人体造成严重危害，虽然不能构成本罪，但销售金额超过 5 万元的，则构成生产、销售伪劣产品罪。 3. 看主观罪过内容。本罪在主观方面表现只能为故意。出于主观过失的，不能构成本罪。

认定标准	本罪罪名的认定	本罪是选择性罪名，可根据行为方式的不同，分别确定不同的罪名。生产劣药构成犯罪的，是生产劣药罪；销售劣药构成犯罪的，构成销售劣药罪；既生产又销售、提供劣药构成犯罪的，构成生产、销售、提供劣药罪。
	此罪与彼罪的区别	本罪与生产、销售伪劣产品罪的界限。 生产、销售伪劣产品罪，是指生产者、销售者在产品中掺杂、掺假，以假充真，以次充好或者以不合格产品冒充合格产品，销售金额达5万元以上的行为。两者属于特殊与一般的关系，劣药也属于伪劣产品，但两罪成立犯罪的标准不同。两罪的主要区别在于： 1. 犯罪客体不同。本罪属于双重客体，既侵犯了国家对药品的管理制度，又侵犯了不特定多数人的生命健康权利。后罪属于单一客体，侵害的是国家有关产品质量管理制度。 2. 犯罪对象有所不同。本罪的对象只能是劣药。后罪的对象为一切伪劣产品，包括劣药在内。 3. 犯罪成立的标准不同。根据刑法第149条第1款规定，实施了生产、销售、提供劣药行为，由于未对人体造成严重危害或者情节显著轻微危害不大，虽然不能构成生产、销售劣药罪，但是如果销售金额在5万元以上的，则成立生产、销售伪劣产品罪。当然，这里如果同时构成生产、销售、提供劣药罪和生产、销售伪劣产品罪的，则根据刑法第149条第2款规定的精神，应按处罚较重的规定处罚，一般按生产、销售、提供劣药罪定罪处罚。
相关执法参考	刑法	中华人民共和国刑法（节录） （1979年7月1日第五届全国人民代表大会第二次会议通过，1997年3月14日第八届全国人民代表大会第五次会议修订，已先后被1999年12月25日《中华人民共和国刑法修正案》、2001年8月31日《中华人民共和国刑法修正案（二）》、2001年12月29日《中华人民共和国刑法修正案（三）》、2002年12月28日《中华人民共和国刑法修正案（四）》、2005年2月28日《中华人民共和国刑法修正案（五）》、2006年6月29日《中华人民共和国刑法修正案（六）》、2009年2月28日《中华人民共和国刑法修正案（七）》、2009年8月27日《全国人民代表大会常务委员会关于修改部分法律的决定》、2011年2月25日《中华人民共和国刑法修正案（八）》、2015年8月29日《中华人民共和国刑法修正案（九）》、2017年11月4日《中华人民共和国刑法修正案（十）》、2020年12月26日《中华人民共和国刑法修正案（十一）》修改或修正） 第一百四十二条　生产、销售劣药，对人体健康造成严重危害的，处三年以上十年以下有期徒刑，并处罚金；后果特别严重的，处十年以上有期徒刑或者无期徒刑，并处罚金或者没收财产。 药品使用单位的人员明知是劣药而提供给他人使用的，依然前款的规定处罚。 第一百四十九条　生产、销售本节第一百四十一条至第一百四十八条所列产品，不构成各该条规定的犯罪，但是销售金额在五万元以上的，依照本节第一百四十条的规定定罪处罚。 生产、销售本节第一百四十一条至第一百四十八条所列产品，构成各该条规定的犯罪，同时又构成本节第一百四十条规定之罪的，依照处罚较重的规定定罪处罚。 第一百五十条　单位犯本节第一百四十条至第一百四十八条规定之罪的，对单位判处罚金，并对其直接负责的主管人员和其他直接责任人员，依照各该条的规定处罚。

| 相关执法参考 | 相关法律法规（1） | 最高人民法院、最高人民检察院《关于办理危害药品安全刑事案件适用法律若干问题的解释》（节录）
（2022年2月28日由最高人民法院审判委员会第1865次会议、2022年2月25日由最高人民检察院第十三届检察委员会第九十二次会议通过，自2022年3月6日起施行）
为依法惩治危害药品安全犯罪，保障人民群众生命健康，维护药品管理秩序，根据《中华人民共和国刑法》《中华人民共和国刑事诉讼法》及《中华人民共和国药品管理法》等有关规定，现就办理此类刑事案件适用法律的若干问题解释如下：
第二条　生产、销售、提供假药，具有下列情形之一的，应当认定为刑法第一百四十一条规定的"对人体健康造成严重危害"：
（一）造成轻伤或者重伤的；
（二）造成轻度残疾或者中度残疾的；
（三）造成器官组织损伤导致一般功能障碍或者严重功能障碍的；
（四）其他对人体健康造成严重危害的情形。
第四条　生产、销售、提供假药，具有下列情形之一的，应当认定为刑法第一百四十一条规定的"其他特别严重情节"：
（一）致人重度残疾以上的；
（二）造成三人以上重伤、中度残疾或者器官组织损伤导致严重功能障碍的；
（三）造成五人以上轻度残疾或者器官组织损伤导致一般功能障碍的；
（四）造成十人以上轻伤的；
（五）引发重大、特别重大突发公共卫生事件的；
（六）生产、销售、提供假药的金额五十万元以上的；
（七）生产、销售、提供假药的金额二十万元以上不满五十万元，并具有本解释第一条规定情形之一的；
（八）根据生产、销售、提供的时间、数量、假药种类、对人体健康危害程度等，应当认定为情节特别严重的。
第五条　生产、销售、提供劣药，具有本解释第一条规定情形之一的，应当酌情从重处罚。
生产、销售、提供劣药，具有本解释第二条规定情形之一的，应当认定为刑法第一百四十二条规定的"对人体健康造成严重危害"。
生产、销售、提供劣药，致人死亡，或者具有本解释第四条第一项至第五项规定情形之一的，应当认定为刑法第一百四十二条规定的"后果特别严重"。
第六条　以生产、销售、提供假药、劣药为目的，合成、精制、提取、储存、加工炮制药品原料，或者在将药品原料、辅料、包装材料制成成品过程中，进行配料、混合、制剂、储存、包装的，应当认定为刑法第一百四十一条、第一百四十二条规定的"生产"。
药品使用单位及其工作人员明知是假药、劣药而有偿提供给他人使用的，应当认定为刑法第一百四十一条、第一百四十二条规定的"销售"；无偿提供给他人使用的，应当认定为刑法第一百四十一条、第一百四十二条规定的"提供"。
第九条　明知他人实施危害药品安全犯罪，而有下列情形之一的，以共同犯罪论处：
（一）提供资金、贷款、账号、发票、证明、许可证件的；
（二）提供生产、经营场所、设备或者运输、储存、保管、邮寄、销售渠道等便利条件的；
（三）提供生产技术或者原料、辅料、包装材料、标签、说明书的；
（四）提供虚假药物非临床研究报告、药物临床试验报告及相关材料的；
（五）提供广告宣传的； |

（六）提供其他帮助的。

第十条 办理生产、销售、提供假药、生产、销售、提供劣药、妨害药品管理等刑事案件，应当结合行为人的从业经历、认知能力、药品质量、进货渠道和价格、销售渠道和价格以及生产、销售方式等事实综合判断认定行为人的主观故意。具有下列情形之一的，可以认定行为人有实施相关犯罪的主观故意，但有证据证明确实不具有故意的除外：

（一）药品价格明显异于市场价格的；

（二）向不具有资质的生产者、销售者购买药品，且不能提供合法有效的来历证明的；

（三）逃避、抗拒监督检查的；

（四）转移、隐匿、销毁涉案药品、进销货记录的；

（五）曾因实施危害药品安全违法犯罪行为受过处罚，又实施同类行为的；

（六）其他足以认定行为人主观故意的情形。

第十一条 以提供给他人生产、销售、提供药品为目的，违反国家规定，生产、销售不符合药用要求的原料、辅料，符合刑法第一百四十条规定的，以生产、销售伪劣产品罪从重处罚；同时构成其他犯罪的，依照处罚较重的规定定罪处罚。

第十二条 广告主、广告经营者、广告发布者违反国家规定，利用广告对药品作虚假宣传，情节严重的，依照刑法第二百二十二条的规定，以虚假广告罪定罪处罚。

第十三条 明知系利用医保骗保购买的药品而非法收购、销售，金额五万元以上的，应当依照刑法第三百一十二条的规定，以掩饰、隐瞒犯罪所得罪定罪处罚；指使、教唆、授意他人利用医保骗保购买药品，进而非法收购、销售，符合刑法第二百六十六条规定的，以诈骗罪定罪处罚。

对于利用医保骗保购买药品的行为人是否追究刑事责任，应当综合骗取医保基金的数额、手段、认罪悔罪态度等案件具体情节，依法妥当决定。利用医保骗保购买药品的行为人是否被追究刑事责任，不影响对非法收购、销售有关药品的行为人定罪处罚。

对于第一款规定的主观明知，应当根据药品标志、收购渠道、价格、规模及药品追溯信息等综合认定。

第十四条 负有药品安全监督管理职责的国家机关工作人员，滥用职权或者玩忽职守，构成药品监管渎职罪，同时构成商检徇私舞弊罪、商检失职罪等其他渎职犯罪的，依照处罚较重的规定定罪处罚。

负有药品安全监督管理职责的国家机关工作人员滥用职权或者玩忽职守，不构成药品监管渎职罪，但构成前款规定的其他渎职犯罪的，依照该其他犯罪定罪处罚。

负有药品安全监督管理职责的国家机关工作人员与他人共谋，利用其职务便利帮助他人实施危害药品安全犯罪行为，同时构成渎职犯罪和危害药品安全犯罪共犯的，依照处罚较重的规定定罪从重处罚。

第十五条 对于犯生产、销售、提供假药罪、生产、销售、提供劣药罪、妨害药品管理罪的，应当结合被告人的犯罪数额、违法所得，综合考虑被告人缴纳罚金的能力，依法判处罚金。罚金一般应当在生产、销售、提供的药品金额二倍以上；共同犯罪的，对各共同犯罪人合计判处的罚金一般应当在生产、销售、提供的药品金额二倍以上。

第十六条 对于犯生产、销售、提供假药罪、生产、销售、提供劣药罪、妨害药品管理罪的，应当依照刑法规定的条件，严格缓刑、免予刑事处罚的适用。对于被判处刑罚的，可以根据犯罪情况和预防再犯罪的需要，依法宣告职业禁止或者禁止令。《中华人民共和国药品管理法》等法律、行政法规另有规定的，从其规定。

对于被不起诉或者免予刑事处罚的行为人，需要给予行政处罚、政务处分或者其他处分的，依法移送有关主管机关处理。

相关执法参考	相关法律法规（1）	第十七条　单位犯生产、销售、提供假药罪、生产、销售、提供劣药罪、妨害药品管理罪的，对单位判处罚金，并对直接负责的主管人员和其他直接责任人员，依照本解释规定的自然人犯罪的定罪量刑标准处罚。 　　单位犯罪的，对被告单位及其直接负责的主管人员、其他直接责任人员合计判处的罚金一般应当在生产、销售、提供的药品金额二倍以上。 　　第十八条　根据民间传统配方私自加工药品或者销售上述药品，数量不大，且未造成他人伤害后果或者延误诊治的，或者不以营利为目的实施带有自救、互助性质的生产、进口、销售药品的行为，不应当认定为犯罪。 　　对于是否属于民间传统配方难以确定的，根据地市级以上药品监督管理部门或者有关部门出具的认定意见，结合其他证据作出认定。 　　第十九条　刑法第一百四十一条、第一百四十二条规定的"假药""劣药"，依照《中华人民共和国药品管理法》的规定认定。 　　对于《中华人民共和国药品管理法》第九十八条第二款第二项、第四项及第三款第三项至第六项规定的假药、劣药，能够根据现场查获的原料、包装，结合犯罪嫌疑人、被告人供述等证据材料作出判断的，可以由地市级以上药品监督管理部门出具认定意见。对于依据《中华人民共和国药品管理法》第九十八条第二款、第三款的其他规定认定假药、劣药，或者是否属于第九十八条第二款第二项、第三款第六项规定的假药、劣药存在争议的，应当由省级以上药品监督管理部门设置或者确定的药品检验机构进行检验，出具质量检验结论。司法机关根据认定意见、检验结论，结合其他证据作出认定。 　　第二十条　对于生产、提供药品的金额，以药品的货值金额计算；销售药品的金额，以所得和可得的全部违法收入计算。 　　第二十一条　本解释自2022年3月6日起施行。本解释公布施行后，《最高人民法院、最高人民检察院关于办理危害药品安全刑事案件适用法律若干问题的解释》（法释〔2014〕14号）、《最高人民法院、最高人民检察院关于办理药品、医疗器械注册申请材料造假刑事案件适用法律若干问题的解释》（法释〔2017〕15号）同时废止。
	相关法律法规（2）	最高人民法院、最高人民检察院《关于办理生产、销售伪劣商品刑事案件具体应用法律若干问题的解释》（节录） 　　（2001年4月5日最高人民法院审判委员会第1168次会议、2001年3月30日最高人民检察院第九届检察委员会第84次会议通过，自2001年4月10日起施行） 　　第九条　知道或者应当知道他人实施生产、销售伪劣商品犯罪，而为其提供贷款、资金、账号、发票、证明、许可证件，或者提供生产、经营场所或者运输、仓储、保管、邮寄等便利条件，或者提供制假生产技术的，以生产、销售伪劣商品犯罪的共犯论处。 　　第十条　实施生产、销售伪劣商品犯罪，同时构成侵犯知识产权、非法经营等其他犯罪的，依照处罚较重的规定定罪处罚。 　　第十一条　实施刑法第一百四十条至第一百四十八条规定的犯罪，又以暴力、威胁方法抗拒查处，构成其他犯罪的，依照数罪并罚的规定处罚。 　　第十二条　国家机关工作人员参与生产、销售伪劣商品犯罪的，从重处罚。
	相关法律法规（3）	《关于依法惩治妨害新型冠状病毒感染肺炎疫情防控违法犯罪的意见》（节录） 　　（2020年2月10日最高人民法院、最高人民检察院、公安部、司法部发布） 　　各省、自治区、直辖市高级人民法院、人民检察院、公安厅（局）、司法厅（局），解放军军事法院、军事检察院，新疆维吾尔自治区高级人民法院生产建设兵团分院、新疆生产建设兵团人民检察院、公安局、司法局： 　　为贯彻落实2020年2月5日中央全面依法治国委员会第三次会议审议通过的《中央全面依法治国委员会关于依法防控新型冠状病毒感染肺炎疫情、切实保障人民群众生命健康安全的意见》，最高人民法院、最高人民检察院、公安部、司法部联合制定了《关于依

相关执法参考 相关法律法规（3）	法惩治妨害新型冠状病毒感染肺炎疫情防控违法犯罪的意见》。现予以印发，请结合实际认真贯彻执行。在执行中遇到的新情况、新问题，请及时分别报告最高人民法院、最高人民检察院、公安部、司法部。 为依法惩治妨害新型冠状病毒感染肺炎疫情防控违法犯罪行为，保障人民群众生命安全和身体健康，保障社会安定有序，保障疫情防控工作顺利开展，根据有关法律、司法解释的规定，制定本意见。 一、提高政治站位，充分认识疫情防控时期维护社会大局稳定的重大意义 各级人民法院、人民检察院、公安机关、司法行政机关要切实把思想和行动统一到习近平总书记关于新型冠状病毒感染肺炎疫情防控工作的系列重要指示精神上来，坚决贯彻落实党中央决策部署、中央应对新型冠状病毒感染肺炎疫情工作领导小组工作安排，按照中央政法委要求，增强"四个意识"、坚定"四个自信"、做到"两个维护"，始终将人民群众的生命安全和身体健康放在第一位，坚决把疫情防控作为当前压倒一切的头等大事来抓，用足用好法律规定，依法及时、从严惩治妨害疫情防控的各类违法犯罪，为坚决打赢疫情防控阻击战提供有力法治保障。 二、准确适用法律，依法严惩妨害疫情防控的各类违法犯罪 （三）依法严惩制假售假犯罪。在疫情防控期间，生产、销售伪劣的防治、防护产品、物资，或者生产、销售用于防治新型冠状病毒感染肺炎的假药、劣药，符合刑法第一百四十条、第一百四十一条、第一百四十二条规定的，以生产、销售伪劣产品罪，生产、销售假药罪或者生产、销售劣药罪定罪处罚。 在疫情防控期间，生产不符合保障人体健康的国家标准、行业标准的医用口罩、护目镜、防护服等医用器材，或者销售明知是不符合标准的医用器材，足以严重危害人体健康的，依照刑法第一百四十五条的规定，以生产、销售不符合标准的医用器材罪定罪处罚。
相关法律法规（4）	最高人民法院、最高人民检察院《关于办理妨害预防、控制突发传染病疫情等灾害的刑事案件具体应用法律若干问题的解释》（节录） （2003年5月13日由最高人民法院审判委员会第1269次会议、2003年5月13日由最高人民检察院第十届检察委员会第3次会议通过，2003年5月14日法释〔2003〕8号公布，自2003年5月15日起施行） 为依法惩治妨害预防、控制突发传染病疫情等灾害的犯罪活动，保障预防、控制突发传染病疫情等灾害工作的顺利进行，切实维护人民群众的身体健康和生命安全，根据《中华人民共和国刑法》等有关法律规定，现就办理相关刑事案件具体应用法律的若干问题解释如下： **第一条** 故意传播突发传染病病原体，危害公共安全的，依照刑法第一百一十四条、第一百一十五条第一款的规定，按照以危险方法危害公共安全罪定罪处罚。 患有突发传染病或者疑似突发传染病而拒绝接受检疫、强制隔离或者治疗，过失造成传染病传播，情节严重，危害公共安全的，依照刑法第一百一十五条第二款的规定，按照过失以危险方法危害公共安全罪定罪处罚。 **第二条** 在预防、控制突发传染病疫情等灾害期间，生产、销售伪劣的防治、防护产品、物资，或者生产、销售用于防治传染病的假药、劣药，构成犯罪的，分别依照刑法第一百四十条、第一百四十一条、第一百四十二条的规定，以生产、销售伪劣产品罪，生产、销售假药罪或者生产、销售劣药罪定罪，依法从重处罚。

| 相关执法参考 | 相关法律法规（5） | 《药品管理法》（节录）
（1984年9月20日第六届全国人民代表大会常务委员会第七次会议通过 2001年2月28日第九届全国人民代表大会常务委员会第二十次会议第一次修订 根据2013年12月28日第十二届全国人民代表大会常务委员会第六次会议《关于修改〈中华人民共和国海洋环境保护法〉等七部法律的决定》第一次修正 根据2015年4月24日第十二届全国人民代表大会常务委员会第十四次会议《关于修改〈中华人民共和国药品管理法〉的决定》第二次修正 2019年8月26日第十三届全国人民代表大会常务委员会第十二次会议第二次修订自2019年12月1日起施行）
第二条 在中华人民共和国境内从事药品研制、生产、经营、使用和监督管理活动，适用本法。
本法所称药品，是指用于预防、治疗、诊断人的疾病，有目的地调节人的生理机能并规定有适应症或者功能主治、用法和用量的物质，包括中药、化学药和生物制品等。
第六条 国家对药品管理实行药品上市许可持有人制度。药品上市许可持有人依法对药品研制、生产、经营、使用全过程中药品的安全性、有效性和质量可控性负责。
第七条 从事药品研制、生产、经营、使用活动，应当遵守法律、法规、规章、标准和规范，保证全过程信息真实、准确、完整和可追溯。
第二十四条 在中国境内上市的药品，应当经国务院药品监督管理部门批准，取得药品注册证书；但是，未实施审批管理的中药材和中药饮片除外。实施审批管理的中药材、中药饮片品种目录由国务院药品监督管理部门会同国务院中医药主管部门制定。
申请药品注册，应当提供真实、充分、可靠的数据、资料和样品，证明药品的安全性、有效性和质量可控性。
第二十八条 药品应当符合国家药品标准。经国务院药品监督管理部门核准的药品质量标准高于国家药品标准的，按照经核准的药品质量标准执行；没有国家药品标准的，应当符合经核准的药品质量标准。
国务院药品监督管理部门颁布的《中华人民共和国药典》和药品标准为国家药品标准。
国务院药品监督管理部门会同国务院卫生健康主管部门组织药典委员会，负责国家药品标准的制定和修订。
国务院药品监督管理部门设置或者指定的药品检验机构负责标定国家药品标准品、对照品。
第二十九条 列入国家药品标准的药品名称为药品通用名称。已经作为药品通用名称的，该名称不得作为药品商标使用。
第四十一条 从事药品生产活动，应当经所在地省、自治区、直辖市人民政府药品监督管理部门批准，取得药品生产许可证。无药品生产许可证的，不得生产药品。
药品生产许可证应当标明有效期和生产范围，到期重新审查发证。
第四十二条 从事药品生产活动，应当具备以下条件：
（一）有依法经过资格认定的药学技术人员、工程技术人员及相应的技术工人；
（二）有与药品生产相适应的厂房、设施和卫生环境；
（三）有能对所生产药品进行质量管理和质量检验的机构、人员及必要的仪器设备；
（四）有保证药品质量的规章制度，并符合国务院药品监督管理部门依据本法制定的药品生产质量管理规范要求。
第四十三条 从事药品生产活动，应当遵守药品生产质量管理规范，建立健全药品生产质量管理体系，保证药品生产全过程持续符合法定要求。
药品生产企业的法定代表人、主要负责人对本企业的药品生产活动全面负责。
第四十四条 药品应当按照国家药品标准和经药品监督管理部门核准的生产工艺进行 |

相关执法参考	相关法律法规（5）	生产。生产、检验记录应当完整准确，不得编造。 中药饮片应当按照国家药品标准炮制；国家药品标准没有规定的，应当按照省、自治区、直辖市人民政府药品监督管理部门制定的炮制规范炮制。省、自治区、直辖市人民政府药品监督管理部门制定的炮制规范应当报国务院药品监督管理部门备案。不符合国家药品标准或者不按照省、自治区、直辖市人民政府药品监督管理部门制定的炮制规范炮制的，不得出厂、销售。 **第四十五条**　生产药品所需的原料、辅料，应当符合药用要求、药品生产质量管理规范的有关要求。 生产药品，应当按照规定对供应原料、辅料等的供应商进行审核，保证购进、使用的原料、辅料等符合前款规定要求。 **第四十六条**　直接接触药品的包装材料和容器，应当符合药用要求，符合保障人体健康、安全的标准。 对不合格的直接接触药品的包装材料和容器，由药品监督管理部门责令停止使用。 **第四十七条**　药品生产企业应当对药品进行质量检验。不符合国家药品标准的，不得出厂。 药品生产企业应当建立药品出厂放行规程，明确出厂放行的标准、条件。符合标准、条件的，经质量受权人签字后方可放行。 **第四十八条**　药品包装应当适合药品质量的要求，方便储存、运输和医疗使用。 发运中药材应当有包装。在每件包装上，应当注明品名、产地、日期、供货单位，并附有质量合格的标志。 **第四十九条**　药品包装应当按照规定印有或者贴有标签并附有说明书。 标签或者说明书应当注明药品的通用名称、成份、规格、上市许可持有人及其地址、生产企业及其地址、批准文号、产品批号、生产日期、有效期、适应症或者功能主治、用法、用量、禁忌、不良反应和注意事项。标签、说明书中的文字应当清晰，生产日期、有效期等事项应当显著标注，容易辨识。 麻醉药品、精神药品、医疗用毒性药品、放射性药品、外用药品和非处方药的标签、说明书，应当印有规定的标志。 **第五十条**　药品上市许可持有人、药品生产企业、药品经营企业和医疗机构中直接接触药品的工作人员，应当每年进行健康检查。患有传染病或者其他可能污染药品的疾病的，不得从事直接接触药品的工作。 **第五十一条**　从事药品批发活动，应当经所在地省、自治区、直辖市人民政府药品监督管理部门批准，取得药品经营许可证。从事药品零售活动，应当经所在地县级以上地方人民政府药品监督管理部门批准，取得药品经营许可证。无药品经营许可证的，不得经营药品。 药品经营许可证应当标明有效期和经营范围，到期重新审查发证。 药品监督管理部门实施药品经营许可，除依据本法第五十二条规定的条件外，还应当遵循方便群众购药的原则。 **第五十二条**　从事药品经营活动应当具备以下条件： （一）有依法经过资格认定的药师或者其他药学技术人员； （二）有与所经营药品相适应的营业场所、设备、仓储设施和卫生环境； （三）有与所经营药品相适应的质量管理机构或者人员； （四）有保证药品质量的规章制度，并符合国务院药品监督管理部门依据本法制定的药品经营质量管理规范要求。 **第五十三条**　从事药品经营活动，应当遵守药品经营质量管理规范，建立健全药品经营质量管理体系，保证药品经营全过程持续符合法定要求。

相关执法参考	相关法律法规（5）	国家鼓励、引导药品零售连锁经营。从事药品零售连锁经营活动的企业总部，应当建立统一的质量管理制度，对所属零售企业的经营活动履行管理责任。 药品经营企业的法定代表人、主要负责人对本企业的药品经营活动全面负责。 第五十四条　国家对药品实行处方药与非处方药分类管理制度。具体办法由国务院药品监督管理部门会同国务院卫生健康主管部门制定。 第五十五条　药品上市许可持有人、药品生产企业、药品经营企业和医疗机构应当从药品上市许可持有人或者具有药品生产、经营资格的企业购进药品；但是，购进未实施审批管理的中药材除外。 第五十六条　药品经营企业购进药品，应当建立并执行进货检查验收制度，验明药品合格证明和其他标识；不符合规定要求的，不得购进和销售。 第五十七条　药品经营企业购销药品，应当有真实、完整的购销记录。购销记录应当注明药品的通用名称、剂型、规格、产品批号、有效期、上市许可持有人、生产企业、购销单位、购销数量、购销价格、购销日期及国务院药品监督管理部门规定的其他内容。 第五十八条　药品经营企业零售药品应当准确无误，并正确说明用法、用量和注意事项；调配处方应当经过核对，对处方所列药品不得擅自更改或者代用。对有配伍禁忌或者超剂量的处方，应当拒绝调配；必要时，经处方医师更正或者重新签字，方可调配。 药品经营企业销售中药材，应当标明产地。 依法经过资格认定的药师或者其他药学技术人员负责本企业的药品管理、处方审核和调配、合理用药指导等工作。 第五十九条　药品经营企业应当制定和执行药品保管制度，采取必要的冷藏、防冻、防潮、防虫、防鼠等措施，保证药品质量。 药品入库和出库应当执行检查制度。 第六十条　城乡集市贸易市场可以出售中药材，国务院另有规定的除外。 第六十一条　药品上市许可持有人、药品经营企业通过网络销售药品，应当遵守本法药品经营的有关规定。具体管理办法由国务院药品监督管理部门会同国务院卫生健康主管部门等部门制定。 疫苗、血液制品、麻醉药品、精神药品、医疗用毒性药品、放射性药品、药品类易制毒化学品等国家实行特殊管理的药品不得在网络上销售。 第六十二条　药品网络交易第三方平台提供者应当按照国务院药品监督管理部门的规定，向所在地省、自治区、直辖市人民政府药品监督管理部门备案。 第三方平台提供者应当依法对申请进入平台经营的药品上市许可持有人、药品经营企业的资质等进行审核，保证其符合法定要求，并对发生在平台的药品经营行为进行管理。 第三方平台提供者发现进入平台经营的药品上市许可持有人、药品经营企业有违反本法规定行为的，应当及时制止并立即报告所在地县级人民政府药品监督管理部门；发现严重违法行为的，应当立即停止提供网络交易平台服务。 第六十三条　新发现和从境外引种的药材，经国务院药品监督管理部门批准后，方可销售。 第六十四条　药品应当从允许药品进口的口岸进口，并由进口药品的企业向口岸所在地药品监督管理部门备案。海关凭药品监督管理部门出具的进口药品通关单办理通关手续。无进口药品通关单的，海关不得放行。 口岸所在地药品监督管理部门应当通知药品检验机构按照国务院药品监督管理部门的规定对进口药品进行抽查检验。 允许药品进口的口岸由国务院药品监督管理部门会同海关总署提出，报国务院批准。 第六十五条　医疗机构因临床急需进口少量药品的，经国务院药品监督管理部门或者国务院授权的省、自治区、直辖市人民政府批准，可以进口。进口的药品应当在指定医疗

相关执法参考	相关法律法规（5）	机构内用于特定医疗目的。 个人自用携带入境少量药品，按照国家有关规定办理。 **第六十六条** 进口、出口麻醉药品和国家规定范围内的精神药品，应当持有国务院药品监督管理部门颁发的进口准许证、出口准许证。 **第六十七条** 禁止进口疗效不确切、不良反应大或者因其他原因危害人体健康的药品。 **第六十八条** 国务院药品监督管理部门对下列药品在销售前或者进口时，应当指定药品检验机构进行检验；未经检验或者检验不合格的，不得销售或者进口： （一）首次在中国境内销售的药品； （二）国务院药品监督管理部门规定的生物制品； （三）国务院规定的其他药品。 **第七十七条** 药品上市许可持有人应当制定药品上市后风险管理计划，主动开展药品上市后研究，对药品的安全性、有效性和质量可控性进行进一步确证，加强对已上市药品的持续管理。 **第七十八条** 对附条件批准的药品，药品上市许可持有人应当采取相应风险管理措施，并在规定期限内按照要求完成相关研究；逾期未按照要求完成研究或者不能证明其获益大于风险的，国务院药品监督管理部门应当依法处理，直至注销药品注册证书。 **第七十九条** 对药品生产过程中的变更，按照其对药品安全性、有效性和质量可控性的风险和产生影响的程度，实行分类管理。属于重大变更的，应当经国务院药品监督管理部门批准，其他变更应当按照国务院药品监督管理部门的规定备案或者报告。 药品上市许可持有人应当按照国务院药品监督管理部门的规定，全面评估、验证变更事项对药品安全性、有效性和质量可控性的影响。 **第八十条** 药品上市许可持有人应当开展药品上市后不良反应监测，主动收集、跟踪分析疑似药品不良反应信息，对已识别风险的药品及时采取风险控制措施。 **第八十一条** 药品上市许可持有人、药品生产企业、药品经营企业和医疗机构应当经常考察本单位所生产、经营、使用的药品质量、疗效和不良反应。发现疑似不良反应的，应当及时向药品监督管理部门和卫生健康主管部门报告。具体办法由国务院药品监督管理部门会同国务院卫生健康主管部门制定。 对已确认发生严重不良反应的药品，由国务院药品监督管理部门或者省、自治区、直辖市人民政府药品监督管理部门根据实际情况采取停止生产、销售、使用等紧急控制措施，并应当在五日内组织鉴定，自鉴定结论作出之日起十五日内依法作出行政处理决定。 **第八十二条** 药品存在质量问题或者其他安全隐患的，药品上市许可持有人应当立即停止销售，告知相关药品经营企业和医疗机构停止销售和使用，召回已销售的药品，及时公开召回信息，必要时应当立即停止生产，并将药品召回和处理情况向省、自治区、直辖市人民政府药品监督管理部门和卫生健康主管部门报告。药品生产企业、药品经营企业和医疗机构应当配合。 药品上市许可持有人依法应当召回药品而未召回的，省、自治区、直辖市人民政府药品监督管理部门应当责令其召回。 **第八十三条** 药品上市许可持有人应当对已上市药品的安全性、有效性和质量可控性定期开展上市后评价。必要时，国务院药品监督管理部门可以责令药品上市许可持有人开展上市后评价或者直接组织开展上市后评价。 经评价，对疗效不确切、不良反应大或者因其他原因危害人体健康的药品，应当注销药品注册证书。 已被注销药品注册证书的药品，不得生产或者进口、销售和使用。 已被注销药品注册证书、超过有效期等的药品，应当由药品监督管理部门监督销毁或

| | | 者依法采取其他无害化处理等措施。
第九十八条 禁止生产（包括配制，下同）、销售、使用假药、劣药。
有下列情形之一的，为假药：
（一）药品所含成份与国家药品标准规定的成份不符；
（二）以非药品冒充药品或者以他种药品冒充此种药品；
（三）变质的药品；
（四）药品所标明的适应症或者功能主治超出规定范围。
有下列情形之一的，为劣药：
（一）药品成份的含量不符合国家药品标准；
（二）被污染的药品；
（三）未标明或者更改有效期的药品；
（四）未注明或者更改产品批号的药品；
（五）超过有效期的药品；
（六）擅自添加防腐剂、辅料的药品；
（七）其他不符合药品标准的药品。
禁止未取得药品批准证明文件生产、进口药品；禁止使用未按照规定审评、审批的原料药、包装材料和容器生产药品。
第九十九条 药品监督管理部门应当依照法律、法规的规定对药品研制、生产、经营和药品使用单位使用药品等活动进行监督检查，必要时可以对为药品研制、生产、经营、使用提供产品或者服务的单位和个人进行延伸检查，有关单位和个人应当予以配合，不得拒绝和隐瞒。
药品监督管理部门应当对高风险的药品实施重点监督检查。
对有证据证明可能存在安全隐患的，药品监督管理部门根据监督检查情况，应当采取告诫、约谈、限期整改以及暂停生产、销售、使用、进口等措施，并及时公布检查处理结果。
药品监督管理部门进行监督检查时，应当出示证明文件，对监督检查中知悉的商业秘密应当保密。
第一百条 药品监督管理部门根据监督管理的需要，可以对药品质量进行抽查检验。抽查检验应当按照规定抽样，并不得收取任何费用；抽样应当购买样品。所需费用按照国务院规定列支。
对有证据证明可能危害人体健康的药品及其有关材料，药品监督管理部门可以查封、扣押，并在七日内作出行政处理决定；药品需要检验的，应当自检验报告书发出之日起十五日内作出行政处理决定。
第一百一十一条 药品监督管理部门及其设置或者指定的药品专业技术机构不得参与药品生产经营活动，不得以其名义推荐或者监制、监销药品。
药品监督管理部门及其设置或者指定的药品专业技术机构的工作人员不得参与药品生产经营活动。
第一百一十二条 国务院对麻醉药品、精神药品、医疗用毒性药品、放射性药品、药品类易制毒化学品等有其他特殊管理规定的，依照其规定。
第一百一十三条 药品监督管理部门发现药品违法行为涉嫌犯罪的，应当及时将案件移送公安机关。
对依法不需要追究刑事责任或者免予刑事处罚，但应当追究行政责任的，公安机关、人民检察院、人民法院应当及时将案件移送药品监督管理部门。
公安机关、人民检察院、人民法院商请药品监督管理部门、生态环境主管部门等部门提供检验结论、认定意见以及对涉案药品进行无害化处理等协助的，有关部门应当及时提 |
|---|---|---|

相关执法参考 | 相关法律法规（5）

| 相关执法参考 | 相关法律法规（5） | 供，予以协助。

第一百一十四条　违反本法规定，构成犯罪的，依法追究刑事责任。

第一百一十五条　未取得药品生产许可证、药品经营许可证或者医疗机构制剂许可证生产、销售药品的，责令关闭，没收违法生产、销售的药品和违法所得，并处违法生产、销售的药品（包括已售出和未售出的药品，下同）货值金额十五倍以上三十倍以下的罚款；货值金额不足十万元的，按十万元计算。

第一百一十六条　生产、销售假药的，没收违法生产、销售的药品和违法所得，责令停产停业整顿，吊销药品批准证明文件，并处违法生产、销售的药品货值金额十五倍以上三十倍以下的罚款；货值金额不足十万元的，按十万元计算；情节严重的，吊销药品生产许可证、药品经营许可证或者医疗机构制剂许可证，十年内不受理其相应申请；药品上市许可持有人为境外企业的，十年内禁止其药品进口。

第一百一十七条　生产、销售劣药的，没收违法生产、销售的药品和违法所得，并处违法生产、销售的药品货值金额十倍以上二十倍以下的罚款；违法生产、批发的药品货值金额不足十万元的，按十万元计算，违法零售的药品货值金额不足一万元的，按一万元计算；情节严重的，责令停产停业整顿直至吊销药品批准证明文件、药品生产许可证、药品经营许可证或者医疗机构制剂许可证。

生产、销售的中药饮片不符合药品标准，尚不影响安全性、有效性的，责令限期改正，给予警告；可以处十万元以上五十万元以下的罚款。

第一百一十八条　生产、销售假药，或者生产、销售劣药且情节严重的，对法定代表人、主要负责人、直接负责的主管人员和其他责任人员，没收违法行为发生期间自本单位所获收入，并处所获收入百分之三十以上三倍以下的罚款，终身禁止从事药品生产经营活动，并可以由公安机关处五日以上十五日以下的拘留。

对生产者专门用于生产假药、劣药的原料、辅料、包装材料、生产设备予以没收。

第一百一十九条　药品使用单位使用假药、劣药的，按照销售假药、零售劣药的规定处罚；情节严重的，法定代表人、主要负责人、直接负责的主管人员和其他责任人员有医疗卫生人员执业证书的，还应当吊销执业证书。

第一百二十条　知道或者应当知道属于假药、劣药或者本法第一百二十四条第一款第一项至第五项规定的药品，而为其提供储存、运输等便利条件的，没收全部储存、运输收入，并处违法收入一倍以上五倍以下的罚款；情节严重的，并处违法收入五倍以上十五倍以下的罚款；违法收入不足五万元的，按五万元计算。

第一百二十一条　对假药、劣药的处罚决定，应当依法载明药品检验机构的质量检验结论。

第一百二十二条　伪造、变造、出租、出借、非法买卖许可证或者药品批准证明文件的，没收违法所得，并处违法所得一倍以上五倍以下的罚款；情节严重的，并处违法所得五倍以上十五倍以下的罚款，吊销药品生产许可证、药品经营许可证、医疗机构制剂许可证或者药品批准证明文件，对法定代表人、主要负责人、直接负责的主管人员和其他责任人员，处二万元以上二十万元以下的罚款，十年内禁止从事药品生产经营活动，并可以由公安机关处五日以上十五日以下的拘留；违法所得不足十万元的，按十万元计算。

第一百二十三条　提供虚假的证明、数据、资料、样品或者采取其他手段骗取临床试验许可、药品生产许可、药品经营许可、医疗机构制剂许可或者药品注册等许可的，撤销相关许可，十年内不受理其相应申请，并处五十万元以上五百万元以下的罚款；情节严重的，对法定代表人、主要负责人、直接负责的主管人员和其他责任人员，处二万元以上二十万元以下的罚款，十年内禁止从事药品生产经营活动，并可以由公安机关处五日以上十五日以下的拘留。

第一百二十四条　违反本法规定，有下列行为之一的，没收违法生产、进口、销售的 |

| 相关执法参考 | 相关法律法规（5） | 药品和违法所得以及专用于违法生产的原料、辅料、包装材料和生产设备，责令停产停业整顿，并处违法生产、进口、销售的药品货值金额十五倍以上三十倍以下的罚款；货值金额不足十万元的，按十万元计算；情节严重的，吊销药品批准证明文件直至吊销药品生产许可证、药品经营许可证或者医疗机构制剂许可证，对法定代表人、主要负责人、直接负责的主管人员和其他责任人员，没收违法行为发生期间自本单位所获收入，并处所获收入百分之三十以上三倍以下的罚款，十年直至终身禁止从事药品生产经营活动，并可以由公安机关处五日以上十五日以下的拘留：
（一）未取得药品批准证明文件生产、进口药品；
（二）使用采取欺骗手段取得的药品批准证明文件生产、进口药品；
（三）使用未经审评审批的原料药生产药品；
（四）应当检验而未经检验即销售药品；
（五）生产、销售国务院药品监督管理部门禁止使用的药品；
（六）编造生产、检验记录；
（七）未经批准在药品生产过程中进行重大变更。
销售前款第一项至第三项规定的药品，或者药品使用单位使用前款第一项至第五项规定的药品的，依照前款规定处罚；情节严重的，药品使用单位的法定代表人、主要负责人、直接负责的主管人员和其他责任人员有医疗卫生人员执业证书的，还应当吊销执业证书。
未经批准进口少量境外已合法上市的药品，情节较轻的，可以依法减轻或者免予处罚。
第一百二十五条　违反本法规定，有下列行为之一的，没收违法生产、销售的药品和违法所得以及包装材料、容器，责令停产停业整顿，并处五十万元以上五百万元以下的罚款；情节严重的，吊销药品批准证明文件、药品生产许可证、药品经营许可证，对法定代表人、主要负责人、直接负责的主管人员和其他责任人员处二万元以上二十万元以下的罚款，十年直至终身禁止从事药品生产经营活动：
（一）未经批准开展药物临床试验；
（二）使用未经审评的直接接触药品的包装材料或者容器生产药品，或者销售该类药品；
（三）使用未经核准的标签、说明书。
第一百二十六条　除本法另有规定的情形外，药品上市许可持有人、药品生产企业、药品经营企业、药物非临床安全性评价研究机构、药物临床试验机构等未遵守药品生产质量管理规范、药品经营质量管理规范、药物非临床研究质量管理规范、药物临床试验质量管理规范等的，责令限期改正，给予警告；逾期不改正的，处十万元以上五十万元以下的罚款；情节严重的，处五十万元以上二百万元以下的罚款，责令停产停业整顿直至吊销药品批准证明文件、药品生产许可证、药品经营许可证等，药物非临床安全性评价研究机构、药物临床试验机构等五年内不得开展药物非临床安全性评价研究、药物临床试验，对法定代表人、主要负责人、直接负责的主管人员和其他责任人员，没收违法行为发生期间自本单位所获收入，并处所获收入百分之十以上百分之五十以下的罚款，十年直至终身禁止从事药品生产经营等活动。
第一百二十七条　违反本法规定，有下列行为之一的，责令限期改正，给予警告；逾期不改正的，处十万元以上五十万元以下的罚款：
（一）开展生物等效性试验未备案；
（二）药物临床试验期间，发现存在安全性问题或者其他风险，临床试验申办者未及时调整临床试验方案、暂停或者终止临床试验，或者未向国务院药品监督管理部门报告；
（三）未按照规定建立并实施药品追溯制度；
（四）未按照规定提交年度报告； |

（五）未按照规定对药品生产过程中的变更进行备案或者报告；
（六）未制定药品上市后风险管理计划；
（七）未按照规定开展药品上市后研究或者上市后评价。

第一百二十八条　除依法应当按照假药、劣药处罚的外，药品包装未按照规定印有、贴有标签或者附有说明书，标签、说明书未按照规定注明相关信息或者印有规定标志的，责令改正，给予警告；情节严重的，吊销药品注册证书。

第一百二十九条　违反本法规定，药品上市许可持有人、药品生产企业、药品经营企业或者医疗机构未从药品上市许可持有人或者具有药品生产、经营资格的企业购进药品的，责令改正，没收违法购进的药品和违法所得，并处违法购进药品货值金额二倍以上十倍以下的罚款；情节严重的，并处货值金额十倍以上三十倍以下的罚款，吊销药品批准证明文件、药品生产许可证、药品经营许可证或者医疗机构执业许可证；货值金额不足五万元的，按五万元计算。

第一百三十条　违反本法规定，药品经营企业购销药品未按照规定进行记录，零售药品未正确说明用法、用量等事项，或者未按照规定调配处方的，责令改正，给予警告；情节严重的，吊销药品经营许可证。

第一百三十一条　违反本法规定，药品网络交易第三方平台提供者未履行资质审核、报告、停止提供网络交易平台服务等义务的，责令改正，没收违法所得，并处二十万元以上二百万元以下的罚款；情节严重的，责令停业整顿，并处二百万元以上五百万元以下的罚款。

第一百三十二条　进口已获得药品注册证书的药品，未按照规定向允许药品进口的口岸所在地药品监督管理部门备案的，责令限期改正，给予警告；逾期不改正的，吊销药品注册证书。

第一百三十三条　违反本法规定，医疗机构将其配制的制剂在市场上销售的，责令改正，没收违法销售的制剂和违法所得，并处违法销售制剂货值金额二倍以上五倍以下的罚款；情节严重的，并处货值金额五倍以上十五倍以下的罚款；货值金额不足五万元的，按五万元计算。

第一百三十四条　药品上市许可持有人未按照规定开展药品不良反应监测或者报告疑似药品不良反应的，责令限期改正，给予警告；逾期不改正的，责令停产停业整顿，并处十万元以上一百万元以下的罚款。

药品经营企业未按照规定报告疑似药品不良反应的，责令限期改正，给予警告；逾期不改正的，责令停产停业整顿，并处五万元以上五十万元以下的罚款。

医疗机构未按照规定报告疑似药品不良反应的，责令限期改正，给予警告；逾期不改正的，处五万元以上五十万元以下的罚款。

第一百三十五条　药品上市许可持有人在省、自治区、直辖市人民政府药品监督管理部门责令其召回后，拒不召回的，处应召回药品货值金额五倍以上十倍以下的罚款；货值金额不足十万元的，按十万元计算；情节严重的，吊销药品批准证明文件、药品生产许可证、药品经营许可证，对法定代表人、主要负责人、直接负责的主管人员和其他责任人员，处二万元以上二十万元以下的罚款。药品生产企业、药品经营企业、医疗机构拒不配合召回的，处十万元以上五十万元以下的罚款。

第一百三十六条　药品上市许可持有人为境外企业的，其指定的在中国境内的企业法人未依照本法规定履行相关义务的，适用本法有关药品上市许可持有人法律责任的规定。

第一百三十七条　有下列行为之一的，在本法规定的处罚幅度内从重处罚：
（一）以麻醉药品、精神药品、医疗用毒性药品、放射性药品、药品类易制毒化学品冒充其他药品，或者以其他药品冒充上述药品；
（二）生产、销售以孕产妇、儿童为主要使用对象的假药、劣药；

（三）生产、销售的生物制品属于假药、劣药；

（四）生产、销售假药、劣药，造成人身伤害后果；

（五）生产、销售假药、劣药，经处理后再犯；

（六）拒绝、逃避监督检查，伪造、销毁、隐匿有关证据材料，或者擅自动用查封、扣押物品。

第一百三十八条 药品检验机构出具虚假检验报告的，责令改正，给予警告，对单位并处二十万元以上一百万元以下的罚款；对直接负责的主管人员和其他直接责任人员依法给予降级、撤职、开除处分，没收违法所得，并处五万元以下的罚款；情节严重的，撤销其检验资格。药品检验机构出具的检验结果不实，造成损失的，应当承担相应的赔偿责任。

第一百三十九条 本法第一百一十五条至第一百三十八条规定的行政处罚，由县级以上人民政府药品监督管理部门按照职责分工决定；撤销许可、吊销许可证件的，由原批准、发证的部门决定。

第一百四十条 药品上市许可持有人、药品生产企业、药品经营企业或者医疗机构违反本法规定聘用人员的，由药品监督管理部门或者卫生健康主管部门责令解聘，处五万元以上二十万元以下的罚款。

第一百四十一条 药品上市许可持有人、药品生产企业、药品经营企业或者医疗机构在药品购销中给予、收受回扣或者其他不正当利益的，药品上市许可持有人、药品生产企业、药品经营企业或者代理人给予使用其药品的医疗机构的负责人、药品采购人员、医师、药师等有关人员财物或者其他不正当利益的，由市场监督管理部门没收违法所得，并处三十万元以上三百万元以下的罚款；情节严重的，吊销药品上市许可持有人、药品生产企业、药品经营企业营业执照，并由药品监督管理部门吊销药品批准证明文件、药品生产许可证、药品经营许可证。

药品上市许可持有人、药品生产企业、药品经营企业在药品研制、生产、经营中向国家工作人员行贿的，对法定代表人、主要负责人、直接负责的主管人员和其他责任人员终身禁止从事药品生产经营活动。

第一百四十二条 药品上市许可持有人、药品生产企业、药品经营企业的负责人、采购人员等有关人员在药品购销中收受其他药品上市许可持有人、药品生产企业、药品经营企业或者代理人给予的财物或者其他不正当利益的，没收违法所得，依法给予处罚；情节严重的，五年内禁止从事药品生产经营活动。

医疗机构的负责人、药品采购人员、医师、药师等有关人员收受药品上市许可持有人、药品生产企业、药品经营企业或者代理人给予的财物或者其他不正当利益的，由卫生健康主管部门或者本单位给予处分，没收违法所得；情节严重的，还应当吊销其执业证书。

第一百四十三条 违反本法规定，编造、散布虚假药品安全信息，构成违反治安管理行为的，由公安机关依法给予治安管理处罚。

第一百四十四条 药品上市许可持有人、药品生产企业、药品经营企业或者医疗机构违反本法规定，给用药者造成损害的，依法承担赔偿责任。

因药品质量问题受到损害的，受害人可以向药品上市许可持有人、药品生产企业请求赔偿损失，也可以向药品经营企业、医疗机构请求赔偿损失。接到受害人赔偿请求的，应当实行首负责任制，先行赔付；先行赔付后，可以依法追偿。

生产假药、劣药或者明知是假药、劣药仍然销售、使用的，受害人或者其近亲属除请求赔偿损失外，还可以请求支付价款十倍或者损失三倍的赔偿金；增加赔偿的金额不足一千元的，为一千元。

第一百四十五条 药品监督管理部门或者其设置、指定的药品专业技术机构参与药品生产经营活动的，由其上级主管机关责令改正，没收违法收入；情节严重的，对直接负责的主管人员和其他直接责任人员依法给予处分。

相关执法参考	相关法律法规(5)	药品监督管理部门或者其设置、指定的药品专业技术机构的工作人员参与药品生产经营活动的，依法给予处分。 第一百四十六条　药品监督管理部门或者其设置、指定的药品检验机构在药品监督检验中违法收取检验费用的，由政府有关部门责令退还，对直接负责的主管人员和其他直接责任人员依法给予处分；情节严重的，撤销其检验资格。 第一百四十七条　违反本法规定，药品监督管理部门有下列行为之一的，应当撤销相关许可，对直接负责的主管人员和其他直接责任人员依法给予处分： （一）不符合条件而批准进行药物临床试验； （二）对不符合条件的药品颁发药品注册证书； （三）对不符合条件的单位颁发药品生产许可证、药品经营许可证或者医疗机构制剂许可证。 第一百四十八条　违反本法规定，县级以上地方人民政府有下列行为之一的，对直接负责的主管人员和其他直接责任人员给予记过或者记大过处分；情节严重的，给予降级、撤职或者开除处分： （一）瞒报、谎报、缓报、漏报药品安全事件； （二）未及时消除区域性重大药品安全隐患，造成本行政区域内发生特别重大药品安全事件，或者连续发生重大药品安全事件； （三）履行职责不力，造成严重不良影响或者重大损失。 第一百四十九条　违反本法规定，药品监督管理等部门有下列行为之一的，对直接负责的主管人员和其他直接责任人员给予记过或者记大过处分；情节较重的，给予降级或者撤职处分；情节严重的，给予开除处分： （一）瞒报、谎报、缓报、漏报药品安全事件； （二）对发现的药品安全违法行为未及时查处； （三）未及时发现药品安全系统性风险，或者未及时消除监督管理区域内药品安全隐患，造成严重影响； （四）其他不履行药品监督管理职责，造成严重不良影响或者重大损失。 第一百五十条　药品监督管理人员滥用职权、徇私舞弊、玩忽职守的，依法给予处分。 查处假药、劣药违法行为有失职、渎职行为的，对药品监督管理部门直接负责的主管人员和其他直接责任人员依法从重给予处分。 第一百五十一条　本章规定的货值金额以违法生产、销售药品的标价计算；没有标价的，按照同类药品的市场价格计算。 第一百五十二条　中药材种植、采集和饲养的管理，依照有关法律、法规的规定执行。 第一百五十三条　地区性民间习用药材的管理办法，由国务院药品监督管理部门会同国务院中医药主管部门制定。 第一百五十四条　中国人民解放军和中国人民武装警察部队执行本法的具体办法，由国务院、中央军事委员会依据本法制定。 第一百五十五条　本法自2019年12月1日起施行。
	相关法律法规(6)	《药品管理法实施条例》（节录） (2002年8月4日中华人民共和国国务院令第360号公布，根据2016年2月6日《国务院关于修改部分行政法规的决定》第一次修订，根据2019年3月2日《国务院关于修改部分行政法规的决定》第二次修订) 第二条　国务院药品监督管理部门设置国家药品检验机构。 省、自治区、直辖市人民政府药品监督管理部门可以在本行政区域内设置药品检验机

| 相关执法参考 | 相关法律法规(6) | 构。地方药品检验机构的设置规划由省、自治区、直辖市人民政府药品监督管理部门提出，报省、自治区、直辖市人民政府批准。
国务院和省、自治区、直辖市人民政府的药品监督管理部门可以根据需要，确定符合药品检验条件的检验机构承担药品检验工作。
第三条 开办药品生产企业，申办人应当向拟办企业所在地省、自治区、直辖市人民政府药品监督管理部门提出申请。省、自治区、直辖市人民政府药品监督管理部门应当自收到申请之日起30个工作日内，依据《药品管理法》第八条规定的开办条件组织验收；验收合格的，发给《药品生产许可证》。
第四条 药品生产企业变更《药品生产许可证》许可事项的，应当在许可事项发生变更30日前，向原发证机关申请《药品生产许可证》变更登记；未经批准，不得变更许可事项。原发证机关应当自收到申请之日起15个工作日内作出决定。
第五条 省级以上人民政府药品监督管理部门应当按照《药品生产质量管理规范》和国务院药品监督管理部门规定的实施办法和实施步骤，组织对药品生产企业的认证工作；符合《药品生产质量管理规范》的，发给认证证书。其中，生产注射剂、放射性药品和国务院药品监督管理部门规定的生物制品的药品生产企业的认证工作，由国务院药品监督管理部门负责。
《药品生产质量管理规范》认证证书的格式由国务院药品监督管理部门统一规定。
第六条 新开办药品生产企业、药品生产企业新建药品生产车间或者新增生产剂型的，应当自取得药品生产证明文件或者经批准正式生产之日起30日内，按照规定向药品监督管理部门申请《药品生产质量管理规范》认证。受理申请的药品监督管理部门应当自收到企业申请之日起6个月内，组织对申请企业是否符合《药品生产质量管理规范》进行认证；认证合格的，发给认证证书。
第七条 国务院药品监督管理部门应当设立《药品生产质量管理规范》认证检查员库。《药品生产质量管理规范》认证检查员必须符合国务院药品监督管理部门规定的条件。进行《药品生产质量管理规范》认证，必须按照国务院药品监督管理部门的规定，从《药品生产质量管理规范》认证检查员库中随机抽取认证检查员组成认证检查组进行认证检查。
第八条 《药品生产许可证》有效期为5年。有效期届满，需要继续生产药品的，持证企业应当在许可证有效期届满前6个月，按照国务院药品监督管理部门的规定申请换发《药品生产许可证》。
药品生产企业终止生产药品或者关闭的，《药品生产许可证》由原发证部门缴销。
第九条 药品生产企业生产药品所使用的原料药，必须具有国务院药品监督管理部门核发的药品批准文号或者进口药品注册证书、医药产品注册证书；但是，未实施批准文号管理的中药材、中药饮片除外。
第十条 依据《药品管理法》第十三条规定，接受委托生产药品的，受托方必须是持有与其受托生产的药品相适应的《药品生产质量管理规范》认证证书的药品生产企业。
疫苗、血液制品和国务院药品监督管理部门规定的其他药品，不得委托生产。
第十一条 开办药品批发企业，申办人应当向拟办企业所在地省、自治区、直辖市人民政府药品监督管理部门提出申请。省、自治区、直辖市人民政府药品监督管理部门应当自收到申请之日起30个工作日内，依据国务院药品监督管理部门规定的设置标准作出是否同意筹建的决定。申办人完成拟办企业筹建后，应当向原审批部门申请验收。原审批部门应当自收到申请之日起30个工作日内，依据《药品管理法》第十五条规定的开办条件组织验收；符合条件的，发给《药品经营许可证》。
第十二条 开办药品零售企业，申办人应当向拟办企业所在地设区的市级药品监督管理机构或者省、自治区、直辖市人民政府药品监督管理部门直接设置的县级药品监督管理 |

机构提出申请。受理申请的药品监督管理机构应当自收到申请之日起 30 个工作日内，依据国务院药品监督管理部门的规定，结合当地常住人口数量、地域、交通状况和实际需要进行审查，作出是否同意筹建的决定。申办人完成拟办企业筹建后，应当向原审批机构申请验收。原审批机构应当自收到申请之日起 15 个工作日内，依据《药品管理法》第十五条规定的开办条件组织验收；符合条件的，发给《药品经营许可证》。

第十三条 省、自治区、直辖市人民政府药品监督管理部门和设区的市级药品监督管理机构负责组织药品经营企业的认证工作。药品经营企业应当按照国务院药品监督管理部门规定的实施办法和实施步骤，通过省、自治区、直辖市人民政府药品监督管理部门或者设区的市级药品监督管理机构组织的《药品经营质量管理规范》的认证，取得认证证书。《药品经营质量管理规范》认证证书的格式由国务院药品监督管理部门统一规定。

新开办药品批发企业和药品零售企业，应当自取得《药品经营许可证》之日起 30 日内，向发给其《药品经营许可证》的药品监督管理部门或者药品监督管理机构申请《药品经营质量管理规范》认证。受理申请的药品监督管理部门或者药品监督管理机构应当自收到申请之日起 3 个月内，按照国务院药品监督管理部门的规定，组织对申请认证的药品批发企业或者药品零售企业是否符合《药品经营质量管理规范》进行认证；认证合格的，发给认证证书。

第十四条 省、自治区、直辖市人民政府药品监督管理部门应当设立《药品经营质量管理规范》认证检查员库。《药品经营质量管理规范》认证检查员必须符合国务院药品监督管理部门规定的条件。进行《药品经营质量管理规范》认证，必须按照国务院药品监督管理部门的规定，从《药品经营质量管理规范》认证检查员库中随机抽取认证检查员组成认证检查组进行认证检查。

第十五条 国家实行处方药和非处方药分类管理制度。国家根据非处方药品的安全性，将非处方药分为甲类非处方药和乙类非处方药。

经营处方药、甲类非处方药的药品零售企业，应当配备执业药师或者其他依法经资格认定的药学技术人员。经营乙类非处方药的药品零售企业，应当配备设区的市级药品监督管理机构或者省、自治区、直辖市人民政府药品监督管理部门直接设置的县级药品监督管理机构组织考核合格的业务人员。

第十六条 药品经营企业变更《药品经营许可证》许可事项的，应当在许可事项发生变更 30 日前，向原发证机关申请《药品经营许可证》变更登记；未经批准，不得变更许可事项。原发证机关应当自收到企业申请之日起 15 个工作日内作出决定。

第十七条 《药品经营许可证》有效期为 5 年。有效期届满，需要继续经营药品的，持证企业应当在许可证有效期届满前 6 个月，按照国务院药品监督管理部门的规定申请换发《药品经营许可证》。

药品经营企业终止经营药品或者关闭的，《药品经营许可证》由原发证机关缴销。

第十八条 交通不便的边远地区城乡集市贸易市场没有药品零售企业的，当地药品零售企业经所在地县（市）药品监督管理机构批准并到工商行政管理部门办理登记注册后，可以在该城乡集市贸易市场内设点并在批准经营的药品范围内销售非处方药。

第十九条 通过互联网进行药品交易的药品生产企业、药品经营企业、医疗机构及其交易的药品，必须符合《药品管理法》和本条例的规定。互联网药品交易服务的管理办法，由国务院药品监督管理部门会同国务院有关部门制定。

第七十七条 本条例下列用语的含义：

药品合格证明和其他标识，是指药品生产批准证明文件、药品检验报告书、药品的包装、标签和说明书。

新药，是指未曾在中国境内上市销售的药品。

处方药，是指凭执业医师和执业助理医师处方方可购买、调配和使用的药品。

相关法律法规	相关法律法规(6)	非处方药，是指由国务院药品监督管理部门公布的，不需要凭执业医师和执业助理医师处方，消费者可以自行判断、购买和使用的药品。 医疗机构制剂，是指医疗机构根据本单位临床需要经批准而配制、自用的固定处方制剂。 药品认证，是指药品监督管理部门对药品研制、生产、经营、使用单位实施相应质量管理规范进行检查、评价并决定是否发给相应认证证书的过程。 药品经营方式，是指药品批发和药品零售。 药品经营范围，是指经药品监督管理部门核准经营药品的品种类别。 药品批发企业，是指将购进的药品销售给药品生产企业、药品经营企业、医疗机构的药品经营企业。 药品零售企业，是指将购进的药品直接销售给消费者的药品经营企业。 第七十八条　《药品管理法》第四十一条中"首次在中国销售的药品"，是指国内或者国外药品生产企业第一次在中国销售的药品，包括不同药品生产企业生产的相同品种。 第七十九条　《药品管理法》第五十九条第二款"禁止药品的生产企业、经营企业或者其代理人以任何名义给予使用其药品的医疗机构的负责人、药品采购人员、医师等有关人员以财物或者其他利益"中的"财物或者其他利益"，是指药品的生产企业、经营企业或者其代理人向医疗机构的负责人、药品采购人员、医师等有关人员提供的目的在于影响其药品采购或者药品处方行为的不正当利益。
相关执法参考	相关法律法规(7)	《药品生产质量管理规范》（节录） （2010年10月19日卫生部发布，自2011年3月1日起施行） 第二条　企业应当建立药品质量管理体系。该体系应当涵盖影响药品质量的所有因素，包括确保药品质量符合预定用途的有组织、有计划的全部活动。 第三条　本规范作为质量管理体系的一部分，是药品生产管理和质量控制的基本要求，旨在最大限度地降低药品生产过程中污染、交叉污染以及混淆、差错等风险，确保持续稳定地生产出符合预定用途和注册要求的药品。 第四条　企业应当严格执行本规范，坚持诚实守信，禁止任何虚假、欺骗行为。 第五条　企业应当建立符合药品质量管理要求的质量目标，将药品注册的有关安全、有效和质量可控的所有要求，系统地贯彻到药品生产、控制及产品放行、贮存、发运的全过程中，确保所生产的药品符合预定用途和注册要求。 第六条　企业高层管理人员应当确保实现既定的质量目标，不同层次的人员以及供应商、经销商应当共同参与并承担各自的责任。 第七条　企业应当配备足够的、符合要求的人员、厂房、设施和设备，为实现质量目标提供必要的条件。 第八条　质量保证是质量管理体系的一部分。企业必须建立质量保证系统，同时建立完整的文件体系，以保证系统有效运行。 第九条　质量保证系统应当确保： （一）药品的设计与研发体现本规范的要求； （二）生产管理和质量控制活动符合本规范的要求； （三）管理职责明确； （四）采购和使用的原辅料和包装材料正确无误； （五）中间产品得到有效控制； （六）确认、验证的实施； （七）严格按照规程进行生产、检查、检验和复核； （八）每批产品经质量受权人批准后方可放行； （九）在贮存、发运和随后的各种操作过程中有保证药品质量的适当措施；

相关执法参考	相关法律法规(7)	（十）按照自检操作规程，定期检查评估质量保证系统的有效性和适用性。 第十条　药品生产质量管理的基本要求： （一）制定生产工艺，系统地回顾并证明其可持续稳定地生产出符合要求的产品； （二）生产工艺及其重大变更均经过验证； （三）配备所需的资源，至少包括： 1. 具有适当的资质并经培训合格的人员； 2. 足够的厂房和空间； 3. 适用的设备和维修保障； 4. 正确的原辅料、包装材料和标签； 5. 经批准的工艺规程和操作规程； 6. 适当的贮运条件。 （四）应当使用准确、易懂的语言制定操作规程； （五）操作人员经过培训，能够按照操作规程正确操作； （六）生产全过程应当有记录，偏差均经过调查并记录； （七）批记录和发运记录应当能够追溯批产品的完整历史，并妥善保存、便于查阅； （八）降低药品发运过程中的质量风险； （九）建立药品召回系统，确保能够召回任何一批已发运销售的产品； （十）调查导致药品投诉和质量缺陷的原因，并采取措施，防止类似质量缺陷再次发生。 第十一条　质量控制包括相应的组织机构、文件系统以及取样、检验等，确保物料或产品在放行前完成必要的检验，确认其质量符合要求。 第十二条　质量控制的基本要求： （一）应当配备适当的设施、设备、仪器和经过培训的人员，有效、可靠地完成所有质量控制的相关活动； （二）应当有批准的操作规程，用于原辅料、包装材料、中间产品、待包装产品和成品的取样、检查、检验以及产品的稳定性考察，必要时进行环境监测，以确保符合本规范的要求； （三）由经授权的人员按照规定的方法对原辅料、包装材料、中间产品、待包装产品和成品取样； （四）检验方法应当经过验证或确认； （五）取样、检查、检验应当有记录，偏差应当经过调查并记录； （六）物料、中间产品、待包装产品和成品必须按照质量标准进行检查和检验，并有记录； （七）物料和最终包装的成品应当有足够的留样，以备必要的检查或检验；除最终包装容器过大的成品外，成品的留样包装应当与最终包装相同。 第二百六十八条　药品委托生产时，委托方和受托方之间应当有书面的技术协议，规定产品质量回顾分析中各方的责任，确保产品质量回顾分析按时进行并符合要求。 第二百六十九条　应当建立药品不良反应报告和监测管理制度，设立专门机构并配备专职人员负责管理。 第二百七十条　应当主动收集药品不良反应，对不良反应应当详细记录、评价、调查和处理，及时采取措施控制可能存在的风险，并按照要求向药品监督管理部门报告。 第二百七十一条　应当建立操作规程，规定投诉登记、评价、调查和处理的程序，并规定因可能的产品缺陷发生投诉时所采取的措施，包括考虑是否有必要从市场召回药品。 第二百七十二条　应当有专人及足够的辅助人员负责进行质量投诉的调查和处理，所有投诉、调查的信息应当向质量受权人通报。

相关执法参考	相关法律法规（7）	第二百七十三条　所有投诉都应当登记与审核，与产品质量缺陷有关的投诉，应当详细记录投诉的各个细节，并进行调查。 第二百七十四条　发现或怀疑某批药品存在缺陷，应当考虑检查其他批次的药品，查明其是否受到影响。 第二百七十五条　投诉调查和处理应当有记录，并注明所查相关批次产品的信息。 第二百七十六条　应当定期回顾分析投诉记录，以便发现需要警觉、重复出现以及可能需要从市场召回药品的问题，并采取相应措施。 第二百七十七条　企业出现生产失误、药品变质或其他重大质量问题，应当及时采取相应措施，必要时还应当向当地药品监督管理部门报告。
	相关法律法规（8）	《药品经营质量管理规范》（节录） （2000年4月30日原国家药品监督管理局令第20号公布　2012年11月6日原卫生部部务会议第一次修订　2015年5月18日国家食品药品监督管理总局局务会议第二次修订　根据2016年6月30日国家食品药品监督管理总局局务会议《关于修改〈药品经营质量管理规范〉的决定》修正） 第一百三十八条　药品零售操作规程应当包括： （一）药品采购、验收、销售； （二）处方审核、调配、核对； （三）中药饮片处方审核、调配、核对； （四）药品拆零销售； （五）特殊管理的药品和国家有专门管理要求的药品的销售； （六）营业场所药品陈列及检查； （七）营业场所冷藏药品的存放； （八）计算机系统的操作和管理； （九）设置库房的还应当包括储存和养护的操作规程。 第一百四十五条　营业场所应当有以下营业设备： （一）货架和柜台； （二）监测、调控温度的设备； （三）经营中药饮片的，有存放饮片和处方调配的设备； （四）经营冷藏药品的，有专用冷藏设备； （五）经营第二类精神药品、毒性中药品种和罂粟壳的，有符合安全规定的专用存放设备； （六）药品拆零销售所需的调配工具、包装用品。 第一百六十七条　销售药品应当符合以下要求： （一）处方经执业药师审核后方可调配；对处方所列药品不得擅自更改或者代用，对有配伍禁忌或者超剂量的处方，应当拒绝调配，但经处方医师更正或者重新签字确认的，可以调配；调配处方后经过核对方可销售； （二）处方审核、调配、核对人员应当在处方上签字或者盖章，并按照有关规定保存处方或者其复印件； （三）销售近效期药品应当向顾客告知有效期； （四）销售中药饮片做到计量准确，并告知煎服方法及注意事项；提供中药饮片代煎服务，应当符合国家有关规定。 第一百六十八条　企业销售药品应当开具销售凭证，内容包括药品名称、生产厂商、数量、价格、批号、规格等，并做好销售记录。 第一百六十九条　药品拆零销售应当符合以下要求： （一）负责拆零销售的人员经过专门培训；

相关执法参考	相关法律法规（8）	（二）拆零的工作台及工具保持清洁、卫生，防止交叉污染； （三）做好拆零销售记录，内容包括拆零起始日期、药品的通用名称、规格、批号、生产厂商、有效期、销售数量、销售日期、分拆及复核人员等； （四）拆零销售应当使用洁净、卫生的包装，包装上注明药品名称、规格、数量、用法、用量、批号、有效期以及药店名称等内容； （五）提供药品说明书原件或者复印件； （六）拆零销售期间，保留原包装和说明书。 **第一百七十条** 销售特殊管理的药品和国家有专门管理要求的药品，应当严格执行国家有关规定。 **第一百七十八条** 本规范下列术语的含义是： （一）在职：与企业确定劳动关系的在册人员。 （二）在岗：相关岗位人员在工作时间内在规定的岗位履行职责。 （三）首营企业：采购药品时，与本企业首次发生供需关系的药品生产或者经营企业。 （四）首营品种：本企业首次采购的药品。 （五）原印章：企业在购销活动中，为证明企业身份在相关文件或者凭证上加盖的企业公章、发票专用章、质量管理专用章、药品出库专用章的原始印记，不能是印刷、影印、复印等复制后的印记。 （六）待验：对到货、销后退回的药品采用有效的方式进行隔离或者区分，在入库前等待质量验收的状态。 （七）零货：拆除了用于运输、储藏包装的药品。 （八）拼箱发货：将零货药品集中拼装至同一包装箱内发货的方式。 （九）拆零销售：将最小包装拆分销售的方式。 （十）国家有专门管理要求的药品：国家对蛋白同化制剂、肽类激素、含特殊药品复方制剂等品种实施特殊监管措施的药品。 **第一百七十九条** 药品零售连锁企业总部的管理应当符合本规范药品批发企业相关规定，门店的管理应当符合本规范药品零售企业相关规定。 **第一百八十条** 本规范为药品经营质量管理的基本要求。对企业信息化管理、药品储运温湿度自动监测、药品验收管理、药品冷链物流管理、零售连锁管理等具体要求，由国家食品药品监督管理总局以附录方式另行制定。 **第一百八十一条** 麻醉药品、精神药品、药品类易制毒化学品的追溯应当符合国家有关规定。 **第一百八十二条** 医疗机构药房和计划生育技术服务机构的药品采购、储存、养护等质量管理规范由国家食品药品监督管理总局商相关主管部门另行制定。 互联网销售药品的质量管理规定由国家食品药品监督管理总局另行制定。 **第一百八十三条** 药品经营企业违反本规范的，由食品药品监督管理部门按照《中华人民共和国药品管理法》第七十八条的规定给予处罚。 **第一百八十四条** 本规范自发布之日起施行，卫生部2013年6月1日施行的《药品经营质量管理规范》（中华人民共和国卫生部令第90号）同时废止。
	相关法律法规（9）	《中药品种保护条例》 （1992年10月14日国务院令第106号发布　根据2018年9月18日国务院令第703号《国务院关于修改部分行政法规的决定》修正） **第一章　总　则** **第一条**　为了提高中药品种的质量，保护中药生产企业的合法权益，促进中药事业的发展，制定本条例。

相关执法参考	相关法律法规（9）

第二条 本条例适用于中国境内生产制造的中药品种，包括中成药、天然药物的提取物及其制剂和中药人工制成品。

申请专利的中药品种，依照专利法的规定办理，不适用本条例。

第三条 国家鼓励研制开发临床有效的中药品种，对质量稳定、疗效确切的中药品种实行分级保护制度。

第四条 国务院药品监督管理部门负责全国中药品种保护的监督管理工作。

第二章 中药保护品种等级的划分和审批

第五条 依照本条例受保护的中药品种，必须是列入国家药品标准的品种。经国务院药品监督管理部门认定，列为省、自治区、直辖市药品标准的品种，也可以申请保护。

受保护的中药品种分为一、二级。

第六条 符合下列条件之一的中药品种，可以申请一级保护：

（一）对特定疾病有特殊疗效的；

（二）相当于国家一级保护野生药材物种的人工制成品；

（三）用于预防和治疗特殊疾病的。

第七条 符合下列条件之一的中药品种，可以申请二级保护：

（一）符合本条例第六条规定的品种或者已经解除一级保护的品种；

（二）对特定疾病有显著疗效的；

（三）从天然药物中提取的有效物质及特殊制剂。

第八条 国务院药品监督管理部门批准的新药，按照国务院药品监督管理部门规定的保护期给予保护；其中，符合本条例第六条、第七条规定的，在国务院药品监督管理部门批准的保护期限届满前六个月，可以重新依照本条例的规定申请保护。

第九条 申请办理中药品种保护的程序：

（一）中药生产企业对其生产的符合本条例第五条、第六条、第七条、第八条规定的中药品种，可以向所在地省、自治区、直辖市人民政府药品监督管理部门提出申请，由省、自治区、直辖市人民政府药品监督管理部门初审签署意见后，报国务院药品监督管理部门。特殊情况下，中药生产企业也可以直接向国务院药品监督管理部门提出申请。

（二）国务院药品监督管理部门委托国家中药品种保护审评委员会负责对申请保护的中药品种进行审评。国家中药品种保护审评委员会应当自接到申请报告书之日起六个月内作出审评结论。

（三）根据国家中药品种保护审评委员会的审评结论，由国务院药品监督管理部门决定是否给予保护。批准保护的中药品种，由国务院药品监督管理部门发给《中药保护品种证书》。

国务院药品监督管理部门负责组织国家中药品种保护审评委员会，委员会成员由国务院药品监督管理部门聘请中医药方面的医疗、科研、检验及经营、管理专家担任。

第十条 申请中药品种保护的企业，应当按照国务院药品监督管理部门的规定，向国家中药品种保护审评委员会提交完整的资料。

第十一条 对批准保护的中药品种以及保护期满的中药品种，由国务院药品监督管理部门在指定的专业报刊上予以公告。

第三章 中药保护品种的保护

第十二条 中药保护品种的保护期限：

中药一级保护品种分别为三十年、二十年、十年。

中药二级保护品种为七年。

第十三条 中药一级保护品种的处方组成、工艺制法，在保护期限内由获得《中药保护品种证书》的生产企业和有关的药品监督管理部门及有关单位和个人负责保密，不得公开。

相关执法参考	相关法律法规（9）	负有保密责任的有关部门、企业和单位应当按照国家有关规定，建立必要的保密制度。 第十四条　向国外转让中药一级保护品种的处方组成、工艺制法的，应当按照国家有关保密的规定办理。 第十五条　中药一级保护品种因特殊情况需要延长保护期限的，由生产企业在该品种保护期满前六个月，依照本条例第九条规定的程序申报。延长的保护期限由国务院药品监督管理部门根据国家中药品种保护审评委员会的审评结果确定；但是，每次延长的保护期限不得超过第一次批准的保护期限。 第十六条　中药二级保护品种在保护期满后可以延长七年。 申请延长保护期的中药二级保护品种，应当在保护期满前六个月，由生产企业依照本条例第九条规定的程序申报。 第十七条　被批准保护的中药品种，在保护期内限于由获得《中药保护品种证书》的企业生产；但是，本条例第十九条另有规定的除外。 第十八条　国务院药品监督管理部门批准保护的中药品种如果在批准前是由多家企业生产的，其中未申请《中药保护品种证书》的企业应当自公告发布之日起六个月内向国务院药品监督管理部门申报，并依照本条例第十条的规定提供有关资料，由国务院药品监督管理部门指定药品检验机构对该申报品种进行同品种的质量检验。国务院药品监督管理部门根据检验结果，可以采取以下措施： （一）对达到国家药品标准的，补发《中药保护品种证书》。 （二）对未达到国家药品标准的，依照药品管理的法律、行政法规的规定撤销该中药品种的批准文号。 第十九条　对临床用药紧缺的中药保护品种的仿制，须经国务院药品监督管理部门批准并发给批准文号。仿制企业应当付给持有《中药保护品种证书》并转让该中药品种的处方组成、工艺制法的企业合理的使用费，其数额由双方商定；双方不能达成协议的，由国务院药品监督管理部门裁决。 第二十条　生产中药保护品种的企业应当根据省、自治区、直辖市人民政府药品监督管理部门提出的要求，改进生产条件，提高品种质量。 第二十一条　中药保护品种在保护期内向国外申请注册的，须经国务院药品监督管理部门批准。 第四章　罚　则 第二十二条　违反本条例第十三条的规定，造成泄密的责任人员，由其所在单位或者上级机关给予行政处分；构成犯罪的，依法追究刑事责任。 第二十三条　违反本条例第十七条的规定，擅自仿制中药保护品种的，由县级以上人民政府负责药品监督管理的部门以生产假药依法论处。 伪造《中药品种保护证书》及有关证明文件进行生产、销售的，由县级以上卫生行政部门没收其全部有关药品及违法所得，并可以处以有关药品正品价格三倍以下罚款。 上述行为构成犯罪的，由司法机关依法追究刑事责任。 第二十四条　当事人对负责药品监督管理的部门的处罚决定不服的，可以依照有关法律、行政法规的规定，申请行政复议或者提起行政诉讼。 第五章　附　则 第二十五条　有关中药保护品种的申报要求、申报表格等，由国务院药品监督管理部门制定。 第二十六条　本条例自一九九三年一月一日起施行。

| | | 《中医药条例》
（2003年4月7日国务院令第374号发布）

第一章　总　则

第一条　为了继承和发展中医药学，保障和促进中医药事业的发展，保护人体健康，制定本条例。

第二条　在中华人民共和国境内从事中医医疗、预防、保健、康复服务和中医药教育、科研、对外交流以及中医药事业管理活动的单位或者个人，应当遵守本条例。

中药的研制、生产、经营、使用和监督管理依照《中华人民共和国药品管理法》执行。

第三条　国家保护、扶持、发展中医药事业，实行中西医并重的方针，鼓励中西医相互学习、相互补充、共同提高，推动中医、西医两种医学体系的有机结合，全面发展我国中医药事业。

第四条　发展中医药事业应当遵循继承与创新相结合的原则，保持和发扬中医药特色和优势，积极利用现代科学技术，促进中医药理论和实践的发展，推进中医药现代化。

第五条　县级以上各级人民政府应当将中医药事业纳入国民经济和社会发展计划，使中医药事业与经济、社会协调发展。

县级以上地方人民政府在制定区域卫生规划时，应当根据本地区社会、经济发展状况和居民医疗需求，统筹安排中医疗机构的设置和布局，完善城乡中医服务网络。

第六条　国务院中医药管理部门负责全国中医药管理工作。国务院有关部门在各自的职责范围内负责与中医药有关的工作。

县级以上地方人民政府负责中医药管理的部门负责本行政区域内的中医药管理工作。县级以上地方人民政府有关部门在各自的职责范围内负责与中医药有关的工作。

第七条　对在继承和发展中医药事业中做出显著贡献和在边远地区从事中医药工作做出突出成绩的单位和个人，县级以上各级人民政府应当给予奖励。

第二章　中医医疗机构与从业人员

第八条　开办中医医疗机构，应当符合国务院卫生行政部门制定的中医医疗机构设置标准和当地区域卫生规划，并按照《医疗机构管理条例》的规定办理审批手续，取得医疗机构执业许可证后，方可从事中医医疗活动。

第九条　中医医疗机构从事医疗服务活动，应当充分发挥中医药特色和优势，遵循中医药自身发展规律，运用传统理论和方法，结合现代科学技术手段，发挥中医药在防治疾病、保健、康复中的作用，为群众提供价格合理、质量优良的中医药服务。

第十条　依法设立的社区卫生服务中心（站）、乡镇卫生院等城乡基层卫生服务机构，应当能够提供中医医疗服务。

第十一条　中医从业人员，应当依照有关卫生管理的法律、行政法规、部门规章的规定通过资格考试，并经注册取得执业证书后，方可从事中医服务活动。

以师承方式学习中医学的人员以及确有专长的人员，应当按照国务院卫生行政部门的规定，通过执业医师或者执业助理医师资格考核考试，并经注册取得医师执业证书后，方可从事中医医疗活动。

第十二条　中医从业人员应当遵守相应的中医诊断治疗原则、医疗技术标准和技术操作规范。

全科医师和乡村医生应当具备中医药基本知识以及运用中医诊疗知识、技术，处理常见病和多发病的基本技能。

第十三条　发布中医医疗广告，医疗机构应当按照规定向所在地省、自治区、直辖市人民政府负责中医药管理的部门申请并报送有关材料。省、自治区、直辖市人民政府负责中医药管理的部门应当自收到有关材料之日起10个工作日内进行审查，并作出是否核发

相关执法参考	相关法律法规(10)	中医医疗广告批准文号的决定。对符合规定要求的，发给中医医疗广告批准文号。未取得中医医疗广告批准文号的，不得发布中医医疗广告。 发布的中医医疗广告，其内容应当与审查批准发布的内容一致。 **第三章　中医药教育与科研** **第十四条**　国家采取措施发展中医药教育事业。 各类中医药教育机构应当加强中医药基础理论教学，重视中医药基础理论与中医药临床实践相结合，推进素质教育。 **第十五条**　设立各类中医教育机构，应当符合国家规定的设置标准，并建立符合国家规定标准的临床教学基地。 中医药教育机构的设置标准，由国务院卫生行政部门会同国务院教育行政部门制定；中医药教育机构临床教学基地标准，由国务院卫生行政部门制定。 **第十六条**　国家鼓励开展中医药专家学术经验和技术专长继承工作，培养高层次的中医临床人才和中药技术人才。 **第十七条**　承担中医药专家学术经验和技术专长继承工作的指导老师应当具备下列条件： （一）具有较高学术水平和丰富的实践经验、技术专长和良好的职业品德； （二）从事中医药专业工作30年以上并担任高级专业技术职务10年以上。 **第十八条**　中医药专家学术经验和技术专长继承工作的继承人应当具备下列条件： （一）具有大学本科以上学历和良好的职业品德； （二）受聘于医疗卫生机构或者医学教育、科研机构从事中医药工作，并担任中级以上专业技术职务。 **第十九条**　中医药专家学术经验和技术专长继承工作的指导老师以及继承人的管理办法，由国务院中医药管理部门会同有关部门制定。 **第二十条**　省、自治区、直辖市人民政府负责中医药管理的部门应当依据国家有关规定，完善本地区中医药人员继续教育制度，制定中医药人员培训规划。 县级以上地方人民政府负责中医药管理的部门应当按照中医药人员培训规划的要求，对城乡基层卫生服务人员进行中医药基本知识和基本技能的培训。 医疗机构应当为中医药技术人员接受继续教育创造条件。 **第二十一条**　国家发展中医药科学技术，将其纳入科学技术发展规划，加强重点中医药科研机构建设。 县级以上地方人民政府应当充分利用中医药资源，重视中医药科学研究和技术开发，采取措施开发、推广、应用中医药技术成果，促进中医药科学技术发展。 **第二十二条**　中医药科学研究应当注重运用传统方法和现代方法开展中医药基础理论研究和临床研究，运用中医药理论和现代科学技术开展对常见病、多发病和疑难病的防治研究。 中医药科研机构、高等院校、医疗机构应当加强中医药科研的协作攻关和中医药科技成果的推广应用，培养中医药学科带头人和中青年技术骨干。 **第二十三条**　捐献对中医药科学技术发展有重大意义的中医诊疗方法和中医药文献、秘方、验方的，参照《国家科学技术奖励条例》的规定给予奖励。 **第二十四条**　国家支持中医药的对外交流与合作，推进中医药的国际传播。 重大中医药科研成果的推广、转让、对外交流，中外合作研究中医药技术，应当经省级以上人民政府负责中医药管理的部门批准，防止重大中医药资源流失。 属于国家科学技术秘密的中医药科研成果，确需转让、对外交流的，应当符合有关保守国家秘密的法律、行政法规和部门规章的规定。

第四章 保障措施

第二十五条 县级以上地方人民政府应当根据中医药事业发展的需要以及本地区国民经济和社会发展状况,逐步增加对中医药事业的投入,扶持中医药事业的发展。

任何单位和个人不得将中医药事业经费挪作他用。

国家鼓励境内外组织和个人通过捐资、投资等方式扶持中医药事业发展。

第二十六条 非营利性中医医疗机构,依照国家有关规定享受财政补贴、税收减免等优惠政策。

第二十七条 县级以上地方人民政府劳动保障行政部门确定的城镇职工基本医疗保险定点医疗机构,应当包括符合条件的中医医疗机构。

获得定点资格的中医医疗机构,应当按照规定向参保人员提供基本医疗服务。

第二十八条 县级以上各级人民政府应当采取措施加强对中医药文献的收集、整理、研究和保护工作。

有关单位和中医医疗机构应当加强重要中医药文献资料的管理、保护和利用。

第二十九条 国家保护野生中药材资源,扶持濒危动植物中药材人工代用品的研究和开发利用。

县级以上地方人民政府应当加强中药材的合理开发和利用,鼓励建立中药材种植、培育基地,促进短缺中药材的开发、生产。

第三十条 与中医药有关的评审或者鉴定活动,应当体现中医药特色,遵循中医药自身的发展规律。

中医药专业技术职务任职资格的评审,中医医疗、教育、科研机构的评审、评估,中医药科研课题的立项和成果鉴定,应当成立专门的中医药评审、鉴定组织或者由中医药专家参加评审、鉴定。

第五章 法律责任

第三十一条 负责中医药管理的部门的工作人员在中医药管理工作中违反本条例的规定,利用职务上的便利收受他人财物或者获取其他利益,滥用职权,玩忽职守,或者发现违法行为不予查处,造成严重后果,构成犯罪的,依法追究刑事责任;尚不够刑事处罚的,依法给予降级或者撤职的行政处分。

第三十二条 中医医疗机构违反本条例的规定,有下列情形之一的,由县级以上地方人民政府负责中医药管理的部门责令限期改正;逾期不改正的,责令停业整顿,直至由原审批机关吊销其医疗机构执业许可证、取消其城镇职工基本医疗保险定点医疗机构资格,并对负有责任的主管人员和其他直接责任人员依法给予纪律处分:

(一)不符合中医医疗机构设置标准的;

(二)获得城镇职工基本医疗保险定点医疗机构资格,未按照规定向参保人员提供基本医疗服务的。

第三十三条 未经批准擅自开办中医医疗机构或者未按照规定通过执业医师或者执业助理医师资格考试取得执业许可,从事中医医疗活动的,依照《中华人民共和国执业医师法》和《医疗机构管理条例》的有关规定给予处罚。

第三十四条 中医药教育机构违反本条例的规定,有下列情形之一的,由县级以上地方人民政府负责中医药管理的部门责令限期改正;逾期不改正的,由原审批机关予以撤销:

(一)不符合规定的设置标准的;

(二)没有建立符合规定标准的临床教学基地的。

第三十五条 违反本条例规定,造成重大中医药资源流失和国家科学技术秘密泄露,情节严重,构成犯罪的,依法追究刑事责任;尚不够刑事处罚的,由县级以上地方人民政府负责中医药管理的部门责令改正,对负有责任的主管人员和其他直接责任人员依法给予

相关法律法规（10）	纪律处分。 第三十六条　违反本条例规定，损毁或者破坏中医药文献的，由县级以上地方人民政府负责中医药管理的部门责令改正，对负有责任的主管人员和其他直接责任人员依法给予纪律处分；损毁或者破坏属于国家保护文物的中医药文献，情节严重，构成犯罪的，依法追究刑事责任。 第三十七条　篡改经批准的中医医疗广告内容的，由原审批部门撤销广告批准文号，1年内不受理该中医医疗机构的广告审批申请。 负责中医药管理的部门撤销中医医疗广告批准文号后，应当自作出行政处理决定之日起5个工作日内通知广告监督管理机关。广告监督管理机关应当自收到负责中医药管理的部门通知之日起15个工作日内，依照《中华人民共和国广告法》的有关规定查处。 **第六章　附　则** 第三十八条　本条例所称中医医疗机构，是指依法取得医疗机构执业许可证的中医、中西医结合的医院、门诊部和诊所。 民族医药的管理参照本条例执行。 第三十九条　本条例自2003年10月1日起施行。
相关执法参考　相关法律法规（11）	《中药材生产质量管理规范（试行）》 （2002年4月17日国家药品监督管理局令第32号发布，自2002年6月1日起施行） **第一章　总　则** 第一条　为规范中药材生产，保证中药材质量，促进中药标准化、现代化，制订本规范。 第二条　本规范是中药材生产和质量管理的基本准则，适用于中药材生产企业（以下简称生产企业）生产中药材（含植物、动物药）的全过程。 第三条　生产企业应运用规范化管理和质量监控手段，保护野生药材资源和生态环境，坚持"最大持续产量"原则，实现资源的可持续利用。 **第二章　产地生态环境** 第四条　生产企业应按中药材产地适宜性优化原则，因地制宜，合理布局。 第五条　中药材产地的环境应符合国家相应标准：空气应符合大气环境质量二级标准；土壤应符合土壤质量二级标准；灌溉水应符合农田灌溉水质量标准；药用动物饮用水应符合生活饮用水质量标准。 第六条　药用动物养殖企业应满足动物种群对生态因子的需求及与生活、繁殖等相适应的条件。 **第三章　种质和繁殖材料** 第七条　对养殖、栽培或野生采集的药用动植物，应准确鉴定其物种，包括亚种、变种或品种，记录其中文名及学名。 第八条　种子、菌种和繁殖材料在生产、储运过程中应实行检验和检疫制度以保证质量和防止病虫害及杂草的传播；防止伪劣种子、菌种和繁殖材料的交易与传播。 第九条　应按动物习性进行药用动物的引种及驯化。捕捉和运输时应避免动物机体和精神损伤。引种动物必须严格检疫，并进行一定时间的隔离、观察。 第十条　加强中药材良种选育、配种工作，建立良种繁育基地，保护药用动植物种质资源。 **第四章　栽培与养殖管理** 第一节　药用植物栽培管理 第十一条　根据药用植物生长发育要求，确定栽培适宜区域，并制定相应的种植规程。 第十二条　根据药用植物的营养特点及土壤的供肥能力，确定施肥种类、时间和数

		量,施用肥料的种类以有机肥为主,根据不同药用植物物种生长发育的需要有限度地使用化学肥料。
相关执法参考	相关法律法规(11)	第十三条　允许施用经充分腐熟达到无害化卫生标准的农家肥。禁止施用城市生活垃圾、工业垃圾及医院垃圾和粪便。 第十四条　根据药用植物不同生长发育时期的需水规律及气候条件、土壤水分状况,适时、合理灌溉和排水,保持土壤的良好通气条件。 第十五条　根据药用植物生长发育特性和不同的药用部位,加强田间管理,及时采取打顶、摘蕾、整枝修剪、覆盖遮荫等栽培措施,调控植株生长发育,提高药材产量,保持质量稳定。 第十六条　药用植物病虫害的防治应采取综合防治策略。如必须施用农药时,应按照《中华人民共和国农药管理条例》的规定,采用最小有效剂量并选用高效、低毒、低残留农药,以降低农药残留和重金属污染,保护生态环境。 第二节　药用动物养殖管理 第十七条　根据药用动物生存环境、食性、行为特点及对环境的适应能力等,确定相应的养殖方式和方法,制定相应的养殖规程和管理制度。 第十八条　根据药用动物的季节活动、昼夜活动规律及不同生长周期和生理特点,科学配制饲料,定时定量投喂。适时适量地补充精料、维生素、矿物质及其它必要的添加剂,不得添加激素、类激素等添加剂。饲料及添加剂应无污染。 第十九条　药用动物养殖应视季节、气温、通气等情况,确定给水的时间及次数。草食动物应尽可能通过多食青绿多汁的饲料补充水分。 第二十条　根据药用动物栖息、行为等特性,建造具有一定空间的固定场所及必要的安全设施。 第二十一条　养殖环境应保持清洁卫生,建立消毒制度,并选用适当消毒剂对动物的生活场所、设备等进行定期消毒。加强对进入养殖场所人员的管理。 第二十二条　药用动物的疫病防治,应以预防为主,定期接种疫苗。 第二十三条　合理划分养殖区,对群饲药用动物要有适当密度。发现患病动物,应及时隔离。传染病患animals应处死,火化或深埋。 第二十四条　根据养殖计划和育种需要,确定动物群的组成与结构,适时周转。 第二十五条　禁止将中毒、感染疫病的药用动物加工成中药材。 第五章　采收与初加工 第二十六条　野生或半野生药用动植物的采集应坚持"最大持续产量"原则,应有计划地进行野生抚育、轮采与封育,以利生物的繁衍与资源的更新。 第二十七条　根据产品质量及植物单位面积产量或动物养殖数量,并参考传统采收经验等因素确定适宜的采收时间(包括采收期、采收年限)和方法。 第二十八条　采收机械、器具应保持清洁、无污染,存放在无虫鼠害和禽畜的干燥场所。 第二十九条　采收及初加工过程中应尽可能排除非药用部分及异物,特别是杂草及有毒物质,剔除破损、腐烂变质的部分。 第三十条　药用部分采收后,经过拣选、清洗、切制或修整等适宜的加工,需干燥的应采用适宜的方法和技术迅速干燥,并控制温度和湿度,使中药材不受污染,有效成分不被破坏。 第三十一条　鲜用药材可采用冷藏、砂藏、罐贮、生物保鲜等适宜的保鲜方法,尽可能不使用保鲜剂和防腐剂。如必须使用时,应符合国家对食品添加剂的有关规定。 第三十二条　加工场地应清洁、通风,具有遮阳、防雨和防鼠、虫及禽畜的设施。 第三十三条　地道药材应按传统方法进行加工。如有改动,应提供充分试验数据,不得影响药材质量。

第六章 包装、运输与贮藏

第三十四条 包装前应检查并清除劣质品及异物。包装应按标准操作规程操作,并有批包装记录,其内容应包括品名、规格、产地、批号、重量、包装工号、包装日期等。

第三十五条 所使用的包装材料应是清洁、干燥、无污染、无破损,并符合药材质量要求。

第三十六条 在每件药材包装上,应注明品名、规格、产地、批号、包装日期、生产单位,并附有质量合格的标志。

第三十七条 易破碎的药材应使用坚固的箱盒包装;毒性、麻醉性、贵细药材应使用特殊包装,并应贴上相应的标记。

第三十八条 药材批量运输时,不应与其它有毒、有害、易串味物质混装。运载容器应具有较好的通气性,以保持干燥,并应有防潮措施。

第三十九条 药材仓库应通风、干燥、避光,必要时安装空调及除湿设备,并具有防鼠、虫、禽畜的措施。地面应整洁、无缝隙、易清洁。药材应存放在货架上,与墙壁保持足够距离,防止虫蛀、霉变、腐烂、泛油等现象发生,并定期检查。在应用传统贮藏方法的同时,应注意选用现代贮藏保管新技术、新设备。

第七章 质量管理

第四十条 生产企业应设质量管理部门,负责中药材生产全过程的监督管理和质量监控,并应配备与药材生产规模、品种检验要求相适应的人员、场所、仪器和设备。

第四十一条 质量管理部门的主要职责:(一)负责环境监测、卫生管理;(二)负责生产资料、包装材料及药材的检验,并出具检验报告;(三)负责制订培训计划,并监督实施;(四)负责制订和管理质量文件,并对生产、包装、检验等各种原始记录进行管理。

第四十二条 药材包装前,质量检验部门应对每批药材,按中药材国家标准或经审核批准的中药材标准进行检验。检验项目应至少包括药材性状与鉴别、杂质、水分、灰分与酸不溶性灰分、浸出物、指标性成分或有效成分含量。农药残留量、重金属及微生物限度均应符合国家标准和有关规定。

第四十三条 检验报告应由检验人员、质量检验部门负责人签章。检验报告应存档。

第四十四条 不合格的中药材不得出场和销售。

第八章 人员和设备

第四十五条 生产企业的技术负责人应有药学或农学、畜牧学等相关专业的大专以上学历,并有药材生产实践经验。

第四十六条 质量管理部门负责人应有大专以上学历,并有药材质量管理经验。

第四十七条 从事中药材生产的人员均应具有基本的中药学、农学或畜牧学常识,并经生产技术、安全及卫生学知识培训。从事田间工作的人员应熟悉栽培技术,特别是农药的施用及防护技术;从事养殖的人员应熟悉养殖技术。

第四十八条 从事加工、包装、检验人员应定期进行健康检查,患有传染病、皮肤病或外伤性疾病等不得从事直接接触药材的工作。生产企业应配备专人负责环境卫生及个人卫生检查。

第四十九条 对从事中药材生产的有关人员应定期培训与考核。

第五十条 中药材产地应设厕所或盥洗室,排出物不应对环境及产品造成污染。

第五十一条 生产企业生产和检验用的仪器、仪表、量具、衡器等其适用范围和精密度应符合生产和检验的要求,有明显的状态标志,并定期校验。

第九章 文件管理

第五十二条 生产企业应有生产管理、质量管理等标准操作规程。

第五十三条 每种中药材的生产全过程均应详细记录,必要时可附照片或图像。记录应包括:(一)种子、菌种和繁殖材料的来源;(二)生产技术与过程:1. 药用植物播种

相关执法参考	相关法律法规(11)

的时间、数量及面积；育苗、移栽以及肥料的种类、施用时间、施用量、施用方法；农药中包括杀虫剂、杀菌剂及除莠剂的种类、施用量、施用时间和方法等。2. 药用动物养殖日志、周转计划、选配种记录、产仔或产卵记录、病例病志、死亡报告书、死亡登记表、检免疫统计表、饲料配合表、饲料消耗记录、谱系登记表、后裔鉴定表等。3. 药用部分的采收时间、采收量、鲜重和加工、干燥、干燥减重、运输、贮藏等。4. 气象资料及小气候的记录等。5. 药材的质量评价：药材性状及各项检测的记录。

第五十四条 所有原始记录、生产计划及执行情况、合同及协议书等均应存档，至少保存5年。档案资料应有专人保管。

第十章 附 则

第五十五条 本规范所用术语：（一）中药材指药用植物、动物的药用部分采收后经产地初加工形成的原料药材。（二）中药材生产企业指具有一定规模、按一定程序进行药用植物栽培或动物养殖、药材初加工、包装、储存等生产过程的单位。（三）最大持续产量即不危害生态环境，可持续生产（采收）的最大产量。（四）地道药材传统中药材中具有特定的种质、特定的产区或特定的生产技术和加工方法所生产的中药材。（五）种子、菌种和繁殖材料植物（含菌物）可供繁殖用的器官、组织、细胞等，菌物的菌丝、子实体等；动物的种物、仔、卵等。（六）病虫害综合防治从生物与环境整体观点出发，本着预防为主的指导思想和安全、有效、经济、简便的原则，因地制宜，合理运用生物的、农业的、化学的方法及其他有效生态手段，把病虫的危害控制在经济阈值以下，以达到提高经济效益和生态效益之目的。（七）半野生药用动植物指野生或逸为野生的药用动植物辅以适当人工抚育和中耕、除草、施肥或喂料等管理的动植物种群。

第五十六条 本规范由国家药品监督管理局负责解释。

第五十七条 本规范自2002年6月1日起施行。

相关法律法规(12)

《疫苗流通和预防接种管理条例》（节录）

（2016年4月13日国务院第129次常务会议通过，第668号国务院令公布《国务院关于修改〈疫苗流通和预防接种管理条例〉的决定》，自公布之日起施行）

第一章 总 则

第一条 为了加强对疫苗流通和预防接种的管理，预防、控制传染病的发生、流行，保障人体健康和公共卫生，根据《中华人民共和国药品管理法》（以下简称药品管理法）和《中华人民共和国传染病防治法》（以下简称传染病防治法），制定本条例。

第二条 本条例所称疫苗，是指为了预防、控制传染病的发生、流行，用于人体预防接种的疫苗类预防性生物制品。

疫苗分为两类。第一类疫苗，是指政府免费向公民提供，公民应当依照政府的规定受种的疫苗，包括国家免疫规划确定的疫苗，省、自治区、直辖市人民政府在执行国家免疫规划时增加的疫苗，以及县级以上人民政府或者其卫生主管部门组织的应急接种或者群体性预防接种所使用的疫苗；第二类疫苗，是指由公民自费并且自愿受种的其他疫苗。

第三条 接种第一类疫苗由政府承担费用。接种第二类疫苗由受种者或者其监护人承担费用。

第六条 国家实行有计划的预防接种制度，推行扩大免疫规划。

需要接种第一类疫苗的受种者应当依照本条例规定受种；受种者为未成年人的，其监护人应当配合有关的疾病预防控制机构和医疗机构等医疗卫生机构，保证受种者及时受种。

第七条 国务院卫生主管部门负责全国预防接种的监督管理工作。县级以上地方人民政府卫生主管部门负责本行政区域内预防接种的监督管理工作。

国务院药品监督管理部门负责全国疫苗的质量和流通的监督管理工作。省、自治区、直辖市人民政府药品监督管理部门负责本行政区域内疫苗的质量和流通的监督管理工作。

相关执法参考	相关法律法规（12）	**第二章　疫苗流通** **第十条**　采购疫苗，应当通过省级公共资源交易平台进行。 **第十一条**　省级疾病预防控制机构应当根据国家免疫规划和本地区预防、控制传染病的发生、流行的需要，制定本地区第一类疫苗的使用计划（以下称使用计划），并向依照国家有关规定负责采购第一类疫苗的部门报告，同时报同级人民政府卫生主管部门备案。使用计划应当包括疫苗的品种、数量、供应渠道与供应方式等内容。 **第十二条**　依照国家有关规定负责采购第一类疫苗的部门应当依法与疫苗生产企业签订政府采购合同，约定疫苗的品种、数量、价格等内容。 **第十三条**　疫苗生产企业应当按照政府采购合同的约定，向省级疾病预防控制机构或者其指定的其他疾病预防控制机构供应第一类疫苗，不得向其他单位或者个人供应。 　　疫苗生产企业应当在其供应的纳入国家免疫规划疫苗的最小外包装的显著位置，标明"免费"字样以及国务院卫生主管部门规定的"免疫规划"专用标识。具体管理办法由国务院药品监督管理部门会同国务院卫生主管部门制定。 **第十四条**　省级疾病预防控制机构应当做好分发第一类疫苗的组织工作，并按照使用计划将第一类疫苗组织分发到设区的市级疾病预防控制机构或者县级疾病预防控制机构。县级疾病预防控制机构应当按照使用计划将第一类疫苗分发到接种单位和乡级医疗卫生机构。乡级医疗卫生机构应当将第一类疫苗分发到承担预防接种工作的村医疗卫生机构。医疗卫生机构不得向其他单位或者个人分发第一类疫苗；分发第一类疫苗，不得收取任何费用。 　　传染病暴发、流行时，县级以上地方人民政府或者其卫生主管部门需要采取应急接种措施的，设区的市级以上疾病预防控制机构可以直接向接种单位分发第一类疫苗。 **第十五条**　第二类疫苗由省级疾病预防控制机构组织在省级公共资源交易平台集中采购，由县级疾病预防控制机构向疫苗生产企业采购后供应给本行政区域的接种单位。 　　疫苗生产企业应当直接向县级疾病预防控制机构配送第二类疫苗，或者委托具备冷链储存、运输条件的企业配送。接受委托配送第二类疫苗的企业不得委托配送。 　　县级疾病预防控制机构向接种单位供应第二类疫苗可以收取疫苗费用以及储存、运输费用。疫苗费用按照采购价格收取，储存、运输费用按照省、自治区、直辖市的规定收取。收费情况应当向社会公开。 **第十六条**　疾病预防控制机构、接种单位、疫苗生产企业、接受委托配送疫苗的企业应当遵守疫苗储存、运输管理规范，保证疫苗质量。疫苗储存、运输的全过程应当始终处于规定的温度环境，不得脱离冷链，并定时监测、记录温度。对于冷链运输时间长、需要配送至偏远地区的疫苗，省级疾病预防控制机构应当提出加贴温度控制标签的要求。 　　疫苗储存、运输管理的相关规范由国务院卫生主管部门、药品监督管理部门制定。 **第十七条**　疫苗生产企业在销售疫苗时，应当提供由药品检验机构依法签发的生物制品每批检验合格或者审核批准证明复印件，并加盖企业印章；销售进口疫苗的，还应当提供进口药品通关单复印件，并加盖企业印章。 　　疾病预防控制机构、接种单位在接收或者购进疫苗时，应当向疫苗生产企业索取前款规定的证明文件，并保存至超过疫苗有效期2年备查。 **第十八条**　疫苗生产企业应当依照药品管理法和国务院药品监督管理部门的规定，建立真实、完整的销售记录，并保存至超过疫苗有效期2年备查。 　　疾病预防控制机构应当依照国务院卫生主管部门的规定，建立真实、完整的购进、储存、分发、供应记录，做到票、账、货、款一致，并保存至超过疫苗有效期2年备查。疾病预防控制机构接收或者购进疫苗时应当索要疫苗储存、运输全过程的温度监测记录；对不能提供全过程温度监测记录或者温度控制不符合要求的，不得接收或者购进，并应当立即向药品监督管理部门、卫生主管部门报告。

相关执法参考	相关法律法规（12）	**第六章 监督管理** **第四十八条** 药品监督管理部门依照药品管理法及其实施条例的有关规定，对疫苗在储存、运输、供应、销售、分发和使用等环节中的质量进行监督检查，并将检查结果及时向同级卫生主管部门通报。药品监督管理部门根据监督检查需要对疫苗进行抽查检验的，有关单位和个人应当予以配合，不得拒绝。 **第四十九条** 药品监督管理部门在监督检查中，对有证据证明可能危害人体健康的疫苗及其有关材料可以采取查封、扣押的措施，并在7日内作出处理决定；疫苗需要检验的，应当自检验报告书发出之日起15日内作出处理决定。 疾病预防控制机构、接种单位、疫苗生产企业发现假劣或者质量可疑的疫苗，应当立即停止接种、分发、供应、销售，并立即向所在地的县级人民政府卫生主管部门和药品监督管理部门报告，不得自行处理。接到报告的卫生主管部门应当立即组织疾病预防控制机构和接种单位采取必要的应急处置措施，同时向上级卫生主管部门报告；接到报告的药品监督管理部门应当对假劣或者质量可疑的疫苗依法采取查封、扣押等措施。 **第五十条** 县级以上人民政府卫生主管部门在各自职责范围内履行下列监督检查职责： （一）对医疗卫生机构实施国家免疫规划的情况进行监督检查； （二）对疾病预防控制机构开展与预防接种相关的宣传、培训、技术指导等工作进行监督检查； （三）对医疗卫生机构分发和购买疫苗的情况进行监督检查。 卫生主管部门应当主要通过对医疗卫生机构依照本条例规定所作的疫苗分发、储存、运输和接种等记录进行检查，履行监督管理职责；必要时，可以进行现场监督检查。卫生主管部门对监督检查情况应当予以记录，发现违法行为的，应当责令有关单位立即改正。 **第五十一条** 卫生主管部门、药品监督管理部门的工作人员依法履行监督检查职责时，不得少于2人，并出示证明文件；对被检查人的商业秘密应当保密。 **第五十二条** 卫生主管部门、药品监督管理部门发现疫苗质量问题和预防接种异常反应以及其他情况时，应当及时互相通报，实现信息共享。 **第五十三条** 任何单位和个人有权向卫生主管部门、药品监督管理部门举报违反本条例规定的行为，有权向本级人民政府、上级人民政府有关部门举报卫生主管部门、药品监督管理部门未依法履行监督管理职责的情况。接到举报的有关人民政府、卫生主管部门、药品监督管理部门对有关举报应当及时核实、处理。 **第七章 法律责任** **第五十六条** 县级以上人民政府卫生主管部门、药品监督管理部门违反本条例规定，有下列情形之一的，由本级人民政府、上级人民政府卫生主管部门或者药品监督管理部门责令改正，通报批评；造成受种者人身损害，传染病传播、流行或者其他严重后果的，对直接负责的主管人员和其他直接责任人员依法给予处分；造成特别严重后果的，其主要负责人还应当引咎辞职；构成犯罪的，依法追究刑事责任： （一）未依照本条例规定履行监督检查职责，或者发现违法行为不及时查处的； （二）未及时核实、处理对下级卫生主管部门、药品监督管理部门不履行监督管理职责的举报的； （三）接到发现预防接种异常反应或者疑似预防接种异常反应的相关报告，未立即组织调查处理的； （四）擅自进行群体性预防接种的； （五）违反本条例的其他失职、渎职行为。 **第五十七条** 县级以上人民政府未依照本条例规定履行预防接种保障职责的，由上级人民政府责令改正，通报批评；造成传染病传播、流行或者其他严重后果的，对直接负责的主管人员和其他直接责任人员依法给予处分；发生特别严重的疫苗质量安全事件或者连

| 相关执法参考 | 相关法律法规（12） | 续发生严重的疫苗质量安全事件的地区，其人民政府主要负责人还应当引咎辞职；构成犯罪的，依法追究刑事责任。
　　第六十二条　药品检验机构出具虚假的疫苗检验报告的，依照药品管理法第八十六条的规定处罚。
　　第六十三条　疫苗生产企业未依照规定建立并保存疫苗销售记录的，依照药品管理法第七十八条的规定处罚。
　　第六十四条　疫苗生产企业未依照规定在纳入国家免疫规划疫苗的最小外包装上标明"免费"字样以及"免疫规划"专用标识的，由药品监督管理部门责令改正，给予警告；拒不改正的，处5000元以上2万元以下的罚款，并封存相关的疫苗。
　　第六十五条　疫苗生产企业向县级疾病预防控制机构以外的单位或者个人销售第二类疫苗的，由药品监督管理部门没收违法销售的疫苗，并处违法销售的疫苗货值金额2倍以上5倍以下的罚款；有违法所得的，没收违法所得；其直接负责的主管人员和其他直接责任人员5年内不得从事药品生产经营活动；情节严重的，依法吊销疫苗生产资格或者撤销疫苗进口批准证明文件，其直接负责的主管人员和其他直接责任人员10年内不得从事药品生产经营活动；构成犯罪的，依法追究刑事责任。
　　第六十六条　疾病预防控制机构、接种单位、疫苗生产企业、接受委托配送疫苗的企业未在规定的冷藏条件下储存、运输疫苗的，由药品监督管理部门责令改正，给予警告，对所储存、运输的疫苗予以销毁；由卫生主管部门对疾病预防控制机构、接种单位的主要负责人、直接负责的主管人员和其他直接责任人员依法给予警告至撤职的处分，造成严重后果的，依法给予开除的处分，并吊销接种单位的接种资格；由药品监督管理部门依法责令疫苗生产企业、接受委托配送疫苗的企业停产、停业整顿，并处违反规定储存、运输的疫苗货值金额2倍以上5倍以下的罚款，造成严重后果的，依法吊销疫苗生产资格或者撤销疫苗进口批准证明文件，其直接负责的主管人员和其他直接责任人员10年内不得从事药品生产经营活动；构成犯罪的，依法追究刑事责任。 |

四、妨害药品管理罪

罪名	妨害药品管理罪（《刑法》第142条之一）
概念	妨害药品管理罪，是指违反药品管理法规，生产、销售国务院药品监督管理部门禁止使用的药品；未取得药品相关批准证明文件生产、进口药品或者明知是上述药品而销售；药品申请注册中提供虚假的证明、数据、资料、样品或者采取其他欺骗手段；编造生产、检验记录，足以严重危害人体健康的行为。

犯罪构成		
	客体	本罪侵犯的客体是复杂客体，既侵犯国家药品生产、销售监管秩序，同时也危及社会公众的生命、健康安全。因为本罪限定的四种不法行为类型，包括生产、销售国务院药品监督管理部门禁止使用的药品的行为，未取得药品相关批准证明文件生产、进口药品或者明知是上述药品而销售的行为，药品申请注册中提供虚假的证明、数据、资料、样品或者采取其他欺骗手段的行为，编造生产、检验记录的行为，都是严重违反《药品管理法》规定的生产经营程序及质量规范的行为。上述违反药品监管规范行为是成立本罪的基本条件，必然侵犯国家药品监管秩序，同时，上述违反药品监管规范行为必须达到"足以严重危害人体健康"的程度，才能追究刑事责任，这样也必然侵害了社会公众的生命、健康安全。 本罪行为对象是本罪的对象具有一定的特殊性，是双重意义上的药品。药品，是指用于预防、治疗、诊断人的疾病，有目的地调节人的生理机能并规定有适应症或者功能主治、用法和用量的物质，包括中药、化学药和生物制品等。一方面，本罪所涉及的药品属于违反有关程序性规范而生产、销售的药品。包括生产、销售国务院药品监督管理部门禁止使用的药品；未取得药品相关批准证明文件生产、进口药品或者明知是上述药品而销售的药品；申请注册中提供虚假的证明、数据、资料、样品或者采取其他欺骗手段产生的药品；编造生产、检验记录形成的药品。这四类药品的特殊性在于，药品本身既有可能是真药（包括：申请注册中提供虚假的证明、数据、资料、样品或者采取其他欺骗手段产生的药品；编造生产、检验记录形成的药品），也有可能是假药（根据《药品管理法》第98条规定包括4种：药品所含成份与国家药品标准规定的成份不符；以非药品冒充药品或者以他种药品冒充此种药品；变质的药品；药品所标明的适应症或者功能主治超出规定范围），或者可能是劣药（包括7种：药品成份的含量不符合国家药品标准；被污染的药品；未标明或者更改有效期的药品；未注明或者更改产品批号的药品；超过有效期的药品；擅自添加防腐剂、辅料的药品；其他不符合药品标准的药品），还有可能是因为技术原因无法确定真假的所谓问题药品（如原来的按假药论：包括生产、销售国务院药品监督管理部门禁止使用的药品；未取得药品相关批准证明文件生产、进口药品或者明知是上述药品而销售的药品）。另一方面，作为本罪评价的药品并不必然排斥假药、劣药。比如"以非药品冒充药品"的假药，本身也可能属于"未取得药品相关批准证明文件生产"的药品，两者之间因评价标准不同而可以相互转化，也正是因此，本罪中的"药品"的范围更广泛。
	客观方面	本罪在客观方面表现为行为人违反药品管理法规，生产、销售国务院药品监督管理部门禁止使用的药品；未取得药品相关批准证明文件生产、进口药品或者明知是上述药品而销售；药品申请注册中提供虚假的证明、数据、资料、样品或者采取其他欺骗手段；编造生产、检验记录，足以严重危害人体健康的行为。包括两点：首先是实施了违反药品管理法规的相关四种类型行为，其次是达到足以严重危害人体健康的程度。相关四种类型行为具体包括： （1）生产、销售国务院药品监督管理部门禁止使用的药品的行为。《药品管理法》第66条规定，进口、出口麻醉药品和国家规定范围内的精神药品，应当持有国务院药品监

| | | 督管理部门颁发的进口准许证、出口准许证。第83条规定，药品上市许可持有人应当对已上市药品的安全性、有效性和质量可控性定期开展上市后评价。必要时，国务院药品监督管理部门可以责令药品上市许可持有人开展上市后评价或者直接组织开展上市后评价。经评价，对疗效不确切、不良反应大或者因其他原因危害人体健康的药品，应当注销药品注册证书。已被注销药品注册证书的药品，不得生产或者进口、销售和使用。已被注销药品注册证书、超过有效期等的药品，应当由药品监督管理部门监督销毁或者依法采取其他无害化处理等措施。可见，国务院药品监督管理部门禁止使用的药品，既包括进口药品，也包括国内自行生产的药品，其共性特征在于此类禁止使用的药品疗效不确定、不良反应或者由于其他因素危害人体健康。

（2）未取得药品相关批准证明文件生产、进口药品或者明知是上述药品而销售的行为。《药品管理法》第24条规定，在中国境内上市的药品，应当经国务院药品监督管理部门批准，取得药品注册证书；但是，未实施审批管理的中药材和中药饮片除外。实施审批管理的中药材、中药饮片品种目录由国务院药品监督管理部门会同国务院中医药主管部门制定。可见，无论是国产药还是进口药，只要在境内上市，就必须经国务院药品监督管理部门审查批准，取得药品注册证书才可进行。特别是，针对麻醉药品等特殊药品，第66条规定，进口、出口麻醉药品和国家规定范围内的精神药品，应当持有国务院药品监督管理部门颁发的进口准许证、出口准许证。因此，这两类药品的进口需要在取得药品注册证书的基础上，还要经过批准，取得国务院药品监督管理部门颁发的进口准许证、出口准许证。

（3）药品申请注册中提供虚假的证明、数据、资料、样品或者采取其他欺骗手段的行为。药品注册是指药品注册申请人依照法定程序和相关要求提出药物临床试验、药品上市许可、再注册等申请及补充申请，药品监督管理部门依据法律法规和科学认知对药品的安全性、有效性和质量可控性以及申请人的质量管理、风险防控和责任赔偿等能力进行审查，决定是否同意其申请的活动。其中，符合条件的，颁发药品注册证书。可见，药品注册事关药品的安全性、有效性和质量可控性。因此，《药品管理法》第24条第2款规定，申请药品注册，应当提供真实、充分、可靠的数据、资料和样品，证明药品的安全性、有效性和质量可控性。提供虚假的证明、数据、资料、样品或者采取其他欺骗手段申请注册，必然影响药品的安全性、有效性和质量可控性。

（4）编造生产、检验记录的行为。《药品管理法》第44条第1款规定，药品应当按照国家药品标准和经药品监督管理部门核准的生产工艺进行生产。生产、检验记录应当完整准确，不得编造。第47条第1款规定，药品生产企业应当对药品进行质量检验。不符合国家药品标准的，不得出厂。

其次，达到足以严重危害人体健康的程度。根据司法解释的相关规定，具有下列情形之一的，应当认定为"足以严重危害人体健康"：（1）生产、销售国务院药品监督管理部门禁止使用的药品，综合生产、销售的时间、数量、禁止使用原因等情节，认为具有严重危害人体健康的现实危险的；（2）未取得药品相关批准证明文件生产药品或者明知是上述药品而销售，涉案药品属于本解释第一条第一项至第三项规定情形的（即涉案药品以孕产妇、儿童或者危重病人为主要使用对象的；涉案药品属于麻醉药品、精神药品、医疗用毒性药品、放射性药品、生物制品，或者以药品类易制毒化学品冒充其他药品的；涉案药品属于注射剂药品、急救药品的）；（3）未取得药品相关批准证明文件生产药品或者明知是上述药品而销售，涉案药品的适应症、功能主治或者成分不明的；（4）未取得药品相关批准证明文件生产药品或者明知是上述药品而销售，涉案药品没有国家药品标准，且无核准的药品质量标准，但检出化学药成分的；（5）未取得药品相关批准证明文件进口药品或者明知是上述药品而销售，涉案药品在境外也未合法上市的；（6）在药物非临床研究或者药物临床试验过程中故意使用虚假试验用药品，或者瞒报与药物临床试验用药 |
|---|---|---|

（表格左侧纵向文字：犯罪构成 / 客观方面）

犯罪构成	客观方面	品相关的严重不良事件的；（7）故意损毁原始药物非临床研究数据或者药物临床试验数据，或者编造受试动物信息、受试者信息、主要试验过程记录、研究数据、检测数据等药物非临床研究数据或者药物临床试验数据，影响药品的安全性、有效性和质量可控性的；（8）编造生产、检验记录，影响药品的安全性、有效性和质量可控性的；（9）其他足以严重危害人体健康的情形。对于涉案药品是否在境外合法上市，应当根据境外药品监督管理部门或者权利人的证明等证据，结合犯罪嫌疑人、被告人及其辩护人提供的证据材料综合审查，依法作出认定。对于"足以严重危害人体健康"难以确定的，根据地市级以上药品监督管理部门出具的认定意见，结合其他证据作出认定。 例如，被告人甲某于2018年10月5日租赁黄某位于石阡县溪口村亚琴安置区出租房。之后被告人甲某与其丈夫（在逃）在该出租房内生产、销售黄柏、郁金、川乌、鸡血藤等中药饮片，并采取上门推销的方式，分别向张某、覃某、李某等人销售该中药饮片，销售金额共计人民币95394元。经铜仁市市场监督管理局鉴定，根据《药品管理法》第48条第3款第2项"依照本法必须批准而未经批准生产、进口，或者依照本法必须检验而未经检验及销售的"规定，甲某未经过药品监督管理部门批准即对中药进行加工、包装的行为属于"必须批准而未经批准生产"情形，甲某销售的中药饮片，未经过任何检验即销往医疗机构的行为属于"依照本法必须检验而未经检验即销售"情形。甲某涉案物品"郁金""川穹""大雪藤"等317个品种。定性为"按假药论处"。法院审理后认为，被告人甲某违反国家药品管理法规，未经批准生产、未经检验销售中药饮片，其行为触犯了《中华人民共和国刑法》第一百四十一条"生产、销售假药的，处三年以下有期徒刑或者拘役，并处罚金；对人造成严重危害或者有其他严重情节的。处三年以上十年以下有期徒刑，并处罚金；致人死亡或者有其他特别严重情节的，处十年以上有期徒刑、无期徒刑或者死刑，并处罚金或者没收财产。"本条所称假药，是指依照《药品管理法》规定，属于假药和按假药处理的药品、非药品的规定，构成生产、销售假药罪。被告人甲某到案后在侦查阶段及诉讼过程中能如实供述其犯罪事实，认罪态度较好，根据《中华人民共和国刑法》第67条第3款的规定，属坦白，可依法从轻处罚。判决被告人甲某犯生产、销售假药罪，判处有期徒刑一年零六个月。罚金人民币20万元（已缴纳5000元）。从本案甲某的行为来看，生产、销售的中药为"未经批准生产""未经检验销售"等情形，这两种情形在2019年《药品管理法》修订之前，均属于以假药论处的情形，而《刑法修正案（十一）》修订之前，"假药"的认定参照《药品管理法》的规定，因此认定为生产、销售假药罪。但在2019年《药品管理法》修订之后，《刑法修正案（十一）》将"未经批准生产""未经检验销售"的情形专门规定于刑法第142条之一，那么以后同样的行为则不再构成生产、销售假药罪，如果达到足以严重危害人体健康的程度，就应当依据妨害药品管理罪来定罪处罚。
	主体	本罪的主体是一般主体，既包括已满16周岁以上具有刑事责任能力的自然人主体，也包括单位主体。
	主观方面	本罪在主观方面表现为故意，即明知自己相关生产、销售、造假行为违反国家药品管理法规，妨害药品管理秩序，仍希望或者放任实施生产、销售、造假行为的心理态度。根据司法解释规定，办理生产、销售、提供假药、生产、销售、提供劣药、妨害药品管理等刑事案件，应当结合行为人的从业经历、认知能力、药品质量、进货渠道和价格、销售渠道和价格以及生产、销售方式等事实综合判断认定行为人的主观故意。具有下列情形之一的，可以认定行为人有实施相关犯罪的主观故意，但有证据证明确实不具有故意的除外：（1）药品价格明显异于市场价格的；（2）向不具有资质的生产者、销售者购买药品，且不能提供合法有效的来历证明的；（3）逃避、抗拒监督检查的；（4）转移、隐匿、销毁涉案药品、进销货记录的；（5）曾因实施危害药品安全违法犯罪行为受过处罚，又实施同类行为的；（6）其他足以认定行为人主观故意的情形。

认定标准	刑罚标准	1. 犯本罪的，处 3 年以下有期徒刑或者拘役，并处或者单处罚金； 2. 对人体健康造成严重危害或者有其他严重情节的，处 3 年以上 7 年以下有期徒刑处，并处罚金。 　　本罪属于危险犯，只要相关妨害药品管理行为，达到足以严重危害人体健康的程度，就构成本罪，即应适用第一档量刑条款。 　　适用第二档量刑条款，必须实施妨害药品管理的行为具有"对人体健康造成严重危害或者有其他严重情节"。其一，对"对人体健康造成严重危害"的理解，根据司法解释规定，具有下列情形之一的，应当认定为"对人体健康造成严重危害"：（1）造成轻伤或者重伤的；（2）造成轻度残疾或者中度残疾的；（3）造成器官组织损伤导致一般功能障碍或者严重功能障碍的；（4）其他对人体健康造成严重危害的情形。其二，对"有其他严重情节"的理解，根据司法解释规定，实施妨害药品管理的行为，足以严重危害人体健康，并具有下列情形之一的，应当认定为"有其他严重情节"：（1）生产、销售国务院药品监督管理部门禁止使用的药品，生产、销售的金额 50 万元以上的；（2）未取得药品相关批准证明文件生产、进口药品或者明知是上述药品而销售，生产、销售的金额 50 万元以上的；（3）药品申请注册中提供虚假的证明、数据、资料、样品或者采取其他欺骗手段，造成严重后果的；（4）编造生产、检验记录，造成严重后果的；（5）造成恶劣社会影响或者具有其他严重情节的情形。 　　根据司法解释规定，单位犯生产、销售、提供假药罪、生产、销售、提供劣药罪、妨害药品管理罪的，对单位判处罚金，并对直接负责的主管人员和其他直接责任人员，依照本解释规定的自然人犯罪的定罪量刑标准处罚。单位犯罪的，对被告单位及其直接负责的主管人员、其他直接责任人员合计判处的罚金一般应当在生产、销售、提供的药品金额二倍以上。
	此罪与违法行为的区别	本罪与一般违法行为即违反药品管理法等规定的一般违法行为的区别。本罪属于危险犯，妨害药品管理行为，足以严重危害人体健康的，才能构成本罪。例如，根据《药品管理法》第 123 条规定，提供虚假的证明、数据、资料、样品或者采取其他手段骗取临床试验许可、药品生产许可、药品经营许可、医疗机构制剂许可或者药品注册等许可的，撤销相关许可，十年内不受理其相应申请，并处五十万元以上五百万元以下的罚款；情节严重的，对法定代表人、主要负责人、直接负责的主管人员和其他责任人员，处二万元以上二十万元以下的罚款，十年内禁止从事药品生产经营活动，并可以由公安机关处五日以上十五日以下的拘留。根据该法第 124 条第 1 款规定，违反本法规定，有下列行为之一的，没收违法生产、进口、销售的药品和违法所得以及专门用于违法生产的原料、辅料、包装材料和生产设备，责令停产停业整顿，并处违法生产、进口、销售的药品货值金额十五倍以上三十倍以下的罚款；货值金额不足十万元的，按十万元计算；情节严重的，吊销药品批准证明文件直至吊销药品生产许可证、药品经营许可证或者医疗机构制剂许可证，对法定代表人、主要负责人、直接负责的主管人员和其他责任人员，没收违法行为发生期间自本单位所获收入，并处所获收入百分之三十以上三倍以下的罚款，十年直至终身禁止从事药品生产经营活动，并可以由公安机关处五日以上十五日以下的拘留：（1）未取得药品批准证明文件生产、进口药品；（2）使用采取欺骗手段取得的药品批准证明文件生产、进口药品；（3）使用未经审评审批的原料药生产药品；（4）应当检验而未经检验即销售药品；（5）生产、销售国务院药品监督管理部门禁止使用的药品；（6）编造生产、检验记录；（7）未经批准在药品生产过程中进行重大变更。该条第 2 款规定，销售前款第一项至第三项规定的药品，或者药品使用单位使用前款第一项至第五项规定的药品的，依照前款规定处罚；情节严重的，药品使用单位的法定代表人、主要负责人、直接负责的主管人员和其他责任人员有医疗卫生人员执业证书的，还应当吊销执业证书。可见，上述没有达到足以严重危害人体健康程度的相关妨害药品管理行为，只能按照一般违法行为处理。另

认定标准	此罪与违法行为的区别	外，根据该条第 3 款规定，未经批准进口少量境外已合法上市的药品，情节较轻的，可以依法减轻或者免予处罚。对于实施未经批准进口少量境外已合法上市的药品的行为，一般也不能作为犯罪来追究刑事责任。
	本罪罪数的认定	对于个人或者单位存在妨害药品管理的行为，同时又构成生产、销售、提供假药罪，生产、销售、提供劣药罪或者对于违规进口药品构成走私类罪名时，依照处罚较重的规定定罪处罚。生产、销售提供假药、劣药的行为，一定是违反《药品管理法》的行为，这种行为与妨害药品管理罪中的不法行为具有密切关系，比如，从司法实践来看，大多数的假药、劣药也往往是未取得药品相关批准证明文件生产、进口的药品，或者编造生产、检验记录的药品等；从理论上来说，妨害药品管理罪相关行为所生产、销售、提供的药品，很有可能是假药或者劣药。这样一来，《刑法修正案（十一）》第 5 条、第 6 条与第 7 条之间本质上是一种交叉关系。也就是说，根据司法实践情况，实施违反药品管理秩序的行为，一般伴随着生产、销售、提供假药或者生产、销售、提供劣药情形，如"黑作坊"生产药品，既属于妨害药品管理行为，又会产生生产、销售、提供假药，生产、销售、提供劣药的后果；对于违规进口药品，还可能产生违反进出口管理规定偷逃税款的后果，应认定为走私行为。在上述竞合的情况下，应当择一重罪处罚，而不能按照数罪进行数罪并罚处理。根据司法解释规定，以提供给他人生产、销售、提供药品为目的，违反国家规定，生产、销售不符合药用要求的原料、辅料，符合刑法第一百四十条规定的，以生产、销售伪劣产品罪从重处罚；同时构成其他犯罪的，依照处罚较重的规定定罪处罚。
	本罪共犯的认定	根据司法解释规定，明知他人实施危害药品安全犯罪，而有下列情形之一的，以共同犯罪论处：(1) 提供资金、贷款、账号、发票、证明、许可证件的；(2) 提供生产、经营场所、设备或者运输、储存、保管、邮寄、销售渠道等便利条件的；(3) 提供生产技术或者原料、辅料、包装材料、标签、说明书的；(4) 提供虚假药物非临床研究报告、药物临床试验报告及相关材料的；(5) 提供广告宣传的；(6) 提供其他帮助的。
	此罪与彼罪的区别	本罪与生产、销售、提供劣药罪的区别。 生产、销售、提供劣药罪，是指故意违反国家药品管理法规，非法生产、销售、提供劣药，对人体健康造成严重危害的行为。两罪的主要区别在于： 1. 犯罪对象范围大小有所不同。本罪的对象范围广泛，包括真药、假药、劣药、问题药等；后罪的对象范围较小，只限于劣药。 2. 犯罪成立的标准不同。本罪属于危险犯，犯罪成立的标准要求相关妨害药品管理行为，只要达到足以严重危害人体健康的程度，就能构成犯罪；后罪属于结果犯，犯罪成立的标准要求相关妨害药品管理行为，必须造成了"对人体健康造成严重危害"的后果，才能构成犯罪。 应当注意的是，如果行为人实施的生产、销售、提供劣药行为在对人体健康造成严重危害后果，同时行为人实施的生产、销售、提供劣药行为还符合妨害药品管理罪客观方面四种行为类型条件要求，那么，行为人的上述行为既构成生产、销售、提供劣药罪，也构成本罪，这种情况属于想象数罪，两者存在交叉情形，应当根据法律规定择一重罪处罚。

| 相关执法参考 | 刑法 | 中华人民共和国刑法（节录）
（1979年7月1日第五届全国人民代表大会第二次会议通过，1997年3月14日第八届全国人民代表大会第五次会议修订，已先后被1999年12月25日《中华人民共和国刑法修正案》、2001年8月31日《中华人民共和国刑法修正案（二）》、2001年12月29日《中华人民共和国刑法修正案（三）》、2002年12月28日《中华人民共和国刑法修正案（四）》、2005年2月28日《中华人民共和国刑法修正案（五）》、2006年6月29日《中华人民共和国刑法修正案（六）》、2009年2月28日《中华人民共和国刑法修正案（七）》、2009年8月27日《全国人民代表大会常务委员会关于修改部分法律的决定》、2011年2月25日《中华人民共和国刑法修正案（八）》、2015年8月29日《中华人民共和国刑法修正案（九）》、2017年11月4日《中华人民共和国刑法修正案（十）》、2020年12月26日《中华人民共和国刑法修正案（十一）》修改或修正）
第一百四十二条之一 违反药品管理法规，有下列情形之一，足以严重危害人体健康的，处三年以下有期徒刑或者拘役，并处或者单处罚金；对人体健康造成严重危害或者有其他严重情节的，处三年以上七年以下有期徒刑，并处罚金：
（一）生产、销售国务院药品监督管理部门禁止使用的药品的；
（二）未取得药品相关批准证明文件生产、进口药品或者明知是上述药品而销售的；
（三）药品申请注册中提供虚假的证明、数据、资料、样品或者采取其他欺骗手段的；
（四）编造生产、检验记录的。
有前款行为，同时又构成本法第一百四十一条、第一百四十二条规定之罪或者其他犯罪的，依照处罚较重的规定定罪处罚。
第一百五十条 单位犯本节第一百四十条至第一百四十八条规定之罪的，对单位判处罚金，并对其直接负责的主管人员和其他直接责任人员，依照各该条的规定处罚。 |
| | 相关法律法规（1） | 最高人民法院、最高人民检察院《关于办理危害药品安全刑事案件适用法律若干问题的解释》（节录）
（2022年2月28日由最高人民法院审判委员会第1865次会议、2022年2月25日由最高人民检察院第十三届检察委员会第九十二次会议通过，自2022年3月6日起施行）
为依法惩治危害药品安全犯罪，保障人民群众生命健康，维护药品管理秩序，根据《中华人民共和国刑法》《中华人民共和国刑事诉讼法》及《中华人民共和国药品管理法》等有关规定，现就办理此类刑事案件适用法律的若干问题解释如下：
第六条 以生产、销售、提供假药、劣药为目的，合成、精制、提取、储存、加工炮制药品原料，或者在将药品原料、辅料、包装材料制成成品过程中，进行配料、混合、制剂、储存、包装的，应当认定为刑法第一百四十一条、第一百四十二条规定的"生产"。
药品使用单位及其工作人员明知是假药、劣药而有偿提供给他人使用的，应当认定为刑法第一百四十一条、第一百四十二条规定的"销售"；无偿提供给他人使用的，应当认定为刑法第一百四十一条、第一百四十二条规定的"提供"。
第七条 实施妨害药品管理的行为，具有下列情形之一的，应当认定为刑法第一百四十二条之一规定的"足以严重危害人体健康"：
（一）生产、销售国务院药品监督管理部门禁止使用的药品，综合生产、销售的时间、数量、禁止使用原因等情节，认为具有严重危害人体健康的现实危险的；
（二）未取得药品相关批准证明文件生产药品或者明知是上述药品而销售，涉案药品属于本解释第一条第一项至第三项规定情形的；
（三）未取得药品相关批准证明文件生产药品或者明知是上述药品而销售，涉案药品的适应症、功能主治或者成分不明的；
（四）未取得药品相关批准证明文件生产药品或者明知是上述药品而销售，涉案药品 |

| 相关执法参考 | 相关法律法规（1） | 没有国家药品标准，且无核准的药品质量标准，但检出化学药成分的；
（五）未取得药品相关批准证明文件进口药品或者明知是上述药品而销售，涉案药品在境外也未合法上市的；
（六）在药物非临床研究或者药物临床试验过程中故意使用虚假试验用药品，或者瞒报与药物临床试验用药品相关的严重不良事件的；
（七）故意损毁原始药物非临床研究数据或者药物临床试验数据，或者编造受试动物信息、受试者信息、主要试验过程记录、研究数据、检测数据等药物非临床研究数据或者药物临床试验数据，影响药品的安全性、有效性和质量可控性的；
（八）编造生产、检验记录，影响药品的安全性、有效性和质量可控性的；
（九）其他足以严重危害人体健康的情形。
对于涉案药品是否在境外合法上市，应当根据境外药品监督管理部门或者权利人的证明等证据，结合犯罪嫌疑人、被告人及其辩护人提供的证据材料综合审查，依法作出认定。
对于"足以严重危害人体健康"难以确定的，根据地市级以上药品监督管理部门出具的认定意见，结合其他证据作出认定。
第八条 实施妨害药品管理的行为，具有本解释第二条规定情形之一的，应当认定为刑法第一百四十二条之一规定的"对人体健康造成严重危害"。
实施妨害药品管理的行为，足以严重危害人体健康，并具有下列情形之一的，应当认定为刑法第一百四十二条之一规定的"有其他严重情节"：
（一）生产、销售国务院药品监督管理部门禁止使用的药品，生产、销售的金额五十万元以上的；
（二）未取得药品相关批准证明文件生产、进口药品或者明知是上述药品而销售，生产、销售的金额五十万元以上的；
（三）药品申请注册中提供虚假的证明、数据、资料、样品或者采取其他欺骗手段，造成严重后果的；
（四）编造生产、检验记录，造成严重后果的；
（五）造成恶劣社会影响或者具有其他严重情节的情形。
实施刑法第一百四十二条之一规定的行为，同时又构成生产、销售、提供假药罪、生产、销售、提供劣药罪或者其他犯罪的，依照处罚较重的规定定罪处罚。
第九条 明知他人实施危害药品安全犯罪，而有下列情形之一的，以共同犯罪论处：
（一）提供资金、贷款、账号、发票、证明、许可证件的；
（二）提供生产、经营场所、设备或者运输、储存、保管、邮寄、销售渠道等便利条件的；
（三）提供生产技术或者原料、辅料、包装材料、标签、说明书的；
（四）提供虚假药物非临床研究报告、药物临床试验报告及相关材料的；
（五）提供广告宣传的；
（六）提供其他帮助的。
第十条 办理生产、销售、提供假药、生产、销售、提供劣药、妨害药品管理等刑事案件，应当结合行为人的从业经历、认知能力、药品质量、进货渠道和价格、销售渠道和价格以及生产、销售方式等事实综合判断认定行为人的主观故意。具有下列情形之一的，可以认定行为人有实施相关犯罪的主观故意，但有证据证明确实不具有故意的除外：
（一）药品价格明显异于市场价格的；
（二）向不具有资质的生产者、销售者购买药品，且不能提供合法有效的来历证明的；
（三）逃避、抗拒监督检查的； |

（四）转移、隐匿、销毁涉案药品、进销货记录的；

（五）曾因实施危害药品安全违法犯罪行为受过处罚，又实施同类行为的；

（六）其他足以认定行为人主观故意的情形。

第十一条　以提供给他人生产、销售、提供药品为目的，违反国家规定，生产、销售不符合药用要求的原料、辅料，符合刑法第一百四十条规定的，以生产、销售伪劣产品罪从重处罚；同时构成其他犯罪的，依照处罚较重的规定定罪处罚。

第十二条　广告主、广告经营者、广告发布者违反国家规定，利用广告对药品作虚假宣传，情节严重的，依照刑法第二百二十二条的规定，以虚假广告罪定罪处罚。

第十三条　明知系利用医保骗保购买的药品而非法收购、销售，金额五万元以上的，应当依照刑法第三百一十二条的规定，以掩饰、隐瞒犯罪所得罪定罪处罚；指使、教唆、授意他人利用医保骗保购买药品，进而非法收购、销售，符合刑法第二百六十六条规定的，以诈骗罪定罪处罚。

对于利用医保骗保购买药品的行为人是否追究刑事责任，应当综合骗取医保基金的数额、手段、认罪悔罪态度等案件具体情节，依法妥当决定。利用医保骗保购买药品的行为人是否被追究刑事责任，不影响对非法收购、销售有关药品的行为人定罪处罚。

对于第一款规定的主观明知，应当根据药品标志、收购渠道、价格、规模及药品追溯信息等综合认定。

第十四条　负有药品安全监督管理职责的国家机关工作人员，滥用职权或者玩忽职守，构成药品监管渎职罪，同时构成商检徇私舞弊罪、商检失职罪等其他渎职犯罪的，依照处罚较重的规定定罪处罚。

负有药品安全监督管理职责的国家机关工作人员滥用职权或者玩忽职守，不构成药品监管渎职罪，但构成前款规定的其他渎职犯罪的，依照该其他犯罪定罪处罚。

负有药品安全监督管理职责的国家机关工作人员与他人共谋，利用其职务便利帮助他人实施危害药品安全犯罪行为，同时构成渎职犯罪和危害药品安全犯罪共犯的，依照处罚较重的规定定罪从重处罚。

第十五条　对于犯生产、销售、提供假药罪、生产、销售、提供劣药罪、妨害药品管理罪的，应当结合被告人的犯罪数额、违法所得，综合考虑被告人缴纳罚金的能力，依法判处罚金。罚金一般应当在生产、销售、提供的药品金额二倍以上；共同犯罪的，对各共同犯罪人合计判处的罚金一般应当在生产、销售、提供的药品金额二倍以上。

第十六条　对于犯生产、销售、提供假药罪、生产、销售、提供劣药罪、妨害药品管理罪的，应当依照刑法规定的条件，严格缓刑、免予刑事处罚的适用。对于被判处刑罚的，可以根据犯罪情况和预防再犯罪的需要，依法宣告职业禁止或者禁止令。《中华人民共和国药品管理法》等法律、行政法规另有规定的，从其规定。

对于被不起诉或者免予刑事处罚的行为人，需要给予行政处罚、政务处分或者其他处分的，依法移送有关主管机关处理。

第十七条　单位犯生产、销售、提供假药罪、生产、销售、提供劣药罪、妨害药品管理罪的，对单位判处罚金，并对直接负责的主管人员和其他直接责任人员，依照本解释规定的自然人犯罪的定罪量刑标准处罚。

单位犯罪的，对被告单位及其直接负责的主管人员、其他直接责任人员合计判处的罚金一般应当在生产、销售、提供的药品金额二倍以上。

第十八条　根据民间传统配方私自加工药品或者销售上述药品，数量不大，且未造成他人伤害后果或者延误诊治的，或者不以营利为目的实施带有自救、互助性质的生产、进口、销售药品的行为，不应当认定为犯罪。

对于是否属于民间传统配方难以确定的，根据地市级以上药品监督管理部门或者有关部门出具的认定意见，结合其他证据作出认定。

相关法律法规（1）	**第十九条**　刑法第一百四十一条、第一百四十二条规定的"假药""劣药"，依照《中华人民共和国药品管理法》的规定认定。 　　对于《中华人民共和国药品管理法》第九十八条第二款第二、第四项及第三款第三项至第六项规定的假药、劣药，能够根据现场查获的原料、包装，结合犯罪嫌疑人、被告人供述等证据材料作出判断的，可以由地市级以上药品监督管理部门出具认定意见。对于依据《中华人民共和国药品管理法》第九十八条第二款、第三款的其他规定认定假药、劣药，或者是否属于第九十八条第二款第二项、第三款第六项规定的假药、劣药存在争议的，应当由省级以上药品监督管理部门设置或者确定的药品检验机构进行检验，出具质量检验结论。司法机关根据认定意见、检验结论，结合其他证据作出认定。 　　**第二十条**　对于生产、提供药品的金额，以药品的货值金额计算；销售药品的金额，以所得和可得的全部违法收入计算。 　　**第二十一条**　本解释自 2022 年 3 月 6 日起施行。本解释公布施行后，《最高人民法院、最高人民检察院关于办理危害药品安全刑事案件适用法律若干问题的解释》（法释〔2014〕14 号）、《最高人民法院、最高人民检察院关于办理药品、医疗器械注册申请材料造假刑事案件适用法律若干问题的解释》（法释〔2017〕15 号）同时废止。
相关执法参考 相关法律法规（2）	《药品管理法》（节录） 　　（1984 年 9 月 20 日第六届全国人民代表大会常务委员会第七次会议通过　2001 年 2 月 28 日第九届全国人民代表大会常务委员会第二十次会议第一次修订　根据 2013 年 12 月 28 日第十二届全国人民代表大会常务委员会第六次会议《关于修改〈中华人民共和国海洋环境保护法〉等七部法律的决定》第一次修正　根据 2015 年 4 月 24 日第十二届全国人民代表大会常务委员会第十四次会议《关于修改〈中华人民共和国药品管理法〉的决定》第二次修正　2019 年 8 月 26 日第十三届全国人民代表大会常务委员会第十二次会议第二次修订，自 2019 年 12 月 1 日起施行） 　　**第二条**　在中华人民共和国境内从事药品研制、生产、经营、使用和监督管理活动，适用本法。 　　本法所称药品，是指用于预防、治疗、诊断人的疾病，有目的地调节人的生理机能并规定有适应症或者功能主治、用法和用量的物质，包括中药、化学药和生物制品等。 　　**第六条**　国家对药品管理实行药品上市许可持有人制度。药品上市许可持有人依法对药品研制、生产、经营、使用全过程中药品的安全性、有效性和质量可控性负责。 　　**第二十四条**　在中国境内上市的药品，应当经国务院药品监督管理部门批准，取得药品注册证书；但是，未实施审批管理的中药材和中药饮片除外。实施审批管理的中药材、中药饮片品种目录由国务院药品监督管理部门会同国务院中医药主管部门制定。 　　申请药品注册，应当提供真实、充分、可靠的数据、资料和样品，证明药品的安全性、有效性和质量可控性。 　　**第二十五条**　对申请注册的药品，国务院药品监督管理部门应当组织药学、医学和其他技术人员进行审评，对药品的安全性、有效性和质量可控性以及申请人的质量管理、风险防控和责任赔偿等能力进行审查；符合条件的，颁发药品注册证书。 　　国务院药品监督管理部门在审批药品时，对化学原料药一并审评审批，对相关辅料、直接接触药品的包装材料和容器一并审评，对药品的质量标准、生产工艺、标签和说明书一并核准。 　　本法所称辅料，是指生产药品和调配处方时所用的赋形剂和附加剂。 　　**第二十六条**　对治疗严重危及生命且尚无有效治疗手段的疾病以及公共卫生方面急需的药品，药物临床试验已有数据显示疗效并能预测其临床价值的，可以附条件批准，并在药品注册证书中载明相关事项。 　　**第四十一条**　从事药品生产活动，应当经所在地省、自治区、直辖市人民政府药品监

| 相关执法参考 | 相关法律法规（2） | 督管理部门批准，取得药品生产许可证。无药品生产许可证的，不得生产药品。
药品生产许可证应当标明有效期和生产范围，到期重新审查发证。
第四十二条　从事药品生产活动，应当具备以下条件：
（一）有依法经过资格认定的药学技术人员、工程技术人员及相应的技术工人；
（二）有与药品生产相适应的厂房、设施和卫生环境；
（三）有能对所生产药品进行质量管理和质量检验的机构、人员及必要的仪器设备；
（四）有保证药品质量的规章制度，并符合国务院药品监督管理部门依据本法制定的药品生产质量管理规范要求。
第四十三条　从事药品生产活动，应当遵守药品生产质量管理规范，建立健全药品生产质量管理体系，保证药品生产全过程持续符合法定要求。
药品生产企业的法定代表人、主要负责人对本企业的药品生产活动全面负责。
第四十四条　药品应当按照国家药品标准和经药品监督管理部门核准的生产工艺进行生产。生产、检验记录应当完整准确，不得编造。
中药饮片应当按照国家药品标准炮制；国家药品标准没有规定的，应当按照省、自治区、直辖市人民政府药品监督管理部门制定的炮制规范炮制。省、自治区、直辖市人民政府药品监督管理部门制定的炮制规范应当报国务院药品监督管理部门备案。不符合国家药品标准或者不按照省、自治区、直辖市人民政府药品监督管理部门制定的炮制规范炮制的，不得出厂、销售。
第四十七条　药品生产企业应当对药品进行质量检验。不符合国家药品标准的，不得出厂。
药品生产企业应当建立药品出厂放行规程，明确出厂放行的标准、条件。符合标准、条件的，经质量受权人签字后方可放行。
第四十九条　药品包装应当按照规定印有或者贴有标签并附有说明书。
标签或者说明书应当注明药品的通用名称、成份、规格、上市许可持有人及其地址、生产企业及其地址、批准文号、产品批号、生产日期、有效期、适应症或者功能主治、用法、用量、禁忌、不良反应和注意事项。标签、说明书中的文字应当清晰，生产日期、有效期等事项应当显著标注，容易辨识。
麻醉药品、精神药品、医疗用毒性药品、放射性药品、外用药品和非处方药的标签、说明书，应当印有规定的标志。
第五十一条　从事药品批发活动，应当经所在地省、自治区、直辖市人民政府药品监督管理部门批准，取得药品经营许可证。从事药品零售活动，应当经所在地县级以上地方人民政府药品监督管理部门批准，取得药品经营许可证。无药品经营许可证的，不得经营药品。
药品经营许可证应当标明有效期和经营范围，到期重新审查发证。
药品监督管理部门实施药品经营许可，除依据本法第五十二条规定的条件外，还应当遵循方便群众购药的原则。
第五十二条　从事药品经营活动应当具备以下条件：
（一）有依法经过资格认定的药师或者其他药学技术人员；
（二）有与所经营药品相适应的营业场所、设备、仓储设施和卫生环境；
（三）有与所经营药品相适应的质量管理机构或者人员；
（四）有保证药品质量的规章制度，并符合国务院药品监督管理部门依据本法制定的药品经营质量管理规范要求。
第五十三条　从事药品经营活动，应当遵守药品经营质量管理规范，建立健全药品经营质量管理体系，保证药品经营全过程持续符合法定要求。
国家鼓励、引导药品零售连锁经营。从事药品零售连锁经营活动的企业总部，应当建 |

相关执法参考	相关法律法规（2）	立统一的质量管理制度，对所属零售企业的经营活动履行管理责任。 药品经营企业的法定代表人、主要负责人对本企业的药品经营活动全面负责。 第六十三条　新发现和从境外引种的药材，经国务院药品监督管理部门批准后，方可销售。 第六十四条　药品应当从允许药品进口的口岸进口，并由进口药品的企业向口岸所在地药品监督管理部门备案。海关凭药品监督管理部门出具的进口药品通关单办理通关手续。无进口药品通关单的，海关不得放行。 口岸所在地药品监督管理部门应当通知药品检验机构按照国务院药品监督管理部门的规定对进口药品进行抽查检验。 允许药品进口的口岸由国务院药品监督管理部门会同海关总署提出，报国务院批准。 第六十五条　医疗机构因临床急需进口少量药品的，经国务院药品监督管理部门或者国务院授权的省、自治区、直辖市人民政府批准，可以进口。进口的药品应当在指定医疗机构内用于特定医疗目的。 个人自用携带入境少量药品，按照国家有关规定办理。 第六十六条　进口、出口麻醉药品和国家规定范围内的精神药品，应当持有国务院药品监督管理部门颁发的进口准许证、出口准许证。 第六十七条　禁止进口疗效不确切、不良反应大或者因其他原因危害人体健康的药品。 第六十八条　国务院药品监督管理部门对下列药品在销售前或者进口时，应当指定药品检验机构进行检验；未经检验或者检验不合格的，不得销售或者进口： （一）首次在中国境内销售的药品； （二）国务院药品监督管理部门规定的生物制品； （三）国务院规定的其他药品。 第八十三条　药品上市许可持有人应当对已上市药品的安全性、有效性和质量可控性定期开展上市后评价。必要时，国务院药品监督管理部门可以责令药品上市许可持有人开展上市后评价或者直接组织开展上市后评价。 经评价，对疗效不确切、不良反应大或者因其他原因危害人体健康的药品，应当注销药品注册证书。 已被注销药品注册证书的药品，不得生产或者进口、销售和使用。 已被注销药品注册证书、超过有效期等的药品，应当由药品监督管理部门监督销毁或者依法采取其他无害化处理等措施。 第九十八条　禁止生产（包括配制，下同）、销售、使用假药、劣药。 有下列情形之一的，为假药： （一）药品所含成份与国家药品标准规定的成份不符； （二）以非药品冒充药品或者以他种药品冒充此种药品； （三）变质的药品； （四）药品所标明的适应症或者功能主治超出规定范围。 有下列情形之一的，为劣药： （一）药品成份的含量不符合国家药品标准； （二）被污染的药品； （三）未标明或者更改有效期的药品； （四）未注明或者更改产品批号的药品； （五）超过有效期的药品； （六）擅自添加防腐剂、辅料的药品； （七）其他不符合药品标准的药品。

相关执法参考	相关法律法规（2）	禁止未取得药品批准证明文件生产、进口药品；禁止使用未按照规定审评、审批的原料药、包装材料和容器生产药品。 **第九十九条** 药品监督管理部门应当依照法律、法规的规定对药品研制、生产、经营和药品使用单位使用药品等活动进行监督检查，必要时可以对为药品研制、生产、经营、使用提供产品或者服务的单位和个人进行延伸检查，有关单位和个人应当予以配合，不得拒绝和隐瞒。 药品监督管理部门应当对高风险的药品实施重点监督检查。 对有证据证明可能存在安全隐患的，药品监督管理部门根据监督检查情况，应当采取告诫、约谈、限期整改以及暂停生产、销售、使用、进口等措施，并及时公布检查处理结果。 药品监督管理部门进行监督检查时，应当出示证明文件，对监督检查中知悉的商业秘密应当保密。 **第一百一十五条** 未取得药品生产许可证、药品经营许可证或者医疗机构制剂许可证生产、销售药品的，责令关闭，没收违法生产、销售的药品和违法所得，并处违法生产、销售的药品（包括已售出和未售出的药品，下同）货值金额十五倍以上三十倍以下的罚款；货值金额不足十万元的，按十万元计算。 **第一百二十三条** 提供虚假的证明、数据、资料、样品或者采取其他手段骗取临床试验许可、药品生产许可、药品经营许可、医疗机构制剂许可或者药品注册等许可的，撤销相关许可，十年内不受理其相应申请，并处五十万元以上五百万元以下的罚款；情节严重的，对法定代表人、主要负责人、直接负责的主管人员和其他责任人员，处二万元以上二十万元以下的罚款，十年内禁止从事药品生产经营活动，并可以由公安机关处五日以上十五日以下的拘留。 **第一百二十四条** 违反本法规定，有下列行为之一的，没收违法生产、进口、销售的药品和违法所得以及专门用于违法生产的原料、辅料、包装材料和生产设备，责令停产停业整顿，并处违法生产、进口、销售的药品货值金额十五倍以上三十倍以下的罚款；货值金额不足十万元的，按十万元计算；情节严重的，吊销药品批准证明文件直至吊销药品生产许可证、药品经营许可证或者医疗机构制剂许可证，对法定代表人、主要负责人、直接负责的主管人员和其他责任人员，没收违法行为发生期间自本单位所获收入，并处所获收入百分之三十以上三倍以下的罚款，十年直至终身禁止从事药品生产经营活动，并可以由公安机关处五日以上十五日以下的拘留： （一）未取得药品批准证明文件生产、进口药品； （二）使用采取欺骗手段取得的药品批准证明文件生产、进口药品； （三）使用未经审评审批的原料药生产药品； （四）应当检验而未经检验即销售药品； （五）生产、销售国务院药品监督管理部门禁止使用的药品； （六）编造生产、检验记录； （七）未经批准在药品生产过程中进行重大变更。 销售前款第一项至第三项规定的药品，或者药品使用单位使用前款第一项至第五项规定的药品的，依照前款规定处罚；情节严重的，药品使用单位的法定代表人、主要负责人、直接负责的主管人员和其他责任人员有医疗卫生人员执业证书的，还应当吊销执业证书。 未经批准进口少量境外已合法上市的药品，情节较轻的，可以依法减轻或者免予处罚。

| 相关执法参考 | 相关法律法规（3） | 《疫苗管理法》（节录）
（2019年6月29日第十三届全国人民代表大会常务委员会第十一次会议于通过，自2019年12月1日起施行）
　　第二条　在中华人民共和国境内从事疫苗研制、生产、流通和预防接种及其监督管理活动，适用本法。本法未作规定的，适用《中华人民共和国药品管理法》、《中华人民共和国传染病防治法》等法律、行政法规的规定。
　　本法所称疫苗，是指为预防、控制疾病的发生、流行，用于人体免疫接种的预防性生物制品，包括免疫规划疫苗和非免疫规划疫苗。
　　第十九条　在中国境内上市的疫苗应当经国务院药品监督管理部门批准，取得药品注册证书；申请疫苗注册，应当提供真实、充分、可靠的数据、资料和样品。
　　对疾病预防、控制急需的疫苗和创新疫苗，国务院药品监督管理部门应当予以优先审评审批。
　　第二十条　应对重大突发公共卫生事件急需的疫苗或者国务院卫生健康主管部门认定急需的其他疫苗，经评估获益大于风险的，国务院药品监督管理部门可以附条件批准疫苗注册申请。
　　出现特别重大突发公共卫生事件或者其他严重威胁公众健康的紧急事件，国务院卫生健康主管部门根据传染病预防、控制需要提出紧急使用疫苗的建议，经国务院药品监督管理部门组织论证同意后可以在一定范围和期限内紧急使用。
　　第二十一条　国务院药品监督管理部门在批准疫苗注册申请时，对疫苗的生产工艺、质量控制标准和说明书、标签予以核准。
　　国务院药品监督管理部门应当在其网站上及时公布疫苗说明书、标签内容。
　　第二十二条　国家对疫苗生产实行严格准入制度。
　　从事疫苗生产活动，应当经省级以上人民政府药品监督管理部门批准，取得药品生产许可证。
　　从事疫苗生产活动，除符合《中华人民共和国药品管理法》规定的从事药品生产活动的条件外，还应当具备下列条件：
　　（一）具备适度规模和足够的产能储备；
　　（二）具有保证生物安全的制度和设施、设备；
　　（三）符合疾病预防、控制需要。
　　疫苗上市许可持有人应当具备疫苗生产能力；超出疫苗生产能力确需委托生产的，应当经国务院药品监督管理部门批准。接受委托生产的，应当遵守本法规定和国家有关规定，保证疫苗质量。
　　第三十八条　疫苗上市许可持有人在销售疫苗时，应当提供加盖其印章的批签发证明复印件或者电子文件；销售进口疫苗的，还应当提供加盖其印章的进口药品通关单复印件或者电子文件。
　　疾病预防控制机构、接种单位在接收或者购进疫苗时，应当索取前款规定的证明文件，并保存至疫苗有效期满后不少于五年备查。
　　第三十九条　疫苗上市许可持有人应当按照规定，建立真实、准确、完整的销售记录，并保存至疫苗有效期满后不少于五年备查。
　　疾病预防控制机构、接种单位、疫苗配送单位应当按照规定，建立真实、准确、完整的接收、购进、储存、配送、供应记录，并保存至疫苗有效期满后不少于五年备查。
　　疾病预防控制机构、接种单位接收或者购进疫苗时，应当索取本次运输、储存全过程温度监测记录，并保存至疫苗有效期满后不少于五年备查；对不能提供本次运输、储存全过程温度监测记录或者温度控制不符合要求的，不得接收或者购进，并应当立即向县级以上地方人民政府药品监督管理部门、卫生健康主管部门报告。 |

相关法律法规（3）	第八十一条 有下列情形之一的，由省级以上人民政府药品监督管理部门没收违法所得和违法生产、销售的疫苗以及专门用于违法生产疫苗的原料、辅料、包装材料、设备等物品，责令停产停业整顿，并处违法生产、销售疫苗货值金额十五倍以上五十倍以下的罚款，货值金额不足五十万元的，按五十万元计算；情节严重的，吊销药品相关批准证明文件，直至吊销药品生产许可证等，对法定代表人、主要负责人、直接负责的主管人员和关键岗位人员以及其他责任人员，没收违法行为发生期间自本单位所获收入，并处所获收入百分之五十以上十倍以下的罚款，十年内直至终身禁止从事药品生产经营活动，由公安机关处五日以上十五日以下拘留： （一）申请疫苗临床试验、注册、批签发提供虚假数据、资料、样品或者有其他欺骗行为； （二）编造生产、检验记录或者更改产品批号； （三）疾病预防控制机构以外的单位或者个人向接种单位供应疫苗； （四）委托生产疫苗未经批准； （五）生产工艺、生产场地、关键设备等发生变更按照规定应当经批准而未经批准； （六）更新疫苗说明书、标签按照规定应当经核准而未经核准。
相关执法参考 相关法律法规（4）	《中医药法》（节录） （2016年12月25日第十二届全国人民代表大会常务委员会第二十五次会议于通过，自2017年7月1日起施行） 第二条 本法所称中医药，是包括汉族和少数民族医药在内的我国各民族医药的统称，是反映中华民族对生命、健康和疾病的认识，具有悠久历史传统和独特理论及技术方法的医药学体系。 第三十条 生产符合国家规定条件的来源于古代经典名方的中药复方制剂，在申请药品批准文号时，可以仅提供非临床安全性研究资料。具体管理办法由国务院药品监督管理部门会同中医药主管部门制定。 前款所称古代经典名方，是指至今仍广泛应用、疗效确切、具有明显特色与优势的古代中医典籍所记载的方剂。具体目录由国务院中医药主管部门会同药品监督管理部门制定。 第三十一条 国家鼓励医疗机构根据本医疗机构临床用药需要配制和使用中药制剂，支持应用传统工艺配制中药制剂，支持以中药制剂为基础研制中药新药。 医疗机构配制中药制剂，应当依照《中华人民共和国药品管理法》的规定取得医疗机构制剂许可证，或者委托取得药品生产许可证的药品生产企业、取得医疗机构制剂许可证的其他医疗机构配制中药制剂。委托配制中药制剂，应当向委托方所在地省、自治区、直辖市人民政府药品监督管理部门备案。 医疗机构对其配制的中药制剂的质量负责；委托配制中药制剂的，委托方和受托方对所配制的中药制剂的质量分别承担相应责任。 第三十二条 医疗机构配制的中药制剂品种，应当依法取得制剂批准文号。但是，仅应用传统工艺配制的中药制剂品种，向医疗机构所在地省、自治区、直辖市人民政府药品监督管理部门备案后即可配制，不需要取得制剂批准文号。 医疗机构应当加强对备案的中药制剂品种的不良反应监测，并按照国家有关规定进行报告。药品监督管理部门应当加强对备案的中药制剂品种配制、使用的监督检查。 第五十六条 违反本法规定，举办中医诊所、炮制中药饮片、委托配制中药制剂应当备案而未备案，或者备案时提供虚假材料的，由中医药主管部门和药品监督管理部门按照各自职责分工责令改正，没收违法所得，并处三万元以下罚款，向社会公告相关信息；拒不改正的，责令停止执业活动或者责令停止炮制中药饮片、委托配制中药制剂活动，其直接责任人员五年内不得从事中医药相关活动。 医疗机构应用传统工艺配制中药制剂未依照本法规定备案，或者未按照备案材料载明的要求配制中药制剂的，按生产假药给予处罚。

| 相关执法参考 | 相关法律法规（5） | 《药品注册管理办法》
（2020年1月15日经国家市场监督管理总局2020年第1次局务会议审议通过，国家市监总局令第27号，现予公布，自2020年7月1日起施行）
第一章 总 则
第一条 为规范药品注册行为，保证药品的安全、有效和质量可控，根据《中华人民共和国药品管理法》（以下简称《药品管理法》）、《中华人民共和国中医药法》、《中华人民共和国疫苗管理法》（以下简称《疫苗管理法》）、《中华人民共和国行政许可法》、《中华人民共和国药品管理法实施条例》等法律、行政法规，制定本办法。
第二条 在中华人民共和国境内以药品上市为目的，从事药品研制、注册及监督管理活动，适用本办法。
第三条 药品注册是指药品注册申请人（以下简称申请人）依照法定程序和相关要求提出药物临床试验、药品上市许可、再注册等申请以及补充申请，药品监督管理部门基于法律法规和现有科学认知进行安全性、有效性和质量可控性等审查，决定是否同意其申请的活动。
申请人取得药品注册证书后，为药品上市许可持有人（以下简称持有人）。
第四条 药品注册按照中药、化学药和生物制品等进行分类注册管理。
中药注册按照中药创新药、中药改良型新药、古代经典名方中药复方制剂、同名同方药等进行分类。
化学药注册按照化学药创新药、化学药改良型新药、仿制药等进行分类。
生物制品注册按照生物制品创新药、生物制品改良型新药、已上市生物制品（含生物类似药）等进行分类。
中药、化学药和生物制品等药品的细化分类和相应的申报资料要求，由国家药品监督管理局根据注册药品的产品特性、创新程度和审评管理需要组织制定，并向社会公布。
境外生产药品的注册申请，按照药品的细化分类和相应的申报资料要求执行。
第五条 国家药品监督管理局主管全国药品注册管理工作，负责建立药品注册管理工作体系和制度，制定药品注册管理规范，依法组织药品注册审评审批以及相关的监督管理工作。国家药品监督管理局药品审评中心（以下简称药品审评中心）负责药物临床试验申请、药品上市许可申请、补充申请和境外生产药品再注册申请等的审评。中国食品药品检定研究院（以下简称中检院）、国家药典委员会（以下简称药典委）、国家药品监督管理局食品药品审核查验中心（以下简称药品核查中心）、国家药品监督管理局药品评价中心（以下简称药品评价中心）、国家药品监督管理局行政事项受理服务和投诉举报中心、国家药品监督管理局信息中心（以下简称信息中心）等药品专业技术机构，承担依法实施药品注册管理所需的药品注册检验、通用名称核准、核查、监测与评价、制证送达以及相应的信息化建设与管理等相关工作。
第六条 省、自治区、直辖市药品监督管理部门负责本行政区域内以下药品注册相关管理工作：
（一）境内生产药品再注册申请的受理、审查和审批；
（二）药品上市后变更的备案、报告事项管理；
（三）组织对药物非临床安全性评价研究机构、药物临床试验机构的日常监管及违法行为的查处；
（四）参与国家药品监督管理局组织的药品注册核查、检验等工作；
（五）国家药品监督管理局委托实施的药品注册相关事项。
省、自治区、直辖市药品监督管理部门设置或者指定的药品专业技术机构，承担依法实施药品监督管理所需的审评、检验、核查、监测与评价等工作。
第七条 药品注册管理遵循公开、公平、公正原则，以临床价值为导向，鼓励研究和 |

创制新药，积极推动仿制药发展。

国家药品监督管理局持续推进审评审批制度改革，优化审评审批程序，提高审评审批效率，建立以审评为主导，检验、核查、监测与评价等为支撑的药品注册管理体系。

第二章 基本制度和要求

第八条 从事药物研制和药品注册活动，应当遵守有关法律、法规、规章、标准和规范；参照相关技术指导原则，采用其他评价方法和技术的，应当证明其科学性、适用性；应当保证全过程信息真实、准确、完整和可追溯。

药品应当符合国家药品标准和经国家药品监督管理局核准的药品质量标准。经国家药品监督管理局核准的药品质量标准，为药品注册标准。药品注册标准应当符合《中华人民共和国药典》通用技术要求，不得低于《中华人民共和国药典》的规定。申报注册品种的检测项目或者指标不适用《中华人民共和国药典》的，申请人应当提供充分的支持性数据。

药品审评中心等专业技术机构，应当根据科学进展、行业发展实际和药品监督管理工作需要制定技术指导原则和程序，并向社会公布。

第九条 申请人应当为能够承担相应法律责任的企业或者药品研制机构等。境外申请人应当指定中国境内的企业法人办理相关药品注册事项。

第十条 申请人在申请药品上市注册前，应当完成药学、药理毒理学和药物临床试验等相关研究工作。药物非临床安全性评价研究应当在经过药物非临床研究质量管理规范认证的机构开展，并遵守药物非临床研究质量管理规范。药物临床试验应当经批准，其中生物等效性试验应当备案；药物临床试验应当在符合相关规定的药物临床试验机构开展，并遵守药物临床试验质量管理规范。

申请药品注册，应当提供真实、充分、可靠的数据、资料和样品，证明药品的安全性、有效性和质量可控性。

使用境外研究资料和数据支持药品注册的，其来源、研究机构或者实验室条件、质量体系要求及其他管理条件等应当符合国际人用药品注册技术要求协调会通行原则，并符合我国药品注册管理的相关要求。

第十一条 变更原药品注册批准证明文件及其附件所载明的事项或者内容的，申请人应当按照规定，参照相关技术指导原则，对药品变更进行充分研究和验证，充分评估变更可能对药品安全性、有效性和质量可控性的影响，按照变更程序提出补充申请、备案或者报告。

第十二条 药品注册证书有效期为五年，药品注册证书有效期内持有人应当持续保证上市药品的安全性、有效性和质量可控性，并在有效期届满前六个月申请药品再注册。

第十三条 国家药品监督管理局建立药品加快上市注册制度，支持以临床价值为导向的药物创新。对符合条件的药品注册申请，申请人可以申请适用突破性治疗药物、附条件批准、优先审评审批及特别审批程序。在药品研制和注册过程中，药品监督管理部门及其专业技术机构给予必要的技术指导、沟通交流、优先配置资源、缩短审评时限等政策和技术支持。

第十四条 国家药品监督管理局建立化学原料药、辅料及直接接触药品的包装材料和容器关联审评审批制度。在审批药品制剂时，对化学原料药一并审评审批，对相关辅料、直接接触药品的包装材料和容器一并审评。药品审评中心建立化学原料药、辅料及直接接触药品的包装材料和容器信息登记平台，对相关登记信息进行公示，供相关申请人或者持有人选择，并在相关药品制剂注册申请审评时关联审评。

第十五条 处方药和非处方药实行分类注册和转换管理。药品审评中心根据非处方药的特点，制定非处方药上市注册相关技术指导原则和程序，并向社会公布。药品评价中心制定处方药和非处方药上市后转换相关技术要求和程序，并向社会公布。

第十六条 申请人在药物临床试验申请前、药物临床试验过程中以及药品上市许可申请前等关键阶段，可以就重大问题与药品审评中心等专业技术机构进行沟通交流。药品注册过程中，药品审评中心等专业技术机构可以根据工作需要组织与申请人进行沟通交流。

沟通交流的程序、要求和时限，由药品审评中心等专业技术机构依照职能分别制定，并向社会公布。

第十七条 药品审评中心等专业技术机构根据工作需要建立专家咨询制度，成立专家咨询委员会，在审评、核查、检验、通用名称核准等过程中就重大问题听取专家意见，充分发挥专家的技术支撑作用。

第十八条 国家药品监督管理局建立收载新批准上市以及通过仿制药质量和疗效一致性评价的化学药品目录集，载明药品名称、活性成分、剂型、规格、是否为参比制剂、持有人等相关信息，及时更新并向社会公开。化学药品目录集收载程序和要求，由药品审评中心制定，并向社会公布。

第十九条 国家药品监督管理局支持中药传承和创新，建立和完善符合中药特点的注册管理制度和技术评价体系，鼓励运用现代科学技术和传统研究方法研制中药，加强中药质量控制，提高中药临床试验水平。

中药注册申请，申请人应当进行临床价值和资源评估，突出以临床价值为导向，促进资源可持续利用。

第三章 药品上市注册

第一节 药物临床试验

第二十条 本办法所称药物临床试验是指以药品上市注册为目的，为确定药物安全性与有效性在人体开展的药物研究。

第二十一条 药物临床试验分为Ⅰ期临床试验、Ⅱ期临床试验、Ⅲ期临床试验、Ⅳ期临床试验以及生物等效性试验。根据药物特点和研究目的，研究内容包括临床药理学研究、探索性临床试验、确证性临床试验和上市后研究。

第二十二条 药物临床试验应当在具备相应条件并按规定备案的药物临床试验机构开展。其中，疫苗临床试验应当由符合国家药品监督管理局和国家卫生健康委员会规定条件的三级医疗机构或者省级以上疾病预防控制机构实施或者组织实施。

第二十三条 申请人完成支持药物临床试验的药学、药理毒理学等研究后，提出药物临床试验申请的，应当按照申报资料要求提交相关研究资料。经形式审查，申报资料符合要求的，予以受理。药品审评中心应当组织药学、医学和其他技术人员对已受理的药物临床试验申请进行审评。对药物临床试验申请应当自受理之日起六十日内决定是否同意开展，并通过药品审评中心网站通知申请人审批结果；逾期未通知的，视为同意，申请人可以按照提交的方案开展药物临床试验。

申请人获准开展药物临床试验的为药物临床试验申办者（以下简称申办者）。

第二十四条 申请人拟开展生物等效性试验的，应当按照要求在药品审评中心网站完成生物等效性试验备案后，按照备案的方案开展相关研究工作。

第二十五条 开展药物临床试验，应当经伦理委员会审查同意。

药物临床试验用药品的管理应当符合药物临床试验质量管理规范的有关要求。

第二十六条 获准开展药物临床试验的，申办者在开展后续分期药物临床试验前，应当制定相应的药物临床试验方案，经伦理委员会审查同意后开展，并在药品审评中心网站提交相应的药物临床试验方案和支持性资料。

第二十七条 获准开展药物临床试验的药物拟增加适应症（或者功能主治）以及增加与其他药物联合用药的，申请人应当提出新的药物临床试验申请，经批准后方可开展新的药物临床试验。

获准上市的药品增加适应症（或者功能主治）需要开展药物临床试验的，应当提出新的药物临床试验申请。

第二十八条 申办者应当定期在药品审评中心网站提交研发期间安全性更新报告。研发期间安全性更新报告应当每年提交一次,于药物临床试验获准后每满一年后的两个月内提交。药品审评中心可以根据审查情况,要求申办者调整报告周期。

对于药物临床试验期间出现的可疑且非预期严重不良反应和其他潜在的严重安全性风险信息,申办者应当按照相关要求及时向药品审评中心报告。根据安全性风险严重程度,可以要求申办者采取调整药物临床试验方案、知情同意书、研究者手册等加强风险控制的措施,必要时可以要求申办者暂停或者终止药物临床试验。

研发期间安全性更新报告的具体要求由药品审评中心制定公布。

第二十九条 药物临床试验期间,发生药物临床试验方案变更、非临床或者药学的变化或者有新发现的,申办者应当按照规定,参照相关技术指导原则,充分评估对受试者安全的影响。

申办者评估认为不影响受试者安全的,可以直接实施并在研发期间安全性更新报告中报告。可能增加受试者安全性风险的,应当提出补充申请。对补充申请应当自受理之日起六十日内决定是否同意,并通过药品审评中心网站通知申请人审批结果;逾期未通知的,视为同意。

申办者发生变更的,由变更后的申办者承担药物临床试验的相关责任和义务。

第三十条 药物临床试验期间,发现存在安全性问题或者其他风险的,申办者应当及时调整临床试验方案、暂停或者终止临床试验,并向药品审评中心报告。

有下列情形之一的,可以要求申办者调整药物临床试验方案、暂停或者终止药物临床试验:

(一)伦理委员会未履行职责的;
(二)不能有效保证受试者安全的;
(三)申办者未按照要求提交研发期间安全性更新报告的;
(四)申办者未及时处置并报告可疑且非预期严重不良反应的;
(五)有证据证明研究药物无效的;
(六)临床试验用药品出现质量问题的;
(七)药物临床试验过程中弄虚作假的;
(八)其他违反药物临床试验质量管理规范的情形。

药物临床试验中出现大范围、非预期的严重不良反应,或者有证据证明临床试验用药品存在严重质量问题时,申办者和药物临床试验机构应当立即停止药物临床试验。药品监督管理部门依职责可以责令调整临床试验方案、暂停或者终止药物临床试验。

第三十一条 药物临床试验被责令暂停后,申办者拟继续开展药物临床试验的,应当在完成整改后提出恢复药物临床试验的补充申请,经审查同意后方可继续开展药物临床试验。药物临床试验暂停时间满三年且未申请并获准恢复药物临床试验的,该药物临床试验许可自行失效。

药物临床试验终止后,拟继续开展药物临床试验的,应当重新提出药物临床试验申请。

第三十二条 药物临床试验应当在批准后三年内实施。药物临床试验申请自获准之日起,三年内未有受试者签署知情同意书的,该药物临床试验许可自行失效。仍需实施药物临床试验的,应当重新申请。

第三十三条 申办者应当在开展药物临床试验前在药物临床试验登记与信息公示平台登记药物临床试验方案等信息。药物临床试验期间,申办者应当持续更新登记信息,并在药物临床试验结束后登记药物临床试验结果等信息。登记信息在平台进行公示,申办者对药物临床试验登记信息的真实性负责。

| 相关执法参考 | 相关法律法规（5） | 药物临床试验登记和信息公示的具体要求，由药品审评中心制定公布。
第二节　药品上市许可
　　第三十四条　申请人在完成支持药品上市注册的药学、药理毒理学和药物临床试验等研究，确定质量标准，完成商业规模生产工艺验证，并做好接受药品注册核查检验的准备后，提出药品上市许可申请，按照申报资料要求提交相关研究资料。经对申报资料进行形式审查，符合要求的，予以受理。
　　第三十五条　仿制药、按照药品管理的体外诊断试剂以及其他符合条件的情形，经申请人评估，认为无需或者不能开展药物临床试验，符合豁免药物临床试验条件的，申请人可以直接提出药品上市许可申请。豁免药物临床试验的技术指导原则和有关具体要求，由药品审评中心制定公布。
　　仿制药应当与参比制剂质量和疗效一致。申请人应当参照相关技术指导原则选择合理的参比制剂。
　　第三十六条　符合以下情形之一的，可以直接提出非处方药上市许可申请：
　　（一）境内已有相同活性成分、适应症（或者功能主治）、剂型、规格的非处方药上市的药品；
　　（二）经国家药品监督管理局确定的非处方药改变剂型或者规格，但不改变适应症（或者功能主治）、给药剂量以及给药途径的药品；
　　（三）使用国家药品监督管理局确定的非处方药的活性成份组成的新的复方制剂；
　　（四）其他直接申报非处方药上市许可的情形。
　　第三十七条　申报药品拟使用的药品通用名称，未列入国家药品标准或者药品注册标准的，申请人应当在提出药品上市许可申请时同时提出通用名称核准申请。药品上市许可申请受理后，通用名称核准相关资料转药典委，药典委核准后反馈药品审评中心。
　　申报药品拟使用的药品通用名称，已列入国家药品标准或者药品注册标准，药品审评中心在审评过程中认为需要核准药品通用名称的，应当通知药典委核准通用名称并提供相关资料，药典委核准后反馈药品审评中心。
　　药典委在核准药品通用名称时，应当与申请人做好沟通交流，并将核准结果告知申请人。
　　第三十八条　药品审评中心应当组织药学、医学和其他技术人员，按要求对已受理的药品上市许可申请进行审评。
　　审评过程中基于风险启动药品注册核查、检验，相关技术机构应当在规定时限内完成核查、检验工作。
　　药品审评中心根据药品注册申报资料、核查结果、检验结果等，对药品的安全性、有效性和质量可控性等进行综合审评，非处方药还应当转药品评价中心进行非处方药适宜性审查。
　　第三十九条　综合审评结论通过的，批准药品上市，发给药品注册证书。综合审评结论不通过的，作出不予批准决定。药品注册证书载明药品批准文号、持有人、生产企业等信息。非处方药的药品注册证书还应当注明非处方药类别。
　　经核准的药品生产工艺、质量标准、说明书和标签作为药品注册证书的附件一并发给申请人，必要时还应当附药品上市后研究要求。上述信息纳入药品品种档案，并根据上市后变更情况及时更新。
　　药品批准上市后，持有人应当按照国家药品监督管理局核准的生产工艺和质量标准生产药品，并按照药品生产质量管理规范要求进行细化和实施。
　　第四十条　药品上市许可申请审评期间，发生可能影响药品安全性、有效性和质量可控性的重大变更的，申请人应当撤回原注册申请，补充研究后重新申报。
　　申请人名称变更、注册地址名称变更等不涉及技术审评内容的，应当及时书面告知药 |

相关执法参考	相关法律法规（5）	品审评中心并提交相关证明性资料。
第三节 关联审评审批
第四十一条 药品审评中心在审评药品制剂注册申请时，对药品制剂选用的化学原料药、辅料及直接接触药品的包装材料和容器进行关联审评。
化学原料药、辅料及直接接触药品的包装材料和容器生产企业应当按照关联审评审批制度要求，在化学原料药、辅料及直接接触药品的包装材料和容器登记平台登记产品信息和研究资料。药品审评中心向社会公示登记号、产品名称、企业名称、生产地址等基本信息，供药品制剂注册申请人选择。
第四十二条 药品制剂申请人提出药品注册申请，可以直接选用已登记的化学原料药、辅料及直接接触药品的包装材料和容器；选用未登记的化学原料药、辅料及直接接触药品的包装材料和容器的，相关研究资料应当随药品制剂注册申请一并申报。
第四十三条 药品审评中心在审评药品制剂注册申请时，对药品制剂选用的化学原料药、辅料及直接接触药品的包装材料和容器进行关联审评，需补充资料的，按照补充资料程序要求药品制剂申请人或者化学原料药、辅料及直接接触药品的包装材料和容器登记企业补充资料，可以基于风险提出对化学原料药、辅料及直接接触药品的包装材料和容器企业进行延伸检查。
仿制境内已上市药品所用的化学原料药的，可以申请单独审评审批。
第四十四条 化学原料药、辅料及直接接触药品的包装材料和容器关联审评通过的或者单独审评审批通过的，药品审评中心在化学原料药、辅料及直接接触药品的包装材料和容器登记平台更新登记状态标识，向社会公示相关信息。其中，化学原料药同时发给化学原料药批准通知书及核准后的生产工艺、质量标准和标签，化学原料药批准通知书中载明登记号；不予批准的，发给化学原料药不予批准通知书。
未通过关联审评审批的，化学原料药、辅料及直接接触药品的包装材料和容器产品的登记状态维持不变，相关药品制剂申请不予批准。
第四节 药品注册核查
第四十五条 药品注册核查，是指为核实申报资料的真实性、一致性以及药品上市商业化生产条件，检查药品研制的合规性、数据可靠性等，对研制现场和生产现场开展的核查活动，以及必要时对药品注册申请所涉及的化学原料药、辅料及直接接触药品的包装材料和容器生产企业、供应商或者其他受托机构开展的延伸检查活动。
药品注册核查启动的原则、程序、时限和要求，由药品审评中心制定公布；药品注册核查实施的原则、程序、时限和要求，由药品核查中心制定公布。
第四十六条 药品审评中心根据药物创新程度、药物研究机构既往接受核查情况等，基于风险决定是否开展药品注册研制现场核查。
药品审评中心决定启动药品注册研制现场核查的，通知药品核查中心在审评期间组织实施核查，同时告知申请人。药品核查中心应当在规定时限内完成现场核查，并将核查情况、核查结论等相关材料反馈药品审评中心进行综合审评。
第四十七条 药品审评中心根据申报注册的品种、工艺、设施、既往接受核查情况等因素，基于风险决定是否启动药品注册生产现场核查。
对于创新药、改良型新药以及生物制品等，应当进行药品注册生产现场核查和上市前药品生产质量管理规范检查。
对于仿制药等，根据是否已获得相应生产范围药品生产许可证且已有同剂型品种上市等情况，基于风险进行药品注册生产现场核查、上市前药品生产质量管理规范检查。
第四十八条 药品注册申请受理后，药品审评中心应当在受理后四十日内进行初步审查，需要药品注册生产现场核查的，通知药品核查中心组织核查，提供核查所需的相关材料，同时告知申请人以及申请人或者生产企业所在地省、自治区、直辖市药品监督管理部

门。药品核查中心原则上应当在审评时限届满四十日前完成核查工作,并将核查情况、核查结果等相关材料反馈至药品审评中心。

需要上市前药品生产质量管理规范检查的,由药品核查中心协调相关省、自治区、直辖市药品监督管理部门与药品注册生产现场核查同步实施。上市前药品生产质量管理规范检查的管理要求,按照药品生产监督管理办法的有关规定执行。

申请人应当在规定时限内接受核查。

第四十九条 药品审评中心在审评过程中,发现申报资料真实性存疑或者有明确线索举报等,需要现场检查核实的,应当启动有因检查,必要时进行抽样检验。

第五十条 申请药品上市许可时,申请人和生产企业应当已取得相应的药品生产许可证。

第五节 药品注册检验

第五十一条 药品注册检验,包括标准复核和样品检验。标准复核,是指对申请人申报药品标准中设定项目的科学性、检验方法的可行性、质控指标的合理性等进行的实验室评估。样品检验,是指按照申请人申报或者药品审评中心核定的药品质量标准对样品进行的实验室检验。

药品注册检验启动的原则、程序、时限等要求,由药品审评中心组织制定公布。药品注册申请受理前提出药品注册检验的具体工作程序和要求以及药品注册检验技术要求和规范,由中检院制定公布。

第五十二条 与国家药品标准收载的同品种药品使用的检验项目和检验方法一致的,可以不进行标准复核,只进行样品检验。其他情形应当进行标准复核和样品检验。

第五十三条 中检院或者经国家药品监督管理局指定的药品检验机构承担以下药品注册检验:

(一)创新药;

(二)改良型新药(中药除外);

(三)生物制品、放射性药品和按照药品管理的体外诊断试剂;

(四)国家药品监督管理局规定的其他药品。

境外生产药品的药品注册检验由中检院组织口岸药品检验机构实施。

其他药品的注册检验,由申请人或者生产企业所在地省级药品检验机构承担。

第五十四条 申请人完成支持药品上市的药学相关研究,确定质量标准,并完成商业规模生产工艺验证后,可以在药品注册申请受理前向中检院或者省、自治区、直辖市药品监督管理部门提出药品注册检验;申请人未在药品注册申请受理前提出药品注册检验的,在药品注册申请受理后四十日内由药品审评中心启动药品注册检验。原则上申请人在药品注册申请受理前只能提出一次药品注册检验,不得同时向多个药品检验机构提出药品注册检验。

申请人提交的药品注册检验资料应当与药品注册申报资料的相应内容一致,不得在药品注册检验过程中变更药品检验机构、样品和资料等。

第五十五条 境内生产药品的注册申请,申请人在药品注册申请受理前提出药品注册检验的,向相关省、自治区、直辖市药品监督管理部门申请抽样,省、自治区、直辖市药品监督管理部门组织进行抽样并封签,由申请人将抽样单、样品、检验所需资料及标准物质等送至相应药品检验机构。

境外生产药品的注册申请,申请人在药品注册申请受理前提出药品注册检验的,申请人应当按规定要求抽取样品,并将样品、检验所需资料及标准物质等送至中检院。

第五十六条 境内生产药品的注册申请,药品注册申请受理后需要药品注册检验的,药品审评中心应当在受理后四十日内向药品检验机构和申请人发出药品注册检验通知。申请人向相关省、自治区、直辖市药品监督管理部门申请抽样,省、自治区、直辖市药品监督管理部门组织进行抽样并封签，申请人应当在规定时限内将抽样单、样品、检验所需资料及标准物质等送至相应药品检验机构。

境外生产药品的注册申请，药品注册申请受理后需要药品注册检验的，申请人应当按规定要求抽取样品，并将样品、检验所需资料及标准物质等送至中检院。

第五十七条 药品检验机构应当在五日内对申请人提交的检验用样品及资料等进行审核，作出是否接收的决定，同时告知药品审评中心。需要补正的，应当一次性告知申请人。

药品检验机构原则上应当在审评时限届满四十日前，将标准复核意见和检验报告反馈至药品审评中心。

第五十八条 在药品审评、核查过程中，发现申报资料真实性存疑或者有明确线索举报，或者认为有必要进行样品检验的，可抽取样品进行样品检验。

审评过程中，药品审评中心可以基于风险提出质量标准单项复核。

第四章 药品加快上市注册程序

第一节 突破性治疗药物程序

第五十九条 药物临床试验期间，用于防治严重危及生命或者严重影响生存质量的疾病，且尚无有效防治手段或者与现有治疗手段相比有足够证据表明具有明显临床优势的创新药或者改良型新药等，申请人可以申请适用突破性治疗药物程序。

第六十条 申请适用突破性治疗药物程序的，申请人应当向药品审评中心提出申请。符合条件的，药品审评中心按照程序公示后纳入突破性治疗药物程序。

第六十一条 对纳入突破性治疗药物程序的药物临床试验，给予以下政策支持：

（一）申请人可以在药物临床试验的关键阶段向药品审评中心提出沟通交流申请，药品审评中心安排审评人员进行沟通交流；

（二）申请人可以将阶段性研究资料提交药品审评中心，药品审评中心基于已有研究资料，对下一步研究方案提出意见或者建议，并反馈给申请人。

第六十二条 对纳入突破性治疗药物程序的药物临床试验，申请人发现不再符合纳入条件时，应当及时向药品审评中心提出终止突破性治疗药物程序。药品审评中心发现不再符合纳入条件的，应当及时终止该品种的突破性治疗药物程序，并告知申请人。

第二节 附条件批准程序

第六十三条 药物临床试验期间，符合以下情形的药品，可以申请附条件批准：

（一）治疗严重危及生命且尚无有效治疗手段的疾病的药品，药物临床试验已有数据证实疗效并能预测其临床价值的；

（二）公共卫生方面急需的药品，药物临床试验已有数据显示疗效并能预测其临床价值的；

（三）应对重大突发公共卫生事件急需的疫苗或者国家卫生健康委员会认定急需的其他疫苗，经评估获益大于风险的。

第六十四条 申请附条件批准的，申请人应当就附条件批准上市的条件和上市后继续完成的研究工作等与药品审评中心沟通交流，经沟通交流确认后提出药品上市许可申请。

经审评，符合附条件批准要求的，在药品注册证书中载明附条件批准药品注册证书的有效期、上市后需要继续完成的研究工作及完成时限等相关事项。

第六十五条 审评过程中，发现纳入附条件批准程序的药品注册申请不能满足附条件批准条件的，药品审评中心应当终止该品种附条件批准程序，并告知申请人按照正常程序研究申报。

第六十六条 对附条件批准的药品，持有人应当在药品上市后采取相应的风险管理措施，并在规定期限内按照要求完成药物临床试验等相关研究，以补充申请方式申报。

对批准疫苗注册申请时提出进一步研究要求的，疫苗持有人应当在规定期限内完成

| 相关执法参考 | 相关法律法规（5） | 研究。
第六十七条　对附条件批准的药品，持有人逾期未按照要求完成研究或者不能证明其获益大于风险的，国家药品监督管理局应当依法处理，直至注销药品注册证书。
第三节　优先审评审批程序
第六十八条　药品上市许可申请时，以下具有明显临床价值的药品，可以申请适用优先审评审批程序：
（一）临床急需的短缺药品、防治重大传染病和罕见病等疾病的创新药和改良型新药；
（二）符合儿童生理特征的儿童用药品新品种、剂型和规格；
（三）疾病预防、控制急需的疫苗和创新疫苗；
（四）纳入突破性治疗药物程序的药品；
（五）符合附条件批准的药品；
（六）国家药品监督管理局规定其他优先审评审批的情形。
第六十九条　申请人在提出药品上市许可申请前，应当与药品审评中心沟通交流，经沟通交流确认后，在提出药品上市许可申请的同时，向药品审评中心提出优先审评审批申请。符合条件的，药品审评中心按照程序公示后纳入优先审评审批程序。
第七十条　对纳入优先审评审批程序的药品上市许可申请，给予以下政策支持：
（一）药品上市许可申请的审评时限为一百三十日；
（二）临床急需的境外已上市境内未上市的罕见病药品，审评时限为七十日；
（三）需要核查、检验和核准药品通用名称的，予以优先安排；
（四）经沟通交流确认后，可以补充提交技术资料。
第七十一条　审评过程中，发现纳入优先审评审批程序的药品注册申请不能满足优先审评审批条件的，药品审评中心应当终止该品种优先审评审批程序，按照正常审评程序审评，并告知申请人。
第四节　特别审批程序
第七十二条　在发生突发公共卫生事件的威胁时以及突发公共卫生事件发生后，国家药品监督管理局可以依法决定对突发公共卫生事件应急所需防治药品实行特别审批。
第七十三条　对实施特别审批的药品注册申请，国家药品监督管理局按照统一指挥、早期介入、快速高效、科学审批的原则，组织加快并同步开展药品注册受理、审评、核查、检验工作。特别审批的情形、程序、时限、要求等按照药品特别审批程序规定执行。
第七十四条　对纳入特别审批程序的药品，可以根据疾病防控的特定需要，限定其在一定期限和范围内使用。
第七十五条　对纳入特别审批程序的药品，发现其不再符合纳入条件的，应当终止该药品的特别审批程序，并告知申请人。
第五章　药品上市后变更和再注册
第一节　药品上市后研究和变更
第七十六条　持有人应当主动开展药品上市后研究，对药品的安全性、有效性和质量可控性进行进一步确证，加强对已上市药品的持续管理。
药品注册证书及附件要求持有人在药品上市后开展相关研究工作的，持有人应当在规定时限内完成并按照要求提出补充申请、备案或者报告。
药品批准上市后，持有人应当持续开展药品安全性和有效性研究，根据有关数据及时备案或者提出修订说明书的补充申请，不断更新完善说明书和标签。药品监督管理部门依职责可以根据药品不良反应监测和药品上市后评价结果等，要求持有人对说明书和标签进行修订。
第七十七条　药品上市后的变更，按照其对药品安全性、有效性和质量可控性的风险 |

和产生影响的程度，实行分类管理，分为审批类变更、备案类变更和报告类变更。

持有人应当按照相关规定，参照相关技术指导原则，全面评估、验证变更事项对药品安全性、有效性和质量可控性的影响，进行相应的研究工作。

药品上市后变更研究的技术指导原则，由药品审评中心制定，并向社会公布。

第七十八条 以下变更，持有人应当以补充申请方式申报，经批准后实施：

（一）药品生产过程中的重大变更；

（二）药品说明书中涉及有效性内容以及增加安全性风险的其他内容的变更；

（三）持有人转让药品上市许可；

（四）国家药品监督管理局规定需要审批的其他变更。

第七十九条 以下变更，持有人应当在变更实施前，报所在地省、自治区、直辖市药品监督管理部门备案：

（一）药品生产过程中的中等变更；

（二）药品包装标签内容的变更；

（三）药品分包装；

（四）国家药品监督管理局规定需要备案的其他变更。

境外生产药品发生上述变更的，应当在变更实施前报药品审评中心备案。

药品分包装备案的程序和要求，由药品审评中心制定发布。

第八十条 以下变更，持有人应当在年度报告中报告：

（一）药品生产过程中的微小变更；

（二）国家药品监督管理局规定需要报告的其他变更。

第八十一条 药品上市后提出的补充申请，需要核查、检验的，参照本办法有关药品注册核查、检验程序进行。

第二节 药品再注册

第八十二条 持有人应当在药品注册证书有效期届满前六个月申请再注册。境内生产药品再注册申请由持有人向其所在地省、自治区、直辖市药品监督管理部门提出，境外生产药品再注册申请由持有人向药品审评中心提出。

第八十三条 药品再注册申请受理后，省、自治区、直辖市药品监督管理部门或者药品审评中心对持有人开展药品上市后评价和不良反应监测情况，按照药品批准证明文件和药品监督管理部门要求开展相关工作情况，以及药品批准证明文件载明信息变化情况等进行审查，符合规定的，予以再注册，发给药品再注册批准通知书。不符合规定的，不予再注册，并报请国家药品监督管理局注销药品注册证书。

第八十四条 有下列情形之一的，不予再注册：

（一）有效期届满未提出再注册申请的；

（二）药品注册证书有效期内持有人不能履行持续考察药品质量、疗效和不良反应责任的；

（三）未在规定时限内完成药品批准证明文件和药品监督管理部门要求的研究工作且无合理理由的；

（四）经上市后评价，属于疗效不确切、不良反应大或者因其他原因危害人体健康的；

（五）法律、行政法规规定的其他不予再注册情形。

对不予再注册的药品，药品注册证书有效期届满时予以注销。

第六章 受理、撤回申请、审批决定和争议解决

第八十五条 药品监督管理部门收到药品注册申请后进行形式审查，并根据下列情况分别作出是否受理的决定：

（一）申请事项依法不需要取得行政许可的，应当即时作出不予受理的决定，并说明

| 相关执法参考 | 相关法律法规（5） | 理由。
（二）申请事项依法不属于本部门职权范围的，应当即时作出不予受理的决定，并告知申请人向有关行政机关申请。
（三）申报资料存在可以当场更正的错误的，应当允许申请人当场更正；更正后申请材料齐全、符合法定形式的，应当予以受理。
（四）申报资料不齐全或者不符合法定形式的，应当当场或者在五日内一次告知申请人需要补正的全部内容。按照规定需要在告知时一并退回申请材料的，应当予以退回。申请人应当在三十日内完成补正资料。申请人无正当理由逾期不予补正的，视为放弃申请，无需作出不予受理的决定。逾期未告知申请人补正的，自收到申请材料之日起即为受理。
（五）申请事项属于本部门职权范围，申报资料齐全、符合法定形式，或者申请人按照要求提交全部补正资料的，应当受理药品注册申请。
药品注册申请受理后，需要申请人缴纳费用的，申请人应当按规定缴纳费用。申请人未在规定期限内缴纳费用的，终止药品注册审评审批。
第八十六条 药品注册申请受理后，有药品安全性新发现的，申请人应当及时报告并补充相关资料。
第八十七条 药品注册申请受理后，需要申请人在原申报资料基础上补充新的技术资料的，药品审评中心原则上提出一次补充资料要求，列明全部问题后，以书面方式通知申请人在八十日内补充提交资料。申请人应当一次性按要求提交全部补正资料，补充资料时间不计入药品审评时限。药品审评中心收到申请人全部补正资料后启动审评，审评时限延长三分之一；适用优先审评审批程序的，审评时限延长四分之一。
不需要申请人补充新的技术资料，仅需要申请人对原申报资料进行解释说明的，药品审评中心通知申请人在五日内按照要求提交相关解释说明。
药品审评中心认为存在实质性缺陷无法补正的，不再要求申请人补充资料。基于已有申报资料做出不予批准的决定。
第八十八条 药物临床试验申请、药物临床试验期间的补充申请，在审评期间，不得补充新的技术资料；如需要开展新的研究，申请人可以在撤回后重新提出申请。
第八十九条 药品注册申请受理后，申请人可以提出撤回申请。同意撤回申请的，药品审评中心或者省、自治区、直辖市药品监督管理部门终止其注册程序，并告知药品注册核查、检验等技术机构。审评、核查和检验过程中发现涉嫌存在隐瞒真实情况或者提供虚假信息等违法行为的，依法处理，申请人不得撤回药品注册申请。
第九十条 药品注册期间，对于审评结论为不通过的，药品审评中心应当告知申请人不通过的理由，申请人可以在十五日内向药品审评中心提出异议。药品审评中心结合申请人的异议意见进行综合评估并反馈申请人。
申请人对综合评估结果仍有异议的，药品审评中心应当按照规定，在五十日内组织专家咨询委员会论证，并综合专家论证结果形成最终的审评结论。
申请人异议和专家论证时间不计入审评时限。
第九十一条 药品注册期间，申请人认为工作人员在药品注册受理、审评、核查、检验、审批等工作中违反规定或者有不规范行为的，可以向其所在单位或者上级机关投诉举报。
第九十二条 药品注册申请符合法定要求的，予以批准。
药品注册申请有下列情形之一的，不予批准：
（一）药物临床试验申请的研究资料不足以支持开展药物临床试验或者不能保障受试者安全的；
（二）申报资料显示其申请药品安全性、有效性、质量可控性等存在较大缺陷的；
（三）申报资料不能证明药品安全性、有效性、质量可控性，或者经评估认为药品风 |

险大于获益的；

（四）申请人未能在规定时限内补充资料的；

（五）申请人拒绝接受或者无正当理由未在规定时限内接受药品注册核查、检验的；

（六）药品注册过程中认为申报资料不真实，申请人不能证明其真实性的；

（七）药品注册现场核查或者样品检验结果不符合规定的；

（八）法律法规规定的不应当批准的其他情形。

第九十三条　药品注册申请审批结束后，申请人对行政许可决定有异议的，可以依法提起行政复议或者行政诉讼。

第七章　工作时限

第九十四条　本办法所规定的时限是药品注册的受理、审评、核查、检验、审批等工作的最长时间。优先审评审批程序相关工作时限，按优先审评审批相关规定执行。

药品审评中心等专业技术机构应当明确本单位工作程序和时限，并向社会公布。

第九十五条　药品监督管理部门收到药品注册申请后进行形式审查，应当在五日内作出受理、补正或者不予受理决定。

第九十六条　药品注册审评时限，按照以下规定执行：

（一）药物临床试验申请、药物临床试验期间补充申请的审评审批时限为六十日；

（二）药品上市许可申请审评时限为二百日，其中优先审评审批程序的审评时限为一百三十日，临床急需境外已上市罕见病用药优先审评审批程序的审评时限为七十日；

（三）单独申报仿制境内已上市化学原料药的审评时限为二百日；

（四）审批类变更的补充申请审评时限为六十日，补充申请合并申报事项，审评时限为八十日，其中涉及临床试验研究数据审查、药品注册核查检验的审评时限为二百日；

（五）药品通用名称核准时限为三十日；

（六）非处方药适宜性审核时限为三十日。

关联审评时限与其关联药品制剂的审评时限一致。

第九十七条　药品注册核查时限，按照以下规定执行：

（一）药品审评中心应当在药品注册申请受理后四十日内通知药品核查中心启动核查，并同时通知申请人；

（二）药品核查中心原则上在审评时限届满四十日前完成药品注册生产现场核查，并将核查情况、核查结果等相关材料反馈至药品审评中心。

第九十八条　药品注册检验时限，按照以下规定执行：

（一）样品检验时限为六十日，样品检验和标准复核同时进行的时限为九十日；

（二）药品注册检验过程中补充资料时限为三十日；

（三）药品检验机构原则上在审评时限届满四十日前完成药品注册检验相关工作，并将药品标准复核意见和检验报告反馈至药品审评中心。

第九十九条　药品再注册审查审批时限为一百二十日。

第一百条　行政审批决定应当在二十日内作出。

第一百零一条　药品监督管理部门应当自作出药品注册审批决定之日起十日内颁发、送达有关行政许可证件。

第一百零二条　因品种特性及审评、核查、检验等工作遇到特殊情况确需延长时限的，延长的时限不得超过原时限的二分之一，经药品审评、核查、检验等相关技术机构负责人批准后，由延长时限的技术机构书面告知申请人，并通知其他相关技术机构。

第一百零三条　以下时间不计入相关工作时限：

（一）申请人补充资料、核查后整改以及按要求核对生产工艺、质量标准和说明书等所占用的时间；

（二）因申请人原因延迟核查、检验、召开专家咨询会等的时间；

| 相关执法参考 | 相关法律法规（5） | （三）根据法律法规的规定中止审评审批程序的，中止审评审批程序期间所占用的时间；
（四）启动境外核查的，境外核查所占用的时间。
第八章　监督管理
第一百零四条　国家药品监督管理局负责对药品审评中心等相关专业技术机构及省、自治区、直辖市药品监督管理部门承担药品注册管理相关工作的监督管理、考核评价与指导。
第一百零五条　药品监督管理部门应当依照法律、法规的规定对药品研制活动进行监督检查，必要时可以对为药品研制提供产品或者服务的单位和个人进行延伸检查，有关单位和个人应当予以配合，不得拒绝和隐瞒。
第一百零六条　信息中心负责建立药品品种档案，对药品实行编码管理，汇集药品注册申报、临床试验期间安全性相关报告、审评、核查、检验、审批以及药品上市后变更的审批、备案、报告等信息，并持续更新。药品品种档案和编码管理的相关制度，由信息中心制定公布。
第一百零七条　省、自治区、直辖市药品监督管理部门应当组织对辖区内药物非临床安全性评价研究机构、药物临床试验机构等遵守药物非临床研究质量管理规范、药物临床试验质量管理规范等情况进行日常监督检查，监督其持续符合法定要求。国家药品监督管理局根据需要进行药物非临床安全性评价研究机构、药物临床试验机构等研究机构的监督检查。
第一百零八条　国家药品监督管理局建立药品安全信用管理制度，药品核查中心负责建立药物非临床安全性评价研究机构、药物临床试验机构药品安全信用档案，记录许可颁发、日常监督检查结果、违法行为查处等情况，依法向社会公布并及时更新。药品监督管理部门对有不良信用记录的，增加监督检查频次，并可以按照国家规定实施联合惩戒。药物非临床安全性评价研究机构、药物临床试验机构药品安全信用档案的相关制度，由药品核查中心制定公布。
第一百零九条　国家药品监督管理局依法向社会公布药品注册审批事项清单及法律依据、审批要求和办理时限，向申请人公开药品注册进度，向社会公开批准上市药品的审评结论和依据以及监督检查发现的违法违规行为，接受社会监督。
批准上市药品的说明书应当向社会公开并及时更新。其中，疫苗还应当公开标签内容并及时更新。
未经申请人同意，药品监督管理部门、专业技术机构及其工作人员、参与专家评审等的人员不得披露申请人提交的商业秘密、未披露信息或者保密商务信息，法律另有规定或者涉及国家安全、重大社会公共利益的除外。
第一百一十条　具有下列情形之一的，由国家药品监督管理局注销药品注册证书，并予以公布：
（一）持有人自行提出注销药品注册证书的；
（二）按照本办法规定不予再注册的；
（三）持有人药品注册证书、药品生产许可证等行政许可被依法吊销或者撤销的；
（四）按照《药品管理法》第八十三条的规定，疗效不确切、不良反应大或者因其他原因危害人体健康的；
（五）按照《疫苗管理法》第六十一条的规定，经上市后评价，预防接种异常反应严重或者其他原因危害人体健康的；
（六）按照《疫苗管理法》第六十二条的规定，经上市后评价发现该疫苗品种的产品设计、生产工艺、安全性、有效性或者质量可控性明显劣于预防、控制同种疾病的其他疫苗品种的； |

| 相关执法参考 | 相关法律法规（5） | （七）违反法律、行政法规规定，未按照药品批准证明文件要求或者药品监督管理部门要求在规定时限内完成相应研究工作且无合理理由的；
（八）其他依法应当注销药品注册证书的情形。
第九章　法律责任
第一百一十一条　在药品注册过程中，提供虚假的证明、数据、资料、样品或者采取其他手段骗取临床试验许可或者药品注册等许可的，按照《药品管理法》第一百二十三条处理。
第一百一十二条　申请疫苗临床试验、注册提供虚假数据、资料、样品或者有其他欺骗行为的，按照《疫苗管理法》第八十一条进行处理。
第一百一十三条　在药品注册过程中，药物非临床安全性评价研究机构、药物临床试验机构等，未按照规定遵守药物非临床研究质量管理规范、药物临床试验质量管理规范等的，按照《药品管理法》第一百二十六条处理。
第一百一十四条　未经批准开展药物临床试验的，按照《药品管理法》第一百二十五条处理；开展生物等效性试验未备案的，按照《药品管理法》第一百二十七条处理。
第一百一十五条　药物临床试验期间，发现存在安全性问题或者其他风险，临床试验申办者未及时调整临床试验方案、暂停或者终止临床试验，或者未向国家药品监督管理局报告的，按照《药品管理法》第一百二十七条处理。
第一百一十六条　违反本办法第二十八条、第三十三条规定，申办者有下列情形之一的，责令限期改正；逾期不改正的，处一万元以上三万元以下罚款：
（一）开展药物临床试验前未按规定在药物临床试验登记与信息公示平台进行登记；
（二）未按规定提交研发期间安全性更新报告；
（三）药物临床试验结束后未登记临床试验结果等信息。
第一百一十七条　药品检验机构在承担药品注册所需的检验工作时，出具虚假检验报告的，按照《药品管理法》第一百三十八条处理。
第一百一十八条　对不符合条件而批准进行药物临床试验、不符合条件的药品颁发药品注册证书的，按照《药品管理法》第一百四十七条处理。
第一百一十九条　药品监督管理部门及其工作人员在药品注册管理过程中有违法违规行为的，按照相关法律法规处理。
第十章　附　则
第一百二十条　麻醉药品、精神药品、医疗用毒性药品、放射性药品、药品类易制毒化学品等有其他特殊管理规定药品的注册申请，除按照本办法的规定办理外，还应当符合国家的其他有关规定。
第一百二十一条　出口疫苗的标准应当符合进口国（地区）的标准或者合同要求。
第一百二十二条　拟申报注册的药械组合产品，已有同类产品经属性界定为药品的，按照药品进行申报；尚未经属性界定的，申请人应当在申报注册前向国家药品监督管理局申请产品属性界定。属性界定为药品为主的，按照本办法规定的程序进行注册，其中属于医疗器械部分的研究资料由国家药品监督管理局医疗器械技术审评中心作出审评结论后，转交药品审评中心进行综合审评。
第一百二十三条　境内生产药品批准文号格式为：国药准字 H（Z、S）+四位年号+四位顺序号。中国香港、澳门和台湾地区生产药品批准文号格式为：国药准字 H（Z、S）C+四位年号+四位顺序号。
境外生产药品批准文号格式为：国药准字 H（Z、S）J+四位年号+四位顺序号。
其中，H 代表化学药，Z 代表中药，S 代表生物制品。
药品批准文号，不因上市后的注册事项的变更而改变。
中药另有规定的从其规定。 |

相关执法参考	相关法律法规（5）	第一百二十四条　药品监督管理部门制作的药品注册批准证明电子文件及原料药批准文件电子文件与纸质文件具有同等法律效力。 第一百二十五条　本办法规定的期限以工作日计算。 第一百二十六条　本办法自2020年7月1日起施行。2007年7月10日原国家食品药品监督管理局令第28号公布的《药品注册管理办法》同时废止。
	相关法律法规（6）	《药品管理法实施条例》（节录） （2002年8月4日中华人民共和国国务院令第360号公布，根据2016年2月6日《国务院关于修改部分行政法规的决定》第一次修订，根据2019年3月2日《国务院关于修改部分行政法规的决定》第二次修订） 第三条　开办药品生产企业，申办人应当向拟办企业所在地省、自治区、直辖市人民政府药品监督管理部门提出申请。省、自治区、直辖市人民政府药品监督管理部门应当自收到申请之日起30个工作日内，依据《药品管理法》第八条规定的开办条件组织验收；验收合格的，发给《药品生产许可证》。 第八条　《药品生产许可证》有效期为5年。有效期届满，需要继续生产药品的，持证企业应当在许可证有效期届满前6个月，按照国务院药品监督管理部门的规定申请换发《药品生产许可证》。 药品生产企业终止生产药品或者关闭的，《药品生产许可证》由原发证部门缴销。 第十一条　开办药品批发企业，申办人应当向拟办企业所在地省、自治区、直辖市人民政府药品监督管理部门提出申请。省、自治区、直辖市人民政府药品监督管理部门应当自收到申请之日起30个工作日内，依据国务院药品监督管理部门规定的设置标准作出是否同意筹建的决定。申办人完成拟办企业筹建后，应当向原审批部门申请验收。原审批部门应当自收到申请之日起30个工作日内，依据《药品管理法》第十五条规定的开办条件组织验收；符合条件的，发给《药品经营许可证》。 第十二条　开办药品零售企业，申办人应当向拟办企业所在地设区的市级药品监督管理机构或者省、自治区、直辖市人民政府药品监督管理部门直接设置的县级药品监督管理机构提出申请。受理申请的药品监督管理机构应当自收到申请之日起30个工作日内，依据国务院药品监督管理部门的规定，结合当地常住人口数量、地域、交通状况和实际需要进行审查，作出是否同意筹建的决定。申办人完成拟办企业筹建后，应当向原审批机构申请验收。原审批机构应当自收到申请之日起15个工作日内，依据《药品管理法》第十五条规定的开办条件组织验收；符合条件的，发给《药品经营许可证》。 第三十五条　申请进口的药品，应当是在生产国家或者地区获得上市许可的药品；未在生产国家或者地区获得上市许可的，经国务院药品监督管理部门确认该药品品种安全、有效而且临床需要的，可以依照《药品管理法》及本条例的规定批准进口。 进口药品，应当按照国务院药品监督管理部门的规定申请注册。国外企业生产的药品取得《进口药品注册证》，中国香港、澳门和台湾地区企业生产的药品取得《医药产品注册证》后，方可进口。 第三十六条　医疗机构因临床急需进口少量药品的，应当持《医疗机构执业许可证》向国务院药品监督管理部门提出申请；经批准后，方可进口。进口的药品应当在指定医疗机构内用于特定医疗目的。
	相关法律法规（7）	《药品生产质量管理规范》（节录） （2010年10月19日卫生部发布，自2011年3月1日起施行） 第一百八十四条　所有药品的生产和包装均应当按照批准的工艺规程和操作规程进行操作并有相关记录，以确保药品达到规定的质量标准，并符合药品生产许可和注册批准的要求。 第一百八十六条　应当建立编制药品批号和确定生产日期的操作规程。每批药品均应

相关执法参考	相关法律法规（7）	当编制唯一的批号。除另有法定要求外，生产日期不得迟于产品成型或灌装（封）前经最后混合的操作开始日期，不得以产品包装日期作为生产日期。 **第二百零三条** 包装开始前应当进行检查，确保工作场所、包装生产线、印刷机及其他设备已处于清洁或待用状态，无上批遗留的产品、文件或与本批产品包装无关的物料。检查结果应当有记录。 **第二百零四条** 包装操作前，还应当检查所领用的包装材料正确无误，核对待包装产品和所用包装材料的名称、规格、数量、质量状态，且与工艺规程相符。 **第二百零五条** 每一包装操作场所或包装生产线，应当有标识标明包装中的产品名称、规格、批号和批量的生产状态。 **第二百零九条** 单独打印或包装过程中在线打印的信息（如产品批号或有效期）均应当进行检查，确保其正确无误，并予以记录。如手工打印，应当增加检查频次。 **第二百一十一条** 应当对电子读码机、标签计数器或其他类似装置的功能进行检查，确保其准确运行。检查应当有记录。 **第三百零七条** 自检应当有计划，对机构与人员、厂房与设施、设备、物料与产品、确认与验证、文件管理、生产管理、质量控制与质量保证、委托生产与委托检验、产品发运与召回等项目定期进行检查。 **第三百零八条** 应当由企业指定人员进行独立、系统、全面的自检，也可由外部人员或专家进行独立的质量审计。 **第三百零九条** 自检应当有记录。自检完成后应当有自检报告，内容至少包括自检过程中观察到的所有情况、评价的结论以及提出纠正和预防措施的建议。自检情况应当报告企业高层管理人员。
	相关法律法规（8）	《药品经营质量管理规范》（节录） （2000年4月30日原国家药品监督管理局局令第20号公布 2012年11月6日原卫生部部务会议第一次修订 2015年5月18日国家食品药品监督管理总局局务会议第二次修订 根据2016年6月30日国家食品药品监督管理总局局务会议《关于修改〈药品经营质量管理规范〉的决定》修正） **第三十一条** 企业制定质量管理体系文件应当符合企业实际。文件包括质量管理制度、部门及岗位职责、操作规程、档案、报告、记录和凭证等。 **第三十二条** 文件的起草、修订、审核、批准、分发、保管，以及修改、撤销、替换、销毁等应当按照文件管理操作规程进行，并保存相关记录。 **第三十三条** 文件应当标明题目、种类、目的以及文件编号和版本号。文字应当准确、清晰、易懂。 文件应当分类存放，便于查阅。 **第三十四条** 企业应当定期审核、修订文件，使用的文件应当为现行有效的文本，已废止或者失效的文件除留档备查外，不得在工作现场出现。 **第三十五条** 企业应当保证各岗位获得与其工作内容相对应的必要文件，并严格按照规定开展工作。 **第三十九条** 企业应当建立药品采购、验收、养护、销售、出库复核、销后退回和购进退出、运输、储运温湿度监测、不合格药品处理等相关记录，做到真实、完整、准确、有效和可追溯。 **第四十条** 通过计算机系统记录数据时，有关人员应当按照操作规程，通过授权及密码登录后方可进行数据的录入或者复核；数据的更改应当经质量管理部门审核并在其监督下进行，更改过程应当留有记录。 **第四十一条** 书面记录及凭证应当及时填写，并做到字迹清晰，不得随意涂改，不得撕毁。更改记录的，应当注明理由、日期并签名，保持原有信息清晰可辨。

| 相关执法参考 | 相关法律法规（8） | 第四十二条　记录及凭证应当至少保存5年。疫苗、特殊管理的药品的记录及凭证按相关规定保存。
第八十九条　企业应当将药品销售给合法的购货单位，并对购货单位的证明文件、采购人员及提货人员的身份证明进行核实，保证药品销售流向真实、合法。
第九十条　企业应当严格审核购货单位的生产范围、经营范围或者诊疗范围，并按照相应的范围销售药品。
第九十一条　企业销售药品，应当如实开具发票，做到票、账、货、款一致。
第九十二条　企业应当做好药品销售记录。销售记录应当包括药品的通用名称、规格、剂型、批号、有效期、生产厂商、购货单位、销售数量、单价、金额、销售日期等内容。按照本规范第六十九条规定进行药品直调的，应当建立专门的销售记录。
中药材销售记录应当包括品名、规格、产地、购货单位、销售数量、单价、金额、销售日期等内容；中药饮片销售记录应当包括品名、规格、批号、产地、生产厂商、购货单位、销售数量、单价、金额、销售日期等内容。
第九十三条　销售特殊管理的药品以及国家有专门管理要求的药品，应当严格按照国家有关规定执行。
第一百六十五条　企业应当在营业场所的显著位置悬挂《药品经营许可证》、营业执照、执业药师注册证等。
第一百六十六条　营业人员应当佩戴有照片、姓名、岗位等内容的工作牌，是执业药师和药学技术人员的，工作牌还应当标明执业资格或者药学专业技术职称。在岗执业的执业药师应当挂牌明示。
第一百六十七条　销售药品应当符合以下要求：
（一）处方经执业药师审核后方可调配；对处方所列药品不得擅自更改或者代用，对有配伍禁忌或者超剂量的处方，应当拒绝调配，但经处方医师更正或者重新签字确认的，可以调配；调配处方后经过核对方可销售；
（二）处方审核、调配、核对人员应当在处方上签字或者盖章，并按照有关规定保存处方或者其复印件；
（三）销售近效期药品应当向顾客告知有效期；
（四）销售中药饮片做到计量准确，并告知煎服方法及注意事项；提供中药饮片代煎服务，应当符合国家有关规定。
第一百六十八条　企业销售药品应当开具销售凭证，内容包括药品名称、生产厂商、数量、价格、批号、规格等，并做好销售记录。
第一百六十九条　药品拆零销售应当符合以下要求：
（一）负责拆零销售的人员经过专门培训；
（二）拆零的工作台及工具保持清洁、卫生，防止交叉污染；
（三）做好拆零销售记录，内容包括拆零起始日期、药品的通用名称、规格、批号、生产厂商、有效期、销售数量、销售日期、分拆及复核人员等；
（四）拆零销售应当使用洁净、卫生的包装，包装上注明药品名称、规格、数量、用法、用量、批号、有效期以及药店名称等内容；
（五）提供药品说明书原件或者复印件；
（六）拆零销售期间，保留原包装和说明书。
第一百七十条　销售特殊管理的药品和国家有专门管理要求的药品，应当严格执行国家有关规定。
第一百七十一条　药品广告宣传应当严格执行国家有关广告管理的规定。
第一百七十二条　非本企业在职人员不得在营业场所内从事药品销售相关活动。 |

《药品经营许可证管理办法》

(2004年2月4日国家食品药品监督管理局令第6号公布 根据2017年11月7日国家食品药品监督管理总局局务会议《关于修改部分规章的决定》修正)

第一章 总 则

第一条 为加强药品经营许可工作的监督管理，根据《中华人民共和国药品管理法》、《中华人民共和国药品管理法实施条例》(以下简称《药品管理法》、《药品管理法实施条例》)的有关规定，制定本办法。

第二条 《药品经营许可证》发证、换证、变更及监督管理适用本办法。

第三条 国家食品药品监督管理总局主管全国药品经营许可的监督管理工作。

省、自治区、直辖市食品药品监督管理部门负责本辖区内药品批发企业《药品经营许可证》发证、换证、变更和日常监督管理工作，并指导和监督下级食品药品监督管理部门开展《药品经营许可证》的监督管理工作。

设区的市级食品药品监督管理部门或省、自治区、直辖市食品药品监督管理部门直接设置的县级食品药品监督管理部门负责本辖区内药品零售企业《药品经营许可证》发证、换证、变更和日常监督管理等工作。

第二章 申领《药品经营许可证》的条件

第四条 按照《药品管理法》第14条规定，开办药品批发企业，应符合省、自治区、直辖市药品批发企业合理布局的要求，并符合以下设置标准：

(一)具有保证所经营药品质量的规章制度；

(二)企业、企业法定代表人或企业负责人、质量管理负责人无《药品管理法》第75条、第82条规定的情形；

(三)具有与经营规模相适应的一定数量的执业药师。质量管理负责人具有大学以上学历，且必须是执业药师；

(四)具有能够保证药品储存质量要求的、与其经营品种和规模相适应的常温库、阴凉库、冷库。仓库中具有适合药品储存的专用货架和实现药品入库、传送、分拣、上架、出库现代物流系统的装置和设备；

(五)具有独立的计算机管理信息系统，能覆盖企业内药品的购进、储存、销售以及经营和质量控制的全过程；能全面记录企业经营管理及实施《药品经营质量管理规范》方面的信息；符合《药品经营质量管理规范》对药品经营各环节的要求，并具有可以实现接受当地食品药品监督管理部门监管的条件；

(六)具有符合《药品经营质量管理规范》对药品营业场所及辅助、办公用房以及仓库管理、仓库内药品质量安全保障和进出库、在库储存与养护方面的条件。

国家对经营麻醉药品、精神药品、医疗用毒性药品、预防性生物制品另有规定的，从其规定。

第五条 开办药品零售企业，应符合当地常住人口数量、地域、交通状况和实际需要的要求，符合方便群众购药的原则，并符合以下设置规定：

(一)具有保证所经营药品质量的规章制度；

(二)具有依法经过资格认定的药学技术人员；

经营处方药、甲类非处方药的药品零售企业，必须配有执业药师或者其他依法经过资格认定的药学技术人员。质量负责人应有一年以上(含一年)药品经营质量管理工作经验。

经营乙类非处方药的药品零售企业，以及农村乡镇以下地区设立药品零售企业的，应当按照《药品管理法实施条例》第15条的规定配备业务人员，有条件的应当配备执业药师。企业营业时间，以上人员应当在岗。

(三)企业、企业法定代表人、企业负责人、质量负责人无《药品管理法》第75条、

		第82条规定情形的；
相关执法参考	相关法律法规（9）	（四）具有与所经营药品相适应的营业场所、设备、仓储设施以及卫生环境。在超市等其他商业企业内设立零售药店的，必须具有独立的区域； （五）具有能够配备满足当地消费者所需药品的能力，并能保证24小时供应。药品零售企业应备有的国家基本药物品种数量由各省、自治区、直辖市食品药品监督管理部门结合当地具体情况确定。 国家对经营麻醉药品、精神药品、医疗用毒性药品、预防性生物制品另有规定的，从其规定。 第六条 开办药品批发企业验收实施标准由国家食品药品监督管理总局制定。开办药品零售企业验收实施标准，由各省、自治区、直辖市食品药品监督管理部门依据本办法和《药品经营质量管理规范》的有关内容组织制定，并报国家食品药品监督管理总局备案。 第七条 药品经营企业经营范围的核定。 药品经营企业经营范围： 麻醉药品、精神药品、医疗用毒性药品； 生物制品； 中药材、中药饮片、中成药、化学原料药及其制剂、抗生素原料药及其制剂、生化药品。 从事药品零售的，应先核定经营类别，确定申办人经营处方药或非处方药、乙类非处方药的资格，并在经营范围中予以明确，再核定具体经营范围。 医疗用毒性药品、麻醉药品、精神药品、放射性药品和预防性生物制品的核定按照国家特殊药品管理和预防性生物制品管理的有关规定执行。 **第三章 申领《药品经营许可证》的程序** 第八条 开办药品批发企业按照以下程序办理《药品经营许可证》： （一）申办人向拟办企业所在地的省、自治区、直辖市食品药品监督管理部门提出筹建申请，并提交以下材料： 1. 拟办企业法定代表人、企业负责人、质量负责人学历证明原件、复印件及个人简历； 2. 执业药师执业证书原件、复印件； 3. 拟经营药品的范围； 4. 拟设营业场所、设备、仓储设施及周边卫生环境等情况。 （二）食品药品监督管理部门对申办人提出的申请，应当根据下列情况分别作出处理： 1. 申请事项不属于本部门职权范围的，应当即时作出不予受理的决定，发给《不予受理通知书》，并告知申办人向有关食品药品监督管理部门申请。 2. 申请材料存在可以当场更正错误的，应当允许申办人当场更正。 3. 申请材料不齐或者不符合法定形式的，应当当场或者在5日内发给申办人《补正材料通知书》，一次性告知需要补正的全部内容。逾期不告知的，自收到申请材料之日起即为受理。 4. 申请事项属于本部门职权范围，材料齐全、符合法定形式，或者申办人按要求提交全部补正材料的，发给申办人《受理通知书》。《受理通知书》中注明的日期为受理日期。 （三）食品药品监督管理部门自受理申请之日起30个工作日内，依据本办法第四条规定对申报材料进行审查，作出是否同意筹建的决定，并书面通知申办人。不同意筹建的，应当说明理由，并告知申办人享有依法申请行政复议或者提起行政诉讼的权利。 （四）申办人完成筹建后，向受理申请的食品药品监督管理部门提出验收申请，并提

| 相关执法参考 | 相关法律法规(9) | 交以下材料：
1. 药品经营许可证申请表；
2. 企业营业执照；
3. 拟办企业组织机构情况；
4. 营业场所、仓库平面布置图及房屋产权或使用权证明；
5. 依法经过资格认定的药学专业技术人员资格证书及聘书；
6. 拟办企业质量管理文件及仓储设施、设备目录。
（五）受理申请的食品药品监督管理部门在收到验收申请之日起30个工作日内，依据开办药品批发企业验收实施标准组织验收，作出是否发给《药品经营许可证》的决定。符合条件的，发给《药品经营许可证》；不符合条件的，应当书面通知申办人并说明理由，同时告知申办人享有依法申请行政复议或提起行政诉讼的权利。
第九条 开办药品零售企业按照以下程序办理《药品经营许可证》：
（一）申办人向拟办企业所在地设区的市级食品药品监督管理部门或省、自治区、直辖市食品药品监督管理部门直接设置的县级食品药品监督管理部门提出筹建申请，并提交以下材料：
1. 拟办企业法定代表人、企业负责人、质量负责人的学历、执业资格或职称证明原件、复印件及个人简历及专业技术人员资格证书、聘书；
2. 拟经营药品的范围；
3. 拟设营业场所、仓储设施、设备情况。
（二）食品药品监督管理部门对申办人提出的申请，应当根据下列情况分别作出处理：
1. 申请事项不属于本部门职权范围的，应当即时作出不予受理的决定，发给《不予受理通知书》，并告知申办人向有关食品药品监督管理部门申请。
2. 申请材料存在可以当场更正的错误的，应当允许申办人当场更正。
3. 申请材料不齐或者不符合法定形式的，应当当场或者在5日内发给申办人《补正材料通知书》，一次性告知需补正的全部内容。逾期不告知的，自收到申请材料之日起即为受理。
4. 申请事项属于本部门职权范围，材料齐全、符合法定形式，或者申办人按要求提交全部补正材料的，发给申办人《受理通知书》。《受理通知书》中注明的日期为受理日期。
（三）食品药品监督管理部门自受理申请之日起30个工作日内，依据本办法第五条规定对申报材料进行审查，作出是否同意筹建的决定，并书面通知申办人。不同意筹建的，应当说明理由，并告知申办人依法享有申请行政复议或者提起行政诉讼的权利。
（四）申办人完成筹建后，向受理申请的食品药品监督管理部门提出验收申请，并提交以下材料：
1. 药品经营许可证申请表；
2. 企业营业执照；
3. 营业场所、仓库平面布置图及房屋产权或使用权证明；
4. 依法经过资格认定的药学专业技术人员资格证书及聘书；
5. 拟办企业质量管理文件及主要设施、设备目录。
（五）受理申请的食品药品监督管理部门在收到验收申请之日起15个工作日内，依据开办药品零售企业验收实施标准组织验收，作出是否发给《药品经营许可证》的决定。不符合条件的，应当书面通知申办人并说明理由，同时，告知申办人享有依法申请行政复议或提起行政诉讼的权利。
第十条 食品药品监督管理部门对申办人的申请进行审查时，发现行政许可事项直接 |

| 相关执法参考 | 相关法律法规（9） | 关系到他人重大利益的，应当告知该利害关系人。受理部门应当听取申办人、利害关系人的陈述和申辩。依法应当听证的，按照法律规定举行听证。
第十一条　食品药品监督管理部门应当将已经颁发的《药品经营许可证》的有关信息予以公开，公众有权进行查阅。
对公开信息后发现企业在申领《药品经营许可证》过程中，有提供虚假文件、数据或其他欺骗行为的，应依法予以处理。
第十二条　《药品经营许可证》是企业从事药品经营活动的法定凭证，任何单位和个人不得伪造、变造、买卖、出租和出借。
第四章　《药品经营许可证》的变更与换发
第十三条　《药品经营许可证》变更分为许可事项变更和登记事项变更。
许可事项变更是指经营方式、经营范围、注册地址、仓库地址（包括增减仓库）、企业法定代表人或负责人以及质量负责人的变更。
登记事项变更是指上述事项以外的其他事项的变更。
第十四条　药品经营企业变更《药品经营许可证》许可事项的，应当在原许可事项发生变更30日前，向原发证机关申请《药品经营许可证》变更登记。未经批准，不得变更许可事项。
原发证机关应当自收到企业变更申请和变更申请资料之日起15个工作日内作出准予变更或不予变更的决定。
申请许可事项变更的，由原发证部门按照本办法规定的条件验收合格后，方可办理变更手续。
药品经营企业依法变更《药品经营许可证》的许可事项后，应依法向工商行政管理部门办理企业注册登记的有关变更手续。
企业分立、合并、改变经营方式、跨原管辖地迁移，按照本办法的规定重新办理《药品经营许可证》。
第十五条　企业法人的非法人分支机构变更《药品经营许可证》许可事项的，必须出具上级法人签署意见的变更申请书。
第十六条　企业因违法经营已被食品药品监督管理部门立案调查，尚未结案的；或已经作出行政处罚决定，尚未履行处罚的，发证机关应暂停受理其《药品经营许可证》的变更申请。
第十七条　药品经营企业变更《药品经营许可证》的登记事项的，应在工商行政管理部门核准变更后30日内，向原发证机关申请《药品经营许可证》变更登记。原发证机关应当自收到企业变更申请和变更申请资料之日起15个工作日内为其办理变更手续。
第十八条　《药品经营许可证》登记事项变更后，应由原发证机关在《药品经营许可证》副本上记录变更的内容和时间，并按变更后的内容重新核发《药品经营许可证》正本，收回原《药品经营许可证》正本。变更后的《药品经营许可证》有效期不变。
第十九条　《药品经营许可证》有效期为5年。有效期届满，需要继续经营药品的，持证企业应在有效期届满前6个月内，向原发证机关申请换发《药品经营许可证》。原发证机关按本办法规定的申办条件进行审查，符合条件的，收回原证，换发新证。不符合条件的，可限期3个月进行整改，整改后仍不符合条件的，注销原《药品经营许可证》。
食品药品监督管理部门根据药品经营企业的申请，应当在《药品经营许可证》有效期届满前作出是否准予其换证的决定。逾期未作出决定的，视为准予换证。
第五章　监督检查
第二十条　食品药品监督管理部门应加强对《药品经营许可证》持证企业的监督检查，持证企业应当按本办法规定接受监督检查。 |

相关执法参考	相关法律法规(9)	第二十一条　监督检查的内容主要包括： （一）企业名称、经营地址、仓库地址、企业法定代表人（企业负责人）、质量负责人、经营方式、经营范围、分支机构等重要事项的执行和变动情况； （二）企业经营设施设备及仓储条件变动情况； （三）企业实施《药品经营质量管理规范》情况； （四）发证机关需要审查的其他有关事项。 第二十二条　监督检查可以采取书面检查、现场检查或者书面与现场检查相结合的方式。 （一）发证机关可以要求持证企业报送《药品经营许可证》相关材料，通过核查有关材料，履行监督职责； （二）发证机关可以对持证企业进行现场检查。 有下列情况之一的企业，必须进行现场检查： 1. 上一年度新开办的企业； 2. 上一年度检查中存在问题的企业； 3. 因违反有关法律、法规，受到行政处罚的企业； 4. 发证机关认为需要进行现场检查的企业。 《药品经营许可证》换证工作当年，监督检查和换证审查工作可一并进行。 第二十三条　《药品经营许可证》现场检查标准，由发证机关按照开办药品批发企业验收实施标准、开办药品零售企业验收实施标准和《药品经营质量管理规范》认证检查标准及其现场检查项目制定，并报上一级食品药品监督管理部门备案。 第二十四条　对监督检查中发现有违反《药品经营质量管理规范》要求的经营企业，由发证机关责令限期进行整改。对违反《药品管理法》第16条规定，整改后仍不符合要求从事药品经营活动的，按《药品管理法》第78条规定处理。 第二十五条　发证机关依法对药品经营企业进行监督检查时，应当将监督检查的情况和处理结果予以记录，由监督检查人员签字后归档。公众有权查阅有关监督检查记录。现场检查的结果，发证机关应当在《药品经营许可证》副本上记录并予以公告。 第二十六条　有下列情形之一的，《药品经营许可证》由原发证机关注销： （一）《药品经营许可证》有效期届满未换证的； （二）药品经营企业终止经营药品或者关闭的； （三）《药品经营许可证》被依法撤销、撤回、吊销、收回、缴销或者宣布无效的； （四）不可抗力导致《药品经营许可证》的许可事项无法实施的； （五）法律、法规规定的应当注销行政许可的其他情形。 食品药品监督管理部门注销《药品经营许可证》的，应当自注销之日起5个工作日内通知有关工商行政管理部门。 第二十七条　《药品经营许可证》包括正本和副本。正本、副本具有同等法律效力。 第二十八条　发证机关应建立《药品经营许可证》发证、换证、监督检查、变更等方面的工作档案，并在每季度上旬将《药品经营许可证》的发证、变更等情况报上一级食品药品监督管理部门。对因变更、换证、吊销、缴销等原因收回、作废的《药品经营许可证》，应建档保存5年。 第二十九条　企业遗失《药品经营许可证》，应立即向发证机关报告，并在发证机关指定的媒体上登载遗失声明。发证机关在企业登载遗失声明之日起满1个月后，按原核准事项补发《药品经营许可证》。 第三十条　企业终止经营药品或者关闭的，《药品经营许可证》由原发证机关缴销。 发证机关吊销或者注销、缴销《药品经营许可证》的，应当及时通知工商行政管理部门，并向社会公布。

相关执法参考	相关法律法规(9)	第三十一条　《药品经营许可证》的正本应置于企业经营场所的醒目位置。 第六章　附　则 第三十二条　《药品经营许可证》应当载明企业名称、法定代表人或企业负责人姓名、经营方式、经营范围、注册地址、仓库地址、《药品经营许可证》证号、流水号、发证机关、发证日期、有效期限等项目。 《药品经营许可证》正本、副本式样、编号方法，由国家食品药品监督管理总局统一制定。 第三十三条　《药品经营许可证》由国家食品药品监督管理总局统一印制。 第三十四条　食品药品监督管理部门制作的药品经营许可电子证书与印制的药品经营许可证书具有同等法律效力。 第三十五条　本办法自2004年4月1日起施行。
	相关法律法规(10)	《药品流通监督管理办法》 （国家食品药品监督管理局局令第26号，自2007年5月1日起施行） 第一章　总　则 第一条　为加强药品监督管理，规范药品流通秩序，保证药品质量，根据《中华人民共和国药品管理法》（以下简称《药品管理法》）、《中华人民共和国药品管理法实施条例》（以下简称《药品管理法实施条例》）和有关法律、法规的规定，制定本办法。 第二条　在中华人民共和国境内从事药品购销及监督管理的单位或者个人，应当遵守本办法。 第三条　药品生产、经营企业、医疗机构应当对其生产、经营、使用的药品质量负责。 药品生产、经营企业在确保药品质量安全的前提下，应当适应现代药品流通发展方向，进行改革和创新。 第四条　药品监督管理部门鼓励个人和组织对药品流通实施社会监督。对违反本办法的行为，任何个人和组织都有权向药品监督管理部门举报和控告。 第二章　药品生产、经营企业购销药品的监督管理 第五条　药品生产、经营企业对其药品购销行为负责，对其销售人员或设立的办事机构以本企业名义从事的药品购销行为承担法律责任。 第六条　药品生产、经营企业应当对其购销人员进行药品相关的法律、法规和专业知识培训，建立培训档案，培训档案中应当记录培训时间、地点、内容及接受培训的人员。 第七条　药品生产、经营企业应当加强对药品销售人员的管理，并对其销售行为作出具体规定。 第八条　药品生产、经营企业不得在经药品监督管理部门核准的地址以外的场所储存或者现货销售药品。 第九条　药品生产企业只能销售本企业生产的药品，不得销售本企业受委托生产的或者他人生产的药品。 第十条　药品生产企业、药品批发企业销售药品时，应当提供下列资料： （一）加盖本企业原印章的《药品生产许可证》或《药品经营许可证》和营业执照的复印件； （二）加盖本企业原印章的所销售药品的批准证明文件复印件； （三）销售进口药品的，按照国家有关规定提供相关证明文件。 药品生产企业、药品批发企业派出销售人员销售药品的，除本条前款规定的资料外，还应当提供加盖本企业原印章的授权书复印件。授权书原件应当载明授权销售的品种、地域、期限，注明销售人员的身份证号码，并加盖本企业原印章和企业法定代表人印章（或者签名）。销售人员应当出示授权书原件及本人身份证原件，供药品采购方核实。

相关执法参考	相关法律法规(10)	**第十一条** 药品生产企业、药品批发企业销售药品时，应当开具标明供货单位名称、药品名称、生产厂商、批号、数量、价格等内容的销售凭证。 药品零售企业销售药品时，应当开具标明药品名称、生产厂商、数量、价格、批号等内容的销售凭证。 **第十二条** 药品生产、经营企业采购药品时，应按本办法第十条规定索取、查验、留存供货企业有关证件、资料，按本办法第十一条规定索取、留存销售凭证。 药品生产、经营企业按照本条前款规定留存的资料和销售凭证，应当保存至超过药品有效期1年，但不得少于3年。 **第十三条** 药品生产、经营企业知道或者应当知道他人从事无证生产、经营药品行为的，不得为其提供药品。 **第十四条** 药品生产、经营企业不得为他人以本企业的名义经营药品提供场所，或者资质证明文件，或者票据等便利条件。 **第十五条** 药品生产、经营企业不得以展示会、博览会、交易会、订货会、产品宣传会等方式现货销售药品。 **第十六条** 药品经营企业不得购进和销售医疗机构配制的制剂。 **第十七条** 未经药品监督管理部门审核同意，药品经营企业不得改变经营方式。 药品经营企业应当按照《药品经营许可证》许可的经营范围经营药品。 **第十八条** 药品零售企业应当按照国家食品药品监督管理局药品分类管理规定的要求，凭处方销售处方药。 经营处方药和甲类非处方药的药品零售企业，执业药师或者其他依法经资格认定的药学技术人员不在岗时，应当挂牌告知，并停止销售处方药和甲类非处方药。 **第十九条** 药品说明书要求低温、冷藏储存的药品，药品生产、经营企业应当按照有关规定，使用低温、冷藏设施设备运输和储存。 药品监督管理部门发现药品生产、经营企业违反本条前款规定的，应当立即查封、扣押所涉药品，并依法进行处理。 **第二十条** 药品生产、经营企业不得以搭售、买药品赠药品、买商品赠药品等方式向公众赠送处方药或者甲类非处方药。 **第二十一条** 药品生产、经营企业不得采用邮售、互联网交易等方式直接向公众销售处方药。 **第二十二条** 禁止非法收购药品。 **第三章 医疗机构购进、储存药品的监督管理** **第二十三条** 医疗机构设置的药房，应当具有与所使用药品相适应的场所、设备、仓储设施和卫生环境，配备相应的药学技术人员，并设立药品质量管理机构或者配备质量管理人员，建立药品保管制度。 **第二十四条** 医疗机构购进药品时，应当按照本办法第十二条规定，索取、查验、保存供货企业有关证件、资料、票据。 **第二十五条** 医疗机构购进药品，必须建立并执行进货检查验收制度，并建有真实完整的药品购进记录。药品购进记录必须注明药品的通用名称、生产厂商（中药材标明产地）、剂型、规格、批号、生产日期、有效期、批准文号、供货单位、数量、价格、购进日期。 药品购进记录必须保存至超过药品有效期1年，但不得少于3年。 **第二十六条** 医疗机构储存药品，应当制订和执行有关药品保管、养护的制度，并采取必要的冷藏、防冻、防潮、避光、通风、防火、防虫、防鼠等措施，保证药品质量。 医疗机构应当将药品与非药品分开存放；中药材、中药饮片、化学药品、中成药应分别储存、分类存放。

第二十七条　医疗机构和计划生育技术服务机构不得未经诊疗直接向患者提供药品。

第二十八条　医疗机构不得采用邮售、互联网交易等方式直接向公众销售处方药。

第二十九条　医疗机构以集中招标方式采购药品的，应当遵守《药品管理法》、《药品管理法实施条例》及本办法的有关规定。

第四章　法律责任

第三十条　有下列情形之一的，责令限期改正，给予警告；逾期不改正的，处以五千元以上二万元以下的罚款：

（一）药品生产、经营企业违反本办法第六条规定的；

（二）药品生产、批发企业违反本办法第十一条第一款规定的；

（三）药品生产、经营企业违反本办法第十二条，未按照规定留存有关资料、销售凭证的。

第三十一条　药品生产、经营企业违反本办法第七条规定的，给予警告，责令限期改正。

第三十二条　有下列情形之一的，依照《药品管理法》第七十三条规定，没收违法销售的药品和违法所得，并处违法销售的药品货值金额二倍以上五倍以下的罚款：

（一）药品生产、经营企业违反本办法第八条规定，在经药品监督管理部门核准的地址以外的场所现货销售药品的；

（二）药品生产企业违反本办法第九条规定的；

（三）药品生产、经营企业违反本办法第十五条规定的；

（四）药品经营企业违反本办法第十七条规定的。

第三十三条　药品生产、经营企业违反本办法第八条规定，在经药品监督管理部门核准的地址以外的场所储存药品的，按照《药品管理法实施条例》第七十四条的规定予以处罚。

第三十四条　药品零售企业违反本办法第十一条第二款规定的，责令改正，给予警告；逾期不改正的，处以五百元以下的罚款。

第三十五条　违反本办法第十三条规定，药品生产、经营企业知道或者应当知道他人从事无证生产、经营药品行为而为其提供药品的，给予警告，责令改正，并处一万元以下的罚款，情节严重的，处一万元以上三万元以下的罚款。

第三十六条　药品生产、经营企业违反本办法第十四条规定的，按照《药品管理法》第八十二条的规定予以处罚。

第三十七条　违反本办法第十六条规定，药品经营企业购进或者销售医疗机构配制的制剂的，按照《药品管理法》第八十条规定予以处罚。

第三十八条　药品零售企业违反本办法第十八条第一款规定的，责令限期改正，给予警告；逾期不改正或者情节严重的，处以一千元以下的罚款。

违反本办法第十八条第二款规定，药品零售企业在执业药师或者其他依法经过资格认定的药学技术人员不在岗时销售处方药或者甲类非处方药的，责令限期改正，给予警告；逾期不改正的，处以一千元以下的罚款。

第三十九条　药品生产、批发企业违反本办法第十九条规定，未在药品说明书规定的低温、冷藏条件下运输药品的，给予警告，责令限期改正；逾期不改正的，处以五千元以上二万元以下的罚款；有关药品经依法确认属于假劣药品的，按照《药品管理法》有关规定予以处罚。

药品生产、批发企业违反本办法第十九条规定，未在药品说明书规定的低温、冷藏条件下储存药品的，按照《药品管理法》第七十九条的规定予以处罚；有关药品经依法确认属于假劣药品的，按照《药品管理法》有关规定予以处罚。

第四十条　药品生产、经营企业违反本办法第二十条规定的，限期改正，给予警告；

相关执法参考	相关法律法规（10）	逾期不改正或者情节严重的，处以赠送药品货值金额二倍以下的罚款，但是最高不超过三万元。 　　第四十一条　违反本办法第二十三条至第二十七条的，责令限期改正，情节严重的，给予通报。 　　第四十二条　药品生产、经营企业违反本办法第二十一条、医疗机构违反本办法第二十八条规定，以邮售、互联网交易等方式直接向公众销售处方药的，责令改正，给予警告，并处销售药品货值金额二倍以下的罚款，但是最高不超过三万元。 　　第四十三条　违反本办法第二十二条规定非法收购药品的，按照《药品管理法》第七十三条的规定予以处罚。 　　第四十四条　药品监督管理部门及其工作人员玩忽职守，对应当予以制止和处罚的违法行为不予制止、处罚的，对直接负责的主管人员和其他直接责任人员给予行政处分；构成犯罪的，依法追究刑事责任。 　　第五章　附　则 　　第四十五条　本办法所称药品现货销售，是指药品生产、经营企业或其委派的销售人员，在药品监督管理部门核准的地址以外的其他场所，携带药品现货向不特定对象现场销售药品的行为。 　　第四十六条　实行特殊管理的药品、疫苗、军队用药品的流通监督管理，有关法律、法规、规章另有规定的，从其规定。 　　第四十七条　本办法自 2007 年 5 月 1 日起施行。自本办法施行之日起，1999 年 8 月 1 日实施的国家药品监督管理局《药品流通监督管理办法（暂行）》（国家药品监督管理局第 7 号令）同时废止。

五、生产、销售不符合安全标准的食品罪

罪名	生产、销售不符合安全标准的食品罪（《刑法》第143条）
概念	生产、销售不符合安全标准的食品罪，是指故意违反国家食品安全管理法规，非法生产、销售不符合安全标准的食品，足以造成严重食物中毒事故或者其他严重食源性疾患的行为。
犯罪构成	**客体** 本罪侵犯的客体是双重客体，即国家食品安全管理制度和不特定多数人的生命健康权利。国家有关食品安全管理制度由原来的《食品卫生法》上升为《食品安全法》，不仅是法律称谓的普通改变，更是食品安全监管内涵的提高；不仅包括原食品卫生法所要求的"食品无毒、无害、符合应当有的营养要求"等内容，同时更要求"对人体健康不造成任何急性、亚急性或者慢性危害"，是要使用严格的标准和严厉的惩罚对食品生产经营者进行规范和震慑。非法生产、销售不符合安全标准的食品的行为，必将侵害国家食品安全管理制度和不特定多数人的生命健康权利。 本罪的犯罪对象是不符合安全标准的食品。一般意义的食品，是指通过人体消化系统，可被人体消化、吸收，能满足人体生理要求和营养需要的供人食用或饮用的一切原料和成品等物品，既包括一般食物，也包括食物添加剂、调味品、色素、保鲜剂，还包括油脂和饮料等，以及按传统既是食品又是药品的物品。这是对食品含义广义的理解。但《食品安全法》第50条规定的食品，是指各种供人食用或者饮用的成品和原料以及按照传统既是食品又是中药材的物品，但是不包括以治疗为目的的物品。这是严格的法律意义的规定，即排除了既是食品又是药品的物品，可以视为对食品含义狭义的理解。这里的不符合安全标准的食品，就是不符合有关的食品安全标准的食品。这里涉及的食品安全标准包括食品安全国家标准、食品安全地方标准、食品安全企业标准。食品安全的国家标准由国务院卫生行政部门会同国务院食品安全监督管理部门制定、公布（国务院标准化行政部门提供国家标准编号。食品安全国家标准应当经国务院卫生行政部门组织的食品安全国家标准审评委员会审查通过。食品安全国家标准审评委员会由医学、农业、食品、营养、生物、环境等方面的专家以及国务院有关部门、食品行业协会、消费者协会的代表组成，对食品安全国家标准草案的科学性和实用性等进行审查）。食品安全的地方标准由省、自治区、直辖市人民政府卫生行政部门制定（对地方特色食品，没有食品安全国家标准的，省、自治区、直辖市人民政府卫生行政部门可以制定并公布食品安全地方标准，报国务院卫生行政部门备案。食品安全国家标准制定后，该地方标准即行废止）。食品安全的企业标准由食品生产企业制定（国家鼓励食品生产企业制定严于食品安全国家标准或者地方标准的企业标准，在本企业适用，并报省、自治区、直辖市人民政府卫生行政部门备案）。根据法律规定，省级以上人民政府卫生行政部门应当在其网站上公布制定和备案的食品的安全国家标准、地方标准和企业标准，供公众免费查阅、下载。所谓食品安全，指食品无毒、无害，符合应当有的营养要求，对人体健康不造成任何急性、亚急性或者慢性危害。这里"食品安全标准"是强制执行的标准，具体包括八个方面：一是食品、食品添加剂、食品相关产品中的致病性微生物，农药残留、兽药残留、生物毒素、重金属等污染物质以及其他危害人体健康物质的限量规定；二是食品添加剂的品种、使用范围、用量；三是专供婴幼儿和其他特定人群的主辅食品的营养成分要求；四是对与卫生、营养等食品安全要求有关的标签、标志、说明书的要求；五是食品生产经营过程的卫生要求；六是与食品安全有关的质量要求；七是与食品安全有关的食品检验方法与规程；八是其他需要制定为食品安全标准的内容。所谓不符合安全标准的食品，就是食品生产经营者所生产经营的食品没有达到上述食品安全中的国家标准、地方标准和企业标准的相关要求。

| 犯罪构成 | 客观方面 | 本罪在客观方面表现为违反国家食品安全管理法规，非法生产、销售不符合安全标准的食品，足以造成严重食物中毒事故或者其他严重食源性疾患的行为。包括以下三点。
1. 行为人实施的行为必须是违反国家食品安全管理法规的行为。国家食品安全管理法规主要是《食品安全法》，还包括《食品安全法实施条例》《食品经营许可管理办法》《食品流通许可证管理办法》《餐饮服务许可管理办法》等。例如，《食品安全法》第33条明确规定，食品生产经营应当符合食品安全标准，并符合下列要求：具有与生产经营的食品品种、数量相适应的食品原料处理和食品加工、包装、贮存等场所，保持该场所环境整洁，并与有毒、有害场所以及其他污染源保持规定的距离；具有与生产经营的食品品种、数量相适应的生产经营设备或者设施，有相应的消毒、更衣、盥洗、采光、照明、通风、防腐、防尘、防蝇、防鼠、防虫、洗涤以及处理废水、存放垃圾和废弃物的设备或者设施；有专职或者兼职的食品安全专业技术人员、食品安全管理人员和保证食品安全的规章制度；具有合理的设备布局和工艺流程，防止待加工食品与直接入口食品、原料与成品交叉污染，避免食品接触有毒物、不洁物；餐具、饮具和盛放直接入口食品的容器，使用前应当洗净、消毒，炊具、用具用后应当洗净，保持清洁；贮存、运输和装卸食品的容器、工具和设备应当安全、无害，保持清洁，防止食品污染，并符合保证食品安全所需的温度、湿度等特殊要求，不得将食品与有毒、有害物品一同贮存、运输；直接入口的食品应当使用无毒、清洁的包装材料、餐具、饮具和容器；食品生产经营人员应当保持个人卫生，生产经营食品时，应当将手洗净，穿戴清洁的工作衣、帽等；销售无包装的直接入口食品时，应当使用无毒、清洁的容器、售货工具和设备；用水应当符合国家规定的生活饮用水卫生标准；使用的洗涤剂、消毒剂应当对人体安全、无害；法律、法规规定的其他要求。第34条还明确规定，禁止生产经营下列食品、食品添加剂、食品相关产品：用非食品原料生产的食品或者添加食品添加剂以外的化学物质和其他可能危害人体健康物质的食品，或者用回收食品作为原料生产的食品；致病性微生物，农药残留、兽药残留、生物毒素、重金属等污染物质以及其他危害人体健康的物质含量超过食品安全标准限量的食品、食品添加剂、食品相关产品；用超过保质期的食品原料、食品添加剂生产的食品、食品添加剂；超范围、超限量使用食品添加剂的食品；营养成分不符合食品安全标准的专供婴幼儿和其他特定人群的主辅食品；腐败变质、油脂酸败、霉变生虫、污秽不洁、混有异物、掺假掺杂或者感官性状异常的食品、食品添加剂；病死、毒死或者死因不明的禽、畜、兽、水产动物肉类及其制品；未按规定进行检疫或者检疫不合格的肉类，或者未经检验或者检验不合格的肉类制品；被包装材料、容器、运输工具等污染的食品、食品添加剂；标注虚假生产日期、保质期或者超过保质期的食品、食品添加剂；无标签的预包装食品、食品添加剂；国家为防病等特殊需要明令禁止生产经营的食品；其他不符合法律、法规或者食品安全标准的食品、食品添加剂、食品相关产品。
2. 实施了非法生产、销售不符合安全标准的食品的行为。这里涉及的食品应该是产品的成品，不能是食品的半成品或者食品原料。所谓成品就是该产品的生产过程已经完毕或者已经从生产环节进入流通领域的商品。如果是食品原料或者是半成品，没有最后定型为成品的，就不能确定该食品中的安全指标的情况。这里的不符合安全标准的食品，就是生产、销售的食品存在不符合安全标准的有毒有害的含量，即含菌类、杂厨或污染物质不但超过了最高容许量，而且具有引起严重食物中毒或者食源性疾患的实际可能性。
3. 非法生产、销售不符合安全标准的食品的行为，达到了"足以造成严重食物中毒事故或者其他严重食源性疾患"的危险程度，才能构成本罪。本罪为危险犯，没达到"足以造成严重食物中毒事故或者其他严重食源性疾患"的危险程度，不能构成本罪。本罪行为人除必须有实施生产、销售不符合安全标准的食品的行为以外，客观上还必须足以造成严重食物中毒事故或者其他严重食源性疾患的危险程度才能构成本罪。具体包括两种情形。
第一类，足以造成严重食物中毒事故的情形。所谓食物中毒，是指食用或饮用各种不 |

| 犯罪构成 | 客观方面 | 符合安全标准的食品后引起的，以急性发作过程为主的疾病的现象。一般而言，能够引起食物中毒危险或造成中毒事故的不符合安全标准的食品都属于广义上的有毒有害食品。这里的有毒有害食品中毒是指健康人经过口腔摄入可食状态和正常数量而发病的食物中毒。而摄入非可食状态的食物（如未成熟的水果），或非正常数量（如暴饮暴食），以及非经口腔摄入（如经皮肤、黏膜吸收或注射进入体内的）或把有害物质当作食品等由毒物引起的疾病，均不属于食物中毒。对食物中毒的分类多采用致病源分类法，一般可分为四类：一是细菌性食物中毒和真菌性食物中毒。细菌性食物中毒，是指摄入被细菌污染并在其中大量繁殖或产生了大量毒素的食物后而引起的急性中毒性疾病。真菌性食物中毒，是指食用了由被真菌（主要是霉菌）及其毒素污染的食品引起的食物中毒。产毒真菌在粮食、饲料、水果、蔬菜等食物上腐生或寄生，在一定条件下产生了有毒代谢产物，即毒素，当人、畜食入含有真菌毒素的食物或饲料时，就可能发生不同种类及不同程度的真菌性食物中毒。二是动物性和植物性食物中毒。这类中毒主要是指某些动植物本身含有毒成分或贮存中产生了有毒成分，从而引起的食物中毒，如河豚、毒蘑菇、苦杏仁、发芽马铃薯等中毒。三是化学性食物中毒。这类中毒主要是指由于偶然或误食了被有毒、有害化学物质污染的食物而引起的中毒，如被重金属、农药等污染的食物。四是致病物质不明的食物中毒。这类中毒主要指学术上的归类法，即把中毒物质尚不明确的食物中毒叫作致病物质不明的食物中毒。食物中毒主要与以下几种情形有关：微生物污染食品，并在食品中急剧繁殖，以致食品中存在大量致病菌或产生大量的毒素，使食品含毒；有毒化学物质混入食品；食品本身含有有毒物质。食物中毒表现为：潜伏期短（病原菌侵入人体直到最初症状出现以前，这一段时期称为潜伏期）；来势急剧；很多人在短时间内同时发病或先后相继发病，并且在很短时间内达到高峰；所有的病人都有类似的临床表现，均以急性胃肠炎症状为主。所谓严重食物中毒，是指细菌化、化学性、真菌性和有毒动植物等引起的暴发性中毒。严重食物中毒事故的标准，要结合医学上的中毒程度标准和医疗后恢复情况等因素，综合考虑，主要从以下几点进行把握：一是中毒人身体致害的轻重程度。构成犯罪，应是行为人致使中毒受害人身体健康足以遭到严重损害，即身体的重要器官可能留下永久性的残疾，如失明、耳聋、痴呆等症，如果引起实害结果的发生，则是属于结果加重犯。二是中毒面广人多。"面广"是指这种有毒食品扩散的范围广，足以造成对社会的危害性大。"人多"是指中毒的人数多。可以以人数为30人以上为参照标准进行认定。
第二类，足以造成其他严重食源性疾患的情形。所谓食源性疾患，是指通过食用含有致病性寄生虫和致病性微生物的食品，或者食品中微生物毒素含量超过国家限定标准的含量而直接引起人体病变或造成传染病的传染和蔓延的疾患。所谓致病性寄生虫包括：旋毛虫、猪绦虫、囊尾蚴、住肉孢子虫、肝蛭、肺丝虫、钩端螺旋体、肺吸虫等。这类寄生虫通常存在于患有相应寄生虫的家禽家畜的肌肉及有关组织内。国家规定属于"致病性微生物"的有：由牲畜疾病污染而产生的炭疽、鼻疽、结核、布氏杆菌、口蹄疫病毒、放线菌病、痘疮、破伤风、猪瘟、猪丹毒、猪巴氏杆菌病、鹦鹉热、野兔热、兔坏死杆菌病等致病性微生物。肠道致病菌包括致病性球菌，指的是沙门氏菌、副溶血性弧菌、痢疾杆菌、霍乱、金黄色葡萄球菌等。所谓微生物毒素指的是肉毒毒素、葡萄球菌毒素和黄曲霉毒素。肉毒梭菌污染食品后能产生外毒素，叫作肉毒毒素，具有很强的毒力，主要易存在于肉类罐头、腊肠、火腿、腌鱼及家庭自制发酵食品如臭豆腐中。葡萄球菌能产生肠毒素，以金黄色葡萄球菌为主，往往通过皮肤化脓性病人的手接触食品而使细菌污染食品并产生毒素。按照国家有关卫生标准的规定，在直接入口的食品中均不得检出上述两种细菌。黄曲霉素是毒力很强并能致癌的霉菌毒素，存在于受菌污染过的粮油作物上，我国食品卫生标准中规定了食品中黄曲霉素 B1 的允许含量。根据食物中所含致病因子的种类和疾病性质，一般可将食源性疾病分为以下八种：一是细菌性食物中毒，包括感染型细菌性食物中毒和毒素型细菌性食物中毒。典型的感染型细菌性食物中毒有各种血清型沙门菌 |

犯罪构成	**客观方面**	感染等，通过食物引起的细菌性感染的临床表现除胃肠道综合征外，多伴有发热症状。常见毒素型细菌性食物中毒有金黄色葡萄球菌食物中毒、蜡样芽孢杆菌食物中毒等。毒素型细菌性食物中毒的临床表现通常以上消化道综合征（以恶心、呕吐为突出症状）为主，发热症状较少见。二是食源性病毒性感染。这种感染在环境中相当稳定，对酸普遍有耐受性，需特异活细胞才能繁殖，但在食品和水中不会进行繁殖。例如，甲型肝炎，因其发病潜伏期约30天，要确定引起感染的食物可能较为困难。三是食源性寄生虫感染，如旋毛虫病、绦虫病、阿米巴病等。四是化学性食物中毒，即因某些化学毒物污染食品或食品加工制作过程中误用某些化学毒物所致。毒物如某些重金属、非金属及其化合物、农药等引起。五是真菌性食物中毒，包括某些真菌天然含有的有毒成分和某些霉菌繁殖过程中产生的霉菌素引起的食物中毒。六是动物性食物中毒，即某些动物性食品本身含有的有毒成分或组织分解产生的有毒成分引起的食物中毒，如有毒河豚引起的河豚毒素中毒等。七是植物性食物中毒，即某些植物性食品本身含有的有毒成分引起的食物中毒，如四季豆引起的皂素中毒和鲜金针菜引起的秋水仙碱中毒等。八是放射源中毒，即摄入因核试验或核事故沾染放射性核素的某些食品可以引起内源性放射性中毒。所谓食源性疾病，指食品中致病因素进入人体引起的感染性、中毒性等疾病，包括一般性的食物中毒。所谓严重食源性疾患，是指以食物为感染源而导致的严重疾病，如痢疾、肝炎等。需要注意的是，消费者食用了足以引起食源性疾患的食品后引起患病的实际发生可能存在一个比较长的潜伏期，因而不能把一时看不到生产、销售的这些不符合卫生标准的食品造成严重食物中毒事故或者一定时间内未发生严重损害其身体健康的结果，就不以犯罪论处，而是应当根据实际情况具体分析。在司法实践中，认定"足以"造成严重食物中毒或者严重的食源性疾患，还必须有足够证据证明生产、销售的不符合安全标准的食品，存在造成严重中毒事故或严重食源性疾患的实际危险。考察这种危险的实际存在，其客观标准就是这些食品本身毒质含量的轻重以及这些有毒有害食品可能扩散的范围。只要经过鉴定，行为人生产、销售不符合安全标准的食品，足以造成严重食物中毒或者其他严重食源性疾患即可构成本罪。例如，2011年4月26日，被告人刘先林得知刘国忠到濮阳市华龙区王助乡花西村收购猪肉后，即将自己屠宰的病死猪肉30余斤卖给刘国忠。同日，被告人刘继合、刘继仲将二人收购屠宰的90余斤病死猪肉卖给刘国忠；侯思川亦将自己收购并屠宰的100余斤病死猪肉卖给刘国忠。刘国忠携带所收购的240余斤病死猪肉返回途中，被濮阳市动物检疫站查获。经濮阳市疾病预防控制中心检测及濮阳市动物卫生监督所鉴定，送检的猪肉及猪产品系病死猪肉，且大肠菌群、菌落总数超标，食用上述猪肉及猪产品，足以造成食物中毒或者其他严重食源性疾患，严重危害人体健康。本案上述行为人明知生产、销售的食品不符合安全标准，足以造成严重食物中毒事故或者其他严重食源性疾患，而仍予以生产、销售，其行为构成生产、销售不符合安全标准的食品罪。如果对人体健康造成了严重危害后果的，则是本罪结果加重犯，要处更重的处罚。 根据司法解释规定，涉嫌下列五种情形之一的，即属于"足以造成严重食物中毒事故或者其他严重食源性疾患"的危险犯既遂，应予立案追诉：含有严重超出标准限量的致病性微生物、农药残留、兽药残留、生物毒素、重金属等污染物质以及其他严重危害人体健康的物质的；属于病死、死因不明或者检验检疫不合格的畜、禽、兽、水产动物肉类及其制品的；属于国家为防控疾病等特殊需要明令禁止生产、销售的；特殊医学用途配方食品、专供婴幼儿的主辅食品营养成分严重不符合食品安全标准的；其他足以造成严重食物中毒事故或者严重食源性疾病的情形。另外两种情形，也应予立案追诉：一是在食品加工、销售、运输、贮存等过程中，违反食品安全标准，超限量或者超范围滥用食品添加剂，足以造成严重食物中毒事故或者其他严重食源性疾病的。二是在食用农产品种植、养殖、销售、运输、贮存等过程中，违反食品安全标准，超限量或者超范围滥用添加剂、农药、兽药等，足以造成严重食物中毒事故或者其他严重食源性疾病的。

犯罪构成	主体	本罪的主体是一般主体，自然人和单位都可构成本罪。凡达到法定刑事责任年龄且具有刑事责任能力的16周岁以上的自然人均可构成本罪，依刑法第150条之规定，单位亦能成为本罪主体，单位犯本罪时，实行两罚制。
	主观方面	本罪在主观方面表现为故意，包括直接故意和间接故意。过失不构成本罪。即行为人明知其生产、销售的食品不符合安全标准并可能造成严重食物中毒事故或者其他严重食源性疾患的结果，希望或者放任这种结果发生的心理态度。一般出于非法牟利的目的，但法律对此并未要求，所以，不论出于何种目的，均不影响本罪的成立。行为人的动机多种多样，不同的动机一般不影响本罪的定罪。
认定标准	刑罚标准	1. 犯本罪的，处3年以下有期徒刑或者拘役，并处罚金。 2. 对人体健康造成严重危害或者有其他严重情节的，处3年以上7年以下有期徒刑，并处罚金。 3. 后果特别严重的，处7年以上有期徒刑或者无期徒刑，并处罚金或者没收财产。 4. 单位犯本罪的，对单位判处罚金，并对其直接负责的主管人员和其他责任人员依上述规定处罚。 本罪属危险犯，行为人只要实施了非法生产、销售不符合安全标准的食品的行为，并达到了"足以造成严重食物中毒事故或者其他严重食源性疾患"的危险程度，即构成本罪，适用第一档量刑条款。根据有关司法解释规定，具有下列情形之一的，应当认定为"足以造成严重食物中毒事故或者其他严重食源性疾病"：含有严重超出标准限量的致病性微生物、农药残留、兽药残留、生物毒素、重金属等污染物质以及其他严重危害人体健康的物质的；属于病死、死因不明或者检验检疫不合格的畜、禽、兽、水产动物肉类及其制品的；属于国家为防控疾病等特殊需要明令禁止生产、销售的；特殊医学用途配方食品、专供婴幼儿的主辅食品营养成分严重不符合食品安全标准的；其他足以造成严重食物中毒事故或者严重食源性疾病的情形。 构成本罪，并对人体健康造成了严重危害或者有其他严重情节的，适用第二档量刑条款。根据有关司法解释规定，"对人体健康造成严重危害"包括：造成轻伤以上伤害的；造成轻度残疾或者中度残疾的；造成器官组织损伤导致一般功能障碍或者严重功能障碍的；造成10人以上严重食物中毒或者其他严重食源性疾病的；其他对人体健康造成严重危害的情形。"其他严重情节"包括：生产、销售金额20万元以上的；生产、销售金额10万元以上不满20万元，不符合食品安全标准的食品数量较大或者生产、销售持续时间6个月以上的；生产、销售金额10万元以上不满20万元，属于特殊医学用途配方食品、专供婴幼儿的主辅食品的；生产、销售金额10万元以上不满20万元，且在中小学校园、托幼机构、养老机构及周边面向未成年人、老年人销售的；生产、销售金额10万元以上不满20万元，曾因危害食品安全犯罪受过刑事处罚或者2年内因危害食品安全违法行为受过行政处罚的；其他情节严重的情形。 构成本罪，并致人死亡或者有其他特别严重情节的，适用第三档量刑条款。根据有关司法解释规定，"后果特别严重"包括：致人死亡或者重度残疾的；造成3人以上重伤、中度残疾或者器官组织损伤导致严重功能障碍的；造成10人以上轻伤、5人以上轻度残疾或者器官组织损伤导致一般功能障碍的；造成30人以上严重食物中毒或者其他严重食源性疾病的；其他特别严重的后果。
	本罪与违法行为的区别	1. 看生产、销售行为是否违反了国家食品安全法规，如果行为人严格遵守了有关国家食品安全法规的规定，即使造成了后果，也不构成犯罪。因为违反相关国家食品安全管理法规是构成本罪的前提，没有违法就不能构成犯罪。如行为人在鳗鱼丝产品中添加的苯甲酸含量为0.91g/kg，尚未超过国家允许在其他食品中添加的2g/kg的最大量，不属于"超范围"使用的情形，就不能构成犯罪。 2. 看生产、销售不符合安全标准的食品的行为是否存在"足以造成严重食物中毒事

认定标准	本罪与违法行为的区别	故或者其他严重性食源性疾患"的危险程度。本罪属危险犯，行为人只要实施了非法生产、销售不符合安全标准的食品的行为，并达到了"足以造成严重食物中毒事故或者其他严重食源性疾患"的危险程度，即构成本罪。因此，如果行为人生产、销售不符合安全标准的食品的行为，不足以造成严重食物中毒事故或者其他严重食源性疾患，且销售金额在5万元以下的，就不构成犯罪，属一般违法行为。当然，如果行为人生产、销售不符合安全标准的食品的行为，属于情节显著轻微危害不大的，也不构成犯罪。但是如果行为人生产、销售不符合安全标准的食品的行为，不足以造成严重食物中毒事故或者其他严重食源性疾患，且销售金额在5万元以上的，则应依刑法第149条之规定，构成生产、销售伪劣产品罪。 3. 看生产、销售行为是否出于故意，只有故意非法生产、销售不符合安全标准的食品，足以造成严重食物中毒事故或者其他严重食源性疾患的行为，才可能成立本罪。如果是出于过失不知道生产、销售的食品是有毒、有害的食品且没有造成严重后果的，则不可能构成本罪。如行为人主观上不明知其生产、销售的食品中添加了不符合安全标准的食品添加剂，则不可能构成本罪。
	本罪罪名和罪数的认定	本罪是选择性罪名，可根据行为方式的不同，分别确定不同的罪名。无论实施了生产还是销售不符合安全标准的食品的行为，只要实施其中一种行为，即可构成本罪，认定为生产不符合安全标准的食品罪或者销售不符合安全标准的食品罪。如果行为人同时实施了生产、销售这两种行为的，仍按一罪处理，即认定为生产、销售不符合安全标准的食品罪，而不实行数罪并罚。如果行为人生产、销售不符合安全标准的食品的行为，不足以造成严重食物中毒事故或者其他严重食源性疾患，但销售金额却在5万元以上的，则应依本节第149条之规定，就只构成生产、销售伪劣产品罪。如果行为人生产、销售不符合安全标准的食品的行为，足以造成严重食物中毒事故或者其他严重食源性疾患的，且销售金额在5万元以上的，则既构成本罪，也构成生产、销售伪劣产品罪，应依本节第149条之规定，依照处罚较重的规定定罪处罚，不实行数罪并罚。
	本罪犯罪形态的认定	本罪属危险犯，行为人只要实施了非法生产、销售不符合安全标准的食品的行为，并达到了"足以造成严重食物中毒事故或者其他严重食源性疾患"的危险程度，即构成本罪既遂。本罪基本的犯罪构成是危险犯，本罪预备及预备阶段的中止不具有可罚性，更不存在实行阶段的未遂和中止。总之，本罪的未完成形态不具有可罚性。 认定本罪既遂需要注意两点：一是从过程看，不能以生产、销售的不符合卫生标准的食品的原料尚未加工成型的产品，来否定行为引起了危险状态的发生。如果生产、销售行为足以引起严重食物中毒事故或者其他严重食源性疾患的发生，就应视为构成本罪既遂。二是从环节看，构成本罪的既遂并不仅局限于在生产经营过程中单纯的生产、销售两个环节，还应当包括采集、收购、贮存、运输、陈列、供应等环节，只要行为人的相关行为足以引起严重食物中毒事故或者严重食源性疾患的发生，同样构成本罪的既遂。
	本罪共犯的认定	明知他人生产、销售不符合食品安全标准的食品，而为其提供资金、贷款、账号、发票、证明、许可证件的；提供生产、经营场所或者运输、贮存、保管、邮寄、网络销售渠道等便利条件的；提供生产技术或者食品原料、食品添加剂、食品相关产品的；提供广告等宣传的，以本罪的共犯论处。
	此罪与彼罪的区别（1）	本罪与生产、销售伪劣产品罪的区别。 生产、销售伪劣产品罪，是指生产者、销售者在产品中掺杂、掺假，以假充真，以次充好或者以不合格产品冒充合格产品，销售金额达5万元以上的行为。两者属于特殊与一般的关系，不符合安全标准的食品也属于伪劣产品，但两罪成立犯罪的标准不同。两罪的主要区别有四个方面： 1. 犯罪客体不同。本罪侵犯的客体是双重客体，即国家食品安全管理制度和不特定多数人的生命健康权利。后罪侵犯的客体属于简单客体，侵害的是国家有关产品质量管理制度。

认定标准	此罪与彼罪的区别（1）	2. 犯罪对象有所不同。本罪的对象只能是不符合安全标准的食品。后罪的对象为一切伪劣产品，范围十分广泛，包括不符合安全标准的食品在内。 3. 犯罪客观行为方式不同。本罪在客观上表现为实施了非法生产、销售不符合安全标准的食品的行为。后罪在客观上则表现为在生产、销售的产品中掺杂、掺假，以假充真，以次充好或以不合格产品冒充合格产品的行为。 4. 犯罪构成要求不同。本罪是危险犯，只要足以造成严重食物中毒事故或者其他严重食源性疾患的，即可构成犯罪。而后罪是数额犯，其犯罪构成要求"销售金额在五万元以上的"，才构成犯罪。 根据本节之规定，行为人既构成生产、销售不符合安全标准的食品罪，又构成生产、销售伪劣产品罪的，按处罚重的罪论处。如果行为人生产、销售不符合安全标准的食品，没有造成法定的危害结果，但销售金额在5万元以上的，也构成生产、销售伪劣产品罪。
	此罪与彼罪的区别（2）	本罪与玩忽职守罪的区别。 玩忽职守罪，是指国家机关工作人员严重不负责任，不履行或不认真履行自己的工作职责，致使公共财产、国家和人民利益遭受重大损失的行为。两者区别的关键在于： 1. 侵犯的客体不同。本罪侵犯的客体是双重客体，即国家食品安全管理制度和不特定多数人的生命健康权利；后罪的客体是国家机关的正常管理活动。 2. 犯罪客观表现形式不同。本罪在客观上表现为实施了非法生产、销售不符合安全标准的食品的行为；后罪在客观上表现为国家工作人员严重不负责任，不履行或不正确履行职责，致使公共财产、国家和人民利益遭受重大损失，其范围比较宽泛，可发生在行政管理的各个方面。 3. 犯罪主体不同。本罪的主体是一般主体，自然人和单位都可构成本罪；后罪的主体是特殊主体，只限于自然人，即只能是国家工作人员。 4. 犯罪主观方面不同。本罪在主观方面表现为故意，包括直接故意和间接故意，过失不构成本罪；后罪的主观方面则是过失。
相关执法参考	刑法	中华人民共和国刑法（节录） （1979年7月1日第五届全国人民代表大会第二次会议通过，1997年3月14日第八届全国人民代表大会第五次会议修订，已先后被1999年12月25日《中华人民共和国刑法修正案》、2001年8月31日《中华人民共和国刑法修正案（二）》、2001年12月29日《中华人民共和国刑法修正案（三）》、2002年12月28日《中华人民共和国刑法修正案（四）》、2005年2月28日《中华人民共和国刑法修正案（五）》、2006年6月29日《中华人民共和国刑法修正案（六）》、2009年2月28日《中华人民共和国刑法修正案（七）》、2009年8月27日《全国人民代表大会常务委员会关于修改部分法律的决定》、2011年2月25日《中华人民共和国刑法修正案（八）》、2015年8月29日《中华人民共和国刑法修正案（九）》、2017年11月4日《中华人民共和国刑法修正案（十）》、2020年12月26日《中华人民共和国刑法修正案（十一）》修改或修正） 第一百四十三条 生产、销售不符合食品安全标准的食品，足以造成严重食物中毒事故或者其他严重食源性疾病的，处三年以下有期徒刑或者拘役，并处罚金；对人体健康造成严重危害或者有其他严重情节的，处三年以上七年以下有期徒刑，并处罚金；后果特别严重的，处七年以上有期徒刑或者无期徒刑，并处罚金或者没收财产。 第一百四十九条 生产、销售本节第一百四十一条至第一百四十八条所列产品，不构成各该条规定的犯罪，但是销售金额在五万元以上的，依照本节第一百四十条的规定定罪处罚。 生产、销售本节第一百四十一条至第一百四十八条所列产品，构成各该条规定的犯罪，同时又构成本节第一百四十条规定之罪的，依照处罚较重的规定定罪处罚。 第一百五十条 单位犯本节第一百四十条至第一百四十八条规定之罪的，对单位判处罚金，并对其直接负责的主管人员和其他直接责任人员，依照各该条的规定处罚。

| 相关执法参考 | 相关法律法规（1） | 最高人民法院、最高人民检察院《关于办理危害食品安全刑事案件适用法律若干问题的解释》（节录）
（2021年12月13日最高人民法院审判委员会第1856次会议、2021年12月29日最高人民检察院第十三届检察委员会第八十四次会议通过，自2022年1月1日起施行）
为依法惩治危害食品安全犯罪，保障人民群众身体健康、生命安全，根据《中华人民共和国刑法》《中华人民共和国刑事诉讼法》的有关规定，对办理此类刑事案件适用法律的若干问题解释如下：
第一条 生产、销售不符合食品安全标准的食品，具有下列情形之一的，应当认定为刑法第一百四十三条规定的"足以造成严重食物中毒事故或者其他严重食源性疾病"：
（一）含有严重超出标准限量的致病性微生物、农药残留、兽药残留、生物毒素、重金属等污染物质以及其他严重危害人体健康的物质的；
（二）属于病死、死因不明或者检验检疫不合格的畜、禽、兽、水产动物肉类及其制品的；
（三）属于国家为防控疾病等特殊需要明令禁止生产、销售的；
（四）特殊医学用途配方食品、专供婴幼儿的主辅食品营养成分严重不符合食品安全标准的；
（五）其他足以造成严重食物中毒事故或者严重食源性疾病的情形。
第二条 生产、销售不符合食品安全标准的食品，具有下列情形之一的，应当认定为刑法第一百四十三条规定的"对人体健康造成严重危害"：
（一）造成轻伤以上伤害的；
（二）造成轻度残疾或者中度残疾的；
（三）造成器官组织损伤导致一般功能障碍或者严重功能障碍的；
（四）造成十人以上严重食物中毒或者其他严重食源性疾病的；
（五）其他对人体健康造成严重危害的情形。
第三条 生产、销售不符合食品安全标准的食品，具有下列情形之一的，应当认定为刑法第一百四十三条规定的"其他严重情节"：
（一）生产、销售金额二十万元以上的；
（二）生产、销售金额十万元以上不满二十万元，不符合食品安全标准的食品数量较大或者生产、销售持续时间六个月以上的；
（三）生产、销售金额十万元以上不满二十万元，属于特殊医学用途配方食品、专供婴幼儿的主辅食品的；
（四）生产、销售金额十万元以上不满二十万元，且在中小学校园、托幼机构、养老机构及周边面向未成年人、老年人销售的；
（五）生产、销售金额十万元以上不满二十万元，曾因危害食品安全犯罪受过刑事处罚或者二年内因危害食品安全违法行为受过行政处罚的；
（六）其他情节严重的情形。
第四条 生产、销售不符合食品安全标准的食品，具有下列情形之一的，应当认定为刑法第一百四十三条规定的"后果特别严重"：
（一）致人死亡的；
（二）造成重度残疾以上的；
（三）造成三人以上重伤、中度残疾或者器官组织损伤导致严重功能障碍的；
（四）造成十人以上轻伤、五人以上轻度残疾或者器官组织损伤导致一般功能障碍的；
（五）造成三十人以上严重食物中毒或者其他严重食源性疾病的；
（六）其他特别严重的后果。 |

相关执法参考	相关法律法规（1）	第五条　在食品生产、销售、运输、贮存等过程中，违反食品安全标准，超限量或者超范围滥用食品添加剂，足以造成严重食物中毒事故或者其他严重食源性疾病的，依照刑法第一百四十三条的规定以生产、销售不符合安全标准的食品罪定罪处罚。 　　在食用农产品种植、养殖、销售、运输、贮存等过程中，违反食品安全标准，超限量或者超范围滥用添加剂、农药、兽药等，足以造成严重食物中毒事故或者其他严重食源性疾病的，适用前款的规定定罪处罚。 　　第十条　刑法第一百四十四条规定的"明知"，应当综合行为人的认知能力、食品质量、进货或者销售的渠道及价格等主、客观因素进行认定。 　　具有下列情形之一的，可以认定为刑法第一百四十四条规定的"明知"，但存在相反证据并经查证属实的除外： 　　（一）长期从事相关食品、食用农产品生产、种植、养殖、销售、运输、贮存行业，不依法履行保障食品安全义务的； 　　（二）没有合法有效的购货凭证，且不能提供或者拒不提供销售的相关食品来源的； 　　（三）以明显低于市场价格进货或者销售且无合理原因的； 　　（四）在有关部门发出禁令或者食品安全预警的情况下继续销售的； 　　（五）因实施危害食品安全行为受过行政处罚或者刑事处罚，又实施同种行为的； 　　（六）其他足以认定行为人明知的情形。 　　第十三条　生产、销售不符合食品安全标准的食品，有毒、有害食品，符合刑法第一百四十三条、第一百四十四条规定的，以生产、销售不符合安全标准的食品罪或者生产、销售有毒、有害食品罪定罪处罚。同时构成其他犯罪的，依照处罚较重的规定定罪处罚。 　　生产、销售不符合食品安全标准的食品，无证据证明足以造成严重食物中毒事故或者其他严重食源性疾病，不构成生产、销售不符合安全标准的食品罪，但构成生产、销售伪劣产品罪，妨害动植物防疫、检疫罪等其他犯罪的，依照该其他犯罪定罪处罚。 　　第十四条　明知他人生产、销售不符合食品安全标准的食品，有毒、有害食品，具有下列情形之一的，以生产、销售不符合安全标准的食品罪或者生产、销售有毒、有害食品罪的共犯论处： 　　（一）提供资金、贷款、账号、发票、证明、许可证件的； 　　（二）提供生产、经营场所或者运输、贮存、保管、邮寄、销售渠道等便利条件的； 　　（三）提供生产技术或者食品原料、食品添加剂、食品相关产品或者有毒、有害的非食品原料的； 　　（四）提供广告宣传的； 　　（五）提供其他帮助行为的。 　　第十五条　生产、销售不符合食品安全标准的食品添加剂，用于食品的包装材料、容器、洗涤剂、消毒剂，或者用于食品生产经营的工具、设备等，符合刑法第一百四十条规定的，以生产、销售伪劣产品罪定罪处罚。 　　生产、销售用超过保质期的食品原料、超过保质期的食品、回收食品作为原料的食品，或者以更改生产日期、保质期、改换包装等方式销售超过保质期的食品、回收食品，适用前款的规定定罪处罚。 　　实施前两款行为，同时构成生产、销售不符合安全标准的食品罪，生产、销售不符合安全标准的产品罪等其他犯罪的，依照处罚较重的规定定罪处罚。 　　第十六条　以提供给他人生产、销售食品为目的，违反国家规定，生产、销售国家禁止用于食品生产、销售的非食品原料，情节严重的，依照刑法第二百二十五条的规定以非法经营罪定罪处罚。 　　以提供给他人生产、销售食用农产品为目的，违反国家规定，生产、销售国家禁用农药、食品动物中禁止使用的药品及其他化合物等有毒、有害的非食品原料，或者生产、销

售添加上述有毒、有害的非食品原料的农药、兽药、饲料、饲料添加剂、饲料原料，情节严重的，依照前款的规定定罪处罚。

第十七条 违反国家规定，私设生猪屠宰厂（场），从事生猪屠宰、销售等经营活动，情节严重的，依照刑法第二百二十五条的规定以非法经营罪定罪处罚。

在畜禽屠宰相关环节，对畜禽使用食品动物中禁止使用的药品及其他化合物等有毒、有害非食品原料，依照刑法第一百四十四条的规定以生产、销售有毒、有害食品罪定罪处罚；对畜禽注水或者注入其他物质，足以造成严重食物中毒事故或者其他严重食源性疾病的，依照刑法第一百四十三条的规定以生产、销售不符合安全标准的食品罪定罪处罚；虽不足以造成严重食物中毒事故或者其他严重食源性疾病，但符合刑法第一百四十条规定的，以生产、销售伪劣产品罪定罪处罚。

第十八条 实施本解释规定的非法经营行为，非法经营数额在十万元以上，或者违法所得数额在五万元以上的，应当认定为刑法第二百二十五条规定的"情节严重"；非法经营数额在五十万元以上，或者违法所得数额在二十五万元以上的，应当认定为刑法第二百二十五条规定的"情节特别严重"。

实施本解释规定的非法经营行为，同时构成生产、销售伪劣产品罪，生产、销售不符合安全标准的食品罪，生产、销售有毒、有害食品罪，生产、销售伪劣农药、兽药罪等其他犯罪的，依照处罚较重的规定定罪处罚。

第十九条 违反国家规定，利用广告对保健食品或者其他食品作虚假宣传，符合刑法第二百二十二条规定的，以虚假广告罪定罪处罚；以非法占有为目的，利用销售保健食品或者其他食品诈骗财物，符合刑法第二百六十六条规定的，以诈骗罪定罪处罚。同时构成生产、销售伪劣产品罪等其他犯罪的，依照处罚较重的规定定罪处罚。

第二十条 负有食品安全监督管理职责的国家机关工作人员，滥用职权或者玩忽职守，构成食品监管渎职罪，同时构成徇私舞弊不移交刑事案件罪、商检徇私舞弊罪、动植物检疫徇私舞弊罪、放纵制售伪劣商品犯罪行为罪等其他渎职犯罪的，依照处罚较重的规定定罪处罚。

负有食品安全监督管理职责的国家机关工作人员滥用职权或者玩忽职守，不构成食品监管渎职罪，但构成前款规定的其他渎职犯罪的，依照该其他犯罪定罪处罚。

负有食品安全监督管理职责的国家机关工作人员与他人共谋，利用其职务行为帮助他人实施危害食品安全犯罪行为，同时构成渎职犯罪和危害食品安全犯罪共犯的，依照处罚较重的规定定罪从重处罚。

第二十一条 犯生产、销售不符合安全标准的食品罪，生产、销售有毒、有害食品罪，一般应当依法判处生产、销售金额二倍以上的罚金。

共同犯罪的，对各共同犯罪人合计判处的罚金一般应当在生产、销售金额的二倍以上。

第二十二条 对实施本解释规定之犯罪的犯罪分子，应当依照刑法规定的条件，严格适用缓刑、免予刑事处罚。对于依法适用缓刑的，可以根据犯罪情况，同时宣告禁止令。

对于被不起诉或者免予刑事处罚的行为人，需要给予行政处罚、政务处分或者其他处分的，依法移送有关主管机关处理。

第二十三条 单位实施本解释规定的犯罪的，对单位判处罚金，并对直接负责的主管人员和其他直接责任人员，依照本解释规定的定罪量刑标准处罚。

第二十四条 "足以造成严重食物中毒事故或者其他严重食源性疾病""有毒、有害的非食品原料"等专门性问题难以确定的，司法机关可以依据鉴定意见、检验报告、地市级以上相关行政主管部门组织出具的书面意见，结合其他证据作出认定。必要时，专门性问题由省级以上相关行政主管部门组织出具书面意见。

第二十五条 本解释所称"二年内"，以第一次违法行为受到行政处罚的生效之日与

相关执法参考	相关法律法规（1）	又实施相应行为之日的时间间隔计算确定。 第二十六条　本解释自2022年1月1日起施行。本解释公布实施后，《最高人民法院、最高人民检察院关于办理危害食品安全刑事案件适用法律若干问题的解释》（法释〔2013〕12号）同时废止；之前发布的司法解释与本解释不一致的，以本解释为准。
	相关法律法规（2）	最高人民检察院、公安部《关于公安机关管辖的刑事案件立案追诉标准的规定（一）》（节录） （2008年6月25日最高人民检察院、公安部文件公通字〔2008〕36号公布，自公布之日起施行） 第十九条　〔生产、销售不符合卫生标准的食品案（刑法第一百四十三条）〕生产、销售不符合卫生标准的食品，涉嫌下列情形之一的，应予立案追诉： （一）含有可能导致严重食物中毒事故或者其他严重食源性疾患的超标准的有害细菌的； （二）含有可能导致严重食物中毒事故或者其他严重食源性疾患的超标准的其他污染物的。 本条规定的"不符合卫生标准的食品"，由省级以上卫生行政部门确定的机构进行鉴定。
	相关法律法规（3）	最高人民法院、最高人民检察院《关于办理生产、销售伪劣商品刑事案件具体应用法律若干问题的解释》（节录） （2001年4月5日最高人民法院审判委员会第1168次会议、2001年3月30日最高人民检察院第九届检察委员会第84次会议通过，自2001年4月10日起施行） 第四条　经省级以上卫生行政部门确定的机构鉴定，食品中含有可能导致严重食物中毒事故或者其他严重食源性疾患的超标准的有害细菌或者其他污染物的，应认定为刑法第一百四十三条规定的"足以造成严重食物中毒事故或者其他严重食源性疾患"。 生产、销售不符合卫生标准的食品被食用后，造成轻伤、重伤或者其他严重后果的，应认定为"对人体健康造成严重危害"。 生产、销售不符合卫生标准的食品被食用后，致人死亡、严重残疾、三人以上重伤、十人以上轻伤或者造成其他特别严重后果的，应认定为"后果特别严重"。
	相关法律法规（4）	最高人民法院《关于审理生产、销售伪劣商品刑事案件有关鉴定问题的通知》 （2001年5月21日，法〔2001〕70号） 各省、自治区、直辖市高级人民法院，解放军军事法院，新疆维吾尔自治区高级人民法院生产建设兵团分院： 自全国开展整顿和规范市场经济秩序工作以来，各地人民法院陆续受理了一批生产、销售伪劣产品、假冒商标和非法经营等严重破坏社会主义市场经济秩序的犯罪案件。此类案件中涉及的生产、销售的产品，有的纯属伪劣产品，有的则只是侵犯知识产权的产品。由于涉案产品是否"以假充真"、"以次充好"、"以不合格产品冒充合格产品"，直接影响到对被告人的定罪及处刑，为准确适用刑法和《最高人民法院、最高人民检察院关于办理生产、销售伪劣商品刑事案件具体应用法律若干问题的解释》（以下简称《解释》），严惩假冒伪劣商品犯罪，不放纵和轻纵犯罪分子，现就审理生产、销售伪劣商品、假冒商标和非法经营等严重破坏社会主义市场经济秩序的犯罪案件中可能涉及的假冒伪劣商品的有关鉴定问题通知如下： 一、对于提起公诉的生产、销售伪劣产品、假冒商标、非法经营等严重破坏社会主义市场经济秩序的犯罪案件，所涉生产、销售的产品是否属于"以假充真"、"以次充好"、"以不合格产品冒充合格产品"难以确定的，应当根据《解释》第一条第五款的规定，由公诉机关委托法律、行政法规规定的产品质量检验机构进行鉴定。

相关执法参考	相关法律法规（4）	二、根据《解释》第三条和第四条的规定，人民法院受理的生产、销售假药犯罪案件和生产、销售不符合卫生标准的食品犯罪案件，均需有"省级以上药品监督管理部门设置或者确定的药品检验机构"和"省级以上卫生行政部门确定的机构"出具的鉴定结论。 三、经鉴定确系伪劣商品，被告人的行为既构成生产、销售伪劣产品罪，又构成生产、销售假药罪或者生产、销售不符合卫生标准的食品罪，或者同时构成侵犯知识产权、非法经营等其他犯罪的，根据刑法第一百四十九条第二款和《解释》第十条的规定，应当依照处罚较重的规定定罪处罚。
	相关法律法规（5）	《食品安全法》（节录） （2009年2月28日第十一届全国人民代表大会常务委员会第七次会议通过 2015年4月24日第十二届全国人民代表大会常务委员会第十四次会议修订 根据2018年12月29日第十三届全国人民代表大会常务委员会第七次会议《关于修改〈中华人民共和国产品质量法〉等五部法律的决定》修正） 第二条 在中华人民共和国境内从事下列活动，应当遵守本法： （一）食品生产和加工（以下称食品生产），食品销售和餐饮服务（以下称食品经营）； （二）食品添加剂的生产经营； （三）用于食品的包装材料、容器、洗涤剂、消毒剂和用于食品生产经营的工具、设备（以下称食品相关产品）的生产经营； （四）食品生产经营者使用食品添加剂、食品相关产品； （五）食品的贮存和运输； （六）对食品、食品添加剂、食品相关产品的安全管理。 供食用的源于农业的初级产品（以下称食用农产品）的质量安全管理，遵守《中华人民共和国农产品质量安全法》的规定。但是，食用农产品的市场销售、有关质量安全标准的制定、有关安全信息的公布和本法对农业投入品作出规定的，应当遵守本法的规定。 第三十三条 食品生产经营应当符合食品安全标准，并符合下列要求： （一）具有与生产经营的食品品种、数量相适应的食品原料处理和食品加工、包装、贮存等场所，保持该场所环境整洁，并与有毒、有害场所以及其他污染源保持规定的距离； （二）具有与生产经营的食品品种、数量相适应的生产经营设备或者设施，有相应的消毒、更衣、盥洗、采光、照明、通风、防腐、防尘、防蝇、防鼠、防虫、洗涤以及处理废水、存放垃圾和废弃物的设备或者设施； （三）有专职或者兼职的食品安全专业技术人员、食品安全管理人员和保证食品安全的规章制度； （四）具有合理的设备布局和工艺流程，防止待加工食品与直接入口食品、原料与成品交叉污染，避免食品接触有毒物、不洁物； （五）餐具、饮具和盛放直接入口食品的容器，使用前应当洗净、消毒，炊具、用具用后应当洗净，保持清洁； （六）贮存、运输和装卸食品的容器、工具和设备应当安全、无害，保持清洁，防止食品污染，并符合保证食品安全所需的温度、湿度等特殊要求，不得将食品与有毒、有害物品一同贮存、运输； （七）直接入口的食品应当使用无毒、清洁的包装材料、餐具、饮具和容器； （八）食品生产经营人员应当保持个人卫生，生产经营食品时，应当将手洗净，穿戴清洁的工作衣、帽等；销售无包装的直接入口食品时，应当使用无毒、清洁的容器、售货工具和设备；

相关执法参考	相关法律法规（5）	（九）用水应当符合国家规定的生活饮用水卫生标准； （十）使用的洗涤剂、消毒剂应当对人体安全、无害； （十一）法律、法规规定的其他要求。 　　非食品生产经营者从事食品贮存、运输和装卸的，应当符合前款第六项的规定。 　　**第三十四条**　禁止生产经营下列食品、食品添加剂、食品相关产品： （一）用非食品原料生产的食品或者添加食品添加剂以外的化学物质和其他可能危害人体健康物质的食品，或者用回收食品作为原料生产的食品； （二）致病性微生物，农药残留、兽药残留、生物毒素、重金属等污染物质以及其他危害人体健康的物质含量超过食品安全标准限量的食品、食品添加剂、食品相关产品； （三）用超过保质期的食品原料、食品添加剂生产的食品、食品添加剂； （四）超范围、超限量使用食品添加剂的食品； （五）营养成分不符合食品安全标准的专供婴幼儿和其他特定人群的主辅食品； （六）腐败变质、油脂酸败、霉变生虫、污秽不洁、混有异物、掺假掺杂或者感官性状异常的食品、食品添加剂； （七）病死、毒死或者死因不明的禽、畜、兽、水产动物肉类及其制品； （八）未按规定进行检疫或者检疫不合格的肉类，或者未经检验或者检验不合格的肉类制品； （九）被包装材料、容器、运输工具等污染的食品、食品添加剂； （十）标注虚假生产日期、保质期或者超过保质期的食品、食品添加剂； （十一）无标签的预包装食品、食品添加剂； （十二）国家为防病等特殊需要明令禁止生产经营的食品； （十三）其他不符合法律、法规或者食品安全标准的食品、食品添加剂、食品相关产品。 　　**第三十五条**　国家对食品生产经营实行许可制度。从事食品生产、食品销售、餐饮服务，应当依法取得许可。但是，销售食用农产品，不需要取得许可。 　　县级以上地方人民政府食品安全监督管理部门应当依照《中华人民共和国行政许可法》的规定，审核申请人提交的本法第三十三条第一款第一项至第四项规定要求的相关资料，必要时对申请人的生产经营场所进行现场核查；对符合规定条件的，准予许可；对不符合规定条件的，不予许可并书面说明理由。 　　**第六十七条**　预包装食品的包装上应当有标签。标签应当标明下列事项： （一）名称、规格、净含量、生产日期； （二）成分或者配料表； （三）生产者的名称、地址、联系方式； （四）保质期； （五）产品标准代号； （六）贮存条件； （七）所使用的食品添加剂在国家标准中的通用名称； （八）生产许可证编号； （九）法律、法规或者食品安全标准规定应当标明的其他事项。 　　专供婴幼儿和其他特定人群的主辅食品，其标签还应当标明主要营养成分及其含量。 　　食品安全国家标准对标签标注事项另有规定的，从其规定。 　　**第六十八条**　食品经营者销售散装食品，应当在散装食品的容器、外包装上标明食品的名称、生产日期或者生产批号、保质期以及生产经营者名称、地址、联系方式等内容。 　　**第六十九条**　生产经营转基因食品应当按照规定显著标示。 　　**第七十条**　食品添加剂应当有标签、说明书和包装。标签、说明书应当载明本法第六

十七条第一款第一项至第六项、第八项、第九项规定的事项,以及食品添加剂的使用范围、用量、使用方法,并在标签上载明"食品添加剂"字样。

　　第七十一条　食品和食品添加剂的标签、说明书,不得含有虚假内容,不得涉及疾病预防、治疗功能。生产经营者对其提供的标签、说明书的内容负责。

　　食品和食品添加剂的标签、说明书应当清楚、明显,生产日期、保质期等事项应当显著标注,容易辨识。

　　食品和食品添加剂与其标签、说明书的内容不符的,不得上市销售。

　　第七十二条　食品经营者应当按照食品标签标示的警示标志、警示说明或者注意事项的要求销售食品。

　　第七十三条　食品广告的内容应当真实合法,不得含有虚假内容,不得涉及疾病预防、治疗功能。食品生产经营者对食品广告内容的真实性、合法性负责。

　　县级以上人民政府食品安全监督管理部门和其他有关部门以及食品检验机构、食品行业协会不得以广告或者其他形式向消费者推荐食品。消费者组织不得以收取费用或者其他牟取利益的方式向消费者推荐食品。

　　第一百四十九条　违反本法规定,构成犯罪的,依法追究刑事责任。

　　第一百五十条　本法下列用语的含义:

　　食品,指各种供人食用或者饮用的成品和原料以及按照传统既是食品又是中药材的物品,但是不包括以治疗为目的的物品。

　　食品安全,指食品无毒、无害,符合应当有的营养要求,对人体健康不造成任何急性、亚急性或者慢性危害。

　　预包装食品,指预先定量包装或者制作在包装材料、容器中的食品。

　　食品添加剂,指为改善食品品质和色、香、味以及为防腐、保鲜和加工工艺的需要而加入食品中的人工合成或者天然物质,包括营养强化剂。

　　用于食品的包装材料和容器,指包装、盛放食品或者食品添加剂用的纸、竹、木、金属、搪瓷、陶瓷、塑料、橡胶、天然纤维、化学纤维、玻璃等制品和直接接触食品或者食品添加剂的涂料。

　　用于食品生产经营的工具、设备,指在食品或者食品添加剂生产、销售、使用过程中直接接触食品或者食品添加剂的机械、管道、传送带、容器、用具、餐具等。

　　用于食品的洗涤剂、消毒剂,指直接用于洗涤或者消毒食品、餐具、饮具以及直接接触食品的工具、设备或者食品包装材料和容器的物质。

　　食品保质期,指食品在标明的贮存条件下保持品质的期限。

　　食源性疾病,指食品中致病因素进入人体引起的感染性、中毒性等疾病,包括食物中毒。

　　食品安全事故,指食源性疾病、食品污染等源于食品,对人体健康有危害或者可能有危害的事故。

　　第一百五十一条　转基因食品和食盐的食品安全管理,本法未作规定的,适用其他法律、行政法规的规定。

　　第一百五十二条　铁路、民航运营中食品安全的管理办法由国务院食品安全监督管理部门会同国务院有关部门依照本法制定。

　　保健食品的具体管理办法由国务院食品安全监督管理部门依照本法制定。

　　食品相关产品生产活动的具体管理办法由国务院食品安全监督管理部门依照本法制定。

　　国境口岸食品的监督管理由出入境检验检疫机构依照本法以及有关法律、行政法规的规定实施。

　　军队专用食品和自供食品的食品安全管理办法由中央军事委员会依照本法制定。

| 相关执法参考 | 相关法律法规（6） | 《食品安全法实施条例》（节录）
（2009年7月20日中华人民共和国国务院令第557号公布，根据2016年2月6日《国务院关于修改部分行政法规的决定》修订，根据2019年3月26日国务院第42次常务会议修订通过，自2019年12月1日起施行）
第二条 食品生产经营者应当依照法律、法规和食品安全标准从事生产经营活动，建立健全食品安全管理制度，采取有效措施预防和控制食品安全风险，保证食品安全。
第十五条 食品生产经营许可的有效期为5年。
食品生产经营者的生产经营条件发生变化，不再符合食品生产经营要求的，食品生产经营者应当立即采取整改措施；需要重新办理许可手续的，应当依法办理。
第十六条 国务院卫生行政部门应当及时公布新的食品原料、食品添加剂新品种和食品相关产品新品种目录以及所适用的食品安全国家标准。
对按照传统既是食品又是中药材的物质目录，国务院卫生行政部门会同国务院食品安全监督管理部门应当及时更新。
第十七条 国务院食品安全监督管理部门会同国务院农业行政等有关部门明确食品安全全程追溯基本要求，指导食品生产经营者通过信息化手段建立、完善食品安全追溯体系。
食品安全监督管理等部门应当将婴幼儿配方食品等针对特定人群的食品以及其他食品安全风险较高或者销售量大的食品的追溯体系建设作为监督检查的重点。
第十八条 食品生产经营者应当建立食品安全追溯体系，依照食品安全法的规定如实记录并保存进货查验、出厂检验、食品销售等信息，保证食品可追溯。
第十九条 食品生产经营企业的主要负责人对本企业的食品安全工作全面负责，建立并落实本企业的食品安全责任制，加强供货者管理、进货查验和出厂检验、生产经营过程控制、食品安全自查等工作。食品生产经营企业的食品安全管理人员应当协助企业主要负责人做好食品安全管理工作。
第二十条 食品生产经营企业应当加强对食品安全管理人员的培训和考核。食品安全管理人员应当掌握与其岗位相适应的食品安全法律、法规、标准和专业知识，具备食品安全管理能力。食品安全监督管理部门应当对企业食品安全管理人员进行随机监督抽查考核。考核指南由国务院食品安全监督管理部门制定、公布。
第二十一条 食品、食品添加剂生产经营者委托生产食品、食品添加剂的，应当委托取得食品生产许可、食品添加剂生产许可的生产者生产，并对其生产行为进行监督，对委托生产的食品、食品添加剂的安全负责。受托方应当依照法律、法规、食品安全标准以及合同约定进行生产，对生产行为负责，并接受委托方的监督。
第二十二条 食品生产经营者不得在食品生产、加工场所贮存依照本条例第六十三条规定制定的名录中的物质。
第二十三条 对食品进行辐照加工，应当遵守食品安全国家标准，并按照食品安全国家标准的要求对辐照加工食品进行检验和标注。
第二十四条 贮存、运输对温度、湿度等有特殊要求的食品，应当具备保温、冷藏或者冷冻等设备设施，并保持有效运行。
第二十五条 食品生产经营者委托贮存、运输食品的，应当对受托方的食品安全保障能力进行审核，并监督受托方按照保证食品安全的要求贮存、运输食品。受托方应当保证食品贮存、运输条件符合食品安全的要求，加强食品贮存、运输过程管理。
接受食品生产经营者委托贮存、运输食品的，应当如实记录委托方和收货方的名称、地址、联系方式等内容。记录保存期限不得少于贮存、运输结束后2年。
非食品生产经营者从事对温度、湿度等有特殊要求的食品贮存业务的，应当自取得营业执照之日起30个工作日内向所在地县级人民政府食品安全监督管理部门备案。 |

相关执法参考	相关法律法规（6）	第二十六条　餐饮服务提供者委托餐具饮具集中消毒服务单位提供清洗消毒服务的，应当查验、留存餐具饮具集中消毒服务单位的营业执照复印件和消毒合格证明。保存期限不得少于消毒餐具饮具使用期限到期后6个月。 　　第二十七条　餐具饮具集中消毒服务单位应当建立餐具饮具出厂检验记录制度，如实记录出厂餐具饮具的数量、消毒日期和批号、使用期限、出厂日期以及委托方名称、地址、联系方式等内容。出厂检验记录保存期限不得少于消毒餐具饮具使用期限到期后6个月。消毒后的餐具饮具应当在独立包装上标注单位名称、地址、联系方式、消毒日期和批号以及使用期限等内容。 　　第二十八条　学校、托幼机构、养老机构、建筑工地等集中用餐单位的食堂应当执行原料控制、餐具饮具清洗消毒、食品留样等制度，并依照食品安全法第四十七条的规定定期开展食堂食品安全自查。 　　承包经营集中用餐单位食堂的，应当依法取得食品经营许可，并对食堂的食品安全负责。集中用餐单位应当督促承包方落实食品安全管理制度，承担管理责任。 　　第二十九条　食品生产经营者应当对变质、超过保质期或者回收的食品进行显著标示或者单独存放在有明确标志的场所，及时采取无害化处理、销毁等措施并如实记录。 　　食品安全法所称回收食品，是指已经售出，因违反法律、法规、食品安全标准或者超过保质期等原因，被召回或者退回的食品，不包括依照食品安全法第六十三条第三款的规定可以继续销售的食品。 　　第三十三条　生产经营转基因食品应当显著标示，标示办法由国务院食品安全监督管理部门会同国务院农业行政部门制定。 　　第三十四条　禁止利用包括会议、讲座、健康咨询在内的任何方式对食品进行虚假宣传。食品安全监督管理部门发现虚假宣传行为的，应当依法及时处理。 　　第三十五条　保健食品生产工艺有原料提取、纯化等前处理工序的，生产企业应当具备相应的原料前处理能力。 　　第三十六条　特殊医学用途配方食品生产企业应当按照食品安全国家标准规定的检验项目对出厂产品实施逐批检验。 　　特殊医学用途配方食品中的特定全营养配方食品应当通过医疗机构或者药品零售企业向消费者销售。医疗机构、药品零售企业销售特定全营养配方食品的，不需要取得食品经营许可，但是应当遵守食品安全法和本条例关于食品销售的规定。 　　第三十七条　特殊医学用途配方食品中的特定全营养配方食品广告按照处方药广告管理，其他类别的特殊医学用途配方食品广告按照非处方药广告管理。 　　第三十八条　对保健食品之外的其他食品，不得声称具有保健功能。 　　对添加食品安全国家标准规定的选择性添加物质的婴幼儿配方食品，不得以选择性添加物质命名。 　　第三十九条　特殊食品的标签、说明书内容应当与注册或者备案的标签、说明书一致。销售特殊食品，应当核对食品标签、说明书内容是否与注册或者备案的标签、说明书一致，不一致的不得销售。省级以上人民政府食品安全监督管理部门应当在其网站上公布注册或者备案的特殊食品的标签、说明书。 　　特殊食品不得与普通食品或者药品混放销售。

| 相关执法参考 | 相关法律法规（7） | 《食品生产许可管理办法》（节录）
（2015年8月31日国家食品药品监督管理总局令第16号公布，根据2017年11月7日国家食品药品监督管理总局局务会议《关于修改部分规章的决定》修正，2019年12月23日经国家市场监督管理总局2019年第18次局务会议审议通过，2020年1月2日国家市场监督管理总局令第24号公布，自2020年3月1日起施行）
第二条　在中华人民共和国境内，从事食品生产活动，应当依法取得食品生产许可。
食品生产许可的申请、受理、审查、决定及其监督检查，适用本办法。
第三条　食品生产许可应当遵循依法、公开、公平、公正、便民、高效的原则。
第四条　食品生产许可实行一企一证原则，即同一个食品生产者从事食品生产活动，应当取得一个食品生产许可证。
第五条　市场监督管理部门按照食品的风险程度，结合食品原料、生产工艺等因素，对食品生产实施分类许可。
第六条　国家市场监督管理总局负责监督指导全国食品生产许可管理工作。
县级以上地方市场监督管理部门负责本行政区域内的食品生产许可监督管理工作。
第七条　省、自治区、直辖市市场监督管理部门可以根据食品类别和食品安全风险状况，确定市、县级市场监督管理部门的食品生产许可管理权限。
保健食品、特殊医学用途配方食品、婴幼儿配方食品、婴幼儿辅助食品、食盐等食品的生产许可，由省、自治区、直辖市市场监督管理部门负责。
第八条　国家市场监督管理总局负责制定食品生产许可审查通则和细则。
省、自治区、直辖市市场监督管理部门可以根据本行政区域食品生产许可审查工作的需要，对地方特色食品制定食品生产许可审查细则，在本行政区域内实施，并向国家市场监督管理总局报告。国家市场监督管理总局制定公布相关食品生产许可审查细则后，地方特色食品生产许可审查细则自行废止。
县级以上地方市场监督管理部门实施食品生产许可审查，应当遵守食品生产许可审查通则和细则。
第九条　县级以上地方市场监督管理部门应当加快信息化建设，推进许可申请、受理、审查、发证、查询等全流程网上办理，并在行政机关的网站上公布生产许可事项，提高办事效率。
第十条　申请食品生产许可，应当先行取得营业执照等合法主体资格。
企业法人、合伙企业、个人独资企业、个体工商户、农民专业合作组织等，以营业执照载明的主体作为申请人。
第十一条　申请食品生产许可，应当按照以下食品类别提出：粮食加工品，食用油、油脂及其制品，调味品，肉制品，乳制品，饮料，方便食品，饼干，罐头，冷冻饮品，速冻食品，薯类和膨化食品，糖果制品，茶叶及相关制品，酒类，蔬菜制品，水果制品，炒货食品及坚果制品，蛋制品，可可及焙烤咖啡产品，食糖，水产制品，淀粉及淀粉制品，糕点，豆制品，蜂产品，保健食品，特殊医学用途配方食品，婴幼儿配方食品，特殊膳食食品，其他食品等。
国家市场监督管理总局可以根据监督管理工作需要对食品类别进行调整。
第十二条　申请食品生产许可，应当符合下列条件：
（一）具有与生产的食品品种、数量相适应的食品原料处理和食品加工、包装、贮存等场所，保持该场所环境整洁，并与有毒、有害场所以及其他污染源保持规定的距离；
（二）具有与生产的食品品种、数量相适应的生产设备或者设施，有相应的消毒、更衣、盥洗、采光、照明、通风、防腐、防尘、防蝇、防鼠、防虫、洗涤以及处理废水、存放垃圾和废弃物的设备或者设施；保健食品生产工艺有原料提取、纯化等前处理工序的，需要具备与生产的品种、数量相适应的原料前处理设备或者设施； |

| 相关执法参考 | 相关法律法规（7） | （三）有专职或者兼职的食品安全专业技术人员、食品安全管理人员和保证食品安全的规章制度；
（四）具有合理的设备布局和工艺流程，防止待加工食品与直接入口食品、原料与成品交叉污染，避免食品接触有毒物、不洁物；
（五）法律、法规规定的其他条件。
第十三条　申请食品生产许可，应当向申请人所在地县级以上地方市场监督管理部门提交下列材料：
（一）食品生产许可申请书；
（二）食品生产设备布局图和食品生产工艺流程图；
（三）食品生产主要设备、设施清单；
（四）专职或者兼职的食品安全专业技术人员、食品安全管理人员信息和食品安全管理制度。
第十四条　申请保健食品、特殊医学用途配方食品、婴幼儿配方食品等特殊食品的生产许可，还应当提交与所生产食品相适应的生产质量管理体系文件以及相关注册和备案文件。
第十五条　从事食品添加剂生产活动，应当依法取得食品添加剂生产许可。
申请食品添加剂生产许可，应当具备与所生产食品添加剂品种相适应的场所、生产设备或者设施、食品安全管理人员、专业技术人员和管理制度。
第十六条　申请食品添加剂生产许可，应当向申请人所在地县级以上地方市场监督管理部门提交下列材料：
（一）食品添加剂生产许可申请书；
（二）食品添加剂生产设备布局图和生产工艺流程图；
（三）食品添加剂生产主要设备、设施清单；
（四）专职或者兼职的食品安全专业技术人员、食品安全管理人员信息和食品安全管理制度。
第十七条　申请人应当如实向市场监督管理部门提交有关材料和反映真实情况，对申请材料的真实性负责，并在申请书等材料上签名或者盖章。
第十八条　申请人申请生产多个类别食品的，由申请人按省级市场监督管理部门确定的食品生产许可管理权限，自主选择其中一个受理部门提交申请材料。受理部门应当及时告知有相应审批权限的市场监督管理部门，组织联合审查。
第十九条　县级以上地方市场监督管理部门对申请人提出的食品生产许可申请，应当根据下列情况分别作出处理：
（一）申请事项依法不需要取得食品生产许可的，应当即时告知申请人不受理；
（二）申请事项依法不属于市场监督管理部门职权范围的，应当即时作出不予受理的决定，并告知申请人向有关行政机关申请；
（三）申请材料存在可以当场更正的错误的，应当允许申请人当场更正，由申请人在更正处签名或者盖章，注明更正日期；
（四）申请材料不齐全或者不符合法定形式的，应当当场或者在 5 个工作日内一次告知申请人需要补正的全部内容。当场告知的，应当将申请材料退回申请人；在 5 个工作日内告知的，应当收取申请材料并出具收到申请材料的凭据。逾期不告知的，自收到申请材料之日起即为受理；
（五）申请材料齐全、符合法定形式，或者申请人按照要求提交全部补正材料的，应当受理食品生产许可申请。
第二十条　县级以上地方市场监督管理部门对申请人提出的申请决定予以受理的，应当出具受理通知书；决定不予受理的，应当出具不予受理通知书，说明不予受理的理由， |

| 相关执法参考 | 相关法律法规（7） | 并告知申请人依法享有申请行政复议或者提起行政诉讼的权利。
第三十二条　食品生产许可证有效期内，食品生产者名称、现有设备布局和工艺流程、主要生产设备设施、食品类别等事项发生变化，需要变更食品生产许可证载明的许可事项的，食品生产者应当在变化后10个工作日内向原发证的市场监督管理部门提出变更申请。
食品生产者的生产场所迁址的，应当重新申请食品生产许可。
食品生产许可证副本载明的同一食品类别内的事项发生变化的，食品生产者应当在变化后10个工作日内向原发证的市场监督管理部门报告。
食品生产者的生产条件发生变化，不再符合食品生产要求，需要重新办理许可手续的，应当依法办理。
第三十三条　申请变更食品生产许可的，应当提交下列申请材料：
（一）食品生产许可变更申请书；
（二）与变更食品生产许可事项有关的其他材料。
第三十四条　食品生产者需要延续依法取得的食品生产许可的有效期的，应当在该食品生产许可有效期届满30个工作日前，向原发证的市场监督管理部门提出申请。
第三十五条　食品生产者申请延续食品生产许可，应当提交下列材料：
（一）食品生产许可延续申请书；
（二）与延续食品生产许可事项有关的其他材料。
保健食品、特殊医学用途配方食品、婴幼儿配方食品的生产企业申请延续食品生产许可的，还应当提供生产质量管理体系运行情况的自查报告。
第三十六条　县级以上地方市场监督管理部门应当根据被许可人的延续申请，在该食品生产许可有效期届满前作出是否准予延续的决定。
第三十七条　县级以上地方市场监督管理部门应当对变更或者延续食品生产许可的申请材料进行审查，并按照本办法第二十一条的规定实施现场核查。
申请人声明生产条件未发生变化的，县级以上地方市场监督管理部门可以不再进行现场核查。
申请人的生产条件及周边环境发生变化，可能影响食品安全的，市场监督管理部门应当就变化情况进行现场核查。
保健食品、特殊医学用途配方食品、婴幼儿配方食品注册或者备案的生产工艺发生变化的，应当先办理注册或者备案变更手续。
第三十八条　市场监督管理部门决定准予变更的，应当向申请人颁发新的食品生产许可证。食品生产许可证编号不变，发证日期为市场监督管理部门作出变更许可决定的日期，有效期与原证书一致。但是，对因迁址等原因而进行全面现场核查的，其换发的食品生产许可证有效期自发证之日起计算。
因食品安全国家标准发生重大变化，国家和省级市场监督管理部门决定组织重新核查而换发的食品生产许可证，其发证日期以重新批准日期为准，有效期自重新发证之日起计算。
第三十九条　市场监督管理部门决定准予延续的，应当向申请人颁发新的食品生产许可证，许可证编号不变，有效期自市场监督管理部门作出延续许可决定之日起计算。
不符合许可条件的，市场监督管理部门应当作出不予延续食品生产许可的书面决定，并说明理由。
第四十条　食品生产者终止食品生产，食品生产许可被撤回、撤销，应当在20个工作日内向原发证的市场监督管理部门申请办理注销手续。
食品生产者申请注销食品生产许可的，应当向原发证的市场监督管理部门提交食品生产许可注销申请书。 |

相关执法参考	相关法律法规（7）	食品生产许可被注销的，许可证编号不得再次使用。 第四十一条　有下列情形之一，食品生产者未按规定申请办理注销手续的，原发证的市场监督管理部门应当依法办理食品生产许可注销手续，并在网站进行公示： （一）食品生产许可有效期届满未申请延续的； （二）食品生产者主体资格依法终止的； （三）食品生产许可依法被撤回、撤销或者食品生产许可证依法被吊销的； （四）因不可抗力导致食品生产许可事项无法实施的； （五）法律法规规定的应当注销食品生产许可的其他情形。 第四十二条　食品生产许可证变更、延续与注销的有关程序参照本办法第二章、第三章的有关规定执行。
	相关法律法规（8）	《食品经营许可管理办法》（节录） （2015年8月31日，国家食品药品监督管理总局令第17号公布，自2015年10月1日起施行，2017年11月7日，根据国家食品药品监督管理总局令第37号通过《国家食品药品监督管理总局关于修改部分规章的决定》修改） 第二条　在中华人民共和国境内，从事食品销售和餐饮服务活动，应当依法取得食品经营许可。 食品经营许可的申请、受理、审查、决定及其监督检查，适用本办法。 第三条　食品经营许可应当遵循依法、公开、公平、公正、便民、高效的原则。 第四条　食品经营许可实行一地一证原则，即食品经营者在一个经营场所从事食品经营活动，应当取得一个食品经营许可证。 第五条　食品药品监督管理部门按照食品经营主体业态和经营项目的风险程度对食品经营实施分类许可。 第六条　国家食品药品监督管理总局负责监督指导全国食品经营许可管理工作。 县级以上地方食品药品监督管理部门负责本行政区域内的食品经营许可管理工作。 省、自治区、直辖市食品药品监督管理部门可以根据食品类别和食品安全风险状况，确定市、县级食品药品监督管理部门的食品经营许可管理权限。 第七条　国家食品药品监督管理总局负责制定食品经营许可审查通则。 县级以上地方食品药品监督管理部门实施食品经营许可审查，应当遵守食品经营许可审查通则。 第八条　县级以上食品药品监督管理部门应当加快信息化建设，在行政机关的网站上公布经营许可事项，方便申请人采取数据电文等方式提出经营许可申请，提高办事效率。 第九条　申请食品经营许可，应当先行取得营业执照等合法主体资格。 企业法人、合伙企业、个人独资企业、个体工商户等，以营业执照载明的主体作为申请人。 机关、事业单位、社会团体、民办非企业单位、企业等申办单位食堂，以机关或者事业单位法人登记证、社会团体登记证或者营业执照等载明的主体作为申请人。 第十条　申请食品经营许可，应当按照食品经营主体业态和经营项目分类提出。 食品经营主体业态分为食品销售经营者、餐饮服务经营者、单位食堂。食品经营者申请通过网络经营、建立中央厨房或者从事集体用餐配送的，应当在主体业态后以括号标注。 食品经营项目分为预包装食品销售（含冷藏冷冻食品、不含冷藏冷冻食品）、散装食品销售（含冷藏冷冻食品、不含冷藏冷冻食品）、特殊食品销售（保健食品、特殊医学用途配方食品、婴幼儿配方乳粉、其他婴幼儿配方食品）、其他类食品销售；热食类食品制售、冷食类食品制售、生食类食品制售、糕点类食品制售、自制饮品制售、其他类食品制售等。

列入其他类食品销售和其他类食品制售的具体品种应当报国家食品药品监督管理总局批准后执行，并明确标注。具有热、冷、生、固态、液态等多种情形，难以明确归类的食品，可以按照食品安全风险等级最高的情形进行归类。

国家食品药品监督管理总局可以根据监督管理工作需要对食品经营项目类别进行调整。

第十一条　申请食品经营许可，应当符合下列条件：

（一）具有与经营的食品品种、数量相适应的食品原料处理和食品加工、销售、贮存等场所，保持该场所环境整洁，并与有毒、有害场所以及其他污染源保持规定的距离；

（二）具有与经营的食品品种、数量相适应的经营设备或者设施，有相应的消毒、更衣、盥洗、采光、照明、通风、防腐、防尘、防蝇、防鼠、防虫、洗涤以及处理废水、存放垃圾和废弃物的设备或者设施；

（三）有专职或者兼职的食品安全管理人员和保证食品安全的规章制度；

（四）具有合理的设备布局和工艺流程，防止待加工食品与直接入口食品、原料与成品交叉污染，避免食品接触有毒物、不洁物；

（五）法律、法规规定的其他条件。

第十二条　申请食品经营许可，应当向申请人所在地县级以上地方食品药品监督管理部门提交下列材料：

（一）食品经营许可申请书；

（二）营业执照或者其他主体资格证明文件复印件；

（三）与食品经营相适应的主要设备设施布局、操作流程等文件；

（四）食品安全自查、从业人员健康管理、进货查验记录、食品安全事故处置等保证食品安全的规章制度。

利用自动售货设备从事食品销售的，申请人还应当提交自动售货设备的产品合格证明、具体放置地点，经营者名称、住所、联系方式、食品经营许可证的公示方法等材料。

申请人委托他人办理食品经营许可申请的，代理人应当提交授权委托书以及代理人的身份证明文件。

第十三条　申请人应当如实向食品药品监督管理部门提交有关材料和反映真实情况，对申请材料的真实性负责，并在申请书等材料上签名或者盖章。

第十四条　县级以上地方食品药品监督管理部门对申请人提出的食品经营许可申请，应当根据下列情况分别作出处理：

（一）申请事项依法不需要取得食品经营许可的，应当即时告知申请人不受理。

（二）申请事项依法不属于食品药品监督管理部门职权范围的，应当即时作出不予受理的决定，并告知申请人向有关行政机关申请。

（三）申请材料存在可以当场更正的错误的，应当允许申请人当场更正，由申请人在更正处签名或者盖章，注明更正日期。

（四）申请材料不齐全或者不符合法定形式的，应当当场或者在5个工作日内一次告知申请人需要补正的全部内容。当场告知的，应当将申请材料退回申请人；在5个工作日内告知的，应当收取申请材料并出具收到申请材料的凭据。逾期不告知的，自收到申请材料之日起即为受理。

（五）申请材料齐全、符合法定形式，或者申请人按照要求提交全部补正材料的，应当受理食品经营许可申请。

第十五条　县级以上地方食品药品监督管理部门对申请人提出的申请决定予以受理的，应当出具受理通知书；决定不予受理的，应当出具不予受理通知书，说明不予受理的理由，并告知申请人依法享有申请行政复议或者提起行政诉讼的权利。

第二十七条　食品经营许可证载明的许可事项发生变化的，食品经营者应当在变化后

10个工作日内向原发证的食品药品监督管理部门申请变更经营许可。

经营场所发生变化的，应当重新申请食品经营许可。外设仓库地址发生变化的，食品经营者应当在变化后10个工作日内向原发证的食品药品监督管理部门报告。

第二十八条 申请变更食品经营许可的，应当提交下列申请材料：

（一）食品经营许可变更申请书；

（二）食品经营许可证正本、副本；

（三）与变更食品经营许可事项有关的其他材料。

第二十九条 食品经营者需要延续依法取得的食品经营许可的有效期的，应当在该食品经营许可有效期届满30个工作日前，向原发证的食品药品监督管理部门提出申请。

第三十条 食品经营者申请延续食品经营许可，应当提交下列材料：

（一）食品经营许可延续申请书；

（二）食品经营许可证正本、副本；

（三）与延续食品经营许可事项有关的其他材料。

第三十一条 县级以上地方食品药品监督管理部门应当根据被许可人的延续申请，在该食品经营许可有效期届满前作出是否准予延续的决定。

第三十二条 县级以上地方食品药品监督管理部门应当对变更或者延续食品经营许可的申请材料进行审查。

申请人声明经营条件未发生变化的，县级以上地方食品药品监督管理部门可以不再进行现场核查。

申请人的经营条件发生变化，可能影响食品安全的，食品药品监督管理部门应当就变化情况进行现场核查。

第三十三条 原发证的食品药品监督管理部门决定准予变更的，应当向申请人颁发新的食品经营许可证。食品经营许可证编号不变，发证日期为食品药品监督管理部门作出变更许可决定的日期，有效期与原证书一致。

第三十四条 原发证的食品药品监督管理部门决定准予延续的，应当向申请人颁发新的食品经营许可证，许可证编号不变，有效期自食品药品监督管理部门作出延续许可决定之日起计算。

不符合许可条件的，原发证的食品药品监督管理部门应当作出不予延续食品经营许可的书面决定，并说明理由。

第三十五条 食品经营许可证遗失、损坏的，应当向原发证的食品药品监督管理部门申请补办，并提交下列材料：

（一）食品经营许可证补办申请书。

（二）食品经营许可证遗失的，申请人应当提交在县级以上地方食品药品监督管理部门网站或者其他县级以上主要媒体上刊登遗失公告的材料；食品经营许可证损坏的，应当提交损坏的食品经营许可证原件。

材料符合要求的，县级以上地方食品药品监督管理部门应当在受理后20个工作日内予以补发。

因遗失、损坏补发的食品经营许可证，许可证编号不变，发证日期和有效期与原证书保持一致。

第三十六条 食品经营者终止食品经营，食品经营许可被撤回、撤销或者食品经营许可证被吊销的，应当在30个工作日内向原发证的食品药品监督管理部门申请办理注销手续。

食品经营者申请注销食品经营许可的，应当向原发证的食品药品监督管理部门提交下列材料：

（一）食品经营许可注销申请书；

相关执法参考	相关法律法规(8)	（二）食品经营许可证正本、副本； （三）与注销食品经营许可有关的其他材料。 **第三十七条** 有下列情形之一，食品经营者未按规定申请办理注销手续的，原发证的食品药品监督管理部门应当依法办理食品经营许可注销手续： （一）食品经营许可有效期届满未申请延续的； （二）食品经营者主体资格依法终止的； （三）食品经营许可依法被撤回、撤销或者食品经营许可证依法被吊销的； （四）因不可抗力导致食品经营许可事项无法实施的； （五）法律法规规定的应当注销食品经营许可的其他情形。 食品经营许可被注销的，许可证编号不得再次使用。 **第三十八条** 食品经营许可证变更、延续、补办与注销的有关程序参照本办法第二章和第三章的有关规定执行。
	相关法律法规(9)	《餐饮服务许可管理办法》（节录） （已于2010年2月8日经卫生部部务会议审议通过，现予以发布，自2010年5月1日起施行） **第二条** 本办法适用于从事餐饮服务的单位和个人（以下简称餐饮服务提供者），不适用于食品摊贩和为餐饮服务提供者提供食品半成品的单位和个人。 餐饮服务实行许可制度。餐饮服务提供者应当取得《餐饮服务许可证》，并依法承担餐饮服务的食品安全责任。 集体用餐配送单位纳入餐饮服务许可管理的范围。 **第三条** 国家食品药品监督管理局主管全国餐饮服务许可管理工作，地方各级食品药品监督管理部门负责本行政区域内的餐饮服务许可管理工作。 **第四条** 餐饮服务许可按照餐饮服务提供者的业态和规模实施分类管理。餐饮服务分类许可的审查规范由国家食品药品监督管理局制定。 《餐饮服务许可证》受理和审批的许可机关由各省、自治区、直辖市食品药品监督管理部门规定。 **第五条** 食品药品监督管理部门实施餐饮服务许可应当符合法律、法规和规章规定的权限、范围、条件与程序，遵循公开、公平、公正、便民原则。 **第六条** 食品药品监督管理部门应当建立餐饮服务许可信息和档案管理制度，定期公告取得或者注销餐饮服务许可的餐饮服务提供者名录。 **第七条** 食品药品监督管理部门应当加强对实施餐饮服务许可的监督检查。 **第八条** 任何单位和个人有权举报餐饮服务许可实施过程中的违法行为，食品药品监督管理部门应当及时核实、处理。 **第九条** 申请人向食品药品监督管理部门提出餐饮服务许可申请应当具备以下基本条件： （一）具有与制作供应的食品品种、数量相适应的食品原料处理和食品加工、贮存等场所，保持该场所环境整洁，并与有毒、有害场所以及其他污染源保持规定的距离； （二）具有与制作供应的食品品种、数量相适应的经营设备或者设施，有相应的消毒、更衣、洗手、采光、照明、通风、冷冻冷藏、防尘、防蝇、防鼠、防虫、洗涤以及处理废水、存放垃圾和废弃物的设备或者设施； （三）具有经食品安全培训、符合相关条件的食品安全管理人员，以及与本单位实际相适应的保证食品安全的规章制度； （四）具有合理的布局和加工流程，防止待加工食品与直接入口食品、原料与成品交叉污染，避免食品接触有毒物、不洁物； （五）国家食品药品监督管理局或者省、自治区、直辖市食品药品监督管理部门规定

的其他条件。

餐饮服务食品安全管理人员的条件和食品安全培训的有关要求由国家食品药品监督管理局制定。

第十条 申请《餐饮服务许可证》应当提交以下材料：

（一）《餐饮服务许可证》申请书；

（二）名称预先核准证明（已从事其他经营的可提供营业执照复印件）；

（三）餐饮服务经营场所和设备布局、加工流程、卫生设施等示意图；

（四）法定代表人（负责人或者业主）的身份证明（复印件），以及不属于本办法第三十六条、第三十七条情形的说明材料；

（五）食品安全管理人员符合本办法第九条有关条件的材料；

（六）保证食品安全的规章制度；

（七）国家食品药品监督管理局或者省、自治区、直辖市食品药品监督管理部门规定的其他材料。

第十一条 申请人提交的材料应当真实、完整，并对材料的真实性负责。

第十二条 食品药品监督管理部门依据《行政许可法》，对申请人提出的餐饮服务许可申请分别做出以下处理：

（一）申请事项依法不需要取得餐饮服务许可，或者依法不属于食品药品监督管理部门职权范围的，应当即时告知申请人不接收申请的原因；

（二）申请材料存在可以当场更正的错误的，应当允许申请人当场更正，申请人应当对更正内容签章确认；

（三）申请材料不齐全或者不符合法定形式的，应当当场或者在 5 个工作日内一次性告知申请人需要补正的全部内容，逾期不告知的，自收到申请材料之日起即为受理；

（四）申请事项属于食品药品监督管理部门职权范围，申请材料齐全且符合法定形式的，应当做出受理决定。

第十八条 餐饮服务提供者的名称、法定代表人（负责人或者业主）或者地址门牌号改变（实际经营场所未改变）的，应当向原发证部门提出办理《餐饮服务许可证》记载内容变更申请，并提供有关部门出具的有关核准证明。

餐饮服务提供者的许可类别、备注项目以及布局流程、主要卫生设施需要改变的，应当向原发证部门申请办理《餐饮服务许可证》变更手续。原发证部门应当以申请变更内容为重点进行审核。

食品药品监督管理部门根据本条第一款、第二款规定，准予变更《餐饮服务许可证》记载内容或者准予办理变更手续的，颁发新的《餐饮服务许可证》，原《餐饮服务许可证》证号和有效期限不变。

第十九条 餐饮服务提供者需要延续《餐饮服务许可证》的，应当在《餐饮服务许可证》有效期届满 30 日前向原发证部门书面提出延续申请。逾期提出延续申请的，按照新申请《餐饮服务许可证》办理。

第二十条 申请延续《餐饮服务许可证》应当提供以下材料：

（一）《餐饮服务许可证》延续申请书；

（二）原《餐饮服务许可证》复印件；

（三）原《餐饮服务许可证》的经营场所、布局流程、卫生设施等内容有变化或者无变化的说明材料；

（四）省、自治区、直辖市食品药品监督管理部门规定的其他材料。

第二十一条 原发证部门受理《餐饮服务许可证》延续申请后，应当重点对原许可的经营场所、布局流程、卫生设施等是否有变化，以及是否符合本办法第九条的规定进行审核。准予延续的，颁发新的《餐饮服务许可证》，原《餐饮服务许可证》证号不变。

相关法律法规（9）	第二十二条　《餐饮服务许可证》变更、延续的程序按照本办法第二章、第三章的有关规定执行。 第二十三条　餐饮服务提供者在领取变更、延续后的新《餐饮服务许可证》时，应当将原《餐饮服务许可证》交回发证部门。 第二十四条　餐饮服务提供者遗失《餐饮服务许可证》的，应当于遗失后60日内公开声明《餐饮服务许可证》遗失，向原发证部门申请补发。《餐饮服务许可证》毁损的，凭毁损的原证向原发证部门申请补发。 第二十五条　有下列情形之一的，发证部门应当依法注销《餐饮服务许可证》： （一）《餐饮服务许可证》有效期届满未申请延续的，或者延续申请未被批准的； （二）餐饮服务提供者依法终止的； （三）《餐饮服务许可证》依法被撤销、撤回或者被吊销的； （四）餐饮服务提供者主动申请注销的； （五）依法应当注销《餐饮服务许可证》的其他情形。 第二十六条　《餐饮服务许可证》被注销的，原持证者应当及时将《餐饮服务许可证》原件交回食品药品监督管理部门。食品药品监督部门应当及时做好注销《餐饮服务许可证》的有关登记工作。
相关执法参考 相关法律法规（10）	《粮食管理流通条例》（节录） （2004年5月26日中华人民共和国国务院令第407号公布，根据2013年7月18日《国务院关于废止和修改部分行政法规的决定》第一次修订，根据2016年2月6日《国务院关于修改部分行政法规的决定》第二次修订，2021年2月15日中华人民共和国国务院令第740号第三次修订） 第二条　在中华人民共和国境内从事粮食的收购、销售、储存、运输、加工、进出口等经营活动（以下统称粮食经营活动），应当遵守本条例。 前款所称粮食，是指小麦、稻谷、玉米、杂粮及其成品粮。 第三条　国家鼓励多种所有制市场主体从事粮食经营活动，促进公平竞争。依法从事的粮食经营活动受国家法律保护。严禁以非法手段阻碍粮食自由流通。 国有粮食企业应当转变经营机制，提高市场竞争能力，在粮食流通中发挥主渠道作用，带头执行国家粮食政策。 第四条　粮食价格主要由市场供求形成。 国家加强粮食流通管理，增强对粮食市场的调控能力。 第五条　粮食经营活动应当遵循自愿、公平、诚信的原则，不得损害粮食生产者、消费者的合法权益，不得损害国家利益和社会公共利益，并采取有效措施，防止和减少粮食损失浪费。 第六条　国务院发展改革部门及国家粮食和储备行政管理部门负责全国粮食的总量平衡、宏观调控和重要粮食品种的结构调整以及粮食流通的中长期规划。国家粮食和储备行政管理部门负责粮食流通的行政管理、行业指导，监督有关粮食流通的法律、法规、政策及各项规章制度的执行。 国务院市场监督管理、卫生健康等部门在各自的职责范围内负责与粮食流通有关的工作。 第七条　省、自治区、直辖市应当落实粮食安全党政同责，完善粮食安全省长责任制，承担保障本行政区域粮食安全的主体责任，在国家宏观调控下，负责本行政区域粮食的总量平衡和地方储备粮等的管理。 县级以上地方人民政府粮食和储备行政管理部门负责本行政区域粮食流通的行政管理、行业指导；县级以上地方人民政府市场监督管理、卫生健康等部门在各自的职责范围内负责与粮食流通有关的工作。

第八条 粮食经营者，是指从事粮食收购、销售、储存、运输、加工、进出口等经营活动的自然人、法人和非法人组织。

第九条 从事粮食收购的经营者（以下简称粮食收购者），应当具备与其收购粮食品种、数量相适应的能力。

从事粮食收购的企业（以下简称粮食收购企业），应当向收购地的县级人民政府粮食和储备行政管理部门备案企业名称、地址、负责人以及仓储设施等信息，备案内容发生变化的，应当及时变更备案。

县级以上地方人民政府粮食和储备行政管理部门应当加强粮食收购管理和服务，规范粮食收购活动。具体管理办法由省、自治区、直辖市人民政府制定。

第十条 粮食收购者收购粮食，应当告知售粮者或者在收购场所公示粮食的品种、质量标准和收购价格。

第十一条 粮食收购者收购粮食，应当执行国家粮食质量标准，按质论价，不得损害农民和其他粮食生产者的利益；应当及时向售粮者支付售粮款，不得拖欠；不得接受任何组织或者个人的委托代扣、代缴任何税、费和其他款项。

粮食收购者收购粮食，应当按照国家有关规定进行质量安全检验，确保粮食质量安全。对不符合食品安全标准的粮食，应当作为非食用用途单独储存。

第十二条 粮食收购企业应当向收购地的县级人民政府粮食和储备行政管理部门定期报告粮食收购数量等有关情况。

跨省收购粮食，应当向收购地和粮食收购企业所在地的县级人民政府粮食和储备行政管理部门定期报告粮食收购数量等有关情况。

第十三条 粮食收购者、从事粮食储存的企业（以下简称粮食储存企业）使用的仓储设施，应当符合粮食储存有关标准和技术规范以及安全生产法律、法规的要求，具有与储存品种、规模、周期等相适应的仓储条件，减少粮食储存损耗。

粮食不得与可能对粮食产生污染的有毒有害物质混存，储存粮食不得使用国家禁止使用的化学药剂或者超量使用化学药剂。

第十四条 运输粮食应当严格执行国家粮食运输的技术规范，减少粮食运输损耗。不得使用被污染的运输工具或者包装材料运输粮食，不得与有毒有害物质混装运输。

第十五条 从事粮食的食品生产，应当符合食品安全法律、法规和标准规定的条件和要求，对其生产食品的安全负责。

国家鼓励粮食经营者提高成品粮出品率和副产物综合利用率。

第十六条 销售粮食应当严格执行国家粮食质量等有关标准，不得短斤少两、掺杂使假、以次充好，不得囤积居奇、垄断或者操纵粮食价格、欺行霸市。

第十七条 粮食储存期间，应当定期进行粮食品质检验，粮食品质达到轻度不宜存时应当及时出库。

建立粮食销售出库质量安全检验制度。正常储存年限内的粮食，在出库前应当由粮食储存企业自行或者委托粮食质量安全检验机构进行质量安全检验；超过正常储存年限的粮食，储存期间使用储粮药剂未满安全间隔期的粮食，以及色泽、气味异常的粮食，在出库前应当由粮食质量安全检验机构进行质量安全检验。未经质量安全检验的粮食不得销售出库。

第十八条 粮食收购者、粮食储存企业不得将下列粮食作为食用用途销售出库：

（一）真菌毒素、农药残留、重金属等污染物质以及其他危害人体健康的物质含量超过食品安全标准限量的；

（二）霉变或者色泽、气味异常的；

（三）储存期间使用储粮药剂未满安全间隔期的；

（四）被包装材料、容器、运输工具等污染的；

（五）其他法律、法规或者国家有关规定明确不得作为食用用途销售的。

第十九条 从事粮食收购、加工、销售的规模以上经营者，应当按照所在地省、自治区、直辖市人民政府的规定，执行特定情况下的粮食库存量。

第二十条 粮食经营者从事政策性粮食经营活动，应当严格遵守国家有关规定，不得有下列行为：

（一）虚报粮食收储数量；

（二）通过以陈顶新、以次充好、低收高转、虚假购销、虚假轮换、违规倒卖等方式，套取粮食价差和财政补贴，骗取信贷资金；

（三）挤占、挪用、克扣财政补贴、信贷资金；

（四）以政策性粮食为债务作担保或者清偿债务；

（五）利用政策性粮食进行除政府委托的政策性任务以外的其他商业经营；

（六）在政策性粮食出库时掺杂使假、以次充好、调换标的物，拒不执行出库指令或者阻挠出库；

（七）购买国家限定用途的政策性粮食，违规倒卖或者不按照规定用途处置；

（八）擅自动用政策性粮食；

（九）其他违反国家政策性粮食经营管理规定的行为。

第二十一条 国有粮食企业应当积极收购粮食，并做好政策性粮食购销工作，服从和服务于国家宏观调控。

第二十二条 对符合贷款条件的粮食收购者，银行应当按照国家有关规定及时提供收购贷款。

中国农业发展银行应当保证中央和地方储备粮以及其他政策性粮食的信贷资金需要，对国有粮食企业、大型粮食产业化龙头企业和其他粮食企业，按企业的风险承受能力提供信贷资金支持。

政策性粮食收购资金应当专款专用，封闭运行。

第二十三条 所有从事粮食收购、销售、储存、加工的经营者以及饲料、工业用粮企业，应当建立粮食经营台账，并向所在地的县级人民政府粮食和储备行政管理部门报送粮食购进、销售、储存等基本数据和有关情况。粮食经营台账的保存期限不得少于3年。粮食经营者报送的基本数据和有关情况涉及商业秘密的，粮食和储备行政管理部门负有保密义务。

国家粮食流通统计依照《中华人民共和国统计法》的有关规定执行。

第五十四条 本条例下列用语的含义是：

粮食收购，是指向种粮农民、其他粮食生产者或者粮食经纪人、农民专业合作社等批量购买粮食的活动。

粮食加工，是指通过处理将原粮转化成半成品粮、成品粮以及其他食用或者非食用产品的活动。

政策性粮食，是指政府指定或者委托粮食经营者购买、储存、加工、销售，并给予财政、金融等方面政策性支持的粮食，包括但不限于政府储备粮。

粮食经纪人，是指以个人或者家庭为经营主体，直接向种粮农民、其他粮食生产者、农民专业合作社批量购买粮食的经营者。

技术规范，是指尚未制定国家标准、行业标准，国家粮食和储备行政管理部门根据监督管理工作需要制定的补充技术要求。

第五十五条 大豆、油料和食用植物油的收购、销售、储存、运输、加工、进出口等经营活动，适用本条例除第九条第二款以外的规定。

粮食进出口的管理，依照有关法律、法规的规定执行。

第五十六条 本条例自2021年4月15日起施行。

《粮油质量管理办法（试行）》（节录）

(1996年9月27日国家粮食储备局国粮办〔1996〕202号印发)

第二条　本办法适用于全国粮食系统在粮油收购、储存、调运、加工、销售及进出口等各流通环节中的质量管理。粮食系统以外的单位或个人生产、经营的粮油，也可参照执行本办法的有关规定。

第三条　对粮油质量进行监督管理的依据是国家的有关法律、法规，粮油质量标准（包括标样样品）、食品卫生标准等；采用的检验方法为国家统一颁布的粮油质量检验方法和食品卫生检验方法标准。执行标准的原则是：有国家标准的，执行国家标准；尚无国家标准的，执行行业标准；尚无国家标准、行业标准的，执行地方标准；尚无国家标准、行业标准和地方标准的，执行企业标准。但在省（自治区、直辖市，以下简称省）间调运粮油时，无国家标准、行业标准的，执行调出方的地方标准；无地方标准的，执行调出方的企业标准。

第四条　粮油质量管理工作实行各级粮食部门行政领导和企事业单位港人代表负责制。

第五条　粮油生产、经营及管理部门的管理者必须树立向国家和用户、消费者负责的思想，坚持"质量第一"的原则，加强质量教育，提高职工的质量意识，做到依法生产，依法经营，依法管理。

第六条　各级粮食部门要充分发挥粮油质量监督管理机构和检验人员的职能，严格把好质量关。

第七条　鼓励采用并推行科学的质量管理方法、科研成果、检验方法和技术，不断提高粮油质量管理水平和检测水平。

第八条　禁止生产、经营假冒伪劣粮油和其他非粮类假冒伪劣产品。坚决打击掺杂使假、以假充真、以次充好，伪造、冒用产地、厂址、质量认证标志和名优产品标志等违法犯罪行为。

第九条　粮油必检项目：质量标准的全部指标；卫生标准中的粮油防治药剂残留量、过氧化值、植物油溶剂残留量等为全国必检项目；黄曲霉毒素 B1 为华东、中南、西南三个地区的必检项目；各省还可根据实际情况确定当地必检项目。对已知受到有毒有害物质污染、霉菌感染或色泽、气味明显异常的粮油，应增加有关项目的检验。

第十条　本办法所指的"粮油"，系原粮、成品粮、油料、油脂、薯类、粮油制品及饲料的统称；"粮油质量"系粮油本身质量和卫生质量的统称；"粮油质量标准"系粮油国家标准、行业标准、地方标准、企业标准的统称；"粮油卫生标准"系国家发布的食品卫生标准中有关粮油食品卫生的标准；"生产、经营者"系指在流通领域中从事粮油加工生产和经营、销售活动的部门和个人。

第十七条　粮油生产、经营部门，必须建立、健全质量管理制度，建立相应的质量管理机构和实验室（或委托县以上通过计量认证的粮油质量监督管理机构检验），配备专职或兼职检验人员，负责本部门所生产、经营粮油的质量管理和检验工作。

第十八条　粮油生产、经营部门在贸易活动中，应严格执行国家有关法规的规定，依法生产、经营。在签订的贸易合同中必须有质量、卫生、标签、包装、计量等条款。

第十九条　粮油必须经检验合格并取得合格证书后，才能进入流通领域。

第二十条　粮油生产、经营部门的质量管理机构和专职、兼职检验人员的职责权限是：

（一）负责本单位生产、经营中的质量管理工作。

（二）组织检验人员参加省级粮油质量监督管理机构的培训班，进行岗前、岗位培训，经考核合格者，由省级粮食行政部门核发检验员资格证书，做到持证上岗。

（三）对本单位生产、经营中出现的不合格粮油提出处理意见和办法。

（四）持有资格证书的检验员有权签发检验证书和参与会检；对本单位生产、经营的不符合标准的粮油，有权拒绝签发检验证书。

（五）检验人员应忠于职守，公正廉洁，并对检验结果负法律责任。

（六）检验人员有权对本单位报销粮油保管自然损耗、水分杂质减量进行监督。

（七）检验人员有享受必要的劳动保护、岗位津贴和卫生保健、福利等待遇的权利。

（八）按实际情况填报质量报表。

第二十一条　粮油生产经营部门的新建、扩建、改建工程的选址和设计应符合质量、环境卫生要求，其设计审查和工程选址、验收应有县以上粮油质量监督管理机构参加。

第二十二条　粮油生产、经营部门，应按照《中华人民共和国产品质量法》第九条的有关规定，积极申请企业质量体系认证和产品质量认证。

第二十三条　粮油收购入库的质量管理。

（一）粮油收购部门在收购前，要组织人员深入农村，了解粮油质量情况，宣传质量标准和优质优价政策。培训收购人员，调校检验仪器和计量器具，保证收购入库工作顺利进行。

（二）收购粮油时，要陈列由县以上粮油质量监督管理机构统一制备的符合质量标准的等级样品，检验人员必须佩带统一标志上岗，按质量标准、标准方法进行检验，必要时进行卫生检验，严格把好质量关。入库的粮油，要按种类、等级、干湿、新陈、有虫无虫等分开存放。国家储备粮油要专仓存放。

（三）收购结束后，要及时组织检验人员进行全面质量复验，建立库存粮油质量档案，填报质量情况报表（见附件一），要逐级汇总报国家粮食储备局。

第二十四条　粮油储存环节的质量管理。

（一）在粮油储存过程中，必须严格执行储粮技术规范和仓库管理的有关规定。要坚持质量检测制度，每半年检测一次库存粮油品质，并作详细记录，发现问题及时采取措施或提出轮换意见，防止质量事故和品质劣变。国家储备粮油（专储、甲字、五〇六）的检测结果报表（见附件二），要逐级汇总报国家粮食储备局。

（二）有毒、有害、有异味或污秽不洁的物品应远离粮油储藏区存放，禁止存放在粮仓中，以防误用或污染粮油。发生粮油严重霉烂变质、污染等质量事故时，要在12小时内报上级主管部门并及时处理，防止扩大损失。

（三）入库、出库和整晒的粮油，必须进行检验，准确填写检验证书（检验证书应归入质量档案备查）。没有检验证书，不能报销水分、杂质减量。

第二十五条　粮油调运中的质量管理。

（一）必须坚持好粮好油外调的原则，调运的粮油一般不应低于粮油质量标准规定的中等质量标准。粮油调出前，必须由县以上粮油质量监督管理机构按每车（火车按每节车）、每船（大船按每舱）为一个批次进行检验，并出具"粮油质量检验结果证书"（以下简称"检验证书"，见附件三）随货同行。为便于粮油的调运，同批粮油的检验证书在半年内可直接使用。不符合质量、卫生标准、无检验证书的粮油，一律不准外调。

（二）运输粮油的装具、包装、铺垫物等，必须符合国家质量、卫生的有关规定。装车（船）时，调出单位必须派人到现场检查监督。凡装具、包装、铺垫物不符合要求的，不准装车（船）；凡所装车（船）不符合堆码、苫盖规定的，不准发运，以免造成粮油污染、雨湿、霉烂变质等质量事故。

（三）粮油调运中，收、发双方如发生质量争议，其责任划分、处理时限等，按《国家粮食储备局粮食运输管理规则》的有关规定执行，其他采取双方协商或会验解决，如仍不能取得一致意见，可按本办法第十三条规定协调、仲裁处理。如发方未附检验证书或检验项目不全的，则以收方县以上粮油质量监督管理机构的检验结果为准，并据实收取检验费用（包括扦样、送样、检测及旅差费用）。

相关执法参考	相关法律法规（11）	第二十六条　粮油加工的质量管理。 （一）粮油加工企业要加强原料检验，严把进厂质量关，严格按照规定的质量标准组织生产，禁止无标准生产。建立跟班检验、出库综合复验制度。 （二）粮油加工企业要逐步建立、健全全面质量管理体系，根据工艺流程确定产品质量控制点，严格按操作规程进行生产。 （三）粮油出厂前，企业对其质量、卫生、标签、包装、计量等必须进行严格的检验，并出具检验合格证书后才能出厂，做到不合格产品不出厂。如加工企业生产的产品自销到省以外时，必须由县以上粮油质量监督管理机构出具检验证书。 第二十七条　粮油销售的质量管理。 （一）粮油销售单位必须具备符合卫生规定的粮油储存销售场所，并设有专职或兼职人员负责质量把关，实行进货验收制度。自行采购销售的粮油要送样至县级以上粮油质量监督管理机构检验，没有检验合格证书，不符合质量、卫生、标签、包装、计量等规定的粮油，不得销售。 （二）在销售中，如发现质量不合格粮油或霉烂变质、受污染、超过保质期的粮油，要立即停止销售，已经售出的要进行退换。严禁弄虚作假或以次充好继续销售。超过保质期的产品，经县以上质量监督管理机构检验，仍符合质量、卫生标准的，必须持检验证书限期销售。 （三）粮油销售门市，要公布粮油质量标准，陈列国家制备的标准样品，明码标价销售。接受群众监督，虚心听取消费者对粮油质量的意见，并及时反馈给生产单位。 第二十八条　粮油进、出口的质量管理。 （一）进出口粮油质量，必须符合国家商品检验、动植物检疫、卫生检验、检疫等部门的有关规定。 （二）进口粮油接运单位要掌握进口合同中规定的质量卫生、动植物检疫要求，配合外贸、商检、动植检、卫检等部门共同把好质量关，并汇总质量情况，每半年一次向国家粮食储备局填报质量报表（见附件四）。如发现进口粮油有病虫害、被有毒有害物质污染、水湿霉变或质量不符等情况时，其处理办法按《国家粮食储备局粮食运输管理规则》有关规定执行。对带有进境植物检疫危险性病、虫、杂草种子或有毒有害物质不符合卫生标准的粮油，应严格按照动植检、卫检部门的规定处理。按规定允许发运到收粮单位处理的，接运单位要事先通知收粮单位做好处理准备，并在发运单上予以注明。到货后，收粮单位应进行认真地检查验收，详细作好原始记录，按有关部门的规定，采取有效措施进行处理，严防病害扩散污染。进口粮接运单位和收粮单位应协助外贸商检部门做好索赔工作。 （三）出口粮油的单位，必须根据出口合同和粮食、外贸部门有关要求或粮油质量标准备好货源，由县以上质量监督管理机构出具检验证书，并按规定收取检验费。 （四）粮油质量监督管理机构，会同商检部门，负责对本地区出口粮油加工企业生产许可证的考核、复查和管理工作。
	相关法律法规（12）	《食盐专营办法》（节录） （1996年5月27日中华人民共和国国务院令第197号发布　根据2013年12月7日《国务院关于修改部分行政法规的决定》修订　2017年12月26日中华人民共和国国务院令第696号修订） 第二条　国家实行食盐专营管理。 本办法所称食盐，是指直接食用和制作食品所用的盐。 第三条　本办法适用于中华人民共和国境内的食盐生产、销售和储备活动。 第四条　国务院盐业主管部门主管全国盐业工作，负责管理全国食盐专营工作。县级以上地方人民政府确定的盐业主管部门负责管理本行政区域的食盐专营工作。

相关执法参考	相关法律法规（12）	国务院食品药品监督管理部门负责全国食盐质量安全监督管理。县级以上地方人民政府确定的食盐质量安全监督管理部门负责本行政区域的食盐质量安全监督管理。 第五条　盐业主管部门应当加强对工业用盐等非食用盐的管理，防止非食用盐流入食盐市场。 第六条　国务院盐业主管部门应当会同有关部门加强对食盐生产、批发企业及其董事、监事、高级管理人员的信用管理，建立健全信用信息记录、公示制度，提高食盐行业信用水平。 第七条　依法成立的盐业行业组织依照法律、行政法规和章程，保护企业合法权益，加强行业自律，促进企业守法、诚信经营，引导企业公平竞争。 第八条　国家实行食盐定点生产制度。非食盐定点生产企业不得生产食盐。 第九条　省、自治区、直辖市人民政府盐业主管部门按照统一规划、合理布局的要求审批确定食盐定点生产企业，颁发食盐定点生产企业证书，及时向社会公布食盐定点生产企业名单，并报国务院盐业主管部门备案。 第十条　食盐定点生产企业和非食用盐生产企业应当建立生产销售记录制度，如实记录并保存相关凭证。记录和凭证保存期限不得少于2年。 食盐应当按照规定在外包装上作出标识，非食用盐的包装、标识应当明显区别于食盐。 第十一条　禁止利用井矿盐卤水熬制食盐。 第十二条　国家实行食盐定点批发制度。非食盐定点批发企业不得经营食盐批发业务。 第十三条　省、自治区、直辖市人民政府盐业主管部门按照统一规划、合理布局的要求审批确定食盐定点批发企业，颁发食盐定点批发企业证书，及时向社会公布食盐定点批发企业名单，并报国务院盐业主管部门备案。 食盐定点生产企业申请经营食盐批发业务的，省、自治区、直辖市人民政府盐业主管部门应当确定其为食盐定点批发企业并颁发食盐定点批发企业证书。 第十四条　食盐定点批发企业应当从食盐定点生产企业或者其他食盐定点批发企业购进食盐，在国家规定的范围内销售。 食盐定点批发企业在国家规定的范围内销售食盐，任何单位或者个人不得阻止或者限制。 第十五条　食盐定点批发企业应当建立采购销售记录制度，如实记录并保存相关凭证。记录和凭证保存期限不得少于2年。 第十六条　食盐零售单位应当从食盐定点批发企业购进食盐。 第十七条　食盐价格由经营者自主确定。 县级以上地方人民政府价格主管部门应当加强对食盐零售价格的市场日常监测。当食盐价格显著上涨或者有可能显著上涨时，省、自治区、直辖市人民政府可以依法采取价格干预或者其他应急措施。 第十八条　县级以上地方人民政府应当根据实际情况，采取必要措施，保障边远地区和民族地区的食盐供应。 第十九条　禁止销售不符合食品安全标准的食盐。 禁止将下列产品作为食盐销售： （一）液体盐（含天然卤水）； （二）工业用盐和其他非食用盐； （三）利用盐土、硝土或者工业废渣、废液制作的盐； （四）利用井矿盐卤水熬制的盐； （五）外包装上无标识或者标识不符合国家有关规定的盐。

相关执法参考	相关法律法规（12）	第三十二条　违反本办法的规定，构成违反治安管理行为的，依法给予治安管理处罚；构成犯罪的，依法追究刑事责任。 第三十三条　盐业主管部门以及其他有关部门的工作人员滥用职权、玩忽职守、徇私舞弊，构成犯罪的，依法追究刑事责任；尚不构成犯罪的，依法给予处分。
	相关法律法规（13）	《食盐加碘消除碘缺乏危害管理条例》 （1994年8月23日中华人民共和国国务院令第163号发布，根据2017年3月1日中华人民共和国国务院令第676号《国务院关于修改和废止部分行政法规的决定》修订） **第一章　总　则** 第一条　为了消除碘缺乏危害，保护公民身体健康，制定本条例。 第二条　碘缺乏危害，是指由于环境缺碘、公民摄碘不足所引起的地方性甲状腺肿、地方性克汀病和对儿童智力发育的潜在性损伤。 第三条　国家对消除碘缺乏危害，采取长期供应加碘食盐（以下简称碘盐）为主的综合防治措施。 第四条　国务院卫生行政部门负责碘缺乏危害防治和碘盐的卫生监督管理工作；国务院授权的盐业主管机构（以下简称国务院盐业主管机构）负责全国碘盐加工、市场供应的监督管理工作。 第五条　各级人民政府应当将食盐加碘消除碘缺乏危害的工作纳入本地区国民经济和社会发展计划，并组织实施。县级以上人民政府有关部门应当按照职责分工，密切配合，共同做好食盐加碘消除碘缺乏危害工作。 第六条　国家鼓励和支持在食盐加碘消除碘缺乏危害方面的科学研究和先进技术推广工作。对在食盐加碘消除碘缺乏危害工作中做出显著成绩的单位和个人，给予奖励。 **第二章　碘盐的加工、运输和储存** 第七条　从事碘盐加工的盐业企业，应当由省、自治区、直辖市人民政府盐业主管机构指定，并取得同级人民政府卫生行政部门卫生许可后，报国务院盐业主管机构批准。 第八条　用于加工碘盐的食盐和碘酸钾必须符合国家卫生标准。碘盐中碘酸钾的加入量由国务院卫生行政部门确定。 第九条　碘盐出厂前必须经质量检验，未达到规定含量标准的碘盐不得出厂。 第十条　碘盐出厂前必须予以包装。碘盐的包装应当有明显标识，并附有加工企业名称、地址、加碘量、批号、生产日期和保管方法等说明。 第十一条　碘盐为国家重点运输物资。铁路、交通部门必须依据省、自治区、直辖市人民政府盐业主管机构报送的年度、月度运输计划，及时运送。碘盐的运输工具和装卸工具，必须符合卫生要求，不得与有毒、有害物质同载、混放。 第十二条　经营碘盐批发业务的企业和在交通不方便的地区经营碘盐零售业务的单位和个人，应当按照省、自治区、直辖市人民政府盐业主管机构的规定，保持合理的碘盐库存量。碘盐和非碘盐在储存场地应当分库或者分垛存放，做到防晒、干燥、安全、卫生。 第十三条　碘剂的购置费用以及盐业企业因加碘而发生的各种费用，按照国家有关规定执行。 **第三章　碘盐的供应** 第十四条　省、自治区、直辖市人民政府卫生行政部门负责划定碘缺乏地区（以下简称缺碘地区）范围，经本级人民政府批准后，报国务院卫生行政部门、国务院盐业主管机构备案。 第十五条　国家优先保证缺碘地区居民的碘盐供应；除高碘地区外，逐步实施向全民供应碘盐。对于经济区域和行政区域不一致的缺碘地区，应当按照盐业运销渠道组织碘盐的供应。在缺碘地区产生、销售的食品和副食品，凡需添加食用盐的，必须使用碘盐。 第十六条　在缺碘地区销售的碘盐必须达到规定的含碘量，禁止非碘盐和不合格碘盐

相关执法参考	相关法律法规（13）	进入缺碘地区食用盐市场。对暂时不能供应碘盐的缺碘地区，经省、自治区、直辖市人民政府批准，可以暂时供应非碘盐；但是，省、自治区、直辖市人民政府卫生行政部门应当采取其他补碘的防治措施。对缺碘地区季节性家庭工业、农业、副业、建筑业所需的非碘盐和非食用盐，由县级以上人民政府盐业主管机构组织供应。 第十七条　经营碘盐批发业务的企业，由省、自治区、直辖市人民政府盐业主管机构审批。碘盐批发企业应当从国务院盐业主管机构批准的碘盐加工企业进货。经营碘盐零售业务的单位和个人，应当从碘盐批发企业进货，不得从未经批准的单位和个人购进碘盐。 第十八条　碘盐批发企业在从碘盐加工企业购进碘盐时，应当索取加碘证明，碘盐加工企业应当保证提供。 第十九条　碘盐零售单位销售的碘盐应当为小包装，并应当符合本条例的有关规定。碘盐零售的管理办法由省、自治区、直辖市人民政府根据实际情况制定。 第二十条　为防治疾病，在碘盐中同时添加其他营养强化剂的，应当符合《中华人民共和国食品安全法》的相关规定，并标明销售范围。因治疗疾病，不宜食用碘盐的，应当持当地县级人民政府卫生行政部门指定的医疗机构出具的证明，到当地人民政府盐业主管机构指定的单位购买非碘盐。 第四章　监督和管理 第二十一条　县级以上地方各级人民政府卫生行政部门负责对本地区食盐加碘消除碘缺乏危害的卫生监督和碘盐的卫生监督以及防治效果评估；县级以上地方各级人民政府盐业主管机构负责对本地区碘盐加工、市场供应的监督管理。 第二十二条　县级以上各级人民政府卫生行政部门有权按照国家规定，向碘酸钾生产企业和碘盐加工、经营单位抽检样品，索取与卫生监测有关的资料，任何单位和个人不得拒绝、隐瞒或者提供虚假资料。 第二十三条　卫生监督人员在实施卫生监督、监测时，应当主动出示卫生行政部门制发的监督证件；盐政人员在执行职务时，应当主动出示盐业主管机构制发的证件。 第五章　罚　则 第二十四条　违反本条例的规定，擅自开办碘盐加工企业或者未经批准从事碘盐批发业务的，由县级以上人民政府盐业主管机构责令停止加工或者批发碘盐，没收全部碘盐和违法所得，可以并处该盐产品价值3倍以下的罚款。 第二十五条　碘盐的加工企业、批发企业违反本条例的规定，加工、批发不合格碘盐的，由县级以上人民政府盐业主管机构责令停止出售并责令责任者按照国家规定标准对食盐补碘，没收违法所得，可以并处该盐产品价值3倍以下的罚款。情节严重的，对加工企业，由省、自治区、直辖市人民政府盐业主管机构报请国务院盐业主管机构批准后，取消其碘盐加工资格；对批发企业，由省、自治区、直辖市人民政府盐业主管机构取消其碘盐批发资格。 第二十六条　违反本条例的规定，在缺碘地区的食用盐市场销售不合格碘盐或者擅自销售非碘盐的，由县级以上人民政府盐业主管机构没收其经营的全部盐产品和违法所得，可以并处该盐产品价值3倍以下的罚款；情节严重，构成犯罪的，依法追究刑事责任。 第二十七条　违反本条例的规定，在碘盐的加工、运输、经营过程中不符合国家卫生标准的，由县级以上人民政府卫生行政部门责令责任者改正，可以并处该盐产品价值3倍以下的罚款。 第二十八条　违反本条例的规定，出厂碘盐未予包装或者包装不符合国家卫生标准的，由县级以上人民政府卫生行政部门责令改正，可以并处该盐产品价值3倍以下的罚款。 第二十九条　违反本条例的规定，在缺碘地区生产、销售的食品和副食品中添加非碘盐的，由县级以上人民政府卫生行政部门责令改正，没收违法所得，可以并处该产品价值

相关执法参考	相关法律法规(13)	1倍以下的罚款。 　　**第六章　附　则** 　　**第三十条**　畜牧用盐适用本条例。 　　**第三十一条**　省、自治区、直辖市人民政府可以根据本条例制定实施办法。 　　**第三十二条**　经省、自治区、直辖市人民政府卫生行政部门、盐业主管机构确定为应当供应碘盐的非缺碘地区适用本条例第十五条第二款、第三款和第十六条第一款、第三款的规定。 　　**第三十三条**　本条例自1994年10月1日起施行。1979年12月21日国务院批转的《食盐加碘防治地方性甲状腺肿暂行办法》同时废止。
	相关法律法规(14)	《关于调整含铝食品添加剂使用规定的公告》 　　（2014年5月14日国家卫生和计划生育委员会、工业和信息化部、国家食品药品监督管理总局、国家质量监督检验检疫总局、国家粮食局2014年第8号公告） 　　根据《食品安全法》和《食品添加剂新品种管理办法》的规定，经对《食品添加剂使用标准》（GB 2760—2011）中含铝食品添加剂进行重新评估，现决定撤销酸性磷酸铝钠、硅铝酸钠和辛烯基琥珀酸铝淀粉等3种食品添加剂，不再允许膨化食品使用含铝食品添加剂，并调整硫酸铝钾和硫酸铝铵的使用范围。现公告如下： 　　一、自2014年7月1日起，禁止将酸性磷酸铝钠、硅铝酸钠和辛烯基琥珀酸铝淀粉用于食品添加剂生产、经营和使用，膨化食品生产中不得使用含铝食品添加剂，小麦粉及其制品（除油炸面制品、面糊（如用于鱼和禽肉的拖面糊）、裹粉、煎炸粉外）生产中不得使用硫酸铝钾和硫酸铝铵。2014年7月1日前已按照相关标准使用上述食品添加剂生产的食品，可以继续销售至保质期结束。 　　二、各级食品安全监管部门要加强食品安全监督检查，依法查处违法食品生产经营行为。食品工业行业主管部门要加强行业管理，引导企业规范相关食品和食品添加剂生产经营活动。
	相关法律法规(15)	《食品中可能违法添加的非食用物质和易滥用的食品添加剂名单（第一批至第五批汇总）》，见附录一。
	相关法律法规(16)	《食品中可能违法添加的非食用物质和易滥用的食品添加剂名单（第六批）》，见附录二。
	相关法律法规(17)	《禁止在饲料和动物饮用水中使用的药物品种目录》 　　（中华人民共和国农业部、中华人民共和国卫生部、国家药品监督管理局2002年2月9日联合发布） 　　为加强饲料、兽药和人用药品管理，防止在饲料生产、经营、使用和动物饮用水中超范围、超剂量使用兽药和饲料添加剂，杜绝滥用违禁药品的行为，根据《饲料和饲料添加剂管理条例》、《兽药管理条例》、《药品管理法》的有关规定，现公布《禁止在饲料和动物饮用水中使用的药物品种目录》，并就有关事项公告如下： 　　一、凡生产、经营和使用的营养性饲料添加剂和一般饲料添加剂，均应属于《允许使用的饲料添加剂品种目录》（农业部第105号公告）中规定的品种及经审批公布的新饲料添加剂，生产饲料添加剂的企业需办理生产许可证和产品批准文号，新饲料添加剂需办理新饲料添加剂证书，经营企业必须按照《饲料和饲料添加剂管理条例》第十六条、第十七条、第十八条的规定从事经营活动，不得经营和使用未经批准生产的饲料添加剂。

相关执法参考	相关法律法规（17）	二、凡生产含有药物饲料添加剂的饲料产品，必须严格执行《饲料药物添加剂使用规范》（农业部168号公告，以下简称《规范》）的规定，不得添加《规范》附录二中的饲料药物添加剂。凡生产含有《规范》附录一中的饲料药物添加剂的饲料产品，必须执行《饲料标签》标准的规定。 三、凡在饲养过程中使用药物饲料添加剂，需按照《规范》规定执行，不得超范围、超剂量使用药物添加剂。使用药物饲料添加剂必须遵守休药期、配伍禁忌等有关规定。 四、人用药品的生产、销售必须遵守《药品管理法》及相关法规的规定。未办理兽药、饲料添加剂审批手续的人用药品，不得直接用于饲料生产和饲养过程。 五、生产、销售《禁止在饲料和动物饮用水中使用的药物品种目录》所列品种的医药企业或个人，违反《药品管理法》第四十八条规定，向饲料企业和养殖企业（或个人）销售的，由药品监督管理部门按照《药品管理法》第七十四条的规定给予处罚；生产、销售《禁止在饲料和动物饮用水中使用的药物品种目录》所列品种的兽药企业或个人，向饲料企业销售的，由兽药行政管理部门按照《兽药管理条例》第四十二条的规定给予处罚；违反《饲料和饲料添加剂管理条例》第十七条、第十八条、第十九条规定，生产、经营、使用《禁止在饲料和动物饮用水中使用的药物品种目录》所列品种的饲料和饲料添加剂生产企业或个人，由饲料管理部门按照《饲料和饲料添加剂管理条例》第二十五条、第二十八条、第二十九条的规定给予处罚。其他单位和个人生产、经营、使用《禁止在饲料和动物饮用水中使用的药物品种目录》所列品种，用于饲料生产和饲养过程中的，上述有关部门按照谁发现谁查处的原则，依据各自法律法规予以处罚；构成犯罪的，要移送司法机关，依法追究刑事责任。 六、各级饲料、兽药、食品和药品监督管理部门要密切配合，协同行动，加大对饲料生产、经营、使用和动物饮用水中非法使用违禁药物违法行为的打击力度。要加快制定并完善饲料安全标准及检测方法、动物产品有毒有害物质残留标准及检测方法，为行政执法提供技术依据。 七、各级饲料、兽药和药品监督管理部门要进一步加强新闻宣传和科普教育。要将查处饲料和饲养过程中非法使用违禁药物列为宣传工作重点，充分利用各种新闻媒体宣传饲料、兽药和人用药品的管理法规，追踪大案要案，普及饲料、饲养和安全使用兽药知识，努力提高社会各方面对兽药使用管理重要性的认识，为降低药物残留危害，保证动物性食品安全创造良好的外部环境。 附件： 禁止在饲料和动物饮用水中使用的药物品种目录 一、肾上腺素受体激动剂 1. 盐酸克仑特罗（Clenbuterol Hydrochloride）：中华人民共和国药典（以下简称药典）2000年二部P605。β2肾上腺素受体激动药。 2. 沙丁胺醇（Salbutamol）：药典2000年二部P316。β2肾上腺素受体激动药。 3. 硫酸沙丁胺醇（Salbutamol Sulfate）：药典2000年二部P870。β2肾上腺素受体激动药。 4. 莱克多巴胺（Ractopamine）：一种β兴奋剂，美国食品和药物管理局（FDA）已批准，中国未批准。 5. 盐酸多巴胺（Dopamine Hydrochloride）：药典2000年二部P591。多巴胺受体激动药。 6. 西马特罗（Cimaterol）：美国氰胺公司开发的产品，一种β兴奋剂，FDA未批准。 7. 硫酸特布他林（Terbutaline Sulfate）：药典2000年二部P890。β2肾上腺素受体激动药。

| 相关执法参考 | 相关法律法规(17) | 二、性激素
8. 己烯雌酚（Diethylstibestrol）：药典 2000 年二部 P42。雌激素类药。
9. 雌二醇（Estradiol）：药典 2000 年二部 P1005。雌激素类药。
10. 戊酸雌二醇（Estradiol Valerate）：药典 2000 年二部 P124。雌激素类药。
11. 苯甲酸雌二醇（Estradiol Benzoate）：药典 2000 年二部 P369。雌激素类药。中华人民共和国兽药典（以下简称兽药典）2000 年版一部 P109。雌激素类药。用于发情不明显动物的催情及胎衣滞留、死胎的排除。
12. 氯烯雌醚（Chlorotrianisene）：药典 2000 年二部 P919。
13. 炔诺醇（Ethinylestradiol）：药典 2000 年二部 P422。
14. 炔诺醚（Quinestrol）：药典 2000 年二部 P424。
15. 醋酸氯地孕酮（Chlormadinone acetate）：药典 2000 年二部 P1037。
16. 左炔诺孕酮（Levonorgestrel）：药典 2000 年二部 P107。
17. 炔诺酮（Norethisterone）：药典 2000 年二部 P420。
18. 绒毛膜促性腺激素（绒促性素）（Chorionic Gonadotrophin）：药典 2000 年二部 P534。促性腺激素药。兽药典 2000 年版一部 P146。激素类药。用于性功能障碍、习惯性流产及卵巢囊肿等。
19. 促卵泡生长激素（尿促性素主要含卵泡刺激 FSHT 和黄体生成素 LH）（Menotropins）：药典 2000 年二部 P321。促性腺激素类药。
三、蛋白同化激素
20. 碘化酪蛋白（Iodinated Casein）：蛋白同化激素类，为甲状腺素的前驱物质，具有类似甲状腺素的生理作用。
21. 苯丙酸诺龙及苯丙酸诺龙注射液（Nandrolone phenylpropionate）：药典 2000 年二部 P365。
四、精神药品
22.（盐酸）氯丙嗪（Chlorpromazine Hydrochloride）：药典 2000 年二部 P676。抗精神病药。兽药典 2000 年版一部 P177。镇静药。用于强化麻醉以及使动物安静等。
23. 盐酸异丙嗪（Promethazine Hydrochloride）：药典 2000 年二部 P602。抗组胺药。兽药典 2000 年版一部 P164。抗组胺药。用于变态反应性疾病，如荨麻疹、血清病等。
24. 安定（地西泮）（Diazepam）：药典 2000 年二部 P214。抗焦虑药、抗惊厥药。兽药典 2000 年版一部 P61。镇静药、抗惊厥药。
25. 苯巴比妥（Phenobarbital）：药典 2000 年二部 P362。镇静催眠药、抗惊厥药。兽药典 2000 年版一部 P103。巴比妥类药。缓解脑炎、破伤风、士的宁中毒所致的惊厥。
26. 苯巴比妥钠（Phenobarbital Sodium）：兽药典 2000 年版一部 P105。巴比妥类药。缓解脑炎、破伤风、士的宁中毒所致的惊厥。
27. 巴比妥（Barbital）：兽药典 2000 年版一部 P27。中枢抑制和增强解热镇痛。
28. 异戊巴比妥（Amobarbital）：药典 2000 年二部 P252。催眠药、抗惊厥药。
29. 异戊巴比妥钠（Amobarbital Sodium）：兽药典 2000 年版一部 P82。巴比妥类药。用于小动物的镇静、抗惊厥和麻醉。
30. 利血平（Reserpine）：药典 2000 年二部 P304。抗高血压药。
31. 艾司唑仑（Estazolam）。
32. 甲丙氨脂（Meprobamate）。
33. 咪达唑仑（Midazolam）。
34. 硝西泮（Nitrazepam）。
35. 奥沙西泮（Oxazepam）。
36. 匹莫林（Pemoline）。 |

相关法律法规（17）	37. 三唑仑（Triazolam）。 38. 唑吡旦（Zolpidem）。 39. 其他国家管制的精神药品。 五、各种抗生素滤渣 40. 抗生素滤渣：该类物质是抗生素类产品生产过程中产生的工业三废，因含有微量抗生素成份，在饲料和饲养过程中使用后对动物有一定的促生长作用。但对养殖业的危害很大，一是容易引起耐药性，二是由于未做安全性试验，存在各种安全隐患。	
相关执法参考	相关法律法规（18）	《保健食品中可能非法添加的物质名单（第一批）》 各省、自治区、直辖市食品药品监督管理局（药品监督管理局）： 　　为贯彻落实国务院食品安全委员会办公室《关于进一步加强保健食品质量安全监管工作的通知》（食安办〔2011〕37号）要求，严厉打击保健食品生产中非法添加物质的违法违规行为，保障消费者健康，国家局组织制定了《保健食品中可能非法添加的物质名单（第一批）》，现予以印发。 　　该名单未涵盖行业内存在的所有非法添加物质，各级食品药品监督管理部门在监督检查中要注意收集名单之外的非法添加物质情况，汇总后报送国家局。 　　附件：保健食品中可能非法添加的物质名单（第一批） 　　国家食品药品监督管理局办公室 　　二〇一二年三月十六日 **保健食品中可能非法添加的物质名单（第一批）** | 序号	保健功能	可能非法添加物质名称	检测依据
---	---	---	---
1	声称减肥功能产品	西布曲明、麻黄碱、芬氟拉明	国家食品药品监督管理局药品检验补充检验方法和检验项目批准件2006004
2	声称辅助降血糖（调节血糖）功能产品	甲苯磺丁脲、格列苯脲、格列齐特、格列吡嗪、格列喹酮、格列美脲、马来酸罗格列酮、瑞格列奈、盐酸吡格列酮、盐酸二甲双胍、盐酸苯乙双胍	国家食品药品监督管理局药品检验补充检验方法和检验项目批准件2009029
3	声称缓解体力疲劳（抗疲劳）功能产品	那红地那非、红地那非、伐地那非、羟基豪莫西地那非、西地那非、豪莫西地那非、氨基他打拉非、他达拉非、硫代艾地那非、伪伐地那非和那莫西地那非等PDE5型（磷酸二酯酶5型）抑制剂	国家食品药品监督管理局药品检验补充检验方法和检验项目批准件2008016，2009030
4	声称增强免疫力（调节免疫）功能产品	那红地那非、红地那非、伐地那非、羟基豪莫西地那非、西地那非、豪莫西地那非、氨基他打拉非、他达拉非、硫代艾地那非、伪伐地那非和那莫西地那非等PDE5型（磷酸二酯酶5型）抑制剂	国家食品药品监督管理局药品检验补充检验方法和检验项目批准件2008016，2009030
5	声称改善睡眠功能产品	地西泮、硝西泮、氯硝西泮、氯氮卓、奥沙西泮、马来酸咪哒唑仑、劳拉西泮、艾司唑仑、阿普唑仑、三唑仑、巴比妥、苯巴比妥、异戊巴比妥、司可巴比妥、氯美扎酮	国家食品药品监督管理局药品检验补充检验方法和检验项目批准件2009024
6	声称辅助降血压（调节血脂）功能产品	阿替洛尔、盐酸可乐定、氢氯噻嗪、卡托普利、哌唑嗪、利血平、硝苯地平	国家食品药品监督管理局药品检验补充检验方法和检验项目批准件2009032	

六、生产、销售有毒、有害食品罪

罪名	生产、销售有毒、有害食品罪（《刑法》第144条）
概念	生产、销售有毒、有害食品罪，是指故意违反我国食品安全管理法规，在生产、销售的食品中掺入有毒、有害的非食品原料，或者销售明知掺有有毒、有害的非食品原料的食品的行为。
犯罪构成 客体	本罪侵犯的客体是双重客体，即国家食品安全监督管理制度和不特定多数人的生命健康权利。国家为保障人民群众的生命健康，颁布了一系列关于食品安全的法律、法规，对食品安全规定了具体的标准，建立起对食品安全的管理制度。生产、销售有毒、有害食品不仅侵犯了国家食品安全监督管理制度，同时也侵犯了不特定多数人的生命健康权利。 　　本罪的犯罪对象是有毒、有害食品，即在食品中掺入了有毒、有害的非食品原料的食品。所谓有毒的物质，是指进入人体后能与人体内的一些物质发生化学反应，从而对人体的组织和生理机能造成破坏的物质。所谓有害的物质，是指被摄入人体后，对人体的组织、机能产生影响、损害的物质。食品的无毒无害是食品应具备的基本条件，如在食品中加入非食品用化学物质，即在制作食品时加入了国家法律允许使用的食品添加剂、防腐剂以外的化学物质，这样的食品就属于无毒无害的食品。食品的无毒无害，应当包括不造成食用者的急性、慢性疾病，不构成对人体的危害，以及食物中虽含有极少量有毒、有害物质，但在正常食用情况下，不致危害人的健康等情况。因此，所谓食品的有毒、有害是相对的，必须在食品安全标准规定的限量要求下来鉴别食品的毒害性。所谓非食品原料，指食品工业用原料以外的工业原料。食品工业用原料有食品化工产品、食品添加剂等专门名称，与类似的化工原料在规格、质量及毒性等方面有很大区别。食品添加剂，指为改善食品品质和色、香、味以及为防腐、保鲜和加工工艺的需要而加入食品中的人工合成或者天然物质，包括营养强化剂。由于多数食品添加剂及化学合成的物质，如果不科学使用，必然损害健康甚至生命，因此我国有关法规作了严格规定，以保证食品的安全性。所谓有毒、有害的非食品原料，是指无任何营养价值，根本不能食用，对人体具有生理毒性，食用后会引起不良反应，损害肌体健康的不能食用的原料，既包括本身具有毒性的物质，也包括本身虽然没有毒性，但与相应的食品混合后产生毒性的物质，如用工业酒精兑制白酒、用不能饮用的污水兑制酱油、将石灰掺进牛奶中，等等。由于食品添加剂不是食品，而是为食品生产加工的需要而加入的食品本身以外的物质，其中有些物质存在一定的毒性，因此对这类物质的生产、经营和使用要进行严格的卫生监督管理。《食品添加剂卫生管理办法》对此作了具体规定，包括对食品添加剂的品种控制和对食品添加剂的使用范围及使用量的严格控制。为进一步打击在食品生产、流通、餐饮服务中违法添加非食用物质和滥用食品添加剂的行为，保障消费者健康，自2008年以来，全国打击违法添加非食用物质和滥用食品添加剂专项整治领导小组陆续发布了五批《食品中可能违法添加的非食用物质和易滥用的食品添加剂名单》，食品中可能违法添加的非食用物质，如吊白块、苏丹红、蛋白精、三聚氰胺等；食品中可能违法易滥用的食品添加剂，如膨松剂（硫酸铝钾、硫酸铝铵等）、着色剂（胭脂红、柠檬黄、诱惑红、日落黄）等。2011年又发布了第六批《食品中可能违法添加的非食用物质和易滥用的食品添加剂名单》，如邻苯二甲酸酯类物质，主要包括：邻苯二甲酸二（2-乙基）己酯（DEHP）、邻苯二甲酸二异壬酯（DINP）、邻苯二甲酸二苯酯等。另外，根据《食品安全法》的规定，国家对保健食品、特殊医学用途配方食品和婴幼儿配方食品等特殊食品实行严格监督管理。2012年，为贯彻落实国务院食品安全委员会办公室《关于进一步加强保健食品质量安全监管工作的通

犯罪构成		
	客体	知》要求，严厉打击保健食品生产中非法添加物质的违法违规行为，保障消费者健康，国家食品药品监督管理局制定了第一批《保健食品中可能非法添加的物质名单》，如西布曲明、麻黄碱、芬氟拉明等。
	客观方面	本罪在客观方面表现为，故意违反国家食品安全管理法规，对生产、销售的食品掺入有毒、有害的非食品原料或者销售明知掺有有毒、有害的非食品原料的食品的行为。包括以下两点。 1. 行为人实施的行为必须是违反国家食品安全管理法规的行为。违反国家食品卫生管理法规，是指违反《食品安全法》《保健食品注册与备案管理办法》《禁止食品加药卫生管理办法》《新资源食品卫生管理办法》《食品添加剂卫生管理办法》等法律法规。例如，《食品安全法》第4条规定，食品生产经营者对其生产经营食品的安全负责。食品生产经营者应当依照法律、法规和食品安全标准从事生产经营活动，保证食品安全，诚信自律，对社会和公众负责，接受社会监督，承担社会责任。再如，《食品添加剂卫生管理办法》第14条规定，企业生产食品添加剂时，应当对产品进行质量检验。检验合格的，应当出具产品检验合格证明；无产品检验合格证明的不得销售。第15条规定，食品添加剂经营者必须有与经营品种、数量相适应的贮存和营业场所。销售和存放食品添加剂，必须做到专柜、专架，定位存放，不得与非食用产品或有毒有害物品混放。禁止经营无卫生许可证、无产品检验合格证明的食品添加剂。第17条规定，食品添加剂的使用必须符合《食品添加剂使用卫生标准》或卫生部公告名单规定的品种及其使用范围、使用量。禁止以掩盖食品腐败变质或以掺杂、掺假、伪造为目的而使用食品添加剂。在司法实践中，本罪违反的国家食品安全管理法规，主要是违反《食品安全法》的相关规定。 2. 实施了在生产、销售的食品中掺入有毒、有害的非食品原料或者销售明知掺有有毒、有害的非食品原料的食品的行为。行为涉及的食品生产经营范围不限于食品业，同时既包括种植业，也包括养殖业。也就是说，使用有毒、有害的非食品原料种植蔬菜、水果等食品，或者使用有毒、有害的非食品原料养殖供人食用的动物的，属于生产有毒、有害的食品行为范畴；而明知是使用有毒、有害的非食品原料种植的蔬菜、水果等食品，或者明知是使用有毒、有害的非食品原料养殖的供人食用的动物而销售的，属于销售有毒、有害的食品行为范畴。具体包括两种情形： （1）行为人在生产、销售的食品中掺入有毒、有害的非食品原料的行为。这里的掺入应当广义理解，不仅包括将有毒、有害的非食品原料加入生产、销售的食品中，而且还包括把这些有毒、有害的非食品原料直接当作食品或者食品原料出售，包括直接当作食品添加剂向消费者出售、作为食品添加剂加入食品中、当作食品原料配置成食品出售和直接当作食品出售。首先，掺入的是有毒、有害物质，如制酒时加入工业酒精加工成食用酒，在汽水中加入国家严禁使用的色素，还有的在牛奶中加入石灰水等。其次，行为人掺入的是有毒、有害的非食品原料，即这些物质是根本不能食用的原料，如用工业酒精兑制白酒，在牛奶中掺入石灰水，在香油中掺入柴油，用工业盐酸制造酱油等。如果掺入有害物属于食品原料，尽管可能有一定的毒性、有一定的害处，也不构成本罪，如行为人掺入酸败的油脂、变质的水果等用于所生产、销售的食品中，就不构成本罪。如果足以造成严重食物中毒事故或者其他严重食源性疾病，可定生产、销售不符合卫生标准的食品罪。如果有以上行为，销售金额达到5万元以上的，可以按照生产、销售伪劣产品罪等论处。 （2）行为人明知是掺有有毒、有害的非食品原料的食品而予以销售。就是行为人虽未实施掺入有毒、有害非食品原料的行为，但他明知是有毒、有害食品仍予以销售。这里的销售也应当广义理解，不仅包括为了销售而从事的收购、储存、运输、陈列、出售等行为，还包括供应、批发、零售等行为。这里的有毒、有害的非食品原料同食品添加剂、食品强化剂是不同的。食品添加剂是指为了改善食品品质和食品的色、香、味，以及为了防腐和加工工艺的需要而加入食品中的化学合成物或者天然物质。食品强化剂是指为了增加

犯罪构成	客观方面	营养成分而加入食品中的天然的或者人工合成的属于天然营养素范围的食品添加剂。合乎食品生产标准和生产工艺的食品添加剂和食品强化剂不属于有毒、有害的非食品原料。这里所说的食品原料是指粮食、油料、肉类、蛋类、糖类、薯类、蔬菜类、水果、水产品、饮品、奶类等可以制造食品的基础原料。 本罪属行为犯，行为人只要实施了上述行为，无论是否造成危害后果，即构成本罪，即属于本罪既遂。实施了上述行为并造成危害后果的，属于本罪结果加重犯，应当处较重的刑罚。应当注意的是，掺入有毒、有害的非食品原料的对象应为生产、销售的食品，即是在生产、销售的食品中掺入了有毒、有害的非食品原料，虽有掺入有毒、有害的非食品原料的行为，但是不是在自己所生产或销售的食品中，如在他人食用的食品中掺入有毒、有害的非食品原料，不构成本罪，构成犯罪的，应以其他犯罪论处。根据司法解释规定，下列三种情形，应予立案追诉：一是在生产、销售的食品中掺入有毒、有害的非食品原料的，或者销售明知掺有有毒、有害的非食品原料的食品的；二是使用盐酸克伦特罗（俗称"瘦肉精"）等禁止在饲料和动物饮用水中使用的药品或者含有该类药品的饲料养殖供人食用的动物，或者销售明知是使用该类药品或者含有该类药品的饲料养殖的供人食用的动物的；三是明知是使用盐酸克伦特罗等禁止在饲料和动物饮用水中使用的药品或者含有该类药品的饲料养殖的供人食用的动物，而提供屠宰等加工服务，或者销售其制品的。例如，2011年2月份，被告人姬保臣明知饲喂添加有"盐酸克伦特罗"的生猪肉对人体有害，但为了达到生猪的体型好、价格高、好销售的目的，先后两次以200元/千克和180元/千克的价格从张建国（已判刑）手中购买了12千克含有"盐酸克伦特罗"成分的稀释粉，而后以每200克稀释粉兑500千克饲料的比例添加到饲料中，共喂养生猪20头。案发后，将未使用的10千克稀释粉销毁。2011年3月17日，获嘉县农牧局工作人员对所喂养的生猪猪尿进行抽检，所提取的尿样经河南省饲料产品质量监督站检验后认定："盐酸克伦特罗"项目不符合标准，判定不合格。后获嘉县农牧局和获嘉县大新庄乡政府工作人员将存栏的育肥猪71头作无公害处理。被告人姬保臣违反国家食品卫生安全管理制度，明知添加盐酸克伦特罗饲料饲喂的生猪肉对人体有害，仍使用添加盐酸克伦特罗的饲料养殖供人食用的生猪，法院认定其行为已构成生产、有害食品罪，判处被告人姬保臣有期徒刑6个月，缓刑1年，并处罚金5000元。
	主体	本罪的主体是一般主体，自然人和单位都可构成本罪。凡达到法定刑事责任年龄且具有刑事责任能力的16周岁以上的自然人均可构成本罪，依刑法第150条之规定，单位亦能成为本罪主体，单位犯本罪时，实行两罚制。
	主观方面	本罪在主观方面表现为故意，包括直接故意和间接故意。一般是出于获取非法利润的目的。过失不构成本罪。故意内容为行为人明知其掺入食品中的是有毒、有害的非食品原料或明知其销售的是掺有有害的非食品原料的食品，而采取希望或者放任的心理态度。行为人的动机多种多样，有的为了名誉，有的为了实施其他违法犯罪，不同的动机一般不影响本罪的定罪。

认定标准	刑罚标准	1. 犯本罪的，处5年以下有期徒刑，并处罚金。
		  2. 对人体健康造成严重危害或者有其他严重情节的，处5年以上10年以下有期徒刑，并处罚金。
		  3. 致人死亡或者有其他特别严重情节的，依照本法第141条的规定处罚。
		  4. 单位犯本罪的，对单位判处罚金，并对其直接负责的主管人员和其他责任人员依上述规定处罚。
		  本罪属行为犯，行为人只要实施了对生产、销售的食品掺入有毒、有害的非食品原料或者销售明知掺有有毒、有害的非食品原料的食品的行为，无论是否造成危害后果，即构成本罪，适用第一档量刑条款。

认定标准	刑罚标准	构成本罪，并对人体健康造成了严重危害或者有其他严重情节的，适用第二档量刑条款。根据有关司法解释规定，这里的"对人体健康造成严重危害"包括：造成轻伤以上伤害的；造成轻度残疾或者中度残疾的；造成器官组织损伤导致一般功能障碍或者严重功能障碍的；造成10人以上严重食物中毒或者其他严重食源性疾病的；其他对人体健康造成严重危害的情形。这里的"其他严重情节"包括：生产、销售金额20万元以上不满50万元的；生产、销售金额10万元以上不满20万元，有毒、有害食品数量较大或者生产、销售持续时间6个月以上的；生产、销售金额10万元以上不满20万元，属于特殊医学用途配方食品、专供婴幼儿的主辅食品的；生产、销售金额10万元以上不满20万元，且在中小学校园、托幼机构、养老机构及周边面向未成年人、老年人销售的；生产、销售金额10万元以上不满20万元，曾因危害食品安全犯罪受过刑事处罚或者2年内因危害食品安全违法行为受过行政处罚的；有毒、有害的非食品原料毒害性强或者含量高的；其他情节严重的情形。 构成本罪，并致人死亡或者有其他特别严重情节的，适用第三档量刑条款。根据有关司法解释规定，这里的"致人死亡或者有其他特别严重情节"包括生产、销售有毒、有害食品，生产、销售金额20万元以上，或者具有下列情形之一的：致人死亡或者重度残疾的；造成3人以上重伤、中度残疾或者器官组织损伤导致严重功能障碍的；造成10人以上轻伤、5人以上轻度残疾或者器官组织损伤导致一般功能障碍的；造成30人以上严重食物中毒或者其他严重食源性疾病的；其他特别严重的后果。
	本罪与违法行为的区别	1. 看生产、销售行为是否出于故意，只有故意生产、销售有毒、有害的食品的，才可能成立本罪；如果是出于过失不知道生产、销售的食品是有毒、有害的食品且没有造成严重后果，则不可能构成本罪。 2. 看生产、销售行为是否违反了国家食品安全法规，如果行为人严格遵守了有关国家食品安全法规的规定，即使造成了后果，也不构成犯罪。因为违反相关国家食品安全管理法规是构成本罪的前提，没有违法就不能构成犯罪。 3. 看生产销售的食品是否有毒、有害。判断食品是否有毒、有害，要由专业的食品卫生监督机关进行鉴定。如果无毒、无害或者毒性很小，危险性也很小，则不构成犯罪。
	本罪罪数的认定	本罪为选择性罪名，可根据行为方式的不同，分别确定不同的罪名。生产或者销售有毒、有害的食品行为，只要实施其中一种行为，即可构成本罪。如果行为人同时实施了这两种行为，仍按一罪处理，而不实行数罪并罚。
	本罪的共犯认定	明知他人生产、销售有毒、有害食品，具有下列情形之一的，以生产、销售有毒、有害食品罪的共犯论处：提供资金、贷款、账号、发票、证明、许可证件的；提供生产、经营场所或者运输、贮存、保管、邮寄、网络销售渠道等便利条件的；提供生产技术或者食品原料、食品添加剂、食品相关产品的；提供广告等宣传的。如果销售行为人没有参加生产有毒、有害食品，只是销售了有毒、有害的食品，且事前与生产行为人有通谋，这种情况下，尽管实施犯罪的生产与销售的具体行为有所区别，但这只是整体与部分之别，是具体的分工不同罢了。因此，生产、销售者均是本案的共犯，不能将生产者与销售者分割离开来分别定罪。如果行为人销售了明知掺有有毒、有害的非食品原料的食品，但事前未与生产者通谋，由于相互间没有犯罪的共同故意联系，因此，只能分别定生产有毒、有害食品罪和销售有毒、有害食品罪，不能认定为共同犯罪。

认定标准	此罪与彼罪的区别（1）	本罪与生产、销售不符合安全标准的食品罪的区别。 　　生产、销售不符合安全标准的食品罪，是指故意违反国家食品安全管理法规，非法生产、销售不符合安全标准的食品，足以造成严重食物中毒事故或者其他严重食源性疾患的行为。两罪在犯罪客体、主体和主观方面具有相同或者相似之处。广义上来说，掺入有毒有害的非食品原料的食品本身也是一种不符合卫生标准的食品。两罪的主要区别在于： 　　1. 犯罪的对象不同。本罪犯罪对象是含有有毒、有害物质的食品，属于对不特定多数人的生命健康权利造成不利影响的非食品原料的食品；而后罪的犯罪对象是未达到食品安全标准的变质、腐败或被污染的食品，加入的物质仍然是食品原料，但该食品中未掺入有毒、有害的非食品原料，其范围十分广泛，主要是不符合安全标准的食品。 　　2. 犯罪客观方面的行为不同。本罪在客观方面表现为在生产、销售的食品中掺入有毒、有害的非食品原料或者销售明知掺有有毒、有害的非食品原料的食品的行为；后罪客观方面表现为实施了非法生产、销售不符合安全标准的食品的行为。 　　3. 犯罪构成要求不同。本罪的犯罪构成要求属于行为犯范畴，不要求必须有实害结果的发生，只要实施了生产、销售有毒、有害的食品行为，即可构成本罪；而后罪的犯罪构成要求属于危险犯范畴，只要出现法定的危险状态，即足以造成严重食物中毒事故或者其他严重食源性疾患的，就构成该犯罪的既遂。
	此罪与彼罪的区别（2）	本罪与投放危险物质罪的区别。 　　投放危险物质罪是指故意投放有毒性、放射性、传染病病原体等危险物质，危害公共安全的行为。两罪的主要区别是： 　　1. 犯罪客体和犯罪对象不尽相同。本罪的客体为双重客体，包括国家对食品安全监督管理制度和不特定多数人的生命健康权利，犯罪对象只能是有生命的自然人。后罪的客体为公共安全，即不特定多数人的生命健康权利和重大公私财产的安全，犯罪对象既包括自然人，也包括自然人以外的其他动物生命体和其他非生命的物体或者财产。 　　2. 犯罪客观方面不尽相同。本罪在客观方面表现为在生产、销售的食品中掺入有毒、有害的非食品原料或者销售明知掺有有毒、有害的非食品原料的食品，行为方式相对单一。后罪除可以在食品中投放有毒物质外，也可以在其他场合投放有毒物质，行为方式相对多样。 　　3. 犯罪主体不尽相同。本罪的主体为生产者、销售者，既可以是年满16周岁的自然人，也可以是单位。后罪的主体为一般主体，只限于自然人，且14周岁以上的人可以构成投放危险物质罪，但单位主体不能构成。 　　4. 犯罪主观方面不同。本罪的故意内容中的目的多为牟利，但不包括直接对人体健康严重危害后果的积极追求或者放任此危害结果的发生；而后罪的主观故意内容中的一般的目的是使不特定多数人死亡或伤害，没有牟利的内容，追求或者放任危害结果的发生，直接危害公共安全，包括对不特定多数人的生命、健康的发生积极追求或者放任的内容。

相关执法参考	刑法	中华人民共和国刑法（节录） （1979年7月1日第五届全国人民代表大会第二次会议通过，1997年3月14日第八届全国人民代表大会第五次会议修订，已先后被1999年12月25日《中华人民共和国刑法修正案》、2001年8月31日《中华人民共和国刑法修正案（二）》、2001年12月29日《中华人民共和国刑法修正案（三）》、2002年12月28日《中华人民共和国刑法修正案（四）》、2005年2月28日《中华人民共和国刑法修正案（五）》、2006年6月29日《中华人民共和国刑法修正案（六）》、2009年2月28日《中华人民共和国刑法修正案（七）》、2009年8月27日《全国人民代表大会常务委员会关于修改部分法律的决定》、2011年2月25日《中华人民共和国刑法修正案（八）》、2015年8月29日《中华人民共和国刑法修正案（九）》、2017年11月4日《中华人民共和国刑法修正案（十）》、2020年12月26日《中华人民共和国刑法修正案（十一）》修改或修正） 第一百四十四条　在生产、销售的食品中掺入有毒、有害的非食品原料的，或者销售明知掺有有毒、有害的非食品原料的食品的，处五年以下有期徒刑，并处罚金；对人体健康造成严重危害或者有其他严重情节的，处五年以上十年以下有期徒刑，并处罚金；致人死亡或者有其他特别严重情节的，依照本法第一百四十一条的规定处罚。 第一百四十九条　生产、销售本节第一百四十一条至第一百四十八条所列产品，不构成各该条规定的犯罪，但是销售金额在五万元以上的，依照本节第一百四十条的规定定罪处罚。 　　生产、销售本节第一百四十一条至第一百四十八条所列产品，构成各该条规定的犯罪，同时又构成本节第一百四十条规定之罪的，依照处罚较重的规定定罪处罚。 第一百五十条　单位犯本节第一百四十条至第一百四十八条规定之罪的，对单位判处罚金，并对其直接负责的主管人员和其他直接责任人员，依照各该条的规定处罚。
	相关法律法规（1）	最高人民法院、最高人民检察院《关于办理危害食品安全刑事案件适用法律若干问题的解释》（节录） （2021年12月13日最高人民法院审判委员会第1856次会议、2021年12月29日最高人民检察院第十三届检察委员会第八十四次会议通过，自2022年1月1日起施行） 为依法惩治危害食品安全犯罪，保障人民群众身体健康、生命安全，根据《中华人民共和国刑法》《中华人民共和国刑事诉讼法》的有关规定，对办理此类刑事案件适用法律的若干问题解释如下： 第二条　生产、销售不符合食品安全标准的食品，具有下列情形之一的，应当认定为刑法第一百四十三条规定的"对人体健康造成严重危害"： （一）造成轻伤以上伤害的； （二）造成轻度残疾或者中度残疾的； （三）造成器官组织损伤导致一般功能障碍或者严重功能障碍的； （四）造成十人以上严重食物中毒或者其他严重食源性疾病的； （五）其他对人体健康造成严重危害的情形。 第四条　生产、销售不符合食品安全标准的食品，具有下列情形之一的，应当认定为刑法第一百四十三条规定的"后果特别严重"： （一）致人死亡的； （二）造成重度残疾以上的； （三）造成三人以上重伤、中度残疾或者器官组织损伤导致严重功能障碍的； （四）造成十人以上轻伤、五人以上轻度残疾或者器官组织损伤导致一般功能障碍的； （五）造成三十人以上严重食物中毒或者其他严重食源性疾病的； （六）其他特别严重的后果。

第六条 生产、销售有毒、有害食品，具有本解释第二条规定情形之一的，应当认定为刑法第一百四十四条规定的"对人体健康造成严重危害"。

第七条 生产、销售有毒、有害食品，具有下列情形之一的，应当认定为刑法第一百四十四条规定的"其他严重情节"：

（一）生产、销售金额二十万元以上不满五十万元的；

（二）生产、销售金额十万元以上不满二十万元，有毒、有害食品数量较大或者生产、销售持续时间六个月以上的；

（三）生产、销售金额十万元以上不满二十万元，属于特殊医学用途配方食品、专供婴幼儿的主辅食品的；

（四）生产、销售金额十万元以上不满二十万元，且在中小学校园、托幼机构、养老机构及周边面向未成年人、老年人销售的；

（五）生产、销售金额十万元以上不满二十万元，曾因危害食品安全犯罪受过刑事处罚或者二年内因危害食品安全违法行为受过行政处罚的；

（六）有毒、有害的非食品原料毒害性强或者含量高的；

（七）其他情节严重的情形。

第八条 生产、销售有毒、有害食品，生产、销售金额五十万元以上，或者具有本解释第四条第二项至第六项规定的情形之一的，应当认定为刑法第一百四十四条规定的"其他特别严重情节"。

第九条 下列物质应当认定为刑法第一百四十四条规定的"有毒、有害的非食品原料"：

（一）因危害人体健康，被法律、法规禁止在食品生产经营活动中添加、使用的物质；

（二）因危害人体健康，被国务院有关部门列入《食品中可能违法添加的非食用物质名单》、《保健食品中可能非法添加的物质名单》和国务院有关部门公告的禁用农药、《食品动物中禁止使用的药品及其他化合物清单》等名单上的物质；

（三）其他有毒、有害的物质。

第十条 刑法第一百四十四条规定的"明知"，应当综合行为人的认知能力、食品质量、进货或者销售的渠道及价格等主、客观因素进行认定。

具有下列情形之一的，可以认定为刑法第一百四十四条规定的"明知"，但存在相反证据并经查证属实的除外：

（一）长期从事相关食品、食用农产品生产、种植、养殖、销售、运输、贮存行业，不依法履行保障食品安全义务的；

（二）没有合法有效的购货凭证，且不能提供或者拒不提供销售的相关食品来源的；

（三）以明显低于市场价格进货或者销售且无合理原因的；

（四）在有关部门发出禁令或者食品安全预警的情况下继续销售的；

（五）因实施危害食品安全行为受过行政处罚或者刑事处罚，又实施同种行为的；

（六）其他足以认定行为人明知的情形。

第十一条 在食品生产、销售、运输、贮存等过程中，掺入有毒、有害的非食品原料，或者使用有毒、有害的非食品原料生产食品的，依照刑法第一百四十四条的规定以生产、销售有毒、有害食品罪定罪处罚。

在食用农产品种植、养殖、销售、运输、贮存等过程中，使用禁用农药、食品动物中禁止使用的药品及其他化合物等有毒、有害的非食品原料，适用前款的规定定罪处罚。

在保健食品或者其他食品中非法添加国家禁用药物等有毒、有害的非食品原料的，适用第一款的规定定罪处罚。

第十二条 在食品生产、销售、运输、贮存等过程中，使用不符合食品安全标准的食品包装材料、容器、洗涤剂、消毒剂，或者用于食品生产经营的工具、设备等，造成食被污染，符合刑法第一百四十三条、第一百四十四条规定的，以生产、销售不符合安全标准的食品罪或者生产、销售有毒、有害食品罪定罪处罚。

第十三条 生产、销售不符合食品安全标准的食品，有毒、有害食品，符合刑法第一百四十三条、第一百四十四条规定的，以生产、销售不符合安全标准的食品罪或者生产、销售有毒、有害食品罪定罪处罚。同时构成其他犯罪的，依照处罚较重的规定定罪处罚。

生产、销售不符合食品安全标准的食品，无证据证明足以造成严重食物中毒事故或者其他严重食源性疾病，不构成生产、销售不符合安全标准的食品罪，但构成生产、销售伪劣产品罪，妨害动植物防疫、检疫罪等其他犯罪的，依照该其他犯罪定罪处罚。

第十四条 明知他人生产、销售不符合食品安全标准的食品，有毒、有害食品，具有下列情形之一的，以生产、销售不符合安全标准的食品罪或者生产、销售有毒、有害食品罪的共犯论处：

（一）提供资金、贷款、账号、发票、证明、许可证件的；
（二）提供生产、经营场所或者运输、贮存、保管、邮寄、销售渠道等便利条件的；
（三）提供生产技术或者食品原料、食品添加剂、食品相关产品或者有毒、有害的非食品原料的；
（四）提供广告宣传的；
（五）提供其他帮助行为的。

第十六条 以提供给他人生产、销售食品为目的，违反国家规定，生产、销售国家禁止用于食品生产、销售的非食品原料，情节严重的，依照刑法第二百二十五条的规定以非法经营罪定罪处罚。

以提供给他人生产、销售食用农产品为目的，违反国家规定，生产、销售国家禁用农药、食品动物中禁止使用的药品及其他化合物等有毒、有害的非食品原料，或者生产、销售添加上述有毒、有害的非食品原料的农药、兽药、饲料、饲料添加剂、饲料原料，情节严重的，依照前款的规定定罪处罚。

第十七条 违反国家规定，私设生猪屠宰厂（场），从事生猪屠宰、销售等经营活动，情节严重的，依照刑法第二百二十五条的规定以非法经营罪定罪处罚。

在畜禽屠宰相关环节，对畜禽使用食品动物中禁止使用的药品及其他化合物等有毒、有害的非食品原料，依照刑法第一百四十四条的规定以生产、销售有毒、有害食品罪定罪处罚；对畜禽注水或者注入其他物质，足以造成严重食物中毒事故或者其他严重食源性疾病的，依照刑法第一百四十三条的规定以生产、销售不符合安全标准的食品罪定罪处罚；虽不足以造成严重食物中毒事故或者其他严重食源性疾病，但符合刑法第一百四十条规定的，以生产、销售伪劣产品罪定罪处罚。

第十八条 实施本解释规定的非法经营行为，非法经营数额在十万元以上，或者违法所得数额在五万元以上的，应当认定为刑法第二百二十五条规定的"情节严重"；非法经营数额在五十万元以上，或者违法所得数额在二十五万元以上的，应当认定为刑法第二百二十五条规定的"情节特别严重"。

实施本解释规定的非法经营行为，同时构成生产、销售伪劣产品罪，生产、销售不符合安全标准的食品罪，生产、销售有毒、有害食品罪，生产、销售伪劣农药、兽药罪等其他犯罪的，依照处罚较重的规定定罪处罚。

第十九条 违反国家规定，利用广告对保健食品或者其他食品作虚假宣传，符合刑法第二百二十二条规定的，以虚假广告罪定罪处罚；以非法占有为目的，利用销售保健食品或者其他食品诈骗财物，符合刑法第二百六十六条规定的，以诈骗罪定罪处罚。同时构成生产、销售伪劣产品罪等其他犯罪的，依照处罚较重的规定定罪处罚。

第二十条 负有食品安全监督管理职责的国家机关工作人员，滥用职权或者玩忽职守，构成食品监管渎职罪，同时构成徇私舞弊不移交刑事案件罪、商检徇私舞弊罪、动植

相关执法参考	物检疫徇私舞弊罪、放纵制售伪劣商品犯罪行为罪等其他渎职犯罪的，依照处罚较重的规定定罪处罚。 　　负有食品安全监督管理职责的国家机关工作人员滥用职权或者玩忽职守，不构成食品监管渎职罪，但构成前款规定的其他渎职犯罪的，依照该其他犯罪定罪处罚。 　　负有食品安全监督管理职责的国家机关工作人员与他人共谋，利用其职务行为帮助他人实施危害食品安全犯罪行为，同时构成渎职犯罪和危害食品安全犯罪共犯的，依照处罚较重的规定定罪从重处罚。 　　**第二十一条**　犯生产、销售不符合安全标准的食品罪，生产、销售有毒、有害食品罪，一般应当依法判处生产、销售金额二倍以上的罚金。 　　共同犯罪的，对各共同犯罪人合计判处的罚金一般应当在生产、销售金额的二倍以上。 　　**第二十二条**　对实施本解释规定之犯罪的犯罪分子，应当依照刑法规定的条件，严格适用缓刑、免予刑事处罚。对于依法适用缓刑的，可以根据犯罪情况，同时宣告禁止令。 　　对于被不起诉或者免予刑事处罚的行为人，需要给予行政处罚、政务处分或者其他处分的，依法移送有关主管机关处理。 　　**第二十三条**　单位实施本解释规定的犯罪的，对单位判处罚金，并对直接负责的主管人员和其他直接责任人员，依照本解释规定的定罪量刑标准处罚。 　　**第二十四条**　"足以造成严重食物中毒事故或者其他严重食源性疾病""有毒、有害的非食品原料"等专门性问题难以确定的，司法机关可以依据鉴定意见、检验报告、地市级以上相关行政主管部门组织出具的书面意见，结合其他证据作出认定。必要时，专门性问题由省级以上相关行政主管部门组织出具书面意见。 　　**第二十五条**　本解释所称"二年内"，以第一次违法行为受到行政处罚的生效之日与又实施相应行为之日的时间间隔计算确定。 　　**第二十六条**　本解释自 2022 年 1 月 1 日起施行。本解释公布实施后，《最高人民法院、最高人民检察院关于办理危害食品安全刑事案件适用法律若干问题的解释》（法释〔2013〕12 号）同时废止；之前发布的司法解释与本解释不一致的，以本解释为准。
相关法律法规（2）	最高人民检察院、公安部《关于公安机关管辖的刑事案件立案追诉标准的规定（一）》（节录） 　　（2008 年 6 月 25 日最高人民检察院、公安部文件公通字〔2008〕36 号公布，自公布之日起施行） 　　**第二十条**　[生产、销售有毒、有害食品案（刑法第一百四十四条）] 在生产、销售的食品中掺入有毒、有害的非食品原料的，或者销售明知掺有有毒、有害的非食品原料的食品的，应予立案追诉。 　　使用盐酸克仑特罗（俗称"瘦肉精"）等禁止在饲料和动物饮用水中使用的药品或者含有该类药品的饲料养殖供人食用的动物，或者销售明知是使用该类药品或者含有该类药品的饲料养殖的供人食用的动物的，应予立案追诉。 　　明知是使用盐酸克仑特罗等禁止在饲料和动物饮用水中使用的药品或者含有该类药品的饲料养殖的供人食用的动物，而提供屠宰等加工服务，或者销售其制品的，应予立案追诉。
相关法律法规（3）	最高人民法院、最高人民检察院《关于办理生产、销售伪劣商品刑事案件具体应用法律若干问题的解释》（节录） 　　（2001 年 4 月 5 日最高人民法院审判委员会第 1168 次会议、2001 年 3 月 30 日最高人民检察院第九届检察委员会第 84 次会议通过，自 2001 年 4 月 10 日起施行） 　　**第五条**　生产、销售的有毒、有害食品被食用后，造成轻伤、重伤或者其他严重后果的，应认定为刑法第一百四十四条规定的"对人体健康造成严重危害"。

相关执法参考	相关法律法规（3）	生产、销售的有毒、有害食品被食用后，致人严重残疾、三人以上重伤、十人以上轻伤或者造成其他特别严重后果的，应认定为"对人体健康造成特别严重危害"。 第九条 知道或者应当知道他人实施生产、销售伪劣商品犯罪，而为其提供贷款、资金、账号、发票、证明、许可证件，或者提供生产、经营场所或者运输、仓储、保管、邮寄等便利条件，或者提供制假生产技术的，以生产、销售伪劣商品犯罪的共犯论处。 第十条 实施生产、销售伪劣商品犯罪，同时构成侵犯知识产权、非法经营等其他犯罪的，依照处罚较重的规定定罪处罚。 第十一条 实施刑法第一百四十条至第一百四十八条规定的犯罪，又以暴力、威胁方法抗拒查处，构成其他犯罪的，依照数罪并罚的规定处罚。 第十二条 国家机关工作人员参与生产、销售伪劣商品犯罪的，从重处罚。
	相关法律法规（4）	《关于充分发挥审判职能作用切实维护公共安全的若干意见》（节录） （2015年9月16日最高人民法院法发〔2015〕12号发布） 为充分发挥人民法院职能作用，切实维护公共安全，保障人民群众合法权益，营造和谐稳定的社会环境，提出以下意见。 10. 依法惩治危害食品药品安全犯罪。食品药品安全形势不容乐观，重大、恶性食品药品安全犯罪案件时有发生，党中央高度关注，人民群众反映强烈。要以"零容忍"的态度，坚持最严厉的处罚、最严肃的问责，依法严惩生产、销售有毒、有害食品、不符合卫生标准的食品，以及生产、销售假药、劣药等犯罪。要充分认识此类犯罪的严重社会危害，严格缓刑、免刑等非监禁刑的适用。要采取有效措施依法追缴违法犯罪所得，充分适用财产刑，坚决让犯罪分子在经济上无利可图、得不偿失。要依法适用禁止令，有效防范犯罪分子再次危害社会。 12. 从严惩治危害民生的职务犯罪。对于制售伪劣食品药品、破坏环境资源所涉及的国家工作人员渎职犯罪，发生在社会保障、征地拆迁、灾后重建、企业改制、医疗、教育、就业等领域严重损害群众利益、社会影响恶劣、群众反映强烈的国家工作人员贪污贿赂犯罪、渎职犯罪，发生在事关民生和公共安全的重点领域、重点行业的严重商业贿赂犯罪等，要依法从严惩处。
	相关法律法规（5）	《关于依法严惩"地沟油"犯罪活动的通知》 （2012年1月9日最高人民法院、最高人民检察院、公安部发布） 各省、自治区、直辖市高级人民法院、人民检察院、公安厅（局），解放军军事法院、军事检察院，新疆维吾尔自治区高级人民法院生产建设兵团分院，新疆生产建设兵团人民检察院、公安局： 为依法严惩"地沟油"犯罪活动，切实保障人民群众的生命健康安全，根据刑法和有关司法解释的规定，现就有关事项通知如下： 一、依法严惩"地沟油"犯罪，切实维护人民群众食品安全 "地沟油"犯罪，是指用餐厨垃圾、废弃油脂、各类肉及肉制品加工废弃物等非食品原料，生产、加工"食用油"，以及明知是利用"地沟油"生产、加工的油脂而作为食用油销售的行为。"地沟油"犯罪严重危害人民群众身体健康和生命安全，严重影响国家形象，损害党和政府的公信力。各级公安机关、检察机关、人民法院要认真贯彻《刑法修正案（八）》对危害食品安全犯罪从严打击的精神，依法严惩"地沟油"犯罪，坚决打击"地沟油"进入食用领域的各种犯罪行为，坚决保护人民群众切身利益。对于涉及多地区的"地沟油"犯罪案件，各地公安机关、检察机关、人民法院要在案件管辖、调查取证等方面通力合作，形成打击合力，切实维护人民群众食品安全。 二、准确理解法律规定，严格区分犯罪界限 （一）对于利用"地沟油"生产"食用油"的，依照刑法第144条生产有毒、有害食品罪的规定追究刑事责任。

相关执法参考	相关法律法规（5）	（二）明知是利用"地沟油"生产的"食用油"而予以销售的，依照刑法第144条销售有毒、有害食品罪的规定追究刑事责任。认定是否"明知"，应当结合犯罪嫌疑人、被告人的认知能力，犯罪嫌疑人、被告人及其同案人的供述和辩解，证人证言，产品质量，进货渠道及进货价格、销售渠道及销售价格等主、客观因素予以综合判断。 （三）对于利用"地沟油"生产的"食用油"，已经销售出去没有实物，但是有证据证明系已查实生产、销售有毒、有害食品犯罪事实的上线提供的，依照刑法第144条销售有毒、有害食品罪的规定追究刑事责任。 （四）虽无法查明"食用油"是否系利用"地沟油"生产、加工，但犯罪嫌疑人、被告人明知该"食用油"来源可疑而予以销售的，应分别情形处理：经鉴定，检出有毒、有害成分的，依照刑法第144条销售有毒、有害食品罪的规定追究刑事责任；属于不符合安全标准的食品的，依照刑法第143条销售不符合安全标准的食品罪追究刑事责任；属于以假充真、以次充好、以不合格产品冒充合格产品或者假冒注册商标，构成犯罪的，依照刑法第140条销售伪劣产品罪或者第213条假冒注册商标罪、第214条销售假冒注册商标的商品罪追究刑事责任。 （五）知道或应当知道他人实施以上第（一）、（二）、（三）款犯罪行为，而为其掏捞、加工、贩运"地沟油"，或者提供贷款、资金、账号、发票、证明、许可证件，或者提供技术、生产、经营场所、运输、仓储、保管等便利条件的，依照本条第（一）、（二）、（三）款犯罪的共犯论处。 （六）对违反有关规定，掏捞、加工、贩运"地沟油"，没有证据证明用于生产"食用油"的，交由行政部门处理。 （七）对于国家工作人员在食用油安全监管和查处"地沟油"违法犯罪活动中滥用职权、玩忽职守、徇私枉法，构成犯罪的，依照刑法有关规定追究刑事责任。 三、准确把握宽严相济刑事政策在食品安全领域的适用 在对"地沟油"犯罪定罪量刑时，要充分考虑犯罪数额、犯罪分子主观恶性及其犯罪手段、犯罪行为对人民群众生命安全和身体健康的危害、对市场经济秩序的破坏程度、恶劣影响等。对于具有累犯、前科、共同犯罪的主犯、集团犯罪的首要分子等情节，以及犯罪数额巨大、情节恶劣、危害严重，群众反映强烈，给国家和人民利益造成重大损失的犯罪分子，依法严惩，罪当判处死刑的，要坚决依法判处死刑。对在同一条生产销售链上的犯罪分子，要在法定刑幅度内体现严惩源头犯罪的精神，确保生产环节与销售环节量刑的整体平衡。对于明知是"地沟油"而非法销售的公司、企业，要依法从严追究有关单位和直接责任人员的责任。对于具有自首、立功、从犯等法定情节的犯罪分子，可以依法从宽处理。要严格把握适用缓刑、免予刑事处罚的条件。对依法必须适用缓刑的，一般同时宣告禁止令，禁止其在缓刑考验期内从事与食品生产、销售等有关的活动。 各地执行情况，请及时上报。
	相关法律法规（6）	《加大力度严惩危害食品安全及相关职务犯罪的通知》（节录） （2011年5月27日最高人民法院发布） 被告人实施危害食品安全的行为同时构成危害食品安全犯罪和生产、销售伪劣产品、侵犯知识产权、非法经营等犯罪的，依照处罚较重的规定定罪处罚。要综合考虑犯罪分子的主观恶性、犯罪手段、犯罪数额、危害后果、恶劣影响等因素，依法准确裁量刑罚。对于致人死亡或者有其他特别严重情节，罪当判处死刑的，要坚决依法判处死刑。要加大财产刑的判处力度，用足、用好罚金、没收财产等刑罚手段，剥夺犯罪分子再次犯罪的能力。要从严把握对危害食品安全的犯罪分子及相关职务犯罪分子适用缓免刑的条件。对依法必须适用缓刑的犯罪分子，可以同时宣告禁止令，禁止其在缓刑考验期内从事与食品生产、销售等有关的活动。 要从严惩处涉及食品安全的职务犯罪。对于包庇、纵容危害食品安全违法犯罪活动的

相关执法参考	相关法律法规（6）	腐败分子，以及在食品安全监管和查处危害食品安全违法犯罪活动中收受贿赂、玩忽职守、滥用职权、徇私枉法、不履行法定职责的国家工作人员，构成犯罪的，应当依法从重处罚。2011年4月30日以前实施食品安全监管渎职行为，依法构成滥用职权罪、玩忽职守罪或其他渎职犯罪，在5月1日以后审理的，适用修正前刑法的规定定罪处罚。5月1日以后实施食品安全监管渎职行为，未导致发生重大食品安全事故或者造成其他严重后果，不构成食品监管渎职罪，但符合其他渎职犯罪构成要件的，依照刑法相关规定对其定罪处罚。
	相关法律法规（7）	《关于印发第四批指导性案例的通知》（节录） （2014年2月20日最高人民检察院高检发研字〔2014〕2号发布） 各省、自治区、直辖市人民检察院，军事检察院，新疆生产建设兵团人民检察院： 经2014年2月19日最高人民检察院第十二届检察委员会第十七次会议决定，现将柳立国等人生产、销售有毒、有害食品，生产、销售伪劣产品案等五个案例印发给你们，供参考。 检例第12号：柳立国等人生产、销售有毒、有害食品，生产、销售伪劣产品案 〔要旨〕 明知对方是食用油经销者，仍将用餐厨废弃油（俗称"地沟油"）加工而成的劣质油脂销售给对方，导致劣质油脂流入食用油市场供人食用的，构成生产、销售有毒、有害食品罪；明知油脂经销者向饲料生产企业和药品生产企业等单位销售豆油等食用油，仍将用餐厨废弃油加工而成的劣质油脂销售给对方，导致劣质油脂流向饲料生产企业和药品生产企业等单位的，构成生产、销售伪劣产品罪。 检例第13号：徐孝伦等人生产、销售有害食品案 〔要旨〕 在食品加工过程中，使用有毒、有害的非食品原料加工食品并出售的，应当认定为生产、销售有毒、有害食品罪；明知是他人使用有毒、有害的非食品原料加工出的食品仍然购买并出售的，应当认定为销售有毒、有害食品罪。 检例第14号：孙建亮等人生产、销售有毒、有害食品案 〔要旨〕 明知盐酸克伦特罗（俗称"瘦肉精"）是国家禁止在饲料和动物饮用水中使用的药品，而用以养殖供人食用的动物并出售的，应当认定为生产、销售有毒、有害食品罪。明知盐酸克伦特罗是国家禁止在饲料和动物饮用水中使用的药品，而买卖和代买盐酸克伦特罗片，供他人用以养殖供人食用的动物的，应当认定为生产、销售有毒、有害食品罪的共犯。 检例第15号：胡林贵等人生产、销售有毒、有害食品，行贿骆梅、刘康素销售伪劣产品，朱伟全、曾伟中生产、销售伪劣产品，黎达文等人受贿、食品监管渎职案 〔要旨〕 实施生产、销售有毒、有害食品犯罪，为逃避查处向负有食品安全监管职责的国家工作人员行贿的，应当以生产、销售有毒、有害食品罪和行贿罪实行数罪并罚。 负有食品安全监督管理职责的国家机关工作人员，滥用职权，向生产、销售有毒、有害食品的犯罪分子通风报信，帮助逃避处罚的，应当认定为食品监管渎职罪；在渎职过程中受贿的，应当以食品监管渎职罪和受贿罪实行数罪并罚。 检例第16号：赛跃、韩成武受贿、食品监管渎职案 〔要旨〕 负有食品安全监督管理职责的国家机关工作人员，滥用职权或玩忽职守，导致发生重大食品安全事故或者造成其他严重后果的，应当认定为食品监管渎职罪。在渎职过程中受贿的，应当以食品监管渎职罪和受贿罪实行数罪并罚。

| 相关执法参考 | 相关法律法规（8） | 《禁止食品加药卫生管理办法》
（1987年10月22日卫生部卫防字第57号发布，自1987年10月22日起执行）
第一条 根据《中华人民共和国食品卫生法（试行）》（以下简称食品卫生法）第八条、第二十二条、第四十三条的规定，特制定本办法。
第二条 本办法适用于在我国生产并在国内销售的一切食品及其生产经营者，进口食品及其货主。《既是食品又是药品的品种名单》所列的品种除外。
根据对外贸易合同要求或对方国家（地区）法规所生产的专供出口（包括面向港、澳、台地区）的除外，但不符合我国标准和法规的不得在国内销售。
第三条 本办法用语定义如下：
特殊营养食品：通过改变食品中天然营养素的成份含量比例或控制热量以适应某些疾病人群营养需要的食品。
药膳：为辅助治疗某些疾病，根据辩证施治的原则加入中药配制而成的非定型包装菜肴。
第四条 使用营养强化剂必须遵照《食品营养强化剂使用卫生标准》和《食品营养强化剂卫生管理办法》的规定。
第五条 《既是食品又是药品的品种名单》由卫生部颁发。
利用《既是食品又是药品的品种名单》和《食品营养强化剂使用卫生标准》以外的物品（包括药材）作食品新资源的，按照《食品新资源卫生管理办法》规定的程序报请审批。
第六条 利用中药材作食品新资源者，报请审批时除《食品新资源卫生管理办法》第三条要求的资料外，还应提供其药理作用的特殊针对性指标的试验资料。其安全性毒理学评价资料要求如下：
（一）在古代医籍中有两部以上食疗本草记载无毒性、无服用禁忌（包括不宜久食）的品种，提供《食品安全性毒理学评价程序》第一、第二阶段的试验资料。
（二）在古代医籍中无食疗记载的属于生物性原料的品种，提供《食品安全性毒理学评价程序》第一、第二、第三阶段的试验资料。
（三）在古代医籍中无食疗记载的属于非生物性原料的品种，提供《食品安全性毒理学评价程序》第一、第二、第三、第四阶段的试验资料。
第七条 在食品卫生法生效以前，传统上把药物作为添加成份加入，不宣传疗效并有30年以上连续生产历史的定型包装食品品种，经所在地省、自治区、直辖市卫生行政部门批准并向卫生部备案，可以销售，销售地区不限。
在食品卫生法生效以前，按照习惯把药物作为添加成份加入食品中配制的非定型包装食品，且已沿用三十年以上的，经所在地县以上（含县）卫生行政部门批准，可以在本地加工销售，但不得使用药膳名称。
上述食品被批准后，不准增加药物品种、用量，不准扩大添加的食品品种范围。
第八条 药膳餐厅必须经当地中医行政部门审查合格并发给药膳经营许可证后，方可按食品卫生法第二十六条的规定申请食品卫生许可证。
药膳餐厅用于配制药膳的中药品种（除《既是食品又是药品的品种名单》规定的品种以外）需报当地中医行政部门审核批准；药膳配方需报当地中医行政部门备案。
药膳餐厅的食品卫生由当地食品卫生监督机构监督。
第九条 特殊营养食品的生产经营者在生产前必须提出配方及其根据、实验研究资料（可引用其他研究者的结论），报省、自治区、直辖市卫生行政部门批准。
特殊营养食品必须采用定型包装，并在包装和标签上使用表示其营养特点的名称，说明主要成份及其含量、使用注意事项、出厂日期、保存期等。
第十条 按本办法第四、第五、第六、第七、第九条批准生产经营的食品禁止宣传疗 |

相关法律法规（8）		效或保健作用。禁止在包装、标签、说明书或广告上有下列内容： （一）"疗效食品"、"保健食品"、"强壮食品"、"补品"、"营养滋补食品"或其他类似词句。 （二）"返老还童"、"延年益寿"、"白发变黑"、"齿落更生"、"防老抗癌"、"祖传秘方"、"宫廷秘方"或其他类似词句。 （三）中医辩证施治各项治疗原则的用语。 （四）在食品名称上冠以中药名称，或以中药图像、名称暗示疗效和保健作用。 **第十一条** 对违反本办法和食品卫生法的食品生产经营者，依照食品卫生法的有关规定追究法律责任。 **第十二条** 本办法解释权、修改权属卫生部。 本办法自公布之日起执行。 附表： 既是食品又是药品的品种名单（第一批） 《中华人民共和国食品卫生法（试行）》第八条规定的按照传统既是食品又是药品的物品名单如下： 一、《中华人民共和国药典》85版和中国医学科学院卫生研究所编著的《食物成份表》（1981年第三版，野菜类除外）中同时列入的品种。 二、乌梢蛇 蝮蛇 酸枣仁 牡蛎 栀子 甘草 代代花 罗汉果 肉桂 决明子 莱菔子 陈皮 砂仁 乌梅 肉豆蔻 白芷 菊花 藿香 沙棘 郁李仁 青果 薤白 薄荷 丁香 高良姜 白果 香橼 火麻仁 桔红 茯苓 香薷 红花 紫苏
相关执法参考	相关法律法规（9）	《保健食品注册与备案管理办法》（节录） （2016年2月26日国家食品药品监督管理总局令第22号公布，自2016年7月1日起施行） **第二条** 在中华人民共和国境内保健食品的注册与备案及其监督管理适用本办法。 **第三条** 保健食品注册，是指食品药品监督管理部门根据注册申请人申请，依照法定程序、条件和要求，对申请注册的保健食品的安全性、保健功能和质量可控性等相关申请材料进行系统评价和审评，并决定是否准予其注册的审批过程。 保健食品备案，是指保健食品生产企业依照法定程序、条件和要求，将表明产品安全性、保健功能和质量可控性的材料提交食品药品监督管理部门进行存档、公开、备查的过程。 **第四条** 保健食品的注册与备案及其监督管理应当遵循科学、公开、公正、便民、高效的原则。 **第五条** 国家食品药品监督管理总局负责保健食品注册管理，以及首次进口的属于补充维生素、矿物质等营养物质的保健食品备案管理，并指导监督省、自治区、直辖市食品药品监督管理部门承担的保健食品注册与备案相关工作。 省、自治区、直辖市食品药品监督管理部门负责本行政区域内保健食品备案管理，并配合国家食品药品监督管理总局开展保健食品注册现场核查等工作。 市、县级食品药品监督管理部门负责本行政区域内注册和备案保健食品的监督管理，承担上级食品药品监督管理部门委托的其他工作。 **第六条** 国家食品药品监督管理总局行政受理机构（以下简称受理机构）负责受理保健食品注册和接收相关进口保健食品备案材料。 省、自治区、直辖市食品药品监督管理部门负责接收相关保健食品备案材料。 国家食品药品监督管理总局保健食品审评机构（以下简称审评机构）负责组织保健食品审评，管理审评专家，并依法承担相关保健食品备案工作。 国家食品药品监督管理总局审核查验机构（以下简称查验机构）负责保健食品注册

| 相关执法参考 | 相关法律法规（9） | 现场核查工作。
第七条　保健食品注册申请人或者备案人应当具有相应的专业知识，熟悉保健食品注册管理的法律、法规、规章和技术要求。
保健食品注册申请人或者备案人应当对所提交材料的真实性、完整性、可溯源性负责，并对提交材料的真实性承担法律责任。
保健食品注册申请人或者备案人应当协助食品药品监督管理部门开展与注册或者备案相关的现场核查、样品抽样、复核检验和监督管理等工作。
第八条　省级以上食品药品监督管理部门应当加强信息化建设，提高保健食品注册与备案管理信息化水平，逐步实现电子化注册与备案。
第九条　生产和进口下列产品应当申请保健食品注册：
（一）使用保健食品原料目录以外原料（以下简称目录外原料）的保健食品；
（二）首次进口的保健食品（属于补充维生素、矿物质等营养物质的保健食品除外）。
首次进口的保健食品，是指非同一国家、同一企业、同一配方申请中国境内上市销售的保健食品。
第十条　产品声称的保健功能应当已经列入保健食品功能目录。
第十一条　国产保健食品注册申请人应当是在中国境内登记的法人或者其他组织；进口保健食品注册申请人应当是上市保健食品的境外生产厂商。
申请进口保健食品注册的，应当由其常驻中国代表机构或者由其委托中国境内的代理机构办理。
境外生产厂商，是指产品符合所在国（地区）上市要求的法人或者其他组织。
第十二条　申请保健食品注册应当提交下列材料：
（一）保健食品注册申请表，以及申请人对申请材料真实性负责的法律责任承诺书；
（二）注册申请人主体登记证明文件复印件；
（三）产品研发报告，包括研发人、研发时间、研制过程、中试规模以上的验证数据，目录外原料及产品安全性、保健功能、质量可控性的论证报告和相关科学依据，以及根据研发结果综合确定的产品技术要求等；
（四）产品配方材料，包括原料和辅料的名称及用量、生产工艺、质量标准，必要时还应当按照规定提供原料使用依据、使用部位的说明、检验合格证明、品种鉴定报告等；
（五）产品生产工艺材料，包括生产工艺流程简图及说明，关键工艺控制点及说明；
（六）安全性和保健功能评价材料，包括目录外原料及产品的安全性、保健功能试验评价材料，人群食用评价材料；功效成分或者标志性成分、卫生学、稳定性、菌种鉴定、菌种毒力等试验报告，以及涉及兴奋剂、违禁药物成分等检测报告；
（七）直接接触保健食品的包装材料种类、名称、相关标准等；
（八）产品标签、说明书样稿；产品名称中的通用名与注册的药品名称不重名的检索材料；
（九）3个最小销售包装样品；
（十）其他与产品注册审评相关的材料。
第十三条　申请首次进口保健食品注册，除提交本办法第十二条规定的材料外，还应当提交下列材料：
（一）产品生产国（地区）政府主管部门或者法律服务机构出具的注册申请人为上市保健食品境外生产厂商的资质证明文件；
（二）产品生产国（地区）政府主管部门或者法律服务机构出具的保健食品上市销售一年以上的证明文件，或者产品境外销售以及人群食用情况的安全性报告；
（三）产品生产国（地区）或者国际组织与保健食品相关的技术法规或者标准；
（四）产品在生产国（地区）上市的包装、标签、说明书实样。 |

相关执法参考	相关法律法规（9）	由境外注册申请人常驻中国代表机构办理注册事务的，应当提交《外国企业常驻中国代表机构登记证》及其复印件；境外注册申请人委托境内的代理机构办理注册事项的，应当提交经过公证的委托书原件以及受委托的代理机构营业执照复印件。 第三十条 保健食品注册人转让技术的，受让方应当在转让方的指导下重新提出产品注册申请，产品技术要求等应当与原申请材料一致。 审评机构按照相关规定简化审评程序。符合要求的，国家食品药品监督管理总局应当为受让方核发新的保健食品注册证书，并对转让方保健食品注册予以注销。 受让方除提交本办法规定的注册申请材料外，还应当提交经公证的转让合同。 第三十一条 保健食品注册证书及其附件所载明内容变更的，应当由保健食品注册人申请变更并提交书面变更的理由和依据。 注册人名称变更的，应当由变更后的注册申请人申请变更。 第三十二条 已经生产销售的保健食品注册证书有效期届满需要延续的，保健食品注册人应当在有效期届满6个月前申请延续。 获得注册的保健食品原料已经列入保健食品原料目录，并符合相关技术要求，保健食品注册人申请变更注册，或者期满申请延续注册的，应当按照备案程序办理。 第三十三条 申请变更国产保健食品注册的，除提交保健食品注册变更申请表（包括申请人对申请材料真实性负责的法律责任承诺书）、注册申请人主体登记证明文件复印件、保健食品注册证书及其附件的复印件外，还应当按照下列情形分别提交材料： （一）改变注册人名称、地址的变更申请，还应当提供该注册人名称、地址变更的证明材料； （二）改变产品名称的变更申请，还应当提供拟变更后的产品通用名与已经注册的药品名称不重名的检索材料； （三）增加保健食品功能项目的变更申请，还应当提供所增加功能项目的功能学试验报告； （四）改变产品规格、保质期、生产工艺等涉及产品技术要求的变更申请，还应当提供证明变更后产品的安全性、保健功能和质量可控性与原注册内容实质等同的材料、依据及变更后3批样品符合产品技术要求的全项目检验报告； （五）改变产品标签、说明书的变更申请，还应当提供拟变更的保健食品标签、说明书样稿。 第三十四条 申请延续国产保健食品注册的，应当提交下列材料： （一）保健食品延续注册申请表，以及申请人对申请材料真实性负责的法律责任承诺书； （二）注册申请人主体登记证明文件复印件； （三）保健食品注册证书及其附件的复印件； （四）经省级食品药品监督管理部门核实的注册证书有效期内保健食品的生产销售情况； （五）人群食用情况分析报告、生产质量管理体系运行情况的自查报告以及符合产品技术要求的检验报告。 第三十五条 申请进口保健食品变更注册或者延续注册的，除分别提交本办法第三十三条、第三十四条规定的材料外，还应当提交本办法第十三条第一款（一）、（二）、（三）、（四）项和第二款规定的相关材料。 第三十六条 变更申请的理由依据充分合理，不影响产品安全性、保健功能和质量可控性的，予以变更注册；变更申请的理由依据不充分、不合理，或者拟变更事项影响产品安全性、保健功能和质量可控性的，不予变更注册。 第三十七条 申请延续注册的保健食品的安全性、保健功能和质量可控性符合要求

相关执法参考	相关法律法规(9)	的，予以延续注册。 申请延续注册的保健食品的安全性、保健功能和质量可控性依据不足或者不再符合要求，在注册证书有效期内未进行生产销售的，以及注册人未在规定时限内提交延续申请的，不予延续注册。 第三十八条　接到保健食品延续注册申请的食品药品监督管理部门应当在保健食品注册证书有效期届满前作出是否准予延续的决定。逾期未作出决定的，视为准予延续注册。 第三十九条　准予变更注册或者延续注册的，颁发新的保健食品注册证书，同时注销原保健食品注册证书。 第四十条　保健食品变更注册与延续注册的程序未作规定的，可以适用本办法关于保健食品注册的相关规定。 第五十四条　申请保健食品注册或者备案的，产品标签、说明书样稿应当包括产品名称、原料、辅料、功效成分或者标志性成分及含量、适宜人群、不适宜人群、保健功能、食用量及食用方法、规格、贮藏方法、保质期、注意事项等内容及相关制定依据和说明等。 第五十五条　保健食品的标签、说明书主要内容不得涉及疾病预防、治疗功能，并声明"本品不能代替药物"。 第五十六条　保健食品的名称由商标名、通用名和属性名组成。 商标名，是指保健食品使用依法注册的商标名称或者符合《商标法》规定的未注册的商标名称，用以表明其产品是独有的、区别于其他同类产品。 通用名，是指表明产品主要原料等特性的名称。 属性名，是指表明产品剂型或者食品分类属性等的名称。 第五十七条　保健食品名称不得含有下列内容： （一）虚假、夸大或者绝对化的词语； （二）明示或者暗示预防、治疗功能的词语； （三）庸俗或者带有封建迷信色彩的词语； （四）人体组织器官等词语； （五）除""之外的符号； （六）其他误导消费者的词语。 保健食品名称不得含有人名、地名、汉语拼音、字母及数字等，但注册商标作为商标名、通用名中含有符合国家规定的含字母及数字的原料名除外。 第五十八条　通用名不得含有下列内容： （一）已经注册的药品通用名，但以原料名称命名或者保健食品注册批准在先的除外； （二）保健功能名称或者与表述产品保健功能相关的文字； （三）易产生误导的原料简写名称； （四）营养素补充剂产品配方中部分维生素或者矿物质； （五）法律法规规定禁止使用的其他词语。 第五十九条　备案保健食品通用名应当以规范的原料名称命名。 第六十条　同一企业不得使用同一配方注册或者备案不同名称的保健食品；不得使用同一名称注册或者备案不同配方的保健食品。 第六十九条　保健食品注册与备案违法行为，食品安全法等法律法规已有规定的，依照其规定。 第七十条　注册申请人隐瞒真实情况或者提供虚假材料申请注册的，国家食品药品监督管理总局不予受理或者不予注册，并给予警告；申请人在1年内不得再次申请注册该保健食品；构成犯罪的，依法追究刑事责任。

相关执法参考	相关法律法规（9）	第七十一条 注册申请人以欺骗、贿赂等不正当手段取得保健食品注册证书的，由国家食品药品监督管理总局撤销保健食品注册证书，并处 1 万元以上 3 万元以下罚款。被许可人在 3 年内不得再次申请注册；构成犯罪的，依法追究刑事责任。 第七十二条 有下列情形之一的，由县级以上人民政府食品药品监督管理部门处以 1 万元以上 3 万元以下罚款；构成犯罪的，依法追究刑事责任。 （一）擅自转让保健食品注册证书的； （二）伪造、涂改、倒卖、出租、出借保健食品注册证书的。 第七十三条 食品药品监督管理部门及其工作人员对不符合条件的申请人准予注册，或者超越法定职权准予注册的，依照食品安全法第一百四十四条的规定予以处理。 食品药品监督管理部门及其工作人员在注册审评过程中滥用职权、玩忽职守、徇私舞弊的，依照食品安全法第一百四十五条的规定予以处理。 第七十四条 申请首次进口保健食品注册和办理进口保健食品备案及其变更的，应当提交中文材料，外文材料附后。中文译本应当由境内公证机构进行公证，确保与原文内容一致；申请注册的产品质量标准（中文本），必须符合中国保健食品质量标准的格式。境外机构出具的证明文件应当经生产国（地区）的公证机构公证和中国驻所在国使领馆确认。 第七十五条 本办法自 2016 年 7 月 1 日起施行。2005 年 4 月 30 日公布的《保健食品注册管理办法（试行）》（原国家食品药品监督管理局令第 19 号）同时废止。

七、生产、销售不符合标准的医用器材罪

罪名	生产、销售不符合标准的医用器材罪（《刑法》第 145 条）
概念	生产、销售不符合标准的医用器材罪，是指生产不符合保障人体健康的国家标准、行业标准的医疗器械、医用卫生材料，或者销售明知是不符合保障人体健康的国家标准、行业标准的医疗器械、医用卫生材料，足以严重危害人体健康的行为。

| 犯罪构成 | 客体 | 本罪侵犯的客体是双重客体，既侵犯了国家医疗用品管理制度，又侵犯了不特定多数人的生命健康权利。医疗器材、医用卫生材料和药品一样，与人们的生命健康安全息息相关。国家对医疗器材、医用卫生材料的生产、销售一直采取从严控制的政策，不但对生产单位有严格的审批程序，还制定了严格的国家标准、行业标准，确保医疗器材、医用卫生材料的质量达标。伪劣的医疗用品会导致错诊、误诊、疾病恶化、病者伤亡等恶果，生产、销售不符合保障人体健康的医疗用品的行为，不仅侵犯了国家医疗用品管理制度，而且侵犯了不特定多数人的生命健康权利。
本罪侵害的对象是伪劣医用器材，即不符合保障人体健康的国家标准、行业标准的医疗器械、医用卫生材料。所谓医疗器械，根据 2017 年《医疗器械监督管理条例》规定，是指直接或者间接用于人体的仪器、设备、器具、体外诊断试剂及校准物、材料以及其他类似或者相关的物品，包括所需要的计算机软件。其效用主要通过物理等方式获得，不是通过药理学、免疫学或者代谢的方式获得，或者虽然有这些方式参与但是只起辅助作用。其目的是：疾病的诊断、预防、监护、治疗或者缓解；损伤的诊断、监护、治疗、缓解或者功能补偿；生理结构或者生理过程的检验、替代、调节或者支持；生命的支持或维持；妊娠控制；通过对来自人体的样本进行检查，为医疗或者诊断目的提供信息。通常指专用于治疗人体疾病的机器设备、仪器、用具及其必要的附属材料等，包括诊断、治疗、减轻或直接预防人类疾病，或足以影响人类身体结构及机能的仪器、器械用具及其附件、配件、零件等。医疗器械的具体种类包括：诊断设备（如 X 光透视机）、治疗设备（如手术设备）、辅助设备（如中心血库）三大类。所谓医用卫生材料，是指医疗卫生机构在医疗、预防、保健以及其他相关活动中使用的消耗型辅助用品。一般指价格比较低、使用时间短、用于疾病治疗的卫生用品。医用卫生材料的具体种类内容包括：（1）创面损伤：各种烧伤、烫伤、溃疡、褥疮、伤口创面敷料、生物流体敷料膜、创面修复膜、伤骨愈膜、硅凝胶、胶原蛋白海绵、疤痕膜、疤痕贴片、冷热敷膏药等；（2）功能敷料：液状敷料、壳聚糖、甲壳素、输液膜、产科断脐、生物止血膜等；（3）生物材料：生物降解材料、介入材料、载药材料、药物缓释制剂等；（4）手术用品：PVC 医用手套、手术包、产包、手术衣（帽）、手术薄膜/垫单/洞巾等；（5）粘贴材料：医用橡皮膏、透气胶带、医用无敏胶带/纸基胶带、手术用防粘连冲洗液；（6）护创材料：医用棉球、棉签、绷带、创可贴、急救包、脱脂棉、脱脂纱布、纱布垫；（7）医用纺织品：医用床单、被面、防护服、防护口罩、隔离衣、台布、围兜、围裙等；（8）医用非织造布：各种医用（水刺、热扎、纺粘、弹力、平纹、巴布、吸水棉）无纺布、亲水无纺布、SMS 无纺布、熔喷无纺布、卷材、片材及后处理无纺布系列产品；（9）敷料机械：湿纸巾包装机、医用创可贴机、输液贴机、切片机、复卷机、超声波口罩机、医用纱布折叠机、包棉机、床垫机等加工设备。医用卫生材料与医疗器械的主要区别在于，医疗器材一般属于固定财产设备，可以反复多次使用；而医用卫生材料则属于消耗性财产材料，使用的时间短，而且一般不能重复使用。这里的不符合保障人体健康的国家标准、行业标准，就是不符合国家卫生主管部门或医疗器械、医用卫生材料生产行业制定的旨在保障人们使用安全，不危害人 |

犯罪构成	客体	体健康的有关质量与卫生的标准。根据《医疗器械标准管理办法》规定，医疗器械国家标准和行业标准由国家设立的各医疗器械专业标准化技术委员会或国务院药品监督管理部门设立的医疗器械标准化技术委员会组织制定和审核。因此，只要由国家设立的各医疗器械专业标准化技术委员会或国务院药品监督管理部门设立的医疗器械标准化技术委员会组织制定和审核的医疗器械国家标准和行业标准，就属于"保障人体健康的国家标准、行业标准"。由于医疗器械门类很广，且国家标准、行业标准的起草需要实际依据和较长时间，因此，国家药品监督管理部门要求企业在申请注册没有国家标准、行业标准的医疗器械时，必须上报企业起草的注册产品标准。根据司法解释规定，对于没有国家标准、行业标准的医疗器械，注册产品标准可视为"保障人体健康的卫生标准"。
	客观方面	本罪在客观方面表现为非法生产不符合保障人体健康的国家标准、行业标准的医疗器械、医用卫生材料，或者非法销售明知是不符合保障人体健康的国家标准、行业标准的医疗器械、医用卫生材料，足以严重危害人体健康的行为。包括三点： 1. 行为人实施的行为必须是违反国家医疗用品管理法规的行为。违反国家医疗用品管理法规，主要是违反了国家医疗用品管理相关规定，包括我国《产品质量法》《标准化法》《医疗器械监督管理条例》《医疗器械标准管理办法》《医疗器械生产监督管理办法》等。根据《产品质量法》规定，可能危及人体健康和人身、财产安全的工业产品，必须符合保障人体健康和人身、财产安全的国家标准、行业标准；未制定国家标准、行业标准的，必须符合保障人体健康和人身、财产安全的要求。禁止生产、销售不符合保障人体健康和人身、财产安全的标准和要求的工业产品。根据我国《标准化法》的有关规定，所谓国家标准，是指由国务院标准化行政主管部门制定的，在全国范围内统一的技术要求。所谓行业标准，是指对于没有国家标准的产品，由国务院有关行政主管部门制定的在全国某个行业范围内统一的技术要求。另外，国家标准分为强制性标准和推荐性标准，同保障人体健康有关的医疗器械、医用卫生材料应适用强制性标准，企业必须执行。根据《医疗器械监督管理条例》规定，国家食品药品监督管理总局根据医疗器械标准化工作的需要，经批准依法组建医疗器械标准化技术委员会。在现有医疗器械标准化技术委员会不能覆盖的专业技术领域，国家食品药品监督管理总局可以根据监管需要，按程序确定医疗器械标准化技术归口单位。标准化技术归口单位参照医疗器械标准化技术委员会的职责和有关规定开展相应领域医疗器械标准工作。依照我国标准化法和产品质量法规定，生产、销售的医疗器械和医用卫生材料，必须符合相应的国家标准及行业标准。 2. 实施了非法生产不符合保障人体健康的国家标准、行业标准的医疗器械、医用卫生材料，或者非法销售明知是不符合保障人体健康的国家标准、行业标准的医疗器械、医用卫生材料的行为。从行为类型来看，本罪只能由积极的作为方式构成，即只能以积极地加工、制造或销售不符合保障人体健康的国家标准、行业标准的医疗器械、医用卫生材料的行为构成本罪。从行为方式来看，生产和销售行为是选择性关系，行为人实施其中一个行为即构成犯罪。包括，行为人明知是不符合保障人体健康的国家标准、行业标准的医疗器械、医用卫生材料而非法生产、销售。生产者、销售者既可以是取得生产、销售资格的单位和个人，也可以是未取得生产、销售资格的单位和个人。也包括，医疗机构或个人，知道或应当知道是不符合保障人体健康的国家标准、行业标准的医疗器械、医用卫生材料而非法购买，足以严重危害人体健康的行为。 3. 达到了"足以严重危害人体健康"的危险程度，才能构成本罪。即本罪为危险犯。为了更好地保障人们的身体健康、生命安全权利，2002年12月28日《刑法修正案（四）》将本罪客观方面由原来的侵害犯（实害犯）修改为危险犯。根据司法解释规定，"足以严重危害人体健康"的危险程度包括：进入人体的医疗器械的材料中含有超过标准的有毒有害物质的；进入人体的医疗器械的有效性指标不符合标准要求，导致治疗、替

犯罪构成	客观方面	代、调节、补偿功能部分或者全部丧失，可能造成贻误诊治或者人体严重损伤的；用于诊断、监护、治疗的有源医疗器械的安全指标不符合强制性标准要求，可能对人体构成伤害或者潜在危害的；用于诊断、监护、治疗的有源医疗器械的主要性能指标不合格，可能造成贻误诊治或者人体严重损伤的；未经批准，擅自增加功能或者适用范围，可能造成贻误诊治或者人体严重损伤的；其他足以严重危害人体健康或者对人体健康造成严重危害的情形。
	主体	本罪的主体是一般主体，自然人和单位都可构成本罪。凡达到法定刑事责任年龄且具有刑事责任能力的16周岁以上的自然人均可构成本罪，依刑法第150条之规定，单位亦能成为本罪主体，单位犯本罪时，实行两罚制。
	主观方面	本罪的主观方面只能由故意构成，包括直接故意和间接故意。即行为人故意生产不符合保障人体健康的国家标准、行业标准的医疗器械、医用卫生材料或者明知是不符合保障人体健康的国家标准、行业标准的医疗器械、医用卫生材料而故意销售。过失不能构成本罪。本罪的犯罪目的多为谋利，但本罪并不以此为构成要件。行为人的动机多种多样，有的为了营利，有的为了实施其他犯罪，不同的动机一般不影响本罪的定罪。
认定标准	刑罚标准	1. 犯本罪的，处3年以下有期徒刑或者拘役，并处销售金额百分之五十以上二倍以下罚金。 2. 对人体健康造成严重危害的，处3年以上10年以下有期徒刑，并处销售金额百分之五十以上二倍以下罚金。 3. 后果特别严重的，处10年以上有期徒刑或者无期徒刑，并处销售金额百分之五十以上二倍以下罚金或者没收财产。 4. 单位犯本罪的，对单位判处罚金，并对其直接负责的主管人员和其他责任人员依上述规定处罚。 本罪为危险犯，只要实施了非法生产不符合保障人体健康的国家标准、行业标准的医疗器械、医用卫生材料，或者非法销售明知是不符合保障人体健康的国家标准、行业标准的医疗器械、医用卫生材料的行为，并达到了"足以严重危害人体健康"的危险程度，即构成本罪，就应当适用第一档量刑条款。根据司法解释规定，"足以严重危害人体健康"的危险程度包括：进入人体的医疗器械的材料中含有超过标准的有毒有害物质的；进入人体的医疗器械的有效性指标不符合标准要求，导致治疗、替代、调节、补偿功能部分或者全部丧失，可能造成贻误诊治或者人体严重损伤的；用于诊断、监护、治疗的有源医疗器械的安全指标不符合强制性标准要求，可能对人体构成伤害或者潜在危害的；用于诊断、监护、治疗的有源医疗器械的主要性能指标不合格，可能造成贻误诊治或者人体严重损伤的；未经批准，擅自增加功能或者适用范围，可能造成贻误诊治或者人体严重损伤的；其他足以严重危害人体健康或者对人体健康造成严重危害的情形。 构成本罪，并对人体健康造成了严重危害的，适用第二档量刑条款。根据有关司法解释规定，这里的"对人体健康造成严重危害的"，是指生产、销售不符合标准的医疗器械、医用卫生材料，致人轻伤或者其他严重后果的。 构成本罪，后果特别严重的，适用第三档量刑条款。根据有关司法解释规定，这里的"后果特别严重的"，既包括生产、销售不符合标准的医疗器械、医用卫生材料，造成感染病毒性肝炎等难以治愈的疾病、1人以上重伤、3人以上轻伤或者其他严重后果等情形；也包括生产、销售不符合标准的医疗器械、医用卫生材料，致人死亡、严重残疾、感染艾滋病、3人以上重伤、10人以上轻伤或者造成其他特别严重后果等情形。

认定标准	本罪与违法行为的区别	1. 看生产、销售行为是否出于故意，只有故意生产、销售不符合保障人体健康的国家标准、行业标准的医疗器械、医用卫生材料的，才可能成立本罪；如果是出于过失而生产、销售不符合保障人体健康的国家标准、行业标准的医疗器械、医用卫生材料的，则不能构成本罪。在司法实践中，行为人过失地生产、销售不符合保障人体健康的国家标准、行业标准的医疗器械、医用卫生材料，如未将产品投入流通、产品投入流通时引起损害的缺陷尚不存在，将产品投入流通时的科学技术水平尚不能发现缺陷的存在，一般不认定为犯罪。但如果存在致人重伤、死亡等情节特别严重的，可根据重大责任事故罪或者玩忽职守罪来处理。 2. 看生产、销售行为是否违反了国家医疗用品管理法规，如果行为人严格遵守了有关国家医疗用品管理法规的规定，即使生产、销售的医疗器械、医用卫生材料足以严重危害人体健康的，也不构成犯罪。因为违反相关国家医疗用品管理法规是构成本罪的前提，没有违法就不能构成犯罪。 3. 看生产、销售符合保障人体健康的国家标准、行业标准的医疗器械、医用卫生材料行为是否存在足以严重危害人体健康的危险程度。依本条规定，生产、销售不符合保障人体健康的国家标准、行业标准的医疗器械、医用卫生材料的行为，只有存在足以严重危害人体健康的危险程度的才构成犯罪；如果没有存在足以严重危害人体健康的危险程度情形的，就不能构成本罪，可给予行政处罚。当然，虽然不存在足以严重危害人体健康的危险程度情形的，但销售金额达5万元以上的，应当依照生产、销售伪劣产品罪处罚。例如，龚某在未获得医用器材经营许可证的情况下，从非正规途径购入美瞳隐形眼镜在其商铺进行销售，后被上海市长宁区市场监督管理局查获300余瓶美瞳隐形眼镜。经鉴定，上述隐形眼镜有菌生长，为不符合国家标准的医用器材。本案龚某因犯销售不符合标准的医用器材罪，被判处拘役4个月10天，并处罚金人民币3000元。此案反映了行政责任转为刑事责任的界限和量刑的标准把握。
	本罪罪名和罪数的认定	本罪是选择性罪名，可根据行为方式的不同，分别确定不同的罪名。生产和销售行为是选择性关系，实施其中一个行为即构成本罪。如果行为人生产了劣质医疗器械、医用卫生材料，又销售了自己生产的物品，并不数罪并罚，仍按本罪处罚；如果行为人生产了劣质医疗器械、医用卫生材料，又销售了他人生产的劣质医疗器械、医用卫生材料，则按生产不符合标准的医用器材罪和销售不符合标准的医用器材罪并罚。 实施本罪，同时构成侵犯知识产权、非法经营等其他犯罪的，依照处罚较重的规定定罪处罚。实施本罪，又以暴力、威胁方法抗拒查处，构成其他犯罪的，依照数罪并罚的规定处罚。
	本罪犯罪形态的认定	本罪为危险犯，只要实施了非法生产不符合保障人体健康的国家标准、行业标准的医疗器械、医用卫生材料，或者非法销售明知是不符合保障人体健康的国家标准、行业标准的医疗器械、医用卫生材料的行为，并达到了"足以严重危害人体健康"的危险程度，即构成本罪既遂。本罪基本的犯罪构成是危险犯，本罪预备及预备阶段的中止不具有可罚性，更不存在实行阶段的未遂和中止。总之，本罪的未完成形态不具有可罚性。
	本罪共犯的认定	知道或者应当知道他人实施本罪，而为其提供贷款、资金、账号、发票、证明、许可证件，或者提供生产、经营场所或者运输、仓储、保管、邮寄等便利条件，或者提供制假生产技术的，以本罪的共犯论处。另外，尽管本罪的主体为生产者和销售者，一般不包括医疗机构及其职工。但根据司法解释，帮助销售的行为当作销售处理，即这类主体可以和生产者、销售者形成共犯关系。生产、销售行为往往是互相依存的，在生产者、销售者相互分离的情况下，在理论上就可能成立共同犯罪。但如果销售者自身又是生产者，则其仅成立本罪，而不成立共同犯罪。

认定标准	罪数形态的认定	如果行为人生产、销售伪劣医疗器材是为了追求其他犯罪结果如故意伤害或故意杀人的，则应依照牵连犯的处罚原则择一重处断。如果在实施犯罪行为的过程中为达犯罪目的而又实施了其他犯罪行为的，则应以其行为特点分别依照牵连犯处理和数罪并罚。前者如为了取得生产、销售资格而伪造公文、证件、印章的行为，后者如为了打击报复检举人等而对检举人实施报复行为。
	此罪与彼罪的区别（1）	本罪与生产、销售伪劣产品罪的区别。 生产、销售伪劣产品罪，是指生产者、销售者在产品中掺杂、掺假，以假充真，以次充好或者以不合格产品冒充合格产品，销售金额达5万元以上的行为。两者属于特殊与一般的关系，不符合卫生标准的化妆品也属于伪劣产品，但两罪成立犯罪的标准不同。两罪的主要区别： 1. 犯罪客体不同。本罪侵犯的客体是双重客体，既侵犯了国家医疗用品管理制度，又侵犯了不特定多数人的生命健康权利。后罪侵犯的客体属于单一客体，侵害的是国家有关产品质量管理制度。 2. 犯罪对象有所不同。本罪的对象只能是不符合保障人体健康的国家标准、行业标准的医疗器械、医用卫生材料。后罪的对象为一切伪劣产品，包括不符合保障人体健康的国家标准、行业标准的医疗器械、医用卫生材料在内。 3. 犯罪构成要求不同。本罪的犯罪构成要求足以严重危害人体健康的危险程度的，才构成本罪。而后罪则是数额犯，其犯罪构成要求"销售金额在5万元以上"才构成。 本罪与生产、销售伪劣产品罪这两个罪名是特别法与一般法的关系。依照刑法理论当特别法与一般法出现竞合时应以特别法优于一般法为主、重法优于轻法为辅的原则，依据上述原则在认定二罪时就应注意：如果生产、销售不符合健康标准的医疗器械、医用卫生材料，没有达到足以严重危害人体健康的危险程度的，就不构成本罪，但其销售金额在5万元以上的，应依本法第149条规定，按生产、销售伪劣产品罪定罪量刑。如果生产、销售不符合健康标准的医疗器械、医用卫生材料，构成本罪，同时又构成生产销售伪劣产品罪，应依照处罚较重的规定处罚。
	此罪与彼罪的区别（2）	本罪与医疗事故罪的区别。 医疗事故罪，是指医务人员由于严重不负责任，造成就诊人死亡或者严重损害就诊人身体健康的行为。两罪的主要区别： 1. 犯罪客体不同。本罪侵犯的客体是双重客体，既侵犯了国家医疗用品管理制度，又侵犯了不特定多数人的生命健康权利。后罪侵犯的客体属于双重客体，但内容为国家医疗单位的工作秩序和特定人的生命健康权利。 2. 犯罪对象有所不同。本罪的对象适用物品范畴，只能是不符合保障人体健康的国家标准、行业标准的医疗器械、医用卫生材料。后罪的对象属于生命范畴，为生命健康安全正遭受病魔侵害的病人。 3. 犯罪客观方面要求不同。本罪在客观方面表现为生产、销售不符合保障人体健康的国家标准、行业标准的医疗器械、医用卫生材料的行为，并足以严重危害人体健康的危险程度的，即犯罪构成要求是危险犯，其要求足以严重危害人体健康的危险程度的，才构成本罪。而后罪在客观方面表现为医务人员的医疗行为严重不负责任，并造成就诊人死亡或严重损害就诊人身体健康，即犯罪构成要求是结果犯，其要求"造成就诊人死亡或者严重损害就诊人身体健康"的后果，才构成后罪。 4. 犯罪主体不同。本罪的主体是一般主体，自然人和单位都可构成本罪。后罪的主体是特殊主体，即实施了违章医疗行为的医务人员，并且只能由自然人构成，单位不构成后罪。 5. 犯罪主观方面不同。本罪的主观方面只能由故意构成，包括直接故意和间接故意，过失不能构成本罪。后罪主观方面只能由过失构成，即行为人主观上对病人伤亡存在重大业务过失。如果医疗机构或者个人明知道是不符合保障人体健康的国家标准、行业标准的医用器材而购买、使用发生了严重后果时，应以销售不符合标准的医用器材罪处罚。

相关执法参考 / 刑法	中华人民共和国刑法（节录）

（1979年7月1日第五届全国人民代表大会第二次会议通过，1997年3月14日第八届全国人民代表大会第五次会议修订，已先后被1999年12月25日《中华人民共和国刑法修正案》、2001年8月31日《中华人民共和国刑法修正案（二）》、2001年12月29日《中华人民共和国刑法修正案（三）》、2002年12月28日《中华人民共和国刑法修正案（四）》、2005年2月28日《中华人民共和国刑法修正案（五）》、2006年6月29日《中华人民共和国刑法修正案（六）》、2009年2月28日《中华人民共和国刑法修正案（七）》、2009年8月27日《全国人民代表大会常务委员会关于修改部分法律的决定》、2011年2月25日《中华人民共和国刑法修正案（八）》、2015年8月29日《中华人民共和国刑法修正案（九）》、2017年11月4日《中华人民共和国刑法修正案（十）》、2020年12月26日《中华人民共和国刑法修正案（十一）》修改或修正）

第一百四十五条　生产不符合保障人体健康的国家标准、行业标准的医疗器械、医用卫生材料，或者销售明知是不符合保障人体健康的国家标准、行业标准的医疗器械、医用卫生材料，足以严重危害人体健康的，处三年以下有期徒刑或者拘役，并处销售金额百分之五十以上二倍以下罚金；对人体健康造成严重危害的，处三年以上十年以下有期徒刑，并处销售金额百分之五十以上二倍以下罚金；后果特别严重的，处十年以上有期徒刑或者无期徒刑，并处销售金额百分之五十以上二倍以下罚金或者没收财产。

第一百四十九条　生产、销售本节第一百四十一条至第一百四十八条所列产品，不构成各该条规定的犯罪，但是销售金额在五万元以上的，依照本节第一百四十条的规定定罪处罚。

生产、销售本节第一百四十一条至第一百四十八条所列产品，构成各该条规定的犯罪，同时又构成本节第一百四十条规定之罪的，依照处罚较重的规定定罪处罚。

第一百五十条　单位犯本节第一百四十条至第一百四十八条规定之罪的，对单位判处罚金，并对其直接负责的主管人员和其他直接责任人员，依照各该条的规定处罚。 |
| 相关法律法规（1） | 最高人民检察院、公安部《关于公安机关管辖的刑事案件立案追诉标准的规定（一）》（节录）

（2008年6月25日最高人民检察院、公安部文件公通字〔2008〕36号公布，自公布之日起施行）

第二十一条　[生产、销售不符合标准的医用器材案（刑法第一百四十五条）] 生产不符合保障人体健康的国家标准、行业标准的医疗器械、医用卫生材料，或者销售明知是不符合保障人体健康的国家标准、行业标准的医疗器械、医用卫生材料，涉嫌下列情形之一的，应予立案追诉：

（一）进入人体的医疗器械的材料中含有超过标准的有毒有害物质的；

（二）进入人体的医疗器械的有效性指标不符合标准要求，导致治疗、替代、调节、补偿功能部分或者全部丧失，可能造成贻误诊治或者人体严重损伤的；

（三）用于诊断、监护、治疗的有源医疗器械的安全指标不符合强制性标准要求，可能对人体构成伤害或者潜在危害的；

（四）用于诊断、监护、治疗的有源医疗器械的主要性能指标不合格，可能造成贻误诊治或者人体严重损伤的；

（五）未经批准，擅自增加功能或者适用范围，可能造成贻误诊治或者人体严重损伤的；

（六）其他足以严重危害人体健康或者对人体健康造成严重危害的情形。

医疗机构或者个人知道或者应当知道是不符合保障人体健康的国家标准、行业标准的医疗器械、医用卫生材料而购买并有偿使用的，视为本条规定的"销售"。 |

相关执法参考	**相关法律法规（2）** 最高人民法院、最高人民检察院《关于办理生产、销售伪劣商品刑事案件具体应用法律若干问题的解释》（节录） （2001年4月5日最高人民法院审判委员会第1168次会议、2001年3月30日最高人民检察院第九届检察委员会第84次会议通过，自2001年4月10日起施行） 第六条　生产、销售不符合标准的医疗器械、医用卫生材料，致人轻伤或其他严重后果的，应认定为刑法第一百四十五条规定的"对人体健康造成严重危害"。 生产、销售不符合标准的医疗器械、医用卫生材料，造成感染病毒性肝炎等难以治愈的疾病、一人以上重伤、三人以上轻伤或者其他严重后果的，应认定为"后果特别严重"。 生产、销售不符合标准的医疗器械、医用卫生材料，致人死亡、严重残疾、感染艾滋病、三人以上重伤、十人以上轻伤或者造成其他特别严重后果的，应认定为"情节特别恶劣"。 医疗机构或者个人，知道或者应当知道是不符合保障人体健康的国家标准、行业标准的医疗器械、医用卫生材料而购买、使用，对人体健康造成严重危害的，以销售不符合标准的医用器材罪定罪处罚。 没有国家标准、行业标准的医疗器械，注册产品标准可视为"保障人体健康的行业标准"。 第九条　知道或者应当知道他人实施生产、销售伪劣商品犯罪，而为其提供贷款、资金、账号、发票、证明、许可证件，或者提供生产、经营场所或者运输、仓储、保管、邮寄等便利条件，或者提供制假生产技术的，以生产、销售伪劣商品犯罪的共犯论处。 第十条　实施生产、销售伪劣商品犯罪，同时构成侵犯知识产权、非法经营等其他犯罪的，依照处罚较重的规定定罪处罚。 第十一条　实施刑法第一百四十条至第一百四十八条规定的犯罪，又以暴力、威胁方法抗拒查处，构成其他犯罪的，依照数罪并罚的规定处罚。 第十二条　国家机关工作人员参与生产、销售伪劣商品犯罪的，从重处罚。
	相关法律法规（3） 《关于依法惩治妨害新型冠状病毒感染肺炎疫情防控违法犯罪的意见》（节录） （2020年2月10日最高人民法院、最高人民检察院、公安部、司法部发布） 一、提高政治站位，充分认识疫情防控时期维护社会大局稳定的重大意义 各级人民法院、人民检察院、公安机关、司法行政机关要切实把思想和行动统一到习近平总书记关于新型冠状病毒感染肺炎疫情防控工作的系列重要指示精神上来，坚决贯彻落实党中央决策部署，中央应对新型冠状病毒感染肺炎疫情工作领导小组工作安排，按照中央政法委要求，增强"四个意识"、坚定"四个自信"、做到"两个维护"，始终将人民群众的生命安全和身体健康放在第一位，坚决把疫情防控作为当前压倒一切的头等大事来抓，用足用好法律规定，依法及时、从严惩治妨害疫情防控的各类违法犯罪，为坚决打赢疫情防控阻击战提供有力法治保障。 二、准确适用法律，依法严惩妨害疫情防控的各类违法犯罪 （三）依法严惩制假售假犯罪。在疫情防控期间，生产、销售伪劣的防治、防护产品、物资，或者生产、销售用于防治新型冠状病毒感染肺炎的假药、劣药，符合刑法第一百四十条、第一百四十一条、第一百四十二条规定的，以生产、销售伪劣产品罪，生产、销售假药罪或者生产、销售劣药罪定罪处罚。 在疫情防控期间，生产不符合保障人体健康的国家标准、行业标准的医用口罩、护目镜、防护服等医用器材，或者销售明知是不符合标准的医用器材，足以严重危害人体健康的，依照刑法第一百四十五条的规定，以生产、销售不符合标准的医用器材罪定罪处罚。

相关执法参考	**相关法律法规(4)** 最高人民法院、最高人民检察院《关于办理妨害预防、控制突发传染病疫情等灾害的刑事案件具体应用法律若干问题的解释》（节录） （2003年5月13日由最高人民法院审判委员会第1269次会议、2003年5月13日由最高人民检察院第十届检察委员会第3次会议通过，2003年5月14日法释〔2003〕8号公布，自2003年5月15日起施行） 为依法惩治妨害预防、控制突发传染病疫情等灾害的犯罪活动，保障预防、控制突发传染病疫情等灾害工作的顺利进行，切实维护人民群众的身体健康和生命安全，根据《中华人民共和国刑法》等有关法律规定，现就办理相关刑事案件具体应用法律的若干问题解释如下： **第一条** 故意传播突发传染病病原体，危害公共安全的，依照刑法第一百一十四条、第一百一十五条第一款的规定，按照以危险方法危害公共安全罪定罪处罚。 患有突发传染病或者疑似突发传染病而拒绝接受检疫、强制隔离或者治疗，过失造成传染病传播，情节严重，危害公共安全的，依照刑法第一百一十五条第二款的规定，按照过失以危险方法危害公共安全罪定罪处罚。 **第二条** 在预防、控制突发传染病疫情等灾害期间，生产、销售伪劣的防治、防护产品、物资，或者生产、销售用于防治传染病的假药、劣药，构成犯罪的，分别依照刑法第一百四十条、第一百四十一条、第一百四十二条的规定，以生产、销售伪劣产品罪，生产、销售假药罪或者生产、销售劣药罪定罪，依法从重处罚。 **第三条** 在预防、控制突发传染病疫情等灾害期间，生产用于防治传染病的不符合保障人体健康的国家标准、行业标准的医疗器械、医用卫生材料，或者销售明知是用于防治传染病的不符合保障人体健康的国家标准、行业标准的医疗器械、医用卫生材料，不具有防护、救治功能，足以严重危害人体健康的，依照刑法第一百四十五条的规定，以生产、销售不符合标准的医用器材罪定罪，依法从重处罚。 医疗机构或者个人，知道或者应当知道系前款规定的不符合保障人体健康的国家标准、行业标准的医疗器械、医用卫生材料而购买并有偿使用的，以销售不符合标准的医用器材罪定罪，依法从重处罚。
	相关法律法规(5) 《医疗器械监督管理条例》（节录） （2000年1月4日中华人民共和国国务院令第276号公布，2014年2月12日国务院第39次常务会议修订通过，根据2017年5月4日《国务院关于修改〈医疗器械监督管理条例〉的决定》修订，2020年12月21日国务院第119次常务会议修订通过） **第二条** 在中华人民共和国境内从事医疗器械的研制、生产、经营、使用活动及其监督管理，适用本条例。 **第三条** 国务院药品监督管理部门负责全国医疗器械监督管理工作。 国务院有关部门在各自的职责范围内负责与医疗器械有关的监督管理工作。 **第四条** 县级以上地方人民政府应当加强对本行政区域的医疗器械监督管理工作的领导，组织协调本行政区域内的医疗器械监督管理工作以及突发事件应对工作，加强医疗器械监督管理能力建设，为医疗器械安全工作提供保障。 县级以上地方人民政府负责药品监督管理的部门负责本行政区域的医疗器械监督管理工作。县级以上地方人民政府有关部门在各自的职责范围内负责与医疗器械有关的监督管理工作。 **第五条** 医疗器械监督管理遵循风险管理、全程管控、科学监管、社会共治的原则。 **第六条** 国家对医疗器械按照风险程度实行分类管理。 第一类是风险程度低，实行常规管理可以保证其安全、有效的医疗器械。 第二类是具有中度风险，需要严格控制管理以保证其安全、有效的医疗器械。 第三类是具有较高风险，需要采取特别措施严格控制管理以保证其安全、有效的医疗

相关执法参考	相关法律法规（5）	器械。 评价医疗器械风险程度，应当考虑医疗器械的预期目的、结构特征、使用方法等因素。 国务院药品监督管理部门负责制定医疗器械的分类规则和分类目录，并根据医疗器械生产、经营、使用情况，及时对医疗器械的风险变化进行分析、评价，对分类规则和分类目录进行调整。制定、调整分类规则和分类目录，应当充分听取医疗器械注册人、备案人、生产经营企业以及使用单位、行业组织的意见，并参考国际医疗器械分类实践。医疗器械分类规则和分类目录应当向社会公布。 **第七条** 医疗器械产品应当符合医疗器械强制性国家标准；尚无强制性国家标准的，应当符合医疗器械强制性行业标准。 **第八条** 国家制定医疗器械产业规划和政策，将医疗器械创新纳入发展重点，对创新医疗器械予以优先审评审批，支持创新医疗器械临床推广和使用，推动医疗器械产业高质量发展。国务院药品监督管理部门应当配合国务院有关部门，贯彻实施国家医疗器械产业规划和引导政策。 **第九条** 国家完善医疗器械创新体系，支持医疗器械的基础研究和应用研究，促进医疗器械新技术的推广和应用，在科技立项、融资、信贷、招标采购、医疗保险等方面予以支持。支持企业设立或者联合组建研制机构，鼓励企业与高等学校、科研院所、医疗机构等合作开展医疗器械的研究与创新，加强医疗器械知识产权保护，提高医疗器械自主创新能力。 **第十条** 国家加强医疗器械监督管理信息化建设，提高在线政务服务水平，为医疗器械行政许可、备案等提供便利。 **第十一条** 医疗器械行业组织应当加强行业自律，推进诚信体系建设，督促企业依法开展生产经营活动，引导企业诚实守信。 **第十二条** 对在医疗器械的研究与创新方面做出突出贡献的单位和个人，按照国家有关规定给予表彰奖励。 **第十三条** 第一类医疗器械实行产品备案管理，第二类、第三类医疗器械实行产品注册管理。 医疗器械注册人、备案人应当加强医疗器械全生命周期质量管理，对研制、生产、经营、使用全过程中医疗器械的安全性、有效性依法承担责任。 **第十四条** 第一类医疗器械产品备案和申请第二类、第三类医疗器械产品注册，应当提交下列资料： （一）产品风险分析资料； （二）产品技术要求； （三）产品检验报告； （四）临床评价资料； （五）产品说明书以及标签样稿； （六）与产品研制、生产有关的质量管理体系文件； （七）证明产品安全、有效所需的其他资料。 产品检验报告应当符合国务院药品监督管理部门的要求，可以是医疗器械注册申请人、备案人的自检报告，也可以是委托有资质的医疗器械检验机构出具的检验报告。 符合本条例第二十四条规定的免于进行临床评价情形的，可以免于提交临床评价资料。 医疗器械注册申请人、备案人应当确保提交的资料合法、真实、准确、完整和可追溯。 **第十五条** 第一类医疗器械产品备案，由备案人向所在地设区的市级人民政府负责药

品监督管理的部门提交备案资料。

向我国境内出口第一类医疗器械的境外备案人,由其指定的我国境内企业法人向国务院药品监督管理部门提交备案资料和备案人所在国(地区)主管部门准许该医疗器械上市销售的证明文件。未在境外上市的创新医疗器械,可以不提交备案人所在国(地区)主管部门准许该医疗器械上市销售的证明文件。

备案人向负责药品监督管理的部门提交符合本条例规定的备案资料后即完成备案。负责药品监督管理的部门应当自收到备案资料之日起5个工作日内,通过国务院药品监督管理部门在线政务服务平台向社会公布备案有关信息。

备案资料载明的事项发生变化的,应当向原备案部门变更备案。

第十六条 申请第二类医疗器械产品注册,注册申请人应当向所在地省、自治区、直辖市人民政府药品监督管理部门提交注册申请资料。申请第三类医疗器械产品注册,注册申请人应当向国务院药品监督管理部门提交注册申请资料。

向我国境内出口第二类、第三类医疗器械的境外注册申请人,由其指定的我国境内企业法人向国务院药品监督管理部门提交注册申请资料和注册申请人所在国(地区)主管部门准许该医疗器械上市销售的证明文件。未在境外上市的创新医疗器械,可以不提交注册申请人所在国(地区)主管部门准许该医疗器械上市销售的证明文件。

国务院药品监督管理部门应当对医疗器械注册审查程序和要求作出规定,并加强对省、自治区、直辖市人民政府药品监督管理部门注册审查工作的监督指导。

第十七条 受理注册申请的药品监督管理部门应当对医疗器械的安全性、有效性以及注册申请人保证医疗器械安全、有效的质量管理能力等进行审查。

受理注册申请的药品监督管理部门应当自受理注册申请之日起3个工作日内将注册申请资料转交技术审评机构。技术审评机构应当在完成技术审评后,将审评意见提交受理注册申请的药品监督管理部门作为审批的依据。

受理注册申请的药品监督管理部门在组织对医疗器械的技术审评时认为有必要对质量管理体系进行核查的,应当组织开展质量管理体系核查。

第十八条 受理注册申请的药品监督管理部门应当自收到审评意见之日起20个工作日内作出决定。对符合条件的,准予注册并发给医疗器械注册证;对不符合条件的,不予注册并书面说明理由。

受理注册申请的药品监督管理部门应当自医疗器械准予注册之日起5个工作日内,通过国务院药品监督管理部门在线政务服务平台向社会公布注册有关信息。

第十九条 对用于治疗罕见疾病、严重危及生命且尚无有效治疗手段的疾病和应对公共卫生事件等急需的医疗器械,受理注册申请的药品监督管理部门可以作出附条件批准决定,并在医疗器械注册证中载明相关事项。

出现特别重大突发公共卫生事件或者其他严重威胁公众健康的紧急事件,国务院卫生主管部门根据预防、控制事件的需要提出紧急使用医疗器械的建议,经国务院药品监督管理部门组织论证同意后可以在一定范围和期限内紧急使用。

第二十条 医疗器械注册人、备案人应当履行下列义务:

(一)建立与产品相适应的质量管理体系并保持有效运行;
(二)制定上市后研究和风险管控计划并保证有效实施;
(三)依法开展不良事件监测和再评价;
(四)建立并执行产品追溯和召回制度;
(五)国务院药品监督管理部门规定的其他义务。

境外医疗器械注册人、备案人指定的我国境内企业法人应当协助注册人、备案人履行前款规定的义务。

第二十一条 已注册的第二类、第三类医疗器械产品,其设计、原材料、生产工艺、适用范围、使用方法等发生实质性变化，有可能影响该医疗器械安全、有效的，注册人应当向原注册部门申请办理变更注册手续；发生其他变化的，应当按照国务院药品监督管理部门的规定备案或者报告。

第二十二条 医疗器械注册证有效期为5年。有效期届满需要延续注册的，应当在有效期届满6个月前向原注册部门提出延续注册的申请。

除有本条第三款规定情形外，接到延续注册申请的药品监督管理部门应当在医疗器械注册证有效期届满前作出准予延续的决定。逾期未作决定的，视为准予延续。

有下列情形之一的，不予延续注册：

（一）未在规定期限内提出延续注册申请；

（二）医疗器械强制性标准已经修订，申请延续注册的医疗器械不能达到新要求；

（三）附条件批准的医疗器械，未在规定期限内完成医疗器械注册证载明事项。

第二十三条 对新研制的尚未列入分类目录的医疗器械，申请人可以依照本条例有关第三类医疗器械产品注册的规定直接申请产品注册，也可以依据分类规则判断产品类别并向国务院药品监督管理部门申请类别确认后依照本条例的规定申请产品注册或者进行产品备案。

直接申请第三类医疗器械产品注册的，国务院药品监督管理部门应当按照风险程度确定类别，对准予注册的医疗器械及时纳入分类目录。申请类别确认的，国务院药品监督管理部门应当自受理申请之日起20个工作日内对该医疗器械的类别进行判定并告知申请人。

第二十四条 医疗器械产品注册、备案，应当进行临床评价；但是符合下列情形之一，可以免于进行临床评价：

（一）工作机理明确、设计定型，生产工艺成熟，已上市的同品种医疗器械临床应用多年且无严重不良事件记录，不改变常规用途的；

（二）其他通过非临床评价能够证明该医疗器械安全、有效的。

国务院药品监督管理部门应当制定医疗器械临床评价指南。

第二十五条 进行医疗器械临床评价，可以根据产品特征、临床风险、已有临床数据等情形，通过开展临床试验，或者通过对同品种医疗器械临床文献资料、临床数据进行分析评价，证明医疗器械安全、有效。

按照国务院药品监督管理部门的规定，进行医疗器械临床评价时，已有临床文献资料、临床数据不足以确认产品安全、有效的医疗器械，应当开展临床试验。

第二十六条 开展医疗器械临床试验，应当按照医疗器械临床试验质量管理规范的要求，在具备相应条件的临床试验机构进行，并向临床试验申办者所在地省、自治区、直辖市人民政府药品监督管理部门备案。接受临床试验备案的药品监督管理部门应当将备案情况通报临床试验机构所在地同级药品监督管理部门和卫生主管部门。

医疗器械临床试验机构实行备案管理。医疗器械临床试验机构应当具备的条件以及备案管理办法和临床试验质量管理规范，由国务院药品监督管理部门会同国务院卫生主管部门制定并公布。

国家支持医疗机构开展临床试验，将临床试验条件和能力评价纳入医疗机构等级评审，鼓励医疗机构开展创新医疗器械临床试验。

第二十七条 第三类医疗器械临床试验对人体具有较高风险的，应当经国务院药品监督管理部门批准。国务院药品监督管理部门审批临床试验，应当对拟承担医疗器械临床试验的机构的设备、专业人员等条件，该医疗器械的风险程度，临床试验实施方案，临床受益与风险对比分析报告等进行综合分析，并自受理申请之日起60个工作日内作出决定并通知临床试验申办者。逾期未通知的，视为同意。准予开展临床试验的，应当通报临床试验机构所在地省、自治区、直辖市人民政府药品监督管理部门和卫生主管部门。

临床试验对人体具有较高风险的第三类医疗器械目录由国务院药品监督管理部门制

相关执法参考	相关法律法规（5）	定、调整并公布。 第二十八条　开展医疗器械临床试验，应当按照规定进行伦理审查，向受试者告知试验目的、用途和可能产生的风险等详细情况，获得受试者的书面知情同意；受试者为无民事行为能力人或者限制民事行为能力人的，应当依法获得其监护人的书面知情同意。 开展临床试验，不得以任何形式向受试者收取与临床试验有关的费用。 第二十九条　对正在开展临床试验的用于治疗严重危及生命且尚无有效治疗手段的疾病的医疗器械，经医学观察可能使患者获益，经伦理审查、知情同意后，可以在开展医疗器械临床试验的机构内免费用于其他病情相同的患者，其安全性数据可以用于医疗器械注册申请。 第三十条　从事医疗器械生产活动，应当具备下列条件： （一）有与生产的医疗器械相适应的生产场地、环境条件、生产设备以及专业技术人员； （二）有能对生产的医疗器械进行质量检验的机构或者专职检验人员以及检验设备； （三）有保证医疗器械质量的管理制度； （四）有与生产的医疗器械相适应的售后服务能力； （五）符合产品研制、生产工艺文件规定的要求。 第三十一条　从事第一类医疗器械生产的，应当向所在地设区的市级人民政府负责药品监督管理的部门备案，在提交符合本条例第三十条规定条件的有关资料后即完成备案。 医疗器械备案人自行生产第一类医疗器械的，可以在依照本条例第十五条规定进行产品备案时一并提交符合本条例第三十条规定条件的有关资料，即完成生产备案。 第三十二条　从事第二类、第三类医疗器械生产的，应当向所在地省、自治区、直辖市人民政府药品监督管理部门申请生产许可并提交其符合本条例第三十条规定条件的有关资料以及所生产医疗器械的注册证。 受理生产许可申请的药品监督管理部门应当对申请资料进行审核，按照国务院药品监督管理部门制定的医疗器械生产质量管理规范的要求进行核查，并自受理申请之日起20个工作日内作出决定。对符合规定条件的，准予许可并发给医疗器械生产许可证；对不符合规定条件的，不予许可并书面说明理由。 医疗器械生产许可证有效期为5年。有效期届满需要延续的，依照有关行政许可的法律规定办理延续手续。 第三十三条　医疗器械生产质量管理规范应当对医疗器械的设计开发、生产设备条件、原材料采购、生产过程控制、产品放行、企业的机构设置和人员配备等影响医疗器械安全、有效的事项作出明确规定。 第三十四条　医疗器械注册人、备案人可以自行生产医疗器械，也可以委托符合本条例规定、具备相应条件的企业生产医疗器械。 委托生产医疗器械的，医疗器械注册人、备案人应当对所委托生产的医疗器械质量负责，并加强对受托生产企业生产行为的管理，保证其按照法定要求进行生产。医疗器械注册人、备案人应当与受托生产企业签订委托协议，明确双方权利、义务和责任。受托生产企业应当依照法律法规、医疗器械生产质量管理规范、强制性标准、产品技术要求和委托协议组织生产，对生产行为负责，并接受委托方的监督。 具有高风险的植入性医疗器械不得委托生产，具体目录由国务院药品监督管理部门制定、调整并公布。 第三十五条　医疗器械注册人、备案人、受托生产企业应当按照医疗器械生产质量管理规范，建立健全与所生产医疗器械相适应的质量管理体系并保证其有效运行；严格按照经注册或者备案的产品技术要求组织生产，保证出厂的医疗器械符合强制性标准以及经注册或者备案的产品技术要求。

相关执法参考	相关法律法规（5）	医疗器械注册人、备案人、受托生产企业应当定期对质量管理体系的运行情况进行自查，并按照国务院药品监督管理部门的规定提交自查报告。 第三十六条　医疗器械的生产条件发生变化，不再符合医疗器械质量管理体系要求的，医疗器械注册人、备案人、受托生产企业应当立即采取整改措施；可能影响医疗器械安全、有效的，应当立即停止生产活动，并向原生产许可或者生产备案部门报告。 第三十七条　医疗器械应当使用通用名称。通用名称应当符合国务院药品监督管理部门制定的医疗器械命名规则。 第三十八条　国家根据医疗器械产品类别，分步实施医疗器械唯一标识制度，实现医疗器械可追溯，具体办法由国务院药品监督管理部门会同国务院有关部门制定。 第三十九条　医疗器械应当有说明书、标签。说明书、标签的内容应当与经注册或者备案的相关内容一致，确保真实、准确。 医疗器械的说明书、标签应当标明下列事项： （一）通用名称、型号、规格； （二）医疗器械注册人、备案人、受托生产企业的名称、地址以及联系方式； （三）生产日期，使用期限或者失效日期； （四）产品性能、主要结构、适用范围； （五）禁忌、注意事项以及其他需要警示或者提示的内容； （六）安装和使用说明或者图示； （七）维护和保养方法，特殊运输、贮存的条件、方法； （八）产品技术要求规定应当标明的其他内容。 第二类、第三类医疗器械还应当标明医疗器械注册证编号。 由消费者个人自行使用的医疗器械还应当具有安全使用的特别说明。 第四十条　从事医疗器械经营活动，应当有与经营规模和经营范围相适应的经营场所和贮存条件，以及与经营的医疗器械相适应的质量管理制度和质量管理机构或者人员。 第四十一条　从事第二类医疗器械经营的，由经营企业向所在地设区的市级人民政府负责药品监督管理的部门备案并提交符合本条例第四十条规定条件的有关资料。 按照国务院药品监督管理部门的规定，对产品安全性、有效性不受流通过程影响的第二类医疗器械，可以免于经营备案。 第四十二条　从事第三类医疗器械经营的，经营企业应当向所在地设区的市级人民政府负责药品监督管理的部门申请经营许可并提交符合本条例第四十条规定条件的有关资料。 受理经营许可申请的负责药品监督管理的部门应当对申请资料进行审查，必要时组织核查，并自受理申请之日起20个工作日内作出决定。对符合规定条件的，准予许可并发给医疗器械经营许可证；对不符合规定条件的，不予许可并书面说明理由。 医疗器械经营许可证有效期为5年。有效期届满需要延续的，依照有关行政许可的法律规定办理延续手续。 第四十三条　医疗器械注册人、备案人经营其注册、备案的医疗器械，无需办理医疗器械经营许可或者备案，但应当符合本条例规定的经营条件。 第四十四条　从事医疗器械经营，应当依照法律法规和国务院药品监督管理部门制定的医疗器械经营质量管理规范的要求，建立健全与所经营医疗器械相适应的质量管理体系并保证其有效运行。 第四十五条　医疗器械经营企业、使用单位应当从具备合法资质的医疗器械注册人、备案人、生产经营企业购进医疗器械。购进医疗器械时，应当查验供货者的资质和医疗器械的合格证明文件，建立进货查验记录制度。从事第二类、第三类医疗器械批发业务以及第三类医疗器械零售业务的经营企业，还应当建立销售记录制度。

相关执法参考	**相关法律法规（5）** 记录事项包括： （一）医疗器械的名称、型号、规格、数量； （二）医疗器械的生产批号、使用期限或者失效日期、销售日期； （三）医疗器械注册人、备案人和受托生产企业的名称； （四）供货者或者购货者的名称、地址以及联系方式； （五）相关许可证明文件编号等。 进货查验记录和销售记录应当真实、准确、完整和可追溯，并按照国务院药品监督管理部门规定的期限予以保存。国家鼓励采用先进技术手段进行记录。 **第四十六条** 从事医疗器械网络销售的，应当是医疗器械注册人、备案人或者医疗器械经营企业。从事医疗器械网络销售的经营者，应当将从事医疗器械网络销售的相关信息告知所在地设区的市级人民政府负责药品监督管理的部门，经营第一类医疗器械和本条例第四十一条第二款规定的第二类医疗器械的除外。 为医疗器械网络交易提供服务的电子商务平台经营者应当对入网医疗器械经营者进行实名登记，审查其经营许可、备案情况和所经营医疗器械产品注册、备案情况，并对其经营行为进行管理。电子商务平台经营者发现入网医疗器械经营者有违反本条例规定行为的，应当及时制止并立即报告医疗器械经营者所在地设区的市级人民政府负责药品监督管理的部门；发现严重违法行为的，应当立即停止提供网络交易平台服务。 **第一百零二条** 违反本条例规定，构成犯罪的，依法追究刑事责任；造成人身、财产或者其他损害的，依法承担赔偿责任。 **第一百零三条** 本条例下列用语的含义： 医疗器械，是指直接或者间接用于人体的仪器、设备、器具、体外诊断试剂及校准物、材料以及其他类似或者相关的物品，包括所需要的计算机软件；其效用主要通过物理等方式获得，不是通过药理学、免疫学或者代谢的方式获得，或者虽然有这些方式参与但是只起辅助作用；其目的是： （一）疾病的诊断、预防、监护、治疗或者缓解； （二）损伤的诊断、监护、治疗、缓解或者功能补偿； （三）生理结构或者生理过程的检验、替代、调节或者支持； （四）生命的支持或者维持； （五）妊娠控制； （六）通过对来自人体的样本进行检查，为医疗或者诊断目的提供信息。 医疗器械注册人、备案人，是指取得医疗器械注册证或者办理医疗器械备案的企业或者研制机构。 医疗器械使用单位，是指使用医疗器械为他人提供医疗等技术服务的机构，包括医疗机构、计划生育技术服务机构、血站、单采血浆站、康复辅助器具适配机构等。 大型医用设备，是指使用技术复杂、资金投入量大、运行成本高、对医疗费用影响大且纳入目录管理的大型医疗器械。 **第一百零七条** 本条例自 2021 年 6 月 1 日起施行。
	相关法律法规（6） 《医疗器械标准管理办法》 （2017 年 2 月 21 日经国家食品药品监督管理总局局务会议审议通过，2017 年 4 月 17 日国家食品药品监督管理总局令第 33 号公布，自 2017 年 7 月 1 日起施行） **第一章 总则** **第一条** 为促进科学技术进步，保障医疗器械安全有效，提高健康保障水平，加强医疗器械标准管理，根据《中华人民共和国标准化法》《中华人民共和国标准化法实施条例》和《医疗器械监督管理条例》等法律法规，制定本办法。 **第二条** 本办法所称医疗器械标准，是指由国家食品药品监督管理总局依据职责组织

相关执法参考	相关法律法规（6）	制修订，依法定程序发布，在医疗器械研制、生产、经营、使用、监督管理等活动中遵循的统一的技术要求。 第三条　在中华人民共和国境内从事医疗器械标准的制修订、实施及监督管理，应当遵守法律、行政法规及本办法的规定。 第四条　医疗器械标准按照其效力分为强制性标准和推荐性标准。 　　对保障人体健康和生命安全的技术要求，应当制定为医疗器械强制性国家标准和强制性行业标准。 　　对满足基础通用、与强制性标准配套、对医疗器械产业起引领作用等需要的技术要求，可以制定为医疗器械推荐性国家标准和推荐性行业标准。 第五条　医疗器械标准按照其规范对象分为基础标准、方法标准、管理标准和产品标准。 第六条　国家食品药品监督管理总局依法编制医疗器械标准规划，建立医疗器械标准管理工作制度，健全医疗器械标准管理体系。 第七条　鼓励企业、社会团体、教育科研机构及个人广泛参与医疗器械标准制修订工作，并对医疗器械标准执行情况进行监督。 第八条　鼓励参与国际标准化活动，参与制定和采用国际医疗器械标准。 第九条　国家食品药品监督管理总局对在医疗器械标准工作中做出显著成绩的组织和个人，按照国家有关规定给予表扬和奖励。 　　**第二章　标准管理职责** 第十条　国家食品药品监督管理总局履行下列职责： （一）组织贯彻医疗器械标准管理相关法律、法规，制定医疗器械标准管理工作制度； （二）组织拟定医疗器械标准规划，编制标准制修订年度工作计划； （三）依法组织医疗器械标准制修订，发布医疗器械行业标准； （四）依法指导、监督医疗器械标准管理工作。 第十一条　国家食品药品监督管理总局医疗器械标准管理中心（以下简称"医疗器械标准管理中心"）履行下列职责： （一）组织开展医疗器械标准体系的研究，拟定医疗器械标准规划草案和标准制修订年度工作计划建议； （二）依法承担医疗器械标准制修订的管理工作； （三）依法承担医疗器械标准化技术委员会的管理工作； （四）承担医疗器械标准宣传、培训的组织工作； （五）组织对标准实施情况进行调研，协调解决标准实施中的重大技术问题； （六）承担医疗器械国际标准化活动和对外合作交流的相关工作； （七）承担医疗器械标准信息化工作，组织医疗器械行业标准出版； （八）承担国家食品药品监督管理总局交办的其他标准管理工作。 第十二条　国家食品药品监督管理总局根据医疗器械标准化工作的需要，经批准依法组建医疗器械标准化技术委员会。 　　医疗器械标准化技术委员会履行下列职责： （一）开展医疗器械标准研究工作，提出本专业领域标准发展规划、标准体系意见； （二）承担本专业领域医疗器械标准起草、征求意见、技术审查等组织工作，并对标准的技术内容和质量负责； （三）承担本专业领域医疗器械标准的技术指导工作，协助解决标准实施中的技术问题； （四）负责收集、整理本专业领域的医疗器械标准资料，并建立技术档案；

（五）负责本专业领域医疗器械标准实施情况的跟踪评价；

（六）负责本专业领域医疗器械标准技术内容的咨询和解释；

（七）承担本专业领域医疗器械标准的宣传、培训、学术交流和相关国际标准化活动。

第十三条 在现有医疗器械标准化技术委员会不能覆盖的专业技术领域，国家食品药品监督管理总局可以根据监管需要，按程序确定医疗器械标准化技术归口单位。标准化技术归口单位参照医疗器械标准化技术委员会的职责和有关规定开展相应领域医疗器械标准工作。

第十四条 地方食品药品监督管理部门在本行政区域依法履行下列职责：

（一）组织贯彻医疗器械标准管理的法律法规；

（二）组织、参与医疗器械标准的制修订相关工作；

（三）监督医疗器械标准的实施；

（四）收集并向上一级食品药品监督管理部门报告标准实施过程中的问题。

第十五条 医疗器械研制机构、生产经营企业和使用单位应当严格执行医疗器械强制性标准。

鼓励医疗器械研制机构、生产经营企业和使用单位积极研制和采用医疗器械推荐性标准，积极参与医疗器械标准制修订工作，及时向有关部门反馈医疗器械标准实施问题和提出改进建议。

第三章 标准制定与修订

第十六条 医疗器械标准制修订程序包括标准立项、起草、征求意见、技术审查、批准发布、复审和废止等。具体规定由国家食品药品监督管理总局制定。

对医疗器械监管急需制修订的标准，可以按照国家食品药品监督管理总局规定的快速程序开展。

第十七条 医疗器械标准管理中心应当根据医疗器械标准规划，向社会公开征集医疗器械标准制定、修订立项提案。

对征集到的立项提案，由相应的医疗器械标准化技术委员会（包括标准化技术归口单位，下同）进行研究后，提出本专业领域标准计划项目立项申请。

涉及两个或者两个以上医疗器械标准化技术委员会的标准计划项目立项提案，应当由医疗器械标准管理中心负责协调，确定牵头医疗器械标准化技术委员会，并由其提出标准计划项目立项申请。

第十八条 医疗器械标准管理中心对医疗器械标准计划项目立项申请，经公开征求意见并组织专家论证后，提出医疗器械标准计划项目，编制标准制修订年度工作计划建议，报国家食品药品监督管理总局审核。

国家食品药品监督管理总局审核通过的医疗器械标准计划项目，应当向社会公示。国家标准计划项目送国务院标准化行政主管部门批准下达；行业标准计划项目由国家食品药品监督管理总局批准下达。

第十九条 医疗器械生产经营企业、使用单位、监管部门、检测机构以及有关教育科研机构、社会团体等，可以向承担医疗器械标准计划项目的医疗器械标准化技术委员会提出起草相关医疗器械标准的申请。医疗器械标准化技术委员会结合标准的技术内容，按照公开、公正、择优的原则，选定起草单位。

起草单位应当广泛调研、深入分析研究，积极借鉴相关国际标准，在对技术内容进行充分验证的基础上起草医疗器械标准，形成医疗器械标准征求意见稿，经医疗器械标准化技术委员会初步审查后，报送医疗器械标准管理中心。

第二十条 医疗器械标准征求意见稿在医疗器械标准管理中心网站向社会公开征求意见，征求意见的期限一般为两个月。承担医疗器械标准计划项目的医疗器械标准化技术委员会对征集到的意见进行汇总后，反馈给标准起草单位，起草单位应当对汇总意见进行认真研究，对征求意见稿进行修改完善，形成医疗器械标准送审稿。

第二十一条　承担医疗器械标准计划项目的医疗器械标准化技术委员会负责组织对医疗器械标准送审稿进行技术审查。审查通过后，将医疗器械标准报批稿、实施建议及相关资料报送医疗器械标准管理中心进行审核。

第二十二条　医疗器械标准管理中心将审核通过后的医疗器械标准报批稿及审核结论等报送国家食品药品监督管理总局审查。审查通过的医疗器械国家标准送国务院标准化行政主管部门批准、发布；审查通过的医疗器械行业标准由国家食品药品监督管理总局确定实施日期和实施要求，以公告形式发布。

医疗器械国家标准、行业标准按照国务院标准化行政主管部门的相关规定进行公开，供公众查阅。

第二十三条　医疗器械标准批准发布后，因个别技术内容影响标准使用、需要进行修改，或者对原标准内容进行少量增减时，应当采用标准修改单方式修改。标准修改单应当按照标准制修订程序制定，由医疗器械标准的原批准部门审查发布。

第二十四条　医疗器械标准化技术委员会应当对已发布实施的医疗器械标准开展复审工作，根据科学技术进步、产业发展以及监管需要对其有效性、适用性和先进性及时组织复审，提出复审结论。复审结论分为继续有效、修订或者废止。复审周期原则上不超过5年。

医疗器械标准复审结论由医疗器械标准管理中心审核通过后，报送国家食品药品监督管理总局审查。医疗器械国家标准复审结论，送国务院标准化行政主管部门批准；医疗器械行业标准复审结论由国家食品药品监督管理总局审查批准，并对复审结论为废止的标准以公告形式发布。

第四章　标准实施与监督

第二十五条　医疗器械企业应当严格按照经注册或者备案的产品技术要求组织生产，保证出厂的医疗器械符合强制性标准以及经注册或者备案的产品技术要求。

第二十六条　医疗器械推荐性标准被法律法规、规范性文件及经注册或者备案的产品技术要求引用的内容应当强制执行。

第二十七条　医疗器械产品技术要求，应当与产品设计特性、预期用途和质量控制水平相适应，并不得低于产品适用的强制性国家标准和强制性行业标准。

第二十八条　食品药品监督管理部门对医疗器械企业实施医疗器械强制性标准以及经注册或者备案的产品技术要求的情况进行监督检查。

第二十九条　任何单位和个人有权向食品药品监督管理部门举报或者反映违反医疗器械强制性标准以及经注册或者备案的产品技术要求的行为。收到举报或者反映的部门，应当及时按规定作出处理。

第三十条　医疗器械标准实行信息化管理，标准立项、发布、实施等信息应当及时向公众公开。

第三十一条　食品药品监督管理部门应当在医疗器械标准发布后，及时组织、指导标准的宣传、培训。

第三十二条　医疗器械标准化技术委员会对标准的实施情况进行跟踪评价。医疗器械标准管理中心根据跟踪评价情况对强制性标准实施情况进行统计分析。

第五章　附　则

第三十三条　医疗器械国家标准的编号按照国务院标准化行政主管部门的规定编制。医疗器械行业标准的代号由大写汉语拼音字母等构成。强制性行业标准的代号为"YY"，推荐性行业标准的代号为"YY/T"。

行业标准的编号由行业标准的代号、标准号和标准发布的年号构成。其形式为：YY ××××1—××××2 和 YY/T ××××1—××××2。

相关法律法规（6）		××××1为标准号，××××2为标准发布年号。 第三十四条 依法成立的社会团体可以制定发布团体标准。团体标准的管理应当符合国家相关规定。 第三十五条 医疗器械标准样品是医疗器械检验检测中的实物标准，其管理应当符合国家有关规定。 第三十六条 本办法自2017年7月1日起施行。2002年1月4日发布的《医疗器械标准管理办法（试行）》（原国家药品监督管理局令第31号）同时废止。
相关执法参考	相关法律法规（7）	《医疗器械产品市场准入审查规定》 （1996年1月6日医药管理局发文，国药器监字〔1996〕第6号，自1996年1月6日实施） 根据国办发（94）66号通知的规定，国家医药管理局负责医疗器械产品的市场准入登记和审批，制定医疗器械进出口管理规定等医疗器械行政监督工作。为此，从保障使用者人身安全和维护使用者利益出发，结合国内医疗器械监督管理的实际经验和国外的基本做法，对国内外医疗器械产品进入中国市场的审查做出如下规定： 一、进入中国市场的任何一种医疗器械产品须由产品生产者或其委托代理人向中国医疗器械行政监督管理部门提出产品市场准入申请。 医疗器械产品市场准入审查的认可形式及标志全部采用全国统一的注册证书和注册号。 二、医疗器械是指用于人体疾病诊断、治疗、预防，调节人体生理功能或替代人体器官的仪器、设备、装置、器具、植入物、材料和相关物品。 三、医疗器械分为三类： 第一类是指植入人体，用于生命支持，技术结构复杂，对人体可能具有潜在危险，安全性、有效性必须严格控制的； 第二类是指产品机理已取得国际国内认可，技术成熟，安全性、有效性必须加以控制的； 第三类是指通过常规管理足以保证安全性、有效性的。 《医疗器械产品分类目录》由国家医药管理局发布并定期调整。 四、国家医药管理局和省、自治区、直辖市医药管理局或省、自治区、直辖市政府授权的医疗器械行政监督管理部门（以下简称省级医疗器械管理部门）对医疗器械产品市场准入进行审查。 五、国家医药管理局受理医疗器械产品市场准入审查的范围是： 1. 境内企业（包括中外合资合作企业、外资独资企业，下同）生产的第一类医疗器械产品；2. 由境外企业生产、在中国销售的一、二、三类医疗器械产品。 六、省级医疗器械管理部门受理医疗器械产品市场准入审查的范围是： 境内企业生产的第二、三类医疗器械产品。 省级医疗器械管理部门必须将每年注册的第二、三类医疗器械产品上报国家医药管理局。 七、在规定范围内注册的产品，可在全国有效通行，不需重复注册。 八、境内企业生产的医疗器械产品的注册，分为试产注册和准产注册两个阶段。 试产注册应提交： （1）试制报告； （2）产品标准及编制说明； （3）产品性能自测报告； （4）国家医药管理局指定的医疗器械质检中心出具的产品全性能测试报告； （5）产品临床研究或临床验证报告；

相关执法参考	相关法律法规（7）	（6）产品使用说明书； （7）产品结构原理及主要工艺流程； （8）设计计算及说明； （9）原材料及零配件来源。 试产注册有效期为两年，到期应申请准产注册，准产注册应提交： （1）试字号注册证； （2）试产期间，产品及生产工艺的完善或更改报告； （3）产品标准； （4）企业质量体系现状； （5）国家医药管理局指定的医疗器械质检中心出具的产品检测报告； （6）用户质量反馈资料及主要用户调查原始资料。 九、境内生产医疗器械产品的企业如能提供充分资料证明该产品与市场合法在销产品相同或相似，确能保障安全有效时，可以向国家医药管理局申请相关资料的豁免。 十、境外企业生产的医疗器械产品申请注册，申请者应提供： （1）申请人及生产者的合法生产、经营资格的证明文件； （2）生产企业所在国（地区）政府批准该产品进入市场的证明文件； （3）产品标准； （4）产品使用说明书； （5）生产企业的产品质量保证书； （6）在中国指定服务机构的证明及相关文件。 提供本条规定的证明文件的复印件，需由原出证机关签章或者出具所在国（地区）公证机构的公证文件。 必要时，国家医药管理局将对申请注册产品进行评估。 十一、进口已使用过或使用后翻新的医疗器械产品，每件产品在进入中国市场前，必须取得国家医药管理局指定的医疗器械质量检测中心出具的检测报告，作为该件产品进入市场的许可证件，并在国家医药管理局备案。 十二、受理注册机构在收到完整的注册资料后的40个工作日内应做出是否同意注册的决定。 境内生产企业申请一类产品注册时，应经企业所在省级医疗器械管理部门初审，然后由省级医疗器械管理部门签署初审意见后，上报国家医药管理局。 省级医疗器械管理部门应在15个工作日内做出是否上报的决定。初审重点是产品标准的规范性及注册资料的完整性。 十三、国家医药管理局对省级医疗器械管理部门的注册审查，发现确有错误，有权责令其及时纠正；错误严重而又处理不当的，有权组织复核或撤销。 十四、未经注册而进入市场的医疗器械产品，视为伪劣产品。由国家有关执法部门按有关法规处理。 十五、本规定自公布之日起施行。
	相关法律法规（8）	《医疗器械生产监督管理办法》 （2022年3月10日国家市场监督管理总局令第53号公布，自2022年5月1日起施行） **第一章 总 则** **第一条** 为了加强医疗器械生产监督管理，规范医疗器械生产活动，保证医疗器械安全、有效，根据《医疗器械监督管理条例》，制定本办法。 **第二条** 在中华人民共和国境内从事医疗器械生产活动及其监督管理，应当遵守本办法。 **第三条** 从事医疗器械生产活动，应当遵守法律、法规、规章、强制性标准和医疗器

械生产质量管理规范，保证医疗器械生产全过程信息真实、准确、完整和可追溯。

医疗器械注册人、备案人对上市医疗器械的安全、有效负责。

第四条 根据医疗器械风险程度，医疗器械生产实施分类管理。

从事第二类、第三类医疗器械生产活动，应当经所在地省、自治区、直辖市药品监督管理部门批准，依法取得医疗器械生产许可证；从事第一类医疗器械生产活动，应当向所在地设区的市级负责药品监督管理的部门办理医疗器械生产备案。

第五条 国家药品监督管理局负责全国医疗器械生产监督管理工作。

省、自治区、直辖市药品监督管理部门负责本行政区域第二类、第三类医疗器械生产监督管理，依法按照职责负责本行政区域第一类医疗器械生产监督管理，并加强对本行政区域第一类医疗器械生产监督管理工作的指导。

设区的市级负责药品监督管理的部门依法按照职责监督管理本行政区域第一类医疗器械生产活动。

第六条 药品监督管理部门依法设置或者指定的医疗器械审评、检查、检验、监测与评价等专业技术机构，按照职责分工承担相关技术工作，为医疗器械生产监督管理提供技术支撑。

国家药品监督管理局食品药品审核查验中心组织拟订医疗器械检查制度规范和技术文件，承担重大有因检查和境外检查等工作，并对省、自治区、直辖市医疗器械检查机构质量管理体系进行指导和评估。

第七条 国家药品监督管理局加强医疗器械生产监督管理信息化建设，提高在线政务服务水平。

省、自治区、直辖市药品监督管理部门负责本行政区域医疗器械生产监督管理信息化建设和管理工作，按照国家药品监督管理局的要求统筹推进医疗器械生产监督管理信息共享。

第八条 药品监督管理部门依法及时公开医疗器械生产许可、备案、监督检查、行政处罚等信息，方便公众查询，接受社会监督。

第二章 生产许可与备案管理

第九条 从事医疗器械生产活动，应当具备下列条件：

（一）有与生产的医疗器械相适应的生产场地、环境条件、生产设备以及专业技术人员；

（二）有能对生产的医疗器械进行质量检验的机构或者专职检验人员以及检验设备；

（三）有保证医疗器械质量的管理制度；

（四）有与生产的医疗器械相适应的售后服务能力；

（五）符合产品研制、生产工艺文件规定的要求。

第十条 在境内从事第二类、第三类医疗器械生产的，应当向所在地省、自治区、直辖市药品监督管理部门申请生产许可，并提交下列材料：

（一）所生产的医疗器械注册证以及产品技术要求复印件；

（二）法定代表人（企业负责人）身份证明复印件；

（三）生产、质量和技术负责人的身份、学历、职称相关材料复印件；

（四）生产管理、质量检验岗位从业人员学历、职称一览表；

（五）生产场地的相关文件复印件，有特殊生产环境要求的，还应当提交设施、环境的相关文件复印件；

（六）主要生产设备和检验设备目录；

（七）质量手册和程序文件目录；

（八）生产工艺流程图；

（九）证明售后服务能力的相关材料；

相关执法参考	相关法律法规（8）	（十）经办人的授权文件。 申请人应当确保所提交的材料合法、真实、准确、完整和可追溯。 相关材料可以通过联网核查的，无需申请人提供。 **第十一条** 省、自治区、直辖市药品监督管理部门收到申请后，应当根据下列情况分别作出处理： （一）申请事项属于本行政机关职权范围，申请资料齐全、符合法定形式的，应当受理申请； （二）申请资料存在可以当场更正的错误的，应当允许申请人当场更正； （三）申请资料不齐全或者不符合法定形式的，应当当场或者在5个工作日内一次告知申请人需要补正的全部内容，逾期不告知的，自收到申请资料之日起即为受理； （四）申请事项依法不属于本行政机关职权范围的，应当即时作出不予受理的决定，并告知申请人向有关行政机关申请。 省、自治区、直辖市药品监督管理部门受理或者不予受理医疗器械生产许可申请的，应当出具加盖本行政机关专用印章和注明日期的受理或者不予受理通知书。 **第十二条** 法律、法规、规章规定实施行政许可应当听证的事项，或者药品监督管理部门认为需要听证的其他涉及公共利益的重大行政许可事项，药品监督管理部门应当向社会公告，并举行听证。医疗器械生产许可申请直接涉及申请人与他人之间重大利益关系的，药品监督管理部门在作出行政许可决定前，应当告知申请人、利害关系人享有要求听证的权利。 **第十三条** 省、自治区、直辖市药品监督管理部门应当对申请资料进行审核，按照国家药品监督管理局制定的医疗器械生产质量管理规范的要求进行核查，并自受理申请之日起20个工作日内作出决定。现场核查可以与产品注册体系核查相结合，避免重复核查。需要整改的，整改时间不计入审核时限。 符合规定条件的，依法作出准予许可的书面决定，并于10个工作日内发给《医疗器械生产许可证》；不符合规定条件的，作出不予许可的书面决定，并说明理由，同时告知申请人享有依法申请行政复议或者提起行政诉讼的权利。 **第十四条** 医疗器械生产许可证分为正本和副本，有效期为5年。正本和副本载明许可证编号、企业名称、统一社会信用代码、法定代表人（企业负责人）、住所、生产地址、生产范围、发证部门、发证日期和有效期限。副本记载许可证正本载明事项变更以及车间或者生产线重大改造等情况。企业名称、统一社会信用代码、法定代表人（企业负责人）、住所等项目应当与营业执照中载明的相关内容一致。 医疗器械生产许可证由国家药品监督管理局统一样式，由省、自治区、直辖市药品监督管理部门印制。 医疗器械生产许可证电子证书与纸质证书具有同等法律效力。 **第十五条** 生产地址变更或者生产范围增加的，应当向原发证部门申请医疗器械生产许可变更，并提交本办法第十条规定中涉及变更内容的有关材料，原发证部门应当依照本办法第十三条的规定进行审核并开展现场核查。 车间或者生产线进行改造，导致生产条件发生变化，可能影响医疗器械安全、有效的，应当向原发证部门报告。属于许可事项变化的，应当按照规定办理相关许可变更手续。 **第十六条** 企业名称、法定代表人（企业负责人）、住所变更或者生产地址文字性变更，以及生产范围核减的，应当在变更后30个工作日内，向原发证部门申请登记事项变更，并提交相关材料。原发证部门应当在5个工作日内完成登记事项变更。 **第十七条** 医疗器械生产许可证有效期届满延续的，应当在有效期届满前90个工作日至30个工作日期间提出延续申请。逾期未提出延续申请的，不再受理其延续申请。

| 相关执法参考 | 相关法律法规（8） | 原发证部门应当结合企业遵守医疗器械管理法律法规、医疗器械生产质量管理规范情况和企业质量管理体系运行情况进行审查，必要时开展现场核查，在医疗器械生产许可证有效期届满前作出是否准予延续的决定。

经审查符合规定条件的，准予延续，延续的医疗器械生产许可证编号不变。不符合规定条件的，责令限期改正；整改后仍不符合规定条件的，不予延续，并书面说明理由。

延续许可的批准时间在原许可证有效期内的，延续起始日为原许可证到期日的次日；批准时间不在原许可证有效期内的，延续起始日为批准延续许可的日期。

第十八条 医疗器械生产企业跨省、自治区、直辖市设立生产场地的，应当向新设生产场地所在地省、自治区、直辖市药品监督管理部门申请医疗器械生产许可。

第十九条 医疗器械生产许可证遗失的，应当向原发证部门申请补发。原发证部门应当及时补发医疗器械生产许可证，补发的医疗器械生产许可证编号和有效期限与原许可证一致。

第二十条 医疗器械生产许可证正本、副本变更的，发证部门应当重新核发变更后的医疗器械生产许可证正本、副本，收回原许可证正本、副本；仅副本变更的，发证部门应当重新核发变更后的医疗器械生产许可证副本，收回原许可证副本。变更后的医疗器械生产许可证编号和有效期限不变。

第二十一条 有下列情形之一的，由原发证部门依法注销医疗器械生产许可证，并予以公告：
（一）主动申请注销的；
（二）有效期届满未延续的；
（三）市场主体资格依法终止的；
（四）医疗器械生产许可证依法被吊销或者撤销的；
（五）法律、法规规定应当注销行政许可的其他情形。

第二十二条 从事第一类医疗器械生产的，应当向所在地设区的市级负责药品监督管理的部门备案，在提交本办法第十条规定的相关材料后，即完成生产备案，获取备案编号。医疗器械备案人自行生产第一类医疗器械的，可以在办理产品备案时一并办理生产备案。

药品监督管理部门应当在生产备案之日起3个月内，对提交的资料以及执行医疗器械生产质量管理规范情况开展现场检查。对不符合医疗器械生产质量管理规范要求的，依法处理并责令限期改正；不能保证产品安全、有效的，取消备案并向社会公告。

第二十三条 第一类医疗器械生产备案内容发生变化的，应当在10个工作日内向原备案部门提交本办法第十条规定的与变化有关的材料，药品监督管理部门必要时可以依照本办法第二十二条的规定开展现场核查。

第二十四条 任何单位或者个人不得伪造、变造、买卖、出租、出借医疗器械生产许可证。

第三章 生产质量管理

第二十五条 医疗器械注册人、备案人、受托生产企业应当按照医疗器械生产质量管理规范的要求，建立健全与所生产医疗器械相适应的质量管理体系并保持其有效运行，并严格按照经注册或者备案的产品技术要求组织生产，保证出厂的医疗器械符合强制性标准以及经注册或者备案的产品技术要求。

第二十六条 医疗器械注册人、备案人的法定代表人、主要负责人对其生产的医疗器械质量安全全面负责。

第二十七条 医疗器械注册人、备案人、受托生产企业应当配备管理者代表。管理者代表受法定代表人或者主要负责人委派，履行建立、实施并保持质量管理体系有效运行等责任。 |

相关执法参考	相关法律法规（8）	第二十八条　医疗器械注册人、备案人、受托生产企业应当开展医疗器械法律、法规、规章、标准以及质量管理等方面的培训，建立培训制度，制定培训计划，加强考核并做好培训记录。 　　第二十九条　医疗器械注册人、备案人、受托生产企业应当按照所生产产品的特性、工艺流程以及生产环境要求合理配备、使用设施设备，加强对设施设备的管理，并保持其有效运行。 　　第三十条　医疗器械注册人、备案人应当开展设计开发到生产的转换活动，并进行充分验证和确认，确保设计开发输出适用于生产。 　　第三十一条　医疗器械注册人、备案人、受托生产企业应当加强采购管理，建立供应商审核制度，对供应商进行评价，确保采购产品和服务符合相关规定要求。 　　医疗器械注册人、备案人、受托生产企业应当建立原材料采购验收记录制度，确保相关记录真实、准确、完整和可追溯。 　　第三十二条　医疗器械注册人、备案人委托生产的，应当对受托方的质量保证能力和风险管理能力进行评估，按照国家药品监督管理局制定的委托生产质量协议指南要求，与其签订质量协议以及委托协议，监督受托方履行有关协议约定的义务。 　　受托生产企业应当按照法律、法规、规章、医疗器械生产质量管理规范、强制性标准、产品技术要求、委托生产质量协议等要求组织生产，对生产行为负责，并接受医疗器械注册人、备案人的监督。 　　第三十三条　医疗器械注册人、备案人、受托生产企业应当建立记录管理制度，确保记录真实、准确、完整和可追溯。 　　鼓励医疗器械注册人、备案人、受托生产企业采用先进技术手段，建立信息化管理系统，加强对生产过程的管理。 　　第三十四条　医疗器械注册人、备案人应当负责产品上市放行，建立产品上市放行规程，明确放行标准、条件，并对医疗器械生产过程记录和质量检验结果进行审核，符合标准和条件的，经授权的放行人员签字后方可上市。委托生产的，医疗器械注册人、备案人还应当对受托生产企业的生产放行文件进行审核。 　　受托生产企业应当建立生产放行规程，明确生产放行的标准、条件，确认符合标准、条件的，方可出厂。 　　不符合法律、法规、规章、强制性标准以及经注册或者备案的产品技术要求的，不得放行出厂和上市。 　　第三十五条　医疗器械注册人、备案人应当建立并实施产品追溯制度，保证产品可追溯。受托生产企业应当协助注册人、备案人实施产品追溯。 　　第三十六条　医疗器械注册人、备案人、受托生产企业应当按照国家实施医疗器械唯一标识的有关要求，开展赋码、数据上传和维护更新，保证信息真实、准确、完整和可追溯。 　　第三十七条　医疗器械注册人、备案人、受托生产企业应当建立纠正措施程序，确定产生问题的原因，采取有效措施，防止相关问题再次发生。 　　医疗器械注册人、备案人、受托生产企业应当建立预防措施程序，查清潜在问题的原因，采取有效措施，防止问题发生。 　　第三十八条　医疗器械注册人、备案人应当按照医疗器械生产质量管理规范的要求，对可能影响产品安全性和有效性的原材料、生产工艺等变化进行识别和控制。需要进行注册变更或者备案变更的，应当按照注册备案管理的规定办理相关手续。 　　第三十九条　新的强制性标准实施后，医疗器械注册人、备案人应当及时识别产品技术要求和强制性标准的差异，需要进行注册变更或者备案变更的，应当按照注册备案管理的规定办理相关手续。

| 相关执法参考 | 相关法律法规(8) | 第四十条 医疗器械注册人、备案人、受托生产企业应当按照医疗器械不良事件监测相关规定落实不良事件监测责任，开展不良事件监测，向医疗器械不良事件监测技术机构报告调查、分析、评价、产品风险控制等情况。

第四十一条 医疗器械注册人、备案人发现生产的医疗器械不符合强制性标准、经注册或者备案的产品技术要求，或者存在其他缺陷的，应当立即停止生产，通知相关经营企业、使用单位和消费者停止经营和使用，召回已经上市销售的医疗器械，采取补救、销毁等措施，记录相关情况，发布相关信息，并将医疗器械召回和处理情况向药品监督管理部门和卫生主管部门报告。
受托生产企业应当按照医疗器械召回的相关规定履行责任，并协助医疗器械注册人、备案人对所生产的医疗器械实施召回。

第四十二条 医疗器械生产企业应当向药品监督管理部门报告所生产的产品品种情况。
增加生产产品品种的，应当向原生产许可或者生产备案部门报告，涉及委托生产的，还应当提供委托方、受托生产产品、受托期限等信息。
医疗器械生产企业增加生产产品涉及生产条件变化，可能影响产品安全、有效的，应当在增加生产产品30个工作日前向原生产许可部门报告，原生产许可部门应当及时开展现场核查。属于许可事项变化的，应当按照规定办理相关许可变更。

第四十三条 医疗器械生产企业连续停产一年以上且无同类产品在产的，重新生产时，应当进行必要的验证和确认，并书面报告药品监督管理部门。可能影响质量安全的，药品监督管理部门可以根据需要组织核查。

第四十四条 医疗器械注册人、备案人、受托生产企业的生产条件发生变化，不再符合医疗器械质量管理体系要求的，应当立即采取整改措施；可能影响医疗器械安全、有效的，应当立即停止生产活动，并向原生产许可或者生产备案部门报告。
受托生产企业应当及时将变化情况告知医疗器械注册人、备案人。

第四十五条 医疗器械注册人、备案人、受托生产企业应当每年对质量管理体系的运行情况进行自查，并于次年3月31日前向所在地药品监督管理部门提交自查报告。进口医疗器械注册人、备案人由其代理人向代理人所在地省、自治区、直辖市药品监督管理部门提交自查报告。

第四章 监督检查
第四十六条 药品监督管理部门依法按照职责开展对医疗器械注册人、备案人和受托生产企业生产活动的监督检查。
必要时，药品监督管理部门可以对为医疗器械生产活动提供产品或者服务的其他单位和个人开展延伸检查。

第四十七条 药品监督管理部门应当建立健全职业化、专业化医疗器械检查员制度，根据监管事权、产业规模以及检查任务等，配备充足的检查员，有效保障检查工作需要。
检查员应当熟悉医疗器械法律法规，具备医疗器械专业知识和检查技能。

第四十八条 药品监督管理部门依据产品和企业的风险程度，对医疗器械注册人、备案人、受托生产企业实行分级管理并动态调整。
国家药品监督管理局组织制定重点监管产品目录。省、自治区、直辖市药品监督管理部门结合实际确定本行政区域重点监管产品目录。
省、自治区、直辖市药品监督管理部门依据重点监管产品目录以及医疗器械生产质量管理状况，结合医疗器械不良事件、产品投诉举报以及企业信用状况等因素，组织实施分级监督管理工作。

第四十九条 省、自治区、直辖市药品监督管理部门应当制定年度医疗器械生产监督检查计划，确定医疗器械监督管理的重点，明确检查频次和覆盖范围，综合运用监督检 |

查、重点检查、跟踪检查、有因检查和专项检查等多种形式强化监督管理。

对生产重点监管产品目录品种的企业每年至少检查一次。

第五十条 药品监督管理部门组织监督检查时,应当制定检查方案,明确检查事项和依据,如实记录现场检查情况,并将检查结果书面告知被检查企业。需要整改的,应当明确整改内容和整改期限。

药品监督管理部门进行监督检查时,应当指派两名以上检查人员实施监督检查。执法人员应当向被检查单位出示执法证件,其他检查人员应当出示检查员证或者表明其身份的文书、证件。

第五十一条 药品监督管理部门对医疗器械注册人、备案人自行生产的,开展监督检查时重点检查:

(一)医疗器械注册人、备案人执行法律法规、医疗器械生产质量管理规范情况;

(二)按照强制性标准以及经注册、备案的产品技术要求组织生产,实际生产与医疗器械注册备案、医疗器械生产许可备案等内容的一致情况;

(三)质量管理体系运行持续合规、有效情况;

(四)法定代表人、企业负责人、管理者代表等人员了解熟悉医疗器械相关法律法规情况;

(五)管理者代表履职情况;

(六)法定代表人、企业负责人、管理者代表、质量检验机构或者专职人员、生产场地、环境条件、关键生产检验设备等变化情况;

(七)用户反馈、企业内部审核等所发现问题的纠正预防措施;

(八)企业产品抽检、监督检查、投诉举报等发现问题的整改落实情况;

(九)内部审核、管理评审、变更控制、年度自查报告等情况;

(十)其他应当重点检查的内容。

第五十二条 药品监督管理部门对医疗器械注册人、备案人采取委托生产方式的,开展监督检查时重点检查:

(一)医疗器械注册人、备案人执行法律法规、医疗器械生产质量管理规范情况;

(二)质量管理体系运行是否持续合规、有效;

(三)管理者代表履职情况;

(四)按照强制性标准以及经注册或者备案的产品技术要求组织生产情况;

(五)用户反馈、企业内部审核等所发现问题的纠正预防措施;

(六)内部审核、管理评审、变更控制、年度自查报告等情况;

(七)开展不良事件监测、再评价以及产品安全风险信息收集与评估等情况;

(八)产品的上市放行情况;

(九)对受托生产企业的监督情况,委托生产质量协议的履行、委托生产产品的设计转换和变更控制、委托生产产品的生产放行等情况;

(十)其他应当重点检查的内容。

必要时,可以对受托生产企业开展检查。

第五十三条 药品监督管理部门对受托生产企业开展监督检查时重点检查:

(一)实际生产与医疗器械注册备案、医疗器械生产许可备案等内容的一致情况;

(二)受托生产企业执行法律法规、医疗器械生产质量管理规范情况;

(三)法定代表人、企业负责人、管理者代表等人员了解熟悉医疗器械相关法律法规情况;

(四)法定代表人、企业负责人、管理者代表、质量检验机构或者专职人员、生产场地、环境条件、关键生产检验设备等变化情况;

(五)产品的生产放行情况;

| 相关执法参考 | 相关法律法规（8） | （六）企业产品抽检、监督检查、投诉举报等发现问题的整改落实情况；
（七）内部审核、管理评审、年度自查报告等情况；
（八）其他应当重点检查的内容。
必要时，可以对医疗器械注册人、备案人开展检查。
第五十四条　药品监督管理部门对不良事件监测、抽查检验、投诉举报等发现可能存在严重质量安全风险的，应当开展有因检查。有因检查原则上采取非预先告知的方式进行。
第五十五条　药品监督管理部门对企业的整改情况应当开展跟踪检查。
跟踪检查可以对企业提交的整改报告进行书面审查，也可以对企业的问题整改、责任落实、纠正预防措施等进行现场复查。
第五十六条　医疗器械注册人和受托生产企业不在同一省、自治区、直辖市的，医疗器械注册人所在地省、自治区、直辖市药品监督管理部门负责对注册人质量管理体系运行、不良事件监测以及产品召回等法定义务履行情况开展监督检查，涉及受托生产企业相关情况的，受托生产企业所在地药品监督管理部门应当配合。
受托生产企业所在地省、自治区、直辖市药品监督管理部门负责对受托生产企业生产活动开展监督检查，涉及注册人相关情况的，应当由注册人所在地药品监督管理部门对注册人开展监督检查。
医疗器械注册人、受托生产企业所在地省、自治区、直辖市药品监督管理部门应当分别落实属地监管责任，建立协同监管机制，加强监管信息沟通，实现监管有效衔接。
第五十七条　医疗器械注册人和受托生产企业不在同一省、自治区、直辖市，医疗器械注册人、受托生产企业所在地省、自治区、直辖市药品监督管理部门需要跨区域开展检查的，可以采取联合检查、委托检查等方式进行。
第五十八条　跨区域检查中发现企业质量管理体系存在缺陷的，医疗器械注册人、受托生产企业所在地省、自治区、直辖市药品监督管理部门应当依据各自职责，督促相关企业严格按照要求及时整改到位，并将检查以及整改情况及时通报相关药品监督管理部门。
对受托生产企业监督检查中发现相关问题涉及注册人的，应当通报注册人所在地药品监督管理部门；发现可能存在医疗器械质量安全风险的，应当立即采取风险控制措施，并将相关情况通报注册人所在地药品监督管理部门。注册人所在地药品监督管理部门接到通报后，应当立即进行分析研判并采取相应的风险控制措施。
对注册人监督检查中发现相关问题涉及受托生产企业的，应当通报受托生产企业所在地药品监督管理部门，联合或者委托受托生产企业所在地药品监督管理部门进行检查。
第五十九条　在跨区域检查中发现可能存在违法行为的，医疗器械注册人、受托生产企业所在地省、自治区、直辖市药品监督管理部门应当依据各自职责进行调查处理。违法行为处理情况应当及时通报相关药品监督管理部门。
需要跨区域进行调查、取证的，可以会同相关同级药品监督管理部门开展联合调查，也可以出具协助调查函商请相关同级药品监督管理部门协助调查、取证。
第六十条　第一类医疗器械备案人和受托生产企业不在同一设区的市，需要依法按照职责开展跨区域监督检查和调查取证的，参照本办法第五十六条至第五十九条的规定执行。
第六十一条　进口医疗器械注册人、备案人应当指定我国境内企业法人作为代理人，代理人应当协助注册人、备案人履行医疗器械监督管理条例和本办法规定的义务。
第六十二条　进口医疗器械的生产应当符合我国医疗器械生产相关要求，并接受国家药品监督管理局组织的境外检查。代理人负责协调、配合境外检查相关工作。
进口医疗器械注册人、备案人、代理人拒绝、阻碍、拖延、逃避国家药品监督管理局组织的境外检查，导致检查工作无法开展，不能确认质量管理体系有效运行，属于有证据 |

证明可能危害人体健康的情形，国家药品监督管理局可以依照医疗器械监督管理条例第七十二条第二款的规定进行处理。

第六十三条 药品监督管理部门开展现场检查时，可以根据需要进行抽查检验。

第六十四条 生产的医疗器械对人体造成伤害或者有证据证明可能危害人体健康的，药品监督管理部门可以采取暂停生产、进口、经营、使用的紧急控制措施，并发布安全警示信息。

监督检查中发现生产活动严重违反医疗器械生产质量管理规范，不能保证产品安全、有效，可能危害人体健康的，依照前款规定处理。

第六十五条 药品监督管理部门应当定期组织开展风险会商，对辖区内医疗器械质量安全风险进行分析和评价，及时采取相应的风险控制措施。

第六十六条 医疗器械注册人、备案人、受托生产企业对存在的医疗器械质量安全风险，未采取有效措施消除的，药品监督管理部门可以对医疗器械注册人、备案人、受托生产企业的法定代表人或者企业负责人进行责任约谈。涉及跨区域委托生产的，约谈情况应当通报相关药品监督管理部门。

第六十七条 省、自治区、直辖市药品监督管理部门应当建立并及时更新辖区内第二类、第三类医疗器械注册人、受托生产企业信用档案，设区的市级负责药品监督管理的部门应当依法按照职责建立并及时更新辖区内第一类医疗器械备案人、受托生产企业信用档案。

信用档案中应当包括生产许可备案和生产产品品种、委托生产、监督检查结果、违法行为查处、质量抽查检验、不良行为记录和投诉举报等信息。

对有不良信用记录的医疗器械注册人、备案人和受托生产企业，药品监督管理部门应当增加监督检查频次，依法加强失信惩戒。

第六十八条 药品监督管理部门应当在信用档案中记录企业生产产品品种情况。

受托生产企业增加生产第二类、第三类医疗器械，且与该产品注册人不在同一省、自治区、直辖市，或者增加生产第一类医疗器械，且与该产品备案人不在同一设区的市的，受托生产企业所在地药品监督管理部门还应当将相关情况通报注册人、备案人所在地药品监督管理部门。

第六十九条 药品监督管理部门应当公布接受投诉、举报的联系方式。接到举报的药品监督管理部门应当及时核实、处理、答复。经查证属实的，应当按照有关规定对举报人给予奖励。

第七十条 药品监督管理部门在监督检查中，发现涉嫌违法行为的，应当及时收集和固定证据，依法立案查处；涉嫌犯罪的，及时移交公安机关处理。

第七十一条 药品监督管理部门及其工作人员对调查、检查中知悉的商业秘密应当保密。

第七十二条 药品监督管理部门及其工作人员在监督检查中，应当严格规范公正文明执法，严格执行廉政纪律，不得索取或者收受财物，不得谋取其他利益，不得妨碍企业的正常生产活动。

第五章 法律责任

第七十三条 医疗器械生产的违法行为，医疗器械监督管理条例等法律法规已有规定的，依照其规定。

第七十四条 有下列情形之一的，依照医疗器械监督管理条例第八十一条的规定处罚：

（一）超出医疗器械生产许可证载明的生产范围生产第二类、第三类医疗器械；

（二）在未经许可的生产场地生产第二类、第三类医疗器械；

（三）医疗器械生产许可证有效期届满后，未依法办理延续手续，仍继续从事第二

相关执法参考	**相关法律法规(8)** 类、第三类医疗器械生产； （四）医疗器械生产企业增加生产产品品种，应当依法办理许可变更而未办理的。 第七十五条 未按照本办法规定办理第一类医疗器械生产备案变更的，依照医疗器械监督管理条例第八十四条的规定处理。 第七十六条 违反医疗器械生产质量管理规范，未建立质量管理体系并保持有效运行的，由药品监督管理部门依职责责令限期改正；影响医疗器械产品安全、有效的，依照医疗器械监督管理条例第八十六条的规定处罚。 第七十七条 违反本办法第十五条第二款、第四十二条第三款的规定，生产条件变化，可能影响产品安全、有效，未按照规定报告即生产的，依照医疗器械监督管理条例第八十八条的规定处罚。 第七十八条 有下列情形之一的，由药品监督管理部门依职责给予警告，并处1万元以上5万元以下罚款： （一）医疗器械生产企业未依照本办法第四十二条第二款的规定向药品监督管理部门报告所生产的产品品种情况及相关信息的； （二）连续停产一年以上且无同类产品在产，重新生产时未进行必要的验证和确认并向所在地药品监督管理部门报告的。 第七十九条 有下列情形之一的，由药品监督管理部门依职责责令限期改正；拒不改正的，处1万元以上5万元以下罚款；情节严重的，处5万元以上10万元以下罚款： （一）未按照本办法第十六条的规定办理医疗器械生产许可证登记事项变更的； （二）未按照国家实施医疗器械唯一标识的有关要求，组织开展赋码、数据上传和维护更新等工作的。 第八十条 药品监督管理部门工作人员违反本办法规定，滥用职权、玩忽职守、徇私舞弊的，依法给予处分。 第六章 附 则 第八十一条 本办法自2022年5月1日起施行。2014年7月30日原国家食品药品监督管理总局令第7号公布的《医疗器械生产监督管理办法》同时废止。
	相关法律法规(9) 《一次性使用无菌医疗器械监督管理办法（暂行）》 （2000年8月17日经国家药品监督管理局局务会审议通过，2000年10月13日国家药品监督管理局令第24号发布，自发布之日起施行） 第一章 总 则 第一条 为加强一次性使用无菌医疗器械的监督管理，保证产品安全、有效，依据《医疗器械监督管理条例》制定本办法。 第二条 本办法所称一次性使用无菌医疗器械（以下简称无菌器械）是指无菌、无热原、经检验合格，在有效期内一次性直接使用的医疗器械。 无菌器械按《一次性使用无菌医疗器械目录》（以下简称《目录》）实施重点监督管理。《目录》（见附件）由国家药品监督管理局公布并调整。 第三条 凡在中华人民共和国境内从事无菌器械的生产、经营、使用、监督管理的单位或个人应当遵守本办法。 第二章 生产的监督管理 第四条 生产无菌器械应执行国家药品监督管理局颁布的《无菌医疗器具生产管理规范》及无菌器械的《生产实施细则》。 无菌器械必须严格按标准进行检验，未经检验或检验不合格的不得出厂。 第五条 生产无菌器械应按《生产实施细则》的要求采购材料、部件。企业应保存完整的采购、销售票据和记录，票据和记录应保存至产品有效期满二年。 购销记录应包括：销售或购进的单位名称，供应或采购数量、产品名称、型号规格、

生产批号、灭菌批号、产品有效期等。

第六条 生产企业应从符合《生产实施细则》规定条件的单位购进接触无菌器械的包装材料或小包装，并应对产品包装的购入、储存、发放、使用等建立管理制度。

不合格的无菌器械及废弃、过期的无菌器械产品包装或零部件，必须在厂内就地毁形或销毁，不得流出厂外。

第七条 生产企业只能销售本企业生产的无菌器械。生产企业的销售人员应在销售所在地药品监督管理部门登记。销售时应出具下列证明：

（一）加盖本企业印章的《医疗器械生产企业许可证》、《医疗器械产品注册证》的复印件及产品合格证；

（二）加盖本企业印章和企业法定代表人印章或签字的企业法定代表人的委托授权书原件，委托授权书应明确授权范围；

（三）销售人员的身份证。

第八条 生产企业的企业名称、法定代表人或企业负责人发生变更的，企业应向省级药品监督管理局申请办理《医疗器械生产企业许可证》的变更手续后，向国家药品监督管理局申请办理《医疗器械产品注册证》的变更。国家、省级药品监督管理局应自受理申请之日起30个工作日内给予变更。

企业名称变更后，无菌器械的小、中、大包装标注的企业名称应在半年之内变更。新包装启用后，旧包装即停止使用，新、旧包装不得混用。

第九条 生产企业在原厂址或异地新建、改建、扩建洁净厂房的，经所在地省级药品监督管理部门对其质量体系进行初审后，由国家药品监督管理局组织质量体系现场审查和产品抽样检测，合格后方能生产。

第十条 生产企业连续停产一年以上的，须经省级药品监督管理局对现场质量体系进行审查和产品抽查，合格后方可恢复生产，连续停产二年以上的，其产品注册证书自行失效。

第十一条 留样观察或已售出的无菌器械产品出现质量问题，生产企业必须立即封存该批号产品，并通知有关单位停止销售和使用。造成人身伤亡事故的，要在24小时内，报告所在地省级药品监督管理部门。

第十二条 监督检查中，发现生产企业有不符合《生产实施细则》要求的，由实施监督检查的药品监督管理部门责令其限期整改。

第十三条 生产企业不得有下列行为：

（一）伪造或冒用他人厂名、厂址或生产企业证件；

（二）出租或出借本生产企业有效证件；

（三）违反规定采购零部件或产品包装；

（四）伪造或变造生产购销票据、生产原始记录、产品批号；

（五）对不合格品、废弃零部件、过期或废弃产品包装不按规定处理；

（六）擅自增加产品型号、规格；

（七）企业销售人员代销非本企业生产的产品；

（八）向城乡集贸市场提供无菌器械或直接参与城乡集贸市场无菌器械交易。

第三章 经营的监督管理

第十四条 经营企业应具有与其经营无菌器械相适应的营业场地和仓库。产品储存区域应避光、通风、无污染，具有防尘、防污染、防蚊蝇、防虫鼠和防异物混入等设施，符合产品标准的储存规定。

第十五条 经营企业应建立无菌器械质量跟踪制度，做到从采购到销售能追查到每批产品的质量情况。

无菌器械的购销记录必须真实、完整。购销记录应有：购销日期、购销对象、购销数

相关执法参考	相关法律法规（9）	量、产品名称、生产单位、型号规格、生产批号、灭菌批号、产品有效期；经办人、负责人签名等。 第十六条　经营企业应保存完整的无菌器械购销记录和有效证件，无菌器械购销记录及有效证件必须保存到产品有效期满后二年。 第十七条　经营企业销售人员销售无菌器械，应出具下列证明： （一）加盖本企业印章的《医疗器械经营企业许可证》、《医疗器械产品注册证》的复印件及产品合格证； （二）加盖本企业印章和企业法定代表人印章或签字的企业法定代表人的委托授权书原件，委托授权书应明确其授权范围； （三）销售人员的身份证。 第十八条　经营企业发现不合格无菌器械，应立即停止销售，及时报告所在地药品监督管理部门。经验证为不合格的，经营企业必须及时通知该批无菌器械的经营企业和使用单位停止销售或使用。对不合格产品，应在所在地药品监督管理部门监督下予以处理。 对已销售给个人使用的不合格无菌器械，经营企业应向社会公告，主动收回不合格产品。 第十九条　经营企业经营不合格无菌器械，经营者不能指明不合格品生产者的，视为经营无产品注册证的产品；不能指明不合格品供货者的，视为从无《医疗器械经营企业许可证》的企业购进产品。 第二十条　经营无菌器械不得有下列行为： （一）经营无有效证件、证照不齐、无产品合格证的无菌器械； （二）伪造或冒用《医疗器械经营企业许可证》； （三）出租或出借《医疗器械经营企业许可证》； （四）经营不合格、过期或已淘汰无菌器械； （五）无购销记录或伪造、变造购销记录； （六）从非法渠道采购无菌器械； （七）向城乡集贸市场提供无菌器械或直接参与城乡集贸市场无菌器械交易。 第四章　使用的监督 第二十一条　医疗机构应从具有《医疗器械生产企业许可证》或《医疗器械经营企业许可证》的企业购进无菌器械。 医疗机构应建立无菌器械采购、验收制度，严格执行并做好记录。采购记录至少应包括：购进产品的企业名称、产品名称、型号规格、产品数量、生产批号、灭菌批号、产品有效期等。按照记录应能追查到每批无菌器械的进货来源。 （一）从生产企业采购无菌器械，应验明生产企业销售人员出具的证明，所出具证明的内容按第七条规定。 （二）从经营企业采购无菌器械，应验明经营企业销售人员出具的证明，所出具证明的内容按第十七条规定。 第二十二条　医疗机构应建立无菌器械使用后销毁制度。使用过的无菌器械必须按规定销毁，使其零部件不再具有使用功能，经消毒无害化处理，并做好记录。 医疗机构不得重复使用无菌器械。 第二十三条　医疗机构发现不合格无菌器械，应立即停止使用、封存，并及时报告所在地药品监督管理部门，不得擅自处理。 经验证为不合格的无菌器械，在所在地药品监督管理部门的监督下予以处理。 第二十四条　医疗机构使用不合格无菌器械，不能指明不合格品生产者的，视为使用无产品注册证的产品；不能指明不合格品供货者的，视为从无《医疗器械经营企业许可证》的企业购进产品。

第二十五条 医疗机构使用无菌器械发生严重不良事件时，应在事件发生后 24 小时内，报告所在地省级药品监督管理部门和卫生行政部门。

第二十六条 医疗机构不得有下列行为：

（一）从非法渠道购进无菌器械；

（二）使用小包装已破损、标识不清的无菌器械；

（三）使用过期、已淘汰无菌器械；

（四）使用无《医疗器械产品注册证》、无医疗器械产品合格证的无菌器械。

第五章 无菌器械的监督检查

第二十七条 国家药品监督管理局负责编制全国无菌器械的抽查计划，并组织实施。省级药品监督管理局负责编制本辖区无菌器械的抽查计划，报国家药品监督管理局备案后组织实施。

国家药品监督管理局和各省、自治区、直辖市药品监督管理局公布无菌器械抽查结果。

第二十八条 生产、经营企业和医疗机构对抽查结果有异议的，可以自收到检验报告之日起 15 日内，向实施抽查的药品监督管理部门或上一级药品监督管理部门申请复验，由受理复验的药品监督管理部门做出复验结论。

第六章 罚　则

第二十九条 未取得《医疗器械产品注册证》生产无菌器械的，依据《医疗器械监督管理条例》第三十五条处罚。

已取得《无菌器械产品注册证》的企业新建、改建厂房未经批准擅自生产的；伪造他人厂名、厂址、产品批号的；伪造或冒用《医疗器械产品注册证》，擅自增加无菌器械型号、规格的，依据《医疗器械监督管理条例》第三十五条处罚。

第三十条 未取得《医疗器械生产企业许可证》生产无菌器械的，伪造或冒用他人《医疗器械生产企业许可证》的，依据《医疗器械监督管理条例》第三十六条处罚。

第三十一条 生产不符合国家标准或行业标准的无菌器械的，依据《医疗器械监督管理条例》第三十七条处罚。

第三十二条 未取得《医疗器械经营企业许可证》经营无菌器械的，依据《医疗器械监督管理条例》第三十八条处罚。

第三十三条 经营无产品注册证、无合格证明、过期、失效、淘汰的无菌器械的，或者从非法渠道购进无菌器械的，依据《医疗器械监督管理条例》第三十九条处罚。

第三十四条 办理无菌器械注册申报时，提供虚假证明、文件资料、样品，或者采取其他欺骗手段，骗取无菌器械产品注册证书的，依据《医疗器械监督管理条例》第四十条处罚。

第三十五条 医疗机构使用无《医疗器械产品注册证》、无合格证明、过期、失效、淘汰无菌器械的，或者从非法渠道购进无菌器械的，依据《医疗器械监督管理条例》第四十二条处罚。

第三十六条 医疗机构重复使用无菌器械的，或者对应当销毁未进行销毁的，按《医疗器械监督管理条例》第四十三条处罚。

第三十七条 无菌器械的生产、经营企业和医疗机构违反本办法规定，有下列行为之一的，由县级以上药品监督管理部门责令改正，给予警告，并处 1 万元以上 3 万元以下罚款：

（一）生产企业违反《生产实施细则》规定生产的；

（二）生产企业伪造产品原始记录及购销票据的；

（三）生产企业销售其他企业无菌器械的；

（四）生产、经营企业将有效证件出租、出借给他人使用的；

相关执法参考	相关法律法规（9）	（五）经营不合格无菌器械的； （六）医疗机构未建立使用后销毁制度或伪造、变造无菌器械采购、使用后销毁记录的； （七）生产、经营企业、医疗机构向城乡集贸市场提供无菌器械或直接参与城乡集贸市场无菌器械交易的。 第三十八条　无菌器械生产企业违反规定采购零配件和产品包装的或销售不合格无菌器械的，由县级以上药品监督管理部门予以警告，责令改正，并处以5000元以上2万元以下罚款。 第三十九条　无菌器械经营企业，无购销记录或伪造购销记录，伪造生产批号、灭菌批号、产品有效期的，由县级以上药品监督管理部门予以警告，责令停止经营，并处以5000元以上2万元以下罚款。 第四十条　无菌器械的生产、经营企业和医疗机构违反本办法规定，有下列行为之一的，由县级以上药品监督管理部门责令改正，给予警告： （一）发现不合格无菌器械，不按规定报告，擅自处理的； （二）对废弃零部件、过期或废弃的产品包装，不按规定处理的； （三）经营或使用小包装已破损、标识不清的无菌器械的； （四）使用无菌器械发生严重不良事件时，不按规定报告的。 第七章　附　则 第四十一条　本办法由国家药品监督管理局负责解释。 第四十二条　本办法自颁布之日起实施。 附件： **一次性使用无菌医疗器械产品目录** | 序号	产品名称	产品标准	产品类别
1	一次性使用无菌注射器	GB 15810—1995	三类
2	一次性使用输液器	GB 8368—1998	三类
3	一次性使用输血器	GB 8369—1998	三类
4	一次性使用滴定管式输液器	YY 0286—1996	三类
5	一次性使用无菌注射针	GB 15811—1995	三类
6	一次性使用静脉输液针	YY 0028—90	三类
7	一次性使用塑料血袋	GB 14232—93	三类
8	一次性使用采血器	YY 0115—93	三类	

八、生产、销售不符合安全标准的产品罪

罪名	生产、销售不符合安全标准的产品罪（《刑法》第146条）
概念	生产、销售不符合安全标准的产品罪，是指故意违反国家安全标准产品监督管理法规，非法生产不符合保障人身、财产安全的国家标准、行业标准的电器、压力容器、易燃易爆产品或者其他不符合保障人身、财产安全的国家标准、行业标准的产品，或者非法销售明知是以上不符合保障人身、财产安全的国家标准、行业标准的产品，造成严重后果的行为。

| 犯罪构成 | 客体 | 本罪侵犯的客体是多重客体，即国家对生产、销售电器、压力容器、易燃易爆产品等的安全监督管理制度和公民的健康生命权利、财产权利。电器、压力容器、易燃易爆产品等必须达到安全标准，否则可能危及人身健康、生命和财产安全。为此，《产品质量法》规定：可能危及人身健康和人身、财产安全的工业产品，必须符合保障人体健康，人身、财产安全的国家标准、行业标准；未制定国家标准、行业标准的，必须符合保障人体健康、人身、财产安全的要求。国家还通过其他法律法规等规定了这些产品的国家标准和行业标准以及监督抽查的管理制度和生产、销售许可证制度。产品质量好坏，直接关系到用户、消费者合法权益，特别是电器、压力容器、易燃易爆产品或其他类似产品，由于它们本身具有危险性，如果不遵守有关质量管理法规，势必会危害人身、财产安全。凡生产、销售不符合保障人身、财产安全标准的产品，即侵犯了国家对这类产品的监督管理制度，同时也不符合国家相关质量标准要求，必然危及健康生命和财产安全。
本罪的犯罪对象是不符合保障人身、财产安全的国家标准、行业标准的电器、压力容器、易燃易爆产品或者其他产品。所谓电器，是指以电为能源进行运作的器械，包括各种电信、电力器材和家用电器，如电线、电缆、电热器、电饭锅、电视机、收录机、音响组合、录像机、电冰箱、洗衣机、空调器、电风扇等。所谓压力容器，是指能够储存高压物品的容器，即物体所承受的与表面垂直的作用力的容器，如高压锅、压力机、氧气瓶、压力洗衣机等。所谓易燃易爆产品，是指容易引起燃烧或者爆炸的物品，如锅炉、闸门、发电机、煤气制造系统的煤气发生炉、煤气罐、鞭炮、炸药等。其他不符合保障人身、财产安全的国家标准、行业标准的产品，是指除上述电器、压力容器、易燃易爆产品以外的产品，如汽化油炉、汽水瓶、啤酒瓶等。这些产品都属于不符合保障人身、财产安全的国家标准、行业标准的产品。其具有共同的特点是危险性、危害性、破坏性强，一旦发生事故，就必将对人们的生命、健康及财产安全造成极大损害。正因如此，国家对这类产品制定了严格的保障人身、财产安全的国家标准、行业标准，而不仅仅是一般的质量标准。这里的所谓国家标准、行业标准，是指国家或者某一行业的主管部门围绕保障人身、财产安全而就某一类产品的质量所规定的具体指标，该标准因产品的不同而不同。其中的国家标准又称强制标准，是指具有全国性意义的统一技术标准。其必须由国务院有关主管部门（或专业标准化技术委员会）提出草案，根据不同专业的标准，分别由有关部门审批和发布。国家标准应不低于国际标准水平。国家标准可以分级分等。就本罪而言，产品均属工业产品及军民通用产品，因此，应当报国家标准总局审批和发布；特别重大的，则报国务院审批。其中的行业标准，又叫部门标准或推荐标准或专业标准，是指全国性的各专业范围内的统一技术标准。其由国务院所属各主管部门组织制订、审批和发布，并报送国家标准总局备案。对没有推荐性国家标准、需要在全国某个行业范围内统一的技术要求，可以制定行业标准。国家标准、行业标准规定了原料选材、制造工艺规程、质量标准、安全系数、整件验收等具体指标，实行生产、销售许可证制度。产品质量法规定，可能危及人体健康和人身、财产安全的工业产品，必须符合保障人体健康和人身、财产安全的国家标 |

犯罪构成	客体	准、行业标准；未制定国家标准、行业标准的，必须符合保障人体健康和人身、财产安全的要求。如果生产、销售的是没有有关保障人身、财产安全的国家标准或行业标准的一般性带有燃爆性质的产品，即只有企业标准的产品，就不能构成本罪，但这并不排除其行为构成他罪的可能，如生产、销售伪劣产品罪等。
	客观方面	本罪在客观方面表现为非法生产不符合保障人身、财产安全的国家标准、行业标准的电器、压力容器、易燃易爆产品或者其他不符合保障人身、财产安全的国家标准、行业标准的产品，或者非法销售明知是不符合保障人身、财产安全的国家标准、行业标准的产品，造成严重后果的行为。包括三点： 1. 行为人实施的行为必须是违反国家不符合安全标准产品的监督管理法规的行为。我国为保障人身、财产安全，保证产品质量，颁布了一系列有关电器、压力容器、易燃易爆产品等质量管理监督法规，如《产品质量法》《工业产品质量责任条例》《标准化法》《计量法》《民用爆炸物品管理条例》等，这些法规是维护用户、消费者合法权益的必要保证，生产者、销售者必须严格遵守，如果违反相关管理法规，必将危及人身财产安全。行为违反相关法规是构成本罪的前提性条件。例如，2010年10月至2011年11月期间，被告人田越南未经许可，擅自雇佣被告人田汉谷在株洲县洲坪乡喜鹊桥村杨梅塘组（沈家湾）自家经营的五金日杂店内制作能产生蒸汽来蒸茶籽榨油用的"土锅炉"四台。2010年10月前后，田越南销售"土锅炉"一台给洲坪乡洪塅村的钟启东，并安装到钟启东的榨油房，之后，田越南又生产并销售三台"土锅炉"给洲坪乡石板桥村的宋铁铭、洲坪乡乌鸦山村的田光明、仙井乡高泉村的张义平，该四台"土锅炉"销售金额共计8000余元。2011年12月16日11时许，洲坪乡洪塅村南塘组钟启东的榨油房内田越南销售、安装的"土锅炉"在加热制造蒸汽时发生大爆炸，导致土筑油榨房倒塌，在油榨房内的钟启东、钟细桃、钟迪艾、宋金凡4人当场死亡，钟显付受伤。经湖南省质量技术监督局特种设备检验检测研究院鉴定：田越南生产、销售的自制蒸汽发生炉属于禁止制造使用的"土锅炉"，且蒸汽发生炉结构设计严重不合理，炉门圈采用方型孔且无任何补强措施，使炉体受力状况严重恶化，尤其是四角部位，引起严重的应力集中，是导致事故发生的主要原因；同时制造质量低劣，角焊缝连接处存在严重未焊透缺陷，是事故发生的直接原因。法院认定，被告人田越南、田汉谷均无制造蒸汽发生炉的资质，在没有取得产品认证合格证书的情况下，私自生产、销售不符合国家标准和行业标准的蒸汽发生炉，造成4人死亡、1人轻伤，后果特别严重，其行为均已构成生产、销售不符合安全标准的产品罪，判处被告人田越南有期徒刑五年，并处罚金1万元，判处被告人田汉谷有期徒刑2年，并处罚金5000元。 2. 实施了生产、销售不符合安全标准产品的行为，包括生产不符合保障人身、财产安全的国家标准、行业标准的电器、压力容器、易燃易爆产品或者其他产品的行为，以及销售明知是以上不符合保障人身、财产安全的国家标准、行业标准的产品的行为。实施生产或者销售行为之一的，均可构成本罪。生产不符合安全标准的电器的行为包括：不具备生产电器条件的单位或个人非法生产低劣电器，生产的电器未经检验，生产的电器不符合有关国家标准、行业标准等。生产不符合安全标准的压力容器的行为包括：没有制造许可证擅自生产压力容器，用废旧压力容器冒充新压力容器，生产的压力容器没有严格执行原材料验收制度、工艺管理制度和产品质量检验制度，压力容器不符合国家标准、行业标准等。生产不符合安全标准的易燃易爆产品的行为包括：未经有关部门许可非法生产劣质易燃易爆产品，生产的易燃易爆产品不符合国家标准、行业标准。生产其他不符合保障人身、财产安全的国家标准、行业标准的产品的行为，销售不符合安全标准的电器、压力容器、易燃易爆产品或其他伪劣产品的行为主要表现为，行为人明知该产品不符合保障人身、财产安全的国家标准、行业标准而故意销售。如果行为人不是销售，而是赠与、租借等行为，则不构成本罪。

犯罪构成	客观方面	3. 存在"造成严重后果"的，才能构成本罪。本罪为结果犯，即无后果不构成犯罪。其不仅要求有生产、销售上述不符合安全标准的产品的行为，而且必须造成严重后果才可构成本罪。如果仅是具有上述行为，而没有严重的后果，即没有造成危害结果，或虽有危害结果但不是严重的危害结果，也不能构成本罪，构成犯罪也是他罪。根据相关司法解释规定，所谓造成严重后果包括：造成人员重伤或者死亡的；造成直接经济损失10万元以上的；其他造成严重后果的情形。例如，2005年5月至7月，辽源市龙山区纺织电气安装队根据合同，负责辽源市中心医院两期配电改造工程施工。由于该安装队在施工中使用相关企业、个人生产销售的不合格电缆，并违规敷设电缆，医院有关人员未认真履行监管职责，进行违规操作等原因，从而留下重大事故隐患。同年12月15日16时许，辽源市中心医院发生停电，电工室值班人员进行操作恢复供电后，随即出现火情。而该医院相关人员未及时采取报警、紧急疏散医患人员等有效措施，致使灾情扩大。此次火灾造成37人死亡，46人重伤，49人轻伤，烧毁建筑面积5714平方米，直接财产损失8219214元。案发后，检察机关对生产销售不合格电缆，违规施工操作，未认真履行监管职责的13名责任人提起公诉。辽源市中级人民法院做出一审判决：施工安装方责任人赵永春、孙凤林被以重大责任事故罪分别判处有期徒刑6年、7年；辽源市中心医院负有责任的院长王绍文、副院长李明明、原副院长金城泰被以同样罪名判处有期徒刑1-5年；判处电工班长张殿坤有期徒刑6年；判处总务科长赵永刚有期徒刑3年，缓刑3年；销售环节责任人王二兴、宋树刚、魏雪影、杜计锁被以销售不符合安全标准产品罪，分别判处有期徒刑4年或3年不等；判处于宽海有期徒刑3年，缓刑2年；生产环节负责人于鹤杰被以生产不符合安全标准产品罪判处有期徒刑3年。
	主体	本罪的主体是一般主体，自然人和单位都可构成本罪。凡达到法定刑事责任年龄且具有刑事责任能力的16周岁以上的自然人均可构成本罪，依刑法第150条之规定，单位亦能成为本罪主体，单位犯本罪时，实行两罚制。
	主观方面	本罪是在主观方面表现为故意。这种故意在生产环节上表现为，对所生产的电器、压力容器等产品是否符合标准采取放任的态度，或者明知所生产的产品不符合保障人身、财产安全的有关标准而仍然继续生产的；在销售环节上表现为，明知所销售的产品不符合标准而仍然予以出售。过失行为不能构成本罪，如虽然严格要求了产品质量，但因为某一疏忽行为而导致出现了不合格产品的，或者销售了不明知是不符合安全标准的产品，等等。至于行为人生产、销售不符合安全标准的产品的动机和目的如何，均不影响本罪的成立。
认定标准	刑罚标准	1. 犯本罪的，处5年以下有期徒刑，并处销售金额百分之五十以上二倍以下罚金。 2. 后果特别严重的，处5年以上有期徒刑，并处销售金额百分之五十以上二倍以下罚金。 3. 单位犯本罪的，对单位判处罚金，并对其直接负责的主管人员和其他责任人员依上述规定处罚。 本罪为结果犯，只有实施了非法生产不符合保障人身、财产安全的国家标准、行业标准的电器、压力容器、易燃易爆产品或者其他不符合保障人身、财产安全的国家标准、行业标准的产品，或者非法销售明知是以上不符合保障人身、财产安全的国家标准、行业标准的产品的行为，并造成了严重后果，才能成立犯罪，应当适用第一档量刑条款。根据有关司法解释规定，这里的严重后果包括：造成人员重伤或者死亡的；造成直接经济损失10万元以上的；其他造成严重后果的情形。 犯本罪的，后果特别严重的，适用第二档量刑条款。根据有关司法解释规定，这里的后果特别严重，应当包括：造成人员多人重伤或者死亡的；造成直接经济损失50万元以上的；其他造成特别严重后果的情形。

认定标准	本罪与违法行为的区别	1. 看生产、销售行为是否违反了国家相关安全标准产品管理法规，如果行为人严格遵守了有关安全标准产品管理法规的规定，即使生产、销售的产品给他人造成严重后果，也不构成犯罪。因为违反相关国家安全标准产品管理法规是构成本罪的前提，没有违法就不能构成犯罪。 2. 看生产、销售不符合安全标准产品行为是否造成严重后果。依本条之规定，生产、销售不符合保障人身、财产安全的国家标准、行业标准的电器、压力容器、易燃易爆产品或者产品，造成严重后果的，才构成犯罪。此外，虽未造成严重后果，但销售金额在5万元以上的，应依照本法第149条之规定，按生产、销售伪劣产品罪定罪处罚。如果造成的严重后果不是不符合安全标准产品的生产、销售行为所引起的，而是由于消费者使用不当导致的，由于缺乏刑法意义上的因果关系，即使存在非法生产、销售不符合安全标准的产品的行为，也不能追究行为人的刑事责任，只能追究其行政违法责任。 3. 看生产、销售行为是否出于故意，只有故意生产、销售不符合保障人身、财产安全的国家标准、行业标准的电器、压力容器、易燃易爆产品或者其他产品的，才可能成立本罪；如果是出于过失而生产、销售不符合安全标准产品的，则不可能构成本罪。
	本罪罪名和罪数的认定	本罪是选择性罪名，实施生产或者销售行为之一的，均可构成本罪。可根据行为方式的不同，分别确定不同的罪名：生产不符合安全标准的产品的，定生产不符合安全标准的产品罪；销售不符合安全标准的产品的，定销售不符合安全标准的产品罪；既生产又销售的，定生产、销售不符合安全标准的产品罪，不实行数罪并罚。 根据本法第149条规定，生产、销售不符合保障人身、财产安全的国家标准、行业标准的上述产品，如不构成本罪，但销售金额在5万元以上的，即构成生产、销售伪劣产品罪。如果构成本罪，根据其销售金额，又构成生产、销售伪劣产品罪的，则按该条规定的法条竞合的处罚原则即重法优于轻法原则，依照处刑较重的罪定罪量刑。
	此罪与彼罪的区别（1）	本罪与生产、销售伪劣产品罪的区别。 生产、销售伪劣产品罪，是指生产者、销售者在产品中掺杂、掺假，以假充真，以次充好或者以不合格产品冒充合格产品，销售金额达5万元以上的行为。两者属于特殊与一般的关系，不符合卫生标准的化妆品也属于伪劣产品，但两罪成立犯罪的标准不同。两罪主要区别有三个方面： 1. 侵犯的客体不同。本罪侵犯的客体属于多重客体，即侵犯了国家对生产、销售电器、压力容器、易燃易爆产品等的安全监督管理制度和公民的健康生命权利、财产权利。后罪侵犯的客体属于单一客体，侵害的是国家有关产品质量管理制度。 2. 犯罪对象不同。前罪犯罪对象是不符合保障人身、财产安全的国家标准、行业标准的电器、压力容器、易燃易爆产品或者其他不符合保障人身、财产安全的国家标准、行业标准的产品。后罪的对象为一切伪劣产品，包括前罪对象在内。 3. 构成犯罪的标准不同。本罪要求造成严重后果的，才构成本罪；而后罪则要求"销售金额在5万元以上"的才构成本罪。 根据本节第149条之规定，生产、销售不符合安全标准的产品，如果没有造成严重后果的，不构成生产、销售不符合安全标准的产品罪，但是如果销售金额在5万元以上的，则依照生产、销售伪劣产品罪的规定处罚。如果生产、销售不符合安全标准的产品，既构成生产、销售不符合安全标准的产品罪，同时又构成生产、销售伪劣产品罪的，依照处罚较重的规定处罚。

认定标准	此罪与彼罪的区别（2）	本罪与以危险方法危害公共安全罪的区别。 　　以危险方法危害公共安全罪，是指故意实施除放火、决水、爆炸以及投放危险物质以外的并与之相当的危险方法，足以危害公共安全的行为。两罪主要区别有四个方面： 　　1. 侵犯的客体及类属不同。本罪侵犯的客体属于多重客体，即侵犯了国家对生产、销售电器、压力容器、易燃易爆产品等的安全监督管理制度和公民的健康生命权利、财产权利，客体属于破坏社会主义市场经济秩序的范畴。后罪侵犯的客体属于简单客体，侵害的是不特定的多数人的生命健康和财产安全，客体属于侵害公共安全的范畴。 　　2. 犯罪对象不同。前罪犯罪对象针对的是不符合保障人身、财产安全的国家标准、行业标准的电器、压力容器、易燃易爆产品或者其他不符合保障人身、财产安全的国家标准、行业标准的产品。后罪犯罪对象针对的是不特定的多数人的生命健康和财产。 　　3. 因果关系不同。本罪造成危害结果的原因不是因为行为本身，而是因为产品不符合安全标准，后罪造成危害结果的原因在于危险方法行为本身，而不是因为产品不符合标准。 　　4. 犯罪主体不同。本罪的主体可以是自然人，也可以是单位。后罪的主体只能是自然人，不能包括单位。 　　如果生产、销售不符合保障人身、财产安全的国家标准、行业标准的电器、压力容器、易燃易爆产品或者产品，造成了严重后果，既构成本罪，同时也构成以危险方法危害公共安全罪，属于想象数罪，则应当按照处罚较重的罪来定罪处罚。
相关执法参考	刑法	中华人民共和国刑法（节录） 　　（1979年7月1日第五届全国人民代表大会第二次会议通过，1997年3月14日第八届全国人民代表大会第五次会议修订，已先后被1999年12月25日《中华人民共和国刑法修正案》、2001年8月31日《中华人民共和国刑法修正案（二）》、2001年12月29日《中华人民共和国刑法修正案（三）》、2002年12月28日《中华人民共和国刑法修正案（四）》、2005年2月28日《中华人民共和国刑法修正案（五）》、2006年6月29日《中华人民共和国刑法修正案（六）》、2009年2月28日《中华人民共和国刑法修正案（七）》、2009年8月27日《全国人民代表大会常务委员会关于修改部分法律的决定》、2011年2月25日《中华人民共和国刑法修正案（八）》、2015年8月29日《中华人民共和国刑法修正案（九）》、2017年11月4日《中华人民共和国刑法修正案（十）》、2020年12月26日《中华人民共和国刑法修正案（十一）》修改或修正） 　　**第一百四十六条** 生产不符合保障人身、财产安全的国家标准、行业标准的电器、压力容器、易燃易爆产品或者其他不符合保障人身、财产安全的国家标准、行业标准的产品，或者销售明知是以上不符合保障人身、财产安全的国家标准、行业标准的产品，造成严重后果的，处五年以下有期徒刑，并处销售金额百分之五十以上二倍以下罚金；后果特别严重的，处五年以上有期徒刑，并处销售金额百分之五十以上二倍以下罚金。 　　**第一百四十九条** 生产、销售本节第一百四十一条至第一百四十八条所列产品，不构成各该条规定的犯罪，但是销售金额在五万元以上的，依照本节第一百四十条的规定定罪处罚。 　　生产、销售本节第一百四十一条至第一百四十八条所列产品，构成各该条规定的犯罪，同时又构成本节第一百四十条规定之罪的，依照处罚较重的规定定罪处罚。 　　**第一百五十条** 单位犯本节第一百四十条至第一百四十八条规定之罪的，对单位判处罚金，并对其直接负责的主管人员和其他直接责任人员，依照各该条的规定处罚。

相关执法参考	相关法律法规（1）	最高人民检察院、公安部《关于公安机关管辖的刑事案件立案追诉标准的规定（一）》（节录） （2008年6月25日最高人民检察院、公安部文件公通字〔2008〕36号公布，自公布之日起施行） 　　第二十二条　〔生产、销售不符合安全标准的产品案（刑法第一百四十六条）〕生产不符合保障人身、财产安全的国家标准、行业标准的电器、压力容器、易燃易爆产品或者其他不符合保障人身、财产安全的国家标准、行业标准的产品，或者销售明知是以上不符合保障人身、财产安全的国家标准、行业标准的产品，涉嫌下列情形之一的，应予立案追诉： 　　（一）造成人员重伤或者死亡的； 　　（二）造成直接经济损失十万元以上的； 　　（三）其他造成严重后果的情形。
	相关法律法规（2）	最高人民法院、最高人民检察院《关于办理生产、销售伪劣商品刑事案件具体应用法律若干问题的解释》（节录） （2001年4月5日最高人民法院审判委员会第1168次会议、2001年3月30日最高人民检察院第九届检察委员会第84次会议通过，自2001年4月10日起施行） 　　第九条　知道或者应当知道他人实施生产、销售伪劣商品犯罪，而为其提供贷款、资金、账号、发票、证明、许可证件，或者提供生产、经营场所或者运输、仓储、保管、邮寄等便利条件，或者提供制假生产技术的，以生产、销售伪劣商品犯罪的共犯论处。 　　第十条　实施生产、销售伪劣商品犯罪，同时构成侵犯知识产权、非法经营等其他犯罪的，依照处罚较重的规定定罪处罚。 　　第十一条　实施刑法第一百四十条至第一百四十八条规定的犯罪，又以暴力、威胁方法抗拒查处，构成其他犯罪的，依照数罪并罚的规定处罚。 　　第十二条　国家机关工作人员参与生产、销售伪劣商品犯罪的，从重处罚。
	相关法律法规（3）	中华人民共和国安全生产法 　　（2002年6月29日第九届全国人民代表大会常务委员会第二十八次会议通过　根据2009年8月27日第十一届全国人民代表大会常务委员会第十次会议《关于修改部分法律的决定》第一次修正　根据2014年8月31日第十二届全国人民代表大会常务委员会第十次会议《关于修改〈中华人民共和国安全生产法〉的决定》第二次修正　根据2021年6月10日十三届全国人民代表大会常务委员会第二十九次会议《关于修改〈中华人民共和国安全生产法〉的决定》第三次修正） 　　目　录 　　第一章　总　则 　　第二章　生产经营单位的安全生产保障 　　第三章　从业人员的安全生产权利义务 　　第四章　安全生产的监督管理 　　第五章　生产安全事故的应急救援与调查处理 　　第六章　法律责任 　　第七章　附则 　　第一章　总　则 　　第一条　为了加强安全生产工作，防止和减少生产安全事故，保障人民群众生命和财产安全，促进经济社会持续健康发展，制定本法。 　　第二条　在中华人民共和国领域内从事生产经营活动的单位（以下统称生产经营单位）的安全生产，适用本法；有关法律、行政法规对消防安全和道路交通安全、铁路交通安全、水上交通安全、民用航空安全以及核与辐射安全、特种设备安全另有规定的，适用

| 相关执法参考 | 相关法律法规（3） | 其规定。
第三条 安全生产工作坚持中国共产党的领导。
安全生产工作应当以人为本，坚持人民至上、生命至上，把保护人民生命安全摆在首位，树牢安全发展理念，坚持安全第一、预防为主、综合治理的方针，从源头上防范化解重大安全风险。
安全生产工作实行管行业必须管安全、管业务必须管安全、管生产经营必须管安全，强化和落实生产经营单位主体责任与政府监管责任，建立生产经营单位负责、职工参与、政府监管、行业自律和社会监督的机制。
第四条 生产经营单位必须遵守本法和其他有关安全生产的法律、法规，加强安全生产管理，建立健全全员安全生产责任制和安全生产规章制度，加大对安全生产资金、物资、技术、人员的投入保障力度，改善安全生产条件，加强安全生产标准化、信息化建设，构建安全风险分级管控和隐患排查治理双重预防机制，健全风险防范化解机制，提高安全生产水平，确保安全生产。
平台经济等新兴行业、领域的生产经营单位应当根据本行业、领域的特点，建立健全并落实全员安全生产责任制，加强从业人员安全生产教育和培训，履行本法和其他法律、法规规定的有关安全生产义务。
第五条 生产经营单位的主要负责人是本单位安全生产第一责任人，对本单位的安全生产工作全面负责。其他负责人对职责范围内的安全生产工作负责。
第六条 生产经营单位的从业人员有依法获得安全生产保障的权利，并应当依法履行安全生产方面的义务。
第七条 工会依法对安全生产工作进行监督。
生产经营单位的工会依法组织职工参加本单位安全生产工作的民主管理和民主监督，维护职工在安全生产方面的合法权益。生产经营单位制定或者修改有关安全生产的规章制度，应当听取工会的意见。
第八条 国务院和县级以上地方各级人民政府应当根据国民经济和社会发展规划制定安全生产规划，并组织实施。安全生产规划应当与国土空间规划等相关规划相衔接。
各级人民政府应当加强安全生产基础设施建设和安全生产监管能力建设，所需经费列入本级预算。
县级以上地方各级人民政府应当组织有关部门建立完善安全风险评估与论证机制，按照安全风险管控要求，进行产业规划和空间布局，并对位置相邻、行业相近、业态相似的生产经营单位实施重大安全风险联防联控。
第九条 国务院和县级以上地方各级人民政府应当加强对安全生产工作的领导，建立健全安全生产工作协调机制，支持、督促各有关部门依法履行安全生产监督管理职责，及时协调、解决安全生产监督管理中存在的重大问题。
乡镇人民政府和街道办事处，以及开发区、工业园区、港区、风景区等应当明确负责安全生产监督管理的有关工作机构及其职责，加强安全生产监管力量建设，按照职责对本行政区域或者管理区域内生产经营单位安全生产状况进行监督检查，协助人民政府有关部门或者按照授权依法履行安全生产监督管理职责。
第十条 国务院应急管理部门依照本法，对全国安全生产工作实施综合监督管理；县级以上地方各级人民政府应急管理部门依照本法，对本行政区域内安全生产工作实施综合监督管理。
国务院交通运输、住房和城乡建设、水利、民航等有关部门依照本法和其他有关法律、行政法规的规定，在各自的职责范围内对有关行业、领域的安全生产工作实施监督管理；县级以上地方各级人民政府有关部门依照本法和其他有关法律、法规的规定，在各自的职责范围内对有关行业、领域的安全生产工作实施监督管理。对新兴行业、领域的安全 |

生产监督管理职责不明确的，由县级以上地方各级人民政府按照业务相近的原则确定监督管理部门。

应急管理部门和对有关行业、领域的安全生产工作实施监督管理的部门，统称负有安全生产监督管理职责的部门。负有安全生产监督管理职责的部门应当相互配合、齐抓共管、信息共享、资源共用，依法加强安全生产监督管理工作。

第十一条　国务院有关部门应当按照保障安全生产的要求，依法及时制定有关的国家标准或者行业标准，并根据科技进步和经济发展适时修订。

生产经营单位必须执行依法制定的保障安全生产的国家标准或者行业标准。

第十二条　国务院有关部门按照职责分工负责安全生产强制性国家标准的项目提出、组织起草、征求意见、技术审查。国务院应急管理部门统筹提出安全生产强制性国家标准的立项计划。国务院标准化行政主管部门负责安全生产强制性国家标准的立项、编号、对外通报和授权批准发布工作。国务院标准化行政主管部门、有关部门依据法定职责对安全生产强制性国家标准的实施进行监督检查。

第十三条　各级人民政府及其有关部门应当采取多种形式，加强对有关安全生产的法律、法规和安全生产知识的宣传，增强全社会的安全生产意识。

第十四条　有关协会组织依照法律、行政法规和章程，为生产经营单位提供安全生产方面的信息、培训等服务，发挥自律作用，促进生产经营单位加强安全生产管理。

第十五条　依法设立的为安全生产提供技术、管理服务的机构，依照法律、行政法规和执业准则，接受生产经营单位的委托为其安全生产工作提供技术、管理服务。

生产经营单位委托前款规定的机构提供安全生产技术、管理服务的，保证安全生产的责任仍由本单位负责。

第十六条　国家实行生产安全事故责任追究制度，依照本法和有关法律、法规的规定，追究生产安全事故责任单位和责任人员的法律责任。

第十七条　县级以上各级人民政府应当组织负有安全生产监督管理职责的部门依法编制安全生产权力和责任清单，公开并接受社会监督。

第十八条　国家鼓励和支持安全生产科学技术研究和安全生产先进技术的推广应用，提高安全生产水平。

第十九条　国家对在改善安全生产条件、防止生产安全事故、参加抢险救护等方面取得显著成绩的单位和个人，给予奖励。

第二章　生产经营单位的安全生产保障

第二十条　生产经营单位应当具备本法和有关法律、行政法规和国家标准或者行业标准规定的安全生产条件；不具备安全生产条件的，不得从事生产经营活动。

第二十一条　生产经营单位的主要负责人对本单位安全生产工作负有下列职责：

（一）建立健全并落实本单位全员安全生产责任制，加强安全生产标准化建设；

（二）组织制定并实施本单位安全生产规章制度和操作规程；

（三）组织制定并实施本单位安全生产教育和培训计划；

（四）保证本单位安全生产投入的有效实施；

（五）组织建立并落实安全风险分级管控和隐患排查治理双重预防工作机制，督促、检查本单位的安全生产工作，及时消除生产安全事故隐患；

（六）组织制定并实施本单位的生产安全事故应急救援预案；

（七）及时、如实报告生产安全事故。

第二十二条　生产经营单位的全员安全生产责任制应当明确各岗位的责任人员、责任范围和考核标准等内容。

生产经营单位应当建立相应的机制，加强对全员安全生产责任制落实情况的监督考核，保证全员安全生产责任制的落实。

| 相关执法参考 | 相关法律法规（3） | 第二十三条　生产经营单位应当具备的安全生产条件所需的资金投入，由生产经营单位的决策机构、主要负责人或者个人经营的投资人予以保证，并对由于安全生产所必需的资金投入不足导致的后果承担责任。
　　有关生产经营单位应当按照规定提取和使用安全生产费用，专门用于改善安全生产条件。安全生产费用在成本中据实列支。安全生产费用提取、使用和监督管理的具体办法由国务院财政部门会同国务院应急管理部门征求国务院有关部门意见后制定。
　　第二十四条　矿山、金属冶炼、建筑施工、运输单位和危险物品的生产、经营、储存、装卸单位，应当设置安全生产管理机构或者配备专职安全生产管理人员。
　　前款规定以外的其他生产经营单位，从业人员超过一百人的，应当设置安全生产管理机构或者配备专职安全生产管理人员；从业人员在一百人以下的，应当配备专职或者兼职的安全生产管理人员。
　　第二十五条　生产经营单位的安全生产管理机构以及安全生产管理人员履行下列职责：
　　（一）组织或者参与拟订本单位安全生产规章制度、操作规程和生产安全事故应急救援预案；
　　（二）组织或者参与本单位安全生产教育和培训，如实记录安全生产教育和培训情况；
　　（三）组织开展危险源辨识和评估，督促落实本单位重大危险源的安全管理措施；
　　（四）组织或者参与本单位应急救援演练；
　　（五）检查本单位的安全生产状况，及时排查生产安全事故隐患，提出改进安全生产管理的建议；
　　（六）制止和纠正违章指挥、强令冒险作业、违反操作规程的行为；
　　（七）督促落实本单位安全生产整改措施。
　　生产经营单位可以设置专职安全生产分管负责人，协助本单位主要负责人履行安全生产管理职责。
　　第二十六条　生产经营单位的安全生产管理机构以及安全生产管理人员应当恪尽职守，依法履行职责。
　　生产经营单位作出涉及安全生产的经营决策，应当听取安全生产管理机构以及安全生产管理人员的意见。
　　生产经营单位不得因安全生产管理人员依法履行职责而降低其工资、福利等待遇或者解除与其订立的劳动合同。
　　危险物品的生产、储存单位以及矿山、金属冶炼单位的安全生产管理人员的任免，应当告知主管的负有安全生产监督管理职责的部门。
　　第二十七条　生产经营单位的主要负责人和安全生产管理人员必须具备与本单位所从事的生产经营活动相应的安全生产知识和管理能力。
　　危险物品的生产、经营、储存、装卸单位以及矿山、金属冶炼、建筑施工、运输单位的主要负责人和安全生产管理人员，应当由主管的负有安全生产监督管理职责的部门对其安全生产知识和管理能力考核合格。考核不得收费。
　　危险物品的生产、储存、装卸单位以及矿山、金属冶炼单位应当有注册安全工程师从事安全生产管理工作。鼓励其他生产经营单位聘用注册安全工程师从事安全生产管理工作。注册安全工程师按专业分类管理，具体办法由国务院人力资源和社会保障部门、国务院应急管理部门会同国务院有关部门制定。
　　第二十八条　生产经营单位应当对从业人员进行安全生产教育和培训，保证从业人员具备必要的安全生产知识，熟悉有关的安全生产规章制度和安全操作规程，掌握本岗位的安全操作技能，了解事故应急处理措施，知悉自身在安全生产方面的权利和义务。未经安 |

全生产教育和培训合格的从业人员，不得上岗作业。

生产经营单位使用被派遣劳动者的，应当将被派遣劳动者纳入本单位从业人员统一管理，对被派遣劳动者进行岗位安全操作规程和安全操作技能的教育和培训。劳务派遣单位应当对被派遣劳动者进行必要的安全生产教育和培训。

生产经营单位接收中等职业学校、高等学校学生实习的，应当对实习学生进行相应的安全生产教育和培训，提供必要的劳动防护用品。学校应当协助生产经营单位对实习学生进行安全生产教育和培训。

生产经营单位应当建立安全生产教育和培训档案，如实记录安全生产教育和培训的时间、内容、参加人员以及考核结果等情况。

第二十九条　生产经营单位采用新工艺、新技术、新材料或者使用新设备，必须了解、掌握其安全技术特性，采取有效的安全防护措施，并对从业人员进行专门的安全生产教育和培训。

第三十条　生产经营单位的特种作业人员必须按照国家有关规定经专门的安全作业培训，取得相应资格，方可上岗作业。

特种作业人员的范围由国务院应急管理部门会同国务院有关部门确定。

第三十一条　生产经营单位新建、改建、扩建工程项目（以下统称建设项目）的安全设施，必须与主体工程同时设计、同时施工、同时投入生产和使用。安全设施投资应当纳入建设项目概算。

第三十二条　矿山、金属冶炼建设项目和用于生产、储存、装卸危险物品的建设项目，应当按照国家有关规定进行安全评价。

第三十三条　建设项目安全设施的设计人、设计单位应当对安全设施设计负责。

矿山、金属冶炼建设项目和用于生产、储存、装卸危险物品的建设项目的安全设施设计应当按照国家有关规定报经有关部门审查，审查部门及其负责审查的人员对审查结果负责。

第三十四条　矿山、金属冶炼建设项目和用于生产、储存、装卸危险物品的建设项目的施工单位必须按照批准的安全设施设计施工，并对安全设施的工程质量负责。

矿山、金属冶炼建设项目和用于生产、储存、装卸危险物品的建设项目竣工投入生产或者使用前，应当由建设单位负责组织对安全设施进行验收；验收合格后，方可投入生产和使用。负有安全生产监督管理职责的部门应当加强对建设单位验收活动和验收结果的监督核查。

第三十五条　生产经营单位应当在有较大危险因素的生产经营场所和有关设施、设备上，设置明显的安全警示标志。

第三十六条　安全设备的设计、制造、安装、使用、检测、维修、改造和报废，应当符合国家标准或者行业标准。

生产经营单位必须对安全设备进行经常性维护、保养，并定期检测，保证正常运转。维护、保养、检测应当作好记录，并由有关人员签字。

生产经营单位不得关闭、破坏直接关系生产安全的监控、报警、防护、救生设备、设施，或者篡改、隐瞒、销毁其相关数据、信息。

餐饮等行业的生产经营单位使用燃气的，应当安装可燃气体报警装置，并保障其正常使用。

第三十七条　生产经营单位使用的危险物品的容器、运输工具，以及涉及人身安全、危险性较大的海洋石油开采特种设备和矿山井下特种设备，必须按照国家有关规定，由专业生产单位生产，并经具有专业资质的检测、检验机构检测、检验合格，取得安全使用证或者安全标志，方可投入使用。检测、检验机构对检测、检验结果负责。

第三十八条　国家对严重危及生产安全的工艺、设备实行淘汰制度，具体目录由国务院应急管理部门会同国务院有关部门制定并公布。法律、行政法规对目录的制定另有规定的，适用其规定。

省、自治区、直辖市人民政府可以根据本地区实际情况制定并公布具体目录，对前款规定以外的危及生产安全的工艺、设备予以淘汰。

生产经营单位不得使用应当淘汰的危及生产安全的工艺、设备。

第三十九条 生产、经营、运输、储存、使用危险物品或者处置废弃危险物品的，由有关主管部门依照有关法律、法规的规定和国家标准或者行业标准审批并实施监督管理。

生产经营单位生产、经营、运输、储存、使用危险物品或者处置废弃危险物品，必须执行有关法律、法规和国家标准或者行业标准，建立专门的安全管理制度，采取可靠的安全措施，接受有关主管部门依法实施的监督管理。

第四十条 生产经营单位对重大危险源应当登记建档，进行定期检测、评估、监控，并制定应急预案，告知从业人员和相关人员在紧急情况下应当采取的应急措施。

生产经营单位应当按照国家有关规定将本单位重大危险源及有关安全措施、应急措施报有关地方人民政府应急管理部门和有关部门备案。有关地方人民政府应急管理部门和有关部门应当通过相关信息系统实现信息共享。

第四十一条 生产经营单位应当建立安全风险分级管控制度，按照安全风险分级采取相应的管控措施。

生产经营单位应当建立健全并落实生产安全事故隐患排查治理制度，采取技术、管理措施，及时发现并消除事故隐患。事故隐患排查治理情况应当如实记录，并通过职工大会或者职工代表大会、信息公示栏等方式向从业人员通报。其中，重大事故隐患排查治理情况应当及时向负有安全生产监督管理职责的部门和职工大会或者职工代表大会报告。

县级以上地方各级人民政府负有安全生产监督管理职责的部门应当将重大事故隐患纳入相关信息系统，建立健全重大事故隐患治理督办制度，督促生产经营单位消除重大事故隐患。

第四十二条 生产、经营、储存、使用危险物品的车间、商店、仓库不得与员工宿舍在同一座建筑物内，并应当与员工宿舍保持安全距离。

生产经营场所和员工宿舍应当设有符合紧急疏散要求、标志明显、保持畅通的出口、疏散通道。禁止占用、锁闭、封堵生产经营场所或者员工宿舍的出口、疏散通道。

第四十三条 生产经营单位进行爆破、吊装、动火、临时用电以及国务院应急管理部门会同国务院有关部门规定的其他危险作业，应当安排专门人员进行现场安全管理，确保操作规程的遵守和安全措施的落实。

第四十四条 生产经营单位应当教育和督促从业人员严格执行本单位的安全生产规章制度和安全操作规程；并向从业人员如实告知作业场所和工作岗位存在的危险因素、防范措施以及事故应急措施。

生产经营单位应当关注从业人员的身体、心理状况和行为习惯，加强对从业人员的心理疏导、精神慰藉，严格落实岗位安全生产责任，防范从业人员行为异常导致事故发生。

第四十五条 生产经营单位必须为从业人员提供符合国家标准或者行业标准的劳动防护用品，并监督、教育从业人员按照使用规则佩戴、使用。

第四十六条 生产经营单位的安全生产管理人员应当根据本单位的生产经营特点，对安全生产状况进行经常性检查；对检查中发现的安全问题，应当立即处理；不能处理的，应当及时报告本单位有关负责人，有关负责人应当及时处理。检查及处理情况应当如实记录在案。

生产经营单位的安全生产管理人员在检查中发现重大事故隐患，依照前款规定向本单位有关负责人报告，有关负责人不及时处理的，安全生产管理人员可以向主管的负有安全生产监督管理职责的部门报告，接到报告的部门应当依法及时处理。

| 相关执法参考 | 相关法律法规（3） | 第四十七条　生产经营单位应当安排用于配备劳动防护用品、进行安全生产培训的经费。
第四十八条　两个以上生产经营单位在同一作业区域内进行生产经营活动，可能危及对方生产安全的，应当签订安全生产管理协议，明确各自的安全生产管理职责和应当采取的安全措施，并指定专职安全生产管理人员进行安全检查与协调。
第四十九条　生产经营单位不得将生产经营项目、场所、设备发包或者出租给不具备安全生产条件或者相应资质的单位或者个人。
生产经营项目、场所发包或者出租给其他单位的，生产经营单位应当与承包单位、承租单位签订专门的安全生产管理协议，或者在承包合同、租赁合同中约定各自的安全生产管理职责；生产经营单位对承包单位、承租单位的安全生产工作统一协调、管理，定期进行安全检查，发现安全问题的，应当及时督促整改。
矿山、金属冶炼建设项目和用于生产、储存、装卸危险物品的建设项目的施工单位应当加强对施工项目的安全管理，不得倒卖、出租、出借、挂靠或者以其他形式非法转让施工资质，不得将其承包的全部建设工程转包给第三人或者将其承包的全部建设工程支解以后以分包的名义分别转包给第三人，不得将工程分包给不具备相应资质条件的单位。
第五十条　生产经营单位发生生产安全事故时，单位的主要负责人应当立即组织抢救，并不得在事故调查处理期间擅离职守。
第五十一条　生产经营单位必须依法参加工伤保险，为从业人员缴纳保险费。
国家鼓励生产经营单位投保安全生产责任保险；属于国家规定的高危行业、领域的生产经营单位，应当投保安全生产责任保险。具体范围和实施办法由国务院应急管理部门会同国务院财政部门、国务院保险监督管理机构和相关行业主管部门制定。
第三章　从业人员的安全生产权利义务
第五十二条　生产经营单位与从业人员订立的劳动合同，应当载明有关保障从业人员劳动安全、防止职业危害的事项，以及依法为从业人员办理工伤保险的事项。
生产经营单位不得以任何形式与从业人员订立协议，免除或者减轻其对从业人员因生产安全事故伤亡依法应承担的责任。
第五十三条　生产经营单位的从业人员有权了解其作业场所和工作岗位存在的危险因素、防范措施及事故应急措施，有权对本单位的安全生产工作提出建议。
第五十四条　从业人员有权对本单位安全生产工作中存在的问题提出批评、检举、控告；有权拒绝违章指挥和强令冒险作业。
生产经营单位不得因从业人员对本单位安全生产工作提出批评、检举、控告或者拒绝违章指挥、强令冒险作业而降低其工资、福利等待遇或者解除与其订立的劳动合同。
第五十五条　从业人员发现直接危及人身安全的紧急情况时，有权停止作业或者在采取可能的应急措施后撤离作业场所。
生产经营单位不得因从业人员在前款紧急情况下停止作业或者采取紧急撤离措施而降低其工资、福利等待遇或者解除与其订立的劳动合同。
第五十六条　生产经营单位发生生产安全事故后，应当及时采取措施救治有关人员。
因生产安全事故受到损害的从业人员，除依法享有工伤保险外，依照有关民事法律尚有获得赔偿的权利的，有权提出赔偿要求。
第五十七条　从业人员在作业过程中，应当严格落实岗位安全责任，遵守本单位的安全生产规章制度和操作规程，服从管理，正确佩戴和使用劳动防护用品。
第五十八条　从业人员应当接受安全生产教育和培训，掌握本职工作所需的安全生产知识，提高安全生产技能，增强事故预防和应急处理能力。
第五十九条　从业人员发现事故隐患或者其他不安全因素，应当立即向现场安全生产管理人员或者本单位负责人报告；接到报告的人员应当及时予以处理。 |

第六十条 工会有权对建设项目的安全设施与主体工程同时设计、同时施工、同时投入生产和使用进行监督，提出意见。

工会对生产经营单位违反安全生产法律、法规，侵犯从业人员合法权益的行为，有权要求纠正；发现生产经营单位违章指挥、强令冒险作业或者发现事故隐患时，有权提出解决的建议，生产经营单位应当及时研究答复；发现危及从业人员生命安全的情况时，有权向生产经营单位建议组织从业人员撤离危险场所，生产经营单位必须立即作出处理。

工会有权依法参加事故调查，向有关部门提出处理意见，并要求追究有关人员的责任。

第六十一条 生产经营单位使用被派遣劳动者的，被派遣劳动者享有本法规定的从业人员的权利，并应当履行本法规定的从业人员的义务。

第四章 安全生产的监督管理

第六十二条 县级以上地方各级人民政府应当根据本行政区域内的安全生产状况，组织有关部门按照职责分工，对本行政区域内容易发生重大生产安全事故的生产经营单位进行严格检查。

应急管理部门应当按照分类分级监督管理的要求，制定安全生产年度监督检查计划，并按照年度监督检查计划进行监督检查，发现事故隐患，应当及时处理。

第六十三条 负有安全生产监督管理职责的部门依照有关法律、法规的规定，对涉及安全生产的事项需要审查批准（包括批准、核准、许可、注册、认证、颁发证照等，下同）或者验收的，必须严格依照有关法律、法规和国家标准或者行业标准规定的安全生产条件和程序进行审查；不符合有关法律、法规和国家标准或者行业标准规定的安全生产条件的，不得批准或者验收通过。对未依法取得批准或者验收合格的单位擅自从事有关活动的，负责行政审批的部门发现或者接到举报后应当立即予以取缔，并依法予以处理。对已经依法取得批准的单位，负责行政审批的部门发现其不再具备安全生产条件的，应当撤销原批准。

第六十四条 负有安全生产监督管理职责的部门对涉及安全生产的事项进行审查、验收，不得收取费用；不得要求接受审查、验收的单位购买其指定品牌或者指定生产、销售单位的安全设备、器材或者其他产品。

第六十五条 应急管理部门和其他负有安全生产监督管理职责的部门依法开展安全生产行政执法工作，对生产经营单位执行有关安全生产的法律、法规和国家标准或者行业标准的情况进行监督检查，行使以下职权：

（一）进入生产经营单位进行检查，调阅有关资料，向有关单位和人员了解情况；

（二）对检查中发现的安全生产违法行为，当场予以纠正或者要求限期改正；对依法应当给予行政处罚的行为，依照本法和其他有关法律、行政法规的规定作出行政处罚决定；

（三）对检查中发现的事故隐患，应当责令立即排除；重大事故隐患排除前或者排除过程中无法保证安全的，应当责令从危险区域内撤出作业人员，责令暂时停产停业或者停止使用相关设施、设备；重大事故隐患排除后，经审查同意，方可恢复生产经营和使用；

（四）对有根据认为不符合保障安全生产的国家标准或者行业标准的设施、设备、器材以及违法生产、储存、使用、经营、运输的危险物品予以查封或者扣押，对违法生产、储存、使用、经营危险物品的作业场所予以查封，并依法作出处理决定。

监督检查不得影响被检查单位的正常生产经营活动。

第六十六条 生产经营单位对负有安全生产监督管理职责的部门的监督检查人员（以下统称安全生产监督检查人员）依法履行监督检查职责，应当予以配合，不得拒绝、阻挠。

第六十七条 安全生产监督检查人员应当忠于职守，坚持原则，秉公执法。

安全生产监督检查人员执行监督检查任务时，必须出示有效的行政执法证件；对涉

相关执法参考	相关法律法规(3)

被检查单位的技术秘密和业务秘密，应当为其保密。

第六十八条　安全生产监督检查人员应当将检查的时间、地点、内容、发现的问题及其处理情况，作出书面记录，并由检查人员和被检查单位的负责人签字；被检查单位的负责人拒绝签字的，检查人员应当将情况记录在案，并向负有安全生产监督管理职责的部门报告。

第六十九条　负有安全生产监督管理职责的部门在监督检查中，应当互相配合，实行联合检查；确需分别进行检查的，应当互通情况，发现存在的安全问题应当由其他有关部门进行处理的，应当及时移送其他有关部门并形成记录备查，接受移送的部门应当及时进行处理。

第七十条　负有安全生产监督管理职责的部门依法对存在重大事故隐患的生产经营单位作出停产停业、停止施工、停止使用相关设施或者设备的决定，生产经营单位应当依法执行，及时消除事故隐患。生产经营单位拒不执行，有发生生产安全事故的现实危险的，在保证安全的前提下，经本部门主要负责人批准，负有安全生产监督管理职责的部门可以采取通知有关单位停止供电、停止供应民用爆炸物品等措施，强制生产经营单位履行决定。通知应当采用书面形式，有关单位应当予以配合。

负有安全生产监督管理职责的部门依照前款规定采取停止供电措施，除有危及生产安全的紧急情形外，应当提前二十四小时通知生产经营单位。生产经营单位依法履行行政决定、采取相应措施消除事故隐患的，负有安全生产监督管理职责的部门应当及时解除前款规定的措施。

第七十一条　监察机关依照监察法的规定，对负有安全生产监督管理职责的部门及其工作人员履行安全生产监督管理职责实施监察。

第七十二条　承担安全评价、认证、检测、检验职责的机构应当具备国家规定的资质条件，并对其作出的安全评价、认证、检测、检验结果的合法性、真实性负责。资质条件由国务院应急管理部门会同国务院有关部门制定。

承担安全评价、认证、检测、检验职责的机构应当建立并实施服务公开和报告公开制度，不得租借资质、挂靠、出具虚假报告。

第七十三条　负有安全生产监督管理职责的部门应当建立举报制度，公开举报电话、信箱或者电子邮件地址等网络举报平台，受理有关安全生产的举报；受理的举报事项经调查核实后，应当形成书面材料；需要落实整改措施的，报经有关负责人签字并督促落实。对不属于本部门职责，需要由其他有关部门进行调查处理的，转交其他有关部门处理。

涉及人员死亡的举报事项，应当由县级以上人民政府组织核查处理。

第七十四条　任何单位或者个人对事故隐患或者安全生产违法行为，均有权向负有安全生产监督管理职责的部门报告或者举报。

因安全生产违法行为造成重大事故隐患或导致重大事故，致使国家利益或者社会公共利益受到侵害的，人民检察院可以根据民事诉讼法、行政诉讼法的相关规定提起公益诉讼。

第七十五条　居民委员会、村民委员会发现其所在区域内的生产经营单位存在事故隐患或者安全生产违法行为时，应当向当地人民政府或者有关部门报告。

第七十六条　县级以上各级人民政府及其有关部门对报告重大事故隐患或者举报安全生产违法行为的有功人员，给予奖励。具体奖励办法由国务院应急管理部门会同国务院财政部门制定。

第七十七条　新闻、出版、广播、电影、电视等单位有进行安全生产公益宣传教育的义务，有对违反安全生产法律、法规的行为进行舆论监督的权利。

第七十八条　负有安全生产监督管理职责的部门应当建立安全生产违法行为信息库，如实记录生产经营单位及其有关从业人员的安全生产违法行为信息；对违法行为情节严重

| 相关执法参考 | 相关法律法规（3） | 的生产经营单位及其有关从业人员，应当及时向社会公告，并通报行业主管部门、投资主管部门、自然资源主管部门、生态环境主管部门、证券监督管理机构以及有关金融机构。有关部门和机构应当对存在失信行为的生产经营单位及其有关从业人员采取加大执法检查频次、暂停项目审批、上调有关保险费率、行业或者职业禁入等联合惩戒措施，并向社会公示。

负有安全生产监督管理职责的部门应当加强对生产经营单位行政处罚信息的及时归集、共享、应用和公开，对生产经营单位作出处罚决定后七个工作日内在监督管理部门公示系统予以公开曝光，强化对违法失信生产经营单位及其有关从业人员的社会监督，提高全社会安全生产诚信水平。

第五章　生产安全事故的应急救援与调查处理

第七十九条　国家加强生产安全事故应急能力建设，在重点行业、领域建立应急救援基地和应急救援队伍，并由国家安全生产应急救援机构统一协调指挥；鼓励生产经营单位和其他社会力量建立应急救援队伍，配备相应的应急救援装备和物资，提高应急救援的专业化水平。

国务院应急管理部门牵头建立全国统一的生产安全事故应急救援信息系统，国务院交通运输、住房和城乡建设、水利、民航等有关部门和县级以上地方人民政府建立健全相关行业、领域、地区的生产安全事故应急救援信息系统，实现互联互通、信息共享，通过推行网上安全信息采集、安全监管和监测预警，提升监管的精准化、智能化水平。

第八十条　县级以上地方各级人民政府应当组织有关部门制定本行政区域内生产安全事故应急救援预案，建立应急救援体系。

乡镇人民政府和街道办事处，以及开发区、工业园区、港区、风景区等应当制定相应的生产安全事故应急救援预案，协助人民政府有关部门或者按照授权依法履行生产安全事故应急救援工作职责。

第八十一条　生产经营单位应当制定本单位生产安全事故应急救援预案，与所在地县级以上地方人民政府组织制定的生产安全事故应急救援预案相衔接，并定期组织演练。

第八十二条　危险物品的生产、经营、储存单位以及矿山、金属冶炼、城市轨道交通运营、建筑施工单位应当建立应急救援组织；生产经营规模较小的，可以不建立应急救援组织，但应当指定兼职的应急救援人员。

危险物品的生产、经营、储存、运输单位以及矿山、金属冶炼、城市轨道交通运营、建筑施工单位应当配备必要的应急救援器材、设备和物资，并进行经常性维护、保养，保证正常运转。

第八十三条　生产经营单位发生生产安全事故后，事故现场有关人员应当立即报告本单位负责人。

单位负责人接到事故报告后，应当迅速采取有效措施，组织抢救，防止事故扩大，减少人员伤亡和财产损失，并按照国家有关规定立即如实报告当地负有安全生产监督管理职责的部门，不得隐瞒不报、谎报或者迟报，不得故意破坏事故现场、毁灭有关证据。

第八十四条　负有安全生产监督管理职责的部门接到事故报告后，应当立即按照国家有关规定上报事故情况。负有安全生产监督管理职责的部门和有关地方人民政府对事故情况不得隐瞒不报、谎报或者迟报。

第八十五条　有关地方人民政府和负有安全生产监督管理职责的部门的负责人接到生产安全事故报告后，应当按照生产安全事故应急救援预案的要求立即赶到事故现场，组织事故抢救。

参与事故抢救的部门和单位应当服从统一指挥，加强协同联动，采取有效的应急救援措施，并根据事故救援的需要采取警戒、疏散等措施，防止事故扩大和次生灾害的发生，减少人员伤亡和财产损失。

事故抢救过程中应当采取必要措施，避免或者减少对环境造成的危害。 |

任何单位和个人都应当支持、配合事故抢救,并提供一切便利条件。

第八十六条　事故调查处理应当按照科学严谨、依法依规、实事求是、注重实效的原则,及时、准确地查清事故原因,查明事故性质和责任,评估应急处置工作,总结事故教训,提出整改措施,并对事故责任单位和人员提出处理建议。事故调查报告应当依法及时向社会公布。事故调查和处理的具体办法由国务院制定。

事故发生单位应当及时全面落实整改措施,负有安全生产监督管理职责的部门应当加强监督检查。

负责事故调查处理的国务院有关部门和地方人民政府应当在批复事故调查报告后一年内,组织有关部门对事故整改和防范措施落实情况进行评估,并及时向社会公开评估结果;对不履行职责导致事故整改和防范措施没有落实的有关单位和人员,应当按照有关规定追究责任。

第八十七条　生产经营单位发生生产安全事故,经调查确定为责任事故的,除了应当查明事故单位的责任并依法予以追究外,还应当查明对安全生产的有关事项负有审查批准和监督职责的行政部门的责任,对有失职、渎职行为的,依照本法第九十条的规定追究法律责任。

第八十八条　任何单位和个人不得阻挠和干涉对事故的依法调查处理。

第八十九条　县级以上地方各级人民政府应急管理部门应当定期统计分析本行政区域内发生生产安全事故的情况,并定期向社会公布。

第六章　法律责任

第九十条　负有安全生产监督管理职责的部门的工作人员,有下列行为之一的,给予降级或者撤职的处分;构成犯罪的,依照刑法有关规定追究刑事责任:

(一)对不符合法定安全生产条件的涉及安全生产的事项予以批准或者验收通过的;

(二)发现未依法取得批准、验收的单位擅自从事有关活动或者接到举报后不予取缔或者不依法予以处理的;

(三)对已经依法取得批准的单位不履行监督管理职责,发现其不再具备安全生产条件而不撤销原批准或者发现安全生产违法行为不予查处的;

(四)在监督检查中发现重大事故隐患,不依法及时处理的。

负有安全生产监督管理职责的部门的工作人员有前款规定以外的滥用职权、玩忽职守、徇私舞弊行为的,依法给予处分;构成犯罪的,依照刑法有关规定追究刑事责任。

第九十一条　负有安全生产监督管理职责的部门,要求被审查、验收的单位购买其指定的安全设备、器材或者其他产品的,在对安全生产事项的审查、验收中收取费用的,由其上级机关或者监察机关责令改正,责令退还收取的费用;情节严重的,对直接负责的主管人员和其他直接责任人员依法给予处分。

第九十二条　承担安全评价、认证、检测、检验职责的机构出具失实报告的,责令停业整顿,并处三万元以上十万元以下的罚款;给他人造成损害的,依法承担赔偿责任。

承担安全评价、认证、检测、检验职责的机构租借资质、挂靠、出具虚假报告的,没收违法所得;违法所得在十万元以上的,并处违法所得二倍以上五倍以下的罚款,没有违法所得或者违法所得不足十万元的,单处或者并处十万元以上二十万元以下的罚款;对其直接负责的主管人员和其他直接责任人员处五万元以上十万元以下的罚款;给他人造成损害的,与生产经营单位承担连带赔偿责任;构成犯罪的,依照刑法有关规定追究刑事责任。

对有前款违法行为的机构及其直接责任人员,吊销其相应资质和资格,五年内不得从事安全评价、认证、检测、检验等工作;情节严重的,实行终身行业和职业禁入。

第九十三条　生产经营单位的决策机构、主要负责人或者个人经营的投资人不依照本法规定保证安全生产所必需的资金投入,致使生产经营单位不具备安全生产条件的,责令限期改正，提供必需的资金；逾期未改正的，责令生产经营单位停产停业整顿。

有前款违法行为，导致发生生产安全事故的，对生产经营单位的主要负责人给予撤职处分，对个人经营的投资人处二万元以上二十万元以下的罚款；构成犯罪的，依照刑法有关规定追究刑事责任。

第九十四条　生产经营单位的主要负责人未履行本法规定的安全生产管理职责的，责令限期改正，处二万元以上五万元以下的罚款；逾期未改正的，处五万元以上十万元以下的罚款，责令生产经营单位停产停业整顿。

生产经营单位的主要负责人有前款违法行为，导致发生生产安全事故的，给予撤职处分；构成犯罪的，依照刑法有关规定追究刑事责任。

生产经营单位的主要负责人依照前款规定受刑事处罚或者撤职处分的，自刑罚执行完毕或者受处分之日起，五年内不得担任任何生产经营单位的主要负责人；对重大、特别重大生产安全事故负有责任的，终身不得担任本行业生产经营单位的主要负责人。

第九十五条　生产经营单位的主要负责人未履行本法规定的安全生产管理职责，导致发生生产安全事故的，由应急管理部门依照下列规定处以罚款：

（一）发生一般事故的，处上一年年收入百分之四十的罚款；

（二）发生较大事故的，处上一年年收入百分之六十的罚款；

（三）发生重大事故的，处上一年年收入百分之八十的罚款；

（四）发生特别重大事故的，处上一年年收入百分之一百的罚款。

第九十六条　生产经营单位的其他负责人和安全生产管理人员未履行本法规定的安全生产管理职责的，责令限期改正，处一万元以上三万元以下的罚款；导致发生生产安全事故的，暂停或者吊销其与安全生产有关的资格，并处上一年年收入百分之二十以上百分之五十以下的罚款；构成犯罪的，依照刑法有关规定追究刑事责任。

第九十七条　生产经营单位有下列行为之一的，责令限期改正，处十万元以下的罚款；逾期未改正的，责令停产停业整顿，并处十万元以上二十万元以下的罚款，对其直接负责的主管人员和其他直接责任人员处二万元以上五万元以下的罚款：

（一）未按照规定设置安全生产管理机构或者配备安全生产管理人员、注册安全工程师的；

（二）危险物品的生产、经营、储存、装卸单位以及矿山、金属冶炼、建筑施工、运输单位的主要负责人和安全生产管理人员未按照规定经考核合格的；

（三）未按照规定对从业人员、被派遣劳动者、实习学生进行安全生产教育和培训，或者未按照规定如实告知有关的安全生产事项的；

（四）未如实记录安全生产教育和培训情况的；

（五）未将事故隐患排查治理情况如实记录或者未向从业人员通报的；

（六）未按照规定制定生产安全事故应急救援预案或者未定期组织演练的；

（七）特种作业人员未按照规定经专门的安全作业培训并取得相应资格，上岗作业的。

第九十八条　生产经营单位有下列行为之一的，责令停止建设或者停产停业整顿，限期改正，并处十万元以上五十万元以下的罚款，对其直接负责的主管人员和其他直接责任人员处二万元以上五万元以下的罚款；逾期未改正的，处五十万元以上一百万元以下的罚款，对其直接负责的主管人员和其他直接责任人员处五万元以上十万元以下的罚款；构成犯罪的，依照刑法有关规定追究刑事责任：

（一）未按照规定对矿山、金属冶炼建设项目或者用于生产、储存、装卸危险物品的建设项目进行安全评价的；

（二）矿山、金属冶炼建设项目或者用于生产、储存、装卸危险物品的建设项目没有安全设施设计或者安全设施设计未按照规定报经有关部门审查同意的；

| 相关执法参考 | 相关法律法规（3） | （三）矿山、金属冶炼建设项目或者用于生产、储存、装卸危险物品的建设项目的施工单位未按照批准的安全设施设计施工的；
（四）矿山、金属冶炼建设项目或者用于生产、储存、装卸危险物品的建设项目竣工投入生产或者使用前，安全设施未经验收合格的。
第九十九条　生产经营单位有下列行为之一的，责令限期改正，处五万元以下的罚款；逾期未改正的，处五万元以上二十万元以下的罚款，对其直接负责的主管人员和其他直接责任人员处一万元以上二万元以下的罚款；情节严重的，责令停产停业整顿；构成犯罪的，依照刑法有关规定追究刑事责任：
（一）未在有较大危险因素的生产经营场所和有关设施、设备上设置明显的安全警示标志的；
（二）安全设备的安装、使用、检测、改造和报废不符合国家标准或者行业标准的；
（三）未对安全设备进行经常性维护、保养和定期检测的；
（四）关闭、破坏直接关系生产安全的监控、报警、防护、救生设备、设施，或者篡改、隐瞒、销毁其相关数据、信息的；
（五）未为从业人员提供符合国家标准或者行业标准的劳动防护用品的；
（六）危险物品的容器、运输工具，以及涉及人身安全、危险性较大的海洋石油开采特种设备和矿山井下特种设备未经具有专业资质的机构检测、检验合格，取得安全使用证或者安全标志，投入使用的；
（七）使用应当淘汰的危及生产安全的工艺、设备的；
（八）餐饮等行业的生产经营单位使用燃气未安装可燃气体报警装置的。
第一百条　未经依法批准，擅自生产、经营、运输、储存、使用危险物品或者处置废弃危险物品的，依照有关危险物品安全管理的法律、行政法规的规定予以处罚；构成犯罪的，依照刑法有关规定追究刑事责任。
第一百零一条　生产经营单位有下列行为之一的，责令限期改正，处十万元以下的罚款；逾期未改正的，责令停产停业整顿，并处十万元以上二十万元以下的罚款，对其直接负责的主管人员和其他直接责任人员处二万元以上五万元以下的罚款；构成犯罪的，依照刑法有关规定追究刑事责任：
（一）生产、经营、运输、储存、使用危险物品或者处置废弃危险物品，未建立专门安全管理制度、未采取可靠的安全措施的；
（二）对重大危险源未登记建档，未进行定期检测、评估、监控，未制定应急预案，或者未告知应急措施的；
（三）进行爆破、吊装、动火、临时用电以及国务院应急管理部门会同国务院有关部门规定的其他危险作业，未安排专门人员进行现场安全管理的；
（四）未建立安全风险分级管控制度或者未按照安全风险分级采取相应管控措施的；
（五）未建立事故隐患排查治理制度，或者重大事故隐患排查治理情况未按照规定报告的。
第一百零二条　生产经营单位未采取措施消除事故隐患的，责令立即消除或者限期消除，处五万元以下的罚款；生产经营单位拒不执行的，责令停产停业整顿，对其直接负责的主管人员和其他直接责任人员处五万元以上十万元以下的罚款；构成犯罪的，依照刑法有关规定追究刑事责任。
第一百零三条　生产经营单位将生产经营项目、场所、设备发包或者出租给不具备安全生产条件或者相应资质的单位或者个人的，责令限期改正，没收违法所得；违法所得十万元以上的，并处违法所得二倍以上五倍以下的罚款；没有违法所得或者违法所得不足十万元的，单处或者并处十万元以上二十万元以下的罚款；对其直接负责的主管人员和其他直接责任人员处一万元以上二万元以下的罚款；导致发生生产安全事故给他人造成损害 |

| 相关执法参考 | 相关法律法规（3） | 的，与承包方、承租方承担连带赔偿责任。
生产经营单位未与承包单位、承租单位签订专门的安全生产管理协议或者未在承包合同、租赁合同中明确各自的安全生产管理职责，或者未对承包单位、承租单位的安全生产统一协调、管理的，责令限期改正，处五万元以下的罚款，对其直接负责的主管人员和其他直接责任人员处一万元以下的罚款；逾期未改正的，责令停产停业整顿。
矿山、金属冶炼建设项目和用于生产、储存、装卸危险物品的建设项目的施工单位未按照规定对施工项目进行安全管理的，责令限期改正，处十万元以下的罚款，对其直接负责的主管人员和其他直接责任人员处二万元以下的罚款；逾期未改正的，责令停产停业整顿。以上施工单位倒卖、出租、出借、挂靠或者以其他形式非法转让施工资质的，责令停产停业整顿，吊销资质证书，没收违法所得；违法所得十万元以上的，并处违法所得二倍以上五倍以下的罚款，没有违法所得或者违法所得不足十万元的，单处或者并处十万元以上二十万元以下的罚款；对其直接负责的主管人员和其他直接责任人员处五万元以上十万元以下的罚款；构成犯罪的，依照刑法有关规定追究刑事责任。
第一百零四条　两个以上生产经营单位在同一作业区域内进行可能危及对方安全生产的生产经营活动，未签订安全生产管理协议或者未指定专职安全生产管理人员进行安全检查与协调的，责令限期改正，处五万元以下的罚款，对其直接负责的主管人员和其他直接责任人员处一万元以下的罚款；逾期未改正的，责令停产停业。
第一百零五条　生产经营单位有下列行为之一的，责令限期改正，处五万元以下的罚款，对其直接负责的主管人员和其他直接责任人员处一万元以下的罚款；逾期未改正的，责令停产停业整顿；构成犯罪的，依照刑法有关规定追究刑事责任：
（一）生产、经营、储存、使用危险物品的车间、商店、仓库与员工宿舍在同一座建筑内，或者与员工宿舍的距离不符合安全要求的；
（二）生产经营场所和员工宿舍未设有符合紧急疏散需要、标志明显、保持畅通的出口、疏散通道，或者占用、锁闭、封堵生产经营场所或者员工宿舍出口、疏散通道的。
第一百零六条　生产经营单位与从业人员订立协议，免除或者减轻其对从业人员因生产安全事故伤亡依法应承担的责任的，该协议无效；对生产经营单位的主要负责人、个人经营的投资人处二万元以上十万元以下的罚款。
第一百零七条　生产经营单位的从业人员不落实岗位安全责任，不服从管理，违反安全生产规章制度或者操作规程的，由生产经营单位给予批评教育，依照有关规章制度给予处分；构成犯罪的，依照刑法有关规定追究刑事责任。
第一百零八条　违反本法规定，生产经营单位拒绝、阻碍负有安全生产监督管理职责的部门依法实施监督检查的，责令改正；拒不改正的，处二万元以上二十万元以下的罚款；对其直接负责的主管人员和其他直接责任人员处一万元以上二万元以下的罚款；构成犯罪的，依照刑法有关规定追究刑事责任。
第一百零九条　高危行业、领域的生产经营单位未按照国家规定投保安全生产责任保险的，责令限期改正，处五万元以上十万元以下的罚款；逾期未改正的，处十万元以上二十万元以下的罚款。
第一百一十条　生产经营单位的主要负责人在本单位发生生产安全事故时，不立即组织抢救或者在事故调查处理期间擅离职守或者逃匿的，给予降级、撤职的处分，并由应急管理部门处上一年年收入百分之六十至百分之一百的罚款；对逃匿的处十五日以下拘留；构成犯罪的，依照刑法有关规定追究刑事责任。
生产经营单位的主要负责人对生产安全事故隐瞒不报、谎报或者迟报的，依照前款规定处罚。
第一百一十一条　有关地方人民政府、负有安全生产监督管理职责的部门，对生产安全事故隐瞒不报、谎报或者迟报的，对直接负责的主管人员和其他直接责任人员依法给予 |

处分；构成犯罪的，依照刑法有关规定追究刑事责任。

第一百一十二条　生产经营单位违反本法规定，被责令改正且受到罚款处罚，拒不改正的，负有安全生产监督管理职责的部门可以自作出责令改正之日的次日起，按照原处罚数额按日连续处罚。

第一百一十三条　生产经营单位存在下列情形之一的，负有安全生产监督管理职责的部门应当提请地方人民政府予以关闭，有关部门应当依法吊销其有关证照。生产经营单位主要负责人五年内不得担任任何生产经营单位的主要负责人；情节严重的，终身不得担任本行业生产经营单位的主要负责人：

（一）存在重大事故隐患，一百八十日内三次或者一年内四次受到本法规定的行政处罚的；

（二）经停产停业整顿，仍不具备法律、行政法规和国家标准或者行业标准规定的安全生产条件的；

（三）不具备法律、行政法规和国家标准或者行业标准规定的安全生产条件，导致发生重大、特别重大生产安全事故的；

（四）拒不执行负有安全生产监督管理职责的部门作出的停产停业整顿决定的。

第一百一十四条　发生生产安全事故，对负有责任的生产经营单位除要求其依法承担相应的赔偿等责任外，由应急管理部门依照下列规定处以罚款：

（一）发生一般事故的，处三十万元以上一百万元以下的罚款；

（二）发生较大事故的，处一百万元以上二百万元以下的罚款；

（三）发生重大事故的，处二百万元以上一千万元以下的罚款；

（四）发生特别重大事故的，处一千万元以上二千万元以下的罚款。

发生生产安全事故，情节特别严重、影响特别恶劣的，应急管理部门可以按照前款罚款数额的二倍以上五倍以下对负有责任的生产经营单位处以罚款。

第一百一十五条　本法规定的行政处罚，由应急管理部门和其他负有安全生产监督管理职责的部门按照职责分工决定；其中，根据本法第九十五条、第一百一十条、第一百一十四条的规定应当给予民航、铁路、电力行业的生产经营单位及其主要负责人行政处罚的，也可以由主管的负有安全生产监督管理职责的部门进行处罚。予以关闭的行政处罚，由负有安全生产监督管理职责的部门报请县级以上人民政府按照国务院规定的权限决定；给予拘留的行政处罚，由公安机关依照治安管理处罚的规定决定。

第一百一十六条　生产经营单位发生生产安全事故造成人员伤亡、他人财产损失的，应当依法承担赔偿责任；拒不承担或者其负责人逃匿的，由人民法院依法强制执行。

生产安全事故的责任人未依法承担赔偿责任，经人民法院依法采取执行措施后，仍不能对受害人给予足额赔偿的，应当继续履行赔偿义务；受害人发现责任人有其他财产的，可以随时请求人民法院执行。

第七章　附　则

第一百一十七条　本法下列用语的含义：

危险物品，是指易燃易爆物品、危险化学品、放射性物品等能够危及人身安全和财产安全的物品。

重大危险源，是指长期地或者临时地生产、搬运、使用或者储存危险物品，且危险物品的数量等于或者超过临界量的单元（包括场所和设施）。

第一百一十八条　本法规定的生产安全一般事故、较大事故、重大事故、特别重大事故的划分标准由国务院规定。

国务院应急管理部门和其他负有安全生产监督管理职责的部门应当根据各自的职责分工，制定相关行业、领域重大危险源的辨识标准和重大事故隐患的判定标准。

第一百一十九条　本法自2002年11月1日起施行。

		《标准化法》（节录）
相关执法参考	相关法律法规（4）	（1988年12月29日第七届全国人民代表大会常务委员会第五次会议通过，2017年11月4日第十二届全国人民代表大会常务委员会第三十次会议修订，自2018年1月1日起施行） **第五章　法律责任** **第三十六条**　生产、销售、进口产品或者提供服务不符合强制性标准，或者企业生产的产品、提供的服务不符合其公开标准的技术要求的，依法承担民事责任。 **第三十七条**　生产、销售、进口产品或者提供服务不符合强制性标准的，依照《中华人民共和国产品质量法》、《中华人民共和国进出口商品检验法》、《中华人民共和国消费者权益保护法》等法律、行政法规的规定查处，记入信用记录，并依照有关法律、行政法规的规定予以公示；构成犯罪的，依法追究刑事责任。 **第三十八条**　企业未依照本法规定公开其执行的标准的，由标准化行政主管部门责令限期改正；逾期不改正的，在标准信息公共服务平台上公示。 **第三十九条**　国务院有关行政主管部门、设区的市级以上地方人民政府标准化行政主管部门制定的标准不符合本法第二十一条第一款、第二十二条第一款规定的，应当及时改正；拒不改正的，由国务院标准化行政主管部门公告废止相关标准；对负有责任的领导人员和直接责任人员依法给予处分。 社会团体、企业制定的标准不符合本法第二十一条第一款、第二十二条第一款规定的，由标准化行政主管部门责令限期改正；逾期不改正的，由省级以上人民政府标准化行政主管部门废止相关标准，并在标准信息公共服务平台上公示。 违反本法第二十二条第二款规定，利用标准实施排除、限制市场竞争行为的，依照《中华人民共和国反垄断法》等法律、行政法规的规定处理。 **第四十条**　国务院有关行政主管部门、设区的市级以上地方人民政府标准化行政主管部门未依照本法规定对标准进行编号或者备案，又未依照本法第三十四条的规定改正的，由国务院标准化行政主管部门撤销相关标准编号或者公告废止未备案标准；对负有责任的领导人员和直接责任人员依法给予处分。 国务院有关行政主管部门、设区的市级以上地方人民政府标准化行政主管部门未依照本法规定对其制定的标准进行复审，又未依照本法第三十四条的规定改正的，对负有责任的领导人员和直接责任人员依法给予处分。 **第四十一条**　国务院标准化行政主管部门未依照本法第十条第二款规定对制定强制性国家标准的项目予以立项，制定的标准不符合本法第二十一条第一款、第二十二条第一款规定，或者未依照本法规定对标准进行编号、复审或者予以备案的，应当及时改正；对负有责任的领导人员和直接责任人员可以依法给予处分。 **第四十二条**　社会团体、企业未依照本法规定对团体标准或者企业标准进行编号的，由标准化行政主管部门责令限期改正；逾期不改正的，由省级以上人民政府标准化行政主管部门撤销相关标准编号，并在标准信息公共服务平台上公示。 **第四十三条**　标准化工作的监督、管理人员滥用职权、玩忽职守、徇私舞弊的，依法给予处分；构成犯罪的，依法追究刑事责任。 **第六章　附　则** **第四十四条**　军用标准的制定、实施和监督办法，由国务院、中央军事委员会另行制定。 **第四十五条**　本法自2018年1月1日起施行。

相关执法参考	相关法律法规(5)	《计量法》 （1985年9月6日第六届全国人民代表大会常务委员会第十二次会议通过，根据2009年8月27日第十一届全国人民代表大会常务委员会第十次会议《关于修改部分法律的决定》第一次修正，根据2013年12月28日第十二届全国人民代表大会常务委员会第六次会议《关于修改〈中华人民共和国海洋环境保护法〉等七部法律的决定》第二次修正，根据2015年4月24日第十二届全国人民代表大会常务委员会第十四次会议《关于修改〈中华人民共和国计量法〉等五部法律的决定》第三次修正，根据2017年12月27日第十二届全国人民代表大会常务委员会第三十一次会议《关于修改〈中华人民共和国招标投标法〉、〈中华人民共和国计量法〉的决定》第四次修正，根据2018年10月26日第十三届全国人民代表大会常务委员会第六次会议《关于修改〈中华人民共和国野生动物保护法〉等十五部法律的决定》第五次修正） **第五章　法律责任** **第二十三条**　制造、销售未经考核合格的计量器具新产品的，责令停止制造、销售该种新产品，没收违法所得，可以并处罚款。 **第二十四条**　制造、修理、销售的计量器具不合格的，没收违法所得，可以并处罚款。 **第二十五条**　属于强制检定范围的计量器具，未按照规定申请检定或者检定不合格继续使用的，责令停止使用，可以并处罚款。 **第二十六条**　使用不合格的计量器具或者破坏计量器具准确度，给国家和消费者造成损失的，责令赔偿损失，没收计量器具和违法所得，可以并处罚款。 **第二十七条**　制造、销售、使用以欺骗消费者为目的的计量器具的，没收计量器具和违法所得，处以罚款；情节严重的，并对个人或者单位直接责任人员依照刑法有关规定追究刑事责任。 **第二十八条**　违反本法规定，制造、修理、销售的计量器具不合格，造成人身伤亡或者重大财产损失的，依照刑法有关规定，对个人或者单位直接责任人员追究刑事责任。 **第二十九条**　计量监督人员违法失职，情节严重的，依照刑法有关规定追究刑事责任；情节轻微的，给予行政处分。 **第三十条**　本法规定的行政处罚，由县级以上地方人民政府计量行政部门决定。 **第三十一条**　当事人对行政处罚决定不服的，可以在接到处罚通知之日起十五日内向人民法院起诉；对罚款、没收违法所得的行政处罚决定期满不起诉又不履行的，由作出行政处罚决定的机关申请人民法院强制执行。
	相关法律法规(6)	《特种设备安全监察条例》（节录） （2003年3月11日中华人民共和国国务院令第373号公布，根据2009年1月24日《国务院关于修改〈特种设备安全监察条例〉的决定》修订，自2009年5月1日起施行） **第二条**　本条例所称特种设备是指涉及生命安全、危险性较大的锅炉、压力容器（含气瓶，下同）、压力管道、电梯、起重机械、客运索道、大型游乐设施和场（厂）内专用机动车辆。 前款特种设备的目录由国务院负责特种设备安全监督管理的部门（以下简称国务院特种设备安全监督管理部门）制订，报国务院批准后执行。 **第三条**　特种设备的生产（含设计、制造、安装、改造、维修，下同）、使用、检验检测及其监督检查，应当遵守本条例，但本条例另有规定的除外。 军事装备、核设施、航空航天器、铁路机车、海上设施和船舶以及矿山井下使用的特种设备、民用机场专用设备的安全监察不适用本条例。 房屋建筑工地和市政工程工地用起重机械、场（厂）内专用机动车辆的安装、使用的监督管理，由建设行政主管部门依照有关法律、法规的规定执行。

第四条 国务院特种设备安全监督管理部门负责全国特种设备的安全监察工作，县以上地方负责特种设备安全监督管理的部门对本行政区域内特种设备实施安全监察（以下统称特种设备安全监督管理部门）。

第五条 特种设备生产、使用单位应当建立健全特种设备安全、节能管理制度和岗位安全、节能责任制度。

特种设备生产、使用单位的主要负责人应当对本单位特种设备的安全和节能全面负责。

特种设备生产、使用单位和特种设备检验检测机构，应当接受特种设备安全监督管理部门依法进行的特种设备安全监察。

第六条 特种设备检验检测机构，应当依照本条例规定，进行检验检测工作，对其检验检测结果、鉴定结论承担法律责任。

第七条 县级以上地方人民政府应当督促、支持特种设备安全监督管理部门依法履行安全监察职责，对特种设备安全监察中存在的重大问题及时予以协调、解决。

第八条 国家鼓励推行科学的管理方法，采用先进技术，提高特种设备安全性能和管理水平，增强特种设备生产、使用单位防范事故的能力，对取得显著成绩的单位和个人，给予奖励。

国家鼓励特种设备节能技术的研究、开发、示范和推广，促进特种设备节能技术创新和应用。

特种设备生产、使用单位和特种设备检验检测机构，应当保证必要的安全和节能投入。

国家鼓励实行特种设备责任保险制度，提高事故赔付能力。

第九条 任何单位和个人对违反本条例规定的行为，有权向特种设备安全监督管理部门和行政监察等有关部门举报。

特种设备安全监督管理部门应当建立特种设备安全监察举报制度，公布举报电话、信箱或者电子邮件地址，受理对特种设备生产、使用和检验检测违法行为的举报，并及时予以处理。

特种设备安全监督管理部门和行政监察等有关部门应当为举报人保密，并按照国家有关规定给予奖励。

第十条 特种设备生产单位，应当依照本条例规定以及国务院特种设备安全监督管理部门制订并公布的安全技术规范（以下简称安全技术规范）的要求，进行生产活动。

特种设备生产单位对其生产的特种设备的安全性能和能效指标负责，不得生产不符合安全性能要求和能效指标的特种设备，不得生产国家产业政策明令淘汰的特种设备。

第十一条 压力容器的设计单位应当经国务院特种设备安全监督管理部门许可，方可从事压力容器的设计活动。

压力容器的设计单位应当具备下列条件：

（一）有与压力容器设计相适应的设计人员、设计审核人员；

（二）有与压力容器设计相适应的场所和设备；

（三）有与压力容器设计相适应的健全的管理制度和责任制度。

第十二条 锅炉、压力容器中的气瓶（以下简称气瓶）、氧舱和客运索道、大型游乐设施以及高耗能特种设备的设计文件，应当经国务院特种设备安全监督管理部门核准的检验检测机构鉴定，方可用于制造。

第十三条 按照安全技术规范的要求，应当进行型式试验的特种设备产品、部件或者试制特种设备新产品、新部件、新材料，必须进行型式试验和能效测试。

第十四条 锅炉、压力容器、电梯、起重机械、客运索道、大型游乐设施及其安全附件、安全保护装置的制造、安装、改造单位，以及压力管道用管子、管件、阀门、法兰、

相关执法参考	相关法律法规（6）	补偿器、安全保护装置等（以下简称压力管道元件）的制造单位和场（厂）内专用机动车辆的制造、改造单位，应当经国务院特种设备安全监督管理部门许可，方可从事相应的活动。 前款特种设备的制造、安装、改造单位应当具备下列条件： （一）有与特种设备制造、安装、改造相适应的专业技术人员和技术工人； （二）有与特种设备制造、安装、改造相适应的生产条件和检测手段； （三）有健全的质量管理制度和责任制度。 第十五条 特种设备出厂时，应当附有安全技术规范要求的设计文件、产品质量合格证明、安装及使用维修说明、监督检验证明等文件。 第十六条 锅炉、压力容器、电梯、起重机械、客运索道、大型游乐设施、场（厂）内专用机动车辆的维修单位，应当有与特种设备维修相适应的专业技术人员和技术工人以及必要的检测手段，并经省、自治区、直辖市特种设备安全监督管理部门许可，方可从事相应的维修活动。 第十七条 锅炉、压力容器、起重机械、客运索道、大型游乐设施的安装、改造、维修以及场（厂）内专用机动车辆的改造、维修，必须由依照本条例取得许可的单位进行。 电梯的安装、改造、维修，必须由电梯制造单位或者其通过合同委托、同意的依照本条例取得许可的单位进行。电梯制造单位对电梯质量以及安全运行涉及的质量问题负责。 特种设备安装、改造、维修的施工单位应当在施工前将拟进行的特种设备安装、改造、维修情况书面告知直辖市或者设区的市的特种设备安全监督管理部门，告知后即可施工。 第十八条 电梯井道的土建工程必须符合建筑工程质量要求。电梯安装施工过程中，电梯安装单位应当遵守施工现场的安全生产要求，落实现场安全防护措施。电梯安装施工过程中，施工现场的安全生产监督，由有关部门依照有关法律、行政法规的规定执行。 电梯安装施工过程中，电梯安装单位应当服从建筑施工总承包单位对施工现场的安全生产管理，并订立合同，明确各自的安全责任。 第十九条 电梯的制造、安装、改造和维修活动，必须严格遵守安全技术规范的要求。电梯制造单位委托或者同意其他单位进行电梯安装、改造、维修活动的，应当对其安装、改造、维修活动进行安全指导和监控。电梯的安装、改造、维修活动结束后，电梯制造单位应当按照安全技术规范的要求对电梯进行校验和调试，并对校验和调试的结果负责。 第二十条 锅炉、压力容器、电梯、起重机械、客运索道、大型游乐设施的安装、改造、维修以及场（厂）内专用机动车辆的改造、维修竣工后，安装、改造、维修的施工单位应当在验收后30日内将有关技术资料移交使用单位，高耗能特种设备还应当按照安全技术规范的要求提交能效测试报告。使用单位应当将其存入该特种设备的安全技术档案。 第二十一条 锅炉、压力容器、压力管道元件、起重机械、大型游乐设施的制造过程和锅炉、压力容器、电梯、起重机械、客运索道、大型游乐设施的安装、改造、重大维修过程，必须经国务院特种设备安全监督管理部门核准的检验检测机构按照安全技术规范的要求进行监督检验；未经监督检验合格的不得出厂或者交付使用。 第二十二条 移动式压力容器、气瓶充装单位应当经省、自治区、直辖市的特种设备安全监督管理部门许可，方可从事充装活动。 充装单位应当具备下列条件： （一）有与充装和管理相适应的管理人员和技术人员； （二）有与充装和管理相适应的充装设备、检测手段、场地厂房、器具、安全设施； （三）有健全的充装管理制度、责任制度、紧急处理措施。

气瓶充装单位应当向气体使用者提供符合安全技术规范要求的气瓶,对使用者进行气瓶安全使用指导,并按照安全技术规范的要求办理气瓶使用登记,提出气瓶的定期检验要求。

第七十二条　未经许可,擅自从事压力容器设计活动的,由特种设备安全监督管理部门予以取缔,处5万元以上20万元以下罚款;有违法所得的,没收违法所得;触犯刑律的,对负有责任的主管人员和其他直接责任人员依照刑法关于非法经营罪或者其他罪的规定,依法追究刑事责任。

第七十三条　锅炉、气瓶、氧舱和客运索道、大型游乐设施以及高耗能特种设备的设计文件,未经国务院特种设备安全监督管理部门核准的检验检测机构鉴定,擅自用于制造的,由特种设备安全监督管理部门责令改正,没收非法制造的产品,处5万元以上20万元以下罚款;触犯刑律的,对负有责任的主管人员和其他直接责任人员依照刑法关于生产、销售伪劣产品罪、非法经营罪或者其他罪的规定,依法追究刑事责任。

第七十五条　未经许可,擅自从事锅炉、压力容器、电梯、起重机械、客运索道、大型游乐设施、场(厂)内专用机动车辆及其安全附件、安全保护装置的制造、安装、改造以及压力管道元件的制造活动的,由特种设备安全监督管理部门予以取缔,没收非法制造的产品,已经实施安装、改造的,责令恢复原状或者责令限期由取得许可的单位重新安装、改造,处10万元以上50万元以下罚款;触犯刑律的,对负有责任的主管人员和其他直接责任人员依照刑法关于生产、销售伪劣产品罪、非法经营罪、重大责任事故罪或者其他罪的规定,依法追究刑事责任。

第七十七条　未经许可,擅自从事锅炉、压力容器、电梯、起重机械、客运索道、大型游乐设施、场(厂)内专用机动车辆的维修或者日常维护保养的,由特种设备安全监督管理部门予以取缔,处1万元以上5万元以下罚款;有违法所得的,没收违法所得;触犯刑律的,对负有责任的主管人员和其他直接责任人员依照刑法关于非法经营罪、重大责任事故罪或者其他罪的规定,依法追究刑事责任。

第七十九条　锅炉、压力容器、压力管道元件、起重机械、大型游乐设施的制造过程和锅炉、压力容器、电梯、起重机械、客运索道、大型游乐设施的安装、改造、重大维修过程,以及锅炉清洗过程,未经国务院特种设备安全监督管理部门核准的检验检测机构按照安全技术规范的要求进行监督检验的,由特种设备安全监督管理部门责令改正,已经出厂的,没收违法生产、销售的产品,已经实施安装、改造、重大维修或者清洗的,责令限期进行监督检验,处5万元以上20万元以下罚款;有违法所得的,没收违法所得;情节严重的,撤销制造、安装、改造或者维修单位已经取得的许可,并由工商行政管理部门吊销其营业执照;触犯刑律的,对负有责任的主管人员和其他直接责任人员依照刑法关于生产、销售伪劣产品罪或者其他罪的规定,依法追究刑事责任。

第八十条　未经许可,擅自从事移动式压力容器或者气瓶充装活动的,由特种设备安全监督管理部门予以取缔,没收违法充装的气瓶,处10万元以上50万元以下罚款;有违法所得的,没收违法所得;触犯刑律的,对负有责任的主管人员和其他直接责任人员依照刑法关于非法经营罪或者其他罪的规定,依法追究刑事责任。

移动式压力容器、气瓶充装单位未按照安全技术规范的要求进行充装活动的,由特种设备安全监督管理部门责令改正,处2万元以上10万元以下罚款;情节严重的,撤销其充装资格。

第八十七条　发生特种设备事故,有下列情形之一的,对单位,由特种设备安全监督管理部门处5万元以上20万元以下罚款;对主要负责人,由特种设备安全监督管理部门处4000元以上2万元以下罚款;属于国家工作人员的,依法给予处分;触犯刑律的,依照刑法关于重大责任事故罪或者其他罪的规定,依法追究刑事责任:

(一)特种设备使用单位的主要负责人在本单位发生特种设备事故时,不立即组织抢救或者在事故调查处理期间擅离职守或者逃匿的;

（二）特种设备使用单位的主要负责人对特种设备事故隐瞒不报、谎报或者拖延不报的。

第八十九条 对事故发生负有责任的单位的主要负责人未依法履行职责，导致事故发生的，由特种设备安全监督管理部门依照下列规定处以罚款；属于国家工作人员的，并依法给予处分；触犯刑律的，依照刑法关于重大责任事故罪或者其他罪的规定，依法追究刑事责任：

（一）发生一般事故的，处上一年年收入30%的罚款；

（二）发生较大事故的，处上一年年收入40%的罚款；

（三）发生重大事故的，处上一年年收入60%的罚款。

第九十条 特种设备作业人员违反特种设备的操作规程和有关的安全规章制度操作，或者在作业过程中发现事故隐患或者其他不安全因素，未立即向现场安全管理人员和单位有关负责人报告的，由特种设备使用单位给予批评教育、处分；情节严重的，撤销特种设备作业人员资格；触犯刑律的，依照刑法关于重大责任事故罪或者其他罪的规定，依法追究刑事责任。

第九十一条 未经核准，擅自从事本条例所规定的监督检验、定期检验、型式试验以及无损检测等检验检测活动的，由特种设备安全监督管理部门予以取缔，处5万元以上20万元以下罚款；有违法所得的，没收违法所得；触犯刑律的，对负有责任的主管人员和其他直接责任人员依照刑法关于非法经营罪或者其他罪的规定，依法追究刑事责任。

第九十三条 特种设备检验检测机构和检验检测人员，出具虚假的检验检测结果、鉴定结论或者检验检测结果、鉴定结论严重失实的，由特种设备安全监督管理部门对检验检测机构没收违法所得，处5万元以上20万元以下罚款，情节严重的，撤销其检验检测资格；对检验检测人员处5000元以上5万元以下罚款，情节严重的，撤销其检验检测资格；触犯刑律的，依照刑法关于中介组织人员提供虚假证明文件罪、中介组织人员出具证明文件重大失实罪或者其他罪的规定，依法追究刑事责任。

特种设备检验检测机构和检验检测人员，出具虚假的检验检测结果、鉴定结论或者检验检测结果、鉴定结论严重失实，造成损害的，应当承担赔偿责任。

第九十七条 特种设备安全监督管理部门及其特种设备安全监察人员，有下列违法行为之一的，对直接负责的主管人员和其他直接责任人员，依法给予降级或者撤职的处分；触犯刑律的，依照刑法关于受贿罪、滥用职权罪、玩忽职守罪或者其他罪的规定，依法追究刑事责任：

（一）不按照本条例规定的条件和安全技术规范要求，实施许可、核准、登记的；

（二）发现未经许可、核准、登记擅自从事特种设备的生产、使用或者检验检测活动不予取缔或者不依法予以处理的；

（三）发现特种设备生产、使用单位不再具备本条例规定的条件而不撤销其原许可，或者发现特种设备生产、使用违法行为不予查处的；

（四）发现特种设备检验检测机构不再具备本条例规定的条件而不撤销其原核准，或者对其出具虚假的检验检测结果、鉴定结论或者检验检测结果、鉴定结论严重失实的行为不予查处的；

（五）对依照本条例规定在其他地方取得许可的特种设备生产单位重复进行许可，或者对依照本条例规定在其他地方检验检测合格的特种设备，重复进行检验检测的；

（六）发现有违反本条例和安全技术规范的行为或者在用的特种设备存在严重事故隐患，不立即处理的；

（七）发现重大的违法行为或者严重事故隐患，未及时向上级特种设备安全监督管理部门报告，或者接到报告的特种设备安全监督管理部门不立即处理的；

（八）迟报、漏报、瞒报或者谎报事故的；

相关执法参考	相关法律法规（6）	（九）妨碍事故救援或者事故调查处理的。 第九十八条　特种设备的生产、使用单位或者检验检测机构，拒不接受特种设备安全监督管理部门依法实施的安全监察的，由特种设备安全监督管理部门责令限期改正；逾期未改正的，责令停产停业整顿，处2万元以上10万元以下罚款；触犯刑律的，依照刑法关于妨害公务罪或者其他罪的规定，依法追究刑事责任。 　　特种设备生产、使用单位擅自动用、调换、转移、损毁被查封、扣押的特种设备或者其主要部件的，由特种设备安全监督管理部门责令改正，处5万元以上20万元以下罚款；情节严重的，撤销其相应资格。 第九十九条　本条例下列用语的含义是： （一）锅炉，是指利用各种燃料、电或者其他能源，将所盛装的液体加热到一定的参数，并对外输出热能的设备，其范围规定为容积大于或者等于30L的承压蒸汽锅炉；出口水压大于或者等于0.1MPa（表压），且额定功率大于或者等于0.1MW的承压热水锅炉；有机热载体锅炉。 （二）压力容器，是指盛装气体或者液体，承载一定压力的密闭设备，其范围规定为最高工作压力大于或者等于0.1MPa（表压），且压力与容积的乘积大于或者等于2.5MPa·L的气体、液化气体和最高工作温度高于或者等于标准沸点的液体的固定式容器和移动式容器；盛装公称工作压力大于或者等于0.2MPa（表压），且压力与容积的乘积大于或者等于1.0MPa·L的气体、液化气体和标准沸点等于或者低于60℃液体的气瓶；氧舱等。 （三）压力管道，是指利用一定的压力，用于输送气体或者液体的管状设备，其范围规定为最高工作压力大于或者等于0.1MPa（表压）的气体、液化气体、蒸汽介质或者可燃、易爆、有毒、有腐蚀性、最高工作温度高于或者等于标准沸点的液体介质，且公称直径大于25mm的管道。 （四）电梯，是指动力驱动，利用沿刚性导轨运行的箱体或者沿固定线路运行的梯级（踏步），进行升降或者平行运送人、货物的机电设备，包括载人（货）电梯、自动扶梯、自动人行道等。 （五）起重机械，是指用于垂直升降或者垂直升降并水平移动重物的机电设备，其范围规定为额定起重量大于或者等于0.5t的升降机；额定起重量大于或者等于1t，且提升高度大于或者等于2m的起重机和承重形式固定的电动葫芦等。 （六）客运索道，是指动力驱动，利用柔性绳索牵引箱体等运载工具运送人员的机电设备，包括客运架空索道、客运缆车、客运拖牵索道等。 （七）大型游乐设施，是指用于经营目的，承载乘客游乐的设施，其范围规定为设计最大运行线速度大于或者等于2m/s，或者运行高度距地面高于或者等于2m的载人大型游乐设施。 （八）场（厂）内专用机动车辆，是指除道路交通、农用车辆以外仅在工厂厂区、旅游景区、游乐场所等特定区域使用的专用机动车辆。 　　特种设备包括其所用的材料、附属的安全附件、安全保护装置和与安全保护装置相关的设施。
	相关法律法规（7）	《危险化学品安全管理条例》（节录） （2002年1月26日中华人民共和国国务院令第344号公布，2011年2月16日国务院第144次常务会议修订通过，根据2013年12月7日《国务院关于修改部分行政法规的决定》修订） 第三条　本条例所称危险化学品，是指具有毒害、腐蚀、爆炸、燃烧、助燃等性质，对人体、设施、环境具有危害的剧毒化学品和其他化学品。 　　危险化学品目录，由国务院安全生产监督管理部门会同国务院工业和信息化、公安、

| | | 环境保护、卫生、质量监督检验检疫、交通运输、铁路、民用航空、农业主管部门，根据化学品危险特性的鉴别和分类标准确定、公布，并适时调整。
第十三条　生产、储存危险化学品的单位，应当对其铺设的危险化学品管道设置明显标志，并对危险化学品管道定期检查、检测。
进行可能危及危险化学品管道安全的施工作业，施工单位应当在开工的7日前书面通知管道所属单位，并与管道所属单位共同制定应急预案，采取相应的安全防护措施。管道所属单位应当指派专门人员到现场进行管道安全保护指导。
第十四条　危险化学品生产企业进行生产前，应当依照《安全生产许可证条例》的规定，取得危险化学品安全生产许可证。
生产列入国家实行生产许可证制度的工业产品目录的危险化学品的企业，应当依照《中华人民共和国工业产品生产许可证管理条例》的规定，取得工业产品生产许可证。
负责颁发危险化学品安全生产许可证、工业产品生产许可证的部门，应当将其颁发许可证的情况及时向同级工业和信息化主管部门、环境保护主管部门和公安机关通报。
第十五条　危险化学品生产企业应当提供与其生产的危险化学品相符的化学品安全技术说明书，并在危险化学品包装（包括外包装件）上粘贴或者拴挂与包装内危险化学品相符的化学品安全标签。化学品安全技术说明书和化学品安全标签所载明的内容应当符合国家标准的要求。
危险化学品生产企业发现其生产的危险化学品有新的危险特性的，应当立即公告，并及时修订其化学品安全技术说明书和化学品安全标签。
第十六条　生产实施重点环境管理的危险化学品的企业，应当按照国务院环境保护主管部门的规定，将该危险化学品向环境中释放等相关信息向环境保护主管部门报告。环境保护主管部门可以根据情况采取相应的环境风险控制措施。
第十七条　危险化学品的包装应当符合法律、行政法规、规章的规定以及国家标准、行业标准的要求。
危险化学品包装物、容器的材质以及危险化学品包装的型式、规格、方法和单件质量（重量），应当与所包装的危险化学品的性质和用途相适应。
第十八条　生产列入国家实行生产许可证制度的工业产品目录的危险化学品包装物、容器的企业，应当依照《中华人民共和国工业产品生产许可证管理条例》的规定，取得工业产品生产许可证；其生产的危险化学品包装物、容器经国务院质量监督检验检疫部门认定的检验机构检验合格，方可出厂销售。
运输危险化学品的船舶及其配载的容器，应当按照国家船舶检验规范进行生产，并经海事管理机构认定的船舶检验机构检验合格，方可投入使用。
对重复使用的危险化学品包装物、容器，使用单位在重复使用前应当进行检查；发现存在安全隐患的，应当维修或者更换。使用单位应当对检查情况作出记录，记录的保存期限不得少于2年。
第十九条　危险化学品生产装置或者储存数量构成重大危险源的危险化学品储存设施（运输工具加油站、加气站除外），与下列场所、设施、区域的距离应当符合国家有关规定：
（一）居住区以及商业中心、公园等人员密集场所；
（二）学校、医院、影剧院、体育场（馆）等公共设施；
（三）饮用水源、水厂以及水源保护区；
（四）车站、码头（依法经许可从事危险化学品装卸作业的除外）、机场以及通信干线、通信枢纽、铁路线路、道路交通干线、水路交通干线、地铁风亭以及地铁站出入口；
（五）基本农田保护区、基本草原、畜禽遗传资源保护区、畜禽规模化养殖场（养殖小区）、渔业水域以及种子、种畜禽、水产苗种生产基地；
（六）河流、湖泊、风景名胜区、自然保护区； |
|相关执法参考|相关法律法规（7）| |

（七）军事禁区、军事管理区；

（八）法律、行政法规规定的其他场所、设施、区域。

已建的危险化学品生产装置或者储存数量构成重大危险源的危险化学品储存设施不符合前款规定的，由所在地设区的市级人民政府安全生产监督管理部门会同有关部门监督其所属单位在规定期限内进行整改；需要转产、停产、搬迁、关闭的，由本级人民政府决定并组织实施。

储存数量构成重大危险源的危险化学品储存设施的选址，应当避开地震活动断层和容易发生洪灾、地质灾害的区域。

本条例所称重大危险源，是指生产、储存、使用或者搬运危险化学品，且危险化学品的数量等于或者超过临界量的单元（包括场所和设施）。

第二十条 生产、储存危险化学品的单位，应当根据其生产、储存的危险化学品的种类和危险特性，在作业场所设置相应的监测、监控、通风、防晒、调温、防火、灭火、防爆、泄压、防毒、中和、防潮、防雷、防静电、防腐、防泄漏以及防护围堤或者隔离操作等安全设施、设备，并按照国家标准、行业标准或者国家有关规定对安全设施、设备进行经常性维护、保养，保证安全设施、设备的正常使用。

生产、储存危险化学品的单位，应当在其作业场所和安全设施、设备上设置明显的安全警示标志。

第二十一条 生产、储存危险化学品的单位，应当在其作业场所设置通信、报警装置，并保证处于适用状态。

第二十二条 生产、储存危险化学品的企业，应当委托具备国家规定的资质条件的机构，对本企业的安全生产条件每3年进行一次安全评价，提出安全评价报告。安全评价报告的内容应当包括对安全生产条件存在的问题进行整改的方案。

生产、储存危险化学品的企业，应当将安全评价报告以及整改方案的落实情况报所在地县级人民政府安全生产监督管理部门备案。在港区内储存危险化学品的企业，应当将安全评价报告以及整改方案的落实情况报港口行政管理部门备案。

第二十三条 生产、储存剧毒化学品或者国务院公安部门规定的可用于制造爆炸物品的危险化学品（以下简称易制爆危险化学品）的单位，应当如实记录其生产、储存的剧毒化学品、易制爆危险化学品的数量、流向，并采取必要的安全防范措施，防止剧毒化学品、易制爆危险化学品丢失或者被盗；发现剧毒化学品、易制爆危险化学品丢失或者被盗的，应当立即向当地公安机关报告。

生产、储存剧毒化学品、易制爆危险化学品的单位，应当设置治安保卫机构，配备专职治安保卫人员。

第二十四条 危险化学品应当储存在专用仓库、专用场地或者专用储存室（以下统称专用仓库）内，并由专人负责管理；剧毒化学品以及储存数量构成重大危险源的其他危险化学品，应当在专用仓库内单独存放，并实行双人收发、双人保管制度。

危险化学品的储存方式、方法以及储存数量应当符合国家标准或者国家有关规定。

第二十五条 储存危险化学品的单位应当建立危险化学品出入库核查、登记制度。

对剧毒化学品以及储存数量构成重大危险源的其他危险化学品，储存单位应当将其储存数量、储存地点以及管理人员的情况，报所在地县级人民政府安全生产监督管理部门（在港区内储存的，报港口行政管理部门）和公安机关备案。

第二十六条 危险化学品专用仓库应当符合国家标准、行业标准的要求，并设置明显的标志。储存剧毒化学品、易制爆危险化学品的专用仓库，应当按照国家有关规定设置相应的技术防范设施。

储存危险化学品的单位应当对其危险化学品专用仓库的安全设施、设备定期进行检测、检验。

相关执法参考　相关法律法规（7）

第二十七条 生产、储存危险化学品的单位转产、停产、停业或者解散的，应当采取有效措施，及时、妥善处置其危险化学品生产装置、储存设施以及库存的危险化学品，不得丢弃危险化学品；处置方案应当报所在地县级人民政府安全生产监督管理部门、工业和信息化主管部门、环境保护主管部门和公安机关备案。安全生产监督管理部门应当会同环境保护主管部门和公安机关对处置情况进行监督检查，发现未依照规定处置的，应当责令其立即处置。

第三十三条 国家对危险化学品经营（包括仓储经营，下同）实行许可制度。未经许可，任何单位和个人不得经营危险化学品。

依法设立的危险化学品生产企业在其厂区范围内销售本企业生产的危险化学品，不需要取得危险化学品经营许可。

依照《中华人民共和国港口法》的规定取得港口经营许可证的港口经营人，在港区内从事危险化学品仓储经营，不需要取得危险化学品经营许可。

第三十四条 从事危险化学品经营的企业应当具备下列条件：

（一）有符合国家标准、行业标准的经营场所，储存危险化学品的，还应当有符合国家标准、行业标准的储存设施；

（二）从业人员经过专业技术培训并经考核合格；

（三）有健全的安全管理规章制度；

（四）有专职安全管理人员；

（五）有符合国家规定的危险化学品事故应急预案和必要的应急救援器材、设备；

（六）法律、法规规定的其他条件。

第三十五条 从事剧毒化学品、易制爆危险化学品经营的企业，应当向所在地设区的市级人民政府安全生产监督管理部门提出申请，从事其他危险化学品经营的企业，应当向所在地县级人民政府安全生产监督管理部门提出申请（有储存设施的，应当向所在地设区的市级人民政府安全生产监督管理部门提出申请）。申请人应当提交其符合本条例第三十四条规定条件的证明材料。设区的市级人民政府安全生产监督管理部门或者县级人民政府安全生产监督管理部门应当依法进行审查，并对申请人的经营场所、储存设施进行现场核查，自收到证明材料之日起30日内作出批准或者不予批准的决定。予以批准的，颁发危险化学品经营许可证；不予批准的，书面通知申请人并说明理由。

设区的市级人民政府安全生产监督管理部门和县级人民政府安全生产监督管理部门应当将其颁发危险化学品经营许可证的情况及时向同级环境保护主管部门和公安机关通报。

申请人持危险化学品经营许可证向工商行政管理部门办理登记手续后，方可从事危险化学品经营活动。法律、行政法规或者国务院规定经营危险化学品还需要经其他有关部门许可的，申请人向工商行政管理部门办理登记手续时还应当持相应的许可证件。

第三十六条 危险化学品经营企业储存危险化学品的，应当遵守本条例第二章关于储存危险化学品的规定。危险化学品商店内只能存放民用小包装的危险化学品。

第三十七条 危险化学品经营企业不得向未经许可从事危险化学品生产、经营活动的企业采购危险化学品，不得经营没有化学品安全技术说明书或者化学品安全标签的危险化学品。

第三十八条 依法取得危险化学品安全生产许可证、危险化学品安全使用许可证、危险化学品经营许可证的企业，凭相应的许可证件购买剧毒化学品、易制爆危险化学品。民用爆炸物品生产企业凭民用爆炸物品生产许可证购买易制爆危险化学品。

前款规定以外的单位购买剧毒化学品的，应当向所在地县级人民政府公安机关申请取得剧毒化学品购买许可证；购买易制爆危险化学品的，应当持本单位出具的合法用途说明。

个人不得购买剧毒化学品（属于剧毒化学品的农药除外）和易制爆危险化学品。

第三十九条 申请取得剧毒化学品购买许可证，申请人应当向所在地县级人民政府公

相关执法参考	相关法律法规（7）	安机关提交下列材料： （一）营业执照或者法人证书（登记证书）的复印件； （二）拟购买的剧毒化学品品种、数量的说明； （三）购买剧毒化学品用途的说明； （四）经办人的身份证明。 县级人民政府公安机关应当自收到前款规定的材料之日起3日内，作出批准或者不予批准的决定。予以批准的，颁发剧毒化学品购买许可证；不予批准的，书面通知申请人并说明理由。 剧毒化学品购买许可证管理办法由国务院公安部门制定。 **第四十条** 危险化学品生产企业、经营企业销售剧毒化学品、易制爆危险化学品，应当查验本条例第三十八条第一款、第二款规定的相关许可证件或者证明文件，不得向不具有相关许可证件或者证明文件的单位销售剧毒化学品、易制爆危险化学品。对持剧毒化学品购买许可证购买剧毒化学品的，应当按照许可证载明的品种、数量销售。 禁止向个人销售剧毒化学品（属于剧毒化学品的农药除外）和易制爆危险化学品。 **第四十一条** 危险化学品生产企业、经营企业销售剧毒化学品、易制爆危险化学品，应当如实记录购买单位的名称、地址、经办人的姓名、身份证号码以及所购买的剧毒化学品、易制爆危险化学品的品种、数量、用途。销售记录以及经办人的身份证明复印件、相关许可证件复印件或者证明文件的保存期限不得少于1年。 剧毒化学品、易制爆危险化学品的销售企业、购买单位应当在销售、购买后5日内，将所销售、购买的剧毒化学品、易制爆危险化学品的品种、数量以及流向信息报所在地县级人民政府公安机关备案，并输入计算机系统。 **第四十二条** 使用剧毒化学品、易制爆危险化学品的单位不得出借、转让其购买的剧毒化学品、易制爆危险化学品；因转产、停产、搬迁、关闭等确需转让的，应当向具有本条例第三十八条第一款、第二款规定的相关许可证件或者证明文件的单位转让，并在转让后将有关情况及时向所在地县级人民政府公安机关报告。 **第七十五条** 生产、经营、使用国家禁止生产、经营、使用的危险化学品的，由安全生产监督管理部门责令停止生产、经营、使用活动，处20万元以上50万元以下的罚款，有违法所得的，没收违法所得；构成犯罪的，依法追究刑事责任。 有前款规定行为的，安全生产监督管理部门还应当责令其对所生产、经营、使用的危险化学品进行无害化处理。 违反国家关于危险化学品使用的限制性规定使用危险化学品的，依照本条第一款的规定处理。 **第七十六条** 未经安全条件审查，新建、改建、扩建生产、储存危险化学品的建设项目的，由安全生产监督管理部门责令停止建设，限期改正；逾期不改正的，处50万元以上100万元以下的罚款；构成犯罪的，依法追究刑事责任。 未经安全条件审查，新建、改建、扩建储存、装卸危险化学品的港口建设项目的，由港口行政管理部门依照前款规定予以处罚。 **第七十七条** 未依法取得危险化学品安全生产许可证从事危险化学品生产，或者未依法取得工业产品生产许可证从事危险化学品及其包装物、容器生产的，分别依照《安全生产许可证条例》、《中华人民共和国工业产品生产许可证管理条例》的规定处罚。 违反本条例规定，化工企业未取得危险化学品安全使用许可证，使用危险化学品从事生产的，由安全生产监督管理部门责令限期改正，处10万元以上20万元以下的罚款；逾期不改正的，责令停产整顿。 违反本条例规定，未取得危险化学品经营许可证从事危险化学品经营的，由安全生产监督管理部门责令停止经营活动，没收违法经营的危险化学品以及违法所得，并处10万

| 相关执法参考 | 相关法律法规（7） | 元以上 20 万元以下的罚款；构成犯罪的，依法追究刑事责任。
　　第七十八条　有下列情形之一的，由安全生产监督管理部门责令改正，可以处 5 万元以下的罚款；拒不改正的，处 5 万元以上 10 万元以下的罚款；情节严重的，责令停产停业整顿：
　　（一）生产、储存危险化学品的单位未对其铺设的危险化学品管道设置明显的标志，或者未对危险化学品管道定期检查、检测的；
　　（二）进行可能危及危险化学品管道安全的施工作业，施工单位未按照规定书面通知管道所属单位，或者未与管道所属单位共同制定应急预案、采取相应的安全防护措施，或者管道所属单位未指派专门人员到现场进行管道安全保护指导的；
　　（三）危险化学品生产企业未提供化学品安全技术说明书，或者未在包装（包括外包装件）上粘贴、拴挂化学品安全标签的；
　　（四）危险化学品生产企业提供的化学品安全技术说明书与其生产的危险化学品不相符，或者在包装（包括外包装件）粘贴、拴挂的化学品安全标签与包装内危险化学品不相符，或者化学品安全技术说明书、化学品安全标签所载明的内容不符合国家标准要求的；
　　（五）危险化学品生产企业发现其生产的危险化学品有新的危险特性不立即公告，或者不及时修订其化学品安全技术说明书和化学品安全标签的；
　　（六）危险化学品经营企业经营没有化学品安全技术说明书和化学品安全标签的危险化学品的；
　　（七）危险化学品包装物、容器的材质以及包装的型式、规格、方法和单件质量（重量）与所包装的危险化学品的性质和用途不相适应的；
　　（八）生产、储存危险化学品的单位未在作业场所和安全设施、设备上设置明显的安全警示标志，或者未在作业场所设置通信、报警装置的；
　　（九）危险化学品专用仓库未设专人负责管理，或者对储存的剧毒化学品以及储存数量构成重大危险源的其他危险化学品未实行双人收发、双人保管制度的；
　　（十）储存危险化学品的单位未建立危险化学品出入库核查、登记制度的；
　　（十一）危险化学品专用仓库未设置明显标志的；
　　（十二）危险化学品生产企业、进口企业不办理危险化学品登记，或者发现其生产、进口的危险化学品有新的危险特性不办理危险化学品登记内容变更手续的。
　　从事危险化学品仓储经营的港口经营人有前款规定情形的，由港口行政管理部门依照前款规定予以处罚。储存剧毒化学品、易制爆危险化学品的专用仓库未按照国家有关规定设置相应的技术防范设施的，由公安机关依照前款规定予以处罚。
　　生产、储存剧毒化学品、易制爆危险化学品的单位未设置治安保卫机构、配备专职治安保卫人员的，依照《企业事业单位内部治安保卫条例》的规定处罚。
　　第七十九条　危险化学品包装物、容器生产企业销售未经检验或者经检验不合格的危险化学品包装物、容器的，由质量监督检验检疫部门责令改正，处 10 万元以上 20 万元以下的罚款，有违法所得的，没收违法所得；拒不改正的，责令停产停业整顿；构成犯罪的，依法追究刑事责任。
　　将未经检验合格的运输危险化学品的船舶及其配载的容器投入使用的，由海事管理机构依照前款规定予以处罚。
　　第八十条　生产、储存、使用危险化学品的单位有下列情形之一的，由安全生产监督管理部门责令改正，处 5 万元以上 10 万元以下的罚款；拒不改正的，责令停产停业整顿直至由原发证机关吊销其相关许可证件，并由工商行政管理部门责令其办理经营范围变更登记或者吊销其营业执照；有关责任人员构成犯罪的，依法追究刑事责任：
　　（一）对重复使用的危险化学品包装物、容器，在重复使用前不进行检查的；
　　（二）未根据其生产、储存的危险化学品的种类和危险特性，在作业场所设置相关安 |

全设施、设备,或者未按照国家标准、行业标准或者国家有关规定对安全设施、设备进行经常性维护、保养的;

（三）未依照本条例规定对其安全生产条件定期进行安全评价的;

（四）未将危险化学品储存在专用仓库内,或者未将剧毒化学品以及储存数量构成重大危险源的其他危险化学品在专用仓库内单独存放的;

（五）危险化学品的储存方式、方法或者储存数量不符合国家标准或者国家有关规定的;

（六）危险化学品专用仓库不符合国家标准、行业标准的要求的;

（七）未对危险化学品专用仓库的安全设施、设备定期进行检测、检验的。

从事危险化学品仓储经营的港口经营人有前款规定情形的,由港口行政管理部门依照前款规定予以处罚。

第八十二条 生产、储存、使用危险化学品的单位转产、停产、停业或者解散,未采取有效措施及时、妥善处置其危险化学品生产装置、储存设施以及库存的危险化学品,或者丢弃危险化学品的,由安全生产监督管理部门责令改正,处5万元以上10万元以下的罚款;构成犯罪的,依法追究刑事责任。

生产、储存、使用危险化学品的单位转产、停产、停业或者解散,未依照本条例规定将其危险化学品生产装置、储存设施以及库存危险化学品的处置方案报有关部门备案的,分别由有关部门责令改正,可以处1万元以下的罚款;拒不改正的,处1万元以上5万元以下的罚款。

第八十六条 有下列情形之一的,由交通运输主管部门责令改正,处5万元以上10万元以下的罚款;拒不改正的,责令停产停业整顿;构成犯罪的,依法追究刑事责任:

（一）危险化学品道路运输企业、水路运输企业的驾驶人员、船员、装卸管理人员、押运人员、申报人员、集装箱装箱现场检查员未取得从业资格上岗作业的;

（二）运输危险化学品,未根据危险化学品的危险特性采取相应的安全防护措施,或者未配备必要的防护用品和应急救援器材的;

（三）使用未依法取得危险货物适装证书的船舶,通过内河运输危险化学品的;

（四）通过内河运输危险化学品的承运人违反国务院交通运输主管部门对单船运输的危险化学品数量的限制性规定运输危险化学品的;

（五）用于危险化学品运输作业的内河码头、泊位不符合国家有关安全规范,或者未与饮用水取水口保持国家规定的安全距离,或者未经交通运输主管部门验收合格投入使用的;

（六）托运人不向承运人说明所托运的危险化学品的种类、数量、危险特性以及发生危险情况的应急处置措施,或者未按照国家有关规定对所托运的危险化学品妥善包装并在外包装上设置相应标志的;

（七）运输危险化学品需要添加抑制剂或者稳定剂,托运人未添加或者未将有关情况告知承运人的。

第八十七条 有下列情形之一的,由交通运输主管部门责令改正,处10万元以上20万元以下的罚款,有违法所得的,没收违法所得;拒不改正的,责令停产停业整顿;构成犯罪的,依法追究刑事责任:

（一）委托未依法取得危险货物道路运输许可、危险货物水路运输许可的企业承运危险化学品的;

（二）通过内河封闭水域运输剧毒化学品以及国家规定禁止通过内河运输的其他危险化学品的;

（三）通过内河运输国家规定禁止通过内河运输的剧毒化学品以及其他危险化学品的;

（四）在托运的普通货物中夹带危险化学品,或者将危险化学品谎报或者匿报为普通货物托运的。

相关执法参考	相关法律法规（7）	在邮件、快件内夹带危险化学品，或者将危险化学品谎报为普通物品交寄的，依法给予治安管理处罚；构成犯罪的，依法追究刑事责任。 邮政企业、快递企业收寄危险化学品的，依照《中华人民共和国邮政法》的规定处罚。 **第八十八条** 有下列情形之一的，由公安机关责令改正，处5万元以上10万元以下的罚款；构成违反治安管理行为的，依法给予治安管理处罚；构成犯罪的，依法追究刑事责任： （一）超过运输车辆的核定载质量装载危险化学品的； （二）使用安全技术条件不符合国家标准要求的车辆运输危险化学品的； （三）运输危险化学品的车辆未经公安机关批准进入危险化学品运输车辆限制通行的区域的； （四）未取得剧毒化学品道路运输通行证，通过道路运输剧毒化学品的。 **第九十三条** 伪造、变造或者出租、出借、转让危险化学品安全生产许可证、工业产品生产许可证，或者使用伪造、变造的危险化学品安全生产许可证、工业产品生产许可证的，分别依照《安全生产许可证条例》、《中华人民共和国工业产品生产许可证管理条例》的规定处罚。 伪造、变造或者出租、出借、转让本条例规定的其他许可证，或者使用伪造、变造的本条例规定的其他许可证的，分别由相关许可证的颁发管理机关处10万元以上20万元以下的罚款，有违法所得的，没收违法所得；构成违反治安管理行为的，依法给予治安管理处罚；构成犯罪的，依法追究刑事责任。 **第九十五条** 发生危险化学品事故，有关地方人民政府及其有关部门不立即组织实施救援，或者不采取必要的应急处置措施减少事故损失，防止事故蔓延、扩大的，对直接负责的主管人员和其他直接责任人员依法给予处分；构成犯罪的，依法追究刑事责任。 **第九十六条** 负有危险化学品安全监督管理职责的部门的工作人员，在危险化学品安全监督管理工作中滥用职权、玩忽职守、徇私舞弊，构成犯罪的，依法追究刑事责任；尚不构成犯罪的，依法给予处分。 **第九十七条** 监控化学品、属于危险化学品的药品和农药的安全管理，依照本条例的规定执行；法律、行政法规另有规定的，依照其规定。 民用爆炸物品、烟花爆竹、放射性物品、核能物质以及用于国防科研生产的危险化学品的安全管理，不适用本条例。 法律、行政法规对燃气的安全管理另有规定的，依照其规定。 危险化学品容器属于特种设备的，其安全管理依照有关特种设备安全的法律、行政法规的规定执行。
	相关法律法规（8）	《民用爆炸物品安全管理条例》（节录） （2006年5月10日中华人民共和国国务院令第466号公布，自2006年9月1日起施行；根据2014年7月29日中华人民共和国国务院令第653号《关于修改部分行政法规的决定》修正，自公布之日起施行） **第二条** 民用爆炸物品的生产、销售、购买、进出口、运输、爆破作业和储存以及硝酸铵的销售、购买，适用本条例。 本条例所称民用爆炸物品，是指用于非军事目的、列入民用爆炸物品品名表的各类火药、炸药及其制品和雷管、导火索等点火、起爆器材。 民用爆炸物品品名表，由国务院民用爆炸物品行业主管部门会同国务院公安部门制订、公布。 **第三条** 国家对民用爆炸物品的生产、销售、购买、运输和爆破作业实行许可证制度。 未经许可，任何单位或者个人不得生产、销售、购买、运输民用爆炸物品，不得从事爆破作业。

相关执法参考	相关法律法规（8）	严禁转让、出借、转借、抵押、赠送、私藏或者非法持有民用爆炸物品。 **第四条** 民用爆炸物品行业主管部门负责民用爆炸物品生产、销售的安全监督管理。 公安机关负责民用爆炸物品公共安全管理和民用爆炸物品购买、运输、爆破作业的安全监督管理，监控民用爆炸物品流向。 安全生产监督、铁路、交通、民用航空主管部门依照法律、行政法规的规定，负责做好民用爆炸物品的有关安全监督管理工作。 民用爆炸物品行业主管部门、公安机关、工商行政管理部门按照职责分工，负责组织查处非法生产、销售、购买、储存、运输、邮寄、使用民用爆炸物品的行为。 **第五条** 民用爆炸物品生产、销售、购买、运输和爆破作业单位（以下称民用爆炸物品从业单位）的主要负责人是本单位民用爆炸物品安全管理责任人，对本单位的民用爆炸物品安全管理工作全面负责。 民用爆炸物品从业单位是治安保卫工作的重点单位，应当依法设置治安保卫机构或者配备治安保卫人员，设置技术防范设施，防止民用爆炸物品丢失、被盗、被抢。 民用爆炸物品从业单位应当建立安全管理制度、岗位安全责任制度，制订安全防范措施和事故应急预案，设置安全管理机构或者配备专职安全管理人员。 **第六条** 无民事行为能力人、限制民事行为能力人或者曾因犯罪受过刑事处罚的人，不得从事民用爆炸物品的生产、销售、购买、运输和爆破作业。 民用爆炸物品从业单位应当加强对本单位从业人员的安全教育、法制教育和岗位技术培训，从业人员经考核合格的，方可上岗作业；对有资格要求的岗位，应当配备具有相应资格的人员。 **第七条** 国家建立民用爆炸物品信息管理系统，对民用爆炸物品实行标识管理，监控民用爆炸物品流向。 民用爆炸物品生产企业、销售企业和爆破作业单位应当建立民用爆炸物品登记制度，如实将本单位生产、销售、购买、运输、储存、使用民用爆炸物品的品种、数量和流向信息输入计算机系统。 **第八条** 任何单位或者个人都有权举报违反民用爆炸物品安全管理规定的行为；接到举报的主管部门、公安机关应当立即查处，并为举报人员保密，对举报有功人员给予奖励。 **第九条** 国家鼓励民用爆炸物品从业单位采用提高民用爆炸物品安全性能的新技术，鼓励发展民用爆炸物品生产、配送、爆破作业一体化的经营模式。 **第十条** 设立民用爆炸物品生产企业，应当遵循统筹规划、合理布局的原则。 **第十一条** 申请从事民用爆炸物品生产的企业，应当具备下列条件： （一）符合国家产业结构规划和产业技术标准； （二）厂房和专用仓库的设计、结构、建筑材料、安全距离以及防火、防爆、防雷、防静电等安全设备、设施符合国家有关标准和规范； （三）生产设备、工艺符合有关安全生产的技术标准和规程； （四）有具备相应资格的专业技术人员、安全生产管理人员和生产岗位人员； （五）有健全的安全管理制度、岗位安全责任制度； （六）法律、行政法规规定的其他条件。 **第十二条** 申请从事民用爆炸物品生产的企业，应当向国务院民用爆炸物品行业主管部门提交申请书、可行性研究报告以及能够证明其符合本条例第十一条规定条件的有关材料。国务院民用爆炸物品行业主管部门应当自受理申请之日起45日内进行审查，对符合条件的，核发《民用爆炸物品生产许可证》；对不符合条件的，不予核发《民用爆炸物品生产许可证》，书面向申请人说明理由。 民用爆炸物品生产企业为调整生产能力及品种进行改建、扩建的，应当依照前款规定申请办理《民用爆炸物品生产许可证》。

		民用爆炸物品生产企业持《民用爆炸物品生产许可证》到工商行政管理部门办理工商登记，并在办理工商登记后3日内，向所在地县级人民政府公安机关备案。
		第十三条　取得《民用爆炸物品生产许可证》的企业应当在基本建设完成后，向省、自治区、直辖市人民政府民用爆炸物品行业主管部门申请安全生产许可。省、自治区、直辖市人民政府民用爆炸物品行业主管部门应当依照《安全生产许可证条例》的规定对其进行查验，对符合条件的，核发《民用爆炸物品安全生产许可证》。民用爆炸物品生产企业取得《民用爆炸物品安全生产许可证》后，方可生产民用爆炸物品。
		第十四条　民用爆炸物品生产企业应当严格按照《民用爆炸物品生产许可证》核定的品种和产量进行生产，生产作业应当严格执行安全技术规程的规定。
		第十五条　民用爆炸物品生产企业应当对民用爆炸物品做出警示标识、登记标识，对雷管编码打号。民用爆炸物品警示标识、登记标识和雷管编码规则，由国务院公安部门会同国务院民用爆炸物品行业主管部门规定。
		第十六条　民用爆炸物品生产企业应当建立健全产品检验制度，保证民用爆炸物品的质量符合相关标准。民用爆炸物品的包装，应当符合法律、行政法规的规定以及相关标准。
相关执法参考	相关法律法规（8）	第十七条　试验或者试制民用爆炸物品，必须在专门场地或者专门的试验室进行。严禁在生产车间或者仓库内试验或者试制民用爆炸物品。
		第十八条　申请从事民用爆炸物品销售的企业，应当具备下列条件：
		（一）符合对民用爆炸物品销售企业规划的要求；
		（二）销售场所和专用仓库符合国家有关标准和规范；
		（三）有具备相应资格的安全管理人员、仓库管理人员；
		（四）有健全的安全管理制度、岗位安全责任制度；
		（五）法律、行政法规规定的其他条件。
		第十九条　申请从事民用爆炸物品销售的企业，应当向所在地省、自治区、直辖市人民政府民用爆炸物品行业主管部门提交申请书、可行性研究报告以及能够证明其符合本条例第十八条规定条件的有关材料。省、自治区、直辖市人民政府民用爆炸物品行业主管部门应当自受理申请之日起30日内进行审查，并对申请单位的销售场所和专用仓库等经营设施进行查验，对符合条件的，核发《民用爆炸物品销售许可证》；对不符合条件的，不予核发《民用爆炸物品销售许可证》，书面向申请人说明理由。
		民用爆炸物品销售企业持《民用爆炸物品销售许可证》到工商行政管理部门办理工商登记后，方可销售民用爆炸物品。
		民用爆炸物品销售企业应当在办理工商登记后3日内，向所在地县级人民政府公安机关备案。
		第二十条　民用爆炸物品生产企业凭《民用爆炸物品生产许可证》，可以销售本企业生产的民用爆炸物品。
		民用爆炸物品生产企业销售本企业生产的民用爆炸物品，不得超出核定的品种、产量。
		第二十一条　民用爆炸物品使用单位申请购买民用爆炸物品的，应当向所在地县级人民政府公安机关提出购买申请，并提交下列有关材料：
		（一）工商营业执照或者事业单位法人证书；
		（二）《爆破作业单位许可证》或其他合法使用的证明；
		（三）购买单位的名称、地址、银行账户；
		（四）购买的品种、数量和用途说明。
		受理申请的公安机关应当自受理申请之日起5日内对提交的有关材料进行审查，对符合条件的，核发《民用爆炸物品购买许可证》；对不符合条件的，不予核发《民用爆炸物品购买许可证》，书面向申请人说明理由。

《民用爆炸物品购买许可证》应当载明许可购买的品种、数量、购买单位以及许可的有效期限。

第二十二条 民用爆炸物品生产企业凭《民用爆炸物品生产许可证》购买属于民用爆炸物品的原料，民用爆炸物品销售企业凭《民用爆炸物品销售许可证》向民用爆炸物品生产企业购买民用爆炸物品，民用爆炸物品使用单位凭《民用爆炸物品购买许可证》购买民用爆炸物品，还应当提供经办人的身份证明。

销售民用爆炸物品的企业，应当查验前款规定的许可证和经办人的身份证明；对持《民用爆炸物品购买许可证》购买的，应当按照许可的品种、数量销售。

第二十三条 销售、购买民用爆炸物品，应当通过银行账户进行交易，不得使用现金或者实物进行交易。

销售民用爆炸物品的企业，应当将购买单位的许可证、银行账户转账凭证、经办人的身份证明复印件保存2年备查。

第二十四条 销售民用爆炸物品的企业，应当自民用爆炸物品买卖成交之日起3日内，将销售的品种、数量和购买单位向所在地省、自治区、直辖市人民政府民用爆炸物品行业主管部门和所在地县级人民政府公安机关备案。

购买民用爆炸物品的单位，应当自民用爆炸物品买卖成交之日起3日内，将购买的品种、数量向所在地县级人民政府公安机关备案。

第二十五条 进出口民用爆炸物品，应当经国务院民用爆炸物品行业主管部门审批。进出口民用爆炸物品审批办法，由国务院民用爆炸物品行业主管部门会同国务院公安部门、海关总署规定。

进出口单位应当将进出口的民用爆炸物品的品种、数量向收货地或者出境口岸所在地县级人民政府公安机关备案。

第四十四条 非法制造、买卖、运输、储存民用爆炸物品，构成犯罪的，依法追究刑事责任；尚不构成犯罪，有违反治安管理行为的，依法给予治安管理处罚。

违反本条例规定，在生产、储存、运输、使用民用爆炸物品中发生重大事故，造成严重后果或者后果特别严重，构成犯罪的，依法追究刑事责任。

违反本条例规定，未经许可生产、销售民用爆炸物品的，由民用爆炸物品行业主管部门责令停止非法生产、销售活动，处10万元以上50万元以下的罚款，并没收非法生产、销售的民用爆炸物品及其违法所得。

违反本条例规定，未经许可购买、运输民用爆炸物品或者从事爆破作业的，由公安机关责令停止非法购买、运输、爆破作业活动，处5万元以上20万元以下的罚款，并没收非法购买、运输以及从事爆破作业使用的民用爆炸物品及其违法所得。

民用爆炸物品行业主管部门、公安机关对没收的非法民用爆炸物品，应当组织销毁。

第五十一条 违反本条例规定，携带民用爆炸物品搭乘公共交通工具或者进入公共场所，邮寄或者在托运的货物、行李、包裹、邮件中夹带民用爆炸物品，构成犯罪的，依法追究刑事责任；尚不构成犯罪的，由公安机关依法给予治安管理处罚，没收非法的民用爆炸物品，处1000元以上1万元以下的罚款。

第五十二条 民用爆炸物品从业单位的主要负责人未履行本条例规定的安全管理责任，导致发生重大伤亡事故或者造成其他严重后果，构成犯罪的，依法追究刑事责任；尚不构成犯罪，对主要负责人给予撤职处分，对个人经营的投资人处2万元以上20万元以下的罚款。

第五十三条 民用爆炸物品行业主管部门、公安机关、工商行政管理部门的工作人员，在民用爆炸物品安全监督管理工作中滥用职权、玩忽职守或者徇私舞弊，构成犯罪的，依法追究刑事责任；尚不构成犯罪的，依法给予行政处分。

九、生产、销售伪劣农药、兽药、化肥、种子罪

罪名	生产、销售伪劣农药、兽药、化肥、种子罪（《刑法》第147条）
概念	生产、销售伪劣农药、兽药、化肥、种子罪，是指故意违反国家农药、兽药、化肥、种子等农用生产资料质量管理规定，非法生产假农药、假兽药、假化肥，非法销售明知是假的或者失去使用效能的农药、兽药、化肥、种子，或者生产者、销售者非法以不合格的农药、兽药、化肥、种子冒充合格的农药、兽药、化肥、种子，使生产遭受较大损失的行为。
犯罪构成 — 客体	本罪侵犯的客体是多重客体，不仅侵犯了国家对农药、兽药、化肥、种子等农用生产资料质量的监督管理制度和国家农业生产的正常秩序，而且侵犯了广大农民的合法利益。农业是国民经济的基础，农药、兽药、化肥、种子等是重要的农业生产资料，是确保农业产收、增收的基础物资，能够对农业生产发挥极其重要的作用，国家为了加强对农用生产资料生产和销售的监督管理，确保国家农业生产活动的正常进行，保障广大农民的切身合法利益，制定了一系列法律和行政法规，建立了比较完整的监督管理制度。生产、销售伪劣农用生产资料的行为，严重侵犯了国家对农用生产资料的监督管理制度，严重破坏了农业生产秩序，危害了广大农民的合法利益。 本罪侵害的对象是伪劣农药、兽药、化肥、种子。所谓农药，是指用于预防、控制危害农业、林业的病、虫、草、鼠和其他有害生物以及有目的地调节植物、昆虫生长的化学合成或者来源于生物、其他天然物质的一种物质或者几种物质的混合物及其制剂。如用于防治药、虫、草、鼠害、调节植物生长发育的农用化学杀虫剂、杀菌剂、除草剂等。所谓兽药，是指用于预防、治疗、诊断动物疾病或者有目的地调节动物生理机能的物质（含药物饲料添加剂），主要包括：血清制品、疫苗、诊断制品、微生态制品、中药材、中成药、化学药品、抗生素、生化药品、放射性药品及外用杀虫剂、消毒剂等。如用于预防、治疗、诊断畜禽等动物疾病，有目的地调节其生理功能，并规定作用、用途、用法、用量的各种兽用药品等。所谓化肥，又称无机肥料，是指经化学或者机械加工制成的各种化学肥料，用于为农业、林业生产提供一种或者一种以上植物必需的营养元素或者兼可改善土壤性质、提高土壤肥力的一类物质。化肥的范围包括：化学氮肥、磷肥、钾肥、复合肥料、微量元素肥、其他化学肥料。所谓种子，是指农作物和林木的种植材料或者繁殖材料，包括籽粒、果实、根、茎、苗、芽、叶、花等。如用于农业、林业生产的籽粒、果实和根、茎、芽等繁殖材料等。所谓伪劣农药、兽药、化肥、种子，包括三类：假劣农药、假劣兽药、假劣化肥；失去使用效能的农药、兽药、化肥、种子；不合格的农药、兽药、化肥、种子。这里的失去使用效能的农药、兽药、化肥、种子，是指原来的合格产品已超过有效期限，不能继续使用的农药、兽药、化肥、种子。这里的不合格的农药、兽药、化肥、种子，是指所生产的农药、兽药、化肥、种子未达到国家、行业规定的有关技术、质量标准或者其他要求。其中的假农药，主要包括：以非农药冒充农药；以此种农药冒充他种农药；农药所含有效成分种类与农药的标签、说明书标注的有效成分不符。禁用的农药，未依法取得农药登记证而生产、进口的农药，以及未附具标签的农药，按照假农药处理。其中的伪劣农药，主要包括：不符合农药产品质量标准；混有导致药害等有害成分。超过农药质量保证期的农药，按照劣质农药处理。其中的假兽药，主要包括：以非兽药冒充兽药或者以他种兽药冒充此种兽药的；兽药所含成分的种类、名称与兽药国家标准不符合的。有下列情形之一的，按照假兽药处理：国务院兽医行政管理部门规定禁止使用的；依照本条例规定应当经审查批准而未经审查批准即生产、进口的，或者依照本条例规定应当经抽查检验、审查核对而未经抽查检验、审查核对即销售、进口的；变质的；被污染的；所标

犯罪构成	**客体**	明的适应症或者功能主治超出规定范围的。其中的伪劣兽药，主要包括：成分含量不符合兽药国家标准或者不标明有效成分的；不标明或者更改有效期或者超过有效期的；不标明或者更改产品批号的；其他不符合兽药国家标准，但不属于假兽药的。其中的假化肥，主要包括：以非化肥的物质冒充化肥的，这种物质根本没有化肥本身应有的使用性能；化肥所含主要元素的含量、种类、成分与国家标准、行为标准或地方标准严重不相符，达不到规定指标的；未取得批准文号而擅自从事生产、销售的；国务院农牧行政管理机关明文规定禁止使用的；生产者、销售者所标明的使用性能和化肥效力与实际使用性能和肥效截然相反的。其中的伪劣化肥，主要包括：化肥成分含量与国家标准、行业标准或者地方标准规定不符合的；超过使用有效期限的；因变质不能用作肥料的；因生产所需主要原材料被污染不能用作肥料的；其他与化肥质量标准规定不符合、影响肥效，但不属于假化肥的。其中的假种子，主要包括：以非种子冒充种子或者以此种品种种子冒充其他品种种子的；种子种类、品种与标签标注的内容不符或者没有标签的。其中的劣种子，主要包括：质量低于国家规定标准的；质量低于标签标注指标的；带有国家规定的检疫性有害生物的。
	客观方面	本罪在客观方面表现为违反国家有关农药、兽药、化肥、种子等农用生产资料质量管理法规，非法生产、销售伪劣农药、兽药、化肥、种子，使生产遭受较大损失的行为。包括三点： 1. 行为人实施的行为必须是违反国家有关农药、兽药、化肥、种子等农用生产资料质量管理法规的行为。国家有关农药、兽药、化肥、种子等农用生产资料质量管理法规对生产、销售农药、兽药、化肥、种子有明确要求，如《农业法》规定，国家把农业放在发展国民经济的首位；农药、兽药、饲料和饲料添加剂、肥料、种子、农业机械等可能危害人畜安全的农业生产资料的生产经营，依照相关法律、行政法规的规定实行登记或者许可制度；农业生产资料的生产者、销售者应当对其生产、销售的产品的质量负责，禁止以次充好、以假充真、以不合格的产品冒充合格的产品；禁止生产和销售国家明令淘汰的农药、兽药、饲料添加剂、农业机械等农业生产资料。《产品质量法》规定，禁止在生产、销售的产品中掺杂、掺假，以假充真，以次充好。《农产品质量安全法》规定，有下列情形之一的农产品，不得销售：含有国家禁止使用的农药、兽药或者其他化学物质的；农药、兽药等化学物质残留或者含有的重金属等有毒有害物质不符合农产品质量安全标准的；含有的致病性寄生虫、微生物或者生物毒素不符合农产品质量安全标准的；使用的保鲜剂、防腐剂、添加剂等材料不符合国家有关强制性的技术规范；其他不符合农产品质量安全标准的。《兽药管理条例》规定，兽药的生产、经营和使用，必须保证质量，确保安全有效，兽药出厂前必须经过质量检验，不符合质量标准的不得出厂。《种子管理条例》规定，经营的种子质量应当达到国家或者地方的种子质量标准，并附有种子检验、验收合格证书，经营种子严禁掺杂使假，以次充好。另外，针对在生产和流通领域存在的问题，国务院有关部门发出了《关于整顿和加强兽药管理，取缔假劣兽药的通知》《关于加强农药管理坚决制止和取缔生产、经销假劣化肥的暂行规定》《关于加强农药管理严厉打击制造、销售伪劣农药活动的通知》。违反上述相关规定是生产、销售伪劣农药、兽药、化肥、种子行为违法性的基本前提，也是本罪成立的客观条件之首要条件。 2. 实施了非法生产、销售伪劣农药、兽药、化肥、种子的行为。主要有三类形式： （1）非法生产假农药、假兽药、假化肥。所谓假农药、假兽药、假化肥，是指农药、化肥、兽药的成分名称不符合有关国家标准、行业标准所规定的应当含有的成分名称，或用非农药、非兽药、非化肥冒充农药、兽药、化肥，或用此种农药、兽药、化肥代替另一种农药、兽药或化肥，以及其他应按假的来处理的农药、兽药和化肥，如未取得批准文号生产的或者国务院农牧业行政管理机关明文规定禁止生产或销售的农药、兽药、化肥等。 （2）非法销售假农药、假兽药、假化肥或者失去使用效能的农药、兽药、化肥、种子。效能，是指事物所蕴藏的有利的作用与价值。失去使用效能，是指农药、兽药、化

犯罪构成	客观方面	肥、种子因过期、受潮、腐烂、变质等原因已经丧失其有利的功能作用及有益性能。使用它已无法产生出其应有的效果，如农药已无法防治病、虫、害，化肥已不能给植物养分而促使其生产等。 （3）非法生产、销售以不合格的农药、兽药、化肥和种子冒充合格的农药、兽药、化肥和种子。所谓不合格，是指不符合产品质量标准的次品、劣品，其虽有一定的使用效能，但无法达到合格产品所应有的使用效能，如农药、兽药、化肥的成分与产品质量标准不相符合，超过有效期尚未完全丧失效用等。这点与假的或失去使用效能的上述物品不同，后者是对于所要防治的或应该达到的目的是毫无效果。 无论行为人实施的是生产还是销售行为，针对的是四种对象农药、兽药、化肥、种子中的何种，或者还是同时实施、结合实施，只要达到了一定的危害结果，即可构成本罪。 3. 造成了严重后果，即使生产遭受了较大损失。根据有关司法解释的规定，使生产遭受了较大损失，就是指使生产遭受损失 2 万元以上的或者其他使生产遭受较大损失的情形。这就是说，生产、销售伪劣农用生产资料的行为必须造成了生产遭受较大损失的结果才能构成本罪。本罪为结果犯。如果只有生产、销售行为而没有危害结果，或者虽有危害结果，但致使生产损失没有达到损失较大的程度，也不能构成本罪，但这不排除可以构成其他罪。例如，2008 年 7 月 26 日，被告人张传海与罗中伟（已判刑）签订供销合同，向南阳市宛城区新新天然矿植物制品厂购买肥料 1000 吨，并约定肥料中含 10% 以上的磷，每吨价格 1350 元。后张传海以每吨 2000 元的价格，将肥料卖给滑县高平、城关、老庙、焦虎等乡镇的部分农户，由厂家直接将肥料送往各乡镇。销售期间，被告人张传海于 2008 年 9 月得知该肥料中不含磷，却隐瞒真实结果，继续向农户出售，也未采取纠正措施，共计销售 592 吨。后经农户使用后，造成 6830 余亩小麦减产，直接经济损失达 1836723 元。本案中张传海针对伪劣化肥实施了销售，其行为应当认定为销售伪劣化肥罪。
	主体	本罪的主体是一般主体，自然人和单位都可构成本罪。凡达到法定刑事责任年龄且具有刑事责任能力的 16 周岁以上的自然人均可构成本罪，依刑法第 150 条之规定，单位亦能成为本罪主体，单位犯本罪时，实行两罚制。
	主观方面	本罪的主观方面是故意。其故意的内容表现为三种形式，一是故意生产假农药、假兽药、假化肥；二是明知是假的或失去使用效能的农药、兽药、化肥、种子而故意予以销售；三是故意以不合格的农药、兽药、化肥、种子冒充合格的农药、兽药、化肥、种子。过失行为，如在不明知的情况下销售了假的或失去使用效能的农药、兽药、化肥、种子，不能构成本罪。 本罪的犯罪目的，大多是为了牟利。使生产遭受较大的损失，是本罪的后果，不是本罪的目的。行为人的动机多种多样，有的为了营利，有的为了实施其他犯罪，不同的动机一般不影响本罪的定罪。
认定标准	刑罚标准	1. 犯本罪的，处 3 年以下有期徒刑或者拘役，并处或者单处销售金额百分之五十以上二倍以下罚金。 2. 使生产遭受重大损失的，处 3 年以上 7 年以下有期徒刑，并处销售金额百分之五十以上二倍以下罚金。 3. 使生产遭受特别重大损失的，处 7 年以上有期徒刑或者无期徒刑，并处销售金额百分之五十以上二倍以下罚金或者没收财产。 4. 单位犯本罪的，对单位判处罚金，并对其直接负责的主管人员和其他责任人员依上述规定处罚。 本罪为结果犯，实施了非法生产、销售伪劣农药、兽药、化肥、种子的行为，造成了使生产遭受较大损失的后果，才能构成本罪，应当适用第一档量刑条款。根据有关司法解释规定，这里的使生产遭受较大损失，是指使生产遭受损失 2 万元以上或者其他使生产

认定标准	刑罚标准	遭受较大损失的情形。 构成本罪，使生产遭受重大损失的，适用第二档量刑条款。根据有关司法解释规定，这里的使生产遭受重大损失，是指使生产遭受损失10万元以上或者其他使生产遭受重大损失的情形。 构成本罪，使生产遭受特别重大损失的，适用第三档量刑条款。根据有关司法解释规定，这里的使生产遭受特别重大损失，是指使生产遭受损失50万元以上或者其他使生产遭受特别重大损失的情形。
	本罪与违法行为的区别	1. 看生产、销售行为是否出于故意，只有故意生产、销售伪劣农药、兽药、化肥、种子的，才可能成立本罪；如果是出于过失而生产、销售伪劣农药、兽药、化肥、种子的，则不能构成本罪。 2. 看生产、销售的农药、兽药、化肥、种子是否属于法律规定的伪劣产品，只有所生产、销售的确为伪劣农药、兽药、化肥、种子的，才可能成立本罪；如果不是伪劣农药、兽药、化肥、种子的，则不可能构成本罪。 3. 看生产、销售行为是否违反了国家有关农药、兽药、化肥、种子等农用生产资料质量管理法规，如果行为人严格遵守了有关农药、兽药、化肥、种子等农用生产资料质量管理法规的规定，即使生产、销售的农药、兽药、化肥、种子给他人造成严重后果，也不构成犯罪。因为违反相关国家有关农药、兽药、化肥、种子等农用生产资料质量管理法规是构成本罪的前提，没有违法就不能构成犯罪。 4. 看生产、销售伪劣农药、兽药、化肥、种子行为是否造成严重后果。依本条规定，生产、销售伪劣农药、兽药、化肥、种子的行为，只有造成使生产遭受较大损失的严重后果的才构成犯罪；如果没有使生产遭受较大损失的造成严重后果的，就不能构成本罪。如果没有造成使生产遭受较大损失的严重后果，但销售金额在5万元以上的，就应按生产、销售伪劣产品罪定罪处罚。当然，如果没有造成使生产遭受较大损失的严重后果，销售金额在5万元以下的，就不构成犯罪，可给予行政处罚。
	本罪罪名和罪数的认定	本罪为选择罪名，只要生产、销售了农药、兽药、化肥、种子四种伪劣产品之一，造成了使生产遭受较大损失的严重后果的，即可构成本罪，而非要求四者具备。至于具体罪名，可根据其具体生产、销售的行为方式及对象确定。如生产的只是伪劣种子，可定为生产伪劣种子罪。如有生产又有销售的也是伪劣种子，就应定为生产、销售伪劣种子罪。例如，被告人陈某原系安徽省合肥蜀丰种子有限公司法定代表人。安徽省巢湖中级法院审理查明，2002年9月，陈某与他人合伙成立该公司，2003年下半年欲代理"中棉所29F1"棉种销售事宜未果。同年8月，陈某在河南宁陵县购买"邯郸109"棉种，冒充"中棉所29F1"棉种对外销售，并将"邯郸109"棉种命名为"新中棉所29F1"棉种。后来，陈某以合肥蜀丰种子有限公司名义生产、销售的该批棉种因质量问题，导致使用该棉种的安徽省安庆、池州、芜湖、和县等地棉田大面积减产。经查，仅在芜湖、和县两地就给棉农造成直接经济损失近两千万元。法院认为，被告人陈某明知其所生产、销售的是假冒棉种，仍一意孤行，使农业生产遭受特别重大损失，其行为已构成生产、销售伪劣种子罪。同时作为公司法定代表人，直接实施了购进、加工、包装、协商使用他人商标、销售等犯罪全过程，应对以该公司名义实施的犯罪行为承担刑事责任。鉴于陈某的犯罪行为给广大棉农造成特别重大损失，且未赔偿经济损失，应予从重惩处。巢湖中院一审判决陈某无期徒刑，剥夺政治权利终身，并处没收个人全部财产，违法所得财物予以追缴。 如果实施本罪，同时构成生产、销售伪劣产品罪、侵犯知识产权、非法经营等其他犯罪的，依照处罚较重的规定定罪处罚。 如果实施本罪，又以暴力、威胁方法抗拒查处，构成其他犯罪的，依照数罪并罚的规定处罚。

认定标准	本罪共犯的认定	知道或者应当知道他人实施本罪，而为其提供贷款、资金、账号、发票、证明、许可证件，并提供生产、经营场所或者提供运输、仓储、保管、邮寄等便利条件，以及提供制假生产技术的，以本罪的共犯论处。
	此罪与彼罪的区别（1）	本罪与生产、销售伪劣产品罪的区别。 生产、销售伪劣产品罪，是指生产者、销售者在产品中掺杂、掺假，以假充真，以次充好或者以不合格产品冒充合格产品，销售金额达5万元以上的行为。两者属于特殊与一般的关系，伪劣农药、兽药、化肥、种子也属于伪劣产品，但两罪成立犯罪的标准不同。两罪主要区别有三个方面： 1. 犯罪客体不同。本罪侵犯的客体是多重客体，即国家对农药、兽药、化肥、种子等农用生产资料质量的监督管理制度、国家农业生产的正常秩序和广大农民的合法利益。后罪侵犯的客体是单一客体，即国家有关产品质量管理制度。 2. 犯罪对象有所不同。本罪的对象只能是伪劣农药、兽药、化肥、种子。后罪的对象为一切伪劣产品，包括伪劣农药、兽药、化肥、种子在内。 3. 犯罪构成要求不同。本罪的犯罪构成要求使生产遭受较大损失的，才构成本罪。而后罪则是数额犯，其犯罪构成要求"销售金额在五万元以上"才构成。 根据《刑法》第147条第1款规定，实施了生产、销售伪劣农药、兽药、化肥、种子行为，由于未造成使生产遭受较大损失的严重后果或者情节显著轻微危害不大，虽然不能构成生产、销售伪劣农药、兽药、化肥、种子罪，但是如果销售金额在5万元以上的，则成立生产、销售伪劣产品罪。 当然，这里如果同时构成生产、销售伪劣农药、兽药、化肥、种子罪和生产、销售伪劣产品罪的，则根据《刑法》第149条第2款规定的精神，应按处罚较重的规定处罚。
	此罪与彼罪的区别（2）	本罪与非法经营罪的区别。 非法经营罪，是指违反国家规定，未经许可经营法律、行政法规规定的专营、专卖物品或其他限制买卖的物品；买卖进出口许可证、进出口原产地证明以及其他法律、行政法规规定的经营许可证或者批准文件；未经国家有关主管部门批准，非法经营证券、期货或者保险业务的或者非法从事资金结算业务；在国家规定的交易场所以外非法买卖外汇；或者从事其他严重扰乱市场秩序的非法经营行为，扰乱市场秩序，情节严重的行为。两罪主要区别有四个方面： 1. 两罪侵害的客体不同。本罪侵犯的客体是多重客体，即国家对农药、兽药、化肥、种子等农用生产资料质量的监督管理制度、国家农业生产的正常秩序和广大农民的合法利益。后罪侵犯的客体是单一客体，即国家市场管理制度。 2. 两罪的行为方式不同。本罪行为是生产、销售伪劣农药、兽药、化肥、种子的行为。而后罪行为是违反国家规定，未经许可经营法律、行政法规规定的专营、专卖物品或其他限制买卖的物品；买卖进出口许可证、进出口原产地证明以及其他法律、行政法规规定的经营许可证或者批准文件；未经国家有关主管部门批准，非法经营证券、期货或者保险业务的或者非法从事资金结算业务；在国家规定的交易场所以外非法买卖外汇；或者从事其他严重扰乱市场秩序的非法经营行为。 3. 两罪的行为后果不同。本罪为结果犯，造成使生产遭受较大损失的严重后果是法定的必须具备的构成条件。而后罪为情节犯，只有扰乱市场秩序，情节严重的非法经营行为才能构成犯罪。 4. 两罪的主观内容不同。本罪的主观方面只能由故意构成，包括直接故意和间接故意。后罪只能由直接故意构成，并且必须具有牟取非法利润的目的。

认定标准	此罪与彼罪的区别（3）	本罪与破坏生产经营罪的区别。 破坏生产经营罪，是指由于泄愤报复或者其他个人目的，毁坏机器设备、残害耕畜或者以其他方法破坏生产经营的行为。两罪的区别主要是： 1. 犯罪客体不同。本罪侵犯的客体是复杂客体，即国家对农药、兽药、化肥、种子等农用生产资料质量的监督管理制度、国家农业生产的正常秩序和广大农民的合法利益。后罪所侵害的客体是单一客体，即生产经营正常秩序。 2. 犯罪的客观方面不同。本罪在客观方面表现为生产、销售伪劣农药、兽药、化肥、种子，并使生产遭受较大损失的行为。行为与结果之间是通过消费者购买并使用了行为人所生产、销售的农药、兽药、化肥、种子经过一段的时间后才发生危害结果的。而后罪则是采用毁坏机器设备、残害耕畜等直接方法破坏生产经营，行为与危害结果之间直接相连，没有被害人等因素介入。 3. 犯罪主体不同。本罪的主体不仅限于自然人，还包括单位。而后罪的主体则只有自然人才能构成。 4. 犯罪主观内容不同。前罪为故意，包括直接故意，也包括间接故意，一般是以牟利为目的。后罪只能是直接故意，并且是出于泄愤报复或者其他个人目的。
	此罪与彼罪的区别（4）	本罪与诈骗罪的区别。 诈骗罪是指行为人以非法占有为目的，采用虚构事实或隐瞒真相的办法，骗取公私财物，数额较大的行为。两罪的主要区别在于： 1. 犯罪客体不同。本罪侵犯的客体是多重客体，即国家对农药、兽药、化肥、种子等农用生产资料质量的监督管理制度、国家农业生产的正常秩序和广大农民的合法利益。后罪侵犯的客体是单一客体，即公私财产的所有权。 2. 犯罪的客观方面不同。两罪虽然在客观方面都有以假充真、以次充好的行为，但生产、销售伪劣农药、兽药、化肥、种子罪是存在实际的交易行为，只是行为人在产品质量上弄虚作假。而诈骗罪则是行为人使用欺骗手段，使受害人产生错觉交付财物后，直接占有他人财物。诈骗罪的突出特征是行为人使相对人陷于错误认识，主动交出财物，行为人和相对人之间没有交易事实或者交易的对价相差悬殊。如果行为人和相对人之间有一定的交易事实存在且对价不是太悬殊，即使农药、兽药、化肥、种子等质量与行为人所宣称的不符，行为人也不构成诈骗罪；如果行为人和相对人之间没有交易事实，行为人仅凭欺骗的方法获得财物，行为人就构成诈骗罪。 3. 犯罪主观内容不同。前罪为故意，包括直接故意，也包括间接故意，一般是以牟利为目的。后罪只能是直接故意，并且是以非法占有为目的。
相关执法参考	刑法	中华人民共和国刑法（节录） （1979年7月1日第五届全国人民代表大会第二次会议通过，1997年3月14日第八届全国人民代表大会第五次会议修订，已先后被1999年12月25日《中华人民共和国刑法修正案》、2001年8月31日《中华人民共和国刑法修正案（二）》、2001年12月29日《中华人民共和国刑法修正案（三）》、2002年12月28日《中华人民共和国刑法修正案（四）》、2005年2月28日《中华人民共和国刑法修正案（五）》、2006年6月29日《中华人民共和国刑法修正案（六）》、2009年2月28日《中华人民共和国刑法修正案（七）》、2009年8月27日《全国人民代表大会常务委员会关于修改部分法律的决定》、2011年2月25日《中华人民共和国刑法修正案（八）》、2015年8月29日《中华人民共和国刑法修正案（九）》、2017年11月4日《中华人民共和国刑法修正案（十）》、2020年12月26日《中华人民共和国刑法修正案（十一）》修改或修正） 第一百四十七条 生产假农药、假兽药、假化肥，销售明知是假的或者失去使用效能的农药、兽药、化肥、种子，或者生产者、销售者以不合格的农药、兽药、化肥、种子冒充合格的农药、兽药、化肥、种子，使生产遭受较大损失的，处三年以下有期徒刑或者拘

相关执法参考	刑法	役，并处或者单处销售金额百分之五十以上二倍以下罚金；使生产遭受重大损失的，处三年以上七年以下有期徒刑，并处销售金额百分之五十以上二倍以下罚金；使生产遭受特别重大损失的，处七年以上有期徒刑或者无期徒刑，并处销售金额百分之五十以上二倍以下罚金或者没收财产。 第一百四十九条　生产、销售本节第一百四十一条至第一百四十八条所列产品，不构成各该条规定的犯罪，但是销售金额在五万元以上的，依照本节第一百四十条的规定定罪处罚。 　　生产、销售本节第一百四十一条至第一百四十八条所列产品，构成各该条规定的犯罪，同时又构成本节第一百四十条规定之罪的，依照处罚较重的规定定罪处罚。 第一百五十条　单位犯本节第一百四十条至第一百四十八条规定之罪的，对单位判处罚金，并对其直接负责的主管人员和其他直接责任人员，依照各该条的规定处罚。
	相关法律法规（1）	最高人民检察院、公安部《关于公安机关管辖的刑事案件立案追诉标准的规定（一）》（节录） 　　（2008年6月25日最高人民检察院、公安部文件公通字〔2008〕36号公布，自公布之日起施行） 　　第二十三条　〔生产、销售伪劣农药、兽药、化肥、种子案（刑法第一百四十七条）〕生产假农药、假兽药、假化肥，销售明知是假的或者失去使用效能的农药、兽药、化肥、种子，或者生产者、销售者以不合格的农药、兽药、化肥、种子冒充合格的农药、兽药、化肥、种子，涉嫌下列情形之一的，应予立案追诉： 　　（一）使生产遭受损失二万元以上的； 　　（二）其他使生产遭受较大损失的情形。
	相关法律法规（2）	最高人民法院、最高人民检察院《关于办理生产、销售伪劣商品刑事案件具体应用法律若干问题的解释》（节录） 　　（2001年4月5日最高人民法院审判委员会第1168次会议、2001年3月30日最高人民检察院第九届检察委员会第84次会议通过，自2001年4月10日起施行） 　　第七条　刑法第一百四十七条规定的生产、销售伪劣农药、兽药、化肥、种子罪中"使生产遭受较大损失"，一般以二万元为起点；"重大损失"，一般以十万元为起点；"特别重大损失"，一般以五十万元为起点。 　　第九条　知道或者应当知道他人实施生产、销售伪劣商品犯罪，而为其提供贷款、资金、账号、发票、证明、许可证件，或者提供生产、经营场所或者运输、仓储、保管、邮寄等便利条件，或者提供制假生产技术的，以生产、销售伪劣商品犯罪的共犯论处。 　　第十条　实施生产、销售伪劣商品犯罪，同时构成侵犯知识产权、非法经营等其他犯罪的，依照处罚较重的规定定罪处罚。 　　第十一条　实施刑法第一百四十条至第一百四十八条规定的犯罪，又以暴力、威胁方法抗拒查处，构成其他犯罪的，依照数罪并罚的规定处罚。 　　第十二条　国家机关工作人员参与生产、销售伪劣商品犯罪的，从重处罚。
	相关法律法规（3）	《农业法》（节录） 　　（1993年7月2日第八届全国人民代表大会常务委员会第二次会议通过　2002年12月28日第九届全国人民代表大会常务委员会第三十一次会议修订　根据2009年8月27日第十一届全国人民代表大会常务委员会第十次会议《关于修改部分法律的决定》第一次修正　根据2012年12月28日第十一届全国人民代表大会常务委员会第三十次会议《关于修改〈中华人民共和国农业法〉的决定》第二次修正） 　　第二条　本法所称农业，是指种植业、林业、畜牧业和渔业等产业，包括与其直接相关的产前、产中、产后服务。

| 相关执法参考 | 相关法律法规（3） | 本法所称农业生产经营组织，是指农村集体经济组织、农民专业合作经济组织、农业企业和其他从事农业生产经营的组织。
第十三条 国家采取措施发展多种形式的农业产业化经营，鼓励和支持农民和农业生产经营组织发展生产、加工、销售一体化经营。
国家引导和支持从事农产品生产、加工、流通服务的企业、科研单位和其他组织，通过与农民或者农民专业合作经济组织订立合同或者建立各类企业等形式，形成收益共享、风险共担的利益共同体，推进农业产业化经营，带动农业发展。
第十八条 国家扶持动植物品种的选育、生产、更新和良种的推广使用，鼓励品种选育和生产、经营相结合，实施种子工程和畜禽良种工程。国务院和省、自治区、直辖市人民政府设立专项资金，用于扶持动植物良种的选育和推广工作。
第二十二条 国家采取措施提高农产品的质量，建立健全农产品质量标准体系和质量检验检测监督体系，按照有关技术规范、操作规程和质量卫生安全标准，组织农产品的生产经营，保障农产品质量安全。
第二十三条 国家支持依法建立健全优质农产品认证和标志制度。
国家鼓励和扶持发展优质农产品生产。县级以上地方人民政府应当结合本地情况，按照国家有关规定采取措施，发展优质农产品生产。
符合国家规定标准的优质农产品可以依照法律或者行政法规的规定申请使用有关的标志。符合规定产地及生产规范要求的农产品可以依照有关法律或者行政法规的规定申请使用农产品地理标志。
第二十五条 农药、兽药、饲料和饲料添加剂、肥料、种子、农业机械等可能危害人畜安全的农业生产资料的生产经营，依照相关法律、行政法规的规定实行登记或者许可制度。
各级人民政府应当建立健全农业生产资料的安全使用制度，农民和农业生产经营组织不得使用国家明令淘汰和禁止使用的农药、兽药、饲料添加剂等农业生产资料和其他禁止使用的产品。
农业生产资料的生产者、销售者应当对其生产、销售的产品的质量负责，禁止以次充好、以假充真、以不合格的产品冒充合格的产品；禁止生产和销售国家明令淘汰的农药、兽药、饲料添加剂、农业机械等农业生产资料。
第二十六条 农产品的购销实行市场调节。国家对关系国计民生的重要农产品的购销活动实行必要的宏观调控，建立中央和地方分级储备调节制度，完善仓储运输体系，做到保证供应，稳定市场。
第二十七条 国家逐步建立统一、开放、竞争、有序的农产品市场体系，制定农产品批发市场发展规划。对农村集体经济组织和农民专业合作经济组织建立农产品批发市场和农产品集贸市场，国家给予扶持。
县级以上人民政府工商行政管理部门和其他有关部门按照各自的职责，依法管理农产品批发市场，规范交易秩序，防止地方保护与不正当竞争。
第二十八条 国家鼓励和支持发展多种形式的农产品流通活动。支持农民和农民专业合作经济组织按照国家有关规定从事农产品收购、批发、贮藏、运输、零售和中介活动。鼓励供销合作社和其他从事农产品购销的农业生产经营组织提供市场信息，开拓农产品流通渠道，为农产品销售服务。
县级以上人民政府应当采取措施，督促有关部门保障农产品运输畅通，降低农产品流通成本。有关行政管理部门应当简化手续，方便鲜活农产品的运输，除法律、行政法规另有规定外，不得扣押鲜活农产品的运输工具。
第二十九条 国家支持发展农产品加工业和食品工业，增加农产品的附加值。县级以上人民政府应当制定农产品加工业和食品工业发展规划，引导农产品加工企业形成合理的 |

相关法律法规(3)	区域布局和规模结构，扶持农民专业合作经济组织和乡镇企业从事农产品加工和综合开发利用。 国家建立健全农产品加工制品质量标准，完善检测手段，加强农产品加工过程中的质量安全管理和监督，保障食品安全。 第三十条　国家鼓励发展农产品进出口贸易。 国家采取加强国际市场研究、提供信息和营销服务等措施，促进农产品出口。 为维护农产品产销秩序和公平贸易，建立农产品进口预警制度，当某些进口农产品已经或者可能对国内相关农产品的生产造成重大的不利影响时，国家可以采取必要的措施。 第九十条　违反本法规定，侵害农民和农业生产经营组织的土地承包经营权等财产权或者其他合法权益的，应当停止侵害，恢复原状；造成损失、损害的，依法承担赔偿责任。 国家工作人员利用职务便利或者以其他名义侵害农民和农业生产经营组织的合法权益的，应当赔偿损失，并由其所在单位或者上级主管机关给予行政处分。 第九十一条　违反本法第十九条、第二十五条、第六十二条、第七十一条规定的，依照相关法律或者行政法规的规定予以处罚。 第九十七条　县级以上人民政府农业行政主管部门的工作人员违反本法规定参与和从事农业生产经营活动的，依法给予行政处分；构成犯罪的，依法追究刑事责任。
相关执法参考 相关法律法规(4)	《农产品质量安全法》 （2006年4月29日第十届全国人民代表大会常务委员会第二十一次会议通过，根据2018年10月26日第十三届全国人民代表大会常务委员会第六次会议《关于修改〈中华人民共和国野生动物保护法〉等十五部法律的决定》修正，2022年9月2日第十三届全国人民代表大会常务委员会第三十六次会议修订） 第二条　本法所称农产品，是指来源于种植业、林业、畜牧业和渔业等的初级产品，即在农业活动中获得的植物、动物、微生物及其产品。 本法所称农产品质量安全，是指农产品质量达到农产品质量安全标准，符合保障人的健康、安全的要求。 第十六条　国家建立健全农产品质量安全标准体系，确保严格实施。农产品质量安全标准是强制执行的标准，包括以下与农产品质量安全有关的要求： （一）农业投入品质量要求、使用范围、用法、用量、安全间隔期和休药期规定； （二）农产品产地环境、生产过程管控、储存、运输要求； （三）农产品关键成分指标等要求； （四）与屠宰畜禽有关的检验规程； （五）其他与农产品质量安全有关的强制性要求。 《中华人民共和国食品安全法》对食用农产品的有关质量安全标准作出规定的，依照其规定执行。 第十七条　农产品质量安全标准的制定和发布，依照法律、行政法规的规定执行。 制定农产品质量安全标准应当充分考虑农产品质量安全风险评估结果，并听取农产品生产经营者、消费者、有关部门、行业协会等的意见，保障农产品消费安全。 第二十二条　任何单位和个人不得违反有关环境保护法律、法规的规定向农产品产地排放或者倾倒废水、废气、固体废物或者其他有毒有害物质。 农业生产用水和用作肥料的固体废物，应当符合法律、法规和国家有关强制性标准的要求。 第二十三条　农产品生产者应当科学合理使用农药、兽药、肥料、农用薄膜等农业投入品，防止对农产品产地造成污染。 农药、肥料、农用薄膜等农业投入品的生产者、经营者、使用者应当按照国家有关规

相关执法参考	相关法律法规（4）	定回收并妥善处置包装物和废弃物。 **第二十九条** 农产品生产经营者应当依照有关法律、行政法规和国家有关强制性标准、国务院农业农村主管部门的规定，科学合理使用农药、兽药、饲料和饲料添加剂、肥料等农业投入品，严格执行农业投入品使用安全间隔期或者休药期的规定；不得超范围、超剂量使用农业投入品危及农产品质量安全。 禁止在农产品生产经营过程中使用国家禁止使用的农业投入品以及其他有毒有害物质。 **第三十四条** 销售的农产品应当符合农产品质量安全标准。 农产品生产企业、农民专业合作社应当根据质量安全控制要求自行或者委托检测机构对农产品质量安全进行检测；经检测不符合农产品质量安全标准的农产品，应当及时采取管控措施，且不得销售。 农业技术推广等机构应当为农户等农产品生产经营者提供农产品检测技术服务。 **第三十五条** 农产品在包装、保鲜、储存、运输中所使用的保鲜剂、防腐剂、添加剂、包装材料等，应当符合国家有关强制性标准以及其他农产品质量安全规定。 储存、运输农产品的容器、工具和设备应当安全、无害。禁止将农产品与有毒有害物质一同储存、运输，防止污染农产品。 **第三十六条** 有下列情形之一的农产品，不得销售： （一）含有国家禁止使用的农药、兽药或者其他化合物； （二）农药、兽药等化学物质残留或者含有的重金属等有毒有害物质不符合农产品质量安全标准； （三）含有的致病性寄生虫、微生物或者生物毒素不符合农产品质量安全标准； （四）未按照国家有关强制性标准以及其他农产品质量安全规定使用保鲜剂、防腐剂、添加剂、包装材料等，或者使用的保鲜剂、防腐剂、添加剂、包装材料等不符合国家有关强制性标准以及其他质量安全规定； （五）病死、毒死或者死因不明的动物及其产品； （六）其他不符合农产品质量安全标准的情形。 对前款规定不得销售的农产品，应当依照法律、法规的规定进行处置。 **第七十八条** 违反本法规定，构成犯罪的，依法追究刑事责任。 **第八十一条** 本法自 2023 年 1 月 1 日起施行。
	相关法律法规（5）	《农药管理条例》（节录） (1997 年 5 月 8 日中华人民共和国国务院令第 216 号发布　根据 2001 年 11 月 29 日《国务院关于修改〈农药管理条例〉的决定》第一次修订　2017 年 2 月 8 日国务院第 164 次常务会议修订通过　根据 2022 年 3 月 29 日《国务院修改和废止部分行政法规的规定第二次修订》） **第二条** 本条例所称农药，是指用于预防、控制危害农业、林业的病、虫、草、鼠和其他有害生物以及有目的地调节植物、昆虫生长的化学合成或者来源于生物、其他天然物质的一种物质或者几种物质的混合物及其制剂。 前款规定的农药包括用于不同目的、场所的下列各类： （一）预防、控制危害农业、林业的病、虫（包括昆虫、蜱、螨）、草、鼠、软体动物和其他有害生物； （二）预防、控制仓储以及加工场所的病、虫、鼠和其他有害生物； （三）调节植物、昆虫生长； （四）农业、林业产品防腐或者保鲜； （五）预防、控制蚊、蝇、蜚蠊、鼠和其他有害生物； （六）预防、控制危害河流堤坝、铁路、码头、机场、建筑物和其他场所的有害生物。

| 相关执法参考 | 相关法律法规（5） | **第三条** 国务院农业主管部门负责全国的农药监督管理工作。
县级以上地方人民政府农业主管部门负责本行政区域的农药监督管理工作。
县级以上人民政府其他有关部门在各自职责范围内负责有关的农药监督管理工作。
第四条 县级以上地方人民政府应当加强对农药监督管理工作的组织领导，将农药监督管理经费列入本级政府预算，保障农药监督管理工作的开展。
第五条 农药生产企业、农药经营者应当对其生产、经营的农药的安全性、有效性负责，自觉接受政府监管和社会监督。
农药生产企业、农药经营者应当加强行业自律，规范生产、经营行为。
第六条 国家鼓励和支持研制、生产、使用安全、高效、经济的农药，推进农药专业化使用，促进农药产业升级。
对在农药研制、推广和监督管理等工作中作出突出贡献的单位和个人，按照国家有关规定予以表彰或者奖励。
第十六条 农药生产应当符合国家产业政策。国家鼓励和支持农药生产企业采用先进技术和先进管理规范，提高农药的安全性、有效性。
第十七条 国家实行农药生产许可制度。农药生产企业应当具备下列条件，并按照国务院农业主管部门的规定向省、自治区、直辖市人民政府农业主管部门申请农药生产许可证：
（一）有与所申请生产农药相适应的技术人员；
（二）有与所申请生产农药相适应的厂房、设施；
（三）有对所申请生产农药进行质量管理和质量检验的人员、仪器和设备；
（四）有保证所申请生产农药质量的规章制度。
省、自治区、直辖市人民政府农业主管部门应当自受理申请之日起20个工作日内作出审批决定，必要时应当进行实地核查。符合条件的，核发农药生产许可证；不符合条件的，书面通知申请人并说明理由。
安全生产、环境保护等法律、行政法规对企业生产条件有其他规定的，农药生产企业还应当遵守其规定。
第十八条 农药生产许可证应当载明农药生产企业名称、住所、法定代表人（负责人）、生产范围、生产地址以及有效期等事项。
农药生产许可证有效期为5年。有效期届满，需要继续生产农药的，农药生产企业应当在有效期届满90日前向省、自治区、直辖市人民政府农业主管部门申请延续。
农药生产许可证载明事项发生变化的，农药生产企业应当按照国务院农业主管部门的规定申请变更农药生产许可证。
第十九条 委托加工、分装农药的，委托人应当取得相应的农药登记证，受托人应当取得农药生产许可证。
委托人应当对委托加工、分装的农药质量负责。
第二十条 农药生产企业采购原材料，应当查验产品质量检验合格证和有关许可证明文件，不得采购、使用未依法附具产品质量检验合格证、未依法取得有关许可证明文件的原材料。
农药生产企业应当建立原材料进货记录制度，如实记录原材料的名称、有关许可证明文件编号、规格、数量、供货人名称及其联系方式、进货日期等内容。原材料进货记录应当保存2年以上。
第二十一条 农药生产企业应当严格按照产品质量标准进行生产，确保农药产品与登记农药一致。农药出厂销售，应当经质量检验合格并附具产品质量检验合格证。
农药生产企业应当建立农药出厂销售记录制度，如实记录农药的名称、规格、数量、生产日期和批号、产品质量检验信息、购货人名称及其联系方式、销售日期等内容。农药 |

| 相关执法参考 | 相关法律法规（5） | 出厂销售记录应当保存 2 年以上。
　　第二十二条　农药包装应当符合国家有关规定，并印制或者贴有标签。国家鼓励农药生产企业使用可回收的农药包装材料。
　　农药标签应当按照国务院农业主管部门的规定，以中文标注农药的名称、剂型、有效成分及其含量、毒性及其标识、使用范围、使用方法和剂量、使用技术要求和注意事项、生产日期、可追溯电子信息码等内容。
　　剧毒、高毒农药以及使用技术要求严格的其他农药等限制使用农药的标签还应当标注"限制使用"字样，并注明使用的特别限制和特殊要求。用于食用农产品的农药的标签还应当标注安全间隔期。
　　第二十三条　农药生产企业不得擅自改变经核准的农药的标签内容，不得在农药的标签中标注虚假、误导使用者的内容。
　　农药包装过小，标签不能标注全部内容的，应当同时附具说明书，说明书的内容应当与经核准的标签内容一致。
　　第二十四条　国家实行农药经营许可制度，但经营卫生用农药的除外。农药经营者应当具备下列条件，并按照国务院农业主管部门的规定向县级以上地方人民政府农业主管部门申请农药经营许可证：
　　（一）有具备农药和病虫害防治专业知识，熟悉农药管理规定，能够指导安全合理使用农药的经营人员；
　　（二）有与其他商品以及饮用水水源、生活区域等有效隔离的营业场所和仓储场所，并配备与所申请经营农药相适应的防护设施；
　　（三）有与所申请经营农药相适应的质量管理、台账记录、安全防护、应急处置、仓储管理等制度。
　　经营限制使用农药的，还应当配备相应的用药指导和病虫害防治专业技术人员，并按照所在地省、自治区、直辖市人民政府农业主管部门的规定实行定点经营。
　　县级以上地方人民政府农业主管部门应当自受理申请之日起 20 个工作日内作出审批决定。符合条件的，核发农药经营许可证；不符合条件的，书面通知申请人并说明理由。
　　第二十五条　农药经营许可证应当载明农药经营者名称、住所、负责人、经营范围以及有效期等事项。
　　农药经营许可证有效期为 5 年。有效期届满，需要继续经营农药的，农药经营者应当在有效期届满 90 日前向发证机关申请延续。
　　农药经营许可证载明事项发生变化的，农药经营者应当按照国务院农业主管部门的规定申请变更农药经营许可证。
　　取得农药经营许可证的农药经营者设立分支机构的，应当依法申请变更农药经营许可证，并向分支机构所在地县级以上地方人民政府农业主管部门备案，其分支机构免予办理农药经营许可证。农药经营者应当对其分支机构的经营活动负责。
　　第二十六条　农药经营者采购农药应当查验产品包装、标签、产品质量检验合格证以及有关许可证明文件，不得向未取得农药生产许可证的农药生产企业或者未取得农药经营许可证的其他农药经营者采购农药。
　　农药经营者应当建立采购台账，如实记录农药的名称、有关许可证明文件编号、规格、数量、生产企业和供货人名称及其联系方式、进货日期等内容。采购台账应当保存 2 年以上。
　　第二十七条　农药经营者应当建立销售台账，如实记录销售农药的名称、规格、数量、生产企业、购买人、销售日期等内容。销售台账应当保存 2 年以上。
　　农药经营者应当向购买人询问病虫害发生情况并科学推荐农药，必要时应当实地查看病虫害发生情况，并正确说明农药的使用范围、使用方法和剂量、使用技术要求和注意事 |

| | | 项，不得误导购买人。

经营卫生用农药的，不适用本条第一款、第二款的规定。

第二十八条　农药经营者不得加工、分装农药，不得在农药中添加任何物质，不得采购、销售包装和标签不符合规定，未附具产品质量检验合格证，未取得有关许可证明文件的农药。

经营卫生用农药的，应当将卫生用农药与其他商品分柜销售；经营其他农药的，不得在农药经营场所内经营食品、食用农产品、饲料等。

第二十九条　境外企业不得直接在中国销售农药。境外企业在中国销售农药的，应当依法在中国设立销售机构或者委托符合条件的中国代理机构销售。

向中国出口的农药应当附具中文标签、说明书，符合产品质量标准，并经出入境检验检疫部门依法检验合格。禁止进口未取得农药登记证的农药。

办理农药进出口海关申报手续，应当按照海关总署的规定出示相关证明文件。

第四十九条　县级以上人民政府农业主管部门及其工作人员有下列行为之一的，由本级人民政府责令改正；对负有责任的领导人员和直接责任人员，依法给予处分；负有责任的领导人员和直接责任人员构成犯罪的，依法追究刑事责任：

（一）不履行监督管理职责，所辖行政区域的违法农药生产、经营活动造成重大损失或者恶劣社会影响；

（二）对不符合条件的申请人准予许可或者对符合条件的申请人拒不准予许可；

（三）参与农药生产、经营活动；

（四）有其他徇私舞弊、滥用职权、玩忽职守行为。

第五十条　农药登记评审委员会组成人员在农药登记评审中谋取不正当利益的，由国务院农业主管部门从农药登记评审委员会除名；属于国家工作人员的，依法给予处分；构成犯罪的，依法追究刑事责任。

第五十一条　登记试验单位出具虚假登记试验报告的，由省、自治区、直辖市人民政府农业主管部门没收违法所得，并处 5 万元以上 10 万元以下罚款；由国务院农业主管部门从登记试验单位中除名，5 年内不再受理其登记试验单位认定申请；构成犯罪的，依法追究刑事责任。

第五十二条　未取得农药生产许可证生产农药或者生产假农药的，由县级以上地方人民政府农业主管部门责令停止生产，没收违法所得、违法生产的产品和用于违法生产的工具、设备、原材料等，违法生产的产品货值金额不足 1 万元的，并处 5 万元以上 10 万元以下罚款，货值金额 1 万元以上的，并处货值金额 10 倍以上 20 倍以下罚款，由发证机关吊销农药生产许可证和相应的农药登记证；构成犯罪的，依法追究刑事责任。

取得农药生产许可证的农药生产企业不再符合规定条件继续生产农药的，由县级以上地方人民政府农业主管部门责令限期整改；逾期拒不整改或者整改后仍不符合规定条件的，由发证机关吊销农药生产许可证。

农药生产企业生产劣质农药的，由县级以上地方人民政府农业主管部门责令停止生产，没收违法所得、违法生产的产品和用于违法生产的工具、设备、原材料等，违法生产的产品货值金额不足 1 万元的，并处 1 万元以上 5 万元以下罚款，货值金额 1 万元以上的，并处货值金额 5 倍以上 10 倍以下罚款；情节严重的，由发证机关吊销农药生产许可证和相应的农药登记证；构成犯罪的，依法追究刑事责任。

委托未取得农药生产许可证的受托人加工、分装农药，或者委托加工、分装假农药、劣质农药的，对委托人和受托人均依照本条第一款、第三款的规定处罚。

第五十五条　农药经营者有下列行为之一的，由县级以上地方人民政府农业主管部门责令停止经营，没收违法所得、违法经营的农药和用于违法经营的工具、设备等，违法经营的农药货值金额不足 1 万元的，并处 5000 元以上 5 万元以下罚款，货值金额 1 万元以 |

相关执法参考 / 相关法律法规（5）

相关执法参考	相关法律法规（5）	上的，并处货值金额 5 倍以上 10 倍以下罚款；构成犯罪的，依法追究刑事责任： （一）违反本条例规定，未取得农药经营许可证经营农药； （二）经营假农药； （三）在农药中添加物质。 有前款第二项、第三项规定的行为，情节严重的，还应当由发证机关吊销农药经营许可证。 取得农药经营许可证的农药经营者不再符合规定条件继续经营农药的，由县级以上地方人民政府农业主管部门责令限期整改；逾期拒不整改或者整改后仍不符合规定条件的，由发证机关吊销农药经营许可证。 第五十六条　农药经营者经营劣质农药的，由县级以上地方人民政府农业主管部门责令停止经营，没收违法所得、违法经营的农药和用于违法经营的工具、设备等，违法经营的农药货值金额不足 1 万元的，并处 2000 元以上 2 万元以下罚款，货值金额 1 万元以上的，并处货值金额 2 倍以上 5 倍以下罚款；情节严重的，由发证机关吊销农药经营许可证；构成犯罪的，依法追究刑事责任。 第六十条　农药使用者有下列行为之一的，由县级人民政府农业主管部门责令改正，农药使用者为农产品生产企业、食品和食用农产品仓储企业、专业化病虫害防治服务组织和从事农产品生产的农民专业合作社等单位的，处 5 万元以上 10 万元以下罚款，农药使用者为个人的，处 1 万元以下罚款；构成犯罪的，依法追究刑事责任： （一）不按照农药的标签标注的使用范围、使用方法和剂量、使用技术要求和注意事项、安全间隔期使用农药； （二）使用禁用的农药； （三）将剧毒、高毒农药用于防治卫生害虫，用于蔬菜、瓜果、茶叶、菌类、中草药材生产或者用于水生植物的病虫害防治； （四）在饮用水水源保护区内使用农药； （五）使用农药毒鱼、虾、鸟、兽等； （六）在饮用水水源保护区、河道内丢弃农药、农药包装物或者清洗施药器械。 有前款第二项规定的行为的，县级人民政府农业主管部门还应当没收禁用的农药。 第六十二条　伪造、变造、转让、出租、出借农药登记证、农药生产许可证、农药经营许可证等许可证明文件的，由发证机关收缴或者予以吊销，没收违法所得，并处 1 万元以上 5 万元以下罚款；构成犯罪的，依法追究刑事责任。
	相关法律法规（6）	《兽药管理条例》 （根据 2014 年 7 月 29 日中华人民共和国国务院令第 653 号《国务院关于修改部分行政法规的决定》第一次修订，根据 2016 年 2 月 6 日中华人民共和国国务院令第 666 号《国务院关于修改部分行政法规的决定》第二次修订，根据 2020 年 3 月 27 日中华人民共和国国务院令第 726 号《国务院关于修改和废止部分行政法规的决定》第三次修订） 第二条　在中华人民共和国境内从事兽药的研制、生产、经营、进出口、使用和监督管理，应当遵守本条例。 第三条　国务院兽医行政管理部门负责全国的兽药监督管理工作。 县级以上地方人民政府兽医行政管理部门负责本行政区域内的兽药监督管理工作。 第四条　国家实行兽用处方药和非处方药分类管理制度。兽用处方药和非处方药分类管理的办法和具体实施步骤，由国务院兽医行政管理部门规定。 第五条　国家实行兽药储备制度。 发生重大动物疫情、灾情或者其他突发事件时，国务院兽医行政管理部门可以紧急调用国家储备的兽药；必要时，也可以调用国家储备以外的兽药。 第十一条　从事兽药生产的企业，应当符合国家兽药行业发展规划和产业政策，并具

相关执法参考	相关法律法规（6）	备下列条件： （一）与所生产的兽药相适应的兽医学、药学或者相关专业的技术人员； （二）与所生产的兽药相适应的厂房、设施； （三）与所生产的兽药相适应的兽药质量管理和质量检验的机构、人员、仪器设备； （四）符合安全、卫生要求的生产环境； （五）兽药生产质量管理规范规定的其他生产条件。 符合前款规定条件的，申请人方可向省、自治区、直辖市人民政府兽医行政管理部门提出申请，并附具符合前款规定条件的证明材料；省、自治区、直辖市人民政府兽医行政管理部门应当自收到申请之日起40个工作日内完成审查。经审查合格的，发给兽药生产许可证；不合格的，应当书面通知申请人。 **第十二条** 兽药生产许可证应当载明生产范围、生产地点、有效期和法定代表人姓名、住址等事项。 兽药生产许可证有效期为5年。有效期届满，需要继续生产兽药的，应当在许可证有效期届满前6个月到发证机关申请换发兽药生产许可证。 **第十三条** 兽药生产企业变更生产范围、生产地点的，应当依照本条例第十一条的规定申请换发兽药生产许可证；变更企业名称、法定代表人的，应当在办理工商变更登记手续后15个工作日内，到发证机关申请换发兽药生产许可证。 **第十四条** 兽药生产企业应当按照国务院兽医行政管理部门制定的兽药生产质量管理规范组织生产。 省级以上人民政府兽医行政管理部门，应当对兽药生产企业是否符合兽药生产质量管理规范的要求进行监督检查，并公布检查结果。 **第十五条** 兽药生产企业生产兽药，应当取得国务院兽医行政管理部门核发的产品批准文号，产品批准文号的有效期为5年。兽药产品批准文号的核发办法由国务院兽医行政管理部门制定。 **第十六条** 兽药生产企业应当按照兽药国家标准和国务院兽医行政管理部门批准的生产工艺进行生产。兽药生产企业改变影响兽药质量的生产工艺的，应当报原批准部门审核批准。 兽药生产企业应当建立生产记录，生产记录应当完整、准确。 **第十七条** 生产兽药所需的原料、辅料，应当符合国家标准或者所生产兽药的质量要求。 直接接触兽药的包装材料和容器应当符合药用要求。 **第十八条** 兽药出厂前应当经过质量检验，不符合质量标准的不得出厂。 兽药出厂应当附有产品质量合格证。 禁止生产假、劣兽药。 **第十九条** 兽药生产企业生产的每批兽用生物制品，在出厂前应当由国务院兽医行政管理部门指定的检验机构审查核对，并在必要时进行抽查检验；未经审查核对或者抽查检验不合格的，不得销售。 强制免疫所需兽用生物制品，由国务院兽医行政管理部门指定的企业生产。 **第二十条** 兽药包装应当按照规定印有或者贴有标签，附具说明书，并在显著位置注明"兽用"字样。 兽药的标签和说明书经国务院兽医行政管理部门批准并公布后，方可使用。 兽药的标签或者说明书，应当以中文注明兽药的通用名称、成分及其含量、规格、生产企业、产品批准文号（进口兽药注册证号）、产品批号、生产日期、有效期、适应症或者功能主治、用法、用量、休药期、禁忌、不良反应、注意事项、运输贮存保管条件及其他应当说明的内容。有商品名称的，还应当注明商品名称。

除前款规定的内容外，兽用处方药的标签或者说明书还应当印有国务院兽医行政管理部门规定的警示内容，其中兽用麻醉药品、精神药品、毒性药品和放射性药品还应当印有国务院兽医行政管理部门规定的特殊标志；兽用非处方药的标签或者说明书还应当印有国务院兽医行政管理部门规定的非处方药标志。

第二十一条 国务院兽医行政管理部门，根据保证动物产品质量安全和人体健康的需要，可以对新兽药设立不超过5年的监测期；在监测期内，不得批准其他企业生产或者进口该新兽药。生产企业应当在监测期内收集该新兽药的疗效、不良反应等资料，并及时报送国务院兽医行政管理部门。

第二十二条 经营兽药的企业，应当具备下列条件：
（一）与所经营的兽药相适应的兽药技术人员；
（二）与所经营的兽药相适应的营业场所、设备、仓库设施；
（三）与所经营的兽药相适应的质量管理机构或者人员；
（四）兽药经营质量管理规范规定的其他经营条件。

符合前款规定条件的，申请人方可向市、县人民政府兽医行政管理部门提出申请，并附具符合前款规定条件的证明材料；经营兽用生物制品的，应当向省、自治区、直辖市人民政府兽医行政管理部门提出申请，并附具符合前款规定条件的证明材料。

县级以上地方人民政府兽医行政管理部门，应当自收到申请之日起30个工作日内完成审查。审查合格的，发给兽药经营许可证；不合格的，应当书面通知申请人。

第二十三条 兽药经营许可证应当载明经营范围、经营地点、有效期和法定代表人姓名、住址等事项。

兽药经营许可证有效期为5年。有效期届满，需要继续经营兽药的，应当在许可证有效期届满前6个月到发证机关申请换发兽药经营许可证。

第二十四条 兽药经营企业变更经营范围、经营地点的，应当依照本条例第二十二条的规定申请换发兽药经营许可证；变更企业名称、法定代表人的，应当在办理工商变更登记手续后15个工作日内，到发证机关申请换发兽药经营许可证。

第二十五条 兽药经营企业，应当遵守国务院兽医行政管理部门制定的兽药经营质量管理规范。

县级以上地方人民政府兽医行政管理部门，应当对兽药经营企业是否符合兽药经营质量管理规范的要求进行监督检查，并公布检查结果。

第二十六条 兽药经营企业购进兽药，应当将兽药产品与产品标签或者说明书、产品质量合格证核对无误。

第二十七条 兽药经营企业，应当向购买者说明兽药的功能主治、用法、用量和注意事项。销售兽用处方药的，应当遵守兽用处方药管理办法。

兽药经营企业销售兽用中药材的，应当注明产地。

禁止兽药经营企业经营人用药品和假、劣兽药。

第二十八条 兽药经营企业购销兽药，应当建立购销记录。购销记录应当载明兽药的商品名称、通用名称、剂型、规格、批号、有效期、生产厂商、购销单位、购销数量、购销日期和国务院兽医行政管理部门规定的其他事项。

第二十九条 兽药经营企业，应当建立兽药保管制度，采取必要的冷藏、防冻、防潮、防虫、防鼠等措施，保持所经营兽药的质量。

兽药入库、出库，应当执行检查验收制度，并有准确记录。

第三十条 强制免疫所需兽用生物制品的经营，应当符合国务院兽医行政管理部门的规定。

第三十一条 兽药广告的内容应当与兽药说明书内容相一致，在全国重点媒体发布兽药广告的，应当经国务院兽医行政管理部门审查批准，取得兽药广告审查批准文号。在地

相关执法参考	相关法律法规（6）	方媒体发布兽药广告的，应当经省、自治区、直辖市人民政府兽医行政管理部门审查批准，取得兽药广告审查批准文号；未经批准的，不得发布。 　　**第四十七条**　有下列情形之一的，为假兽药： 　　（一）以非兽药冒充兽药或者以他种兽药冒充此种兽药的； 　　（二）兽药所含成分的种类、名称与兽药国家标准不符合的。 　　有下列情形之一的，按照假兽药处理： 　　（一）国务院兽医行政管理部门规定禁止使用的； 　　（二）依照本条例规定应当经审查批准而未经审查批准即生产、进口的，或者依照本条例规定应当经抽查检验、审查核对而未经抽查检验、审查核对即销售、进口的； 　　（三）变质的； 　　（四）被污染的； 　　（五）所标明的适应症或者功能主治超出规定范围。 　　**第四十八条**　有下列情形之一的，为劣兽药： 　　（一）成分含量不符合兽药国家标准或者不标明有效成分的； 　　（二）不标明或者更改有效期或者超过有效期的； 　　（三）不标明或者更改产品批号的； 　　（四）其他不符合兽药国家标准，但不属于假兽药的。 　　**第四十九条**　禁止将兽用原料药拆零销售或者销售给兽药生产企业以外的单位和个人。 　　禁止未经兽医开具处方销售、购买、使用国务院兽医行政管理部门规定实行处方药管理的兽药。 　　**第五十条**　国家实行兽药不良反应报告制度。 　　兽药生产企业、经营企业、兽药使用单位和开具处方的兽医人员发现可能与兽药使用有关的严重不良反应，应当立即向所在地人民政府兽医行政管理部门报告。 　　**第五十一条**　兽药生产企业、经营企业停止生产、经营超过 6 个月或者关闭的，由发证机关责令其交回兽药生产许可证、兽药经营许可证。 　　**第五十二条**　禁止买卖、出租、出借兽药生产许可证、兽药经营许可证和兽药批准证明文件。 　　**第五十三条**　兽药评审检验的收费项目和标准，由国务院财政部门会同国务院价格主管部门制定，并予以公告。 　　**第五十四条**　各级兽医行政管理部门、兽药检验机构及其工作人员，不得参与兽药生产、经营活动，不得以其名义推荐或者监制、监销兽药。 　　**第五十五条**　兽医行政管理部门及其工作人员利用职务上的便利收取他人财物或者谋取其他利益，对不符合法定条件的单位和个人核发许可证、签署审查同意意见，不履行监督职责，或者发现违法行为不予查处，造成严重后果，构成犯罪的，依法追究刑事责任；尚不构成犯罪的，依法给予行政处分。 　　**第五十六条**　违反本条例规定，无兽药生产许可证、兽药经营许可证生产、经营兽药的，或者虽有兽药生产许可证、兽药经营许可证，生产、经营假、劣兽药的，或者兽药经营企业经营人用药品的，责令其停止生产、经营，没收用于违法生产的原料、辅料、包装材料及生产、经营的兽药和违法所得，并处违法生产、经营的兽药（包括已出售的和未出售的兽药，下同）货值金额 2 倍以上 5 倍以下罚款，货值金额无法查证核实的，处 10 万元以上 20 万元以下罚款；无兽药生产许可证生产兽药，情节严重的，没收其生产设备；生产、经营假、劣兽药，情节严重的，吊销兽药生产许可证、兽药经营许可证；构成犯罪的，依法追究刑事责任；给他人造成损失的，依法承担赔偿责任。生产、经营企业的主要负责人和直接负责的主管人员终身不得从事兽药的生产、经营活动。

相关执法参考	相关法律法规（6）	擅自生产强制免疫所需兽用生物制品的，按照无兽药生产许可证生产兽药处罚。 第五十七条　违反本条例规定，提供虚假的资料、样品或者采取其他欺骗手段取得兽药生产许可证、兽药经营许可证或者兽药批准证明文件的，吊销兽药生产许可证、兽药经营许可证或者撤销兽药批准证明文件，并处5万元以上10万元以下罚款；给他人造成损失的，依法承担赔偿责任。其主要负责人和直接负责的主管人员终身不得从事兽药的生产、经营和进出口活动。 第五十八条　买卖、出租、出借兽药生产许可证、兽药经营许可证和兽药批准证明文件的，没收违法所得，并处1万元以上10万元以下罚款；情节严重的，吊销兽药生产许可证、兽药经营许可证或者撤销兽药批准证明文件；构成犯罪的，依法追究刑事责任；给他人造成损失的，依法承担赔偿责任。 第五十九条　违反本条例规定，兽药安全性评价单位、临床试验单位、生产和经营企业未按照规定实施兽药研究试验、生产、经营质量管理规范的，给予警告，责令其限期改正；逾期不改正的，责令停止兽药研究试验、生产、经营活动，并处5万元以下罚款；情节严重的，吊销兽药生产许可证、兽药经营许可证；给他人造成损失的，依法承担赔偿责任。 违反本条例规定，研制新兽药不具备规定的条件擅自使用一类病原微生物或者在实验室阶段前未经批准的，责令其停止实验，并处5万元以上10万元以下罚款；构成犯罪的，依法追究刑事责任；给他人造成损失的，依法承担赔偿责任。 违反本条例规定，开展新兽药临床试验应当备案而未备案的，责令其立即改正，给予警告，并处5万元以下罚款；给他人造成损失的，依法承担赔偿责任。 第六十三条　违反本条例规定，销售尚在用药期、休药期内的动物及其产品用于食品消费的，或者销售含有违禁药物和兽药残留超标的动物产品用于食品消费的，责令其对含有违禁药物和兽药残留超标的动物产品进行无害化处理，没收违法所得，并处3万元以上10万元以下罚款；构成犯罪的，依法追究刑事责任；给他人造成损失的，依法承担赔偿责任。 第七十二条　本条例下列用语的含义是： （一）兽药，是指用于预防、治疗、诊断动物疾病或者有目的地调节动物生理机能的物质（含药物饲料添加剂），主要包括：血清制品、疫苗、诊断制品、微生态制品、中药材、中成药、化学药品、抗生素、生化药品、放射性药品及外用杀虫剂、消毒剂等。 （二）兽用处方药，是指凭兽医处方方可购买和使用的兽药。 （三）兽用非处方药，是指由国务院兽医行政管理部门公布的、不需要凭兽医处方就可以自行购买并按照说明书使用的兽药。 （四）兽药生产企业，是指专门生产兽药的企业和兼产兽药的企业，包括从事兽药分装的企业。 （五）兽药经营企业，是指经营兽药的专营企业或者兼营企业。 （六）新兽药，是指未曾在中国境内上市销售的兽用药品。 （七）兽药批准证明文件，是指兽药产品批准文号、进口兽药注册证书、出口兽药证明文件、新兽药注册证书等文件。
	相关法律法规（7）	《兽药生产质量管理规范》（节录） （2020年4月2日农业农村部第6次常务会议审议通过，2020年4月21日部令第3号公布，自2020年6月1日起施行） 第二条　本规范是兽药生产管理和质量控制的基本要求，旨在确保持续稳定地生产出符合注册要求的兽药。 第六十二条　质量控制实验室通常应当与生产区分开。根据生产品种，应有相应符合无菌检查、微生物限度检查和抗生素微生物检定等要求的实验室。生物检定和微生物实验

相关执法参考	相关法律法规（7）	室还应当彼此分开。 第六十三条　实验室的设计应当确保其适用于预定的用途，并能够避免混淆和交叉污染，应当有足够的区域用于样品处置、留样和稳定性考察样品的存放以及记录的保存。 第六十四条　有特殊要求的仪器应当设置专门的仪器室，使灵敏度高的仪器免受静电、震动、潮湿或其他外界因素的干扰。 第六十五条　处理生物样品等特殊物品的实验室应当符合国家的有关要求。 第一百零一条　兽药生产所用的原辅料、与兽药直接接触的包装材料应当符合兽药标准、药品标准、包装材料标准或其他有关标准。兽药上直接印字所用油墨应当符合食用标准要求。 进口原辅料应当符合国家相关的进口管理规定。 第一百零二条　应当建立相应的操作规程，确保物料和产品的正确接收、贮存、发放、使用和销售，防止污染、交叉污染、混淆和差错。 物料和产品的处理应当按照操作规程或工艺规程执行，并有记录。 第一百零五条　原辅料、与兽药直接接触的包装材料和印刷包装材料的接收应当有操作规程，所有到货物料均应当检查，确保与订单一致，并确认供应商已经质量管理部门批准。 物料的外包装应当有标签，并注明规定的信息。必要时应当进行清洁，发现外包装损坏或其他可能影响物料质量的问题，应当向质量管理部门报告并进行调查和记录。 每次接收均应当有记录，内容包括： （一）交货单和包装容器上所注物料的名称； （二）企业内部所用物料名称和（或）代码； （三）接收日期； （四）供应商和生产商（如不同）的名称； （五）供应商和生产商（如不同）标识的批号； （六）接收总量和包装容器数量； （七）接收后企业指定的批号或流水号； （八）有关说明（如包装状况）； （九）检验报告单等合格性证明材料。 第一百一十一条　仓储区内的原辅料应当有适当的标识，并至少标明下述内容： （一）指定的物料名称或企业内部的物料代码； （二）企业接收时设定的批号； （三）物料质量状态（如待验、合格、不合格、已取样）； （四）有效期或复验期。 第一百六十条　物料的质量标准一般应当包括： （一）物料的基本信息： 1. 企业统一指定的物料名称或内部使用的物料代码； 2. 质量标准的依据。 （二）取样、检验方法或相关操作规程编号。 （三）定性和定量的限度要求。 （四）贮存条件和注意事项。 （五）有效期或复验期。 第一百六十一条　成品的质量标准至少应当包括： （一）产品名称或产品代码； （二）对应的产品处方编号（如有）； （三）产品规格和包装形式；

（四）取样、检验方法或相关操作规程编号；

（五）定性和定量的限度要求；

（六）贮存条件和注意事项；

（七）有效期。

第一百六十二条 每种兽药均应当有经企业批准的工艺规程，不同兽药规格的每种包装形式均应当有各自的包装操作要求。

工艺规程的制定应当以注册批准的工艺为依据。

第一百六十三条 工艺规程不得任意更改。如需更改，应当按照相关的操作规程修订、审核、批准，影响兽药产品质量的更改应当经过验证。

第一百六十四条 制剂的工艺规程内容至少应当包括：

（一）生产处方：

1. 产品名称；

2. 产品剂型、规格和批量；

3. 所用原辅料清单（包括生产过程中使用，但不在成品中出现的物料），阐明每一物料的指定名称和用量；原辅料的用量需要折算时，还应当说明计算方法。

（二）生产操作要求：

1. 对生产场所和所用设备的说明（如操作间的位置、洁净度级别、温湿度要求、设备型号等）；

2. 关键设备的准备（如清洗、组装、校准、灭菌等）所采用的方法或相应操作规程编号；

3. 详细的生产步骤和工艺参数说明（如物料的核对、预处理、加入物料的顺序、混合时间、温度等）；

4. 中间控制方法及标准；

5. 预期的最终产量限度，必要时，还应当说明中间产品的产量限度，以及物料平衡的计算方法和限度；

6. 待包装产品的贮存要求，包括容器、标签、贮存时间及特殊贮存条件；

7. 需要说明的注意事项。

（三）包装操作要求：

1. 以最终包装容器中产品的数量、重量或体积表示的包装形式；

2. 所需全部包装材料的完整清单，包括包装材料的名称、数量、规格、类型；

3. 印刷包装材料的实样或复制品，并标明产品批号、有效期打印位置；

4. 需要说明的注意事项，包括对生产区和设备进行的检查，在包装操作开始前，确认包装生产线的清场已经完成等；

5. 包装操作步骤的说明，包括重要的辅助性操作和所用设备的注意事项、包装材料使用前的核对；

6. 中间控制的详细操作，包括取样方法及标准；

7. 待包装产品、印刷包装材料的物料平衡计算方法和限度。

第一百六十五条 每批产品均应当有相应的批生产记录，记录的内容应确保该批产品的生产历史以及与质量有关的情况可追溯。

第一百六十六条 批生产记录应当依据批准的现行工艺规程的相关内容制定。批生产记录的每一工序应当标注产品的名称、规格和批号。

第一百六十七条 原版空白的批生产记录应当经生产管理负责人和质量管理负责人审核和批准。批生产记录的复制和发放均应当按照操作规程进行控制并有记录，每批产品的生产只能发放一份原版空白批生产记录的复制件。

第一百六十八条 在生产过程中，进行每项操作时应当及时记录，操作结束后，应当

| 相关执法参考 | 相关法律法规（7） | 由生产操作人员确认并签注姓名和日期。
第一百六十九条　批生产记录的内容应当包括：
（一）产品名称、规格、批号；
（二）生产以及中间工序开始、结束的日期和时间；
（三）每一生产工序的负责人签名；
（四）生产步骤操作人员的签名；必要时，还应当有操作（如称量）复核人员的签名；
（五）每一原辅料的批号以及实际称量的数量（包括投入的回收或返工处理产品的批号及数量）；
（六）相关生产操作或活动、工艺参数及控制范围，以及所用主要生产设备的编号；
（七）中间控制结果的记录以及操作人员的签名；
（八）不同生产工序所得产量及必要时的物料平衡计算；
（九）对特殊问题或异常事件的记录，包括对偏离工艺规程的偏差情况的详细说明或调查报告，并经签字批准。
第一百七十条　产品的包装应当有批包装记录，以便追溯该批产品包装操作以及与质量有关的情况。
第一百七十一条　批包装记录应当依据工艺规程中与包装相关的内容制定。
第一百七十二条　批包装记录应当有待包装产品的批号、数量以及成品的批号和计划数量。原版空白的批包装记录的审核、批准、复制和发放的要求与原版空白的批生产记录相同。
第一百七十三条　在包装过程中，进行每项操作时应当及时记录，操作结束后，应当由包装操作人员确认并签注姓名和日期。
第一百七十四条　批包装记录的内容包括：
（一）产品名称、规格、包装形式、批号、生产日期和有效期。
（二）包装操作日期和时间。
（三）包装操作负责人签名。
（四）包装工序的操作人员签名。
（五）每一包装材料的名称、批号和实际使用的数量。
（六）包装操作的详细情况，包括所用设备及包装生产线的编号。
（七）兽药产品赋电子追溯码标识操作的详细情况，包括所用设备、编号。电子追溯码信息以及对两级以上包装进行赋码关联关系信息等记录可采用电子方式保存。
（八）所用印刷包装材料的实样，并印有批号、有效期及其他打印内容；不易随批包装记录归档的印刷包装材料可采用印有上述内容的复制品。
（九）对特殊问题或异常事件的记录，包括对偏离工艺规程的偏差情况的详细说明或调查报告，并经签字批准。
（十）所有印刷包装材料和待包装产品的名称、代码，以及发放、使用、销毁或退库的数量、实际产量等的物料平衡检查。
第二百八十五条　本规范为兽药生产质量管理的基本要求。
对不同类别兽药或生产质量管理活动的特殊要求，列入本规范附录，另行以公告发布。
第二百八十六条　本规范中下列用语的含义是：
（一）包装材料，是指兽药包装所用的材料，包括与兽药直接接触的包装材料和容器、印刷包装材料，但不包括运输用的外包装材料。
（二）操作规程，是指经批准用来指导设备操作、维护与清洁、验证、环境控制、生产操作、取样和检验等兽药生产活动的通用性文件，也称标准操作规程。 |

| 相关执法参考 | 相关法律法规(7) | （三）产品生命周期，是指产品从最初的研发、上市直至退市的所有阶段。
（四）成品，是指已完成所有生产操作步骤和最终包装的产品。
（五）重新加工，是指将某一生产工序生产的不符合质量标准的一批中间产品的一部分或全部，采用不同的生产工艺进行再加工，以符合预定的质量标准。
（六）待验，是指原辅料、包装材料、中间产品或成品，采用物理手段或其他有效方式将其隔离或区分，在允许用于投料生产或上市销售之前贮存、等待作出放行决定的状态。
（七）发放，是指生产过程中物料、中间产品、文件、生产用模具等在企业内部流转的一系列操作。
（八）复验期，是指原辅料、包装材料贮存一定时间后，为确保其仍适用于预定用途，由企业确定的需重新检验的日期。
（九）返工，是指将某一生产工序生产的不符合质量标准的一批中间产品、成品的一部分或全部返回到之前的工序，采用相同的生产工艺进行再加工，以符合预定的质量标准。
（十）放行，是指对一批物料或产品进行质量评价，作出批准使用或投放市场或其他决定的操作。
（十一）高层管理人员，是指在企业内部最高层指挥和控制企业、具有调动资源的权力和职责的人员。
（十二）工艺规程，是指为生产特定数量的成品而制定的一个或一套文件，包括生产处方、生产操作要求和包装操作要求，规定原辅料和包装材料的数量、工艺参数和条件、加工说明（包括中间控制）、注意事项等内容。
（十三）供应商，是指物料、设备、仪器、试剂、服务等的提供方，如生产商、经销商等。
（十四）回收，是指在某一特定的生产阶段，将以前生产的一批或数批符合相应质量要求的产品的一部分或全部，加入到另一批次中的操作。
（十五）计算机化系统，是指用于报告或自动控制的集成系统，包括数据输入、电子处理和信息输出。
（十六）交叉污染，是指不同原料、辅料及产品之间发生的相互污染。
（十七）校准，是指在规定条件下，确定测量、记录、控制仪器或系统的示值（尤指称量）或实物量具所代表的量值，与对应的参照标准量值之间关系的一系列活动。
（十八）阶段性生产方式，是指在共用生产区内，在一段时间内集中生产某一产品，再对相应的共用生产区、设施、设备、工器具等进行彻底清洁，更换生产另一种产品的方式。
（十九）洁净区，是指需要对环境中尘粒及微生物数量进行控制的房间（区域），其建筑结构、装备及其使用应当能够减少该区域内污染物的引入、产生和滞留。
（二十）警戒限度，是指系统的关键参数超出正常范围，但未达到纠偏限度，需要引起警觉，可能需要采取纠正措施的限度标准。
（二十一）纠偏限度，是指系统的关键参数超出可接受标准，需要进行调查并采取纠正措施的限度标准。
（二十二）检验结果超标，是指检验结果超出法定标准及企业制定标准的所有情形。
（二十三）批，是指经一个或若干加工过程生产的、具有预期均一质量和特性的一定数量的原辅料、包装材料或成品。为完成某些生产操作步骤，可能有必要将一批产品分成若干亚批，最终合并成为一个均一的批。在连续生产情况下，批必须与生产中具有预期均一特性的确定数量的产品相对应，批量可以是固定数量或固定时间段内生产的产品量。例如：口服或外用的固体、半固体制剂在成型或分装前使用同一台混合设备一次混合所生产 |

相关执法参考	相关法律法规（7）	的均质产品为一批；口服或外用的液体制剂以灌装（封）前经最后混合的药液所生产的均质产品为一批。 （二十四）批号，是指用于识别一个特定批的具有唯一性的数字和（或）字母的组合。 （二十五）批记录，是指用于记述每批兽药生产、质量检验和放行审核的所有文件和记录，可追溯所有与成品质量有关的历史信息。 （二十六）气锁间，是指设置于两个或数个房间之间（如不同洁净度级别的房间之间）的具有两扇或多扇门的隔离空间。设置气锁间的目的是在人员或物料出入时，对气流进行控制。气锁间有人员气锁间和物料气锁间。 （二十七）确认，是指证明厂房、设施、设备能正确运行并可达到预期结果的一系列活动。 （二十八）退货，是指将兽药退还给企业的活动。 （二十九）文件，包括质量标准、工艺规程、操作规程、记录、报告等。 （三十）物料，是指原料、辅料和包装材料等。例如：化学药品制剂的原料是指原料药；生物制品的原料是指原材料；中药制剂的原料是指中药材、中药饮片和外购中药提取物；原料药的原料是指用于原料药生产的除包装材料以外的其他物料。 （三十一）物料平衡，是指产品或物料实际产量或实际用量及收集到的损耗之和与理论产量或理论用量之间的比较，并考虑可允许的偏差范围。 （三十二）污染，是指在生产、取样、包装或重新包装、贮存或运输等操作过程中，原辅料、中间产品、成品受到具有化学或微生物特性的杂质或异物的不利影响。 （三十三）验证，是指证明任何操作规程（方法）、生产工艺或系统能够达到预期结果的一系列活动。 （三十四）印刷包装材料，是指具有特定式样和印刷内容的包装材料，如印字铝箔、标签、说明书、纸盒等。 （三十五）原辅料，是指除包装材料之外，兽药生产中使用的任何物料。 （三十六）中间控制，也称过程控制，是指为确保产品符合有关标准，生产中对工艺过程加以监控，以便在必要时进行调节而做的各项检查。可将对环境或设备控制视作中间控制的一部分。 **第二百八十七条** 本规范自 2020 年 6 月 1 日起施行。具体实施要求另行公告。
	相关法律法规（8）	《种子法》（节录） （2000 年 7 月 8 日第九届全国人民代表大会常务委员会第十六次会议通过，根据 2004 年 8 月 28 日第十届全国人民代表大会常务委员会第十一次会议《关于修改〈中华人民共和国种子法〉的决定》第一次修正，根据 2013 年 6 月 29 日第十二届全国人民代表大会常务委员会第三次会议《关于修改〈中华人民共和国文物保护法〉等十二部法律的决定》第二次修正，根据 2015 年 11 月 4 日第十二届全国人民代表大会常务委员会第十七次会议修订，2021 年 12 月 24 日中华人民共和国第十三届全国人民代表大会常务委员会第三十二次会议通过《全国人民代表大会常务委员会关于修改〈中华人民共和国种子法〉的决定》，自 2022 年 3 月 1 日起施行） **第二条** 在中华人民共和国境内从事品种选育、种子生产经营和管理等活动，适用本法。 本法所称种子，是指农作物和林木的种植材料或者繁殖材料，包括籽粒、果实、根、茎、苗、芽、叶、花等。 **第三条** 国务院农业、林业主管部门分别主管全国农作物种子和林木种子工作；县级以上地方人民政府农业、林业主管部门分别主管本行政区域内农作物种子和林木种子工作。

|相关执法参考|相关法律法规（8）|各级人民政府及其有关部门应当采取措施，加强种子执法和监督，依法惩处侵害农民权益的种子违法行为。
第四条　国家扶持种质资源保护工作和选育、生产、更新、推广使用良种，鼓励品种选育和种子生产经营相结合，奖励在种质资源保护工作和良种选育、推广等工作中成绩显著的单位和个人。
第五条　省级以上人民政府应当根据科教兴农方针和农业、林业发展的需要制定种业发展规划并组织实施。
第六条　省级以上人民政府建立种子储备制度，主要用于发生灾害时的生产需要及余缺调剂，保障农业和林业生产安全。对储备的种子应当定期检验和更新。种子储备的具体办法由国务院规定。
第七条　转基因植物品种的选育、试验、审定和推广应当进行安全性评价，并采取严格的安全控制措施。国务院农业、林业主管部门应当加强跟踪监管并及时公告有关转基因植物品种审定和推广的信息。具体办法由国务院规定。
第八条　国家依法保护种质资源，任何单位和个人不得侵占和破坏种质资源。
禁止采集或者采伐国家重点保护的天然种质资源。因科研等特殊情况需要采集或者采伐的，应当经国务院或者省、自治区、直辖市人民政府的农业、林业主管部门批准。
第九条　国家有计划地普查、收集、整理、鉴定、登记、保存、交流和利用种质资源，定期公布可供利用的种质资源目录。具体办法由国务院农业、林业主管部门规定。
第十条　国务院农业、林业主管部门应当建立种质资源库、种质资源保护区或者种质资源保护地。省、自治区、直辖市人民政府农业、林业主管部门可以根据需要建立种质资源库、种质资源保护区、种质资源保护地。种质资源库、种质资源保护区、种质资源保护地的种质资源属公共资源，依法开放利用。
占用种质资源库、种质资源保护区或者种质资源保护地的，需经原设立机关同意。
第十一条　国家对种质资源享有主权，任何单位和个人向境外提供种质资源，或者与境外机构、个人开展合作研究利用种质资源的，应当向省、自治区、直辖市人民政府农业、林业主管部门提出申请，并提交国家共享惠益的方案；受理申请的农业、林业主管部门经审核，报国务院农业、林业主管部门批准。
从境外引进种质资源的，依照国务院农业、林业主管部门的有关规定办理。
第三十一条　从事种子进出口业务的种子生产经营许可证，由省、自治区、直辖市人民政府农业、林业主管部门审核，国务院农业、林业主管部门核发。
从事主要农作物杂交种子及其亲本种子、林木良种种子的生产经营以及实行选育生产经营相结合，符合国务院农业、林业主管部门规定条件的种子企业的种子生产经营许可证，由生产经营者所在地县级人民政府农业、林业主管部门审核，省、自治区、直辖市人民政府农业、林业主管部门核发。
前两款规定以外的其他种子的生产经营许可证，由生产经营者所在地县级以上地方人民政府农业、林业主管部门核发。
只从事非主要农作物种子和非主要林木种子生产的，不需要办理种子生产经营许可证。
第三十二条　申请取得种子生产经营许可证的，应当具有与种子生产经营相适应的生产经营设施、设备及专业技术人员，以及法规和国务院农业、林业主管部门规定的其他条件。
从事种子生产的，还应当同时具有繁殖种子的隔离和培育条件，具有无检疫性有害生物的种子生产地点或者县级以上人民政府林业主管部门确定的采种林。
申请领取具有植物新品种权的种子生产经营许可证的，应当征得植物新品种权所有人的书面同意。|

| 相关执法参考 | 相关法律法规（8） | 第三十三条　种子生产经营许可证应当载明生产经营者名称、地址、法定代表人、生产种子的品种、地点和种子经营的范围、有效期限、有效区域等事项。
前款事项发生变更的，应当自变更之日起三十日内，向原核发许可证机关申请变更登记。
除本法另有规定外，禁止任何单位和个人无种子生产经营许可证或者违反种子生产经营许可证的规定生产、经营种子。禁止伪造、变造、买卖、租借种子生产经营许可证。
第三十四条　种子生产应当执行种子生产技术规程和种子检验、检疫规程。
第三十五条　在林木种子生产基地内采集种子的，由种子生产基地的经营者组织进行，采集种子应当按照国家有关标准进行。
禁止抢采掠青、损坏母树，禁止在劣质林内、劣质母树上采集种子。
第三十六条　种子生产经营者应当建立和保存包括种子来源、产地、数量、质量、销售去向、销售日期和有关责任人员等内容的生产经营档案，保证可追溯。种子生产经营档案的具体载明事项，种子生产经营档案及种子样品的保存期限由国务院农业、林业主管部门规定。
第三十七条　农民个人自繁自用的常规种子有剩余的，可以在当地集贸市场上出售、串换，不需要办理种子生产经营许可证。
第三十八条　种子生产经营许可证的有效区域由发证机关在其管辖范围内确定。种子生产经营者在种子生产经营许可证载明的有效区域设立分支机构的，专门经营不再分装的包装种子的，或者受具有种子生产经营许可证的种子生产经营者以书面委托生产、代销其种子的，不需要办理种子生产经营许可证，但应当向当地农业、林业主管部门备案。
实行选育生产经营相结合，符合国务院农业、林业主管部门规定条件的种子企业的生产经营许可证的有效区域为全国。
第三十九条　未经省、自治区、直辖市人民政府林业主管部门批准，不得收购珍贵树木种子和本级人民政府规定限制收购的林木种子。
第四十条　销售的种子应当加工、分级、包装。但是不能加工、包装的除外。
大包装或者进口种子可以分装；实行分装的，应当标注分装单位，并对种子质量负责。
第四十一条　销售的种子应当符合国家或者行业标准，附有标签和使用说明。标签和使用说明标注的内容应当与销售的种子相符。种子生产经营者对标注内容的真实性和种子质量负责。
标签应当标注种子类别、品种名称、品种审定或者登记编号、品种适宜种植区域及季节、生产经营者及注册地、质量指标、检疫证明编号、种子生产经营许可证编号和信息代码，以及国务院农业、林业主管部门规定的其他事项。
销售授权品种种子的，应当标注品种权号。
销售进口种子的，应当附有进口审批文号和中文标签。
销售转基因植物品种种子的，必须用明显的文字标注，并应当提示使用时的安全控制措施。
种子生产经营者应当遵守有关法律、法规的规定，诚实守信，向种子使用者提供种子生产者信息、种子的主要性状、主要栽培措施、适应性等使用条件的说明、风险提示与有关咨询服务，不得作虚假或者引人误解的宣传。
任何单位和个人不得非法干预种子生产经营者的生产经营自主权。
第四十二条　种子广告的内容应当符合本法和有关广告的法律、法规的规定，主要性状描述等应当与审定、登记公告一致。
第四十三条　运输或者邮寄种子应当依照有关法律、行政法规的规定进行检疫。
第四十四条　种子使用者有权按照自己的意愿购买种子，任何单位和个人不得非法 |

相关执法参考	相关法律法规（8）	干预。 第四十五条　国家对推广使用林木良种造林给予扶持。国家投资或者国家投资为主的造林项目和国有林业单位造林，应当根据林业主管部门制定的计划使用林木良种。 第四十六条　种子使用者因种子质量问题或者因种子的标签和使用说明标注的内容不真实，遭受损失的，种子使用者可以向出售种子的经营者要求赔偿，也可以向种子生产者或者其他经营者要求赔偿。赔偿额包括购种价款、可得利益损失和其他损失。属于种子生产者或者其他经营者责任的，出售种子的经营者赔偿后，有权向种子生产者或者其他经营者追偿；属于出售种子的经营者责任的，种子生产者或者其他经营者赔偿后，有权向出售种子的经营者追偿。 第四十七条　农业、林业主管部门应当加强对种子质量的监督检查。种子质量管理办法、行业标准和检验方法，由国务院农业、林业主管部门制定。 农业、林业主管部门可以采用国家规定的快速检测方法对生产经营的种子品种进行检测，检测结果可以作为行政处罚依据。被检查人对检测结果有异议的，可以申请复检，复检不得采用同一检测方法。因检测结果错误给当事人造成损失的，依法承担赔偿责任。 第四十八条　农业、林业主管部门可以委托种子质量检验机构对种子质量进行检验。 承担种子质量检验的机构应当具备相应的检测条件、能力，并经省级以上人民政府有关主管部门考核合格。 种子质量检验机构应当配备种子检验员。种子检验员应当具有中专以上有关专业学历，具备相应的种子检验技术能力和水平。 第四十九条　禁止生产经营假、劣种子。农业、林业主管部门和有关部门依法打击生产经营假、劣种子的违法行为，保护农民合法权益，维护公平竞争的市场秩序。 下列种子为假种子： （一）以非种子冒充种子或者以此种品种种子冒充其他品种种子的； （二）种子种类、品种与标签标注的内容不符或者没有标签的。 下列种子为劣种子： （一）质量低于国家规定标准的； （二）质量低于标签标注指标的； （三）带有国家规定的检疫性有害生物的。 第五十条　农业、林业主管部门是种子行政执法机关。种子执法人员依法执行公务时应当出示行政执法证件。农业、林业主管部门依法履行种子监督检查职责时，有权采取下列措施： （一）进入生产经营场所进行现场检查； （二）对种子进行取样测试、试验或者检验； （三）查阅、复制有关合同、票据、账簿、生产经营档案及其他有关资料； （四）查封、扣押有证据证明违法生产经营的种子，以及用于违法生产经营的工具、设备及运输工具等； （五）查封违法从事种子生产经营活动的场所。 农业、林业主管部门依照本法规定行使职权，当事人应协助、配合，不得拒绝、阻挠。 农业、林业主管部门所属的综合执法机构或者受其委托的种子管理机构，可以开展种子执法相关工作。 第五十一条　种子生产经营者依法自愿成立种子行业协会，加强行业自律管理，维护成员合法权益，为成员和行业发展提供信息交流、技术培训、信用建设、市场营销和咨询等服务。 第五十二条　种子生产经营者可自愿向具有资质的认证机构申请种子质量认证。经认

相关执法参考	相关法律法规（8）	证合格的，可以在包装上使用认证标识。 第五十三条　由于不可抗力原因，为生产需要必须使用低于国家或者地方规定标准的农作物种子的，应当经用种地县级以上地方人民政府批准；林木种子应当经用种地省、自治区、直辖市人民政府批准。 第五十四条　从事品种选育和种子生产经营以及管理的单位和个人应当遵守有关植物检疫法律、行政法规的规定，防止植物危险性病、虫、杂草及其他有害生物的传播和蔓延。 禁止任何单位和个人在种子生产基地从事检疫性有害生物接种试验。 第五十五条　省级以上人民政府农业、林业主管部门应当在统一的政府信息发布平台上发布品种审定、品种登记、新品种保护、种子生产经营许可、监督管理等信息。 国务院农业、林业主管部门建立植物品种标准样品库，为种子监督管理提供依据。 第五十六条　农业、林业主管部门及其工作人员，不得参与和从事种子生产经营活动。 第九十一条　违反本法规定，构成犯罪的，依法追究刑事责任。

十、生产、销售不符合卫生标准的化妆品罪

罪名	生产、销售不符合卫生标准的化妆品罪（《刑法》第148条）
概念	生产、销售不符合卫生标准的化妆品罪，是指故意违反国家化妆品卫生管理法规，非法生产不符合卫生标准的化妆品，或者非法销售明知是不符合卫生标准的化妆品，造成严重后果的行为。
犯罪构成	**客体** 本罪侵犯的客体是双重客体，即国家对化妆品的卫生监督管理制度和不特定多数人的身体健康权利。国家为加强对化妆品的卫生监督、保证化妆品的卫生质量和使用安全，保障消费者的人身健康，制定了《产品质量法》《化妆品卫生标准》《化妆品安全技术规范》《化妆品卫生监督条例》《化妆品卫生监督条例实施细则》等一系列法律、法规，对产品质量的监督、化妆品生产的卫生标准、审查，批准化妆生产企业卫生许可证、化妆品卫生质量和使用安全监督、对进口化妆品的审查批准、对经营化妆品的卫生监督、生产者和经营者的产品质量责任和义务等作了全面的规定，形成了比较完整的化妆品卫生质量监督管理制度。同时，化妆品与食品、药品、医用器材一样，直接作用于人体，与人民群众的健康息息相关。生产、销售不符合卫生标准的化妆品行为不仅侵害了国家对化妆品的卫生监督管理制度，还侵害了不特定多数人的身体健康权利。 本罪侵害的对象是不符合卫生标准的化妆品。所谓化妆品是指以涂擦、喷洒或者其他类似的方法，散布于人体表面任何部位（皮肤、毛发、指甲、口唇等），以达到清洁、消除不良气味、护肤、美容和修饰目的的日用化学工业产品。化妆品的基本功能是清洁、美容和健康，其种类繁多，只要不符合国家规定的该种化妆品的卫生标准，就是不符合卫生标准的化妆品。这里的"不符合卫生标准"就是不符合国家制定的《化妆品卫生标准》及附表中相关化妆品有毒物质限量、禁用物质、限用物质、限用防腐剂、限用紫外线吸收剂、暂用着色剂等各种卫生标准。不符合卫生标准的化妆品的种类主要包括：（1）未取得化妆品生产企业卫生许可证的企业生产的化妆品；（2）无质量合格标记的化妆品；（3）标签没有标明产品名称、厂名和生产企业卫生许可证编号的化妆品；（4）小包装或者说明书没有说明生产日期和有效使用期限的化妆品；（5）超过使用期限的化妆品；（6）其他不符合卫生标准的化妆品。 **客观方面** 本罪在客观方面表现为违反国家化妆品卫生管理法规，非法生产不符合卫生标准的化妆品，或者非法销售明知是不符合卫生标准的化妆品，造成严重后果的行为。包括三点： 1. 行为人实施的行为必须是违反国家化妆品管理法规的行为。国家化妆品管理法规对生产、销售化妆品均有明确具体的要求：《化妆品卫生标准》明确规定了生产过程中各环节的卫生要求，特别是对微生物和有毒物质提出了具体的限量标准，同时在化妆品包装材料、化妆品标签及卫生指标的检测方面也作出明确规定。按照我国《标准化法》规定，涉及人体健康的标准是强制性标准，强制性标准是必须执行的标准。化妆品卫生标准是国家标准，是规范化妆品生产、经营行为的技术准则，是化妆品卫生监督的技术依据。《化妆品卫生监督条例》第8条规定，生产化妆品所需的原料、辅助材料以及直接接触化妆品的容器和包装材料必须符合国家卫生标准。第11条规定，生产企业的化妆品投放市场前，必须按照国家《化妆品卫生标准》，对产品进行卫生质量检验，对质量合格的产品应当附有合格标记。未经检验或者不符合卫生标准的产品不得出厂。《化妆品卫生监督条例实施细则》第11条第1款规定，特殊用途化妆品（指育发化妆品、染发化妆品、烫发化妆品、脱毛化妆品、美乳化妆品、健美化妆品、除臭化妆品、祛斑化妆品、防晒化妆品）投放市场前必须进行产品卫生安全性评价。第31条第（二）项规定，生产企业向经营单位推销

犯罪构成	客观方面	化妆品，应出示《化妆品生产企业卫生许可证》（复印件），经营单位应检查其产品标签上的《化妆品生产企业卫生许可证》编号和厂名是否与所持的《化妆品生产企业卫生许可证》（复印件）相符。第31条第（三）项规定，化妆品经营者在进货时应检查所进化妆品是否具有下列标记或证件。不具备下述标记或证件的化妆品不得进货并销售。1. 国产化妆品标签或小包装上应有《化妆品生产企业卫生许可证》编号，并具有企业产品出厂检验合格证，特殊用途化妆品还应具有国务院卫生行政部门颁发的批准文号。2. 进口化妆品应具有国务院卫生行政部门批准文件（复印件）。第31条第（四）项规定，出售散装化妆品应注意清洁卫生，防止污染。可见，如果化妆品产品的质量不符合卫生标准，不但起不到化妆品应有的作用，反而会影响或者损害人们的身心健康。 2. 实施了非法生产、销售不符合卫生标准的化妆品的行为。其中的非法生产不符合卫生标准的化妆品的行为，主要包括如下十种：一是，未取得"化妆品生产企业卫生许可证"的单位，非法生产化妆品。二是，化妆品生产企业不符合下列卫生要求而非法生产不符合卫生标准的化妆品的：生产企业应当建在清洁区域内，与有毒、有害场所保持符合卫生要求的间距；生产企业厂房的建筑应当坚固、清洁。车间内天花板、墙壁、地面应当采用光洁建筑材料，应当具有良好的采光（或照明），并应当具有防止和消除鼠害和其他有害昆虫及其滋生条件的设施和措施；生产企业应当设有与产品品种、数量相适应的化妆品原料、加工、包装、贮存等厂房或场所；生产车间应当有适合产品特点的相应的生产设施，工艺规程应当符合卫生要求；生产企业必须具有能对所生产的化妆品进行微生物检验的仪器设备和检验人员。三是，未取得健康证而直接从事化妆品生产的人员生产化妆品，《化妆品卫生监督条例》第7条第2款明确规定，凡患有手癣、指甲癣、手部湿疹、发生于手部的银屑病或者鳞屑、渗出性皮肤病以及患有痢疾、伤寒、病毒性肝炎、活动性肺结核等传染病的人员，不得直接从事化妆品生产活动。四是，生产化妆品所需要的原料、辅料以及直接接触化妆品的容器和包装材料不符合国家规定的卫生标准。五是，使用化妆品新原料（指在国内首次使用于化妆品生产的天然或人工原料）生产化妆品，未经国务院卫生行政部门批准。六是，生产特殊用途的化妆品即用于护发、养发、染发、烫发、脱毛、美乳、健美、防臭、祛斑、防晒的化妆品等，未经国务院卫生行政部门批准、取得批准文号。七是，化妆品标签上没有注明产品名称、厂名，或者没有注明生产企业化妆品生产许可证编号；小包装或者说明书上没有注明生产日期和有效使用期限。八是，对可能引起不良反应的化妆品，说明书上没有注明使用方法、注意事项。九是，生产的化妆品不符合化妆品卫生标准或生产的化妆品未经卫生质量检验。十是，其他在不符合卫生标准的情况下生产化妆品的行为。 其中的非法销售明知是不符合卫生标准的化妆品的行为，主要包括如下七种：一是，销售未取得化妆品生产许可证的企业所生产的化妆品。二是销售无质量合格标记的化妆品。三是，销售标签、小包装或者说明书不符合《化妆品卫生监督条例》第12条规定的化妆品。四是，销售未取得批准文号的特殊用途化妆品。五是，销售超过使用期限的化妆品。六是，销售未经国家商检部门检验合格并准许进口的进口化妆品。七是，销售其他不符合卫生标准的化妆品的行为。 3. 导致了"对人体健康造成严重危害"的后果，才能构成本罪。本罪为结果犯，即无后果不构成犯罪。根据司法解释规定，"对人体健康造成严重危害"包括：造成他人容貌毁损或者皮肤严重损伤的；造成他人器官组织损伤导致严重功能障碍的；致使他人精神失常或者自杀、自残造成重伤、死亡的；其他造成严重后果的情形。否则，虽有生产、销售行为但没有造成实际危害后果或者虽然造成危害后果但不属于严重后果；或者虽属严重后果但不是因为生产、销售的行为造成，如被害人使用不当等，则都不能构成本罪，构成犯罪的，亦应以他罪如生产、销售伪劣产品罪等论处。例如，某乡镇企业为了赚钱，在不具备生产化妆品条件的情况下，生产化妆品。该企业不仅卫生条件差，工艺上粗制滥

犯罪构成	客观方面	造，还使用对人体有害的原料。个体户杜某明知这种情况，但他贪图便宜，先后购进不少这样的产品，然后高价向消费者兜销。其中有多名女青年购买了这种"护肤霜"，用后脸上出现了大面积斑点，经多方治疗仍不见好转，造成脸部肌肉扭曲，容颜毁损的严重后果。本案中，不仅行为人杜某构成销售不符合卫生标准的化妆品罪，某乡镇企业及其直接负责的主管人员和其他责任人员也涉嫌构成生产、销售不符合卫生标准的化妆品罪。
	主体	本罪的主体是一般主体，自然人和单位都可构成本罪。凡达到法定刑事责任年龄且具有刑事责任能力的16周岁以上的自然人均可构成本罪，依刑法第150条之规定，单位亦能成为本罪主体，单位犯本罪时，实行两罚制。
	主观方面	本罪的主观方面只能由故意构成，包括直接故意和间接故意。即行为人故意生产不符合卫生标准的化妆品或者明知是不符合卫生标准的化妆品而故意销售。过失不能构成本罪。本罪的犯罪目的多为牟利，但本罪并不以此为构成要件。行为人的动机多种多样，有的为了营利，有的为了实施其他犯罪，不同的动机一般不影响本罪的定罪。
认定标准	刑罚标准	1. 犯本罪的，处3年以下有期徒刑或者拘役，并处或者单处销售金额百分之五十以上二倍以下罚金。 2. 单位犯本罪的，对单位判处罚金，并对其直接负责的主管人员和其他责任人员依上述规定处罚。 本罪为结果犯，即无后果不构成犯罪，只有实施了非法生产不符合卫生标准的化妆品，或者非法销售明知是不符合卫生标准的化妆品的行为，并导致了"对人体健康造成严重危害"的后果，才能构成本罪，应当适用第一档量刑条款。根据司法解释规定，"对人体健康造成严重危害"包括：造成他人容貌毁损或者皮肤严重损伤的；造成他人器官组织损伤导致严重功能障碍的；致使他人精神失常或者自杀、自残造成重伤、死亡的；其他造成严重后果的情形。
	本罪与违法行为的区别	1. 看生产、销售行为是否违反了国家化妆品卫生管理法规，如果行为人严格遵守了有关化妆品卫生管理法规的规定，即使生产、销售的化妆品给他人造成严重后果，也不构成犯罪。因为违反相关国家化妆品卫生管理法规是构成本罪的前提，没有违法就不能构成犯罪。 2. 看生产、销售不符合卫生标准的化妆品行为是否造成严重后果。依本条规定，生产、销售不符合卫生标准的化妆品的行为，只有造成严重后果的才构成犯罪；如果没有造成严重后果的，就不能构成本罪。如果没有造成严重后果，但销售金额在5万元以上的，就应按生产、销售伪劣产品罪定罪处罚。当然，如果既没有造成严重后果，销售金额在5万元以下的，也不构成犯罪，可给予行政处罚。 3. 看生产、销售行为是否出于故意，只有故意生产、销售不符合卫生标准的化妆品的，才可能成立本罪；如果是出于过失而生产、销售不符合卫生标准的化妆品的，则不可能构成本罪。
	本罪罪数的认定	本罪为选择性罪名，可根据行为方式的不同，分别确定不同的罪名。生产或者销售不符合卫生标准的化妆品行为，只要实施其中一种行为，即可构成本罪。如果行为人同时实施了这两种行为，或者生产、销售了多种不同的不符合卫生标准的化妆品，仍按一罪处理，而不实行数罪并罚。另外，如果生产者、销售者为了使不符合卫生标准的化妆品以合法形式进入市场，采取伪造有关许可证书、质量检验证书的方法，或者采取骗取有关部门的信任使其获得相应的合法证书的方法，或者采取向有关管理监督部门负责人或直接主管人员行贿、拉拢而骗取进入市场所必需的证件与证书等方法，而使自己生产、销售不符合卫生标准的化妆品的行为"合法化"，这就有可能同时触犯两个或两个以上罪名。这属于理论上的牵连犯，应当择一重罪从重处罚，而不按数罪并罚。

	本罪的共犯认定	如果生产者、销售者勾结起来，形成生产、销售不符合卫生标准的化妆品一条龙，对生产者、销售者均应以本罪的概括罪名即生产、销售不符合标准的化妆品罪定罪，而不是分别定生产不符合卫生标准的化妆品罪和销售不符合卫生标准的化妆品罪。然后，根据其所起作用大小，按有关共犯的处罚原则来处罚。另外，如果生产者采取欺骗手段，弄虚作假，使销售者不明真相，导致造成严重后果的，生产者单独承担刑事责任，而销售者不应承担刑事责任，与生产者不构成共犯关系。如果生产者或销售者为使自己生产、销售不符合卫生标准的化妆品行为合法化，采取与有关卫生监督部门勾结的方法，而致造成严重后果的，则有关卫生监督部门或其负责人或直接责任人员构成本罪共犯，应按照其所起作用，对其定罪处罚。如果该卫生监督主管部门的负责人或直接责任人员对生产者、销售者的行为漠不关心，只是在收受贿赂之后颁发有关生产、经营许可证或质量检验合格证书的，那就构成受贿罪，而不能以本罪共犯论处。
认定标准	此罪与彼罪的区别（1）	本罪与生产、销售伪劣产品罪的区别。 生产、销售伪劣产品罪，是指生产者、销售者在产品中掺杂、掺假，以假充真，以次充好或者以不合格产品冒充合格产品，销售金额达5万元以上的行为。两者属于特殊与一般的关系，不符合卫生标准的化妆品也属于伪劣产品，但两罪成立犯罪的标准不同。两罪主要区别有三个方面： 1. 犯罪客体不同。本罪侵犯的客体是双重客体，即国家对化妆品的卫生监督管理制度和不特定多数人的身体健康权利。后罪侵犯的客体属于单一客体，侵害的是国家有关产品质量管理制度。 2. 犯罪对象有所不同。本罪的对象只能是不符合卫生标准的化妆品。后罪的对象为一切伪劣产品，包括不符合卫生标准的化妆品在内。 3. 犯罪构成要求不同。本罪的犯罪构成要求造成严重后果的，才构成本罪。而后罪则是数额犯，其犯罪构成要求"销售金额在5万元以上"才构成。 根据《刑法》第149条第1款规定，实施了生产、销售不符合卫生标准的化妆品行为，由于未造成严重后果或者情节显著轻微危害不大，虽然不能构成生产、销售不符合卫生标准的化妆品罪，但是如果销售金额在5万元以上的，则成立生产、销售伪劣产品罪。当然，如果同时构成生产、销售不符合卫生标准的化妆品罪和生产、销售伪劣产品罪的，则根据《刑法》第149条第2款规定的精神，应按处罚较重的规定处罚。具体分为两种情况：其一，如果行为人生产、销售不符合卫生标准的化妆品，造成严重后果，销售金额在20万元以下，相比之下生产、销售伪劣产品罪处刑较轻（2年以下有期徒刑或者拘役）而刑法第148条的规定处刑较重（3年以下有期徒刑或者拘役），则应按生产、销售不符合标准的化妆品罪处罚；其二，如果其销售金额超过了20万元，则刑法第140条的规定处刑较重（2年以上7年以下有期徒刑），就应定生产、销售伪劣产品罪。
	此罪与彼罪的区别（2）	本罪与非法经营罪的区别。 非法经营罪，是指违反国家规定，未经许可经营法律、行政法规规定的专营、专卖物品或其他限制买卖的物品；买卖进出口许可证、进出口原产地证明以及其他法律、行政法规规定的经营许可证或者批准文件；未经国家有关主管部门批准，非法经营证券、期货或者保险业务的或者非法从事资金结算业务；在国家规定的交易场所以外非法买卖外汇；或者从事其他严重扰乱市场秩序的非法经营行为，扰乱市场秩序，情节严重的行为。两罪主要区别有四个方面： 1. 两罪侵害的客体不同。本罪侵犯的客体是双重客体，即国家对化妆品的卫生监督管理制度和不特定多数人的身体健康权利。后罪侵犯的客体是单一客体，即国家市场管理制度。 2. 两罪的行为方式不同。本罪行为是生产、销售不符合卫生标准的化妆品。而后罪行为是违反国家规定，未经许可经营法律、行政法规规定的专营、专卖物品或其他限制买

认定标准	此罪与彼罪的区别（2）	卖的物品；买卖进出口许可证、进出口原产地证明以及其他法律、行政法规规定的经营许可证或者批准文件；未经国家有关主管部门批准，非法经营证券、期货或者保险业务的或者非法从事资金结算业务；在国家规定的交易场所以外非法买卖外汇；或者从事其他严重扰乱市场秩序的非法经营行为。 3. 两罪的行为后果不同。本罪为结果犯，"造成严重后果"是法定的必须具备的构成条件。而后罪为情节犯，只有扰乱市场秩序，情节严重的非法经营行为才能构成犯罪。 4. 两罪的主观内容不同。本罪的主观方面只能由故意构成，包括直接故意和间接故意。后罪只能由直接故意构成，并且必须具有谋取非法利润的目的。
	此罪与彼罪的区别（3）	本罪与故意伤害罪的区别。 故意伤害罪，是指故意非法损害他人身体健康的行为。两罪主要区别有三个方面： 1. 两罪侵害的客体不同。本罪侵犯的客体是双重客体，即国家对化妆品的卫生监督管理制度和不特定多数人的身体健康权利。后罪侵犯的客体是单一客体，即特定的他人身体健康。 2. 两罪客观方面行为方式不同。本罪客观方面行为方式表现为非法生产、销售行为，即违反国家化妆品卫生管理法规，非法生产不符合卫生标准的化妆品，或者非法销售明知是不符合卫生标准的化妆品的行为。而后罪客观方面行为方式表现为非法伤害行为，即非法损害他人身体健康的行为。 3. 两罪的主观内容不同。本罪的主观方面由故意构成，包括直接故意和间接故意，罪过内容为故意生产不符合卫生标准的化妆品的或者明知是不符合卫生标准的化妆品而故意销售的心理态度，并不存在直接非法损害他人身体健康的心理态度。后罪的主观方面虽然也由故意构成，包括直接故意和间接故意，但罪过内容为非法损害他人身体健康的心理态度。
相关执法参考	刑法	中华人民共和国刑法（节录） （1979年7月1日第五届全国人民代表大会第二次会议通过，1997年3月14日第八届全国人民代表大会第五次会议修订，已先后被1999年12月25日《中华人民共和国刑法修正案》、2001年8月31日《中华人民共和国刑法修正案（二）》、2001年12月29日《中华人民共和国刑法修正案（三）》、2002年12月28日《中华人民共和国刑法修正案（四）》、2005年2月28日《中华人民共和国刑法修正案（五）》、2006年6月29日《中华人民共和国刑法修正案（六）》、2009年2月28日《中华人民共和国刑法修正案（七）》、2009年8月27日《全国人民代表大会常务委员会关于修改部分法律的决定》、2011年2月25日《中华人民共和国刑法修正案（八）》、2015年8月29日《中华人民共和国刑法修正案（九）》、2017年11月4日《中华人民共和国刑法修正案（十）》、2020年12月26日《中华人民共和国刑法修正案（十一）》修改或修正） **第一百四十八条** 生产不符合卫生标准的化妆品，或者销售明知是不符合卫生标准的化妆品，造成严重后果的，处三年以下有期徒刑或者拘役，并处或者单处销售金额百分之五十以上二倍以下罚金。 **第一百四十九条** 生产、销售本节第一百四十一条至第一百四十八条所列产品，不构成各该条规定的犯罪，但是销售金额在五万元以上的，依照本节第一百四十条的规定定罪处罚。 生产、销售本节第一百四十一条至第一百四十八条所列产品，构成各该条规定的犯罪，同时又构成本节第一百四十条规定之罪的，依照处罚较重的规定定罪处罚。 **第一百五十条** 单位犯本节第一百四十条至第一百四十八条规定之罪的，对单位判处罚金，并对其直接负责的主管人员和其他直接责任人员，依照各该条的规定处罚。

相关执法参考	相关法律法规（1）	最高人民检察院、公安部《关于公安机关管辖的刑事案件立案追诉标准的规定（一）》（节录） （2008年6月25日最高人民检察院、公安部文件公通字〔2008〕36号公布，自公布之日起施行） 　　第二十四条　[生产、销售不符合卫生标准的化妆品案（刑法第一百四十八条）]生产不符合卫生标准的化妆品，或者销售明知是不符合卫生标准的化妆品，涉嫌下列情形之一的，应予立案追诉： 　　（一）造成他人容貌毁损或者皮肤严重损伤的； 　　（二）造成他人器官组织损伤导致严重功能障碍的； 　　（三）致使他人精神失常或者自杀、自残造成重伤、死亡的； 　　（四）其他造成严重后果的情形。
	相关法律法规（2）	最高人民法院、最高人民检察院《关于办理生产、销售伪劣商品刑事案件具体应用法律若干问题的解释》（节录） （2001年4月5日最高人民法院审判委员会第1168次会议、2001年3月30日最高人民检察院第九届检察委员会第84次会议通过，自2001年4月10日起施行） 　　第九条　知道或者应当知道他人实施生产、销售伪劣商品犯罪，而为其提供贷款、资金、账号、发票、证明、许可证件，或者提供生产、经营场所或者运输、仓储、保管、邮寄等便利条件，或者提供制假生产技术的，以生产、销售伪劣商品犯罪的共犯论处。 　　第十条　实施生产、销售伪劣商品犯罪，同时构成侵犯知识产权、非法经营等其他犯罪的，依照处罚较重的规定定罪处罚。 　　第十一条　实施刑法第一百四十条至第一百四十八条规定的犯罪，又以暴力、威胁方法抗拒查处，构成其他犯罪的，依照数罪并罚的规定处罚。 　　第十二条　国家机关工作人员参与生产、销售伪劣商品犯罪的，从重处罚。
	相关法律法规（3）	《化妆品监督管理条例》 （2020年1月3日国务院第77次常务会议通过，2020年6月16日公布，自2021年1月1日起施行） 　　第一章　总　则 　　第一条　为了规范化妆品生产经营活动，加强化妆品监督管理，保证化妆品质量安全，保障消费者健康，促进化妆品产业健康发展，制定本条例。 　　第二条　在中华人民共和国境内从事化妆品生产经营活动及其监督管理，应当遵守本条例。 　　第三条　本条例所称化妆品，是指以涂擦、喷洒或者其他类似方法，施用于皮肤、毛发、指甲、口唇等人体表面，以清洁、保护、美化、修饰为目的的日用化学工业产品。 　　第四条　国家按照风险程度对化妆品、化妆品原料实行分类管理。 　　化妆品分为特殊化妆品和普通化妆品。国家对特殊化妆品实行注册管理，对普通化妆品实行备案管理。 　　化妆品原料分为新原料和已使用原料。国家对风险程度较高的化妆品新原料实行注册管理，对其他化妆品新原料实行备案管理。 　　第五条　国务院药品监督管理部门负责全国化妆品监督管理工作。国务院有关部门在各自职责范围内负责与化妆品有关的监督管理工作。 　　县级以上地方人民政府负责药品监督管理的部门负责本行政区域的化妆品监督管理工作。县级以上地方人民政府有关部门在各自职责范围内负责与化妆品有关的监督管理工作。 　　第六条　化妆品注册人、备案人对化妆品的质量安全和功效宣称负责。 　　化妆品生产经营者应当依照法律、法规、强制性国家标准、技术规范从事生产经营活

| 相关执法参考 | 相关法律法规（3） | 动，加强管理，诚信自律，保证化妆品质量安全。

第七条 化妆品行业协会应当加强行业自律，督促引导化妆品生产经营者依法从事生产经营活动，推动行业诚信建设。

第八条 消费者协会和其他消费者组织对违反本条例规定损害消费者合法权益的行为，依法进行社会监督。

第九条 国家鼓励和支持开展化妆品研究、创新，满足消费者需求，推进化妆品品牌建设，发挥品牌引领作用。国家保护单位和个人开展化妆品研究、创新的合法权益。

国家鼓励和支持化妆品生产经营者采用先进技术和先进管理规范，提高化妆品质量安全水平；鼓励和支持运用现代科学技术，结合我国传统优势项目和特色植物资源研究开发化妆品。

第十条 国家加强化妆品监督管理信息化建设，提高在线政务服务水平，为办理化妆品行政许可、备案提供便利，推进监督管理信息共享。

第二章 原料与产品

第十一条 在我国境内首次使用于化妆品的天然或者人工原料为化妆品新原料。具有防腐、防晒、着色、染发、祛斑美白功能的化妆品新原料，经国务院药品监督管理部门注册后方可使用；其他化妆品新原料应当在使用前向国务院药品监督管理部门备案。国务院药品监督管理部门可以根据科学研究的发展，调整实行注册管理的化妆品新原料的范围，经国务院批准后实施。

第十二条 申请化妆品新原料注册或者进行化妆品新原料备案，应当提交下列资料：

（一）注册申请人、备案人的名称、地址、联系方式；

（二）新原料研制报告；

（三）新原料的制备工艺、稳定性及其质量控制标准等研究资料；

（四）新原料安全评估资料。

注册申请人、备案人应当对所提交资料的真实性、科学性负责。

第十三条 国务院药品监督管理部门应当自受理化妆品新原料注册申请之日起3个工作日内将申请资料转交技术审评机构。技术审评机构应当自收到申请资料之日起90个工作日内完成技术审评，向国务院药品监督管理部门提交审评意见。国务院药品监督管理部门应当自收到审评意见之日起20个工作日内作出决定。对符合要求的，准予注册并发给化妆品新原料注册证；对不符合要求的，不予注册并书面说明理由。

化妆品新原料备案人通过国务院药品监督管理部门在线政务服务平台提交本条例规定的备案资料后即完成备案。

国务院药品监督管理部门应当自化妆品新原料准予注册之日起、备案人提交备案资料之日起5个工作日内向社会公布注册、备案有关信息。

第十四条 经注册、备案的化妆品新原料投入使用后3年内，新原料注册人、备案人应当每年向国务院药品监督管理部门报告新原料的使用和安全情况。对存在安全问题的化妆品新原料，由国务院药品监督管理部门撤销注册或者取消备案。3年期满未发生安全问题的化妆品新原料，纳入国务院药品监督管理部门制定的已使用的化妆品原料目录。

经注册、备案的化妆品新原料纳入已使用的化妆品原料目录前，仍然按照化妆品新原料进行管理。

第十五条 禁止用于化妆品生产的原料目录由国务院药品监督管理部门制定、公布。

第十六条 用于染发、烫发、祛斑美白、防晒、防脱发的化妆品以及宣称新功效的化妆品为特殊化妆品。特殊化妆品以外的化妆品为普通化妆品。

国务院药品监督管理部门根据化妆品的功效宣称、作用部位、产品剂型、使用人群等因素，制定、公布化妆品分类规则和分类目录。

第十七条 特殊化妆品经国务院药品监督管理部门注册后方可生产、进口。国产普通 |

| 相关执法参考 | 相关法律法规（3） | 化妆品应当在上市销售前向备案人所在地省、自治区、直辖市人民政府药品监督管理部门备案。进口普通化妆品应当在进口前向国务院药品监督管理部门备案。
第十八条　化妆品注册申请人、备案人应当具备下列条件：
（一）是依法设立的企业或者其他组织；
（二）有与申请注册、进行备案的产品相适应的质量管理体系；
（三）有化妆品不良反应监测与评价能力。
第十九条　申请特殊化妆品注册或者进行普通化妆品备案，应当提交下列资料：
（一）注册申请人、备案人的名称、地址、联系方式；
（二）生产企业的名称、地址、联系方式；
（三）产品名称；
（四）产品配方或者产品全成分；
（五）产品执行的标准；
（六）产品标签样稿；
（七）产品检验报告；
（八）产品安全评估资料。
注册申请人首次申请特殊化妆品注册或备案人首次进行普通化妆品备案的，应当提交其符合本条例第十八条规定条件的证明资料。申请进口特殊化妆品注册或者进行进口普通化妆品备案的，应当同时提交产品在生产国（地区）已经上市销售的证明文件以及境外生产企业符合化妆品生产质量管理规范的证明资料；专为向我国出口生产、无法提交产品在生产国（地区）已经上市销售的证明文件的，应当提交面向我国消费者开展的相关研究和试验的资料。
注册申请人、备案人应当对所提交资料的真实性、科学性负责。
第二十条　国务院药品监督管理部门依照本条例第十三条第一款规定的化妆品新原料注册审查程序对特殊化妆品注册申请进行审查。对符合要求的，准予注册并发给特殊化妆品注册证；对不符合要求的，不予注册并书面说明理由。已经注册的特殊化妆品在生产工艺、功效宣称等方面发生实质性变化的，注册人应当向原注册部门申请变更注册。
普通化妆品备案人通过国务院药品监督管理部门在线政务服务平台提交本条例规定的备案资料后即完成备案。
省级以上人民政府药品监督管理部门应当自特殊化妆品准予注册之日起、普通化妆品备案人提交备案资料之日起5个工作日内向社会公布注册、备案有关信息。
第二十一条　化妆品新原料和化妆品注册、备案前，注册申请人、备案人应当自行或者委托专业机构开展安全评估。
从事安全评估的人员应当具备化妆品质量安全相关专业知识，并具有5年以上相关专业从业经历。
第二十二条　化妆品的功效宣称应当有充分的科学依据。化妆品注册人、备案人应当在国务院药品监督管理部门规定的专门网站公布功效宣称所依据的文献资料、研究数据或者产品功效评价资料的摘要，接受社会监督。
第二十三条　境外化妆品注册人、备案人应当指定我国境内的企业法人办理化妆品注册、备案，协助开展化妆品不良反应监测、实施产品召回。
第二十四条　特殊化妆品注册证有效期为5年。有效期届满需要延续注册的，应当在有效期届满30个工作日前提出延续注册的申请。除有本条第二款规定情形外，国务院药品监督管理部门应当在特殊化妆品注册证有效期届满前作出准予延续的决定；逾期未作决定的，视为准予延续。
有下列情形之一的，不予延续注册：
（一）注册人未在规定期限内提出延续注册申请； |

（二）强制性国家标准、技术规范已经修订，申请延续注册的化妆品不能达到修订后标准、技术规范的要求。

第二十五条　国务院药品监督管理部门负责化妆品强制性国家标准的项目提出、组织起草、征求意见和技术审查。国务院标准化行政部门负责化妆品强制性国家标准的立项、编号和对外通报。

化妆品国家标准文本应当免费向社会公开。

化妆品应当符合强制性国家标准。鼓励企业制定严于强制性国家标准的企业标准。

第三章　生产经营

第二十六条　从事化妆品生产活动，应当具备下列条件：

（一）是依法设立的企业；

（二）有与生产的化妆品相适应的生产场地、环境条件、生产设施设备；

（三）有与生产的化妆品相适应的技术人员；

（四）有能对生产的化妆品进行检验的检验人员和检验设备；

（五）有保证化妆品质量安全的管理制度。

第二十七条　从事化妆品生产活动，应当向所在地省、自治区、直辖市人民政府药品监督管理部门提出申请，提交其符合本条例第二十六条规定条件的证明资料，并对资料的真实性负责。

省、自治区、直辖市人民政府药品监督管理部门应当对申请资料进行审核，对申请人的生产场所进行现场核查，并自受理化妆品生产许可申请之日起 30 个工作日内作出决定。对符合规定条件的，准予许可并发给化妆品生产许可证；对不符合规定条件的，不予许可并书面说明理由。

化妆品生产许可证有效期为 5 年。有效期届满需要延续的，依照《中华人民共和国行政许可法》的规定办理。

第二十八条　化妆品注册人、备案人可以自行生产化妆品，也可以委托其他企业生产化妆品。

委托生产化妆品的，化妆品注册人、备案人应当委托取得相应化妆品生产许可的企业，并对受委托企业（以下称受托生产企业）的生产活动进行监督，保证其按照法定要求进行生产。受托生产企业应当依照法律、法规、强制性国家标准、技术规范以及合同约定进行生产，对生产活动负责，并接受化妆品注册人、备案人的监督。

第二十九条　化妆品注册人、备案人、受托生产企业应当按照国务院药品监督管理部门制定的化妆品生产质量管理规范的要求组织生产化妆品，建立化妆品生产质量管理体系，建立并执行供应商遴选、原料验收、生产过程及质量控制、设备管理、产品检验及留样等管理制度。

化妆品注册人、备案人、受托生产企业应当按照化妆品注册或者备案资料载明的技术要求生产化妆品。

第三十条　化妆品原料、直接接触化妆品的包装材料应当符合强制性国家标准、技术规范。

不得使用超过使用期限、废弃、回收的化妆品或者化妆品原料生产化妆品。

第三十一条　化妆品注册人、备案人、受托生产企业应当建立并执行原料以及直接接触化妆品的包装材料进货查验记录制度、产品销售记录制度。进货查验记录和产品销售记录应当真实、完整，保证可追溯，保存期限不得少于产品使用期限届满后 1 年；产品使用期限不足 1 年的，记录保存期限不得少于 2 年。

化妆品经出厂检验合格后方可上市销售。

第三十二条　化妆品注册人、备案人、受托生产企业应当设质量安全负责人，承担相应的产品质量安全管理和产品放行职责。

| 相关执法参考 | 相关法律法规（3） | 质量安全负责人应当具备化妆品质量安全相关专业知识，并具有5年以上化妆品生产或者质量安全管理经验。
第三十三条　化妆品注册人、备案人、受托生产企业应当建立并执行从业人员健康管理制度。患有国务院卫生主管部门规定的有碍化妆品质量安全疾病的人员不得直接从事化妆品生产活动。
第三十四条　化妆品注册人、备案人、受托生产企业应当定期对化妆品生产质量管理规范的执行情况进行自查；生产条件发生变化，不再符合化妆品生产质量管理规范要求的，应当立即采取整改措施；可能影响化妆品质量安全的，应当立即停止生产并向所在地省、自治区、直辖市人民政府药品监督管理部门报告。
第三十五条　化妆品的最小销售单元应当有标签。标签应当符合相关法律、行政法规、强制性国家标准，内容真实、完整、准确。
进口化妆品可以直接使用中文标签，也可以加贴中文标签；加贴中文标签的，中文标签内容应当与原标签内容一致。
第三十六条　化妆品标签应当标注下列内容：
（一）产品名称、特殊化妆品注册证编号；
（二）注册人、备案人、受托生产企业的名称、地址；
（三）化妆品生产许可证编号；
（四）产品执行的标准编号；
（五）全成分；
（六）净含量；
（七）使用期限、使用方法以及必要的安全警示；
（八）法律、行政法规和强制性国家标准规定应当标注的其他内容。
第三十七条　化妆品标签禁止标注下列内容：
（一）明示或者暗示具有医疗作用的内容；
（二）虚假或者引人误解的内容；
（三）违反社会公序良俗的内容；
（四）法律、行政法规禁止标注的其他内容。
第三十八条　化妆品经营者应当建立并执行进货查验记录制度，查验供货者的市场主体登记证明、化妆品注册或者备案情况、产品出厂检验合格证明，如实记录并保存相关凭证。记录和凭证保存期限应当符合本条例第三十一条第一款的规定。
化妆品经营者不得自行配制化妆品。
第三十九条　化妆品生产经营者应当依照有关法律、法规的规定和化妆品标签标示的要求贮存、运输化妆品，定期检查并及时处理变质或者超过使用期限的化妆品。
第四十条　化妆品集中交易市场开办者、展销会举办者应当审查入场化妆品经营者的市场主体登记证明，承担入场化妆品经营者管理责任，定期对入场化妆品经营者进行检查；发现入场化妆品经营者有违反本条例规定行为的，应当及时制止并报告所在地县级人民政府负责药品监督管理的部门。
第四十一条　电子商务平台经营者应当对平台内化妆品经营者进行实名登记，承担平台内化妆品经营者管理责任，发现平台内化妆品经营者有违反本条例规定行为的，应当及时制止并报告电子商务平台经营者所在地省、自治区、直辖市人民政府药品监督管理部门；发现严重违法行为的，应当立即停止向违法的化妆品经营者提供电子商务平台服务。
平台内化妆品经营者应当全面、真实、准确、及时披露所经营化妆品的信息。
第四十二条　美容美发机构、宾馆等在经营中使用化妆品或者为消费者提供化妆品的，应当履行本条例规定的化妆品经营者义务。
第四十三条　化妆品广告的内容应当真实、合法。 |

化妆品广告不得明示或者暗示产品具有医疗作用，不得含有虚假或者引人误解的内容，不得欺骗、误导消费者。

第四十四条　化妆品注册人、备案人发现化妆品存在质量缺陷或者其他问题，可能危害人体健康的，应当立即停止生产，召回已经上市销售的化妆品，通知相关化妆品经营者和消费者停止经营、使用，并记录召回和通知情况。化妆品注册人、备案人应当对召回的化妆品采取补救、无害化处理、销毁等措施，并将化妆品召回和处理情况向所在地省、自治区、直辖市人民政府药品监督管理部门报告。

受托生产企业、化妆品经营者发现其生产、经营的化妆品有前款规定情形的，应当立即停止生产、经营，通知相关化妆品注册人、备案人。化妆品注册人、备案人应当立即实施召回。

负责药品监督管理的部门在监督检查中发现化妆品有本条第一款规定情形的，应当通知化妆品注册人、备案人实施召回，通知受托生产企业、化妆品经营者停止生产、经营。

化妆品注册人、备案人实施召回的，受托生产企业、化妆品经营者应当予以配合。

化妆品注册人、备案人、受托生产企业、经营者未依照本条规定实施召回或者停止生产、经营的，负责药品监督管理的部门责令其实施召回或者停止生产、经营。

第四十五条　出入境检验检疫机构依照《中华人民共和国进出口商品检验法》的规定对进口的化妆品实施检验；检验不合格的，不得进口。

进口商应当对拟进口的化妆品是否已经注册或者备案以及是否符合本条例和强制性国家标准、技术规范进行审核；审核不合格的，不得进口。进口商应当如实记录进口化妆品的信息，记录保存期限应当符合本条例第三十一条第一款的规定。

出口的化妆品应当符合进口国（地区）的标准或者合同要求。

第四章　监督管理

第四十六条　负责药品监督管理的部门对化妆品生产经营进行监督检查时，有权采取下列措施：

（一）进入生产经营场所实施现场检查；

（二）对生产经营的化妆品进行抽样检验；

（三）查阅、复制有关合同、票据、账簿以及其他有关资料；

（四）查封、扣押不符合强制性国家标准、技术规范或者有证据证明可能危害人体健康的化妆品及其原料、直接接触化妆品的包装材料，以及有证据证明用于违法生产经营的工具、设备；

（五）查封违法从事生产经营活动的场所。

第四十七条　负责药品监督管理的部门对化妆品生产经营进行监督检查时，监督检查人员不得少于2人，并应当出示执法证件。监督检查人员对监督检查中知悉的被检查单位的商业秘密，应当依法予以保密。被检查单位对监督检查应当予以配合，不得隐瞒有关情况。

负责药品监督管理的部门应当对监督检查情况和处理结果予以记录，由监督检查人员和被检查单位负责人签字；被检查单位负责人拒绝签字的，应当予以注明。

第四十八条　省级以上人民政府药品监督管理部门应当组织对化妆品进行抽样检验；对举报反映或者日常监督检查中发现问题较多的化妆品，负责药品监督管理的部门可以进行专项抽样检验。

进行抽样检验，应当支付抽取样品的费用，所需费用纳入本级政府预算。

负责药品监督管理的部门应当按照规定及时公布化妆品抽样检验结果。

第四十九条　化妆品检验机构按照国家有关认证认可的规定取得资质认定后，方可从事化妆品检验活动。化妆品检验机构的资质认定条件由国务院药品监督管理部门、国务院市场监督管理部门制定。

| 相关执法参考 | 相关法律法规（3） | 化妆品检验规范以及化妆品检验相关标准品管理规定，由国务院药品监督管理部门制定。
第五十条　对可能掺杂掺假或者使用禁止用于化妆品生产的原料生产的化妆品，按照化妆品国家标准规定的检验项目和检验方法无法检验的，国务院药品监督管理部门可以制定补充检验项目和检验方法，用于对化妆品的抽样检验、化妆品质量安全案件调查处理和不良反应调查处置。
第五十一条　对依照本条例规定实施的检验结论有异议的，化妆品生产经营者可以自收到检验结论之日起7个工作日内向实施抽样检验的部门或者其上一级负责药品监督管理的部门提出复检申请，由受理复检申请的部门在复检机构名录中随机确定复检机构进行复检。复检机构出具的复检结论为最终检验结论。复检机构与初检机构不得为同一机构。复检机构名录由国务院药品监督管理部门公布。
第五十二条　国家建立化妆品不良反应监测制度。化妆品注册人、备案人应当监测其上市销售化妆品的不良反应，及时开展评价，按照国务院药品监督管理部门的规定向化妆品不良反应监测机构报告。受托生产企业、化妆品经营者和医疗机构发现可能与使用化妆品有关的不良反应的，应当报告化妆品不良反应监测机构。鼓励其他单位和个人向化妆品不良反应监测机构或者负责药品监督管理的部门报告可能与使用化妆品有关的不良反应。
化妆品不良反应监测机构负责化妆品不良反应信息的收集、分析和评价，并向负责药品监督管理的部门提出处理建议。
化妆品生产经营者应当配合化妆品不良反应监测机构、负责药品监督管理的部门开展化妆品不良反应调查。
化妆品不良反应是指正常使用化妆品所引起的皮肤及其附属器官的病变，以及人体局部或者全身性的损害。
第五十三条　国家建立化妆品安全风险监测和评价制度，对影响化妆品质量安全的风险因素进行监测和评价，为制定化妆品质量安全风险控制措施和标准、开展化妆品抽样检验提供科学依据。
国家化妆品安全风险监测计划由国务院药品监督管理部门制定、发布并组织实施。国家化妆品安全风险监测计划应当明确重点监测的品种、项目和地域等。
国务院药品监督管理部门建立化妆品质量安全风险信息交流机制，组织化妆品生产经营者、检验机构、行业协会、消费者协会以及新闻媒体等就化妆品质量安全风险信息进行交流沟通。
第五十四条　对造成人体伤害或者有证据证明可能危害人体健康的化妆品，负责药品监督管理的部门可以采取责令暂停生产、经营的紧急控制措施，并发布安全警示信息；属于进口化妆品的，国家出入境检验检疫部门可以暂停进口。
第五十五条　根据科学研究的发展，对化妆品、化妆品原料的安全性有认识上的改变的，或者有证据表明化妆品、化妆品原料可能存在缺陷的，省级以上人民政府药品监督管理部门可以责令化妆品、化妆品新原料的注册人、备案人开展安全再评估或者直接组织开展安全再评估。再评估结果表明化妆品、化妆品原料不能保证安全的，由原注册部门撤销注册、备案部门取消备案，由国务院药品监督管理部门将该化妆品原料纳入禁止用于化妆品生产的原料目录，并向社会公布。
第五十六条　负责药品监督管理的部门应当依法及时公布化妆品行政许可、备案、日常监督检查结果、违法行为查处等监督管理信息。公布监督管理信息时，应当保守当事人的商业秘密。
负责药品监督管理的部门应当建立化妆品生产经营者信用档案。对有不良信用记录的化妆品生产经营者，增加监督检查频次；对有严重不良信用记录的生产经营者，按照规定实施联合惩戒。 |

第五十七条 化妆品生产经营过程中存在安全隐患，未及时采取措施消除的，负责药品监督管理的部门可以对化妆品生产经营者的法定代表人或者主要负责人进行责任约谈。化妆品生产经营者应当立即采取措施，进行整改，消除隐患。责任约谈情况和整改情况应当纳入化妆品生产经营者信用档案。

第五十八条 负责药品监督管理的部门应当公布本部门的网站地址、电子邮件地址或者电话，接受咨询、投诉、举报，并及时答复或者处理。对查证属实的举报，按照国家有关规定给予举报人奖励。

第五章 法律责任

第五十九条 有下列情形之一的，由负责药品监督管理的部门没收违法所得、违法生产经营的化妆品和专门用于违法生产经营的原料、包装材料、工具、设备等物品；违法生产经营的化妆品货值金额不足1万元的，并处5万元以上15万元以下罚款；货值金额1万元以上的，并处货值金额15倍以上30倍以下罚款；情节严重的，责令停产停业、由备案部门取消备案或者由原发证部门吊销化妆品许可证件，10年内不予办理其提出的化妆品备案或者受理其提出的化妆品行政许可申请，对违法单位的法定代表人或者主要负责人、直接负责的主管人员和其他直接责任人员处以其上一年度从本单位取得收入的3倍以上5倍以下罚款，终身禁止其从事化妆品生产经营活动；构成犯罪的，依法追究刑事责任：

（一）未经许可从事化妆品生产活动，或者化妆品注册人、备案人委托未取得相应化妆品生产许可的企业生产化妆品；

（二）生产经营或者进口未经注册的特殊化妆品；

（三）使用禁止用于化妆品生产的原料、应当注册但未经注册的新原料生产化妆品，在化妆品中非法添加可能危害人体健康的物质，或者使用超过使用期限、废弃、回收的化妆品或者原料生产化妆品。

第六十条 有下列情形之一的，由负责药品监督管理的部门没收违法所得、违法生产经营的化妆品和专门用于违法生产经营的原料、包装材料、工具、设备等物品；违法生产经营的化妆品货值金额不足1万元的，并处1万元以上5万元以下罚款；货值金额1万元以上的，并处货值金额5倍以上20倍以下罚款；情节严重的，责令停产停业、由备案部门取消备案或者由原发证部门吊销化妆品许可证件，对违法单位的法定代表人或者主要负责人、直接负责的主管人员和其他直接责任人员处以其上一年度从本单位取得收入的1倍以上3倍以下罚款，10年内禁止其从事化妆品生产经营活动；构成犯罪的，依法追究刑事责任：

（一）使用不符合强制性国家标准、技术规范的原料、直接接触化妆品的包装材料，应当备案但未备案的新原料生产化妆品，或者不按照强制性国家标准或者技术规范使用原料；

（二）生产经营不符合强制性国家标准、技术规范或者不符合化妆品注册、备案资料载明的技术要求的化妆品；

（三）未按照化妆品生产质量管理规范的要求组织生产；

（四）更改化妆品使用期限；

（五）化妆品经营者擅自配制化妆品，或者经营变质、超过使用期限的化妆品；

（六）在负责药品监督管理的部门责令其实施召回后拒不召回，或者在负责药品监督管理的部门责令停止或者暂停生产、经营后拒不停止或者暂停生产、经营。

第六十一条 有下列情形之一的，由负责药品监督管理的部门没收违法所得、违法生产经营的化妆品，并可以没收专门用于违法生产经营的原料、包装材料、工具、设备等物品；违法生产经营的化妆品货值金额不足1万元的，并处1万元以上3万元以下罚款；货值金额1万元以上的，并处货值金额3倍以上10倍以下罚款；情节严重的，责令停产停

| 相关执法参考 | 相关法律法规（3） | 业、由备案部门取消备案或者由原发证部门吊销化妆品许可证件，对违法单位的法定代表人或者主要负责人、直接负责的主管人员和其他直接责任人员处以其上一年度从本单位取得收入的1倍以上2倍以下罚款，5年内禁止其从事化妆品生产经营活动：
（一）上市销售、经营或者进口未备案的普通化妆品；
（二）未依照本条例规定设质量安全负责人；
（三）化妆品注册人、备案人未对受托生产企业的生产活动进行监督；
（四）未依照本条例规定建立并执行从业人员健康管理制度；
（五）生产经营标签不符合本条例规定的化妆品。
生产经营的化妆品的标签存在瑕疵但不影响质量安全且不会对消费者造成误导的，由负责药品监督管理的部门责令改正；拒不改正的，处2000元以下罚款。
第六十二条 有下列情形之一的，由负责药品监督管理的部门责令改正，给予警告，并处1万元以上3万元以下罚款；情节严重的，责令停产停业，并处3万元以上5万元以下罚款，对违法单位的法定代表人或者主要负责人、直接负责的主管人员和其他直接责任人员处1万元以上3万元以下罚款：
（一）未依照本条例规定公布化妆品功效宣称依据的摘要；
（二）未依照本条例规定建立并执行进货查验记录制度、产品销售记录制度；
（三）未依照本条例规定对化妆品生产质量管理规范的执行情况进行自查；
（四）未依照本条例规定贮存、运输化妆品；
（五）未依照本条例规定监测、报告化妆品不良反应，或者对化妆品不良反应监测机构、负责药品监督管理的部门开展的化妆品不良反应调查不予配合。
进口商未依照本条例规定记录、保存进口化妆品信息的，由出入境检验检疫机构依照前款规定给予处罚。
第六十三条 化妆品新原料注册人、备案人未依照本条例规定报告化妆品新原料使用和安全情况的，由国务院药品监督管理部门责令改正，处5万元以上20万元以下罚款；情节严重的，吊销化妆品新原料注册证或者取消化妆品新原料备案，并处20万元以上50万元以下罚款。
第六十四条 在申请化妆品行政许可时提供虚假资料或者采取其他欺骗手段的，不予行政许可，已经取得行政许可的，由作出行政许可决定的部门撤销行政许可，5年内不受理其提出的化妆品相关许可申请，没收违法所得和已经生产、进口的化妆品；已经生产、进口的化妆品货值金额不足1万元的，并处5万元以上15万元以下罚款；货值金额1万元以上的，并处货值金额15倍以上30倍以下罚款；对违法单位的法定代表人或者主要负责人、直接负责的主管人员和其他直接责任人员处以其上一年度从本单位取得收入的3倍以上5倍以下罚款，终身禁止其从事化妆品生产经营活动。
伪造、变造、出租、出借或者转让化妆品许可证件的，由负责药品监督管理的部门或者原发证部门予以收缴或者吊销，没收违法所得；违法所得不足1万元的，并处5万元以上10万元以下罚款；违法所得1万元以上的，并处违法所得10倍以上20倍以下罚款；构成违反治安管理行为的，由公安机关依法给予治安管理处罚；构成犯罪的，依法追究刑事责任。
第六十五条 备案时提供虚假资料的，由备案部门取消备案，3年内不予办理其提出的该项备案，没收违法所得和已经生产、进口的化妆品；已经生产、进口的化妆品货值金额不足1万元的，并处1万元以上3万元以下罚款；货值金额1万元以上的，并处货值金额3倍以上10倍以下罚款；情节严重的，责令停产停业直至由原发证部门吊销化妆品生产许可证，对违法单位的法定代表人或者主要负责人、直接负责的主管人员和其他直接责任人员处以其上一年度从本单位取得收入的1倍以上2倍以下罚款，5年内禁止其从事化妆品生产经营活动。 |

已经备案的资料不符合要求的,由备案部门责令限期改正,其中,与化妆品、化妆品新原料安全性有关的备案资料不符合要求的,备案部门可以同时责令暂停销售、使用;逾期不改正的,由备案部门取消备案。

备案部门取消备案后,仍然使用该化妆品新原料生产化妆品或者仍然上市销售、进口该普通化妆品的,分别依照本条例第六十条、第六十一条的规定给予处罚。

第六十六条 化妆品集中交易市场开办者、展销会举办者未依照本条例规定履行审查、检查、制止、报告等管理义务的,由负责药品监督管理的部门处 2 万元以上 10 万元以下罚款;情节严重的,责令停业,并处 10 万元以上 50 万元以下罚款。

第六十七条 电子商务平台经营者未依照本条例规定履行实名登记、制止、报告、停止提供电子商务平台服务等管理义务的,由省、自治区、直辖市人民政府药品监督管理部门依照《中华人民共和国电子商务法》的规定给予处罚。

第六十八条 化妆品经营者履行了本条例规定的进货查验记录等义务,有证据证明其不知道所采购的化妆品是不符合强制性国家标准、技术规范或者不符合化妆品注册、备案资料载明的技术要求的,收缴其经营的不符合强制性国家标准、技术规范或者不符合化妆品注册、备案资料载明的技术要求的化妆品,可以免除行政处罚。

第六十九条 化妆品广告违反本条例规定的,依照《中华人民共和国广告法》的规定给予处罚;采用其他方式对化妆品作虚假或者引人误解的宣传的,依照有关法律的规定给予处罚;构成犯罪的,依法追究刑事责任。

第七十条 境外化妆品注册人、备案人指定的在我国境内的企业法人未协助开展化妆品不良反应监测、实施产品召回的,由省、自治区、直辖市人民政府药品监督管理部门责令改正,给予警告,并处 2 万元以上 10 万元以下罚款;情节严重的,处 10 万元以上 50 万元以下罚款,5 年内禁止其法定代表人或者主要负责人、直接负责的主管人员和其他直接责任人员从事化妆品生产经营活动。

境外化妆品注册人、备案人拒不履行依据本条例作出的行政处罚决定的,10 年内禁止其化妆品进口。

第七十一条 化妆品检验机构出具虚假检验报告的,由认证认可监督管理部门吊销检验机构资质证书,10 年内不受理其资质认定申请,没收所收取的检验费用,并处 5 万元以上 10 万元以下罚款;对其法定代表人或者主要负责人、直接负责的主管人员和其他直接责任人员处以其上一年度从本单位取得收入的 1 倍以上 3 倍以下罚款,依法给予或者责令给予降低岗位等级、撤职或者开除的处分,受到开除处分的,10 年内禁止其从事化妆品检验工作;构成犯罪的,依法追究刑事责任。

第七十二条 化妆品技术审评机构、化妆品不良反应监测机构和负责化妆品安全风险监测的机构未依照本条例规定履行职责,致使技术审评、不良反应监测、安全风险监测工作出现重大失误的,由负责药品监督管理的部门责令改正,给予警告,通报批评;造成严重后果的,对其法定代表人或者主要负责人、直接负责的主管人员和其他直接责任人员,依法给予或者责令给予降低岗位等级、撤职或者开除的处分。

第七十三条 化妆品生产经营者、检验机构招用、聘用不得从事化妆品生产经营活动的人员或者不得从事化妆品检验工作的人员从事化妆品生产经营或者检验的,由负责药品监督管理的部门或者其他有关部门责令改正,给予警告;拒不改正的,责令停产停业直至吊销化妆品许可证件、检验机构资质证书。

第七十四条 有下列情形之一,构成违反治安管理行为的,由公安机关依法给予治安管理处罚;构成犯罪的,依法追究刑事责任:

(一)阻碍负责药品监督管理的部门工作人员依法执行职务;

(二)伪造、销毁、隐匿证据或者隐藏、转移、变卖、损毁依法查封、扣押的物品。

第七十五条 负责药品监督管理的部门工作人员违反本条例规定,滥用职权、玩忽职

相关法律法规（3）	守、徇私舞弊的，依法给予警告、记过或者记大过的处分；造成严重后果的，依法给予降级、撤职或者开除的处分；构成犯罪的，依法追究刑事责任。 第七十六条　违反本条例规定，造成人身、财产或者其他损害的，依法承担赔偿责任。 第六章　附　则 第七十七条　牙膏参照本条例有关普通化妆品的规定进行管理。牙膏备案人按照国家标准、行业标准进行功效评价后，可以宣称牙膏具有防龋、抑牙菌斑、抗牙本质敏感、减轻牙龈问题等功效。牙膏的具体管理办法由国务院药品监督管理部门拟订，报国务院市场监督管理部门审核、发布。 香皂不适用本条例，但是宣称具有特殊化妆品功效的适用本条例。 第七十八条　对本条例施行前已经注册的用于育发、脱毛、美乳、健美、除臭的化妆品自本条例施行之日起设置5年的过渡期，过渡期内可以继续生产、进口、销售，过渡期满后不得生产、进口、销售该化妆品。 第七十九条　本条例所称技术规范，是指尚未制定强制性国家标准、国务院药品监督管理部门结合监督管理工作需要制定的化妆品质量安全补充技术要求。 第八十条　本条例自2021年1月1日起施行。《化妆品卫生监督条例》同时废止。
相关执法参考	《化妆品安全技术规范2018》（2016年实施版本） （《化妆品安全技术规范2018》（2016年实施版本）（简称《技术规范》）是原卫生部印发的《化妆品卫生规范》（2007年版，简称《卫生规范》）的修订版。为了满足我国化妆品监管实际的需要，结合行业发展和科学认识的提高，国家食品药品监督管理总局组织完成了对《卫生规范》的修订工作，编制了《技术规范》（2015年版）。2015年11月经化妆品标准专家委员会全体会议审议通过，由国家食品药品监督管理总局批准颁布，自2016年12月1日起施行）
相关法律法规（4）	**范围** 本规范规定了化妆品的安全技术要求，包括通用要求、禁限用组分要求、准用组分要求以及检验评价方法等。 本规范适用于中华人民共和国境内生产和经营的化妆品（仅供境外销售的产品除外）。 **术语和释义** 下列术语和释义适用于本规范。 2.1　化妆品原料：化妆品配方中使用的成分。 2.2　化妆品新原料：在国内首次使用于化妆品生产的天然或人工原料。 2.3　禁用组分：不得作为化妆品原料使用的物质。 2.4　限用组分：在限定条件下可作为化妆品原料使用的物质。 2.5　防腐剂：以抑制微生物在化妆品中的生长为目的而在化妆品中加入的物质。 2.6　防晒剂：利用光的吸收、反射或散射作用，以保护皮肤免受特定紫外线所带来的伤害或保护产品本身而在化妆品中加入的物质。 2.7　着色剂：利用吸收或反射可见光的原理，为使化妆品或其施用部位呈现颜色而在化妆品中加入的物质，但不包括第三章表7中规定的染发剂。 2.8　染发剂：为改变头发颜色而在化妆品中加入的物质。 2.9　淋洗类化妆品：在人体表面（皮肤、毛发、甲、口唇等）使用后及时清洗的化妆品。 2.10　驻留类化妆品：除淋洗类产品外的化妆品。 2.11　眼部化妆品：宣称用于眼周皮肤、睫毛部位的化妆品。 2.12　口唇化妆品：宣称用于嘴唇部的化妆品。 2.13　体用化妆品：宣称用于身体皮肤（不含头面部皮肤）的化妆品。

2.14 肤用化妆品：宣称用于皮肤上的化妆品。

2.15 儿童化妆品：宣称适用于儿童使用的化妆品。

2.16 专业使用：在专门场所由经过专业培训的人员操作使用。

2.17 包装材料：直接接触化妆品原料或化妆品的包装容器材料。

2.18 安全性风险物质：由化妆品原料、包装材料、生产、运输和存储过程中产生或带入的，暴露于人体可能对人体健康造成潜在危害的物质。

化妆品安全通用要求

3.1 一般要求

3.1.1 化妆品应经安全性风险评估，确保在正常、合理的及可预见的使用条件下，不得对人体健康产生危害。

3.1.2 化妆品生产应符合化妆品生产规范的要求。化妆品的生产过程应科学合理，保证产品安全。

3.1.3 化妆品上市前应进行必要的检验，检验方法包括相关理化检验方法、微生物检验方法、毒理学试验方法和人体安全试验方法等。

3.1.4 化妆品应符合产品质量安全有关要求，经检验合格后方可出厂。

3.2 配方要求

3.2.1 化妆品配方不得使用本规范第二章表1和表2所列的化妆品禁用组分。

若技术上无法避免禁用物质作为杂质带入化妆品时，国家有限量规定的应符合其规定；

未规定限量的，应进行安全性风险评估，确保在正常、合理及可预见的适用条件下不得对人体健康产生危害。

3.2.2 化妆品配方中的原料如属于本规范第二章表3化妆品限用组分中所列的物质，使用要求应符合表中规定。

3.2.3 化妆品配方中所用防腐剂、防晒剂、着色剂、染发剂，必须是对应的本规范第三章表4至表7中所列的物质，使用要求应符合表中规定。

3.3 微生物学指标要求

化妆品中微生物指标应符合表1中规定的限值。

表1 化妆品中微生物指标限值

微生物指标	限值	备注
菌落总数（CFU/g 或 CFU/ml）	≤500	眼部化妆品、口唇化妆品和儿童化妆品
	≤1000	其他化妆品
霉菌和酵母菌总数（CFU/g 或 CFU/ml）	≤100	
耐热大肠杆菌/g（或 ml）	不得检出	
金黄色葡萄球菌/g（或 ml）	不得检出	
铜绿假单胞菌/g（或 ml）	不得检出	

3.4 有害物质限值要求

化妆品中有害物质不得超过表2中规定的限值

表2 化妆品中有害物质限值

有害物质	限值（mg/kg）	备注
汞	1	含有机汞防腐剂的眼部化妆品除外
铅	10	

		续表
有害物质	限值（mg/kg）	备注
砷	2	
镉	5	
甲醇	2000	
二恶烷	30	
石棉	不得检出	

3.5 包装材料要求

直接接触化妆品的包装材料应当安全，不得与化妆品发生化学反应，不得迁移或释放对人体产生危害的有毒有害物质。

3.6 标签要求

3.6.1 凡化妆品中所用原料按照本技术规范需在标签上标印使用条件和注意事项的，应按相应要求标注。

3.6.2 其他要求应符合国家有关法律法规和规章标准要求。

3.7 儿童用化妆品要求

3.7.1 儿童用化妆品在原料、配方、生产过程、标签、使用方式和质量安全控制等方面除满足正常的化妆品安全性要求外，还应满足相关特定的要求，以保证产品的安全性。

3.7.2 儿童用化妆品应在标签中明确适用对象。

3.8 原料要求

3.8.1 化妆品原料应经安全性风险评估，确保在正常、合理及可预见的使用条件下，不得对人体健康产生危害。

3.8.2 化妆品原料质量安全要求应符合国家相应规定，并与生产工艺和检测技术所达到的水平相适应。

3.8.3 原料技术要求内容包括化妆品原料名称、登记号（CAS 号和/或 EINECS 号、INCI 名称、拉丁学名等）、使用目的、适用范围、规格、检测方法、可能存在的安全性风险物质及其控制措施等内容。

3.8.4 化妆品原料的包装、储运、使用等过程，均不得对化妆品原料造成污染。直接接触化妆品原料的包装材料应当安全，不得与原料发生化学反应，不得迁移或释放对人体产生危害的有毒有害物质。对有温度、相对湿度或其他特殊要求的化妆品原料应按规定条件储存。

3.8.5 化妆品原料应能通过标签追溯到原料的基本信息（包括但不限于原料标准中文名称、INCI 名称、CAS 号和/或 EINECS 号）、生产商名称、纯度或含量、生产批号或生产日期、保质期等中文标识。属于危险化学品的化妆品原料，其标识应符合国家有关部门的规定。

3.8.6 动植物来源的化妆品原料应明确其来源、使用部位等信息。动物脏器组织及血液制品或提取物的化妆品原料，应明确其来源、质量规格，不得使用未在原产国获准使用的此类原料。

3.8.7 使用化妆品新原料应符合国家有关规定。

《化妆品卫生标准（GB 7916—87）》

(1987年5月28日中华人民共和国卫生部发布，自1987年10月1日起实施)

1 总则

1.1 为向广大消费者提供符合卫生要求的化妆品，确保化妆品的卫生质量和使用安全，加强化妆品的卫生监督管理，保障人民身体健康，特制定本标准。

1.2 化妆品系指涂、擦、散布于人体表面任何部位（如表皮、毛发、指甲、口唇等）或口腔粘膜，以达到清洁、护肤、美容和修饰目的的产品。

1.3 在国内从事化妆品生产、销售都必须遵守本标准。进口化妆品也必须符合本标准的规定。

1.4 地、市以上（含地、市）卫生防疫部门负责对辖区内的化妆品生产实行卫生监督；县以上（含县）卫生防疫部门负责对所辖区内的化妆品销售实行卫生监督。

1.5 在卫生部下设"化妆品安全性评审组"，负责对全国化妆品安全性的有关重大和疑难问题进行评审。其办事机构负责受理进口化妆品原料及化妆品产品的注册、登记、审查等事宜。

2 化妆品卫生标准

2.1 一般要求

2.1.1 化妆品必须外观良好，不得有异臭。

2.1.2 化妆品不得对皮肤和粘膜产生刺激和损伤作用。

2.1.3 化妆品必须无感染性，使用安全。

2.2 对原料的要求

2.2.1 禁止使用表2中所列物质为化妆品组分。

2.2.2 凡以表3至表6中所列物质为化妆品组分的，必须符合表中所作规定。

2.2.3 凡使用两种以上表3至表6中所列物质为化妆品组分时，必须符合如下规定：具有同类作用的物质，其用量与表中规定限量之比的总和不得大于1。

2.3 对产品的要求

2.3.1 化妆品的微生物学质量应符合下述规定：

2.3.1.1 眼部、口唇、口腔粘膜用化妆品以及婴儿和儿童用化妆品细菌总数不得大于500个/ml或500个/g。

2.3.1.2 其他化妆品细菌总数不得大于1000个/ml或1000个/g。

2.3.1.3 每克或每毫升产品中不得检出粪大肠菌群、绿脓杆菌和金黄色葡萄球菌。

2.3.2 化妆品中所含有毒物质不得超过表1中规定的限量。

2.4 化妆品包装材料必须无毒和清洁。

2.5 化妆品标签上应用中文注明产品名称、生产企业、产地，包装上要注明批号。对含药物化妆品或可能引起不良反应的化妆品尚需注明使用方法和注意事项。

2.6 对演员化妆品的某些特殊要求另订。

3 化妆品的卫生检验和监督

3.1 对化妆品卫生指标的检验按（GB 7917.1~7917.4—87）《化妆品卫生化学标准检验方法》和（GB 7918.1~7918.5—87）《化妆品微生物标准检验方法》进行。

3.2 对化妆品原料和产品的安全性评价按 GB 7919—87《化妆品安全性评价程序和方法》进行。

3.3 化妆品监督部门有权派员到所辖区化妆品生产厂检查生产过程的卫生情况以及抽样检查产品的卫生质量。

3.4 监督人员抽检的样品，必须立即贴上封条，并贴标签注明采样地点、日期、采样人和其他有关事项。

3.5 监督部门应有计划地对化妆品生产和销售的卫生管理和产品的安全卫生问题进

相关执法参考	相关法律法规（5）	行不定期的检查。 附加说明： 本标准由中华人民共和国卫生部和轻工部提出，由中国预防医学科学院环境卫生监测所归口。 本标准由"化妆品卫生标准"起草小组负责起草。 本标准主要起草人秦钰慧、尹先仁、姜正德、刘燕华。 本标准由卫生部负责管理，由中国预防医学科学院环境卫生监测所负责解释。 表1　化妆品中有毒物质限量 表2　化妆品组分中禁用物质（略） 表3　化妆品组分中限用物质（略） 表4　化妆品组分中限用防腐剂（略） 表5　化妆品组分中限用紫外线吸收剂（略） 表6　化妆品组分中暂用着色剂（略） 表1　化妆品中有毒物质限量 | 有毒物质	限量，mg/kg	备注
汞	1	含有机汞防腐剂的眼部化妆品除外
铅	40	含乙酸铅的染发剂除外
砷	10	
甲醇	2000		

第二章 侵犯知识产权的犯罪

十一、假冒注册商标罪

罪名	假冒注册商标罪（《刑法》第213条）
概念	假冒注册商标罪，是指违反国家商标管理法规，未经注册商标所有人许可，在同一种商品、服务上使用与其注册商标相同的商标，情节严重的行为。
犯罪构成	**客体** 本罪侵犯的客体是双重客体，即国家商标管理制度和他人的注册商标专用权。商标专用权是商标权人依法对自己已注册商标的专有使用权，是商标法保护注册商标的核心内容，主要包括使用权、转让权、继承权和使用许可权。我国《商标法》明确指出要保护商标专用权。如该法第4条规定，自然人、法人或者其他组织在生产经营活动中，对其商品或者服务需要取得商标专用权的，应当向商标局申请商标注册。第57条第1项规定，未经商标注册人的许可，在同一种商品上使用与其注册商标相同的商标的，属于侵犯注册商标专用权。第67条第1款规定，未经商标注册人许可，在同一种商品上使用与其注册商标相同的商标，构成犯罪的，除赔偿被侵权人的损失外，依法追究刑事责任。假冒他人已经注册的注册商标，不仅侵害了国家对商标的管理制度，也侵害了他人的注册商标专用权。 本罪的犯罪对象是他人已经注册的有效商品商标，包括商品商标、服务商标。所谓商标，俗称"牌子"，是指企业、事业单位和个体工商业者等自然人、法人或者其他组织对其生产、制造、加工、拣选或者经销的商品或者对其提供的服务项目上采用的，由文字、图形、字母、数字、三维标志、颜色组合和声音等要素的组合构成，能够将其商品或者提供的服务与他人的商品或者提供的服务区别开来以维护其质量信誉、防止他人假冒的，具有其商品或服务项目的显著特征的通常附注在商品或者其包装上的可视性标志。申请注册的商标，应当有显著特征，便于识别，并不得与他人在先取得的合法权利相冲突。中国对商标专用权的取得采用注册原则，即按申请注册的先后来确定商标权的归属，即谁先申请商标注册，商标权就授予谁。由于采用注册原则，只有注册商标才受商标法保护，没有注册的商标不在保护之列。商标具有三个特征：第一，商标是商品或者服务上使用的标记；第二，商标是区别商品或者服务来源的标记；第三，商标是以文字、图形等元素组合构成，具有显著特征。根据商标法规定，下列标志不得作为商标使用：同中华人民共和国的国家名称、国旗、国徽、国歌、军旗、军徽、军歌、勋章等相同或者近似的，以及同中央国家机关的名称、标志、所在地特定地点的名称或者标志性建筑物的名称、图形相同的；同外国的国家名称、国旗、国徽、军旗等相同或者近似的，但经该国政府同意的除外；同政府间国际组织的名称、旗帜、徽记等相同或者近似的，但经该组织同意或者不易误导公众的除外；与表明实施控制、予以保证的官方标志、检验印记相同或者近似的，但经授权的除外；同"红十字""红新月"的名称、标志相同或者近似的；带有民族歧视性的；带有欺骗性，容易使公众对商品的质量等特点或者产地产生误认的；有害于社会主义道德风尚或者有其他不良影响的。在中国，按照不同的标准可对注册商标进行不同的分类：根据

犯罪构成		
	客体	商标使用的对象来看，中国商标可分为商品商标与服务商标两大类；按照商标的构成要素，中国的商标可分为文字商标、图形商标、字母商标、数字商标、三维标志商标、声音、颜色组合商标和组合商标；按照中国商标注册申请书表格中通用的商标种类，可将商标划分为一般商标、集体商标和证明商标三类。商标一经商标局核准注册，便成为注册商标，商标注册人便对其注册商标享有商标专用权，受到法律的保护，任何单位和个人不得假冒。但对于未经注册的商标或虽经注册，但已超过商标注册的有效期限或因违法行为被注销的注册商标，法律不予保护，即使有人假冒，也不构成所谓侵权。根据刑法规定，假冒注册商标罪的犯罪对象只包括商品商标，不包括服务商标。所谓服务商标又叫服务标志，是服务行业经营者为了将自己提供的服务和他人提供的相同或类似的服务相区别而使用的专门标记。因此，能成为本罪对象的商标必须符合下列条件：第一，是商品商标及服务商标。第二，是已注册的商标，非注册的商标即使有人假冒，也不构成侵权，更不能成立犯罪。第三，是他人的商标，对于自己使用的商标，自然谈不上假冒。第四，是未超过有效期限的有效商标。根据我国商标法规定，注册商标的有效期限为10年。注册商标有效期满，需要继续使用的，商标注册人应当在期满前12个月内按照规定办理续展手续；在此期间未能办理的，可以给予6个月的宽展期。每次续展注册的有效期为10年，自该商标上一届有效期满次日起计算。期满未办理续展手续的，注销其注册商标。如果期满内未申请续展注册或者因违法被注销的商标，不能成为本罪对象。第五，根据罪刑法定原则精神，集体商标和证明商标不同于商品商标，其不能成为本罪对象。集体商标、证明商标注册和管理的特殊事项，由国务院工商行政管理部门规定。所谓集体商标，是指以团体、协会或者其他组织名义注册，供该组织成员在商事活动中使用，以表明使用者在该组织中的成员资格的标志。所谓证明商标，是指由对某种商品或者服务具有监督能力的组织所控制，而由该组织以外的单位或者个人使用于其商品或者服务，用以证明该商品或者服务的原产地、原料、制造方法、质量或者其他特定品质的标志。
	客观方面	本罪在客观方面表现为未经注册商标所有人许可，在同一种商品、服务上使用与其注册商标相同的商标，情节严重的行为。具体来讲，本罪的客观方面包括以下三点： 1. 违反国家商标管理法规，使用他人注册商标而未经注册商标所有人许可。根据《商标法》的规定，商标所有人可以允许他人在其商品上使用其注册商标。如该法第43条规定，商标注册人可以通过签订商标使用许可合同，许可他人使用其注册商标。许可人应当监督被许可人使用其注册商标的商品质量。被许可人应当保证使用该注册商标的商品质量。经许可使用他人注册商标的，必须在使用该注册商标的商品上标明被许可人的名称和商品产地。许可他人使用其注册商标的，许可人应当将其商标使用许可报商标局备案，由商标局公告。商标使用许可未经备案不得对抗善意第三人。经过注册商标所有人许可，在同一种商品上使用该注册商标的，是合法行为。但未经注册商标所有人许可，不得在相同或相似的商品上使用与他人注册商标相同或类似的商标。经商标局审核并准予注册的商标，便是注册商标，享有商标专用权，这是注册商标专用权的内容之一。未经注册商标所有人许可包括以下具体情形：行为人从未获得过注册商标所有人使用其注册商标的许可，即商标所有权人未在任何时间以任何方式许可行为人使用其注册商标；行为人虽然曾经获得过注册商标所有人的使用许可，但在许可使用合同规定的使用期限届满后，仍然继续使用注册商标所有人的商标；行为人虽然曾经获得注册商标所有人的使用许可，但由于被许可人不能保证使用该商标的商品的质量等原因导致许可合同提前解除，行为人在合同解除后仍然继续使用该注册商标；行为人虽然获得了注册商标所有人的使用许可，但超越许可使用注册商标的商品范围使用；行为人虽然获得了注册商标所有人的使用许可，但超越许可使用注册商标的地域范围而使用。 2. 行为人未经注册商标所有人许可在同一种商品、服务上使用与他人注册商标相同的商标。一方面，行为人使用商标的商品与注册商标的商品必须是同一种商品；另一方

| 犯罪构成 | 客观方面 | 面，行为人所使用的商标与他人的注册商标相同。根据《商标法实施条例》规定，使用注册商标，可以在商品、商品包装、说明书或者其他附着物上标明"注册商标"或者注册标记。注册标记包括（○里加注）和（○里加R）。使用注册标记，应当标注在商标的右上角或者右下角。其一，这里的同一种商品，一般指名称相同的商品，或名称虽不相同但所指的商品是相同的商品。关于同一种商品的认定，根据商标法的规定，应按照商品的原料、形状、性能、用途等因素以及习惯来判断，有些商品的原料、外观不相同，但从消费者情况考虑，在本质上有同一性，应视为同一种商品。如：收音机、录音机、电唱机，用途结构不同，但在组合音响这一概念上属于同一商品。又如：自行车用的车架、车条、车轮、车圈用途不同，但在自行车零部件这一概念上也应属于同一商品。因此，同一种商品的概念并不是指完全一样的相同商品。其二，这里的使用，是指将注册商标或者假冒的注册商标用于商品、商品包装或者容器以及产品说明书、商品交易文书，或者将注册商标或者假冒的注册商标用于广告宣传、展览以及其他商业活动等行为。简单来说就是附着于商品的商标使用。它既可能是表现为将他人注册商标于商品的包装上，也可能表现为将其标于商品本身，但都必须是在同一种商品上使用与他人注册商标相同的商标。使用商标的商品应当不仅包括进入市场的商品，也包括为销售而储存、运输、展览的商品。其三，这里的他人，是指向商标局申请商标注册，并依法取得商标专用权的企业、事业单位及个体工商业者，包括外国企业和外国人。其四，这里的商标注册，是指商标所有人为了取得商标专用权，将其使用的商标，依照法律规定的注册条件、原则和程序，向商标局提出注册申请，商标局经过审核，准予注册的法律事实。我国除对香烟、药品等商品实行强制注册外，其他多数商品均采取自愿注册原则。其五，这里的相同的商标，是指与被假冒的注册商标完全相同，或者与被假冒的注册商标在视觉上基本无差别、足以对公众产生误导的商标。对于相同的认定，则应以是否足以使一般消费者误认为是注册商标为标准。商标的构成要素是文字、图形或者文字与图形的组合，故应从商标的读音、外观、意义等方面来识别商标。只要足以使一般消费者误认为是相同的商标，就可以认定为相同。

3. 假冒注册商标的行为必须具备情节严重的情形，才能成立犯罪。本罪属于情节犯，如果假冒注册商标的行为不具备情节严重的情形，就不能成立犯罪。根据有关司法解释规定，未经注册商标所有人许可，在同一种商品上使用与其注册商标相同的商标，涉嫌下列情形之一的就属于情节严重：非法经营数额在5万元以上或者违法所得数额在3万元以上的；假冒两种以上注册商标，非法经营数额在3万元以上或者违法所得数额在2万元以上的；其他情节严重的情形。例如，2000年4月被告人段修民向位于上海市翔殷路280弄180号的祥东汽车修理厂借得其厂内西侧平房处一间约15平方米的房间作为工厂，于同年7月委托他人招得安徽民工5名，并买入大型远红外收缩包装机1台，在该处生产冒牌香烟。同年8月2日上午，公安机关从该处查获假冒的硬壳"中华"牌香烟500条，货值金额计人民币16.5万元；假冒"中华"牌散装烟12条，货值金额计人民币3900余元；以及一批价值人民币900余元的商标纸、条盒纸、内衬纸、透明纸等冒牌包装材料。被告人段修民未经烟草制品注册商标所有人许可，擅自使用他人烟草制品注册商标标识生产假冒香烟，情节严重，构成假冒注册商标罪，最后法院判处被告人段修民有期徒刑2年6个月，并处罚金人民币1万元。 |
| | 主体 | 本罪的主体为一般主体，自然人和单位均能成为本罪主体。就自然人而言，只要行为人达到了16周岁以上法定刑事责任年龄，具有刑事责任能力，实施了假冒注册商标的行为，即可构成犯罪。就单位而言，单位实施了假冒他人注册商标的行为，构成犯罪的，实行双罚制，即对单位判处罚金，对直接负责的主管人员和其他直接责任人员依法追究刑事责任。 |

犯罪构成	主观方面	本罪在主观方面表现为故意，即行为人明知是他人的注册商标，未经注册商标所有人的许可，希望或者放任在同一种商品上使用与该注册商标相同的商标的心理态度。一般情况下，行为人都具有获利的目的，但以营利为目的不是刑法规定的构成要件内容。因此，不论是出于什么目的或动机，均不影响本罪的构成。如果是出于过失，即确实不知道自己所使用的商标是他人已注册的商标，也不构成本罪，可以按一般的商标侵权行为处理。
	刑罚标准	1. 犯本罪的，处3年以下有期徒刑或者拘役，并处或者单处罚金； 2. 情节特别严重的，处3年以上10年以下有期徒刑，并处罚金； 3. 单位犯本罪的，对单位判处罚金，并对其直接负责的主管人员和其他直接责任人员，依照上述规定处罚。 本罪为情节犯，只要实施了假冒注册商标的行为，并具备情节严重的情形，才能成立犯罪，即适用第一档量刑条款。根据司法解释规定，这里的情节严重包括：非法经营数额在5万元以上或者违法所得数额在3万元以上的；假冒两种以上注册商标，非法经营数额在3万元以上或者违法所得数额在2万元以上的；其他情节严重的情形。 构成本罪，并具备情节特别严重的，适用第二档量刑条款。根据有关司法解释规定，这里的情节特别严重包括：非法经营数额在25万元以上或者违法所得数额在15万元以上的；假冒两种以上注册商标，非法经营数额在15万元以上或者违法所得数额在10万元以上的；其他情节特别严重的情形。 对于单位实施本罪，应当根据2007年"两高"有关司法解释的规定，单位实施刑法第213条至第219条规定的行为，按照相应个人犯罪的定罪量刑标准定罪处罚。
认定标准	本罪与非罪的区别	1. 看客体是否被侵害。本罪侵犯的客体是国家对商标的管理制度和他人的注册商标专用权。对于行为没有侵犯到注册商标的专用权，是不存在客体被侵犯情况的。如注册商标所有人没有正确使用其注册商标，而行为人假冒其实际使用的、与注册商标不同的商标，情节再严重也谈不上负刑事责任问题，因为行为实质上并没有侵犯注册商标的专用权，只能作为一般违法行为论处。 2. 看行为对象是否符合。成立假冒注册商标罪的行为对象条件必须为假冒商标；如果行为人假冒注册商标的行为对象不属于假冒商标，则不能成立犯罪或者不构成假冒注册商标罪。实践中，由于假冒装潢的行为对象并非假冒商标，因此一般不能作为犯罪或者本罪来处理。商品装潢是在商品包装上使用的装饰，所谓假冒装潢，是指用线条、色彩、图案以及文字等来假冒他人装潢和包装，达到以假乱真，蒙骗消费者的目的。装潢和商标二者是不同的，这类假冒行为并不构成犯罪。但如果装潢中的要素成为商标的内容则另当别论，国家商标局为了加强对名优酒类商标专用权的保护，根据企业的要求，将十三家酒厂的名优酒的瓶贴装潢中起到商标作用的部分，作为商标予以注册，相关企业就具有包括瓶贴在内的注册商标享有专用权，因此，如果任何单位和个人假冒这十三家名酒瓶贴的行为，就属于假冒注册商标行为，达到"情节严重"的程度，就可能构成本罪。 3. 看客观情节。本罪属于情节犯。行为人实施了未经注册商标所有人许可，在同一种商品、服务上使用与其相同的商标的行为，必须达到"情节严重"的程度，方可构成犯罪。如虽然未经商标所有人许可，在同一种商品、服务上使用与他人注册商标相同的商标，但违法所得数额不大，同时也不具备其他严重情节的，则属于情节显著轻微危害不大的情形，则不能成立犯罪，只属于一般的商标侵权行为。例如，2001年1月初，被告人朱某向他人购进大量假冒"中华"牌卷烟，分别藏于上海市凤城一村36号2室其住处及同号1室邻居家中，伺机销售。同年1月4日，烟草专卖稽查人员至上述地点，缴获假冒的"中华"牌卷烟1328条货值金额为39.84万元，属于拟销售的数额巨大（25万元以上）。经上海市烟草质量监督检测站鉴定，上述卷烟均系假冒商品。被告人朱某构成销售假冒注册商标的商品罪（未遂），被判处有期徒刑3年零6个月，并处罚金人民币15000元。

认定标准	本罪与非罪的区别	4. 看主观罪过内容如何。本罪只能主观出于故意才能成立犯罪；如果出于过失，则不能成立本罪。如不知道某一商标已被他人注册，或者是自己首先使用的商标没有注册，却被他人抢先注册，自己在不知情的情况下仍继续使用的，都不构成本罪。
	本罪罪数的认定	根据相关司法解释规定，实施假冒注册商标犯罪，又销售该假冒注册商标的商品，构成犯罪的，应当以假冒注册商标罪定罪处罚。实施假冒注册商标犯罪，又销售明知是他人的假冒注册商标的商品，构成犯罪的，应当实行数罪并罚。例如，被告人李某某、马某某系一集体性质的油漆厂负责人，李某某负责该厂原料采购和产品推销业务，马某某则负责产品加工。由于该厂生产的油漆不是名牌产品，因而长期滞销导致油漆厂经营效益不好。为了把油漆销出去，李某某和马某某决定假冒青岛油漆厂的"建设牌"注册商标出售本厂产品。他们先找人仿描"建设牌"商标图样，再私自印制青岛油漆厂"建设牌"酚醛调和漆漏板，刷制20公斤装漆桶300余个，装漆278桶。销售了其中278桶后案发。本案应认定李某某、马某某构成假冒注册商标罪，不宜按照假冒注册商标罪和销售假冒注册商标的商品罪两罪来认定，并实行数罪并罚。
	本罪共犯的认定	二人以上故意实施假冒注册商标情节严重的行为，构成本罪共犯。根据司法解释规定，明知他人实施假冒注册商标犯罪，而为其提供贷款、资金、账号、发票、证明、许可证件，或者提供生产、经营场所以及为运输、储存、代理进出口等便利条件提供帮助的，以假冒注册商标罪的共犯论处。
	此罪与彼罪的区别（1）	本罪与生产、销售伪劣商品罪的区别。 生产、销售伪劣产品罪，是指生产者、销售者在产品中掺杂、掺假，以假充真，以次充好或者以不合格产品冒充合格产品，销售金额达5万元以上的行为。两罪主要区别有： 1. 犯罪客体不同。本罪属于双重客体，既侵犯了国家商标管理制度，又侵犯了他人的注册商标专用权。后罪属于单一客体，侵害的是国家有关产品质量管理制度。 2. 犯罪对象有所不同。本罪的对象是他人已经注册的有效商品商标。后罪的对象为一切伪劣产品。 对于采用假冒注册商标的手段而生产、销售伪劣商品的，属于目的行为与手段行为或方法行为的牵连，既触犯了生产、销售伪劣商品罪，也触犯了假冒商标罪。属于刑法理论上的牵连犯，应按照牵连犯的处罚原则从一重罪定罪处罚，即应以生产、销售伪劣产品罪定罪处罚。
	此罪与彼罪的区别（2）	本罪与诈骗罪的区别。 诈骗罪是指以非法占有为目的，用虚构事实或者隐瞒真相的方法，骗取数额较大的公私财物的行为。两罪主要区别有： 1. 犯罪客体不同。本罪属于双重客体，既侵犯了国家商标管理制度，又侵犯了他人的注册商标专用权。后罪属于单一客体，侵害的是公私财物的所有权。例如，行为人仅在国产电视机上贴上国外名牌商标骗取他人钱财，应定诈骗罪。 2. 犯罪客观要件不同。本罪是行为人未经他人许可，在同一种商品上使用与他人注册商标相同的商标。后罪是采用虚构事实、隐瞒真相的方法来骗取公私财物。 3. 犯罪主体不同。本罪的主体是一般主体，自然人和单位都可构成本罪。后罪主体只能是自然人，单位不能构成。

刑法		中华人民共和国刑法（节录） 　　（1979年7月1日第五届全国人民代表大会第二次会议通过，1997年3月14日第八届全国人民代表大会第五次会议修订，已先后被1999年12月25日《中华人民共和国刑法修正案》、2001年8月31日《中华人民共和国刑法修正案（二）》、2001年12月29日《中华人民共和国刑法修正案（三）》、2002年12月28日《中华人民共和国刑法修正案（四）》、2005年2月28日《中华人民共和国刑法修正案（五）》、2006年6月29日《中华人民共和国刑法修正案（六）》、2009年2月28日《中华人民共和国刑法修正案（七）》、2009年8月27日《全国人民代表大会常务委员会关于修改部分法律的决定》、2011年2月25日《中华人民共和国刑法修正案（八）》、2015年8月29日《中华人民共和国刑法修正案（九）》、2017年11月4日《中华人民共和国刑法修正案（十）》、2020年12月26日《中华人民共和国刑法修正案（十一）》修改或修正） 　　**第二百一十三条**　未经注册商标所有人许可，在同一种商品、服务上使用与其注册商标相同的商标，情节严重的，处三年以下有期徒刑，并处或者单处罚金；情节特别严重的，处三年以上十年以下有期徒刑，并处罚金。
相关执法参考	相关法律法规（1）	最高人民法院、最高人民检察院《关于办理侵犯知识产权刑事案件具体应用法律若干问题的解释（三）》 　　（2020年8月31日最高人民法院审判委员会第1811次会议、2020年8月21日最高人民检察院第13届检察委员会第48次会议通过，自2020年9月14日起施行） 　　为依法惩治侵犯知识产权犯罪，维护社会主义市场经济秩序，根据《中华人民共和国刑法》《中华人民共和国刑事诉讼法》等有关规定，现就办理侵犯知识产权刑事案件具体应用法律的若干问题解释如下： 　　**第一条**　具有下列情形之一的，可以认定为刑法第二百一十三条规定的"与其注册商标相同的商标"： 　　（一）改变注册商标的字体、字母大小写或者文字横竖排列，与注册商标之间基本无差别的； 　　（二）改变注册商标的文字、字母、数字等之间的间距，与注册商标之间基本无差别的； 　　（三）改变注册商标颜色，不影响体现注册商标显著特征的； 　　（四）在注册商标上仅增加商品通用名称、型号等缺乏显著特征要素，不影响体现注册商标显著特征的； 　　（五）与立体注册商标的三维标志及平面要素基本无差别的； 　　（六）其他与注册商标基本无差别、足以对公众产生误导的商标。 　　**第二条**　在刑法第二百一十七条规定的作品、录音制品上以通常方式署名的自然人、法人或者非法人组织，应当推定为著作权人或者录音制作者，且该作品、录音制品上存在着相应权利，但有相反证明的除外。 　　在涉案作品、录音制品种类众多且权利人分散的案件中，有证据证明涉案复制品系非法出版、复制发行，且出版者、复制发行者不能提供获得著作权人、录音制作者许可的相关证据材料的，可以认定为刑法第二百一十七条规定的"未经著作权人许可""未经录音制作者许可"。但是，有证据证明权利人放弃权利、涉案作品的著作权或录音制品的有关权利不受我国著作权法保护、权利保护期限已经届满的除外。 　　**第三条**　采取非法复制、未经授权或者超越授权使用计算机信息系统等方式窃取商业秘密的，应当认定为刑法第二百一十九条第一款第一项规定的"盗窃"。 　　以贿赂、欺诈、电子侵入等方式获取权利人的商业秘密的，应当认定为刑法第二百一十九条第一款第一项规定的"其他不正当手段"。 　　**第四条**　实施刑法第二百一十九条规定的行为，具有下列情形之一的，应当认定为

"给商业秘密的权利人造成重大损失":

（一）给商业秘密的权利人造成损失数额或者因侵犯商业秘密违法所得数额在三十万元以上的；

（二）直接导致商业秘密的权利人因重大经营困难而破产、倒闭的；

（三）造成商业秘密的权利人其他重大损失的。

给商业秘密的权利人造成损失数额或者因侵犯商业秘密违法所得数额在二百五十万元以上的，应当认定为刑法第二百一十九条规定的"造成特别严重后果"。

第五条 实施刑法第二百一十九条规定的行为造成的损失数额或者违法所得数额，可以按照下列方式认定：

（一）以不正当手段获取权利人的商业秘密，尚未披露、使用或者允许他人使用的，损失数额可以根据该项商业秘密的合理许可使用费确定；

（二）以不正当手段获取权利人的商业秘密后，披露、使用或者允许他人使用的，损失数额可以根据权利人因被侵权造成销售利润的损失确定，但该损失数额低于商业秘密合理许可使用费的，根据合理许可使用费确定；

（三）违反约定、权利人有关保守商业秘密的要求，披露、使用或者允许他人使用其所掌握的商业秘密的，损失数额可以根据权利人因被侵权造成销售利润的损失确定；

（四）明知商业秘密是不正当手段获取或者是违反约定、权利人有关保守商业秘密的要求披露、使用、允许使用，仍获取、使用或者披露的，损失数额可以根据权利人因被侵权造成销售利润的损失确定；

（五）因侵犯商业秘密行为导致商业秘密已为公众所知悉或者灭失的，损失数额可以根据该项商业秘密的商业价值确定。商业秘密的商业价值，可以根据该项商业秘密的研究开发成本、实施该项商业秘密的收益综合确定；

（六）因披露或者允许他人使用商业秘密而获得的财物或者其他财产性利益，应当认定为违法所得。

前款第二项、第三项、第四项规定的权利人因被侵权造成销售利润的损失，可以根据权利人因被侵权造成销售量减少的总数乘以权利人每件产品的合理利润确定；销售量减少的总数无法确定的，可以根据侵权产品销售量乘以权利人每件产品的合理利润确定；权利人因被侵权造成销售量减少的总数和每件产品的合理利润均无法确定的，可以根据侵权产品销售量乘以每件侵权产品的合理利润确定。商业秘密系用于服务等其他经营活动的，损失数额可以根据权利人因被侵权而减少的合理利润确定。

商业秘密的权利人为减轻对商业运营、商业计划的损失或者重新恢复计算机信息系统安全、其他系统安全而支出的补救费用，应当计入给商业秘密的权利人造成的损失。

第六条 在刑事诉讼程序中，当事人、辩护人、诉讼代理人或者案外人书面申请对有关商业秘密或者其他需要保密的商业信息的证据、材料采取保密措施的，应当根据案件情况采取组织诉讼参与人签署保密承诺书等必要的保密措施。

违反前款有关保密措施的要求或者法律法规规定的保密义务的，依法承担相应责任。擅自披露、使用或者允许他人使用在刑事诉讼程序中接触、获取的商业秘密，符合刑法第二百一十九条规定的，依法追究刑事责任。

第七条 除特殊情况外，假冒注册商标的商品、非法制造的注册商标标识、侵犯著作权的复制品、主要用于制造假冒注册商标的商品、注册商标标识或者侵权复制品的材料和工具，应当依法予以没收和销毁。

上述物品需要作为民事、行政案件的证据使用的，经权利人申请，可以在民事、行政案件终结后或者采取取样、拍照等方式对证据固定后予以销毁。

第八条 具有下列情形之一的，可以酌情从重处罚，一般不适用缓刑：

（一）主要以侵犯知识产权为业的；

相关法律法规（1）	（二）因侵犯知识产权被行政处罚后再次侵犯知识产权构成犯罪的； （三）在重大自然灾害、事故灾难、公共卫生事件期间，假冒抢险救灾、防疫物资等商品的注册商标的； （四）拒不交出违法所得的。 **第九条** 具有下列情形之一的，可以酌情从轻处罚： （一）认罪认罚的； （二）取得权利人谅解的； （三）具有悔罪表现的； （四）以不正当手段获取权利人的商业秘密后尚未披露、使用或者允许他人使用的。 **第十条** 对于侵犯知识产权犯罪的，应当综合考虑犯罪违法所得数额、非法经营数额、给权利人造成的损失数额、侵权假冒物品数量及社会危害性等情节，依法判处罚金。 罚金数额一般在违法所得数额的一倍以上五倍以下确定。违法所得数额无法查清的，罚金数额一般按照非法经营数额的百分之五十以上一倍以下确定。违法所得数额和非法经营数额均无法查清，判处三年以下有期徒刑、拘役、管制或者单处罚金的，一般在三万元以上一百万元以下确定罚金数额；判处三年以上有期徒刑的，一般在十五万元以上五百万元以下确定罚金数额。 **第十一条** 本解释发布施行后，之前发布的司法解释和规范性文件与本解释不一致的，以本解释为准。 **第十二条** 本解释自 2020 年 9 月 14 日起施行。
相关法律法规（2）	最高人民法院、最高人民检察院《关于办理侵犯知识产权刑事案件具体应用法律若干问题的解释（二）》（节录） （2007 年 4 月 4 日最高人民法院审判委员会第 1422 次会议、最高人民检察院第十届检察委员会第 75 次会议通过，自 2007 年 4 月 5 日起施行，法释〔2007〕6 号） 为维护社会主义市场经济秩序，依法惩治侵犯知识产权犯罪活动，根据刑法、刑事诉讼法有关规定，现就办理侵犯知识产权刑事案件具体应用法律的若干问题解释如下： **第三条** 侵犯知识产权犯罪，符合刑法规定的缓刑条件的，依法适用缓刑。有下列情形之一的，一般不适用缓刑： （一）因侵犯知识产权被刑事处罚或者行政处罚后，再次侵犯知识产权构成犯罪的； （二）不具有悔罪表现的； （三）拒不交出违法所得的； （四）其他不宜适用缓刑的情形。 **第四条** 对于侵犯知识产权犯罪的，人民法院应当综合考虑犯罪的违法所得、非法经营数额、给权利人造成的损失、社会危害性等情节，依法判处罚金。罚金数额一般在违法所得的一倍以上五倍以下，或者按照非法经营数额的 50% 以上一倍以下确定。 **第五条** 被害人有证据证明的侵犯知识产权刑事案件，直接向人民法院起诉的，人民法院应当依法受理；严重危害社会秩序和国家利益的侵犯知识产权刑事案件，由人民检察院依法提起公诉。 **第六条** 单位实施刑法第二百一十三条至第二百一十九条规定的行为，按照《最高人民法院、最高人民检察院关于办理侵犯知识产权刑事案件具体应用法律若干问题的解释》和本解释规定的相应个人犯罪的定罪量刑标准定罪处罚。 **第七条** 以前发布的司法解释与本解释不一致的，以本解释为准。

相关执法参考　相关法律法规（3）

最高人民法院、最高人民检察院《关于办理侵犯知识产权刑事案件具体应用法律若干问题的解释》（节录）

（2004年11月2日最高人民法院审判委员会第1331次会议、2004年11月11日最高人民检察院第十届检察委员会第28次会议通过，自2004年12月22日起施行，法释〔2004〕19号）

为依法惩治侵犯知识产权犯罪活动，维护社会主义市场经济秩序，根据刑法有关规定，现就办理侵犯知识产权刑事案件具体应用法律的若干问题解释如下：

第一条　未经注册商标所有人许可，在同一种商品上使用与其注册商标相同的商标，具有下列情形之一的，属于刑法第二百一十三条规定的"情节严重"，应当以假冒注册商标罪判处三年以下有期徒刑或者拘役，并处或者单处罚金：

（一）非法经营数额在五万元以上或者违法所得数额在三万元以上的；

（二）假冒两种以上注册商标，非法经营数额在三万元以上或者违法所得数额在二万元以上的；

（三）其他情节严重的情形。

具有下列情形之一的，属于刑法第二百一十三条规定的"情节特别严重"，应当以假冒注册商标罪判处三年以上七年以下有期徒刑，并处罚金：

（一）非法经营数额在二十五万元以上或者违法所得数额在十五万元以上的；

（二）假冒两种以上注册商标，非法经营数额在十五万元以上或者违法所得数额在十万元以上的；

（三）其他情节特别严重的情形。

第八条　刑法第二百一十三条规定的"相同的商标"，是指与被假冒的注册商标完全相同，或者与被假冒的注册商标在视觉上基本无差别、足以对公众产生误导的商标。

刑法第二百一十三条规定的"使用"，是指将注册商标或者假冒的注册商标用于商品、商品包装或者容器以及产品说明书、商品交易文书，或者将注册商标或者假冒的注册商标用于广告宣传、展览以及其他商业活动等行为。

第十二条　本解释所称"非法经营数额"，是指行为人在实施侵犯知识产权行为过程中，制造、储存、运输、销售侵权产品的价值。已销售的侵权产品的价值，按照实际销售的价格计算。制造、储存、运输和未销售的侵权产品的价值，按照标价或者已经查清的侵权产品的实际销售平均价格计算。侵权产品没有标价或者无法查清其实际销售价格的，按照被侵权产品的市场中间价格计算。

多次实施侵犯知识产权行为，未经行政处理或者刑事处罚的，非法经营数额、违法所得数额或者销售金额累计计算。

本解释第三条所规定的"件"，是指标有完整商标图样的一份标识。

第十三条　实施刑法第二百一十三条规定的假冒注册商标犯罪，又销售该假冒注册商标的商品，构成犯罪的，应当依照刑法第二百一十三条的规定，以假冒注册商标罪定罪处罚。

实施刑法第二百一十三条规定的假冒注册商标犯罪，又销售明知是他人的假冒注册商标的商品，构成犯罪的，应当实行数罪并罚。

第十五条　单位实施刑法第二百一十三条至第二百一十九条规定的行为，按照本解释规定的相应个人犯罪的定罪量刑标准的三倍定罪量刑。

第十六条　明知他人实施侵犯知识产权犯罪，而为其提供贷款、资金、账号、发票、证明、许可证件，或者提供生产、经营场所或者运输、储存、代理进出口等便利条件、帮助的，以侵犯知识产权犯罪的共犯论处。

第十七条　以前发布的有关侵犯知识产权犯罪的司法解释，与本解释相抵触的，自本解释施行后不再适用。

相关执法参考	相关法律法规（4）	最高人民法院、最高人民检察院《关于办理非法生产、销售烟草专卖品等刑事案件具体应用法律若干问题的解释》（节录） （2010年3月26日，法释〔2010〕7号） **第一条** （第二款）未经卷烟、雪茄烟等烟草专卖品注册商标所有人许可，在卷烟、雪茄烟等烟草专卖品上使用与其注册商标相同的商标，情节严重的，依照刑法第二百一十三条的规定，以假冒注册商标罪定罪处罚。 **第五条** 行为人实施非法生产、销售烟草专卖品犯罪，同时构成生产、销售伪劣产品罪、侵犯知识产权犯罪、非法经营罪的，依照处罚较重的规定定罪处罚。 **第六条** 明知他人实施本解释第一条所列犯罪，而为其提供贷款、资金、账号、发票、证明、许可证件，或者提供生产、经营场所、设备、运输、仓储、保管、邮寄、代理进出口等便利条件，或者提供生产技术、卷烟配方的，应当按照共犯追究刑事责任。 **第七条** 办理非法生产、销售烟草专卖品等刑事案件，需要对伪劣烟草专卖品鉴定的，应当委托国务院产品质量监督管理部门和省、自治区、直辖市人民政府产品质量监督管理部门指定的烟草质量检测机构进行。 **第九条** 本解释所称"烟草专卖品"，是指卷烟、雪茄烟、烟丝、复烤烟叶、烟叶、卷烟纸、滤嘴棒、烟用丝束、烟草专用机械。 本解释所称"卷烟辅料"，是指卷烟纸、滤嘴棒、烟用丝束。 本解释所称"烟草专用机械"，是指由国务院烟草专卖行政主管部门烟草专用机械名录所公布的，在卷烟、雪茄烟、烟丝、复烤烟叶、烟叶、卷烟纸、滤嘴棒、烟用丝束的生产加工过程中，能够完成一项或者多项特定加工工序，可以独立操作的机械设备。 本解释所称"同类烟草专用机械"，是指在卷烟、雪茄烟、烟丝、复烤烟叶、烟叶、卷烟纸、滤嘴棒、烟用丝束的生产加工过程中，能够完成相同加工工序的机械设备。 **第十条** 以前发布的有关规定与本解释不一致的，以本解释为准。
	相关法律法规（5）	最高人民法院、最高人民检察院、公安部《关于办理侵犯知识产权刑事案件适用法律若干问题的意见》（节录） （2011年1月10日，法发〔2011〕3号） 为解决近年来公安机关、人民检察院、人民法院在办理侵犯知识产权刑事案件中遇到的新情况、新问题，依法惩治侵犯知识产权犯罪活动，维护社会主义市场经济秩序，根据刑法、刑事诉讼法及有关司法解释的规定，结合侦查、起诉、审判实践，制定本意见。 一、关于侵犯知识产权犯罪案件的管辖问题 侵犯知识产权犯罪案件由犯罪地公安机关立案侦查。必要时，可以由犯罪嫌疑人居住地公安机关立案侦查。侵犯知识产权犯罪案件的犯罪地，包括侵权产品制造地、储存地、运输地、销售地，传播侵权作品、销售侵权产品的网站服务器所在地、网络接入地、网站建立者或者管理者所在地，侵权作品上传者所在地，权利人受到实际侵害的犯罪结果发生地。对有多个侵犯知识产权犯罪地的，由最初受理的公安机关或者主要犯罪地公安机关管辖。多个侵犯知识产权犯罪地的公安机关对管辖有争议的，由共同的上级公安机关指定管辖，需要提请批准逮捕、移送审查起诉、提起公诉的，由该公安机关所在地的同级人民检察院、人民法院受理。 对于不同犯罪嫌疑人、犯罪团伙跨地区实施的涉及同一批侵权产品的制造、储存、运输、销售等侵犯知识产权犯罪行为，符合并案处理要求的，有关公安机关可以一并立案侦查，需要提请批准逮捕、移送审查起诉、提起公诉的，由该公安机关所在地的同级人民检察院、人民法院受理。 二、关于办理侵犯知识产权刑事案件中行政执法部门收集、调取证据的效力问题 行政执法部门依法收集、调取、制作的物证、书证、视听资料、检验报告、鉴定结论、勘验笔录、现场笔录，经公安机关、人民检察院审查，人民法院庭审质证确认，可以

相关执法参考	相关法律法规（5）	作为刑事证据使用。 行政执法部门制作的证人证言、当事人陈述等调查笔录，公安机关认为有必要作为刑事证据使用的，应当依法重新收集、制作。 三、关于办理侵犯知识产权刑事案件的抽样取证问题和委托鉴定问题 公安机关在办理侵犯知识产权刑事案件时，可以根据工作需要抽样取证，或者商请同级行政执法部门、有关检验机构协助抽样取证。法律、法规对抽样机构或者抽样方法有规定的，应当委托规定的机构并按照规定方法抽取样品。 公安机关、人民检察院、人民法院在办理侵犯知识产权刑事案件时，对于需要鉴定的事项，应当委托国家认可的有鉴定资质的鉴定机构进行鉴定。 公安机关、人民检察院、人民法院应当对鉴定结论进行审查，听取权利人、犯罪嫌疑人、被告人对鉴定结论的意见，可以要求鉴定机构作出相应说明。 四、关于侵犯知识产权犯罪自诉案件的证据收集问题 人民法院依法受理侵犯知识产权刑事自诉案件，对于当事人因客观原因不能取得的证据，在提起自诉时能够提供有关线索，申请人民法院调取的，人民法院应当依法调取。 五、关于刑法第二百一十三条规定的"同一种商品"的认定问题 名称相同的商品以及名称不同但指同一事物的商品，可以认定为"同一种商品"。"名称"是指国家工商行政管理总局商标局在商标注册工作中对商品使用的名称，通常即《商标注册用商品和服务国际分类》中规定的商品名称。"名称不同但指同一事物的商品"是指在功能、用途、主要原料、消费对象、销售渠道等方面相同或者基本相同，相关公众一般认为是同一种事物的商品。 认定"同一种商品"，应当在权利人注册商标核定使用的商品和行为人实际生产销售的商品之间进行比较。 六、关于刑法第二百一十三条规定的"与其注册商标相同的商标"的认定问题 具有下列情形之一，可以认定为"与其注册商标相同的商标"： （一）改变注册商标的字体、字母大小写或者文字横竖排列，与注册商标之间仅有细微差别的； （二）改变注册商标的文字、字母、数字等之间的间距，不影响体现注册商标显著特征的； （三）改变注册商标颜色的； （四）其他与注册商标在视觉上基本无差别、足以对公众产生误导的商标。 七、关于尚未附着或者尚未全部附着假冒注册商标标识的侵权产品价值是否计入非法经营数额的问题 在计算制造、储存、运输和未销售的假冒注册商标侵权产品价值时，对于已经制作完成但尚未附着（含加贴）或者尚未全部附着（含加贴）假冒注册商标标识的产品，如果有确实、充分证据证明该产品将假冒他人注册商标，其价值计入非法经营数额。 十四、关于多次实施侵犯知识产权行为累计计算数额问题 依照《最高人民法院、最高人民检察院关于办理侵犯知识产权刑事案件具体应用法律若干问题的解释》第十二条第二款的规定，多次实施侵犯知识产权行为，未经行政处理或者刑事处罚的，非法经营数额、违法所得数额或者销售金额累计计算。 二年内多次实施侵犯知识产权违法行为，未经行政处理，累计数额构成犯罪的，应当依法定罪处罚。实施侵犯知识产权犯罪行为的追诉期限，适用刑法的有关规定，不受前述二年的限制。 十五、关于为他人实施侵犯知识产权犯罪提供原材料、机械设备等行为的定性问题 明知他人实施侵犯知识产权犯罪，而为其提供生产、制造侵权产品的主要原材料、辅助材料、半成品、包装材料、机械设备、标签标识、生产技术、配方等帮助，或者提供

相关法律法规（5）	互联网接入、服务器托管、网络存储空间、通讯传输通道、代收费、费用结算等服务的，以侵犯知识产权犯罪的共犯论处。 十六、关于侵犯知识产权犯罪竞合的处理问题 行为人实施侵犯知识产权犯罪，同时构成生产、销售伪劣商品犯罪的，依照侵犯知识产权犯罪与生产、销售伪劣商品犯罪中处罚较重的规定定罪处罚。
相关法律法规（6）	最高人民法院刑事审判第二庭《关于集体商标是否属于我国刑法的保护范围问题的复函》 （2009年4月10日，〔2009〕刑二函字第28号） 公安部经济犯罪侦查局： 贵局公经知产（2009）29号《关于就一起涉嫌假冒注册商标案征求意见的函》收悉。经研究，答复如下： 一、我国《商标法》第三条规定："经商标局核准注册的商标为注册商标，包括商品商标、服务商标和集体商标、证明商标；商标注册人享有商标专用权，受法律保护。"因此，刑法第二百一十三条至二百一十五条所规定的"注册商标"应当涵盖"集体商标"。 二、商标标识中注明了自己的注册商标的同时，又使用了他人注册为集体商标的地理名称，可以认定为刑法规定的"相同的商标"。根据贵局提供的材料，山西省清徐县溢美源醋业有限公司在其生产的食用醋的商标上用大号字体在显著位置上清晰地标明"镇江香（陈）醋"，说明其已经使用了与江苏省镇江市醋业协会所注册的"镇江香（陈）醋"集体商标相同的商标。而且，山西省清徐县溢美源醋业有限公司还在其商标标识上注明了江苏省镇江市丹阳市某香醋厂的厂名厂址和QS标志，也说明其实施假冒注册"镇江香（陈）醋"集体商标的行为。 综上，山西省清徐县溢美源醋业有限公司的行为涉嫌触犯刑法第二百一十三条至二百一十五条的规定。 以上意见，供参考。
相关法律法规（7）	最高人民法院《关于审理生产、销售伪劣商品刑事案件有关鉴定问题的通知》 （2001年5月21日，法〔2001〕70号） 各省、自治区、直辖市高级人民法院，解放军军事法院，新疆维吾尔自治区高级人民法院生产建设兵团分院： 自全国开展整顿和规范市场经济秩序工作以来，各地人民法院陆续受理了一批生产、销售伪劣产品、假冒商标和非法经营等严重破坏社会主义市场经济秩序的犯罪案件。此类案件中涉及的生产、销售的产品，有的纯属伪劣产品，有的则只是侵犯知识产权的产品。由于涉案产品是否"以假充真"、"以次充好"、"以不合格产品冒充合格产品"，直接影响到对被告人的定罪及处刑，为准确适用刑法和《最高人民法院、最高人民检察院关于办理生产、销售伪劣商品刑事案件具体应用法律若干问题的解释》（以下简称《解释》），严惩假冒伪劣商品犯罪，不放纵和轻纵犯罪分子，现就审理生产、销售伪劣商品、假冒商标和非法经营等严重破坏社会主义市场经济秩序的犯罪案件中可能涉及的假冒伪劣商品的有关鉴定问题通知如下： 一、对于提起公诉的生产、销售伪劣产品、假冒商标、非法经营等严重破坏社会主义市场经济秩序的犯罪案件，所涉生产、销售的产品是否属于"以假充真"、"以次充好"、"以不合格产品冒充合格产品"难以确定的，应当根据《解释》第一条第五款的规定，由公诉机关委托法律、行政法规规定的产品质量检验机构进行鉴定。 二、根据《解释》第三条和第四条的规定，人民法院受理的生产、销售假药犯罪案件和生产、销售不符合卫生标准的食品犯罪案件，均需有"省级以上药品监督管理部门设置或者确定的药品检验机构"和"省级以上卫生行政部门确定的机构"出具的鉴定结论。

左侧栏标注：相关执法参考

	相关法律法规（7）	三、经鉴定确系伪劣商品，被告人的行为既构成生产、销售伪劣产品罪，又构成生产、销售假药罪或者生产、销售不符合卫生标准的食品罪，或者同时构成侵犯知识产权、非法经营等其他犯罪的，根据刑法第一百四十九条第二款和《解释》第十条的规定，应当依照处罚较重的规定定罪处罚。
相关执法参考	相关法律法规（8）	公安部、国家工商行政管理总局《关于在打击侵犯商标专用权违法犯罪工作中加强衔接配合的暂行规定》 （2006年1月13日，公通字〔2006〕9号） **第一条** 为加强公安机关和工商行政管理机关（以下简称双方）的协作与配合，严厉打击侵犯商标专用权违法犯罪活动，维护市场经济秩序，促进国家经济发展，根据《刑法》、《商标法》、《行政执法机关移送涉嫌犯罪案件的规定》及相关法律、法规，制定本规定。 **第二条** 双方加强打击侵犯商标专用权违法犯罪工作的衔接配合，包括通报重大涉嫌犯罪线索和会商打击策略，依法移送和接受涉嫌侵犯商标专用权违法犯罪案件，相互通报侵犯商标专用权违法犯罪活动的情报信息，共同开展保护商标专用权领域的宣传和国际交流等事项。 **第三条** 双方在打击侵犯商标专用权违法犯罪工作中的衔接配合，由公安机关经济犯罪侦查部门和工商行政管理机关商标管理部门归口管理。 **第四条** 公安部经济犯罪侦查局（以下简称经侦局）、国家工商行政管理总局商标局（以下简称商标局），以及各省级、地市级公安机关经济犯罪侦查部门和工商行政管理机关商标管理部门应建立打击侵犯商标专用权违法犯罪联席会议制度。联席会议由公安机关、工商行政管理机关负责查处侵犯商标专用权违法犯罪案件部门的负责人和其他相关职能部门的负责人组成。 县级公安机关应与同级工商行政管理机关建立打击侵犯商标专用权违法犯罪衔接配合机制，并根据当地实际情况确定具体形式和参加单位。 **第五条** 联席会议每年召开一次，由公安机关、工商行政管理机关轮流召集，轮值方负责会议的组织和筹备工作。如遇重大、紧急情况或需联合部署重要工作，可召开临时联席会议。 联席会议的主要内容是总结衔接配合工作情况，制定工作措施和计划，研究重大案件的办理工作，交流打击侵犯商标专用权违法犯罪工作的情报信息。各级联席会议决定的有关事项，应报送双方上级主管机关。 **第六条** 工商行政管理机关在执法过程中，发现重大侵犯商标专用权案件线索，应当及时通报同级公安机关。 公安机关对于在工作中发现的商标侵权违法案件线索，应及时通报同级工商行政管理机关。 **第七条** 工商行政管理机关向公安机关通报案件线索时，应当附有下列材料： （一）案件（线索）通报函； （二）侵权物品的商标、标识等材料； （三）商标注册证等有关证据、文件的复印件； （四）其他有关材料。 **第八条** 公安机关应当自接到工商行政管理机关通报之日起3个工作日内，依法对所通报的案件线索进行审查，并可商请工商行政管理机关提供必要的协助。认为有犯罪事实，应当追究刑事责任的，依法决定立案，书面通知通报线索的工商行政管理机关；认为没有犯罪事实、不需要追究刑事责任、或应由权利人直接向人民法院起诉，依法不予立案的，应说明理由，通知工商行政管理机关。对于有必要和有条件进行侦查经营的，公安机关可与工商行政管理机关共同商定工作方案，部署查处工作。 工商行政管理机关应当自接受公安机关通报的违法案件线索之日起3个工作日内，依

| 相关执法参考 | 相关法律法规（8） | 法对所通报的案件线索进行审查，认为存在商标侵权等违法事实的，依法决定立案，书面通知通报线索的公安机关；认为不存在商标侵权等违法事实的，不予立案并书面通知通报线索的公安机关。

第九条 工商行政管理机关在立案查处商标案件过程中，对涉嫌犯罪的案件，应当依照国务院《行政执法机关移送涉嫌犯罪案件的规定》及有关规定向公安机关移送案件，不得以行政处罚代替刑事处罚。

工商行政管理机关移送案件，原则上应一案一送。如果拟移送的案件数量较多，或案情复杂、案件性质难以把握，工商行政管理机关可与公安机关进行讨论、会商。决定移送的，工商行政管理机关应制作《涉嫌犯罪案件移送书》，连同有关材料汇总移送公安机关。

第十条 对于工作中发现的重大案件线索，公安机关、工商行政管理机关可以召开临时联席会议，必要时邀请其他执法机关代表参加，共同会商、研究案情和决定打击对策，开展联合打击工作。

工商行政管理机关接到重大案件线索举报，或者在执法现场查获重大案件，认为涉嫌犯罪的，应当立即通知公安机关，公安机关应当派员到场，共同研究查处工作。双方认为符合移交条件的，应当立即交由公安机关处理。

联合打击工作应以"精确打击"和"全程打击"为方针，采取协同作战的方式，查明涉及的生产、销售以及制造假冒注册商标标识等各个环节的策划者、组织者、参与者，摧毁整个犯罪网络。

"重大案件"是指社会危害巨大、社会反映强烈、涉案价值较大、涉及跨国跨境犯罪团伙或其他双方认为应联合打击的案件。

第十一条 在公安机关决定立案通知书送达后3日内，工商行政管理机关应当向公安机关办理有关侵权货物的移交手续，并将货物移交给公安机关。公安机关要求到场查验有关货物或收集必要的货物样品的，工商行政管理机关应当予以积极协助。

公安机关不能及时接收移交货物的，经协商，工商行政管理机关也可依照《商标法》第五十三条之规定处理。

第十二条 公安机关就有关行为是否构成商标侵权问题需要咨询工商行政管理机关意见的，应当向同级工商行政管理机关书面提出认定要求，并应附送侵权嫌疑货物的照片、文字说明等材料。工商行政管理机关应当在收到函件后15个工作日内答复，案情复杂的除外。工商行政管理机关的认定意见仅作为公安机关办案的参考。

对于案情重大、复杂，就有关行为是否构成商标侵权问题需要咨询商标局意见的，地方公安机关应当先将有关情况上报经侦局，由经侦局向商标局征求意见。

第十三条 公安机关在办理侵犯商标专用权违法犯罪案件过程中，可以就商标专用权存续状况向所在地省级工商行政管理机关书面查询，工商行政管理机关应当在收到函件后10个工作日内予以回复。公安机关根据需要可以商请工商行政管理机关派人协助，工商行政管理机关应予支持。

第十四条 双方对工作中发现的有关侵犯商标权犯罪活动的重要情报，应随时相互通报。工商行政管理机关发现有关人员和单位屡次从事假冒商标活动，有重大犯罪嫌疑的，应将有关情况及时通报同级公安机关。

第十五条 公安机关、工商行政管理机关应当在执法过程中加强相互支持协助，并可根据实际需要，在当地党委政府和上级公安机关的领导下，共同开展专项行动。

双方发挥各自的资源优势，共同组织开展培训、宣传、表彰等活动。在国际执法合作中要密切配合，共同参与有关国际交流活动。

第十六条 经侦局、商标局对双方执行本规定的情况进行联合监督；各省、自治区、直辖市公安机关和工商行政管理机关对本辖区内执行情况进行监督。

第十七条 本规定自公布之日起试行。 |

公安部、海关总署《关于加强知识产权执法协作的暂行规定》

（2006年3月24日，公通字〔2006〕33号）

第一条 为严厉打击侵犯知识产权犯罪活动，加强公安机关和海关在保护知识产权方面的联系配合，根据有关法律和行政法规以及最高人民法院、最高人民检察院《关于办理侵犯知识产权刑事案件具体应用法律若干问题的解释》（以下简称《司法解释》），制定本规定。

第二条 公安机关和海关应当充分认识到打击侵犯知识产权犯罪活动对维护市场经济秩序、促进国家经济发展和社会进步方面的重要意义，切实加强协调配合，实现海关知识产权行政执法与公安机关知识产权刑事执法的有效衔接，严厉打击侵犯知识产权犯罪活动。

第三条 双方在打击侵犯知识产权犯罪工作的衔接配合，由公安机关经济犯罪侦查部门和海关法规部门归口管理。联系配合工作涉及公安机关和海关内部其他部门的，由双方各自负责协调。

公安部经济犯罪侦查局（以下简称经侦局）和海关总署政策法规司（以下简称政法司）负责全国范围内公安机关和海关联系配合工作的协调和指导工作。

第四条 公安机关和海关应当进行经常性磋商并建立联席会议制度。经侦局和政法司应当每年召开一次联席会议。如遇重大、紧急情况或需联合部署重要工作，也可临时召开联席会议。

联席会议的主要内容应当包括：

（一）回顾衔接配合工作情况，制定工作措施和计划；

（二）组织打击侵犯知识产权犯罪的行动，研究重大案件的联系配合工作；

（三）组织执法经验交流和其他相关活动。

双方认为必要时，可以邀请其他有关部门参加联席会议。

第五条 海关在执法过程中，发现重大侵犯知识产权案件线索，应当及时向公安机关通报。案件线索原则上应当由各直属海关向当地同级公安机关进行通报。但是，经双方协商同意，也可以由直属海关或者隶属海关向当地公安机关通报。

海关在向公安机关通报犯罪案件线索时，发现当事人可能转移侵权嫌疑货物或物品或有其他必须当场处理之情形时，可以依照《知识产权海关保护条例》的规定扣留有关货物和物品。发现当事人可能逃逸的，应及时通知公安机关。

第六条 海关根据本规定第五条向公安机关通报的案件线索，应当包括以下内容：

（一）进出口货物经营单位、收（发）货单位、进出境旅客、邮递物品寄件人或者收件人（以下统称"当事人"）的名称或者姓名、注册地址或者国籍；

（二）侵权嫌疑货物或者物品的品名、数量、已知的价值、申报日期或者海关查验日期；

（三）涉嫌侵犯的知识产权名称和注册号、知识产权权利人名称或者姓名、联系人和联系方式。

（四）其他应当提供的情况。

第七条 海关向公安机关通报侵权嫌疑货物或者物品的情况，原则上应当采取书面形式。如情况紧急，也可予以口头通报。

海关向公安机关通报侵权嫌疑货物或者物品的情况，应当随附货物和物品清单以及进出口货物报关单、合同、发票、装箱单等报关单证的复印件。对公安机关要求提供其他有关文件或者到场查看货物和提取货样的，海关应当予以协助。

第八条 对海关通报的侵权嫌疑货物或者物品的情况，公安机关应当在收到海关书面通报后10个工作日决定是否对海关通报的当事人进行立案侦查并书面通知海关。对于海关移送的涉嫌构成犯罪的案件，公安机关应当在受理的3个工作日内决定是否立案侦查。

公安机关认为必要时，可以与海关就通报的案件情况进行磋商。

第九条 对公安机关决定对当事人进行立案侦查的，海关应当在收到公安机关的立案

相关执法参考	相关法律法规（9）	通知后3个工作日内向公安机关移交有关货物或者物品。 　　公安机关经过侦查，认为当事人没有犯罪事实、或者犯罪事实显著轻微，不需要追究刑事责任的，应当向海关退还有关货物或者物品。 　　第十条　对于工作中发现的重大案件线索，公安机关、海关可以召开临时联席会议，必要时邀请其他执法机关代表参加，共同会商、研究案情和决定打击对策，开展联合打击工作。 　　联合打击工作应以"精确打击"和"全程打击"为方针，采取协同作战的方式，查明涉及的生产、销售以及进出口等各个环节的策划者、组织者、参与者，摧毁整个犯罪网络。 　　"重大案件"指社会危害巨大、社会反映强烈、涉案价值较大、涉及跨国跨境犯罪团伙或其他双方认为应联合打击的案件。 　　第十一条　有以下情形之一的，海关应当根据《知识产权海关保护条例》和《海关行政处罚实施条例》的有关规定，对有关当事人进出口侵权货物的行为进行调查处理： 　　（一）公安机关审查后认为没有犯罪事实决定不对当事人立案侦查的； 　　（二）公安机关未在本规定第八条规定的10个工作日内予以回复的； 　　（三）公安机关立案后认为不需要追究当事人刑事责任并向海关退还有关货物或者物品的。 　　第十二条　公安机关对其他涉嫌侵犯知识产权犯罪案件进行侦查，需要海关协助监控进出口货物或者进出境物品、提供有关报关单证或者查询统计信息的，海关应当予以协助。 　　第十三条　公安机关和海关还应当在以下领域开展合作： 　　（一）组织相关执法培训和开展相关宣传活动； 　　（二）与知识产权权利人开展合作； 　　（三）共同参与国际执法合作和交流； 　　（四）其他双方认为需要合作的事项。 　　第十四条　本规定由公安部、海关总署负责解释。 　　第十五条　本规定自印发之日起施行。
	相关法律法规（10）	《反不正当竞争法》（节录） （1993年9月2日第八届全国人民代表大会常务委员会第三次会议通过，2017年11月4日第十二届全国人民代表大会常务委员会第三十次会议修订，根据2019年4月23日第十三届全国人民代表大会常务委员会第十次会议《关于修改〈中华人民共和国建筑法〉等八部法律的决定》修正） 　　第六条　经营者不得实施下列混淆行为，引人误认为是他人商品或者与他人存在特定联系： 　　（一）擅自使用与他人有一定影响的商品名称、包装、装潢等相同或者近似的标识； 　　（二）擅自使用他人有一定影响的企业名称（包括简称、字号等）、社会组织名称（包括简称等）、姓名（包括笔名、艺名、译名等）； 　　（三）擅自使用他人有一定影响的域名主体部分、网站名称、网页等； 　　（四）其他足以引人误认为是他人商品或者与他人存在特定联系的混淆行为。 　　第三十一条　违反本法规定，构成犯罪的，依法追究刑事责任。
	相关法律法规（11）	《关于执行商标法及其实施细则若干问题的通知》 （1994年11月22日国家工商行政管理局工商标字〔1994〕第329号颁布） 各省、自治区、直辖市及计划单列市工商行政管理局： 　　为了在商标管理工作中准确地理解1993年修订的《中华人民共和国商标法》（以下简称《商标法》）和经国务院批准第二次修订的《中华人民共和国商标法实施细则》（以下简称《细则》）的有关规定，强化商标行政执法力度，严格依法办案，更有效地制止

		商标侵权行为，打击假冒商标行为，现就执行《商标法》和《细则》的若干问题通知如下：
相关执法参考	相关法律法规（11）	一、关于工商行政管理机关与人民法院在案件受理上的分工协调问题 当事人就商标侵权纠纷，可以自愿选择向人民法院起诉，或向工商行政管理机关投诉。如果当事人先向人民法院起诉，工商行政管理机关不再就同一当事人提出的同一商标纠纷控告立案受理。但有下列情况之一的，可以受理： 1. 工商行政管理机关先于人民法院立案的； 2. 行为人对社会经济秩序造成损害而没有受到任何相应处罚，或人民法院仅就侵权人和被侵权人双方损害赔偿纠纷进行审理的。 二、关于当事人对工商行政管理机关作出的处理决定不服，是否必须经过行政复议程序问题 根据《商标法》第三十六条、第三十九条，《细则》第四十条、第四十四条和《行政诉讼法》第三十七条的规定，当事人对工商行政管理机关作出的行政处理决定不服的，可以在法定期限（15日）内，向上一级工商行政管理机关申请复议，也可以直接向人民法院起诉。一般情况下，进入复议程序的当事人，只有在复议程序结束后，方可向人民法院起诉。 三、关于商标注册人对工商行政管理机关对商标侵权人作出的行政处理决定不服，可否申请行政复议或提起行政诉讼问题 《商标法》所指的当事人包括商标侵权人和被侵权人。因此，商标注册人作为一方当事人，对工商行政管理机关依其投诉对侵权人作出的行政处理决定有异议的，可以向上一级工商行政管理机关申请行政复议或向人民法院提起行政诉讼。 四、关于责令赔偿经济损失是否属于行政行为问题 根据《商标法》第三十九条、《细则》第四十三条规定和最高人民法院《关于贯彻执行〈中华人民共和国行政诉讼法〉若干问题的意见》（试行）中"公民、法人或者其他组织对行政机关就赔偿问题所作的裁决不服的，可以向人民法院提起行政诉讼"的规定，工商行政管理机关责令侵权人赔偿被侵权人损失，应当属于行政行为。当事人不服的，可以向人民法院提起行政诉讼。 五、关于行政处理决定的强制执行问题 当事人对工商行政管理机关作出的责令停止侵权行为、罚款、责令赔偿损失的处理决定，在法定期限内既不申请复议，又不向人民法院起诉，也不履行的，工商行政管理机关有权依照《商标法》及《细则》的有关规定申请人民法院强制执行。执行费用由申请强制执行的工商行政管理机关垫付，最终由被执行人支付。 六、关于对"明知"和"应知"如何理解和操作的问题 经销假冒他人注册商标的商品及侵犯商标专用权商品的，是给商标专用权造成侵害的行为。工商行政管理机关在查处这种行为时，对以下情况，应判定经销者为《商标法》第三十八条第二项和《细则》第四十一条第一项所指的"明知"或"应知"： 1. 更改、掉换经销商品上的商标而被当场查获的； 2. 同一违法事实受到处罚后重犯的； 3. 事先已被警告，而不改正的； 4. 有意采取不正当进货渠道，且价格大大低于已知正品的； 5. 在发票、帐目等会计凭证弄虚作假的； 6. 专业公司大规模经销假冒注册商标商品或者商标侵权商品的； 7. 案发后转移、销毁物证，提供虚假证明、虚假情况的； 8. 其它可以认定当事人明知或应知的。 对于经销者经销假冒注册商标商品或商标侵权商品为非明知、非应知的，应当告知其

相关法律法规（11）	立即停止经销该种商品，对于及时停止经销该种商品的经销者，可以免于行政处罚，经销者应当消除侵权商标标识，侵权商标商品不得再进入流通领域。 七、关于如何掌握《细则》第四十一条第二项中"足以造成误认"的问题 在同一种商品或者类似商品上，将与他人注册商标相同或者近似的文字、图形作为商品名称或装潢使用，足以构成误认的，是指会造成对商品来源产生误认，或者产生当事人与商标注册人之间存在某种特殊联系的错误认识。 八、关于受委托定牌加工方发生商标侵权行为应负何种法律责任的问题 受委托定牌加工方是指接受他人的委托，根据委托方要求加工生产某种牌号的商品，自己并没有这种牌号的商品销售权的一方。受委托定牌加工方发生商标侵权行为时应根据委托加工合同，与委托方各自承担相应责任。受委托加工方在订立合同时，有义务要求委托方提供有效的授权证明，否则，构成共同侵权，负相应法律责任。 九、关于提供证据与举证责任问题 工商行政管理机关在查处被侵权人投诉的商标侵权案件过程中，被侵权人应当向工商行政管理机关提供有关商标侵权的事实证据；其他人举报的案件，举报人应当提供证据线索。 工商行政管理机关在查处商标侵权案件时，有权调查取证，并在行政复议或行政诉讼中，对其作出的具体行政行为负举证责任。 十、关于商标侵权案件中非法经营额计算问题 在商标侵权案件中，侵权人所经营的全部侵权商品（已销售的及库存的）均应计算非法经营额。对于生产、加工商标侵权商品的其非法经营额为其侵权商品的销售收入与库存侵权商品的实际成本之和；对于侵权人的原因导致实际成本难以确认的，视其库存商品的数量与该商品的销售单价之乘积为实际成本；没有销售单价的，视其库存商品的数量与被侵权人的同种商品的销售单价的乘积，为库存商品的实际成本。对于经销商标侵权商品的，其非法经营额为其所经销的侵权商品的销售收入与库存侵权商品的购买金额之和；购买金额难以确认的，以其库存商品的数量与被侵权人的同种商品的销售单价的乘积为库存商品的购买金额；对于侵权商品的成本或购买金额高于销售收入的，其非法经营额则为该商品的成本或购买金额。 对《细则》第三十一条、第三十二条、第三十三条、第三十四条中所规定的"非法经营额"，可以参照上述方法进行计算。 <div align="right">一九九四年十一月二十二日</div>
相关法律法规（12）	《集体商标、证明商标注册和管理办法》 （中华人民共和国国家工商行政管理总局局务会议审议通过，自2003年6月1日起施行） 第一条 根据《中华人民共和国商标法》（以下简称商标法）第三条的规定，制定本办法。 第二条 集体商标、证明商标的注册和管理，依照商标法、《中华人民共和国商标法实施条例》（以下简称实施条例）和本办法的有关规定进行。 第三条 本办法有关商品的规定，适用于服务。 第四条 申请集体商标注册的，应当附送主体资格证明文件并应当详细说明该集体组织成员的名称和地址；以地理标志作为集体商标申请注册的，应当附送主体资格证明文件并应当详细说明其所具有的或者其委托的机构具有的专业技术人员、专业检测设备等情况，以表明其具有监督使用该地理标志商品的特定品质的能力。 申请以地理标志作为集体商标注册的团体、协会或者其他组织，应当由来自该地理标志标示的地区范围内的成员组成。 第五条 申请证明商标注册的，应当附送主体资格证明文件并应当详细说明其所具有

| 相关执法参考 | 相关法律法规（12） | 的或者其委托的机构具有的专业技术人员、专业检测设备等情况，以表明其具有监督该证明商标所证明的特定商品品质的能力。
　　第六条　申请以地理标志作为集体商标、证明商标注册的，还应当附送管辖该地理标志所标示地区的人民政府或者行业主管部门的批准文件。
　　外国人或者外国企业申请以地理标志作为集体商标、证明商标注册的，申请人应当提供该地理标志以其名义在其原属国受法律保护的证明。
　　第七条　以地理标志作为集体商标、证明商标注册的，应当在申请书件中说明下列内容：
　　（一）该地理标志所标示的商品的特定质量、信誉或者其他特征；
　　（二）该商品的特定质量、信誉或者其他特征与该地理标志所标示的地区的自然因素和人文因素的关系；
　　（三）该地理标志所标示的地区的范围。
　　第八条　作为集体商标、证明商标申请注册的地理标志，可以是该地理标志标示地区的名称，也可以是能够标示某商品来源于该地区的其他可视性标志。
　　前款所称地区无需与该地区的现行行政区划名称、范围完全一致。
　　第九条　多个葡萄酒地理标志构成同音字或者同形字的，在这些地理标志能够彼此区分且不误导公众的情况下，每个地理标志都可以作为集体商标或者证明商标申请注册。
　　第十条　集体商标的使用管理规则应当包括：
　　（一）使用集体商标的宗旨；
　　（二）使用该集体商标的商品的品质；
　　（三）使用该集体商标的手续；
　　（四）使用该集体商标的权利、义务；
　　（五）成员违反其使用管理规则应当承担的责任；
　　（六）注册人对使用该集体商标商品的检验监督制度。
　　第十一条　证明商标的使用管理规则应当包括：
　　（一）使用证明商标的宗旨；
　　（二）该证明商标证明的商品的特定品质；
　　（三）使用该证明商标的条件；
　　（四）使用该证明商标的手续；
　　（五）使用该证明商标的权利、义务；
　　（六）使用人违反该使用管理规则应当承担的责任；
　　（七）注册人对使用该证明商标商品的检验监督制度。
　　第十二条　使用他人作为集体商标、证明商标注册的葡萄酒、烈性酒地理标志标示并非来源于该地理标志所标示地区的葡萄酒、烈性酒，即使同时标出了商品的真正来源地，或者使用的是翻译文字，或者伴有诸如某某"种"、某某"型"、某某"式"、某某"类"等表述的，适用商标法第十六条的规定。
　　第十三条　集体商标、证明商标的初步审定公告的内容，应当包括该商标的使用管理规则的全文或者摘要。
　　集体商标、证明商标注册人对使用管理规则的任何修改，应报经商标局审查核准，并自公告之日起生效。
　　第十四条　集体商标注册人的成员发生变化的，注册人应当向商标局申请变更注册事项，由商标局公告。
　　第十五条　证明商标注册人准许他人使用其商标的，注册人应当在一年内报商标局备案，由商标局公告。
　　第十六条　申请转让集体商标、证明商标的，受让人应当具备相应的主体资格，并符 |

相关法律法规(12)	合商标法、实施条例和本办法的规定。 集体商标、证明商标发生移转的，权利继受人应当具备相应的主体资格，并符合商标法、实施条例和本办法的规定。 第十七条　集体商标注册人的集体成员，在履行该集体商标使用管理规则规定的手续后，可以使用该集体商标。 集体商标不得许可非集体成员使用。 第十八条　凡符合证明商标使用管理规则规定条件的，在履行该证明商标使用管理规则规定的手续后，可以使用该证明商标，注册人不得拒绝办理手续。 实施条例第六条第二款中的正当使用该地理标志是指正当使用该地理标志中的地名。 第十九条　使用集体商标的，注册人应发给使用人《集体商标使用证》；使用证明商标的，注册人应发给使用人《证明商标使用证》。 第二十条　证明商标的注册人不得在自己提供的商品上使用该证明商标。 第二十一条　集体商标、证明商标注册人没有对该商标的使用进行有效管理或者控制，致使该商标使用的商品达不到其使用管理规则的要求，对消费者造成损害的，由工商行政管理部门责令限期改正；拒不改正的，处以违法所得三倍以下的罚款，但最高不超过三万元；没有违法所得的，处以一万元以下的罚款。 第二十二条　违反实施条例第六条、本办法第十四条、第十五条、第十七条、第十八条、第二十条规定的，由工商行政管理部门责令限期改正；拒不改正的，处以违法所得三倍以下的罚款，但最高不超过三万元；没有违法所得的，处以一万元以下的罚款。 第二十三条　本办法自2003年6月1日起施行。国家工商行政管理局1994年12月30日发布的《集体商标、证明商标注册和管理办法》同时废止。
相关法律法规(13)	《驰名商标认定和保护规定》 （2014年7月3日国家工商行政管理总局第66号令公布，自公布之日起30日后施行） 第一条　为规范驰名商标认定工作，保护驰名商标持有人的合法权益，根据《中华人民共和国商标法》（以下简称商标法）、《中华人民共和国商标法实施条例》（以下简称实施条例），制定本规定。 第二条　驰名商标是在中国为相关公众所熟知的商标。 相关公众包括与使用商标所标示的某类商品或者服务有关的消费者，生产前述商品或者提供服务的其他经营者以及经销渠道中所涉及的销售者和相关人员等。 第三条　商标局、商标评审委员会根据当事人请求和审查、处理案件的需要，负责在商标注册审查、商标争议处理和工商行政管理部门查处商标违法案件过程中认定和保护驰名商标。 第四条　驰名商标认定遵循个案认定、被动保护的原则。 第五条　当事人依照商标法第三十三条规定向商标局提出异议，并依照商标法第十三条规定请求驰名商标保护的，可以向商标局提出驰名商标保护的书面请求并提交其商标构成驰名商标的证据材料。 第六条　当事人在商标不予注册复审案件和请求无效宣告案件中，依照商标法第十三条规定请求驰名商标保护的，可以向商标评审委员会提出驰名商标保护的书面请求并提交其商标构成驰名商标的证据材料。 第七条　涉及驰名商标保护的商标违法案件由市（地、州）级以上工商行政管理部门管辖。当事人请求工商行政管理部门查处商标违法行为，并依照商标法第十三条规定请求驰名商标保护的，可以向违法行为发生地的市（地、州）级以上工商行政管理部门进行投诉，并提出驰名商标保护的书面请求，提交证明其商标构成驰名商标的证据材料。 第八条　当事人请求驰名商标保护应当遵循诚实信用原则，并对事实及所提交的证据材料的真实性负责。

第九条 以下材料可以作为证明符合商标法第十四条第一款规定的证据材料：

（一）证明相关公众对该商标知晓程度的材料。

（二）证明该商标使用持续时间的材料，如该商标使用、注册的历史和范围的材料。该商标为未注册商标的，应当提供证明其使用持续时间不少于五年的材料。该商标为注册商标的，应当提供证明其注册时间不少于三年或者持续使用时间不少于五年的材料。

（三）证明该商标的任何宣传工作的持续时间、程度和地理范围的材料，如近三年广告宣传和促销活动的方式、地域范围、宣传媒体的种类以及广告投放量等材料。

（四）证明该商标曾在中国或者其他国家和地区作为驰名商标受保护的材料。

（五）证明该商标驰名的其他证据材料，如使用该商标的主要商品在近三年的销售收入、市场占有率、净利润、纳税额、销售区域等材料。

前款所称"三年"、"五年"，是指被提出异议的商标注册申请日期、被提出无效宣告请求的商标注册申请日期之前的三年、五年，以及在查处商标违法案件中提出驰名商标保护请求日期之前的三年、五年。

第十条 当事人依照本规定第五条、第六条规定提出驰名商标保护请求的，商标局、商标评审委员会应当在商标法第三十五条、第三十七条、第四十五条规定的期限内及时作出处理。

第十一条 当事人依照本规定第七条规定请求工商行政管理部门查处商标违法行为的，工商行政管理部门应当对投诉材料予以核查，依照《工商行政管理机关行政处罚程序规定》的有关规定决定是否立案。决定立案的，工商行政管理部门应当对当事人提交的驰名商标保护请求及相关证据材料是否符合商标法第十三条、第十四条、实施条例第三条和本规定第九条规定进行初步核实和审查。经初步核查符合规定的，应当自立案之日起三十日内将驰名商标认定请示、案件材料副本一并报送上级工商行政管理部门。经审查不符合规定的，应当依照《工商行政管理机关行政处罚程序规定》的规定及时作出处理。

第十二条 省（自治区、直辖市）工商行政管理部门应当对本辖区内市（地、州）级工商行政管理部门报送的驰名商标认定相关材料是否符合商标法第十三条、第十四条、实施条例第三条和本规定第九条规定进行核实和审查。经核查符合规定的，应当自收到驰名商标认定相关材料之日起三十日内，将驰名商标认定请示、案件材料副本一并报送商标局。经审查不符合规定的，应当将有关材料退回原立案机关，由其依照《工商行政管理机关行政处罚程序规定》的规定及时作出处理。

第十三条 商标局、商标评审委员会在认定驰名商标时，应当综合考虑商标法第十四条第一款和本规定第九条所列各项因素，但不以满足全部因素为前提。

商标局、商标评审委员会在认定驰名商标时，需要地方工商行政管理部门核实有关情况的，相关地方工商行政管理部门应当予以协助。

第十四条 商标局经对省（自治区、直辖市）工商行政管理部门报送的驰名商标认定相关材料进行审查，认定构成驰名商标的，应当向报送请示的省（自治区、直辖市）工商行政管理部门作出批复。

立案的工商行政管理部门应当自商标局作出认定批复后六十日内依法予以处理，并将行政处罚决定书抄报所在省（自治区、直辖市）工商行政管理部门。省（自治区、直辖市）工商行政管理部门应当自收到抄报的行政处罚决定书之日起三十日内将案件处理情况及行政处罚决定书副本报送商标局。

第十五条 各级工商行政管理部门在商标注册和管理工作中应当加强对驰名商标的保护，维护权利人和消费者合法权益。商标违法行为涉嫌犯罪的，应当将案件及时移送司法机关。

第十六条 商标注册审查、商标争议处理和工商行政管理部门查处商标违法案件过程中，当事人依照商标法第十三条规定请求驰名商标保护时，可以提供该商标曾在我国作为

相关执法参考	相关法律法规（13）	驰名商标受保护的记录。 　　当事人请求驰名商标保护的范围与已被作为驰名商标予以保护的范围基本相同，且对方当事人对该商标驰名无异议，或者虽有异议，但异议理由和提供的证据明显不足以支持该异议的，商标局、商标评审委员会、商标违法案件立案部门可以根据该保护记录，结合相关证据，给予该商标驰名商标保护。 　　第十七条　在商标违法案件中，当事人通过弄虚作假或者提供虚假证据材料等不正当手段骗取驰名商标保护的，由商标局撤销对涉案商标已作出的认定，并通知报送驰名商标认定请示的省（自治区、直辖市）工商行政管理部门。 　　第十八条　地方工商行政管理部门违反本规定第十一条、第十二条规定未履行对驰名商标认定相关材料进行核实和审查职责，或者违反本规定第十三条第二款规定未予以协助或者未履行核实职责，或者违反本规定第十四条第二款规定逾期未对商标违法案件作出处理或者逾期未报送处理情况的，由上一级工商行政管理部门予以通报，并责令其整改。 　　第十九条　各级工商行政管理部门应当建立健全驰名商标认定工作监督检查制度。 　　第二十条　参与驰名商标认定与保护相关工作的人员，玩忽职守、滥用职权、徇私舞弊，违法办理驰名商标认定有关事项，收受当事人财物，牟取不正当利益的，依照有关规定予以处理。 　　第二十一条　本规定自公布之日起30日后施行。2003年4月17日国家工商行政管理总局公布的《驰名商标认定和保护规定》同时废止。
	相关法律法规（14）	《烟草专卖法》（节录） 　　（1991年6月29日第七届全国人民代表大会常务委员会第二十次会议通过；1991年6月29日中华人民共和国主席令第四十六号公布；自1992年1月1日起施行；根据2009年8月27日第十一届全国人民代表大会常务委员会第十次会议《关于修改部分法律的决定》第一次修正；根据2013年12月28日中华人民共和国第十二届全国人民代表大会常务委员会第六次会议《全国人民代表大会常务委员会关于修改〈中华人民共和国海洋环境保护法〉等七部法律的决定》第二次修正；根据2015年4月24日中华人民共和国第十二届全国人民代表大会常务委员会第十四次会议《全国人民代表大会常务委员会关于修改〈中华人民共和国计量法〉等五部法律的决定》第三次修订，中华人民共和国主席令第26号公布，自公布之日起施行） 　　第二十条　烟草制品商标标识必须由省级工商行政管理部门指定的企业印制；非指定的企业不得印制烟草制品商标标识。 　　第二十一条　托运或者自运烟草专卖品必须持有烟草专卖行政主管部门或者烟草专卖行政主管部门授权的机构签发的准运证；无准运证的，承运人不得承运。 　　第三十六条　伪造、变造、买卖本法规定的烟草专卖生产企业许可证、烟草专卖经营许可证等许可证件和准运证的，依照刑法有关规定追究刑事责任。 　　烟草专卖行政主管部门和烟草公司工作人员利用职务上的便利犯前款罪的，依法从重处罚。 　　第三十七条　走私烟草专卖品，构成走私罪的，依照刑法有关规定追究刑事责任；走私烟草专卖品，数额不大，不构成走私罪的，由海关没收走私货物、物品和违法所得，可以并处罚款。 　　烟草专卖行政主管部门和烟草公司工作人员利用职务上的便利犯前款罪的，依法从重处罚。

相关执法参考	**相关法律法规 (15)**	《烟草专卖法实施条例》（节录） （1997年7月3日国务院令第223号发布，根据2016年2月6日《国务院公布修改电信条例等部分行政法规的决定》修订） **第二十二条** 卷烟、雪茄烟和有包装的烟丝，应当使用注册商标。 **第三十条** 有关部门依法查获的假冒商标烟草制品，应当交由烟草专卖行政主管部门按照国家有关规定公开销毁，禁止以任何方式销售。 **第三十一条** 假冒商标烟草制品的鉴别检测工作，由国务院产品质量监督管理部门和省、自治区、直辖市人民政府产品质量监督管理部门指定的烟草质量检测站进行。
	相关法律法规 (16)	《烟草制品商标使用管理规定》 （1996年8月23日国家烟草专卖局发布） **第一章 总 则** **第一条** 为加强卷烟、雪茄烟及有包装的烟丝（以下简称烟草制品）商标的管理，保护烟草制品生产者、消费者的合法权益，提高烟草行业的整体效益，依据《中华人民共和国商标法》（以下简称《商标法》）、《中华人民共和国烟草专卖法》（以下简称《专卖法》）的有关规定，制定本规定。 **第二条** 凡从事烟草制品生产、销售活动的，必须遵守本规定。 **第三条** 国家烟草专卖局商标主管部门负责全国烟草制品商标的使用管理和监督；省级烟草专卖局商标主管部门负责所辖地区的烟草制品商标的使用管理和监督。 **第四条** 经国家烟草专卖局批准的烟草制品生产企业，方可申请和拥有烟草制品注册商标。 **第二章 商标文字和图形** **第五条** 烟草制品商标文字、图形必须符合《商标法》的有关规定。商标的名称和图形应高雅、美观。 **第六条** 按照《专卖法》的规定，卷烟、雪茄烟必须在包装上标明卷烟国家标准中规定的内容和"吸烟有害健康"字样。 **第七条** 卷烟、雪茄烟应按卷烟国家标准规定的类型标注相应的类型。出口的卷烟、雪茄烟应在包装上标明"专供出口"的中文字样。 **第八条** 除国家烟草专卖局另有规定的产品外，在国内销售的烟草制品，必须以中文标明其商标名称和生产企业名称。 **第九条** 商标上标注的生产企业名称，应与企业营业执照登记名称一致。 **第十条** 除国家烟草专卖局另有规定外，禁止标注其它任何认证标志、名优标志以及对产品质量引人误解的表述。 **第十一条** 中外技术合作和国内企业间技术合作开发的产品，必须提交有关合作协议、技术文件和成果鉴定报告等文件，经国家烟草专卖局商标主管部门审查同意后，方可在商标上加注有关合作字样及合作方的名称。 **第十二条** 禁止在商标上标注各种地方专卖、专营字样。禁止自行在注册商标上加注各种旅游、纪念性的文字和图形。 **第十三条** 禁止自行改变注册商标上的文字、图形或者其组合。 **第三章 商标的管理** **第十四条** 烟草制品投产前，其商标所有者必须将注册证、实用标识及有关文件，报国家烟草专卖局商标主管部门审查。 **第十五条** 使用他人注册商标者，必须与商标注册人签订商标使用许可合同。商标使用许可合同必须在国家烟草专卖局商标主管部门备案。 **第十六条** 各省级烟草专卖局应有相应的部门负责所属企业商标使用的管理工作，并建立完整的商标档案。

相关法律法规（16）	第十七条　企业申请商标注册，必须同时向所属省级烟草专卖局和国家烟草专卖局商标主管部门备案。 第十八条　企业应建立严格、完整的商标申请、印制、使用管理制度。 第十九条　对于违反本《规定》第四至十二条的，商标所有者应于1996年12月31日前自行更改，并将新的实用标识报所在地省级烟草专卖局和国家烟草专卖局商标主管部门。对拖延不改的，国家烟草专卖局将核减其卷烟生产计划指标，并禁止该产品在中国卷烟批发交易市场销售。 第二十条　对于违反《规定》第十三条的，国家烟草专卖局将依据有关规定处罚或移交有关部门处罚。 第二十一条　对于违反《规定》第十四、十五、十七条的，国家烟草专卖局不予核发准产证。 第四章　附　则 第二十二条　各省级烟草专卖局可依据本《规定》制定具体管理办法。 第二十三条　本《规定》自发布之日起施行。1988年4月8日公布的《中国烟草总公司关于卷烟、雪茄烟商标管理的若干规定》同时废止；其他有关烟草制品商标使用管理的规定，凡与本《规定》相抵触的，应以本《规定》为准。 第二十四条　本《规定》由国家烟草专卖局负责解释。
相关法律法规（17）	《商标印制管理办法》 （2004年4月19日国家工商行政管理总局公布，自2004年9月1日起施行） 第一条　为了加强商标印制管理，保护注册商标专用权，维护社会主义市场经济秩序，根据《中华人民共和国商标法》、《中华人民共和国商标法实施条例》（以下分别简称《商标法》、《商标法实施条例》）的有关规定，制定本办法。 第二条　以印刷、印染、制版、刻字、织字、晒蚀、印铁、铸模、冲压、烫印、贴花等方式制作商标标识的，应当遵守本办法。 第三条　商标印制委托人委托商标印制单位印制商标的，应当出示营业执照副本或者合法的营业证明或者身份证明。 第四条　商标印制委托人委托印制注册商标的，应当出示《商标注册证》或者由注册人所在地县级工商行政管理局签章的《商标注册证》复印件，并另行提供一份复印件。 签订商标使用许可合同使用他人注册商标，被许可人需印制商标的，还应当出示商标使用许可合同文本并提供一份复印件；商标注册人单独授权被许可人印制商标的，除出示由注册人所在地县级工商行政管理局签章的《商标注册证》复印件外，还应当出示授权书并提供一份复印件。 第五条　委托印制注册商标的，商标印制委托人提供的有关证明文件及商标图样应当符合下列要求： （一）所印制的商标样稿应当与《商标注册证》上的商标图样相同； （二）被许可人印制商标标识的，应有明确的授权书，或其所提供的《商标使用许可合同》含有许可人允许其印制商标标识的内容； （三）被许可人的商标标识样稿应当标明被许可人的企业名称和地址；其注册标记的使用符合《商标法实施条例》的有关规定。 第六条　委托印制未注册商标的，商标印制委托人提供的商标图样应当符合下列要求： （一）所印制的商标不得违反《商标法》第十条的规定； （二）所印制的商标不得标注"注册商标"字样或者使用注册标记。 第七条　商标印制单位应当对商标印制委托人提供的证明文件和商标图样进行核查。商标印制委托人未提供本办法第三条、第四条所规定的证明文件，或者其要求印制的

相关执法参考	相关法律法规（17）	商标标识不符合本办法第五条、第六条规定的，商标印制单位不得承接印制。 　　**第八条**　商标印制单位承接符合本办法规定的商标印制业务的，商标印制业务管理人员应当按照要求填写《商标印制业务登记表》，载明商标印制委托人所提供的证明文件的主要内容，《商标印制业务登记表》中的图样应当由商标印制单位业务主管人员加盖骑缝章。 　　商标标识印制完毕，商标印制单位应当在15天内提取标识样品，连同《商标印制业务登记表》、《商标注册证》复印件、商标使用许可合同复印件、商标印制授权书复印件等一并造册存档。 　　**第九条**　商标印制单位应当建立商标标识出入库制度，商标标识出入库应当登记台帐。废次标识应当集中进行销毁，不得流入社会。 　　**第十条**　商标印制档案及商标标识出入库台帐应当存档备查，存查期为两年。 　　**第十一条**　商标印制单位违反本办法第七条至第十条规定的，由所在地工商行政管理局责令其限期改正，并视其情节予以警告，处以非法所得额三倍以下的罚款，但最高不超过三万元，没有违法所得的，可以处以一万元以下的罚款。 　　**第十二条**　擅自设立商标印刷企业或者擅自从事商标印刷经营活动的，由所在地或者行为地工商行政管理局依照《印刷业管理条例》的有关规定予以处理。 　　**第十三条**　商标印制单位违反第七条规定承接印制业务，且印制的商标与他人注册商标相同或者近似的，属于《商标法实施条例》第五十条第（二）项所述的商标侵权行为，由所在地或者行为地工商行政管理局依《商标法》的有关规定予以处理。 　　**第十四条**　商标印制单位的违法行为构成犯罪的，所在地或者行为地工商行政管理局应及时将案件移送司法机关追究刑事责任。 　　**第十五条**　本办法所称"商标印制"是指印刷、制作商标标识的行为。 　　本办法所称"商标标识"是指与商品配套一同进入流通领域的带有商标的有形载体，包括注册商标标识和未注册商标标识。 　　本办法所称"商标印制委托人"是指要求印制商标标识的商标注册人、未注册商标使用人、注册商标被许可使用人以及符合《商标法》规定的其他商标使用人。 　　本办法所称"商标印制单位"是指依法登记从事商标印制业务的企业和个体工商户。 　　本办法所称《商标注册证》包括国家工商行政管理总局商标局所发的有关变更、续展、转让等证明文件。 　　**第十六条**　本办法自2004年9月1日起施行。国家工商行政管理局1996年9月5日发布的《商标印制管理办法》同时废止。
	相关法律法规（18）	《注册商标专用权质押登记程序规定》 　　（2020年4月22日国家知识产权局关于《注册商标专用权质押登记程序规定》的公告第358号发布，自2020年5月1日起施行） 　　**第一条**　为充分发挥注册商标专用权无形资产的价值，促进经济发展，根据《物权法》《担保法》《商标法》和《商标法实施条例》的有关规定，制定本规定。 　　国家知识产权局负责办理注册商标专用权质权登记。 　　**第二条**　自然人、法人或者其他组织以其注册商标专用权出质的，出质人与质权人应当订立书面合同，并向国家知识产权局办理质权登记。 　　质权登记申请应由质权人和出质人共同提出。质权人和出质人可以直接向国家知识产权局申请，也可以委托商标代理机构代理办理。在中国没有经常居所或者营业所的外国人或者外国企业应当委托代理机构办理。 　　**第三条**　办理注册商标专用权质权登记，出质人应当将在相同或者类似商品/服务上注册的相同或者近似商标一并办理质权登记。质权合同和质权登记申请书中应当载明出质的商标注册号。

相关执法参考	相关法律法规（18）	共有商标办理质权登记的，除全体共有人另有约定的以外，应当取得其他共有人的同意。 **第四条** 申请注册商标专用权质权登记的，应提交下列文件： （一）申请人签字或者盖章的《商标专用权质权登记申请书》； （二）主合同和注册商标专用权质权合同； （三）申请人签署的承诺书； （四）委托商标代理机构办理的，还应当提交商标代理委托书。 上述文件为外文的，应当同时提交其中文译文。中文译文应当由翻译单位和翻译人员签字盖章确认。 **第五条** 注册商标专用权质权合同一般包括以下内容： （一）出质人、质权人的姓名（名称）及住址； （二）被担保的债权种类、数额； （三）债务人履行债务的期限； （四）出质注册商标的清单（列明注册商标的注册号、类别及专用期）； （五）担保的范围； （六）当事人约定的其他事项。 **第六条** 申请登记书件齐备、符合规定的，国家知识产权局予以受理并登记。质权自登记之日起设立。国家知识产权局自登记之日起2个工作日内向双方当事人发放《商标专用权质权登记证》。 《商标专用权质权登记证》应当载明下列内容：出质人和质权人的名称（姓名）、出质商标注册号、被担保的债权数额、质权登记期限、质权登记日期。 **第七条** 质权登记申请不符合本办法第二条、第三条、第四条、第五条规定的，国家知识产权局应当通知申请人，并允许其在30日内补正。申请人逾期不补正或者补正不符合要求的，视为其放弃该质权登记申请，国家知识产权局应当通知申请人。 **第八条** 有下列情形之一的，国家知识产权局不予登记： （一）出质人名称与国家知识产权局档案所记载的名称不一致，且不能提供相关证明证实其为注册商标权利人的； （二）合同的签订违反法律法规强制性规定的； （三）注册商标专用权已经被撤销、被注销或者有效期满未续展的； （四）注册商标专用权已被人民法院查封、冻结的； （五）其他不符合出质条件的。 不予登记的，国家知识产权局应当通知当事人，并说明理由。 **第九条** 质权登记后，有下列情形之一的，国家知识产权局应当撤销登记： （一）发现有属于本办法第八条所列情形之一的； （二）质权合同无效或者被撤销； （三）出质的注册商标因法定程序丧失专用权的； （四）提交虚假证明文件或者以其他欺骗手段取得注册商标专用权质权登记的。 撤销登记的，国家知识产权局应当通知当事人。 **第十条** 质权人或出质人的名称（姓名）更改，以及质权合同担保的主债权数额变更的，当事人可以凭下列文件申请办理变更登记： （一）申请人签字或者盖章的《商标专用权质权登记事项变更申请书》； （二）主债权数额变更的，双方签订的有关的补充或变更协议； （三）申请人签署的相关承诺书； （四）委托商标代理机构办理的，还应当提交商标代理委托书。 出质人名称（姓名）发生变更的，还应按照《商标法》及《商标法实施条例》的相

相关执法参考	**相关法律法规（18）** 关规定在国家知识产权局办理变更注册人名义申请。 第十一条　因被担保的主合同履行期限延长、主债权未能按期实现等原因需要延长质权登记期限的，质权人和出质人双方应当在质权登记期限到期前，持以下文件申请办理延期登记： （一）申请人签字或者盖章的《商标专用权质权登记期限延期申请书》； （二）当事人双方签署的延期协议； （三）申请人签署的相关承诺书； （四）委托商标代理机构办理的，还应当提交商标代理委托书。 主债权未能按期实现，双方又未能达成有关延期协议的，质权人可以出具相关书面保证函，说明债权未能实现的相关情况，申请延期。国家知识产权局予以延期登记的，应当通知出质人。 第十二条　办理质权登记事项变更申请或者质权登记期限延期申请后，由国家知识产权局在 2 个工作日内重新核发《商标专用权质权登记证》。 第十三条　注册商标专用权质权登记需要注销的，质权人和出质人双方可以持下列文件办理注销申请： （一）申请人签字或者盖章的《商标专用权质权登记注销申请书》； （二）申请人签署的相关承诺书； （三）委托商标代理机构办理的，还应当提交商标代理委托书。 注销登记的，国家知识产权局应当在 2 个工作日内通知当事人。 质权登记期限届满后，该质权登记自动失效。 第十四条　《商标专用权质权登记证》遗失的，可以向国家知识产权局申请补发。 第十五条　国家知识产权局对注册商标质权登记的相关信息进行公告。 第十六条　反担保及最高额质权适用本规定。 第十七条　本规定自 2020 年 5 月 1 日起施行，原《注册商标专用权质权登记程序规定》（工商标字〔2009〕182 号）同日起不再执行。
	相关法律法规（19） 关于执行修改后的《中华人民共和国商标法》有关问题的通知 （2014 年 4 月 15 日国家工商行政管理总局工商标字〔2014〕81 号发布） 各省、自治区、直辖市及计划单列市、副省级市工商行政管理局、市场监督管理局： 第十二届全国人民代表大会常务委员会第四次会议通过的《关于修改〈中华人民共和国商标法〉的决定》于 2014 年 5 月 1 日起施行。为了贯彻执行修改后的《中华人民共和国商标法》（以下简称商标法），现就新旧商标法衔接的有关问题通知如下： 一、关于商标注册事宜 （一）对于 2014 年 5 月 1 日以前向商标局提出的商标注册、异议、变更、转让、续展、撤销、注销、许可备案等申请，商标局于 2014 年 5 月 1 日以后（含 5 月 1 日，下同）作出的行政决定适用修改后的商标法。但是，对异议申请中异议人主体资格和异议理由的审查适用修改前的商标法。 （二）对于 2014 年 5 月 1 日以前向商标局提出的商标注册、异议、撤销申请，应自 2014 年 5 月 1 日起开始计算审查期限。但是，被异议商标初审公告至 2014 年 5 月 1 日不满三个月的，应自公告期满之日起计算审查期限。 二、关于商标评审 （一）对于当事人不服商标局作出的驳回商标注册申请决定在 2014 年 5 月 1 日以前向商标评审委员会提出复审申请，商标评审委员会于 2014 年 5 月 1 日以后审理的案件，适用修改后的商标法。 （二）对于当事人不服商标局作出的异议裁定在 2014 年 5 月 1 日以前向商标评审委员会提出复审申请，商标评审委员会于 2014 年 5 月 1 日以后审理的案件，当事人提出异议

相关执法参考	相关法律法规（19）	和复审的主体资格适用修改前的商标法，其他程序问题和实体问题适用修改后的商标法。 （三）对于已经注册的商标，当事人在2014年5月1日以前向商标评审委员会提出争议和撤销复审申请，商标评审委员会于2014年5月1日以后审理的案件，相关程序问题适用修改后的商标法，实体问题适用修改前的商标法。 （四）对于当事人在2014年5月1日以前向商标评审委员会提出申请的商标评审案件，应自2014年5月1日起开始计算审理期限。 三、关于商标监督管理 （一）商标违法行为发生在2014年5月1日以前的，适用修改前的商标法处理；商标违法行为发生在2014年5月1日以前且持续到2014年5月1日以后的，适用修改后的商标法处理。 （二）对于将"驰名商标"字样用于商品、商品包装或者容器上，或者用于广告宣传、展览以及其他商业活动中的行为，适用修改后的商标法处理。但是，对于将"驰名商标"字样用于商品、商品包装或者容器上并于2014年5月1日以前已经进入流通领域的除外。 对于将"驰名商标"字样用于商品、商品包装或者容器上，驰名商标持有人应承担违法责任，由其住所地工商行政管理部门查处。住所地以外的工商行政管理部门发现上述违法行为的，移送其住所地工商行政管理部门查处。住所地不在中国境内或者因管辖权发生争议的，由国家工商行政管理总局指定的工商行政管理部门查处。
	相关法律法规（20）	《关于如何处理商标专用权与外观设计专利权冲突问题的批复》 （国家工商行政管理总局工商标函字〔2009〕291号） 广东省工商行政管理局： 你局《关于如何处理商标专用权与外观设计专利权冲突问题的请示》（粤工商标字〔2009〕353号）收悉。经研究，现就函中请示的问题批复如下： 一、商标专用权和外观设计专利权是重要的知识产权，分别受《商标法》和《专利法》的保护。这些权利的取得与行使，应当遵循诚实信用原则，不得以不正当手段侵害他人的在先权利。 二、外观设计专利对他人在先商标专用权构成侵害的，工商行政管理机关可以依照《商标法》及其实施条例的有关规定，及时作出处理。
	相关法律法规（21）	《商标网上申请试用办法》 （2009年1月7日国家工商行政管理总局商标局发布，自2009年1月20日起施行） **第一章　总　则** **第一条**　为了规范通过互联网以电子文件形式提出商标申请（以下简称商标网上申请）的有关程序和要求，根据《商标法》及其实施条例的有关规定，制定本办法。 **第二条**　提交商标网上申请的，应当遵守本办法和国家工商行政管理总局商标局（以下简称"商标局"）制定的商标网上申请流程及其他相关规定。 **第三条**　提交商标网上申请的，应当通过中国商标网（http：//www.ctmo.gov.cn）以商标局规定的文件格式、数据标准、操作规范和传输方式提交申请文件。 **第四条**　提交商标网上申请的，应当真实、完整、准确地填写申请信息。 **第五条**　提交商标网上申请的，申请信息以商标局的数据库记录为准。 **第六条**　商标申请人可以直接提交商标网上申请，也可以委托商标代理组织办理。通过商标代理组织提交商标网上申请的，视为商标申请人与商标代理组织存在委托代理关系。 **第七条**　直接提交商标网上申请的申请人，应当符合《商标法》第四条的规定，不违反《商标法》第十八条的规定，并具备在线支付商标申请费的技术条件。 代理商标网上申请的商标代理组织，应经企业登记机关依法登记并在商标局备案。

| 相关执法参考 | 相关法律法规(21) | **第二章 商标网上申请**
第八条 由于技术原因，商标申请人或商标代理组织不得提交下列情形的网上申请：
（一）商标局公布的《自然人办理商标注册申请注意事项》所规范的商标注册申请；
（二）有优先权诉求的商标注册申请；
（三）人物肖像的商标注册申请；
（四）集体商标、证明商标的商标注册申请；
（五）指定使用的商品或服务项目没有列入《类似商品和服务区分表》的商标注册申请；
（六）外国人或外国企业作为商标申请人或共同申请人，未委托商标代理组织提交的商标注册申请。我国香港、澳门特别行政区和台湾地区的商标申请人参照本项规定办理；
（七）其他暂不宜采用网上申请的商标注册申请。
第九条 商标申请人直接提交商标网上申请的，应当在提交商标网上申请时，使用本人或其委托的付款人的银行卡立即在线足额支付商标规费；商标代理组织代理商标网上申请的，应当足额预付商标规费。
商标局对付款方式另有规定的，从其规定。
第十条 商标申请人直接提交商标网上申请的，商标局收到符合要求的电子申请书数据和足额缴纳商标申请费的信息视为该申请提交成功；商标代理组织代理商标网上申请的，商标局收到符合要求的电子申请书数据视为该申请提交成功。
不符合前款规定的，视为申请人或受其委托的商标代理组织未提交商标网上申请。商标申请人或商标代理组织可以登录中国商标网对其提交的商标申请进行查询。
第十一条 提交商标网上申请的，商标申请日期以商标局收到提交成功的电子申请书数据的日期为准。
第十二条 提交商标网上申请后，除商标网上申请是在试用过渡期内提交的或商标局规定应当递交相关书面申请材料的外，商标申请人或受其委托的商标代理组织无需再就同一件商标申请向商标局递交书面申请书和其他书面申请材料，否则，视为另一件商标申请。
提交商标网上申请后，商标网上申请是在试用过渡期内提交的或商标局规定应当递交相关书面申请材料的，商标申请人或受其委托的商标代理组织应当按商标网上申请流程的要求办理。《商标法》及其实施条例对递交期限有规定的，从其规定；《商标法》及其实施条例对递交期限没有规定的，商标申请人或受其委托的商标代理组织应当按商标网上申请流程的要求办理。
第十三条 代理商标网上申请的商标代理组织，应当妥善保存委托人的营业执照、身份证等主体资格证明文件的复印件和委托书原件，有关书件应当经委托人签章。商标注册与管理工作需要时，商标代理组织应当自接到商标局通知之日起15日内递交。
第十四条 商标网上申请的接收时间为法定工作日的8：00至16：30。但因故临时调整的，将在中国商标网予以公告，并以公告中标明的时间为准。
商标网上申请的接收时间以外提交的申请，不予受理。
第三章 法律责任
第十五条 提交商标网上申请的，因所提交的申请信息不真实、不完整或不准确所造成的后果由其自行承担。
第十六条 严禁向商标局的商标网上申请系统发送计算机病毒或以任何手段进行网络攻击。因发送计算机病毒、网络攻击造成后果的，由其承担相应的法律责任，并赔偿商标局因此所遭受的损失。
第十七条 具有下列情形的，商标局将暂停其使用商标网上申请系统：
（一）违反本办法第四、六、七、九、十三、十四条规定的； |

相关执法参考	相关法律法规(21)	（二）违反本办法第十二条第二款的规定，未按期向商标局递交相关纸质申请材料或者递交的纸质申请材料与商标局的要求不一致的； （三）提交的商标网上申请属于本办法第八条所列情形的； （四）自本办法实施之日起，因拖欠商标申请费用导致商标申请被不予受理的； （五）具有不诚信行为或其他违法行为的； （六）违反本办法其他规定且情节严重的。 上述暂停使用商标网上申请系统的情形妥善解决后，当事人可以申请恢复使用。但是，暂停期不少于五个工作日。 第十八条　具有下列情形的，商标局将停止其使用商标网上申请系统： （一）连续2年内被暂停使用商标网上申请系统三次（含）以上的； （二）具有本办法第十六条规定情形的。 第四章　附　则 第十九条　商标网上申请系统受理的业务类型和商标申请人直接提交网上申请的具体事宜由商标局另行公告。 第二十条　在商标网上申请试用期间，商标局采用对试用单位日申请量适度限制的做法，并根据实际运行情况逐步放开限制。具体事宜另行公告。 第二十一条　本办法由商标局负责解释。 第二十二条　本办法自2009年1月20日起施行。
	相关法律法规(22)	《台湾地区商标注册申请人要求优先权有关事项的规定》 （2010年11月18日国家工商行政管理总局商标局发布，自2010年11月22日起施行） 为落实《海峡两岸知识产权保护合作协议》，保障台湾地区商标注册申请人的优先权权益，现就台湾地区申请人在国家工商行政管理总局商标局申请商标注册要求台湾地区优先权有关事项作如下规定： 一、自2010年11月22日起，台湾地区申请人自其商标在台湾地区第一次提出商标注册申请之日起六个月内，又在国家工商行政管理总局商标局就同一商标在相同商品上提出商标注册申请的，可以要求优先权。其第一次申请的日期可以追溯到2010年9月12日。 二、依照前述规定要求优先权的，应当参照《商标法》第二十四条第二款、《商标法实施条例》第二十条第一款的规定办理。 三、依照前述规定要求优先权的，其商标注册申请书应当使用国家工商行政管理总局发布的商标注册申请书式。 四、台湾地区申请人要求台湾地区优先权的声明，经认可后，其在台湾地区的第一次申请商标注册的日期，即视为在国家工商行政管理总局商标局的申请日期。
	相关法律法规(23)	《委托地方工商和市场监管部门受理商标注册申请暂行规定》 （2016年8月31日国家工商总局工商标字〔2016〕168号发布，自2016年9月1日起施行） **第一条**　为方便申请人办理商标注册申请，推进商标注册便利化，加强对委托地方工商和市场监管部门（以下简称受托单位）受理商标注册申请工作的管理，特制定本规定。 **第二条**　县级以上（以省会城市、地级市为主）工商、市场监管部门受工商总局商标局（以下简称商标局）委托，在地方政务大厅或注册大厅设立商标注册申请受理窗口，代为办理商标注册申请受理等业务。 **第三条**　县级以上（以省会城市、地级市为主）工商、市场监管部门拟开展商标注册申请受理业务的，须填写《地方工商和市场监管部门开展商标注册申请受理业务审批表》（附表），由省（自治区、直辖市）工商、市场监管部门提出意见后报送商标局。按照便利化原则，兼顾区域分布、商标申请量等因素，经审核确有设立必要且具备运行条件

相关执法参考	的，经商标局批准并公告后开展受理业务。 **第四条** 商标局工作职责： （一）确定受托单位受理业务范围和受理区域范围； （二）制定工作规程、业务质量标准和业务质量管理办法； （三）根据业务工作需要，对受托单位工作人员进行业务培训； （四）对受托单位商标注册申请受理和规费收缴等工作进行指导和检查。 **第五条** 受托单位工作职责： （一）负责商标受理业务机构设置、人员安排、网络联通建设、办公场所和相关设备配置； （二）根据商标局有关规定，制定和落实业务质量管理办法； （三）加强与商标局业务联系，定期向商标局汇报工作； （四）办理商标局委托的其他工作。 **第六条** 受理窗口工作职责： （一）在政务大厅或注册大厅设置"商标受理业务"的明显标识； （二）负责指定区域内商标注册申请受理、规费收缴、代发商标注册证等工作。接收、审核商标注册申请文件，对符合受理条件的商标注册申请确定申请日； （三）做好商标注册申请文件管理工作； （四）开展商标注册申请相关业务的查询、咨询等服务性工作。 **第七条** 受托单位及其受理窗口工作人员应当依法行政，廉洁自律，忠于职守，文明服务。 （一）严格遵守有关法律、法规及商标局有关规定，结合自身实际情况，制定相关规章制度。建立优良工作秩序，提供优质高效服务； （二）严格遵守财务管理制度。加强账务管理，不得超范围、超标准收取费用；收取规费应按期如数上缴，不得擅自挪用、滞留，保证国家规费的安全； （三）依法行政，公正廉洁。不得泄露或越权使用未公开的商标注册申请信息，牟取不当利益。 **第八条** 对违反本规定的受托单位，商标局将对其通报批评，情节严重者，将责令其停止工作进行整顿，直至取消委托业务。 对违反本规定，产生恶劣影响并造成损失的，视具体情况追究受托单位负责人和相关人员行政或法律责任。 **第九条** 本规定由商标局负责解释。 **第十条** 本规定自2016年9月1日起施行。
相关法律法规(24)	《关于提交商标异议申请有关事项的通知》 （2008年12月1日国家工商行政管理局商标局发布） 各商标异议申请人、商标代理机构： 为进一步提高商标注册工作效率，规范商标异议申请受理工作，根据《商标法》及《商标法实施条例》的有关规定，现将提交商标异议申请的有关注意事项通知如下： 一、根据《商标法》及《商标法实施条例》的有关规定，异议人提交异议申请时，应有明确的请求和事实依据的文字表述。如以被异议商标违反《商标法》第二十八条、二十九条（即被异议商标侵犯在先申请商标或在先注册商标）为由的，则应指出在先商标的申请号或注册号以及商标名称，并提供相应证据；如以违反《商标法》其他规定为由的，则应清楚表述其理由及事实依据，并提供相应证据。请求和事实依据的文字表述应便于对方当事人答辩。异议人提交异议申请时，如没有明确的请求和事实依据，我局依法不予受理。 二、依据《商标法》、《商标法实施条例》及《中华人民共和国邮政法》等法律法规

相关执法参考	相关法律法规(24)	之规定，当事人通过邮政部门（含邮政部门所属快递公司）向商标局提交异议申请的，异议申请日以寄出的邮戳日为准。当事人通过非邮政部门所属的其他快递公司向商标局提交异议申请的，异议申请日以商标局收到日为准。 通过邮政部门邮寄异议申请或其他相关材料的，一件申请最好使用一个信封，以便于异议申请日期的确定及有关文件的归档与查阅。
	相关法律法规(25)	《关于在第16类"报纸、期刊、杂志（期刊）、新闻刊物"四种商品上申请注册商标注意事项的通知》 （2009年2月17日国家工商行政管理总局商标局商标综字〔2009〕第39号发布） 商标申请人、各商标代理机构： 《中华人民共和国商标法》第十条对不得作为商标使用的标志作出了明确的规定。但在第16类"报纸、期刊、杂志（期刊）、新闻刊物"四种商品上申请注册的商标，其整体是国家出版行政部门批准的报纸、期刊、杂志名称的，可以初步审定。因此，商标申请人在第16类"报纸、期刊、杂志（期刊）、新闻刊物"四种商品上申请注册商标的，除按照商标注册申请的有关规定提交材料外，还应注意以下事项： 一、申请注册的商标属于以下情形之一的，商标申请人应当向商标局提交国家出版行政部门核发的报纸、期刊出版许可证（复印件）： （一）同我国的国家名称相同或者近似的，以及同中央国家机关所在地特定地点的名称或者标志性建筑物的名称相同的； （二）由县级以上行政区划的地名构成，或者含有县级以上行政区划的地名的； （三）属于《中华人民共和国商标法》第十条规定的其他情形，商标局需核对国家出版行政部门核发的报纸、期刊出版许可证的。 二、商标申请人提交的报纸、期刊出版许可证（复印件）应当符合以下要求： （一）商标申请人名义应与所提交的报纸、期刊出版许可证上显示的持有人名义一致。 （二）商标申请人申请注册的商标名称应与所提交的报纸、期刊出版许可证上显示的国家出版行政部门批准使用的报纸、期刊名称相同。 三、商标申请人可以通过以下两种途径提交报纸、期刊出版许可证（复印件）： （一）在提出商标注册申请时提交。商标申请人可在提出商标注册申请时将报纸、期刊出版许可证（复印件）与商标注册申请材料一并提交到商标局。 （二）在商标注册补正程序中提交。我局在商标审查过程中，将依法向未在提出商标注册申请的同时提交有效的报纸、期刊出版许可证（复印件）的相关商标申请人发出《商标补正通知书》。商标申请人在收到此类《商标补正通知书》后，应在规定时限内通过补正回文程序提交报纸、期刊出版许可证（复印件）。 特此通知。
	相关法律法规(26)	《关于依法妥善处理违规商标注册网上申请有关问题的通知》 （2009年5月7日国家工商管理总局商标局商标综字〔2009〕第126号发布） 各商标代理组织： 《商标网上申请试用办法》及《商标注册网上申请流程》（商标标字〔2009〕第30号）等涉及商标网上申请的有关规定已经由国家工商行政管理总局商标局公布，并自2009年1月20日起施行。 根据《商标网上申请试用办法》第八条、第十二条第二款和《商标注册网上申请流程》的规定，在目前商标网上申请试用期内，不得提交第八条所列情形的商标注册网上申请，例如以自然人名义作为商标申请人的商标注册申请、肖像商标注册申请等。同时，成功提交商标注册网上申请后，应当按照《商标注册网上申请流程》的要求，在规定时间内提交与网上申请内容完全一致的纸质申请书件。 但是，近来，我局发现部分商标代理组织未严格遵守上述有关规定，违规提交了商标注册网上申请件，或没有在规定期限内提交纸质申请书件，或未提交符合要求的纸质申请

相关执法参考	相关法律法规（26）	书件，严重地损害了相关商标申请人的权益，影响了商标局审查工作效率。对此，我局将按照《商标网上申请试用办法》等有关规定进行如下处理： 一、违规提交了《商标网上申请试用办法》第八条所列情形的商标注册申请的，根据《商标网上申请试用办法》第十七条、第十八条的规定，自本通知发出之日起，我局将暂停其代理商标网上申请业务。相关申请人应当在 5 月 31 日前提交符合《商标网上申请试用办法》相关规定的证明文件。未能按期提交符合要求的证明文件的，视为放弃该商标注册申请，并视具体情况停止其代理商标网上申请业务。今后，对此类情况，我局将不再给予补正和进行通知。 二、未在规定期限内提交纸质申请书件的，或提交的纸质申请书件不符合《商标注册网上申请流程》规定的，或网上申请书件存在其他违规情形的，相关申请人应当在 5 月 31 日前提交符合要求的纸质申请书件。递交前述纸质申请书件时，应当单独制作清单并在清单上注明"补寄"字样。 三、自 6 月 1 日起，逾期未提交纸质申请书的，或提交的纸质申请书不符合要求的，根据《商标网上申请试用办法》第十七条、第十八条的规定，我局将暂停或停止其代理商标网上申请业务。对此类情况，我局将不再进行通知。
	相关法律法规（27）	《关于不得擅自更改商标申请书式的通知》 （2010 年 8 月 27 日国家工商行政管理总局商标局商标综字〔2010〕第 241 号发布） 各商标代理组织、商标申请人： 近期，接连发生了几起因商标申请人擅自更改商标申请书式，导致申请不予受理、申请日无法保留的问题。为避免此类问题出现，更好地保障申请人权益，现就商标申请书式有关事宜通知如下： 《商标法实施条例》第五十六条第二款规定："申请商标注册或者办理其他商标事宜的文件格式，由国务院工商行政管理部门制定并公布。"据此，申请人在提交商标申请时必须按规定使用商标局制定并公布的商标申请书式，且不得随意更改或者自行设计申请书式，包括也不得删减或增加栏目内容。擅自更改的，商标局将不予受理。 请各商标代理组织在日常商标代理业务中，加强对代理人员的业务培训，切实了解各种商标申请书式的使用和填写要求，严格执行有关规定，以保障商标申请人的合法权益。
	相关法律法规（28）	《关于简化部分商标申请材料和手续的通知》 （2016 年 12 月 29 日国家工商总局商标局） 为进一步落实《工商总局关于大力推进商标注册便利化改革的意见》，减轻商标申请人负担，为商标申请人提供更加优质的服务，特简化以下部分商标申请材料和手续。 一、申请人在商标注册大厅、地方受理窗口直接办理除转让、移转以外的申请事宜时，不再要求提交经办人身份证复印件。 二、在办理变更商标申请人/注册人名义时，申请人可提交登记机关变更核准文件复印件或登记机关官方网站下载打印的相关档案作为变更证明文件。 同一申请人同时提交多份相同内容的变更商标申请人/注册人名义申请的，只需在一份变更申请中提交变更证明文件，其他变更申请须在申请书显著位置载明变更证明文件所在变更申请的商标申请号/注册号。 三、同一申请人同时提交多份相同内容的更正申请的，只需在一份更正申请中提交更正证明文件，其他更正申请须在申请书显著位置载明更正证明文件所在更正申请的商标申请号/注册号。 四、在办理注册商标续展时，不再要求提交商标注册证复印件。 五、办理商标申请事宜，提交的各种证件、证明文件和证据材料是外文的，应当附送中文译文，该中文译文不再要求经翻译机构或代理机构签章确认。 以上措施自公布之日起实施。

| 相关执法参考 | 相关法律法规(29) | 《商标使用许可合同备案办法》
（1997年8月1日国家工商行政管理局商标局商标〔1997〕39号发布）
　　第一条　为了加强对商标使用许可合同的管理，规范商标使用许可行为，根据《中华人民共和国商标法》及《中华人民共和国商标法实施细则》的有关规定，制订本办法。
　　第二条　商标注册人许可他人使用其注册商标，必须签订商标使用许可合同。
　　第三条　订立商标使用许可合同，应当遵循自愿和诚实信用的原则。
　　任何单位和个人不得利用许可合同从事违法活动，损害社会公共利益和消费者权益。
　　第四条　商标使用许可合同自签订之日起三个月内，许可人应当将许可合同副本报送商标局备案。
　　第五条　向商标局办理商标使用许可合同备案事宜的，可以委托国家工商行政管理局认可的商标代理组织代理，也可以直接到商标局办理。
　　许可人是外国人或者外国企业的，应当委托国家工商行政管理局指定的商标代理组织代理。
　　第六条　商标使用许可合同至少应当包括下列内容：
　　（一）许可使用的商标及其注册证号；
　　（二）许可使用的商品范围；
　　（三）许可使用期限；
　　（四）许可使用商标的标识提供方式；
　　（五）许可人对被许可人使用其注册商标的商品质量进行监督的条款；
　　（六）在使用许可人注册商标的商品上标明被许可人的名称和商品产地的条款。
　　第七条　申请商标使用许可合同备案，应当提交下列书件：
　　（一）商标使用许可合同备案表；
　　（二）商标使用许可合同副本；
　　（三）许可使用商标的注册证复印件。
　　人用药品商标使用许可合同备案，应当同时附送被许可人取得的卫生行政管理部门的有效证明文件。
　　卷烟、雪茄烟和有包装烟丝的商标使用许可合同备案，应当同时附送被许可人取得的国家烟草主管部门批准生产的有效证明文件。
　　外文书件应当同时附送中文译本。
　　第八条　商标注册人通过被许可人许可第三方使用其注册商标的，其商标使用许可合同中应当含有允许被许可人许可第三方使用的内容或者出具相应的授权书。
　　第九条　申请商标使用许可合同备案，应当按照许可使用的商标数量填报商标使用许可合同备案表，并附送相应的使用许可合同副本及《商标注册证》复印件。
　　通过一份合同许可一个被许可人使用多个商标的，许可人应当按照商标数量报送商标使用许可合同备案表及《商标注册证》复印件，但可以只报送一份使用许可合同副本。
　　第十条　申请商标使用许可合同备案，许可人应当按照许可使用的商标数量缴纳备案费。
　　缴纳备案费可以采取直接向商标局缴纳的方式，也可以采取委托商标代理组织缴纳的方式。具体收费标准依照有关商标业务收费的规定执行。
　　第十一条　有下列情形之一的，商标局不予备案：
　　（一）许可人不是被许可商标的注册人的；
　　（二）许可使用的商标与注册商标不一致的；
　　（三）许可使用商标的注册证号与所提供商标注册证号不符的；
　　（四）许可使用的期限超过该注册商标的有效期限的；
　　（五）许可使用的商品超出了该注册商标核定使用的商品范围的； |

（六）商标使用许可合同缺少本办法第六条所列内容的；
（七）备案申请缺少本办法第七条所列书件的；
（八）未缴纳商标使用许可合同备案费的；
（九）备案申请中的外文书件未附中文译本的；
（十）其他不予备案的情形。

第十二条　商标使用许可合同备案书件齐备，符合《商标法》及《商标法实施细则》有关规定的，商标局予以备案。

已备案的商标使用许可合同，由商标局向备案申请人发出备案通知书，并集中刊登在每月第2期《商标公告》上。

第十三条　不符合备案要求的，商标局予以退回并说明理由。

许可人应当自收到退回备案材料之日起一个月内，按照商标局指定的内容补正再报送备案。

第十四条　有下列情形之一的，应当重新申请商标使用许可合同备案：
（一）许可使用的商品范围变更的；
（二）许可使用的期限变更的；
（三）许可使用的商标所有权发生转移的；
（四）其他应当重新申请备案的情形。

第十五条　有下列情形之一的，许可人和被许可人应当书面通知商标局及其各自所在地县级工商行政管理机关：
（一）许可人名义变更的；
（二）被许可人名义变更的；
（三）商标使用许可合同提前终止的；
（四）其他需要通知的情形。

第十六条　对以欺骗手段或者其他不正当手段取得备案的，由商标局注销其商标使用许可合同备案并予以公告。

第十七条　对已备案的商标使用许可合同，任何单位和个人均可以提出书面查询申请，并按照有关规定交纳查询费。

第十八条　按照《商标法实施细则》第三十五条的规定，许可人和被许可人应当在许可合同签订之日起三个月内，将许可合同副本交送其所在地工商行政管理机关存查，具体存查办法可以参照本办法执行。

第十九条　县级以上工商行政管理机关依据《商标法》及其他法律、法规和规章的规定，负责对商标使用许可行为的指导、监督和管理。

第二十条　利用商标使用许可合同从事违法活动的，由县级以上工商行政管理机关依据《商标法》及其他法律、法规和规章的规定处理；构成犯罪的，依法追究刑事责任。

第二十一条　本办法所称商标许可人是指商标使用许可合同中许可他人使用其注册商标的人，商标被许可人是指符合《商标法》及《商标法实施细则》有关规定并经商标注册人授权使用其商标的人。

本办法有关商品商标的规定，适用于服务商标。

第二十二条　商标使用许可合同示范文本由商标局制定并公布。

第二十三条　本办法自发布之日起施行。商标局一九八五年二月二十五日颁发的《商标使用许可合同备案注意事项》同时废止。

附件1：
商标使用许可合同（示范文本）
合同编号：
签订地点：

相关执法参考	**相关法律法规(29)**

商标使用许可人（甲方）_____
商标使用被许可人（乙方）_____
根据《中华人民共和国商标法》第二十六条和《商标法实施细则》第三十五条规定，甲、乙双方遵循自愿和诚实信用的原则，经协商一致，签订本商标使用许可合同。

一、甲方将已注册的使用在_____类_____商品上的第_____号_____商标，许可乙方使用在_____类_____商品上。

商标标识：

二、许可使用的期限自_____年_____月_____日起至_____年_____月_____日止。合同期满，如需延长使用时间，由甲、乙双方另行续订商标使用许可合同。

三、甲方有权监督乙方使用注册商标的商品质量，乙方应当保证使用该注册商标的商品质量。具体措施为：_____
_____
_____。

四、乙方必须在使用该注册商标的商品上标明自己的企业名称和商品产地。

五、乙方不得任意改变甲方注册商标的文字、图形或者其组合，并不得超越许可的商品范围使用甲方的注册商标。

六、未经甲方授权，乙方不得以任何形式和理由将甲方注册商标许可第三方使用。

七、注册商标标识的提供方式：

八、许可使用费及支付方式：

九、本合同提前终止时，甲、乙双方应当分别自终止之日起一个月内书面通知商标局及其各自所在地县级工商行政管理机关。

十、违约责任：

十一、纠纷解决方式：

十二、其他事宜：

本合同一式____份，自签订之日起三个月内，由甲、乙双方分别将合同副本交送所在地县级工商行政管理机关存查，并由甲方报送商标局备案。

商标使用许可人（甲方）	商标使用被许可人（乙方）
（签章）	（签章）
法定代表人	法定代表人
地址	地址
邮编	邮编

年　　月　　日

附件2：

国家工商行政管理局商标局
商标使用许可合同备案通知书

标合同备字〔　　〕　　号

_____：

根据《中华人民共和国商标法》及《中华人民共和国商标法实施细则》有关规定，你（　）于_____年_____月_____日报送我局的许可_____使用的第_____号_____商标使用许可合同副本，经审查，我局予以备案。

商标使用许可合同备案号为_____。

特此通知。

（商标局章）

年　　月　　日

相关执法参考	相关法律法规(30)	《保护工业产权巴黎公约》（节录）

《保护工业产权巴黎公约》（Paris Convention on the Protection of Industrial Property）简称《巴黎公约》，于1883年3月20日在巴黎缔结的保护工业产权的国际公约，1884年7月7日生效。是世界知识产权组织管理下的条约之一。巴黎公约的调整对象即保护范围是工业产权。包括发明专利权、实用新型、工业品外观设计、商标权、服务标记、厂商名称、产地标记或原产地名称以及制止不正当竞争等。《巴黎公约》的基本目的是保证一成员国的工业产权在所有其他成员国都得到保护。但由于各成员国间的利益矛盾和立法差别，《巴黎公约》没能制定统一的工业产权法，而是以各成员国内立法为基础进行保护，因此它没有排除专利权效力的地域性。公约在尊重各成员的国内立法的同时，规定了各成员国必须共同遵守的几个基本原则，以协调成员国的立法，使之与公约的规定相一致。《巴黎公约》自1883年签订以来，已做过多次修订：1900年12月14日在布鲁塞尔修订；1911年6月2日在华盛顿修订；1925年11月6日在海牙修订；1934年6月2日在伦敦修订；1958年10月31日在里斯本修订；1967年7月14日在斯德哥尔摩修订；1979年10月2日修正。现行的是1980年2月在日内瓦修订的文本。共30条，分为3组，第1—12条为实质性条款，第13—17条为行政性条款，第18—30条是关于成员国的加入、批准、退出及接纳新成员国等内容，称为"最后条款"。该公约最初的成员国为11个，到2004年12月底，缔约方总数为168个国家。1985年3月19日中国成为该公约成员国，我国政府在加入书中声明：中华人民共和国不受公约第28条第1款的约束，即日起对中国生效）

第六条

【商标：注册条件；同一商标在不同国家所受保护的独立性】

（1）商标的申请和注册条件，在本联盟各国由其本国法律决定。

（2）但本联盟任何国家对本联盟国家的国民提出的商标注册申请，不得跟未在原属国申请、注册或续展为理由而予以拒绝，也不得使注册无效。

（3）在本联盟一个国家正式注册的商标，与在联盟其他国家注册的商标，包括在原属国注册的商标在内，应认为是相互独立的。

第六条之二

【商标：驰名商标】

（1）本联盟各国承诺，如本国法律允许，应依职权，或依利害关系人的请求，对商标注册国或使用国主管机关认为在该国已经驰名，属于有权享受本公约利益的人所有，并且用于相同或类似商品的商标构成复制、仿制或翻译，易于产生混淆的商标，拒绝或撤销注册，并禁止使用。这些规定，在商标的主要部分构成对上述驰名商标的复制或仿制，易于产生混淆时，也应适用。

（2）自注册之日起至少五年的期间内，应允许提出撤销这种商标的请求。本联盟各国可以规定一个期间，在这期间内必须提出禁止使用的请求。

（3）对于依恶意取得注册或使用的商标提出撤销注册或禁止使用的请求，不应规定时间限制。

第六条之三

【商标：关于国徽、官方检验印章和政府间组织徽记的禁例】

（1）（a）本联盟各国同意，对未经主管机关许可，而将本联盟国家的国徽、国旗和其他的国家徽记、各该国用以表明监督和保证的官方符号和检验印章以及从徽章学的观点看来的任何仿制用作商标或商标的组成部分，拒绝注册或使其注册无效，并采取适当措施禁止使用。

（b）上述（a）项规定应同样适用于本联盟一个或一个以上国家参加的政府间国际组织的徽章、旗帜、其他徽记、缩写和名称，但已成为保证予以保护的现行国际协议的对象的徽章、旗帜、其他徽记、缩写和名称除外。

| 相关执法参考 | 相关法律法规(30) | (c) 本联盟任何国家无须适用上述（b）项规定，而损害本公约在该国生效前善意取得的权利的所有人。在上述（a）项所指的商标的使用或注册性上不会使公众理解为有关组织与这种徽章、旗帜、徽记、缩写和名称有联系时，或者如果这种使用或注册性质上大概不会使公众误解为使用人与该组织有联系时，本联盟国家无须适用该项规定。
（2）关于禁止使用表明监督、保证的官方符号和检验印章的规定，应该只适用于在相同或类似商品上使用包含该符号或印章的商标的情况。
（3）（a）为了实施这些规定，本联盟国家同意，将它们希望或今后可能希望完全或在一定限度内受本条保护的国家徽记与表明监督保证的官方符号和检验印章清单，以及以后对该项清单的一切修改，经由国际局相互通知。本联盟各国应在适当的时候使公众可以得到用这样方法通知的清单。
但是，就国旗而言，这种相互通知并不是强制性的。
（b）本条第（1）款（b）项的规定，仅适用于政府间国际组织经由国际局通过本联盟国家的徽章、旗帜、其他徽记、缩写和名称。
（4）本联盟任何国家如有异议，可以在收到通知后十二个月内经由国际局向有关国家或政府间国际组织提出。
（5）关于国旗，上述第（1）款规定的措施仅适用于1925年11月6日以后注册的商标。
（6）关于本联盟国家以外的国家徽记、官方符号和检验印章，以及关于政府间国际组织的徽章、旗帜、其他徽记、缩写和名称，这些规定仅适用于接到上面第（3）款规定的通知超过两个月后所注册的商标。
（7）在有恶意的情况下，各国有权撤销即使是在1925年11月6日以前注册的含有国家徽记、符号和检验印章的商标。
（8）任何国家的国民经批准使用其本国的国家徽记、符号和检验印章者，即使与其他国家的国家徽记、符号和检验印章相类似，仍可使用。
（9）本联盟各国承诺，如有人未经批准而在商业中使用本联盟其他国家的国徽，具有使人对商品的原产地产生误解的性质时，应禁止其使用。
（10）上述各项规定不应妨碍各国行使第六条之五B款第（3）项所规定的权利，即对未经批准而含有本联盟国家所采用的国徽、国旗、其他国家徽记，或官方符号和检验印章，以及上述第（1）款所述的政府间国际组织显著符号的商标，拒绝予以注册或使其注册无效。
第六条之四
【商标：商标的转让】
（1）根据本联盟国家的法律，商标的转让只有在与其所属工农业或商誉同时移转主为有效时，如该工农业或商誉坐落在该国的部分，连同在该国制造或销售标有被转让商标的商品的专有权一起移予受让人，即足以承认其转让为有效。
（2）如果受让人使用受让的商标事实上会具有使公众对使用该商标的商品的原产地、性质或基本质量发生误解的性质，上述规定并不使联盟国家负有承认该项商标转让为有效的义务。
第六条之五
【商标：在本联盟一个国家注册的商标在本联盟其他国家所受的保护】
A.（1）在原属国正规注册的每一商标，除有本条规定的保留外，本联盟其他国家应与在原属国注册那样接受申请和给予保护。各该国家在确定注册前可以要求提供原属国主管机关发给的注册证书。该项证书无须认证。
（2）原属国系指申请人设有真实、有效的工商业营业所的本联盟国家；或者如果申请人在本联盟内没有这样的营业所，则指他设有住所的本联盟国家；或者如果申请人在本 |

联盟内没有住所，但是他是本联盟国家的国民，则指他有国籍的国家。

B. 除下列情况外，对本条所适用的商标既不得拒绝注册也不得使注册无效：

（1）在其要求保护的国家，商标具有侵犯第三人的既得权利的性质的；

（2）商标缺乏显著特征，或者完全是由商业中用以表示商品的种类、质量、数量、用途、价值、原产地或生产时间的符号或标记所组成，或者在要求给予保护的国家的现代语言中或在善意和公认的商务实践中已经成为惯用的；

（3）商标违反道德或公共秩序，尤其是具有欺骗公众的性质。这一点应理解为不得仅仅因为商标不符合商标立法的规定，即认为该商标违反公共秩序，除非该规定本身同公共秩序有关。

然而，本规定在符合适用第十条之二的条件下，也可以适用。

C.（1）决定一个商标是否符合受保护的条件，必须考虑一切实际情况，特别是商标已经使用时间的长短。

（2）商标中有些要素与在原属国受保护的商标有所不同，但并未改变其显著特征，亦不影响其与原属国注册的商标形式上的同一性的，本联盟其他国家不得仅仅以此为理由而予以拒绝。

D. 任何人要求保护的商标，如果未在原属国注册，不得享受本条各规定的利益。

E. 但商标注册在原属国续展，在任何情况下决不包含在该商标已经注册的本联盟其他国家续展注册的义务。

F. 在第四条规定的期间内提出商标注册的申请，即使原属国在该期间届满后才进行注册，其优先权利益也不受影响。

第六条之六

【商标：服务标记】

本联盟各国承诺保护服务标记不应要求它们对该项标记的注册作出规定。

第六条之七

【商标：未经所有人授权而以代理人或代表人名义注册】

（1）如果本联盟一个国家的商标所有人的代理人或代表人，未经该所有人授权而以自己的名义向本联盟一个或一个以上的国家申请该商标的注册，该所有人有权反对所申请的注册或要求取消注册，或者，如该国法律允许，该所有人可以要求将该项注册转让给自己，除非该代理人或代表人证明其行为是正当的。

（2）商标所有人如未授权从使用，以符合上述和（1）款的规定为条件，有权反对其代理人或代表人使用其商标。

（3）各国立法可以规定商标所有人行使本条规定的权利的合理期限。

第七条

【商标：使用商标的商品的性质】

使用商标的商品的性质决不应成为该商标注册的障碍。

第七条之二

【商标：集体商标】

（1）如果社团的存在不违反其原属国的法律，即使该社团没有工商业营业所，本联盟各国也承诺受理申请，并保护属于该社团的集体商标。

（2）各国应自行审定关于保护集体商标的特别条件，如果商标违反公共利益，可以拒绝给予保护。

（3）如果社团的存在不违反原属国的法律，不得以该社团在其要求保护的国家没有营业所，或不是根据该国的法律所组成为理由，拒绝对该社团的这些商标给予保护。

| 相关执法参考 | 相关法律法规（30） | 第八条
【厂商名称】
厂商名称应在本联盟一切国家内受到保护，没有申请或注册的义务，也不论其是否为商标的一部分。
第九条
【商标、厂商销对非法标有商标或厂商名称的商品在进口时予以扣押】
（1）一切非法标有商标或厂商名称的商品，在进口到该项商标或厂商名称有权受到法律保护的本联盟国家时，应予以扣押。
（2）在发生非法黏附上述标记的国家或在该商品已进口进去的国家，扣押应同样予以执行。
（3）扣押应依检察官或其他主管机关或利害关系人（无论为自然人或法人）的请求，按照各国本国法的规定进行。
（4）各机关对于过境商品没有执行扣押的义务。
（5）如果一国法律不准许在进口时扣押，应代之以禁止进口或在国内扣押。
（6）如果一国法律既不准许在进口时扣押，也不准许禁止进口或在国内扣押，则在法律作出相应修改以前，应代之以该国国民在此种情况下按该国法律可以采取的诉讼和救济手段。
第十条
【虚伪标记：对标有虚伪的原产地或生产者标记的商品在进口时予以扣押】
（1）前条各款规定应适用于直接或间接使用虚伪的商品原产地、生产者、制造者或商人的标记的情况。
（2）凡从事此项商品的生产、制造或销售的生产者，制造者或商人，无论为自然人或法人，其营业所设在被虚伪标为商品原产的地方、该地所在的地区，或在虚伪标为原产的国家、或在使用该虚伪原产地标记的国家者，无论如何均应视为利害关系人。
第十条之二
【不正当竞争】
（1）本联盟国家有义务对各该国国民保证给予制止不正当竞争的有效保护。
（2）凡在工商业事务中违反诚实的习惯做法的竞争行为构成不正当竞争的行为。
（3）下列各项特别应予以禁止：
1. 具有采用任何手段对竞争者的营业所、商品或工商业活动产生混淆性质的一切行为；
2. 在经营商业中，具有损害竞争者的营业所、商品或工商业活动的信用性质的虚伪说法；
3. 在经营商业中使用会使公众对商品的性质、制造方法、特点、用途或数量易于产生误解的表示或说法。
第十条之三
【商标、厂商名称、虚伪标记、不正当竞争：救济手段，起诉权】
（1）本联盟国家承诺保证本联盟其他国家的国民获得有效地制止第九条、第十条和第十条之二所述一切行为的适当的法律上救济手段。
（2）本联盟国家并承诺规则措施，准许不违反其本国法律而存在的联合会和社团，代表有利害关系的工业家、生产者或商人，在其要求保护的国家法律允许该国的联合会和社团提出控诉的范围内，为了制止第九条、第十条和第十条之二所述的行为，向法院或行政机关提出控诉。 |

相关执法参考	相关法律法规（30）	第十一条 【发明、实用新型、工业品外观设计、商标：在某些国际展览会中的临时保护】 （1）本联盟国家应按本国法律对在本联盟任何国家领土内举办的官方的或经官方承认的国际展览会展出的商品中可以取得专利的发明、实用新型、工业品外观设计和商标，给予临时保护。 （2）该项临时保护不应延展第四条规定的期间。如以后要求优先权，任何国家的主管机关可以规定其期间应自该商品在展览会展出之日开始。 （3）每一个国家认为必要时可以要求提供证明文件，证实展出的物品及其在展览会展出的日期。
	相关法律法规（31）	《与贸易有关的知识产权协定（TRIPs）》（节录） （1994年4月15日于马拉喀什签订，自2001年12月11日起对中国生效） **第二部分　关于知识产权的效力、范围及使用的标准** 第2节　商　标 第15条　保护事项 1. 任何能够将一个企业的商品和服务与另一企业的商品和服务区别开来的标志或标志组合，均应能够构成商标。此种标志，尤其是包含有个人姓名的词、字母、数目字、图形要素和色彩组合以及诸如此类的标志组合，应有资格注册为商标。若标志没有固有的能够区别有关商品及服务的特征，则各成员方可将其通过使用而得到的独特性作为或给予注册的依据。各成员方可要求标志在视觉上是可以感知的，以此作为注册的一项条件。 2. 第1款不得理解为阻止一成员以其他理由拒绝商标注册，只要这些理由不减损《巴黎公约》（1967）的规定。 3. 各成员方可将使用作为给予注册的依据。然而，商标的实际使用不应是提出注册申请的一项条件。申请不得仅由于在自申请之日起的3年期期满之前未如所计划那样地加以使用而遭拒绝。 4. 商标所适用的商品或服务的性质在任何情况下，均不得构成对商标注册的障碍。 5. 各成员方应在每一商标注册之前或之后立即将其公布，并应为请求取消注册提供合理机会。此外，各成员方可为反对一个商标的注册提供机会。 第16条　授予权利 1. 已注册商标所有者应拥有阻止所有未经其同意的第三方在贸易中使用与已注册商标相同或相似的商品或服务的，其使用有可能招致混淆的相同或相似的标志。在对相同商品或服务使用相同标志的情况下，应推定存在混淆之可能。上述权利不应妨碍任何现行的优先权，也不应影响各成员方以使用为条件获得注册权的可能性。 2. 1967《巴黎公约》第6条之二在细节上作必要修改后应适用于服务。在确定一个商标是否为知名商标时，各成员方应考虑到有关部分的公众对该商标的了解，包括由于该商标的推行而在有关成员方得到的了解。 3. 1967《巴黎公约》第6条之二在细节作必要修改后应适用于与已注册商标的商品和服务不相似的商品或服务，条件是该商标与该商品和服务有关的使用会表明该商品或服务与已注册商标所有者之间的联系，而且已注册商标所有者的利益有可能为此种使用所破坏。 第17条　例外 各成员方可对商标所赋予的权利作有限的例外规定，诸如公正使用说明性术语，条件是此种例外要考虑到商标所有者和第三方的合法利益。 第18条　保护期 商标首次注册及每次续期注册的期限不得少于7年。商标注册允许无限期地续期。 第19条　使用规定 1. 如果注册的保持要求以商标付诸使用为条件，则除非商标所有者提出了此类使用

存在障碍的充分理由，否则注册只有在商标至少连续三年未予使用的情况下方可取消。

2. 当商标由其他人的使用是处在该商标所有者的控制之下时，这种使用应按是为保持注册目的之使用而予以承认。

第20条 其他要求

商标在贸易当中的使用不得受到一些特殊要求不正当的妨碍，比如与另一商标一道使用，以特殊形式使用，或以有害于该商标将一个企业的商品或服务与其他企业的商品或服务区分开来的能力之方式使用等。这并不排除规定识别生产某种商品或服务的企业的商标与识别该企业同类特殊商品或服务的商标一道但不联在一起使用的要求。

第21条 许可与转让

各成员方可以确定商标许可与转让的条件，同时，不言而喻，强制性的商标许可是不应允许的，已注册商标的所有者有权将商标所属企业与商标一同转让或只转让商标不转让企业。

第3节 地理标志

第22条 对地理标志的保护

1. 本协议所称的地理标志是识别一种原产于一成员方境内或境内某一区域或某一地区的商品的标志，而该商品特定的质量、声誉或其他特性基本上可归因于它的地理来源。

2. 在地理标志方面，各成员方应向各利益方提供法律手段以阻止：

（1）使用任何手段，在商品的设计和外观上，以在商品地理标志上误导公众的方式标志或暗示该商品原产于并非其真正原产地的某个地理区域；

（2）作任何在1967《巴黎公约》第10条之二意义内构成一种不公平竞争行为的使用。

3. 若某种商品不产自某个地理标志所指的地域，而其商标又包含了该地理标志或由其组成，如果该商品商标中的该标志具有在商品原产地方面误导公众的性质，则成员方在其法律许可的条件下或应利益方之请求应拒绝或注销该商标的注册。

4. 上述第1、2、3款规定的保护应适用于下述地理标志：该地理标志虽然所表示的商品原产地域、地区或所在地字面上无误，但却向公众错误地表明商品是原产于另一地域。

第23条 对葡萄酒和烈性酒地理标志的额外保护

1. 每一成员方应为各利益方提供法律手段，以阻止不产自某一地理标志所指地方的葡萄酒或烈性酒使用该地理标志，即使在标明了商品真正原产地或在翻译中使用了该地理标志或伴以"种类"、"类型"、"风味"、"仿制"等字样的情况下也不例外。

2. 对于不产自由某一地理标志所指的原产地而又含有该产地地理标志的葡萄酒或烈性酒，如果一成员方的立法允许或应某一利益方之请求，应拒绝或注销其商标注册。

3. 如果不同的葡萄酒使用了同名的地理标志，则根据上述第22条第4款规定，每一种标志均受到保护。每一成员方应确定使同名地理标志能够相互区别开来的现实条件，同时应考虑到确保有关的生产者受到公正待遇并不致使消费者产生误解混淆。

4. 为了便于对葡萄酒地理标志进行保护，应在与贸易有关的知识产权理事会内就建立对参加体系的那些成员方有资格受到保护的葡萄酒地理标志进行通报与注册的多边体系进行谈判。

第24条 国际谈判与例外

1. 成员方同意进行旨在加强第23条规定的对独特地理标志的保护的谈判。成员方不得援用下述第4款至第8款的规定，拒绝进行谈判或缔结双边或多边协定。在此类谈判中，成员方应愿意考虑这些规定对关于其使用是此类谈判之议题的独特地理标志的连续适用性。

2. 与贸易有关的知识产权理事会应对本节规定之适用情况实行审查，首次此类审查应在世界贸易组织协定生效 2 年之内进行。任何影响履行该规定义务的事项均可提请理事会注意。应一成员方之请求，理事会应就经有关成员方之间双边磋商或多组双边磋商仍无法找到令人满意的解决办法的问题，同任何一个或多个成员方进行磋商。理事会应采取可能被一致认为有助于本节之实施及促进本节目标之实现的行动。

3. 在实施本节规定时，成员方不得在世界贸易组织协定生效日即将来临之际减少对该成员方境内的地理标志的保护。

4. 本节中无任何规定要求一成员方阻止其国民或居民继续或类似地使用另一成员方与商品或服务有关的用以区别葡萄酒或烈性酒的特殊地理标志。这些国民或居民在该成员方境内：

（1）在 1994 年 4 月 15 日之前至少已有 10 年；

（2）在上述日期之前已诚实守信地连续使用了标示相同或相关商品或服务的地理标志。

5. 若一商标已被诚实守信地使用或注册：

（1）在如第六部分中所确定的这些规定在那一成员方适用之日以前；

（2）在该地理标志在其原产国获得保护之前，通过诚实守信的使用而获得一商标的权利，则为实施本节而采取的措施就不得以该商标同某一地理标志相同或类似为由而损害其注册的合格性和合法性，或使用该商标的权利。

6. 本节中无任何规定要求一成员方适用其关于任何其他成员方的商品和服务的地理标志的规定，这些商品或服务的相关标志与作为那一成员方境内此类商品或服务的普通名称在一般用语中是惯用的名词完全相同。本节中无任何规定要求一成员方适用其关于任何其他成员方的葡萄制品的地理标志的规定，这些葡萄制品与在世界贸易组织协定生效之日存在于该成员方境内的葡萄品种的惯用名称完全相同。

7. 一成员方可以规定，任何根据本节所提出的有关商标使用或注册的请求必须在对该受保护标志的非法使用被公布后 5 年之内提出，或在商标在那一成员方境内注册之日以后提出，条件是在注册之日商标已被公告。如果该日期早于非法使用被公布的日期，则条件就应是地理标志未被欺诈地使用或注册。

8. 本节规定丝毫不得妨碍任何个人在贸易中使用其姓名或其前任者姓名的权利，若该姓名的使用导致公众的误解则除外。

第 4 节 工业设计

第 25 条 保护的要求

1. 成员方应为新的或原始的独立创造的工业设计提供保护。成员方可以规定设计如果与已知的设计或已知的设计要点的组合没有重大区别，则不视其为新的或原始的。成员方可以规定此类保护不应延伸至实质上是由技术或功能上的考虑所要求的设计。

2. 每一成员方应保证对于获取对纺织品设计保护的规定不得无理损害寻求和获得此类保护的机会，特别是在费用、检查或发表方面。各成员方可自行通过工业设计法或版权法履行该项义务。

第 26 条 保护

1. 受保护工业设计的所有者应有权阻止未经所有者同意的第三方为商业目的的生产、销售或进口含有或体现为是受保护设计的复制品或实为复制品的设计的物品。

2. 成员方可以对工业设计的保护规定有限的例外，条件是这种例外没有无理地与对受保护工业设计的正常利用相冲突，且没有无理损害受保护设计所有者的合法利益，同时考虑到第三方的合法利益。

3. 有效保护期限至少为 10 年。

第三部分 知识产权的实施

第5节 刑事程序

第61条 成员方应规定刑事程序和惩罚，至少适用于具有商业规模的故意的商标仿冒和盗版案件。可资利用的补救措施应包括足以构成一种威慑的与对相应程度的刑事犯罪适用的处罚水平相同的监禁和/或罚款措施。在适当的案件中，可资利用的补救措施还包括对侵犯货物及在从事此种违法行为时主要使用的材料和工具予以扣押、没收和销毁。成员方可规定适用于其他侵犯知识产权案件的刑事程序和惩罚，特别是对于故意和具有商业规模的侵权案件。

第四部分 知识产权的取得和保持及相关程序

第62条

1. 成员方可要求遵循合理的程序和手续，以此作为第二部分第2节至第6节所规定的知识产权的取得和保持的一项条件。此类程序和手续应符合本协议的规定。

2. 若知识产权的取得以知识产权被授予或登记为准，则成员方应确保在符合取得知识产权的实质性条件的情况下，有关授予或登记的程序允许在一段合理时间内授予或登记权利，以避免保护期限被不适当地缩短。

3. 1967《巴黎公约》第4条应在对细节作必要修改之后适用于服务标记。

4. 有关知识产权之取得和保持的程序、有关行政撤销的程序（若成员方的法律规定了这样的程序），有关诸如抗辩、撤销和废除等的程序，应服从第41条第2款和第3款规定的总原则。

5. 上述第4款所涉及的任何程序中的最终行政决定应接受司法当局或准司法当局的审查。然而，在抗辩和行政撤销不成功的情况下，假若此类程序的基础可能成为程序无效的原因，则没有任何义务为对裁决进行此类审查提供机会。

第五部分 争端的预防和解决

第63条 透明度

1. 由一成员方制度实施的关于本协议主题事项（知识产权的效力、范围、取得、实施和防止滥用问题）的法律和规章、对一般申请的最终司法裁决和行政裁决，应以该国官方语言，以使各成员方政府和权利人能够熟悉的方式予以公布；若此种公布不可行，则应使之可以公开利用。正在实施中的一成员方的政府或一政府机构与另一成员方政府或一政府机构之间关于本协议主题事项的各项协议也应予以公布。

2. 成员方应将上述第1款所述及的法律和规章通报与贸易有关的知识产权理事会，以协助理事会对本协议的执行情况进行检查。理事会应努力去最大限度地减轻成员方在履行该项义务方面的负担。若与世界知识产权组织就建立一份含有这些法律和规章的共同登记簿一事进行的磋商取得成功，理事会便可决定免除直接向理事会通报此类法律和规章的义务。理事会在这方面还应考虑采取本协议从1967《巴黎公约》第6条的各项规定派生出来的各项义务所要求的与通报有关的任何行动。

3. 应另一成员方的书面请求，每一成员方应准备提供上述第1款所述及的资料。一成员方在有理由相信知识产权领域中某个特定的司法裁决、行政裁决或双边协议影响到其由本协议所规定的权利时，也可以书面形式要求向其提供或充分详尽地告知该特定的司法裁决、行政裁决或双边协议。

4. 上述第1款至第3款中无任何规定要求成员方泄露将会妨碍法律实施、或违背公共利益、或损害特定的国营或私营企业合法商业利益的资料。

第64条 争端解决

1. 由争端解决谅解所详细阐释并运用的1994关贸总协定第22条和第23条的各项规定应运用于本协议下的争端磋商与解决，本协议中另有规定者除外。

2. 在自世界贸易组织协定生效之日起的5年之内，1994关贸总协定第23条第1款第

相关执法参考	相关法律法规（31）	（2）和第（3）子款不应适用于本协议下的争端解决。 3. 在第 2 款所述及的期限内，与贸易有关的知识产权理事会应检查根据本协议提出的由 1994 关贸总协定第 23 条第 1 款第（2）和（3）子款所规定的那种类型控诉的规模和形式，并向部长级会议提交建议请其批准。部长级会议关于批准此类建议或延长第 2 款中所述及时限的任何决定，只应以全体一致的方式作出，被批准的建议应对所有成员方生效，无须进一步的正式接受程序。
	相关法律法规（32）	《商标法》 （1982 年 8 月 23 日第五届全国人民代表大会常务委员会第二十四次会议通过　根据 1993 年 2 月 22 日第七届全国人民代表大会常务委员会第三十次会议《关于修改〈中华人民共和国商标法〉的决定》第一次修正　根据 2001 年 10 月 27 日第九届全国人民代表大会常务委员会第二十四次会议《关于修改〈中华人民共和国商标法〉的决定》第二次修正　根据 2013 年 8 月 30 日第十二届全国人民代表大会常务委员会第四次会议《关于修改〈中华人民共和国商标法〉的决定》第三次修正　根据 2019 年 4 月 23 日第十三届全国人民代表大会常务委员会第十次会议《关于修改〈中华人民共和国建筑法〉等八部法律的决定》第四次修正） **第一章　总　则** **第一条**　为了加强商标管理，保护商标专用权，促使生产、经营者保证商品和服务质量，维护商标信誉，以保障消费者和生产、经营者的利益，促进社会主义市场经济的发展，特制定本法。 **第二条**　国务院工商行政管理部门商标局主管全国商标注册和管理的工作。 国务院工商行政管理部门设立商标评审委员会，负责处理商标争议事宜。 **第三条**　经商标局核准注册的商标为注册商标，包括商品商标、服务商标和集体商标、证明商标；商标注册人享有商标专用权，受法律保护。 本法所称集体商标，是指以团体、协会或者其他组织名义注册，供该组织成员在商事活动中使用，以表明使用者在该组织中的成员资格的标志。 本法所称证明商标，是指由对某种商品或者服务具有监督能力的组织所控制，而由该组织以外的单位或者个人使用于其商品或者服务，用以证明该商品或者服务的原产地、原料、制造方法、质量或者其他特定品质的标志。 集体商标、证明商标注册和管理的特殊事项，由国务院工商行政管理部门规定。 **第四条**　自然人、法人或者其他组织在生产经营活动中，对其商品或者服务需要取得商标专用权的，应当向商标局申请商标注册。不以使用为目的的恶意商标注册申请，应当予以驳回。 本法有关商品商标的规定，适用于服务商标。 **第五条**　两个以上的自然人、法人或者其他组织可以共同向商标局申请注册同一商标，共同享有和行使该商标专用权。 **第六条**　法律、行政法规规定必须使用注册商标的商品，必须申请商标注册，未经核准注册的，不得在市场销售。 **第七条**　申请注册和使用商标，应当遵循诚实信用原则。 商标使用人应当对其使用商标的商品质量负责。各级工商行政管理部门应当通过商标管理，制止欺骗消费者的行为。 **第八条**　任何能够将自然人、法人或者其他组织的商品与他人的商品区别开的标志，包括文字、图形、字母、数字、三维标志、颜色组合和声音等，以及上述要素的组合，均可以作为商标申请注册。 **第九条**　申请注册的商标，应当有显著特征，便于识别，并不得与他人在先取得的合法权利相冲突。

商标注册人有权标明"注册商标"或者注册标记。

第十条 下列标志不得作为商标使用：

（一）同中华人民共和国的国家名称、国旗、国徽、国歌、军旗、军徽、军歌、勋章等相同或者近似的，以及同中央国家机关的名称、标志、所在地特定地点的名称或者标志性建筑物的名称、图形相同的；

（二）同外国的国家名称、国旗、国徽、军旗等相同或者近似的，但经该国政府同意的除外；

（三）同政府间国际组织的名称、旗帜、徽记等相同或者近似的，但经该组织同意或者不易误导公众的除外；

（四）与表明实施控制、予以保证的官方标志、检验印记相同或者近似的，但经授权的除外；

（五）同"红十字"、"红新月"的名称、标志相同或者近似的；

（六）带有民族歧视性的；

（七）带有欺骗性，容易使公众对商品的质量等特点或者产地产生误认的；

（八）有害于社会主义道德风尚或者有其他不良影响的。

县级以上行政区划的地名或者公众知晓的外国地名，不得作为商标。但是，地名具有其他含义或者作为集体商标、证明商标组成部分的除外；已经注册的使用地名的商标继续有效。

第十一条 下列标志不得作为商标注册：

（一）仅有本商品的通用名称、图形、型号的；

（二）仅直接表示商品的质量、主要原料、功能、用途、重量、数量及其他特点的；

（三）其他缺乏显著特征的。

前款所列标志经过使用取得显著特征，并便于识别的，可以作为商标注册。

第十二条 以三维标志申请注册商标的，仅由商品自身的性质产生的形状、为获得技术效果而需有的商品形状或者使商品具有实质性价值的形状，不得注册。

第十三条 为相关公众所熟知的商标，持有人认为其权利受到侵害时，可以依照本法规定请求驰名商标保护。

就相同或者类似商品申请注册的商标是复制、摹仿或者翻译他人未在中国注册的驰名商标，容易导致混淆的，不予注册并禁止使用。

就不相同或者不相类似商品申请注册的商标是复制、摹仿或者翻译他人已经在中国注册的驰名商标，误导公众，致使该驰名商标注册人的利益可能受到损害的，不予注册并禁止使用。

第十四条 驰名商标应当根据当事人的请求，作为处理涉及商标案件需要认定的事实进行认定。认定驰名商标应当考虑下列因素：

（一）相关公众对该商标的知晓程度；

（二）该商标使用的持续时间；

（三）该商标的任何宣传工作的持续时间、程度和地理范围；

（四）该商标作为驰名商标受保护的记录；

（五）该商标驰名的其他因素。

在商标注册审查、工商行政管理部门查处商标违法案件过程中，当事人依照本法第十三条规定主张权利的，商标局根据审查、处理案件的需要，可以对商标驰名情况作出认定。

在商标争议处理过程中，当事人依照本法第十三条规定主张权利的，商标评审委员会根据处理案件的需要，可以对商标驰名情况作出认定。

在商标民事、行政案件审理过程中，当事人依照本法第十三条规定主张权利的，最高人民法院指定的人民法院根据审理案件的需要，可以对商标驰名情况作出认定。

生产、经营者不得将"驰名商标"字样用于商品、商品包装或者容器上，或者用于广告宣传、展览以及其他商业活动中。

第十五条 未经授权，代理人或者代表人以自己的名义将被代理人或者被代表人的商标进行注册，被代理人或者被代表人提出异议的，不予注册并禁止使用。

就同一种商品或者类似商品申请注册的商标与他人在先使用的未注册商标相同或者近似，申请人与该他人具有前款规定以外的合同、业务往来关系或者其他关系而明知该他人商标存在，该他人提出异议的，不予注册。

第十六条 商标中有商品的地理标志，而该商品并非来源于该标志所标示的地区，误导公众的，不予注册并禁止使用；但是，已经善意取得注册的继续有效。

前款所称地理标志，是指标示某商品来源于某地区，该商品的特定质量、信誉或者其他特征，主要由该地区的自然因素或者人文因素所决定的标志。

第十七条 外国人或者外国企业在中国申请商标注册的，应当按其所属国和中华人民共和国签订的协议或者共同参加的国际条约办理，或者按对等原则办理。

第十八条 申请商标注册或者办理其他商标事宜，可以自行办理，也可以委托依法设立的商标代理机构办理。

外国人或者外国企业在中国申请商标注册和办理其他商标事宜的，应当委托依法设立的商标代理机构办理。

第十九条 商标代理机构应当遵循诚实信用原则，遵守法律、行政法规，按照被代理人的委托办理商标注册申请或者其他商标事宜；对在代理过程中知悉的被代理人的商业秘密，负有保密义务。

委托人申请注册的商标可能存在本法规定不得注册情形的，商标代理机构应当明确告知委托人。

商标代理机构知道或者应当知道委托人申请注册的商标属于本法第四条、第十五条和第三十二条规定情形的，不得接受其委托。

商标代理机构除对其代理服务申请商标注册外，不得申请注册其他商标。

第二十条 商标代理行业组织应当按照章程规定，严格执行吸纳会员的条件，对违反行业自律规范的会员实行惩戒。商标代理行业组织对其吸纳的会员和对会员的惩戒情况，应当及时向社会公布。

第二十一条 商标国际注册遵循中华人民共和国缔结或者参加的有关国际条约确立的制度，具体办法由国务院规定。

第二章 商标注册的申请

第二十二条 商标注册申请人应当按规定的商品分类表填报使用商标的商品类别和商品名称，提出注册申请。

商标注册申请人可以通过一份申请就多个类别的商品申请注册同一商标。

商标注册申请等有关文件，可以以书面方式或者数据电文方式提出。

第二十三条 注册商标需要在核定使用范围之外的商品上取得商标专用权的，应当另行提出注册申请。

第二十四条 注册商标需要改变其标志的，应当重新提出注册申请。

第二十五条 商标注册申请人自其商标在外国第一次提出商标注册申请之日起六个月内，又在中国就相同商品以同一商标提出商标注册申请的，依照该外国同中国签订的协议或者共同参加的国际条约，或者按照相互承认优先权的原则，可以享有优先权。

依照前款要求优先权的，应当在提出商标注册申请的时候提出书面声明，并且在三个月内提交第一次提出的商标注册申请文件的副本；未提出书面声明或者逾期未提交商标注册申请文件副本的，视为未要求优先权。

第二十六条 商标在中国政府主办的或者承认的国际展览会展出的商品上首次使用的，自该商品展出之日起六个月内，该商标的注册申请人可以享有优先权。

依照前款要求优先权的，应当在提出商标注册申请的时候提出书面声明，并且在三个月内提交展出其商品的展览会名称、在展出商品上使用该商标的证据、展出日期等证明文件；未提出书面声明或者逾期未提交证明文件的，视为未要求优先权。

第二十七条 为申请商标注册所申报的事项和所提供的材料应当真实、准确、完整。

第三章 商标注册的审查和核准

第二十八条 对申请注册的商标，商标局应当自收到商标注册申请文件之日起九个月内审查完毕，符合本法有关规定的，予以初步审定公告。

第二十九条 在审查过程中，商标局认为商标注册申请内容需要说明或者修正的，可以要求申请人做出说明或者修正。申请人未做出说明或者修正的，不影响商标局做出审查决定。

第三十条 申请注册的商标，凡不符合本法有关规定或者同他人在同一种商品或者类似商品上已经注册的或者初步审定的商标相同或者近似的，由商标局驳回申请，不予公告。

第三十一条 两个或者两个以上的商标注册申请人，在同一种商品或者类似商品上，以相同或者近似的商标申请注册的，初步审定并公告申请在先的商标；同一天申请的，初步审定并公告使用在先的商标，驳回其他人的申请，不予公告。

第三十二条 申请商标注册不得损害他人现有的在先权利，也不得以不正当手段抢先注册他人已经使用并有一定影响的商标。

第三十三条 对初步审定公告的商标，自公告之日起三个月内，在先权利人、利害关系人认为违反本法第十三条第二款和第三款、第十五条、第十六条第一款、第三十条、第三十一条、第三十二条规定的，或者任何人认为违反本法第四条、第十条、第十一条、第十二条、第十九条第四款规定的，可以向商标局提出异议。公告期满无异议的，予以核准注册，发给商标注册证，并予公告。

第三十四条 对驳回申请、不予公告的商标，商标局应当书面通知商标注册申请人。商标注册申请人不服的，可以自收到通知之日起十五日内向商标评审委员会申请复审。商标评审委员会应当自收到申请之日起九个月内做出决定，并书面通知申请人。有特殊情况需要延长的，经国务院工商行政管理部门批准，可以延长三个月。当事人对商标评审委员会的决定不服的，可以自收到通知之日起三十日内向人民法院起诉。

第三十五条 对初步审定公告的商标提出异议的，商标局应当听取异议人和被异议人陈述事实和理由，经调查核实后，自公告期满之日起十二个月内做出是否准予注册的决定，并书面通知异议人和被异议人。有特殊情况需要延长的，经国务院工商行政管理部门批准，可以延长六个月。

商标局做出准予注册决定的，发给商标注册证，并予公告。异议人不服的，可以依照本法第四十四条、第四十五条的规定向商标评审委员会请求宣告该注册商标无效。

商标局做出不予注册决定，被异议人不服的，可以自收到通知之日起十五日内向商标评审委员会申请复审。商标评审委员会应当自收到申请之日起十二个月内做出复审决定，并书面通知异议人和被异议人。有特殊情况需要延长的，经国务院工商行政管理部门批准，可以延长六个月。被异议人对商标评审委员会的决定不服的，可以自收到通知之日起三十日内向人民法院起诉。人民法院应当通知异议人作为第三人参加诉讼。

商标评审委员会在依照前款规定进行复审的过程中，所涉及的在先权利的确定必须以人民法院正在审理或者行政机关正在处理的另一案件的结果为依据的，可以中止审查。中止原因消除后，应当恢复审查程序。

第三十六条 法定期限届满，当事人对商标局做出的驳回申请决定、不予注册决定不申请复审或者对商标评审委员会做出的复审决定不向人民法院起诉的，驳回申请决定、不予注册决定或者复审决定生效。

经审查异议不成立而准予注册的商标，商标注册申请人取得商标专用权的时间自初步审定公告三个月期满之日起计算。自该商标公告期满之日至准予注册决定做出前，对他人在同一种或者类似商品上使用与该商标相同或者近似的标志的行为不具有追溯力；但是，因该使用人的恶意给商标注册人造成的损失，应当给予赔偿。

第三十七条　对商标注册申请和商标复审申请应当及时进行审查。

第三十八条　商标注册申请人或者注册人发现商标申请文件或者注册文件有明显错误的，可以申请更正。商标局依法在其职权范围内作出更正，并通知当事人。

前款所称更正错误不涉及商标申请文件或者注册文件的实质性内容。

第四章　注册商标的续展、变更、转让和使用许可

第三十九条　注册商标的有效期为十年，自核准注册之日起计算。

第四十条　注册商标有效期满，需要继续使用的，商标注册人应当在期满前十二个月内按照规定办理续展手续；在此期间未能办理的，可以给予六个月的宽展期。每次续展注册的有效期为十年，自该商标上一届有效期满次日起计算。期满未办理续展手续的，注销其注册商标。

商标局应当对续展注册的商标予以公告。

第四十一条　注册商标需要变更注册人的名义、地址或者其他注册事项的，应当提出变更申请。

第四十二条　转让注册商标的，转让人和受让人应当签订转让协议，并共同向商标局提出申请。受让人应当保证使用该注册商标的商品质量。

转让注册商标的，商标注册人对其在同一种商品上注册的近似的商标，或者在类似商品上注册的相同或者近似的商标，应当一并转让。

对容易导致混淆或者有其他不良影响的转让，商标局不予核准，书面通知申请人并说明理由。

转让注册商标经核准后，予以公告。受让人自公告之日起享有商标专用权。

第四十三条　商标注册人可以通过签订商标使用许可合同，许可他人使用其注册商标。许可人应当监督被许可人使用其注册商标的商品质量。被许可人应当保证使用该注册商标的商品质量。

经许可使用他人注册商标的，必须在使用该注册商标的商品上标明被许可人的名称和商品产地。

许可他人使用其注册商标的，许可人应当将其商标使用许可报商标局备案，由商标局公告。商标使用许可未经备案不得对抗善意第三人。

第五章　注册商标的无效宣告

第四十四条　已经注册的商标，违反本法第四条、第十条、第十一条、第十二条、第十九条第四款规定的，或者是以欺骗手段或者其他不正当手段取得注册的，由商标局宣告该注册商标无效；其他单位或者个人可以请求商标评审委员会宣告该注册商标无效。

商标局做出宣告注册商标无效的决定，应当书面通知当事人。当事人对商标局的决定不服的，可以自收到通知之日起十五日内向商标评审委员会申请复审。商标评审委员会应当自收到申请之日起九个月内做出决定，并书面通知当事人。有特殊情况需要延长的，经国务院工商行政管理部门批准，可以延长三个月。当事人对商标评审委员会的决定不服的，可以自收到通知之日起三十日内向人民法院起诉。

其他单位或者个人请求商标评审委员会宣告注册商标无效的，商标评审委员会收到申请后，应当书面通知有关当事人，并限期提出答辩。商标评审委员会应当自收到申请之日起九个月内做出维持注册商标或宣告注册商标无效的裁定，并书面通知当事人。有特殊

| 相关执法参考 | 相关法律法规（32） | 情况需要延长的，经国务院工商行政管理部门批准，可以延长三个月。当事人对商标评审委员会的裁定不服的，可以自收到通知之日起三十日内向人民法院起诉。人民法院应当通知商标裁定程序的对方当事人作为第三人参加诉讼。

第四十五条　已经注册的商标，违反本法第十三条第二款和第三款、第十五条、第十六条第一款、第三十条、第三十一条、第三十二条规定的，自商标注册之日起五年内，在先权利人或者利害关系人可以请求商标评审委员会宣告该注册商标无效。对恶意注册的，驰名商标所有人不受五年的时间限制。
　　商标评审委员会收到宣告注册商标无效的申请后，应当书面通知有关当事人，并限期提出答辩。商标评审委员会应当自收到申请之日起十二个月内做出维持注册商标或者宣告注册商标无效的裁定，并书面通知当事人。有特殊情况需要延长的，经国务院工商行政管理部门批准，可以延长六个月。当事人对商标评审委员会的裁定不服的，可以自收到通知之日起三十日内向人民法院起诉。人民法院应当通知商标裁定程序的对方当事人作为第三人参加诉讼。
　　商标评审委员会在依照前款规定对无效宣告请求进行审查的过程中，所涉及的在先权利的确定必须以人民法院正在审理或者行政机关正在处理的另一案件的结果为依据的，可以中止审查。中止原因消除后，应当恢复审查程序。

第四十六条　法定期限届满，当事人对商标局宣告注册商标无效的决定不申请复审或者对商标评审委员会的复审决定、维持注册商标或宣告注册商标无效的裁定不向人民法院起诉的，商标局的决定或者商标评审委员会的复审决定、裁定生效。

第四十七条　依照本法第四十四条、第四十五条的规定宣告无效的注册商标，由商标局予以公告，该注册商标专用权视为自始即不存在。
　　宣告注册商标无效的决定或者裁定，对宣告无效前人民法院做出并已执行的商标侵权案件的判决、裁定、调解书和工商行政管理部门做出并已执行的商标侵权案件的处理决定以及已经履行的商标转让或者使用许可合同不具有追溯力。但是，因商标注册人的恶意给他人造成的损失，应当给予赔偿。
　　依照前款规定不返还商标侵权赔偿金、商标转让费、商标使用费，明显违反公平原则的，应当全部或者部分返还。

第六章　商标使用的管理
第四十八条　本法所称商标的使用，是指将商标用于商品、商品包装或者容器以及商品交易文书上，或者将商标用于广告宣传、展览以及其他商业活动中，用于识别商品来源的行为。

第四十九条　商标注册人在使用注册商标的过程中，自行改变注册商标、注册人名义、地址或者其他注册事项的，由地方工商行政管理部门责令限期改正；期满不改正的，由商标局撤销其注册商标。
　　注册商标成为其核定使用的商品的通用名称或者没有正当理由连续三年不使用的，任何单位或者个人可以向商标局申请撤销该注册商标。商标局应当自收到申请之日起九个月内做出决定。有特殊情况需要延长的，经国务院工商行政管理部门批准，可以延长三个月。

第五十条　注册商标被撤销、被宣告无效或者期满不再续展的，自撤销、宣告无效或者注销之日起一年内，商标局对与该商标相同或者近似的商标注册申请，不予核准。

第五十一条　违反本法第六条规定的，由地方工商行政管理部门责令限期申请注册，违法经营额五万元以上的，可以处违法经营额百分之二十以下的罚款，没有违法经营额或者违法经营额不足五万元的，可以处一万元以下的罚款。

第五十二条　将未注册商标冒充注册商标使用的，或者使用未注册商标违反本法第十条规定的，由地方工商行政管理部门予以制止，限期改正，并可以予以通报，违法经营额 |

五万元以上的,可以处违法经营额百分之二十以下的罚款,没有违法经营额或者违法经营额不足五万元的,可以处一万元以下的罚款。

第五十三条 违反本法第十四条第五款规定的,由地方工商行政管理部门责令改正,处十万元罚款。

第五十四条 对商标局撤销或者不予撤销注册商标的决定,当事人不服的,可以自收到通知之日起十五日内向商标评审委员会申请复审。商标评审委员会应当自收到申请之日起九个月内做出决定,并书面通知当事人。有特殊情况需要延长的,经国务院工商行政管理部门批准,可以延长三个月。当事人对商标评审委员会的决定不服的,可以自收到通知之日起三十日内向人民法院起诉。

第五十五条 法定期限届满,当事人对商标局做出的撤销注册商标的决定不申请复审或者对商标评审委员会做出的复审决定不向人民法院起诉的,撤销注册商标的决定、复审决定生效。

被撤销的注册商标,由商标局予以公告,该注册商标专用权自公告之日起终止。

第七章 注册商标专用权的保护

第五十六条 注册商标的专用权,以核准注册的商标和核定使用的商品为限。

第五十七条 有下列行为之一的,均属侵犯注册商标专用权:

(一)未经商标注册人的许可,在同一种商品上使用与其注册商标相同的商标的;

(二)未经商标注册人的许可,在同一种商品上使用与其注册商标近似的商标,或者在类似商品上使用与其注册商标相同或者近似的商标,容易导致混淆的;

(三)销售侵犯注册商标专用权的商品的;

(四)伪造、擅自制造他人注册商标标识或者销售伪造、擅自制造的注册商标标识的;

(五)未经商标注册人同意,更换其注册商标并将该更换商标的商品又投入市场的;

(六)故意为侵犯他人商标专用权行为提供便利条件,帮助他人实施侵犯商标专用权行为的;

(七)给他人的注册商标专用权造成其他损害的。

第五十八条 将他人注册商标、未注册的驰名商标作为企业名称中的字号使用,误导公众,构成不正当竞争行为的,依照《中华人民共和国反不正当竞争法》处理。

第五十九条 注册商标中含有的本商品的通用名称、图形、型号,或者直接表示商品的质量、主要原料、功能、用途、重量、数量及其他特点,或者含有的地名,注册商标专用权人无权禁止他人正当使用。

三维标志注册商标中含有的商品自身的性质产生的形状、为获得技术效果而需有的商品形状或者使商品具有实质性价值的形状,注册商标专用权人无权禁止他人正当使用。

商标注册人申请商标注册前,他人已经在同一种商品或者类似商品上先于商标注册人使用与注册商标相同或者近似并有一定影响的商标的,注册商标专用权人无权禁止该使用人在原使用范围内继续使用该商标,但可以要求其附加适当区别标识。

第六十条 有本法第五十七条所列侵犯注册商标专用权行为之一,引起纠纷的,由当事人协商解决;不愿协商或者协商不成的,商标注册人或者利害关系人可以向人民法院起诉,也可以请求工商行政管理部门处理。

工商行政管理部门处理时,认定侵权行为成立的,责令立即停止侵权行为,没收、销毁侵权商品和主要用于制造侵权商品、伪造注册商标标识的工具,违法经营额五万元以上的,可以处违法经营额五倍以下的罚款,没有违法经营额或者违法经营额不足五万元的,可以处二十五万元以下的罚款。对五年内实施两次以上商标侵权行为或者有其他严重情节的,应当从重处罚。销售不知道是侵犯注册商标专用权的商品,能证明该商品是自己合法取得并说明提供者的,由工商行政管理部门责令停止销售。

| 相关执法参考 | 相关法律法规（32） | 对侵犯商标专用权的赔偿数额的争议，当事人可以请求进行处理的工商行政管理部门调解，也可以依照《中华人民共和国民事诉讼法》向人民法院起诉。经工商行政管理部门调解，当事人未达成协议或者调解书生效后不履行的，当事人可以依照《中华人民共和国民事诉讼法》向人民法院起诉。

第六十一条 对侵犯注册商标专用权的行为，工商行政管理部门有权依法查处；涉嫌犯罪的，应当及时移送司法机关依法处理。

第六十二条 县级以上工商行政管理部门根据已经取得的违法嫌疑证据或者举报，对涉嫌侵犯他人注册商标专用权的行为进行查处时，可以行使下列职权：
（一）询问有关当事人，调查与侵犯他人注册商标专用权有关的情况；
（二）查阅、复制当事人与侵权活动有关的合同、发票、账簿以及其他有关资料；
（三）对当事人涉嫌从事侵犯他人注册商标专用权活动的场所实施现场检查；
（四）检查与侵权活动有关的物品；对有证据证明是侵犯他人注册商标专用权的物品，可以查封或者扣押。
工商行政管理部门依法行使前款规定的职权时，当事人应当予以协助、配合，不得拒绝、阻挠。
在查处商标侵权案件过程中，对商标权属存在争议或者权利人同时向人民法院提起商标侵权诉讼的，工商行政管理部门可以中止案件的查处。中止原因消除后，应当恢复或者终结案件查处程序。

第六十三条 侵犯商标专用权的赔偿数额，按照权利人因被侵权所受到的实际损失确定；实际损失难以确定的，可以按照侵权人因侵权所获得的利益确定；权利人的损失或者侵权人获得的利益难以确定的，参照该商标许可使用费的倍数合理确定。对恶意侵犯商标专用权，情节严重的，可以在按照上述方法确定数额的一倍以上五倍以下确定赔偿数额。赔偿数额应当包括权利人为制止侵权行为所支付的合理开支。
人民法院为确定赔偿数额，在权利人已经尽力举证，而与侵权行为相关的账簿、资料主要由侵权人掌握的情况下，可以责令侵权人提供与侵权行为相关的账簿、资料；侵权人不提供或者提供虚假的账簿、资料的，人民法院可以参考权利人的主张和提供的证据判定赔偿数额。
权利人因被侵权所受到的实际损失、侵权人因侵权所获得的利益、注册商标许可使用费难以确定的，由人民法院根据侵权行为的情节判决给予五百万元以下的赔偿。
人民法院审理商标纠纷案件，应权利人请求，对属于假冒注册商标的商品，除特殊情况外，责令销毁；对主要用于制造假冒注册商标的商品的材料、工具，责令销毁，且不予补偿；或者在特殊情况下，责令禁止前述材料、工具进入商业渠道，且不予补偿。
假冒注册商标的商品不得在仅去除假冒注册商标后进入商业渠道。

第六十四条 注册商标专用权人请求赔偿，被控侵权人以注册商标专用权人未使用注册商标提出抗辩的，人民法院可以要求注册商标专用权人提供此前三年内实际使用该注册商标的证据。注册商标专用权人不能证明此前三年内实际使用过该注册商标，也不能证明因侵权行为受到其他损失的，被控侵权人不承担赔偿责任。
销售不知道是侵犯注册商标专用权的商品，能证明该商品是自己合法取得并说明提供者的，不承担赔偿责任。

第六十五条 商标注册人或者利害关系人有证据证明他人正在实施或者即将实施侵犯其注册商标专用权的行为，如不及时制止将会使其合法权益受到难以弥补的损害的，可以依法在起诉前向人民法院申请采取责令停止有关行为和财产保全的措施。

第六十六条 为制止侵权行为，在证据可能灭失或者以后难以取得的情况下，商标注册人或者利害关系人可以依法在起诉前向人民法院申请保全证据。

第六十七条 未经商标注册人许可，在同一种商品上使用与其注册商标相同的商标， |

相关执法参考	相关法律法规(32)	构成犯罪的，除赔偿被侵权人的损失外，依法追究刑事责任。 伪造、擅自制造他人注册商标标识或者销售伪造、擅自制造的注册商标标识，构成犯罪的，除赔偿被侵权人的损失外，依法追究刑事责任。 销售明知是假冒注册商标的商品，构成犯罪的，除赔偿被侵权人的损失外，依法追究刑事责任。 **第六十八条** 商标代理机构有下列行为之一的，由工商行政管理部门责令限期改正，给予警告，处一万元以上十万元以下的罚款；对直接负责的主管人员和其他直接责任人员给予警告，处五千元以上五万元以下的罚款；构成犯罪的，依法追究刑事责任： （一）办理商标事宜过程中，伪造、变造或者使用伪造、变造的法律文件、印章、签名的； （二）以诋毁其他商标代理机构等手段招徕商标代理业务或者以其他不正当手段扰乱商标代理市场秩序的； （三）违反本法第四条、第十九条第三款和第四款规定的。 商标代理机构有前款规定行为的，由工商行政管理部门记入信用档案；情节严重的，商标局、商标评审委员会并可以决定停止受理其办理商标代理业务，予以公告。 商标代理机构违反诚实信用原则，侵害委托人合法利益的，应当依法承担民事责任，并由商标代理行业组织按照章程规定予以惩戒。 对恶意申请商标注册的，根据情节给予警告、罚款等行政处罚；对恶意提起商标诉讼的，由人民法院依法给予处罚。 **第六十九条** 从事商标注册、管理和复审工作的国家机关工作人员必须秉公执法，廉洁自律，忠于职守，文明服务。 商标局、商标评审委员会以及从事商标注册、管理和复审工作的国家机关工作人员不得从事商标代理业务和商品生产经营活动。 **第七十条** 工商行政管理部门应当建立健全内部监督制度，对负责商标注册、管理和复审工作的国家机关工作人员执行法律、行政法规和遵守纪律的情况，进行监督检查。 **第七十一条** 从事商标注册、管理和复审工作的国家机关工作人员玩忽职守、滥用职权、徇私舞弊，违法办理商标注册、管理和复审事项，收受当事人财物，牟取不正当利益，构成犯罪的，依法追究刑事责任；尚不构成犯罪的，依法给予处分。 **第八章 附 则** **第七十二条** 申请商标注册和办理其他商标事宜的，应当缴纳费用，具体收费标准另定。 **第七十三条** 本法自1983年3月1日起施行。1963年4月10日国务院公布的《商标管理条例》同时废止；其他有关商标管理的规定，凡与本法抵触的，同时失效。 本法施行前已经注册的商标继续有效。
	相关法律法规(33)	**《商标法实施条例》** （2002年8月3日中华人民共和国国务院令第358号公布，2014年4月29日中华人民共和国国务院令第651号修订） **第一章 总 则** **第一条** 根据《中华人民共和国商标法》（以下简称商标法），制定本条例。 **第二条** 本条例有关商品商标的规定，适用于服务商标。 **第三条** 商标持有人依照商标法第十三条规定请求驰名商标保护的，应当提交其商标构成驰名商标的证据材料。商标局、商标评审委员会应当依照商标法第十四条的规定，根据审查、处理案件的需要以及当事人提交的证据材料，对其商标驰名情况作出认定。 **第四条** 商标法第十六条规定的地理标志，可以依照商标法和本条例的规定，作为证明商标或者集体商标申请注册。

| 相关执法参考 | 相关法律法规(33) | 以地理标志作为证明商标注册的，其商品符合使用该地理标志条件的自然人、法人或者其他组织可以要求使用该证明商标，控制该证明商标的组织应当允许。以地理标志作为集体商标注册的，其商品符合使用该地理标志条件的自然人、法人或者其他组织，可以要求参加以该地理标志作为集体商标注册的团体、协会或者其他组织，该团体、协会或者其他组织应当依据其章程接纳为会员；不要求参加以该地理标志作为集体商标注册的团体、协会或者其他组织的，也可以正当使用该地理标志，该团体、协会或者其他组织无权禁止。

第五条 当事人委托商标代理机构申请商标注册或者办理其他商标事宜，应当提交代理委托书。代理委托书应当载明代理内容及权限；外国人或者外国企业的代理委托书还应当载明委托人的国籍。
外国人或者外国企业的代理委托书及与其有关的证明文件的公证、认证手续，按照对等原则办理。
申请商标注册或者转让商标，商标注册申请人或者商标转让受让人为外国人或者外国企业的，应当在申请书中指定中国境内接收人负责接收商标局、商标评审委员会后继商标业务的法律文件。商标局、商标评审委员会后继商标业务的法律文件向中国境内接收人送达。
商标法第十八条所称外国人或者外国企业，是指在中国没有经常居所或者营业所的外国人或者外国企业。

第六条 申请商标注册或者办理其他商标事宜，应当使用中文。
依照商标法和本条例规定提交的各种证件、证明文件和证据材料是外文的，应当附送中文译文；未附送的，视为未提交该证件、证明文件或者证据材料。

第七条 商标局、商标评审委员会工作人员有下列情形之一的，应当回避，当事人或者利害关系人可以要求其回避：
（一）是当事人或者当事人、代理人的近亲属的；
（二）与当事人、代理人有其他关系，可能影响公正的；
（三）与申请商标注册或者办理其他商标事宜有利害关系的。

第八条 以商标法第二十二条规定的数据电文方式提交商标注册申请等有关文件，应当按照商标局或者商标评审委员会的规定通过互联网提交。

第九条 除本条例第十八条规定的情形外，当事人向商标局或者商标评审委员会提交文件或者材料的日期，直接递交的，以递交日为准；邮寄的，以寄出的邮戳日为准；邮戳日不清晰或者没有邮戳的，以商标局或者商标评审委员会实际收到日为准，但是当事人能够提出实际邮戳日证据的除外。通过邮政企业以外的快递企业递交的，以快递企业收寄日为准；收寄日不明确的，以商标局或者商标评审委员会实际收到日为准，但是当事人能够提出实际收寄日证据的除外。以数据电文方式提交的，以进入商标局或者商标评审委员会电子系统的日期为准。
当事人向商标局或者商标评审委员会邮寄文件，应当使用给据邮件。
当事人向商标局或者商标评审委员会提交文件，以书面方式提交的，以商标局或者商标评审委员会所存档案记录为准；以数据电文方式提交的，以商标局或者商标评审委员会数据库记录为准，但是当事人确有证据证明商标局或者商标评审委员会档案、数据库记录有错误的除外。

第十条 商标局或者商标评审委员会的各种文件，可以通过邮寄、直接递交、数据电文或者其他方式送达当事人；以数据电文方式送达当事人的，应当经当事人同意。当事人委托商标代理机构的，文件送达商标代理机构视为送达当事人。
商标局或者商标评审委员会向当事人送达各种文件的日期，邮寄的，以当事人收到的邮戳日为准；邮戳日不清晰或者没有邮戳的，自文件发出之日起满15日视为送达当事人，但是当事人能够证明实际收到日的除外；直接递交的，以递交日为准；以数据电文方式送 |

达的,自文件发出之日起满15日视为送达当事人,但是当事人能够证明文件进入其电子系统日期的除外。文件通过上述方式无法送达的,可以通过公告方式送达,自公告发布之日起满30日,该文件视为送达当事人。

第十一条 下列期间不计入商标审查、审理期限:

(一)商标局、商标评审委员会文件公告送达的期间;

(二)当事人需要补充证据或者补正文件的期间以及因当事人更换需要重新答辩的期间;

(三)同日申请提交使用证据及协商、抽签需要的期间;

(四)需要等待优先权确定的期间;

(五)审查、审理过程中,依案件申请人的请求等待在先权利案件审理结果的期间。

第十二条 除本条第二款规定的情形外,商标法和本条例规定的各种期限开始的当日不计算在期限内。期限以年或者月计算的,以期限最后一月的相应日为期限届满日;该月无相应日的,以该月最后一日为期限届满日;期限届满日是节假日的,以节假日后的第一个工作日为期限届满日。

商标法第三十九条、第四十条规定的注册商标有效期从法定日开始起算,期限最后一月相应日的前一日为期限届满日,该月无相应日的,以该月最后一日为期限届满日。

第二章 商标注册的申请

第十三条 申请商标注册,应当按照公布的商品和服务分类表填报。每一件商标注册申请应当向商标局提交《商标注册申请书》1份、商标图样1份;以颜色组合或者着色图样申请商标注册的,应当提交着色图样,并提交黑白稿1份;不指定颜色的,应当提交黑白图样。

商标图样应当清晰,便于粘贴,用光洁耐用的纸张印制或者用照片代替,长和宽应当不大于10厘米,不小于5厘米。

以三维标志申请商标注册的,应当在申请书中予以声明,说明商标的使用方式,并提交能够确定三维形状的图样,提交的商标图样应当至少包含三面视图。

以颜色组合申请商标注册的,应当在申请书中予以声明,说明商标的使用方式。

以声音标志申请商标注册的,应当在申请书中予以声明,提交符合要求的声音样本,对申请注册的声音商标进行描述,说明商标的使用方式。对声音商标进行描述,应当以五线谱或者简谱对申请用作商标的声音加以描述并附加文字说明;无法以五线谱或者简谱描述的,应当以文字加以描述;商标描述与声音样本应当一致。

申请注册集体商标、证明商标的,应当在申请书中予以声明,并提交主体资格证明文件和使用管理规则。

商标为外文或者包含外文的,应当说明含义。

第十四条 申请商标注册的,申请人应当提交其身份证明文件。商标注册申请人的名义与所提交的证明文件应当一致。

前款关于申请人提交其身份证明文件的规定适用于向商标局提出的办理变更、转让、续展、异议、撤销等其他商标事宜。

第十五条 商品或者服务项目名称应当按照商品和服务分类表中的类别号、名称填写;商品或者服务项目名称未列入商品和服务分类表的,应当附送对该商品或者服务的说明。

商标注册申请等有关文件以纸质方式提出的,应当打字或者印刷。

本条第二款规定适用于办理其他商标事宜。

第十六条 共同申请注册同一商标或者办理其他共有商标事宜的,应当在申请书中指定一个代表人;没有指定代表人的,以申请书中顺序排列的第一人为代表人。

商标局和商标评审委员会的文件应当送达代表人。

第十七条　申请人变更其名义、地址、代理人、文件接收人或者删减指定的商品的，应当向商标局办理变更手续。

申请人转让其商标注册申请的，应当向商标局办理转让手续。

第十八条　商标注册的申请日期以商标局收到申请文件的日期为准。

商标注册申请手续齐备、按照规定填写申请文件并缴纳费用的，商标局予以受理并书面通知申请人；申请手续不齐备、未按照规定填写申请文件或者未缴纳费用的，商标局不予受理，书面通知申请人并说明理由。申请手续基本齐备或者申请文件基本符合规定，但是需要补正的，商标局通知申请人予以补正，限其自收到通知之日起 30 日内，按照指定内容补正并交回商标局。在规定期限内补正并交回商标局的，保留申请日期；期满未补正的或者不按照要求进行补正的，商标局不予受理并书面通知申请人。

本条第二款关于受理条件的规定适用于办理其他商标事宜。

第十九条　两个或者两个以上的申请人，在同一种商品或者类似商品上，分别以相同或者近似的商标在同一天申请注册的，各申请人应当自收到商标局通知之日起 30 日内提交其申请注册前在先使用该商标的证据。同日使用或者均未使用的，各申请人可以自收到商标局通知之日起 30 日内自行协商，并将书面协议报送商标局；不愿协商或者协商不成的，商标局通知各申请人以抽签的方式确定一个申请人，驳回其他人的注册申请。商标局已经通知但申请人未参加抽签的，视为放弃申请，商标局应当书面通知未参加抽签的申请人。

第二十条　依照商标法第二十五条规定要求优先权的，申请人提交的第一次提出商标注册申请文件的副本应当经受理该申请的商标主管机关证明，并注明申请日期和申请号。

第三章　商标注册申请的审查

第二十一条　商标局对受理的商标注册申请，依照商标法及本条例的有关规定进行审查，对符合规定或者在部分指定商品上使用商标的注册申请符合规定的，予以初步审定，并予以公告；对不符合规定或者在部分指定商品上使用商标的注册申请不符合规定的，予以驳回或者驳回在部分指定商品上使用商标的注册申请，书面通知申请人并说明理由。

第二十二条　商标局对一件商标注册申请在部分指定商品上予以驳回的，申请人可以将该申请中初步审定的部分申请分割成另一件申请，分割后的申请保留原申请的申请日期。

需要分割的，申请人应当自收到商标局《商标注册申请部分驳回通知书》之日起 15 日内，向商标局提出分割申请。

商标局收到分割申请后，应当将原申请分割为两件，对分割出来的初步审定申请生成新的申请号，并予以公告。

第二十三条　依照商标法第二十九条规定，商标局认为对商标注册申请内容需要说明或者修正的，申请人应当自收到商标局通知之日起 15 日内作出说明或者修正。

第二十四条　对商标局初步审定予以公告的商标提出异议的，异议人应当向商标局提交下列商标异议材料一式两份并标明正、副本：

（一）商标异议申请书；

（二）异议人的身份证明；

（三）以违反商标法第十三条第二款和第三款、第十五条、第十六条第一款、第三十条、第三十一条、第三十二条规定为由提出异议的，异议人作为在先权利人或者利害关系人的证明。

商标异议申请书应当有明确的请求和事实依据，并附送有关证据材料。

第二十五条　商标局收到商标异议申请书后，经审查，符合受理条件的，予以受理，向申请人发出受理通知书。

第二十六条　商标异议申请有下列情形的，商标局不予受理，书面通知申请人并说明理由：

（一）未在法定期限内提出的；

（二）申请人主体资格、异议理由不符合商标法第三十三条规定的；

（三）无明确的异议理由、事实和法律依据的；

（四）同一异议人以相同的理由、事实和法律依据针对同一商标再次提出异议申请的。

第二十七条 商标局应当将商标异议材料副本及时送交被异议人，限其自收到商标异议材料副本之日起30日内答辩。被异议人不答辩的，不影响商标局作出决定。

当事人需要在提出异议申请或者答辩后补充有关证据材料的，应当在商标异议申请书或者答辩书中声明，并自提交商标异议申请书或者答辩书之日起3个月内提交；期满未提交的，视为当事人放弃补充有关证据材料。但是，在期满后生成或者当事人有其他正当理由未能在期满前提交的证据，在期满后提交的，商标局将证据交对方当事人并质证后可以采信。

第二十八条 商标法第三十五条第三款和第三十六条第一款所称不予注册决定，包括在部分指定商品上不予注册决定。

被异议商标在商标局作出准予注册决定或者不予注册决定前已经刊发注册公告的，撤销该注册公告。经审查异议不成立而准予注册的，在准予注册决定生效后重新公告。

第二十九条 商标注册申请人或者商标注册人依照商标法第三十八条规定提出更正申请的，应当向商标局提交更正申请书。符合更正条件的，商标局核准后更正相关内容；不符合更正条件的，商标局不予核准，书面通知申请人并说明理由。

已经刊发初步审定公告或者注册公告的商标经更正的，刊发更正公告。

第四章 注册商标的变更、转让、续展

第三十条 变更商标注册人名义、地址或者其他注册事项的，应当向商标局提交变更申请书。变更商标注册人名义的，还应当提交有关登记机关出具的变更证明文件。商标局核准的，发给商标注册人相应证明，并予以公告；不予核准的，应当书面通知申请人并说明理由。

变更商标注册人名义或者地址的，商标注册人应当将其全部注册商标一并变更；未一并变更的，由商标局通知其限期改正；期满未改正的，视为放弃变更申请，商标局应当书面通知申请人。

第三十一条 转让注册商标的，转让人和受让人应当向商标局提交转让注册商标申请书。转让注册商标申请手续应当由转让人和受让人共同办理。商标局核准转让注册商标申请的，发给受让人相应证明，并予以公告。

转让注册商标，商标注册人对其在同一种或者类似商品上注册的相同或者近似的商标未一并转让的，由商标局通知其限期改正；期满未改正的，视为放弃转让该注册商标的申请，商标局应当书面通知申请人。

第三十二条 注册商标专用权因转让以外的继承等其他事由发生移转的，接受该注册商标专用权的当事人应当凭有关证明文件或者法律文书到商标局办理注册商标专用权移转手续。

注册商标专用权移转的，注册商标专用权人在同一种或者类似商品上注册的相同或者近似的商标，应当一并移转；未一并移转的，由商标局通知其限期改正；期满未改正的，视为放弃该移转注册商标的申请，商标局应当书面通知申请人。

商标移转申请经核准的，予以公告。接受该注册商标专用权移转的当事人自公告之日起享有商标专用权。

第三十三条 注册商标需要续展注册的，应当向商标局提交商标续展注册申请书。商标局核准商标注册续展申请的，发给相应证明并予以公告。

| 相关执法参考 | 相关法律法规(33) | 第五章 商标国际注册
第三十四条 商标法第二十一条规定的商标国际注册,是指根据《商标国际注册马德里协定》(以下简称马德里协定)、《商标国际注册马德里协定有关议定书》(以下简称马德里议定书)及《商标国际注册马德里协定及该协定有关议定书的共同实施细则》的规定办理的马德里商标国际注册。
马德里商标国际注册申请包括以中国为原属国的商标国际注册申请、指定中国的领土延伸申请及其他有关的申请。
第三十五条 以中国为原属国申请商标国际注册的,应当在中国设有真实有效的营业所,或者在中国有住所,或者拥有中国国籍。
第三十六条 符合本条例第三十五条规定的申请人,其商标已在商标局获得注册的,可以根据马德里协定申请办理该商标的国际注册。
符合本条例第三十五条规定的申请人,其商标已在商标局获得注册,或者已向商标局提出商标注册申请并被受理的,可以根据马德里议定书申请办理该商标的国际注册。
第三十七条 以中国为原属国申请商标国际注册的,应当通过商标局向世界知识产权组织国际局(以下简称国际局)申请办理。
以中国为原属国的,与马德里协定有关的商标国际注册的后期指定、放弃、注销,应当通过商标局向国际局申请办理;与马德里协定有关的商标国际注册的转让、删减、变更、续展,可以通过商标局向国际局申请办理,也可以直接向国际局申请办理。
以中国为原属国的,与马德里议定书有关的商标国际注册的后期指定、转让、删减、放弃、注销、变更、续展,可以通过商标局向国际局申请办理,也可以直接向国际局申请办理。
第三十八条 通过商标局向国际局申请商标国际注册及办理其他有关申请的,应当提交符合国际局和商标局要求的申请书和相关材料。
第三十九条 商标国际注册申请指定的商品或者服务不得超出国内基础申请或者基础注册的商品或者服务的范围。
第四十条 商标国际注册申请手续不齐备或者未按照规定填写申请书的,商标局不予受理,申请日不予保留。
申请手续基本齐备或者申请书基本符合规定,但需要补正的,申请人应当自收到补正通知书之日30日内予以补正,逾期未补正的,商标局不予受理,书面通知申请人。
第四十一条 通过商标局向国际局申请商标国际注册及办理其他有关申请的,应当按照规定缴纳费用。
申请人应当自收到商标局缴费通知单之日起15日内,向商标局缴纳费用。期满未缴纳的,商标局不受理其申请,书面通知申请人。
第四十二条 商标局在马德里协定或者马德里议定书规定的驳回期限(以下简称驳回期限)内,依照商标法和本条例的有关规定对指定中国的领土延伸申请进行审查,作出决定,并通知国际局。商标局在驳回期限内未发出驳回或者部分驳回通知的,该领土延伸申请视为核准。
第四十三条 指定中国的领土延伸申请人,要求将三维标志、颜色组合、声音标志作为商标保护或者要求保护集体商标、证明商标的,自该商标在国际局国际注册簿登记之日起3个月内,应当通过依法设立的商标代理机构,向商标局提交本条例第十三条规定的相关材料。未在上述期限内提交相关材料的,商标局驳回该领土延伸申请。
第四十四条 世界知识产权组织对商标国际注册有关事项进行公告,商标局不再另行公告。
第四十五条 对指定中国的领土延伸申请,自世界知识产权组织《国际商标公告》出版的次月1日起3个月内,符合商标法第三十三条规定条件的异议人可以向商标局提出 |

异议申请。

商标局在驳回期限内将异议申请的有关情况以驳回决定的形式通知国际局。

被异议人可以自收到国际局转发的驳回通知书之日起 30 日内进行答辩，答辩书及相关证据材料应当通过依法设立的商标代理机构向商标局提交。

第四十六条 在中国获得保护的国际注册商标，有效期自国际注册日或者后期指定日起算。在有效期届满前，注册人可以向国际局申请续展，在有效期内未申请续展的，可以给予 6 个月的宽展期。商标局收到国际局的续展通知后，依法进行审查。国际局通知未续展的，注销该国际注册商标。

第四十七条 指定中国的领土延伸申请办理转让的，受让人应当在缔约方境内有真实有效的营业所，或者在缔约方境内有住所，或者是缔约方国民。

转让人未将其在相同或者类似商品或者服务上的相同或者近似商标一并转让的，商标局通知注册人自发出通知之日起 3 个月内改正；期满未改正或者转让容易引起混淆或者有其他不良影响的，商标局作出该转让在中国无效的决定，并向国际局作出声明。

第四十八条 指定中国的领土延伸申请办理删减，删减后的商品或者服务不符合中国有关商品或者服务分类要求或者超出原指定商品或者服务范围的，商标局作出该删减在中国无效的决定，并向国际局作出声明。

第四十九条 依照商标法第四十九条第二款规定申请撤销国际注册商标，应当自该商标国际注册申请的驳回期限届满之日起满 3 年后向商标局提出申请；驳回期限届满时仍处在驳回复审或者异议相关程序的，应当自商标局或者商标评审委员会作出的准予注册决定生效之日起满 3 年后向商标局提出申请。

依照商标法第四十四条第一款规定申请宣告国际注册商标无效的，应当自该商标国际注册申请的驳回期限届满后向商标评审委员会提出申请；驳回期限届满时仍处在驳回复审或者异议相关程序的，应当自商标局或者商标评审委员会作出的准予注册决定生效后向商标评审委员会提出申请。

依照商标法第四十五条第一款规定申请宣告国际注册商标无效的，应当自该商标国际注册申请的驳回期限届满之日起 5 年内向商标评审委员会提出申请；驳回期限届满时仍处在驳回复审或者异议相关程序的，应当自商标局或者商标评审委员会作出的准予注册决定生效之日起 5 年内向商标评审委员会提出申请。对恶意注册的，驰名商标所有人不受 5 年的时间限制。

第五十条 商标法和本条例下列条款的规定不适用于办理商标国际注册相关事宜：

（一）商标法第二十八条、第三十五条第一款关于审查和审理期限的规定；

（二）本条例第二十二条、第三十条第二款；

（三）商标法第四十二条及本条例第三十一条关于商标转让由转让人和受让人共同申请并办理手续的规定。

第六章 商标评审

第五十一条 商标评审是指商标评审委员会依照商标法第三十四条、第三十五条、第四十四条、第四十五条、第五十四条的规定审理有关商标争议事宜。当事人向商标评审委员会提出商标评审申请，应当有明确的请求、事实、理由和法律依据，并提供相应证据。

商标评审委员会根据事实，依法进行评审。

第五十二条 商标评审委员会审理不服商标局驳回商标注册申请决定的复审案件，应当针对商标局的驳回决定和申请人申请复审的事实、理由、请求及评审时的事实状态进行审理。

商标评审委员会审理不服商标局驳回商标注册申请决定的复审案件，发现申请注册的商标有违反商标法第十条、第十一条、第十二条和第十六条第一款规定情形，商标局并未依据上述条款作出驳回决定的，可以依据上述条款作出驳回申请的复审决定。商标评审委

| 相关执法参考 | 相关法律法规（33） | 员会作出复审决定前应当听取申请人的意见。

　　第五十三条　商标评审委员会审理不服商标局不予注册决定的复审案件，应当针对商标局的不予注册决定和申请人申请复审的事实、理由、请求及原异议人提出的意见进行审理。

　　商标评审委员会审理不服商标局不予注册决定的复审案件，应当通知原异议人参加并提出意见。原异议人的意见对案件审理结果有实质影响的，可以作为评审的依据；原异议人不参加或者不提出意见的，不影响案件的审理。

　　第五十四条　商标评审委员会审理依照商标法第四十四条、第四十五条规定请求宣告注册商标无效的案件，应当针对当事人申请和答辩的事实、理由及请求进行审理。

　　第五十五条　商标评审委员会审理不服商标局依照商标法第四十四条第一款规定作出宣告注册商标无效决定的复审案件，应当针对商标局的决定和申请人申请复审的事实、理由及请求进行审理。

　　第五十六条　商标评审委员会审理不服商标局依照商标法第四十九条规定作出撤销或者维持注册商标决定的复审案件，应当针对商标局作出撤销或者维持注册商标决定和当事人申请复审时所依据的事实、理由及请求进行审理。

　　第五十七条　申请商标评审，应当向商标评审委员会提交申请书，并按照对方当事人的数量提交相应份数的副本；基于商标局的决定书申请复审的，还应当同时附送商标局的决定书副本。

　　商标评审委员会收到申请书后，经审查，符合受理条件的，予以受理；不符合受理条件的，不予受理，书面通知申请人并说明理由；需要补正的，通知申请人自收到通知之日起 30 日内补正。经补正仍不符合规定的，商标评审委员会不予受理，书面通知申请人并说明理由；期满未补正的，视为撤回申请，商标评审委员会应当书面通知申请人。

　　商标评审委员会受理商标评审申请后，发现不符合受理条件的，予以驳回，书面通知申请人并说明理由。

　　第五十八条　商标评审委员会受理商标评审申请后应当及时将申请书副本送交对方当事人，限其自收到申请书副本之日起 30 日内答辩；期满未答辩的，不影响商标评审委员会的评审。

　　第五十九条　当事人需要在提出评审申请或者答辩后补充有关证据材料的，应当在申请书或者答辩书中声明，并自提交申请书或者答辩书之日起 3 个月内提交；期满未提交的，视为放弃补充有关证据材料。但是，在期满后生成或者当事人有其他正当理由未能在期满前提交的证据，在期满后提交的，商标评审委员会将证据交对方当事人并质证后可以采信。

　　第六十条　商标评审委员会根据当事人的请求或者实际需要，可以决定对评审申请进行口头审理。

　　商标评审委员会决定对评审申请进行口头审理的，应当在口头审理 15 日前书面通知当事人，告知口头审理的日期、地点和评审人员。当事人应当在通知书指定的期限内作出答复。

　　申请人不答复也不参加口头审理的，其评审申请视为撤回，商标评审委员会应当书面通知申请人；被申请人不答复也不参加口头审理的，商标评审委员会可以缺席评审。

　　第六十一条　申请人在商标评审委员会作出决定、裁定前，可以书面向商标评审委员会要求撤回申请并说明理由，商标评审委员会认为可以撤回的，评审程序终止。

　　第六十二条　申请人撤回商标评审申请的，不得以相同的事实和理由再次提出评审申请。商标评审委员会对商标评审申请已经作出裁定或者决定的，任何人不得以相同的事实和理由再次提出评审申请。但是，经不予注册复审程序予以核准注册后向商标评审委员会提起宣告注册商标无效的除外。 |

相关执法参考	相关法律法规(33)	

第七章 商标使用的管理

第六十三条 使用注册商标,可以在商品、商品包装、说明书或者其他附着物上标明"注册商标"或者注册标记。

注册标记包括 ⓝ 和 ®。使用注册标记,应当标注在商标的右上角或者右下角。

第六十四条 《商标注册证》遗失或者破损的,应当向商标局提交补发《商标注册证》申请书。《商标注册证》遗失的,应当在《商标公告》上刊登遗失声明。破损的《商标注册证》,应当在提交补发申请时交回商标局。

商标注册人需要商标局补发商标变更、转让、续展证明,出具商标注册证明,或者商标申请人需要商标局出具优先权证明文件的,应当向商标局提交相应申请书。符合要求的,商标局发给相应证明;不符合要求的,商标局不予办理,通知申请人并告知理由。

伪造或者变造《商标注册证》或者其他商标证明文件的,依照刑法关于伪造、变造国家机关证件罪或者其他罪的规定,依法追究刑事责任。

第六十五条 有商标法第四十九条规定的注册商标成为其核定使用的商品通用名称情形的,任何单位或者个人可以向商标局申请撤销该注册商标,提交申请时应当附送证据材料。商标局受理后应当通知商标注册人,限其自收到通知之日起 2 个月内答辩;期满未答辩的,不影响商标局作出决定。

第六十六条 有商标法第四十九条规定的注册商标无正当理由连续 3 年不使用情形的,任何单位或者个人可以向商标局申请撤销该注册商标,提交申请时应当说明有关情况。商标局受理后应当通知商标注册人,限其自收到通知之日起 2 个月内提交该商标在撤销申请提出前使用的证据材料或者说明不使用的正当理由;期满未提供使用的证据材料或者证据材料无效并没有正当理由的,由商标局撤销其注册商标。

前款所称使用的证据材料,包括商标注册人使用注册商标的证据材料和商标注册人许可他人使用注册商标的证据材料。

以无正当理由连续 3 年不使用为由申请撤销注册商标的,应当自该注册商标注册公告之日起满 3 年后提出申请。

第六十七条 下列情形属于商标法第四十九条规定的正当理由:

(一)不可抗力;
(二)政府政策性限制;
(三)破产清算;
(四)其他不可归责于商标注册人的正当事由。

第六十八条 商标局、商标评审委员会撤销注册商标或者宣告注册商标无效,撤销或者宣告无效的理由仅及于部分指定商品的,对在该部分指定商品上使用的商标注册予以撤销或者宣告无效。

第六十九条 许可他人使用其注册商标的,许可人应当在许可合同有效期内向商标局备案并报送备案材料。备案材料应当说明注册商标使用许可人、被许可人、许可期限、许可使用的商品或者服务范围等事项。

第七十条 以注册商标专用权出质的,出质人与质权人应当签订书面质权合同,并共同向商标局提出质权登记申请,由商标局公告。

第七十一条 违反商标法第四十三条第二款规定的,由工商行政管理部门责令限期改正;逾期不改正的,责令停止销售,拒不停止销售的,处 10 万元以下的罚款。

第七十二条 商标持有人依照商标法第十三条规定请求驰名商标保护的,可以向工商行政管理部门提出请求。经商标局依照商标法第十四条规定认定为驰名商标的,由工商行政管理部门责令停止违反商标法第十三条规定使用商标的行为,收缴、销毁违法使用的商标标识;商标标识与商品难以分离的,一并收缴、销毁。

第七十三条 商标注册人申请注销其注册商标或者注销其商标在部分指定商品上的注

册的,应当向商标局提交商标注销申请书,并交回原《商标注册证》。

商标注册人申请注销其注册商标或者注销其商标在部分指定商品上的注册,经商标局核准注销的,该注册商标专用权或者该注册商标专用权在该部分指定商品上的效力自商标局收到其注销申请之日起终止。

第七十四条　注册商标被撤销或者依照本条例第七十三条的规定被注销的,原《商标注册证》作废,并予以公告;撤销该商标在部分指定商品上的注册的,或者商标注册人申请注销其商标在部分指定商品上的注册的,重新核发《商标注册证》,并予以公告。

第八章　注册商标专用权的保护

第七十五条　为侵犯他人商标专用权提供仓储、运输、邮寄、印制、隐匿、经营场所、网络商品交易平台等,属于商标法第五十七条第六项规定的提供便利条件。

第七十六条　在同一种商品或者类似商品上将与他人注册商标相同或者近似的标志作为商品名称或者商品装潢使用,误导公众的,属于商标法第五十七条第二项规定的侵犯注册商标专用权的行为。

第七十七条　对侵犯注册商标专用权的行为,任何人可以向工商行政管理部门投诉或者举报。

第七十八条　计算商标法第六十条规定的违法经营额,可以考虑下列因素:
(一)侵权商品的销售价格;
(二)未销售侵权商品的标价;
(三)已查清侵权商品实际销售的平均价格;
(四)被侵权商品的市场中间价格;
(五)侵权人因侵权所产生的营业收入;
(六)其他能够合理计算侵权商品价值的因素。

第七十九条　下列情形属于商标法第六十条规定的能证明该商品是自己合法取得的情形:
(一)有供货单位合法签章的供货清单和货款收据且经查证属实或者供货单位认可的;
(二)有供销双方签订的进货合同且经查证已真实履行的;
(三)有合法进货发票且发票记载事项与涉案商品对应的;
(四)其他能够证明合法取得涉案商品的情形。

第八十条　销售不知道是侵犯注册商标专用权的商品,能证明该商品是自己合法取得并说明提供者的,由工商行政管理部门责令停止销售,并将案件情况通报侵权商品提供者所在地工商行政管理部门。

第八十一条　涉案注册商标属正在商标局、商标评审委员会审理或者人民法院诉讼中,案件结果可能影响案件定性的,属于商标法第六十二条第三款规定的商标权属存在争议。

第八十二条　在查处商标侵权案件过程中,工商行政管理部门可以要求权利人对涉案商品是否为权利人生产或者其许可生产的产品进行辨认。

第九章　商标代理

第八十三条　商标法所称商标代理,是指接受委托人的委托,以委托人的名义办理商标注册申请、商标评审或者其他商标事宜。

第八十四条　商标法所称商标代理机构,包括经工商行政管理部门登记从事商标代理业务的服务机构和从事商标代理业务的律师事务所。

商标代理机构从事商标局、商标评审委员会主管的商标事宜代理业务的,应当按照下列规定向商标局备案:
(一)交验工商行政管理部门的登记证明文件或者司法行政部门批准设立律师事务所的证明文件并留存复印件;
(二)报送商标代理机构的名称、住所、负责人、联系方式等基本信息;

（三）报送商标代理从业人员名单及联系方式。

工商行政管理部门应当建立商标代理机构信用档案。商标代理机构违反商标法或者本条例规定的，由商标局或者商标评审委员会予以公开通报，并记入其信用档案。

第八十五条 商标法所称商标代理从业人员，是指在商标代理机构中从事商标代理业务的工作人员。

商标代理从业人员不得以个人名义自行接受委托。

第八十六条 商标代理机构向商标局、商标评审委员会提交的有关申请文件，应当加盖该代理机构公章并由相关商标代理从业人员签字。

第八十七条 商标代理机构申请注册或者受让其代理服务以外的其他商标，商标局不予受理。

第八十八条 下列行为属于商标法第六十八条第一款第二项规定的以其他不正当手段扰乱商标代理市场秩序的行为：

（一）以欺诈、虚假宣传、引人误解或者商业贿赂等方式招徕业务的；

（二）隐瞒事实，提供虚假证据，或者威胁、诱导他人隐瞒事实，提供虚假证据的；

（三）在同一商标案件中接受有利益冲突的双方当事人委托的。

第八十九条 商标代理机构有商标法第六十八条规定行为的，由行为人所在地或者违法行为发生地县级以上工商行政管理部门进行查处并将查处情况通报商标局。

第九十条 商标局、商标评审委员会依照商标法第六十八条规定停止受理商标代理机构办理商标代理业务的，可以作出停止受理该商标代理机构商标代理业务6个月以上直至永久停止受理的决定。停止受理商标代理业务的期间届满，商标局、商标评审委员会应当恢复受理。

商标局、商标评审委员会作出停止受理或者恢复受理商标代理的决定应当在其网站予以公告。

第九十一条 工商行政管理部门应当加强对商标代理行业组织的监督和指导。

第十章 附　则

第九十二条 连续使用至1993年7月1日的服务商标，与他人在相同或者类似的服务上已注册的服务商标相同或者近似的，可以继续使用；但是，1993年7月1日后中断使用3年以上的，不得继续使用。

已连续使用至商标局首次受理新放开商品或者服务项目之日的商标，与他人在新放开商品或者服务项目相同或者类似的商品或者服务上已注册的商标相同或者近似的，可以继续使用；但是，首次受理之日后中断使用3年以上的，不得继续使用。

第九十三条 商标注册用商品和服务分类表，由商标局制定并公布。

申请商标注册或者办理其他商标事宜的文件格式，由商标局、商标评审委员会制定并公布。

商标评审委员会的评审规则由国务院工商行政管理部门制定并公布。

第九十四条 商标局设置《商标注册簿》，记载注册商标及有关注册事项。

第九十五条 《商标注册证》及相关证明是权利人享有注册商标专用权的凭证。《商标注册证》记载的注册事项，应当与《商标注册簿》一致；记载不一致的，除有证据证明《商标注册簿》确有错误外，以《商标注册簿》为准。

第九十六条 商标局发布《商标公告》，刊发商标注册及其他有关事项。

《商标公告》采用纸质或者电子形式发布。

除送达公告外，公告内容自发布之日起视为社会公众已经知道或者应当知道。

第九十七条 申请商标注册或者办理其他商标事宜，应当缴纳费用。缴纳费用的项目和标准，由国务院财政部门、国务院价格主管部门分别制定。

第九十八条 本条例自2014年5月1日起施行。

十二、销售假冒注册商标的商品罪

罪名	销售假冒注册商标的商品罪（《刑法》第214条）
概念	销售假冒注册商标的商品罪，是指违反商标管理法规，非法销售明知是假冒注册商标的商品，违法所得数额较大或者有其他严重情节的行为。
犯罪构成	**客体**：本罪侵犯的客体是双重客体，即国家商标管理制度和他人注册商标的专用权。商标专用权是构成我国商标管理制度的主要内容。销售假冒注册商标的商品行为虽然没有生产假冒注册商标的商品，但其销售行为助长了假冒他人注册商标的犯罪，销售明知是假冒商标的商品必然间接侵害了注册商标的专用权，而且销售明知是假冒商标的商品，使得大量的伪劣产品流入市场，最终还严重侵害了国家对商标的管理制度。 本罪的犯罪对象是假冒注册商标的商品，这种商品多属伪劣次甚至有害物品。所谓假冒注册商标的商品即必须是未经注册商标所有人许可，在同一种商品上使用与其注册商标相同的商标的商品。如果故意销售的商品是假冒非注册商标伪商品，或者与注册商标的商品不属于同一种，就不能构成销售假冒注册商标的商品罪。 **客观方面**：本罪在客观方面表现为行为人违反商标管理法规，非法销售明知是假冒注册商标的商品，违法所得数额较大或者有其他严重情节的行为。具体来讲，本罪的客观方面包括以下三点： 1. 行为违反商标管理法规。《商标法》第6条明确规定，法律、行政法规规定必须使用注册商标的商品，必须申请商标注册，未经核准注册的，不得在市场销售。该法第七章还全面规定了注册商标专用权的保护制度，其中明确规定，注册商标的专用权以核准注册的商标和核定使用的商品为限。销售侵犯注册商标专用权的商品的，属于侵犯注册商标专用权行为。销售明知是假冒注册商标的商品，构成犯罪的，除赔偿被侵权人的损失外，依法追究刑事责任等。销售明知是假冒注册商标的商品的行为，必然违反上述规定，这是本罪成立的前提性条件。从本质上或者最终结果上看，销售明知是假冒注册商标的商品的行为，实际上就是对商标专用权保护相关规定的违反。 2. 实施了非法销售明知是假冒注册商标的商品的行为。本罪的非法销售行为只能发生在市场的流通领域，不包括制作环节。如果行为人既生产假冒注册商标的商品又销售该商品的，应当以假冒注册商标罪论处。所谓销售，是指以采购、推销、出售或兜售等方法将商品出卖给他人的行为。所谓非法销售，是指将假冒注册商标的商品的所有权非法有偿出让给他人。商品所有权的非法转移及转移的有偿性是本罪行为中非法销售的本质所在，至于非法销售的形式，不管是批发还是零售，是市场销售还是内部销售，是请人代销还是委托销售，是收取金钱还是实物等，均不影响本罪的成立。但如果是无偿赠送、抛弃冒牌货则不构成犯罪。还应当明确的是，如果销售的不是假冒他人注册商标的商品，如没有商标的商品，或者虽有商标但不是注册商标的商品，或者虽有注册商标但不是他人而是自己的注册商标的商品，或者虽有他人注册商标但不是使用在与该商品相同的商品上的注册商标的商品等，则不构成本罪。 3. 销售假冒注册商标的商品的行为具备违法所得数额较大或者有其他严重情节的情形。本罪属于数额犯或情节犯，销售假冒他人注册商标的商品的违法所得数额必须达到较大或者有其他严重情节的，才构成犯罪。所谓违法所得是扣除成本的实际获利数额。例如，1997年11月至1998年5月，被告人戴恩辉先后三次从某商店购进假冒"嘉陵"注册商标的拼装摩托车25辆，分别以每台1880元至3400元不等的价格，在安化县梅城镇销

犯罪构成	客观方面	售16辆，销售金额4.1万余元。案发后，公安机关从被告人戴恩辉处查获尚未销售的假冒"嘉陵"注册商标的摩托车9辆及非法所得1.5万元。本案中，被告人戴恩辉销售假冒"嘉陵"注册商标的摩托车16辆，销售金额虽然只有4.1万元，但其销售的是涉及人身安全的摩托车，并且有9辆摩托车尚未销售。因此，一、二审人民法院根据本案的具体情况认定被告人戴恩辉销售假冒注册商标的商品，违法所得数额较大，构成销售假冒注册商标的商品罪，并处以罚金1万元，定罪准确、量刑适当。
	主体	本罪的主体要件为一般主体。自然人和单位均能构成本罪的主体。就自然人而言，只要行为人达到了16周岁刑事责任年龄且具有刑事责任能力，实施了故意销售假冒注册商标的商品的，就可构成。单位犯本罪的，实行两罚制，对单位判处罚金，并对直接负责的主管人员和其他直接责任人员依照本条规定追究刑事责任。实践中，本罪多为单位主体实施，包括国有、集体及私有制单位。
	主观方面	本罪在主观方面表现为故意，即明知是假冒注册商标的商品，而持希望或者放任的态度销售给他人。一般情况下，行为人都具有非法获利的目的，但是否以营利为目的并不是刑法规定的构成要件内容。因此，不论是出于什么目的或动机，均不影响本罪的构成。过失不能构成本罪。根据《商标法实施细则》规定，销售不知道是侵犯注册商标专用权的商品，能证明该商品是自己合法取得并说明提供者的，由工商行政管理部门责令停止销售，并将案件情况通报侵权商品提供者所在地工商行政管理部门。因此，如由于各种原因而过失销售了不明知是假冒注册商标的商品的情形，就不属于故意。当然，对明知的范围不能要求过于狭窄，明知并不等于确知，只要行为人应该知道所销售商品是假货即可。这是由于假冒注册商标的商品的流通是处于非法状态，经营者在交易时往往是心领神会，无须挑明，另外还可避免有些不法分子借口不知是假冒注册商标的商品而逃避法律制裁。根据有关司法解释规定，明知的认定包括：知道自己销售的商品上的注册商标被涂改、调换或者覆盖的；因销售假冒注册商标的商品受到过行政处罚或者承担过民事责任，又销售同一种假冒注册商标的商品的；伪造、涂改商标注册人授权文件或者知道该文件被伪造、涂改的；其他知道或者应当知道是假冒注册商标的商品的情形。其中的其他知道或者应当知道是假冒注册商标的商品的情形，可以结合国家工商行政管理总局《关于执行商标法及其实施细则若干问题的通知》中有关明知认定的七种情形综合考虑加以判定，相关的情形包括：更改、掉换经销商品上的商标而被当场查获的；同一违法事实受到处罚后重犯的；事先已被警告，而不改正的；有意采取不正当进货渠道，且价格大大低于已知正品的；在发票、账目等会计凭证弄虚作假的；专业公司大规模经销假冒注册商标商品或者商标侵权商品的；案发后转移、销毁物证，提供虚假证明、虚假情况的；其他可以认定当事人明知或应知的。
认定标准	刑罚标准	1. 犯本罪的，处3年以下有期徒刑或者拘役，并处或者单处罚金； 2. 违法所得数额巨大或者有其他特别严重情节的，处3年以上10年以下有期徒刑，并处罚金； 3. 单位犯本罪的，对单位判处罚金，并对其直接负责的主管人员和其他直接责任人员，依照上述规定处罚。 本罪为数额犯或情节犯，销售假冒他人注册商标的商品的违法所得数额必须达到较大或者有其他特别严重情节的，即构成本罪。就应当适用第一档量刑条款。 构成本罪，并违法所得数额巨大或者有其他特别严重情节的，适用第二档量刑条款。 对于单位实施本罪，应当根据2007年"两高"有关司法解释的规定，单位实施刑法第213条至第219条规定的行为，按照相应个人犯罪的定罪量刑标准定罪处罚。

认定标准	本罪与非罪的区别	1. 看行为对象。成立本罪的行为对象条件必须为假冒他人注册商标的商品；如果行为人销售假冒注册商标的行为对象不属于假冒他人注册商标的商品，而是没有商标的或者未注册商标的商品，则不能成立犯罪或者不构成本罪。 2. 看客观情节。本罪为数额犯或情节犯，销售假冒他人注册商标的商品的违法所得数额必须达到较大或者有其他严重情节的，才构成犯罪。 3. 看主观罪过内容。本罪只能主观出于故意才能成立犯罪；如果出于过失，则不能成立本罪。如果是不知道或者是在上当受骗情形下销售了假冒他人注册商标的商品的，则不构成本罪。
	本罪罪数的认定	如果行为人在自己的商品上假冒他人注册商标之后又加以出售，构成犯罪的，则分别触犯了两个罪名，两者之间具有吸收关系，应择一重罪从重处罚。但从二者的法定刑处罚相同来看，难断轻重。考虑到销售假冒他人注册商标的商品的行为，是其假冒商标行为的后续及延伸，因此，对假冒商标后又加以出售的，以假冒注册商标罪定罪为宜，处罚则应从重，不能数罪并罚。
	本罪共犯的认定	对于与假冒注册商标的犯罪分子事先通谋，事后对假冒商标的商品代为销售的，应以假冒注册商标罪的共犯论处。如果明知他人实施假冒注册商标犯罪，而为其提供贷款、资金、账号、发票、证明、许可证件，或者提供生产、经营场所或者运输、储存、代理进出口等便利条件、帮助的，也以假冒注册商标犯罪的共犯论处。
	本罪既遂与未遂的认定	本罪既遂应当是销售的完成，即行为人已经将假冒注册商标的商品销售出去，而且实际所获的违法所得达到法律规定的数额较大的程度。如果购买者已支付了货款但尚未提货的，应当认定销售行为的完成，属于既遂。如果已经销出但未取得货款，而购买人因种种原因还未付给销售金额，则不是没有违法所得，也应是既遂，而非未遂。如果尚未将假冒注册商标的商品销售出去，符合相应条件的，应当认定本罪未遂，根据有关司法解释规定，销售明知是假冒注册商标的商品，具有下列情形之一的，以销售假冒注册商标的商品罪（未遂）定罪处罚：假冒注册商标的商品尚未销售，货值金额在 15 万元以上的；假冒注册商标的商品部分销售，已销售金额不满 5 万元，但与尚未销售的假冒注册商标的商品的货值金额合计在 15 万元以上的。假冒注册商标的商品尚未销售，货值金额分别达到 15 万元以上不满 25 万元、25 万元以上的，分别依照刑法第二百一十四条规定的各法定刑幅度定罪处罚。销售金额和未销售货值金额分别达到不同的法定刑幅度或者均达到同一法定刑幅度的，在处罚较重的法定刑或者同一法定刑幅度内酌情从重处罚。
	此罪与彼罪的区别（1）	本罪与假冒注册商标罪的区别。 假冒注册商标罪，是指违反国家商标管理法规，未经注册商标所有人许可，在同一种商品上使用与其注册商标相同的商标，情节严重的行为。两罪属于知识产权犯罪类中性质最为接近的犯罪。它们在犯罪客体、犯罪主体、犯罪主观等方面具有共同性，两罪区别主要在于： 1. 犯罪对象不同。本罪的犯罪对象是假冒注册商标的商品，即这一犯罪对象本身是前一犯罪行为已经制造的犯罪结果。后罪的犯罪对象是他人已经注册的有效商品商标。 2. 犯罪客观方面行为表现不同。本罪在客观方面主要表现为行为人销售明知是假冒注册商标的商品。核心要素是销售，即流通领域内的买进卖出，至于如何生产这类假冒商标的商品在所不问。后罪表现为行为人未经注册商标所有人许可，在同种商品上使用与他人已注册商标相同的商标。核心要素在于假冒，即生产和制造擅自使用他人的注册商标的商品。如果行为人未经注册所有人许可在同种商品上使用与他人已注册商标相同的商标后，又将该种商品出售获取非法利益的，这属于吸收犯，前行为是吸收行为，后行为是被吸收行为，前后两种行为构成假冒注册商标罪整个犯罪过程，彼此间存在着密切的联系，后行为是前行为的必然结果，应当按假冒注册商标罪认定处理。如果行为人既假冒多家注

认定标准	此罪与彼罪的区别（1）	册商标又销售多种不同的假冒注册商标的商品，其行为已经独立地构成不同的罪名，则应实行数罪并罚。如果是数个行为人出于假冒注册商标的共同故意，分工协作，部分行为人实施制造假冒注册商标的商品行为，部分行为人实施销售这类商品行为，这里销售假冒注册商标的商品的行为实质上属于假冒注册商标共同犯罪的一个组成部分，只能以假冒注册商标罪一罪认定，销售这类商品的人实际上是假冒注册商标罪的共犯。 3. 定罪情节要求不同。本罪以销售金额是否数额较大作为罪与非罪的界限。而后罪则以情节是否严重作为罪与非罪的界限。
	此罪与彼罪的区别（2）	本罪与销售伪劣产品罪的区别。 生产、销售伪劣产品罪，是指生产者、销售者在产品中掺杂、掺假，以假充真，以次充好或者以不合格产品冒充合格产品，销售金额达 5 万元以上的行为。两罪区别主要在于： 1. 犯罪客体不同。本罪属于双重客体，既侵犯了国家商标管理制度，又侵犯了他人的注册商标专用权。后罪属于单一客体，侵害的是国家有关产品质量管理制度。 2. 犯罪对象有所不同。本罪的犯罪对象是假冒他人已注册商标的商品，可能是伪劣产品，也可能是合格产品。后罪的对象为不合格的一切伪劣产品。 3. 客观要件不同。本罪在客观方面表现为销售明知是假冒注册商标的商品，违法所得数额较大或者有其他严重情节的行为。而后罪在客观方面则表现为行为人在产品中掺杂、掺假，以假充真，以次充好或者以不合格产品冒充合格产品，销售金额在 5 万元以上的行为。如果行为人不知道所销售的商品上的商标是假冒商标而在产品中掺杂、掺假，然后予以销售，销售金额达 5 万元以上的，则应以后罪论处。如果行为人明知所销售的商品上的商标是假冒商品，且在所售产品中掺杂、掺假的，违法所得 5 万元以上的，由于为人先后基于两个不同的故意，实施了性质不同的两个行为，尽管两个行为具有重合性，但实质上仍属于吸收与被吸收的关系，故只以吸收行为所构成的罪论处，即以本罪论处。
相关执法参考	刑法	中华人民共和国刑法（节录） （1979 年 7 月 1 日第五届全国人民代表大会第二次会议通过，1997 年 3 月 14 日第八届全国人民代表大会第五次会议修订，已先后被 1999 年 12 月 25 日《中华人民共和国刑法修正案》、2001 年 8 月 31 日《中华人民共和国刑法修正案（二）》、2001 年 12 月 29 日《中华人民共和国刑法修正案（三）》、2002 年 12 月 28 日《中华人民共和国刑法修正案（四）》、2005 年 2 月 28 日《中华人民共和国刑法修正案（五）》、2006 年 6 月 29 日《中华人民共和国刑法修正案（六）》、2009 年 2 月 28 日《中华人民共和国刑法修正案（七）》、2009 年 8 月 27 日《全国人民代表大会常务委员会关于修改部分法律的决定》、2011 年 2 月 25 日《中华人民共和国刑法修正案（八）》、2015 年 8 月 29 日《中华人民共和国刑法修正案（九）》、2017 年 11 月 4 日《中华人民共和国刑法修正案（十）》、2020 年 12 月 26 日《中华人民共和国刑法修正案（十一）》修改或修正） 第二百一十四条　销售明知是假冒注册商标的商品，违法所得数额较大或者有其他严重情节的，处三年以下有期徒刑，并处或者单处罚金；违法所得数额巨大或者有其他特别严重情节的，处三年以上十年以下有期徒刑，并处罚金。
	相关法律法规（1）	最高人民法院、最高人民检察院《关于办理侵犯知识产权刑事案件具体应用法律若干问题的解释（二）》（节录） （2007 年 4 月 4 日最高人民法院审判委员会第 1422 次会议、最高人民检察院第十届检察委员会第 75 次会议通过，自 2007 年 4 月 5 日起施行，法释〔2007〕6 号） 为维护社会主义市场经济秩序，依法惩治侵犯知识产权犯罪活动，根据刑法、刑事诉讼法有关规定，现就办理侵犯知识产权刑事案件具体应用法律的若干问题解释如下： 第三条　侵犯知识产权犯罪，符合刑法规定的缓刑条件的，依法适用缓刑。有下列情

相关法律法规（1）	形之一的，一般不适用缓刑： （一）因侵犯知识产权被刑事处罚或者行政处罚后，再次侵犯知识产权构成犯罪的； （二）不具有悔罪表现的； （三）拒不交出违法所得的； （四）其他不宜适用缓刑的情形。 第四条　对于侵犯知识产权犯罪的，人民法院应当综合考虑犯罪的违法所得、非法经营数额、给权利人造成的损失、社会危害性等情节，依法判处罚金。罚金数额一般在违法所得的一倍以上五倍以下，或者按照非法经营数额的50%以上一倍以下确定。 第五条　被害人有证据证明的侵犯知识产权刑事案件，直接向人民法院起诉的，人民法院应当依法受理；严重危害社会秩序和国家利益的侵犯知识产权刑事案件，由人民检察院依法提起公诉。 第六条　单位实施刑法第二百一十三条至第二百一十九条规定的行为，按照《最高人民法院、最高人民检察院关于办理侵犯知识产权刑事案件具体应用法律若干问题的解释》和本解释规定的相应个人犯罪的定罪量刑标准定罪处罚。 第七条　以前发布的司法解释与本解释不一致的，以本解释为准。
相关执法参考	最高人民法院、最高人民检察院《关于办理侵犯知识产权刑事案件具体应用法律若干问题的解释》（节录） 　　（2004年11月2日最高人民法院审判委员会第1331次会议、2004年11月11日最高人民检察院第十届检察委员会第28次会议通过，自2004年12月22日起施行，法释〔2004〕19号） 　　为依法惩治侵犯知识产权犯罪活动，维护社会主义市场经济秩序，根据刑法有关规定，现就办理侵犯知识产权刑事案件具体应用法律的若干问题解释如下：
相关法律法规（2）	第二条　销售明知是假冒注册商标的商品，销售金额在五万元以上的，属于刑法第二百一十四条规定的"数额较大"，应当以销售假冒注册商标的商品罪判处三年以下有期徒刑或者拘役，并处或者单处罚金。 　　销售金额在二十五万元以上的，属于刑法第二百一十四条规定的"数额巨大"，应当以销售假冒注册商标的商品罪判处三年以上七年以下有期徒刑，并处罚金。 第九条　刑法第二百一十四条规定的"销售金额"，是指销售假冒注册商标的商品后所得和应得的全部违法收入。 　　具有下列情形之一的，应当认定为属于刑法第二百一十四条规定的"明知"： （一）知道自己销售的商品上的注册商标被涂改、调换或者覆盖的； （二）因销售假冒注册商标的商品受到过行政处罚或者承担过民事责任、又销售同一种假冒注册商标的商品的； （三）伪造、涂改商标注册人授权文件或者知道该文件被伪造、涂改的； （四）其他知道或者应当知道是假冒注册商标的商品的情形。 第十二条　本解释所称"非法经营数额"，是指行为人在实施侵犯知识产权行为过程中，制造、储存、运输、销售侵权产品的价值。已销售的侵权产品的价值，按照实际销售的价格计算。制造、储存、运输和未销售的侵权产品的价值，按照标价或者已经查清的侵权产品的实际销售平均价格计算。侵权产品没有标价或者无法查清其实际销售价格的，按照被侵权产品的市场中间价格计算。 　　多次实施侵犯知识产权行为，未经行政处理或者刑事处罚的，非法经营数额、违法所得数额或者销售金额累计计算。 　　本解释第三条所规定的"件"，是指标有完整商标图样的一份标识。 第十五条　单位实施刑法第二百一十三条至第二百一十九条规定的行为，按照本解释规定的相应个人犯罪的定罪量刑标准的三倍定罪量刑。

相关执法参考	相关法律法规（2）	**第十六条** 明知他人实施侵犯知识产权犯罪，而为其提供贷款、资金、账号、发票、证明、许可证件，或者提供生产、经营场所或者运输、储存、代理进出口等便利条件、帮助的，以侵犯知识产权犯罪的共犯论处。 **第十七条** 以前发布的有关侵犯知识产权犯罪的司法解释，与本解释相抵触的，自本解释施行后不再适用。
	相关法律法规（3）	最高人民法院、最高人民检察院、公安部《关于办理侵犯知识产权刑事案件适用法律若干问题的意见》（节录） （2011年1月10日，法发〔2011〕3号） 为解决近年来公安机关、人民检察院、人民法院在办理侵犯知识产权刑事案件中遇到的新情况、新问题，依法惩治侵犯知识产权犯罪活动，维护社会主义市场经济秩序，根据刑法、刑事诉讼法及有关司法解释的规定，结合侦查、起诉、审判实践，制定本意见。 一、关于侵犯知识产权犯罪案件的管辖问题 侵犯知识产权犯罪案件由犯罪地公安机关立案侦查。必要时，可以由犯罪嫌疑人居住地公安机关立案侦查。侵犯知识产权犯罪案件的犯罪地，包括侵权产品制造地、储存地、运输地、销售地，传播侵权作品、销售侵权产品的网站服务器所在地、网络接入地、网站建立者或者管理者所在地，侵权作品上传者所在地，权利人受到实际侵害的犯罪结果发生地。对有多个侵犯知识产权犯罪地的，由最初受理的公安机关或者主要犯罪地公安机关管辖。多个侵犯知识产权犯罪地的公安机关对管辖有争议的，由共同的上级公安机关指定管辖，需要提请批准逮捕、移送审查起诉、提起公诉的，由该公安机关所在地的同级人民检察院、人民法院受理。 对于不同犯罪嫌疑人、犯罪团伙跨地区实施的涉及同一批侵权产品的制造、储存、运输、销售等侵犯知识产权犯罪行为，符合并案处理要求的，有关公安机关可以一并立案侦查，需要提请批准逮捕、移送审查起诉、提起公诉的，由该公安机关所在地的同级人民检察院、人民法院受理。 二、关于办理侵犯知识产权刑事案件中行政执法部门收集、调取证据的效力问题 行政执法部门依法收集、调取、制作的物证、书证、视听资料、检验报告、鉴定结论、勘验笔录、现场笔录，经公安机关、人民检察院审查，人民法院庭审质证确认，可以作为刑事证据使用。 行政执法部门制作的证人证言、当事人陈述等调查笔录，公安机关认为有必要作为刑事证据使用的，应当依法重新收集、制作。 三、关于办理侵犯知识产权刑事案件的抽样取证问题和委托鉴定问题 公安机关在办理侵犯知识产权刑事案件时，可以根据工作需要抽样取证，或者商请同级行政执法部门、有关检验机构协助抽样取证。法律、法规对抽样机构或者抽样方法有规定的，应当委托规定的机构并按照规定方法抽取样品。 公安机关、人民检察院、人民法院在办理侵犯知识产权刑事案件时，对于需要鉴定的事项，应当委托国家认可的有鉴定资质的鉴定机构进行鉴定。 公安机关、人民检察院、人民法院应当对鉴定结论进行审查，听取权利人、犯罪嫌疑人、被告人对鉴定结论的意见，可以要求鉴定机构作出相应说明。 四、关于侵犯知识产权犯罪自诉案件的证据收集问题 人民法院依法受理侵犯知识产权刑事自诉案件，对于当事人因客观原因不能取得的证据，在提起自诉时能够提供有关线索，申请人民法院调取的，人民法院应当依法调取。 七、关于尚未附着或者尚未全部附着假冒注册商标标识的侵权产品价值是否计入非法经营数额的问题 在计算制造、储存、运输和未销售的假冒注册商标侵权产品价值时，对于已经制作完成但尚未附着（含加贴）或者尚未全部附着（含加贴）假冒注册商标标识的产品，如果

相关执法参考	相关法律法规（3）	有确实、充分证据证明该产品将假冒他人注册商标，其价值计入非法经营数额。 八、关于销售假冒注册商标的商品犯罪案件中尚未销售或者部分销售情形的定罪量刑问题 销售明知是假冒注册商标的商品，具有下列情形之一的，依照刑法第二百一十四条的规定，以销售假冒注册商标的商品罪（未遂）定罪处罚： （一）假冒注册商标的商品尚未销售，货值金额在十五万元以上的； （二）假冒注册商标的商品部分销售，已销售金额不满五万元，但与尚未销售的假冒注册商标的商品的货值金额合计在十五万元以上的。 假冒注册商标的商品尚未销售，货值金额分别达到十五万元以上不满二十五万元、二十五万元以上的，分别依照刑法第二百一十四条规定的各法定刑幅度定罪处罚。 销售金额和未销售货值金额分别达到不同的法定刑幅度或者均达到同一法定刑幅度的，在处罚较重的法定刑或者同一法定刑幅度内酌情从重处罚。 九、关于销售他人非法制造的注册商标标识犯罪案件中尚未销售或者部分销售情形的定罪问题 销售他人伪造、擅自制造的注册商标标识，具有下列情形之一的，依照刑法第二百一十五条的规定，以销售非法制造的注册商标标识罪（未遂）定罪处罚： （一）尚未销售他人伪造、擅自制造的注册商标标识数量在六万件以上的； （二）尚未销售他人伪造、擅自制造的两种以上注册商标标识数量在三万件以上的； （三）部分销售他人伪造、擅自制造的注册商标标识，已销售标识数量不满二万件，但与尚未销售标识数量合计在六万件以上的； （四）部分销售他人伪造、擅自制造的两种以上注册商标标识，已销售标识数量不满一万件，但与尚未销售标识数量合计在三万件以上的。 十四、关于多次实施侵犯知识产权行为累计计算数额问题 依照《最高人民法院、最高人民检察院关于办理侵犯知识产权刑事案件具体应用法律若干问题的解释》第十二条第二款的规定，多次实施侵犯知识产权行为，未经行政处理或者刑事处罚的，非法经营数额、违法所得数额或者销售金额累计计算。 二年内多次实施侵犯知识产权违法行为，未经行政处理，累计数额构成犯罪的，应当依法定罪处罚。实施侵犯知识产权犯罪行为的追诉期限，适用刑法的有关规定，不受前述二年的限制。 十五、关于为他人实施侵犯知识产权犯罪提供原材料、机械设备等行为的定性问题 明知他人实施侵犯知识产权犯罪，而为其提供生产、制造侵权产品的主要原材料、辅助材料、半成品、包装材料、机械设备、标签标识、生产技术、配方等帮助，或者提供互联网接入、服务器托管、网络存储空间、通讯传输通道、代收费、费用结算等服务的，以侵犯知识产权犯罪的共犯论处。 十六、关于侵犯知识产权犯罪竞合的处理问题 行为人实施侵犯知识产权犯罪，同时构成生产、销售伪劣商品犯罪的，依照侵犯知识产权犯罪与生产、销售伪劣商品犯罪中处罚较重的规定定罪处罚。
	相关法律法规（4）	最高人民法院、最高人民检察院、公安部、国家烟草专卖局《关于办理假冒伪劣烟草制品等刑事案件适用法律问题座谈会纪要》 （2003年12月23日最高人民法院、最高人民检察院、公安部、国家烟草专卖局发布） 各省、自治区、直辖市高级人民法院，人民检察院，公安厅、局，烟草专卖局，解放军军事法院，军事检察院，新疆维吾尔自治区高级人民法院生产建设兵团分院，新疆生产建设兵团人民检察院，公安局： 现将最高人民法院、最高人民检察院、公安部、国家烟草专卖局《关于办理假冒伪劣烟草制品等刑事案件适用法律问题座谈会纪要》印发给你们，请参照执行。执行中有什

| 相关执法参考 | 相关法律法规（4） | 么问题，请及时报告最高人民法院、最高人民检察院、公安部、国家烟草专卖局。
　　生产、销售假冒伪劣烟草制品等犯罪行为严重破坏国家烟草专卖制度，扰乱社会主义市场经济秩序，侵害消费者合法权益。2001年以来，公安部、国家烟草专卖局联合开展了卷烟打假专项行动，取得了显著成效。同时，在查处生产、销售假冒伪劣烟草制品等犯罪案件过程中也遇到了一些适用法律方面的问题。为此，最高人民法院、最高人民检察院、公安部、国家烟草专卖局于2003年8月4日至6日在昆明召开了办理假冒伪劣烟草制品等刑事案件适用法律问题座谈会。最高人民法院、最高人民检察院、公安部、国家烟草专卖局以及部分省、自治区、直辖市法院、检察院、公安厅（局）、烟草专卖局等单位的有关人员参加了会议。全国人大常委会工委刑法室应邀派员参加了会议。与会人员在总结办案经验的基础上，根据法律和司法解释的有关规定，就办理假冒伪劣烟草制品等刑事案件中一些带有普遍性的具体适用法律问题进行了广泛讨论并形成了共识。纪要如下：
　　一、关于生产、销售伪劣烟草制品行为适用法律问题
　　（一）关于生产伪劣烟草制品尚未销售或者尚未完全销售行为定罪量刑问题
　　根据刑法第一百四十条的规定，生产、销售伪劣烟草制品，销售金额在五万元以上的，构成生产、销售伪劣产品罪。
　　根据《最高人民法院、最高人民检察院关于办理生产、销售伪劣商品刑事案件具体应用法律若干问题的解释》的有关规定，销售金额是指生产者、销售者出售伪劣烟草制品后所得和应得的全部违法收入。伪劣烟草制品尚未销售，货值金额达到刑法第一百四十条规定的销售金额三倍（十五万元）以上的，以生产、销售伪劣产品罪（未遂）定罪处罚。货值金额以违法生产、销售的伪劣产品的标价计算；没有标价的，按照同类合格产品的市场中间价格计算。货值金额难以确定的，按照国家计划委员会、最高人民法院、最高人民检察院、公安部1997年4月22日联合发布的《扣押、追缴、没收物品估价管理办法》的规定，委托指定的估价机构确定。
　　伪劣烟草制品尚未销售，货值金额分别达到十五万元以上不满二十万元、二十万元以上不满五十万元、五十万元以上不满二百万元、二百万元以上的，分别依照刑法第一百四十条规定的各量刑档次定罪处罚。
　　伪劣烟草制品的销售金额不满五万元，但与尚未销售的伪劣烟草制品的货值金额合计达到十五万元以上的，以生产、销售伪劣产品罪（未遂）定罪处罚。
　　生产伪劣烟草制品尚未销售，无法计算货值金额，有下列情形之一的，以生产、销售伪劣产品罪（未遂）定罪处罚：
　　1. 生产伪劣烟用烟丝数量在1000公斤以上的；
　　2. 生产伪劣烟用烟叶数量在1500公斤以上的。
　　（二）关于非法生产、拼装、销售烟草专用机械行为定罪处罚问题
　　非法生产、拼装、销售烟草专用机械行为，依照刑法第一百四十条的规定，以生产、销售伪劣产品罪追究刑事责任。
　　二、关于销售明知是假冒烟用注册商标的烟草制品行为中的"明知"问题
　　根据刑法第二百一十四条的规定，销售明知是假冒烟用注册商标的烟草制品，销售金额较大的，构成销售假冒注册商标的商品罪。
　　"明知"，是指知道或应当知道。有下列情形之一的，可以认定为"明知"：
　　1. 以明显低于市场价格进货的；
　　2. 以明显低于市场价格销售的；
　　3. 销售假冒烟用注册商标的烟草制品被发现后转移、销毁物证或者提供虚假证明、虚假情况的；
　　4. 其他可以认定为明知的情形。 |

| 相关执法参考 | 相关法律法规(4) | 三、关于非法经营烟草制品行为适用法律问题
未经烟草专卖行政主管部门许可，无生产许可证、批发许可证、零售许可证，而生产、批发、零售烟草制品，具有下列情形之一的，依照刑法第二百二十五条的规定定罪处罚：
1. 个人非法经营数额在五万元以上的，或者违法所得数额在一万元以上的；
2. 单位非法经营数额在五十万元以上的，或者违法所得数额在十万元以上的；
3. 曾因非法经营烟草制品行为受过二次以上行政处罚又非法经营的，非法经营数额在二万元以上的。
四、关于共犯问题
知道或者应当知道他人实施本《纪要》第一条至第三条规定的犯罪行为，仍实施下列行为之一的，应认定为共犯，依法追究刑事责任：
1. 直接参与生产、销售假冒伪劣烟草制品或者销售假冒用注册商标的烟草制品或者直接参与非法经营烟草制品并在其中起主要作用的；
2. 提供房屋、场地、设备、车辆、贷款、资金、账号、发票、证明、技术等设施和条件，用于帮助生产、销售、储存、运输假冒伪劣烟草制品、非法经营烟草制品的；
3. 运输假冒伪劣烟草制品的。
上述人员中有检举他人犯罪经查证属实，或者提供重要线索，有立功表现的，可以从轻或减轻处罚；有重大立功表现的，可以减轻或者免除处罚。
五、国家机关工作人员参与实施本《纪要》第一条至第三条规定的犯罪行为的处罚问题
根据《最高人民法院、最高人民检察院关于办理生产、销售伪劣商品刑事案件具体应用法律若干问题的解释》的规定，国家机关工作人员参与实施本《纪要》第一条至第三条规定的犯罪行为的，从重处罚。
六、关于一罪与数罪问题
行为人的犯罪行为同时构成生产、销售伪劣产品罪、销售假冒注册商标的商品罪、非法经营罪等罪的，依照处罚较重的规定定罪处罚。
七、关于窝藏、转移非法制售的烟草制品行为的定罪处罚问题
明知是非法制售的烟草制品而予以窝藏、转移的，依照刑法第三百一十二条的规定，以窝藏、转移赃物罪定罪处罚。
八、关于以暴力、威胁方法阻碍烟草专卖执法人员依法执行职务行为的定罪处罚问题
以暴力、威胁方法阻碍烟草专卖执法人员依法执行职务的，依照刑法第二百七十七条的规定，以妨害公务罪定罪处罚。
九、关于煽动群众暴力抗拒烟草专卖法律实施行为的定罪处罚问题
煽动群众暴力抗拒烟草专卖法律实施的，依照刑法第二百七十八条的规定，以煽动暴力抗拒法律实施罪定罪处罚。
十、关于鉴定问题
假冒伪劣烟草制品的鉴定工作，由国家烟草专卖行政主管部门授权的省级以上烟草产品质量监督检验机构，按照国家烟草专卖局制定的假冒伪劣卷烟鉴别检验管理办法和假冒伪劣卷烟鉴别检验规程等有关规定进行。
假冒伪劣烟草专用机械的鉴定由国家质量监督部门，或其委托的国家烟草质量监督检验中心，根据烟草行业的有关技术标准进行。
十一、关于烟草制品、卷烟的范围
本纪要所称烟草制品指卷烟、雪茄烟、烟丝、复烤烟叶、烟叶、卷烟纸、滤嘴棒、烟用丝束。
本纪要所称卷烟包括散支烟和成品烟。 |

公安部、海关总署《关于加强知识产权执法协作的暂行规定》
（2006年3月24日，公通字〔2006〕33号）

第一条 为严厉打击侵犯知识产权犯罪活动，加强公安机关和海关在保护知识产权方面的联系配合，根据有关法律和行政法规以及最高人民法院、最高人民检察院《关于办理侵犯知识产权刑事案件具体应用法律若干问题的解释》（以下简称《司法解释》），制定本规定。

第二条 公安机关和海关应当充分认识到打击侵犯知识产权犯罪活动对维护市场经济秩序、促进国家经济发展和社会进步方面的重要意义，切实加强协调配合，实现海关知识产权行政执法与公安机关知识产权刑事执法的有效衔接，严厉打击侵犯知识产权犯罪活动。

第三条 双方在打击侵犯知识产权犯罪工作的衔接配合，由公安机关经济犯罪侦查部门和海关法规部门归口管理。联系配合工作涉及公安机关和海关内部其他部门的，由双方各自负责协调。

公安部经济犯罪侦查局（以下简称经侦局）和海关总署政策法规司（以下简称政法司）负责全国范围内公安机关和海关联系配合工作的协调和指导工作。

第四条 公安机关和海关应当进行经常性磋商并建立联席会议制度。经侦局和政法司应当每年召开一次联席会议。如遇重大、紧急情况或需联合部署重要工作，也可临时召开联席会议。

联席会议的主要内容应当包括：

（一）回顾衔接配合工作情况，制定工作措施和计划；

（二）组织打击侵犯知识产权犯罪的行动，研究重大案件的联系配合工作；

（三）组织执法经验交流和其他相关活动。

双方认为必要时，可以邀请其他有关部门参加联席会议。

第五条 海关在执法过程中，发现重大侵犯知识产权案件线索，应当及时向公安机关通报。案件线索原则上应当由各直属海关向当地同级公安机关进行通报。但是，经双方协商同意，也可以由直属海关或者隶属海关向当地公安机关通报。

海关在向公安机关通报犯罪案件线索时，发现当事人可能转移侵权嫌疑货物或物品或有其他必须当场处理之情形时，可以依照《知识产权海关保护条例》的规定扣留有关货物和物品。发现当事人可能逃逸的，应及时通知公安机关。

第六条 海关根据本规定第五条向公安机关通报的案件线索，应当包括以下内容：

（一）进出口货物经营单位、收（发）货单位、进出境旅客、邮递物品寄件人或者收件人（以下统称"当事人"）的名称或者姓名、注册地址或者国籍；

（二）侵权嫌疑货物或者物品的品名、数量、已知的价值、申报日期或者海关查验日期；

（三）涉嫌侵犯的知识产权名称和注册号、知识产权权利人名称或者姓名、联系人和联系方式；

（四）其他应当提供的情况。

第七条 海关向公安机关通报侵权嫌疑货物或者物品的情况，原则上应当采取书面形式。如情况紧急，也可予以口头通报。

海关向公安机关通报侵权嫌疑货物或者物品的情况，应当随附货物和物品清单以及进出口货物报关单、合同、发票、装箱单等报关单证的复印件。对公安机关要求提供其他有关文件或者到场查看货物和提取货样的，海关应当予以协助。

第八条 对海关通报的侵权嫌疑货物或者物品的情况，公安机关应当在收到海关书面通报后10个工作日决定是否对海关通报的当事人进行立案侦查并书面通知海关。对于海关移送的涉嫌构成犯罪的案件，公安机关应当在受理的3个工作日内决定是否立案侦查。

公安机关认为必要时，可以与海关就通报的案件情况进行磋商。

相关执法参考	相关法律法规（5）	第九条　对公安机关决定对当事人进行立案侦查的，海关应当在收到公安机关的立案通知后3个工作日内向公安机关移交有关货物或者物品。 　　公安机关经过侦查，认为当事人没有犯罪事实、或者犯罪事实显著轻微，不需要追究刑事责任的，应当向海关退还有关货物或者物品。 　　第十条　对于工作中发现的重大案件线索，公安机关、海关可以召开临时联席会议，必要时邀请其他执法机关代表参加，共同会商、研究案情和决定打击对策，开展联合打击工作。 　　联合打击工作应以"精确打击"和"全程打击"为方针，采取协同作战的方式，查明涉及的生产、销售以及进出口等各个环节的策划者、组织者、参与者，摧毁整个犯罪网络。 　　"重大案件"指社会危害巨大、社会反映强烈、涉案价值较大、涉及跨国跨境犯罪团伙或其他双方认为应联合打击的案件。 　　第十一条　有以下情形之一的，海关应当根据《知识产权海关保护条例》和《海关行政处罚实施条例》的有关规定，对有关当事人进出口侵权货物的行为进行调查处理： 　　（一）公安机关审查后认为没有犯罪事实决定不对当事人立案侦查的； 　　（二）公安机关未在本规定第八条规定的十个工作日内予以回复的； 　　（三）公安机关立案后认为不需要追究当事人刑事责任并向海关退还有关货物或者物品的。 　　第十二条　公安机关对其他涉嫌侵犯知识产权犯罪案件进行侦查，需要海关协助监控进出口货物或者进出境物品、提供有关报关单证或者查询统计信息的，海关应当予以协助。 　　第十三条　公安机关和海关还应当在以下领域开展合作： 　　（一）组织相关执法培训和开展相关宣传活动； 　　（二）与知识产权权利人开展合作； 　　（三）共同参与国际执法合作和交流； 　　（四）其他双方认为需要合作的事项。 　　第十四条　本规定由公安部、海关总署负责解释。 　　第十五条　本规定自印发之日起施行。

十三、非法制造、销售非法制造的注册商标标识罪

罪名	非法制造、销售非法制造的注册商标标识罪（《刑法》第215条）	
概念	非法制造、销售非法制造的注册商标标识罪，是指违反商标管理法规，伪造、擅自制造他人的注册商标标识或者销售伪造、擅自制造的注册商标标识，情节严重的行为。	
犯罪构成	客体	本罪侵犯的客体是双重客体，即国家商标管理制度和他人注册商标的专用权。商标标识的基本作用在于生产者、经营者以此来区别各自的商品商标标识，通过标明自己的商品来引导认牌消费，是商标专用权的表现形式和重要体现。商标法不仅规定了商标注册的申请制度、商标注册的审查和核准制度，还规定了注册商标的续展、变更、转让和使用许可等保障制度。实施有关他人的注册商标标识的伪造、擅自制造或者销售行为，必然侵害了国家的商标管理制度和他人注册商标的专用权。 本罪的犯罪对象是他人已经注册的商标标识。所谓商标标识，是指与商品配套一同进入流通领域的带有商标的有形载体，包括注册商标标识和未注册商标标识。其中的注册商标标识，是指附有商标图样、商标注册标记、"注册商标"字样、注册商标标志、核准注册的名称等的物质载体，如商标纸、商标片、商标织带等。它是表明注册商标的商品显著特征的识别标志，包括：（1）在商品上或者商品包装、说明书以及其他附着物上所标明的"注册商标"字样或者注册商标标识以及注册标记；（2）在商品或者包装物上印制的注册商标图形，即注册商标的文字、字母、图形及其组合图样；（3）经商标局核准注册或能起到商标作用的商品特定名称及外观装潢部分。未注册商标标识，不能构成本罪之对象。成为本罪犯罪对象的必须是他人的商标标识，如果是自己的商标标识，则不存在伪造或擅自制造的可能。另外，如果商标超过有效期限或因其他原因而被注销，其标识也不能构成本罪之对象。
	客观方面	本罪在客观方面表现为违反商标管理法规，伪造、擅自制造他人注册商标标识或者销售伪造、擅自制造的注册商标标识，情节严重之行为。具体来讲，本罪的客观方面包括以下三点： 1. 行为违反商标管理法规。我国《商标法》全面规定了以商标及商标标识为商标专用权重要内容的保护管理制度。例如，该法中有关侵害注册商标专用权的条款即第57条明确规定，伪造、擅自制造他人注册商标标识或者销售伪造、擅自制造的注册商标标识的属于侵犯注册商标专用权。再如，该法第67条还明确规定，伪造、擅自制造他人注册商标标识或者销售伪造、擅自制造的注册商标标识，构成犯罪的，除赔偿被侵权人的损失外，依法追究刑事责任。《商标法实施条例》第63条规定，使用注册商标，可以在商品、商品包装、说明书或者其他附着物上标明"注册商标"或者注册标记。注册标记包括 ⓝ 和 ®。使用注册标记，应当标注在商标的右上角或者右下角。伪造、擅自制造他人注册商标标识或者销售伪造、擅自制造的商标标识的行为，必然违反上述规定，这是本罪成立的前提性条件。如果没有违反商标管理法规，即使有伪造、擅自制造销售的行为，也不能以本罪论处。如伪造、擅自制造的是未经注册的商标标识或虽经注册但已超过有效期限的商标标识，或者销售的不是伪造的或擅自制造的，而是销售自己的商标标识或者他人真实的注册商标标识的，均不构成本罪。 2. 行为人实施了伪造、擅自制造他人注册商标标识或者销售伪造、擅自制造的注册商标标识的行为。所谓伪造，是指无权制作他人注册商标，即未经县级以上工商行政管理机关批准而获得指定印制商标单位的资格的单位或个人，或者未经注册商标所有人的合法

· 375 ·

犯罪构成	客观方面	许可、委托或授权，私自仿照他人注册商标标识的式样、文字、图形及组合、形态、色彩、质地、特征及制作技术等制作与他人注册商标标识相同的商标标识，或者非商标所有权人，委托他人包括有权印制商标的单位或个人为自己非法制造他人注册商标标识的行为。所谓擅自制造，是指依法经过批准有权印制商标的单位及个人，未经商标所有权人委托，制造与其注册商标标识相同的商标标识，或者虽受注册商标所有人的委托授权，但违反委托合同的规定，任意超量印制商标标识的行为。尽管伪造他人注册商标标识和擅自制造他人注册商标标识实际上均是未获他人授权而私自制造。但伪造他人注册商标标识的是伪造全数均是未取得商标专有权人委托而私自制造，而擅自制造是超出部分属于未获商标专有权人委托而私自制造。商标专有权人的委托一般有时间、数量上的限制，超出委托时间和委托数量制造的均属于擅自制造。因此，判断是否构成伪造的关键在于判断是否获得商标专有权人的委托授权，未获授权的均属于伪造。可见，伪造的本质是非法制造假标，而擅自制造的本质在于非法制造超量真标。获得授权印制的，即使是不具有商标印制资格的主体也不构成本罪，仅属于行政违法。伪造、擅自制造他人商标标识的表现形式多种多样，包括印刷、印染、制版、刻字、织字、晒蚀、印铁、铸模、冲压、烫版、贴花等各种工艺活动。所谓销售，是指出售、兜售或者转手倒卖伪造的或者擅自制造的他人注册商标标识的行为。如果属于无偿的赠送，不能构成本罪；如果购买他人注册商标标识自用而不销售的，则不属于销售行为，也不构成本罪。这里的销售包括两种情况：一是非注册商标所有人销售、倒卖注册商标标识，一般指非法伪造、擅自制造他人注册商标标识的单位和个人，销售、倒卖伪造、擅自制造的他人注册商标标识。即有偿转让前述非法制造的注册商标标识，包括批发、零售、内部销售等各种销售方式。二是注册商标所有人非法出售他人已经注册商标标识的，该行为违反商标法的规定，具有非法转让的性质。对于销售行为，只有销售属于伪造或擅自制造的注册商标标识的，才可能构成本罪。如果销售的不是伪造的或擅自制造的，如销售自己的商标标识或者他人真实的注册商标标识，就不构成本罪。 3. 伪造、擅自制造或者非法销售行为必须达到情节严重的，才能构成本罪。本罪属于情节犯，如果仅是只有伪造、擅自制造或者非法销售等行为，但没有达到情节严重之程度，亦不能构成本罪。根据有关司法解释规定，这里的情节严重包括：伪造、擅自制造他人注册商标标识或者销售伪造、擅自制造的注册商标标识数量在2万件以上，或者非法经营数额在5万元以上，或者违法所得数额在3万元以上的；伪造、擅自制造他人注册商标标识或者销售伪造、擅自制造两种以上注册商标标识数量在1万件以上，或者非法经营数额在3万元以上，或者违法所得数额在2万元以上的；其他情节严重的情形。例如，自2004年至2009年，被告人刘某先后贩卖给杨××假冒"卫群"牌食盐的包装袋2万枚、假冒"南德"牌包装袋2000余枚、假冒"莲花"牌味精包装袋五千余枚。2009年6月1日，在郑州市杨槐村吉祥花园1单元2楼被告人刘天芳家中，郑州市盐业管理局查获用于生产加工假冒"卫群"牌食盐所用的假冒"卫群"牌食盐的真假包装袋样品4枚（真假各2枚），以及制作假冒小包装食盐袋子的要求的记录纸。法院以销售非法制造的注册商标标识罪，判处被告人刘某有期徒刑6个月，并处罚金人民币1万元。
	主体	本罪的主体是一般主体，自然人和单位都可构成本罪。就自然人而言，只要行为人达到了16周岁以上法定刑事责任年龄，具有刑事责任能力，实施了非法制造、销售非法制造的注册商标标识的行为，即可构成犯罪。就单位而言，单位实施了非法制造、销售非法制造的注册商标标识的行为，构成犯罪的，实行双罚制，即对单位判处罚金，对直接负责的主管人员和其他直接责任人员依法追究刑事责任。单位既可以是法人，也可以是非法人；个人既包括持有工商营业执照的个体工商户，也包括没有营业执照的其他个人。

犯罪构成	主观方面	本罪主观方面表现为故意，即行为人明知自己非法制造的是他人的注册商标标识而故意制造或明知自己销售的是非法制造的注册商标标识而故意销售的心理态度。过失不能构成本罪。如印制单位受意欲伪造或擅自制造他人注册商标标识的行为人的欺骗、蒙蔽，不知是他人注册商标标识而印制的，就不构成本罪。如果行为人不知道自己印制的是他人的注册商标标识，或者不知道自己超出了委托人约定的数额制造，则不构成本罪。如果不知是他人伪造、擅自制造的注册商标标识而予以销售的，也不构成本罪。一般情况下，行为人都具有获利的目的或者意图，也可出于不正当竞争等其他动机，对此法律均无特别要求。因此，不论是出于什么目的或动机，均不影响本罪的构成。
认定标准	刑罚标准	1. 犯本罪的，处3年以下有期徒刑，并处或者单处罚金； 2. 情节特别严重的，处3年以上10年以下有期徒刑，并处罚金； 3. 单位犯本罪的，对单位判处罚金，并对其直接负责的主管人员和其他直接责任人员，依照上述规定处罚。 本罪为情节犯，伪造、擅自制造或者非法销售他人注册商标标识的行为必须达到情节严重的，即构成本罪，适用第一档量刑条款。根据司法解释规定，这里的情节严重包括：伪造、擅自制造他人注册商标标识或者销售伪造、擅自制造的注册商标标识数量在2万件以上，或者非法经营数额在5万元以上，或者违法所得数额在3万元以上的；伪造、擅自制造他人注册商标标识或者销售伪造、擅自制造两种以上注册商标标识数量在1万件以上，或者非法经营数额在3万元以上，或者违法所得数额在2万元以上的；其他情节严重的情形。 构成本罪，并具备情节特别严重的，适用第二档量刑条款。根据有关司法解释规定，这里的情节特别严重包括：伪造、擅自制造或者销售伪造、擅自制造的注册商标标识数量在10万件以上，或者非法经营数额在25万元以上，或者违法所得数额在15万元以上的；伪造、擅自制造或者销售伪造、擅自制造两种以上注册商标标识数量在5万件以上，或者非法经营数额在15万元以上，或者违法所得数额在10万元以上的；其他情节特别严重的情形。 对于单位实施本罪，应当根据2007年"两高"有关司法解释的规定，单位实施刑法第213条至第219条规定的行为，按照相应个人犯罪的定罪量刑标准定罪处罚。
	本罪与非罪的区别	1. 看客体是否被侵害。本罪侵犯的客体是国家商标管理制度和他人的注册商标专用权。对于行为没有侵犯到注册商标的专用权，则不存在客体被侵犯的情况。如行为人伪造了没有注册的、根本不存在的"注册商标标识"，尽管实施了相关伪造、擅自制造或者销售的行为，但实际上没有侵犯到任何人的注册商标的专用权，就不可能构成本罪。再如从注册商标所有人手中低价买进其注册商标标识，然后又转手高价卖出，对这种非法销售行为也不宜以本罪论处。因为注册商标所有人既然出卖了注册商标标识，也就意味着其放弃了注册商标的专用权，因而不存在侵犯注册商标专用权的问题，从而也就不可能构成本罪。上述相关行为只能作为一般违法行为予以论处。 2. 看行为对象。本罪的犯罪对象必须是他人已经注册的商标标识。如果不是他人已经注册的商标标识而伪造、擅自制造或者销售的，则不构成本罪。如果是注册商标所有人销售自己的注册商标标识，这虽然也是违反商标法的行为，但由于这种行为未侵犯他人的注册商标专用权，因而不能构成本罪。 3. 从犯罪手段上看，非法制造、销售非法制造的驰名商标标识的，属于情节严重。利用贿赂等非法手段推销非法制造的注册商标标识的，属于情节严重。对于情节不严重的，不构成犯罪，属于民事侵权行为，应当由有关工商行政管理部门依照商标法第39条的规定，责令被侵权人立即停止侵权行为、赔偿损失或者处以罚款。被侵权人也可以直接向人民法院起诉。 4. 看主观罪过内容。本罪只能主观出于故意才能成立犯罪；如果出于过失，则不能成立本罪。如不知是他人伪造、擅自制造的注册商标标识而予以销售的，则不构成本罪。

认定标准	本罪罪名和罪数的认定	本罪是选择性罪名，可根据行为方式的不同，分别确定不同的罪名。在具体适用时，可以根据具体实施的行为类型确定相应罪名，如"非法制造注册商标标识罪""销售非法制造的注册商标标识罪"，或者"非法制造、销售非法制造的注册商标标识罪"。例如，2006年3月，被告人骆幸福伙同温州人"胡老板"（另案处理）为了牟取非法利益，合伙生产假冒"邦迪"牌创可贴，由"胡老板"提供加工生产创可贴的机器设备和原材料，被告人骆幸福租用义乌市苏溪镇马丁村金东芳家和苏溪镇义北驾校对面的房屋作厂房，非法印制"邦迪"牌商标和生产假冒"邦迪"牌创可贴。2006年8月28日被义乌市工商局查获，义乌市公安局扣押到"邦迪"牌、"BAND-AID"注册商标标识的创可贴小外包装纸264万只，已加工成品"邦迪"牌创可贴48000只。法院认为，被告人骆幸福违反国家商标法规，伪造他人注册商标标识，情节特别严重，其行为已构成非法制造注册商标标识罪，判处被告人骆幸福有期徒刑4年，并处罚金人民币5万元。 行为人既非法制造他人注册商标标识，又将此商标标识用于假冒他人注册商标的商品上，从刑法理论上讲，属牵连犯，只定一重罪名。如果仅是非法制造或者销售非法制造的注册商标标识的，则构成本罪。行为人实施本罪，同时构成生产、销售伪劣商品犯罪的，依照本罪与生产、销售伪劣商品犯罪中处罚较重的规定定罪处罚。
	本罪共犯的认定	明知他人实施本罪，而为其提供贷款、资金、账号、发票、证明、许可证件，或者提供生产、经营场所或者运输、储存、代理进出口等便利条件、帮助的，以本罪的共犯论处。包括明知他人实施本罪，而为其提供生产、制造侵权产品的主要原材料、辅助材料、半成品、包装材料、机械设备、标签标识、生产技术、配方等帮助，或者提供互联网接入、服务器托管、网络存储空间、通信传输通道、代收费、费用结算等服务的，均以本罪的共犯论处。如果印制单位知道行为人的意图，而出于某种目的，故意伪造或擅自制造的，只构成本罪；如果事先通谋，则构成本罪共犯。如果销售者和伪造、擅自制造者出于共同故意，事先通谋，事后由其帮助销售伪造或擅自制造的他人注册商标标识的，此时销售行为属于伪造、擅自制造行为的一部分，为非法制造注册商标标识罪的共犯，对销售者不以销售非法制造的注册商标标识罪独立定罪。
	此罪与彼罪的区别（1）	本罪与生产、销售伪劣商品罪的区别。 生产、销售伪劣产品罪，是指生产者、销售者在产品中掺杂、掺假，以假充真、以次充好或者以不合格产品冒充合格产品，销售金额达5万元以上的行为。两罪主要区别有： 1. 犯罪客体不同。本罪属于双重客体，既侵犯了国家商标管理制度，又侵犯了他人的注册商标专用权。后罪属于单一客体，侵害的是国家有关产品质量管理制度。 2. 犯罪对象有所不同。本罪的对象是他人已经注册的商标标识。后罪的对象为一切伪劣产品。 对于伪造、擅自制造他人注册商标标识或者销售伪造、擅自制造的商标标识的商品又是伪劣产品的，应当从一重罪定罪处，即以刑罚较重的生产、销售伪劣产品罪定罪量刑。
	此罪与彼罪的区别（2）	本罪与假冒注册商标罪的区别。 假冒注册商标罪，是指违反国家商标管理法规，未经注册商标所有人许可，在同一种商品上使用与其注册商标相同的商标，情节严重的行为。两罪在犯罪客体、犯罪主体、犯罪主观方面具有共同性和关联的情形。两罪区别主要在于： 1. 犯罪对象不同。本罪的对象是他人已经注册的商标标识。后罪的犯罪对象是他人已经注册有效的商品商标。 2. 犯罪客观方面行为表现不同。本罪在客观方面主要表现为伪造、擅自制造他人注册商标标识或者销售伪造、擅自制造的商标标识的行为。关联要素是伪造，即非法制造、销售非法制造的注册商标标识；对于行为人是否将伪造的商标标识用于注册商标所有人注册的同一种商品上，不影响本罪的成立。而后罪在客观方面主要表现为未经注册商标所有人许可，在同一种商品上使用与其注册商标相同的商标的行为。关联要素在于假冒，即生

认定标准	此罪与彼罪的区别（2）	产和制造擅自使用他人的注册商标的商品；对于行为人是否自己制造商标标识，不影响后罪的成立。 　　在实践中，两罪也存在关联的情形。如果行为人实施了非法制造他人注册商标标识的行为，又实施了将非法制造的他人注册商标标识销售出去的行为，则直接按本罪即非法制造、销售非法制造的商标标识罪论处。如果行为人自己非法制造出的他人注册商标标识直接用于自己的商品上，又实施了假冒注册商标所有人的同种商品出售的行为。或者说行为人要在同一种商品上使用与他人注册商标相同的商标，先要取得他人注册商标标识，然后再附着于商品或其包装之上，行为人取得他人注册商标标识的主要途径就是非法制造，而非法制造他人注册商标标识则成为假冒他人注册商标的准备行为。可见，这里行为人实施的两个行为存在着预备行为与实行行为的关系。所以，按实行行为吸收预备行为原则，应按假冒注册商标罪论处，不能按本罪论处，更不能实行数罪并罚。
	此罪与彼罪的区别（3）	本罪与销售假冒注册商标的商品罪的区别。 　　销售假冒注册商标的商品罪属于假冒注册商标罪的下游犯罪，本罪与销售假冒注册商标的商品罪存在一定的联系。两罪区别主要在于： 　　1. 犯罪对象不同。本罪的犯罪对象是他人已经注册的商标标识。后罪的犯罪对象是假冒他人注册商标的商品。 　　2. 犯罪客观方面行为表现不同。本罪表现为非法制造他人注册商标标识或销售非法制造的注册商标标识的行为。而后罪表现为销售假冒注册商标商品的行为。 　　如果行为人既实施非法印制他人注册商标的标识行为，又实施将之非法使用在与注册商标所有人相同的商品上的行为，再实施销售行为，那么行为人实际实施了三个行为。由于实施非法制造他人注册商标标识的行为是为了实施假冒注册商标行为，最终的目的是通过实施销售而获取利润，因此，三个行为分别触犯了非法制造他人注册商标标识罪、假冒注册商标罪、销售假冒注册商标的商品罪三个罪名。三罪依次构成目的手段牵连犯和原因结果牵连犯，理应从一重罪处罚，但三罪法定刑幅度相同，无法从一重罪处罚，鉴于假冒注册商标的行为在其中居于核心地位，可按假冒注册商标罪定性，但量刑时应当酌情把其他两种行为加以考虑。
相关执法参考	刑法	中华人民共和国刑法（节录） 　　（1979年7月1日第五届全国人民代表大会第二次会议通过，1997年3月14日第八届全国人民代表大会第五次会议修订，已先后被1999年12月25日《中华人民共和国刑法修正案》、2001年8月31日《中华人民共和国刑法修正案（二）》、2001年12月29日《中华人民共和国刑法修正案（三）》、2002年12月28日《中华人民共和国刑法修正案（四）》、2005年2月28日《中华人民共和国刑法修正案（五）》、2006年6月29日《中华人民共和国刑法修正案（六）》、2009年2月28日《中华人民共和国刑法修正案（七）》、2009年8月27日《全国人民代表大会常务委员会关于修改部分法律的决定》、2011年2月25日《中华人民共和国刑法修正案（八）》、2015年8月29日《中华人民共和国刑法修正案（九）》、2017年11月4日《中华人民共和国刑法修正案（十）》、2020年12月26日《中华人民共和国刑法修正案（十一）》修改或修正） 　　第二百一十五条　伪造、擅自制造他人注册商标标识或者销售伪造、擅自制造的注册商标标识，情节严重的，处三年以下有期徒刑，并处或者单处罚金；情节特别严重的，处三年以上十年以下有期徒刑，并处罚金。

相关执法参考	相关法律法规（1）	最高人民法院、最高人民检察院《关于办理侵犯知识产权刑事案件具体应用法律若干问题的解释（二）》（节录） （2007年4月4日最高人民法院审判委员会第1422次会议、最高人民检察院第十届检察委员会第75次会议通过，自2007年4月5日起施行，法释〔2007〕6号） 为维护社会主义市场经济秩序，依法惩治侵犯知识产权犯罪活动，根据刑法、刑事诉讼法有关规定，现就办理侵犯知识产权刑事案件具体应用法律的若干问题解释如下： 第三条　侵犯知识产权犯罪，符合刑法规定的缓刑条件的，依法适用缓刑。有下列情形之一的，一般不适用缓刑： （一）因侵犯知识产权被刑事处罚或者行政处罚后，再次侵犯知识产权构成犯罪的； （二）不具有悔罪表现的； （三）拒不交出违法所得的； （四）其他不宜适用缓刑的情形。 第四条　对于侵犯知识产权犯罪的，人民法院应当综合考虑犯罪的违法所得、非法经营数额、给权利人造成的损失、社会危害性等情节，依法判处罚金。罚金数额一般在违法所得的一倍以上五倍以下，或者按照非法经营数额的50%以上一倍以下确定。 第五条　被害人有证据证明的侵犯知识产权刑事案件，直接向人民法院起诉的，人民法院应当依法受理；严重危害社会秩序和国家利益的侵犯知识产权刑事案件，由人民检察院依法提起公诉。 第六条　单位实施刑法第二百一十三条至第二百一十九条规定的行为，按照《最高人民法院、最高人民检察院关于办理侵犯知识产权刑事案件具体应用法律若干问题的解释》和本解释规定的相应个人犯罪的定罪量刑标准定罪处罚。 第七条　以前发布的司法解释与本解释不一致的，以本解释为准。
	相关法律法规（2）	最高人民法院、最高人民检察院《关于办理侵犯知识产权刑事案件具体应用法律若干问题的解释》（节录） （2004年11月2日最高人民法院审判委员会第1331次会议、2004年11月11日最高人民检察院第十届检察委员会第28次会议通过，自2004年12月22日起施行，法释〔2004〕19号） 为依法惩治侵犯知识产权犯罪活动，维护社会主义市场经济秩序，根据刑法有关规定，现就办理侵犯知识产权刑事案件具体应用法律的若干问题解释如下： 第三条　伪造、擅自制造他人注册商标标识或者销售伪造、擅自制造的注册商标标识，具有下列情形之一的，属于刑法第二百一十五条规定的"情节严重"，应当以非法制造、销售非法制造的注册商标标识罪判处三年以下有期徒刑、拘役或者管制，并处或者单处罚金： （一）伪造、擅自制造或者销售伪造、擅自制造的注册商标标识数量在二万件以上，或者非法经营数额在五万元以上，或者违法所得数额在三万元以上的； （二）伪造、擅自制造或者销售伪造、擅自制造两种以上注册商标标识数量在一万件以上，或者非法经营数额在三万元以上，或者违法所得数额在二万元以上的； （三）其他情节严重的情形。 具有下列情形之一的，属于刑法第二百一十五条规定的"情节特别严重"，应当以非法制造、销售非法制造的注册商标标识罪判处三年以上七年以下有期徒刑，并处罚金： （一）伪造、擅自制造或者销售伪造、擅自制造的注册商标标识数量在十万件以上，或者非法经营数额在二十五万元以上，或者违法所得数额在十五万元以上的； （二）伪造、擅自制造或者销售伪造、擅自制造两种以上注册商标标识数量在五万件以上，或者非法经营数额在十五万元以上，或者违法所得数额在十万元以上的； （三）其他情节特别严重的情形。

相关法律法规（2）	第十二条　本解释所称"非法经营数额"，是指行为人在实施侵犯知识产权行为过程中，制造、储存、运输、销售侵权产品的价值。已销售的侵权产品的价值，按照实际销售的价格计算。制造、储存、运输和未销售的侵权产品的价值，按照标价或者已经查清的侵权产品的实际销售平均价格计算。侵权产品没有标价或者无法查清其实际销售价格的，按照被侵权产品的市场中间价格计算。 多次实施侵犯知识产权行为，未经行政处理或者刑事处罚的，非法经营数额、违法所得数额或者销售金额累计计算。 本解释第三条所规定的"件"，是指标有完整商标图样的一份标识。 第十五条　单位实施刑法第二百一十三条至第二百一十九条规定的行为，按照本解释规定的相应个人犯罪的定罪量刑标准的三倍定罪量刑。 第十六条　明知他人实施侵犯知识产权犯罪，而为其提供贷款、资金、账号、发票、证明、许可证件，或者提供生产、经营场所或者运输、储存、代理进出口等便利条件、帮助的，以侵犯知识产权犯罪的共犯论处。 第十七条　以前发布的有关侵犯知识产权犯罪的司法解释，与本解释相抵触的，自本解释施行后不再适用。
相关执法参考 相关法律法规（3）	最高人民法院、最高人民检察院、公安部《关于办理侵犯知识产权刑事案件适用法律若干问题的意见》（节录） （2011年1月10日，法发〔2011〕3号） 为解决近年来公安机关、人民检察院、人民法院在办理侵犯知识产权刑事案件中遇到的新情况、新问题，依法惩治侵犯知识产权犯罪活动，维护社会主义市场经济秩序，根据刑法、刑事诉讼法及有关司法解释的规定，结合侦查、起诉、审判实践，制定本意见。 一、关于侵犯知识产权犯罪案件的管辖问题 侵犯知识产权犯罪案件由犯罪地公安机关立案侦查。必要时，可以由犯罪嫌疑人居住地公安机关立案侦查。侵犯知识产权犯罪案件的犯罪地，包括侵权产品制造地、储存地、运输地、销售地，传播侵权作品、销售侵权产品的网站服务器所在地、网络接入地、网站建立者或者管理者所在地，侵权作品上传者所在地，权利人受到实际侵害的犯罪结果发生地。对有多个侵犯知识产权犯罪地的，由最初受理的公安机关或者主要犯罪地公安机关管辖。多个侵犯知识产权犯罪地的公安机关对管辖有争议的，由共同的上级公安机关指定管辖，需要提请批准逮捕、移送审查起诉、提起公诉的，由该公安机关所在地的同级人民检察院、人民法院受理。 对于不同犯罪嫌疑人、犯罪团伙跨地区实施的涉及同一批侵权产品的制造、储存、运输、销售等侵犯知识产权犯罪行为，符合并案处理要求的，有关公安机关可以一并立案侦查，需要提请批准逮捕、移送审查起诉、提起公诉的，由该公安机关所在地的同级人民检察院、人民法院受理。 二、关于办理侵犯知识产权刑事案件中行政执法部门收集、调取证据的效力问题 行政执法部门依法收集、调取、制作的物证、书证、视听资料、检验报告、鉴定结论、勘验笔录、现场笔录，经公安机关、人民检察院审查，人民法院庭审质证确认，可以作为刑事证据使用。 行政执法部门制作的证人证言、当事人陈述等调查笔录，公安机关认为有必要作为刑事证据使用的，应当依法重新收集、制作。 三、关于办理侵犯知识产权刑事案件的抽样取证问题和委托鉴定问题 公安机关在办理侵犯知识产权刑事案件时，可以根据工作需要抽样取证，或者商请同级行政执法部门、有关检验机构协助抽样取证。法律、法规对抽样机构或者抽样方法有规定的，应当委托规定的机构并按照规定方法抽取样品。 公安机关、人民检察院、人民法院在办理侵犯知识产权刑事案件时，对于需要鉴定的

| 相关执法参考 | 相关法律法规（3） | 事项，应当委托国家认可的有鉴定资质的鉴定机构进行鉴定。
公安机关、人民检察院、人民法院应当对鉴定结论进行审查，听取权利人、犯罪嫌疑人、被告人对鉴定结论的意见，可以要求鉴定机构作出相应说明。
四、关于侵犯知识产权犯罪自诉案件的证据收集问题
人民法院依法受理侵犯知识产权刑事自诉案件，对于当事人因客观原因不能取得的证据，在提起自诉时能够提供有关线索，申请人民法院调取的，人民法院应当依法调取。
八、关于销售假冒注册商标的商品犯罪案件中尚未销售或者部分销售情形的定罪量刑问题
销售明知是假冒注册商标的商品，具有下列情形之一的，依照刑法第二百一十四条的规定，以销售假冒注册商标的商品罪（未遂）定罪处罚：
（一）假冒注册商标的商品尚未销售，货值金额在十五万元以上的；
（二）假冒注册商标的商品部分销售，已销售金额不满五万元，但与尚未销售的假冒注册商标的商品的货值金额合计在十五万元以上的。
假冒注册商标的商品尚未销售，货值金额分别达到十五万元以上不满二十五万元、二十五万元以上的，分别依照刑法第二百一十四条规定的各法定刑幅度定罪处罚。
销售金额和未销售货值金额分别达到不同的法定刑幅度或者均达到同一法定刑幅度的，在处罚较重的法定刑或者同一法定刑幅度内酌情从重处罚。
九、关于销售他人非法制造的注册商标标识犯罪案件中尚未销售或者部分销售情形的定罪问题
销售他人伪造、擅自制造的注册商标标识，具有下列情形之一的，依照刑法第二百一十五条的规定，以销售非法制造的注册商标标识罪（未遂）定罪处罚：
（一）尚未销售他人伪造、擅自制造的注册商标标识数量在六万件以上的；
（二）尚未销售他人伪造、擅自制造的两种以上注册商标标识数量在三万件以上的；
（三）部分销售他人伪造、擅自制造的注册商标标识，已销售标识数量不满二万件，但与尚未销售标识数量合计在六万件以上的；
（四）部分销售他人伪造、擅自制造的两种以上注册商标标识，已销售标识数量不满一万件，但与尚未销售标识数量合计在三万件以上的。
十四、关于多次实施侵犯知识产权行为累计计算数额问题
依照《最高人民法院、最高人民检察院关于办理侵犯知识产权刑事案件具体应用法律若干问题的解释》第十二条第二款的规定，多次实施侵犯知识产权行为，未经行政处理或者刑事处罚的，非法经营数额、违法所得数额或者销售金额累计计算。
二年内多次实施侵犯知识产权违法行为，未经行政处理，累计数额构成犯罪的，应当依法定罪处罚。实施侵犯知识产权犯罪行为的追诉期限，适用刑法的有关规定，不受前述二年的限制。
十五、关于为他人实施侵犯知识产权犯罪提供原材料、机械设备等行为的定性问题
明知他人实施侵犯知识产权犯罪，而为其提供生产、制造侵权产品的主要原材料、辅助材料、半成品、包装材料、机械设备、标签标识、生产技术、配方等帮助，或者提供互联网接入、服务器托管、网络存储空间、通讯传输通道、代收费、费用结算等服务的，以侵犯知识产权犯罪的共犯论处。
十六、关于侵犯知识产权犯罪竞合的处理问题
行为人实施侵犯知识产权犯罪，同时构成生产、销售伪劣商品犯罪的，依照侵犯知识产权犯罪与生产、销售伪劣商品犯罪中处罚较重的规定定罪处罚。 |

相关执法参考 | 相关法律法规（4）

公安部、海关总署《关于加强知识产权执法协作的暂行规定》
（2006年3月24日，公通字〔2006〕33号）

第一条 为严厉打击侵犯知识产权犯罪活动，加强公安机关和海关在保护知识产权方面的联系配合，根据有关法律和行政法规以及最高人民法院、最高人民检察院《关于办理侵犯知识产权刑事案件具体应用法律若干问题的解释》（以下简称《司法解释》），制定本规定。

第二条 公安机关和海关应当充分认识到打击侵犯知识产权犯罪活动对维护市场经济秩序、促进国家经济发展和社会进步方面的重要意义，切实加强协调配合，实现海关知识产权行政执法与公安机关知识产权刑事执法的有效衔接，严厉打击侵犯知识产权犯罪活动。

第三条 双方在打击侵犯知识产权犯罪工作的衔接配合，由公安机关经济犯罪侦查部门和海关法规部门归口管理。联系配合工作涉及公安机关和海关内部其他部门的，由双方各自负责协调。

公安部经济犯罪侦查局（以下简称经侦局）和海关总署政策法规司（以下简称政法司）负责全国范围内公安机关和海关联系配合工作的协调和指导工作。

第四条 公安机关和海关应当进行经常性磋商并建立联席会议制度。经侦局和政法司应当每年召开一次联席会议。如遇重大、紧急情况或需联合部署重要工作，也可临时召开联席会议。

联席会议的主要内容应当包括：

（一）回顾衔接配合工作情况，制定工作措施和计划；

（二）组织打击侵犯知识产权犯罪的行动，研究重大案件的联系配合工作；

（三）组织执法经验交流和其他相关活动。

双方认为必要时，可以邀请其他有关部门参加联席会议。

第五条 海关在执法过程中，发现重大侵犯知识产权案件线索，应当及时向公安机关通报。案件线索原则上应当由各直属海关向当地同级公安机关进行通报。但是，经双方协商同意，也可以由直属海关或者隶属海关向当地公安机关通报。

海关在向公安机关通报犯罪案件线索时，发现当事人可能转移侵权嫌疑货物或物品或有其他必须当场处理之情形时，可以依照《知识产权海关保护条例》的规定扣留有关货物和物品。发现当事人可能逃逸的，应及时通知公安机关。

第六条 海关根据本规定第五条向公安机关通报的案件线索，应当包括以下内容：

（一）进出口货物经营单位、收（发）货单位、进出境旅客、邮递物品寄件人或者收件人（以下统称"当事人"）的名称或者姓名、注册地址或者国籍；

（二）侵权嫌疑货物或者物品的品名、数量、已知的价值、申报日期或者海关查验日期；

（三）涉嫌侵犯的知识产权名称和注册号、知识产权权利人名称或者姓名、联系人和联系方式；

（四）其他应当提供的情况。

第七条 海关向公安机关通报侵权嫌疑货物或者物品的情况，原则上应当采取书面形式。如情况紧急，也可予以口头通报。

海关向公安机关通报侵权嫌疑货物或者物品的情况，应当随附货物和物品清单以及进出口货物报关单、合同、发票、装箱单等报关单证的复印件。对公安机关要求提供其他有关文件或者到场查看货物和提取货样的，海关应当予以协助。

第八条 对海关通报的侵权嫌疑货物或者物品的情况，公安机关应当在收到海关书面通报后10个工作日决定是否对海关通报的当事人进行立案侦查并书面通知海关。对于海关移送的涉嫌构成犯罪的案件，公安机关应当在受理的3个工作日内决定是否立案侦查。

| 相关执法参考 | 相关法律法规（4） | 公安机关认为必要时，可以与海关就通报的案件情况进行磋商。
第九条　对公安机关决定对当事人进行立案侦查的，海关应当在收到公安机关的立案通知后3个工作日内向公安机关移交有关货物或者物品。
公安机关经过侦查，认为当事人没有犯罪事实、或者犯罪事实显著轻微，不需要追究刑事责任的，应当向海关退还有关货物或者物品。
第十条　对于工作中发现的重大案件线索，公安机关、海关可以召开临时联席会议，必要时邀请其他执法机关代表参加，共同会商、研究案情和决定打击对策，开展联合打击工作。
联合打击工作应以"精确打击"和"全程打击"为方针，采取协同作战的方式，查明涉及的生产、销售以及进出口等各个环节的策划者、组织者、参与者，摧毁整个犯罪网络。
"重大案件"指社会危害巨大、社会反映强烈、涉案价值较大、涉及跨国跨境犯罪团伙或其他双方认为应联合打击的案件。
第十一条　有以下情形之一的，海关应当根据《知识产权海关保护条例》和《海关行政处罚实施条例》的有关规定，对有关当事人进出口侵权货物的行为进行调查处理：
（一）公安机关审查后认为没有犯罪事实决定不对当事人立案侦查的；
（二）公安机关未在本规定第八条规定的10个工作日内予以回复的；
（三）公安机关立案后认为不需要追究当事人刑事责任并向海关退还有关货物或者物品的。
第十二条　公安机关对其他涉嫌侵犯知识产权犯罪案件进行侦查，需要海关协助监控进出口货物或者进出境物品、提供有关报关单证或者查询统计信息的，海关应当予以协助。
第十三条　公安机关和海关还应当在以下领域开展合作：
（一）组织相关执法培训和开展相关宣传活动；
（二）与知识产权权利人开展合作；
（三）共同参与国际执法合作和交流；
（四）其他双方认为需要合作的事项。
第十四条　本规定由公安部、海关总署负责解释。
第十五条　本规定自印发之日起施行。 |
| | 相关法律法规（5） | 《商标法》（节录）
（1982年8月23日第五届全国人民代表大会常务委员会第二十四次会议通过　根据1993年2月22日第七届全国人民代表大会常务委员会第三十次会议《关于修改〈中华人民共和国商标法〉的决定》第一次修正　根据2001年10月27日第九届全国人民代表大会常务委员会第二十四次会议《关于修改〈中华人民共和国商标法〉的决定》第二次修正　根据2013年8月30日第十二届全国人民代表大会常务委员会第四次会议《关于修改〈中华人民共和国商标法〉的决定》第三次修正　根据2019年4月23日第十三届全国人民代表大会常务委员会第十次会议《关于修改〈中华人民共和国建筑法〉等八部法律的决定》第四次修正）
第三条　经商标局核准注册的商标为注册商标，包括商品商标、服务商标和集体商标、证明商标；商标注册人享有商标专用权，受法律保护。
本法所称集体商标，是指以团体、协会或者其他组织名义注册，供该组织成员在商事活动中使用，以表明使用者在该组织中的成员资格的标志。
本法所称证明商标，是指由对某种商品或者服务具有监督能力的组织所控制，而由该组织以外的单位或者个人使用于其商品或者服务，用以证明该商品或者服务的原产地、原料、制造方法、质量或者其他特定品质的标志。
集体商标、证明商标注册和管理的特殊事项，由国务院工商行政管理部门规定。
第四条　自然人、法人或者其他组织在生产经营活动中，对其商品或者服务需要取得 |

| 相关执法参考 | 相关法律法规（5） | 商标专用权的，应当向商标局申请商标注册。不以使用为目的的恶意商标注册申请，应当予以驳回。
本法有关商品商标的规定，适用于服务商标。
第五十六条 注册商标的专用权，以核准注册的商标和核定使用的商品为限。
第五十七条 有下列行为之一的，均属侵犯注册商标专用权：
（一）未经商标注册人的许可，在同一种商品上使用与其注册商标相同的商标的；
（二）未经商标注册人的许可，在同一种商品上使用与其注册商标近似的商标，或者在类似商品上使用与其注册商标相同或者近似的商标，容易导致混淆的；
（三）销售侵犯注册商标专用权的商品的；
（四）伪造、擅自制造他人注册商标标识或者销售伪造、擅自制造的注册商标标识的；
（五）未经商标注册人同意，更换其注册商标并将该更换商标的商品又投入市场的；
（六）故意为侵犯他人商标专用权行为提供便利条件，帮助他人实施侵犯商标专用权行为的；
（七）给他人的注册商标专用权造成其他损害的。
第五十八条 将他人注册商标、未注册的驰名商标作为企业名称中的字号使用，误导公众，构成不正当竞争行为的，依照《中华人民共和国反不正当竞争法》处理。
第五十九条 注册商标中含有的本商品的通用名称、图形、型号，或者直接表示商品的质量、主要原料、功能、用途、重量、数量及其他特点，或者含有的地名，注册商标专用权人无权禁止他人正当使用。
三维标志注册商标中含有的商品自身的性质产生的形状、为获得技术效果而需有的商品形状或者使商品具有实质性价值的形状，注册商标专用权人无权禁止他人正当使用。
商标注册人申请商标注册前，他人已经在同一种商品或者类似商品上先于商标注册人使用与注册商标相同或者近似并有一定影响的商标的，注册商标专用权人无权禁止该使用人在原使用范围内继续使用该商标，但可以要求其附加适当区别标识。
第六十条 有本法第五十七条所列侵犯注册商标专用权行为之一，引起纠纷的，由当事人协商解决；不愿协商或者协商不成的，商标注册人或者利害关系人可以向人民法院起诉，也可以请求工商行政管理部门处理。
工商行政管理部门处理时，认定侵权行为成立的，责令立即停止侵权行为，没收、销毁侵权商品和主要用于制造侵权商品、伪造注册商标标识的工具，违法经营额五万元以上的，可以处违法经营额五倍以下的罚款，没有违法经营额或者违法经营额不足五万元的，可以处二十五万元以下的罚款。对五年内实施两次以上商标侵权行为或者有其他严重情节的，应当从重处罚。销售不知道是侵犯注册商标专用权的商品，能证明该商品是自己合法取得并说明提供者的，由工商行政管理部门责令停止销售。
对侵犯商标专用权的赔偿数额的争议，当事人可以请求进行处理的工商行政管理部门调解，也可以依照《中华人民共和国民事诉讼法》向人民法院起诉。经工商行政管理部门调解，当事人未达成协议或者调解书生效后不履行的，当事人可以依照《中华人民共和国民事诉讼法》向人民法院起诉。
第六十一条 对侵犯注册商标专用权的行为，工商行政管理部门有权依法查处；涉嫌犯罪的，应当及时移送司法机关依法处理。
第六十七条 未经商标注册人许可，在同一种商品上使用与其注册商标相同的商标，构成犯罪的，除赔偿被侵权人的损失外，依法追究刑事责任。
伪造、擅自制造他人注册商标标识或者销售伪造、擅自制造的注册商标标识，构成犯罪的，除赔偿被侵权人的损失外，依法追究刑事责任。
销售明知是假冒注册商标的商品，构成犯罪的，除赔偿被侵权人的损失外，依法追究刑事责任。 |

相关执法参考 | 相关法律法规（6）

《商标法实施条例》（节录）

（2002年8月3日中华人民共和国国务院令第358号公布，2014年4月29日中华人民共和国国务院令第651号修订）

第六十三条　使用注册商标，可以在商品、商品包装、说明书或者其他附着物上标明"注册商标"或者注册标记。

注册标记包括 ⓡ 和 ®。使用注册标记，应当标注在商标的右上角或者右下角。

第六十四条　《商标注册证》遗失或者破损的，应当向商标局提交补发《商标注册证》申请书。《商标注册证》遗失的，应当在《商标公告》上刊登遗失声明。破损的《商标注册证》，应当在提交补发申请时交回商标局。

商标注册人需要商标局补发商标变更、转让、续展证明，出具商标注册证明，或者商标申请人需要商标局出具优先权证明文件的，应当向商标局提交相应申请书。符合要求的，商标局发给相应证明；不符合要求的，商标局不予办理，通知申请人并告知理由。

伪造或者变造《商标注册证》或者其他商标证明文件的，依照刑法关于伪造、变造国家机关证件罪或者其他罪的规定，依法追究刑事责任。

第六十五条　有商标法第四十九条规定的注册商标成为其核定使用的商品通用名称情形的，任何单位或者个人可以向商标局申请撤销该注册商标，提交申请时应当附送证据材料。商标局受理后应当通知商标注册人，限其自收到通知之日起2个月内答辩；期满未答辩的，不影响商标局作出决定。

第六十六条　有商标法第四十九条规定的注册商标无正当理由连续3年不使用情形的，任何单位或者个人可以向商标局申请撤销该注册商标，提交申请时应当说明有关情况。商标局受理后应当通知商标注册人，限其自收到通知之日起2个月内提交该商标在撤销申请提出前使用的证据材料或者说明不使用的正当理由；期满未提供使用的证据材料或者证据材料无效并没有正当理由的，由商标局撤销其注册商标。

前款所称使用的证据材料，包括商标注册人使用注册商标的证据材料和商标注册人许可他人使用注册商标的证据材料。

以无正当理由连续3年不使用为由申请撤销注册商标的，应当自该注册商标注册公告之日起满3年后提出申请。

第七十一条　违反商标法第四十三条第二款规定的，由工商行政管理部门责令限期改正；逾期不改正的，责令停止销售，拒不停止销售的，处10万元以下的罚款。

第七十二条　商标持有人依照商标法第十三条规定请求驰名商标保护的，可以向工商行政管理部门提出请求。经商标局依照商标法第十四条规定认定为驰名商标的，由工商行政管理部门责令停止违反商标法第十三条规定使用商标的行为，收缴、销毁违法使用的商标标识；商标标识与商品难以分离的，一并收缴、销毁。

第七十三条　商标注册人申请注销其注册商标或者注销其商标在部分指定商品上的注册的，应当向商标局提交商标注销申请书，并交回原《商标注册证》。

商标注册人申请注销其注册商标或者注销其商标在部分指定商品上的注册，经商标局核准注销的，该注册商标专用权或者该注册商标专用权在该部分指定商品上的效力自商标局收到其注销申请之日起终止。

第七十四条　注册商标被撤销或者依照本条例第七十三条的规定被注销的，原《商标注册证》作废，并予以公告；撤销该商标在部分指定商品上的注册的，或者商标注册人申请注销其商标在部分指定商品上的注册的，重新核发《商标注册证》，并予以公告。

第七十五条　为侵犯他人商标专用权提供仓储、运输、邮寄、印制、隐匿、经营场所、网络商品交易平台等，属于商标法第五十七条第六项规定的提供便利条件。

第七十六条　在同一种商品或者类似商品上将与他人注册商标相同或者近似的标志作为商品名称或者商品装潢使用，误导公众的，属于商标法第五十七条第二项规定的侵犯注

	相关法律法规（6）	册商标专用权的行为。 　　第七十七条　对侵犯注册商标专用权的行为，任何人可以向工商行政管理部门投诉或者举报。 　　第八十八条　下列行为属于商标法第六十八条第一款第二项规定的以其他不正当手段扰乱商标代理市场秩序的行为： 　　（一）以欺诈、虚假宣传、引人误解或者商业贿赂等方式招徕业务的； 　　（二）隐瞒事实，提供虚假证据，或者威胁、诱导他人隐瞒事实，提供虚假证据的； 　　（三）在同一商标案件中接受有利益冲突的双方当事人委托的。
相关执法参考	相关法律法规（7）	《商标印制管理办法》（节录） 　　（1996年9月5日国家工商行政管理局令第57号公布　1998年12月3日国家工商行政管理局令第86号第一次修订，2004年8月19日国家工商行政管理总局令第15号第二次修订，2020年10月23日国家市场监督管理总局令第31号第三次修订） 　　第一条　为了加强商标印制管理，保护注册商标专用权，维护社会主义市场经济秩序，根据《中华人民共和国商标法》、《中华人民共和国商标法实施条例》（以下分别简称《商标法》、《商标法实施条例》）的有关规定，制定本办法。 　　第二条　以印刷、印染、制版、刻字、织字、晒蚀、印铁、铸模、冲压、烫印、贴花等方式制作商标标识的，应当遵守本办法。 　　第十二条　擅自设立商标印刷企业或者擅自从事商标印刷经营活动的，由所在地或者行为地市场监督管理部门依照《印刷业管理条例》的有关规定予以处理。 　　第十四条　商标印制单位的违法行为构成犯罪的，所在地或者行为地市场监督管理部门应及时将案件移送司法机关追究刑事责任。 　　第十五条　本办法所称"商标印制"是指印刷、制作商标标识的行为。 　　本办法所称"商标标识"是指与商品配套一同进入流通领域的带有商标的有形载体，包括注册商标标识和未注册商标标识。 　　本办法所称"商标印制委托人"是指要求印制商标标识的商标注册人、未注册商标使用人、注册商标被许可使用人以及符合《商标法》规定的其他商标使用人。 　　本办法所称"商标印制单位"是指依法登记从事商标印制业务的企业和个体工商户。 　　本办法所称《商标注册证》包括国家知识产权局所发的有关变更、续展、转让等证明文件。 　　第十六条　本办法自2004年9月1日起施行。国家工商行政管理局1996年9月5日发布的《商标印制管理办法》同时废止。

十四、假冒专利罪

罪名	假冒专利罪(《刑法》第216条)
概念	假冒专利罪,是指违反国家专利管理法规,未经专利权人许可,擅自使用其专利,情节严重的行为。
犯罪构成 / 客体	本罪侵犯的客体是双重客体,即国家专利管理制度和专利权人的专利权。所谓专利权,是指国家专利机关授予发明人、设计人或者其所在单位对发明创造在期限内所享有的专有权。社会主义市场经济体制的不断健全和发展,不仅需要在法律上明确规定允许和保护科技发明创造的专利权,以鼓励发明创造,维护专利权和国家的利益,而且侵权行为不断发生,也需要法律保护专利权人和国家相关专利管理秩序。国家对专利统一管理,形成专利制度,促使技术发明推广应用。《专利法》规定,国家根据当事人的申请,经过审查和批准,授予专利权。申请的方式必须是文字的,口头申请无效。其中申请发明或者实用新型专利应当提交申请书、说明书及其摘要和权利要求书等文件。申请外观设计专利的,应当提交申请书以及该外观设计的图片或者照片等文件,并应当写明使用该外观设计的产品及其所属类别。未提出过申请,以口头方式提出申请以及虽然以文字方式提出申请,但未经有批准权限机关批准的专利,不受法律保护。另外,根据《专利法》第25条规定,对下列各项,不授予专利权:科学发现;智力活动的规则和方法;疾病的诊断和治疗方法;动物和植物品种;用原子核变换方法获得的物质;对平面印刷品的图案、色彩或者二者的结合作出的主要起标识作用的设计。但对动物和植物品种的生产方法,可以依照本法规定授予专利权。享有专利权的专利权人,在法律规定的期限内,对制造、使用、销售享有专利权,其他人必须经过专利权人同意才能制造、使用、销售专利。对于假冒专利侵犯他人的专利权和国家的专利管理制度的行为作为犯罪予以惩治是必然的,具有重大的意义。假冒他人专利的行为,不仅侵害了国家专利管理制度,也侵害了专利权人的利益。也可以说,既侵害了国家专利管理部门的正常活动,也侵害了单位或者个人的专利权。 本罪的犯罪对象是他人专利的专利号、专利证书、专利文件和专利申请文件。专利是指发明创造,包括发明、实用新型和外观设计三类。发明,是指对产品、方法或者其改进所提出的新的技术方案。实用新型,是指对产品的形状、构造或者其结合所提出的适于实用的新的技术方案。外观设计,是指对产品的形状、图案或者其结合以及色彩与形状、图案的结合所作出的富有美感并适于工业应用的新设计。作为发明和实用新型两种专利必须具备新颖性、创造性和实用性的特点。作为外观设计应当具有同申请日以前的国内外出版物上公开发表过或者与国内外公开使用过的外观设计不相同或不相似的特点。新颖性,是指该发明或者实用新型不属于现有技术;也没有任何单位或者个人就同样的发明或者实用新型在申请日以前向国务院专利行政部门提出过申请,并记载在申请日以后公布的专利申请文件或者公告的专利文件中。创造性,是指与现有技术相比,该发明具有突出的实质性特点和显著的进步,该实用新型具有实质性特点和进步。实用性,是指该发明或者实用新型能够制造或者使用,并且能够产生积极效果。专利这种知识产权,是一种无形的财产权,在国际上被列为工业产权中最重要的一种权利。但应当明确的是,有关专利本身和专利标记不能成为本罪的对象。所谓专利标记,是专利权人在专利产品上或用专利方法制造的产品上或包装上注明其发明专利的标记。只有他人专利的专利号、专利证书、专利文件和专利申请文件才能成为本罪的对象。依据国家知识产权局《专利标记和专利号标注方式的规定》,"专利号"是国家知识产权局授予的专利权的专利号,其中"ZL"表示"专

客体		利"，第一、第二位数字表示提交专利申请的年代，第三位数字表示专利类别，第四位数字以后为流水号和计算机校验位；专利标记属于专利号之外的内容，具体包括采用中文标注专利权的类别，例如中国发明专利、中国实用新型、中国外观设计，除上述内容外，还可以附加其他文字、图表标记，但附加的文字、图形标记及其他标注方式不得误导公众。专利证书是国务院专利行政部门发给专利权人用以证明其已经获得专利权的证件，上面一般写明了专利权类别、发明创造名称、专利权人姓名或名称、专利号等。专利申请文件是申请人提出专利申请时向国务院专利行政部门提交的书面文件。国务院专利行政部门作出授予相应的专利权决定后，向社会公开并能反映发明创造内容的文件即为专利文件，如发明和实用新型的权利要求书、说明书等。
犯罪构成	客观方面	本罪在客观方面表现为违反国家专利管理法规，未经专利权人许可，擅自使用其专利，情节严重的行为。进一步而言，即行为人违反国家专利管理法规，在法律规定的有效期限内，假冒他人或单位已向国家专利主管部门提出申请并经审查获得批准的专利，情节严重的行为。具体来讲，本罪的客观方面包括以下三点： 　　1. 行为违反国家专利管理法规。根据《专利法》的规定，专利权的所有人和持有人对其发明创造的专利所享有专利的独占权和专用权，即专利权人就一项发明创造，由申请人向国家专利局提出专利申请，经专利局依法审查合格后，向申请人授予的在规定时间内对该项发明创造享有的独占权和专用权，包括精神权利和物质权利。专利权人有权在其专利产品或者该产品的包装上标明专利标识。其中，专用权或署名权，即发明人或者设计人有在专利文件中写明自己是发明人或者设计人的权利，是精神权利的主要内容；独占权，即专利权人对发明创造有占有、使用、处分的权利，它是物质权利的核心。具体而言，专利权的权利包括独占权、许可实施权、转让权和其他权利四种：（1）独占权。《专利法》第11条规定，发明和实用新型专利权被授予后，除本法另有规定的以外，任何单位或者个人未经专利权人许可，都不得实施其专利，即不得为生产经营目的制造、使用、许诺销售、销售、进口其专利产品，或者使用其专利方法以及使用、许诺销售、销售、进口依照该专利方法直接获得的产品。外观设计专利权被授予后，任何单位或者个人未经专利权人许可，都不得实施其专利，即不得为生产经营目的制造、许诺销售、销售、进口其外观设计专利产品。这里法律实际上保护了专利权人的制造权、使用权、销售权、进口权。（2）许可实施权。许可实施权是指专利权人通过订立实施许可合同允许被许可人在一定条件下使用其专利的权利。《专利法》第12条规定，任何单位或者个人实施他人专利的，应当与专利权人订立实施许可合同，向专利权人支付专利使用费。被许可人无权允许合同规定以外的任何单位或者个人实施该专利。专利实施许可种类包括独占许可、排他许可、普通许可转许可和交叉许可五种。（3）转让权。包括专利申请权的转让和专利权的转让。转让的结果导致权利主体的专利权发生变更。《专利法》第10条规定，专利申请权和专利权可以转让。中国单位或者个人向外国人、外国企业或者外国其他组织转让专利申请权或者专利权的，应当依照有关法律、行政法规的规定办理手续。转让专利申请权或者专利权的，当事人应当订立书面合同，并向国务院专利行政部门登记，由国务院专利行政部门予以公告。专利申请权或者专利权的转让自登记之日起生效。（4）其他权利。包括标明专利标识和专利号的权利，以及放弃权。关于标明专利标识和专利号的权利，《专利法》第17条规定，发明人或者设计人有权在专利文件中写明自己是发明人或者设计人。专利权人有权在其专利产品或者该产品的包装上标明专利标识。根据《专利标记和专利号标注方式的规定》之第3条：在授予专利权之后的专利权有效期内，专利权人或者经专利权人同意享有专利号、专利标记标注权的专利实施许可合同的被许可人可以在其专利产品、依照专利方法直接获得的产品或者该产品的包装上标注专利标记和专利号。关于放弃权，《专利法》第47条规定，有下列情形之一的，专利权在期限届满前终止：没有按照规定缴纳年费的；专利权人以书面声明放弃其专利权的。专利权在期限届满前终止的，由国务院专利行政部

犯罪构成	客观方面	门登记和公告。根据《专利法实施细则》的规定，专利法所称发明人或者设计人，是指对发明创造的实质性特点作出创造性贡献的人。在完成发明创造过程中，只负责组织工作的人、为物质技术条件的利用提供方便的人或者从事其他辅助工作的人，不是发明人或者设计人。因此，任何单位和个人非经专利权人许可，除法律规定以外，都不得实施其专利，即不得为生产经营目的制造、使用或者销售其专利产品，或者使用其方法。 应当注意的是，《专利法》第69条规定，有下列情形之一的，不视为侵犯专利权：专利产品或者依照专利方法直接获得的产品，由专利权人或者经其许可的单位、个人售出后，使用、许诺销售、销售、进口该产品的；在专利申请日前已经制造相同产品、使用相同方法或者已经作好制造、使用的必要准备，并且仅在原有范围内继续制造、使用的；临时通过中国领陆、领水、领空的外国运输工具，依照其所属国同中国签订的协议或者共同参加的国际条约，或者依照互惠原则，为运输工具自身需要而在其装置和设备中使用有关专利的；专为科学研究和实验而使用有关专利的；为提供行政审批所需要的信息，制造、使用、进口专利药品或者专利医疗器械的，以及专门为其制造、进口专利药品或者专利医疗器械的。为了防止专利权人无限期地垄断技术，阻碍技术进步，专利权人只能在法定的期限内享有对其发明创造专有利用的权利。 2. 未经专利权人许可，实施了擅自使用其专利的行为。未经专利权人许可，是本罪成立的前提之一。专利权人，是指有权申请专利和取得专利权，并且承担与此相应义务的单位和个人。根据专利法的规定，发明人、设计人及其合法继受人有权获得非职务发明的专利权，外国人也有权获得职务发明的专利权。专利权人包括如下7种：（1）发明人或者设计人。（2）职务发明的专利权人。根据《专利法》第6条的规定，执行本单位的任务或者主要是利用本单位的物质技术条件所完成的发明创造为职务发明创造。职务发明创造申请专利的权利属于该单位；申请被批准后，该单位为专利权人。利用本单位的物质技术条件所完成的发明创造，单位与发明人或者设计人订有合同，对申请专利的权利和专利权的归属作出约定的，从其约定。（3）非职务发明的专利权人。根据《专利法》第6条的规定，非职务的发明创造，申请专利的权利属于发明人或者设计人；申请被批准后，该发明人或者设计人为专利权人。（4）共同发明的专利权人。共同发明是指两个以上合作完成的发明。根据《专利法》第8条的规定，两个以上单位或者个人合作完成的发明创造、一个单位或者个人接受其他单位或者个人委托所完成的发明创造，除另有协议的以外，申请专利的权利属于完成或者共同完成的单位或者个人；申请被批准后，申请的单位或者个人为专利权人。（5）先申请人。根据《专利法》第9条的规定，同样的发明创造只能授予一项专利权。但是，同一申请人同日对同样的发明创造既申请实用新型专利又申请发明专利，先获得的实用新型专利权尚未终止，且申请人声明放弃该实用新型专利权的，可以授予发明专利权。两个以上的申请人分别就同样的发明创造申请专利的，专利权授予最先申请的人。（6）专利权的继承主体。根据《专利法》第10条的规定，专利申请权和专利权可以转让，专利权转让后，继受人成为新的专利权主体。（7）外国人。外国人也可依《专利法》第18条、第19条规定在我国申请和获得专利权。根据《专利法》的规定，专利实施分为自行实施、许可实施、转让实施和国家强制许可实施共四种方式。除专利权人自行实施以外，其他三种方式都是非专利权人合法实施专利权人的专利的情况。其中许可实施和转让实施，前提都是得到了专利权人的同意。如果没有经过专利权人同意而实施其专利，就是非法使用，具有假冒专利性质。这里的擅自使用是指在专利权有效期限内实施假冒专利的行为，即行为人未经专利权人同意，在其制造、使用或者出售的产品上标注、缀附或者在与该产品有关的广告中冒用专利权人的姓名、专利名称、专利号或者专利权人的其他专利标记的行为。擅自使用可以归纳为以下四种：（1）在其制造或者销售的产品、产品的包装上标注他人的专利号；（2）在广告或者其他宣称材料中使用他人的专利号，使人将所设计的技术误认为是他人的专利技术；（3）在合同中使用他人的专利号，使人

| 犯罪构成 | 客观方面 | 将合同设计的技术误认为是他人的专利技术；（4）伪造或者变造他人的专利证书、专利文件或者专利申请文件。根据相关规定，任何单位或者个人实施他人专利的，应当与专利权人订立实施许可合同，向专利权人支付专利使用费。被许可人无权允许合同规定以外的任何单位或者个人实施该专利。《专利法》第42条对专利权的期限作了具体的规定。发明专利权的期限为20年，实用新型专利权和外观设计专利权的期限为10年，均自申请日起计算。专利期限届满后，该项发明创造不再作为专利予以保护，也不存在对该项发明创造假冒专利的问题。也就是说，在专利权已经终止或者被宣告无效后，仍然使用原专利标记或专利号，仿造他人专利、侵吞他人专利、故意贩运仿造或变造他人专利的产品、故意销售仿造或变造他人专利的产品、冒充专利等行为，均不属于这里的擅自使用他人专利的行为。例如，被告人周某，男，1965年4月4日出生于湖北省荆沙市，汉族，高中文化。附带民事诉讼原告人：山东阳谷玻璃工艺制品厂。法定代表人：卢某，厂长。1996年9月7日，山东阳谷玻璃工艺制品厂职工卢恩光就其"双层艺术玻璃容器"发明设计获实用新型专利、专利号为：中国zl-95229146.0，专利保护期限10年，1997年5月山东阳谷玻璃工艺制品厂与卢恩光就该专利的实施达成书面实施许可合同，并生产专利产品"诺亚"牌双层艺术玻璃口杯。1999年3月，被告人注册成立乐凯制品厂（个体性质），同年4月，河北开元实业有限公司授权乐凯制品厂使用其拥有商标权的"乐凯"商标。即自滕州天元瓶盖厂购进杯体，生产双层艺术玻璃口杯。同年5月13日，被告人向中国专利局专利复审委员会请求宣告卢某的"双层艺术玻璃容器"实用新型无效。被告人随后于同年的5月至9月以每只78元至182元的不等价格在成都、南昌等地公开大量销售"乐凯"牌口杯，共销售3168只，经营额282366.52元，非法获利76446.52元。2000年3月20日，专利复审委员会作出决定，维持卢某95229146.0号专利有效。山东省专利管理局就被告人生产的"乐凯"口杯，与卢恩光的95229146.0号专利的权利要求是否相同，是否属于侵犯专利权的行为，于1999年10月11日作出专利侵权咨询鉴定书，认为："乐凯"口杯具备了95229146.0号专利的必要技术特征。在没有经过专利权人许可或者不符合《中华人民共和国专利法》第62条等条款以及其他不属于侵犯专利权的规定的前提下，乐凯制品厂如果为生产经营目的制造、销售上述产品，其行为属于侵犯专利权人卢某的95229146.0号实用新型专利权的行为。结合本案"被告人未经过卢某许可，为生产经营目的制造销售乐凯口杯，且不符合专利法规定的不属于侵犯专利权的情形"的事实，被告人生产、销售乐凯口杯侵犯了卢某的专利权。法院认为，专利制度的关键环节在于保护专利人对其发明创造的独占和垄断权，促进科学技术的推广运用，同商标权、著作权一样，专利权也是一种无形财产，通过对专利的使用，可以创造很大的经济效益，专利权人以其对专利的独占和垄断对抗第三人，他人不得未经专利人许可使用其专利而获得非法经济利益。被告人周某明知卢某具有95229146.0号专利，且在保护期内，未经专利权人许可，为生产经营目的的非法制造、销售侵犯他人专利权的乐凯口杯，属假冒专利行为，构成假冒专利罪，判处被告人周小波有期徒刑二年，并处罚金五万元；被告人周小波非法获利76446.52元予以追缴，赃物乐凯口杯300只予以没收；被告人周小波赔偿附带民事诉讼原告人山东省阳谷玻璃工艺制品厂经济损失76446.52元。

3. 假冒专利的行为必须具备情节严重的情形，才能成立犯罪。本罪属于情节犯，如果假冒专利的行为不具备情节严重的情形，就不能成立犯罪。根据有关司法解释规定，假冒专利涉嫌下列情形之一的，应属于情节严重的情形：非法经营数额在20万元以上或者违法所得数额在10万元以上的；给专利权人造成直接经济损失在50万元以上的；假冒两项以上他人专利，非法经营数额在10万元以上或者违法所得数额在5万元以上的；其他情节严重的情形。例如，被告人张某、朱某系江苏海安人，两人系夫妻，张某原为案涉专利权人陆某经营的南通恒维化工厂业务人员，后因故离开该公司。2007年9月25日，张某注册成立海安县江源机电公司，生产、销售锅炉清灰剂。2011年，江源机电公司因未 |

犯罪构成	客观方面	接受年检被吊销营业执照。2008年始，为增加销售量，张某利用从南通恒维化工厂获取的产品宣传册，委托复印社以南通恒维化工厂的宣传册为蓝本，仅修改了发明专利号的字体、颜色、大小、布局，印刷了江源机电公司宣传册2000本。张某还委托当地一网络公司为其制作江源机电公司网页。宣传册封面及互联网网页中载有的发明专利号与陆某于1997年4月7日申请的尚处有效期间的炉窑添加剂发明专利号完全相同。张某在销售锅炉清灰剂过程中，朱某协助其销售，以发放宣传册及通过互联网向客户宣传推介产品。2012年1月至2013年6月，张、朱二人共销售锅炉清灰剂65吨，销售金额共计49万余元。南通中院经审理认为，被告人张某、朱某未经专利权人许可，擅自在其生产的锅炉清灰剂产品的宣传册和公司网页上使用专利权人的发明专利号，将产品冒充为专利产品，易使社会公众产生误认，侵害了专利权人的合法权益，且危害了国家对专利的管理制度，情节严重，其行为已构成假冒专利罪，张某被判处有期徒刑1年，缓刑2年，并处罚金25万元；朱某被拘役3个月，缓刑6个月，并处罚金5万元。
	主体	本罪的主体为一般主体，自然人和单位均能成为本罪主体。就自然人而言，只要行为人达到了16周岁以上的法定刑事责任年龄，具有刑事责任能力，实施了假冒注册商标的行为，即可构成犯罪。就单位而言，单位实施了假冒他人专利的行为，构成犯罪的，实行双罚制，即对单位判处罚金，对直接负责的主管人员和其他直接责任人员依法追究刑事责任。
	主观方面	本罪在主观方面表现为故意，即行为人明知是他人有效专利，未经专利所有人的许可，希望或者放任使用其专利的心理态度。一般情况下，行为人都具有获利的目的，但以营利为目的不是刑法规定的构成要件内容。至于犯罪的动机则多种多样，有的为了获取荣誉，有的为了损坏他人名誉等。因此，不论是出于什么目的或动机，均不影响本罪的构成。如果是出于过失，不构成本罪。
认定标准	刑罚标准	1. 犯本罪的，处3年以下有期徒刑或者拘役，并处或者单处罚金； 2. 单位犯本罪的，对单位判处罚金，并对其直接负责的主管人员和其他直接责任人员，依照上述规定处罚。 对于单位实施本罪，应当根据2007年"两高"有关司法解释的规定，单位实施刑法第213条至第219条规定的行为，按照相应个人犯罪的定罪量刑标准定罪处罚。
	本罪与非罪的区别	本罪属于情节犯，只有"情节严重"的假冒专利行为才构成犯罪，否则不构成犯罪。根据《专利法实施细则》第84条的规定，下列行为属于专利法规定的假冒专利的行为：在未被授予专利权的产品或者其包装上标注专利标识，专利权被宣告无效后或者终止后继续在产品或者其包装上标注专利标识，或者未经许可在产品或产品包装上标注他人的专利号；销售前项所述产品；在产品说明书等材料中将未被授予专利权的技术或者设计称为专利技术或者专利设计，将专利申请称为专利，或者未经许可使用他人的专利号，使公众将所涉及的技术或者设计误认为是专利技术或者专利设计；伪造或者变造专利证书、专利文件或者专利申请文件；其他使公众混淆，将未被授予专利权的技术或者设计误认为是专利技术或者专利设计的行为。但是，专利权终止前依法在专利产品、依照专利方法直接获得的产品或者其包装上标注专利标识，在专利权终止后许诺销售、销售该产品的，不属于假冒专利行为。对于假冒专利但不构成犯罪的一般民事侵权行为，应按照《专利法》第60条的规定处理，不以犯罪论处。未经专利权人许可，实施其专利，即侵犯其专利权，引起纠纷的，由当事人协商解决；不愿协商或者协商不成的，专利权人或者利害关系人可以向人民法院起诉，也可以请求管理专利工作的部门处理。 如果属于表面上好像假冒专利但实际是专利法允许的行为，则不能视为犯罪，也不属于违法，而是合法行为。例如《专利法》第49条规定，在国家出现紧急状态或者非常情况时，或者为了公共利益的目的，国务院专利行政部门可以给予实施发明专利或者实用新型专利的强制许可。即符合专利强制许可使用条件而使用他人专利的行为，就是合法行为，不构成犯罪。再如，《专利法》第69条规定的不视为侵犯专利权的五种情形。

认定标准	本罪罪数的认定	1. 行为人既假冒他人专利，又生产、销售他人专利的伪劣商品，属于吸收犯。因为生产、销售假冒他人专利的伪劣商品是假冒他人专利的一个组成部分，前行为吸收后行为，因此只认定行为人的行为构成假冒专利罪，从重处罚，而不按数罪处理。 2. 行为人既假冒他人专利，又假冒他人注册商标，符合两个犯罪构成的要件，应按两罪处理，实行数罪并罚。 3. 行为人伪造专利行政管理部门的印章，然后再排印他人专利证书、专利文件的文字、图案，进而在伪造的证书、文件文本上加盖印章完成伪造专利证书、专利文件，属于竞合犯。因为行为人的行为只有一个伪造国家机关公文、印章行为，尽管此行为也是专利法实施细则规定的假冒他人专利的行为之一，但却触犯了伪造国家机关公文、印章罪和本罪两个罪名，属于想象竞合犯，应择一重罪处罚。 4. 行为人既假冒他人专利和注册商标，又生产或销售伪劣商品，应注意：假冒他人专利和注册商标是前提，生产或销售伪劣商品是结果，后者被前者所吸收，但假冒他人专利和注册商标是两个独立的行为。因此，应当按假冒专利罪和假冒他人注册商标罪认定并实行数罪并罚。
	此罪与彼罪的区别（1）	本罪与假冒注册商标罪的区别。 假冒注册商标罪，是指违反国家商标管理法规，未经注册商标所有人许可，在同一种商品上使用与其注册商标相同的商标，情节严重的行为。 两罪客观上都有假冒行为，主观上都是故意，主体相同。两罪主要区别在于： 1. 犯罪客体内容不同。尽管两罪都属于双重客体，但本罪侵犯的是国家专利管理制度和专利权人的专利权。后罪侵犯的是国家商标管理制度和他人注册商标专用权。 2. 犯罪对象有所不同。本罪的犯罪对象是他人专利的专利号、专利证书、专利文件和专利申请文件，不是注册商标。后罪的犯罪对象是他人已经注册的有效商品商标。 3. 犯罪客观方面的假冒内容不同。本罪客观方面的假冒内容是未经专利权人许可，实施了擅自使用其专利标记的行为。后罪客观方面的假冒内容是行为人未经他人许可，在同一种商品上使用与他人注册商标相同的商标的行为。
	此罪与彼罪的区别（2）	本罪与生产、销售伪劣产品罪的区别。 生产、销售伪劣产品罪，是指生产者、销售者在产品中掺杂、掺假，以假充真，以次充好或者以不合格产品冒充合格产品，销售金额达5万元以上的行为。两罪主要区别有： 1. 犯罪客体不同。本罪属于双重客体，既侵犯了国家专利管理制度，又侵犯了专利权人的专利权。后罪属于单一客体，侵害的是国家有关产品质量管理制度。 2. 犯罪对象有所不同。本罪的对象是他人专利的专利号、专利证书、专利文件和专利申请文件。后罪的对象为一切伪劣产品。 3. 犯罪客观方面行为表现不同。本罪表现为行为人未经专利权人许可，实施了擅自使用其专利标记的行为。后罪表现为行为人在产品中掺杂、掺假，以假充真，以次充好或者以不合格产品冒充合格产品，销售金额在5万元以上的行为。 4. 犯罪主观故意内容不同。本罪主观故意内容是假冒他人专利的故意。后罪主观故意内容是生产、销售伪劣产品的故意。 应当注意的是，两罪也存在一定的关联。对于两罪并存时发生重复情形，即行为人既实施了假冒他人专利行为，也实施了生产、销售伪劣产品行为的情形，应当正确定罪处罚。由于假冒他人专利行为与生产、销售伪劣产品行为存在吸收关系，属于吸收犯的范畴，应当按照"重行为吸收轻行为"原则处理，即以生产、销售伪劣产品罪定罪处罚。

相关执法参考	刑法	中华人民共和国刑法（节录） （1979年7月1日第五届全国人民代表大会第二次会议通过，1997年3月14日第八届全国人民代表大会第五次会议修订，已先后被1999年12月25日《中华人民共和国刑法修正案》、2001年8月31日《中华人民共和国刑法修正案（二）》、2001年12月29日《中华人民共和国刑法修正案（三）》、2002年12月28日《中华人民共和国刑法修正案（四）》、2005年2月28日《中华人民共和国刑法修正案（五）》、2006年6月29日《中华人民共和国刑法修正案（六）》、2009年2月28日《中华人民共和国刑法修正案（七）》、2009年8月27日《全国人民代表大会常务委员会关于修改部分法律的决定》、2011年2月25日《中华人民共和国刑法修正案（八）》、2015年8月29日《中华人民共和国刑法修正案（九）》、2017年11月4日《中华人民共和国刑法修正案（十）》、2020年12月26日《中华人民共和国刑法修正案（十一）》修改或修正） 第二百一十六条　假冒他人专利，情节严重的，处三年以下有期徒刑或者拘役，并处或者单处罚金。
	相关法律法规（1）	最高人民法院、最高人民检察院《关于办理侵犯知识产权刑事案件具体应用法律若干问题的解释》（节录） （2004年11月2日最高人民法院审判委员会第1331次会议、2004年11月11日最高人民检察院第十届检察委员会第28次会议通过，自2004年12月22日起施行，法释〔2004〕19号） 为依法惩治侵犯知识产权犯罪活动，维护社会主义市场经济秩序，根据刑法有关规定，现就办理侵犯知识产权刑事案件具体应用法律的若干问题解释如下： 第四条　假冒他人专利，具有下列情形之一的，属于刑法第二百一十六条规定的"情节严重"，应当以假冒专利罪判处三年以下有期徒刑或者拘役，并处或者单处罚金： （一）非法经营数额在二十万元以上或者违法所得数额在十万元以上的； （二）给专利权人造成直接经济损失五十万元以上的； （三）假冒两项以上他人专利，非法经营数额在十万元以上或者违法所得数额在五万元以上的； （四）其他情节严重的情形。 第十条　实施下列行为之一的，属于刑法第二百一十六条规定的"假冒他人专利"的行为： （一）未经许可，在其制造或者销售的产品、产品的包装上标注他人专利号的； （二）未经许可，在广告或者其他宣传材料中使用他人的专利号，使人将所涉及的技术误认为是他人专利技术的； （三）未经许可，在合同中使用他人的专利号，使人将合同涉及的技术误认为是他人专利技术的； （四）伪造或者变造他人的专利证书、专利文件或者专利申请文件的。 第十二条　本解释所称"非法经营数额"，是指行为人在实施侵犯知识产权行为过程中，制造、储存、运输、销售侵权产品的价值。已销售的侵权产品的价值，按照实际销售的价格计算。制造、储存、运输和未销售的侵权产品的价值，按照标价或者已经查清的侵权产品的实际销售平均价格计算。侵权产品没有标价或者无法查清其实际销售价格的，按照被侵权产品的市场中间价格计算。 多次实施侵犯知识产权行为，未经行政处理或者刑事处罚的，非法经营数额、违法所得数额或者销售金额累计计算。 本解释第三条所规定的"件"，是指标有完整商标图样的一份标识。 第十五条　单位实施刑法第二百一十三条至第二百一十九条规定的行为，按照本解释规定的相应个人犯罪的定罪量刑标准的三倍定罪量刑。

相关执法参考	相关法律法规（1）	**第十六条** 明知他人实施侵犯知识产权犯罪，而为其提供贷款、资金、账号、发票、证明、许可证件，或者提供生产、经营场所或者运输、储存、代理进出口等便利条件、帮助的，以侵犯知识产权犯罪的共犯论处。 **第十七条** 以前发布的有关侵犯知识产权犯罪的司法解释，与本解释相抵触的，自本解释施行后不再适用。
	相关法律法规（2）	最高人民法院、最高人民检察院、公安部《关于办理侵犯知识产权刑事案件适用法律若干问题的意见》（节录） （2011年1月10日，法发〔2011〕3号） 为解决近年来公安机关、人民检察院、人民法院在办理侵犯知识产权刑事案件中遇到的新情况、新问题，依法惩治侵犯知识产权犯罪活动，维护社会主义市场经济秩序，根据刑法、刑事诉讼法及有关司法解释的规定，结合侦查、起诉、审判实践，制定本意见。 一、关于侵犯知识产权犯罪案件的管辖问题 侵犯知识产权犯罪案件由犯罪地公安机关立案侦查。必要时，可以由犯罪嫌疑人居住地公安机关立案侦查。侵犯知识产权犯罪案件的犯罪地，包括侵权产品制造地、储存地、运输地、销售地，传播侵权作品、销售侵权产品的网站服务器所在地、网络接入地、网站建立者或者管理者所在地，侵权作品上传者所在地，权利人受到实际侵害的犯罪结果发生地。对有多个侵犯知识产权犯罪地的，由最初受理的公安机关或者主要犯罪地公安机关管辖。多个侵犯知识产权犯罪地的公安机关对管辖有争议的，由共同的上级公安机关指定管辖，需要提请批准逮捕、移送审查起诉、提起公诉的，由该公安机关所在地的同级人民检察院、人民法院受理。 对于不同犯罪嫌疑人、犯罪团伙跨地区实施的涉及同一批侵权产品的制造、储存、运输、销售等侵犯知识产权犯罪行为，符合并案处理要求的，有关公安机关可以一并立案侦查，需要提请批准逮捕、移送审查起诉、提起公诉的，由该公安机关所在地的同级人民检察院、人民法院受理。 二、关于办理侵犯知识产权刑事案件中行政执法部门收集、调取证据的效力问题 行政执法部门依法收集、调取、制作的物证、书证、视听资料、检验报告、鉴定结论、勘验笔录、现场笔录，经公安机关、人民检察院审查，人民法院庭审质证确认，可以作为刑事证据使用。 行政执法部门制作的证人证言、当事人陈述等调查笔录，公安机关认为有必要作为刑事证据使用的，应当依法重新收集、制作。 三、关于办理侵犯知识产权刑事案件的抽样取证问题和委托鉴定问题 公安机关在办理侵犯知识产权刑事案件时，可以根据工作需要抽样取证，或者商请同级行政执法部门、有关检验机构协助抽样取证。法律、法规对抽样机构或者抽样方法有规定的，应当委托规定的机构并按照规定方法抽取样品。 公安机关、人民检察院、人民法院在办理侵犯知识产权刑事案件时，对于需要鉴定的事项，应当委托国家认可的有鉴定资质的鉴定机构进行鉴定。 公安机关、人民检察院、人民法院应当对鉴定结论进行审查，听取权利人、犯罪嫌疑人、被告人对鉴定结论的意见，可以要求鉴定机构作出相应说明。 四、关于侵犯知识产权犯罪自诉案件的证据收集问题 人民法院依法受理侵犯知识产权刑事自诉案件，对于当事人因客观原因不能取得的证据，在提起自诉时能够提供有关线索，申请人民法院调取的，人民法院应当依法调取。 十四、关于多次实施侵犯知识产权行为累计计算数额问题 依照《最高人民法院、最高人民检察院关于办理侵犯知识产权刑事案件具体应用法律若干问题的解释》第十二条第二款的规定，多次实施侵犯知识产权行为，未经行政处理或者刑事处罚的，非法经营数额、违法所得数额或者销售金额累计计算。

相关法律法规（2）		二年内多次实施侵犯知识产权违法行为，未经行政处理，累计数额构成犯罪的，应当依法定罪处罚。实施侵犯知识产权犯罪行为的追诉期限，适用刑法的有关规定，不受前述二年的限制。 十五、关于为他人实施侵犯知识产权犯罪提供原材料、机械设备等行为的定性问题 明知他人实施侵犯知识产权犯罪，而为其提供生产、制造侵权产品的主要原材料、辅助材料、半成品、包装材料、机械设备、标签标识、生产技术、配方等帮助，或者提供互联网接入、服务器托管、网络存储空间、通讯传输通道、代收费、费用结算等服务的，以侵犯知识产权犯罪的共犯论处。 十六、关于侵犯知识产权犯罪竞合的处理问题 行为人实施侵犯知识产权犯罪，同时构成生产、销售伪劣商品犯罪的，依照侵犯知识产权犯罪与生产、销售伪劣商品犯罪中处罚较重的规定定罪处罚。
相关执法参考	相关法律法规（3）	公安部、海关总署《关于加强知识产权执法协作的暂行规定》 （2006年3月24日，公通字〔2006〕33号） **第一条** 为严厉打击侵犯知识产权犯罪活动，加强公安机关和海关在保护知识产权方面的联系配合，根据有关法律和行政法规以及最高人民法院、最高人民检察院《关于办理侵犯知识产权刑事案件具体应用法律若干问题的解释》（以下简称《司法解释》），制定本规定。 **第二条** 公安机关和海关应当充分认识到打击侵犯知识产权犯罪活动对维护市场经济秩序、促进国家经济发展和社会进步方面的重要意义，切实加强协调配合，实现海关知识产权行政执法与公安机关知识产权刑事执法的有效衔接，严厉打击侵犯知识产权犯罪活动。 **第三条** 双方在打击侵犯知识产权犯罪工作的衔接配合，由公安机关经济犯罪侦查部门和海关法规部门归口管理。联系配合工作涉及公安机关和海关内部其他部门的，由双方各自负责协调。 公安部经济犯罪侦查局（以下简称经侦局）和海关总署政策法规司（以下简称政法司）负责全国范围内公安机关和海关联系配合工作的协调和指导工作。 **第四条** 公安机关和海关应当进行经常性磋商并建立联席会议制度。经侦局和政法司应当每年召开一次联席会议。如遇重大、紧急情况或需联合部署重要工作，也可临时召开联席会议。 联席会议的主要内容应当包括： （一）回顾衔接配合工作情况，制定工作措施和计划； （二）组织打击侵犯知识产权犯罪的行动，研究重大案件的联系配合工作； （三）组织执法经验交流和其他相关活动。 双方认为必要时，可以邀请其他有关部门参加联席会议。 **第五条** 海关在执法过程中，发现重大侵犯知识产权案件线索，应当及时向公安机关通报。案件线索原则上应当由各直属海关向当地同级公安机关进行通报。但是，经双方协商同意，也可以由直属海关或者隶属海关向当地公安机关通报。 海关在向公安机关通报犯罪案件线索时，发现当事人可能转移侵权嫌疑货物或物品或有其他必须当场处理之情形时，可以依照《知识产权海关保护条例》的规定扣留有关货物和物品。发现当事人可能逃逸的，应及时通知公安机关。 **第六条** 海关根据本规定第五条向公安机关通报的案件线索，应当包括以下内容： （一）进出口货物经营单位、收（发）货单位、进出境旅客、邮递物品寄件人或者收件人（以下统称"当事人"）的名称或者姓名、注册地址或者国籍； （二）侵权嫌疑货物或者物品的品名、数量、已知的价值、申报日期或者海关查验日期；

| 相关执法参考 | 相关法律法规(3) | （三）涉嫌侵犯的知识产权名称和注册号、知识产权权利人名称或者姓名、联系人和联系方式；
（四）其他应当提供的情况。
　　第七条　海关向公安机关通报侵权嫌疑货物或者物品的情况，原则上应当采取书面形式。如情况紧急，也可予以口头通报。
　　海关向公安机关通报侵权嫌疑货物或者物品的情况，应当随附货物和物品清单以及进出口货物报关单、合同、发票、装箱单等报关单证的复印件。对公安机关要求提供其他有关文件或者到场查看货物和提取货样的，海关应当予以协助。
　　第八条　对海关通报的侵权嫌疑货物或者物品的情况，公安机关应当在收到海关书面通报后10个工作日决定是否对海关通报的当事人进行立案侦查并书面通知海关。对于海关移送的涉嫌构成犯罪的案件，公安机关应当在受理的3个工作日内决定是否立案侦查。
　　公安机关认为必要时，可以与海关就通报的案件情况进行磋商。
　　第九条　对公安机关决定对当事人进行立案侦查的，海关应当在收到公安机关的立案通知后3个工作日内向公安机关移交有关货物或者物品。
　　公安机关经过侦查，认为当事人没有犯罪事实、或者犯罪事实显著轻微，不需要追究刑事责任的，应当向海关退还有关货物或者物品。
　　第十条　对于工作中发现的重大案件线索，公安机关、海关可以召开临时联席会议，必要时邀请其他执法机关代表参加，共同会商、研究案情和决定打击对策，开展联合打击工作。
　　联合打击工作应以"精确打击"和"全程打击"为方针，采取协同作战的方式，查明涉及的生产、销售以及进出口等各个环节的策划者、组织者、参与者，摧毁整个犯罪网络。
　　"重大案件"指社会危害巨大、社会反映强烈、涉案价值较大、涉及跨国跨境犯罪团伙或其他双方认为应联合打击的案件。
　　第十一条　有以下情形之一的，海关应当根据《知识产权海关保护条例》和《海关行政处罚实施条例》的有关规定，对有关当事人进出口侵权货物的行为进行调查处理：
（一）公安机关审查后认为没有犯罪事实决定不对当事人立案侦查的；
（二）公安机关未在本规定第八条规定的十个工作日内予以回复的；
（三）公安机关立案后认为不需要追究当事人刑事责任并向海关退还有关货物或者物品的。
　　第十二条　公安机关对其他涉嫌侵犯知识产权犯罪案件进行侦查，需要海关协助监控进出口货物或者进出境物品、提供有关报关单证或者查询统计信息的，海关应当予以协助。
　　第十三条　公安机关和海关还应当在以下领域开展合作：
（一）组织相关执法培训和开展相关宣传活动；
（二）与知识产权权利人开展合作；
（三）共同参与国际执法合作和交流；
（四）其他双方认为需要合作的事项。
　　第十四条　本规定由公安部、海关总署负责解释。
　　第十五条　本规定自印发之日起施行。 |

| 相关执法参考 | 相关法律法规（4） | 《专利法》
（1984年3月12日第六届全国人民代表大会常务委员会第四次会议通过，根据1992年9月4日第七届全国人民代表大会常务委员会第二十七次会议《关于修改〈中华人民共和国专利法〉的决定》第一次修正，根据2000年8月25日第九届全国人民代表大会常务委员会第十七次会议《关于修改〈中华人民共和国专利法〉的决定》第二次修正，根据2008年12月27日第十一届全国人民代表大会常务委员会第六次会议《关于修改〈中华人民共和国专利法〉的决定》第三次修正，根据2020年10月17日第十三届全国人民代表大会常务委员会第二十二次会议《关于修改〈中华人民共和国专利法〉的决定》第四次修正）

第一章　总　则

第一条　为了保护专利权人的合法权益，鼓励发明创造，推动发明创造的应用，提高创新能力，促进科学技术进步和经济社会发展，制定本法。

第二条　本法所称的发明创造是指发明、实用新型和外观设计。

发明，是指对产品、方法或者其改进所提出的新的技术方案。

实用新型，是指对产品的形状、构造或者其结合所提出的适于实用的新的技术方案。

外观设计，是指对产品的整体或者局部的形状、图案或者其结合以及色彩与形状、图案的结合所作出的富有美感并适于工业应用的新设计。

第三条　国务院专利行政部门负责管理全国的专利工作；统一受理和审查专利申请，依法授予专利权。

省、自治区、直辖市人民政府管理专利工作的部门负责本行政区域内的专利管理工作。

第四条　申请专利的发明创造涉及国家安全或者重大利益需要保密的，按照国家有关规定办理。

第五条　对违反法律、社会公德或者妨害公共利益的发明创造，不授予专利权。

对违反法律、行政法规的规定获取或者利用遗传资源，并依赖该遗传资源完成的发明创造，不授予专利权。

第六条　执行本单位的任务或者主要是利用本单位的物质技术条件所完成的发明创造为职务发明创造。职务发明创造申请专利的权利属于该单位，申请被批准后，该单位为专利权人。该单位可以依法处置其职务发明创造申请专利的权利和专利权，促进相关发明创造的实施和运用。

非职务发明创造，申请专利的权利属于发明人或者设计人；申请被批准后，该发明人或者设计人为专利权人。

利用本单位的物质技术条件所完成的发明创造，单位与发明人或者设计人订有合同，对申请专利的权利和专利权的归属作出约定的，从其约定。

第七条　对发明人或者设计人的非职务发明创造专利申请，任何单位或者个人不得压制。

第八条　两个以上单位或者个人合作完成的发明创造、一个单位或者个人接受其他单位或者个人委托所完成的发明创造，除另有协议的以外，申请专利的权利属于完成或者共同完成的单位或者个人；申请被批准后，申请的单位或者个人为专利权人。

第九条　同样的发明创造只能授予一项专利权。但是，同一申请人同日对同样的发明创造既申请实用新型专利又申请发明专利，先获得的实用新型专利权尚未终止，且申请人声明放弃该实用新型专利权的，可以授予发明专利权。

两个以上的申请人分别就同样的发明创造申请专利的，专利权授予最先申请的人。

第十条　专利申请权和专利权可以转让。

中国单位或者个人向外国人、外国企业或者外国其他组织转让专利申请权或者专利权 |

的，应当依照有关法律、行政法规的规定办理手续。

转让专利申请权或者专利权的，当事人应当订立书面合同，并向国务院专利行政部门登记，由国务院专利行政部门予以公告。专利申请权或者专利权的转让自登记之日起生效。

第十一条 发明和实用新型专利权被授予后，除本法另有规定的以外，任何单位或者个人未经专利权人许可，都不得实施其专利，即不得为生产经营目的制造、使用、许诺销售、销售、进口其专利产品，或者使用其专利方法以及使用、许诺销售、销售、进口依照该专利方法直接获得的产品。

外观设计专利权被授予后，任何单位或者个人未经专利权人许可，都不得实施其专利，即不得为生产经营目的制造、许诺销售、销售、进口其外观设计专利产品。

第十二条 任何单位或者个人实施他人专利的，应当与专利权人订立实施许可合同，向专利权人支付专利使用费。被许可人无权允许合同规定以外的任何单位或者个人实施该专利。

第十三条 发明专利申请公布后，申请人可以要求实施其发明的单位或者个人支付适当的费用。

第十四条 专利申请权或者专利权的共有人对权利的行使有约定的，从其约定。没有约定的，共有人可以单独实施或者以普通许可方式许可他人实施该专利；许可他人实施该专利的，收取的使用费应当在共有人之间分配。

除前款规定的情形外，行使共有的专利申请权或者专利权应当取得全体共有人的同意。

第十五条 被授予专利权的单位应当对职务发明创造的发明人或者设计人给予奖励；发明创造专利实施后，根据其推广应用的范围和取得的经济效益，对发明人或者设计人给予合理的报酬。

国家鼓励被授予专利权的单位实行产权激励，采取股权、期权、分红等方式，使发明人或者设计人合理分享创新收益。

第十六条 发明人或者设计人有权在专利文件中写明自己是发明人或者设计人。

专利权人有权在其专利产品或者该产品的包装上标明专利标识。

第十七条 在中国没有经常居所或者营业所的外国人、外国企业或者外国其他组织在中国申请专利的，依照其所属国同中国签订的协议或者共同参加的国际条约，或者依照互惠原则，根据本法办理。

第十八条 在中国没有经常居所或者营业所的外国人、外国企业或者外国其他组织在中国申请专利和办理其他专利事务的，应当委托依法设立的专利代理机构办理。

中国单位或者个人在国内申请专利和办理其他专利事务的，可以委托依法设立的专利代理机构办理。

专利代理机构应当遵守法律、行政法规，按照被代理人的委托办理专利申请或者其他专利事务；对被代理人发明创造的内容，除专利申请已经公布或者公告的以外，负有保密责任。专利代理机构的具体管理办法由国务院规定。

第十九条 任何单位或者个人将在中国完成的发明或者实用新型向外国申请专利的，应当事先报经国务院专利行政部门进行保密审查。保密审查的程序、期限等按照国务院的规定执行。

中国单位或者个人可以根据中华人民共和国参加的有关国际条约提出专利国际申请。申请人提出专利国际申请的，应当遵守前款规定。

国务院专利行政部门依照中华人民共和国参加的有关国际条约、本法和国务院有关规定处理专利国际申请。

对违反本条第一款规定向外国申请专利的发明或者实用新型，在中国申请专利的，不授予专利权。

第二十条 申请专利和行使专利权应当遵循诚实信用原则。不得滥用专利权损害公共利益或者他人合法权益。

滥用专利权，排除或者限制竞争，构成垄断行为的，依照《中华人民共和国反垄断法》处理。

第二十一条 国务院专利行政部门应当按照客观、公正、准确、及时的要求，依法处理有关专利的申请和请求。

国务院专利行政部门应当加强专利信息公共服务体系建设，完整、准确、及时发布专利信息，提供专利基础数据，定期出版专利公报，促进专利信息传播与利用。

在专利申请公布或者公告前，国务院专利行政部门的工作人员及有关人员对其内容负有保密责任。

第二章 授予专利权的条件

第二十二条 授予专利权的发明和实用新型，应当具备新颖性、创造性和实用性。

新颖性，是指该发明或者实用新型不属于现有技术；也没有任何单位或者个人就同样的发明或者实用新型在申请日以前向国务院专利行政部门提出过申请，并记载在申请日以后公布的专利申请文件或者公告的专利文件中。

创造性，是指与现有技术相比，该发明具有突出的实质性特点和显著的进步，该实用新型具有实质性特点和进步。

实用性，是指该发明或者实用新型能够制造或者使用，并且能够产生积极效果。

本法所称现有技术，是指申请日以前在国内外为公众所知的技术。

第二十三条 授予专利权的外观设计，应当不属于现有设计；也没有任何单位或者个人就同样的外观设计在申请日以前向国务院专利行政部门提出过申请，并记载在申请日以后公告的专利文件中。

授予专利权的外观设计与现有设计或者现有设计特征的组合相比，应当具有明显区别。

授予专利权的外观设计不得与他人在申请日以前已经取得的合法权利相冲突。

本法所称现有设计，是指申请日以前在国内外为公众所知的设计。

第二十四条 申请专利的发明创造在申请日以前六个月内，有下列情形之一的，不丧失新颖性：

（一）在国家出现紧急状态或者非常情况时，为公共利益目的首次公开的；
（二）在中国政府主办或者承认的国际展览会上首次展出的；
（三）在规定的学术会议或者技术会议上首次发表的；
（四）他人未经申请人同意而泄露其内容的。

第二十五条 对下列各项，不授予专利权：

（一）科学发现；
（二）智力活动的规则和方法；
（三）疾病的诊断和治疗方法；
（四）动物和植物品种；
（五）原子核变换方法以及用原子核变换方法获得的物质；
（六）对平面印刷品的图案、色彩或者二者的结合作出的主要起标识作用的设计。

对前款第（四）项所列产品的生产方法，可以依照本法规定授予专利权。

第三章 专利的申请

第二十六条 申请发明或者实用新型专利的，应当提交请求书、说明书及其摘要和权利要求书等文件。

请求书应当写明发明或者实用新型的名称，发明人的姓名，申请人姓名或者名称、地

| 相关执法参考 | 相关法律法规（4） | 址，以及其他事项。
说明书应当对发明或者实用新型作出清楚、完整的说明，以所属技术领域的技术人员能够实现为准；必要的时候，应当有附图。摘要应当简要说明发明或者实用新型的技术要点。
权利要求书应当以说明书为依据，清楚、简要地限定要求专利保护的范围。
依赖遗传资源完成的发明创造，申请人应当在专利申请文件中说明该遗传资源的直接来源和原始来源；申请人无法说明原始来源的，应当陈述理由。
第二十七条　申请外观设计专利的，应当提交请求书、该外观设计的图片或者照片以及对该外观设计的简要说明等文件。
申请人提交的有关图片或者照片应当清楚地显示要求专利保护的产品的外观设计。
第二十八条　国务院专利行政部门收到专利申请文件之日为申请日。如果申请文件是邮寄的，以寄出的邮戳日为申请日。
第二十九条　申请人自发明或者实用新型在外国第一次提出专利申请之日起十二个月内，或者自外观设计在外国第一次提出专利申请之日起六个月内，又在中国就相同主题提出专利申请的，依照该外国同中国签订的协议或者共同参加的国际条约，或者依照相互承认优先权的原则，可以享有优先权。
申请人自发明或者实用新型在中国第一次提出专利申请之日起十二个月内，或者自外观设计在中国第一次提出专利申请之日起六个月内，又向国务院专利行政部门就相同主题提出专利申请的，可以享有优先权。
第三十条　申请人要求发明、实用新型专利优先权的，应当在申请的时候提出书面声明，并且在第一次提出申请之日起十六个月内，提交第一次提出的专利申请文件的副本。
申请人要求外观设计专利优先权的，应当在申请的时候提出书面声明，并且在三个月内提交第一次提出的专利申请文件的副本。
申请人未提出书面声明或者逾期未提交专利申请文件副本的，视为未要求优先权。
第三十一条　一件发明或者实用新型专利申请应当限于一项发明或者实用新型。属于一个总的发明构思的两项以上的发明或者实用新型，可以作为一件申请提出。
一件外观设计专利申请应当限于一项外观设计。同一产品两项以上的相似外观设计，或者用于同一类别并且成套出售或者使用的产品的两项以上外观设计，可以作为一件申请提出。
第三十二条　申请人可以在被授予专利权之前随时撤回其专利申请。
第三十三条　申请人可以对其专利申请文件进行修改，但是，对发明和实用新型专利申请文件的修改不得超出原说明书和权利要求书记载的范围，对外观设计专利申请文件的修改不得超出原图片或者照片表示的范围。
第四章　专利申请的审查和批准
第三十四条　国务院专利行政部门收到发明专利申请后，经初步审查认为符合本法要求的，自申请日起满十八个月，即行公布。国务院专利行政部门可以根据申请人的请求早日公布其申请。
第三十五条　发明专利申请自申请日起三年内，国务院专利行政部门可以根据申请人随时提出的请求，对其申请进行实质审查；申请人无正当理由逾期不请求实质审查的，该申请即被视为撤回。
国务院专利行政部门认为必要的时候，可以自行对发明专利申请进行实质审查。
第三十六条　发明专利的申请人请求实质审查的时候，应当提交在申请日前与其发明有关的参考资料。
发明专利已经在外国提出过申请的，国务院专利行政部门可以要求申请人在指定期限内提交该国为审查其申请进行检索的资料或者审查结果的资料；无正当理由逾期不提交 |

的，该申请即被视为撤回。

第三十七条　国务院专利行政部门对发明专利申请进行实质审查后，认为不符合本法规定的，应当通知申请人，要求其在指定的期限内陈述意见，或者对其申请进行修改；无正当理由逾期不答复的，该申请即被视为撤回。

第三十八条　发明专利申请经申请人陈述意见或者进行修改后，国务院专利行政部门仍然认为不符合本法规定的，应当予以驳回。

第三十九条　发明专利申请经实质审查没有发现驳回理由的，由国务院专利行政部门作出授予发明专利权的决定，发给发明专利证书，同时予以登记和公告。发明专利权自公告之日起生效。

第四十条　实用新型和外观设计专利申请经初步审查没有发现驳回理由的，由国务院专利行政部门作出授予实用新型专利权或者外观设计专利权的决定，发给相应的专利证书，同时予以登记和公告。实用新型专利权和外观设计专利权自公告之日起生效。

第四十一条　专利申请人对国务院专利行政部门驳回申请的决定不服的，可以自收到通知之日起三个月内向国务院专利行政部门请求复审。国务院专利行政部门复审后，作出决定，并通知专利申请人。

专利申请人对国务院专利行政部门的复审决定不服的，可以自收到通知之日起三个月内向人民法院起诉。

第五章　专利权的期限、终止和无效

第四十二条　发明专利权的期限为二十年，实用新型专利权的期限为十年，外观设计专利权的期限为十五年，均自申请日起计算。

自发明专利申请日起满四年，且自实质审查请求之日起满三年后授予发明专利权的，国务院专利行政部门应专利权人的请求，就发明专利在授权过程中的不合理延迟给予专利权期限补偿，但由申请人引起的不合理延迟除外。

为补偿新药上市审评审批占用的时间，对在中国获得上市许可的新药相关发明专利，国务院专利行政部门应专利权人的请求给予专利权期限补偿。补偿期限不超过五年，新药批准上市后总有效专利权期限不超过十四年。

第四十三条　专利权人应当自被授予专利权的当年开始缴纳年费。

第四十四条　有下列情形之一的，专利权在期限届满前终止：

（一）没有按照规定缴纳年费的；

（二）专利权人以书面声明放弃其专利权的。

专利权在期限届满前终止的，由国务院专利行政部门登记和公告。

第四十五条　自国务院专利行政部门公告授予专利权之日起，任何单位或者个人认为该专利权的授予不符合本法有关规定的，可以请求国务院专利行政部门宣告该专利权无效。

第四十六条　国务院专利行政部门对宣告专利权无效的请求应当及时审查和作出决定，并通知请求人和专利权人。宣告专利权无效的决定，由国务院专利行政部门登记和公告。

对国务院专利行政部门宣告专利权无效或者维持专利权的决定不服的，可以自收到通知之日起三个月内向人民法院起诉。人民法院应当通知无效宣告请求程序的对方当事人作为第三人参加诉讼。

第四十七条　宣告无效的专利权视为自始即不存在。

宣告专利权无效的决定，对在宣告专利权无效前人民法院作出并已执行的专利侵权的判决、调解书，已经履行或者强制执行的专利侵权纠纷处理决定，以及已经履行的专利实施许可合同和专利权转让合同，不具有追溯力。但是因专利权人的恶意给他人造成的损失，应当给予赔偿。

依照前款规定不返还专利侵权赔偿金、专利使用费、专利权转让费，明显违反公平原则的，应当全部或者部分返还。

第六章　专利实施的特别许可

第四十八条　国务院专利行政部门、地方人民政府管理专利工作的部门应当会同同级相关部门采取措施，加强专利公共服务，促进专利实施和运用。

第四十九条　国有企业事业单位的发明专利，对国家利益或者公共利益具有重大意义的，国务院有关主管部门和省、自治区、直辖市人民政府报经国务院批准，可以决定在批准的范围内推广应用，允许指定的单位实施，由实施单位按照国家规定向专利权人支付使用费。

第五十条　专利权人自愿以书面方式向国务院专利行政部门声明愿意许可任何单位或者个人实施其专利，并明确许可使用费支付方式、标准的，由国务院专利行政部门予以公告，实行开放许可。就实用新型、外观设计专利提出开放许可声明的，应当提供专利权评价报告。

专利权人撤回开放许可声明的，应当以书面方式提出，并由国务院专利行政部门予以公告。开放许可声明被公告撤回的，不影响在先给予的开放许可的效力。

第五十一条　任何单位或者个人有意愿实施开放许可的专利的，以书面方式通知专利权人，并依照公告的许可使用费支付方式、标准支付许可使用费后，即获得专利实施许可。

开放许可实施期间，对专利权人缴纳专利年费相应给予减免。

实行开放许可的专利权人可以与被许可人就许可使用费进行协商后给予普通许可，但不得就该专利给予独占或者排他许可。

第五十二条　当事人就实施开放许可发生纠纷的，由当事人协商解决；不愿协商或者协商不成的，可以请求国务院专利行政部门进行调解，也可以向人民法院起诉。

第五十三条　有下列情形之一的，国务院专利行政部门根据具备实施条件的单位或者个人的申请，可以给予实施发明专利或者实用新型专利的强制许可：

（一）专利权人自专利权被授予之日起满三年，且自提出专利申请之日起满四年，无正当理由未实施或者未充分实施其专利的；

（二）专利权人行使专利权的行为被依法认定为垄断行为，为消除或者减少该行为对竞争产生的不利影响的。

第五十四条　在国家出现紧急状态或者非常情况时，或者为了公共利益的目的，国务院专利行政部门可以给予实施发明专利或者实用新型专利的强制许可。

第五十五条　为了公共健康目的，对取得专利权的药品，国务院专利行政部门可以给予制造并将其出口到符合中华人民共和国参加的有关国际条约规定的国家或者地区的强制许可。

第五十六条　一项取得专利权的发明或者实用新型比前已经取得专利权的发明或者实用新型具有显著经济意义的重大技术进步，其实施又有赖于前一发明或者实用新型的实施的，国务院专利行政部门根据后一专利权人的申请，可以给予实施前一发明或者实用新型的强制许可。

在依照前款规定给予实施强制许可的情形下，国务院专利行政部门根据前一专利权人的申请，也可以给予实施后一发明或者实用新型的强制许可。

第五十七条　强制许可涉及的发明创造为半导体技术的，其实施限于公共利益的目的和本法第五十三条第（二）项规定的情形。

第五十八条　除依照本法第五十三条第（二）项、第五十五条规定给予的强制许可外，强制许可的实施应当主要为了供应国内市场。

第五十九条　依照本法第五十三条第（一）项、第五十六条规定申请强制许可的单位或者个人应当提供证据，证明其以合理的条件请求专利权人许可其实施专利，但未能在合理的时间内获得许可。

第六十条　国务院专利行政部门作出的给予实施强制许可的决定，应当及时通知专利权人，并予以登记和公告。

给予实施强制许可的决定，应当根据强制许可的理由规定实施的范围和时间。强制许可的理由消除并不再发生时，国务院专利行政部门应当根据专利权人的请求，经审查后作出终止实施强制许可的决定。

第六十一条　取得实施强制许可的单位或者个人不享有独占的实施权，并且无权允许他人实施。

第六十二条　取得实施强制许可的单位或者个人应当付给专利权人合理的使用费，或者依照中华人民共和国参加的有关国际条约的规定处理使用费问题。付给使用费的，其数额由双方协商；双方不能达成协议的，由国务院专利行政部门裁决。

第六十三条　专利权人对国务院专利行政部门关于实施强制许可的决定不服的，专利权人和取得实施强制许可的单位或者个人对国务院专利行政部门关于实施强制许可的使用费的裁决不服的，可以自收到通知之日起三个月内向人民法院起诉。

第七章　专利权的保护

第六十四条　发明或者实用新型专利权的保护范围以其权利要求的内容为准，说明书及附图可以用于解释权利要求的内容。

外观设计专利权的保护范围以表示在图片或者照片中的该产品的外观设计为准，简要说明可以用于解释图片或者照片所表示的该产品的外观设计。

第六十五条　未经专利权人许可，实施其专利，即侵犯其专利权，引起纠纷的，由当事人协商解决；不愿协商或者协商不成的，专利权人或者利害关系人可以向人民法院起诉，也可以请求管理专利工作的部门处理。管理专利工作的部门处理时，认定侵权行为成立的，可以责令侵权人立即停止侵权行为，当事人不服的，可以自收到处理通知之日起十五日内依照《中华人民共和国行政诉讼法》向人民法院起诉；侵权人期满不起诉又不停止侵权行为的，管理专利工作的部门可以申请人民法院强制执行。进行处理的管理专利工作的部门应当事人的请求，可以就侵犯专利权的赔偿数额进行调解；调解不成的，当事人可以依照《中华人民共和国民事诉讼法》向人民法院起诉。

第六十六条　专利侵权纠纷涉及新产品制造方法的发明专利的，制造同样产品的单位或者个人应当提供其产品制造方法不同于专利方法的证明。

专利侵权纠纷涉及实用新型专利或者外观设计专利的，人民法院或者管理专利工作的部门可以要求专利权人或者利害关系人出具由国务院专利行政部门对相关实用新型或者外观设计进行检索、分析和评价后作出的专利权评价报告，作为审理、处理专利侵权纠纷的证据；专利权人、利害关系人或者被控侵权人也可以主动出具专利权评价报告。

第六十七条　在专利侵权纠纷中，被控侵权人有证据证明其实施的技术或者设计属于现有技术或者现有设计的，不构成侵犯专利权。

第六十八条　假冒专利的，除依法承担民事责任外，由负责专利执法的部门责令改正并予公告，没收违法所得，可以处违法所得五倍以下的罚款；没有违法所得或者违法所得在五万元以下的，可以处二十五万元以下的罚款；构成犯罪的，依法追究刑事责任。

第六十九条　负责专利执法的部门根据已经取得的证据，对涉嫌假冒专利行为进行查处时，有权采取下列措施：

（一）询问有关当事人，调查与涉嫌违法行为有关的情况；

（二）对当事人涉嫌违法行为的场所实施现场检查；

（三）查阅、复制与涉嫌违法行为有关的合同、发票、账簿以及其他有关资料；

（四）检查与涉嫌违法行为有关的产品；

（五）对有证据证明是假冒专利的产品，可以查封或者扣押。

管理专利工作的部门应专利权人或者利害关系人的请求处理专利侵权纠纷时，可以采取前款第（一）项、第（二）项、第（四）项所列措施。

负责专利执法的部门、管理专利工作的部门依法行使前两款规定的职权时，当事人应当予以协助、配合，不得拒绝、阻挠。

第七十条 国务院专利行政部门可以应专利权人或者利害关系人的请求处理在全国有重大影响的专利侵权纠纷。

地方人民政府管理专利工作的部门应专利权人或者利害关系人请求处理专利侵权纠纷，对在本行政区域内侵犯其同一专利权的案件可以合并处理；对跨区域侵犯其同一专利权的案件可以请求上级地方人民政府管理专利工作的部门处理。

第七十一条 侵犯专利权的赔偿数额按照权利人因被侵权所受到的实际损失或者侵权人因侵权所获得的利益确定；权利人的损失或者侵权人获得的利益难以确定的，参照该专利许可使用费的倍数合理确定。对故意侵犯专利权，情节严重的，可以在按照上述方法确定数额的一倍以上五倍以下确定赔偿数额。

权利人的损失、侵权人获得的利益和专利许可使用费均难以确定的，人民法院可以根据专利权的类型、侵权行为的性质和情节等因素，确定给予三万元以上五百万元以下的赔偿。

赔偿数额还应当包括权利人为制止侵权行为所支付的合理开支。

人民法院为确定赔偿数额，在权利人已经尽力举证，而与侵权行为相关的账簿、资料主要由侵权人掌握的情况下，可以责令侵权人提供与侵权行为相关的账簿、资料；侵权人不提供或者提供虚假的账簿、资料的，人民法院可以参考权利人的主张和提供的证据判定赔偿数额。

第七十二条 专利权人或者利害关系人有证据证明他人正在实施或者即将实施侵犯专利权、妨碍其实现权利的行为，如不及时制止将会使其合法权益受到难以弥补的损害的，可以在起诉前依法向人民法院申请采取财产保全、责令作出一定行为或者禁止作出一定行为的措施。

第七十三条 为了制止专利侵权行为，在证据可能灭失或者以后难以取得的情况下，专利权人或者利害关系人可以在起诉前依法向人民法院申请保全证据。

第七十四条 侵犯专利权的诉讼时效为三年，自专利权人或者利害关系人知道或者应当知道侵权行为以及侵权人之日起计算。

发明专利申请公布后至专利权授予前使用该发明未支付适当使用费的，专利权人要求支付使用费的诉讼时效为三年，自专利权人知道或者应当知道他人使用其发明之日起计算，但是，专利权人于专利权授予之日前即已知道或者应当知道的，自专利权授予之日起计算。

第七十五条 有下列情形之一的，不视为侵犯专利权：

（一）专利产品或者依照专利方法直接获得的产品，由专利权人或者经其许可的单位、个人售出后，使用、许诺销售、销售、进口该产品的；

（二）在专利申请日前已经制造相同产品、使用相同方法或者已经作好制造、使用的必要准备，并且仅在原有范围内继续制造、使用的；

（三）临时通过中国领陆、领水、领空的外国运输工具，依照其所属国同中国签订的协议或者共同参加的国际条约，或者依照互惠原则，为运输工具自身需要而在其装置和设备中使用有关专利的；

（四）专为科学研究和实验而使用有关专利的；

（五）为提供行政审批所需要的信息，制造、使用、进口专利药品或者专利医疗器械的，以及专门为其制造、进口专利药品或者专利医疗器械的。

相关执法参考	相关法律法规（4）	第七十六条　药品上市审评审批过程中，药品上市许可申请人与有关专利权人或者利害关系人，因申请注册的药品相关的专利权产生纠纷的，相关当事人可以向人民法院起诉，请求就申请注册的药品相关技术方案是否落入他人药品专利权保护范围作出判决。国务院药品监督管理部门在规定的期限内，可以根据人民法院生效裁判作出是否暂停批准相关药品上市的决定。 　　药品上市许可申请人与有关专利权人或者利害关系人也可以就申请注册的药品相关的专利权纠纷，向国务院专利行政部门请求行政裁决。 　　国务院药品监督管理部门会同国务院专利行政部门制定药品上市许可审批与药品上市许可申请阶段专利权纠纷解决的具体衔接办法，报国务院同意后实施。 　　第七十七条　为生产经营目的使用、许诺销售或者销售不知道是未经专利权人许可而制造并售出的专利侵权产品，能证明该产品合法来源的，不承担赔偿责任。 　　第七十八条　违反本法第十九条规定向外国申请专利，泄露国家秘密的，由所在单位或者上级主管机关给予行政处分；构成犯罪的，依法追究刑事责任。 　　第七十九条　管理专利工作的部门不得参与向社会推荐专利产品等经营活动。 　　管理专利工作的部门违反前款规定的，由其上级机关或者监察机关责令改正，消除影响，有违法收入的予以没收；情节严重的，对直接负责的主管人员和其他直接责任人员依法给予处分。 　　第八十条　从事专利管理工作的国家机关工作人员以及其他有关国家机关工作人员玩忽职守、滥用职权、徇私舞弊，构成犯罪的，依法追究刑事责任；尚不构成犯罪的，依法给予处分。 　　第八章　附　则 　　第八十一条　向国务院专利行政部门申请专利和办理其他手续，应当按照规定缴纳费用。 　　第八十二条　本法自1985年4月1日起施行。
	相关法律法规（5）	《专利法实施细则》 　　（2001年6月15日中华人民共和国国务院令第306号公布，根据2002年12月28日《国务院关于修改〈中华人民共和国专利法实施细则〉的决定》第一次修订，根据2010年1月9日《国务院关于修改〈中华人民共和国专利法实施细则〉的决定》第二次修订） 　　第一章　总　则 　　第一条　根据《中华人民共和国专利法》（以下简称专利法），制定本细则。 　　第二条　专利法和本细则规定的各种手续，应当以书面形式或者国务院专利行政部门规定的其他形式办理。 　　第三条　依照专利法和本细则规定提交的各种文件应当使用中文；国家有统一规定的科技术语的，应当采用规范词；外国人名、地名和科技术语没有统一中文译文的，应当注明原文。 　　依照专利法和本细则规定提交的各种证件和证明文件是外文的，国务院专利行政部门认为必要时，可以要求当事人在指定期限内附送中文译文；期满未附送的，视为未提交该证件和证明文件。 　　第四条　向国务院专利行政部门邮寄的各种文件，以寄出的邮戳日为递交日；邮戳日不清晰的，除当事人能够提出证明外，以国务院专利行政部门收到日为递交日。 　　国务院专利行政部门的各种文件，可以通过邮寄、直接送交或者其他方式送达当事人。当事人委托专利代理机构的，文件送交专利代理机构；未委托专利代理机构的，文件送交请求书中指明的联系人。 　　国务院专利行政部门邮寄的各种文件，自文件发出之日起满15日，推定为当事人收到文件之日。

| 相关执法参考 | 相关法律法规（5） | 根据国务院专利行政部门规定应当直接送交的文件，以交付日为送达日。
文件送交地址不清，无法邮寄的，可以通过公告的方式送达当事人。自公告之日起满1个月，该文件视为已经送达。
第五条 专利法和本细则规定的各种期限的第一日不计算在期限内。期限以年或者月计算的，以其最后一月的相应日为期限届满日；该月无相应日的，以该月最后一日为期限届满日；期限届满日是法定休假日的，以休假日后的第一个工作日为期限届满日。
第六条 当事人因不可抗拒的事由而延误专利法或者本细则规定的期限或者国务院专利行政部门指定的期限，导致其权利丧失的，自障碍消除之日起2个月内，最迟自期限届满之日起2年内，可以向国务院专利行政部门请求恢复权利。
除前款规定的情形外，当事人因其他正当理由延误专利法或者本细则规定的期限或者国务院专利行政部门指定的期限，导致其权利丧失的，可以自收到国务院专利行政部门的通知之日起2个月内向国务院专利行政部门请求恢复权利。
当事人依照本条第一款或者第二款的规定请求恢复权利的，应当提交恢复权利请求书，说明理由，必要时附具有关证明文件，并办理权利丧失前应当办理的相应手续；依照本条第二款的规定请求恢复权利的，还应当缴纳恢复权利请求费。
当事人请求延长国务院专利行政部门指定的期限的，应当在期限届满前，向国务院专利行政部门说明理由并办理有关手续。
本条第一款和第二款的规定不适用专利法第二十四条、第二十九条、第四十二条、第六十八条规定的期限。
第七条 专利申请涉及国防利益需要保密的，由国防专利机构受理并进行审查；国务院专利行政部门受理的专利申请涉及国防利益需要保密的，应当及时移交国防专利机构进行审查。经国防专利机构审查没有发现驳回理由的，由国务院专利行政部门作出授予国防专利权的决定。
国务院专利行政部门认为其受理的发明或者实用新型专利申请涉及国防利益以外的国家安全或者重大利益需要保密的，应当及时作出按照保密专利申请处理的决定，并通知申请人。保密专利申请的审查、复审以及保密专利权无效宣告的特殊程序，由国务院专利行政部门规定。
第八条 专利法第二十条所称在中国完成的发明或者实用新型，是指技术方案的实质性内容在中国境内完成的发明或者实用新型。
任何单位或者个人将在中国完成的发明或者实用新型向外国申请专利的，应当按照下列方式之一请求国务院专利行政部门进行保密审查：
（一）直接向外国申请专利或者向有关国外机构提交专利国际申请的，应当事先向国务院专利行政部门提出请求，并详细说明其技术方案；
（二）向国务院专利行政部门申请专利后拟向外国申请专利或者向有关国外机构提交专利国际申请的，应当在向外国申请专利或者向有关国外机构提交专利国际申请前向国务院专利行政部门提出请求。
向国务院专利行政部门提交专利国际申请的，视为同时提出了保密审查请求。
第九条 国务院专利行政部门收到依照本细则第八条规定递交的请求后，经过审查认为该发明或者实用新型可能涉及国家安全或者重大利益需要保密的，应当及时向申请人发出保密审查通知；申请人未在其请求递交日起4个月内收到保密审查通知的，可以就该发明或者实用新型向外国申请专利或者向有关国外机构提交专利国际申请。
国务院专利行政部门依照前款规定通知进行保密审查的，应当及时作出是否需要保密的决定，并通知申请人。申请人未在其请求递交日起6个月内收到需要保密的决定的，可以就该发明或者实用新型向外国申请专利或者向有关国外机构提交专利国际申请。
第十条 专利法第五条所称违反法律的发明创造，不包括仅其实施为法律所禁止的发 |

相关执法参考	相关法律法规（5）	明创造。 **第十一条** 除专利法第二十八条和第四十二条规定的情形外，专利法所称申请日，有优先权的，指优先权日。 本细则所称申请日，除另有规定的外，是指专利法第二十八条规定的申请日。 **第十二条** 专利法第六条所称执行本单位的任务所完成的职务发明创造，是指： （一）在本职工作中作出的发明创造； （二）履行本单位交付的本职工作之外的任务所作出的发明创造； （三）退休、调离原单位后或者劳动、人事关系终止后1年内作出的，与其在原单位承担的本职工作或者原单位分配的任务有关的发明创造。 专利法第六条所称本单位，包括临时工作单位；专利法第六条所称本单位的物质技术条件，是指本单位的资金、设备、零部件、原材料或者不对外公开的技术资料等。 **第十三条** 专利法所称发明人或者设计人，是指对发明创造的实质性特点作出创造性贡献的人。在完成发明创造过程中，只负责组织工作的人、为物质技术条件的利用提供方便的人或者从事其他辅助工作的人，不是发明人或者设计人。 **第十四条** 除依照专利法第十条规定转让专利权外，专利权因其他事由发生转移的，当事人应当凭有关证明文件或者法律文书向国务院专利行政部门办理专利权转移手续。 专利权人与他人订立的专利实施许可合同，应当自合同生效之日起3个月内向国务院专利行政部门备案。 以专利权出质的，由出质人和质权人共同向国务院专利行政部门办理出质登记。 第二章　专利的申请 **第十五条** 以书面形式申请专利的，应当向国务院专利行政部门提交申请文件一式两份。 以国务院专利行政部门规定的其他形式申请专利的，应当符合规定的要求。 申请人委托专利代理机构向国务院专利行政部门申请专利和办理其他专利事务的，应当同时提交委托书，写明委托权限。 申请人有2人以上且未委托专利代理机构的，除请求书中另有声明的外，以请求书中指明的第一申请人为代表人。 **第十六条** 发明、实用新型或者外观设计专利申请的请求书应当写明下列事项： （一）发明、实用新型或者外观设计的名称； （二）申请人是中国单位或者个人的，其名称或者姓名、地址、邮政编码、组织机构代码或者居民身份证件号码；申请人是外国人、外国企业或者外国其他组织的，其姓名或者名称、国籍或者注册的国家或者地区； （三）发明人或者设计人的姓名； （四）申请人委托专利代理机构的，受托机构的名称、机构代码以及该机构指定的专利代理人的姓名、执业证号码、联系电话； （五）要求优先权的，申请人第一次提出专利申请（以下简称在先申请）的申请日、申请号以及原受理机构的名称； （六）申请人或者专利代理机构的签字或者盖章； （七）申请文件清单； （八）附加文件清单； （九）其他需要写明的有关事项。 **第十七条** 发明或者实用新型专利申请的说明书应当写明发明或者实用新型的名称，该名称应当与请求书中的名称一致。说明书应当包括下列内容： （一）技术领域：写明要求保护的技术方案所属的技术领域； （二）背景技术：写明对发明或者实用新型的理解、检索、审查有用的背景技术；有

可能的，并引证反映这些背景技术的文件；

（三）发明内容：写明发明或者实用新型所要解决的技术问题以及解决其技术问题采用的技术方案，并对照现有技术写明发明或者实用新型的有益效果；

（四）附图说明：说明书有附图的，对各幅附图作简略说明；

（五）具体实施方式：详细写明申请人认为实现发明或者实用新型的优选方式；必要时，举例说明；有附图的，对照附图。

发明或者实用新型专利申请人应当按照前款规定的方式和顺序撰写说明书，并在说明书每一部分前面写明标题，除非其发明或者实用新型的性质用其他方式或者顺序撰写能节约说明书的篇幅并使他人能够准确理解其发明或者实用新型。

发明或者实用新型说明书应当用词规范、语句清楚，并不得使用"如权利要求……所述的……"一类的引用语，也不得使用商业性宣传用语。

发明专利申请包含一个或者多个核苷酸或者氨基酸序列的，说明书应当包括符合国务院专利行政部门规定的序列表。申请人应当将该序列表作为说明书的一个单独部分提交，并按照国务院专利行政部门的规定提交该序列表的计算机可读形式的副本。

实用新型专利申请说明书应当有表示要求保护的产品的形状、构造或者其结合的附图。

第十八条 发明或者实用新型的几幅附图应当按照"图1，图2，……"顺序编号排列。

发明或者实用新型说明书文字部分中未提及的附图标记不得在附图中出现，附图中未出现的附图标记不得在说明书文字部分中提及。申请文件中表示同一组成部分的附图标记应当一致。

附图中除必需的词语外，不应当含有其他注释。

第十九条 权利要求书应当记载发明或者实用新型的技术特征。

权利要求书有几项权利要求的，应当用阿拉伯数字顺序编号。

权利要求书中使用的科技术语应当与说明书中使用的科技术语一致，可以有化学式或者数学式，但是不得有插图。除绝对必要的外，不得使用"如说明书……部分所述"或者"如图……所示"的用语。

权利要求中的技术特征可以引用说明书附图中相应的标记，该标记应当放在相应的技术特征后并置于括号内，便于理解权利要求。附图标记不得解释为对权利要求的限制。

第二十条 权利要求书应当有独立权利要求，也可以有从属权利要求。

独立权利要求应当从整体上反映发明或者实用新型的技术方案，记载解决技术问题的必要技术特征。

从属权利要求应当用附加的技术特征，对引用的权利要求作进一步限定。

第二十一条 发明或者实用新型的独立权利要求应当包括前序部分和特征部分，按照下列规定撰写：

（一）前序部分：写明要求保护的发明或者实用新型技术方案的主题名称和发明或者实用新型主题与最接近的现有技术共有的必要技术特征；

（二）特征部分：使用"其特征是……"或者类似的用语，写明发明或者实用新型区别于最接近的现有技术的技术特征。这些特征和前序部分写明的特征合在一起，限定发明或者实用新型要求保护的范围。

发明或者实用新型的性质不适于用前款方式表达的，独立权利要求可以用其他方式撰写。

一项发明或者实用新型应当只有一个独立权利要求，并写在同一发明或者实用新型的从属权利要求之前。

第二十二条 发明或者实用新型的从属权利要求应当包括引用部分和限定部分，按照下列规定撰写：

（一）引用部分：写明引用的权利要求的编号及其主题名称；

（二）限定部分：写明发明或者实用新型附加的技术特征。

从属权利要求只能引用在前的权利要求。引用两项以上权利要求的多项从属权利要求，只能以择一方式引用在前的权利要求，并不得作为另一项多项从属权利要求的基础。

第二十三条 说明书摘要应当写明发明或者实用新型专利申请所公开内容的概要，即写明发明或者实用新型的名称和所属技术领域，并清楚地反映所要解决的技术问题、解决该问题的技术方案的要点以及主要用途。

说明书摘要可以包含最能说明发明的化学式；有附图的专利申请，还应当提供一幅最能说明该发明或者实用新型技术特征的附图。附图的大小及清晰度应当保证在该图缩小到 4 厘米×6 厘米时，仍能清晰地分辨出图中的各个细节。摘要文字部分不得超过 300 个字。摘要中不得使用商业性宣传用语。

第二十四条 申请专利的发明涉及新的生物材料，该生物材料公众不能得到，并且对该生物材料的说明不足以使所属领域的技术人员实施其发明的，除应当符合专利法和本细则的有关规定外，申请人还应当办理下列手续：

（一）在申请日前或者最迟在申请日（有优先权的，指优先权日），将该生物材料的样品提交国务院专利行政部门认可的保藏单位保藏，并在申请时或者最迟自申请日起 4 个月内提交保藏单位出具的保藏证明和存活证明；期满未提交证明的，该样品视为未提交保藏；

（二）在申请文件中，提供有关该生物材料特征的资料；

（三）涉及生物材料样品保藏的专利申请应当在请求书和说明书中写明该生物材料的分类命名（注明拉丁文名称）、保藏该生物材料样品的单位名称、地址、保藏日期和保藏编号；申请时未写明的，应当自申请日起 4 个月内补正；期满未补正的，视为未提交保藏。

第二十五条 发明专利申请人依照本细则第二十四条的规定保藏生物材料样品的，在发明专利申请公布后，任何单位或者个人需要将该专利申请所涉及的生物材料作为实验目的使用的，应当向国务院专利行政部门提出请求，并写明下列事项：

（一）请求人的姓名或者名称和地址；

（二）不向其他任何人提供该生物材料的保证；

（三）在授予专利权前，只作为实验目的使用的保证。

第二十六条 专利法所称遗传资源，是指取自人体、动物、植物或者微生物等含有遗传功能单位并具有实际或者潜在价值的材料；专利法所称依赖遗传资源完成的发明创造，是指利用了遗传资源的遗传功能完成的发明创造。

就依赖遗传资源完成的发明创造申请专利的，申请人应当在请求书中予以说明，并填写国务院专利行政部门制定的表格。

第二十七条 申请人请求保护色彩的，应当提交彩色图片或者照片。

申请人应当就每件外观设计产品所需要保护的内容提交有关图片或者照片。

第二十八条 外观设计的简要说明应当写明外观设计产品的名称、用途，外观设计的设计要点，并指定一幅最能表明设计要点的图片或者照片。省略视图或者请求保护色彩的，应当在简要说明中写明。

对同一产品的多项相似外观设计提出一件外观设计专利申请的，应当在简要说明中指定其中一项作为基本设计。

简要说明不得使用商业性宣传用语，也不能用来说明产品的性能。

第二十九条 国务院专利行政部门认为必要时，可以要求外观设计专利申请人提交使用外观设计的产品样品或者模型。样品或者模型的体积不得超过 30 厘米×30 厘米×30 厘米，重量不得超过 15 公斤。易腐、易损或者危险品不得作为样品或者模型提交。

相关执法参考	相关法律法规（5）	第三十条 专利法第二十四条第（一）项所称中国政府承认的国际展览会，是指国际展览会公约规定的在国际展览局注册或者由其认可的国际展览会。 专利法第二十四条第（二）项所称学术会议或者技术会议，是指国务院有关主管部门或者全国性学术团体组织召开的学术会议或者技术会议。 申请专利的发明创造有专利法第二十四条第（一）项或者第（二）项所列情形的，申请人应当在提出专利申请时声明，并自申请日起2个月内提交有关国际展览会或者学术会议、技术会议的组织单位出具的有关发明创造已经展出或者发表，以及展出或者发表日期的证明文件。 申请专利的发明创造有专利法第二十四条第（三）项所列情形的，国务院专利行政部门认为必要时，可以要求申请人在指定期限内提交证明文件。 申请人未依照本条第三款的规定提出声明和提交证明文件的，或者未依照本条第四款的规定在指定期限内提交证明文件的，其申请不适用专利法第二十四条的规定。 第三十一条 申请人依照专利法第三十条的规定要求外国优先权的，申请人提交的在先申请文件副本应当经原受理机构证明。依照国务院专利行政部门与该受理机构签订的协议，国务院专利行政部门通过电子交换等途径获得在先申请文件副本的，视为申请人提交了经该受理机构证明的在先申请文件副本。要求本国优先权，申请人在请求书中写明在先申请的申请日和申请号的，视为提交了在先申请文件副本。 要求优先权，但请求书中漏写或者错写在先申请的申请日、申请号和原受理机构名称中的一项或者两项内容的，国务院专利行政部门应当通知申请人在指定期限内补正；期满未补正的，视为未要求优先权。 要求优先权的申请人的姓名或者名称与在先申请文件副本中记载的申请人姓名或者名称不一致的，应当提交优先权转让证明材料，未提交该证明材料的，视为未要求优先权。 外观设计专利申请的申请人要求外国优先权，其在先申请未包括对外观设计的简要说明，申请人按照本细则第二十八条规定提交的简要说明未超出在先申请文件的图片或者照片表示的范围的，不影响其享有优先权。 第三十二条 申请人在一件专利申请中，可以要求一项或者多项优先权；要求多项优先权的，该申请的优先权期限从最早的优先权日起计算。 申请人要求本国优先权，在先申请是发明专利申请的，可以就相同主题提出发明或者实用新型专利申请；在先申请是实用新型专利申请的，可以就相同主题提出实用新型或者发明专利申请。但是，提出后一申请时，在先申请的主题有下列情形之一的，不得作为要求本国优先权的基础： （一）已经要求外国优先权或者本国优先权的； （二）已经被授予专利权的； （三）属于按照规定提出的分案申请的。 申请人要求本国优先权的，其在先申请自后一申请提出之日起即视为撤回。 第三十三条 在中国没有经常居所或者营业所的申请人，申请专利或者要求外国优先权的，国务院专利行政部门认为必要时，可以要求其提供下列文件： （一）申请人是个人的，其国籍证明； （二）申请人是企业或者其他组织的，其注册的国家或者地区的证明文件； （三）申请人的所属国，承认中国单位和个人可以按照该国国民的同等条件，在该国享有专利权、优先权和其他与专利有关的权利的证明文件。 第三十四条 依照专利法第三十一条第一款规定，可以作为一件专利申请提出的属于一个总的发明构思的两项以上的发明或者实用新型，应当在技术上相互关联，包含一个或者多个相同或者相应的特定技术特征，其中特定技术特征是指每一项发明或者实用新型作为整体，对现有技术作出贡献的技术特征。

第三十五条 依照专利法第三十一条第二款规定，将同一产品的多项相似外观设计作为一件申请提出的，对该产品的其他设计应当与简要说明中指定的基本设计相似。一件外观设计专利申请中的相似外观设计不得超过10项。

专利法第三十一条第二款所称同一类别并且成套出售或者使用的产品的两项以上外观设计，是指各产品属于分类表中同一大类，习惯上同时出售或者同时使用，而且各产品的外观设计具有相同的设计构思。

将两项以上外观设计作为一件申请提出的，应当将各项外观设计的顺序编号标注在每件外观设计产品各幅图片或者照片的名称之前。

第三十六条 申请人撤回专利申请的，应当向国务院专利行政部门提出声明，写明发明创造的名称、申请号和申请日。

撤回专利申请的声明在国务院专利行政部门作好公布专利申请文件的印刷准备工作后提出的，申请文件仍予公布；但是，撤回专利申请的声明应当在以后出版的专利公报上予以公告。

第三章 专利申请的审查和批准

第三十七条 在初步审查、实质审查、复审和无效宣告程序中，实施审查和审理的人员有下列情形之一的，应当自行回避，当事人或者其他利害关系人可以要求其回避：

（一）是当事人或者其代理人的近亲属的；
（二）与专利申请或者专利权有利害关系的；
（三）与当事人或者其代理人有其他关系，可能影响公正审查和审理的；
（四）专利复审委员会成员曾参与原申请的审查的。

第三十八条 国务院专利行政部门收到发明或者实用新型专利申请的请求书、说明书（实用新型必须包括附图）和权利要求书，或者外观设计专利申请的请求书、外观设计的图片或者照片和简要说明后，应当明确申请日、给予申请号，并通知申请人。

第三十九条 专利申请文件有下列情形之一的，国务院专利行政部门不予受理，并通知申请人：

（一）发明或者实用新型专利申请缺少请求书、说明书（实用新型无附图）或者权利要求书的，或者外观设计专利申请缺少请求书、图片或者照片、简要说明的；
（二）未使用中文的；
（三）不符合本细则第一百二十一条第一款规定的；
（四）请求书中缺少申请人姓名或者名称，或者缺少地址的；
（五）明显不符合专利法第十八条或者第十九条第一款的规定的；
（六）专利申请类别（发明、实用新型或者外观设计）不明确或者难以确定的。

第四十条 说明书中写有对附图的说明但无附图或者缺少部分附图的，申请人应当在国务院专利行政部门指定的期限内补交附图或者声明取消对附图的说明。申请人补交附图的，以向国务院专利行政部门提交或者邮寄附图之日为申请日；取消对附图的说明的，保留原申请日。

第四十一条 两个以上的申请人同日（指申请日；有优先权的，指优先权日）分别就同样的发明创造申请专利的，应当在收到国务院专利行政部门的通知后自行协商确定申请人。

同一申请人在同日（指申请日）对同样的发明创造既申请实用新型专利又申请发明专利的，应当在申请时分别说明对同样的发明创造已申请了另一专利；未作说明的，依照专利法第九条第一款关于同样的发明创造只能授予一项专利权的规定处理。

国务院专利行政部门公告授予实用新型专利权，应当公告申请人已依照本条第二款的规定同时申请了发明专利的说明。

发明专利申请经审查没有发现驳回理由，国务院专利行政部门应当通知申请人在规定期限内声明放弃实用新型专利权。申请人声明放弃的,国务院专利行政部门应当作出授予发明专利权的决定,并在公告授予发明专利权时一并公告申请人放弃实用新型专利权声明。申请人不同意放弃的,国务院专利行政部门应当驳回该发明专利申请;申请人期满未答复的,视为撤回该发明专利申请。

实用新型专利权自公告授予发明专利权之日起终止。

第四十二条　一件专利申请包括两项以上发明、实用新型或者外观设计的,申请人可以在本细则第五十四条第一款规定的期限届满前,向国务院专利行政部门提出分案申请;但是,专利申请已经被驳回、撤回或者视为撤回的,不能提出分案申请。

国务院专利行政部门认为一件专利申请不符合专利法第三十一条和本细则第三十四条或者第三十五条的规定的,应当通知申请人在指定期限内对其申请进行修改;申请人期满未答复的,该申请视为撤回。

分案的申请不得改变原申请的类别。

第四十三条　依照本细则第四十二条规定提出的分案申请,可以保留原申请日,享有优先权的,可以保留优先权日,但是不得超出原申请记载的范围。

分案申请应当依照专利法及本细则的规定办理有关手续。

分案申请的请求书中应当写明原申请的申请号和申请日。提交分案申请时,申请人应当提交原申请文件副本;原申请享有优先权的,并应当提交原申请的优先权文件副本。

第四十四条　专利法第三十四条和第四十条所称初步审查,是指审查专利申请是否具备专利法第二十六条或者第二十七条规定的文件和其他必要的文件,这些文件是否符合规定的格式,并审查下列各项:

(一)发明专利申请是否明显属于专利法第五条、第二十五条规定的情形,是否不符合专利法第十八条、第十九条第一款、第二十条第一款或者本细则第十六条、第二十六条第二款的规定,是否明显不符合专利法第二条第二款、第二十六条第五款、第三十一条第一款、第三十三条或者本细则第十七条至第二十一条的规定;

(二)实用新型专利申请是否明显属于专利法第五条、第二十五条规定的情形,是否不符合专利法第十八条、第十九条第一款、第二十条第一款或者本细则第十六条至第十九条、第二十一条至第二十三条的规定,是否明显不符合专利法第二条第三款、第二十二条第二款、第四款、第二十六条第三款、第四款、第三十一条第一款、第三十三条或者本细则第二十条、第四十三条第一款的规定,是否依照专利法第九条规定不能取得专利权;

(三)外观设计专利申请是否明显属于专利法第五条、第二十五条第一款第(六)项规定的情形,是否不符合专利法第十八条、第十九条第一款或者本细则第十六条、第二十七条、第二十八条的规定,是否明显不符合专利法第二条第四款、第二十三条第一款、第二十七条第二款、第三十一条第二款、第三十三条或者本细则第四十三条第一款的规定,是否依照专利法第九条规定不能取得专利权;

(四)申请文件是否符合本细则第二条、第三条第一款的规定。

国务院专利行政部门应当将审查意见通知申请人,要求其在指定期限内陈述意见或者补正;申请人期满未答复的,其申请视为撤回。申请人陈述意见或者补正后,国务院专利行政部门仍然认为不符合前款所列各项规定的,应当予以驳回。

第四十五条　除专利申请文件外,申请人向国务院专利行政部门提交的与专利申请有关的其他文件有下列情形之一的,视为未提交:

(一)未使用规定的格式或者填写不符合规定的;

(二)未按照规定提交证明材料的。

国务院专利行政部门应当将视为未提交的审查意见通知申请人。

第四十六条　申请人请求早日公布其发明专利申请的,应当向国务院专利行政部门声明。国务院专利行政部门对该申请进行初步审查后,除予以驳回的外,应当立即将申请予以公布。

第四十七条　申请人写明使用外观设计的产品及其所属类别的，应当使用国务院专利行政部门公布的外观设计产品分类表。未写明使用外观设计的产品所属类别或者所写的类别不确切的，国务院专利行政部门可以予以补充或者修改。

第四十八条　自发明专利申请公布之日起至公告授予专利权之日止，任何人均可以对不符合专利法规定的专利申请向国务院专利行政部门提出意见，并说明理由。

第四十九条　发明专利申请人因有正当理由无法提交专利法第三十六条规定的检索资料或者审查结果资料的，应当向国务院专利行政部门声明，并在得到有关资料后补交。

第五十条　国务院专利行政部门依照专利法第三十五条第二款的规定对专利申请自行进行审查时，应当通知申请人。

第五十一条　发明专利申请人在提出实质审查请求时以及在收到国务院专利行政部门发出的发明专利申请进入实质审查阶段通知书之日起的3个月内，可以对发明专利申请主动提出修改。

实用新型或者外观设计专利申请人自申请日起2个月内，可以对实用新型或者外观设计专利申请主动提出修改。

申请人在收到国务院专利行政部门发出的审查意见通知书后对专利申请文件进行修改的，应当针对通知书指出的缺陷进行修改。

国务院专利行政部门可以自行修改专利申请文件中文字和符号的明显错误。国务院专利行政部门自行修改的，应当通知申请人。

第五十二条　发明或者实用新型专利申请的说明书或者权利要求书的修改部分，除个别文字修改或者增删外，应当按照规定格式提交替换页。外观设计专利申请的图片或者照片的修改，应当按照规定提交替换页。

第五十三条　依照专利法第三十八条的规定，发明专利申请经实质审查应当予以驳回的情形是指：

（一）申请属于专利法第五条、第二十五条规定的情形，或者依照专利法第九条规定不能取得专利权的；

（二）申请不符合专利法第二条第二款、第二十条第一款、第二十二条、第二十六条第三款、第四款、第五款、第三十一条第一款或者本细则第二十条第二款规定的；

（三）申请的修改不符合专利法第三十三条规定，或者分案的申请不符合本细则第四十三条第一款的规定的。

第五十四条　国务院专利行政部门发出授予专利权的通知后，申请人应当自收到通知之日起2个月内办理登记手续。申请人按期办理登记手续的，国务院专利行政部门应当授予专利权，颁发专利证书，并予以公告。

期满未办理登记手续的，视为放弃取得专利权的权利。

第五十五条　保密专利申请经审查没有发现驳回理由的，国务院专利行政部门应当作出授予保密专利权的决定，颁发保密专利证书，登记保密专利权的有关事项。

第五十六条　授予实用新型或者外观设计专利权的决定公告后，专利法第六十条规定的专利权人或者利害关系人可以请求国务院专利行政部门作出专利权评价报告。

请求作出专利权评价报告的，应当提交专利权评价报告请求书，写明专利号。每项请求应当限于一项专利权。

专利权评价报告请求书不符合规定的，国务院专利行政部门应当通知请求人在指定期限内补正；请求人期满未补正的，视为未提出请求。

第五十七条　国务院专利行政部门应当自收到专利权评价报告请求书后2个月内作出专利权评价报告。对同一项实用新型或者外观设计专利权，有多个请求人请求作出专利权评价报告的，国务院专利行政部门仅作出一份专利权评价报告。任何单位或者个人可以查阅或者复制该专利权评价报告。

第五十八条　国务院专利行政部门对专利公告、专利单行本中出现的错误，一经发现，应当及时更正，并对所作更正予以公告。

第四章　专利申请的复审与专利权的无效宣告

第五十九条　专利复审委员会由国务院专利行政部门指定的技术专家和法律专家组成，主任委员由国务院专利行政部门负责人兼任。

第六十条　依照专利法第四十一条的规定向专利复审委员会请求复审的，应当提交复审请求书，说明理由，必要时还应当附具有关证据。

复审请求不符合专利法第十九条第一款或者第四十一条第一款规定的，专利复审委员会不予受理，书面通知复审请求人并说明理由。

复审请求书不符合规定格式的，复审请求人应当在专利复审委员会指定的期限内补正；期满未补正的，该复审请求视为未提出。

第六十一条　请求人在提出复审请求或者在对专利复审委员会的复审通知书作出答复时，可以修改专利申请文件；但是，修改应当仅限于消除驳回决定或者复审通知书指出的缺陷。

修改的专利申请文件应当提交一式两份。

第六十二条　专利复审委员会应当将受理的复审请求书转交国务院专利行政部门原审查部门进行审查。原审查部门根据复审请求人的请求，同意撤销原决定的，专利复审委员会应当据此作出复审决定，并通知复审请求人。

第六十三条　专利复审委员会进行复审后，认为复审请求不符合专利法和本细则有关规定的，应当通知复审请求人，要求其在指定期限内陈述意见。期满未答复的，该复审请求视为撤回；经陈述意见或者进行修改后，专利复审委员会认为仍不符合专利法和本细则有关规定的，应当作出维持原驳回决定的复审决定。

专利复审委员会进行复审后，认为原驳回决定不符合专利法和本细则有关规定的，或者认为经过修改的专利申请文件消除了原驳回决定指出的缺陷的，应当撤销原驳回决定，由原审查部门继续进行审查程序。

第六十四条　复审请求人在专利复审委员会作出决定前，可以撤回其复审请求。

复审请求人在专利复审委员会作出决定前撤回其复审请求的，复审程序终止。

第六十五条　依照专利法第四十五条的规定，请求宣告专利权无效或者部分无效的，应当向专利复审委员会提交专利权无效宣告请求书和必要的证据一式两份。无效宣告请求书应当结合提交的所有证据，具体说明无效宣告请求的理由，并指明每项理由所依据的证据。

前款所称无效宣告请求的理由，是指被授予专利的发明创造不符合专利法第二条、第二十条第一款、第二十二条、第二十三条、第二十六条第三款、第四款、第二十七条第二款、第三十三条或者本细则第二十条第二款、第四十三条第一款的规定，或者属于专利法第五条、第二十五条的规定，或者依照专利法第九条规定不能取得专利权。

第六十六条　专利权无效宣告请求不符合专利法第十九条第一款或者本细则第六十五条规定的，专利复审委员会不予受理。

在专利复审委员会就无效宣告请求作出决定之后，又以同样的理由和证据请求无效宣告的，专利复审委员会不予受理。

以不符合专利法第二十三条第三款的规定为理由请求宣告外观设计专利权无效，但是未提交证明权利冲突的证据的，专利复审委员会不予受理。

专利权无效宣告请求书不符合规定格式的，无效宣告请求人应当在专利复审委员会指定的期限内补正；期满未补正的，该无效宣告请求视为未提出。

第六十七条　在专利复审委员会受理无效宣告请求后，请求人可以在提出无效宣告请

相关执法参考 相关法律法规（5）

求之日起 1 个月内增加理由或者补充证据。逾期增加理由或者补充证据的，专利复审委员会可以不予考虑。

第六十八条 专利复审委员会应当将专利权无效宣告请求书和有关文件的副本送交专利权人，要求其在指定的期限内陈述意见。

专利权人和无效宣告请求人应当在指定期限内答复专利复审委员会发出的转送文件通知书或者无效宣告请求审查通知书；期满未答复的，不影响专利复审委员会审理。

第六十九条 在无效宣告请求的审查过程中，发明或者实用新型专利的专利权人可以修改其权利要求书，但是不得扩大原专利的保护范围。

发明或者实用新型专利的专利权人不得修改专利说明书和附图，外观设计专利的专利权人不得修改图片、照片和简要说明。

第七十条 专利复审委员会根据当事人的请求或者案情需要，可以决定对无效宣告请求进行口头审理。

专利复审委员会决定对无效宣告请求进行口头审理的，应当向当事人发出口头审理通知书，告知举行口头审理的日期和地点。当事人应当在通知书指定的期限内作出答复。

无效宣告请求人对专利复审委员会发出的口头审理通知书在指定的期限内未作答复，并且不参加口头审理的，其无效宣告请求视为撤回；专利权人不参加口头审理的，可以缺席审理。

第七十一条 在无效宣告请求审查程序中，专利复审委员会指定的期限不得延长。

第七十二条 专利复审委员会对无效宣告的请求作出决定前，无效宣告请求人可以撤回其请求。

专利复审委员会作出决定之前，无效宣告请求人撤回其请求或者其无效宣告请求被视为撤回的，无效宣告请求审查程序终止。但是，专利复审委员会认为根据已进行的审查工作能够作出宣告专利权无效或者部分无效的决定的，不终止审查程序。

第五章 专利实施的强制许可

第七十三条 专利法第四十八条第（一）项所称未充分实施其专利，是指专利权人及其被许可人实施其专利的方式或者规模不能满足国内对专利产品或者专利方法的需求。

专利法第五十条所称取得专利权的药品，是指解决公共健康问题所需的医药领域中的任何专利产品或者依照专利方法直接获得的产品，包括取得专利权的制造该产品所需的活性成分以及使用该产品所需的诊断用品。

第七十四条 请求给予强制许可的，应当向国务院专利行政部门提交强制许可请求书，说明理由并附具有关证明文件。

国务院专利行政部门应当将强制许可请求书的副本送交专利权人，专利权人应当在国务院专利行政部门指定的期限内陈述意见；期满未答复的，不影响国务院专利行政部门作出决定。

国务院专利行政部门在作出驳回强制许可请求的决定或者给予强制许可的决定前，应当通知请求人和专利权人拟作出的决定及其理由。

国务院专利行政部门依照专利法第五十条的规定作出给予强制许可的决定，应当同时符合中国缔结或者参加的有关国际条约关于为了解决公共健康问题而给予强制许可的规定，但中国作出保留的除外。

第七十五条 依照专利法第五十七条的规定，请求国务院专利行政部门裁决使用费数额的，当事人应当提出裁决请求书，并附具双方不能达成协议的证明文件。国务院专利行政部门应当自收到请求书之日起 3 个月内作出裁决，并通知当事人。

第六章 对职务发明创造的发明人或者设计人的奖励和报酬

第七十六条 被授予专利权的单位可以与发明人、设计人约定或者在其依法制定的规章制度中规定专利法第十六条规定的奖励、报酬的方式和数额。

企业、事业单位给予发明人或者设计人的奖励、报酬，按照国家有关财务、会计制度的规定进行处理。

第七十七条　被授予专利权的单位未与发明人、设计人约定也未在其依法制定的规章制度中规定专利法第十六条规定的奖励的方式和数额的，应当自专利权公告之日起 3 个月内发给发明人或者设计人奖金。一项发明专利的奖金最低不少于 3000 元；一项实用新型专利或者外观设计专利的奖金最低不少于 1000 元。

由于发明人或者设计人的建议被其所属单位采纳而完成的发明创造，被授予专利权的单位应当从优发给奖金。

第七十八条　被授予专利权的单位未与发明人、设计人约定也未在其依法制定的规章制度中规定专利法第十六条规定的报酬的方式和数额的，在专利权有效期限内，实施发明创造专利后，每年应当从实施该项发明或者实用新型专利的营业利润中提取不低于 2% 或者从实施该项外观设计专利的营业利润中提取不低于 0.2%，作为报酬给予发明人或者设计人，或者参照上述比例，给予发明人或者设计人一次性报酬；被授予专利权的单位许可其他单位或者个人实施其专利的，应当从收取的使用费中提取不低于 10%，作为报酬给予发明人或者设计人。

第七章　专利权的保护

第七十九条　专利法和本细则所称管理专利工作的部门，是指由省、自治区、直辖市人民政府以及专利管理工作量大又有实际处理能力的设区的市人民政府设立的管理专利工作的部门。

第八十条　国务院专利行政部门应当对管理专利工作的部门处理专利侵权纠纷、查处假冒专利行为、调解专利纠纷进行业务指导。

第八十一条　当事人请求处理专利侵权纠纷或者调解专利纠纷的，由被请求人所在地或者侵权行为地的管理专利工作的部门管辖。

两个以上管理专利工作的部门都有管辖权的专利纠纷，当事人可以向其中一个管理专利工作的部门提出请求；当事人向两个以上有管辖权的管理专利工作的部门提出请求的，由最先受理的管理专利工作的部门管辖。

管理专利工作的部门对管辖权发生争议的，由其共同的上级人民政府管理专利工作的部门指定管辖；无共同上级人民政府管理专利工作的部门的，由国务院专利行政部门指定管辖。

第八十二条　在处理专利侵权纠纷过程中，被请求人提出无效宣告请求并被专利复审委员会受理的，可以请求管理专利工作的部门中止处理。

管理专利工作的部门认为被请求人提出的中止理由明显不能成立的，可以不中止处理。

第八十三条　专利权人依照专利法第十七条的规定，在其专利产品或者该产品的包装上标明专利标识的，应当按照国务院专利行政部门规定的方式予以标明。

专利标识不符合前款规定的，由管理专利工作的部门责令改正。

第八十四条　下列行为属于专利法第六十三条规定的假冒专利的行为：

（一）在未被授予专利权的产品或者其包装上标注专利标识，专利权被宣告无效后或者终止后继续在产品或者其包装上标注专利标识，或者未经许可在产品或者产品包装上标注他人的专利号；

（二）销售第（一）项所述产品；

（三）在产品说明书等材料中将未被授予专利权的技术或者设计称为专利技术或者专利设计，将专利申请称为专利，或者未经许可使用他人的专利号，使公众将所涉及的技术或者设计误认为是专利技术或者专利设计；

（四）伪造或者变造专利证书、专利文件或者专利申请文件；

（五）其他使公众混淆，将未被授予专利权的技术或者设计误认为是专利技术或者专

		利设计的行为。
相关执法参考	相关法律法规（5）	专利权终止前依法在专利产品、依照专利方法直接获得的产品或者其包装上标注专利标识，在专利权终止后许诺销售、销售该产品的，不属于假冒专利行为。 销售不知道是假冒专利的产品，并且能够证明该产品合法来源的，由管理专利工作的部门责令停止销售，但免除罚款的处罚。 第八十五条　除专利法第六十条规定的外，管理专利工作的部门应当事人请求，可以对下列专利纠纷进行调解： （一）专利申请权和专利权归属纠纷； （二）发明人、设计人资格纠纷； （三）职务发明创造的发明人、设计人的奖励和报酬纠纷； （四）在发明专利申请公布后专利权授予前使用发明而未支付适当费用的纠纷； （五）其他专利纠纷。 对于前款第（四）项所列的纠纷，当事人请求管理专利工作的部门调解的，应当在专利权被授予之后提出。 第八十六条　当事人因专利申请权或者专利权的归属发生纠纷，已请求管理专利工作的部门调解或者向人民法院起诉的，可以请求国务院专利行政部门中止有关程序。 依照前款规定请求中止有关程序的，应当向国务院专利行政部门提交请求书，并附具管理专利工作的部门或者人民法院的写明申请号或者专利号的有关受理文件副本。 管理专利工作的部门作出的调解书或者人民法院作出的判决生效后，当事人应当向国务院专利行政部门办理恢复有关程序的手续。自请求中止之日起1年内，有关专利申请权或者专利权归属的纠纷未能结案，需要继续中止有关程序的，请求人应当在该期限内请求延长中止。期满未请求延长的，国务院专利行政部门自行恢复有关程序。 第八十七条　人民法院在审理民事案件中裁定对专利申请权或者专利权采取保全措施的，国务院专利行政部门应当在收到写明申请号或者专利号的裁定书和协助执行通知书之日中止被保全的专利申请权或者专利权的有关程序。保全期限届满，人民法院没有裁定继续采取保全措施的，国务院专利行政部门自行恢复有关程序。 第八十八条　国务院专利行政部门根据本细则第八十六条和第八十七条规定中止有关程序，是指暂停专利申请的初步审查、实质审查、复审程序，授予专利权程序和专利权无效宣告程序；暂停办理放弃、变更、转移专利权或者专利申请权手续，专利权质押手续以及专利权期限届满前的终止手续等。 第八章　专利登记和专利公报 第八十九条　国务院专利行政部门设置专利登记簿，登记下列与专利申请和专利权有关的事项： （一）专利权的授予； （二）专利申请权、专利权的转移； （三）专利权的质押、保全及其解除； （四）专利实施许可合同的备案； （五）专利权的无效宣告； （六）专利权的终止； （七）专利权的恢复； （八）专利实施的强制许可； （九）专利权人的姓名或者名称、国籍和地址的变更。 第九十条　国务院专利行政部门定期出版专利公报，公布或者公告下列内容： （一）发明专利申请的著录事项和说明书摘要； （二）发明专利申请的实质审查请求和国务院专利行政部门对发明专利申请自行进行

实质审查的决定；

（三）发明专利申请公布后的驳回、撤回、视为撤回、视为放弃、恢复和转移；

（四）专利权的授予以及专利权的著录事项；

（五）发明或者实用新型专利的说明书摘要，外观设计专利的一幅图片或者照片；

（六）国防专利、保密专利的解密；

（七）专利权的无效宣告；

（八）专利权的终止、恢复；

（九）专利权的转移；

（十）专利实施许可合同的备案；

（十一）专利权的质押、保全及其解除；

（十二）专利实施的强制许可的给予；

（十三）专利权人的姓名或者名称、地址的变更；

（十四）文件的公告送达；

（十五）国务院专利行政部门作出的更正；

（十六）其他有关事项。

第九十一条 国务院专利行政部门应当提供专利公报、发明专利申请单行本以及发明专利、实用新型专利、外观设计专利单行本，供公众免费查阅。

第九十二条 国务院专利行政部门负责按照互惠原则与其他国家、地区的专利机关或者区域性专利组织交换专利文献。

第九章 费 用

第九十三条 向国务院专利行政部门申请专利和办理其他手续时，应当缴纳下列费用：

（一）申请费、申请附加费、公布印刷费、优先权要求费；

（二）发明专利申请实质审查费、复审费；

（三）专利登记费、公告印刷费、年费；

（四）恢复权利请求费、延长期限请求费；

（五）著录事项变更费、专利权评价报告请求费、无效宣告请求费。

前款所列各种费用的缴纳标准，由国务院价格管理部门、财政部门会同国务院专利行政部门规定。

第九十四条 专利法和本细则规定的各种费用，可以直接向国务院专利行政部门缴纳，也可以通过邮局或者银行汇付，或者以国务院专利行政部门规定的其他方式缴纳。

通过邮局或者银行汇付的，应当在送交国务院专利行政部门的汇单上写明正确的申请号或者专利号以及缴纳的费用名称。不符合本款规定的，视为未办理缴费手续。

直接向国务院专利行政部门缴纳费用的，以缴纳当日为缴费日；以邮局汇付方式缴纳费用的，以邮局汇出的邮戳日为缴费日；以银行汇付方式缴纳费用的，以银行实际汇出日为缴费日。

多缴、重缴、错缴专利费用的，当事人可以自缴费日起3年内，向国务院专利行政部门提出退款请求，国务院专利行政部门应当予以退还。

第九十五条 申请人应当自申请日起2个月内或者在收到受理通知书之日起15日内缴纳申请费、公布印刷费和必要的申请附加费；期满未缴纳或者未缴足的，其申请视为撤回。

申请人要求优先权的，应当在缴纳申请费的同时缴纳优先权要求费；期满未缴纳或者未缴足的，视为未要求优先权。

第九十六条 当事人请求实质审查或者复审的，应当在专利法及本细则规定的相关期限内缴纳费用；期满未缴纳或者未缴足的，视为未提出请求。

第九十七条 申请人办理登记手续时，应当缴纳专利登记费、公告印刷费和授予专利权当年的年费；期满未缴纳或者未缴足的，视为未办理登记手续。

第九十八条 授予专利权当年以后的年费应当在上一年度期满前缴纳。专利权人未缴纳或者未缴足的，国务院专利行政部门应当通知专利权人自应当缴纳年费期满之日起6个月内补缴，同时缴纳滞纳金；滞纳金的金额按照每超过规定的缴费时间1个月，加收当年全额年费的5%计算；期满未缴纳的，专利权自应当缴纳年费期满之日起终止。

第九十九条 恢复权利请求费应当在本细则规定的相关期限内缴纳；期满未缴纳或者未缴足的，视为未提出请求。

延长期限请求费应当在相应期限届满之日前缴纳；期满未缴纳或者未缴足的，视为未提出请求。

著录事项变更费、专利权评价报告请求费、无效宣告请求费应当自提出请求之日起1个月内缴纳；期满未缴纳或者未缴足的，视为未提出请求。

第一百条 申请人或者专利权人缴纳本细则规定的各种费用有困难的，可以按照规定向国务院专利行政部门提出减缴或者缓缴的请求。减缴或者缓缴的办法由国务院财政部门会同国务院价格管理部门、国务院专利行政部门规定。

第十章 关于国际申请的特别规定

第一百零一条 国务院专利行政部门根据专利法第二十条规定，受理按照专利合作条约提出的专利国际申请。

按照专利合作条约提出并指定中国的专利国际申请（以下简称国际申请）进入国务院专利行政部门处理阶段（以下称进入中国国家阶段）的条件和程序适用本章的规定；本章没有规定的，适用专利法及本细则其他各章的有关规定。

第一百零二条 按照专利合作条约已确定国际申请日并指定中国的国际申请，视为向国务院专利行政部门提出的专利申请，该国际申请日视为专利法第二十八条所称的申请日。

第一百零三条 国际申请的申请人应当在专利合作条约第二条所称的优先权日（本章简称优先权日）起30个月内，向国务院专利行政部门办理进入中国国家阶段的手续；申请人未在该期限内办理该手续的，在缴纳宽限费后，可以在自优先权日起32个月内办理进入中国国家阶段的手续。

第一百零四条 申请人依照本细则第一百零三条的规定办理进入中国国家阶段的手续的，应当符合下列要求：

（一）以中文提交进入中国国家阶段的书面声明，写明国际申请号和要求获得的专利权类型；

（二）缴纳本细则第九十三条第一款规定的申请费、公布印刷费，必要时缴纳本细则第一百零三条规定的宽限费；

（三）国际申请以外文提出的，提交原始国际申请的说明书和权利要求书的中文译文；

（四）在进入中国国家阶段的书面声明中写明发明创造的名称，申请人姓名或者名称、地址和发明人的姓名，上述内容应当与世界知识产权组织国际局（以下简称国际局）的记录一致；国际申请中未写明发明人的，在上述声明中写明发明人的姓名；

（五）国际申请以外文提出的，提交摘要的中文译文，有附图和摘要附图的，提交附图副本和摘要附图副本，附图中有文字的，将其替换为对应的中文文字；国际申请以中文提出的，提交国际公布文件中的摘要和摘要附图副本；

（六）在国际阶段向国际局已办申请人变更手续的，提供变更后的申请人享有申请权的证明材料；

（七）必要时缴纳本细则第九十三条第一款规定的申请附加费。

符合本条第一款第（一）项至第（三）项要求的，国务院专利行政部门应当给予申请号，明确国际申请进入中国国家阶段的日期（以下简称进入日），并通知申请人其国际申请已进入中国国家阶段。

国际申请已进入中国国家阶段，但不符合本条第一款第（四）项至第（七）项要求的，国务院专利行政部门应当通知申请人在指定期限内补正；期满未补正的，其申请视为撤回。

第一百零五条　国际申请有下列情形之一的，其在中国的效力终止：

（一）在国际阶段，国际申请被撤回或者被视为撤回，或者国际申请对中国的指定被撤回的；

（二）申请人未在优先权日起32个月内按照本细则第一百零三条规定办理进入中国国家阶段手续的；

（三）申请人办理进入中国国家阶段的手续，但自优先权日起32个月期限届满仍不符合本细则第一百零四条第（一）项至第（三）项要求的。

依照前款第（一）项的规定，国际申请在中国的效力终止的，不适用本细则第六条的规定；依照前款第（二）项、第（三）项的规定，国际申请在中国的效力终止的，不适用本细则第六条第二款的规定。

第一百零六条　国际申请在国际阶段作过修改，申请人要求以经修改的申请文件为基础进行审查的，应当自进入日起2个月内提交修改部分的中文译文。在该期间内未提交中文译文的，对申请人在国际阶段提出的修改，国务院专利行政部门不予考虑。

第一百零七条　国际申请涉及的发明创造有专利法第二十四条第（一）项或者第（二）项所列情形之一，在提出国际申请时作过声明的，申请人应当在进入中国国家阶段的书面声明中予以说明，并自进入日起2个月内提交本细则第三十条第三款规定的有关证明文件；未予说明或者期满未提交证明文件的，其申请不适用专利法第二十四条的规定。

第一百零八条　申请人按照专利合作条约的规定，对生物材料样品的保藏已作出说明的，视为已经满足了本细则第二十四条第（三）项的要求。申请人应当在进入中国国家阶段声明中指明记载生物材料样品保藏事项的文件以及在该文件中的具体记载位置。

申请人在原始提交的国际申请的说明书中已记载生物材料样品保藏事项，但是没有在进入中国国家阶段声明中指明的，应当自进入日起4个月内补正。期满未补正的，该生物材料视为未提交保藏。

申请人自进入日起4个月内向国务院专利行政部门提交生物材料样品保藏证明和存活证明的，视为在本细则第二十四条第（一）项规定的期限内提交。

第一百零九条　国际申请涉及的发明创造依赖遗传资源完成的，申请人应当在国际申请进入中国国家阶段的书面声明中予以说明，并填写国务院专利行政部门制定的表格。

第一百一十条　申请人在国际阶段已要求一项或者多项优先权，在进入中国国家阶段时该优先权要求继续有效的，视为已经依照专利法第三十条的规定提出了书面声明。

申请人应当自进入日起2个月内缴纳优先权要求费；期满未缴纳或者未缴足的，视为未要求该优先权。

申请人在国际阶段已依照专利合作条约的规定，提交过在先申请文件副本的，办理进入中国国家阶段手续时不需要向国务院专利行政部门提交在先申请文件副本。申请人在国际阶段未提交在先申请文件副本的，国务院专利行政部门认为必要时，可以通知申请人在指定期限内补交；申请人期满未补交的，其优先权要求视为未提出。

第一百一十一条　在优先权日起30个月期满前要求国务院专利行政部门提前处理和审查国际申请的，申请人除应当办理进入中国国家阶段手续外，还应当依照专利合作条约第二十三条第二款规定提出请求。国际局尚未向国务院专利行政部门传送国际申请的，申请人应当提交经确认的国际申请副本。

| 相关执法参考 | 相关法律法规（5） | 第一百一十二条　要求获得实用新型专利权的国际申请，申请人可以自进入日起2个月内对专利申请文件主动提出修改。
　　要求获得发明专利权的国际申请，适用本细则第五十一条第一款的规定。
　　第一百一十三条　申请人发现提交的说明书、权利要求书或者附图中的文字的中文译文存在错误的，可以在下列规定期限内依照原始国际申请文本提出改正：
　　（一）在国务院专利行政部门作好公布发明专利申请或者公告实用新型专利权的准备工作之前；
　　（二）在收到国务院专利行政部门发出的发明专利申请进入实质审查阶段通知书之日起3个月内。
　　申请人改正译文错误的，应当提出书面请求并缴纳规定的译文改正费。
　　申请人按照国务院专利行政部门的通知书的要求改正译文的，应当在指定期限内办理本条第二款规定的手续；期满未办理规定手续的，该申请视为撤回。
　　第一百一十四条　对要求获得发明专利权的国际申请，国务院专利行政部门经初步审查认为符合专利法和本细则有关规定的，应当在专利公报上予以公布；国际申请以中文以外的文字提出的，应当公布申请文件的中文译文。
　　要求获得发明专利权的国际申请，由国际局以中文进行国际公布的，自国际公布日起适用专利法第十三条的规定；由国际局以中文以外的文字进行国际公布的，自国务院专利行政部门公布之日起适用专利法第十三条的规定。
　　对国际申请，专利法第二十一条和第二十二条中所称的公布是指本条第一款所规定的公布。
　　第一百一十五条　国际申请包含两项以上发明或者实用新型的，申请人可以自进入日起，依照本细则第四十二条第一款的规定提出分案申请。
　　在国际阶段，国际检索单位或者国际初步审查单位认为国际申请不符合专利合作条约规定的单一性要求时，申请人未按照规定缴纳附加费，导致国际申请某些部分未经国际检索或者未经国际初步审查，在进入中国国家阶段时，申请人要求将所述部分作为审查基础，国务院专利行政部门认为国际检索单位或者国际初步审查单位对发明单一性的判断正确的，应当通知申请人在指定期限内缴纳单一性恢复费。期满未缴纳或者未足额缴纳的，国际申请中未经检索或者未经国际初步审查的部分视为撤回。
　　第一百一十六条　国际申请在国际阶段被有关国际单位拒绝给予国际申请日或者宣布视为撤回的，申请人在收到通知之日起2个月内，可以请求国际局将国际申请档案中任何文件的副本转交国务院专利行政部门，并在该期限内向国务院专利行政部门办理本细则第一百零三条规定的手续，国务院专利行政部门应当在接到国际局传送的文件后，对国际单位作出的决定是否正确进行复查。
　　第一百一十七条　基于国际申请授予的专利权，由于译文错误，致使依照专利法第五十九条规定确定的保护范围超出国际申请的原文所表达的范围的，以依原文限制后的保护范围为准；致使保护范围小于国际申请的原文所表达的范围的，以授权时的保护范围为准。
　　第十一章　附　则
　　第一百一十八条　经国务院专利行政部门同意，任何人均可以查阅或者复制已经公布或者公告的专利申请的案卷和专利登记簿，并可以请求国务院专利行政部门出具专利登记簿副本。
　　已视为撤回、驳回和主动撤回的专利申请的案卷，自该专利申请失效之日起满2年后不予保存。
　　已放弃、宣告全部无效和终止的专利权的案卷，自该专利权失效之日起满3年后不予保存。 |

相关法律法规（5）	第一百一十九条　向国务院专利行政部门提交申请文件或者办理各种手续，应当由申请人、专利权人、其他利害关系人或者其代表人签字或者盖章；委托专利代理机构的，由专利代理机构盖章。 请求变更发明人姓名、专利申请人和专利权人的姓名或者名称、国籍和地址、专利代理机构的名称、地址和代理人姓名的，应当向国务院专利行政部门办理著录事项变更手续，并附具变更理由的证明材料。 第一百二十条　向国务院专利行政部门邮寄有关申请或者专利权的文件，应当使用挂号信函，不得使用包裹。 除首次提交专利申请文件外，向国务院专利行政部门提交各种文件、办理各种手续的，应当标明申请号或者专利号、发明创造名称和申请人或者专利权人姓名或者名称。 一件信函中应当只包含同一申请的文件。 第一百二十一条　各类申请文件应当打字或者印刷，字迹呈黑色，整齐清晰，并不得涂改。附图应当用制图工具和黑色墨水绘制，线条应当均匀清晰，并不得涂改。 请求书、说明书、权利要求书、附图和摘要应当分别用阿拉伯数字顺序编号。 申请文件的文字部分应当横向书写。纸张限于单面使用。 第一百二十二条　国务院专利行政部门根据专利法和本细则制定专利审查指南。 第一百二十三条　本细则自2001年7月1日起施行。1992年12月12日国务院批准修订、1992年12月21日中国专利局发布的《中华人民共和国专利法实施细则》同时废止。
相关执法参考　相关法律法规（6）	《施行修改后的专利法实施细则的过渡办法》 （2010年1月21日国家知识产权局第54号令公布，自2010年2月1日起施行） 第一条　为了保障2010年1月9日公布的《国务院关于修改〈中华人民共和国专利法实施细则〉的决定》的施行，依照立法法第八十四条的规定，制定本办法。 第二条　修改前的专利法实施细则的规定适用于申请日在2010年2月1日前（不含该日）的专利申请以及根据该专利申请授予的专利权；修改后的专利法实施细则的规定适用于申请日在2010年2月1日以后（含该日，下同）的专利申请以及根据该专利申请授予的专利权；但本办法以下各条对申请日在2010年2月1日前的专利申请以及根据该申请授予的专利权的特殊规定除外。 第三条　2010年2月1日以后以不符合专利法第二十三条第三款的规定为理由提出无效宣告请求的，对该无效宣告请求的审查适用修改后的专利法实施细则第六十六条第三款的规定。 第四条　2010年2月1日以后提出无效宣告请求的，对该无效宣告请求的审查适用修改后的专利法实施细则第七十二条第二款的规定。 第五条　专利国际申请的申请人在2010年2月1日以后办理进入中国国家阶段手续的，该国际申请适用修改后的专利法实施细则第十章的规定。 第六条　在2010年2月1日以后请求国家知识产权局中止有关程序的，适用修改后的专利法实施细则第九十三条和第九十九条的规定，不再缴纳中止程序请求费。 在2010年2月1日以后请求退还多缴、重缴、错缴的专利费用的，适用修改后的专利法实施细则第九十四条第四款的规定。 在2010年2月1日以后缴纳申请费、公布印刷费和申请附加费的，适用修改后的专利法实施细则第九十五条的规定。 在2010年2月1日以后办理授予专利权的登记手续的，适用修改后的专利法实施细则第九十三条和第九十七条的规定，不再缴纳申请维持费。 第七条　本办法自2010年2月1日起施行。

相关执法参考	相关法律法规（7）	国家知识产权局专利局关于施行修改后专利法实施细则有关事项的通知 （2010年1月29日发布） 　　为施行修改后的专利法实施细则，对2010年2月1日以后（含该日）提交专利申请或办理其他专利事务涉及的有关事项，通知如下： 　　一、为配合修改后专利法实施细则的施行，国家知识产权局专利局对请求类表格进行了修订，并在国家知识产权局政府网站WWW.Sipo.gov.cn上对外公布，申请人应当下载并使用规定格式的表格。 　　二、根据修改后专利法实施细则第四十一条第二款的规定，同一申请人同日对同样的发明创造既申请实用新型专利又申请发明专利的，应当在发明专利请求书第21栏和实用新型专利请求书第18栏分别填写声明，不再提交《同日申请发明专利和实用新型专利的声明》表格。 　　上述申请可以通过国家知识产权局专利局受理处、各代办处或国家知识产权局电子申请系统提交。 　　三、2009年10月1日开始使用的《向外国申请专利保密审查请求书》、《遗传资源来源披露登记表》和《专利权评价报告请求书》三张表格继续使用。 　　四、申请人在提交新申请的同时一并提交《遗传资源来源披露登记表》的，可以通过国家知识产权局专利局受理处、各代办处或国家知识产权局电子申请系统提交。 　　申请人在提交申请后单独提交该表格的，应当直接向国家知识产权局专利局受理处或通过国家知识产权局电子申请系统提交，各代办处不予接收。 　　五、根据修改后专利法实施细则第八条的规定，任何单位或者个人将在中国完成的发明或者实用新型向外国申请专利请求保密审查的，按照以下情形办理： 　　1. 申请人仅提交《向外国申请专利保密审查请求书》和《技术方案说明书》而不提交专利申请的，应当直接向国家知识产权局专利局受理处以纸件形式递交或寄交； 　　2. 申请人在提交新申请的同时一并提交《向外国申请专利保密审查请求书》的，可以通过国家知识产权局专利局受理处、各代办处或国家知识产权局电子申请系统提交； 　　申请人在提交申请后单独提交《向外国申请专利保密审查请求书》的，应当直接向国家知识产权局专利局受理处或通过国家知识产权局电子申请系统提交，各代办处不予接收； 　　3. 申请人提交专利国际申请的，视为同时提交了《向外国申请专利保密审查请求书》。 　　六、专利权人或利害关系人提交《专利权评价报告请求书》的，可以通过国家知识产权局专利局受理处或国家知识产权局电子申请系统提交。 　　七、2010年2月1日后，国家知识产权局不再收取申请维持费、中止程序请求费、强制许可请求费及强制许可使用费的裁决请求费四项费用。
	相关法律法规（8）	《国防专利条例》 　　（2004年9月17日中华人民共和国国务院、中华人民共和国中央军事委员会令第418号公布，自2004年11月1日起施行） 　　第一章　总　则 　　第一条　为了保护有关国防的发明专利权，确保国家秘密，便利发明创造的推广应用，促进国防科学技术的发展，适应国防现代化建设的需要，根据《中华人民共和国专利法》，制定本条例。 　　第二条　国防专利是指涉及国防利益以及对国防建设具有潜在作用需要保密的发明专利。 　　第三条　国家国防专利机构（以下简称国防专利机构）负责受理和审查国防专利申请。经国防专利机构审查认为符合本条例规定的，由国务院专利行政部门授予国防专利权。

| 相关执法参考 | 相关法律法规（8） | 国务院国防科学技术工业主管部门和中国人民解放军总装备部（以下简称总装备部）分别负责地方系统和军队系统的国防专利管理工作。

第四条　涉及国防利益或者对国防建设具有潜在作用被确定为绝密级国家秘密的发明不得申请国防专利。

国防专利申请以及国防专利的保密工作，在解密前依照《中华人民共和国保守国家秘密法》和国家有关规定进行管理。

第五条　国防专利权的保护期限为20年，自申请日起计算。

第六条　国防专利在保护期内，因情况变化需要变更密级、解密或者国防专利权终止后需要延长保密期限的，国防专利机构可以作出变更密级、解密或者延长保密期限的决定；但是对在申请国防专利前已被确定为国家秘密的，应当征得原确定密级和保密期限的机关、单位或者其上级机关的同意。

被授予国防专利权的单位或者个人（以下统称国防专利权人）可以向国防专利机构提出变更密级、解密或者延长保密期限的书面申请；属于国有企业事业单位或者军队单位的，应当附送原确定密级和保密期限的机关、单位或者其上级机关的意见。

国防专利机构应当将变更密级、解密或者延长保密期限的决定，在该机构出版的《国防专利内部通报》上刊登，并通知国防专利权人，同时将解密的国防专利报送国务院专利行政部门转为普通专利。国务院专利行政部门应当及时将解密的国防专利向社会公告。

第七条　国防专利申请权和国防专利权经批准可以向国内的中国单位和个人转让。

转让国防专利申请权或者国防专利权，应当确保国家秘密不被泄露，保证国防和军队建设不受影响，并向国防专利机构提出书面申请，由国防专利机构进行初步审查后依照本条例第三条第二款规定的职责分工，及时报送国务院国防科学技术工业主管部门、总装备部审批。

国务院国防科学技术工业主管部门、总装备部应当自国防专利机构受理申请之日起30日内作出批准或者不批准的决定；作出不批准决定的，应当书面通知申请人并说明理由。

经批准转让国防专利申请权或者国防专利权的，当事人应当订立书面合同，并向国防专利机构登记，由国防专利机构在《国防专利内部通报》上刊登。国防专利申请权或者国防专利权的转让自登记之日起生效。

第八条　禁止向国外的单位和个人以及在国内的外国人和外国机构转让国防专利申请权和国防专利权。

第九条　需要委托专利代理机构申请国防专利和办理其他国防专利事务的，应当委托国防专利机构指定的专利代理机构办理。专利代理机构及其工作人员对在办理国防专利申请和其他国防专利事务过程中知悉的国家秘密，负有保密义务。

第二章　国防专利的申请、审查和授权

第十条　申请国防专利的，应当向国防专利机构提交请求书、说明书及其摘要和权利要求书等文件。

国防专利申请人应当按照国防专利机构规定的要求和统一格式撰写申请文件，并亲自送交或者经过机要通信以及其他保密方式传交国防专利机构，不得按普通函件邮寄。

国防专利机构收到国防专利申请文件之日为申请日；申请文件通过机要通信邮寄的，以寄出的邮戳日为申请日。

第十一条　国防专利机构定期派人到国务院专利行政部门查看普通专利申请，发现其中有涉及国防利益或者对国防建设具有潜在作用需要保密的，经国务院专利行政部门同意后转为国防专利申请，并通知申请人。

普通专利申请转为国防专利申请后，国防专利机构依照本条例的有关规定对该国防专利申请进行审查。 |

| 相关执法参考 | 相关法律法规（8） | 第十二条　授予国防专利权的发明，应当具备新颖性、创造性和实用性。
新颖性，是指在申请日之前没有同样的发明在国外出版物上公开发表过、在国内出版物上发表过、在国内使用过或者以其他方式为公众所知，也没有同样的发明由他人提出过申请并在申请日以后获得国防专利权。
创造性，是指同申请日之前已有的技术相比，该发明有突出的实质性特点和显著的进步。
实用性，是指该发明能够制造或者使用，并且能够产生积极效果。
第十三条　申请国防专利的发明在申请日之前6个月内，有下列情形之一的，不丧失新颖性：
（一）在国务院有关主管部门、中国人民解放军有关主管部门举办的内部展览会上首次展出的；
（二）在国务院有关主管部门、中国人民解放军有关主管部门召开的内部学术会议或者技术会议上首次发表的；
（三）他人未经国防专利申请人同意而泄露其内容的。
有前款所列情形的，国防专利申请人应当在申请时声明，并自申请日起2个月内提供有关证明文件。
第十四条　国防专利机构对国防专利申请进行审查后，认为不符合本条例规定的，应当通知国防专利申请人在指定的期限内陈述意见或者对其国防专利申请进行修改、补正；无正当理由逾期不答复的，该国防专利申请即被视为撤回。
国防专利申请人在自申请日起6个月内或者在对第一次审查意见通知书进行答复时，可以对其国防专利申请主动提出修改。
申请人对其国防专利申请文件进行修改不得超出原说明书和权利要求书记载的范围。
第十五条　国防专利申请人陈述意见或者对国防专利申请进行修改、补正后，国防专利机构认为仍然不符合本条例规定的，应当予以驳回。
第十六条　国防专利机构设立国防专利复审委员会，负责国防专利的复审和无效宣告工作。
国防专利复审委员会由技术专家和法律专家组成，其主任委员由国防专利机构负责人兼任。
第十七条　国防专利申请人对国防专利机构驳回申请的决定不服的，可以自收到通知之日起3个月内，向国防专利复审委员会请求复审。国防专利复审委员会复审并作出决定后，通知国防专利申请人。
第十八条　国防专利申请经审查认为没有驳回理由或者驳回后经过复审认为不应当驳回的，由国务院专利行政部门作出授予国防专利权的决定，并委托国防专利机构颁发国防专利证书，同时在国务院专利行政部门出版的专利公报上公告该国防专利的申请日、授权日和专利号。国防专利机构应当将该国防专利的有关事项予以登记，并在《国防专利内部通报》上刊登。
第十九条　任何单位或者个人认为国防专利权的授予不符合本条例规定的，可以向国防专利复审委员会提出宣告该国防专利权无效的请求。
第二十条　国防专利复审委员会对宣告国防专利权无效的请求进行审查并作出决定后，通知请求人和国防专利权人。宣告国防专利权无效的决定，国防专利机构应当予以登记并在《国防专利内部通报》上刊登，国务院专利行政部门应当在专利公报上公布。
第三章　国防专利的实施
第二十一条　国防专利机构应当自授予国防专利权之日起3个月内，将该国防专利有关文件副本送交国务院有关主管部门或者中国人民解放军有关主管部门。收到文件副本的部门，应当在4个月内就该国防专利的实施提出书面意见，并通知国防专利机构。 |

相关执法参考	相关法律法规（8）	第二十二条　国务院有关主管部门、中国人民解放军有关主管部门，可以允许其指定的单位实施本系统或者本部门内的国防专利；需要指定实施本系统或者本部门以外的国防专利的，应当向国防专利机构提出书面申请，由国防专利机构依照本条例第三条第二款规定的职责分工报国务院国防科学技术工业主管部门、总装备部批准后实施。 国防专利机构对国防专利的指定实施予以登记，并在《国防专利内部通报》上刊登。 第二十三条　实施他人国防专利的单位应当与国防专利权人订立书面实施合同，依照本条例第二十五条的规定向国防专利权人支付费用，并报国防专利机构备案。实施单位不得允许合同规定以外的单位实施该国防专利。 第二十四条　国防专利权人许可国外的单位或者个人实施其国防专利的，应当确保国家秘密不被泄露，保证国防和军队建设不受影响，并向国防专利机构提出书面申请，由国防专利机构进行初步审查后依照本条例第三条第二款规定的职责分工，及时报送国务院国防科学技术工业主管部门、总装备部审批。 国务院国防科学技术工业主管部门、总装备部应当自国防专利机构受理申请之日起30日内作出批准或者不批准的决定；作出不批准决定的，应当书面通知申请人并说明理由。 第二十五条　实施他人国防专利的，应当向国防专利权人支付国防专利使用费。实施使用国家直接投入的国防科研经费或者其他国防经费进行科研活动所产生的国防专利，符合产生该国防专利的经费使用目的的，可以只支付必要的国防专利实施费；但是，科研合同另有约定或者科研任务书另有规定的除外。 前款所称国防专利实施费，是指国防专利实施中发生的为提供技术资料、培训人员以及进一步开发技术等所需的费用。 第二十六条　国防专利指定实施的实施费或者使用费的数额，由国防专利权人与实施单位协商确定；不能达成协议的，由国防专利机构裁决。 第二十七条　国家对国防专利权人给予补偿。国防专利机构在颁发国防专利证书后，向国防专利权人支付国防专利补偿费，具体数额由国防专利机构确定。属于职务发明的，国防专利权人应当将不少于50%的补偿费发给发明人。 第四章　国防专利的管理和保护 第二十八条　国防专利机构出版的《国防专利内部通报》属于国家秘密文件，其知悉范围由国防专利机构确定。 《国防专利内部通报》刊登下列内容： （一）国防专利申请中记载的著录事项； （二）国防专利的权利要求书； （三）发明说明书的摘要； （四）国防专利权的授予； （五）国防专利权的终止； （六）国防专利权的无效宣告； （七）国防专利申请权、国防专利权的转移； （八）国防专利的指定实施； （九）国防专利实施许可合同的备案； （十）国防专利的变更密级、解密； （十一）国防专利保密期限的延长； （十二）国防专利权人的姓名或者名称、地址的变更； （十三）其他有关事项。 第二十九条　国防专利权被授予后，有下列情形之一的，经国防专利机构同意，可以查阅国防专利说明书： （一）提出宣告国防专利权无效请求的；

相关法律法规(8)	（二）需要实施国防专利的； （三）发生国防专利纠纷的； （四）因国防科研需要的。 查阅者对其在查阅过程中知悉的国家秘密负有保密义务。 　　第三十条　国务院有关主管部门、中国人民解放军有关主管部门和各省、自治区、直辖市的国防科学技术工业管理部门应当指定一个机构管理国防专利工作，并通知国防专利机构。该管理国防专利工作的机构在业务上受国防专利机构指导。 　　承担国防科研、生产任务以及参与军事订货的军队单位、国务院履行出资人职责的企业和国务院直属事业单位，应当指定相应的机构管理本单位的国防专利工作。 　　第三十一条　国防专利机构应当事人请求，可以对下列国防专利纠纷进行调解： （一）国防专利申请权和国防专利权归属纠纷； （二）国防专利发明人资格纠纷； （三）职务发明的发明人的奖励和报酬纠纷； （四）国防专利使用费和实施费纠纷。 　　第三十二条　除《中华人民共和国专利法》和本条例另有规定的以外，未经国防专利权人许可实施其国防专利，即侵犯其国防专利权，引起纠纷的，由当事人协商解决；不愿协商或者协商不成的，国防专利权人或者利害关系人可以向人民法院起诉，也可以请求国防专利机构处理。 　　第三十三条　违反本条例规定，泄露国家秘密的，依照《中华人民共和国保守国家秘密法》和国家有关规定处理。 　　第五章　附　则 　　第三十四条　向国防专利机构申请国防专利和办理其他手续，应当按照规定缴纳费用。 　　第三十五条　《中华人民共和国专利法》和《中华人民共和国专利法实施细则》的有关规定适用于国防专利，但本条例有专门规定的依照本条例的规定执行。 　　第三十六条　本条例自 2004 年 11 月 1 日起施行。1990 年 7 月 30 日国务院、中央军事委员会批准的《国防专利条例》同时废止。
相关法律法规(9)	《保护工业产权巴黎公约》（节录） 　　（《保护工业产权巴黎公约》（Paris Convention on the Protection of Industrial Property）简称《巴黎公约》，于 1883 年 3 月 20 日在巴黎签订，1884 年 7 月 7 日生效。是世界知识产权组织管理下的条约之一。巴黎公约的调整对象即保护范围是工业产权。包括发明专利权、实用新型、工业品外观设计、商标权、服务标记、厂商名称、产地标记或原产地名称以及制止不正当竞争等。巴黎公约的基本目的是保证成员国的工业产权在所有其他成员国都得到保护。但由于各成员国间的利益矛盾和立法差别，巴黎公约没能制定统一的工业产权法，而是以各成员国内立法为基础进行保护，因此它没有排除专利权效力的地域性。公约在尊重各成员的国内立法的同时，规定了各成员国必须共同遵守的几个基本原则，以协调各成员国的立法，使之与公约的规定相一致。《巴黎公约》自 1883 年签订以来，已做过多次修订：1900 年 12 月 14 日在布鲁塞尔修订；1911 年 6 月 2 日在华盛顿修订；1925 年 11 月 6 日在海牙修订；1934 年 6 月 2 日在伦敦修订；1958 年 10 月 31 日在里斯本修订；1967 年 7 月 14 日在斯德哥尔摩修订；1979 年 10 月 2 日修正。现行的是 1980 年 2 月在日内瓦修订的文本。共 30 条，分为 3 组，第 1—12 条为实质性条款，第 13—17 条为行政性条款，第 18—30 条是关于成员国的加入、批准、退出及接纳新成员国等内容，称为"最后条款"。最初的成员国为 11 个，到 2004 年 12 月底，缔约方总数为 168 个国家。1985 年 3 月 19 日中国成为该公约成员国，我国政府在加入书中声明：中华人民共和国不受公约第 28 条第 1 款的约束，即日起对中国生效）

| 相关执法参考 | 相关法律法规（9） | 第四条
【A. 至 I. 专利、实用新型、外观设计、商标、发明人证书：优先权。——G. 专利：申请的分案】
A.——（1）已经在本联盟的一个国家正式提出专利、实用新型注册、外观设计注册或商标注册的申请的任何人，或其权利继受人，为了在其他国家提出申请，在以下规定的期间内应享有优先权。
（2）依照本联盟任何国家的该国立法，或依照本联盟各国之间缔结的双边或多边条约，与正规的国家申请相当的任何申请，应被承认为产生优先权。
（3）正规的国家申请是指足以确定在有关国家中提出申请日期的任何申请，而不问该申请以后的结局如何。
B.——因此，在上述期间届满前在本联盟的任何其他国家后来提出的任何申请，不应由于在这期间完成的任何行为，特别是另外一项申请的提出、发明的公布或利用、外观设计复制品的出售、或商标的使用而成为无效，而且这些行为不能产生任何第三人的权利或个人占有的任何权利。第三人在作为优先权基础的第一次申请的日期以前所取得的权利，依照本联盟每一国家的国内法予以保留。
C.——（1）上述优先权的期间，对于专利和实用新型应为十二个月，对于外观设计和商标应为六个月。
（2）这些期间应自第一次申请的申请日开始；申请日不应计入期间之内。
（3）如果期间的最后一日在请求保护地国家是法定假日或者是主管局不接受申请的日子，期间应延至其后的第一个工作日。
（4）在本联盟同一国家内就第（2）项所称的以前第一次申请同样的主题所提出的后一申请，如果在提出该申请时前一申请已被撤回、放弃或拒绝，没有提供公众阅览，也没有遗留任何权利，而且如果前一申请还没有成为要求优先权的基础，应认为是第一次申请，其申请日应为优先权期间的开始日。在这以后，前一申请不得作为要求优先权的基础。
D.——（1）任何人希望利用以前提出的一项申请的优先权的，需要作出声明，说明提出该申请的日期和受理该申请的国家。每一国家应确定必须作出该项声明的最后日期。
（2）这些事项应在主管机关的出版物中，特别是应在有关的专利证书和说明书中予以载明。
（3）本联盟国家可以要求作出优先权声明的任何人提交以前提出的申请（说明书、附图等）的副本。该副本应经原受理申请的机关证实无误后，不需要任何认证，并且无论如何可以在提出后一申请后三个月内随时提交，不需缴纳费用。本联盟国家可以要求该副本附有上述机关出具的载明申请日的证明书和译文。
（4）对提出申请时要求优先权的声明不得规定其他手续。本联盟每一国家应确定不遵守本条约规定的手续的后果，但这种后果决不能超过优先权的丧失。
（5）以后，可以要求提供进一步的证明。
任何人利用以前提出的一项申请的优先权的，必须写明该申请的号码；该号码应依照上述第（2）项的规定予以公布。
E.——（1）依靠以实用新型申请为基础的优先权而在一个国家提出工业品外观设计申请的，优先权的期间应与对工业品外观设计规定的优先权期间一样。
（2）而且，依靠以专利申请为基础的优先权而在一个国家提出实用新型的申请是许可的，反之亦一样。
F.——本联盟的任何国家不得由于申请人要求多项优先权（即使这些优先权产生于不同的国家），或者由于要求一项或几项优先权的申请中有一个或几个要素没有包括在作为优先权基础的申请中，而拒绝给予优先权或拒绝专利申请，但以在上述两种情况都有该 |

国法律所规定的发明单一性为限。

关于作为优先权基础的申请中所没有包括的要素，以后提出的申请应该按照通常条件产生优先权。

G.——（1）如果审查发现一项专利申请包含一个以上的发明，申请人可以将该申请分成若干分案申请，保留第一次申请的日期为各该分案申请的日期，如果有优先权，并保有优先权的利益。

（2）申请人也可以主动将一项专利申请分案，保留第一次申请的日期为各该分案申请的日期，如果有优先权，并保有优先权的利益。本联盟各国有权决定允许这种分案的条件。

H.——不得以要求优先权的发明中的某些要素没有包含在原属国申请列举的权项中为理由，而拒绝给予优先权，但以申请文件从全体看来已经明确地写明这些要素为限。

I.——（1）在申请人有权自行选择申请专利证书或发明人证书的国家提出发明人证书的申请，应产生本条规定的优先权，其条件和效力与专利证书的申请一样。

（2）在申请人有权自行选择申请专利证书或发明人证书的国家，发明人证书的申请人，根据本条关于专利证书申请的规定，应享有以专利、实用新型或发明人证书的申请为基础的优先权。

第四条之二

【专利：就同一发明在不同国家取得的专利是相互独立的】

（1）本联盟国家的国民向本联盟各国申请的专利，与在其他国家，不论是否本联盟的成员国，就同一发明所取得的专利是相互独立的。

（2）上述规定，应从不受限制的意义来理解，特别是指在优先权期间内申请的各项专利，就其无效和丧失权利的理由以及其正常的期间而言，是相互独立的。

（3）本规定应适用于在其开始生效时已经存在的一切专利。

（4）在有新国家加入的情况下，本规定应同样适用于加入时各方面已经存在的专利。

（5）在本联盟各国，因享有优先权的利益而取得的专利的期限，与没有优先权的利益而申请或授予的专利的期限相同。

第四条之三

【专利：在专利上记载发明人】

发明人有在专利中被记载为发明人的权利。

第四条之四

【专利：在法律禁止销售情况下的专利性】

不得以专利产品的销售或依专利方法制造的产品的销售受到本国法律的禁止或限制为理由，而拒绝授予专利或使专利无效。

第五条

【A. 专利：物品的进口；不实施或不充分实施；强制许可。——B. 工业品外观设计：不实施；物品的进口。——C. 商标：不使用；不同的形式；共有人的使用。——D. 专利、实用新型、商标、工业品外观设计：标记。】

A.——（1）专利权人将在本联盟任何国家内制造的物品进口到对该物品授予专利的国家的，不应导致该项专利的取消。

（2）本联盟各国都有权采取立法措施规定授予强制许可，以防止由于行使专利所赋予的专有权而可能产生的滥用，例如：不实施。

（3）除强制许可的授予不足以防止上述滥用外，不应规定专利的取消。自授予第一个强制许可之日起两年届满前不得提起取消或撤销专利的诉讼。

（4）自提出专利申请之日起四年届满以前，或自授予专利之日起三年届满以前，以后满期的期间为准，不得以不实施或不充分实施为理由申请强制许可；如果专利权人的不

相关执法参考	**相关法律法规（9）** 作为有正当理由，应拒绝强制许可。这种强制许可是非独占性的，而且除与利用该许可的部分企业或商誉一起转让外，不得转让，包括授予分许可证的形式在内。 （5）上述各项规定准用于实用新型。 B.——对工业品外观设计的保护，在任何情况下，都不得以不实施或以进口物品与受保护的外观设计相同为理由而予以取消。 C.——（1）如果在任何国家，注册商标的使用是强制的，只有经过适当的期间，而且只有当事人不能证明其不使用有正当理由，才可以撤销注册。 （2）商标所有人使用的商标，在形式上与其在本联盟国家之一所注册的商标形式只有一些要素不同，而并未改变其显著性的，不应导致注册无效，也不应减少对商标所给予的保护。 （3）根据请求保护地国家的该国法认为商标共同所有人的几个工商企业，在相同或类似商品上同时使用同一商标，在本联盟任何国家内不应拒绝注册，也不应以任何方式减少对该商标所给予的保护，但以这种使用并未导致公众产生误解，而且不违反公共利益为限。 D.——不应要求在商品上标志或载明专利、实用新型、商标注册或工业品外观设计保存，作为承认取得保护权利的条件。 第五条之二 【一切工业产权：缴纳权利维持费的宽限期；专利：恢复】 （1）关于规定的工业产权维持费的缴纳，应给予不少于六个月的宽限期，但是如果该国法律有规定，应缴纳附加费。 （2）本联盟各国对因未缴费而终止的专利有权规定予以恢复。 第五条之三 【专利：构成船舶、飞机或陆上车辆一部分的专利器械】 在本联盟任何国家内，下列情况不应认为是侵犯专利权人的权利： 1. 本联盟其他国家的船舶暂时或偶然地进入上述国家的领水时，在该船的船身、机器、船具、装备及其他附件上使用构成专利对象的器械，但以专为该船的需要而使用这些器械为限； 2. 本联盟其他国家的飞机或陆上车辆暂时或偶然地进入上述国家时，在该飞机或陆上车辆的构造或操作中，或者在该飞机或陆上车辆附件的构造或操作中使用构成专利对象的器械。 第五条之四 【专利：利用进口国的专利方法制造产品的进口】 一种产品进口到对该产品的制造方法有专利保护的本联盟国家时，专利权人对该进口产品，应享有进口国法律，他对在该国依照专利方法制造的产品所享有的一切权利。 第五条之五 【工业品外观设计】 外观设计在本联盟所有国家均应受到保护。
	相关法律法规（10） 《与贸易有关的知识产权协定（TRIPs）》（节录） （1994年4月15日于马拉喀什签订，自2001年12月11日起对中国生效） 第二部分　关于知识产权的效力、范围及使用的标准 第5节　专　利 **第27条**　可取得专利的事项 1. 根据下述第2、3款的规定，所有技术领域内的任何发明，无论是产品还是工艺，均可取得专利，只要它们是新的、包含一个发明性的步骤，工业上能够适用。根据第65条第4款、第70条第8款和本条第3款的规定，专利的取得和专利权的享受应不分发明

地点、技术领域以及产品是进口的还是当地生产的。

2. 若阻止某项发明在境内的商业利用对保护公共秩序或公共道德，包括保护人类、动物或植物的生命或健康或避免对环境造成严重污染是必要的，则成员方可拒绝给予该项发明以专利权，条件是，不是仅因为其国内法禁止这种利用而作出此种拒绝行为。

3. 以下情况，成员方也可不授予专利：

（1）对人类或动物的医学治疗的诊断、治疗和外科手术方法；

（2）微生物以外的动植物，非生物和微生物生产方法以外的动物或植物的实为生物的生产方法。然而，成员方应或以专利形式，或以一种特殊有效的体系，或以综合形式，对植物种类提供保护。应在世界贸易组织协定生效 4 年之后对本子款的规定进行审查。

第 28 条　授予的权利

1. 一项专利应授予其所有者以下独占权：

（1）若一项专利的标的事项是一种产品，则专利所有者有权阻止未得到专利所有者同意的第三方制造、使用、出卖、销售、或为这些目的而进口被授予专利的产品；

（2）若专利的标的事项是一种方法，则专利所有者有权阻止未得到专利所有者同意的第三方使用该方法，或使用、出卖、销售或至少是为这些目的而进口直接以此方法获得的产品。

2. 专利所有者还应有权转让或通过继承转让该项专利，及签订专利权使用契约。

第 29 条　专利申请者的条件

1. 成员方应要求专利申请者用足够清晰与完整的方式披露其发明，以便于为熟悉该门技术者所运用，并要求申请者在申请之日指明发明者已知的运用该项发明的最佳方式，若是要求取得优先权，则需在优先权申请之日指明。

2. 成员方可要求专利申请者提供关于该申请者在国外相同的申请与授予情况的信息。

第 30 条　授予权利的例外

成员方可对专利授予的独占权规定有限的例外，条件是该例外规定没有无理地与专利的正常利用相冲突，也未损害专利所有者的合法利益，同时考虑到第三者的合法利益。

第 31 条　未经权利人授权的其他使用

若一成员方的法律允许未经权利人授权而对专利的标的事项作其他使用，包括政府或经政府许可的第三者的使用，则应遵守以下规定：

（1）此类使用的授权应根据专利本身的条件来考虑。

（2）只有在拟议中的使用者在此类使用前已作出以合理的商业条件获得权利人授权的努力，而该项努力在一段合理时间内又未获成功时，方可允许此类使用。在发生全国性紧急状态或其他极端紧急状态或为公共的非商业性目的而使用的情况下，成员方可放弃上述要求。即使是在发生全国性紧急状态或其他极端紧急状态的情况下，仍应合理地尽早通报权利人。至于公共的非商业性使用，若政府或订约人在未查专利状况的情况下得知或有根据得知，一项有效的专利正在或将要被政府使用或为政府而使用，则应及时通知权利人。

（3）此类使用的范围和期限应限制在被授权的意图之内；至于半导体技术，只应用于公共的非商业性目的，或用于抵销在司法或行政程序后被确定的反竞争的做法。

（4）此类使用应是非独占性的。

（5）此类使用应是不可转让的，除非是同享有此类使用的那部分企业或信誉一道转让。

（6）任何此类使用之授权，均应主要是为授权此类使用的成员方国内市场供应之目的的。

（7）在被授权人的合法利益受到充分保护的条件下，当导致此类使用授权的情况下不复存在和可能不再产生时，有义务将其终止；应有动机的请求，主管当局应有权对上述情况的继续存在进行检查。

(8) 考虑到授权的经济价值，应视具体情况向权利人支付充分的补偿金。

(9) 任何与此类使用之授权有关的决定，其法律效力应受该成员方境内更高当局的司法审查或其他独立审查。

(10) 任何与为此类使用而提供的补偿金有关的决定，应接受成员方境内更高当局的司法审查或其他独立审查。

(11) 若是为抵销在司法或行政程序后被确定为反竞争做法而允许此类使用，则成员方没有义务适用上述第（2）和第（6）子款规定的条件；在决定此种情况中补偿金的数额时，可以考虑纠正反竞争做法的需要；若导致此项授权的条件可能重新出现，则主管当局应有权拒绝终止授权。

(12) 若此类使用被授权允许利用一项不侵犯另一项专利（第一项专利）就不能加以利用的专利（第二项专利），则下列附加条件应适用：

①第二项专利中要求予以承认的发明，应包括比第一项专利中要求予以承认的发明经济意义更大的重要的技术进步；

②第一项专利的所有者应有权以合理的条件享有使用第二项专利中要求予以承认之发明的相互特许权；

③除非同第二项专利一道转让，否则第一项专利所授权的使用应是不可转让的。

第32条 撤销、收回

应提供对撤销或收回专利的决定进行司法审查的机会。

第33条 保护的期限

有效的保护期限自登记之日起不得少于20年。

第34条 工艺专利的举证责任

1. 在第28条第1款（2）子款所述及关于侵犯所有者权利的民事诉讼中，若一项专利的标的事项是获取某种产品的工艺，则司法当局应有权令被告证明获取相同产品的工艺不同于取得专利的工艺。因此，各成员方应规定在下列情况中至少一种情况下，任何未经专利所有者同意而生产的相同产品若无相反的证据，应被视为是以取得专利的工艺获取的：

(1) 如果以该项取得专利的工艺获取的产品是新的；

(2) 如果该相同产品极有可能是以该工艺生产的，而专利所有者又不能通过合理的努力确定实际使用的工艺。

2. 只要上述第（1）或第（2）子款所述及的条件得到满足，任何成员方均应有权规定上述第1款所指明的举证责任应由有嫌疑的侵权者承担。

3. 在举出相反证据时，应考虑被告保护其生产和商业秘密的合法权益。

第6节 集成电路的外观设计

第35条 与有关集成电路的知识产权条约的关系

各成员方同意按有关集成电路的知识产权条约中第2条至第7条（第6条中第3款除外）、第12条和第16条第3款规定，对集成电路的外观设计提供保护，此外还服从以下规定。

第36条 保护范围

根据下述第37条第1款的规定，成员方应认为下列未经权利所有人授权的行为是非法的：进口、销售或为商业目的分售受保护的外观设计、含有受保护的集成电路设计或仅在继续含有非法复制的外观设计的范围内含有这种集成电路的产品。

第37条 不需要权利人授权的行为

1. 尽管有上述第36条的规定，但若从事或指令从事上条中所述及的关于含有非法复制的外观设计的集成电路或含有此种集成电路的任何产品的任何行为的人，在获取该集成电路或含有此种集成电路的产品时，未得知且没有合理的根据得知它含有非法复制的外观设计，则成员方不应认为这种行为是非法的。成员方应规定，该行为人在接到关于复制该设计是非法行为的充分警告之后，仍可从事与在此之前的存货和订单有关的任何行为，但有责任向权利人支付一笔与对自由商谈而取得的通过关于该设计的专利使用权所应付费用相当的合理的专利权税。

2. 若对该外观设计的专利权使用授权是非自愿的或者被政府使用或为政府而使用是未经权利人授权的，则上述第 31 条第（1）-（11）子款规定的条件在对细节作必要修改后应适用。

第 38 条　保护的期限

1. 在要求将登记作为保护条件的成员方，对外观设计的保护期限自填写登记申请表之日或自在世界上任何地方首次进行商业开发之日计起，应不少于 10 年时间。

2. 在不要求将登记作为保护条件的成员方，对外观设计的保护期限自在世界上任何地方首次进行商业开发之日计起，应不少于 10 年时间。

3. 尽管有上述第 1、第 2 款规定，成员方仍可规定在外观设计被发明 15 年后保护应自动消失。

第三部分　知识产权的实施

第 5 节　刑事程序

第 61 条

成员方应规定刑事程序和惩罚，至少适用于具有商业规模的故意的商标仿冒和盗版案件。可资利用的补救措施应包括足以构成一种威慑的与对相应程度的刑事犯罪适用的处罚水平相同的监禁和/或罚款措施。在适当的案件中，可资利用的补救措施还包括对侵犯货物及在从事此种违法行为时主要使用的材料和工具予以扣押、没收和销毁。成员方可规定适用于其他侵犯知识产权案件的刑事程序和惩罚，特别是对于故意和具有商业规模的侵权案件。

第四部分　知识产权的取得和保持及相关程序

第 62 条

1. 成员方可要求遵循合理的程序和手续，以此作为第二部分第 2 至第 6 节所规定的知识产权的取得和保持的一项条件。此类程序和手续应符合本协议的规定。

2. 若知识产权的取得以知识产权被授予或登记为准，则成员方应确保在符合取得知识产权的实质性条件的情况下，有关授予或登记的程序允许在一段合理时间内授予或登记权利，以避免保护期限被不适当地缩短。

3. 1967 年《巴黎公约》第 4 条应在对细节作必要修改之后适用于服务标记。

4. 有关知识产权之取得和保持的程序、有关行政撤销的程序（若成员方的法律规定了这样的程序），有关诸如抗辩、撤销和废除等的程序，应服从第 41 条第 2 款和第 3 款规定的总原则。

5. 上述第 4 款所涉及的任何程序中的最终行政决定应接受司法当局或准司法当局的审查。然而，在抗辩和行政撤销不成功的情况下，假若此类程序的基础可能成为程序无效的原因，则没有任何义务为对裁决进行此类审查提供机会。

第五部分　争端的预防和解决

第 63 条　透明度

1. 由一成员方制度实施的关于本协议主题事项（知识产权的效力、范围、取得、实施和防止滥用问题）的法律和规章、对一般申请的最终司法裁决和行政裁决，应以该国官方语言，以使各成员方政府和权利人能够熟悉的方式予以公布；若此种公布不可行，则应使之可以公开利用。正在实施中的一成员方的政府或一政府机构与另一成员方政府或一政府机构之间关于本协议主题事项的各项协议也应予以公布。

相关法律法规（10）	2. 成员方应将上述第 1 款所述及的法律和规章通报与贸易有关的知识产权理事会，以协助理事会对本协议的执行情况进行检查。理事会应努力去最大限度地减轻成员方在履行该项义务方面的负担。若与世界知识产权组织就建立一份含有这些法律和规章的共同登记簿一事进行的磋商取得成功，理事会便可决定免除直接向理事会通报此类法律和规章的义务。理事会在这方面还应考虑采取本协议从 1967《巴黎公约》第 6 条的各项规定派生出来的各项义务所要求的与通报有关的任何行动。 3. 应另一成员方的书面请求，每一成员方应准备提供上述第 1 款所述及的资料。一成员方在有理由相信知识产权领域中某个特定的司法裁决、行政裁决或双边协议影响到其由本协议所规定的权利时，也可以书面形式要求向其提供或充分详尽地告知该特定的司法裁决、行政裁决或双边协议。 4. 上述第 1 至第 3 款中无任何规定要求成员方泄露将会妨碍法律实施、或违背公共利益、或损害特定的国营或私营企业合法商业利益的资料。 第 64 条　争端解决 1. 由争端解决谅解所详细阐释并运用的 1994 关贸总协定第 22 条和第 23 条的各项规定应运用于本协议下的争端磋商与解决，本协议中另有规定者除外。 2. 在自世界贸易组织协定生效之日起的 5 年之内，1994 关贸总协定第 23 条第 1 款第（2）和第（3）子款不应适用于本协议下的争端解决。 3. 在第 2 款所述及的期限内，与贸易有关的知识产权理事会应检查根据本协议提出的由 1994 关贸总协定第 23 条第 1 款第（2）和第（3）子款所规定的那种类型控诉的规模和形式，并向部长级会议提交建议请其批准。部长级会议关于批准此类建议或延长第 2 款中所述及时限的任何决定，只应以全体一致的方式作出，被批准的建议应对所有成员方生效，无须进一步的正式接受程序。
相关法律法规（11）	《专利权质押登记办法》 （2021 年 11 月 15 日国家知识产权局第 461 号令公布，自发布之日起施行） 第一条　为了促进专利权运用和资金融通，保障相关权利人合法权益，规范专利权质押登记，根据《中华人民共和国民法典》《中华人民共和国专利法》及有关规定，制定本办法。 第二条　国家知识产权局负责专利权质押登记工作。 第三条　以专利权出质的，出质人与质权人应当订立书面合同。 质押合同可以是单独订立的合同，也可以是主合同中的担保条款。 出质人和质权人应共同向国家知识产权局办理专利权质押登记，专利权质权自国家知识产权局登记时设立。 第四条　以共有的专利权出质的，除全体共有人另有约定的以外，应当取得其他共有人的同意。 第五条　在中国没有经常居所或者营业所的外国人、外国企业或者外国其他组织办理专利权质押登记手续的，应当委托依法设立的专利代理机构办理。 中国单位或者个人办理专利权质押登记手续的，可以委托依法设立的专利代理机构办理。 第六条　当事人可以通过互联网在线提交电子件、邮寄或窗口提交纸件等方式办理专利权质押登记相关手续。 第七条　申请专利权质押登记的，当事人应当向国家知识产权局提交下列文件： （一）出质人和质权人共同签字或盖章的专利权质押登记申请表； （二）专利权质押合同； （三）双方当事人的身份证明，或当事人签署的相关承诺书； （四）委托代理的，注明委托权限的委托书；

（五）其他需要提供的材料。

专利权经过资产评估的，当事人还应当提交资产评估报告。

除身份证明外，当事人提交的其他各种文件应当使用中文。身份证明是外文的，当事人应当附送中文译文；未附送的，视为未提交。

当事人通过互联网在线办理专利权质押登记手续的，应当对所提交电子件与纸件原件的一致性作出承诺，并于事后补交纸件原件。

第八条 当事人提交的专利权质押合同应当包括以下与质押登记相关的内容：

（一）当事人的姓名或名称、地址；
（二）被担保债权的种类和数额；
（三）债务人履行债务的期限；
（四）专利权项数以及每项专利权的名称、专利号、申请日、授权公告日；
（五）质押担保的范围。

第九条 除本办法第八条规定的事项外，当事人可以在专利权质押合同中约定下列事项：

（一）质押期间专利权年费的缴纳；
（二）质押期间专利权的转让、实施许可；
（三）质押期间专利权被宣告无效或者专利权归属发生变更时的处理；
（四）实现质权时，相关技术资料的交付；
（五）已办理质押登记的同一申请人的实用新型有同样的发明创造于同日申请发明专利、质押期间该发明申请被授予专利权的情形处理。

第十条 国家知识产权局收到当事人提交的质押登记申请文件，应当予以受理，并自收到之日起5个工作日内进行审查，决定是否予以登记。

通过互联网在线方式提交的，国家知识产权局在2个工作日内进行审查并决定是否予以登记。

第十一条 专利权质押登记申请经审查合格的，国家知识产权局在专利登记簿上予以登记，并向当事人发送《专利权质押登记通知书》。经审查发现有下列情形之一的，国家知识产权局作出不予登记的决定，并向当事人发送《专利权质押不予登记通知书》：

（一）出质人不是当事人申请质押登记时专利登记簿记载的专利权人的；
（二）专利权已终止或者已被宣告无效的；
（三）专利申请尚未被授予专利权的；
（四）专利权没有按照规定缴纳年费的；
（五）因专利权的归属发生纠纷已请求国家知识产权局中止有关程序，或者人民法院裁定对专利权采取保全措施，专利权的质押手续被暂停办理的；
（六）债务人履行债务的期限超过专利权有效期的；
（七）质押合同不符合本办法第八条规定的；
（八）以共有专利权出质但未取得全体共有人同意且无特别约定的；
（九）专利权已被申请质押登记且处于质押期间的；
（十）请求办理质押登记的同一申请人的实用新型有同样的发明创造已于同日申请发明专利的，但当事人被告知该情况后仍声明同意继续办理专利权质押登记的除外；
（十一）专利权已被启动无效宣告程序的，但当事人被告知该情况后仍声明同意继续办理专利权质押登记的除外；
（十二）其他不符合出质条件的情形。

第十二条 专利权质押期间，国家知识产权局发现质押登记存在本办法第十一条所列情形并且尚未消除的，或者发现其他应当撤销专利权质押登记的情形的，应当撤销专利权质押登记，并向当事人发出《专利权质押登记撤销通知书》。

专利权质押登记被撤销的，质押登记的效力自始无效。

第十三条 利权质押期间，当事人的姓名或者名称、地址更改的，应当持专利权质押登记变更申请表、变更证明或当事人签署的相关承诺书，向国家知识产权局办理专利权质押登记变更手续。

专利权质押期间，被担保的主债权种类及数额或者质押担保的范围发生变更的，当事人应当自变更之日起 30 日内持专利权质押登记变更申请表以及变更协议，向国家知识产权局办理专利权质押登记变更手续。

国家知识产权局收到变更登记申请后，经审核，向当事人发出《专利权质押登记变更通知书》，审核期限按照本办法第十条办理登记手续的期限执行。

第十四条 有下列情形之一的，当事人应当持专利权质押登记注销申请表、注销证明或当事人签署的相关承诺书，向国家知识产权局办理质押登记注销手续：

（一）债务人按期履行债务或者出质人提前清偿所担保的债务的；
（二）质权已经实现的；
（三）质权人放弃质权的；
（四）因主合同无效、被撤销致使质押合同无效、被撤销的；
（五）法律规定质权消灭的其他情形。

国家知识产权局收到注销登记申请后，经审核，向当事人发出《专利权质押登记注销通知书》，审核期限按照本办法第十条办理登记手续的期限执行。专利权质押登记的效力自注销之日起终止。

第十五条 专利登记簿记录专利权质押登记的以下事项，并在定期出版的专利公报上予以公告：出质人、质权人、主分类号、专利号、授权公告日、质押登记日、变更项目、注销日等。

第十六条 出质人和质权人以合理理由提出请求的，可以查阅或复制专利权质押登记手续办理相关文件。

专利权人以他人未经本人同意而办理专利权质押登记手续为由提出查询和复制请求的，可以查阅或复制办理专利权质押登记手续过程中提交的申请表、含有出质人签字或盖章的文件。

第十七条 专利权质押期间，出质人未提交质权人同意其放弃该专利权的证明材料的，国家知识产权局不予办理专利权放弃手续。

第十八条 专利权质押期间，出质人未提交质权人同意转让或者许可实施该专利权的证明材料的，国家知识产权局不予办理专利权转让登记手续或者专利实施许可合同备案手续。

出质人转让或者许可他人实施出质的专利权的，出质人所得的转让费、许可费应当向质权人提前清偿债务或者提存。

第十九条 专利权质押期间，出现以下情形的，国家知识产权局应当及时通知质权人：

（一）被宣告无效或者终止的；
（二）专利年费未按照规定时间缴纳的；
（三）因专利权的归属发生纠纷已请求国家知识产权局中止有关程序，或者人民法院裁定对专利权采取保全措施的。

第二十条 当事人选择以承诺方式办理专利权质押登记相关手续的，国家知识产权局必要时对当事人的承诺内容是否属实进行抽查，发现承诺内容与实际情况不符的，应当向当事人发出通知，要求限期整改。逾期拒不整改或者整改后仍不符合条件的，国家知识产权局按照相关规定采取相应的失信惩戒措施。

第二十一条 本办法由国家知识产权局负责解释。

第二十二条 本办法自发布之日起施行。

相关执法参考	相关法律法规（12）	**《专利标识标注办法》** （2012年3月8日国家知识产权局令第63号公布，自2012年5月1日起施行） **第一条** 为了规范专利标识的标注方式，维护正常的市场经济秩序，根据《中华人民共和国专利法》（以下简称专利法）和《中华人民共和国专利法实施细则》的有关规定，制定本办法。 **第二条** 标注专利标识的，应当按照本办法予以标注。 **第三条** 管理专利工作的部门负责在本行政区域内对标注专利标识的行为进行监督管理。 **第四条** 在授予专利权之后的专利权有效期内，专利权人或者经专利权人同意享有专利标识标注权的被许可人可以在其专利产品、依照专利方法直接获得的产品、该产品的包装或者该产品的说明书等材料上标注专利标识。 **第五条** 标注专利标识的，应当标明下述内容： （一）采用中文标明专利权的类别，例如中国发明专利、中国实用新型专利、中国外观设计专利； （二）国家知识产权局授予专利权的专利号。 除上述内容之外，可以附加其他文字、图形标记，但附加的文字、图形标记及其标注方式不得误导公众。 **第六条** 在依照专利方法直接获得的产品、该产品的包装或者该产品的说明书等材料上标注专利标识的，应当采用中文标明该产品系依照专利方法所获得的产品。 **第七条** 专利权被授予前在产品、该产品的包装或者该产品的说明书等材料上进行标注的，应当采用中文标明中国专利申请的类别、专利申请号，并标明"专利申请，尚未授权"字样。 **第八条** 专利标识的标注不符合本办法第五条、第六条或者第七条规定的，由管理专利工作的部门责令改正。 专利标识标注不当，构成假冒专利行为的，由管理专利工作的部门依照专利法第六十三条的规定进行处罚。 **第九条** 本办法由国家知识产权局负责解释。 **第十条** 本办法自2012年5月1日起施行。2003年5月30日国家知识产权局令第二十九号发布的《专利标记和专利号标注方式的规定》同时废止。
	相关法律法规（13）	**《关于规范专利申请行为的若干规定》** （2017年2月28日国家知识产权局公布，自2017年4月1日起施行） **第一条** 为了规范申请专利的行为，维护正常的专利工作秩序，依据专利法、专利法实施细则和专利代理条例制定本规定。 **第二条** 提交或者代理提交专利申请的，应当遵照法律、法规和规章的有关规定，恪守诚实信用原则，不得从事非正常申请专利的行为。 **第三条** 本规定所称非正常申请专利的行为是指： （一）同一单位或者个人提交多件内容明显相同的专利申请； （二）同一单位或者个人提交多件明显抄袭现有技术或者现有设计的专利申请； （三）同一单位或者个人提交多件不同材料、组分、配比、部件等简单替换或者拼凑的专利申请； （四）同一单位或者个人提交多件实验数据或者技术效果明显编造的专利申请； （五）同一单位或者个人提交多件利用计算机技术等随机生成产品形状、图案或者色彩的专利申请； （六）帮助他人提交或者专利代理机构代理提交本条第一项至第五项所述类型的专利申请。

相关法律法规(13)		**第四条** 对非正常申请专利的行为，除依据专利法及其实施细则的规定对提交的专利申请进行处理之外，可以视情节采取下列处理措施： （一）不予减缴专利费用；已经减缴的，要求补缴已经减缴的费用；情节严重的，自本年度起五年内不予减缴专利费用； （二）在国家知识产权局政府网站以及《中国知识产权报》上予以通报，并纳入全国信用信息共享平台； （三）在国家知识产权局的专利申请数量统计中扣除非正常申请专利的数量； （四）各级知识产权局不予资助或者奖励；已经资助或者奖励的，全部或者部分追还；情节严重的，自本年度起五年内不予资助或者奖励； （五）中华全国专利代理人协会对从事非正常申请专利行为的专利代理机构以及专利代理人采取行业自律措施，必要时建议专利代理惩戒委员会根据《专利代理惩戒规则（暂行）》的规定给予相应惩戒； （六）通过非正常申请专利的行为骗取资助和奖励，情节严重构成犯罪的，依法移送有关机关追究刑事责任。 **第五条** 采取本规定第四条所列处理措施前，必要时应当给予当事人陈述意见的机会。 **第六条** 各级知识产权局应当引导公众和专利代理机构依法提交专利申请。 专利代办处发现非正常申请专利行为的，应当及时报告国家知识产权局。 **第七条** 本决定自2017年4月1日起施行。
相关执法参考	相关法律法规(14)	《关于专利电子申请的规定》 （2010年8月26日国家知识产权局第57号令公布，自2010年10月1日起施行） **第一条** 为了规范与通过互联网传输并以电子文件形式提出的专利申请（以下简称专利电子申请）有关的程序和要求，方便申请人提交专利申请，提高专利审批效率，推进电子政务建设，依照《中华人民共和国专利法实施细则》（以下简称专利法实施细则）第二条和第十五条第二款，制定本规定。 **第二条** 提出专利电子申请的，应当事先与国家知识产权局签订《专利电子申请系统用户注册协议》（以下简称用户协议）。 开办专利电子申请代理业务的专利代理机构，应当以该专利代理机构名义与国家知识产权局签订用户协议。 申请人委托已与国家知识产权局签订用户协议的专利代理机构办理专利电子申请业务的，无须另行与国家知识产权局签订用户协议。 **第三条** 申请人有两人以上且未委托专利代理机构的，以提交电子申请的申请人为代表人。 **第四条** 发明、实用新型和外观设计专利申请均可以采用电子文件形式提出。 依照专利法实施细则第一百零一条第二款的规定进入中国国家阶段的专利申请，可以采用电子文件形式提交。 依照专利法实施细则第一百零一条第一款的规定向国家知识产权局提出专利国际申请的，不适用本规定。 **第五条** 申请专利的发明创造涉及国家安全或者重大利益需要保密的，应当以纸件形式提出专利申请。 申请人以电子文件形式提出专利申请后，国家知识产权局认为该专利申请需要保密的，应当将该专利申请转为纸件形式继续审查并通知申请人。申请人在后续程序中应当以纸件形式递交各种文件。 依照专利法实施细则第八条第二款第（一）项直接向外国申请专利或者向有关国外机构提交专利国际申请的，申请人向国家知识产权局提出的保密审查请求和技术方案应当

| 相关执法参考 | 相关法律法规（14） | 以纸件形式提出。
第六条　提交专利电子申请和相关文件的，应当遵守规定的文件格式、数据标准、操作规范和传输方式。专利电子申请和相关文件未能被国家知识产权局专利电子申请系统正常接收的，视为未提交。
第七条　申请人办理专利电子申请各种手续的，应当以电子文件形式提交相关文件。除另有规定外，国家知识产权局不接受申请人以纸件形式提交的相关文件。不符合本款规定的，相关文件视为未提交。
以纸件形式提出专利申请并被受理后，除涉及国家安全或者重大利益需要保密的专利申请外，申请人可以请求将纸件申请转为专利电子申请。
特殊情形下需要将专利电子申请转为纸件申请的，申请人应当提出请求，经国家知识产权局审批并办理相关手续后可以转为纸件申请。
第八条　申请人办理专利电子申请的各种手续的，对专利法及其实施细则或者专利审查指南中规定的应当以原件形式提交的相关文件，申请人可以提交原件的电子扫描文件。国家知识产权局认为必要时，可以要求申请人在指定期限内提交原件。
申请人在提交专利电子申请时请求减缴或者缓缴专利法实施细则规定的各种费用需要提交有关证明文件的，应当在提出专利申请时提交证明文件原件的电子扫描文件。未提交电子扫描文件的，视为未提交有关证明文件。
第九条　采用电子文件形式向国家知识产权局提交的各种文件，以国家知识产权局专利电子申请系统收到电子文件之日为递交日。
对于专利电子申请，国家知识产权局以电子文件形式向申请人发出的各种通知书、决定或者其他文件，自文件发出之日起满15日，推定为申请人收到文件之日。
第十条　专利法及其实施细则和专利审查指南中关于专利申请和相关文件的所有规定，除专门针对以纸件形式提交的专利申请和相关文件的规定之外，均适用于专利电子申请。
第十一条　本规定由国家知识产权局负责解释。
第十二条　本规定自2010年10月1日起施行。2004年2月12日国家知识产权局令第三十五号发布的《关于电子专利申请的规定》同时废止。 |
| | 相关法律法规（15） | 《关于台湾同胞专利申请的若干规定》
（2010年11月15日国家知识产权局第58号令发布，自2010年11月22日起施行）
第一条　为了方便台湾同胞向国家知识产权局申请专利，制定本规定。
第二条　台湾地区申请人（以下简称申请人）在台湾地区专利主管机构第一次提出发明或者实用新型专利申请之日起十二个月内，或者第一次提出外观设计专利申请之日起六个月内，又在国家知识产权局就相同主题提出专利申请的，可以要求享有其台湾地区在先申请的优先权（以下简称台湾地区优先权）。
申请人根据前款规定要求台湾地区优先权的，其在先申请的申请日应当在2010年9月12日（含当日）以后。
第三条　申请人可以在一件申请中要求一项或者多项台湾地区优先权；要求多项台湾地区优先权的，该申请的台湾地区优先权期限从最早的在先申请的申请日起计算。
第四条　申请人要求台湾地区优先权的，应当在向国家知识产权局提出专利申请的同时在请求书中声明，并且在三个月内提交由台湾地区专利主管机构出具的在先申请文件的副本；未在请求书中声明或者期满未提交在先申请文件副本的，视为未要求台湾地区优先权。
申请人在请求书中声明要求台湾地区优先权的，应当写明在先申请的申请日和申请号，并写明原受理机构为"台湾地区"。
第五条　申请人要求一项或者多项台湾地区优先权而在请求书的声明中未写明或者错写其中某件在先申请的申请日、申请号和原受理机构名称中的一项或者两项内容，但申请人已在规定的期限内提交了在先申请文件副本的，国家知识产权局应当通知申请人补正； |

相关执法参考	相关法律法规(15)	申请人期满未答复或者补正后仍不符合规定的，视为未要求该项台湾地区优先权。 第六条　申请人要求多项台湾地区优先权的，应当提交全部在先申请文件副本。 在先申请文件副本至少应当表明原受理机构、申请人、申请日、申请号。在先申请文件副本不符合规定的，国家知识产权局应当通知申请人补正；申请人期满未答复或者补正后仍不符合规定的，视为未提交该在先申请文件副本。 国家知识产权局依据有关协议，通过电子交换途径获得在先申请文件副本的，视为申请人提交了符合规定的在先申请文件副本。 申请人已向国家知识产权局提交过在先申请文件副本，需要再次提交的，可以仅提交该副本的题录，但应当注明在先申请文件副本的原件所在申请案卷的申请号。 第七条　要求台湾地区优先权的申请人与在先申请文件副本中记载的申请人不一致的，应当在向国家知识产权局提出专利申请之日起三个月内提交台湾地区优先权转让证明或者有关说明；期满未提交或者提交的文件不符合规定的，视为未要求台湾地区优先权。 第八条　申请人要求台湾地区优先权后，可以撤回其全部或者其中某一项或者几项台湾地区优先权要求。 申请人撤回其台湾地区优先权要求的，应当提交全体申请人签字或者盖章的撤回台湾地区优先权声明；撤回台湾地区优先权声明不符合规定的，视为未提出撤回台湾地区优先权声明。 申请人撤回其台湾地区优先权要求导致该申请的最早台湾地区优先权日变更，且自该台湾地区优先权日起算的各种期限尚未届满的，其台湾地区优先权期限应当自变更后的最早台湾地区优先权日或者申请日起算；撤回台湾地区优先权的声明是在变更前的最早台湾地区优先权日起十五个月之后到达国家知识产权局的，则在后专利申请的公布期限仍按照变更前的最早台湾地区优先权日起算。 第九条　要求台湾地区优先权的，应当在缴纳申请费的同时，根据专利法实施细则第九十三条的规定缴纳台湾地区优先权要求费；期满未缴纳或者未缴足的，视为未要求台湾地区优先权。 第十条　被视为未要求台湾地区优先权并属于下列情形之一的，申请人可以根据专利法实施细则第六条的规定请求恢复要求台湾地区优先权的权利：（一）由于未在指定期限内办理补正手续导致视为未要求台湾地区优先权的；（二）要求台湾地区优先权声明中至少一项内容填写正确，但未在规定的期限内提交在先申请文件副本或者台湾地区优先权转让证明文件或者有关说明的；（三）要求台湾地区优先权声明中至少一项内容填写正确，但未在规定的期限内缴纳或者缴足台湾地区优先权要求费的；（四）分案申请的原申请要求了台湾地区优先权的。 除上述情形外，其他原因造成被视为未要求台湾地区优先权的，不予恢复。 第十一条　申请人提出的专利申请文件中，含有与现行法律、法规、规章相抵触的词句的，国家知识产权局应当通知申请人在两个月内删除或者修改，期满不答复的，其申请被视为撤回；申请人拒绝删除、修改或者修改后仍不符合规定的，应当驳回该专利申请。明显不涉及技术内容的词句，国家知识产权局可以依职权删除并通知申请人；申请人不同意删除的，应当驳回该专利申请。 第十二条　国家知识产权局依申请人请求出具申请文件副本的，应当先根据本规定第十一条对申请文件用语进行审查；申请文件中含有与现行法律、法规、规章相抵触的词句的，在初审合格之前不予办理。 第十三条　申请人不愿公布其地址的，可在"申请人地址"栏中注明"中国台湾"。 第十四条　本规定自 2010 年 11 月 22 日起施行。原中国专利局 1993 年 3 月 29 日颁布的《关于受理台胞专利申请的规定》（国专发法字〔1993〕第 63 号）和 1993 年 4 月 23 日颁布的《关于台胞申请专利手续中若干问题的处理办法》（国专发审字〔1993〕第 69 号）同时废止。

| 相关执法参考 | 相关法律法规（16） | 《专利实施许可合同备案办法》
（2011年6月27日国家知识产权局第62号令发布，自2011年8月1日起施行）
　　第一条　为了切实保护专利权，规范专利实施许可行为，促进专利权的运用，根据《中华人民共和国专利法》、《中华人民共和国合同法》和相关法律法规，制定本办法。
　　第二条　国家知识产权局负责全国专利实施许可合同的备案工作。
　　第三条　专利实施许可的许可人应当是合法的专利权人或者其他权利人。以共有的专利权订立专利实施许可合同的，除全体共有人另有约定或者《中华人民共和国专利法》另有规定的外，应当取得其他共有人的同意。
　　第四条　申请备案的专利实施许可合同应当以书面形式订立。订立专利实施许可合同可以使用国家知识产权局统一制订的合同范本；采用其他合同文本的，应当符合《中华人民共和国合同法》的规定。
　　第五条　当事人应当自专利实施许可合同生效之日起3个月内办理备案手续。
　　第六条　在中国没有经常居所或者营业所的外国人、外国企业或者外国其他组织办理备案相关手续的，应当委托依法设立的专利代理机构办理。中国单位或者个人办理备案相关手续的，可以委托依法设立的专利代理机构办理。
　　第七条　当事人可以通过邮寄、直接送交或者国家知识产权局规定的其他方式办理专利实施许可合同备案相关手续。
　　第八条　申请专利实施许可合同备案的，应当提交下列文件：
　　（一）许可人或者其委托的专利代理机构签字或者盖章的专利实施许可合同备案申请表；
　　（二）专利实施许可合同；
　　（三）双方当事人的身份证明；
　　（四）委托专利代理机构的，注明委托权限的委托书；
　　（五）其他需要提供的材料。
　　第九条　当事人提交的专利实施许可合同应当包括以下内容：
　　（一）当事人的姓名或者名称、地址；
　　（二）专利权项数以及每项专利权的名称、专利号、申请日、授权公告日；
　　（三）实施许可的种类和期限。
　　第十条　除身份证明外，当事人提交的其他各种文件应当使用中文。身份证明是外文的，当事人应当附送中文译文；未附送的，视为未提交。
　　第十一条　国家知识产权局自收到备案申请之日起7个工作日内进行审查并决定是否予以备案。
　　第十二条　备案申请经审查合格的，国家知识产权局应当向当事人出具《专利实施许可合同备案证明》。备案申请有下列情形之一的，不予备案，并向当事人发送《专利实施许可合同不予备案通知书》：
　　（一）专利权已经终止或者被宣告无效的；
　　（二）许可人不是专利登记簿记载的专利权人或者有权授予许可的其他权利人的；
　　（三）专利实施许可合同不符合本办法第九条规定的；
　　（四）实施许可的期限超过专利权有效期的；
　　（五）共有专利权人违反法律规定或者约定订立专利实施许可合同的；
　　（六）专利权处于年费缴纳滞纳期的；
　　（七）因专利权的归属发生纠纷或者人民法院裁定对专利权采取保全措施，专利权的有关程序被中止的；
　　（八）同一专利实施许可合同重复申请备案的；
　　（九）专利权被质押的，但经质权人同意的除外； |

相关法律法规 (16)	（十）与已经备案的专利实施许可合同冲突的； （十一）其他不应当予以备案的情形。 **第十三条** 专利实施许可合同备案后，国家知识产权局发现备案申请存在本办法第十二条第二款所列情形并且尚未消除的，应当撤销专利实施许可合同备案，并向当事人发出《撤销专利实施许可合同备案通知书》。 **第十四条** 专利实施许可合同备案的有关内容由国家知识产权局在专利登记簿上登记，并在专利公报上公告以下内容：许可人、被许可人、主分类号、专利号、申请日、授权公告日、实施许可的种类和期限、备案日期。专利实施许可合同备案后变更、注销以及撤销的，国家知识产权局予以相应登记和公告。 **第十五条** 国家知识产权局建立专利实施许可合同备案数据库。公众可以查询专利实施许可合同备案的法律状态。 **第十六条** 当事人延长实施许可的期限的，应当在原实施许可的期限届满前2个月内，持变更协议、备案证明和其他有关文件向国家知识产权局办理备案变更手续。变更专利实施许可合同其他内容的，参照前款规定办理。 **第十七条** 实施许可的期限届满或者提前解除专利实施许可合同的，当事人应当在期限届满或者订立解除协议后30日内持备案证明、解除协议和其他有关文件向国家知识产权局办理备案注销手续。 **第十八条** 经备案的专利实施许可合同涉及的专利权被宣告无效或者在期限届满前终止的，当事人应当及时办理备案注销手续。 **第十九条** 经备案的专利实施许可合同的种类、期限、许可使用费计算方法或者数额等，可以作为管理专利工作的部门对侵权赔偿数额进行调解的参照。 **第二十条** 当事人以专利申请实施许可合同申请备案的，参照本办法执行。申请备案时，专利申请被驳回、撤回或者视为撤回的，不予备案。 **第二十一条** 当事人以专利申请实施许可合同申请备案的，专利申请被批准授予专利权后，当事人应当及时将专利申请实施许可合同名称及有关条款作相应变更；专利申请被驳回、撤回或者视为撤回的，当事人应当及时办理备案注销手续。 **第二十二条** 本办法自2011年8月1日起施行。2001年12月17日国家知识产权局令第十八号发布的《专利实施许可合同备案管理办法》同时废止。
相关法律法规 (17)	《专利实施强制许可办法》 （2012年3月15日国家知识产权局第64号令发布，自2012年5月1日起施行） **第一章 总 则** **第一条** 为了规范实施发明专利或者实用新型专利的强制许可（以下简称强制许可）的给予、费用裁决和终止程序，根据《中华人民共和国专利法》（以下简称专利法）、《中华人民共和国专利法实施细则》及有关法律法规，制定本办法。 **第二条** 国家知识产权局负责受理和审查强制许可请求、强制许可使用费裁决请求和终止强制许可请求并作出决定。 **第三条** 请求给予强制许可、请求裁决强制许可使用费和请求终止强制许可，应当使用中文以书面形式办理。 依照本办法提交的各种证件、证明文件是外文的，国家知识产权局认为必要时，可以要求当事人在指定期限内附送中文译文；期满未附送的，视为未提交该证件、证明文件。 **第四条** 在中国没有经常居所或者营业所的外国人、外国企业或者外国其他组织办理强制许可事务的，应当委托依法设立的专利代理机构办理。 当事人委托专利代理机构办理强制许可事务的，应当提交委托书，写明委托权限。一方当事人有两个以上且未委托专利代理机构的，除另有声明外，以提交的书面文件中指明的第一当事人为该方代表人。

| 相关执法参考 | 相关法律法规(17) | 第二章 强制许可请求的提出与受理
第五条 专利权人自专利权被授予之日起满3年，且自提出专利申请之日起满4年，无正当理由未实施或者未充分实施其专利的，具备实施条件的单位或者个人可以根据专利法第四十八条第一项的规定，请求给予强制许可。
专利权人行使专利权的行为被依法认定为垄断行为的，为消除或者减少该行为对竞争产生的不利影响，具备实施条件的单位或者个人可以根据专利法第四十八条第二项的规定，请求给予强制许可。
第六条 在国家出现紧急状态或者非常情况时，或者为了公共利益的目的，国务院有关主管部门可以根据专利法第四十九条的规定，建议国家知识产权局给予其指定的具备实施条件的单位强制许可。
第七条 为了公共健康目的，具备实施条件的单位可以根据专利法第五十条的规定，请求给予制造取得专利权的药品并将其出口到下列国家或者地区的强制许可：
（一）最不发达国家或者地区；
（二）依照有关国际条约通知世界贸易组织表明希望作为进口方的该组织的发达成员或者发展中成员。
第八条 一项取得专利权的发明或者实用新型比前已经取得专利权的发明或者实用新型具有显著经济意义的重大技术进步，其实施又有赖于前一发明或者实用新型的实施的，该专利权人可以根据专利法第五十一条的规定请求给予实施前一专利的强制许可。国家知识产权局给予实施前一专利的强制许可的，前一专利权人也可以请求给予实施后一专利的强制许可。
第九条 请求给予强制许可的，应当提交强制许可请求书，写明下列各项：
（一）请求人的姓名或者名称、地址、邮政编码、联系人及电话；
（二）请求人的国籍或者注册的国家或者地区；
（三）请求给予强制许可的发明专利或者实用新型专利的名称、专利号、申请日、授权公告日，以及专利权人的姓名或者名称；
（四）请求给予强制许可的理由和事实、期限；
（五）请求人委托专利代理机构的，受托机构的名称、机构代码以及该机构指定的代理人的姓名、执业证号码、联系电话；
（六）请求人的签字或者盖章；委托专利代理机构的，还应当有该机构的盖章；
（七）附加文件清单；
（八）其他需要注明的事项。
请求书及其附加文件应当一式两份。
第十条 强制许可请求涉及两个或者两个以上的专利权人的，请求人应当按专利权人的数量提交请求书及其附加文件副本。
第十一条 根据专利法第四十八条第一项或者第五十一条的规定请求给予强制许可的，请求人应当提供证据，证明其以合理的条件请求专利权人许可其实施专利，但未能在合理的时间内获得许可。
根据专利法第四十八条第二项的规定请求给予强制许可的，请求人应当提交已经生效的司法机关或者反垄断执法机构依法将专利权人行使专利权的行为认定为垄断行为的判决或者决定。
第十二条 国务院有关主管部门根据专利法第四十九条建议给予强制许可的，应当指明下列各项：
（一）国家出现紧急状态或者非常情况，或者为了公共利益目的需要给予强制许可；
（二）建议给予强制许可的发明专利或者实用新型专利的名称、专利号、申请日、授权公告日，以及专利权人的姓名或者名称； |

相关执法参考	相关法律法规(17)	（三）建议给予强制许可的期限； （四）指定的具备实施条件的单位名称、地址、邮政编码、联系人及电话； （五）其他需要注明的事项。 第十三条　根据专利法第五十条的规定请求给予强制许可的，请求人应当提供进口方及其所需药品和给予强制许可的有关信息。 第十四条　强制许可请求有下列情形之一的，不予受理并通知请求人： （一）请求给予强制许可的发明专利或者实用新型专利的专利号不明确或者难以确定； （二）请求文件未使用中文； （三）明显不具备请求强制许可的理由； （四）请求给予强制许可的专利权已经终止或者被宣告无效。 第十五条　请求文件不符合本办法第四条、第九条、第十条规定的，请求人应当自收到通知之日起 15 日内进行补正。期满未补正的，该请求视为未提出。 第十六条　国家知识产权局受理强制许可请求的，应当及时将请求书副本送交专利权人。除另有指定的外，专利权人应当自收到通知之日起 15 日内陈述意见；期满未答复的，不影响国家知识产权局作出决定。 　　第三章　强制许可请求的审查和决定 第十七条　国家知识产权局应当对请求人陈述的理由、提供的信息和提交的有关证明文件以及专利权人陈述的意见进行审查；需要实地核查的，应当指派两名以上工作人员实地核查。 第十八条　请求人或者专利权人要求听证的，由国家知识产权局组织听证。 国家知识产权局应当在举行听证 7 日前通知请求人、专利权人和其他利害关系人。 除涉及国家秘密、商业秘密或者个人隐私外，听证公开进行。 举行听证时，请求人、专利权人和其他利害关系人可以进行申辩和质证。 举行听证时应当制作听证笔录，交听证参加人员确认无误后签字或者盖章。 根据专利法第四十九条或者第五十条的规定建议或者请求给予强制许可的，不适用听证程序。 第十九条　请求人在国家知识产权局作出决定前撤回其请求的，强制许可请求的审查程序终止。 在国家知识产权局作出决定前，请求人与专利权人订立了专利实施许可合同的，应当及时通知国家知识产权局，并撤回其强制许可请求。 第二十条　经审查认为强制许可请求有下列情形之一的，国家知识产权局应当作出驳回强制许可请求的决定： （一）请求人不符合本办法第四条、第五条、第七条或者第八条的规定； （二）请求给予强制许可的理由不符合专利法第四十八条、第五十条或者第五十一条的规定； （三）强制许可请求涉及的发明创造是半导体技术的，其理由不符合专利法第五十二条的规定； （四）强制许可请求不符合本办法第十一条或者第十三条的规定； （五）请求人陈述的理由、提供的信息或者提交的有关证明文件不充分或者不真实。 国家知识产权局在作出驳回强制许可请求的决定前，应当通知请求人拟作出的决定及其理由。除另有指定的外，请求人可以自收到通知之日起 15 日内陈述意见。 第二十一条　经审查认为请求给予强制许可的理由成立的，国家知识产权局应当作出给予强制许可的决定。在作出给予强制许可的决定前，应当通知请求人和专利权人拟作出的决定及其理由。除另有指定的外，双方当事人可以自收到通知之日起 15 日内陈述意见。

| 相关执法参考 | 相关法律法规（17） | 国家知识产权局根据专利法第四十九条作出给予强制许可的决定前，应当通知专利权人拟作出的决定及其理由。
第二十二条 给予强制许可的决定应当写明下列各项：
（一）取得强制许可的单位或者个人的名称或者姓名、地址；
（二）被给予强制许可的发明专利或者实用新型专利的名称、专利号、申请日及授权公告日；
（三）给予强制许可的范围和期限；
（四）决定的理由、事实和法律依据；
（五）国家知识产权局的印章及负责人签字；
（六）决定的日期；
（七）其他有关事项。
给予强制许可的决定应当自作出之日起5日内通知请求人和专利权人。
第二十三条 国家知识产权局根据专利法第五十条作出给予强制许可的决定的，还应当在该决定中明确下列要求：
（一）依据强制许可制造的药品数量不得超过进口方所需的数量，并且必须全部出口到该进口方；
（二）依据强制许可制造的药品应当采用特定的标签或者标记明确注明该药品是依据强制许可而制造的；在可行并且不会对药品价格产生显著影响的情况下，应当对药品本身采用特殊的颜色或者形状，或者对药品采用特殊的包装；
（三）药品装运前，取得强制许可的单位应当在其网站或者世界贸易组织的有关网站上发布运往进口方的药品数量以及本条第二项所述的药品识别特征等信息。
第二十四条 国家知识产权局根据专利法第五十条作出给予强制许可的决定的，由国务院有关主管部门将下列信息通报世界贸易组织：
（一）取得强制许可的单位的名称和地址；
（二）出口药品的名称和数量；
（三）进口方；
（四）强制许可的期限；
（五）本办法第二十三条第三项所述网址。
第四章 强制许可使用费裁决请求的审查和裁决
第二十五条 请求裁决强制许可使用费的，应当提交强制许可使用费裁决请求书，写明下列各项：
（一）请求人的姓名或者名称、地址；
（二）请求人的国籍或者注册的国家或者地区；
（三）给予强制许可的决定的文号；
（四）被请求人的姓名或者名称、地址；
（五）请求裁决强制许可使用费的理由；
（六）请求人委托专利代理机构的，受托机构的名称、机构代码以及该机构指定的代理人的姓名、执业证号码、联系电话；
（七）请求人的签字或者盖章；委托专利代理机构的，还应当有该机构的盖章；
（八）附加文件清单；
（九）其他需要注明的事项。
请求书及其附加文件应当一式两份。
第二十六条 强制许可使用费裁决请求有下列情形之一的，不予受理并通知请求人：
（一）给予强制许可的决定尚未作出；
（二）请求人不是专利权人或者取得强制许可的单位或者个人； |

（三）双方尚未进行协商或者经协商已经达成协议。

第二十七条　国家知识产权局受理强制许可使用费裁决请求的，应当及时将请求书副本送交对方当事人。除另有指定的外，对方当事人应当自收到通知之日起 15 日内陈述意见；期满未答复的，不影响国家知识产权局作出决定。

强制许可使用费裁决过程中，双方当事人可以提交书面意见。国家知识产权局可以根据案情需要听取双方当事人的口头意见。

第二十八条　请求人在国家知识产权局作出决定前撤回其裁决请求的，裁决程序终止。

第二十九条　国家知识产权局应当自收到请求书之日起 3 个月内作出强制许可使用费的裁决决定。

第三十条　强制许可使用费裁决决定应当写明下列各项：
（一）取得强制许可的单位或者个人的名称或者姓名、地址；
（二）被给予强制许可的发明专利或者实用新型专利的名称、专利号、申请日及授权公告日；
（三）裁决的内容及其理由；
（四）国家知识产权局的印章及负责人签字；
（五）决定的日期；
（六）其他有关事项。

强制许可使用费裁决决定应当自作出之日起 5 日内通知双方当事人。

第五章　终止强制许可请求的审查和决定

第三十一条　有下列情形之一的，强制许可自动终止：
（一）给予强制许可的决定规定的强制许可期限届满；
（二）被给予强制许可的发明专利或者实用新型专利终止或者被宣告无效。

第三十二条　给予强制许可的决定中规定的强制许可期限届满前，强制许可的理由消除并不再发生的，专利权人可以请求国家知识产权局作出终止强制许可的决定。

请求终止强制许可的，应当提交终止强制许可请求书，写明下列各项：
（一）专利权人的姓名或者名称、地址；
（二）专利权人的国籍或者注册的国家或者地区；
（三）请求终止的给予强制许可决定的文号；
（四）请求终止强制许可的理由和事实；
（五）专利权人委托专利代理机构的，受托机构的名称、机构代码以及该机构指定的代理人的姓名、执业证号码、联系电话；
（六）专利权人的签字或者盖章；委托专利代理机构的，还应当有该机构的盖章；
（七）附加文件清单；
（八）其他需要注明的事项。

请求书及其附加文件应当一式两份。

第三十三条　终止强制许可的请求有下列情形之一的，不予受理并通知请求人：
（一）请求人不是被给予强制许可的发明专利或者实用新型专利的专利权人；
（二）未写明请求终止的给予强制许可决定的文号；
（三）请求文件未使用中文；
（四）明显不具备终止强制许可的理由。

第三十四条　请求文件不符合本办法第三十二条规定的，请求人应当自收到通知之日起 15 日内进行补正。期满未补正的，该请求视为未提出。

第三十五条　国家知识产权局受理终止强制许可请求的，应当及时将请求书副本送交取得强制许可的单位或者个人。除另有指定的外，取得强制许可的单位或者个人应当自收

相关执法参考	相关法律法规（17）	到通知之日起 15 日内陈述意见；期满未答复的，不影响国家知识产权局作出决定。 第三十六条　国家知识产权局应当对专利权人陈述的理由和提交的有关证明文件以及取得强制许可的单位或者个人陈述的意见进行审查；需要实地核查的，应当指派两名以上工作人员实地核查。 第三十七条　专利权人在国家知识产权局作出决定前撤回其请求的，相关程序终止。 第三十八条　经审查认为请求终止强制许可的理由不成立的，国家知识产权局应当作出驳回终止强制许可请求的决定。在作出驳回终止强制许可请求的决定前，应当通知专利权人拟作出的决定及其理由。除另有指定的外，专利权人可以自收到通知之日起 15 日内陈述意见。 第三十九条　经审查认为请求终止强制许可的理由成立的，国家知识产权局应当作出终止强制许可的决定。在作出终止强制许可的决定前，应当通知取得强制许可的单位或者个人拟作出的决定及其理由。除另有指定的外，取得强制许可的单位或者个人可以自收到通知之日起 15 日内陈述意见。 终止强制许可的决定应当写明下列各项： （一）专利权人的姓名或者名称、地址； （二）取得强制许可的单位或者个人的名称或者姓名、地址； （三）被给予强制许可的发明专利或者实用新型专利的名称、专利号、申请日及授权公告日； （四）给予强制许可的决定的文号； （五）决定的事实和法律依据； （六）国家知识产权局的印章及负责人签字； （七）决定的日期； （八）其他有关事项。 终止强制许可的决定应当自作出之日起 5 日内通知专利权人和取得强制许可的单位或者个人。 附　则 第四十条　已经生效的给予强制许可的决定和终止强制许可的决定，以及强制许可自动终止的，应当在专利登记簿上登记并在专利公报上公告。 第四十一条　当事人对国家知识产权局关于强制许可的决定不服的，可以依法申请行政复议或者提起行政诉讼。 第四十二条　本办法由国家知识产权局负责解释。 第四十三条　本办法自 2012 年 5 月 1 日起施行。2003 年 6 月 13 日国家知识产权局令第三十一号发布的《专利实施强制许可办法》和 2005 年 11 月 29 日国家知识产权局令第三十七号发布的《涉及公共健康问题的专利实施强制许可办法》同时废止。
	相关法律法规（18）	《关于实施专利权海关保护若干问题的规定》 （1997 年 3 月 11 日海关总署、中国专利局署监〔1997〕202 号发布） 为了有效地实施专利权的海关保护，维护专利权人和其他有关当事人的合法权益，根据《中华人民共和国专利法》和《中华人民共和国知识产权海关保护条例》（以下简称《条例》）作出如下规定： 一、凡已在海关总署备案的专利权发生下列情况变更，专利权人应依据《条例》第十一条的规定，自变更生效之日起 10 日内持中国专利局的证明向海关总署办理备案变更或注销手续： （一）专利权人的姓名（名称）、国籍、地址或发明创造名称变更； （二）专利权被撤销或宣告无效； （三）专利权终止；

相关执法参考	相关法律法规（18）	（四）专利权被继承、转让或赠与； （五）专利的许可情况发生变化； （六）海关总署认为应当说明的其他变更情况。 二、专利权人或其代理人根据《条例》的有关规定向进出境地海关申请采取保护措施，应在海关要求时交验海关所在地或专利权人所在地专利管理机关或者中国专利局指定部门根据中国专利局专利登记薄出具的证明专利权有效的文件。 三、专利权人或其他当事人根据《条例》的规定，将侵权争议提交专利管理机关处理的，应当向采取保护措施的进出境地海关的所在地有管辖权的专利管理机关提出申请。 专利管理机关处理上款所述的侵权争议，适用中国专利局制订的《专利管理机关处理专利纠纷办法》。 四、依据《条例》第二十二、二十三条的规定，专利管理机关对海关扣留的侵权嫌疑货物进行调查，应作出构成侵权或排除侵权嫌疑的决定书。进出境地海关可以凭专利管理机关的决定书作出放行或者没收货物的决定。 五、专利管理机关在处理侵权争议过程中，可以要求海关予以必要的协助。 六、海关依照《条例》第二十条的规定对涉嫌侵犯专利权的货物进行调查时，可以要求其所在地有管辖权的专利管理机关协助对货物的侵权状况进行技术性判定，专利管理机关应给予协助。所作出的技术判定应出具技术判定书。 七、本规定所称的专利管理机关是《中华人民共和国专利法实施细则》第七十六条规定的"国务院有关主管部门或者地方人民政府设立的专利管理机关"。 八、本规定由海关总署和中国专利局共同解释。 九、本规定自发布之日起施行。

十五、侵犯著作权罪

罪名	侵犯著作权罪（《刑法》第217条）
概念	侵犯著作权罪，是指以营利为目的，未经著作权人许可，复制发行、网络传播其文字作品、音乐、电影、电视、视听作品、计算机软件及其他作品；出版他人享有专有出版权的图书；未经录音录像制作者许可，复制发行其制作的录音录像；未经表演者许可，复制发行、网络传播其表演的作品；制作、出售假冒他人署名的美术作品；未经著作权人许可，排除保护著作权的有关技术措施，违法所得数额较大或者有其他严重情节的行为。

| 犯罪构成 | 客体 | 本罪侵犯的客体是多重客体，即国家著作权管理制度以及他人的著作权和与著作权有关的权益。所谓著作权，也称版权，是作者或其他著作权人对已经创作出来的文学、艺术和科学作品所享有的专有权利。著作权是知识产权的重要组成部分。根据《著作权法》的规定，著作权主要包括以下六个方面的人身权和财产权：即发表权、署名权、修改权、保护作品完整权、使用权和获得报酬权。与著作权有关的权益主要是指出版者、表演者、录音录像制作者等拥有的著作邻接权。《著作权法》第10条规定的著作权包括下列17种人身权和财产权：发表权，即决定作品是否公之于众的权利；署名权，即表明作者身份，在作品上署名的权利；修改权，即修改或者授权他人修改作品的权利；保护作品完整权，即保护作品不受歪曲、篡改的权利；复制权，即以印刷、复印、拓印、录音、录像、翻录、翻拍、数字化等方式将作品制作一份或者多份的权利；发行权，即以出售或者赠与方式向公众提供作品的原件或者复制件的权利；出租权，即有偿许可他人临时使用视听作品、计算机软件的原件或者复制件的权利，计算机软件不是出租的主要标的的除外；展览权，即公开陈列美术作品、摄影作品的原件或者复制件的权利；表演权，即公开表演作品，以及用各种手段公开播送作品的表演的权利；放映权，即通过放映机、幻灯机等技术设备公开再现美术、摄影、视听作品等的权利；广播权，即以有线或者无线方式公开传播或者转播作品，以及通过扩音器或者其他传送符号、声音、图像的类似工具向公众传播广播的作品的权利，但不包括本款第十二项规定的权利；信息网络传播权，即以有线或者无线方式向公众提供作品，使公众可以在其选定的时间和地点获得作品的权利；摄制权，即以摄制视听作品的方法将作品固定在载体上的权利；改编权，即改变作品，创作出具有独创性的新作品的权利；翻译权，即将作品从一种语言文字转换成另一种语言文字的权利；汇编权，即将作品或者作品的片段通过选择或者编排，汇集成新作品的权利；应当由著作权人享有的其他权利。刑法规定的侵犯著作权行为主要是侵犯了上述著作权中的复制权、发行权、出版权、传播权等著作财产权和署名权这种著作人身权。未经著作权人许可，复制发行、出版、制作、出售、传播是对上述著作权和与著作权有关权益的直接侵犯。同时，为了加强对著作权的管理，著作权法对作品范围、著作权内容、归属及保护期限，以及侵犯著作权和与著作权有关权益的行为法律责任等作了明确规定。因此，对著作权和与著作权有关权益的侵犯，既侵犯了国家著作权管理制度，也侵犯了他人著作权和与著作权有关的权益。

本罪的犯罪对象是反映著作权物质表现形式的作品。根据刑法第217条的规定，本罪的犯罪对象仅涉及著作权人的文字作品、音乐、电影、电视、录像作品、计算机软件及其他作品，著作权人享有的专有出版权的图书，录音录像著作权人制作的录音录像制品，假冒他人署名的美术作品等。具体包括四种：（1）作品。即人们借以表现自己思想、情感的文学、艺术和科学方面的智力成果。依照《著作权法》第3条的规定，作品包括下列文学、艺术和科学领域内具有独创性并能以一定形式表现的智力成果：文字作品；口述作 |

犯罪构成	客体	品；音乐、戏剧、曲艺、舞蹈、杂技艺术作品；美术、建筑作品；摄影作品；视听作品；工程设计图、产品设计图、地图、示意图等图形作品和模型作品；计算机软件；符合作品特征的其他智力成果。(2) 图书。即作品经出版者编辑加工、版式设计、封面设计等技术处理并排版、印刷、装订后予以发行的书刊出版物。(3) 录音录像制品。即任何有声音的原始录制品或电影、电视、录像作品以外的任何有伴音或者无伴音的连续相关形象的原始录制品，包括表演者表演的录音录像制品。(4) 假冒他人署名的美术作品。美术作品，是指以线条、色彩或其他方式构成的有审美意义的平面或立体的造型艺术作品，包括绘画、书法、雕塑、建筑、工艺美术等。假冒他人署名的美术作品即自己或请人制作而在其上面冒署其他人姓名的美术作品。除上述特定范畴要求外，根据我国《著作权法》的有关规定，受著作权法保护的作品必须还具备以下四个条件：第一，作品必须是属于文学、艺术和科学领域内思想或情感的表现。其他领域的作品，则由别的相应的法律调整和保护，如工业技术中的实用新型是由专利法来调整的。不具备文学、艺术或科学内容的创作不受著作权法保护，如著作权法规定的创作，如时事新闻、历法、数表、通用表格和公式等，虽然作者付出了独立的活动，也不受著作权法保护。第二，作品必须具有独创性。第三，作品必须具有可复制性。第四，作品必须具有合法性。我国《著作权法》第4条规定，著作权人行使著作权，不得违反宪法和法律，不得损害公共利益。国家对作品的出版、传播依法进行监督管理。作为著作权犯罪对象的作品只有具备上述四个条件才能受到著作权法的保护，也才有可能成为侵犯著作权罪的犯罪对象。如果侵犯的对象不属于上述范围的，则不构成本罪。
	客观方面	本罪在客观方面表现为未经著作权人许可，复制发行其文字作品、音乐、电影、电视、录像作品、计算机软件及其他作品；出版他人享有专有出版权的图书；未经录音录像制作者许可，复制发行其制作的录音录像；制作、出售假冒他人署名的美术作品，违法所得数额较大或者有其他严重情节的行为。包括两点： 1. 实施了侵犯特定著作权和与著作权有关权益的行为。尽管我国《著作权法》第10条规定了17种侵犯著作权和与著作权有关权益的行为，但是根据刑法规定，只有涉及下列六种侵权行为可以构成本罪：(1) 未经著作权人许可，复制发行其文字作品、音乐、电影、电视、视听作品、计算机软件及其他作品的行为。未经著作权人许可，是指未经著作权人的同意。著作权人即著作权权利义务的承受者，一般指作者，也可能是其他依法享有著作权的公民、法人或非法人组织。根据著作权法规定，由法人或非法人组织主持，代表法人或非法人组织意志创作，并由法人或非法人组织承担责任的作品，法人或非法人组织视为作者，享有著作权；演绎作品著作权由演绎人享有，合作作品著作权由合作作者共同享有，如其中的作品可以单独或分割使用的，其作者可以单独享有著作权；电影、电视、视听作品的导演、编剧、作词、作曲、摄影等作者享有署名权，著作权其他权利由制片者享有，如果剧本、音乐等可以单独使用的，其作者有权单独行使其著作权。任何未经上述人员同意而使用其作品的，均属于未经著作权人许可的行为。根据《著作权法实施条例》的规定，复制是指以印刷、复印、临摹、拓印、录音、录像、翻录、翻拍等方式将作品制作一份或多份的行为；发行是指为满足公众合理需求，通过出售、出租等方式向公众提供一定数量的作品复印件。根据刑法规定，复制与发行是紧密联系在一起的整体行为，应同时具备才构成本罪，如果仅仅具备其中一个方面的则不符合本罪的行为特征。但如果是不同行为人事先通谋而分别实施复制、发行的，则属于共同犯罪范畴，仍然可以构成本罪。(2) 出版他人享有专有出版权的图书的行为。出版是指把作品编辑加工后，经过复制向公众发行的行为。出版实际上是一种特殊的复制发行。出版者出版图书，一般需要经著作权人授权而取得对作品的专有出版权。专有出版权是指出版者对著作权人交付的作品订立的出版合同而享有独家出版权，包括在合同规定的时间、地点以原版、修订版方式制作成图书并予以发行等独占权利。它是一种与著作权有关的重要权益，同样具有排他

犯罪构成		
	客观方面	性，他人不得行使，否则构成侵权。（3）未经录音录像制作者许可，复制发行其制作的录音录像的行为。这是侵犯录音录像制作者著作邻接权的行为。录音录像制作者，通过对原著作品编辑加工，以声音图像直观感性的形式把抽象的原著作品再现出来，对再现出来的作品形式享有专有出版权。未经录音录像制作者许可，复制发行其制作的录音录像的，是一种侵犯他人著作权的行为。（4）未经表演者许可，复制发行录有其表演的录音录像制品，或者通过信息网络向公众传播其表演的行为。（5）制作、出售假冒他人署名的美术作品的行为。这是一种借他人之名非法牟利的行为。这里的制作、出售应理解为制作并出售或为出售而制作才能构成本罪，主要包括以下三种方式：一是临摹他人的画，署上他人的名，假冒他人的画出售；二是以自己的画，署上名画家的名，假冒他人的画出售；三是把他人的画，署上名画家的名，假冒名画家的画出售，从中牟利。（6）排除保护著作权相关技术措施的行为。即未经著作权人或者与著作权有关的权利人许可，故意避开或者破坏权利人为其作品、录音录像制品等采取的保护著作权或者与著作权有关的权利的技术措施的行为。上述行为不仅侵犯了他人的人身权中的署名权，而且影响他人美术作品的销售，间接侵犯他人的财产权。 2. 实施侵犯著作权行为，必须达到了违法所得数额较大或者有其他严重情节的程度，才能构成犯罪。本罪为数额犯或情节犯，只要实施了侵犯著作权的行为，并达到了违法所得数额较大或者有其他严重情节的程度，即构成本罪。根据司法解释规定，违法所得数额在 3 万元以上的，属于违法所得数额较大。具有下列情形之一的，属于有其他严重情节：非法经营数额在 5 万元以上的；未经著作权人许可，复制发行其文字作品、音乐、电影、电视、录像作品、计算机软件及其他作品，复制品数量合计在 1000 张（份）以上的；其他严重情节的情形。例如，被告人王安涛原系杭州天利咨询工程服务公司（以下简称天利公司）职员。1996 年 6 月，天利公司开发了《天丽鸟自来水智能系统》软件（以下简称天丽鸟软件）。1998 年 4 月，王安涛从天利公司辞职，与他人合伙注册成立了杭州泓瀚软件系统有限公司（以下简称泓瀚公司）。1998 年上半年，被告人王安涛从天利公司技术员严辉民处取得了非法拷贝的天利公司开发的天丽鸟软件，并让原天利公司程序员肖海勇将软件源代码稍作修改并更名为《泓瀚自来水智能调度、信息发布、热线服务系统》（以下简称泓瀚软件）。随后王安涛即以泓瀚公司的名义，将泓瀚软件销售给青岛市自来水公司和大同市自来水公司，销售金额 16 万元，获利 15.2 万元。王安涛还以泓瀚公司的名义与广东省顺德市的桂洲镇自来水公司和容奇镇自来水公司签订合同，收取定金 12.25 万元，准备再将泓瀚软件销售给上述两公司，后因案发而未成。被告人王安涛未经著作权人许可，复制销售他人计算机软件，违法所得数额巨大，其行为构成侵犯著作权罪，被人民法院判处有期徒刑 4 年，并处罚金人民币 2 万元，并赔偿附带民事诉讼原告人天利公司人民币 286900 元。
	主体	本罪的主体为一般主体，自然人和单位均能成为本罪主体。就自然人而言，只要行为人达到了 16 周岁以上法定刑事责任年龄，具有刑事责任能力，实施了侵犯著作权的行为，即可构成犯罪。就单位而言，单位实施了侵犯著作权的行为，构成犯罪的，实行双罚制，即对单位判处罚金，对直接负责的主管人员和其他直接责任人员依法追究刑事责任。
	主观方面	本罪在主观方面表现为直接故意，并且具有营利的目的。以营利为目的，是指行为人侵犯他人权利的行为是为了获取非法利益。如有些教学科研单位复制他人作品供教学、科研之用；有些个人复制了音像制品或计算机某一程序是供个人观赏、学习、使用，没有将其作为商品进入商品的流通领域，不是以营利为目的，不构成犯罪。行为人的动机多种多样，有的为了炫耀，有的为了实施其他不法行为，不同的动机一般不影响本罪的定罪。如果行为人出于过失，如误认为他人作品已过保护期而复制发行，或虽系故意，但出于追求名誉等非营利目的的，则不能构成本罪。

刑罚标准		1. 犯本罪的，处 3 年以下有期徒刑，并处或者单处罚金； 2. 违法所得数额巨大或者有其他特别严重情节的，处 3 年以上 10 年以下有期徒刑，并处罚金； 3. 单位犯本罪的，对单位判处罚金，并对其直接负责的主管人员和其他直接责任人员，依照上述规定处罚。 本罪为数额犯或情节犯，只要实施了侵犯著作权的行为，并达到了违法所得数额较大或者有其他严重情节的程度，即构成本罪，就应当适用第一档量刑条款。根据司法解释规定，违法所得在 3 万元以上，或者非法经营额在 5 万元以上，或者复制侵权光盘在 1000 张以上，或者有其他严重情节的，即符合数额犯或情节犯要求。 构成本罪，并达到了违法所得数额巨大或者有其他特别严重情节的，适用第二档量刑条款。根据有关司法解释规定，这里的违法所得数额巨大或者有其他特别严重情节包括：违法所得额在 15 万元以上，或者非法经营额在 25 万元以上，复制侵权光盘在 5000 张以上或其他特别严重情节的情形。 对于单位实施本罪，应当根据 2007 年"两高"有关司法解释的规定，单位实施刑法第 213 条至第 219 条规定的行为，按照相应个人犯罪的定罪量刑标准定罪处罚。
认定标准	本罪与非罪的区别	1. 看客体是否被侵害。本罪侵犯的客体是国家著作权管理制度以及他人的著作权和与著作权有关的权益。对于行为没有侵犯到他人的著作权和与著作权有关的权益，是不存在客体被侵犯情况的。这里的关键在于复制、出版或制作有无合法根据，这是区分侵犯著作权罪与非罪的重要标准。合法的复制、出版或制作行为包括两方面情况：一方面是经著作权人许可的行为，即根据著作权法规定使用他人作品已经同著作权人订立了合同或者取得了许可。另一方面是未经著作权人许可，即在法律规定的合理范围内使用其作品的行为。根据著作权法规定，可以不经著作权人许可的作品的合理使用范围包括：为个人学习、研究或者欣赏，使用他人已经发表的作品；为介绍、评论某一作品或者说明某一问题，在作品中适当引用他人已经发表的作品；为报道时事新闻，在报纸、期刊、广播、电视节目或者新闻纪录影片中引用已经发表的作品；报纸、期刊、广播电台、电视台刊登或者播放在公众集会上发表的讲话，但作者声明不许刊登、播放的除外；为学校课堂教学或者科学研究，翻译或者少量复制已经发表的作品，供教学或科研人员使用，但不得出版发行；国家机关为执行公务使用已经发表的作品；图书馆、档案馆、纪念馆、博物馆、美术馆等为陈列或者保存版本的需要，复制本馆收藏的作品；免费表演已经发表的作品；对设置或者陈列在室外公共场所的艺术作品进行临摹、绘画、摄影、录像。另外，作品超过权利保护期的，以及将已经发表的汉族文字作品翻译成少数民族文字在国内出版发行，或将已经发表的作品改成盲文出版，均可以不经著作权人许可。凡不经著作权人许可即可在法律限定范围使用的作品，使用者可以不向著作权人支付报酬，但应当指明作者姓名、作品名称，并且不得侵犯著作权人依照著作权法享有的其他权利。 2. 看行为是否针对特定的对象。只有行为侵犯了著作权人 4 种作品的，才可能构成本罪，4 种作品包括：著作权人的文字作品、音乐、电影、电视、录像作品、计算机软件及其他作品，他人享有专有出版权的图书，未经录音录像制作者许可，复制发行其录音录像制作的录音录像制品，假冒他人署名的美术作品。行为侵犯了著作权人其他作品的，属于一般违法侵权性质，不能构成本罪。 3. 看犯罪客观结果要件是否完备。本罪属于数额犯或情节犯，只要实施了侵犯著作权的行为，并达到了违法所得数额较大或者有其他严重情节的程度，即构成本罪。这里的违法所得数额较大或者具有其他严重情节是区分本罪与一般违法行为的主要标准。但应当注意的是违法所得数额较大和有其他严重情节是选择性要件，只要符合其中之一即可构成本罪，无需同时齐备。根据司法解释规定，违法所得额在 3 万元以上，或者非法经营额在 5 万元以上，或者复制侵权光盘在 1000 张以上或其他严重情节的，即构成犯罪。没有达

认定标准	**本罪与非罪的区别** 到违法所得数额较大或者情节并不严重的，属于一般民事侵权行为，不能作为本罪处理。我国《著作权法》第52条规定了11种应当承担民事责任的侵权行为，包括：（1）未经著作权人许可，发表其作品的；（2）未经合作作者许可，将与他人合作创作的作品当作自己单独创作的作品发表的；（3）没有参加创作，为谋取个人名利，在他人作品上署名的；（4）歪曲、篡改他人作品的；（5）剽窃他人作品的；（6）未经著作权人许可，以展览、摄制视听作品的方法使用作品，或者以改编、翻译、注释等方式使用作品的，本法另有规定的除外；（7）使用他人作品，应当支付报酬而未支付的；（8）未经视听作品、计算机软件、录音录像制品的著作权人、表演者或者录音录像制作者许可，出租其作品或者录音录像制品的原件或者复制件的，本法另有规定的除外；（9）未经出版者许可，使用其出版的图书、期刊的版式设计的；（10）未经表演者许可，从现场直播或者公开传送其现场表演，或者录制其表演的；（11）其他侵犯著作权以及与著作权有关的权利的行为。《著作权法》第53条规定了8种除承担民事责任外还可能承担行政责任、刑事责任的侵权行为，包括：（1）未经著作权人许可，复制、发行、表演、放映、广播、汇编、通过信息网络向公众传播其作品的，本法另有规定的除外；（2）出版他人享有专有出版权的图书的；（3）未经表演者许可，复制、发行录有其表演的录音录像制品，或者通过信息网络向公众传播其表演的，本法另有规定的除外；（4）未经录音录像制作者许可，复制、发行、通过信息网络向公众传播其制作的录音录像制品的，本法另有规定的除外；（5）未经许可，播放、复制或者通过信息网络向公众传播广播、电视的，本法另有规定的除外；（6）未经著作权人或者与著作权有关的权利人许可，故意避开或者破坏技术措施的，故意制造、进口或者向他人提供主要用于避开、破坏技术措施的装置或者部件的，或者故意为他人避开或者破坏技术措施提供技术服务的，法律、行政法规另有规定的除外；（7）未经著作权人或者与著作权有关的权利人许可，故意删除或者改变作品、版式设计表演、录音录像制品或者广播、电视上的权利管理信息的，知道或者应当知道作品、版式设计、表演、录音录像或者广播、电视上的权利管理信息未经许可被删除或者改变，仍然向公众提供的，法律、行政法规另有规定的除外；（8）制作、出售假冒他人署名的作品的。上述19种侵权行为中，只有第53条规定的（1）（2）（3）（4）（6）（8）等6种侵权行为才被刑法规定为犯罪行为，其他13种侵权行为即使数额再如何大或者情节再如何严重也不会构成犯罪。 4.看主观罪过内容如何。本罪只能主观出于直接故意，并且具有营利的目的，才能成立犯罪。如教学科研单位复制他人作品用于教学、科研活动，复制音像制品或某计算机程序是用于观赏、学习等，均不是以营利为目的，就不构成犯罪。如果出于过失，也不能成立本罪。
	本罪罪数的认定 行为人实施了复制他人作品、出版他人享有专有出版权的图书、复制他人录音录像制品、制作假冒他人署名的美术作品行为，又实施了将其出售的行为，仍然属于侵犯著作权罪的客观行为方式范畴，构成侵犯著作权罪一罪。不能认定为销售侵权复制品罪，更不能与侵犯著作权罪实行数罪并罚。
	此罪与彼罪的区别（1） 本罪与制作、复制、出版、贩卖、传播淫秽物品牟利罪的区别。 制作、复制、出版、贩卖、传播淫秽物品牟利罪，是指以牟利为目的，制作、复制、出版、贩卖、传播色情的诲淫性的书刊、影片、录像带、录音带、图片及其他淫秽物品的行为。两罪主要区别在于： 1.犯罪客体不同。本罪侵犯的客体是国家著作权管理制度以及他人的著作权和与著作权有关的权益。后罪侵犯的客体是国家对文化市场的管理活动和良好的社会道德风尚。 2.犯罪对象不同。本罪的犯罪对象是受著作权法保护的，有益于社会主义精神文明、物质文明建设的作品；后罪的犯罪对象是依法禁止出版、传播，不受著作权法保护的毒害人们尤其是青少年身心健康的淫秽物品，即指具体描绘性行为或者露骨宣扬色情的淫秽性

认定标准	此罪与彼罪的区别（1）	的书刊、影片、录像带、录音带、图片及其他淫秽物品。 3. 犯罪客观方面行为方式不同。本罪表现为"复制发行"、"出版"、"制作、出售"、"传播"4种选择性行为。后罪表现为"制作"、"复制"、"出版"、"贩卖"、"传播"5种选择性行为。
	此罪与彼罪的区别（2）	本罪与诈骗罪的区别。 诈骗罪，是指以非法占有为目的，用虚构事实或者隐瞒真相的方法，骗取数额较大的公私财物的行为。本罪呈现方式之一的制作、出售假冒他人署名的美术作品构成犯罪时与诈骗罪容易混淆。两罪主要区别在于： 1. 犯罪客体不同。本罪侵犯的客体是国家著作权管理制度以及他人的著作权和与著作权有关的权益。后罪侵犯的客体是为公私财物的所有权。 2. 犯罪对象不同。本罪犯罪对象为假冒他人署名的美术作品。后罪犯罪对象为公私财物。 3. 犯罪客观方面行为表现不同。本罪仅限于制作、出售假冒他人署名的美术作品的情况。后罪则可以是用一切虚构事实、隐瞒真相的方法骗取公私财物的行为。 4. 犯罪主观目的不同。本罪以营利为目的。后罪以非法占有为目的。 5. 犯罪主体范围不同。本罪的犯罪主体既可以是自然人，也可以是单位，范围没有限制。后罪犯罪主体则只限于自然人范围之内。
	此罪与彼罪的区别（3）	本罪与生产伪劣产品罪的区别。 生产、销售伪劣产品罪，是指生产者、销售者在产品中掺杂、掺假，以假充真，以次充好或者以不合格产品冒充合格产品，销售金额达5万元以上的行为。两罪主要区别在于： 1. 犯罪客体不同。本罪属于双重客体，既侵犯了国家著作权管理制度，又侵犯了他人的著作权和与著作权有关的权益。后罪属于单一客体，侵害的是国家有关产品质量管理制度。 2. 犯罪对象不同。本罪的犯罪对象是受著作权法保护的精神文化产品。后罪的犯罪对象是一切伪劣产品。包括掺杂、掺假，以假充真，以次充好或者以不合格产品冒充合格的产品等，一般为生产、生活资料用品。 3. 犯罪客观方面行为表现不同。本罪表现为行为人未经著作权人许可，复制发行其文字作品、音乐、电影、电视、录像作品、计算机软件及其他作品；出版他人享有专有出版权的图书；未经录音录像制作者许可，复制发行其制作的录音录像；制作、出售假冒他人署名的美术作品，违法所得数额较大或者有其他严重情节的行为。后罪表现为行为人在产品中掺杂、掺假，以假充真，以次充好或者以不合格产品冒充合格产品，销售金额在5万元以上的行为。 4. 犯罪主观故意内容不同。本罪主观故意内容是侵犯著作权的故意。后罪主观故意内容是生产、销售伪劣产品的故意。
相关执法参考	刑法	中华人民共和国刑法（节录） （1979年7月1日第五届全国人民代表大会第二次会议通过，1997年3月14日第八届全国人民代表大会第五次会议修订，已先后被1999年12月25日《中华人民共和国刑法修正案》、2001年8月31日《中华人民共和国刑法修正案（二）》、2001年12月29日《中华人民共和国刑法修正案（三）》、2002年12月28日《中华人民共和国刑法修正案（四）》、2005年2月28日《中华人民共和国刑法修正案（五）》、2006年6月29日《中华人民共和国刑法修正案（六）》、2009年2月28日《中华人民共和国刑法修正案（七）》、2009年8月27日《全国人民代表大会常务委员会关于修改部分法律的决定》、

刑法		2011年2月25日《中华人民共和国刑法修正案（八）》、2015年8月29日《中华人民共和国刑法修正案（九）》、2017年11月4日《中华人民共和国刑法修正案（十）》、2020年12月26日《中华人民共和国刑法修正案（十一）》修改或修正） 第二百一十七条　以营利为目的，有下列侵犯著作权或者与著作权有关的权利的情形之一，违法所得数额较大或者有其他严重情节的，处三年以下有期徒刑，并处或者单位罚金；违法所得数额巨大或者有其他特别严重情节的，处三年以上十年以下有期徒刑，并处罚金： （一）未经著作权人许可，复制发行、通过信息网络向公众传播其文字作品、音乐、美术、视听作品、计算机软件及法律、行政法规规定的其他作品的； （二）出版他人享有专有出版权的图书的； （三）未经录音录像制作者许可，复制发行、通过信息网络向公众传播其制作的录音录像的； （四）未经表演者许可，复制发行录有其表演的录音录像制品，或者通过信息网络向公众传播其表演的； （五）制作、出售假冒他人署名的美术作品的； （六）未经著作权人或者与著作权有关的权利人许可，故意避开或者破坏权利人为其作品、录音录像制品等采取的保护著作权或者与著作权有关的权利的技术措施的。
相关执法参考	相关法律法规（1）	最高人民法院、最高人民检察院《关于办理侵犯知识产权刑事案件具体应用法律若干问题的解释（三）》 （2020年8月31日最高人民法院审判委员会第1811次会议、2020年8月21日最高人民检察院第13届检察委员会第48次会议通过，自2020年9月14日起施行） 为依法惩治侵犯知识产权犯罪，维护社会主义市场经济秩序，根据《中华人民共和国刑法》《中华人民共和国刑事诉讼法》等有关规定，现就办理侵犯知识产权刑事案件具体应用法律的若干问题解释如下： 第一条　具有下列情形之一的，可以认定为刑法第二百一十三条规定的"与其注册商标相同的商标"： （一）改变注册商标的字体、字母大小写或者文字横竖排列，与注册商标之间基本无差别的； （二）改变注册商标的文字、字母、数字等之间的间距，与注册商标之间基本无差别的； （三）改变注册商标颜色，不影响体现注册商标显著特征的； （四）在注册商标上仅增加商品通用名称、型号等缺乏显著特征要素，不影响体现注册商标显著特征的； （五）与立体注册商标的三维标志及平面要素基本无差别的； （六）其他与注册商标基本无差别、足以对公众产生误导的商标。 第二条　在刑法第二百一十七条规定的作品、录音制品上以通常方式署名的自然人、法人或者非法人组织，应当推定为著作权人或者录音制作者，且该作品、录音制品上存在着相应权利，但有相反证明的除外。 在涉案作品、录音制品种类众多且权利人分散的案件中，有证据证明涉案复制品系非法出版、复制发行，且出版者、复制发行者不能提供获得著作权人、录音制作者许可的相关证据材料的，可以认定为刑法第二百一十七条规定的"未经著作权人许可""未经录音制作者许可"。但是，有证据证明权利人放弃权利、涉案作品的著作权或者录音制品的有关权利不受我国著作权法保护、权利保护期限已经届满的除外。 第三条　采取非法复制、未经授权或者超越授权使用计算机信息系统等方式窃取商业秘密的，应当认定为刑法第二百一十九条第一款第一项规定的"盗窃"。

| | | 以贿赂、欺诈、电子侵入等方式获取权利人的商业秘密的，应当认定为刑法第二百一十九条第一款第一项规定的"其他不正当手段"。
第四条　实施刑法第二百一十九条规定的行为，具有下列情形之一的，应当认定为"给商业秘密的权利人造成重大损失"：
（一）给商业秘密的权利人造成损失数额或者因侵犯商业秘密违法所得数额在三十万元以上的；
（二）直接导致商业秘密的权利人因重大经营困难而破产、倒闭的；
（三）造成商业秘密的权利人其他重大损失的。
给商业秘密的权利人造成损失数额或者因侵犯商业秘密违法所得数额在二百五十万元以上的，应当认定为刑法第二百一十九条规定的"造成特别严重后果"。
第五条　实施刑法第二百一十九条规定的行为造成的损失数额或者违法所得数额，可以按照下列方式认定：
（一）以不正当手段获取权利人的商业秘密，尚未披露、使用或者允许他人使用的，损失数额可以根据该项商业秘密的合理许可使用费确定；
（二）以不正当手段获取权利人的商业秘密后，披露、使用或者允许他人使用的，损失数额可以根据权利人因被侵权造成销售利润的损失确定，但该损失数额低于商业秘密合理许可使用费的，根据合理许可使用费确定；
（三）违反约定、权利人有关保守商业秘密的要求，披露、使用或者允许他人使用其所掌握的商业秘密的，损失数额可以根据权利人因被侵权造成销售利润的损失确定；
（四）明知商业秘密是不正当手段获取或者是违反约定、权利人有关保守商业秘密的要求披露、使用、允许使用，仍获取、使用或者披露的，损失数额可以根据权利人因被侵权造成销售利润的损失确定；
（五）因侵犯商业秘密行为导致商业秘密已为公众所知悉或者灭失的，损失数额可以根据该项商业秘密的商业价值确定。商业秘密的商业价值，可以根据该项商业秘密的研究开发成本、实施该项商业秘密的收益综合确定；
（六）因披露或者允许他人使用商业秘密而获得的财物或者其他财产性利益，应当认定为违法所得。
前款第二项、第三项、第四项规定的权利人因被侵权造成销售利润的损失，可以根据权利人因被侵权造成销售量减少的总数乘以权利人每件产品的合理利润确定；销售量减少的总数无法确定的，可以根据侵权产品销售量乘以权利人每件产品的合理利润确定；权利人因被侵权造成销售量减少的总数和每件产品的合理利润均无法确定的，可以根据侵权产品销售量乘以每件侵权产品的合理利润确定。商业秘密系用于服务等其他经营活动的，损失数额可以根据权利人因被侵权而减少的合理利润确定。
商业秘密的权利人为减轻对商业运营、商业计划的损失或者重新恢复计算机信息系统安全、其他系统安全而支出的补救费用，应当计入给商业秘密的权利人造成的损失。
第六条　在刑事诉讼程序中，当事人、辩护人、诉讼代理人或者案外人书面申请对有关商业秘密或者其他需要保密的商业信息的证据、材料采取保密措施的，应当根据案件情况采取组织诉讼参与人签署保密承诺书等必要的保密措施。
违反前款有关保密措施的要求或者法律法规规定的保密义务的，依法承担相应责任。擅自披露、使用或者允许他人使用在刑事诉讼程序中接触、获取的商业秘密，符合刑法第二百一十九条规定的，依法追究刑事责任。
第七条　除特殊情况外，假冒注册商标的商品、非法制造的注册商标标识、侵犯著作权的复制品、主要用于制造假冒注册商标的商品、注册商标标识或者侵权复制品的材料和工具，应当依法予以没收和销毁。
上述物品需要作为民事、行政案件的证据使用的，经权利人申请，可以在民事、行政 |

相关执法参考　　*相关法律法规（1）*

相关法律法规（1）	案件终结后或者采取取样、拍照等方式对证据固定后予以销毁。 第八条　具有下列情形之一的，可以酌情从重处罚，一般不适用缓刑： （一）主要以侵犯知识产权为业的； （二）因侵犯知识产权被行政处罚后再次侵犯知识产权构成犯罪的； （三）在重大自然灾害、事故灾难、公共卫生事件期间，假冒抢险救灾、防疫物资等商品的注册商标的； （四）拒不交出违法所得的。 第九条　具有下列情形之一的，可以酌情从轻处罚： （一）认罪认罚的； （二）取得权利人谅解的； （三）具有悔罪表现的； （四）以不正当手段获取权利人的商业秘密后尚未披露、使用或者允许他人使用的。 第十条　对于侵犯知识产权犯罪的，应当综合考虑犯罪违法所得数额、非法经营数额、给权利人造成的损失数额、侵权假冒物品数量及社会危害性等情节，依法判处罚金。 罚金数额一般在违法所得数额的一倍以上五倍以下确定。违法所得数额无法查清的，罚金数额一般按照非法经营数额的百分之五十以上一倍以下确定。违法所得数额和非法经营数额均无法查清，判处三年以下有期徒刑、拘役、管制或者单处罚金的，一般在三万元以上一百万元以下确定罚金数额；判处三年以上有期徒刑的，一般在十五万元以上五百万元以下确定罚金数额。 第十一条　本解释发布施行后，之前发布的司法解释和规范性文件与本解释不一致的，以本解释为准。 第十二条　本解释自 2020 年 9 月 14 日起施行。
相关执法参考	最高人民法院、最高人民检察院《关于办理侵犯知识产权刑事案件具体应用法律若干问题的解释（二）》 （2007 年 4 月 4 日最高人民法院审判委员会第 1422 次会议、最高人民检察院第十届检察委员会第 75 次会议通过，自 2007 年 4 月 5 日起施行，法释〔2007〕6 号）
相关法律法规（2）	为维护社会主义市场经济秩序，依法惩治侵犯知识产权犯罪活动，根据刑法、刑事诉讼法有关规定，现就办理侵犯知识产权刑事案件具体应用法律的若干问题解释如下： 第一条　以营利为目的，未经著作权人许可，复制发行其文字作品、音乐、电影、电视、录像作品、计算机软件及其他作品，复制品数量合计在五百张（份）以上的，属于刑法第二百一十七条规定的"有其他严重情节"；复制品数量在二千五百张（份）以上的，属于刑法第二百一十七条规定的"有其他特别严重情节"。 第二条　刑法第二百一十七条侵犯著作权罪中的"复制发行"，包括复制、发行或者既复制又发行的行为。 侵权产品的持有人通过广告、征订等方式推销侵权产品的，属于刑法第二百一十七条规定的"发行"。 非法出版、复制、发行他人作品，侵犯著作权构成犯罪的，按照侵犯著作权罪定罪处罚。 第三条　侵犯知识产权犯罪，符合刑法规定的缓刑条件的，依法适用缓刑。有下列情形之一的，一般不适用缓刑： （一）因侵犯知识产权被刑事处罚或者行政处罚后，再次侵犯知识产权构成犯罪的； （二）不具有悔罪表现的； （三）拒不交出违法所得的； （四）其他不宜适用缓刑的情形。 第四条　对于侵犯知识产权犯罪的，人民法院应当综合考虑犯罪的违法所得、非法经

相关执法参考	**相关法律法规（2）**	营数额、给权利人造成的损失、社会危害性等情节，依法判处罚金。罚金数额一般在违法所得的一倍以上五倍以下，或者按照非法经营数额的50%以上一倍以下确定。 **第五条** 被害人有证据证明的侵犯知识产权刑事案件，直接向人民法院起诉的，人民法院应当依法受理；严重危害社会秩序和国家利益的侵犯知识产权刑事案件，由人民检察院依法提起公诉。 **第六条** 单位实施刑法第二百一十三条至第二百一十九条规定的行为，按照《最高人民法院、最高人民检察院关于办理侵犯知识产权刑事案件具体应用法律若干问题的解释》和本解释规定的相应个人犯罪的定罪量刑标准定罪处罚。 **第七条** 以前发布的司法解释与本解释不一致的，以本解释为准。
	相关法律法规（3）	最高人民法院、最高人民检察院《关于办理侵犯知识产权刑事案件具体应用法律若干问题的解释》（节录） （2004年11月2日最高人民法院审判委员会第1331次会议、2004年11月11日最高人民检察院第十届检察委员会第28次会议通过，自2004年12月22日起施行，法释〔2004〕19号） 为依法惩治侵犯知识产权犯罪活动，维护社会主义市场经济秩序，根据刑法有关规定，现就办理侵犯知识产权刑事案件具体应用法律的若干问题解释如下： **第五条** 以营利为目的，实施刑法第二百一十七条所列侵犯著作权行为之一，违法所得数额在三万元以上的，属于"违法所得数额较大"；具有下列情形之一的，属于"有其他严重情节"，应当以侵犯著作权罪判处三年以下有期徒刑或者拘役，并处或者单处罚金： （一）非法经营数额在五万元以上的； （二）未经著作权人许可，复制发行其文字作品、音乐、电影、电视、录像作品、计算机软件及其他作品，复制品数量合计在一千张（份）以上的； （三）其他严重情节的情形。 以营利为目的，实施刑法第二百一十七条所列侵犯著作权行为之一，违法所得数额在十五万元以上的，属于"违法所得数额巨大"；具有下列情形之一的，属于"有其他特别严重情节"，应当以侵犯著作权罪判处三年以上七年以下有期徒刑，并处罚金： （一）非法经营数额在二十五万元以上的； （二）未经著作权人许可，复制发行其文字作品、音乐、电影、电视、录像作品、计算机软件及其他作品，复制品数量合计在五千张（份）以上的； （三）其他特别严重情节的情形。 **第十一条** 以刊登收费广告等方式直接或者间接收取费用的情形，属于刑法第二百一十七条规定的"以营利为目的"。 刑法第二百一十七条规定的"未经著作权人许可"，是指没有得到著作权人授权或者伪造、涂改著作权人授权许可文件或者超出授权许可范围的情形。 通过信息网络向公众传播他人文字作品、音乐、电影、电视、录像作品、计算机软件及其他作品的行为，应当视为刑法第二百一十七条规定的"复制发行"。 **第十二条** 本解释所称"非法经营数额"，是指行为人在实施侵犯知识产权行为过程中，制造、储存、运输、销售侵权产品的价值。已销售的侵权产品的价值，按照实际销售的价格计算。制造、储存、运输和未销售的侵权产品的价值，按照标价或者已经查清的侵权产品的实际销售平均价格计算。侵权产品没有标价或者无法查清其实际销售价格的，按照被侵权产品的市场中间价格计算。 多次实施侵犯知识产权行为，未经行政处理或者刑事处罚的，非法经营数额、违法所得数额或者销售金额累计计算。 本解释第三条所规定的"件"，是指标有完整商标图样的一份标识。 **第十四条** 实施刑法第二百一十七条规定的侵犯著作权犯罪，又销售该侵权复制品，

相关法律法规(3)	构成犯罪的，应当依照刑法第二百一十七条的规定，以侵犯著作权罪定罪处罚。 　　实施刑法第二百一十七条规定的侵犯著作权犯罪，又销售明知是他人的侵权复制品，构成犯罪的，应当实行数罪并罚。 　　**第十五条**　单位实施刑法第二百一十三条至第二百一十九条规定的行为，按照本解释规定的相应个人犯罪的定罪量刑标准的三倍定罪量刑。 　　**第十六条**　明知他人实施侵犯知识产权犯罪，而为其提供贷款、资金、账号、发票、证明、许可证件，或者提供生产、经营场所或者运输、储存、代理进出口等便利条件、帮助的，以侵犯知识产权犯罪的共犯论处。 　　**第十七条**　以前发布的有关侵犯知识产权犯罪的司法解释，与本解释相抵触的，自本解释施行后不再适用。
相关法律法规(4)	最高人民法院、最高人民检察院《关于办理侵犯著作权刑事案件中涉及录音录像制品有关问题的批复》 　　（2005年9月26日最高人民法院审判委员会第1365次会议、2005年9月23日最高人民检察院第十届检察委员会第39次会议通过，自2005年10月18日起施行，法释〔2005〕12号） 各省、自治区、直辖市高级人民法院、人民检察院，解放军军事法院、军事检察院，新疆维吾尔自治区高级人民法院生产建设兵团分院、新疆生产建设兵团人民检察院： 　　《最高人民法院、最高人民检察院关于办理侵犯知识产权刑事案件具体应用法律若干问题的解释》发布以后，部分高级人民法院、省级人民检察院就关于办理侵犯著作权刑事案件中涉及录音录像制品的有关问题提出请示。经研究，批复如下： 　　以营利为目的，未经录音录像制作者许可，复制发行其制作的录音录像制品的行为，复制品的数量标准分别适用《最高人民法院、最高人民检察院关于办理侵犯知识产权刑事案件具体应用法律若干问题的解释》第五条第一款第（二）项、第二款第（二）项的规定。 　　未经录音录像制作者许可，通过信息网络传播其制作的录音录像制品的行为，应当视为刑法第二百一十七条第（三）项规定的"复制发行"。 　　此复
相关法律法规(5)	最高人民法院、最高人民检察院、公安部《关于办理侵犯知识产权刑事案件适用法律若干问题的意见》（节录） 　　（2011年1月10日，法发〔2011〕3号） 　　为解决近年来公安机关、人民检察院、人民法院在办理侵犯知识产权刑事案件中遇到的新情况、新问题，依法惩治侵犯知识产权犯罪活动，维护社会主义市场经济秩序，根据刑法、刑事诉讼法及有关司法解释的规定，结合侦查、起诉、审判实践，制定本意见。 　　一、关于侵犯知识产权犯罪案件的管辖问题 　　侵犯知识产权犯罪案件由犯罪地公安机关立案侦查。必要时，可以由犯罪嫌疑人居住地公安机关立案侦查。侵犯知识产权犯罪案件的犯罪地，包括侵权产品制造地、储存地、运输地、销售地，传播侵权作品、销售侵权产品的网站服务器所在地、网络接入地、网站建立者或者管理者所在地，侵权作品上传者所在地，权利人受到实际侵害的犯罪结果发生地。对有多个侵犯知识产权犯罪地的，由最初受理的公安机关或者主要犯罪地公安机关管辖。多个侵犯知识产权犯罪地的公安机关对管辖有争议的，由共同的上级公安机关指定管辖，需要提请批准逮捕、移送审查起诉、提起公诉的，由该公安机关所在地的同级人民检察院、人民法院受理。 　　对于不同犯罪嫌疑人、犯罪团伙跨地区实施的涉及同一批侵权产品的制造、储存、运输、销售等侵犯知识产权犯罪行为，符合并案处理要求的，有关公安机关可以一并立案侦查，需要提请批准逮捕、移送审查起诉、提起公诉的，由该公安机关所在地的同级人民检

相关执法参考

相关执法参考	相关法律法规（5）	察院、人民法院受理。 二、关于办理侵犯知识产权刑事案件中行政执法部门收集、调取证据的效力问题 行政执法部门依法收集、调取、制作的物证、书证、视听资料、检验报告、鉴定结论、勘验笔录、现场笔录，经公安机关、人民检察院审查，人民法院庭审质证确认，可以作为刑事证据使用。 行政执法部门制作的证人证言、当事人陈述等调查笔录，公安机关认为有必要作为刑事证据使用的，应当依法重新收集、制作。 三、关于办理侵犯知识产权刑事案件的抽样取证问题和委托鉴定问题 公安机关在办理侵犯知识产权刑事案件时，可以根据工作需要抽样取证，或者商请同级行政执法部门、有关检验机构协助抽样取证。法律、法规对抽样机构或者抽样方法有规定的，应当委托规定的机构并按照规定方法抽取样品。 公安机关、人民检察院、人民法院在办理侵犯知识产权刑事案件时，对于需要鉴定的事项，应当委托国家认可的有鉴定资质的鉴定机构进行鉴定。 公安机关、人民检察院、人民法院应当对鉴定结论进行审查，听取权利人、犯罪嫌疑人、被告人对鉴定结论的意见，可以要求鉴定机构作出相应说明。 四、关于侵犯知识产权犯罪自诉案件的证据收集问题 人民法院依法受理侵犯知识产权刑事自诉案件，对于当事人因客观原因不能取得的证据，在提起自诉时能够提供有关线索，申请人民法院调取的，人民法院应当依法调取。 十一、关于侵犯著作权犯罪案件"未经著作权人许可"的认定问题 "未经著作权人许可"一般应当依据著作权人或者其授权的代理人、著作权集体管理组织、国家著作权行政管理部门指定的著作权认证机构出具的涉案作品版权认证文书，或者证明出版者、复制发行者伪造、涂改授权许可文件或者超出授权许可范围的证据，结合其他证据综合予以认定。 在涉案作品种类众多且权利人分散的案件中，上述证据确实难以一一取得，但有证据证明涉案复制品系非法出版、复制发行的，且出版者、复制发行者不能提供获得著作权人许可的相关证明材料的，可以认定为"未经著作权人许可"。但是，有证据证明权利人放弃权利、涉案作品的著作权不受我国著作权法保护，或者著作权保护期限已经届满的除外。 十二、关于刑法第二百一十七条规定的"发行"的认定及相关问题 "发行"，包括总发行、批发、零售、通过信息网络传播以及出租、展销等活动。 非法出版、复制、发行他人作品，侵犯著作权构成犯罪的，按照侵犯著作权罪定罪处罚，不认定为非法经营罪等其他犯罪。 十三、关于通过信息网络传播侵权作品行为的定罪处罚标准问题 以营利为目的，未经著作权人许可，通过信息网络向公众传播他人文字作品、音乐、电影、电视、美术、摄影、录像作品、录音录像制品、计算机软件及其他作品，具有下列情形之一的，属于刑法第二百一十七条规定的"其他严重情节"： （一）非法经营数额在五万元以上的； （二）传播他人作品的数量合计在五百件（部）以上的； （三）传播他人作品的实际被点击数达到五万次以上的； （四）以会员制方式传播他人作品，注册会员达到一千人以上的； （五）数额或者数量虽未达到第（一）项至第（四）项规定标准，但分别达到其中两项以上标准一半以上的； （六）其他严重情节的情形。 实施前款规定的行为，数额或者数量达到前款第（一）项至第（五）项规定标准五倍以上的，属于刑法第二百一十七条规定的"其他特别严重情节"。

相关法律法规（5）	十四、关于多次实施侵犯知识产权行为累计计算数额问题 　　依照《最高人民法院、最高人民检察院关于办理侵犯知识产权刑事案件具体应用法律若干问题的解释》第十二条第二款的规定，多次实施侵犯知识产权行为，未经行政处理或者刑事处罚的，非法经营数额、违法所得数额或者销售金额累计计算。 　　二年内多次实施侵犯知识产权违法行为，未经行政处理，累计数额构成犯罪的，应当依法定罪处罚。实施侵犯知识产权犯罪行为的追诉期限，适用刑法的有关规定，不受前述二年的限制。 十五、关于为他人实施侵犯知识产权犯罪提供原材料、机械设备等行为的定性问题 　　明知他人实施侵犯知识产权犯罪，而为其提供生产、制造侵权产品的主要原材料、辅助材料、半成品、包装材料、机械设备、标签标识、生产技术、配方等帮助，或者提供互联网接入、服务器托管、网络存储空间、通讯传输通道、代收费、费用结算等服务的，以侵犯知识产权犯罪的共犯论处。 十六、关于侵犯知识产权犯罪竞合的处理问题 　　行为人实施侵犯知识产权犯罪，同时构成生产、销售伪劣商品犯罪的，依照侵犯知识产权犯罪与生产、销售伪劣商品犯罪中处罚较重的规定定罪处罚。
相关执法参考／相关法律法规（6）	最高人民法院《关于审理非法出版物刑事案件具体应用法律若干问题的解释》（节录） 　　（1998年12月11日由最高人民法院审判委员会第1032次会议通过，1998年12月17日最高人民法院公告公布，自1998年12月23日起施行） 　　为依法惩治非法出版物犯罪活动，根据刑法的有关规定，现对审理非法出版物刑事案件具体应用法律的若干问题解释如下： 　　第二条　以营利为目的，实施刑法第二百一十七条所列侵犯著作权行为之一，个人违法所得数额在五万元以上，单位违法所得数额在二十万元以上的，属于"违法所得数额较大"；具有下列情形之一的，属于"有其他严重情节"： 　　（一）因侵犯著作权曾经两次以上被追究行政责任或者民事责任，两年内又实施刑法第二百一十七条所列侵犯著作权行为之一的； 　　（二）个人非法经营数额在二十万元以上，单位非法经营数额在一百万元以上的； 　　（三）造成其他严重后果的。 　　以营利为目的，实施刑法第二百一十七条所列侵犯著作权行为之一，个人违法所得数额在二十万元以上，单位违法所得数额在一百万元以上的，属于"违法所得数额巨大"；具有下列情形之一的，属于"有其他特别严重情节"： 　　（一）个人非法经营数额在一百万元以上，单位非法经营数额在五百万元以上的； 　　（二）造成其他特别严重后果的。 　　第三条　刑法第二百一十七条第（一）项中规定的"复制发行"，是指行为人以营利为目的，未经著作权人许可而实施的复制、发行或者既复制又发行其文字作品、音乐、电影、电视、录像作品、计算机软件及其他作品的行为。 　　第四条　以营利为目的，实施刑法第二百一十八条规定的行为，个人违法所得数额在十万元以上，单位违法所得数额在五十万元以上的，依照刑法第二百一十八条的规定，以销售侵权复制品罪定罪处罚。 　　第五条　实施刑法第二百一十七条规定的侵犯著作权行为，又销售该侵权复制品，违法所得数额巨大的，只定侵犯著作权罪，不实行数罪并罚。 　　实施刑法第二百一十七条规定的侵犯著作权的犯罪行为，又明知是他人的侵权复制品而予以销售，构成犯罪的，应当实行数罪并罚。 　　第十一条　违反国家规定，出版、印刷、复制、发行本解释第一条至第十条规定以外的其他严重危害社会秩序和扰乱市场秩序的非法出版物，情节严重的，依照刑法第二百二十五条第（三）项的规定，以非法经营罪定罪处罚。

相关执法参考	相关法律法规（6）	第十二条　个人实施本解释第十一条规定的行为，具有下列情形之一的，属于非法经营行为"情节严重"： （一）经营数额在五万元至十万元以上的； （二）违法所得数额在二万元至三万元以上的； （三）经营报纸五千份或者期刊五千本或者图书二千册或者音像制品、电子出版物五百张（盒）以上的。 　　具有下列情形之一的，属于非法经营行为"情节特别严重"： （一）经营数额在十五万元至三十万元以上的； （二）违法所得数额在五万元至十万元以上的； （三）经营报纸一万五千份或者期刊一万五千本或者图书五千册或者音像制品、电子出版物一千五百张（盒）以上的。 第十三条　单位实施本解释第十一条规定的行为，具有下列情形之一的，属于非法经营行为"情节严重"： （一）经营数额在十五万元至三十万元以上的； （二）违法所得数额在五万元至十万元以上的； （三）经营报纸一万五千份或者期刊一万五千本或者图书五千册或者音像制品、电子出版物一千五百张（盒）以上的。 　　具有下列情形之一的，属于非法经营行为"情节特别严重"： （一）经营数额在五十万元至一百万元以上的； （二）违法所得数额在十五万元至三十万元以上的； （三）经营报纸五万份或者期刊五万本或者图书一万五千册或者音像制品、电子出版物五千张（盒）以上的。 第十四条　实施本解释第十一条规定的行为，经营数额、违法所得数额或者经营数量接近非法经营行为"情节严重"、"情节特别严重"的数额、数量起点标准，并具有下列情形之一的，可以认定为非法经营行为"情节严重"、"情节特别严重"： （一）两年内因出版、印刷、复制、发行非法出版物受过行政处罚两次以上的； （二）因出版、印刷、复制、发行非法出版物造成恶劣社会影响或者其他严重后果的。 第十五条　非法从事出版物的出版、印刷、复制、发行业务，严重扰乱市场秩序，情节特别严重，构成犯罪的，可以依照刑法第二百二十五条第（三）项的规定，以非法经营罪定罪处罚。 第十六条　出版单位与他人事前通谋，向其出售、出租或者以其他形式转让该出版单位的名称、书号、刊号、版号，他人实施本解释第二条、第四条、第八条、第九条、第十条、第十一条规定的行为，构成犯罪的，对该出版单位应当以共犯论处。 第十七条　本解释所称"经营数额"，是指以非法出版物的定价数额乘以行为人经营的非法出版物数量所得的数额。 　　本解释所称"违法所得数额"，是指获利数额。 　　非法出版物没有定价或者以境外货币定价的，其单价数额应当按照行为人实际出售的价格认定。 第十八条　各省、自治区、直辖市高级人民法院可以根据本地的情况和社会治安状况，在本解释第八条、第十条、第十二条、第十三条规定的有关数额、数量标准的幅度内，确定本地执行的具体标准，并报最高人民法院备案。

相关执法参考 | 相关法律法规（7）

公安部、海关总署《关于加强知识产权执法协作的暂行规定》

（2006年3月24日，公通字〔2006〕33号）

第一条 为严厉打击侵犯知识产权犯罪活动，加强公安机关和海关在保护知识产权方面的联系配合，根据有关法律和行政法规以及最高人民法院、最高人民检察院《关于办理侵犯知识产权刑事案件具体应用法律若干问题的解释》（以下简称《司法解释》），制定本规定。

第二条 公安机关和海关应当充分认识到打击侵犯知识产权犯罪活动对维护市场经济秩序、促进国家经济发展和社会进步方面的重要意义，切实加强协调配合，实现海关知识产权行政执法与公安机关知识产权刑事执法的有效衔接，严厉打击侵犯知识产权犯罪活动。

第三条 双方在打击侵犯知识产权犯罪工作的衔接配合，由公安机关经济犯罪侦查部门和海关法规部门归口管理。联系配合工作涉及公安机关和海关内部其他部门的，由双方各自负责协调。

公安部经济犯罪侦查局（以下简称经侦局）和海关总署政策法规司（以下简称政法司）负责全国范围内公安机关和海关联系配合工作的协调和指导工作。

第四条 公安机关和海关应当进行经常性磋商并建立联席会议制度。经侦局和政法司应当每年召开一次联席会议。如遇重大、紧急情况或需联合部署重要工作，也可临时召开联席会议。

联席会议的主要内容应当包括：

（一）回顾衔接配合工作情况，制定工作措施和计划；

（二）组织打击侵犯知识产权犯罪的行动，研究重大案件的联系配合工作；

（三）组织执法经验交流和其他相关活动。

双方认为必要时，可以邀请其他有关部门参加联席会议。

第五条 海关在执法过程中，发现重大侵犯知识产权案件线索，应当及时向公安机关通报。案件线索原则上应当由各直属海关向当地同级公安机关进行通报。但是，经双方协商同意，也可以由直属海关或者隶属海关向当地公安机关通报。

海关在向公安机关通报犯罪案件线索时，发现当事人可能转移侵权嫌疑货物或物品或有其他必须当场处理之情形时，可以依照《知识产权海关保护条例》的规定扣留有关货物和物品。发现当事人可能逃逸的，应及时通知公安机关。

第六条 海关根据本规定第五条向公安机关通报的案件线索，应当包括以下内容：

（一）进出口货物经营单位、收（发）货单位、进出境旅客、邮递物品寄件人或者收件人（以下统称"当事人"）的名称或者姓名、注册地址或者国籍；

（二）侵权嫌疑货物或者物品的品名、数量、已知的价值、申报日期或者海关查验日期；

（三）涉嫌侵犯的知识产权名称和注册号、知识产权权利人名称或者姓名、联系人和联系方式。

（四）其他应当提供的情况。

第七条 海关向公安机关通报侵权嫌疑货物或者物品的情况，原则上应当采取书面形式。如情况紧急，也可予以口头通报。

海关向公安机关通报侵权嫌疑货物或者物品的情况，应当随附货物和物品清单以及进出口货物报关单、合同、发票、装箱单等报关单证的复印件。对公安机关要求提供其他有关文件或者到场查看货物和提取货样的，海关应当予以协助。

第八条 对海关通报的侵权嫌疑货物或者物品的情况，公安机关应当在收到海关书面通报后10个工作日决定是否对海关通报的当事人进行立案侦查并书面通知海关。对于海关移送的涉嫌构成犯罪的案件，公安机关应当在受理的3个工作日内决定是否立案侦查。

相关执法参考 / 相关法律法规（7）	公安机关认为必要时，可以与海关就通报的案件情况进行磋商。 **第九条** 对公安机关决定对当事人进行立案侦查的，海关应当在收到公安机关的立案通知后3个工作日内向公安机关移交有关货物或者物品。 公安机关经过侦查，认为当事人没有犯罪事实、或者犯罪事实显著轻微，不需要追究刑事责任的，应当向海关退还有关货物或者物品。 **第十条** 对于工作中发现的重大案件线索，公安机关、海关可以召开临时联席会议，必要时邀请其他执法机关代表参加，共同会商、研究案情和决定打击对策，开展联合打击工作。 联合打击工作应以"精确打击"和"全程打击"为方针，采取协同作战的方式，查明涉及的生产、销售以及进出口等各个环节的策划者、组织者、参与者，摧毁整个犯罪网络。 "重大案件"指社会危害巨大、社会反映强烈、涉案价值较大、涉及跨国跨境犯罪团伙或其他双方认为应联合打击的案件。 **第十一条** 有以下情形之一的，海关应当根据《知识产权海关保护条例》和《海关行政处罚实施条例》的有关规定，对有关当事人进出口侵权货物的行为进行调查处理： （一）公安机关审查后认为没有犯罪事实决定不对当事人立案侦查的； （二）公安机关未在本规定第八条规定的十个工作日内予以回复的； （三）公安机关立案后认为不需要追究当事人刑事责任并向海关退还有关货物或者物品的。 **第十二条** 公安机关对其他涉嫌侵犯知识产权犯罪案件进行侦查，需要海关协助监控进出口货物或者进出境物品、提供有关报关单证或者查询统计信息的，海关应当予以协助。 **第十三条** 公安机关和海关还应当在以下领域开展合作： （一）组织相关执法培训和开展相关宣传活动； （二）与知识产权权利人开展合作； （三）共同参与国际执法合作和交流； （四）其他双方认为需要合作的事项。 **第十四条** 本规定由公安部、海关总署负责解释。 **第十五条** 本规定自印发之日起施行。
相关法律法规（8）	《著作权法》 （1990年9月7日第七届全国人民代表大会常务委员会第十五次会议通过，根据2001年10月27日第九届全国人民代表大会常务委员会第二十四次会议《关于修改〈中华人民共和国著作权法〉的决定》第一次修正，根据2010年2月26日第十一届全国人民代表大会常务委员会第十三次会议《关于修改〈中华人民共和国著作权法〉的决定》第二次修正，根据2020年11月11日第十三届全国人民代表大会常务委员会第二十三次会议《关于修改〈中华人民共和国著作权法〉的决定》第三次修正，自2021年6月1日实施） **第一章 总 则** **第一条** 为保护文学、艺术和科学作品作者的著作权，以及与著作权有关的权益，鼓励有益于社会主义精神文明、物质文明建设的作品的创作和传播，促进社会主义文化和科学事业的发展与繁荣，根据宪法制定本法。 **第二条** 中国公民、法人或者非法人组织的作品，不论是否发表，依照本法享有著作权。 外国人、无国籍人的作品根据其作者所属国或者经常居住地国同中国签订的协议或者共同参加的国际条约享有的著作权，受本法保护。 外国人、无国籍人的作品首先在中国境内出版的，依照本法享有著作权。

未与中国签订协议或者共同参加国际条约的国家的作者以及无国籍人的作品首次在中国参加的国际条约的成员国出版的，或者在成员国和非成员国同时出版的，受本法保护。

第三条 本法所称的作品，是指文学、艺术和科学领域内具有独创性并能以一定形式表现的智力成果，包括：

（一）文字作品；
（二）口述作品；
（三）音乐、戏剧、曲艺、舞蹈、杂技艺术作品；
（四）美术、建筑作品；
（五）摄影作品；
（六）视听作品；
（七）工程设计图、产品设计图、地图、示意图等图形作品和模型作品；
（八）计算机软件；
（九）符合作品特征的其他智力成果。

第四条 著作权人和与著作权有关的权利人行使权利，不得违反宪法和法律，不得损害公共利益。国家对作品的出版、传播依法进行监督管理。

第五条 本法不适用于：

（一）法律、法规，国家机关的决议、决定、命令和其他具有立法、行政、司法性质的文件，及其官方正式译文；
（二）单纯事实消息；
（三）历法、通用数表、通用表格和公式。

第六条 民间文学艺术作品的著作权保护办法由国务院另行规定。

第七条 国家著作权主管部门负责全国的著作权管理工作；县级以上地方主管著作权的部门负责本行政区域的著作权管理工作。

第八条 著作权人和与著作权有关的权利人可以授权著作权集体管理组织行使著作权或者与著作权有关的权利。依法设立的著作权集体管理组织是非营利法人，被授权后可以以自己的名义为著作权人和与著作权有关的权利人主张权利，并可以作为当事人进行涉及著作权或者与著作权有关的权利的诉讼、仲裁、调解活动。

著作权集体管理组织根据授权向使用者收取使用费。使用费的收取标准由著作权集体管理组织和使用者代表协商确定，协商不成的，可以向国家著作权主管部门申请裁决，对裁决不服的，可以向人民法院提起诉讼；当事人也可以直接向人民法院提起诉讼。

著作权集体管理组织应当将使用费的收取和转付、管理费的提取和使用、使用费的未分配部分等总体情况定期向社会公布，并应当建立权利信息查询系统，供权利人和使用者查询。国家著作权主管部门应当依法对著作权集体管理组织进行监督、管理。

著作权集体管理组织的设立方式、权利义务、使用费的收取和分配，以及对其监督和管理等由国务院另行规定。

第二章 著作权

第一节 著作权人及其权利

第九条 著作权人包括：

（一）作者；
（二）其他依照本法享有著作权的自然人、法人或者非法人组织。

第十条 著作权包括下列人身权和财产权：

（一）发表权，即决定作品是否公之于众的权利；
（二）署名权，即表明作者身份，在作品上署名的权利；
（三）修改权，即修改或者授权他人修改作品的权利；
（四）保护作品完整权，即保护作品不受歪曲、篡改的权利；

（五）复制权，即以印刷、复印、拓印、录音、录像、翻录、翻拍、数字化等方式将作品制作一份或者多份的权利；

（六）发行权，即以出售或者赠与方式向公众提供作品的原件或者复制件的权利；

（七）出租权，即有偿许可他人临时使用视听作品、计算机软件的原件或者复制件的权利，计算机软件不是出租的主要标的的除外；

（八）展览权，即公开陈列美术作品、摄影作品的原件或者复制件的权利；

（九）表演权，即公开表演作品，以及用各种手段公开播送作品的表演的权利；

（十）放映权，即通过放映机、幻灯机等技术设备公开再现美术、摄影、视听作品等的权利；

（十一）广播权，即以有线或者无线方式公开传播或者转播作品，以及通过扩音器或者其他传送符号、声音、图像的类似工具向公众传播广播的作品的权利，但不包括本款第十二项规定的权利；

（十二）信息网络传播权，即以有线或者无线方式向公众提供，使公众可以在其选定的时间和地点获得作品的权利；

（十三）摄制权，即以摄制视听作品的方法将作品固定在载体上的权利；

（十四）改编权，即改变作品，创作出具有独创性的新作品的权利；

（十五）翻译权，即将作品从一种语言文字转换成另一种语言文字的权利；

（十六）汇编权，即将作品或者作品的片段通过选择或者编排，汇集成新作品的权利；

（十七）应当由著作权人享有的其他权利。

著作权人可以许可他人行使前款第五项至第十七项规定的权利，并依照约定或者本法有关规定获得报酬。

著作权人可以全部或者部分转让本条第一款第五项至第十七项规定的权利，并依照约定或者本法有关规定获得报酬。

第二节　著作权归属

第十一条　著作权属于作者，本法另有规定的除外。

创作作品的自然人是作者。

由法人或者非法人组织主持，代表法人或者非法人组织意志创作，并由法人或者非法人组织承担责任的作品，法人或者非法人组织视为作者。

第十二条　在作品上署名的自然人、法人或者非法人组织为作者，且该作品上存在相应权利，但有相反证明的除外。

作者等著作权人可以向国家著作权主管部门认定的登记机构办理作品登记。

与著作权有关的权利参照适用前两款规定。

第十三条　改编、翻译、注释、整理已有作品而产生的作品，其著作权由改编、翻译、注释、整理人享有，但行使著作权时不得侵犯原作品的著作权。

第十四条　两人以上合作创作的作品，著作权由合作作者共同享有。没有参加创作的人，不能成为合作作者。

合作作品的著作权由合作作者通过协商一致行使；不能协商一致，又无正当理由的，任何一方不得阻止他方行使除转让、许可他人专有使用、出质以外的其他权利，但是所得收益应当合理分配给所有合作作者。

合作作品可以分割使用的，作者对各自创作的部分可以单独享有著作权，但行使著作权时不得侵犯合作作品整体的著作权。

第十五条　汇编若干作品、作品的片段或者不构成作品的数据或者其他材料，对其内容的选择或者编排体现独创性的作品，为汇编作品，其著作权由汇编人享有，但行使著作权时，不得侵犯原作品的著作权。

第十六条　使用改编、翻译、注释、整理、汇编已有作品而产生的作品进行出版、演出和制作录音录像制品，应当取得该作品的著作权人和原作品的著作权人许可，并支付报酬。

第十七条　视听作品中的电影作品、电视剧作品的著作权由制作者享有，但编剧、导演、摄影、作词、作曲等作者享有署名权，并有权按照与制作者签订的合同获得报酬。

前款规定以外的视听作品的著作权归属由当事人约定；没有约定或者约定不明确的，由制作者享有，但作者享有署名权和获得报酬的权利。

视听作品中的剧本、音乐等可以单独使用的作品的作者有权单独行使其著作权。

第十八条　自然人为完成法人或者非法人组织工作任务所创作的作品是职务作品，除本条第二款的规定以外，著作权由作者享有，但法人或者非法人组织有权在其业务范围内优先使用。作品完成两年内，未经单位同意，作者不得许可第三人以与单位使用的相同方式使用该作品。

有下列情形之一的职务作品，作者享有署名权，著作权的其他权利由法人或者非法人组织享有，法人或者非法人组织可以给予作者奖励：

（一）主要是利用法人或者非法人组织的物质技术条件创作，并由法人或者非法人组织承担责任的工程设计图、产品设计图、地图、示意图、计算机软件等职务作品；

（二）报社、期刊社、通讯社、广播电台、电视台的工作人员创作的职务作品；

（三）法律、行政法规规定或者合同约定著作权由法人或者非法人组织享有的职务作品。

第十九条　受委托创作的作品，著作权的归属由委托人和受托人通过合同约定。合同未作明确约定或者没有订立合同的，著作权属于受托人。

第二十条　作品原件所有权的转移，不改变作品著作权的归属，但美术、摄影作品原件的展览权由原件所有人享有。

作者将未发表的美术、摄影作品的原件所有权转让给他人，受让人展览该原件不构成对作者发表权的侵犯。

第二十一条　著作权属于自然人的，自然人死亡后，其本法第十条第一款第五项至第十七项规定的权利在本法规定的保护期内，依法转移。

著作权属于法人或者非法人组织的，法人或者非法人组织变更、终止后，其本法第十条第一款第五项至第十七项规定的权利在本法规定的保护期内，由承受其权利义务的法人或者非法人组织享有；没有承受其权利义务的法人或者非法人组织的，由国家享有。

第三节　权利的保护期

第二十二条　作者的署名权、修改权、保护作品完整权的保护期不受限制。

第二十三条　自然人的作品，其发表权、本法第十条第一款第五项至第十七项规定的权利的保护期为作者终生及其死亡后五十年，截止于作者死亡后第五十年的12月31日；如果是合作作品，截止于最后死亡的作者死亡后第五十年的12月31日。

法人或者非法人组织的作品、著作权（署名权除外）由法人或者非法人组织享有的职务作品，其发表权的保护期为五十年，截止于作品创作完成后第五十年的12月31日；本法第十条第一款第五项至第十七项规定的权利的保护期为五十年，截止于作品首次发表后第五十年的12月31日，但作品自创作完成后五十年内未发表的，本法不再保护。

视听作品，其发表权的保护期为五十年，截止于作品创作完成后第五十年的12月31日；本法第十条第一款第五项至第十七项规定的权利的保护期为五十年，截止于作品首次发表后第五十年的12月31日，但作品自创作完成后五十年内未发表的，本法不再保护。

第四节　权利的限制

第二十四条　在下列情况下使用作品，可以不经著作权人许可，不向其支付报酬，但应当指明作者姓名或者名称、作品名称，并且不得影响该作品的正常使用，也不得不合理

| | | 地损害著作权人的合法权益：
（一）为个人学习、研究或者欣赏，使用他人已经发表的作品；
（二）为介绍、评论某一作品或者说明某一问题，在作品中适当引用他人已经发表的作品；
（三）为报道新闻，在报纸、期刊、广播电台、电视台等媒体中不可避免地再现或者引用已经发表的作品；
（四）报纸、期刊、广播电台、电视台等媒体刊登或者播放其他报纸、期刊、广播电台、电视台等媒体已经发表的关于政治、经济、宗教问题的时事性文章，但著作权人声明不许刊登、播放的除外；
（五）报纸、期刊、广播电台、电视台等媒体刊登或者播放在公众集会上发表的讲话，但作者声明不许刊登、播放的除外；
（六）为学校课堂教学或者科学研究，翻译、改编、汇编、播放或者少量复制已经发表的作品，供教学或者科研人员使用，但不得出版发行；
（七）国家机关为执行公务在合理范围内使用已经发表的作品；
（八）图书馆、档案馆、纪念馆、博物馆、美术馆、文化馆等为陈列或者保存版本的需要，复制本馆收藏的作品；
（九）免费表演已经发表的作品，该表演未向公众收取费用，也未向表演者支付报酬，且不以营利为目的；
（十）对设置或者陈列在公共场所的艺术作品进行临摹、绘画、摄影、录像；
（十一）将中国公民、法人或者非法人组织已经发表的以国家通用语言文字创作的作品翻译成少数民族语言文字作品在国内出版发行；
（十二）以阅读障碍者能够感知的无障碍方式向其提供已经发表的作品；
（十三）法律、行政法规规定的其他情形。
前款规定适用于对与著作权有关的权利的限制。
第二十五条　为实施义务教育和国家教育规划而编写出版教科书，可以不经著作权人许可，在教科书中汇编已经发表的作品片段或者短小的文字作品、音乐作品或者单幅的美术作品、摄影作品、图形作品，但应当按照规定向著作权人支付报酬，指明作者姓名或者名称、作品名称，并且不得侵犯著作权人依照本法享有的其他权利。
前款规定适用于对与著作权有关的权利的限制。
第三章　著作权许可使用和转让合同
第二十六条　使用他人作品应当同著作权人订立许可使用合同，本法规定可以不经许可的除外。
许可使用合同包括下列主要内容：
（一）许可使用的权利种类；
（二）许可使用的权利是专有使用权或者非专有使用权；
（三）许可使用的地域范围、期间；
（四）付酬标准和办法；
（五）违约责任；
（六）双方认为需要约定的其他内容。
第二十七条　转让本法第十条第一款第五项至第十七项规定的权利，应当订立书面合同。
权利转让合同包括下列主要内容：
（一）作品的名称；
（二）转让的权利种类、地域范围；
（三）转让价金；|
|---|---|---|
| 相关执法参考 | 相关法律法规（8） | |

（四）交付转让价金的日期和方式；

（五）违约责任；

（六）双方认为需要约定的其他内容。

第二十八条 以著作权中的财产权出质的，由出质人和质权人依法办理出质登记。

第二十九条 许可使用合同和转让合同中著作权人未明确许可、转让的权利，未经著作权人同意，另一方当事人不得行使。

第三十条 使用作品的付酬标准可以当事人约定，也可以按照国家著作权主管部门会同有关部门制定的付酬标准支付报酬。当事人约定不明确的，按照国家著作权主管部门会同有关部门制定的付酬标准支付报酬。

第三十一条 出版者、表演者、录音录像制作者、广播电台、电视台等依照本法有关规定使用他人作品的，不得侵犯作者的署名权、修改权、保护作品完整权和获得报酬的权利。

第四章 与著作权有关的权利

第一节 图书、报刊的出版

第三十二条 图书出版者出版图书应当和著作权人订立出版合同，并支付报酬。

第三十三条 图书出版者对著作权人交付出版的作品，按照合同约定享有的专有出版权受法律保护，他人不得出版该作品。

第三十四条 著作权人应当按照合同约定期限交付作品。图书出版者应当按照合同约定的出版质量、期限出版图书。

图书出版者不按照合同约定期限出版，应当依照本法第六十一条的规定承担民事责任。

图书出版者重印、再版作品的，应当通知著作权人，并支付报酬。图书脱销后，图书出版者拒绝重印、再版的，著作权人有权终止合同。

第三十五条 著作权人向报社、期刊社投稿的，自稿件发出之日起十五日内未收到报社通知决定刊登的，或者自稿件发出之日起三十日内未收到期刊社通知决定刊登的，可以将同一作品向其他报社、期刊社投稿。双方另有约定的除外。

作品刊登后，除著作权人声明不得转载、摘编的外，其他报刊可以转载或者作为文摘、资料刊登，但应当按照规定向著作权人支付报酬。

第三十六条 图书出版者经作者许可，可以对作品修改、删节。

报社、期刊社可以对作品作文字性修改、删节。对内容的修改，应当经作者许可。

第三十七条 出版者有权许可或者禁止他人使用其出版的图书、期刊的版式设计。

前款规定的权利的保护期为十年，截止于使用该版式设计的图书、期刊首次出版后第十年的 12 月 31 日。

第二节 表 演

第三十八条 使用他人作品演出，表演者应当取得著作权人许可，并支付报酬。演出组织者组织演出，由该组织者取得著作权人许可，并支付报酬。

第三十九条 表演者对其表演享有下列权利：

（一）表明表演者身份；

（二）保护表演形象不受歪曲；

（三）许可他人从现场直播和公开传送其现场表演，并获得报酬；

（四）许可他人录音录像，并获得报酬；

（五）许可他人复制、发行、出租录有其表演的录音录像制品，并获得报酬；

（六）许可他人通过信息网络向公众传播其表演，并获得报酬。

被许可人以前款第三项至第六项规定的方式使用作品，还应当取得著作权人许可，并支付报酬。

第四十条 演员为完成本演出单位的演出任务进行的表演为职务表演，演员享有表明身份和保护表演形象不受歪曲的权利，其他权利归属由当事人约定。当事人没有约定或者约定不明确的，职务表演的权利由演出单位享有。

职务表演的权利由演员享有的，演出单位可以在其业务范围内免费使用该表演。

第四十一条 本法第三十九条第一款第一项、第二项规定的权利的保护期不受限制。

本法第三十九条第一款第三项至第六项规定的权利的保护期为五十年，截止于该表演发生后第五十年的12月31日。

第三节 录音录像

第四十二条 录音录像制作者使用他人作品制作录音录像制品，应当取得著作权人许可，并支付报酬。

录音制作者使用他人已经合法录制为录音制品的音乐作品制作录音制品，可以不经著作权人许可，但应当按照规定支付报酬；著作权人声明不许使用的不得使用。

第四十三条 录音录像制作者制作录音录像制品，应当同表演者订立合同，并支付报酬。

第四十四条 录音录像制作者对其制作的录音录像制品，享有许可他人复制、发行、出租、通过信息网络向公众传播并获得报酬的权利；权利的保护期为五十年，截止于该制品首次制作完成后第五十年的12月31日。

被许可人复制、发行、通过信息网络向公众传播录音录像制品，应当同时取得著作权人、表演者许可，并支付报酬；被许可人出租录音录像制品，还应当取得表演者许可，并支付报酬。

第四十五条 将录音制品用于有线或者无线公开传播，或者通过传送声音的技术设备向公众公开播送的，应当向录音制作者支付报酬。

第四节 广播电台、电视台播放

第四十六条 广播电台、电视台播放他人未发表的作品，应当取得著作权人许可，并支付报酬。

广播电台、电视台播放他人已发表的作品，可以不经著作权人许可，但应当按照规定支付报酬。

第四十七条 广播电台、电视台有权禁止未经其许可的下列行为：

（一）将其播放的广播、电视以有线或者无线方式转播；

（二）将其播放的广播、电视录制以及复制；

（三）将其播放的广播、电视通过信息网络向公众传播。

广播电台、电视台行使前款规定的权利，不得影响、限制或者侵害他人行使著作权或者与著作权有关的权利。

本条第一款规定的权利的保护期为五十年，截止于该广播、电视首次播放后第五十年的12月31日。

第四十八条 电视台播放他人的视听作品、录像制品，应当取得视听作品著作权人或者录像制作者许可，并支付报酬；播放他人的录像制品，还应当取得著作权人许可，并支付报酬。

第五章 著作权和与著作权有关的权利的保护

第四十九条 为保护著作权和与著作权有关的权利，权利人可以采取技术措施。

未经权利人许可，任何组织或者个人不得故意避开或者破坏技术措施，不得以避开或者破坏技术措施为目的制造、进口或者向公众提供有关装置或者部件，不得故意为他人避开或者破坏技术措施提供技术服务。但是，法律、行政法规规定可以避开的情形除外。

本法所称的技术措施，是指用于防止、限制未经权利人许可浏览、欣赏作品、表演、录音录像制品或者通过信息网络向公众提供作品、表演、录音录像制品的有效技术、装置

| 相关执法参考 | 相关法律法规(8) | 或者部件。
第五十条 下列情形可以避开技术措施，但不得向他人提供避开技术措施的技术、装置或者部件，不得侵犯权利人依法享有的其他权利：
（一）为学校课堂教学或者科学研究，提供少量已经发表的作品，供教学或者科研人员使用，而该作品无法通过正常途径获取；
（二）不以营利为目的，以阅读障碍者能够感知的无障碍方式向其提供已经发表的作品，而该作品无法通过正常途径获取；
（三）国家机关依照行政、监察、司法程序执行公务；
（四）对计算机及其系统或者网络的安全性能进行测试；
（五）进行加密研究或者计算机软件反向工程研究。
前款规定适用于对与著作权有关的权利的限制。
第五十一条 未经权利人许可，不得进行下列行为：
（一）故意删除或者改变作品、版式设计、表演、录音录像制品或者广播、电视上的权利管理信息，但由于技术上的原因无法避免的除外；
（二）知道或者应当知道作品、版式设计、表演、录音录像制品或者广播、电视上的权利管理信息未经许可被删除或者改变，仍然向公众提供。
第五十二条 有下列侵权行为的，应当根据情况，承担停止侵害、消除影响、赔礼道歉、赔偿损失等民事责任：
（一）未经著作权人许可，发表其作品的；
（二）未经合作作者许可，将与他人合作创作的作品当作自己单独创作的作品发表的；
（三）没有参加创作，为谋取个人名利，在他人作品上署名的；
（四）歪曲、篡改他人作品的；
（五）剽窃他人作品的；
（六）未经著作权人许可，以展览、摄制视听作品的方法使用作品，或者以改编、翻译、注释等方式使用作品的，本法另有规定的除外；
（七）使用他人作品，应当支付报酬而未支付的；
（八）未经视听作品、计算机软件、录音录像制品的著作权人、表演者或者录音录像制作者许可，出租其作品或者录音录像制品的原件或者复制件的，本法另有规定的除外；
（九）未经出版者许可，使用其出版的图书、期刊的版式设计的；
（十）未经表演者许可，从现场直播或者公开传送其现场表演，或者录制其表演的；
（十一）其他侵犯著作权以及与著作权有关的权利的行为。
第五十三条 有下列侵权行为的，应当根据情况，承担本法第五十二条规定的民事责任；侵权行为同时损害公共利益的，由主管著作权的部门责令停止侵权行为，予以警告，没收违法所得，没收、无害化销毁处理侵权复制品以及主要用于制作侵权复制品的材料、工具、设备等，违法经营额五万元以上的，可以并处违法经营额一倍以上五倍以下的罚款；没有违法经营额、违法经营额难以计算或者不足五万元的，可以并处二十五万元以下的罚款；构成犯罪的，依法追究刑事责任：
（一）未经著作权人许可，复制、发行、表演、放映、广播、汇编、通过信息网络向公众传播其作品的，本法另有规定的除外；
（二）出版他人享有专有出版权的图书的；
（三）未经表演者许可，复制、发行录有其表演的录音录像制品，或者通过信息网络向公众传播其表演的，本法另有规定的除外；
（四）未经录音录像制作者许可，复制、发行、通过信息网络向公众传播其制作的录音录像制品的，本法另有规定的除外； |

（五）未经许可，播放、复制或者通过信息网络向公众传播广播、电视的，本法另有规定的除外；

（六）未经著作权人或者与著作权有关的权利人许可，故意避开或者破坏技术措施的，故意制造、进口或者向他人提供主要用于避开、破坏技术措施的装置或者部件的，或者故意为他人避开或者破坏技术措施提供技术服务的，法律、行政法规另有规定的除外；

（七）未经著作权人或者与著作权有关的权利人许可，故意删除或者改变作品、版式设计、表演、录音录像制品或者广播、电视上的权利管理信息的，知道或者应当知道作品、版式设计、表演、录音录像制品或者广播、电视上的权利管理信息未经许可被删除或者改变，仍然向公众提供的，法律、行政法规另有规定的除外；

（八）制作、出售假冒他人署名的作品的。

第五十四条　侵犯著作权或者与著作权有关的权利的，侵权人应当按照权利人因此受到的实际损失或者侵权人的违法所得给予赔偿；权利人的实际损失或者侵权人的违法所得难以计算的，可以参照该权利使用费给予赔偿。对故意侵犯著作权或者与著作权有关的权利，情节严重的，可以在按照上述方法确定数额的一倍以上五倍以下给予赔偿。

权利人的实际损失、侵权人的违法所得、权利使用费难以计算的，由人民法院根据侵权行为的情节，判决给予五百元以上五百万元以下的赔偿。

赔偿数额还应当包括权利人为制止侵权行为所支付的合理开支。

人民法院为确定赔偿数额，在权利人已经尽了必要举证责任，而与侵权行为相关的账簿、资料等主要由侵权人掌握的，可以责令侵权人提供与侵权行为相关的账簿、资料等；侵权人不提供，或者提供虚假的账簿、资料等的，人民法院可以参考权利人的主张和提供的证据确定赔偿数额。

人民法院审理著作权纠纷案件，应权利人请求，对侵权复制品，除特殊情况外，责令销毁；对主要用于制造侵权复制品的材料、工具、设备等，责令销毁，且不予补偿；或者在特殊情况下，责令禁止前述材料、工具、设备等进入商业渠道，且不予补偿。

第五十五条　主管著作权的部门对涉嫌侵犯著作权和与著作权有关的权利的行为进行查处时，可以询问有关当事人，调查与涉嫌违法行为有关的情况；对当事人涉嫌违法行为的场所和物品实施现场检查；查阅、复制与涉嫌违法行为有关的合同、发票、账簿以及其他有关资料；对于涉嫌违法行为的场所和物品，可以查封或者扣押。

主管著作权的部门依法行使前款规定的职权时，当事人应当予以协助、配合，不得拒绝、阻挠。

第五十六条　著作权人或者与著作权有关的权利人有证据证明他人正在实施或者即将实施侵犯其权利、妨碍其实现权利的行为，如不及时制止将会使其合法权益受到难以弥补的损害的，可以在起诉前依法向人民法院申请采取财产保全、责令作出一定行为或者禁止作出一定行为等措施。

第五十七条　为制止侵权行为，在证据可能灭失或者以后难以取得的情况下，著作权人或者与著作权有关的权利人可以在起诉前依法向人民法院申请保全证据。

第五十八条　人民法院审理案件，对于侵犯著作权或者与著作权有关的权利的，可以没收违法所得、侵权复制品以及进行违法活动的财物。

第五十九条　复制品的出版者、制作者不能证明其出版、制作有合法授权的，复制品的发行者或者视听作品、计算机软件、录音录像制品的复制品的出租者不能证明其发行、出租的复制品有合法来源的，应当承担法律责任。

在诉讼程序中，被诉侵权人主张其不承担侵权责任的，应当提供证据证明已经取得权利人的许可，或者具有本法规定的不经权利人许可而可以使用的情形。

第六十条　著作权纠纷可以调解，也可以根据当事人达成的书面仲裁协议或者著作权合同中的仲裁条款，向仲裁机构申请仲裁。

相关法律法规(8)		当事人没有书面仲裁协议,也没有在著作权合同中订立仲裁条款的,可以直接向人民法院起诉。 第六十一条 当事人因不履行合同义务或者履行合同义务不符合约定而承担民事责任,以及当事人行使诉讼权利、申请保全等,适用有关法律的规定。 第六章 附 则 第六十二条 本法所称的著作权即版权。 第六十三条 本法第二条所称的出版,指作品的复制、发行。 第六十四条 计算机软件、信息网络传播权的保护办法由国务院另行规定。 第六十五条 摄影作品,其发表权、本法第十条第一款第五项至第十七项规定的权利的保护期在 2021 年 6 月 1 日前已经届满,但依据本法第二十三条第一款的规定仍在保护期内的,不再保护。 第六十六条 本法规定的著作权人和出版者、表演者、录音录像制作者、广播电台、电视台的权利,在本法施行之日尚未超过本法规定的保护期的,依照本法予以保护。 本法施行前发生的侵权或者违约行为,依照侵权或者违约行为发生时的有关规定处理。 第六十七条 本法自 1991 年 6 月 1 日起施行。
相关执法参考	相关法律法规(9)	《著作权法实施条例》 (2002 年 8 月 2 日中华人民共和国国务院令第 359 号公布,根据 2011 年 1 月 8 日《国务院关于废止和修改部分行政法规的决定》第一次修订,根据 2013 年 1 月 30 日《国务院关于修改〈中华人民共和国著作权法实施条例〉的决定》第二次修订) 第一条 根据《中华人民共和国著作权法》(以下简称著作权法),制定本条例。 第二条 著作权法所称作品,是指文学、艺术和科学领域内具有独创性并能以某种有形形式复制的智力成果。 第三条 著作权法所称创作,是指直接产生文学、艺术和科学作品的智力活动。 为他人创作进行组织工作,提供咨询意见、物质条件,或者进行其他辅助工作,均不视为创作。 第四条 著作权法和本条例中下列作品的含义: (一)文字作品,是指小说、诗词、散文、论文等以文字形式表现的作品; (二)口述作品,是指即兴的演说、授课、法庭辩论等以口头语言形式表现的作品; (三)音乐作品,是指歌曲、交响乐等能够演唱或者演奏的带词或者不带词的作品; (四)戏剧作品,是指话剧、歌剧、地方戏等供舞台演出的作品; (五)曲艺作品,是指相声、快书、大鼓、评书等以说唱为主要形式表演的作品; (六)舞蹈作品,是指通过连续的动作、姿势、表情等表现思想情感的作品; (七)杂技艺术作品,是指杂技、魔术、马戏等通过形体动作和技巧表现的作品; (八)美术作品,是指绘画、书法、雕塑等以线条、色彩或者其他方式构成的有审美意义的平面或者立体的造型艺术作品; (九)建筑作品,是指以建筑物或者构筑物形式表现的有审美意义的作品; (十)摄影作品,是指借助器械在感光材料或者其他介质上记录客观物体形象的艺术作品; (十一)电影作品和以类似摄制电影的方法创作的作品,是指摄制在一定介质上,由一系列有伴音或者无伴音的画面组成,并且借助适当装置放映或者以其他方式传播的作品; (十二)图形作品,是指为施工、生产绘制的工程设计图、产品设计图,以及反映地理现象、说明事物原理或者结构的地图、示意图等作品; (十三)模型作品,是指为展示、试验或者观测等用途,根据物体的形状和结构,按

照一定比例制成的立体作品。

第五条 著作权法和本条例中下列用语的含义：

（一）时事新闻，是指通过报纸、期刊、广播电台、电视台等媒体报道的单纯事实消息；

（二）录音制品，是指任何对表演的声音和其他声音的录制品；

（三）录像制品，是指电影作品和以类似摄制电影的方法创作的作品以外的任何有伴音或者无伴音的连续相关形象、图像的录制品；

（四）录音制作者，是指录音制品的首次制作人；

（五）录像制作者，是指录像制品的首次制作人；

（六）表演者，是指演员、演出单位或者其他表演文学、艺术作品的人。

第六条 著作权自作品创作完成之日起产生。

第七条 著作权法第二条第三款规定的首先在中国境内出版的外国人、无国籍人的作品，其著作权自首次出版之日起受保护。

第八条 外国人、无国籍人的作品在中国境外首先出版后，30日内在中国境内出版的，视为该作品同时在中国境内出版。

第九条 合作作品不可以分割使用的，其著作权由各合作作者共同享有，通过协商一致行使；不能协商一致，又无正当理由的，任何一方不得阻止他方行使除转让以外的其他权利，但是所得收益应当合理分配给所有合作作者。

第十条 著作权人许可他人将其作品摄制成电影作品和以类似摄制电影的方法创作的作品的，视为已同意对其作品进行必要的改动，但是这种改动不得歪曲篡改原作品。

第十一条 著作权法第十六条第一款关于职务作品的规定中的"工作任务"，是指公民在该法人或者该组织中应当履行的职责。

著作权法第十六条第二款关于职务作品的规定中的"物质技术条件"，是指该法人或者该组织为公民完成创作专门提供的资金、设备或者资料。

第十二条 职务作品完成两年内，经单位同意，作者许可第三人以与单位使用的相同方式使用作品所获报酬，由作者与单位按约定的比例分配。

作品完成两年的期限，自作者向单位交付作品之日起计算。

第十三条 作者身份不明的作品，由作品原件的所有人行使除署名权以外的著作权。作者身份确定后，由作者或者其继承人行使著作权。

第十四条 合作作者之一死亡后，其对合作作品享有的著作权法第十条第一款第五项至第十七项规定的权利无人继承又无人受遗赠的，由其他合作作者享有。

第十五条 作者死亡后，其著作权中的署名权、修改权和保护作品完整权由作者的继承人或者受遗赠人保护。

著作权无人继承又无人受遗赠的，其署名权、修改权和保护作品完整权由著作权行政管理部门保护。

第十六条 国家享有著作权的作品的使用，由国务院著作权行政管理部门管理。

第十七条 作者生前未发表的作品，如果作者未明确表示不发表，作者死亡后50年内，其发表权可由继承人或者受遗赠人行使；没有继承人又无人受遗赠的，由作品原件的所有人行使。

第十八条 作者身份不明的作品，其著作权法第十条第一款第五项至第十七项规定的权利的保护期截止于作品首次发表后第50年的12月31日。作者身份确定后，适用著作权法第二十一条的规定。

第十九条 使用他人作品的，应当指明作者姓名、作品名称；但是，当事人另有约定或者由于作品使用方式的特性无法指明的除外。

第二十条 著作权法所称已经发表的作品，是指著作权人自行或者许可他人公之于众的作品。

第二十一条　依照著作权法有关规定，使用可以不经著作权人许可的已经发表的作品的，不得影响该作品的正常使用，也不得不合理地损害著作权人的合法利益。

第二十二条　依照著作权法第二十三条、第三十三条第二款、第四十条第三款的规定使用作品的付酬标准，由国务院著作权行政管理部门会同国务院价格主管部门制定、公布。

第二十三条　使用他人作品应当同著作权人订立许可使用合同，许可使用的权利是专有使用权的，应当采取书面形式，但是报社、期刊社刊登作品除外。

第二十四条　著作权法第二十四条规定的专有使用权的内容由合同约定，合同没有约定或者约定不明的，视为被许可人有权排除包括著作权人在内的任何人以同样的方式使用作品；除合同另有约定外，被许可人许可第三人行使同一权利，必须取得著作权人的许可。

第二十五条　与著作权人订立专有许可使用合同、转让合同的，可以向著作权行政管理部门备案。

第二十六条　著作权法和本条例所称与著作权有关的权益，是指出版者对其出版的图书和期刊的版式设计享有的权利，表演者对其表演享有的权利，录音录像制作者对其制作的录音录像制品享有的权利，广播电台、电视台对其播放的广播、电视节目享有的权利。

第二十七条　出版者、表演者、录音录像制作者、广播电台、电视台行使权利，不得损害被使用作品和原作品著作权人的权利。

第二十八条　图书出版合同中约定图书出版者享有专有出版权但没有明确其具体内容的，视为图书出版者享有在合同有效期限内和在合同约定的地域范围内以同种文字的原版、修订版出版图书的专有权利。

第二十九条　著作权人寄给图书出版者的两份订单在6个月内未能得到履行，视为著作权法第三十二条所称图书脱销。

第三十条　著作权人依照著作权法第三十三条第二款声明不得转载、摘编其作品的，应当在报纸、期刊刊登该作品时附带声明。

第三十一条　著作权人依照著作权法第四十条第三款声明不得对其作品制作录音制品的，应当在该作品合法录制为录音制品时声明。

第三十二条　依照著作权法第二十三条、第三十三条第二款、第四十条第三款的规定，使用他人作品的，应当自使用该作品之日起2个月内向著作权人支付报酬。

第三十三条　外国人、无国籍人在中国境内的表演，受著作权法保护。

外国人、无国籍人根据中国参加的国际条约对其表演享有的权利，受著作权法保护。

第三十四条　外国人、无国籍人在中国境内制作、发行的录音制品，受著作权法保护。

外国人、无国籍人根据中国参加的国际条约对其制作、发行的录音制品享有的权利，受著作权法保护。

第三十五条　外国的广播电台、电视台根据中国参加的国际条约对其播放的广播、电视节目享有的权利，受著作权法保护。

第三十六条　有著作权法第四十八条所列侵权行为，同时损害社会公共利益，非法经营5万元以上的，著作权行政管理部门可处非法经营额1倍以上5倍以下的罚款；没有非法经营额或者非法经营额5万元以下的，著作权行政管理部门根据情节轻重，可处25万元以下的罚款。

第三十七条　有著作权法第四十八条所列侵权行为，同时损害社会公共利益的，由地方人民政府著作权行政管理部门负责查处。

国务院著作权行政管理部门可以查处在全国有重大影响的侵权行为。

第三十八条　本条例自2002年9月15日起施行。1991年5月24日国务院批准、1991年5月30日国家版权局发布的《中华人民共和国著作权法实施条例》同时废止。

《世界版权公约》（节录）

（1952年9月6日在日内瓦缔结，1955年9月16日生效。1971年7月10日在巴黎修订，修订后的世界版权公约于1974年7月10日生效。中国于1992年7月1日加入，同年10月30日对中国生效）

第一条 缔约各国议定，要充分有效地保护文学、科学、艺术作品——包括文字、音乐、戏剧、电影作品，绘画、雕刻、雕塑——之作者及其他版权所有者的权利。

第二条 （一）任何缔约国国民出版的作品及在该国首先出版的作品，在其他各缔约国中，均享有同那一国家给予其本国国民于本国首先出版之作品的同等保护，也享有本公约特许之保护。

（二）任何缔约国国民未出版的作品，在其他各缔约国中，享有同该国给予其国民未出版之作品的同等保护，也享有本公约特许之保护。

（三）为实施本公约，任何缔约国可依本国法律将寄居该国的任何人看作本国之国民。

第三条 （一）依本国法律要求履行手续——如缴送样本、注册登记、刊载启事、办理证书、偿付费用或在该国国内制作出版等——作为版权保护条件的各缔约国，对根据本公约加以保护的一切作品，和在该国领土以外出版而其作者又非本国国民的作品，应视为符合上述要求，只要这些作品是作者或版权所有者授权出版的，并且，自初版之日起，在所有各册的版权栏内，标有的C符号，注明版权所有者之姓名、初版年份等。

（二）本条（第一）款之规定，不得妨碍缔约各国对本国初版或其国民于任何地方出版的作品为取得和享有版权而提出履行手续或其他条件的要求。

（三）本条（第一）款之规定，不得妨碍缔约各国规定，凡要求版权司法保护者，必须在起诉时履行程序性要求，如起诉人须通过本国辩护人出庭，或由起诉人将有关争讼之作品呈交法院或行政当局备案，或兼呈两处备案。如果上述程序性要求未能履行，版权效力不受影响的话，那么，对要求版权司法保护的本国国民不作这种要求时，也不应将这种要求强加于另一缔约国之国民。

（四）缔约各国应有法律措施保护其他各缔约国国民尚未出版之作品，而无须履行手续。

（五）如果某缔约国准予有一个以上的版权保护期限，而第一个期限比第四条中规定的最短期限之一为长，那么对于第二个或其后的版权期限，不应要求该国执行本条第（一）款的规定。

第四条 （一）根据第二条和本条规定，某作品的版权保护期限，应由该作品向其要求版权保护的缔约国的法律来规定。

（二）甲、受本公约保护的作品，其保护期限不得短于作者有生之年及其死后的二十五年。但是，如果本公约在某缔约国生效之日，该国已将某些类别作品的保护期限规定为自该作品初版以后的某一段时间之内，那么该缔约国有权保持其规定，并可将这些规定扩大应用于其他类别的作品。对所有这类作品，其版权保护期限自初版日起，不得少于二十五年。

乙、任何缔约国若在本公约于该国生效日尚未根据作者有生之年确定保护期限，则有权根据情况，从作品初版之日或从出版前的登记日起计算版权保护期限，只要根据情况或从作品初版之日，或从出版前的登记日算起，版权保护期限不少于二十五年。

丙、如果某缔约国的法律准许有两个或两个以上的连续保护期限，则第一个保护期限不得短于本款甲、乙两项所详尽规定的最低期限之一。

（三）本条第（二）款之规定不得应用于摄影作品或实用美术作品。但是，如果某些缔约国对摄影作品或作为艺术品保护的实用美术作品给予保护时，则对上述两类作品中的任何一件，其保护期限不得少于十年。

（四）甲、根据作者所属缔约国家的法律而未出版的作品，或根据首先出版某作品的缔约国家的法律已出版的作品，缔约国家均不得给予该作品以比其所属之同类作品规定的保护期限更长的保护期。

乙、为实施本款甲项，如果某缔约国之法律准予有两个或两个以上的连续保护期限，那么该国的保护期限应视为所有期限之总和。但是，如果某一明文规定的作品在第二或其后的期限内，因某种原因被上述国家取消了版权保护，则其他各缔约国亦不得在第二或其后的期限中保护之。

（五）为实施本条第（四）款，如果某缔约国国民的作品首次出版是在非缔约国家之内，那么，这些作品应按作者所属的缔约国首先出版该作品来处理。

（六）为实施本条第（四）款，某作品若在两个或两个以上缔约国家同时出版，该作品应视为在保护期限最短的缔约国内首先出版。任何作品如在初版三十日内，在两个或两个以上缔约国出版，则应视为在上述缔约国内同时出版。

第四条之二

（一）本公约第一条所述之权利，须包含保证作者经济利益的各种基本权利，包括作者的准予以任何方式复制、上演及广播等项专利权。本条之规定可扩大应用于受本公约保护的一切作品，无论它们是原著形式还是从原著演绎而来的任何形式。

（二）但是，任何缔约国依本国法律，可以对本条第（一）款所述之权利做出符合本公约精神和内容的例外规定。凡法律允许做出例外规定的任何缔约国，必须对已做出例外规定的各项权利给予合理的有效的保护。

第五条　（一）本公约第一条所述各项权利，应包括作者翻译、出版受授权他人翻译、出版受本公约保护的作品的专利权。

（二）然而，各缔约国根据本国法律，可以对作品的翻译权利加以限制；但必须遵照如下规定：

甲、若某著作首次出版七年之后，其翻译权所有人自己没有，也未授权他人将该著作以某缔约国的通用语言翻译出版，那么，该缔约国的任何人可向主管当局申请并获得非专利权许可证，将该著作以通用语言翻译出版。

乙、申请者应按有关缔约国之例行规定，证明他曾要求翻译出版该作品，但遭翻译权所有人拒绝；或者他曾一再努力但无法找到版权所有人。若前版缔约国通用语译本均已绝版，则根据同样条件也可颁发许可证。

丙、如果翻译权所有人无法找到，那么许可证申请人应将申请书递交作品上写明的出版者；若翻译权所有人国籍业已弄清，则应将申请书递交翻译权所有人的祖国的外交或领事代表，或呈交该国政府指定的机构。递交申请书不满两个月时，不得颁发许可证。

丁、颁发许可证的缔约国的法律应做出相应规定，以保证翻译权所有人得到合理而且符合国际标准的报酬，保证这种报酬的支付与转递，保证准确地翻译该作品。

戊、凡经出版的各册译本，均应刊印原著名称及作者姓名。只有在申请许可证的缔约国内出版译作时，该许可证方得有效。此种翻译出版物可以向另一缔约国出口和销售，只要该国通用语言与所译作品的语言一致，只要该国的法律对此种许可做出了规定，而且对进口和销售不予禁止。如无上面的条件，在某缔约国进口和销售上述译本将受该国之法律和条约的限制。许可证不得由持证人转让。

己、如果作者已停止发行某作品之各种版本，则不得颁发此作品之翻译许可证。

第五条之二

（一）根据联合国大会确认之惯例，如果某缔约国被视为发展中国家，则该国可向联合国教育、科学及文化组织总干事（下称总干事）呈交报告书备案；在批准、接受或参加本公约时，或在此之后，该国可以引用第五条之三和之四中任何一条或全部例外规定。

（二）任何这种报告书自本公约生效日起十年有效，或是在该报告书备案时的十年期限之所余时间内有效；如果在有关的十年限期期满之前三到十五个月之中，该缔约国将续订报告书呈交总干事备案，那么原报告书可以全部或部分修订，从而获得新的十年一度的有效期。根据本条规定，初次报告书也可在新的十年阶段当中提出。

（三）按本条第（一）款之规定，如某缔约国不再视为发展中国家，那么尽管有本条第（二）款之规定，该缔约国仍无权修改根据本条第（一）和第（二）款之规定提交的报告书。不管该缔约国是否撤回其报告书，在当前十年期限或该国已不再视为发展中国家的三年期限期满之后——不论哪个后到期，该缔约国都不得引用第五条之三和之四之例外规定。

（四）根据第五条之三和之四的例外规定，凡已出版的著作的各册，在该著作根据本条规定提交的报告书有效期满后，仍可继续发行，直至其库存全部售完为止。

（五）如果任何一个缔约国依照第十三条关于应用本公约于一特定国家或领土的规定已呈交报告书，而该特定国家和领土的情况又可视为与本条第（一）款所述之缔约国情况相似，则该国亦可依照本条关于此类国家和领土之规定呈交和修改其报告书。在上述报告书有效期内，上述有关国家和领土亦可应用本公约第五条之三和之四的规定。由上述有关国家和领土向缔约国呈送的出版物应视为第五条之三和之四所述之出口出版物。

第五条之三

（一）甲、凡适用第五条之二第（一）款之任何缔约国均可依该国法律规定的三年或三年以上的期限取代第五条第（二）款规定之七年期限；然而，某一作品译成的文字如在一个或若干发达国家内并非通用，而上述国家又是本公约或仅是1952年公约的缔约国，那么其有限期应为一年而不是三年。

乙、按参加本公约或仅参加1952年公约的发达国家所达成的一致协议，如同一语言在其诸国内广泛运用，而某作品又译成上述语言，那么凡适用于第五条之二第（一）款之缔约国可将该协议规定的另一期限代替本款甲项规定之三年期限，其时间不得短于一年。然而，此项不适用于英、法、西班牙三种语言通用的地方。任何此类协议之报告书均应呈交总干事。

丙、如果申请人按照有关缔约国之例行规定，证明他已提出过申请，要求翻译权所有者予以承认，但被拒绝；或经本人一再努力，仍不能找到版权所有者，他就可以获得许可证。提出上述要求的同时，他应告诉联合国教育、科学及文化组织设立的国际版权情报中心，或出版者主要营业地点所在的缔约国政府提交总干事的报告书中所指定的任何国家或地区的情报中心。

丁、如无法找到翻译权所有者，则许可证申请人应将其申请书航空挂号邮给在出版物上署名的出版者，并同时邮给按本款丙项提及的任何国家或地区的情报中心。如无上述地方可递交，他应将其申请书送交联合国教育、科学及文化组织设立的国际版权情报中心。

（二）甲、根据本条规定，半年之后才能颁发三年后可得之许可证；九个月之后才能颁发一年后可得以许可证。上述六、九个月之期限应按第（一）款丙项之规定，从提出许可证申请之日算起，如翻译权所有者身份、地址不详，则按第（一）款丁项之规定从要求获得许可证的申请书发出之日算起。

乙、翻译权所有者本人，或授权他人在上述六个月或九个月内已将译著出版，则不得再颁发许可证。

（三）根据本条之规定，凡为教学、学习或研究之目的者，应一律颁发许可证。

（四）甲、按本条规定颁发的一切许可证，仅在申请者所在的缔约国内有效，其出版物不得出口。

乙、根据本条颁发的许可证出版的任何出版物应用适当的语言刊印启事申明其出版物仅在颁发许可证的缔约国内销售有效。如果该著作刊印了第三条第（一）款特别规定之启事，那么其译本各册均应刊印与之相同的启事。

丙、某缔约国政府机构或民众团体根据本条规定已颁发版权许可证，并将某作品译成

| 相关执法参考 | 相关法律法规（10） | 除英、法、西班牙语之外的一种文字，该政府机构或民众团体向另一国递送根据上述许可证而准备好的某译著样本，则本款甲项有关禁止出口书的规定，不适用于下列情况：
（1）如果收件者是颁发许可证的缔约国的个别国民或是此类个别国民组成的组织；
（2）寄送出的上述样本仅为教学、学习和研究之用；
（3）样本的寄送及其后分发给收件人均不为营利之目的；
（4）如接受上述样本的国家已与该缔约国达成协议同意接受、销售或同意二者皆可；而达成上述协议的任何一方政府已将该协议呈报总干事。
（五）应在国家一级做出相应规定，以保证：
甲、在颁发上述许可证时应给予合理的报酬，其报酬标准与上述两国个人间自由商谈版权许可证时通常规定的版税相同。
乙、报酬的支付与转递；如果该国货币流通条例有碍其报酬的支付与转递，主管当局应竭尽全力采用国际措施，以保证用国际可兑现货币或与之等值货币进行转递。
（六）如果某作品的译本一旦由翻译权所有者本人或授权他人在某缔约国内出版发行，其文字与该国已特许的版本一样，其内容又大体相同，其价格与该国通常出版的同类著作相当，则凡据本条规定缔约国颁发之许可证应停止生效。但在上述许可证失效之前出版的该译著各册均可继续发行，直至库存全部售完为止。
（七）凡以插图为主的作品，只要具备第五条之四的规定，均可颁发翻译其文字说明、复制其插图的许可证。
（八）甲、总部设在第五条之二适用的某一缔约国的广播组织根据下列诸条件提出申请，则受本公约保护用铅印或类似形式复制出版的作品的翻译许可证也可颁发给该组织：
（1）译本是根据该缔约国法律规定出版并获得的版本译成的；
（2）译本仅供以教学或向职业专家传播专门技术和科研成果为目的的广播使用；
（3）译文专为第（2）条之目的使用，是通过对缔约国本土内听众的合法广播进行的，其中包括特为上述广播之目的而通过录音或录像方式合法录制的广播；
（4）译本的录音或录像只能在其总部设在颁发许可证的缔约国的广播组织间交换；
（5）译本的一切使用方式均无营利的目的。
乙、如果完全符合上述甲项的标准和条件，则任何专门为系统性教育活动而准备和出版的视听材料的任何课文的翻译许可证亦可发给某广播组织。
丙、根据本款甲、乙两项，本条其他规定均适用于许可证的颁发与使用。
（九）根据本条规定，依据本条颁发的任何许可证应受第五条各项规定的约束；即使按第五条第（二）款之规定七年期限已满，上述许可证也应继续受第五条和本条规定的约束。然而，上述期限到期后，许可证持有者有权提出申请仅服从第五条规定的新许可证来代替上述许可证。
第五条之四
（一）凡适合第五条之二第（一）款规定的任何缔约国均可采纳下述规定：
甲、在（1）由本条第（三）款所述的文学、科学或艺术作品的特定版本首先出版日算起，在第丙项规定的有关期限到期之后，或（2）在依缔约国国家法律规定的任何更长的期限之后，如果复制权所有者本人没有，也未授权他人将上述出版物在该国一般民众中销售，或未为系统教育活动之目的以与在该国中同类作品的一般索价相近的合理价格销售，那么该国的任何国民均可向主管当局申请获得非专利权许可证，用上述规定之价格或更低的价格出版上述版本为其系统教育活动使用。上述国民，须根据有关缔约国例行规定，证明他提出过申请要求版权所有者予以承认，但被拒绝；或经其本人一再努力，仍未找到版权所有者，才能获得许可证。在他提出要求同时，他得向联合国教育、科学及文化组织设立的国际版权情报中心或向在第丁项提及的任何国家或地区性的情报中心提出报告。
乙、在六个月内，如果经版权所有者许可的上述版本的出版物已不再在有关国家向一 |

般公众出售，或已不再为系统教育活动之目的而以与同类作品在该国内的一般索价相近的合理价格销售，则根据同样条件亦可颁发许可证。

丙、本款甲项规定的期限应为五年，其例外规定如下：

（1）自然和物理科学（包括数学）及技术著作，其期限为三年；

（2）小说、诗歌、戏剧、音乐作品和艺术方面读物，其期限为七年。

丁、如果找不到复制权所有者，许可证申请者应将其申请样本航空挂号邮给在其作品上署名的出版者，和在出版者的主要营业地点所在的国家呈交给总干事报告书中明确指定的任何国家或地区性情报中心。如无任何上述报告书，他应向联合国教育、科学及文化组织设立的国际版权情报中心呈交一份报告书。在自发出申请报告书之日起的三个月之内不得颁发许可证。

戊、根据本条规定，在下述情况下，不得颁发三年后可获得的许可证：

（1）在从本款甲项提及的提出版权许可要求之日起六个月内，或如果复制权所有者身份、地址不明，从本款丁项提及的许可证申请书发出之日起六个月内；

（2）在此期间，如果本款甲项提及的任何出版物已开始发行。

己、作者姓名及其作品特定版本的书名应刊印在复制出版物的一切版本上。许可证仅在申请许可证的缔约国内有效，其复制出版物不得出口，许可证持有者不得转让其许可证。

庚、国家法律应做出相应规定，以保证准确复制上述特定版本。

辛、根据本条规定，凡属下述情况，不应颁发复制出版翻译作品的许可证：

（1）译本不是翻译权所有者本人翻译出版的也不是他授权别人翻译出版的；

（2）译本不是用有权颁发许可证的缔约国的通用语言出版的。

（二）第（一）款之例外规定应受下述补充规定之约束：

甲、按照本条规定颁发的版权许可证准予出版的版本，须以适当的语言刊登启事申明其出版物能在申请版权许可证的缔约国内销售。如果需要刊印第三条第（一）款规定之特别启事，则该版之一切本册均应刊印同类启事。

乙、应在国家一级做出相应规定，以保证：

（1）在颁发许可证时给予合理的报酬，其报酬标准与上述两国个人间自由商谈版权许可证时通常规定的版税相同；

（2）报酬的支付与转递；如果该国货币流通条例妨碍报酬的支付与转递，则主管当局应竭尽全力采用国际措施，以保证用国际上可兑现的货币或与之等值的货币进行转递。

丙、无论何时，如复制权所有者本人或授权他人以与该缔约国出售同类作品通常索取的合理价格在该国中向公众或为系统教育活动之目的出售某作品之版本各册，如果该版本与根据许可证复制的出版物的版本语言相同，内容大体一致，则根据本条规定，任何许可证应予停止生效；但许可证失效前已经出版的所有各册仍可继续出售，直至库存全部售完为止。

丁、如作者已将正在发行的该版本全部各册收回，则不得再颁发许可证。

（三）甲、本条所适用的文学、科学或艺术作品，应限于以印刷或类似的复制形式出版的作品，但本款乙项的规定例外。

乙、本条规定亦适用于以录音、录像的形式复制已经合法录制的内有受保护作品的视听材料，只要这些视听材料是专门为系统教育活动而准备和出版的；本条规定也适用于上述视听材料中的课文的翻译，只要这些译文是以缔约国的通用语文、而且是根据该缔约国颁发的许可证翻译的。

第六条　本公约所用"出版"一词，系指：对某些作品以一定的方式进行复制，并在公众中发行，以供阅读或观赏。

第七条　本公约在其有效日期内，将不适用于参加本公约的缔约国的那些具有永久性的公有作品或其版权。

| 相关执法参考 | 相关法律法规(11) | 《保护文学和艺术作品伯尔尼公约》(节录)
(1886年9月9日于瑞士伯尔尼签订，1896年5月4日在巴黎补充完备，1908年11月13日在柏林修订，1914年3月20日在伯尔尼补充完备，1928年6月2日在罗马修订，1948年6月26日在布鲁塞尔修订，1967年7月14日在斯德哥尔摩修订，1971年7月24日在巴黎修订，1979年10月2日更改，1992年7月1日中华人民共和国全国人大常委会批准加入，声明根据附件第一条的规定，享有附件第二条和第三条规定的权利，本公约于1992年10月15日对中国生效)
第一条
适用本公约的国家为保护作者对其文学和艺术作品所享权利结成一个同盟。
第二条
1. "文学和艺术作品"一词包括文学、科学和艺术领域内的一切成果，不论其表现形式或方式如何，诸如书籍、小册子和其他文学作品；讲课、演讲、讲道和其他同类性质作品；戏剧或音乐戏剧作品；舞蹈艺术作品和哑剧；配词或未配词的乐曲；电影作品和以类似摄制电影的方法表现的作品；图画、油画、建筑、雕塑、雕刻和版画作品；摄影作品和以类似摄影的方法表现的作品；实用艺术作品；与地理、地形、建筑或科学有关的插图、地图、设计图、草图和立体作品。
2. 本同盟各成员国得通过国内立法规定所有作品或任何特定种类的作品如果未以某种物质形式固定下来便不受保护。
3. 翻译、改编、乐曲改编以及对文学或艺术作品的其他变动应得到与原作同等的保护，但不得损害原作的版权。
4. 本同盟各成员国对立法、行政或司法性质的官方文件以及这些文件的正式译本的保护由其国内立法确定。
5. 文学或艺术作品的汇编，诸如百科全书和选集，凡由于对材料的选择和编排而构成智力创作的，应得到相应的、但不损害汇编内每一作品的版权的保护。
6. 本条所提到的作品在本同盟所有成员国内享受保护。此种保护系为作者及其权利继承人的利益而行使。
7. 在遵守本公约第七条第四款之规定的前提下，本同盟各成员国得通过国内立法规定其法律在何种程度上适用于实用艺术作品以及工业品平面和立体设计，以及此种作品和平面与立体设计受保护的条件。在起源国仅仅作为平面与立体设计受到保护的作品，在本同盟其他成员国只享受各该国给予平面和立体设计的那种专门保护；但如在该国并不给予这种专门保护，则这些作品将作为艺术作品得到保护。
8. 本公约的保护不适用于日常新闻或纯属报刊消息性质的社会新闻。
第二条之二
1. 政治演说和诉讼过程中发表的言论是否全部或部分地排除于上条提供的保护之外，属于本同盟各成员国国内立法的范围。
2. 公开发表的讲课、演说或其他同类性质的作品，如为新闻报道的目的有此需要，在什么条件下可由报刊登载，进行广播或向公众传播，以及以第十一条之二第一款的方式公开传播，也属于本同盟各成员国国内立法的范围。
3. 然而，作者享有将上两款提到的作品汇编的专有权利。
第三条
1. 根据本公约，
(a) 作者为本同盟任何成员国的国民者，其作品无论是否已经出版，都受到保护；
(b) 作者为非本同盟任何成员国的国民者，其作品首次在本同盟一个成员国出版，或在一个非本同盟成员国和一个同盟成员国同时出版的都受到保护；
2. 非本同盟任何成员国的国民但其惯常住所在一个成员国国内的作者，为实施本公 |

约享有该成员国国民的待遇。

3. "已出版作品"一词指得到作者同意后出版的作品，而不论其复制件的制作方式如何，只要从这部作品的性质来看，复制件的发行方式能满足公众的合理需要。戏剧、音乐戏剧或电影作品的表演，音乐作品的演奏，文学作品的公开朗诵，文学或艺术作品的有线传播或广播，美术作品的展出和建筑作品的建造不构成出版。

4. 一个作品在首次出版后三十天内在两个或两个以上国家内出版，则该作品应视为同时在几个国家内出版。

第四条

下列作者，即使不具备第三条规定的条件，仍然适用本公约的保护：

（a）制片人的总部或惯常住所在本同盟某一成员国内的电影作品的作者；

（b）建造在本同盟某一成员国内的建筑作品或构成本同盟某一成员国内建筑物一部分的平面和立体艺术作品的作者。

第五条

1. 就享有本公约保护的作品而论，作者在作品起源国以外的本同盟成员国中享有各该国法律现在给予和今后可能给予其国民的权利，以及本公约特别授予的权利。

2. 享有和行使这些权利不需要履行任何手续，也不论作品起源国是否存在保护。因此，除本公约条款外，保护的程度以及为保护作者权利而向其提供的补救方法完全由被要求给以保护的国家的法律规定。

3. 起源国的保护由该国法律规定。如作者不是起源国的国民，但其作品受公约保护，该作者在该国仍享有同本国作者相同的权利。

4. 起源国指的是：

（a）对于首次在本同盟某一成员国出版的作品，以该国家为起源国；对于在分别给予不同保护期的几个本同盟成员国同时出版的作品，以立法给予最短保护期的国家为起源国；

（b）对于同时在非本同盟成员国和本同盟成员国出版的作品，以后者为起源国；

（c）对于未出版的作品或首次在非本同盟成员国出版而未同时在本同盟成员国出版的作品，以作者为其国民的本同盟成员国为起源国，然而

（1）对于制片人总部或惯常住所在本同盟一成员国内的电影作品，以该国为起源国。

（2）对于建造在本同盟一成员国内的建筑作品或构成本同盟某一成员国建筑物一部分的平面和立体艺术作品，以该国为起源国。

第六条

1. 任何非本同盟成员国如未能充分保护本同盟某一成员国国民作者的作品，成员国可对首次出版时系该非同盟成员国国民而又不在成员国内有惯常住所的作者的作品的保护加以限制。如首次出版国利用这种权利，则本同盟其他成员国对由此而受到特殊待遇的作品也无须给予比首次出版国所给予的更广泛的保护。

2. 前款所规定的任何限制均不影响在此种限制实施之前作者在本同盟任一成员国出版的作品已经获得的权利。

3. 根据本条对版权之保护施加限制的本同盟成员国应以书面声明通知世界知识产权组织总干事（以下称总干事），说明保护受到限制的国家以及这些国家国民的作者的权利所受的限制。总干事应立即向本同盟所有成员国通报该项声明。

第六条之二

1. 不受作者经济权利的影响，甚至在上述经济权利转让之后，作者仍保有要求其作品作者身份的权利，并有权反对对其作品的任何有损其声誉的歪曲、割裂或其他更改，或其他损害行为。

2. 根据以上第1款给予作者的权利，在其死后应至少保留到作者经济权利期满为止，

并由被要求给予保护的国家本国法所授权的人或机构行使之。但在批准或加入本公约文本时其法律中未包括有保证在作者死后保护以上第一款承认的全部权利的各国，有权规定对这些权利中某些权利在作者死后不予保留。

3. 为保障本条所承认的权利而采取的补救方法由被要求给予保护的国家的法律规定。

第七条

1. 本公约给予保护的期限为作者有生之年及其死后五十年内。

2. 但就电影作品而言，本同盟成员国有权规定保护期在作者同意下自作品公之于众后五十年期满，如自作品完成后五十年内尚未公之于众，则自作品完成后五十年期满。

3. 至于不具名作品和假名作品，本公约给予的保护期自其合法公之于众之日起五十年内有效。但根据作者采用的假名可以毫无疑问地确定作者身份时，该保护期则为第1款所规定的期限。如不具名作品或假名作品的作者在上述期间内公开其身份，所适用的保护期为第1款所规定的保护期限。本同盟成员国没有义务保护有充分理由推定其作者已死去五十年的不具名作品或假名作品。

4. 摄影作品和作为艺术作品保护的实用艺术作品的保护期限由本同盟各成员国的法律规定；但这一期限不应少于自该作品完成之后算起的二十五年。

5. 作者死后的保护期和以上第二、三、四款所规定的期限从其死亡或上述各款提及事件发生之时开始，但这种期限应从死亡或所述事件发生之后次年的1月1日开始计算。

6. 本同盟成员国有权给予比前述各款规定更长的保护期。

7. 受本公约罗马文本约束并在此公约文本签署时有效的本国法律中规定了短于前述各款期限的保护期的本同盟成员国，有权在加入或批准此公约文本时维持这种期限。

8. 无论如何，期限将由被要求给予保护的国家的法律加以规定；但是，除该国家的法律另有规定者外，这种期限不得超过作品起源国规定的期限。

第七条之二

前条的规定同样适用于版权为合作作者共有的作品，但作者死后的保护期应从最后死亡的作者死亡时算起。

第八条

受本公约保护的文学艺术作品的作者，在对原作享有权利的整个保护期内，享有翻译和授权翻译其作品的专有权利。

第九条

1. 受本公约保护的文学艺术作品的作者，享有授权以任何方式和采取任何形式复制这些作品的专有权利。

2. 本同盟成员国法律得允许在某些特殊情况下复制上述作品，只要这种复制不损害作品的正常使用也不致无故侵害作者的合法利益。

3. 所有录音或录影均应视为本公约所指的复制。

第十条

1. 从一部合法公之于众的作品中摘出引文，包括以报刊提要形式引用报纸期刊的文章，只要符合合理使用，在为达到目的的正当需要范围内，就属合法。

2. 本同盟成员国法律以及成员国之间现有或将要签订的特别协定的规定，可以合法地通过出版物、无线电广播或录音录影使用文学艺术作品作为教学的解说的权利，只要是在为达到目的的正当需要范围内使用，并符合合理作用。

3. 前面各款提到的摘引和使用应说明出处，如原出处有作者姓名，也应同时说明。

第十条之二

1. 本同盟各成员国的法律得允许通过报刊、广播或对公众有线传播，复制发表在报纸、期刊上的讨论经济、政治或宗教的时事性文章，或具有同样性质的已经广播的作品，但以对这种复制、广播或有线传播并未明确予以保留的为限。然而，均应明确说明出处；

对违反这一义务的法律责任由被要求给予保护的国家的法律确定。

2. 在用摄影或电影手段，或通过广播或对公众有线传播报道时事新闻时，在事件过程中看到或听到的文学艺术作品在为报道目的正当需要范围内予以复制和公之于众的条件，也由本同盟各成员国的法律规定。

第十一条

1. 戏剧作品、音乐戏剧作品和音乐作品的作者享有下列专有权利：（1）授权公开表演和演奏其作品，包括用各种手段和方式公开表演和演奏；（2）授权用各种手段公开播送其作品的表演和演奏。

2. 戏剧作品或音乐戏剧作品的作者，在享有对其原作的权利的整个期间应享有对其作品的译作的同等权利。

第十一条之二

1. 文学艺术作品的作者享有下列专有权利：（1）授权广播其作品或以任何其他无线传送符号、声音或图像的方法向公众传播其作品；（2）授权由原广播机构以外的另一机构通过有线传播或转播的方式向公众传播广播的作品；（3）授权通过扩音器或其他任何传送符号、声音或图像的类似工具向公众传播广播的作品。

2. 行使以上第一款所指的权利的条件由本同盟成员国的法律规定，但这些条件的效力严格限于对此作出规定的国家。在任何情况下，这些条件均不应有损于作者的精神权利，也不应有损于作者获得合理报酬的权利，该报酬在没有协定情况下应由主管当局规定。

3. 除另有规定外，根据本条第一款的授权，不意味着授权利用录音或录影设备录制广播的作品。但本同盟成员国法律得确定一广播机构使用自己的设备并为自己播送之用而进行临时录制的规章。本同盟成员国法律也可以由于这些录制品具有特殊文献性质而批准由国家档案馆保存。

第十一条之三

1. 文学作品的作者享有下列专有权利：（1）授权公开朗诵其作品，包括用各种手段或方式公开朗诵。（2）授权用各种手段公开播送其作品的朗诵。

2. 文学作品作者在对其原作享有权利的整个期间，应对其作品的译作享有同等的权利。

第十二条

文学艺术作品的作者享有授权对其作品进行改编、音乐改编和其他变动的专有权利。

第十三条

1. 本同盟每一成员国可就其本国情况对音乐作品作者及允许其歌词与音乐作品一道录音的歌词作者授权对上述音乐作品以及有歌词的音乐作品进行录音的专有权利规定保留及条件；但这类保留及条件之效力严格限于对此作出规定的国家，而且在任何情况下均不得损害作者获得在没有协定情况下由主管当局规定的合理报酬的权利。

2. 根据1928年6月2日在罗马和1948年6月26日在布鲁塞尔签订的公约第十三条第三款在本同盟成员国内录制的音乐作品的录音，自该国受本文本约束之日起的两年期限以内，可以不经音乐作品的作者同意在该国进行复制。

3. 根据本条第一、二款制作的录音制品，如未经有关方面批准进口，视此种录音为侵权录音制品的国家，可予扣押。

第十四条

1. 文学艺术作品的作者享有下列专有权利：

（1）授权将这类作品改编和复制成电影以及发行经过如此改编或复制的作品；（2）授权公开表演、演奏以及向公众有线传送经过如此改编或复制的作品。

2. 根据文学或艺术作品制作的电影作品以任何其他艺术形式改编，在不妨碍电影作品作者授权的情况下，仍须经原作者授权。

3. 第十三条第一款的规定应不适用于电影。

第十四条之二

1. 在不损害已被改编或复制的作品的版权的情况下，电影作品应作为原作受到保护。电影作品版权所有者享有与原作者同等的权利，包括前一条提到的权利。

2.（a）确定电影作品版权的所有者，属于被要求给予保护的国家法律规定的范围。

（b）然而，在其法律承认参加电影作品制作的作者应属于版权所有者的本同盟成员国内，这些作者，如果应允许参加此项工作，除非有相反或特别的规定，不能反对对电影作品的复制、发行、公开表演、演奏、向公众有线传播、广播、公开传播、配制字幕和配音。

（c）为适用本款 b 项，上面提到的应允形式是否应是一项书面合同或一项相当的文书，这一问题应由电影制片人总部或惯常住所所在的本同盟成员国的法律加以规定。然而被要求给予保护的本同盟成员国的法律的规定这一应允应以书面合同或相当的文书的形式。法律作出此种规定的国家应以书面声明通知总干事，并由后者将这一声明立即通知本同盟所有其他成员国。

（d）"相反或特别的规定"指与上述应允有关的任何限制性条件。

3. 除非本国法律另有规定，本条第二款 b 项之规定不适用于为电影作品创作的剧本、台词和音乐作品的作者，也不适用于电影作品的主要导演。但本同盟成员国中其法律并未规定对电影导演适用本条第二款 b 项者，应以书面声明通知总干事，总干事应将此声明立即转达本同盟所有其他成员国。

第十四条之三

1. 对于艺术作品原作和作家与作曲家的手稿，作者或作者死后由国家法律所授权的人或机构享有不可剥夺的权利，在作者第一次转让作品之后对作品进行的任何出售中分享利益。

2. 只有在作者本国法律承认这种保护的情况下，才可在本同盟的成员国内要求上款所规定的保护，而且保护的程度应限于被要求给予保护的国家的法律所允许的程度。

3. 分享利益之方式和比例由各国法律确定。

第十五条

1. 受本公约保护的文学艺术作品的作者，只要其名字以通常方式出现在该作品上，在没有相反证据的情况下，即视为该作品的作者并有权在本同盟成员国中对侵犯其权利的人提起诉讼。即使作者采用的是假名，只要根据作者的假名可以毫无疑问地确定作者的身份，本款也同样适用。

2. 以通常方式在电影作品上署名的自然人或法人，除非有相反的证据，即推定为该作品的制片人。

3. 对于不具名作品和以上第一款所述情况以外的假名作品，如果出版者的名字出现在作品上，在没有相反证据的情况下，该出版者即视为作者的代表，并以此资格有权维护和行使作者的权利。当作者公开其身份并证实其为作者时，本款的规定即停止适用。

4.（a）对作者的身份不明但有充分理由推定该作者是本同盟某一成员国国民的未出版的作品，该国法律得指定主管当局代表该作者并有权维护和行使作者在本同盟成员国内之权利。

（b）根据本规定而指定主管当局的本同盟成员国应以书面声明将此事通知总干事，声明中写明被指定的当局全部有关情况。总干事应将此声明立即通知本同盟所有其他成员国。

第十六条

1. 对作品的侵权复制品，在作品受法律保护的本同盟成员国应予扣押。

相关法律法规（11）	2. 上款规定同样适用于来自对某作品不予保护或停止保护的国家的复制品。 3. 扣押应按各国法律实行。 **第十七条** 如果本同盟任何成员国的主管当局认为有必要对于任何作品或制品的发行、演出、展出，通过法律或条例行使许可、监督或禁止的权力，本公约的条款绝不应妨碍本同盟各成员国政府的这种权力。 **第十八条** 1. 本公约适用于所有在本公约开始生效时尚未因保护期满而在其起源国进入公有领域的作品。 2. 但是，如果作品因原来规定的保护期已满而在被要求给予保护的国家已进入公有领域，则该作品不再重新受保护。 3. 本原则应按照本同盟成员国之间现有的或将要缔结的有关特别公约所规定的条款实行。在没有这种条款的情况下，各国分别规定实行上述原则的条件。 4. 新加入本同盟时以及因实行第七条或放弃保留而扩大保护范围时，以上规定也同样适用。 **第十九条** 如果本同盟成员国的本国法律提供更广泛的保护，本公约条款不妨碍要求适用这种规定。 **第二十条** 本同盟各成员国政府保留在它们之间签订给予作者比本公约所规定的更多的权利，或者包括不违反本公约的其他条款的特别协议的权利。凡符合上述条件的现有协议的条款仍然适用。 **第三十八条** 1. 凡未批准或加入此公约文本以及不受斯德哥尔摩文本第二十二至二十六条约束的本同盟成员国，如果愿意，均可在 1975 年 4 月 26 日前，行使上述各条规定的权利，就像受它们约束的那样。任何愿意行使上述权利的国家均可为此日的向总干事交存一份书面通知，该通知自收到之日起生效。直到上述日期为止，这些国家应视为大会成员国。 2. 在本同盟成员国尚未全部成为产权组织成员国之前，产权组织国际局同时作为本同盟的局进行工作，总干事即该局局长。 3. 在本同盟所有成员国均成为产权组织成员国时，本同盟局的权利、义务和财产即归属产权组织国际局。
相关法律法规（12）	《世界知识产权组织版权条约（WCT）》（节录） （1996 年 12 月 20 日，世界知识产权组织在日内瓦召开关于版权和邻接权若干问题外交会议通过，2002 年 3 月 6 日，该条约正式生效，2006 年 12 月 29 日，第十届全国人大常委会第二十五次会议决定加入，2007 年 3 月 6 日，中国政府向世界知识产权组织正式递交加入书。同年 6 月 9 日对中国生效） **第 1 条　与《伯尔尼公约》的关系** （1）对于属《保护文学和艺术作品伯尔尼公约》所建联盟之成员国的缔约方而言，本条约系该公约第 20 条意义下的专门协定，本条约不得与除《伯尔尼公约》以外的条约有任何关联，亦不得损害依任何其他条约的任何权利和义务。 （2）本条约的任何内容均不得减损缔约方相互之间依照《保护文学和艺术作品伯尔尼公约》已承担的现有义务。 （3）"《伯尔尼公约》"以下系指《保护文学和艺术作品伯尔尼公约》1971 年 7 月 24 日的巴黎文本。

（4）缔约各方应遵守《伯尔尼公约》第1至第21条和附件的规定。①

（注①：关于第1条第（4）款的议定声明：《伯尔尼公约》第9条所规定的复制权及其允许的例外，完全适用于数字环境，尤其是以数字形式使用作品的情况。不言而喻，在电子媒体中以数字形式存储受保护的作品，构成《伯尔尼公约》第9条意义下的复制。）

第2条 版权保护的范围
版权保护延及表达，而不延及思想、过程、操作方法或数学概念本身。

第3条 对《伯尔尼公约》第2至6条的适用
缔约各方对于本条约所规定的保护应比照适应《伯尔尼公约》第2至6条的规定。②

（注②：关于第3条的议定声明：不言而喻，在适用本条约第3条时，《伯尔尼公约》第2至6条中的"本联盟成员国"，在把《伯尔尼公约》的这些条款适用于本条约所规定的保护中，将被视为如同系指本条约的缔约方。另外，不言而喻，《伯尔尼公约》这些条款中的"非本联盟成员国"，在同样的情况下，应被视为如同系指非本条约缔约方的国家，《伯尔尼公约》第2条第（8）款、第2条之二第（2）款、第3、4和5条中的"本公约"将被视为如同系指《伯尔尼公约》和本条约。最后，不言而喻，《伯尔尼公约第3至6条中所指的"本联盟成员国之一的国民"，在把这些条款适用于本条约时，对于系本条约缔约方的政府间组织，指系该组织成员的国家之一的国民。）

第4条 计算机程序
计算机程序作为《伯尔尼条约》第2条意义下的文学作品受到保护。此种保护适用于各计算机程序，而无论其表达方式或表达形式如何。①

（注①：关于第4条的议定声明：按第2条的解释，依本条约第4条规定的计算机程序保护的范围，与《伯尔尼公约》第2条的规定一致，并与TRIPS协定的有关规定相同。）

第5条 数据汇编（数据库）
数据或其他资料的汇编，无论采用任何形式，只要由于其内容的选择或编排构成智力创作，其本身即受到保护。这种保护不延及数据或资料本身，亦不损害汇编中的数据或资料已存在的任何版权。②

（注②：关于第5条的议定声明：按第2条的解释，本条约第5条规定的数据汇编（数据库）保护的范围，与《伯尔尼公约》第2条的规定一致，并与TRIPS协定的有关规定相同。）

第6条 发行权
（1）文学和艺术作品的作者应享有授权通过销售或其他所有权转让形式向公众提供其作品原件或复制品的专有权。
（2）对于在作品的原件或复制品经作者授权被首次销售或所有权转让之后适用本条（1）款中权利的用尽所依据的条件（如有此种条件），本条约的任何内容均不得影响缔约各方确定该条件的自由。③

（注③：关于第6条和7条的议定声明：该两条中的用语"复制品"和"原件和复制品"，受该两条中发行权和出租权的约束，专指可作为有形物品投放流通的固定的复制品。）

第7条 出租权
（1）（Ⅰ）计算机程序
（Ⅱ）电影作品；和
（Ⅲ）按缔约各方国内法的规定，以录音制品体现的作品的作者，应享有授权将其作品的原件或复制品向公众进行商业性出租的专有权。
（2）本条第（1）款不得适用于：
（Ⅰ）程序本身并非出租主要对象的计算机程序；和

（Ⅱ）电影作品，除非此种商业性出租已导致对此种作品的广泛复制，从而严重地损害了复制专有权。

（3）尽管有本条第（1）款的规定，任何缔约方如在1994年4月15日已有且现仍实行作者出租其以录音制品体现的作品的复制品获得合理报酬的制度，只要以录音制品体现的作品的商业性出租没有引起对作者复制专有权的严重损害，即可保留这一制度。④⑤

（注④：关于第6和7条的议定声明：该两条中的用语"复制品"和"原件和复制品"受该两条中发行权和出租权的约束，专指可作为有形物品投放流通的固定的复制品。

注⑤：关于第7条的议定声明：不言而喻，第7条第（1）款规定的义务不要求缔约方对依照该缔约方法律未授予其对录音制品权利的作者规定商业性出租的专有权。这一义务应被理解为与TRIPS协定第14条第（4）款相一致。）

第8条 向公众传播的权利

在不损害《伯尔尼公约》第11条第（1）款第（Ⅱ）目、第11条之二第（1）款第（Ⅰ）和（Ⅱ）目、第11条之三第（1）款第（Ⅱ）目、第14条（1）款第（Ⅱ）目和第14条之二第（1）款的规定的情况下，文学和艺术作品的作者应享有专有权，以授权将其作品以有线或无线方向向公众传播，包括将其作品向公众提供，使公众中的成员在其个人选定的地点和时间可获得这些作品。①

（注①：关于第8条议定声明：不言而喻，仅仅为促成或进行传播提供实物设施不致构成本条约或《伯尔尼公约》意义下的传播。并且，第8条中的任何内容均不得理解为阻止缔约方适用第11条之二第（2）款。）

第9条 摄影作品的保护期限

对于摄影作品，缔约各方不得适用《伯尔尼公约》第7条第（4）款的规定。

第10条 限制与例外

（1）缔约各方在某些不与作品的正常利用相抵触、也不无理地损害作者合法权益的情况下，可在其国内立法中对依本条约授予文学和艺术作品作者的权利规定限制或例外。

（2）缔约各方在适用《伯尔尼公约》时，应将对该公约所规定权利的任何限制或例外限于某些不与作品的正常利用相抵触、也不无理地损害作者合法利益的特殊情况。②

（注②：关于第10条的议定声明：不言而喻，第10条的规定允许缔约各方将其国内法中依《伯尔尼公约》被认为可接受的限制与例外继续适用并适当地延伸到数字环境中。同样，这些规定应被理解为允许缔约方制定对数字网络环境适宜的新的例外与限制。

另外，不言而喻，第10条第（2）款既不缩小也不扩大由《伯尔尼公约》所允许的限制与例外的可适用性范围。）

第11条 关于技术措施的义务

缔约各方应规定适当的法律保护和有效的法律补救办法，制止规避由作者为行使本条约《伯尔尼公约》所规定的权利而使用的、对就其作品进行未经该有关作者许可或未由法律准许的行为加以约束的有效技术措施。

第12条 关于权利管理信息的义务

（1）缔约各方应规定适当和有效的法律补救办法，制止任何人明知、或就民事补救而言有合理根据知道其行为会诱使、促成、便利或包庇对本条约或《伯尔尼公约》所涵盖的任何权利的侵犯而故意从事以下行为：

（Ⅰ）未经许可去除或改变任何权利管理的电子信息；

（Ⅱ）未经许可发行、为发行目的进口、广播、或向公众传播明知已被未经许可去除或改变权利管理电子信息的作品或作品的复制品。

（2）本条中的用语"权利管理信息"系指识别作品、作品的作者、对作品拥有任何权利的所有人的信息，或有关作品使用的条款和条件的信息，和代表此种信息的任何数字

相关执法参考	相关法律法规（12）	或代码，各该项信息均附于作品的每件复制品上或在作品向公众进行传播时出现。③ （注③关于第 12 条的议定声明：不言而喻，"对本约或《伯尔尼公约》所涵盖的任何权利的侵犯"的提法既包括专有权，也包括获得报酬的权利。 此外，不言而喻，缔约各方不会依赖本条来制定或实施要求履行为《伯尔尼公约》或本条约所不允许的手续的权利管理制度，从而阻止商品的自由流通或妨碍享有依本条约规定的权利。）
	相关法律法规（13）	《世界知识产权组织表演和录音制品条约（WPPT）》（节录） （1996 年 12 月 20 日由关于版权和邻接权若干问题外交会议在日内瓦通过，2002 年 5 月 20 日，该条约生效，2006 年 12 月 29 日，第十届全国人大常委会第二十五次会议决定加入，2007 年 3 月 6 日，中国政府向世界知识产权组织正式递交加入书，同年 6 月 9 日对中国生效） 第一章　总　则 第 1 条　与其他公约的关系 （1）本条约的任何内容均不得减损缔约方相互之间依照于 1961 年 10 月 26 日在罗马签订的《保护表演者、录音制品制作者和广播组织国际公约》（以下简称"《罗马公约》"）已承担的现有义务。 （2）依本条约授予的保护不得触动或以任何方式影响对文学和艺术作品版权的保护。因此，本条约的任何内容均不得被解释为损害此种保护。(1) 注 (1)：关于第（2）款的议定声明：不言而喻，第 1 条第（2）款澄清本条约规定的对录音制品的权利与以录音制品体现的作品的版权之间的关系。在需要以录音制品体现的作品的作者与对录音制品持有权利的表演者或制作者许可的情况下，获得作者许可的需要并非因同时还需获得表演者或制作者的许可而不复存在，反之亦然。 此外，不言而喻，第 1 条第（2）款的任何内容均不阻止缔约方对表演者或录音制品制作者规定的专有权超出依照本条约需要规定的专有权。 （3）本条约不得与任何其他条约有任何关联，亦不得损害依任何其他条约的任何权利和义务。 第 2 条　定义 在本条约中： （a）"表演者"指演员、歌唱家、音乐家、舞蹈家以及表演、歌唱、演说、朗诵、演奏、表现，或以其他方式表演文学或艺术作品或民间文学艺术作品的其他人员； （b）"录音制品"系指除以电影作品或其他音像作品所含的录制形式之外，对表演的声音、或其他声音、或声音表现物所进行的录制；(2) 注 (2)：关于第 2 条（b）项的议定声明：不言而喻，第 2 条（b）项规定的录音制品的定义并不表明对录音制品的权利因将录音制品包含在电影作品或其他音像作品中而受到任何影响。 （c）"录制"系指对声音或声音表现物的体现，从中通过某种装置可感觉、复制或传播该声音； （d）"录音制品制作者"系指对首次将表演的声音、或其他声音、或声音表现物录制下来提出动议并负有责任的自然人或法人； （e）"发行"录制的表演或录音制品系指经权利持有人同意并在以合理的数量向公众提供复制品的条件下，将录制的表演或录音制品的复制品提供给公众；(3) 注 (3)：关于第 2 条（e）项、第 8、9、12 和 13 条的议定声明：这些条款中的用语"复制品"和"原件和复制品"，受各该条中发行权和出租权的约束，专指可作为有形物品投放流通的固定的复制品。 （f）"广播"系指以无线方式的播送，使公众能接收声音、或图像和声音、或图像和

声音表现物；通过卫星进行的此种播送亦为"广播"；播送密码信号，如果广播组织或经其同意向公众提供了解码的手段，则是"广播"；

（g）"向公众传播"表演或录音制品系指通过除广播以外的任何媒体向公众播送表演的声音或以录音制品录制的声音或声音表现物。在第15条中，"向公众传播"包括使公众能听到以录音制品录制的声音或声音表现物。

第3条 依本条约受保护的受益人

（1）缔约各方应将依本条约规定的保护给予系其他缔约方国民的表演者和录音制品制作者。

（2）其他缔约方的国民应理解为符合《罗马公约》规定的标准、有资格受到保护的表演者或录音制品制作者，如同本条约的全体缔约方均假设为该公约缔约国的情形。对于这些资格标准，缔约各方应适用于本条约第2条中的有关定义。(4)

注（4）：关于第3条第（2）款的议定声明：为了适用第3条第（2）款，不言而喻，录制系指制作完成原始带（"母带"）。

（3）任何利用《罗马公约》第5条第（3）款所规定的可能性、或为该公约第5条的目的利用《罗马公约》第17条所规定的可能性的缔约方，应向世界知识产权组织（WIPO）总干事作出那些条款所预先规定的通知。(5)

注（5）：关于第3条的议定声明：不言而喻，《罗马公约》第5条（a）项和第16条（a）项第（Ⅳ）目中所指的"另一缔约国的国民"，在适用于本条约时，对于系本条约缔约方的政府间组织，指系该组织成员的国家之一的国民。

第4条 国民待遇

（1）在本条约所专门授予的专有权以及本条约第15条所规定的获得合理报酬的权利方面，每个缔约方均应将其给予本国国民的待遇给予第3条第（2）款所定义的其他缔约方的国民。

（2）本条第（1）款规定的义务不适用于另一缔约方使用了本条约第15条第（3）款允许的保留的情况。

第二章 表演者的权利

第5条 表演者的精神权利

（1）不依赖于表演者的经济权利，甚至在这些权利转让之后，表演者仍应对于其现场有声表演或以录音制品录制的表演有权要求承认其系表演的表演者，除非使用表演的方式决定可省略不提其系表演者；并有权反对任何对其表演进行将有损其名声的歪曲、篡改或其他修改。

（2）根据本条第（1）款授予表演者的权利在其死后应继续保留，至少到其经济权利期满为止，并应可由被要求提供保护的缔约方立法所授权的个人或机构行使。但批准或加入本条约时其立法尚未规定在表演者死后保护上款所述之全部权利的缔约方，可规定其中部分权利在表演者死后不再保留。

（3）为保障本条所授予的权利而采取的补救办法应由被要求提供保护的缔约方立法规定。

第6条 表演者对其尚未录制的表演的经济权利

表演者应享有专有权，对于其表演授权：

（Ⅰ）广播和向公众传播其尚未录制的表演，除非该表演本身已属广播表演；和

（Ⅱ）录制其尚未录制的表演。

第7条 复制权

表演者应享有授权以任何方式或形式对其以录音制品录制的表演直接或间接地进行复制的专有权。(6)

注（6）：关于第7、11和16条的议定声明：第7条和第11条所规定的复制权及其中

通过第 16 条允许的例外，完全适用于数字环境，尤其是以数字形式使用表演和录音制品的情况。不言而喻，在电子媒体中以数字形式存储受保护的表演或录音制品，构成这些条款意义下的复制。

第 8 条　发行权

（1）表演者应享有授权通过销售或其他所有权转让形式各公众提供其以录音制品录制的表演的原件或复制品的专有权。

（2）对于在已录制的表演的原件或复制品经表演者授权被首次销售或其他所有权转让之后适用本条（1）款中权利的用尽所依据的条件（如有此种条件），本条约的任何内容均不得影响缔约各方确定该条件的自由。(7)

注（7）：关于第 2 条（e），第 8、9、12 和 13 条的议定声明：这些条款中的用语"复制品"和"原件和复制品"，受各该条中发行权和出租权的约束，专指可作为有形物品投放流通的固定的复制品。

第 9 条　出租权

（1）表演者应按缔约各方国内法中的规定享有授权将其以录音制品录制的表演的原件和复制品向公众进行商业性出租的专有权，即使该原件或复制品已由表演者发行或根据表演者的授权发行。

（2）尽管有本条第（1）款的规定，任何缔约方如在 1994 年 4 月 15 日已有且现仍实行表演者出租其以录音制品录制的表演的复制品获得合理报酬的制度，只要录音制品的商业性出租没有引起对表演者复制专有权的严重损害，即可保留这一制度。(8)

注（8）：关于第 2 条（e）项，第 8、9、12 和 13 条的议定声明：这些条款中的用语"复制品"和"原件和复制品"，受各该条中发行权和出租权的约束，专指可作为有形物品投放流通的固定的复制品。

第 10 条　提供已录制表演的权利

表演者应享有专有权，以授权通过有线或无线的方式向公众提供其以录音制品录制的表演，使该表演可为公众中的成员在其个人选定的地点和时间获得。

第三章　录音制品制作者的权利

第 11 条　复制权

录音制品制作者应享有授权以任何方式或形式对其录音制品直接或间接地进行复制的专有权。(9)

注（9）：关于第 7、11 和 16 条的议定声明：第 7 条和第 11 条所规定的复制权及其中通过第 16 条允许的例外，完全适用于数字环境，尤其是以数字形式使用表演和录音制品的情况。不言而喻，在电子媒体中以数字形式存储受保护的表演或录音制品，构成这些条款意义下的复制。

第 12 条　发行权

（1）录音制品制作者应享有授权通过销售或其他所有权转让形式向公众提供其录音制品的原件或复制品的专有权。

（2）对于在录音制品的原件或复制品经录音制品制作者授权被首次销售或其他所有权转让之后适用本条第（1）款中权利的用尽所依据的条件（如有此种条件），本条约任何内容均不得影响缔约各方确定该条件的自由。(10)

注（10）：关于第 2 条（e）项，第 8、9、12 和 13 条的议定声明：这些条款中的用语"复制品"和"原件和复制品"，受各该条中发行权和出租权的约束，专指可作为有形物品投放流通的固定的复制品。

第 13 条　出租权

（1）录音制品制作者应享有授权对其录音制品的原件和复制品向公众进行商业性出租的专有权，即使该原件或复制品已由录音制品制作者发行或根据录音制品制作者的授权发行。

(2) 尽管有本条第(1)款的规定,任何缔约方如在 1994 年 4 月 15 日已有且现仍实行录音制品制作者出租其录音制品的复制品获得合理报酬的制度,只要录音制品的商业性出租没有引起对录音制品制作者复制专有权的严重损害,即可保留这一制度。(11)

注(11):关于第 2 条(e)项、第 8、9、12 和 13 条的议定声明:这些条款中的用语"复制品"和"原件和复制品",受各该条中发行权和出租权的约束,专指可作为有形物品投放流通的固定的复制品。

第 14 条　提供录音制品的权利

录音制品制作者应享有专有权,以授权通过有线或无线的方式向公众提供其录音制品,使该录音制品可为公众中的成员在其个人选定的地点和时间获得。

第四章　共同条款

第 15 条　因广播和向公众传播获得报酬的权利

(1) 对于将为商业目的发行的录音制品直接或间接地用于广播或用于对公众的任何传播,表演者和录音制品制作者应享有获得一次性合理报酬的权利。

(2) 缔约各方可在其国内立法中规定,该一次性合理报酬应由表演者、或由录音制品制作者或由二者向用户索取。缔约各方可制定国内立法,对表演者和录音制品制作者之间如未达成协议,表演者和录音制品制作者应如何分配该一次性合理报酬所依据的条件作出规定。

(3) 任何缔约方均可在向世界知识产权组织总干事交存的通知书中,声明其将仅对某些使用适用本条第(1)款的规定,或声明其将以某种其他方式对其适用加以限制,或声明其将根本不适用这些规定。

(4) 在本条中,以有线或无线的方式向公众提供的、可为公众中的成员在其个人选定的地点和时间获得的录音制品应被认为仿佛其原本即为商业目的而发行。(12)(13)

注(12):关于第 15 条的议定声明:不言而喻,第 15 条并非表示完全解决表演者和录音制品制作者在数字时代应享有的广播和向公众传播的权利的水平。各代表团未能就关于需在若干情况下规定专有权的几个方面或关于需在没有保留可能情况下规定权利的不同提案达成协商一致,因此将此议题留待以后解决。

注(13):关于第 15 条的议定声明:不言而喻,第 15 条不妨碍将本条授予的权利提供给民间文学艺术作品的表演者和录制民间文学艺术作品录音制品的制作者,只要这些录音制品未被以获得商业利润为目的而发行。

第 16 条　限制与例外

(1) 缔约各方在其国内立法中,可在对表演者和录音制品制作者的保护方面规定与其国内立法中对文学和艺术作品的版权保护所规定的相同种类的限制或例外。

(2) 缔约各方应将对本条约所规定权利的任何限制或例外限于某些不与录音制品的正常利用相抵触、也不无理地损害表演者或录音制品制作者合法利益的特殊情况。(14)(15)

注(14):关于第 7、11 和 16 条的议定声明:第 7 条和第 11 条所规定的复制权及其中通过第 16 条允许的例外,完全适用于数字环境,尤其是以数字形式使用表演和录音制品的情况。不言而喻,在电子媒体中以数字形式存储受保护的表演或录音制品,构成这些条款意义下的复制。

注(15):关于第 16 条的议定声明:关于《世界知识产权组织版权条约》第 10 条(涉及限制与例外)的议定声明,亦可比照适用于《世界知识产权组织表演和录音制品条约》的第 16 条(涉及限制与例外)。〔关于 WCT 第 10 条的议定声明原文如下:"不言而喻,第 10 条的规定允许缔约各方将其国内法中依《伯尔尼公约》被认为可接受的限制与例外继续适用并适当地延伸到数字环境中。同样,这些规定应被理解为允许缔约方制定对

数字网络环境适宜的新的例外与限制。

"另外，不言而喻，第10条第（2）款既不缩小也不扩大由《伯尔尼公约》所允许的限制与例外的可适用性范围。"〕

第17条 保护期

（1）依本条约授予表演者的保护期，应自表演以录音制品录制之年年终算起，至少持续到50年期满为止。

（2）依本条约授予录音制品制作者的保护期，应自该录音制品发行之年年终算起，至少持续到50年期满为止；或如果录音制品自录制完成起50年内未被发行，则保护期应自录制完成之年年终起至少持续50年。

第18条 关于技术措施的义务

缔约各方应规定适当的法律保护和有效的法律补救办法，制止规避由表演者或录音制品制作者为行使本条约所规定的权利而使用的、对就其表演或录音制品进行未经该有关表演者或录音制品制作者许可、或未由法律准许的行为加以约束的有效技术措施。

第19条 关于权利管理信息的义务

（1）缔约各方应规定适当和有效的法律补救办法，制止任何人明知、或就民事补救而言有合理根据知道其行为会诱使、促成、便利或包庇对本条约所涵盖的任何权利的侵犯而故意从事以下行为：

（Ⅰ）未经许可去除或改变任何权利管理的电子信息；

（Ⅱ）未经许可发行、为发行目的进口、广播、向公众传播或提供明知已被未经许可去除或改变权利管理电子信息的表演、录制的表演或录音制品的复制品。

（2）本条中的用语"权利管理信息"系指识别表演者、表演者的表演、录音制品制作者、录音制品、对表演或录音制品拥有任何权利的所有人的信息，或有关使用表演或录音制品的条款和条件的信息，和代表此种信息的任何数字或代码，各该项信息均附于录制的表演或录音制品的每件复制品上或在录制的表演或录音制品向公众提供时出现。（16）

注（16）：关于第19条的议定声明：关于《世界知识产权组织版权条约》第12条（涉及关于权利管理信息的义务）的议定声明，亦可比照适用于《世界知识产权组织表演和录音制品条约》的第19条（涉及关于权利管理信息的义务。〔关于WCT第12条的议定声明原文如下："不言而喻，'对本条约或《伯尔尼公约》所涵盖的任何权利的侵犯'的提法既包括专有权，也包括获得报酬的权利。"

"此外，不言而喻，缔约各方不会依赖本条来制定或实施要求履行为《伯尔尼公约》或本条约所不允许的手续的权利管理制度，从而阻止商品的自由流通或妨碍享有依本条约规定的权利。"〕

第20条 手续

享有和行使本条约所规定的权利无须履行任何手续。

第21条 保留

除第15条第（3）款的规定外，不允许对本条约有任何保留。

第22条 适用的时限

（1）缔约各方应将《伯尔尼公约》第18条的规定比照适用于本条约所规定的表演者和录音制品制作者的权利。

（2）尽管有本条第（1）款的规定，缔约方可将对本条约第5条的适用限制于在本条约对该缔约方生效之后进行的表演。

第23条 关于权利行使的条款

（1）缔约各方承诺根据其法律制度采取必要的措施，以确保本条约的适用。

（2）缔约各方应确保依照其法律可以提供执法程序，以便能采取制止对本条约所涵盖权利的任何侵权行为的有效行动，包括防止侵权的快速补救和为遏制进一步侵权的补救。

| 相关执法参考 | 相关法律法规（14） | 《实施国际著作权条约的规定》
（1992年9月25日中华人民共和国国务院令第105号发布，根据2020年11月29日《国务院关于修改和废止部分行政法规的决定》修订）
第一条 为实施国际著作权条约，保护外国作品著作权人的合法权益，制定本规定。
第二条 对外国作品的保护，适用《中华人民共和国著作权法》（以下称著作权法）、《中华人民共和国著作权法实施条例》、《计算机软件保护条例》和本规定。
第三条 本规定所称国际著作权条约，是指中华人民共和国（以下称中国）参加的《伯尔尼保护文学和艺术作品公约》（以下称伯尔尼公约）和与外国签订的有关著作权的双边协定。
第四条 本规定所称外国作品，包括：
（一）作者或者作者之一，其他著作权人或者著作权人之一是国际著作权条约成员国的国民或者在该条约的成员国有经常居所的居民的作品；
（二）作者不是国际著作权条约成员国的国民或者在该条约的成员国有经常居所的居民，但是在该条约的成员国首次或者同时发表的作品；
（三）外商投资企业按照合同约定是著作权人或者著作权人之一，其委托他人创作的作品。
第五条 对未发表的外国作品的保护期，适用著作权法第二十条、第二十一条的规定。
第六条 对外国实用艺术作品的保护期，为自该作品完成起二十五年。
美术作品（包括动画形象设计）用于工业制品的，不适用前款规定。
第七条 外国计算机程序作为文学作品保护，可以不履行登记手续，保护期为自该程序首次发表之年年底起五十年。
第八条 外国作品是由不受保护的材料编辑而成，但是在材料的选取或者编排上有独创性的，依照著作权法第十四条的规定予以保护。此种保护不排斥他人利用同样的材料进行编辑。
第九条 外国录像制品根据国际著作权条约构成电影作品的，作为电影作品保护。
第十条 将外国人已经发表的以汉族文字创作的作品，翻译成少数民族文字出版发行的，应当事先取得著作权人的授权。
第十一条 外国作品著作权人，可以授权他人以任何方式、手段公开表演其作品或者公开传播对其作品的表演。
第十二条 外国电影、电视和录像作品的著作权人可以授权他人公开表演其作品。
第十三条 报刊转载外国作品，应当事先取得著作权人的授权；但是，转载有关政治、经济等社会问题的时事文章除外。
第十四条 外国作品的著作权人在授权他人发行其作品的复制品后，可以授权或者禁止出租其作品的复制品。
第十五条 外国作品的著作权人有权禁止进口其作品的下列复制品：
（一）侵权复制品；
（二）来自对其作品不予保护的国家的复制品。
第十六条 表演、录音或者广播外国作品，适用伯尔尼公约的规定；有集体管理组织的，应当事先取得该组织的授权。
第十七条 国际著作权条约在中国生效之日尚未在起源国进入公有领域的外国作品，按照著作权法和本规定规定的保护期受保护，到期满为止。
前款规定不适用于国际著作权条约在中国生效之日发生的对外国作品的使用。
中国公民或者法人在国际著作权条约在中国生效之日前为特定目的而拥有和使用外国作品的特定复制本的，可以继续使用该作品的复制本而不承担责任；但是，该复制本不得 |

相关执法参考	相关法律法规（14）	以任何不合理地损害该作品著作权人合法权益的方式复制和使用。 前三款规定依照中国同有关国家签订的有关著作权的双边协定的规定实施。 第十八条　本规定第五条、第十二条、第十四条、第十五条、第十七条适用于录音制品。 第十九条　本规定施行前，有关著作权的行政法规与本规定有不同规定的，适用本规定。本规定与国际著作权条约有不同规定的，适用国际著作权条约。 第二十条　国家版权局负责国际著作权条约在中国的实施。 第二十一条　本规定由国家版权局负责解释。 第二十二条　本规定自一九九二年九月三十日起施行。
	相关法律法规（15）	《著作权集体管理条例》（节录） （2004年12月28日中华人民共和国国务院令第429号发布，根据2011年01月08日《国务院关于废止和修改部分行政法规的决定》第一次修订，根据2013年12月07日《国务院关于修改部分行政法规的决定》第二次修订） 第二条　本条例所称著作权集体管理，是指著作权集体管理组织经权利人授权，集中行使权利人的有关权利并以自己的名义进行的下列活动： （一）与使用者订立著作权或者与著作权有关的权利许可使用合同（以下简称许可使用合同）； （二）向使用者收取使用费； （三）向权利人转付使用费； （四）进行涉及著作权或者与著作权有关的权利的诉讼、仲裁等。 第三条　本条例所称著作权集体管理组织，是指为权利人的利益依法设立，根据权利人授权、对权利人的著作权或者与著作权有关的权利进行集体管理的社会团体。 著作权集体管理组织应当依照有关社会团体登记管理的行政法规和本条例的规定进行登记并开展活动。 第四条　著作权法规定的表演权、放映权、广播权、出租权、信息网络传播权、复制权等权利人自己难以有效行使的权利，可以由著作权集体管理组织进行集体管理。 第五条　国务院著作权管理部门主管全国的著作权集体管理工作。 第六条　除依照本条例规定设立的著作权集体管理组织外，任何组织和个人不得从事著作权集体管理活动。 第十九条　权利人可以与著作权集体管理组织以书面形式订立著作权集体管理合同，授权该组织对其依法享有的著作权或者与著作权有关的权利进行管理。权利人符合章程规定加入条件的，著作权集体管理组织应当与其订立著作权集体管理合同，不得拒绝。 权利人与著作权集体管理组织订立著作权集体管理合同并按照章程规定履行相应手续后，即成为该著作权集体管理组织的会员。 第二十条　权利人与著作权集体管理组织订立著作权集体管理合同后，不得在合同约定期限内自己行使或者许可他人行使合同约定的由著作权集体管理组织行使的权利。 第二十一条　权利人可以依照章程规定的程序，退出著作权集体管理组织，终止著作权集体管理合同。但是，著作权集体管理组织已经与他人订立许可使用合同的，该合同在期限届满前继续有效；该合同有效期内，权利人有权获得相应的使用费并可以查阅有关业务材料。 第二十二条　外国人、无国籍人可以通过与中国的著作权集体管理组织订立相互代表协议的境外同类组织，授权中国的著作权集体管理组织管理其依法在中国境内享有的著作权或者与著作权有关的权利。 前款所称相互代表协议，是指中国的著作权集体管理组织与境外的同类组织相互授权对方在其所在国家或者地区进行集体管理活动的协议。

著作权集体管理组织与境外同类组织订立的相互代表协议应当报国务院著作权管理部门备案，由国务院著作权管理部门予以公告。

第二十三条 著作权集体管理组织许可他人使用其管理的作品、录音录像制品等，应当与使用者以书面形式订立许可使用合同。

著作权集体管理组织不得与使用者订立专有许可使用合同。

使用者以合理的条件要求与著作权集体管理组织订立许可使用合同，著作权集体管理组织不得拒绝。

许可使用合同的期限不得超过 2 年；合同期限届满可以续订。

第二十四条 著作权集体管理组织应当建立权利信息查询系统，供权利人和使用者查询。权利信息查询系统应当包括著作权集体管理组织管理的权利种类和作品、录音录像制品等的名称、权利人姓名或者名称、授权管理的期限。

权利人和使用者对著作权集体管理组织管理的权利的信息进行咨询时，该组织应当予以答复。

第二十五条 除著作权法第二十三条、第三十三条第二款、第四十条第三款、第四十三条第二款和第四十四条规定应当支付的使用费外，著作权集体管理组织应当根据国务院著作权管理部门公告的使用费收取标准，与使用者约定收取使用费的具体数额。

第二十六条 两个或者两个以上著作权集体管理组织就同一使用方式向同一使用者收取使用费，可以事先协商确定由其中一个著作权集体管理组织统一收取。统一收取的使用费在有关著作权集体管理组织之间经协商分配。

第二十七条 使用者向著作权集体管理组织支付使用费时，应当提供其使用的作品、录音录像制品等的名称、权利人姓名或者名称和使用的方式、数量、时间等有关使用情况；许可使用合同另有约定的除外。

使用者提供的有关使用情况涉及该使用者商业秘密的，著作权集体管理组织负有保密义务。

第二十八条 著作权集体管理组织可以从收取的使用费中提取一定比例作为管理费，用于维持其正常的业务活动。

著作权集体管理组织提取管理费的比例应当随着使用费收入的增加而逐步降低。

第二十九条 著作权集体管理组织收取的使用费，在提取管理费后，应当全部转付给权利人，不得挪作他用。

著作权集体管理组织转付使用费，应当编制使用费转付记录。使用费转付记录应当载明使用费总额、管理费数额、权利人姓名或者名称、作品或者录音录像制品等的名称、有关使用情况、向各权利人转付使用费的具体数额等事项，并应当保存 10 年以上。

第四十二条 著作权集体管理组织从事营利性经营活动的，由工商行政管理部门依法予以取缔，没收违法所得；构成犯罪的，依法追究刑事责任。

第四十三条 违反本条例第二十七条的规定，使用者能够提供有关使用情况而拒绝提供，或者在提供有关使用情况时弄虚作假的，由国务院著作权管理部门责令改正；著作权集体管理组织可以中止许可使用合同。

第四十四条 擅自设立著作权集体管理组织或者分支机构，或者擅自从事著作权集体管理活动的，由国务院著作权管理部门或者民政部门依照职责分工予以取缔，没收违法所得；构成犯罪的，依法追究刑事责任。

第四十五条 依照本条例规定从事著作权集体管理组织审批和监督工作的国家行政机关工作人员玩忽职守、滥用职权、徇私舞弊，构成犯罪的，依法追究刑事责任；尚不构成犯罪的，依法给予行政处分。

| 相关执法参考 | 相关法律法规（16） | 《出版管理条例》（节录）
（2001年12月25日中华人民共和国国务院令第343号公布，根据2011年3月19日《国务院关于修改〈出版管理条例〉的决定》第一次修订，根据2013年7月18日《国务院关于废止和修改部分行政法规的决定》第二次修订，根据2014年7月29日《国务院关于修改部分行政法规的决定》第三次修订，根据2016年2月6日《国务院关于修改部分行政法规的决定》第四次修订，根据2020年11月29日《国务院关于修改和废止部分行政法规的决定》第五次修订）

第二条　在中华人民共和国境内从事出版活动，适用本条例。

本条例所称出版活动，包括出版物的出版、印刷或者复制、进口、发行。

本条例所称出版物，是指报纸、期刊、图书、音像制品、电子出版物等。

第二十三条　公民可以依照本条例规定，在出版物上自由表达自己对国家事务、经济和文化事业、社会事务的见解和意愿，自由发表自己从事科学研究、文学艺术创作和其他文化活动的成果。

合法出版物受法律保护，任何组织和个人不得非法干扰、阻止、破坏出版物的出版。

第二十四条　出版单位实行编辑责任制度，保障出版物刊载的内容符合本条例的规定。

第二十五条　任何出版物不得含有下列内容：
（一）反对宪法确定的基本原则的；
（二）危害国家统一、主权和领土完整的；
（三）泄露国家秘密、危害国家安全或者损害国家荣誉和利益的；
（四）煽动民族仇恨、民族歧视，破坏民族团结，或者侵害民族风俗、习惯的；
（五）宣扬邪教、迷信的；
（六）扰乱社会秩序，破坏社会稳定的；
（七）宣扬淫秽、赌博、暴力或者教唆犯罪的；
（八）侮辱或者诽谤他人，侵害他人合法权益的；
（九）危害社会公德或者民族优秀文化传统的；
（十）有法律、行政法规和国家规定禁止的其他内容的。

第二十六条　以未成年人为对象的出版物不得含有诱发未成年人模仿违反社会公德的行为和违法犯罪的行为的内容，不得含有恐怖、残酷等妨害未成年人身心健康的内容。

第二十七条　出版物的内容不真实或者不公正，致使公民、法人或者其他组织的合法权益受到侵害的，其出版单位应当公开更正，消除影响，并依法承担其他民事责任。

报纸、期刊发表的作品内容不真实或者不公正，致使公民、法人或者其他组织的合法权益受到侵害的，当事人有权要求有关出版单位更正或者答辩，有关出版单位应当在其近期出版的报纸、期刊上予以发表；拒绝发表的，当事人可以向人民法院提起诉讼。

第二十八条　出版物必须按照国家的有关规定载明作者、出版者、印刷者或者复制者、发行者的名称、地址，书号、刊号或者版号，在版编目数据，出版日期、刊期以及其他有关事项。

出版物的规格、开本、版式、装帧、校对等必须符合国家标准和规范要求，保证出版物的质量。

出版物使用语言文字必须符合国家法律规定和有关标准、规范。

第二十九条　任何单位和个人不得伪造、假冒出版单位名称或者报纸、期刊名称出版出版物。

第三十条　中学小学教科书由国务院教育行政主管部门审定；其出版、发行单位应当具有适应教科书出版、发行业务需要的资金、组织机构和人员等条件，并取得国务院出版行政主管部门批准的教科书出版、发行资质。纳入政府采购范围的中学小学教科书，其发 |

行单位按照《中华人民共和国政府采购法》的有关规定确定。其他任何单位或者个人不得从事中学小学教科书的出版、发行业务。

　　第三十一条　从事出版物印刷或者复制业务的单位，应当向所在地省、自治区、直辖市人民政府出版行政主管部门提出申请，经审核许可，并依照国家有关规定到工商行政管理部门办理相关手续后，方可从事出版物的印刷或者复制。

　　未经许可并办理相关手续的，不得印刷报纸、期刊、图书，不得复制音像制品、电子出版物。

　　第三十二条　出版单位不得委托未取得出版物印刷或者复制许可的单位印刷或者复制出版物。

　　出版单位委托印刷或者复制单位印刷或者复制出版物的，必须提供符合国家规定的印刷或者复制出版物的有关证明，并依法与印刷或者复制单位签订合同。

　　印刷或者复制单位不得接受非出版单位和个人的委托印刷报纸、期刊、图书或者复制音像制品、电子出版物，不得擅自印刷、发行报纸、期刊、图书或者复制、发行音像制品、电子出版物。

　　第三十三条　印刷或者复制单位经所在地省、自治区、直辖市人民政府出版行政主管部门批准，可以承接境外出版物的印刷或者复制业务；但是，印刷或者复制的境外出版物必须全部运输出境，不得在境内发行。

　　境外委托印刷或者复制的出版物的内容，应当经省、自治区、直辖市人民政府出版行政主管部门审核。委托人应当持有著作权人授权书，并向著作权行政管理部门登记。

　　第三十四条　印刷或者复制单位应当自完成出版物的印刷或者复制之日起2年内，留存一份承接的出版物样本备查。

　　第三十五条　单位从事出版物批发业务的，须经省、自治区、直辖市人民政府出版行政主管部门审核许可，取得《出版物经营许可证》。

　　单位和个体工商户从事出版物零售业务的，须经县级人民政府出版行政主管部门审核许可，取得《出版物经营许可证》。

　　第三十六条　通过互联网等信息网络从事出版物发行业务的单位或者个体工商户，应当依照本条例规定取得《出版物经营许可证》。

　　提供网络交易平台服务的经营者应当对申请通过网络交易平台从事出版物发行业务的单位或者个体工商户的经营主体身份进行审查，验证其《出版物经营许可证》。

　　第三十七条　从事出版物发行业务的单位和个体工商户变更《出版物经营许可证》登记事项，或者兼并、合并、分立的，应当依照本条例第三十五条的规定办理审批手续。

　　从事出版物发行业务的单位和个体工商户终止经营活动的，应当向原批准的出版行政主管部门备案。

　　第三十八条　出版单位可以发行本出版单位出版的出版物，不得发行其他出版单位出版的出版物。

　　第三十九条　国家允许设立从事图书、报纸、期刊、电子出版物发行业务的外商投资企业。

　　第四十条　印刷或者复制单位、发行单位或者个体工商户不得印刷或者复制、发行有下列情形之一的出版物：

　　（一）含有本条例第二十五条、第二十六条禁止内容的；
　　（二）非法进口的；
　　（三）伪造、假冒出版单位名称或者报纸、期刊名称的；
　　（四）未署出版单位名称的；
　　（五）中学小学教科书未经依法审定的；
　　（六）侵犯他人著作权的。

相关执法参考 | 相关法律法规(16)

第四十一条　出版物进口业务，由依照本条例设立的出版物进口经营单位经营；其他单位和个人不得从事出版物进口业务。

第四十二条　设立出版物进口经营单位，应当具备下列条件：

（一）有出版物进口经营单位的名称、章程；
（二）有符合国务院出版行政主管部门认定的主办单位及其主管机关；
（三）有确定的业务范围；
（四）具有进口出版物内容审查能力；
（五）有与出版物进口业务相适应的资金；
（六）有固定的经营场所；
（七）法律、行政法规和国家规定的其他条件。

第四十三条　设立出版物进口经营单位，应当向国务院出版行政主管部门提出申请，经审查批准，取得国务院出版行政主管部门核发的出版物进口经营许可证后，持证到工商行政管理部门依法领取营业执照。

设立出版物进口经营单位，还应当依照对外贸易法律、行政法规的规定办理相应手续。

第四十四条　出版物进口经营单位变更名称、业务范围、资本结构、主办单位或者其主管机关，合并或者分立，设立分支机构，应当依照本条例第四十二条、第四十三条的规定办理审批手续，并持批准文件到工商行政管理部门办理相应的登记手续。

第四十五条　出版物进口经营单位进口的出版物，不得含有本条例第二十五条、第二十六条禁止的内容。

出版物进口经营单位负责对其进口的出版物进行内容审查。省级以上人民政府出版行政主管部门可以对出版物进口经营单位进口的出版物直接进行内容审查。出版物进口经营单位无法判断其进口的出版物是否含有本条例第二十五条、第二十六条禁止内容的，可以请求省级以上人民政府出版行政主管部门进行内容审查。省级以上人民政府出版行政主管部门应出版物进口经营单位的请求，对其进口的出版物进行内容审查的，可以按照国务院价格主管部门批准的标准收取费用。

国务院出版行政主管部门可以禁止特定出版物的进口。

第四十六条　出版物进口经营单位应当在进口出版物前将拟进口的出版物目录报省级以上人民政府出版行政主管部门备案；省级以上人民政府出版行政主管部门发现有禁止进口的或者暂缓进口的出版物的，应当及时通知出版物进口经营单位并通报海关。对通报禁止进口或者暂缓进口的出版物，出版物进口经营单位不得进口，海关不得放行。

出版物进口备案的具体办法由国务院出版行政主管部门制定。

第四十七条　发行进口出版物的，必须从依法设立的出版物进口经营单位进货。

第四十八条　出版物进口经营单位在境内举办境外出版物展览，必须报经国务院出版行政主管部门批准。未经批准，任何单位和个人不得举办境外出版物展览。

依照前款规定展览的境外出版物需要销售的，应当按照国家有关规定办理相关手续。

第六十条　出版行政主管部门或者其他有关部门的工作人员，利用职务上的便利收受他人财物或者其他好处，批准不符合法定条件的申请人取得许可证、批准文件，或者不履行监督职责，或者发现违法行为不予查处，造成严重后果的，依法给予降级直至开除的处分；构成犯罪的，依照刑法关于受贿罪、滥用职权罪、玩忽职守罪或者其他罪的规定，依法追究刑事责任。

第六十一条　未经批准，擅自设立出版物的出版、印刷或者复制、进口单位，或者擅自从事出版物的出版、印刷或者复制、进口、发行业务，假冒出版单位名称或者伪造、假冒报纸、期刊名称出版出版物的，由出版行政主管部门、工商行政管理部门依照法定职权予以取缔；依照刑法关于非法经营罪的规定，依法追究刑事责任；尚不够刑事处罚的，没

| 相关法律法规(16) | 收出版物、违法所得和从事违法活动的专用工具、设备，违法经营额1万元以上的，并处违法经营额5倍以上10倍以下的罚款，违法经营额不足1万元的，可以处5万元以下的罚款；侵犯他人合法权益的，依法承担民事责任。

第六十二条　有下列行为之一，触犯刑律的，依照刑法有关规定，依法追究刑事责任；尚不够刑事处罚的，由出版行政主管部门责令限期停业整顿，没收出版物、违法所得，违法经营额1万元以上的，并处违法经营额5倍以上10倍以下的罚款；违法经营额不足1万元的，可以处5万元以下的罚款；情节严重的，由原发证机关吊销许可证：
（一）出版、进口含有本条例第二十五条、第二十六条禁止内容的出版物的；
（二）明知或者应知出版物含有本条例第二十五条、第二十六条禁止内容而印刷或者复制、发行的；
（三）明知或者应知他人出版含有本条例第二十五条、第二十六条禁止内容的出版物而向其出售或者以其他形式转让本出版单位的名称、书号、刊号、版号、版面，或者出租本单位的名称、刊号的。

第六十三条　有下列行为之一的，由出版行政主管部门责令停止违法行为，没收出版物、违法所得，违法经营额1万元以上的，并处违法经营额5倍以上10倍以下的罚款；违法经营额不足1万元的，可以处5万元以下的罚款；情节严重的，责令限期停业整顿或者由原发证机关吊销许可证：
（一）进口、印刷或者复制、发行国务院出版行政主管部门禁止进口的出版物的；
（二）印刷或者复制走私的境外出版物的；
（三）发行进口出版物未从本条例规定的出版物进口经营单位进货的。

第六十四条　走私出版物的，依照刑法关于走私罪的规定，依法追究刑事责任；尚不够刑事处罚的，由海关依照海关法的规定给予行政处罚。|
| 相关法律法规(17) | 《电子出版物出版管理规定》（节录）
（2007年12月26日国家新闻出版总署令第34号公布，自2008年4月15日起施行）

第二条　在中华人民共和国境内从事电子出版物的制作、出版、进口活动，适用本规定。
本规定所称电子出版物，是指以数字代码方式，将有知识性、思想性内容的信息编辑加工后存储在固定物理形态的磁、光、电等介质上，通过电子阅读、显示、播放设备读取使用的大众传播媒体，包括只读光盘（CD—ROM、DVD—ROM等）、一次写入光盘（CD—R、DVD—R等）、可擦写光盘（CD—RW、DVD—RW等）、软磁盘、硬磁盘、集成电路卡等，以及新闻出版总署认定的其他媒体形态。

第三条　电子出版物不得含有《出版管理条例》第二十六条、第二十七条禁止的内容。

第四条　新闻出版总署负责全国电子出版物出版活动的监督管理工作。
县级以上地方新闻出版行政部门负责本行政区域内电子出版物出版活动的监督管理工作。

第五条　国家对电子出版物出版活动实行许可制度；未经许可，任何单位和个人不得从事电子出版物的出版活动。

第十八条　电子出版物出版单位实行编辑责任制度，保障电子出版物的内容符合有关法规、规章规定。

第十九条　电子出版物出版单位应于每年12月1日前将下一年度的出版计划报所在地省、自治区、直辖市新闻出版行政部门，省、自治区、直辖市新闻出版行政部门审核同意后报新闻出版总署备案。

第二十条　电子出版物出版实行重大选题备案制度。涉及国家安全、社会安定等方面重大选题，涉及重大革命题材和重大历史题材的选题，应当按照新闻出版总署有关选题备 |

案的规定办理备案手续；未经备案的重大选题，不得出版。

第二十一条　出版电子出版物，必须按规定使用中国标准书号。同一内容，不同载体形态、格式的电子出版物，应当分别使用不同的中国标准书号。

出版连续型电子出版物，必须按规定使用国内统一连续出版物号，不得使用中国标准书号出版连续型电子出版物。

第二十二条　电子出版物出版单位不得以任何形式向任何单位或者个人转让、出租、出售本单位的名称、电子出版物中国标准书号、国内统一连续出版物号。

第二十三条　电子出版物应当符合国家的技术、质量标准和规范要求。

出版电子出版物，须在电子出版物载体的印刷标识面或其装帧的显著位置载明电子出版物制作、出版单位的名称，中国标准书号或国内统一连续出版物号及条码，著作权人名称以及出版日期等其他有关事项。

第二十四条　电子出版物出版单位申请出版境外著作权人授权的电子出版物，须向所在地省、自治区、直辖市新闻出版行政部门提出申请；所在地省、自治区、直辖市新闻出版行政部门审核同意后，报新闻出版总署审批。

第二十五条　申请出版境外著作权人授权的电子出版物，应当提交下列材料：

（一）申请书，应当载明电子出版物名称、内容简介、授权方名称、授权方基本情况介绍等；

（二）申请单位的审读报告；

（三）样品及必要的内容资料；

（四）申请单位所在地省、自治区、直辖市著作权行政管理部门的著作权合同登记证明文件。

出版境外著作权人授权的电子游戏出版物还须提交游戏主要人物和主要场景图片资料、代理机构营业执照、发行合同及发行机构批发许可证、游戏文字脚本全文等材料。

第二十六条　新闻出版总署自受理出版境外著作权人授权电子出版物申请之日起，20日内作出批准或者不批准的决定；不批准的，应当说明理由。

审批出版境外著作权人授权电子出版物，应当组织专家评审，并应当符合国家总量、结构、布局规划。

第二十七条　境外著作权人授权的电子出版物，须在电子出版物载体的印刷标识面或其装帧的显著位置载明引进出版批准文号和著作权授权合同登记证号。

第二十八条　已经批准出版的境外著作权人授权的电子出版物，若出版升级版本，须按照本规定第二十五条提交申请材料，报所在地省、自治区、直辖市新闻出版行政部门审批。

第二十九条　出版境外著作权人授权的电子游戏测试盘及境外互联网游戏作品客户端程序光盘，须按照本规定第二十五条提交申请材料，报所在地省、自治区、直辖市新闻出版行政部门审批。

第三十条　电子出版物出版单位与境外机构合作出版电子出版物，须经主管单位同意后，将选题报所在地省、自治区、直辖市新闻出版行政部门审核；省、自治区、直辖市新闻出版行政部门审核同意后，报新闻出版总署审批。

新闻出版总署自受理合作出版电子出版物选题申请之日起 20 日内，作出批准或者不批准的决定；不批准的，应当说明理由。

第三十一条　电子出版物出版单位申请与境外机构合作出版电子出版物，应当提交下列材料：

（一）申请书，应当载明合作出版的电子出版物的名称、载体形态、内容简介、合作双方名称、基本情况、合作方式等，并附拟合作出版的电子出版物的有关文字内容、图片等材料；

相关执法参考	相关法律法规（17）	（二）合作意向书； （三）主管单位的审核意见。 第三十二条　电子出版物出版单位与境外机构合作出版电子出版物，应在该电子出版物出版 30 日内将样盘报送新闻出版总署备案。 第三十三条　出版单位配合本版出版物出版电子出版物，向所在地省、自治区、直辖市新闻出版行政部门提出申请，省、自治区、直辖市新闻出版行政部门审核同意的，发放电子出版物中国标准书号和复制委托书，并报新闻出版总署备案。 第三十四条　出版单位申请配合本版出版物出版电子出版物，应提交申请书及本版出版物、拟出版电子出版物样品。 　　申请书应当载明配合本版出版物出版的电子出版物的名称、制作单位、主要内容、出版时间、复制数量和载体形式等内容。 第三十五条　电子出版物发行前，出版单位应当向国家图书馆、中国版本图书馆和新闻出版总署免费送交样品。 第三十六条　电子出版物出版单位的从业人员，应当具备国家规定的出版专业职业资格条件。 　　电子出版物出版单位的社长、总编辑须符合国家规定的任职资格和条件。 　　电子出版物出版单位的社长、总编辑须参加新闻出版行政部门组织的岗位培训，取得岗位培训合格证书后才能上岗。 第三十七条　电子出版物出版单位须遵守国家统计规定，依法向新闻出版行政部门报送统计资料。
	相关法律法规（18）	《出版物市场管理规定》（节录） （2016 年 4 月 26 日国家新闻出版广电总局局务会议通过，并经商务部同意，现予公布，自 2016 年 6 月 1 日起施行） 　　第四章　法律责任 第三十一条　未经批准，擅自从事出版物发行业务的，依照《出版管理条例》第六十一条处罚。 第三十二条　发行违禁出版物的，依照《出版管理条例》第六十二条处罚。 　　发行国家新闻出版广电总局禁止进口的出版物，或者发行未从依法批准的出版物进口经营单位进货的进口出版物，依照《出版管理条例》第六十三条处罚。 　　发行其他非法出版物和出版行政主管部门明令禁止出版、印刷或者复制、发行的出版物的，依照《出版管理条例》第六十五条处罚。 　　发行违禁出版物或者非法出版物的，当事人对其来源作出说明、指认，经查证属实的，没收出版物和非法所得，可以减轻或免除其他行政处罚。 第三十三条　违反本规定发行侵犯他人著作权或者专有出版权的出版物的，依照《中华人民共和国著作权法》和《中华人民共和国著作权法实施条例》的规定处罚。 第三十四条　在中小学教科书发行过程中违反本规定，有下列行为之一的，依照《出版管理条例》第六十五条处罚： （一）发行未经依法审定的中小学教科书的； （二）不具备中小学教科书发行资质的单位从事中小学教科书发行活动的； （三）未按照《中华人民共和国政府采购法》有关规定确定的单位从事纳入政府采购范围的中小学教科书发行活动的。 第三十五条　出版物发行单位未依照规定办理变更审批手续的，依照《出版管理条例》第六十七条处罚。 第三十六条　单位、个人违反本规定被吊销出版物经营许可证的，其法定代表人或者主要负责人自许可证被吊销之日起 10 年内不得担任发行单位的法定代表人或者主要负责人。

相关执法参考	相关法律法规(18)	第三十七条　违反本规定，有下列行为之一的，由出版行政主管部门责令停止违法行为，予以警告，并处3万元以下罚款： （一）未能提供近两年的出版物发行进销货清单等有关非财务票据或者清单、票据未按规定载明有关内容的； （二）超出出版行政主管部门核准的经营范围经营的； （三）张贴、散发、登载有法律、法规禁止内容的或者有欺诈性文字、与事实不符的征订单、广告和宣传画的； （四）擅自更改出版物版权页的； （五）出版物经营许可证未在经营场所明显处张挂或者未在网页醒目位置公开出版物经营许可证和营业执照登载的有关信息或者链接标识的； （六）出售、出借、出租、转让或者擅自涂改、变造出版物经营许可证的； （七）公开宣传、陈列、展示、征订、销售或者向社会公众发送规定应由内部发行的出版物的； （八）委托无出版物批发、零售资质的单位或者个人销售出版物或者代理出版物销售业务的； （九）未从依法取得出版物批发、零售资质的出版发行单位进货的； （十）提供出版物网络交易平台服务的经营者未按本规定履行有关审查及管理责任的； （十一）应按本规定进行备案而未备案的； （十二）不按规定接受年度核验的。 第三十八条　在中小学教科书发行过程中违反本规定，有下列行为之一的，由出版行政主管部门责令停止违法行为，予以警告，并处3万元以下罚款： （一）擅自调换已选定的中小学教科书的； （二）擅自征订、搭售教学用书目录以外的出版物的； （三）擅自将中小学教科书发行任务向他人转让和分包的； （四）涂改、倒卖、出租、出借中小学教科书发行资质证书的； （五）未在规定时间内完成中小学教科书发行任务的； （六）违反国家有关规定收取中小学教科书发行费用的； （七）未按规定做好中小学教科书的调剂、添货、零售和售后服务的； （八）未按规定报告中小学教科书发行情况的； （九）出版单位向不具备中小学教科书发行资质的单位供应中小学教科书的； （十）出版单位未在规定时间内向依法确定的中小学教科书发行企业足量供货的； （十一）在中小学教科书发行过程中出现重大失误，或者存在其他干扰中小学教科书发行活动行为的。 第三十九条　征订、储存、运输、邮寄、投递、散发、附送本规定第二十条所列出版物的，按照本规定第三十二条进行处罚。 第四十条　未按本规定第三十条报送统计资料的，按照《新闻出版统计管理办法》有关规定处理。
	相关法律法规(19)	《出版物批发市场管理暂行办法》（节录） （新闻出版署　2000年7月27日　新出发〔2000〕967号发布） 第二条　本规定所称出版物批发市场，是指以出版物批发为主体的集中经营场所。 第三条　出版物批发市场必须遵守国家有关法律、法规和规章，坚持为人民服务、为社会主义服务的方向。 第二十二条　出版物批发市场内的经营单位必须持有省、自治区、直辖市新闻出版局签发的《出版物发行（批发）许可证》和在当地工商行政管理部门依法领取的营业执照，并张挂在经营场所的显著位置。

相关法律法规（19）	第二十三条 出版物批发市场内的经营单位必须是一店一证一照。许可证和营业执照不能出借、转包、转让、买卖和出租，不准无证、无照经营。 第二十四条 出版物批发市场内经营单位要严格遵守"售前送审"制度，不准经营含有法律、法规禁止内容的出版物以及国家规定不能经营的其它出版物。 第二十五条 出版物批发市场中的经营单位不得超出新闻出版行政部门核定的经营范围经营，必须从正式渠道进货，并持有和保留进货凭证备查。 第二十六条 出版物批发市场中经营单位要照章纳税，遵守场内的各项规章管理制度，举报违法经营活动，服从管理人员的检查、监督，维护市场内的经营秩序。 第二十七条 出版物批发市场中经营单位要按照当地新闻出版行政管理部门的要求，认真参加年检和重新换证登记工作。 第二十八条 出版物批发市场中经营单位的主要负责人必须持有省级新闻出版行政部门签发的相应资格证书。 第二十九条 出版物批发市场中的经营单位要做到遵纪守法，文明经营，讲求信誉，服务热情。 第三十条 出版物批发市场中的经营单位因故停业或歇业，必须上报市场管理委员会登记。连续歇业6个月以上的，视为自动退场，并由原发证机关吊销其出版物二级批发许可证。 第三十一条 经营单位凡违反第二十二至第三十条规定的，由新闻出版行政管理部门视情节轻重给予1000—30000元的罚款。 **第六章 附 则** 第三十二条 本办法自公布之日起施行。
相关法律法规（20）	《中华人民共和国地图管理条例》（节录） （2015年11月26日发布的国务院第664号令发布，自2016年1月1日起施行） 第二条 在中华人民共和国境内从事向社会公开的地图的编制、审核、出版和互联网地图服务以及监督检查活动，应当遵守本条例。 第三条 地图工作应当遵循维护国家主权、保障地理信息安全、方便群众生活的原则。 地图的编制、审核、出版和互联网地图服务应当遵守有关保密法律、法规的规定。 第四条 国务院测绘地理信息行政主管部门负责全国地图工作的统一监督管理。国务院其他有关部门按照国务院规定的职责分工，负责有关的地图工作。 县级以上地方人民政府负责管理测绘地理信息工作的行政部门（以下称测绘地理信息行政主管部门）负责本行政区域地图工作的统一监督管理。县级以上地方人民政府其他有关部门按照本级人民政府规定的职责分工，负责有关的地图工作。 第五条 各级人民政府及其有关部门、新闻媒体应当加强国家版图宣传教育，增强公民的国家版图意识。 国家版图意识教育应当纳入中小学教学内容。 公民、法人和其他组织应当使用正确表示国家版图的地图。 第六条 国家鼓励编制和出版符合标准和规定的各类地图产品，支持地理信息科学技术创新和产业发展，加快地理信息产业结构调整和优化升级，促进地理信息深层次应用。 县级以上人民政府应当建立健全政府部门间地理信息资源共建共享机制。 县级以上人民政府测绘地理信息行政主管部门应当采取有效措施，及时获取、处理、更新基础地理信息数据，通过地理信息公共服务平台向社会提供地理信息公共服务，实现地理信息数据开放共享。 第二十六条 县级以上人民政府出版行政主管部门应当加强对地图出版活动的监督管理，依法对地图出版违法行为进行查处。 第二十七条 出版单位从事地图出版活动的，应当具有国务院出版行政主管部门审核

相关执法参考	相关法律法规（20）	批准的地图出版业务范围，并依照《出版管理条例》的有关规定办理审批手续。 第二十八条　出版单位根据需要，可以在出版物中插附经审核批准的地图。 第二十九条　任何出版单位不得出版未经审定的中小学教学地图。 第三十条　出版单位出版地图，应当按国家有关规定向国家图书馆、中国版本图书馆和国务院出版行政主管部门免费送交样本。 第三十一条　地图著作权的保护，依照有关著作权法律、法规的规定执行。 第四十七条　县级以上人民政府及其有关部门违反本条例规定，有下列行为之一的，由主管机关或者监察机关责令改正；情节严重的，对直接负责的主管人员和其他直接责任人员依法给予处分；直接负责的主管人员和其他直接责任人员的行为构成犯罪的，依法追究刑事责任： （一）不依法作出行政许可决定或者办理批准文件的； （二）发现违法行为或者接到对违法行为的举报不予查处的； （三）其他未依照本条例规定履行职责的行为。 第四十九条　违反本条例规定，应当送审而未送审的，责令改正，给予警告，没收违法地图或者附着地图图形的产品，可以处10万元以下的罚款；有违法所得的，没收违法所得；构成犯罪的，依法追究刑事责任。 第五十条　违反本条例规定，不需要送审的地图不符合国家有关标准和规定的，责令改正，给予警告，没收违法地图或者附着地图图形的产品，可以处10万元以下的罚款；有违法所得的，没收违法所得；情节严重的，可以向社会通报；构成犯罪的，依法追究刑事责任。 第五十一条　违反本条例规定，经审核不符合国家有关标准和规定的地图未按照审核要求修改即向社会公开的，责令改正，给予警告，没收违法地图或者附着地图图形的产品，可以处10万元以下的罚款；有违法所得的，没收违法所得；情节严重的，责令停业整顿，降低资质等级或者吊销测绘资质证书，可以向社会通报；构成犯罪的，依法追究刑事责任。 第五十二条　违反本条例规定，弄虚作假、伪造申请材料骗取地图审核批准文件，或者伪造、冒用地图审核批准文件和审图号的，责令停止违法行为，给予警告，没收违法地图和附着地图图形的产品，并处10万元以上20万元以下的罚款；有违法所得的，没收违法所得；情节严重的，责令停业整顿，降低资质等级或者吊销测绘资质证书；构成犯罪的，依法追究刑事责任。 第五十四条　违反本条例规定，互联网地图服务单位使用未经依法审核批准的地图提供服务，或者未对互联网地图新增内容进行核查校对的，责令改正，给予警告，可以处20万元以下的罚款；有违法所得的，没收违法所得；情节严重的，责令停业整顿，降低资质等级或者吊销测绘资质证书；构成犯罪的，依法追究刑事责任。 第五十五条　违反本条例规定，通过互联网上传标注了含有按照国家有关规定在地图上不得表示的内容的，责令改正，给予警告，可以处10万元以下的罚款；构成犯罪的，依法追究刑事责任。 第五十六条　本条例规定的降低资质等级、吊销测绘资质证书的行政处罚，由颁发资质证书的部门决定；其他行政处罚由县级以上人民政府测绘地理信息行政主管部门决定。 第八章　附　则 第五十七条　军队单位编制的地图的管理以及海图的管理，按照国务院、中央军事委员会的规定执行。 第五十八条　本条例自2016年1月1日起施行。国务院1995年7月10日发布的《中华人民共和国地图编制出版管理条例》同时废止。

《音像制品管理条例》（节录）

（2001年12月25日中华人民共和国国务院令第341号公布，根据2011年3月19日《国务院关于修改〈音像制品管理条例〉的决定》第一次修订，根据2013年12月7日《国务院关于修改部分行政法规的决定》第二次修订，根据2016年2月6日《国务院关于修改部分行政法规的决定》第三次修订，根据2020年11月29日《国务院关于修改和废止部分行政法规的决定》第四次修订）

第三十七条 出版行政主管部门或者其他有关行政部门及其工作人员，利用职务上的便利收受他人财物或者其他好处，批准不符合法定条件的申请人取得许可证、批准文件，或者不履行监督职责，或者发现违法行为不予查处，造成严重后果的，对负有责任的主管人员和其他直接责任人员依法给予降级直至开除的处分；构成犯罪的，依照刑法关于受贿罪、滥用职权罪、玩忽职守罪或者其他罪的规定，依法追究刑事责任。

第三十八条 音像制品经营活动的监督管理部门的工作人员从事或者变相从事音像制品经营活动的，参与或者变相参与音像制品经营单位的经营活动的，依法给予撤职或者开除的处分。

音像制品经营活动的监督管理部门有前款所列行为的，对负有责任的主管人员和其他直接责任人员依照前款规定处罚。

第三十九条 未经批准，擅自设立音像制品出版、进口单位，擅自从事音像制品出版、制作、复制业务或者进口、批发、零售经营活动的，由出版行政主管部门、工商行政管理部门依照法定职权予以取缔；依照刑法关于非法经营罪的规定，依法追究刑事责任；尚不够刑事处罚的，没收违法经营的音像制品和违法所得以及进行违法活动的专用工具、设备；违法经营额1万元以上的，并处违法经营额5倍以上10倍以下的罚款；违法经营额不足1万元的，可以处5万元以下的罚款。

第四十条 出版含有本条例第三条第二款禁止内容的音像制品，或者制作、复制、批发、零售、出租、放映明知或者应知含有本条例第三条第二款禁止内容的音像制品的，依照刑法有关规定，依法追究刑事责任；尚不够刑事处罚的，由出版行政主管部门、公安部门依据各自职权责令停业整顿，没收违法经营的音像制品和违法所得；违法经营额1万元以上的，并处违法经营额5倍以上10倍以下的罚款；违法经营额不足1万元的，可以处5万元以下的罚款；情节严重的，并由原发证机关吊销许可证。

第四十一条 走私音像制品的，依照刑法关于走私罪的规定，依法追究刑事责任；尚不够刑事处罚的，由海关依法给予行政处罚。

第四十二条 有下列行为之一的，由出版行政主管部门责令停止违法行为，给予警告，没收违法经营的音像制品和违法所得；违法经营额1万元以上的，并处违法经营额5倍以上10倍以下的罚款；违法经营额不足1万元的，可以处5万元以下的罚款；情节严重的，并责令停业整顿或者由原发证机关吊销许可证：

（一）音像出版单位向其他单位、个人出租、出借、出售或者以其他任何形式转让本单位的名称，出售或者以其他形式转让本单位的版号的；

（二）音像出版单位委托未取得《音像制品制作许可证》的单位制作音像制品，或者委托未取得《复制经营许可证》的单位复制音像制品的；

（三）音像出版单位出版未经国务院出版行政主管部门批准擅自进口的音像制品的；

（四）音像制作单位、音像复制单位未依照本条例的规定验证音像出版单位的委托书、有关证明的；

（五）音像复制单位擅自复制他人的音像制品，或者接受非音像出版单位、个人的委托复制经营性的音像制品，或者自行复制音像制品的。

第四十三条 音像出版单位违反国家有关规定与香港特别行政区、澳门特别行政区、台湾地区或者外国的组织、个人合作制作音像制品，音像复制单位违反国家有关规定接受

| 相关执法参考 | 相关法律法规（21） | 委托复制境外音像制品，未经省、自治区、直辖市人民政府出版行政主管部门审核同意，或者未将复制的境外音像制品全部运输出境的，由省、自治区、直辖市人民政府出版行政主管部门责令改正，没收违法经营的音像制品和违法所得；违法经营额1万元以上的，并处违法经营额5倍以上10倍以下的罚款；违法经营额不足1万元的，可以处5万元以下的罚款；情节严重的，并由原发证机关吊销许可证。
第四十四条 有下列行为之一的，由出版行政主管部门责令改正，给予警告；情节严重的，并责令停业整顿或者由原发证机关吊销许可证：
（一）音像出版单位未将其年度出版计划和涉及国家安全、社会安定等方面的重大选题报国务院出版行政主管部门备案的；
（二）音像制品出版、制作、复制、批发、零售单位变更名称、地址、法定代表人或者主要负责人、业务范围等，未依照本条例规定办理审批、备案手续的；
（三）音像出版单位未在其出版的音像制品及其包装的明显位置标明本条例规定的内容的；
（四）音像出版单位未依照本条例的规定送交样本的；
（五）音像复制单位未依照本条例的规定留存备查的材料的；
（六）从事光盘复制的音像复制单位复制光盘，使用未蚀刻国务院出版行政主管部门核发的激光数码储存片来源识别码的注塑模具的。
第四十五条 有下列行为之一的，由出版行政主管部门责令停止违法行为，给予警告，没收违法经营的音像制品和违法所得；违法经营额1万元以上的，并处违法经营额5倍以上10倍以下的罚款；违法经营额不足1万元的，可以处5万元以下的罚款；情节严重的，并责令停业整顿或者由原发证机关吊销许可证：
（一）批发、零售、出租、放映非音像出版单位出版的音像制品或者非音像复制单位复制的音像制品的；
（二）批发、零售、出租或者放映未经国务院出版行政主管部门批准进口的音像制品的；
（三）批发、零售、出租、放映供研究、教学参考或者用于展览、展示的进口音像制品的。
第四十六条 单位违反本条例的规定，被处以吊销许可证行政处罚的，其法定代表人或者主要负责人自许可证被吊销之日起10年内不得担任音像制品出版、制作、复制、进口、批发、零售单位的法定代表人或者主要负责人。
从事音像制品零售业务的个体工商户违反本条例的规定，被处以吊销许可证行政处罚的，自许可证被吊销之日起10年内不得从事音像制品零售业务。
第四十七条 依照本条例的规定实施罚款的行政处罚，应当依照有关法律、行政法规的规定，实行罚款决定与罚款收缴分离；收缴的罚款必须全部上缴国库。 |
| | 相关法律法规（22） | 《音像制品出版管理规定》（节录）
（2004年6月17日新闻出版总署令第22号，自2004年8月1日起施行）
第二条 在中华人民共和国境内从事音像制品出版活动，适用本规定。本规定所称音像制品是指录有内容的录音带（AT）、录像带（VT）、激光唱盘（CD）、数码激光视盘（VCD）及高密度光盘（DVD）等。
第三条 任何组织和个人不得出版含有《音像制品管理条例》第三条第二款禁止内容的音像制品。
第四条 新闻出版总署负责全国音像制品出版的监督管理工作。县级以上地方人民政府负责出版管理的行政部门（以下简称出版行政部门）负责本行政区域内音像制品出版的监督管理工作。
音像出版单位的主管机关、主办单位应当按照出版法律、法规和规章，对音像出版单 |

位的出版活动履行管理职责。

第五条 国家对出版音像制品，实行许可制度；未经许可，任何单位和个人不得从事音像制品的出版活动。

音像制品出版的许可证件和批准文件，不得出租、出借、出售或者以其他任何形式转让。

第六条 音像出版行业的社会团体按照其章程，在出版行政部门的指导下，实行自律管理。

第十六条 音像出版单位不得超出出版许可证确定的业务范围从事音像制品的出版活动。

第十七条 音像出版单位应当按照国家标准及其他有关规定标识、使用《中国标准音像制品编码》（以下简称版号）。版号由新闻出版总署负责管理和调控，由省、自治区、直辖市人民政府出版行政部门发放。

第十八条 音像出版单位实行编辑责任制度，保障音像制品刊载的内容合法。

第十九条 音像出版单位实行年度出版计划备案制度，出版计划的内容应包括选题名称、制作单位、主创人员、类别、载体、内容提要、节目长度、计划出版时间。出版计划报送的程序为：

（一）本年度上一年的12月20日以前报送本年度出版计划；本年度3月1日—20日、9月1日—20日报送本年度出版调整计划。

（二）出版计划及出版调整计划，须经所在地省、自治区、直辖市人民政府出版行政部门审核。

（三）省、自治区、直辖市人民政府出版行政部门应当自受理出版计划报送申请之日起20日内，向音像出版单位回复审核意见，并报新闻出版总署备案。

第二十条 音像出版单位出版涉及国家安全、社会安定等方面的重大选题，应当依照重大选题备案的有关规定报新闻出版总署备案。未经备案的重大选题，不得出版。

第二十一条 图书出版社、报社、期刊社、电子出版物出版社，出版配合本版出版物的音像制品，须向所在地省、自治区、直辖市人民政府出版行政部门提交申请书和样本。

第二十二条 出版配合本版出版物的音像制品申请书，须写明本版出版物的名称、制作单位、主创人员、主要内容、出版时间、节目长度、复制数量和载体形式等内容。

第二十三条 出版单位所在地省、自治区、直辖市人民政府出版行政部门，应当自受理申请之日起20日内对其申请书和样本进行审核。审核同意的，配发版号，发放复制委托书，并报新闻出版总署备案；审核不同意的，应当说明理由。

第二十四条 经批准出版的配合本版出版物音像制品，其名称须与本版出版物一致，并须与本版出版物统一配套销售，不得单独定价销售。

第二十五条 音像出版单位及经批准出版配合本版出版物音像制品的其他出版单位，应在其出版的音像制品及其包装的明显位置，标明出版单位的名称、地址和音像制品的版号、出版时间、责任编辑、著作权人和条形码。出版进口的音像制品，还应当标明进口批准文号。

第二十六条 音像出版单位不得向任何单位或者个人出租、出借、出售或者以其他任何形式转让本单位的名称，不得向任何单位或者个人出售或者以其他形式出售或转让本单位版号。

第二十七条 任何单位和个人不得以购买、租用、借用、擅自使用音像出版单位的名称或者以购买、伪造版号等形式从事音像制品出版活动。

第二十八条 音像出版单位不得委托未取得《音像制品制作许可证》的单位制作音像制品。

第二十九条 音像出版单位、经批准出版配合本版出版物音像制品的出版单位，应自

| 相关执法参考 | 相关法律法规（22） | 音像制品出版之日起30日内，分别向国家图书馆、中国版本图书馆和新闻出版总署免费送交样本。
第三十三条　委托复制音像制品，须使用复制委托书。
音像出版单位及其他委托复制单位，必须遵守国家关于复制委托书的管理规定。
复制委托书由新闻出版总署统一印制。
第三十四条　复制委托书由音像出版单位及其他委托复制单位向所在地省、自治区、直辖市人民政府出版行政部门领取。
第三十五条　出版单位及其他委托复制单位应当按照规定开具或填写复制委托书，并将复制委托书直接交送复制单位。
出版单位及其他委托复制单位须保证复制委托书内容真实、准确、完整。
出版单位及其他委托复制单位不得以任何形式向任何单位或者个人出售或者转让复制委托书。
第三十六条　音像出版单位及其他委托复制单位，须确定专人管理复制委托书并建立使用记录。复制委托书使用记录的内容包括开具时间、音像制品及具体节目名称、相对应的版号、管理人员签名。
复制委托书使用记录保存期为2年。
第三十七条　音像出版单位及其他委托复制单位，自音像制品完成复制之日起30日内，向所在地省、自治区、直辖市人民政府出版行政部门上交由本单位及复制单位签章的复制委托书第二联及音像制品样品。
第三十八条　申请出版配合本版出版物音像制品或音像非卖品的单位，自获得批准之日起90日内未能出版的，须向所在地省、自治区、直辖市人民政府出版行政部门交回复制委托书。
第三十九条　音像出版单位出版的音像制品、其他出版单位出版的配合本版出版物音像制品、音像非卖品须委托依法设立的复制单位复制。 |
| | 相关法律法规（23） | 《音像制品批发、零售、出租管理办法》（节录）
（2006年10月25日文化部部务会议审议通过，自2006年12月1日起施行）
第三十二条　文化行政部门及其工作人员，利用职务上的便利收受他人财物或者其他好处，批准不符合法定设立条件的音像制品批发、零售、出租单位，或者不履行监督职责，或者发现违法行为不予查处，造成严重后果的，对负有责任的主管人员和其他直接责任人员依照刑法关于受贿罪、滥用职权罪、玩忽职守罪或者其他罪的规定，依法追究刑事责任；尚不够刑事处罚的，给予降级或者撤职的行政处分。
第三十三条　文化行政部门的工作人员从事或者变相从事音像制品批发、零售、出租经营活动的，参与或者变相参与音像制品批发、零售、出租单位的经营活动的，依法给予撤职或者开除的行政处分。文化行政部门有前款所列行为的，对负有责任的主管人员和其他直接责任人员依照前款规定处罚。
第三十四条　从事音像制品批发、零售、出租业务的单位或者个人经营明知或者应知含有本办法第四条禁止内容的音像制品的，由文化行政部门或经依法授权的执法机构责令停业整顿，没收违法经营的音像制品和违法所得；违法经营额1万元以上的，并处违法经营额5倍以上10倍以下的罚款；违法经营额不足1万元的，可以并处5万元以下的罚款；情节严重的，并吊销许可证；涉嫌犯罪的，按照有关规定移送司法部门，依法追究刑事责任。
第三十五条　从事音像制品批发、零售、出租业务的单位或者个人变更名称或者字号、地址、法定代表人或者主要负责人、业务范围等，未依照本办法办理审批、备案手续的，由文化行政部门或经依法授权的执法机构责令改正，给予警告；情节严重的，并责令停业整顿或者吊销许可证。
第三十六条　有下列行为之一的，由文化行政部门或经依法授权的执法机构责令停止 |

相关法律法规（23）	违法行为，给予警告，没收违法经营的音像制品和违法所得；违法经营额 1 万元以上的，并处违法经营额 5 倍以上 10 倍以下的罚款；违法经营额不足 1 万元的，并处 1 万元以上 5 万元以下的罚款；情节严重的，并责令停业整顿或者由原发证机关吊销许可证；涉嫌犯罪的，按照有关规定移送司法部门，依法追究刑事责任。 （一）经营非音像出版单位出版的音像制品或者音像出版单位违法出版的音像制品的； （二）经营非音像复制单位复制的音像制品或者音像制品复制单位违法复制的音像制品的； （三）经营未经文化部批准进口的音像制品的； （四）经营供研究、教学参考或者用于展览、展示的进口音像制品的； （五）经营其他违法音像制品的。 第三十七条　有下列情形之一的，属本办法第三十四条、第三十五条、第三十六条所称的情节严重： （一）违反《音像制品管理条例》或本办法规定，两年内受到文化行政部门两次行政处罚，再次违反《音像制品管理条例》或本办法规定的； （二）停业整顿期间擅自营业的； （三）经营明知或者应知含有本办法第四条禁止内容的音像制品产生严重社会影响的； （四）经营本办法第二十一条规定不得经营的音像制品 100 张（盘）以上的； （五）有其他严重违法情节的。 第三十八条　托运、邮寄、运输或者储存第四条规定禁止经营的和第二十一条规定不得经营的音像制品，或者为经营上述音像制品提供场所、代理等便利条件的，由文化行政部门或经依法授权的执法机构没收上述音像制品，并依照有关法律、法规对责任人予以处罚；涉嫌犯罪的，按照有关规定移送司法部门，依法追究刑事责任。
相关法律法规（24）	《音像制品进口管理办法》（节录） （2011 年 3 月 17 日新闻出版总署第 1 次署务会议和海关总署通过，自公布之日起施行） 第二十九条　未经批准，擅自从事音像制品成品进口经营活动的，依照《音像制品管理条例》第三十九条的有关规定给予处罚。 第三十条　有下列行为之一的，由县级以上新闻出版行政部门责令停止违法行为，给予警告，没收违法音像制品和违法所得；违法经营额 1 万元以上的，并处违法经营额 5 倍以上 10 倍以下的罚款；违法经营额不足 1 万元的，并处 5 万元以下罚款；情节严重的，并责令停业整顿或者由原发证机关吊销许可证： （一）出版未经新闻出版总署批准擅自进口的音像制品； （二）批发、零售、出租或者放映未经新闻出版总署批准进口的音像制品的； （三）批发、零售、出租、放映供研究、教学参考或者用于展览、展示的进口音像制品的。 第三十一条　违反本办法，出版进口音像制品未标明本办法规定内容的，由省级以上新闻出版行政部门责令改正，给予警告，情节严重的，并责令停业整顿或者由原发证机关吊销许可证。 第三十二条　违反本办法，有下列行为之一的，由省级以上新闻出版行政部门责令改正，给予警告，可并处 3 万元以下的罚款： （一）出版进口音像制品使用语言文字不符合国家公布的语言文字规范的； （二）出版进口音像制品，违反本办法擅自变更节目名称、增删节目内容的。 擅自增删经审查批准进口的音像制品内容导致其含有本办法第六条规定的禁止内容的，按照《音像制品管理条例》有关条款进行处罚。 第三十三条　违反海关法及有关管理规定的，由海关依法处理。

| 相关执法参考 | 相关法律法规(25) | 《电影管理条例》（节录）
（2001年12月12日国务院第50次常务会议通过，自2002年2月1日起施行）
第二条 本条例适用于中华人民共和国境内的故事片、纪录片、科教片、美术片、专题片等电影片的制片、进口、出口、发行和放映等活动。
第三条 从事电影片的制片、进口、出口、发行和放映等活动，应当遵守宪法和有关法律、法规，坚持为人民服务、为社会主义服务的方向。
第四条 国务院广播电影电视行政部门主管全国电影工作。
县级以上地方人民政府管理电影的行政部门（以下简称电影行政部门），依照本条例的规定负责本行政区域内的电影管理工作。
第五条 国家对电影摄制、进口、出口、发行、放映和电影片公映实行许可制度。未经许可，任何单位和个人不得从事电影片的摄制、进口、发行、放映活动，不得进口、出口、发行、放映未取得许可证的电影片。
依照本条例发放的许可证和批准文件，不得出租、出借、出售或者以其他任何形式转让。
第六条 全国性电影行业的社会团体按照其章程，在国务院广播电影电视行政部门指导下，实行自律管理。
第七条 国家对为电影事业发展做出显著贡献的单位和个人，给予奖励。
第八条 设立电影制片单位，应当具备下列条件：
（一）有电影制片单位的名称、章程；
（二）有符合国务院广播电影电视行政部门认定的主办单位及其主管机关；
（三）有确定的业务范围；
（四）有适应业务范围需要的组织机构和专业人员；
（五）有适应业务范围需要的资金、场所和设备；
（六）法律、行政法规规定的其他条件。
审批设立电影制片单位，除依照前款所列条件外，还应当符合国务院广播电影电视行政部门制定的电影制片单位总量、布局和结构的规划。
第九条 申请设立电影制片单位，由所在地省、自治区、直辖市人民政府电影行政部门审核同意后，报国务院广播电影电视行政部门审批。
申请书应当载明下列内容：
（一）电影制片单位的名称、地址和经济性质；
（二）电影制片单位的主办单位的名称、地址、性质及其主管机关；
（三）电影制片单位的法定代表人的姓名、住址、资格证明文件；
（四）电影制片单位的资金来源和数额。
第十条 国务院广播电影电视行政部门应当自收到设立电影制片单位的申请书之日起90日内，作出批准或者不批准的决定，并通知申请人。批准的，由国务院广播电影电视行政部门发给《摄制电影许可证》，申请人持《摄制电影许可证》到国务院工商行政管理部门办理登记手续，依法领取营业执照；不批准的，应当说明理由。
第十一条 电影制片单位以其全部法人财产，依法享有民事权利，承担民事责任。
第十二条 电影制片单位变更、终止，应当报国务院广播电影电视行政部门批准，并依法到原登记的工商行政管理部门办理变更登记或者注销登记。
第十三条 电影制片单位可以从事下列活动：
（一）摄制电影片；
（二）按照国家有关规定制作本单位摄制的电影片的复制品；
（三）按照国家有关规定在全国范围发行本单位摄制并被许可公映的电影片及其复制品； |

（四）按照国家有关规定出口本单位摄制并被许可公映的电影及其复制品。

第十四条　电影制片单位应当建立、健全管理制度，保证电影片的质量。

第十五条　电影制片单位对其摄制的电影片，依法享有著作权。

第十六条　电影制片单位以外的单位独立从事电影摄制业务，须报经国务院广播电影电视行政部门批准，并持批准文件到工商行政管理部门办理相应的登记手续。

电影制片单位以外的单位经批准后摄制电影片，应当事先到国务院广播电影电视行政部门领取一次性《摄制电影片许可证（单片）》，并参照电影制片单位享有权利、承担义务。具体办法由国务院广播电影电视行政部门制定。

第十七条　国家鼓励企业、事业单位和其他社会组织以及个人以资助、投资的形式参与摄制电影片。具体办法由国务院广播电影电视行政部门制定。

第十八条　电影制片单位经国务院广播电影电视行政部门批准，可以与境外电影制片者合作摄制电影片；其他单位和个人不得与境外电影制片者合作摄制电影片。

电影制片单位和持有《摄制电影片许可证（单片）》的单位经国务院广播电影电视行政部门批准，可以到境外从事电影片摄制活动。

境外组织或者个人不得在中华人民共和国境内独立从事电影片摄制活动。

第十九条　中外合作摄制电影片，应当由中方合作者事先向国务院广播电影电视行政部门提出立项申请。国务院广播电影电视行政部门征求有关部门的意见后，经审查符合规定的，发给申请人一次性《中外合作摄制电影片许可证》。申请人取得《中外合作摄制电影片许可证》后，应当按照国务院广播电影电视行政部门的规定签订中外合作摄制电影片合同。

第二十条　中外合作摄制电影片需要进口设备、器材、胶片、道具的，中方合作者应当持国务院广播电影电视行政部门的批准文件到海关办理进口或者临时进口手续。

第二十一条　境外电影制片者同中方合作者合作或者以其他形式在中华人民共和国境内摄制电影片，应当遵守中华人民共和国的法律、法规，尊重中华民族的风俗、习惯。

第二十二条　电影底片、样片的冲洗及后期制作，应当在中华人民共和国境内完成。有特殊技术要求确需在境外完成的，应当单项申请，报经国务院广播电影电视行政部门批准后，按照批准文件载明的要求执行。

第二十三条　电影洗印单位不得洗印加工未取得《摄制电影许可证》或者《摄制电影片许可证（单片）》的单位摄制的电影底片、样片，不得洗印加工未取得《电影片公映许可证》的电影片拷贝。

电影洗印单位接受委托洗印加工境外的电影底片、样片和电影片拷贝的，应当事先经国务院广播电影电视行政部门批准，并持批准文件依法向海关办理有关进口手续。洗印加工的电影底片、样片和电影片拷贝必须全部运输出境。

第三十条　电影进口业务由国务院广播电影电视行政部门指定电影进口经营单位经营；未经指定，任何单位或者个人不得经营电影进口业务。

第三十一条　进口供公映的电影片，进口前应当报送电影审查机构审查。

报送电影审查机构审查的电影片，由指定的电影进口经营单位持国务院广播电影电视行政部门的临时进口批准文件到海关办理电影片临时进口手续；临时进口的电影片经电影审查机构审查合格并发给《电影片公映许可证》和进口批准文件后，由电影进口经营单位持进口批准文件到海关办理进口手续。

第三十二条　进口供科学研究、教学参考的专题片，进口单位应当报经国务院有关行政主管部门审查批准，持批准文件到海关办理进口手续，并于进口之日起 30 日内向国务院广播电影电视行政部门备案。但是，不得以科学研究、教学的名义进口故事片。

中国电影资料馆进口电影资料片，可以直接到海关办理进口手续。中国电影资料馆应当将其进口的电影资料片按季度向国务院广播电影电视行政部门备案。

除本条规定外，任何单位或者个人不得进口未经国务院广播电影电视行政部门审查合格的电影片。

第三十三条　电影进口经营单位应当在取得电影作品著作权人使用许可后，在许可的范围内使用电影作品；未取得使用许可的，任何单位和个人不得使用进口电影作品。

第三十四条　电影制片单位出口本单位制作的电影片的，应当持《电影片公映许可证》到海关办理电影片出口手续。

中外合作摄制电影片出口的，中方合作者应当持《电影片公映许可证》到海关办理出口手续。中外合作摄制电影片素材出口的，中方合作者应当持国务院广播电影电视行政部门的批准文件到海关办理出口手续。

中方协助摄制电影片或者电影片素材出境的，中方协助者应当持国务院广播电影电视行政部门的批准文件到海关办理出境手续。

第三十五条　举办中外电影展、国际电影节，提供电影片参加境外电影展、电影节等，应当报国务院广播电影电视行政部门批准。

参加前款规定的电影展、电影节的电影片，须报国务院广播电影电视行政部门审查批准。参加境外电影展、电影节的电影片经批准后，参展者应当持国务院广播电影电视行政部门的批准文件到海关办理电影片临时出口手续。参加在中国境内举办的中外电影展、国际电影节的境外电影片经批准后，举办者应当持国务院广播电影电视行政部门的批准文件到海关办理临时进口手续。

第三十六条　设立电影发行单位、电影放映单位，应当具备下列条件：

（一）有电影发行单位、电影放映单位的名称、章程；

（二）有确定的业务范围；

（三）有适应业务范围需要的组织机构和专业人员；

（四）有适应业务范围需要的资金、场所和设备；

（五）法律、行政法规规定的其他条件。

第三十七条　设立电影发行单位，应当向所在地省、自治区、直辖市人民政府电影行政部门提出申请；设立跨省、自治区、直辖市的电影发行单位，应当向国务院广播电影电视行政部门提出申请。所在地省、自治区、直辖市人民政府电影行政部门或者国务院广播电影电视行政部门应当自收到申请书之日起60日内作出批准或者不批准的决定，并通知申请人。批准的，发给《电影发行经营许可证》，申请人应当持《电影发行经营许可证》到工商行政管理部门登记，依法领取营业执照；不批准的，应当说明理由。

第三十八条　设立电影放映单位，应当向所在地县或者设区的市人民政府电影行政部门提出申请。所在地县或者设区的市人民政府电影行政部门应当自收到申请书之日起60日内作出批准或者不批准的决定，并通知申请人。批准的，发给《电影放映经营许可证》，申请人持《电影放映经营许可证》到所在地工商行政管理部门登记，依法领取营业执照；不批准的，应当说明理由。

第三十九条　电影发行单位、电影放映单位变更业务范围，或者兼并其他电影发行单位、电影放映单位，或者因合并、分立而设立新的电影发行单位、电影放映单位的，应当依照本条例第三十七条或者第三十八条的规定办理审批手续，并到工商行政管理部门办理相应的登记手续。

电影发行单位、电影放映单位变更名称、地址、法定代表人或者主要负责人，或者终止电影发行、放映经营活动的，应当到原登记的工商行政管理部门办理变更登记或者注销登记，并向原审批的电影行政部门备案。

第四十条　申请从事农村16毫米电影片发行、放映业务的单位或者个人，可以直接到所在地工商行政管理部门办理登记手续，并向所在地县级人民政府电影行政部门备案；备案后，可以在全国农村从事16毫米电影片发行、放映业务。

相关法律法规（25）	**第四十一条**　国家允许企业、事业单位和其他社会组织以及个人投资建设、改造电影院。 　　国家允许以中外合资或者中外合作的方式建设、改造电影院。具体办法由国务院广播电影电视行政部门会同国务院文化行政部门、国务院对外经济贸易主管部门按照有关规定制定。 　　**第四十二条**　电影片依法取得国务院广播电影电视行政部门发给的《电影片公映许可证》后，方可发行、放映。 　　已经取得《电影片公映许可证》的电影片，国务院广播电影电视行政部门在特殊情况下可以作出停止发行、放映或者经修改后方可发行、放映的决定；对决定经修改后方可发行、放映的电影片，著作权人拒绝修改的，由国务院广播电影电视行政部门决定停止发行、放映。 　　国务院广播电影电视行政部门作出的停止发行、放映的决定，电影发行单位、电影放映单位应当执行。 　　**第四十三条**　利用电影片制作音像制品的，应当遵守国家有关音像制品管理的规定。 　　任何单位和个人不得利用电影资料片从事或者变相从事经营性的发行、放映活动。 　　**第四十四条**　放映电影片，应当符合国家规定的国产电影片与进口电影片放映的时间比例。 　　放映单位年放映国产电影片的时间不得低于年放映电影片时间总和的三分之二。 　　**第四十五条**　电影放映单位应当维护电影院的公共秩序和环境卫生，保证观众的安全与健康。 　　**第五十六条**　摄制含有本条例第二十五条禁止内容的电影片，或者洗印加工、进口、发行、放映明知或者应知含有本条例第二十五条禁止内容的电影片的，依照刑法有关规定，依法追究刑事责任；尚不够刑事处罚的，由电影行政部门责令停业整顿，没收违法经营的电影片和违法所得；违法所得5万元以上的，并处违法所得5倍以上10倍以下的罚款；没有违法所得或者违法所得不足5万元的，并处20万元以上50万元以下的罚款；情节严重的，并由原发证机关吊销许可证。 　　**第五十七条**　走私电影片，依照刑法关于走私罪的规定，依法追究刑事责任；尚不够刑事处罚的，由海关依法给予行政处罚。
相关法律法规（26）	《信息网络传播权保护条例》（节录） 　　（2006年5月18日国务院令第468号公布，根据2013年1月30日中华人民共和国国务院令第634号《国务院关于修改〈信息网络传播权保护条例〉的决定》修订并重新公布，自2013年3月1日起施行） 　　**第五条**　未经权利人许可，任何组织或者个人不得进行下列行为： 　　（一）故意删除或者改变通过信息网络向公众提供的作品、表演、录音录像制品的权利管理电子信息，但由于技术上的原因无法避免删除或者改变的除外； 　　（二）通过信息网络向公众提供明知或者应知未经权利人许可被删除或者改变权利管理电子信息的作品、表演、录音录像制品。 　　**第六条**　通过信息网络提供他人作品，属于下列情形的，可以不经著作权人许可，不向其支付报酬： 　　（一）为介绍、评论某一作品或者说明某一问题，在向公众提供的作品中适当引用已经发表的作品； 　　（二）为报道时事新闻，在向公众提供的作品中不可避免地再现或者引用已经发表的作品； 　　（三）为学校课堂教学或者科学研究，向少数教学、科研人员提供少量已经发表的作品；

相关执法参考	相关法律法规(26)	

（四）国家机关为执行公务，在合理范围内向公众提供已经发表的作品；

（五）将中国公民、法人或者其他组织已经发表的、以汉语言文字创作的作品翻译成的少数民族语言文字作品，向中国境内少数民族提供；

（六）不以营利为目的，以盲人能够感知的独特方式向盲人提供已经发表的文字作品；

（七）向公众提供在信息网络上已经发表的关于政治、经济问题的时事性文章；

（八）向公众提供在公众集会上发表的讲话。

第十条　依照本条例规定不经著作权人许可、通过信息网络向公众提供其作品的，还应当遵守下列规定：

（一）除本条例第六条第（一）项至第（六）项、第七条规定的情形外，不得提供作者事先声明不许提供的作品；

（二）指明作品的名称和作者的姓名（名称）；

（三）依照本条例规定支付报酬；

（四）采取技术措施，防止本条例第七条、第八条、第九条规定的服务对象以外的其他人获得著作权人的作品，并防止本条例第七条规定的服务对象的复制行为对著作权人利益造成实质性损害；

（五）不得侵犯著作权人依法享有的其他权利。

第十一条　通过信息网络提供他人表演、录音录像制品的，应当遵守本条例第六条至第十条的规定。

第十二条　属于下列情形的，可以避开技术措施，但不得向他人提供避开技术措施的技术、装置或者部件，不得侵犯权利人依法享有的其他权利：

（一）为学校课堂教学或者科学研究，通过信息网络向少数教学、科研人员提供已经发表的作品、表演、录音录像制品，而该作品、表演、录音录像制品只能通过信息网络获取；

（二）不以营利为目的，通过信息网络以盲人能够感知的独特方式向盲人提供已经发表的文字作品，而该作品只能通过信息网络获取；

（三）国家机关依照行政、司法程序执行公务；

（四）在信息网络上对计算机及其系统或者网络的安全性能进行测试。

第十八条　违反本条例规定，有下列侵权行为之一的，根据情况承担停止侵害、消除影响、赔礼道歉、赔偿损失等民事责任；同时损害公共利益的，可以由著作权行政管理部门责令停止侵权行为，没收违法所得，并可处10万元以下的罚款；情节严重的，著作权行政管理部门可以没收主要用于提供网络服务的计算机等设备；构成犯罪的，依法追究刑事责任：

（一）通过信息网络擅自向公众提供他人的作品、表演、录音录像制品的；

（二）故意避开或者破坏技术措施的；

（三）故意删除或者改变通过信息网络向公众提供的作品、表演、录音录像制品的权利管理电子信息，或者通过信息网络向公众提供明知或者应知未经权利人许可而被删除或者改变权利管理电子信息的作品、表演、录音录像制品的；

（四）为扶助贫困通过信息网络向农村地区提供作品、表演、录音录像制品超过规定范围，或者未按照公告的标准支付报酬，或者在权利人不同意提供其作品、表演、录音录像制品后未立即删除的；

（五）通过信息网络提供他人的作品、表演、录音录像制品，未指明作品、表演、录音录像制品的名称或者作者、表演者、录音录像制作者的姓名（名称），或者未支付报酬，或者未依照本条例规定采取技术措施防止服务对象以外的其他人获得他人的作品、表演、录音录像制品，或者未防止服务对象的复制行为对权利人利益造成实质性损害的。

第十九条　违反本条例规定，有下列行为之一的，由著作权行政管理部门予以警告，没收违法所得，没收主要用于避开、破坏技术措施的装置或者部件；情节严重的，可以没收主要用于提供网络服务的计算机等设备，并可处以 10 万元以下的罚款；构成犯罪的，依法追究刑事责任：

（一）故意制造、进口或者向他人提供主要用于避开、破坏技术措施的装置或者部件，或者故意为他人避开或者破坏技术措施提供技术服务的；

（二）通过信息网络提供他人的作品、表演、录音录像制品，获得经济利益的；

（三）为扶助贫困通过信息网络向农村地区提供作品、表演、录音录像制品，未在提供前公告作品、表演、录音录像制品的名称和作者、表演者、录音录像制作者的姓名（名称）以及报酬标准的。

第二十六条 本条例下列用语的含义：

信息网络传播权，是指以有线或者无线方式向公众提供作品、表演或者录音录像制品，使公众可以在其个人选定的时间和地点获得作品、表演或者录音录像制品的权利。

技术措施，是指用于防止、限制未经权利人许可浏览、欣赏作品、表演、录音录像制品的或者通过信息网络向公众提供作品、表演、录音录像制品的有效技术、装置或者部件。

权利管理电子信息，是指说明作品及其作者、表演及其表演者、录音录像制品及其制作者的信息，作品、表演、录音录像制品权利人的信息和使用条件的信息，以及表示上述信息的数字或者代码。

第二十七条 本条例自 2006 年 7 月 1 日起施行。

《网络出版服务管理规定》（节录）

（2015 年 8 月 20 日国家新闻出版广电总局局务会议通过，并经工业和信息化部同意，现予公布，自 2016 年 3 月 10 日起施行）

第二条 在中华人民共和国境内从事网络出版服务，适用本规定。

本规定所称网络出版服务，是指通过信息网络向公众提供网络出版物。

本规定所称网络出版物，是指通过信息网络向公众提供的，具有编辑、制作、加工等出版特征的数字化作品，范围主要包括：

（一）文学、艺术、科学等领域内具有知识性、思想性的文字、图片、地图、游戏、动漫、音视频读物等原创数字化作品；

（二）与已出版的图书、报纸、期刊、音像制品、电子出版物等内容相一致的数字化作品；

（三）将上述作品通过选择、编排、汇集等方式形成的网络文献数据库等数字化作品；

（四）国家新闻出版广电总局认定的其他类型的数字化作品。

网络出版服务的具体业务分类另行制定。

第三条 从事网络出版服务，应当遵守宪法和有关法律、法规，坚持为人民服务、为社会主义服务的方向，坚持社会主义先进文化的前进方向，弘扬社会主义核心价值观，传播和积累一切有益于提高民族素质、推动经济发展、促进社会进步的思想道德、科学技术和文化知识，满足人民群众日益增长的精神文化需要。

第四条 国家新闻出版广电总局作为网络出版服务的行业主管部门，负责全国网络出版服务的前置审批和监督管理工作。工业和信息化部作为互联网行业主管部门，依据职责对全国网络出版服务实施相应的监督管理。

地方人民政府各级出版行政主管部门和各省级电信主管部门依据各自职责对本行政区域内网络出版服务及接入服务实施相应的监督管理工作并做好配合工作。

第五条 出版行政主管部门根据已经取得的违法嫌疑证据或者举报，对涉嫌违法从事网络出版服务的行为进行查处时，可以检查与涉嫌违法行为有关的物品和经营场所；对有证据证明是与违法行为有关的物品，可以查封或者扣押。

第六条　国家鼓励图书、音像、电子、报纸、期刊出版单位从事网络出版服务，加快与新媒体的融合发展。

国家鼓励组建网络出版服务行业协会，按照章程，在出版行政主管部门的指导下制定行业自律规范，倡导网络文明，传播健康有益内容，抵制不良有害内容。

第七条　从事网络出版服务，必须依法经过出版行政主管部门批准，取得《网络出版服务许可证》。

第八条　图书、音像、电子、报纸、期刊出版单位从事网络出版服务，应当具备以下条件：

（一）有确定的从事网络出版业务的网站域名、智能终端应用程序等出版平台；

（二）有确定的网络出版服务范围；

（三）有从事网络出版服务所需的必要的技术设备，相关服务器和存储设备必须存放在中华人民共和国境内。

第九条　其他单位从事网络出版服务，除第八条所列条件外，还应当具备以下条件：

（一）有确定的、不与其他出版单位相重复的，从事网络出版服务主体的名称及章程；

（二）有符合国家规定的法定代表人和主要负责人，法定代表人必须是在境内长久居住的具有完全行为能力的中国公民，法定代表人和主要负责人至少1人应当具有中级以上出版专业技术人员职业资格；

（三）除法定代表人和主要负责人外，有适应网络出版服务范围需要的8名以上具有国家新闻出版广电总局认可的出版及相关专业技术职业资格的专职编辑出版人员，其中具有中级以上职业资格的人员不得少于3名；

（四）有从事网络出版服务所需的内容审校制度；

（五）有固定的工作场所；

（六）法律、行政法规和国家新闻出版广电总局规定的其他条件。

第十条　中外合资经营、中外合作经营和外资经营的单位不得从事网络出版服务。

网络出版服务单位与境内中外合资经营、中外合作经营、外资经营企业或境外组织及个人进行网络出版服务业务的项目合作，应当事前报国家新闻出版广电总局审批。

第十一条　申请从事网络出版服务，应当向所在地省、自治区、直辖市出版行政主管部门提出申请，经审核同意后，报国家新闻出版广电总局审批。国家新闻出版广电总局应当自受理申请之日起60日内，作出批准或者不予批准的决定。不批准的，应当说明理由。

第十二条　从事网络出版服务的申报材料，应该包括下列内容：

（一）《网络出版服务许可证申请表》；

（二）单位章程及资本来源性质证明；

（三）网络出版服务可行性分析报告，包括资金使用、产品规划、技术条件、设备配备、机构设置、人员配备、市场分析、风险评估、版权保护措施等；

（四）法定代表人和主要负责人的简历、住址、身份证明文件；

（五）编辑出版等相关专业技术人员的国家认可的职业资格证明和主要从业经历及培训证明；

（六）工作场所使用证明；

（七）网站域名注册证明、相关服务器存放在中华人民共和国境内的承诺。

本规定第八条所列单位从事网络出版服务的，仅提交前款（一）、（六）、（七）项规定的材料。

第十三条　设立网络出版服务单位的申请者应自收到批准决定之日起30日内办理注册登记手续：

（一）持批准文件到所在地省、自治区、直辖市出版行政主管部门领取并填写《网络出版服务许可登记表》；

（二）省、自治区、直辖市出版行政主管部门对《网络出版服务许可登记表》审核无误后，在 10 日内向申请者发放《网络出版服务许可证》；

（三）《网络出版服务许可登记表》一式三份，由申请者和省、自治区、直辖市出版行政主管部门各存一份，另一份由省、自治区、直辖市出版行政主管部门在 15 日内报送国家新闻出版广电总局备案。

第十四条 《网络出版服务许可证》有效期为 5 年。有效期届满，需继续从事网络出版服务活动的，应于有效期届满 60 日前按本规定第十一条的程序提出申请。出版行政主管部门应当在该许可有效期届满前作出是否准予延续的决定。批准的，换发《网络出版服务许可证》。

第十五条 网络出版服务经批准后，申请者应持批准文件、《网络出版服务许可证》到所在地省、自治区、直辖市电信主管部门办理相关手续。

第十六条 网络出版服务单位变更《网络出版服务许可证》许可登记事项、资本结构，合并或者分立，设立分支机构的，应依据本规定第十一条办理审批手续，并应持批准文件到所在地省、自治区、直辖市电信主管部门办理相关手续。

第十七条 网络出版服务单位中止网络出版服务的，应当向所在地省、自治区、直辖市出版行政主管部门备案，并说明理由和期限；网络出版服务单位中止网络出版服务不得超过 180 日。

网络出版服务单位终止网络出版服务的，应当自终止网络出版服务之日起 30 日内，向所在地省、自治区、直辖市出版行政主管部门办理注销手续后到省、自治区、直辖市电信主管部门办理相关手续。省、自治区、直辖市出版行政主管部门将相关信息报国家新闻出版广电总局备案。

第十八条 网络出版服务单位自登记之日起满 180 日未开展网络出版服务的，由原登记的出版行政主管部门注销登记，并报国家新闻出版广电总局备案。同时，通报相关省、自治区、直辖市电信主管部门。

因不可抗力或者其他正当理由发生上述所列情形的，网络出版服务单位可以向原登记的出版行政主管部门申请延期。

第十九条 网络出版服务单位应当在其网站首页上标明出版行政主管部门核发的《网络出版服务许可证》编号。

互联网相关服务提供者在为网络出版服务单位提供人工干预搜索排名、广告、推广等服务时，应当查验服务对象的《网络出版服务许可证》及业务范围。

第二十条 网络出版服务单位应当按照批准的业务范围从事网络出版服务，不得超出批准的业务范围从事网络出版服务。

第二十一条 网络出版服务单位不得转借、出租、出卖《网络出版服务许可证》或以任何形式转让网络出版服务许可。

网络出版服务单位允许其他网络信息服务提供者以其名义提供网络出版服务，属于前款所称禁止行为。

第二十二条 网络出版服务单位实行特殊管理股制度，具体办法由国家新闻出版广电总局另行制定。

第二十三条 网络出版服务单位实行编辑责任制度，保障网络出版物内容合法。

网络出版服务单位实行出版物内容审核责任制度、责任编辑制度、责任校对制度等管理制度，保障网络出版物出版质量。

在网络上出版其他出版单位已在境内合法出版的作品且不改变原出版物内容的，须在网络出版物的相应页面显著标明原出版单位名称以及书号、刊号、网络出版物号或者网址信息。

相关执法参考	相关法律法规（27）	第二十四条　网络出版物不得含有以下内容： （一）反对宪法确定的基本原则的； （二）危害国家统一、主权和领土完整的； （三）泄露国家秘密、危害国家安全或者损害国家荣誉和利益的； （四）煽动民族仇恨、民族歧视，破坏民族团结，或者侵害民族风俗、习惯的； （五）宣扬邪教、迷信的； （六）散布谣言，扰乱社会秩序，破坏社会稳定的； （七）宣扬淫秽、色情、赌博、暴力或者教唆犯罪的； （八）侮辱或者诽谤他人，侵害他人合法权益的； （九）危害社会公德或民族优秀文化传统的； （十）有法律、行政法规和国家规定禁止的其他内容的。 第二十五条　为保护未成年人合法权益，网络出版物不得含有诱发未成年人模仿违反社会公德和违法犯罪行为的内容，不得含有恐怖、残酷等妨害未成年人身心健康的内容，不得含有披露未成年人个人隐私的内容。 第二十六条　网络出版服务单位出版涉及国家安全、社会安定等方面重大选题的内容，应当按照国家新闻出版广电总局有关重大选题备案管理的规定办理备案手续。未经备案的重大选题内容，不得出版。 第二十七条　网络游戏上网出版前，必须向所在地省、自治区、直辖市出版行政主管部门提出申请，经审核同意后，报国家新闻出版广电总局审批。 第二十八条　网络出版物的内容不真实或不公正，致使公民、法人或者其他组织合法权益受到侵害的，相关网络出版服务单位应当停止侵权，公开更正，消除影响，并依法承担其他民事责任。 第二十九条　国家对网络出版物实行标识管理，具体办法由国家新闻出版广电总局另行制定。 第三十条　网络出版物必须符合国家的有关规定和标准要求，保证出版物质量。 网络出版物使用语言文字，必须符合国家法律规定和有关标准规范。 第三十一条　网络出版服务单位应当按照国家有关规定或技术标准，配备应用必要的设备和系统，建立健全各项管理制度，保障信息安全、内容合法，并为出版行政主管部门依法履行监督管理职责提供技术支持。 第三十二条　网络出版服务单位在网络上提供境外出版物，应当取得著作权合法授权。其中，出版境外著作权人授权的网络游戏，须按本规定第二十七条办理审批手续。 第三十三条　网络出版服务单位发现其出版的网络出版物含有本规定第二十四条、第二十五条所列内容的，应当立即删除，保存有关记录，并向所在地县级以上出版行政主管部门报告。 第三十四条　网络出版服务单位应记录所出版作品的内容及其时间、网址或者域名，记录应当保存60日，并在国家有关部门依法查询时，予以提供。 第三十五条　网络出版服务单位须遵守国家统计规定，依法向出版行政主管部门报送统计资料。
	相关法律法规（28）	《计算机软件保护条例》 　　（2001年12月20日中华人民共和国国务院令第339号公布，根据2011年1月8日《国务院关于废止和修改部分行政法规的决定》第一次修订，根据2013年1月30日《国务院关于修改〈计算机软件保护条例〉的决定》第二次修订并重新公布，自2013年3月1日起施行） 　　第一章　总　则 　　第一条　为了保护计算机软件著作权人的权益，调整计算机软件在开发、传播和使用

中发生的利益关系，鼓励计算机软件的开发与应用，促进软件产业和国民经济信息化的发展，根据《中华人民共和国著作权法》，制定本条例。

第二条 本条例所称计算机软件（以下简称软件），是指计算机程序及其有关文档。

第三条 本条例下列用语的含义：

（一）计算机程序，是指为了得到某种结果而可以由计算机等具有信息处理能力的装置执行的代码化指令序列，或者可以被自动转换成代码化指令序列的符号化指令序列或者符号化语句序列。同一计算机程序的源程序和目标程序为同一作品。

（二）文档，是指用来描述程序的内容、组成、设计、功能规格、开发情况、测试结果及使用方法的文字资料和图表等，如程序设计说明书、流程图、用户手册等。

（三）软件开发者，是指实际组织开发、直接进行开发，并对开发完成的软件承担责任的法人或者其他组织；或者依靠自己具有的条件独立完成软件开发，并对软件承担责任的自然人。

（四）软件著作权人，是指依照本条例的规定，对软件享有著作权的自然人、法人或者其他组织。

第四条 受本条例保护的软件必须由开发者独立开发，并已固定在某种有形物体上。

第五条 中国公民、法人或者其他组织对其所开发的软件，不论是否发表，依照本条例享有著作权。

外国人、无国籍人的软件首先在中国境内发行的，依照本条例享有著作权。

外国人、无国籍人的软件，依照其开发者所属国或者经常居住地国同中国签订的协议或者依照中国参加的国际条约享有的著作权，受本条例保护。

第六条 本条例对软件著作权的保护不延及开发软件所用的思想、处理过程、操作方法或者数学概念等。

第七条 软件著作权人可以向国务院著作权行政管理部门认定的软件登记机构办理登记。软件登记机构发放的登记证明文件是登记事项的初步证明。

办理软件登记应当缴纳费用。软件登记的收费标准由国务院著作权行政管理部门会同国务院价格主管部门规定。

第二章 软件著作权

第八条 软件著作权人享有下列各项权利：

（一）发表权，即决定软件是否公之于众的权利；

（二）署名权，即表明开发者身份，在软件上署名的权利；

（三）修改权，即对软件进行增补、删节，或者改变指令、语句顺序的权利；

（四）复制权，即将软件制作一份或者多份的权利；

（五）发行权，即以出售或者赠与方式向公众提供软件的原件或者复制件的权利；

（六）出租权，即有偿许可他人临时使用软件的权利，但是软件不是出租的主要标的的除外；

（七）信息网络传播权，即以有线或者无线方式向公众提供软件，使公众可以在其个人选定的时间和地点获得软件的权利；

（八）翻译权，即将原软件从一种自然语言文字转换成另一种自然语言文字的权利；

（九）应当由软件著作权人享有的其他权利。

软件著作权人可以许可他人行使其软件著作权，并有权获得报酬。

软件著作权人可以全部或者部分转让其软件著作权，并有权获得报酬。

第九条 软件著作权属于软件开发者，本条例另有规定的除外。

如无相反证明，在软件上署名的自然人、法人或者其他组织为开发者。

第十条 由两个以上的自然人、法人或者其他组织合作开发的软件，其著作权的归属由合作开发者签订书面合同约定。无书面合同或者合同未作明确约定，合作开发的软件可以分割使用的，开发者对各自开发的部分可以单独享有著作权；但是，行使著作权时，不得扩展到合作开发的软件整体的著作权。合作开发的软件不能分割使用的，其著作权由各合作开发者共同享有，通过协商一致行使；不能协商一致，又无正当理由的，任何一方不得阻止他方行使除转让权以外的其他权利，但是所得收益应当合理分配给所有合作开发者。

第十一条 接受他人委托开发的软件，其著作权的归属由委托人与受托人签订书面合同约定；无书面合同或者合同未作明确约定的，其著作权由受托人享有。

第十二条 由国家机关下达任务开发的软件，著作权的归属与行使由项目任务书或者合同规定；项目任务书或者合同中未作明确规定的，软件著作权由接受任务的法人或者其他组织享有。

第十三条 自然人在法人或者其他组织中任职期间所开发的软件有下列情形之一的，该软件著作权由该法人或者其他组织享有，该法人或者其他组织可以对开发软件的自然人进行奖励：

（一）针对本职工作中明确指定的开发目标所开发的软件；

（二）开发的软件是从事本职工作活动所预见的结果或者自然的结果；

（三）主要使用了法人或者其他组织的资金、专用设备、未公开的专门信息等物质技术条件所开发并由法人或者其他组织承担责任的软件。

第十四条 软件著作权自软件开发完成之日起产生。

自然人的软件著作权，保护期为自然人终生及其死亡后 50 年，截止于自然人死亡后第 50 年的 12 月 31 日；软件是合作开发的，截止于最后死亡的自然人死亡后第 50 年的 12 月 31 日。

法人或者其他组织的软件著作权，保护期为 50 年，截止于软件首次发表后第 50 年的 12 月 31 日，但软件自开发完成之日起 50 年内未发表的，本条例不再保护。

第十五条 软件著作权属于自然人的，该自然人死亡后，在软件著作权的保护期内，软件著作权的继承人可以依照《中华人民共和国继承法》的有关规定，继承本条例第八条规定的除署名权以外的其他权利。

软件著作权属于法人或者其他组织的，法人或者其他组织变更、终止后，其著作权在本条例规定的保护期内由承受其权利义务的法人或者其他组织享有；没有承受其权利义务的法人或者其他组织的，由国家享有。

第十六条 软件的合法复制品所有人享有下列权利：

（一）根据使用的需要把该软件装入计算机等具有信息处理能力的装置内；

（二）为了防止复制品损坏而制作备份复制品。这些备份复制品不得通过任何方式提供给他人使用，并在所有人丧失该合法复制品的所有权时，负责将备份复制品销毁；

（三）为了把该软件用于实际的计算机应用环境或者改进其功能、性能而进行必要的修改；但是，除合同另有约定外，未经该软件著作权人许可，不得向任何第三方提供修改后的软件。

第十七条 为了学习和研究软件内含的设计思想和原理，通过安装、显示、传输或者存储软件等方式使用软件的，可以不经软件著作权人许可，不向其支付报酬。

第三章 软件著作权的许可使用和转让

第十八条 许可他人行使软件著作权的，应当订立许可使用合同。

许可使用合同中软件著作权人未明确许可的权利，被许可人不得行使。

第十九条 许可他人专有行使软件著作权的，当事人应当订立书面合同。

没有订立书面合同或者合同中未明确约定为专有许可的，被许可行使的权利应当视为非专有权利。

第二十条 转让软件著作权的，当事人应当订立书面合同。

第二十一条　订立许可他人专有行使软件著作权的许可合同，或者订立转让软件著作权合同，可以向国务院著作权行政管理部门认定的软件登记机构登记。

第二十二条　中国公民、法人或者其他组织向外国人许可或者转让软件著作权的，应当遵守《中华人民共和国技术进出口管理条例》的有关规定。

第四章　法律责任

第二十三条　除《中华人民共和国著作权法》或者本条例另有规定外，有下列侵权行为的，应当根据情况，承担停止侵害、消除影响、赔礼道歉、赔偿损失等民事责任：

（一）未经软件著作权人许可，发表或者登记其软件的；

（二）将他人软件作为自己的软件发表或者登记的；

（三）未经合作者许可，将与他人合作开发的软件作为自己单独完成的软件发表或者登记的；

（四）在他人软件上署名或者更改他人软件上的署名的；

（五）未经软件著作权人许可，修改、翻译其软件的；

（六）其他侵犯软件著作权的行为。

第二十四条　除《中华人民共和国著作权法》、本条例或者其他法律、行政法规另有规定外，未经软件著作权人许可，有下列侵权行为的，应当根据情况，承担停止侵害、消除影响、赔礼道歉、赔偿损失等民事责任；同时损害社会公共利益的，由著作权行政管理部门责令停止侵权行为，没收违法所得，没收、销毁侵权复制品，可以并处罚款；情节严重的，著作权行政管理部门并可以没收主要用于制作侵权复制品的材料、工具、设备等；触犯刑律的，依照刑法关于侵犯著作权罪、销售侵权复制品罪的规定，依法追究刑事责任：

（一）复制或者部分复制著作权人的软件的；

（二）向公众发行、出租、通过信息网络传播著作权人的软件的；

（三）故意避开或者破坏著作权人为保护其软件著作权而采取的技术措施的；

（四）故意删除或者改变软件权利管理电子信息的；

（五）转让或者许可他人行使著作权人的软件著作权的。

有前款第一项或者第二项行为的，可以并处每件 100 元或者货值金额 1 倍以上 5 倍以下的罚款；有前款第三项、第四项或者第五项行为的，可以并处 20 万元以下的罚款。

第二十五条　侵犯软件著作权的赔偿数额，依照《中华人民共和国著作权法》第四十九条的规定确定。

第二十六条　软件著作权人有证据证明他人正在实施或者即将实施侵犯其权利的行为，如不及时制止，将会使其合法权益受到难以弥补的损害的，可以依照《中华人民共和国著作权法》第五十条的规定，在提起诉讼前向人民法院申请采取责令停止有关行为和财产保全的措施。

第二十七条　为了制止侵权行为，在证据可能灭失或者以后难以取得的情况下，软件著作权人可以依照《中华人民共和国著作权法》第五十一条的规定，在提起诉讼前向人民法院申请保全证据。

第二十八条　软件复制品的出版者、制作者不能证明其出版、制作有合法授权的，或者软件复制品的发行者、出租者不能证明其发行、出租的复制品有合法来源的，应当承担法律责任。

第二十九条　软件开发者开发的软件，由于可供选用的表达方式有限而与已经存在的软件相似的，不构成对已经存在的软件的著作权的侵犯。

第三十条　软件的复制品持有人不知道也没有合理理由应当知道该软件是侵权复制品的，不承担赔偿责任；但是，应当停止使用、销毁该侵权复制品。如果停止使用并销毁该侵权复制品将给复制品使用人造成重大损失的，复制品使用人可以在向软件著作权人支付

相关执法参考	相关法律法规（28）	合理费用后继续使用。 第三十一条　软件著作权侵权纠纷可以调解。 软件著作权合同纠纷可以依据合同中的仲裁条款或者事后达成的书面仲裁协议，向仲裁机构申请仲裁。 当事人没有在合同中订立仲裁条款，事后又没有书面仲裁协议的，可以直接向人民法院提起诉讼。 第五章　附　则 第三十二条　本条例施行前发生的侵权行为，依照侵权行为发生时的国家有关规定处理。 第三十三条　本条例自 2002 年 1 月 1 日起施行。1991 年 6 月 4 日国务院发布的《计算机软件保护条例》同时废止。
	相关法律法规（29）	《计算机软件著作权登记办法》 （2002 年 2 月 20 日家版权局令第 1 号发布，自发布之日起施行） 第一章　总　则 第一条　为贯彻《计算机软件保护条例》（以下简称《条例》）制定本办法。 第二条　为促进我国软件产业发展，增强我国信息产业的创新能力和竞争能力，国家著作权行政管理部门鼓励软件登记，并对登记的软件予以重点保护。 第三条　本办法适用于软件著作权登记、软件著作权专有许可合同和转让合同登记。 第四条　软件著作权登记申请人应当是该软件的著作权人以及通过继承、受让或者承受软件著作权的自然人、法人或者其他组织。 软件著作权合同登记的申请人，应当是软件著作权专有许可合同或者转让合同的当事人。 第五条　申请人或者申请人之一为外国人、无国籍人的，适用本办法。 第六条　国家版权局主管全国软件著作权登记管理工作。 国家版权局认定中国版权保护中心为软件登记机构。 经国家版权局批准，中国版权保护中心可以在地方设立软件登记办事机构。 第二章　登记申请 第七条　申请登记的软件应是独立开发的，或者经原著作权人许可对原有软件修改后形成的在功能或者性能方面有重要改进的软件。 第八条　合作开发的软件进行著作权登记的，可以由全体著作权人协商确定一名著作权人作为代表办理。著作权人协商不一致的，任何著作权人均可在不损害其他著作权人利益的前提下申请登记，但应注明其他著作权人。 第九条　申请软件著作权登记的，应当向中国版权保护中心提交以下材料： （一）按要求填写的软件著作权登记申请表； （二）软件的鉴别材料； （三）相关的证明文件。 第十条　软件的鉴别材料包括程序和文档的鉴别材料。 程序和文档的鉴别材料应当由源程序和任何一种文档前、后各连续 30 页组成。整个程序和文档不到 60 页的，应当提交整个源程序和文档。除特定情况外，程序每页不少于 50 行，文档每页不少于 30 行。 第十一条　申请软件著作权登记的，应当提交以下主要证明文件： （一）自然人、法人或者其他组织的身份证明； （二）有著作权归属书面合同或者项目任务书的，应当提交合同或者项目任务书； （三）经原软件著作权人许可，在原有软件上开发的软件，应当提交原著作权人的许可证明； （四）权利继承人、受让人或者承受人，提交权利继承、受让或者承受的证明。

| 相关执法参考 | 相关法律法规(29) | 第十二条 申请软件著作权登记的，可以选择以下方式之一对鉴别材料作例外交存：
（一）源程序的前、后各连续的 30 页，其中的机密部分用黑色宽斜线覆盖，但覆盖部分不得超过交存源程序的 50%；
（二）源程序连续的前 10 页，加上源程序的任何部分的连续的 50 页；
（三）目标程序的前、后各连续的 30 页，加上源程序的任何部分的连续的 20 页。
文档作例外交存的，参照前款规定处理。
第十三条 软件著作权登记时，申请人可以申请将源程序、文档或者样品进行封存。除申请人或者司法机关外，任何人不得启封。
第十四条 软件著作权转让合同或者专有许可合同当事人可以向中国版权保护中心申请合同登记。申请合同登记时，应当提交以下材料：
（一）按要求填写的合同登记表；
（二）合同复印件；
（三）申请人身份证明。
第十五条 申请人在登记申请批准之前，可以随时请求撤回申请。
第十六条 软件著作权登记人或者合同登记人可以对已经登记的事项作变更或者补充。申请登记变更或者补充时，申请人应当提交以下材料：
（一）按照要求填写的变更或者补充申请表；
（二）登记证书或者证明的复印件；
（三）有关变更或者补充的材料。
第十七条 登记申请应当使用中国版权保护中心制定的统一表格，并由申请人盖章（签名）。
申请表格应当使用中文填写。提交的各种证件和证明文件是外文的，应当附中文译本。
申请登记的文件应当使用国际标准 A4 型 297mm×210mm（长×宽）纸张。
第十八条 申请文件可以直接递交或者挂号邮寄。申请人提交有关申请文件时，应当注明申请人、软件的名称，有受理号或登记号的，应当注明受理号或登记号。
第三章 审查和批准
第十九条 对于本办法第九条和第十四条所指的申请，以收到符合本办法第二章规定的材料之日为受理日，并书面通知申请人。
第二十条 中国版权保护中心应当自受理日起 60 日内审查完成所受理的申请，申请符合《条例》和本办法规定的，予以登记，发给相应的登记证书，并予以公告。
第二十一条 有下列情况之一的，不予登记并书面通知申请人：
（一）表格内容填写不完整、不规范，且未在指定期限内补正的；
（二）提交的鉴别材料不是《条例》规定的软件程序和文档的；
（三）申请文件中出现的软件名称、权利人署名不一致，且未提交证明文件的；
（四）申请登记的软件存在权属争议的。
第二十二条 中国版权保护中心要求申请人补正其他登记材料的，申请人应当在 30 日内补正，逾期未补正的，视为撤回申请。
第二十三条 国家版权局根据下列情况之一，可以撤销登记：
（一）最终的司法判决；
（二）著作权行政管理部门作出的行政处罚决定。
第二十四条 中国版权保护中心可以根据申请人的申请，撤销登记。
第二十五条 登记证书遗失或损坏的，可申请补发或换发。
第四章 软件登记公告
第二十六条 除本办法另有规定外，任何人均可查阅软件登记公告以及可公开的有关|

相关执法参考	相关法律法规（29）	登记文件。 第二十七条　软件登记公告的内容如下： （一）软件著作权的登记； （二）软件著作权合同登记事项； （三）软件登记的撤销； （四）其他事项。 **第五章　费　用** 第二十八条　申请软件登记或者办理其他事项，应当交纳下列费用： （一）软件著作权登记费； （二）软件著作权合同登记费； （三）变更或补充登记费； （四）登记证书费； （五）封存保管费； （六）例外交存费； （七）查询费； （八）撤销登记申请费； （九）其他需交纳的费用。 具体收费标准由国家版权局会同国务院价格主管部门规定并公布。 第二十九条　申请人自动撤回申请或者登记机关不予登记的，所交费用不予退回。 第三十条　本办法第二十八条规定的各种费用，可以通过邮局或银行汇付，也可以直接向中国版权保护中心交纳。 **第六章　附　则** 第三十一条　本办法规定的、中国版权保护中心指定的各种期限，第一日不计算在内。期限以年或者月计算的，以最后一个月的相应日为届满日；该月无相应日的，以该月的最后一日为届满日。届满日是法定节假日的，以节假日后的第一个工作日为届满日。 第三十二条　申请人向中国版权保护中心邮寄的各种文件，以寄出的邮戳日为递交日。信封上寄出的邮戳日不清晰的，除申请人提出证明外，以收到日为递交日。中国版权保护中心邮寄的各种文件，送达地是省会、自治区首府及直辖市的，自文件发出之日满十五日，其他地区满二十一日，推定为收件人收到文件之日。 第三十三条　申请人因不可抗力或其他正当理由，延误了本办法规定或者中国版权保护中心指定的期限，在障碍消除后三十日内，可以请求顺延期限。 第三十四条　本办法由国家版权局负责解释和补充修订。 第三十五条　本办法自发布之日起实施。
	相关法律法规（30）	《集成电路布图设计保护条例》 （2001年3月28日国务院第36次常务会议通过，2001年4月2日国务院令第300号公布，自2001年10月1日起施行） **第一章　总　则** 第一条　为了保护集成电路布图设计专有权，鼓励集成电路技术的创新，促进科学技术的发展，制定本条例。 第二条　本条例下列用语的含义： （一）集成电路，是指半导体集成电路，即以半导体材料为基片，将至少有一个是有源元件的两个以上元件和部分或者全部互连线路集成在基片之中或者基片之上，以执行某种电子功能的中间产品或者最终产品； （二）集成电路布图设计（以下简称布图设计），是指集成电路中至少有一个是有源元件的两个以上元件和部分或者全部互连线路的三维配置，或者为制造集成电路而准备的

上述三维配置；

（三）布图设计权利人，是指依照本条例的规定，对布图设计享有专有权的自然人、法人或者其他组织；

（四）复制，是指重复制作布图设计或者含有该布图设计的集成电路的行为；

（五）商业利用，是指为商业目的进口、销售或者以其他方式提供受保护的布图设计、含有该布图设计的集成电路或者含有该集成电路的物品的行为。

第三条　中国自然人、法人或者其他组织创作的布图设计，依照本条例享有布图设计专有权。

外国人创作的布图设计首先在中国境内投入商业利用的，依照本条例享有布图设计专有权。

外国人创作的布图设计，其创作者所属国同中国签订有关布图设计保护协议或者与中国共同参加有关布图设计保护国际条约的，依照本条例享有布图设计专有权。

第四条　受保护的布图设计应当具有独创性，即该布图设计是创作者自己的智力劳动成果，并且在其创作时该布图设计在布图设计创作者和集成电路制造者中不是公认的常规设计。

受保护的由常规设计组成的布图设计，其组合作为整体应当符合前款规定的条件。

第五条　本条例对布图设计的保护，不延及思想、处理过程、操作方法或者数学概念等。

第六条　国务院知识产权行政部门依照本条例的规定，负责布图设计专有权的有关管理工作。

第二章　布图设计专有权

第七条　布图设计权利人享有下列专有权：

（一）对受保护的布图设计的全部或者其中任何具有独创性的部分进行复制；

（二）将受保护的布图设计、含有该布图设计的集成电路或者含有该集成电路的物品投入商业利用。

第八条　布图设计专有权经国务院知识产权行政部门登记产生。

未经登记的布图设计不受本条例保护。

第九条　布图设计专有权属于布图设计创作者，本条例另有规定的除外。

由法人或者其他组织主持，依据法人或者其他组织的意志而创作，并由法人或者其他组织承担责任的布图设计，该法人或者其他组织是创作者。

由自然人创作的布图设计，该自然人是创作者。

第十条　两个以上自然人、法人或者其他组织合作创作的布图设计，其专有权的归属由合作者约定；未作约定或者约定不明的，其专有权由合作者共同享有。

第十一条　受委托创作的布图设计，其专有权的归属由委托人和受托人双方约定；未作约定或者约定不明的，其专有权由受托人享有。

第十二条　布图设计专有权的保护期为10年，自布图设计登记申请之日或者在世界任何地方首次投入商业利用之日起计算，以较前日期为准。但是，无论是否登记或者投入商业利用，布图设计自创作完成之日起15年后，不再受本条例保护。

第十三条　布图设计专有权属于自然人的，该自然人死亡后，其专有权在本条例规定的保护期内依照继承法的规定转移。

布图设计专有权属于法人或者其他组织的，法人或者其他组织变更、终止后，其专有权在本条例规定的保护期内由承继其权利、义务的法人或者其他组织享有；没有承继其权利、义务的法人或者其他组织的，该布图设计进入公有领域。

第三章　布图设计的登记

第十四条　国务院知识产权行政部门负责布图设计登记工作，受理布图设计登记申请。

第十五条　申请登记的布图设计涉及国家安全或者重大利益，需要保密的，按照国家有关规定办理。

第十六条　申请布图设计登记，应当提交：

（一）布图设计登记申请表；

（二）布图设计的复制件或者图样；

（三）布图设计已投入商业利用的，提交含有该布图设计的集成电路样品；

（四）国务院知识产权行政部门规定的其他材料。

第十七条　布图设计自其在世界任何地方首次商业利用之日起2年内，未向国务院知识产权行政部门提出登记申请的，国务院知识产权行政部门不再予以登记。

第十八条　布图设计登记申请经初步审查，未发现驳回理由的，由国务院知识产权行政部门予以登记，发给登记证明文件，并予以公告。

第十九条　布图设计登记申请人对国务院知识产权行政部门驳回其登记申请的决定不服的，可以自收到通知之日起3个月内，向国务院知识产权行政部门请求复审。国务院知识产权行政部门复审后，作出决定，并通知布图设计登记申请人。布图设计登记申请人对国务院知识产权行政部门的复审决定仍不服的，可以自收到通知之日起3个月内向人民法院起诉。

第二十条　布图设计获准登记后，国务院知识产权行政部门发现该登记不符合本条例规定的，应当予以撤销，通知布图设计权利人，并予以公告。布图设计权利人对国务院知识产权行政部门撤销布图设计登记的决定不服的，可以自收到通知之日起3个月内向人民法院起诉。

第二十一条　在布图设计登记公告前，国务院知识产权行政部门的工作人员对其内容负有保密义务。

第四章　布图设计专有权的行使

第二十二条　布图设计权利人可以将其专有权转让或者许可他人使用其布图设计。

转让布图设计专有权的，当事人应当订立书面合同，并向国务院知识产权行政部门登记，由国务院知识产权行政部门予以公告。布图设计专有权的转让自登记之日起生效。

许可他人使用其布图设计的，当事人应当订立书面合同。

第二十三条　下列行为可以不经布图设计权利人许可，不向其支付报酬：

（一）为个人目的或者单纯为评价、分析、研究、教学等目的而复制受保护的布图设计的；

（二）在依据前项评价、分析受保护的布图设计的基础上，创作出具有独创性的布图设计的；

（三）对自己独立创作的与他人相同的布图设计进行复制或者将其投入商业利用的。

第二十四条　受保护的布图设计、含有该布图设计的集成电路或者含有该集成电路的物品，由布图设计权利人或者经其许可投放市场后，他人再次商业利用的，可以不经布图设计权利人许可，并不向其支付报酬。

第二十五条　在国家出现紧急状态或者非常情况时，或者为了公共利益的目的，或者经人民法院、不正当竞争行为监督检查部门依法认定布图设计权利人有不正当竞争行为而需要给予补救时，国务院知识产权行政部门可以给予使用其布图设计的非自愿许可。

第二十六条　国务院知识产权行政部门作出给予使用布图设计非自愿许可的决定，应当及时通知布图设计权利人。

给予使用布图设计非自愿许可的决定，应当根据非自愿许可的理由，规定使用的范围和时间，其范围应当限于为公共目的非商业性使用，或者限于经人民法院、不正当竞争行为监督检查部门依法认定布图设计权利人有不正当竞争行为而需要给予的补救。

非自愿许可的理由消除并不再发生时，国务院知识产权行政部门应当根据布图设计权利人的请求，经审查后作出终止使用布图设计非自愿许可的决定。

第二十七条　取得使用布图设计非自愿许可的自然人、法人或者其他组织不享有独占的使用权，并且无权允许他人使用。

第二十八条　取得使用布图设计非自愿许可的自然人、法人或者其他组织应当向布图设计权利人支付合理的报酬，其数额由双方协商；双方不能达成协议的，由国务院知识产权行政部门裁决。

第二十九条　布图设计权利人对国务院知识产权行政部门关于使用布图设计非自愿许可的决定不服的，布图设计权利人和取得非自愿许可的自然人、法人或者其他组织对国务院知识产权行政部门关于使用布图设计非自愿许可的报酬的裁决不服的，可以自收到通知之日起3个月内向人民法院起诉。

第五章　法律责任

第三十条　除本条例另有规定的外，未经布图设计权利人许可，有下列行为之一的，行为人必须立即停止侵权行为，并承担赔偿责任：

（一）复制受保护的布图设计的全部或者其中任何具有独创性的部分的；

（二）为商业目的进口、销售或者以其他方式提供受保护的布图设计、含有该布图设计的集成电路或者含有该集成电路的物品的。

侵犯布图设计专有权的赔偿数额，为侵权人所获得的利益或者被侵权人所受到的损失，包括被侵权人为制止侵权行为所支付的合理开支。

第三十一条　未经布图设计权利人许可，使用其布图设计，即侵犯其布图设计专有权，引起纠纷的，由当事人协商解决；不愿协商或者协商不成的，布图设计权利人或者利害关系人可以向人民法院起诉，也可以请求国务院知识产权行政部门处理。国务院知识产权行政部门处理时，认定侵权行为成立的，可以责令侵权人立即停止侵权行为，没收、销毁侵权产品或者物品。当事人不服的，可以自收到处理通知之日起15日内依照《中华人民共和国行政诉讼法》向人民法院起诉；侵权人期满不起诉又不停止侵权行为的，国务院知识产权行政部门可以请求人民法院强制执行。应当事人的请求，国务院知识产权行政部门可以就侵犯布图设计专有权的赔偿数额进行调解；调解不成的，当事人可以依照《中华人民共和国民事诉讼法》向人民法院起诉。

第三十二条　布图设计权利人或者利害关系人有证据证明他人正在实施或者即将实施侵犯其专有权的行为，如不及时制止将会使其合法权益受到难以弥补的损害的，可以在起诉前依法向人民法院申请采取责令停止有关行为和财产保全的措施。

第三十三条　在获得含有受保护的布图设计的集成电路或者含有该集成电路的物品时，不知道也没有合理理由应当知道其中含有非法复制的布图设计，而将其投入商业利用的，不视为侵权。

前款行为人得到其中含有非法复制的布图设计的明确通知后，可以继续将现有的存货或者此前的订货投入商业利用，但应当向布图设计权利人支付合理的报酬。

第三十四条　国务院知识产权行政部门的工作人员在布图设计管理工作中玩忽职守、滥用职权、徇私舞弊，构成犯罪的，依法追究刑事责任；尚不构成犯罪的，依法给予行政处分。

第六章　附　则

第三十五条　申请布图设计登记和办理其他手续，应当按照规定缴纳费用。缴费标准由国务院物价主管部门、国务院知识产权行政部门制定，并由国务院知识产权行政部门公告。

第三十六条　本条例自2001年10月1日起施行。

| 相关执法参考 | 相关法律法规(31) | 《艺术品经营管理办法》
（2015年12月17日文化部部务会议审议通过）
第一章 总 则
第一条 为了加强对艺术品经营活动的管理，规范经营行为，繁荣艺术品市场，保护创作者、经营者、消费者的合法权益，制定本办法。
第二条 本办法所称艺术品，是指绘画作品、书法篆刻作品、雕塑雕刻作品、艺术摄影作品、装置艺术作品、工艺美术作品等及上述作品的有限复制品。本办法所称艺术品不包括文物。
本办法规范的艺术品经营活动包括：
（一）收购、销售、租赁；
（二）经纪；
（三）进出口经营；
（四）鉴定、评估、商业性展览等服务；
（五）以艺术品为标的物的投资经营活动及服务。
利用信息网络从事艺术品经营活动的适用本办法。
第三条 文化部负责制定艺术品经营管理政策，监督管理全国艺术品经营活动，建立艺术品市场信用监管体系。
省、自治区、直辖市人民政府文化行政部门负责艺术品进出口经营活动审批，建立专家委员会，为文化行政部门开展的内容审查、市场监管相关工作提供专业意见。
县级以上人民政府文化行政部门负责本行政区域内艺术品经营活动的日常监督管理工作，县级以上人民政府文化行政部门或者依法授权的文化市场综合执法机构对从事艺术品经营活动违反国家有关规定的行为实施处罚。
第四条 加强艺术品市场社会组织建设。鼓励和引导行业协会等社会组织制定行业标准，指导、监督会员依法开展经营活动，依照章程，加强行业自律，推动诚信建设，促进行业公平竞争。
第二章 经营规范
第五条 设立从事艺术品经营活动的经营单位，应当到其住所地县级以上人民政府工商行政管理部门申领营业执照，并在领取营业执照之日起15日内，到其住所地县级以上人民政府文化行政部门备案。
其他经营单位增设艺术品经营业务的，应当按前款办理备案手续。
第六条 禁止经营含有以下内容的艺术品：
（一）反对宪法确定的基本原则的；
（二）危害国家统一、主权和领土完整的；
（三）泄露国家秘密、危害国家安全或者损害国家荣誉和利益的；
（四）煽动民族仇恨、民族歧视，破坏民族团结，或者侵害民族风俗、习惯的；
（五）破坏国家宗教政策，宣扬邪教、迷信的；
（六）宣扬恐怖活动，散布谣言，扰乱社会秩序，破坏社会稳定的；
（七）宣扬淫秽、色情、赌博、暴力或者教唆犯罪的；
（八）侮辱或者诽谤他人，侵害他人合法权益的；
（九）违背社会公德或者民族优秀文化传统的；
（十）蓄意篡改历史、严重歪曲历史的；
（十一）有法律、法规和国家规定禁止的其他内容的。
第七条 禁止经营以下艺术品：
（一）走私、盗窃等来源不合法的艺术品；
（二）伪造、变造或者冒充他人名义的艺术品； |

（三）除有合法手续、准许经营的以外，法律、法规禁止交易的动物、植物、矿物、金属、化石等为材质的艺术品；

（四）国家规定禁止交易的其他艺术品。

第八条　艺术品经营单位不得有以下经营行为：

（一）向消费者隐瞒艺术品来源，或者在艺术品说明中隐瞒重要事项，误导消费者的；

（二）伪造、变造艺术品来源证明、艺术品鉴定评估文件以及其他交易凭证的；

（三）以非法集资为目的或者以非法传销为手段进行经营的；

（四）未经批准，将艺术品权益拆分为均等份额公开发行，以集中竞价、做市商等集中交易方式进行交易的；

（五）法律、法规和国家规定禁止的其他经营行为。

第九条　艺术品经营单位应当遵守以下规定：

（一）对所经营的艺术品应当标明作者、年代、尺寸、材料、保存状况和销售价格等信息。

（二）保留交易有关的原始凭证、销售合同、台账、账簿等销售记录，法律、法规要求有明确期限的，按照法律、法规规定执行；法律、法规没有明确规定的，保存期不得少于5年。

第十条　艺术品经营单位应买受人要求，应当对买受人购买的艺术品进行尽职调查，提供以下证明材料之一：

（一）艺术品创作者本人认可或者出具的原创证明文件；

（二）第三方鉴定评估机构出具的证明文件；

（三）其他能够证明或者追溯艺术品来源的证明文件。

第十一条　艺术品经营单位从事艺术品鉴定、评估等服务，应当遵守以下规定：

（一）与委托人签订书面协议，约定鉴定、评估的事项，鉴定、评估的结论适用范围以及被委托人应当承担的责任；

（二）明示艺术品鉴定、评估程序或者需要告知、提示委托人的事项；

（三）书面出具鉴定、评估结论，鉴定、评估结论应当包括对委托艺术品的全面客观说明，鉴定、评估的程序，做出鉴定、评估结论的证据，鉴定、评估结论的责任说明，并对鉴定、评估结论的真实性负责；

（四）保留书面鉴定、评估结论副本及鉴定、评估人签字等档案不得少于5年。

第十二条　文化产权交易所和以艺术品为标的物的投资经营单位，非公开发行艺术品权益或者采取艺术品集中竞价交易的，应当执行国家有关规定。

第三章　艺术品进出口经营活动

第十三条　艺术品进出口经营活动包括：

（一）从境外进口或者向境外出口艺术品的经营活动；

（二）以销售、商业宣传为目的在境内公共展览场所举办的，有境外艺术品创作者或者境外艺术品参加的各类展示活动。

第十四条　从境外进口或者向境外出口艺术品的，应当在艺术品进出口前，向艺术品进出口口岸所在地省、自治区、直辖市人民政府文化行政部门提出申请并报送以下材料：

（一）营业执照、对外贸易经营者备案登记表；

（二）进出口艺术品的来源、目的地；

（三）艺术品图录；

（四）审批部门要求的其他材料。

文化行政部门应当自受理申请之日起5日内作出批准或者不批准的决定。批准的，发给批准文件，申请单位持批准文件到海关办理手续；不批准的，书面通知申请人并说明理由。

第十五条 以销售、商业宣传为目的在境内公共展览场所举办有境外艺术品创作者或者境外艺术品参加的展示活动，应当由举办单位于展览日 45 日前，向展览举办地省、自治区、直辖市人民政府文化行政部门提出申请，并报送以下材料：

（一）主办或者承办单位的营业执照、对外贸易经营者备案登记表；

（二）参展的境外艺术品创作者或者境外参展单位的名录；

（三）艺术品图录；

（四）审批部门要求的其他材料。

文化行政部门应当自受理申请之日起 15 日内作出批准或者不批准的决定。批准的，发给批准文件，申请单位持批准文件到海关办理手续；不批准的，书面通知申请人并说明理由。

第十六条 艺术品进出口口岸所在地省、自治区、直辖市人民政府文化行政部门在艺术品进出口经营活动审批过程中，对申报的艺术品内容有疑义的，可提交专家委员会进行复核。复核时间不超过 15 日，复核时间不计入审批时限。

第十七条 同一批已经文化行政部门内容审核的艺术品复出口或者复进口，进出口单位可持原批准文件到进口或者出口口岸海关办理相关手续，文化行政部门不再重复审批。

第十八条 任何单位或者个人不得销售或者利用其他商业形式传播未经文化行政部门批准进口的艺术品。

个人携带、邮寄艺术品进出境，不适用本办法。个人携带、邮寄艺术品超过海关认定的自用、合理数量，海关要求办理进出口手续的，应当参照本办法第十四条办理。

以研究、教学参考、馆藏、公益性展览等非经营性用途为目的的艺术品进出境，应当参照本办法第十四条或者第十五条办理进出口手续。

第四章　法律责任

第十九条 违反本办法第五条规定的，由县级以上人民政府文化行政部门或者依法授权的文化市场综合执法机构责令改正，并可根据情节轻重处 10000 元以下罚款。

第二十条 违反本办法第六条、第七条规定的，由县级以上人民政府文化行政部门或者依法授权的文化市场综合执法机构没收非法艺术品及违法所得，违法经营额不足 10000 元的，并处 10000 元以上 20000 元以下罚款；违法经营额 10000 元以上的，并处违法经营额 2 倍以上 3 倍以下罚款。

第二十一条 违反本办法第八条规定的，由县级以上人民政府文化行政部门或者依法授权的文化市场综合执法机构责令改正，没收违法所得，违法经营额不足 10000 元的，并处 10000 元以上 20000 元以下罚款；违法经营额 10000 元以上的，并处违法经营额 2 倍以上 3 倍以下罚款。

第二十二条 违反本办法第九条、第十一条规定的，由县级以上人民政府文化行政部门或者依法授权的文化市场综合执法机构责令改正，并可根据情节轻重处 30000 元以下罚款。

第二十三条 违反本办法第十四条、第十五条规定，擅自开展艺术品进出口经营活动，及违反第十八条第一款规定的，由县级以上人民政府文化行政部门或者依法授权的文化市场综合执法机构责令改正，违法经营额不足 10000 元的，并处 10000 元以上 20000 元以下罚款；违法经营额 10000 元以上的，并处违法经营额 2 倍以上 3 倍以下罚款。

第五章　附　则

第二十四条 本办法规定的行政许可、备案、专家委员会复核的期限以工作日计算，不含法定节假日。

第二十五条 本办法由文化部负责解释。

第二十六条 本办法自 2016 年 3 月 15 日起施行。2004 年 7 月 1 日公布的《美术品经营管理办法》同时废止。

相关执法参考	相关法律法规（32）	《关于规范网盘服务版权秩序的通知》 （2015年10月14日国家版权局印发） 　　为规范网盘服务版权秩序，根据《中华人民共和国著作权法》、《信息网络传播权保护条例》等规定，现就有关事项通知如下： 　　一、凡为用户提供网络信息存储空间服务的网盘服务商应当遵守著作权法律法规，合法使用、传播作品，履行著作权保护义务。 　　二、网盘服务商应当建立必要管理机制，运用有效技术措施，主动屏蔽、移除侵权作品，防止用户违法上传、存储并分享他人作品。 　　三、网盘服务商应当在其网盘首页显著位置提示用户遵守著作权法，尊重著作权人合法权益，不违法上传、存储并分享他人作品。 　　四、网盘服务商应当在其网盘首页显著位置详细标明权利人通知、投诉的方式，及时受理权利人通知、投诉，并在接到权利人通知、投诉后24小时内移除相关侵权作品，删除、断开相关侵权作品链接；同时应当遵守《信息网络传播权保护条例》关于"通知"的相关规定。 　　五、网盘服务商应当采取有效措施，制止用户违法上传、存储并分享下列作品： 　　（一）根据权利人通知已经移除的作品； 　　（二）权利人向网盘服务商发送了权利公示或者声明的作品； 　　（三）版权行政管理部门公布的重点监管作品。 　　六、网盘服务商应当采取有效措施，制止用户违法上传、存储并分享下列未经授权的作品： 　　（一）正在热播、热卖的作品； 　　（二）出版、影视、音乐等专业机构出版或者制作的作品； 　　（三）其他明显感知属于未经授权提供的作品。 　　七、网盘服务商不得擅自或者组织上传未经授权的他人作品，不得对用户上传、存储的作品进行编辑、推荐、排名等加工，不得以各种方式指引、诱导、鼓励用户违法分享他人作品，不得为用户利用其他网络服务形式违法分享他人作品提供便利。 　　八、网盘服务商应当加强用户管理，要求用户对其账号异常登录、流量异常变化等可能涉嫌侵权的情况及时作出合理解释，对于拒绝解释或者不能给出合理解释的用户，可以暂停或者终止使用其账号。 　　九、网盘服务商应当完整保存用户姓名、账号、网络地址、联系方式等注册信息，并按照版权行政管理部门的要求提供用户上传、存储并分享的侵权作品、网络地址或者域名等必要信息。 　　十、网盘服务商应当建立侵权用户处置机制，根据用户侵权情形，给予列入黑名单、暂停或者终止服务等处置。 　　十一、网盘服务商应当严格遵守、执行本通知。版权行政管理部门要对网盘服务商加强监管，依法查处网盘服务商违反著作权法的行为。 　　十二、本通知自印发之日起实施。
	相关法律法规（33）	《报纸出版管理规定》（节录） 　　（2005年9月20日新闻出版总署第1次署务会议通过，2005年9月30日新闻出版总署令第32号公布，自2005年12月1日起施行） 　　**第一条**　为促进我国报业的发展与繁荣，规范报纸出版活动，加强报纸出版管理，根据国务院《出版管理条例》及相关法律法规，制定本规定。 　　**第二条**　在中华人民共和国境内从事报纸出版活动，适用本规定。 　　报纸由依法设立的报纸出版单位出版。报纸出版单位出版报纸，必须经新闻出版总署批准，持有国内统一连续出版物号，领取《报纸出版许可证》。

| 相关执法参考 | 相关法律法规（33） | 本规定所称报纸，是指有固定名称、刊期、开版，以新闻与时事评论为主要内容，每周至少出版一期的散页连续出版物。
本规定所称报纸出版单位，是指依照国家有关规定设立，经新闻出版总署批准并履行登记注册手续的报社。法人出版报纸不设立报社的，其设立的报纸编辑部视为报纸出版单位。
第八条　创办报纸、设立报纸出版单位，应当具备下列条件：
（一）有确定的、不与已有报纸重复的名称；
（二）有报纸出版单位的名称、章程；
（三）有符合新闻出版总署认定条件的主管、主办单位；
（四）有确定的报纸出版业务范围；
（五）有30万元以上的注册资本；
（六）有适应业务范围需要的组织机构和符合国家规定资格条件的新闻采编专业人员；
（七）有与主办单位在同一行政区域的固定的工作场所；
（八）有符合规定的法定代表人或者主要负责人，该法定代表人或者主要负责人必须是在境内长久居住的中国公民；
（九）法律、行政法规规定的其他条件。
除前款所列条件外，还须符合国家对报纸及报纸出版单位总量、结构、布局的规划。
第二十四条　报纸出版实行编辑责任制度，保障报纸刊载内容符合国家法律、法规的规定。
第二十五条　报纸不得刊载《出版管理条例》和其他有关法律、法规以及国家规定的禁止内容。
第二十六条　报纸开展新闻报道必须坚持真实、全面、客观、公正的原则，不得刊载虚假、失实报道。
报纸刊载虚假、失实报道，致使公民、法人或者其他组织的合法权益受到侵害的，其出版单位应当公开更正，消除影响，并依法承担相应民事责任。
报纸刊载虚假、失实报道，致使公民、法人或者其他组织的合法权益受到侵害的，当事人有权要求更正或者答辩，报纸应当予以发表；拒绝发表的，当事人可以向人民法院提出诉讼。
报纸因刊载虚假、失实报道而发表的更正或者答辩应自虚假、失实报道发现或者当事人要求之日起，在其最近出版的一期报纸的相同版位上发表。
报纸刊载虚假或者失实报道，损害公共利益的，新闻出版总署或省、自治区、直辖市新闻出版行政部门可以责令该报纸出版单位更正。
第二十七条　报纸发表或者摘转涉及国家重大政策、民族宗教、外交、军事、保密等内容，应严格遵守有关规定。
报纸转载、摘编互联网上的内容，必须按照有关规定对其内容进行核实，并在刊发的明显位置标明下载文件网址、下载日期等。
第二十八条　报纸发表新闻报道，必须刊载作者的真实姓名。
第二十九条　报纸出版质量须符合国家标准和行业标准。报纸使用语言文字须符合国家有关规定。
第三十条　报纸出版须与《报纸出版许可证》的登记项目相符，变更登记项目须按本规定办理审批或者备案手续。
第三十七条　报纸出版单位不得出卖、出租、转让本单位名称及所出版报纸的刊号、名称、版面，不得转借、转让、出租和出卖《报纸出版许可证》。
第三十八条　报纸刊登广告须在报纸明显位置注明"广告"字样，不得以新闻形式 |

相关法律法规（33）	刊登广告。 报纸出版单位发布广告应依据法律、行政法规查验有关证明文件，核实广告内容，不得刊登有害的、虚假的等违法广告。 报纸的广告经营者限于在合法授权范围内开展广告经营、代理业务，不得参与报纸的采访、编辑等出版活动。 第三十九条　报纸出版单位不得在报纸上刊登任何形式的有偿新闻。 报纸出版单位及其工作人员不得利用新闻报道牟取不正当利益，不得索取、接受采访报道对象及其利害关系人的财物或者其他利益。 第四十条　报纸采编业务和经营业务必须严格分开。 新闻采编业务部门及其工作人员不得从事报纸发行、广告等经营活动；经营部门及其工作人员不得介入新闻采编业务。 第四十一条　报纸出版单位的新闻采编人员从事新闻采访活动，必须持有新闻出版总署统一核发的新闻记者证，并遵守新闻出版总署《新闻记者证管理办法》的有关规定。 第四十二条　报纸出版单位根据新闻采访工作的需要，可以依照新闻出版总署《报社记者站管理办法》设立记者站，开展新闻业务活动。 第四十三条　报纸出版单位不得以不正当竞争行为或者方式开展经营活动，不得利用权力摊派发行报纸。
相关执法参考 相关法律法规（34）	《期刊出版管理规定》（节录） （2005年9月20日新闻出版总署第1次署务会议通过，2005年9月30日新闻出版总署令第31号发布，自2005年12月1日起施行） 第二条　在中华人民共和国境内从事期刊出版活动，适用本规定。 期刊由依法设立的期刊出版单位出版。期刊出版单位出版期刊，必须经新闻出版总署批准，持有国内统一连续出版物号，领取《期刊出版许可证》。 本规定所称期刊又称杂志，是指有固定名称，用卷、期或者年、季、月顺序编号，按照一定周期出版的成册连续出版物。 本规定所称期刊出版单位，是指依照国家有关规定设立，经新闻出版总署批准并履行登记注册手续的期刊社。法人出版期刊不设立期刊社的，其设立的期刊编辑部视为期刊出版单位。 第三条　期刊出版必须坚持马克思列宁主义、毛泽东思想、邓小平理论和"三个代表"重要思想，坚持正确的舆论导向和出版方向，坚持把社会效益放在首位、社会效益和经济效益相统一的原则，传播和积累有益于提高民族素质、经济发展和社会进步的科学技术和文化知识，弘扬中华民族优秀文化，促进国际文化交流，丰富人民群众的精神文化生活。 第四条　期刊发行分公开发行和内部发行。 内部发行的期刊只能在境内按指定范围发行，不得在社会上公开发行、陈列。 第五条　新闻出版总署负责全国期刊出版活动的监督管理工作，制定并实施全国期刊出版的总量、结构、布局的规划，建立健全期刊出版质量评估制度、期刊年度核验制度以及期刊出版退出机制等监督管理制度。 地方各级新闻出版行政部门负责本行政区域内的期刊出版活动的监督管理工作。 第六条　期刊出版单位负责期刊的编辑、出版等期刊出版活动。 期刊出版单位合法的出版活动受法律保护。任何组织和个人不得非法干扰、阻止、破坏期刊的出版。 第七条　新闻出版总署对为我国期刊业繁荣和发展做出突出贡献的期刊出版单位及个人实施奖励。 第八条　期刊出版行业的社会团体按照其章程，在新闻出版行政部门的指导下，实行

自律管理。

第二十四条　期刊出版实行编辑责任制度，保障期刊刊载内容符合国家法律、法规的规定。

第二十五条　期刊不得刊载《出版管理条例》和其他有关法律、法规以及国家规定的禁止内容。

第二十六条　期刊刊载的内容不真实、不公正，致使公民、法人或者其他组织的合法权益受到侵害的，期刊出版单位应当公开更正，消除影响，并依法承担其他民事责任。

期刊刊载的内容不真实、不公正，致使公民、法人或者其他组织的合法权益受到侵害的，当事人有权要求期刊出版单位更正或者答辩，期刊出版单位应当在其最近出版的一期期刊上予以发表；拒绝发表的，当事人可以向人民法院提出诉讼。

期刊刊载的内容不真实、不公正，损害公共利益的，新闻出版总署或者省、自治区、直辖市新闻出版行政部门可以责令该期刊出版单位更正。

第二十七条　期刊刊载涉及国家安全、社会安定等重大选题的内容，须按照重大选题备案管理规定办理备案手续。

第二十八条　公开发行的期刊不得转载、摘编内部发行出版物的内容。

期刊转载、摘编互联网上的内容，必须按有关规定对其内容进行核实，并在刊发的明显位置标明下载文件网址、下载日期等。

第二十九条　期刊出版单位与境外出版机构开展合作出版项目，须经新闻出版总署批准，具体办法另行规定。

第三十条　期刊出版质量须符合国家标准和行业标准。期刊使用语言文字须符合国家有关规定。

第三十一条　期刊须在封底或版权页上刊载以下版本记录：期刊名称、主管单位、主办单位、出版单位、印刷单位、发行单位、出版日期、总编辑（主编）姓名、发行范围、定价、国内统一连续出版物号、广告经营许可证号等。

领取国际标准连续出版物号的期刊须同时刊印国际标准连续出版物号。

第三十二条　期刊须在封面的明显位置刊载期刊名称和年、月、期、卷等顺序编号，不得以总期号代替年、月、期号。

期刊封面其他文字标识不得明显于刊名。

期刊的外文刊名须是中文刊名的直译。外文期刊封面上必须同时刊印中文刊名；少数民族文种期刊封面上必须同时刊印汉语刊名。

第三十三条　一个国内统一连续出版物号只能对应出版一种期刊，不得用同一国内统一连续出版物号出版不同版本的期刊。

出版不同版本的期刊，须按创办新期刊办理审批手续。

第三十四条　期刊可以在正常刊期之外出版增刊。每种期刊每年可以出版两期增刊。

期刊出版单位出版增刊，应在申请报告中说明拟出增刊的文章编目、印数、定价、出版时间、印刷单位，经其主管单位审核同意后，由主办单位报所在地省、自治区、直辖市新闻出版行政部门审批；批准的，发给一次性增刊许可证。

增刊内容必须符合正刊的业务范围，开本和发行范围必须与正刊一致；增刊除刊印本规定第三十一条所列版本记录外，还须刊印增刊许可证编号，并在封面刊印正刊名称和注明"增刊"。

第三十五条　期刊合订本须按原期刊出版顺序装订，不得对期刊内容另行编排，并在其封面明显位置标明期刊名称及"合订本"字样。

期刊因内容违法被新闻出版行政部门给予行政处罚的，该期期刊的相关篇目不得收入合订本。

被注销登记的期刊，不得制作合订本。

相关执法参考	相关法律法规（34）	第三十六条　期刊出版单位不得出卖、出租、转让本单位名称及所出版期刊的刊号、名称、版面，不得转借、转让、出租和出卖《期刊出版许可证》。 第三十七条　期刊出版单位利用其期刊开展广告业务，必须遵守广告法律规定，发布广告须依法查验有关证明文件，核实广告内容，不得刊登有害的、虚假的等违法广告。 期刊的广告经营者限于在合法授权范围内开展广告经营、代理业务，不得参与期刊的采访、编辑等出版活动。 第三十八条　期刊采编业务与经营业务必须严格分开。 禁止以采编报道相威胁，以要求被报道对象做广告、提供赞助、加入理事会等损害被报道对象利益的行为牟取不正当利益。 期刊不得刊登任何形式的有偿新闻。 第三十九条　期刊出版单位的新闻采编人员从事新闻采访活动，必须持有新闻出版总署统一核发的新闻记者证，并遵守新闻出版总署《新闻记者证管理办法》的有关规定。 第四十条　具有新闻采编业务的期刊出版单位在登记地以外的地区设立记者站，参照新闻出版总署《报社记者站管理办法》审批、管理。其他期刊出版单位一律不得设立记者站。 期刊出版单位是否具有新闻采编业务由新闻出版总署认定。 第四十一条　期刊出版单位不得以不正当竞争行为或者方式开展经营活动，不得利用权力摊派发行期刊。 第四十二条　期刊出版单位须遵守国家统计法规，依法向新闻出版行政部门报送统计资料。 期刊出版单位应配合国家认定的出版物发行数据调查机构进行期刊发行数据调查，提供真实的期刊发行数据。 第四十三条　期刊出版单位须在每期期刊出版 30 日内，分别向新闻出版总署、中国版本图书馆、国家图书馆以及所在地省、自治区、直辖市新闻出版行政部门缴送样刊 3 本。
	相关法律法规（35）	《图书出版管理规定》（节录） （2007 年 12 月 26 日新闻出版总署第 2 次署务会议通过，2008 年 2 月 21 日新闻出版总署令第 36 号公布，自 2008 年 5 月 1 日起施行） 第二条　在中华人民共和国境内从事图书出版，适用本规定。 本规定所称图书，是指书籍、地图、年画、图片、画册，以及含有文字、图画内容的年历、月历、日历，以及由新闻出版总署认定的其他内容载体形式。 第三条　图书出版必须坚持为人民服务、为社会主义服务的方向，坚持马克思列宁主义、毛泽东思想、邓小平理论和"三个代表"重要思想，坚持科学发展观，坚持正确的舆论导向和出版方向，坚持把社会效益放在首位、社会效益和经济效益相统一的原则，传播和积累有益于提高民族素质、推动经济发展、促进社会和谐与进步的科学技术和文化知识，弘扬民族优秀文化，促进国际文化交流，丰富人民群众的精神文化生活。 第四条　新闻出版总署负责全国图书出版的监督管理工作，建立健全监督管理制度，制定并实施全国图书出版总量、结构、布局的规划。 省、自治区、直辖市新闻出版行政部门负责本行政区域内图书出版的监督管理工作。 第五条　图书出版单位依法从事图书的编辑、出版等活动。 图书出版单位合法的出版活动受法律保护，任何组织和个人不得非法干扰、阻止、破坏。 第六条　新闻出版总署对为发展、繁荣我国图书出版事业作出重要贡献的图书出版单位及个人给予奖励，并评选奖励优秀图书。 第七条　图书出版行业的社会团体按照其章程，在新闻出版行政部门的指导下，实行

相关执法参考	相关法律法规（35）	自律管理。
第十九条　任何图书不得含有《出版管理条例》和其他有关法律、法规以及国家规定禁止的内容。
第二十条　图书出版实行编辑责任制度，保障图书内容符合国家法律规定。
第二十一条　出版辞书、地图、中小学教科书等类别的图书，实行资格准入制度，出版单位须按照新闻出版总署批准的业务范围出版。具体办法由新闻出版总署另行规定。
第二十二条　图书出版实行重大选题备案制度。涉及国家安全、社会安定等方面的重大选题，涉及重大革命题材和重大历史题材的选题，应当按照新闻出版总署有关选题备案管理的规定办理备案手续。未经备案的重大选题，不得出版。
第二十三条　图书出版实行年度出版计划备案制度。图书出版单位的年度出版计划，须经省、自治区、直辖市新闻出版行政部门审核后报新闻出版总署备案。
第二十四条　图书出版单位实行选题论证制度、图书稿件三审责任制度、责任编辑制度、责任校对制度、图书重版前审读制度、稿件及图书资料归档制度等管理制度，保障图书出版质量。
第二十五条　图书使用语言文字须符合国家语言文字法律规定。
图书出版质量须符合国家标准、行业标准和新闻出版总署关于图书出版质量的管理规定。
第二十六条　图书使用中国标准书号或者全国统一书号、图书条码以及图书在版编目数据须符合有关标准和规定。
第二十七条　图书出版单位不得向任何单位或者个人出售或者以其他形式转让本单位的名称、中国标准书号或者全国统一书号。
第二十八条　图书出版单位不得以一个中国标准书号或者全国统一书号出版多种图书，不得以中国标准书号或者全国统一书号出版期刊。中国标准书号使用管理办法由新闻出版总署另行规定。
第二十九条　图书出版单位租型出版图书、合作出版图书、出版自费图书须按照新闻出版总署的有关规定执行。
第三十条　图书出版单位与境外出版机构在境内开展合作出版，在合作出版的图书上双方共同署名，须经新闻出版总署批准。
第三十一条　图书出版单位须按照国家有关规定在其出版的图书上载明图书版本记录事项。
第三十二条　图书出版单位应当委托依法设立的出版物印刷单位印刷图书，并按照国家规定使用印刷委托书。
第三十三条　图书出版单位须遵守国家统计规定，依法向新闻出版行政部门报送统计资料。
第三十四条　图书出版单位在图书出版30日内，应当按照国家有关规定向国家图书馆、中国版本图书馆、新闻出版总署免费送交样书。
	相关法律法规（36）	《电子出版物出版管理规定》（节录）
（2007年12月26日新闻出版总署第2次署务会议通过，2008年3月17日新闻出版总署令第34号公布，根据2015年8月28日国家新闻出版广电总局令第3号《关于修订部分规章和规范性文件的决定》修订）
第二条　在中华人民共和国境内从事电子出版物的制作、出版、进口活动，适用本规定。
本规定所称电子出版物，是指以数字代码方式，将有知识性、思想性内容的信息编辑加工后存储在固定物理形态的磁、光、电等介质上，通过电子阅读、显示、播放设备读取使用的大众传播媒体，包括只读光盘（CD-ROM、DVD-ROM等）、一次写入光盘（CD-R、

DVD-R等)、可擦写光盘（CD-RW、DVD-RW等)、软磁盘、硬磁盘、集成电路卡等，以及新闻出版总署认定的其他媒体形态。

第三条　电子出版物不得含有《出版管理条例》第二十六条、第二十七条禁止的内容。

第四条　新闻出版总署负责全国电子出版物出版活动的监督管理工作。

县级以上地方新闻出版行政部门负责本行政区域内电子出版物出版活动的监督管理工作。

第五条　国家对电子出版物出版活动实行许可制度；未经许可，任何单位和个人不得从事电子出版物的出版活动。

第十八条　电子出版物出版单位实行编辑责任制度，保障电子出版物的内容符合有关法规、规章规定。

第十九条　电子出版物出版单位应于每年12月1日前将下一年度的出版计划报所在地省、自治区、直辖市新闻出版行政部门，省、自治区、直辖市新闻出版行政部门审核同意后报新闻出版总署备案。

第二十条　电子出版物出版实行重大选题备案制度。涉及国家安全、社会安定等方面重大选题，涉及重大革命题材和重大历史题材的选题，应当按照新闻出版总署有关选题备案的规定办理备案手续；未经备案的重大选题，不得出版。

第二十一条　出版电子出版物，必须按规定使用中国标准书号。同一内容，不同载体形态、格式的电子出版物，应当分别使用不同的中国标准书号。

出版连续型电子出版物，必须按规定使用国内统一连续出版物号，不得使用中国标准书号出版连续型电子出版物。

第二十二条　电子出版物出版单位不得以任何形式向任何单位或者个人转让、出租、出售本单位的名称、电子出版物中国标准书号、国内统一连续出版物号。

第二十三条　电子出版物应当符合国家的技术、质量标准和规范要求。

出版电子出版物，须在电子出版物载体的印刷标识面或其装帧的显著位置载明电子出版物制作、出版单位的名称，中国标准书号或国内统一连续出版物号及条码，著作权人名称以及出版日期等其他有关事项。

第二十四条　电子出版物出版单位申请出版境外著作权人授权的电子出版物，须向所在地省、自治区、直辖市新闻出版行政部门提出申请；所在地省、自治区、直辖市新闻出版行政部门审核同意后，报新闻出版总署审批。

第二十五条　申请出版境外著作权人授权的电子出版物，应当提交下列材料：

（一）申请书，应当载明电子出版物名称、内容简介、授权方名称、授权方基本情况介绍等；

（二）申请单位的审读报告；

（三）样品及必要的内容资料；

（四）申请单位所在地省、自治区、直辖市著作权行政管理部门的著作权合同登记证明文件。

出版境外著作权人授权的电子游戏出版物还须提交游戏主要人物和主要场景图片资料、代理机构营业执照、发行合同及发行机构批发许可证、游戏文字脚本全文等材料。

第二十六条　新闻出版总署自受理出版境外著作权人授权电子出版物申请之日起，20日内作出批准或者不批准的决定；不批准的，应当说明理由。

审批出版境外著作权人授权电子出版物，应当组织专家评审，并应当符合国家总量、结构、布局规划。

第二十七条　境外著作权人授权的电子出版物，须在电子出版物载体的印刷标识面或其装帧的显著位置载明引进出版批准文号和著作权授权合同登记证号。

第二十八条 已经批准出版的境外著作权人授权的电子出版物，若出版升级版本，须按照本规定第二十五条提交申请材料，报所在地省、自治区、直辖市新闻出版行政部门审批。

第二十九条 出版境外著作权人授权的电子游戏测试盘及境外互联网游戏作品客户端程序光盘，须按照本规定第二十五条提交申请材料，报所在地省、自治区、直辖市新闻出版行政部门审批。

第三十条 电子出版物出版单位与境外机构合作出版电子出版物，须经主管单位同意后，将选题报所在地省、自治区、直辖市新闻出版行政部门审核；省、自治区、直辖市新闻出版行政部门审核同意后，报新闻出版总署审批。

新闻出版总署自受理合作出版电子出版物选题申请之日起20日内，作出批准或者不批准的决定；不批准的，应说明理由。

第三十一条 电子出版物出版单位申请与境外机构合作出版电子出版物，应当提交下列材料：

（一）申请书，应当载明合作出版的电子出版物的名称、载体形态、内容简介、合作双方名称、基本情况、合作方式等，并附拟合作出版的电子出版物的有关文字内容、图片等材料；

（二）合作意向书；

（三）主管单位的审核意见。

第三十二条 电子出版物出版单位与境外机构合作出版电子出版物，应在该电子出版物出版30日内将样盘报送新闻出版总署备案。

第三十三条 出版单位配合本版出版物出版电子出版物，向所在地省、自治区、直辖市新闻出版行政部门提出申请，省、自治区、直辖市新闻出版行政部门审核同意的，发放电子出版物中国标准书号和复制委托书，并报新闻出版总署备案。

第三十四条 出版单位申请配合本版出版物出版电子出版物，应提交申请书及本版出版物、拟出版电子出版物样品。

申请书应当载明配合本版出版物出版的电子出版物的名称、制作单位、主要内容、出版时间、复制数量和载体形式等内容。

第三十五条 电子出版物发行前，出版单位应当向国家图书馆、中国版本图书馆和新闻出版总署免费送交样品。

第三十六条 电子出版物出版单位的从业人员，应当具备国家规定的出版专业职业资格条件。

电子出版物出版单位的社长、总编辑须符合国家规定的任职资格和条件。

电子出版物出版单位的社长、总编辑须参加新闻出版行政部门组织的岗位培训，取得岗位培训合格证书后才能上岗。

第三十七条 电子出版物出版单位须遵守国家统计规定，依法向新闻出版行政部门报送统计资料。

第三十八条 进口电子出版物成品，须由新闻出版总署批准的电子出版物进口经营单位提出申请；所在地省、自治区、直辖市新闻出版行政部门审核同意后，报新闻出版总署审批。

第三十九条 申请进口电子出版物，应当提交下列材料：

（一）申请书，应当载明进口电子出版物的名称、内容简介、出版者名称、地址、进口数量等；

（二）主管单位审核意见；

（三）申请单位关于进口电子出版物的审读报告；

（四）进口电子出版物的样品及必要的内容资料。

相关法律法规（36）	第四十条　新闻出版总署自受理进口电子出版物申请之日起 20 日内，作出批准或者不批准的决定；不批准的，应当说明理由。 审批进口电子出版物，应当组织专家评审，并应当符合国家总量、结构、布局规划。 第四十一条　进口电子出版物的外包装上应贴有标识，载明批准进口文号及用中文注明的出版者名称、地址、著作权人名称、出版日期等有关事项。 第四十五条　电子出版物、电子出版物非卖品应当委托经新闻出版总署批准设立的复制单位复制。 第四十六条　委托复制电子出版物和电子出版物非卖品，必须使用复制委托书，并遵守国家关于复制委托书的管理规定。 复制委托书由新闻出版总署统一印制。 第四十七条　委托复制电子出版物、电子出版物非卖品的单位，应当保证开具的复制委托书内容真实、准确、完整，并须将开具的复制委托书直接交送复制单位。 委托复制电子出版物、电子出版物非卖品的单位不得以任何形式向任何单位或者个人转让、出售本单位的复制委托书。 第四十八条　委托复制电子出版物的单位，自电子出版物完成复制之日起 30 日内，须向所在地省、自治区、直辖市新闻出版行政部门上交本单位及复制单位签章的复制委托书第二联及样品。 委托复制电子出版物的单位须将电子出版物复制委托书第四联保存 2 年备查。 第四十九条　委托复制电子出版物、电子出版物非卖品的单位，经批准获得电子出版物复制委托书之日起 90 日内未使用的，须向发放该委托书的省、自治区、直辖市新闻出版行政部门交回复制委托书。
相关法律法规（37）	《复制管理办法》（节录） （2009 年 4 月 21 日新闻出版总署第 1 次署务会议通过，2009 年 6 月 30 日新闻出版总署令第 42 号公布，根据 2015 年 8 月 28 日国家新闻出版广电总局令第 3 号《关于修订部分规章和规范性文件的决定》修订） 第二条　本办法适用于光盘、磁带磁盘以及新闻出版总署认定的其他存储介质形态（以下简称其他介质）的复制经营活动。 本办法所称光盘包括只读类光盘和可录类光盘。其中，只读类光盘是指存储有内容的光盘；可录类光盘是指空白光盘。 本办法所称复制经营活动，包括经营性的光盘复制生产和存储有内容的磁带磁盘复制等活动。 本办法所称复制单位是指从事光盘、磁带磁盘和其他介质复制经营活动的单位。 第三条　任何单位和个人禁止复制含有以下内容的复制品： （一）反对宪法确定的基本原则的； （二）危害国家统一、主权和领土完整的； （三）泄露国家秘密、危害国家安全或者损害国家荣誉和利益的； （四）煽动民族仇恨、民族歧视，破坏民族团结，或者侵害民族风俗、习惯的； （五）宣扬邪教、迷信的； （六）扰乱社会秩序，破坏社会稳定的； （七）宣扬淫秽、赌博、暴力或者教唆犯罪的； （八）侮辱或者诽谤他人，侵害他人合法权益的； （九）危害社会公德或者民族优秀文化传统的； （十）有法律、行政法规和国家规定禁止的其他内容的。 第四条　新闻出版总署主管全国光盘、磁带磁盘以及其他介质复制经营活动的监督管理工作，负责只读类光盘设立的审批。

| 相关执法参考 | 相关法律法规(37) | 县级以上地方新闻出版行政部门负责本行政区域内光盘、磁带磁盘以及其他介质复制经营活动的监督管理工作。其中，省级新闻出版行政部门负责可录类光盘生产单位和磁带磁盘复制单位设立的审批。

第五条 新闻出版行政部门根据已经取得的违法嫌疑证据或者举报，对涉嫌违法从事复制经营活动的行为进行查处时，可以检查与违法活动有关的物品；对有证据证明是与违法活动有关的物品，可以查封或者扣押。

第六条 复制单位应当建立质量保障体系，健全各项管理制度。

第七条 复制行业的社会团体按照其章程，在新闻出版行政部门的指导下，实行自律管理。

第十五条 国家对光盘复制生产设备实行审批管理。

本办法所称的光盘复制生产设备是指从事光盘母盘刻录生产和子盘复制生产的设备。包括下列主要部分：用于光盘生产的金属母盘生产设备、精密注塑机、真空金属溅镀机、粘合机、保护胶涂覆机、染料层旋涂机、专用模具、盘面印刷机和光盘质量在线检测仪、离线检测仪等。

增加、进口、购买、变更光盘复制生产设备，须由新闻出版行政部门审批。其中增加、进口、购买、变更只读类光盘复制生产设备，由新闻出版总署审批；增加、进口、购买、变更可录类光盘生产设备，由所在地省级新闻出版行政部门审批，报新闻出版总署备案。

第十六条 光盘复制生产设备进口管理流程依据新闻出版总署、商务部、海关总署有关规定执行。

禁止进口旧（二手）光盘复制生产设备，禁止旧（二手）光盘复制生产设备进入出口加工区、保税区等海关监管特殊区域。

第十七条 被查处关闭光盘复制单位和被查缴的光盘复制生产设备的处理，由所在地省级新闻出版行政部门在本辖区内定向审批。需要跨省处理的，所在地省级新闻出版行政部门可报新闻出版总署在省之间调剂，由同意接收或收购的光盘复制单位所在地省级新闻出版行政部门审批。接收或收购上述光盘复制生产设备的单位，必须是现有的合法光盘复制单位在许可经营的范围内接收或收购对应的生产设备，超出原许可经营范围的，应按本办法第十四条的规定办理审批手续。

被查处关闭光盘复制单位的光盘复制生产设备的价格，由买卖双方协商解决；被查缴的光盘复制生产设备的价格，由有关部门评估定价。省级新闻出版行政部门应在审批后20日内向新闻出版总署备案。

申请单位向所在地省级新闻出版行政部门提出申请，经批准后，凭新闻出版行政部门的批准文件按上述程序办理有关设备的交接手续。

第十八条 进口用于国产设备制造或者其他科研用途的光盘复制生产设备的，依照本办法第十五条、第十六条的规定办理相关手续。

第十九条 国家对国产光盘复制生产设备的生产和销售实行备案管理。国产光盘复制生产设备生产和销售后，应分别在30日内向所在地省级新闻出版行政部门备案。备案内容包括生产和销售国产光盘复制生产设备的时间、设备名称、设备编号、设备数量和销售对象等。

第二十条 从事只读类光盘复制，必须使用蚀刻有新闻出版总署核发的光盘来源识别码（SID码）的注塑模具。

光盘复制单位蚀刻SID码，应当向所在地省级新闻出版行政部门提出申请，由所在地省级新闻出版部门报新闻出版总署核发SID码；复制单位应于收到核发文件之日起20日内到指定刻码单位进行蚀刻，并在刻码后按有关规定向光盘生产源鉴定机构报送样盘。

刻码单位应将蚀刻SID码的情况通报新闻出版总署，光盘生产源鉴定机构应将样盘报 |

| 相关执法参考 | 相关法律法规（37） | 送情况通报新闻出版总署。
第二十一条 复制生产设备的技术、质量指标应当符合国家或者行业标准。
第二十二条 复制单位必须严格按所批准的经营范围进行复制经营，不得超范围复制经营。
第二十三条 国家对复制经营活动实行复制委托书制度。
复制单位接受委托复制音像制品或者电子出版物的，应当验证委托的出版单位盖章的复制委托书及其他法定文书。
接受委托复制属于非卖品或计算机软件的，应当验证经省级新闻出版行政部门核发并由委托单位盖章的复制委托书。
第二十四条 复制单位接受委托复制境外产品的，应当事先将该样品及有关证明文件报经所在地省级新闻出版行政部门审核同意；复制的产品除样品外应当全部出境。
加工贸易项下只读类光盘的进出口管理，依照国家有关规定执行。
第二十五条 复制单位不得接受非音像出版单位、电子出版物出版单位或者个人的委托复制经营性的音像制品、电子出版物；不得擅自复制音像制品、电子出版物、计算机软件、音像非卖品、电子出版物非卖品等。
第二十六条 复制单位应该建立和保存完整清晰的复制业务档案，包括委托方按本办法有关规定所提交的复制委托书和其他法定文书以及复制样品、生产单据、发货记录等。保存期为2年，以备查验。
第二十七条 复制单位对委托加工的产品除样品外必须全部交付委托单位，不得擅自加制，不得将委托单位提供的母盘、母带、样品等以任何方式转让或出售、复制给任何单位和个人。
第二十八条 复制单位所复制的产品质量应符合国家或者行业标准。
第二十九条 复制单位必须依照国家有关统计法规和规定按时填报有关统计报表，并由省级新闻出版行政部门审核汇总后上报新闻出版总署。
第三十条 复制单位在复制生产过程中，如发现所复制的产品涉及本办法第三条内容或与委托证明文件所规定的内容不符，或复制的产品被新闻出版行政部门明令查禁、停止复制的，应立即停止复制，及时报告新闻出版行政部门，并按要求上缴或封存，不得拖延或隐匿。
第三十八条 未经批准，擅自设立复制单位或擅自从事复制业务的，由新闻出版行政部门、工商行政部门依照法定职权予以取缔；触犯刑律的，依照刑法有关规定，依法追究刑事责任；尚不够刑事处罚的，没收违法经营的复制产品和违法所得以及进行违法活动的专用工具、设备；违法经营额1万元以上的，并处违法经营额5倍以上10倍以下的罚款；违法经营额不足1万元的，并处5万元以下的罚款。
第三十九条 复制明知或者应知含有本办法第三条所列内容产品或其他非法出版物的，依照刑法有关规定，依法追究刑事责任；尚不够刑事处罚的，由新闻出版行政部门责令限期停业整顿，没收违法所得，违法经营额1万元以上的，并处违法经营额5倍以上10倍以下的罚款；违法经营额不足1万元的，可以并处5万元以下罚款；情节严重的，由批准设立的新闻出版行政部门吊销其复制经营许可证。如果当事人对所复制产品的来源作出说明、指认，经查证属实的，没收出版物、违法所得，可以减轻或者免除其他行政处罚。 |
| | 相关法律法规（38） | 《网络出版服务管理规定》（节录）
（2016年2月4日国家新闻出版广电总局、工业和信息化部令第5号公布，自2016年3月10日起施行）
第二条 在中华人民共和国境内从事网络出版服务，适用本规定。
本规定所称网络出版服务，是指通过信息网络向公众提供网络出版物。
本规定所称网络出版物，是指通过信息网络向公众提供的，具有编辑、制作、加工等 |

出版特征的数字化作品，范围主要包括：

（一）文学、艺术、科学等领域内具有知识性、思想性的文字、图片、地图、游戏、动漫、音视频读物等原创数字化作品；

（二）与已出版的图书、报纸、期刊、音像制品、电子出版物等内容相一致的数字化作品；

（三）将上述作品通过选择、编排、汇集等方式形成的网络文献数据库等数字化作品；

（四）国家新闻出版广电总局认定的其他类型的数字化作品。

网络出版服务的具体业务分类另行制定。

第三条 从事网络出版服务，应当遵守宪法和有关法律、法规，坚持为人民服务、为社会主义服务的方向，坚持社会主义先进文化的前进方向，弘扬社会主义核心价值观，传播和积累一切有益于提高民族素质、推动经济发展、促进社会进步的思想道德、科学技术和文化知识，满足人民群众日益增长的精神文化需要。

第四条 国家新闻出版广电总局作为网络出版服务的行业主管部门，负责全国网络出版服务的前置审批和监督管理工作。工业和信息化部作为互联网行业主管部门，依据职责对全国网络出版服务实施相应的监督管理。

地方人民政府各级出版行政主管部门和各省级电信主管部门依据各自职责对本行政区域内网络出版服务及接入服务实施相应的监督管理工作并做好配合工作。

第五条 出版行政主管部门根据已经取得的违法嫌疑证据或者举报，对涉嫌违法从事网络出版服务的行为进行查处时，可以检查与涉嫌违法行为有关的物品和经营场所；对有证据证明是与违法行为有关的物品，可以查封或者扣押。

第六条 国家鼓励图书、音像、电子、报纸、期刊出版单位从事网络出版服务，加快与新媒体的融合发展。

国家鼓励组建网络出版服务行业协会，按照章程，在出版行政主管部门的指导下制定行业自律规范，倡导网络文明，传播健康有益内容，抵制不良有害内容。

第七条 从事网络出版服务，必须依法经过出版行政主管部门批准，取得《网络出版服务许可证》。

第八条 图书、音像、电子、报纸、期刊出版单位从事网络出版服务，应当具备以下条件：

（一）有确定的从事网络出版业务的网站域名、智能终端应用程序等出版平台；

（二）有确定的网络出版服务范围；

（三）有从事网络出版服务所需的必要的技术设备，相关服务器和存储设备必须存放在中华人民共和国境内。

第九条 其他单位从事网络出版服务，除第八条所列条件外，还应当具备以下条件：

（一）有确定的、不与其他出版单位相重复的，从事网络出版服务主体的名称及章程；

（二）有符合国家规定的法定代表人和主要负责人，法定代表人必须是在境内长久居住的具有完全行为能力的中国公民，法定代表人和主要负责人至少1人应当具有中级以上出版专业技术人员职业资格；

（三）除法定代表人和主要负责人外，有适应网络出版服务范围需要的8名以上具有国家新闻出版广电总局认可的出版及相关专业技术职业资格的专职编辑出版人员，其中具有中级以上职业资格的人员不得少于3名；

（四）有从事网络出版服务所需的内容审校制度；

（五）有固定的工作场所；

（六）法律、行政法规和国家新闻出版广电总局规定的其他条件。

第十条 中外合资经营、中外合作经营和外资经营的单位不得从事网络出版服务。

网络出版服务单位与境内中外合资经营、中外合作经营、外资经营企业或境外组织及个人进行网络出版服务业务的项目合作，应当事前报国家新闻出版广电总局审批。

第十一条 申请从事网络出版服务，应当向所在地省、自治区、直辖市出版行政主管部门提出申请，经审核同意后，报国家新闻出版广电总局审批。国家新闻出版广电总局应当自受理申请之日起 60 日内，作出批准或者不予批准的决定。不批准的，应当说明理由。

第十二条 从事网络出版服务的申报材料，应该包括下列内容：

（一）《网络出版服务许可证申请表》；

（二）单位章程及资本来源性质证明；

（三）网络出版服务可行性分析报告，包括资金使用、产品规划、技术条件、设备配备、机构设置、人员配备、市场分析、风险评估、版权保护措施等；

（四）法定代表人和主要负责人的简历、住址、身份证明文件；

（五）编辑出版等相关专业技术人员的国家认可的职业资格证明和主要从业经历及培训证明；

（六）工作场所使用证明；

（七）网站域名注册证明、相关服务器存放在中华人民共和国国境内的承诺。

本规定第八条所列单位从事网络出版服务的，仅提交前款（一）、（六）、（七）项规定的材料。

第十三条 设立网络出版服务单位的申请者应自收到批准决定之日起 30 日内办理注册登记手续：

（一）持批准文件到所在地省、自治区、直辖市出版行政主管部门领取并填写《网络出版服务许可登记表》；

（二）省、自治区、直辖市出版行政主管部门对《网络出版服务许可登记表》审核无误后，在 10 日内向申请者发放《网络出版服务许可证》；

（三）《网络出版服务许可登记表》一式三份，由申请者和省、自治区、直辖市出版行政主管部门各存一份，另一份由省、自治区、直辖市出版行政主管部门在 15 日内报送国家新闻出版广电总局备案。

第十四条 《网络出版服务许可证》有效期为 5 年。有效期届满，需继续从事网络出版服务活动的，应于有效期届满 60 日前按本规定第十一条的程序提出申请。出版行政主管部门应当在该许可有效期届满前作出是否准予延续的决定。批准的，换发《网络出版服务许可证》。

第十五条 网络出版服务经批准后，申请者应持批准文件、《网络出版服务许可证》到所在地省、自治区、直辖市电信主管部门办理相关手续。

第十六条 网络出版服务单位变更《网络出版服务许可证》许可登记事项、资本结构，合并或者分立，设立分支机构的，应依据本规定第十一条办理审批手续，并应持批准文件到所在地省、自治区、直辖市电信主管部门办理相关手续。

第十七条 网络出版服务单位中止网络出版服务的，应当向所在地省、自治区、直辖市出版行政主管部门备案，并说明理由和期限；网络出版服务单位中止网络出版服务不得超过 180 日。

网络出版服务单位终止网络出版服务的，应当自终止网络出版服务之日起 30 日内，向所在地省、自治区、直辖市出版行政主管部门办理注销手续后到省、自治区、直辖市电信主管部门办理相关手续。省、自治区、直辖市出版行政主管部门将相关信息报国家新闻出版广电总局备案。

第十八条 网络出版服务单位自登记之日起满 180 日未开展网络出版服务的，由原登记的出版行政主管部门注销登记，并报国家新闻出版广电总局备案。同时，通报相关省、自治区、直辖市电信主管部门。

因不可抗力或者其他正当理由发生上述所列情形的，网络出版服务单位可以向原登记的出版行政主管部门申请延期。

第十九条　网络出版服务单位应当在其网站首页上标明出版行政主管部门核发的《网络出版服务许可证》编号。

互联网相关服务提供者在为网络出版服务单位提供人工干预搜索排名、广告、推广等服务时，应当查验服务对象的《网络出版服务许可证》及业务范围。

第二十条　网络出版服务单位应当按照批准的业务范围从事网络出版服务，不得超出批准的业务范围从事网络出版服务。

第二十一条　网络出版服务单位不得转借、出租、出卖《网络出版服务许可证》或以任何形式转让网络出版服务许可。

网络出版服务单位允许其他网络信息服务提供者以其名义提供网络出版服务，属于前款所称禁止行为。

第二十二条　网络出版服务单位实行特殊管理股制度，具体办法由国家新闻出版广电总局另行制定。

第二十三条　网络出版服务单位实行编辑责任制度，保障网络出版物内容合法。

网络出版服务单位实行出版物内容审核责任制度、责任编辑制度、责任校对制度等管理制度，保障网络出版物出版质量。

在网络上出版其他出版单位已在境内合法出版的作品且不改变原出版物内容的，须在网络出版物的相应页面显著标明原出版单位名称以及书号、刊号、网络出版物号或者网址信息。

第二十四条　网络出版物不得含有以下内容：

（一）反对宪法确定的基本原则的；
（二）危害国家统一、主权和领土完整的；
（三）泄露国家秘密、危害国家安全或者损害国家荣誉和利益的；
（四）煽动民族仇恨、民族歧视，破坏民族团结，或者侵害民族风俗、习惯的；
（五）宣扬邪教、迷信的；
（六）散布谣言，扰乱社会秩序，破坏社会稳定的；
（七）宣扬淫秽、色情、赌博、暴力或者教唆犯罪的；
（八）侮辱或者诽谤他人，侵害他人合法权益的；
（九）危害社会公德或者民族优秀文化传统的；
（十）有法律、行政法规和国家规定禁止的其他内容的。

第二十五条　为保护未成年人合法权益，网络出版物不得含有诱发未成年人模仿违反社会公德和违法犯罪行为的内容，不得含有恐怖、残酷等妨害未成年人身心健康的内容，不得含有披露未成年人个人隐私的内容。

第二十六条　网络出版服务单位出版涉及国家安全、社会安定等方面重大选题的内容，应当按照国家新闻出版广电总局有关重大选题备案管理的规定办理备案手续。未经备案的重大选题内容，不得出版。

第二十七条　网络游戏上网出版前，必须向所在地省、自治区、直辖市出版行政主管部门提出申请，经审核同意后，报国家新闻出版广电总局审批。

第二十八条　网络出版物的内容不真实或不公正，致使公民、法人或者其他组织合法权益受到侵害的，相关网络出版服务单位应当停止侵权，公开更正，消除影响，并依法承担其他民事责任。

第二十九条　国家对网络出版物实行标识管理，具体办法由国家新闻出版广电总局另行制定。

相关执法参考	相关法律法规(38)	第三十条　网络出版物必须符合国家的有关规定和标准要求，保证出版物质量。 网络出版物使用语言文字，必须符合国家法律规定和有关标准规范。 第三十一条　网络出版服务单位应当按照国家有关规定或技术标准，配备应用必要的设备和系统，建立健全各项管理制度，保障信息安全、内容合法，并为出版行政主管部门依法履行监督管理职责提供技术支持。 第三十二条　网络出版服务单位在网络上提供境外出版物，应当取得著作权合法授权。其中，出版境外著作权人授权的网络游戏，须按本规定第二十七条办理审批手续。 第三十三条　网络出版服务单位发现其出版的网络出版物含有本规定第二十四条、第二十五条所列内容的，应当立即删除，保存有关记录，并向所在地县级以上出版行政主管部门报告。 第三十四条　网络出版服务单位应记录所出版作品的内容及其时间、网址或者域名，记录应当保存60日，并在国家有关部门依法查询时，予以提供。 第三十五条　网络出版服务单位须遵守国家统计规定，依法向出版行政主管部门报送统计资料。 第五十一条　未经批准，擅自从事网络出版服务，或者擅自上网出版网络游戏（含境外著作权人授权的网络游戏），根据《出版管理条例》第六十一条、《互联网信息服务管理办法》第十九条的规定，由出版行政主管部门、工商行政管理部门依照法定职权予以取缔，并由所在地省级电信主管部门依据有关部门的通知，按照《互联网信息服务管理办法》第十九条的规定给予责令关闭网站等处罚；已经触犯刑法的，依法追究刑事责任；尚不够刑事处罚的，删除全部相关网络出版物，没收违法所得和从事违法出版活动的主要设备、专用工具，违法经营额1万元以上的，并处违法经营额5倍以上10倍以下的罚款；违法经营额不足1万元的，可以处5万元以下的罚款；侵犯他人合法权益的，依法承担民事责任。 第五十二条　出版、传播含有本规定第二十四条、第二十五条禁止内容的网络出版物的，根据《出版管理条例》第六十二条、《互联网信息服务管理办法》第二十条的规定，由出版行政主管部门责令删除相关内容并限期改正，没收违法所得，违法经营额1万元以上的，并处违法经营额5倍以上10倍以下罚款；违法经营额不足1万元的，可以处5万元以下罚款；情节严重的，责令限期停业整顿或者由国家新闻出版广电总局吊销《网络出版服务许可证》，由电信主管部门依据出版行政主管部门的通知吊销其电信业务经营许可或者责令关闭网站；构成犯罪的，依法追究刑事责任。 为从事本条第一款行为的网络出版服务单位提供人工干预搜索排名、广告、推广等相关服务的，由出版行政主管部门责令其停止提供相关服务。
	相关法律法规(39)	《关于报刊社声明对所发表的作品享有专有出版权的意见》 (1991年8月9日国家版权局〔91〕权字第25号) 　　著作权法施行后，一些报刊社刊登启事，声明对其发表的作品享有专有出版权。 　　关于报社、杂志社刊登作品，著作权法第三十二条规定，"作品刊登后，除著作权人声明不得转载、摘编的外，其他报刊可以转载或者作为文摘、资料刊登，但应当按照规定向著作权人支付报酬。"据此，报刊发表作品，仅获得非专有出版权，只有著作权人有权声明不得转载、摘编和授权刊登此类声明。因此，未经著作权人授权，报刊刊登对其发表的作品享有专有出版权的启事，不符合著作权法的规定。

十六、销售侵权复制品罪

罪名	销售侵权复制品罪（《刑法》第218条）	
概念	销售侵权复制品罪，是指以营利为目的，销售明知是侵犯他人著作权、专有出版权的文字作品、音乐、电视、电视、录像、计算机软件、图书及其他作品以及假冒他人署名的美术作品，违法所得数额巨大或者有其他严重情节的行为。	
犯罪构成	客体	本罪侵犯的客体是多重客体，即国家著作权管理制度和他人的著作权与邻接权。根据著作权法规定，著作权人对其作品享有著作权，邻接权人对其传播著作权人作品的形式享有邻接权。未经著作权人或邻接权人许可而复制、出版、制作、发行他人作品都属于直接侵权行为，即直接对他人著作权和与著作权有关权益的侵犯，而明知是上述侵权复制品并销售则是间接对他人著作权和与著作权有关权益的侵犯。这里的销售行为实际上是直接侵权行为的延续，等于侵权复制品不断传播的帮凶。销售侵权复制品行为必然侵害了国家著作权管理制度和他人的著作权与邻接权。 　　本罪的对象是侵权复制品。所谓侵权复制品，是指触犯刑法规定的四种特定侵犯著作权行为而形成的复制品，即他人复制发行的（包括他人复制的、他人发行的和他人既复制又发行的）侵权复制品，具体包括如下四种：（1）未经著作权人许可，复制发行的文字作品、音乐、电影、电视、录像作品、计算机软件及其他作品。这里的作品，是指人们借以表现自己思想、情感的文学、艺术和科学方面智力成果。依照《著作权法》的规定，作品包括以下列形式创作的文学、艺术和科学领域内具有独创性并能以一定形式表现的智力成果：文字作品（是指小说、诗词、散文、论文等以文字形式表现的作品）；口述作品（是指即兴的演说、授课、法庭辩论等以口头语言形式表现的作品）；音乐作品（是指歌曲、交响乐等能够演唱或者演奏的带词或者不带词的作品）、戏剧作品（是指话剧、歌剧、地方戏等供舞台演出的作品）、曲艺作品（是指相声、快书、大鼓、评书等以说唱为主要形式表演的作品）、舞蹈作品（是指通过连续的动作、姿势、表情等表现思想情感的作品）、杂技艺术作品（是指杂技、魔术、马戏等通过形体动作和技巧表现的作品）；美术作品（是指绘画、书法、雕塑等以线条、色彩或者其他方式构成的有审美意义的平面或者立体的造型艺术作）、建筑作品（是指以建筑物或者构筑物形式表现的有审美意义的作品）；摄影作品（是指借助器械在感光材料或者其他介质上记录客观物体形象的艺术作品）；视听作品（是指摄制在一定介质上，由一系列有伴音或者无伴音的画面组成，并且借助适当装置放映或者以其他方式传播的作品）；工程设计图、产品设计图、地图、示意图等图形作品（是指为施工、生产绘制的工程设计图、产品设计图，以及反映地理现象、说明事物原理或者结构的地图、示意图等作品）和模型作品（是指为展示、试验或者观测等用途，根据物体的形状和结构，按照一定比例制成的立体作品）；计算机软件；法律、行政法规规定的其他作品。（2）盗版印刷的他人享有专有出版权的图书。这里的图书，是指作品经出版者编辑加工、版式设计、封面设计等技术处理并排版、印刷、装订后予以发行的书刊出版物。（3）未经录音录像制作者许可，复制发行的其制作的录音录像。这里的录音制品，是指任何对表演的声音和其他声音的录制品。这里的录像制品，是指电影作品和以类似摄制电影的方法创作的作品以外的任何有伴音或者无伴音的连续相关形象、图像的录制品。（4）假冒他人署名的美术作品。这里的假冒他人署名的美术作品，是指自己或请他人制作的作品在其上面冒署其他人姓名的美术作品。至于侵权复制品的来源及方式均不受限，行为人销售的侵权复制品，可以是直接来源于侵权复制品制作者的，也可以不是直接来源于侵权复制品制作者的，非由制作者发行的侵权复制品，也属于本罪的犯罪

犯罪构成		
	客体	对象。不管是一手、二手还是多次倒手而来的侵权复制品，都属于本罪的对象。另外，行为人销售的侵权复制品，其获得手段也有所不同，不仅包括违法犯罪手段如通过诈骗、盗窃、抢夺、抢劫等手段获得，而且包括采取合法手段如购买、他人赠与等方式获得。但根据罪刑法定原则要求，四种特定侵犯著作权行为而形成的复制品以外的其他侵权复制品不能成为本罪对象，如《著作权法》第 52 条中规定的剽窃他人的作品。同时，侵权复制品范围还受到行为主体条件的限制，即侵权复制品非本罪行为人本人制作。因为，根据刑法第 218 条的规定，本罪的犯罪对象即行为人销售的侵权复制品必须是由他人制作的。如果行为人销售的侵权复制品是行为人本人制作的，则行为人直接构成侵犯著作权罪，不构成本罪。
	客观方面	本罪在客观方面表现为销售侵权复制品，违法所得数额巨大或者有其他严重情节的行为。主要包括两点： 1. 实施了销售侵权复制品行为。销售是指采用批发、零售、代销、推销等方式将侵权复制品出卖营利的行为，其本质在于实现侵权复制品所有权的有偿转移。而非销售的营利行为，如以营利为目的的出租侵权复制品的行为，只属于民事侵权行为，不属于犯罪行为，也不能构成本罪。 2. 销售侵权复制品必须达到违法所得数额巨大或者有其他严重情节的程度，才能构成本罪。本罪属于数额犯或情节犯，没有达到违法所得数额巨大或者有其他严重情节的程度，不能构成本罪。这里的违法所得数额不同于侵犯著作权罪中的非法经营数额，后者非法经营数额包括违法所得数额及成本数额（包括合法成本与非法成本数额）。根据司法解释规定，违法所得数额巨大，是指违法所得数额在 10 万元以上。这里的违法所得数额是指扣除成本后的实际收入，即行为人通过已销售的侵权复制品获取的收益，不包括行为人储存、运输和未销售的侵权复制品预期可能获取的收益。
	主体	本罪的主体为一般主体，自然人和单位均能成为本罪主体。就自然人而言，只要行为人达到了 16 周岁以上法定刑事责任年龄，具有刑事责任能力，实施了销售侵权复制品的行为，即可构成犯罪。就单位而言，单位实施了销售侵权复制品的行为，构成犯罪的，实行双罚制，即对单位判处罚金，对直接负责的主管人员和其他直接责任人员依法追究刑事责任。实践中，本罪主体一般是指侵权复制品制作者以外的其他自然人或单位。如果是侵权复制品制作者自己实施销售行为的，则构成侵犯著作权罪而非本罪。当然也存在销售侵权复制品的行为人与制作侵权复制品的行为人共同侵犯著作权罪形成共犯而非本罪的情形。
	主观方面	本罪在主观方面表现为故意，并且具有营利的目的。这就要求行为人必须明知是侵权复制品而仍进行销售的才能构成本罪。明知包括明知必然是和明知可能是两种情况，只要行为人有其中之一情形的，就可认为其属于明知，不能把明知局限于确知，以免放纵犯罪分子。在司法实践中，一般可以从以下几个方面认定行为人主观上是否明知：（1）侵权复制品的批发、零售价格以及该项被侵权制品所涉及的著作权的知名度。如果该复制品的批发、零售价格明显低于市场价格，而该项著作权的知名度又属于较高的，就可以认定为行为人明知。（2）行为人对该种复制品的认知程度。行为人如果长期从事该种制品的批发零售业务，或具有此领域的专业知识，对该种制品的真假认识程度较高。又如，行为人曾因销售某种侵权复制品多次受到行政处罚，又销售侵权复制品的，就应认定行为人是明知的。（3）侵权复制品的进货渠道，买卖与交易的时间、地点与方式、方法是否正常。认定行为人主观上是否明知，不能仅凭行为人的口供，而应根据全案情况来综合分析判断，尤其应当结合侵权复制品的来源渠道、行为人进货与销售的价格及其他案件事实情节等确定。如果行为人出于过失确实不知道属于侵权复制品而予以销售的，则不构成本罪。

认定标准	刑罚标准	1. 犯本罪的，处 5 年以下有期徒刑，并处或者单处罚金； 2. 单位犯本罪的，对单位判处罚金，并对其直接负责的主管人员和其他直接责任人员，依照上述规定处罚。 对于单位实施本罪，应当根据 2007 年"两高"有关司法解释的规定，单位实施刑法第 213 条至第 219 条规定的行为，按照相应个人犯罪的定罪量刑标准定罪处罚。
	本罪与非罪的区别	1. 看行为对象是否符合。成立销售侵权复制品罪的行为对象条件必须为侵权复制品；如果行为人销售侵权复制品的行为对象不属于侵权复制品，则不能成立犯罪或者不构成销售侵权复制品罪。如销售非著作权复制品的淫秽图书、光盘的行为，无论数额大小，均不能构成本罪，但如果数额巨大的，可能构成相关淫秽物品犯罪。 2. 看有无销售行为或者牟利行为。如果是行为人赠送、出借、购买自用，则不存在销售行为，不能构成本罪。如果行为人为了排挤他人市场地位等而低价销售侵权复制品的，不具备本罪法定的营利目的，也不能构成本罪。 3. 看销售违法所得数额大小或者情节是否严重。本罪属于数额犯或情节犯，没有达到违法所得数额巨大或者有其他严重情节的程度，不能构成本罪。根据司法解释规定，违法所得数额巨大，是指单位或者个人违法所得数额在 10 万元以上。如数额未达巨大的，但有其他严重情节的也构成本罪。 4. 看犯罪主观方面是否明知。本罪主观方面要求行为人明知销售的属于侵权复制品而销售。如果并不明知而销售的，即使存在过失也不构成本罪。
	本罪罪数的认定	本罪是选择性罪名，可根据行为方式的不同，分别确定不同的罪名，如果是侵权复制品制作者自己实施销售行为的，该行为被侵犯著作权的行为所吸收，属吸收犯，构成侵犯著作权罪而非本罪。但销售的如果不是自己非法侵权复制品，则成立数罪，实行数罪并罚。最高人民法院《关于适用〈全国人民代表大会常务委员会关于惩治侵犯著作权的犯罪的决定〉若干问题的解释》第 6 条规定："实施《决定》第一条所规定的侵犯著作权行为，又销售该侵权复制品，违法所得数额较大或者有其他严重情节的，只定侵犯著作权罪，不实行数罪并罚。实施《决定》第一条规定的侵犯著作权的犯罪行为，又销售明知是《决定》第一条规定的其他侵权复制品，构成犯罪的，应当实行数罪并罚。"1998 年 12 月 17 日最高人民法院《关于审理非法出版物刑事案件具体应用法律若干问题的解释》第 5 条对此也作了明确规定："实施刑法第二百一十七条规定的侵犯著作权行为，又销售该侵权复制品，违法所得数额巨大的，只定侵犯著作权罪，不实行数罪并罚。实施刑法第二百一十七条规定的侵犯著作权的犯罪行为，又明知是他人的侵权复制品而予以销售，构成犯罪的，应当实行数罪并罚。"
	此罪与彼罪的区别（1）	本罪与侵犯著作权罪的区别。 侵犯著作权罪，是指以营利为目的，未经著作权人许可，复制发行其文字作品、音乐、电影、电视、录像作品、计算机软件及其他作品；出版他人享有专有出版权的图书；未经录音录像制作者许可，复制发行其制作的录音录像；制作、出售假冒他人署名的美术作品，违法所得数额较大或者有其他严重情节的行为。两罪的主要区别在于： 1. 犯罪对象不同。本罪的犯罪对象只限于侵权复制品，包括侵权复制的作品、图书、录音录像、美术作品等。后罪的犯罪对象是被侵权的著作品，不是复制品，可以是著作权人的作品、享有专有出版权的图书、录音录像制品、假冒他人署名的美术作品等。 2. 犯罪客观方面行为表现不同。本罪在客观方面表现为销售侵权复制品且违法所得数额巨大或者有其他严重情节的行为。后罪在客观方面的行为表现方式可以是复制发行或出版，也可以是制作、出售，且违法所得数额较大或有其他严重情节的就构成犯罪。 3. 犯罪主体不同。本罪的主体只能是侵权复制品制作者以外的其他自然人或单位。后罪的主体一般是制作者。如果后者是与制作者通谋的发行者或销售者，则按共犯论处。

认定标准	此罪与彼罪的区别（1）	在实践中，两罪存在关联的情形，应区别处理：如果行为人既实施了侵犯著作权或与著作权有关权益的行为构成犯罪，又实施了销售其制作的侵权复制品而且违法所得数额巨大的，这种情况中后一行为属于刑法理论上的不可罚之事后行为，对其只以侵犯著作权罪论处，而不能再定一个销售侵权复制品罪而实行数罪并罚；如果行为人销售的侵权复制品并非其本人制作的侵权复制品，其两个行为又符合构成犯罪的数额或情节要求的，则应对其两个行为定销售侵权复制品罪和侵犯著作权罪，并实行数罪并罚；如果销售侵权复制品的行为人事先与侵犯著作权罪的行为人通谋的，对其应以侵犯著作权罪共犯论处。
	此罪与彼罪的区别（2）	本罪与假冒注册商标罪的区别。 假冒注册商标罪，是指违反国家商标管理法规，未经注册商标所有人许可，在同一种商品上使用与其注册商标相同的商标，情节严重的行为。两罪的区别主要在于： 1. 犯罪客体内容不同。两罪侵犯的都是多重客体，但本罪侵犯的是国家著作权管理制度和他人的著作权与邻接权。后罪侵犯的是国家商标管理制度和他人的注册商标专用权。 2. 犯罪对象不同。本罪的犯罪对象是侵权复制品，包括侵权复制的作品、图书、录音录像、美术作品。后罪的犯罪对象是他人已经注册的有效商品商标。 3. 犯罪客观方面行为表现不同。本罪在客观方面主要表现为销售侵权复制品的行为。后罪在客观方面表现为未经注册商标所有人许可，在同一种商品上使用与其注册商标相同的商标的行为。 4. 犯罪行为后果要求不同。本罪为数额犯或情节犯，没有达到违法所得数额巨大或者不具有其他严重情节的程度，不能构成本罪。而后罪为情节犯，只有假冒注册商标，情节严重的假冒注册商标行为才能构成犯罪。
	此罪与彼罪的区别（3）	本罪与非法经营罪的区别。 非法经营罪，是指违反国家规定，未经许可经营法律、行政法规规定的专营、专卖物品或其他限制买卖的物品；买卖进出口许可证、进出口原产地证明以及其他法律、行政法规规定的经营许可证或者批准文件；未经国家有关主管部门批准，非法经营证券、期货或者保险业务的或者非法从事资金结算业务；在国家规定的交易场所以外非法买卖外汇；或者从事其他严重扰乱市场秩序的非法经营行为，扰乱市场秩序，情节严重的行为。两罪的主要区别在于： 1. 犯罪客体不同。本罪侵犯的客体是多重客体，即国家著作权管理制度和他人的著作权与邻接权。后罪侵犯的客体是单一客体，即国家市场管理制度。 2. 犯罪客观方面行为方式不同。本罪行为是销售侵权复制品的行为。而后罪行为是违反国家规定，未经许可经营法律、行政法规规定的专营、专卖物品或其他限制买卖的物品；买卖进出口许可证、进出口原产地证明以及其他法律、行政法规规定的经营许可证或者批准文件；未经国家有关主管部门批准，非法经营证券、期货或者保险业务的或者非法从事资金结算业务；在国家规定的交易场所以外非法买卖外汇；或者从事其他严重扰乱市场秩序的非法经营行为。例如，四川省成都市的音像销售商付强自2000年1月至2005年7月从事盗版光盘经营活动，从中非法获利达10万余元。四川省公安厅于2005年6月21日对付强的天马音像店进行搜查，共查获各类音像制品126种22257张，经四川省音像制品鉴定组鉴定，其中有123种21912张属非法音像制品。2005年7月12日，付强被警方抓获。2005年12月30日，成都市武侯区人民法院公开开庭审理了此案。法院经审理认为，《最高人民法院关于审理非法出版物刑事案件具体应用法律若干问题的解释》第11条规定："违反国家规定，出版、印刷、复制、发行本解释第一条至第十条规定以外的其他严重危害社会秩序和扰乱市场秩序的非法出版物，情节严重的，依照刑法第二百二十五条第（三）项的规定，以非法经营罪定罪处罚。"公诉机关庭审出示的鉴定书只证明被告

认定标准	此罪与彼罪的区别（3）	人付强销售的音像制品中有正版音像制品以外的非法音像制品，不能排除该非法音像制品是侵权复制品的可能性，也就未证明被告人付强销售的就是上述司法解释所指的"其他非法出版物"，因此指控被告人付强犯非法经营罪罪名不准确。被告人付强及其辩护人辩称，其销售的是盗版光盘，应构成销售侵权复制品罪，认罪态度好，请求对其从轻处罚的意见，法院予以采纳。据此，法院以销售侵权复制品罪判处被告人付强有期徒刑10个月，并处罚金人民币6万元。 3. 犯罪后果要求不同。本罪为数额犯或情节犯，没有达到违法所得数额巨大或者不具有其他严重情节的程度，不能构成本罪。而后罪为情节犯，只有扰乱市场秩序，情节严重的非法经营行为才能构成犯罪。
相关执法参考	刑法	中华人民共和国刑法（节录） 　　（1979年7月1日第五届全国人民代表大会第二次会议通过，1997年3月14日第八届全国人民代表大会第五次会议修订，已先后被1999年12月25日《中华人民共和国刑法修正案》、2001年8月31日《中华人民共和国刑法修正案（二）》、2001年12月29日《中华人民共和国刑法修正案（三）》、2002年12月28日《中华人民共和国刑法修正案（四）》、2005年2月28日《中华人民共和国刑法修正案（五）》、2006年6月29日《中华人民共和国刑法修正案（六）》、2009年2月28日《中华人民共和国刑法修正案（七）》、2009年8月27日《全国人民代表大会常务委员会关于修改部分法律的决定》、2011年2月25日《中华人民共和国刑法修正案（八）》、2015年8月29日《中华人民共和国刑法修正案（九）》、2017年11月4日《中华人民共和国刑法修正案（十）》、2020年12月26日《中华人民共和国刑法修正案（十一）》修改或修正） 　　第二百一十八条　以营利为目的，销售明知是本法第二百一十七条规定的侵权复制品，违法所得数额巨大或者有其他严重情节的，处五年以下有期徒刑，并处或者单处罚金。
	相关法律法规（1）	最高人民法院、最高人民检察院《关于办理侵犯知识产权刑事案件具体应用法律若干问题的解释》（节录） 　　（2004年11月2日最高人民法院审判委员会第1331次会议、2004年11月11日最高人民检察院第十届检察委员会第28次会议通过，自2004年12月22日起施行，法释〔2004〕19号） 　　为依法惩治侵犯知识产权犯罪活动，维护社会主义市场经济秩序，根据刑法有关规定，现就办理侵犯知识产权刑事案件具体应用法律的若干问题解释如下： 　　第六条　以营利为目的，实施刑法第二百一十八条规定的行为，违法所得数额在十万元以上的，属于"违法所得数额巨大"，应当以销售侵权复制品罪判处三年以下有期徒刑或者拘役，并处或者单处罚金。 　　第十一条　以刊登收费广告等方式直接或者间接收取费用的情形，属于刑法第二百一十七条规定的"以营利为目的"。 　　刑法第二百一十七条规定的"未经著作权人许可"，是指没有得到著作权人授权或者伪造、涂改著作权人授权许可文件或者超出授权许可范围的情形。 　　通过信息网络向公众传播他人文字作品、音乐、电影、电视、录像作品、计算机软件及其他作品的行为，应当视为刑法第二百一十七条规定的"复制发行"。 　　第十二条　本解释所称"非法经营数额"，是指行为人在实施侵犯知识产权行为过程中，制造、储存、运输、销售侵权产品的价值。已销售的侵权产品的价值，按照实际销售的价格计算。制造、储存、运输和未销售的侵权产品的价值，按照标价或者已经查清的侵权产品的实际销售平均价格计算。侵权产品没有标价或者无法查清其实际销售价格的，按照被侵权产品的市场中间价格计算。

相关法律法规(1)		多次实施侵犯知识产权行为，未经行政处理或者刑事处罚的，非法经营数额、违法所得数额或者销售金额累计计算。 本解释第三条所规定的"件"，是指标有完整商标图样的一份标识。 **第十四条** 实施刑法第二百一十七条规定的侵犯著作权犯罪，又销售该侵权复制品，构成犯罪的，应当依照刑法第二百一十七条的规定，以侵犯著作权罪定罪处罚。 实施刑法第二百一十七条规定的侵犯著作权犯罪，又销售明知是他人的侵权复制品，构成犯罪的，应当实行数罪并罚。 **第十五条** 单位实施刑法第二百一十三条至第二百一十九条规定的行为，按照本解释规定的相应个人犯罪的定罪量刑标准的三倍定罪量刑。 **第十六条** 明知他人实施侵犯知识产权犯罪，而为其提供贷款、资金、账号、发票、证明、许可证件，或者提供生产、经营场所或者运输、储存、代理进出口等便利条件、帮助的，以侵犯知识产权犯罪的共犯论处。 **第十七条** 以前发布的有关侵犯知识产权犯罪的司法解释，与本解释相抵触的，自本解释施行后不再适用。
相关执法参考	相关法律法规(2)	最高人民法院、最高人民检察院《关于办理侵犯知识产权刑事案件具体应用法律若干问题的解释（二）》（节录） （2007年4月4日最高人民法院审判委员会第1422次会议、最高人民检察院第十届检察委员会第75次会议通过，自2007年4月5日起施行，法释〔2007〕6号） 为维护社会主义市场经济秩序，依法惩治侵犯知识产权犯罪活动，根据刑法、刑事诉讼法有关规定，现就办理侵犯知识产权刑事案件具体应用法律的若干问题解释如下： **第三条** 侵犯知识产权犯罪，符合刑法规定的缓刑条件的，依法适用缓刑。有下列情形之一的，一般不适用缓刑： （一）因侵犯知识产权被刑事处罚或者行政处罚后，再次侵犯知识产权构成犯罪的； （二）不具有悔罪表现的； （三）拒不交出违法所得的； （四）其他不宜适用缓刑的情形。 **第四条** 对于侵犯知识产权犯罪的，人民法院应当综合考虑犯罪的违法所得、非法经营数额、给权利人造成的损失、社会危害性等情节，依法判处罚金。罚金数额一般在违法所得的一倍以上五倍以下，或者按照非法经营数额的50%以上一倍以下确定。 **第五条** 被害人有证据证明的侵犯知识产权刑事案件，直接向人民法院起诉的，人民法院应当依法受理；严重危害社会秩序和国家利益的侵犯知识产权刑事案件，由人民检察院依法提起公诉。 **第六条** 单位实施刑法第二百一十三条至第二百一十九条规定的行为，按照《最高人民法院、最高人民检察院关于办理侵犯知识产权刑事案件具体应用法律若干问题的解释》和本解释规定的相应个人犯罪的定罪量刑标准定罪处罚。 **第七条** 以前发布的司法解释与本解释不一致的，以本解释为准。
	相关法律法规(3)	最高人民法院、最高人民检察院、公安部《关于办理侵犯知识产权刑事案件适用法律若干问题的意见》（节录） （2011年1月10日，法发〔2011〕3号） 为解决近年来公安机关、人民检察院、人民法院在办理侵犯知识产权刑事案件中遇到的新情况、新问题，依法惩治侵犯知识产权犯罪活动，维护社会主义市场经济秩序，根据刑法、刑事诉讼法及有关司法解释的规定，结合侦查、起诉、审判实践，制定本意见。 一、关于侵犯知识产权犯罪案件的管辖问题 侵犯知识产权犯罪案件由犯罪地公安机关立案侦查。必要时，可以由犯罪嫌疑人居住地公安机关立案侦查。侵犯知识产权犯罪案件的犯罪地，包括侵权产品制造地、储存地、

相关执法参考	相关法律法规（3）	运输地、销售地，传播侵权作品、销售侵权产品的网站服务器所在地、网络接入地、网站建立者或者管理者所在地，侵权作品上传者所在地，权利人受到实际侵害的犯罪结果发生地。对有多个侵犯知识产权犯罪地的，由最初受理的公安机关或者主要犯罪地公安机关管辖。多个侵犯知识产权犯罪地的公安机关对管辖有争议的，由共同的上级公安机关指定管辖，需要提请批准逮捕、移送审查起诉、提起公诉的，由该公安机关所在地的同级人民检察院、人民法院受理。 　　对于不同犯罪嫌疑人、犯罪团伙跨地区实施的涉及同一批侵权产品的制造、储存、运输、销售等侵犯知识产权犯罪行为，符合并案处理要求的，有关公安机关可以一并立案侦查，需要提请批准逮捕、移送审查起诉、提起公诉的，由该公安机关所在地的同级人民检察院、人民法院受理。 　　二、关于办理侵犯知识产权刑事案件中行政执法部门收集、调取证据的效力问题 　　行政执法部门依法收集、调取、制作的物证、书证、视听资料、检验报告、鉴定结论、勘验笔录、现场笔录，经公安机关、人民检察院审查，人民法院庭审质证确认，可以作为刑事证据使用。 　　行政执法部门制作的证人证言、当事人陈述等调查笔录，公安机关认为有必要作为刑事证据使用的，应当依法重新收集、制作。 　　三、关于办理侵犯知识产权刑事案件的抽样取证问题和委托鉴定问题 　　公安机关在办理侵犯知识产权刑事案件时，可以根据工作需要抽样取证，或者商请同级行政执法部门、有关检验机构协助抽样取证。法律、法规对抽样机构或者抽样方法有规定的，应当委托规定的机构并按照规定方法抽取样品。 　　公安机关、人民检察院、人民法院在办理侵犯知识产权刑事案件时，对于需要鉴定的事项，应当委托国家认可的有鉴定资质的鉴定机构进行鉴定。 　　公安机关、人民检察院、人民法院应当对鉴定结论进行审查，听取权利人、犯罪嫌疑人、被告人对鉴定结论的意见，可以要求鉴定机构作出相应说明。 　　四、关于侵犯知识产权犯罪自诉案件的证据收集问题 　　人民法院依法受理侵犯知识产权刑事自诉案件，对于当事人因客观原因不能取得的证据，在提起自诉时能够提供有关线索，申请人民法院调取的，人民法院应当依法调取。 　　十四、关于多次实施侵犯知识产权行为累计计算数额问题 　　依照《最高人民法院、最高人民检察院关于办理侵犯知识产权刑事案件具体应用法律若干问题的解释》第十二条第二款的规定，多次实施侵犯知识产权行为，未经行政处理或者刑事处罚的，非法经营数额、违法所得数额或者销售金额累计计算。 　　二年内多次实施侵犯知识产权违法行为，未经行政处理，累计数额构成犯罪的，应当依法定罪处罚。实施侵犯知识产权犯罪行为的追诉期限，适用刑法的有关规定，不受前述二年的限制。 　　十五、关于为他人实施侵犯知识产权犯罪提供原材料、机械设备等行为的定性问题 　　明知他人实施侵犯知识产权犯罪，而为其提供生产、制造侵权产品的主要原材料、辅助材料、半成品、包装材料、机械设备、标签标识、生产技术、配方等帮助，或者提供互联网接入、服务器托管、网络存储空间、通讯传输通道、代收费、费用结算等服务的，以侵犯知识产权犯罪的共犯论处。 　　十六、关于侵犯知识产权犯罪竞合的处理问题 　　行为人实施侵犯知识产权犯罪，同时构成生产、销售伪劣商品犯罪的，依照侵犯知识产权犯罪与生产、销售伪劣商品犯罪中处罚较重的规定定罪处罚。

最高人民法院《关于审理非法出版物刑事案件具体应用法律若干问题的解释》（节录）

（1998年12月11日由最高人民法院审判委员会第1032次会议通过，现予公布，自1998年12月23日起施行）

为依法惩治非法出版物犯罪活动，根据刑法的有关规定，现对审理非法出版物刑事案件具体应用法律的若干问题解释如下：

第四条 以营利为目的，实施刑法第二百一十八条规定的行为，个人违法所得数额在十万元以上，单位违法所得数额在五十万元以上的，依照刑法第二百一十八条的规定，以销售侵权复制品罪定罪处罚。

第五条 实施刑法第二百一十七条规定的侵犯著作权行为，又销售该侵权复制品，违法所得数额巨大的，只定侵犯著作权罪，不实行数罪并罚。

实施刑法第二百一十七条规定的侵犯著作权的犯罪行为，又明知是他人的侵权复制品而予以销售，构成犯罪的，应当实行数罪并罚。

第十一条 违反国家规定，出版、印刷、复制、发行本解释第一条至第十条规定以外的其他严重危害社会秩序和扰乱市场秩序的非法出版物，情节严重的，依照刑法第二百二十五条第（三）项的规定，以非法经营罪定罪处罚。

第十二条 个人实施本解释第十一条规定的行为，具有下列情形之一的，属于非法经营行为"情节严重"：

（一）经营数额在五万元至十万元以上的；

（二）违法所得数额在二万元至三万元以上的；

（三）经营报纸五千份或者期刊五千本或者图书二千册或者音像制品、电子出版物五百张（盒）以上的。

具有下列情形之一的，属于非法经营行为"情节特别严重"：

（一）经营数额在十五万元至三十万元以上的；

（二）违法所得数额在五万元至十万元以上的；

（三）经营报纸一万五千份或者期刊一万五千本或者图书五千册或者音像制品、电子出版物一千五百张（盒）以上的。

第十三条 单位实施本解释第十一条规定的行为，具有下列情形之一的，属于非法经营行为"情节严重"：

（一）经营数额在十五万元至三十万元以上的；

（二）违法所得数额在五万元至十万元以上的；

（三）经营报纸一万五千份或者期刊一万五千本或者图书五千册或者音像制品、电子出版物一千五百张（盒）以上的。

具有下列情形之一的，属于非法经营行为"情节特别严重"：

（一）经营数额在五十万元至一百万元以上的；

（二）违法所得数额在十五万元至三十万元以上的；

（三）经营报纸五万份或者期刊五万本或者图书一万五千册或者音像制品、电子出版物五千张（盒）以上的。

第十四条 实施本解释第十一条规定的行为，经营数额、违法所得数额或者经营数量接近非法经营行为"情节严重"、"情节特别严重"的数额、数量起点标准，并具有下列情形之一的，可以认定为非法经营行为"情节严重"、"情节特别严重"：

（一）两年内因出版、印刷、复制、发行非法出版物受过行政处罚两次以上的；

（二）因出版、印刷、复制、发行非法出版物造成恶劣社会影响或者其他严重后果的。

第十五条 非法从事出版物的出版、印刷、复制、发行业务，严重扰乱市场秩序，情节特别严重，构成犯罪的，可以依照刑法第二百二十五条第（三）项的规定，以非法经

相关法律法规(4)	营罪定罪处罚。 第十六条 出版单位与他人事前通谋，向其出售、出租或者以其他形式转让该出版单位的名称、书号、刊号、版号，他人实施本解释第二条、第四条、第八条、第九条、第十条、第十一条规定的行为，构成犯罪的，对该出版单位应当以共犯论处。 第十七条 本解释所称"经营数额"，是指以非法出版物的定价数额乘以行为人经营的非法出版物数量所得的数额。 本解释所称"违法所得数额"，是指获利数额。 非法出版物没有定价或者以境外货币定价的，其单价数额应当按照行为人实际出售的价格认定。 第十八条 各省、自治区、直辖市高级人民法院可以根据本地的情况和社会治安状况，在本解释第八条、第十条、第十二条、第十三条规定的有关数额、数量标准的幅度内，确定本地执行的具体标准，并报最高人民法院备案。
相关法律法规(5)	公安部关于对侵犯著作权案件中尚未印制完成的侵权复制品如何计算非法经营数额问题的批复 （2003年6月20日，公复字〔2003〕2号） 辽宁省公安厅： 你厅《关于侵犯著作权案件中的半成品书籍如何计算非法经营数额的请示》（辽公传发〔2003〕257号）收悉。现批复如下： 根据《最高人民法院关于审理非法出版物刑事案件具体应用法律若干问题的解释》（法释〔1998〕30号）第17条的规定，侵犯著作权案件，应以非法出版物的定价数额乘以行为人经营的非法出版物数量所得的数额计算其经营数额。因此，对于行为人尚未印制完成侵权复制品的，应当以侵权复制品的定价数额乘以承印数量所得的数额计算其经营数额。但由于上述行为属于犯罪未遂，对于需要追究刑事责任的，公安机关应当在起诉意见书中予以说明。
相关法律法规(6)	公安部、海关总署《关于加强知识产权执法协作的暂行规定》 （2006年3月24日，公通字〔2006〕33号） 第一条 为严厉打击侵犯知识产权犯罪活动，加强公安机关和海关在保护知识产权方面的联系配合，根据有关法律和行政法规以及最高人民法院、最高人民检察院《关于办理侵犯知识产权刑事案件具体应用法律若干问题的解释》（以下简称《司法解释》），制定本规定。 第二条 公安机关和海关应当充分认识到打击侵犯知识产权犯罪活动对维护市场经济秩序、促进国家经济发展和社会进步方面的重要意义，切实加强协调配合，实现海关知识产权行政执法与公安机关知识产权刑事执法的有效衔接，严厉打击侵犯知识产权犯罪活动。 第三条 双方在打击侵犯知识产权犯罪工作的衔接配合，由公安机关经济犯罪侦查部门和海关法规部门归口管理。联系配合工作涉及公安机关和海关内部其他部门的，由双方各自负责协调。 公安部经济犯罪侦查局（以下简称经侦局）和海关总署政策法规司（以下简称政法司）负责全国范围内公安机关和海关联系配合工作的协调和指导工作。 第四条 公安机关和海关应当进行经常性磋商并建立联席会议制度。经侦局和政法司应当每年召开一次联席会议。如遇重大、紧急情况或需联合部署重要工作，也可临时召开联席会议。 联席会议的主要内容应当包括： （一）回顾衔接配合工作情况，制定工作措施和计划；

(Left vertical label spanning all rows: 相关执法参考)

（二）组织打击侵犯知识产权犯罪的行动，研究重大案件的联系配合工作；

（三）组织执法经验交流和其他相关活动。

双方认为必要时，可以邀请其他有关部门参加联席会议。

第五条　海关在执法过程中，发现重大侵犯知识产权案件线索，应当及时向公安机关通报。案件线索原则上应当由各直属海关向当地同级公安机关进行通报。但是，经双方协商同意，也可以由直属海关或者隶属海关向当地公安机关通报。

海关在向公安机关通报犯罪案件线索时，发现当事人可能转移侵权嫌疑货物或物品或有其他必须当场处理之情形时，可以依照《知识产权海关保护条例》的规定扣留有关货物和物品。发现当事人可能逃逸的，应及时通知公安机关。

第六条　海关根据本规定第五条向公安机关通报的案件线索，应当包括以下内容：

（一）进出口货物经营单位、收（发）货单位、进出境旅客、邮递物品寄件人或者收件人（以下统称"当事人"）的名称或者姓名、注册地址或者国籍；

（二）侵权嫌疑货物或者物品的品名、数量、已知的价值、申报日期或者海关查验日期；

（三）涉嫌侵犯的知识产权名称和注册号、知识产权权利人名称或者姓名、联系人和联系方式；

（四）其他应当提供的情况。

第七条　海关向公安机关通报侵权嫌疑货物或者物品的情况，原则上应当采取书面形式。如情况紧急，也可予以口头通报。

海关向公安机关通报侵权嫌疑货物或者物品的情况，应当随附货物和物品清单以及进出口货物报关单、合同、发票、装箱单等报关单证的复印件。对公安机关要求提供其他有关文件或者到场查看货物和提取货样的，海关应当予以协助。

第八条　对海关通报的侵权嫌疑货物或者物品的情况，公安机关应当在收到海关书面通报后10个工作日决定是否对海关通报的当事人进行立案侦查并书面通知海关。对于海关移送的涉嫌构成犯罪的案件，公安机关应当在受理的3个工作日内决定是否立案侦查。

公安机关认为必要时，可以与海关就通报的案件情况进行磋商。

第九条　对公安机关决定对当事人进行立案侦查的，海关应当在收到公安机关的立案通知后3个工作日内向公安机关移交有关货物或者物品。

公安机关经过侦查，认为当事人没有犯罪事实、或者犯罪事实显著轻微，不需要追究刑事责任的，应当向海关退还有关货物或者物品。

第十条　对于工作中发现的重大案件线索，公安机关、海关可以召开临时联席会议，必要时邀请其他执法机关代表参加，共同会商、研究案情和决定打击对策，开展联合打击工作。

联合打击工作应以"精确打击"和"全程打击"为方针，采取协同作战的方式，查明涉及的生产、销售以及进出口等各个环节的策划者、组织者、参与者，摧毁整个犯罪网络。

"重大案件"指社会危害巨大、社会反映强烈、涉案价值较大、涉及跨国跨境犯罪团伙或其他双方认为应联合打击的案件。

第十一条　有以下情形之一的，海关应当根据《知识产权海关保护条例》和《海关行政处罚实施条例》的有关规定，对有关当事人进出口侵权货物的行为进行调查处理：

（一）公安机关审查后认为没有犯罪事实决定不对当事人立案侦查的；

（二）公安机关未在本规定第八条规定的十个工作日内予以回复的；

（三）公安机关立案后认为不需要追究当事人刑事责任并向海关退还有关货物或者物品的。

第十二条　公安机关对其他涉嫌侵犯知识产权犯罪案件进行侦查，需要海关协助监控

相关执法参考	相关法律法规（6）	进出口货物或者进出境物品、提供有关报关单证或者查询统计信息的，海关应当予以协助。 第十三条　公安机关和海关还应当在以下领域开展合作： （一）组织相关执法培训和开展相关宣传活动； （二）与知识产权权利人开展合作； （三）共同参与国际执法合作和交流； （四）其他双方认为需要合作的事项。 第十四条　本规定由公安部、海关总署负责解释。 第十五条　本规定自印发之日起施行。

十七、侵犯商业秘密罪

罪名	侵犯商业秘密罪（《刑法》第219条）
概念	侵犯商业秘密罪，是指采用不正当的手段，获取、使用、披露或允许他人使用权利人的商业秘密，情节严重的行为。

| 犯罪构成 | 客体 | 本罪侵犯的客体是双重客体，既包括国家商业秘密管理制度，又包括商业秘密权利人的专有权。商业秘密一经使用即可取得财产利益，因而是一种财产权，属于无形的财产权，与有形财产权不同的是，它不占用空间、不易于被控制而不具有实质的追及权，但仍然具有财产权的四项权能，即占有、使用、收益和处分的权利。占有权是指权利人对商业秘密的控制管理权，体现为采取合理的保密措施，防止他人用不正当的手段获取、泄露、使用（包括窃取者许可他人使用）。使用权是指权利人有权依法使用自己的商业秘密，只要这种使用不违反社会道德准则，不妨碍他人的合法权益和社会公共利益，其他任何人均不得干涉。收益权是指可以通过自己使用或者许可他人使用而获得经济利益；也可以转让商业秘密的所有权，从受让人那里获得经济利益；还可以将商业秘密入股，获得经济利益。处分权是指权利人处分自己商业秘密的权利，其处分方式包括：放弃对商业秘密的占有或使用；将自己的商业秘密公布于世，使其不具有秘密性；在保留所有权的前提下，允许他人有偿使用或者无偿使用；转让商业秘密的所有权；用遗嘱方式让继承人继承，或者遗赠给国家或组织或继承人以外的其他公民等。根据我国《反不正当竞争法》的规定，任何人都不得采用盗窃、贿赂、欺诈、胁迫、电子侵入或者其他不正当手段获取权利人的商业秘密；也不得披露、使用或者允许他人使用以前项手段获取的权利人的商业秘密；并且不得违反保密义务或者违反权利人有关保守商业秘密的要求，披露、使用或者允许他人使用其所掌握的商业秘密侵犯商业秘密的行为。商业秘密作为知识产权的一种，不仅得到《保护工业产权巴黎公约》和《关税与贸易总协定》的肯同，也得到我国刑法范围有限的刑事保护。采用不正当的手段，获取、使用、披露或允许他人使用权利人的商业秘密的侵犯商业秘密行为，不仅使商业秘密权利人的专有权受到了侵害，也侵害了国家商业秘密管理制度。

本罪侵犯的对象是权利人享有的商业秘密。这里的权利人，是指商业秘密的所有人和经商业秘密所有人许可的商业秘密使用人，即依法对商业秘密享有所有权或者使用权的公民、法人或者其他组织。商业秘密作为一种适用范围最广泛的分类，能够适应实践中的不断发展需求：商业秘密的表现形式，包括秘密信息的整体、组成部分和组成部分的具体组合三种形式；商业秘密的存在范围，既包括生产技巧、工艺秘诀、产品配方这类技术信息，也包括商业经验、经营策略、营业秘密这类营业信息；商业秘密的存在模式，既可以以文字、图像为载体，也可以以实物为载体，还可以存在于人的大脑或操作方式中。总之，所谓商业秘密，是指不为公众所知悉、能为权利人带来经济利益、具有实用性并经权利人采取保密措施的技术信息和经营信息。商业秘密必须同时具备如下六个特征，才能成为本罪侵犯的对象：

1. 商业秘密的信息性。商业秘密是一种技术信息及经营信息，具有信息性。信息具有客观性、动态性、依附性、可计量性、共享性、异步性、可伪性。商业秘密是一种信息，但并不是任何信息都可以成为商业秘密。商业秘密的信息性是指在工业生产、农业生产、经营销售活动等工商活动中有关技术方面的信息，与工商活动无关的信息不能成为商业秘密。这一点使它和政治秘密、个人隐私区分开来。商业秘密在外延上看是包含两种与 |

| 犯罪构成 | 客体 | 工商活动有关的技术秘密和经营秘密。这里的技术秘密，是指专利技术之外的有关产品的技术诀窍、工艺秘诀、专有配方、非专利技术成果、技术知识等，其自身不具有独立性或整体性，而须依附于某项专利，或依附于某项商业秘密。实际上未公开的技术信息，即在产品的生产和制造过程中的技术诀窍或秘密技术、非专利技术成果、专有技术，人们也称之为工业秘密，凡属于工、农、牧生产领域里的技术都应包括在内，即符合商业秘密构成条件的，具有一定价值、不为公众所知的产品、配方、工艺流程、加工方法及能在生产经营中所使用的其他技巧、知识都属于商业秘密。这里的经营秘密，是指未公开的经营信息，即在生产经营销售有关的保密资料、情报、计划、方案、方法、程序、经营决策等。具体包括未公开的产品的制作方法、工艺、推销计划、顾客名单、进货渠道、销售网络、配方及其来源、产品价格、供求状况、标底、标书内容等资料。经营秘密包括如下三类：一是关于经营者自身状况的信息：经营者的财务状况、资信情况、组织结构、人员改组计划、重要管理人员的配备情况、资产购置状况、技术装备水平等。二是关于经营者业务往来的信息：经营者的原材料来源、地区及渠道、原材料供应商名单、推销手段、对外业务合同、产品和服务的价格、招标的底数、招标的报价、客户名单、广告计划、推销计划、兼并计划等。三是关于经营者对外部经营伙伴估价的信息：经营者对原材料供应发展前景的研究资料及研究结论，对市场调研的结果，对代理商、中间商、合作人资信情况的估价，对兼并对象的研究资料和研究报告等。

2. 商业秘密的秘密性。秘密性，即商业秘密具有不为公众所知悉的属性，已为社会公知公用的通用技术和普通的经营方法不属于商业秘密的范畴。这里的不为公众所知悉，是指该信息是仅限于一定范围内的人知悉的事项，不能从公开渠道直接获取的。下列三种情况不属于公众知悉：一是某一商业秘密仅在企业内部为有关职工"因业务需要所知"，而按企业的规章制度或劳动合同，职工对因工作接触的商业秘密负有明示或默示的保密义务，该商业秘密仍属于商业秘密。二是他人通过自己的劳动独立开发出此秘密。如通过产品的公开展出而从该产品项目中推断出此秘密，从公开资料文件中查出等。只要他人保守秘密，就不会使商业秘密失去秘密性。三是商业秘密因业务所需，被企业外部的原材料供应商、产品销售商、加工承揽商、修理商所知，只要局限在很小的范围内，即所知人不扩散，且按照当时当地的行业习惯或当事人的约定，这种情形下的外部知悉者有保密义务，那么这种知悉，也不会使商业秘密丧失其秘密性。如果商业秘密的权利人投入市场的产品，很容易使公众发现其秘密，则可以认为该产品自投入市场后是为公众所知悉的，商业秘密已失去了秘密性。商业秘密的这种秘密性也是其区别于专利的所在。商业秘密权利人不申请专利保护一般是基于以下原因：一是商业秘密持有人为节省专利费用而不申请专利；二是商业秘密持有人希望无限期保守其商业秘密（专利的保护是有期限的）；三是由于该商业秘密尚未列入专利法保护范围或达不到专利所要求的"三性"标准；四是某些商业秘密作为某项专利的保留部分留存下来的。专利的内容必须是公开的，专利的实质就是国家允许先进技术的发明人在一定时期内占有其发明的专有权。但以发明人将其发明内容公布于众为条件。商业秘密的权利人不想获得专利法所认可的专有权，而意图通过保密维持实际上的专有权，这在法律上也是允许的，专利法并没有取消秘密的权利。

3. 商业秘密的财产性。财产性，即商业秘密具有价值和使用价值。商业秘密能为权利人带来经济利益，商业秘密一旦泄露，就会给持有人造成经济损失。商业秘密所具有的竞争优势既不能用其产生所花费的成本来衡量，也不能通过合法手段获取商业秘密的成本来计算，有时花费代价很小的商业秘密却可导致巨大的竞争优势。所谓的能为权利人带来经济利益，是指该信息有确定的仅限于能使权利人增加财产或者财产上的经济利益或者竞争优势。不管花了多少投资，研究出来的成果如果没有这种财产性，就不符合商业秘密的属性特点。如果一项未公开的技术或经营信息不能给权利人带来某种竞争优势或经济利益，法律就没有对其保护的必要性。商业秘密的权利人具有占有、使用、处分商业秘密并 |

犯罪构成	获得收益的权利，有制止他人无正当法律理由获取、利用商业秘密的权利。 　　4. 商业秘密的实用性。实用性，即商业秘密具有确定的可应用性。这种实用性表现为商业秘密可直接的、现实的可操作的信息，使得权利人能够将商业秘密直接运用于生产、经营活动解决实际问题。没有实用性的技术信息或经营信息是不能成为商业秘密的。当商业秘密被运用到一定的生产方法或技巧中，它既可以体现为配方、图样、程序、编辑物等，也可体现为方法、技术、工序、设计等。这里的运用不仅包括目前的现实可以运用，也包括未来可以运用，至于权利人实际是否将该商业秘密直接运用于生产、经营活动中，则无关紧要。如果抽象的概念和原理、原则不能转化为这里的可操作的商业秘密的话，是不能获得相应刑事法律保护的。 　　5. 商业秘密的分享性，即商业秘密可能为多人所同时掌握。可能存在同时有两个以上的持有人分别地、独立地掌握同一商业秘密，但他们之间并未（或尚未）发生横向关系，因此，自己都以为自己是该商业秘密的唯一所有人。商业秘密持有人只是对自己所掌握的商业秘密有处分权，如自己抢先申请专利，或将该商业秘密转让给他人，但不能对抗正当的竞争。第一，他不能阻止别人独立研究搞出并占有同一项商业秘密。第二，他也不能阻止别人根据其投入市场的产品，重新研究出借以生产该产品的工艺流程及设计的商业秘密，即所谓"返回原设计"。商业秘密的这种可分享性表现在其转让时，仅仅是商业秘密的使用权转让，至于所有权是不能转让的。因为即使是将所有权转给受让人，但构成商业秘密的工艺技巧、产品配方、技术秘诀、经营决策、商业经验等要素，仍会保留在原持有人的记忆之中，不会随着商业秘密的转让而从头脑中消失。同样的道理，商业秘密的合法所有权人也不会因为该项商业秘密被盗用而直接完全地丧失对它的所有权，而只是间接部分地丧失了对该项商业秘密的实际独占、利用、转让和收益的权利。可见，商业秘密的可分享性，使其不可能像有形财产那样转移所有权。 　　6. 商业秘密的保密性。保密性，即商业秘密经权利人采取了保密措施。商业秘密的这种保密性是商业秘密权利人有意采取保密措施而达到的。因此，判断权利人是否采取保密措施，往往成为确认其是否构成商业秘密的关键因素之一。所谓权利人采取保密措施，包括限定涉密信息的知悉范围，只对必须知悉的相关人员告知其内容；对于涉密信息载体采取加锁等防范措施；在涉密信息的载体上标有保密标志；对于涉密信息采用密码或者代码等；签订保密协议；对于涉密的机器、厂房、车间等场所限制来访者或者提出保密要求；确保信息秘密的其他合理措施。所谓技术信息和经营信息，包括设计程序、产品配方、制作工艺、制作方法、管理诀窍、客户名单、货源情报，产销策略、招投标中的标底及标书内容等信息。
客观方面	本罪在客观方面表现为违反国家商业秘密保护法规，侵犯商业秘密，情节严重的行为。主要包括如下三点： 　　1. 违反国家商业秘密保护法规。行为具有违法性是本罪客观方面成立的前提条件。这里的违反国家商业秘密保护法规，主要是指违反我国《反不正当竞争法》的规定。根据该法第9条规定，经营者不得实施下列侵犯商业秘密的行为：以盗窃、贿赂、欺诈、胁迫、电子侵入或者其他不正当手段获取权利人的商业秘密；披露、使用或者允许他人使用以前项手段获取的权利人的商业秘密；违反保密义务或者违反权利人有关保守商业秘密的要求，披露、使用或者允许他人使用其所掌握的商业秘密；教唆、引诱、帮助他人违反保密义务或者违反权利人有关保守商业秘密的要求，获取、披露、使用或者允许他人使用权利人的商业秘密。经营者以外的其他自然人、法人和非法人组织实施前款所列违法行为的，视为侵犯商业秘密。第三人明知或者应知商业秘密权利人的员工、前员工或者其他单位、个人实施本条第一款所列违法行为，仍获取、披露、使用或者允许他人使用该商业秘密的，视为侵犯商业秘密。未经商业秘密权利人同意行为可以视为行为具有违法性的重要体现。权利人是指依法对商业秘密享有所有权或者使用权的公民、法人或者其他组织。

犯罪构成	客观方面	如果商业秘密为某一个单位或公民合法控制，则权利人属于单一主体，如果合法控制人为两个以上的单位或公民，则该商业秘密的主体为共同主体。商业秘密与专利、商标和著作权不同，它不具有排他性、独占性、垄断性。权利人无权排斥他人以合法手段获取同一商业秘密，因此，对于同一商业秘密，可能出现多个商业秘密权利人并存的局面，使各权利人的权利相抵，其结果只能是相互尊重，互不侵犯。如果不属于反不正当竞争法所禁止的行为，就不能以本罪论处，诸如他人通过反向工程取得商业秘密；他人自行创造、构思出同样的商业秘密；他人从其他合法处受让商业秘密权；第二人在商业秘密权利人疏忽大意的情况下善意取得；善意第三人从善意第二人那里取得商业秘密；商业秘密权利人的权利用尽。 2. 实施了侵犯商业秘密的行为。理论上可以概括为非法获取、非法披露、非法使用三类侵犯商业秘密的行为。但根据刑法规定，侵犯商业秘密的行为表现为以下四种情况： （1）以盗窃、贿赂、欺诈、胁迫、电子侵入或者其他不正当手段获取权利人的商业秘密的行为。这类危害行为属于侵权性侵犯商业秘密的行为，也可称为非法获取商业秘密的行为。盗窃，一般是指通过窃取商业秘密的载体而获取商业秘密。所盗窃的既可以是原件，也可以是复制件，还可以是自己以秘密的方式加以复制如偷拍、偷录等。例如，孙某是北京塞翁公司信息咨询服务中心的客户服务总监，在几个月里盗窃公司收集和生产的文件资料，经鉴定，被偷盗的塞翁公司的五个数据库和其被偷盗后直接出售给他人的信息资料文件，使公司受损53万余元。法院以侵犯商业秘密罪判处孙某有期徒刑2年，并处罚金5万元。贿赂，是指通过给予财物或其他好处而获取商业秘密。欺诈，是指通过虚构事实或隐瞒真相的方式获取商业秘密。胁迫，是指对知悉商业秘密的人进行生命、健康、荣耀、财产等的恐吓、威胁，迫使他人提供商业秘密。电子侵入，是指未经授权或超出授权通过网络技术侵入商业秘密信息的电子载体而获取商业秘密。其他不正当手段，是指除盗窃、利诱、胁迫以外的其他不正当手段，如通过抢夺、骗取、抢劫等方式获取商业秘密。 （2）披露、使用或者允许他人使用以上述第一种手段获取的权利人的商业秘密的行为。这是上述第一种行为的延伸或者继续。这类危害行为也属于侵权性侵犯商业秘密的行为，可称为滥用非法获取的商业秘密的行为。成立条件包括：行为人所披露、使用或者允许他人使用的商业秘密必须是其以盗窃、利诱、胁迫或者其他不正当手段所获取的，以及行为人所披露、使用或者允许他人使用的商业秘密必须是其自身直接获取的权利人的商业秘密。披露，是指将其非法获得的商业秘密告知权利人的竞争对手或其他人，或者将商业秘密内容公布于众。包括口头告知如当面告诉、电话告知，提供商业秘密的原件、复制件、用信件告知其内容等书面方式，直接让人阅读、抄录、复制商业秘密等。只要通过其行为能让他人了解，获知商业秘密，不管其方式如何，都应以披露论处。使用，是指将自己非法获取的商业秘密用于生产或者经营。允许他人使用，是指允许他人将自己已经获得的商业秘密用于生产或者经营，包括有偿与无偿两种情况。第三人如明知是通过不正当的手段获取而又披露、使用或者允许他人使用的，即可以该行为论处。如不知道是通过不正当手段获取的则不能以本罪的此种行为论处。应当注意的是，如果不是通过不正当的手段获取的，即使有披露或者使用行为，也不能以本行为论处。如：捡拾、参与决策、讨论、咨询、进行监督管理等而获取的商业秘密，即使有披露、使用或者允许他人使用的行为，也不能以本行为论处。 （3）违反保密义务或者违反权利人有关保守商业秘密的要求，披露、使用或者允许他人使用其所掌握的商业秘密的行为。这类危害行为属于违约性侵犯商业秘密的行为，也可称为滥用合法获取的商业秘密的行为。这是指合法知悉商业秘密内容的人披露、使用或者允许他人使用商业秘密的行为。本项犯罪行为的行为人，获取商业秘密的手段是正当的，但由于对权利人负有明示的或默示的义务，因而不得披露、使用或允许他人使用。本项犯罪行为的行为人和商业秘密的权利人之间往往存在一定的业务关系，行为人因业务需

| 犯罪构成 | 客观方面 | 要了解的商业秘密，按保密协议约定或应权利人的要求应承担默示的保密义务。所谓明示的保密义务，是指这些人与订有保密合同，或由权利人提出过保密要求；所谓默示的保密义务，是指根据具体情况可以推知，如果他人不默认其承担保密义务，权利人就不可能告知商业秘密。本项犯罪行为中的披露、使用或者允许他人使用均是在行为人违反约定或违反权利人有关保守商业秘密的要求的前提下发生的。这里的披露，指未得到权利人许可而向特定人、小部分人或社会公众公开商业秘密。如单位职工无论是在职期间还是调离单位或者是离退休，都有义务保守原单位的商业秘密，如他们在职期间或离开单位后将单位的商业秘密告知他人则可能构成本项犯罪行为。再如与外部有业务联系人员将业务联系中获得的商业秘密提供给第三方；技术合同相对方违反保密约定或要求披露技术秘密；权利人信任的朋友向第三方披露商业秘密等。这里的使用，是指上述行为人擅自使用商业秘密，行为人依约定或要求所承担的保密义务中包含有不使用义务。这里的允许他人使用商业秘密，即行为人违反与权利人的约定或权利人的要求，以有偿或无偿形式将商业秘密提供给他人使用的义务。实践中的相关行为人，通常包括公司、企业内部的工作人员，曾在公司、企业内工作的调离人员、离退休人员以及与权利人订有保守商业秘密协议的有关人员。违反约定或违反权利人有关保守商业秘密的要求是本行为成立的前提，如果没有违反约定也没有违反权利人有关保守商业秘密的规定，而是按权利人的保守约定、要求的范围披露、使用或者允许他人使用其所掌握的秘密则不能以本行为论处。

（4）明知前述第一种至第三种违法行为，而获取、披露、使用或者允许他人使用该商业秘密的行为。这是间接侵犯商业秘密的行为，即第三人明知向其传授商业秘密的人具有上述违法行为，而获取、披露、使用或者允许他人使用该商业秘密。这里的第三人是相对商业秘密领域特定含义第一人、第二人而言，所谓第一人，是指商业秘密的权利人或者合法持有者，所谓第二人是指实施前三种危害行为直接侵犯商业秘密的行为人，而所谓第三人，是指直接获得商业秘密的行为人以外的、间接侵犯商业秘密的人。实施本项危害行为的行为人明知存在前述的直接侵犯商业秘密的行为，仍然从他人手里获取商业秘密，或获取后再披露、使用该商业秘密，或获取后再允许他人使用该商业秘密的行为。第三人尽管没有直接侵犯第一人的商业秘密，但他在明知第二人的行为违法即侵犯了第一人的商业秘密的情况下，仍然获取、披露、使用或者允许他人使用该商业秘密，其行为与权利人的商业秘密受到侵犯而招致重大损失具有刑法上的因果关系，理应承担法律责任。

3. 行为达到情节严重的程度。本罪为情节犯，只有侵犯商业秘密的行为，达到情节严重的程度，才能构成犯罪。例如，1996 年 4 月，被告人杨吉钊受聘担任湖南省株洲市建汉电子实业有限公司（以下简称建汉公司）副经理，主管建汉公司"IC 卡食堂管理系统"的销售工作。在销售活动中，杨吉钊发现该管理系统市场潜力大，经济效益高，有利可图，决定另起炉灶。同年 7 月，杨吉钊离开建汉公司应聘到第五工程局第一工程处长沙昌达实业公司（以下简称昌达公司）担任经理，并将建汉公司的"IC 卡食堂管理系统"确定为昌达公司的龙头产品。由于该系统的核心软件窗口机、写卡机为建汉公司经过硬件三级加密写入 CPU 内，并只由该公司职员刘建汉、陈锋（另案处理）掌握、管理，为技术秘密，杨便与昌达公司销售人员沈畸（在逃）多次劝说陈锋来昌达公司工作。陈拒绝后，杨便要求陈利用业余时间为昌达公司提供一年技术服务，并提供"IC 卡食堂管理系统"的窗口机、写卡机 CPU 的 EPO 目标程序和主机管理系统的 PRG 和 OBJ 的源程序等软件，昌达公司则支付陈"技术服务费"7 万元。陈应允后，昌达公司先后 3 次共付给陈锋 7 万元，陈依约定将有关系统软件提供给昌达公司。之后，被告人杨吉钊与销售人员沈畸、宋璐（另案处理）在陈锋的协助下，利用自己在建汉公司带来的样机对软件进行解剖、分析，于 1996 年 11 月将该管理系统复制成功。随后大肆生产并进行销售。1996 年 12 月至 1998 年 12 月间，昌达公司先后将复制的产品销往湖北、重庆广西等 10 个省、直辖市、自治区的 47 所大、中专院校，销售金额 578.9469 万元。其中 1997 年 10 月 1 日之 |

犯罪构成	客观方面	前非法获利 69.1364 万元、1997 年 10 月 1 日之后非法获利 257.8227 万元，给建汉公司造成了重大经济损失。法院认定，被告单位昌达公司、被告人杨吉钊在建汉公司的"IC 卡食堂管理系统"中存在不为公众所知悉能为建汉公司带来经济利益、具有实用性并经建汉公司采取保密措施的技术、经营信息，属商业秘密，却采取利诱和其他不正当手段非法获取后，非法复制、生产和销售，给建汉公司造成重大经济损失 257.8227 万元，其行为已构成侵犯商业秘密罪，判处被告单位昌达公司罚金人民币 30 万元。判处被告人杨吉钊有期徒刑 1 年零 6 个月，并处罚金人民币 5 万元。被告单位昌达公司、被告人杨吉钊连带赔偿附带民事诉讼原告单位建汉公司经济损失人民币 257.8227 万元。
	主体	本罪的主体为一般主体，自然人和单位均能成为本罪主体。就自然人而言，只要行为人达到了 16 周岁以上法定刑事责任年龄，具有刑事责任能力，实施了侵犯商业秘密行为，即可构成犯罪。就单位而言，单位实施了侵犯商业秘密的行为，构成犯罪的，实行双罚制，即对单位判处罚金，对直接负责的主管人员和其他直接责任人员依法追究刑事责任。 应当注意的是，本罪自然人主体中具有混合主体的属性，即有的犯罪行为可以由一般主体实施，而有的犯罪行为只能由特殊主体实施。可结合本罪条款四类行为规定情况分析。由特殊主体实施的情况为：实施本罪条款第三项（违反约定或者违反权利人有关保守商业秘密的要求，披露、使用或者允许他人使用其所掌握的商业秘密的）行为的人应该为特殊主体。这类主体与权利人之间存在保密协议，依照"约定或者权利人有关保守商业秘密的要求"而负有保密义务的当事人，包括权利人内部因为工作关系而需要知悉或掌握商业秘密的人，如单位的员工或者雇员（包括离职、退休人员），也包括因与权利人存在业务往来而知悉或掌握商业秘密的人，如合资合作伙伴、贷款银行、供货商、代理商等，还包括为商业秘密的权利人提供某种服务的外部人员，如公司、企业的商业顾问、律师、注册会计师等，这些人员具有一个共同的特点，即已经于事先通过正当途径知悉权利人的商业秘密。由一般主体实施的情况为：实施本罪条款第一项（以盗窃、利诱、胁迫或者其他不正当手段获取权利人的商业秘密的）行为、第二项（披露、使用或者允许他人使用以上述第一种手段获取的权利人的商业秘密的）行为、第二款（明知或者应知前款所列行为，即第一种至第三种违法行为，而获取、使用或者披露他人商业秘密的）行为的人应该是一般主体，他们并未于事先合法知悉权利人的商业秘密，无须具备特定的身份即可实施上述三类行为。 在实践中，本罪主体通常有六种：（1）企业的厂长、经理和其他管理人员、企业的职工或临时雇佣工等；（2）现已离退休或转调的原企业人员；（3）受委托并因而知悉、掌握商业秘密的人，如律师、专利代理人、经济顾问等；（4）对企业有监督、检查、调查和管理权的人，比如审计人员、税务人员、主管行政机关人员、工商管理人员等；（5）除上述四种人员可能因披露商业秘密而成为主体要件外，其他任何人员均可能因盗窃、利诱、胁迫或者其他不正当手段获取权利人的商业秘密而成为该罪的主体；（6）依据合同或者权利人有关保守商业秘密的要求，披露、使用或者允许他人使用其所掌握的商业秘密的有关单位及直接责任人员。此外，为了获取和使用商业秘密与披露商业秘密的犯罪分子事先有通谋的单位或个人，应以共同犯罪论处。
	客观方面	本罪的主观方面只能是故意，即行为人有意识地通过多种手段侵犯商业秘密。过失不构成本罪。至于行为人出于何种动机而实施犯罪，不影响本罪的成立，只是量刑时可考虑的情节。实践中，该罪的犯罪动机表现为：（1）为了交换利益而披露商业秘密；（2）为自己从事不正当竞争而使用商业秘密；（3）为击败同业竞争对手而以盗窃、利诱、胁迫或者其他不正当手段获取商业秘密；（4）为出卖而以盗窃、利诱、胁迫或者其他不正当手段获取商业秘密；（5）为报复或泄愤而披露商业秘密。

认定标准	刑罚标准	1. 犯本罪的，处3年以下有期徒刑，并处或者单处罚金； 2. 情节特别严重的，处3年以上10年以下有期徒刑，并处罚金； 3. 单位犯本罪的，对单位判处罚金，并对其直接负责的主管人员和其他直接责任人员，依照上述规定处罚。 本罪为情节犯，只要侵犯商业秘密的行为，达到情节严重的程度，即可构成犯罪，就应当适用第一档量刑条款。 构成本罪，并情节特别严重的，适用第二档量刑条款。 对于单位实施本罪，应当根据2007年"两高"有关司法解释的规定，单位实施刑法第213条至第219条规定的行为，按照相应个人犯罪的定罪量刑标准定罪处罚。
	本罪与非罪的区别	1. 看犯罪客体是否被侵害。本罪侵犯的客体是国家商业秘密管理制度和商业秘密权利人享有的合法权利。对于行为没有侵犯国家商业秘密管理制度、商业秘密权利人享有的合法权利的，是不存在客体被侵犯情况的，当然不能构成本罪。例如，行为人通过合同转让、独立研制、善意取得、反向工程等途径取得的商业秘密，由于经过合法的研究、试验、分析而总结出同商业秘密权利人相似的结论，这种行为不论前提还是手段，均属于合法方式取得，根本不存在侵犯国家商业秘密管理制度和商业秘密权利人享有的合法权利的可能，当然就不能构成本罪。 2. 看犯罪行为对象是否存在。成立本罪的行为对象条件必须为权利人享有的商业秘密。行为对象不是权利人享有的商业秘密的，就不能构成本罪。如果行为人侵犯的行为对象是丧失商业秘密的秘密性而成为公知的信息，则不能构成本罪。例如，将商业秘密作为专利进行的专利申请，如果未能获得成功，该技术的商业秘密可能丧失秘密性而成为公知的信息，侵犯该技术的商业秘密的行为就不能构成本罪。 3. 看犯罪客观方面后果是否存在。本罪为情节犯，只有侵犯商业秘密的行为，但没有达到情节严重的程度，也不能构成本罪。
	此罪与彼罪的区别（1）	本罪与破坏生产经营罪的区别。 破坏生产经营罪，是指由于泄愤报复或者其他个人目的，毁坏机器设备、残害耕畜或者以其他方法破坏生产经营的行为。两罪的主要区别在于： 1. 犯罪客体不同。本罪是双重客体，既包括国家商业秘密管理制度，又包括商业秘密权利人享有的合法权利。后罪是单一客体，仅为生产经营的正常活动。 2. 犯罪主体范围不同。本罪的主体既包括自然人，也包括单位。后罪主体只限于自然人，不包括单位。 3. 犯罪主观故意内容不同。本罪在主观方面表现为故意，不排除间接故意，目的与动机不影响犯罪是否成立。后罪在主观方面表现只能为直接故意，并且必须具有泄愤报复或者其他个人目的。 两罪在实践中也存在关联：行为人实施侵犯商业秘密的行为，同时具备了两罪的构成要件，触犯了两罪罪名，属于想象竞合犯，应当择一重罪论处。
	此罪与彼罪的区别（2）	本罪与侵犯国家秘密罪的区别。 侵犯国家秘密罪属于一类犯罪的总称，包括危害国家安全罪中的为境外窃取、刺探、收买、非法提供国家秘密、情报罪，妨害社会管理秩序罪中的非法获取国家秘密罪、非法持有国家绝密、机密文件、资料、物品罪，渎职罪中的故意泄露国家秘密罪、过失泄露国家秘密罪等五个罪名，定义分别为：为境外窃取、刺探、收买、非法提供国家秘密、情报罪，是指为境外的机构、组织、人员窃取、刺探、收买、非法提供国家秘密或情报的行为。非法获取国家秘密罪，是指以窃取、刺探、收买方法，非法获取国家秘密的行为。非法持有国家绝密、机密文件、资料、物品罪，是指非法持有属于国家绝密、机密的文件、资料或者其他物品，拒不说明来源与用途的行为。故意泄露国家秘密罪，是指国家机关工

| 认定标准 | 此罪与彼罪的区别(2) | 作人员违反国家保密法的规定，故意泄露国家秘密，情节严重的行为。过失泄露国家秘密罪，是指国家机关工作人员违反国家保密法的规定，过失泄露国家秘密，情节严重的行为。

本罪与上述五种犯罪的主要区别大致在于但不限于如下两点：一是犯罪客体属类不同。本罪为侵犯商业秘密罪属于刑法分则第三章破坏社会主义市场经济秩序罪之第七节侵犯知识产权罪中的一种。而具体的侵犯国家秘密罪则分属刑法分则的不同章节，其中为境外窃取、刺探、收买、非法提供国家秘密、情报罪属于刑法分则第一章危害国家安全罪中的一种；非法获取国家秘密罪、非法持有国家绝密、机密文件、资料、物品罪属于刑法分则第六章妨害社会管理秩序罪之第一节扰乱公共秩序罪中的两种；故意泄露国家秘密罪、过失泄露国家秘密罪属于刑法分则第八章渎职罪中的两种。二是犯罪主体范围不同。本罪的主体既包括自然人，也包括单位。侵犯国家秘密罪中的五种犯罪主体均只限于自然人，不包括单位。

本罪与上述五种犯罪的主要区别更主要的在于犯罪对象的不同。侵犯商业秘密罪的犯罪对象为商业秘密，而侵犯国家秘密罪中的五种犯罪的犯罪对象为国家秘密。所谓商业秘密，是指不为公众所知悉，能为权利人带来经济利益，具有实用性并经权利人采取保密措施的技术信息和经营信息。所谓国家秘密是指关系国家的安全和利益，依照法定程序确定，在一定时间内只限一定范围的人员知情的事项。国家秘密的密级分为绝密、机密、秘密三级。绝密级国家秘密是最重要的国家秘密，泄露会使国家安全和利益遭受特别严重的损害；机密级国家秘密是重要的国家秘密，泄露会使国家安全和利益遭受严重的损害；秘密级国家秘密是一般的国家秘密，泄露会使国家安全和利益遭受损害。根据《中华人民共和国保守国家秘密法》第九条第一款规定，下列涉及国家安全和利益的事项，泄露后可能损害国家在政治、经济、国防、外交等领域的安全和利益的，应当确定为国家秘密：（1）国家事务重大决策中的秘密事项；（2）国防建设和武装力量活动中的秘密事项；（3）外交和外事活动中的秘密事项以及对外承担保密义务的秘密事项；（4）国民经济和社会发展中的秘密事项；（5）科学技术中的秘密事项；（6）维护国家安全活动和追查刑事犯罪中的秘密事项；（7）经国家保密行政管理部门确定的其他秘密事项。政党的秘密事项中符合该款规定的，也属于国家秘密。此外，由于关于商业秘密和国家秘密的含义均为国家法律明确界定，因此一般情况下不易混淆，也容易结合上述区别要素正确区分侵犯商业秘密罪与五种具体侵犯国家秘密罪的界限。

当然，如果商业秘密关系到国家利益和安全的，则可能上升成为国家秘密。这时两者实际上就存在关联或者交叉的情况。上述七项国家秘密中第四项即国民经济和社会发展中的秘密事项是包括技术秘密的，而商业秘密中的有些技术秘密，经过审查、批准程序是可以被确定为国家秘密的，这时特定的技术秘密既符合商业秘密的属性，也符合国家秘密的属性。如果行为人实施了侵犯这类技术秘密信息的，则可能同时符合侵犯商业秘密罪与具体侵犯国家秘密罪的某罪的构成要件，同时构成侵犯商业秘密罪与具体侵犯国家秘密罪的某罪，这种情况属于法规竞合中的交叉重合情形，应当按照特别法优于普通法的原则处理。由于商业秘密必须经过特定的审查批准程序才能被确定为具有国家秘密属性的商业秘密，是极为特殊的商业秘密或者说等同于国家秘密的商业秘密，规定保护这种特殊对象的法律就是特别法，因此，应当按照具体侵犯国家秘密罪的某罪来论处，而不能按侵犯商业秘密罪论处。 |

相关执法参考	**刑法**	中华人民共和国刑法（节录） （1979年7月1日第五届全国人民代表大会第二次会议通过，1997年3月14日第八届全国人民代表大会第五次会议修订，已先后被1999年12月25日《中华人民共和国刑法修正案》、2001年8月31日《中华人民共和国刑法修正案（二）》、2001年12月29日《中华人民共和国刑法修正案（三）》、2002年12月28日《中华人民共和国刑法修正案（四）》、2005年2月28日《中华人民共和国刑法修正案（五）》、2006年6月29日《中华人民共和国刑法修正案（六）》、2009年2月28日《中华人民共和国刑法修正案（七）》、2009年8月27日《全国人民代表大会常务委员会关于修改部分法律的决定》、2011年2月25日《中华人民共和国刑法修正案（八）》、2015年8月29日《中华人民共和国刑法修正案（九）》、2017年11月4日《中华人民共和国刑法修正案（十）》、2020年12月26日《中华人民共和国刑法修正案（十一）》修改或修正） **第二百一十九条** 有下列侵犯商业秘密行为之一，情节严重的，处三年以下有期徒刑，并处或者单处罚金；情节特别严重的，处三年以上十年以下有期徒刑，并处罚金： （一）以盗窃、贿赂、欺诈、胁迫、电子侵入或者其他不正当手段获取权利人的商业秘密的； （二）披露、使用或者允许他人使用以前项手段获取的权利人的商业秘密的； （三）违反保密义务或者违反权利人有关保守商业秘密的要求，披露、使用或者允许他人使用其所掌握的商业秘密的。 明知前款所列行为，获取、披露、使用或者允许他人使用该商业秘密的，以侵犯商业秘密论。 本条所称权利人，是指商业秘密的所有人和经商业秘密所有人许可的商业秘密使用人。
	相关法律法规（1）	最高人民法院、最高人民检察院《关于办理侵犯知识产权刑事案件具体应用法律若干问题的解释（三）》 （2020年8月31日最高人民法院审判委员会第1811次会议、2020年8月21日最高人民检察院第13届检察委员会第48次会议通过，自2020年9月14日起施行） 为依法惩治侵犯知识产权犯罪，维护社会主义市场经济秩序，根据《中华人民共和国刑法》《中华人民共和国刑事诉讼法》等有关规定，现就办理侵犯知识产权刑事案件具体应用法律的若干问题解释如下： **第一条** 具有下列情形之一的，可以认定为刑法第二百一十三条规定的"与其注册商标相同的商标"： （一）改变注册商标的字体、字母大小写或者文字横竖排列，与注册商标之间基本无差别的； （二）改变注册商标的文字、字母、数字等之间的间距，与注册商标之间基本无差别的； （三）改变注册商标颜色，不影响体现注册商标显著特征的； （四）在注册商标上仅增加商品通用名称、型号等缺乏显著特征要素，不影响体现注册商标显著特征的； （五）与立体注册商标的三维标志及平面要素基本无差别的； （六）其他与注册商标基本无差别、足以对公众产生误导的商标。 **第二条** 在刑法第二百一十七条规定的作品、录音制品上以通常方式署名的自然人、法人或者非法人组织，应当推定为著作权人或者录音制作者，且该作品、录音制品上存在着相应权利，但有相反证明的除外。 在涉案作品、录音制品种类众多且权利人分散的案件中，有证据证明涉案复制品系非法出版、复制发行，且出版者、复制发行者不能提供获得著作权人、录音制作者许可的相关证据材料的，可以认定为刑法第二百一十七条规定的"未经著作权人许可""未经录音制作者许可"。但是，有证据证明权利人放弃权利、涉案作品的著作权或者录音制品的有

关权利不受我国著作权法保护、权利保护期限已经届满的除外。

第三条 采取非法复制、未经授权或者超越授权使用计算机信息系统等方式窃取商业秘密的，应当认定为刑法第二百一十九条第一款第一项规定的"盗窃"。

以贿赂、欺诈、电子侵入等方式获取权利人的商业秘密的，应当认定为刑法第二百一十九条第一款第一项规定的"其他不正当手段"。

第四条 实施刑法第二百一十九条规定的行为，具有下列情形之一的，应当认定为"给商业秘密的权利人造成重大损失"：

（一）给商业秘密的权利人造成损失数额或者因侵犯商业秘密违法所得数额在三十万元以上的；

（二）直接导致商业秘密的权利人因重大经营困难而破产、倒闭的；

（三）造成商业秘密的权利人其他重大损失的。

给商业秘密的权利人造成损失数额或者因侵犯商业秘密违法所得数额在二百五十万元以上的，应当认定为刑法第二百一十九条规定的"造成特别严重后果"。

第五条 实施刑法第二百一十九条规定的行为造成的损失数额或者违法所得数额，可以按照下列方式认定：

（一）以不正当手段获取权利人的商业秘密，尚未披露、使用或者允许他人使用的，损失数额可以根据该项商业秘密的合理许可使用费确定；

（二）以不正当手段获取权利人的商业秘密后，披露、使用或者允许他人使用的，损失数额可以根据权利人因被侵权造成销售利润的损失确定，但该损失数额低于商业秘密合理许可使用费的，根据合理许可使用费确定；

（三）违反约定、权利人有关保守商业秘密的要求，披露、使用或者允许他人使用其所掌握的商业秘密的，损失数额可以根据权利人因被侵权造成销售利润的损失确定；

（四）明知商业秘密是不正当手段获取或者是违反约定、权利人有关保守商业秘密的要求披露、使用、允许使用，仍获取、使用或者披露的，损失数额可以根据权利人因被侵权造成销售利润的损失确定；

（五）因侵犯商业秘密行为导致商业秘密已为公众所知悉或者灭失的，损失数额可以根据该项商业秘密的商业价值确定。商业秘密的商业价值，可以根据该项商业秘密的研究开发成本、实施该项商业秘密的收益综合确定；

（六）因披露或者允许他人使用商业秘密而获得的财物或者其他财产性利益，应当认定为违法所得。

前款第二项、第三项、第四项规定的权利人因被侵权造成销售利润的损失，可以根据权利人因被侵权造成销售量减少的总数乘以权利人每件产品的合理利润确定；销售量减少的总数无法确定的，可以根据侵权产品销售量乘以权利人每件产品的合理利润确定；权利人因被侵权造成销售量减少的总数和每件产品的合理利润均无法确定的，可以根据侵权产品销售量乘以每件侵权产品的合理利润确定。商业秘密系用于服务等其他经营活动的，损失数额可以根据权利人因被侵权而减少的合理利润确定。

商业秘密的权利人为减轻对商业运营、商业计划的损失或者重新恢复计算机信息系统安全、其他系统安全而支出的补救费用，应当计入给商业秘密的权利人造成的损失。

第六条 在刑事诉讼程序中，当事人、辩护人、诉讼代理人或者案外人书面申请对有关商业秘密或者其他需要保密的商业信息的证据、材料采取保密措施的，应当根据案件情况采取组织诉讼参与人签署保密承诺书等必要的保密措施。

违反前款有关保密措施的要求或者法律法规规定的保密义务的，依法承担相应责任。擅自披露、使用或者允许他人使用在刑事诉讼程序中接触、获取的商业秘密，符合刑法第二百一十九条规定的，依法追究刑事责任。

第七条 除特殊情况外，假冒注册商标的商品、非法制造的注册商标标识、侵犯著作

相关执法参考	
相关法律法规（1）	权的复制品、主要用于制造假冒注册商标的商品、注册商标标识或者侵权复制品的材料和工具，应当依法予以没收和销毁。 上述物品需要作为民事、行政案件的证据使用的，经权利人申请，可以在民事、行政案件终结后或者采取取样、拍照等方式对证据固定后予以销毁。 第八条　具有下列情形之一的，可以酌情从重处罚，一般不适用缓刑： （一）主要以侵犯知识产权为业的； （二）因侵犯知识产权被行政处罚后再次侵犯知识产权构成犯罪的； （三）在重大自然灾害、事故灾难、公共卫生事件期间，假冒抢险救灾、防疫物资等商品的注册商标的； （四）拒不交出违法所得的。 第九条　具有下列情形之一的，可以酌情从轻处罚： （一）认罪认罚的； （二）取得权利人谅解的； （三）具有悔罪表现的； （四）以不正当手段获取权利人的商业秘密后尚未披露、使用或者允许他人使用的。 第十条　对于侵犯知识产权犯罪的，应当综合考虑犯罪违法所得数额、非法经营数额、给权利人造成的损失数额、侵权假冒物品数量及社会危害性等情节，依法判处罚金。 罚金数额一般在违法所得数额的一倍以上五倍以下确定。违法所得数额无法查清的，罚金数额一般按照非法经营数额的百分之五十以上一倍以下确定。违法所得数额和非法经营数额均无法查清，判处三年以下有期徒刑、拘役、管制或者单处罚金的，一般在三万元以上一百万元以下确定罚金数额；判处三年以上有期徒刑的，一般在十五万元以上五百万元以下确定罚金数额。 第十一条　本解释发布施行后，之前发布的司法解释和规范性文件与本解释不一致的，以本解释为准。 第十二条　本解释自 2020 年 9 月 14 日起施行。
相关法律法规（2）	最高人民法院、最高人民检察院《关于办理侵犯知识产权刑事案件具体应用法律若干问题的解释（二）》（节录） （2007 年 4 月 4 日最高人民法院审判委员会第 1422 次会议、最高人民检察院第十届检察委员会第 75 次会议通过，自 2007 年 4 月 5 日起施行，法释〔2007〕6 号） 为维护社会主义市场经济秩序，依法惩治侵犯知识产权犯罪活动，根据刑法、刑事诉讼法有关规定，现就办理侵犯知识产权刑事案件具体应用法律的若干问题解释如下： 第三条　侵犯知识产权犯罪，符合刑法规定的缓刑条件的，依法适用缓刑。有下列情形之一的，一般不适用缓刑： （一）因侵犯知识产权被刑事处罚或者行政处罚后，再次侵犯知识产权构成犯罪的； （二）不具有悔罪表现的； （三）拒不交出违法所得的； （四）其他不宜适用缓刑的情形。 第四条　对于侵犯知识产权犯罪的，人民法院应当综合考虑犯罪的违法所得、非法经营数额、给权利人造成的损失、社会危害性等情节，依法判处罚金。罚金数额一般在违法所得的一倍以上五倍以下，或者按照非法经营数额的 50% 以上一倍以下确定。 第五条　被害人有证据证明的侵犯知识产权刑事案件，直接向人民法院起诉的，人民法院应当依法受理；严重危害社会秩序和国家利益的侵犯知识产权刑事案件，由人民检察院依法提起公诉。 第六条　单位实施刑法第二百一十三条至第二百一十九条规定的行为，按照《最高人民法院、最高人民检察院关于办理侵犯知识产权刑事案件具体应用法律若干问题的解释》

相关法律法规(2)	和本解释规定的相应个人犯罪的定罪量刑标准定罪处罚。 第七条　以前发布的司法解释与本解释不一致的，以本解释为准。
相关法律法规(3)	最高人民法院、最高人民检察院《关于办理侵犯知识产权刑事案件具体应用法律若干问题的解释》（节录） （2004年11月2日最高人民法院审判委员会第1331次会议、2004年11月11日最高人民检察院第十届检察委员会第28次会议通过，自2004年12月22日起施行，法释〔2004〕19号） 为依法惩治侵犯知识产权犯罪活动，维护社会主义市场经济秩序，根据刑法有关规定，现就办理侵犯知识产权刑事案件具体应用法律的若干问题解释如下： 第七条　实施刑法第二百一十九条规定的行为之一，给商业秘密的权利人造成损失数额在五十万元以上的，属于"给商业秘密的权利人造成重大损失"，应当以侵犯商业秘密罪判处三年以下有期徒刑或者拘役，并处或者单处罚金。 给商业秘密的权利人造成损失数额在二百五十万元以上的，属于刑法第二百一十九条规定的"造成特别严重后果"，应当以侵犯商业秘密罪判处三年以上七年以下有期徒刑，并处罚金。 第十五条　单位实施刑法第二百一十三条至第二百一十九条规定的行为，按照本解释规定的相应个人犯罪的定罪量刑标准的三倍定罪量刑。 第十六条　明知他人实施侵犯知识产权犯罪，而为其提供贷款、资金、账号、发票、证明、许可证件，或者提供生产、经营场所或者运输、储存、代理进出口等便利条件、帮助的，以侵犯知识产权犯罪的共犯论处。 第十七条　以前发布的有关侵犯知识产权犯罪的司法解释，与本解释相抵触的，自本解释施行后不再适用。
相关法律法规(4)	最高人民法院、最高人民检察院、公安部《关于办理侵犯知识产权刑事案件适用法律若干问题的意见》（节录） （2011年1月10日，法发〔2011〕3号） 为解决近年来公安机关、人民检察院、人民法院在办理侵犯知识产权刑事案件中遇到的新情况、新问题，依法惩治侵犯知识产权犯罪活动，维护社会主义市场经济秩序，根据刑法、刑事诉讼法及有关司法解释的规定，结合侦查、起诉、审判实践，制定本意见。 一、关于侵犯知识产权犯罪案件的管辖问题 侵犯知识产权犯罪案件由犯罪地公安机关立案侦查。必要时，可以由犯罪嫌疑人居住地公安机关立案侦查。侵犯知识产权犯罪案件的犯罪地，包括侵权产品制造地、储存地、运输地、销售地，传播侵权作品、销售侵权产品的网站服务器所在地、网络接入地、网站建立者或者管理者所在地，侵权作品上传者所在地，权利人受到实际侵害的犯罪结果发生地。对有多个侵犯知识产权犯罪地的，由最初受理的公安机关或者主要犯罪地公安机关管辖。多个侵犯知识产权犯罪地的公安机关对管辖有争议的，由共同的上级公安机关指定管辖，需要提请批准逮捕、移送审查起诉、提起公诉的，由该公安机关所在地的同级人民检察院、人民法院受理。 对于不同犯罪嫌疑人、犯罪团伙跨地区实施的涉及同一批侵权产品的制造、储存、运输、销售等侵犯知识产权犯罪行为，符合并案处理要求的，有关公安机关可以一并立案侦查，需要提请批准逮捕、移送审查起诉、提起公诉的，由该公安机关所在地的同级人民检察院、人民法院受理。

相关执法参考	相关法律法规（4）	二、关于办理侵犯知识产权刑事案件中行政执法部门收集、调取证据的效力问题 行政执法部门依法收集、调取、制作的物证、书证、视听资料、检验报告、鉴定结论、勘验笔录、现场笔录，经公安机关、人民检察院审查，人民法院庭审质证确认，可以作为刑事证据使用。 行政执法部门制作的证人证言、当事人陈述等调查笔录，公安机关认为有必要作为刑事证据使用的，应当依法重新收集、制作。 三、关于办理侵犯知识产权刑事案件的抽样取证问题和委托鉴定问题 公安机关在办理侵犯知识产权刑事案件时，可以根据工作需要抽样取证，或者商请同级行政执法部门、有关检验机构协助抽样取证。法律、法规对抽样机构或者抽样方法有规定的，应当委托规定的机构并按照规定方法抽取样品。 公安机关、人民检察院、人民法院在办理侵犯知识产权刑事案件时，对于需要鉴定的事项，应当委托国家认可的有鉴定资质的鉴定机构进行鉴定。 公安机关、人民检察院、人民法院应当对鉴定结论进行审查，听取权利人、犯罪嫌疑人、被告人对鉴定结论的意见，可以要求鉴定机构作出相应说明。 四、关于侵犯知识产权犯罪自诉案件的证据收集问题 人民法院依法受理侵犯知识产权刑事自诉案件，对于当事人因客观原因不能取得的证据，在提起自诉时能够提供有关线索，申请人民法院调取的，人民法院应当依法调取。 十四、关于多次实施侵犯知识产权行为累计计算数额问题 依照《最高人民法院、最高人民检察院关于办理侵犯知识产权刑事案件具体应用法律若干问题的解释》第十二条第二款的规定，多次实施侵犯知识产权行为，未经行政处理或者刑事处罚的，非法经营数额、违法所得数额或者销售金额累计计算。 二年内多次实施侵犯知识产权违法行为，未经行政处理，累计数额构成犯罪的，应当依法定罪处罚。实施侵犯知识产权犯罪行为的追诉期限，适用刑法的有关规定，不受前述二年的限制。 十五、关于为他人实施侵犯知识产权犯罪提供原材料、机械设备等行为的定性问题 明知他人实施侵犯知识产权犯罪，而为其提供生产、制造侵权产品的主要原材料、辅助材料、半成品、包装材料、机械设备、标签标识、生产技术、配方等帮助，或者提供互联网接入、服务器托管、网络存储空间、通讯传输通道、代收费、费用结算等服务的，以侵犯知识产权犯罪的共犯论处。 十六、关于侵犯知识产权犯罪竞合的处理问题 行为人实施侵犯知识产权犯罪，同时构成生产、销售伪劣商品犯罪的，依照侵犯知识产权犯罪与生产、销售伪劣商品犯罪中处罚较重的规定定罪处罚。
	相关法律法规（5）	公安部、海关总署《关于加强知识产权执法协作的暂行规定》 （2006年3月24日，公通字〔2006〕33号） **第一条** 为严厉打击侵犯知识产权犯罪活动，加强公安机关和海关在保护知识产权方面的联系配合，根据有关法律和行政法规以及最高人民法院、最高人民检察院《关于办理侵犯知识产权刑事案件具体应用法律若干问题的解释》（以下简称《司法解释》），制定本规定。 **第二条** 公安机关和海关应当充分认识到打击侵犯知识产权犯罪活动对维护市场经济秩序、促进国家经济发展和社会进步方面的重要意义，切实加强协调配合，实现海关知识产权行政执法与公安机关知识产权刑事执法的有效衔接，严厉打击侵犯知识产权犯罪活动。 **第三条** 双方在打击侵犯知识产权犯罪工作的衔接配合，由公安机关经济犯罪侦查部门和海关法规部门归口管理。联系配合工作涉及公安机关和海关内部其他部门的，由双方各自负责协调。

相关执法参考	相关法律法规（5）	公安部经济犯罪侦查局（以下简称经侦局）和海关总署政策法规司（以下简称政法司）负责全国范围内公安机关和海关联系配合工作的协调和指导工作。 **第四条** 公安机关和海关应当进行经常性磋商并建立联席会议制度。经侦局和政法司应当每年召开一次联席会议。如遇重大、紧急情况或需联合部署重要工作，也可临时召开联席会议。 联席会议的主要内容应当包括： （一）回顾衔接配合工作情况，制定工作措施和计划； （二）组织打击侵犯知识产权犯罪的行动，研究重大案件的联系配合工作； （三）组织执法经验交流和其他相关活动。 双方认为必要时，可以邀请其他有关部门参加联席会议。 **第五条** 海关在执法过程中，发现重大侵犯知识产权案件线索，应当及时向公安机关通报。案件线索原则上应当由各直属海关向当地同级公安机关进行通报。但是，经双方协商同意，也可以由直属海关或者隶属海关向当地公安机关通报。 海关在向公安机关通报犯罪案件线索时，发现当事人可能转移侵权嫌疑货物或物品或有其他必须当场处理之情形时，可以依照《知识产权海关保护条例》的规定扣留有关货物和物品。发现当事人可能逃逸的，应及时通知公安机关。 **第六条** 海关根据本规定第五条向公安机关通报的案件线索，应当包括以下内容： （一）进出口货物经营单位、收（发）货单位、进出境旅客、邮递物品寄件人或者收件人（以下统称"当事人"）的名称或者姓名、注册地址或者国籍； （二）侵权嫌疑货物或者物品的品名、数量、已知的价值、申报日期或者海关查验日期； （三）涉嫌侵犯的知识产权名称和注册号、知识产权权利人名称或者姓名、联系人和联系方式。 （四）其他应当提供的情况。 **第七条** 海关向公安机关通报侵权嫌疑货物或者物品的情况，原则上应当采取书面形式。如情况紧急，也可予以口头通报。 海关向公安机关通报侵权嫌疑货物或者物品的情况，应当随附货物和物品清单以及进出口货物报关单、合同、发票、装箱单等报关单证的复印件。对公安机关要求提供其他有关文件或者到场查看货物和提取货样的，海关应当予以协助。 **第八条** 对海关通报的侵权嫌疑货物或者物品的情况，公安机关应当在收到海关书面通报后10个工作日决定是否对海关通报的当事人进行立案侦查并书面通知海关。对于海关移送的涉嫌构成犯罪的案件，公安机关应当在受理的3个工作日内决定是否立案侦查。 公安机关认为必要时，可以与海关就通报的案件情况进行磋商。 **第九条** 对公安机关决定对当事人进行立案侦查的，海关应当在收到公安机关的立案通知后3个工作日内向公安机关移交有关货物或者物品。 公安机关经过侦查，认为当事人没有犯罪事实、或者犯罪事实显著轻微，不需要追究刑事责任的，应当向海关退还有关货物或者物品。 **第十条** 对于工作中发现的重大案件线索，公安机关、海关可以召开临时联席会议，必要时邀请其他执法机关代表参加，共同会商、研究案情和决定打击对策，开展联合打击工作。 联合打击工作应以"精确打击"和"全程打击"为方针，采取协同作战的方式，查明涉及的生产、销售以及进出口等各个环节的策划者、组织者、参与者，摧毁整个犯罪网络。 "重大案件"指社会危害巨大、社会反映强烈、涉案价值较大、涉及跨国跨境犯罪团伙或其他双方认为应联合打击的案件。

相关法律法规（5）	第十一条　有以下情形之一的，海关应当根据《知识产权海关保护条例》和《海关行政处罚实施条例》的有关规定，对有关当事人进出口侵权货物的行为进行调查处理： （一）公安机关审查后认为没有犯罪事实决定不对当事人立案侦查的； （二）公安机关未在本规定第八条规定的十个工作日内予以回复的； （三）公安机关立案后认为不需要追究当事人刑事责任并向海关退还有关货物或者物品的。 第十二条　公安机关对其他涉嫌侵犯知识产权犯罪案件进行侦查，需要海关协助监控进出口货物或者进出境物品、提供有关报关单证或者查询统计信息的，海关应当予以协助。 第十三条　公安机关和海关还应当在以下领域开展合作： （一）组织相关执法培训和开展相关宣传活动； （二）与知识产权权利人开展合作； （三）共同参与国际执法合作和交流； （四）其他双方认为需要合作的事项。 第十四条　本规定由公安部、海关总署负责解释。 第十五条　本规定自印发之日起施行。
相关执法参考　相关法律法规（6）	《反不正当竞争法》 （1993年9月2日第八届全国人民代表大会常务委员会第三次会议通过，2017年11月4日第十二届全国人民代表大会常务委员会第三十次会议修订，根据2019年4月23日第十三届全国人民代表大会常务委员会第十次会议《关于修改〈中华人民共和国建筑法〉等八部法律的决定》修正） 第一章　总　则 第一条　为了促进社会主义市场经济健康发展，鼓励和保护公平竞争，制止不正当竞争行为，保护经营者和消费者的合法权益，制定本法。 第二条　经营者在生产经营活动中，应当遵循自愿、平等、公平、诚信的原则，遵守法律和商业道德。 本法所称的不正当竞争行为，是指经营者在生产经营活动中，违反本法规定，扰乱市场竞争秩序，损害其他经营者或者消费者的合法权益的行为。 本法所称的经营者，是指从事商品生产、经营或者提供服务（以下所称商品包括服务）的自然人、法人和非法人组织。 第三条　各级人民政府应当采取措施，制止不正当竞争行为，为公平竞争创造良好的环境和条件。 国务院建立反不正当竞争工作协调机制，研究决定反不正当竞争重大政策，协调处理维护市场竞争秩序的重大问题。 第四条　县级以上人民政府履行工商行政管理职责的部门对不正当竞争行为进行查处；法律、行政法规规定由其他部门查处的，依照其规定。 第五条　国家鼓励、支持和保护一切组织和个人对不正当竞争行为进行社会监督。 国家机关及其工作人员不得支持、包庇不正当竞争行为。 行业组织应当加强行业自律，引导、规范会员依法竞争，维护市场竞争秩序。 第二章　不正当竞争行为 第六条　经营者不得实施下列混淆行为，引人误认为是他人商品或者与他人存在特定联系： （一）擅自使用与他人有一定影响的商品名称、包装、装潢等相同或者近似的标识； （二）擅自使用他人有一定影响的企业名称（包括简称、字号等）、社会组织名称（包括简称等）、姓名（包括笔名、艺名、译名等）；

相关执法参考	相关法律法规(6)

（三）擅自使用他人有一定影响的域名主体部分、网站名称、网页等；

（四）其他足以引人误认为是他人商品或者与他人存在特定联系的混淆行为。

第七条 经营者不得采用财物或者其他手段贿赂下列单位或者个人，以谋取交易机会或者竞争优势：

（一）交易相对方的工作人员；

（二）受交易相对方委托办理相关事务的单位或者个人；

（三）利用职权或者影响力影响交易的单位或者个人。

经营者在交易活动中，可以以明示方式向交易相对方支付折扣，或者向中间人支付佣金。经营者向交易相对方支付折扣、向中间人支付佣金的，应当如实入账。接受折扣、佣金的经营者也应当如实入账。

经营者的工作人员进行贿赂的，应当认定为经营者的行为；但是，经营者有证据证明该工作人员的行为与为经营者谋取交易机会或者竞争优势无关的除外。

第八条 经营者不得对其商品的性能、功能、质量、销售状况、用户评价、曾获荣誉等作虚假或者引人误解的商业宣传，欺骗、误导消费者。

经营者不得通过组织虚假交易等方式，帮助其他经营者进行虚假或者引人误解的商业宣传。

第九条 经营者不得实施下列侵犯商业秘密的行为：

（一）以盗窃、贿赂、欺诈、胁迫、电子侵入或者其他不正当手段获取权利人的商业秘密；

（二）披露、使用或者允许他人使用以前项手段获取的权利人的商业秘密；

（三）违反保密义务或者违反权利人有关保守商业秘密的要求，披露、使用或者允许他人使用其所掌握的商业秘密；

（四）教唆、引诱、帮助他人违反保密义务或者违反权利人有关保守商业秘密的要求，获取、披露、使用或者允许他人使用权利人的商业秘密。

经营者以外的其他自然人、法人和非法人组织实施前款所列违法行为的，视为侵犯商业秘密。

第三人明知或者应知商业秘密权利人的员工、前员工或者其他单位、个人实施本条第一款所列违法行为，仍获取、披露、使用或者允许他人使用该商业秘密的，视为侵犯商业秘密。

本法所称的商业秘密，是指不为公众所知悉、具有商业价值并经权利人采取相应保密措施的技术信息、经营信息等商业信息。

第十条 经营者进行有奖销售不得存在下列情形：

（一）所设奖的种类、兑奖条件、奖金金额或者奖品等有奖销售信息不明确，影响兑奖；

（二）采用谎称有奖或者故意让内定人员中奖的欺骗方式进行有奖销售；

（三）抽奖式的有奖销售，最高奖的金额超过五万元。

第十一条 经营者不得编造、传播虚假信息或者误导性信息，损害竞争对手的商业信誉、商品声誉。

第十二条 经营者利用网络从事生产经营活动，应当遵守本法的各项规定。

经营者不得利用技术手段，通过影响用户选择或者其他方式，实施下列妨碍、破坏其他经营者合法提供的网络产品或者服务正常运行的行为：

（一）未经其他经营者同意，在其合法提供的网络产品或者服务中，插入链接、强制进行目标跳转；

（二）误导、欺骗、强迫用户修改、关闭、卸载其他经营者合法提供的网络产品或者服务；

（三）恶意对其他经营者合法提供的网络产品或者服务实施不兼容；

（四）其他妨碍、破坏其他经营者合法提供的网络产品或者服务正常运行的行为。

第三章　对涉嫌不正当竞争行为的调查

第十三条　监督检查部门调查涉嫌不正当竞争行为，可以采取下列措施：

（一）进入涉嫌不正当竞争行为的经营场所进行检查；

（二）询问被调查的经营者、利害关系人及其他有关单位、个人，要求其说明有关情况或者提供与被调查行为有关的其他资料；

（三）查询、复制与涉嫌不正当竞争行为有关的协议、账簿、单据、文件、记录、业务函电和其他资料；

（四）查封、扣押与涉嫌不正当竞争行为有关的财物；

（五）查询涉嫌不正当竞争行为的经营者的银行账户。

采取前款规定的措施，应当向监督检查部门主要负责人书面报告，并经批准。采取前款第四项、第五项规定的措施，应当向设区的市级以上人民政府监督检查部门主要负责人书面报告，并经批准。

监督检查部门调查涉嫌不正当竞争行为，应当遵守《中华人民共和国行政强制法》和其他有关法律、行政法规的规定，并应当将查处结果及时向社会公开。

第十四条　监督检查部门调查涉嫌不正当竞争行为，被调查的经营者、利害关系人及其他有关单位、个人应当如实提供有关资料或者情况。

第十五条　监督检查部门及其工作人员对调查过程中知悉的商业秘密负有保密义务。

第十六条　对涉嫌不正当竞争行为，任何单位和个人有权向监督检查部门举报，监督检查部门接到举报后应当依法及时处理。

监督检查部门应当向社会公开受理举报的电话、信箱或者电子邮件地址，并为举报人保密。对实名举报并提供相关事实和证据的，监督检查部门应当将处理结果告知举报人。

第四章　法律责任

第十七条　经营者违反本法规定，给他人造成损害的，应当依法承担民事责任。

经营者的合法权益受到不正当竞争行为损害的，可以向人民法院提起诉讼。

因不正当竞争行为受到损害的经营者的赔偿数额，按照其因被侵权所受到的实际损失确定；实际损失难以计算的，按照侵权人因侵权所获得的利益确定。经营者恶意实施侵犯商业秘密行为，情节严重的，可以在按照上述方法确定数额的一倍以上五倍以下确定赔偿数额。赔偿数额还应当包括经营者为制止侵权行为所支付的合理开支。

经营者违反本法第六条、第九条规定，权利人因被侵权所受到的实际损失、侵权人因侵权所获得的利益难以确定的，由人民法院根据侵权行为的情节判决给予权利人五百万元以下的赔偿。

第十八条　经营者违反本法第六条规定实施混淆行为的，由监督检查部门责令停止违法行为，没收违法商品。违法经营额五万元以上的，可以并处违法经营额五倍以下的罚款；没有违法经营额或者违法经营额不足五万元的，可以并处二十五万元以下的罚款。情节严重的，吊销营业执照。

经营者登记的企业名称违反本法第六条规定的，应当及时办理名称变更登记；名称变更前，由原企业登记机关以统一社会信用代码代替其名称。

第十九条　经营者违反本法第七条规定贿赂他人的，由监督检查部门没收违法所得，处十万元以上三百万元以下的罚款。情节严重的，吊销营业执照。

第二十条　经营者违反本法第八条规定对其商品作虚假或者引人误解的商业宣传，或者通过组织虚假交易等方式帮助其他经营者进行虚假或者引人误解的商业宣传的，由监督检查部门责令停止违法行为，处二十万元以上一百万元以下的罚款；情节严重的，处一百万元以上二百万元以下的罚款，可以吊销营业执照。

相关执法参考	相关法律法规（6）	经营者违反本法第八条规定，属于发布虚假广告的，依照《中华人民共和国广告法》的规定处罚。 第二十一条　经营者以及其他自然人、法人和非法人组织违反本法第九条规定侵犯商业秘密的，由监督检查部门责令停止违法行为，没收违法所得，处十万元以上一百万元以下的罚款；情节严重的，处五十万元以上五百万元以下的罚款。 第二十二条　经营者违反本法第十条规定进行有奖销售的，由监督检查部门责令停止违法行为，处五万元以上五十万元以下的罚款。 第二十三条　经营者违反本法第十一条规定损害竞争对手商业信誉、商品声誉的，由监督检查部门责令停止违法行为、消除影响，处十万元以上五十万元以下的罚款；情节严重的，处五十万元以上三百万元以下的罚款。 第二十四条　经营者违反本法第十二条规定妨碍、破坏其他经营者合法提供的网络产品或者服务正常运行的，由监督检查部门责令停止违法行为，处十万元以上五十万元以下的罚款；情节严重的，处五十万元以上三百万元以下的罚款。 第二十五条　经营者违反本法规定从事不正当竞争，有主动消除或者减轻违法行为危害后果等法定情形的，依法从轻或者减轻行政处罚；违法行为轻微并及时纠正，没有造成危害后果的，不予行政处罚。 第二十六条　经营者违反本法规定从事不正当竞争，受到行政处罚的，由监督检查部门记入信用记录，并依照有关法律、行政法规的规定予以公示。 第二十七条　经营者违反本法规定，应当承担民事责任、行政责任和刑事责任，其财产不足以支付的，优先用于承担民事责任。 第二十八条　妨害监督检查部门依照本法履行职责，拒绝、阻碍调查的，由监督检查部门责令改正，对个人可以处五千元以下的罚款，对单位可以处五万元以下的罚款，并可以由公安机关依法给予治安管理处罚。 第二十九条　当事人对监督检查部门作出的决定不服的，可以依法申请行政复议或者提起行政诉讼。 第三十条　监督检查部门的工作人员滥用职权、玩忽职守、徇私舞弊或者泄露调查过程中知悉的商业秘密的，依法给予处分。 第三十一条　违反本法规定，构成犯罪的，依法追究刑事责任。 第三十二条　在侵犯商业秘密的民事审判程序中，商业秘密权利人提供初步证据，证明其已经对所主张的商业秘密采取保密措施，且合理表明商业秘密被侵犯，涉嫌侵权人应当证明权利人所主张的商业秘密不属于本法规定的商业秘密。 商业秘密权利人提供初步证据合理表明商业秘密被侵犯，且提供以下证据之一的，涉嫌侵权人应当证明其不存在侵犯商业秘密的行为： （一）有证据表明涉嫌侵权人有渠道或者机会获取商业秘密，且其使用的信息与该商业秘密实质上相同； （二）有证据表明商业秘密已经被涉嫌侵权人披露、使用或者有被披露、使用的风险； （三）有其他证据表明商业秘密被涉嫌侵权人侵犯。 第五章　附　则 第三十三条　本法自2018年1月1日起施行。

| 相关执法参考 | 相关法律法规(7) | 《与贸易有关的知识产权协定（TRIPs）》（节录）
（1994年4月15日于马拉喀什签订，自2001年12月11日起对中国生效）
第二部分　关于知识产权的效力、范围及使用的标准
第7节　对未泄露之信息的保护
第39条
1. 在确保有效的保护以对付1967《巴黎公约》第10条之二所述及的不公平竞争的过程中，各成员方应对下述第2款所规定的未泄露之信息和下述第3款所规定的提交给政府或政府机构的数据提供保护。
2. 自然人和法人应有可能阻止由其合法掌握的信息在未得到其同意的情况下，被以违反诚信商业作法的方式泄露、获得或使用，只要此信息：
（1）在作为一个实体或其组成部分的精确形状及组合不为正规地处理此种信息的那部分人所共知或不易被其得到的意义上说是秘密的；
（2）由于是秘密的而具有商业价值；
（3）被其合法的掌握者根据情况采取了合理的保密措施。
3. 成员方当被要求呈交本公开的试验或其他所获得需要付出相当劳动的数据以作为同意使用新型化学物质生产的药品或农用化学品在市场上销售的一项条件时，应保护该数据免受不公平的商业利用。此外，成员方应保护该数据免于泄露，除非是出于保护公共利益的需要，或采取了保证该数据免受不公平商业利用的措施。
第8节　在契约性专利权使用中对反竞争性行为的控制
第40条
1. 各成员方一致认为，与限制竞争的知识产权有关的一些专利权使用许可或条件对贸易可能产生不利影响，可能妨碍技术的转让和传播。
2. 本协议中无任何规定阻止成员方在其立法中详细载明在特定情况下可能构成对有关市场中的竞争具有不利影响的知识产权滥用的专利权使用许可或条件。如上述所规定，一成员方可按照本协议的其他规定，根据国内有关法律和规定采取适当措施阻止或控制此种许可。这些措施可能包括例如独占性回授条件、阻止否认合法性的条件和强制性的一揽子许可证交易。
3. 若一成员方有理由认为是另一成员方国民或居民的知识产权所有者正在从事违反该成员方关于本节主题事项的法律规章的活动，并希望使该另一成员方遵守此类法规，则在不妨碍两个成员方中任何一方依法采取任何行动和作出最终决定的充分自由的条件下，该另一成员方在接到该成员方的请求后，应与之进行磋商。被请求的成员方对与提出请求的成员方进行磋商应给予充分的同情的考虑，为此提供充分的机会，并应在服从国内法和令双方满意的关于提出请求的成员方保护资料机密性的协议之最后决定的条件下，通过提供与该问题有关的可以公开利用的非机密性资料和可供该成员方利用的其他资料进行合作。
4. 其国民或居民正在另一成员方接受关于所断言的违反该成员方关于本节主题事项的法律规章的诉讼的成员方，根据请求，应由另一成员方给予按照与上述第3款相同的条件进行磋商的机会。
第三部分　知识产权的实施
第5节　刑事程序
第61条
成员方应规定刑事程序和惩罚，至少适用于具有商业规模的故意的商标仿冒和盗版案件。可资利用的补救措施应包括足以构成一种威慑的与对相应程度的刑事犯罪适用的处罚水平相同的监禁和/或罚款措施。在适当的案件中，可资利用的补救措施还包括对侵犯货物及在从事此种违法行为时主要使用的材料和工具予以扣押、没收和销毁。成员方可规定 |

适用于其他侵犯知识产权案件的刑事程序和惩罚，特别是对于故意和具有商业规模的侵权案件。

第四部分　知识产权的取得和保持及相关程序

第 62 条

1. 成员方可要求遵循合理的程序和手续，以此作为第二部分第 2 至第 6 节所规定的知识产权的取得和保持的一项条件。此类程序和手续应符合本协议的规定。

2. 若知识产权的取得以知识产权被授予或登记为准，则成员方应确保在符合取得知识产权的实质性条件的情况下，有关授予或登记的程序允许在一段合理时间内授予或登记权利，以避免保护期限被不适当地缩短。

3. 1967 年《巴黎公约》第 4 条应在对细节作必要修改之后适用于服务标记。

4. 有关知识产权之取得和保持的程序、有关行政撤销的程序（若成员方的法律规定了这样的程序），有关诸如抗辩、撤销和废除等的程序，应服从第 41 条第 2 款和第 3 款规定的总原则。

5. 上述第 4 款所涉及的任何程序中的最终行政决定应接受司法当局或准司法当局的审查。然而，在抗辩和行政撤销不成功的情况下，假若此类程序的基础可能成为程序无效的原因，则没有任何义务为对裁决进行此类审查提供机会。

第五部分　争端的预防和解决

第 63 条　透明度

1. 由一成员方制度实施的关于本协议主题事项（知识产权的效力、范围、取得、实施和防止滥用问题）的法律和规章、对一般申请的最终司法裁决和行政裁决，应以该国官方语言，以使各成员方政府和权利人能够熟悉的方式予以公布；若此种公布不可行，则应使之可以公开利用。正在实施中的一成员方的政府或一政府机构与另一成员方政府或一政府机构之间关于本协议主题事项的各项协议也应予以公布。

2. 成员方应将上述第 1 款所述及的法律和规章通报与贸易有关的知识产权理事会，以协助理事会对本协议的执行情况进行检查。理事会应努力去最大限度地减轻成员方在履行该项义务方面的负担。若与世界知识产权组织就建立一份含有这些法律和规章的共同登记簿一事进行的磋商取得成功，理事会便可决定免除直接向理事会通报此类法律和规章的义务。理事会在这方面还应考虑采取本协议从 1967《巴黎公约》第 6 条的各项规定派生出来的各项义务所要求的与通报有关的任何行动。

3. 应另一成员方的书面请求，每一成员方应准备提供上述第 1 款所述及的资料。一成员方在有理由相信知识产权领域中某个特定的司法裁决、行政裁决或双边协议影响到其由本协议所规定的权利时，也可以书面形式要求向其提供或充分详尽地告知该特定的司法裁决、行政裁决或双边协议。

4. 上述第 1 至第 3 款中无任何规定要求成员方泄露将会妨碍法律实施、或违背公共利益、或损害特定的国营或私营企业合法商业利益的资料。

第 64 条　争端解决

1. 由争端解决谅解所详细阐释并运用的 1994 关贸总协定第 22 条和第 23 条的各项规定应运用于本协议下的争端磋商与解决，本协议中另有规定者除外。

2. 在自世界贸易组织协定生效之日起的 5 年之内，1994 关贸总协定第 23 条第 1 款第（2）和第（3）子款不应适用于本协议下的争端解决。

3. 在第 2 款所述及的期限内，与贸易有关的知识产权理事会应检查根据本协议提出的由 1994 关贸总协定第 23 条第 1 款第（2）和第（3）子款所规定的那种类型控诉的规模和形式，并向部长级会议提交建议请其批准。部长级会议关于批准此类建议或延长第 2 款中所述及时限的任何决定，只应以全体一致的方式作出，被批准的建议应对所有成员方生效，无须进一步的正式接受程序。

| 相关执法参考 | 相关法律法规(8) | 《传统工艺美术保护条例》
（1997年5月20日国务院令第217号发布，自1997年5月20日起施行，根据2013年7月18日《国务院关于废止和修改部分行政法规的决定》修订）
第一条　为了保护传统工艺美术，促进传统工艺美术事业的繁荣与发展，制定本条例。
第二条　本条例所称传统工艺美术，是指百年以上，历史悠久，技艺精湛，世代相传，有完整的工艺流程，采用天然原材料制作，具有鲜明的民族风格和地方特色，在国内外享有声誉的手工艺品种和技艺。
第三条　国家对传统工艺美术品种和技艺实行保护、发展、提高的方针。
地方各级人民政府应当加强对传统工艺美术保护工作的领导，采取有效措施，扶持和促进本地区传统工艺美术事业的繁荣和发展。
第四条　国务院负责传统工艺美术保护工作的部门负责全国传统工艺美术保护工作。
第五条　国家对传统工艺美术品种和技艺实行认定制度。符合本条例第二条规定条件的工艺美术品种和技艺，依照本条例的规定认定为传统工艺美术品种和技艺。
第六条　传统工艺美术品种和技艺，由国务院负责传统工艺美术保护工作的部门聘请专家组成评审委员会进行评审；国务院负责传统工艺美术保护工作的部门根据评审委员会的评审结论，予以认定和公布。
第七条　制作传统工艺美术产品的企业和个人，可以向当地县级人民政府负责传统工艺美术保护工作的部门提出要求保护的品种和技艺的申请，由省、自治区、直辖市人民政府负责传统工艺美术保护工作的部门审核后，向国务院负责传统工艺美术保护工作的部门推荐。
第八条　申请认定传统工艺美术品种和技艺的企业和个人，应当按照国务院负责传统工艺美术保护工作的部门的规定，提交完整、详实的资料。
第九条　国家对认定的传统工艺美术技艺采取下列保护措施：（一）搜集、整理、建立档案；（二）征集、收藏优秀代表作品；（三）对其工艺技术秘密确定密级，依法实施保密；（四）资助研究，培养人才。
第十条　传统工艺美术品种中的卓越作品，经国务院负责传统工艺美术保护工作的部门聘请专家组成评审委员会进行评审后，由国务院负责传统工艺美术保护工作的部门命名为中国工艺美术珍品（以下简称珍品）。
第十一条　国家对珍品采取下列保护措施：（一）国家征集、收购的珍品由中国工艺美术馆或者省、自治区、直辖市工艺美术馆、博物馆珍藏。（二）珍品禁止出口。珍品出国展览必须经国务院负责传统工艺美术保护工作的部门会同国务院有关部门批准。
第十二条　符合下列条件并长期从事传统工艺美术制作的人员，经评审委员会评审，国务院负责传统工艺美术保护工作的部门可以授予中国工艺美术大师称号：（一）成就卓越，在国内外享有声誉的；（二）技艺精湛，自成流派的。
第十三条　各级人民政府和有关部门、单位应当关心和支持工艺美术大师的创作，按照下列规定为他们创造良好的工作环境和条件：（一）工艺美术大师所在单位为其设立大师工作室；（二）工艺美术大师有权在其作品上镂刻姓名；（三）为工艺美术大师带徒传艺创造便利条件；（四）工艺美术大师的退休年龄可以按照国家有关规定适当推迟。
第十四条　县级以上人民政府有关部门对制作传统工艺美术品种特需的天然原料、材料，应当统筹规划、妥善安排。
第十五条　对制作传统工艺美术品种特需的宝石、玉石等珍稀矿种，国家依法加强保护，严禁乱采滥挖。
第十六条　国家鼓励地方各级人民政府根据本地区实际情况，采取必要措施，发掘和抢救传统工艺美术技艺，征集传统工艺美术精品，培养传统工艺美术技艺人才，资助传统 |

相关法律法规（8）		工艺美术科学研究。 第十七条　对于制作经济效益不高、艺术价值很高并且面临失传的工艺美术品种的企业，各级人民政府应当采取必要措施，给予扶持和帮助。 第十八条　制作传统工艺美术产品的企业应当建立、健全传统工艺美术技艺的保护或者保密制度，切实加强对传统工艺美术技艺的管理。 从事传统工艺美术产品制作的人员，应当遵守国家有关法律、法规的规定，不得泄露在制作传统工艺美术产品过程中知悉的技术秘密和其他商业秘密。 第十九条　国家对在继承、保护、发展传统工艺美术事业中做出突出贡献的单位和个人，给予奖励。 第二十条　违反本条例规定，有下列行为之一的，由有关部门依照有关法律、行政法规的规定，给予行政处分或者行政处罚；构成犯罪的，依法追究刑事责任：（一）窃取或者泄露传统工艺美术技艺秘密的；（二）非法开采用于制作传统工艺美术的珍稀矿产资源或者盗卖用于制作传统工艺美术的珍稀矿产品的；（三）私运珍品出境的。 制作、出售假冒中国工艺美术大师署名的传统工艺美术作品的，应当依法承担民事责任；有关部门可以依照有关法律、行政法规的规定给予行政处罚。 第二十一条　本条例自发布之日起施行。
相关执法参考	相关法律法规（9）	《技术进出口管理条例》（节录） 　　（2001年12月10日中华人民共和国国务院令第331号公布，根据2011年1月8日《国务院关于废止和修改部分行政法规的决定》第一次修订，根据2019年3月2日《国务院关于修改部分行政法规的决定》第二次修订，根据2020年11月29日《国务院关于修改和废止部分行政法规的决定》第三次修订） 第四十三条　进口或者出口属于禁止进出口的技术的，或者未经许可擅自进口或者出口属于限制进出口的技术的，依照刑法关于走私罪、非法经营罪、泄露国家秘密罪或者其他罪的规定，依法追究刑事责任；尚不够刑事处罚的，区别不同情况，依照海关法的有关规定处罚，或者由国务院外经贸主管部门给予警告，没收违法所得，处违法所得1倍以上5倍以下的罚款；国务院外经贸主管部门并可以撤销其对外贸易经营许可。 第四十四条　擅自超出许可的范围进口或者出口属于限制进出口的技术的，依照刑法关于非法经营罪或者其他罪的规定，依法追究刑事责任；尚不够刑事处罚的，区别不同情况，依照海关法的有关规定处罚，或者由国务院外经贸主管部门给予警告，没收违法所得，处违法所得1倍以上3倍以下的罚款；国务院外经贸主管部门并可以暂停直至撤销其对外贸易经营许可。 第四十五条　伪造、变造或者买卖技术进出口许可证或者技术进出口合同登记证的，依照刑法关于非法经营罪或者伪造、变造、买卖国家机关公文、证件、印章罪的规定，依法追究刑事责任；尚不够刑事处罚的，依照海关法的有关规定处罚；国务院外经贸主管部门并可以撤销其对外贸易经营许可。 第四十六条　以欺骗或者其他不正当手段获取技术进出口许可的，由国务院外经贸主管部门吊销其技术进出口许可证，暂停直至撤销其对外贸易经营许可。 第四十七条　以欺骗或者其他不正当手段获取技术进出口合同登记的，由国务院外经贸主管部门吊销其技术进出口合同登记证，暂停直至撤销其对外贸易经营许可。 第四十八条　技术进出口管理工作人员违反本条例的规定，泄露国家秘密或者所知悉的商业秘密的，依照刑法关于泄露国家秘密罪或者侵犯商业秘密罪的规定，依法追究刑事责任；尚不够刑事处罚的，依法给予行政处分。 第四十九条　技术进出口管理工作人员滥用职权、玩忽职守或者利用职务上的便利收受、索取他人财物的，依照刑法关于滥用职权罪、玩忽职守罪、受贿罪或者其他罪的规定，依法追究刑事责任；尚不够刑事处罚的，依法给予行政处分。

| 相关执法参考 | 相关法律法规(10) | 《关于禁止侵犯商业秘密行为的若干规定》
（1995年11月23日国家工商行政管理局令第41号发布　1998年12月3日国家工商行政管理局令第86号修正）
　　第一条　为了制止侵犯商业秘密的行为，保护商业秘密权利人的合法权益，维护社会主义市场经济秩序，根据《中华人民共和国反不正当竞争法》（以下简称《反不正当竞争法》）的有关规定，制定本规定。
　　第二条　本规定所称商业秘密，是指不为公众所知悉、能为权利人带来经济利益、具有实用性并经权利人采取保密措施的技术信息和经营信息。
　　本规定所称不为公众所知悉，是指该信息是不能从公开渠道直接获取的。
　　本规定所称能为权利人带来经济利益、具有实用性，是指该信息具有确定的可应用性，能为权利人带来现实的或者潜在的经济利益或者竞争优势。
　　本规定所称权利人采取保密措施，包括订立保密协议，建立保密制度及采取其他合理的保密措施。
　　本规定所称技术信息和经营信息，包括设计、程序、产品配方、制作工艺、制作方法、管理诀窍、客户名单、货源情报、产销策略、招投标中的标底及标书内容等信息。
　　本规定所称权利人，是指依法对商业秘密享有所有权或者使用权的公民、法人或者其他组织。
　　第三条　禁止下列侵犯商业秘密行为：
　　（一）以盗窃、利诱、胁迫或者其他不正当手段获取权利人的商业秘密；
　　（二）披露、使用或者允许他人使用以前项手段获取的权利人的商业秘密；
　　（三）与权利人有业务关系的单位和个人违反合同约定或者违反权利人保守商业秘密的要求，披露、使用或者允许他人使用其所掌握的权利人的商业秘密；
　　（四）权利人的职工违反合同约定或者违反权利人保守商业秘密的要求，披露、使用或者允许他人使用其所掌握的权利人的商业秘密。
　　第三人明知或者应知前款所列违法行为，获取、使用或者披露他人的商业秘密，视为侵犯商业秘密。
　　第四条　侵犯商业秘密行为由县级以上工商行政管理机关认定处理。
　　第五条　权利人（申请人）认为其商业秘密受到侵害，向工商行政管理机关申请查处侵权行为时，应当提供商业秘密及侵权行为存在的有关证据。
　　被检查的单位和个人（被申请人）及利害关系人、证明人，应当如实向工商行政管理机关提供有关证据。
　　权利人能证明被申请人所使用的信息与自己的商业秘密具有一致性或者相同性，同时能证明被申请人有获取其商业秘密的条件，而被申请人不能提供或者拒不提供其所使用的信息是合法获得或者使用的证据的，工商行政管理机关可以根据有关证据，认定被申请人有侵权行为。
　　第六条　对被申请人违法披露、使用、允许他人使用商业秘密将给权利人造成不可挽回的损失的，应权利人请求并由权利人出具自愿对强制措施后果承担责任的书面保证，工商行政管理机关可以责令被申请人停止销售使用权利人商业秘密生产的产品。
　　第七条　违反本规定第三条的，由工商行政管理机关依照《反不正当竞争法》第二十五条的规定，责令停止违法行为，并可以根据情节处以1万元以上20万元以下的罚款。
　　工商行政管理机关在依照前款规定予以处罚时，对侵权物品可以作如下处理：
　　（一）责令并监督侵权人将载有商业秘密的图纸、软件及其他有关资料返还权利人。
　　（二）监督侵权人销毁使用权利人商业秘密生产的、流入市场将会造成商业秘密公开的产品。但权利人同意收购、销售等其他处理方式的除外。
　　第八条　对侵权人拒不执行处罚决定，继续实施本规定第三条所列行为的，视为新的 |

相关执法参考	相关法律法规(10)	违法行为，从重予以处罚。 **第九条** 权利人因损害赔偿问题向工商行政管理机关提出调解要求的，工商行政管理机关可以进行调解。 权利人也可以直接向人民法院起诉，请求损害赔偿。 **第十条** 国家机关及其公务人员在履行公务时，不得披露或者允许他人使用权利人的商业秘密。 工商行政管理机关的办案人员在监督检查侵犯商业秘密的不正当竞争行为时，应当对权利人的商业秘密予以保密。 **第十一条** 本规定由国家工商行政管理局负责解释。 **第十二条** 本规定自发布之日起施行。

十八、为境外窃取、刺探、收买、非法提供商业秘密罪

罪名	为境外窃取、刺探、收买、非法提供商业秘密罪（《刑法》第219条之一）
概念	为境外窃取、刺探、收买、非法提供商业秘密罪，是指为境外的机构、组织、人员窃取、刺探、收买、非法提供商业秘密的行为。

犯罪构成		
	客体	本罪侵犯的客体是复杂客体，既侵犯了国家商业秘密管理制度和国家整体经济制度安全，也侵犯了商业秘密权利人的专有权。在当前全球经济高度一体化的大背景下，国际经贸交往活动频繁，市场竞争日趋激烈，商业间谍现象并不鲜见。《刑法修正案（十一）》及时增设本罪罪刑条款，为维护国家整体经济安全和国家重大发展利益，有效保护国家和企业知识产权及商业秘密制度，提高国际竞争力等方面提供了有力的法律保障。为境外的机构、组织、人员窃取、刺探、收买、非法提供商业秘密的行为，必然侵害国家商业秘密管理制度、国家整体经济制度安全及商业秘密权利人的专有权。 本罪侵犯的对象是权利人享有的商业秘密。这里的权利人，是指商业秘密的所有人和经商业秘密所有人许可的商业秘密使用人，即依法对商业秘密享有所有权或者使用权的公民、法人或者其他组织。所谓商业秘密，是指不为公众所知悉，能够给权利人带来经济利益，具有实用性并经权利人采取保密措施的技术信息和经营信息。
	客观方面	本罪在客观方面表现为为境外的机构、组织、人员窃取、刺探、收买、非法提供商业秘密的行为。所谓境外机构，是指中华人民共和国国（边）境以外的国家或者地区的官方机构，如政府、军队及其在中国境内的代表机构或者分支机构，如外国驻华使领馆；还包括这些机构在中华人民共和国境内的分支或代表机构，也包括在我国港、澳、台地区的机构或者分支机构。所谓境外组织，是指中华人民共和国国（边）境以外的国家或者地区的政党、社会团体和其他企事业单位及其在中国境内的分支机构或代表组织，也包括在我国港、澳、台地区的分支机构或代表组织。所谓境外人员，是指外国人、无国籍人以及外籍华人等，也包括居住在我国港、澳、台地区的人。本罪所说境外机构、组织、人员并不限于与我国为敌的机构、组织或人员，即使为不与我国为敌的机构、组织或人员窃取、刺探、收买、非法提供国家秘密或者情报，也可以构成本罪。本罪的行为方式具体包括窃取、刺探、收买、非法提供四种。所谓窃取，是指通过窃取文件或者使用计算机、电磁波、照相机等方式取得商业秘密。所谓刺探，是指行为人通过各种途径和手段非法探知商业秘密，如使用探听或者一定的侦查技术获取商业秘密。所谓收买，是指利用金钱、物质或其他利益换取商业秘密。所谓非法提供，是指违反法律规定将自己合法知悉、管理、持有、掌握的商业秘密直接或者间接使境外机构、组织或者个人知悉，或者通过互联网将商业秘密非法发送给境外的机构、组织或者个人。 例如，胡某某利用担任利拓新加坡公司上海代表处首席代表并负责在中国地区销售铁矿石及发展长期销售协议客户的职务便利，为相关单位谋取利益，分别非法收受他人财物共计折合人民币646.24万余元。2005年4月至2009年6月，胡某某、王某、葛某某、刘某某为了使力拓公司获得更多的销售利润并谋求其在公司的地位和提高收入，采取利用及其他不正当手段，通过中国首钢国际贸易工程公司总经理助理谭某某、山东莱钢国际贸易有限公司国际海运部经理王某等人，多次获取中国有关钢铁企业的商业秘密。公诉机关据此认为，被告人胡某某、王某、葛某某、刘某某利用职务便利为他人谋取利益，分别索取或非法收受他人财物，数额巨大；胡某某作为单位直接负责的主管人员，王某、葛某某、刘某某作为单位其他直接责任人员，采取利诱及其他不正当手段获取商业秘密，并造成特

犯罪构成	客观方面	别严重后果。上海市第一中级人民法院判决，被告人胡某某等人构成非国家工作人员受贿罪和侵犯商业秘密罪，判处胡某某有期徒刑十年，并处没收财产和罚金人民币100万元；王某有期徒刑十四年，并处没收财产和罚金人民币80万元；刘某某有期徒刑七年，并处没收财产和罚金人民币70万元；违法所得均予以追缴。在本案中，胡某某等人除构成非国家工作人员受贿罪外，还通过收买等不正当手段，获取中国有关钢铁企业的商业秘密，并造成严重后果，构成《刑法》第219条侵犯商业秘密罪。如果这类行为发生在《刑法修正案（十一）》施行之后，则应按照为境外窃取、刺探、收买、非法提供商业秘密罪来定罪处罚。
	主体	本罪的主体是一般主体，自然人和单位均能成为本罪主体。然人主体，即达到16周岁以上刑事责任年龄，具备刑事责任能力的自然人，既可以是中国公民，也可以是外国人。本罪涉及境外主体，侵害的法益不局限于权利人商业秘密，更涉及国家经济安全，境外主体既可以是个人，也可以是单位。例如，中国公民或美国公民在中国领域外为境外的机构、组织、人员窃取、刺探、收买、非法提供商业秘密的，均构成本罪，我国司法机关可以依法行使域外管辖权。
	主观方面	本罪在主观方面表现为故意，即行为人明知对方是境外的机构、组织、人员并且也明知属于商业秘密，而仍有意为其窃取、刺探、收买、非法提供的心理态度。如果缺乏其中一个明知内容的，则不能构成本罪，缺乏两个明知内容的，更不能构成本罪。过失也显然不能构成本罪。
认定标准	刑罚标准	1. 犯本罪的，处5年以下有期徒刑，并处或者单处罚金； 2. 情节严重的，处5年以上有期徒刑，并处罚金。 本罪属于行为犯，只要行为人实施了为境外的机构、组织、人员窃取、刺探、收买、非法提供商业秘密的行为，就构成本罪，即应适用第一档量刑条款。 本罪还有情节加重的量刑档次规定，如果行为人实施的为境外的机构、组织、人员窃取、刺探、收买、非法提供商业秘密的行为，达到情节严重的程度，即应适用第二档量刑条款。何谓"情节严重"，目前尚未有相应司法解释予以明确。由于本罪脱胎于侵犯商业秘密罪，理论界通常认为，可以直接将侵犯商业秘密罪的入罪情节作为本罪加重处罚情节，既反映了两罪行为的同质性，又体现了本罪作为重罪的量刑特征。不过，从实践情况来看，由于本罪涉及境外主体，侵害的法益不局限于权利人商业秘密，更涉及国家经济安全，因此，本罪"情节严重"的界定，除考虑权利人损失、被告人违法所得等一般因素之外，还有必要额外考虑三方面因素。一是商业秘密的价值。商业秘密与国家秘密不同，不存在着代表秘密价值的所谓绝密、机密、秘密的等级区分，但是，商业秘密客观上也存在价值大小之分，某些商业秘密甚至与国计民生和国家经济安全休戚相关。例如，某些传统中医药生产配方既是生产企业的商业秘密，同时也列为国家秘密的保护范围；再如，新一代信息技术、高档数控机床和机器人、生物医药及高性能医疗器械等十大领域属于《中国制造2025》规划发展的重点领域，其中的技术秘密关系到国家制造产业的国际竞争力；特别是还有些技术秘密涉及国家战略性产业和国防安全，如稀土矿产提炼工艺、航空航天工程技术等。商业秘密是本罪的犯罪对象，将侵犯具有特殊价值的商业秘密的行为列为情节严重的一种情形，符合"对象差别反映罪行轻重"的普遍认知（如盗窃救灾抢险款物的罪行就重于盗窃一般公私财物），可以体现刑法对于国家经济安全的重点保护。二是被害单位的数量。为境外窃取、刺探、收买、非法提供商业秘密罪案件与侵犯商业秘密罪案件不同，被告人的犯罪目的及其犯罪行为的实施方式很多时候受到境外机构、组织、人员犯罪意图的影响，服务于境外主体的利益需求，侵害目标往往不只是单一对象。在2009年上海市第一中级人民法院审理的胡士泰等人侵犯商业秘密案件中，这一特征表现尤为明显。胡士泰等人身为澳大利亚力拓集团在华雇员，为境外公司刺探、收买、非法提供数家中国钢铁公司的商业情报，严重损害中国钢铁企业的利益，使中国钢铁企业蒙受巨

认定标准	刑罚标准	额损失。对于这类被害单位不限于一家企业，而是涉及某一领域多家企业的侵犯商业秘密犯罪行为，由于其危及国家特定行业领域整体的经济安全，无论造成权利人损失多少或被告人违法所得多少，均应纳入情节严重的范畴，以落实罪刑相适应原则。三是行为主体的身份。本罪与侵犯商业秘密罪相同，行为主体为一般主体，无论具备或不具备特殊身份，均不影响对行为人所实施行为的违法性评价。然而，相对于侵犯商业秘密罪而言，本罪侵害的法益侧重于国家经济安全。司法实践表明，具有国家工作人员等特殊身份的行为主体比作为公司一般雇员的行为主体更容易危害国家经济安全。比如，处于国家行政主管机构、特定行业协会、国有大型企业中的国家工作人员，被指使、收买、威胁获取特定行业领域商业秘密的可能性更大，犯罪成功概率也更高；并且，由于本罪犯罪行为的受益者为境外主体，身为国家工作人员，行为人为牟取私利，蓄意侵害本国企业利益和国家经济安全，为境外主体谋取非法利益，本身就反映出行为人的主观恶性之大。因此，有必要将此类特殊身份人员实施本罪的行为纳入情节严重的范畴，从而发挥刑法的特殊预防功能。
	此罪与违法行为的区别	本罪与一般违法行为的区别。 首先，需要判断行为是否具备本罪的全部构成要件，特别是判断行为对象是否属于商业秘密范畴。如果行为对象根本不属于商业秘密范畴，则不能构成本罪。另外，如果行为对象实际上属于国家秘密或情报，则可能构成为境外窃取、刺探、收买、非法提供国家秘密情报罪。其次，要判断行为的整体危害程度。虽然本罪在危害结果和情节上未做任何限定，但是不能完全轻视具体情节在本罪定罪中的意义。如果综合全案情况，认定属于"情节显著轻微、危害不大"的情形，则应该依据《刑法》第13条的规定，不作为犯罪处理。
	本罪犯罪形态的认定	本罪属于行为犯。即只要实施了为境外机构、组织、或者人员窃取、刺探，收买、非法提供商业秘密的行为，就属于既遂，并不要求实害后果的发生。但是，具体认定时也应当注意具体的犯罪情节，不能无限扩张本罪的适用范畴，将一切与窃取、刺探、收买、非法提供商业秘密行为有关的行为都认定为本罪的实行行为。例如，行为人为实施为境外窃取商业秘密的行为，专门学习窃取技术或下载有关软件，此时，很难认为这些行为实质侵犯了权利人对商业秘密的专用权，纵使行为具有一定危险性，也最多属于本罪的预备行为。因此，行为人仅仅实施为窃取、刺探、收买、非法提供商业秘密行为而实施的预备行为的，应该综合具体案情来分析。如果属于情节显著轻微，并没有对权利人造成实质侵害的，应当不认为是犯罪，不能滥用"行为犯"的特征，作为犯罪看待，将其认定为本罪既遂。
	本罪罪名的认定	本罪是选择性罪名，属于行为选择性罪名，包括多种行为类型的罪名形式。按照法律规定，只要实施了为境外的机构、组织、人员窃取、刺探、收买、非法提供中的一种行为，就构成本罪；实施两种以上甚至全部四种行为的，也仍为一罪，不实行并罚。当然，应当根据行为人实施的具体行为，来确定相应的罪名。如行为人仅实施了窃取行为，罪名是为境外窃取商业秘密罪；如行为人除窃取之外，还实施了非法提供行为，罪名是为境外窃取、非法提供商业秘密罪，等等依此类推。
	本罪罪数的认定	本罪存在罪名竞合问题。商业秘密和国家秘密同属信息，在某些情况下，存在着交叉重合的情形，即涉案信息既属于商业秘密，也属于国家秘密。如某些传统中医药生产配方，既是生产企业的商业秘密，也列入国家秘密的保护范围。当行为人为境外机构、组织、人员窃取、刺探、收买、非法提供的信息内容，既是商业秘密又是国家秘密时，其行为同时触犯两个罪名，可以分别构成为境外窃取、刺探、收买、非法提供商业秘密罪和为境外窃取、刺探、收买、非法提供国家秘密、情报罪，根据想象竞合犯处罚原则，应择一重罪论处。另外，需要强调的是，刑法第111条明确了为境外的机构、组织人员窃取、刺

认定标准	本罪罪数的认定	探、收买、非法提供国家秘密或者情报的情节较轻、入罪行为、情节特别严重三种形态，并分处5年以下有期徒刑、拘役、管制或者剥夺政治权利；5年以上10年以下有期徒刑；10年以上有期徒刑或者无期徒刑三种刑罚档次。因此，不能理所当然地认为涉及同一信息内容的犯罪行为必然构成为境外窃取、刺探、收买、非法提供国家秘密、情报罪，而非为境外窃取、刺探、收买、非法提供商业秘密罪，而是应当结合具体情节和量刑档次从一重罪处罚。
	本罪共犯的认定	本罪既可以单独实施，也可以以共犯形式实施。如果行为人为他人实施为境外窃取、刺探、收买、非法提供商业秘密罪提供帮助，或者与其共同实施，两人同时具有共同犯罪故意的，则成立本罪的共犯。当然，由于本罪属于选择性罪名，因此，成立本罪的共同实行犯，并不要求实施同一实行行为，数行为人分别实施罪名中四种不同实行行为的，也成立本罪的共同犯罪。
	此罪与彼罪的区别	本罪与侵犯商业秘密罪的区别。 侵犯商业秘密罪，是指采用不正当的手段，获取、使用、披露或允许他人使用权利人的商业秘密，给商业秘密的权利人造成重大损失的行为。两罪有一些相似之处，例如，两罪的主观方面都是故意，主体都包括自然人和单位，犯罪对象都涉及秘密。但是两者也存在如下三点本质区别： 1. 两罪的行为方式不完全相同。本罪行为人在客观方面表现为实施窃取、刺探、收买、非法提供商业秘密的行为；而后罪行为人在客观方面表现为实施盗窃、贿赂、欺诈、非法披露或使用等不正当手段的行为。 2. 两罪行为指向的对象不同。本罪行为指向的对象限于境外的机构、组织和人员；而后罪则无此限制。 3. 两罪的成立要求不同。本罪属于行为犯，只要实施了为境外机构、组织或者人员窃取、刺探、收买、非法提供商业秘密的行为，就可以成立犯罪，并不以"情节严重"作为犯罪成立要件；而后罪属于情节犯，必须达到情节严重的程度，才能成立犯罪。
相关执法参考	刑法	中华人民共和国刑法（节录） （1979年7月1日第五届全国人民代表大会第二次会议通过 1997年3月14日第八届全国人民代表大会第五次会议修订，已先后被1999年12月25日《中华人民共和国刑法修正案》、2001年8月31日《中华人民共和国刑法修正案（二）》、2001年12月29日《中华人民共和国刑法修正案（三）》、2002年12月28日《中华人民共和国刑法修正案（四）》、2005年2月28日《中华人民共和国刑法修正案（五）》、2006年6月29日《中华人民共和国刑法修正案（六）》、2009年2月28日《中华人民共和国刑法修正案（七）》、2009年8月27日《全国人民代表大会常务委员会关于修改部分法律的决定》、2011年2月25日《中华人民共和国刑法修正案（八）》、2015年8月29日《中华人民共和国刑法修正案（九）》、2017年11月4日《中华人民共和国刑法修正案（十）》、2020年12月26日《中华人民共和国刑法修正案（十一）》修改或修正） **第二百一十九条之一** 为境外的机构、组织、人员窃取、刺探、收买非法提供商业秘密的，处五年以下有期徒刑，并处或者单处罚金；情节严重的，处五年以上有期徒刑，并处罚金。 **第二百二十条** 单位犯本节第二百一十三条至第二百一十九条之一规定之罪的，对单位判处罚金，并对其直接负责的主管人员和其他直接责任人员，依照本节各该条的规定处罚。

相关执法参考	相关法律法规（1）	《对外贸易法》（节录） （1994年5月12日第八届全国人民代表大会常务委员会第七次会议通过　2004年4月6日第十届全国人民代表大会常务委员会第八次会议修订　根据2016年11月7日第十二届全国人民代表大会常务委员会第二十四次会议《关于修改〈中华人民共和国对外贸易法〉第十二部法律的决定》修正） 　　第十六条　国家基于下列原因，可以限制或者禁止有关货物、技术的进口或者出口： 　　（一）为维护国家安全、社会公共利益或者公共道德，需要限制或者禁止进口或者出口的； 　　（二）为保护人的健康或者安全，保护动物、植物的生命或者健康，保护环境，需要限制或者禁止进口或者出口的； 　　（三）为实施与黄金或者白银进出口有关的措施，需要限制或者禁止进口或者出口的； 　　（四）国内供应短缺或者为有效保护可能用竭的自然资源，需要限制或者禁止出口的； 　　（五）输往国家或者地区的市场容量有限，需要限制出口的； 　　（六）出口经营秩序出现严重混乱，需要限制出口的； 　　（七）为建立或者加快建立国内特定产业，需要限制进口的； 　　（八）对任何形式的农业、牧业、渔业产品有必要限制进口的； 　　（九）为保障国家国际金融地位和国际收支平衡，需要限制进口的； 　　（十）依照法律、行政法规的规定，其他需要限制或者禁止进口或者出口的； 　　（十一）根据我国缔结或者参加的国际条约、协定的规定，其他需要限制或者禁止进口或者出口的。
	相关法律法规（2）	《反不正当竞争法》（节录） （1993年9月2日第八届全国人民代表大会常务委员会第三次会议通过，2017年11月4日第十二届全国人民代表大会常务委员会第三十次会议修订，根据2019年4月23日第十三届全国人民代表大会常务委员会第十次会议《关于修改〈中华人民共和国建筑法〉等八部法律的决定》修正） 　　第九条　经营者不得实施下列侵犯商业秘密的行为： 　　（一）以盗窃、贿赂、欺诈、胁迫、电子侵入或者其他不正当手段获取权利人的商业秘密； 　　（二）披露、使用或者允许他人使用以前项手段获取的权利人的商业秘密； 　　（三）违反保密义务或者违反权利人有关保守商业秘密的要求，披露、使用或者允许他人使用其所掌握的商业秘密； 　　（四）教唆、引诱、帮助他人违反保密义务或者违反权利人有关保守商业秘密的要求，获取、披露、使用或者允许他人使用权利人的商业秘密。 　　经营者以外的其他自然人、法人和非法人组织实施前款所列违法行为的，视为侵犯商业秘密。 　　第三人明知或者应知商业秘密权利人的员工、前员工或者其他单位、个人实施本条第一款所列违法行为，仍获取、披露、使用或者允许他人使用该商业秘密的，视为侵犯商业秘密。 　　本法所称的商业秘密，是指不为公众所知悉、具有商业价值并经权利人采取相应保密措施的技术信息、经营信息等商业信息。 　　第二十一条　经营者以及其他自然人、法人和非法人组织违反本法第九条规定侵犯商业秘密的，由监督检查部门责令停止违法行为，没收违法所得，处十万元以上一百万元以下的罚款；情节严重的，处五十万元以上五百万元以下的罚款。 　　第三十一条　违反本法规定，构成犯罪的，依法追究刑事责任。

| 相关执法参考 | 相关法律法规（3） | 《技术进出口管理条例》（节录）
（2001年12月10日中华人民共和国国务院令第331号公布，根据2011年1月8日《国务院关于废止和修改部分行政法规的决定》第一次修订，根据2019年3月2日《国务院关于修改部分行政法规的决定》第二次修订，根据2020年11月29日《国务院关于修改和废止部分行政法规的决定》第三次修订）
第二条 本条例所称技术进出口，是指从中华人民共和国境外向中华人民共和国境内，或者从中华人民共和国境内向中华人民共和国境外，通过贸易、投资或者经济技术合作的方式转移技术的行为。
前款规定的行为包括专利权转让、专利申请权转让、专利实施许可、技术秘密转让、技术服务和其他方式的技术转移。
第二十八条 有对外贸易法第十六条规定情形之一的技术，禁止或者限制出口。
国务院外经贸主管部门会同国务院有关部门，制定、调整并公布禁止或者限制出口的技术目录。
第二十九条 属于禁止出口的技术，不得出口。
第三十条 属于限制出口的技术，实行许可证管理；未经许可，不得出口。
第三十一条 出口属于限制出口的技术，应当向国务院外经贸主管部门提出申请。
第三十二条 国务院外经贸主管部门收到技术出口申请后，应当会同国务院科技管理部门对申请出口的技术进行审查，并自收到申请之日起30个工作日内作出批准或者不批准的决定。
限制出口的技术需经有关部门进行保密审查的，按照国家有关规定执行。
第三十三条 技术出口申请经批准的，由国务院外经贸主管部门发给技术出口许可意向书。
申请人取得技术出口许可意向书后，方可对外进行实质性谈判，签订技术出口合同。
第三十四条 申请人签订技术出口合同后，应当向国务院外经贸主管部门提交下列文件，申请技术出口许可证：
（一）技术出口许可意向书；
（二）技术出口合同副本；
（三）技术资料出口清单；
（四）签约双方法律地位的证明文件。
国务院外经贸主管部门对技术出口合同的真实性进行审查，并自收到前款规定的文件之日起15个工作日内，对技术出口作出许可或者不许可的决定。
第三十五条 技术出口经许可的，由国务院外经贸主管部门颁发技术出口许可证。技术出口合同自技术出口许可证颁发之日起生效。
第三十六条 对属于自由出口的技术，实行合同登记管理。
出口属于自由出口的技术，合同自依法成立时生效，不以登记为合同生效的条件。
第三十七条 出口属于自由出口的技术，应当向国务院外经贸主管部门办理登记，并提交下列文件：
（一）技术出口合同登记申请书；
（二）技术出口合同副本；
（三）签约双方法律地位的证明文件。
第三十八条 国务院外经贸主管部门应当自收到本条例第三十七条规定的文件之日起3个工作日内，对技术出口合同进行登记，颁发技术出口合同登记证。
第三十九条 申请人凭技术出口许可证或者技术出口合同登记证办理外汇、银行、税务、海关等相关手续。
第四十条 依照本条例的规定，经许可或者登记的技术出口合同，合同的主要内容发 |

相关执法参考	相关法律法规（3）	生变更的，应当重新办理许可或者登记手续。 　　经许可或者登记的技术出口合同终止的，应当及时向国务院外经贸主管部门备案。 　　**第四十一条**　国务院外经贸主管部门和有关部门及其工作人员在履行技术出口管理职责中，对国家秘密和所知悉的商业秘密负有保密义务。 　　**第四十二条**　出口核技术、核两用品相关技术、监控化学品生产技术、军事技术等出口管制技术的，依照有关行政法规的规定办理。

第三章 危害公共卫生的犯罪

十九、传染病菌种、毒种扩散罪

罪名	传染病菌种、毒种扩散罪（《刑法》第331条）
概念	传染病菌种、毒种扩散罪，是指从事实验、保藏、携带、运输传染病菌种、毒种的人员，违反国务院卫生行政部门的有关规定，造成传播染病菌种、毒种扩散，后果严重的行为。
犯罪构成 / 客体	本罪侵犯的客体是单一客体，即国家有关传染病菌种、毒种管理制度。为了防治传染病发生，保护人民生命健康安全，国家制定了一系列严格的管理制度。一方面，在《传染病防治法》《传染病防治法实施办法》中对传染病菌种、毒种的实验、保藏、携带、运输以及用于预防传染病的菌苗、疫苗等生物制品的生产、经营作了一般性管理规定；另一方面，国家又制定了防止传染病菌种、毒种扩散的专门性管理规定，如《中国医学微生物菌种保藏管理办法》《病原微生物实验室生物安全管理条例》《可感染人类的高致病性病原微生物菌（毒）种或样本运输管理规定》《建立健全医院内感染管理组织的暂行办法》等。上述规定是防止传染病菌种、毒种扩散的制度保障，必须严格遵守。而传染病菌种、毒种扩散行为违反相关规定，直接侵害国家有关传染病菌种、毒种管理制度。 本罪的行为对象是传染病菌种、毒种。菌种是指微生物实验室保存的细菌，毒种是指微生物实验室保存的病毒。所谓传染病毒种、菌种，根据《传染病防治法实施办法》第16条的规定，分为下列三类：一类：鼠疫耶尔森氏菌、霍乱弧菌；天花病毒、艾滋病病毒；二类：希氏菌、炭疽菌、麻风杆菌、肝炎病毒、狂犬病毒、出血热病毒、登革热病毒；斑疹伤寒立克次体；三类：脑膜炎双球菌、链球菌、淋病双球菌、结核杆菌、百日咳嗜血杆菌、白喉棒状杆菌、沙门氏菌、志贺氏菌、破伤风梭状杆菌；钩端螺旋体、梅毒螺旋体；乙型脑炎病毒、脊髓灰质炎病毒、流感病毒、流行性肋腺炎病毒、麻疹病毒、风疹病毒。国务院卫生行政部门可以根据情况增加或者减少菌（毒）种的种类。所谓的细菌（英文：germs；学名：bacteria）作为原核生物，是指广义的细菌，即一大类细胞核无核膜包裹，只存在称作拟核区（nuclear region）（或拟核）的裸露DNA的原始单细胞生物，包括真细菌（eubacteria）和古生菌（archaea）两大类群。其中除少数属古生菌外，多数的原核生物都是真细菌。可粗分为6种类型，即细菌（狭义）、放线菌、螺旋体、支原体、立克次氏体和衣原体。人们通常所说的即为狭义的细菌。狭义的细菌为原核微生物的一类，是一类形状细短，结构简单，多以二分裂方式进行繁殖的原核生物，是在自然界分布最广、个体数量最多的有机体，是大自然物质循环的主要参与者。细菌主要由细胞壁、细胞膜、细胞质、核质体等部分构成，有的细菌还有荚膜、鞭毛、菌毛等特殊结构。绝大多数细菌的直径大小在0.5-5μm之间。可根据形状分为三类，即球菌、杆菌和螺形菌（包括弧菌、螺菌、螺杆菌）。还有一种利用细菌的生活方式来分类，分为两大类：自养菌和异养菌，其中异养菌包括腐生菌和寄生菌。目前已知最小的细菌只有0.2微米长，因此大多只能在显微镜下看到它们；而世界上最大的细菌可以用肉眼直接看见，有0.2-0.6毫米大，是一种叫纳米比亚嗜硫珠菌的细菌。其中所谓的病毒（virus）是一类个体微小，无完

犯罪构成	客体	整细胞结构，由一个核酸分子（DNA 或 RNA）与蛋白质构成的非细胞形态，靠寄生生活的介于生命体及非生命体之间的有机物种，比细菌小多了（相差约 1000 倍）、没有细胞结构、只能在活细胞中增殖的微生物。病毒必须在活细胞内寄生并复制的非细胞型微生物。它既不是生物亦不是非生物，目前不把它归于五界（原核生物、原生生物、菌物、植物和动物）之中。大多数病毒的直径在 10-300nm。一些丝状病毒的长度可达 1400nm，但其宽度却只有约 80nm。大多数的病毒无法在光学显微镜下观察到，而扫描或透射电子显微镜是观察病毒颗粒形态的主要工具。尽管细菌和病毒均属于微生物。在一定的环境条件下，细菌和病毒都可以在人体中增殖，并可能导致疾病发生。但两者区别较大，不仅仅是定义，而且在大小、形状、进化、生物活性、治疗手段等很多方面都有很大的不同。由于细菌有其生长及代谢方式，人类已有称之为抗菌素的特殊武器对付它。病毒则比较小，一般要用放大倍数超过万倍的电子显微镜才能看到。病毒没有自己的生长代谢系统，它的生存靠寄生在宿主（如人）和细胞中依赖他人的代谢系统。因此，目前抗病毒的特殊药物不多。在人们的身体的许多部位都有细菌的增殖，医学上称之为正常菌群，它们和我们和平相处，互惠互利。由于只有侵入我们的活组织细胞中这些病毒才能存活，因而在任何情况下从机体中发现病毒，都属于非正常状况。
	客观方面	本罪在客观方面表现为行为人违反国务院卫生行政部门的有关规定，造成传染病菌种、毒种扩散，后果严重的行为。包括两点： 1. 行为违反国务院卫生行政部门的规定。这里的国务院卫生行政部门的规定，主要是指违反《传染病防治法》及《传染病防治法实施办法》等有关规定。根据《传染病防治法》第 26 条规定，国家建立传染病菌种、毒种库。对传染病菌种、毒种和传染病检测样本的采集、保藏、携带、运输和使用实行分类管理，建立健全严格的管理制度。对可能导致甲类传染病传播的以及国务院卫生行政部门规定的菌种、毒种和传染病检测样本，确需采集、保藏、携带、运输和使用的，须经省级以上人民政府卫生行政部门批准。具体办法由国务院制定。根据《传染病防治法实施办法》第 17 条规定，传染病菌种、毒种的保藏、携带、运输，必须按照国务院卫生行政部门的规定严格管理。具体包括：菌（毒）种的保藏由国务院卫生行政部门指定的单位负责；一、二类菌（毒）种的供应由国务院卫生行政部门指定的保藏管理单位供应。三类菌（毒）种由设有专业实验室的单位或者国务院卫生行政部门指定的保藏管理单位供应；使用一类菌（毒）种的单位，必须经国务院卫生行政部门批准；使用二类菌（毒）种的单位，必须经省级政府卫生行政部门批准；使用三类菌（毒）种的单位，应当经县级政府卫生行政部门批准；一、二类菌（毒）种，应派专人向供应单位领取，不得邮寄；三类菌（毒）种的邮寄必须持有邮寄单位的证明，并按照菌（毒）种邮寄与包装的有关规定办理。根据《病原微生物实验室生物安全管理条例》第 7 条规定，国家根据病原微生物的传染性、感染后对个体或者群体的危害程度，将病原微生物分为四类：一类为病原微生物，是指能够引起人类或者动物非常严重疾病的微生物，以及我国尚未发现或者已经宣布消灭的微生物。二类为病原微生物，是指能够引起人类或者动物严重疾病，比较容易直接或者间接在人与人、动物与人、动物与动物间传播的微生物。三类为病原微生物，是指能够引起人类或者动物疾病，但一般情况下对人、动物或者环境不构成严重危害，传播风险有限，实验室感染后很少引起严重疾病，并且具备有效治疗和预防措施的微生物。四类为病原微生物，是指在通常情况下不会引起人类或者动物疾病的微生物。一类、二类病原微生物统称为高致病性病原微生物。第 10 条规定，运输高致病性病原微生物菌（毒）种或者样本，应当通过陆路运输；没有陆路通道，必须经水路运输的，可以通过水路运输；紧急情况下或者需要将高致病性病原微生物菌（毒）种或者样本运往国外的，可以通过民用航空运输。第 12 条规定，运输高致病性病原微生物菌（毒）种或者样本，应当由不少于 2 人的专人护送，并采取相应的防护措施。有关单位或者个人不得通过公共电（汽）车和城市铁路运输病原微生物菌（毒）

犯罪构成	客观方面

种或者样本。根据《传染性非典型肺炎病毒的毒种保存、使用和感染动物模型的暂行管理办法》第 7 条规定，病毒毒种运输：经申请并由国家主管部门批准后，使用单位应持批准件和本单位证件，派专人（两人或两人以上）领取和携带，不得邮寄。样品的容器要使用能够承受不少于 95Kpa 压力的高质量的防水包装材料而且密封，以防止运输过程中发生内容物的外泄；第二层和第三层包装中应使用吸水性好的柔软的物质充填；样品的容器须印有生物危险标志。根据《人间传染的病原微生物菌（毒）种保藏机构管理办法》第 16 条规定，《人间传染的病原微生物菌（毒）种保藏机构证书》有效期 5 年。保藏机构需要继续从事保藏工作的，应当在有效期届满前 6 个月按照本办法的规定重新申请《人间传染的病原微生物菌（毒）种保藏机构证书》。根据《可感染人类的高致病性病原微生物菌（毒）种或样本运输管理规定》第 12 条规定，运输高致病性病原微生物菌（毒）种或样本的容器或包装材料应当达到国际民航组织《危险物品航空安全运输技术细则》（Doc9284 包装说明 PI602）规定的 A 类包装标准，符合防水、防破损、防外泄、耐高温、耐高压的要求，并应当印有卫生部规定的生物危险标签、标识、运输登记表、警告用语和提示用语。第 13 条规定，运输高致病性病原微生物菌（毒）种或样本，应当有专人护送，护送人员不得少于两人。申请单位应当对护送人员进行相关的生物安全知识培训，并在护送过程中采取相应的防护措施。行为违反上述有关传染病菌种、毒种的保藏、携带、运输等规定，是本罪成立的前提条件。例如，1997 年 10 月，某县卫生防疫部门因业务需要，要求某市卫生防疫部门供应乙型肝炎病毒。按照国家有关规定，乙型肝炎病毒属于二类毒种，使用毒种的单位应派专人向供应单位领取，不得邮寄。某县卫生防疫部门遂指派工作人员胡某某前往远在千里之外的某市卫生防疫部门领取乙型肝炎病毒。胡某某按规定从某市卫生防疫部门领取乙型肝炎病毒后，因想去看望一下在某市的老同学，就将乙型肝炎病毒通过邮电局用包裹寄回某县卫生防疫部门。不料，因包裹在搬运过程中破损，从而造成乙型肝炎病毒大量扩散。由于胡某某在填写包裹单时，填的是普通物品，所以，这次乙型肝炎病毒扩散没有立即引起注意，卫生防疫部门也没有立即采取措施，结果导致当地 20 多人感染上了乙型肝炎病毒。在当地造成极大恐慌。胡某某回某县卫生防疫部门后，向当地派出所投案。某县人民法院经审理认为，被告人胡某某作为运输传染病毒种的人员，违反国务院卫生行政部门的有关规定，对不能邮寄的二类毒种乙型肝炎病毒，却通过邮局邮寄，其行为已构成传染病菌种、毒种扩散罪，后果特别严重，应予惩处。鉴于被告人胡某某在案发后能主动投案自首，可以从轻处罚，以被告人胡某某犯传染病菌种、毒种扩散罪，判处其有期徒刑六年。

2. 必须是造成传染病菌种、毒种扩散，且后果严重，才能构成本罪。本罪属于结果犯，如果违反有关传染病菌种、毒种的保藏、携带、运输等规定的行为，没有造成传染病菌种、毒种扩散，或者没有造成严重后果的，则不能构成本罪。所谓传染病菌种、毒种扩散，应是指造成储存传染病菌种、毒种的密器破损、丢失、被盗，或被传染病菌种、毒种所污染的物品未经消毒、灭菌处理而被带入公共场所。所谓后果严重，根据有关司法解释规定，包括涉嫌下列情形之一的：（1）导致甲类和按甲类管理的传染病传播的；（2）导致乙类、丙类传染病流行、暴发的；（3）造成人员重伤或者死亡的；（4）严重影响正常的生产、生活秩序的；（5）其他造成严重后果的情形。根据《传染病防治法实施办法》规定，其中的流行，是指一个地区某种传染病发病率显著超过该病历年的一般发病率水平。其中的暴发，是指在一个局部地区，短期内，突然发生多例同一种传染病病人。例如，某地区突然大面积范围内发生肝炎传染病。经查，某县卫生防疫站为了预防肝炎病的流行传染，派汽车司机庄某前去市卫生防疫站领取肝炎病毒作防疫用。在返回途中，司机庄某见一家商店门前正在降价销售各种布料。他便把车停在一旁下了车，车也没锁就去购买布料。在此期间，放在车上的物品及肝炎病毒被盗。由于盗窃者对肝炎病毒处置不善，而使肝炎病在当地大范围暴发。汽车司机庄某属于从事运输传染病菌种、毒种的人员，其行为构成传播病毒种扩散罪。

犯罪构成	主体	本罪的主体是特殊主体，即从事实验、保藏、携带、运输传染病菌种、毒种的人员。只限于从事实验、保藏、携带、运输传染病菌种、毒种的人员，而且只能是依照国家有关规定享有从事传染病菌种、毒种实验、保藏、携带、运输工作资格的单位中的直接负责的主管人员和其他直接责任人员，包括从事实验、保藏、携带、运输传染病菌种、毒种的兼职人员、受委托人员。不具有从事传染病菌种、毒种实验、保藏、携带、运输资格的人员或者单位，擅自从事上述事务，因而引起菌种、毒种扩散的，不能以本罪论。本罪主体只包括16周岁以上具有刑事责任能力的特殊资格的自然人，不包括单位。
	主观方面	本罪在主观方面表现为过失。这里的过失，是指应当预见自己的行为可能造成传染病菌种、毒种扩散的结果，因为疏忽大意而没有预见或者已经预见但轻信能够避免，以致造成严重后果的主观心理状态。至于行为人违反规定的行为本身显然是故意的，但由于行为人对损害结果的发生出于过失，可见本罪仍然属于过失犯罪范畴。
认定标准	刑罚标准	1. 犯本罪的，处3年以下有期徒刑或者拘役。 2. 后果特别严重的，处3年以上7年以下有期徒刑处。 　　本罪属于结果犯，违反有关传染病菌种、毒种的保藏、携带、运输等规定的行为，造成了传染病菌种、毒种扩散，且后果严重的，就构成本罪，即应适用第一档量刑条款。 　　构成本罪，后果特别严重的，适用第二档量刑条款。这里的后果特别严重，主要包括：引起甲类传染病大面积传播致使50人以上患病的；引起乙类、丙类传染病大面积传播，致使100人以上患病的；造成传染病患者死亡或者多数人残疾的；因传染病菌种、毒种扩散造成公私财产损失数额特别巨大（直接损失在60万元以上或者间接损失在100万元以上）的；在疫区内实施本犯罪行为，引起传染病传播，加重了该地区疫情的；在洪涝灾害、地震灾害等重灾区实施本犯罪行为，造成社会秩序严重混乱，致使抗灾工作难以开展的；因传染病菌种、毒种扩散，致使我国国际声誉受到严重损害的；造成其他特别严重后果的。
	此罪与违法行为的区别	本罪与一般违法行为即违反国务院卫生行政部门作出的有关传染病菌种、毒种的实验、保藏、携带、运输的规定的一般违法行为有某些相似之处，包括都是违反了有关上述相关规定，行为人主观上对可能发生或已经发生的危害结果所表现出的心理状态均为出于过失等。两者的区别主要应从危害结果上理解和把握：前者必须造成了传染病菌种、毒种扩散，并且引发了严重后果；后者则可能是并未引起菌种、毒种的扩散，或者是虽已造成传染病菌种、毒种的扩散，但带来的后果并不严重。根据《病原微生物实验室生物安全管理条例》第62条规定，未经批准运输高致病性病原微生物菌（毒）种或者样本，或者承运单位经批准运输高致病性病原微生物菌（毒）种或者样本未履行保护义务，导致高致病性病原微生物菌（毒）种或者样本被盗、被抢、丢失、泄漏的，由县级以上地方人民政府卫生主管部门、兽医主管部门依照各自职责，责令采取措施，消除隐患，给予警告；造成传染病传播、流行或者其他严重后果的，由托运单位和承运单位的主管部门对主要负责人、直接负责的主管人员和其他直接责任人员，依法给予撤职、开除的处分；构成犯罪的，依法追究刑事责任。根据该条例第68条规定，保藏机构未依照规定储存实验室送交的菌（毒）种和样本，或者未依照规定提供菌（毒）种和样本的，由其指定部门责令限期改正，收回违法提供的菌（毒）种和样本，并给予警告；造成传染病传播、流行或者其他严重后果的，由其所在单位或其上级主管部门对主要负责人、直接负责的主管人员和其他直接责任人员，依法给予撤职、开除的处分；构成犯罪的，依法追究刑事责任。
	本罪罪名的认定	本罪是选择性罪名，属于对象选择性罪名，包括三种罪名形式：传染病菌种扩散罪、传染病毒种扩散罪和传染病菌种、毒种扩散罪。行为涉及传染病菌种扩散和传染病毒种扩散的，只能按传染病菌种、毒种扩散罪一罪论处，不能实行数罪并罚。也就是说，可根据行为对象的不同，分别确定不同的罪名，包括行为涉及两个对象的罪名定传染病菌种、毒种扩散罪，行为仅涉及一种对象的罪名定传染病菌种扩散罪或者传染病毒种扩散罪。例

认定标准	本罪罪名的认定	如，造成鼠疫耶尔森氏菌、霍乱弧菌等传染病菌种扩散，后果严重的，就应当认定为传染病菌种扩散罪。再如，造成天花病毒、艾滋病病毒等传染病毒种扩散，后果严重的，就应当认定为传染病毒种扩散罪。如果从事实验、保藏、携带、运输传染病菌种、毒种的人员，违反国务院卫生行政部门的有关规定，造成新型冠状病毒毒种扩散，后果严重的，也应当以传染病毒种扩散罪定罪处罚。
	此罪与彼罪的区别（1）	本罪与危险物品肇事罪的区别。 　　危险物品肇事罪，是指违反爆炸性、易燃性、放射性、毒害性、腐蚀性物品的管理规定，在生产、储存、运输、使用中发生重大事故，造成严重后果的行为。两罪的主要区别在于： 　　1. 犯罪客体不同。本罪侵犯的直接客体是国家有关传染病菌种、毒种管理制度。后罪侵犯的直接客体是公共安全。 　　2. 犯罪对象的性质不同。本罪对象即传染病菌种、毒种属于有机物，其主要特点是传染性。后罪对象属于爆炸性、易燃性、放射性、毒害性、腐蚀性，如其中的毒害性物品，包括敌敌畏、敌百虫、砒霜、氰化钾、氰化钠、氧乐果等属于无机物，主要特点是剧毒性。 　　3. 犯罪主体不同。本罪的主体只能是特殊主体，即依照国家有关规定具有从事相应工作活动资格的自然人，只限于从事实验、保藏、携带、运输传染病菌种、毒种的人员。后罪的主体是一般主体，即任何具备刑事责任能力的自然人均可构成该罪。
	此罪与彼罪的区别（2）	本罪与妨害传染病防治罪的区别。 　　妨害传染病防治罪，是指违反传染病防治法规定，引起甲类传染病传播或者有传播严重危险的行为。两罪的主要区别在于： 　　1. 犯罪直接客体和违反的规定不同。本罪侵犯的直接客体是国家有关传染病菌种、毒种管理制度，行为要求违反的是有关传染病菌种、毒种在实验、保藏、携带、运输中的相关规定。后罪侵犯的直接客体是国家有关甲类传染病防治的管理制度，行为要求违反的主要是针对甲类传染病的预防、控制的相关规定。 　　2. 犯罪发生的范围不同。本罪对传染病的类别没有限制，甲类、乙类、丙类均在此列。后罪只限于违反规定引起甲类传染病传播或有传播的严重危险。 　　3. 犯罪成立实质要求不同。本罪要求必须发生了传染病菌种、毒种扩散的严重后果，而不包括严重危险。后罪要求引起甲类传染病传播或引起其传播的严重危险，既包括疾病传播的实害结果，也包括引起严重传播危险的可能性的危险犯情形。 　　4. 犯罪主体不同。本罪的主体只能是特殊主体，即依照国家有关规定具有从事相应工作活动资格的自然人，只限于从事实验、保藏、携带、运输传染病菌种、毒种的人员，且不能是单位。后罪的主体是一般主体，既可以是自然人，也可以是单位。
相关执法参考	刑法	中华人民共和国刑法（节录） 　　（1979年7月1日第五届全国人民代表大会第二次会议通过　1997年3月14日第八届全国人民代表大会第五次会议修订，已先后被1999年12月25日《中华人民共和国刑法修正案》、2001年8月31日《中华人民共和国刑法修正案（二）》、2001年12月29日《中华人民共和国刑法修正案（三）》、2002年12月28日《中华人民共和国刑法修正案（四）》、2005年2月28日《中华人民共和国刑法修正案（五）》、2006年6月29日《中华人民共和国刑法修正案（六）》、2009年2月28日《中华人民共和国刑法修正案（七）》、2009年8月27日《全国人民代表大会常务委员会关于修改部分法律的决定》、2011年2月25日《中华人民共和国刑法修正案（八）》、2015年8月29日《中华人民共和国刑法修正案（九）》、2017年11月4日《中华人民共和国刑法修正案（十）》、2020年12月26日《中华人民共和国刑法修正案（十一）》修改或修正） 　　第三百三十一条　从事实验、保藏、携带、运输传染病菌种、毒种的人员，违反国务院卫生行政部门的有关规定，造成传染病菌种、毒种扩散，后果严重的，处三年以下有期徒刑或者拘役；后果特别严重的，处三年以上七年以下有期徒刑。

| 相关执法参考 | 相关法律法规（1） | 最高人民检察院、公安部《关于公安机关管辖的刑事案件立案追诉标准的规定（一）》（节录）
（2008年6月25日最高人民检察院、公安部文件公通字〔2008〕36号公布，自公布之日起施行）
第四十九条 〔妨害传染病防治案（刑法第三百三十条）〕违反传染病防治法的规定，引起甲类或者按照甲类管理的传染病传播或者有传播严重危险，涉嫌下列情形之一的，应予立案追诉：
（一）供水单位供应的饮用水不符合国家规定的卫生标准的；
（二）拒绝按照疾病预防控制机构提出的卫生要求，对传染病病原体污染的污水、污物、粪便进行消毒处理的；
（三）准许或者纵容传染病病人、病原携带者和疑似传染病病人从事国务院卫生行政部门规定禁止从事的易使该传染病扩散的工作的；
（四）拒绝执行疾病预防控制机构依照传染病防治法提出的预防、控制措施的。
本条和本规定第五十条规定的"甲类传染病"，是指鼠疫、霍乱；"按甲类管理的传染病"，是指乙类传染病中传染性非典型肺炎、炭疽中的肺炭疽、人感染高致病性禽流感以及国务院卫生行政部门根据需要报经国务院批准公布实施的其他需要按甲类管理的乙类传染病和突发原因不明的传染病。
第五十条 〔传染病菌种、毒种扩散案（刑法第三百三十一条）〕从事实验、保藏、携带、运输传染病菌种、毒种的人员，违反国务院卫生行政部门的有关规定，造成传染病菌种、毒种扩散，涉嫌下列情形之一的，应予立案追诉：
（一）导致甲类和按甲类管理的传染病传播的；
（二）导致乙类、丙类传染病流行、暴发的；
（三）造成人员重伤或者死亡的；
（四）严重影响正常的生产、生活秩序的；
（五）其他造成严重后果的情形。 |
| | 相关法律法规（2） | 《关于依法惩治妨害新型冠状病毒感染肺炎疫情防控违法犯罪的意见》（节录）
（2020年2月10日最高人民法院、最高人民检察院、公安部、司法部发布）
各省、自治区、直辖市高级人民法院、人民检察院、公安厅（局）、司法厅（局），解放军军事法院、军事检察院，新疆维吾尔自治区高级人民法院生产建设兵团分院、新疆生产建设兵团人民检察院、公安局、司法局：
为贯彻落实2020年2月5日中央全面依法治国委员会第三次会议审议通过的《中央全面依法治国委员会关于依法防控新型冠状病毒感染肺炎疫情、切实保障人民群众生命健康安全的意见》，最高人民法院、最高人民检察院、公安部、司法部联合制定了《关于依法惩治妨害新型冠状病毒感染肺炎疫情防控违法犯罪的意见》。现予以印发，请结合实际认真贯彻执行。在执行中遇到的新情况、新问题，请及时分别报告最高人民法院、最高人民检察院、公安部、司法部。
为依法惩治妨害新型冠状病毒感染肺炎疫情防控违法犯罪行为，保障人民群众生命安全和身体健康，保障社会安定有序，保障疫情防控工作顺利开展，根据有关法律、司法解释的规定，制定本意见。
一、提高政治站位，充分认识疫情防控时期维护社会大局稳定的重大意义
各级人民法院、人民检察院、公安机关、司法行政机关要切实把思想和行动统一到习近平总书记关于新型冠状病毒感染肺炎疫情防控工作的系列重要指示精神上来，坚决贯彻落实党中央决策部署、中央应对新型冠状病毒感染肺炎疫情工作领导小组工作安排，按照中央政法委要求，增强"四个意识"、坚定"四个自信"、做到"两个维护"，始终将人民群众的生命安全和身体健康放在第一位，坚决把疫情防控作为当前压倒一切的头等大事来 |

抓，用足用好法律规定，依法及时、从严惩治妨害疫情防控的各类违法犯罪，为坚决打赢疫情防控阻击战提供有力法治保障。

二、准确适用法律，依法严惩妨害疫情防控的各类违法犯罪

（七）依法严惩疫情防控失职渎职、贪污挪用犯罪。在疫情防控工作中，负有组织、协调、指挥、灾害调查、控制、医疗救治、信息传递、交通运输、物资保障等职责的国家机关工作人员，滥用职权或者玩忽职守，致使公共财产、国家和人民利益遭受重大损失的，依照刑法第三百九十七条的规定，以滥用职权罪或者玩忽职守罪定罪处罚。

卫生行政部门的工作人员严重不负责任，不履行或者不认真履行防治监管职责，导致新型冠状病毒感染肺炎传播或者流行，情节严重的，依照刑法第四百零九条的规定，以传染病防治失职罪定罪处罚。

从事实验、保藏、携带、运输传染病菌种、毒种的人员，违反国务院卫生行政部门的有关规定，造成新型冠状病毒毒种扩散，后果严重的，依照刑法第三百三十一条的规定，以传染病毒种扩散罪定罪处罚。

国家工作人员，受委托管理国有财产的人员，公司、企业或者其他单位的人员，利用职务便利，侵吞、截留或者以其他手段非法占有用于防控新型冠状病毒感染肺炎的款物，或者挪用上述款物归个人使用，符合刑法第三百八十二条、第三百八十三条、第二百七十一条、第三百八十四条、第二百七十二条规定的，以贪污罪、职务侵占罪、挪用公款罪、挪用资金罪定罪处罚。挪用用于防控新型冠状病毒感染肺炎的救灾、优抚、救济等款物，符合刑法第二百七十三条规定的，对直接责任人员，以挪用特定款物罪定罪处罚。

相关执法参考 | 相关法律法规（3）

《传染病防治法》（节录）

（1989年2月21日第七届全国人民代表大会常务委员会第六次会议通过，2004年8月28日第十届全国人民代表大会常务委员会第十一次会议修订，根据2013年《全国人民代表大会常务委员会关于修改〈中华人民共和国文物保护法〉等十二部法律的决定》（主席令第五号）进行修正）

第一章 总 则

第一条 为了预防、控制和消除传染病的发生与流行，保障人体健康和公共卫生，制定本法。

第二条 国家对传染病防治实行预防为主的方针，防治结合、分类管理、依靠科学、依靠群众。

第三条 本法规定的传染病分为甲类、乙类和丙类。

甲类传染病是指：鼠疫、霍乱。

乙类传染病是指：传染性非典型肺炎、艾滋病、病毒性肝炎、脊髓灰质炎、人感染高致病性禽流感、麻疹、流行性出血热、狂犬病、流行性乙型脑炎、登革热、炭疽、细菌性和阿米巴性痢疾、肺结核、伤寒和副伤寒、流行性脑脊髓膜炎、百日咳、白喉、新生儿破伤风、猩红热、布鲁氏菌病、淋病、梅毒、钩端螺旋体病、血吸虫病、疟疾。

丙类传染病是指：流行性感冒、流行性腮腺炎、风疹、急性出血性结膜炎、麻风病、流行性和地方性斑疹伤寒、黑热病、包虫病、丝虫病，除霍乱、细菌性和阿米巴性痢疾、伤寒和副伤寒以外的感染性腹泻病。

国务院卫生行政部门根据传染病暴发、流行情况和危害程度，可以决定增加、减少或者调整乙类、丙类传染病病种并予以公布。

第四条 对乙类传染病中传染性非典型肺炎、炭疽中的肺炭疽和人感染高致病性禽流感，采取本法所称甲类传染病的预防、控制措施。其他乙类传染病和突发原因不明的传染病需要采取本法所称甲类传染病的预防、控制措施的，由国务院卫生行政部门及时报经国务院批准后予以公布、实施。

需要解除依照前款规定采取的甲类传染病预防、控制措施的，由国务院卫生行政部门

| 相关执法参考 | 相关法律法规（3） | 报经国务院批准后予以公布。
省、自治区、直辖市人民政府对本行政区域内常见、多发的其他地方性传染病，可以根据情况决定按照乙类或者丙类传染病管理并予以公布，报国务院卫生行政部门备案。
第二十二条 疾病预防控制机构、医疗机构的实验室和从事病原微生物实验的单位，应当符合国家规定的条件和技术标准，建立严格的监督管理制度，对传染病病原体样本按照规定的措施实行严格监督管理，严防传染病病原体的实验室感染和病原微生物的扩散。
第二十三条 采供血机构、生物制品生产单位必须严格执行国家有关规定，保证血液、血液制品的质量。禁止非法采集血液或者组织他人出卖血液。
疾病预防控制机构、医疗机构使用血液和血液制品，必须遵守国家有关规定，防止因输入血液、使用血液制品引起经血液传播疾病的发生。
第二十六条 国家建立传染病菌种、毒种库。
对传染病菌种、毒种和传染病检测样本的采集、保藏、携带、运输和使用实行分类管理，建立健全严格的管理制度。
对可能导致甲类传染病传播的以及国务院卫生行政部门规定的菌种、毒种和传染病检测样本，确需采集、保藏、携带、运输和使用的，须经省级以上人民政府卫生行政部门批准。具体办法由国务院制定。
第三十九条 医疗机构发现甲类传染病时，应当及时采取下列措施：
（一）对病人、病原携带者，予以隔离治疗，隔离期限根据医学检查结果确定；
（二）对疑似病人，确诊前在指定场所单独隔离治疗；
（三）对医疗机构内的病人、病原携带者、疑似病人的密切接触者，在指定场所进行医学观察和采取其他必要的预防措施。
拒绝隔离治疗或者隔离期未满擅自脱离隔离治疗的，可以由公安机关协助医疗机构采取强制隔离治疗措施。
医疗机构发现乙类或者丙类传染病病人，应当根据病情采取必要的治疗和控制传播措施。
医疗机构对本单位内被传染病病原体污染的场所、物品以及医疗废物，必须依照法律、法规的规定实施消毒和无害化处置。
第四十条 疾病预防控制机构发现传染病疫情或者接到传染病疫情报告时，应当及时采取下列措施：
（一）对传染病疫情进行流行病学调查，根据调查情况提出划定疫点、疫区的建议，对被污染的场所进行卫生处理，对密切接触者，在指定场所进行医学观察和采取其他必要的预防措施，并向卫生行政部门提出疫情控制方案；
（二）传染病暴发、流行时，对疫点、疫区进行卫生处理，向卫生行政部门提出疫情控制方案，并按照卫生行政部门的要求采取措施；
（三）指导下级疾病预防控制机构实施传染病预防、控制措施，组织、指导有关单位对传染病疫情的处理。
第四十六条 患甲类传染病、炭疽死亡的，应当将尸体立即进行卫生处理，就近火化。患其他传染病死亡的，必要时，应当将尸体进行卫生处理后火化或者按照规定深埋。
为了查找传染病病因，医疗机构在必要时可以按照国务院卫生行政部门的规定，对传染病病人尸体或者疑似传染病病人尸体进行解剖查验，并应告知死者家属。
第四十七条 疫区中被传染病病原体污染或者可能被传染病病原体污染的物品，经消毒可以使用的，应当在当地疾病预防控制机构的指导下，进行消毒处理后，方可使用、出售和运输。
第四十八条 发生传染病疫情时，疾病预防控制机构和省级以上人民政府卫生行政部门指派的其他与传染病有关的专业技术机构，可以进入传染病疫点、疫区进行调查、采集样本、技术分析和检验。 |

相关执法参考 | 相关法律法规（3）

第四十九条　传染病暴发、流行时，药品和医疗器械生产、供应单位应当及时生产、供应防治传染病的药品和医疗器械。铁路、交通、民用航空经营单位必须优先运送处理传染病疫情的人员以及防治传染病的药品和医疗器械。县级以上人民政府有关部门应当做好组织协调工作。

第六十八条　疾病预防控制机构违反本法规定，有下列情形之一的，由县级以上人民政府卫生行政部门责令限期改正，通报批评，给予警告；对负有责任的主管人员和其他直接责任人员，依法给予降级、撤职、开除的处分，并可以依法吊销有关责任人员的执业证书；构成犯罪的，依法追究刑事责任：

（一）未依法履行传染病监测职责的；

（二）未依法履行传染病疫情报告、通报职责，或者隐瞒、谎报、缓报传染病疫情的；

（三）未主动收集传染病疫情信息，或者对传染病疫情信息和疫情报告未及时进行分析、调查、核实的；

（四）发现传染病疫情时，未依据职责及时采取本法规定的措施的；

（五）故意泄露传染病病人、病原携带者、疑似传染病病人、密切接触者涉及个人隐私的有关信息、资料的。

第六十九条　医疗机构违反本法规定，有下列情形之一的，由县级以上人民政府卫生行政部门责令改正，通报批评，给予警告；造成传染病传播、流行或者其他严重后果的，对负有责任的主管人员和其他直接责任人员，依法给予降级、撤职、开除的处分，并可以依法吊销有关责任人员的执业证书；构成犯罪的，依法追究刑事责任：

（一）未按照规定承担本单位的传染病预防、控制工作、医院感染控制任务和责任区域内的传染病预防工作的；

（二）未按照规定报告传染病疫情，或者隐瞒、谎报、缓报传染病疫情的；

（三）发现传染病疫情时，未按照规定对传染病病人、疑似传染病病人提供医疗救护、现场救援、接诊、转诊的，或者拒绝接受转诊的；

（四）未按照规定对本单位内被传染病病原体污染的场所、物品以及医疗废物实施消毒或者无害化处置的；

（五）未按照规定对医疗器械进行消毒，或者对按照规定一次使用的医疗器具未予销毁，再次使用的；

（六）在医疗救治过程中未按照规定保管医学记录资料的；

（七）故意泄露传染病病人、病原携带者、疑似传染病病人、密切接触者涉及个人隐私的有关信息、资料的。

第七十条　采供血机构未按照规定报告传染病疫情，或者隐瞒、谎报、缓报传染病疫情，或者未执行国家有关规定，导致因输入血液引起经血液传播疾病发生的，由县级以上人民政府卫生行政部门责令改正，通报批评，给予警告；造成传染病传播、流行或者其他严重后果的，对负有责任的主管人员和其他直接责任人员，依法给予降级、撤职、开除的处分，并可以依法吊销采供血机构的执业许可证；构成犯罪的，依法追究刑事责任。

非法采集血液或者组织他人出卖血液的，由县级以上人民政府卫生行政部门予以取缔，没收违法所得，可以并处十万元以下的罚款；构成犯罪的，依法追究刑事责任。

第七十八条　本法中下列用语的含义：

（一）传染病病人、疑似传染病病人：指根据国务院卫生行政部门发布的《中华人民共和国传染病防治法规定管理的传染病诊断标准》，符合传染病病人和疑似传染病病人诊断标准的人。

（二）病原携带者：指感染病原体无临床症状但能排出病原体的人。

（三）流行病学调查：指对人群中疾病或者健康状况的分布及其决定因素进行调查研

相关法律法规（3）	究，提出疾病预防控制措施及保健对策。 （四）疫点：指病原体从传染源向周围播散的范围较小或者单个疫源地。 （五）疫区：指传染病在人群中暴发、流行，其病原体向周围播散时所能波及的地区。 （六）人畜共患传染病：指人与脊椎动物共同罹患的传染病，如鼠疫、狂犬病、血吸虫病等。 （七）自然疫源地：指某些可引起人类传染病的病原体在自然界的野生动物中长期存在和循环的地区。 （八）病媒生物：指能够将病原体从人或者其他动物传播给人的生物，如蚊、蝇、蚤类等。 （九）医源性感染：指在医学服务中，因病原体传播引起的感染。 （十）医院感染：指住院病人在医院内获得的感染，包括在住院期间发生的感染和在医院内获得出院后发生的感染，但不包括入院前已开始或者入院时已处于潜伏期的感染。医院工作人员在医院内获得的感染也属医院感染。 （十一）实验室感染：指从事实验室工作时，因接触病原体所致的感染。 （十二）菌种、毒种：指可能引起本法规定的传染病发生的细菌菌种、病毒毒种。 （十三）消毒：指用化学、物理、生物的方法杀灭或者消除环境中的病原微生物。 （十四）疾病预防控制机构：指从事疾病预防控制活动的疾病预防控制中心以及与上述机构业务活动相同的单位。 （十五）医疗机构：指按照《医疗机构管理条例》取得医疗机构执业许可证，从事疾病诊断、治疗活动的机构。
相关执法参考 相关法律法规（4）	《传染病防治法实施办法》（节录） （1991年10月4日国务院国函〔1991〕66号批准，1991年12月6日卫生部令第17号发布施行） 第十六条　传染病的菌（毒）种分为下列三类： 一类：鼠疫耶尔森氏菌、霍乱弧菌；天花病毒、艾滋病病毒； 二类：布氏菌、炭疽菌、麻风杆菌、肝炎病毒、狂犬病毒、出血热病毒、登革热病毒；斑疹伤寒立克次体； 三类：脑膜炎双球菌、链球菌、淋病双球菌、结核杆菌、百日咳嗜血杆菌、白喉棒状杆菌、沙门氏菌、志贺氏菌、破伤风梭状杆菌；钩端螺旋体、梅毒螺旋体；乙型脑炎病毒、脊髓灰质炎病毒、流感病毒、流行性腮腺炎病毒、麻疹病毒、风疹病毒。 国务院卫生行政部门可以根据情况增加或者减少菌（毒）种的种类。 第十七条　国家对传染病菌（毒）种的保藏、携带、运输实行严格管理： （一）菌（毒）种的保藏由国务院卫生行政部门指定的单位负责。 （二）一、二类菌（毒）种的供应由国务院卫生行政部门指定的保藏管理单位供应。三类菌（毒）种由设有专业实验室的单位或者国务院卫生行政部门指定的保藏管理单位供应。 （三）使用一类菌（毒）种的单位，必须经国务院卫生行政部门批准；使用二类菌（毒）种的单位必须经省级政府卫生行政部门批准；使用三类菌（毒）种的单位，应当经县级政府卫生行政部门批准。 （四）一、二类菌（毒）种，应派专人向供应单位领取，不得邮寄；三类菌（毒）种的邮寄必须持有邮寄单位的证明，并按照菌（毒）种邮寄与包装的有关规定办理。 第十九条　从事饮水、饮食、整容、保育等易使传染病扩散工作的从业人员，必须按照国家有关规定取得健康合格证后方可上岗。 第二十三条　出售、运输被传染病病原体污染或者来自疫区可能被传染病病原体污

相关执法参考	**相关法律法规（4）** 的皮毛、旧衣物及生活用品等，必须按照卫生防疫机构的要求进行必要的卫生处理。 　　第七十三条　《传染病防治法》及本办法的用语含义如下： 　　传染病病人、疑似传染病病人：指根据国务院卫生行政部门发布的《中华人民共和国传染病防治法规定管理的传染病诊断标准》，符合传染病病人和疑似传染病病人诊断标准的人。 　　病原携带者：指感染病原体无临床症状但能排出病原体的人。 　　暴发：指在一个局部地区，短期内，突然发生多例同一种传染病病人。 　　流行：指一个地区某种传染病发病率显著超过该病历年的一般发病率水平。 　　重大传染病疫情：指《传染病防治法》第二十五条所称的传染病的暴发、流行。 　　传染病监测：指对人群传染病的发生、流行及影响因素进行有计划地、系统地长期观察。 　　疫区：指传染病在人群中暴发或者流行，其病原体向周围传播时可能波及的地区。 　　人畜共患传染病：指鼠疫、流行性出血热、狂犬病、钩端螺旋体病、布鲁氏菌病、炭疽、流行性乙型脑炎、黑热病、包虫病、血吸虫病。 　　自然疫源地：指某些传染病的病原体在自然界的野生动物中长期保存并造成动物间流行的地区。 　　可能是自然疫源地：指在自然界中具有自然疫源性疾病存在的传染源和传播媒介，但尚未查明的地区。 　　医源性感染：指在医学服务中，因病原体传播引起的感染。 　　医院内感染：指就诊患者在医疗保健机构内受到的感染。 　　实验室感染：指从事实验室工作时，因接触病原体所致的感染。 　　消毒：指用化学、物理、生物的方式杀灭或者消除环境中的致病性微生物。 　　卫生处理：指消毒、杀虫、灭鼠等卫生措施以及隔离、留验、就地检验等医学措施。 　　卫生防疫机构：指卫生防疫站、结核病防治研究所（院）、寄生虫病防治研究所（站）、血吸虫病防治研究所（站）、皮肤病性病防治研究所（站）、地方病防治研究所（站）、鼠疫防治站（所）、乡镇预防保健站（所）及与上述机构专业相同的单位。 　　医疗保健机构：指医院、卫生院（所）、门诊部（所）、疗养院（所）、妇幼保健院（站）及与上述机构业务活动相同的单位。
	相关法律法规（5） 《病原微生物实验室生物安全管理条例》 　　（2004年11月12日国务院令第424号公布，根据2016年2月6日《国务院关于修改部分行政法规的决定》第一次修订，根据2018年3月19日《国务院关于修改和废止部分行政法规的决定》第二次修订） 　　第一章　总　则 　　第一条　为了加强病原微生物实验室（以下称实验室）生物安全管理，保护实验室工作人员和公众的健康，制定本条例。 　　第二条　对中华人民共和国境内的实验室及其从事实验活动的生物安全管理，适用本条例。 　　本条例所称病原微生物，是指能够使人或者动物致病的微生物。 　　本条例所称实验活动，是指实验室从事与病原微生物菌（毒）种、样本有关的研究、教学、检测、诊断等活动。 　　第三条　国务院卫生主管部门主管与人体健康有关的实验室及其实验活动的生物安全监督工作。 　　国务院兽医主管部门主管与动物有关的实验室及其实验活动的生物安全监督工作。 　　国务院其他有关部门在各自职责范围内负责实验室及其实验活动的生物安全管理工作。

县级以上地方人民政府及其有关部门在各自职责范围内负责实验室及其实验活动的生物安全管理工作。

第四条 国家对病原微生物实行分类管理，对实验室实行分级管理。

第五条 国家实行统一的实验室生物安全标准。实验室应当符合国家标准和要求。

第六条 实验室的设立单位及其主管部门负责实验室日常活动的管理，承担建立健全安全管理制度，检查、维护实验设施、设备，控制实验室感染的职责。

第二章　病原微生物的分类和管理

第七条 国家根据病原微生物的传染性、感染后对个体或者群体的危害程度，将病原微生物分为四类：

第一类病原微生物，是指能够引起人类或者动物非常严重疾病的微生物，以及我国尚未发现或者已经宣布消灭的微生物。

第二类病原微生物，是指能够引起人类或者动物严重疾病，比较容易直接或者间接在人与人、动物与人、动物与动物间传播的微生物。

第三类病原微生物，是指能够引起人类或者动物疾病，但一般情况下对人、动物或者环境不构成严重危害，传播风险有限，实验室感染后很少引起严重疾病，并且具备有效治疗和预防措施的微生物。

第四类病原微生物，是指在通常情况下不会引起人类或者动物疾病的微生物。

第一类、第二类病原微生物统称为高致病性病原微生物。

第八条 人间传染的病原微生物名录由国务院卫生主管部门商国务院有关部门后制定、调整并予以公布；动物间传染的病原微生物名录由国务院兽医主管部门商国务院有关部门后制定、调整并予以公布。

第九条 采集病原微生物样本应当具备下列条件：

（一）具有与采集病原微生物样本所需要的生物安全防护水平相适应的设备；

（二）具有掌握相关专业知识和操作技能的工作人员；

（三）具有有效的防止病原微生物扩散和感染的措施；

（四）具有保证病原微生物样本质量的技术方法和手段。

采集高致病性病原微生物样本的工作人员在采集过程中应当防止病原微生物扩散和感染，并对样本的来源、采集过程和方法等作详细记录。

第十条 运输高致病性病原微生物菌（毒）种或者样本，应当通过陆路运输；没有陆路通道，必须经水路运输的，可以通过水路运输；紧急情况下或者需要将高致病性病原微生物菌（毒）种或者样本运往国外的，可以通过民用航空运输。

第十一条 运输高致病性病原微生物菌（毒）种或者样本，应当具备下列条件：

（一）运输目的、高致病性病原微生物的用途和接收单位符合国务院卫生主管部门或者兽医主管部门的规定；

（二）高致病性病原微生物菌（毒）种或者样本的容器应当密封，容器或者包装材料还应当符合防水、防破损、防外泄、耐高（低）温、耐高压的要求；

（三）容器或者包装材料上应当印有国务院卫生主管部门或者兽医主管部门规定的生物危险标识、警告用语和提示用语。

运输高致病性病原微生物菌（毒）种或者样本，应当经省级以上人民政府卫生主管部门或者兽医主管部门批准。在省、自治区、直辖市行政区域内运输的，由省、自治区、直辖市人民政府卫生主管部门或者兽医主管部门批准；需要跨省、自治区、直辖市运输或者运往国外的，由出发地的省、自治区、直辖市人民政府卫生主管部门或者兽医主管部门进行初审后，分别报国务院卫生主管部门或者兽医主管部门批准。

出入境检验检疫机构在检验检疫过程中需要运输病原微生物样本的，由国务院出入境检验检疫部门批准，并同时向国务院卫生主管部门或者兽医主管部门通报。

通过民用航空运输高致病性病原微生物菌（毒）种或者样本的，除依照本条第二款、第三款规定取得批准外，还应当经国务院民用航空主管部门批准。

有关主管部门应当对申请人提交的关于运输高致病性病原微生物菌（毒）种或者样本的申请材料进行审查，对符合本条第一款规定条件的，应当即时批准。

第十二条　运输高致病性病原微生物菌（毒）种或者样本，应当由不少于2人的专人护送，并采取相应的防护措施。

有关单位或者个人不得通过公共电（汽）车和城市铁路运输病原微生物菌（毒）种或者样本。

第十三条　需要通过铁路、公路、民用航空等公共交通工具运输高致病性病原微生物菌（毒）种或者样本的，承运单位应当凭本条例第十一条规定的批准文件予以运输。

承运单位应当与护送人共同采取措施，确保所运输的高致病性病原微生物菌（毒）种或者样本的安全，严防发生被盗、被抢、丢失、泄漏事件。

第十四条　国务院卫生主管部门或者兽医主管部门指定的菌（毒）种保藏中心或者专业实验室（以下称保藏机构），承担集中储存病原微生物菌（毒）种和样本的任务。

保藏机构应当依照国务院卫生主管部门或者兽医主管部门的规定，储存实验室送交的病原微生物菌（毒）种和样本，并向实验室提供病原微生物菌（毒）种和样本。

保藏机构应当制定严格的安全保管制度，作好病原微生物菌（毒）种和样本进出和储存的记录，建立档案制度，并指定专人负责。对高致病性病原微生物菌（毒）种和样本应当设专库或者专柜单独储存。

保藏机构储存、提供病原微生物菌（毒）种和样本，不得收取任何费用，其经费由同级财政在单位预算中予以保障。

保藏机构的管理办法由国务院卫生主管部门会同国务院兽医主管部门制定。

第十五条　保藏机构应当凭实验室依照本条例的规定取得的从事高致病性病原微生物相关实验活动的批准文件，向实验室提供高致病性病原微生物菌（毒）种和样本，并予以登记。

第十六条　实验室在相关实验活动结束后，应当依照国务院卫生主管部门或者兽医主管部门的规定，及时将病原微生物菌（毒）种和样本就地销毁或者送交保藏机构保管。

保藏机构接受实验室送交的病原微生物菌（毒）种和样本，应当予以登记，并开具接收证明。

第十七条　高致病性病原微生物菌（毒）种或者样本在运输、储存中被盗、被抢、丢失、泄漏的，承运单位、护送人、保藏机构应当采取必要的控制措施，并在2小时内分别向承运单位的主管部门、护送人所在单位和保藏机构的主管部门报告，同时向所在地的县级人民政府卫生主管部门或者兽医主管部门报告，发生被盗、被抢、丢失的，还应当向公安机关报告；接到报告的卫生主管部门或者兽医主管部门应当在2小时内向本级人民政府报告，并同时向上级人民政府卫生主管部门或者兽医主管部门和国务院卫生主管部门或者兽医主管部门报告。

县级人民政府应当在接到报告后2小时内向设区的市级人民政府或者上一级人民政府报告；设区的市级人民政府应当在接到报告后2小时内向省、自治区、直辖市人民政府报告。省、自治区、直辖市人民政府应当在接到报告后1小时内，向国务院卫生主管部门或者兽医主管部门报告。

任何单位和个人发现高致病性病原微生物菌（毒）种或者样本的容器或者包装材料，应当及时向附近的卫生主管部门或者兽医主管部门报告；接到报告的卫生主管部门或者兽医主管部门应当及时组织调查核实，并依法采取必要的控制措施。

第三章　实验室的设立与管理

第十八条　国家根据实验室对病原微生物的生物安全防护水平，并依照实验室生物安全国家标准的规定,将实验室分为一级、二级、三级、四级。

第十九条 新建、改建、扩建三级、四级实验室或者生产、进口移动式三级、四级实验室应当遵守下列规定:

(一)符合国家生物安全实验室体系规划并依法履行有关审批手续;

(二)经国务院科技主管部门审查同意;

(三)符合国家生物安全实验室建筑技术规范;

(四)依照《中华人民共和国环境影响评价法》的规定进行环境影响评价并经环境保护主管部门审查批准;

(五)生物安全防护级别与其拟从事的实验活动相适应。

前款规定所称国家生物安全实验室体系规划,由国务院投资主管部门会同国务院有关部门制定。制定国家生物安全实验室体系规划应当遵循总量控制、合理布局、资源共享的原则,并应当召开听证会或者论证会,听取公共卫生、环境保护、投资管理和实验室管理等方面专家的意见。

第二十条 三级、四级实验室应当通过实验室国家认可。

国务院认证认可监督管理部门确定的认可机构应当依照实验室生物安全国家标准以及本条例的有关规定,对三级、四级实验室进行认可;实验室通过认可的,颁发相应级别的生物安全实验室证书。证书有效期为5年。

第二十一条 一级、二级实验室不得从事高致病性病原微生物实验活动。三级、四级实验室从事高致病性病原微生物实验活动,应当具备下列条件:

(一)实验目的和拟从事的实验活动符合国务院卫生主管部门或者兽医主管部门的规定;

(二)通过实验室国家认可;

(三)具有与拟从事的实验活动相适应的工作人员;

(四)工程质量经建筑主管部门依法检测验收合格。

第二十二条 三级、四级实验室,需要从事某种高致病性病原微生物或者疑似高致病性病原微生物实验活动的,应当依照国务院卫生主管部门或者兽医主管部门的规定报省级以上人民政府卫生主管部门或者兽医主管部门批准。实验活动结果以及工作情况应当向原批准部门报告。

实验室申报或者接受与高致病性病原微生物有关的科研项目,应当符合科研需要和生物安全要求,具有相应的生物安全防护水平。与动物间传染的高致病性病原微生物有关的科研项目,应当经国务院兽医主管部门同意;与人体健康有关的高致病性病原微生物科研项目,实验室应当将立项结果告知省级以上人民政府卫生主管部门。

第二十三条 出入境检验检疫机构、医疗卫生机构、动物防疫机构在实验室开展检测、诊断工作时,发现高致病性病原微生物或者疑似高致病性病原微生物,需要进一步从事这类高致病性病原微生物相关实验活动的,应当依照本条例的规定经批准同意,并在具备相应条件的实验室中进行。

专门从事检测、诊断的实验室应当严格依照国务院卫生主管部门或者兽医主管部门的规定,建立健全规章制度,保证实验室生物安全。

第二十四条 省级以上人民政府卫生主管部门或者兽医主管部门应当自收到需要从事高致病性病原微生物相关实验活动的申请之日起15日内作出是否批准的决定。

对出入境检验检疫机构为了检验检疫工作的紧急需要,申请在实验室对高致病性病原微生物或者疑似高致病性病原微生物开展进一步实验活动的,省级以上人民政府卫生主管部门或者兽医主管部门应当自收到申请之时起2小时内作出是否批准的决定;2小时内未作出决定的,实验室可以从事相应的实验活动。

省级以上人民政府卫生主管部门或者兽医主管部门应当为申请人通过电报、电传、传真、电子数据交换和电子邮件等方式提出申请提供方便。

第二十五条　新建、改建或者扩建一级、二级实验室，应当向设区的市级人民政府卫生主管部门或者兽医主管部门备案。设区的市级人民政府卫生主管部门或者兽医主管部门应当每年将备案情况汇总后报省、自治区、直辖市人民政府卫生主管部门或者兽医主管部门。

第二十六条　国务院卫生主管部门和兽医主管部门应当定期汇总并互相通报实验室数量和实验室设立、分布情况，以及三级、四级实验室从事高致病性病原微生物实验活动的情况。

第二十七条　已经建成并通过实验室国家认可的三级、四级实验室应当向所在地的县级人民政府环境保护主管部门备案。环境保护主管部门依照法律、行政法规的规定对实验室排放的废水、废气和其他废物处置情况进行监督检查。

第二十八条　对我国尚未发现或者已经宣布消灭的病原微生物，任何单位和个人未经批准不得从事相关实验活动。

为了预防、控制传染病，需要从事前款所指病原微生物相关实验活动的，应当经国务院卫生主管部门或者兽医主管部门批准，并在批准部门指定的专业实验室中进行。

第二十九条　实验室使用新技术、新方法从事高致病性病原微生物相关实验活动的，应当符合防止高致病性病原微生物扩散、保证生物安全和操作者人身安全的要求，并经国家病原微生物实验室生物安全专家委员会论证；经论证可行的，方可使用。

第三十条　需要在动物体上从事高致病性病原微生物相关实验活动的，应当在符合动物实验室生物安全国家标准的三级以上实验室进行。

第三十一条　实验室的设立单位负责实验室的生物安全管理。

实验室的设立单位应当依照本条例的规定制定科学、严格的管理制度，并定期对有关生物安全规定的落实情况进行检查，定期对实验室设施、设备、材料等进行检查、维护和更新，以确保其符合国家标准。

实验室的设立单位及其主管部门应当加强对实验室日常活动的管理。

第三十二条　实验室负责人为实验室生物安全的第一责任人。

实验室从事实验活动应当严格遵守有关国家标准和实验室技术规范、操作规程。实验室负责人应当指定专人监督检查实验室技术规范和操作规程的落实情况。

第三十三条　从事高致病性病原微生物相关实验活动的实验室的设立单位，应当建立健全安全保卫制度，采取安全保卫措施，严防高致病性病原微生物被盗、被抢、丢失、泄漏，保障实验室及其病原微生物的安全。实验室发生高致病性病原微生物被盗、被抢、丢失、泄漏的，实验室的设立单位应当依照本条例第十七条的规定进行报告。

从事高致病性病原微生物相关实验活动的实验室应当向当地公安机关备案，并接受公安机关有关实验室安全保卫工作的监督指导。

第三十四条　实验室或者实验室的设立单位应当每年定期对工作人员进行培训，保证其掌握实验室技术规范、操作规程、生物安全防护知识和实际操作技能，并进行考核。工作人员经考核合格的，方可上岗。

从事高致病性病原微生物相关实验活动的实验室，应当每半年将培训、考核其工作人员的情况和实验室运行情况向省、自治区、直辖市人民政府卫生主管部门或者兽医主管部门报告。

第三十五条　从事高致病性病原微生物相关实验活动应当有2名以上的工作人员共同进行。

进入从事高致病性病原微生物相关实验活动的实验室的工作人员或者其他有关人员，应当经实验室负责人批准。实验室应当为其提供符合防护要求的防护用品并采取其他职业防护措施。从事高致病性病原微生物相关实验活动的实验室，还应当对实验室工作人员进行健康监测，每年组织对其进行体检，并建立健康档案；必要时，应当对实验室工作人员进行预防接种。

第三十六条　在同一个实验室的同一个独立安全区域内，只能同时从事一种高致病性病原微生物的相关实验活动。

第三十七条　实验室应当建立实验档案，记录实验室使用情况和安全监督情况。实验室从事高致病性病原微生物相关实验活动的实验档案保存期，不得少于20年。

第三十八条　实验室应当依照环境保护的有关法律、行政法规和国务院有关部门的规定，对废水、废气以及其他废物进行处置，并制定相应的环境保护措施，防止环境污染。

第三十九条　三级、四级实验室应当在明显位置标示国务院卫生主管部门和兽医主管部门规定的生物危险标识和生物安全实验室级别标志。

第四十条　从事高致病性病原微生物相关实验活动的实验室应当制定实验室感染应急处置预案，并向该实验室所在地的省、自治区、直辖市人民政府卫生主管部门或者兽医主管部门备案。

第四十一条　国务院卫生主管部门和兽医主管部门会同国务院有关部门组织病原学、免疫学、检验医学、流行病学、预防兽医学、环境保护和实验室管理等方面的专家，组成国家病原微生物实验室生物安全专家委员会。该委员会承担从事高致病性病原微生物相关实验活动的实验室的设立与运行的生物安全评估和技术咨询、论证工作。

省、自治区、直辖市人民政府卫生主管部门和兽医主管部门会同同级人民政府有关部门组织病原学、免疫学、检验医学、流行病学、预防兽医学、环境保护和实验室管理等方面的专家，组成本地区病原微生物实验室生物安全专家委员会。该委员会承担本地区实验室设立和运行的技术咨询工作。

第四章　实验室感染控制

第四十二条　实验室的设立单位应当指定专门的机构或者人员承担实验室感染控制工作，定期检查实验室的生物安全防护、病原微生物菌（毒）种和样本保存与使用、安全操作、实验室排放的废水和废气以及其他废物处置等规章制度的实施情况。

负责实验室感染控制工作的机构或者人员应当具有与该实验室中的病原微生物有关的传染病防治知识，并定期调查、了解实验室工作人员的健康状况。

第四十三条　实验室工作人员出现与本实验室从事的高致病性病原微生物相关实验活动有关的感染临床症状或者体征时，实验室负责人应当向负责实验室感染控制工作的机构或者人员报告，同时派专人陪同及时就诊；实验室工作人员应当将近期所接触的病原微生物的种类和危险程度如实告知诊治医疗机构。接诊的医疗机构应当及时救治；不具备相应救治条件的，应当依照规定将感染的实验室工作人员转诊至具备相应传染病救治条件的医疗机构；具备相应传染病救治条件的医疗机构应当接诊治疗，不得拒绝救治。

第四十四条　实验室发生高致病性病原微生物泄漏时，实验室工作人员应当立即采取控制措施，防止高致病性病原微生物扩散，并同时向负责实验室感染控制工作的机构或者人员报告。

第四十五条　负责实验室感染控制工作的机构或者人员接到本条例第四十三条、第四十四条规定的报告后，应当立即启动实验室感染应急处置预案，并组织人员对该实验室生物安全状况等情况进行调查；确认发生实验室感染或者高致病性病原微生物泄漏的，应当依照本条例第十七条的规定进行报告，并同时采取控制措施，对有关人员进行医学观察或者隔离治疗，封闭实验室，防止扩散。

第四十六条　卫生主管部门或者兽医主管部门接到关于实验室发生工作人员感染事故或者病原微生物泄漏事件的报告，或者发现实验室从事病原微生物相关实验活动造成实验室感染事故的，应当立即组织疾病预防控制机构、动物防疫监督机构和医疗机构以及其他有关机构依法采取下列预防、控制措施：

（一）封闭被病原微生物污染的实验室或者可能造成病原微生物扩散的场所；
（二）开展流行病学调查；
（三）对病人进行隔离治疗，对相关人员进行医学检查；
（四）对密切接触者进行医学观察；
（五）进行现场消毒；
（六）对染疫或者疑似染疫的动物采取隔离、扑杀等措施；
（七）其他需要采取的预防、控制措施。

第四十七条　医疗机构或者兽医医疗机构及其执行职务的医务人员发现由于实验室感染而引起的与高致病性病原微生物相关的传染病病人、疑似传染病病人或者患有疫病、疑似患有疫病的动物，诊治的医疗机构或者兽医医疗机构应当在2小时内报告所在地的县级人民政府卫生主管部门或者兽医主管部门；接到报告的卫生主管部门或者兽医主管部门应当在2小时内通报实验室所在地的县级人民政府卫生主管部门或者兽医主管部门。接到通报的卫生主管部门或者兽医主管部门应当依照本条例第四十六条的规定采取预防、控制措施。

第四十八条　发生病原微生物扩散，有可能造成传染病暴发、流行时，县级以上人民政府卫生主管部门或者兽医主管部门应当依照有关法律、行政法规的规定以及实验室感染应急处置预案进行处理。

第五章　监督管理

第四十九条　县级以上地方人民政府卫生主管部门、兽医主管部门依照各自分工，履行下列职责：
（一）对病原微生物菌（毒）种、样本的采集、运输、储存进行监督检查；
（二）对从事高致病性病原微生物相关实验活动的实验室是否符合本条例规定的条件进行监督检查；
（三）对实验室或者实验室的设立单位培训、考核其工作人员以及上岗人员的情况进行监督检查；
（四）对实验室是否按照有关国家标准、技术规范和操作规程从事病原微生物相关实验活动进行监督检查。

县级以上地方人民政府卫生主管部门、兽医主管部门，应当主要通过检查反映实验室执行国家有关法律、行政法规以及国家标准和要求的记录、档案、报告，切实履行监督管理职责。

第五十条　县级以上人民政府卫生主管部门、兽医主管部门、环境保护主管部门在履行监督检查职责时，有权进入被检查单位和病原微生物泄漏或者扩散现场调查取证、采集样品，查阅复制有关资料。需要进入从事高致病性病原微生物相关实验活动的实验室调查取证、采集样品的，应当指定或者委托专业机构实施。被检查单位应当予以配合，不得拒绝、阻挠。

第五十一条　国务院认证认可监督管理部门依照《中华人民共和国认证认可条例》的规定对实验室认可活动进行监督检查。

第五十二条　卫生主管部门、兽医主管部门、环境保护主管部门应当依据法定的职权和程序履行职责，做到公正、公平、公开、文明、高效。

第五十三条　卫生主管部门、兽医主管部门、环境保护主管部门的执法人员执行职务时，应当有2名以上执法人员参加，出示执法证件，并依照规定填写执法文书。

现场检查笔录、采样记录等文书经核对无误后，应当由执法人员和被检查人、被采样人签名。被检查人、被采样人拒绝签名的，执法人员应当在自己签名后注明情况。

第五十四条　卫生主管部门、兽医主管部门、环境保护主管部门及其执法人员执行职务，应当自觉接受社会和公民的监督。公民、法人和其他组织有权向上级人民政府及其卫生主管部门、兽医主管部门、环境保护主管部门举报地方人民政府及其有关主管部门不依照规定履行职责的情况。接到举报的有关人民政府或者其卫生主管部门、兽医主管部门、环境保护主管部门，应当及时调查处理。

第五十五条　上级人民政府卫生主管部门、兽医主管部门、环境保护主管部门发现属于下级人民政府卫生主管部门、兽医主管部门、环境保护主管部门职责范围内需要处理的事项的，应当及时告知该部门处理；下级人民政府卫生主管部门、兽医主管部门、环境保护主管部门不及时处理或者不积极履行本部门职责的，上级人民政府卫生主管部门、兽医主管部门、环境保护主管部门应当责令其限期改正；逾期不改正的，上级人民政府卫生主管部门、兽医主管部门、环境保护主管部门有权直接予以处理。

第六章　法律责任

第五十六条　三级、四级实验室未经批准从事某种高致病性病原微生物或者疑似高致病性病原微生物实验活动的，由县级以上地方人民政府卫生主管部门、兽医主管部门依照各自职责，责令停止有关活动，监督其将用于实验活动的病原微生物销毁或者送交保藏机构，并给予警告；造成传染病传播、流行或者其他严重后果的，由实验室的设立单位对主要负责人、直接负责的主管人员和其他直接责任人员，依法给予撤职、开除的处分；构成犯罪的，依法追究刑事责任。

第五十七条　卫生主管部门或者兽医主管部门违反本条例的规定，准予不符合本条例规定条件的实验室从事高致病性病原微生物相关实验活动的，由作出批准决定的卫生主管部门或者兽医主管部门撤销原批准决定，责令有关实验室立即停止有关活动，并监督其将用于实验活动的病原微生物销毁或者送交保藏机构，对直接负责的主管人员和其他直接责任人员依法给予行政处分；构成犯罪的，依法追究刑事责任。

因违法作出批准决定给当事人的合法权益造成损害的，作出批准决定的卫生主管部门或者兽医主管部门应当依法承担赔偿责任。

第五十八条　卫生主管部门或者兽医主管部门对出入境检验检疫机构为了检验检疫工作的紧急需要，申请在实验室对高致病性病原微生物或者疑似高致病性病原微生物开展进一步检测活动，不在法定期限内作出是否批准决定的，由其上级行政机关或者监察机关责令改正，给予警告；造成传染病传播、流行或者其他严重后果的，对直接负责的主管人员和其他直接责任人员依法给予撤职、开除的行政处分；构成犯罪的，依法追究刑事责任。

第五十九条　违反本条例规定，在不符合相应生物安全要求的实验室从事病原微生物相关实验活动的，由县级以上地方人民政府卫生主管部门、兽医主管部门依照各自职责，责令停止有关活动，监督其将用于实验活动的病原微生物销毁或者送交保藏机构，并给予警告；造成传染病传播、流行或者其他严重后果的，由实验室的设立单位对主要负责人、直接负责的主管人员和其他直接责任人员，依法给予撤职、开除的处分；构成犯罪的，依法追究刑事责任。

第六十条　实验室有下列行为之一的，由县级以上地方人民政府卫生主管部门、兽医主管部门依照各自职责，责令限期改正，给予警告；逾期不改正的，由实验室的设立单位对主要负责人、直接负责的主管人员和其他直接责任人员，依法给予撤职、开除的处分；有许可证件的，并由原发证部门吊销有关许可证件：

（一）未依照规定在明显位置标示国务院卫生主管部门和兽医主管部门规定的生物危险标识和生物安全实验室级别标志的；

（二）未向原批准部门报告实验活动结果以及工作情况的；

（三）未依照规定采集病原微生物样本，或者对所采集样本的来源、采集过程和方法等未作详细记录的；

（四）新建、改建或者扩建一级、二级实验室未向设区的市级人民政府卫生主管部门或者兽医主管部门备案的；

（五）未按照规定定期对工作人员进行培训，或者工作人员考核不合格允许其上岗，或者批准未采取防护措施的人员进入实验室的；

（六）实验室工作人员未遵守实验室生物安全技术规范和操作规程的；

（七）未依照规定建立或者保存实验档案的；

（八）未依照规定制定实验室感染应急处置预案并备案的。

第六十一条　经依法批准从事高致病性病原微生物相关实验活动的实验室的设立单位未建立健全安全保卫制度，或者未采取安全保卫措施的，由县级以上地方人民政府卫生主管部门、兽医主管部门依照各自职责，责令限期改正；逾期不改正，导致高致病性病原微生物菌（毒）种、样本被盗、被抢或者造成其他严重后果的，责令停止该项实验活动，该实验室2年内不得申请从事高致病性病原微生物实验活动；造成传染病传播、流行的，该实验室设立单位的主管部门还应当对该实验室的设立单位的直接负责的主管人员和其他直接责任人员，依法给予降级、撤职、开除的处分；构成犯罪的，依法追究刑事责任。

第六十二条　未经批准运输高致病性病原微生物菌（毒）种或者样本，或者承运单位经批准运输高致病性病原微生物菌（毒）种或者样本未履行保护义务，导致高致病性病原微生物菌（毒）种或者样本被盗、被抢、丢失、泄漏的，由县级以上地方人民政府卫生主管部门、兽医主管部门依照各自职责，责令采取措施，消除隐患，给予警告；造成传染病传播、流行或者其他严重后果的，由托运单位和承运单位的主管部门对主要负责人、直接负责的主管人员和其他直接责任人员，依法给予撤职、开除的处分；构成犯罪的，依法追究刑事责任。

第六十三条　有下列行为之一的，由实验室所在地的设区的市级以上地方人民政府卫生主管部门、兽医主管部门依照各自职责，责令有关单位立即停止违法活动，监督其将病原微生物销毁或者送交保藏机构；造成传染病传播、流行或者其他严重后果的，由其所在单位或者其上级主管部门对主要负责人、直接负责的主管人员和其他直接责任人员，依法给予撤职、开除的处分；有许可证件的，并由原发证部门吊销有关许可证件；构成犯罪的，依法追究刑事责任：

（一）实验室在相关实验活动结束后，未依照规定及时将病原微生物菌（毒）种和样本就地销毁或者送交保藏机构保管的；

（二）实验室使用新技术、新方法从事高致病性病原微生物相关实验活动未经国家病原微生物实验室生物安全专家委员会论证的；

（三）未经批准擅自从事在我国尚未发现或者已经宣布消灭的病原微生物相关实验活动的；

（四）在未经指定的专业实验室从事在我国尚未发现或者已经宣布消灭的病原微生物相关实验活动的；

（五）在同一个实验室的同一个独立安全区域内同时从事两种或者两种以上高致病性病原微生物的相关实验活动的。

第六十四条　认可机构对不符合实验室生物安全国家标准以及本条例规定条件的实验室予以认可，或者对符合实验室生物安全国家标准以及本条例规定条件的实验室不予认可的，由国务院认证认可监督管理部门责令限期改正，给予警告；造成传染病传播、流行或者其他严重后果的，由国务院认证认可监督管理部门撤销其认可资格，有上级主管部门的，由其上级主管部门对主要负责人、直接负责的主管人员和其他直接责任人员依法给予撤职、开除的处分；构成犯罪的，依法追究刑事责任。

第六十五条　实验室工作人员出现该实验室从事的病原微生物相关实验活动有关的感染临床症状或者体征，以及实验室发生高致病性病原微生物泄漏时，实验室负责人、实验室工作人员、负责实验室感染控制的专门机构或者人员未依照规定报告，或者未依照规定采取控制措施的，由县级以上地方人民政府卫生主管部门、兽医主管部门依照各自职责，

相关法律法规（5）	责令限期改正，给予警告；造成传染病传播、流行或者其他严重后果的，由其设立单位对实验室主要负责人、直接负责的主管人员和其他直接责任人员，依法给予撤职、开除的处分；有许可证件的，并由原发证部门吊销有关许可证件；构成犯罪的，依法追究刑事责任。 第六十六条 拒绝接受卫生主管部门、兽医主管部门依法开展有关高致病性病原微生物扩散的调查取证、采集样品等活动或者依照本条例规定采取有关预防、控制措施的，由县级以上人民政府卫生主管部门、兽医主管部门依照各自职责，责令改正，给予警告；造成传染病传播、流行以及其他严重后果的，由实验室的设立单位对实验室主要负责人、直接负责的主管人员和其他直接责任人员，依法给予降级、撤职、开除的处分；有许可证件的，并由原发证部门吊销有关许可证件；构成犯罪的，依法追究刑事责任。 第六十七条 发生病原微生物被盗、被抢、丢失、泄漏，承运单位、护送人、保藏机构和实验室的设立单位未依照本条例的规定报告的，由所在地的县级人民政府卫生主管部门或者兽医主管部门给予警告；造成传染病传播、流行或者其他严重后果的，由实验室的设立单位或者承运单位、保藏机构的上级主管部门对主要负责人、直接负责的主管人员和其他直接责任人员，依法给予撤职、开除的处分；构成犯罪的，依法追究刑事责任。 第六十八条 保藏机构未依照规定储存实验室送交的菌（毒）种和样本，或者未依照规定提供菌（毒）种和样本的，由其指定部门责令限期改正，收回违法提供的菌（毒）种和样本，并给予警告；造成传染病传播、流行或者其他严重后果的，由其所在单位或者其上级主管部门对主要负责人、直接负责的主管人员和其他直接责任人员，依法给予撤职、开除的处分；构成犯罪的，依法追究刑事责任。 第六十九条 县级以上人民政府有关主管部门，未依照本条例的规定履行实验室及其实验活动监督检查职责的，由有关人民政府在各自职责范围内责令改正，通报批评；造成传染病传播、流行或者其他严重后果的，对直接负责的主管人员，依法给予行政处分；构成犯罪的，依法追究刑事责任。 第七章 附 则 第七十条 军队实验室由中国人民解放军卫生主管部门参照本条例负责监督管理。 第七十一条 本条例施行前设立的实验室，应当自本条例施行之日起6个月内，依照本条例的规定，办理有关手续。 第七十二条 本条例自公布之日起施行。
相关法律法规（6）	《病原微生物实验室生物安全通用准则》（卫生行业标准 WS 233-2017 代替 WS 233-2002）（节录） （2017年7月24日国家卫生和计划生育委员会发布，2018年2月1日实施） 6 实验室设施和设备要求 6.1 实验室设计原则和基本要求 6.1.1 实验室选址、设计和建造应符合国家和地方建设规划、生物安全、环境保护和建筑技术规范等规定和要求。 6.1.2 实验室的设计应保证对生物、化学、辐射和物理等危险源的防护水平控制在经过评估的可接受程度，防止危害环境。 6.1.3 实验室的建筑结构应符合国家有关建筑规定。 6.1.4 在充分考虑生物安全实验室地面、墙面、顶板、管道、橱柜等在消毒、清洁、防滑、防渗漏、防积尘等方面特殊要求的基础上，从节能、环保、安全和经济性等多方面综合考虑，选用适当的符合国家标准要求的建筑材料。 6.1.5 实验室的设计应充分考虑工作方便、流程合理、人员舒适等问题。 6.1.6 实验室内温度、湿度、照度、噪声和洁净度等室内环境参数应符合工作要求，以及人员舒适性、卫生学等要求。

相关执法参考	相关法律法规（6）	6.1.7 实验室的设计在满足工作要求、安全要求的同时，应充分考虑节能和冗余。 6.1.8 实验室的走廊和通道应不妨碍人员和物品通过。 6.1.9 应设计紧急撤离路线，紧急出口处应有明显的标识。 6.1.10 房间的门根据需要安装门锁，门锁应便于内部快速打开。 6.1.11 实验室应根据房间或实验间在用、停用、消毒、维护等不同状态时的需要，采取适当的警示和进入限制措施，如警示牌、警示灯、警示线、门禁等。 6.1.12 实验室的安全保卫应符合国家相关部门对该级别实验室的安全管理规定和要求。 6.1.13 应根据生物材料、样本、药品、化学品和机密资料等被误用、被盗和被不正当使用的风险评估，采取相应的物理防范措施。 6.1.14 应有专门设计以确保存储、转运、收集、处理和处置危险物料的安全。 6.2 BSL-1 实验室 6.2.1 应为实验室仪器设备的安装、清洁和维护、安全运行提供足够的空间。 6.2.2 实验室应有足够的空间和台柜等摆放实验室设备和物品。 6.2.3 在实验室的工作区外应当有存放外衣和私人物品的设施，应将个人服装与实验室工作服分开放置。 6.2.4 进食、饮水和休息的场所应设在实验室的工作区外。 6.2.5 实验室墙壁、顶板和地板应当光滑、易清洁、防渗漏并耐化学品和消毒剂的腐蚀。地面应防滑，不得在实验室内铺设地毯。 6.2.6 实验室台（桌）柜和座椅等应稳固和坚固，边角应圆滑。实验台面应防水，并能耐受中等程度的热、有机溶剂、酸碱、消毒剂及其他化学剂。 6.2.7 应根据工作性质和流程合理摆放实验室设备、台柜、物品等，避免相互干扰、交叉污染，并应不妨碍逃生和急救。台（桌）柜和设备之间应有足够的间距，以便于清洁。 6.2.8 实验室应设洗手池，水龙头开关宜为非手动式，宜设置在靠近出口处。 6.2.9 实验室的门应有可视窗并可锁闭，并达到适当的防火等级，门锁及门的开启方向应不妨碍室内人员逃生。 6.2.10 实验室可以利用自然通风，开启窗户应安装防蚊虫的纱窗。如果采用机械通风，应避免气流流向导致的污染和避免污染气流在实验室之间或与其他区域之间串通而造成交叉污染。 6.2.11 应保证实验室内有足够的照明，避免不必要的反光和闪光。 6.2.12 实验室涉及刺激性或腐蚀性物质的操作，应在 30m 内设洗眼装置，风险较大时应设紧急喷淋装置。 6.2.13 若涉及使用有毒、刺激性、挥发性物质，应配备适当的排风柜（罩）。 6.2.14 若涉及使用高毒性、放射性等物质，应配备相应的安全设施设备和个体防护装备，应符合国家、地方的相关规定和要求。 6.2.15 若使用高压气体和可燃气体，应有安全措施，应符合国家、地方的相关规定和要求。 6.2.16 应有可靠和足够的电力供应，确保用电安全。 6.2.17 应设应急照明装置，同时考虑合适的安装位置，以保证人员安全离开实验室。 6.2.18 应配备足够的固定电源插座，避免多台设备使用共同的电源插座。应有可靠的接地系统，应在关键节点安装漏电保护装置或监测报警装置。 6.2.19 应满足实验室所需用水。 6.2.20 给水管道应设置倒流防止器或其他有效的防止回流污染的装置；给排水系

应不渗漏，下水应有防回流设计。

6.2.21 应配备适用的应急器材，如消防器材、意外事故处理器材、急救器材等。

6.2.22 应配备适用的通讯设备。

6.2.23 必要时，可配备适当的消毒、灭菌设备。

6.3 BSL-2实验室

6.3.1 普通型BSL-2实验室

6.3.1.1 适用时，应符合6.2的要求。

6.3.1.2 实验室主入口的门、放置生物安全柜实验间的门应可自动关闭；实验室主入口的门应有进入控制措施。

6.3.1.3 实验室工作区域外应有存放备用物品的条件。

6.3.1.4 应在实验室或其所在的建筑内配备压力蒸汽灭菌器或其他适当的消毒、灭菌设备，所配备的消毒、灭菌设备应以风险评估为依据。

6.3.1.5 应在实验室工作区配备洗眼装置，必要时，应在每个工作间配备洗眼装置。

6.3.1.6 应在操作病原微生物及样本的实验区内配备二级生物安全柜。

6.3.1.7 应按产品的设计、使用说明书的要求安装和使用生物安全柜。

6.3.1.8 如果使用管道排风的生物安全柜，应通过独立于建筑物其他公共通风系统的管道排出。

6.3.1.9 实验室入口应有生物危害标识，出口应有逃生发光指示标识。

6.3.2 加强型BSL-2实验室

6.3.2.1 适用时，应符合6.3.1的要求。

6.3.2.2 加强型BSL-2实验室应包含缓冲间和核心工作间。

6.3.2.3 缓冲间可兼作防护服更换间。必要时，可设置准备间和洗消间等。

6.3.2.4 缓冲间的门宜能互锁。如果使用互锁门，应在互锁门的附近设置紧急手动互锁解除开关。

6.3.2.5 实验室应设洗手池；水龙头开关应为非手动式，宜设置在靠近出口处。

6.3.2.6 采用机械通风系统，送风口和排风口应采取防雨、防风、防杂物、防昆虫及其他动物的措施，送风口应远离污染源和排风口。排风系统应使用高效空气过滤器。

6.3.2.7 核心工作间内送风口和排风口的布置应符合定向气流的原则，利于减少房间内的涡流和气流死角。

6.3.2.8 核心工作间气压相对于相邻区域应为负压，压差宜不低于10Pa。在核心工作间入口的显著位置，应安装显示房间负压状况的压力显示装置。

6.3.2.9 应通过自动控制措施保证实验室压力及压力梯度的稳定性，并可对异常情况报警。

6.3.2.10 实验室的排风应与送风连锁，排风先于送风开启，后于送风关闭。

6.3.2.11 实验室应有措施防止产生对人员有害的异常压力，围护结构应能承受送风机或排风机异常时导致的空气压力载荷。

6.3.2.12 核心工作间温度18℃～26℃，噪音应低于68dB。

6.3.2.13 实验室内应配置压力蒸汽灭菌器，以及其他适用的消毒设备。

6.4 BSL-3实验室

6.4.1 要求适用时，应符合6.3的要求。

6.4.2 平面布局

6.4.2.1 实验室应在建筑物中自成隔离区或为独立建筑物，应有出入控制。

6.4.2.2 实验室应明确区分辅助工作区和防护区。防护区中直接从事高风险操作的工作间为核心工作间，人员应通过缓冲间进入核心工作间。

6.4.2.3 对于操作通常认为非经空气传播致病性生物因子的实验室，实验室辅助工

| | | 作区应至少包括监控室和清洁衣物更换间；防护区应至少包括缓冲间及核心工作间。
6.4.2.4 对于可有效利用安全隔离装置（如：生物安全柜）操作常规量经空气传播致病性生物因子的实验室，实验室辅助工作区应至少包括监控室、清洁衣物更换间和淋浴间；防护区应至少包括防护服更换间、缓冲间及核心工作间。实验室核心工作间不宜直接与其他公共区域相邻。
6.4.2.5 可根据需要安装传递窗。如果安装传递窗，其结构承压力及密闭性应符合所在区域的要求，以保证围护结构的完整性，并应具备对传递窗内物品表面进行消毒的条件。
6.4.2.6 应充分考虑生物安全柜、双扉压力蒸汽灭菌器等大设备进出实验室的需要，实验室应设有尺寸足够的设备门。
6.4.3 围护结构
6.4.3.1 实验室宜按甲类建筑设防，耐火等级应符合相关标准要求。
6.4.3.2 实验室防护区内围护结构的内表面应光滑、耐腐蚀、不开裂、防水，所有缝隙和贯穿处的接缝都应可靠密封，应易清洁和消毒。
6.4.3.3 实验室防护区内的地面应防渗漏、完整、光洁、防滑、耐腐蚀、不起尘。
6.4.3.4 实验室内所有的门应可自动关闭，需要时，应设观察窗；门的开启方向不应妨碍逃生。
6.4.3.5 实验室内所有窗户应为密闭窗，玻璃应耐撞击、防破碎。
6.4.3.6 实验室及设备间的高度应满足设备的安装要求，应有维修和清洁空间。
6.4.3.7 实验室防护区的顶棚上不得设置检修口等。
6.4.3.8 在通风系统正常运行状态下，采用烟雾测试法检查实验室防护区内围护结构的严密性时，所有缝隙应无可见泄漏。
6.4.4 通风空调系统
6.4.4.1 应安装独立的实验室送排风系统，确保在实验室运行时气流由低风险区向高风险区流动，同时确保实验室空气通过 HEPA 过滤器过滤后排出室外。
6.4.4.2 实验室空调系统的设计应充分考虑生物安全柜、离心机、二氧化碳培养箱、冰箱、压力蒸汽灭菌器、紧急喷淋装置等设备的冷、热、湿负荷。
6.4.4.3 实验室防护区房间内送风口和排风口的布置应符合定向气流的原则，利于减少房间内的涡流和气流死角；送排风应不影响其他设备的正常功能，在生物安全柜操作面或其他有气溶胶发生地点的上方不得设送风口。
6.4.4.4 不得循环使用实验室防护区排出的空气，不得在实验室防护区内安装分体空调等在室内循环处理空气的设备。
6.4.4.5 应按产品的设计要求和使用说明安装生物安全柜及其排风管道系统。
6.4.4.6 实验室的送风应经过初效、中效过滤器和 HEPA 过滤器过滤。
6.4.4.7 实验室防护区室外排风口应设置在主导风的下风向，与新风口的直线距离应大于 12m，并应高于所在建筑的屋面 2m 以上，应有防风、防雨、防鼠、防虫设计，但不应影响气体向上空排放。
6.4.4.8 HEPA 过滤器的安装位置应尽可能靠近送风管道（在实验室内的送风口端）和排风管道（在实验室内的排风口端）。
6.4.4.9 应可以在原位对排风 HEPA 过滤器进行消毒和检漏。
6.4.4.10 如在实验室防护区外使用高效过滤器单元，其结构应牢固，应能承受 2500Pa 的压力；高效过滤器单元的整体密封性应达到在关闭所有通路并维持腔室内的温度稳定的条件下，若使空气压力维持在 1000Pa 时，腔室内每分钟泄漏的空气量应不超过腔室净容积的 0.1%。
6.4.4.11 应在实验室防护区送风和排风管道的关键节点安装密闭阀，必要时，可完

相关执法参考	相关法律法规（6）

全关闭。

6.4.4.12 实验室的排风管道应采用耐腐蚀、耐老化、不吸水的材料制作，宜使用不锈钢管道。密闭阀与实验室防护区相通的送风管道和排风管道应牢固、气密、易消毒，管道的密封性应达到在关闭所有通路并维持管道内的温度稳定的条件下，若使空气压力维持在500Pa时，管道内每分钟泄漏的空气量应不超过管道内净容积的0.2%。

6.4.4.13 排风机应一用一备。应尽可能减少排风机后排风管道正压段的长度，该段管道不应穿过其他房间。

6.4.5 供水与供气系统

6.4.5.1 应在实验室防护区靠近实验间出口处设置非手动洗手设施；如果实验室不具备供水条件，应设非手动手消毒装置。

6.4.5.2 应在实验室的给水与市政给水系统之间设防回流装置或其他有效的防止倒流污染的装置，且这些装置应设置在防护区外，宜设置在防护区围护结构的边界处。

6.4.5.3 进出实验室的液体和气体管道系统应牢固、不渗漏、防锈、耐压、耐温（冷或热）、耐腐蚀。应有足够的空间清洁、维护和维修实验室内暴露的管道，应在关键节点安装截止阀、防回流装置或HEPA过滤器等。

6.4.5.4 如果有供气（液）罐等，应放在实验室防护区外易更换和维护的位置，安装牢固，不应将不相容的气体或液体放在一起。

6.4.5.5 如果有真空装置，应有防止真空装置的内部被污染的措施；不应将真空装置安装在实验场所之外。

6.4.6 污物处理及消毒系统

6.4.6.1 应在实验室防护区内设置符合生物安全要求的压力蒸汽灭菌器。宜安装生物安全型的双扉压力蒸汽灭菌器，其主体应安装在易维护的位置，与围护结构的连接之处应可靠密封。

6.4.6.2 对实验室防护区内不能使用压力蒸汽灭菌的物品应有其他消毒、灭菌措施。

6.4.6.3 压力蒸汽灭菌器的安装位置不应影响生物安全柜等安全隔离装置的气流。

6.4.6.4 可根据需要设置传递物品的渡槽。如果设置传递物品的渡槽，应使用强度符合要求的耐腐蚀性材料，并方便更换消毒液；渡槽与围护结构的连接之处应可靠密封。

6.4.6.5 地面液体收集系统应有防液体回流的装置。

6.4.6.6 进出实验室的液体和气体管道系统应牢固、不渗漏、防锈、耐压、耐温（冷或热）、耐腐蚀。排水管道宜明设，并应有足够的空间清洁、维护和维修实验室内暴露的管道。在发生意外的情况下，为减少污染范围，利于设备的检修和维护，应在关键节点安装截止阀。

6.4.6.7 实验室防护区内如果有下水系统，应与建筑物的下水系统完全隔离；下水应直接通向本实验室专用的污水处理系统。

6.4.6.8 所有下水管道应有足够的倾斜度和排量，确保管道内不存水；管道的关键节点应按需要安装防回流装置、存水弯（深度应适用于空气压差的变化）或密闭阀门等；下水系统应符合相应的耐压、耐热、耐化学腐蚀的要求，安装牢固，无泄漏，便于维护、清洁和检查。

6.4.6.9 实验室排水系统应单独设置通气口，通气口应设HEPA过滤器或其他可靠的消毒装置，同时应保证通气口处通风良好。如通气口设置HEPA过滤器，则应可以在原位对HEPA过滤器进行消毒和检漏。

6.4.6.10 实验室应以风险评估为依据，确定实验室防护区污水（包括污物）的消毒方法；应对消毒效果进行监测，确保每次消毒的效果。

6.4.6.11 实验室辅助区的污水应经处理达标后方可排放市政管网处。

6.4.6.12 应具备对实验室防护区、设施设备及与其直接相通的管道进行消毒的条件。

相关执法参考	相关法律法规(6)	6.4.6.13 应在实验室防护区可能发生生物污染的区域（如生物安全柜、离心机附近等）配备便携的消毒装置，同时应备有足够的适用消毒剂。当发生意外时，及时进行消毒处理。 6.4.7 电力供应系统 6.4.7.1 电力供应应按一级负荷供电，满足实验室的用电要求，并应有冗余。 6.4.7.2 生物安全柜、送风机和排风机、照明、自控系统、监视和报警系统等应配备不间断备用电源，电力供应至少维持 30min。 6.4.7.3 应在实验室辅助工作区安全的位置设置专用配电箱，其放置位置应考虑人员误操作的风险、恶意破坏的风险及受潮湿、水灾侵害等风险。 6.4.8 照明系统 6.4.8.1 实验室核心工作间的照度应不低于 350lx，其他区域的照度应不低于 200lx，宜采用吸顶式密闭防水洁净照明灯。 6.4.8.2 应避免过强的光线和光反射。 6.4.8.3 应设应急照明系统以及紧急发光疏散指示标识。 6.4.9 自控、监视与报警系统 6.4.9.1 实验室自动化控制系统应由计算机中央控制系统、通讯控制器和现场执行控制器等组成。应具备自动控制和手动控制的功能，应急手动应有优先控制权，且应具备硬件联锁功能。 6.4.9.2 实验室自动化控制系统应保证实验室防护区内定向气流的正确及压力压差的稳定。 6.4.9.3 实验室通风系统联锁控制程序应先启动排风，后启动送风；关闭时，应先关闭送风及密闭阀，后关排风及密闭阀。 6.4.9.4 通风系统应与Ⅱ级B型生物安全柜、排风柜（罩）等局部排风设备连锁控制，确保实验室稳定运行，并在实验室通风系统开启和关闭过程中保持有序的压力梯度。 6.4.9.5 当排风系统出现故障时，应先将送风机关闭，待备用排风机启动后，再启动送风机，避免实验室出现正压。 6.4.9.6 当送风系统出现故障时，应有效控制实验室负压在可接受范围内，避免影响实验室人员安全、生物安全柜等安全隔离装置的正常运行和围护结构的安全。 6.4.9.7 应能够连续监测送排风系统 HEPA 过滤器的阻力。 6.4.9.8 应在有压力控制要求的房间入口的显著位置，安装显示房间压力的装置。 6.4.9.9 中央控制系统应可以实时监控、记录和存储实验室防护区内压力、压力梯度、温度、湿度等有控制要求的参数，以及排风机、送风机等关键设施设备的运行状态、电力供应的当前状态等。应设置历史记录档案系统，以便随时查看历史记录，历史记录数据宜以趋势曲线结合文本记录的方式表达。 6.4.9.10 中央控制系统的信号采集间隔时间应不超过 1min，各参数应易于区分和识别。 6.4.9.11 实验室自控系统报警应分为一般报警和紧急报警。一般报警为过滤器阻力的增大、温湿度偏离正常值等，暂时不影响安全，实验活动可持续进行的报警；紧急报警指实验室出现正压、压力梯度持续丧失、风机切换失败、停电、火灾等，对安全有影响，应终止实验活动的报警。一般报警应为显示报警，紧急报警应为声光报警和显示报警，可以向实验室内外人员同时显示紧急警报，应在核心工作间内设置紧急报警按钮。 6.4.9.12 核心工作间的缓冲间的入口处应有指示核心工作间工作状态的装置，必要时，设置限制进入核心工作间的连锁机制。 6.4.9.13 实验室应设电视监控，在关键部位设置摄像机，可实时监视并录制实验室

相关执法参考	相关法律法规（6）	活动情况和实验室周围情况。监视设备应有足够的分辨率和影像存储容量。 6.4.10　实验室通讯系统 6.4.10.1　实验室防护区内应设置向外部传输资料和数据的传真机或其他电子设备。 6.4.10.2　监控室和实验室内应安装语音通讯系统。如果安装对讲系统，宜采用向内通话受控、向外通话非受控的选择性通话方式。 6.4.11　实验室门禁管理系统 6.4.11.1　实验室应有门禁管理系统，应保证只有获得授权的人员才能进入实验室，并能够记录人员出入。 6.4.11.2　实验室应设门互锁系统，应在互锁门的附近设置紧急手动解除互锁开关，需要时，可立即解除门的互锁。 6.4.11.3　当出现紧急情况时，所有设置互锁功能的门应能处于可开启状态。 6.4.12　参数要求 6.4.12.1　实验室的围护结构应能承受送风机或排风机异常时导致的空气压力载荷。 6.4.12.2　适用于4.2.4a)实验室，其核心工作间的气压（负压）与室外大气压的压差值应不小于30Pa，与相邻区域的压差（负压）应不小于10Pa；对于可有效利用安全隔离装置操作常规量经空气传播致病性生物因子的实验室，其核心工作间的气压（负压）与室外大气压的压差值应不小于40Pa，与相邻区域的压差（负压）应不小于15Pa。 6.4.12.3　实验室防护区各房间的最小换气次数应不小于12次/h。 6.4.12.4　实验室的温度宜控制在18℃~26℃范围内。 6.4.12.5　正常情况下，实验室的相对湿度宜控制在30%~70%范围内；消毒状态下，实验室的相对湿度应能满足消毒的技术要求。 6.4.12.6　在安全柜开启情况下，核心工作间的噪声应不大于68dB。 6.4.12.7　实验室防护区的静态洁净度应不低于8级水平。 6.5　BSL-4实验室 6.5.1　类型 6.5.1.1　BSL-4实验室分为正压服型实验室和安全柜型实验室。 6.5.1.2　在安全柜型实验室中，所有微生物的操作均在Ⅲ级生物安全柜中进行。在正压服型实验室中，工作人员应穿着配有生命支持系统的正压防护服。 6.5.1.3　适用时，应符合6.4的要求。 6.5.2　平面布局 6.5.2.1　实验室应在建筑物中自成隔离区或为独立建筑物，应有出入控制。 6.5.2.2　BSL-4实验室防护区应至少包括核心工作间、缓冲间、外防护服更换间等，外防护服更换间应为气锁，辅助工作区应包括监控室、清洁衣物更换间等。 6.5.2.3　正压服型BSL-4实验室的防护区应包括核心工作间、化学淋浴间、外防护服更换间等，化学淋浴间应为气锁，可兼作缓冲间，辅助工作区应包括监控室、清洁衣物更换间等。 6.5.3　围护结构 6.5.3.1　实验室防护区的围护结构应尽量远离建筑外墙。 6.5.3.2　实验室的核心工作间应尽可能设置在防护区的中部。 6.5.3.3　实验室防护区围护结构的气密性应达到在关闭受测房间所有通路并保持房间内温度稳定的条件下，当房间内的空气压力上升到500Pa后，20min内自然衰减的气压小于250Pa。 6.5.3.4　可根据需要安装传递窗。如果安装传递窗，其结构承压力及密闭性应符合所在区域的要求；需要时，应配备符合气锁要求并具备消毒条件的传递窗。

| 相关执法参考 | 相关法律法规（6） | 6.5.4 通风空调系统
6.5.4.1 实验室的排风应经过两级 HEPA 过滤器处理后排放。
6.5.4.2 应可以在原位对送、排风 HEPA 过滤器进行消毒和检漏。
6.5.5 生命支持系统
6.5.5.1 正压服型实验室应同时配备紧急支援气罐，紧急支援气罐的供气时间应不少于 60min/人。
6.5.5.2 生命支持系统应有不间断备用电源，连续供电时间应不少于 60min。
6.5.5.3 供呼吸使用的气体的压力、流量、含氧量、温度、湿度、有害物质的含量等应符合职业安全的要求。
6.5.5.4 生命支持系统应具备必要的报警装置。
6.5.5.5 根据工作情况，进入实验室的工作人员配备满足工作需要的合体的正压防护服，实验室应配备正压防护服检漏器具和维修工具。
6.5.6 污物处理及消毒系统
6.5.6.1 应在实验室的核心工作间内配备生物安全型压力蒸汽灭菌器；如果配备双扉压力蒸汽灭菌器，其主体所在房间的室内气压应为负压，并应设在实验室防护区内易更换和维护的位置。
6.5.6.2 化学淋浴消毒装置应在无电力供应的情况下仍可以使用，消毒液储存器的容量应满足所有情况下对消毒使用量的需求。
6.5.6.3 实验室防护区内所有需要运出实验室的物品或其包装的表面应经过可靠灭菌，符合安全要求。
6.5.7 参数要求
6.5.7.1 实验室防护区内所有区域的室内气压应为负压，实验室核心工作间的气压（负压）与室外大气压的压差值应不小于 60Pa，与相邻区域的压差（负压）应不小于 25Pa。
6.5.7.2 安全柜型实验室应在Ⅲ级生物安全柜或相当的安全隔离装置内操作致病性生物因子；同时应具备与安全隔离装置配套的物品传递设备以及生物安全型压力蒸汽灭菌器。
6.6 动物实验室
6.6.1 ABSL-1 实验室
6.6.1.1 实验室选址、设计和建造应符合国家和地方建设规划、生物安全、环境保护和建筑技术规范等规定和要求。
6.6.1.2 围护结构的空间配置、强度要求等应与所饲养的动物种类相适应。
6.6.1.3 动物饲养环境与设施条件应符合实验动物微生物等级要求。
6.6.1.4 实验室应分为动物饲养间和实验操作间等部分，必要时，应具备动物检疫室。
6.6.1.5 动物饲养间和实验操作间的室内气压相对外环境宜为负压，不得循环使用动物实验室排出的空气。
6.6.1.6 如果安装窗户，所有窗户应密闭；需要时，窗户外部应装防护网。
6.6.1.7 实验室应与建筑物内的其他域相对隔离或独立。
6.6.1.8 实验室的门应有可视窗，应安装为向里开启。
6.6.1.9 门应能够自动关闭，需要时，可以上锁。
6.6.1.10 实验室的工作表面应能良好防水和易于消毒。如果有地面液体收集系统，应设防液体回流装置，存水弯应有足够的深度。
6.6.1.11 应设置洗手池或手消毒装置，宜设置在出口处。
6.6.1.12 应设置适合、良好的实验动物饲养笼具或护栏，防止动物逃逸、损毁；应 |

| | | 可以对动物笼具进行清洗和消毒。
6.6.1.13 饲养笼具除考虑安全要求外还应考虑对动物福利的要求。
6.6.1.14 动物尸体及相关废物的处置设施和设备应符合国家相关规定的要求。
6.6.1.15 动物尸体及组织应做无害化处理，废物应彻底灭菌后方可排出。
6.6.1.16 实验室应具备常用个人防护物品，如防动物面罩等；动物解剖等特殊防护用品，如防切割手套等。
　　6.6.2 ABSL-2 实验室
6.6.2.1 适用时，应符合 6.3 和 6.6.1 的要求。
6.6.2.2 动物饲养间和实验操作间应在出入口处设置缓冲间。
6.6.2.3 应设置非手动洗手装置或手消毒装置，宜设置在出口处。
6.6.2.4 应在实验室或其邻近区域配备压力蒸汽灭菌器。
6.6.2.5 送风应经 HEPA 过滤器过滤后进入实验室。
6.6.2.6 实验室功能上分为能有效利用安全隔离装置控制病原微生物的实验室和不能有效利用安全隔离装置控制病原微生物的实验室。
6.6.2.7 从事可能产生有害气溶胶的动物实验活动应在能有效利用安全隔离装置控制病原微生物的实验室内进行；排气应经 HEPA 过滤器过滤后排出。
6.6.2.8 动物饲养间和实验操作间的室内气压相对外环境应为负压，气体应直接排放到其所在的建筑物外。
6.6.2.9 适用时，如大量动物实验、病原微生物致病性较强、传播力较大、动物可能增强病原毒力或毒力回复时的活动，宜在能有效利用安全隔离装置控制病原微生物的实验室内进行；排气应经 HEPA 过滤器过滤后排出。
6.6.2.10 当不能满足 6.6.2.9 时或在不能有效利用安全隔离装置控制病原微生物的实验室进行一般感染性动物实验时，应使用 HEPA 过滤器过滤动物饲养间排出的气体。
6.6.2.11 实验室防护区室外排风口应设置在主导风的下风向，与新风口的直线距离应大于 12m，并应高于所在建筑的屋面 2m 以上，应有防风、防雨、防鼠、防虫设计，但不影响气体向上空排放。
6.6.2.12 污水、污物等应消毒处理，并应对消毒效果进行检测，以确保达到排放要求。
6.6.2.13 实验室应提供有效的、两种以上的消毒、灭菌方法。
　　6.6.3 ABSL-3 实验室
6.6.3.1 适用时，应符合 6.6.2 的要求。
6.6.3.2 根据动物物种和病原危害程度要求，应在实验室防护区设淋浴间，需要时，应设置强制淋浴装置。
6.6.3.3 必要时，实验室应设置动物准备间、动物传递窗、动物走廊。
6.6.3.4 动物饲养间和实验操作间属于核心工作间。入口和出口，均应设置缓冲间。
6.6.3.5 动物饲养间和实验操作间应尽可能设在整个实验室的中心部位，不应直接与其他公共区域相邻。
6.6.3.6 动物饲养间和动物操作间应安装监视设备和通讯设备。
6.6.3.7 适用于 4.2.4b) 验室的防护区至少包括淋浴间、防护服更换间、缓冲间及核心工作间。核心工作间应包括动物饲养间和实验操作间，如解剖间。
6.6.3.8 当不能有效利用安全隔离装置饲养动物时，应根据进一步的风险评估确定实验室的生物安全防护要求。
6.6.3.9 适用于 4.2.4a) 和 4.2.4b) 的核心工作间气压（负压）与室外大气压的压差值应不小于 60Pa，与相邻区域的压差（负压）应不低于 15Pa。
6.6.3.10 适用于 4.2.4c) 的核心工作间（动物饲养间和实验操作间）的缓冲间应

| 相关执法参考 | 相关法律法规（6） | 为气锁，并具备能有效控制的防护服或传递物品的表面进行消毒的条件。
6.6.3.11 适用于4.2.4c）的核心工作间（动物饲养间和实验操作间），应有严格限制进入的门禁措施。
6.6.3.12 适用于4.2.4c）的核心工作间（动物饲养间和实验操作间），应可以在原位送风HEPA过滤器进行消毒和检漏；应根据风险评估的结果，确定动物饲养间排风是否需要经过两级HEPA过滤器的过滤。
6.6.3.13 适用于4.2.4c）的核心工作间（动物饲养间和实验操作间）的气压（负压）与室外大气压的压差值应不小于80Pa，与相邻区域的压差（负压）应不低于25Pa。
6.6.3.14 适用于4.2.4c）的核心工作间（动物饲养间和实验操作间）及其缓冲间的气密性应达到在关闭受测房间所有通路并维持房间内的温度在设计范围上限的条件下，若使空气压力维持在250Pa时，房间内每小时泄漏的空气量应不超过受测房间净容积的10%。
6.6.3.15 送风机、排风机均一用一备。
6.6.3.16 实验室内应配备便携式消毒装置，并应备有足够的适用消毒剂，及时对污染进行处理。
6.6.3.17 应有对动物尸体和废物进行灭菌，对动物笼具进行清洁和消毒的装置，需要时，对所有物品或其包装的表面在运出实验室前进行清洁和消毒。
6.6.3.18 应在风险评估的基础上，适当处理防护区内淋浴间的污水，并应对消毒效果进行监测，以确保达到排放要求。
6.6.3.19 实验室应提供适合、优良的个人防护物品。可重复使用时，应能进行有效消毒。
6.6.4 ABSL-4实验室
6.6.4.1 适用时，应符合6.6.3的要求。
6.6.4.2 淋浴间应设置强制淋浴装置。
6.6.4.3 根据实验活动和动物种类，实验室应提供良好的实验服和适合的个体防护装备。
6.6.4.4 动物饲养间的缓冲间应为气锁。
6.6.4.5 应有严格限制进入动物饲养间的门禁措施。
6.6.4.6 动物饲养间和实验操作间的气压（负压）与室外大气压的压差值应不小于100Pa；与相邻区域气压的压差（负压）应不低于25Pa。
6.6.4.7 动物饲养间和实验操作间及其缓冲间的气密性应达到在关闭受测房间所有通路并保持房间内温度稳定的条件下，当房间内的空气压力上升到500Pa后，20min内自然衰减的压力小于250Pa。
6.6.4.8 应有装置和技术对所有物品或其包装的表面在运出动物饲养间前进行清洁和消毒。
6.6.4.9 应有对动物尸体、组织、代谢物、标本及相关废物进行彻底消毒和灭菌的装备，应严格按相关要求进行处置。必要时，进行两次消毒、灭菌。
6.6.5 无脊椎动物实验室
6.6.5.1 根据动物种类危害和病原危害，防护水平应根据国家相关主管部门的规定和风险评估的结果确定。
6.6.5.2 实验室的建造、功能区分应充分考虑动物特性和实验活动，能重点实现控制动物本身的危害或可能从事病原感染的双重危害。
6.6.5.3 实验室应具备有效控制动物逃逸、藏匿等的防护装置。
6.6.5.4 从事节肢动物（特别是可飞行、快爬或跳跃的昆虫）的实验活动，应采取以下适用的措施（但不限于）：
a）应通过缓冲间进入动物饲养间或操作间，缓冲间内应配备适用的捕虫器和灭虫剂； |

相关法律法规（6）	b）应在所有关键的可开启的门窗、所有通风管道的关键节点安装防节肢动物逃逸的纱网； c）应在不同区域饲养、操作未感染和已感染节肢动物； d）应具备动物饲养间或操作间、缓冲间密闭和进行整体消毒的条件；应设喷雾式杀虫装置； e）应设制冷温装置，需要时，可以通过减低温度及时降低动物的活动能力； f）应有机制或装置确保水槽和存水弯管等设备内的液体或消毒液不干涸； g）应配备消毒、灭菌设备和技术，能对所有实验后废弃动物、尸体、废物进行彻底消毒、灭菌处理； h）应有机制监测和记录会飞、爬、跳跃的节肢动物幼虫和成虫的数量； i）应配备适用于放置蜱螨容器的油碟；应具备操作已感染或潜在感染的节肢动物的低温盘； j）应具备带双层网的笼具以饲养或观察已感染或潜在感染的逃逸能力强的节肢动物； k）应具备适用的生物安全柜或相当的安全隔离装置以操作已感染或潜在感染的节肢动物； l）应设置高清晰监视器和通讯设备，动态监控动物的活动。
相关执法参考 相关法律法规（7）	《中国医学微生物菌种保藏管理办法》 （1985年3月23日卫生部颁布，自颁布之日起施行） 根据中国微生物菌种保藏委员会管理和组织条例的规定，为了加强医学微生物菌种（以下简称菌种）的保藏管理，特制定本管理办法。 **第一条** 组织及任务 在卫生部领导下，在中国微生物菌种保藏委员会指导下，设下列医学微生物菌种保藏管理中心： 中国医学真菌菌种保藏管理中心：由中国医学科学院皮肤病防治研究所负责。 中国医学细菌菌种保藏管理中心：由卫生部药品生物制品检定所负责。 中国医学病毒菌种保藏管理中心：由中国预防医学中心病毒学研究所负责。 保藏管理中心的任务是： （一）负责本门类微生物菌种的选择、收集、鉴定、保藏、交换和供应； （二）开展菌种分类、鉴定及保藏管理的研究； （三）组织学术交流和经验交流； （四）办理国内外菌种交换； （五）编制保管的菌种目录。 保藏管理中心下设专业实验室，承担全国性的业务工作。专业实验室对其直接领导机构和保藏管理中心负责，并定期向管理中心汇报工作情况。其具体任务是： （一）负责本专业有关微生物菌种的选择、收集、鉴定、保藏、交换和供应； （二）承担本专业有关疑难菌种鉴定； （三）开展有关菌种分类、鉴定、保藏的研究，包括新技术、新方法的研究和应用； （四）办理对外交流和交换菌种。 各专业实验室科研技术人员的编制和经费由所属主管部门负责。 生物制品生产、检定用的菌种按"生物制品生产、检定用菌种、毒种管理规程"执行，统一由卫生部药品生物制品检定所办理。 **第二条** 菌种的分类 菌种的分类根据其危险性决定（包括实验室感染的可能性，感染后发病的可能性，症状轻重及愈后情况，有无致命危险及有效的防止实验室感染方法，用一般的微生物操作方法能否防止实验室感染、我国有否此种菌种及曾否引起流行、人群免疫力等情况）。依

| 相关执法参考 | 相关法律法规（7） | 其危险程度的大小，我国的菌种分为四类。
一类：实验室感染的机会多，感染后发病的可能性大，症状重并能危及生命，缺乏有效的预防方法，以及传染性强，对人群危害性大的烈性传染病，包括国内未发现或虽已发现，但无有效防治方法的烈性传染病菌种。如：
鼠疫耶尔森氏菌、霍乱弧菌（包括EL-tor弧菌）；
天花病毒、黄热病毒（野毒株）、新疆出血热（克里米亚刚果出血热）病毒、东、西方马脑炎病毒、委内瑞拉马脑炎病毒、拉沙热（Lassa）病毒、马堡（Marburg）病毒、埃波拉（Ebola）病毒、猴疱疹病毒（猴B病毒）；
粗球孢子菌、荚膜组织胞浆菌、杜波氏组织胞浆菌。
二类：实验室感染机会较多、感染后的症状较重及危及生命，发病后不易治疗及对人群危害较大的传染病菌种。如：
土拉弗郎西丝氏菌、布氏菌、炭疽芽胞菌、肉毒梭菌、鼻疽假单胞菌、类鼻疽假单胞菌、麻风分枝杆菌、结核分枝杆菌；
狂犬病病毒（街毒）、森林脑炎病毒、流行性出血热病毒、国内尚未发现病人在国外引起脑脊髓炎及出血热的其它虫媒病毒、登革热病毒、甲、乙型肝炎病毒；
各种立克次体（包括斑疹伤寒、Q热）；
鹦鹉热、鸟疫衣原体、淋巴肉芽肿衣原体；
马纳青霉、北美芽生菌、副球孢子菌、新型隐球菌、巴西芽生菌、烟曲霉、着色霉菌。
三类：仅具有一般危险性，能引起实验室感染的机会较少，一般的微生物学实验室采用一般实验技术能控制感染或对之有效的免疫预防方法的菌种。如：
脑膜炎奈瑟氏菌、肺炎双球菌、葡萄状球菌、链球菌、淋病奈瑟氏菌及其它致病性奈瑟氏菌、百日咳博德特氏菌、白喉棒杆菌及其它致病性棒杆菌、流感嗜血杆菌、沙门氏菌、志贺氏菌、致病性大肠埃希氏菌、小肠结炎耶尔森氏菌、空肠弯曲菌、酵米面黄杆菌、副溶血性弧菌、变形杆菌、李斯特氏菌、铜绿色假单孢菌、气肿疽梭菌、产气荚膜梭菌、破伤风梭菌及其它致病梭菌；
钩端螺旋体、梅毒螺旋体、雅司螺旋体；
乙型脑炎病毒、脑心肌炎病毒、淋巴细胞性脉络丛脑膜炎病毒以及未列入一、二类的其它虫媒病毒、新必斯（Sindbis）病毒、滤泡性口炎病毒、流感病毒、副流感病毒、呼吸道合胞病毒、腮腺炎病毒、麻疹病毒、脊髓灰质炎病毒、腺病毒、柯萨奇（A及B组）病毒，艾柯（ECHO）病毒及其它肠道病毒、疱疹类病毒（包括单纯疱疹、巨细胞、EB病毒水痘病毒）、狂犬病固定毒、风疹病毒；
致病性支原体；
黄曲霉、杂色曲霉、梨孢镰刀菌、蛙类霉菌、放线菌属、奴卡氏菌属、石膏样毛癣菌（粉型）、孢子丝菌。
四类：生物制品、菌苗、疫苗生产用各种减毒、弱毒菌种及不属于上述一、二、三类的各种低致病性的微生物菌种。
对通过分子生物学方法产生的新菌株，应按其原始亲本中的最高类别对待。
不允许进行两个菌株完整基因组的重组试验。
第三条 菌种的收集
（一）中心及各专业实验室根据工作需要，有权向国内有关单位或个人收集和索取所需之菌种，各单位或个人有义务向中心及专业实验室提供所需菌种，以不断充实我国医学菌种的生物资源。
（二）中心及各专业实验室，可根据工作开展情况，有组织、有计划地与临床科研防疫部门协作分离、收集、鉴定和筛选菌种，逐步建立我国标准菌种。
（三）任何单位或个人分离、筛选得到具有一定价值的菌种，应及时将该菌种及详细 |

资料送交有关中心及专业实验室鉴定、复核、保藏。

（四）凡已被选为国家的标准菌种，卫生部委托各医学微生物中心向提供菌种的单位或个人颁发证书，可向有关上级单位申请奖励。

第四条　菌种的保藏

（一）各保藏管理机构保藏的菌种，必须具有该菌种的详细历史及有关实验资料。

（二）各保藏管理机构，对负责保藏国家编号的菌种应采取妥善可靠的方法保存，避免菌种死亡或变异。凡取消某些无继续保藏价值的国家编号菌种应报保藏管理中心批准。

（三）各保藏管理机构，应制订严密的安全保管制度，建财、建卡，并指定专人负责，一、二类及专利菌种应设有专库或专柜单独保藏。

第五条　菌种的供应

（一）一、二类菌种由卫生部指定的保藏管理机构统一供应，其它任何单位或个人不得对国内、外办理。

（二）三、四类菌种，除设有专业实验室负责供应所管理的菌种外，未设专业实验室负责管理的其它菌种均由有关保藏管理中心供应。

（三）专利菌种供应按专利菌种保藏管理办法执行。

（四）领取菌种必须持有单位正式公函，说明菌种之名称、型别、数量及用途，向供应单位申请。

（五）索取一、二类菌种时，需经当地省、自治区、直辖市卫生局同意，部队系统需经省级军区（或军级）卫生主管部门同意。索取一类菌种并需经卫生部批准。

（六）供应菌种时，可酌情收费。

第六条　菌种的使用

（一）使用菌种的单位，需有一定从事微生物工作的条件和设备。菌种应有专人负责管理，建立必要的制度。

（二）使用一类菌种的单位，需经卫生部批准，使用二类菌种的单位需经省、自治区、直辖市卫生局批准。使用单位要有严格的专用隔离实验室和专用下水、消毒、排气过滤及严格的防鼠、防虫设施。进行有关的昆虫试验时，应有相应的防虫及杀虫装置。进行一类菌种实验时，应设有单独隔离区，经上级主管部门检查符合要求后，由经过专门训练，有经验的技术人员操作，工作时应有严格防护措施。凡有疫苗者，工作人员应进行免疫接种，未经免疫接种人员不得进入隔离区及进行菌种操作。任务完成后应在本单位领导监督下，将菌种销毁。

凡进行菌种的动物实验时，都相应地升一级进行管理，二类按一类，三类按二类管理。

（三）自来水公司、食品加工部门等设置的实验室，如工作需要致病菌时，需经所在省、自治区、直辖市卫生局批准。工作中应有严密的措施以防止污染水源或食品。

（四）使用菌种工作时，如发生严重污染环境或实验室人身感染事故时，应及时处理，并向当地卫生局报告，同时报告卫生部和有关保藏管理中心。

第七条　菌种的领取及邮寄

（一）索取一、二类菌种应事先与供应单位联系，经同意后，一类菌种及二类菌种中的马鼻疽假单胞菌、麻风分枝杆菌、狂犬病病毒（街毒）及出血热病毒等，应派可靠人员向供应单位领取（一类应派二人领取），不得邮寄。

（二）邮寄三、四类及部分二类菌种时，必须按卫生部、邮电部、交通部、铁道部颁布的有关菌毒种邮寄与包装规定的要求办理。

第八条　菌种的对外交流

（一）国内尚未保藏的菌种，需从国外引进时，可由本单位开具清单（包括菌种名称、型别、株名、数量、国别及国外保藏单位名称或个人及其地址），填写中、英文各一

相关执法参考	相关法律法规（7）	式三份，分别送交有关保藏管理中心或专业实验室汇总，统一向国外索取或购买。 （二）从国外引进我国尚未发现或致病性强的医学病原微生物时，应经卫生部批准。 （三）单位或个人从国外交换或索取所得到的菌种，应将菌种或复制品一份，连同资料送有关保藏管理中心或专业实验室保藏。 （四）任何单位或个人收到国外菌种后，应在3~6个月内检定完毕，并将结果函寄有关保藏管理中心，以便及时向卫生部汇报。 （五）国外向我国索取菌种时，可酌情收费。负责供应的单位应及时向有关保藏管理中心申报，并按照国家有关生物资源的法规办理。 （六）对国外保密、专利、一、二类新发现还未向国外供应过的菌种向国外交换供应时，应经卫生部批准。其它菌种须经省、自治区、直辖市卫生局批准。 **第九条** 本管理办法经卫生部批准后实施之，修改时同。
	相关法律法规（8）	《传染性非典型肺炎病毒的毒种保存、使用和感染动物模型的暂行管理办法》 （2003年5月6日科学技术部、卫生部、国家食品药品监督管理局、国家环境保护总局联合发布） **第一条** 传染性非典型肺炎属于法定管理传染病，其病原体为传染性非典型肺炎病毒。按《中华人民共和国传染病防治法》的有关规定，特制定本办法。 **第二条** 国家对传染性非典型肺炎病毒毒种的保存、使用以及感染动物模型建立实行申请、审定制度。未经国家许可，任何单位和个人不得用传染性非典型肺炎病毒和动物模型从事研究活动。 **第三条** 分离出的传染性非典型肺炎病毒和建立的动物模型要按规定要求登记、上报和核准。 **第四条** 保存和使用传染性非典型肺炎病毒的单位，必须具备三级生物安全实验室（P3）条件，并须在二级以上生物安全柜中操作。动物模型须在P3和P3级以上实验室中进行。 **第五条** 病毒毒种保藏：必须具有该病毒毒种的详细历史及有关资料。应在带锁的-80℃超低温冰箱或液氮罐中，用双层套管保存，外层套管须作消毒处理。保存传染性非典型肺炎病毒的冰箱或液氮罐，必须有明确的警示标签。采用双锁双人管理。 **第六条** 传染性非典型肺炎病毒毒种应有专人负责管理，并建立严格的使用登记制度。 **第七条** 病毒毒种运输：经申请并由国家主管部门批准后，使用单位应持批准件和本单位证件，派专人（两人或两人以上）领取和携带，不得邮寄。样品的容器要使用能够承受不少于95Kpa压力的高质量的防水包装材料并且密封，以防止运输过程中发生内容物的外泄；第二层和第三层包装中应使用吸水性好的柔软的物质充填；样品的容器须印有生物危险标志。 **第八条** 研究单位或实验室应具有做疾病或感染动物模型的工作基础与经验，如要进行灵长类动物感染模型研究，必须有做过传染性微生物感染灵长类动物模型的经验。 **第九条** 建立动物疾病模型必须有医学、兽医学、实验动物学以及具有从事经验的专业人员参加。在实验过程中，必须保证实验动物可随时进行微生物、病理检测，以掌握动物健康状况。 **第十条** 研究单位或实验室应有动物质量、健康、疾病和感染模型的监控和评价技术。 **第十一条** 感染用实验动物必须符合国家对科研用动物的相关要求，并附有"实验动物许可证"和"实验动物等级许可证"等背景资料。使用灵长类动物的，必须持有林业部门颁发的"灵长类动物驯养繁殖许可证"。 **第十二条** 感染非标准化实验动物，包括野生动物，来源必须清楚，须经过检疫后方

相关执法参考	相关法律法规（8）	可使用，在实验过程中需制定其饲养和检测标准。 第十三条　参加实验人员应取得其健康资料，并采取严格的防护措施。 第十四条　使用单位要建立监测制度、事故报告制度和应急措施办法。 第十五条　除国家指定的传染性非典型肺炎病毒保存单位外，经批准使用传染性非典型肺炎病毒研究的单位，在实验过程中应严格安全保存病毒，任务完成后，应在国家派出人员的监督下将传染性非典型肺炎病毒销毁。 第十六条　本办法自发布之日起施行，由中华人民共和国科学技术部负责解释。
	相关法律法规（9）	《人间传染的病原微生物菌（毒）种保藏机构管理办法》 （2009年5月26日卫生部部务会议讨论通过，2009年7月16日卫生部令第68号发布，自2009年10月1日起施行） 第一章　总　则 第一条　为加强人间传染的病原微生物菌（毒）种（以下称菌（毒）种）保藏机构的管理，保护和合理利用我国菌（毒）种或样本资源，防止菌（毒）种或样本在保藏和使用过程中发生实验室感染或者引起传染病传播，依据《中华人民共和国传染病防治法》、《病原微生物实验室生物安全管理条例》（以下称《条例》）的规定制定本办法。 第二条　卫生部主管全国人间传染的菌（毒）种保藏机构（以下称保藏机构）的监督管理工作。 县级以上人民政府卫生行政部门负责本行政区域内保藏机构的监督管理工作。 第三条　本办法所称的菌（毒）种是指可培养的，人间传染的真菌、放线菌、细菌、立克次体、螺旋体、支原体、衣原体、病毒等具有保存价值的，经过保藏机构鉴定、分类并给予固定编号的微生物。 本办法所称的病原微生物样本（以下称样本）是指含有病原微生物的、具有保存价值的人和动物体液、组织、排泄物等物质，以及食物和环境样本等。 可导致人类传染病的寄生虫不同感染时期的虫体、虫卵或样本按照本办法进行管理。 编码产物或其衍生物对人体有直接或潜在危害的基因（或其片段）参照本办法进行管理。 菌（毒）种的分类按照《人间传染的病原微生物名录》（以下简称《名录》）的规定执行。 菌（毒）种或样本的保藏是指保藏机构依法以适当的方式收集、检定、编目、储存菌（毒）种或样本，维持其活性和生物学特性，并向合法从事病原微生物相关实验活动的单位提供菌（毒）种或样本的活动。 保藏机构是指由卫生部指定的，按照规定接收、检定、集中储存与管理菌（毒）种或样本，并能向合法从事病原微生物实验活动的单位提供菌（毒）种或样本的非营利性机构。 第四条　保藏机构以外的机构和个人不得擅自保藏菌（毒）种或样本。 必要时，卫生部可以根据疾病控制和科研、教学、生产的需要，指定特定机构从事保藏活动。 第五条　国家病原微生物实验室生物安全专家委员会卫生专业委员会负责保藏机构的生物安全评估和技术咨询、论证等工作。 第六条　菌（毒）种或样本有关保密资料、信息的管理和使用必须严格遵守国家保密工作的有关法律、法规和规定。信息及数据的相关主管部门负责确定菌（毒）种或样本有关资料和信息的密级、保密范围、保密期限、管理责任和解密。各保藏机构应当根据菌（毒）种信息及数据所定密级和保密范围制定相应的保密制度，履行保密责任。 未经批准，任何组织和个人不得以任何形式泄漏涉密菌（毒）种或样本有关的资料和信息，不得使用个人计算机、移动储存介质储存涉密菌（毒）种或样本有关的资料和

信息。

第二章 保藏机构的职责

第七条 保藏机构分为菌（毒）种保藏中心和保藏专业实验室。菌（毒）种保藏中心分为国家级和省级两级。

保藏机构的设立及其保藏范围应当根据国家在传染病预防控制、医疗、检验检疫、科研、教学、生产等方面工作的需要，兼顾各地实际情况，统一规划、整体布局。

国家级菌（毒）种保藏中心和保藏专业实验室根据工作需要设立。省级菌（毒）种保藏中心根据工作需要设立，原则上各省、自治区、直辖市只设立一个。

第八条 国家级菌（毒）种保藏中心的职责为：

（一）负责菌（毒）种或样本的收集、选择、鉴定、复核、保藏、供应和依法进行对外交流；

（二）出具国家标准菌（毒）株证明；

（三）从国际菌（毒）种保藏机构引进标准或参考菌（毒）种，供应国内相关单位使用；

（四）开展菌（毒）种或样本分类、保藏新方法、新技术的研究和应用；

（五）负责收集和提供菌（毒）种或样本的信息，编制菌（毒）种或样本目录和数据库；

（六）组织全国学术交流和培训；

（七）对保藏专业实验室和省级菌（毒）种保藏中心进行业务指导。

第九条 省级菌（毒）种保藏中心的职责：

（一）负责本行政区域内菌（毒）种或样本的收集、选择、鉴定、分类、保藏、供应和依法进行对外交流；

（二）向国家级保藏机构提供国家级保藏机构所需的菌（毒）种或样本；

（三）从国家或者国际菌（毒）种保藏机构引进标准或参考菌（毒）种，供应辖区内相关单位使用；

（四）开展菌（毒）种或样本分类、保藏新方法、新技术的研究和应用；

（五）负责收集和提供本省（自治区、直辖市）菌（毒）种或样本的各种信息，编制地方菌（毒）种或样本目录和数据库。

第十条 保藏专业实验室的职责：

（一）负责专业菌（毒）种或样本的收集、选择、鉴定、复核、保藏、供应和依法进行对外交流；

（二）开展菌（毒）种或样本分类、保藏新方法、新技术的研究和应用；

（三）负责提供专业菌（毒）种或样本的各种信息，建立菌（毒）种或样本数据库；

（四）向国家级和所属行政区域内省级保藏中心提供菌（毒）种代表株。

第十一条 下列菌（毒）种或样本必须由国家级保藏中心或专业实验室进行保藏：

（一）我国境内未曾发现的高致病性病原微生物菌（毒）种或样本和已经消灭的病原微生物菌（毒）种或样本；

（二）《名录》规定的第一类病原微生物菌（毒）种或样本；

（三）卫生部规定的其他菌（毒）种或样本。

第三章 保藏机构的指定

第十二条 保藏机构及其保藏范围由卫生部组织专家评估论证后指定，并由卫生部颁发《人间传染的病原微生物菌（毒）种保藏机构证书》。

第十三条 申请保藏机构应当具备以下条件：

（一）符合国家关于保藏机构设立的整体布局（规划）和实际需要；

（二）依法从事涉及菌（毒）种或样本实验活动，并符合有关主管部门的相关规定；

（三）符合卫生部公布的《人间传染的病原微生物菌（毒）种保藏机构设置技术规范》的要求，具备与所从事的保藏工作相适应的保藏条件；

（四）生物安全防护水平与所保藏的病原微生物相适应，符合《名录》对生物安全防护水平的要求。高致病性菌（毒）种保藏机构还必须具备获得依法开展实验活动资格的相应级别的高等级生物安全实验室；

（五）工作人员具备与拟从事保藏活动相适应的能力；

（六）明确保藏机构的职能、工作范围、工作内容和所保藏的病原微生物种类。在对所保藏的病原微生物进行风险评估的基础上，制订可靠、完善的生物安全防护方案、相应标准操作程序、意外事故应急预案及感染监测方案等；

（七）建立持续有效的保藏机构实验室生物安全管理体系及完善的管理制度；

（八）具备开展保藏活动所需的经费支持。

第十四条 拟申请保藏机构的法人单位应当向所在地省、自治区、直辖市人民政府卫生行政部门提交下列资料：

（一）《人间传染的病原微生物菌（毒）种保藏机构申请表》；

（二）保藏机构所属法人机构的法人资格证书（复印件）；

（三）保藏机构生物安全实验室的相关批准或者证明文件（复印件）；

（四）保藏工作的内容、范围、拟保藏菌（毒）种及样本的清单；

（五）保藏机构的组织结构、管理职责、硬件条件、基本建设条件等文件，并提供设施、设备、用品清单；

（六）生物安全管理文件、生物安全手册、风险评估报告、相应标准操作程序、生物安全防护方案、意外事故和安全保卫应急预案、暴露及暴露后监测和处理方案等；

（七）保藏机构人员名单、生物安全培训证明及所在单位颁发的上岗证书；

（八）卫生部规定的其他相关资料。

省、自治区、直辖市人民政府卫生行政部门收到材料后，在15个工作日内进行审核，审核同意的报卫生部。卫生部在收到省、自治区、直辖市人民政府卫生行政部门报告后60个工作日内组织专家进行评估和论证，对于符合本办法第十三条所列条件的，颁发《人间传染的病原微生物菌（毒）种保藏机构证书》。

第十五条 取得《人间传染的病原微生物菌（毒）种保藏机构证书》的保藏机构发生以下变化时，应当及时向省、自治区、直辖市人民政府卫生行政部门报告，省、自治区、直辖市人民政府卫生行政部门经核查后报卫生部：

（一）实验室生物安全级别发生变化；

（二）实验室增加高致病性菌（毒）种或样本保藏内容；

（三）保藏场所和空间发生变化；

（四）实验室存在严重安全隐患、发生生物安全事故；

（五）管理体系文件换版或者进行较大修订；

（六）保藏机构应报告的其他重大事项。

第十六条 《人间传染的病原微生物菌（毒）种保藏机构证书》有效期5年。保藏机构需要继续从事保藏工作的，应当在有效期届满前6个月按照本办法的规定重新申请《人间传染的病原微生物菌（毒）种保藏机构证书》。

第四章 保藏活动

第十七条 各实验室应当将在研究、教学、检测、诊断、生产等实验活动中获得的有保存价值的各类菌（毒）株或样本送交保藏机构进行鉴定和保藏。保藏机构对送交的菌（毒）株或样本，应当予以登记，并出具接收证明。

国家级保藏中心、专业实验室和省级保藏中心应当定期向卫生部指定的机构申报保藏入库菌（毒）种目录。

| 相关执法参考 | 相关法律法规（9） | 国家级保藏中心可根据需要选择收藏省级保藏中心保藏的有价值的菌（毒）种。
第十八条　保藏机构有权向有关单位收集和索取所需要保藏的菌（毒）种，相关单位应当无偿提供。
第十九条　保藏机构对专用和专利菌（毒）种要承担相应的保密责任，依法保护知识产权和物权。
样本等不可再生资源所有权属于提交保藏的单位，其他单位需要使用，必须征得所有权单位的书面同意。根据工作需要，卫生部和省、自治区、直辖市人民政府卫生行政部门依据各自权限可以调配使用。
第二十条　申请使用菌（毒）种或样本的实验室，应当向保藏机构提供从事病原微生物相关实验活动的批准或证明文件。保藏机构应当核查登记后无偿提供菌（毒）种或样本。
非保藏机构实验室在从事病原微生物相关实验活动结束后，应当在6个月内将菌（毒）种或样本就地销毁或者送交保藏机构保藏。
医疗卫生、出入境检验检疫、教学和科研机构按规定从事临床诊疗、疾病控制、检疫检验、教学和科研等工作，在确保安全的基础上，可以保管其工作中经常使用的菌（毒）种或样本，其保管的菌（毒）种或样本名单应当报当地卫生行政部门备案。但涉及高致病性病原微生物及行政部门有特殊管理规定的菌（毒）种除外。
第二十一条　实验室从事实验活动，使用涉及本办法第十一条规定的菌（毒）种或样本，应当经卫生部批准；使用其他高致病性菌（毒）种，应当经省级人民政府卫生行政部门批准；使用第三、四类菌（毒）种或样本，应当经实验室所在法人机构批准。
第二十二条　保藏机构储存、提供菌（毒）种和样本，不得收取任何费用。
第二十三条　保藏机构保藏的菌（毒）种或样本符合下列条件之一的可以销毁：
（一）国家规定必须销毁的；
（二）有证据表明保藏物已丧失生物活性或被污染已不适于继续使用的；
（三）保藏机构认为无继续保存价值且经送保藏单位同意的。
销毁的菌（毒）种或样本属于本办法第十一条规定的应当经卫生部批准；销毁其他高致病性菌（毒）种或样本，应当经省级人民政府卫生行政部门批准；销毁第三、四类菌（毒）种或样本的，应当经保藏机构负责人批准。
第二十四条　销毁高致病性病原微生物菌（毒）种或样本必须采用安全可靠的方法，并应当对所用方法进行可靠性验证。
销毁应当在与拟销毁菌（毒）种相适应的生物安全防护水平的实验室内进行，由两人共同操作，并应当对销毁过程进行严格监督。
销毁后应当作为医疗废物送交具有资质的医疗废物集中处置单位处置。
销毁的全过程应当有详细记录，相关记录保存不得少于20年。
第二十五条　保藏机构应当制定严格的安全保管制度，做好菌（毒）种或样本的出入库、储存和销毁等原始记录，建立档案制度，并指定专人负责。所有档案保存不得少于20年。
保藏机构对保藏的菌（毒）种或样本应当设专库储存。建立严格的菌（毒）种库人员管理制度，保（监）管人应当为本单位正式员工并不少于2人。
保藏环境和设施应当符合有关规范，具有防盗设施并向公安机关备案。保藏机构应当制定应急处置预案，并具备相关的应急设施设备，对储存库应当实行24小时监控。
第二十六条　对从事菌（毒）种或样本实验活动的专业人员，保藏机构应当按照国家规定采取有效的安全防护和医疗保障措施。
第二十七条　菌（毒）种或样本的国际交流应当符合本办法第十九条的规定，并参 |

相关执法参考	照《中华人民共和国生物两用品及相关设备和技术出口管制条例》、《出口管制清单》、《卫生部和国家质检总局关于加强医用特殊物品出入境管理卫生检疫的通知》等规定办理出入境手续。

第五章　监督管理与处罚

第二十八条　卫生部主管保藏机构生物安全监督工作。地方人民政府卫生行政部门应当按照属地化管理的原则对所辖区域内的保藏机构依法进行监督管理。保藏机构的设立单位及上级主管部门应当加强对保藏机构的建设及监督管理，建立明确的责任制和责任追究制度，确保实验室生物安全。

第二十九条　保藏机构应当加强自身管理工作，完善并执行下列要求：
（一）主管领导负责菌（毒）种或样本保藏工作；
（二）建立菌（毒）种或样本安全保管、使用和销毁制度，标准操作程序和监督保障体系；
（三）建立菌（毒）种或样本的出入库记录、相关生物学和鉴定、复核等信息档案；
（四）必须保持与其所保藏菌（毒）种或样本危害程度相适应的生物安全防护和储存条件的工作状态；
（五）工作人员必须经过生物安全和专业知识培训，考核合格后上岗；
（六）建立相关人员健康监测制度，制定保藏机构相关人员感染应急处置预案，并向实验活动批准机构备案。

第三十条　保藏机构每年年底应向卫生部报送所保藏的高致病性菌（毒）种或样本的种类、数量、使用、发放及变化等情况。

第三十一条　保藏机构在保藏过程中发生菌（毒）种或样本被盗、被抢、丢失、泄露以及实验室感染时，应当按照《条例》第十七条、第四十二条、第四十三条、第四十四条、第四十五条、第四十六条、第四十七条、第四十八条规定及时报告和处理，做好感染控制工作。

第三十二条　保藏机构未依照规定储存实验室送交的菌（毒）种和样本，或者未依照规定提供菌（毒）种和样本的，按照《条例》第六十八条规定，由卫生部责令限期改正，收回违法提供的菌（毒）种和样本，并给予警告；造成传染病传播、流行或者其他严重后果的，由其所在单位或者其上级主管部门对主要负责人、直接负责的主管人员和其他直接责任人员，依法予以处理；构成犯罪的，依法追究刑事责任。

第六章　附　则

第三十三条　军队菌（毒）种保藏机构的管理由中国人民解放军主管部门负责。

第三十四条　本办法施行前设立的菌（毒）种保藏机构，应当自本办法施行之日起2年内，依照本办法申请《人间传染的病原微生物菌（毒）种保藏机构证书》。

第三十五条　本办法自2009年10月1日起施行。|
| 相关法律法规（10） | 《可感染人类的高致病性病原微生物菌（毒）种或样本运输管理规定》
（2005年11月24日经卫生部部务会议讨论通过，2005年12月28日发布，自2006年2月1日起施行）

第一条　为加强可感染人类的高致病性病原微生物菌（毒）种或样本运输的管理，保障人体健康和公共卫生，依据《中华人民共和国传染病防治法》、《病原微生物实验室生物安全管理条例》等法律、行政法规的规定，制定本规定。

第二条　本规定所称可感染人类的高致病性病原微生物菌（毒）种或样本是指在《人间传染的病原微生物名录》中规定的第一类、第二类病原微生物菌（毒）种或样本。

第三条　本规定适用于可感染人类的高致病性病原微生物菌（毒）种或样本的运输管理工作。

《人间传染的病原微生物名录》中第三类病原微生物运输包装分类为A类的病原微生 |

物菌（毒）种或样本，以及疑似高致病性病原微生物菌（毒）种或样本，按照本规定进行运输管理。

第四条 运输第三条规定的菌（毒）种或样本（以下统称高致病性病原微生物菌（毒）种或样本），应当经省级以上卫生行政部门批准。未经批准，不得运输。

第五条 从事疾病预防控制、医疗、教学、科研、菌（毒）种保藏以及生物制品生产的单位，因工作需要，可以申请运输高致病性病原微生物菌（毒）种或样本。

第六条 申请运输高致病性病原微生物菌（毒）种或样本的单位（以下简称申请单位），在运输前应当向省级卫生行政部门提出申请，并提交以下申请材料（原件一份，复印件三份）：

（一）可感染人类的高致病性病原微生物菌（毒）种或样本运输申请表；

（二）法人资格证明材料（复印件）；

（三）接收高致病性病原微生物菌（毒）种或样本的单位（以下简称接收单位）同意接收的证明文件；

（四）本规定第七条第（二）、（三）项所要求的证明文件（复印件）；

（五）容器或包装材料的批准文号、合格证书（复印件）或者高致病性病原微生物菌（毒）种或样本运输容器或包装材料承诺书；

（六）其它有关资料。

第七条 接收单位应当符合以下条件：

（一）具有法人资格；

（二）具备从事高致病性病原微生物实验活动资格的实验室；

（三）取得有关政府主管部门核发的从事高致病性病原微生物实验活动、菌（毒）种或样本保藏、生物制品生产等的批准文件。

第八条 在固定的申请单位和接收单位之间多次运输相同品种高致病性病原微生物菌（毒）种或样本的，可以申请多次运输。多次运输的有效期为6个月；期满后需要继续运输的，应当重新提出申请。

第九条 申请在省、自治区、直辖市行政区域内运输高致病性病原微生物菌（毒）种或样本的，由省、自治区、直辖市卫生行政部门审批。

省级卫生行政部门应当对申请单位提交的申请材料及时审查，对申请材料不齐全或者不符合法定形式的，应当即时出具申请材料补正通知书；对申请材料齐全或者符合法定形式的，应当即时受理，并在5个工作日内做出是否批准的决定；符合法定条件的，颁发《可感染人类的高致病性病原微生物菌（毒）种或样本准运证书》；不符合法定条件的，应当出具不予批准的决定并说明理由。

第十条 申请跨省、自治区、直辖市运输高致病性病原微生物菌（毒）种或样本的，应当将申请材料提交运输出发地省级卫生行政部门进行初审；对符合要求的，省级卫生行政部门应当在3个工作日内出具初审意见，并将初审意见和申报材料上报卫生部审批。

卫生部应当自收到申报材料后3个工作日内做出是否批准的决定。符合法定条件的，颁发《可感染人类的高致病性病原微生物菌（毒）种或样本准运证书》；不符合法定条件的，应当出具不予批准的决定并说明理由。

第十一条 对于为控制传染病暴发、流行或者突发公共卫生事件应急处理的高致病性病原微生物菌（毒）种或样本的运输申请，省级卫生行政部门与卫生部之间可以通过传真的方式进行上报和审批；需要提交有关材料原件的，应当于事后尽快补齐。

根据疾病控制工作的需要，应当向中国疾病预防控制中心运送高致病性病原微生物菌（毒）种或样本的，向中国疾病预防控制中心直接提出申请，由中国疾病预防控制中心审批；符合法定条件的，颁发《可感染人类的高致病性病原微生物菌（毒）种或样本准运证书》；不符合法定条件的，应当出具不予批准的决定并说明理由。中国疾病预防控制中

相关执法参考	相关法律法规（10）	心应当将审批情况于 3 日内报卫生部备案。 **第十二条** 运输高致病性病原微生物菌（毒）种或样本的容器或包装材料应当达到国际民航组织《危险物品航空安全运输技术细则》（Doc9284 包装说明 PI602）规定的 A 类包装标准，符合防水、防破损、防外泄、耐高温、耐高压的要求，并应当印有卫生部规定的生物危险标签、标识、运输登记表、警告用语和提示用语。 **第十三条** 运输高致病性病原微生物菌（毒）种或样本，应当有专人护送，护送人员不得少于两人。申请单位应当对护送人员进行相关的生物安全知识培训，并在护送过程中采取相应的防护措施。 **第十四条** 申请单位应当凭省级以上卫生行政部门或中国疾病预防控制中心核发的《可感染人类的高致病性病原微生物菌（毒）种或样本准运证书》到民航等相关部门办理手续。 通过民航运输的，托运人应当按照《中国民用航空危险品运输管理规定》（CCAR276）和国际民航组织文件《危险物品航空安全运输技术细则》（Doc9284）的要求，正确进行分类、包装、加标记、贴标签并提交正确填写的危险品航空运输文件，交由民用航空主管部门批准的航空承运人和机场实施运输。如需由未经批准的航空承运人和机场实施运输的，应当经民用航空主管部门批准。 **第十五条** 高致病性病原微生物菌（毒）种或样本在运输之前的包装以及送达后包装的开启，应当在符合生物安全规定的场所中进行。 申请单位在运输前应当仔细检查容器和包装是否符合安全要求，所有容器和包装的标签以及运输登记表是否完整无误，容器放置方向是否正确。 **第十六条** 在运输结束后，申请单位应当将运输情况向原批准部门书面报告。 **第十七条** 对于违反本规定的行为，依照《病原微生物实验室生物安全管理条例》第六十二条、六十七条的有关规定予以处罚。 **第十八条** 高致病性病原微生物菌（毒）种或样本的出入境，按照卫生部和国家质检总局《关于加强医用特殊物品出入境管理卫生检疫的通知》进行管理。 **第十九条** 本规定自 2006 年 2 月 1 日起施行。 附：可感染人类的高致病性病原微生物菌（毒）种或样本运输包装标识（略） 1. 高致病性病原微生物危险标签 2. 高致病性病原微生物运输登记表 3. 外包装放置方向标识 注：在航空运输时，包装标记、标签以国际民航组织《危险物品航空安全运输技术细则》第五部分第二章及第三章的相关规定为准。 可感染人类的高致病性病原微生物菌（毒）种或样本运输申请表 申请单位： 联系人：＿＿＿＿＿＿＿＿＿＿＿＿＿＿＿＿＿ 电话：　　　　　　　　　传真： 电子邮箱： 中华人民共和国卫生部制 填表说明 1. 按申请表的格式，如实地逐项填写。 2. 申请表填写内容应完整、清楚，不得涂改。 3. 填写此表前，请认真阅读有关法规及管理规定。未按要求申报的，将不予受理。 4. 病原微生物分类及名称、运输包装分类见卫生部制定的《人间传染的病原微生物名录》。 5. 申请表可从卫生部网站（www.moh.gov.cn）下载。

| 相关执法参考 | 相关法律法规(10) | 菌（毒）种或样本名称（中英文）分类/UN 编号规格及数量来源
样品状态每包装容量包装数量
运输目的
主容器　　　辅助容器　　　填充物
外包装　　　制冷剂名称与数量
拆检注意事项
运输起止地点　　　起点
终点
运输次数　　　运输日期
接收单位　名称
地址
负责人　　　联系电话
运输方式　　　运输工作负责人　　　职务或职称　　　联系电话
高致病性病原微生物菌（毒）种或样本运输容器或包装材料
承诺书
本人确认本次运输高致病性病原微生物菌（毒）种或样本运输容器或包装材料符合以下要求：
1. 高致病性病原微生物在运输过程中要求采取三层包装系统，由内到外分别为主容器、辅助容器和外包装。
2. 高致病性病原微生物菌（毒）种或者样本应正确盛放在主容器内，主容器要求无菌、不透水、防泄漏。主容器可以采用玻璃、金属或塑料等材料，必须采用可靠的防漏封口，如热封、带缘的塞子或金属卷边封口。主容器外面要包裹有足够的样本吸收材料，一旦有泄漏可以将所有样本完全吸收。主容器的表面贴上标签，标明标本类别、编号、名称、样本量等信息。
3. 辅助容器是在主容器之外的结实、防水和防泄漏的第二层容器，它的作用是包装及保护主容器。多个主容器装入一个辅助容器时，必须将它们分别包裹，防止彼此接触，并在多个主容器外面衬以足够的吸收材料。相关文件（例如样品数量表格、危险性申明、信件、样品鉴定资料、发送者和接收者信息）应该放入一个防水的袋中，并贴在辅助容器的外面。
4. 辅助容器必须用适当的衬垫材料固定在外包装内，在运输过程中使其免受外界影响，如破损、浸水等。
5. 在使用冰、干冰或其他冷冻剂进行冷藏运输时，冷冻剂必须放在辅助容器和外包装之间，内部要有支撑物固定，当冰或干冰消耗以后，仍可以把辅助容器固定在原位置上。如使用冰，外包装必须不透水。如果使用干冰，外包装必须能够排放二氧化碳气体，防止压力增加造成容器破裂。在使用冷冻剂的温度下，主容器和辅助容器必须能保持良好性能，在冷冻剂消耗完以后，仍能承受运输中的温度和压力。
6. 当使用液氮对样品进行冷藏时，必须保证主容器和辅助容器能适应极低的温度。此外，还必须符合其他有关液氮的运输要求。
7. 主容器和辅助容器须在使用制冷剂的温度下，以及在失去制冷后可能出现的温度和压力下保持完好无损。主容器和辅助容器必须在无泄漏的情况下能够承受 95kPa 的内压，并能保证在-40℃到+55℃的温度范围内不被损坏。
8. 外包装是在辅助容器外面的一层保护层，外包装具有足够的强度，并按要求在外表面贴上统一的标识。
申请单位法人签字：
　年　月　日 |

相关执法参考	相关法律法规(10)	申请运输单位审查意见： 法人代表： 公章 年 月 日 省、自治区、直辖市卫生行政部门审核意见： 公章 年 月 日 卫生部审批意见： 公章 年 月 日 所附资料（请在所提供资料前的□内打"√"）□1. 法人资格证明材料（复印件）□2. 接收单位同意接收的证明文件（原件）□3. 接收单位出具的卫生部颁发《从事高致病性病原微生物实验活动实验室资格证书》（复印件）□4. 接收单位出具的有关政府主管部门核发的从事人间传染的高致病性病原微生物或者疑似高致病性病原微生物实验活动、菌（毒）种保藏、生物制品生产等的批准文件（复印件）□5. 容器或包装材料的批准文号、产品合格证书□6. 其它有关资料 其它需要说明的问题 可感染人类的高致病性病原微生物菌（毒）种或样本准运证书 微准运字（年号）号 菌（毒）种或样本名称（中英文）总数量每包装容量包装数量样品状态 分类/UN 编号运输目的 主容器辅助容器填充物 外包装制冷剂名称与数量 拆检注意事项 运输次数及运输日期 运输起点 运输终点 运输申请单位名称 地址 联系人　　　　电话 接收单位名称 地址 联系人　　　　电话 运输方式 批准单位　公章　年　月　日 中华人民共和国卫生部制
	相关法律法规(11)	《人间传染的病原微生物名录》，见附录三。

二十、妨害动植物防疫、检疫罪

罪名	妨害动植物防疫、检疫罪（《刑法》第337条）
概念	妨害动植物防疫、检疫罪，是指违反有关动植物防疫、检疫的国家规定，引起重大动植物疫情的，或者有引起重大动植物疫情危险，情节严重的行为。
犯罪构成	**客体**　本罪侵犯的客体是双重客体，既侵犯国家有关国境检疫的海关监管制度，又侵犯国家有关境内动植物检疫的管理制度。国家为防止动物传染病、寄生虫病和植物危险性病、虫、杂草以及其他有害生物传入、传出国境，保护农、林、牧、渔业生产和人体健康，促进对外经济贸易的发展，制定了《进出境动植物检疫法》。该法第7条规定，国家动植物检疫机关和口岸动植物检疫机关对进出境动植物、动植物产品的生产、加工、存放过程，实行检疫监督制度。第34条规定，来自动植物疫区的船舶、飞机、火车抵达口岸时，由口岸动植物检疫机关实施检疫。发现有本法第十八条规定的名录所列的病虫害的，作不准带离运输工具、除害、封存或者销毁处理。根据该法还颁布了《进出境动植物检疫法实施条例》。为了加强对动物防疫活动的管理，预防、控制和扑灭动物疫病，促进养殖业发展，保护人体健康，维护公共卫生安全，颁布了《动物防疫法》。为了防止危害植物的危险性病、虫、杂草传播蔓延，保护农业、林业生产安全，制定《植物检疫条例》。为了防治农作物病虫害，保障国家粮食安全和农产品质量安全，保护生态环境，促进农业可持续发展，颁布了《农作物病虫害防治条例》。 违反上述法律法规有关动植物防疫、检疫的国家规定，必然破坏国家有关国境检疫的海关监管制度和国家有关境内动植物检疫的管理制度。 本罪的对象包括国境方面和境内方面两部分。关于国境方面，本罪涉及国境方面的行为对象具体包括如下五类： 1. 允许出入境之物。即进出境的动植物、动植物产品和其他检疫物，装载动植物、动植物产品和其他检疫物的装载容器、包装物，以及来自动植物疫区的运输工具，包括五类：（1）进境、出境、过境的动植物、动植物产品和其他检疫物。所谓"动物"，是指饲养、野生的活动物，如畜、禽、兽、蛇、龟、鱼、虾、蟹、贝、蚕、蜂等。所谓"动物产品"，是指来源于动物未经加工或者虽经加工但仍有可能传播疫病的产品，如生皮张、毛类、肉类、脏器、油脂、动物水产品、奶制品、蛋类、血液、精液、胚胎、骨、蹄、角等。所谓"植物"，是指栽培物、野生植物及其种子、种苗及其他繁殖材料等。所谓"植物产品"，是指来源于植物未经加工或者虽经加工但仍有可能传播病虫害的产品，如粮食、豆、棉花、油、麻、烟草、籽仁、干果、鲜果、蔬菜、生药材、木材、饲料等。涉及的相关"植物种子、种苗及其他繁殖材料"，是指栽培、野生的可供繁殖的植物全株或者部分，如植株、苗木（含试管苗）、果实、种子、砧木、接穗、插条、叶片、芽体、块根、块茎、鳞茎、球茎、花粉、细胞培养材料等。所谓"其他检疫物"，是指动物疫苗、血清、诊断液、动植物性废弃物等。（2）装载动植物、动植物产品和其他检疫物的装载容器、包装物、铺垫材料。所谓"装载容器"，是指可以多次使用、易受病虫害污染并用于装载进出境货物的容器，如笼、箱、桶、筐等。（3）来自动植物疫区的运输工具。（4）进境拆解的废旧船舶。（5）有关法律、行政法规、国际条约规定或者贸易合同约定应当实施进出境动植物检疫的其他货物、物品。 2. 进境动物一、二类传染病、寄生虫病共97种。一类传染病、寄生虫病包括口蹄疫、非洲猪瘟等15种，二类传染病、寄生虫病包括：共患病如炭疽、狂犬病等13种，牛

· 632 ·

病如锥虫病等11种,绵羊和山羊病如衣原体病等6种,猪病如猪传染性脑脊髓炎等6种,马病如马鼻疽等9种,禽病如鸡传染性喉气管炎等14种,啮齿动物病如野兔热等3种,水生动物病如鲑鱼传染性胰脏坏死等11种,蜂病如美洲蜂幼虫腐臭病等5种,其他动物疾病如蚕微粒子病等4种。根据《进出境动植物检疫法》第16条规定,输入动物,经检疫不合格的,由口岸动植物检疫机关签发《检疫处理通知单》,通知货主或者其代理人作如下处理:(1)检出一类传染病、寄生虫病的动物,连同其同群动物全群退回或者全群扑杀并销毁尸体;(2)检出二类传染病、寄生虫病的动物,退回或者扑杀,同群其他动物在隔离场或者其他指定地点隔离观察。输入动物产品和其他检疫物经检疫不合格的,由口岸动植物检疫机关签发《检疫处理通知单》,通知货主或者其代理人作除害、退回或者销毁处理。经除害处理合格的,准予进境。

3. 进境植物检疫性有害生物,共七类435种。包括昆虫146种、软体动物6种、真菌125种、原核生物58种、线虫20种、病毒及类病毒39种、杂草41种。应当注意的是,为防范外来检疫性有害生物传入,确保农林业生产安全,国家质检总局会同农业部、国家林业局对1992年发布实施的《进境植物检疫危险性病、虫、杂草名录》进行了修订,形成了《中华人民共和国进境植物检疫性有害生物名录》。根据国际植物检疫措施标准,新修订的《名录》从原来的84种增加到现在的435种,不再区分一类、二类,扩大了保护面,并根据国内外疫情发生变化和口岸疫情截获情况,实施动态调整。发现所列检疫性有害生物,针对不同情况采取措施:(1)具备有效除害处理方法且有实施条件的,经除害处理合格后准予入境。(2)对进境加工的大豆、小麦等植物产品,结合加工、清杂等环节可达到防疫效果的,可在检验检疫机构严密监管下在加工过程中采取除害处理措施。(3)无有效除害处理方法且不能采取其他疫情控制措施的,一律作退运、转口或销毁处理。(4)如截获《名录》以外其他有害生物,经专家风险分析认为是检疫性有害生物的,参照上述原则进行处理。

4. 禁止进境之物。包括四类:(1)动植物病原体(包括菌种、毒种等)、害虫及其他有害生物。所谓"其他有害生物",是指动物传染病、寄生虫病和植物危险性病、虫、杂草以外的各种为害动植物的生物有机体、病原微生物,以及软体类、啮齿类、螨类、多足虫类动物和危险性病虫的中间寄主、媒介生物等。(2)动植物疫情流行的国家和地区的有关动植物、动植物产品和其他检疫物。(3)动物尸体。(4)土壤。根据《进出境动植物检疫法》第5条规定,口岸动植物检疫机关发现上述规定的禁止进境物的,作退回或者销毁处理。因科学研究等特殊需要引进上述规定的禁止进境物的,必须事先提出申请,经国家动植物检疫机关批准。

5. 禁止携带、邮寄的动植物及其产品。包括动物及动物产品类、植物及植物产品类、其他类共三大类11小类。一为动物及动物产品类:(1)活动物(犬、猫除外),包括所有的哺乳动物、鸟类、鱼类、两栖类、爬行类、昆虫类和其他无脊椎动物,动物遗传物质。(2)(生或熟)肉类(含脏器类)及其制品;水生动物产品。(3)动物源性奶及奶制品,包括生奶、鲜奶、酸奶、动物源性的奶油、黄油、奶酪等奶类产品。(4)蛋及其制品,包括鲜蛋、皮蛋、咸蛋、蛋液、蛋壳、蛋黄酱等蛋源产品。(5)燕窝(罐头装燕窝除外)。(6)油脂类,皮张、毛类、蹄、骨、角类及其制品。(7)动物源性饲料(含肉粉、骨粉、鱼粉、乳清粉、血粉等单一饲料)、动物源性中药材、动物源性肥料。二为植物及植物产品类:(8)新鲜水果、蔬菜。(9)烟叶(不含烟丝)。(10)种子(苗)、苗木及其他具有繁殖能力的植物材料。(11)有机栽培介质。三为其他类:(12)菌种、毒种等动植物病原体,害虫及其他有害生物,细胞、器官组织、血液及其制品等生物材料。(13)动物尸体、动物标本、动物源性废弃物。(14)土壤。(15)转基因生物材料。(16)国家禁止进境的其他动植物、动植物产品和其他检疫物。

犯罪构成	客体	关于境内方面，本罪涉及境内方面的行为对象是动植物及动植物产品等。具体包括三类： 1. 根据《植物检疫条例》第 4 条的规定，植物检疫的对象，是指凡局部地区发生的危险性大、能随植物及其产品传播的病、虫、杂草。该条还规定，农业、林业植物检疫对象和应施检疫的植物、植物产品名单，由国务院农业主管部门、林业主管部门制定。各省、自治区、直辖市农业主管部门、林业主管部门可以根据本地区的需要，制定本省、自治区、直辖市的补充名单，并报国务院农业主管部门、林业主管部门备案。该法第 7 条规定，调运植物和植物产品，属于下列情况的，必须经过检疫：（一）列入应施检疫的植物、植物产品名单的，运出发生疫情的县级行政区域之前，必须经过检疫；（二）凡种子、苗木和其他繁殖材料，不论是否列入应施检疫的植物、植物产品名单和运往何地，在调运之前，都必须经过检疫。 2. 根据《植物检疫条例实施细则（林业部分）》第 6 条规定，应施检疫的森林植物及其产品包括：（一）林木种子、苗木和其他繁殖材料；（二）乔木、灌木、竹类、花卉和其他森林植物；（三）木材、竹材、药材、果品、盆景和其他林产品。第 7 条规定，确定森检对象及补充森检对象，按照《森林植物检疫对象确定管理办法》的规定办理。补充森检对象名单应当报林业部备案，同时通报有关省、自治区、直辖市林业主管部门。第 10 条规定，属于森检对象，国外新传入或者国内突发危险性森林病、虫的特大疫情由林业部发布；其他疫情由林业部授权的单位公布。 3. 根据《植物检疫条例实施细则（农业部分）》第 9 条规定，农业植物检疫范围包括粮、棉、油、麻、桑、茶、糖、菜、烟、果（干果除外）、药材、花卉、牧草、绿肥、热带作物等植物、植物的各部分，包括种子、块根、块茎、球茎、鳞茎、接穗、砧木、试管苗、细胞繁殖体等繁殖材料，以及来源于上述植物、未经加工或者虽经加工但仍有可能传播疫情的植物产品。全国植物检疫对象和应施检疫的植物、植物产品名单，由农业部统一制定；各省、自治区、直辖市补充的植物检疫对象和应施检疫的植物、植物产品名单，由各省、自治区、直辖市农业主管部门制定，并报农业部备案。该法第 10 条规定，根据《植物检疫条例》第七条和第八条第三款的规定，省间调运植物、植物产品，属于下列情况的必须实施检疫：（1）凡种子、苗木和其他繁殖材料，不论是否列入应施检疫的植物、植物产品名单和运往何地，在调运之前，都必须经过检疫；（2）列入全国和省、自治区、直辖市应施检疫的植物、植物产品名单的植物产品，运出发生疫情的县级行政区域之前，必须经过检疫；（3）对可能受疫情污染的包装材料、运载工具、场地、仓库等也应实施检疫。
	客观方面	本罪在客观方面表现为违反有关动植物防疫、检疫的国家规定，引起重大动植物疫情的，或者有引起重大动植物疫情危险，情节严重的行为。包括两点： 1. 实施了违反国家有关植物防疫、检疫规定的行为。国家有关动植物防疫、检疫的规定，包括国境方面和境内方面有关动植物防疫、检疫的规定。违反国家有关动植物防疫、检疫规定的国境方面：《进出境动植物检疫法》第 10 条规定，输入动物、动物产品、植物种子、种苗及其他繁殖材料的，必须事先提出申请，办理检疫审批手续。第 12 条规定，货主或者其代理人应当在动植物、动植物产品和其他检疫物进境前或者进境时持输出国家或者地区的检疫证书、贸易合同等单证，向进境口岸动植物检疫机关报检。第 20 条规定，货主或者其代理人在动植物、动植物产品和其他检疫物出境前，向口岸动植物检疫机关报检。出境前需经隔离检疫的动物，在口岸动植物检疫机关指定的隔离场所检疫。第 28 条规定，携带、邮寄植物种子、种苗及其他繁殖材料进境的，必须事先提出申请，办理检疫审批手续。《进出境动植物检疫法实施条例》第 18 条第 2 款规定，输入种畜禽及其精液、胚胎的，应当在进境前 30 日报检；输入其他动物的，应当在进境前 15 日报检；输入植物种子、种苗及其他繁殖材料的，应当在进境前 7 日报检。第 31 条规定，货主或者

| 犯罪构成 | 客观方面 | 其代理人依法办理动植物、动植物产品和其他检疫物的出境报检手续时，应当提供贸易合同或者协议。第33条规定，输出动物，出境前需经隔离检疫的，在口岸动植物检疫机关指定的隔离场所检疫。输出植物、动植物产品和其他检疫物的，在仓库或者货场实施检疫；根据需要，也可以在生产、加工过程中实施检疫。待检出境植物、动植物产品和其他检疫物，应当数量齐全、包装完好、堆放整齐、唛头标记明显。第43条第1款规定，携带动物进境的，必须持有输出动物的国家或者地区政府动植物检疫机关出具的检疫证书，经检疫合格后放行；携带犬、猫等宠物进境的，还必须持有疫苗接种证书。没有检疫证书、疫苗接种证书的，由口岸动植物检疫机关作限期退回或者没收销毁处理。作限期退回处理的，携带人必须在规定的时间内持口岸动植物检疫机关签发的截留凭证，领取并携带出境；逾期不领取的，作自动放弃处理。违反国家有关动植物防疫、检疫规定的境内方面：《动物防疫法》第25条第1款规定，国家实行动物防疫条件审查制度。开办动物饲养场和隔离场所，动物屠宰加工场所以及动物和动物产品无害化处理场所，应当向县级以上地方人民政府农业农村主管部门提出申请，并附具相关材料。受理申请的农业农村主管部门应当依照本法和《中华人民共和国行政许可法》的规定进行审查。经审查合格的，发给动物防疫条件合格证；不合格的，应当通知申请人并说明理由。第2款规定，动物防疫条件合格证应当载明申请人的名称（姓名）、场（厂）址、动物（动物产品）种类等事项。第29条第1款规定，禁止屠宰、经营、运输下列动物和生产、经营、加工、贮藏、运输下列动物产品：封锁疫区内与所发生动物疫病有关的；疫区内易感染的；依法应当检疫而未经检疫或者检疫不合格的；染疫或者疑似染疫的；病死或者死因不明的；其他不符合国务院农业农村主管部门有关动物防疫规定的。第2款规定，因实施集中无害化处理需要暂存、运输动物和动物产品并按照规定采取防疫措施的，不适用前款规定。《植物检疫条例》第5条规定，局部地区发生植物检疫对象的，应划为疫区，采取封锁、消灭措施，防止植物检疫对象传出；发生地区已比较普遍的，则应将未发生地区划为保护区，防止植物检疫对象传入。疫区应根据植物检疫对象的传播情况、当地的地理环境、交通状况以及采取封锁、消灭措施的需要来划定，其范围应严格控制。在发生疫情的地区，植物检疫机构可以派人参加当地的道路联合检查站或者木材检查站；发生特大疫情时，经省、自治区、直辖市人民政府批准，可以设立植物检疫检查站，开展植物检疫工作。第12条规定，从国外引进种子、苗木，引进单位应当向所在地的省、自治区、直辖市植物检疫机构提出申请，办理检疫审批手续。但是，国务院有关部门所属的在京单位从国外引进种子、苗木，应当向国务院农业主管部门、林业主管部门所属的植物检疫机构提出申请，办理检疫审批手续。具体办法由国务院农业主管部门、林业主管部门制定。从国外引进、可能潜伏有危险性病、虫的种子、苗木和其他繁殖材料，必须隔离试种，植物检疫机构应进行调查、观察和检疫，证明确实不带危险性病、虫的，方可分散种植。例如，2017年9月23日，被告人杨某某在未办理任何植物检疫手续的情况下，将自家种植的180株金叶榆苗木从辽宁省开原市运往吉林省敦化市销售，在运输途中被红石林业局木材检查总站检疫发现携带疑似美国白蛾幼虫，检疫执法人员随即对涉案苗木进行了查封取样。经北华大学林学院专家鉴定，确定苗木携带有美国白蛾幼虫。经评估，该疫情如果未被及时发现，一旦传播蔓延，有引起重大植物疫情危险，可能对森林及生态安全造成巨大损失。被告人杨某某因违法调运林木种苗，有引起重大植物疫情危险，且具备情节严重情形，构成妨害动植物防疫、检疫罪，被判处罚金1万元。总之，2009年《刑法修正案（七）》修改的"违反有关动植物防疫、检疫的国家规定"，使刑法该条的适用范围由过去只适用于"进出境动植物检疫"扩大到"境内"所有动植物防疫、检疫。后者包括：违反有关动物疫情管理规定的行为，如瞒报、谎报动物疫情；违反规定处置染疫动物、产品、排泄物、污染物；违反有关动物检疫管理规定的行为，如违法规定运输染疫、疑似染疫、疫区易感、病死或者死因不明的动物及其制品；藏匿、转移、盗掘被依法隔离、封存、处理的染疫动物及其 |

| 犯罪构成 | 客观方面 | 产品；经营、运输、屠宰、加工动物、动物产品逃避检疫等行为。具体而言，违反国家有关动植物防疫、检疫的国家规定的行为包括如下三类：

第一类，违反进出境动植物检疫规定的行为。根据《进出境动植物检疫法》《进出境动植物检疫法实施条例》，违反进出境动植物检疫规定的行为主要包括下列几种情形：（1）未报检或者未依法办理检疫审批手续的；（2）未经口岸动植物检疫机关许可擅自将进境动植物、动植物产品或者其他检疫物卸离运输工具或者运递的；（3）擅自调离或者处理在口岸动植物检疫机关指定的隔离场所中隔离检疫的动植物的；（4）报检的动植物、动植物产品或者其他检疫物与实际不符的；（5）违反本法规定，擅自开拆过境动植物、动植物产品或者其他检疫物的包装的，擅自将过境动植物、动植物产品或者其他检疫物卸离运输工具的，擅自抛弃过境动物尸体、排泄物、铺垫材料或者其他废弃物的；（6）从事进出境动植物检疫熏蒸、消毒处理业务的单位和个人，不按照规定进行熏蒸和消毒处理的；（7）进出境动植物检疫人员未按规定履行职责的或国家动植物检疫局和口岸动植物检疫机关对进出境动植物、动植物产品的生产、加工、存放过程，未按规定实行检疫监督的。

第二类，违反动物防疫规定的行为。根据《动物防疫法》，违反动物防疫规定的行为主要包括下列几种情形：（1）动物卫生监督机构及其工作人员与动物疫病预防控制机构及其工作人员未依照规定履行职责的；（2）有报告疫情职责的人员瞒报、谎报、迟报、漏报或者授意他人瞒报、谎报、迟报动物疫情，或者阻碍他人报告动物疫情的；（3）对饲养的动物不按照动物疫病强制免疫计划进行免疫接种；（4）不按照规定处置可能引发疫情的动物、动物产品、运载工具的；（5）屠宰、经营、运输或者生产、经营、加工、贮藏、运输不符合动物防疫规定的动物与动物产品；（6）应当检疫而未检疫的；（7）应当办理检疫证明、防疫证明没办理的或违法转让、伪造或者变造检疫证明、检疫标志或者畜禽标识的；（8）不遵守县级以上人民政府及其兽医主管部门依法作出的有关控制、扑灭动物疫病规定，藏匿、转移、盗掘已被依法隔离、封存、处理的动物和动物产品的；（9）从事动物诊疗活动中违反法律规定的活动的；（10）违法本法规定，有特定义务的人员不如实提供与动物防疫活动有关资料的、拒绝动物卫生监督机构进行监督检查和动物疫病监测、检测的。例如，某县个体仔猪贩运户肖某、成某等三人2001年4月22日在外省某乡镇购进仔猪512头，收购地动物检疫部门未经检疫出具了检疫证明和运载工具消毒证明。运回后，未按规定报检，4月23日上午发现有6头仔猪伏卧不起、发烧、寒战，下午又有十几头发病，至24日下午共有87头发病，其间未报告疫情，未采取任何措施，至26日，将166头同群畜卖到了临近的二省三县，死亡139头，造成疫情大面积扩散，给当地养殖户造成了严重的经济损失。肖、成等三人在明知所贩卖的仔猪有重大动物疫病的情况下，隐瞒贩卖病畜的违法行为，严重地违反了动物防疫法的规定，而且造成了"引发重大动植物疫情"的结果，应当以妨害动植物防疫、检疫罪定罪处罚。

第三类，违反植物检疫规定的行为。根据《植物检疫条例》，违反植物检疫规定的行为主要包括：（1）未依照规定进行植物检疫的；（2）伪造、涂改、买卖、转让植物检疫单证、印章、标志、封识的；（3）未依照规定调运、隔离试种或者生产应施检疫的植物、植物产品的；（4）违反规定，擅自开拆植物、植物产品包装，调换植物、植物产品，或者擅自改变植物、植物产品的规定用途的；（5）未按规定划分疫区，采取封锁、消灭措施，防止植物检疫对象传出，或划分保护区防止植物检疫对象传入的；（6）违反规定，引起疫情扩散的。例如，被告人张某，男，四川省宜宾县人，小学文化，个体经营者，法院认为，被告人张某违反国家动植物防疫、检疫法律规定，在未办理动植物检疫手续的情况下，从疫区调运含有松材线虫的松木至非疫区，有引起重大动植物疫情的风险，情节严重，其行为已构成妨害动植物防疫、检疫罪，依法应予处罚。张某案发后主动到公安机关投案并如实供述其犯罪事实，属自首，依法对其从轻处罚，单处罚金人民币5000元。 |

| 犯罪构成 | 客观方面 | 2. 引起重大动植物疫情的，或者有引起重大动植物疫情危险，情节严重的，即可构成本罪。实施了违反国家有关植物防疫、检疫规定的行为，必须造成了法定后果的，才能成立犯罪。本罪属于兼行并列犯加情节犯，即结果犯或者危险犯有一项符合，并且具有情节严重的行为，即可成立犯罪的情形，也就是说，只要引起重大动植物疫情或者有引起重大动植物疫情危险之一，并且具有情节严重的行为的，即可构成本罪。所谓动植物疫情，是指引起动植物疫病暴发或流行，或者植物危险病、虫、杂草的传播、滋生、蔓延等情况。上述情况达到严重程度的就属于引起重大动植物疫情或者有引起重大动植物疫情危险的两种重大情形。

所谓"重大动植物疫情"包括：动物传染病在某一地区暴发、流行，在短期内突发众多患同一传染病的动物，造成某一种类动物大量死亡；或者植物病、虫、有害物种的迅速蔓延，使粮食、瓜果、蔬菜严重减产；或者有害植物大面积入侵，使当地植物种群退化、消失，造成生态环境恶化，进而造成巨大经济损失或者环境资源的破坏；引起的动植物疫情，难以治理，对农林牧渔业生产危害很大；引起的动植物疫情，过去没有发生过，对农林牧渔业生产危害很大；引起动植物疫情造成的实际经济损失巨大；引起动植物疫情引发传染病，影响社会稳定等。例如，英国的疯牛病使政府不得不大量捕杀病牛，经济损失惨重。另外，如松材线虫病，作为一种毁灭性病害，此病在我国以及日本、韩国、美国、加拿大等均有发生。病原线虫侵入树体后会导致树木蒸腾作用降低，失水，木质变轻，树脂分泌急速减少和停止，最终导致病树整株枯死。松材线虫病具有致死速度快、防治难的特点，其传播主要通过媒介昆虫和人为携带患病木材及其制品完成。松树一旦染病，很难治愈，最终会导致林木的大面积毁坏，对森林资源和生态环境造成严重破坏。

所谓"引起重大动植物疫情危险"，是指虽然尚未引起重大动植物疫情的发生，但存在引起此类疫情的紧迫的或者现实的危险情形，这种情形需要司法机关在办案过程中加以具体判断，不能将违反有关规定的情况一律认定为具有引起重大动植物疫情的危险。"引起重大动植物疫情危险"是一种具体的危险，这种危险有几个特征：（1）这种危险是现实的、迫近的，而不是远离的，甚至虚构的。（2）这种危险是严重的，威胁到的法益重大，一旦发生实害结果，就会对公共安全造成巨大的侵害。（3）这种危险之所以没有发生实害结果，是因为第三者的及时介入或其他意外的原因。所以，引起重大动植物疫情危险是指违反动植物防疫、免疫国家规定的行为虽然因某种原因尚未实际造成动物疫病暴发或流行，或植物危险病、虫、杂草的传播、滋生、蔓延等情况，但是具有很大的实现可能性，一旦成为现实，将导致难以治理并造成人民群众生命、健康和财产利益的实际损失等后果。例如，2014年10月至12月期间，被告人袁某某多次在万州区武陵镇长塝村收购松材160余件，从万州区武陵镇禹安村松材线虫除治现场林内擅自转出等待销毁的松林40余件，堆放在其位于重庆市忠县石宝镇松林村的家附近。2014年12月14日，袁某某在未依法办理植物检疫、调运手续及采取专门防护隔离措施的情况下，以250元运费雇佣周某某（另案处理）驾驶货车将以上200余件松材从忠县松林村运至万州区武陵镇石桥村"谭小阳"木材加工厂销售，途经万州区武陵镇长塝村、下中村、黄金村、客群村、乐安村和石桥村。因"谭小阳"木材加工厂拒不收买这批松材，袁某某又雇人将该批松材运至万州区龙沙镇销售，途经万州区龙沙镇马岩村，行至万州区老林村时被万州区森林病虫防治检疫站查获。经重庆市林业司法鉴定中心对14个样本进行检测，确认该批马尾松木材样本携带大量松材线虫活体及传播媒介松墨天牛（别称：松褐天牛）幼虫活体，该批木材为松材线虫病疫木。2015年3月13日、2015年6月11日，重庆市森林病虫防治检疫站对被告人袁某某、周某某从忠县石宝镇松林村运输松原木至万州区武陵镇、龙沙镇境内销售的疫情传播危险性进行检测评估，认为松材线虫是我国头号林业检疫性有害生物，松材线虫在我国主要通过松墨天牛传播，该批疫木具有引起重大疫情传播的巨大危险：1. 经检测，该批疫木数量大，共202根，材积为7立方米的松原木均是死亡松树。2. 松材线虫 |

犯罪构成		
	客观方面	病传播媒介松墨天牛数量多。抽检的 14 节松原木全部有松墨天牛，对其中 2 节松原木进行解剖，剖出松墨天牛幼虫及蛹活体 116 头。3. 带疫率高。对抽检的 14 个样品进行检测，有 12 个样品带有松材线虫活体，带疫比例高达 85.7%。4. 该批疫木从忠县松林村运至万州区武陵镇、龙沙镇境内，沿途涉及有马尾松林路段为 23 公里，沿途松林距离公路最近 3 米、最远 2000 米，涉及连片马尾松纯林面积 5114 亩。据研究，携带松材线虫的传播媒介松墨天牛从疫木飞出后，其迁飞距离可达 1.0 至 2.4 公里，最远一次性飞行距离达 3.2 公里。并且运输过程中未对疫木采取任何封闭措施，因此可能造成运输沿途及加工点附近疫情传播。5. 本案涉案疫木欲销售至万州区武陵镇"谭小阳"木材加工厂、龙沙镇木材加工厂，均非重庆市林业局批复同意的疫木安全利用企业，不具备对疫木进行无害化处理的条件。经非常规加工后，其制品仍携带大量的松材线虫及松墨天牛，将随着疫木制品的销售，在天牛羽化期将疫情传播到万州及其周边更远区域。6. 忠县、万州都是国家林业局公布的松材线虫病疫区。万州区自 2005 年划为疫区后，前后共投入经费 8000 余万元，忠县自 2006 年划为疫区后，共投入 4000 余万元进行除治防控。疫木从忠县运往万州，会导致无疫情地区出现新疫情，已发生疫情的地区则会加重疫情，多年的除治成效将遭破坏，其损失难以估量。2015 年 2 月 10 日，被告人袁某某经电话被传唤到案。法院认为，被告人袁某某违反有关动植物防疫、检疫的国家规定，有引起重大动植物疫情的危险，情节严重，其行为已构成妨害动植物防疫、检疫罪。被告人袁某某经公安机关传唤到案，并如实供述其犯罪事实，是自首，可以从轻处罚。被告人袁某某犯妨害动植物防疫、检疫罪，判处有期徒刑 8 个月，并处罚金人民币 5000 元。 所谓"情节严重"，根据有关司法解释规定，包括违反进出境动植物检疫法的规定，逃避动植物检疫，涉嫌下列情形之一的：（1）造成国家规定的《进境动物一、二类传染病、寄生虫病名录》中所列的动物疫病传入或者对农、牧、渔业生产以及人体健康、公共安全造成严重危害的其他动物疫病在国内暴发流行的；（2）造成国家规定的《进境植物检疫性有害生物名录》中所列的有害生物传入或者对农、林业生产、生态环境以及人体健康有严重危害的其他有害生物在国内传播扩散的。关于境内违反动植物检疫法的规定，逃避动植物检疫情节严重的情形，是指严重违反动植物防疫、免疫的国家规定，引起的高度的重大动植物疫情危险，即从危险转化为结果的距离很短，难以控制的情形。例如，某地区发现大量白蚁，严重破坏了森林、树木、房屋。这种昆虫，在我国极为少见，在当地从来没有。它的出现与繁殖，并造成灾害，肯定有其特殊原因。经查，原来该地区的某公司，曾从国外进口一批木材，由于违反了进出境动植物检疫法规，没有申报检疫，没经检疫而将带有白蚁幼虫及其虫卵的木材运回使用所致。该公司被认定犯了逃避动植物检疫罪，其主管人员张某和具体直接办理此批进口木材事项的宋某，被依法处罚。需要指出的是，重大动植物疫情及其危险必须是违反有关动植物防疫、检疫的国家规定的行为所引起的。也就是说，妨害动植物检疫、免疫的行为与重大动植物疫情及其危险之间，具有刑法上的因果关系，若欠缺此种因果关系，则不能构成本罪。
	主体	本罪的主体是一般主体，自然人和单位都可构成本罪。其中的自然人必须是 16 周岁以上具有刑事责任能力的自然人。
	主观方面	本罪在主观方面表现为故意，即行为人明知应当接受植物防疫、检疫检查而故意逃避或拒绝的心理态度。行为人只要明知自己应当接受动植物防疫、检疫检查动植物防疫、检疫检查就足以构成故意，而并不需要行为人必须明知是否存在动植物疫情。因此，只要明知应当接受动植物防疫、检疫检查而故意逃避或拒绝，从而引起重大动植物疫情的，或者有引起重大动植物疫情危险，情节严重的，即可构成本罪。实施本罪的动机是多种多样的，不同的动机一般不影响本罪的定罪。

认定标准	刑罚标准	1. 犯本罪的，处 3 年以下有期徒刑或者拘役，并处或者单处罚金。 2. 单位犯本罪的，对单位判处罚金，并对其直接负责的主管人员和其他直接责任人员，依照上述规定处罚。
	此罪与违法行为的区别	1. 看行为性质。主要是看行为人实施的行为是否违反有关动植物防疫、检疫的国家规定。如果没有违反国家规定，仅仅是违反地方法规、规章或政策，即使是在客观上造成了严重的疫情或危险，也不能构成本罪。 2. 看犯罪后果。本罪属于兼行并列犯加情节犯，即结果犯或者危险犯有一项符合，并且具有情节严重的行为，即可成立犯罪的情形，也就是说，只要引起重大动植物疫情或者有引起重大动植物疫情危险之一，并且具有情节严重的行为的，即可构成本罪。因此，如果没有引起重大动植物疫情的结果，或者存在引起重大动植物疫情的结果，但不具有情节严重的行为的，即使行为人违反了相关国家规定，也只能是一般违法行为。前者如，行为人擅自开拆过境动植物、动植物产品或者其他检疫物的包装的，擅自将过境动植物、动植物产品或者其他检疫物卸离运输工具的，擅自抛弃过境动物的尸体、排泄物、铺垫材料或者其他废弃物的，根据《进出境动植物检疫法》第 41 条规定，由动植物检疫机关处以罚款。后者如，行为存在引起重大动植物疫情的后果的情形，但尚不构成犯罪或者犯罪情节显著轻微依法不需要判处刑罚的，根据《进出境动植物检疫法实施细则》第 62 条规定，由口岸动植物检疫机关处 2 万元以上 5 万元以下的罚款。 3. 看主观罪过内容。本罪只能主观出于故意才能成立犯罪；如果出于过失，则不能成立本罪。例如，2015 年 10 月被告人叶某某伙同他人（另案处理）为牟取私利，先后两次从松材线虫病疫区江西省婺源县收购 30 余立方米枯死松原木，在未办理任何植物检疫等手续的情况下，途经江西省德兴铜矿，浙江省开化县、常山县，非法将其运送至非疫区的江山市贺村镇某木材加工厂，被江山市森林病虫害防治检疫站查获。经鉴定，两批次松木样品中均含有松材线虫活体。经省级部门检测评估，叶某某等人的行为有引起重大动植物疫情风险，情节严重。2016 年 2 月叶某某主动向公安机关投案，并如实供述犯罪事实。2017 年 1 月法院经审理认为，被告人叶某某伙同他人违反有关动植物防疫、检疫的国家规定，有引起重大动植物疫情的危险性，情节严重，其行为已构成妨害动植物防疫、检疫罪，判决其有期徒刑 8 个月，缓刑 1 年，并处罚金人民币 15000 元。
	此罪与彼罪的区别（1）	本罪与妨害国境卫生检疫罪的区别。 妨害国境卫生检疫罪，是指违反国境卫生检疫规定，引起检疫传染病传播或者有传播严重危险的行为。两罪的主要区别在于： 1. 犯罪客体不同。本罪的客体是双重客体，既包括国家有关国境检疫的海关监管制度，也包括国家有关境内动植物检疫的管理制度。后罪的客体是单一客体，即国家对国境卫生检疫的海关监管制度。 2. 犯罪对象不同。本罪涉及的检疫对象主要是动植物、动植物产品及其装载容器、包装物，来自动植物检疫区的运输工具，不包括人身及人传人传染病。后罪涉及的检疫对象包括传染病和相关的人身及其所带物品，包括病媒昆虫、动物，但不包括植物及其产品。 3. 犯罪行为发生场所不同。本罪行为发生场所既包括国境，也包括境内。后罪行为发生场所只包括国境，不包括境内。 4. 犯罪后果种类归属不同。本罪犯罪后果引起的疫情主要是动植物疫情，既包括口蹄疫、焦虫病、猪丹毒等动物传染病、寄生虫病方面的动物疫情，也包括局部地区发生的危险性大、能随植物及其产品传播的病、虫、杂草发生等植物疫情。后罪犯罪后果引起的疫情是人体传染病，如鼠疫、霍乱、黄热病、艾滋病以及新冠肺炎等。

犯罪构成	此罪与彼罪的区别（2）	本罪与动植物检疫失职罪的区别。 动植物检疫失职罪，是指动植物检疫机关的检疫人员严重不负责任，对应当检疫的物品不检疫，或者延误检疫出证、错误出证，致使国家遭受重大损失的行为。两罪的主要区别在于： 1. 犯罪客体内容不同。本罪的客体是双重客体，内容为国家有关国境检疫的海关监管制度和国家有关境内动植物检疫的管理制度。后罪的客体也是双重客体，内容为国家动植物检疫机关的正常活动和国家机关公职人员的职务廉洁性。 2. 犯罪客观方面不同。本罪是一切违反有关动植物防疫、检疫的国家规定，引起重大动植物疫情的，或者有引起重大动植物疫情危险，情节严重的行为，既包括引起重大动植物疫情后果犯，并且情节严重的情形，也包括有引起重大动植物疫情危险犯，情节严重的情形。后罪是动植物检疫机关的检疫人员严重不负责任，对应当检疫的物品不检疫，或者延误检疫出证、错误出证，致使国家利益遭受重大损失的行为，属于实害犯，不包括危险犯情形。 3. 犯罪主体不同。本罪是一般主体，包括自然人和单位。后罪是特殊主体，仅限于16周岁以上具有刑事责任能力的特定身份的自然人，即只能由动植物检疫机关的检疫人员构成，并且不包括单位。 4. 犯罪主观方面不同。本罪主观方面为故意，过失不能构成犯罪。后罪主观方面为过失，故意不能构成犯罪。 应当注意的是，两罪存在一定的关联。如果动植物检疫机关的检疫人员存在违反有关动植物防疫、检疫的国家规定的动植物检疫失职行为，引起重大动植物疫情的或者有引起重大动植物疫情危险的，则本罪与动植物检疫失职罪形成法条竞合关系，本罪是一般法，后罪是特殊法，根据特殊法优于普通法的原则，应该以植物检疫失职罪论处。
	此罪与彼罪的区别（3）	本罪与过失以危险方法危害公共安全罪的区别。 过失以危险方法危害公共安全罪，是指过失以放火、决水、爆炸以及投放危险物质以外的其他危险方法危害公共安全，造成严重后果的行为。两罪的主要区别在于： 1. 犯罪客体不同。本罪的客体是双重客体，既包括国家有关国境检疫的海关监管制度，也包括国家有关境内动植物检疫的管理制度。后罪的客体是单一客体，即公共安全。 2. 犯罪客观方面不同。本罪客观方面表现为违反有关动植物防疫、检疫的国家规定，引起重大动植物疫情的，或者有引起重大动植物疫情危险，情节严重的行为。后罪客观方面表现为以失火、决水、爆炸、投放危险物质以外的且与失火、决水、爆炸、投放危险物质危害性相当的其他危险方法危害公共安全，造成严重后果的行为，虽然这些行为可能包括违反有关动植物防疫、检疫的国家规定，引起重大动植物疫情的行为，但是其结果并不包括引起重大动植物疫情的危险犯的情形。 3. 犯罪主体不同。本罪是一般主体，包括自然人和单位。后罪的主体只能是自然人，不包括单位。 4. 犯罪主观方面不同。本罪主观方面为故意，过失不能构成本罪。后罪主观方面为过失，故意不能构成该罪。 应当注意的是，两罪存在一定的关联。如果行为人违反有关动植物防疫、检疫的国家规定，引起了重大动植物疫情，同时又危害公共安全的，则两罪形成法条竞合关系，过失以危险方法危害公共安全罪是普通法，本罪是特殊法，应当适用特殊法优于普通法的原则，即应当以本罪定罪处罚。

相关执法参考	刑法	中华人民共和国刑法（节录） （1979年7月1日第五届全国人民代表大会第二次会议通过，1997年3月14日第八届全国人民代表大会第五次会议修订，已先后被1999年12月25日《中华人民共和国刑法修正案》、2001年8月31日《中华人民共和国刑法修正案（二）》、2001年12月29日《中华人民共和国刑法修正案（三）》、2002年12月28日《中华人民共和国刑法修正案（四）》、2005年2月28日《中华人民共和国刑法修正案（五）》、2006年6月29日《中华人民共和国刑法修正案（六）》、2009年2月28日《中华人民共和国刑法修正案（七）》、2009年8月27日《全国人民代表大会常务委员会关于修改部分法律的决定》、2011年2月25日《中华人民共和国刑法修正案（八）》、2015年8月29日《中华人民共和国刑法修正案（九）》、2017年11月4日《中华人民共和国刑法修正案（十）》、2020年12月26日《中华人民共和国刑法修正案（十一）》修改或修正） 第三百三十七条　违反有关动植物防疫、检疫的国家规定，引起重大动植物疫情的，或者有引起重大动植物疫情危险，情节严重的，处三年以下有期徒刑或者拘役，并处或者单处罚金。 单位犯前款罪的，对单位判处罚金，并对其直接负责的主管人员和其他直接责任人员，依照前款的规定处罚。
	相关法律法规（1）	最高人民检察院、公安部《关于公安机关管辖的刑事案件立案追诉标准的规定（一）》（节录） （公通字〔2008〕36号） 第五十九条　[逃避动植物检疫案（刑法第三百三十七条）]　违反进出境动植物检疫法的规定，逃避动植物检疫，涉嫌下列情形之一的，应予立案追诉： （一）造成国家规定的《进境动物一、二类传染病、寄生虫病名录》中所列的动物疫病传入或者对农、牧、渔业生产以及人体健康、公共安全造成严重危害的其他动物疫病在国内暴发流行的； （二）造成国家规定的《进境植物检疫性有害生物名录》中所列的有害生物传入或者对农、林业生产、生态环境以及人体健康有严重危害的其他有害生物在国内传播扩散的。
	相关法律法规（2）	《中华人民共和国进出境动植物检疫法》 （1991年10月30日第七届全国人民代表大会常务委员会第二十二次会议通过，1991年10月30日中华人民共和国主席令第53号公布，根据2009年8月27日第十一届全国人民代表大会常务委员会第十次会议通过的《全国人民代表大会常务委员会关于修改部分法律的决定》修正） 第一章　总　则 第一条　为防止动物传染病、寄生虫病和植物危险性病、虫、杂草以及其他有害生物（以下简称病虫害）传入、传出国境，保护农、林、牧、渔业生产和人体健康，促进对外经济贸易的发展，制定本法。 第二条　进出境的动植物、动植物产品和其他检疫物，装载动植物、动植物产品和其他检疫物的装载容器、包装物，以及来自动植物疫区的运输工具，依照本法规定实施检疫。 第三条　国务院设立动植物检疫机关（以下简称国家动植物检疫机关），统一管理全国进出境动植物检疫工作。国家动植物检疫机关在对外开放的口岸和进出境动植物检疫业务集中的地点设立的口岸动植物检疫机关，依照本法规定实施进出境动植物检疫。 贸易性动物产品出境的检疫机关，由国务院根据情况规定。 国务院农业行政主管部门主管全国进出境动植物检疫工作。 第四条　口岸动植物检疫机关在实施检疫时可以行使下列职权： （一）依照本法规定登船、登车、登机实施检疫；

| 相关执法参考 | 相关法律法规（2） | （二）进入港口、机场、车站、邮局以及检疫物的存放、加工、养殖、种植场所实施检疫，并依照规定采样；
（三）根据检疫需要，进入有关生产、仓库等场所，进行疫情监测、调查和检疫监督管理；
（四）查阅、复制、摘录与检疫物有关的运行日志、货运单、合同、发票及其他单证。
第五条 国家禁止下列各物进境：
（一）动植物病原体（包括菌种、毒种等）、害虫及其他有害生物；
（二）动植物疫情流行的国家和地区的有关动植物、动植物产品和其他检疫物；
（三）动物尸体；
（四）土壤。
口岸动植物检疫机关发现有前款规定的禁止进境物的，作退回或者销毁处理。
因科学研究等特殊需要引进本条第一款规定的禁止进境物的，必须事先提出申请，经国家动植物检疫机关批准。
本条第一款第二项规定的禁止进境物的名录，由国务院农业行政主管部门制定并公布。
第六条 国外发生重大动植物疫情并可能传入中国时，国务院应当采取紧急预防措施，必要时可以下令禁止来自动植物疫区的运输工具进境或者封锁有关口岸；受动植物疫情威胁地区的地方人民政府和有关口岸动植物检疫机关，应当立即采取紧急措施，同时向上级人民政府和国家动植物检疫机关报告。
邮电、运输部门对重大动植物疫情报告和送检材料应当优先传送。
第七条 国家动植物检疫机关和口岸动植物检疫机关对进出境动植物、动植物产品的生产、加工、存放过程，实行检疫监督制度。
第八条 口岸动植物检疫机关在港口、机场、车站、邮局执行检疫任务时，海关、交通、民航、铁路、邮电等有关部门应当配合。
第九条 动植物检疫机关检疫人员必须忠于职守，秉公执法。动植物检疫机关检疫人员依法执行公务，任何单位和个人不得阻挠。
第二章 进境检疫
第十条 输入动物、动物产品、植物种子、种苗及其他繁殖材料的，必须事先提出申请，办理检疫审批手续。
第十一条 通过贸易、科技合作、交换、赠送、援助等方式输入动植物、动植物产品和其他检疫物的，应当在合同或者协议中订明中国法定的检疫要求，并订明必须附有输出国家或者地区政府动植物检疫机关出具的检疫证书。
第十二条 货主或者其代理人应当在动植物、动植物产品和其他检疫物进境前或者进境时持输出国家或者地区的检疫证书、贸易合同等单证，向进境口岸动植物检疫机关报检。
第十三条 装载动物的运输工具抵达口岸时，口岸动植物检疫机关应当采取现场预防措施，对上下运输工具或者接近动物的人员、装载动物的运输工具和被污染的场地作防疫消毒处理。
第十四条 输入动植物、动植物产品和其他检疫物，应当在进口岸实施检疫。未经口岸动植物检疫机关同意，不得卸离运输工具。
输入动植物，需隔离检疫的，在口岸动植物检疫机关指定的隔离场所检疫。
因口岸条件限制等原因，可以由国家动植物检疫机关决定将动植物、动植物产品和其他检疫物运往指定地点检疫。在运输、装卸过程中，货主或者其代理人应当采取防疫措施。指定的存放、加工和隔离饲养或者隔离种植的场所，应当符合动植物检疫和防疫的 |

规定。

第十五条　输入动植物、动植物产品和其他检疫物，经检疫合格的，准予进境；海关凭口岸动植物检疫机关签发的检疫单证或者在报关单上加盖的印章验放。

输入动植物、动植物产品和其他检疫物，需调离海关监管区检疫的，海关凭口岸动植物检疫机关签发的《检疫调离通知单》验放。

第十六条　输入动物，经检疫不合格的，由口岸动植物检疫机关签发《检疫处理通知单》，通知货主或者其代理人作如下处理：

（一）检出一类传染病、寄生虫病的动物，连同其同群动物全群退回或者全群扑杀并销毁尸体；

（二）检出二类传染病、寄生虫病的动物，退回或者扑杀，同群其他动物在隔离场或者其他指定地点隔离观察。

输入动物产品和其他检疫物经检疫不合格的，由口岸动植物检疫机关签发《检疫处理通知单》，通知货主或者其代理人作除害、退回或者销毁处理。经除害处理合格的，准予进境。

第十七条　输入植物、植物产品和其他检疫物，经检疫发现有植物危险性病、虫、杂草的，由口岸动植物检疫机关签发《检疫处理通知单》，通知货主或者其代理人作除害、退回或者销毁处理。经除害处理合格的，准予进境。

第十八条　本法第十六条第一款第一项、第二项所称一类、二类动物传染病、寄生虫病的名录和本法第十七条所称植物危险性病、虫、杂草的名录，由国务院农业行政主管部门制定并公布。

第十九条　输入动植物、动植物产品和其他检疫物，经检疫发现有本法第十八条规定的名录之外，对农、林、牧、渔业有严重危害的其他病虫害的，由口岸动植物检疫机关依照国务院农业行政主管部门的规定，通知货主或者其代理人作除害、退回或者销毁处理。经除害处理合格的，准予进境。

第三章　出境检疫

第二十条　货主或者其代理人在动植物、动植物产品和其他检疫物出境前，向口岸动植物检疫机关报检。

出境前需经隔离检疫的动物，在口岸动植物检疫机关指定的隔离场所检疫。

第二十一条　输出动植物、动植物产品和其他检疫物，由口岸动植物检疫机关实施检疫，经检疫合格或者经除害处理合格的，准予出境；海关凭口岸动植物检疫机关签发的检疫证书或者在报关单上加盖的印章验放。检疫不合格又无有效方法作除害处理的，不准出境。

第二十二条　经检疫合格的动植物、动植物产品和其他检疫物，有下列情形之一的，货主或者其代理人应当重新报检：

（一）更改输入国家或者地区，更改后的输入国家或者地区又有不同检疫要求的；

（二）改换包装或者原未拼装后来拼装的；

（三）超过检疫规定有效期限的。

第四章　过境检疫

第二十三条　要求运输动物过境的，必须事先商得中国国家动植物检疫机关同意，并按照指定的口岸和路线过境。装载过境动物的运输工具、装载容器、饲料和铺垫材料，必须符合中国动植物检疫的规定。

第二十四条　运输动植物、动植物产品和其他检疫物过境的，由承运人或者押运人持货运单和输出国家或者地区政府动植物检疫机关出具的检疫证书，在进境时向口岸动植物检疫机关报检，出境口岸不再检疫。

第二十五条　过境的动物经检疫合格的，准予过境；发现有本法第十八条规定的名录

<table>
<tr><td rowspan="2">相关执法参考</td><td>相关法律法规（2）</td><td>

所列的动物传染病、寄生虫病的，全群动物不准过境。

过境动物的饲料受病虫害污染的，作除害、不准过境或者销毁处理。

过境的动物的尸体、排泄物、铺垫材料及其他废弃物，必须按照动植物检疫机关的规定处理，不得擅自抛弃。

第二十六条 对过境植物、动植物产品和其他检疫物，口岸动植物检疫机关检查运输工具或者包装，经检疫合格的，准予过境；发现有本法第十八条规定的名录所列的病虫害的，作除害处理或者不准过境。

第二十七条 动植物、动植物产品和其他检疫物过境期间，未经动植物检疫机关批准，不得开拆包装或者卸离运输工具。

第五章 携带、邮寄物检疫

第二十八条 携带、邮寄植物种子、种苗及其他繁殖材料进境的，必须事先提出申请，办理检疫审批手续。

第二十九条 禁止携带、邮寄进境的动植物、动植物产品和其他检疫物的名录，由国务院农业行政主管部门制定并公布。

携带、邮寄前款规定的名录所列的动植物、动植物产品和其他检疫物进境的，作退回或者销毁处理。

第三十条 携带本法第二十九条规定的名录以外的动植物、动植物产品和其他检疫物进境的，在进境时向海关申报并接受口岸动植物检疫机关检疫。

携带动物进境的，必须持有输出国家或者地区的检疫证书等证件。

第三十一条 邮寄本法第二十九条规定的名录以外的动植物、动植物产品和其他检疫物进境的，由口岸动植物检疫机关在国际邮件互换局实施检疫，必要时可以取回口岸动植物检疫机关检疫；未经检疫不得运递。

第三十二条 邮寄进境的动植物、动植物产品和其他检疫物，经检疫或者除害处理合格后放行；经检疫不合格又无有效方法作除害处理的，作退回或者销毁处理，并签发《检疫处理通知单》。

第三十三条 携带、邮寄出境的动植物、动植物产品和其他检疫物，物主有检疫要求的，由口岸动植物检疫机关实施检疫。

第六章 运输工具检疫

第三十四条 来自动植物疫区的船舶、飞机、火车抵达口岸时，由口岸动植物检疫机关实施检疫。发现有本法第十八条规定的名录所列的病虫害的，作不准带离运输工具、除害、封存或者销毁处理。

第三十五条 进境的车辆，由口岸动植物检疫机关作防疫消毒处理。

第三十六条 进出境运输工具上的泔水、动植物性废弃物，依照口岸动植物检疫机关的规定处理，不得擅自抛弃。

第三十七条 装载出境的动植物、动植物产品和其他检疫物的运输工具，应当符合动植物检疫和防疫的规定。

第三十八条 进境供拆船用的废旧船舶，由口岸动植物检疫机关实施检疫，发现有本法第十八条规定的名录所列的病虫害的，作除害处理。

第七章 法律责任

第三十九条 违反本法规定，有下列行为之一的，由口岸动植物检疫机关处以罚款：

（一）未报检或者未依法办理检疫审批手续的；

（二）未经口岸动植物检疫机关许可擅自将进境动植物、动植物产品或者其他检疫物卸离运输工具或者运递的；

（三）擅自调离或者处理在口岸动植物检疫机关指定的隔离场所中隔离检疫的动植物的。

</td></tr>
</table>

| 相关执法参考 | 相关法律法规(2) | 第四十条 报检的动植物、动植物产品或者其他检疫物与实际不符的，由口岸动植物检疫机关处以罚款；已取得检疫单证的，予以吊销。
第四十一条 违反本法规定，擅自开拆过境动植物、动植物产品或者其他检疫物的包装的，擅自将过境动植物、动植物产品或者其他检疫物卸离运输工具的，擅自抛弃过境动物的尸体、排泄物、铺垫材料或者其他废弃物的，由动植物检疫机关处以罚款。
第四十二条 违反本法规定，引起重大动植物疫情的，依照刑法有关规定追究刑事责任。
第四十三条 伪造、变造检疫单证、印章、标志、封识，依照刑法有关规定追究刑事责任。
第四十四条 当事人对动植物检疫机关的处罚决定不服的，可以在接到处罚通知之日起十五日内向作出处罚决定的机关的上一级机关申请复议；当事人也可以在接到处罚通知之日起十五日内直接向人民法院起诉。
复议机关应当在接到复议申请之日起六十日内作出复议决定。当事人对复议决定不服的，可以在接到复议决定之日起十五日内向人民法院起诉。复议机关逾期不作出复议决定的，当事人可以在复议期满之日起十五日内向人民法院起诉。
当事人逾期不申请复议也不向人民法院起诉、又不履行处罚决定的，作出处罚决定的机关可以申请人民法院强制执行。
第四十五条 动植物检疫机关检疫人员滥用职权，徇私舞弊，伪造检疫结果，或者玩忽职守，延误检疫出证，构成犯罪的，依法追究刑事责任；不构成犯罪的，给予行政处分。
第八章 附 则
第四十六条 本法下列用语的含义是：
（一）"动物"是指饲养、野生的活动物，如畜、禽、兽、蛇、龟、鱼、虾、蟹、贝、蚕、蜂等；
（二）"动物产品"是指来源于动物未经加工或者虽经加工但仍有可能传播疫病的产品，如生皮张、毛类、肉类、脏器、油脂、动物水产品、奶制品、蛋类、血液、精液、胚胎、骨、蹄、角等；
（三）"植物"是指栽培植物、野生植物及其种子、种苗及其他繁殖材料等；
（四）"植物产品"是指来源于植物未经加工或者虽经加工但仍有可能传播病虫害的产品，如粮食、豆、棉花、油、麻、烟草、籽仁、干果、鲜果、蔬菜、生药材、木材、饲料等；
（五）"其他检疫物"是指动物疫苗、血清、诊断液、动植物性废弃物等。
第四十七条 中华人民共和国缔结或者参加的有关动植物检疫的国际条约与本法有不同规定的，适用该国际条约的规定。但是，中华人民共和国声明保留的条款除外。
第四十八条 口岸动植物检疫机关实施检疫依照规定收费。收费办法由国务院农业行政主管部门会同国务院物价等有关主管部门制定。
第四十九条 国务院根据本法制定实施条例。
第五十条 本法自1992年4月1日起施行。1982年6月4日国务院发布的《中华人民共和国进出口动植物检疫条例》同时废止。 |
| | 相关法律法规(3) | 《中华人民共和国进出境动植物检疫法实施条例》（节录）
(1996年12月2日中华人民共和国国务院令第206号公布，自1997年1月1日起施行)
第五十九条 有下列违法行为之一的，由口岸动植物检疫机关处5000元以下的罚款：
（一）未报检或者未依法办理检疫审批手续或者未按检疫审批的规定执行的；
（二）报检的动植物、动植物产品和其他检疫物与实际不符的。
有前款第（二）项所列行为，已取得检疫单证的，予以吊销。 |

相关执法参考	相关法律法规（3）	第六十条　有下列违法行为之一的，由口岸动植物检疫机关处3000元以上3万元以下的罚款： （一）未经口岸动植物检疫机关许可擅自将进境、过境动植物、动植物产品和其他检疫物卸离运输工具或者运递的； （二）擅自调离或者处理在口岸动植物检疫机关指定的隔离场所中隔离检疫的动植物的； （三）擅自开拆过境动植物、动植物产品和其他检疫的包装，或者擅自开拆、损毁动植物检疫封识或者标志的； （四）擅自抛弃过境动物的尸体、排泄物、铺垫材料或者其他废弃物，或者未按规定处理运输工具上的泔水、动植物性废弃物的。 第六十一条　依照本法第十七条、第三十二条的规定注册登记的生产、加工、存放动植物、动植物产品和其他检疫物的单位，进出境的上述物品经检疫不合格的，除依照本法有关规定作退回、销毁或者除害处理外，情节严重的，由口岸动植物检疫机关注销注册登记。 第六十二条　有下列违法行为之一的，依法追究刑事责任；尚不构成犯罪或者犯罪情节显著轻微依法不需要判处刑罚的，由口岸动植物检疫机关处2万元以上5万元以下的罚款： （一）引起重大动植物疫情的； （二）伪造、变造动植物检疫单证、印章、标志、封识的。 第六十三条　从事进出境动植物检疫熏蒸、消毒处理业务的单位和人员，不按照规定进行熏蒸和消毒处理的，口岸动植物检疫机关可以视情节取消其熏蒸、消毒资格。
	相关法律法规（4）	关于做好《进境植物检疫性有害生物名录》实施工作的通知 为防范外来植物有害生物传入，确保农林业生产安全，根据《进出境动植物检疫法》及其实施条例的规定，国家质检总局会同农业部、国家林业局对1992年发布实施的《进境植物检疫危险性病、虫、杂草名录》进行了修订，形成了《中华人民共和国进境植物检疫性有害生物名录》（以下简称《名录》），已于2007年5月28日正式发布实施。现就做好《名录》实施工作有关事项通知如下： 一、制定发布新《名录》是我国出入境检验检疫工作中的一件大事，意义深远。请各单位务必高度重视，加强领导，精心部署，认真贯彻实施，切实防范外来检疫性有害生物传入，保护我国农林业生产和生态环境安全。 二、根据国际植物检疫措施标准，新修订的《名录》从原来的84种增加到现在的435种，不再区分一类、二类，扩大了保护面。总局将会同有关部门根据国内外疫情发生变化和口岸疫情截获情况，对《名录》实施动态调整。 三、各局要加强对进境植物、植物产品、植物性包装材料及运输工具、集装箱的检验检疫，发现《名录》所列检疫性有害生物，针对不同情况采取措施： （一）具备有效除害处理方法且有实施条件的，经除害处理合格后准予入境。 （二）对进境加工的大豆、小麦等植物产品，结合加工、清杂等环节可达到防疫效果的，可在检验检疫机构严密监管下在加工过程中采取除害处理措施。 （三）无有效除害处理方法且不能采取其他疫情控制措施的，一律作退运、转口或销毁处理。 （四）如截获《名录》以外其他有害生物的，经专家风险分析认为是检疫性有害生物的，参照上述原则进行处理。 四、在有害生物风险分析基础上，根据检疫性有害生物在国外发生情况，总局将陆续制定进境寄主植物及其产品在输出国家或地区种植、加工、储运、出口等全过程的风险管理措施，对于尚无有效除害处理方法且难以在进境时检测鉴定的高风险有害生物，将采取

相关执法参考	相关法律法规（4）	禁止其寄主植物、植物产品进境的措施。 　　五、请检科院牵头，会同标法中心、各直属检验检疫局，尽快整理进境植物检疫性有害生物发生分布范围、寄主植物、生物学特性、鉴定和检测方法、除害处理方法和技术指标等资料，汇总有害生物检疫鉴定、除害处理等国际标准、国家标准和检验检疫行业标准，在总局网站上公布并实施动态维护。同时，要收集相关有害生物标本、标准菌种、毒种，建立检疫性有害生物的实物标本库。要充分发挥系统内外专家的作用，尽快成立不同类别有害生物鉴定专家组。 　　六、对于新列入《名录》中的有害生物，各单位要按照总局统一部署，抓紧制定检测、鉴定检验检疫行业标准和国家标准。针对不同有害生物、不同寄主植物和植物产品，研发有效、安全、环保的除害处理方法，并制定相应的处理标准。 　　七、各局要加强辖区内疫情监测和调查，如发现外来植物检疫性有害生物，要及时报告总局并采取控制措施。 　　八、各局要重视植物检验检疫能力建设，加快培养、锻炼植物检验检疫人才，加强实验室能力建设，采用分子生物学等先进检测手段不断提高植物检疫性有害生物的检测、鉴定水平。 　　九、要加强与规范检疫性有害生物截获、鉴定、复核、上报、通报管理制度。"植物疫情截获上报系统"要按新《名录》进行统计分析，并及时填写和上报《植物检疫违规通报》，以便总局对外通报。 　　在执行中如遇问题，请及时报告总局。 　　　　　　　　　　　　　　　　　　　　　　　　　　　　　二〇〇七年七月三日 　　附件：中华人民共和国进境植物检疫性有害生物名录（略）
	相关法律法规（5）	《中华人民共和国禁止携带、邮寄的动植物及其产品名录》（节录） 　　（2012年3月2日农业部、国家质量监督检验检疫总局公告第1712号发布，自发布之日起生效） 　　为防止动植物疫病及有害生物传入，保护我国农林牧渔业生产和公共卫生安全，根据《中华人民共和国进出境动植物检疫法》、《中华人民共和国动物防疫法》和《中华人民共和国种子法》规定，农业部和国家质量监督检验检疫总局组织修订了《中华人民共和国禁止携带、邮寄的动植物及其产品名录》，现予以发布。该名录自发布之日起生效，原发布名录《中华人民共和国禁止携带、邮寄进境的动物、动物产品和其他检疫物名录》（（1992）农（检疫）字第12号）同时废止。 　　附件：中华人民共和国禁止携带、邮寄进境的动植物及其产品名录 　　一、动物及动物产品类 　　（一）活动物（犬、猫除外），包括所有的哺乳动物、鸟类、鱼类、两栖类、爬行类、昆虫类和其他无脊椎动物，动物遗传物质。 　　（二）（生或熟）肉类（含脏器类）及其制品；水生动物产品。 　　（三）动物源性奶及奶制品，包括生奶、鲜奶、酸奶、动物源性的奶油、黄油、奶酪等奶类产品。 　　（四）蛋及其制品，包括鲜蛋、皮蛋、咸蛋、蛋液、蛋壳、蛋黄酱等蛋源产品。 　　（五）燕窝（罐头装燕窝除外）。 　　（六）油脂类，皮张、毛类、蹄、骨、角类及其制品。 　　（七）动物源性饲料（含肉粉、骨粉、鱼粉、乳清粉、血粉等单一饲料）、动物源性中药材、动物源性肥料。 　　二、植物及植物产品类 　　（八）新鲜水果、蔬菜。 　　（九）烟叶（不含烟丝）。

相关执法参考	相关法律法规（5）	（十）种子（苗）、苗木及其他具有繁殖能力的植物材料。 （十一）有机栽培介质。 三、其他类 （十二）菌种、毒种等动植物病原体，害虫及其他有害生物，细胞、器官组织、血液及其制品等生物材料。 （十三）动物尸体、动物标本、动物源性废弃物。 （十四）土壤。 （十五）转基因生物材料。 （十六）国家禁止进境的其他动植物、动植物产品和其他检疫物。 注：1. 通过携带或邮寄方式进境的动植物及其产品和其他检疫物，经国家有关行政主管部门审批许可，并具有输出国家或地区官方机构出具的检疫证书，不受此名录的限制。2. 具有输出国家或地区官方机构出具的动物检疫证书和疫苗接种证书的犬、猫等宠物，每人仅限一只。
	相关法律法规（6）	中华人民共和国动物防疫法（节录） （1997年7月3日第八届全国人民代表大会常务委员会第二十六次会议通过，2007年8月30日第十届全国人民代表大会常务委员会第二十九次会议第一次修订，根据2013年6月29日第十二届全国人民代表大会常务委员会第三次会议《关于修改〈中华人民共和国文物保护法〉等十二部法律的决定》第一次修正，根据2015年4月24日第十二届全国人民代表大会常务委员会第十四次会议《关于修改〈中华人民共和国电力法〉等六部法律的决定》第二次修正，2021年1月22日第十三届全国人民代表大会常务委员会第二十五次会议第二次修订） 第二条 本法适用于在中华人民共和国领域内的动物防疫及其监督管理活动。 进出境动物、动物产品的检疫，适用《中华人民共和国进出境动植物检疫法》。 第三条 本法所称动物，是指家畜家禽和人工饲养、捕获的其他动物。 本法所称动物产品，是指动物的肉、生皮、原毛、绒、脏器、脂、血液、精液、卵、胚胎、骨、蹄、头、角、筋以及可能传播动物疫病的奶、蛋等。 本法所称动物疫病，是指动物传染病，包括寄生虫病。 本法所称动物防疫，是指动物疫病的预防、控制、诊疗、净化、消灭和动物、动物产品的检疫，以及病死动物、病害动物产品的无害化处理。 第四条 根据动物疫病对养殖业生产和人体健康的危害程度，本法规定的动物疫病分为下列三类： （一）一类疫病，是指口蹄疫、非洲猪瘟、高致病性禽流感等对人、动物构成特别严重危害，可能造成重大经济损失和社会影响，需要采取紧急、严厉的强制预防、控制等措施的； （二）二类疫病，是指狂犬病、布鲁氏菌病、草鱼出血病等对人、动物构成严重危害，可能造成较大经济损失和社会影响，需要采取严格预防、控制等措施的； （三）三类疫病，是指大肠杆菌病、禽结核病、鳖腮腺炎等常见多发，对人、动物构成危害，可能造成一定程度的经济损失和社会影响，需要及时预防、控制的。 前款一、二、三类动物疫病具体病种名录由国务院农业农村主管部门制定并公布。国务院农业农村主管部门应当根据动物疫病发生、流行情况和危害程度，及时增加、减少或者调整一、二、三类动物疫病具体病种并予以公布。 人畜共患传染病名录由国务院农业农村主管部门会同国务院卫生健康、野生动物保护等主管部门制定并公布。 第五条 动物防疫实行预防为主，预防与控制、净化、消灭相结合的方针。 第四十八条 动物卫生监督机构依照本法和国务院农业农村主管部门的规定对动物、

相关执法参考	相关法律法规（6）	动物产品实施检疫。 动物卫生监督机构的官方兽医具体实施动物、动物产品检疫。 **第四十九条** 屠宰、出售或者运输动物以及出售或者运输动物产品前，货主应当按照国务院农业农村主管部门的规定向所在地动物卫生监督机构申报检疫。 动物卫生监督机构接到检疫申报后，应当及时指派官方兽医对动物、动物产品实施检疫；检疫合格的，出具检疫证明、加施检疫标志。实施检疫的官方兽医应当在检疫证明、检疫标志上签字或者盖章，并对检疫结论负责。 动物饲养场、屠宰企业的执业兽医或者动物防疫技术人员，应当协助官方兽医实施检疫。 **第五十条** 因科研、药用、展示等特殊情形需要非食用性利用的野生动物，应当按照国家有关规定报动物卫生监督机构检疫，检疫合格的，方可利用。 人工捕获的野生动物，应当按照国家有关规定报捕获地动物卫生监督机构检疫，检疫合格的，方可饲养、经营和运输。 国务院农业农村主管部门会同国务院野生动物保护主管部门制定野生动物检疫办法。 **第五十一条** 屠宰、经营、运输的动物，以及用于科研、展示、演出和比赛等非食用性利用的动物，应当附有检疫证明；经营和运输的动物产品，应当附有检疫证明、检疫标志。 **第五十二条** 经航空、铁路、道路、水路运输动物和动物产品的，托运人托运时应当提供检疫证明；没有检疫证明的，承运人不得承运。 进出口动物和动物产品，承运人凭进口报关单证或者海关签发的检疫单证运递。 从事动物运输的单位、个人以及车辆，应当向所在地县级人民政府农业农村主管部门备案，妥善保存行程路线和托运人提供的动物名称、检疫证明编号、数量等信息。具体办法由国务院农业农村主管部门制定。 运载工具在装载前和卸载后应当及时清洗、消毒。 **第五十三条** 省、自治区、直辖市人民政府确定并公布道路运输的动物进入本行政区域的指定通道，设置引导标志。跨省、自治区、直辖市通过道路运输动物的，应当经省、自治区、直辖市人民政府设立的指定通道入省境或者过省境。 **第五十四条** 输入到无规定动物疫病区的动物、动物产品，货主应当按照国务院农业农村主管部门的规定向无规定动物疫病区所在地动物卫生监督机构申报检疫，经检疫合格的，方可进入。 **第五十五条** 跨省、自治区、直辖市引进的种用、乳用动物到达输入地后，货主应当按照国务院农业农村主管部门的规定对引进的种用、乳用动物进行隔离观察。 **第五十六条** 经检疫不合格的动物、动物产品，货主应当在农业农村主管部门的监督下按照国家有关规定处理，处理费用由货主承担。 **第一百零九条** 违反本法规定，造成人畜共患传染病传播、流行的，依法从重给予处分、处罚。 违反本法规定，构成违反治安管理行为的，依法给予治安管理处罚；构成犯罪的，依法追究刑事责任。 违反本法规定，给他人人身、财产造成损害的，依法承担民事责任。
	相关法律法规（7）	《植物检疫条例》 （1983年1月3日国务院发布，根据1992年5月13日《国务院关于修改〈植物检疫条例〉的决定》第一次修订，根据2017年10月7日《国务院关于修改部分行政法规的决定》国务院令第687号第二次修订） **第一条** 为了防止危害植物的危险性病、虫、杂草传播蔓延，保护农业、林业生产安全，制定本条例。

| 相关执法参考 | 相关法律法规（7） | 第二条　国务院农业主管部门、林业主管部门主管全国的植物检疫工作，各省、自治区、直辖市农业主管部门、林业主管部门主管本地区的植物检疫工作。
第三条　县级以上地方各级农业主管部门、林业主管部门所属的植物检疫机构，负责执行国家的植物检疫任务。
　　植物检疫人员进入车站、机场、港口、仓库以及其他有关场所执行植物检疫任务，应穿着检疫制服和佩带检疫标志。
第四条　凡局部地区发生的危险性大、能随植物及其产品传播的病、虫、杂草，应定为植物检疫对象。农业、林业植物检疫对象和应施检疫的植物、植物产品名单，由国务院农业主管部门、林业主管部门制定。各省、自治区、直辖市农业主管部门、林业主管部门可以根据本地区的需要，制定本省、自治区、直辖市的补充名单，并报国务院农业主管部门、林业主管部门备案。
第五条　局部地区发生植物检疫对象的，应划为疫区，采取封锁、消灭措施，防止植物检疫对象传出；发生地区已比较普遍的，则应将未发生地区划为保护区，防止植物检疫对象传入。
　　疫区应根据植物检疫对象的传播情况、当地的地理环境、交通状况以及采取封锁、消灭措施的需要来划定，其范围应严格控制。
　　在发生疫情的地区，植物检疫机构可以派人参加当地的道路联合检查站或者木材检查站；发生特大疫情时，经省、自治区、直辖市人民政府批准，可以设立植物检疫检查站，开展植物检疫工作。
第六条　疫区和保护区的划定，由省、自治区、直辖市农业主管部门、林业主管部门提出，报省、自治区、直辖市人民政府批准，并报国务院农业主管部门、林业主管部门备案。
　　疫区和保护区的范围涉及两省、自治区、直辖市以上的，由有关省、自治区、直辖市农业主管部门、林业主管部门共同提出，报国务院农业主管部门、林业主管部门批准后划定。
　　疫区、保护区的改变和撤销的程序，与划定时同。
第七条　调运植物和植物产品，属于下列情况的，必须经过检疫：
　　（一）列入应施检疫的植物、植物产品名单的，运出发生疫情的县级行政区域之前，必须经过检疫；
　　（二）凡种子、苗木和其他繁殖材料，不论是否列入应施检疫的植物、植物产品名单和运往何地，在调运之前，都必须经过检疫。
第八条　按照本条例第七条的规定必须检疫的植物和植物产品，经检疫未发现植物检疫对象的，发给植物检疫证书。发现有植物检疫对象、但能彻底消毒处理的，托运人应按植物检疫机构的要求，在指定地点作消毒处理，经检查合格后发给植物检疫证书；无法消毒处理的，应停止调运。
　　植物检疫证书的格式由国务院农业主管部门、林业主管部门制定。
　　对可能被植物检疫对象污染的包装材料、运载工具、场地、仓库等，也应实施检疫。如已被污染，托运人应按植物检疫机构的要求处理。
　　因实施检疫需要的车船停留、货物搬运、开拆、取样、储存、消毒处理等费用，由托运人负责。
第九条　按照本条例第七条的规定必须检疫的植物和植物产品，交通运输部门和邮政部门一律凭植物检疫证书承运或收寄。植物检疫证书应随货运寄。具体办法由国务院农业主管部门、林业主管部门会同铁道、交通、民航、邮政部门制定。
第十条　省、自治区、直辖市间调运本条例第七条规定必须经过检疫的植物和植物产品的，调入单位必须事先征得所在地的省、自治区、直辖市植物检疫机构同意，并向调出单位提出检疫要求；调出单位必须根据该检疫要求向所在地的省、自治区、直辖市植物检疫机构申请检疫。对调入的植物和植物产品，调入单位所在地的省、自治区、直辖市的植 |

相关执法参考	相关法律法规（7）	物检疫机构应当查验检疫证书，必要时可以复检。 省、自治区、直辖市内调运植物和植物产品的检疫办法，由省、自治区、直辖市人民政府规定。 第十一条　种子、苗木和其他繁殖材料的繁育单位，必须有计划地建立无植物检疫对象的种苗繁育基地、母树林基地。试验、推广的种子、苗木和其他繁殖材料，不得带有植物检疫对象。植物检疫机构应实施产地检疫。 第十二条　从国外引进种子、苗木，引进单位应当向所在地的省、自治区、直辖市植物检疫机构提出申请，办理检疫审批手续。但是，国务院有关部门所属的在京单位从国外引进种子、苗木，应当向国务院农业主管部门、林业主管部门所属的植物检疫机构提出申请，办理检疫审批手续。具体办法由国务院农业主管部门、林业主管部门制定。 从国外引进、可能潜伏有危险性病、虫的种子、苗木和其他繁殖材料，必须隔离试种，植物检疫机构应进行调查、观察和检疫，证明确实不带危险性病、虫的，方可分散种植。 第十三条　农林院校和试验研究单位对植物检疫对象的研究，不得在检疫对象的非疫区进行。因教学、科研需在非疫区进行时，应当遵守国务院农业主管部门、林业主管部门的规定。 第十四条　植物检疫机构对于新发现的检疫对象和其他危险性病、虫、杂草，必须及时查清情况，立即报告省、自治区、直辖市农业主管部门、林业主管部门，采取措施，彻底消灭，并报告国务院农业主管部门、林业主管部门。 第十五条　疫情由国务院农业主管部门、林业主管部门发布。 第十六条　按照本条例第五条第一款和第十四条的规定，进行疫情调查和采取消灭措施所需的紧急防治费和补助费，由省、自治区、直辖市在每年的植物保护费、森林保护费或者国营农场生产费中安排。特大疫情的防治费，国家酌情给予补助。 第十七条　在植物检疫工作中作出显著成绩的单位和个人，由人民政府给予奖励。 第十八条　有下列行为之一的，植物检疫机构应当责令纠正，可以处以罚款；造成损失的，应当负责赔偿；构成犯罪的，由司法机关依法追究刑事责任： （一）未依照本条例规定办理植物检疫证书或在报检过程中弄虚作假的； （二）伪造、涂改、买卖、转让植物检疫单证、印章、标志、封识的； （三）未依照本条例规定调运、隔离试种或者生产应施检疫的植物、植物产品的； （四）违反本条例规定，擅自开拆植物、植物产品包装，调换植物、植物产品，或者擅自改变植物、植物产品的规定用途的； （五）违反本条例规定，引起疫情扩散的。 有前款第（一）、（二）、（三）、（四）项所列情形之一，尚不构成犯罪的，植物检疫机构可以没收非法所得。 对违反本条例规定调运的植物和植物产品，植物检疫机构有权予以封存、没收、销毁或者责令改变用途。销毁所需费用由责任人承担。 第十九条　植物检疫人员在植物检疫工作中，交通运输部门和邮政部门有关工作人员在植物、植物产品的运输、邮寄工作中，徇私舞弊、玩忽职守的，由其所在单位或者上级主管机关给予行政处分；构成犯罪的，由司法机关依法追究刑事责任。 第二十条　当事人对植物检疫机构的行政处罚决定不服的，可以自接到处罚决定通知书之日起十五日内，向作出行政处罚决定的植物检疫机构的上级机构申请复议；对复议决定不服的，可以自接到复议决定书之日起十五日内向人民法院提起诉讼。当事人逾期不申请复议或者不起诉又不履行行政处罚决定的，植物检疫机构可以申请人民法院强制执行或者依法强制执行。 第二十一条　植物检疫机构执行检疫任务可以收取检疫费，具体办法由国务院农业主管部门、林业主管部门制定。

相关执法参考	相关法律法规（7）	第二十二条 进出口植物的检疫，按照《中华人民共和国进出境动植物检疫法》的规定执行。 第二十三条 本条例的实施细则由国务院农业主管部门、林业主管部门制定。各省、自治区、直辖市可根据本条例及其实施细则，结合当地具体情况，制定实施办法。 第二十四条 本条例自发布之日起施行。国务院批准，农业部一九五七年十二月四日发布的《国内植物检疫试行办法》同时废止。
	相关法律法规（8）	《植物检疫条例实施细则（林业部分）》 （1994年6月30日经林业部部长办公会议审议通过，1994年7月26日林业部令第4号发布施行，2011年1月25日国家林业局令第26号修正） 第一条 根据《植物检疫条例》的规定，制定本细则。 第二条 林业部主管全国森林植物检疫（以下简称森检）工作。县级以上地方林业主管部门主管本地区的森检工作。 县级以上地方林业主管部门应当建立健全森检机构，由其负责执行本地区的森检任务。 国有林业局所属的森检机构负责执行本单位的森检任务，但是，须经省级以上林业主管部门确认。 第三条 森检员应当由具有林业专业，森保专业助理工程师以上技术职称的人员或者中等专业学校毕业，连续从事森保工作两年以上的技术员担任。 森检员应当经过省级以上林业主管部门举办的森检培训班培训并取得成绩合格证书，由省、自治区、直辖市林业主管部门批准，发给《森林植物检疫员证》。 森检员执行森检任务时，必须穿着森检制服，佩带森检标志和出示《森林植物检疫员证》。 第四条 县级以上地方林业主管部门或者其所属的森检机构可以根据需要在林业工作站、国有林场、国有苗圃、贮木场、自然保护区、木材检查站及有关车站、机场、港口、仓库等单位，聘请兼职森检员协助森检机构开展工作。 兼职森检员应当经过县级以上地方林业主管部门举办的森检培训班培训并取得成绩合格证书，由县级以上地方林业主管部门批准，发给兼职森检员证。 兼职森检员不得签发《植物检疫证书》。 第五条 森检人员在执行森检任务时有权行使下列职权： （一）进入车站、机场、港口、仓库和森林植物及其产品的生产、经营、存放等场所，依照规定实施现场检疫或者复检，查验植物检疫证书和进行疫情监测调查； （二）依法监督有关单位或者个人进行消毒处理、除害处理、隔离试种和采取封锁、消灭等措施； （三）依法查阅、摘录或者复制与森检工作有关的资料，收集证据。 第六条 应施检疫的森林植物及其产品包括： （一）林木种子、苗木和其他繁殖材料； （二）乔木、灌木、竹类、花卉和其他森林植物； （三）木材、竹材、药材、果品、盆景和其他林产品。 第七条 确定森检对象及补充森检对象，按照《森林植物检疫对象确定管理办法》的规定办理。补充森检对象名单应当报林业部备案，同时通报有关省、自治区、直辖市林业主管部门。 第八条 疫区、保护区应当按照有关规定划定、改变或者撤销，并采取严格的封锁、消灭等措施，防止森检对象传出或者传入。 在发生疫情的地区，森检机构可以派人参加当地的道路联合检查站或者木材检查站；发生特大疫情时，经省、自治区、直辖市人民政府批准可以设立森检检查站，开展森检

| 相关执法参考 | 相关法律法规（8） | 工作。
　　第九条　地方各级森检机构应当每隔三至五年进行一次森检对象普查。
　　省级林业主管部门所属的森检机构编制森检对象分布至县的资料，报林业部备查，县级林业主管部门所属的森检机构编制森检对象分布至乡的资料，报上一级森检机构备查。
　　危险性森林病、虫疫情数据由林业部指定的单位编制印发。
　　第十条　属于森检对象、国外新传入或者国内突发危险性森林病、虫的特大疫情由林业部发布；其他疫情由林业部授权的单位公布。
　　第十一条　森检机构对新发现的森检对象和其它危险性森林病、虫，应当及时查清情况，立即报告当地人民政府和所在省、自治区、直辖市林业主管部门，采取措施，彻底消灭，并由省、自治区、直辖市林业主管部门向林业部报告。
　　第十二条　生产、经营应实施检疫的森林植物及其产品的单位和个人，应当在生产和经营之前向当地森检机构备案，并在生产期间或者调运之前向当地森检机构申请产地检疫。对检疫合格的，由森检机构发给《产地检疫合格证》；对检疫不合格的，由森检机构发给《检疫处理通知单》。
　　产地检疫的技术要求按照《国内森林植物检疫技术规程》的规定执行。
　　第十三条　林木种子、苗木和其他繁殖材料的繁育单位，必须有计划地建立无森检对象的种苗繁育基地、母树林基地。
　　禁止使用带有危险性森林病、虫的林木种子、苗木和其他繁殖材料育苗或者造林。
　　第十四条　应施检疫的森林植物及其产品运出发生疫情的县级行政区域之前以及调运林木种子、苗木和其他繁殖材料必须经过检疫，取得《植物检疫证书》。
　　《植物检疫证书》由省、自治区、直辖市森检机构按规定格式统一印制。
　　《植物检疫证书》按一车（即同一运输工具）一证核发。
　　第十五条　省际间调运应施检疫的森林植物及其产品，调入单位必须事先征得所在地的省、自治区、直辖市森检机构同意并向调出单位提出检疫要求；调出单位必须根据该检疫要求向所在地的省、自治区、直辖市森检机构或其委托的单位申请检疫，对调入的应施检疫的森林植物及其产品，调入单位所在地的省、自治区、直辖市的森检机构应当查验检疫证书，必要时可以复检。
　　检疫要求应当根据森检对象，补充森检对象的分布资料和危险性森林病、虫疫情数据提出。
　　第十六条　出口的应施检疫的森林植物及其产品，在省际间调运时应当按照本细则的规定实施检疫。
　　从国外进口的应施检疫的森林植物及其产品再次调运出省、自治区、直辖市时，存放时间在一个月以内的可以凭原检疫单证发给《植物检疫证书》，不收检疫费和证书工本费；存放时间虽未超过一个月但存放地疫情比较严重，可能染疫的，应当按照本细则的规定实施检疫。
　　第十七条　调运检疫时，森检机构应当按照《国内森林植物检疫技术规程》的规定受理报检和实施检疫，根据当地疫情普查资料、产地检疫合格证和现场检疫检验、室内检疫检验结果，确认是否带有森检对象、补充森检对象或者检疫要求中提出的危险性森林病、虫。对检疫合格的，发给《植物检疫证书》；对发现森检对象、补充森检对象或者危险性森林病、虫的，发给《检疫处理通知单》，责令托运人在指定地点进行除害处理，合格后发给《植物检疗证书》；对无法进行彻底除害处理的，应当停止调运，责令改变用途、控制使用或者就地销毁。
　　第十八条　森检机构应当自受理检疫申请之日起二十日内实施检疫并核发检疫单证。二十日内不能作出决定的，经森检机构所属的林业主管部门负责人批准，可以延长十日，并告知申请人。|

第十九条 调运检疫时,森检机构对可能被森检对象、补充森检对象或者检疫要求中的危险性森林病、虫污染的包装材料、运载工具、场地、仓库等也应实施检疫。如已被污染,托运人应按森检机构的要求进行除害处理。

因实施检疫发生的车船停留、货物搬运、开拆、取样、储存、消毒处理等费用,由托运人承担。复检时发现森检对象、补充森检对象或者检疫要求中的危险性森林病、虫的,除害处理费用由收货人承担。

第二十条 调运应施检疫的森林植物及其产品时,《植物检疫证书》(正本)应当交给交通运输部门或者邮政部门随货运寄,由收货人保存备查。

第二十一条 未取得《植物检疫证书》调运应施检疫的森林植物及其产品的,森检机构应当进行补检,在调运途中被发现的,向托运人收取补检费;在调入地被发现的,向收货人收取补检费。

第二十二条 对省际间发生的森检技术纠纷,由有关省、自治区、直辖市森检机构协商解决;协商解决不了的,报林业部指定的单位或者专家认定。

第二十三条 从国外引进林木种子、苗木和其他繁殖材料,引进单位或者个人应当向所在地的省、自治区、直辖市森检机构提出申请,填写《引进林木种子、苗木和其他繁殖材料检疫审批单》,办理引种检疫审批手续;国务院有关部门所属地在京单位从国外引进林木种子、苗木和其他繁殖材料时,应当向林业部森检管理机构或者其指定的森检单位申请办理检疫审批手续。引进后需要分散到省、自治区、直辖市种植的,应当在申请办理引种检疫审批手续前征得分散种植地所在省、自治区、直辖市森检机构的同意。

引进单位或者个人应当在有关的合同或者协议中订明审批的检疫要求。

森检机构应当在收到引进申请后三十日内按林业部有关规定进行审批。

第二十四条 从国外引进的林木种子、苗木和其他繁殖材料,有关单位或者个人应当按照审批机关确认的地点和措施进行种植。对可能潜伏有危险性森林病、虫的,一年生植物必须隔离试种一个生长周期,多年生植物至少隔离试种二年以上。经省、自治区、直辖市森检机构检疫,证明确实不带危险性森林病、虫的,方可分散种植。

第二十五条 对森检对象的研究,不得在该森检对象的非疫情发生区进行。因教学、科研需要在非疫情发生区进行时,属于林业部规定的森检对象须经林业部批准,属于省、自治区、直辖市规定的森检对象须经省、自治区、直辖市林业主管部门批准,并应采取严密措施防止扩散。

第二十六条 森检机构收取的检疫费只能用于宣传教育、业务培训、检疫工作补助、临时工工资,购置和维修检疫实验用品、通讯和仪器设备等森检事业,不得挪作他用。

第二十七条 按照《植物检疫条例》第十六条的规定,进行疫情调查和采取消灭措施所需的紧急防治费和补助费,由省、自治区、直辖市在每年的农村造林和林木保护补助费中安排。

第二十八条 各级林业主管部门应当根据森检工作的需要,建设检疫检验室、除害处理设施、检疫隔离试种苗圃等设施。

第二十九条 有下列成绩之一的单位和个人,由人民政府或者林业主管部门给予奖励:

(一)与违反森检法规行为作斗争事迹突出的;

(二)在封锁、消灭森检对象工作中有显著成绩的;

(三)在森检技术研究和推广工作中获得重大成果或者显著效益的;

(四)防止危险性森林病、虫传播蔓延作出重要贡献的。

第三十条 有下列行为之一的,森检机构应当责令纠正,可以处以50元至2000元罚款;造成损失的,应当责令赔偿;构成犯罪的,由司法机关依法追究刑事责任:

(一)未依照规定办理《植物检疫证书》或者在报检过程中弄虚作假的;

	（二）伪造、涂改、买卖、转让植物检疫单证、印章、标志、封识的； （三）未依照规定调运、隔离试种或者生产应施检疫的森林植物及其产品的； （四）违反规定，擅自开拆森林植物及其产品的包装，调换森林植物及其产品，或者擅自改变森林植物及其产品的规定用途的； （五）违反规定，引起疫情扩散的。 有前款第（一）（二）（三）（四）项所列情形之一尚不构成犯罪的，森检机构可以没收非法所得。 对违反规定调运的森林植物及其产品，森检机构有权予以封存、没收、销毁或者责令改变用途。销毁所需费用由责任人承担。 第三十一条　森检人员在工作中徇私舞弊、玩忽职守造成重大损失的，由其所在单位或者上级主管机关给予行政处分；构成犯罪的，由司法机关依法追究其刑事责任。 第三十二条　当事人对森检机构的行政处罚决定不服的，可以自接到处罚通知书之日起十五日内，向作出行政处罚决定的森检机构的上级机构申请复议；对复议决定不服的，可以自接到复议决定书之日起十五日内向人民法院提起诉讼，当事人逾期不申请复议或者不起诉又不履行行政处罚决定的，森检机构可以申请人民法院强制执行或者依法强制执行。 第三十三条　本细则中规定的《植物检疫证书》、《产地检疫合格证》、《检疫处理通知单》、《森林植物检疫员证》和《引进林木种子、苗木和其他繁殖材料检疫审批单》等检疫单证的格式，由林业部制定。 第三十四条　本细则由林业部负责解释。 第三十五条　本细则自发布之日起施行。1984年9月17日林业部发布的《〈植物检疫条例〉实施细则（林业部分）》同时废止。
相关法律法规（9）	《植物检疫条例实施细则（农业部分）》 （1995年2月25日农业部令第5号发布，1997年12月25日农业部令第39号、2004年7月1日农业部令第38号、2007年11月8日农业部令第6号修订） 第一章　总　则 第一条　根据《植物检疫条例》第二十三条的规定，制定本细则。 第二条　本细则适用于国内农业植物检疫，不包括林业和进出境植物检疫。 第三条　农业部主管全国农业植物检疫工作，其执行机构是所属的植物检疫机构；各省、自治区、直辖市农业主管部门主管本地区的农业植物检疫工作；县级以上地方各级农业主管部门所属的植物检疫机构负责执行本地区的植物检疫任务。 第四条　各级植物检疫机构的职责范围： （一）农业部所属植物检疫机构的主要职责： 1. 提出有关植物检疫法规、规章及检疫工作长远规划的建议； 2. 贯彻执行《植物检疫条例》，协助解决执行中出现的问题； 3. 调查研究和总结推广植物检疫工作经验，汇编全国植物检疫资料，拟定全国重点植物检疫对象的普查、疫区划定、封锁和防治消灭措施的实施方案； 4. 负责国外引进种子、苗木和其他繁殖材料（国家禁止进境的除外）的检疫审批； 5. 组织植物检疫技术的研究和示范； 6. 培训、管理植物检疫干部及技术人员。 （二）省级植物检疫机构的主要职责： 1. 贯彻《植物检疫条例》及国家发布的各项植物检疫法令、规章制度，制定本省的实施计划和措施； 2. 检查并指导地、县级植物检疫机构的工作； 3. 拟订本省的《植物检疫实施办法》、《补充的植物检疫对象及应施检疫的植物、植

（相关执法参考　相关法律法规（8））

相关执法参考	相关法律法规（9）	物产品名单》和其他植物检疫规章制度； 4. 拟订省内划定疫区和保护区的方案，提出全省检疫对象的普查、封锁和控制消灭措施，组织开展植物检疫技术的研究和推广； 5. 培训、管理地、县级检疫干部和技术人员，总结、交流检疫工作经验，汇编检疫技术资料； 6. 签发植物检疫证书，承办授权范围内的国外引种检疫审批和省间调运应施检疫的植物、植物产品的检疫手续，监督检查引种单位进行消毒处理和隔离试种； 7. 在车站、机场、港口、仓库及其他有关场所执行植物检疫任务。 （三）地（市）、县级植物检疫机构的主要职责： 1. 贯彻《植物检疫条例》及国家、地方各级政府发布的植物检疫法令和规章制度，向基层干部和农民宣传普及检疫知识； 2. 拟订和实施当地的植物检疫工作计划； 3. 开展检疫对象调查，编制当地的检疫对象分布资料，负责检疫对象的封锁、控制和消灭工作； 4. 在种子、苗木和其他繁殖材料的繁育基地执行产地检疫。按照规定承办应施检疫的植物、植物产品的调运检疫手续。对调入的应施检疫的植物、植物产品，必要时进行复检。监督和指导引种单位进行消毒处理和隔离试种； 5. 监督指导有关部门建立无检疫对象的种子、苗木繁育、生产基地； 6. 在当地车站、机场、港口、仓库及其他有关场所执行植物检疫任务。 第五条　各级植物检疫机构必须配备一定数量的专职植物检疫人员，并逐步建立健全相应的检疫实验室和检验室。 专职植物检疫员应当是具有助理农艺师以上技术职务、或者虽无技术职务而具有中等专业学历、从事植保工作三年以上的技术人员，并经培训考核合格，由省级农业主管部门批准，报农业部备案后，发给专职植物检疫员证。各级植物检疫机构可根据工作需要，在种苗繁育、生产及科研等有关单位聘请兼职植物检疫员或特邀植物检疫员协助开展工作。兼职检疫员由所在单位推荐，经聘请单位审查合格后，发给聘书。 省级植物检疫机构应充实、健全植物检疫实验室，地（市）、县级植物检疫机构应根据情况逐步建立健全检验室，按照《植物检疫操作规程》进行检验，为植物检疫签证提供科学依据。 第六条　植物检疫证书的签发： （一）省间调运种子、苗木等繁殖材料及其他应施检疫的植物、植物产品，由省级植物检疫机构及其授权的地（市）、县级植物检疫机构签发植物检疫证书；省内种子、苗木及其他应施检疫的植物、植物产品的调运，由地（市）、县级植物检疫机构签发检疫证书。 （二）植物检疫证书应加盖签证机关植物检疫专用章，并由专职植物检疫员署名签发；授权签发的省间调运植物检疫证书还应当盖有省级植物检疫机构的植物检疫专用章。 （三）植物检疫证书式样由农业部统一制定。证书一式四份，正本一份，副本三份。正本交货主随货单寄运，副本一份由货主收寄、托运单位留存，一份交收货单位或个人所在地（县）植物检疫机构（省间调运寄给调入省植物检疫机构），一份留签证的植物检疫机构。 第七条　植物检疫机构应当自受理检疫申请之日起 20 日内作出审批决定，检疫和专家评审所需时间除外。 第八条　植物检疫人员着装办法以及服装、标志式样等由农业部、财政部统一制定。 第二章　检疫范围 第九条　农业植物检疫范围包括粮、棉、油、麻、桑、茶、糖、菜、烟、果（干果除

外)、药材、花卉、牧草、绿肥、热带作物等植物、植物的各部分，包括种子、块根、块茎、球茎、鳞茎、接穗、砧木、试管苗、细胞繁殖体等繁殖材料，以及来源于上述植物、未经加工或者虽经加工但仍有可能传播疫情的植物产品。

全国植物检疫对象和应施检疫的植物、植物产品名单，由农业部统一制定；各省、自治区、直辖市补充的植物检疫对象和应施检疫的植物、植物产品名单，由各省、自治区、直辖市农业主管部门制定，并报农业部备案。

第十条 根据《植物检疫条例》第七条和第八条第三款的规定，省间调运植物、植物产品，属于下列情况的必须实施检疫：

（一）凡种子、苗木和其他繁殖材料，不论是否列入应施检疫的植物、植物产品名单和运往何地，在调运之前，都必须经过检疫；

（二）列入全国和省、自治区、直辖市应施检疫的植物、植物产品名单的植物产品，运出发生疫情的县级行政区域之前，必须经过检疫；

（三）对可能受疫情污染的包装材料、运载工具、场地、仓库等也应实施检疫。

第三章 植物检疫对象的划区、控制和消灭

第十一条 各级植物检疫机构对本辖区的植物检疫对象原则上每隔三至五年调查一次，重点对象要每年调查。根据调查结果编制检疫对象分布资料，并报上一级植物检疫机构。

农业部编制全国农业植物检疫对象分布至县的资料，各省、自治区、直辖市编制分布至乡的资料，并报农业部备案。

第十二条 全国植物检疫对象、国外新传入和国内突发性的危险性病、虫、杂草的疫情，由农业部发布；各省、自治区、直辖市补充的植物检疫对象的疫情，由各省、自治区、直辖市农业主管部门发布，并报农业部备案。

第十三条 划定疫区和保护区，要同时制定相应的封锁、控制、消灭或保护措施。在发生疫情的地区，植物检疫机构可以按照《植物检疫条例》第五条第三款的规定，派人参加道路联合检查站或者经省、自治区、直辖市人民政府批准，设立植物检疫检查站，开展植物检疫工作。各省、自治区、直辖市植物检疫机构应当就本辖区内设立或者撤销的植物检疫检查站名称、地点等报农业部备案。

疫区内的种子、苗木及其他繁殖材料和应施检疫的植物、植物产品，只限在疫区内种植、使用，禁止运出疫区；如因特殊情况需要运出疫区的，必须事先征得所在地省级植物检疫机构批准，调出省外的，应经农业部批准。

第十四条 疫区内的检疫对象，在达到基本消灭或已取得控制蔓延的有效办法以后，应按照疫区划定时的程序，办理撤销手续，经批准后明文公布。

第四章 调运检疫

第十五条 根据《植物检疫条例》第九条和第十条规定，省间调运应施检疫的植物、植物产品，按下列程序实施检疫：

（一）调入单位或个人必须事先征得所在地的省、自治区、直辖市植物检疫机构或其授权的地（市）、县级植物检疫机构同意，并取得检疫要求书；

（二）调出地的省、自治区、直辖市植物检疫机构或其授权的当地植物检疫机构，凭调出单位或个人提供的调入地检疫要求书受理报检，并实施检疫；

（三）邮寄、承运单位一律凭有效的植物检疫证书正本收寄、承运应施检疫的植物、植物产品。

第十六条 调出单位所在地的省、自治区、直辖市植物检疫机构或其授权的地（市）、县级植物检疫机构，按下列不同情况签发植物检疫证书：

（一）在无植物检疫对象发生地区调运植物、植物产品，经核实后签发植物检疫证书；

（二）在零星发生植物检疫对象的地区调运种子、苗木等繁殖材料时，应凭产地检疫合格证签发植物检疫证书；

（三）对产地植物检疫对象发生情况不清楚的植物、植物产品，必须按照《调运检疫操作规程》进行检疫，证明不带植物检疫对象后，签发植物检疫证书。

在上述调运检疫过程中，发现有检疫对象时，必须严格进行除害处理，合格后，签发植物检疫证书；未经除害处理或处理不合格的，不准放行。

第十七条　调入地植物检疫机构，对来自发生疫情的县级行政区域的应检植物、植物产品，或者其他可能带有检疫对象的应检植物、植物产品可以进行复检。复检中发现问题的，应当与原签证植物检疫机构共同查清事实，分清责任，由复检的植物检疫机构按照《植物检疫条例》的规定予以处理。

第五章　产地检疫

第十八条　各级植物检疫机构对本辖区的原种场、良种场、苗圃以及其他繁育基地，按照国家和地方制定的《植物检疫操作规程》实施产地检疫，有关单位或个人应给予必要的配合和协助。

第十九条　种苗繁育单位或个人必须有计划地在无植物检疫对象分布的地区建立种苗繁育基地。新建的良种场、原种场、苗圃等，在选址以前，应征求当地植物检疫机构的意见；植物检疫机构应帮助种苗繁育单位选择符合检疫要求的地方建立繁育基地。

已经发生检疫对象的良种场、原种场、苗圃等，应立即采取有效措施封锁消灭。在检疫对象未消灭以前，所繁育的材料不准调入无病区；经过严格除害处理并经植物检疫机构检疫合格的，可以调运。

第二十条　试验、示范、推广的种子、苗木和其他繁殖材料，必须事先经过植物检疫机构检疫，查明确实不带植物检疫对象的，发给植物检疫证书后，方可进行试验、示范和推广。

第六章　国外引种检疫

第二十一条　从国外引进种子、苗木和其他繁殖材料（国家禁止进境的除外），实行农业部和省、自治区、直辖市农业主管部门两级审批。

种苗的引进单位或者代理进口单位应当在对外签订贸易合同、协议三十日前向种苗种植地的省、自治区、直辖市植物检疫机构提出申请，办理国外引种检疫审批手续。引种数量较大的，由种苗种植地的省、自治区、直辖市植物检疫机构审核并签署意见后，报农业部农业司或其授权单位审批。

国务院有关部门所属的在京单位、驻京部队单位、外国驻京机构等引种，应当在对外签订贸易合同、协议三十日前向农业部农业司或其授权单位提出申请，办理国外引种检疫审批手续。

国外引种检疫审批管理办法由农业部另行制定。

第二十二条　从国外引进种子、苗木等繁殖材料，必须符合下列检疫要求：

（一）引进种子、苗木和其他繁殖材料的单位或者代理单位必须在对外贸易合同或者协议中订明中国法定的检疫要求，并订明输出国家或者地区政府植物检疫机关出具检疫证书，证明符合中国的检疫要求。

（二）引进单位在申请引种前，应当安排好试种计划。引进后，必须在指定的地点集中进行隔离试种，隔离试种的时间，一年生作物不得少于一个生育周期，多年生作物不得少于二年。

在隔离试种期内，经当地植物检疫机关检疫，证明确实不带检疫对象的，方可分散种植。如发现检疫对象或者其他危险性病、虫、杂草，应认真按植物检疫机构的意见处理。

第二十三条　各省、自治区、直辖市农业主管部门应根据需要逐步建立植物检疫隔离试种场（圃）。

| 相关执法参考 | 相关法律法规（9） | 第七章　奖励和处罚
第二十四条　凡执行《植物检疫条例》有下列突出成绩之一的单位和个人，由农业部、各省、自治区、直辖市人民政府或者农业主管部门给予奖励：
（一）在开展植物检疫对象和危险性病、虫、杂草普查方面有显著成绩的；
（二）在植物检疫对象的封锁、控制、消灭方面有显著成绩的；
（三）在积极宣传和模范执行《植物检疫条例》、植物检疫规章制度、与违反《植物检疫条例》行为作斗争等方面成绩突出的；
（四）在植物检疫技术的研究和应用上有重大突破的；
（五）铁路、交通、邮政、民航等部门和当地植物检疫机构密切配合，贯彻执行《植物检疫条例》成绩显著的。
第二十五条　有下列违法行为之一，尚未构成犯罪的，由植物检疫机构处以罚款：
（一）在报检过程中故意谎报受检物品种类、品种，隐瞒受检物品数量、受检作物面积，提供虚假证明材料的；
（二）在调运过程中擅自开拆检讫的植物、植物产品，调换或者夹带其他未经检疫的植物、植物产品，或者擅自将非种用植物、植物产品作种用的；
（三）伪造、涂改、买卖、转让植物检疫单证、印章、标志、封识的；
（四）违反《植物检疫条例》第七条、第八条第一款、第十条规定之一，擅自调运植物、植物产品的；
（五）违反《植物检疫条例》第十一条规定，试验、生产、推广带有植物检疫对象的种子、苗木和其他繁殖材料，或者违反《植物检疫条例》第十三条规定，未经批准在非疫区进行检疫对象活体试验研究的；
（六）违反《植物检疫条例》第十二条第二款规定，不在指定地点种植或者不按要求隔离试种，或者隔离试种期间擅自分散种子、苗木和其他繁殖材料的。
罚款按以下标准执行：
对于非经营活动中的违法行为，处以1000元以下罚款；对于经营活动中的违法行为，有违法所得的，处以违法所得3倍以下罚款，但最高不得超过30000元；没有违法所得的，处以10000元以下罚款。
有本条第一款（二）、（三）、（四）、（五）、（六）项违法行为之一，引起疫情扩散的，责令当事人销毁或者除害处理。
有本条第一款违法行为之一，造成损失的，植物检疫机构可以责令其赔偿损失。
有本条第一款（二）、（三）、（四）、（五）、（六）项违法行为之一，以赢利为目的的，植物检疫机构可以没收当事人的非法所得。
第八章　附　则
第二十六条　国内植物检疫收费按照国家有关规定执行。
第二十七条　本实施细则所称"以上"、"以下"，均包括本数在内。
本实施细则所称"疫情"，是指全国植物检疫对象、各省、自治区、直辖市补充的植物检疫对象、国外新传入的和国内突发性的危险性病、虫、杂草以及植物检疫对象和危险性病、虫、杂草的发生、分布情况。
第二十八条　植物检疫规章和规范性文件的制定，必须以国务院发布的《植物检疫条例》为准，任何与《植物检疫条例》相违背的规章和规范性文件，均属无效。
第二十九条　本实施细则由农业部负责解释。
第三十条　本实施细则自公布之日起施行。1983年10月20日农牧渔业部发布的《植物检疫条例实施细则（农业部分）》同时废止。 |

第四章 破坏环境资源保护的犯罪

二十一、污染环境罪

罪名	污染环境罪（《刑法》第338条）
概念	污染环境罪，是指违反国家规定，排放、倾倒或者处置有放射性的废物、含传染病病原体的废物、有毒物质或者其他有害物质，严重污染环境的行为。
犯罪构成	**客体**：本罪侵犯的客体是单一客体，即国家有关环境污染防治的管理制度。为了防治环境污染、保护自然环境，国家先后颁布了《环境保护法》《大气污染防治法》《水污染防治法》《海洋环境保护法》《固体废物污染环境防治法》《放射性污染防治法》等一系列法律、法规。《环境保护法》第42条规定，排放污染物的企业事业单位和其他生产经营者，应当采取措施，防治在生产建设或者其他活动中产生的废气、废水、废渣、医疗废物、粉尘、恶臭气体、放射性物质以及噪声、振动、光辐射、电磁辐射等对环境的污染和危害。排放污染物的企业事业单位，应当建立环境保护责任制度，明确单位负责人和相关人员的责任。重点排污单位应当按照国家有关规定和监测规范安装使用监测设备，保证监测设备正常运行，保存原始监测记录。严禁通过暗管、渗井、渗坑、灌注或者篡改、伪造监测数据，或者不正常运行防治污染设施等逃避监管的方式违法排放污染物。《大气污染防治法》第35条规定，国家禁止进口、销售和燃用不符合质量标准的煤炭，鼓励燃用优质煤炭。单位存放煤炭、煤矸石、煤渣、煤灰等物料，应当采取防燃措施，防止大气污染。第82条规定，禁止在人口集中地区和其他依法需要特殊保护的区域内焚烧沥青、油毡、橡胶、塑料、皮革、垃圾以及其他产生有毒有害烟尘和恶臭气体的物质。禁止生产、销售和燃放不符合质量标准的烟花爆竹。任何单位和个人不得在城市人民政府禁止的时段和区域内燃放烟花爆竹。根据《传染病防治法》有关规定，对含传染病病原体的废物实行严格消毒处理，严禁非法排放、倾倒或者处置。违反上述法律、法规，向土地、水体、大气排放、倾倒或者处置有害废物，严重污染环境的行为，必然侵害了国家有关环境污染防治的管理制度。 犯罪对象是有害物质及环境。第一类有害物质。所谓有害物质，是指有放射性的废物、含传染病病原体的废物、有毒物质或者其他有害物质。具体包括四种：（1）有放射性的废物。所谓放射性的废物，是指含有放射性核素或者被放射性核素污染，其浓度或者比活度大于国家确定的清洁解控水平，预期不再使用的废弃物。放射性废物主要包括放射性废水、废气和固体废物。放射性废水，是指放射性元素含量超过国家规定限值的液体废弃物，主要包括核燃料前处理，如铀矿开采、水冶、精炼，核燃料制造等过程中产生的废水，核燃料后处理第一循环产生的废液，原子能发电站、应用放射性同位素的研究机构、医院、工厂等排出的废水。放射性废气，是指放射性核素含量超过国家规定限值的气体废弃物。由于在原子能工业的生产中或核设施运行中，随着不同的工艺过程均有不同性质的含有核素的排气产生。诸如铀矿山和铀水冶炼厂会产生来自矿井的含有氡、钍、镭射气及其子体的气溶胶；核反应堆中产生的气体在处理厂进行处理时释放的废气中含有氩、氪、氙等放射性元素、碘蒸汽、氚以及以二氧化碳形式存在的碳-14等；此外，还有大量的放

犯罪构成	客体	射性气溶胶；核企业的生产车间、设备室、热室及手套箱等地，均有放射性气体排出。放射性固体废物是指放射性核素含量超过国家规定限值的固体废弃物。主要包括从含铀矿石提取铀的过程中产生的废矿渣，铀精制厂、燃料元件加工厂、反应堆、核燃料后处理厂以及使用放射性同位素研究、医疗等单位排出的沾有人工或天然放射性物质的各种器物，放射性废液经浓缩、固化处理形成的固体废弃物。（2）含传染病病原体的废物。所谓传染病病原体，是指能在人体或者动物体内生长、繁殖，通过空气、饮食、接触等方式传播，能对人体健康造成危害的传染病菌种和毒种。而含传染病病原体的废物，是指含有传染病病菌、病毒等病原体的污水、污物、粪便等废弃物。传染病是由各种病原体引起的能在人与人、动物与动物或人与动物之间相互传播的一类疾病，每种传染病都由其特异的病原体引起。我国法定传染病有甲、乙、丙3类，共39种。所谓病原体亦称病原物或病原生物，是指能引起病的微生物和寄生虫的统称，主要包括病菌、寄生虫和病毒三类。而病原体中大部分是微生物，小部分为寄生虫。病原体可以是微生物或寄生虫，包括病毒、立克次体、细菌、真菌、螺旋体、原虫等。（3）有毒物质。所谓有毒物质，是对机体发生化学或物理化学的作用，因而损害机体，引起功能障碍、疾病甚至死亡的物质。有毒物质可分为无机毒物和有机毒物两大类。如汞、铅、砷、镉、铬、氟等属于无机毒物，其中有许多能在生物体中富集积累。有机毒物如酚、氰、有机氯、有机磷、有机汞、乙烯等。有毒物质包括：危险废物，是指列入国家危险废物名录，或者根据国家规定的危险废物鉴别标准和鉴别方法认定的，具有危险特性的废物；《关于持久性有机污染物的斯德哥尔摩公约》附件所列物质；含重金属的污染物；其他具有毒性，可能污染环境的物质。（4）其他有害物质。所谓其他有害物质，是指上述物质以外的、可能对人体及环境具有污染性、爆炸性、易燃性、腐蚀性、毒害性、传染性的物质。有害物质的范围较为宽泛，司法适用中宜根据案件具体情况予以把握。只要所涉及的物质会对土地、大气、水体造成污染环境危害，就可视为有害物质。例如本身无害的物质，但直接在环境中排放、倾倒、处置将对环境造成危害，也可以认定为有害物质。 第二类环境。环境，从字面上看，环者，绕也，即围绕的意思；境者，疆也，即疆界的意思。环境，就是环绕某一中心事物的外部世界。它包括三层意思：一是特定的中心事物，即研究对象；二是围绕这一中心事物并与之相互作用的外部客观世界；三是这个外部客观世界的范围和边界。根据《环境保护法》规定，所谓环境，是指影响人类生存和发展的各种天然的和经过人工改造的自然因素的总体，包括大气、水、海洋、土地、矿藏、森林、草原、湿地、野生生物、自然遗迹、人文遗迹、自然保护区、风景名胜区、城市和乡村等。环境的内涵在于，环境作为人类赖以生存和发展的基础这一特征，揭示了环境对人类的意义和人类保护环境的重要性和必要性，揭示了环境区别于环境以外事物的根本方面。这一本质决定了环境的发展变化及其与人类的紧密关系，决定了环境的一切特点。环境的外延，一般可以分为自然环境和社会环境或者生活环境和生态环境。自然环境是按照自然规律存在和发展的，而社会环境是随着社会生产力水平的提高而不断地丰富和发展的。生活环境包括人类社会生活相距较近、关系最密切的各种自然条件和人工条件，如空气、水、土地、城镇等。生态环境指与人类生活相距较远，由生物群落及其非生物因素所组成的具有层次性、系统性的生态系统构成的大自然环境，包括土壤条件、气候条件、生物条件、地理条件等各种生态因素。但广义的生态环境实际上包括了生活环境，因为生活环境也是由不同类型、不同层次的生态系统构成的。二者界限划分虽有时难分，但仍有以下区别：生活环境主要由人工改创而成，后者多自然形成；前者主要受人类排放废弃物影响，后者主要受人类开发自然资源影响；生活污染往往直观、明显、即时发生，后者是间接、潜在、长久地影响人类繁衍，造成持续的损害；前者较易治理，也易于见效，后者难以恢复，甚至不能恢复。

犯罪构成	客观方面	本罪在客观方面表现为违反国家规定，排放、倾倒或者处置有放射性的废物、含传染病病原体的废物、有毒物质或者其他有害物质，严重污染环境的行为。包括三点： 1. 行为违反国家规定。这里的国家规定，是指全国人大及其常委会颁布的有关环境污染防治的法律，以及国务院颁布的相关环境污染防治的行政法规、行政措施、实施细则、环保标准和决定、办法等。《环境保护法》第16条规定，国务院环境保护主管部门根据国家环境质量标准和国家经济、技术条件，制定国家污染物排放标准。省、自治区、直辖市人民政府对国家污染物排放标准中未作规定的项目，可以制定地方污染物排放标准；对国家污染物排放标准中已作规定的项目，可以制定严于国家污染物排放标准的地方污染物排放标准。地方污染物排放标准应当报国务院环境保护主管部门备案。第44条规定，国家实行重点污染物排放总量控制制度。重点污染物排放总量控制指标由国务院下达，省、自治区、直辖市人民政府分解落实。企业事业单位在执行国家和地方污染物排放标准的同时，应当遵守分解落实到本单位的重点污染物排放总量控制指标。对超过国家重点污染物排放总量控制指标或者未完成国家确定的环境质量目标的地区，省级以上人民政府环境保护主管部门应当暂停审批其新增重点污染物排放总量的建设项目环境影响评价文件。第45条规定，国家依照法律规定实行排污许可管理制度。实行排污许可管理的企业事业单位和其他生产经营者应当按照排污许可证的要求排放污染物；未取得排污许可证的，不得排放污染物。《海洋环境保护法》第33条规定，禁止向海域排放油类、酸液、碱液、剧毒废液和高、中水平放射性废水。严格限制向海域排放低水平放射性废水；确需排放的，必须严格执行国家辐射防护规定。严格控制向海域排放含有不易降解的有机物和重金属的废水。第34条规定，含病原体的医疗污水、生活污水和工业废水必须经过处理，符合国家有关排放标准后，方能排入海域。第35条规定，含有机物和营养物质的工业废水、生活污水，应当严格控制向海湾、半封闭海及其他自净能力较差的海域排放。第36条规定，向海域排放含热废水，必须采取有效措施，保证邻近渔业水域的水温符合国家海洋环境质量标准，避免热污染对水产资源的危害。第55条规定，任何单位未经国家海洋行政主管部门批准，不得向中华人民共和国管辖海域倾倒任何废弃物。需要倾倒废弃物的单位，必须向国家海洋行政主管部门提出书面申请，经国家海洋行政主管部门审查批准，发给许可证后，方可倾倒。禁止中华人民共和国境外的废弃物在中华人民共和国管辖海域倾倒。第59条规定，获准倾倒废弃物的单位，必须按照许可证注明的期限及条件，到指定的区域进行倾倒。废弃物装载之后，批准部门应当予以核实。第61条规定，禁止在海上焚烧废弃物。禁止在海上处置放射性废弃物或者其他放射性物质。废弃物中的放射性物质的豁免浓度由国务院制定。根据《海洋倾废管理条例》第11条规定，废弃物根据其毒性、有害物质含量和对海洋环境的影响等因素，分为三类。第一，禁止倾倒下列物质：（1）含有机卤素化合物、汞及汞化合物、镉及镉化合物的废弃物，但微含量的或能在海水中迅速转化为无害物质的除外。（2）强放射性废弃物及其他强放射性物质。（3）原油及其废弃物、石油炼制品、残油，以及含这类物质的混合物。（4）渔网、绳索、塑料制品及其他能在海面漂浮或在水中悬浮，严重妨碍航行、捕鱼及其他活动或危害海洋生物的人工合成物质。（5）含有上述第一、二项所列物质的阴沟污泥和疏浚物。当出现紧急情况，在陆地上处置会严重危及人民健康时，经国家海洋局批准，获得紧急许可证，可到指定的区域按规定的方法倾倒。第二，倾倒下列废弃物，应当事先获得特别许可证，即需要获得特别许可证才能倾倒：（1）含有下列大量物质的废弃物：砷及其化合物；铅及其化合物；铜及其化合物；锌及其化合物；有机硅化合物；氰化物；氟化物；铍、铬、镍、钒及其化合物；未列入上述禁止倾倒物质的杀虫剂及其副产品。但无害的或能在海水中迅速转化为无害物质的除外。（2）含弱放射性物质的废弃物。（3）容易沉入海底，可能严重障碍捕鱼和航行的容器、废金属及其他笨重的废弃物。（4）含有本附件第一、二项所列物质的阴沟污泥和疏浚物。第三，倾倒未列入上述禁止倾倒物质和上述需要获得特别许可证才能倾

犯罪构成	客观方面	倒物质的低毒或无毒的废弃物，应当事先获得普通许可证。《水污染防治法》第 21 条规定，直接或者间接向水体排放工业废水和医疗污水以及其他按照规定应当取得排污许可证方可排放的废水、污水的企业事业单位和其他生产经营者，应当取得排污许可证；城镇污水集中处理设施的运营单位，也应当取得排污许可证。排污许可证应当明确排放水污染物的种类、浓度、总量和排放去向等要求。排污许可的具体办法由国务院规定。禁止企业事业单位和其他生产经营者无排污许可证或者违反排污许可证的规定向水体排放前款规定的废水、污水。第 33 条规定，禁止向水体排放油类、酸液、碱液或者剧毒废液。禁止在水体清洗装贮过油类或者有毒污染物的车辆和容器。第 34 条规定，禁止向水体排放、倾倒放射性固体废物或者含有高放射性和中放射性物质的废水。向水体排放含低放射性物质的废水，应当符合国家有关放射性污染防治的规定和标准。第 35 条规定，向水体排放含热废水，应当采取措施，保证水体的水温符合水环境质量标准。第 36 条规定，含病原体的污水应当经过消毒处理；符合国家有关标准后，方可排放。第 37 条规定，禁止向水体排放、倾倒工业废渣、城镇垃圾和其他废弃物。禁止将含有汞、镉、砷、铬、铅、氰化物、黄磷等的可溶性剧毒废渣向水体排放、倾倒或者直接埋入地下。存放可溶性剧毒废渣的场所，应当采取防水、防渗漏、防流失的措施。第 39 条规定，禁止利用渗井、渗坑、裂隙、溶洞，私设暗管，篡改、伪造监测数据，或者不正常运行水污染防治设施等逃避监管的方式排放水污染物。第 40 条规定，禁止利用无防渗漏措施的沟渠、坑塘等输送或者存贮含有毒污染物的废水、含病原体的污水和其他废弃物。《放射性污染防治法》第 40 条规定，向环境排放放射性废气、废液，必须符合国家放射性污染防治标准。第 42 条规定，禁止利用渗井、渗坑、天然裂隙、溶洞或者国家禁止的其他方式排放放射性废液。第 43 条规定，禁止在内河水域和海洋上处置放射性固体废物。第 46 条规定，设立专门从事放射性固体废物贮存、处置的单位，必须经国务院环境保护行政主管部门审查批准，取得许可证。具体办法由国务院规定。禁止未经许可或者不按照许可的有关规定从事贮存和处置放射性固体废物的活动。禁止将放射性固体废物提供或者委托给无许可证的单位贮存和处置。《危险废物经营许可证管理办法》第 2 条规定，在中华人民共和国境内从事危险废物收集、贮存、处置经营活动的单位，应当依照本办法的规定，领取危险废物经营许可证。《废弃危险化学品污染环境防治办法》第 7 条规定，禁止任何单位或者个人随意弃置废弃危险化学品。第 11 条规定，从事收集、贮存、利用、处置废弃危险化学品经营活动的单位，应当按照国家有关规定向所在地省级以上环境保护部门申领危险废物经营许可证。危险化学品生产单位回收利用、处置与其产品同种的废弃危险化学品的，应当向所在地省级以上环境保护部门申领危险废物经营许可证，并提供符合下列条件的证明材料：（1）具备相应的生产能力和完善的管理制度；（2）具备回收利用、处置该种危险化学品的设施、技术和工艺；（3）具备国家或者地方环境保护标准和安全要求的配套污染防治设施和事故应急救援措施。禁止无危险废物经营许可证或者不按照经营许可证规定从事废弃危险化学品收集、贮存、利用、处置的经营活动。行为违反上述国家规定是本罪成立的前提条件。 2. 实施了排放、倾倒或者处置有放射性的废物、含传染病病原体的废物、有毒物质或者其他有害物质的行为。所谓排放，是指以任何方式排出有放射性的废物、含传染病病原体的废物、有毒物质或者其他有害物质的，包括泵出、溢出、泄出、喷出、倒出等。所谓倾倒，是指以任何运载工具任意倾卸、抛弃有放射性的废物、含传染病病原体的废物、有毒物质或者其他有害物质的行为。如《海洋倾废管理条例》第 2 条规定的海洋倾倒，是指利用船舶、航空器、平台及其他载运工具，向海洋处置废弃物和其他物质；向海洋弃置船舶、航空器、平台和其他海上人工构造物，以及向海洋处置由于海底矿物资源的勘探开发及与勘探开发相关的海上加工所产生的废弃物和其他物质。倾倒不包括船舶、航空器及其他载运工具和设施正常操作产生的废弃物的排放。所谓处置，是指任何超过环境保护

犯罪构成		
	客观方面	标准方式要求的处理有放射性的废物、含传染病病原体的废物、有毒物质或者其他有害物质的行为。如《危险废物经营许可证管理办法》第31条规定，危险废物的处置，是指危险废物经营单位将危险废物焚烧、煅烧、熔融、烧结、裂解、中和、消毒、蒸馏、萃取、沉淀、过滤、拆解以及用其他改变危险废物物理、化学、生物特性的方法，达到减少危险废物数量、缩小危险废物体积、减少或者消除其危险成分的活动，或者将危险废物最终置于符合环境保护规定要求的场所或者设施并不再回取的活动。所谓非法处置危险废物，是指无危险废物经营许可证，以营利为目的，从危险废物中提取物质作为原材料或者燃料，并具有超标排放污染物、非法倾倒污染物或者其他违法造成环境污染的情形的行为。 3. 非法排放、倾倒或者处置有害物质的行为，必须造成了严重污染环境的后果，才能成立犯罪。本罪为环境损害结果犯，如果非法排放、倾倒或者处置有害物质的行为，没有造成严重污染环境的后果，不能成立犯罪。根据有关司法解释规定，具有下列情形之一的，应当认定为"严重污染环境"：（1）在饮用水水源一级保护区、自然保护区核心区排放、倾倒、处置有放射性的废物、含传染病病原体的废物、有毒物质的；（2）非法排放、倾倒、处置危险废物三吨以上的；（3）排放、倾倒、处置含铅、汞、镉、铬、砷、铊、锑的污染物，超过国家或者地方污染物排放标准三倍以上的；（4）排放、倾倒、处置含镍、铜、锌、银、钒、锰、钴的污染物，超过国家或者地方污染物排放标准十倍以上的；（5）通过暗管、渗井、渗坑、裂隙、溶洞、灌注等逃避监管的方式排放、倾倒、处置有放射性的废物、含传染病病原体的废物、有毒物质的；（6）2年内曾因违反国家规定，排放、倾倒、处置有放射性的废物、含传染病病原体的废物、有毒物质受过两次以上行政处罚，又实施前列行为的；（7）重点排污单位篡改、伪造自动监测数据或者干扰自动监测设施，排放化学需氧量、氨氮、二氧化硫、氮氧化物等污染物的；（8）违法减少防治污染设施运行支出100万元以上的；（9）违法所得或者致使公私财产损失30万元以上的；（10）造成生态环境严重损害的；（11）致使乡镇以上集中式饮用水水源取水中断12小时以上的；（12）致使基本农田、防护林地、特种用途林地五亩以上，其他农用地十亩以上，其他土地20亩以上基本功能丧失或者遭受永久性破坏的；（13）致使森林或者其他林木死亡50立方米以上，或者幼树死亡2500株以上的；（14）致使疏散、转移群众5000人以上的；（15）致使30人以上中毒的；（16）致使3人以上轻伤、轻度残疾或者器官组织损伤导致一般功能障碍的；（17）致使1人以上重伤、中度残疾或者器官组织损伤导致严重功能障碍的；（18）其他严重污染环境的情形。其中第6项的"2年内"，以第一次违法行为受到行政处罚的生效之日与又实施相应行为之日的时间间隔计算确定。其中第7项的"重点排污单位"，是指设区的市级以上人民政府环境保护主管部门依法确定的应当安装、使用污染物排放自动监测设备的重点监控企业及其他单位。其中第10项的生态环境损害，包括生态环境修复费用，生态环境修复期间服务功能的损失和生态环境功能永久性损害造成的损失，以及其他必要合理费用。
	主体	本罪的主体是一般主体，包括自然人和单位。自然人主体是指年满16周岁具有刑事责任能力的自然人。单位主要是产生或拥有有害废物的企业、事业单位。
	主观方面	本罪在主观方面表现为故意，即行为人明知违反国家规定的排放、倾倒或者处置有放射性的废物、含传染病病原体的废物、有毒物质或者其他有害物质行为，会发生严重污染环境的后果而故意为之的心理态度。过失不能构成本罪。行为人的动机多种多样，有的为了营利，有的为了实施其他犯罪，不同的动机一般不影响本罪的定罪。

认定标准	刑罚标准	1. 犯本罪的，处 3 年以下有期徒刑或者拘役，并处或者单处罚金。 2. 情节严重的，处 3 年以上 7 年以下有期徒刑，并处罚金。 3. 单位犯本罪的，对单位判处罚金，并对其直接负责的主管人员和其他直接责任人员，依照上述规定处罚。 本罪属于环境损害结果犯，行为人实施了违反国家规定，排放、倾倒或者处置有放射性的废物、含传染病病原体的废物、有毒物质或者其他有害物质的行为，必须造成了严重污染环境的后果，才能成立犯罪。除情节显著轻微危害不大不认为是犯罪的以外，即应适用第一档量刑条款。 构成本罪，后果特别严重的，适用第二档量刑条款。根据有关司法解释规定，具有下列情形之一的，应当认定为"后果特别严重"：（1）致使县级以上城区集中式饮用水水源取水中断 12 小时以上的；（2）非法排放、倾倒、处置危险废物 100 吨以上的；（3）致使基本农田、防护林地、特种用途林地 15 亩以上，其他农用地 30 亩以上，其他土地 60 亩以上基本功能丧失或者遭受永久性破坏的；（4）致使森林或者其他林木死亡一百五十立方米以上，或者幼树死亡 7500 株以上的；（5）致使公私财产损失 100 万元以上的；（6）造成生态环境特别严重损害的；（7）致使疏散、转移群众 15000 人以上的；（8）致使 100 人以上中毒的；（9）致使 10 人以上轻伤、轻度残疾或者器官组织损伤导致一般功能障碍的；（10）致使 3 人以上重伤、中度残疾或者器官组织损伤导致严重功能障碍的；（11）致使 1 人以上重伤、中度残疾或者器官组织损伤导致严重功能障碍，并致使 5 人以上轻伤、轻度残疾或者器官组织损伤导致一般功能障碍的；（12）致使 1 人以上死亡或者重度残疾的；（13）其他后果特别严重的情形。 根据有关司法解释规定，实施本罪行为，具有下列情形之一的，应当从重处罚：（1）阻挠环境监督检查或者突发环境事件调查，尚不构成妨害公务等犯罪的；（2）在医院、学校、居民区等人口集中地区及其附近，违反国家规定排放、倾倒、处置有放射性的废物、含传染病病原体的废物、有毒物质或者其他有害物质的；（3）在重污染天气预警期间、突发环境事件处置期间或者被责令限期整改期间，违反国家规定排放、倾倒、处置有放射性的废物、含传染病病原体的废物、有毒物质或者其他有害物质的；（4）具有危险废物经营许可证的企业违反国家规定排放、倾倒、处置有放射性的废物、含传染病病原体的废物、有毒物质或者其他有害物质的。另外，从事环境监测设施维护、运营的人员实施或者参与实施篡改、伪造自动监测数据、干扰自动监测设施、破坏环境质量监测系统等行为的，应当从重处罚。还有，实施污染环境行为，刚达到应当追究刑事责任的标准，但行为人及时采取措施，防止损失扩大、消除污染，全部赔偿损失，积极修复生态环境，且系初犯，确有悔罪表现的，可以认定为情节轻微，不起诉或者免予刑事处罚；确有必要判处刑罚的，应当从宽处罚。
	此罪与违法行为的区别	1. 看行为性质。行为违反有关国家规定是本罪成立的前提条件。如果行为人的排放、倾倒或者处置有害废物的行为没有违反国家规定，即使产生了重大后果，也不能以本罪认定。相关排污行为符合国家排放标准，但介入了其他企业集中排放，污染源过于集中造成了环境污染的，不成立本罪。 2. 看结果有无。本罪属于环境损害结果犯，如果行为人实施的违反国家规定，排放、倾倒或者处置有放射性的废物、含传染病病原体的废物、有毒物质或者其他有害物质的行为，没有造成严重污染环境的后果，或者只造成了轻度的污染环境，就不能构成犯罪。其非法排放、倾倒或者处置行为应当按照违法来论处。根据《环境保护法》第 63 条规定，企业事业单位和其他生产经营者有下列行为之一，尚不构成犯罪的，除依照有关法律法规规定予以处罚外，由县级以上人民政府环境保护主管部门或者其他有关部门将案件移送公安机关，对其直接负责的主管人员和其他直接责任人员，处 10 日以上 15 日以下拘留；情节较轻的，处 5 日以上 10 日以下拘留：（1）建设项目未依法进行环境影响评价，被责令

认定标准	此罪与违法行为的区别	停止建设，拒不执行的；（2）违反法律规定，未取得排污许可证排放污染物，被责令停止排污，拒不执行的；（3）通过暗管、渗井、渗坑、灌注或者篡改、伪造监测数据，或者不正常运行防治污染设施等逃避监管的方式违法排放污染物的；（4）生产、使用国家明令禁止生产、使用的农药，被责令改正，拒不改正的。 3. 看主观罪过。本罪在主观方面表现为故意，过失不能构成本罪。如果存在过失，或者由于不能抗拒不能预见的原因造成了严重环境污染事故，不构成本罪。
	本罪罪数的认定	违反国家规定，排放、倾倒、处置含有毒害性、放射性、传染病病原体等物质的污染物，同时构成污染环境罪、非法处置进口的固体废物罪、投放危险物质罪等犯罪的，依照处罚较重的规定定罪处罚。 无危险废物经营许可证从事收集、贮存、利用、处置危险废物经营活动，严重污染环境的，按照污染环境罪定罪处罚；同时构成非法经营罪的，依照处罚较重的规定定罪处罚。实施上述行为，不具有超标排放污染物、非法倾倒污染物或者其他违法造成环境污染的情形的，可以认定为非法经营情节显著轻微危害不大，不认为是犯罪；构成生产、销售伪劣产品等其他犯罪的，以其他犯罪论处。 违反国家规定，针对环境质量监测系统实施下列行为，或者强令、指使、授意他人实施下列行为的，应当以破坏计算机信息系统罪论处：（1）修改参数或者监测数据的；（2）干扰采样，致使监测数据严重失真的；（3）其他破坏环境质量监测系统的行为。重点排污单位篡改、伪造自动监测数据或者干扰自动监测设施，排放化学需氧量、氨氮、二氧化硫、氮氧化物等污染物，同时构成污染环境罪和破坏计算机信息系统罪的，依照处罚较重的规定定罪处罚。
	本罪共犯的认定	明知他人无危险废物经营许可证，向其提供或者委托其收集、贮存、利用、处置危险废物，严重污染环境的，以本罪的共同犯罪论处。
	此罪与彼罪的区别（1）	本罪与危险物品肇事罪的区别。 危险物品肇事罪，是指违反爆炸性、易燃性、放射性、毒害性、腐蚀性物品的管理规定，在生产、储存、运输、使用中发生重大事故，造成严重后果的行为。两罪的主要区别在于： 1. 犯罪客体不同。本罪侵犯的客体是国家有关环境污染防治的管理制度。后罪侵犯的客体是公共安全，即不特定多数人的生命、健康和重大公私财产的安全。 2. 对象不同。本罪的对象是有放射性的废物、含传染病病原体的废物、有毒物质或者其他有害物质和环境。后罪的对象是爆炸性、易燃性、放射性、毒害性、腐蚀性物品。 3. 犯罪行为场所不同。本罪是在排放、倾倒、处置有害废物过程中发生的。后罪是在危险物品的生产、使用、运输、管理过程中发生的。 4. 犯罪主体不同。本罪的主体是一般主体，包括自然人和单位。可以是自然人，也可以是单位。后罪的主体只能是自然人，实践中主要是单位的生产、储存、运输、使用危险物品的人员。 5. 犯罪主观罪过不同。本罪主观罪过为故意。后罪主观罪过为过失。
	此罪与彼罪的区别（2）	本罪与投放危险物质罪的区别。 投放危险物质罪，是指故意投放毒害性、放射性、传染病病原体等物质，危害公共安全的行为。两罪的主要区别在于： 1. 犯罪客体不同。本罪侵犯的客体是国家有关环境污染防治的管理制度。后罪侵犯的客体是公共安全，即不特定多数人的生命、健康和重大公私财产的安全。

认定标准	此罪与彼罪的区别（2）	2. 犯罪客观方面不同。本罪客观方面表现为违反国家规定，排放、倾倒或者处置有放射性的废物、含传染病病原体的废物、有毒物质或者其他有害物质，严重污染环境的行为。后罪客观方面表现为将毒害性、放射性、传染病病原体等物质投放于供不特定或多数人食用、饮用的食物中或者供人、畜等使用的河流、池塘、水井等公共场所而危害公共安全的行为。 3. 犯罪成立标准不同。本罪属于环境损害结果犯，行为人实施了违反国家规定，排放、倾倒或者处置有放射性的废物、含传染病病原体的废物、有毒物质或者其他有害物质的行为，只要造成了严重污染环境的后果，就能成立犯罪，属于既遂。后罪属于危险犯，其成立并不需要出现不特定多数人的中毒或重大公私财产遭受毁损的实际结果，只要行为人的行为足以危害公共安全的，即成立犯罪，属于危险犯的既遂。 4. 犯罪主体不同。本罪的主体是一般主体，包括自然人和单位。可以是自然人，也可以是单位。后罪的主体只能是自然人。
相关执法参考	刑法	中华人民共和国刑法（节录） （1979年7月1日第五届全国人民代表大会第二次会议通过，1997年3月14日第八届全国人民代表大会第五次会议修订，已先后被1999年12月25日《中华人民共和国刑法修正案》、2001年8月31日《中华人民共和国刑法修正案（二）》、2001年12月29日《中华人民共和国刑法修正案（三）》、2002年12月28日《中华人民共和国刑法修正案（四）》、2005年2月28日《中华人民共和国刑法修正案（五）》、2006年6月29日《中华人民共和国刑法修正案（六）》、2009年2月28日《中华人民共和国刑法修正案（七）》、2009年8月27日《全国人民代表大会常务委员会关于修改部分法律的决定》、2011年2月25日《中华人民共和国刑法修正案（八）》、2015年8月29日《中华人民共和国刑法修正案（九）》、2017年11月4日《中华人民共和国刑法修正案（十）》、2020年12月26日《中华人民共和国刑法修正案（十一）》修改或修正） **第三百三十八条** 违反国家规定，排放、倾倒或者处置有放射性的废物、含传染病病原体的废物、有毒物质或者其他有害物质，严重污染环境的，处三年以下有期徒刑或者拘役，并处或者单位罚金；情节严重的，处三年以上七年以下有期徒刑，并处罚金；有下列情形之一的，处七年以上有期徒刑，并处罚金： （一）在饮用水水源保护区、自然保护地核心保护区等依法确定的重点保护区域排放、倾倒、处置有放射性的废物、含传染病病原体的废物、有毒物质，情节特别严重的； （二）向国家确定的重要江河、湖泊水域排放、倾倒、处置有放射性的废物、含传染病病原体的废物、有毒物质，情节特别严重的； （三）致使大量永久基本农田基本功能丧失或者遭受永久性破坏的； （四）致使多人重伤、严重疾病，或者致人严重残疾、死亡的。 有前款行为，同时构成其他犯罪的，依照处罚较重的规定定罪处罚。
	相关法律法规（1）	最高人民法院、最高人民检察院《关于办理环境污染刑事案件适用法律若干问题的解释》 （2016年11月7日最高人民法院审判委员会第1698次会议、2016年12月8日最高人民检察院第十二届检察委员会第58次会议通过，法释〔2016〕29号，自2017年1月1日起施行） 为依法惩治有关环境污染犯罪，根据《中华人民共和国刑法》《中华人民共和国刑事诉讼法》的有关规定，现就办理此类刑事案件适用法律的若干问题解释如下： **第一条** 实施刑法第三百三十八条规定的行为，具有下列情形之一的，应当认定为"严重污染环境"： （一）在饮用水水源一级保护区、自然保护区核心区排放、倾倒、处置有放射性的废物、含传染病病原体的废物、有毒物质的；

相关执法参考	相关法律法规(1)	（二）非法排放、倾倒、处置危险废物三吨以上的； （三）排放、倾倒、处置含铅、汞、镉、铬、砷、铊、锑的污染物，超过国家或者地方污染物排放标准三倍以上的； （四）排放、倾倒、处置含镍、铜、锌、银、钒、锰、钴的污染物，超过国家或者地方污染物排放标准十倍以上的； （五）通过暗管、渗井、渗坑、裂隙、溶洞、灌注等逃避监管的方式排放、倾倒、处置有放射性的废物、含传染病病原体的废物、有毒物质的； （六）二年内曾因违反国家规定，排放、倾倒、处置有放射性的废物、含传染病病原体的废物、有毒物质受过两次以上行政处罚，又实施前列行为的； （七）重点排污单位篡改、伪造自动监测数据或者干扰自动监测设施，排放化学需氧量、氨氮、二氧化硫、氮氧化物等污染物的； （八）违法减少防治污染设施运行支出一百万元以上的； （九）违法所得或者致使公私财产损失三十万元以上的； （十）造成生态环境严重损害的； （十一）致使乡镇以上集中式饮用水水源取水中断十二小时以上的； （十二）致使基本农田、防护林地、特种用途林地五亩以上，其他农用地十亩以上，其他土地二十亩以上基本功能丧失或者遭受永久性破坏的； （十三）致使森林或者其他林木死亡五十立方米以上，或者幼树死亡二千五百株以上的； （十四）致使疏散、转移群众五千人以上的； （十五）致使三十人以上中毒的； （十六）致使三人以上轻伤、轻度残疾或者器官组织损伤导致一般功能障碍的； （十七）致使一人以上重伤、中度残疾或者器官组织损伤导致严重功能障碍的； （十八）其他严重污染环境的情形。 第二条　实施刑法第三百三十九条、第四百零八条规定的行为，致使公私财产损失三十万元以上，或者具有本解释第一条第十项至第十七项规定情形之一的，应当认定为"致使公私财产遭受重大损失或者严重危害人体健康"或者"致使公私财产遭受重大损失或者造成人身伤亡的严重后果"。 第三条　实施刑法第三百三十八条、第三百三十九条规定的行为，具有下列情形之一的，应当认定为"后果特别严重"： （一）致使县级以上城区集中式饮用水水源取水中断十二小时以上的； （二）非法排放、倾倒、处置危险废物一百吨以上的； （三）致使基本农田、防护林地、特种用途林地十五亩以上，其他农用地三十亩以上，其他土地六十亩以上基本功能丧失或者遭受永久性破坏的； （四）致使森林或者其他林木死亡一百五十立方米以上，或者幼树死亡七千五百株以上的； （五）致使公私财产损失一百万元以上的； （六）造成生态环境特别严重损害的； （七）致使疏散、转移群众一万五千人以上的； （八）致使一百人以上中毒的； （九）致使十人以上轻伤、轻度残疾或者器官组织损伤导致一般功能障碍的； （十）致使三人以上重伤、中度残疾或者器官组织损伤导致严重功能障碍的； （十一）致使一人以上重伤、中度残疾或者器官组织损伤导致严重功能障碍，并致使五人以上轻伤、轻度残疾或者器官组织损伤导致一般功能障碍的； （十二）致使一人以上死亡或者重度残疾的；

（十三）其他后果特别严重的情形。

第四条 实施刑法第三百三十八条、第三百三十九条规定的犯罪行为，具有下列情形之一的，应当从重处罚：

（一）阻挠环境监督检查或者突发环境事件调查，尚不构成妨害公务等犯罪的；

（二）在医院、学校、居民区等人口集中地区及其附近，违反国家规定排放、倾倒、处置有放射性的废物、含传染病病原体的废物、有毒物质或者其他有害物质的；

（三）在重污染天气预警期间、突发环境事件处置期间或者被责令限期整改期间，违反国家规定排放、倾倒、处置有放射性的废物、含传染病病原体的废物、有毒物质或者其他有害物质的；

（四）具有危险废物经营许可证的企业违反国家规定排放、倾倒、处置有放射性的废物、含传染病病原体的废物、有毒物质或者其他有害物质的。

第五条 实施刑法第三百三十八条、第三百三十九条规定的行为，刚达到应当追究刑事责任的标准，但行为人及时采取措施，防止损失扩大、消除污染，全部赔偿损失，积极修复生态环境，且系初犯，确有悔罪表现的，可以认定为情节轻微，不起诉或者免予刑事处罚；确有必要判处刑罚的，应当从宽处罚。

第六条 无危险废物经营许可证从事收集、贮存、利用、处置危险废物经营活动，严重污染环境的，按照污染环境罪定罪处罚；同时构成非法经营罪的，依照处罚较重的规定定罪处罚。

实施前款规定的行为，不具有超标排放污染物、非法倾倒污染物或者其他违法造成环境污染的情形的，可以认定为非法经营情节显著轻微危害不大，不认为是犯罪；构成生产、销售伪劣产品等其他犯罪的，以其他犯罪论处。

第七条 明知他人无危险废物经营许可证，向其提供或者委托其收集、贮存、利用、处置危险废物，严重污染环境的，以共同犯罪论处。

第八条 违反国家规定，排放、倾倒、处置含有毒害性、放射性、传染病病原体等物质的污染物，同时构成污染环境罪、非法处置进口的固体废物罪、投放危险物质罪等犯罪的，依照处罚较重的规定定罪处罚。

第九条 环境影响评价机构或其人员，故意提供虚假环境影响评价文件，情节严重的，或者严重不负责任，出具的环境影响评价文件存在重大失实，造成严重后果的，应当依照刑法第二百二十九条、第二百三十一条的规定，以提供虚假证明文件罪或者出具证明文件重大失实罪定罪处罚。

第十条 违反国家规定，针对环境质量监测系统实施下列行为，或者强令、指使、授意他人实施下列行为的，应当依照刑法第二百八十六条的规定，以破坏计算机信息系统罪论处：

（一）修改参数或者监测数据的；

（二）干扰采样，致使监测数据严重失真的；

（三）其他破坏环境质量监测系统的行为。

重点排污单位篡改、伪造自动监测数据或者干扰自动监测设施，排放化学需氧量、氨氮、二氧化硫、氮氧化物等污染物，同时构成污染环境罪和破坏计算机信息系统罪的，依照处罚较重的规定定罪处罚。

从事环境监测设施维护、运营的人员实施或者参与实施篡改、伪造自动监测数据、干扰自动监测设施、破坏环境质量监测系统等行为的，应当从重处罚。

第十一条 单位实施本解释规定的犯罪的，依照本解释规定的定罪量刑标准，对直接负责的主管人员和其他直接责任人员定罪处罚，并对单位判处罚金。

第十二条 环境保护主管部门及其所属监测机构在行政执法过程中收集的监测数据，在刑事诉讼中可以作为证据使用。

相关执法参考	**相关法律法规（1）** 公安机关单独或者会同环境保护主管部门，提取污染物样品进行检测获取的数据，在刑事诉讼中可以作为证据使用。 第十三条　对国家危险废物名录所列的废物，可以依据涉案物质的来源、产生过程、被告人供述、证人证言以及经批准或者备案的环境影响评价文件等证据，结合环境保护主管部门、公安机关等出具的书面意见作出认定。 对于危险废物的数量，可以综合被告人供述，涉案企业的生产工艺、物耗、能耗情况，以及经批准或者备案的环境影响评价文件等证据作出认定。 第十四条　对案件所涉的环境污染专门性问题难以确定的，依据司法鉴定机构出具的鉴定意见，或者国务院环境保护主管部门、公安部门指定的机构出具的报告，结合其他证据作出认定。 第十五条　下列物质应当认定为刑法第三百三十八条规定的"有毒物质"： （一）危险废物，是指列入国家危险废物名录，或者根据国家规定的危险废物鉴别标准和鉴别方法认定的，具有危险特性的废物； （二）《关于持久性有机污染物的斯德哥尔摩公约》附件所列物质； （三）含重金属的污染物； （四）其他具有毒性，可能污染环境的物质。 第十六条　无危险废物经营许可证，以营利为目的，从危险废物中提取物质作为原材料或者燃料，并具有超标排放污染物、非法倾倒污染物或者其他违法造成环境污染的情形的行为，应当认定为"非法处置危险废物"。 第十七条　本解释所称"二年内"，以第一次违法行为受到行政处罚的生效之日与又实施相应行为之日的时间间隔计算确定。 本解释所称"重点排污单位"，是指设区的市级以上人民政府环境保护主管部门依法确定的应当安装、使用污染物排放自动监测设备的重点监控企业及其他单位。 本解释所称"违法所得"，是指实施刑法第三百三十八条、第三百三十九条规定的行为所得和可得的全部违法收入。 本解释所称"公私财产损失"，包括实施刑法第三百三十八条、第三百三十九条规定的行为直接造成财产损毁、减少的实际价值，为防止污染扩大、消除污染而采取必要合理措施所产生的费用，以及处置突发环境事件的应急监测费用。 本解释所称"生态环境损害"，包括生态环境修复费用，生态环境修复期间服务功能的损失和生态环境功能永久性损害造成的损失，以及其他必要合理费用。 本解释所称"无危险废物经营许可证"，是指未取得危险废物经营许可证，或者超出危险废物经营许可证的经营范围。 第十八条　本解释自2017年1月1日起施行。本解释施行后，《最高人民法院、最高人民检察院关于办理环境污染刑事案件适用法律若干问题的解释》（法释〔2013〕15号）同时废止；之前发布的司法解释与本解释不一致的，以本解释为准。
	相关法律法规（2） 环境保护部、公安部、最高人民检察院《环境保护行政执法与刑事司法衔接工作办法》 （2017年1月25日，环环监〔2017〕17号） 各省、自治区、直辖市环境保护厅（局）、公安厅（局）、人民检察院，新疆生产建设兵团环境保护局、公安局、人民检察院： 为进一步健全环境保护行政执法与刑事司法衔接工作机制，依法惩治环境犯罪行为，切实保障公众健康，推进生态文明建设，环境保护部、公安部和最高人民检察院联合研究制定了《环境保护行政执法与刑事司法衔接工作办法》，现予以印发，请遵照执行。 第一章　总　则 第一条　为进一步健全环境保护行政执法与刑事司法衔接工作机制，依法惩治环境犯罪行为，切实保障公众健康，推进生态文明建设，依据《刑法》《刑事诉讼法》《环境保

护法》《行政执法机关移送涉嫌犯罪案件的规定》（国务院令第 310 号）等法律、法规及有关规定，制定本办法。

第二条 本办法适用于各级环境保护主管部门（以下简称环保部门）、公安机关和人民检察院办理的涉嫌环境犯罪案件。

第三条 各级环保部门、公安机关和人民检察院应当加强协作，统一法律适用，不断完善线索通报、案件移送、资源共享和信息发布等工作机制。

第四条 人民检察院对环保部门移送涉嫌环境犯罪案件活动和公安机关对移送案件的立案活动，依法实施法律监督。

第二章 案件移送与法律监督

第五条 环保部门在查办环境违法案件过程中，发现涉嫌环境犯罪案件，应当核实情况并作出移送涉嫌环境犯罪案件的书面报告。本机关负责人应当自接到报告之日起 3 日内作出批准移送或者不批准移送的决定。向公安机关移送的涉嫌环境犯罪案件，应当符合下列条件：

（一）实施行政执法的主体与程序合法。

（二）有合法证据证明有涉嫌环境犯罪的事实发生。

第六条 环保部门移送涉嫌环境犯罪案件，应当自作出移送决定后 24 小时内向同级公安机关移交案件材料，并将案件移送书抄送同级人民检察院。

环保部门向公安机关移送涉嫌环境犯罪案件时，应当附下列材料：

（一）案件移送书，载明移送机关名称、涉嫌犯罪罪名及主要依据、案件主办人及联系方式等。案件移送书应当附移送材料清单，并加盖移送机关公章。

（二）案件调查报告，载明案件来源、查获情况、犯罪嫌疑人基本情况、涉嫌犯罪的事实、证据和法律依据、处理建议和法律依据等。

（三）现场检查（勘察）笔录、调查询问笔录、现场勘验图、采样记录单等。

（四）涉案物品清单，载明已查封、扣押等采取行政强制措施的涉案物品名称、数量、特征、存放地等事项，并附采取行政强制措施、现场笔录等表明涉案物品来源的相关材料。

（五）现场照片或者录音录像资料及清单，载明需证明的事实对象、拍摄人、拍摄时间、拍摄地点等。

（六）监测、检验报告、突发环境事件调查报告、认定意见。

（七）其他有关涉嫌犯罪的材料。

对环境违法行为已经作出行政处罚决定的，还应当附行政处罚决定书。

第七条 对环保部门移送的涉嫌环境犯罪案件，公安机关应当依法接受，并立即出具接受案件回执或者在涉嫌环境犯罪案件移送书的回执上签字。

第八条 公安机关审查发现移送的涉嫌环境犯罪案件材料不全的，应当在接受案件的 24 小时内书面告知移送的环保部门在 3 日内补正。但不得以材料不全为由，不接受移送案件。

公安机关审查发现移送的涉嫌环境犯罪案件证据不充分的，可以就证明有犯罪事实的相关证据等提出补充调查意见，由移送案件的环保部门补充调查。环保部门应当按照要求补充调查，并及时将调查结果反馈公安机关。因客观条件所限，无法补正的，环保部门应当向公安机关作出书面说明。

第九条 公安机关对环保部门移送的涉嫌环境犯罪案件，应当自接受案件之日起 3 日内作出立案或者不予立案的决定；涉嫌环境犯罪线索需要查证的，应当自接受案件之日起 7 日内作出决定；重大疑难复杂案件，经县级以上公安机关负责人批准，可以自受案之日起 30 日内作出决定。接受案件后对属于公安机关管辖但不属于本公安机关管辖的案件，应当在 24 小时内移送有管辖权的公安机关，并书面通知移送案件的环保部门，抄送同级人民检察院。对不属于公安机关管辖的，应当在 24 小时内退回移送案件的环保部门。

公安机关作出立案、不予立案、撤销案件决定的，应当自作出决定之日起 3 日内书面通知环保部门，并抄送同级人民检察院。公安机关作出不予立案或者撤销案件决定的，应当书面说明理由，并将案卷材料退回环保部门。

第十条 环保部门应当自接到公安机关立案通知书之日起 3 日内将涉案物品以及与案件有关的其他材料移交公安机关，并办理交接手续。

涉及查封、扣押物品的，环保部门和公安机关应当密切配合，加强协作，防止涉案物品转移、隐匿、损毁、灭失等情况发生。对具有危险性或者环境危害性的涉案物品，环保部门应当组织临时处理处置，公安机关应当积极协助；对无明确责任人、责任人不具备履行责任能力或者超出部门处置能力的，应当呈报涉案物品所在地政府组织处置。上述处置费用清单随附处置合同、缴费凭证等作为犯罪获利的证据，及时补充移送公安机关。

第十一条 环保部门认为公安机关不予立案决定不当的，可以自接到不予立案通知书之日起 3 个工作日内向作出决定的公安机关申请复议，公安机关应当自收到复议申请之日起 3 个工作日内作出立案或者不予立案的复议决定，并书面通知环保部门。

第十二条 环保部门对公安机关逾期未作出是否立案决定、以及对不予立案决定、复议决定、立案后撤销案件决定有异议的，应当建议人民检察院进行立案监督。人民检察院应当受理并进行审查。

第十三条 环保部门建议人民检察院进行立案监督的案件，应当提供立案监督建议书、相关案件材料，并附公安机关不予立案、立案后撤销案件决定及说明理由材料，复议维持不予立案决定材料或者公安机关逾期未作出是否立案决定的材料。

第十四条 人民检察院发现环保部门不移送涉嫌环境犯罪案件的，可以派员查询、调阅有关案件材料，认为涉嫌环境犯罪应当移送的，应当提出建议移送的检察意见。环保部门应当自收到检察意见后 3 日内将案件移送公安机关，并将执行情况通知人民检察院。

第十五条 人民检察院发现公安机关可能存在应当立案而不立案或者逾期未作出是否立案决定的，应当启动立案监督程序。

第十六条 环保部门向公安机关移送涉嫌环境犯罪案件，已作出的警告、责令停产停业、暂扣或者吊销许可证的行政处罚决定，不停止执行。未作出行政处罚决定的，原则上应当在公安机关决定不予立案或者撤销案件、人民检察院作出不起诉决定、人民法院作出无罪判决或者免予刑事处罚后，再决定是否给予行政处罚。涉嫌犯罪案件的移送办理期间，不计入行政处罚期限。

对尚未作出生效裁判的案件，环保部门依法应当给予或者提请人民政府给予暂扣或者吊销许可证、责令停产停业等行政处罚，需要配合的，公安机关、人民检察院应当给予配合。

第十七条 公安机关对涉嫌环境犯罪案件，经审查没有犯罪事实，或者立案侦查后认为犯罪事实显著轻微、不需要追究刑事责任，但经审查依法应当予以行政处罚的，应当及时将案件移交环保部门，并抄送同级人民检察院。

第十八条 人民检察院对符合逮捕、起诉条件的环境犯罪嫌疑人，应当及时批准逮捕、提起公诉。人民检察院对决定不起诉的案件，应当自作出决定之日起 3 日内，书面告知移送案件的环保部门，认为应当给予行政处罚的，可以提出予以行政处罚的检察意见。

第十九条 人民检察院对公安机关提请批准逮捕的犯罪嫌疑人作出不批准逮捕决定，并通知公安机关补充侦查的，或者人民检察院对公安机关移送审查起诉的案件审查后，认为犯罪事实不清、证据不足，将案件退回补充侦查的，应当制作补充侦查提纲，写明补充侦查的方向和要求。

对退回补充侦查的案件，公安机关应当按照补充侦查提纲的要求，在一个月内补充侦查完毕。公安机关补充侦查和人民检察院自行侦查需要环保部门协助的，环保部门应当予

相关执法参考	相关法律法规（2）

以协助。

第三章　证据的收集与使用

第二十条　环保部门在行政执法和查办案件过程中依法收集制作的物证、书证、视听资料、电子数据、监测报告、检验报告、认定意见、鉴定意见、勘验笔录、检查笔录等证据材料，在刑事诉讼中可以作为证据使用。

第二十一条　环保部门、公安机关、人民检察院收集的证据材料，经法庭查证属实，且收集程序符合有关法律、行政法规规定的，可以作为定案的根据。

第二十二条　环保部门或者公安机关依据《国家危险废物名录》或者组织专家研判等得出认定意见的，应当载明涉案单位名称、案由、涉案物品识别认定的理由，按照"经认定，……属于\不属于……危险废物，废物代码……"的格式出具结论，加盖公章。

第四章　协作机制

第二十三条　环保部门、公安机关和人民检察院应当建立健全环境行政执法与刑事司法衔接的长效工作机制。确定牵头部门及联络人，定期召开联席会议，通报衔接工作情况，研究存在的问题，提出加强部门衔接的对策，协调解决环境执法问题，开展部门联合培训。联席会议应明确议定事项。

第二十四条　环保部门、公安机关、人民检察院应当建立双向案件咨询制度。环保部门对重大疑难复杂案件，可以就刑事案件立案追诉标准、证据的固定和保全等问题咨询公安机关、人民检察院；公安机关、人民检察院可以就案件办理中的专业性问题咨询环保部门。受咨询的机关应当认真研究，及时答复；书面咨询的，应当在7日内书面答复。

第二十五条　公安机关、人民检察院办理涉嫌环境污染犯罪案件，需要环保部门提供环境监测或者技术支持的，环保部门应当按照上述部门刑事案件办理的法定时限要求积极协助，及时提供现场勘验、环境监测及认定意见。所需经费，应当列入本机关的行政经费预算，由同级财政予以保障。

第二十六条　环保部门在执法检查时，发现违法行为明显涉嫌犯罪的，应当及时向公安机关通报。公安机关认为有必要的可以依法开展初查，对符合立案条件的，应当及时依法立案侦查。在公安机关立案侦查前，环保部门应当继续对违法行为进行调查。

第二十七条　环保部门、公安机关应当相互依托"12369"环保举报热线和"110"报警服务平台，建立完善接处警的快速响应和联合调查机制，强化对打击涉嫌环境犯罪的联勤联动。在办案过程中，环保部门、公安机关应当依法及时启动相应的调查程序，分工协作，防止证据灭失。

第二十八条　在联合调查中，环保部门应当重点查明排污者严重污染环境的事实，污染物的排放方式，及时收集、提取、监测、固定污染物种类、浓度、数量、排放去向等。公安机关应当注意控制现场，重点查明相关责任人身份、岗位信息，视情节轻重对直接负责的主管人员和其他责任人员依法采取相应强制措施。两部门均应规范制作笔录，并留存现场摄像或照片。

第二十九条　对案情重大或者复杂疑难案件，公安机关可以听取人民检察院的意见。人民检察院应当及时提出意见和建议。

第三十条　涉及移送的案件在庭审中，需要出庭说明情况的，相关执法或者技术人员有义务出庭说明情况，接受庭审质证。

第三十一条　环保部门、公安机关和人民检察院应当加强对重大案件的联合督办工作，适时对重大案件进行联合挂牌督办，督促案件办理。同时，要逐步建立专家库，吸纳污染防治、重点行业以及环境案件侦办等方面的专家和技术骨干，为查处打击环境污染犯罪案件提供专业支持。

第三十二条　环保部门和公安机关在查办环境污染违法犯罪案件过程中发现包庇纵容、徇私舞弊、贪污受贿、失职渎职等涉嫌职务犯罪行为的，应当及时将线索移送人民检

相关执法参考	相关法律法规（2）	察院。 **第五章　信息共享** **第三十三条**　各级环保部门、公安机关、人民检察院应当积极建设、规范使用行政执法与刑事司法衔接信息共享平台，逐步实现涉嫌环境犯罪案件的网上移送、网上受理和网上监督。 **第三十四条**　已经接入信息共享平台的环保部门、公安机关、人民检察院，应当自作出相关决定之日起7日内分别录入下列信息： （一）适用一般程序的环境违法事实、案件行政处罚、案件移送、提请复议和建议人民检察院进行立案监督的信息； （二）移送涉嫌犯罪案件的立案、不予立案、立案后撤销案件、复议、人民检察院监督立案后的处理情况，以及提请批准逮捕、移送审查起诉的信息； （三）监督移送、监督立案以及批准逮捕、提起公诉、裁判结果的信息。 尚未建成信息共享平台的环保部门、公安机关、人民检察院，应当自作出相关决定后及时向其他部门通报前款规定的信息。 **第三十五条**　各级环保部门、公安机关、人民检察院应当对信息共享平台录入的案件信息及时汇总、分析、综合研判，定期总结通报平台运行情况。 **第六章　附　则** **第三十六条**　各省、自治区、直辖市的环保部门、公安机关、人民检察院可以根据本办法制定本行政区域的实施细则。 **第三十七条**　环境行政执法中部分专有名词的含义。 （一）"现场勘验图"，是指描绘主要生产及排污设备布置等案发现场情况、现场周边环境、各采样点位、污染物排放途径的平面示意图。 （二）"外环境"，是指污染物排入的自然环境。满足下列条件之一的，视同为外环境。 1. 排污单位停产或没有排污，但有依法取得的证据证明其有持续或间歇排污，而且无可处理相应污染因子的措施的，经核实生产工艺后，其产污环节之后的废水收集池（槽、罐、沟）内。 2. 发现暗管，虽无当场排污，但在外环境有确认由该单位排放污染物的痕迹，此暗管连通的废水收集池（槽、罐、沟）内。 3. 排污单位连通外环境的雨水沟（井、渠）中任何一处。 4. 对排放含第一类污染物的废水，其产生车间或车间处理设施的排放口。无法在车间或者车间处理设施排放口对含第一类污染物的废水采样的，废水总排放口或查实由该企业排入其他外环境处。 **第三十八条**　本办法所涉期间除明确为工作日以外，其余均以自然日计算。期间开始之日不算在期间以内。期间的最后一日为节假日的，以节假日后的第一日为期满日期。 **第三十九条**　本办法自发布之日起施行。原国家环保总局、公安部和最高人民检察院《关于环境保护主管部门移送涉嫌环境犯罪案件的若干规定》（环发〔2007〕78号）同时废止。
	相关法律法规（3）	关于印发《服务保障黄河流域生态保护和高质量发展工作推进会会议纪要》的通知 （最高人民法院法2021年11月24日〔2021〕305号） 各省、自治区、直辖市高级人民法院，解放军军事法院，新疆维吾尔自治区高级人民法院生产建设兵团分院： 为深入学习贯彻习近平生态文明思想、习近平法治思想，贯彻落实习近平总书记关于推动黄河流域生态保护和高质量发展的重要讲话和指示批示精神，做好当前和今后一个时期服务保障黄河流域生态保护和高质量发展工作，最高人民法院结合工作实际，研究制定

了《服务保障黄河流域生态保护和高质量发展工作推进会会议纪要》，现将会议纪要印发。

各级人民法院要认真组织学习会议纪要，在案件审理中正确理解适用。对于适用中存在的问题，请及时层报最高人民法院。

引　言

为深入学习贯彻习近平总书记关于推动黄河流域生态保护和高质量发展的重要讲话和指示批示精神，落实推动黄河流域生态保护和高质量发展领导小组第二次全体会议部署，最高人民法院于 2021 年 9 月在河北省沧州市召开服务保障黄河流域生态保护和高质量发展工作推进会。黄河流域九省（自治区）高级人民法院有关负责同志参加会议。

会议指出，黄河流域环境资源审判工作要深入贯彻落实习近平生态文明思想、习近平法治思想，努力践行绿水青山就是金山银山理念，始终牢记"国之大者"，从中华民族永续发展的高度看待黄河流域生态环境突出问题，把保护黄河流域生态环境放在压倒性位置，把水资源节约集约利用放在更加突出位置，全面贯彻以水定城、以水定地、以水定人、以水定产原则，坚持节约优先、保护优先、自然恢复为主方针，坚守生态保护红线，严守资源特别是水资源开发利用上限，充分发挥审判职能作用，为黄河流域生态保护和高质量发展提供更加有力的司法服务和保障。

会议强调，做好当前和今后一个时期服务保障黄河流域生态保护和高质量发展工作，必须坚持问题导向、靶向意识，把大保护作为关键任务，聚焦黄河水"跑冒滴漏"、盲目上马高耗能高耗水项目、生态破坏和环境污染、文物古迹破坏、违法成本低等突出问题，进一步增强司法工作的针对性、实效性，助力打好环境问题整治、深度节水控水、生态保护修复攻坚战。坚持综合治理、系统治理、源头治理，统筹谋划山水林田湖草沙冰一体化保护和修复，统筹推进上中下游、干流支流、左右两岸的保护和治理，统筹适用刑事、民事、行政法律责任，确保黄河长久安澜。加强与有关部门的协调联动，持续拓展在信息资源共享、纠纷调处化解、证据收集固定、判决监督执行等方面的协调配合，做好诉讼与调解、仲裁、行政裁决、行政复议等非诉讼纠纷解决机制的有机衔接，有效融入黄河流域环境治理体系，形成共同抓好大保护、协同推进大治理的强大合力。

会议对当前黄河流域环境资源审判工作中的一些突出、疑难法律适用问题取得基本一致的看法，形成纪要如下：

一、加强水资源司法保护

1. 依法惩治违规取水用水行为。侵权人违反法律规定擅自取水、超量取水、筑坝截（蓄）水、破坏性取水，造成地面沉降、地下水污染、水资源衰减、河湖生态破坏等损害后果的，应当依法承担相应责任。

2. 保障生活用水和生态环境用水。对于侵权人违法实施占用城乡居民生活用水、农业用水、生态环境用水进行生产经营，地方政府违规挖湖造景等行为，人民法院应当依照《中华人民共和国水法》（以下简称《水法》）第二十一条等规定，考虑首先满足城乡居民生活用水需求，并兼顾生态环境用水等需要，依法确定其承担相应责任。

3. 依法审理取水权纠纷案件。当事人通过民事合同约定水权转让，或者变更取水许可证确定的取水期限、取水量、取水用途、水源类型等内容，人民法院应当审查合同内容是否违反《水法》《取水许可和水资源费征收管理条例》等法律、行政法规的强制性规定，依法认定合同是否有效。

4. 依法审理涉水沙关系调节案件，助力三江源等国家公园建设，推动提升黄河上游水源涵养、中游水土流失综合治理、下游湿地保护和生态治理的能力和水平。审理黄河流域水沙调控行政许可、水功能区管理等行政诉讼案件，应当依照《水法》《中华人民共和国水土保持法》等有关规定，支持、监督行政机关依法履行监管职责。

二、助力深入打好污染防治攻坚

5. 依法严惩水污染犯罪。对于发生在黄河流域九省（自治区）的环境污染犯罪行为，

相关执法参考	相关法律法规（3）	存在直接向黄河干流、重要支流及骨干水库库区排放、倾倒、处置有放射性的废物、含传染病病原体的废物、有毒物质或者其他有害物质等情形的，应当作为从重处罚的考虑因素。 6. 依法加大罚金刑适用力度。罚金数额的确定，应当充分考虑污染环境犯罪行为造成的实际损失、环境危害后果、被污染环境修复的可能性和难度、污染情节恶劣程度、污染环境造成的社会影响等因素。对于未发生实际危害后果的，应当考虑行为人的主观恶性、污染行为的恶劣程度、潜在危害等因素。 7. 准确适用环境侵权惩罚性赔偿。被侵权人请求惩罚性赔偿的，人民法院应当根据污染环境、破坏生态行为的持续时间、地域范围，造成环境污染、生态破坏的程度，造成人身、财产损害的情况以及社会影响等因素，综合判断是否构成《中华人民共和国民法典》（以下简称《民法典》）第一千二百三十二条规定的"造成严重后果"。 8. 贯彻损害担责、全面赔偿救济原则。对于违反国家规定、造成黄河流域生态环境损害，国家规定的机关或者法律规定的组织请求侵权人停止侵害、采取预防措施、修复生态环境、赔偿损失的，人民法院应当依法予以支持。 三、推动黄河文化保护与传承弘扬 9. 依照《中华人民共和国文物保护法》《文物保护法实施条例》等规定，妥善审理涉及历史文化名城名镇名村、历史文化街区、历史建筑、传统村落、少数民族特色村寨和古河道、古堤防、古灌口、古渡口、重大决口堵复遗迹等水文化遗产和农耕文化遗产、地名文化遗产相关案件，助力黄河国家文化公园建设，促进黄河文化的历史传承与创新发展。 10. 依法保护围绕黄河流域历史文化、风土人情、发展成就、时代风貌等创作的文艺作品，加大对反映黄河流域地方特色、体现黄河文化精神的传统技艺、医药、戏剧、曲艺、民俗等非物质文化遗产的司法保护力度，保护好黄河流域丰富灿烂的红色资源，推动黄河文化价值弘扬延续，筑牢中华民族的根和魂。 11. 依法严惩妨害文物管理犯罪。加大对损毁文物，损毁名胜古迹，盗掘古文化遗址、古墓葬，盗掘古人类化石、古脊椎动物化石等刑事案件的审判力度，严厉惩治破坏黄河流域人文遗迹、自然遗迹的犯罪。对于情节恶劣、社会反映强烈的犯罪行为，依法不得适用缓刑、免予刑事处罚。 四、服务保障高质量发展 12. 贯彻落实《民法典》绿色原则。人民法院在审理相关案件时，应当把握好生态保护和经济发展的关系，准确适用《民法典》绿色条款，引导民事主体遵循有利于节约资源、保护生态环境的原则从事民事活动，助力经济社会绿色低碳发展。 13. 贯彻落实黄河流域严格限制高耗能高耗水项目布局建设的国家政策。人民法院审理涉"两高"企业破产重整、和解或者清算案件，严格依照《中华人民共和国企业破产法》的相关规定，促进市场主体救治和出清，推动产业结构优化升级。当事人约定在黄河流域生态敏感区、脆弱区新建对生态系统有严重影响的"两高"项目，违反法律、行政法规的强制性规定或者损害社会公共利益的，人民法院应当依照《民法典》第一百五十三条等规定认定合同无效。 14. 贯彻落实建立健全生态产品价值实现机制的国家政策。人民法院审理碳排放权、排污权、用能权、用水权等交易合同纠纷案件，应当遵循诚信原则，依法促成合同生效和全面履行，同时避免当事人从其不诚信行为中获益，推动完善环境权益市场交易机制。 15. 贯彻落实《中共中央、国务院关于全面推进乡村振兴加快农业农村现代化的意见》。人民法院应当依法公正高效审理农村地区污水、黑臭水体、垃圾污染等群众反映强烈的案件，积极参与农业面源污染综合治理，支持农业节水改造，助力农业生产方式由过度消耗资源型向节能减排绿色发展型转变。

《环境保护法》（节录）

（1989年12月26日第七届全国人民代表大会常务委员会第十一次会议通过，2014年4月24日第十二届全国人民代表大会常务委员会第八次会议修订，自2015年1月1日起施行）

第二条 本法所称环境，是指影响人类生存和发展的各种天然的和经过人工改造的自然因素的总体，包括大气、水、海洋、土地、矿藏、森林、草原、湿地、野生生物、自然遗迹、人文遗迹、自然保护区、风景名胜区、城市和乡村等。

第三条 本法适用于中华人民共和国领域和中华人民共和国管辖的其他海域。

第五十九条 企业事业单位和其他生产经营者违法排放污染物，受到罚款处罚，被责令改正，拒不改正的，依法作出处罚决定的行政机关可以自责令改正之日的次日起，按照原处罚数额按日连续处罚。

前款规定的罚款处罚，依照有关法律法规按照防治污染设施的运行成本、违法行为造成的直接损失或者违法所得等因素确定的规定执行。

地方性法规可以根据环境保护的实际需要，增加第一款规定的按日连续处罚的违法行为的种类。

第六十条 企业事业单位和其他生产经营者超过污染物排放标准或者超过重点污染物排放总量控制指标排放污染物的，县级以上人民政府环境保护主管部门可以责令其采取限制生产、停产整治等措施；情节严重的，报经有批准权的人民政府批准，责令停业、关闭。

第六十一条 建设单位未依法提交建设项目环境影响评价文件或者环境影响评价文件未经批准，擅自开工建设的，由负有环境保护监督管理职责的部门责令停止建设，处以罚款，并可以责令恢复原状。

第六十二条 违反本法规定，重点排污单位不公开或者不如实公开环境信息的，由县级以上地方人民政府环境保护主管部门责令公开，处以罚款，并予以公告。

第六十三条 企业事业单位和其他生产经营者有下列行为之一，尚不构成犯罪的，除依照有关法律法规规定予以处罚外，由县级以上人民政府环境保护主管部门或者其他有关部门将案件移送公安机关，对其直接负责的主管人员和其他直接责任人员，处十日以上十五日以下拘留；情节较轻的，处五日以上十日以下拘留：

（一）建设项目未依法进行环境影响评价，被责令停止建设，拒不执行的；

（二）违反法律规定，未取得排污许可证排放污染物，被责令停止排污，拒不执行的；

（三）通过暗管、渗井、渗坑、灌注或者篡改、伪造监测数据，或者不正常运行防治污染设施等逃避监管的方式违法排放污染物的；

（四）生产、使用国家明令禁止生产、使用的农药，被责令改正，拒不改正的。

第六十四条 因污染环境和破坏生态造成损害的，应当依照《中华人民共和国侵权责任法》的有关规定承担侵权责任。

第六十五条 环境影响评价机构、环境监测机构以及从事环境监测设备和防治污染设施维护、运营的机构，在有关环境服务活动中弄虚作假，对造成的环境污染和生态破坏负有责任的，除依照有关法律法规规定予以处罚外，还应当与造成环境污染和生态破坏的其他责任者承担连带责任。

第六十六条 提起环境损害赔偿诉讼的时效期间为三年，从当事人知道或者应当知道其受到损害时起计算。

第六十七条 上级人民政府及其环境保护主管部门应当加强对下级人民政府及其有关部门环境保护工作的监督。发现有关工作人员有违法行为，依法应当给予处分的，应当向其任免机关或者监察机关提出处分建议。

相关法律法规（4）		依法应当给行政处罚，而有关环境保护主管部门不给予行政处罚的，上级人民政府环境保护主管部门可以直接作出行政处罚的决定。 第六十八条　地方各级人民政府、县级以上人民政府环境保护主管部门和其他负有环境保护监督管理职责的部门有下列行为之一的，对直接负责的主管人员和其他直接责任人员给予记过、记大过或者降级处分；造成严重后果的，给予撤职或者开除处分，其主要负责人应当引咎辞职： （一）不符合行政许可条件准予行政许可的； （二）对环境违法行为进行包庇的； （三）依法应当作出责令停业、关闭的决定而未作出的； （四）对超标排放污染物、采用逃避监管的方式排放污染物、造成环境事故以及不落实生态保护措施造成生态破坏等行为，发现或者接到举报未及时查处的； （五）违反本法规定，查封、扣押企业事业单位和其他生产经营者的设施、设备的； （六）篡改、伪造或者指使篡改、伪造监测数据的； （七）应当依法公开环境信息而未公开的； （八）将征收的排污费截留、挤占或者挪作他用的； （九）法律法规规定的其他违法行为。 第六十九条　违反本法规定，构成犯罪的，依法追究刑事责任。
相关执法参考	相关法律法规（5）	《大气污染防治法》（节录） 　　（1987年9月5日第六届全国人民代表大会常务委员会第二十二次会议通过，根据1995年8月29日第八届全国人民代表大会常务委员会第十五次会议《关于修改〈中华人民共和国大气污染防治法〉的决定》第一次修正，2000年4月29日第九届全国人民代表大会常务委员会第十五次会议第一次修订，2015年8月29日第十二届全国人民代表大会常务委员会第十六次会议第二次修订，根据2018年10月26日第十三届全国人民代表大会常务委员会第六次会议《关于修改〈中华人民共和国野生动物保护法〉等十五部法律的决定》第二次修正） 　　第二条　防治大气污染，应当以改善大气环境质量为目标，坚持源头治理，规划先行，转变经济发展方式，优化产业结构和布局，调整能源结构。 　　防治大气污染，应当加强对燃煤、工业、机动车船、扬尘、农业等大气污染的综合防治，推行区域大气污染联合防治，对颗粒物、二氧化硫、氮氧化物、挥发性有机物、氨等大气污染物和温室气体实施协同控制。 　　第十八条　企业事业单位和其他生产经营者建设对大气环境有影响的项目，应当依法进行环境影响评价、公开环境影响评价文件；向大气排放污染物的，应当符合大气污染物排放标准，遵守重点大气污染物排放总量控制要求。 　　第十九条　排放工业废气或者本法第七十八条规定名录中所列有毒有害大气污染物的企业事业单位、集中供热设施的燃煤热源生产运营单位以及其他依法实行排污许可管理的单位，应当取得排污许可证。排污许可的具体办法和实施步骤由国务院规定。 　　第二十条　企业事业单位和其他生产经营者向大气排放污染物的，应当依照法律法规和国务院生态环境主管部门的规定设置大气污染物排放口。 　　禁止通过偷排、篡改或者伪造监测数据、以逃避现场检查为目的的临时停产、非紧急情况下开启应急排放通道、不正常运行大气污染防治设施等逃避监管的方式排放大气污染物。 　　第二十一条　国家对重点大气污染物排放实行总量控制。 　　重点大气污染物排放总量控制目标，由国务院生态环境主管部门在征求国务院有关部门和各省、自治区、直辖市人民政府意见后，会同国务院经济综合主管部门报国务院批准并下达实施。

| 相关执法参考 | 相关法律法规（5） | 省、自治区、直辖市人民政府应当按照国务院下达的总量控制目标，控制或者削减本行政区域的重点大气污染物排放总量。
确定总量控制目标和分解总量控制指标的具体办法，由国务院生态环境主管部门会同国务院有关部门规定。省、自治区、直辖市人民政府可以根据本行政区域大气污染防治的需要，对国家重点大气污染物之外的其他大气污染物排放实行总量控制。
国家逐步推行重点大气污染物排污权交易。
第二十二条 对超过国家重点大气污染物排放总量控制指标或者未完成国家下达的大气环境质量改善目标的地区，省级以上人民政府生态环境主管部门应当会同有关部门约谈该地区人民政府的主要负责人，并暂停审批该地区新增重点大气污染物排放总量的建设项目环境影响评价文件。约谈情况应当向社会公开。
第二十三条 国务院生态环境主管部门负责制定大气环境质量和大气污染源的监测和评价规范，组织建设与管理全国大气环境质量和大气污染源监测网，组织开展大气环境质量和大气污染源监测，统一发布全国大气环境质量状况信息。
县级以上地方人民政府生态环境主管部门负责组织建设与管理本行政区域大气环境质量和大气污染源监测网，开展大气环境质量和大气污染源监测，统一发布本行政区域大气环境质量状况信息。
第二十四条 企业事业单位和其他生产经营者应当按照国家有关规定和监测规范，对其排放的工业废气和本法第七十八条规定名录中所列有毒有害大气污染物进行监测，并保存原始监测记录。其中，重点排污单位应当安装、使用大气污染物排放自动监测设备，与生态环境主管部门的监控设备联网，保证监测设备正常运行并依法公开排放信息。监测的具体办法和重点排污单位的条件由国务院生态环境主管部门规定。
重点排污单位名录由设区的市级以上地方人民政府生态环境主管部门按照国务院生态环境主管部门的规定，根据本行政区域的大气环境承载力、重点大气污染物排放总量控制指标的要求以及排污单位排放大气污染物的种类、数量和浓度等因素，商有关部门确定，并向社会公布。
第二十五条 重点排污单位应当对自动监测数据的真实性和准确性负责。生态环境主管部门发现重点排污单位的大气污染物排放自动监测设备传输数据异常，应当及时进行调查。
第二十六条 禁止侵占、损毁或者擅自移动、改变大气环境质量监测设施和大气污染物排放自动监测设备。
第二十七条 国家对严重污染大气环境的工艺、设备和产品实行淘汰制度。
国务院经济综合主管部门会同国务院有关部门确定严重污染大气环境的工艺、设备和产品淘汰期限，并纳入国家综合性产业政策目录。
生产者、进口者、销售者或者使用者应当在规定期限内停止生产、进口、销售或者使用列入前款规定目录中的设备和产品。工艺的采用者应当在规定期限内停止采用列入前款规定目录中的工艺。
被淘汰的设备和产品，不得转让给他人使用。
第二十八条 国务院生态环境主管部门会同有关部门，建立和完善大气污染损害评估制度。
第二十九条 生态环境主管部门及其环境执法机构和其他负有大气环境保护监督管理职责的部门，有权通过现场检查监测、自动监测、遥感监测、远红外摄像等方式，对排放大气污染物的企业事业单位和其他生产经营者进行监督检查。被检查者应当如实反映情况，提供必要的资料。实施检查的部门、机构及其工作人员应当为被检查者保守商业秘密。
第三十条 企业事业单位和其他生产经营者违反法律法规规定排放大气污染物，造成 |

	相关法律法规（5）	或者可能造成严重大气污染，或者有关证据可能灭失或者被隐匿的，县级以上人民政府生态环境主管部门和其他负有大气环境保护监督管理职责的部门，可以对有关设施、设备、物品采取查封、扣押等行政强制措施。 　　第三十一条　生态环境主管部门和其他负有大气环境保护监督管理职责的部门应当公布举报电话、电子邮箱等，方便公众举报。 　　生态环境主管部门和其他负有大气环境保护监督管理职责的部门接到举报的，应当及时处理并对举报人的相关信息予以保密；对实名举报的，应当反馈处理结果等情况，查证属实的，处理结果依法向社会公开，并对举报人给予奖励。 　　举报人举报所在单位的，该单位不得以解除、变更劳动合同或者其他方式对举报人进行打击报复。 　　第一百二十七条　违反本法规定，构成犯罪的，依法追究刑事责任。 　　第一百二十八条　海洋工程的大气污染防治，依照《中华人民共和国海洋环境保护法》的有关规定执行。
相关执法参考	相关法律法规（6）	《海洋环境保护法》（节录） 　　（1982年8月23日第五届全国人民代表大会常务委员会第二十四次会议通过，1999年12月25日第九届全国人民代表大会常务委员会第十三次会议修订，根据2013年12月28日第十二届全国人民代表大会常务委员会第六次会议《关于修改〈中华人民共和国海洋环境保护法〉等七部法律的决定》第一次修正，根据2016年11月7日第十二届全国人民代表大会常务委员会第二十四次会议《关于修改〈中华人民共和国海洋环境保护法〉的决定》第二次修正，根据2017年11月4日第十二届全国人民代表大会常务委员会第三十次会议《关于修改〈中华人民共和国会计法〉等十一部法律的决定》第三次修正） 　　第二条　本法适用于中华人民共和国内水、领海、毗连区、专属经济区、大陆架以及中华人民共和国管辖的其他海域。 　　在中华人民共和国管辖海域内从事航行、勘探、开发、生产、旅游、科学研究及其他活动，或者在沿海陆域内从事影响海洋环境活动的任何单位和个人，都必须遵守本法。 　　在中华人民共和国管辖海域以外，造成中华人民共和国管辖海域污染的，也适用本法。 　　第三条　国家在重点海洋生态功能区、生态环境敏感区和脆弱区等海域划定生态保护红线，实行严格保护。 　　国家建立并实施重点海域排污总量控制制度，确定主要污染物排海总量控制指标，并对主要污染源分配排放控制数量。具体办法由国务院制定。 　　第四条　一切单位和个人都有保护海洋环境的义务，并有权对污染损害海洋环境的单位和个人，以及海洋环境监督管理人员的违法失职行为进行监督和检举。 　　第二十九条　向海域排放陆源污染物，必须严格执行国家或者地方规定的标准和有关规定。 　　第三十条　入海排污口位置的选择，应当根据海洋功能区划、海水动力条件和有关规定，经科学论证后，报设区的市级以上人民政府环境保护行政主管部门备案。 　　环境保护行政主管部门应当在完成备案后十五个工作日内将入海排污口设置情况通报海洋、海事、渔业行政主管部门和军队环境保护部门。 　　在海洋自然保护区、重要渔业水域、海滨风景名胜区和其他需要特别保护的区域，不得新建排污口。 　　在有条件的地区，应当将排污口深海设置，实行离岸排放。设置陆源污染物深海离岸排放排污口，应当根据海洋功能区划、海水动力条件和海底工程设施的有关情况确定，具体办法由国务院规定。 　　第三十一条　省、自治区、直辖市人民政府环境保护行政主管部门和水行政主管部门

相关执法参考	相关法律法规（6）	应当按照水污染防治有关法律的规定，加强入海河流管理，防治污染，使入海河口的水质处于良好状态。 第三十二条　排放陆源污染物的单位，必须向环境保护行政主管部门申报拥有的陆源污染物排放设施、处理设施和在正常作业条件下排放陆源污染物的种类、数量和浓度，并提供防治海洋环境污染方面的有关技术和资料。 排放陆源污染物的种类、数量和浓度有重大改变的，必须及时申报。 第三十三条　禁止向海域排放油类、酸液、碱液、剧毒废液和高、中水平放射性废水。 严格限制向海域排放低水平放射性废水；确需排放的，必须严格执行国家辐射防护规定。 严格控制向海域排放含有不易降解的有机物和重金属的废水。 第三十四条　含病原体的医疗污水、生活污水和工业废水必须经过处理，符合国家有关排放标准后，方能排入海域。 第三十五条　含有机物和营养物质的工业废水、生活污水，应当严格控制向海湾、半封闭海及其他自净能力较差的海域排放。 第三十六条　向海域排放含热废水，必须采取有效措施，保证邻近渔业水域的水温符合国家海洋环境质量标准，避免热污染对水产资源的危害。 第三十七条　沿海农田、林场施用化学农药，必须执行国家农药安全使用的规定和标准。 沿海农田、林场应当合理使用化肥和植物生长调节剂。 第三十八条　在岸滩弃置、堆放和处理尾矿、矿渣、煤灰渣、垃圾和其他固体废物的，依照《中华人民共和国固体废物污染环境防治法》的有关规定执行。 第三十九条　禁止经中华人民共和国内水、领海转移危险废物。 经中华人民共和国管辖的其他海域转移危险废物的，必须事先取得国务院环境保护行政主管部门的书面同意。 第四十条　沿海城市人民政府应当建设和完善城市排水管网，有计划地建设城市污水处理厂或者其他污水集中处理设施，加强城市污水的综合整治。 建设污水海洋处置工程，必须符合国家有关规定。 第四十一条　国家采取必要措施，防止、减少和控制来自大气层或者通过大气层造成的海洋环境污染损害。 第四十二条　新建、改建、扩建海岸工程建设项目，必须遵守国家有关建设项目环境保护管理的规定，并把防治污染所需资金纳入建设项目投资计划。 在依法划定的海洋自然保护区、海滨风景名胜区、重要渔业水域及其他需要特别保护的区域，不得从事污染环境、破坏景观的海岸工程项目建设或者其他活动。 第四十三条　海岸工程建设项目单位，必须对海洋环境进行科学调查，根据自然条件和社会条件，合理选址，编制环境影响报告书（表）。在建设项目开工前，将环境影响报告书（表）报环境保护行政主管部门审查批准。 环境保护行政主管部门在批准环境影响报告书（表）之前，必须征求海洋、海事、渔业行政主管部门和军队环境保护部门的意见。 第四十四条　海岸工程建设项目的环境保护设施，必须与主体工程同时设计、同时施工、同时投产使用。环境保护设施应当符合经批准的环境影响评价报告书（表）的要求。 第四十五条　禁止在沿海陆域内新建不具备有效治理措施的化学制浆造纸、化工、印染、制革、电镀、酿造、炼油、岸边冲滩拆船以及其他严重污染海洋环境的工业生产项目。 第四十六条　兴建海岸工程建设项目，必须采取有效措施，保护国家和地方重点保护的野生动植物及其生存环境和海洋水产资源。

| 相关执法参考 | 相关法律法规（6） | 严格限制在海岸采挖砂石。露天开采海滨砂矿和从岸上打井开采海底矿产资源，必须采取有效措施，防止污染海洋环境。
第四十七条　海洋工程建设项目必须符合全国海洋主体功能区规划、海洋功能区划、海洋环境保护规划和国家有关环境保护标准。海洋工程建设项目单位应当对海洋环境进行科学调查，编制海洋环境影响报告书（表），并在建设项目开工前，报海洋行政主管部门审查批准。
海洋行政主管部门在批准海洋环境影响报告书（表）之前，必须征求海事、渔业行政主管部门和军队环境保护部门的意见。
第四十八条　海洋工程建设项目的环境保护设施，必须与主体工程同时设计、同时施工、同时投产使用。环境保护设施未经海洋行政主管部门验收，或者经验收不合格的，建设项目不得投入生产或者使用。
拆除或者闲置环境保护设施，必须事先征得海洋行政主管部门的同意。
第四十九条　海洋工程建设项目，不得使用含超标准放射性物质或者易溶出有毒有害物质的材料。
第五十条　海洋工程建设项目需要爆破作业时，必须采取有效措施，保护海洋资源。
海洋石油勘探开发及输油过程中，必须采取有效措施，避免溢油事故的发生。
第五十一条　海洋石油钻井船、钻井平台和采油平台的含油污水和油性混合物，必须经过处理达标后排放；残油、废油必须予以回收，不得排放入海。经回收处理后排放的，其含油量不得超过国家规定的标准。
钻井所使用的油基泥浆和其他有毒复合泥浆不得排放入海。水基泥浆和无毒复合泥浆及钻屑的排放，必须符合国家有关规定。
第五十二条　海洋石油钻井船、钻井平台和采油平台及其有关海上设施，不得向海域处置含油的工业垃圾。处置其他工业垃圾，不得造成海洋环境污染。
第五十三条　海上试油时，应当确保油气充分燃烧，油和油性混合物不得排放入海。
第五十四条　勘探开发海洋石油，必须按有关规定编制溢油应急计划，报国家海洋行政主管部门的海区派出机构备案。
第五十五条　任何单位未经国家海洋行政主管部门批准，不得向中华人民共和国管辖海域倾倒任何废弃物。
需要倾倒废弃物的单位，必须向国家海洋行政主管部门提出书面申请，经国家海洋行政主管部门审查批准，发给许可证后，方可倾倒。
禁止中华人民共和国境外的废弃物在中华人民共和国管辖海域倾倒。
第五十六条　国家海洋行政主管部门根据废弃物的毒性、有毒物质含量和对海洋环境影响程度，制定海洋倾倒废弃物评价程序和标准。
向海洋倾倒废弃物，应当按照废弃物的类别和数量实行分级管理。
可以向海洋倾倒的废弃物名录，由国家海洋行政主管部门拟定，经国务院环境保护行政主管部门提出审核意见后，报国务院批准。
第五十七条　国家海洋行政主管部门按照科学、合理、经济、安全的原则选划海洋倾倒区，经国务院环境保护行政主管部门提出审核意见后，报国务院批准。
临时性海洋倾倒区由国家海洋行政主管部门批准，并报国务院环境保护行政主管部门备案。
国家海洋行政主管部门在选划海洋倾倒区和批准临时性海洋倾倒区之前，必须征求国家海事、渔业行政主管部门的意见。
第五十八条　国家海洋行政主管部门监督管理倾倒区的使用，组织倾倒区的环境监测。对经确认不宜继续使用的倾倒区，国家海洋行政主管部门应当予以封闭，终止在该倾倒区的一切倾倒活动，并报国务院备案。 |

相关执法参考	相关法律法规（6）	**第五十九条** 获准倾倒废弃物的单位，必须按照许可证注明的期限及条件，到指定的区域进行倾倒。废弃物装载之后，批准部门应当予以核实。 **第六十条** 获准倾倒废弃物的单位，应当详细记录倾倒的情况，并在倾倒后向批准部门作出书面报告。倾倒废弃物的船舶必须向驶出港的海事行政主管部门作出书面报告。 **第六十一条** 禁止在海上焚烧废弃物。 禁止在海上处置放射性废弃物或者其他放射性物质。废弃物中的放射性物质的豁免浓度由国务院制定。 **第六十二条** 在中华人民共和国管辖海域，任何船舶及相关作业不得违反本法规定向海洋排放污染物、废弃物和压载水、船舶垃圾及其他有害物质。 从事船舶污染物、废弃物、船舶垃圾接收、船舶清舱、洗舱作业活动的，必须具备相应的接收处理能力。 **第六十三条** 船舶必须按照有关规定持有防止海洋环境污染的证书与文书，在进行涉及污染物排放及操作时，应当如实记录。 **第六十四条** 船舶必须配置相应的防污设备和器材。 载运具有污染危害性货物的船舶，其结构与设备应当能够防止或者减轻所载货物对海洋环境的污染。 **第六十五条** 船舶应当遵守海上交通安全法律、法规的规定，防止因碰撞、触礁、搁浅、火灾或者爆炸等引起的海难事故，造成海洋环境的污染。 **第六十六条** 国家完善并实施船舶油污损害民事赔偿责任制度；按照船舶油污损害赔偿责任由船东和货主共同承担风险的原则，建立船舶油污保险、油污损害赔偿基金制度。 实施船舶油污保险、油污损害赔偿基金制度的具体办法由国务院规定。 **第六十七条** 载运具有污染危害性货物进出港口的船舶，其承运人、货物所有人或者代理人，必须事先向海事行政主管部门申报。经批准后，方可进出港口、过境停留或者装卸作业。 **第六十八条** 交付船舶装运污染危害性货物的单证、包装、标志、数量限制等，必须符合对所装货物的有关规定。 需要船舶装运污染危害性不明的货物，应当按照有关规定事先进行评估。 装卸油类及有毒有害货物的作业，船岸双方必须遵守安全防污操作规程。 **第六十九条** 港口、码头、装卸站和船舶修造厂必须按照有关规定备有足够的用于处理船舶污染物、废弃物的接收设施，并使该设施处于良好状态。 装卸油类的港口、码头、装卸站和船舶必须编制溢油污染应急计划，并配备相应的溢油污染应急设备和器材。 **第七十条** 船舶及有关作业活动应当遵守有关法律法规和标准，采取有效措施，防止造成海洋环境污染。海事行政主管部门等有关部门应当加强对船舶及有关作业活动的监督管理。 船舶进行散装液体污染危害性货物的过驳作业，应当事先按照有关规定报经海事行政主管部门批准。 **第七十一条** 船舶发生海难事故，造成或者可能造成海洋环境重大污染损害的，国家海事行政主管部门有权强制采取避免或者减少污染损害的措施。 对在公海上因发生海难事故，造成中华人民共和国管辖海域重大污染损害后果或者具有污染威胁的船舶、海上设施，国家海事行政主管部门有权采取与实际的或者可能发生的损害相称的必要措施。 **第七十二条** 所有船舶均有监视海上污染的义务，在发现海上污染事故或者违反本法规定的行为时，必须立即向就近的依照本法规定行使海洋环境监督管理权的部门报告。 民用航空器发现海上排污或者污染事件，必须及时向就近的民用航空空中交通管制单

相关执法参考	相关法律法规（6）	位报告。接到报告的单位，应当立即向依照本法规定行使海洋环境监督管理权的部门通报。 　　第九十条　对违反本法规定，造成海洋环境污染事故的单位，除依法承担赔偿责任外，由依照本法规定行使海洋环境监督管理权的部门依照本条第二款的规定处以罚款；对直接负责的主管人员和其他直接责任人员可以处上一年度从本单位取得收入百分之五十以下的罚款；直接负责的主管人员和其他直接责任人员属于国家工作人员的，依法给予处分。 　　对造成一般或者较大海洋环境污染事故的，按照直接损失的百分之二十计算罚款；对造成重大或者特大海洋环境污染事故的，按照直接损失的百分之三十计算罚款。 　　对严重污染海洋环境、破坏海洋生态，构成犯罪的，依法追究刑事责任。 　　第九十三条　海洋环境监督管理人员滥用职权、玩忽职守、徇私舞弊，造成海洋环境污染损害，依法给予行政处分；构成犯罪的，依法追究刑事责任。 　　第九十四条　本法中下列用语的含义是： 　　（一）海洋环境污染损害，是指直接或者间接地把物质或者能量引入海洋环境，产生损害海洋生物资源、危害人体健康、妨害渔业和海上其他合法活动、损害海水使用素质和减损环境质量等有害影响。 　　（二）内水，是指我国领海基线向内陆一侧的所有海域。 　　（三）滨海湿地，是指低潮时水深浅于六米的水域及其沿岸浸湿地带，包括水深不超过六米的永久性水域、潮间带（或洪泛地带）和沿海低地等。 　　（四）海洋功能区划，是指依据海洋自然属性和社会属性，以及自然资源和环境特定条件，界定海洋利用的主导功能和使用范畴。 　　（五）渔业水域，是指鱼虾类的产卵场、索饵场、越冬场、洄游通道和鱼虾贝藻类的养殖场。 　　（六）油类，是指任何类型的油及其炼制品。 　　（七）油性混合物，是指任何含有油份的混合物。 　　（八）排放，是指把污染物排入海洋的行为，包括泵出、溢出、泄出、喷出和倒出。 　　（九）陆地污染源（简称陆源），是指从陆地向海域排放污染物，造成或者可能造成海洋环境污染的场所、设施等。 　　（十）陆源污染物，是指由陆地污染源排放的污染物。 　　（十一）倾倒，是指通过船舶、航空器、平台或者其他载运工具，向海洋处置废弃物和其他有害物质的行为，包括弃置船舶、航空器、平台及其辅助设施和其他浮动工具的行为。 　　（十二）沿海陆域，是指与海岸相连，或者通过管道、沟渠、设施，直接或者间接向海洋排放污染物及其相关活动的一带区域。 　　（十三）海上焚烧，是指以热摧毁为目的，在海上焚烧设施上，故意焚烧废弃物或者其他物质的行为，但船舶、平台或者其他人工构造物正常操作中，所附带发生的行为除外。
	相关法律法规（7）	《海洋倾废管理条例》 　　（1985年3月6日国务院发布，根据2011年1月8日《国务院关于废止和修改部分行政法规的决定》第一次修订，根据2017年3月1日《国务院关于修改和废止部分行政法规的决定》第二次修订） 　　第一条　为实施《中华人民共和国海洋环境保护法》，严格控制向海洋倾倒废弃物，防止对海洋环境的污染损害，保持生态平衡，保护海洋资源，促进海洋事业的发展，特制定本条例。 　　第二条　本条例中的"倾倒"，是指利用船舶、航空器、平台及其他载运工具，向海洋处置废弃物和其他物质；向海洋弃置船舶、航空器、平台和其他海上人工构造物，以及向海洋处置由于海底矿物资源的勘探开发及与勘探开发相关的海上加工所产生的废弃物和

| | | 第四章 破坏环境资源保护的犯罪 污染环境罪 |

其他物质。

"倾倒"不包括船舶、航空器及其他载运工具和设施正常操作产生的废弃物的排放。

第三条 本条例适用于：

一、向中华人民共和国的内海、领海、大陆架和其他管辖海域倾倒废弃物和其他物质；

二、为倾倒的目的，在中华人民共和国陆地或港口装载废弃物和其他物质；

三、为倾倒的目的，经中华人民共和国的内海、领海及其他管辖海域运送废弃物和其他物质；

四、在中华人民共和国管辖海域焚烧处置废弃物和其他物质。

海洋石油勘探开发过程中产生的废弃物，按照《中华人民共和国海洋石油勘探开发环境保护管理条例》的规定处理。

第四条 海洋倾倒废弃物的主管部门是中华人民共和国国家海洋局及其派出机构（简称"主管部门"，下同）。

第五条 海洋倾倒区由主管部门商同有关部门，按科学、合理、安全和经济的原则划出，报国务院批准确定。

第六条 需要向海洋倾倒废弃物的单位，应事先向主管部门提出申请，按规定的格式填报倾倒废弃物申请书，并附报废弃物特性和成分检验单。

主管部门在接到申请书之日起两个月内予以审批。对同意倾倒者应发给废弃物倾倒许可证。

任何单位和船舶、航空器、平台及其他载运工具，未依法经主管部门批准，不得向海洋倾倒废弃物。

第七条 外国的废弃物不得运至中华人民共和国管辖海域进行倾倒，包括弃置船舶、航空器、平台和其他海上人工构造物。违者，主管部门可责令其限期治理，支付清除污染费，赔偿损失，并处以罚款。

在中华人民共和国管辖海域以外倾倒废弃物，造成中华人民共和国管辖海域污染损害的，按本条例第十七条规定处理。

第八条 为倾倒的目的，经过中华人民共和国管辖海域运送废弃物的任何船舶及其他载运工具，应当在进入中华人民共和国管辖海域 15 天之前，通报主管部门，同时报告进入中华人民共和国管辖海域的时间、航线、以及废弃物的名称、数量及成分。

第九条 外国籍船舶、平台在中华人民共和国管辖海域，由于海底矿物资源的勘探开发及与勘探开发相关的海上加工所产生的废弃物和其他物质需要向海洋倾倒的，应按规定程序报经主管部门批准。

第十条 倾倒许可证应注明倾倒单位、有效期限和废弃物的数量、种类、倾倒方法等事项。

签发许可证应根据本条例的有关规定严格控制。主管部门根据海洋生态环境的变化和科学技术的发展，可以更换或撤销许可证。

第十一条 废弃物根据其毒性、有害物质含量和对海洋环境的影响等因素，分为三类。其分类标准，由主管部门制定。主管部门可根据海洋生态环境的变化，科学技术的发展，以及海洋环境保护的需要，对附件进行修订。

一、禁止倾倒附件一所列的废弃物及其他物质（见附件一）。当出现紧急情况，在陆地上处置会严重危及人民健康时，经国家海洋局批准，获得紧急许可证，可到指定的区域按规定的方法倾倒。

二、倾倒附件二所列的废弃物（见附件二），应当事先获得特别许可证。

三、倾倒未列入附件一和附件二的低毒或无毒的废弃物，应当事先获得普通许可证。

第十二条 获准向海洋倾倒废弃物的单位在废弃物装载时，应通知主管部门予以

相关执法参考 | 相关法律法规（7）

| 相关执法参考 | 相关法律法规（7） | 核实。
核实工作按许可证所载的事项进行。主管部门如发现实际装载与许可证所注明内容不符，应责令停止装运；情节严重的，应中止或吊销许可证。
第十三条　主管部门应对海洋倾倒活动进行监视和监督，必要时可派员随航。倾倒单位应为随航公务人员提供方便。
第十四条　获准向海洋倾倒废弃物的单位，应当按许可证注明的期限和条件，到指定的区域进行倾倒，如实地详细填写倾倒情况记录表，并按许可证注明的要求，将记录表报送主管部门。倾倒废弃物的船舶、航空器、平台和其他载运工具应有明显标志和信号，并在航行日志上详细记录倾倒情况。
第十五条　倾倒废弃物的船舶、航空器、平台和其他载运工具，凡属《中华人民共和国海洋环境保护法》第八十九条、第九十一条规定的情形，可免于承担赔偿责任。
为紧急避险或救助人命，未按许可证规定的条件和区域进行倾倒时，应尽力避免或减轻因倾倒而造成的污染损害，并在事后尽快向主管部门报告。倾倒单位和紧急避险或救助人命的受益者，应对由此所造成的污染损害进行补偿。
由于第三者的过失造成污染损害的，倾倒单位应向主管部门提出确凿证据，经主管部门确认后责令第三者承担赔偿责任。
在海上航行和作业的船舶、航空器、平台和其他载运工具，因不可抗拒的原因而弃置时，其所有人应向主管部门和就近的港务监督报告，并尽快打捞清理。
第十六条　主管部门对海洋倾倒区应定期进行监测，加强管理，避免对渔业资源和其他海上活动造成有害影响。当发现倾倒区不宜继续倾倒时，主管部门可决定予以封闭。
第十七条　对违反本条例，造成海洋环境污染损害的，主管部门可责令其限期治理，支付清除污染费，向受害方赔偿由此所造成的损失，并视情节轻重和污染损害的程度，处以警告或人民币 10 万元以下的罚款。
第十八条　要求赔偿损失的单位和个人，应尽快向主管部门提出污染损害索赔报告书。报告书应包括：受污染损害的时间、地点、范围、对象、损失清单、技术鉴定和公证证明，并尽可能提供有关原始单据和照片等。
第十九条　受托清除污染的单位在作业结束后，应尽快向主管部门提交索取清除污染费用报告书。报告书应包括：清除污染的时间、地点，投入的人力、机具、船只，清除材料的数量、单价、计算方法，组织清除的管理费、交通费及其他有关费用，清除效果及其情况，其他有关证据和证明材料。
第二十条　对违法行为的处罚标准如下：
一、凡有下列行为之一者，处以警告或人民币 2000 元以下的罚款：
（一）伪造废弃物检验单的；
（二）不按本条例第十四条规定填报倾倒情况记录表的；
（三）在本条例第十五条规定的情况下，未及时向主管部门和港务监督报告的。
二、凡实际装载与许可证所注明内容不符，情节严重的，除中止或吊销许可证外，还可处以人民币 2000 元以上 5000 元以下的罚款。
三、凡未按本条例第十二条规定通知主管部门核实而擅自进行倾倒的，可处以人民币 5000 元以上 2 万元以下的罚款。
四、凡有下列行为之一者，可处以人民币 2 万元以上 10 万元以下的罚款：
（一）未经批准向海洋倾倒废弃物的；
（二）不按批准的条件和区域进行倾倒的，但本条例第十五条规定的情况不在此限。
第二十一条　对违反本条例，造成或可能造成海洋环境污染损害的直接责任人，主管部门可处以警告或者罚款，也可以并处。
对于违反本条例，污染损害海洋环境造成重大财产损失或致人伤亡的直接责任人，由 |

相关执法参考	相关法律法规（7）	司法机关依法追究刑事责任。 　　第二十二条　当事人对主管部门的处罚决定不服的，可以在收到处罚通知书之日起15日内，向人民法院起诉；期满不起诉又不履行处罚决定的，由主管部门申请人民法院强制执行。 　　第二十三条　对违反本条例，造成海洋环境污染损害的行为，主动检举、揭发，积极提供证据，或采取有效措施减少污染损害有成绩的个人，应给予表扬或奖励。 　　第二十四条　本条例自1985年4月1日起施行。 附件一： 禁止倾倒的物质 　　一、含有机卤素化合物、汞及汞化合物、镉及镉化合物的废弃物，但微含量的或能在海水中迅速转化为无害物质的除外。 　　二、强放射性废弃物及其他强放射性物质。 　　三、原油及其废弃物、石油炼制品、残油，以及含这类物质的混合物。 　　四、渔网、绳索、塑料制品及其他能在海面漂浮或在水中悬浮，严重妨碍航行、捕鱼及其他活动或危害海洋生物的人工合成物质。 　　五、含有本附件第一、二项所列物质的阴沟污泥和疏浚物。 附件二： 需要获得特别许可证才能倾倒的物质 　　一、含有下列大量物质的废弃物： 　　（一）砷及其化合物； 　　（二）铅及其化合物； 　　（三）铜及其化合物； 　　（四）锌及其化合物； 　　（五）有机硅化合物； 　　（六）氰化物； 　　（七）氟化物； 　　（八）铍、铬、镍、钒及其化合物； 　　（九）未列入附件一的杀虫剂及其副产品。 但无害的或能在海水中迅速转化为无害物质的除外。 　　二、含弱放射性物质的废弃物。 　　三、容易沉入海底，可能严重障碍捕鱼和航行的容器、废金属及其他笨重的废弃物。 　　四、含有本附件第一、二项所列物质的阴沟污泥和疏浚物。
	相关法律法规（8）	《海洋倾废管理条例实施办法》 　　（1990年9月25日国家海洋局令第2号公布，根据2016年1月5日国土资源部第1次部务会议《国土资源部关于修改和废止部分规章的决定》第一次修正，根据2017年12月27日国土资源部第4次部务会议《国土资源部关于修改和废止部分规章的决定》第二次修正） 　　第一条　根据《中华人民共和国海洋环境保护法》第四十七条的规定，为实施《中华人民共和国海洋倾废管理条例》（以下简称《条例》），加强海洋倾废管理，制定本办法。 　　第二条　本办法适用于任何法人、自然人和其他经济实体向中华人民共和国的内海、领海、大陆架和其他一切管辖海域倾倒废弃物和其他物质的活动。 　　本办法还适用于《条例》第三条二、三、四款所规定的行为和因不可抗拒的原因而弃置船舶、航空器、平台和其他载运工具的行为。 　　第三条　国家海洋局及其派出机构（以下简称海区主管部门）是实施本办法的主管

| 相关执法参考 | 相关法律法规(8) | 部门。
第四条　为防止或减轻海洋倾废对海洋环境的污染损害，向海洋倾倒的废弃物及其他物质应视其毒性进行必要的预处理。
第五条　废弃物依据其性质可分为一、二、三类废弃物。
一类废弃物是指列入《条例》附件一的物质，该类废弃物禁止向海洋倾倒。除非在陆地处置会严重危及人类健康，而海洋倾倒是防止威胁的唯一办法时可以例外。
二类废弃物是指列入《条例》附件二的物质和附件一第一、三款属"痕量沾污"或能够"迅速无害化"的物质。
三类废弃物是指未列入《条例》附件一、附件二的低毒、无害的物质和附件二第一款，其含量小于"显著量"的物质。
第六条　未列入《条例》附件一、附件二的物质，在不能肯定其海上倾倒是无害时，须事先进行评价，确定该物质类别。
第七条　海洋倾倒区分为一、二、三类倾倒区，试验倾倒区和临时倾倒区。
一、二、三类倾倒区是为处置一、二、三类废弃物而相应确定的，其中一类倾倒区是为紧急处置一类废弃物而确定的。
试验倾倒区是为倾倒试验而确定的（使用期不超过两年）。
临时倾倒区是因工程需要等特殊原因而划定的一次性专用倾倒区。
第八条　一类、二类倾倒区由国家海洋局组织选划。
三类倾倒区、试验倾倒区、临时倾倒区由海区主管部门组织选划。
第九条　一、二、三类倾倒区经商有关部门后，由国家海洋局报国务院批准，国家海洋局公布。
试验倾倒区由海区主管部门（分局级）商海区有关单位后，报国家海洋局审查确定，并报国务院备案。
试验倾倒区经试验可行，商有关部门后，再报国务院批准为正式倾倒区。
临时倾倒区由海区主管部门（分局级）审查批准，报国家海洋局备案。使用期满，立即封闭。
第十条　海洋倾废实行许可证制度。
倾倒许可证应载明倾倒单位，有效期限和废弃物的数量、种类、倾倒方法等。
倾倒许可证分为紧急许可证、特别许可证、普通许可证。
第十一条　凡向海洋倾倒废弃物的废弃物所有者及疏浚工程单位，应事先向主管部门提出倾倒申请，办理倾倒许可证。
废弃物所有者或疏浚工程单位与实施倾倒作业单位有合同约定，依合同规定实施倾倒作业单位也可向主管部门申请办理倾倒许可证。
第十二条　申请倾倒许可证应填报倾倒废弃物申请书。
第十三条　主管部门在收到申请书后两个月内应予以答复。经审查批准的应签发倾倒许可证。
紧急许可证由国家海洋局签发或者经国家海洋局批准，由海区主管部门签发。
特别许可证、普通许可证由海区主管部门签发。
第十四条　紧急许可证为一次性使用许可证。
特别许可证有效期不超过六个月。
普通许可证有效期不超过一年。
许可证有效期满仍需继续倾倒的，应在有效期满前二个月到发证主管部门办理换证手续。
倾倒许可证不得转让；倾倒许可证使用期满后十五日内交回发证机关。
第十五条　申请倾倒许可证和更换倾倒许可证应缴纳费用。具体收费项目和收费标准 |

相关执法参考	相关法律法规（8）	由国家物价局、国家海洋局另行规定。 第十六条 检验工作由海区主管部门委托检验机构依照有关评价规范开展。 第十七条 一类废弃物禁止向海上倾倒。但在符合本办法第五条第二款规定的条件下，可以申请获得紧急许可证，到指定的一类倾倒区倾倒。 第十八条 二类废弃物须申请获得特别许可证，到指定的二类倾倒区倾倒。 第十九条 三类废弃物须申请获得普通许可证，到指定的三类倾倒区倾倒。 第二十条 含有《条例》附件一、二所列物质的疏浚物的倾倒，按"疏浚物分类标准和评价程序"实施管理。 第二十一条 向海洋处置船舶、航空器、平台和其他海上人工构造物，须获得海区主管部门签发的特别许可证，按许可证的规定处置。 第二十二条 油污水和垃圾回收船对所回收的油污水、废弃物经处理后，需要向海洋倾倒的，应向海区主管部门提出申请，取得倾倒许可证后，到指定区域倾倒。 第二十三条 向海洋倾倒军事废弃物的，应由军队有关部门按本办法的规定向海区主管部门申请，按许可证的要求倾倒。 第二十四条 为开展科学研究，需向海洋投放物质的单位，应按本办法的规定程序向海区主管部门申请，并附报投放试验计划和海洋环境影响评估报告，海区主管部门核准签发相应类别许可证。 第二十五条 所有进行倾倒作业的船舶、飞机和其他载运工具应持有倾倒许可证（或许可证副本），未取得许可证的船舶、飞机和其他载运工具不得进行倾倒。 第二十六条 进行倾倒作业的船舶、飞机和其他载运工具在装载废弃物时，应通知发证主管部门核实。 利用船舶运载出港的，应在离港前通知就近港务监督核实。 凡在军港装运的，应通知军队有关部门核实。 如发现实际装载与倾倒许可证注明内容不符，则不予放行，并及时通知发证主管部门处理。 第二十七条 进行倾倒作业的船舶、飞机和其他载运工具应将作业情况如实详细填写在倾倒情况记录表和航行日志上，并在返港后十五日内将记录表报发证机关。 第二十八条 "中国海监"船舶、飞机、车辆负责海上倾倒活动的监视检查和监督管理。必要时海洋监察人员也可登船或随倾废船舶或其他载运工具进行监督检查。实施倾倒作业的船舶（或其他载运工具）应为监察人员履行公务提供方便。 第二十九条 主管部门对海洋倾倒区进行监测，如认定倾倒区不宜继续使用时，应予以封闭，并报国务院备案。 主管部门在封闭倾倒区之前两个月向倾倒单位发出通告，倾倒单位须从倾倒区封闭之日起终止在该倾倒区的倾倒。 第三十条 为紧急避险、救助人命而未能按本办法规定的程序申请倾倒的或未能按倾倒许可证要求倾倒的，倾倒单位应在倾倒后十日内向海区主管部门提交书面报告。报告内容应包括：倾倒时间和地点，倾倒物质特性和数量，倾倒时的海况和气象情况，倾倒的详细过程，倾倒后采取的措施及其他事项等。 航空器应在紧急放油后十日内向海区主管部门提交书面报告，报告内容应包括航空器国籍、所有人、机号、放油时间、地点、数量、高度及具体放油原因等。 第三十一条 因不可抗拒的原因而弃置的船舶、航空器、平台和其他载运工具，应尽可能地关闭所有油舱（柜）的阀门和通气孔，防止溢油。弃置后其所有人应在十日内向海区主管部门和就近的港务监督报告，并根据要求进行处置。 第三十二条 向海洋弃置船舶、航空器、平台和其他海上人工构造物前，应排出所有的油类和其他有害物质。

|相关执法参考|相关法律法规(8)|第三十三条　需要设置海上焚烧设施，应事先向海区主管部门申请，申请时附报该设施详细技术资料，经海区主管部门批准后，方可建立。设施建成后，须经海区主管部门检验核准。
　　实施焚烧作业的单位，应按本办法的规定程序向海区主管部门申请海上焚烧许可证。
　　第三十四条　违反《条例》和本实施办法，造成或可能造成海洋环境污染损害的，海区主管部门可依照《条例》第十七条、第二十条和第二十一条的规定，予以处罚。
　　未获得主管部门签发的倾倒许可证，擅自倾倒和未按批准的条件或区域进行倾倒的，按《条例》第二十条有关规定处罚。
　　第三十五条　对处罚不服者，可在收到行政处罚决定之日起十五日内向作出处罚决定机关的上一级机关申请复议。对复议结果不服的，从收到复议决定之日起十五日内，向人民法院起诉；当事人也可在收到处罚决定之日起十五日内直接向人民法院起诉。
　　当事人逾期不申请复议，也不向人民法院起诉，又不履行处罚决定的，由作出处罚决定的机关申请人民法院强制执行。
　　第三十六条　违反《条例》和本实施办法，造成海洋环境污染损害和公私财产损失的，肇事者应承担赔偿责任。
　　第三十七条　赔偿责任包括：
　　1. 受害方为清除、治理污染所支付的费用及对污染损害所采取的预防措施所支付的费用。
　　2. 污染对公私财产造成的经济损失，对海水水质、生物资源等的损害。
　　3. 为处理海洋倾废引起的污染损害事件所进行的调查费用。
　　第三十八条　赔偿责任和赔偿金额的纠纷，当事人可依照民事诉讼程序向人民法院提起诉讼；也可请求海区主管部门进行调解处理。对调解不服的，也可以向人民法院起诉；涉外案件还可以按仲裁程序解决。
　　第三十九条　因环境污染损害赔偿提起诉讼的时效期间为三年，从当事人知道或应当知道受到污染损害时计算。
　　赔偿纠纷处理结束后，受害方不得就同一污染事件再次提出索赔要求。
　　第四十条　由于战争行为、不可抗拒的自然灾害或由于第三者的过失，虽经及时采取合理措施，但仍不能避免造成海洋环境污染损害的，可免除倾倒单位的赔偿责任。
　　由于第三者的责任造成污染损害的，由第三者承担赔偿责任。
　　因不可抗拒的原因而弃置的船舶、航空器、平台和其他载运工具，不按本办法第三十一条规定要求进行处置而造成污染损害的应承担赔偿责任。
　　海区主管部门对免除责任的条件调查属实后，可做出免除赔偿责任的决定。
　　第四十一条　本办法下列用语的含义是：
　　1. "内海"系指领海基线内侧的全部海域（包括海湾、海峡、海港、河口湾）；领海基线与海岸之间的海域；被陆地包围或通过狭窄水道连接海洋的海域。
　　2. "疏浚物倾倒"系指任何通过或利用船舶或其他载运工具，有意地在海上以各种方式抛弃和处置疏浚物。"疏浚物"系指任何疏通、挖深港池、航道工程和建设、挖掘港口、码头、海底与岸边工程所产生的泥土、沙砾和其他物质。
　　3. "海上焚烧"系指以热摧毁方式在海上用焚烧设施有目的地焚烧有害废弃物的行为，但不包括船舶或其他海上人工构造物在正常操作中所附带发生的此类行为。
　　4. "海上焚烧设施"系指为在海上焚烧目的作业的船舶、平台或人工构造物。
　　5. "废弃物和其他物质"系指为弃置的目的，向海上倾倒或拟向海上倾倒的任何形式和种类的物质与材料。
　　6. "迅速无害化"系指列入《条例》附件一的某些物质能通过海上物理、化学和生物过程转化为无害，并不会使可食用的海洋生物变味或危及人类健康和家畜家禽的正常生长。|

相关法律法规（8）		7. "痕量沾污"即《条例》附件一中的"微含量"，系指列入《条例》附件一的某些物质在海上倾倒不会产生有害影响，特别是不会对海洋生物或人类健康产生急性或慢性效应，不论这类毒性效应是否是由于这类物质在海洋生物尤其是可食用的海洋生物富集而引起的。 8. "显著量"即《条例》附件二中的"大量"。系指列入《条例》附件二的某些物质的海上倾倒，经生物测定证明对海洋生物有慢性毒性效应，则认为该物质的含量为显著量。 9. "特别管理措施"系指倾倒非"痕量沾污"，又不能"迅速无害化"的疏浚物时，须采取的一些行政或技术管理措施。通过这些措施降低疏浚物中所含附件一或附件二物质对环境的影响，使其不对人类健康和生物资源产生危害。 **第四十二条**　本办法由国家海洋局负责解释。 **第四十三条**　本办法自发布之日起开始施行。
相关执法参考	相关法律法规（9）	《水污染防治法》（节录） （1984年5月11日第六届全国人民代表大会常务委员会第五次会议通过，根据1996年5月15日第八届全国人民代表大会常务委员会第十九次会议《关于修改〈中华人民共和国水污染防治法〉的决定》第一次修正，2008年2月28日第十届全国人民代表大会常务委员会第三十二次会议修订，根据2017年6月27日第十二届全国人民代表大会常务委员会第二十八次会议《关于修改〈中华人民共和国水污染防治法〉的决定》第二次修正） **第二条**　本法适用于中华人民共和国领域内的江河、湖泊、运河、渠道、水库等地表水体以及地下水体的污染防治。 海洋污染防治适用《中华人民共和国海洋环境保护法》。 **第三条**　水污染防治应当坚持预防为主、防治结合、综合治理的原则，优先保护饮用水水源，严格控制工业污染、城镇生活污染，防治农业面源污染，积极推进生态治理工程建设，预防、控制和减少水环境污染和生态破坏。 **第十九条**　新建、改建、扩建直接或者间接向水体排放污染物的建设项目和其他水上设施，应当依法进行环境影响评价。 建设单位在江河、湖泊新建、改建、扩建排污口的，应当取得水行政主管部门或者流域管理机构同意；涉及通航、渔业水域的，环境保护主管部门在审批环境影响评价文件时，应当征求交通、渔业主管部门的意见。 建设项目的水污染防治设施，应当与主体工程同时设计、同时施工、同时投入使用。水污染防治设施应当符合经批准或者备案的环境影响评价文件的要求。 **第二十条**　国家对重点水污染物排放实施总量控制制度。 重点水污染物排放总量控制指标，由国务院环境保护主管部门在征求国务院有关部门和各省、自治区、直辖市人民政府意见后，会同国务院经济综合宏观调控部门报国务院批准并下达实施。 省、自治区、直辖市人民政府应当按照国务院的规定削减和控制本行政区域的重点水污染物排放总量。具体办法由国务院环境保护主管部门会同国务院有关部门规定。 省、自治区、直辖市人民政府可以根据本行政区域水环境质量状况和水污染防治工作的需要，对国家重点水污染物之外的其他水污染物排放实行总量控制。 对超过重点水污染物排放总量控制指标或者未完成水环境质量改善目标的地区，省级以上人民政府环境保护主管部门应当会同有关部门约谈该地区人民政府的主要负责人，并暂停审批新增重点水污染物排放总量的建设项目的环境影响评价文件。约谈情况应当向社会公开。 **第二十一条**　直接或者间接向水体排放工业废水和医疗污水以及其他按照规定应当取得排污许可证方可排放的废水、污水的企业事业单位和其他生产经营者，应当取得排污许可证；城镇污水集中处理设施的运营单位，也应当取得排污许可证。排污许可证应当明确

排放水污染物的种类、浓度、总量和排放去向等要求。排污许可的具体办法由国务院规定。

禁止企业事业单位和其他生产经营者无排污许可证或者违反排污许可证的规定向水体排放前款规定的废水、污水。

第二十二条 向水体排放污染物的企业事业单位和其他生产经营者，应当按照法律、行政法规和国务院环境保护主管部门的规定设置排污口；在江河、湖泊设置排污口的，还应当遵守国务院水行政主管部门的规定。

第二十三条 实行排污许可管理的企业事业单位和其他生产经营者应当按照国家有关规定和监测规范，对所排放的水污染物自行监测，并保存原始监测记录。重点排污单位还应当安装水污染物排放自动监测设备，与环境保护主管部门的监控设备联网，并保证监测设备正常运行。具体办法由国务院环境保护主管部门规定。

应当安装水污染物排放自动监测设备的重点排污单位名录，由设区的市级以上地方人民政府环境保护主管部门根据本行政区域的环境容量、重点水污染物排放总量控制指标的要求以及排污单位排放水污染物的种类、数量和浓度等因素，商同级有关部门确定。

第二十四条 实行排污许可管理的企业事业单位和其他生产经营者应当对监测数据的真实性和准确性负责。

环境保护主管部门发现重点排污单位的水污染物排放自动监测设备传输数据异常，应当及时进行调查。

第二十五条 国家建立水环境质量监测和水污染物排放监测制度。国务院环境保护主管部门负责制定水环境监测规范，统一发布国家水环境状况信息，会同国务院水行政等部门组织监测网络，统一规划国家水环境质量监测站（点）的设置，建立监测数据共享机制，加强对水环境监测的管理。

第二十六条 国家确定的重要江河、湖泊流域的水资源保护工作机构负责监测其所在流域的省界水体的水环境质量状况，并将监测结果及时报国务院环境保护主管部门和国务院水行政主管部门；有经国务院批准成立的流域水资源保护领导机构的，应当将监测结果及时报告流域水资源保护领导机构。

第二十七条 国务院有关部门和县级以上地方人民政府开发、利用和调节、调度水资源时，应当统筹兼顾，维持江河的合理流量和湖泊、水库以及地下水体的合理水位，保障基本生态用水，维护水体的生态功能。

第二十八条 国务院环境保护主管部门应当会同国务院水行政等部门和有关省、自治区、直辖市人民政府，建立重要江河、湖泊的流域水环境保护联合协调机制，实行统一规划、统一标准、统一监测、统一的防治措施。

第二十九条 国务院环境保护主管部门和省、自治区、直辖市人民政府环境保护主管部门应当会同同级有关部门根据流域生态环境功能需要，明确流域生态环境保护要求，组织开展流域环境资源承载能力监测、评价，实施流域环境资源承载能力预警。

县级以上地方人民政府应当根据流域生态环境功能需要，组织开展江河、湖泊、湿地保护与修复，因地制宜建设人工湿地、水源涵养林、沿河沿湖植被缓冲带和隔离带等生态环境治理与保护工程，整治黑臭水体，提高流域环境资源承载能力。

从事开发建设活动，应当采取有效措施，维护流域生态环境功能，严守生态保护红线。

第三十条 环境保护主管部门和其他依照本法规定行使监督管理权的部门，有权对管辖范围内的排污单位进行现场检查，被检查的单位应当如实反映情况，提供必要的资料。检查机关有义务为被检查的单位保守在检查中获取的商业秘密。

第三十一条 跨行政区域的水污染纠纷，由有关地方人民政府协商解决，或者由其共同的上级人民政府协调解决。

相关执法参考	相关法律法规(9)	第一百零一条　违反本法规定，构成犯罪的，依法追究刑事责任。 第一百零二条　本法中下列用语的含义： （一）水污染，是指水体因某种物质的介入，而导致其化学、物理、生物或者放射性等方面特性的改变，从而影响水的有效利用，危害人体健康或者破坏生态环境，造成水质恶化的现象。 （二）水污染物，是指直接或者间接向水体排放的，能导致水体污染的物质。 （三）有毒污染物，是指那些直接或者间接被生物摄入体内后，可能导致该生物或者其后代发病、行为反常、遗传异变、生理机能失常、机体变形或者死亡的污染物。 （四）污泥，是指污水处理过程中产生的半固态或者固态物质。 （五）渔业水体，是指划定的鱼虾类的产卵场、索饵场、越冬场、洄游通道和鱼虾贝藻类的养殖场的水体。 第一百零三条　本法自 2008 年 6 月 1 日起施行。
	相关法律法规(10)	《放射性污染防治法》（节录） 　　（2003 年 6 月 28 日第十届全国人民代表大会常务委员会第三次会议通过，自 2003 年 10 月 1 日起施行） 　　第二条　本法适用于中华人民共和国领域和管辖的其他海域在核设施选址、建造、运行、退役和核技术、铀（钍）矿、伴生放射性矿开发利用过程中发生的放射性污染的防治活动。 　　第四十八条　放射性污染防治监督管理人员违反法律规定，利用职务上的便利收受他人财物、谋取其他利益，或者玩忽职守，有下列行为之一的，依法给予行政处分；构成犯罪的，依法追究刑事责任： 　　（一）对不符合法定条件的单位颁发许可证和办理批准文件的； 　　（二）不依法履行监督管理职责的； 　　（三）发现违法行为不予查处的。 　　第五十二条　违反本法规定，未经许可或者批准，核设施营运单位擅自进行核设施的建造、装料、运行、退役等活动的，由国务院环境保护行政主管部门责令停止违法行为，限期改正，并处二十万元以上五十万元以下罚款；构成犯罪的，依法追究刑事责任。 　　第五十三条　违反本法规定，生产、销售、使用、转让、进口、贮存放射性同位素和射线装置以及装备有放射性同位素的仪表的，由县级以上人民政府环境保护行政主管部门或者其他有关部门依据职权责令停止违法行为，限期改正；逾期不改正的，责令停产停业或者吊销许可证；有违法所得的，没收违法所得；违法所得十万元以上的，并处违法所得一倍以上五倍以下罚款；没有违法所得或者违法所得不足十万元的，并处一万元以上十万元以下罚款；构成犯罪的，依法追究刑事责任。 　　第五十四条　违反本法规定，有下列行为之一的，由县级以上人民政府环境保护行政主管部门责令停止违法行为，限期改正，处以罚款；构成犯罪的，依法追究刑事责任： 　　（一）未建造尾矿库或者不按照放射性污染防治的要求建造尾矿库，贮存、处置铀（钍）矿和伴生放射性矿的尾矿的； 　　（二）向环境排放不得排放的放射性废气、废液的； 　　（三）不按照规定的方式排放放射性废液，利用渗井、渗坑、天然裂隙、溶洞或者国家禁止的其他方式排放放射性废液的； 　　（四）不按照规定处理或者贮存不得向环境排放的放射性废液的； 　　（五）将放射性固体废物提供或者委托给无许可证的单位贮存和处置的。 　　有前款第（一）项、第（二）项、第（三）项、第（五）项行为之一的，处十万元以上二十万元以下罚款；有前款第（四）项行为的，处一万元以上十万元以下罚款。 　　第五十五条　违反本法规定，有下列行为之一的，由县级以上人民政府环境保护行政

| | | 主管部门或者其他有关部门依据职权责令限期改正；逾期不改正的，责令停产停业，并处二万元以上十万元以下罚款；构成犯罪的，依法追究刑事责任：
（一）不按照规定设置放射性标识、标志、中文警示说明的；
（二）不按照规定建立健全安全保卫制度和制定事故应急计划或者应急措施的；
（三）不按照规定报告放射源丢失、被盗情况或者放射性污染事故的。
　　第五十六条　产生放射性固体废物的单位，不按本法第四十五条的规定对其产生的放射性固体废物进行处置的，由审批该单位立项环境影响评价文件的环境保护行政主管部门责令停止违法行为，限期改正；逾期不改正的，指定有处置能力的单位代为处置，所需费用由产生放射性固体废物的单位承担，可以并处二十万元以下罚款；构成犯罪的，依法追究刑事责任。
　　第五十七条　违反本法规定，有下列行为之一的，由省级以上人民政府环境保护行政主管部门责令停产停业或者吊销许可证；有违法所得的，没收违法所得；违法所得十万元以上的，并处违法所得一倍以上五倍以下罚款；没有违法所得或者违法所得不足十万元的，并处五万元以上十万元以下罚款；构成犯罪的，依法追究刑事责任：
（一）未经许可，擅自从事贮存和处置放射性固体废物活动的；
（二）不按照许可的有关规定从事贮存和处置放射性固体废物活动的。
　　第五十八条　向中华人民共和国境内输入放射性废物和被放射性污染的物品，或者经中华人民共和国境内转移放射性废物和被放射性污染的物品的，由海关责令退运该放射性废物和被放射性污染的物品，并处五十万元以上一百万元以下罚款；构成犯罪的，依法追究刑事责任。
　　第六十条　军用设施、装备的放射性污染防治，由国务院和军队的有关主管部门依照本法规定的原则和国务院、中央军事委员会规定的职责实施监督管理。
　　第六十一条　劳动者在职业活动中接触放射性物质造成的职业病的防治，依照《中华人民共和国职业病防治法》的规定执行。
　　第六十二条　本法中下列用语的含义：
（一）放射性污染，是指由于人类活动造成物料、人体、场所、环境介质表面或者内部出现超过国家标准的放射性物质或者射线。
（二）核设施，是指核动力厂（核电厂、核热电厂、核供汽供热厂等）和其他反应堆（研究堆、实验堆、临界装置等）；核燃料生产、加工、贮存和后处理设施；放射性废物的处理和处置设施等。
（三）核技术利用，是指密封放射源、非密封放射源和射线装置在医疗、工业、农业、地质调查、科学研究和教学等领域中的使用。
（四）放射性同位素，是指某种发生放射性衰变的元素中具有相同原子序数但质量不同的核素。
（五）放射源，是指除研究堆和动力堆核燃料循环范畴的材料以外，永久密封在容器中或者有严密包层并呈固态的放射性材料。
（六）射线装置，是指X线机、加速器、中子发生器以及含放射源的装置。
（七）伴生放射性矿，是指含有较高水平天然放射性核素浓度的非铀矿（如稀土矿和磷酸盐矿等）。
（八）放射性废物，是指含有放射性核素或者被放射性核素污染，其浓度或者比活度大于国家确定的清洁解控水平，预期不再使用的废弃物。
　　第六十三条　本法自2003年10月1日起施行。|
|相关执法参考|相关法律法规（10）| |

相关执法参考

相关法律法规（11）

《环境影响评价法》（节录）

（2002年10月28日第九届全国人民代表大会常务委员会第三十次会议通过，根据2016年7月2日第十二届全国人民代表大会常务委员会第二十一次会议《关于修改〈中华人民共和国节约能源法〉等六部法律的决定》修正，根据2018年12月29日第十三届全国人民代表大会常务委员会第七次会议《关于修改〈中华人民共和国劳动法〉等七部法律的决定》修正）

第二条 本法所称环境影响评价，是指对规划和建设项目实施后可能造成的环境影响进行分析、预测和评估，提出预防或者减轻不良环境影响的对策和措施，进行跟踪监测的方法与制度。

第十六条 国家根据建设项目对环境的影响程度，对建设项目的环境影响评价实行分类管理。

建设单位应当按照下列规定组织编制环境影响报告书、环境影响报告表或者填报环境影响登记表（以下统称环境影响评价文件）：

（一）可能造成重大环境影响的，应当编制环境影响报告书，对产生的环境影响进行全面评价；

（二）可能造成轻度环境影响的，应当编制环境影响报告表，对产生的环境影响进行分析或者专项评价；

（三）对环境影响很小、不需要进行环境影响评价的，应当填报环境影响登记表。

建设项目的环境影响评价分类管理名录，由国务院生态环境主管部门制定并公布。

第十七条 建设项目的环境影响报告书应当包括下列内容：

（一）建设项目概况；

（二）建设项目周围环境现状；

（三）建设项目对环境可能造成影响的分析、预测和评估；

（四）建设项目环境保护措施及其技术、经济论证；

（五）建设项目对环境影响的经济损益分析；

（六）对建设项目实施环境监测的建议；

（七）环境影响评价的结论。

环境影响报告表和环境影响登记表的内容和格式，由国务院生态环境主管部门制定。

第十八条 建设项目的环境影响评价，应当避免与规划的环境影响评价相重复。

作为一项整体建设项目的规划，按照建设项目进行环境影响评价，不进行规划的环境影响评价。

已经进行了环境影响评价的规划包含具体建设项目的，规划的环境影响评价结论应当作为建设项目环境影响评价的重要依据，建设项目环境影响评价的内容应当根据规划的环境影响评价审查意见予以简化。

第十九条 建设单位可以委托技术单位对其建设项目开展环境影响评价，编制建设项目环境影响报告书、环境影响报告表；建设单位具备环境影响评价技术能力的，可以自行对其建设项目开展环境影响评价，编制建设项目环境影响报告书、环境影响报告表。

编制建设项目环境影响报告书、环境影响报告表应当遵守国家有关环境影响评价标准、技术规范等规定。

国务院生态环境主管部门应当制定建设项目环境影响报告书、环境影响报告表编制的能力建设指南和监管办法。

接受委托为建设单位编制建设项目环境影响报告书、环境影响报告表的技术单位，不得与负责审批建设项目环境影响报告书、环境影响报告表的生态环境主管部门或者其他有关审批部门存在任何利益关系。

第二十条 建设单位应当对建设项目环境影响报告书、环境影响报告表的内容和结论

相关执法参考	相关法律法规(11)	负责，接受委托编制建设项目环境影响报告书、环境影响报告表的技术单位对其编制的建设项目环境影响报告书、环境影响报告表承担相应责任。 设区的市级以上人民政府生态环境主管部门应当加强对建设项目环境影响报告书、环境影响报告表编制单位的监督管理和质量考核。 负责审批建设项目环境影响报告书、环境影响报告表的生态环境主管部门应当将编制单位、编制主持人和主要编制人员的相关违法信息记入社会诚信档案，并纳入全国信用信息共享平台和国家企业信用信息公示系统向社会公布。 任何单位和个人不得为建设单位指定编制建设项目环境影响报告书、环境影响报告表的技术单位。 **第二十一条** 除国家规定需要保密的情形外，对环境可能造成重大影响、应当编制环境影响报告书的建设项目，建设单位应当在报批建设项目环境影响报告书前，举行论证会、听证会，或者采取其他形式，征求有关单位、专家和公众的意见。 建设单位报批的环境影响报告书应当附具对有关单位、专家和公众的意见采纳或者不采纳的说明。 **第二十二条** 建设项目的环境影响报告书、报告表，由建设单位按照国务院的规定报有审批权的生态环境主管部门审批。 海洋工程建设项目的海洋环境影响报告书的审批，依照《中华人民共和国海洋环境保护法》的规定办理。 审批部门应当自收到环境影响报告书之日起六十日内，收到环境影响报告表之日起三十日内，分别作出审批决定并书面通知建设单位。 国家对环境影响登记表实行备案管理。 审核、审批建设项目环境影响报告书、报告表以及备案环境影响登记表，不得收取任何费用。 **第二十三条** 国务院生态环境主管部门负责审批下列建设项目的环境影响评价文件： （一）核设施、绝密工程等特殊性质的建设项目； （二）跨省、自治区、直辖市行政区域的建设项目； （三）由国务院审批的或者由国务院授权有关部门审批的建设项目。 前款规定以外的建设项目的环境影响评价文件的审批权限，由省、自治区、直辖市人民政府规定。 建设项目可能造成跨行政区域的不良环境影响，有关生态环境主管部门对该项目的环境影响评价结论有争议的，其环境影响评价文件由共同的上一级生态环境主管部门审批。 **第二十四条** 建设项目的环境影响评价文件经批准后，建设项目的性质、规模、地点、采用的生产工艺或者防治污染、防止生态破坏的措施发生重大变动的，建设单位应当重新报批建设项目的环境影响评价文件。 建设项目的环境影响评价文件自批准之日起超过五年，方决定该项目开工建设的，其环境影响评价文件应当报原审批部门重新审核；原审批部门应当自收到建设项目环境影响评价文件之日起十日内，将审核意见书面通知建设单位。 **第二十五条** 建设项目的环境影响评价文件未依法经审批部门审查或者审查后未予批准的，建设单位不得开工建设。 **第二十六条** 建设项目建设过程中，建设单位应当同时实施环境影响报告书、环境影响报告表以及环境影响评价文件审批部门审批意见中提出的环境保护对策措施。 **第二十七条** 在项目建设、运行过程中产生不符合经审批的环境影响评价文件的情形的，建设单位应当组织环境影响的后评价，采取改进措施，并报原环境影响评价文件审批部门和建设项目审批部门备案；原环境影响评价文件审批部门也可以责成建设单位进行环境影响的后评价，采取改进措施。

相关执法参考	相关法律法规（11）	第二十八条　生态环境主管部门应当对建设项目投入生产或者使用后所产生的环境影响进行跟踪检查，对造成严重环境污染或者生态破坏的，应当查清原因、查明责任。 对属于建设项目环境影响报告书、环境影响报告表存在基础资料明显不实，内容存在重大缺陷、遗漏或者虚假，环境影响评价结论不正确或者不合理等严重质量问题的，依照本法第三十二条的规定追究建设单位及其相关责任人员和接受委托编制建设项目环境影响报告书、环境影响报告表的技术单位及其相关人员的法律责任；属于审批部门工作人员失职、渎职，对依法不应批准的建设项目环境影响报告书、环境影响报告表予以批准的，依照本法第三十四条的规定追究其法律责任。 第三十二条　建设项目环境影响报告书、环境影响报告表存在基础资料明显不实，内容存在重大缺陷、遗漏或者虚假，环境影响评价结论不正确或者不合理等严重质量问题的，由设区的市级以上人民政府生态环境主管部门对建设单位处五十万元以上二百万元以下的罚款，并对建设单位的法定代表人、主要负责人、直接负责的主管人员和其他直接责任人员，处五万元以上二十万元以下的罚款。 接受委托编制建设项目环境影响报告书、环境影响报告表的技术单位违反国家有关环境影响评价标准和技术规范等规定，致使其编制的建设项目环境影响报告书、环境影响报告表存在基础资料明显不实，内容存在重大缺陷、遗漏或者虚假，环境影响评价结论不正确或者不合理等严重质量问题的，由设区的市级以上人民政府生态环境主管部门对技术单位处所收费用三倍以上五倍以下的罚款；情节严重的，禁止从事环境影响报告书、环境影响报告表编制工作；有违法所得的，没收违法所得。 编制单位有本条第一款、第二款规定的违法行为的，编制主持人和主要编制人员五年内禁止从事环境影响报告书、环境影响报告表编制工作；构成犯罪的，依法追究刑事责任，并终身禁止从事环境影响报告书、环境影响报告表编制工作。 第三十四条　生态环境主管部门或者其他部门的工作人员徇私舞弊，滥用职权，玩忽职守，违法批准建设项目环境影响评价文件的，依法给予行政处分；构成犯罪的，依法追究刑事责任。
	相关法律法规（12）	《危险废物经营许可证管理办法》（节录） （2004年5月30日中华人民共和国国务院令第408号公布，根据2013年12月7日《国务院关于修改部分行政法规的决定》第一次修订，根据2016年2月6日《国务院关于修改部分行政法规的决定》第二次修订） 第二条　在中华人民共和国境内从事危险废物收集、贮存、处置经营活动的单位，应当依照本办法的规定，领取危险废物经营许可证。 第三条　危险废物经营许可证按照经营方式，分为危险废物收集、贮存、处置综合经营许可证和危险废物收集经营许可证。 领取危险废物综合经营许可证的单位，可以从事各类别危险废物的收集、贮存、处置经营活动；领取危险废物收集经营许可证的单位，只能从事机动车维修活动中产生的废矿物油和居民日常生活中产生的废镉镍电池的危险废物收集经营活动。 第四条　县级以上人民政府环境保护主管部门依照本办法的规定，负责危险废物经营许可证的审批颁发与监督管理工作。 第五条　申请领取危险废物收集、贮存、处置综合经营许可证，应当具备下列条件： （一）有3名以上环境工程专业或者相关专业中级以上职称，并有3年以上固体废物污染治理经历的技术人员； （二）有符合国务院交通主管部门有关危险货物运输安全要求的运输工具； （三）有符合国家或者地方环境保护标准和安全要求的包装工具、中转和临时存放设施、设备以及经验收合格的贮存设施、设备； （四）有符合国家或者省、自治区、直辖市危险废物处置设施建设规划，符合国家或

| 相关执法参考 | 相关法律法规（12） | 者地方环境保护标准和安全要求的处置设施、设备和配套的污染防治设施；其中，医疗废物集中处置设施，还应当符合国家有关医疗废物处置的卫生标准和要求；
（五）有与所经营的危险废物类别相适应的处置技术和工艺；
（六）有保证危险废物经营安全的规章制度、污染防治措施和事故应急救援措施；
（七）以填埋方式处置危险废物的，应当依法取得填埋场所的土地使用权。
第六条 申请领取危险废物收集经营许可证，应当具备下列条件：
（一）有防雨、防渗的运输工具；
（二）有符合国家或者地方环境保护标准和安全要求的包装工具，中转和临时存放设施、设备；
（三）有保证危险废物经营安全的规章制度、污染防治措施和事故应急救援措施。
第二十四条 违反本办法第十四条第一款、第二十一条规定的，由县级以上地方人民政府环境保护主管部门责令限期改正；逾期不改正的，处5万元以上10万元以下的罚款；造成污染事故，构成犯罪的，依法追究刑事责任。
第二十五条 违反本办法第十五条第一款、第二款、第三款规定的，依照《中华人民共和国固体废物污染环境防治法》的规定予以处罚。
违反本办法第十五条第四款规定的，由县级以上地方人民政府环境保护主管部门收缴危险废物经营许可证或者由原发证机关吊销危险废物经营许可证，并处5万元以上10万元以下的罚款；构成犯罪的，依法追究刑事责任。
第三十条 县级以上人民政府环境保护主管部门的工作人员，有下列行为之一的，依法给予行政处分；构成犯罪的，依法追究刑事责任：
（一）向不符合本办法规定条件的单位颁发危险废物经营许可证的；
（二）发现未依法取得危险废物经营许可证的单位和个人擅自从事危险废物经营活动不予查处或者接到举报后不依法处理的；
（三）对依法取得危险废物经营许可证的单位不履行监督管理职责或者发现违反本办法规定的行为不予查处的；
（四）在危险废物经营许可证管理工作中有其他渎职行为的。
第三十一条 本办法下列用语的含义：
（一）危险废物，是指列入国家危险废物名录或者根据国家规定的危险废物鉴别标准和鉴别方法认定的具有危险性的废物。
（二）收集，是指危险废物经营单位将分散的危险废物进行集中的活动。
（三）贮存，是指危险废物经营单位在危险废物处置前，将其放置在符合环境保护标准的场所或者设施中，以及为了将分散的危险废物进行集中，在自备的临时设施或者场所每批置放重量超过5000千克或者置放时间超过90个工作日的活动。
（四）处置，是指危险废物经营单位将危险废物焚烧、煅烧、熔融、烧结、裂解、中和、消毒、蒸馏、萃取、沉淀、过滤、拆解以及用其他改变危险废物物理、化学、生物特性的方法，达到减少危险废物数量、缩小危险废物体积、减少或者消除其危险成分的活动，或者将危险废物最终置于符合环境保护规定要求的场所或者设施并不再回取的活动。
第三十二条 本办法施行前，依照地方性法规、规章或者其他文件的规定已经取得危险废物经营许可证的单位，应当在原危险废物经营许可证有效期届满30个工作日前，依照本办法的规定重新申请领取危险废物经营许可证。逾期不办理的，不得继续从事危险废物经营活动。
第三十三条 本办法自2004年7月1日起施行。 |

| 相关执法参考 | 相关法律法规（13） | 危险化学品目录
（2015年2月27日国家安全生产监督管理总局、工业和信息化部、公安部、环境保护部、交通运输部、农业部、国家卫生和计划生育委员会、国家质量监督检验检疫总局、国家铁路局、中国民用航空局公告2015年第5号公布）
说　明
一、危险化学品的定义和确定原则
定义：具有毒害、腐蚀、爆炸、燃烧、助燃等性质，对人体、设施、环境具有危害的剧毒化学品和其他化学品。
确定原则：危险化学品的品种依据化学品分类和标签国家标准，从下列危险和危害特性类别中确定：
1. 物理危险
爆炸物：不稳定爆炸物、1.1、1.2、1.3、1.4。
易燃气体：类别1、类别2、化学不稳定性气体类别A、化学不稳定性气体类别B。
气溶胶（又称气雾剂）：类别1。
氧化性气体：类别1。
加压气体：压缩气体、液化气体、冷冻液化气体、溶解气体。
易燃液体：类别1、类别2、类别3。
易燃固体：类别1、类别2。
自反应物质和混合物：A型、B型、C型、D型、E型。
自燃液体：类别1。
自燃固体：类别1。
自热物质和混合物：类别1、类别2。
遇水放出易燃气体的物质和混合物：类别1、类别2、类别3。
氧化性液体：类别1、类别2、类别3。
氧化性固体：类别1、类别2、类别3。
有机过氧化物：A型、B型、C型、D型、E型、F型。
金属腐蚀物：类别1。
2. 健康危害
急性毒性：类别1、类别2、类别3。
皮肤腐蚀/刺激：类别1A、类别1B、类别1C、类别2。
严重眼损伤/眼刺激：类别1、类别2A、类别2B。
呼吸道或皮肤致敏：呼吸道致敏物1A、呼吸道致敏物1B、皮肤致敏物1A、皮肤致敏物1B。
生殖细胞致突变性：类别1A、类别1B、类别2。
致癌性：类别1A、类别1B、类别2。
生殖毒性：类别1A、类别1B、类别2、附加类别。
特异性靶器官毒性-一次接触：类别1、类别2、类别3。
特异性靶器官毒性-反复接触：类别1、类别2。
吸入危害：类别1。
3. 环境危害
危害水生环境-急性危害：类别1、类别2；危害水生环境-长期危害：类别1、类别2、类别3。
危害臭氧层：类别1。
二、剧毒化学品的定义和判定界限
定义：具有剧烈急性毒性危害的化学品，包括人工合成的化学品及其混合物和天然毒 |

		素,还包括具有急性毒性易造成公共安全危害的化学品。
相关法律法规(13)		剧烈急性毒性判定界限:急性毒性类别1,即满足下列条件之一:大鼠实验,经口 LD50≤5mg/kg,经皮 LD50≤50mg/kg,吸入(4h)LC50≤100ml/m³(气体)或 0.5mg/L(蒸气)或 0.05mg/L(尘、雾)。经皮 LD50 的实验数据,也可使用兔实验数据。 三、《危险化学品目录》各栏目的含义 (一)"序号"是指《危险化学品目录》中化学品的顺序号。 (二)"品名"是指根据《化学命名原则》(1980)确定的名称。 (三)"别名"是指除"品名"以外的其他名称,包括通用名、俗名等。 (四)"CAS 号"是指美国化学文摘社对化学品的唯一登记号。 (五)"备注"是对剧毒化学品的特别注明。 四、其他事项 (一)《危险化学品目录》按"品名"汉字的汉语拼音排序。 (二)《危险化学品目录》中除列明的条目外,无机盐类同时包括无水和含有结晶水的化合物。 (三)序号2828是类属条目,《危险化学品目录》中除列明的条目外,符合相应条件的,属于危险化学品。 (四)《危险化学品目录》中除混合物之外无含量说明的条目,是指该条目的工业产品或者纯度高于工业产品的化学品,用作农药用途时,是指其原药。 (五)《危险化学品目录》中的农药条目结合其物理危险性、健康危害、环境危害及农药管理情况综合确定。 《危险化学品目录》,见附录六

相关执法参考

卫生部、国家环保总局关于印发《医疗废物分类目录》的通知

(2003年10月10日,卫医发〔2003〕287号)

各省、自治区、直辖市卫生厅局、环境保护局,新疆生产建设兵团卫生局、环境保护局:

根据《医疗废物管理条例》,卫生部和国家环境保护总局制定了《医疗废物分类目录》。现印发给你们,请遵照执行。

附件:

医疗废物分类目录

类别	特征	常见组分或者废物名称
感染性废物	携带病原微生物具有引发感染性疾病传播危险的医疗废物。	1. 被病人血液、体液、排泄物污染的物品,包括:——棉球、棉签、引流棉条、纱布及其他各种敷料;——一次性使用卫生用品、一次性使用医疗用品及一次性医疗器械;——废弃的被服;——其他被病人血液、体液、排泄物污染的物品。
		2. 医疗机构收治的隔离传染病病人或者疑似传染病病人产生的生活垃圾。
		3. 病原体的培养基、标本和菌种、毒种保存液。
		4. 各种废弃的医学标本。
		5. 废弃的血液、血清。
		6. 使用后的一次性使用医疗用品及一次性医疗器械视为感染性废物。
病理性废物	诊疗过程中产生的人体废弃物和医学实验动物尸体等。	1. 手术及其他诊疗过程中产生的废弃的人体组织、器官等。
		2. 医学实验动物的组织、尸体。
		3. 病理切片后废弃的人体组织、病理蜡块等。

相关法律法规(14)

类别	特征	常见组分或者废物名称
损伤性废物	能够刺伤或者割伤人体的废弃的医用锐器。	1. 医用针头、缝合针。
		2. 各类医用锐器，包括：解剖刀、手术刀、备皮刀、手术锯等。
		3. 载玻片、玻璃试管、玻璃安瓿等。
药物性废物	过期、淘汰、变质或者被污染的废弃的药品。	1. 废弃的一般性药品，如：抗生素、非处方类药品等。
		2. 废弃的细胞毒性药物和遗传毒性药物，包括：——致癌性药物，如硫唑嘌呤、苯丁酸氮芥、萘氮芥、环孢霉素、环磷酰胺、苯丙胺酸氮芥、司莫司汀、三苯氧氨、硫替派等；——可疑致癌性药物，如：顺铂、丝裂霉素、阿霉素、苯巴比妥等；——免疫抑制剂。
		3. 废弃的疫苗、血液制品等。
化学性废物	具有毒性、腐蚀性、易燃易爆性的废弃的化学物品。	1. 医学影像室、实验室废弃的化学试剂。
		2. 废弃的过氧乙酸、戊二醛等化学消毒剂。
		3. 废弃的汞血压计、汞温度计。

说　明

一次性使用卫生用品是指使用一次后即丢弃的，与人体直接或者间接接触的，并未达到人体生理卫生或者卫生保健目的而使用的各种日常生活用品。

一次性使用医疗用品是指临床用于病人检查、诊断、治疗、护理的指套、手套、吸痰管、阴道窥镜、肛镜、印模托盘、治疗巾、皮肤清洁巾、擦手巾、压舌板、臀垫等接触完整粘膜、皮肤的各类一次性使用医疗、护理用品。

一次性医疗器械指《医疗器械管理条例》及相关配套文件所规定的用于人体的一次性仪器、设备、器具、材料等物品。

医疗卫生机构废弃的麻醉、精神、放射性、毒性等药品及其相关的废物的管理，依照有关法律、行政法规和国家有关规定、标准执行。

《废弃危险化学品污染环境防治办法》

（2005年8月18日国家环境保护总局令第27号发布，自2005年10月1日起施行）

第一条　为了防治废弃危险化学品污染环境，根据《固体废物污染环境防治法》、《危险化学品安全管理条例》和有关法律、法规，制定本办法。

第二条　本办法所称废弃危险化学品，是指未经使用而被所有人抛弃或者放弃的危险化学品，淘汰、伪劣、过期、失效的危险化学品，由公安、海关、质检、工商、农业、安全监管、环保等主管部门在行政管理活动中依法收缴的危险化学品以及接收的公众上交的危险化学品。

废弃危险化学品属于危险废物，列入国家危险废物名录。

第三条　本办法适用于中华人民共和国境内废弃危险化学品的产生、收集、运输、贮存、利用、处置活动污染环境的防治。

实验室产生的废弃试剂、药品污染环境的防治，也适用本办法。

盛装废弃危险化学品的容器和受废弃危险化学品污染的包装物，按照危险废物进行管理。

本办法未作规定的，适用有关法律、行政法规的规定。

第四条　废弃危险化学品污染环境的防治，实行减少废弃危险化学品的产生量、安全合理利用废弃危险化学品和无害化处置废弃危险化学品的原则。

| 相关执法参考 | 相关法律法规(15) | 第五条　国家鼓励、支持采取有利于废弃危险化学品回收利用活动的经济、技术政策和措施，对废弃危险化学品实行充分回收和安全合理利用。
　　国家鼓励、支持集中处置废弃危险化学品，促进废弃危险化学品污染防治产业化发展。
　　第六条　国务院环境保护部门对全国废弃危险化学品污染环境的防治工作实施统一监督管理。
　　县级以上地方环境保护部门对本行政区域内废弃危险化学品污染环境的防治工作实施监督管理。
　　第七条　禁止任何单位或者个人随意弃置废弃危险化学品。
　　第八条　危险化学品生产者、进口者、销售者、使用者对废弃危险化学品承担污染防治责任。
　　危险化学品生产者应当合理安排生产项目和规模，遵守国家有关产业政策和环境政策，尽量减少废弃危险化学品的产生量。
　　危险化学品生产者负责自行或者委托有相应经营类别和经营规模的持有危险废物经营许可证的单位，对废弃危险化学品进行回收、利用、处置。
　　危险化学品进口者、销售者、使用者负责委托有相应经营类别和经营规模的持有危险废物经营许可证的单位，对废弃危险化学品进行回收、利用、处置。
　　危险化学品生产者、进口者、销售者负责向使用者和公众提供废弃危险化学品回收、利用、处置单位和回收、利用、处置方法的信息。
　　第九条　产生废弃危险化学品的单位，应当建立危险化学品报废管理制度，制定废弃危险化学品管理计划并依法报环境保护部门备案，建立废弃危险化学品的信息登记档案。
　　产生废弃危险化学品的单位应当依法向所在地县级以上地方环境保护部门申报废弃危险化学品的种类、品名、成分或组成、特性、产生量、流向、贮存、利用、处置情况、化学品安全技术说明书等信息。
　　前款事项发生重大改变的，应当及时进行变更申报。
　　第十条　省级环境保护部门应当建立废弃危险化学品信息交换平台，促进废弃危险化学品的回收和安全合理利用。
　　第十一条　从事收集、贮存、利用、处置废弃危险化学品经营活动的单位，应当按照国家有关规定向所在地省级以上环境保护部门申领危险废物经营许可证。
　　危险化学品生产单位回收利用、处置与其产品同种的废弃危险化学品的，应当向所在地省级以上环境保护部门申领危险废物经营许可证，并提供符合下列条件的证明材料：
　　（一）具备相应的生产能力和完善的管理制度；
　　（二）具备回收利用、处置该种危险化学品的设施、技术和工艺；
　　（三）具备国家或者地方环境保护标准和安全要求的配套污染防治设施和事故应急救援措施。
　　禁止无危险废物经营许可证或者不按照经营许可证规定从事废弃危险化学品收集、贮存、利用、处置的经营活动。
　　第十二条　回收、利用废弃危险化学品的单位，必须保证回收、利用废弃危险化学品的设施、设备和场所符合国家环境保护有关法律法规及标准的要求，防止产生二次污染；对不能利用的废弃危险化学品，应当按照国家有关规定进行无害化处置或者承担处置费用。
　　第十三条　产生废弃危险化学品的单位委托持有危险废物经营许可证的单位收集、贮存、利用、处置废弃危险化学品的，应当向其提供废弃危险化学品的品名、数量、成分或组成、特性、化学品安全技术说明书等技术资料。
　　接收单位应当对接收的废弃危险化学品进行核实；未经核实的，不得处置；经核实不 |

| 相关执法参考 | 相关法律法规（15） | 符的，应当在确定其品种、成分、特性后再进行处置。
禁止将废弃危险化学品提供或者委托给无危险废物经营许可证的单位从事收集、贮存、利用、处置等经营活动。
第十四条 危险化学品的生产、储存、使用单位转产、停产、停业或者解散的，应当按照《危险化学品安全管理条例》有关规定对危险化学品的生产或者储存设备、库存产品及生产原料进行妥善处置，并按照国家有关环境保护标准和规范，对厂区的土壤和地下水进行检测，编制环境风险评估报告，报县级以上环境保护部门备案。
对场地造成污染的，应当将环境恢复方案报经县级以上环境保护部门同意后，在环境保护部门规定的期限内对污染场地进行环境恢复。对污染场地完成环境恢复后，应当委托环境保护检测机构对恢复后的场地进行检测，并将检测报告报县级以上环境保护部门备案。
第十五条 对废弃危险化学品的容器和包装物以及收集、贮存、运输、处置废弃危险化学品的设施、场所，必须设置危险废物识别标志。
第十六条 转移废弃危险化学品的，应当按照国家有关规定填报危险废物转移联单；跨设区的市级以上行政区域转移的，并应当依法报经移出地设区的市级以上环境保护部门批准后方可转移。
第十七条 公安、海关、质检、工商、农业、安全监管、环保等主管部门在行政管理活动中依法收缴或者接收的废弃危险化学品，应当委托有相应经营类别和经营规模的持有危险废物经营许可证的单位进行回收、利用、处置。
对收缴的废弃危险化学品有明确责任人的，处置费用由责任人承担，由收缴的行政管理部门负责追缴；对收缴的废弃危险化学品无明确责任人或者责任人无能力承担处置费用的，以及接收的公众上交的废弃危险化学品，由收缴的行政管理部门负责向本级财政申请处置费用。
第十八条 产生、收集、贮存、运输、利用、处置废弃危险化学品的单位，其主要负责人必须保证本单位废弃危险化学品的管理符合有关法律、法规、规章的规定和国家标准的要求，并对本单位废弃危险化学品的环境安全负责。
从事废弃危险化学品收集、贮存、运输、利用、处置活动的人员，必须接受有关环境保护法律法规、专业技术和应急救援等方面的培训，方可从事该项工作。
第十九条 产生、收集、贮存、运输、利用、处置废弃危险化学品的单位，应当制定废弃危险化学品突发环境事件应急预案报县级以上环境保护部门备案，建设或配备必要的环境应急设施和设备，并定期进行演练。
发生废弃危险化学品事故时，事故责任单位应当立即采取措施消除或者减轻对环境的污染危害，及时通报可能受到污染危害的单位和居民，并按照国家有关事故报告程序的规定，向所在地县级以上环境保护部门和有关部门报告，接受调查处理。
第二十条 县级以上环境保护部门有权对本行政区域内产生、收集、贮存、运输、利用、处置废弃危险化学品的单位进行监督检查，发现有违反本办法行为的，应当责令其限期整改。检查情况和处理结果应当予以记录，并由检查人员签字后归档。
被检查单位应当接受检查机关依法实施的监督检查，如实反映情况，提供必要的资料，不得拒绝、阻挠。
第二十一条 县级以上环境保护部门违反本办法规定，不依法履行监督管理职责的，由本级人民政府或者上一级环境保护部门依据《固体废物污染环境防治法》第六十七条规定，责令改正，对负有责任的主管人员和其他直接责任人员依法给予行政处分；构成犯罪的，依法追究刑事责任。
第二十二条 违反本办法规定，有下列行为之一的，由县级以上环境保护部门依据《固体废物污染环境防治法》第七十五条规定予以处罚： |

相关执法参考	相关法律法规（15）	（一）随意弃置废弃危险化学品的； （二）不按规定申报登记废弃危险化学品，或者在申报登记时弄虚作假的； （三）将废弃危险化学品提供或者委托给无危险废物经营许可证的单位从事收集、贮存、利用、处置经营活动的； （四）不按照国家有关规定填写危险废物转移联单或未经批准擅自转移废弃危险化学品的； （五）未设置危险废物识别标志的； （六）未制定废弃危险化学品突发环境事件应急预案的。 第二十三条　违反本办法规定的，不处置其产生的废弃危险化学品或者不承担处置费用的，由县级以上环境保护部门依据《固体废物污染环境防治法》第七十六条规定予以处罚。 第二十四条　违反本办法规定，无危险废物经营许可证或者不按危险废物经营许可证从事废弃危险化学品收集、贮存、利用和处置经营活动的，由县级以上环境保护部门依据《固体废物污染环境防治法》第七十七条规定予以处罚。 第二十五条　危险化学品的生产、储存、使用单位在转产、停产、停业或者解散时，违反本办法规定，有下列行为之一的，由县级以上环境保护部门责令限期改正，处以1万元以上3万元以下罚款： （一）未按照国家有关环境保护标准和规范对厂区的土壤和地下水进行检测的； （二）未编制环境风险评估报告并报县级以上环境保护部门备案的； （三）未将环境恢复方案报经县级以上环境保护部门同意进行环境恢复的； （四）未将环境恢复后的检测报告报县级以上环境保护部门备案的。 第二十六条　违反本办法规定，造成废弃危险化学品严重污染环境的，由县级以上环境保护部门依据《固体废物污染环境防治法》第八十一条规定决定限期治理，逾期未完成治理任务的，由本级人民政府决定停业或者关闭。 造成环境污染事故的，依据《固体废物污染环境防治法》第八十二条规定予以处罚；构成犯罪的，依法追究刑事责任。 第二十七条　违反本办法规定，拒绝、阻挠环境保护部门现场检查的，由执行现场检查的部门责令限期改正；拒不改正或者在检查时弄虚作假的，由县级以上环境保护部门依据《固体废物污染环境防治法》第七十条规定予以处罚。 第二十八条　当事人逾期不履行行政处罚决定的，作出行政处罚决定的环境保护部门可以采取下列措施： （一）到期不缴纳罚款的，每日按罚款数额的3%加处罚款； （二）申请人民法院强制执行。 第二十九条　本办法自2005年10月1日起施行。
	相关法律法规（16）	环境保护部办公厅关于印发《环境损害鉴定评估推荐机构名录（第一批）》的通知 （2014年1月3日，环办〔2014〕3号） 各省、自治区、直辖市环境保护厅（局），各派出机构、直属单位： 为贯彻落实党的十八大和十八届三中全会关于"实行最严格的损害赔偿制度、责任追究制度"的精神，发挥环境损害鉴定评估对环境司法、环境监督管理的技术支撑作用，满足社会对环境损害鉴定评估的需要，在各省级环保部门推荐和部直属单位自荐的基础上，现将环保系统内第一批环境损害鉴定评估推荐机构名录印发给你们，供各级环境保护部门在公民、法人或者其他组织需要环境保护部门推荐环境损害鉴定评估机构时参考。 特此通知。 附件：1. 环境损害鉴定评估推荐机构名录（第一批） 　　　2. 关于《环境损害鉴定评估推荐机构名录（第一批）》相关问题的说明

附件1 环境损害鉴定评估推荐机构名录（第一批）

序号	机构名称	协作单位
1	中国环境监测总站	无
2	环境保护部华南环境科学研究所	无
3	环境保护部环境规划院环境风险与损害鉴定评估研究中心	国家环境分析测试中心
4	中国环境科学学会环境损害鉴定评估中心	清华大学环境质量检测中心
5	天津市环境污染损害鉴定评估中心	天津市环科检测技术有限公司
6	浙江省环境保护科学设计研究院	无
7	安徽省环境科学研究院	安徽省环境监测中心站
8	山东省环境科学研究院	无
9	湖南省环境保护科学研究院	无
10	广东省环境科学研究院	广东省环境监测中心
11	重庆市环境科学研究院（重庆市环境监测中心）	重庆市环境工程评估中心
12	昆明环境污染损害司法鉴定中心	昆明市环境监测中心

附件2：关于《环境损害鉴定评估推荐机构名录（第一批）》相关问题的说明

为落实党的十八大报告和十八届三中全会决定关于"实行最严格的损害赔偿制度、责任追究制度"的精神，根据《最高人民法院、最高人民检察院关于办理环境污染刑事案件适用法律若干问题的解释》有关要求以及社会对环境损害鉴定评估的需要，结合环境保护部2011年以来环境损害鉴定评估试点工作情况，编制本《环境损害鉴定评估推荐机构名录（第一批）》。

现将相关问题说明如下：

第一，《环境损害鉴定评估推荐机构名录（第一批）》为推荐性质。各级环境保护主管部门在工作中遇到司法机关、行政机关或者其他单位和个人要求提供环境损害鉴定评估机构信息时，可以向其提供本名录，供需要鉴定评估机构有关信息的单位和个人参考。推荐机构名录不属于行政许可，不具备强制力。各级环境保护主管部门也可以向当事人推荐没有列入该名录的鉴定评估机构从事环境损害鉴定评估工作。

第二，环境损害鉴定评估机构根据当事人委托自主独立开展环境损害鉴定评估工作。一是鉴定评估机构自主开展业务，自行决定是否接受委托，接受谁的委托，并与委托人就工作任务、鉴定评估方案、鉴定评估费用、违约责任等内容进行协商，依法签订委托合同；二是鉴定评估机构接受委托从事环境损害鉴定评估业务，不受地域范围的限制；三是独立开展业务并承担相应的责任，不受其他机构或个人影响，出具鉴定评估报告，对鉴定评估报告的真实性、合法性负责。

第三，环境损害鉴定评估机构接受委托出具鉴定评估报告，应当按照法律规定和司法审判机关要求承担相关法律义务。环境损害鉴定评估机构在接受委托开展环境损害鉴定评估时，应当依照法律和司法机关要求承担鉴定回避、保密、出庭作证等义务，并依法享有相关权利。

第四，环境损害鉴定评估机构开展环境损害鉴定评估服务收费按照有关规定执行。鉴定评估费用由委托人与接受委托的鉴定评估机构依据国家和地方有关收费标准确定；尚无收费标准的，由委托人与接收委托的鉴定评估机构参照国家和地方相关标准协商确定。

第五，环境损害鉴定评估机构从事环境损害鉴定评估业务，应当遵守法律法规，遵守职业道德和职业纪律，尊重科学，遵守技术操作规范，客观、公正开展环境损害鉴定评估工作。

相关法律法规（17）

环境保护部办公厅关于印发《环境损害鉴定评估推荐机构名录（第二批）》的通知

（2016年2月4日，环办政法〔2016〕10号）

各省、自治区、直辖市环境保护厅（局），环境保护部各派出机构、直属单位：

为贯彻党的十八大和十八届三中全会关于"实行最严格的损害赔偿制度、责任追究制度"的精神，落实《生态环境损害赔偿制度改革试点方案》有关环境损害鉴定评估机构建设要求，充分发挥环境损害鉴定评估对环境司法、环境监督管理、生态环境损害赔偿磋商等工作的技术支撑作用，满足社会对环境损害鉴定评估的需要，在各省级环境保护部门推荐和环境损害鉴定评估机构自荐的基础上，现将环保系统内第二批环境损害鉴定评估推荐机构名录印发给你们，供各级环境保护部门在公民、法人或者其他组织需要环境保护部门推荐环境损害鉴定评估机构时参考。

特此通知。

附件：环境损害鉴定评估推荐机构名录（第二批）

序号	机构名称	协作单位
1	中国环境科学研究院	无
2	环境保护部南京环境科学研究所	无
3	北京市环境保护科学研究院	无
4	山西省环境污染损害司法鉴定中心	无
5	辽宁省环境科学研究院	无
6	黑龙江省环境科学研究院	无
7	上海市环境科学研究院	无
8	江苏省环境科学研究院	无
9	福建省环境科学研究院	福建历思司法鉴定所
10	河南省环境保护科学研究院	无
11	湖北省环境科学研究院	无
12	广西环境监测中心站	无
13	四川省环境保护科学研究院	无
14	贵州省环境科学研究设计院	无
15	甘肃省环境科学设计研究院	无
16	新疆环境保护科学研究院	无
17	绍兴市环境监测中心站	绍兴市环保科技服务中心

相关法律法规（18）

关于印发《环境监测数据弄虚作假行为判定及处理办法》的通知

（2015年12月29日环境保护部环发〔2015〕175号印发）

各省、自治区、直辖市环境保护厅（局），新疆生产建设兵团环境保护局，解放军环境保护局，辽河凌河保护区管理局，机关各部门，各派出机构、直属单位：

为保障环境监测数据真实准确，依法查处环境监测数据弄虚作假行为，依据《中华人民共和国环境保护法》和《生态环境监测网络建设方案》（国办发〔2015〕56号）等有关法律法规和文件，我部组织制定了《环境监测数据弄虚作假行为判定及处理办法》，现予以印发，请遵照执行。

第一条 为保障环境监测数据真实准确，依法查处环境监测数据弄虚作假行为，依据《中华人民共和国环境保护法》和《生态环境监测网络建设方案》（国办发〔2015〕56号）等有关法律法规和文件，结合工作实际，制定本办法。

| 相关执法参考 | 相关法律法规(18) | 第二条 本办法所称环境监测数据弄虚作假行为，系指故意违反国家法律法规、规章等以及环境监测技术规范，篡改、伪造或者指使篡改、伪造环境监测数据等行为。
本办法所称环境监测数据，系指按照相关技术规范和规定，通过手工或者自动监测方式取得的环境监测原始记录、分析数据、监测报告等信息。
本办法所称环境监测机构，系指县级以上环境保护主管部门所属环境监测机构、其他负有环境保护监督管理职责的部门所属环境监测机构以及承担环境监测工作的实验室与从事环境监测业务的企事业单位等其他社会环境监测机构。
第三条 本办法适用于以下活动中涉及的环境监测数据弄虚作假行为：
（一）依法开展的环境质量监测、污染源监测、应急监测；
（二）监管执法涉及的环境监测；
（三）政府购买的环境监测服务或者委托开展的环境监测；
（四）企事业单位依法开展或者委托开展的自行监测；
（五）依照法律、法规开展的其他环境监测行为。
第四条 篡改监测数据，系指利用某种职务或者工作上的便利条件，故意干预环境监测活动的正常开展，导致监测数据失真的行为，包括以下情形：
（一）未经批准部门同意，擅自停运、变更、增减环境监测点位或者故意改变环境监测点位属性的；
（二）采取人工遮挡、堵塞和喷淋等方式，干扰采样口或周围局部环境的；
（三）人为操纵、干预或者破坏排污单位生产工况、污染源净化设施，使生产或污染状况不符合实际情况的；
（四）稀释排放或者旁路排放，或者将部分或全部污染物不经规范的排污口排放，逃避自动监控设施监控的；
（五）破坏、损毁监测设备站房、通讯线路、信息采集传输设备、视频设备、电力设备、空调、风机、采样泵、采样管线、监控仪器或仪表以及其他监测监控或辅助设施的；
（六）故意更换、隐匿、遗弃监测样品或者通过稀释、吸附、吸收、过滤、改变样品保存条件等方式改变监测样品性质的；
（七）故意漏检关键项目或者无正当理由故意改动关键项目的监测方法的；
（八）故意改动、干扰仪器设备的环境条件或运行状态或者删除、修改、增加、干扰监测设备中存储、处理、传输的数据和应用程序，或者人为使用试剂、标样干扰仪器的；
（九）未向环境保护主管部门备案，自动监测设备暗藏可通过特殊代码、组合按键、远程登录、遥控、模拟等方式进入不公开的操作界面对自动监测设备的参数和监测数据进行秘密修改的；
（十）故意不真实记录或者选择性记录原始数据的；
（十一）篡改、销毁原始记录，或者不按规范传输原始数据的；
（十二）对原始数据进行不合理修约、取舍，或者有选择性评价监测数据、出具监测报告或者发布结果，以至评价结论失真的；
（十三）擅自修改数据的；
（十四）其他涉嫌篡改监测数据的情形。
第五条 伪造监测数据，系指没有实施实质性的环境监测活动，凭空编造虚假监测数据的行为，包括以下情形：
（一）纸质原始记录与电子存储记录不一致，或者谱图与分析结果不对应，或者用其他样品的分析结果和图谱替代的；
（二）监测报告与原始记录信息不一致，或者没有相应原始数据的；
（三）监测报告的副本与正本不一致的；
（四）伪造监测时间或者签名的； |

（五）通过仪器数据模拟功能，或者植入模拟软件，凭空生成监测数据的；

（六）未开展采样、分析，直接出具监测数据或者到现场采样、但未开设烟道采样口，出具监测报告的；

（七）未按规定对样品留样或保存，导致无法对监测结果进行复核的；

（八）其他涉嫌伪造监测数据的情形。

第六条 涉嫌指使篡改、伪造监测数据的行为，包括以下情形：

（一）强令、授意有关人员篡改、伪造监测数据的；

（二）将考核达标或者评比排名情况列为下属监测机构、监测人员的工作考核要求，意图干预监测数据的；

（三）无正当理由，强制要求监测机构多次监测并从中挑选数据，或者无正当理由拒签上报监测数据的；

（四）委托方人员授意监测机构工作人员篡改、伪造监测数据或者在未作整改的前提下，进行多家或多次监测委托，挑选其中"合格"监测报告的；

（五）其他涉嫌指使篡改、伪造监测数据的情形。

第七条 环境监测机构及其负责人对监测数据的真实性和准确性负责。

负责环境自动监测设备日常运行维护的机构及其负责人按照运行维护合同对监测数据承担责任。

第八条 地市级以上人民政府环境保护主管部门负责调查环境监测数据弄虚作假行为。地市级以上人民政府环境保护主管部门应定期或者不定期组织开展环境监测质量监督检查，发现环境监测数据弄虚作假行为的，应当依法查处，并向上级环境保护主管部门报告。

第九条 对干预环境监测活动，指使篡改、伪造监测数据的行为，相关人员应如实记录。任何单位和个人有权举报环境监测数据弄虚作假行为，接受举报的环境保护主管部门应当为举报人保密，对能提供基本事实线索或相关证明材料的举报，应当予以受理。

第十条 负责调查的环境保护主管部门应当通报环境监测数据弄虚作假行为及相关责任人，记入社会诚信档案，及时向社会公布。

第十一条 环境保护主管部门发现篡改、伪造监测数据，涉及目标考核的，视情节严重程度将考核结果降低等级或者确定为不合格，情节严重的，取消授予的环境保护荣誉称号；涉及县域生态考核的，视情节严重程度，建议国务院财政主管部门减少或者取消当年中央财政资金转移支付；涉及《大气污染防治行动计划》《水污染防治行动计划》排名的，分别以当日或当月监测数据的历史最高浓度值计算排名。

第十二条 社会环境监测机构以及从事环境监测设备维护、运营的机构篡改、伪造监测数据或出具虚假监测报告的，由负责调查的环境保护主管部门将该机构和涉及弄虚作假行为的人员列入不良记录名单，并报上级环境保护主管部门，禁止其参与政府购买环境监测服务或政府委托项目。

第十三条 监测仪器设备应当具备防止修改、伪造监测数据的功能，监测仪器设备生产及销售单位配合环境监测数据造假的，由负责调查的环境保护部主管部门通报公示生产厂家、销售单位及其产品名录，并上报环境保护部，将涉嫌弄虚作假的单位列入不良记录名单，禁止其参与政府购买环境监测服务或政府委托项目，对安装在企业的设备不予验收、联网。

第十四条 国家机关工作人员篡改、伪造或指使篡改、伪造监测数据的，由负责调查的环境保护主管部门提出建议，移送有关任免机关或监察机关依据《行政机关公务员处分条例》和《事业单位工作人员处分暂行规定》的有关规定予以处理。

第十五条 党政领导干部指使篡改、伪造监测数据的，由负责调查的环境保护主管部门提出建议，移送有关任免机关或监察机关依据《党政领导干部生态环境损害责任追究

相关执法参考	相关法律法规(18)	办法（试行）》的有关规定予以处理。 第十六条　环境监测数据弄虚作假行为构成违法的，按照有关法律法规的规定处理。 第十七条　本办法由国务院环境保护主管部门负责解释。 第十八条　本办法自 2016 年 1 月 1 日起实施。

二十二、非法处置进口的固体废物罪

罪名	非法处置进口的固体废物罪（《刑法》第339条第1款）
概念	非法处置进口的固体废物罪，是指违反国家规定，将境外的固体废物进境倾倒、堆放、处置的行为。
犯罪构成	**客体**　本罪侵犯的客体是双重客体，即国家有关固体废物污染环境防治的管理制度和国家有关固体废物的海关监管制度。为了严格控制有害废物入境和入境的有害废物污染环境，国家制定了有关法律、法规，形成了固体废物污染环境防治的管理制度，同时，也进一步完善了有关对外贸易的管理制度。这些法律、法规主要包括：1995年《固体废物污染环境防治法》、1996年《废物进口环境保护管理暂行规定》《关于废物进口环境保护管理暂行规定的补充规定》，以及《环境保护法》《大气污染防治法》《海洋环境保护法》《水污染防治法》等。非法处置进口固体废物的行为直接侵害了国家有关固体废物污染环境防治的管理制度，同时，也侵害了国家有关固体废物的海关监管制度。 本罪的犯罪对象是境外的固体废物，包括国家禁止进口的固体废物和限制进口的固体废物。固体废物，是指在生产、生活和其他活动中产生的丧失原有利用价值或者虽未丧失利用价值但被抛弃或者放弃的固态、半固态的物品、物质以及法律、行政法规规定纳入固体废物管理的物品、物质。固体废物包括五类：（1）工业固体废物，是指在工业生产活动中产生的固体废物。（2）城市垃圾，是指在日常生活中或者为日常生活提供服务的活动中产生的固体废物，以及法律、行政法规规定视为生活垃圾的固体废物。（3）建筑垃圾，是指建设单位、施工单位新建、改建、扩建和拆除各类建筑物、构筑物、管网等，以及居民装饰装修房屋过程中产生的弃土、弃料和其他固体废物。（4）农业固体废物，是指在农业生产活动中产生的固体废物。（5）危险废物，是指列入国家危险废物名录或者根据国家规定的危险废物鉴别标准和鉴别方法认定的具有危险特性的固体废物。所谓国家禁止进口的固体废物，是指未列入国务院环境保护行政主管部门会同国务院对外经济贸易主管部门制定、调整并公布可以用作原料进口的固体废物的目录的固体废物。所谓限制进口的固体废物，是指列入国家限制进口的可用作原料的废物目录中的固体废物。两者的范围可因国家调整的可用作原料进口的固体废物的目录而有所变化，即此增彼减或此减彼增。1996年3月1日颁布、1996年4月1日施行的《废物进口环境保护管理暂行规定》中附件一即是国家限制进口的可用作原料的废物目录，其中明确将26种9类废物列为国家限制进口的固体废物，1997年4月国家环保局等部门又联合发出《关于增补国家限制进口的可用作原料的废物目录的通知》，在第5类中增补了合成纤维废料和人造纤维废料，将塑料的废碎料及下脚料（包括乙烯聚合物、苯乙烯聚合物、氯乙烯聚合物、其他塑料的废碎料及下脚料）作为第10类限制进口的废物。2001年12月30日，对外贸易经济合作部、海关总署、国家质量监督检验检疫总局、国家环保总局联合发布《限制进口类可用作原料的废物目录（第一批）》，具体包括11类：熔渣、浮渣、氧化皮及其他废料（冶炼钢铁所产生的粒状熔渣除外）；乙烯聚合物的废碎料及下脚料；苯乙烯聚合物的废碎料及下脚料；氯乙烯聚合物的废碎料及下脚料；其他塑料的废碎料及下脚料；不锈钢废碎料；废汽车压件；以回收钢铁为主的废五金电器；沉积铜（泥铜）；以回收铜为主的废电机等（包括废电机、电线、电缆、五金电器）；以回收铝为主的废电线等（包括废电线、电缆、五金电器）；供拆卸的船舶及其他浮动结构体。2003年4月24日，商务部、海关总署、质量监督检验检疫总局、国家环境保护总局联合发布《限制进口类可用作原料的废物目录》

犯罪构成	客体	（第二批），具体包括三类：甘蔗糖蜜；其他糖蜜；含五氧化二钒大于10%的矿灰及残渣。2004年10月20日，商务部、海关总署、质量监督检验检疫总局、国家环境保护总局联合发布《限制进口类可用作原料的废物目录》（第三批），具体包括五类：钨废碎料；镁废碎料；钛废碎料；新的或未使用过的纺织材料制经分拣的碎织物等（包括废线、绳、索、缆及其制品）；新的或未使用过的纺织材料制其他碎织物等（包括废线、绳、索、缆及其制品）。2017年5月27日，环境保护部批准，自2017年10月1日起实施的《固体废物鉴别标准通则》，规定了依据产生来源的固体废物鉴别准则、在利用和处置过程中的固体废物鉴别准则、不作为固体废物管理的物质、不作为液态废物管理的物质以及监督管理要求。特别值得注意的是，2020年4月29日第十三届全国人民代表大会常务委员会第十七次会议第二次修订、自2020年9月1日起施行的《固体废物污染环境防治法》第24条明确规定，国家逐步实现固体废物零进口，由国务院生态环境主管部门会同国务院商务、发展改革、海关等主管部门组织实施。
	客观方面	本罪在客观方面表现为违反国家规定，将境外的固体废物进境倾倒、堆放、处置的行为。 1. 行为违反国家规定。这里的违反国家规定，主要是指违反国家有关固体废物污染环境防治的规定和国家有关限制进口固体废物贸易的规定。《固体废物污染环境防治法》第20条规定，产生、收集、贮存、运输、利用、处置固体废物的单位和其他生产经营者，应当采取防扬散、防流失、防渗漏或者其他防止污染环境的措施；不得擅自倾倒、堆放、丢弃、遗撒固体废物。禁止任何单位或者个人向江河、湖泊、运河、渠道、水库及其最高水位线以下的滩地和岸坡以及法律法规规定的其他地点倾倒、堆放、贮存固体废物。第23条规定，禁止中华人民共和国境外的固体废物进境倾倒、堆放、处置。第24条规定，国家逐步实现固体废物零进口，由国务院生态环境主管部门会同国务院商务、发展改革、海关等主管部门组织实施。第80条规定，从事收集、贮存、利用、处置危险废物经营活动的单位，应当按照国家有关规定申请取得许可证。许可证的具体管理办法由国务院制定。禁止无许可证或者未按照许可证规定从事危险废物收集、贮存、利用、处置的经营活动。禁止将危险废物提供或者委托给无许可证的单位或者其他生产经营者从事收集、贮存、利用、处置活动。第89条规定，禁止经中华人民共和国过境转移危险废物。《废物进口环境保护管理暂行规定》第3条规定，禁止进口境外废物在境内倾倒、堆放、处置。限制进口可以用作原料的废物，确有进口必要的，必须按本规定执行。第7条规定，对外经济贸易主管部门、海关、进出口商品检验部门和工商行政管理部门在各自的职责范围内，对进口废物及其经营活动实施监督管理。第8条规定，列入附件一的任何废物，必须经国家环境保护局审查批准，才可进口。凡未列入本规定附件一的所有废物，禁止进口。《海洋环境保护法》第33条规定，禁止向海域排放油类、酸液、碱液、剧毒废液和高、中水平放射性废水。严格限制向海域排放低水平放射性废水；确需排放的，必须严格执行国家辐射防护规定。严格控制向海域排放含有不易降解的有机物和重金属的废水。第39条规定，禁止经中华人民共和国内水、领海转移危险废物。经中华人民共和国管辖的其他海域转移危险废物的，必须事先取得国务院环境保护行政主管部门的书面同意。第55条规定，任何单位未经国家海洋行政主管部门批准，不得向中华人民共和国管辖海域倾倒任何废弃物。需要倾倒废弃物的单位，必须向国家海洋行政主管部门提出书面申请，经国家海洋行政主管部门审查批准，发给许可证后，方可倾倒。禁止中华人民共和国境外的废弃物在中华人民共和国管辖海域倾倒。第61条规定，禁止在海上焚烧废弃物。禁止在海上处置放射性废弃物或者其他放射性物质。废弃物中的放射性物质的豁免浓度由国务院制定。《水污染防治法》第33条规定，禁止向水体排放油类、酸液、碱液或者剧毒废液。第34条规定，禁止向水体排放、倾倒放射性固体废物或者含有高放射性和中放射性物质的废水。向水体排放含低放射性物质的废水，应当符合国家有关放射性污染防治的规定和标准。第

| 犯罪构成 | 客观方面 | 35条规定，向水体排放含热废水，应当采取措施，保证水体的水温符合水环境质量标准。第36条规定，含病原体的污水应当经过消毒处理；符合国家有关标准后，方可排放。第37条规定，禁止向水体排放、倾倒工业废渣、城镇垃圾和其他废弃物。禁止将含有汞、镉、砷、铬、铅、氰化物、黄磷等的可溶性剧毒废渣向水体排放、倾倒或者直接埋入地下。存放可溶性剧毒废渣的场所，应当采取防水、防渗漏、防流失的措施。第38条规定，禁止在江河、湖泊、运河、渠道、水库最高水位线以下的滩地和岸坡堆放、存贮固体废弃物和其他污染物。第39条规定，禁止利用渗井、渗坑、裂隙、溶洞，私设暗管，篡改、伪造监测数据，或者不正常运行水污染防治设施等逃避监管的方式排放水污染物。此外，《固体废物污染环境防治法》还对固体废物的贮存、运输、处置等作了原则性规定。例如，第20条规定，产生收集、贮存、运输、利用、处置固体废物的单位和其他生产经营者，应当采取防扬散、防流失、防渗漏或者其他防止污染环境的措施，不得擅自倾倒、堆放、丢弃、遗撒固体废物。禁止任何单位或者个人向江河、湖泊、运河、渠道、水库及其最高水位线以下的滩地和岸坡以及法律法规规定的其他地点倾倒、堆放、贮存固体废物。可见，违反国家规定，主要包括两种情况：一种是进口固体废物违反了国家有关规定，如进口国家禁止进口的固体废物；另一种是进境倾倒、堆放、处置进口固体废物违反了国家有关规定，即不按国家有关法律、法规、规章的规定，倾倒、堆放、处置进境的固体废物，如将允许进口的限制进口固体废物不按有关规定倾倒、堆放、处置。

2. 实施了将境外的固体废物进境倾倒、堆放、处置的行为。凡是行为人违反上述国家有关规定，将境外固体废物进境倾倒、堆放、处置的，就可成立本罪。这里的将境外固体废物进境的行为和将固体废物在境内倾倒、堆放、处置的行为应视为一个整体行为。如果行为人仅仅实施了前部分行为，则不构成本罪的既遂状态，只有实施了前部分和后部分行为的，才可成立本罪的既遂。所谓进境，是指将境外固体废物运输入境，包括经过海关地点将固体废物运输入境和经过非海关地点国（边）境将固体废物运输入境两种情况。包括但不限于将一切废物（含废料）以任何贸易方式和无偿提供、捐赠等方式进入中华人民共和国境内的废物进口。所谓倾倒，是指将境外固体废物通过火车、汽车、船只、飞机等交通运输工具在境内任意倾卸、抛弃。所谓堆放，是指将境外固体废物在境内任意堆存、存放。所谓处置，是指将固体废物焚烧和用其他改变固体废物的物理、化学、生物特性的方法，达到减少已产生的固体废物数量、缩小固体废物体积、减少或者消除其危险成分的活动，或者将固体废物最终置于符合环境保护规定要求的填埋场所或者设施并不再回取的活动。只要行为人实施了违法进境倾倒、堆放、处置行为之一的，即可构成本罪。这里应注意的是，如果行为人既违反国家规定将境外固体废物进境，又违反有关环境保护规定而倾倒、堆放、处置的，可构成本罪；如果行为人虽然没有违反国家规定将境外固体废物进境，但违反了有关环境保护规定而任意倾倒、堆放、处置的，例如，将国家允许进口的固体废物，经合法审查批准程序入境的，但不用作原料，而进行倾倒、堆放、处置的，也可构成本罪。但是，如果行为人既没有违反国家规定将境外固体废物进境，又正常、非违反国家有关环境保护规定而倾倒、堆放、处置的，即不属违法，更构不成本罪。

本罪属于行为犯，只要行为人实施了违反国家有关规定，将境外固体废物进境倾倒、堆放、处置行为的，就可成立本罪既遂。无须进境倾倒、堆放、处置行为达到使环境受到威胁的危险状态，更无须实际危害结果的发生。如果行为人将境外固体废物进境倾倒、堆放、处置的行为，造成了重大环境污染事故，致使公私财产遭受重大损失或者严重危害人体健康的后果，或者后果特别严重的，均属于本罪结果加重犯情况，而并非本罪成立所需要的条件。 |

犯罪构成	主体	本罪的主体是为一般主体，包括已满16周岁具有刑事责任能力的自然人，也包括单位。这里的单位，主要是从事废物进口、经营、加工利用的企业，包括废物进口单位（如从事废物进口的对外贸易经营企业）和废物加工利用单位（如从事废纸回收加工利用的单位）。其他单位如果采取假冒或其他方式获得有关经营许可证，实施进境倾倒、堆放、处置行为的，也可构成本罪。因此，无论是有权经营废物进口、加工利用的单位，还是无权经营废物进口、加工利用的单位，只要违反国家规定，实施了将境外固体废物进境倾倒、堆放、处置行为的，都可成为本罪主体。
	主观方面	本罪在主观方面表现为故意，包括直接故意和间接故意。过失不能构成本罪。所谓故意，即行为人明知将境外固体废物进境倾倒、堆放、处置是违反国家有关规定而故意为之。这里的明知包括如下内容：一是明知所进口的物品是国家禁止进口或者限制进口的固体废物；二是明知将境外的固体废物进境或者在境内任意倾倒、堆放、处置是违反国家有关规定。至于犯罪的动机可能是各种各样的，如牟利、完成任务、恶意报复等，无论何种动机，均不影响本罪的成立。
认定标准	刑罚标准	1. 犯本罪的，处5年以下有期徒刑或者拘役，并处罚金。 2. 造成重大环境污染事故，致使公私财产遭受重大损失或者严重危害人体健康的，处5年以上10年以下有期徒刑，并处罚金。 3. 后果特别严重的，处10年以上有期徒刑，并处罚金。 4. 单位犯本罪的，对单位判处罚金，并对其直接负责的主管人员和其他直接责任人员，依照上述规定处罚。 本罪属行为犯，行为人只要实施了违反国家有关规定，将境外固体废物进境倾倒、堆放、处置行为的，就可成立本罪。即应适用第一档量刑条款。 构成本罪，造成重大环境污染事故，致使公私财产遭受重大损失或者严重危害人体健康的，适用第二档量刑条款。根据有关司法解释规定，这里的致使公私财产遭受重大损失或者严重危害人体健康，是指致使公私财产损失30万元以上，或者具有如下情形之一的：造成生态环境严重损害的；致使乡镇以上集中式饮用水水源取水中断12小时以上的；致使基本农田、防护林地、特种用途林地5亩以上，其他农用地10亩以上，其他土地20亩以上基本功能丧失或者遭受永久性破坏的；致使森林或者其他林木死亡50立方米以上，或者幼树死亡2500株以上的；致使疏散、转移群众5000人以上的；致使30人以上中毒的；致使3人以上轻伤、轻度残疾或者器官组织损伤导致一般功能障碍的；致使1人以上重伤、中度残疾或者器官组织损伤导致严重功能障碍的。其中的生态环境损害，包括生态环境修复费用，生态环境修复期间服务功能的损失和生态环境功能永久性损害造成的损失，以及其他必要合理费用。 构成本罪，后果特别严重的，适用第三档量刑条款。根据有关司法解释规定，这里的后果特别严重，是指具有下列情形之一的：（1）致使县级以上城区集中式饮用水水源取水中断12小时以上的；（2）非法排放、倾倒、处置危险废物100吨以上的；（3）致使基本农田、防护林地、特种用途林地15亩以上，其他农用地30亩以上，其他土地60亩以上基本功能丧失或者遭受永久性破坏的；（4）致使森林或者其他林木死亡150立方米以上，或者幼树死亡7500株以上的；（5）致使公私财产损失100万元以上的；（6）造成生态环境特别严重损害的；（7）致使疏散、转移群众15000人以上的；（8）致使100人以上中毒的；（9）致使10人以上轻伤、轻度残疾或者器官组织损伤导致一般功能障碍的；（10）致使3人以上重伤、中度残疾或者器官组织损伤导致严重功能障碍的；（11）致使1人以上重伤、中度残疾或者器官组织损伤导致严重功能障碍，并致使5人以上轻伤、轻度残疾或者器官组织损伤导致一般功能障碍的；（12）致使1人以上死亡或者重度残疾的；（13）其他后果特别严重的情形。

认定标准	本罪与非罪的界限	原则上讲，只要行为人实施了违反国家规定，将境外固体废物进境倾倒、堆放、处置的行为，就构成了本罪。但实际上，认定本罪是否成立，应根据刑法总则关于罪与非罪的原则界限（即情节显著轻微危害不大的不认为是犯罪）标准和行为人进境倾倒、堆放、处置固体废物的种类、数量、危害程度等因素，结合本罪构成要件来全面分析后再下定论。如果行为人主观上缺乏故意的内容，或者客观上将少量的固体废物夹杂在其他货物中进境的，或者在进境倾倒、堆放、处置境外固体废物过程中违法程度不大的等情况，一般不宜按犯罪论处，可按一般违法行为来处理。比如，根据《固体废物污染环境防治法》第66条的规定，由海关责令退运固体废物，可以并处10万元以上100万元以下的罚款。根据有关司法解释规定，实施了违反国家规定，将境外固体废物进境倾倒、堆放、处置的行为，刚好达到应当追究刑事责任的标准，但行为人及时采取措施，防止损失扩大、消除污染，全部赔偿损失，积极修复生态环境，且系初犯，确有悔罪表现的，可以认定为情节轻微，不起诉或者免予刑事处罚；确有必要判处刑罚的，应当从宽处罚。
	本罪罪数的认定	只要行为人实施了违法进境倾倒、堆放、处置行为之一的，即可构成本罪。如果行为人实施了违法进境倾倒、堆放、处置中两种或者全部三种行为的，也构成本罪，上述情形均认定一罪。但如果行为人违反国家规定，排放、倾倒、处置含有毒害性、放射性、传染病病原体等物质的污染物，又同时构成污染环境罪、非法处置进口的固体废物罪、投放危险物质罪等犯罪的，则应当依照处罚较重的规定定罪处罚。
	本罪既遂的认定	本罪属于行为犯，只要行为人实施了违反国家有关规定，将境外固体废物进境倾倒、堆放、处置行为的，就可成立本罪既遂。
	此罪与彼罪的区别（1）	本罪与污染环境罪的区别。 污染环境罪，是指违反国家规定，排放、倾倒或者处置有放射性的废物、含传染病病原体的废物、有毒物质或者其他有害物质，严重污染环境的行为。两罪在犯罪的同类客体、犯罪主体和犯罪主观上都是相同的，两罪的主要区别在于： 1. 犯罪直接客体不同。本罪的客体为双重客体，即国家有关固体废物污染环境防治的管理制度和国家有关固体废物的海关监管制度。后罪的客体是单一客体，即国家有关环境污染防治的管理制度。 2. 犯罪对象不同。本罪的对象是境外的固体废物，包括国家禁止进口的境外固体废物和国家限制进口的境外固体废物。后罪的对象是危险废物，主要是指境内的危险废物，包括放射性的废物、含传染病病原体的废物、有毒物质和其他危险废物。 3. 犯罪客观方面表现不同。本罪在客观方面表现为违反国家规定，将境外的固体废物进境倾倒、堆放、处置的行为，属于行为犯，如果造成了重大环境污染事故，致使公私财产遭受重大损失或者严重危害人体健康的后果，或者后果特别严重，则属于该罪的结果加重犯情况。后罪在客观方面表现为违反国家规定，排放、倾倒或者处置有放射性的废物、含传染病病原体的废物、有毒物质或者其他有害物质，严重污染环境的行为，属于结果犯中的特殊的环境损害结果犯，必须有严重污染环境的后果，才能构成犯罪。
	此罪与彼罪的区别（2）	本罪与走私废物罪的区别。 走私废物罪，是指违反海关法规，逃避海关监管，将境外固体废物、液态废物和气态废物运输进境，情节严重的行为。两罪在犯罪客体、犯罪主体、犯罪主观方面上是基本相同的，两罪的主要区别在于： 1. 犯罪对象不同。本罪犯罪对象为固体废物。后罪犯罪对象更为宽泛，不仅包括固体废物，还包括液态废物和气态废物。

认定标准	此罪与彼罪的区别（2）	2. 犯罪客观方面不同。主要在于行为人实施犯罪行为所处的行为阶段和行为组合内容上存在差异。本罪在客观方面表现为违反国家规定，将境外的固体废物进境倾倒、堆放、处置的行为，这里行为人不仅实施了将境外固体废物运输入关进境的行为，而且实施了将进境的固体废物在境内倾倒、堆放、处置的行为，因此，行为阶段可分两个部分，前部分的进境行为可以逃避海关监管，也可以不逃避海关监管，后部分为倾倒、堆放、处置行为，两部分内容可视为一个整体行为。后罪在客观方面表现为违反海关法规规定，逃避海关监管将境外废物运输进境的行为，这里行为人仅仅实施了逃避海关监管，非法将境外废物运输进境的行为，就可成立该罪，并且进境行为逃避了海关监管，因此，行为阶段只有一个，即非法将废物运输进境，无须再有后续行为。 3. 犯罪成立标准不同。本罪属于行为犯，只要行为人实施了违反国家有关规定，将境外固体废物进境倾倒、堆放、处置行为的，就可成立本罪。后罪属于情节犯，只有逃避海关监管，将境外固体废物、液态废物和气态废物运输进境行为，达到情节严重的程度，才能成立犯罪。 应当注意的问题是，两者在一定条件下，还存在着竞合关系，也就是重合、一致的情况，这时，可按法规竞合原则来处理。主要包括两种竞合情况：一是对国家禁止进口的固体废物，行为人采用非法手段，将境外固体废物运输进境，并且实施了倾倒、堆放、处置行为。这时行为人采用非法手段，将境外固体废物运输进境的行为，肯定是逃避海关监管将境外固体废物非法入境的行为，构成走私废物罪，由于行为人还实施了倾倒、堆放、处置固体废物的行为，因此，行为人也构成了非法处置进口的固体废物罪。二是对国家限制进口的固体废物，如果行为人采取合法方式入境，而违反有关规定任意在境内倾倒、堆放、处置的，不构成走私废物罪，但构成了非法处置进口的固体废物罪；如果行为人采取非法方式入境，又违反有关规定任意在境内倾倒、堆放、处置的，就属于竞合关系了，这时，由于行为人采取非法手段将国家限制进口固体废物运输入境，显然构成了走私废物罪，同时，由于行为人还实施了倾倒、堆放、处置行为，因此，也构成了非法处置进口的固体废物罪。
相关执法参考	刑法	中华人民共和国刑法（节录） （1979年7月1日第五届全国人民代表大会第二次会议通过，1997年3月14日第八届全国人民代表大会第五次会议修订，已先后被1999年12月25日《中华人民共和国刑法修正案》、2001年8月31日《中华人民共和国刑法修正案（二）》、2001年12月29日《中华人民共和国刑法修正案（三）》、2002年12月28日《中华人民共和国刑法修正案（四）》、2005年2月28日《中华人民共和国刑法修正案（五）》、2006年6月29日《中华人民共和国刑法修正案（六）》、2009年2月28日《中华人民共和国刑法修正案（七）》、2009年8月27日《全国人民代表大会常务委员会关于修改部分法律的决定》、2011年2月25日《中华人民共和国刑法修正案（八）》、2015年8月29日《中华人民共和国刑法修正案（九）》、2017年11月4日《中华人民共和国刑法修正案（十）》、2020年12月26日《中华人民共和国刑法修正案（十一）》修改或修正） **第三百三十九条** 违反国家规定，将境外的固体废物进境倾倒、堆放、处置的，处五年以下有期徒刑或者拘役，并处罚金；造成重大环境污染事故，致使公私财产遭受重大损失或者严重危害人体健康的，处五年以上十年以下有期徒刑，并处罚金；后果特别严重的，处十年以上有期徒刑，并处罚金。 未经国务院有关主管部门许可，擅自进口固体废物用作原料，造成重大环境污染事故，致使公私财产遭受重大损失或者严重危害人体健康的，处五年以下有期徒刑或者拘役，并处罚金；后果特别严重的，处五年以上十年以下有期徒刑，并处罚金。 以原料利用为名，进口不能用作原料的固体废物、液态废物和气态废物的，依照本法第一百五十二条第二款、第三款的规定定罪处罚。

| 相关执法参考 | 相关法律法规（1） | 最高人民法院、最高人民检察院《关于办理环境污染刑事案件适用法律若干问题的解释》（节录）
（2016年11月7日最高人民法院审判委员会第1698次会议、2016年12月8日最高人民检察院第十二届检察委员会第58次会议通过，法释〔2016〕29号，自2017年1月1日起施行）

第二条　实施刑法第三百三十九条、第四百零八条规定的行为，致使公私财产损失三十万元以上，或者具有本解释第一条第十项至第十七项规定情形之一的，应当认定为"致使公私财产遭受重大损失或者严重危害人体健康"或者"致使公私财产遭受重大损失或者造成人身伤亡的严重后果"。

第三条　实施刑法第三百三十八条、第三百三十九条规定的行为，具有下列情形之一的，应当认定为"后果特别严重"：
（一）致使县级以上城区集中式饮用水水源取水中断十二小时以上的；
（二）非法排放、倾倒、处置危险废物一百吨以上的；
（三）致使基本农田、防护林地、特种用途林地十五亩以上，其他农用地三十亩以上，其他土地六十亩以上基本功能丧失或者遭受永久性破坏的；
（四）致使森林或者其他林木死亡一百五十立方米以上，或者幼树死亡七千五百株以上的；
（五）致使公私财产损失一百万元以上的；
（六）造成生态环境特别严重损害的；
（七）致使疏散、转移群众一万五千人以上的；
（八）致使一百人以上中毒的；
（九）致使十人以上轻伤、轻度残疾或者器官组织损伤导致一般功能障碍的；
（十）致使三人以上重伤、中度残疾或者器官组织损伤导致严重功能障碍的；
（十一）致使一人以上重伤、中度残疾或者器官组织损伤导致严重功能障碍，并致使五人以上轻伤、轻度残疾或者器官组织损伤导致一般功能障碍的；
（十二）致使一人以上死亡或者重度残疾的；
（十三）其他后果特别严重的情形。

第四条　实施刑法第三百三十八条、第三百三十九条规定的犯罪行为，具有下列情形之一的，应当从重处罚：
（一）阻挠环境监督检查或者突发环境事件调查，尚不构成妨害公务等犯罪的；
（二）在医院、学校、居民区等人口集中地区及其附近，违反国家规定排放、倾倒、处置有放射性的废物、含传染病病原体的废物、有毒物质或者其他有害物质的；
（三）在重污染天气预警期间、突发环境事件处置期间或者被责令限期整改期间，违反国家规定排放、倾倒、处置有放射性的废物、含传染病病原体的废物、有毒物质或者其他有害物质的；
（四）具有危险废物经营许可证的企业违反国家规定排放、倾倒、处置有放射性的废物、含传染病病原体的废物、有毒物质或者其他有害物质的。

第五条　实施刑法第三百三十八条、第三百三十九条规定的行为，刚达到应当追究刑事责任的标准，但行为人及时采取措施，防止损失扩大、消除污染，全部赔偿损失，积极修复生态环境，且系初犯，确有悔罪表现的，可以认定为情节轻微，不起诉或者免予刑事处罚；确有必要判处刑罚的，应当从宽处罚。

第六条　无危险废物经营许可证从事收集、贮存、利用、处置危险废物经营活动，严重污染环境的，按照污染环境罪定罪处罚；同时构成非法经营罪的，依照处罚较重的规定定罪处罚。
实施前款规定的行为，不具有超标排放污染物、非法倾倒污染物或者其他违法造成环 |

相关执法参考	相关法律法规（1）	境污染的情形的，可以认定为非法经营情节显著轻微危害不大，不认为是犯罪；构成生产、销售伪劣产品等其他犯罪的，以其他犯罪论处。 　　**第七条**　明知他人无危险废物经营许可证，向其提供或者委托其收集、贮存、利用、处置危险废物，严重污染环境的，以共同犯罪论处。 　　**第八条**　违反国家规定，排放、倾倒、处置含有毒害性、放射性、传染病病原体等物质的污染物，同时构成污染环境罪、非法处置进口的固体废物罪、投放危险物质罪等犯罪的，依照处罚较重的规定定罪处罚。 　　**第十一条**　单位实施本解释规定的犯罪的，依照本解释规定的定罪量刑标准，对直接负责的主管人员和其他直接责任人员定罪处罚，并对单位判处罚金。 　　**第十二条**　环境保护主管部门及其所属监测机构在行政执法过程中收集的监测数据，在刑事诉讼中可以作为证据使用。 　　公安机关单独或者会同环境保护主管部门，提取污染物样品进行检测获取的数据，在刑事诉讼中可以作为证据使用。 　　**第十三条**　对国家危险废物名录所列的废物，可以依据涉案物质的来源、产生过程、被告人供述、证人证言以及经批准或者备案的环境影响评价文件等证据，结合环境保护主管部门、公安机关等出具的书面意见作出认定。 　　对于危险废物的数量，可以综合被告人供述，涉案企业的生产工艺、物耗、能耗情况，以及经批准或者备案的环境影响评价文件等证据作出认定。 　　**第十四条**　对案件所涉的环境污染专门性问题难以确定的，依据司法鉴定机构出具的鉴定意见，或者国务院环境保护主管部门、公安部门指定的机构出具的报告，结合其他证据作出认定。 　　**第十六条**　无危险废物经营许可证，以营利为目的，从危险废物中提取物质作为原材料或者燃料，并具有超标排放污染物、非法倾倒污染物或者其他违法造成环境污染的情形的行为，应当认定为"非法处置危险废物"。 　　**第十七条**　本解释所称"二年内"，以第一次违法行为受到行政处罚的生效之日与又实施相应行为之日的时间间隔计算确定。 　　本解释所称"重点排污单位"，是指设区的市级以上人民政府环境保护主管部门依法确定的应当安装、使用污染物排放自动监测设备的重点监控企业及其他单位。 　　本解释所称"违法所得"，是指实施刑法第三百三十八条、第三百三十九条规定的行为所得和可得的全部违法收入。 　　本解释所称"公私财产损失"，包括实施刑法第三百三十八条、第三百三十九条规定的行为直接造成财产损毁、减少的实际价值，为防止污染扩大、消除污染而采取必要合理措施所产生的费用，以及处置突发环境事件的应急监测费用。 　　本解释所称"生态环境损害"，包括生态环境修复费用，生态环境修复期间服务功能的损失和生态环境功能永久性损害造成的损失，以及其他必要合理费用。 　　本解释所称"无危险废物经营许可证"，是指未取得危险废物经营许可证，或者超出危险废物经营许可证的经营范围。 　　**第十八条**　本解释自2017年1月1日起施行。本解释施行后，最高人民法院、最高人民检察院《关于办理环境污染刑事案件适用法律若干问题的解释》（法释〔2013〕15号）同时废止；之前发布的司法解释与本解释不一致的，以本解释为准。
	相关法律法规（2）	最高人民检察院、公安部《关于公安机关管辖的刑事案件立案追诉标准的规定（一）》（节录） 　　（2008年6月25日，公通字〔2008〕36号） 　　**第六十一条**　[非法处置进口的固体废物案（刑法第三百三十九条第一款）]　违反国家规定，将境外的固体废物进境倾倒、堆放、处置的，应予立案追诉。

| 相关执法参考 | 相关法律法规（3） | 《固体废物污染环境防治法》（节录）
（1995 年 10 月 30 日第八届全国人民代表大会常务委员会第十六次会议通过，2004 年 12 月 29 日第十届全国人民代表大会常务委员会第十三次会议第一次修订，根据 2013 年 6 月 29 日第十二届全国人民代表大会常务委员会第三次会议《关于修改〈中华人民共和国文物保护法〉等十二部法律的决定》第一次修正，根据 2015 年 4 月 24 日第十二届全国人民代表大会常务委员会第十四次会议《关于修改〈中华人民共和国港口法〉等七部法律的决定》第二次修正，根据 2016 年 11 月 7 日第十二届全国人民代表大会常务委员会第二十四次会议《关于修改〈中华人民共和国对外贸易法〉等十二部法律的决定》第三次修正，2020 年 4 月 29 日第十三届全国人民代表大会常务委员会第十七次会议第二次修订，自 2020 年 9 月 1 日起施行）
第二条　固体废物污染环境的防治适用本法。
固体废物污染海洋环境的防治和放射性固体废物污染环境的防治不适用本法。
第十七条　建设产生、贮存、利用、处置固体废物的项目，应当依法进行环境影响评价，并遵守国家有关建设项目环境保护管理的规定。
第十八条　建设项目的环境影响评价文件确定需要配套建设的固体废物污染环境防治设施，应当与主体工程同时设计、同时施工、同时投入使用。建设项目的初步设计，应当按照环境保护设计规范的要求，将固体废物污染环境防治内容纳入环境影响评价文件，落实防治固体废物污染环境和破坏生态的措施以及固体废物污染环境防治设施投资概算。
建设单位应当依照有关法律法规的规定，对配套建设的固体废物污染环境防治设施进行验收，编制验收报告，并向社会公开。
第十九条　收集、贮存、运输、利用、处置固体废物的单位和其他生产经营者，应当加强对相关设施、设备和场所的管理和维护，保证其正常运行和使用。
第二十条　产生、收集、贮存、运输、利用、处置固体废物的单位和其他生产经营者，应当采取防扬散、防流失、防渗漏或者其他防止污染环境的措施，不得擅自倾倒、堆放、丢弃、遗撒固体废物。
禁止任何单位或者个人向江河、湖泊、运河、渠道、水库及其最高水位线以下的滩地和岸坡以及法律法规规定的其他地点倾倒、堆放、贮存固体废物。
第二十一条　在生态保护红线区域、永久基本农田集中区域和其他需要特别保护的区域内，禁止建设工业固体废物、危险废物集中贮存、利用、处置的设施、场所和生活垃圾填埋场。
第二十二条　转移固体废物出省、自治区、直辖市行政区域贮存、处置的，应当向固体废物移出地的省、自治区、直辖市人民政府生态环境主管部门提出申请。移出地的省、自治区、直辖市人民政府生态环境主管部门应当及时商经接受地的省、自治区、直辖市人民政府生态环境主管部门同意后，在规定期限内批准转移该固体废物出省、自治区、直辖市行政区域。未经批准的，不得转移。
转移固体废物出省、自治区、直辖市行政区域利用的，应当报固体废物移出地的省、自治区、直辖市人民政府生态环境主管部门备案。移出地的省、自治区、直辖市人民政府生态环境主管部门应当将备案信息通报接受地的省、自治区、直辖市人民政府生态环境主管部门。
第二十三条　禁止中华人民共和国境外的固体废物进境倾倒、堆放、处置。
第二十四条　国家逐步实现固体废物零进口，由国务院生态环境主管部门会同国务院商务、发展改革、海关等主管部门组织实施。
第二十五条　海关发现进口货物疑似固体废物的，可以委托专业机构开展属性鉴别，并根据鉴别结论依法管理。
第二十六条　生态环境主管部门及其环境执法机构和其他负有固体废物污染环境防治 |

| 相关执法参考 | 相关法律法规（3） | 监督管理职责的部门，在各自职责范围内有权对从事产生、收集、贮存、运输、利用、处置固体废物等活动的单位和其他生产经营者进行现场检查。被检查者应当如实反映情况，并提供必要的资料。
　　实施现场检查，可以采取现场监测、采集样品、查阅或者复制与固体废物污染环境防治相关的资料等措施。检查人员进行现场检查，应当出示证件。对现场检查中知悉的商业秘密应当保密。
　　第二十七条　有下列情形之一，生态环境主管部门和其他负有固体废物污染环境防治监督管理职责的部门，可以对违法收集、贮存、运输、利用、处置的固体废物及设施、设备、场所、工具、物品予以查封、扣押：
　　（一）可能造成证据灭失、被隐匿或者非法转移的；
　　（二）造成或者可能造成严重环境污染的。
　　第三十一条　任何单位和个人都有权对造成固体废物污染环境的单位和个人进行举报。
　　生态环境主管部门和其他负有固体废物污染环境防治监督管理职责的部门应当将固体废物污染环境防治举报方式向社会公布，方便公众举报。
　　接到举报的部门应当及时处理并对举报人的相关信息予以保密；对实名举报并查证属实的，给予奖励。
　　举报人举报所在单位的，该单位不得以解除、变更劳动合同或其他方式对举报人进行打击报复。
　　第三十六条　产生工业固体废物的单位应当建立健全工业固体废物产生、收集、贮存、运输、利用、处置全过程的污染环境防治责任制度，建立工业固体废物管理台账，如实记录产生工业固体废物的种类、数量、流向、贮存、利用、处置等信息，实现工业固体废物可追溯、可查询，并采取防治工业固体废物污染环境的措施。
　　禁止向生活垃圾收集设施中投放工业固体废物。
　　第三十七条　产生工业固体废物的单位委托他人运输、利用、处置工业固体废物的，应当对受托方的主体资格和技术能力进行核实，依法签订书面合同，在合同中约定污染防治要求。
　　受托方运输、利用、处置工业固体废物，应当依照有关法律法规的规定和合同约定履行污染防治要求，并将运输、利用、处置情况告知产生工业固体废物的单位。
　　产生工业固体废物的单位违反本条第一款规定的，除依照有关法律法规的规定予以处罚外，还应当与造成环境污染和生态破坏的受托方承担连带责任。
　　第三十八条　产生工业固体废物的单位应当依法实施清洁生产审核，合理选择和利用原材料、能源和其他资源，采用先进的生产工艺和设备，减少工业固体废物的产生量，降低工业固体废物的危害性。
　　第三十九条　产生工业固体废物的单位应当取得排污许可证。排污许可的具体办法和实施步骤由国务院规定。
　　产生工业固体废物的单位应当向所在地生态环境主管部门提供工业固体废物的种类、数量、流向、贮存、利用、处置等有关资料，以及减少工业固体废物产生、促进综合利用的具体措施，并执行排污许可管理制度的相关规定。
　　第四十条　产生工业固体废物的单位应当根据经济、技术条件对工业固体废物加以利用；对暂时不利用或者不能利用的，应当按照国务院生态环境等主管部门的规定建设贮存设施、场所，安全分类存放，或者采取无害化处置措施。贮存工业固体废物应当采取符合国家环境保护标准的防护措施。
　　建设工业固体废物贮存、处置的设施、场所，应当符合国家环境保护标准。
　　第四十一条　产生工业固体废物的单位终止的，应当在终止前对工业固体废物的贮 |

相关执法参考	相关法律法规（3）	存、处置的设施、场所采取污染防治措施，并对未处置的工业固体废物作出妥善处置，防止污染环境。 产生工业固体废物的单位发生变更的，变更后的单位应当按照国家有关环境保护的规定对未处置的工业固体废物及其贮存、处置的设施、场所进行安全处置或者采取有效措施保证该设施、场所安全运行。变更前当事人对工业固体废物及其贮存、处置的设施、场所的污染防治责任另有约定的，从其约定；但是，不得免除当事人的污染防治义务。 对2005年4月1日前已经终止的单位未处置的工业固体废物及其贮存、处置的设施、场所进行安全处置的费用，由有关人民政府承担；但是，该单位享有的土地使用权依法转让的，应当由土地使用权受让人承担处置费用。当事人另有约定的，从其约定；但是，不得免除当事人的污染防治义务。 第四十二条　矿山企业应当采取科学的开采方法和选矿工艺，减少尾矿、煤矸石、废石等矿业固体废物的产生量和贮存量。 国家鼓励采取先进工艺对尾矿、煤矸石、废石等矿业固体废物进行综合利用。 尾矿、煤矸石、废石等矿业固体废物贮存设施停止使用后，矿山企业应当按照国家有关环境保护等规定进行封场，防止造成环境污染和生态破坏。 第四十九条　产生生活垃圾的单位、家庭和个人应当依法履行生活垃圾源头减量和分类投放义务，承担生活垃圾产生者责任。 任何单位和个人都应当依法在指定的地点分类投放生活垃圾。禁止随意倾倒、抛撒、堆放或者焚烧生活垃圾。 机关、事业单位等应当在生活垃圾分类工作中起示范带头作用。 已经分类投放的生活垃圾，应当按照规定分类收集、分类运输、分类处理。 第五十条　清扫、收集、运输、处理城乡生活垃圾，应当遵守国家有关环境保护和环境卫生管理的规定，防止污染环境。 从生活垃圾中分类并集中收集的有害垃圾，属于危险废物的，应当按照危险废物管理。 第五十一条　从事公共交通运输的经营单位，应当及时清扫、收集运输过程中产生的生活垃圾。 第五十二条　农贸市场、农产品批发市场等应当加强环境卫生管理，保持环境卫生清洁，对所产生的垃圾及时清扫、分类收集、妥善处理。 第五十三条　从事城市新区开发、旧区改建和住宅小区开发建设、村镇建设的单位，以及机场、码头、车站、公园、商场、体育场馆等公共设施、场所的经营管理单位，应当按照国家有关环境卫生的规定，配套建设生活垃圾收集设施。 县级以上地方人民政府应当统筹生活垃圾公共转运、处理设施与前款规定的收集设施的有效衔接，并加强生活垃圾分类收运体系和再生资源回收体系在规划、建设、运营等方面的融合。 第五十四条　从生活垃圾中回收的物质应当按照国家规定的用途、标准使用，不得用于生产可能危害人体健康的产品。 第五十五条　建设生活垃圾处理设施、场所，应当符合国务院生态环境主管部门和国务院住房城乡建设主管部门规定的环境保护和环境卫生标准。 鼓励相邻地区统筹生活垃圾处理设施建设，促进生活垃圾处理设施跨行政区域共建共享。 禁止擅自关闭、闲置或者拆除生活垃圾处理设施、场所；确有必要关闭、闲置或者拆除的，应当经所在地的市、县级人民政府环境卫生主管部门商所在地生态环境主管部门同意后核准，并采取防止污染环境的措施。 第五十六条　生活垃圾处理单位应当按照国家有关规定，安装使用监测设备，实时监

相关执法参考	相关法律法规（3）	测污染物的排放情况，将污染排放数据实时公开。监测设备应当与所在地生态环境主管部门的监控设备联网。 **第六十三条**　工程施工单位应当编制建筑垃圾处理方案，采取污染防治措施，并报县级以上地方人民政府环境卫生主管部门备案。 　　工程施工单位应当及时清运工程施工过程中产生的建筑垃圾等固体废物，并按照环境卫生主管部门的规定进行利用或者处置。 　　工程施工单位不得擅自倾倒、抛撒或者堆放工程施工过程中产生的建筑垃圾。 **第六十五条**　产生秸秆、废弃农用薄膜、农药包装废弃物等农业固体废物的单位和其他生产经营者，应当采取回收利用和其他防止污染环境的措施。 　　从事畜禽规模养殖应当及时收集、贮存、利用或者处置养殖过程中产生的畜禽粪污等固体废物，避免造成环境污染。 　　禁止在人口集中地区、机场周围、交通干线附近以及当地人民政府划定的其他区域露天焚烧秸秆。 　　国家鼓励研究开发、生产、销售、使用在环境中可降解且无害的农用薄膜。 **第六十六条**　国家建立电器电子、铅蓄电池、车用动力电池等产品的生产者责任延伸制度。 　　电器电子、铅蓄电池、车用动力电池等产品的生产者应当按照规定以自建或者委托等方式建立与产品销售量相匹配的废旧产品回收体系，并向社会公开，实现有效回收和利用。 　　国家鼓励产品的生产者开展生态设计，促进资源回收利用。 **第六十七条**　国家对废弃电器电子产品等实行多渠道回收和集中处理制度。 　　禁止将废弃机动车船等交由不符合规定条件的企业或者个人回收、拆解。 　　拆解、利用、处置废弃电器电子产品、废弃机动车船等，应当遵守有关法律法规的规定，采取防止污染环境的措施。 **第六十九条**　国家依法禁止、限制生产、销售和使用不可降解塑料袋等一次性塑料制品。 　　商品零售场所开办单位、电子商务平台企业和快递企业、外卖企业应当按照国家有关规定向商务、邮政等主管部门报告塑料袋等一次性塑料制品的使用、回收情况。 　　国家鼓励和引导减少使用、积极回收塑料袋等一次性塑料制品，推广应用可循环、易回收、可降解的替代产品。 **第七十二条**　禁止擅自倾倒、堆放、丢弃、遗撒城镇污水处理设施产生的污泥和处理后的污泥。 　　禁止重金属或者其他有毒有害物质含量超标的污泥进入农用地。 　　从事水体清淤疏浚应当按照国家有关规定处理清淤疏浚过程中产生的底泥，防止污染环境。 **第七十七条**　对危险废物的容器和包装物以及收集、贮存、运输、利用、处置危险废物的设施、场所，应当按照规定设置危险废物识别标志。 **第七十八条**　产生危险废物的单位，应当按照国家有关规定制定危险废物管理计划；建立危险废物管理台账，如实记录有关信息，并通过国家危险废物信息管理系统向所在地生态环境主管部门申报危险废物的种类、产生量、流向、贮存、处置等有关资料。 　　前款所称危险废物管理计划应当包括减少危险废物产生量和降低危险废物危害性的措施以及危险废物贮存、利用、处置措施。危险废物管理计划应当报产生危险废物的单位所在地生态环境主管部门备案。 　　产生危险废物的单位已经取得排污许可证的，执行排污许可管理制度的规定。 **第七十九条**　产生危险废物的单位，应当按照国家有关规定和环境保护标准要求贮

| 相关执法参考 | 相关法律法规（3） | 存、利用、处置危险废物，不得擅自倾倒、堆放。
第八十条　从事收集、贮存、利用、处置危险废物经营活动的单位，应当按照国家有关规定申请取得许可证。许可证的具体管理办法由国务院制定。
禁止无许可证或者未按照许可证规定从事危险废物收集、贮存、利用、处置的经营活动。
禁止将危险废物提供或者委托给无许可证的单位或者其他生产经营者从事收集、贮存、利用、处置活动。
第八十一条　收集、贮存危险废物，应当按照危险废物特性分类进行。禁止混合收集、贮存、运输、处置性质不相容而未经安全性处置的危险废物。
贮存危险废物应当采取符合国家环境保护标准的防护措施。禁止将危险废物混入非危险废物中贮存。
从事收集、贮存、利用、处置危险废物经营活动的单位，贮存危险废物不得超过一年；确需延长期限的，应当报经颁发许可证的生态环境主管部门批准；法律、行政法规另有规定的除外。
第八十二条　转移危险废物的，应当按照国家有关规定填写、运行危险废物电子或者纸质转移联单。
跨省、自治区、直辖市转移危险废物的，应当向危险废物移出地省、自治区、直辖市人民政府生态环境主管部门申请。移出地省、自治区、直辖市人民政府生态环境主管部门应当及时商经接受地省、自治区、直辖市人民政府生态环境主管部门同意后，在规定期限内批准转移该危险废物，并将批准信息通报相关省、自治区、直辖市人民政府生态环境主管部门和交通运输主管部门。未经批准的，不得转移。
危险废物转移管理应当全程管控、提高效率，具体办法由国务院生态环境主管部门会同国务院交通运输主管部门和公安部门制定。
第八十三条　运输危险废物，应当采取防止污染环境的措施，并遵守国家有关危险货物运输管理的规定。
禁止将危险废物与旅客在同一运输工具上载运。
第八十四条　收集、贮存、运输、利用、处置危险废物的场所、设施、设备和容器、包装物及其他物品转作他用时，应当按照国家有关规定经过消除污染处理，方可使用。
第八十五条　产生、收集、贮存、运输、利用、处置危险废物的单位，应当依法制定意外事故的防范措施和应急预案，并向所在地生态环境主管部门和其他负有固体废物污染环境防治监督管理职责的部门备案；生态环境主管部门和其他负有固体废物污染环境防治监督管理职责的部门应当进行检查。
第八十六条　因发生事故或者其他突发性事件，造成危险废物严重污染环境的单位，应当立即采取有效措施消除或者减轻对环境的污染危害，及时通报可能受到污染危害的单位和居民，并向所在地生态环境主管部门和有关部门报告，接受调查处理。
第八十九条　禁止经中华人民共和国过境转移危险废物。
第一百二十三条　违反本法规定，构成违反治安管理行为的，由公安机关依法给予治安管理处罚；构成犯罪的，依法追究刑事责任；造成人身、财产损害的，依法承担民事责任。
第一百二十四条　本法下列用语的含义：
（一）固体废物，是指在生产、生活和其他活动中产生的丧失原有利用价值或者虽未丧失利用价值但被抛弃或者放弃的固态、半固态和置于容器中的气态的物品、物质以及法律、行政法规规定纳入固体废物管理的物品、物质。经无害化加工处理，并且符合强制性国家产品质量标准，不会危害公众健康和生态安全，或者根据固体废物鉴别标准和鉴别程序认定为不属于固体废物的除外。 |

相关法律法规（3）	（二）工业固体废物，是指在工业生产活动中产生的固体废物。 （三）生活垃圾，是指在日常生活中或者为日常生活提供服务的活动中产生的固体废物，以及法律、行政法规规定视为生活垃圾的固体废物。 （四）建筑垃圾，是指建设单位、施工单位新建、改建、扩建和拆除各类建筑物、构筑物、管网等，以及居民装饰装修房屋过程中产生的弃土、弃料和其他固体废物。 （五）农业固体废物，是指在农业生产活动中产生的固体废物。 （六）危险废物，是指列入国家危险废物名录或者根据国家规定的危险废物鉴别标准和鉴别方法认定的具有危险特性的固体废物。 （七）贮存，是指将固体废物临时置于特定设施或者场所中的活动。 （八）利用，是指从固体废物中提取物质作为原材料或者燃料的活动。 （九）处置，是指将固体废物焚烧和用其他改变固体废物的物理、化学、生物特性的方法，达到减少已产生的固体废物数量、缩小固体废物体积、减少或者消除其危险成分的活动，或者将固体废物最终置于符合环境保护规定要求的填埋场的活动。 第一百二十五条　液态废物的污染防治，适用本法；但是，排入水体的废水的污染防治适用有关法律，不适用本法。 第一百二十六条　本法自 2020 年 9 月 1 日起施行。
相关执法参考 相关法律法规（4）	《废物进口环境保护管理暂行规定》 （1996 年 3 月 1 日国家环境保护局、对外贸易经济合作部、海关总署、国家工商行政管理局、国家进出口商品检验局环控〔1996〕204 号发布） **第一章　总　则** **第一条**　为加强对废物进口的环境管理，防止废物进口污染环境，依照《中华人民共和国固体废物污染环境防治法》和有关法律，制定本规定。 **第二条**　本规定适用于中华人民共和国领域内从事废物进口的活动及其环境监督管理。 **第三条**　禁止进口境外废物在境内倾倒、堆放、处置。 限制进口可以用作原料的废物，确有必要进口的，必须按本规定执行。 **第四条**　任何单位和个人都有权向环境保护行政主管部门、对外经济贸易主管部门、海关、进出口商品检验部门、工商行政管理部门和司法机关检举违法进口废物的单位。 **第五条**　国家环境保护局对全国废物进口实施监督管理。 地方各级人民政府环境保护行政主管部门依照本规定对本辖区内进口废物实施监督管理，并有权对从事进口废物经营活动的单位进行现场检查。 **第六条**　国家环境保护局会同对外贸易经济合作部、海关总署制定、调整和发布《国家限制进口的可用作原料的废物目录》（附件一）。 国家进出口商品检验局会同国家环境保护局制定进口废物的强制检验的标准。 **第七条**　对外经济贸易主管部门、海关、进出口商品检验部门和工商行政管理部门在各自的职责范围内，对进口废物及其经营活动实施监督管理。 **第二章　进口废物的环境管理** **第八条**　列入附件一的任何废物，必须经国家环境保护局审查批准，才可进口。 凡未列入本规定附件一的所有废物（废物范围见第三十二条），禁止进口。 **第九条**　进口废物的申请和审批程序如下： （一）申请进口附件一所列第六类废物中的 7204.1000、7204.2100、7204.2900、7204.3000、7204.4100、7204.4900 以及 7204.5000 号废物（简称 7204.1000 至 7204.5000 号废物）的，由废物进口单位或者废物利用单位直接向国家环境保护局提出废物进口申请，由国家环境保护局审批。 （二）申请进口附件一所列其他废物的，由废物进口单位或者废物利用单位向废物利用单

相关执法参考	相关法律法规（4）	位所在地市级人民政府环境保护行政主管部门（简称市级环境保护行政主管部门）提出废物进口申请，经所在地市级环境保护行政主管部门和省、自治区、直辖市人民政府环境保护行政主管部门（简称省级环境保护行政主管部门）审查同意后，报国家环境保护局审批。 第十条　申请进口废物必须符合以下条件： （一）申请进口废物作原料利用的单位必须是依法成立的企业法人，并具有利用进口废物的能力和相应的污染防治设备； （二）申请进口的废物已被列入《国家限制进口的可用作原料的废物目录》。 第十一条　申请进口附件一所列废物的单位或者利用废物的单位，必须提交如下申请材料： （一）《进口废物申请书》（附件二）； （二）《进口废物作原料利用环境风险报告书》或者《进口废物作原料利用环境风险报告表》。 上述申请材料必须一式三份。 第十二条　受理进口废物申请的环境保护行政主管部门应当在收到进口废物申请材料之日起五个工作日内，对进口废物申请分别作出如下处理： （一）进口废物申请符合本规定第九条、第十条的，应予受理； （二）进口废物申请不符合本规定第十条内容之一的，裁定不予受理，并告之理由； （三）申请人未提交本规定第十一条规定的申请材料之一的，应通知申请人限期补正。逾期未补正的，视为未申请。 第十三条　申请进口附件一所列第六类废物中的7204.1000至7204.5000号废物的单位或者废物利用单位，必须对拟进口作原料利用的废物及其贮存、运输和利用过程中的环境风险进行评价，并填写《进口废物环境风险报告表》，直接报国家环境保护局审查。 第十四条　申请进口附件一所列第二类、第七类、第八类、第九类废物的单位或者废物利用单位，必须对拟进口作原料利用的废物及其贮存、运输和利用过程中的环境风险进行评价，编制《进口废物环境风险报告书》，并按国家环境保护局的有关规定，报环境保护行政主管部门审查。 第十五条　申请进口附件一所列第一类、第三类、第四类、第五类和第六类废物中除7204.1000至7204.5000号废物以外的废物的单位或者废物利用单位，或者申请再次进口已批准过的第十四条所指废物的单位，必须对拟进口作原料利用的废物及其贮存、运输和利用过程中的环境风险进行评价，填写《进口废物环境风险报告表》，并连同《进口废物申请书》，按本规定第九条第（二）款规定的程序，报有关环境保护行政主管部门审查。 第十六条　进口废物环境风险评价的技术要求和审查程序，由国家环境保护局另行制定。 承担进口废物环境风险评价的单位，必须取得国家环境保护局核发的《进口废物环境风险评价资格证书》。 第十七条　受理进口废物申请的市级环境保护行政主管部门和省级环境保护行政主管部门应当分别在收到进口废物申请材料之日起的十个工作日内，签署审查意见，并通知申请人。 第十八条　国家环境保护局在收到直接受理的进口废物申请材料或者经由省级环境保护行政主管部门上报的进口废物申请材料之日起十个工作日内，作出批准或者不批准的决定，并通知申请人。对批准的进口废物申请，国家环境保护局签发《进口废物批准证书》（附件三）。 第十九条　国家环境保护局在审查进口废物申请材料的过程中，必要时可组织专家论证或者征求有关部门的意见。 第二十条　国家环境保护局签发的《进口废物批准证书》有效期为一年。 第二十一条　对附件一所列废物，海关一律凭国家环境保护局签发的《进口废物批

相关执法参考	相关法律法规（4）	准证书》和口岸所在地进出口商品检验机构的检验合格证明验放。 第二十二条　废物进口单位和废物利用单位必须就每季度进口的废物填写《进口废物报告单》（附件四），报废物利用单位所在地市级环境保护行政主管部门。 废物利用单位必须按照《进口废物环境风险报告书》或者《进口废物环境风险报告表》的要求，防治进口废物污染环境。 第二十三条　进出口商品检验机构在对进口的废物进行检验的过程中发现可能污染环境的问题，应及时通知和移交当地环境保护行政主管部门和海关依法处理。 第二十四条　建设利用进口废物作原料的加工生产项目的，建设单位必须进行环境风险评价，编制《进口废物环境风险报告书》，并经建设项目所在地市级和省级环境保护行政主管部门签署意见后，报国家环境保护局审查。 第二十五条　从事附件一所列第七类废物加工利用的单位，必须是经国家环境保护局核定的废物定点加工利用单位。 第二十六条　凡申请从事附件一所列废物进口、经营或者加工利用的企业，必须提交国家环境保护局的批准文件，未提交国家环境保护局的批准文件的，工商行政管理机关不予核准登记。本规定施行之前已从事进口废物经营活动的企业，必须按照国务院办公厅国办发〔1995〕54号文件的规定，向国家环境保护局申请补办审批手续。 第三章　罚则 第二十七条　违反本规定将境外废物进境倾倒、堆放、处置，或者未经国家环境保护局批准，擅自进口废物用作原料的，按《中华人民共和国固体废物污染环境防治法》第六十六条处罚。以原料利用为名，进口不能用作原料的废物的，依照前款规定处罚。 第二十八条　对已经非法入境的固体废物，按《中华人民共和国固体废物污染环境防治法》第六十八条执行。 第二十九条　伪造、变造国家环境保护局《进口废物批准证书》的，由国家环境保护局处以五万元以上五十万元以下的罚款，同时移送司法机关追究刑事责任。 第三十条　违反本规定第二十六条第二款的规定，逾期未向国家环境保护局补办进口废物经营审批手续，并继续从事进口废物经营活动的，海关对其进口废物不予放行，并责令退运，对外经济贸易主管部门依法取消其进口经营权，工商行政管理部门依法吊销其营业执照。 第三十一条　进出口废物监督管理人员滥用职权、玩忽职守、徇私舞弊，尚不构成犯罪的，给予行政处分；构成犯罪的，依法追究刑事责任。 第四章　附则 第三十二条　本规定下列用语的含义： （一）废物的范围： 固体废物，是指在生产建设、日常生活和其他活动中产生的污染环境的固态、半固态废弃物质。 工业固体废物，是指在工业、交通等生产活动中产生的固体废物。 城市生活垃圾，是指在城市日常生活中或者为城市日常生活提供服务的活动中产生的固体废物以及法律、行政法规规定视为城市生活垃圾的固体废物。 危险废物，是指列入国家危险废物名录或者根据国家规定的危险废物鉴别标准和鉴别方法认定的具有危险特性的废物。 （二）废物进口单位是指从事废物进口的对外贸易经营单位。 （三）废物利用单位是指实际从事进口废物加工利用的单位。 第三十三条　本规定颁布之前国家环境保护局单独或者与有关部门联合发布的有关进口废物环境管理规定，与本规定相抵触者，停止执行。 第三十四条　本规定由国家环境保护局会同有关部门共同解释。 第三十五条　本规定自一九九六年四月一日起施行。

相关执法参考 / 相关法律法规（5）	《关于废物进口环境保护管理暂行规定的补充规定》 （1996年7月26日国家环境保护局、对外贸易经济合作部、海关总署、国家工商行政管理局、国家进出口商品检验局环控〔1996〕629号发布） 为了更进一步加强废物进口的环境保护管理，防止境外垃圾进入我国，现对《废物进口环境保护管理暂行规定》（环控〔1996〕204号，以下简称"暂行规定"）做如下补充规定： 一、废物进口是指一切废物（含废料）以任何贸易方式和无偿提供、捐赠等方式进入中华人民共和国境内。 二、国家进出口商品检验局（下简称国家商检局）统一管理全国进口废物检验工作。对国家允许进口的废物必须实施装运前检验，具体管理办法由国家商检局制定后实施。 三、进口废物必须符合我国有关强制性标准的要求。废物进口单位与境外贸易关系人签订的进口废物合同中，必须订明进口废物的品质和装运前检验条款，注明严禁夹带生活垃圾和《控制危险废物越境转移及其处置巴塞尔公约》控制的危险废物和其他废物，约定进口废物必须由中国或国家商检局指定或认可的其他检验机构实施装运前检验，检验合格后方可装运。 四、对外贸易运输部门在接受进口废物的承运申请时，除要求申请人提供国家环境保护局核发的《进口废物批准证书》外，还需提供中国商检机构或国家商检局指定或认可的检验机构签发的进口废物装运前检验合格证明。禁止以"凭指示交货"（TO ORDER）方式承运废物进境。 五、废物进口单位应于进口的废物抵达口岸十天之前通知口岸的商检机构以备检查。 六、进口废物运抵我国口岸后，收货人应持《进口废物批准证书》第一联和报关单等有关单据（除商检证外）先向海关申报，然后收货人持《进口废物批准证书》和装运前检验合格证明以及其他必要单证向口岸商检机构报验。口岸商检机构对进口废物实施检验，检验合格的，出具《检验情况通知单》，海关凭此放行；发现问题及时通知海关和当地环境保护行政主管部门依法处理。 七、未取得《进口废物批准证书》的进口废物一律不得存入保税仓库。 八、任何企业不得进行废物的转口贸易。 九、企业以加工贸易方式进口废物，应持国家环境保护局签发的《进口废物批准证书》向海关办理加工贸易合同的登记备案手续。 十、"暂行规定"附件三《进口废物批准证书》将予修改。正面增加"进口口岸"栏目，在背面将"到达港口"改为"本次进口数量"，"数量"改为"尚未进口数量"。原《进口废物批准证书》第三联改为对外运输承运人存档。 十一、转让或者倒卖国家环境保护局《进口废物批准证书》的，由国家环境保护局吊销《进口废物批准证书》，并暂停或取消其废物进口、加工利用的资格。 十二、本规定自1996年8月1日起施行。
相关法律法规（6）	《海洋环境保护法》（节录） （1982年8月23日第五届全国人民代表大会常务委员会第二十四次会议通过，1999年12月25日第九届全国人民代表大会常务委员会第十三次会议修订，根据2013年12月28日第十二届全国人民代表大会常务委员会第六次会议《关于修改〈中华人民共和国海洋环境保护法〉等七部法律的决定》第一次修正，根据2016年11月7日第十二届全国人民代表大会常务委员会第二十四次会议《关于修改〈中华人民共和国海洋环境保护法〉的决定》第二次修正，根据2017年11月4日第十二届全国人民代表大会常务委员会第三十次会议《关于修改〈中华人民共和国会计法〉等十一部法律的决定》第三次修正） **第二条** 本法适用于中华人民共和国内水、领海、毗连区、专属经济区、大陆架以及中华人民共和国管辖的其他海域。

在中华人民共和国管辖海域内从事航行、勘探、开发、生产、旅游、科学研究及其他活动，或者在沿海陆域内从事影响海洋环境活动的任何单位和个人，都必须遵守本法。

在中华人民共和国管辖海域以外，造成中华人民共和国管辖海域污染的，也适用本法。

第三条 国家在重点海洋生态功能区、生态环境敏感区和脆弱区等海域划定生态保护红线，实行严格保护。

国家建立并实施重点海域排污总量控制制度，确定主要污染物排海总量控制指标，并对主要污染源分配排放控制数量。具体办法由国务院制定。

第二十九条 向海域排放陆源污染物，必须严格执行国家或者地方规定的标准和有关规定。

第三十二条 排放陆源污染物的单位，必须向环境保护行政主管部门申报拥有的陆源污染物排放设施、处理设施和在正常作业条件下排放陆源污染物的种类、数量和浓度，并提供防治海洋环境污染方面的有关技术和资料。

排放陆源污染物的种类、数量和浓度有重大改变的，必须及时申报。

第三十三条 禁止向海域排放油类、酸液、碱液、剧毒废液和高、中水平放射性废水。

严格限制向海域排放低水平放射性废水；确需排放的，必须严格执行国家辐射防护规定。

严格控制向海域排放含有不易降解的有机物和重金属的废水。

第三十四条 含病原体的医疗污水、生活污水和工业废水必须经过处理，符合国家有关排放标准后，方能排入海域。

第三十五条 含有机物和营养物质的工业废水、生活污水，应当严格控制向海湾、半封闭海及其他自净能力较差的海域排放。

第三十六条 向海域排放含热废水，必须采取有效措施，保证邻近渔业水域的水温符合国家海洋环境质量标准，避免热污染对水产资源的危害。

第三十七条 沿海农田、林场施用化学农药，必须执行国家农药安全使用的规定和标准。

沿海农田、林场应当合理使用化肥和植物生长调节剂。

第三十八条 在岸滩弃置、堆放和处理尾矿、矿渣、煤灰渣、垃圾和其他固体废物的，依照《中华人民共和国固体废物污染环境防治法》的有关规定执行。

第三十九条 禁止经中华人民共和国内水、领海转移危险废物。

经中华人民共和国管辖的其他海域转移危险废物的，必须事先取得国务院环境保护行政主管部门的书面同意。

第五十五条 任何单位未经国家海洋行政主管部门批准，不得向中华人民共和国管辖海域倾倒任何废弃物。

需要倾倒废弃物的单位，必须向国家海洋行政主管部门提出书面申请，经国家海洋行政主管部门审查批准，发给许可证后，方可倾倒。

禁止中华人民共和国境外的废弃物在中华人民共和国管辖海域倾倒。

第五十六条 国家海洋行政主管部门根据废弃物的毒性、有毒物质含量和对海洋环境影响程度，制定海洋倾倒废弃物评价程序和标准。

向海洋倾倒废弃物，应当按照废弃物的类别和数量实行分级管理。

可以向海洋倾倒的废弃物名录，由国家海洋行政主管部门拟定，经国务院环境保护行政主管部门提出审核意见后，报国务院批准。

第五十七条 国家海洋行政主管部门按照科学、合理、经济、安全的原则选划海洋倾倒区，经国务院环境保护行政主管部门提出审核意见后，报国务院批准。

| 相关执法参考 | 相关法律法规（6） | 临时性海洋倾倒区由国家海洋行政主管部门批准，并报国务院环境保护行政主管部门备案。
国家海洋行政主管部门在选划海洋倾倒区和批准临时性海洋倾倒区之前，必须征求国家海事、渔业行政主管部门的意见。
第五十八条　国家海洋行政主管部门监督管理倾倒区的使用，组织倾倒区的环境监测。对经确认不宜继续使用的倾倒区，国家海洋行政主管部门应当予以封闭，终止在该倾倒区的一切倾倒活动，并报国务院备案。
第五十九条　获准倾倒废弃物的单位，必须按照许可证注明的期限及条件，到指定的区域进行倾倒。废弃物装载之后，批准部门应当予以核实。
第六十条　获准倾倒废弃物的单位，应当详细记录倾倒的情况，并在倾倒后向批准部门作出书面报告。倾倒废弃物的船舶必须向驶出港的海事行政主管部门作出书面报告。
第六十一条　禁止在海上焚烧废弃物。
禁止在海上处置放射性废弃物或者其他放射性物质。废弃物中的放射性物质的豁免浓度由国务院制定。
第七十三条　违反本法有关规定，有下列行为之一的，由依照本法规定行使海洋环境监督管理权的部门责令停止违法行为、限期改正或者责令采取限制生产、停产整治等措施，并处以罚款；拒不改正的，依法作出处罚决定的部门可以自责令改正之日的次日起，按照原罚款数额按日连续处罚；情节严重的，报经有批准权的人民政府批准，责令停业、关闭：
（一）向海域排放本法禁止排放的污染物或者其他物质的；
（二）不按照本法规定向海洋排放污染物，或者超过标准、总量控制指标排放污染物的；
（三）未取得海洋倾倒许可证，向海洋倾倒废弃物的；
（四）因发生事故或者其他突发性事件，造成海洋环境污染事故，不立即采取处理措施的。
有前款第（一）、（三）项行为之一的，处三万元以上二十万元以下的罚款；有前款第（二）、（四）项行为之一的，处二万元以上十万元以下的罚款。
第七十八条　违反本法第三十九条第二款的规定，经中华人民共和国管辖海域，转移危险废物的，由国家海事行政主管部门责令非法运输该危险废物的船舶退出中华人民共和国管辖海域，并处五万元以上五十万元以下的罚款。
第八十五条　违反本法规定，不按照许可证的规定倾倒，或者向已经封闭的倾倒区倾倒废弃物的，由海洋行政主管部门予以警告，并处三万元以上二十万元以下的罚款；对情节严重的，可以暂扣或者吊销许可证。
第八十六条　违反本法第五十五条第三款的规定，将中华人民共和国境外废弃物运进中华人民共和国管辖海域倾倒的，由国家海洋行政主管部门予以警告，并根据造成或者可能造成的危害后果，处十万元以上一百万元以下的罚款。
第八十九条　造成海洋环境污染损害的责任者，应当排除危害，并赔偿损失；完全由于第三者的故意或者过失，造成海洋环境污染损害的，由第三者排除危害，并承担赔偿责任。
对破坏海洋生态、海洋水产资源、海洋保护区，给国家造成重大损失的，由依照本法规定行使海洋环境监督管理权的部门代表国家对责任者提出损害赔偿要求。
第九十条　对违反本法规定，造成海洋环境污染事故的单位，除依法承担赔偿责任外，由依照本法规定行使海洋环境监督管理权的部门依照本条第二款的规定处以罚款；对直接负责的主管人员和其他直接责任人员可以处上一年度从本单位取得收入百分之五十以下的罚款；直接负责的主管人员和其他直接责任人员属于国家工作人员的，依法给予处分。 |

相关法律法规（6）	对造成一般或者较大海洋环境污染事故的，按照直接损失的百分之二十计算罚款；对造成重大或者特大海洋环境污染事故的，按照直接损失的百分之三十计算罚款。 对严重污染海洋环境、破坏海洋生态，构成犯罪的，依法追究刑事责任。 **第九十四条** 本法中下列用语的含义是： （一）海洋环境污染损害，是指直接或者间接地把物质或者能量引入海洋环境，产生损害海洋生物资源、危害人体健康、妨害渔业和海上其他合法活动、损害海水使用素质和减损环境质量等有害影响。 （二）内水，是指我国领海基线向内陆一侧的所有海域。 （三）滨海湿地，是指低潮时水深浅于六米的水域及其沿岸浸湿地带，包括水深不超过六米的永久性水域、潮间带（或洪泛地带）和沿海低地等。 （四）海洋功能区划，是指依据海洋自然属性和社会属性，以及自然资源和环境特定条件，界定海洋利用的主导功能和使用范畴。 （五）渔业水域，是指鱼虾类的产卵场、索饵场、越冬场、洄游通道和鱼虾贝藻类的养殖场。 （六）油类，是指任何类型的油及其炼制品。 （七）油性混合物，是指任何含有油份的混合物。 （八）排放，是指把污染物排入海洋的行为，包括泵出、溢出、泄出、喷出和倒出。 （九）陆地污染源（简称陆源），是指从陆地向海域排放污染物，造成或者可能造成海洋环境污染的场所、设施等。 （十）陆源污染物，是指由陆地污染源排放的污染物。 （十一）倾倒，是指通过船舶、航空器、平台或者其他载运工具，向海洋处置废弃物和其他有害物质的行为，包括弃置船舶、航空器、平台及其辅助设施和其他浮动工具的行为。 （十二）沿海陆域，是指与海岸相连，或者通过管道、沟渠、设施，直接或者间接向海洋排放污染物及其相关活动的一带区域。 （十三）海上焚烧，是指以热摧毁为目的，在海上焚烧设施上，故意焚烧废弃物或者其他物质的行为，但船舶、平台或者其他人工构造物正常操作中，所附带发生的行为除外。
相关法律法规（7）	《水污染防治法》（节录） （1984年5月11日第六届全国人民代表大会常务委员会第五次会议通过，根据1996年5月15日第八届全国人民代表大会常务委员会第十九次会议《关于修改〈中华人民共和国水污染防治法〉的决定》第一次修正，2008年2月28日第十届全国人民代表大会常务委员会第三十二次会议修订，根据2017年6月27日第十二届全国人民代表大会常务委员会第二十八次会议《关于修改〈中华人民共和国水污染防治法〉的决定》第二次修正） **第二条** 本法适用于中华人民共和国领域内的江河、湖泊、运河、渠道、水库等地表水体以及地下水体的污染防治。 海洋污染防治适用《中华人民共和国海洋环境保护法》。 **第二十一条** 直接或者间接向水体排放工业废水和医疗污水以及其他按照规定应当取得排污许可证方可排放的废水、污水的企业事业单位和其他生产经营者，应当取得排污许可证；城镇污水集中处理设施的运营单位，也应当取得排污许可证。排污许可证应当明确排放水污染物的种类、浓度、总量和排放去向等要求。排污许可的具体办法由国务院规定。 禁止企业事业单位和其他生产经营者无排污许可证或者违反排污许可证的规定向水体排放前款规定的废水、污水。 **第三十三条** 禁止向水体排放油类、酸液、碱液或者剧毒废液。 禁止在水体清洗装贮过油类或者有毒污染物的车辆和容器。 **第三十四条** 禁止向水体排放、倾倒放射性固体废物或者含有高放射性和中放射性物

相关执法参考	相关法律法规（7）	质的废水。 　　向水体排放含低放射性物质的废水，应当符合国家有关放射性污染防治的规定和标准。 　　**第三十五条**　向水体排放含热废水，应当采取措施，保证水体的水温符合水环境质量标准。 　　**第三十六条**　含病原体的污水应当经过消毒处理；符合国家有关标准后，方可排放。 　　**第三十七条**　禁止向水体排放、倾倒工业废渣、城镇垃圾和其他废弃物。 　　禁止将含有汞、镉、砷、铬、铅、氰化物、黄磷等的可溶性剧毒废渣向水体排放、倾倒或者直接埋入地下。 　　存放可溶性剧毒废渣的场所，应当采取防水、防渗漏、防流失的措施。 　　**第三十八条**　禁止在江河、湖泊、运河、渠道、水库最高水位线以下的滩地和岸坡堆放、存贮固体废弃物和其他污染物。 　　**第三十九条**　禁止利用渗井、渗坑、裂隙、溶洞，私设暗管，篡改、伪造监测数据，或者不正常运行水污染防治设施等逃避监管的方式排放水污染物。 　　**第四十条**　化学品生产企业以及工业集聚区、矿山开采区、尾矿库、危险废物处置场、垃圾填埋场等的运营、管理单位，应当采取防渗漏等措施，并建设地下水水质监测井进行监测，防止地下水污染。 　　加油站等的地下油罐应当使用双层罐或者采取建造防渗池等其他有效措施，并进行防渗漏监测，防止地下水污染。 　　禁止利用无防渗漏措施的沟渠、坑塘等输送或者存贮含有毒污染物的废水、含病原体的污水和其他废弃物。 　　**第八十三条**　违反本法规定，有下列行为之一的，由县级以上人民政府环境保护主管部门责令改正或者责令限制生产、停产整治，并处十万元以上一百万元以下的罚款；情节严重的，报经有批准权的人民政府批准，责令停业、关闭： 　　（一）未依法取得排污许可证排放水污染物的； 　　（二）超过水污染物排放标准或者超过重点水污染物排放总量控制指标排放水污染物的； 　　（三）利用渗井、渗坑、裂隙、溶洞，私设暗管，篡改、伪造监测数据，或者不正常运行水污染防治设施等逃避监管的方式排放水污染物的； 　　（四）未按照规定进行预处理，向污水集中处理设施排放不符合处理工艺要求的工业废水的。 　　**第八十五条**　有下列行为之一的，由县级以上地方人民政府环境保护主管部门责令停止违法行为，限期采取治理措施，消除污染，处以罚款；逾期不采取治理措施的，环境保护主管部门可以指定有治理能力的单位代为治理，所需费用由违法者承担： 　　（一）向水体排放油类、酸液、碱液的； 　　（二）向水体排放剧毒废液，或者将含有汞、镉、砷、铬、铅、氰化物、黄磷等的可溶性剧毒废渣向水体排放、倾倒或者直接埋入地下的； 　　（三）在水体清洗装贮过油类、有毒污染物的车辆或者容器的； 　　（四）向水体排放、倾倒工业废渣、城镇垃圾或者其他废弃物，或者在江河、湖泊、运河、渠道、水库最高水位线以下的滩地、岸坡堆放、存贮固体废弃物或者其他污染物的； 　　（五）向水体排放、倾倒放射性固体废物或者含有高放射性、中放射性物质的废水的； 　　（六）违反国家有关规定或者标准，向水体排放含低放射性物质的废水、热废水或者含病原体的污水的； 　　（七）未采取防渗漏等措施，或者未建设地下水水质监测井进行监测的； 　　（八）加油站等的地下油罐未使用双层罐或者采取建造防渗池等其他有效措施，或者

相关执法参考	相关法律法规(7)

未进行防渗漏监测的；

（九）未按照规定采取防护性措施，或者利用无防渗漏措施的沟渠、坑塘等输送或者存贮含有毒污染物的废水、含病原体的污水或者其他废弃物的。

有前款第三项、第四项、第六项、第七项、第八项行为之一的，处二万元以上二十万元以下的罚款。有前款第一项、第二项、第五项、第九项行为之一的，处十万元以上一百万元以下的罚款；情节严重的，报经有批准权的人民政府批准，责令停业、关闭。

第一百零二条 本法中下列用语的含义：

（一）水污染，是指水体因某种物质的介入，而导致其化学、物理、生物或者放射性等方面特性的改变，从而影响水的有效利用，危害人体健康或者破坏生态环境，造成水质恶化的现象。

（二）水污染物，是指直接或者间接向水体排放的，能导致水体污染的物质。

（三）有毒污染物，是指那些直接或者间接被生物摄入体内后，可能导致该生物或者其后代发病、行为反常、遗传异变、生理机能失常、机体变形或者死亡的污染物。

（四）污泥，是指污水处理过程中产生的半固态或者固态物质。

（五）渔业水体，是指划定的鱼虾类的产卵场、索饵场、越冬场、洄游通道和鱼虾贝藻类的养殖场的水体。

二十三、擅自进口固体废物罪

罪名	擅自进口固体废物罪（《刑法》第 339 条第 2 款）
概念	擅自进口固体废物罪，是指未经国务院有关主管部门许可，擅自进口固体废物用作原料，造成重大环境污染事故，致使公私财产遭受重大损失或者严重危害人体健康的行为。
犯罪构成	**客体** 本罪侵犯的客体是双重客体，即国家有关固体废物污染环境防治的管理制度和国家有关固体废物的海关监管制度。为了有效地对可以进口的固体废物进行管理，防止入境后的固体废物污染环境，国家颁布了有关法律、法规，初步形成了固体废物污染环境防治的管理制度，也进一步完善了有关对外贸易的管理制度。例如，1995 年的《固体废物污染环境防治法》（2020 年修订），1996 年的《废物进口环境保护管理暂行规定》及其《废物进口环境保护管理暂行规定的补充规定》等。其中《废物进口环境保护管理暂行规定》第 5 条第 1 款规定，国家环境保护局对全国废物进口实施监督管理。第 21 条规定，对附件一所列废物，海关一律凭国家环境保护局签发的《进口废物批准证书》和口岸所在地进出口商品检验机构的检验合格证明验放。违反上述有关规定，擅自进口固体废物，造成严重后果的，必然侵害了国家有关固体废物污染环境防治的管理制度和国家有关固体废物的海关监管制度。 犯罪对象是国家限制进口的境外固体废物，即国家限制进口的可用作原料的固体废物。根据 1996 年《废物进口环境保护管理暂行规定》附件一（即国家限制进口的可用作原料的废物目录）和 1997 年《关于增补国家限制进口的可用作原料的废物目录的通知》的规定，下列十类近 30 种废料即属本罪的对象：第一类有：动物废料，骨废料。第二类有：冶炼渣，冶炼钢铁所产生的熔渣、浮渣（包括钒渣等），氧化皮及其他废料。第三类有：木、木制品废料，锯末、木废料及碎片，不论是否粘结成圆木段、块、片或类似形状，软木废料；碎的、粒状的或粉状的软木。第四类有：回收（废碎）纸或纸板，回收（废碎）的未漂白牛皮纸或纸板及回收（废碎）的瓦楞纸或纸板，回收（废碎）的主要由漂白化学浆制未经本体染色的其他纸和纸板，回收（废碎）的主要由机械浆制纸或纸板（例如，报纸、杂志及类似印刷品），回收（废碎）的其他纸或纸板，包括未分选的。第五类有：纺织品废物，废棉纱线（包括废棉线），其他废棉，合成纤维废料，人造纤维废料。第六类有：贱金属及其制品的废碎料，铸铁废碎料，不锈钢废碎料，其他合金钢废碎料，镀锡钢铁废碎料，车、刨、铣、磨、锯、锉、剪、冲加工过程中产生的钢铁废料，不论是否成捆，未列名钢铁废碎料（含废铁轨、废钢轨等），供再熔的碎料钢铁锭（含废机床、废机车、废机车头等），铜锍，沉积铜（泥铜），铜废碎料，镍废碎料，铝废碎料，锌废碎料，锡废碎料，钽废碎料。第七类有：各种废旧五金、电机、电器产品，废电机，废电线、电缆、废五金电器。第八类有：废运输设备，供拆卸的船舶及其他浮动结构体。第九类有：特殊需进口的废物。第十类有：塑料的废碎料及下脚料（包括乙烯聚合物、苯乙烯聚合物、氯乙烯聚合物、其他塑料的废碎料及下脚料）。凡是未列入上述国家限制进口的可用作原料的废物目录中的任何固体废物均不属于本罪的对象，而应属于国家禁止进口的固体废物。行为人违反国家规定，将国家禁止进口的固体废物运输入境的，或者以原料利用为名，进口不能用作原料的固体废物的，应以走私废物罪论处。 本罪在客观方面表现为未经国务院有关主管部门许可，擅自进口固体废物用作原料，造成重大环境污染事故，致使公私财产遭受重大损失或者严重危害人体健康的行为。包括三点：

| 犯罪构成 | 客观方面 | 1. 未经国务院有关主管部门许可。必须具有未经国务院有关主管部门许可，擅自进口固体废物的行为。这里的国务院有关主管部门，主要是指国家环境保护局、对外贸易经济合作部、海关总署、国家工商行政管理局、国家进出口商品检验局等部门。这里的擅自进口，就是指未经上述有关部门的审查、批准、检验、验放而将固体废物运输进境。根据《固体废物污染环境防治法》《废物进口环境保护管理暂行规定》等法律、法规的规定，国家禁止进口不能用作原料的固体废物，限制进口可以用作原料的固体废物。关于禁止进口不能用作原料的固体废物，是指未列入国务院环境保护行政主管部门会同国务院对外经济贸易主管部门制定、调整并公布可以用作原料进口的固体废物的目录的固体废物，具体是指未列入国家环境保护局会同对外经济贸易合作部、海关总署制定、调整和发布《国家限制进口的可用作原料的废物目录》中的其他任何固体废物。关于限制进口可以用作原料的固体废物，就是指列入上述《国家限制进口的可用作原料的废物目录》中的固体废物。另外，确有必要进口列入上述目录中的固体废物用作原料的，必须经国务院环境保护行政主管部门会同国务院对外经济贸易主管部门审查许可，方可进口。根据《关于废物进口环境保护管理暂行规定的补充规定》的规定，进口废物必须符合我国有关强制性标准的要求。废物进口单位与境外贸易关系人签订的进口废物合同中，必须订明进口废物的品质和装运前检验条款，注明严禁夹带生活垃圾和《控制危险废物越境转移及其处置巴塞尔公约》控制的危险废物和其他废物，约定进口废物必须由中国或国家商检局指定或认可的其他检验机构实施装运前检验，检验合格后方可装运。具体而言，进口国家限制进口固体废物一般须经过三个步骤或程序：（1）提出申请。即从事废物进口的单位或者从事利用废物的单位，向国家环境保护局或地方环境保护行政主管部门提出废物进口申请，并提交《进口废物申请书》以及《进口废物作原料利用环境风险报告书》或者《进口废物作原料利用环境风险报告表》一式三份。（2）审查批准。分两种情况：第一，对于铸铁废碎料、不锈钢废碎料、其他合金钢废碎料、镀锡钢铁废碎料、车、刨、铁、磨、锯、锉、剪、冲加工过程中产生的钢铁废料（不论是否成捆）、未列入名钢铁废碎料（含废铁轨、废钢轨等）、供再熔的碎料钢铁锭（含废机床、废机车、废机车头等）申请进口的，由废物进口单位或者废物利用单位直接向国家环境保护局提出废物进口申请，由国家环境保护局审查批准；第二，对于其他废物申请进口的，由废物进口单位或者废物利用单位向废物利用单位所在地市级人民政府环境保护行政主管部门提出废物进口申请，经所在地市级环境保护行政主管部门和省、自治区、直辖市人民政府环境保护行政主管部门审查同意后，报国家环境保护局审查批准。审查批准后，由国家环境保护局统一签发有效期为一年的《进口废物批准证书》。（3）检查、验放。对于限制进口的固体废物的检查，按国家进出口商品检验局会同国家环境保护局制定进口废物的强制检验的标准进行，进出口商品检验机构在对进口的废物进行检验的过程中发现可能污染环境的问题，应及时通知和移交当地环境保护行政主管部门和海关依法处理。对于限制进口的固体废物的验收，由海关负责，海关一律凭国家环境保护局签发的《进口废物批准证书》和口岸所在地进出口商品检验机构的检验合格证明验放。凡是违反上述规定具有下列情形之一的：不符合申请废物条件或没有按有关规定提供申请材料；使用过期《进口废物批准证书》或伪造、变造《进口废物批准证书》；使用虚假、涂改的进出口商品检验合格证明；逾期未向国家环境保护局补办进口废物经营审批手续而继续从事进口废物经营活动等，就属于未经国务院有关主管部门许可，擅自进口固体废物的行为。

2. 实施了将擅自进口固体废物用作原料的行为。必须具有将限制进口的固体废物用作原料的生产、经营活动行为。也就是说，行为人擅自将固体废物运输入境后，进一步实施了有关将固体废物用作原料的生产、经营活动行为。例如，将进境的固体废物堆放某处以便生产、加工、利用或经营；为了将固体废物用作原料而从事的境内运输、装卸、搬运、贮存；直接利用进口固体废物的加工、回收、处置、利用等。如果行为人将限制进 |

犯罪构成		
	客观方面	的固体废物进境后不用作原料而任意堆放、倾倒、处置的，则构不成本罪，而可能构成非法处置进口固体废物罪。如果行为人以原料利用为名，进口不能用作原料的固体废物，或者对于本应用作原料而不用作原料，私自销售牟利的，也构不成本罪，可能构成走私废物罪。 3. 擅自进口固体废物用作原料的行为。必须造成重大环境污染事故，致使公私财产遭受重大损失或者严重危害人体健康的后果，才能构成犯罪。本罪属于结果犯，行为人实施了未经国务院有关主管部门许可，擅自进口固体废物用作原料的行为，必须造成了重大环境污染事故，致使公私财产遭受重大损失或者严重危害人体健康的后果，才可构成本罪。否则就构不成犯罪。根据有关司法解释规定，这里的致使公私财产遭受重大损失或者严重危害人体健康，是指致使公私财产损失30万元以上，或者具有如下情形之一的：造成生态环境严重损害的；致使乡镇以上集中式饮用水水源取水中断12小时以上的；致使基本农田、防护林地、特种用途林地五亩以上，其他农用地10亩以上，其他土地20亩以上基本功能丧失或者遭受永久性破坏的；致使森林或者其他林木死亡50立方米以上，或者幼树死亡2500株以上的；致使疏散、转移群众5000人以上的；致使30人以上中毒的；致使3人以上轻伤、轻度残疾或者器官组织损伤导致一般功能障碍的；致使1人以上重伤、中度残疾或者器官组织损伤导致严重功能障碍的。其中的生态环境损害，包括生态环境修复费用，生态环境修复期间服务功能的损失和生态环境功能永久性损害造成的损失，以及其他必要合理费用。
	主体	本罪的主体是特殊主体，即有权从事废物进口的单位和有权从事废物加工利用的单位，自然人不能单独构成本罪。根据《固体废物污染环境防治法》和《废物进口环境保护管理暂行规定》中的有关规定，从事废物进口、经营或者加工利用的企业，必须提交国家环境保护局的批准文件，经工商行政管理机构核准登记后，才可从事相关的废物进口、经营、加工利用活动。对于申请进口废物作原料利用的单位，必须是依法成立的企业法人，并具有利用进口废物的能力和相应的污染防治设备；对于从事各种废旧五金、电机、电器产品、废电机、废电线、电缆、废五金电器等废物加工利用的单位，必须是经国家环境保护局核定的废物定点加工利用单位。对于从事收集、贮存、处置危险废物经营活动的单位，必须向县级以上人民政府环境保护行政主管部门申请领取经营许可证；禁止无经营许可证或者不按照经营许可证规定从事危险废物收集、贮存、处置的经营活动；禁止将危险废物提供或者委托给无经营许可证的单位从事收集、贮存、处置的经营活动。凡是符合上述有关规定、具有从事废物进口、经营、加工利用资格的单位才能构成本罪主体。如果是不具有从事废物进口、经营、加工利用的单位，采取伪造、欺诈等手段取得许可证，进口固体废物，可以构成走私废物罪或者非法处置进口的固体废物罪。
	主观方面	本罪在主观方面表现为过失，即行为人应当预见自己擅自进口固体废物用作原料的行为可能造成重大环境污染事故，致使公私财产遭受重大损失或者严重危害人体健康的后果，因为疏忽大意而没有预见或者已经预见但轻信能够避免，以致发生了这种结果的心理态度。通常情况下，行为人对自己擅自进口固体废物用作原料行为的违法性是明知的，即明知自己的这种行为是违反国家有关固体废物污染环境防治的管理制度的规定，而故意为之，但这并非等于本罪主观方面的内容。因为犯罪主观方面的罪过内容是指行为人对自己行为可能产生的危害社会的结果所持的心理态度而言的，而并非对自己行为而言。可见，本罪行为人对自己擅自进口固体废物用作原料行为的违法性是否明知故犯，并不影响本罪的主观罪过如何，而行为人对自己擅自进口固体废物用作原料行为可能造成的危害后果所持的心理态度才是本罪主观罪过的内容，由于立法者在设定本罪的构成要件时，采用了"事故"用词，表明本罪只能是过失犯罪。

认定标准	刑罚标准	1. 犯本罪的，处 5 年以下有期徒刑或者拘役，并处罚金。 2. 后果特别严重的，处 5 年以上 10 年以下有期徒刑，并处罚金。 3. 单位犯本罪的，对单位判处罚金，并对其直接负责的主管人员和其他直接责任人员，依照上述规定处罚。 　　本罪属于结果犯，行为人实施了未经国务院有关主管部门许可，擅自进口固体废物用作原料的行为，必须造成了重大环境污染事故，致使公私财产遭受重大损失或者严重危害人体健康的后果，才可构成本罪，即应适用第一档量刑条款。 　　构成本罪，后果特别严重的，即适用第二档量刑条款。根据有关司法解释规定，这里的后果特别严重，是指具有下列情形之一的：（1）致使县级以上城区集中式饮用水水源取水中断 12 小时以上的；（2）非法排放、倾倒、处置危险废物 100 吨以上的；（3）致使基本农田、防护林地、特种用途林地 15 亩以上，其他农用地 30 亩以上，其他土地 60 亩以上基本功能丧失或者遭受永久性破坏的；（4）致使森林或者其他林木死亡 150 立方米以上，或者幼树死亡 7500 株以上的；（5）致使公私财产损失 100 万元以上的；（6）造成生态环境特别严重损害的；（7）致使疏散、转移群众一万五千人以上的；（8）致使 100 人以上中毒的；（9）致使 10 人以上轻伤、轻度残疾或者器官组织损伤导致一般功能障碍的；（10）致使 3 人以上重伤、中度残疾或者器官组织损伤导致严重功能障碍的；（11）致使一人以上重伤、中度残疾或者器官组织损伤导致严重功能障碍，并致使 5 人以上轻伤、轻度残疾或者器官组织损伤导致一般功能障碍的；（12）致使 1 人以上死亡或者重度残疾的；（13）其他后果特别严重的情形。
	此罪与违法行为的区别	1. 看行为主体资格有无。本罪主体是特殊主体，只能是有权从事废物进口的单位和有权从事废物加工利用的单位。因此，单位是否具备从事废物进口、经营、加工利用资格，成为罪与非罪的界限，一般而言，如果不具备相关资格的单位，实施了进口固体废物行为，也不能认定构成本罪。 2. 看对象范围。本罪对象是国家限制进口的境外固体废物，即国家限制进口的可用作原料的固体废物。如果不属于国家限制进口或者为自动许可进口范围的，不构成本罪。 3. 看危害结果程度。构成本罪必须在客观方面上造成了严重后果，即造成了重大环境污染事故，致使公私财产遭受重大损失或者严重危害人体健康的严重后果，才能成立犯罪，严重后果的认定可参见有关司法解释的规定来把握。如果行为人擅自进口固体废物用作原料的行为，尚未造成严重后果或者没有造成实际危害结果的，应属一般违法行为，可根据有关法律的规定来处理：对于未经国务院有关主管部门许可擅自进口固体废物用作原料的，由海关负责退运该固体废物，可以并处 10 万元以上 100 万元以下的罚款；对已经入境的固体废物，由省级以上人民政府环境保护行政主管部门，依法向海关提出处理意见，海关应当作出处 10 万元以上 100 万元以下罚款的具体处罚决定；对已造成环境污染的，由省级以上人民政府环境保护行政主管部门责令进口者消除污染。 4. 看主观罪过有无。本罪成立必须主观上具备过失的罪过，如果是不可抗力或者意外事件而导致的严重后果的，则不构成犯罪。 　　另外，根据有关司法解释规定，实施擅自进口固体废物行为，刚达到应当追究刑事责任的标准，但行为人及时采取措施，防止损失扩大、消除污染，全部赔偿损失，积极修复生态环境，且系初犯，确有悔罪表现的，可以认定为情节轻微，不起诉或者免于刑事处罚；确有必要判处刑罚的，应当从宽处罚。

犯罪构成	本罪罪数的认定	对于为擅自进口固体废物而伪造、变造、买卖国家机关公文、证件行为的，不能单独按照伪造、变造、买卖国家机关公文、证件罪来定罪处罚，因为如果行为人实施的两个行为均符合各自构成犯罪的话，则应当按照牵连犯原则予以认定处理。伪造、变造、买卖国家机关公文、证件行为是方法行为，而擅自进口固体废物行为是目的行为，应采用从一重处断的原则进行处理，即根据行为人的两个行为所对应罪名所处的量刑档次比较法定刑轻重，以法定刑较重的那个罪名定罪处罚。
	本罪既遂的认定	本罪属于过失犯罪，行为人实施了未经国务院有关主管部门许可，擅自进口固体废物用作原料的行为，只有造成重大环境污染事故，致使公私财产遭受重大损失或者严重危害人体健康的后果，才可构成本罪，即属于犯罪既遂，如果没有上述后果，根本不能构成本罪。因此，本罪不存在犯罪预备、未遂、中止等未完成犯罪形态问题。
	此罪与彼罪的区别(1)	本罪与走私废物罪的区别。 走私废物罪，是指违反海关法规，逃避海关监管，将境外固体废物、液态废物和气态废物运输进境，情节严重的行为。两罪的主要区别在于： 1. 犯罪对象不同。本罪犯罪对象为固体废物。后罪犯罪对象更为宽泛，不仅包括固体废物，还包括液态废物和气态废物。另外，本罪的对象仅限于国家限制进口的可用作原料的固体废物。后罪的对象既包括国家限制进口的可用作原料的废物，也包括国家禁止进口的废物。 2. 犯罪客观方面表现不同。前罪属于结果犯，必须造成了重大环境污染事故，致使公私财产遭受重大损失或者严重危害人体健康的后果，才能成立犯罪。后罪属于行为犯，只要行为人实施了违反海关法规，逃避海关监管，将境外固体废物运输进境的行为，就可成立犯罪，无须造成了危害结果。 3. 犯罪主体不同。本罪是特殊主体，只包括有权从事废物进口的单位和有权从事废物加工利用的单位，不包括自然人，即自然人不能单独构成本罪。后罪是一般主体，包括单位和自然人。 4. 犯罪主观方面不同。本罪为过失，即行为人对自己擅自进口固体废物用作原料行为可能造成的严重后果持疏忽大意或过于自信的过失心理态度。后罪为故意，即行为人明知运输进境的固体废物是国家禁止进口或限制进口的，而仍违反国家规定逃避海关监管将其运输进境的心理态度。
	此罪与彼罪的区别(2)	本罪与非法处置进口的固体废物罪的区别。 非法处置进口的固体废物罪，是指违反国家规定，将境外的固体废物进境倾倒、堆放、处置的行为。两罪在犯罪客体上是一致的，两罪的主要区别在于： 1. 犯罪对象不同。本罪的对象仅限于国家限制进口的可用作原料的固体废物。后罪的对象既包括国家限制进口的可用作原料的固体废物，也包括国家禁止进口的固体废物。 2. 犯罪客观方面表现不同。本罪表现为未经国务院有关主管部门许可，擅自进口固体废物用作原料，并造成了重大环境污染事故，致使公私财产遭受重大损失或者严重危害人体健康的后果，属于结果犯。后罪表现为违反国家规定，将境外的固体废物进境倾倒、堆放、处置的行为，属于行为犯，无论是否造成了严重后果，都可成立犯罪。 3. 犯罪主体不同。本罪是特殊主体，只包括有权从事废物进口的单位和有权从事废物加工利用的单位，不包括自然人，即自然人不能单独构成本罪。后罪为一般主体，包括单位和自然人。 4. 犯罪主观方面不同。本罪为过失，即行为人对自己擅自进口固体废物用作原料行为可能造成的严重后果持疏忽大意或过于自信的过失心理态度。后罪为故意，即行为人明知将境外的固体废物进境倾倒、堆放、处置是违反国家有关规定而故意为之的心理态度。

犯罪构成	此罪与彼罪的区别（3）	本罪与污染环境罪的区别。 污染环境罪，是指违反国家规定，排放、倾倒或者处置有放射性的废物、含传染病病原体的废物、有毒物质或者其他有害物质，严重污染环境的行为。两罪的主要区别在于： 1. 犯罪直接客体不同。本罪的客体为双重客体，即国家有关固体废物污染环境防治的管理制度和国家有关固体废物的海关监管制度。后罪的客体是单一客体，即国家有关环境污染防治的管理制度。 2. 犯罪对象不同。本罪的对象是国家限制进口的可用作原料的境外固体废物。后罪的对象是危险废物，主要是指境内的危险废物，包括放射性的废物、含传染病病原体的废物、有毒物质和其他危险废物。 3. 犯罪客观方面表现不同。本罪表现为未经国务院有关主管部门许可，擅自进口固体废物用作原料，造成了重大环境污染事故，致使公私财产遭受重大损失或者严重危害人体健康的行为。后罪在客观方面表现为违反国家规定，排放、倾倒或者处置有放射性的废物、含传染病病原体的废物、有毒物质或者其他有害物质，严重污染环境的行为。 4. 犯罪主体不同。本罪是特殊主体，只包括有权从事废物进口的单位和有权从事废物加工利用的单位，不包括自然人，即自然人不能单独构成本罪。后罪为一般主体，包括单位和自然人。 5. 犯罪主观方面不同。本罪为过失，即行为人对自己擅自进口固体废物用作原料行为可能造成的严重后果持疏忽大意或过于自信的过失心理态度。后罪为故意，即行为人明知违反国家规定的排放、倾倒或者处置有放射性的废物、含传染病病原体的废物、有毒物质或者其他有害物质行为，会发生严重污染环境的后果而故意为之的心理态度。
相关执法参考	刑法	中华人民共和国刑法（节录） （1979年7月1日第五届全国人民代表大会第二次会议通过，1997年3月14日第八届全国人民代表大会第五次会议修订，已先后被1999年12月25日《中华人民共和国刑法修正案》、2001年8月31日《中华人民共和国刑法修正案（二）》、2001年12月29日《中华人民共和国刑法修正案（三）》、2002年12月28日《中华人民共和国刑法修正案（四）》、2005年2月28日《中华人民共和国刑法修正案（五）》、2006年6月29日《中华人民共和国刑法修正案（六）》、2009年2月28日《中华人民共和国刑法修正案（七）》、2009年8月27日《全国人民代表大会常务委员会关于修改部分法律的决定》、2011年2月25日《中华人民共和国刑法修正案（八）》、2015年8月29日《中华人民共和国刑法修正案（九）》、2017年11月4日《中华人民共和国刑法修正案（十）》、2020年12月26日《中华人民共和国刑法修正案（十一）》修改或修正） 第三百三十九条　违反国家规定，将境外的固体废物进境倾倒、堆放、处置的，处五年以下有期徒刑或者拘役，并处罚金；造成重大环境污染事故，致使公私财产遭受重大损失或者严重危害人体健康的，处五年以上十年以下有期徒刑，并处罚金；后果特别严重的，处十年以上有期徒刑，并处罚金。 未经国务院有关主管部门许可，擅自进口固体废物用作原料，造成重大环境污染事故，致使公私财产遭受重大损失或者严重危害人体健康的，处五年以下有期徒刑或者拘役，并处罚金；后果特别严重的，处五年以上十年以下有期徒刑，并处罚金。 以原料利用为名，进口不能用作原料的固体废物、液态废物和气态废物的，依照本法第一百五十二条第二款、第三款的规定定罪处罚。

相关执法参考

相关法律法规（1）

最高人民法院、最高人民检察院《关于办理环境污染刑事案件适用法律若干问题的解释》（节录）

（2016年11月7日最高人民法院审判委员会第1698次会议、2016年12月8日最高人民检察院第十二届检察委员会第58次会议通过，法释〔2016〕29号，自2017年1月1日起施行）

第二条 实施刑法第三百三十九条、第四百零八条规定的行为，致使公私财产损失三十万元以上，或者具有本解释第一条第十项至第十七项规定情形之一的，应当认定为"致使公私财产遭受重大损失或者严重危害人体健康"或者"致使公私财产遭受重大损失或者造成人身伤亡的严重后果"。

第三条 实施刑法第三百三十八条、第三百三十九条规定的行为，具有下列情形之一的，应当认定为"后果特别严重"：

（一）致使县级以上城区集中式饮用水水源取水中断十二小时以上的；

（二）非法排放、倾倒、处置危险废物一百吨以上的；

（三）致使基本农田、防护林地、特种用途林地十五亩以上，其他农用地三十亩以上，其他土地六十亩以上基本功能丧失或者遭受永久性破坏的；

（四）致使森林或者其他林木死亡一百五十立方米以上，或者幼树死亡七千五百株以上的；

（五）致使公私财产损失一百万元以上的；

（六）造成生态环境特别严重损害的；

（七）致使疏散、转移群众一万五千人以上的；

（八）致使一百人以上中毒的；

（九）致使十人以上轻伤、轻度残疾或者器官组织损伤导致一般功能障碍的；

（十）致使三人以上重伤、中度残疾或者器官组织损伤导致严重功能障碍的；

（十一）致使一人以上重伤、中度残疾或者器官组织损伤导致严重功能障碍，并致使五人以上轻伤、轻度残疾或者器官组织损伤导致一般功能障碍的；

（十二）致使一人以上死亡或者重度残疾的；

（十三）其他后果特别严重的情形。

第四条 实施刑法第三百三十八条、第三百三十九条规定的犯罪行为，具有下列情形之一的，应当从重处罚：

（一）阻挠环境监督检查或者突发环境事件调查，尚不构成妨害公务等犯罪的；

（二）在医院、学校、居民区等人口集中地区及其附近，违反国家规定排放、倾倒、处置有放射性的废物、含传染病病原体的废物、有毒物质或者其他有害物质的；

（三）在重污染天气预警期间、突发环境事件处置期间或者被责令限期整改期间，违反国家规定排放、倾倒、处置有放射性的废物、含传染病病原体的废物、有毒物质或者其他有害物质的；

（四）具有危险废物经营许可证的企业违反国家规定排放、倾倒、处置有放射性的废物、含传染病病原体的废物、有毒物质或者其他有害物质的。

第五条 实施刑法第三百三十八条、第三百三十九条规定的行为，刚达到应当追究刑事责任的标准，但行为人及时采取措施，防止损失扩大、消除污染，全部赔偿损失，积极修复生态环境，且系初犯，确有悔罪表现的，可以认定为情节轻微，不起诉或者免予刑事处罚；确有必要判处刑罚的，应当从宽处罚。

第六条 无危险废物经营许可证从事收集、贮存、利用、处置危险废物经营活动，严重污染环境的，按照污染环境罪定罪处罚；同时构成非法经营罪的，依照处罚较重的规定定罪处罚。

实施前款规定的行为，不具有超标排放污染物、非法倾倒污染物或者其他违法造成环境污染的情形的，可以认定为非法经营情节显著轻微危害不大，不认为是犯罪；构成生产、销售伪劣产品等其他犯罪的，以其他犯罪论处。

第七条　明知他人无危险废物经营许可证，向其提供或者委托其收集、贮存、利用、处置危险废物，严重污染环境的，以共同犯罪论处。

第八条　违反国家规定，排放、倾倒、处置含有毒害性、放射性、传染病病原体等物质的污染物，同时构成污染环境罪、非法处置进口的固体废物罪、投放危险物质罪等犯罪的，依照处罚较重的规定定罪处罚。

第十一条　单位实施本解释规定的犯罪的，依照本解释规定的定罪量刑标准，对直接负责的主管人员和其他直接责任人员定罪处罚，并对单位判处罚金。

第十二条　环境保护主管部门及其所属监测机构在行政执法过程中收集的监测数据，在刑事诉讼中可以作为证据使用。

公安机关单独或者会同环境保护主管部门，提取污染物样品进行检测获取的数据，在刑事诉讼中可以作为证据使用。

第十三条　对国家危险废物名录所列的废物，可以依据涉案物质的来源、产生过程、被告人供述、证人证言以及经批准或者备案的环境影响评价文件等证据，结合环境保护主管部门、公安机关等出具的书面意见作出认定。

对于危险废物的数量，可以综合被告人供述，涉案企业的生产工艺、物耗、能耗情况，以及经批准或者备案的环境影响评价文件等证据作出认定。

第十四条　对案件所涉的环境污染专门性问题难以确定的，依据司法鉴定机构出具的鉴定意见，或者国务院环境保护主管部门、公安部门指定的机构出具的报告，结合其他证据作出认定。

第十六条　无危险废物经营许可证，以营利为目的，从危险废物中提取物质作为原材料或者燃料，并具有超标排放污染物、非法倾倒污染物或者其他违法造成环境污染的情形的行为，应当认定为"非法处置危险废物"。

第十七条　本解释所称"二年内"，以第一次违法行为受到行政处罚的生效之日与又实施相应行为之日的时间间隔计算确定。

本解释所称"重点排污单位"，是指设区的市级以上人民政府环境保护主管部门依法确定的应当安装、使用污染物排放自动监测设备的重点监控企业及其他单位。

本解释所称"违法所得"，是指实施刑法第三百三十八条、第三百三十九条规定的行为所得和可得的全部违法收入。

本解释所称"公私财产损失"，包括实施刑法第三百三十八条、第三百三十九条规定的行为直接造成财产损毁、减少的实际价值，为防止污染扩大、消除污染而采取必要合理措施所产生的费用，以及处置突发环境事件的应急监测费用。

本解释所称"生态环境损害"，包括生态环境修复费用，生态环境修复期间服务功能的损失和生态环境功能永久性损害造成的损失，以及其他必要合理费用。

本解释所称"无危险废物经营许可证"，是指未取得危险废物经营许可证，或者超出危险废物经营许可证的经营范围。

第十八条　本解释自2017年1月1日起施行。本解释施行后，最高人民法院、最高人民检察院《关于办理环境污染刑事案件适用法律若干问题的解释》（法释〔2013〕15号）同时废止；之前发布的司法解释与本解释不一致的，以本解释为准。 | | 相关法律法规（1） | 相关执法参考 |

最高人民检察院、公安部《关于公安机关管辖的刑事案件立案追诉标准的规定（一）》（节录）

（2008年6月25日，公通字〔2008〕36号）（节录）

第六十二条　[擅自进口固体废物案（刑法第三百三十九条第二款）]　未经国务院有关主管部门许可，擅自进口固体废物用作原料，造成重大环境污染事故，涉嫌下列情形

相关执法参考	相关法律法规（2）	之一的，应予立案追诉： （一）致使公私财产损失三十万元以上的； （二）致使基本农田、防护林地、特种用途林地五亩以上，其他农用地十亩以上，其他土地二十亩以上基本功能丧失或者遭受永久性破坏的； （三）致使森林或者其他林木死亡五十立方米以上，或者幼树死亡二千五百株以上的； （四）致使一人以上死亡、三人以上重伤、十人以上轻伤，或者一人以上重伤并且五人以上轻伤的； （五）致使传染病发生、流行或者人员中毒达到《国家突发公共卫生事件应急预案》中突发公共卫生事件分级Ⅲ级以上情形，严重危害人体健康的； （六）其他致使公私财产遭受重大损失或者严重危害人体健康的情形。

	相关法律法规（3）	《废物进口环境保护管理暂行规定》（节录）
		（1996年3月1日国家环境保护局、对外贸易经济合作部、海关总署、国家工商行政管理局、国家进出口商品检验局环控〔1996〕204号发布）
		  第二十七条 违反本规定将境外废物进境倾倒、堆放、处置，或者未经国家环境保护局批准，擅自进口废物用作原料的，按《中华人民共和国固体废物污染环境防治法》第六十六条处罚。以原料利用为名，进口不能用作原料的废物的，依照前款规定处罚。
		  第二十八条 对已经非法入境的固体废物，按《中华人民共和国固体废物污染环境防治法》第六十八条执行。
		  第二十九条 伪造、变造国家环境保护局《进口废物批准证书》的，由国家环境保护局处以五万元以上五十万元以下的罚款，同时移送司法机关追究刑事责任。
		  第三十条 违反本规定第二十六条第二款的规定，逾期未向国家环境保护局补办进口废物经营审批手续，并继续从事进口废物经营活动的，海关对其进口废物不予放行，并责令退运，对外经济贸易主管部门依法取消其进口经营权，工商行政管理部门依法吊销其营业执照。
		  第三十一条 进出口废物监督管理人员滥用职权、玩忽职守、徇私舞弊，尚不构成犯罪的，给予行政处分；构成犯罪的，依法追究刑事责任。

	相关法律法规（4）	《关于废物进口环境保护管理暂行规定的补充规定》
		（1996年7月26日国家环境保护局、对外贸易经济合作部、海关总署、国家工商行政管理局、国家进出口商品检验局环控〔1996〕629号发布）
		  为了更进一步加强废物进口的环境保护管理，防止境外垃圾进入我国，现对《废物进口环境保护管理暂行规定》（环控〔1996〕204号，以下简称"暂行规定"）做如下补充规定：
		  一、废物进口是指一切废物（含废料）以任何贸易方式和无偿提供、捐赠等方式进入中华人民共和国境内。
		  二、国家进出口商品检验局（下简称国家商检局）统一管理全国进口废物检验工作。对国家允许进口的废物必须实施装运前检验，具体管理办法由国家商检局制定后实施。
		  三、进口废物必须符合我国有关强制性标准的要求。废物进口单位与境外贸易关系人签订的进口废物合同中，必须订明进口废物的品质和装运前检验条款，注明严禁夹带生活垃圾和《控制危险废物越境转移及其处置巴塞尔公约》控制的危险废物和其他废物，约定进口废物必须由中国或国家商检局指定或认可的其他检验机构实施装运前检验，检验合格后方可装运。
		  四、对外贸易运输部门在接受进口废物的承运申请时，除要求申请人提供国家环境保护局核发的《进口废物批准证书》外，还需提供中国商检机构或国家商检局指定或认可

相关法律法规（4）	的检验机构签发的进口废物装运前检验合格证明。禁止以"凭指示交货"（TO ORDER）方式承运废物进境。 五、废物进口单位应于进口的废物抵达口岸十天之前通知口岸的商检机构以备检查。 六、进口废物运抵我国口岸后，收货人应持《进口废物批准证书》第一联和报关单等有关单据（除商检证外）先向海关申报，然后收货人持《进口废物批准证书》和装运前检验合格证明以及其他必要单证向口岸商检机构报验。口岸商检机构对进口废物实施检验，检验合格的，出具《检验情况通知单》，海关凭此放行；发现问题及时通知海关和当地环境保护行政主管部门依法处理。 七、未取得《进口废物批准证书》的进口废物一律不得存入保税仓库。 八、任何企业不得进行废物的转口贸易。 九、企业以加工贸易方式进口废物，应持国家环境保护局签发的《进口废物批准证书》向海关办理加工贸易合同的登记备案手续。 十、"暂行规定"附件三《进口废物批准证书》将予修改。正面增加"进口口岸"栏目，在背面将"到达港口"改为"本次进口数量"，"数量"改为"尚未进口数量"。原《进口废物批准证书》第三联改为对外运输承运人存档。 十一、转让或者倒卖国家环境保护局《进口废物批准证书》的，由国家环境保护局吊销《进口废物批准证书》，并暂停或取消其废物进口、加工利用的资格。 十二、本规定自1996年8月1日起施行。
相关执法参考 相关法律法规（5）	《关于严格控制境外有害废物转移到我国的通知》 （1991年3月7日国家环保局、海关总署（91）环管字第098号发布） 各省、自治区、直辖市及计划单列市环保局（办）和广东海关分署、各局、处级海关： 近年来，在国际上有害废物和垃圾跨国间转移逐渐加剧，这已成为当今全球性最突出的环境问题之一。其表现形式主要是发达国家将大量的工业和生活废物，特别是其中的有害废物通过各种途径，以种种名目向发展中国家转移。我国有些地方和单位，只顾眼前和局部利益，也让一些境外的有害废物和垃圾进入境内。这种现象的实质是转嫁环境污染，不仅对输入国造成重大危害，而且也对这些国家的社会经济产生严重影响。为了控制这种转移，国际上于1989年3月通过了控制这些废物越境转移及其处置的《巴塞尔公约》，我国已签署了该公约。为了控制有害废物和垃圾进入我国境内，特作如下规定： 一、严格控制境外的有害废物和垃圾转移到我国。这类废物（含废料，下同）的范围见附件一。 二、凡在本通知前已经与外商签订接受这类废物的合同者，必须在1991年6月15日前向环境保护部门申报登记，由环境保护部门进行审批。 三、不允许将境外的如附件一所列废物进入我国境内倾倒、处置。对于特别需要附件一所列废物作为原料、能源或再利用的，必须经环境保护部门审批。废物的进口者和利用者必须对所进废物进行环境风险评价，报环境保护部门。环境保护部门组织专家论证，评审。所需费用由申请废物进口者和利用者承担。 四、进口废物审批程序是：废物进口单位和废物利用单位，通过当地行业主管部门向地、市级环境保护部门进行申请，登记。申请登记内容见附件二；地、市级环境保护部门进行初审，再经省级环境保护部门复审后，报国家环境保护局审批。 五、进口废物运抵口岸后，废物进口单位和废物利用单位应立即向有关环保部门申请报验，海关凭环保部门在进口货物报关单上加盖的"已接受报验"的印章验放。 六、对违反本通知规定将附件一所列的境外废物转移到我国境内者，环保部门应当责令进口单位将废物退运出境，并将有关情况书面通知口岸海关。 七、本通知自1991年4月10日起实行。

相关执法参考	相关法律法规(5)	附件一：有害废物和垃圾类别 一、含氰废物 二、含多氯联苯废物 三、废杀虫剂、除草剂、杀菌剂 四、含有铍、六价铬、砷、硒、镉、锑、碲、汞、铊、铅及其化合物的废物，含铜、锌化合物的废物 五、石棉废物 六、废酚和酚化合物 七、醚类废物 八、废有机卤代化合物 九、废无机氟化合物 十、废金属羰基化合物 十一、含多环芳烃废物 十二、废有机溶剂 十三、废卤代溶剂 十四、废油和乳化液 十五、从精炼、蒸馏、热解处理中产生的废焦油状残留物 十六、从油墨、染料、颜料、油漆的生产，配制和使用中产生的废物 十七、从树脂、胶乳、增塑剂、胶合剂的生产，配制和使用中产生的废物 十八、废酸、废碱液 十九、爆炸性废物 二十、废药物、废药品和临床废物 二十一、从住家收集的废物 二十二、从焚烧住家废物产生的残余物 二十三、工业垃圾（如建筑施工垃圾等）、污泥
	相关法律法规(6)	《海洋环境保护法》（节录） （1982 年 8 月 23 日第五届全国人民代表大会常务委员会第二十四次会议通过，1999 年 12 月 25 日第九届全国人民代表大会常务委员会第十三次会议修订，根据 2013 年 12 月 28 日第十二届全国人民代表大会常务委员会第六次会议《关于修改〈中华人民共和国海洋环境保护法〉等七部法律的决定》第一次修正，根据 2016 年 11 月 7 日第十二届全国人民代表大会常务委员会第二十四次会议《关于修改〈中华人民共和国海洋环境保护法〉的决定》第二次修正，根据 2017 年 11 月 4 日第十二届全国人民代表大会常务委员会第三十次会议《关于修改〈中华人民共和国会计法〉等十一部法律的决定》第三次修正） 第一章　总　则 　　第一条　为了保护和改善海洋环境，保护海洋资源，防治污染损害，维护生态平衡，保障人体健康，促进经济和社会的可持续发展，制定本法。 　　第二条　本法适用于中华人民共和国内水、领海、毗连区、专属经济区、大陆架以及中华人民共和国管辖的其他海域。 　　在中华人民共和国管辖海域内从事航行、勘探、开发、生产、旅游、科学研究及其他活动，或者在沿海陆域内从事影响海洋环境活动的任何单位和个人，都必须遵守本法。 　　在中华人民共和国管辖海域以外，造成中华人民共和国管辖海域污染的，也适用本法。 　　第三十九条　禁止经中华人民共和国内水、领海转移危险废物。 　　经中华人民共和国管辖的其他海域转移危险废物的，必须事先取得国务院环境保护行政主管部门的书面同意。

相关执法参考	相关法律法规(6)	第七十八条　违反本法第三十九条第二款的规定，经中华人民共和国管辖海域，转移危险废物的，由国家海事行政主管部门责令非法运输该危险废物的船舶退出中华人民共和国管辖海域，并处五万元以上五十万元以下的罚款。 　　第九十四条　本法中下列用语的含义是： 　　（一）海洋环境污染损害，是指直接或者间接地把物质或者能量引入海洋环境，产生损害海洋生物资源、危害人体健康、妨害渔业和海上其他合法活动、损害海水使用素质和减损环境质量等有害影响。 　　（二）内水，是指我国领海基线向内陆一侧的所有海域。 　　（三）滨海湿地，是指低潮时水深浅于六米的水域及其沿岸浸湿地带，包括水深不超过六米的永久性水域、潮间带（或洪泛地带）和沿海低地等。 　　（四）海洋功能区划，是指依据海洋自然属性和社会属性，以及自然资源和环境特定条件，界定海洋利用的主导功能和使用范畴。 　　（五）渔业水域，是指鱼虾类的产卵场、索饵场、越冬场、洄游通道和鱼虾贝藻类的养殖场。 　　（六）油类，是指任何类型的油及其炼制品。 　　（七）油性混合物，是指任何含有油份的混合物。 　　（八）排放，是指把污染物排入海洋的行为，包括泵出、溢出、泄出、喷出和倒出。 　　（九）陆地污染源（简称陆源），是指从陆地向海域排放污染物，造成或者可能造成海洋环境污染的场所、设施等。 　　（十）陆源污染物，是指由陆地污染源排放的污染物。 　　（十一）倾倒，是指通过船舶、航空器、平台或者其他载运工具，向海洋处置废弃物和其他有害物质的行为，包括弃置船舶、航空器、平台及其辅助设施和其他浮动工具的行为。 　　（十二）沿海陆域，是指与海岸相连，或者通过管道、沟渠、设施，直接或者间接向海洋排放污染物及其相关活动的一带区域。 　　（十三）海上焚烧，是指以热摧毁为目的，在海上焚烧设施上，故意焚烧废弃物或者其他物质的行为，但船舶、平台或者其他人工构造物正常操作中，所附带发生的行为除外。

二十四、非法捕捞水产品罪

罪名	非法捕捞水产品罪（《刑法》第340条）
概念	非法捕捞水产品罪，是指违反保护水产资源法规，在禁渔区、禁渔期或者使用禁用的工具、方法捕捞水产品，情节严重的行为。
犯罪构成	**客体** 本罪侵犯的客体是单一客体，即国家水产资源保护的管理制度。为了保护水产资源不受破坏，我国颁布了一系列法律、法规。《渔业法》是我国发展渔业生产、保护渔业资源的第一部法律，对违反渔业法的法律责任作了明确规定。其中第29条规定，国家保护水产种质资源及其生存环境，并在具有较高经济价值和遗传育种价值的水产种质资源的主要生长繁育区域建立水产种质资源保护区。未经国务院渔业行政主管部门批准，任何单位或者个人不得在水产种质资源保护区内从事捕捞活动。第38条规定，使用炸鱼、毒鱼、电鱼等破坏渔业资源方法进行捕捞的，违反关于禁渔区、禁渔期的规定进行捕捞的，或者使用禁用的渔具、捕捞方法和小于最小网目尺寸的网具进行捕捞或者渔获物中幼鱼超过规定比例的，没收渔获物和违法所得，处5万元以下的罚款；情节严重的，没收渔具，吊销捕捞许可证；情节特别严重的，可以没收渔船；构成犯罪的，依法追究刑事责任。第46条规定，外国人、外国渔船违反本法规定，擅自进入中华人民共和国管辖水域从事渔业生产和渔业资源调查活动的，责令其离开或者将其驱逐，可以没收渔获物、渔具，并处50万元以下的罚款；情节严重的，可以没收渔船；构成犯罪的，依法追究刑事责任。《渔业法实施细则》，对违反渔业法的法律责任，作了更详细的规定。《水产资源繁殖保护条例》，对水产资源的保护对象和采捕原则、限制等作了详细规定，其中第5条规定，水生动物的可捕标准，应当以达到性成熟为原则。对各种捕捞对象应当规定具体的可捕标准（长度或重量）和渔获物中小于可捕标准部分的最大比重。捕捞时应当保留足够数量的亲体，使资源能够稳定增长。各种经济藻类和淡水食用水生植物，应当待其长成后方得采收，并注意留种、留株，合理轮采。《水生动植物自然保护区管理办法》第16条规定，禁止在水生动植物自然保护区进行砍伐、放牧、狩猎、捕捞、采药、开垦、烧荒、开矿、采石、挖沙、爆破等活动。《水产苗种管理办法》第6条规定，国家保护水产种质资源及其生存环境，并在具有较高经济价值和遗传育种价值的水产种质资源的主要生长繁殖区域建立水产种质资源保护区。未经农业部批准，任何单位或者个人不得在水产种质资源保护区从事捕捞活动。违反上述法律、法规，非法捕捞水产品，必然侵害了国家水产资源保护的管理制度。 本罪的犯罪对象为水产品，是指我国主权范围内的除珍贵、濒危野生水生动物以外的水生动物和植物产品、水产苗种（用于繁育、增养殖（栽培）生产和科研试验、观赏的水产动植物的亲本、稚体、幼体、受精卵、孢子及其遗传育种材料等），包括有经济价值的水生动物和植物的亲体、幼体、卵子、孢子等。（1）关于水产品的地域范围，根据《渔业法》第2条规定，包括中华人民共和国的内水、滩涂、领海、专属经济区以及中华人民共和国管辖的一切其他海域。根据《渔业法实施细则》第2条规定，具体包括："中华人民共和国的内水"，是指中华人民共和国领海基线向陆一侧的海域和江河、湖泊等内陆水域。"中华人民共和国管辖的一切其他海域"，是指根据中华人民共和国法律，中华人民共和国缔结、参加的国际条约、协定或其他有关国际法，而由中华人民共和国管辖的海域。"渔业水域"，是指中华人民共和国管辖水域中鱼、虾、蟹、贝类的产卵场、索饵场、越冬场、洄游通道和鱼、虾、蟹、贝、藻类及其他水生植物的养殖场所。（2）关于水产品的品种范畴，根据《野生动物保护法》第2条规定，本法规定保护的野生动物，

犯罪构成	客体	是指珍贵、濒危的陆生、水生野生动物和有重要生态、科学、社会价值的陆生野生动物。本法规定的野生动物及其制品，是指野生动物的整体（含卵、蛋）、部分及其衍生物。珍贵、濒危的水生野生动物以外的其他水生野生动物的保护，适用《渔业法》等有关法律的规定，以及根据我国现行刑法第341条第1款中的非法猎捕、杀害珍贵、濒危野生动物罪，已将珍贵水生动物即珍贵、濒危野生水生动物纳入其保护对象范围之中。因此，水产品的种类范畴，是除珍贵、濒危野生水生动物以外的水产品。（3）关于水产品的具体种类，是除珍贵、濒危野生水生动物以外的水生动物和植物产品，包括有经济价值的水生动物和植物的亲体、幼体、卵子、孢子等。根据《水产资源繁殖保护条例》第4条规定，对下列重要或名贵的水生动物和植物应当重点加以保护。第一类为鱼类，海水鱼：带鱼、大黄鱼、小黄鱼、兰圆鲹、沙丁鱼、太平洋鲱鱼、鲭鱼、真鲷、黑鲷、二长棘鲷、红笛鲷、梭鱼、鲆、鲽、鳎、石斑鱼、鳕鱼、狗母鱼、金线鱼、鲳鱼、（mian）鱼、白姑鱼、黄姑鱼、鲐鱼、马鲛、海鳗。淡水鱼：鲤鱼、青鱼、草鱼、鲢鱼、鳙鱼、鳡鱼、红鳍鳡鱼、鲮鱼、鲫鱼、鲴鱼、鳜鱼、鲂鱼、鳊鱼、鲑鱼、长江鲟、中华鲟、白鲟、青海湖裸鲤、鲚鱼、银鱼、河鳗、黄鳝、鲖鱼。第二类为虾蟹类，对虾、毛虾、青虾、鹰爪虾、中华绒螯蟹、梭子蟹、青蟹。第三类为贝类，鲍鱼、蛏、蚶、牡蛎、西施舌、扇贝、江瑶、文蛤、杂色蛤、翡翠贻贝、紫贻贝、厚壳贻贝、珍珠贝、河蚌。第四类为海藻类，紫菜、裙带菜、石花菜、江蓠、海带、麒麟菜。第五类为淡水食用水生植物类，莲藕、菱角、芡实。第六为其他类，白鳍豚、鲸、大鲵、海龟、玳瑁、海参、乌贼、鱿鱼、乌龟、鳖。当然对于其他非上述重要或名贵的水生动物和植物也属于本罪对象。
	客观方面	本罪在客观方面表现为违反有关水产资源保护法律、法规，非法捕捞水产品，情节严重的行为。包括三点： 1. 具有违反有关水产资源保护法规的行为。这里的法规既包括国家也包括地方颁布的有关水产资源保护的法律、法规。另外，也应当包括我国参加的联合国海洋法有关公约，如1996年7月7日对我国生效的联合国《捕鱼及养护公海生物资源公约》。《渔业法》第23条规定，国家对捕捞业实行捕捞许可证制度。到中华人民共和国与有关国家缔结的协定确定的共同管理的渔区或者公海从事捕捞作业的捕捞许可证，由国务院渔业行政主管部门批准发放。海洋大型拖网、围网作业的捕捞许可证，由省、自治区、直辖市人民政府渔业行政主管部门批准发放。其他作业的捕捞许可证，由县级以上地方人民政府渔业行政主管部门批准发放；但是，批准发放海洋作业的捕捞许可证不得超过国家下达的船网工具控制指标，具体办法由省、自治区、直辖市人民政府规定。捕捞许可证不得买卖、出租和以其他形式转让，不得涂改、伪造、变造。到我国管辖海域从事捕捞作业的，应当经国务院渔业行政主管部门批准，并遵守中华人民共和国缔结的或者参加的有关条约、协定和有关国家的法律。《渔业法实施细则》第15条规定，国家对捕捞业，实行捕捞许可制度。从事外海、远洋捕捞业的，由经营者提出申请，经省、自治区、直辖市人民政府行政主管部门审核后，报国务院渔业行政主管部门批准。从事外海生产的渔船，必须按照批准的海域和渔期作业，不得擅自进入近海捕捞。近海大型拖网、围网作业的捕捞许可证，由国务院渔业行政主管部门批准发放；近海其他作业的捕捞许可证，由省、自治区、直辖市人民政府渔业行政主管部门按照国家下达的船网工具控制指标批准发放。内陆水域的捕捞许可证，由县级以上地方人民政府渔业行政主管部门批准发放。第16条规定，在中华人民共和国管辖水域，外商投资的渔业企业，未经国务院有关主管部门批准，不得从事近海捕捞业。第25条规定，禁止捕捞中国对虾苗种和春季亲虾。因养殖需要中国对虾怀卵亲体的，应当限期由养殖单位自行培育，期限及管理办法由国务院渔业行政主管部门制定。《渔业法》第24条规定，具备下列条件的，方可发给捕捞许可证：有渔业船舶检验证书；有渔业船舶登记证书；符合国务院渔业行政主管部门规定的其他条件。县级以上地方人民政府渔业行政主管部门批准发放的捕捞许可证，应当与上级人民政府渔业行政主管

犯罪构成	客观方面	部门下达的捕捞限额指标相适应。《渔业法实施细则》第17条规定，有下列情形之一的，不得发放捕捞许可证：使用破坏渔业资源、被明令禁止使用的渔具或者捕捞方法的；未按国家规定办理批准手续，制造、更新改造、购置或者进口捕捞渔船的；未按国家规定领取渔业船舶证书、航行签证簿、职务船员证书、船舶户口簿、渔民证等证件的。第19条规定，因科学研究等特殊需要，在禁渔区、禁渔期捕捞，或者使用禁用的渔具、捕捞方法，或者捕捞重点保护的渔业资源品种，必须经省级以上人民政府渔业行政主管部门批准。《渤海生物资源养护规定》第25条规定，渤海秋汛对虾生产实行专项（特许）捕捞许可证制度。捕捞渤海秋汛对虾的，应当依法领取专项（特许）捕捞许可证，悬挂统一规定的标志，方可从事作业。根据联合国《捕鱼及养护公海生物资源公约》规定，仅由一国国民捕鱼的区域，应由该国采取养护措施；如果是两国以上国民在同一区域捕鱼，则由有关国家根据协议采取养护措施。沿海国对邻接其领海的公海的任何区域内对生物资源生产力的维持具有特殊利益，即使其国民不在该区域内捕鱼，沿海国也有权在平等基础上参加该区域关于养护公海生物资源的任何研究和管理，并且为维持海洋生物资源的生产力起见，可以在该区域采取单方养护措施。总之，行为违反上述相关规定是成立本罪的前提条件。 2. 实施了非法捕捞水产品的行为。为了保护水产资源，有关法律、法规明确规定了禁止在一定区域、一定期间、使用不当的方法、工具捕捞水产品。《渔业法》第30条规定，禁止使用炸鱼、毒鱼、电鱼等破坏渔业资源的方法进行捕捞。禁止制造、销售、使用禁用的渔具。禁止在禁渔区、禁渔期进行捕捞。禁止使用小于最小网目尺寸的网具进行捕捞。捕捞的渔获物中幼鱼不得超过规定的比例。在禁渔区或者禁渔期内禁止销售非法捕捞的渔获物。重点保护的渔业资源品种及其可捕捞标准，禁渔区和禁渔期，禁止使用或者限制使用的渔具和捕捞方法，最小网目尺寸以及其他保护渔业资源的措施，由国务院渔业行政主管部门或者省、自治区、直辖市人民政府渔业行政主管部门规定。《渔业法实施细则》第20条规定，禁止使用电力、鱼鹰捕鱼和敲舟古作业。在特定水域确有必要使用电力或者鱼鹰捕鱼时，必须经省、自治区、直辖市人民政府渔业行政主管部门批准。第21条规定，县级以上人民政府渔业行政主管部门，应当依照本实施细则第三条规定的管理权限，确定重点保护的渔业资源品种及采捕标准。在重要鱼、虾、蟹、贝、藻类，以及其他重要水生生物的产卵场、索饵场、越冬场和洄游通道，规定禁渔区和禁渔期，禁止使用或者限制使用的渔具和捕捞方法，最小网目尺寸，以及制定其他保护渔业资源的措施。《水产资源繁殖保护条例》第7条规定，对某些重要鱼虾贝类产卵、越冬场和幼体索饵场，应当合理规定禁渔区、禁渔期，分别不同情况，禁止全部作业，或限制作业的种类和某些作业的渔具数量。第8条规定，凡是鱼、蟹等产卵洄游通道的江河，不得遮断河面拦捕，应当留出一定宽度的通道，以保证足够数量的亲体上溯或降河产卵繁殖。更不准在闸口拦捕鱼、蟹幼体和产卵洄游的亲体，必要时应当规定禁渔期。因养殖生产需要而捕捞鱼苗、蟹苗者，应当经省、自治区、直辖市水产部门批准，在指定水域和时间内作业。第11条规定，严禁炸鱼、毒鱼、滥用电力捕鱼以及进行敲舟古作业等严重损害水产资源的行为。《渤海生物资源养护规定》第27条规定，禁止在潮间带外侧水域采捕兰蛤。在潮间带和其向陆一侧采捕兰蛤、沙蚕、卤虫，应当报经省、直辖市渔业行政主管部门批准，发放专项（特许）捕捞许可证。取得专项（特许）捕捞许可证的，应当按照指定的区域、时限，凭证限量采捕。第28条规定，禁止使用小于规定的最小网目尺寸的网具进行捕捞。渤海捕捞作业网具的最小网目尺寸按照附件2执行。沿岸各省、直辖市人民政府渔业行政主管部门可以规定未列入附件2的其他网具的最小网目尺寸，但应报农业部和农业部黄渤海区渔政渔港监督管理局备案。第30条规定，禁止使用下列严重损害生物资源的渔具、渔法：（1）炸鱼、毒鱼和电力捕鱼；以渔船推进器、泵类采捕定居种生物资源；（2）三重流网、底拖网、浮拖网及变水层拖网作业，但网口网衣拉直周长小于30米的桁杆、框架型拖网

| 犯罪构成 | 客观方面 | 类渔具除外；(3) 规格不符合本规定附件2规定标准的网具；沿岸各省、直辖市人民政府渔业行政主管部门可以规定适用于本行政区域的其他禁止使用的渔具渔法，并报农业部和农业部黄渤海区渔政渔港监督管理局备案。其中附2关于渤海捕捞作业网具最小网目尺寸规定：鲅鱼流网最小网目90毫米，网衣拉直高度不得超过9米（含缘网），每船总长度不得超过4000米；对虾流网最小网目60毫米；网衣拉直高度不得超过9米（含缘网），每船总长度不得超过4000米；张网类网目不小于8毫米；围网类网目不小于33毫米。其中附3关于渤海禁渔期规定：(1) 渤海伏季休渔时间为6月16日12时至9月1日12时。除使用网目尺寸90毫米以上的单层流刺网和钓钩从事捕捞作业外，禁止在伏季休渔期间从事一切捕捞作业。(2) 在"机动渔船底拖网禁渔区"内专捕海蜇、毛虾的网具可在伏季休渔截止日期之前开捕，具体开捕日期由沿岸省、直辖市渔业行政主管部门规定，报农业部和农业部黄渤海区渔政渔港监督管理局备案。但毛虾的开捕日期不得早于8月15日。(3) 下列网具同时实行如下禁渔期：5月1日12时至5月16日12时，禁止张网类渔具和桁杆、框架型拖曳渔具以及网目尺寸60-70毫米的单层流刺网作业；5月10日12时至6月16日12时，禁止围网和网目尺寸90毫米以上的单层流刺网作业；12月10日12时至翌年4月1日12时，禁止耙刺类渔具在"机动渔船底拖网禁渔区"外侧作业；"机动渔船底拖网禁渔区"内全年禁止魁蚶耙子作业。农业部2003年3月《关于做好全面实施海洋捕捞网具最小网目尺寸制度准备工作的通知》决定，自2004年7月1日起全面实施海洋捕捞网具最小网目尺寸制度。具体包括：(1) 拖网，东海、黄海区拖网网囊最小网目尺寸：54毫米（GB 11779—1989）。南海区（含北部湾）拖网网囊最小网目尺寸：39毫米（GB 11780—1989）。(2) 流刺网，东海、黄海、渤海银鲳流刺网最小网目尺寸：137毫米（SC 119—1983）东海、黄海鳓鱼流刺网最小网目尺寸：90毫米（SC 120—1983）。东海、黄海、渤海蓝点马鲛流刺网最小网目尺寸：90毫米（SC 121—1983）。(3) 有翼张网，主捕带鱼的有翼张网网囊最小网目尺寸：50毫米（SC 4013—1995）。2019年12月农业农村部《关于长江流域重点水域禁捕范围和时间的通告》明确规定，长江上游珍稀特有鱼类国家级自然保护区等332个自然保护区和水产种质资源保护区，自2020年1月1日0时起，全面禁止生产性捕捞。有关地方政府或渔业主管部门宣布在此之前实行禁捕的，禁捕起始时间从其规定。今后长江流域范围内新建立的以水生生物为主要保护对象的自然保护区和水产种质资源保护区，自建立之日起纳入全面禁捕范围。长江干流和重要支流除水生生物自然保护区和水产种质资源保护区以外的天然水域，最迟自2021年1月1日0时起，实行暂定为期10年的常年禁捕，其间禁止天然渔业资源的生产性捕捞。鼓励有条件的地方在此之前实施禁捕。有关地方政府或渔业主管部门宣布在此之前实行禁捕的，禁捕起始时间从其规定。鄱阳湖、洞庭湖等大型通江湖泊除水生生物自然保护区和水产种质资源保护区以外的天然水域，由有关省级渔业主管部门划定禁捕范围，最迟自2021年1月1日0时起，实行暂定为期10年的常年禁捕，其间禁止天然渔业资源的生产性捕捞。鼓励有条件的地方在此之前实施禁捕。有关地方政府或渔业主管部门宣布在此之前实行禁捕的，禁捕起始时间从其规定。禁捕期间，因育种、科研、监测等特殊需要采集水生生物的，或在通江湖泊、大型水库针对特定渔业资源进行专项（特许）捕捞的，由有关省级渔业主管部门根据资源状况制定管理办法，对捕捞品种、作业时间、作业类型、作业区域、准用网具和捕捞限额等作出规定，报农业农村部批准后组织实施。专项（特许）捕捞作业需要跨越省级管辖水域界限的，由交界水域有关省级渔业主管部门协商管理。并强调，在长江流域重点水域禁捕范围和时间内违法从事天然渔业资源捕捞的，依照《渔业法》和《刑法》关于禁渔区、禁渔期的规定处理。上述规定的"四禁"内容的含义分别为：禁渔区，是指渔业行政主管部门划定的禁止渔业作业或限制作业种类和某些作业的渔具数量的一定区域。禁渔期，是指渔业行政主管部门规定的禁止全部渔业作业或限制作业的一定期限。禁用工具，是指国家水产总局规定的禁止使用最小网眼（箔眼）尺寸的工具。禁用方法， |

犯罪构成	客观方面	是指严重损害水产资源正常繁殖和生长的方法，如电鱼、炸鱼、毒鱼等方法。 3. 非法捕捞水产品行为必须具备情节严重的，才能构成本罪。本罪为情节犯，不具备情节严重的，不能构成本罪。根据有关司法解释规定，这里的情节严重包括：（1）在内陆水域非法捕捞水产品 500 公斤以上或者价值 5000 元以上，或者在海洋水域非法捕捞水产品 2000 公斤以上或者价值 2 万元以上的；（2）非法捕捞有重要经济价值的水生动物苗种、怀卵亲体或者在水产种质资源保护区内捕捞水产品，在内陆水域 50 公斤以上或者价值 500 元以上，或者在海洋水域 200 公斤以上或者价值 2000 元以上的；（3）在禁渔区内使用禁用的工具或者禁用的方法捕捞的；（4）在禁渔期内使用禁用的工具或者禁用的方法捕捞的；（5）在公海使用禁用渔具从事捕捞作业，造成严重影响的；（6）其他情节严重的情形。
	主体	本罪的主体是一般主体，自然人和单位都可构成本罪。本罪主体在新刑法颁布前只能由自然人构成，但根据新刑法的规定，本罪既可以由自然人构成，也可以由单位构成。
	主观方面	本罪在主观方面表现为故意，即明知自己非法捕捞水产品行为违反国家有关水产资源保护规定而仍为之。行为人的非法捕捞水产品的动机如何，不影响本罪的成立。
认定标准	刑罚标准	1. 犯本罪的，处 3 年以下有期徒刑、拘役、管制或者罚金。 2. 单位犯本罪的，对单位判处罚金，并对其直接负责的主管人员和其他直接责任人员，依照上述规定处罚。
	本罪与违法行为的区别	1. 看客体是否被侵犯。主要看捕捞水产品行为是否违反了国家水产资源保护规定，如因科学研究等特殊需要，经过特定渔业行政主管部门批准，在禁渔区、禁渔期捕捞，或者使用禁用的渔具、捕捞方法，或者捕捞重点保护的渔业资源品种，不是违法行为，客体没有被侵犯，不能构成犯罪。如果行为人的捕捞行为没有对国家水产资源造成破坏，但侵犯了人工养殖的水产品相关权利，虽然不能构成本罪，但如果属于情节严重的，则可能构成侵犯财产权利的犯罪。根据《渔业法》第 39 条规定，偷捕、抢夺他人养殖的水产品的，或者破坏他人养殖水体、养殖设施的，责令改正，可以处 2 万元以下的罚款；造成他人损失的，依法承担赔偿责任；构成犯罪的，依法追究刑事责任。 2. 看非法捕捞行为是否情节严重。本罪为情节犯，不具备情节严重的，不能构成本罪。 3. 看非法捕捞行为是否出于故意，行为人的行为只能是故意的心理状态，才能构成本罪，过失不构成本罪。
	本罪罪数的认定	如果行为人在非法捕捞水产品时采取爆炸、投毒等危险方法，造成大量水产资源遭到破坏，危害重大公私财产安全的，则非法捕捞水产品行为既构成本罪，同时也构成爆炸罪或投放危险物质罪，属于想象竞合犯，应从一重罪论处，即以爆炸罪或投放危险物质罪论处。如果行为人上述行为只造成了少量的水产资源的破坏，但其投放毒物、爆炸的方法已经危及到不特定多数人的人身安全，则只构成爆炸罪、投放危险物质罪。 如果行为人在非法捕捞水产品过程中，对渔政管理人员依法履行公务的行为实施暴力、威胁，只构成妨害公务罪的，而非法捕捞水产品行为不独立构成犯罪的，则以妨害公务罪处断。如果非法捕捞水产品行为和妨害公务行为都构成犯罪的，则应当认定两个罪，并实行数罪并罚。如果对渔政管理人员实施暴力、发生致人重伤或者死亡的结果，则该行为既构成本罪，又符合故意伤害罪或者故意杀人罪的构成要件，则应按本罪和故意伤害罪或者故意杀人罪数罪并罚。
	此罪与彼罪的区别	本罪与盗窃罪的区别。 盗窃罪，是指以非法占有为目的，盗窃公私财物数额较大或者多次盗窃、入户盗窃、携带凶器盗窃、扒窃公私财物的行为。两罪主要区别在于： 1. 犯罪客体不同。本罪侵犯的是国家水产资源保护的管理制度，属于刑法分则第 6

认定标准	此罪与彼罪的区别	章第6节破坏环境资源保护的犯罪。而盗窃罪侵犯的客体是公私财产的所有权，属于刑法分则第5章侵犯财产的犯罪。 2. 犯罪对象不同。本罪的对象是特定的，仅局限于除了珍贵、濒危水生野生动物以外的其他所有水产品；而盗窃罪的对象则相对广泛的，包括一般意义上的公私财物。 3. 犯罪主体不同。本罪的主体既可以是自然人，也可以是单位。而盗窃罪的主体只能是自然人，而不包括单位。
相关执法参考	刑法	中华人民共和国刑法（节录） （1979年7月1日第五届全国人民代表大会第二次会议通过，1997年3月14日第八届全国人民代表大会第五次会议修订，已先后被1999年12月25日《中华人民共和国刑法修正案》、2001年8月31日《中华人民共和国刑法修正案（二）》、2001年12月29日《中华人民共和国刑法修正案（三）》、2002年12月28日《中华人民共和国刑法修正案（四）》、2005年2月28日《中华人民共和国刑法修正案（五）》、2006年6月29日《中华人民共和国刑法修正案（六）》、2009年2月28日《中华人民共和国刑法修正案（七）》、2009年8月27日《全国人民代表大会常务委员会关于修改部分法律的决定》、2011年2月25日《中华人民共和国刑法修正案（八）》、2015年8月29日《中华人民共和国刑法修正案（九）》、2017年11月4日《中华人民共和国刑法修正案（十）》、2020年12月26日《中华人民共和国刑法修正案（十一）》修改或修正） **第三百四十条** 违反保护水产资源法规，在禁渔区、禁渔期或者使用禁用的工具、方法捕捞水产品，情节严重的，处三年以下有期徒刑、拘役、管制或者罚金。
	相关法律法规（1）	最高人民法院、最高人民检察院《关于办理破坏野生动物资源刑事案件适用法律若干问题的解释》（节录） （2021年12月13日最高人民法院审判委员会第1856次会议、2022年2月9日最高人民检察院第十三届检察委员会第八十九次会议通过，法释〔2022〕12号，自2022年4月9日起施行） 为依法惩治破坏野生动物资源犯罪，保护生态环境，维护生物多样性和生态平衡，根据《中华人民共和国刑法》《中华人民共和国刑事诉讼法》《中华人民共和国野生动物保护法》等法律的有关规定，现就办理此类刑事案件适用法律的若干问题解释如下： **第三条** 在内陆水域，违反保护水产资源法规，在禁渔区、禁渔期或者使用禁用的工具、方法捕捞水产品，具有下列情形之一的，应当认定为刑法第三百四十条规定的"情节严重"，以非法捕捞水产品罪定罪处罚： （一）非法捕捞水产品五百公斤以上或者价值一万元以上的； （二）非法捕捞有重要经济价值的水生动物苗种、怀卵亲体或者在水产种质资源保护区内捕捞水产品五十公斤以上或者价值一千元以上的； （三）在禁渔区使用电鱼、毒鱼、炸鱼等严重破坏渔业资源的禁用方法或者禁用工具捕捞的； （四）在禁渔期使用电鱼、毒鱼、炸鱼等严重破坏渔业资源的禁用方法或者禁用工具捕捞的； （五）其他情节严重的情形。 实施前款规定的行为，具有下列情形之一的，从重处罚： （一）暴力抗拒、阻碍国家机关工作人员依法履行职务，尚未构成妨害公务罪、袭警罪的； （二）二年内曾因破坏野生动物资源受过行政处罚的； （三）对水生生物资源或者水域生态造成严重损害的； （四）纠集多条船只非法捕捞的； （五）以非法捕捞为业的。

相关执法参考	相关法律法规（1）	实施第一款规定的行为，根据渔获物的数量、价值和捕捞方法、工具等，认为对水生生物资源危害明显较轻的，综合考虑行为人自愿接受行政处罚、积极修复生态环境等情节，可以认定为犯罪情节轻微，不起诉或者免予刑事处罚；情节显著轻微危害不大的，不作为犯罪处理。 第十二条　二次以上实施本解释规定的行为构成犯罪，依法应当追诉的，或者二年内实施本解释规定的行为未经处理的，数量、数额累计计算。 第十三条　实施本解释规定的相关行为，在认定是否构成犯罪以及裁量刑罚时，应当考虑涉案动物是否系人工繁育、物种的濒危程度、野外存活状况、人工繁育情况、是否列入人工繁育国家重点保护野生动物名录，行为手段、对野生动物资源的损害程度，以及对野生动物及其制品的认知程度等情节，综合评估社会危害性，准确认定是否构成犯罪，妥当裁量刑罚，确保罪责刑相适应；根据本解释的规定定罪量刑明显过重的，可以根据案件的事实、情节和社会危害程度，依法作出妥当处理。 涉案动物系人工繁育，具有下列情形之一的，对所涉案件一般不作为犯罪处理；需要追究刑事责任的，应当依法从宽处理： （一）列入人工繁育国家重点保护野生动物名录的； （二）人工繁育技术成熟、已成规模，作为宠物买卖、运输的。
	相关法律法规（2）	最高人民检察院、公安部《关于公安机关管辖的刑事案件立案追诉标准的规定（一）》（节录） （2008年6月25日，公通字〔2008〕36号） 第六十三条　[非法捕捞水产品案（刑法第三百四十条）]违反保护水产资源法规，在禁渔区、禁渔期或者使用禁用的工具、方法捕捞水产品，涉嫌下列情形之一的，应予立案追诉： （一）在内陆水域非法捕捞水产品五百公斤以上或者价值五千元以上，或者在海洋水域非法捕捞水产品二千公斤以上或者价值二万元以上的； （二）非法捕捞有重要经济价值的水生动物苗种、怀卵亲体或者在水产种质资源保护区内捕捞水产品，在内陆水域五十公斤以上或者价值五百元以上，或者在海洋水域二百公斤以上或者价值二千元以上的； （三）在禁渔区内使用禁用的工具或者禁用的方法捕捞的； （四）在禁渔期内使用禁用的工具或者禁用的方法捕捞的； （五）在公海使用禁用渔具从事捕捞作业，造成严重影响的； （六）其他情节严重的情形。
	相关法律法规（3）	关于印发《贯彻实施〈长江保护法〉工作推进会会议纪要》的通知 （最高人民法院法2021年11月24日发布〔2021〕304号） 各省、自治区、直辖市高级人民法院，解放军军事法院，新疆维吾尔自治区高级人民法院生产建设兵团分院： 为深入贯彻落实习近平生态文明思想、习近平法治思想，全面正确实施《中华人民共和国长江保护法》，正确审理涉长江流域环境资源案件，统一法律适用，为长江流域生态文明建设和绿色发展提供更加有力的司法服务和保障，最高人民法院结合工作实际，研究制定了《贯彻实施〈长江保护法〉工作推进会会议纪要》，现将会议纪要印发。 各级人民法院要认真组织学习会议纪要，在案件审理中正确理解适用。对于适用中存在的问题，请及时层报最高人民法院。 引　言 为深入贯彻落实习近平生态文明思想、习近平法治思想，全面正确实施《中华人民共和国长江保护法》（以下简称《长江保护法》），为长江流域生态文明建设和绿色发展

| 相关执法参考 | 相关法律法规（3） | 提供更加有力的司法服务和保障，最高人民法院于 2021 年 7 月在湖北省武汉市召开贯彻实施《长江保护法》工作推进会。长江流域十九省（市、自治区）高级人民法院，上海、武汉、南京海事法院派员参加了会议。生态环境部、自然资源部、国家林业和草原局、水利部长江水利委员会等行政主管部门负责同志及部分全国人大代表、全国政协委员应邀参加会议。

会议认为，长江流域环境资源审判工作要坚持正确政治方向，立足新发展阶段、贯彻新发展理念、构建新发展格局要求，深入贯彻落实习近平总书记致世界环境司法大会贺信重要指示精神，持续深化环境司法改革创新，积累生态环境司法保护的有益经验，站在人与自然和谐共生的高度，谋划长江流域生态环境保护、资源合理高效利用、生物多样性保护、气候变化应对等。要按照"十四五"规划和 2035 年远景目标纲要要求，坚持生态优先、共抓大保护、绿色发展的战略定位。要准确理解《长江保护法》作为我国第一部流域专门法律的重大意义，推动流域生态环境治理制度创新，不断增强人民群众生态环境获得感、幸福感和安全感。

会议要求，长江流域环境资源审判工作要树立正确的审判理念。严格贯彻最严格制度、最严密法治，落实损害担责、全面赔偿原则，依法适用环境侵权惩罚性赔偿制度，通过刑事、民事、行政三大审判有机衔接，强化对环境污染者、生态破坏者的相应责任追究。全面贯彻"两山"理念，正确适用《中华人民共和国民法典》（以下简称《民法典》）绿色原则、绿色条款，准确把握物尽其用与绿色使用的关系、意思自治与绿色干预的关系、经济发展与生态保护的关系。正确适用《长江保护法》，坚持生态环境系统保护和治理，从生态系统整体性和流域系统性出发，统筹山水林田湖草沙冰一体化保护和修复，推进长江上中下游、江河湖库、左右岸、干支流协同治理，有效提升流域生态系统质量和稳定性。坚持保护优先、预防为主原则，充分发挥预防性公益诉讼的功能作用，将生态环境保护的阶段提前至事中事前，避免生态环境损害的发生和扩大。

会议对当前长江流域环境资源审判工作中的一些突出、疑难法律适用问题取得了基本一致的看法，形成纪要如下：

一、关于非法采砂、非法捕捞案件的审理

1. 严格贯彻实施《长江保护法》第二十八条规定，审理非法采砂案件既要考虑采砂行为造成的涉案砂石资源破坏的数量、种类、品质和被破坏程度，也要考量采砂行为对水底生物栖息地生态环境危害程度、堤防安全、航道畅通和通航安全的危害程度等因素，依法认定相应的刑事责任和民事责任。

2. 严格贯彻实施《长江保护法》第五十三条规定，依法审理长江流域重点水域非法捕捞案件，准确把握入罪条件；构成犯罪的，应按照《最高人民法院、最高人民检察院、公安部、农业农村部关于依法惩治长江流域非法捕捞等违法犯罪的意见》的要求，将长江流域重点水域涉案水生生物的濒危程度、数量价值，以及行为人的认罪悔罪态度作为量刑情节，对积极主动修复生态环境的行为人可以依法从轻或减轻处罚。

二、关于资源开发利用类案件的审理

3. 严格贯彻实施《长江保护法》第三十九条、第四十二条和第五十九条规定，审理涉濒危物种、生态破坏和生物遗传资源流失等案件，坚持保护和可持续利用自然资源原则。既要保护珍贵、濒危野生动物、珍贵树木或者国家重点保护的其他植物，又要保护其赖以生存的生态环境，既要打击非法猎杀、捕捞、采伐、毁坏行为，又要打击非法收购、运输、加工、出售行为，切实保护珍贵、濒危野生动植物及其栖息地、分布区生态环境。

4. 坚持山水林田湖草沙冰一体化保护和系统治理，依法审理涉长江源头尤其是重点生态功能区、生态环境敏感区和脆弱区及国家公园、自然保护区等重点区域的环境污染、生态破坏及自然资源开发利用案件，依托三江源生态法庭等专门审判机构，加强雪山冰 |

相关执法参考	相关法律法规（3）	川、江源流域、高原湖泊湿地等生态治理修复，全力推动青藏高原生物多样性保护，切实保护好地球第三极生态安全。 5. 严格贯彻实施《长江保护法》第三十一条和第五十四条规定，审理上游地区水资源开发利用案件，对于未办理水行政许可或环境影响评价、擅自修建拦截坝取水，未保障必要生态下泄流量，导致下游水量减少，损害下游地区河道内生态用水、供水、通航、灌溉、养殖等生态流量受益方合法权益，被侵权人主张侵权人承担惩罚性赔偿责任的，人民法院应当依照《民法典》第一千二百三十二条规定，为被侵权人提供充分救济，惩罚恶意侵权人。 6. 严格贯彻实施《长江保护法》第二十三条规定，审理长江流域上游水电工程开发建设案件，要综合考虑工程开发建设对周边生态环境的不利影响，将生态优先、绿色发展的原则贯穿到工程规划、勘察、设计、施工、运营等全过程，结合法律、行政法规的强制性规定，准确把握涉案合同效力认定等问题。 7. 严格贯彻实施《长江保护法》第七十条规定，正确区分河道附近的村民在枯水期对滩涂的"习惯使用"行为与污染、危害水域环境安全的非法土地利用行为，维护国有自然资源的有序使用和河道水域岸线生态功能、河道通航功能。 8. 因自然保护地依法设立或调整引发的行政诉讼，企业主张补偿因政府行为变化而产生实际损失的，人民法院对其合理损失部分依法予以支持，实现公共利益保护与企业合法权益保护的平衡，确保企业有序退出自然保护地。 9. 严格贯彻实施《长江保护法》第七十六条规定，审理涉自然资源案件，落实中共中央办公厅、国务院办公厅《关于建立健全生态产品价值实现机制的意见》《关于深化生态保护补偿制度改革的意见》要求，完善司法与生态补偿有机衔接的环境修复责任制度，推动生态产品"难度量""难交易""难变现""难抵押"问题有效解决。 三、关于环境污染防治类案件的审理 10. 严格贯彻实施《长江保护法》第四章关于水污染防治规定，审理水污染责任纠纷案件，侵权人以没有超过国家或地方水污染物排放标准，或者不属于相关污染物标准明确列举的污染物种类，或者被污染水域有自净功能、水质得到恢复为由，主张水污染责任不成立或免除、减轻生态环境修复责任的，人民法院应当依照《民法典》第一千二百二十九条等规定予以确定。 11. 严格贯彻实施《长江保护法》第四十九条规定，对在河湖管理范围内实施违法倾倒、填埋、堆放、弃置、处理等行为以及为其提供帮助的侵权人，依法追究相应责任。 12. 企业事业单位和其他生产经营者堆放、处理固体废物产生的有毒、有害气体浓度超过大气污染物排放标准，生态环境主管部门适用《中华人民共和国大气污染防治法》对其进行处罚后，企业事业单位和其他生产经营者以处罚较重为由提起诉讼，主张较轻处罚的，人民法院依法不予支持。 四、关于绿色低碳发展案件的审理 13. 严格贯彻实施《长江保护法》第六章关于绿色发展的规定，推动长江流域深入开展以经济社会全面绿色转型为引领、以能源绿色低碳发展为关键的绿色发展示范。审理涉产业结构优化升级，遏制高耗能高排放项目盲目发展，构建清洁低碳安全高效能源体系、低碳交通运输体系，提升城乡建设节能低碳发展等案件，要注重完整、准确、全面贯彻新发展理念，助力做好碳达峰、碳中和工作。 14. 严格贯彻实施《长江保护法》第六十六条规定，审理环境污染责任纠纷案件，侵权人根据经生态环境主管部门或者其委托机构认可的生态环境修复方案以及其按照该方案支付的技术改造费用等，主张折抵案涉生态环境损害赔偿费用的，可以依法予以支持，鼓励、引导企业转型升级，促进形成绿色生产方式。 15. 立足不同环境要素的修复要求，在案件执行中坚持恢复性司法理念，引导责任人

相关法律法规（3）		采用"补种复绿"林木修复、"削填引种"矿山修复、"增殖放流"江河修复、"海砂回填"海域修复等多种方式承担责任，探索通过认购碳汇等方式对被破坏生态环境进行替代性修复，有效恢复自然生态系统，提升土壤、植被、海洋等生态系统碳汇能力，促进长江流域生态环境及时有效修复。
相关执法参考	相关法律法规（4）	检察机关办理长江流域非法捕捞案件有关法律政策问题的解答 （最高人民检察院2021年2月24日　高检办发〔2021〕1号） 　　为贯彻落实习近平总书记关于"共抓大保护、不搞大开发"重要指示精神，服务保障党中央、国务院关于长江"十年禁渔"重大决策部署，确保各级检察机关正确理解和准确适用刑法、长江保护法、渔业法，以及《最高人民法院、最高人民检察院、公安部、农业农村部依法惩治长江流域非法捕捞等违法犯罪的意见》（以下简称《意见》）等规定，现就办理长江流域非法捕捞案件有关法律政策问题，作如下解答。 　　一、办理长江流域非法捕捞案件，如何准确把握"长江流域重点水域"禁捕范围？ 　　答：根据《意见》规定，办理涉长江流域重点水域的非法捕捞等危害水生生物资源的各类违法犯罪案件应当适用《意见》。司法实践中，检察机关要依照《农业农村部关于长江流域重点水域禁捕范围和时间的通告》（农业农村部通告〔2019〕4号）和《农业农村部关于设立长江口禁捕管理区的通告》（农业农村部通告〔2020〕3号），准确把握"长江流域重点水域"禁捕范围。禁捕范围包括五类区域： 　　（一）长江流域水生生物保护区。包括《农业部关于公布率先全面禁捕长江流域水生生物保护区名录的通告》（农业部通告〔2017〕6号）公布的长江上游珍稀特有鱼类国家级自然保护区等332个自然保护区和水产种质资源保护区，以及今后长江流域范围内新建立的以水生生物为主要保护对象的自然保护区和水产种质资源保护区。 　　（二）长江干流和重要支流。包括青海省曲麻莱县以下至长江河口（东经122°、北纬31°36′30″、北纬30°54′之间的区域）的长江干流江段，岷江、沱江、赤水河、嘉陵江、乌江、汉江等重要通江河流在甘肃省、陕西省、云南省、贵州省、四川省、重庆市、湖北省境内的干流江段，大渡河在青海省和四川省境内的干流江段，以及各省确定的其他重要支流。 　　（三）长江口禁捕管理区。长江口禁捕管理区范围为东经122°15′、北纬31°41′36″、北纬30°54′形成的框型区线，向西以水陆交界线为界。 　　（四）大型通江湖泊。相关省级渔业行政主管部门划定的鄱阳湖、洞庭湖等大型通江湖泊除水生生物自然保护区和水产种质资源保护区以外的禁捕天然水域。 　　（五）其他重点水域。相关省级渔业行政主管部门划定的与长江干流、重要支流、大型通江湖泊连通的其他禁捕天然水域。 　　对于涉案的禁捕区域，检察机关可以根据《意见》规定，结合案件具体情况，商请农业农村（渔政）部门出具认定意见。 　　二、办理长江流域非法捕捞案件，如何准确把握非法捕捞水产品罪的入罪标准？ 　　答：根据刑法第三百四十条的规定，非法捕捞水产品罪是指违反保护水产资源法规，在禁渔区、禁渔期或者使用禁用的工具、方法捕捞水产品，情节严重的行为。《意见》明确了在长江流域重点水域非法捕捞水产品，构成非法捕捞水产品罪的入罪标准：1. 非法捕捞水产品五百公斤以上或者价值一万元以上的；2. 非法捕捞具有重要经济价值的水生动物苗种、怀卵亲体或者在水产种质资源保护区内捕捞水产品五十公斤以上或者价值一千元以上的；3. 在禁捕区域使用电鱼、毒鱼、炸鱼等严重破坏渔业资源的禁用方法捕捞的；4. 在禁捕区域使用农业农村部规定的禁用工具捕捞的；5. 其他情节严重的情形。 　　司法实践中，检察机关要依照刑法和《意见》相关规定，根据案件具体情况，从行为人犯罪动机、主观故意、所使用的方法、工具、涉案水生生物的珍贵、濒危程度、案发后修复生态环境情况等方面，综合判断其行为的社会危害性。既要用足用好法律规定，总体体现依法从严惩治的政策导向，又要准确把握司法办案尺度，切实避免"一刀切"简

单司法、机械办案。

要注意防止"唯数量论"与"唯结果论"的做法。对于刚达到《意见》规定的数量或价值标准，行为人积极配合调查并接受且具有本解答规定的从宽处罚情形之一的，可以不追究刑事责任；需要给予行政处罚的，移送有关主管部门进行行政处罚。

三、办理长江流域非法捕捞案件，如何准确认定"电鱼、毒鱼、炸鱼等严重破坏渔业资源的禁用方法"和"农业农村部规定的禁用工具"？

答：根据《意见》规定，"在禁捕区域使用电鱼、毒鱼、炸鱼等严重破坏渔业资源的禁用方法捕捞"和"在禁捕区域使用农业农村部规定的禁用工具捕捞"，是构成非法捕捞水产品罪的两项入罪追诉标准。

在认定"禁用方法"时，要注意审查具体方法对渔业资源的严重危害程度。对于在禁捕区域使用电鱼、毒鱼、炸鱼方法的，一般应当以非法捕捞水产品罪追究刑事责任。对于确属情节轻微、对渔业资源危害不大，依法不需要判处刑罚或者可以免除刑罚的，可以依法作出不起诉决定。对于电鱼、毒鱼、炸鱼以外的其他严重破坏渔业资源的禁用方法，注意从两个方面来把握：一是具有破坏渔业资源正常生长繁殖的现实危害或危险性；二是与电鱼、毒鱼、炸鱼方法的社会危害程度大致相当。对于虽使用禁用方法但尚未严重破坏渔业资源的行为，检察机关在依法作出不起诉决定的同时，应当依照长江保护法、渔业法等相关规定，移送有关主管部门给予行政处罚。

在认定"禁用工具"时，应当适用农业农村部出台的标准。办案中可参照《农业部关于长江干流禁止使用单船拖网等十四种渔具的通告（试行）》（农业部通告〔2017〕2号）的规定，将单船拖网、双船拖网、多船拖网、多桩有翼单囊张网、双锚框架张网、拦河撑架敷网、岸敷箕状敷网、岸敷撑架敷网、拦截插网陷阱、拦截箔签陷阱、导陷插网陷阱、导陷箔筌陷阱、拖曳齿耙耙刺、定置延绳滚钩耙刺等十四种渔具，认定为"农业农村部规定的禁用工具"。农业农村部没有相应标准的，对相关工具不应认定为非法捕捞水产品罪中的"禁用工具"；前述认定不影响对相应行为的行政处罚。

四、办理长江流域非法捕捞案件，如何准确认定行为人的主观故意？

答：在认定行为人是否具有非法捕捞水产品犯罪的主观故意时，应当依据其生活背景、职业经历、捕捞方法、捕捞工具、渔获物去向、获利资金流向，以及本人有无因同类行为受到行政处罚或者刑事追究情况等方面的证据，进行综合分析判断。

在办理非法捕捞水产品的案件中，认定主观故意原则上不要求行为人对有关禁渔区、禁渔期或者禁用的工具、方法等法律规定具有明确的认知，只要其认识到行为可能违法、被禁止即可。对于行为人作出合理解释，或者有证据证明其确系对禁捕区域、禁捕时间、禁用方法或者禁用工具不知情的，依法可不作为犯罪处理，但应当做好宣传教育工作，移送有关主管部门予以行政处罚。

五、办理长江流域非法捕捞案件，如何贯彻宽严相济刑事政策？

答：检察机关办理非法捕捞水产品案件，应当贯彻宽严相济刑事政策，准确判断行为人的责任轻重和刑事追究的必要性，综合运用刑事、行政、经济手段惩治违法犯罪，做到惩处少数、教育挽救大多数，实现罪责刑相适应。对于不同性质案件的处理，要体现区别对待的原则：一方面，要从严惩处有组织的、经常性的或者形成产业链的危害水生生物资源犯罪；另一方面，对个人偶尔实施的不具有生产性、经营性的非法捕捞行为要慎用刑罚，危害严重构成犯罪的，在处罚时应与前一类犯罪案件有所区别。

除《意见》规定的从重处罚情形外，对具有下列情形之一的，一般可以认定为非法捕捞水产品罪的从严处罚情形，并依法提出从严的量刑建议：1. 在繁育期非法捕捞的；2. 纠集多条船只或者使用大型设施设备非法捕捞的；3. 以非法捕捞为业的；4. 与黑恶势力犯罪相交织的；5. 其他严重破坏渔业资源或者生态环境的情形。

对具有下列情形之一的，一般可以认定为非法捕捞水产品罪的从宽处罚情形，并依法提出从宽的量刑建议：1. 不以生产、经营为目的，使用小型网具、钓具等对渔业资源和生态环境危害较轻的工具、方法非法捕捞的；2. 自愿认罪认罚的；3. 具有积极承诺及履行生态环境修复义务等悔罪表现的；4. 其他对渔业资源、生态环境损害较轻的情形。如果行为人主观恶性不大，并综合捕捞方法、工具、渔获物的数量、价值等情节，认为对水生生物资源危害明显较轻的，可以认定为犯罪情节轻微，依法作出不起诉决定。

六、办理长江流域非法捕捞案件，如何准确把握非法捕捞水产品罪与其他关联犯罪的界限？

答：《意见》要求全力摧毁危害长江流域水生生物资源的"捕、运、销"地下产业链，并明确了关联犯罪的定罪量刑标准。司法实践中，检察机关要注意从以下几个方面把握非法捕捞水产品罪与关联犯罪的界限，推动形成"水上不捕、市场不卖、餐厅不做、群众不吃"的良好氛围。

一是注意把握非法捕捞水产品罪与掩饰、隐瞒犯罪所得、犯罪所得收益罪的界限。两罪是上下游犯罪的关系，后罪的成立要求上游行为达到犯罪的程度。基于处罚平衡的考虑，为避免罪刑倒挂现象，对于明知是在长江流域重点水域非法捕捞犯罪所得的水产品而予以窝藏、转移、收购、代为销售或者以其他方法掩饰、隐瞒，价值一万元以上的，一般应依照刑法第三百一十二条的规定以掩饰、隐瞒犯罪所得、犯罪所得收益罪，提出处三年以下有期徒刑、拘役或者管制，并处或者单处罚金的量刑建议。

二是注意把握非法捕捞水产品罪与非法猎捕、杀害珍贵、濒危野生动物罪的界限。前罪的保护对象是"水产品"，包括一般的水生动物与珍贵、濒危的水生动物，后罪的保护对象是"国家重点保护的珍贵、濒危野生动物"。行为人基于同一主观故意，实施同一非法捕捞行为，但捕捞对象同时涉及一般水生动物与珍贵、濒危水生动物的，应区分以下情况处理：第一种情况，同一行为同时构成两罪，应当从一重罪论处，对涉案一般水生生物的数量或价值作为量刑情节考虑，以非法猎捕、杀害珍贵、濒危野生动物罪定性并酌情从重处理；第二种情况，同一行为不能分别构成两罪，但涉案水生生物的数量或价值按相应比例折算后合计达到非法捕捞水产品罪入罪标准的，应以非法捕捞水产品罪定性处理；第三种情况，同一行为构成非法捕捞水产品罪，但尚不构成非法猎捕、杀害珍贵、濒危野生动物罪的，对涉案珍贵、濒危水生动物的数量或价值按相应比例折算后，一并以非法捕捞水产品罪定性处理；第四种情况，同一行为构成非法猎捕、杀害珍贵、濒危野生动物罪，但尚不构成非法捕捞水产品罪的，对涉案一般水生生物的数量或价值作为量刑情节考虑，以非法猎捕、杀害珍贵、濒危野生动物罪定性并酌情从重处理。

三是注意把握非法捕捞水产品罪与非法收购、运输、出售珍贵、濒危野生动物、珍贵、濒危野生动物制品罪的界限。根据刑法和《意见》的规定，非法收购、运输、出售在长江流域重点水域非法猎捕、杀害的中华鲟、长江鲟、长江江豚或者其他国家重点保护的珍贵、濒危水生野生动物及其制品，达到相应价值标准的，以非法收购、运输、出售珍贵、濒危野生动物、珍贵、濒危野生动物制品罪定罪处罚。同时，根据全国人大常委会《关于〈中华人民共和国刑法〉第三百四十一条、第三百一十二条的解释》，知道或者应当知道是国家重点保护的珍贵、濒危野生动物及其制品，为食用或者其他目的而非法购买，符合刑法第三百四十一条第一款规定的，以非法收购珍贵、濒危野生动物、珍贵、濒危野生动物制品罪定罪处罚。

四是注意认定非法捕捞水产品犯罪的其他关联犯罪。制造、销售禁用渔具，情节严重，符合刑法第一百四十条或者第一百四十六条规定的，以生产、销售伪劣产品罪或者生产、销售不符合安全标准的产品罪定罪处罚。明知是长江流域非法捕捞渔获物而利用信息网络设立用于收购、出售的网站、通讯群组，或者发布相关犯罪信息，情节严重，符合刑法第二百八十七条之一规定的，以非法利用信息网络罪定罪处罚。

五是注意认定非法捕捞水产品犯罪的共同犯罪。事前通谋，按照分工分别实施非法捕捞、运输、销售等行为的,以共同犯罪论处。明知他人从事非法捕捞,仍为其提供工具、运输、加工、销售等帮助的,以共同犯罪论处。

七、办理长江流域非法捕捞案件,检察机关如何落实在办案中监督、在监督中办案的要求?

答:各级检察机关要深刻认识到法律监督与诉讼办案职能一体两面的特性,重点做好以下工作:

一是加强"行刑衔接"。要健全与行政执法机关、公安机关执法司法信息共享、案情通报、案件移送制度,推动实现行政执法与刑事司法的无缝对接、双向衔接。发现农业农村(渔政)、市场监管等行政执法机关对应当移送的涉嫌非法捕捞犯罪案件不移送的,应当提出意见,建议其移送。相关行政执法机关仍不移送的,应当将有关情况书面告知公安机关,并监督公安机关及时立案侦查。对于行政执法机关移送的案件,检察机关依法作出不起诉决定的,应当将决定不起诉案件处理结果及时书面告知相应行政执法机关。对被不起诉人需要给予行政处罚的,应当提出检察意见,移送有关行政机关处理。要加强跟踪监督,督促行政执法机关及时将处理结果通知检察机关。

二是加强立案监督。要注重监督实效,切实防止和纠正有案不立和违法立案的情况。对应当立案而不立案,或者明显不构成犯罪的案件公安机关立案的,应当要求公安机关书面说明不立案或者立案的理由。认为公安机关不立案或者立案的理由不成立的,经检察长或者检察委员会决定,应当通知公安机关立案或者撤销案件。

三是加强引导取证和侦查监督。经公安机关商请或者检察机关认为确有必要时,可以派员介入重大、疑难、复杂案件的侦查活动。结合非法捕捞及有关关联犯罪的特点,引导侦查机关收集、完善和固定证据。特别是在"捕、运、销"形成链条的共同犯罪案件中,注意引导侦查机关全面收集各环节实施犯罪的证据,查明犯罪团伙各成员的地位、作用,准确判断共同犯罪故意。对公安机关侦查活动中的违法行为,及时提出纠正意见。

四是加强审判监督。强化审判监督意识,进一步明确认罪认罚从宽的具体标准,统一司法尺度,减少量刑分歧。重点加强对涉长江流域重点水域非法捕捞案件诉判不一、量刑畸轻畸重、判处缓免刑不当的监督。对符合法定抗诉情形的,要依法进行抗诉。

五是加强执行监督。完善执行监督机制,确保刑罚(包括财产刑)以及刑事附带民事公益诉讼裁判执行到位。加强对司法工作人员履职的监督,对于司法办案中存在滥用职权、玩忽职守、徇私枉法等行为,构成犯罪的,依法立案侦查。

八、办理长江流域非法捕捞案件,检察机关如何贯彻恢复性司法理念?

答:检察机关要顺应公共利益代表的时代需求,不断增强系统思维,在办案中贯彻恢复性司法理念。实践中,重点做好以下工作:

一是坚持"专业化法律监督+恢复性司法实践+社会化综合治理"的生态检察模式。总结推广长江流域生态保护和环境治理的检察经验,统筹兼顾长江流域不同环境要素的修复,积极探索适用增殖放流、劳务代偿、替代履行等生态修复方式,将生态环境修复义务承诺及履行情况作为量刑情节,对积极主动修复生态环境的被告人依法从宽处罚,实现惩治犯罪和修复生态相统一,促进长江水生生物资源恢复。对于渔获物符合放生条件的,改进取证方式,及时委托专业救护,防止渔获物因办案被"保护性伤害"。

二是充分发挥"河(湖)长+检察长"制度作用。总结推广"河(湖)长+检察长"机制建设的经验做法,推动将禁捕退捕工作纳入地方政府绩效考核和河长制、湖长制等目标任务考核体系。建立定期通报和约谈制度,防止工作推进不力、责任落实不到位。建立健全涉渔案件、事件应急处置快速反应体系,提高协同协作质量效率。统一上下游、左右岸执法司法标准和尺度。

三是积极消除违法信息的负面影响。针对办案中发现电商平台、短视频、直播平台等放任用户发布涉渔禁限售商品或者服务,教唆、引诱非法捕捞行为,传授制作、使用禁用

相关执法参考	相关法律法规（4）	工具的方法或者涉渔虚假广告等违法信息的，应当建议主管部门责令相关责任主体，在删除、屏蔽、下架违法信息或者商品的基础上，通过发布声明、公开道歉、现身说法、公益广告等方式消除影响，修复受损的正常网络秩序。 九、检察机关如何通过民事公益诉讼，服务保障长江流域禁捕工作？ 答：《意见》提出，对于实施危害水生生物资源的行为，致使社会公共利益受到侵害的，检察机关可以依法提起民事公益诉讼。实践中，重点做好以下工作： 一是优先提起刑事附带民事公益诉讼。在依法追究刑事责任的同时，一并请求人民法院责令被告承担修复生态环境、赔偿损失、停止侵害、排除妨碍、消除危险、赔礼道歉等民事责任。 二是必要时单独提起民事公益诉讼。单独提起民事公益诉讼更有利于及时有效实现"捕、运、销"全链条整治和生态功能修复的，或者已承担刑事责任仍需承担生态环境损害赔偿责任，检察机关履行诉前公告程序过程中，相关刑事案件已依法审理的，可以另行提起民事公益诉讼。 三是加强民事公益诉讼与生态环境损害赔偿诉讼的衔接。检察机关应当坚持民事公益诉讼后位性、补充性的定位，履职中发现因非法捕捞造成长江流域生态受损情况，可以与损害赔偿权利人进行沟通，告知其依法及时提起生态环境损害赔偿诉讼。检察机关可以对生态环境损害赔偿磋商和诉讼提供法律支持。赔偿权利人在合理期限内不提起诉讼的，检察机关可以依法提起民事公益诉讼。 检察机关可以根据《关于推进生态环境损害赔偿制度改革若干具体问题的意见》的规定，商请有关行政机关提供证据材料和技术方面的支持。在对同一损害生态环境行为同时提起生态环境损害赔偿诉讼和民事公益诉讼的情况下，应当加强与生态环境损害赔偿诉讼原告的协调，推动案件依法妥善处理。 十、检察机关如何运用检察建议服务保障长江流域禁捕工作，推动长江流域治理？ 答：检察建议在服务保障长江流域禁捕工作，推动长江流域生态保护方面具有积极作用。实践中，重点做好以下工作： 一是发现负有禁捕、退捕转产、渔民安置等职责的行政主管部门不依法及时履行职责，导致非法捕捞屡禁不止，或者在禁捕工作中矫枉过正损害渔民和有关单位、组织的合法权益，或者未依据相关规定开展退捕转产工作，致使渔民得不到妥善安置，转产转业未予落实的，可以向有关行政主管部门提出社会治理检察建议。 二是发现运输企业、水产品交易市场、餐饮企业等有关单位和组织，因工作程序存在疏漏、监督管理不严格、检查验收制度不健全、执行不到位等问题，导致发生运输、买卖非法捕捞的水产品等违法犯罪行为，或者存在违法犯罪隐患的，可以向有关单位和组织提出社会治理检察建议。 三是发现在禁捕退捕工作中渔民因退捕安置、转产转业产生矛盾纠纷，可能导致发生群体性事件或者恶性案件，需要督促有关部门完善风险预警防范措施，加强调解疏导工作的，可以向有关部门提出社会治理检察建议。 四是发现对生态保护负有监督管理职责的部门违法行使职权或者不作为，致使长江流域生态环境或者水生生物资源遭受严重破坏，损害国家利益和社会公共利益，符合法律规定的公益诉讼条件的，应当向有关部门提出公益诉讼诉前检察建议。
	相关法律法规（5）	《依法惩治长江流域非法捕捞等违法犯罪的意见》（节录） （最高人民法院、最高人民检察院、公安部、农业农村部 2020 年 12 月 17 日，公通字〔2020〕17 号） 各省、自治区、直辖市高级人民法院、人民检察院、公安厅（局）、农业农村厅（局），解放军军事法院、军事检察院、福建省海洋与渔业局，新疆维吾尔自治区高级人民法院生产建设兵团分院、新疆生产建设兵团人民检察院、公安局、农业农村局：

相关执法参考	相关法律法规（5）

为依法惩治长江流域非法捕捞等危害水生生物资源的各类违法犯罪，保障长江流域禁捕工作顺利实施，加强长江流域水生生物资源保护，推进水域生态保护修复，促进生态文明建设，根据有关法律、司法解释的规定，最高人民法院、最高人民检察院、公安部、农业农村部联合制定了《依法惩治长江流域非法捕捞等违法犯罪的意见》。现予以印发，请结合实际认真贯彻执行。在执行中遇到的新情况、新问题，请及时分别报告最高人民法院、最高人民检察院、公安部、农业农村部。

一、提高政治站位，充分认识长江流域禁捕的重大意义

长江流域禁捕是贯彻习近平总书记关于"共抓大保护、不搞大开发"的重要指示精神，保护长江母亲河和加强生态文明建设的重要举措，是为全局计、为子孙谋，功在当代、利在千秋的重要决策。各级人民法院、人民检察院、公安机关、农业农村（渔政）部门要增强"四个意识"、坚定"四个自信"、做到"两个维护"，深入学习领会习近平总书记重要指示批示精神，把长江流域重点水域禁捕工作作为当前重大政治任务，用足用好法律规定，依法严惩非法捕捞等危害水生生物资源的各类违法犯罪，加强行政执法与刑事司法衔接，全力摧毁"捕、运、销"地下产业链，为推进长江流域水生生物资源和水域生态保护修复，助力长江经济带高质量绿色发展提供有力法治保障。

二、准确适用法律，依法严惩非法捕捞等危害水生生物资源的各类违法犯罪

（一）依法严惩非法捕捞犯罪。违反保护水产资源法规，在长江流域重点水域非法捕捞水产品，具有下列情形之一的，依照刑法第三百四十条的规定，以非法捕捞水产品罪定罪处罚：

1. 非法捕捞水产品五百公斤以上或者一万元以上的；
2. 非法捕捞具有重要经济价值的水生动物苗种、怀卵亲体或者在水产种质资源保护区内捕捞水产品五十公斤以上或者一千元以上的；
3. 在禁捕区域使用电鱼、毒鱼、炸鱼等严重破坏渔业资源的禁用方法捕捞的；
4. 在禁捕区域使用农业农村部规定的禁用工具捕捞的；
5. 其他情节严重的情形。

（三）依法严惩非法渔获物交易犯罪。明知是在长江流域重点水域非法捕捞犯罪所得的水产品而收购、贩卖，价值一万元以上的，应当依照刑法第三百一十二条的规定，以掩饰、隐瞒犯罪所得罪定罪处罚。

非法收购、运输、出售在长江流域重点水域非法猎捕、杀害的中华鲟、长江鲟、长江江豚或者其他国家重点保护的珍贵、濒危水生野生动物及其制品，价值二万元以上不满二十万元的，应当依照刑法第三百四十一条的规定，以非法收购、运输、出售珍贵、濒危野生动物、珍贵、濒危野生动物制品罪，处五年以下有期徒刑或者拘役，并处罚金；价值二十万元以上不满二百万元的，应当认定为"情节严重"，处五年以上十年以下有期徒刑，并处罚金；价值二百万元以上的，应当认定为"情节特别严重"，处十年以上有期徒刑，并处罚金或者没收财产。

（四）依法严惩危害水生生物资源的单位犯罪。水产品交易公司、餐饮公司等单位实施本意见规定的行为，构成单位犯罪的，依照本意见规定的定罪量刑标准，对直接负责的主管人员和其他直接责任人员定罪处罚，并对单位判处罚金。

（五）依法严惩危害水生生物资源的渎职犯罪。对长江流域重点水域水生生物资源保护负有监督管理、行政执法职责的国家机关工作人员，滥用职权或者玩忽职守，致使公共财产、国家和人民利益遭受重大损失的，应当依照刑法第三百九十七条的规定，以滥用职权罪或者玩忽职守罪定罪处罚。

负有查禁破坏水生生物资源犯罪活动职责的国家机关工作人员，向犯罪分子通风报信、提供便利，帮助犯罪分子逃避处罚的，应当依照刑法第四百一十七条的规定，以帮助犯罪分子逃避处罚罪定罪处罚。

相关执法参考	相关法律法规（5）	（六）依法严惩危害水生生物资源的违法行为。实施上述行为，不构成犯罪的，由农业农村（渔政）部门等依据《渔业法》等法律法规予以行政处罚；构成违反治安管理行为的，由公安机关依法给予治安管理处罚。 （七）贯彻落实宽严相济刑事政策。多次实施本意见规定的行为构成犯罪，依法应当追诉的，或者二年内二次以上实施本意见规定的行为未经处理的，数量数额累计计算。 实施本意见规定的犯罪，具有下列情形之一的，从重处罚：（1）暴力抗拒、阻碍国家机关工作人员依法履行职务，尚未构成妨害公务罪的；（2）二年内曾因实施本意见规定的行为受过处罚的；（3）对长江生物资源或水域生态造成严重损害的；（4）具有造成重大社会影响等恶劣情节的。具有上述情形的，一般不适用不起诉、缓刑、免予刑事处罚。 非法捕捞水产品，根据渔获物的数量、价值和捕捞方法、工具等情节，认为对水生生物资源危害明显较轻的，可以认定为犯罪情节轻微，依法不起诉或者免予刑事处罚，但是曾因破坏水产资源受过处罚的除外。 非法猎捕、收购、运输、出售珍贵、濒危水生野生动物，尚未造成动物死亡，综合考虑行为手段、主观罪过、犯罪动机、获利数额、涉案水生生物的濒危程度、数量价值以及行为人的认罪悔罪态度、修复生态环境情况等情节，认为适用本意见规定的定罪量刑标准明显过重的，可以结合具体案件的实际情况依法作出妥当处理，确保罪责刑相适应。 三、健全完善工作机制，保障相关案件的办案效果 （一）做好退捕转产工作。根据有关规定，对长江流域捕捞渔民按照国家和所在地相关政策开展退捕转产，重点区域分类实行禁捕。要按照中央要求，加大投入力度，落实相关补助资金，根据渔民具体情况，分类施策、精准帮扶，通过发展产业、务工就业、支持创业、公益岗位等多种方式促进渔民转产就业，切实维护退捕渔民的权益，保障退捕渔民的生计。 （二）加强禁捕行政执法工作。长江流域各级农业农村（渔政）部门要加强禁捕宣传教育引导，对重点水域禁捕区域设立标志，建立"护渔员"协管巡护制度，不断提高人防技防水平，确保禁捕制度顺利实施。要强化执法队伍和能力建设，严格执法监管，加快配备禁捕执法装备设施，加大行政执法和案件查处力度，有效落实长江禁捕要求。对非法捕捞涉及的无船名船号、无船籍港、无船舶证书的船舶，要完善处置流程，依法予以没收、拆解、处置。要加大对制销禁用渔具等违法行为的查处力度，对制造、销售禁用渔具的，依法没收禁用渔具和违法所得，并予以罚款。要加强与相关部门协同配合，强化禁捕水域周边区域管理和行政执法，加强水产品交易市场、餐饮行业管理，依法依规查处非法捕捞和收购、加工、销售、利用非法渔获物等行为，斩断地下产业链。要加强行政执法与刑事司法衔接，对于涉嫌犯罪的案件，依法及时向公安机关移送。对水生生物资源保护负有监管职责的行政机关违法行使职权或者不作为，致使国家利益或者社会公共利益受到侵害的，检察机关可以依法提起行政公益诉讼。 （三）全面收集涉案证据材料。对于农业农村（渔政）部门等行政机关在行政执法和查办案件过程中收集的物证、书证、视听资料、电子数据等证据材料，在刑事诉讼或者公益诉讼中可以作为证据使用。农业农村（渔政）部门等行政机关和公安机关要依法及时、全面收集与案件相关的各类证据，并依法进行录音录像，为案件的依法处理奠定事实根基。对于涉案船只、捕捞工具、渔获物等，应当在采取拍照、录音录像、称重、提取样品等方式固定证据后，依法妥善保管；公安机关保管有困难的，可以委托农业农村（渔政）部门保管；对于需要放生的渔获物，可以在固定证据后先行放生；对于已死亡且不宜长期保存的渔获物，可以由农业农村（渔政）部门采取捐赠捐献用于科研、公益事业或者销毁等方式处理。 （四）准确认定相关专门性问题。对于长江流域重点水域禁捕范围（禁捕区域和时

相关执法参考	相关法律法规（5）	间），依据农业农村部关于长江流域重点水域禁捕范围和时间的有关通告确定。涉案渔获物系国家重点保护的珍贵、濒危水生野生动物的，动物及其制品的价值可以根据国务院野生动物保护主管部门综合考虑野生动物的生态、科学、社会价值制定的评估标准和方法核算。其他渔获物的价值，根据销赃数额认定；无销赃数额、销赃数额难以查证或者根据销赃数额认定明显偏低的，根据市场价格核算；仍无法认定的，由农业农村（渔政）部门认定或者由有关价格认证机构作出认证并出具报告。对于涉案的禁捕区域、禁捕时间、禁用方法、禁用工具、渔获物品种以及对水生生物资源的危害程度等专门性问题，由农业农村（渔政）部门于二个工作日以内出具认定意见；难以确定的，由司法鉴定机构出具鉴定意见，或者由农业农村部指定的机构出具报告。 （五）正确认定案件事实。要全面审查与定罪量刑有关的证据，确保据以定案的证据均经法定程序查证属实，确保综合全案证据，对所认定的事实排除合理怀疑。既要审查犯罪嫌疑人、被告人的供述和辩解，更要重视对相关物证、书证、证人证言、视听资料、电子数据等其他证据的审查判断。对于携带相关工具但是否实施电鱼、毒鱼、炸鱼等非法捕捞作业，是否进入禁捕水域范围以及非法捕捞渔获物种类、数量等事实难以直接认定的，可以根据现场执法音视频记录、案发现场周边视频监控、证人证言等证据材料，结合犯罪嫌疑人、被告人的供述和辩解等，综合作出认定。 （六）强化工作配合。人民法院、人民检察院、公安机关、农业农村（渔政）部门要依法履行法定职责，分工负责，互相配合，互相制约，确保案件顺利移送、侦查、起诉、审判。对于阻挠执法、暴力抗法的，公安机关要依法及时处置，确保执法安全。犯罪嫌疑人、被告人自愿如实供述自己的罪行，承认指控的犯罪事实，愿意接受处罚的，可以依法从宽处理；对于犯罪情节轻微，依法不需要判处刑罚或者免除刑罚的，人民检察院可以作出不起诉决定。对于实施危害水生生物资源的行为，致使社会公共利益受到侵害的，人民检察院可以依法提起民事公益诉讼。对于人民检察院作出不起诉决定、人民法院作出无罪判决或者免予刑事处罚，需要行政处罚的案件，由农业农村（渔政）部门等依法给予行政处罚。 （七）加强宣传教育。人民法院、人民检察院、公安机关、农业农村（渔政）部门要认真落实"谁执法谁普法"责任制，结合案件办理深入细致开展法治宣传教育工作。要选取典型案例，以案释法，加大警示教育，震慑违法犯罪分子，充分展示依法惩治长江流域非法捕捞等违法犯罪、加强水生生物资源保护和水域生态保护修复的决心。要引导广大群众遵纪守法，依法支持和配合禁捕工作，为长江流域重点水域禁捕的顺利实施营造良好的法治和社会环境。
	相关法律法规（6）	关于依法惩治非法野生动物交易犯罪的指导意见（节录） （最高人民法院、最高人民检察院、公安部、司法部2020年12月18日印发　公通字〔2020〕19号） 　　为依法惩治非法野生动物交易犯罪，革除滥食野生动物的陋习，有效防范重大公共卫生风险，切实保障人民群众生命健康安全，根据有关法律、司法解释的规定，结合侦查、起诉、审判实践，制定本意见。 　　一、依法严厉打击非法猎捕、杀害野生动物的犯罪行为，从源头上防控非法野生动物交易。 　　非法猎捕、杀害国家重点保护的珍贵、濒危野生动物，符合刑法第三百四十一条第一款规定的，以非法猎捕、杀害珍贵、濒危野生动物罪定罪处罚。 　　违反狩猎法规，在禁猎区、禁猎期或者使用禁用的工具、方法进行狩猎，破坏野生动物资源，情节严重，符合刑法第三百四十一条第二款规定的，以非法狩猎罪定罪处罚。 　　违反保护水产资源法规，在禁渔区、禁渔期或者使用禁用的工具、方法捕捞水产品，情节严重，符合刑法第三百四十条规定的，以非法捕捞水产品罪定罪处罚。

| 相关执法参考 | 相关法律法规(6) | 四、二次以上实施本意见第一条至第三条规定的行为构成犯罪，依法应当追诉的，或者二年内二次以上实施本意见第一条至第三条规定的行为未经处理的，数量、数额累计计算。
五、明知他人实施非法野生动物交易行为，有下列情形之一的，以共同犯罪论处：
（一）提供贷款、资金、账号、车辆、设备、技术、许可证件的；
（二）提供生产、经营场所或者运输、仓储、保管、快递、邮寄、网络信息交互等便利条件或者其他服务的；
（三）提供广告宣传等帮助行为的。
六、对涉案野生动物及其制品价值，可以根据国务院野生动物保护主管部门制定的价值评估标准和方法核算。对野生动物制品，根据实际情况予以核算，但核算总额不能超过该种野生动物的整体价值。具有特殊利用价值或者导致动物死亡的主要部分，核算方法不明确的，其价值标准最高可以按照该种动物整体价值标准的80%予以折算，其他部分价值标准最高可以按整体价值标准的20%予以折算，但是按照上述方法核算的价值明显不当的，应当根据实际情况妥当予以核算。核算价值低于实际交易价格的，以实际交易价格认定。
根据前款规定难以确定涉案野生动物及其制品价值的，依据下列机构出具的报告，结合其他证据作出认定：
（一）价格认证机构出具的报告；
（二）国务院野生动物保护主管部门、国家濒危物种进出口管理机构、海关总署等指定的机构出具的报告；
（三）地、市级以上人民政府野生动物保护主管部门、国家濒危物种进出口管理机构的派出机构、直属海关等出具的报告。
七、对野生动物及其制品种属类别，非法捕捞、狩猎的工具、方法，以及对野生动物资源的损害程度、食用涉案野生动物对人体健康的危害程度等专门性问题，可以由野生动物保护主管部门、侦查机关或者有专门知识的人依据现场勘验、检查笔录等出具认定意见。难以确定的，依据司法鉴定机构出具的鉴定意见，或者本意见第六条第二款所列机构出具的报告，结合其他证据作出认定。
八、办理非法野生动物交易案件中，行政执法部门依法收集的物证、书证、视听资料、电子数据等证据材料，在刑事诉讼中可以作为证据使用。
对不易保管的涉案野生动物及其制品，在做好拍摄、提取检材或者制作足以反映原物形态特征或者内容的照片、录像等取证工作后，可以移交野生动物保护主管部门及其指定的机构依法处置。对存在或者可能存在疫病的野生动物及其制品，应立即通知野生动物保护主管部门依法处置。
九、实施本意见规定的行为，在认定是否构成犯罪以及裁量刑罚时，应当考虑涉案动物是否系人工繁育、物种的濒危程度、野外存活状况、人工繁育情况、是否列入国务院野生动物保护主管部门制定的人工繁育国家重点保护野生动物名录，以及行为手段、对野生动物资源的损害程度、食用涉案野生动物对人体健康的危害程度等情节，综合评估社会危害性，确保罪责刑相适应。相关定罪量刑标准明显不适宜的，可以根据案件的事实、情节和社会危害程度，依法作出妥当处理。
十、本意见自下发之日起施行。 |
| | 相关法律法规(7) | 关于审理发生在我国管辖海域相关案件若干问题的规定（一）（节录）
（2015年12月28日最高人民法院审判委员会第1674次会议通过，2016年8月1日印发，自2016年8月2日起施行，法释〔2016〕16号）
第一条 本规定所称我国管辖海域，是指中华人民共和国内水、领海、毗连区、专属经济区、大陆架，以及中华人民共和国管辖的其他海域。 |

相关执法参考	相关法律法规（7）	第二条　中国公民或组织在我国与有关国家缔结的协定确定的共同管理的渔区或公海从事捕捞等作业的，适用本规定。 第三条　中国公民或者外国人在我国管辖海域实施非法猎捕、杀害珍贵濒危野生动物或者非法捕捞水产品等犯罪的，依照我国刑法追究刑事责任。 第七条　本规定施行后尚未审结的案件，适用本规定；本规定施行前已经终审，当事人申请再审或者按照审判监督程序决定再审的案件，不适用本规定。 第八条　本规定自2016年8月2日起施行。
	相关法律法规（8）	关于审理发生在我国管辖海域相关案件若干问题的规定（二）（节录） （2016年5月9日最高人民法院审判委员会第1682次会议通过，2016年8月1日印发，自2016年8月2日起施行，法释〔2016〕17号） 第四条　违反保护水产资源法规，在海洋水域，在禁渔区、禁渔期或者使用禁用的工具、方法捕捞水产品，具有下列情形之一的，应当认定为刑法第三百四十条规定的"情节严重"： （一）非法捕捞水产品一万公斤以上或者价值十万元以上的； （二）非法捕捞有重要经济价值的水生动物苗种、怀卵亲体二千公斤以上或者价值二万元以上的； （三）在水产种质资源保护区内捕捞水产品二千公斤以上或者价值二万元以上的； （四）在禁渔区内使用禁用的工具或者方法捕捞的； （五）在禁渔期内使用禁用的工具或者方法捕捞的； （六）在公海使用禁用渔具从事捕捞作业，造成严重影响的； （七）其他情节严重的情形。 第八条　实施破坏海洋资源犯罪行为，同时构成非法捕捞罪、非法猎捕、杀害珍贵、濒危野生动物罪、组织他人偷越国（边）境罪、偷越国（边）境罪等犯罪的，依照处罚较重的规定定罪处罚。 有破坏海洋资源犯罪行为，又实施走私、妨害公务等犯罪的，依照数罪并罚的规定处理。
	相关法律法规（9）	《关于长江流域重点水域禁捕范围和时间的通告》 （2019年12月27日农业农村部通告〔2019〕4号） 根据《中华人民共和国渔业法》《国务院办公厅关于加强长江水生生物保护工作的意见》（国办发〔2018〕95号）和《农业农村部　财政部　人力资源社会保障部关于印发〈长江流域重点水域禁捕和建立补偿制度实施方案〉的通知》（农长渔发〔2019〕1号）等有关规定，长江流域捕捞渔民按照国家和所在地相关政策开展退捕转产，重点水域分类实行禁捕，现将相应范围和时间通告如下。 一、水生生物保护区 《农业部关于公布率先全面禁捕长江流域水生生物保护区名录的通告》（农业部通告〔2017〕6号）公布的长江上游珍稀特有鱼类国家级自然保护区等332个自然保护区和水产种质资源保护区，自2020年1月1日0时起，全面禁止生产性捕捞。有关地方政府或渔业主管部门宣布在此之前实行禁捕的，禁捕起始时间从其规定。 今后长江流域范围内新建立的以水生生物为主要保护对象的自然保护区和水产种质资源保护区，自建立之日起纳入全面禁捕范围。 二、干流和重要支流 长江干流和重要支流是指《农业部关于调整长江流域禁渔期制度的通告》（农业部通告〔2015〕1号）公布的有关禁渔区域，即青海省曲麻莱县以下至长江河口（东经122°、北纬31°36′30″、北纬30°54′之间的区域）的长江干流江段；岷江、沱江、赤水河、嘉陵江、乌江、汉江等重要通江河流在甘肃省、陕西省、云南省、贵州省、四川省、重庆市、

相关执法参考	相关法律法规（9）	湖北省境内的干流江段；大渡河在青海省和四川省境内的干流河段；以及各省确定的其他重要支流。 长江干流和重要支流除水生生物自然保护区和水产种质资源保护区以外的天然水域，最迟自 2021 年 1 月 1 日 0 时起实行暂定为期 10 年的常年禁捕，期间禁止天然渔业资源的生产性捕捞。鼓励有条件的地方在此之前实施禁捕。有关地方政府或渔业主管部门宣布在此之前实行禁捕的，禁捕起始时间从其规定。 三、大型通江湖泊 鄱阳湖、洞庭湖等大型通江湖泊除水生生物自然保护区和水产种质资源保护区以外的天然水域，由有关省级渔业主管部门划定禁捕范围，最迟自 2021 年 1 月 1 日 0 时起，实行暂定为期 10 年的常年禁捕，期间禁止天然渔业资源的生产性捕捞。鼓励有条件的地方在此之前实施禁捕。有关地方政府或渔业主管部门宣布在此之前实行禁捕的，禁捕起始时间从其规定。 四、其他重点水域 与长江干流、重要支流、大型通江湖泊连通的其他天然水域，由省级渔业行政主管部门确定禁捕范围和时间。 五、专项（特许）捕捞 禁捕期间，因育种、科研、监测等特殊需要采集水生生物的，或在通江湖泊、大型水库针对特定渔业资源进行专项（特许）捕捞的，由有关省级渔业主管部门根据资源状况制定管理办法，对捕捞品种、作业时间、作业类型、作业区域、准用网具和捕捞限额等作出规定，报农业农村部批准后组织实施。专项（特许）捕捞作业需要跨越省级管辖水域界限的，由交界水域有关省级渔业主管部门协商管理。 在特定水域开展增殖渔业资源的利用和管理，由省级渔业主管部门另行规定并组织实施，避免对禁捕管理产生不利影响。 六、执法监督管理 在长江流域重点水域禁捕范围和时间内违法从事天然渔业资源捕捞的，依照《渔业法》和《刑法》关于禁渔区、禁渔期的规定处理。 长江流域各级渔业主管部门应当在各级人民政府的领导下，加强与相关部门协同配合，建立"护鱼员"协管巡护制度，加强禁捕宣传教育引导，强化执法队伍和能力建设，严格渔政执法监督，确保长江流域重点水域禁捕制度顺利实施。 各级渔业主管部门应当对在长江流域重点水域禁捕范围和时间内从事娱乐性游钓和休闲渔业活动进行规范管理，避免对禁捕管理和资源保护产生不利影响。 七、其他事项 本通告自 2020 年 1 月 1 日 0 时起实施。原《农业部关于调整长江流域禁渔期制度的通告》（农业部通告〔2015〕1 号）自 2021 年 1 月 1 日 0 时起废止，原通告规定的淮河干流河段禁渔期制度，在我部另行规定前继续按照每年 3 月 1 日 0 时至 6 月 30 日 24 时执行。
	相关法律法规（10）	《关于做好全面实施海洋捕捞网具最小网目尺寸制度准备工作的通知》 （2003 年 6 月 24 日农业部农渔发〔2003〕23 发布，自 2004 年 7 月 1 日起施行） 沿海各省、自治区、直辖市渔业主管厅（局），各海区渔政渔港监督管理局： 近年来，沿海地区使用不符合网目尺寸标准的网具从事捕捞活动的现象日趋严重，严重破坏了海洋生物资源。不少渔民因使用不符合中日、中韩渔业协定规定的网具在他国专属经济区作业被抓扣、处罚，引发涉外渔业案件，不仅造成了不必要的经济损失，也影响了双边协定的正常实施。为贯彻实施《渔业法》，控制捕捞强度，保护和合理利用渔业资源，我部决定自 2004 年 7 月 1 日起全面实施海洋捕捞网具最小网目尺寸制度。现将有关事项通知如下：

| 相关执法参考 | 相关法律法规(10) | 一、执行标准
（一）拖网
东海、黄海区拖网网囊最小网目尺寸：54 毫米（GB 11779—1989）。
南海区（含北部湾）拖网网囊最小网目尺寸：39 毫米（GB 11780—1989）。
（二）流刺网
东海、黄海、渤海银鲳流刺网最小网目尺寸：137 毫米（SC 119—1983）。
东海、黄海鳓鱼流刺网最小网目尺寸：90 毫米（SC 120—1983）。
东海、黄海、渤海蓝点马鲛流刺网最小网目尺寸：90 毫米（SC 121—1983）。
（三）有翼张网
主捕带鱼的有翼张网网囊最小网目尺寸：50 毫米（SC 4013—1995）。
以上网具网目尺寸的表示和测量方法分别按国家标准和行业标准（附后）执行。有关其他网具的最小网目尺寸标准，我部将适时公布。
二、时间安排
2004 年 7 月 1 日起全面实施最小网目尺寸制度。本文下发之日起至 2004 年 6 月 30 日为实施过渡期。
三、管理要求
（一）过渡期间，由网具所有者、使用者自行按网目尺寸标准对现有网具进行全面清理和调整。凡小于上述网目尺寸标准的网具或网具部位，应在 2004 年 7 月 1 日前更换。
（二）从 2004 年 7 月 1 日起，禁止使用低于最小网目尺寸的网具从事渔业生产。凡使用低于最小网目尺寸网具从事渔业生产的，由各级渔业行政执法机构依据《渔业法》第三十八条及其他相关法规予以处罚。
（三）从本文下发之日起，各级《渔业捕捞许可证》核发机构在核准捕捞渔船的渔具规格和种类时，属国家或地方已公布的最小网目尺寸标准的网具，必须按规定核定并填写相应内容，不得为空白。
（四）因科研等特殊需要，使用低于最小网目尺寸的网具从事捕捞作业的，需报经我部批准同意，取得《专项（特许）渔业捕捞许可证》后方可进行。
（五）制造、销售禁用渔具的，依照《渔业法》第三十八条规定予以处罚。
四、工作要求
（一）提高认识，加强领导。全面实施捕捞网具最小网目尺寸制度，是贯彻实施《渔业法》的又一项重大举措，将为控制捕捞强度、保护幼鱼资源、促进捕捞业可持续发展发挥重大作用。各级渔业行政主管部门及其渔政渔港监督管理机构务必从实施渔业可持续发展战略高度，提高认识，加强实施该制度的组织领导工作，按照我部要求认真落实好有关实施最小网目尺寸制度的宣传、培训等各项前期准备工作，将实施最小网目尺寸制度作为渔业管理的重点工作进行部署，为全面实施该制度奠定坚实基础。
（二）广泛宣传，全面动员。实施最小网目尺寸制度，涉及沿海所有使用网具从事捕捞作业的渔船，技术、政策性较强。各级渔业行政主管部门及渔政渔港监督管理机构要在 2004 年 7 月 1 日前开展实施最小网目尺寸制度的宣传发动工作，让广大渔民全面了解各种网目尺寸的标准和实施最小网目尺寸制度的意义。我部近期将印发通告。
2003 年下半年是宣传发动工作的关键阶段。各级渔业行政主管部门要利用 2003 年伏季休渔期间渔船集中靠岸的有利时机，开展实施最小网目尺寸制度的宣传工作，广泛张贴通告，散发宣传材料，举办培训班，为全面实施该制度营造良好氛围。
（三）加强培训，提高素质。沿海各级渔业执法人员要加强最小网目尺寸相关知识的学习，熟悉、掌握网目尺寸的表示和测量方法，必要时，有关渔业行政主管部门要组织专家对所属的渔业执法人员进行专门的技术培训，确保一线渔业执法人员在 2003 年 9 月 1 日前，其他渔业执法人员在 2003 年年底前熟悉掌握所有最小网目尺寸的国家标准和行业 |

		标准的规定。
相关执法参考	相关法律法规（10）	有关实施最小网目尺寸制度相关的渔业执法检查等工作，我部将另行通知。 附件：有关拖网网囊、流刺网、张网网囊最小网目尺寸标准 附件： 中华人民共和国国家标准 东海、黄海区拖网网囊最小网目尺寸 GB 11779—1989 The minimum mesh size of the trawl cod-end in the East China Sea and Yellow Sea 1 主题内容与适用范围 本标准规定了东海、黄海区底拖网网囊的最小网目尺寸。 本标准适用于在东海、黄海禁渔区线以外的大陆架渔场，由机动渔船捕鱼作业时所使用的双船底层有翼单囊拖网。 2 引用标准 GB 3938 渔具材料基本名词术语 GB 6964 渔网网目尺寸测量方法 GB 6965 网目尺寸测量用的预加张力 3 最小网目尺寸 3.1 拖网网囊最小网目尺寸为 54mm。 3.2 网目尺寸系指捕捞生产中使用单层网囊结构的网目尺寸。 4 网目尺寸的表示方法和测量方法 4.1 用网目内径表示网目尺寸 4.2 按照 GB 3938 中的第 4.5.3 条规定，网目内径指当网目充分拉直而不伸长时，其两个对角网结（或连接点）内缘之间的距离。 4.3 网目内径测量方法按照 GB 6964 规定，采用符合法定计量单位制的游标卡尺，每次逐目测量相邻 5 目的网目内径，其算术平均值为该次测量的网目内径。测量次数不少于 5 次，该片的网目内径由其算术平均值确定。 4.4 测量网目尺寸的预加张力，按照 GB 6965 规定，应等于相同材料、规格网线的 $250\pm25m$ 长度的自重。 附加说明： 本标准由中华人民共和国农业部提出，由中国水产科学研究院东海水产研究所归口。 本标准由中国水产科学研究院东海水产研究所、黄海水产研究所共同负责起草。 本标准主要起草人王明彦、芮少麟、徐宝生、郁丘峰、项忆军。 中华人民共和国国家标准 南海区拖网网囊最小网目尺寸 GB 11780—1989 The minimum mesh size of the trawl cod-end in South China Sea 1 主题内容与适用范围 本标准规定了南海区底拖网网囊最小网目尺寸。 本标准适用于南海区（包括北部湾）禁渔区线以外的大陆架渔场，单船 294.2kW 以上机动渔船捕鱼作业的底层有翼单囊拖网。 2 引用标准 GB 3938 渔具材料基本名词术语 GB 6964 渔网网目尺寸测量方法 GB 6965 目尺寸测量用的预加张力

| 相关执法参考 | 相关法律法规（10） | 3 最小网目尺寸
3.1 拖网网囊最小网目尺寸为 39mm。
3.2 网目尺寸系指捕捞生产中使用的网囊网目尺寸。
4 网目尺寸的表示方法和测量方法
4.1 用网目内径表示网目尺寸。
4.2 按照 GB 3938 中 4.5.3 规定，网目内径系指当网目充分拉直而不伸长时，其两个对角网结（或连接点）内缘之间的距离。
4.3 网目内径测量方法按照 GB 6964 规定，采用符合法定计量单位制的游标卡尺，每次逐目测量相邻 5 目的网目内径，其算术平均值为该次测量的网目内径。测量次数不少于 5 次，该网片的网目内径，由其算术平均值确定。
4.4 测量网目尺寸时的预加张力，按照 GB 6965 规定，应等于相同材料、规格网线的 25025m 长度的自重。
附加说明：
本标准由农业部提出，由中国水产科学研究院东海水产研究所归口。
本标准由中国水产科学研究院南海水产研究所负责起草。
本标准主要起草人傅尚郁。
中华人民共和国农牧渔业部部标准
SC 113—1983
银鲳流刺网最小网目尺寸
本标准适用于在东海、黄海、渤海捕捞银鲳使用的流刺网具。
1 最小网目尺寸
1.1 网目尺寸系指捕捞生产中使用网片的网目尺寸。
1.2 银鲳流刺网最小网目尺寸为 137mm。
2 网目尺寸的表示方法和测量方法
2.1 用网目长度表示网目尺寸。
2.2 按照 GB 3938—1983《渔具材料基本名词术语》中 4.5.2 规定，网目长度即网目沿纵向（N 向）拉直时，两个对角结中心之间的距离。
2.3 网目尺寸测量方法，用硬质直尺侧两纵向拉直的网目，每次测量相连 5 目的长度取其 1/5 即为该次测量的网目长度；应在同一网片的不同部位测量 5 次以上，取算术平均值为该网片网目尺寸。
附加说明：
本标准由农牧渔业部水产局提出，由东海水产研究所归口。
本标准由江苏省海洋水产研究所负责起草。
本标准主要起草人濮皓农。
中华人民共和国农牧渔业部部标准
SC 113—1983
鳓鱼流刺网最小网目尺寸
本标准适用于在东海、黄海捕捞鳓鱼使用的流刺网具。
1 最小网目尺寸
1.1 网目尺寸系指捕捞生产中使用网片的网目尺寸。
1.2 鳓鱼流刺网最小网目尺寸为 90mm。
2 网目尺寸的表示方法和测量方法
2.1 用网目长度表示网目尺寸。
2.2 按照 GB 3938—1983《渔具材料基本名词术语》中 4.5.2 规定，网目长度即网目沿纵向（N 向）拉直时，两个对角结中心之间的距离。 |

2.3 网目尺寸测量方法，用硬质直尺侧两纵向拉直的网目，每次测量相连 5 目的长度取其 1/5 即为该次测量的网目长度；应在同一网片的不同部位测量 5 次以上，取算术平均值为该网片网目尺寸。

附加说明：
本标准由农牧渔业部水产局提出，由东海水产研究所归口。
本标准由江苏省海洋水产研究所负责起草。
本标准主要起草人黄伶俐。
中华人民共和国农牧渔业部部标准
SC 113—1983
蓝点马鲛流刺网最小网目尺寸
本标准适用于在东海、黄海和渤海捕捞蓝点马鲛使用的流刺网具。
1 最小网目尺寸
1.1 网目尺寸系指捕捞生产中使用网片的网目尺寸。
1.2 蓝点马鲛流刺网最小网目尺寸为 90mm。
2 网目尺寸的表示方法和测量方法
2.1 用网目长度表示网目尺寸。
2.2 按照 GB 3938—1983《渔具材料基本名词术语》中 4.5.2 规定，网目长度即网目沿纵向（N 向）拉直时，两个对角结中心之间的距离。
2.3 网目尺寸测量方法，用硬质直尺侧两纵向拉直的网目，每次测量相连 5 目的长度取其 1/5 即为该次测量的网目长度；应在同一网片的不同部位测量 5 次以上，取算术平均值为该网片网目尺寸。

附加说明：
本标准由农牧渔业部水产局提出，由东海水产研究所归口。
本标准由黄海水产研究所负责起草。
本标准主要起草人凌德宝。
中华人民共和国水产行业标准
SC 4013—1995
有翼张网网囊最小网目尺寸
1 主题内容与适用范围
本标准规定了有翼张网网囊最小网目尺寸。
本标准适用于在渔获物中以带鱼为主时的有翼张网。
2 引用标准
GB 6964 渔网网目尺寸测量方法
GB 6965 网目尺寸测量用的预加张力
3 最小网目尺寸
3.1 有翼张网网囊最小网目尺寸为 50mm。
3.2 网目尺寸系指捕捞生产中使用的单层网囊结构的网目尺寸。
4 网目尺寸的表示方法和测量方法
4.1 网目尺寸表示方法，用网目内径表示。
4.2 网目尺寸测量方法应符合 GB 6964 和 GB 6965 的规定。
附加说明
本标准由农业部渔业局提出。
本标准由全国水产标准化技术委员会渔具分技术委员会归口。
本标准由中国水产科学研究院东海水产研究所负责起草。
本标准主要起草人宋广谱。

| 相关执法参考 | 相关法律法规(11) | 《渔业法》（节录）
（1986年1月20日第六届全国人民代表大会常务委员会第十四次会议通过，根据2000年10月31日第九届全国人民代表大会常务委员会第十八次会议《关于修改〈中华人民共和国渔业法〉的决定》第一次修正，根据2004年8月28日第十届全国人民代表大会常务委员会第十一次会议《关于修改〈中华人民共和国渔业法〉的决定》第二次修正，根据2009年8月27日第十一届全国人民代表大会常务委员会第十次会议《关于修改部分法律的决定》第三次修正，根据2013年12月28日第十二届全国人民代表大会常务委员会第六次会议《关于修改〈中华人民共和国海洋环境保护法〉等七部法律的决定》第四次修正）

第二条　在中华人民共和国的内水、滩涂、领海、专属经济区以及中华人民共和国管辖的一切其他海域从事养殖和捕捞水生动物、水生植物等渔业生产活动，都必须遵守本法。

第三十八条　使用炸鱼、毒鱼、电鱼等破坏渔业资源方法进行捕捞的，违反关于禁渔区、禁渔期的规定进行捕捞的，或者使用禁用的渔具、捕捞方法和小于最小网目尺寸的网具进行捕捞或者渔获物中幼鱼超过规定比例的，没收渔获物和违法所得，处五万元以下的罚款；情节严重的，没收渔具，吊销捕捞许可证；情节特别严重的，可以没收渔船；构成犯罪的，依法追究刑事责任。

在禁渔区或者禁渔期内销售非法捕捞的渔获物的，县级以上地方人民政府渔业行政主管部门应当及时进行调查处理。

制造、销售禁用的渔具的，没收非法制造、销售的渔具和违法所得，并处一万元以下的罚款。

第三十九条　偷捕、抢夺他人养殖的水产品的，或者破坏他人养殖水体、养殖设施的，责令改正，可以处二万元以下的罚款；造成他人损失的，依法承担赔偿责任；构成犯罪的，依法追究刑事责任。

第四十条　使用全民所有的水域、滩涂从事养殖生产，无正当理由使水域、滩涂荒芜满一年的，由发放养殖证的机关责令限期开发利用；逾期未开发利用的，吊销养殖证，可以并处一万元以下的罚款。

未依法取得养殖证擅自在全民所有的水域从事养殖生产的，责令改正，补办养殖证或者限期拆除养殖设施。

未依法取得养殖证或者超越养殖证许可范围在全民所有的水域从事养殖生产，妨碍航运、行洪的，责令限期拆除养殖设施，可以并处一万元以下的罚款。

第四十一条　未依法取得捕捞许可证擅自进行捕捞的，没收渔获物和违法所得，并处十万元以下的罚款；情节严重的，并可以没收渔具和渔船。

第四十二条　违反捕捞许可证关于作业类型、场所、时限和渔具数量的规定进行捕捞的，没收渔获物和违法所得，可以并处五万元以下的罚款；情节严重的，并可以没收渔具，吊销捕捞许可证。

第四十三条　涂改、买卖、出租或者以其他形式转让捕捞许可证的，没收违法所得，吊销捕捞许可证，可以并处一万元以下的罚款；伪造、变造、买卖捕捞许可证，构成犯罪的，依法追究刑事责任。

第四十四条　非法生产、进口、出口水产苗种的，没收苗种和违法所得，并处五万元以下的罚款。

经营未经审定的水产苗种的，责令立即停止经营，没收违法所得，可以并处五万元以下的罚款。

第四十五条　未经批准在水产种质资源保护区内从事捕捞活动的，责令立即停止捕捞，没收渔获物和渔具，可以并处一万元以下的罚款。 |

相关法律法规(11)		第四十六条 外国人、外国渔船违反本法规定，擅自进入中华人民共和国管辖水域从事渔业生产和渔业资源调查活动的，责令其离开或者将其驱逐，可以没收渔获物、渔具，并处五十万元以下的罚款；情节严重的，可以没收渔船；构成犯罪的，依法追究刑事责任。 第四十七条 造成渔业水域生态环境破坏或者渔业污染事故的，依照《中华人民共和国海洋环境保护法》和《中华人民共和国水污染防治法》的规定追究法律责任。 第四十八条 本法规定的行政处罚，由县级以上人民政府渔业行政主管部门或者其所属的渔政监督管理机构决定。但是，本法已对处罚机关作出规定的除外。 在海上执法时，对违反禁渔区、禁渔期的规定或者使用禁用的渔具、捕捞方法进行捕捞，以及未取得捕捞许可证进行捕捞的，事实清楚、证据充分，但是当场不能按照法定程序作出和执行行政处罚决定的，可以先暂时扣押捕捞许可证、渔具或者渔船，回港后依法作出和执行行政处罚决定。 第四十九条 渔业行政主管部门和其所属的渔政监督管理机构及其工作人员违反本法规定核发许可证、分配捕捞限额或者从事渔业生产经营活动的，或者有其他玩忽职守不履行法定义务、滥用职权、徇私舞弊的行为的，依法给予行政处分；构成犯罪的，依法追究刑事责任。
相关执法参考	相关法律法规(12)	《中华人民共和国渔业法实施细则》（节录） （1987年10月14日国务院批准，1987年10月20日农牧渔业部发布，根据2020年3月27日《国务院关于修改和废止部分行政法规的决定》第一次修订，根据2020年11月29日《国务院关于修改和废止部分行政法规的决定》第二次修订） 第二条 《渔业法》及本实施细则中下列用语的含义是： （一）"中华人民共和国的内水"，是指中华人民共和国领海基线向陆一侧的海域和江河、湖泊等内陆水域。 （二）"中华人民共和国管辖的一切其他海域"，是指根据中华人民共和国法律，中华人民共和国缔结、参加的国际条约、协定或者其他有关国际法，而由中华人民共和国管辖的海域。 （三）"渔业水域"，是指中华人民共和国管辖水域中鱼、虾、蟹、贝类的产卵场、索饵场、越冬场、洄游通道和鱼、虾、蟹、贝、藻类及其他水生动植物的养殖场所。 第二十九条 依照《渔业法》第二十八条规定处以罚款的，按下列规定执行： （一）炸鱼、毒鱼的，违反关于禁渔区、禁渔期的规定进行捕捞的，擅自捕捞国家规定禁止捕捞的珍贵水生动物的，在内陆水域处五十元至五千元罚款，在海洋处五百元至五万元罚款； （二）敲𦩴作业的，处一千元至五万元罚款； （三）未经批准使用鱼鹰捕鱼的，处五十元至二百元罚款； （四）未经批准使用电力捕鱼的，在内陆水域处二百元至一千元罚款，在海洋处五百元至三千元罚款； （五）使用小于规定的最小网目尺寸的网具进行捕捞的，处五十元至一千元罚款。 第三十条 依照《渔业法》第二十九条规定处以罚款的，按罚款一千元以下执行。 第三十一条 依照《渔业法》第三十条规定需处以罚款的，按下列规定执行： （一）内陆渔业非机动渔船，处五十元至一百五十元罚款； （二）内陆渔业机动渔船和海洋渔业非机动渔船，处一百元至五百元罚款； （三）海洋渔业机动渔船，处二百元至二万元罚款。 第三十二条 依照《渔业法》第三十一条规定需处以罚款的，按下列规定执行： （一）内陆渔业非机动渔船，处二十五元至五十元罚款； （二）内陆渔业机动渔船和海洋渔业非机动渔船，处五十元至一百元罚款； （三）海洋渔业机动渔船，处五十元至三千元罚款；

相关执法参考	相关法律法规（12）	（四）外海渔船擅自进入近海捕捞的，处三千元至二万元罚款。 第三十三条 买卖、出租或者以其他形式非法转让以及涂改捕捞许可证的，没收违法所得，吊销捕捞许可证，可以并处一百元至一千元罚款。 第三十四条 依照《渔业法》第二十八条、第三十条、第三十一条、第三十二条规定需处以罚款的，对船长或者单位负责人可以视情节另处一百元至五百元罚款。 第三十五条 未按《渔业法》和本实施细则有关规定，采取保护措施，造成渔业资源损失的，围湖造田或未经批准围垦沿海滩涂的，应当依法承担责任。 第三十六条 外商投资的渔业企业，违反本实施细则第十六条规定，没收渔获物和违法所得，可以并处三千元至五万元罚款。 第三十七条 外国人、外国渔船违反《渔业法》第八条规定，擅自进入中华人民共和国管辖水域从事渔业生产或者渔业资源调查活动的，渔业行政主管部门或其所属的渔政监督管理机构应当令其离开或者将其驱逐，并可处以罚款和没收渔获物、渔具。 第三十八条 渔业行政主管部门或其所属的渔政监督管理机构进行处罚时，应当填发处罚决定书；处以罚款及没收渔具、渔获物和违法所得的，应当开具凭证，并在捕捞许可证上载明。 第三十九条 有下列行为之一的，由公安机关依照《中华人民共和国治安管理处罚条例》的规定处罚；构成犯罪的，由司法机关依法追究刑事责任： （一）拒绝、阻碍渔政检查人员依法执行职务的； （二）偷窃、哄抢或者破坏渔具、渔船、渔获物的。 第四十条 渔政检查人员玩忽职守或者徇私枉法的，由其所在单位或者上级主管部门给予行政处分；构成犯罪的，依法追究刑事责任。

二十五、危害珍贵、濒危野生动物罪

罪名	危害珍贵、濒危野生动物罪（《刑法》第341条第1款）
概念	危害珍贵、濒危野生动物罪，是指违反野生动物保护法规，未经许可或不按许可规定，非法猎捕、杀害国家重点保护的珍贵、濒危野生动物的行为，或者非法收购、运输、出售国家重点保护的珍贵、濒危野生动物及其制品的行为。

| 犯罪构成 | 客体 | 本罪侵犯的客体是单一客体，即国家重点保护的珍贵、濒危野生动物资源的管理制度。为了保护珍贵、濒危野生动物，国家颁布了一系列法律、法规。例如，1988年11月8日通过的《野生动物保护法》，1989年1月14日国务院批准、林业部与农业部联合公布的《国家重点保护野生动物名录》，1992年3月1日国务院批准、林业部发布的《陆生野生动物保护实施条例》，1993年10月5日国务院批准、农业部发布的《水生野生动物保护实施条例》。2013年《渔业法》第37条规定，国家对白鳍豚等珍贵、濒危水生野生动物实行重点保护，防止其灭绝。禁止捕杀、伤害国家重点保护的水生野生动物。因科学研究、驯养繁殖、展览或者其他特殊情况，需要捕捞国家重点保护的水生野生动物的，依照《野生动物保护法》的规定执行。上述法律、法规，都从不同角度规定禁止任何单位和个人非法捕杀国家重点保护的野生动物，禁止任何单位和个人破坏野生动物的繁殖场所和生存条件，禁止非法收购、运输、出售珍贵、濒危野生动物及其制品。非法猎捕、杀害国家重点保护的珍贵、濒危野生动物的行为，或者非法收购、运输、出售国家重点保护的珍贵、濒危野生动物及其制品的行为，必然侵害了国家重点保护的珍贵、濒危野生动物资源的管理制度。
本罪的对象是国家重点保护的珍贵、濒危野生动物及其制品，包括陆生野生动物和水生野生动物及其制品，即珍贵、濒危的陆生、水生野生动物和有益的或者有重要经济、科学研究价值的陆生野生动物及其制品。珍贵野生动物指在生态、科学研究、文化艺术、经济及友好交往展出等方面有着重要价值的野生动物。濒危野生动物指濒于灭绝的野生动物。国家对野生动物实行分类分级保护，国家重点保护的珍贵、濒危野生动物分为两级：一级指中国特产、稀有或者濒于灭绝的野生动物；二级指数量较少或者有濒于灭绝危险的野生动物。《国家重点保护野生动物名录》于2021年1月4日经国务院批准，国家林业和草原局、农业农村部（2021年第3号）2021年2月1日公告，于2021年2月5日公布，自2021年2月5日起施行。这是我国根据野生资源变动情况和最新研究成果，32年来首次对名录进行大调整，与原林业部、农业部1989年1月14日首次发布的名录相比，新的国家重点保护野生动物名录明显扩大野生动物保护范围，新增517种（类）野生动物。其中，大斑灵猫等43种列为国家一级保护野生动物，狼等474种（类）列为国家二级保护野生动物。新名录共列入野生动物980种和8类，包括国家一级保护野生动物234种和1类、国家二级保护野生动物746种和7类。其中，686种为陆生野生动物，294种和8类为水生野生动物。所谓国家重点保护的珍贵、濒危野生动物制品，是指对猎捕、杀害或其他途径得到的国家重点保护的珍贵、濒危野生动物进行加工、研制而成的半成品或成品，如肉制品、皮毛制品、标本等。
应当明确的是，我国1980年12月25日加入并于1981年4月8日对我国正式生效的《濒危野生动植物种国际贸易公约附录Ⅰ、附录Ⅱ、附录Ⅲ》所列动物名录中的珍贵、濒危野生动物，原产地在我国境内的国家重点保护的其他珍贵、濒危野生动物，均属本罪对象。《濒危野生动植物种国际贸易公约附录Ⅰ、附录Ⅱ、附录Ⅲ》一共涵盖5000种动物和29000种植物，并分为三类物种而采取不同的管理办法。其中，附录Ⅰ共有892个物种， |

犯罪构成	客体	包括所有受到和可能受到贸易影响而有灭绝危险的物种；附录Ⅱ共有33033个物种，包括所有目前虽未濒临灭绝，但如对其贸易不严加管理，就可能变成有灭绝危险的物种；附录Ⅲ共有161个物种，包括成员国认为属其管辖范围内，应该进行管理以防止或限制开发利用，而需要其他成员国合作控制的物种。《濒危野生动植物种国际贸易公约附录Ⅰ、附录Ⅱ、附录Ⅲ》由缔约国会议商讨决定对附录中的动植物物种作出修改，诸如增加新的物种或移除某一物种，或将一个物种移到另一份附录里。缔约国中的任何成员均有权对附录作出修改。如若修改被质疑，缔约国将在每三年举行一次的缔约国会议上对此进行讨论。第17届缔约方大会于2016年9月在南非约翰内斯堡开幕，通过并更新了濒危野生动植物种国际贸易公约（CITES）公约附录管制物种，该公约附录于2017年1月2日起执行。 因此，中国不仅在保护和管理该公约附录Ⅰ和附录Ⅱ中所包括的野生动植物种方面负有重要的责任，我国相关法律规定，该公约附录Ⅰ、附录Ⅱ中所列的原产地在中国的物种，按《国家重点保护野生动物名录》所规定的保护级别执行，非原产于中国的，根据其在附录中隶属的情况，分别按照国家1级或2级重点保护野生动物进行管理。例如，黑熊在《濒危野生动植物种国际贸易公约》中被列在附录Ⅰ中，但在《国家重点保护野生动物名录》中被列为2级重点保护野生动物，所以应按国家2级重点保护野生动物进行管理；又如非洲鸵鸟并非原产于中国，但被列入《濒危野生动植物种国际贸易公约》附录Ⅰ中，所以应按国家1级重点保护野生动物进行管理。而且中国《国家重点保护野生动物名录》中所规定保护的野生动物，除了公约附录Ⅰ、附录Ⅱ中已经列入的以外，其他均隶属于附录Ⅲ。 还应当明确的是，本罪对象是国家重点保护的珍贵、濒危野生动物，不包括地方重点保护野生动物，除非与国家重点保护的珍贵、濒危野生动物名录重复外。根据《野生动物保护法》第10条规定，地方重点保护野生动物，是指国家重点保护野生动物以外，由省、自治区、直辖市重点保护的野生动物。地方重点保护野生动物名录，由省、自治区、直辖市人民政府组织科学评估后制定、调整并公布。另外，本罪对象也包括动物园中的国家重点保护的珍贵、濒危野生动物，因为根据相关法律规定，野生动物资源属于国家所有，国家动用刑事举措来保护珍贵、濒危野生动物并非基于野生动物的财产属性而是基于其环境功能属性，并且应当是基于持续永恒的全球生态系统来统筹考量，将动物园"人工饲养"的珍贵、濒危野生动物视为非野生动物，是"暂时"的虚假的财产属性凸显而造成的错像而已，珍贵、濒危野生动物的野生属性本质上不因人类干预而丧失，除非像狗、马等动物长期驯化而不再具备野生属性。
	客观方面	本罪在客观方面表现为违反野生动物保护法规，未经许可或不按许可规定，非法猎捕、杀害国家重点保护的珍贵、濒危野生动物的行为，或者非法收购、运输、出售国家重点保护的珍贵、濒危野生动物及其制品的行为。包括两点： 1. 违反野生动物保护法规。《野生动物保护法》第20条规定，在相关自然保护区域和禁猎（渔）区、禁猎（渔）期内，禁止猎捕以及其他妨碍野生动物生息繁衍的活动，但法律法规另有规定的除外。野生动物迁徙洄游期间，在前款规定区域外的迁徙洄游通道内，禁止猎捕并严格限制其他妨碍野生动物生息繁衍的活动。迁徙洄游通道的范围以及妨碍野生动物生息繁衍活动的内容，由县级以上人民政府或者其野生动物保护主管部门规定并公布。第21条规定第1款规定，禁止猎捕、杀害国家重点保护野生动物。《陆生野生动物保护实施条例》第11条规定，禁止猎捕、杀害国家重点保护野生动物。有下列情形之一，需要猎捕国家重点保护野生动物的，必须申请特许猎捕证：（1）为进行野生动物科学考察、资源调查，必须猎捕的；（2）为驯养繁殖国家重点保护野生动物，必须从野外获取种源的；（3）为承担省级以上科学研究项目或者国家医药生产任务，必须从野外获取国家重点保护野生动物的；（4）为宣传、普及野生动物知识或者教学、展览的需要，必须从野外获取国家重点保护野生动物的；（5）因国事活动的需要，必须从野外获取国

犯罪构成	客观方面	家重点保护野生动物的；（6）为调控国家重点保护野生动物种群数量和结构，经科学论证必须猎捕的；（7）因其他特殊情况，必须捕捉、猎捕国家重点保护野生动物的。《水生野生动物保护实施条例》第12条规定，禁止捕捉、杀害国家重点保护的水生野生动物。有下列情形之一，确需捕捉国家重点保护的水生野生动物的，必须申请特许捕捉证：（1）为进行水生野生动物科学考察、资源调查，必须捕捉的；（2）为驯养繁殖国家重点保护的水生野生动物，必须从自然水域或者场所获取种源的；（3）为承担省级以上科学研究项目或者国家医药生产任务，必须从自然水域或者场所获取国家重点保护的水生野生动物的；（4）为宣传、普及水生野生动物知识或者教学、展览的需要，必须从自然水域或者场所获取国家重点保护的水生野生动物的；（5）因其他特殊情况，必须捕捉的。根据《野生动物保护法》第27条规定，禁止出售、购买、利用国家重点保护野生动物及其制品。因科学研究、人工繁育、公众展示展演、文物保护或者其他特殊情况，需要出售、购买、利用国家重点保护野生动物及其制品的，应当经省、自治区、直辖市人民政府野生动物保护主管部门批准，并按照规定取得和使用专用标识，保证可追溯，但国务院对批准机关另有规定的除外。实行国家重点保护野生动物及其制品专用标识的范围和管理办法，由国务院野生动物保护主管部门规定。出售、利用非国家重点保护野生动物的，应当提供狩猎、进出口等合法来源证明。出售本条第二款、第四款规定的野生动物的，还应当依法附有检疫证明。第30条规定，禁止生产、经营使用国家重点保护野生动物及其制品制作的食品，或者使用没有合法来源证明的非国家重点保护野生动物及其制品制作的食品。禁止为食用非法购买国家重点保护的野生动物及其制品。第33条规定，运输、携带、寄递国家重点保护野生动物及其制品、本法第二十八条第二款规定的野生动物及其制品出县境的，应当持有或者附有本法第二十一条、第二十五条、第二十七条或者第二十八条规定的许可证、批准文件的副本或者专用标识，以及检疫证明。运输非国家重点保护野生动物出县境的，应当持有狩猎、进出口等合法来源证明，以及检疫证明。《陆生野生动物保护实施条例》第24条规定，收购驯养繁殖的国家重点保护野生动物或者其产品的单位，由省、自治区、直辖市人民政府林业行政主管部门商有关部门提出，经同级人民政府或者其授权的单位批准，凭批准文件向工商行政管理部门申请登记注册。依照前款规定经核准登记的单位，不得收购未经批准出售的国家重点保护野生动物或者其产品。第26条规定，禁止在集贸市场出售、收购国家重点保护野生动物或者其产品。持有狩猎证的单位和个人需要出售依法获得的非国家重点保护野生动物或者其产品的，应当按照狩猎证规定的种类、数量向经核准登记的单位出售，或者在当地人民政府有关部门指定的集贸市场出售。第28条规定，运输、携带国家重点保护野生动物或者其产品出县境的，应当凭特许猎捕证、驯养繁殖许可证，向县级人民政府野生动物行政主管部门提出申请，报省、自治区、直辖市人民政府林业行政主管部门或者其授权的单位批准。动物园之间因繁殖动物，需要运输国家重点保护野生动物的，可以由省、自治区、直辖市人民政府林业行政主管部门授权同级建设行政主管部门审批。《水生野生动物保护实施条例》第18条规定，禁止出售、收购国家重点保护的水生野生动物或者其产品。因科学研究、驯养繁殖、展览等特殊情况，需要出售、收购、利用国家一级保护水生野生动物或者其产品的，必须向省、自治区、直辖市人民政府渔业行政主管部门提出申请，经其签署意见后，报国务院渔业行政主管部门批准；需要出售、收购、利用国家二级保护水生野生动物或者其产品的，必须向省、自治区、直辖市人民政府渔业行政主管部门提出申请，并经其批准。第20条规定，运输、携带国家重点保护的水生野生动物或者其产品出县境的，应当凭特许捕捉证或者驯养繁殖许可证，向县级人民政府渔业行政主管部门提出申请，报省、自治区、直辖市人民政府渔业行政主管部门或者其授权的单位批准。动物园之间因繁殖动物，需要运输国家重点保护的水生野生动物的，可以由省、自治区、直辖市人民政府渔业行政主管部门授权同级建设行政主管部门审批。

犯罪构成	客观方面	2. 实施了未经许可或不按许可规定，非法猎捕、杀害国家重点保护的珍贵、濒危野生动物的行为，或者非法收购、运输、出售国家重点保护的珍贵、濒危野生动物及其制品的行为。《野生动物保护法》第 21 条第 2 款规定，因科学研究、种群调控、疫源疫病监测或者其他特殊情况，需要猎捕国家一级保护野生动物的，应当向国务院野生动物保护主管部门申请特许猎捕证；需要猎捕国家二级保护野生动物的，应当向省、自治区、直辖市人民政府野生动物保护主管部门申请特许猎捕证。《陆生野生动物保护实施条例》第 12 条规定，申请特许猎捕证的程序如下：（1）需要捕捉国家一级保护野生动物的，必须附具申请人所在地和捕捉地的省、自治区、直辖市人民政府林业行政主管部门签署的意见，向国务院林业行政主管部门申请特许猎捕证；（2）需要在本省、自治区、直辖市猎捕国家二级保护野生动物的，必须附具申请人所在地的县级人民政府野生动物行政主管部门签署的意见，向省、自治区、直辖市人民政府林业行政主管部门申请特许猎捕证；（3）需要跨省、自治区、直辖市猎捕国家二级保护野生动物的，必须附具申请人所在地的省、自治区、直辖市人民政府林业行政主管部门签署的意见，向猎捕地的省、自治区、直辖市人民政府林业行政主管部门申请特许猎捕证。动物园需要申请捕捉国家一级保护野生动物的，在向国务院林业行政主管部门申请特许猎捕证前，须经国务院建设行政主管部门审核同意；需要申请捕捉国家二级保护野生动物的，在向申请人所在地的省、自治区、直辖市人民政府林业行政主管部门申请特许猎捕证前，须经同级政府建设行政主管部门审核同意。负责核发特许猎捕证的部门接到申请后，应当在 3 个月内作出批准或者不批准的决定。第 13 条规定，有下列情形之一的，不予发放特许猎捕证：（1）申请猎捕者有条件以合法的非猎捕方式获得国家重点保护野生动物的种源、产品或者达到所需目的的；（2）猎捕申请不符合国家有关规定或者申请使用的猎捕工具、方法以及猎捕时间、地点不当的；（3）根据野生动物资源现状不宜捕捉、猎捕的。第 14 条规定，取得特许猎捕证的单位和个人，必须按照特许猎捕证规定的种类、数量、地点、期限、工具和方法进行猎捕，防止误伤野生动物或者破坏其生存环境。猎捕作业完成后，应当在 10 日内向猎捕地的县级人民政府野生动物行政主管部门申请查验。县级人民政府野生动物行政主管部门对在本行政区域内猎捕国家重点保护野生动物的活动，应当进行监督检查，并及时向批准猎捕的机关报告监督检查结果。《水生野生动物保护实施条例》第 13 条规定，申请特许捕捉证程序：（1）需要捕捉国家一级保护水生野生动物的，必须附具申请人所在地和捕捉地的省、自治区、直辖市人民政府渔业行政主管部门签署的意见，向国务院渔业行政主管部门申请特许捕捉证；（2）需要在本省、自治区、直辖市捕捉国家二级保护水生野生动物的，必须附具申请人所在地的县级人民政府渔业行政主管部门签署的意见，向省、自治区、直辖市人民政府渔业行政主管部门申请特许捕捉证；（3）需要跨省、自治区、直辖市捕捉国家二级保护水生野生动物的，必须附具申请人所在地的省、自治区、直辖市人民政府渔业行政主管部门签署的意见，向捕捉地的省、自治区、直辖市人民政府渔业行政主管部门申请特许捕捉证。动物园申请捕捉国家一级保护水生野生动物的，在向国务院渔业行政主管部门申请特许捕捉证前，须经国务院建设行政主管部门审核同意；申请捕捉国家二级保护水生野生动物的，在向申请人所在地的省、自治区、直辖市人民政府渔业行政主管部门申请特许捕捉证前，须经同级人民政府建设行政主管部门审核同意。负责核发特许捕捉证的部门接到申请后，应当自接到申请之日起 3 个月内作出批准或者不批准的决定。第 14 条规定，有下列情形之一的，不予发放特许捕捉证：（1）申请人有条件以合法的非捕捉方式获得国家重点保护的水生野生动物的种源、产品或者达到其目的的；（2）捕捉申请不符合国家有关规定，或者申请使用的捕捉工具、方法以及捕捉时间、地点不当的；（3）根据水生野生动物资源现状不宜捕捉的。第 15 条规定，取得特许捕捉证的单位和个人，必须按照特许捕捉证规定的种类、数量、地点、期限、工具和方法进行捕捉，防止误伤水生野生动物或者破坏其生存环境。捕捉作业完成后，应当及时向捕捉地的县级人民政府渔业行政主

犯罪构成		
	客观方面	管部门或者其所属的渔政监督管理机构申请查验。县级人民政府渔业行政主管部门或者其所属的渔政监督管理机构对在本行政区域内捕捉国家重点保护的水生野生动物的活动，应当进行监督检查，并及时向批准捕捉的部门报告监督检查结果。其中，猎捕包括狩猎、捕捉、捕捞。所谓狩猎，即猎取国家重点保护的珍贵、濒危陆生野生动物，所谓捕捉，即捕捉国家重点保护的珍贵、濒危陆生或者水生野生动物，所谓捕捞，即捕捞国家重点保护的珍贵、濒危水生野生动物。杀害包括杀伤、杀死。例如，2002年1月29日、2月5日和23日，22岁的清华大学机电系学生刘海洋在北京动物园熊山黑熊、棕熊展区，分别将事先准备的氢氧化钠（俗称"火碱"）溶液、硫酸溶液，向上述展区内的黑熊和棕熊进行投喂、倾倒，致使3只黑熊、2只棕熊（均属国家二级保护动物，动物园一共饲养了14只熊，其中有6只为黑熊，其余为棕熊和马熊，这三种熊已被《濒危野生动植物种国际贸易公约》列为国际一级保护动物）受到不同程度的损伤。本案中，刘海洋的行为就属于这里的杀害。无论采用毒药、捕具、枪杀、刀杀、爆炸等任何方法、工具，也无论在保护区、非保护区、公园、展览馆、实验场等任何地方、任何时间，只要有捕杀行为即可成立本罪。但对于破坏野生动物环境，如开发城市、修建房屋、扩建工厂、开垦荒地、开采矿山、兴建码头、建筑大坝等，尽管其后果可能使物种一个接一个地被损耗并最终绝灭，也不能构成本罪。因为这种破坏行为与危害结果不具有刑法意义上的因果关系。 非法收购，是指违反野生动物保护法规定，用金钱购买国家重点保护的珍贵、濒危野生动物及其制品的行为，包括以营利、自用等为目的的购买行为；非法运输，是指违反野生动物保护法规定，私自将国家重点保护的珍贵、濒危野生动物及其制品由国内某地运至另一地的行为，包括采用携带、邮寄、利用他人、使用交通工具等方法进行运送的行为；非法出售，是指以牟利为目的，违反野生动物保护法规定，将国家重点保护的珍贵、濒危野生动物及其制品予以作价售卖的行为，包括出卖和以营利为目的的加工利用行为。 应当明确的是，本罪属行为犯，行为人只要实施了违反野生动物保护法规，未经许可或不按许可规定，非法猎捕、杀害国家重点保护的珍贵、濒危野生动物的行为，或者非法收购、运输、出售国家重点保护的珍贵、濒危野生动物及其制品的行为，即构成本罪。
	主体	本罪的主体是一般主体，自然人和单位都可构成本罪。例如，安徽蚌埠市大塘公园1984年以300元的价格非法购买一条我国一类珍稀动物扬子鳄（该扬子鳄系安徽泾县安关村村民李季富非法捕捉的）；某市食品公司在1986年10月至1987年2月的5个月时间里，从内蒙古等地非法收购各种野味362吨，其中有驼鹿108只，马鹿19只，黄羊2882只，梅花鹿30只，准备对这些国家重点保护的一级、二级野生动物加工出口；某市粮油进出口公司曾派人到内蒙古与一些单位签订购销合同，收购驼鹿、黄羊等野生动物5000吨，飞龙等鸟类52万只，整整运回13个车皮；某县牧工商营公司，从1983年3月至1991年3月，加工出售野生动物96万只，投入资金1亿多元，被加工出售的野生动物有不少是国家一级、二级保护动物；山西运城永济县北梯牧工商联合公司，自1989年11月至1990年3月，非法收购、经营国家二级保护动物黄羊3574只，一级保护动物普氏原羚5只，还有6种国家二级保护动物。上述相关单位均构成本罪。
	主观方面	本罪在主观方面表现为故意，包括直接故意和间接故意，过失不成犯罪。直接故意又分事先有预谋和事先无预谋两种情况。例如，被告王某因有人要向其买大熊猫皮，便起贪心，蓄谋捕杀大熊猫。1986年3月伙同被告谢某安装了铁铗子捕兽器，同年6月1日铗死一只大熊猫，就属事先有预谋的直接故意犯罪；被告门某于1986年5月23日凌晨种地时，听到有人在追打野牛（也称羚牛、白羊、金毛扭角羚，属国家一级重点保护珍贵、濒危野生动物），便一起参与追赶，并从他人手中拿过一支半自动步枪，向野牛射击七枪，将野牛枪杀，就属事先无预谋，而顿起犯意的直接故意犯罪。间接故意指行为人明知违反野生动物保护法规，而放任自己非法捕杀的行为，造成了珍危动物被捕或被杀。例如，被告沙某枪杀老虎一案，1985年3月5日下午4时许，沙某携带铜炮枪上山狩猎至7时许，

犯罪构成	主观方面	发现一动物向其走来，被告即隐蔽树后，待动物距其13米时开枪射击。此动物中弹后即滚下山沟，被告前往查看，见地下有被打掉的白毛，未见到动物，即回家约人。次日，沙某约人前往现场查寻，发现了血迹和老虎足迹，才知打伤了老虎。5日后，沙某约人找到死虎，将死虎抬回分食，又将虎皮、虎骨卖得2600元。该案被告明知老虎受野生动物法律保护，而又非法开枪猎杀，造成了老虎受伤致死的结果，是一种放任的故意。再如，被告唐某杀害白鳍豚一案，唐某于1984年3月以来，先后自制成五套迷魂阵（簖箔），设置在安徽省怀宁县红星乡海口大队的长江边，捕捞水产品。3月15日下午，唐某见江水上涨，向上移动了簖箔，嗣后，隔天去鱼袋内取鱼，也不查看四周网片上的情况。3月20日上午9时许，唐某发现一头白鳍豚卡死在簖箔网上（该白鳍豚系雄性，全长2.03米，体重159斤）。本案，唐某使用禁用工具，非法捕捞，致使一头中国特产、世界稀有的名贵水生动物白鳍豚卡死，其主观上明知违法而非法捕捞，又不及时查看情况，导致白鳍豚被簖箔网卡住吻部在水中窒息而死，就属放任的故意犯罪。行为人动机可以是多种多样的，但无论出于何种动机，均不影响犯罪的成立。
认定标准	刑罚标准	1. 犯本罪的，处5年以下有期徒刑或者拘役，并处罚金。 2. 情节严重的，处5年以上10年以下有期徒刑，并处罚金。 3. 情节特别严重的，处10年以上有期徒刑，并处罚金或者没收财产。 4. 单位犯本罪的，对单位判处罚金，并对其直接负责的主管人员和其他直接责任人员，依照上述规定处罚。 本罪属行为犯，行为人只要实施了违反野生动物保护法规，未经许可或不按许可规定，非法猎捕、杀害国家重点保护的珍贵、濒危野生动物的行为，非法收购、运输、出售国家重点保护的珍贵、濒危野生动物及其制品的行为，即构成本罪，除非情节显著轻微危害不大不认为是犯罪的以外，即应适用第一档量刑条款。 构成本罪，情节严重的，适用第二档量刑条款。根据有关司法解释规定，非法猎捕、杀害珍贵、濒危野生动物具有下列情形之一的，属于"情节严重"：（1）达到本解释附表所列相应数量标准的；（2）非法猎捕、杀害不同种类的珍贵、濒危野生动物，其中两种以上分别达到附表所列"情节严重"数量标准一半以上的。非法猎捕、杀害珍贵、濒危野生动物构成犯罪，具有下列情形之一的，可以认定为"情节严重"：（1）犯罪集团的首要分子；（2）严重影响对野生动物的科研、养殖等工作顺利进行的；（3）以武装掩护方法实施犯罪的；（4）使用特种车、军用车等交通工具实施犯罪的；（5）造成其他严重损失的。根据有关司法解释规定，非法收购、运输、出售珍贵、濒危野生动物具有下列情形之一的，属于"情节严重"：（1）达到本解释附表所列相应数量标准的；（2）非法收购、运输、出售不同种类的珍贵、濒危野生动物，其中两种以上分别达到附表所列"情节严重"数量标准一半以上的。非法收购、运输、出售珍贵、濒危野生动物制品具有下列情形之一的，属于"情节严重"：（1）价值在10万元以上的；（2）非法获利5万元以上的；（3）具有其他严重情节的。非法收购、运输、出售珍贵、濒危野生动物构成犯罪，具有下列情形之一的，可以认定为"情节严重"：（1）犯罪集团的首要分子；（2）严重影响对野生动物的科研、养殖等工作顺利进行的；（3）以武装掩护方法实施犯罪的；（4）使用特种车、军用车等交通工具实施犯罪的；（5）造成其他严重损失的。 构成本罪，情节特别严重的，适用第三档量刑条款。根据有关司法解释规定，非法猎捕、杀害珍贵、濒危野生动物具有下列情形之一的，属于"情节特别严重"：（1）达到本解释附表所列相应数量标准的；（2）非法猎捕、杀害不同种类的珍贵、濒危野生动物，其中两种以上分别达到附表所列"情节严重"数量标准一半以上的。非法猎捕、杀害珍贵、濒危野生动物符合"情节严重"：（达到本解释附表所列相应数量标准的；非法猎捕、杀害不同种类的珍贵、濒危野生动物，其中两种以上分别达到附表所列"情节严重"数量标准一半以上），并具有下列情形之一的，可以认定为"情节特别严重"：（1）犯罪集

认定标准	刑罚标准	团的首要分子；（2）严重影响对野生动物的科研、养殖等工作顺利进行的；（3）以武装掩护方法实施犯罪的；（4）使用特种车、军用车等交通工具实施犯罪的；（5）造成其他严重损失的。根据有关司法解释规定，非法收购、运输、出售珍贵、濒危野生动物具有下列情形之一的，属于"情节特别严重"：（1）达到本解释附表所列相应数量标准的；（2）非法收购、运输、出售不同种类的珍贵、濒危野生动物，其中两种以上分别达到附表所列"情节严重"数量标准一半以上的。非法收购、运输、出售珍贵、濒危野生动物制品具有下列情形之一的，属于"情节特别严重"：（1）价值在20万元以上的；（2）非法获利10万元以上的；（3）具有其他特别严重情节。非法收购、运输、出售珍贵、濒危野生动物符合"情节严重"（达到本解释附表所列相应数量标准的；非法收购、运输、出售不同种类的珍贵、濒危野生动物，其中两种以上分别达到附表所列"情节严重"数量标准一半以上），并具有下列情形之一的，可以认定为"情节特别严重"：（1）犯罪集团的首要分子；（2）严重影响对野生动物的科研、养殖等工作顺利进行的；（3）以武装掩护方法实施犯罪的；（4）使用特种车、军用车等交通工具实施犯罪的；（5）造成其他严重损失的。
	本罪与非罪的界限	1. 看行为属性。如果行为是依法进行的，具有合法性，属于正当行为事由的，不能构成犯罪。如行为人依法取得特许猎捕证或者特许捕捉证而进行的猎捕行为，无论如何，均不能按犯罪来论处。对于在对珍贵、濒危野生动物进行科学研究和驯养、繁殖过程中行为虽有不当但非人为因素，而是野生动物在适应环境中死亡的，则属意外事件。对于确属珍贵、濒危野生动物危害其人身安全的，在万不得已的情况下杀死珍贵、濒危野生动物，如果符合紧急避险条件的，应当属于合法行为，也不能按犯罪来论处。 2. 看行为对象。本罪的行为对象是国家重点保护的珍贵、濒危野生动物及其制品，不属于珍贵、濒危野生动物及其制品的构不成本罪，但本罪涉及的国家重点保护的珍贵、濒危野生动物，应当既包括生存于自然环境中的特定动物，也包括动物园、研究机构、展览馆等人工饲养环境中的特定动物。如果是非国家重点保护的珍贵、濒危野生动物的属于地方重点保护的野生动物，则不能构成犯罪。对于未经批准猎捕少量非国家重点保护野生动物的，根据《陆生野生动物保护实施条例》第40条规定，行为尚不构成犯罪，应当给予治安管理处罚的，由公安机关依照《中华人民共和国治安管理处罚条例》的规定予以处罚。 3. 看主观罪过。本罪在主观方面表现为故意，包括直接故意和间接故意，过失构不成犯罪，如果是出于过失而致野生动物伤亡的，就构不成本罪。如果在科学研究或驯养、繁殖过程中，基于某种动机而故意杀害野生动物的，则应以本罪论处。如果行为人实施的非法猎捕行为，是基于过失而非故意心态下而猎捕、杀害珍贵、濒危野生动物的，就不能按犯罪来论处。如对于合法使用、驯养、繁殖、展览珍贵野生动物等活动中，因人为管理不善或对野生动物的习性不完全了解而喂养不当致使野生动物死亡的，一般情况下就不能构成犯罪。实践中，在偏僻的深山老林生活的人们历来不认为猎捕、杀害动物的行为是违法犯罪，长期以来猎捕、杀害动物的行为从来没有被禁止过，但国家已经颁布法律保护相关的珍贵、濒危的野生动物。在普法初期，如果行为人确实不知法律禁止规定而猎捕、杀害珍贵、濒危野生动物的，由于缺乏本罪的故意罪过条件，因此也不能成立犯罪。
	本罪罪数的认定	本罪涉及的一罪与数罪问题主要包括两种情况：第一种情况是，利用投放危险物质方法，捕杀珍危野生动物的，定投放危险物质罪还是定非法猎捕、杀害珍贵、濒危野生动物罪，或者上述两罪实行数罪并罚，应根据具体情况不同而下结论，不能一概而论。如果是出于捕杀野生动物的目的，而进行投放危险物质的，不应定投放危险物质罪，而应定非法猎捕、杀害珍贵、濒危野生动物罪；因为投放危险物质罪不具有非法占有投放危险物质对象的目的，并且其侵犯的客体是公共安全。如果行为人基于报复或其他动机，不具有非法占有珍危野生动物的目的，而进行投放危险物质的，则应定投放危险物质罪。如果行为人开始出于报复或其他动机而无非法占有目的而投放危险物质，但后来又产生非法占有目的

认定标准		
	本罪罪数的认定	而将毒杀的珍危动物实际占有、控制的，就应按投放危险物质罪和非法猎捕、杀害珍贵、濒危野生动物罪两罪来认定，并实行数罪并罚。第二种情况是，盗杀人工驯养（如动物园、科研机构等驯养）的珍贵、濒危动物的，定盗窃罪还是非法猎捕、杀害珍贵、濒危野生动物罪，或是上述两罪数罪并罚。例如，在世界上独一无二的我国稀有野生动物黄腹角雉（鸡形目、雉科），为一级保护动物，被列为世界濒危物种，它的繁殖率非常低，人工饲养不易成活。根据生物学和鸟类学专家介绍，黄腹角雉价值连城，为世界无价之宝。1992年4月7日晚，被告钟刚（因工作被辞而蓄意报复）携其女友马东梅，身带铁棍、编织袋等作案工具，借助夜幕的掩护，越墙翻进北京动物园，破门从雉鸡饲料室窃得钥匙，打开禽舍门锁，潜入其内，用木棍将3只黄腹角雉（此3只黄腹角雉是人工驯养的第3代，经过人工精心驯养，已适应了现存生存环境，更为珍贵）击昏后，塞入编织袋，装筐盗走，连夜在马家残忍地宰杀煮食。该案就应以非法猎捕、杀害珍贵、濒危野生动物罪和盗窃罪追究被告人的刑事责任。对于该案性质，如果只认定为盗窃罪，则不能反映全部行为实际上还侵犯了国家重点保护的珍贵、濒危野生动物资源的管理制度这方面的犯罪性质；如果只认定为非法猎捕、杀害珍贵、濒危野生动物罪，则不能反映全部行为还侵犯了财产权利这方面的犯罪性质。因此，不能只认定其中一罪，应认定为两罪：因为盗杀珍危动物过程中，行为人主观上既有非法占有的目的，也有杀害的目的，客观上既实施了秘密窃取行为，又实施了杀害行为，完全符合两个犯罪构成，能够全面评价行为的双重性质的特点，故应当认定为两罪，并实行数罪并罚。
	本罪既遂与未遂的认定	本罪属行为犯，行为人只要实施了违反野生动物保护法规，未经许可或不按许可规定，非法猎捕、杀害国家重点保护的珍贵、濒危野生动物的行为，或者非法收购、运输、出售国家重点保护的珍贵、濒危野生动物及其制品的行为，即构成本罪，属于本罪既遂。如果行为人已经着手实施了非法猎捕、杀害国家重点保护的珍贵、濒危野生动物的行为，但因意志以外的原因，没有非法猎捕、杀害到国家重点保护的珍贵、濒危野生动物的，则属于本罪未遂。例如，行为人开了数枪也没能将眼前国家重点保护的珍贵、濒危野生的猎豹击中而猎捕、杀害的，应认定为非法猎捕、杀害国家重点保护的珍贵、濒危野生动物罪的未遂形态。如果行为人已经着手实施收购、出售行为，但因意志以外的原因，未能收购进来或出售出去的，则属于犯罪未遂；如果行为人已经着手实施运输行为，但因意志以外的原因而未能运输到目的地的，则也属于犯罪未遂。例如，2001年年初，江苏盐城人苏某欲出售其藏有的一张成年东北虎虎皮，其找到邻居曹某，请曹某帮助联系买主，并许诺事成之后给曹好处费，曹即四处联系买主。当年3月，曹找到无锡好友居某，又请居帮忙联系虎皮的买主，并将数张虎皮的照片交给居某。居某便在无锡四处打听、联系买主。当年6月19日，苏、曹携带虎皮前往无锡出售虎皮。当日深夜，在曹、居等人与化装的侦查人员进行交易时，被伏击的警方当场抓获，并缴获虎皮一张。2001年12月，曹、居犯非法出售珍贵濒危野生动物制品罪，分别被人民法院依法判处有期徒刑13年和10年。本案中，行为人非法出售东北虎虎皮的行为，由于行为人因意志以外的原因而未能得逞，不属于本罪既遂，应当认定为非法出售国家重点保护的珍贵、濒危野生动物制品罪的未遂形态。
	此罪与彼罪的区别（1）	本罪与非法捕捞水产品罪的区别。 非法捕捞水产品罪，是指违反保护水产资源法规，在禁渔区、禁渔期或者使用禁用的工具、方法捕捞水产品，情节严重的行为。两罪的主要区别在于： 1. 犯罪客体不同。本罪侵犯的客体为国家重点保护的珍贵、濒危野生动物的管理制度。后罪侵犯的客体为国家水产资源保护的管理制度。 2. 犯罪对象不同。本罪为国家重点保护的珍贵、濒危野生动物及其制品，包括陆生野生动物和水生野生动物。后罪为国家重点保护的珍贵、濒危野生动物以外的水生动物，包括《野生动物保护法》第9条第2款规定的地方重点保护水生野生动物（其名录由省、

认定标准	此罪与彼罪的区别(1)	自治区、直辖市政府制定并公布，报国务院备案），不包括陆生野生动物。 3. 犯罪客观方面不同。本罪主要表现为违反《野生动物保护法》，危害国家重点保护的珍贵、濒危野生动物及其制品的行为。后罪表现为违反水产资源法规，在特定时间、地点或者使用禁止的工具、方法，非法捕捞水产品且情节严重的行为。 4. 犯罪成立标准不同。本罪属行为犯，行为人只要实施了违反野生动物保护法规，危害国家重点保护的珍贵、濒危野生动物及其制品的行为，即构成本罪。后罪为情节犯，非法捕捞水产品行为必须具备情节严重的，才能构成犯罪，不具备情节严重的，不能构成后罪。 5. 犯罪主观故意内容不同。本罪主观故意内容为明知是国家重点保护的珍贵、濒危水生野生动物而非法实施。后罪主观故意内容是对非法捕捞行为明知，不能为明知是国家重点保护的珍贵、濒危水生野生动物而非法捕捞。在非法捕捞水产品的过程中，误捕、误杀珍贵、濒危水生野生动物的，如对非法捕捞行为明知，但对捕捞的对象是珍贵、濒危水生野生动物不明知的，不能认定成立本罪，应当认定为后罪，相关情节可作为后罪的从重处罚情节来考虑。 应当注意的是，两罪实践中存在关联的情形。例如，行为人不仅对非法捕捞行为是明知的，而且对捕捞的对象是珍贵、濒危水生野生动物也是明知的，而仍实施非法捕捞行为，则属于一行为同时触犯数个罪名的想象竞合犯情形，非法捕捞行为既触犯危害珍贵、濒危野生动物罪，也触犯非法捕捞水产品罪，则应当从本罪和后罪中择一重罪从重处罚，即以本罪论处。
	此罪与彼罪的区别(2)	本罪与走私珍贵动物、珍贵动物制品罪的区别。 走私珍贵动物、珍贵动物制品罪，是指违反海关法规，逃避海关监管，非法携带、运输、邮寄国家禁止进出口的珍贵动物及其制品进出国（边）境的行为。两罪的主要区别在于： 1. 犯罪客体属性不同。本罪侵犯的直接客体为国家重点保护的珍贵、濒危野生动物的管理制度，次同类客体是国家对环境资源的管理制度，同类客体是社会管理秩序，属于刑法分则第6章第6节破坏环境资源保护的犯罪。后罪侵犯的直接客体为国家对珍贵动物及其制品禁止进出口的海关监管制度，次同类客体为我国对外贸易管理制度，同类客体是社会主义市场经济秩序，属于刑法分则第3章第2节走私的犯罪。 2. 犯罪行为发生地域不同。本罪犯罪行为限于国内，主要是发生在我国陆地领域范围内，包括内海、领海、界河、界湖领域。后罪犯罪行为仅限于国内海关监管的边防口岸，也包括内海、领海、界河、界湖领域。边防口岸是一国与他国交往的进出境门户和关卡。依照《中华人民共和国外国人入境出境管理法》《中华人民共和国公民出境入境管理法》的规定，凡出入我国国境的中外籍人员和行李物品，交通运输工具及其载运的物资，一律持规定的合法证件通过对外开放的或指定口岸，经边防检查站或边防工作站检验后，方可进出国境。边防口岸分为两类：一类是国家口岸，另一类是地方口岸。国家口岸，也称国家对外开放口岸，属于一类口岸，即我国政府决定对外开放的国际交通口岸，包括港口、机场、车站和孔道。地方口岸，也称地方对外开放口岸，属于二类口岸，即我国地方政府与邻国地方政府或地区当局按双方协议或历史习惯而开放的口岸，包括孔道、通道、关口、港口、渡口等。
	此罪与彼罪的区别(3)	本罪与非法经营罪的区别。 非法经营罪，是指违反国家规定，未经许可经营法律、行政法规规定的专营、专卖物品或其他限制买卖的物品；买卖进出口许可证、进出口原产地证明以及其他法律、行政法规规定的经营许可证或者批准文件；未经国家有关主管部门批准，非法经营证券、期货或者保险业务的或者非法从事资金结算业务；在国家规定的交易场所以外非法买卖外汇；或者从事其他严重扰乱市场秩序的非法经营行为，扰乱市场秩序，情节严重的行为。两罪的

认定标准	此罪与彼罪的区别（3）	主要区别在于： 1. 犯罪客体属性不同。本罪侵犯的直接客体为国家重点保护的珍贵、濒危野生动物的管理制度，次同类客体是国家对环境资源的管理制度，同类客体是社会管理秩序，属于刑法分则第6章第6节破坏环境资源保护的犯罪。后罪侵犯的直接客体为单一客体，即国家市场管理制度，次同类客体为市场秩序，同类客体是社会主义市场经济秩序，属于刑法分则第3章第8节扰乱市场秩序的犯罪。 2. 犯罪对象不同。本罪的犯罪对象仅限于珍贵、濒危野生动物及其制品。后罪的犯罪对象可以是任何国家禁止经营的物品，甚至有的非法经营行为没有具体行为对象，其范围非常宽泛。 3. 犯罪行为方式不同。本罪行为是非法猎捕、杀害或者非法收购、运输、出售珍贵、濒危野生动物及其制品的行为。而后罪行为是违反国家规定，未经许可经营法律、行政法规规定的专营、专卖物品或其他限制买卖的物品；买卖进出口许可证、进出口原产地证明以及其他法律、行政法规规定的经营许可证或者批准文件；未经国家有关主管部门批准，非法经营证券、期货或者保险业务的或者非法从事资金结算业务；在国家规定的交易场所以外非法买卖外汇；或者从事其他严重扰乱市场秩序的非法经营行为。 4. 犯罪成立标准不同。本罪为行为犯，行为人只要实施了违反野生动物保护法规，非法猎捕、杀害或者非法收购、运输、出售国家重点保护的珍贵、濒危野生动物及其制品的行为，即构成本罪。而后罪为情节犯，只有扰乱市场秩序，情节严重的非法经营行为才能构成犯罪。 5. 犯罪主观内容不同。本罪的主观方面只能由故意构成，包括直接故意和间接故意。后罪只能由直接故意构成，并且必须具有谋取非法利润的目的。
相关执法参考	刑法	中华人民共和国刑法（节录） （1979年7月1日第五届全国人民代表大会第二次会议通过，1997年3月14日第八届全国人民代表大会第五次会议修订，已先后被1999年12月25日《中华人民共和国刑法修正案》、2001年8月31日《中华人民共和国刑法修正案（二）》、2001年12月29日《中华人民共和国刑法修正案（三）》、2002年12月28日《中华人民共和国刑法修正案（四）》、2005年2月28日《中华人民共和国刑法修正案（五）》、2006年6月29日《中华人民共和国刑法修正案（六）》、2009年2月28日《中华人民共和国刑法修正案（七）》、2009年8月27日《全国人民代表大会常务委员会关于修改部分法律的决定》、2011年2月25日《中华人民共和国刑法修正案（八）》、2015年8月29日《中华人民共和国刑法修正案（九）》、2017年11月4日《中华人民共和国刑法修正案（十）》、2020年12月26日《中华人民共和国刑法修正案（十一）》修改或修正） 第三百四十一条　非法猎捕、杀害国家重点保护的珍贵、濒危野生动物的，或者非法收购、运输、出售国家重点保护的珍贵、濒危野生动物及其制品的，处五年以下有期徒刑或者拘役，并处罚金；情节严重的，处五年以上十年以下有期徒刑，并处罚金；情节特别严重的，处十年以上有期徒刑，并处罚金或者没收财产。 违反狩猎法规，在禁猎区、禁猎期或者使用禁用的工具、方法进行狩猎，破坏野生动物资源，情节严重的，处三年以下有期徒刑、拘役、管制或者罚金。
	相关法律法规（1）	关于《中华人民共和国刑法》第三百四十一条、第三百一十二条的解释 （2014年4月24日第十二届全国人民代表大会常务委员会第八次会议通过） 全国人民代表大会常务委员会根据司法实践中遇到的情况，讨论了刑法第三百四十一条第一款规定的非法收购国家重点保护的珍贵、濒危野生动物及其制品的含义和收购刑法第三百四十一条第二款规定的非法狩猎的野生动物如何适用刑法有关规定的问题，解释如下： 知道或者应当知道是国家重点保护的珍贵、濒危野生动物及其制品，为食用或者其他

相关执法参考	相关法律法规（1）	目的而非法购买的，属于刑法第三百四十一条第一款规定的非法收购国家重点保护的珍贵、濒危野生动物及其制品的行为。 知道或者应当知道是刑法第三百四十一条第二款规定的非法狩猎的野生动物而购买的，属于刑法第三百一十二条第一款规定的明知是犯罪所得而收购的行为。 现予公告。
	相关法律法规（2）	最高人民法院、最高人民检察院《关于办理破坏野生动物资源刑事案件适用法律若干问题的解释》（节录） （2021年12月13日最高人民法院审判委员会第1856次会议、2022年2月9日最高人民检察院第十三届检察委员会第八十九次会议通过，法释〔2022〕12号，自2022年4月9日起施行） 为依法惩治破坏野生动物资源犯罪，保护生态环境，维护生物多样性和生态平衡，根据《中华人民共和国刑法》《中华人民共和国刑事诉讼法》《中华人民共和国野生动物保护法》等法律的有关规定，现就办理此类刑事案件适用法律的若干问题解释如下： 第四条　刑法第三百四十一条第一款规定的"国家重点保护的珍贵、濒危野生动物"包括： （一）列入《国家重点保护野生动物名录》的野生动物； （二）经国务院野生动物保护主管部门核准按照国家重点保护的野生动物管理的野生动物。 第六条　非法猎捕、杀害国家重点保护的珍贵、濒危野生动物，或者非法收购、运输、出售国家重点保护的珍贵、濒危野生动物及其制品，价值二万元以上不满二十万元的，应当依照刑法第三百四十一条第一款的规定，以危害珍贵、濒危野生动物罪处五年以下有期徒刑或者拘役，并处罚金；价值二十万元以上不满二百万元的，应当认定为"情节严重"，处五年以上十年以下有期徒刑，并处罚金；价值二百万元以上的，应当认定为"情节特别严重"，处十年以上有期徒刑，并处罚金或者没收财产。 实施前款规定的行为，具有下列情形之一的，从重处罚： （一）属于犯罪集团的首要分子的； （二）为逃避监管，使用特种交通工具实施的； （三）严重影响野生动物科研工作的； （四）二年内曾因破坏野生动物资源受过行政处罚的。 实施第一款规定的行为，不具有第二款规定的情形，且未造成动物死亡或者动物、动物制品无法追回，行为人全部退赃退赔，确有悔罪表现的，按照下列规定处理： （一）珍贵、濒危野生动物及其制品价值二百万元以上的，可以认定为"情节严重"，处五年以上十年以下有期徒刑，并处罚金； （二）珍贵、濒危野生动物及其制品价值二十万元以上不满二百万元的，可以处五年以下有期徒刑或者拘役，并处罚金； （三）珍贵、濒危野生动物及其制品价值二万元以上不满二十万元的，可以认定为犯罪情节轻微，不起诉或者免予刑事处罚；情节显著轻微危害不大的，不作为犯罪处理。 第十二条　二次以上实施本解释规定的行为构成犯罪，依法应当追诉的，或者二年内实施本解释规定的行为未经处理的，数量、数额累计计算。 第十三条　实施本解释规定的相关行为，在认定是否构成犯罪以及裁量刑罚时，应当考虑涉案动物是否系人工繁育、物种的濒危程度、野外存活状况、人工繁育情况、是否列入人工繁育国家重点保护野生动物名录，行为手段、对野生动物资源的损害程度，以及对野生动物及其制品的认知程度等情节，综合评估社会危害性，准确认定是否构成犯罪，妥当裁量刑罚，确保罪责刑相适应；根据本解释的规定定罪量刑明显过重的，可以根据案件的事实、情节和社会危害程度，依法作出妥当处理。

相关法律法规(2)		涉案动物系人工繁育，具有下列情形之一的，对所涉案件一般不作为犯罪处理；需要追究刑事责任的，应当依法从宽处理： （一）列入人工繁育国家重点保护野生动物名录的； （二）人工繁育技术成熟、已成规模，作为宠物买卖、运输的。
相关法律法规	相关法律法规(3)	最高人民检察院、公安部《关于公安机关管辖的刑事案件立案追诉标准的规定（一）》（节录） （2008年6月25日，公通字〔2008〕36号） **第六十四条** ［非法猎捕、杀害珍贵、濒危野生动物案（刑法第三百四十一条第一款）］非法猎捕、杀害国家重点保护的珍贵、濒危野生动物的，应予立案追诉。 本条和本规定第六十五条规定的"珍贵、濒危野生动物"，包括列入《国家重点保护野生动物名录》的国家一、二级保护野生动物、列入《濒危野生动植物种国际贸易公约》附录一、附录二的野生动物以及驯养繁殖的上述物种。 **第六十五条** ［非法收购、运输、出售珍贵、濒危野生动物、珍贵、濒危野生动物制品案（刑法第三百四十一条第一款）］非法收购、运输、出售国家重点保护的珍贵、濒危野生动物及其制品的，应予立案追诉。 本条规定的"收购"，包括以营利、自用等为目的的购买行为；"运输"，包括采用携带、邮寄、利用他人、使用交通工具等方法进行运送的行为；"出售"，包括出卖和以营利为目的的加工利用行为。
相关执法参考	相关法律法规(4)	关于依法惩治非法野生动物交易犯罪的指导意见 （最高人民法院、最高人民检察院、公安部、司法部2020年12月18日印发　公通字〔2020〕19号） 为依法惩治非法野生动物交易犯罪，革除滥食野生动物的陋习，有效防范重大公共卫生风险，切实保障人民群众生命健康安全，根据有关法律、司法解释的规定，结合侦查、起诉、审判实践，制定本意见。 一、依法严厉打击非法猎捕、杀害野生动物的犯罪行为，从源头上防控非法野生动物交易。 非法猎捕、杀害国家重点保护的珍贵、濒危野生动物，符合刑法第三百四十一条第一款规定的，以非法猎捕、杀害珍贵、濒危野生动物罪定罪处罚。 违反狩猎法规，在禁猎区、禁猎期或者使用禁用的工具、方法进行狩猎，破坏野生动物资源，情节严重，符合刑法第三百四十一条第二款规定的，以非法狩猎罪定罪处罚。 违反保护水产资源法规，在禁渔区、禁渔期或者使用禁用的工具、方法捕捞水产品，情节严重，符合刑法第三百四十条规定的，以非法捕捞水产品罪定罪处罚。 二、依法严厉打击非法收购、运输、出售、进出口野生动物及其制品的犯罪行为，切断非法野生动物交易的利益链条。 非法收购、运输、出售国家重点保护的珍贵、濒危野生动物及其制品，符合刑法第三百四十一条第一款规定的，以非法收购、运输、出售珍贵、濒危野生动物、珍贵、濒危野生动物制品罪定罪处罚。 走私国家禁止进出口的珍贵动物及其制品，符合刑法第一百五十一条第二款规定的，以走私珍贵动物、珍贵动物制品罪定罪处罚。 三、依法严厉打击以食用或者其他目的非法购买野生动物的犯罪行为，坚决革除滥食野生动物的陋习。 知道或者应当知道是国家重点保护的珍贵、濒危野生动物及其制品，为食用或者其他目的而非法购买，符合刑法第三百四十一条第一款规定的，以非法收购珍贵、濒危野生动物、珍贵、濒危野生动物制品罪定罪处罚。

相关执法参考	相关法律法规（4）	四、二次以上实施本意见第一条至第三条规定的行为构成犯罪，依法应当追诉的，或者二年内二次以上实施本意见第一条至第三条规定的行为未经处理的，数量、数额累计计算。 五、明知他人实施非法野生动物交易行为，有下列情形之一的，以共同犯罪论处： （一）提供贷款、资金、账号、车辆、设备、技术、许可证件的； （二）提供生产、经营场所或者运输、仓储、保管、快递、邮寄、网络信息交互等便利条件或者其他服务的； （三）提供广告宣传等帮助行为的。 六、对涉案野生动物及其制品价值，可以根据国务院野生动物保护主管部门制定的价值评估标准和方法核算。对野生动物制品，根据实际情况予以核算，但核算总额不能超过该种野生动物的整体价值。具有特殊利用价值或者导致动物死亡的主要部分，核算方法不明确的，其价值标准最高可以按照该种动物整体价值标准的80%予以折算，其他部分价值标准最高可以按整体价值标准的20%予以折算，但是按照上述方法核算的价值明显不当的，应当根据实际情况妥当予以核算。核算价值低于实际交易价格的，以实际交易价格认定。 根据前款规定难以确定涉案野生动物及其制品价值的，依据下列机构出具的报告，结合其他证据作出认定： （一）价格认证机构出具的报告； （二）国务院野生动物保护主管部门、国家濒危物种进出口管理机构、海关总署等指定的机构出具的报告； （三）地、市级以上人民政府野生动物保护主管部门、国家濒危物种进出口管理机构的派出机构、直属海关等出具的报告。 七、对野生动物及其制品种属类别，非法捕捞、狩猎的工具、方法，以及对野生动物资源的损害程度、食用涉案野生动物对人体健康的危害程度等专门性问题，可以由野生动物保护主管部门、侦查机关或者有专门知识的人依据现场勘验、检查笔录等出具认定意见。难以确定的，依据司法鉴定机构出具的鉴定意见，或者本意见第六条第二款所列机构出具的报告，结合其他证据作出认定。 八、办理非法野生动物交易案件中，行政执法部门依法收集的物证、书证、视听资料、电子数据等证据材料，在刑事诉讼中可以作为证据使用。 对不易保管的涉案野生动物及其制品，在做好拍摄、提取检材或者制作足以反映原物形态特征或者内容的照片、录像等取证工作后，可以移交野生动物保护主管部门及其指定的机构依法处置。对存在或者可能存在疫病的野生动物及其制品，应立即通知野生动物保护主管部门依法处置。 九、实施本意见规定的行为，在认定是否构成犯罪以及裁量刑罚时，应当考虑涉案动物是否系人工繁育、物种的濒危程度、野外存活状况、人工繁育情况、是否列入国务院野生动物保护主管部门制定的人工繁育国家重点保护野生动物名录，以及行为手段、对野生动物资源的损害程度、食用涉案野生动物对人体健康的危害程度等情节，综合评估社会危害性，确保罪责刑相适应。相关定罪量刑标准明显不适宜的，可以根据案件的事实、情节和社会危害程度，依法作出妥当处理。 十、本意见自下发之日起施行。
	相关法律法规（5）	依法惩治长江流域非法捕捞等违法犯罪的意见（节录） （最高人民法院、最高人民检察院、公安部、农业农村部2020年12月17日，公通字〔2020〕17号） 二、准确适用法律，依法严惩非法捕捞等危害水生生物资源的各类违法犯罪 （一）依法严惩非法捕捞犯罪。违反保护水产资源法规，在长江流域重点水域非法捕

相关执法参考	相关法律法规（5）	捞水产品，具有下列情形之一的，依照刑法第三百四十条的规定，以非法捕捞水产品罪定罪处罚： 1. 非法捕捞水产品五百公斤以上或者一万元以上的； 2. 非法捕捞具有重要经济价值的水生动物苗种、怀卵亲体或者在水产种质资源保护区内捕捞水产品五十公斤以上或者一千元以上的； 3. 在禁捕区域使用电鱼、毒鱼、炸鱼等严重破坏渔业资源的禁用方法捕捞的； 4. 在禁捕区域使用农业农村部规定的禁用工具捕捞的； 5. 其他情节严重的情形。 （二）依法严惩危害珍贵、濒危水生野生动物资源犯罪。在长江流域重点水域非法猎捕、杀害中华鲟、长江鲟、长江江豚或者其他国家重点保护的珍贵、濒危水生野生动物，价值二万元以上不满二十万元的，应当依照刑法第三百四十一条的规定，以非法猎捕、杀害珍贵、濒危野生动物罪，处五年以下有期徒刑或者拘役，并处罚金；价值二十万元以上不满二百万元的，应当认定为"情节严重"，处五年以上十年以下有期徒刑，并处罚金；价值二百万元以上的，应当认定为"情节特别严重"，处十年以上有期徒刑，并处罚金或者没收财产。 （三）依法严惩非法渔获物交易犯罪。……非法收购、运输、出售在长江流域重点水域非法猎捕、杀害的中华鲟、长江鲟、长江江豚或者其他国家重点保护的珍贵、濒危水生野生动物及其制品，价值二万元以上不满二十万元的，应当依照刑法第三百四十一条的规定，以非法收购、运输、出售珍贵、濒危野生动物、珍贵、濒危野生动物制品罪，处五年以下有期徒刑或者拘役，并处罚金；价值二十万元以上不满二百万元的，应当认定为"情节严重"，处五年以上十年以下有期徒刑，并处罚金；价值二百万元以上的，应当认定为"情节特别严重"，处十年以上有期徒刑，并处罚金或者没收财产。 （四）依法严惩危害水生生物资源的单位犯罪。水产品交易公司、餐饮公司等单位实施本意见规定的行为，构成单位犯罪的，依照本意见规定的定罪量刑标准，对直接负责的主管人员和其他直接责任人员定罪处罚，并对单位判处罚金。 （七）贯彻落实宽严相济刑事政策。多次实施本意见规定的行为构成犯罪，依法应当追诉的，或者二年内二次以上实施本意见规定的行为未经处理的，数量数额累计计算。 实施本意见规定的犯罪，具有下列情形之一的，从重处罚：（1）暴力抗拒、阻碍国家机关工作人员依法履行职务，尚未构成妨害公务罪的；（2）二年内曾因实施本意见规定的行为受过处罚的；（3）对长江生物资源或水域生态造成严重损害的；（4）具有造成重大社会影响等恶劣情节的。具有上述情形的，一般不适用不起诉、缓刑、免予刑事处罚。 非法捕捞水产品，根据渔获物的数量、价值和捕捞方法、工具等情节，认为对水生生物资源危害明显较轻的，可以认定为犯罪情节轻微，依法不起诉或者免予刑事处罚，但是曾因破坏水产资源受过处罚的除外。 非法猎捕、收购、运输、出售珍贵、濒危水生野生动物，尚未造成动物死亡，综合考虑行为手段、主观罪过、犯罪动机、获利数额、涉案水生生物的濒危程度、数量价值以及行为人的认罪悔罪态度、修复生态环境情况等情节，认为适用本意见规定的定罪量刑标准明显过重的，可以结合具体案件的实际情况依法作出妥当处理，确保罪责刑相适应。 三、健全完善工作机制，保障相关案件的办案效果 （三）全面收集涉案证据材料。对于农业农村（渔政）部门等行政机关在行政执法和查办案件过程中收集的物证、书证、视听资料、电子数据等证据材料，在刑事诉讼或者公益诉讼中可以作为证据使用。农业农村（渔政）部门等行政机关和公安机关要依法及时、全面收集与案件相关的各类证据，并依法进行录音录像，为案件的依法处理奠定事实根基。对于涉案船只、捕捞工具、渔获物等，应当在采取拍照、录音录像、称重、提取样品

相关执法参考	相关法律法规（5）	等方式固定证据后，依法妥善保管；公安机关保管有困难的，可以委托农业农村（渔政）部门保管；对于需要放生的渔获物，可以在固定证据后先行放生；对于已死亡且不宜长期保存的渔获物，可以由农业农村（渔政）部门采取捐赠捐献用于科研、公益事业或者销毁等方式处理。 （四）准确认定相关专门性问题。对于长江流域重点水域禁捕范围（禁捕区域和时间），依据农业农村部关于长江流域重点水域禁捕范围和时间的有关通告确定。涉案渔获物系国家重点保护的珍贵、濒危水生野生动物的，动物及其制品的价值可以根据国务院野生动物保护主管部门综合考虑野生动物的生态、科学、社会价值制定的评估标准和方法核算。其他渔获物的价值，根据销赃数额认定；无销赃数额、销赃数额难以查证或者根据销赃数额认定明显偏低的，根据市场价格核算；仍无法认定的，由农业农村（渔政）部门认定或者由有关价格认证机构作出认证并出具报告。对于涉案的禁捕区域、禁捕时间、禁用方法、禁用工具、渔获物品种以及对水生生物资源的危害程度等专门性问题，由农业农村（渔政）部门于二个工作日以内出具认定意见；难以确定的，由司法鉴定机构出具鉴定意见，或者由农业农村部指定的机构出具报告。 （五）正确认定案件事实。要全面审查与定罪量刑有关的证据，确保据以定案的证据均经法定程序查证属实，确保综合全案证据，对所认定的事实排除合理怀疑。既要审查犯罪嫌疑人、被告人的供述和辩解，更要重视对相关物证、书证、证人证言、视听资料、电子数据等其他证据的审查判断。对于携带相关工具但是否实施电鱼、毒鱼、炸鱼等非法捕捞作业，是否进入禁捕水域范围以及非法捕捞渔获物种类、数量等事实难以直接认定的，可以根据现场执法音视频记录、案发现场周边视频监控、证人证言等证据材料，结合犯罪嫌疑人、被告人的供述和辩解等，综合作出认定。 （六）强化工作配合。人民法院、人民检察院、公安机关、农业农村（渔政）部门要依法履行法定职责，分工负责，互相配合，互相制约，确保案件顺利移送、侦查、起诉、审判。对于阻挠执法、暴力抗法的，公安机关要依法及时处置，确保执法安全。犯罪嫌疑人、被告人自愿如实供述自己的罪行，承认指控的犯罪事实，愿意接受处罚的，可以依法从宽处理；对于犯罪情节轻微，依法不需要判处刑罚或者免除刑罚的，人民检察院可以作出不起诉决定。对于实施危害水生生物资源的行为，致使社会公共利益受到侵害的，人民检察院可以依法提起民事公益诉讼。对于人民检察院作出不起诉决定、人民法院作出无罪判决或者免予刑事处罚，需要行政处罚的案件，由农业农村（渔政）部门等依法给予行政处罚。
	相关法律法规（6）	关于审理发生在我国管辖海域相关案件若干问题的规定（一）（节录） （2015年12月28日最高人民法院审判委员会第1674次会议通过，2016年8月1日印发，自2016年8月2日起施行，法释〔2016〕16号） **第一条** 本规定所称我国管辖海域，是指中华人民共和国内水、领海、毗连区、专属经济区、大陆架，以及中华人民共和国管辖的其他海域。 **第二条** 中国公民或组织在我国与有关国家缔结的协定确定的共同管理的渔区或公海从事捕捞等作业的，适用本规定。 **第三条** 中国公民或者外国人在我国管辖海域实施非法猎捕、杀害珍贵濒危野生动物或者非法捕捞水产品等犯罪的，依照我国刑法追究刑事责任。 **第七条** 本规定施行后尚未审结的案件，适用本规定；本规定施行前已经终审，当事人申请再审或者按照审判监督程序决定再审的案件，不适用本规定。 **第八条** 本规定自2016年8月2日起施行。

| 相关执法参考 | 相关法律法规（7） | 关于审理发生在我国管辖海域相关案件若干问题的规定（二）（节录）
（2016年5月9日最高人民法院审判委员会第1682次会议通过，2016年8月1日印发，自2016年8月2日起施行，法释〔2016〕17号）
第五条 非法采捕珊瑚、砗磲或者其他珍贵、濒危水生野生动物，具有下列情形之一的，应当认定为刑法第三百四十一条第一款规定的"情节严重"：
（一）价值在五十万元以上的；
（二）非法获利二十万元以上的；
（三）造成海域生态环境严重破坏的；
（四）造成严重国际影响的；
（五）其他情节严重的情形。
实施前款规定的行为，具有下列情形之一的，应当认定为刑法第三百四十一条第一款规定的"情节特别严重"：
（一）价值或者非法获利达到本条第一款规定标准五倍以上的；
（二）价值或者非法获利达到本条第一款规定的标准，造成海域生态环境严重破坏的；
（三）造成海域生态环境特别严重破坏的；
（四）造成特别严重国际影响的；
（五）其他情节特别严重的情形。
第六条 非法收购、运输、出售珊瑚、砗磲或者其他珍贵、濒危水生野生动物及其制品，具有下列情形之一的，应当认定为刑法第三百四十一条第一款规定的"情节严重"：
（一）价值在五十万元以上的；
（二）非法获利在二十万元以上的；
（三）具有其他严重情节的。
非法收购、运输、出售珊瑚、砗磲或者其他珍贵、濒危水生野生动物及其制品，具有下列情形之一的，应当认定为刑法第三百四十一条第一款规定的"情节特别严重"：
（一）价值在二百五十万元以上的；
（二）非法获利在一百万元以上的；
（三）具有其他特别严重情节的。
第七条 对案件涉及的珍贵、濒危水生野生动物的种属难以确定的，由司法鉴定机构出具鉴定意见，或者由国务院渔业行政主管部门指定的机构出具报告。
珍贵、濒危水生野生动物或者其制品的价值，依照国务院渔业行政主管部门的规定核定。核定价值低于实际交易价格的，以实际交易价格认定。
本解释所称珊瑚、砗磲，是指列入《国家重点保护野生动物名录》中国家一、二级保护的，以及列入《濒危野生动植物种国际贸易公约》附录一、附录二中的珊瑚、砗磲的所有种，包括活体和死体。
第八条 实施破坏海洋资源犯罪行为，同时构成非法捕捞罪、非法猎捕、杀害珍贵、濒危野生动物罪、组织他人偷越国（边）境罪、偷越国（边）境等犯罪的，依照处罚较重的规定定罪处罚。
有破坏海洋资源犯罪行为，又实施走私、妨害公务等犯罪的，依照数罪并罚的规定处理。
第十条 行政相对人未依法取得捕捞许可证擅自进行捕捞，行政机关认为该行为构成渔业法第四十一条规定的"情节严重"情形的，人民法院应当从以下方面综合审查，并作出认定：
（一）是否未依法取得渔业船舶检验证书或渔业船舶登记证书；
（二）是否故意遮挡、涂改船名、船籍港；
（三）是否标写伪造、变造的渔业船舶船名、船籍港，或者使用伪造、变造的渔业船 |

相关法律法规(7)		舶证书； （四）是否标写其他合法渔业船舶的船名、船籍港或者使用其他渔业船舶证书； （五）是否非法安装挖捕珊瑚等国家重点保护水生野生动物设施； （六）是否使用相关法律、法规、规章禁用的方法实施捕捞； （七）是否非法捕捞水产品、非法捕捞有重要经济价值的水生动物苗种、怀卵亲体或者在水产种质资源保护区内捕捞水产品，数量或价值较大； （八）是否于禁渔区、禁渔期实施捕捞； （九）是否存在其他严重违法捕捞行为的情形。
相关执法参考	相关法律法规(8)	《关于依法惩治妨害新型冠状病毒感染肺炎疫情防控违法犯罪的意见》（节录） （2020年2月10日最高人民法院、最高人民检察院、公安部、司法部发布） 各省、自治区、直辖市高级人民法院、人民检察院、公安厅（局）、司法厅（局），解放军军事法院、军事检察院，新疆维吾尔自治区高级人民法院生产建设兵团分院、新疆生产建设兵团人民检察院、公安局、司法局： 　　为贯彻落实2020年2月5日中央全面依法治国委员会第三次会议审议通过的《中央全面依法治国委员会关于依法防控新型冠状病毒感染肺炎疫情、切实保障人民群众生命健康安全的意见》，最高人民法院、最高人民检察院、公安部、司法部联合制定了《关于依法惩治妨害新型冠状病毒感染肺炎疫情防控违法犯罪的意见》。现予以印发，请结合实际认真贯彻执行。在执行中遇到的新情况、新问题，请及时分别报告最高人民法院、最高人民检察院、公安部、司法部。 　　为依法惩治妨害新型冠状病毒感染肺炎疫情防控违法犯罪行为，保障人民群众生命安全和身体健康，保障社会安定有序，保障疫情防控工作顺利开展，根据有关法律、司法解释的规定，制定本意见。 　　一、提高政治站位，充分认识疫情防控时期维护社会大局稳定的重大意义 　　各级人民法院、人民检察院、公安机关、司法行政机关要切实把思想和行动统一到习近平总书记关于新型冠状病毒感染肺炎疫情防控工作的系列重要指示精神上来，坚决贯彻落实党中央决策部署、中央应对新型冠状病毒感染肺炎疫情工作领导小组工作安排，按照中央政法委要求，增强"四个意识"、坚定"四个自信"、做到"两个维护"，始终将人民群众的生命安全和身体健康放在第一位，坚决把疫情防控作为当前压倒一切的头等大事来抓，用足用好法律规定，依法及时、从严惩治妨害疫情防控的各类违法犯罪，为坚决打赢疫情防控阻击战提供有力法治保障。 　　二、准确适用法律，依法严惩妨害疫情防控的各类违法犯罪 　　（九）依法严惩破坏野生动物资源犯罪。非法猎捕、杀害国家重点保护的珍贵、濒危野生动物的，或者非法收购、运输、出售国家重点保护的珍贵、濒危野生动物及其制品的，依照刑法第三百四十一条第一款的规定，以非法猎捕、杀害珍贵、濒危野生动物罪或者非法收购、运输、出售珍贵、濒危野生动物、珍贵、濒危野生动物制品罪定罪处罚。 　　违反狩猎法规，在禁猎区、禁猎期或者使用禁用的工具、方法进行狩猎，破坏野生动物资源，情节严重的，依照刑法第三百四十一条第二款的规定，以非法狩猎罪定罪处罚。 　　违反国家规定，非法经营非国家重点保护野生动物及其制品（包括开办交易场所、进行网络销售、加工食品出售等），扰乱市场秩序，情节严重的，依照刑法第二百二十五条第四项的规定，以非法经营罪定罪处罚。 　　知道或者应当知道是国家重点保护的珍贵、濒危野生动物及其制品，为食用或者其他目的而非法购买，符合刑法第三百四十一条第一款规定的，以非法收购珍贵、濒危野生动物、珍贵、濒危野生动物制品罪定罪处罚。 　　知道或者应当知道是非法狩猎的野生动物而购买，符合刑法第三百一十二条规定的，以掩饰、隐瞒犯罪所得罪定罪处罚。

最高人民法院　最高人民检察院《关于办理破坏野生动物资源刑事案件适用法律若干问题的解释》

（2021年12月13日最高人民法院审判委员会第1856次会议、2022年2月9日最高人民检察院第十三届检察委员会第八十九次会议通过，自2022年4月9日起施行）

为依法惩治破坏野生动物资源犯罪，保护生态环境，维护生物多样性和生态平衡，根据《中华人民共和国刑法》《中华人民共和国刑事诉讼法》《中华人民共和国野生动物保护法》等法律的有关规定，现就办理此类刑事案件适用法律的若干问题解释如下：

第一条 具有下列情形之一的，应当认定为刑法第一百五十一条第二款规定的走私国家禁止进出口的珍贵动物及其制品：

（一）未经批准擅自进出口列入经国家濒危物种进出口管理机构公布的《濒危野生动植物种国际贸易公约》附录一、附录二的野生动物及其制品；

（二）未经批准擅自出口列入《国家重点保护野生动物名录》的野生动物及其制品。

第二条 走私国家禁止进出口的珍贵动物及其制品，价值二十万元以上不满二百万元的，应当依照刑法第一百五十一条第二款的规定，以走私珍贵动物、珍贵动物制品罪处五年以上十年以下有期徒刑，并处罚金；价值二百万元以上的，应当认定为"情节特别严重"，处十年以上有期徒刑或者无期徒刑，并处没收财产；价值二万元以上不满二十万元的，应当认定为"情节较轻"，处五年以下有期徒刑，并处罚金。

实施前款规定的行为，具有下列情形之一的，从重处罚：

（一）属于犯罪集团的首要分子的；

（二）为逃避监管，使用特种交通工具实施的；

（三）二年内曾因破坏野生动物资源受过行政处罚的。

实施第一款规定的行为，不具有第二款规定的情形，且未造成动物死亡或者动物、动物制品无法追回，行为人全部退赃退赔，确有悔罪表现的，按照下列规定处理：

（一）珍贵动物及其制品价值二百万元以上的，可以处五年以上十年以下有期徒刑，并处罚金；

（二）珍贵动物及其制品价值二十万元以上不满二百万元的，可以认定为"情节较轻"，处五年以下有期徒刑，并处罚金；

（三）珍贵动物及其制品价值二万元以上不满二十万元的，可以认定为犯罪情节轻微，不起诉或者免予刑事处罚；情节显著轻微危害不大的，不作为犯罪处理。

第三条 在内陆水域，违反保护水产资源法规，在禁渔区、禁渔期或者使用禁用的工具、方法捕捞水产品，具有下列情形之一的，应当认定为刑法第三百四十条规定的"情节严重"，以非法捕捞水产品罪定罪处罚：

（一）非法捕捞水产品五百公斤以上或者价值一万元以上的；

（二）非法捕捞有重要经济价值的水生动物苗种、怀卵亲体或者在水产种质资源保护区内捕捞水产品五十公斤以上或者价值一千元以上的；

（三）在禁渔区使用电鱼、毒鱼、炸鱼等严重破坏渔业资源的禁用方法或者禁用工具捕捞的；

（四）在禁渔期使用电鱼、毒鱼、炸鱼等严重破坏渔业资源的禁用方法或者禁用工具捕捞的；

（五）其他情节严重的情形。

实施前款规定的行为，具有下列情形之一的，从重处罚：

（一）暴力抗拒、阻碍国家机关工作人员依法履行职务，尚未构成妨害公务罪、袭警罪的；

（二）二年内曾因破坏野生动物资源受过行政处罚的；

（三）对水生生物资源或者水域生态造成严重损害的；

（四）纠集多条船只非法捕捞的；

（五）以非法捕捞为业的。

实施第一款规定的行为，根据渔获物的数量、价值和捕捞方法、工具等，认为对水生生物资源危害明显较轻的，综合考虑行为人自愿接受行政处罚、积极修复生态环境等情节，可以认定为犯罪情节轻微，不起诉或者免予刑事处罚；情节显著轻微危害不大的，不作为犯罪处理。

第四条 刑法第三百四十一条第一款规定的"国家重点保护的珍贵、濒危野生动物"包括：

（一）列入《国家重点保护野生动物名录》的野生动物；

（二）经国务院野生动物保护主管部门核准按照国家重点保护的野生动物管理的野生动物。

第五条 刑法第三百四十一条第一款规定的"收购"包括以营利、自用等为目的的购买行为；"运输"包括采用携带、邮寄、利用他人、使用交通工具等方法进行运送的行为；"出售"包括出卖和以营利为目的的加工利用行为。

刑法第三百四十一条第三款规定的"收购""运输""出售"，是指以食用为目的，实施前款规定的相应行为。

第六条 非法猎捕、杀害国家重点保护的珍贵、濒危野生动物，或者非法收购、运输、出售国家重点保护的珍贵、濒危野生动物及其制品，价值二万元以上不满二十万元的，应当依照刑法第三百四十一条第一款的规定，以危害珍贵、濒危野生动物罪处五年以下有期徒刑或者拘役，并处罚金；价值二十万元以上不满二百万元的，应当认定为"情节严重"，处五年以上十年以下有期徒刑，并处罚金；价值二百万元以上的，应当认定为"情节特别严重"，处十年以上有期徒刑，并处罚金或者没收财产。

实施前款规定的行为，具有下列情形之一的，从重处罚：

（一）属于犯罪集团的首要分子的；

（二）为逃避监管，使用特种交通工具实施的；

（三）严重影响野生动物科研工作的；

（四）二年内曾因破坏野生动物资源受过行政处罚的。

实施第一款规定的行为，不具有第二款规定的情形，且未造成动物死亡或者动物、动物制品无法追回，行为人全部退赃退赔，确有悔罪表现的，按照下列规定处理：

（一）珍贵、濒危野生动物及其制品价值二百万元以上的，可以认定为"情节严重"，处五年以上十年以下有期徒刑，并处罚金；

（二）珍贵、濒危野生动物及其制品价值二十万元以上不满二百万元的，可以处五年以下有期徒刑或者拘役，并处罚金；

（三）珍贵、濒危野生动物及其制品价值二万元以上不满二十万元的，可以认定为犯罪情节轻微，不起诉或者免予刑事处罚；情节显著轻微危害不大的，不作为犯罪处理。

第七条 违反狩猎法规，在禁猎区、禁猎期或者使用禁用的工具、方法进行狩猎，破坏野生动物资源，具有下列情形之一的，应当认定为刑法第三百四十一条第二款规定的"情节严重"，以非法狩猎罪定罪处罚：

（一）非法猎捕野生动物价值一万元以上的；

（二）在禁猎区使用禁用的工具或者方法狩猎的；

（三）在禁猎期使用禁用的工具或者方法狩猎的；

（四）其他情节严重的情形。

实施前款规定的行为，具有下列情形之一的，从重处罚：

（一）暴力抗拒、阻碍国家机关工作人员依法履行职务，尚未构成妨害公务罪、袭警罪的；

（二）对野生动物资源或者栖息地生态造成严重损害的；

（三）二年内曾因破坏野生动物资源受过行政处罚的。

实施第一款规定的行为，根据猎获物的数量、价值和狩猎方法、工具等，认为对野生动物资源危害明显较轻的，综合考虑猎捕的动机、目的、行为人自愿接受行政处罚、积极修复生态环境等情节，可以认定为犯罪情节轻微，不起诉或者免予刑事处罚；情节显著轻微危害不大的，不作为犯罪处理。

第八条　违反野生动物保护管理法规，以食用为目的，非法猎捕、收购、运输、出售刑法第三百四十一条第一款规定以外的在野外环境自然生长繁殖的陆生野生动物，具有下列情形之一的，应当认定为刑法第三百四十一条第三款规定的"情节严重"，以非法猎捕、收购、运输、出售陆生野生动物罪定罪处罚：

（一）非法猎捕、收购、运输、出售有重要生态、科学、社会价值的陆生野生动物或者地方重点保护陆生野生动物价值一万元以上的；

（二）非法猎捕、收购、运输、出售第一项规定以外的其他陆生野生动物价值五万元以上的；

（三）其他情节严重的情形。

实施前款规定的行为，同时构成非法狩猎罪的，应当依照刑法第三百四十一条第三款的规定，以非法猎捕陆生野生动物罪定罪处罚。

第九条　明知是非法捕捞犯罪所得的水产品、非法狩猎犯罪所得的猎获物而收购、贩卖或者以其他方法掩饰、隐瞒，符合刑法第三百一十二条规定的，以掩饰、隐瞒犯罪所得罪定罪处罚。

第十条　负有野生动物保护和进出口监督管理职责的国家机关工作人员，滥用职权或者玩忽职守，致使公共财产、国家和人民利益遭受重大损失的，应当依照刑法第三百九十七条的规定，以滥用职权罪或者玩忽职守罪追究刑事责任。

负有查禁破坏野生动物资源犯罪活动职责的国家机关工作人员，向犯罪分子通风报信、提供便利，帮助犯罪分子逃避处罚的，应当依照刑法第四百一十七条的规定，以帮助犯罪分子逃避处罚罪追究刑事责任。

第十一条　对于"以食用为目的"，应当综合涉案动物及其制品的特征，被查获的地点，加工、包装情况，以及可以证明来源、用途的标识、证明等证据作出认定。

实施本解释规定的相关行为，具有下列情形之一的，可以认定为"以食用为目的"：

（一）将相关野生动物及其制品在餐饮单位、饮食摊点、超市等场所作为食品销售或者运往上述场所的；

（二）通过包装、说明书、广告等介绍相关野生动物及其制品的食用价值或者方法的；

（三）其他足以认定以食用为目的的情形。

第十二条　二次以上实施本解释规定的行为构成犯罪，依法应当追诉的，或者二年内实施本解释规定的行为未经处理的，数量、数额累计计算。

第十三条　实施本解释规定的相关行为，在认定是否构成犯罪以及裁量刑罚时，应当考虑涉案动物是否系人工繁育、物种的濒危程度、野外存活状况、人工繁育情况、是否列入人工繁育国家重点保护野生动物名录，行为手段、对野生动物资源的损害程度，以及对野生动物及其制品的认知程度等情节，综合评估社会危害性，准确认定是否构成犯罪，妥当裁量刑罚，确保罪责刑相适应；根据本解释的规定定罪量刑明显过重的，可以根据案件的事实、情节和社会危害程度，依法作出妥当处理。

涉案动物系人工繁育，具有下列情形之一的，对所涉案件一般不作为犯罪处理；需要追究刑事责任的，应当依法从宽处理：

（一）列入人工繁育国家重点保护野生动物名录的；

相关执法参考	相关法律法规（9）	（二）人工繁育技术成熟、已成规模，作为宠物买卖、运输的。 第十四条　对于实施本解释规定的相关行为被不起诉或者免予刑事处罚的行为人，依法应当给予行政处罚、政务处分或者其他处分的，依法移送有关主管机关处理。 第十五条　对于涉案动物及其制品的价值，应当根据下列方法确定： （一）对于国家禁止进出口的珍贵动物及其制品、国家重点保护的珍贵、濒危野生动物及其制品的价值，根据国务院野生动物保护主管部门制定的评估标准和方法核算； （二）对于有重要生态、科学、社会价值的陆生野生动物、地方重点保护野生动物、其他野生动物及其制品的价值，根据销赃数额认定；无销赃数额、销赃数额难以查证或者根据销赃数额认定明显偏低的，根据市场价格核算，必要时，也可以参照相关评估标准和方法核算。 第十六条　根据本解释第十五条规定难以确定涉案动物及其制品价值的，依据司法鉴定机构出具的鉴定意见，或者下列机构出具的报告，结合其他证据作出认定： （一）价格认证机构出具的报告； （二）国务院野生动物保护主管部门、国家濒危物种进出口管理机构或者海关总署等指定的机构出具的报告； （三）地、市级以上人民政府野生动物保护主管部门、国家濒危物种进出口管理机构的派出机构或者直属海关等出具的报告。 第十七条　对于涉案动物的种属类别、是否系人工繁育，非法捕捞、狩猎的工具、方法，以及对野生动物资源的损害程度等专门性问题，可以由野生动物保护主管部门、侦查机关依据现场勘验、检查笔录等出具认定意见；难以确定的，依据司法鉴定机构出具的鉴定意见、本解释第十六条所列机构出具的报告，被告人及其辩护人提供的证据材料，结合其他证据材料综合审查，依法作出认定。 第十八条　餐饮公司、渔业公司等单位实施破坏野生动物资源犯罪的，依照本解释规定的相应自然人犯罪的定罪量刑标准，对直接负责的主管人员和其他直接责任人员定罪处罚，并对单位判处罚金。 第十九条　在海洋水域，非法捕捞水产品，非法采捕珊瑚、砗磲或者其他珍贵、濒危水生野生动物，或者非法收购、运输、出售珊瑚、砗磲或者其他珍贵、濒危水生野生动物及其制品的，定罪量刑标准适用《最高人民法院关于审理发生在我国管辖海域相关案件若干问题的规定（二）》（法释〔2016〕17号）的相关规定。 第二十条　本解释自2022年4月9日起施行。本解释公布施行后，《最高人民法院关于审理破坏野生动物资源刑事案件具体应用法律若干问题的解释》（法释〔2000〕37号）同时废止；之前发布的司法解释与本解释不一致的，以本解释为准。
	相关法律法规（10）	《关于破坏野生动物资源刑事案件中涉及的CITES附录Ⅰ、附录Ⅱ所列陆生野生动物制品价值核定问题的通知》 （2012年9月17日最高人民法院、最高人民检察院国家林业局、公安部、海关总署，林濒发〔2012〕239号联合发布） 各省、自治区、直辖市高级人民法院、人民检察院、林业厅（局）、公安厅（局），解放军军事法院，解放军军事检察院，新疆维吾尔自治区高级人民法院生产建设兵团分院，新疆生产建设兵团人民检察院、林业局、公安局，海关总署广东分署，各直属海关： 我国是《濒危野生动植物种国际贸易公约》（CITES）缔约国，非原产我国的CITES附录Ⅰ和附录Ⅱ所列陆生野生动物已依法被分别核准为国家一级、二级保护野生动物。近年来，各地严格按照CITES和我国野生动物保护法律法规的规定，查获了大量非法收购、运输、出售和走私CITES附录Ⅰ、附录Ⅱ所列陆生野生动物及其制品案件。为确保依法办理上述案件，依据《陆生野生动物保护实施条例》第二十四条、最高人民法院《关于审理走私刑事案件具体应用法律若干问题的解释》（法释〔2000〕30号）第四条，以及最

相关执法参考	高人民法院《关于审理破坏野生动物资源刑事案件具体应用法律若干问题的解释》（法释〔2000〕37号）第十条和第十一条的有关规定，结合林业部《关于在野生动物案件中如何确定国家重点保护野生动物及其产品价值标准的通知》（林策通字〔1996〕8号），现将破坏野生动物资源案件中涉及的CITES附录Ⅰ和附录Ⅱ所列陆生野生动物制品的价值标准规定如下： 一、CITES附录Ⅰ、附录Ⅱ所列陆生野生动物制品的价值，参照与其同属的国家重点保护陆生野生动物的同类制品价值标准核定；没有与其同属的国家重点保护陆生野生动物的，参照与其同科的国家重点保护陆生野生动物的同类制品价值标准核定；没有与其同科的国家重点保护陆生野生动物的，参照与其同目的国家重点保护陆生野生动物的同类制品价值标准核定；没有与其同目的国家重点保护陆生野生动物的，参照与其同纲或者同门的国家重点保护陆生野生动物的同类制品价值标准核定。 二、同属、同科、同目、同纲或者同门中，如果存在多种不同保护级别的国家重点保护陆生野生动物的，应当参照该分类单元中相同保护级别的国家重点保护陆生野生动物的同类制品价值标准核定；如果存在多种相同保护级别的国家重点保护陆生野生动物的，应当参照该分类单元中价值标准最低的国家重点保护陆生野生动物的同类制品价值标准核定；如果CITES附录Ⅰ、附录Ⅱ所列陆生野生动物所处分类单元有多种国家重点保护陆生野生动物，但保护级别不同的，应当参照该分类单元中价值标准最低的国家重点保护陆生野生动物的同类制品价值标准核定；如果仅有一种国家重点保护陆生野生动物的，应当参照该种国家重点保护陆生野生动物的同类制品价值标准核定。 三、同一案件中缴获的同一动物个体的不同部分的价值总和，不得超过该种动物个体的价值。 四、核定价值低于非法贸易实际交易价格的，以非法贸易实际交易价格认定。 五、犀牛角、象牙等野生动物制品的价值，继续依照《国家林业局关于发布破坏野生动物资源刑事案中涉及走私的象牙及其制品价值标准的通知》（林濒发〔2001〕234号），以及《国家林业局关于发布破坏野生动物资源刑事案件中涉及犀牛角价值标准的通知》（林护发〔2002〕130号）的规定核定。 人民法院、人民检察院、公安、海关等办案单位可以依据上述价值标准，核定破坏野生动物资源刑事案件中涉及的CITES附录Ⅰ和附录Ⅱ所列陆生野生动物制品的价值。核定有困难的，县级以上林业主管部门、国家濒危物种进出口管理机构或其指定的鉴定单位应该协助。 特此通知。
相关法律法规（11）	关于猎捕野生动物禁用工具和方法有关问题的复函 （国家林业局2016年9月12日，林策发〔2016〕127号）（此系国家林业局给云南省林业厅关于非法狩猎方法的请示的复函） 根据《野生动物保护法》和《陆生野生动物保护实施条例》的有关规定，凡是没有针对特定的野生动物物种并且在实施中不是人为控制的狩猎工具，均是非人为直接操作并危害人畜安全的狩猎装置，包括但不限于粘网、电网、猎夹、铁夹等在各地称谓不同的工具；以放火、围网、哄赶等方法对某一类或者某群野生动物进行围堵，可能导致该种群在特定时期或者区域毁灭性消失的，均属于歼灭性围猎。
相关法律法规（12）	关于收购、运输、出售部分人工驯养繁殖技术成熟的野生动物适用法律问题的复函 （最高人民法院研究室2016年3月2日，法研〔2016〕23号） 国家林业局森林公安局： 贵局《关于商请对非法收购、运输、出售部分人工驯养繁殖的珍贵濒危野生动物适用法律问题予以答复的函》（林公刑便字〔2015〕49号）收悉。经研究并征求我院相关业务庭意见，我室认为：

相关法律法规（12）		我院《关于被告人郑喜和非法收购珍贵、濒危野生动物、珍贵、濒危野生动物制品罪请示一案的批复》（〔2011〕刑他字第86号，以下简称《批复》）是根据贵局《关于发布商业性经营利用驯养繁殖技术成熟的梅花鹿等54种陆生野生动物名单的通知》（林护发〔2003〕121号，以下简称《通知》）的精神作出的。虽然《通知》于2012年被废止，但从实践看，《批复》的内容仍符合当前野生动物保护与资源利用实际，即由于驯养繁殖技术的成熟，对有的珍贵、濒危野生动物的驯养繁殖、商业利用在某些地区已成规模，有关野生动物的数量极大增加，收购、运输、出售这些人工驯养繁殖的野生动物实际已无社会危害性。 来函建议对我院2000年《关于审理破坏野生动物资源刑事案件具体应用法律若干问题的解释》进行修改，提高收购、运输、出售有关人工驯养繁殖的野生动物的定罪量刑标准。此一思路虽能将一些行为出罪，但不能完全解决问题。如将运输人工驯养繁殖梅花鹿行为的入罪标准规定为20只以上后，还会有相当数量的案件符合定罪乃至判处重刑的条件。按此思路修订解释、对相关案件作出判决后，恐仍难保障案件处理的法律与社会效果。 鉴此，我室认为，彻底解决当前困境的办法，或者是尽快启动国家重点保护野生动物名录的修订工作，将一些实际已不再处于濒危状态的动物从名录中及时调整出去，同时将有的已处于濒危状态的动物增列进来；或者是在修订后司法解释中明确，对某些经人工驯养繁殖、数量已大大增多的野生动物，附表所列的定罪量刑数量标准，仅适用于真正意义上的野生动物，而不包括驯养繁殖的。 以上意见供参考。
相关执法参考	相关法律法规（13）	《关于严厉打击非法捕杀、收购、倒卖、走私野生动物活动的通知》 （最高人民法院、最高人民检察院、林业部公安部、国家工商行政管理局1990年12月15日发布，林安字〔1990〕514号） 各省、自治区、直辖市高级人民法院、人民检察院、林业厅（局）、公安厅（局）、工商行政管理局，内蒙古自治区农委，西藏自治区农牧林委，黑龙江省森林工业总局，大兴安岭林业公司： 野生动物是国家宝贵的自然资源，是全人类的共同财富。保护好野生动物资源，对于维护自然生态平衡，拯救珍贵、濒危野生动物物种，开展科学研究，发展经济，改善和丰富人民的物质和文化生活，以及促进国际交流，增进各国人民之间的友谊，都具有重要的作用和意义。《中华人民共和国野生动物保护法》于一九八九年三月一日正式施行以来，各级人民法院、人民检察院、公安、林业、农业、工商行政管理、海关、交通运输、渔政等部门都十分重视野生动物保护工作，在各级党委、政府的领导下，互相配合，相互支持，查处了一批破坏野生动物资源的案件，取得了一定的成效。但是，一些地方非法捕杀、收购、倒卖、走私国家重点保护野生动物的案件仍然时有发生，特别是一九八九年秋冬以来，这类案件显著增多，不仅大量国家重点保护的珍贵、稀有野生动物遭到猎杀，而且非法收购、倒卖、走私野生动物及其产品的活动十分猖獗，并有愈演愈烈之势。各有关部门对此应引起高度注意，切实提高认识，坚决按照国务院办公厅1990年5月12日发出的《关于当前非法捕杀、收购、倒卖珍稀野生动物情况的通报》（国办发明电〔1990〕11号）的要求，立即采取有效措施，尽快刹住这股歪风，切实做好野生动物的保护工作。现就有关问题通知如下： 一、及时查处乱捕滥猎野生动物案件，严厉打击破坏野生动物资源的违法犯罪活动。各地林业、公安、工商行政管理、渔政等有关部门要密切配合，结合目前开展的"严打"斗争，对乱捕滥猎野生动物的案件进行一次全面清理。各地公安机关对近年来尚未破获的此类重大案件，特别是一九八九年三月一日以来发生的重大案件，要认真排队分析，集中警力，积极进行侦破。对国务院办公厅通报的十一起案件，有关地方公安机关要列为侦破

相关执法参考	相关法律法规(13)	重点，组织专门力量，予以查清，及时将查处结果报告公安部、林业部。在非法猎杀、倒卖、加工、走私野生动物严重的地方，应当适时开展专项斗争，或者列入"严打"的一项内容，进行专项治理。沿海地区要特别注意加强野生动物走私案件的查处工作。各级人民法院、人民检察院对破坏野生动物资源的犯罪案件，要及时受理，公开审判。对查获的犯罪人员，不论涉及什么人和什么单位，都要依照《关于惩治捕杀国家重点保护的珍贵、濒危野生动物犯罪的补充规定》，坚决进行处理，以震慑犯罪分子，教育广大群众。 二、认真加强野生动物的管理工作。各级林业和工商行政管理等部门要在当地人民政府的领导下，对野生动物管理、保护工作进行一次认真检查，尽快健全和完善各项管理制度，切实解决工作中存在的问题。林业部门要调查掌握本区域内野生动物资源状况，制定和完善各项保护措施；加强法制建设，尽快制定合理的狩猎限量及狩猎、入山、运输、驯养繁殖、经营利用、出口等管理制度和办法，加强对野生动物资源的管理。林业、工商行政管理部门要加强与铁路、交通、航运、公安等部门的联系与配合，对运输过程中和进入市场的野生动物及其产品要切实加强管理，注意从中发现违法犯罪活动，坚决堵住非法贩运、销赃渠道。各林业检查站对非法运输、销售野生动物及其产品的有权制止，予以扣留，区别情况，会同工商行政管理机关按照《野生动物保护法》的规定进行处理。不经野生动物行政主管部门批准，商业、外贸、供销等单位不得自行设点收购，市场上不得随意买卖野生动物及其产品，严禁走私和非法出口活动。工商行政管理机关和野生动物行政主管部门对经营野生动物的加工企业、宾馆、饭店等要进行认真的清查、整顿；对非法收购、加工、宰杀、出售、出口野生动物及其制品的，应依法进行处理。情节严重的，除对直接责任者给予处罚外，由工商行政管理机关责令其停止经营或吊销其营业执照。今后，经营野生动物及其产品的企业或个人，须征得林业行政主管部门的同意，经工商行政管理机关核准登记后，方可进行经营活动。各地应结合本地情况，规定禁猎区、禁猎期，必要时应报省、自治区、直辖市人民政府批准，实行全省（自治区、直辖市）或部分地区的禁猎，切实保护好野生动物的栖息繁殖环境。 三、严格猎枪、弹具的管理。各级林业、公安部门，要按照1990年6月27日国务院召开的关于加强爆炸物品、枪支弹药安全管理电话会议的精神，结合"严打"斗争，对猎枪、弹具进行一次全面的清查。对未经林业部定点的猎枪、弹具生产厂家，立即责令停产，封存产品；对未经省级林业和公安部门批准，自行经销猎枪、弹具的单位，应立即责令停止销售，将剩余的猎枪、弹具查封，并依照有关规定予以处理。同时要严格猎枪购买审批手续，购买猎枪必须经县以上林业主管部门批准，和县级公安机关同意，由公安机关发给购买证，凭证向国家指定的单位购买。要严厉查处非法制造、运输、贩卖猎枪、弹具的活动。对没有持枪证、猎狩证而进行非法狩猎活动的，枪支一律当场扣押，待查明情况后分别处理。在实行禁猎的地区，当地林业、公安部门应在严格枪支弹药登记的基础上有针对性地加强禁猎宣传工作，对违章狩猎者依法惩处。对于军用枪支，有关部门应进一步加强管理，严禁用于狩猎活动。 四、加强领导，认真做好《野生动物保护法》的宣传教育工作。各级林业、公安、工商行政管理部门要主动当好各级人民政府的参谋，提请各级人民政府把保护野生动物工作列入政府领导的议事日程，加强对这项工作的领导，对清查、办案中遇到的困难给予支持。各地要广泛深入地开展保护野生动物的宣传教育活动，注意发挥野生动物保护协会、猎人协会等群众组织的作用；要选择典型案件公开宣传，不断提高人民群众对保护野生动物重要性的认识，自觉地与破坏野生动物资源的行为作斗争。 案件多发的地方，可以建立有奖举报制度，建立群众联防组织，打防结合，形成强大的社会监督网络。各级林业、工商行政管理、公安部门和各级人民法院、人民检察院要把保护野生动物作为一项长期的经常性工作，互相支持，紧密配合，共同做好这项工作。

		《野生动物保护法》（节录）
相关执法参考	相关法律法规（14）	（1988年11月8日第七届全国人民代表大会常务委员会第四次会议通过，根据2004年8月28日第十届全国人民代表大会常务委员会第十一次会议《关于修改〈中华人民共和国野生动物保护法〉的决定》第一次修正，根据2009年8月27日第十一届全国人民代表大会常务委员会第十次会议《关于修改部分法律的决定》第二次修正，2016年7月2日第十二届全国人民代表大会常务委员会第二十一次会议修订，根据2018年10月26日第十三届全国人民代表大会常务委员会第六次会议《关于修改〈中华人民共和国野生动物保护法〉等十五部法律的决定》第三次修正）

第二条　在中华人民共和国领域及管辖的其他海域，从事野生动物保护及相关活动，适用本法。

本法规定保护的野生动物，是指珍贵、濒危的陆生、水生野生动物和有重要生态、科学、社会价值的陆生野生动物。

本法规定的野生动物及其制品，是指野生动物的整体（含卵、蛋）、部分及其衍生物。

珍贵、濒危的水生野生动物以外的其他水生野生动物的保护，适用《中华人民共和国渔业法》等有关法律的规定。

第三条　野生动物资源属于国家所有。

国家保障依法从事野生动物科学研究、人工繁育等保护及相关活动的组织和个人的合法权益。

第四条　国家对野生动物实行保护优先、规范利用、严格监管的原则，鼓励开展野生动物科学研究，培育公民保护野生动物的意识，促进人与自然和谐发展。

第五条　国家保护野生动物及其栖息地。县级以上人民政府应当制定野生动物及其栖息地相关保护规划和措施，并将野生动物保护经费纳入预算。

国家鼓励公民、法人和其他组织依法通过捐赠、资助、志愿服务等方式参与野生动物保护活动，支持野生动物保护公益事业。

本法规定的野生动物栖息地，是指野生动物野外种群生息繁衍的重要区域。

第六条　任何组织和个人都有保护野生动物及其栖息地的义务。禁止违法猎捕野生动物、破坏野生动物栖息地。

任何组织和个人都有权向有关部门和机关举报或者控告违反本法的行为。野生动物保护主管部门和其他有关部门、机关对举报或者控告，应当及时依法处理。

第二章　野生动物及其栖息地保护

第十条　国家对野生动物实行分类分级保护。

国家对珍贵、濒危的野生动物实行重点保护。国家重点保护的野生动物分为一级保护野生动物和二级保护野生动物。国家重点保护野生动物名录，由国务院野生动物保护主管部门组织科学评估后制定，并每五年根据评估情况确定对名录进行调整。国家重点保护野生动物名录报国务院批准公布。

地方重点保护野生动物，是指国家重点保护野生动物以外，由省、自治区、直辖市重点保护的野生动物。地方重点保护野生动物名录，由省、自治区、直辖市人民政府组织科学评估后制定、调整并公布。

有重要生态、科学、社会价值的陆生野生动物名录，由国务院野生动物保护主管部门组织科学评估后制定、调整并公布。

第十一条　县级以上人民政府野生动物保护主管部门，应当定期组织或者委托有关科学研究机构对野生动物及其栖息地状况进行调查、监测和评估，建立健全野生动物及其栖息地档案。

对野生动物及其栖息地状况的调查、监测和评估应当包括下列内容：

（一）野生动物野外分布区域、种群数量及结构； |

| 相关执法参考 | 相关法律法规（14） | （二）野生动物栖息地的面积、生态状况；
（三）野生动物及其栖息地的主要威胁因素；
（四）野生动物人工繁育情况等其他需要调查、监测和评估的内容。
第三章　野生动物管理
第二十条　在相关自然保护区域和禁猎（渔）区、禁猎（渔）期内，禁止猎捕以及其他妨碍野生动物生息繁衍的活动，但法律法规另有规定的除外。
野生动物迁徙洄游期间，在前款规定区域外的迁徙洄游通道内，禁止猎捕并严格限制其他妨碍野生动物生息繁衍的活动。迁徙洄游通道的范围以及妨碍野生动物生息繁衍活动的内容，由县级以上人民政府或者其野生动物保护主管部门规定并公布。
第二十一条　禁止猎捕、杀害国家重点保护野生动物。
因科学研究、种群调控、疫源疫病监测或者其他特殊情况，需要猎捕国家一级保护野生动物的，应当向国务院野生动物保护主管部门申请特许猎捕证；需要猎捕国家二级保护野生动物的，应当向省、自治区、直辖市人民政府野生动物保护主管部门申请特许猎捕证。
第二十二条　猎捕非国家重点保护野生动物的，应当依法取得县级以上地方人民政府野生动物保护主管部门核发的狩猎证，并且服从猎捕量限额管理。
第二十三条　猎捕者应当按照特许猎捕证、狩猎证规定的种类、数量、地点、工具、方法和期限进行猎捕。
持枪猎捕的，应当依法取得公安机关核发的持枪证。
第二十四条　禁止使用毒药、爆炸物、电击或者电子诱捕装置以及猎套、猎夹、地枪、排铳等工具进行猎捕，禁止使用夜间照明行猎、歼灭性围猎、捣毁巢穴、火攻、烟熏、网捕等方法进行猎捕，但因科学研究确需网捕、电子诱捕的除外。
前款规定以外的禁止使用的猎捕工具和方法，由县级以上地方人民政府规定并公布。
第二十五条　国家支持有关科学研究机构因物种保护目的人工繁育国家重点保护野生动物。
前款规定以外的人工繁育国家重点保护野生动物实行许可制度。人工繁育国家重点保护野生动物的，应当经省、自治区、直辖市人民政府野生动物保护主管部门批准，取得人工繁育许可证，但国务院对批准机关另有规定的除外。
人工繁育国家重点保护野生动物应当使用人工繁育子代种源，建立物种系谱、繁育档案和个体数据。因物种保护目的确需采用野外种源的，适用本法第二十一条和第二十三条的规定。
本法所称人工繁育子代，是指人工控制条件下繁殖出生的子代个体且其亲本也在人工控制条件下出生。
第二十六条　人工繁育国家重点保护野生动物应当有利于物种保护及其科学研究，不得破坏野外种群资源，并根据野生动物习性确保其具有必要的活动空间和生息繁衍、卫生健康条件，具备与其繁育目的、种类、发展规模相适应的场所、设施、技术，符合有关技术标准和防疫要求，不得虐待野生动物。
省级以上人民政府野生动物保护主管部门可以根据保护国家重点保护野生动物的需要，组织开展国家重点保护野生动物放归野外环境工作。
第二十七条　禁止出售、购买、利用国家重点保护野生动物及其制品。
因科学研究、人工繁育、公众展示展演、文物保护或者其他特殊情况，需要出售、购买、利用国家重点保护野生动物及其制品的，应当经省、自治区、直辖市人民政府野生动物保护主管部门批准，并按照规定取得和使用专用标识，保证可追溯，但国务院对批准机关另有规定的除外。
实行国家重点保护野生动物及其制品专用标识的范围和管理办法，由国务院野生动物 |

相关执法参考	相关法律法规（14）	保护主管部门规定。 出售、利用非国家重点保护野生动物的，应当提供狩猎、进出口等合法来源证明。 出售本条第二款、第四款规定的野生动物的，还应当依法附有检疫证明。 **第二十八条** 对人工繁育技术成熟稳定的国家重点保护野生动物，经科学论证，纳入国务院野生动物保护主管部门制定的人工繁育国家重点保护野生动物名录。对列入名录的野生动物及其制品，可以凭人工繁育许可证，按照省、自治区、直辖市人民政府野生动物保护主管部门核验的年度生产数量直接取得专用标识，凭专用标识出售和利用，保证可追溯。 对本法第十条规定的国家重点保护野生动物名录进行调整时，根据有关野外种群保护情况，可以对前款规定的有关人工繁育技术成熟稳定野生动物的人工种群，不再列入国家重点保护野生动物名录，实行与野外种群不同的管理措施，但应当依照本法第二十五条第二款和本条第一款的规定取得人工繁育许可证和专用标识。 **第二十九条** 利用野生动物及其制品的，应当以人工繁育种群为主，有利于野外种群养护，符合生态文明建设的要求，尊重社会公德，遵守法律法规和国家有关规定。 野生动物及其制品作为药品经营和利用的，还应当遵守有关药品管理的法律法规。 **第三十条** 禁止生产、经营使用国家重点保护野生动物及其制品制作的食品，或者使用没有合法来源证明的非国家重点保护野生动物及其制品制作的食品。 禁止为食用非法购买国家重点保护的野生动物及其制品。 **第三十一条** 禁止为出售、购买、利用野生动物或者禁止使用的猎捕工具发布广告。禁止为违法出售、购买、利用野生动物制品发布广告。 **第三十二条** 禁止网络交易平台、商品交易市场等交易场所，为违法出售、购买、利用野生动物及其制品或者禁止使用的猎捕工具提供交易服务。 **第三十三条** 运输、携带、寄递国家重点保护野生动物及其制品、本法第二十八条第二款规定的野生动物及其制品出县境的，应当持有或者附有本法第二十一条、第二十五条、第二十七条或者第二十八条规定的许可证、批准文件的副本或者专用标识，以及检疫证明。 运输非国家重点保护野生动物出县境的，应当持有狩猎、进出口等合法来源证明，以及检疫证明。 **第三十八条** 任何组织和个人将野生动物放生至野外环境，应当选择适合放生地野外生存的当地物种，不得干扰当地居民的正常生活、生产，避免对生态系统造成危害。随意放生野生动物，造成他人人身、财产损害或者危害生态系统的，依法承担法律责任。 **第三十九条** 禁止伪造、变造、买卖、转让、租借特许猎捕证、狩猎证、人工繁育许可证及专用标识，出售、购买、利用国家重点保护野生动物及其制品的批准文件，或者允许进出口证明书、进出口等批准文件。 前款规定的有关许可证书、专用标识、批准文件的发放情况，应当依法公开。 **第四章 法律责任** **第四十二条** 野生动物保护主管部门或者其他有关部门、机关不依法作出行政许可决定，发现违法行为或者接到对违法行为的举报不予查处或者不依法查处，或者有滥用职权等其他不依法履行职责的行为的，由本级人民政府或者上级人民政府有关部门、机关责令改正，对负有责任的主管人员和其他直接责任人员依法给予记过、记大过或者降级处分；造成严重后果的，给予撤职或者开除处分，其主要负责人应当引咎辞职；构成犯罪的，依法追究刑事责任。 **第四十四条** 违反本法第十五条第三款规定，以收容救护为名买卖野生动物及其制品的，由县级以上人民政府野生动物保护主管部门没收野生动物及其制品、违法所得，并处野生动物及其制品价值二倍以上十倍以下的罚款，将有关违法信息记入社会诚信档案，向

社会公布；构成犯罪的，依法追究刑事责任。

第四十五条 违反本法第二十条、第二十一条、第二十三条第一款、第二十四条第一款规定，在相关自然保护区域、禁猎（渔）区、禁猎（渔）期猎捕国家重点保护野生动物，未取得特许猎捕证、未按照特许猎捕证规定猎捕、杀害国家重点保护野生动物，或者使用禁用的工具、方法猎捕国家重点保护野生动物的，由县级以上人民政府野生动物保护主管部门、海洋执法部门或者有关保护区域管理机构按照职责分工没收猎获物、猎捕工具和违法所得，吊销特许猎捕证，并处猎获物价值二倍以上十倍以下的罚款；没有猎获物的，并处一万元以上五万元以下的罚款；构成犯罪的，依法追究刑事责任。

第四十六条 违反本法第二十条、第二十二条、第二十三条第一款、第二十四条第一款规定，在相关自然保护区域、禁猎（渔）区、禁猎（渔）期猎捕非国家重点保护野生动物，未取得狩猎证、未按照狩猎证规定猎捕非国家重点保护野生动物，或者使用禁用的工具、方法猎捕非国家重点保护野生动物的，由县级以上地方人民政府野生动物保护主管部门或者有关保护区域管理机构按照职责分工没收猎获物、猎捕工具和违法所得，吊销狩猎证，并处猎获物价值一倍以上五倍以下的罚款；没有猎获物的，并处二千元以上一万元以下的罚款；构成犯罪的，依法追究刑事责任。

违反本法第二十三条第二款规定，未取得持枪证持枪猎捕野生动物，构成违反治安管理行为的，由公安机关依法给予治安管理处罚；构成犯罪的，依法追究刑事责任。

第四十八条 违反本法第二十七条第一款和第二款、第二十八条第一款、第三十三条第一款规定，未经批准、未取得或者未按照规定使用专用标识，或者未持有、未附有人工繁育许可证、批准文件的副本或者专用标识出售、购买、利用、运输、携带、寄递国家重点保护野生动物及其制品或者本法第二十八条第二款规定的野生动物及其制品的，由县级以上人民政府野生动物保护主管部门或者市场监督管理部门按照职责分工没收野生动物及其制品和违法所得，并处野生动物及其制品价值二倍以上十倍以下的罚款；情节严重的，吊销人工繁育许可证、撤销批准文件、收回专用标识；构成犯罪的，依法追究刑事责任。

违反本法第二十七条第四款、第三十三条第二款规定，未持有合法来源证明出售、利用、运输非国家重点保护野生动物的，由县级以上地方人民政府野生动物保护主管部门或者市场监督管理部门按照职责分工没收野生动物，并处野生动物价值一倍以上五倍以下的罚款。

违反本法第二十七条第五款、第三十三条规定，出售、运输、携带、寄递有关野生动物及其制品未持有或者未附有检疫证明的，依照《中华人民共和国动物防疫法》的规定处罚。

第四十九条 违反本法第三十条规定，生产、经营使用国家重点保护野生动物及其制品或者没有合法来源证明的非国家重点保护野生动物及其制品制作食品，或者为食用非法购买国家重点保护的野生动物及其制品的，由县级以上人民政府野生动物保护主管部门或者市场监督管理部门按照职责分工责令停止违法行为，没收野生动物及其制品和违法所得，并处野生动物及其制品价值二倍以上十倍以下的罚款；构成犯罪的，依法追究刑事责任。

第五十一条 违反本法第三十二条规定，为违法出售、购买、利用野生动物及其制品或者禁止使用的猎捕工具提供交易服务的，由县级以上人民政府市场监督管理部门责令停止违法行为，限期改正，没收违法所得，并处违法所得二倍以上五倍以下的罚款；没有违法所得的，处一万元以上五万元以下的罚款；构成犯罪的，依法追究刑事责任。

第五十二条 违反本法第三十五条规定，进出口野生动物或者其制品的，由海关、公安机关、海洋执法部门依照法律、行政法规和国家有关规定处罚；构成犯罪的，依法追究刑事责任。

第五十三条 违反本法第三十七条第一款规定，从境外引进野生动物物种的，由县级

相关执法参考	相关法律法规（14）	以上人民政府野生动物保护主管部门没收所引进的野生动物，并处五万元以上二十五万元以下的罚款；未依法实施进境检疫的，依照《中华人民共和国进出境动植物检疫法》的规定处罚；构成犯罪的，依法追究刑事责任。 第五十五条　违反本法第三十九条第一款规定，伪造、变造、买卖、转让、租借有关证件、专用标识或者有关批准文件的，由县级以上人民政府野生动物保护主管部门没收违法证件、专用标识、有关批准文件和违法所得，并处五万元以上二十五万元以下的罚款；构成违反治安管理行为的，由公安机关依法给予治安管理处罚；构成犯罪的，依法追究刑事责任。
	相关法律法规（15）	《陆生野生动物保护实施条例》（节录） （1992年2月12日国务院批准，1992年3月1日林业部发布，根据2011年1月8日《国务院关于废止和修改部分行政法规的决定》〔国务院令第588号〕修订，根据2016年2月6日《国务院关于修改部分行政法规的决定》〔国务院令第666号〕修订） 第二条　本条例所称陆生野生动物，是指依法受保护的珍贵、濒危、有益的和有重要经济、科学研究价值的陆生野生动物（以下简称野生动物）；所称野生动物产品，是指陆生野生动物的任何部分及其衍生物。 第十一条　禁止猎捕、杀害国家重点保护野生动物。 有下列情形之一，需要猎捕国家重点保护野生动物的，必须申请特许猎捕证： （一）为进行野生动物科学考察、资源调查，必须猎捕的； （二）为驯养繁殖国家重点保护野生动物，必须从野外获取种源的； （三）为承担省级以上科学研究项目或者国家医药生产任务，必须从野外获取国家重点保护野生动物的； （四）为宣传、普及野生动物知识或者教学、展览的需要，必须从野外获取国家重点保护野生动物的； （五）因国事活动的需要，必须从野外获取国家重点保护野生动物的； （六）为调控国家重点保护野生动物种群数量和结构，经科学论证必须猎捕的； （七）因其他特殊情况，必须捕捉、猎捕国家重点保护野生动物的。 第十二条　申请特许猎捕证的程序如下： （一）需要捕捉国家一级保护野生动物的，必须附具申请人所在地和捕捉地的省、自治区、直辖市人民政府林业行政主管部门签署的意见，向国务院林业行政主管部门申请特许猎捕证； （二）需要在本省、自治区、直辖市猎捕国家二级保护野生动物的，必须附具申请人所在地的县级人民政府野生动物行政主管部门签署的意见，向省、自治区、直辖市人民政府林业行政主管部门申请特许猎捕证； （三）需要跨省、自治区、直辖市猎捕国家二级保护野生动物的，必须附具申请人所在地的省、自治区、直辖市人民政府林业行政主管部门签署的意见，向猎捕地的省、自治区、直辖市人民政府林业行政主管部门申请特许猎捕证。 动物园需要申请捕捉国家一级保护野生动物的，在向国务院林业行政主管部门申请特许猎捕证前，须经国务院建设行政主管部门审核同意；需要申请捕捉国家二级保护野生动物的，在向申请人所在地的省、自治区、直辖市人民政府林业行政主管部门申请特许猎捕证前，须经同级政府建设行政主管部门审核同意。 负责核发特许猎捕证的部门接到申请后，应当在三个月内作出批准或者不批准的决定。 第十三条　有下列情形之一的，不予发放特许猎捕证： （一）申请猎捕者有条件以合法的非猎捕方式获得国家重点保护野生动物的种源、产品或者达到所需目的的；

相关执法参考	相关法律法规（15）	（二）猎捕申请不符合国家有关规定或者申请使用的猎捕工具、方法以及猎捕时间、地点不当的； （三）根据野生动物资源现状不宜捕捉、猎捕的。 第十四条　取得特许猎捕证的单位和个人，必须按照特许猎捕证规定的种类、数量、地点、期限、工具和方法进行猎捕，防止误伤野生动物或者破坏其生存环境。猎捕作业完成后，应当在十日内向猎捕地的县级人民政府野生动物行政主管部门申请查验。 县级人民政府野生动物行政主管部门对在本行政区域内猎捕国家重点保护野生动物的活动，应当进行监督检查，并及时向批准猎捕的机关报告监督检查结果。 第十五条　猎捕非国家重点保护野生动物的，必须持有狩猎证，并按照狩猎证规定的种类、数量、地点、期限、工具和方法进行猎捕。 狩猎证由省、自治区、直辖市人民政府林业行政主管部门按照国务院林业行政主管部门的规定印制，县级人民政府野生动物行政主管部门或者其授权的单位核发。 狩猎证每年验证一次。 第十六条　省、自治区、直辖市人民政府林业行政主管部门，应当根据本行政区域内非国家重点保护野生动物的资源现状，确定狩猎动物种类，并实行年度猎捕量限额管理。狩猎动物种类和年度猎捕量限额，由县级人民政府野生动物行政主管部门按照保护资源、永续利用的原则提出，经省、自治区、直辖市人民政府林业行政主管部门批准，报国务院林业行政主管部门备案。 第十七条　县级以上地方各级人民政府野生动物行政主管部门应当组织狩猎者有计划地开展狩猎活动。 在适合狩猎的区域建立固定狩猎场所的，必须经省、自治区、直辖市人民政府林业行政主管部门批准。 第十八条　禁止使用军用武器、汽枪、毒药、炸药、地枪、排铳、非人为直接操作并危害人畜安全的狩猎装置、夜间照明行猎、歼灭性围猎、火攻、烟熏以及县级以上各级人民政府或者其野生动物行政主管部门规定禁止使用的其他狩猎工具和方法狩猎。 第十九条　外国人在中国境内对国家重点保护野生动物进行野外考察、标本采集或者在野外拍摄电影、录像的，必须向国家重点保护野生动物所在地的省、自治区、直辖市人民政府林业行政主管部门提出申请，经其审核后，报国务院林业行政主管部门或者其授权的单位批准。 第二十条　外国人在中国境内狩猎，必须在国务院林业行政主管部门批准的对外国人开放的狩猎场所内进行，并遵守中国有关法律、法规的规定。 第四十二条　违反野生动物保护法规，构成犯罪的，依法追究刑事责任。
	相关法律法规（16）	《水生野生动物保护实施条例》（节录） （1993年9月17日国务院批准，1993年10月5日农业部令第1号发布，根据2011年1月8日《国务院关于废止和修改部分行政法规的决定》第一次修订，根据2013年12月7日《国务院关于修改部分行政法规的决定》第二次修订） 第二条　本条例所称水生野生动物，是指珍贵、濒危的水生野生动物；所称水生野生动物产品，是指珍贵、濒危的水生野生动物的任何部分及其衍生物。 第十二条　禁止捕捉、杀害国家重点保护的水生野生动物。 有下列情形之一，确需捕捉国家重点保护的水生野生动物的，必须申请特许捕捉证： （一）为进行水生野生动物科学考察、资源调查，必须捕捉的； （二）为驯养繁殖国家重点保护的水生野生动物，必须从自然水域或者场所获取种源的； （三）为承担省级以上科学研究项目或者国家医药生产任务，必须从自然水域或者场所获取国家重点保护的水生野生动物的；

（四）为宣传、普及水生野生动物知识或者教学、展览的需要，必须从自然水域或者场所获取国家重点保护的水生野生动物的；

（五）因其他特殊情况，必须捕捉的。

第十三条　申请特许捕捉证程序：

（一）需要捕捉国家一级保护水生野生动物的，必须附具申请人所在地和捕捉地的省、自治区、直辖市人民政府渔业行政主管部门签署的意见，向国务院渔业行政主管部门申请特许捕捉证；

（二）需要在本省、自治区、直辖市捕捉国家二级保护水生野生动物的，必须附具申请人所在地的县级人民政府渔业行政主管部门签署的意见，向省、自治区、直辖市人民政府渔业行政主管部门申请特许捕捉证；

（三）需要跨省、自治区、直辖市捕捉国家二级保护水生野生动物的，必须附具申请人所在地的省、自治区、直辖市人民政府渔业行政主管部门签署的意见，向捕捉地的省、自治区、直辖市人民政府渔业行政主管部门申请特许捕捉证。

动物园申请捕捉国家一级保护水生野生动物的，在向国务院渔业行政主管部门申请特许捕捉证前，须经国务院建设行政主管部门审核同意；申请捕捉国家二级保护水生野生动物的，在向申请人所在地的省、自治区、直辖市人民政府渔业行政主管部门申请特许捕捉证前，须经同级人民政府建设行政主管部门审核同意。

负责核发特许捕捉证的部门接到申请后，应当自接到申请之日起三个月内作出批准或者不批准的决定。

第十四条　有下列情形之一的，不予发放特许捕捉证：

（一）申请人有条件以合法的非捕捉方式获得国家重点保护的水生野生动物的种源、产品或者达到其目的的；

（二）捕捉申请不符合国家有关规定，或者申请使用的捕捉工具、方法以及捕捉时间、地点不当的；

（三）根据水生野生动物资源现状不宜捕捉的。

第十五条　取得特许捕捉证的单位和个人，必须按照特许捕捉证规定的种类、数量、地点、期限、工具和方法进行捕捉，防止误伤水生野生动物或者破坏其生存环境。捕捉作业完成后，应当及时向捕捉地的县级人民政府渔业行政主管部门或者其所属的渔政监督管理机构申请查验。

县级人民政府渔业行政主管部门或者其所属的渔政监督管理机构对在本行政区域内捕捉国家重点保护的水生野生动物的活动，应当进行监督检查，并及时向批准捕捉的部门报告监督检查结果。

第十六条　外国人在中国境内进行有关水生野生动物科学考察、标本采集、拍摄电影、录像等活动的，必须经国家重点保护的水生野生动物所在地的省、自治区、直辖市人民政府渔业行政主管部门批准。

第十七条　驯养繁殖国家一级保护水生野生动物的，应当持有国务院渔业行政主管部门核发的驯养繁殖许可证；驯养繁殖国家二级保护水生野生动物的，应当持有省、自治区、直辖市人民政府渔业行政主管部门核发的驯养繁殖许可证。

动物园驯养繁殖国家重点保护的水生野生动物的，渔业行政主管部门可以委托同级建设行政主管部门核发驯养繁殖许可证。

第十八条　禁止出售、收购国家重点保护的水生野生动物或者其产品。因科学研究、驯养繁殖、展览等特殊情况，需要出售、收购、利用国家一级保护水生野生动物或者其产品的，必须向省、自治区、直辖市人民政府渔业行政主管部门提出申请，经其签署意见后，报国务院渔业行政主管部门批准；需要出售、收购、利用国家二级保护水生野生动物或者其产品的，必须向省、自治区、直辖市人民政府渔业行政主管部门提出申请，并经其

相关执法参考	相关法律法规（16）	批准。 第二十六条　非法捕杀国家重点保护的水生野生动物的，依照刑法有关规定追究刑事责任；情节显著轻微危害不大的，或者犯罪情节轻微不需要判处刑罚的，由渔业行政主管部门没收捕获物、捕捉工具和违法所得，吊销特许捕捉证，并处以相当于捕获价值十倍以下的罚款，没有捕获物的处以一万元以下的罚款。
	相关法律法规（17）	《国家重点保护野生动物名录》，见附录四。
	相关法律法规（18）	《濒危野生动植物种国际贸易公约附录水生物种核准为国家重点保护野生动物名录》，见附录五。

二十六、非法狩猎罪

罪名	非法狩猎罪（《刑法》第 341 条第 2 款）
概念	非法狩猎罪，是指违反狩猎法规，在禁猎区、禁猎期或者使用禁用的工具、方法进行狩猎，破坏野生动物资源，情节严重的行为。

犯罪构成	客体	本罪侵犯的客体是单一客体，即国家陆生野生动物资源保护的管理制度。我国保护野生动物资源的法律、法规，主要是国家层面上的《野生动物保护法》和《陆生野生动物保护实施条例》以及地方法规。根据《野生动物保护法》第 3 条规定，野生动物资源属于国家所有。第 6 条第 1 款规定，任何组织和个人都有保护野生动物及其栖息地的义务。禁止违法猎捕野生动物、破坏野生动物栖息地。第 41 条规定，地方重点保护野生动物和其他非国家重点保护野生动物的管理办法，由省、自治区、直辖市人民代表大会或者其常务委员会制定。上述法律、法规明确规定了狩猎权、驯养繁殖权和禁止猎捕事项，以及非法猎捕野生动物的法律责任。违反上述规定，非法狩猎的行为，必然侵害了国家有关陆生野生动物资源保护的管理制度。 本罪的对象为各种野生动物资源，即除了国家重点保护的珍贵、濒危野生动物以外的一般陆生野生动物。包括地方重点保护陆生野生动物（国家重点保护野生动物以外，由省、自治区、直辖市重点保护的陆生野生动物）和其他一般陆生野生动物。
	客观方面	本罪在客观方面表现为违反狩猎法规，在禁猎区、禁猎期或者使用禁用的工具、方法进行狩猎，破坏野生动物资源，情节严重的行为。包括三点： 1. 行为违反有关野生动物保护法规。这里的法规包括《野生动物保护法》和《陆生野生动物保护实施条例》。根据《野生动物保护法》第 20 条规定，在相关自然保护区域和禁猎（渔）区、禁猎（渔）期内，禁止猎捕以及其他妨碍野生动物生息繁衍的活动，但法律法规另有规定的除外。野生动物迁徙洄游期间，在前款规定区域外的迁徙洄游通道内，禁止猎捕并严格限制其他妨碍野生动物生息繁衍的活动。迁徙洄游通道的范围以及妨碍野生动物生息繁衍活动的内容，由县级以上人民政府或者其野生动物保护主管部门规定并公布。第 22 条规定，猎捕非国家重点保护野生动物的，应当依法取得县级以上地方人民政府野生动物保护主管部门核发的狩猎证，并且服从猎捕量限额管理。《陆生野生动物保护实施条例》第 16 条规定，省、自治区、直辖市人民政府林业行政主管部门，应当根据本行政区域内非国家重点保护野生动物的资源现状，确定狩猎动物种类，并实行年度猎捕量限额管理。狩猎动物种类和年度猎捕量限额，由县级人民政府野生动物行政主管部门按照保护资源、永续利用的原则提出，经省、自治区、直辖市人民政府林业行政主管部门批准，报国务院林业行政主管部门备案。 2. 实施了非法狩猎的行为，即行为人实施了违反"四禁"规定进行狩猎野生动物资源的行为。《野生动物保护法》第 23 条规定，猎捕者应当按照特许猎捕证、狩猎证规定的种类、数量、地点、工具、方法和期限进行猎捕。持枪猎捕的，应当依法取得公安机关核发的持枪证。第 24 条规定，禁止使用毒药、爆炸物、电击或者电子诱捕装置以及猎套、猎夹、地枪、排铳等工具进行猎捕，禁止使用夜间照明行猎、歼灭性围猎、捣毁巢穴、火攻、烟熏、网捕等方法进行猎捕，但因科学研究确需网捕、电子诱捕的除外。前款规定以外的禁止使用的猎捕工具和方法，由县级以上地方人民政府规定并公布。《陆生野生动物保护实施条例》第 18 条规定，禁止使用军用武器、汽枪、毒药、炸药、地枪、排铳、非

犯罪构成	客观方面	人为直接操作并危害人畜安全的狩猎装置、夜间照明行猎、歼灭性围猎、火攻、烟熏以及县级以上各级人民政府或者其野生动物行政主管部门规定禁止使用的其他狩猎工具和方法狩猎。所谓"四禁"中的禁猎区，是指国家对适宜野生动物栖息繁殖或者资源比较贫乏，以及为保护自然环境而规定的禁止狩猎的区域；禁猎期，是指有关野生动物资源保护部门根据野生动物生长、繁殖特点而规定的禁止猎捕的期间；禁用工具，是指足以破坏野生动物资源、危害人畜安全的工具；禁用方法，是指禁止使用的足以损害野生动物正常繁殖、生长的方法。 3. 非法狩猎的行为，必须达到情节严重的程度，才可构成犯罪。本罪为情节犯，没有达到情节严重的程度，不能构成犯罪。这里的情节严重，根据有关司法解释规定，主要包括：非法狩猎野生动物20只以上的；违反狩猎法规，在禁猎区或者禁猎期使用的工具方法狩猎的；具有其他严重情节的。
	主体	本罪的主体是一般主体，既包括自然人，也包括单位。实践中，大多是由个人来实施完成的。
	主观方面	本罪在主观方面表现为故意，即行为人明知自己非法狩猎行为违反有关野生动物保护法律、法规而仍为之。行为人非法狩猎的动机可以是多种多样的，但无论动机如何，均不影响本罪的成立。
认定标准	刑罚标准	1. 个人犯本罪的，处3年以下有期徒刑、拘役、管制或者罚金。 2. 单位犯本罪的，对单位判处罚金，并对其直接负责的主管人员和其他直接责任人员，依照上述规定处罚。
	本罪与非罪的界限	本罪为情节犯，没有达到情节严重的程度，不能构成犯罪。对于一般违法行为，根据《野生动物保护法》第46条规定，在相关自然保护区域、禁猎（渔）区、禁猎（渔）期猎捕非国家重点保护野生动物，未取得狩猎证、未按照狩猎证规定猎捕非国家重点保护野生动物，或者使用禁用的工具、方法猎捕非国家重点保护野生动物的，由县级以上地方人民政府野生动物保护主管部门或者有关保护区域管理机构按照职责分工没收猎获物、猎捕工具和违法所得，吊销狩猎证，并处猎获物价值一倍以上五倍以下的罚款；没有猎获物的，并处二千元以上一万元以下的罚款；未取得持枪证持枪猎捕野生动物，构成违反治安管理行为的，由公安机关依法给予治安管理处罚。另外，对于未经批准猎捕少量非国家重点保护野生动物，尚不构成犯罪的，可根据《陆生野生动物保护实施条例》第40条规定，由公安机关依照《中华人民共和国治安管理处罚法例》的规定予以处罚。
	本罪罪数的认定	根据有关司法解释规定，实施本罪，又以暴力、威胁方法抗拒查处，构成其他犯罪的，依照数罪并罚的规定处罚。如果非法狩猎者殴打管理人员导致轻微伤未构成犯罪的，则殴打行为视为非法狩猎的情节严重情形，按本罪论处。如果非法狩猎者殴打管理人员行为构成妨害公务犯罪的，则应以本罪和妨害公务罪数罪并罚。如果非法狩猎者对管理人员实施暴力、发生致人重伤或者死亡的结果，则该行为既构成本罪，又符合故意伤害罪或者故意杀人罪的构成要件，则应按本罪和故意伤害罪或者故意杀人罪数罪并罚。 根据有关司法解释规定，使用爆炸、投毒、设置电网等危险方法破坏野生动物资源，构成非法狩猎罪，同时构成刑法第114条或者第115条规定之罪的，依照处罚较重的规定定罪处罚。实践中应当分情况来认定处理：如果以爆炸、投毒、设置电网等方式非法狩猎，危害或者足以危害公共安全的，依照刑法第114条的爆炸罪、投放危险物质罪、以危险方法危害公共安全罪来论处；以爆炸、投毒、设置电网等方式非法狩猎，如果出于过失而危害或者足以危害公共安全的，应当依照刑法第115条的过失爆炸罪、过失投放危险物质、过失以危险方法危害公共安全罪来论处；以爆炸、投毒、设置电网等方式非法狩猎，如果没有危害或者足以危害公共安全的，也没有造成人身损害或者财产损失的，则以本罪论处。

认定标准	本罪既遂与未遂的认定	非法狩猎的，只要违反狩猎法规，在禁猎区、禁猎期或者使用禁用的工具、方法进行狩猎，破坏野生动物资源，情节严重的，就构成本罪的既遂，如果行为人已经着手实施非法狩猎行为，但非法狩猎过程中，由于行为人意志以外原因被管理人员当场抓获而停顿下来未达既遂的，应当按照本罪未遂来认定处理。
	此罪与彼罪的区别（1）	本罪与非法捕捞水产品罪的区别。 非法捕捞水产品罪，是指违反保护水产资源法规，在禁渔区、禁渔期或者使用禁用的工具、方法捕捞水产品，情节严重的行为。两罪在犯罪主体、犯罪主观方面具有相同性。两罪的主要区别在于： 1. 犯罪客体不同。本罪侵犯的是国家陆生野生动物资源保护的管理制度。后罪侵犯的是国家水产资源保护的管理制度。 2. 犯罪对象不同。尽管两罪侵犯的对象都属于国家动植物资源，但本罪的对象是特定的陆生的野生动物，不包括陆生的野生植物，即除了国家重点保护的珍贵、濒危陆生野生动物、水生野生动物以外的陆生野生动物。而后罪的对象是特定的水生的野生动物和水生的野生植物，即除了国家重点保护的珍贵、濒危水生野生动物以外的其他所有水产品。这些水产品不仅包括水生野生动物，还包括海藻类、淡水食用水生植物类等水产品。 3. 犯罪客观方面不同。本罪犯罪行为限于国内，主要是发生在我国陆地领域范围内，包括部分空中非法狩猎，但不包括水域领域。后罪犯罪行为不仅限于国内，还可发生于境外的公海等其他水域，尽管主要是发生在我国水域领域范围内，不仅包括内陆水域，但还包括我国缔结、参加的国际条约、协定或其他有关国际法，而由我国管辖的海域。
	此罪与彼罪的区别（2）	本罪与危害珍贵、濒危野生动物罪的区别。 非法猎捕、杀害珍贵、濒危野生动物罪，是指违反野生动物保护法规，未经许可或不按许可规定，非法猎捕、杀害国家重点保护的珍贵、濒危野生动物的行为。两罪在犯罪主体、主观上相同，两罪的主要区别在于： 1. 犯罪客体不同。本罪侵犯的是国家陆生野生动物资源保护的管理制度。后罪侵犯的是国家重点保护的珍贵、濒危野生动物的管理制度。 2. 犯罪对象不同。本罪的对象是特定的陆生的野生动物，不包括陆生的野生植物，即除了国家重点保护的珍贵、濒危陆生野生动物、水生野生动物以外的陆生野生动物，包括《野生动物保护法》第 9 条第 2 款规定的地方重点保护野生动物（其名录由省、自治区、直辖市政府制定并公布，报国务院备案）。后罪的对象是特定的国家重点保护的珍贵、濒危野生动物及其制品，既包括水生的国家重点保护的珍贵、濒危野生动物，也包括陆生的国家重点保护的珍贵、濒危野生动物及其制品，具体为《国家重点保护野生动物名录》确定动物及《濒危野生动植物种国际贸易公约附录Ⅰ、附录Ⅱ、附录Ⅲ》所列动物名录中的珍贵、濒危野生动物，原产地在我国境内的国家重点保护的其他珍贵、濒危野生动物及其制品。 3. 犯罪客观方面不同。本罪犯罪行为发生限于国内陆地领域且不包括水域领域，表现为违反狩猎法规，在特定时间、地点或者使用禁止的工具、方法，非法狩猎且情节严重的行为。后罪犯罪行为发生不限于国内陆地领域，还包括国内水域领域，并且还可以在境外的公海等其他水域甚至空中领域，表现为违反野生动物保护法，实施危害国家重点保护的珍贵、濒危野生动物的行为，没有受限于国内陆地领域范围内的特定时间、地点或者使用禁止的工具、方法等制约。

相关执法参考	刑法	中华人民共和国刑法（节录） （1979年7月1日第五届全国人民代表大会第二次会议通过，1997年3月14日第八届全国人民代表大会第五次会议修订，已先后被1999年12月25日《中华人民共和国刑法修正案》、2001年8月31日《中华人民共和国刑法修正案（二）》、2001年12月29日《中华人民共和国刑法修正案（三）》、2002年12月28日《中华人民共和国刑法修正案（四）》、2005年2月28日《中华人民共和国刑法修正案（五）》、2006年6月29日《中华人民共和国刑法修正案（六）》、2009年2月28日《中华人民共和国刑法修正案（七）》、2009年8月27日《全国人民代表大会常务委员会关于修改部分法律的决定》、2011年2月25日《中华人民共和国刑法修正案（八）》、2015年8月29日《中华人民共和国刑法修正案（九）》、2017年11月4日《中华人民共和国刑法修正案（十）》、2020年12月26日《中华人民共和国刑法修正案（十一）》修改或修正） 第三百四十一条　非法猎捕、杀害国家重点保护的珍贵、濒危野生动物的，或者非法收购、运输、出售国家重点保护的珍贵、濒危野生动物及其制品的，处五年以下有期徒刑或者拘役，并处罚金；情节严重的，处五年以上十年以下有期徒刑，并处罚金；情节特别严重的，处十年以上有期徒刑，并处罚金或者没收财产。 违反狩猎法规，在禁猎区、禁猎期或者使用禁用的工具、方法进行狩猎，破坏野生动物资源，情节严重的，处三年以下有期徒刑、拘役、管制或者罚金。
	相关法律法规（1）	最高人民检察院、公安部《关于公安机关管辖的刑事案件立案追诉标准的规定（一）》（节录） （2008年6月25日，公通字〔2008〕36号） 第六十六条　[非法狩猎案（刑法第三百四十一条第二款）]　违反狩猎法规，在禁猎区、禁猎期或者使用禁用的工具、方法进行狩猎，破坏野生动物资源，涉嫌下列情形之一的，应予立案追诉： （一）非法狩猎野生动物二十只以上的； （二）在禁猎区内使用禁用的工具或者禁用的方法狩猎的； （三）在禁猎期内使用禁用的工具或者禁用的方法狩猎的； （四）其他情节严重的情形。
	相关法律法规（2）	最高人民法院、最高人民检察院《关于办理破坏野生动物资源刑事案件适用法律若干问题的解释》（节录） （2021年12月13日最高人民法院审判委员会第1856次会议、2022年2月9日最高人民检察院第十三届检察委员会第八十九次会议通过，法释〔2022〕12号，自2022年4月9日起施行） 为依法惩治破坏野生动物资源犯罪，保护生态环境，维护生物多样性和生态平衡，根据《中华人民共和国刑法》《中华人民共和国刑事诉讼法》《中华人民共和国野生动物保护法》等法律的有关规定，现就办理此类刑事案件适用法律的若干问题解释如下： 第七条　违反狩猎法规，在禁猎区、禁猎期或者使用禁用的工具、方法进行狩猎，破坏野生动物资源，具有下列情形之一的，应当认定为刑法第三百四十一条第二款规定的"情节严重"，以非法狩猎罪定罪处罚： （一）非法猎捕野生动物价值一万元以上的； （二）在禁猎区使用禁用的工具或者方法狩猎的； （三）在禁猎期使用禁用的工具或者方法狩猎的； （四）其他情节严重的情形。 实施前款规定的行为，具有下列情形之一的，从重处罚： （一）暴力抗拒、阻碍国家机关工作人员依法履行职务，尚未构成妨害公务罪、袭警

相关法律法规(2)	罪的; (二) 对野生动物资源或者栖息地生态造成严重损害的; (三) 二年内曾因破坏野生动物资源受过行政处罚的。 实施第一款规定的行为,根据猎获物的数量、价值和狩猎方法、工具等,认为对野生动物资源危害明显较轻的,综合考虑猎捕的动机、目的、行为人自愿接受行政处罚、积极修复生态环境等情节,可以认定为犯罪情节轻微,不起诉或者免于刑事处罚;情节显著轻微危害不大的,不作为犯罪处理。 第十二条 二次以上实施本解释规定的行为构成犯罪,依法应当追诉的,或者二年内实施本解释规定的行为未经处理的,数量、数额累计计算。 第十三条 实施本解释规定的相关行为,在认定是否构成犯罪以及裁量刑罚时,应当考虑涉案动物是否系人工繁育、物种的濒危程度、野外存活状况、人工繁育情况、是否列入人工繁育国家重点保护野生动物名录,行为手段、对野生动物资源的损害程度,以及对野生动物及其制品的认知程度等情节,综合评估社会危害性,准确认定是否构成犯罪,妥当裁量刑罚,确保罪责刑相适应;根据本解释的规定定罪量刑明显过重的,可以根据案件的事实、情节和社会危害程度,依法作出妥当处理。 涉案动物系人工繁育,具有下列情形之一的,对所涉案件一般不作为犯罪处理;需要追究刑事责任的,应当依法从宽处理: (一) 列入人工繁育国家重点保护野生动物名录的; (二) 人工繁育技术成熟、已成规模,作为宠物买卖、运输的。
相关执法参考 相关法律法规(3)	《关于依法惩治妨害新型冠状病毒感染肺炎疫情防控违法犯罪的意见》(节录) (2020年2月10日最高人民法院、最高人民检察院、公安部、司法部发布) 各省、自治区、直辖市高级人民法院、人民检察院、公安厅(局)、司法厅(局),解放军军事法院、军事检察院,新疆维吾尔自治区高级人民法院生产建设兵团分院、新疆生产建设兵团人民检察院、公安局、司法局: 为贯彻落实2020年2月5日中央全面依法治国委员会第三次会议审议通过的《中央全面依法治国委员会关于依法防控新型冠状病毒感染肺炎疫情、切实保障人民群众生命健康安全的意见》,最高人民法院、最高人民检察院、公安部、司法部联合制定了《关于依法惩治妨害新型冠状病毒感染肺炎疫情防控违法犯罪的意见》。现予以印发,请结合实际认真贯彻执行。在执行中遇到的新情况、新问题,请及时分别报告最高人民法院、最高人民检察院、公安部、司法部。 为依法惩治妨害新型冠状病毒感染肺炎疫情防控违法犯罪行为,保障人民群众生命安全和身体健康,保障社会安定有序,保障疫情防控工作顺利开展,根据有关法律、司法解释的规定,制定本意见。 一、提高政治站位,充分认识疫情防控时期维护社会大局稳定的重大意义 各级人民法院、人民检察院、公安机关、司法行政机关要切实思想和行动统一到习近平总书记关于新型冠状病毒感染肺炎疫情防控工作的系列重要指示精神上来,坚决贯彻落实党中央决策部署、中央应对新型冠状病毒感染肺炎疫情工作领导小组工作安排,按照中央政法委要求,增强"四个意识"、坚定"四个自信"、做到"两个维护",始终将人民群众的生命安全和身体健康放在第一位,坚决把疫情防控作为当前压倒一切的头等大事来抓,用足用好法律规定,依法及时、从严惩治妨害疫情防控的各类违法犯罪,为坚决打赢疫情防控阻击战提供有力法治保障。 二、准确适用法律,依法严惩妨害疫情防控的各类违法犯罪 (九) 依法严惩破坏野生动物资源犯罪。非法猎捕、杀害国家重点保护的珍贵、濒危野生动物的,或者非法收购、运输、出售国家重点保护的珍贵、濒危野生动物及其制品的,依照刑法第三百四十一条第一款的规定,以非法猎捕、杀害珍贵、濒危野生动物罪或

	相关法律法规（3）	者非法收购、运输、出售珍贵、濒危野生动物、珍贵、濒危野生动物制品罪定罪处罚。 　　违反狩猎法规，在禁猎区、禁猎期或者使用禁用的工具、方法进行狩猎，破坏野生动物资源，情节严重的，依照刑法第三百四十一条第二款的规定，以非法狩猎罪定罪处罚。 　　违反国家规定，非法经营非国家重点保护野生动物及其制品（包括开办交易场所、进行网络销售、加工食品出售等），扰乱市场秩序，情节严重的，依照刑法第二百二十五条第四项的规定，以非法经营罪定罪处罚。 　　知道或者应当知道是国家重点保护的珍贵、濒危野生动物及其制品，为食用或者其他目的而非法购买，符合刑法第三百四十一条第一款规定的，以非法收购珍贵、濒危野生动物、珍贵、濒危野生动物制品罪定罪处罚。 　　知道或者应当知道是非法狩猎的野生动物而购买，符合刑法第三百一十二条规定的，以掩饰、隐瞒犯罪所得罪定罪处罚。
相关执法参考	相关法律法规（4）	《野生动物保护法》（节录） 　　（1988年11月8日第七届全国人民代表大会常务委员会第四次会议通过，根据2004年8月28日第十届全国人民代表大会常务委员会第十一次会议《关于修改〈中华人民共和国野生动物保护法〉的决定》第一次修正，根据2009年8月27日第十一届全国人民代表大会常务委员会第十次会议《关于修改部分法律的决定》第二次修正，2016年7月2日第十二届全国人民代表大会常务委员会第二十一次会议修订，根据2018年10月26日第十三届全国人民代表大会常务委员会第六次会议《关于修改〈中华人民共和国野生动物保护法〉等十五部法律的决定》第三次修正） 　　第一章　总　则 　　第一条　为了保护野生动物，拯救珍贵、濒危野生动物，维护生物多样性和生态平衡，推进生态文明建设，制定本法。 　　第二条　在中华人民共和国领域及管辖的其他海域，从事野生动物保护及相关活动，适用本法。 　　本法规定保护的野生动物，是指珍贵、濒危的陆生、水生野生动物和有重要生态、科学、社会价值的陆生野生动物。 　　本法规定的野生动物及其制品，是指野生动物的整体（含卵、蛋）、部分及其衍生物。 　　珍贵、濒危的水生野生动物以外的其他水生野生动物的保护，适用《中华人民共和国渔业法》等有关法律的规定。 　　第三条　野生动物资源属于国家所有。 　　国家保障依法从事野生动物科学研究、人工繁育等保护及相关活动的组织和个人的合法权益。 　　第六条　任何组织和个人都有保护野生动物及其栖息地的义务。禁止违法猎捕野生动物、破坏野生动物栖息地。 　　任何组织和个人都有权向有关部门和机关举报或者控告违反本法的行为。野生动物保护主管部门和其他有关部门、机关对举报或者控告，应当及时依法处理。 　　第二章　野生动物及其栖息地保护 　　第十条　国家对野生动物实行分类分级保护。 　　国家对珍贵、濒危的野生动物实行重点保护。国家重点保护的野生动物分为一级保护野生动物和二级保护野生动物。国家重点保护的野生动物名录，由国务院野生动物保护主管部门组织科学评估后制定，并每五年根据评估情况确定对名录进行调整。国家重点保护野生动物名录报国务院批准公布。 　　地方重点保护野生动物，是指国家重点保护野生动物以外，由省、自治区、直辖市重点保护的野生动物。地方重点保护野生动物名录，由省、自治区、直辖市人民政府组织科

| | | 学评估后制定、调整并公布。
有重要生态、科学、社会价值的陆生野生动物名录，由国务院野生动物保护主管部门组织科学评估后制定、调整并公布。
第十九条　因保护本法规定保护的野生动物，造成人员伤亡、农作物或者其他财产损失的，由当地人民政府给予补偿。具体办法由省、自治区、直辖市人民政府制定。有关地方人民政府可以推动保险机构开展野生动物致害赔偿保险业务。
有关地方人民政府采取预防、控制国家重点保护野生动物造成危害的措施以及实行补偿所需经费，由中央财政按照国家有关规定予以补助。
第三章　野生动物管理
第二十条　在相关自然保护区域和禁猎（渔）区、禁猎（渔）期内，禁止猎捕以及其他妨碍野生动物生息繁衍的活动，但法律法规另有规定的除外。
野生动物迁徙洄游期间，在前款规定区域外的迁徙洄游通道内，禁止猎捕并严格限制其他妨碍野生动物生息繁衍的活动。迁徙洄游通道的范围以及妨碍野生动物生息繁衍活动的内容，由县级以上人民政府或者其野生动物保护主管部门规定并公布。
第二十一条　禁止猎捕、杀害国家重点保护野生动物。
因科学研究、种群调控、疫源疫病监测或者其他特殊情况，需要猎捕国家一级保护野生动物的，应当向国务院野生动物保护主管部门申请特许猎捕证；需要猎捕国家二级保护野生动物的，应当向省、自治区、直辖市人民政府野生动物保护主管部门申请特许猎捕证。
第二十二条　猎捕非国家重点保护野生动物的，应当依法取得县级以上地方人民政府野生动物保护主管部门核发的狩猎证，并且服从猎捕量限额管理。
第二十三条　猎捕者应当按照特许猎捕证、狩猎证规定的种类、数量、地点、工具、方法和期限进行猎捕。
持枪猎捕的，应当依法取得公安机关核发的持枪证。
第二十四条　禁止使用毒药、爆炸物、电击或者电子诱捕装置以及猎套、猎夹、地枪、排铳等工具进行猎捕，禁止使用夜间照明行猎、歼灭性围猎、捣毁巢穴、火攻、烟熏、网捕等方法进行猎捕，但因科学研究确需网捕、电子诱捕的除外。
前款规定以外的禁止使用的猎捕工具和方法，由县级以上地方人民政府规定并公布。
第二十五条　国家支持有关科学研究机构因物种保护目的人工繁育国家重点保护野生动物。
前款规定以外的人工繁育国家重点保护野生动物实行许可制度。人工繁育国家重点保护野生动物的，应当经省、自治区、直辖市人民政府野生动物保护主管部门批准，取得人工繁育许可证，但国务院对批准机关另有规定的除外。
人工繁育国家重点保护野生动物应当使用人工繁育子代种源，建立物种系谱、繁育档案和个体数据。因物种保护目的确需采用野外种源的，适用本法第二十一条和第二十三条的规定。
本法所称人工繁育子代，是指人工控制条件下繁殖出生的子代个体且其亲本也在人工控制条件下出生。
第四章　法律责任
第四十五条　违反本法第二十条、第二十一条、第二十三条第一款、第二十四条第一款规定，在相关自然保护区域、禁猎（渔）区、禁猎（渔）期猎捕国家重点保护野生动物，未取得特许猎捕证、未按照特许猎捕证规定猎捕、杀害国家重点保护野生动物，或者使用禁用的工具、方法猎捕国家重点保护野生动物的，由县级以上人民政府野生动物保护主管部门、海洋执法部门或者有关保护区域管理机构按照职责分工没收猎获物、猎捕工具和违法所得，吊销特许猎捕证，并处猎获物价值二倍以上十倍以下的罚款；没有猎获物的，并处一万元以上五万元以下的罚款；构成犯罪的，依法追究刑事责任。 |
|---|---|---|

相关执法参考 / 相关法律法规（4）

相关执法参考	相关法律法规（4）	第四十六条　违反本法第二十条、第二十二条、第二十三条第一款、第二十四条第一款规定，在相关自然保护区域、禁猎（渔）区、禁猎（渔）期猎捕非国家重点保护野生动物，未取得狩猎证、未按照狩猎证规定猎捕非国家重点保护野生动物，或者使用禁用的工具、方法猎捕非国家重点保护野生动物的，由县级以上地方人民政府野生动物保护主管部门或者有关保护区域管理机构按照职责分工没收猎获物、猎捕工具和违法所得，吊销狩猎证，并处猎获物价值一倍以上五倍以下的罚款；没有猎获物的，并处二千元以上一万元以下的罚款；构成犯罪的，依法追究刑事责任。 　　违反本法第二十三条第二款规定，未取得持枪证持枪猎捕野生动物，构成违反治安管理行为的，由公安机关依法给予治安管理处罚；构成犯罪的，依法追究刑事责任。 　　第五十八条　本法自 2017 年 1 月 1 日起施行。
	相关法律法规（5）	《陆生野生动物保护实施条例》（节录） 　　（1992 年 2 月 12 日国务院批准，1992 年 3 月 1 日林业部发布，根据 2011 年 1 月 8 日《国务院关于废止和修改部分行政法规的决定》〔国务院令第 588 号〕修订，根据 2016 年 2 月 6 日《国务院关于修改部分行政法规的决定》〔国务院令第 666 号〕修订） 　　第二条　本条例所称陆生野生动物，是指依法受保护的珍贵、濒危、有益的和有重要经济、科学研究价值的陆生野生动物（以下简称野生动物）；所称野生动物产品，是指陆生野生动物的任何部分及其衍生物。 　　第十五条　猎捕非国家重点保护野生动物的，必须持有狩猎证，并按照狩猎证规定的种类、数量、地点、期限、工具和方法进行猎捕。 　　狩猎证由省、自治区、直辖市人民政府林业行政主管部门按照国务院林业行政主管部门的规定印制，县级人民政府野生动物行政主管部门或者其授权的单位核发。 　　狩猎证每年验证一次。 　　第十六条　省、自治区、直辖市人民政府林业行政主管部门，应当根据本行政区域内非国家重点保护野生动物的资源现状，确定狩猎动物种类，并实行年度猎捕量限额管理。狩猎动物种类和年度猎捕量限额，由县级人民政府野生动物行政主管部门按照保护资源、永续利用的原则提出，经省、自治区、直辖市人民政府林业行政主管部门批准，报国务院林业行政主管部门备案。 　　第十七条　县级以上地方各级人民政府野生动物行政主管部门应当组织狩猎者有计划地开展狩猎活动。 　　在适合狩猎的区域建立固定狩猎场所的，必须经省、自治区、直辖市人民政府林业行政主管部门批准。 　　第十八条　禁止使用军用武器、汽枪、毒药、炸药、地枪、排铳、非人为直接操作并危害人畜安全的狩猎装置、夜间照明行猎、歼灭性围猎、火攻、烟熏以及县级以上各级人民政府或者其野生动物行政主管部门规定禁止使用的其他狩猎工具和方法狩猎。 　　第十九条　外国人在中国境内对国家重点保护野生动物进行野外考察、标本采集或者在野外拍摄电影、录像的，必须向国家重点保护野生动物所在地的省、自治区、直辖市人民政府林业行政主管部门提出申请，经其审核后，报国务院林业行政主管部门或者其授权的单位批准。 　　第二十条　外国人在中国境内狩猎，必须在国务院林业行政主管部门批准的对外国人开放的狩猎场所内进行，并遵守中国有关法律、法规的规定。 　　第三十三条　违反野生动物保护法规，在禁猎区、禁猎期或者使用禁用的工具、方法猎捕非国家重点保护野生动物，依照《野生动物保护法》第三十二条的规定处以罚款的，按照下列规定执行： 　　（一）有猎获物的，处以相当于猎获物价值八倍以下的罚款； 　　（二）没有猎获物的，处二千元以下罚款。

相关执法参考	相关法律法规（5）	第三十四条　违反野生动物保护法规，未取得狩猎证或者未按照狩猎证规定猎捕非国家重点保护野生动物，依照《野生动物保护法》第三十三条的规定处以罚款的，按照下列规定执行： （一）有猎获物的，处以相当于猎获物价值五倍以下的罚款； （二）没有猎获物的，处一千元以下罚款。 第四十条　有下列行为之一，尚不构成犯罪，应当给予治安管理处罚的，由公安机关依照《中华人民共和国治安管理处罚法》的规定予以处罚： （一）拒绝、阻碍野生动物行政管理人员依法执行职务的； （二）偷窃、哄抢或者故意损坏野生动物保护仪器设备或者设施的； （三）偷窃、哄抢、抢夺非国家重点保护野生动物或者其产品的； （四）未经批准猎捕少量非国家重点保护野生动物的。

二十七、非法猎捕、收购、运输、出售陆生野生动物罪

罪名	非法猎捕、收购、运输、出售陆生野生动物罪（《刑法》第341条第3款）
概念	非法猎捕、收购、运输、出售陆生野生动物罪，是指以食用为目的，违反野生动物保护管理法规，非法猎捕、收购、运输、出售在野外环境自然生长繁殖的国家重点保护的珍贵、濒危野生动物以外的其他陆生野生动物，情节严重的行为。

犯罪构成		
	客体	本罪侵犯的客体是复杂客体，既包括国家野生动物保护管理制度，也包括公共卫生安全和公众生命健康利益。近年来，人们经历了 SARS、埃博拉、中东呼吸综合征、新冠病毒肺炎，研究表明，数轮传染病暴发与野生动物存在密切关联。为了全面禁止和惩治非法野生动物交易行为，革除滥食野生动物的陋习，维护生物安全和生态安全，有效防范重大公共卫生风险，切实保障人民群众生命健康安全，加强生态文明建设，促进人与自然和谐共生，2020年2月24日全国人民代表大会常务委员会作出《关于全面禁止非法野生动物交易、革除滥食野生动物陋习、切实保障人民群众生命健康安全的决定》。明确规定，全面禁止食用国家保护的"有重要生态、科学、社会价值的陆生野生动物"以及其他陆生野生动物，包括人工繁育、人工饲养的陆生野生动物。全面禁止以食用为目的猎捕、交易、运输在野外环境自然生长繁殖的陆生野生动物。可见，基于以食用野生动物为末端消费支撑而实施的非法猎捕、收购、运输、出售野生动物行为，必然严重危及国家野生动物保护管理制度、群众生命健康安全和公共卫生安全。 本罪的对象是在野外环境自然生长繁殖的除国家重点保护的珍贵、濒危野生动物以外的其他普通的陆生野生动物。陆生野生动物，包括哺乳类、鸟类、爬行类、两栖类等类型，典型的陆生野生动物，如老虎、大象、狮子、穿山甲、河马、蜥蜴、蛇、鹦鹉、狐狸等。据统计，我国自然分布的野生脊椎动物有7300多种，还有数量庞大的野生无脊椎动物。"三有"（有重要生态、科学、社会价值）野生动物共有1591种及昆虫120属的所有种，此外，还有大量人工繁育、人工饲养的陆生野生动物。应当明确的是，水生野生动物和国家重点保护的珍贵、濒危陆生野生动物不属于本罪的对象范畴。另外，根据《野生动物保护法》第25条相关规定，国家支持有关科学研究机构因物种保护目的人工繁育国家重点保护野生动物。前款规定以外的人工繁育国家重点保护野生动物实行许可制度。人工繁育的国家重点保护野生动物和普通陆生野生动物是法律允许的，由于人工繁育的普通陆生野生动物不属于在野外环境自然生长繁殖的范畴（我国各地人工饲养繁育的陆生野生动物种类多达几百种，相关养殖业已形成集约化生产规模），因此，人工繁育的普通陆生野生动物不属于本罪的对象范畴。
	客观方面	本罪在客观方面表现为行为人违反野生动物保护管理法规，非法猎捕、收购、运输、出售在野外环境自然生长繁殖的国家重点保护的珍贵、濒危野生动物以外的其他陆生野生动物，情节严重的行为。包括两点： 1. 非法猎捕、收购、运输、出售在野外环境自然生长繁殖的国家重点保护的珍贵、濒危野生动物以外的其他陆生野生动物的行为，必须违反野生动物保护管理法规的相关规定。本罪属于法定犯范畴，行为人实施的行为必须违反相关前置法有关普通陆生野生动物保护管理的相关规定。《环境保护法》第29条规定，国家在重点生态功能区、生态环境敏感区和脆弱区等区域划定生态保护红线，实行严格保护。各级人民政府对具有代表性的各种类型的自然生态系统区域，珍稀、濒危的野生动植物自然分布区域，重要的水源涵养区域，具有重大科学文化价值的地质构造、著名溶洞和化石分布区、冰川、火山、温泉等自然遗迹，以及人文遗迹、古树名木，应当采取措施予以保护，严禁破坏。《野生动物保护

犯罪构成	客观方面	法》第 22 条规定，猎捕非国家重点保护野生动物的，应当依法取得县级以上地方人民政府野生动物保护主管部门核发的狩猎证，并且服从猎捕量限额管理。第 23 条规定，猎捕者应当按照特许猎捕证、狩猎证规定的种类、数量、地点、工具、方法和期限进行猎捕。持枪猎捕的，应当依法取得公安机关核发的持枪证。第 30 条规定，禁止生产、经营使用国家重点保护野生动物及其制品制作的食品，或者使用没有合法来源证明的非国家重点保护野生动物及其制品制作的食品。禁止为食用非法购买国家重点保护的野生动物及其制品。所谓"**非法猎捕**"，包括行为人实施了违反"四禁"规定进行狩猎野生动物资源的行为。"收购"，包括以食用为目的的收购行为；"运输"，包括采用携带、邮购、利用他人、使用交通工具等方法进行运送的行为；"出售"，包括以食用为目的的加工利用行为。例如，2019 年 9 月，崔某从 QQ 群里学习非法猎鸟方法，购买播放器、药和面包虫为猎捕灰头鸫做准备；同年 9 月至 11 月，崔某多次前往沭阳县高墟镇某村田地内，采用播撒拌药面包虫、播放鸟鸣录音以引诱灰头鸫啄食的方法进行猎捕。案发后，沭阳县公安机关从崔某家中扣押死鸟 3737 只、面包虫 2 盆、播放器 15 个及充电器 1 个。庭审中，崔某称其毒杀的鸟准备供自己食用及到年底送给亲朋好友。经鉴定，被捕杀的鸟中 3351 只系灰头鸫，属于国家保护的有重要生态、科学、社会价值的陆生野生动物；另有 386 只因形态不完整，无法确定其具体种属。法院认为，野生动物是珍贵的自然资源，具有生态、科学、历史、美学、文化等价值。非法猎捕野生动物易造成生态失衡，同时给公共卫生安全带来重大风险。因此，最终以非法狩猎罪判处被告人崔某有期徒刑二年十个月。在刑法修正案（十一）颁布之后，本案中行为人以食用为目的的猎捕行为便有了更加明确的法律依据；行为人应当以本罪定罪处罚。 2. 行为人实施违反野生动物保护管理法规，非法猎捕、收购、运输、出售在野外环境自然生长繁殖的国家重点保护的珍贵、濒危野生动物以外的其他陆生野生动物的行为，必须达到情节严重的程度，才能构成犯罪。根据有关司法解释规定，具有下列情形之一的，应当认定为刑法第三百四十一条第三款规定的"情节严重"：（1）非法猎捕、收购、运输、出售有重要生态、科学、社会价值的陆生野生动物或者地方重点保护陆生野生动物价值一万元以上的；（2）非法猎捕、收购、运输、出售第一项规定以外的其他陆生野生动物价值五万元以上的；（3）其他情节严重的情形。例如，被告人申某甲、申某乙、刘某某，在未取得狩猎许可的情况下，在夜间单独或伙同他人利用疝气灯照、猎狗追逐等方法多次狩猎野兔，出售给尹某某，尹某某转手加价卖出后赚取利润。其中，申某甲非法狩猎野兔 92 只，分 14 次卖给尹某某，共计获利 9275 元；申某乙非法狩猎野兔 42 只、野鸡 2 只，将其中 14 只野兔分六次卖给尹某某，共计获利 1437 元；刘某某非法狩猎野兔 80 余只，卖给尹某某后获利 8000 元。经山东省森林公安司法鉴定中心鉴定，草兔属于有重要生态、科学、社会价值的"三有"保护动物。2021 年 6 月山东省沂南县人民法院经审理认定，被告人申某甲、申某乙、刘某某违反野生动物保护管理法规，非法猎捕、出售在野外环境自然生长繁殖的陆生野生动物，情节严重，其行为构成非法猎捕、出售陆生野生动物罪；被告人尹某某明知是非法狩猎的野生动物而收购，其行为构成掩饰、隐瞒犯罪所得罪，应当依法追究四被告人的刑事责任。鉴于四被告人归案后如实供述犯罪事实，自愿认罪认罚，主动上缴违法所得，依法可对四被告人从轻处罚，遂以非法猎捕、出售陆生野生动物罪，判处申某甲拘役 4 个月，缓刑 5 个月；判处申某乙拘役 1 个月，缓刑 2 个月；判处刘某某拘役 4 个月，缓刑 4 个月；以掩饰、隐瞒犯罪所得罪，判处尹某某有期徒刑 1 年，缓刑 1 年，并处罚金人民币 7000 元。
	主体	本罪的主体是一般主体，本罪主体既包括 16 周岁以上具有刑事责任能力的自然人，也包括单位。
	主观方面	本罪在主观方面表现为直接故意，并且具有食用的目的。本罪属于目的犯的范畴，即行为人主观上必须以食用为目的或者具有食用的目的，包括自己食用的目的，也包括以他

犯罪构成	主观方面	人食用为目的；如果没有食用的目的，而是收藏、饲养、展出、美容、治疗、皮毛利用等非食用的目的而非法猎捕、收购、运输、出售陆生野生动物的，不能构成本罪。例如，2020年2月24日，德昌县森林公安局雅江森林派出所民警接到群众报警电话称，铁炉镇烂坝村有村民安装粘网捕鸟，要求森林公安前去查处。雅江森林派出所民警随即赶赴铁炉镇烂坝村，现场查获疑似雀鹰死体一只，其他鸟类死体26只，蝙蝠死体33只。经查，嫌疑人杨某在替二哥经营管理枇杷园时，为了不让鸟和蝙蝠破坏枇杷，未经相关部门允许，从2002年起擅自在园内安装遮阳网、渔网、粘网，用于抓捕野生动物，并食用过包括蝙蝠在内的野生动物。杨某自称，新冠肺炎疫情发生后，不敢再食用、买卖和赠送捕捉到的野生动物，但也没有对捕捉到的野生动物进行销毁。案件发生后，德昌县森林公安局向德昌县防疫部门报告，相关部门已将33只死体蝙蝠作销毁处理，并对销毁蝙蝠的场地进行消毒。本案发生于2020年年初，《刑法修正案（十一）》显然对本案没有溯及力，但若类似行为以后再次发生，由于其实施了猎捕行为，猎捕的对象确属《刑法》第341条第1款规定以外的在野生环境自然生长繁殖的陆生野生动物，且从公安机关及时介入的角度看，其行为显然违反了野生动物保护管理法规，故有成立本罪的可能。在具体审查时，另需重点评估以下方面：（1）行为人是不是以食用为目的。仅以行为人曾食用过包括蝙蝠在内的野生动物为由，并不足以证实其此次行为同样是基于食用过包括蝙蝠在内的野生动物为食用的目的，从证明上讲，其过往的食用经历至多只能作为一个参考性的依据。（2）行为人的行为是否达到情节严重的程度。对此，宜适时出台相关司法解释。此外，前置法的完善也可为本罪中情节严重的判断提供参考，因为从比例性上讲，成立本罪时情节的严重程度应高于前置法中最严厉的行政处罚所对应的情节。
认定标准	刑罚标准	犯本罪的，处3年以下有期徒刑、拘役、管制或者罚金。
	此罪与违法行为的区别	本罪与一般违法行为两者的区别主要应从危害结果上理解和把握：本罪属于情节犯，只有以食用为目的非法猎捕、收购、运输、出售国家重点保护的珍贵、濒危野生动物以外的在野外环境自然生长繁殖的陆生野生动物，达到情节严重的程度，就构成本罪。具体认定，应当根据最高人民法院、最高人民检察院、公安部、司法部《关于依法惩治非法野生动物交易犯罪的指导意见》的规定，实施本意见规定的行为，在认定是否构成犯罪以及裁量刑罚时，应当考虑涉案动物是否系人工繁育、物种的濒危程度、野外存活状况、人工繁育情况、是否列入国务院野生动物保护主管部门制定的人工繁育国家重点保护野生动物名录，以及行为手段、对野生动物资源的损害程度、食用涉案野生动物对人体健康的危害程度等情节，综合评估社会危害性，确保罪责刑相适应。相关定罪量刑标准明显不适宜的，可以根据案件的事实、情节和社会危害程度，依法作出妥当处理。
	本罪罪名的认定	本罪是选择性罪名，属于行为选择性罪名。根据行为方式的不同，分别确定不同的罪名。无论行为人实施的是其中一种行为，还是同时实施二种或者三种、四种行为，均可构成本罪某种选择性罪名仅定一罪，而不能数罪并罚。
	本罪罪数的认定	本罪极易和其他犯罪发生牵连、竞合关系，存在是否数罪并罚的正确处理问题。例如，使用爆炸、投毒、设置电网等危险方法猎捕陆生野生动物，有可能同时构成危害公共安全罪中的爆炸罪等罪名，此时应当按照处罚较重的规定定罪处罚。再如，走私第三款规定的陆生野生动物的，有可能同时构成第153条的"走私普通货物、物品罪"，还有可能构成第322条的"偷越国（边）境罪"，此时应当依照处罚较重的规定定罪处罚。还有，如果行为人实施本款规定的犯罪，又以暴力、威胁方法抗拒查处，构成其他犯罪的，则应当依照数罪并罚的规定处罚。

认定标准	此罪与彼罪的区别	本罪与非法狩猎罪区别。 　　非法狩猎罪，是指违反狩猎法规，在禁猎区、禁猎期或者使用禁用的工具、方法进行狩猎，破坏野生动物资源，情节严重的行为。两罪存在一定的联系，如两罪犯罪对象存在交叉，前者的范围除包含后者所涉的"三有"动物和地方重点保护陆生野生动物外，还包括其他未列入相关保护名录的陆生野生动物；两罪的法定刑也相同。但两罪也存在明显的区别： 　　1. 犯罪主观故意要素内容不同。本罪要求具有"以食用为目的"的特定目的。后罪对此则并无明确要求。需要注意的是，"以食用为目的"并非排除非法狩猎罪适用的充分条件，非法狩猎罪的行为人也可能具有"食用"目的，因此，区分两罪还需要进一步考察猎捕相关动物的行为是否具有在"禁猎区""禁猎期"、使用"禁用工具""禁用方法"等情形。 　　2. 犯罪客体不同。本罪犯罪客体是复杂客体，主要体现在侵害国家野生动物保护管理制度、公共卫生安全和公众生命健康利益。后罪犯罪客体是单一客体，主要体现在侵害的是野生动物资源，即国家陆生野生动物资源保护的管理制度，表现为对野生动物保护法律法规确立的狩猎制度的违反，如对"禁猎区""禁猎期""禁用工具""禁用方法"等制度的破坏，严重危害野生动物资源野外种群的维系和发展。 　　3. 犯罪客观方面行为方式不同。本罪则涉及猎捕、收购、运输、出售等整个行为链条，包括四类行为。后罪的行为方式限于猎捕，相关收购、运输、出售行为不适用该罪处罚。 　　应当注意的是，两罪存在部分情形的交叉重叠情形，产生法条竞合现象，法定刑相同，这种情况按照特别法优于一般法的处理原则，即按照本罪处罚。
相关执法参考	刑法	中华人民共和国刑法（节录） 　　（1979年7月1日第五届全国人民代表大会第二次会议通过　1997年3月14日第八届全国人民代表大会第五次会议修订，已先后被1999年12月25日《中华人民共和国刑法修正案》、2001年8月31日《中华人民共和国刑法修正案（二）》、2001年12月29日《中华人民共和国刑法修正案（三）》、2002年12月28日《中华人民共和国刑法修正案（四）》、2005年2月28日《中华人民共和国刑法修正案（五）》、2006年6月29日《中华人民共和国刑法修正案（六）》、2009年2月28日《中华人民共和国刑法修正案（七）》、2009年8月27日《全国人民代表大会常务委员会关于修改部分法律的决定》、2011年2月25日《中华人民共和国刑法修正案（八）》、2015年8月29日《中华人民共和国刑法修正案（九）》、2017年11月4日《中华人民共和国刑法修正案（十）》、2020年12月26日《中华人民共和国刑法修正案（十一）》修改或修正） 　　**第三百四十一条**　非法猎捕、杀害国家重点保护的珍贵、濒危野生动物的，或者非法收购、运输、出售国家重点保护的珍贵、濒危野生动物及其制品的，处五年以下有期徒刑或者拘役，并处罚金；情节严重的，处五年以上十年以下有期徒刑，并处罚金；情节特别严重的，处十年以上有期徒刑，并处罚金或者没收财产。 　　违反狩猎法规，在禁猎区、禁猎期或者使用禁用的工具、方法进行狩猎，破坏野生动物资源，情节严重的，处三年以下有期徒刑、拘役、管制或者罚金。 　　违反野生动物保护管理法规，以食用为目的非法猎捕、收购、运输、出售第一款规定以外的在野外环境自然生长繁殖的陆生野生动物，情节严重的，依照前款的规定处罚。 　　**第三百四十六条**　单位犯本节第三百三十八条至第三百四十五条规定之罪的，对单位判处罚金，并对其直接负责的主管人员和其他直接责任人员，依照本节各该条的规定处罚。

最高人民法院、最高人民检察院《关于办理破坏野生动物资源刑事案件适用法律若干问题的解释》（节录）

（2021年12月13日最高人民法院审判委员会第1856次会议、2022年2月9日最高人民检察院第十三届检察委员会第八十九次会议通过，法释〔2022〕12号，自2022年4月9日起施行）

为依法惩治破坏野生动物资源犯罪，保护生态环境，维护生物多样性和生态平衡，根据《中华人民共和国刑法》《中华人民共和国刑事诉讼法》《中华人民共和国野生动物保护法》等法律的有关规定，现就办理此类刑事案件适用法律的若干问题解释如下：

第八条 违反野生动物保护管理法规，以食用为目的，非法猎捕、收购、运输、出售刑法第三百四十一条第一款规定以外的在野外环境自然生长繁殖的陆生野生动物，具有下列情形之一的，应当认定为刑法第三百四十一条第三款规定的"情节严重"，以非法猎捕、收购、运输、出售陆生野生动物罪定罪处罚：

（一）非法猎捕、收购、运输、出售有重要生态、科学、社会价值的陆生野生动物或者地方重点保护陆生野生动物价值一万元以上的；

（二）非法猎捕、收购、运输、出售第一项规定以外的其他陆生野生动物价值五万元以上的；

（三）其他情节严重的情形。

实施前款规定的行为，同时构成非法狩猎罪的，应当依照刑法第三百四十一条第三款的规定，以非法猎捕陆生野生动物罪定罪处罚。

第九条 明知是非法捕捞犯罪所得的水产品、非法狩猎犯罪所得的猎获物而收购、贩卖或者以其他方法掩饰、隐瞒，符合刑法第三百一十二条规定的，以掩饰、隐瞒犯罪所得罪定罪处罚。

第十条 负有野生动物保护和进出口监督管理职责的国家机关工作人员，滥用职权或者玩忽职守，致使公共财产、国家和人民利益遭受重大损失的，应当依照刑法第三百九十七条的规定，以滥用职权罪或者玩忽职守罪追究刑事责任。

负有查禁破坏野生动物资源犯罪活动职责的国家机关工作人员，向犯罪分子通风报信、提供便利，帮助犯罪分子逃避处罚，应当依照刑法第四百一十七条的规定，以帮助犯罪分子逃避处罚罪追究刑事责任。

第十一条 对于"以食用为目的"，应当综合涉案动物及其制品的特征，被查获的地点，加工、包装情况，以及可以证明来源、用途的标识、证明等证据作出认定。

实施本解释规定的相关行为，具有下列情形之一的，可以认定为"以食用为目的"：

（一）将相关野生动物及其制品在餐饮单位、饮食摊点、超市等场所作为食品销售或者运往上述场所的；

（二）通过包装、说明书、广告等介绍相关野生动物及其制品的食用价值或者方法的；

（三）其他足以认定以食用为目的的情形。

第十二条 二次以上实施本解释规定的行为构成犯罪，依法应当追诉的，或者二年内实施本解释规定的行为未经处理的，数量、数额累计计算。

第十三条 实施本解释规定的相关行为，在认定是否构成犯罪以及裁量刑罚时，应当考虑涉案动物是否系人工繁育、物种的濒危程度、野外存活状况、人工繁育情况、是否列入人工繁育国家重点保护野生动物名录，行为手段、对野生动物资源的损害程度，以及对野生动物及其制品的认知程度等情节，综合评估社会危害性，准确认定是否构成犯罪，妥当裁量刑罚，确保罪责刑相适应；根据本解释的规定定罪量刑明显过重的，可以根据案件的事实、情节和社会危害程度，依法作出妥当处理。

涉案动物系人工繁育，具有下列情形之一的，对所涉案件一般不作为犯罪处理；需要

相关法律法规（1）	追究刑事责任的，应当依法从宽处理： （一）列入人工繁育国家重点保护野生动物名录的； （二）人工繁育技术成熟、已成规模，作为宠物买卖、运输的。 **第十四条** 对于实施本解释规定的相关行为被不起诉或者免予刑事处罚的行为人，依法应当给予行政处罚、政务处分或者其他处分的，依法移送有关主管机关处理。 **第十五条** 对于涉案动物及其制品的价值，应当根据下列方法确定： （一）对于国家禁止进出口的珍贵动物及其制品、国家重点保护的珍贵、濒危野生动物及其制品的价值，根据国务院野生动物保护主管部门制定的评估标准和方法核算； （二）对于有重要生态、科学、社会价值的陆生野生动物、地方重点保护野生动物、其他野生动物及其制品的价值，根据销赃数额认定；无销赃数额、销赃数额难以查证或者根据销赃数额认定明显偏低的，根据市场价格核算，必要时，也可以参照相关评估标准和方法核算。 **第十六条** 根据本解释第十五条规定难以确定涉案动物及其制品价值的，依据司法鉴定机构出具的鉴定意见，或者下列机构出具的报告，结合其他证据作出认定： （一）价格认证机构出具的报告； （二）国务院野生动物保护主管部门、国家濒危物种进出口管理机构或者海关总署等指定的机构出具的报告； （三）地、市级以上人民政府野生动物保护主管部门、国家濒危物种进出口管理机构的派出机构或者直属海关等出具的报告。 **第十七条** 对于涉案动物的种属类别、是否系人工繁育，非法捕捞、狩猎的工具、方法，以及对野生动物资源的损害程度等专门性问题，可以由野生动物保护主管部门、侦查机关依据现场勘验、检查笔录等出具认定意见；难以确定的，依据司法鉴定机构出具的鉴定意见、本解释第十六条所列机构出具的报告，被告人及其辩护人提供的证据材料，结合其他证据材料综合审查，依法作出认定。 **第十八条** 餐饮公司、渔业公司等单位实施破坏野生动物资源犯罪的，依照本解释规定的相应自然人犯罪的定罪量刑标准，对直接负责的主管人员和其他直接责任人员定罪处罚，并对单位判处罚金。 **第十九条** 在海洋水域，非法捕捞水产品，非法采捕珊瑚、砗磲或者其他珍贵、濒危水生野生动物，或者非法收购、运输、出售珊瑚、砗磲或者其他珍贵、濒危水生野生动物及其制品的，定罪量刑标准适用《最高人民法院关于审理发生在我国管辖海域相关案件若干问题的规定（二）》（法释〔2016〕17号）的相关规定。
相关法律法规（2）	《关于全面禁止非法野生动物交易、革除滥食野生动物陋习、切实保障人民群众生命健康安全的决定》 （2020年2月24日第十三届全国人民代表大会常务委员会第十六次会议通过） 为了全面禁止和惩治非法野生动物交易行为，革除滥食野生动物的陋习，维护生物安全和生态安全，有效防范重大公共卫生风险，切实保障人民群众生命健康安全，加强生态文明建设，促进人与自然和谐共生，全国人民代表大会常务委员会作出如下决定： 一、凡《中华人民共和国野生动物保护法》和其他有关法律禁止猎捕、交易、运输、食用野生动物的，必须严格禁止。 对违反前款规定的行为，在现行法律规定基础上加重处罚。 二、全面禁止食用国家保护的"有重要生态、科学、社会价值的陆生野生动物"以及其他陆生野生动物，包括人工繁育、人工饲养的陆生野生动物。 全面禁止以食用为目的猎捕、交易、运输在野外环境自然生长繁殖的陆生野生动物。 对违反前两款规定的行为，参照适用现行法律有关规定处罚。 三、列入畜禽遗传资源目录的动物，属于家畜家禽，适用《中华人民共和国畜牧法》

相关法律法规（2）	的规定。 国务院畜牧兽医行政主管部门依法制定并公布畜禽遗传资源目录。 四、因科研、药用、展示等特殊情况，需要对野生动物进行非食用性利用的，应当按照国家有关规定实行严格审批和检疫检验。 国务院及其有关主管部门应当及时制定、完善野生动物非食用性利用的审批和检疫检验等规定，并严格执行。 五、各级人民政府和人民团体、社会组织、学校、新闻媒体等社会各方面，都应当积极开展生态环境保护和公共卫生安全的宣传教育和引导，全社会成员要自觉增强生态保护和公共卫生安全意识，移风易俗，革除滥食野生动物陋习，养成科学健康文明的生活方式。 六、各级人民政府及其有关部门应当健全执法管理体制，明确执法责任主体，落实执法管理责任，加强协调配合，加大监督检查和责任追究力度，严格查处违反本决定和有关法律法规的行为；对违法经营场所和违法经营者，依法予以取缔或者查封、关闭。 七、国务院及其有关部门和省、自治区、直辖市应当依据本决定和有关法律，制定、调整相关名录和配套规定。 国务院和地方人民政府应当采取必要措施，为本决定的实施提供相应保障。有关地方人民政府应当支持、指导、帮助受影响的农户调整、转变生产经营活动，根据实际情况给予一定补偿。 八、本决定自公布之日起施行。
相关执法参考	《关于依法惩治非法野生动物交易犯罪的指导意见》 （2020年12月18日最高人民法院、最高人民检察院、公安部、司法部发布） 为依法惩治非法野生动物交易犯罪，革除滥食野生动物的陋习，有效防范重大公共卫生风险，切实保障人民群众生命健康安全，根据有关法律、司法解释的规定，结合侦查、起诉、审判实践，制定本意见。
相关法律法规（3）	一、依法严厉打击非法猎捕、杀害野生动物的犯罪行为，从源头上防控非法野生动物交易。 非法猎捕、杀害国家重点保护的珍贵、濒危野生动物，符合刑法第三百四十一条第一款规定的，以非法猎捕、杀害珍贵、濒危野生动物罪定罪处罚。 违反狩猎法规，在禁猎区、禁猎期或者使用禁用的工具、方法进行狩猎，破坏野生动物资源，情节严重，符合刑法第三百四十一条第二款规定的，以非法狩猎罪定罪处罚。 违反保护水产资源法规，在禁渔区、禁渔期或者使用禁用的工具、方法捕捞水产品，情节严重，符合刑法第三百四十条规定的，以非法捕捞水产品罪定罪处罚。 二、依法严厉打击非法收购、运输、出售、进出口野生动物及其制品的犯罪行为，切断非法野生动物交易的利益链条。 非法收购、运输、出售国家重点保护的珍贵、濒危野生动物及其制品，符合刑法第三百四十一条第一款规定的，以非法收购、运输、出售珍贵、濒危野生动物、珍贵、濒危野生动物制品罪定罪处罚。 走私国家禁止进出口的珍贵动物及其制品，符合刑法第一百五十一条第二款规定的，以走私珍贵动物、珍贵动物制品罪定罪处罚。 三、依法严厉打击以食用或者其他目的非法购买野生动物的犯罪行为，坚决革除滥食野生动物的陋习。 知道或者应当知道是国家重点保护的珍贵、濒危野生动物及其制品，为食用或者其他目的而非法购买，符合刑法第三百四十一条第一款规定的，以非法收购珍贵、濒危野生动物、珍贵、濒危野生动物制品罪定罪处罚。 四、二次以上实施本意见第一条至第三条规定的行为构成犯罪，依法应当追诉的，或

| 相关执法参考 | 相关法律法规（3） | 者二年内二次以上实施本意见第一条至第三条规定的行为未经处理的，数量、数额累计计算。
五、明知他人实施非法野生动物交易行为，有下列情形之一的，以共同犯罪论处：
（一）提供贷款、资金、账号、车辆、设备、技术、许可证件的；
（二）提供生产、经营场所或者运输、仓储、保管、快递、邮寄、网络信息交互等便利条件或者其他服务的；
（三）提供广告宣传等帮助行为的。
六、对涉案野生动物及其制品价值，可以根据国务院野生动物保护主管部门制定的价值评估标准和方法核算。对野生动物制品，根据实际情况予以核算，但核算总额不能超过该种野生动物的整体价值。具有特殊利用价值或者导致动物死亡的主要部分，核算方法不明确的，其价值标准最高可以按照该种动物整体价值标准的80%予以折算，其他部分价值标准最高可以按整体价值标准的20%予以折算，但是按照上述方法核算的价值明显不当的，应当根据实际情况妥当予以核算。核算价值低于实际交易价格的，以实际交易价格认定。
根据前款规定难以确定涉案野生动物及其制品价值的，依据下列机构出具的报告，结合其他证据作出认定：
（一）价格认证机构出具的报告；
（二）国务院野生动物保护主管部门、国家濒危物种进出口管理机构、海关总署等指定的机构出具的报告；
（三）地、市级以上人民政府野生动物保护主管部门、国家濒危物种进出口管理机构的派出机构、直属海关等出具的报告。
七、对野生动物及其制品种属类别，非法捕捞、狩猎的工具、方法，以及对野生动物资源的损害程度、食用涉案野生动物对人体健康的危害程度等专门性问题，可以由野生动物保护主管部门、侦查机关或者有专门知识的人依据现场勘验、检查笔录等出具认定意见。难以确定的，依司法鉴定机构出具的鉴定意见，或者本意见第六条第二款所列机构出具的报告，结合其他证据作出认定。
八、办理非法野生动物交易案件中，行政执法部门依法收集的物证、书证、视听资料、电子数据等证据材料，在刑事诉讼中可以作为证据使用。
对不易保管的涉案野生动物及其制品，在做好拍摄、提取检材或者制作足以反映原物形态特征或者内容的照片、录像等取证工作后，可以移交野生动物保护主管部门及其指定的机构依法处置。对存在或者可能存在疫病的野生动物及其制品，应立即通知野生动物保护主管部门依法处置。
九、实施本意见规定的行为，在认定是否构成犯罪以及裁量刑罚时，应当考虑涉案动物是否系人工繁育、物种的濒危程度、野外存活状况、人工繁育情况、是否列入国务院野生动物保护主管部门制定的人工繁育国家重点保护野生动物名录，以及行为手段、对野生动物资源的损害程度、食用涉案野生动物对人体健康的危害程度等情节，综合评估社会危害性，确保罪责刑相适应。相关定罪量刑标准明显不适宜的，可以根据案件的事实、情节和社会危害程度，依法作出妥当处理。
十、本意见自下发之日起施行。 |

| 相关执法参考 | 相关法律法规（4） | 《野生动物保护法》（节录）
（1988年11月8日第七届全国人民代表大会常务委员会第四次会议通过，根据2004年8月28日第十届全国人民代表大会常务委员会第十一次会议《关于修改〈中华人民共和国野生动物保护法〉的决定》第一次修正，根据2009年8月27日第十一届全国人民代表大会常务委员会第十次会议《关于修改部分法律的决定》第二次修正，2016年7月2日第十二届全国人民代表大会常务委员会第二十一次会议修订，根据2018年10月26日第十三届全国人民代表大会常务委员会第六次会议《关于修改〈中华人民共和国野生动物保护法〉等十五部法律的决定》第三次修正）
第二条　在中华人民共和国领域及管辖的其他海域，从事野生动物保护及相关活动，适用本法。
本法规定保护的野生动物，是指珍贵、濒危的陆生、水生野生动物和有重要生态、科学、社会价值的陆生野生动物。
本法规定的野生动物及其制品，是指野生动物的整体（含卵、蛋）、部分及其衍生物。
珍贵、濒危的水生野生动物以外的其他水生野生动物的保护，适用《中华人民共和国渔业法》等有关法律的规定。
第二十二条　猎捕非国家重点保护野生动物的，应当依法取得县级以上地方人民政府野生动物保护主管部门核发的狩猎证，并且服从猎捕量限额管理。
第二十三条　猎捕者应当按照特许猎捕证、狩猎证规定的种类、数量、地点、工具、方法和期限进行猎捕。
持枪猎捕的，应当依法取得公安机关核发的持枪证。
第二十四条　禁止使用毒药、爆炸物、电击或者电子诱捕装置以及猎套、猎夹、地枪、排铳等工具进行猎捕，禁止使用夜间照明行猎、歼灭性围猎、捣毁巢穴、火攻、烟熏、网捕等方法进行猎捕，但因科学研究确需网捕、电子诱捕的除外。
前款规定以外的禁止使用的猎捕工具和方法，由县级以上地方人民政府规定并公布。
第二十七条　禁止出售、购买、利用国家重点保护野生动物及其制品。
因科学研究、人工繁育、公众展示展演、文物保护或者其他特殊情况，需要出售、购买、利用国家重点保护野生动物及其制品的，应当经省、自治区、直辖市人民政府野生动物保护主管部门批准，并按照规定取得和使用专用标识，保证可追溯，但国务院对批准机关另有规定的除外。
实行国家重点保护野生动物及其制品专用标识的范围和管理办法，由国务院野生动物保护主管部门规定。
出售、利用非国家重点保护野生动物的，应当提供狩猎、进出口等合法来源证明。
出售本条第二款、第四款规定的野生动物的，还应当依法附有检疫证明。
第三十条　禁止生产、经营使用国家重点保护野生动物及其制品制作的食品，或者使用没有合法来源证明的非国家重点保护野生动物及其制品制作的食品。
禁止为食用非法购买国家重点保护的野生动物及其制品。
第四十九条　违反本法第三十条规定，生产、经营使用国家重点保护野生动物及其制品或者没有合法来源证明的非国家重点保护野生动物及其制品制作食品，或者为食用非法购买国家重点保护的野生动物及其制品的，由县级以上人民政府野生动物保护主管部门或者市场监督管理部门按照职责分工责令停止违法行为，没收野生动物及其制品和违法所得，并处野生动物及其制品价值二倍以上十倍以下的罚款；构成犯罪的，依法追究刑事责任。 |

相关执法参考	相关法律法规（5）	《陆生野生动物保护实施条例》（节录） （1992年2月12日国务院批准　1992年3月1日林业部发布，根据2011年1月8日《国务院关于废止和修改部分行政法规的决定》〔国务院令第588号〕修订，根据2016年2月6日《国务院关于修改部分行政法规的决定》〔国务院令第666号〕修订） 　　**第二条**　本条例所称陆生野生动物，是指依法受保护的珍贵、濒危、有益的和有重要经济、科学研究价值的陆生野生动物（以下简称野生动物）；所称野生动物产品，是指陆生野生动物的任何部分及其衍生物。 　　**第十五条**　猎捕非国家重点保护野生动物的，必须持有狩猎证，并按照狩猎证规定的种类、数量、地点、期限、工具和方法进行猎捕。 　　狩猎证由省、自治区、直辖市人民政府林业行政主管部门按照国务院林业行政主管部门的规定印制，县级人民政府野生动物行政主管部门或者其授权的单位核发。 　　狩猎证每年验证一次。 　　**第三十六条**　违反野生动物保护法规，出售、收购、运输、携带国家或者地方重点保护野生动物或者其产品的，由工商行政管理部门或者其授权的野生动物行政主管部门没收实物和违法所得，可以并处相当于实物价值十倍以下的罚款。 　　**第四十条**　有下列行为之一，尚不构成犯罪，应当给予治安管理处罚的，由公安机关依照《中华人民共和国治安管理处罚条例》的规定予以处罚： 　　（一）拒绝、阻碍野生动物行政管理人员依法执行职务的； 　　（二）偷窃、哄抢或者故意损坏野生动物保护仪器设备或者设施的； 　　（三）偷窃、哄抢、抢夺非国家重点保护野生动物或者其产品的； 　　（四）未经批准猎捕少量非国家重点保护野生动物的。

二十八、非法占用农用地罪

罪名	非法占用农用地罪（《刑法》第342条）
概念	非法占用农用地罪，是指违反土地管理法规，非法占用、林地等农用地，改变被占用土地用途，数量较大，造成耕地、林地等农用地大量毁坏的行为。

| 犯罪构成 | 客体 | 本罪侵犯的客体是单一客体，即国家保护农用地的管理制度。我国《宪法》《土地管理法》《基本农田保护条例》等法律、法规明确规定，土地的所有权归国家或者集体所有，禁止任何单位和个人非法占用耕地、林地等农用地。例如，《宪法》（2018修正）第10条规定，城市的土地属于国家所有。农村和城市郊区的土地，除由法律规定属于国家所有的以外，属于集体所有；宅基地和自留地、自留山，也属于集体所有。国家为了公共利益的需要，可以依照法律规定对土地实行征收或者征用并给予补偿。任何组织或者个人不得侵占、买卖或者以其他形式非法转让土地。土地的使用权可以依照法律的规定转让。一切使用土地的组织和个人必须合理地利用土地。2019年修正的《土地管理法》第3条规定，十分珍惜、合理利用土地和切实保护耕地是我国的基本国策。各级人民政府应当采取措施，全面规划，严格管理，保护、开发土地资源，制止非法占用土地的行为。第4条规定，国家实行土地用途管制制度。使用土地的单位和个人必须严格按照土地利用总体规划确定的用途使用土地。国家编制土地利用总体规划，规定土地用途，将土地分为农用地、建设用地和未利用地。严格限制农用地转为建设用地，控制建设用地总量，对耕地实行特殊保护。第30条规定，国家保护耕地，严格控制耕地转为非耕地。第33条规定，国家实行永久基本农田保护制度。《基本农田保护条例》第17条规定，禁止任何单位和个人在基本农田保护区内建窑、建房、建坟、挖砂、采石、采矿、取土、堆放固体废弃物或者进行其他破坏基本农田的活动。禁止任何单位和个人占用基本农田发展林果业和挖塘养鱼。凡是违反上述法律、法规的规定，非法占用农用地的行为，必然侵害国家保护农用地的管理制度。

本罪的犯罪对象是农用地，包括耕地、林地、草地、农田水利用地、养殖水面等农用地。根据《土地管理法》第4条的规定，我国土地分为农用地、建设用地和未利用地。其中的农用地，是指直接用于农业生产的土地，包括耕地、林地、草地、农田水利用地、养殖水面等。所谓耕地，是指直接用于农业生产的种植农作物的土地，包括基本农田和非基本农田，理解要点有四：第一，基本农田属于国家重点保护的耕地，列入基本农田保护区的耕地，实行严格管理和保护，但这并不等于对非基本农田不予保护，只是一般保护而已。根据《基本农田保护条例》第2条规定，基本农田，是指按照一定时期人口和社会经济发展对产品的需求，依据土地利用总体规划确定的不得占用的耕地。根据《基本农田保护条例》第10条的规定，根据土地利用总体规划，铁路、公路等交通沿线，城市和村庄、集镇建设用地区周边的耕地，应当优先划入基本农田保护区；需要退耕还林、还牧、还湖的耕地，不应当划入基本农田保护区。第二，基本农田占非基本农田的比例要求，《土地管理法》第33条和《基本农田保护条例》第9条都有明确规定，即各省、自治区、直辖市划定的基本农田应当占本行政区域内耕地的80%以上。具体数量指标根据全国土地利用总体规划逐级分解下达。第三，基本农田保护区的划定，《土地管理法》第34条明确规定：永久基本农田划定以乡（镇）为单位进行，由县级人民政府自然资源主管部门会同同级农业农村主管部门组织实施。永久基本农田应当落实到地块，纳入国家永久基本农田数据库严格管理。乡（镇）人民政府应当将永久基本农田的位置、范围向社会 |

客体		公告，并设立保护标志。第四，基本农田所包括的耕地的范围，根据《土地管理法》第33条的规定包括：（1）经国务院农业农村主管部门或者县级以上地方人民政府批准确定的粮、棉、油、糖等重要农产品生产基地内的耕地；（2）有良好的水利与水土保持设施的耕地，正在实施改造计划以及可以改造的中、低产田和已建成的高标准农田；（3）蔬菜生产基地；（4）农业科研、教学试验田；（5）国务院规定应当划为基本农田保护区的其他耕地。非基本农田，是指没有基本农田保护严格的、基本农田以外的、兼有零星果树、树木等经济作物的丘陵地、旱地等一般农田。所谓林地，是指为木本植物群落覆盖的地表，根据《森林法》第83条规定，是指县级以上人民政府规划确定的用于发展林业的土地。包括郁闭度0.2以上的乔木林地以及竹林地、灌木林地、疏林地、采伐迹地、火烧迹地、未成林造林地、苗圃地等。所谓草地，是指草本植物群落的总称，包括湿地的草甸、中生的次生高草甸、亚高草甸以及旱生的草原等，根据《草原法》第2条和第74条规定，草原是指天然草原和人工草地，其中的天然草原，包括草地、草山和草坡，人工草地包括改良草地和退耕还草地，不包括城镇草地。所谓农田水利用地，是指为了保障农田的水利灌溉而占用的土地。所谓养殖水面，是指为了进行水产养殖而被水占用的土地。
犯罪构成	客观方面	本罪在客观方面表现为违反土地管理法规，非法占用耕地、林地等农用地，改变被占用土地用途，数量较大，造成耕地、林地等农用地大量毁坏的行为。包括三点： 1. 行为违反土地管理法规。所谓违反土地管理法规，根据2001年有关立法解释的规定，是指违反土地管理法、森林法、草原法等法律以及有关行政法规中关于土地管理的规定。根据《土地管理法》第35条的规定，永久基本农田经依法划定后，任何单位和个人不得擅自占用或者改变其用途。国家能源、交通、水利、军事设施等重点建设项目选址确实难以避让永久基本农田，涉及农用地转用或者土地征收的，必须经国务院批准。禁止通过擅自调整县级土地利用总体规划、乡（镇）土地利用总体规划等方式规避永久基本农田农用地转用或者土地征收的审批。第37条规定，非农业建设必须节约使用土地，可以利用荒地的，不得占用耕地；可以利用劣地的，不得占用好地。禁止占用耕地建窑、建坟或者擅自在耕地上建房、挖砂、采石、采矿、取土等，禁止占用永久基本农田发展林果业和挖塘养鱼。第56条规定，建设单位使用国有土地的，应当按照土地使用权出让等有偿使用合同的约定或者土地使用权划拨批准文件的规定使用土地；确需改变该幅土地建设用途的，应当经有关人民政府自然资源主管部门同意，报原批准用地的人民政府批准。其中，在城市规划区内改变土地用途的，在报批前，应当先经有关城市规划行政主管部门同意。第57条第2款规定，临时使用土地的使用者应当按照临时使用土地合同约定的用途使用土地，并不得修建永久性建筑物。行为违反上述有关规定是本罪成立的前提条件。《土地管理法》（2014）第12条规定，依法改变土地权属和用途的，应当办理土地变更登记手续。《森林法》第15条规定，林地和林地上的森林、林木的所有权、使用权，由不动产登记机构统一登记造册，核发证书。国务院确定的国家重点林区（以下简称重点林区）的森林、林木和林地，由国务院自然资源主管部门负责登记。森林、林木、林地的所有者和使用者的合法权益受法律保护，任何组织和个人不得侵犯。森林、林木、林地的所有者和使用者应当依法保护和合理利用森林、林木、林地，不得非法改变林地用途和毁坏森林、林木、林地。第37条规定，矿藏勘查、开采以及其他各类工程建设，应当不占或者少占林地；确需占用林地的，应当经县级以上人民政府林业主管部门审核同意，依法办理建设用地审批手续。占用林地的单位应当缴纳森林植被恢复费。森林植被恢复费征收使用管理办法由国务院财政部门会同林业主管部门制定。县级以上人民政府林业主管部门应当按照规定安排植树造林，恢复森林植被，植树造林面积不得少于因占用林地而减少的森林植被面积。上级林业主管部门应当定期督促下级林业主管部门组织植树造林、恢复森林植被，并进行检查。第38条规定，需要临时使用林地的，应当经县级以上人民政府林业主管部门批准；临时使用林地的期限一般不超过2年，并不得在临时使用的林地上修建永

| 犯罪构成 | 客观方面 | 久性建筑物。临时使用林地期满后1年内，用地单位或者个人应当恢复植被和林业生产条件。《草原法》第9条规定，草原（天然草原和人工草原）属于国家所有，由法律规定属于集体所有的除外。国家所有的草原，由国务院代表国家行使所有权。任何单位或者个人不得侵占、买卖或者以其他形式非法转让草原。第11条规定第4款规定，依法改变草原权属的，应当办理草原权属变更登记手续。第15条规定第2款规定，草原承包经营权转让的受让方必须具有从事畜牧业生产的能力，并应当履行保护、建设和按照承包合同约定的用途合理利用草原的义务。第40条规定，需要临时占用草原的，应当经县级以上地方人民政府草原行政主管部门审核同意。临时占用草原的期限不得超过2年，并不得在临时占用的草原上修建永久性建筑物、构筑物；占用期满，用地单位必须恢复草原植被并及时退还。第41条规定，在草原上修建直接为草原保护和畜牧业生产服务的工程设施，需要使用草原的，由县级以上人民政府草原行政主管部门批准；修筑其他工程，需要将草原转为非畜牧业生产用地的，必须依法办理建设用地审批手续。前款所称直接为草原保护和畜牧业生产服务的工程设施，是指：（1）生产、贮存草种和饲草饲料的设施；（2）牲畜圈舍、配种点、剪毛点、药浴池、人畜饮水设施；（3）科研、试验、示范基地；（4）草原防火和灌溉设施。行为违反上述规定是本罪成立的前提条件。

2. 实施了非法占用耕地、林地等农用地，改变被占用土地用途，数量较大的行为。包括以下两点：

首先，行为人实施了非法占控耕地、林地等农用地的行为。所谓非法占用耕地、林地等农用地，是指未经法定程序办理农用地转用审批手续取得土地使用权或不按土地使用权的规定，而占控耕地、林地等农用地的行为。具体包括三种情况：一是未经批准而擅自占控耕地、林地等农用地。根据《土地管理法》第44条的规定，建设占用土地，涉及农用地转为建设用地的，应当办理农用地转用审批手续。永久基本农田转为建设用地的，由国务院批准。在土地利用总体规划确定的城市和村庄、集镇建设用地规模范围内，为实施该规划而将永久基本农田以外的农用地转为建设用地的，按土地利用年度计划分批次按照国务院规定由原批准土地利用总体规划的机关或者其授权的机关批准。在已批准的农用地转用范围内，具体建设项目用地可以由市、县人民政府批准。在土地利用总体规划确定的城市和村庄、集镇建设用地规模范围外，将永久基本农田以外的农用地转为建设用地的，由国务院或者国务院授权的省、自治区、直辖市人民政府批准。根据第57条第1款的规定，建设项目施工和地质勘查需要临时使用国有土地或者农民集体所有的土地的，由县级以上人民政府自然资源主管部门批准。其中，在城市规划区内的临时用地，在报批前，应当先经有关城市规划行政主管部门同意。土地使用者应当根据土地权属，与有关自然资源主管部门或者农村集体经济组织、村民委员会签订临时使用土地合同，并按照合同的约定支付临时使用土地补偿费。根据第60条规定，农村集体经济组织使用乡（镇）土地利用总体规划确定的建设用地兴办企业或者与其他单位、个人以土地使用权入股、联营等形式共同举办企业的，应当持有关批准文件，向县级以上地方人民政府自然资源主管部门提出申请，按照省、自治区、直辖市规定的批准权限，由县级以上地方人民政府批准；其中，涉及占用农用地的，依照本法第四十四条的规定办理审批手续。按照前款规定兴办企业的建设用地，必须严格控制。省、自治区、直辖市可以按照乡镇企业的不同行业和经营规模，分别规定用地标准。根据第61条规定，乡（镇）村公共设施、公益事业建设，需要使用土地的，经乡（镇）人民政府审核，向县级以上地方人民政府自然资源主管部门提出申请，按照省、自治区、直辖市规定的批准权限，由县级以上地方人民政府批准；其中，涉及占用农用地的，依照本法第四十四条的规定办理审批手续。根据第62条规定，农村村民一户只能拥有一处宅基地，其宅基地的面积不得超过省、自治区、直辖市规定的标准。人均土地少、不能保障一户拥有一处宅基地的地区，县级人民政府在充分尊重农村村民意愿的基础上，可以采取措施，按照省、自治区、直辖市规定的标准保障农村村民实现户有 |

犯罪构成	客观方面	所居。农村村民建住宅，应当符合乡（镇）土地利用总体规划、村庄规划，不得占用永久基本农田，并尽量使用原有的宅基地和村内空闲地。编制乡（镇）土地利用总体规划、村庄规划应当统筹并合理安排宅基地用地，改善农村村民居住环境和条件。农村村民住宅用地，由乡（镇）人民政府审核批准；其中，涉及占用农用地的，依照本法第四十四条的规定办理审批手续。农村村民出卖、出租、赠与住宅后，再申请宅基地的，不予批准。根据《基本农田保护条例》第15条的规定，基本农田保护区经依法划定后，任何单位和个人不得改变或者占用。国家能源、交通、水利、军事设施等重点建设项目选址确实无法避开基本农田保护区，需要占用基本农田，涉及农用地转用或者征用土地的，必须经国务院批准。根据《草原法》第38条规定，进行矿藏开采和工程建设，应当不占或者少占草原；确需征用或者使用草原的，必须经省级以上人民政府草原行政主管部门审核同意后，依照有关土地管理的法律、行政法规办理建设用地审批手续。二是采用欺骗手段骗取批准后占控耕地、林地等农用地。例如，假冒他人名义申请、提供伪造的相关文件等虚构事实或者隐瞒真相的欺骗手段而获取批准手续而占控耕地、林地等农用地。三是不按批准或者超过批准滥占、多占耕地、林地等农用地。《土地管理法》第57条第3款的规定，临时使用土地期限一般不超过2年。《草原法》第33条规定，草原承包经营者应当合理利用草原，不得超过草原行政主管部门核定的载畜量。 其次，实施了改变被占用土地用途，数量较大的行为。这里的改变被占用土地用途行为，是指非法占控耕地、林地等农用地之后续的改变农用地用途的各种违法违建行为，包括为改变被占用土地原有耕地、林地等农用地用途的建窑、建坟、建房、挖砂、采石、采矿、取土、剥取草皮、堆放固体废弃物、排泄废弃物或者非法将林地、草地毁坏变为耕地等诸多行为。根据有关司法解释规定，这里的数量较大主要包括：（1）非法占用基本农田5亩以上或者基本农田以外的耕地10亩以上的；（2）非法占用防护林地或者特种用途林地数量单种或者合计5亩以上的；（3）非法占用其他林地数量10亩以上的；（4）非法占用本款第（2）项、第（3）项规定的林地，其中一项数量达到相应规定的数量标准的百分之五十以上，且两项数量合计达到该项规定的数量标准的；（5）非法占用其他农用地数量较大的情形。 3. 行为具有造成耕地、林地等农用地大量毁坏的后果，才能构成本罪。本罪为结果犯，行为人实施的相关非法占用农用地行为，必须造成了严重结果，否则，不能构成犯罪。根据有关司法解释规定，这里的造成耕地、林地等农用地大量毁坏的后果包括三种情形：一是耕地毁坏情形。违反土地管理法规，非法占用耕地建窑、建坟、建房、挖砂、采石、采矿、取土、堆放固体废弃物或者进行其他非农业建设，造成耕地种植条件严重毁坏或者严重污染，被毁坏耕地数量达到较大以上规定的；二是林地毁坏情形。违反土地管理法规，非法占用林地，改变被占用林地用途，在非法占用的林地上实施建窑、建坟、建房、挖砂、采石、采矿、取土、种植农作物、堆放或者排泄废弃物等行为或者进行其他非林业生产、建设，造成林地的原有植被或者林业种植条件严重毁坏或者严重污染，被毁坏林地数量达到以上规定的，属于本条规定的"造成林地大量毁坏"；三是草原毁坏情形。违反草原法等土地管理法规，非法占用草原，改变被占用草原用途，数量较大，造成草原大量毁坏的，以非法占用农用地罪定罪处罚。其中的数量较大包括：非法占用草原，改变被占用草原用途，数量在20亩以上的；或者曾因非法占用草原受过行政处罚，在3年内又非法占用草原，改变被占用草原用途，数量在十亩以上。非法占用草原，改变被占用草原用途，数量较大，具有下列情形之一的，应当认定为"造成耕地、林地等农用地大量毁坏"：（1）开垦草原种植粮食作物、经济作物、林木的；（2）在草原上建窑、建房、修路、挖砂、采石、采矿、取土、剥取草皮的；（3）在草原上堆放或者排放废弃物，造成草原的原有植被严重毁坏或者严重污染的；（4）违反草原保护、建设、利用规划种植牧草和饲料作物，造成草原沙化或者水土严重流失的；（5）其他造成草原严重毁坏的情形。

犯罪构成	主体	本罪的主体是一般主体，既包括单位，也包括自然人。这里的自然人，是指年满16周岁具有刑事责任能力的自然人。实践中，主要是农村中的农民或农业人员。根据《土地管理法》第62条规定，农村村民一户只能拥有一处宅基地，其宅基地的面积不得超过省、自治区、直辖市规定的标准；农村村民建住宅，应当符合乡（镇）土地利用总体规划，不得占用永久基本农田，并尽量使用原有的宅基地和村内空闲地；农村村民住宅用地，由乡（镇）人民政府审核批准。因此，违反有关审批程序、批准用地权限，非法占用耕地数量较大，造成耕地大量毁坏后果的村民，就可构成本罪主体。这里的单位，主要是一些建筑、施工单位，但也包括机关、团体等非建筑、施工单位。也就是说，任何单位都可以构成本罪的主体。
	主观方面	本罪在主观方面表现为直接故意，并且行为人具有非法占用耕地、林地等农用地的目的。过失不构成本罪。这里的故意，是指行为人明知自己非法占用耕地、林地等农用地改作他用的行为，会造成大量耕地、林地等农用地被毁坏的结果，而仍故意为之的心理态度。例如，某市曾刮起一阵房地产热。郊区农民盛某便不经审批擅自把自己承包的100亩耕地改作红砖场，挖土脱坯烧砖，进城卖钱。他的行为被区政府批评，但他我行我素，继续挖土烧砖。大面积耕地由于被挖成很深的大坑，已遭到严重毁坏。盛某的犯罪故意显而易见。行为人的动机多种多样，不同的动机一般不影响本罪的定罪。
认定标准	刑罚标准	1. 自然人犯本罪的，处5年以下有期徒刑或者拘役，并处或者单处罚金。 　　2. 单位犯本罪的，对单位判处罚金，并对其直接负责的主管人员和其他直接责任人员，依照上述规定处罚。
	本罪与一般违法行为的界限	1. 看犯罪成立标准是否具备。本罪与一般违法行为区别的关键在于非法占用农用地的数量是否较大，是否造成了耕地大量毁坏的结果。只具备其中一个要素，或者两个要素都不具备的，就不能构成本罪，属于一般违法行为。实践中，要么非法占用的农用地数量较小，要么是毁坏的农用地数量没有达到大量，或者只具备其中一个要素。例如，某市高教局借给高校建校用地之机，非法占用某村耕地2000余亩，后因资金缺乏等原因，致使项目无法展开，导致被占耕地多年荒芜。该教育局的行为虽属非法占用耕地数量较大，但尚未造成耕地被大量毁坏的后果，不构成非法占用农用地罪，属于一般非法占用农用地的违法行为。 　　2. 看行为本质属性如何。行为违反土地管理法规规定是本罪成立的前提条件，因国家能源、水利、交通和城市建设的需要，确需占用农用地的，可以依照有关法律履行审批手续，取得许可，这是合法行为，而不是犯罪行为。
	本罪罪数的认定	如果行为人伪造农用地专用审批等文件而非法占用农用地的，则属于手段行为和目的行为构成的牵连犯，应当进行数罪并罚。 　　如果行为人在非法占用农用地的过程中，与执法人员发生冲突，采用暴力、威胁方法抗拒土地执法行为的，如果抗拒行为造成轻伤以下程度的伤害，构成妨害公务罪的，应对非法占用人以非法占用农用地罪和妨害公务罪进行数罪并罚；如果妨害公务的行为不构成犯罪的，则应将妨害公务的行为作为非法占用农用地罪的从重处罚的情节予以认定；如果妨害公务的行为造成执法人员重伤、死亡的，则应将非法占用农用地罪与故意伤害罪、故意杀人罪进行数罪并罚。
	本罪既遂的认定	本罪为结果犯兼数额犯，只有行为人实施的行为既具备了非法占用农用地数量较大，又造成了耕地大量毁坏的结果，才能构成本罪，即可认定本罪的既遂。在理论上本罪存在预备形态、未遂形态、中止形态的可能性，但从实践上看，非法占用农用地行为的预备形态、未遂形态、中止形态的社会危害性没有达到严重的犯罪程度，或者说不完全具备应受刑罚处罚性，结合有关司法解释的答复意见（即在农村宅基地、责任田上违法建房出售

认定标准	本罪既遂的认定	如何处理的问题，在相关文件出台前，不宜以犯罪追究有关人员的刑事责任）规定解释，追究行为人非法占用农用地的预备、未遂、中止的刑事责任的必要性不大。因此，对于行为人非法占用农用地的预备、未遂、中止三种未完成形态情形，原则上不能作为刑事犯罪来认定处理。
	此罪与彼罪的区别（1）	本罪与污染环境罪的区别。 污染环境罪，是指违反国家规定，排放、倾倒或者处置有放射性的废物、含传染病病原体的废物、有毒物质或者其他有害物质，严重污染环境的行为。两者都属于破坏环境资源保护的犯罪，在犯罪主体上是一致的。两罪的主要区别在于： 1. 犯罪客体不同。本罪侵犯的客体是国家保护农用地的管理制度。后罪侵犯的客体是国家有关环境污染防治的管理制度。 2. 犯罪客观方面不同。本罪在客观方面表现为违反土地管理法规，非法占用、林地等农用地，改变被占用土地用途，数量较大，造成耕地、林地等农用地大量毁坏的行为，而无论是否造成其他公私财产重大损失或者人身伤亡的严重后果。而后者表现为行为人违反国家规定向土地、水体、大气排放、倾倒或者处置有放射性的废物、含传染病病原体的废物、有毒物质或者其他危险废物，造成重大环境污染事故，致使公私财产遭受重大损失或者人身伤亡的严重后果的行为，这里不必以非法占有数量较大耕地和改作他用为前提。因此，两者在犯罪客观方面的区别是比较明显的。 3. 犯罪主观方面不同。本罪在主观方面表现为直接故意，并且行为人具有非法占用耕地、林地等农用地的目的。过失构不成本罪。前者为故意，后者为过失。如果行为人既有非法占有耕地改作他用的行为，又有向耕地排放、倾倒、处置危险废物的行为，并造成了大量耕地污染毁坏和公私财产重大损失或人身伤亡严重后果，这时应看主观内容如何，如果是故意的，则构成非法占用耕地罪，如果是过失的，则构成重大环境污染事故罪。有人在论及两者界限时认为，向耕地排放、倾倒或者在耕地上处置有放射性废物、含传染病病原的废物、有毒物质或者其他危险废物，造成了土地毁坏，应当依照处理牵连犯的原则，选择其中一个重罪处罚，一般不以非法占用耕地罪论处。这是没有注意到两者主观内容不同或者误解了牵连犯理论所致的不妥当的观点。
	此罪与彼罪的区别（2）	本罪与非法批准征收、征用、占用土地罪的区别。 非法批准征收、征用、占用土地罪，是指国家机关工作人员徇私舞弊，违反土地管理法规，滥用职权，非法批准征收、征用、占用土地，情节严重的行为。两罪的主要区别在于： 1. 犯罪客体不同。本罪侵犯的客体是单一客体，即国家保护农用地的管理制度。后罪侵犯的客体是多重客体，即国家机关工作人员对土地管理职责的正当性和国家土地管理、城市规划等机关的正常活动以及其他有关国家机关的正常管理活动。 2. 犯罪对象不同。本罪的犯罪对象是农用地，包括耕地、林地、草地、农田水利用地、养殖水面等农用地。后罪的犯罪对象是一切土地，后者的范围大于前者，除农用地外，还包括建设用地和未利用地。 3. 犯罪客观方面不同。本罪主要表现为违反土地管理法规，非法占用农用地，数量较大，改作其他用途，造成农用地大量毁坏的行为。后罪表现为行为人徇私舞弊，滥用职权，违反土地管理法规，非法批准征收、征用、占用土地，情节严重的行为。 4. 犯罪主体不同。本罪的犯罪主体是一般主体，包括单位和个人。后罪的犯罪主体仅包括自然人而不包括单位。而且自然人主体不是一般主体，是特殊主体，即国家机关工作人员，主要是各级政府的土地主管部门负责人以及土地管理、规划等部门的工作人员，其他不具有此特殊身份的人除可以构成共同犯罪以外，不能够单独构成后罪。

认定标准	此罪与彼罪的区别（3）	本罪与非法低价出让国有土地使用权罪的区别。 非法低价出让国有土地使用权罪，是指国家机关工作人员徇私舞弊，违反土地管理法规，非法低价出让国有土地使用权，情节严重的行为。两罪的主要区别在于： 1. 犯罪客体不同。本罪侵犯的客体是单一客体，即国家保护农用地的管理制度。后罪侵犯的客体是双重客体，即国家机关工作人员对土地管理职责的正当性和国家对国有土地使用管理的正常活动。 2. 犯罪对象不同。本罪的犯罪对象是农用地，包括耕地、林地、草地、农田水利用地、养殖水面等农用地。后罪的犯罪对象为国有土地使用权。 3. 犯罪行为方式不同。本罪主要表现为违反土地管理法规，非法占用农用地，数量较大，改作其他用途，造成农用地大量毁坏的行为。后罪表现为国家机关工作人员徇私舞弊、滥用职权，非法低价出让国有土地使用权，情节严重的行为。 4. 犯罪主体不同。本罪的犯罪主体是一般主体，包括单位和个人。后罪的犯罪主体是特殊主体，即国家机关工作人员，仅包括自然人而不包括单位。
	此罪与彼罪的区别（4）	本罪与破坏生产经营罪的区别。 破坏生产经营罪，是指由于泄愤报复或者其他个人目的，毁坏机器设备、残害耕畜或者以其他方法破坏生产经营的行为。两罪的主要区别在于： 1 犯罪客体属性不同。本罪侵犯的直接客体为国家保护农用地的管理制度，属于刑法分则第6章第6节破坏环境资源保护的犯罪。后罪侵犯的直接客体为单一客体，即生产经营的正常活动，属于刑法分则第5章侵犯财产的犯罪。 2. 犯罪客观方面不同。本罪主要表现为违反土地管理法规，非法占用农用地，数量较大，改作其他用途，造成农用地大量毁坏的行为，只能以积极的作为方式实施。后罪表现为行为人毁坏机器设备、耕畜或以其他方法破坏生产经营活动的行为，其他方法如破坏水利设施，切断电源，毁坏种子、禾苗等。既可以表现为积极的作为，又可以表现为消极的不作为。 3. 犯罪主体不同。本罪为一般主体，既包括自然人，也包括单位。后罪也为一般主体，但只包括自然人，不包括单位。 4. 犯罪主观方面内容不同。前者为故意，并且具有非法占用农用地的目的。后罪为故意，并且具有泄愤报复或其他个人目的。如果行为人没有非法占用农用地的目的和行为，但却以破坏方法大量毁坏农用地的，则构成破坏生产经营罪。例如，农民崔某因口角对于某不满，乘于某家人不在农田之机，开拖拉机将于某家农田的小麦苗压毁，同时造成耕地表土被严重破坏。崔某的行为构成破坏生产经营罪，不构成非法占用农用地罪。
相关执法参考	刑法	中华人民共和国刑法（节录） （1979年7月1日第五届全国人民代表大会第二次会议通过，1997年3月14日第八届全国人民代表大会第五次会议修订，已先后被1999年12月25日《中华人民共和国刑法修正案》、2001年8月31日《中华人民共和国刑法修正案（二）》、2001年12月29日《中华人民共和国刑法修正案（三）》、2002年12月28日《中华人民共和国刑法修正案（四）》、2005年2月28日《中华人民共和国刑法修正案（五）》、2006年6月29日《中华人民共和国刑法修正案（六）》、2009年2月28日《中华人民共和国刑法修正案（七）》、2009年8月27日《全国人民代表大会常务委员会关于修改部分法律的决定》、2011年2月25日《中华人民共和国刑法修正案（八）》、2015年8月29日《中华人民共和国刑法修正案（九）》、2017年11月4日《中华人民共和国刑法修正案（十）》、2020年12月26日《中华人民共和国刑法修正案（十一）》修改或修正） 第三百四十二条 违反土地管理法规，非法占用耕地、林地等农用地，改变被占用土地用途，数量较大，造成耕地、林地等农用地大量毁坏的，处五年以下有期徒刑或者拘役，并处或者单处罚金。

相关执法参考	相关法律法规（1）	全国人民代表大会常务委员会《关于〈中华人民共和国刑法〉第二百二十八条、第三百四十二条、第四百一十条的解释》 （2001年8月31日第九届全国人民代表大会常务委员会第二十三次会议通过） 全国人民代表大会常务委员会讨论了刑法第二百二十八条、第三百四十二条、第四百一十条规定的"违反土地管理法规"和第四百一十条规定的"非法批准征用、占用土地"的含义问题，解释如下： 刑法第二百二十八条、第三百四十二条、第四百一十条规定的"违反土地管理法规"，是指违反土地管理法、森林法、草原法等法律以及有关行政法规中关于土地管理的规定。 刑法第四百一十条规定的"非法批准征用、占用土地"，是指非法批准征用、占用耕地、林地等农用地以及其他土地。
	相关法律法规（2）	最高人民检察院、公安部《关于公安机关管辖的刑事案件立案追诉标准的规定（一）》（节录） （2008年6月25日，公通字〔2008〕36号） **第六十七条** ［非法占用农用地案（刑法第三百四十二条）］违反土地管理法规，非法占用耕地、林地等农用地，改变被占用土地用途，造成耕地、林地等农用地大量毁坏，涉嫌下列情形之一的，应予立案追诉： （一）非法占用基本农田五亩以上或者基本农田以外的耕地十亩以上的； （二）非法占用防护林地或者特种用途林地数量单种或者合计五亩以上的； （三）非法占用其他林地数量十亩以上的； （四）非法占用本款第（二）项、第（三）项规定的林地，其中一项数量达到相应规定的数量标准的百分之五十以上，且两项数量合计达到该项规定的数量标准的； （五）非法占用其他农用地数量较大的情形。 违反土地管理法规，非法占用耕地建窑、建坟、建房、挖沙、采石、采矿、取土、堆放固体废弃物或者进行其他非农业建设，造成耕地种植条件严重毁坏或者严重污染，被毁坏耕地数量达到以上规定的，属于本条规定的"造成耕地大量毁坏"。 违反土地管理法规，非法占用林地，改变被占用林地用途，在非法占用的林地上实施建窑、建坟、建房、挖沙、采石、采矿、取土、种植农作物、堆放或者排泄废弃物等行为或者进行其他非林业生产、建设，造成林地的原有植被或者林业种植条件严重毁坏或者严重污染，被毁坏林地数量达到以上规定的，属于本条规定的"造成林地大量毁坏"。
	相关法律法规（3）	最高人民法院《关于审理破坏土地资源刑事案件具体应用法律若干问题的解释》 （2000年6月16日最高人民法院审判委员会第1119次会议通过，法释〔2000〕14号，自2000年6月22日起实施） **第一条** 以牟利为目的；违反土地管理法规；非法转让、倒卖土地使用权；具有下列情形之一的；属于非法转让、倒卖土地使用权"情节严重"；依照刑法第二百二十八条的规定；以非法转让、倒卖土地使用权罪定罪处罚： （一）非法转让、倒卖基本农田五亩以上的； （二）非法转让、倒卖基本农田以外的耕地十亩以上的； （三）非法转让、倒卖其他土地二十亩以上的； （四）非法获利五十万元以上的； （五）非法转让、倒卖土地接近上述数量标准并具有其他恶劣情节的；如曾因非法转让、倒卖土地使用权受过行政处罚或者造成严重后果等。 **第二条** 实施第一条规定的行为；具有下列情形之一的；属于非法转让、倒卖土地使用权"情节特别严重"： （一）非法转让、倒卖基本农田十亩以上的；

（二）非法转让、倒卖基本农田以外的耕地二十亩以上的；

（三）非法转让、倒卖其他土地四十亩以上的；

（四）非法获利一百万元以上的；

（五）非法转让、倒卖土地接近上述数量标准并具有其他恶劣情节，如造成严重后果等。

第三条 违反土地管理法规，非法占用耕地改作他用，数量较大，造成耕地大量毁坏的，依照刑法第三百四十二条的规定，以非法占用耕地罪定罪处罚：

（一）非法占用耕地"数量较大"，是指非法占用基本农田五亩以上或者非法占用基本农田以外的耕地十亩以上。

（二）非法占用耕地"造成耕地大量毁坏"，是指行为人非法占用耕地建窑、建坟、建房、挖沙、采石、采矿、取土、堆放固体废弃物或者进行其他非农业建设；造成基本农田五亩以上或者基本农田以外的耕地十亩以上种植条件严重毁坏或者严重污染。

第四条 国家机关工作人员徇私舞弊，违反土地管理法规，滥用职权，非法批准征用、占用土地，具有下列情形之一的，属于非法批准征用、占用土地"情节严重"，依照刑法第四百一十条的规定，以非法批准征用、占用土地罪定罪处罚：

（一）非法批准征用、占用基本农田十亩以上的；

（二）非法批准征用、占用基本农田以外的耕地三十亩以上的；

（三）非法批准征用、占用其他土地五十亩以上的；

（四）虽未达到上述数量标准；但非法批准征用、占用土地造成直接经济损失三十万元以上；造成耕地大量毁坏等恶劣情节的。

第五条 实施第四条规定的行为；具有下列情形之一的，属于非法批准征用、占用土地"致使国家或者集体利益遭受特别重大损失"：

（一）非法批准征用、占用基本农田二十亩以上的；

（二）非法批准征用、占用基本农田以外的耕地六十亩以上的；

（三）非法批准征用、占用其他土地一百亩以上的；

（四）非法批准征用、占用土地；造成基本农田五亩以上；其他耕地十亩以上严重毁坏的；

（五）非法批准征用、占用土地造成直接经济损失五十万元以上等恶劣情节的。

第六条 国家机关工作人员徇私舞弊，违反土地管理法规，非法低价出让国有土地使用权，具有下列情形之一的，属于"情节严重"，依照刑法第四百一十条的规定，以非法低价出让国有土地使用权罪定罪处罚：

（一）出让国有土地使用权面积在三十亩以上，并且出让价额低于国家规定的最低价额标准的百分之六十的；

（二）造成国有土地资产流失价额在三十万元以上的。

第七条 实施第六条规定的行为，具有下列情形之一的，属于非法低价出让国有土地使用权，"致使国家和集体利益遭受特别重大损失"：

（一）非法低价出让国有土地使用权面积在六十亩以上，并且出让价额低于国家规定的最低价额标准的百分之四十的；

（二）造成国有土地资产流失价额在五十万元以上的。

第八条 单位犯非法转让、倒卖土地使用权罪、非法占用耕地罪的定罪量刑标准；依照本解释第一条、第二条、第三条的规定执行。

第九条 多次实施本解释规定的行为依法应当追诉的，或者一年内多次实施本解释规定的行为未经处理的，按照累计的数量、数额处罚。

最高人民法院《关于审理破坏林地资源刑事案件具体应用法律若干问题的解释》

（2005年12月19日最高人民法院审判委员会第1374次会议通过，法释〔2005〕15号，自2005年12月30日起施行）

为依法惩治破坏林地资源犯罪活动，根据《中华人民共和国刑法》、《中华人民共和国刑法修正案（二）》及全国人民代表大会常务委员会《关于〈中华人民共和国刑法〉第二百二十八条、第三百四十二条、第四百一十条的解释》的有关规定，现就人民法院审理这类刑事案件具体应用法律的若干问题解释如下：

第一条 违反土地管理法规，非法占用林地，改变被占用林地用途，在非法占用的林地上实施建窑、建坟、建房、挖沙、采石、采矿、取土、种植农作物、堆放或排泄废弃物等行为或者进行其他非林业生产、建设，造成林地的原有植被或林业种植条件严重毁坏或者严重污染，并具有下列情形之一的，属于《中华人民共和国刑法修正案（二）》规定的"数量较大，造成林地大量毁坏"，应当以非法占用农用地罪判处五年以下有期徒刑或者拘役，并处或者单处罚金：

（一）非法占用并毁坏防护林地、特种用途林地数量分别或者合计达到五亩以上；

（二）非法占用并毁坏其他林地数量达到十亩以上；

（三）非法占用并毁坏本条第（一）项、第（二）项规定的林地，数量分别达到相应规定的数量标准的百分之五十以上；

（四）非法占用并毁坏本条第（一）项、第（二）项规定的林地，其中一项数量达到相应规定的数量标准的百分之五十以上，且两项数量合计达到该项规定的数量标准。

第二条 国家机关工作人员徇私舞弊，违反土地管理法规，滥用职权，非法批准征用、占用林地，具有下列情形之一的，属于刑法第四百一十条规定的"情节严重"，应当以非法批准征用、占用土地罪判处三年以下有期徒刑或者拘役：

（一）非法批准征用、占用防护林地、特种用途林地数量分别或者合计达到十亩以上；

（二）非法批准征用、占用其他林地数量达到二十亩以上；

（三）非法批准征用、占用林地造成直接经济损失数额达到三十万元以上，或者造成本条第（一）项规定的林地数量分别或者合计达到五亩以上或者本条第（二）项规定的林地数量达到十亩以上毁坏。

第三条 实施本解释第二条规定的行为，具有下列情形之一的，属于刑法第四百一十条规定的"致使国家或者集体利益遭受特别重大损失"，应当以非法批准征用、占用土地罪判处三年以上七年以下有期徒刑：

（一）非法批准征用、占用防护林地、特种用途林地数量分别或者合计达到二十亩以上；

（二）非法批准征用、占用其他林地数量达到四十亩以上；

（三）非法批准征用、占用林地造成直接经济损失数额达到六十万元以上，或者造成本条第（一）项规定的林地数量分别或者合计达到十亩以上或者本条第（二）项规定的林地数量达到二十亩以上毁坏。

第四条 国家机关工作人员徇私舞弊，违反土地管理法规，非法低价出让国有林地使用权，具有下列情形之一的，属于刑法第四百一十条规定的"情节严重"，应当以非法低价出让国有土地使用权罪判处三年以下有期徒刑或者拘役：

（一）林地数量合计达到三十亩以上，并且出让价额低于国家规定的最低价额标准的百分之六十；

（二）造成国有资产流失价额达到三十万元以上。

第五条 实施本解释第四条规定的行为，造成国有资产流失价额达到六十万元以上的，属于刑法第四百一十条规定的"致使国家和集体利益遭受特别重大损失"，应当以非

相关执法参考	相关法律法规（4）	法低价出让国有土地使用权罪判处三年以上七年以下有期徒刑。 第六条　单位实施破坏林地资源犯罪的，依照本解释规定的相关定罪量刑标准执行。 第七条　多次实施本解释规定的行为依法应当追诉且未经处理的，应当按照累计的数量、数额处罚。
	相关法律法规（5）	最高人民法院《关于审理破坏草原资源刑事案件应用法律若干问题的解释》 （2012年10月22日最高人民法院审判委员会第1558次会议讨论通过，法释〔2012〕15号，自2012年11月22日起施行） 为依法惩处破坏草原资源犯罪活动，依照《中华人民共和国刑法》的有关规定，现就审理此类刑事案件应用法律的若干问题解释如下： 第一条　违反草原法等土地管理法规，非法占用草原，改变被占用草原用途，数量较大，造成草原大量毁坏的，依照刑法第三百四十二条的规定，以非法占用农用地罪定罪处罚。 第二条　非法占用草原，改变被占用草原用途，数量在二十亩以上的，或者曾因非法占用草原受过行政处罚，在三年内又非法占用草原，改变被占用草原用途，数量在十亩以上的，应当认定为刑法第三百四十二条规定的"数量较大"。 非法占用草原，改变被占用草原用途，数量较大，具有下列情形之一的，应当认定为刑法第三百四十二条规定的"造成耕地、林地等农用地大量毁坏"： （一）开垦草原种植粮食作物、经济作物、林木的； （二）在草原上建窑、建房、修路、挖砂、采石、采矿、取土、剥取草皮的； （三）在草原上堆放或者排放废弃物，造成草原的原有植被严重毁坏或者严重污染的； （四）违反草原保护、建设、利用规划种植牧草和饲料作物，造成草原沙化或者水土严重流失的； （五）其他造成草原严重毁坏的情形。 第三条　国家机关工作人员徇私舞弊，违反草原法等土地管理法规，具有下列情形之一的，应当认定为刑法第四百一十条规定的"情节严重"： （一）非法批准征收、征用、占用草原四十亩以上的； （二）非法批准征收、征用、占用草原，造成二十亩以上草原被毁坏的； （三）非法批准征收、征用、占用草原，造成直接经济损失三十万元以上，或者具有其他恶劣情节的。 具有下列情形之一，应当认定为刑法第四百一十条规定的"致使国家或者集体利益遭受特别重大损失"： （一）非法批准征收、征用、占用草原八十亩以上的； （二）非法批准征收、征用、占用草原，造成四十亩以上草原被毁坏的； （三）非法批准征收、征用、占用草原，造成直接经济损失六十万元以上，或者具有其他特别恶劣情节的。 第四条　以暴力、威胁方法阻碍草原监督检查人员依法执行职务，构成犯罪的，依照刑法第二百七十七条的规定，以妨害公务罪追究刑事责任。 煽动群众暴力抗拒草原法律、行政法规实施，构成犯罪的，依照刑法第二百七十八条的规定，以煽动暴力抗拒法律实施罪追究刑事责任。 第五条　单位实施刑法第三百四十二条规定的行为，对单位判处罚金，并对其直接负责的主管人员和其他直接责任人员，依照本解释规定的定罪量刑标准定罪处罚。 第六条　多次实施破坏草原资源的违法犯罪行为，未经处理，应当依法追究刑事责任的，按照累计的数量、数额定罪处罚。 第七条　本解释所称"草原"，是指天然草原和人工草地，天然草原包括草场、草山和草坡，人工草地包括改良草地和退耕还草地，不包括城镇草地。

相关法律法规（6）	最高人民法院《关于个人违法建房出售行为如何适用法律问题的答复》 （2010年11月2日法〔2010〕395号） 贵州省高级人民法院： 　　你院《关于个人违法建房出售行为如何适用法律的请示》（〔2010〕黔高法研请字第2号）收悉。经研究，并征求相关部门意见，答复如下： 　　一、你院请示的在农村宅基地、责任田上违法建房出售如何处理的问题，涉及面广，法律、政策性强。据了解，有关部门正在研究制定政策意见和处理办法，在相关文件出台前，不宜以犯罪追究有关人员的刑事责任。 　　二、从来函反映的情况看，此类案件在你省部分地区发案较多。案件处理更应当十分慎重。要积极争取在党委统一领导下，有效协调有关方面，切实做好案件处理的善后工作，确保法律效果与社会效果的有机统一。 　　三、办理案件中，发现负有监管职责的国家机关工作人员有渎职、受贿等涉嫌违法犯罪的，要依法移交相关部门处理；发现有关部门在履行监管职责方面存在问题的，要结合案件处理，提出司法建议，促进完善社会管理。 　　此复。
相关执法参考　相关法律法规（7）	《土地管理法》（节录） 　　（1986年6月25日第六届全国人民代表大会常务委员会第十六次会议通过，根据1988年12月29日第七届全国人民代表大会常务委员会第五次会议《关于修改〈中华人民共和国土地管理法〉的决定》第一次修正，1998年8月29日第九届全国人民代表大会常务委员会第四次会议修订，根据2004年8月28日第十届全国人民代表大会常务委员会第十一次会议《关于修改〈中华人民共和国土地管理法〉的决定》第二次修正，根据2019年8月26日第十三届全国人民代表大会常务委员会第十二次会议《关于修改〈中华人民共和国土地管理法〉、〈中华人民共和国城市房地产管理法〉的决定》第三次修正） 　　**第二条**　中华人民共和国实行土地的社会主义公有制，即全民所有制和劳动群众集体所有制。 　　全民所有，即国家所有土地的所有权由国务院代表国家行使。 　　任何单位和个人不得侵占、买卖或者以其他形式非法转让土地。土地使用权可以依法转让。 　　国家为了公共利益的需要，可以依法对土地实行征收或者征用并给予补偿。 　　国家依法实行国有土地有偿使用制度。但是，国家在法律规定的范围内划拨国有土地使用权的除外。 　　**第三条**　十分珍惜、合理利用土地和切实保护耕地是我国的基本国策。各级人民政府应当采取措施，全面规划，严格管理，保护、开发土地资源，制止非法占用土地的行为。 　　**第三十条**　国家保护耕地，严格控制耕地转为非耕地。 　　国家实行占用耕地补偿制度。非农业建设经批准占用耕地的，按照"占多少，垦多少"的原则，由占用耕地的单位负责开垦与所占用耕地的数量和质量相当的耕地；没有条件开垦或者开垦的耕地不符合要求的，应当按照省、自治区、直辖市的规定缴纳耕地开垦费，专款用于开垦新的耕地。 　　省、自治区、直辖市人民政府应当制定开垦耕地计划，监督占用耕地的单位按照计划开垦耕地或者按照计划组织开垦耕地，并进行验收。 　　**第三十一条**　县级以上地方人民政府可以要求占用耕地的单位将所占用耕地耕作层的土壤用于新开垦耕地、劣质地或者其他耕地的土壤改良。 　　**第三十二条**　省、自治区、直辖市人民政府应当严格执行土地利用总体规划和土地利用年度计划，采取措施，确保本行政区域内耕地总量不减少、质量不降低。耕地总量减少的，由国务院责令在规定期限内组织开垦与所减少耕地的数量与质量相当的耕地；耕地质

量降低的,由国务院责令在规定期限内组织整治。新开垦和整治的耕地由国务院自然资源主管部门会同农业农村主管部门验收。

个别省、直辖市确因土地后备资源匮乏,新增建设用地后,新开垦耕地的数量不足以补偿所占用耕地的数量的,必须报经国务院批准减免本行政区域内开垦耕地的数量,易地开垦数量和质量相当的耕地。

第三十三条 国家实行永久基本农田保护制度。下列耕地应当根据土地利用总体规划划为永久基本农田,实行严格保护:

(一)经国务院农业农村主管部门或者县级以上地方人民政府批准确定的粮、棉、油、糖等重要农产品生产基地内的耕地;

(二)有良好的水利与水土保持设施的耕地,正在实施改造计划以及可以改造的中、低产田和已建成的高标准农田;

(三)蔬菜生产基地;

(四)农业科研、教学试验田;

(五)国务院规定应当划为永久基本农田的其他耕地。

各省、自治区、直辖市划定的永久基本农田一般应当占本行政区域内耕地的百分之八十以上,具体比例由国务院根据各省、自治区、直辖市耕地实际情况规定。

第三十四条 永久基本农田划定以乡(镇)为单位进行,由县级人民政府自然资源主管部门会同同级农业农村主管部门组织实施。永久基本农田应当落实到地块,纳入国家永久基本农田数据库严格管理。

乡(镇)人民政府应当将永久基本农田的位置、范围向社会公告,并设立保护标志。

第三十五条 永久基本农田经依法划定后,任何单位和个人不得擅自占用或者改变其用途。国家能源、交通、水利、军事设施等重点建设项目选址确实难以避让永久基本农田,涉及农用地转用或者土地征收的,必须经国务院批准。

禁止通过擅自调整县级土地利用总体规划、乡(镇)土地利用总体规划等方式规避永久基本农田农用地转用或者土地征收的审批。

第三十六条 各级人民政府应当采取措施,引导因地制宜轮作休耕,改良土壤,提高地力,维护排灌工程设施,防止土地荒漠化、盐渍化、水土流失和土壤污染。

第三十七条 非农业建设必须节约使用土地,可以利用荒地的,不得占用耕地;可以利用劣地的,不得占用好地。

禁止占用耕地建窑、建坟或者擅自在耕地上建房、挖砂、采石、采矿、取土等。

禁止占用永久基本农田发展林果业和挖塘养鱼。

第三十八条 禁止任何单位和个人闲置、荒芜耕地。已经办理审批手续的非农业建设占用耕地,一年内不用而又可以耕种并收获的,应当由原耕种该幅耕地的集体或者个人恢复耕种,也可以由用地单位组织耕种;一年以上未动工建设的,应当按照省、自治区、直辖市的规定缴纳闲置费;连续二年未使用的,经原批准机关批准,由县级以上人民政府无偿收回用地单位的土地使用权;该幅土地原为农民集体所有的,应当交由原农村集体经济组织恢复耕种。

在城市规划区范围内,以出让方式取得土地使用权进行房地产开发的闲置土地,依照《中华人民共和国城市房地产管理法》的有关规定办理。

第三十九条 国家鼓励单位和个人按照土地利用总体规划,在保护和改善生态环境、防止水土流失和土地荒漠化的前提下,开发未利用的土地;适宜开发为农用地的,应当优先开发成农用地。

国家依法保护开发者的合法权益。

第四十条 开垦未利用的土地,必须经过科学论证和评估,在土地利用总体规划划定的可开垦的区域内,经依法批准后进行。禁止毁坏森林、草原开垦耕地,禁止围湖造田和

相关执法参考	相关法律法规（7）	侵占江河滩地。 根据土地利用总体规划，对破坏生态环境开垦、围垦的土地，有计划有步骤地退耕还林、还牧、还湖。 **第四十一条** 开发未确定使用权的国有荒山、荒地、荒滩从事种植业、林业、畜牧业、渔业生产的，经县级以上人民政府依法批准，可以确定给开发单位或者个人长期使用。 **第四十二条** 国家鼓励土地整理。县、乡（镇）人民政府应当组织农村集体经济组织，按照土地利用总体规划，对田、水、路、林、村综合整治，提高耕地质量，增加有效耕地面积，改善农业生产条件和生态环境。 地方各级人民政府应当采取措施，改造中、低产田，整治闲散地和废弃地。 **第四十三条** 因挖损、塌陷、压占等造成土地破坏，用地单位和个人应当按照国家有关规定负责复垦；没有条件复垦或者复垦不符合要求的，应当缴纳土地复垦费，专项用于土地复垦。复垦的土地应当优先用于农业。 **第四十六条** 征收下列土地的，由国务院批准： （一）永久基本农田； （二）永久基本农田以外的耕地超过三十五公顷的； （三）其他土地超过七十公顷的。 征收前款规定以外的土地的，由省、自治区、直辖市人民政府批准。 征收农用地的，应当依照本法第四十四条的规定先行办理农用地转用审批。其中，经国务院批准农用地转用的，同时办理征地审批手续，不再另行办理征地审批；经省、自治区、直辖市人民政府在征地批准权限内批准农用地转用的，同时办理征地审批手续，不再另行办理征地审批，超过征地批准权限的，应当依照本条第一款的规定另行办理征地审批。 **第四十七条** 国家征收土地的，依照法定程序批准后，由县级以上地方人民政府予以公告并组织实施。 县级以上地方人民政府拟申请征收土地的，应当开展拟征收土地现状调查和社会稳定风险评估，并将征收范围、土地现状、征收目的、补偿标准、安置方式和社会保障等在拟征收土地所在的乡（镇）和村、村民小组范围内公告至少三十日，听取被征地的农村集体经济组织及其成员、村民委员会和其他利害关系人的意见。 多数被征地的农村集体经济组织成员认为征地补偿安置方案不符合法律、法规规定的，县级以上地方人民政府应当组织召开听证会，并根据法律、法规的规定和听证会情况修改方案。 拟征收土地的所有权人、使用权人应当在公告规定期限内，持不动产权属证明材料办理补偿登记。县级以上地方人民政府应当组织有关部门测算并落实有关费用，保证足额到位，与拟征收土地的所有权人、使用权人就补偿、安置等签订协议；个别确实难以达成协议的，应当在申请征收土地时如实说明。 相关前期工作完成后，县级以上地方人民政府方可申请征收土地。 **第七十四条** 买卖或者以其他形式非法转让土地的，由县级以上人民政府自然资源主管部门没收违法所得；对违反土地利用总体规划擅自将农用地改为建设用地的，限期拆除在非法转让的土地上新建的建筑物和其他设施，恢复土地原状，对符合土地利用总体规划的，没收在非法转让的土地上新建的建筑物和其他设施；可以并处罚款；对直接负责的主管人员和其他直接责任人员，依法给予处分；构成犯罪的，依法追究刑事责任。 **第七十五条** 违反本法规定，占用耕地建窑、建坟或者擅自在耕地上建房、挖砂、采石、采矿、取土等，破坏种植条件的，或者因开发土地造成土地荒漠化、盐渍化的，由县级以上人民政府自然资源主管部门、农业农村主管部门等按照职责责令限期改正或者治理，可以并处罚款；构成犯罪的，依法追究刑事责任。

相关法律法规（7）		第七十七条　未经批准或者采取欺骗手段骗取批准，非法占用土地的，由县级以上人民政府自然资源主管部门责令退还非法占用的土地，对违反土地利用总体规划擅自将农用地改为建设用地的，限期拆除在非法占用的土地上新建的建筑物和其他设施，恢复土地原状，对符合土地利用总体规划的，没收在非法占用的土地上新建的建筑物和其他设施，可以并处罚款；对非法占用土地单位的直接负责的主管人员和其他直接责任人员，依法给予处分；构成犯罪的，依法追究刑事责任。 　　超过批准的数量占用土地，多占的土地以非法占用土地论处。 　　第七十九条　无权批准征收、使用土地的单位或者个人非法批准占用土地的，超越批准权限非法批准占用土地的，不按照土地利用总体规划确定的用途批准用地的，或者违反法律规定的程序批准占用、征收土地的，其批准文件无效，对非法批准征收、使用土地的直接负责的主管人员和其他直接责任人员，依法给予处分；构成犯罪的，依法追究刑事责任。非法批准、使用的土地应当收回，有关当事人拒不归还的，以非法占用土地论处。 　　非法批准征收、使用土地，对当事人造成损失的，依法应当承担赔偿责任。 　　第八十条　侵占、挪用被征收土地单位的征地补偿费用和其他有关费用，构成犯罪的，依法追究刑事责任；尚不构成犯罪的，依法给予处分。 　　第八十四条　自然资源主管部门、农业农村主管部门的工作人员玩忽职守、滥用职权、徇私舞弊，构成犯罪的，依法追究刑事责任；尚不构成犯罪的，依法给予处分。
相关执法参考	相关法律法规（8）	《土地管理法实施条例》（节录） 　　（1998年12月27日中华人民共和国国务院令第256号发布，根据2011年1月8日《国务院关于废止和修改部分行政法规的决定》第一次修订，根据2014年7月29日《国务院关于修改部分行政法规的决定》第二次修订，2021年7月2日中华人民共和国国务院令第743号第三次修订） 　　第二条　国家建立国土空间规划体系。 　　土地开发、保护、建设活动应当坚持规划先行。经依法批准的国土空间规划是各类开发、保护、建设活动的基本依据。 　　已经编制国土空间规划的，不再编制土地利用总体规划和城乡规划。在编制国土空间规划前，经依法批准的土地利用总体规划和城乡规划继续执行。 　　第三条　国土空间规划应当细化落实国家发展规划提出的国土空间开发保护要求，统筹布局农业、生态、城镇等功能空间，划定落实永久基本农田、生态保护红线和城镇开发边界。 　　国土空间规划应当包括国土空间开发保护格局和规划用地布局、结构、用途管制要求等内容，明确耕地保有量、建设用地规模、禁止开垦的范围等要求，统筹基础设施和公共设施用地布局，综合利用地上地下空间，合理确定并严格控制新增建设用地规模，提高土地节约集约利用水平，保障土地的可持续利用。 　　第二十条　建设项目施工、地质勘查需要临时使用土地的，应当尽量不占或者少占耕地。 　　临时用地由县级以上人民政府自然资源主管部门批准，期限一般不超过二年；建设周期较长的能源、交通、水利等基础设施建设使用的临时用地，期限不超过四年；法律、行政法规另有规定的除外。 　　土地使用者应当自临时用地期满之日起一年内完成土地复垦，使其达到可供利用状态，其中占用耕地的应当恢复种植条件。 　　第二十一条　抢险救灾、疫情防控等急需使用土地的，可以先行使用土地。其中，属于临时用地的，用后应当恢复原状并交还原土地使用者使用，不再办理用地审批手续；属于永久性建设用地的，建设单位应当在不晚于应急处置工作结束六个月内申请补办建设用地审批手续。

相关法律法规(8)	**第二十二条** 具有重要生态功能的未利用地应当依法划入生态保护红线，实施严格保护。 建设项目占用国土空间规划确定的未利用地的，按照省、自治区、直辖市的规定办理。 **第六十六条** 违反本条例规定，构成犯罪的，依法追究刑事责任。 **第六十七条** 本条例自2021年9月1日起施行。
相关法律法规(9)	《农村土地承包法》（节录） （2002年8月29日第九届全国人民代表大会常务委员会第二十九次会议通过，2002年8月29日中华人民共和国主席令第七十三号公布，根据2009年8月27日第十一届全国人民代表大会常务委员会第十次会议《关于修改部分法律的决定》第一次修正，根据2018年12月29日第十三届全国人民代表大会常务委员会第七次会议《关于修改〈中华人民共和国农村土地承包法〉的决定》第二次修正） **第二条** 本法所称农村土地，是指农民集体所有和国家所有依法由农民集体使用的耕地、林地、草地，以及其他依法用于农业的土地。 **第三条** 国家实行农村土地承包经营制度。 农村土地承包采取农村集体经济组织内部的家庭承包方式，不宜采取家庭承包方式的荒山、荒沟、荒丘、荒滩等农村土地，可以采取招标、拍卖、公开协商等方式承包。 **第四条** 农村土地承包后，土地的所有权性质不变。承包地不得买卖。 **第六十二条** 违反土地管理法规，非法征收、征用、占用土地或者贪污、挪用土地征收、征用补偿费用，构成犯罪的，依法追究刑事责任；造成他人损害的，应当承担损害赔偿等责任。 **第六十五条** 国家机关及其工作人员有利用职权干涉农村土地承包经营，变更、解除承包经营合同，干涉承包经营当事人依法享有的生产经营自主权，强迫、阻碍承包经营当事人进行土地承包经营权互换、转让或者土地经营权流转等侵害土地承包经营权、土地经营权的行为，给承包经营当事人造成损失的，应当承担损害赔偿等责任；情节严重的，由上级机关或者所在单位给予直接责任人员处分；构成犯罪的，依法追究刑事责任。
相关法律法规(10)	《基本农田保护条例》（节录） （1998年12月27日国务院令第257号发布，根据2011年1月8日《国务院关于废止和修改部分行政法规的决定》修订） **第二条** 国家实行基本农田保护制度。 本条例所称基本农田，是指按照一定时期人口和社会经济发展对农产品的需求，依据土地利用总体规划确定的不得占用的耕地。 本条例所称基本农田保护区，是指为对基本农田实行特殊保护而依据土地利用总体规划和依照法定程序确定的特定保护区域。 **第三条** 基本农田保护实行全面规划、合理利用、用养结合、严格保护的方针。 **第十条** 下列耕地应当划入基本农田保护区，严格管理： （一）经国务院有关主管部门或者县级以上地方人民政府批准确定的粮、棉、油生产基地内的耕地； （二）有良好的水利与水土保持设施的耕地，正在实施改造计划以及可以改造的中、低产田； （三）蔬菜生产基地； （四）农业科研、教学试验田。 根据土地利用总体规划，铁路、公路等交通沿线，城市和村庄、集镇建设用地区周边的耕地，应当优先划入基本农田保护区；需要退耕还林、还牧、还湖的耕地，不应当划入基本农田保护区。

（相关执法参考）

相关法律法规（10）		第十七条　禁止任何单位和个人在基本农田保护区内建窑、建房、建坟、挖砂、采石、采矿、取土、堆放固体废弃物或者进行其他破坏基本农田的活动。 禁止任何单位和个人占用基本农田发展林果业和挖塘养鱼。 第十八条　禁止任何单位和个人闲置、荒芜基本农田。经国务院批准的重点建设项目占用基本农田的，满1年不使用而又可以耕种并收获的，应当由原耕种该幅基本农田的集体或者个人恢复耕种，也可以由用地单位组织耕种；1年以上未动工建设的，应当按照省、自治区、直辖市的规定缴纳闲置费；连续2年未使用的，经国务院批准，由县级以上人民政府无偿收回用地单位的土地使用权；该幅土地原为农民集体所有的，应当交由原农村集体经济组织恢复耕种，重新划入基本农田保护区。 承包经营基本农田的单位或者个人连续2年弃耕抛荒的，原发包单位应当终止承包合同，收回发包的基本农田。 第三十三条　违反本条例规定，占用基本农田建窑、建房、建坟、挖砂、采石、采矿、取土、堆放固体废弃物或从事其他活动破坏基本农田，毁坏种植条件的，由县级以上人民政府土地行政主管部门责令改正或者治理，恢复原种植条件，处占用基本农田的耕地开垦费1倍以上2倍以下的罚款；构成犯罪的，依法追究刑事责任。 第三十四条　侵占、挪用基本农田的耕地开垦费，构成犯罪的，依法追究刑事责任；尚不构成犯罪的，依法给予行政处分或者纪律处分。
相关执法参考	相关法律法规（11）	《森林法》（节录） 　　（1984年9月20日第六届全国人民代表大会常务委员会第七次会议通过，根据1998年4月29日第九届全国人民代表大会常务委员会第二次会议《关于修改〈中华人民共和国森林法〉的决定》第一次修正，根据2009年8月27日第十一届全国人民代表大会常务委员会第十次会议《关于修改部分法律的决定》第二次修正，2019年12月28日第十三届全国人民代表大会常务委员会第十五次会议修订） 　　第二条　在中华人民共和国领域内从事森林、林木的保护、培育、利用和森林、林木、林地的经营管理活动，适用本法。 　　第十四条　森林资源属于国家所有，由法律规定属于集体所有的除外。 　　国家所有的森林资源的所有权由国务院代表国家行使。国务院可以授权国务院自然资源主管部门统一履行国有森林资源所有者职责。 　　第十五条　林地和林地上的森林、林木的所有权、使用权，由不动产登记机构统一登记造册，核发证书。国务院确定的国家重点林区（以下简称重点林区）的森林、林木和林地，由国务院自然资源主管部门负责登记。 　　森林、林木、林地的所有者和使用者的合法权益受法律保护，任何组织和个人不得侵犯。 　　森林、林木、林地的所有者和使用者应当依法保护和合理利用森林、林木、林地，不得非法改变林地用途和毁坏森林、林木、林地。 　　第十六条　国家所有的林地和林地上的森林、林木可以依法确定给林业经营者使用。林业经营者依法取得的国有林地和林地上的森林、林木的使用权，经批准可以转让、出租、作价出资等。具体办法由国务院制定。 　　林业经营者应当履行保护、培育森林资源的义务，保证国有森林资源稳定增长，提高森林生态功能。 　　第十七条　集体所有和国家所有依法由农民集体使用的林地（以下简称集体林地）实行承包经营的，承包方享有林地承包经营权和承包林地上的林木所有权，合同另有约定的从其约定。承包方可以依法采取出租（转包）、入股、转让等方式流转林地经营权、林木所有权和使用权。 　　第十八条　未实行承包经营的集体林地以及林地上的林木，由农村集体经济组织统一

| 相关执法参考 | 相关法律法规(11) | 经营。经本集体经济组织成员的村民会议三分之二以上成员或者三分之二以上村民代表同意并公示，可以通过招标、拍卖、公开协商等方式依法流转林地经营权、林木所有权和使用权。
第十九条　集体林地经营权流转应当签订书面合同。林地经营权流转合同一般包括流转双方的权利义务、流转期限、流转价款及支付方式、流转期限届满林地上的林木和固定生产设施的处置、违约责任等内容。
受让方违反法律规定或者合同约定造成森林、林木、林地严重毁坏的，发包方或者承包方有权收回林地经营权。
第二十条　国有企业事业单位、机关、团体、部队营造的林木，由营造单位管护并按照国家规定支配林木收益。
农村居民在房前屋后、自留地、自留山种植的林木，归个人所有。城镇居民在自有房屋的庭院内种植的林木，归个人所有。
集体或者个人承包国家所有和集体所有的宜林荒山荒地荒滩营造的林木，归承包的集体或者个人所有；合同另有约定的从其约定。
其他组织或者个人营造的林木，依法由营造者所有并享有林木收益；合同另有约定的从其约定。
第二十一条　为了生态保护、基础设施建设等公共利益的需要，确需征收、征用林地、林木的，应当依照《中华人民共和国土地管理法》等法律、行政法规的规定办理审批手续，并给予公平、合理的补偿。
第二十二条　单位之间发生的林木、林地所有权和使用权争议，由县级以上人民政府依法处理。
个人之间、个人与单位之间发生的林木所有权和林地使用权争议，由乡镇人民政府或者县级以上人民政府依法处理。
当事人对有关人民政府的处理决定不服的，可以自接到处理决定通知之日起三十日内，向人民法院起诉。
在林木、林地权属争议解决前，除因森林防火、林业有害生物防治、国家重大基础设施建设等需要外，当事人任何一方不得砍伐有争议的林木或者改变林地现状。
第三十六条　国家保护林地，严格控制林地转为非林地，实行占用林地总量控制，确保林地保有量不减少。各类建设项目占用林地不得超过本行政区域的占用林地总量控制指标。
第三十七条　矿藏勘查、开采以及其他各类工程建设，应当不占或者少占林地；确需占用林地的，应当经县级以上人民政府林业主管部门审核同意，依法办理建设用地审批手续。
占用林地的单位应当缴纳森林植被恢复费。森林植被恢复费征收使用管理办法由国务院财政部门会同林业主管部门制定。
县级以上人民政府林业主管部门应当按照规定安排植树造林，恢复森林植被，植树造林面积不得少于因占用林地而减少的森林植被面积。上级林业主管部门应当定期督促下级林业主管部门组织植树造林、恢复森林植被，并进行检查。
第三十八条　需要临时使用林地的，应当经县级以上人民政府林业主管部门批准；临时使用林地的期限一般不超过二年，并不得在临时使用的林地上修建永久性建筑物。
临时使用林地期满后一年内，用地单位或者个人应当恢复植被和林业生产条件。
第三十九条　禁止毁林开垦、采石、采砂、采土以及其他毁坏林木和林地的行为。
禁止向林地排放重金属或者其他有毒有害物质含量超标的污水、污泥，以及可能造成林地污染的清淤底泥、尾矿、矿渣等。
禁止在幼林地砍柴、毁苗、放牧。 |

|相关执法参考|相关法律法规(11)|禁止擅自移动或者损坏森林保护标志。
第四十三条 各级人民政府应当组织各行各业和城乡居民造林绿化。
宜林荒山荒地荒滩，属于国家所有的，由县级以上人民政府林业主管部门和其他有关主管部门组织开展造林绿化；属于集体所有的，由集体经济组织组织开展造林绿化。
城市规划区内、铁路公路两侧、江河两侧、湖泊水库周围，由各有关主管部门按照有关规定因地制宜组织开展造林绿化；工矿区、工业园区、机关、学校用地，部队营区以及农场、牧场、渔场经营地区，由各该单位负责造林绿化。组织开展城市造林绿化的具体办法由国务院制定。
国家所有和集体所有的宜林荒山荒地荒滩可以由单位或者个人承包造林绿化。
第四十四条 国家鼓励公民通过植树造林、抚育管护、认建认养等方式参与造林绿化。
第四十五条 各级人民政府组织造林绿化，应当科学规划、因地制宜，优化林种、树种结构，鼓励使用乡土树种和林木良种、营造混交林，提高造林绿化质量。
国家投资或者以国家投资为主的造林绿化项目，应当按照国家规定使用林木良种。
第四十六条 各级人民政府应当采取以自然恢复为主、自然恢复和人工修复相结合的措施，科学保护修复森林生态系统。新造幼林地和其他应当封山育林的地方，由当地人民政府组织封山育林。
各级人民政府应当对国务院确定的坡耕地、严重沙化耕地、严重石漠化耕地、严重污染耕地等需要生态修复的耕地，有计划地组织实施退耕还林还草。
各级人民政府应当对自然因素等导致的荒废和受损山体、退化林地以及宜林荒山荒地荒滩，因地制宜实施森林生态修复工程，恢复植被。
第四十七条 国家根据生态保护的需要，将森林生态区位重要或者生态状况脆弱，以发挥生态效益为主要目的的林地和林地上的森林划定为公益林。未划定为公益林的林地和林地上的森林属于商品林。
第四十八条 公益林由国务院和省、自治区、直辖市人民政府划定并公布。
下列区域的林地和林地上的森林，应当划定为公益林：
（一）重要江河源头汇水区域；
（二）重要江河干流及支流两岸、饮用水水源地保护区；
（三）重要湿地和重要水库周围；
（四）森林和陆生野生动物类型的自然保护区；
（五）荒漠化和水土流失严重地区的防风固沙林基干林带；
（六）沿海防护林基干林带；
（七）未开发利用的原始林地区；
（八）需要划定的其他区域。
公益林划定涉及非国有林地的，应当与权利人签订书面协议，并给予合理补偿。
公益林进行调整的，应当经原划定机关同意，并予以公布。
国家级公益林划定和管理的办法由国务院制定；地方级公益林划定和管理的办法由省、自治区、直辖市人民政府制定。
第四十九条 国家对公益林实施严格保护。
县级以上人民政府林业主管部门应当有计划地组织公益林经营者对公益林中生态功能低下的疏林、残次林等低质低效林，采取林分改造、森林抚育等措施，提高公益林的质量和生态保护功能。
在符合公益林生态区位保护要求和不影响公益林生态功能的前提下，经科学论证，可以合理利用公益林林地资源和森林景观资源，适度开展林下经济、森林旅游等。利用公益林开展上述活动应当严格遵守国家有关规定。|

| 相关执法参考 | 相关法律法规(11) | 第五十条 国家鼓励发展下列商品林：
（一）以生产木材为主要目的的森林；
（二）以生产果品、油料、饮料、调料、工业原料和药材等林产品为主要目的的森林；
（三）以生产燃料和其他生物质能源为主要目的的森林；
（四）其他以发挥经济效益为主要目的的森林。
在保障生态安全的前提下，国家鼓励建设速生丰产、珍贵树种和大径级用材林，增加林木储备，保障木材供给安全。
第五十一条 商品林由林业经营者依法自主经营。在不破坏生态的前提下，可以采取集约化经营措施，合理利用森林、林木、林地，提高商品林经济效益。
第五十二条 在林地上修筑下列直接为林业生产经营服务的工程设施，符合国家有关部门规定的标准的，由县级以上人民政府林业主管部门批准，不需要办理建设用地审批手续；超出标准需要占用林地的，应当依法办理建设用地审批手续：
（一）培育、生产种子、苗木的设施；
（二）贮存种子、苗木、木材的设施；
（三）集材道、运材道、防火巡护道、森林步道；
（四）林业科研、科普教育设施；
（五）野生动植物保护、护林、林业有害生物防治、森林防火、木材检疫的设施；
（六）供水、供电、供热、供气、通讯基础设施；
（七）其他直接为林业生产服务的工程设施。
第七十三条 违反本法规定，未经县级以上人民政府林业主管部门审核同意，擅自改变林地用途的，由县级以上人民政府林业主管部门责令限期恢复植被和林业生产条件，可以处恢复植被和林业生产条件所需费用三倍以下的罚款。
虽经县级以上人民政府林业主管部门审核同意，但未办理建设用地审批手续擅自占用林地的，依照《中华人民共和国土地管理法》的有关规定处罚。
在临时使用的林地上修建永久性建筑物，或者临时使用林地期满后一年内未恢复植被或者林业生产条件的，依照本条第一款规定处罚。
第七十四条 违反本法规定，进行开垦、采石、采砂、采土或者其他活动，造成林木毁坏的，由县级以上人民政府林业主管部门责令停止违法行为，限期在原地或者异地补种毁坏株数一倍以上三倍以下的树木，可以处毁坏林木价值五倍以下的罚款；造成林地毁坏的，由县级以上人民政府林业主管部门责令停止违法行为，限期恢复植被和林业生产条件，可以处恢复植被和林业生产条件所需费用三倍以下的罚款。
违反本法规定，在幼林地砍柴、毁苗、放牧造成林木毁坏的，由县级以上人民政府林业主管部门责令停止违法行为，限期在原地或者异地补种毁坏株数一倍以上三倍以下的树木。
向林地排放重金属或者其他有毒有害物质含量超标的污水、污泥，以及可能造成林地污染的清淤底泥、尾矿、矿渣等的，依照《中华人民共和国土壤污染防治法》的有关规定处罚。
第八十三条 本法下列用语的含义是：
（一）森林，包括乔木林、竹林和国家特别规定的灌木林。按照用途可以分为防护林、特种用途林、用材林、经济林和能源林。
（二）林木，包括树木和竹子。
（三）林地，是指县级以上人民政府规划确定的用于发展林业的土地。包括郁闭度0.2 以上的乔木林地以及竹林地、灌木林地、疏林地、采伐迹地、火烧迹地、未成林造林地、苗圃地等。
第八十四条 本法自 2020 年 7 月 1 日起施行。 |

相关执法参考	相关法律法规（12）	《森林法实施条例》（节录） （2000年1月29日国务院令第278号发布，根据2011年1月8日《国务院关于废止和修改部分行政法规的决定》第一次修正，根据2016年2月6日《国务院关于修改部分行政法规的决定》（国务院令第666号）第二次修正，根据2018年3月19日《国务院关于修改和废止部分行政法规的决定》第三次修正） 第二条　森林资源，包括森林、林木、林地以及依托森林、林木、林地生存的野生动物、植物和微生物。 森林，包括乔木林和竹林。 林木，包括树木和竹子。 林地，包括郁闭度0.2以上的乔木林地以及竹林地、灌木林地、疏林地、采伐迹地、火烧迹地、未成林造林地、苗圃地和县级以上人民政府规划的宜林地。 第三条　国家依法实行森林、林木和林地登记发证制度。依法登记的森林、林木和林地的所有权、使用权受法律保护，任何单位和个人不得侵犯。 森林、林木和林地的权属证书式样由国务院林业主管部门规定。 第四条　依法使用的国家所有的森林、林木和林地，按照下列规定登记： （一）使用国务院确定的国家所有的重点林区（以下简称重点林区）的森林、林木和林地的单位，应当向国务院林业主管部门提出登记申请，由国务院林业主管部门登记造册，核发证书，确认森林、林木和林地使用权以及由使用者所有的林木所有权； （二）使用国家所有的跨行政区域的森林、林木和林地的单位和个人，应当向共同的上一级人民政府林业主管部门提出登记申请，由该人民政府登记造册，核发证书，确认森林、林木和林地使用权以及由使用者所有的林木所有权； （三）使用国家所有的其他森林、林木和林地的单位和个人，应当向县级以上地方人民政府林业主管部门提出登记申请，由县级以上地方人民政府登记造册，核发证书，确认森林、林木和林地使用权以及由使用者所有的林木所有权。 未确定使用权的国家所有的森林、林木和林地，由县级以上人民政府登记造册，负责保护管理。 第五条　集体所有的森林、林木和林地，由所有者向所在地的县级人民政府林业主管部门提出登记申请，由该县级人民政府登记造册，核发证书，确认所有权。 单位和个人所有的林木，由所有者向所在地的县级人民政府林业主管部门提出登记申请，由该县级人民政府登记造册，核发证书，确认林木所有权。 使用集体所有的森林、林木和林地的单位和个人，应当向所在地的县级人民政府林业主管部门提出登记申请，由该县级人民政府登记造册，核发证书，确认森林、林木和林地使用权。 第六条　改变森林、林木和林地所有权、使用权的，应当依法办理变更登记手续。 第七条　县级以上人民政府林业主管部门应当建立森林、林木和林地权属管理档案。 第八条　国家重点防护林和特种用途林，由国务院林业主管部门提出意见，报国务院批准公布；地方重点防护林和特种用途林，由省、自治区、直辖市人民政府林业主管部门提出意见，报本级人民政府批准公布；其他防护林、用材林、特种用途林以及经济林、薪炭林，由县级人民政府林业主管部门根据国家关于林种划分的规定和本级人民政府的部署组织划定，报本级人民政府批准公布。 省、自治区、直辖市行政区域内的重点防护林和特种用途林的面积，不得少于本行政区域森林总面积的30%。 经批准公布的林种改变为其他林种的，应当报原批准公布机关批准。 第十五条　国家依法保护森林、林木和林地经营者的合法权益。任何单位和个人不得侵占经营者依法所有的林木和使用的林地。

相关执法参考	相关法律法规（12）	用材林、经济林和薪炭林的经营者，依法享有经营权、收益权和其他合法权益。防护林和特种用途林的经营者，有获得森林生态效益补偿的权利。 第十六条　勘查、开采矿藏和修建道路、水利、电力、通讯等工程，需要占用或者征收、征用林地的，必须遵守下列规定： （一）用地单位应当向县级以上人民政府林业主管部门提出用地申请，经审核同意后，按照国家规定的标准预交森林植被恢复费，领取使用林地审核同意书。用地单位凭使用林地审核同意书依法办理建设用地审批手续。占用或者征收、征用林地未经林业主管部门审核同意的，土地行政主管部门不得受理建设用地申请。 （二）占用或者征收、征用防护林林地或者特种用途林林地面积 10 公顷以上的，用材林、经济林、薪炭林林地及其采伐迹地面积 35 公顷以上的，其他林地面积 70 公顷以上的，由国务院林业主管部门审核；占用或者征收、征用林地面积低于上述规定数量的，由省、自治区、直辖市人民政府林业主管部门审核。占用或者征收、征用重点林区的林地的，由国务院林业主管部门审核。 （三）用地单位需要采伐已经批准占用或者征收、征用的林地上的林木时，应当向林地所在地的县级以上地方人民政府林业主管部门或者国务院林业主管部门申请林木采伐许可证。 （四）占用或者征收、征用林地未被批准的，有关林业主管部门应当自接到不予批准通知之日起 7 日内将收取的森林植被恢复费如数退还。 第十七条　需要临时占用林地的，应当经县级以上人民政府林业主管部门批准。 临时占用林地的期限不得超过两年，并不得在临时占用的林地上修筑永久性建筑物；占用期满后，用地单位必须恢复林业生产条件。 第十八条　森林经营单位在所经营的林地范围内修筑直接为林业生产服务的工程设施，需要占用林地的，由县级以上人民政府林业主管部门批准；修筑其他工程设施，需要将林地转为非林业建设用地的，必须依法办理建设用地审批手续。 前款所称直接为林业生产服务的工程设施是指： （一）培育、生产种子、苗木的设施； （二）贮存种子、苗木、木材的设施； （三）集材道、运材道； （四）林业科研、试验、示范基地； （五）野生动植物保护、护林、森林病虫害防治、森林防火、木材检疫的设施； （六）供水、供电、供热、供气、通讯基础设施。 第二十一条　禁止毁林开垦、毁林采种和违反操作技术规程采脂、挖笋、掘根、剥树皮及过度修枝的毁林行为。 第二十二条　25 度以上的坡地应当用于植树、种草。25 度以上的坡耕地应当按照当地人民政府制定的规划，逐步退耕，植树和种草。 第四十一条　违反本条例规定，毁林采种或者违反操作技术规程采脂、挖笋、掘根、剥树皮及过度修枝，致使森林、林木受到毁坏的，依法赔偿损失，由县级以上人民政府林业主管部门责令停止违法行为，补种毁坏株数 1 倍至 3 倍的树木，可以处毁坏林木价值 1 倍至 5 倍的罚款；拒不补种树木或者补种不符合国家有关规定的，由县级以上人民政府林业主管部门组织代为补种，所需费用由违法者支付。 违反森林法和本条例规定，擅自开垦林地，致使森林、林木受到毁坏的，依照森林法第四十四条的规定予以处罚；对森林、林木未造成毁坏或者被开垦的林地上没有森林、林木的，由县级以上人民政府林业主管部门责令停止违法行为，限期恢复原状，可以处非法开垦林地每平方米 10 元以下的罚款。 第四十三条　未经县级以上人民政府林业主管部门审核同意，擅自改变林地用途的，

相关执法参考	相关法律法规（12）	由县级以上人民政府林业主管部门责令限期恢复原状，并处非法改变用途林地每平方米10元至30元的罚款。 临时占用林地，逾期不归还的，依照前款规定处罚。 **第四十六条** 违反本条例规定，未经批准，擅自将防护林和特种用途林改变为其他林种的，由县级以上人民政府林业主管部门收回经营者所获取的森林生态效益补偿，并处所获取森林生态效益补偿3倍以下的罚款。
	相关法律法规（13）	《草原法》（节录） （1985年6月18日第六届全国人民代表大会常务委员会第十一次会议通过，2002年12月28日第九届全国人民代表大会常务委员会第三十一次会议修订，根据2009年8月27日第十一届全国人民代表大会常务委员会第十次会议《关于修改部分法律的决定》第一次修正，根据2013年6月29日第十二届全国人民代表大会常务委员会第三次会议《关于修改〈中华人民共和国文物保护法〉等十二部法律的决定》第二次修正，根据2021年4月29日第十三届全国人民代表大会常务委员会第二十八次会议《关于修改〈中华人民共和国道路交通安全法〉等八部法律的决定》第三次修正） **第六十一条** 草原行政主管部门工作人员及其他国家机关有关工作人员玩忽职守、滥用职权，不依法履行监督管理职责，或者发现违法行为不予查处，造成严重后果，构成犯罪的，依法追究刑事责任；尚不够刑事处罚的，依法给予行政处分。 **第六十二条** 截留、挪用草原改良、人工种草和草种生产资金或者草原植被恢复费，构成犯罪的，依法追究刑事责任；尚不够刑事处罚的，依法给予行政处分。 **第六十三条** 无权批准征收、征用、使用草原的单位或者个人非法批准征收、征用、使用草原的，超越批准权限非法批准征收、征用、使用草原的，或者违反法律规定的程序批准征收、征用、使用草原，构成犯罪的，依法追究刑事责任；尚不够刑事处罚的，依法给予行政处分。非法批准征收、征用、使用草原的文件无效。非法批准征收、征用、使用的草原应当收回，当事人拒不归还的，以非法使用草原论处。 非法批准征收、征用、使用草原，给当事人造成损失的，依法承担赔偿责任。 **第六十四条** 买卖或者以其他形式非法转让草原，构成犯罪的，依法追究刑事责任；尚不够刑事处罚的，由县级以上人民政府草原行政主管部门依据职权责令限期改正，没收违法所得，并处违法所得一倍以上五倍以下的罚款。 **第六十五条** 未经批准或者采取欺骗手段骗取批准，非法使用草原，构成犯罪的，依法追究刑事责任；尚不够刑事处罚的，由县级以上人民政府草原行政主管部门依据职权责令退还非法使用的草原，对违反草原保护、建设、利用规划擅自将草原改为建设用地的，限期拆除在非法使用的草原上新建的建筑物和其他设施，恢复草原植被，并处草原被非法使用前三年平均产值六倍以上十二倍以下的罚款。 **第六十六条** 非法开垦草原，构成犯罪的，依法追究刑事责任；尚不够刑事处罚的，由县级以上人民政府草原行政主管部门依据职权责令停止违法行为，限期恢复植被，没收非法财物和违法所得，并处违法所得一倍以上五倍以下的罚款；没有违法所得的，并处五万元以下的罚款；给草原所有者或者使用者造成损失的，依法承担赔偿责任。 **第六十七条** 在荒漠、半荒漠和严重退化、沙化、盐碱化、石漠化、水土流失的草原，以及生态脆弱区的草原上采挖植物或者从事破坏草原植被的其他活动的，由县级以上地方人民政府草原行政主管部门依据职权责令停止违法行为，没收非法财物和违法所得，可以并处违法所得一倍以上五倍以下的罚款；没有违法所得的，可以并处五万元以下的罚款；给草原所有者或者使用者造成损失的，依法承担赔偿责任。 **第六十八条** 未经批准或者未按照规定的时间、区域和采挖方式在草原上进行采土、采砂、采石等活动的，由县级人民政府草原主管部门责令停止违法行为，限期恢复植被，没收非法财物和违法所得，可以并处违法所得一倍以上二倍以下的罚款；没有违法所

相关执法参考	相关法律法规(13)	得的，可以并处二万元以下的罚款；给草原所有者或者使用者造成损失的，依法承担赔偿责任。 第六十九条 违反本法第五十二条规定，在草原上开展经营性旅游活动，破坏草原植被的，由县级以上地方人民政府草原行政主管部门依据职权责令停止违法行为，限期恢复植被，没收违法所得，可以并处违法所得一倍以上二倍以下的罚款；没有违法所得的，可以并处草原被破坏前三年平均产值六倍以上十二倍以下的罚款；给草原所有者或者使用者造成损失的，依法承担赔偿责任。 第七十条 非抢险救灾和牧民搬迁的机动车辆离开道路在草原上行驶，或者从事地质勘探、科学考察等活动，未事先向所在地县级人民政府草原行政主管部门报告或者未按照报告的行驶区域和行驶路线在草原上行驶，破坏草原植被的，由县级人民政府草原行政主管部门责令停止违法行为，限期恢复植被，可以并处草原被破坏前三年平均产值三倍以上九倍以下的罚款；给草原所有者或者使用者造成损失的，依法承担赔偿责任。 第七十一条 在临时占用的草原上修建永久性建筑物、构筑物的，由县级以上地方人民政府草原行政主管部门依据职权责令限期拆除；逾期不拆除的，依法强制拆除，所需费用由违法者承担。 临时占用草原，占用期届满，用地单位不予恢复草原植被的，由县级以上地方人民政府草原行政主管部门依据职权责令限期恢复；逾期不恢复的，由县级以上地方人民政府草原行政主管部门代为恢复，所需费用由违法者承担。 第七十二条 未经批准，擅自改变草原保护、建设、利用规划的，由县级以上人民政府责令限期改正；对直接负责的主管人员和其他直接责任人员，依法给予行政处分。 第七十三条 对违反本法有关草畜平衡制度的规定，牲畜饲养量超过县级以上地方人民政府草原行政主管部门核定的草原载畜量标准的纠正或者处罚措施，由省、自治区、直辖市人民代表大会或者其常务委员会规定。 第七十四条 本法第二条第二款中所称的天然草原包括草地、草山和草坡，人工草地包括改良草地和退耕还草地，不包括城镇草地。 第七十五条 本法自2003年3月1日起施行。

二十九、破坏自然保护地罪

罪名	破坏自然保护地罪（《刑法》第342条之一）
概念	破坏自然保护地罪，是指违反自然保护地管理法规，在国家公园、国家级自然保护区进行开垦、开发活动或者修建建筑物，造成严重后果或者有其他恶劣情节的行为。

| 犯罪构成 | 客体 | 本罪侵犯的客体是复杂客体，即国家对自然保护地的管理制度和国家公园、国家级自然保护区的生态安全。为了保护自然保护地和国家公园、国家级自然保护区，维护生态环境，国家颁布了《自然保护区条例》、《国家级森林公园管理办法》、《风景名胜区条例》、《在国家级自然保护区修筑设施审批管理暂行办法》等法规。在自然保护地内从事违建项目的行为，进行开垦、开发活动或者修建建筑物等行为，违反自然保护地管理法规，对我国自然保护地生态环境造成了极大破坏，必然侵犯国家对自然保护地的保护管理制度和国家公园、国家级自然保护区的生态安全。
本罪的行为对象是自然保护地，包括两类内容，即国家公园和国家级自然保护区。也就是说，本罪的行为对象仅限于国家公园和国家级自然保护区，而地方级自然保护区和自然公园则不属于本罪行为对象范畴。所谓自然保护地，是指各级政府依法划定或者确认，对重要的自然生态系统、自然遗迹、自然景观及其所承载的自然资源、生态功能和文化价值实施长期保护的陆域或海域。根据建设自然保护地的工作规划，按照自然生态系统原真性、整体性、系统性及其内在规律，依据管理目标与效能并借鉴国际经验，自然保护地按生态价值和保护强度高低依次分为国家公园、自然保护区、自然公园三类。其中国家公园和国家级自然保护区正是本罪的对象范畴，属于三类自然保护地中生态价值和保护强度高的前两类。应当注意的是，根据法律规定，自然公园不属于本罪行为对象范畴。所谓自然公园，是指保护重要的自然生态系统、自然遗迹和自然景观，具有生态、观赏、文化和科学价值，可持续利用的区域。划定自然公园的目的在于，确保森林、海洋、湿地、水域、冰川、草原、生物等珍贵自然资源，以及所承载的景观、地质地貌和文化多样性得到有效保护。自然公园包括森林公园、地质公园、海洋公园、湿地公园等各类自然公园。具体内容阐述如下：
第一类：国家公园。国家公园是指以保护具有国家代表性的自然生态系统完整性为主要目的，为实现自然资源科学保护和为生态旅游、科学研究、环境教育提供场所等合理利用而划定的需要特殊保护和管理的特定陆域或者海域等自然区域。例如，2005年香格里拉普达措国家公园开始规划建设，2007年6月21日揭牌，宣告中国第一个国家公园正式挂牌成立。2008年6月6日中国国家林业局批准云南为国家公园建设试点省。2008年10月8日由中国环境保护部和国家旅游局正式宣布试点建设中国第一个国家公园试点单位——黑龙江汤旺河国家公园。目前，由于国家公园法正在起草制定过程中，因此还没有明确的国家公园的法律概念。但依照2017年9月26日中共中央办公厅、国务院办公厅《建立国家公园体制总体方案》规定，国家公园，是指由国家批准设立并主导管理，边界清晰，以保护具有国家代表性的大面积自然生态系统为主要目的，实现自然资源科学保护和合理利用的特定陆地或海洋区域。可见，国家公园是我国自然生态系统中最重要、自然景观最独特、自然遗产最精华、生物多样性最富集的部分，保护范围大，生态过程完整，具有全球价值、国家象征，国民认同度高。2021年10月，我国正式设立首批5个国家公园，包括三江源、大熊猫、东北虎豹、海南热带雨林、武夷山等国家公园。具体内容为：（1）三江源国家公园。我国首个国家公园体制试点，作为中国面积最大的国家公园，总 |

| 犯罪构成 | 客体 | 面积达 19.07 万平方公里，平均海拔在 4000 米以上，藏羚羊数量由 20 世纪 80 年代的不足 20000 只恢复到现在的 70000 多只。2019 年，三江源国家公园完成了国家公园范围和功能分区优化，将长江正源格拉丹东和当曲区域、黄河源约古宗列区域纳入国家公园范围，区划总面积由 12.31 万平方公里增加到 19.07 万平方公里，实现三江源头整体保护。（2）大熊猫国家公园。大熊猫国家公园（四川片区）恢复栖息地植被、建设大熊猫廊道等 8.4 万亩。园方对重大项目、民生项目进入国家公园开展生态影响评价和专家论证，实施最严格保护。整个大熊猫国家公园将原来分属不同部门、不同行政区域的 69 个自然保护地连为一体，改善了自然生态系统的连通性，3 个局域种群的大熊猫达到 1340 只。具体而言，大熊猫国家公园整合了原来 69 个自然保护地，以前这些自然保护地，分属 3 个省、10 个州市，30 多个县在管理，现在全部交给大熊猫国家公园管理局进行管理。对核心区实行重点保护，对一般控制区实行限制性保护，做好政策的调配。（3）东北虎豹国家公园。新增东北虎幼虎 10 只、种群数量达到 50 只以上，新增东北豹幼豹 7 只，种群数量达到 60 只以上，东北虎幼崽存活率从试点初期的 33% 提升到目前的 50% 以上。（4）海南热带雨林国家公园。新添了 2 只海南长臂猿婴猿，种群数量达到 5 群 35 只。此外，海南热带雨林国家公园还通过整合 20 个自然保护地，打通了自然保护地之间的生态廊道，解决了人为割裂、保护空缺等问题。通过人工促进修复受损天然林及受干扰次生林，雨林生态系统逐步得到恢复。（5）武夷山国家公园。武夷山国家公园福建片区外围边界线 660 公里、内部核心保护区边界线 430 公里，计划设置 2660 个定标点，同时，武夷山国家公园将江西武夷山国家级自然保护区划入国家公园范围，实现武夷山生态系统的完整性保护。以上 5 个国家公园，总保护面积达 23 万平方公里，涵盖了我国陆域 30% 的国家重点保护野生动植物种类。

第二类：国家级自然保护区。国家级自然保护区属于自然保护区中的国家级别的自然保护区。自然保护区分为国家级自然保护区和地方级自然保护区。根据《自然保护区条例》第 2 条规定，自然保护区，是指对有代表性的自然生态系统、珍稀濒危野生动植物物种的天然集中分布区、有特殊意义的自然遗迹等保护对象所在的陆地、陆地水体或者海域，依法划出一定面积予以特殊保护和管理的区域。通常自然保护区包括有保护典型的自然生态系统、珍稀濒危野生动植物的天然集中分布区，有特殊意义的自然遗迹的区域，有较大面积，确保主要保护对象安全，维持和恢复珍稀濒危野生动植物种群数量及赖以生存的栖息环境。在国内外有典型意义、在科学上有重大国际影响或者有特殊科学研究价值的自然保护区，列为国家级自然保护区。根据第 16 条规定，自然保护区所在地地名加"国家级自然保护区"就具有国家级自然保护区的受法律保护的地位。根据第 18 条规定，自然保护区可以分为核心区、缓冲区和实验区。自然保护区内保存完好的天然状态的生态系统以及珍稀、濒危动植物的集中分布地，应当划为核心区，禁止任何单位和个人进入；除依照本条例第二十七条的规定经批准外，也不允许进入从事科学研究活动。核心区外围可以划定一定面积的缓冲区，只准进入从事科学研究观测活动。缓冲区外围划为实验区，可以进入从事科学试验、教学实习、参观考察、旅游以及驯化、繁殖珍稀、濒危野生动植物等活动。原批准建立自然保护区的人民政府认为必要时，可以在自然保护区的外围划定一定面积的外围保护地带。目前，我国已建立 2740 处自然保护区，总面积达 147 万平方公里。其中，国家级自然保护区 446 处，总面积达 97 万平方公里（地方级自然保护区 2294 处，总面积达 50 万平方公里）。

目前，全国已建成三江源、大熊猫、东北虎豹、湖北神农架、钱江源、南山、武夷山、长城、普达措和祁连山 10 处国家公园体制试点。 |
| | 客观方面 | 本罪在客观方面表现为行为人违反自然保护地管理法规，在国家公园、国家级自然保护区进行开垦、开发活动或者修建建筑物，造成严重后果或者有其他恶劣情节的行为。包括两点： |

犯罪构成	客观方面	1. 本罪在客观方面属于法定犯范畴。首先，相关行为具有行政违法性，表现为行为人违反自然保护地管理法规，在国家公园、国家级自然保护区实施进行开垦、开发活动或者修建建筑物等违反自然保护地管理法规的行为。自然保护地管理法规，主要包括《环境保护法》、《自然保护区条例》和国家公园方面的管理法规（《风景名胜区条例》在一定意义上属于实质上的国家公园法，但严格来讲，我国对国家公园尚未有专门的立法，仅有中共中央办公厅、国务院办公厅《建立国家公园体制总体方案》的规定，《国家公园法》被第十三届全国人大党委会列入二类立法规划）。例如，《环境保护法》第29条规定，国家在重点生态功能区、生态环境敏感区和脆弱区等区域划定生态保护红线，实行严格保护。各级人民政府对具有代表性的各种类型的自然生态系统区域，珍稀、濒危的野生动植物自然分布区域，重要的水源涵养区域，具有重大科学文化价值的地质构造、著名溶洞和化石分布区、冰川、火山、温泉等自然遗迹，以及人文遗迹、古树名木，应当采取措施予以保护，严禁破坏。《自然保护区条例》第26条规定，禁止在自然保护区内进行砍伐、放牧、狩猎、捕捞、采药、开垦、烧荒、开矿、采石、挖沙等活动；但是，法律、行政法规另有规定的除外。第28条规定，禁止在自然保护区的缓冲区开展旅游和生产经营活动。因教学科研的目的，需要进入自然保护区的缓冲区从事非破坏性的科学研究、教学实习和标本采集活动的，应当事先向自然保护区管理机构提交申请和活动计划，经自然保护区管理机构批准。第32条规定，在自然保护区的核心区和缓冲区内，不得建设任何生产设施。在自然保护区的实验区内，不得建设污染环境、破坏资源或者景观的生产设施；建设其他项目，其污染物排放不得超过国家和地方规定的污染物排放标准。在自然保护区的实验区内已经建成的设施，其污染物排放超过国家和地方的排放标准的，应当限期治理；造成损害的，必须采取补救措施。在自然保护区的外围保护地带建设的项目，不得损害自然保护区内的环境质量；已造成损害的，应当限期治理。再如，《风景名胜区条例》第26条规定，在风景名胜区内禁止进行下列活动：开山、采石、开矿、开荒、修坟立碑等破坏景观、植被和地形地貌的活动；修建储存爆炸性、易燃性、放射性、毒害性、腐蚀性物品的设施；在景物或者设施上刻划、涂污、乱扔垃圾。第27条规定，禁止违反风景名胜区规划，在风景名胜区内设立各类开发区和在核心景区内建设宾馆、招待所、培训中心、疗养院以及与风景名胜资源保护无关的其他建筑物；已经建设的，应当按照风景名胜区规划，逐步迁出。 根据《在国家级自然保护区修筑设施审批管理暂行办法》第3条规定，在国家级自然保护区修筑设施，应当经国家林业局审查批准。第4条规定，严格限制在国家级自然保护区修筑设施。必须修筑设施的，应当严格控制建设区域、面积和方式，并采取有效措施保护生态环境，确保不对主要保护对象产生重大影响，确保不改变自然生态系统基本特征和结构完整性，最大限度减少对国家级自然保护区的不利影响。禁止在国家级自然保护区修筑以下设施：（1）光伏发电、风力发电、火力发电等项目的设施；（2）高尔夫球场开发、房地产开发、会所建设等项目的设施；（3）社会资金进行商业性探矿勘查，以及不属于国家紧缺矿种资源的基础地质调查和矿产公益性远景调查的设施；（4）污染环境、破坏自然资源或者自然景观的设施；（5）国家禁止修筑的其他设施。 其次，本罪的行为方式也并非任何破坏自然保护地的行为，而是禁止在国家公园、国家级自然保护区进行开垦、开发活动，或者修建建筑物的行为，其他类型的破坏行为并不构成本罪。具体的行为方式有三种类型：开垦行为、进行开发活动和修建建筑物。（1）开垦行为，是指对国家公园、国家级自然保护区内的未利用土地，通过采取工程、生物或者其他措施改变原土地生态状态变为种植粮食作物、经济作物等农田生产或者林木、放牧等农业生产行为。（2）开发活动，是指将国家公园、国家级自然保护区内的未利用土地，通过采取工程、生物或者其他措施，变为可利用目的之活动，主要包括以荒地、林木、水域等自然资源为对象的改造利用等行为，既包括生产经营行为，也包括科学研究、科学

犯罪构成	客观方面	实验等行为。通常表现为修路、采伐林木、挖土、挖沙、开矿、采矿、采石、采砂、放牧、捕猎、捕捞、采药等行为。（3）修建建筑物行为，是指在国家公园、国家级自然保护区内的未利用土地实施修造建筑物活动，主要包括建造住房、厂房等房屋或者其他人工建筑物等行为。建筑物既包括供人们居住、生活、学习或者其他空间场所，也包括不具备居住功能的水塔、各类池地等其他人工建筑物。 2. 本罪属于结果犯或者情节犯，即行为人违反自然保护地管理法规，在国家公园、国家级自然保护区进行开垦、开发活动或者修建建筑物行为，必须达到造成严重后果或者有其他恶劣情节的程度，才能构成犯罪。所谓造成严重后果，主要表现为开垦行为、进行开发活动和修建建筑物占用自然保护地达到一定的面积，造成难以恢复的破坏，导致自然保护地内的森林、其他林木、幼苗、野生动物死亡，对自然保护地的修复费用达到一定数额或者造成经济损失，多次或者长期实施开垦、开发或者修建建筑物等情况。所谓其他恶劣情节，主要表现为违法所得或者经营规模达到一定规模或者数额，在自然保护地内禁止人为活动的核心区内从事开垦、开发或者修建建筑物等情形。 例如，2005年五六月份，被告人支某提议在秦岭山脚下建个小院子，盖几间房，作为休闲场所，被告人陈某同意。2005年7月，被告人陈某、支某与兴某某一起在秦岭山周边寻找，后在户县（现为鄠邑区）石井镇××组看中一块土地，找到时任××镇××村××组长王某某，王某某带陈某、支某、兴某某见到时任石井镇蔡家坡村党支部书记、村委会主任韩某某，告知租赁土地事宜。2005年8月5日，被告人支某以其个人名义与户县××镇×××村××组签订了一份《土地租赁合同》，该合同约定将该组15亩土地租赁给支某，租赁土地用途为园林绿化、盆景、栽培或其他经营活动（无污染、无噪声），在不违反国家相关规定，不影响村民正常生活的前提下，承租方根据自身发展的需要，在租赁区域范围内决定土地用途，出租方不得干涉、阻挠和破坏。2005年底，被告人陈某、支某在该宗土地上圈建围墙，2006年初动工建设，由陈某决定重大事项并向支某提供前期建设资金，让支某负责具体建设事宜。经陈某同意后，支某找西安建筑科技大学的学生设计图纸，由支某负责找当地村民和建筑队修建。2006年，被告人陈某知道盛赛尔公司有装修工程要对外承包，遂与支某商议，由支某注册成立陕西秦悦贸易有限公司（以下简称秦悦公司）承揽陈某所任职的盛赛尔公司的装修工程，赚取的利润投入别墅修建中。之后，陈某、支某分别代表盛赛尔公司和秦悦公司签订合同，并将赚取的100余万元利润用于涉案建筑物及其附属设施修建。2006年9-10月陆续完成房屋建设，屋顶修缮，鱼塘、道路硬化等附属设施建设，到2008年涉案建筑物（别墅）建成。西安市国土资源局鄠邑分局2018年10月4日作出《关于支某非法占地性质的认定书》。经西安市国地资源局鄠邑分局2018年10月2日初步鉴定，西安市国土资源局2018年10月3日作出市国土发〔2018〕332号《关于鄠邑区石井镇蔡家坡村一宗耕地破坏程度的鉴定意见》，该宗土地为基本农田保护区，宗地上建造物占用、修建鱼塘等，属在耕地上建筑占用、修建鱼塘破坏类型，该宗土地整理和复垦难度大，属于对耕地种植条件的严重毁坏。2018年9月底，该违建别墅已被政府拆除。法院认为，被告人陈某、支某的行为构成非法占用农用地罪，二被告人系共同犯罪，被告人陈某为本案主犯，被告人支某为本案从犯，应按照二被告人在共同犯罪中的不同地位和作用，分别依法定罪量刑。法院判决，陈某犯非法占用农用地罪，判处有期徒刑1年，缓刑1年6个月，并处罚金人民币280000元；支某犯非法占用农用地罪，判处有期徒刑8个月，缓刑1年，并处罚金人民币230000元。本案是轰动一时的"秦岭违建"系列案件中的一起，由于被告人的行为属于非法占用农用地行为，因而被以非法占有农用地罪定罪处罚。在《刑法修正案（十一）》施行后，如果秦岭及周边地区纳入国家公园，那么，类似行为就有可能按照破坏自然保护地罪来定罪处罚。
	主体	本罪的主体是一般主体，既包括已满16周岁以上具有刑事责任能力的自然人，也包括单位主体。

犯罪构成	主观方面	本罪在主观方面表现为故意，即行为人明知自己实施的违反自然保护地管理法规，在国家公园、国家级自然保护区进行开垦、开发活动或者修建建筑物的行为，会造成严重后果或者造成其他恶劣影响而仍希望或者放任发生的心理态度。
认定标准	刑罚标准	犯本罪的，处5年以下有期徒刑或者拘役，并处或者单处罚金。
	此罪与违法行为的区别	区分本罪与非罪的界限需要注意以下两点： 1. 如果行为人具有违反自然保护地管理法规，在国家公园、国家级自然保护区进行开垦、开发活动或者修建建筑物，造成严重后果或者有其他恶劣情节的行为，符合其他条件的就可构成本罪。因此。如果是经过批准的符合法律规定的行为，如在自然保护地内为休憩、观光、科教、调查等设置的座椅、临时休息场所的，则属于对自然保护地的合理利用性质，属于非罪的合法合理范畴。另外，本罪的行为对象是"国家公园"和"国家级自然保护区"。因此，在各类自然公园进行开垦、开发活动或修筑建筑物的，不成立本罪。另外，根据《自然保护区条例》第11条第1款的规定，自然保护区分为国家级自然保护区和地方级自然保护区，可见，在地方级自然保护区违反有关规定进行开垦、开发活动或修筑建筑物的，也不能成立本罪，只属于一般违法性质。 2. 对于历史遗留原因在自然保护地内居住生活的居民，进行生活所需的开垦、开发活动以及修建建筑物的活动，不宜作为犯罪看待。由于历史遗留问题，我国很多自然保护地，包括国家公园、自然保护区内都有居民生活。《中共中央办公厅、国务院办公厅关于建立以国家公园为主体的自然保护地体系的指导意见》规定："分类有序解决历史遗留问题。对自然保护地进行科学评估，将保护价值低的建制城镇、村屯或人口密集区域、社区民生设施等调整出自然保护地范围。结合精准扶贫、生态扶贫，核心保护区内原住居民应实施有序搬迁，对暂时不能搬迁的，可以设立过渡期，允许开展必要的、基本的生产活动，但不能再扩大发展。依法清理整治探矿采矿、水电开发、工业建设等项目，通过分类处置方式有序退出；根据历史沿革与保护需要，依法依规对自然保护地内的耕地实施退田还林还草还湖还湿。"另外，根据《在国家级自然保护区修筑设施审批管理暂行办法》第13条规定，国家级自然保护区实验区居民，在遵守国家级自然保护区有关规定和不破坏自然资源、生态环境的前提下，在固定生产生活活动范围内修筑必要的种植、养殖和生活用房设施的，应当在修筑设施前向所在地国家级自然保护区管理机构报告，并接受指导和监督，国家林业局不再审批。因此，对于上述行为均不宜作为犯罪处理。
	本罪罪数的认定	如果行为人实施了破坏自然保护地的行为，在构成破坏自然保护地罪的同时，又构成其他犯罪的，属于一个行为同时触犯数个罪名的想象竞合犯，应当依法按照处罚较重的规定来定罪处罚。对于在自然保护地进行开垦、开发活动和修建建筑物过程中，可能会对自然保护地内的生态环境各种载体进行破坏，比如，行为人在国家公园、国家级自然保护区未取得采矿许可证而擅自采矿，那么就有可能同时构成刑法第343条规定的非法采矿罪；如果行为人的开垦、开发活动或者修建建筑物的行为，同时实施非法猎捕、杀害珍贵、濒危野生动物行为，还构成刑法第341条规定的非法猎捕、杀害珍贵、濒危野生动物罪，或者实施非法采伐、毁坏珍贵树木或者国家重点保护的其他植物的，也可能成立刑法第344条规定的非法采伐、毁坏国家重点保护植物罪；还有，行为人如果在国家公园、国家级自然保护区进行开垦、开发活动或者修建建筑物的过程中，还进行盗伐森林或者其他林木，还可能同时构成刑法第345条规定的盗伐林木罪等。如果上述行为对整体环境造成严重污染或者破坏，甚至发生造成财产损失或者人身伤亡的环境事故的，还可能构成污染环境罪。对于上述想象竞合犯，应当择一重罪定罪处罚，不能进行数罪并罚。

认定标准	此罪与彼罪的区别	本罪与非法占用农用地罪的区别。 非法占用农用地罪，是指违反土地管理法规，非法占用、林地等农用地，改变被占用土地用途，数量较大，造成耕地、林地等农用地大量毁坏的行为。两罪的主要区别在于： 1. 犯罪客体不同。本罪侵犯的客体是复杂客体，即国家对自然保护地的管理制度和国家公园、国家级自然保护区的生态安全。后罪侵犯的客体是单一客体，即国家保护农用地的管理制度。 2. 犯罪客观方面具体表现和要求不同。本罪属于结果犯或者情节犯，在客观方面表现为违反自然保护地管理法规，在国家公园、国家级自然保护区进行开垦、开发活动或者修建建筑物等行为，要求造成严重后果或者有其他恶劣情节等结果；后罪属于数额犯兼结果犯，在客观方面表现为违反土地管理法规，非法占用、林地等农用地，改变被占用土地用途，数量较大等行为，要求造成耕地、林地等农用地大量毁坏等结果。 3. 犯罪主观方面不同。本罪在主观方面表现为故意，包括直接故意和间接故意，不需要任何非法目的的条件要求；后罪在主观方面只能表现为直接故意，并且要求行为人必须具有特定的非法目的，即非法占用耕地、林地等农用地的特定目的。
相关执法参考	刑法	中华人民共和国刑法（节录） （1979年7月1日第五届全国人民代表大会第二次会议通过　1997年3月14日第八届全国人民代表大会第五次会议修订，已先后被1999年12月25日《中华人民共和国刑法修正案》、2001年8月31日《中华人民共和国刑法修正案（二）》、2001年12月29日《中华人民共和国刑法修正案（三）》、2002年12月28日《中华人民共和国刑法修正案（四）》、2005年2月28日《中华人民共和国刑法修正案（五）》、2006年6月29日《中华人民共和国刑法修正案（六）》、2009年2月28日《中华人民共和国刑法修正案（七）》、2009年8月27日《全国人民代表大会常务委员会关于修改部分法律的决定》、2011年2月25日《中华人民共和国刑法修正案（八）》、2015年8月29日《中华人民共和国刑法修正案（九）》、2017年11月4日《中华人民共和国刑法修正案（十）》、2020年12月26日《中华人民共和国刑法修正案（十一）》修改或修正） 第三百四十二条之一　违反自然保护地管理法规，在国家公园、国家级自然保护区进行开垦、开发活动或者修建建筑物，造成严重后果或者有其他恶劣情节的，处五年以下有期徒刑或者拘役，并处或者单处罚金。 有前款行为，同时构成其他犯罪的，依照处罚较重的规定定罪处罚。 第三百四十六条　单位犯本节第三百三十八条至第三百四十五条规定之罪的，对单位判处罚金，并对其直接负责的主管人员和其他直接责任人员，依照本节各该条的规定处罚。
	相关法律法规（1）	《自然保护区条例》 （1994年10月9日中华人民共和国国务院令第167号发布，根据2011年1月8日国务院令第588号《国务院关于废止和修改部分行政法规的决定》第一次修订，根据2017年10月7日国务院令第687号《国务院关于修改部分行政法规的决定》第二次修订） 第一章　总　则 第一条　为了加强自然保护区的建设和管理，保护自然环境和自然资源，制定本条例。 第二条　本条例所称自然保护区，是指对有代表性的自然生态系统、珍稀濒危野生动植物物种的天然集中分布区、有特殊意义的自然遗迹等保护对象所在的陆地、陆地水体或者海域，依法划出一定面积予以特殊保护和管理的区域。 第三条　凡在中华人民共和国领域和中华人民共和国管辖的其他海域内建设和管理自然保护区，必须遵守本条例。 第四条　国家采取有利于发展自然保护区的经济、技术政策和措施，将自然保护区的

| 相关执法参考 | 相关法律法规（1） | 发展规划纳入国民经济和社会发展计划。
第五条　建设和管理自然保护区，应当妥善处理与当地经济建设和居民生产、生活的关系。
第六条　自然保护区管理机构或者其行政主管部门可以接受国内外组织和个人的捐赠，用于自然保护区的建设和管理。
第七条　县级以上人民政府应当加强对自然保护区工作的领导。
一切单位和个人都有保护自然保护区内自然环境和自然资源的义务，并有权对破坏、侵占自然保护区的单位和个人进行检举、控告。
第八条　国家对自然保护区实行综合管理与分部门管理相结合的管理体制。
国务院环境保护行政主管部门负责全国自然保护区的综合管理。
国务院林业、农业、地质矿产、水利、海洋等有关行政主管部门在各自的职责范围内，主管有关的自然保护区。
县级以上地方人民政府负责自然保护区管理的部门的设置和职责，由省、自治区、直辖市人民政府根据当地具体情况确定。
第九条　对建设、管理自然保护区以及在有关的科学研究中做出显著成绩的单位和个人，由人民政府给予奖励。
第二章　自然保护区的建设
第十条　凡具有下列条件之一的，应当建立自然保护区：
（一）典型的自然地理区域、有代表性的自然生态系统区域以及已经遭受破坏但经保护能够恢复的同类自然生态系统区域；
（二）珍稀、濒危野生动植物物种的天然集中分布区域；
（三）具有特殊保护价值的海域、海岸、岛屿、湿地、内陆水域、森林、草原和荒漠；
（四）具有重大科学文化价值的地质构造、著名溶洞、化石分布区、冰川、火山、温泉等自然遗迹；
（五）经国务院或省、自治区、直辖市人民政府批准，需要予以特殊保护的其他自然区域。
第十一条　自然保护区分为国家级自然保护区和地方级自然保护区。
在国内外有典型意义、在科学上有重大国际影响或者有特殊科学研究价值的自然保护区，列为国家级自然保护区。
除列为国家级自然保护区的外，其他具有典型意义或者重要科学研究价值的自然保护区列为地方级自然保护区。地方级自然保护区可以分级管理，具体办法由国务院有关自然保护区行政主管部门或者省、自治区、直辖市人民政府根据实际情况规定，报国务院环境保护行政主管部门备案。
第十二条　国家级自然保护区的建立，由自然保护区所在的省、自治区、直辖市人民政府或者国务院有关自然保护区行政主管部门提出申请，经国家级自然保护区评审委员会评审后，由国务院环境保护行政主管部门进行协调并提出审批建议，报国务院批准。
地方级自然保护区的建立，由自然保护区所在的县、自治县、市、自治州人民政府或者省、自治区、直辖市人民政府有关自然保护区行政主管部门提出申请，经地方级自然保护区评审委员会评审后，由省、自治区、直辖市人民政府环境保护行政主管部门进行协调并提出审批建议，报省、自治区、直辖市人民政府批准，并报国务院环境保护行政主管部门和国务院有关自然保护区行政主管部门备案。
跨两个以上行政区域的自然保护区的建立，由有关行政区域的人民政府协商一致后提出申请，并按照前两款规定的程序审批。
建立海上自然保护区，须经国务院批准。 |

相关执法参考	相关法律法规（1）	第十三条　申请建立自然保护区，应当按照国家有关规定填报建立自然保护区申报书。 第十四条　自然保护区的范围和界线由批准建立自然保护区的人民政府确定，并标明区界，予以公告。 　　确定自然保护区的范围和界线，应当兼顾保护对象的完整性和适度性，以及当地经济建设和居民生产、生活的需要。 第十五条　自然保护区的撤销及其性质、范围、界线的调整或者改变，应当经原批准建立自然保护区的人民政府批准。 　　任何单位和个人，不得擅自移动自然保护区的界标。 第十六条　自然保护区按照下列方法命名： 　　国家级自然保护区：自然保护区所在地地名加"国家级自然保护区"。 　　地方级自然保护区：自然保护区所在地地名加"地方级自然保护区"。 　　有特殊保护对象的自然保护区，可以在自然保护区所在地地名后加特殊保护对象的名称。 第十七条　国务院环境保护行政主管部门应当会同国务院有关自然保护区行政主管部门，在对全国自然环境和自然资源状况进行调查和评价的基础上，拟订国家自然保护区发展规划，经国务院计划部门综合平衡后，报国务院批准实施。 　　自然保护区管理机构或者该自然保护区行政主管部门应当组织编制自然保护区的建设规划，按照规定的程序纳入国家的、地方的或者部门的投资计划，并组织实施。 第十八条　自然保护区可以分为核心区、缓冲区和实验区。 　　自然保护区内保存完好的天然状态的生态系统以及珍稀、濒危动植物的集中分布地，应当划为核心区，禁止任何单位和个人进入；除依照本条例第二十七条的规定经批准外，也不允许进入从事科学研究活动。 　　核心区外围可以划定一定面积的缓冲区，只准进入从事科学研究观测活动。 　　缓冲区外围划为实验区，可以进入从事科学试验、教学实习、参观考察、旅游以及驯化、繁殖珍稀、濒危野生动植物等活动。 　　原批准建立自然保护区的人民政府认为必要时，可以在自然保护区的外围划定一定面积的外围保护地带。 　　第三章　自然保护区的管理 第十九条　全国自然保护区管理的技术规范和标准，由国务院环境保护行政主管部门组织国务院有关自然保护区行政主管部门制定。 　　国务院有关自然保护区行政主管部门可以按照职责分工，制定有关类型自然保护区管理的技术规范，报国务院环境保护行政主管部门备案。 第二十条　县级以上人民政府环境保护行政主管部门有权对本行政区域内各类自然保护区的管理进行监督检查；县级以上人民政府有关自然保护区行政主管部门有权对其主管的自然保护区的管理进行监督检查。被检查的单位应当如实反映情况，提供必要的资料。检查者应当为被检查的单位保守技术秘密和业务秘密。 第二十一条　国家级自然保护区，由其所在地的省、自治区、直辖市人民政府有关自然保护区行政主管部门或者国务院有关自然保护区行政主管部门管理。地方级自然保护区，由其所在地的县级以上地方人民政府有关自然保护区行政主管部门管理。 　　有关自然保护区行政主管部门应当在自然保护区内设立专门的管理机构，配备专业技术人员，负责自然保护区的具体管理工作。 第二十二条　自然保护区管理机构的主要职责是： 　　（一）贯彻执行国家有关自然保护的法律、法规和方针、政策； 　　（二）制定自然保护区的各项管理制度，统一管理自然保护区；

相关执法参考	相关法律法规（1）	（三）调查自然资源并建立档案，组织环境监测，保护自然保护区内的自然环境和自然资源； （四）组织或者协助有关部门开展自然保护区的科学研究工作； （五）进行自然保护的宣传教育； （六）在不影响保护自然保护区的自然环境和自然资源的前提下，组织开展参观、旅游等活动。 第二十三条　管理自然保护区所需经费，由自然保护区所在地的县级以上地方人民政府安排。国家对国家级自然保护区的管理，给予适当的资金补助。 第二十四条　自然保护区所在地的公安机关，可以根据需要在自然保护区设置公安派出机构，维护自然保护区内的治安秩序。 第二十五条　在自然保护区内的单位、居民和经批准进入自然保护区的人员，必须遵守自然保护区的各项管理制度，接受自然保护区管理机构的管理。 第二十六条　禁止在自然保护区内进行砍伐、放牧、狩猎、捕捞、采药、开垦、烧荒、开矿、采石、挖沙等活动；但是，法律、行政法规另有规定的除外。 第二十七条　禁止任何人进入自然保护区的核心区。因科学研究的需要，必须进入核心区从事科学研究观测、调查活动的，应当事先向自然保护区管理机构提交申请和活动计划，并经自然保护区管理机构批准；其中，进入国家级自然保护区核心区的，应当经省、自治区、直辖市人民政府有关自然保护区行政主管部门批准。 自然保护区核心区内原有居民确有必要迁出的，由自然保护区所在地的地方人民政府予以妥善安置。 第二十八条　禁止在自然保护区的缓冲区开展旅游和生产经营活动。因教学科研的目的，需要进入自然保护区的缓冲区从事非破坏性的科学研究、教学实习和标本采集活动的，应当事先向自然保护区管理机构提交申请和活动计划，经自然保护区管理机构批准。 从事前款活动的单位和个人，应当将其活动成果的副本提交自然保护区管理机构。 第二十九条　在自然保护区的实验区内开展参观、旅游活动的，由自然保护区管理机构编制方案，方案应当符合自然保护区管理目标。 在自然保护区组织参观、旅游活动的，应当严格按照前款规定的方案进行，并加强管理；进入自然保护区参观、旅游的单位和个人，应当服从自然保护区管理机构的管理。 严禁开设与自然保护区保护方向不一致的参观、旅游项目。 第三十条　自然保护区的内部未分区的，依照本条例有关核心区和缓冲区的规定管理。 第三十一条　外国人进入自然保护区，应当事先向自然保护区管理机构提交活动计划，并经自然保护区管理机构批准；其中，进入国家级自然保护区的，应当经省、自治区、直辖市环境保护、海洋、渔业等有关自然保护区行政主管部门按照各自职责批准。 进入自然保护区的外国人，应当遵守有关自然保护区的法律、法规和规定，未经批准，不得在自然保护区内从事采集标本等活动。 第三十二条　在自然保护区的核心区和缓冲区内，不得建设任何生产设施。在自然保护区的实验区内，不得建设污染环境、破坏资源或者景观的生产设施；建设其他项目，其污染物排放不得超过国家和地方规定的污染物排放标准。在自然保护区的实验区内已经建成的设施，其污染物排放超过国家和地方规定的排放标准的，应当限期治理；造成损害的，必须采取补救措施。 在自然保护区的外围保护地带建设的项目，不得损害自然保护区内的环境质量；已造成损害的，应当限期治理。 限期治理决定由法律、法规规定的机关作出，被限期治理的企业事业单位必须按期完

成治理任务。

第三十三条 因发生事故或者其他突然性事件，造成或者可能造成自然保护区污染或者破坏的单位和个人，必须立即采取措施处理，及时通报可能受到危害的单位和居民，并向自然保护区管理机构、当地环境保护行政主管部门和自然保护区行政主管部门报告，接受调查处理。

第四章 法律责任

第三十四条 违反本条例规定，有下列行为之一的单位和个人，由自然保护区管理机构责令其改正，并可以根据不同情节处以100元以上5000元以下的罚款：

（一）擅自移动或者破坏自然保护区界标的；

（二）未经批准进入自然保护区或者在自然保护区内不服从管理机构管理的；

（三）经批准在自然保护区的缓冲区内从事科学研究、教学实习和标本采集的单位和个人，不向自然保护区管理机构提交活动成果副本的。

第三十五条 违反本条例规定，在自然保护区进行砍伐、放牧、狩猎、捕捞、采药、开垦、烧荒、开矿、采石、挖沙等活动的单位和个人，除可以依照有关法律、行政法规规定给予处罚的以外，由县级以上人民政府有关自然保护区行政主管部门或者其授权的自然保护区管理机构没收违法所得，责令停止违法行为，限期恢复原状或者采取其他补救措施；对自然保护区造成破坏的，可以处以300元以上1万元以下的罚款。

第三十六条 自然保护区管理机构违反本条例规定，拒绝环境保护行政主管部门或者有关自然保护区行政主管部门监督检查，或者在被检查时弄虚作假的，由县级以上人民政府环境保护行政主管部门或者有关自然保护区行政主管部门给予300元以上3000元以下的罚款。

第三十七条 自然保护区管理机构违反本条例规定，有下列行为之一的，由县级以上人民政府有关自然保护区行政主管部门责令限期改正；对直接责任人员，由其所在单位或者上级机关给予行政处分：

（一）开展参观、旅游活动未编制方案或者编制的方案不符合自然保护区管理目标的；

（二）开设与自然保护区保护方向不一致的参观、旅游项目的；

（三）不按照编制的方案开展参观、旅游活动的；

（四）违法批准人员进入自然保护区的核心区，或者违法批准外国人进入自然保护区的；

（五）有其他滥用职权、玩忽职守、徇私舞弊行为的。

第三十八条 违反本条例规定，给自然保护区造成损失的，由县级以上人民政府有关自然保护区行政主管部门责令赔偿损失。

第三十九条 妨碍自然保护区管理人员执行公务的，由公安机关依照《中华人民共和国治安管理处罚法》的规定给予处罚；情节严重，构成犯罪的，依法追究刑事责任。

第四十条 违反本条例规定，造成自然保护区重大污染或者破坏事故，导致公私财产重大损失或者人身伤亡的严重后果，构成犯罪的，对直接负责的主管人员和其他直接责任人员依法追究刑事责任。

第四十一条 自然保护区管理人员滥用职权、玩忽职守、徇私舞弊，构成犯罪的，依法追究刑事责任；情节轻微，尚不构成犯罪的，由其所在单位或者上级机关给予行政处分。

第五章 附 则

第四十二条 国务院有关自然保护区行政主管部门可以根据本条例，制定有关类型自然保护区的管理办法。

第四十三条 各省、自治区、直辖市人民政府可以根据本条例，制定实施办法。

第四十四条 本条例自1994年12月1日起施行。

相关执法参考	相关法律法规（2）	《在国家级自然保护区修筑设施审批管理暂行办法》 （2017年12月26日国家林业局局务会议审议通过，2018年3月5日国家林业局第50号令公布，自2018年4月15日起施行） **第一条** 为了规范在国家级自然保护区修筑设施审批事项，加强对修筑设施的事中事后监督管理，根据《中华人民共和国自然保护区条例》、《森林和野生动物类型自然保护区管理办法》等法律法规和国务院有关规定，制定本办法。 **第二条** 在国家级自然保护区修筑设施，应当遵守本办法。 本办法所称国家级自然保护区，是指林业主管部门主管的国家级自然保护区。 本办法所称修筑设施，是指以穿越或者占用国家级自然保护区的方式开展设施建设，包括修筑临时设施和永久设施。 **第三条** 在国家级自然保护区修筑设施，应当经国家林业局审查批准。 **第四条** 严格限制在国家级自然保护区修筑设施。必须修筑设施的，应当严格控制建设区域、面积和方式，并采取有效措施保护生态环境，确保不对主要保护对象产生重大影响，确保不改变自然生态系统基本特征和结构完整性，最大限度减少对国家级自然保护区的不利影响。 禁止在国家级自然保护区修筑以下设施： （一）光伏发电、风力发电、火力发电等项目的设施。 （二）高尔夫球场开发、房地产开发、会所建设等项目的设施。 （三）社会资金进行商业性探矿勘查，以及不属于国家紧缺矿种资源的基础地质调查和矿产公益性远景调查的设施。 （四）污染环境、破坏自然资源或者自然景观的设施。 （五）国家禁止修筑的其他设施。 **第五条** 修筑设施的单位或者个人应当向国家林业局提出申请，并提交以下申请材料： （一）申请表。 （二）拟修筑设施必须建设且无法避让国家级自然保护区的说明材料。包括：拟修筑设施项目批准文件及规划或者工程设计文件等；机场、铁路、公路、水利水电、围堰、围填海等建设项目，还应当提供修筑设施在选址选线上无法避让国家级自然保护区的比选方案。 （三）拟修筑设施对自然生态影响的说明材料。包括：拟修筑设施对国家级自然保护区主要保护对象和自然生态系统影响的评价报告或者评价登记表，以及减轻影响和恢复生态的补救性措施。国家级自然保护区属于湿地类型的，应当按照"先补后占、占补平衡"的原则，提供湿地恢复或者重建方案；机场、铁路、公路、水利水电、围堰、围填海等建设项目，还应当提供修建野生动物通道、过鱼设施等消除或者减少对野生动物不利影响的方案。 （四）相关主体的意见材料。包括：省级人民政府林业主管部门的初审意见。 （五）国家林业局公告规定的其他申请材料。 前款规定的评价报告、评价登记表的内容和适用范围由国家林业局规定。 **第六条** 国家林业局对申请材料不全或者不符合法定形式的，应当一次性告知申请人限期补正。对依法不予受理的，应当告知申请人并说明理由。 **第七条** 国家林业局应当自受理之日起20日内作出是否准予行政许可的决定，出具准予行政许可决定书或者不予行政许可决定书，并告知申请人。20日内不能作出决定的，经本行政机关负责人批准，可以延长10日，并将延长期限的理由告知申请人。 **第八条** 符合本办法规定的，国家林业局应当作出准予修筑设施的行政许可决定；不符合的，国家林业局应当作出不予修筑设施的行政许可决定，并告知不予许可理由。

相关执法参考	相关法律法规（2）	第九条　国家林业局作出行政许可决定，需要组织专家评审的，应当将所需时间书面告知申请人。专家评审所需时间不得超过30日。 专家评审时间不计算在作出行政许可决定的期限内。 第十条　在国家级自然保护区修筑设施，依法需要办理用地手续或者变更国家级自然保护区的范围和规划的，按照有关法律法规的规定办理。 第十一条　国家林业局负责全国国家级自然保护区修筑设施的监督检查工作；县级以上地方人民政府林业主管部门负责本行政区域内国家级自然保护区修筑设施的监督检查工作。 对批准在国家级自然保护区修筑设施的，县级以上人民政府林业主管部门应当加强对修筑设施施工期和运营期的监督检查。 国家级自然保护区管理机构应当对修筑设施情况进行跟踪监督并开展生态监测，检查生态保护或者恢复措施落实情况，发现问题及时处理，并报告所属林业主管部门。 第十二条　准予修筑设施的行政许可决定的有效期为两年。确需延期的，修筑设施的单位和个人应当在有效期届满前3个月向国家林业局提出延期申请，国家林业局应当在准予行政许可决定书有效期届满前作出是否准予延期的决定。 第十三条　国家级自然保护区实验区居民，在遵守国家级自然保护区有关规定和不破坏自然资源、生态环境的前提下，在固定生产生活活动范围内修筑必要的种植、养殖和生活用房设施的，应当在修筑设施前向所在地国家级自然保护区管理机构报告，并接受指导和监督。国家林业局不再审批。 第十四条　违反本办法规定，未经批准擅自在国家级自然保护区修筑设施的，县级以上人民政府林业主管部门应当责令停止建设或者使用设施，并采取补救措施。 第十五条　在国家级自然保护区修筑设施对自然保护区造成破坏的，县级以上人民政府林业主管部门应当依法给予行政处罚或者作出其他处理决定。 林业主管部门在对国家级自然保护区监督检查中，发现有关工作人员有违法行为，依法应当给予处分的，应当向其任免机关或者监察机关提出处分建议。 第十六条　在国家级自然保护区修筑设施申请表的格式由国家林业局制定。 第十七条　本办法自2018年4月15日起施行。
	相关法律法规（3）	《风景名胜区条例》 （2006年9月19日国务院令第474号发布，根据2016年2月6日《国务院关于修改部分行政法规的决定》修订） 第一章　总　则 第一条　为了加强对风景名胜区的管理，有效保护和合理利用风景名胜资源，制定本条例。 第二条　风景名胜区的设立、规划、保护、利用和管理，适用本条例。 本条例所称风景名胜区，是指具有观赏、文化或者科学价值，自然景观、人文景观比较集中，环境优美，可供人们游览或者进行科学、文化活动的区域。 第三条　国家对风景名胜区实行科学规划、统一管理、严格保护、永续利用的原则。 第四条　风景名胜区所在地县级以上地方人民政府设置的风景名胜区管理机构，负责风景名胜区的保护、利用和统一管理工作。 第五条　国务院建设主管部门负责全国风景名胜区的监督管理工作。国务院其他有关部门按照国务院规定的职责分工，负责风景名胜区的有关监督管理工作。 省、自治区人民政府建设主管部门和直辖市人民政府风景名胜区主管部门，负责本行政区域内风景名胜区的监督管理工作。省、自治区、直辖市人民政府其他有关部门按照规定的职责分工，负责风景名胜区的有关监督管理工作。 第六条　任何单位和个人都有保护风景名胜资源的义务，并有权制止、检举破坏风景

相关执法参考	相关法律法规（3）	名胜资源的行为。 第二章　设　立 **第七条**　设立风景名胜区，应当有利于保护和合理利用风景名胜资源。 新设立的风景名胜区与自然保护区不得重合或者交叉；已设立的风景名胜区与自然保护区重合或者交叉的，风景名胜区规划与自然保护区规划应当相协调。 **第八条**　风景名胜区划分为国家级风景名胜区和省级风景名胜区。 自然景观和人文景观能够反映重要自然变化过程和重大历史文化发展过程，基本处于自然状态或者保持历史原貌，具有国家代表性的，可以申请设立国家级风景名胜区；具有区域代表性的，可以申请设立省级风景名胜区。 **第九条**　申请设立风景名胜区应当提交包含下列内容的有关材料： （一）风景名胜资源的基本状况； （二）拟设立风景名胜区的范围以及核心景区的范围； （三）拟设立风景名胜区的性质和保护目标； （四）拟设立风景名胜区的游览条件； （五）与拟设立风景名胜区内的土地、森林等自然资源和房屋等财产的所有权人、使用权人协商的内容和结果。 **第十条**　设立国家级风景名胜区，由省、自治区、直辖市人民政府提出申请，国务院建设主管部门会同国务院环境保护主管部门、林业主管部门、文物主管部门等有关部门组织论证，提出审查意见，报国务院批准公布。 设立省级风景名胜区，由县级人民政府提出申请，省、自治区人民政府建设主管部门或者直辖市人民政府风景名胜区主管部门，会同其他有关部门组织论证，提出审查意见，报省、自治区、直辖市人民政府批准公布。 **第十一条**　风景名胜区内的土地、森林等自然资源和房屋等财产的所有权人、使用权人的合法权益受法律保护。 申请设立风景名胜区的人民政府应当在报请审批前，与风景名胜区内的土地、森林等自然资源和房屋等财产的所有权人、使用权人充分协商。 因设立风景名胜区对风景名胜区内的土地、森林等自然资源和房屋等财产的所有权人、使用权人造成损失的，应当依法给予补偿。 第三章　规　划 **第十二条**　风景名胜区规划分为总体规划和详细规划。 **第十三条**　风景名胜区总体规划的编制，应当体现人与自然和谐相处、区域协调发展和经济社会全面进步的要求，坚持保护优先、开发服从保护的原则，突出风景名胜资源的自然特性、文化内涵和地方特色。 风景名胜区总体规划应当包括下列内容： （一）风景资源评价； （二）生态资源保护措施、重大建设项目布局、开发利用强度； （三）风景名胜区的功能结构和空间布局； （四）禁止开发和限制开发的范围； （五）风景名胜区的游客容量； （六）有关专项规划。 **第十四条**　风景名胜区应当自设立之日起 2 年内编制完成总体规划。总体规划的规划期一般为 20 年。 **第十五条**　风景名胜区详细规划应当根据核心景区和其他景区的不同要求编制，确定基础设施、旅游设施、文化设施等建设项目的选址、布局与规模，并明确建设用地范围和规划设计条件。

| 相关执法参考 | 相关法律法规（3） | 风景名胜区详细规划，应当符合风景名胜区总体规划。
第十六条　国家级风景名胜区规划由省、自治区人民政府建设主管部门或者直辖市人民政府风景名胜区主管部门组织编制。
省级风景名胜区规划由县级人民政府组织编制。
第十七条　编制风景名胜区规划，应当采用招标等公平竞争的方式选择具有相应资质等级的单位承担。
风景名胜区规划应当按照经审定的风景名胜区范围、性质和保护目标，依照国家有关法律、法规和技术规范编制。
第十八条　编制风景名胜区规划，应当广泛征求有关部门、公众和专家的意见；必要时，应当进行听证。
风景名胜区规划报送审批的材料应当包括社会各界的意见以及意见采纳的情况和未予采纳的理由。
第十九条　国家级风景名胜区的总体规划，由省、自治区、直辖市人民政府审查后，报国务院审批。
国家级风景名胜区的详细规划，由省、自治区人民政府建设主管部门或者直辖市人民政府风景名胜区主管部门报国务院建设主管部门审批。
第二十条　省级风景名胜区的总体规划，由省、自治区、直辖市人民政府审批，报国务院建设主管部门备案。
省级风景名胜区的详细规划，由省、自治区人民政府建设主管部门或者直辖市人民政府风景名胜区主管部门审批。
第二十一条　风景名胜区规划经批准后，应当向社会公布，任何组织和个人有权查阅。
风景名胜区内的单位和个人应当遵守经批准的风景名胜区规划，服从规划管理。
风景名胜区规划未经批准的，不得在风景名胜区内进行各类建设活动。
第二十二条　经批准的风景名胜区规划不得擅自修改。确需对风景名胜区总体规划中的风景名胜区范围、性质、保护目标、生态资源保护措施、重大建设项目布局、开发利用强度以及风景名胜区的功能结构、空间布局、游客容量进行修改的，应当报原审批机关批准；对其他内容进行修改的，应当报原审批机关备案。
风景名胜区详细规划确需修改的，应当报原审批机关批准。
政府或者政府部门修改风景名胜区规划对公民、法人或者其他组织造成财产损失的，应当依法给予补偿。
第二十三条　风景名胜区总体规划的规划期届满前2年，规划的组织编制机关应当组织专家对规划进行评估，作出是否重新编制规划的决定。在新规划批准前，原规划继续有效。
第四章　保　护
第二十四条　风景名胜区内的景观和自然环境，应当根据可持续发展的原则，严格保护，不得破坏或者随意改变。
风景名胜区管理机构应当建立健全风景名胜资源保护的各项管理制度。
风景名胜区内的居民和游览者应当保护风景名胜区的景物、水体、林草植被、野生动物和各项设施。
第二十五条　风景名胜区管理机构应当对风景名胜区内的重要景观进行调查、鉴定，并制定相应的保护措施。
第二十六条　在风景名胜区内禁止进行下列活动：
（一）开山、采石、开矿、开荒、修坟立碑等破坏景观、植被和地形地貌的活动；
（二）修建储存爆炸性、易燃性、放射性、毒害性、腐蚀性物品的设施； |

（三）在景物或者设施上刻划、涂污；

（四）乱扔垃圾。

第二十七条 禁止违反风景名胜区规划，在风景名胜区内设立各类开发区和在核心景区内建设宾馆、招待所、培训中心、疗养院以及与风景名胜资源保护无关的其他建筑物；已经建设的，应当按照风景名胜区规划，逐步迁出。

第二十八条 在风景名胜区内从事本条例第二十六条、第二十七条禁止范围以外的建设活动，应当经风景名胜区管理机构审核后，依照有关法律、法规的规定办理审批手续。

在国家级风景名胜区内修建缆车、索道等重大建设工程，项目的选址方案应当报省、自治区人民政府建设主管部门和直辖市人民政府风景名胜区主管部门核准。

第二十九条 在风景名胜区内进行下列活动，应当经风景名胜区管理机构审核后，依照有关法律、法规的规定报有关主管部门批准：

（一）设置、张贴商业广告；

（二）举办大型游乐等活动；

（三）改变水资源、水环境自然状态的活动；

（四）其他影响生态和景观的活动。

第三十条 风景名胜区内的建设项目应当符合风景名胜区规划，并与景观相协调，不得破坏景观、污染环境、妨碍游览。

在风景名胜区内进行建设活动的，建设单位、施工单位应当制定污染防治和水土保持方案，并采取有效措施，保护好周围景物、水体、林草植被、野生动物资源和地形地貌。

第三十一条 国家建立风景名胜区管理信息系统，对风景名胜区规划实施和资源保护情况进行动态监测。

国家级风景名胜区所在地的风景名胜区管理机构应当每年向国务院建设主管部门报送风景名胜区规划实施和土地、森林等自然资源保护的情况；国务院建设主管部门应当将土地、森林等自然资源保护的情况，及时抄送国务院有关部门。

第五章 利用和管理

第三十二条 风景名胜区管理机构应当根据风景名胜区的特点，保护民族民间传统文化，开展健康有益的游览观光和文化娱乐活动，普及历史文化和科学知识。

第三十三条 风景名胜区管理机构应当根据风景名胜区规划，合理利用风景名胜资源，改善交通、服务设施和游览条件。

风景名胜区管理机构应当在风景名胜区内设置风景名胜区标志和路标、安全警示等标牌。

第三十四条 风景名胜区内宗教活动场所的管理，依照国家有关宗教活动场所管理的规定执行。

风景名胜区内涉及自然资源保护、利用、管理和文物保护以及自然保护区管理的，还应当执行国家有关法律、法规的规定。

第三十五条 国务院建设主管部门应当对国家级风景名胜区的规划实施情况、资源保护状况进行监督检查和评估。对发现的问题，应当及时纠正、处理。

第三十六条 风景名胜区管理机构应当建立健全安全保障制度，加强安全管理，保障游览安全，并督促风景名胜区内的经营单位接受有关部门依据法律、法规进行的监督检查。

禁止超过允许容量接纳游客和在没有安全保障的区域开展游览活动。

第三十七条 进入风景名胜区的门票，由风景名胜区管理机构负责出售。门票价格依照有关价格的法律、法规的规定执行。

风景名胜区内的交通、服务等项目，应当由风景名胜区管理机构依照有关法律、法规和风景名胜区规划，采用招标等公平竞争的方式确定经营者。

风景名胜区管理机构应当与经营者签订合同，依法确定各自的权利义务。经营者应当缴纳风景名胜资源有偿使用费。

第三十八条 风景名胜区的门票收入和风景名胜资源有偿使用费，实行收支两条线管理。

风景名胜区的门票收入和风景名胜资源有偿使用费应当专门用于风景名胜资源的保护和管理以及风景名胜区内财产的所有权人、使用权人损失的补偿。具体管理办法，由国务院财政部门、价格主管部门会同国务院建设主管部门等有关部门制定。

第三十九条 风景名胜区管理机构不得从事以营利为目的的经营活动，不得将规划、管理和监督等行政管理职能委托给企业或者个人行使。

风景名胜区管理机构的工作人员，不得在风景名胜区内的企业兼职。

第六章 法律责任

第四十条 违反本条例的规定，有下列行为之一的，由风景名胜区管理机构责令停止违法行为、恢复原状或者限期拆除，没收违法所得，并处50万元以上100万元以下的罚款：

（一）在风景名胜区内进行开山、采石、开矿等破坏景观、植被、地形地貌的活动的；

（二）在风景名胜区内修建储存爆炸性、易燃性、放射性、毒害性、腐蚀性物品的设施的；

（三）在核心景区内建设宾馆、招待所、培训中心、疗养院以及与风景名胜资源保护无关的其他建筑物的。

县级以上地方人民政府及其有关主管部门批准实施本条第一款规定的行为的，对直接负责的主管人员和其他直接责任人员依法给予降级或者撤职的处分；构成犯罪的，依法追究刑事责任。

第四十一条 违反本条例的规定，在风景名胜区内从事禁止范围以外的建设活动，未经风景名胜区管理机构审核的，由风景名胜区管理机构责令停止建设、限期拆除，对个人处2万元以上5万元以下的罚款，对单位处20万元以上50万元以下的罚款。

第四十二条 违反本条例的规定，在国家级风景名胜区内修建缆车、索道等重大建设工程，项目的选址方案未经省、自治区人民政府建设主管部门和直辖市人民政府风景名胜区主管部门核准，县级以上地方人民政府有关部门核发选址意见书的，对直接负责的主管人员和其他直接责任人员依法给予处分；构成犯罪的，依法追究刑事责任。

第四十三条 违反本条例的规定，个人在风景名胜区内进行开荒、修坟立碑等破坏景观、植被、地形地貌的活动的，由风景名胜区管理机构责令停止违法行为、限期恢复原状或者采取其他补救措施，没收违法所得，并处1000元以上1万元以下的罚款。

第四十四条 违反本条例的规定，在景物、设施上刻划、涂污或者在风景名胜区内乱扔垃圾的，由风景名胜区管理机构责令恢复原状或者采取其他补救措施，处50元的罚款；刻划、涂污或者以其他方式故意损坏国家保护的文物、名胜古迹的，按照治安管理处罚法的有关规定予以处罚；构成犯罪的，依法追究刑事责任。

第四十五条 违反本条例的规定，未经风景名胜区管理机构审核，在风景名胜区内进行下列活动的，由风景名胜区管理机构责令停止违法行为、限期恢复原状或者采取其他补救措施，没收违法所得，并处5万元以上10万元以下的罚款；情节严重的，并处10万元以上20万元以下的罚款：

（一）设置、张贴商业广告的；

（二）举办大型游乐等活动的；

（三）改变水资源、水环境自然状态的活动的；

（四）其他影响生态和景观的活动。

相关执法参考	相关法律法规（3）	第四十六条　违反本条例的规定，施工单位在施工过程中，对周围景物、水体、林草植被、野生动物资源和地形地貌造成破坏的，由风景名胜区管理机构责令停止违法行为、限期恢复原状或者采取其他补救措施，并处 2 万元以上 10 万元以下的罚款；逾期未恢复原状或者采取有效措施的，由风景名胜区管理机构责令停止施工。 　　第四十七条　违反本条例的规定，国务院建设主管部门、县级以上地方人民政府及其有关主管部门有下列行为之一的，对直接负责的主管人员和其他直接责任人员依法给予处分；构成犯罪的，依法追究刑事责任： 　　（一）违反风景名胜区规划在风景名胜区内设立各类开发区的； 　　（二）风景名胜区自设立之日起未在 2 年内编制完成风景名胜区总体规划的； 　　（三）选择不具有相应资质等级的单位编制风景名胜区规划的； 　　（四）风景名胜区规划批准前批准在风景名胜区内进行建设活动的； 　　（五）擅自修改风景名胜区规划的； 　　（六）不依法履行监督管理职责的其他行为。 　　第四十八条　违反本条例的规定，风景名胜区管理机构有下列行为之一的，由设立该风景名胜区管理机构的县级以上地方人民政府责令改正；情节严重的，对直接负责的主管人员和其他直接责任人员给予降级或者撤职的处分；构成犯罪的，依法追究刑事责任： 　　（一）超过允许容量接纳游客或者在没有安全保障的区域开展游览活动的； 　　（二）未设置风景名胜区标志和路标、安全警示等标牌的； 　　（三）从事以营利为目的的经营活动的； 　　（四）将规划、管理和监督等行政管理职能委托给企业或者个人行使的； 　　（五）允许风景名胜区管理机构的工作人员在风景名胜区内的企业兼职的； 　　（六）审核同意在风景名胜区内进行不符合风景名胜区规划的建设活动的； 　　（七）发现违法行为不予查处的。 　　第四十九条　本条例第四十条第一款、第四十一条、第四十三条、第四十四条、第四十五条、第四十六条规定的违法行为，依照有关法律、行政法规的规定，有关部门已经予以处罚的，风景名胜区管理机构不再处罚。 　　第五十条　本条例第四十条第一款、第四十一条、第四十三条、第四十四条、第四十五条、第四十六条规定的违法行为，侵害国家、集体或者个人的财产的，有关单位或者个人应当依法承担民事责任。 　　第五十一条　依照本条例的规定，责令限期拆除在风景名胜区内违法建设的建筑物、构筑物或者其他设施的，有关单位或者个人必须立即停止建设活动，自行拆除；对继续进行建设的，作出责令限期拆除决定的机关有权制止。有关单位或者个人对责令限期拆除决定不服的，可以在接到责令限期拆除决定之日起 15 日内，向人民法院起诉；期满不起诉又不自行拆除的，由作出责令限期拆除决定的机关依法申请人民法院强制执行，费用由违法者承担。 　　第七章　附　则 　　第五十二条　本条例自 2006 年 12 月 1 日起施行。1985 年 6 月 7 日国务院发布的《风景名胜区管理暂行条例》同时废止。
	相关法律法规（4）	《国家级森林公园管理办法》 （2011 年 4 月 12 日国家林业局局务会议审议通过，国家林业局令第 27 号公布，自 2011 年 8 月 1 日起施行） 　　第一条　为了规范国家级森林公园管理，保护和合理利用森林风景资源，发展森林生态旅游，促进生态文明建设，制定本办法。 　　第二条　国家级森林公园的管理，适用本办法。 　　国家级森林公园的设立、撤销、合并、改变经营范围或者变更隶属关系，依照《国家

| 相关执法参考 | 相关法律法规(4) | 级森林公园设立、撤销、合并、改变经营范围或者变更隶属关系审批管理办法》的有关规定办理。
第三条 国家林业局主管全国国家级森林公园的监督管理工作。
县级以上地方人民政府林业主管部门主管本行政区域内国家级森林公园的监督管理工作。
第四条 县级以上地方人民政府林业主管部门应当指导本行政区域内的国家级森林公园经营管理机构配备管理和技术人员，负责森林风景资源的保护和利用。
第五条 国家级森林公园的主体功能是保护森林风景资源和生物多样性、普及生态文化知识、开展森林生态旅游。
国家级森林公园的建设和经营应当遵循"严格保护、科学规划、统一管理、合理利用、协调发展"的原则。
第六条 国家级森林公园总体规划是国家级森林公园建设经营和监督管理的依据。任何单位或者个人不得违反国家级森林公园总体规划从事森林公园的建设和经营。
第七条 国家级森林公园应当自批准设立之日起18个月内，编制完成国家级森林公园总体规划；国家级森林公园合并或者改变经营范围的，应当自批准之日起12个月内修改完成总体规划。
国家级森林公园总体规划的规划期一般为10年。
第八条 国家级森林公园总体规划，应当突出森林风景资源的自然特性、文化内涵和地方特色，并符合下列要求：
（一）充分保护森林风景资源、生物多样性和现有森林植被；
（二）充分展示和传播生态文化知识，增强公众生态文明道德意识；
（三）便于森林生态旅游活动的组织与开展，以及公众对自然与环境的充分体验；
（四）以自然景观为主，严格控制人造景点的设置；
（五）严格控制滑雪场、索道等对景观和环境有较大影响的项目建设。
国家级森林公园总体规划还应当包括森林生态旅游、森林防火、旅游安全等专项规划。
第九条 已建国家级森林公园的范围与国家级自然保护区重合或者交叉的，国家级森林公园总体规划应当与国家级自然保护区总体规划相互协调；对重合或者交叉区域，应当按照自然保护区有关法律法规管理。
第十条 国家级森林公园总体规划，应当委托具有相应资质的单位，按照有关标准和规程编制。
编制国家级森林公园总体规划，应当广泛征求有关部门、公众和专家的意见；报送审核（批）国家级森林公园总体规划时应当对征求意见及其采纳情况进行说明。
第十一条 国家级森林公园总体规划，由省、自治区、直辖市林业主管部门组织专家评审并审核后，报国家林业局批准。
经批准的国家级森林公园总体规划5年内不得修改；因国家或者省级重点工程建设需要修改的，应当报国家林业局同意。
在国家级森林公园设立后、总体规划批准前，不得在森林公园内新建永久性建筑、构筑物等人工设施。
第十二条 国家林业局批准的国家级森林公园总体规划，应当自批准之日起30日内予以公开，公众有权查阅。
第十三条 国家级森林公园内的建设项目应当符合总体规划的要求，其选址、规模、风格和色彩等应当与周边景观与环境相协调，相应的废水、废物处理和防火设施应当同时设计、同时施工、同时使用。
国家级森林公园内已建或者在建的建设项目不符合总体规划要求的，应当按照总体规 |

| 相关执法参考 | 相关法律法规(4) | 划逐步进行改造、拆除或者迁出。
在国家级森林公园内进行建设活动的，应当采取措施保护景观和环境；施工结束后，应当及时整理场地，美化绿化环境。
第十四条 国家级森林公园经营管理机构应当依法编制并组织实施森林经营方案，加强森林公园内森林、林木的保护、培育和管理。
因提高森林风景资源质量或者开展森林生态旅游的需要，可以对国家级森林公园内的林木进行抚育和更新性质的采伐。
第十五条 严格控制建设项目使用国家级森林公园林地，但是因保护森林及其他风景资源、建设森林防火设施和林业生态文化示范基地、保障游客安全等直接为林业生产服务的工程设施除外。
建设项目确需使用国家级森林公园林地的，应当避免或者减少对森林景观、生态以及旅游活动的影响，并依法办理林地占用、征收审核审批手续。建设项目可能对森林公园景观和生态造成较大影响或者导致森林风景资源质量明显降低的，应当在取得国家级森林公园撤销或者改变经营范围的行政许可后，依法办理林地占用、征收审核审批手续。
第十六条 因国家级森林公园总体规划的实施，给国家级森林公园内的当事人造成损失的，依法给予补偿。
第十七条 国家级森林公园经营管理机构应当对森林公园内的森林风景资源和生物多样性进行调查，建立保护管理档案，并制定相应的保护措施。
国家级森林公园经营管理机构应当加强对重要森林风景资源的监测，必要时，可以划定重点保护区域。
国家级森林公园经营管理机构应当严格保护森林公园内的天然林、珍贵树木，培育具有地方特色的风景林木，保持当地森林景观优势特征，提高森林风景资源的游览、观赏和科普价值。
第十八条 在国家级森林公园内禁止从事下列活动：
（一）擅自采折、采挖花草、树木、药材等植物；
（二）非法猎捕、杀害野生动物；
（三）刻划、污损树木、岩石和文物古迹及葬坟；
（四）损毁或者擅自移动园内设施；
（五）未经处理直接排放生活污水和超标准的废水、废气，乱倒垃圾、废渣、废物及其他污染物；
（六）在非指定的吸烟区吸烟和在非指定区域野外用火、焚烧香蜡纸烛、燃放烟花爆竹；
（七）擅自摆摊设点、兜售物品；
（八）擅自围、填、堵、截自然水系；
（九）法律、法规、规章禁止的其他活动。
国家级森林公园经营管理机构应当通过标示牌、宣传单等形式将森林风景资源保护的注意事项告知旅游者。
第十九条 在国家级森林公园内开展影视拍摄或者大型文艺演出等活动的，国家级森林公园经营管理机构应当根据承办单位的活动计划对森林公园景观与生态的影响进行评估，并报省、自治区、直辖市人民政府林业主管部门备案。
国家级森林公园经营管理机构应当监督承办单位按照备案的活动计划开展影视拍摄或者大型文艺演出等活动；对所搭建的临时设施，承办单位应当在国家级森林公园经营管理机构规定的期限内拆除，并恢复原状。
第二十条 经有关部门批准，国家级森林公园可以出售门票和收取相关费用。国家级森林公园的门票和其他经营收入应当按照国家有关规定使用，并主要用于森林风景资源的 |

| | | 培育、保护及森林公园的建设、维护和管理。
国家级森林公园可以根据实际情况采取减免门票或者设立免费开放日等方式，为老年人、儿童、学生、现役军人、残疾人等特殊群体游览提供便利。国家另有规定的，从其规定。
第二十一条　国家级森林公园的建设和经营，应当由国家级森林公园经营管理机构负责；需要与其他单位、个人以合资、合作等方式联合进行的，应当报省级以上人民政府林业主管部门备案。
单位和个人参与国家级森林公园的建设和经营，应当符合国家级森林公园总体规划并服从国家级森林公园经营管理机构的统一管理。
国家级森林公园建设和经营管理的主体发生变动的，应当依法向国家林业局申请办理国家级森林公园被许可人变更手续。
第二十二条　国家级森林公园经营管理机构应当对森林公园的范围进行公示和标界立桩。
国家级森林公园经营管理机构应当按照规定使用中国国家森林公园专用标志。未经国家林业局同意，任何单位和个人不得使用国家级森林公园的名称和专用标志。
第二十三条　国家级森林公园经营管理机构应当建立健全解说系统，开辟展示场所，对古树名木和主要景观景物设置解说牌示，提供宣传品和解说服务，应用现代信息技术向公众介绍自然科普知识和社会历史文化知识。
第二十四条　国家级森林公园经营管理机构应当在危险地段设置安全防护设施和安全警示标识，制定突发事件应急预案。
没有安全保障的区域，不得对公众开放。
国家鼓励国家级森林公园采取购买责任保险的方式，提高旅游安全事故的应对能力。
第二十五条　国家级森林公园经营管理机构应当根据国家级森林公园总体规划确定的游客容量组织安排旅游活动，不得超过最大游客容量接待旅游者。
进入国家级森林公园的交通工具，应当按照规定路线行驶，并在指定地点停放。国家鼓励在国家级森林公园内使用低碳、节能、环保的交通工具。
第二十六条　国家级森林公园经营管理机构应当建立健全森林防火制度，落实防火责任制，加强防火宣传和用火管理，建立森林火灾扑救队伍，配备必要的防火设施与设备。
第二十七条　国家级森林公园经营管理机构应当引导森林公园内及周边的居民发展具有地方特色的、无污染的种植、养殖和林副产品加工业，鼓励其从事与森林公园相关的资源管护和旅游接待等活动。
第二十八条　国家级森林公园经营管理机构应当建立健全信息报送制度，按照要求向县级以上人民政府林业主管部门报送森林风景资源保护、利用等方面的情况。
第二十九条　县级以上人民政府林业主管部门应当健全监督管理制度，加强对国家级森林公园总体规划、专项规划及其他经营管理活动的监督检查。国家级森林公园经营管理机构应当配合监督检查，如实提供有关材料。
第三十条　在国家级森林公园内有违反本办法的行为，森林法和野生动物保护法等法律法规已有明确规定的，县级以上人民政府林业主管部门依法予以从重处罚。
第三十一条　违反本办法规定的下列行为，由县级以上人民政府林业主管部门对直接负责的主管人员或者其他直接责任人员依法给予处分，或者建议有关主管部门给予处分：
（一）未按照规定编制总体规划、擅自变更总体规划或者未按照总体规划进行建设活动的；
（二）未按照规定从事森林公园建设和经营的；
（三）建设项目对森林公园景观和生态造成较大影响或者导致森林风景资源质量明显降低，未事先取得国家级森林公园撤销或者改变经营范围的许可的； |
|---|---|---|

相关执法参考 / 相关法律法规（4）

相关执法参考	相关法律法规（4）	（四）国家级森林公园建设和经营管理的主体发生变动，未依法办理国家级森林公园被许可人变更手续的。 第三十二条　国家级森林公园未按照规定编制总体规划或者未按照总体规划进行建设、经责令整改仍达不到要求并导致国家级森林公园主体功能无法发挥的，国家林业局可以将国家级森林公园撤销。 国家级森林公园的森林风景资源质量下降，经中国森林风景资源评价委员会专家评审，达不到国家级森林公园风景资源质量等级标准的，国家林业局应当将国家级森林公园撤销。 被撤销的国家级森林公园，3年内不得再次申请设立国家级森林公园。 第三十三条　县级以上人民政府林业主管部门及其工作人员在监督管理国家级森林公园工作中，滥用职权、徇私舞弊的，依法给予处分；情节严重、构成犯罪的，依法追究刑事责任。 第三十四条　本办法自2011年8月1日起施行。

三十、非法采矿罪

罪名	非法采矿罪（《刑法》第 343 条第 1 款）
概念	非法采矿罪，是指违反矿产资源法的规定，未取得采矿许可证擅自采矿，擅自进入国家规划矿区、对国民经济具有重要价值的矿区和他人矿区范围采矿，擅自开采国家规定实行保护性开采的特定矿种，情节严重的行为。

| 犯罪构成 | 客体 | 本罪侵犯的客体是单一客体，即国家矿产资源保护的管理制度。为了保护矿产资源，我国通过了《宪法》《矿产资源法》《煤炭法》等一系列法律、法规，初步形成了矿产资源保护管理制度。《矿产资源法》对矿产资源的保护和合理利用，矿产资源的勘查、开采和有关登记、审批，国有矿山企业、集体矿产企业和个体采矿的地位、开采要求、义务等作了原则规定。其中，第 3 条规定，矿产资源属于国家所有，由国务院行使国家对矿产资源的所有权。地表或者地下的矿产资源的国家所有权，不因其所依附的土地的所有权或者使用权的不同而改变。国家保障矿产资源的合理开发利用。禁止任何组织或者个人用任何手段侵占或者破坏矿产资源。各级人民政府必须加强矿产资源的保护工作。第 5 条规定，国家实行探矿权、采矿权有偿取得的制定。第 7 条规定，国家对矿产资源的勘查、开发实行统一规划、合理布局、综合勘查、合理开采和综合利用的方针。《煤炭法》第 5 条规定，国家依法保护煤炭资源，禁止任何乱采、滥挖破坏煤炭资源的行为。第 11 条规定，开发利用煤炭资源，应当遵守有关环境保护的法律、法规，防治污染和其他公害，保护生态环境。《基本农田保护条例》第 17 条第一款规定，禁止任何单位和个人在基本农田保护区内建窑、建房、建坟、挖砂、采石、采矿、取土、堆放固体废弃物或者进行其他破坏基本农田的活动。上述规定表明，矿产资源属国家所有，所有开采矿产资源的行为，都必须依法进行，以确保开采活动有序进行，真正有效地保护好矿产资源。因此，违背上述有关规定，非法开采矿产资源的行为，必然侵犯了国家有关矿产资源保护的管理制度。

本罪的犯罪对象是矿产资源。《矿产资源法实施细则》第 2 条规定，矿产资源是指由地质作用形成的，具有利用价值的，呈固态、液态、气态的自然资源。进一步而言，所谓矿产资源，是指存在地壳内部或表面的，呈固态、液态或气态的地质作用的金属、非金属矿产、燃料矿产和地下热能等矿物聚集体。它既包括在当前的技术经济条件下可以开发利用的矿产资源，也包括在未来的条件下具有潜在价值的矿产资源。一类为目前已经查明的矿产资源，指位置、质量、数量有地质依据的矿产资源，其中经工程测定而证实的那部分称探明储量或探明资源。另一类为潜在的矿产资源，是按地质工作的研究程度划分的一类矿产资源，指含矿物质尚未确定，而是基于一般地质理论推测其存在的矿产资源。根据 1994 年 3 月 26 日国务院令第 152 号发布《矿产资源法实施细则》附件所指的《矿产资源分类细目》，是对经过地质矿产勘查工作发现并探明矿产储量的矿种的确认。现行《矿产资源法实施细则》的矿产资源分类细目共有 168 种，分为四类：(1) 能源矿产 11 种：煤、煤成气、石煤、油页岩、石油、天然气、油砂、天然沥青、铀、钍、地热。(2) 金属矿产 59 种：铁、锰、铬、钒、钛；铜、铅、锌、铝土矿、镍、钴、钨、锡、铋、钼、汞、锑、镁；铂、钯、钌、锇、铱、铑；金、银；铌、钽、铍、锂、锆、锶、铷、铯；镧、铈、镨、钕、钐、铕、钇、钆、铽、镝、钬、铒、铥、镱、镥；钪、锗、镓、铟、铊、铪、铼、镉、硒、碲。(3) 非金属矿产 92 种：金刚石、石墨、磷、自然硫、硫铁矿、钾盐、硼、水晶（压电水晶、熔炼水晶、光学水晶、工艺水晶）、刚玉、蓝晶石、硅线石、红柱石、硅灰石、钠硝石、滑石、石棉、蓝石棉、云母、长石、石榴子石、叶蜡石、透辉石、透闪石、蛭石、沸石、明矾石、芒硝（含钙芒硝）、石膏（含硬石膏）、重晶石、毒重石、 |

| 犯罪构成 | 客体 | 天然碱、方解石、冰洲石、菱镁矿、萤石（普通萤石、光学萤石）、宝石、黄玉、玉石、电气石、玛瑙、颜料矿物（赭石、颜料黄土）、石灰岩（电石用灰岩、制碱用灰岩、化肥用灰岩、熔剂用灰岩、玻璃用灰岩、水泥用灰岩、建筑石料用灰岩、制灰用灰岩、饰面用灰岩）、泥灰岩、白垩、含钾岩石、白云岩（冶金用白云岩、化肥用白云岩、玻璃用白云岩、建筑用白云岩）、石英岩（冶金用石英岩、玻璃用石英岩、化肥用石英岩）、砂岩（冶金用砂岩、玻璃用砂岩、水泥配料用砂岩、砖瓦用砂岩、化肥用砂岩、铸型用砂岩、陶瓷用砂岩）、天然石英砂（玻璃用砂、铸型用砂、建筑用砂、水泥配料用砂、水泥标准砂、砖瓦用砂）、脉石英（冶金用脉石英、玻璃用脉石英）、粉石英、天然油石、含钾砂页岩、硅藻土、页岩（陶粒页岩、砖瓦用页岩、水泥配料用页岩）、高岭土、陶瓷土、耐火粘土、凹凸棒石粘土、海泡石粘土、伊利石粘土、累托石粘土、膨润土、铁矾土、其他粘土（铸型用粘土、砖瓦用粘土、陶粒用粘土、水泥配料用粘土、水泥配料用红土、水泥配料用黄土、水泥配料用泥岩、保温材料用粘土）、橄榄岩（化肥用橄榄岩、建筑用橄榄岩）、蛇纹岩（化肥用蛇纹岩、熔剂用蛇纹岩、饰面用蛇纹岩）、玄武岩（铸石用玄武岩、岩棉用玄武岩）、辉绿岩（水泥用辉绿岩、铸石用辉绿岩、饰面用辉绿岩、建筑用辉绿岩）、安山岩（饰面用安山岩、建筑用安山岩、水泥混合材用安山玢岩）、闪长岩（水泥混合材用闪长玢岩、建筑用闪长岩）、花岗岩（建筑用花岗岩、饰面用花岗岩）、麦饭石、珍珠岩、黑曜岩、松脂岩、浮石、粗面岩（水泥用粗面岩、铸石用粗面岩）、霞石正长岩、凝灰岩（玻璃用凝灰岩、水泥用凝灰岩、建筑用凝灰岩）、火山灰、火山渣、大理岩（饰面用大理岩、建筑用大理岩、水泥用大理岩、玻璃用大理岩）、板岩（饰面用板岩、水泥配料用板岩）、片麻岩、角闪岩、泥炭、矿盐（湖盐、岩盐、天然卤水）、镁盐、碘、溴、砷。(4) 水气矿产6种：地下水、矿泉水、二氧化碳气、硫化氢气、氦气、氡气。为保障国家经济安全、国防安全和战略性新兴产业发展需求，国土资源部会同国家发改委、工信部、财政部、环保部、商务部共同组织编制了《全国矿产资源规划（2016－2020年）》，将煤炭、石油、天然气、煤层气等24种矿产列入战略性矿产目录，作为矿产资源宏观调控和管理的重点对象。国土资源部提供的数据显示，2016年，除铀矿、稀土矿外，天然气、煤层气、钨矿、锡矿、锑矿、金矿、磷矿、晶质石墨等8种矿产查明资源储量均有明显增长；煤炭、石油、铜矿、铝土矿、镍矿、萤石6种矿产查明资源储量小幅增长；铁矿、铬铁矿、钴矿、钼矿、锂矿、锆矿、钾盐7种矿产查明资源储量小幅下降；页岩气查明资源储量有一定程度的下降。具体包括：第一类为能源矿产（非常规油气）：(1) 煤炭。自2001年以来，我国煤炭查明资源储量一直保持稳定增长态势。截至2016年年底，全国煤炭查明资源储量15980.01亿吨，同比增长2.0%。新增查明资源储量超过40亿吨的矿区3个，分别位于新疆维吾尔自治区（2个）、内蒙古自治区（1个）。(2) 石油。自2001年以来，我国石油剩余技术可采储量缓慢增长，近年来大致稳定在35亿吨的水平上。截至2016年年底，全国石油剩余技术可采储量35.01亿吨，同比增长0.1%，新增探明地质储量超过8000万吨的油田3个，分别为中国石油长庆南梁、中国石油长庆环江和中国石油新疆玛北。(3) 天然气。自2001年以来，我国天然气剩余技术可采储量一直保持快速增长。截至2016年年底，全国天然气剩余技术可采储量54365.46亿立方米，同比增长4.7%，新增探明地质储量大于500亿立方米的气田4个，分别为中国石油长庆苏里格、中国石油西南安岳、陕西延长延安气田和中国石油塔里木克拉苏。(4) 页岩气。2011年页岩气成为新发现矿种，2014年具有探明地质储量，近年来页岩气勘查取得重要进展。截至2016年年底，全国页岩气剩余技术可采储量为1224.13亿立方米，同比下降6%。(5) 煤层气。我国煤层气剩余技术可采储量在2008年之前处于低位，2008年之后快速增长。截至2016年年底，全国煤层气剩余技术可采储量3344.04亿立方米，同比增长9.2%。第二类为重要金属矿产包括：(1) 铜矿。自2001年以来，我国铜矿查明资源储量缓慢增长，2016年首次超过1亿吨。截至2016年年底，全国铜矿查明资源储量10110.63 |

| 犯罪构成 | 客体 | 万吨，同比增长2%，新增查明资源储量超过50万吨的矿区2个，分别位于江西省和新疆维吾尔自治区。（2）金矿。自2001年以来，我国金矿查明资源储量持续快速增长。截至2016年年底，全国金矿查明资源储量12166.98吨，同比增长5.2%，新增查明资源储量超过50吨的矿区4个，分别位于贵州省（1个）、山东省（2个）、内蒙古自治区（1个）。（3）铁矿。自2001年以来，我国铁矿查明资源储量缓慢增长，近年来稳定在840亿吨的水平。截至2016年年底，全国铁矿查明资源储量840.63亿吨，同比下降1.2%，新增查明资源储量超过1亿吨的矿区1个，位于安徽省。（4）铬铁矿。我国铬铁矿查明资源储量略有增长，近年来稳定在1200万吨的水平上。截至2016年年底，全国查明资源储量1233.19万吨，同比下降1%。（5）铝土矿。自2001年以来，我国铝土矿查明资源储量稳步增长。截至2016年年底，全国铝土矿查明资源储量48.52亿吨，同比增长3.1%，新增查明资源储量超过2000万吨的矿区4个，分别位于贵州省（3个）、河南省（1个）。（6）镍矿。自2001年以来，我国镍矿查明资源储量缓慢增长，近年来增长明显。截至2016年年底，全国镍矿查明资源储量1118.37万吨，同比增长0.2%，新增查明资源储量超过10万吨的矿区1个，位于青海省。（7）钨矿。我国钨矿查明资源储量在2011年之前一直处于600万吨的水平，2011年之后快速增长，尤其是近两年取得重大进展。截至2016年年底，全国钨矿查明资源储量1015.95万吨（WO3），同比增长6%，新增查明资源储量超过10万吨的矿区2个，分别位于湖南省和江西省。（8）锡矿。自2001年以来，我国锡矿查明资源储量一直处于缓慢下降趋势。截至2016年年底，全国锡矿查明资源储量445.32万吨，同比增长6.5%。（9）钼矿。自2001年以来，我国钼矿查明资源储量大幅增长。截至2016年年底，全国锡矿查明资源储量2882.41万吨，同比下降1.2%，新增查明资源储量大型矿区2个，分别位于河南省和甘肃省。（10）锑矿。自2001年以来，我国镍矿查明资源储量略有增长。截至2016年年底，全国锑矿查明资源储量307.24万吨，同比增长5%，新增查明资源储量大型矿区2个，分别位于湖南省和河南省。第三类为战略性新兴矿产：（1）钴矿。自2001年以来，我国钴矿查明资源储量几乎没有变化。截至2016年年底，全国钴矿查明资源储量67.25万吨，同比下降1.2%。（2）锂矿。自2001年以来，我国锂矿查明资源储量几乎没有变化。截至2016年年底，全国锂矿查明资源储量961.46万吨（氧化物），同比下降1%。（3）锆矿。自2001年以来，我国锆矿查明资源储量略有增长。截至2016年年底，全国锆矿查明资源储量758.1万吨（氧化锆），同比下降1.6%。（4）晶质石墨。作为战略性新兴产业重要原材料，我国晶质石墨自2001年以来查明资源储量大幅增长，尤其是近年来勘查取得重大进展。2016年，我国晶质石墨查明资源储量3亿吨，同比增长15.4%，新增查明资源储量超过500万吨矿区2个，均位于内蒙古自治区。第四类为重要非金属矿产：（1）磷矿。自2001年以来，我国磷矿查明资源储量持续增长。截至2016年年底，全国磷矿查明资源储量244.1亿吨，同比增长5.6%，新增查明资源储量超过1亿吨矿区4个，分别位于贵州省（2个）、湖北省（2个）。（2）钾盐。自2001年以来，我国钾盐查明资源储量略有增长。截至2016年年底，全国钾盐查明资源储量10.6亿吨（KCl），同比下降1.9%。（3）普通萤石。自2001年以来，我国萤石查明资源储量明显增长。截至2016年年底，全国普通萤石查明资源储量折算为氟化钙2.222亿吨，同比增长0.4%，新增查明资源储量超过100万吨矿区2个，分别位于内蒙古自治区（1个）和浙江省（1个）。 |
| | 客观方面 | 本罪在客观方面表现为违反矿产资源法的规定，未取得采矿许可证擅自采矿，擅自进入国家规划矿区、对国民经济具有重要价值的矿区和他人矿区范围采矿，擅自开采国家规定实行保护性开采的特定矿种，情节严重的行为。包括三点：
1. 行为违反矿产资源法规定。《矿产资源法》第3条规定，勘查、开采矿产资源，必须依法分别申请、经批准取得探矿权、采矿权，并办理登记；但是，已经依法申请取得采矿权的矿山企业在划定的矿区范围内为本企业的生产而进行的勘查除外。国家保护探矿权 |

| 犯罪构成 | 客观方面 | 和采矿权不受侵犯，保障矿区和勘查作业区的生产秩序、工作秩序不受影响和破坏。从事矿产资源勘查和开采的，必须符合规定的资质条件。第6条规定，除按下列规定可以转让外，探矿权、采矿权不得转让：（1）探矿权人有权在划定的勘查作业区内进行规定的勘查作业，有权优先取得勘查作业区内矿产资源的采矿权。探矿权人在完成规定的最低勘查投入后，经依法批准，可以将探矿权转让他人；（2）已取得采矿权的矿山企业，因企业合并、分立，与他人合资、合作经营，或者因企业资产出售以及有其他变更企业资产产权的情形而需要变更采矿权主体，经依法批准可以将采矿权转让他人采矿。禁止将探矿权、采矿权倒卖牟利。《矿产资源法实施细则》第5条规定，国家对矿产资源的勘查、开采实行许可证制度。勘查矿产资源，必须依法申请登记，领取勘查许可证，取得探矿权；开采矿产资源，必须依法申请登记，领取采矿许可证，取得采矿权。第10条规定，国有矿山企业开采矿产资源，应当按照国务院关于采矿登记管理的规定，办理申请、审批和采矿登记。开采国家规划矿区、对国民经济具有重要价值矿区的矿产和国家规定实行保护性开采的特定矿种，办理申请、审批和采矿登记时，应当持有国务院有关主管部门批准的文件。开采特定矿种，应当按照国务院有关规定办理申请、审批和采矿登记。第11条规定，开办国有矿山企业，除应当具备有关法律、法规规定的条件外，并应当具备下列条件：（1）有供矿山建设使用的矿产勘查报告；（2）有矿山建设项目的可行性研究报告（含资源利用方案和矿山环境影响报告）；（3）有确定的矿区范围和开采范围；（4）有矿山设计；（5）有相应的生产技术条件。国务院、国务院有关主管部门和省、自治区、直辖市人民政府，按照国家有关固定资产投资管理的规定，对申请开办的国有矿山企业根据前款所列条件审查合格后，方予批准。第14条规定，申请个体采矿应当具备下列条件：（1）有经过批准的无争议的开采范围；（2）有与采矿规模相适应的资金、设备和技术人员；（3）有相应的矿产勘查资料和经批准的开采方案；（4）有必要的安全生产条件和环境保护措施。《煤炭法》第20条规定，煤炭投入生产前，煤矿企业应当依照有关安全生产的法律、行政法规的规定取得安全生产许可证。未取得煤炭安全生产许可证的，不得从事煤炭生产。《乡镇煤矿管理条例》第4条规定，乡镇煤矿开采煤炭资源，必须依照有关法律、法规的规定，申请领取采矿许可证和煤炭安全生产许可证。第9条规定，未经国务院煤炭工业主管部门批准，乡镇煤矿不得开采下列煤炭资源：（1）国家规划煤炭矿区；（2）对国民经济具有重要价值的煤炭矿区；（3）国家规定实行保护性开采的稀缺煤种；（4）重要河流、堤坝和大型水利工程设施下的保安煤柱；（5）铁路、重要公路和桥梁下的保安煤柱；（6）重要工业区、重要工程设施、机场、国防工程设施下的保安煤柱；（7）不能移动的国家重点保护的历史文物、名胜古迹和国家划定的自然保护区、重要风景区下的保安煤柱；（8）正在建设或者正在开采的矿井的保安煤柱。第12条规定，开办乡镇煤矿，必须具备下列条件：（1）符合国家煤炭工业发展规划；（2）有经依法批准可供开采的、无争议的煤炭资源；（3）有与所建矿井生产规模相适应的资金、技术装备和技术人才；（4）有经过批准的采矿设计或者开采方案；（5）有符合国家规定的安全生产措施和环境保护措施；（6）办矿负责人经过技术培训，并持有矿长资格证书；（7）法律、法规规定的其他条件。第14条规定，乡镇煤矿建成投产前，应当按照国务院关于安全生产许可证管理的规定，申请领取安全生产许可证。未取得安全生产许可证的乡镇煤矿，不得进行煤炭生产。《矿产资源开采登记管理办法》第3条规定，开采下列矿产资源，由国务院地质矿产主管部门审批登记，颁发采矿许可证：（1）国家规划矿区和对国民经济具有重要价值的矿区内的矿产资源；（2）领海及中国管辖的其他海域的矿产资源；（3）外商投资开采的矿产资源；（4）本办法附录（1煤 2石油 3油页岩 4烃类天然气 5二氧化碳气 6煤成（层）气 7地热 8放射性矿产 9金 10银 11铂 12锰 13铬 14钴 15铁 16铜 17铅 18锌 19铝 20镍 21钨 22锡 23锑 24钼 25稀土 26磷 27钾 28硫 29锶 30金刚石 31铌 32钽 33石棉 34矿泉水）所列的矿产资源。开采石油、天然气矿产的，经国务院指定的机关审查同意后，由国务院地质矿产主管部门登 |

犯罪构成	客观方面	记，颁发采矿许可证。开采下列矿产资源，由省、自治区、直辖市人民政府地质矿产主管部门审批登记，颁发采矿许可证：（1）本条第一款、第二款规定以外的矿产储量规模中型以上的矿产资源；（2）国务院地质矿产主管部门授权省、自治区、直辖市人民政府地质矿产主管部门审批登记的矿产资源。开采本条第一款、第二款、第三款规定以外的矿产资源，由县级以上地方人民政府负责地质矿产管理工作的部门，按照省、自治区、直辖市人民代表大会常务委员会制定的管理办法审批登记，颁发采矿许可证。矿区范围跨县级以上行政区域的，由所涉及行政区域的共同上一级登记管理机关审批登记，颁发采矿许可证。县级以上地方人民政府负责地质矿产管理工作的部门在审批发证后，应当逐级向上一级人民政府负责地质矿产管理工作的部门备案。第5条规定，采矿权申请人申请办理采矿许可证时，应当向登记管理机关提交下列资料：（1）申请登记书和矿区范围图；（2）采矿权申请人资质条件的证明；（3）矿产资源开发利用方案；（4）依法设立矿山企业的批准文件；（5）开采矿产资源的环境影响评价报告；（6）国务院地质矿产主管部门规定提交的其他资料。申请开采国家规划矿区或者对国民经济具有重要价值的矿区内的矿产资源和国家实行保护性开采的特定矿种的，还应当提交国务院有关主管部门的批准文件。申请开采石油、天然气的，还应当提交国务院批准设立石油公司或者同意进行石油、天然气开采的批准文件以及采矿企业法人资格证明。《探矿权采矿权转让管理办法》第2条规定，在中华人民共和国领域及管辖的其他海域转让依法取得的探矿权、采矿权的，必须遵守本办法。第3条规定，除按照下列规定可以转让外，探矿权、采矿权不得转让：（1）探矿权人有权在划定的勘查作业区内进行规定的勘查作业，有权优先取得勘查作业区内矿产资源的采矿权。探矿权人在完成规定的最低勘查投入后，经依法批准，可以将探矿权转让他人。（2）已经取得采矿权的矿山企业，因企业合并、分立，与他人合资、合作经营，或者因企业资产出售以及有其他变更企业资产产权的情形，需要变更采矿权主体的，经依法批准，可以将采矿权转让他人采矿。第6条规定，转让采矿权，应当具备下列条件：（1）矿山企业投入采矿生产满1年；（2）采矿权属无争议；（3）按照国家有关规定已经缴纳采矿权使用费、采矿权价款、矿产资源补偿费和资源税；（4）国务院地质矿产主管部门规定的其他条件。国有矿山企业在申请转让采矿权前，应当征得矿山企业主管部门的同意。第7条规定，探矿权或者采矿权转让的受让人，应当符合《矿产资源勘查区块登记管理办法》或者《矿产资源开采登记管理办法》规定的有关探矿权申请人或者采矿权申请人的条件。《矿产资源勘查区块登记管理办法》第7条规定，申请石油、天然气滚动勘探开发的，应当向登记管理机关提交下列资料，经批准，办理登记手续，领取滚动勘探开发的采矿许可证：（1）申请登记书和滚动勘探开发矿区范围图；（2）国务院计划主管部门批准的项目建议书；（3）需要进行滚动勘探开发的论证材料；（4）经国务院矿产储量审批机构批准进行石油、天然气滚动勘探开发的储量报告；（5）滚动勘探开发利用方案。行为违反上述矿产资源法相关规定是本罪成立的前提条件。 2. 实施了未取得采矿许可证擅自采矿，擅自进入国家规划矿区、对国民经济具有重要价值的矿区和他人矿区范围采矿，擅自开采国家规定实行保护性开采的特定矿种行为。上述非法采矿行为，包括无证采矿或有证滥采的行为。这类行为通常包括以下几种情形： 第一，未取得采矿许可证擅自采矿的无证采矿，即行为人没有经过法律规定的审批许可程序取得采矿权、获得采矿许可证而擅自开采矿产资源。采矿许可证是法律规定由国家行政机关颁发的一种特许许可证，没有采矿许可证的，就无权开采矿产资源。所谓采矿权，是指在依法取得的采矿许可证规定的范围内，开采矿产资源和获得所开采的矿产品的权利。取得采矿许可证的单位或者个人称为采矿权人。《矿产资源法》第16条规定，开采下列矿产资源的，由国务院地质矿产主管部门审批，并颁发采矿许可证：（1）国家规划区和对国民经济具有重要价值的矿区内的矿产资源；（2）前项规定区域以外可供开采的矿产储量规模在大型以上的矿产资源；（3）国家规定实行保护性开采的特定矿种；（4）领海

| 犯罪构成 | 客观方面 | 及中国管辖的其他海域的矿产资源；（5）国务院规定的其他矿产资源。开采石油、天然气、放射性矿产等特定矿种的，可以由国务院授权的有关主管部门审批，并颁发采矿许可证。开采第一款、第二款规定以外的矿产资源，其可供开采的矿产的储量规模为中型的，由省、自治区、直辖市人民政府地质矿产主管部门审批和颁发采矿许可证。开采第一款、第二款和第三款规定以外的矿产资源的管理办法，由省、自治区、直辖市人民代表大会常务委员会依法制定。依照第三款、第四款的规定审批和颁发采矿许可证的，由省、自治区、直辖市人民政府地质矿产主管部门汇总向国务院地质矿产主管部门备案。矿产储量规模的大型、中型的划分标准，由国务院矿产储量审批机构规定。根据《矿产资源开采登记管理办法》的有关规定，采矿权申请人申请办理采矿许可证时，应当向登记管理机关提交下列资料：（1）申请登记书和矿区范围图；（2）采矿权申请人资质条件的证明；（3）矿产资源开发利用方案；（4）依法设立矿山企业的批准文件；（5）开采矿产资源的环境影响评价报告；（6）国务院地质矿产主管部门规定提交的其他资料。申请开采国家规划矿区或者对国民经济具有重要价值的矿区内的矿产资源和国家实行保护性开采的特定矿种的，还应当提交国务院有关主管部门的批准文件。申请开采石油、天然气的，还应当提交国务院批准设立石油公司或者同意进行石油、天然气开采的批准文件以及采矿企业法人资格证明。登记管理机关应当自收到申请之日起40日内，作出准予登记或者不予登记的决定，并通知采矿权申请人。准予登记的，采矿权申请人应当自收到通知之日起30日内，依照本办法第9条的规定缴纳采矿权使用费，并依照本办法第10条的规定缴纳国家出资勘查形成的采矿权价款，办理登记手续，领取采矿许可证，成为采矿权人。《煤炭法》第20条规定，煤矿投入生产前，煤炭企业应当依照有关安全生产的法律、行政法规的规定取得安全生产许可证，未取得安全生产许可证的，不得从事煤炭生产。第24条规定，煤炭生产应当依法在批准的开采范围内进行，不得超越批准的开采范围越界、越层开采。采矿作业不得擅自开采保安煤柱，不得采用可能危及相邻煤矿生产安全的决水、爆破、贯通巷道等危险方法。另外，对于持有失效的或不在有效期内的采矿许可证而开采矿产资源的行为，也应属于无证开采，关于采矿许可证的有效期，《矿产资源开采登记管理办法》第7条作了明确规定，即"采矿许可证有效期，按照矿山建设规模确定：大型以上的，采矿许可证有效期最长为30年；中型的，采矿许可证有效期最长为20年；小型的，采矿许可证有效期最长为10年。采矿许可证有效期满，需要继续采矿的，采矿权人应当在采矿许可证有效期届满的30日前，到登记管理机关办理延续登记手续。采矿权人逾期不办理延续登记手续的，采矿许可证自行废止。"根据有关司法解释规定，具有下列情形之一的，属于这里的"未取得采矿许可证"：（1）无许可证的；（2）许可证被注销、吊销、撤销的；（3）超越许可证规定的矿区范围或者开采范围的；（4）超出许可证规定的矿种的（共生、伴生矿种除外）；（5）其他未取得许可证的情形。另外，在采矿许可证被依法暂扣期间擅自开采的，视为未取得采矿许可证擅自采矿。

第二，具有采矿许可证，但违反有关规定越界开采、越权开采的有证滥采，即行为人虽经合法审批程序，依法取得了采矿许可证，但却不按照许可证的要求或违反有关开采规定而胡乱开采矿产资源。有证滥采包括两类情况：一是越界开采，即擅自进入国家规划矿区、对国民经济具有重要价值的矿区和他人矿区范围采矿的行为。所谓国家规划矿区，是指国家根据建设规划和矿产资源规划，为建设大、中型矿山划定的矿产资源分布区域。所谓对国民经济具有重要价值的矿区，是指国家根据国民经济发展需要划定的、尚未列入国家建设规划的，储量大、质量好、具有开发前景的矿产资源保护区域。所谓他人矿区，是指他人依法设立的国有矿山企业和集体矿山企业、个体矿山企业的矿区。根据有关矿产资源保护的法律、法规规定，国有矿山企业是开采矿产资源的主体，国家保障国有矿业经济的巩固和发展；同时，国家鼓励集体矿山企业开采国家指定范围内的矿产资源，允许个人采挖零星分散资源和只能用作普通建筑材料的砂、石、粘土以及为生活自用采挖少量矿 |

犯罪构成	客观方面	产。《煤炭法》第24条第1款规定，煤炭生产应当依法在批准的开采范围内进行，不得超越批准的开采范围越界、越层开采。《矿产资源法》第17条规定，国家对国家规划矿区、对国民经济具有重要价值的矿区和国家规定实行保护性开采的特定矿种，实行有计划的开采；未经国务院有关主管部门批准，任何单位和个人不得开采。第20条规定，非经国务院授权的有关主管部门的同意，不得在下列地区开采矿产资源：（1）港口、机场、国防工程设施圈定地区以内；（2）重要工业区、大型水利工程设施、城镇市政工程设施附近一定距离以内；（3）铁路、重要公路两侧一定距离以内；（4）重要河流、堤坝两侧一定距离以内；（5）国家划定的自然保护区、重要风景区，国家重点保护的不能移动的历史文物和名胜古迹所在地；（6）国家规定不得开采矿产资源的其他地区。第33条规定：在建设铁路、工厂、水库、输油管道、输电线路和各种大型建筑物或者建筑群之前，建设单位必须向所在省、自治区、直辖市地质矿产主管部门了解拟建工程所在地区的矿产资源分布和开采情况。非经国务院授权的部门批准，不得压覆重要矿床。凡是违反上述有关规定，超越开采范围的采矿行为，都属越界开采。二是越权开采，即擅自开采国家规定实行保护性开采的特定矿种的行为。所谓国家规定实行保护性开采的特定矿种，是指国务院根据国民经济建设和高科技发展的需要，以及资源稀缺、贵重程度确定的，由国务院有关主管部门按照国家计划批准开采的矿种。例如，黄金、钨、锡、锑、离子型稀土矿等。对于上述特定矿种的开采，国家实行特殊保护，必须依法审查批准，取得采矿许可证后，才能进行有计划的开采。例如，对黄金的开采，国务院有关通知中明确规定，必须经国家黄金管理局批准，否则，任何单位和个人不得开采。 3. 行为人实施的非法采矿行为，必须达到情节严重的程度，才能构成犯罪。根据国土资源部《非法采矿、破坏性采矿造成矿产资源破坏价值鉴定程序的规定》规定，国土资源部负责出具由其直接查处的矿产资源违法案件中涉及非法采矿、破坏性采矿造成矿产资源破坏价值的鉴定结论；省级人民政府国土资源主管部门负责出具本行政区域内的或者国土资源部委托其鉴定的非法采矿、破坏性采矿造成矿产资源破坏价值的鉴定结论。根据有关司法解释规定，这里的主要情节严重包括：（1）开采的矿产品价值或者造成矿产资源破坏的价值在10万元至30万元以上的；（2）在国家规划矿区、对国民经济具有重要价值的矿区采矿，开采国家规定实行保护性开采的特定矿种，或者在禁采区、禁采期内采矿，开采的矿产品价值或者造成矿产资源破坏的价值在5万元至15万元以上的；（3）2年内曾因非法采矿受过两次以上行政处罚，又实施非法采矿行为的；（4）造成生态环境严重损害的；（5）其他情节严重的情形。另外，根据有关司法解释规定，还包括在河道管理范围内采砂，具有下列情形之一，符合上述情节严重情形的：（1）依据相关规定应当办理河道采砂许可证，未取得河道采砂许可证的；（2）依据相关规定应当办理河道采砂许可证和采矿许可证，既未取得河道采砂许可证，又未取得采矿许可证的；（3）严重影响河势稳定，危害防洪安全的。根据有关司法解释规定，也包括未取得海砂开采海域使用权证，且未取得采矿许可证，采挖海砂，或者造成海岸线严重破坏，符合上述情节严重情形的。根据有关司法解释规定，各省、自治区、直辖市高级人民法院、人民检察院，可以根据本地区实际情况，在相关规定数额幅度内，确定本地区执行的具体数额标准，报最高人民法院、最高人民检察院备案。
犯罪构成	主体	本罪的主体既包括一般主体，也包括特殊主体，既可以由单位，也可由自然人构成。在无证采矿情况下，犯罪主体为一般主体，任何单位或个人都可成为本罪主体。在有证滥采情况下，犯罪主体只能是依照法定程序申请、获得有关主管部门，并取得采矿许可证的单位和个人。也就是说，在有证滥采情况下，本罪的主体只能由采矿权人构成。
犯罪构成	主观方面	本罪在主观方面表现为故意，包括直接故意和间接故意，过失不能构成本罪。所谓故意，是指行为人明知自己的非法采矿行为违反有关矿产资源保护法规，而希望或放任这种危害结果发生的心理态度。行为人的动机多种多样，不同的动机一般不影响本罪的定罪。

认定标准		
	刑罚标准	1. 犯本罪的，处3年以下有期徒刑、拘役或者管制，并处或者单处罚金。 2. 情节特别严重的，处3年以上7年以下有期徒刑，并处罚金。 3. 单位犯本罪的，对单位判处罚金，并对其直接负责的主管人员和其他直接责任人员，依照上述规定处罚。 本罪属情节犯，行为人实施的非法采矿行为，必须达到情节严重的程度，即构成本罪，除非情节显著轻微危害不大不认为是犯罪的以外，即应适用第一档量刑条款。 构成本罪，情节特别严重的，即适用第二档量刑条款。根据有关司法解释规定，这里的情节特别严重包括：（1）数额达到上述情节严重标准5倍以上的；（2）造成生态环境特别严重损害的；（3）其他情节特别严重的情形。
	本罪与非罪的界限	正确区分本罪与一般非法采矿行为的关键，主要应从客观方面加以把握，构成本罪，必须达到情节严重的程度，才能构成本罪。如果情节显著轻微危害不大的，则不认为是犯罪，应属于一般非法行为。根据有关司法解释规定，对受雇佣为非法采矿犯罪提供劳务的人员，除参与利润分成或者领取高额固定工资的以外，一般不以犯罪论处，但曾因非法采矿受过处罚的除外。
	本罪共犯的认定	实践中，实施非法采矿活动需要许多设备运作及众多人力投入才能顺利进行，一般参与人较多，往往存在一定的组织及分工，经常以共同犯罪形式呈现。根据有关司法解释规定，明知是犯罪所得的矿产品及其产生的收益，而予以窝藏、转移、收购、代为销售或者以其他方法掩饰、隐瞒的，依照刑法第312条的规定，以掩饰、隐瞒犯罪所得、犯罪所得收益罪定罪处罚。如果实施该款规定的犯罪行为，事前通谋的，以共同犯罪论处，即应当以本罪的共犯来认定处理。
	本罪罪数的认定	对于行为人实施非法采矿过程中，造成矿产资源破坏的同时，又发生了重大责任事故，同时符合两个犯罪构成的，应当实行数罪并罚。对于行为人为采矿非法购买爆炸物，后实施了非法采矿行为，如果符合两个构成犯罪的，则由于两个行为之间存在手段行为与目的行为的关系，应按牵连犯的处罚原则择一重罪论处，不能数罪并罚。对于行为人既实施非法占用农用地行为，又实施无证擅自采矿行为，导致数量较大的农用地严重被毁的，如果非法占用农用地的行为和非法采矿的行为符合本罪构成和非法占用农用地罪构成的话，就应当实行数罪并罚。但如果非法占用农用地的行为不构成犯罪，而非法采矿行为构成犯罪的，则按本罪从重处罚。而如果非法占用农用地行为构成犯罪，非法采矿行为不构成犯罪的，则按非法占用农用地罪从重处罚。
	此罪与彼罪的区别	本罪与重大责任事故罪的区别。 重大责任事故罪，是指在生产、作业中违反有关安全管理的规定，因而发生重大伤亡事故或者造成其他严重后果的行为。两罪的主要区别在于： 1. 犯罪客体不同。本罪侵犯的客体是国家矿产资源保护的管理制度，属于刑法分则第6章第6节破坏环境资源保护的犯罪。后罪侵犯的客体是社会生产安全的管理制度，属于刑法分则第2章危害公共安全的犯罪。 2. 犯罪客观方面不同。本罪表现为行为人违反矿产资源法的规定，未取得采矿许可证擅自采矿，擅自进入国家规划矿区、对国民经济具有重要价值的矿区和他人矿区范围采矿，擅自开采国家规定实行保护性开采的特定矿种，情节严重的行为。后罪表现为行为人在生产和作业过程中违反规章制度，不服从管理或者强令工人违章冒险作业，因而发生重大伤亡事故，造成严重后果的行为。 3. 犯罪主体范围不同。本罪主体范围较广，包括无证开采的一般主体情况，也包括有证滥采的特殊主体情况，既可以由单位，也可由自然人构成。后罪必须是特殊主体，只能由自然人构成，单位不能构成。后罪的特殊主体，是指工厂、矿山、林场、建筑企业或者其他企业、事业单位的直接从事生产的人员和直接指挥生产、作业的人员，包括生产工

认定标准	此罪与彼罪的区别	人、技术员、安全员、化验员、检验员、生产调度、段长、矿长、车间主任等。 4. 犯罪主观方面不同。本罪在主观上表现为故意，包括直接故意和间接故意，过失不能构成本罪。后罪在主观上必须是过失，故意情况下不能构成。
相关执法参考	刑法	中华人民共和国刑法（节录） （1979年7月1日第五届全国人民代表大会第二次会议通过，1997年3月14日第八届全国人民代表大会第五次会议修订，已先后被1999年12月25日《中华人民共和国刑法修正案》、2001年8月31日《中华人民共和国刑法修正案（二）》、2001年12月29日《中华人民共和国刑法修正案（三）》、2002年12月28日《中华人民共和国刑法修正案（四）》、2005年2月28日《中华人民共和国刑法修正案（五）》、2006年6月29日《中华人民共和国刑法修正案（六）》、2009年2月28日《中华人民共和国刑法修正案（七）》、2009年8月27日《全国人民代表大会常务委员会关于修改部分法律的决定》、2011年2月25日《中华人民共和国刑法修正案（八）》、2015年8月29日《中华人民共和国刑法修正案（九）》、2017年11月4日《中华人民共和国刑法修正案（十）》、2020年12月26日《中华人民共和国刑法修正案（十一）》修改或修正） 第三百四十三条　违反矿产资源法的规定，未取得采矿许可证擅自采矿，擅自进入国家规划矿区、对国民经济具有重要价值的矿区和他人矿区范围采矿，或者擅自开采国家规定实行保护性开采的特定矿种，情节严重的，处三年以下有期徒刑、拘役或者管制，并处或者单处罚金；情节特别严重的，处三年以上七年以下有期徒刑，并处罚金。 违反矿产资源法的规定，采取破坏性的开采方法开采矿产资源，造成矿产资源严重破坏的，处五年以下有期徒刑或者拘役，并处罚金。
	相关法律法规（1）	最高人民法院、最高人民检察院《关于办理非法采矿、破坏性采矿刑事案件适用法律若干问题的解释》（节录） （2016年9月26日最高人民法院审判委员会第1694次会议、2016年11月4日最高人民检察院第十二届检察委员会第57次会议通过，法释〔2016〕25号，自2016年12月1日起施行） 为依法惩处非法采矿、破坏性采矿犯罪活动，根据《中华人民共和国刑法》《中华人民共和国刑事诉讼法》的有关规定，现就办理此类刑事案件适用法律的若干问题解释如下： 第一条　违反《中华人民共和国矿产资源法》《中华人民共和国水法》等法律、行政法规有关矿产资源开发、利用、保护和管理的规定的，应当认定为刑法第三百四十三条规定的"违反矿产资源法的规定"。 第二条　具有下列情形之一的，应当认定为刑法第三百四十三条第一款规定的"未取得采矿许可证"： （一）无许可证的； （二）许可证被注销、吊销、撤销的； （三）超越许可证规定的矿区范围或者开采范围的； （四）超出许可证规定的矿种的（共生、伴生矿种除外）； （五）其他未取得许可证的情形。 第三条　实施非法采矿行为，具有下列情形之一的，应当认定为刑法第三百四十三条第一款规定的"情节严重"： （一）开采的矿产品价值或者造成矿产资源破坏的价值在十万元至三十万元以上的； （二）在国家规划矿区、对国民经济具有重要价值的矿区采矿，开采国家规定实行保护性开采的特定矿种，或者在禁采区、禁采期内采矿，开采的矿产品价值或者造成矿产资源破坏的价值在五万元至十五万元以上的；

（三）二年内曾因非法采矿受过两次以上行政处罚，又实施非法采矿行为的；
（四）造成生态环境严重损害的；
（五）其他情节严重的情形。

实施非法采矿行为，具有下列情形之一的，应当认定为刑法第三百四十三条第一款规定的"情节特别严重"：
（一）数额达到前款第一项、第二项规定标准五倍以上的；
（二）造成生态环境特别严重损害的；
（三）其他情节特别严重的情形。

第四条 在河道管理范围内采砂，具有下列情形之一，符合刑法第三百四十三条第一款和本解释第二条、第三条规定的，以非法采矿罪定罪处罚：
（一）依据相关规定应当办理河道采砂许可证，未取得河道采砂许可证的；
（二）依据相关规定应当办理河道采砂许可证和采矿许可证，既未取得河道采砂许可证，又未取得采矿许可证的。

实施前款规定行为，虽不具有本解释第三条第一款规定的情形，但严重影响河势稳定，危害防洪安全的，应当认定为刑法第三百四十三条第一款规定的"情节严重"。

第五条 未取得海砂开采海域使用权证，且未取得采矿许可证，采挖海砂，符合刑法第三百四十三条第一款和本解释第二条、第三条规定的，以非法采矿罪定罪处罚。

实施前款规定行为，虽不具有本解释第三条第一款规定的情形，但造成海岸线严重破坏的，应当认定为刑法第三百四十三条第一款规定的"情节严重"。

第六条 造成矿产资源破坏的价值在五十万元至一百万元以上，或者造成国家规划矿区、对国民经济具有重要价值的矿区和国家规定实行保护性开采的特定矿种资源破坏的价值在二十五万元至五十万以上的，应当认定为刑法第三百四十三条第二款规定的"造成矿产资源严重破坏"。

第七条 明知是犯罪所得的矿产品及其产生的收益，而予以窝藏、转移、收购、代为销售或者以其他方法掩饰、隐瞒的，依照刑法第三百一十二条的规定，以掩饰、隐瞒犯罪所得、犯罪所得收益罪定罪处罚。

实施前款规定的犯罪行为，事前通谋的，以共同犯罪论处。

第八条 多次非法采矿、破坏性采矿构成犯罪，依法应当追诉的，或者二年内多次非法采矿、破坏性采矿未经处理的，价值数额累计计算。

第九条 单位犯刑法第三百四十三条规定之罪的，依照本解释规定的相应自然人犯罪的定罪量刑标准，对直接负责的主管人员和其他直接责任人员定罪处罚，并对单位判处罚金。

第十条 实施非法采矿犯罪，不属于"情节特别严重"，或者实施破坏性采矿犯罪，行为人系初犯，全部退赃退赔，积极修复环境，并确有悔改表现的，可以认定为犯罪情节轻微，不起诉或者免予刑事处罚。

第十一条 对受雇佣为非法采矿、破坏性采矿犯罪提供劳务的人员，除参与利润分成或者领取高额固定工资的以外，一般不以犯罪论处，但曾因非法采矿、破坏性采矿受过处罚的除外。

第十二条 对非法采矿、破坏性采矿犯罪的违法所得及其收益，应当依法追缴或者责令退赔。

对用于非法采矿、破坏性采矿犯罪的专门工具和供犯罪所用的本人财物，应当依法没收。

第十四条 对案件所涉的有关专门性问题难以确定的，依据下列机构出具的鉴定意见或者报告，结合其他证据作出认定：
（一）司法鉴定机构就生态环境损害出具的鉴定意见；

相关执法参考	相关法律法规（1）	（二）省级以上人民政府国土资源主管部门就造成矿产资源破坏的价值、是否属于破坏性开采方法出具的报告； （三）省级以上人民政府水行政主管部门或者国务院水行政主管部门在国家确定的重要江河、湖泊设立的流域管理机构就是否危害防洪安全出具的报告； （四）省级以上人民政府海洋主管部门就是否造成海岸线严重破坏出具的报告。 **第十五条** 各省、自治区、直辖市高级人民法院、人民检察院，可以根据本地区实际情况，在本解释第三条、第六条规定的数额幅度内，确定本地区执行的具体数额标准，报最高人民法院、最高人民检察院备案。 **第十六条** 本解释自2016年12月1日起施行。本解释施行后，最高人民法院《关于审理非法采矿、破坏性采矿刑事案件具体应用法律若干问题的解释》（法释〔2003〕9号）同时废止。
	相关法律法规（2）	最高人民检察院、公安部《关于公安机关管辖的刑事案件立案追诉标准的规定（一）》（节录） （2008年6月25日，公通字〔2008〕36号） **第六十八条** ［非法采矿案（刑法第三百四十三条第一款）］违反矿产资源法的规定，未取得采矿许可证擅自采矿的，或者擅自进入国家规划矿区、对国民经济具有重要价值的矿区和他人矿区范围采矿的，或者擅自开采国家规定实行保护性开采的特定矿种，经责令停止开采后拒不停止开采，造成矿产资源破坏的价值数额在五万元至十万元以上的，应予立案追诉。 具有下列情形之一的，属于本条规定的"未取得采矿许可证擅自采矿"： （一）无采矿许可证开采矿产资源的； （二）采矿许可证被注销、吊销后继续开采矿产资源的； （三）超越采矿许可证规定的矿区范围开采矿产资源的； （四）未按采矿许可证规定的矿种开采矿产资源的（共生、伴生矿种除外）； （五）其他未取得采矿许可证开采矿产资源的情形。 在采矿许可证被依法暂扣期间擅自开采的，视为本条规定的"未取得采矿许可证擅自采矿"。 造成矿产资源破坏的价值数额，由省级以上地质矿产主管部门出具鉴定结论，经查证属实后予以认定。
	相关法律法规（3）	《非法采矿、破坏性采矿造成矿产资源破坏价值鉴定程序的规定》 （2005年8月31日国土资源部国土资发〔2005〕175号） 各省、自治区、直辖市国土资源厅（国土环境资源厅、国土资源和房屋管理局、房屋土地资源管理局、规划和国土资源局），解放军土地管理局，新疆生产建设兵团土地管理局： 为了规范非法采矿、破坏性采矿造成矿产资源破坏的价值鉴定工作，依法惩处矿产资源违法犯罪行为，维护矿产资源管理秩序，促进依法行政，现将《非法采矿、破坏性采矿造成矿产资源破坏价值鉴定程序的规定》印发给你们，请遵照执行。 附件：非法采矿、破坏性采矿造成矿产资源破坏价值鉴定程序的规定 **第一条** 为了规范非法采矿、破坏性采矿造成矿产资源破坏价值的鉴定工作，依法惩处矿产资源犯罪行为，根据《中华人民共和国矿产资源法》《最高人民法院关于审理非法采矿、破坏性采矿刑事案件具体应用法律若干问题的解释》及有关规定，制定本规定。 **第二条** 国土资源主管部门在查处矿产资源违法案件中，对非法采矿、破坏性采矿涉嫌犯罪，需要对造成矿产资源破坏的价值进行鉴定的，或者省级以上人民政府国土资源主管部门根据公安、司法机关的请求进行上述鉴定的，适用本规定。 **第三条** 省级以上人民政府国土资源主管部门对非法采矿、破坏性采矿造成矿产资源

破坏或者严重破坏的价值出具的鉴定结论，作为涉嫌犯罪的证据材料，由查处矿产资源违法案件的国土资源主管部门依法移送有关机关。属于根据公安、司法机关的请求所出具的鉴定结论，交予提出请求的公安、司法机关。

第四条 国土资源部负责出具由其直接查处的矿产资源违法案件中涉及非法采矿、破坏性采矿造成矿产资源破坏价值的鉴定结论；省级人民政府国土资源主管部门负责出具本行政区域内的或者国土资源部委托其鉴定的非法采矿、破坏性采矿造成矿产资源破坏价值的鉴定结论。

第五条 省级以上人民政府国土资源主管部门设立非法采矿、破坏性采矿造成矿产资源破坏价值鉴定委员会，负责审查有关鉴定报告并提出审查意见。

鉴定委员会负责人由本级国土资源主管部门主要领导或者分管领导担任，成员由有关职能机构负责人及有关业务人员担任，可聘请有关专家参加。

第六条 对非法采矿、破坏性采矿造成矿产资源破坏的价值按照以下原则进行鉴定：非法采矿破坏的矿产资源价值，包括采出的矿产品价值和按照科学合理的开采方法应该采出但因矿床破坏已难以采出的矿产资源折算的价值。破坏性采矿造成矿产资源严重破坏的价值，指由于没有按照国土资源主管部门审查认可的矿产资源开发利用方案采矿，导致应该采出但因矿床破坏已难以采出的矿产资源折算的价值。

第七条 省级以下人民政府国土资源主管部门在查处矿产资源违法案件中，涉及对非法采矿、破坏性采矿造成矿产资源破坏的价值进行鉴定的，须向省级人民政府国土资源主管部门提出书面申请，同时附具对该违法行为的调查报告及有关材料，由省级人民政府国土资源主管部门按照本规定第八条规定出具鉴定结论。对于认为案情简单、鉴定技术要求不复杂，本部门自己进行鉴定或者自行委托专业技术机构进行鉴定的，须将鉴定报告及有关调查材料呈报省级国土资源主管部门进行审查，并由省级人民政府国土资源主管部门按照本规定第八条第（三）项的有关规定出具鉴定结论。

第八条 省级人民政府国土资源主管部门接到省级以下人民政府国土资源主管部门请求鉴定的书面申请后，按下述规定办理：

（一）自接到书面申请之日起 7 日内进行审查并决定是否受理。经审查不同意受理的，将有关材料退回；需要补充情况或者材料的，应及时提出要求。

（二）同意受理后，有条件自行鉴定的，自受理之日起 30 日内委派承办人员进行鉴定并提出鉴定报告。案情复杂的可以适当延长，但最长不得超过 60 日。没有条件自行鉴定的，委托专业技术机构进行鉴定并按照上述期限提出鉴定报告。鉴定报告须由具体承办人员签署姓名。受委托进行鉴定的专业技术机构需要国土资源主管部门予以协助、配合的，各级国土资源主管部门应当及时予以协助、配合。

（三）自接到鉴定报告之日起 7 日内，由鉴定委员会负责人召集组成人员进行审查。审查时，鉴定委员会组成人员必须达到三分之二以上，以听取鉴定情况汇报并对有关材料、数据、鉴定过程与方法审查等方式进行。审查通过的，本级国土资源主管部门即行出具鉴定结论并交予提出申请的国土资源主管部门。未能通过的，应说明意见及理由。

第九条 省级人民政府国土资源主管部门或者国土资源部对非法采矿、破坏性采矿行为进行直接查处并由本部门出具鉴定结论，或者根据公安、司法机关的请求出具鉴定结论的，进行鉴定、审查、出具鉴定结论及有关办理时限，按照第八条（二）、（三）项中的有关规定办理。

第十条 省级人民政府国土资源主管部门可以根据本规定并结合本地区的实际，制定具体的实施办法。

第十一条 本规定自颁布之日起施行。

最高人民法院、最高人民检察院《关于办理危害矿山生产安全刑事案件具体应用法律若干问题的解释》

（2007年2月26日最高人民法院审判委员会第1419次会议、2007年2月27日最高人民检察院第十届检察委员会第72次会议通过，法释〔2007〕5号，自2007年3月1日起施行）

为依法惩治危害矿山生产安全犯罪，保障矿山生产安全，根据刑法有关规定，现就办理此类刑事案件具体应用法律的若干问题解释如下：

第一条 刑法第一百三十四条第一款规定的犯罪主体，包括对矿山生产、作业负有组织、指挥或者管理职责的负责人、管理人员、实际控制人、投资人等人员，以及直接从事矿山生产、作业的人员。

第二条 刑法第一百三十四条第二款规定的犯罪主体，包括对矿山生产、作业负有组织、指挥或者管理职责的负责人、管理人员、实际控制人、投资人等人员。

第三条 刑法第一百三十五条规定的"直接负责的主管人员和其他直接责任人员"，是指对矿山安全生产设施或者安全生产条件不符合国家规定负有直接责任的矿山生产经营单位负责人、管理人员、实际控制人、投资人，以及对安全生产设施或者安全生产条件负有管理、维护职责的电工、瓦斯检查工等人员。

第四条 发生矿山生产安全事故，具有下列情形之一的，应当认定为刑法第一百三十四条、第一百三十五条规定的"重大伤亡事故或者其他严重后果"：

（一）造成死亡一人以上，或者重伤三人以上的；

（二）造成直接经济损失一百万元以上的；

（三）造成其他严重后果的情形。

具有下列情形之一的，应当认定为刑法第一百三十四条、第一百三十五条规定的"情节特别恶劣"：

（一）造成死亡三人以上，或者重伤十人以上的；

（二）造成直接经济损失三百万元以上的；

（三）其他特别恶劣的情节。

第五条 刑法第一百三十九条之一规定的"负有报告职责的人员"，是指矿山生产经营单位的负责人、实际控制人、负责生产经营管理的投资人以及其他负有报告职责的人员。

第六条 在矿山生产安全事故发生后，负有报告职责的人员不报或者谎报事故情况，贻误事故抢救，具有下列情形之一的，应当认定为刑法第一百三十九条之一规定的"情节严重"：

（一）导致事故后果扩大，增加死亡一人以上，或者增加重伤三人以上，或者增加直接经济损失一百万元以上的；

（二）实施下列行为之一，致使不能及时有效开展事故抢救的：

1. 决定不报、谎报事故情况或者指使、串通有关人员不报、谎报事故情况的；

2. 在事故抢救期间擅离职守或者逃匿的；

3. 伪造、破坏事故现场，或者转移、藏匿、毁灭遇难人员尸体，或者转移、藏匿受伤人员的；

4. 毁灭、伪造、隐匿与事故有关的图纸、记录、计算机数据等资料以及其他证据的；

（三）其他严重的情节。

具有下列情形之一的，应当认定为刑法第一百三十九条之一规定的"情节特别严重"：

（一）导致事故后果扩大，增加死亡三人以上，或者增加重伤十人以上，或者增加直接经济损失三百万元以上的；

（二）采用暴力、胁迫、命令等方式阻止他人报告事故情况导致事故后果扩大的；

相关执法参考	**相关法律法规（4）** （三）其他特别严重的情节。 第七条 在矿山生产安全事故发生后，实施本解释第六条规定的相关行为，帮助负有报告职责的人员不报或者谎报事故情况，贻误事故抢救的，对组织者或者积极参加者，依照刑法第一百三十九条之一的规定，以共犯论处。 第八条 在采矿许可证被依法暂扣期间擅自开采的，视为刑法第三百四十三条第一款规定的"未取得采矿许可证擅自采矿"。 违反矿产资源法的规定，非法采矿或者采取破坏性的开采方法开采矿产资源，造成重大伤亡事故或者其他严重后果，同时构成刑法第三百四十三条规定的犯罪和刑法第一百三十四条或者第一百三十五条规定的犯罪的，依照数罪并罚的规定处罚。 第九条 国家机关工作人员滥用职权或者玩忽职守，危害矿山生产安全，具有下列情形之一，致使公共财产、国家和人民利益遭受重大损失的，依照刑法第三百九十七条的规定定罪处罚： （一）对不符合矿山法定安全生产条件的事项予以批准或者验收通过的； （二）对于未依法取得批准、验收的矿山生产经营单位擅自从事生产经营活动不依法予以处理的； （三）对于已经依法取得批准的矿山生产经营单位不再具备安全生产条件而不撤销原批准或者发现违反安全生产法律法规的行为不予查处的； （四）强令审核、验收部门及其工作人员实施本条第（一）项行为，或者实施其他阻碍下级部门及其工作人员依法履行矿山安全生产监督管理职责行为的； （五）在矿山生产安全事故发生后，负有报告职责的国家机关工作人员不报或者谎报事故情况，贻误事故抢救的； （六）其他滥用职权或者玩忽职守的行为。 第十条 以暴力、威胁方法阻碍矿山安全生产监督管理的，依照刑法第二百七十七条的规定，以妨害公务罪定罪处罚。 第十一条 国家工作人员违反规定投资入股矿山生产经营，构成本解释涉及的有关犯罪的，作为从重情节依法处罚。 第十二条 危害矿山生产安全构成犯罪的人，在矿山生产安全事故发生后，积极组织、参与事故抢救的，可以酌情从轻处罚。
	相关法律法规（5） 最高人民法院、最高人民检察院《关于办理盗窃油气、破坏油气设备等刑事案件具体应用法律若干问题的解释》（节录） （2006年11月20日最高人民法院审判委员会第1406次会议、2006年12月11日最高人民检察院第十届检察委员会第66次会议通过，法释〔2007〕3号，自2007年1月19日起施行） 第六条 违反矿产资源法的规定，非法开采或者破坏性开采石油、天然气资源的，依照刑法第三百四十三条以及《最高人民法院关于审理非法采矿、破坏性采矿刑事案件具体应用法律若干问题的解释》的规定追究刑事责任。 第八条 本解释所称的"油气"，是指石油、天然气。其中，石油包括原油、成品油；天然气包括煤层气。 本解释所称"油气设备"，是指用于石油、天然气生产、储存、运输等易燃易爆设备。
	相关法律法规（6） 最高人民法院《关于审理矿业权纠纷案件适用法律若干问题的解释》 （2017年2月20日由最高人民法院审判委员会第1710次会议通过，根据2020年12月23日最高人民法院审判委员会第1823次会议通过的《最高人民法院关于修改〈最高人民法院关于在民事审判工作中适用《中华人民共和国工会法》若干问题的解释〉等二十七件民事类司法解释的决定》修正）

为正确审理矿业权纠纷案件，依法保护当事人的合法权益，根据《中华人民共和国民法典》《中华人民共和国矿产资源法》《中华人民共和国环境保护法》等法律法规的规定，结合审判实践，制定本解释。

第一条 人民法院审理探矿权、采矿权等矿业权纠纷案件，应当依法保护矿业权流转，维护市场秩序和交易安全，保障矿产资源合理开发利用，促进资源节约与环境保护。

第二条 县级以上人民政府自然资源主管部门作为出让人与受让人签订的矿业权出让合同，除法律、行政法规另有规定的情形外，当事人请求确认自依法成立之日起生效的，人民法院应予支持。

第三条 受让人请求自矿产资源勘查许可证、采矿许可证载明的有效期起始日确认其探矿权、采矿权的，人民法院应予支持。

矿业权出让合同生效后、矿产资源勘查许可证或者采矿许可证颁发前，第三人越界或者以其他方式非法勘查开采，经出让人同意已实际占有勘查作业区或者矿区的受让人，请求第三人承担停止侵害、排除妨碍、赔偿损失等侵权责任的，人民法院应予支持。

第四条 出让人未按照出让合同的约定移交勘查作业区或者矿区、颁发矿产资源勘查许可证或者采矿许可证，受让人请求解除出让合同的，人民法院应予支持。

受让人勘查开采矿产资源未达到自然资源主管部门批准的矿山地质环境保护与土地复垦方案要求，在自然资源主管部门规定的期限内拒不改正，或者因违反法律法规被吊销矿产资源勘查许可证、采矿许可证，或者未按照出让合同的约定支付矿业权出让价款，出让人解除出让合同的，人民法院应予支持。

第五条 未取得矿产资源勘查许可证、采矿许可证，签订合同将矿产资源交由他人勘查开采的，人民法院应依法认定合同无效。

第六条 矿业权转让合同自依法成立之日起具有法律约束力。矿业权转让申请未经自然资源主管部门批准，受让人请求转让人办理矿业权变更登记手续的，人民法院不予支持。

当事人仅以矿业权转让申请未经自然资源主管部门批准为由请求确认转让合同无效的，人民法院不予支持。

第七条 矿业权转让合同依法成立后，在不具有法定无效情形下，受让人请求转让人履行报批义务或者转让人请求受让人履行协助报批义务的，人民法院应予支持，但法律上或者事实上不具备履行条件的除外。

人民法院可以依据案件事实和受让人的请求，判决受让人代为办理报批手续，转让人应当履行协助义务，并承担由此产生的费用。

第八条 矿业权转让合同依法成立后，转让人无正当理由拒不履行报批义务，受让人请求解除合同、返还已付转让款及利息，并由转让人承担违约责任的，人民法院应予支持。

第九条 矿业权转让合同约定受让人支付全部或者部分转让款后办理报批手续，转让人在办理报批手续前请求受让人先履行付款义务的，人民法院应予支持，但受让人有确切证据证明存在转让人将同一矿业权转让给第三人、矿业权人将被兼并重组等符合民法典第五百二十七条规定情形的除外。

第十条 自然资源主管部门不予批准矿业权转让申请致使矿业权转让合同被解除，受让人请求返还已付转让款及利息，采矿权人请求受让人返还获得的矿产品及收益，或者探矿权人请求受让人返还勘查资料和勘查中回收的矿产品及收益的，人民法院应予支持，但受让人可请求扣除相关的成本费用。

当事人一方对矿业权转让申请未获批准有过错的，应赔偿对方因此受到的损失；双方均有过错的，应当各自承担相应的责任。

第十一条 矿业权转让合同依法成立后、自然资源主管部门批准前，矿业权人又将矿

| | | 业权转让给第三人并经自然资源主管部门批准、登记，受让人请求解除转让合同、返还已付转让款及利息，并由矿业权人承担违约责任的，人民法院应予支持。
第十二条 当事人请求确认矿业权租赁、承包合同自依法成立之日起生效的，人民法院应予支持。
矿业权租赁、承包合同约定矿业权人仅收取租金、承包费，放弃矿山管理，不履行安全生产、生态环境修复等法定义务，不承担相应法律责任的，人民法院应依法认定合同无效。
第十三条 矿业权人与他人合作进行矿产资源勘查开采所签订的合同，当事人请求确认自依法成立之日起生效的，人民法院应予支持。
合同中有关矿业权转让的条款适用本解释关于矿业权转让合同的规定。
第十四条 矿业权人为担保自己或者他人债务的履行，将矿业权抵押给债权人的，抵押合同自依法成立之日起生效，但法律、行政法规规定不得抵押的除外。
当事人仅以未经主管部门批准或者登记、备案为由请求确认抵押合同无效的，人民法院不予支持。
第十五条 当事人请求确认矿业权之抵押权自依法登记时设立的，人民法院应予支持。
颁发矿产资源勘查许可证或者采矿许可证的自然资源主管部门根据相关规定办理的矿业权抵押备案手续，视为前款规定的登记。
第十六条 债务人不履行到期债务或者发生当事人约定的实现抵押权的情形，抵押权人依据民事诉讼法第一百九十六条、第一百九十七条规定申请实现抵押权的，人民法院可以拍卖、变卖矿业权或者裁定以矿业权抵债，但矿业权竞买人、受让人应具备相应的资质条件。
第十七条 矿业权抵押期间因抵押人被兼并重组或者矿床被压覆等原因导致矿业权全部或者部分灭失，抵押权人请求就抵押人因此获得的保险金、赔偿金或者补偿金等款项优先受偿或者将该款项予以提存的，人民法院应予支持。
第十八条 当事人约定在自然保护区、风景名胜区、重点生态功能区、生态环境敏感区和脆弱区等区域内勘查开采矿产资源，违反法律、行政法规的强制性规定或者损害环境公共利益的，人民法院应依法认定合同无效。
第十九条 因越界勘查开采矿产资源引发的侵权责任纠纷，涉及自然资源主管部门批准的勘查开采范围重复或者界限不清的，人民法院应告知当事人先向自然资源主管部门申请解决。
第二十条 因他人越界勘查开采矿产资源，矿业权人请求侵权人承担停止侵害、排除妨碍、返还财产、赔偿损失等侵权责任的，人民法院应予支持，但探矿权人请求侵权人返还越界开采的矿产品及收益的除外。
第二十一条 勘查开采矿产资源造成环境污染，或者导致地质灾害、植被毁损等生态破坏，国家规定的机关或者法律规定的组织提起环境公益诉讼的，人民法院应依法予以受理。
国家规定的机关或者法律规定的组织为保护国家利益、环境公共利益提起诉讼的，不影响因同一勘查开采行为受到人身、财产损害的自然人、法人和非法人组织依据民事诉讼法第一百一十九条的规定提起诉讼。
第二十二条 人民法院在审理案件中，发现无证勘查开采，勘查资质、地质资料造假，或者勘查开采未履行生态环境修复义务等违法情形的，可以向有关行政主管部门提出司法建议，由其依法处理；涉嫌犯罪的，依法移送侦查机关处理。
第二十三条 本解释施行后，人民法院尚未审结的一审、二审案件适用本解释规定。本解释施行前已经作出生效裁判的案件，本解释施行后依法再审的，不适用本解释。 |
| 相关执法参考 | 相关法律法规（6） | |

相关执法参考	相关法律法规（7）	《矿产资源法》（节录） （1986年3月19日第六届全国人民代表大会常务委员会第十五次会议通过，根据1996年8月29日第八届全国人民代表大会常务委员会第二十一次会议《关于修改〈中华人民共和国矿产资源法〉的决定》第一次修正，根据2009年08月27日第十一届全国人民代表大会常务委员会第十次会议《全国人民代表大会常务委员会关于修改部分法律的决定》第二次修正） 　　第二条　在中华人民共和国领域及管辖海域勘查、开采矿产资源，必须遵守本法。 　　第三条　矿产资源属于国家所有，由国务院行使国家对矿产资源的所有权。地表或者地下的矿产资源的国家所有权，不因其所依附的土地的所有权或者使用权的不同而改变。 　　国家保障矿产资源的合理开发利用。禁止任何组织或者个人用任何手段侵占或者破坏矿产资源。各级人民政府必须加强矿产资源的保护工作。 　　勘查、开采矿产资源，必须依法分别申请、经批准取得探矿权、采矿权，并办理登记；但是，已经依法申请取得采矿权的矿山企业在划定的矿区范围内为本企业的生产而进行的勘查除外。国家保护探矿权和采矿权不受侵犯，保障矿区和勘查作业区的生产秩序、工作秩序不受影响和破坏。 　　从事矿产资源勘查和开采的，必须符合规定的资质条件。 　　第四条　国家保障依法设立的矿山企业开采矿产资源的合法权益。 　　国有矿山企业是开采矿产资源的主体。国家保障国有矿业经济的巩固和发展。 　　第五条　国家实行探矿权、采矿权有偿取得的制度；但是，国家对探矿权、采矿权有偿取得的费用，可以根据不同情况规定予以减缴、免缴。具体办法和实施步骤由国务院规定。 　　开采矿产资源，必须按照国家有关规定缴纳资源税和资源补偿费。 　　第六条　除按下列规定可以转让外，探矿权、采矿权不得转让： 　　（一）探矿权人有权在划定的勘查作业区内进行规定的勘查作业，有权优先取得勘查作业区内矿产资源的采矿权。探矿权人在完成规定的最低勘查投入后，经依法批准，可以将探矿权转让他人。 　　（二）已取得采矿权的矿山企业，因企业合并、分立，与他人合资、合作经营，或者因企业资产出售以及有其他变更企业资产产权的情形而需要变更采矿权主体的，经依法批准可以将采矿权转让他人采矿。 　　前款规定的具体办法和实施步骤由国务院规定。 　　禁止将探矿权、采矿权倒卖牟利。 　　第十二条　国家对矿产资源勘查实行统一的区块登记管理制度。矿产资源勘查登记工作，由国务院地质矿产主管部门负责；特定矿种的矿产资源勘查登记工作，可以由国务院授权有关主管部门负责。矿产资源勘查区块登记管理办法由国务院制定。 　　第十六条　开采下列矿产资源的，由国务院地质矿产主管部门审批，并颁发采矿许可证： 　　（一）国家规划矿区和对国民经济具有重要价值的矿区内的矿产资源； 　　（二）前项规定区域以外可供开采的矿产储量规模在大型以上的矿产资源； 　　（三）国家规定实行保护性开采的特定矿种； 　　（四）领海及中国管辖的其他海域的矿产资源； 　　（五）国务院规定的其他矿产资源。 　　开采石油、天然气、放射性矿产等特定矿种的，可以由国务院授权的有关主管部门审批，并颁发采矿许可证。 　　开采第一款、第二款规定以外的矿产资源，其可供开采的矿产的储量规模为中型的，由省、自治区、直辖市人民政府地质矿产主管部门审批和颁发采矿许可证。

相关执法参考	相关法律法规(7)	开采第一款、第二款和第三款规定以外的矿产资源的管理办法，由省、自治区、直辖市人民代表大会常务委员会依法制定。 依照第三款、第四款的规定审批和颁发采矿许可证的，由省、自治区、直辖市人民政府地质矿产主管部门汇总向国务院地质矿产主管部门备案。 矿产储量规模的大型、中型的划分标准，由国务院矿产储量审批机构规定。 **第十七条** 国家对国家规划矿区、对国民经济具有重要价值的矿区和国家规定实行保护性开采的特定矿种，实行有计划的开采；未经国务院有关主管部门批准，任何单位和个人不得开采。 **第十八条** 国家规划矿区的范围、对国民经济具有重要价值的矿区的范围、矿山企业矿区的范围依法划定后，由划定矿区范围的主管机关通知有关县级人民政府予以公告。 矿山企业变更矿区范围，必须报请原审批机关批准，并报请原颁发采矿许可证的机关重新核发采矿许可证。 **第十九条** 地方各级人民政府应当采取措施，维护本行政区域内的国有矿山企业和其他矿山企业矿区范围内的正常秩序。 禁止任何单位和个人进入他人依法设立的国有矿山企业和其他矿山企业矿区范围内采矿。 **第二十条** 非经国务院授权的有关主管部门同意，不得在下列地区开采矿产资源： （一）港口、机场、国防工程设施圈定地区以内； （二）重要工业区、大型水利工程设施、城镇市政工程设施附近一定距离以内； （三）铁路、重要公路两侧一定距离以内； （四）重要河流、堤坝两侧一定距离以内； （五）国家划定的自然保护区、重要风景区，国家重点保护的不能移动的历史文物和名胜古迹所在地； （六）国家规定不得开采矿产资源的其他地区。 **第二十九条** 开采矿产资源，必须采取合理的开采顺序、开采方法和选矿工艺。矿山企业的开采回采率、采矿贫化率和选矿回收率应当达到设计要求。 **第三十条** 在开采主要矿产的同时，对具有工业价值的共生和伴生矿产应当统一规划，综合开采，综合利用，防止浪费；对暂时不能综合开采或者必须同时采出而暂时还不能综合利用的矿产以及含有有用组分的尾矿，应当采取有效的保护措施，防止损失破坏。 **第三十一条** 开采矿产资源，必须遵守国家劳动安全卫生规定，具备保障安全生产的必要条件。 **第三十二条** 开采矿产资源，必须遵守有关环境保护的法律规定，防止污染环境。 开采矿产资源，应当节约用地。耕地、草原、林地因采矿受到破坏的，矿山企业应当因地制宜地采取复垦利用、植树种草或者其他利用措施。 开采矿产资源给他人生产、生活造成损失的，应当负责赔偿，并采取必要的补救措施。 **第三十三条** 在建设铁路、工厂、水库、输油管道、输电线路和各种大型建筑物或者建筑群之前，建设单位必须向所在省、自治区、直辖市地质矿产主管部门了解拟建工程所在地区的矿产资源分布和开采情况。非经国务院授权的部门批准，不得压覆重要矿床。 **第三十四条** 国务院规定由指定的单位统一收购的矿产品，任何其他单位或者个人不得收购；开采者不得向非指定单位销售。 **第三十九条** 违反本法规定，未取得采矿许可证擅自采矿的，擅自进入国家规划矿区、对国民经济具有重要价值的矿区范围采矿的，擅自开采国家规定实行保护性开采的特定矿种，责令停止开采、赔偿损失，没收采出的矿产品和违法所得，可以并处罚款；拒不停止开采，造成矿产资源破坏的，依照刑法有关规定对直接责任人员追究刑事责任。

相关执法参考	相关法律法规（7）	单位和个人进入他人依法设立的国有矿山企业和其他矿山企业矿区范围内采矿的，依照前款规定处罚。 **第四十条** 超越批准的矿区范围采矿的，责令退回本矿区范围内开采、赔偿损失，没收越界开采的矿产品和违法所得，可以并处罚款；拒不退回本矿区范围内开采，造成矿产资源破坏的，吊销采矿许可证，依照刑法有关规定对直接责任人员追究刑事责任。 **第四十一条** 盗窃、抢夺矿山企业和勘查单位的矿产品和其他财物的，破坏采矿、勘查设施的，扰乱矿区和勘查作业区的生产秩序、工作秩序的，分别依照刑法有关规定追究刑事责任；情节显著轻微的，依照治安管理处罚法有关规定予以处罚。 **第四十三条** 违反本法规定收购和销售国家统一收购的矿产品的，没收矿产品和违法所得，可以并处罚款；情节严重的，依照刑法有关规定，追究刑事责任。 **第四十四条** 违反本法规定，采取破坏性的开采方法开采矿产资源的，处以罚款，可以吊销采矿许可证；造成矿产资源严重破坏的，依照刑法有关规定对直接责任人员追究刑事责任。 **第四十七条** 负责矿产资源勘查、开采监督管理工作的国家工作人员和其他有关国家工作人员徇私舞弊、滥用职权或者玩忽职守，违反本法规定批准勘查、开采矿产资源和颁发勘查许可证、采矿许可证，或者对违法采矿行为不依法予以制止、处罚，构成犯罪的，依法追究刑事责任；不构成犯罪的，给予行政处分。违法颁发的勘查许可证、采矿许可证，上级人民政府地质矿产主管部门有权予以撤销。 **第四十八条** 以暴力、威胁方法阻碍从事矿产资源勘查、开采监督管理工作的国家工作人员依法执行职务的，依照刑法有关规定追究刑事责任；拒绝、阻碍从事矿产资源勘查、开采监督管理工作的国家工作人员依法执行职务未使用暴力、威胁方法的，由公安机关依照治安管理处罚法的规定处罚。
	相关法律法规（8）	《矿产资源法实施细则》（节录） （1994年3月26日国务院令第152号发布，自发布之日起施行） **第二条** 矿产资源是指由地质作用形成的，具有利用价值的，呈固态、液态、气态的自然资源。 矿产资源的矿种和分类见本细则所附《矿产资源分类细目》。新发现的矿种由国务院地质矿产主管部门报国务院批准后公布。 **第五条** 国家对矿产资源的勘查、开采实行许可证制度。勘查矿产资源，必须依法申请登记，领取勘查许可证，取得探矿权；开采矿产资源，必须依法申请登记，领取采矿许可证，取得采矿权。 矿产资源勘查工作区范围和开采矿区范围，以经纬度划分的区块为基本单位。具体办法由国务院地质矿产主管部门制定。 **第六条** 《矿产资源法》及本细则中下列用语的含义： 探矿权，是指在依法取得的勘查许可证规定的范围内，勘查矿产资源的权利。取得勘查许可证的单位或者个人称为探矿权人。 采矿权，是指在依法取得的采矿许可证规定的范围内，开采矿产资源和获得所开采的矿产品的权利。取得采矿许可证的单位或者个人称为采矿权人。 国家规定实行保护性开采的特定矿种，是指国务院根据国民经济建设和高科技发展的需要，以及资源稀缺、贵重程度确定的，由国务院有关主管部门按照国家计划批准开采的矿种。 国家规划矿区，是指国家根据建设规划和矿产资源规划，为建设大、中型矿山划定的矿产资源分布区域。 对国民经济具有重要价值的矿区，是指国家根据国民经济发展需要划定的，尚未列入国家建设规划的，储量大、质量好、具有开发前景的矿产资源保护区域。

| 相关执法参考 | 相关法律法规（8） | 第九条 勘查矿产资源，应当按照国务院关于矿产资源勘查登记管理的规定，办理申请、审批和勘查登记。
勘查特定矿种，应当按照国务院有关规定办理申请、审批和勘查登记。
第十条 国有矿山企业开采矿产资源，应当按照国务院关于采矿登记管理的规定，办理申请、审批和采矿登记。开采国家规划矿区、对国民经济具有重要价值矿区的矿产和国家规定实行保护性开采的特定矿种，办理申请、审批和采矿登记时，应当持有国务院有关主管部门批准的文件。
开采特定矿种，应当按照国务院有关规定办理申请、审批和采矿登记。
第十一条 开办国有矿山企业，除应当具备有关法律、法规规定的条件外，并应当具备下列条件：
（一）有供矿山建设使用的矿产勘查报告；
（二）有矿山建设项目的可行性研究报告（含资源利用方案和矿山环境影响报告）；
（三）有确定的矿区范围和开采范围；
（四）有矿山设计；
（五）有相应的生产技术条件。
国务院、国务院有关主管部门和省、自治区、直辖市人民政府，按照国家有关固定资产投资管理的规定，对申请开办的国有矿山企业根据前款所列条件审查合格后，方予批准。
第十二条 申请开办集体所有制矿山企业、私营矿山企业及个体采矿的审查批准、采矿登记，按照省、自治区、直辖市的有关规定办理。
第十三条 申请开办集体所有制矿山企业或者私营矿山企业，除应当具备有关法律、法规规定的条件外，并应当具备下列条件：
（一）有供矿山建设使用的与开采规模相适应的矿产勘查资料；
（二）有经过批准的无争议的开采范围；
（三）有与所建矿山规模相适应的资金、设备和技术人员；
（四）有与所建矿山规模相适应的，符合国家产业政策和技术规范的可行性研究报告、矿山设计或者开采方案；
（五）矿长具有矿山生产、安全管理和环境保护的基本知识。
第十四条 申请个体采矿应当具备下列条件：
（一）有经过批准的无争议的开采范围；
（二）有与采矿规模相适应的资金、设备和技术人员；
（三）有相应的矿产勘查资料和经批准的开采方案；
（四）有必要的安全生产条件和环境保护措施。
第二十九条 单位或者个人开采矿产资源前，应当委托持有相应矿山设计证书的单位进行可行性研究和设计。开采零星分散矿产资源和用作建筑材料的砂、石、粘土的，可以不进行可行性研究和设计，但是应当有开采方案和环境保护措施。
矿山设计必须依据设计任务书，采用合理的开采顺序、开采方法和选矿工艺。
矿山设计必须按照国家有关规定审批；未经批准，不得施工。
第三十条 采矿权人享有下列权利：
（一）按照采矿许可证规定的开采范围和期限从事开采活动；
（二）自行销售矿产品，但是国务院规定由指定的单位统一收购的矿产品除外；
（三）在矿区范围内建设采矿所需的生产和生活设施；
（四）根据生产建设的需要依法取得土地使用权；
（五）法律、法规规定的其他权利。
采矿权人行使前款所列权利时，法律、法规规定应当经过批准或者履行其他手续的， |

依照有关法律、法规的规定办理。

第三十一条 采矿权人应当履行下列义务：
（一）在批准的期限内进行矿山建设或者开采；
（二）有效保护、合理开采、综合利用矿产资源；
（三）依法缴纳资源税和矿产资源补偿费；
（四）遵守国家有关劳动安全、水土保持、土地复垦和环境保护的法律、法规；
（五）接受地质矿产主管部门和有关主管部门的监督管理，按照规定填报矿产储量表和矿产资源开发利用情况统计报告。

第三十二条 采矿权人在采矿许可证有效期满或者在有效期内，停办矿山而矿产资源尚未采完的，必须采取措施将资源保持在能够继续开采的状态，并事先完成下列工作：
（一）编制矿山开采现状报告及实测图件；
（二）按照有关规定报销所消耗的储量；
（三）按照原设计实际完成相应的有关劳动安全、水土保持、土地复垦和环境保护工作，或者缴清土地复垦和环境保护的有关费用。

采矿权人停办矿山的申请，须经原批准开办矿山的主管部门批准、原颁发采矿许可证的机关验收合格后，方可办理有关证、照注销手续。

第三十三条 矿山企业关闭矿山，应当按照下列程序办理审批手续：
（一）开采活动结束的前一年，向原批准开办矿山的主管部门提出关闭矿山申请，并提交闭坑地质报告；
（二）闭坑地质报告经原批准开办矿山的主管部门审核同意后，报地质矿产主管部门会同矿产储量审批机构批准；
（三）闭坑地质报告批准后，采矿权人应当编写关闭矿山报告，报请原批准开办矿山的主管部门会同同级地质矿产主管部门和有关主管部门按照有关行业规定批准。

第三十四条 关闭矿山报告批准后，矿山企业应当完成下列工作：
（一）按照国家有关规定将地质、测量、采矿资料整理归档，并汇交闭坑地质报告、关闭矿山报告及其他有关资料；
（二）按照批准的关闭矿山报告，完成有关劳动安全、水土保持、土地复垦和环境保护工作，或者缴清土地复垦和环境保护的有关费用。

矿山企业凭关闭矿山报告批准文件和有关部门对完成上述工作提供的证明，报请原颁发采矿许可证的机关办理采矿许可证注销手续。

第三十五条 建设单位在建设铁路、公路、工厂、水库、输油管道、输电线路和各种大型建筑物前，必须向所在地的省、自治区、直辖市人民政府地质矿产主管部门了解拟建工程所在地区的矿产资源分布情况，并在建设项目设计任务书报请审批时附具地质矿产主管部门的证明。在上述建设项目与重要矿床的开采发生矛盾时，由国务院有关主管部门或者省、自治区、直辖市人民政府提出方案，经国务院地质矿产主管部门提出意见后，报国务院计划行政主管部门决定。

第三十六条 采矿权人之间对矿区范围发生争议时，由当事人协商解决；协商不成的，由矿产资源所在地的县级以上地方人民政府根据依法核定的矿区范围处理；跨省、自治区、直辖市的矿区范围争议，当事人协商不成的，由有关省、自治区、直辖市人民政府协商解决；协商不成的，由国务院地质矿产主管部门提出处理意见，报国务院决定。

第五章 集体所有制矿山企业、私营矿山企业和个体采矿者

第三十七条 国家依法保护集体所有制矿山企业、私营矿山企业和个体采矿者的合法权益，依法对集体所有制矿山企业、私营矿山企业和个体采矿者进行监督管理。

第三十八条 集体所有制矿山企业可以开采下列矿产资源：
（一）不适于国家建设大、中型矿山的矿床及矿点；

相关法律法规（8）	（二）经国有矿山企业同意，并经其上级主管部门批准，在其矿区范围内划出的边缘零星矿产； （三）矿山闭坑后，经原矿山企业主管部门确认可以安全开采并不会引起严重环境后果的残留矿体； （四）国家规划可以由集体所有制矿山企业开采的其他矿产资源。 集体所有制矿山企业开采前款第（二）项所列矿产资源时，必须与国有矿山企业签定合理开发利用矿产资源和矿山安全协议，不得浪费和破坏矿产资源，并不得影响国有矿山企业的生产安全。 第三十九条 私营矿山企业开采矿产资源的范围参照本细则第三十八条的规定执行。 第四十条 个体采矿者可以采挖下列矿产资源： （一）零星分散的小矿体或者矿点； （二）只能用作普通建筑材料的砂、石、粘土。 第四十三条 违反本细则规定，有下列行为之一的，对主管人员和直接责任人员给予行政处分；构成犯罪的，依法追究刑事责任： （一）批准不符合办矿条件的单位或者个人开办矿山的； （二）对未经依法批准的矿山企业或者个人颁发采矿许可证的。
相关执法参考 相关法律法规（9）	《煤炭法》（节录） （1996年8月29日第八届全国人民代表大会常务委员会第二十一次会议通过，根据2009年8月27日第十一届全国人民代表大会常务委员会第十次会议《关于修改部分法律的决定》第一次修正，根据2011年4月22日第十一届全国人民代表大会常务委员会第二十次会议《关于修改〈中华人民共和国煤炭法〉的决定》第二次修正，根据2013年6月29日第十二届全国人民代表大会常务委员会第三次会议《关于修改〈中华人民共和国文物保护法〉等十二部法律的决定》第三次修正，根据2016年11月7日第十二届全国人民代表大会常务委员会第二十四次会议《关于修改〈中华人民共和国对外贸易法〉等十二部法律的决定》第四次修正） 第二十条 煤矿投入生产前，煤矿企业应当依照有关安全生产的法律、行政法规的规定取得安全生产许可证。未取得安全生产许可证的，不得从事煤炭生产。 第二十一条 对国民经济具有重要价值的特殊煤种或者稀缺煤种，国家实行保护性开采。 第二十二条 开采煤炭资源必须符合煤矿开采规程，遵守合理的开采顺序，达到规定的煤炭资源回采率。 煤炭资源回采率由国务院煤炭管理部门根据不同的资源和开采条件确定。 国家鼓励煤矿企业进行复采或者开采边角残煤和极薄煤。 第二十三条 煤矿企业应当加强煤炭产品质量的监督检查和管理。煤炭产品质量应当按照国家标准或者行业标准分等论级。 第二十四条 煤炭生产应当依法在批准的开采范围内进行，不得超越批准的开采范围越界、越层开采。 采矿作业不得擅自开采保安煤柱，不得采用可能危及相邻煤矿生产安全的决水、爆破、贯通巷道等危险方法。 第二十五条 因开采煤炭压占土地或者造成地表土地塌陷、挖损，由采矿者负责进行复垦，恢复到可供利用的状态；造成他人损失的，应当依法给予补偿。 第二十六条 关闭煤矿和报废矿井，应当依照有关法律、法规和国务院煤炭管理部门的规定办理。 第五十条 未经煤矿企业同意，任何单位或者个人不得在煤矿企业依法取得土地使用权的有效期间内在该土地上种植、养殖、取土或者修建建筑物、构筑物。

| 相关执法参考 | 相关法律法规(9) | 第五十一条 未经煤矿企业同意，任何单位或者个人不得占用煤矿企业的铁路专用线、专用道路、专用航道、专用码头、电力专用线、专用供水管路。
第五十二条 任何单位或者个人需要在煤矿采区范围内进行可能危及煤矿安全的作业时，应当经煤矿企业同意，报煤炭管理部门批准，并采取安全措施后，方可进行作业。
在煤矿矿区范围内需要建设公用工程或者其他工程的，有关单位应当事先与煤矿企业协商并达成协议后，方可施工。
第五十八条 违反本法第二十四条的规定，擅自开采保安煤柱或者采用危及相邻煤矿生产安全的危险方法进行采矿作业的，由劳动行政主管部门会同煤炭管理部门责令停止作业；由煤炭管理部门没收违法所得，并处违法所得一倍以上五倍以下的罚款；构成犯罪的，由司法机关依法追究刑事责任；造成损失的，依法承担赔偿责任。
第五十九条 违反本法第四十三条的规定，在煤炭产品中掺杂、掺假，以次充好的，责令停止销售，没收违法所得，并处违法所得一倍以上五倍以下的罚款；构成犯罪的，由司法机关依法追究刑事责任。
第六十三条 有下列行为之一的，由公安机关依照治安管理处罚法的有关规定处罚；构成犯罪的，由司法机关依法追究刑事责任：
（一）阻碍煤矿建设，致使煤矿建设不能正常进行的；
（二）故意损坏煤矿矿区的电力、通讯、水源、交通及其他生产设施的；
（三）扰乱煤矿矿区秩序，致使生产、工作不能正常进行的；
（四）拒绝、阻碍监督检查人员依法执行职务的。
第六十四条 煤矿企业的管理人员违章指挥、强令职工冒险作业，发生重大伤亡事故的，依照刑法有关规定追究刑事责任。
第六十五条 煤矿企业的管理人员对煤矿事故隐患不采取措施予以消除，发生重大伤亡事故的，依照刑法有关规定追究刑事责任。
第六十六条 煤炭管理部门和有关部门的工作人员玩忽职守、徇私舞弊、滥用职权的，依法给予行政处分；构成犯罪的，由司法机关依法追究刑事责任。 |

三十一、破坏性采矿罪

罪名	破坏性采矿罪（《刑法》第343条第2款）
概念	破坏性采矿罪，是指违反矿产资源法的规定，采取破坏性的开采方法开采矿产资源，造成矿产资源严重破坏的行为。
犯罪构成	**客体** 本罪侵犯的客体是单一客体，即国家矿产资源保护的管理制度。为了保护矿产资源，对矿产资源进行合理的开发和利用，我国除颁布了《矿产资源法》等主要法律外，还通过了一系列相关法律、法规和规章、办法，如《煤炭法》《矿产资源法实施细则》《矿产资源监督管理暂行办法》《矿产资源开采登记管理办法》《探矿权采矿权转让管理办法》等，这些法律、法规，详细规定了国家对矿产资源的开发、利用实行统一规划、合理布局、国家指导、帮助集体矿山企业和个体采矿不断提高技术水平、资源利用率和经济效益，集体矿山企业和个体采矿应当提高技术水平，提高矿产资源回收率，禁止乱挖滥采，破坏矿产资源。凡是违反上述规定，采取破坏性的开采方法进行采矿，造成矿产资源严重破坏的行为，就是对国家有关矿产资源保护管理制度的侵犯。 本罪的对象是矿产资源。具体内容与前述非法采矿罪的犯罪对象相同。 **客观方面** 本罪在客观方面表现为违反矿产资源法的规定，采取破坏性的开采方法开采矿产资源，造成矿产资源严重破坏的行为。包括三点： 1. 行为违反矿产资源法规定。《矿产资源法》第29条规定，开采矿产资源，必须采取合理的开采顺序、开采方法和选矿工艺。矿山企业的开采回采率、采矿贫化率和选矿回收率应当达到设计要求。第30条规定，在开采主要矿产的同时，对具有工业价值的共生和伴生矿产应当统一规划，综合开采，综合利用，防止浪费；对暂时不能综合开采或者必须同时采出而暂时还不能综合利用的矿产以及含有有用组分的尾矿，应当采取有效的保护措施，防止损失破坏。第32条规定，开采矿产资源，必须遵守有关环境保护的法律规定，防止污染环境。《矿产资源法实施细则》第29条规定，单位或者个人开采矿产资源前，应当委托持有相应矿山设计证书的单位进行可行性研究和设计。开采零星分散矿产资源和用作建筑材料的砂、石、粘土的，可以不进行可行性研究和设计，但是应当有开采方案和环境保护措施。矿山设计必须依据设计任务书，采用合理的开采顺序、开采方法和选矿工艺。矿山设计必须按照国家有关规定审批；未经批准，不得施工。第31条规定，采矿权人应当履行下列义务：（1）在批准的期限内进行矿山建设或者开采；（2）有效保护、合理开采、综合利用矿产资源；（3）依法缴纳资源税和矿产资源补偿费；（4）遵守国家有关劳动安全、水土保持、土地复垦和环境保护的法律、法规；（5）接受地质矿产主管部门和有关主管部门的监督管理，按照规定填报矿产储量表和矿产资源开发利用情况统计报告。第38条规定，集体所有制矿山企业可以开采下列矿产资源：（1）不适于国家建设大、中型矿山的矿床及矿点；（2）经国有矿山企业同意，并经其上级主管部门批准，在其矿区范围内划出的边缘零星矿产；（3）矿山闭坑后，经原矿山企业主管部门确认可以安全开采并不会引起严重环境后果的残留矿体；（4）国家规划可以由集体所有制矿山企业开采的其他矿产资源。集体所有制矿山企业开采前款第（2）项所列矿产资源时，必须与国有矿山企业签定合理开发利用矿产资源和矿山安全协议，不得浪费和破坏矿产资源，并不得影响国有矿山企业的生产安全。第39条规定，私营矿山企业开采矿产资源的范围参照本细则第38条的规定执行。第40条规定，个体采矿者可以采挖下列矿产资源：（1）零星分散的小矿体或者矿点；（2）只能用作普通建筑材料的砂、石、粘土。《煤炭法》第22

| 犯罪构成 | 客观方面 | 条规定,开采煤炭资源必须符合煤矿开采规程,遵守合理的开采顺序,达到规定的煤炭资源回采率。煤炭资源回采率由国务院煤炭管理部门根据不同的资源和开采条件确定。国家鼓励煤矿企业进行复采或者开采边角残煤和极薄煤。第24条规定,煤炭生产应当依法在批准的开采范围内进行,不得超越批准的开采范围越界、越层开采。采矿作业不得擅自开采保安煤柱,不得采用可能危及相邻煤矿生产安全的决水、爆破、贯通巷道等危险方法。《乡镇煤矿管理条例》第15条规定,乡镇煤矿开采煤炭资源,应当采用合理的开采顺序和科学的采矿方法,提高资源回采率和综合利用率,防止资源的浪费。《矿山安全法》第14条规定,矿山设计规定保留的矿柱、岩柱,在规定的期限内,应当予以保护,不得开采或者毁坏。《矿山安全法实施条例》第20条规定,有自然发火可能性的矿井,应当采取下列措施:(1)及时清出采场浮矿和其他可燃物质,回采结束后及时封闭采空区;(2)采取防火灌浆或者其他有效的预防自然发火的措施;(3)定期检查井巷和采区封闭情况,测定可能自然发火地点的温度和风量;定期检测火区内的温度、气压和空气成分。第21条规定,井下采掘作业遇下列情形之一时,应当探水前进:(1)接近承压含水层或者含水的断层、流砂层、砾石层、溶洞、陷落柱时;(2)接近与地表水体相通的地质破碎带或者接近连通承压层的未封钻孔时;(3)接近积水的老窑、旧巷或者灌过泥浆的采空区时;(4)发现有出水征兆时;(5)掘开隔离矿柱或者岩柱放水时。《矿产资源监督管理暂行办法》第7条规定,矿山企业开发利用矿产资源,应当加强开采管理,选择合理的采矿方法和选矿方法,推广先进工艺技术,提高矿产资源利用水平。第14条规定,矿山企业必须按照设计进行开采,不准任意丢掉矿体。《水污染防治法》第41条规定,多层地下水的含水层水质差异大的,应当分层开采;对已受污染的潜水和承压水,不得混合开采。对开采应当加强监督检查,严防不应有的开采损失。行为违反上述矿产资源法规定是本罪成立的前提条件。

2. 实施了采取破坏性开采方法开采矿产资源的行为。我国矿产资源法明确规定,国家对矿产资源的开发实行合理开采的方针,国家鼓励矿产资源开发的科学技术研究,推广先进技术,提高矿产资源开发的科学技术水平。根据有关司法解释规定,"采取破坏性的开采方法开采矿产资源",是指行为人违反地质矿产主管部门审查批准的矿产资源开发利用方案开采矿产资源,并造成矿产资源严重破坏的行为。破坏性的开采方法以及造成矿产资源严重破坏的价值数额,由省级以上地质矿产主管部门出具鉴定结论,经查证属实后予以认定。实践中,应根据矿种类别、稀有程度、矿床大小、尤其是否合理运用开发利用方案进行开采,来综合判断及确定这里的破坏性开采方法,如采用降低开采回采率、选矿回收率、采矿贫化率的爆破方法、采易弃难、采厚矿弃薄矿、采某矿弃他矿等属于破坏性开采方法。所谓合理开采,主要是指以技术可行、经济合理、作业安全的开采顺序、开采方法和选矿工艺不断地提高矿产资源的开采回采率、选矿回收率和采矿贫化率。所谓开采回采率是指在一定开采范围内,采出的纯矿石量或金属量占该采矿区域内工业储量或金属量的百分比。开采回采率越高,说明采出的矿石越多,丢失在矿井里的矿石越少,矿山的资源开发利用效益越好。采矿贫化率是指在开采过程中,实际采出矿石的品位比原矿石的品位降低的百分率。选矿回收率是指对一定的采出矿石进行洗(精)选后,洗选出的矿产品量占洗选前矿石中所含矿产品量的百分比。开采回采率、采矿贫化率、选矿回收率是衡量矿产资源利用程度的重要指标,也是衡量矿产资源是否受到严重破坏的基本尺度。可见,理解破坏性开采方法实质就是开采顺序不合理、开采方法不合理和选矿工艺不合理而造成开采回采率、采矿贫化率、选矿回收率低下的不合理开采方法。例如,某集体矿业,违背开采设计,采取采富弃贫的破坏性开采方法开采萤石矿,经有关部门测量,回收率不到20%,而采后留下的大量矿石因安全、经济因素无法再采。根据我国目前采矿技术水平要求,露天矿的设计总回采率应在90%以上,地下矿的设计回采率一般应在70%以上,结合本案情况,应认定造成了矿产资源的严重破坏,而不属于一般破坏,涉嫌构成本罪。 |

犯罪构成	客观方面	3. 破坏性采矿行为必须造成了矿产资源严重破坏的后果，才能构成犯罪。本罪为结果犯，行为没有造成矿产资源严重破坏的后果的，不能构成犯罪。所谓造成了矿产资源严重破坏的后果，是指造成矿产资源破坏的面积大，致使重要矿产资源几乎完全不能开采以及造成珍贵稀有的矿产资源破坏等情况。根据国土资源部《非法采矿、破坏性采矿造成矿产资源破坏价值鉴定程序的规定》规定，国土资源部负责出具由其直接查处的矿产资源违法案件中涉及非法采矿、破坏性采矿造成矿产资源破坏价值的鉴定结论；省级人民政府国土资源主管部门负责出具本行政区域内的或者国土资源部委托其鉴定的非法采矿、破坏性采矿造成矿产资源破坏价值的鉴定结论。根据有关司法解释规定，这里的造成矿产资源严重破坏包括：造成矿产资源破坏的价值在50万元至100万元以上，或者造成国家规划矿区、对国民经济具有重要价值的矿区和国家规定实行保护性开采的特定矿种资源破坏的价值在25万元至50万元以上。按照上述鉴定程序规定，破坏性采矿造成矿产资源严重破坏的价值，指由于没有按照国土资源主管部门审查认可的矿产资源开发利用方案采矿，导致应该采出但因矿床破坏已难以采出的矿产资源折算的价值。
	主体	本罪的主体是特殊主体，必须是已经取得矿产开采资格的主体，既包括单位，也包括自然人。根据有关矿产资源保护的规定，我国依法设立的国有矿山企业是开采矿产资源的主体，集体矿山企业、私营矿山企业和个体采矿户是开采矿产资源的补充力量。设立矿山企业，必须符合国家规定的资质条件，并依照法律和国家有关规定，由审批机关对其矿区范围、矿山设计或者开采方案、生产技术条件、安全措施和环境保护措施等进行审查；审查合格的，方予批准，批准后颁发采矿许可证。实践中，采取破坏性的开采方法开采矿产资源的，大多数是集体矿山企业和个体采矿户，个别的是技术、经济条件差的国有矿山企业。具体实施破坏性开采行为的主体既包括矿山企业及有关责任人员，也包括个体采矿户。例如，甘肃省华亭煤矿，煤层最厚处达70米，煤质也较好，是我国大中型煤炭基地之一。可是，从地区到大队办的小煤窑星罗棋布，达数十个，开采面积约十平方公里，约占煤田面积的10%左右。这些小煤窑采用破坏性的开采方法，回采率都在25%以下，绝大部分资源被浪费和破坏，而且经常发生水、火、瓦斯等事故。在全国最大的煤炭生产基地大同矿务局井田范围内，有小煤窑200多处。这些小煤窑到处与大矿争储量，抢地盘，采易弃难，吃肥丢瘦回采率一般只有20%左右。与大矿相比，这些小煤窑每生产100吨煤，就要白白扔掉300多万吨宝贵资源。
	主观方面	本罪在主观方面表现为故意，包括直接故意和间接故意，所谓故意，是指行为人明知自己采取的破坏性开采方法，会造成矿产资源严重破坏的结果，而希望或者放任这种危害结果发生的心理态度。过失不能构成本罪。行为人的动机多种多样，不同的动机一般不影响本罪的定罪。
认定标准	刑罚标准	1. 犯本罪的，处5年以下有期徒刑或者拘役，并处罚金。 2. 单位犯本罪的，对单位判处罚金，并对其直接负责的主管人员和其他直接责任人员，依照上述规定处罚。
	本罪与非罪的界限	正确区分本罪与一般破坏性采矿行为的关键，主要应从客观方面加以把握，必须造成了矿产资源严重破坏的后果，才能构成本罪。如果没有造成矿产资源严重破坏的后果，则不构成本罪，应属于一般非法行为。根据有关司法解释规定，对受雇佣为破坏性采矿犯罪提供劳务的人员，除参与利润分成或者领取高额固定工资的以外，一般不以犯罪论处，但曾因非法采矿受过处罚的除外。
	本罪罪数的认定	如果行为人在实施破坏性采矿行为后，又违反国家规定实施了排放、倾倒或者处置有放射性的废物、含传染病病原体的废物、有毒物质或者其他有害物质，严重污染环境的，其行为符合污染环境罪和本罪的，应当实行数罪并罚。如果行为人在破坏性采矿的过程中，违反有关安全管理的规定进行生产、作业，因而发生重大伤亡事故或者造成其他严重

认定标准	本罪罪数的认定	后果的，应当以本罪和重大责任事故罪实行数罪并罚。如果行为人在破坏性采矿的过程中，安全生产设施或者安全生产条件不符合国家规定，因而发生重大伤亡事故或者造成其他严重后果的，应当以本罪和重大劳动安全事故罪实行数罪并罚。对于行为人违反土地管理法规，非法占用耕地、林地等农用地，擅自改变其用途，进行破坏性采矿，数量较大，造成耕地、林地等农用地大量毁坏的，符合本罪和非法占用农用地罪的构成要件，属于牵连犯，应当择一重处罚，不实行数罪并罚。
	本罪既遂与未遂的认定	本罪属于结果犯，破坏性采矿的行为只有造成矿产资源严重破坏的，才构成本罪的既遂；如果行为人违反矿产资源法的规定，采取破坏性的开采方法开采矿产资源，但是由于意志以外的原因使破坏性采矿的行为被迫停止，没有造成矿产资源严重破坏的，成立本罪的未遂；在开采过程中，如果在尚未造成矿产资源严重破坏结果之前主动停下来的，属于本罪的中止。
	此罪与彼罪的区别（1）	本罪与非法采矿罪的区别。 非法采矿罪，是指违反矿产资源法的规定，未取得采矿许可证擅自采矿，擅自进入国家规划矿区、对国民经济具有重要价值的矿区和他人矿区范围采矿，擅自开采国家规定实行保护性开采的特定矿种，情节严重的行为。尽管两罪在犯罪客体和犯罪主观方面上具有一致性，但两罪的界限也是明显的，主要区别在于： 1. 犯罪客观方面表现不同。本罪在客观方面表现为，行为人违反矿产资源法的规定，采取破坏性的开采方法开采矿产资源的行为。后罪在客观方面表现为，行为人违反矿产资源法，无证开采或者有证滥采矿产资源的行为，即未取得采矿许可证擅自采矿，擅自进入国家规划矿区、对国民经济具有重要价值的矿区和他人矿区范围采矿，擅自开采国家规定实行保护性开采的特定矿种的行为。 2. 犯罪成立标准不同。本罪为结果犯，必须造成了矿产资源的严重破坏，才能成立犯罪，且条件单一，仅限于矿产资源破坏的价值方面。后罪为情节犯，必须为情节严重的，才能成立犯罪，并且条件多元，其中造成矿产资源的破坏是指一般破坏，无须达到严重破坏的程度，就可成立犯罪，另外包括二年内曾因非法采矿受过两次以上行政处罚又实施非法采矿行为或者造成生态环境严重损害等其他严重情节。 3. 犯罪主体不同。本罪为特殊主体。后罪在无证开采情况下为一般主体，但在有证滥采情况下则为特殊主体。
	此罪与彼罪的区别（2）	本罪与故意毁坏公私财物罪的区别。 故意毁坏财物罪，是指故意毁灭或者损坏公私财物，数额较大或者有其他严重情节的行为。两罪的主要区别在于： 1. 犯罪客体不同。本罪侵犯的客体是国家矿产资源保护的管理制度，属于刑法分则第6章第6节破坏环境资源保护的犯罪。后罪侵犯的客体是公私财物的所有权，属于刑法分则第5章侵犯财产的犯罪。 2. 犯罪对象不同。本罪的对象是国家所有的矿产资源。后罪的对象是公共财产和私人财产。 3. 犯罪客观方面不同。本罪在客观方面表现为行为人采用破坏性的开采方法，造成了矿产资源的严重破坏，但这种破坏是相对于回收率、利用率降低而言的，而矿产资源的性质和原有价值并没有改变。后罪在客观方面表现为行为人采用各种破坏性方法，毁灭、损坏公私财物的行为，其结果是使公私财物的价值、使用价值部分或全部丧失。 4. 犯罪主体不同。本罪主体既包括单位，也包括自然人。后罪主体只能由自然人构成，不包括单位。 5. 犯罪主观方面不完全相同。本罪主观上表现为行为人明知其采矿的方式、手段等矿产资源开发利用方案会造成矿产资源严重破坏而仍然实施，最终导致结果发生的心理态

认定标准	此罪与彼罪的区别（2）	度，一般来讲行为人直接追求的是占有矿产资源，对其开采方法、方式致使矿产资源破坏，无法综合利用持放任的心理，而不是积极追求矿产资源的破坏。后罪主观上表现为明知自己的行为会造成公私财物的毁坏，并且希望或者放任这种结果的发生，行为人主观上追求的是财物的毁坏，而不具有非法占有公私财物的目的。
相关执法参考	刑法	中华人民共和国刑法（节录） （1979年7月1日第五届全国人民代表大会第二次会议通过，1997年3月14日第八届全国人民代表大会第五次会议修订，已先后被1999年12月25日《中华人民共和国刑法修正案》、2001年8月31日《中华人民共和国刑法修正案（二）》、2001年12月29日《中华人民共和国刑法修正案（三）》、2002年12月28日《中华人民共和国刑法修正案（四）》、2005年2月28日《中华人民共和国刑法修正案（五）》、2006年6月29日《中华人民共和国刑法修正案（六）》、2009年2月28日《中华人民共和国刑法修正案（七）》、2009年8月27日《全国人民代表大会常务委员会关于修改部分法律的决定》、2011年2月25日《中华人民共和国刑法修正案（八）》、2015年8月29日《中华人民共和国刑法修正案（九）》、2017年11月4日《中华人民共和国刑法修正案（十）》、2020年12月26日《中华人民共和国刑法修正案（十一）》修改或修正） 第三百四十三条　违反矿产资源法的规定，未取得采矿许可证擅自采矿，擅自进入国家规划矿区、对国民经济具有重要价值的矿区和他人矿区范围采矿，或者擅自开采国家规定实行保护性开采的特定矿种，情节严重的，处三年以下有期徒刑、拘役或者管制，并处或者单处罚金；情节特别严重的，处三年以上七年以下有期徒刑，并处罚金。 违反矿产资源法的规定，采取破坏性的开采方法开采矿产资源，造成矿产资源严重破坏的，处五年以下有期徒刑或者拘役，并处罚金。
	相关法律法规（1）	最高人民法院、最高人民检察院《关于办理非法采矿、破坏性采矿刑事案件适用法律若干问题的解释》（节录） （2016年9月26日最高人民法院审判委员会第1694次会议、2016年11月4日最高人民检察院第十二届检察委员会第57次会议通过，法释〔2016〕25号，自2016年12月1日起施行） 为依法惩处非法采矿、破坏性采矿犯罪活动，根据《中华人民共和国刑法》《中华人民共和国刑事诉讼法》的有关规定，现就办理此类刑事案件适用法律的若干问题解释如下： 第一条　违反《中华人民共和国矿产资源法》《中华人民共和国水法》等法律、行政法规有关矿产资源开发、利用、保护和管理的规定的，应当认定为刑法第三百四十三条规定的"违反矿产资源法的规定"。 第六条　造成矿产资源破坏的价值在五十万元至一百万元以上，或者造成国家规划矿区、对国民经济具有重要价值的矿区和国家规定实行保护性开采的特定矿种资源破坏的价值在二十五万元至五十万元以上的，应当认定为刑法第三百四十三条第二款规定的"造成矿产资源严重破坏"。 第七条　明知是犯罪所得的矿产品及其产生的收益，而予以窝藏、转移、收购、代为销售或者以其他方法掩饰、隐瞒的，依照刑法第三百一十二条的规定，以掩饰、隐瞒犯罪所得、犯罪所得收益罪定罪处罚。 实施前款规定的犯罪行为，事前通谋的，以共同犯罪论处。 第八条　多次非法采矿、破坏性采矿构成犯罪，依法应当追诉的，或者二年内多次非法采矿、破坏性采矿未经处理的，价值数额累计计算。 第九条　单位犯刑法第三百四十三条规定之罪的，依照本解释规定的相应自然人犯罪的定罪量刑标准，对直接负责的主管人员和其他直接责任人员定罪处罚，并对单位判处

相关执法参考	相关法律法规（1）	罚金。 第十一条　对受雇佣为非法采矿、破坏性采矿犯罪提供劳务的人员，除参与利润分成或者领取高额固定工资的以外，一般不以犯罪论处，但曾因非法采矿、破坏性采矿受过处罚的除外。 第十二条　对非法采矿、破坏性采矿犯罪的违法所得及其收益，应当依法追缴或者责令退赔。 对用于非法采矿、破坏性采矿犯罪的专门工具和供犯罪所用的本人财物，应当依法没收。 第十四条　对案件所涉的有关专门性问题难以确定的，依据下列机构出具的鉴定意见或者报告，结合其他证据作出认定： （一）司法鉴定机构就生态环境损害出具的鉴定意见； （二）省级以上人民政府国土资源主管部门就造成矿产资源破坏的价值、是否属于破坏性开采方法出具的报告； （三）省级以上人民政府水行政主管部门或者国务院水行政主管部门在国家确定的重要江河、湖泊设立的流域管理机构就是否危害防洪安全出具的报告； （四）省级以上人民政府海洋主管部门就是否造成海岸线严重破坏出具的报告。 第十五条　各省、自治区、直辖市高级人民法院、人民检察院，可以根据本地区实际情况，在本解释第三条、第六条规定的数额幅度内，确定本地区执行的具体数额标准，报最高人民法院、最高人民检察院备案。 第十六条　本解释自 2016 年 12 月 1 日起施行。本解释施行后，《最高人民法院关于审理非法采矿、破坏性采矿刑事案件具体应用法律若干问题的解释》（法释〔2003〕9号）同时废止。
	相关法律法规（2）	最高人民检察院、公安部《关于公安机关管辖的刑事案件立案追诉标准的规定（一）》（节录） （2008 年 6 月 25 日，公通字〔2008〕36 号） 第六十九条　［破坏性采矿案（刑法第三百四十三条第二款）］违反矿产资源法的规定，采取破坏性的开采方法开采矿产资源，造成矿产资源严重破坏，价值数额在三十万元至五十万元以上的，应予立案追诉。 本条规定的"采取破坏性的开采方法开采矿产资源"，是指行为人违反地质矿产主管部门审查批准的矿产资源开发利用方案开采矿产资源，并造成矿产资源严重破坏的行为。 破坏性的开采方法以及造成矿产资源严重破坏的价值数额，由省级以上地质矿产主管部门出具鉴定结论，经查证属实后予以认定。
	相关法律法规（3）	《非法采矿、破坏性采矿造成矿产资源破坏价值鉴定程序的规定》（节录） （2005 年 8 月 31 日国土资源部国土资发〔2005〕175 号） 各省、自治区、直辖市国土资源厅（国土环境资源厅、国土资源和房屋管理局、房屋土地资源管理局、规划和国土资源局），解放军土地管理局，新疆生产建设兵团土地管理局： 为了规范非法采矿、破坏性采矿造成矿产资源破坏的价值鉴定工作，依法惩处矿产资源违法犯罪行为，维护矿产资源管理秩序，促进依法行政，现将《非法采矿、破坏性采矿造成矿产资源破坏价值鉴定程序的规定》印发给你们，请遵照执行。 附件：非法采矿、破坏性采矿造成矿产资源破坏价值鉴定程序的规定 第四条　国土资源部负责出具由其直接查处的矿产资源违法案件中涉及非法采矿、破坏性采矿造成矿产资源破坏价值的鉴定结论；省级人民政府国土资源主管部门负责出具本行政区域内的或者国土资源部委托其鉴定的非法采矿、破坏性采矿造成矿产资源破坏价值的鉴定结论。

相关执法参考	相关法律法规（3）	第六条 对非法采矿、破坏性采矿造成矿产资源破坏的价值按照以下原则进行鉴定：非法采矿破坏的矿产资源价值，包括采出的矿产品价值和按照科学合理的开采方法应该采出但因矿床破坏已难以采出的矿产资源折算的价值。破坏性采矿造成矿产资源严重破坏的价值，指由于没有按照国土资源主管部门审查认可的矿产资源开发利用方案采矿，导致应该采出但因矿床破坏已难以采出的矿产资源折算的价值。 第七条 省级以下人民政府国土资源主管部门在查处矿产资源违法案件中，涉及对非法采矿、破坏性采矿造成矿产资源破坏的价值进行鉴定的，须向省级人民政府国土资源主管部门提出书面申请，同时附具对该违法行为的调查报告及有关材料，由省级人民政府国土资源主管部门按照本规定第八条规定出具鉴定结论。对于认为案情简单、鉴定技术要求不复杂，本部门自己进行鉴定或者自行委托专业技术机构进行鉴定的，须将鉴定报告及有关调查材料呈报省级国土资源主管部门进行审查，并由省级人民政府国土资源主管部门按照本规定第八条第（三）项的有关规定出具鉴定结论。 第八条 省级人民政府国土资源主管部门接到省以下人民政府国土资源主管部门请求鉴定的书面申请后，按下述规定办理： （一）自接到书面申请之日起7日内进行审查并决定是否受理。经审查不同意受理的，将有关材料退回；需要补充情况或者材料的，应及时提出要求。 （二）同意受理后，有条件自行鉴定的，自受理之日起30日内委派承办人员进行鉴定并提出鉴定报告。案情复杂的可以适当延长，但最长不得超过60日。没有条件自行鉴定的，委托专业技术机构进行鉴定并按照上述期限提出鉴定报告。鉴定报告须由具体承办人员签署姓名。受委托进行鉴定的专业技术机构需要国土资源主管部门予以协助、配合的，各级国土资源主管部门应当及时予以协助、配合。 （三）自接到鉴定报告之日起7日内，由鉴定委员会负责人召集组成人员进行审查。审查时，鉴定委员会组成人员必须达到三分之二以上，以听取鉴定情况汇报并对有关材料、数据、鉴定过程与方法审查等方式进行。审查通过的，本级国土资源主管部门即行出具鉴定结论并交予提出申请的国土资源主管部门。未能通过的，应说明意见及理由。 第九条 省级人民政府国土资源主管部门或者国土资源部对非法采矿、破坏性采矿行为进行直接查处并由本部门出具鉴定结论，或者根据公安、司法机关的请求出具鉴定结论的，进行鉴定、审查、出具鉴定结论及有关办理时限，按照第八条（二）、（三）项中的有关规定办理。
	相关法律法规（4）	最高人民法院、最高人民检察院《关于办理危害矿山生产安全刑事案件具体应用法律若干问题的解释》（节录） （2007年2月26日最高人民法院审判委员会第1419次会议、2007年2月27日最高人民检察院第十届检察委员会第72次会议通过，法释〔2007〕5号，自2007年3月1日起施行） 第八条 在采矿许可证被依法暂扣期间擅自开采的，视为刑法第三百四十三条第一款规定的"未取得采矿许可证擅自采矿"。 违反矿产资源法的规定，非法采矿或者采取破坏性的开采方法开采矿产资源，造成重大伤亡事故或者其他严重后果，同时构成刑法第三百四十三条规定的犯罪和刑法第一百三十四条或者第一百三十五条规定的犯罪的，依照数罪并罚的规定处罚。 第十条 以暴力、威胁方法阻碍矿山安全生产监督管理的，依照刑法第二百七十七条的规定，以妨害公务罪定罪处罚。 第十一条 国家工作人员违反规定投资入股矿山生产经营，构成本解释涉及的有关犯罪的，作为从重情节依法处罚。 第十二条 危害矿山生产安全构成犯罪的人，在矿山生产安全事故发生后，积极组织、参与事故抢救的，可以酌情从轻处罚。

相关执法参考	相关法律法规(5)	最高人民法院、最高人民检察院《关于办理盗窃油气、破坏油气设备等刑事案件具体应用法律若干问题的解释》（节录） （2006年11月20日最高人民法院审判委员会第1406次会议、2006年12月11日最高人民检察院第十届检察委员会第66次会议通过，法释〔2007〕3号，自2007年1月19日起施行） 第六条　违反矿产资源法的规定，非法开采或者破坏性开采石油、天然气资源的，依照刑法第三百四十三条以及《最高人民法院关于审理非法采矿、破坏性采矿刑事案件具体应用法律若干问题的解释》的规定追究刑事责任。 第八条　本解释所称的"油气"，是指石油、天然气。其中，石油包括原油、成品油；天然气包括煤层气。 本解释所称"油气设备"，是指用于石油、天然气生产、储存、运输等易燃易爆设备。
	相关法律法规(6)	最高人民法院《关于审理矿业权纠纷案件适用法律若干问题的解释》（节录） （2017年2月20日由最高人民法院审判委员会第1710次会议通过，法释〔2017〕12号，自2017年7月27日起施行） 第二十一条　勘查开采矿产资源造成环境污染，或者导致地质灾害、植被毁损等生态破坏，法律规定的机关和有关组织提起环境公益诉讼的，人民法院应依法予以受理。 法律规定的机关和有关组织提起环境公益诉讼的，不影响因同一勘查开采行为受到人身、财产损害的自然人、法人和其他组织依据民事诉讼法第一百一十九条的规定提起诉讼。 第二十二条　人民法院在审理案件中，发现无证勘查开采，勘查资质、地质资料造假，或者勘查开采未履行生态环境修复义务等违法情形的，可以向有关行政主管部门提出司法建议，由其依法处理；涉嫌犯罪的，依法移送侦查机关处理。 第二十三条　本解释施行后，人民法院尚未审结的一审、二审案件适用本解释规定。本解释施行前已经作出生效裁判的案件，本解释施行后依法再审的，不适用本解释。
	相关法律法规(7)	《矿产资源法》（节录） （1986年3月19日第六届全国人民代表大会常务委员会第十五次会议通过，根据1996年8月29日第八届全国人民代表大会常务委员会第二十一次会议《关于修改〈中华人民共和国矿产资源法〉的决定》第一次修正，根据2009年8月27日第十一届全国人民代表大会常务委员会第十次会议《全国人民代表大会常务委员会关于修改部分法律的决定》第二次修正） 第四十四条　违反本法规定，采取破坏性的开采方法开采矿产资源的，处以罚款，可以吊销采矿许可证；造成矿产资源严重破坏的，依照刑法有关规定对直接责任人员追究刑事责任。 第四十五条　本法第三十九条、第四十条、第四十二条规定的行政处罚，由县级以上人民政府负责地质矿产管理工作的部门按照国务院地质矿产主管部门规定的权限决定。第四十三条规定的行政处罚，由县级以上人民政府工商行政管理部门决定。第四十四条规定的行政处罚，由省、自治区、直辖市人民政府地质矿产主管部门决定。给予吊销勘查许可证或者采矿许可证处罚的，须由原发证机关决定。 依照第三十九条、第四十条、第四十二条、第四十四条规定应当给予行政处罚而不给予行政处罚的，上级人民政府地质矿产主管部门有权责令改正或者直接给予行政处罚。

| 相关执法参考 | 相关法律法规（8） | 《河道管理条例》（节录）
（1988年6月3日国务院第七次常务会议通过，根据2011年01月08日国务院令第588号《国务院关于废止和修改部分行政法规的决定》修正；根据2017年3月1日国务院令第676号《国务院关于修改和废止部分行政法规的决定》修订；根据2017年10月7日《国务院关于修改部分行政法规的决定》（国务院令第687号）修订；依据2018年3月19日《国务院关于修改和废止部分行政法规的决定》（国务院令第698号）修订）
第四十四条 违反本条例规定，有下列行为之一的，县级以上地方人民政府河道主管机关除责令其纠正违法行为、采取补救措施外，可以并处警告、罚款、没收非法所得；对有关责任人员，由其所在单位或者上级主管机关给予行政处分；构成犯罪的，依法追究刑事责任：
（一）在河道管理范围内弃置、堆放阻碍行洪物体的；种植阻碍行洪的林木或者高杆植物的；修建围堤、阻水渠道、阻水道路的；
（二）在堤防、护堤地建房、放牧、开渠、打井、挖窖、葬坟、晒粮、存放物料、开采地下资源、进行考古发掘以及开展集市贸易活动的；
（三）未经批准或者不按照国家规定的防洪标准、工程安全标准整治河道或者修建水工程建筑物和其他设施的；
（四）未经批准或者不按照河道主管机关的规定在河道管理范围内采砂、取土、淘金、弃置砂石或者淤泥、爆破、钻探、挖筑鱼塘的；
（五）未经批准在河道滩地存放物料、修建厂房或者其他建筑设施，以及开采地下资源或者进行考古发掘的；
（六）违反本条例第二十七条的规定，围垦湖泊、河流的；
（七）擅自砍伐护堤护岸林木的；
（八）汛期违反防汛指挥部的规定或者指令的。
第四十五条 违反本条例规定，有下列行为之一的，县级以上地方人民政府河道主管机关除责令其纠正违法行为、赔偿损失、采取补救措施外，可以并处警告、罚款；应当给予治安管理处罚的，按照《中华人民共和国治安管理处罚法》的规定处罚；构成犯罪的，依法追究刑事责任：
（一）损毁堤防、护岸、闸坝、水工程建筑物，损毁防汛设施、水文监测和测量设施、河岸地质监测设施以及通信照明等设施；
（二）在堤防安全保护区内进行打井、钻探、爆破、挖筑鱼塘、采石、取土等危害堤防安全的活动的；
（三）非管理人员操作河道上的涵闸闸门或者干扰河道管理单位正常工作的。 |

三十二、危害国家重点保护植物罪

罪名	危害国家重点保护植物罪（《刑法》第 344 条）
概念	危害国家重点保护植物罪，是指违反国家规定，非法采伐、毁坏珍贵树木或者国家重点保护的其他植物的行为，或者非法收购、运输、加工、出售珍贵树木或者国家重点保护的其他植物及其制品的行为。

| 犯罪构成 | 客体 | 本罪侵犯的客体是单一客体，即国家重点保护植物的管理制度。我国《森林法》第32条规定，国家实行天然林全面保护制度，严格限制天然林采伐，加强天然林管护能力建设，保护和修复天然林资源，逐步提高天然林生态功能。第40条规定，国家保护古树名木和珍贵树木。禁止破坏古树名木和珍贵树木及其生存的自然环境。《森林法实施条例》第21条规定，禁止毁林开垦、毁林采种和违反操作技术规程采脂、挖笋、掘根、剥树皮及过度修枝的毁林行为。《野生植物保护条例》第9条明确规定，国家保护野生植物及其生长环境。禁止任何单位和个人非法采集野生植物或者破坏其生长环境。《野生药材资源保护管理条例》第2条规定，在中华人民共和国境内采猎、经营野生药材的任何单位或个人，除国家另有规定外，都必须遵守本条例。因此，违反上述有关规定，非法采伐、毁坏珍贵树木或者国家重点保护的其他植物的行为，或者非法收购、运输、加工、出售珍贵树木或者国家重点保护的其他植物及其制品的行为，必然侵犯国家有关国家重点保护植物的管理制度。
本罪的对象是国家重点保护的植物及其制品，包括珍贵树木和国家重点保护的其他植物及其制品两类。通常来看，植物属于生物界中的一类范畴。在自然界中，凡是有生命的机体，均属于生物。生物中具有行固着生活和自养的生物称为植物界，简称植物。植物有明显的细胞壁和细胞核和光合作用的能力。现代已经有了80多个目、200多个科，大约有350000个植物物种，被分类为种子植物、苔藓植物、蕨类植物和藻类植物。植物共有六大器官：根、茎、叶、花、果实、种子。陆生植物和藻类所行使的光合作用几乎是所有生态系中能源及有机物质的最初来源。光合作用根本地改变了早期地球大气的组成，使得有21%的氧气。动物和大多数其他生物是好氧的，依靠氧气生存。植物在大多数的陆地生态系中属于生产者，形成食物链的基本。许多动物依靠着植物作为其居所、氧气和食物的提供者。陆生植物是水循环和数种其他物质循环的关键。植物按质地可分为草本植物和木本植物两类。草本植物，是茎含木质细胞少，全株或地上部分容易萎蔫或枯死的植物，如菊花、百合、凤仙等。包括一年生、二年生和多年生草本植物。木本植物包括三类：一是乔木，即有一个直立主干且高达5米以上的木本植物。乔木与低矮的灌木相对应，通常见到的高大树木都是乔木，如木棉、松树、玉兰、白桦等。乔木按冬季或旱季落叶与否又分为落叶乔木和常绿乔木。二是灌木，即主干不明显，常在基部发出多个枝干的木本植物称为灌木，如玫瑰、龙船花、映山红、牡丹等。三是亚灌木，即矮小的灌木，多年生，茎的上部草质，在开花后枯萎，而基部的茎是木质的，如长春花、决明等。珍贵树木属于上述木本植物范畴。总之，国家由最初重点保护珍贵树木到后来全面保护包括珍贵树木在内的所有珍贵、珍稀、濒危植物，即珍贵树木和国家重点保护的其他植物并概为国家重点保护的植物，伴随的刑法保护同样经历了必然的历史发展过程。例如，1991年12月9日，湖南省桑植县五道水乡农民陈为华、陈良明以采集种子为由，未经批准擅自进入八大公山国家级自然保护区杉木界域，盗伐国家一级保护植物珙桐7株，折合积材约63立方米，价值33万余元；并盗走珙桐种子45公斤，销售种子获得赃款546元。1992年8月4日，二人被当地人民法院以盗伐林木罪判处12年、10年有期徒刑。珙桐是我国特有的古珍植 |

| | |物,被世人誉为"中国鸽子花",属稀有一级保护植物,八大公山自然保护区有 3000 多株,占地 7000 亩,是我国珙桐资源的主要分布地。当时法律明确规定,严禁采伐自然保护区的森林。如果二人的行为发生在 1997 年 10 月 1 日以后,即新刑法生效实施后,就应以非法采伐、毁坏珍贵树木罪论处。如果二人的行为发生在 2002 年 12 月 28 日《刑法修正案(四)》以后,则应当以非法采伐、毁坏国家重点保护植物罪论处。

  关于珍贵树木,属于木本植物,是珍贵木本植物的总称。主要是指具有极其重要的科研、经济、文化价值及濒危状态的各种树木。根据 2000 年最高人民法院有关司法解释规定,"珍贵树木",包括由省级以上林业主管部门或者其他部门确定的具有重大历史纪念意义、科学研究价值或者年代久远的古树名木,国家禁止、限制出口的珍贵树木以及列入国家重点保护野生植物名录的树木。具体珍贵树木的种类或范围,在不同历史时期会有所变化或调整。例如,我国于 1975 年由原农林部在颁布《关于保护、发展和合理利用珍贵树种的通知》的同时,颁布了一批一、二类珍贵树种名录。其中一类珍贵树种有:坡垒、子京、降香黄檀、水杉、珙桐、香果树、台湾杉和秃杉原生种;二类珍贵树种有:楠木、花榈木、红椿、石梓、桂花木、野荔枝、麦吊杉、黄杉、红杉和青梅原生种。1984 年由国务院环境保护委员会公布了我国第一批《珍贵濒危保护植物名录》,一级保护有水杉 1 种;二级保护的有元宝山冷杉等 6 种;三级保护的有秦岭冷杉、长白松等 12 种。1992 年由林业部颁布的《国家珍贵树种名录》,将珍贵树种分为二级,一级有海南粗榧、元宝山冷杉、南方红豆杉、珙桐、猪血木等 37 种;二级有篦子三尖杉、秦岭冷杉、长白松、华盖木、麻楝等 95 种。

  关于国家重点保护的植物,主要是指国家明文规定的需要重点保护的植物,包括野生植物和野生药用植物。所谓野生植物,是指原生地天然生长的珍贵植物和原生地天然生长并具有重要经济、科学研究、文化价值的濒危、稀有植物。所谓野生药用植物,是指药用野生植物和城市园林、自然保护区、风景名胜区内的野生植物。1987 年国务院颁布《野生药材资源保护管理条例》及该条例自身附录《国家重点保护野生药材物种名录》将国家重点保护的野生药材物种分为三级加以保护:一级为濒临灭绝状态的稀有珍贵野生药材物种(以下简称一级保护野生药材物种);二级为分布区域缩小、资源处于衰竭状态的重要野生药材物种(以下简称二级保护野生药材物种);三级为资源严重减少的主要常用野生药材物种(以下简称三级保护野生药材物种)。1996 年国务院颁布《野生植物保护条例》将野生植物分为国家重点保护野生植物和地方重点保护野生植物加以保护管理。其中国家重点保护野生植物又分为国家一级保护野生植物和国家二级保护野生植物。同时规定,国家重点保护野生植物名录,由国务院林业行政主管部门、农业行政主管部门商国务院环境保护、建设等有关部门制定,报国务院批准公布。据此,1999 年国家林业局、农业部发布《国家重点保护的野生植物名录(第一批)》及 2001 年《国家重点保护野生植物名录(第一批)修正案》(其中仅涉及,将念珠藻科的发菜保护级别由二级调整为一级)。实际上,根据《国家重点保护的野生植物名录》规定,从 1999 年起珍贵树木已经被纳入国家重点保护的野生植物范围之内加以全面保护管理。上述名录国家重点保护的野生植物划分为一级和二级保护,涵盖蕨类植物、裸子植物、被子植物、蓝藻植物和真菌五类。其中一级保护植物有光叶蕨、巨柏银杏、银杉、长白松、望天树等 52 种;二级保护植物有台湾油杉、海南油杉、东京桐、红豆树等 202 种。根据《野生药材资源保护管理条例》第 4 条规定,国家重点保护的野生药材物种分为三级:一级为濒临灭绝状态的稀有珍贵野生药材物种(以下简称一级保护野生药材物种);二级为分布区域缩小、资源处于衰竭状态的重要野生药材物种(以下简称二级保护野生药材物种);三级为资源严重减少的主要常用野生药材物种(以下简称三级保护野生药材物种)。应当注意的是,根据《野生植物保护条例》相关分类规定,地方重点保护野生植物不属于国家重点保护野生植物的范畴。所谓地方重点保护野生植物,是指除国家重点保护野生植物以外,由省、自治区、

表格左侧纵向标注:犯罪构成 | 客体

犯罪构成	客体	直辖市保护的野生植物。地方重点保护野生植物名录，由省、自治区、直辖市人民政府制定并公布，报国务院备案。另外，个人人工种养培植的珍贵、珍稀植物不属于本罪对象范围，但根据《野生植物保护条例》第2条规定，城市园林、自然保护区、风景名胜区内的野生植物除外。 　　应当明确的是，我国1980年12月25日加入并于1981年4月8日对我国正式生效的《濒危野生动植物种国际贸易公约附录Ⅰ、附录Ⅱ、附录Ⅲ》所列植物名录中的珍贵树木，原产地在我国境内的国家重点保护的其他植物，均属本罪对象。《濒危野生动植物种国际贸易公约附录Ⅰ、附录Ⅱ、附录Ⅲ》一共涵盖5000种动物和29000种植物，并分为三类物种而采取不同的管理办法。其中附录Ⅰ共有892个物种，包括所有受到和可能受到贸易影响而有灭绝危险的物种；附录Ⅱ共有33033个物种，包括所有目前虽未濒临灭绝，但如对其贸易不严加管理，就可能变成有灭绝危险的物种；附录Ⅲ共有161个物种，包括成员国认为属其管辖范围内，应该进行管理以防止或限制开发利用，而需要其他成员国合作控制的物种。《濒危野生动植物种国际贸易公约附录Ⅰ、附录Ⅱ、附录Ⅲ》由缔约国会议商讨决定对附录中的动植物物种作出修改，诸如增加新的物种或移除某一物种，或将一个物种移到另一份附录里。缔约国中的任何成员均有权对附录作出修改。若修改被质疑，缔约国将在每三年举行一次的缔约国会议上对此进行讨论。第17届缔约方大会于2016年9月在南非约翰内斯堡开幕，并通过并更新了濒危野生动植物种国际贸易公约（CITES）公约附录管制物种，该公约附录于2017年1月2日起执行。 　　国家重点保护的植物及其制品，包括珍贵树木和国家重点保护的野生药用植物等其他植物及其制品。所谓国家重点保护的植物制品包括珍贵树木和国家重点保护的野生药用植物等其他植物经过加工处理后所形成的标本、样品等半成品和成品。
	客观方面	本罪在客观方面表现为违反国家规定，非法采伐、毁坏珍贵树木或者国家重点保护的其他植物的行为，非法收购、运输、加工、出售珍贵树木或者国家重点保护的其他植物及其制品的行为。包括两点： 　　1. 必须具有违反国家规定的行为，这是本罪成立的前提条件。行为人采伐、毁坏珍贵树木或者国家重点保护的其他植物必须是非法的，这种非法性主要体现在行为人违反了有关《野生植物保护条例》及依据该条例确定的《国家重点保护野生植物名录（第一批）》与《国家重点保护野生植物名录（第一批）修正案》《野生药材资源保护管理条例》及该条例自身附录《国家重点保护野生药材物种名录》等国家重点保护植物的法规。根据《野生植物保护条例》第16条规定，禁止采集国家一级保护野生植物。因科学研究、人工培育、文化交流等特殊需要，采集国家一级保护野生植物的，应当按照管理权限向国务院林业行政主管部门或者其授权的机构申请采集证；或者向采集地的省、自治区、直辖市人民政府农业行政主管部门或者其授权的机构申请采集证。采集国家二级保护野生植物的，必须经采集地的县级人民政府野生植物行政主管部门签署意见后，向省、自治区、直辖市人民政府野生植物行政主管部门或者其授权的机构申请采集证。采集城市园林或者风景名胜区内的国家一级或者二级保护野生植物的，须先征得城市园林或者风景名胜区管理机构同意，分别依照前两款的规定申请采集证。采集珍贵野生树木或者林区内、草原上的野生植物的，依照森林法、草原法的规定办理。野生植物行政主管部门发放采集证后，应当抄送环境保护部门备案。采集证的格式由国务院野生植物行政主管部门制定。根据该条例第17条规定，采集国家重点保护野生植物的单位和个人，必须按照采集证规定的种类、数量、地点、期限和方法进行采集。县级人民政府野生植物行政主管部门对在本行政区域内采集国家重点保护野生植物的活动，应当进行监督检查，并及时报告批准采集的野生植物行政主管部门或者其授权的机构。根据该条例第21条规定，外国人不得在中国境内采集或者收购国家重点保护野生植物。外国人在中国境内对农业行政主管部门管理的国家重点保护野生植物进行野外考察的，应当经农业行政主管部门管理的国家重点保护野生植物

| 犯罪构成 | 客观方面 | 所在地的省、自治区、直辖市人民政府农业行政主管部门批准。根据《野生药材资源保护管理条例》第6条至第10条规定，禁止采猎一级保护野生药材物种。采猎、收购二、三级保护野生药材物种的，必须按照批准的计划执行。该计划由县以上（含县，下同）医药管理部门（含当地人民政府授权管理该项工作的有关部门，下同）会同同级野生动物、植物管理部门制定，报上一级医药管理部门批准。采猎二、三级保护野生药材物种的，不得在禁止采猎区、禁止采猎期进行采猎，不得使用禁用工具进行采猎。前款关于禁止采猎区、禁止采猎期和禁止使用的工具，由县以上医药管理部门会同同级野生动物、植物管理部门确定。采猎二、三级保护野生药材物种的，必须持有采药证。取得采药证后，需要进行采伐或狩猎的，必须分别向有关部门申请采伐证或狩猎证。采药证的格式由国家医药管理部门确定。采药证由县以上医药管理部门会同同级野生动物、植物管理部门核发。采伐证或狩猎证的核发，按照国家有关规定办理。根据《野生植物保护条例》第18条的规定，禁止出售、收购国家一级保护野生植物；出售、收购国家二级保护野生植物的，必须经省、自治区、直辖市人民政府野生植物行政主管部门或者其授权的机构批准。第20条的规定，出口国家重点保护野生植物或者进出口中国参加的国际公约所限制进出口的野生植物的，应当按照管理权限经国务院林业行政主管部门批准，或者经进出口者所在地的省、自治区、直辖市人民政府农业行政主管部门审核后报国务院农业行政主管部门批准，并取得国家濒危物种进出口管理机构核发的允许进出口证明书或者标签。海关凭允许进出口证明书或者标签查验放行。国务院野生植物行政主管部门应当将有关野生植物进出口的资料抄送国务院环境保护部门。禁止出口未定名的或者新发现并有重要价值的野生植物。第21条的规定，外国人不得在中国境内收购国家重点保护的野生植物。第13条的规定，一级保护野生药材物种属于自然淘汰的，其药用部分由各级药材公司负责经营管理，但不得出口。第14条的规定，二、三级保护野生药材物种属于国家计划管理的品种，由中国药材公司统一经营管理；其余品种由产地县药材公司或其委托单位按照计划收购。第15条的规定，二、三级保护野生药材物种的药用部分，除国家另有规定外，实行限量出口。实行限量出口和出口许可证制度的品种，由国家医药管理部门会同国务院有关部门确定。行为人违反上述有关规定是构成本罪的前提条件。

2. 必须为实施了非法采伐、毁坏珍贵树木或者国家重点保护的其他植物的行为，或者非法收购、运输、加工、出售珍贵树木或者国家重点保护的其他植物及其制品的行为。这里的非法采伐是指违反野生植物保护条例等法规，未经允许或批准而擅自采集、砍伐珍贵树木或者国家重点保护的其他植物。这里的毁坏是指行为人采用扒皮、折枝、摘叶、砍断等方法，使珍贵树木或者国家重点保护的其他植物的生存能力或科研、经济价值部分或全部丧失。应注意，毁坏不仅包括一般的损坏、破坏、还应包括彻底毁损、灭失。非法采伐和毁坏两种行为往往具有包容、重叠关系，两者只是危害程度有所差异，只要实施其中一种的，就可构成本罪。

实际上，针对珍贵树木而言也可以这样认定理解，非法采伐、毁坏行为方式具体包括非法采集、砍伐、损坏、毁灭四种情况。所谓采集，是指对珍贵树木的枝、叶、枝干等进行摘取、割取。采集对珍贵树木的正常生长有一定影响，但相对危害较小。所谓砍伐，是指对珍贵树木的本体进行根部或主干截断，以期利用其根或主体，这种砍伐一般是结束了珍贵树木的生长进程或严重影响其生长。所谓损坏，是指对珍贵树木的树皮、根等关键部位进行破坏或剥、挖，这种损坏严重地影响珍贵树木的正常生长，甚至可能导致珍贵树木的枯死，从而使珍贵树木的价值或使用价值部分丧失。所谓毁灭，是指对珍贵树木进行毁灭性的破坏，如放火烧毁、炸药炸毁、操纵机器压毁等。这种毁灭，一般使珍贵树木的价值或使用价值完全丧失。同样，上述四种行为，现实中可能出现交叉、重叠的情况或有时不易区分的情形。但只要实施了其中一种行为的，就可认定犯罪。当然，如果将采集、砍伐视为一种采伐行为，将损坏、毁灭视为一种毁坏行为，也是可以的，那么只要行为人实 |

犯罪构成	客观方面	施了非法采伐或毁坏行为之一的，就可以认定构成本罪。例如，云南某地上万株珍贵树木红豆杉被采伐、毁坏就是多种行为交织在一起的。行为人将红豆杉剥去树皮，并将其肢解，有的连根都挖出来剥去表皮，还有的将剥尽皮的红豆杉树干肢解，做成贴板、棒槌、杯碗、烟锅。上述行为包含了非法采伐和毁坏行为，即构成本罪。另外，对于实践中未经许可挖掘移植国家重点保护植物的行为是否应认定为非法采伐、毁坏国家重点保护植物罪，理论界存在分歧。我们认为，如果行为人明知是国家重点保护植物而擅自挖掘移植的，就可以构成本罪。 根据有关规定，对于国家一级保护野生植物禁止任何单位和个人出售和收购，对于国家二级保护野生植物，必须经有关部门批准，才能从事出售、收购活动。所谓非法收购，是指没有经营珍贵树木或者国家重点保护的其他植物及其制品的资格，而违反有关规定，从事收买、购进珍贵树木或者国家重点保护的其他植物及其制品的行为。所谓非法运输，是指没有办理合法的手续，或采取伪造、欺骗手段，非法携带或者利用运载工具，将珍贵树木或者国家重点保护的其他植物及其制品从国内某地运至另一地方的行为。所谓非法加工，是指通过非法改变植物及其制品的外形、尺寸、性态等方法以提升相关植物及其制品价值的行为。所谓非法出售，是指不具有经营珍贵树木或者国家重点保护的其他植物及其制品的资格，而违反有关规定，从事销售、推销珍贵树木或者国家重点保护的其他植物及其制品的行为。只要行为人实施了非法收购、运输、加工、出售四种行为之一的，就可成立本罪。
	主体	本罪主体为一般主体，既包括自然人，即16周岁以上具有刑事责任能力的自然人，也包括单位。单位主要是从事生产、经营的企业。本罪的主体，既可以是国家重点保护植物的管理者、承包者，也可以是非管理者、承包者、所有人。实践中，最常见的是山区乡镇企业及村委会等基层单位。例如，某乡李店村的村头龙王庙，年久失修，原来一直是李店小学的校舍。由于怕庙宇倒塌，砸伤师生，李店村决定拆掉庙宇，重建校舍。庙宇前后有8株高耸入云的银杏树，村里决定，一起砍伐，作为重建校舍的木材。结果这8株数百年前种植的国家重点保护的珍贵树木被砍伐。本案中，村长马某被认定犯了非法采伐、毁坏珍贵树木罪。但根据新刑法的规定，该村也构成了非法采伐、毁坏珍贵树木罪，应当追究刑事责任。如果发生在2002年12月28日《刑法修正案（四）》以后，作为单位的该村则应当以非法采伐、毁坏国家重点保护植物罪论处。
	主观方面	本罪在主观方面表现为故意，包括直接故意和间接故意。即行为人明知是珍贵树木或者为国家重点保护的其他植物而任意实施的采伐、毁坏则构成本罪。如果行为人出于过失而导致珍贵树木或者国家重点保护的其他植物被采伐、毁坏的，不构成本罪。或者行为人明知自己收购、运输、加工、出售珍贵树木或者国家重点保护的其他植物及其制品的行为是违反国家有关规定而仍故意为之。至于行为人的动机，如报复、牟利、治病等，可以是多种多样的，均不影响本罪的成立，可在量刑时予以考虑。
认定标准	刑罚标准	1. 犯本罪的，处3年以下有期徒刑、拘役或者管制，并处罚金。 2. 情节严重的，处3年以上7年以下有期徒刑，并处罚金。 3. 单位犯本罪的，对单位判处罚金，并对其直接负责的主管人员和其他直接责任人员，依照上述规定处罚。 本罪属行为犯，行为人只要实施了非法采伐、毁坏珍贵树木或者国家重点保护的其他植物的行为，非法收购、运输、加工、出售珍贵树木或者国家重点保护的其他植物及其制品的行为。无论是否造成危害后果，即构成本罪，除非情节显著轻微危害不大不认为是犯罪的，即应适用第一档量刑条款。 构成本罪，情节严重的，适用第二档量刑条款。对于非法采伐、毁坏珍贵树木行为的"情节严重"，根据有关司法解释规定，具有下列情形之一的，属于非法采伐、毁坏珍贵树木行为"情节严重"：非法采伐珍贵树木2株以上或者毁坏珍贵树木致使珍贵树木死亡

认定标准		
	刑罚标准	3株以上的；非法采伐珍贵树木2立方米以上的；为首组织、策划、指挥非法采伐或者毁坏珍贵树木的；其他情节严重的情形。对于非法采伐、毁坏国家重点保护的其他植物行为的"情节严重"，可参考上述司法解释规定的精神认定处理。对于非法收购、运输、加工、出售珍贵树木或者国家重点保护的其他植物及其制品的行为情节严重的，没有司法解释明确规定，可参考有关司法解释规定，即具有下列情形之一的，属于非法采伐、毁坏珍贵树木行为"情节严重"：非法采伐珍贵树木2株以上或者毁坏珍贵树木致使珍贵树木死亡3株以上的；非法采伐珍贵树木2立方米以上的；为首组织、策划、指挥非法采伐或者毁坏珍贵树木的等。
	本罪与非罪的界限	总体或者原则上讲，危害珍贵树木或者国家重点保护的其他植物的行为只要不属于情节显著轻微、危害不大的，都应以犯罪论处。如果危害了少量的珍贵树木或者国家重点保护的其他植物的树皮、树枝或者叶，不影响其生存、繁衍或科研、经济价值的，属于情节显著轻微，危害不大的情况的，就应按一般违法行为处理。司法实践中，可以从珍贵树木或者国家重点保护的其他植物的保护级别、稀有或濒危程度、现存数量、科研或文化或经济价值等多方面因素加以综合考虑。必要时，最好由司法机关作出具体的解释规定，以严格划定罪与非罪的界限。具体而言，主要从两个方面来把握： 1. 从犯罪客观方面分析，本罪属于行为犯，只要实施了危害珍贵树木或者国家重点保护的其他植物的行为，原则上无论被危害珍贵树木的数量、种类多或少，都构成犯罪。但是如果属于犯罪情节显著轻微危害不大的，就不以犯罪论处，而视为一般违法行为，并根据有关行政法规规定处理。如根据《野生植物保护条例》第23条规定，未取得采集证或者未按照采集证的规定采集国家重点保护野生植物的，由野生植物行政主管部门没收所采集的野生植物和违法所得，可以并处违法所得10倍以下的罚款；有采集证的，并可以吊销采集证。第27条规定，外国人在中国境内采集、收购国家重点保护野生植物，或者未经批准对农业行政主管部门管理的国家重点保护野生植物进行野外考察的，由野生植物行政主管部门没收所采集、收购的野生植物和考察资料，可以并处5万元以下的罚款。 2. 从犯罪主观分析，必须出于故意，才能构成本罪。如果行为人确实不知是国家重点保护的珍贵树木或者国家重点保护的其他植物或误把珍贵树木或者国家重点保护的其他植物作为一般树木、其他植物而实施危害行为的，由于缺乏故意而不能构成本罪。
	本罪罪数的认定	实施非法采伐、毁坏国家重点保护植物行为并危害公共安全，同时触犯本罪和危害公共安全罪的，实际是一个行为同时触犯了两个罪名，属于想象竞合犯，应择一重罪论处，而不以数罪并罚。如果行为人在实施其他犯罪行为的同时毁坏了国家重点保护植物，也是一个行为同时触犯两个罪名的想象竞合犯，应从一重罪论处。如果行为人为了实施其他犯罪而故意毁坏国家重点保护植物，其故意毁坏国家重点保护植物的行为属于为实现犯罪目的而采取的手段行为，即两行为之间存在目的与手段的牵连关系，因此按牵连犯应从一重罪论处。但如果是行为人在进行其他犯罪时，又另起犯意而实施非法采伐、毁坏国家重点保护植物，则两行为之间没有联系，构成两个独立的犯罪，应数罪并罚。
	此罪与彼罪的区别（1）	本罪与故意毁坏财物罪的区别。 故意毁坏财物罪，是指故意毁灭或者损坏公私财物，数额较大或者有其他严重情节的行为。两罪的主要区别在于： 1. 犯罪客体属性不同。本罪的直接客体为国家重点保护植物的管理制度，属于刑法典分则第6章第6节破坏环境资源保护的犯罪；后罪的直接客体、同类客体是公私财物的所有权，属于刑法典分则第5章侵犯财产的犯罪。 2. 犯罪对象不同。本罪的对象只能是珍贵树木或者国家重点保护的其他植物及其制品，没有被纳入国家重点保护的树木或者其他植物及其制品不能成为本罪对象；而后罪的犯罪对象为一切形式的动产和不动产。

认定标准	此罪与彼罪的区别（1）	3. 犯罪客观方面不同。本罪原则上不要求危害国家重点保护植物的数量多少，只要实施危害行为的就构成犯罪；而后罪表现为行为人采用各种破坏方式非法毁坏公私财物，仅限于毁坏方式，而且必须达到数额较大或者情节严重的，才能构成犯罪。 4. 犯罪主体不同。本罪的主体为一般主体，既可以是自然人，也可以是单位。后罪的主体只能是自然人，单位不能构成。 应当注意的是，两罪也存在关联的情形。行为人实施的故意毁坏特定的财物（如景区里的珍贵树木），又触犯了刑法专门规定的危害国家重点保护植物罪的，这属于刑法理论中所称的法条竞合，即一个犯罪行为同时触犯数个法律条文，其中一个法律条文的内容与另一个法律条文的内容重合或者交错。对于该行为应当按照"特别法优于普通法"的原则进行处理，即按照危害国家重点保护植物罪进行定罪处罚。
	此罪与彼罪的区别（2）	本罪与盗伐林木罪的区别。 盗伐林木罪，是指以非法占有为目的，擅自砍伐国家、集体、他人所有或者他人承包经营管理的森林或者其他林木；擅自砍伐本单位或者本人承包经营管理的森林或者其他林木；在林木采伐许可证规定的地点以外采伐国家、集体、他人所有或者他人承包经营管理的森林或者其他林木，数量较大的行为。两罪的主要区别在于： 1. 犯罪客体不同。本罪侵犯的客体是单一客体，即国家重点保护植物的管理制度。后罪侵犯的客体是双重客体，即国家森林资源保护的管理制度和国家、集体、公民个人对森林或者林木的所有权。 2. 犯罪对象不同。本罪对象为国家重点保护的植物及其制品，包括珍贵树木和国家重点保护的其他植物及其制品。后罪对象为普通林木，不包括珍贵树木和国家重点保护的其他植物及其制品。这是两罪最明显和主要的区别。 3. 犯罪客观方面行为表现不同。本罪表现为行为人违反国家重点保护植物管理法规，各种危害国家重点保护植物的行为，行为方式不仅包括非法采伐，还包括非法毁坏等。后罪表现为采取秘密窃取方法，盗伐国有、集体或个人承包经营管理的林木的行为，行为方式仅限于盗伐。 4. 犯罪成立标准不同。本罪属于行为犯，只要实施了危害国家重点保护植物及其制品的行为，就构成犯罪；后罪属于数额犯，只有达到"数量较大"的，才能构成犯罪。 应当注意的是，两罪存在两种情况下的竞合情形。第一种是在一般情形下，对盗伐珍贵树木数量不大的，只能按危害国家重点保护植物罪认定和处罚。对盗伐珍贵树木数量巨大的，一般也应按危害国家重点保护植物罪认定和处罚。可见，一般情况下，按危害国家重点保护植物罪认定，比按盗伐林木罪认定处罚得重，所以，应按重罪定罪和处罚。但对盗伐珍贵树木数量特别巨大的，应按盗伐林木罪认定和处罚。因为虽然这种犯罪行为同时触犯危害国家重点保护植物罪和盗伐林木罪的罪名，但按危害国家重点保护植物罪认定，只能判处 3 年以上 7 年以下有期徒刑，并处罚金；而按盗伐林木罪认定，应判处 7 年以上 15 年以下有期徒刑，并处罚金。在这种情形下，盗伐林木罪属于重罪，因此应按重罪定罪和处罚。第二种在特殊情形下，就是在行为人出于故意心态支配下的想象竞合犯，即行为人明知自己的盗伐行为会产生危害社会的结果，但对侵害对象与性质尚不明确，这种情况下，应从危害国家重点保护植物罪和盗伐林木罪中的一重罪论处。当然，如果行为人在盗伐林木的同时，又发现确实是珍贵树木或者国家重点保护的其他植物而临时起意进行采伐的，应认定为两个犯罪意图，构成两个独立的犯罪，即按照危害国家重点保护植物罪和盗伐林木罪两个罪认定，并实施数罪并罚。

认定标准	此罪与彼罪的区别（3）	本罪与走私国家禁止进出口的货物、物品罪的区别。 走私国家禁止进出口的货物、物品罪，是指走私珍稀植物及其制品等国家禁止进出口的其他货物、物品的行为。两罪的主要区别在于： 1. 犯罪客体不同。本罪侵犯的是单一客体，即国家重点保护植物的管理制度。后罪侵犯的是复杂客体，既侵犯了国家有关保护珍稀植物及其制品的管理制度，又侵犯了国家对外贸易的管理制度。 2. 犯罪客观方面行为发生范围不同。本罪在客观方面表现为行为人在国内实施了非法采伐、毁坏或者非法收购、运输、加工、出售珍贵树木或者国家重点保护的其他植物及其制品的行为。后罪在客观方面表现为行为人从国外实施非法携带、运输、邮寄珍稀植物及其制品而进入国（边）境的行为，或者从国内实施非法携带、运输、邮寄珍稀植物及其制品逃避海关监管或边防检查而出境的行为，或者直接向走私人收购珍稀植物及其制品的行为，或者在内海、领海运输、收购、贩卖珍稀植物及其制品的行为。
相关执法参考	刑法	中华人民共和国刑法（节录） （1979年7月1日第五届全国人民代表大会第二次会议通过，1997年3月14日第八届全国人民代表大会第五次会议修订，已先后被1999年12月25日《中华人民共和国刑法修正案》、2001年8月31日《中华人民共和国刑法修正案（二）》、2001年12月29日《中华人民共和国刑法修正案（三）》、2002年12月28日《中华人民共和国刑法修正案（四）》、2005年2月28日《中华人民共和国刑法修正案（五）》、2006年6月29日《中华人民共和国刑法修正案（六）》、2009年2月28日《中华人民共和国刑法修正案（七）》、2009年8月27日《全国人民代表大会常务委员会关于修改部分法律的决定》、2011年2月25日《中华人民共和国刑法修正案（八）》、2015年8月29日《中华人民共和国刑法修正案（九）》、2017年11月4日《中华人民共和国刑法修正案（十）》、2020年12月26日《中华人民共和国刑法修正案（十一）》修改或修正） 第三百四十四条 违反国家规定，非法采伐、毁坏珍贵树木或者国家重点保护的其他植物的，或者非法收购、运输、加工、出售珍贵树木或者国家重点保护的其他植物及其制品的，处三年以下有期徒刑、拘役或者管制，并处罚金；情节严重的，处三年以上七年以下有期徒刑，并处罚金。
	相关法律法规（1）	最高人民检察院、公安部《关于公安机关管辖的刑事案件立案追诉标准的规定（一）》（节录） （2008年6月25日，公通字〔2008〕36号） 第七十条 [非法采伐、毁坏国家重点保护植物案（刑法第三百四十四条）] 违反国家规定，非法采伐、毁坏珍贵树木或者国家重点保护的其他植物的，应予立案追诉。 本条和本规定第七十一条规定的"珍贵树木或者国家重点保护的其他植物"，包括由省级以上林业主管部门或者其他部门确定的具有重大历史纪念意义、科学研究价值或者年代久远的古树名木，国家禁止、限制出口的珍贵树木以及列入《国家重点保护野生植物名录》的树木或者其他植物。 第七十一条 [非法收购、运输、加工、出售国家重点保护植物、国家重点保护植物制品案（刑法第三百四十四条）] 违反国家规定，非法收购、运输、加工、出售珍贵树木或者国家重点保护的其他植物及其制品的，应予立案追诉。

相关执法参考	相关法律法规(2)	最高人民法院《关于审理破坏森林资源刑事案件具体应用法律若干问题的解释》（节录） （2000年11月17日最高人民法院审判委员会第1141次会议通过，法释〔2000〕36号，自2000年12月11日起实施） 为依法惩处破坏森林资源的犯罪活动，根据刑法的有关规定，现就审理这类案件具体应用法律的若干问题解释如下： **第一条** 刑法第三百四十四条规定的"珍贵树木"，包括由省级以上林业主管部门或者其他部门确定的具有重大历史纪念意义、科学研究价值或者年代久远的古树名木，国家禁止、限制出口的珍贵树木以及列入国家重点保护野生植物名录的树木。 **第二条** 具有下列情形之一的，属于非法采伐、毁坏珍贵树木行为"情节严重"： （一）非法采伐珍贵树木二株以上或者毁坏珍贵树木致使珍贵树木死亡三株以上的； （二）非法采伐珍贵树木二立方米以上的； （三）为首组织、策划、指挥非法采伐或者毁坏珍贵树木的； （四）其他情节严重的情形。 **第十六条** 单位犯刑法第三百四十四条、第三百四十五条规定之罪，定罪量刑标准按照本解释的规定执行。 **第十七条** 本解释规定的林木数量以立木蓄积计算，计算方法为：原木材积除以该树种的出材率。 本解释所称"幼树"，是指胸径五厘米以下的树木。 滥伐林木的数量，应在伐区调查设计允许的误差额以上计算。
	相关法律法规(3)	《野生植物保护条例》 （1996年9月30日国务院令第204号发布，根据2017年10月7日国务院令第687号《国务院关于修改部分行政法规的决定》修改） **第一章　总　则** **第一条** 为了保护、发展和合理利用野生植物资源，保护生物多样性，维护生态平衡，制定本条例。 **第二条** 在中华人民共和国境内从事野生植物的保护、发展和利用活动，必须遵守本条例。 本条例所保护的野生植物，是指原生地天然生长的珍贵植物和原生地天然生长并具有重要经济、科学研究、文化价值的濒危、稀有植物。 药用野生植物和城市园林、自然保护区、风景名胜区内的野生植物的保护，同时适用有关法律、行政法规。 **第三条** 国家对野生植物资源实行加强保护、积极发展、合理利用的方针。 **第四条** 国家保护依法开发利用和经营管理野生植物资源的单位和个人的合法权益。 **第五条** 国家鼓励和支持野生植物科学研究、野生植物的就地保护和迁地保护。 在野生植物资源保护、科学研究、培育利用和宣传教育方面成绩显著的单位和个人，由人民政府给予奖励。 **第六条** 县级以上各级人民政府有关主管部门应当开展保护野生植物的宣传教育，普及野生植物知识，提高公民保护野生植物的意识。 **第七条** 任何单位和个人都有保护野生植物资源的义务，对侵占或者破坏野生植物及其生长环境的行为有权检举和控告。 **第八条** 国务院林业行政主管部门主管全国林区内野生植物和林区外珍贵野生树木的监督管理工作。国务院农业行政主管部门主管全国其他野生植物的监督管理工作。 国务院建设行政部门负责城市园林、风景名胜区内野生植物的监督管理工作。国务院环境保护部门负责对全国野生植物环境保护工作的协调和监督。国务院其他有关部门依照职责分工负责有关的野生植物保护工作。

相关执法参考	相关法律法规（3）	县级以上地方人民政府负责野生植物管理工作的部门及其职责，由省、自治区、直辖市人民政府根据当地具体情况规定。 **第二章　野生植物保护** **第九条**　国家保护野生植物及其生长环境。禁止任何单位和个人非法采集野生植物或者破坏其生长环境。 **第十条**　野生植物分为国家重点保护野生植物和地方重点保护野生植物。 国家重点保护野生植物分为国家一级保护野生植物和国家二级保护野生植物。国家重点保护野生植物名录，由国务院林业行政主管部门、农业行政主管部门（以下简称国务院野生植物行政主管部门）商国务院环境保护、建设等有关部门制定，报国务院批准公布。 地方重点保护野生植物，是指国家重点保护野生植物以外，由省、自治区、直辖市保护的野生植物。地方重点保护野生植物名录，由省、自治区、直辖市人民政府制定并公布，报国务院备案。 **第十一条**　在国家重点保护野生植物物种和地方重点保护野生植物物种的天然集中分布区域，应当依照有关法律、行政法规的规定，建立自然保护区；在其他区域，县级以上地方人民政府野生植物行政主管部门和其他有关部门可以根据实际情况建立国家重点保护野生植物和地方重点保护野生植物的保护点或者设立保护标志。 禁止破坏国家重点保护野生植物和地方重点保护野生植物的保护点的保护设施和保护标志。 **第十二条**　野生植物行政主管部门及其他有关部门应当监视、监测环境对国家重点保护野生植物生长和地方重点保护野生植物生长的影响，并采取措施，维护和改善国家重点保护野生植物和地方重点保护野生植物的生长条件。由于环境影响对国家重点保护野生植物和地方重点保护野生植物的生长造成危害时，野生植物行政主管部门应当会同其他有关部门调查并依法处理。 **第十三条**　建设项目对国家重点保护野生植物和地方重点保护野生植物的生长环境产生不利影响的，建设单位提交的环境影响报告书中必须对此作出评价；环境保护部门在审批环境影响报告书时，应当征求野生植物行政主管部门的意见。 **第十四条**　野生植物行政主管部门和有关单位对生长受到威胁的国家重点保护野生植物和地方重点保护野生植物应当采取拯救措施，保护或者恢复其生长环境，必要时应当建立繁育基地、种质资源库或者采取迁地保护措施。 **第三章　野生植物管理** **第十五条**　野生植物行政主管部门应当定期组织国家重点保护野生植物和地方重点保护野生植物资源调查，建立资源档案。 **第十六条**　禁止采集国家一级保护野生植物。因科学研究、人工培育、文化交流等特殊需要，采集国家一级保护野生植物的，应当按照管理权限向国务院林业行政主管部门或者其授权的机构申请采集证；或者向采集地的省、自治区、直辖市人民政府农业行政主管部门或者其授权的机构申请采集证。 采集国家二级保护野生植物的，必须经采集地的县级人民政府野生植物行政主管部门签署意见后，向省、自治区、直辖市人民政府野生植物行政主管部门或者其授权的机构申请采集证。 采集城市园林或者风景名胜区内的国家一级或者二级保护野生植物的，须先征得城市园林或者风景名胜区管理机构同意，分别依照前两款的规定申请采集证。 采集珍贵野生树木或者林区内、草原上的野生植物的，依照森林法、草原法的规定办理。 野生植物行政主管部门发放采集证后，应当抄送环境保护部门备案。 采集证的格式由国务院野生植物行政主管部门制定。

相关执法参考	相关法律法规（3）	第十七条　采集国家重点保护野生植物的单位和个人，必须按照采集证规定的种类、数量、地点、期限和方法进行采集。 县级人民政府野生植物行政主管部门对在本行政区域内采集国家重点保护野生植物的活动，应当进行监督检查，并及时报告批准采集的野生植物行政主管部门或者其授权的机构。 第十八条　禁止出售、收购国家一级保护野生植物。 出售、收购国家二级保护野生植物的，必须经省、自治区、直辖市人民政府野生植物行政主管部门或者其授权的机构批准。 第十九条　野生植物行政主管部门应当对经营利用国家二级保护野生植物的活动进行监督检查。 第二十条　出口国家重点保护野生植物或者进出口中国参加的国际公约所限制进出口的野生植物的，应当按照管理权限经国务院林业行政主管部门批准，或者经进出口者所在地的省、自治区、直辖市人民政府农业行政主管部门审核后报国务院农业行政主管部门批准，并取得国家濒危物种进出口管理机构核发的允许进出口证明书或者标签。海关凭允许进出口证明书或者标签查验放行。国务院野生植物行政主管部门应当将有关野生植物进出口的资料抄送国务院环境保护部门。 禁止出口未定名的或者新发现并有重要价值的野生植物。 第二十一条　外国人不得在中国境内采集或者收购国家重点保护野生植物。 外国人在中国境内对农业行政主管部门管理的国家重点保护野生植物进行野外考察的，应当经农业行政主管部门管理的国家重点保护野生植物所在地的省、自治区、直辖市人民政府农业行政主管部门批准。 第二十二条　地方重点保护野生植物的管理办法，由省、自治区、直辖市人民政府制定。 **第四章　法律责任** 第二十三条　未取得采集证或者未按照采集证的规定采集国家重点保护野生植物的，由野生植物行政主管部门没收所采集的野生植物和违法所得，可以并处违法所得 10 倍以下的罚款；有采集证的，并可以吊销采集证。 第二十四条　违反本条例规定，出售、收购国家重点保护野生植物的，由工商行政管理部门或者野生植物行政主管部门按照职责分工没收野生植物和违法所得，可以并处违法所得 10 倍以下的罚款。 第二十五条　非法进出口野生植物的，由海关依照海关法的规定处罚。 第二十六条　伪造、倒卖、转让采集证、允许进出口证明书或者有关批准文件、标签的，由野生植物行政主管部门或者工商行政管理部门按照职责分工收缴，没收违法所得，可以并处 5 万元以下的罚款。 第二十七条　外国人在中国境内采集、收购国家重点保护野生植物，或者未经批准对农业行政主管部门管理的国家重点保护野生植物进行野外考察的，由野生植物行政主管部门没收所采集、收购的野生植物和考察资料，可以并处 5 万元以下的罚款。 第二十八条　违反本条例规定，构成犯罪的，依法追究刑事责任。 第二十九条　野生植物行政主管部门的工作人员滥用职权、玩忽职守、徇私舞弊，构成犯罪的，依法追究刑事责任；尚不构成犯罪的，依法给予行政处分。 第三十条　依照本条例规定没收的实物，由作出没收决定的机关按照国家有关规定处理。 **第五章　附　则** 第三十一条　中华人民共和国缔结或者参加的与保护野生植物有关的国际条约与本条例有不同规定的，适用国际条约的规定；但是，中华人民共和国声明保留的条款除外。 第三十二条　本条例自 1997 年 1 月 1 日起施行。

| 相关执法参考 | 相关法律法规（4） | 《国家珍贵树种名录》
（1992年10月1日，林业部发布）
一级
海南粗榧 Cephalotaxus mannii Hook. f.
巨柏 Cupressus gigantea Cheng et L. K. Fu
银杏（原生种）Ginkuo biloba L.
百祖山冷杉 Abies beshanzuensis M. H. Wu.
梵净山冷杉 Abies fanjingshanensis
元宝山冷杉 Abies yuanbaoshanensis
资源冷杉 Abies ziyuanensis
银杉 Cathaya argyrophylla
白皮云杉 Picea aurantiaca
康定云杉 Picea montigena
南方红豆杉 Taxus mairei
喜马拉雅红豆杉 Taxus wallichiana
水松 Glyptostrobus pensilis
水杉（原生种）Metasequoia glyptostroboides
秃杉 Taiwania cryptomerioides
普陀鹅耳枥 Carpinus putoensis
天目铁木 Ostrya rehderiana
伯乐树（钟萼木）Bretschneidera sinensis
膝柄木 Bhesa sinensis
狭叶坡垒 Hopea chinensis
坡垒 Hopea hainanensis
毛叶坡垒 Hopea mollissima
望天树 Parashorea chinensis
铁力木 Mesua ferrea
大树杜鹃 Rhododendron protistum
金丝李 Garcinia paucinervis
银叶桂 Cinnamomum mairei
降香黄檀 Dalbergia odorofera
格木 Erythrophleum fordii
绒毛皂荚 Gleditsia vestita
珙桐 Davidia involucrata
光叶珙桐 Davidia involucrata var.
香果树 Emmenopterys henryi
黄菠罗（黄檗）Phellodendron amurense
海南紫荆木 Maduca hainanensis
猪血木 Eurydendron excelsum
蚬木 Burretiodendron hsienmu
二级
蓖子三尖杉 Cephalotaxus oliveri
岷江柏木 Cupressus chengians
福建柏 Fokienia hodginsii
秦岭冷杉 Abies chensiensis |

相关执法参考	相关法律法规（4）	大院冷杉 Abies dayuanensis 长苞冷杉 Abies georgei 西伯利亚冷杉 Abies sibirica 黄枝油杉 Keteleeria calcarea 海南油杉 Keteleeria hainanensis 短鳞油杉 Keteleeria oblonga 柔毛油杉 Keteleeria pubescens 太白红杉 Larix chinensis 四川红杉 Larix mastersiama 麦吊云杉 Picea brachytyta 大果青扦 Picea neoveitchii 西伯利亚云杉 Picea obovata 长叶云杉 Picea smithiana 大别山五针松 Pinus dabeshanensis 红松（原生种）Pinus koraiensis 雅加松 Pinus massoniana var. hainanensis 喜马拉雅长叶松 Pinus roxburghii 西伯利亚红松 Pinus sibirica 樟子松 Pinus var. mongolica 长白松 Pinus sylvestris var. sylvestriformis 兴凯湖松 Pinus takahasii 毛枝五针松 Pinus wangii 澜沧黄杉 Pseufotsuga forrestii 黄杉 Pseufotsuga sinensis 长苞铁杉 Tsuga longibracteata 陆均松 Dacrydium pierrei 海南罗汉松 Podocarpus annamiensis 台湾穗花杉 Amentotaxus formosana 云南穗花杉 Amentotaxus yunnanensis 白豆杉 Pseudotaxus chienii 东北红豆杉 Taxus cuspidata 长叶榧树 Tooreya jackii 羊角槭 Acer yangjuechi 云南金钱槭 Dipteronia dyerianna 蕉木 Oncodostigma hainanensis 刺楸 Kalopanax sepgemlobus 连香树 Cercidiphyllum japonicum 榆绿木 Anogeissus acuminata var. lanceolata 四数木 Tetrameles nudiflora 青皮 Vatiea mangaehapoi 广西青梅 Vatiea guangxiensis 版纳青梅 Vatiea xishuangbannaensis 缙云猴欢喜 Sloanea tsinyunensis 杜仲 Eucommia ulmoides 东京桐 Deutzianthus tonkienensis

| 相关执法参考 | 相关法律法规（4） | 台湾水青冈 Fagus hayatae
华南锥 Castnopsis concinna
蒙古栎 Quercus mongolia
长柄双花木 Disanthus cercidifolius var. longipes
喙核桃 Annamocrarya sinensis
核桃楸 Juglans mandshurica
云南樟木 Cinnamomum glanduliferum
思茅木姜子 Litsea pierrei var. szemois
闽楠 Phoebe bournei
浙江楠 Phoebe chekiangensis
滇楠 Phoebe nanmu
楠木 Phoebe zhennan
版纳黑檀 Dalbergia fusca var. enneandra
花榈木 Ormasia henryi
山槐（原生种）Maackia amurensis
红豆树 Ormasia hosiei
长蕊木兰 Alcimandra catchcartii
鹅掌楸 Liriodendron chinensis
厚朴 Manglietia officinalis
长喙厚朴 Manglietia rostrata
香木莲 Manglietia aromatica
大果木莲 Manglietia grandis
大叶木莲 Manglietia megaphylla
巴东木莲 Manglietia patungensis
华盖木 Manglietiastrim sinicum
香籽含笑 Michelia hedyosperam
水青树 Tetracentron sinensis
观光木 Tsoogiodendron odorum
麻 Chakrasia tabularis
红椿 Toona ciliata
见血封喉 Antiaris toxicaria
云南肉豆蔻 Myristica yunnanensis
水曲柳（原生种）Fraxinus mandshurica
锯叶竹节树 Carallia diplopetala
马尾树 Rhoiptelea chiliantha
钻天柳（原生种）Chosenia arbutifolia
野荔枝 Litchi chinensis
紫荆木 Madhuca pasquieri
蝴蝶树 Heretiera parvifolia
野茶树 Camellia sinensis
土沉香 Aquilaria yunnanensis
滇桐 Craigia yunnanensis
椴木（原生种）Tilia tuan
榉木（原生种）Zelkora schneiderana
云南石梓 Gmelina arborea |

相关执法参考 / 相关法律法规（5）

《野生药材资源保护管理条例》

（1987年10月30日国务院国发〔1987〕第96号文件发布，自1987年12月1日起施行）

第一条 为保护和合理利用野生药材资源，适应人民医疗保健事业的需要，特制定本条例。

第二条 在中华人民共和国境内采猎、经营野生药材的任何单位或个人，除国家另有规定外，都必须遵守本条例。

第三条 国家对野生药材资源实行保护、采猎相结合的原则，并创造条件开展人工种养。

第四条 国家重点保护的野生药材物种分为三级：一级：濒临灭绝状态的稀有珍贵野生药材物种（以下简称一级保护野生药材物种）；二级：分布区域缩小、资源处于衰竭状态的重要野生药材物种（以下简称二级保护野生药材物种）；三级：资源严重减少的主要常用野生药材物种（以下简称三级保护野生药材物种）。

第五条 国家重点保护的野生药材物种名录，由国家医药管理部门会同国务院野生动物、植物管理部门制定。在国家重点保护的野生药材物种名录之外，需要增加的野生药材保护物种，由省、自治区、直辖市人民政府制定并抄送国家医药管理部门备案。

第六条 禁止采猎一级保护野生药材物种。

第七条 采猎、收购二、三级保护野生药材物种的，必须按照批准的计划执行。该计划由县以上（含县，下同）医药管理部门（含当地人民政府授权管理该项工作的有关部门，下同）会同同级野生动物、植物管理部门制定，报上一级医药管理部门批准。

第八条 采猎二、三级保护野生药材物种的，不得在禁止采猎区、禁止采猎期进行采猎，不得使用禁用工具进行采猎。前款关于禁止采猎区、禁止采猎期和禁止使用的工具，由县以上医药管理部门会同同级野生动物、植物管理部门确定。

第九条 采猎二、三级保护野生药材物种的，必须持有采药证。取得采药证后，需要进行采伐或狩猎的，必须分别向有关部门申请采伐证或狩猎证。

第十条 采药证的格式由国家医药管理部门确定。采药证由县以上医药管理部门会同同级野生动物、植物管理部门核发。采伐证或狩猎证的核发，按照国家有关规定办理。

第十一条 建立国家或地方野生药材资源保护区，需经国务院或县以上地方人民政府批准。在国家或地方自然保护区内建立野生药材资源保护区，必须征得国家或地方自然保护区主管部门的同意。

第十二条 进入野生药材资源保护区从事科研、教学、旅游等活动的，必须经该保护区管理部门批准。进入设在国家或地方自然保护区范围内野生药材资源保护区的，还须征得该自然保护区主管部门的同意。

第十三条 一级保护野生药材物种属于自然淘汰的，其药用部分由各级药材公司负责经营管理，但不得出口。

第十四条 二、三级保护野生药材物种属于国家计划管理的品种，由中国药材公司统一经营管理；其余品种由产地县药材公司或其委托单位按照计划收购。

第十五条 二、三级保护野生药材物种的药用部分，除国家另有规定外，实行限量出口。实行限量出口和出口许可证制度的品种，由国家医药管理部门会同国务院有关部门确定。

第十六条 野生药材的规格、等级标准，由国家医药管理部门会同国务院有关部门制定。

第十七条 对保护野生药材资源作出显著成绩的单位或个人，由各级医药管理部门会同同级有关部门给予精神鼓励或一次性物质奖励。

第十八条 违反本条例第六条、第七条、第八条、第九条规定的，由当地县以上医药

相关执法参考	相关法律法规(5)	管理部门会同同级有关部门没收其非法采猎的野生药材及使用工具，并处以罚款。 　　第十九条　违反本条例第十二条规定的，当地县以上医药管理部门和自然保护区主管部门有权制止；造成损失的，必须承担赔偿责任。 　　第二十条　违反本条例第十三条、第十四条、第十五条规定的，由工商行政管理部门或有关部门没收其野生药材和全部违法所得，并处以罚款。 　　第二十一条　保护野生药材资源管理部门工作人员徇私舞弊的，由所在单位或上级管理部门给予行政处分；造成野生药材资源损失的，必须承担赔偿责任。 　　第二十二条　当事人对行政处罚决定不服的，可以在接到处罚决定书之日起十五日内向人民法院起诉；期满不起诉又不执行的，作出行政处罚决定的部门可以申请人民法院强制执行。 　　第二十三条　破坏野生药材资源情节严重，构成犯罪的，由司法机关依法追究刑事责任。 　　第二十四条　省、自治区、直辖市人民政府可以根据本条例制定实施细则。 　　第二十五条　本条例由国家医药管理局负责解释。 　　第二十六条　本条例自 1987 年 12 月 1 日起施行。 　　附：国家重点保护野生药材物种名录，见附录六。
	相关法律法规(6)	国家重点保护野生植物名录（第一批），见附录七。

三十三、非法引进、释放、丢弃外来入侵物种罪

罪名	非法引进、释放、丢弃外来入侵物种罪（《刑法》第344条之一）
概念	非法引进、释放、丢弃外来入侵物种罪，是指违反国家生物安全管理法规，非法引进、释放或者丢弃外来入侵物种，情节严重的行为。

| 犯罪构成 | 客体 | 本罪侵犯的客体是单一客体，即国家生物安全管理制度。生态系统是经过长期进化形成的，系统中的物种经过成百上千年的竞争、排斥、适应和互利互助，才形成了现在相互依赖又相互制约的密切关系。外来植物和动物的入侵会破坏生态系统的稳定性，给当地的物种造成危害，甚至导致物种的灭绝，破坏生态系统的平衡。近年来，我国多地发生外来物种入侵的事件，特别是行为人非法引进、释放、丢弃外来入侵物种的行为，严重破坏生物多样性，改变或破坏当地的生态环境，极大破坏当地的自然环境和生物安全。为了保护我国物种的多样性、平衡性和生态环境的良性发展，国家于2020年10月17日及时制定通过了《生物安全法》，并于2021年4月15日起生效实施，形成了国家有关生物安全的管理体制。非法引进、释放、丢弃外来入侵物种行为严重侵害国家有关生物安全管理制度。
本罪行为对象是外来入侵物种，包括外来的入侵植物或者入侵动物等物种。外来入侵物种是指原本不存在于本地生态系统中的但由于自然或者人为因素进入本地的生物品种，既包括被列入外来入侵物种名单中的物种，也包括未列入的物种。全面理解外来入侵物种的内涵与外延，首先，应当注意三点：一是外来入侵物种属于外来种中的引入种范畴。自然界中的物种总是处在不断迁移、扩散的动态中，而人类活动的频繁又进一步加剧了物种的扩散，使得许多生物得以突破地理隔绝，拓展至其他环境当中。对于此类原来在当地没有自然分布，因为迁移扩散、人为活动等因素出现在其自然分布范围之外的物种，统称为外来种。在外来种中，一部分物种是因为其用途，被人类有意地将其从一个地方引进到另外一个地方，这些物种被称为引入种，如加州蜜李、美国樱桃、野生大豆等。这些物种大多需要在人为照管下才能生存，对环境并没有危害。二是外来入侵物种属于引入种中的入侵种范畴。在外来物种的引入种中有一些在移入后逸散到环境中成为野生状态，若新环境没有天敌的控制，加上旺盛的繁殖力和强大的竞争力，外来物种就会变成入侵者，排挤环境中的原生物种，破坏当地生态平衡，甚至造成对人类经济的危害性影响。此类外来物种则通称为入侵种，如飞机草、凤眼莲（又名水葫芦）、布袋莲、红火蚁、小龙虾、福寿螺、非洲大蜗牛、巴西龟、松材线虫等。三是外来入侵物种是不包括自然入侵物种的。自然入侵物种不是人为原因引起的，而是通过风媒、水体流动或由昆虫、鸟类的传带，使得植物种子或动物幼虫、卵或微生物发生自然迁移而造成生物危害所引起的外来入侵物种，如豚草就是因为修建铁路公路时造成周围植被的破坏，逐步从朝鲜扩散至中国的。
其次，应当明确"外来入侵物种"的范围涵盖了外来的入侵动物和植物，但具体物种会有不断的新发现、新增加。原环境保护部会同中国科学院颁布了四批外来入侵物种名单。根据环境保护部（2018年撤销，其职责改由生态环境部负责）在2003年、2010年、2014年、2016年陆续发布的四批《中国外来入侵物种名单》，目前已有71种对自然生态系统已造成或具有潜在威胁的物种列入其中，其中第一批涉及16种、第二批19种、第三批18种、第四批18种。据调查，国际自然资源保护联盟公布的100种破坏力最强的外来入侵物种中，约有一半侵入了中国。与此相一致的是在《濒危野生动植物国际公约》 |

犯罪构成	客体	列出的 640 种世界濒危物种中，有 156 个均在中国。截至 2020 年 5 月，生态环境部发布的《2019 中国生态环境状况公报》中已统计全国发现 660 多种外来入侵物种。另外，67 个国家级自然保护区外来入侵物种调查结果表明，215 种外来入侵物种已入侵国家级自然保护区，其中 71 种对自然生态系统已造成或具有潜在威胁的外来入侵物种被列入《中国外来入侵物种名单》。 另外，2021 年农业农村部、自然资源部、生态环境部、海关总署、国家林业和草原局《关于印发〈进一步加强外来物种入侵防控工作方案〉的通知》（农科教发〔2021〕1 号）明确，要由农业农村部会同国务院其他有关部门制定外来入侵物种名录和管理办法，且允许各地可结合实际，研究制定外来物种入侵防控地方性法规、管理名录、应急预案、技术标准和政策措施。毫无疑问，原环境保护部颁布的外来入侵物种名单应当继续适用，只是应当根据新情况做出必要的调整，而新调整的外来入侵物种名单将以国家名单与地方名单并存的形式出现，在未来，该名单可能不断的更新增加，将一些已经产生威胁或具有潜在威胁的物种也一并列入，相关问题也有待于今后的司法解释进一步明确。
	客观方面	本罪在客观方面表现为行为人违反国家生物安全管理法规，非法引进、释放、丢弃外来入侵物种，情节严重的行为。包括两点： 1. 行为人实施引进、释放、丢弃外来入侵物种的行为，必须违反国家生物安全管理法规的相关规定。本罪是法定犯，行为人实施的行为必须违反相关前置法有关外来物种生物安全管理的相关规定。《生物安全法》关于管控外来入侵物种的规定相对原则、概括，如该法第 23 条规定，国家建立首次进境或者暂停后恢复进境的动植物、动植物产品、高风险生物因子国家准入制度。进出境的人员、运输工具、集装箱、货物、物品、包装物和国际航行船舶压舱水排放等应当符合我国生物安全管理要求。第 60 条规定，国家加强对外来物种入侵的防范和应对，保护生物多样性。国务院农业农村主管部门会同国务院其他有关部门制定外来入侵物种名录和管理办法。国务院有关部门根据职责分工，加强对外来入侵物种的调查、监测、预警、控制、评估、清除以及生态修复等工作。任何单位和个人未经批准，不得擅自引进、释放或者丢弃外来物种。除《生物安全法》外，有关管控外来物种的规定主要散见于相关法律法规中。例如，《农业转基因生物安全管理条例》第 33 条规定，从中华人民共和国境外引进农业转基因生物的，或者向中华人民共和国出口农业转基因生物的，引进单位或者境外公司应当凭国务院农业行政主管部门颁发的农业转基因生物安全证书和相关批准文件，向口岸出入境检验检疫机构报检；经检疫合格后，方可向海关申请办理有关手续。《环境保护法》第 30 条规定，开发利用自然资源，应当合理开发，保护生物多样性，保障生态安全，依法制定有关生态保护和恢复治理方案并予以实施。引进外来物种以及研究、开发和利用生物技术，应当采取措施，防止对生物多样性的破坏。《海洋环境保护法》第 25 条规定，引进海洋动植物物种，应当进行科学论证，避免对海洋生态系统造成危害。《野生动物保护法》第 12 条第 3 款规定，禁止或者限制在相关自然保护区域内引入外来物种、营造单一纯林、过量施洒农药等人为干扰、威胁野生动物生息繁衍的行为。《进出境动植物检疫法》第 5 条规定，国家禁止下列各物进境：（一）动植物病原体（包括菌种、毒种等）、害虫及其他有害生物；（二）动植物疫情流行的国家和地区的有关动植物、动植物产品和其他检疫物；……因科学研究等特殊需要引进本条第一款规定的禁止进境物的，必须事先提出申请，经国家动植物检疫机关批准……。《草原法》第 29 条第 2 款规定，新草品种必须经全国草品种审定委员会审定，由国务院草原行政主管部门公告后方可推广。从境外引进草种必须依法进行审批。《农业法》第 64 条第 1 款规定，国家建立与农业生产有关的生物物种资源保护制度，保护生物多样性，对稀有、濒危、珍贵生物资源及其原生地实行重点保护。从境外引进生物物种资源应当依法进行登记或者审批，并采取相应安全控制措施。《种子法》第 11 条规定，国家对种质资源享有主权，任何单位和个人向境外提供种质资源，或者与境外机构、个人开展合作研究利用种质

| 犯罪构成 | 客观方面 | 资源的，应当向省、自治区、直辖市人民政府农业、林业行政主管部门提出申请，并提交国家共享惠益的方案；受理申请的农业、林业主管部门经审核，报国务院农业、林业主管部门批准。从境外引进种质资源的，依照国务院农业、林业行政主管部门的有关规定办理。

所谓非法引进，是指行为人违反国家生物安全管理法规的相关规定，未经批准从域外引进入侵物种。通常行为人是将外来入侵物种携带入境。这里的入境指的应当是国境，而不是关境。非法引进的形式既包括各种入境的方式，如携带、行邮、快件、跨境电商，也包括一般贸易以及各种非法进口。对从境外引进的野生动物物种，引进的单位或者个人、繁育养殖的单位或者个人要采取有效措施，防止或者避免逃到野外，更不能随意放至野外，避免造成生态系统的危害。确需将其放归野外的，要按照国家有关规定执行。例如，《生物安全法》第 23 条规定，国家建立首次进境或者暂停后恢复进境的动植物、动植物产品、高风险生物因子国家准入制度。进出境的人员、运输工具、集装箱、货物、物品、包装物和国际航行船舶压舱水排放等应当符合我国生物安全管理要求；海关对发现的进出境和过境生物安全风险，应当依法处置。经评估为生物安全高风险的人员、运输工具、货物、物品等，应当从指定的国境口岸进境，并采取严格的风险防控措施。《野生动物保护法》第 37 条规定，从境外引进野生动物物种的，应当经国务院野生动物保护主管部门批准。从境外引进列入本法第三十五条第一款名录的野生动物，还应当依法取得允许进出口证明书。海关依法实施进境检疫，凭进口批准文件或者允许进出口证明书以及检疫证明按照规定办理通关手续。国家林业局 2016 年修改的《引进陆生野生动物外来物种种类及数量审批管理办法》明确规定了有关实施引进陆生野生动物外来物种种类及数量审批的行政许可事项，第 5 条规定，需要从境外引进陆生野生动物外来物种的，申请人应当提交下列材料：（1）申请报告、进出口申请表及进口目的的说明；（2）当事人签订的合同或者协议，属于委托引进的，还应当提供委托代理合同或者协议；（3）证明具备与引进陆生野生动物外来物种种类及数量相适应的人员和技术的有效文件或者材料，以及安全措施的说明。申请首次引进境外陆生野生动物外来物种的，申请人还应当提交证明申请人身份的有效文件和拟进行隔离引种试验的实施方案。第 6 条规定，申请材料齐全且符合下列条件的，国家林业局应当作出准予行政许可的决定：（1）具备与引进陆生野生动物外来物种种类及数量相适应的人员和技术；（2）具备适宜商业性经营利用和科学研究外来物种的固定场所和必要设施；（3）有安全可靠的防逃逸管理措施；（4）具有相应的紧急事件处置措施。

所谓释放外来入侵物种，指行为人违反国家生物安全管理法规的相关规定，未经批准，不符合外来物种处理的程序，主动解除对某一外来入侵物种的控制、封闭状态，使其自由进入或者不被阻挡地逃逸到开放的生态环境中的行为。近年来，巴西龟、虎皮鹦鹉、小葵花鹦鹉等外来物种交易在宠物交易市场较为活跃，宠物逃逸或者弃养宠物后随意放生的现象突出，带来生物和生态安全隐患。对此，《陆生野生动物保护实施条例》第 22 条规定，从国外或者外省、自治区、直辖市引进野生动物进行驯养繁殖的，应当采取适当措施，防止其逃至野外；需要将其放生于野外的，放生单位应当向所在省、自治区、直辖市人民政府林业行政主管部门提出申请，经省级以上人民政府林业行政主管部门指定的科研机构进行科学论证后，报国务院林业行政主管部门或者其授权的单位批准。擅自将引进的野生动物放生于野外或者因管理不当使其逃到野外的，由野生动物行政主管部门责令限期捕回或者采取其他补救措施。

所谓丢弃外来入侵物种，是指行为人违反国家生物安全管理法规的相关规定，未经批准，不符合外来物种处理的程序，随意抛弃外来入侵物种，放任其进入开放的生态环境中的行为。丢弃与释放的行为方式表面上具有相似性，二者的实质区别包括两点：一是行为对象，释放行为一般针对具有自主行动能力的动物物种；而丢弃行为一般针对植物物种的种子、苗木，或者是动物死体、幼崽、雏鸟、卵、蛋等缺乏自主行动能力的物种载体。二 |

犯罪构成	客观方面	是行为动机，释放行为一般是为了物种"自生自灭"，往往对被释放物种进入的环境具有一定的选择性，如释放鱼、虾等水生动物会选择河流、池塘等水域环境；丢弃行为则更具随意性，对物种未来的生存状态没有明显的预期，对于被丢弃物种可能进入的环境一般不具有选择性。例如，2013年5月10日8时许，被告人朱某某在没有办理野生动物运输许可证的情况下，雇请被告人甲某驾驶五菱微型小货车从瑞丽市勐卯镇团结村民委员会屯洪村民小组自家出租房拉运野生动物疑似物18件至芒市飞机场，准备发往广州出售。同日10时许，芒市森林公安局侦查人员在芒市机场货运部查获被告人甲某驾驶的五菱微型车，当场从该车上查获用竹筐包装的野生动物疑似物18件。经清点，被告人朱某某、甲某拉运的18件龟、鳖类野生动物疑似物共579只。经鉴定，物种为：（1）缘板鳖（Emyspunctata）活体155只，属《濒危野生动植物种国际贸易公约》附录Ⅱ的物种；（2）眼斑沼龟（Moreniaocellata）活体122只，属《濒危野生动植物种国际贸易公约》附录Ⅰ的物种；（3）缅甸陆龟（Indotestudoelongate）活体189只，属《濒危野生动植物种国际贸易公约》附录Ⅱ的物种、国家保护的有益的或有重要经济、科学研究价值的陆生野生动物、云南省省级保护野生动物；（4）山瑞鳖（Paleasteindachneri）活体45只、死体1只，属国家二级重点保护野生动物；（5）齿缘摄龟（Cyclemysdentata）活体49只，属国家保护的有益的或有重要经济、科学研究价值的陆生野生动物；（6）缅甸凹甲陆龟（Manouriaimpressa）活体3只，属《濒危野生动植物种国际贸易公约》附录Ⅱ的物种；（7）黑靴陆龟（Manouriaemys）活体10只，属《中国濒危动物红皮书》内的物种；（8）缅甸孔雀鳖（Nilssoniaformosa）活体4只、死体1只，属非原产于中国的外来物种。法院以非法运输珍贵、濒危野生动物罪，判处朱某某有期徒刑10年，并处罚金人民币57000元；判处甲某有期徒刑3年，缓刑3年，并处罚金20000元。查获的野生动物依法予以没收。二审维持原判。在本案中，行为人朱某某的行为为运输行为，虽然涉案的孔雀鳖属于外来物种，但根据修订后的《刑法》第344条之一的规定，刑法对外来物种规制的行为为非法引入、释放、丢弃，这里的运输行为发生在境内，并没有发生内部与外部环境的接触，当然如果在运输过程中发生车辆翻倒事故，行为人任由外来生物流入国内生态环境，那么行为人的行为则可能属于"丢弃"行为范畴，单纯的境内运输行为不能够任意扩大理解为引入、释放或者丢弃。 2. 行为人实施非法引进、释放、丢弃外来入侵物种的行为，必须达到情节严重的程度，才能构成犯罪。这里的情节严重，一般包括造成外来入侵物种在当地大量繁殖、繁衍或严重破坏当地生态环境、生态平衡等情形。综合司法实践的具体情况，可以从以下几个方面认定"情节严重"：（1）非法引进、释放或者丢弃外来入侵物种的达到数量较大的程度。相较非法引进、处置少量外来入侵物种的行为，非法引进、释放或者丢弃外来入侵物种数量较大的，对生物多样性和生态安全的危害更大，行为的社会危害性更加严重，应当作为认定"情节严重"的重要考虑因素。（2）造成经济损失的数额达到数额较大的程度。从实践来看，给林业、渔业等领域造成的巨大经济损失，一直是外来入侵物种的突出危害。将造成经济损失的数额作为非法引进、释放、丢弃外来入侵物种罪的入罪标准之一，符合预防和惩治犯罪的实践需要，且具有可操作性。（3）达到引起传染病传播或者传播严重风险的程度。考虑非法引进、释放、丢弃外来入侵物种可能造成传染病传播，将"引起传染病传播或者有传播严重危险的"作为认定情节严重的标准之一，有助于防范重大公共卫生风险、最大限度地维护人民群众生命健康安全。（4）对生物多样性和生态安全的破坏达到严重损害的程度。或者行为造成国家重点保护植物或者珍贵、濒危野生动物资源遭受严重损害的，可以认定为情节严重。
	主体	本罪的主体是一般主体。既包括年满16周岁具有刑事责任能力的自然人，也包括单位主体。

犯罪构成	主观方面	本罪在主观方面表现为故意，即行为人明知是入侵的物种，而非法引进、释放和丢弃。如果行为人主观上应当具有认识可能性，即认识到引进、释放或者丢弃的可能是外来入侵物种，包括大概认识到和真的知道具体种类，均符合本罪故意罪过的要求。但如果行为人并不知道其释放或丢弃的是外来入侵物种，由于客观上缺乏认识可能，则根据期待可能性理论阻却刑事责任。过失不构成本罪。 有意引种是指人类有意实行的引种，将某个物种有目的地转移到其自然分布范围及扩散潜力以外（这类引种可以是授权地或未经授权地）。这些入侵物种由于被改变了物种的生存环境和食物链，在缺乏天敌制约的情况下泛滥成灾。例如水葫芦起初是以净化水源为目的而引进的，但因为环境适宜，繁殖太快等，对中国多处水源造成危害；再如福寿螺，最初作为一种营养价值较高的食用螺类被引入广东，最后引入北京，全国大面积养殖，但是因为味道掺杂腥味，被养殖者"放生"在国内水田、河流中，造成了一系列危害。 无意引种是指某个物种以人类或人类传送系统为媒介，扩散到其自然分布范围以外的地方，从而形成的非有意地引入。这种引进方式虽然是人为引进的，但在主观上并没有引进的意图。例如红火蚁，就是在20世纪初因检防疫上的疏失而入侵了美国南方，最终造成美国在农业与环境卫生上非常严重的问题与经济上的损失。 无意引进是指一个物种通过人类或人类的传播运输系统扩散到其自然分布区域之外，即非人为的引进。据统计，在致害性外来入侵物种中，40%属有意引进、50%属无意引进，经自然扩散进入中国境内的外来入侵物种不到10%。例如，20世纪中后期，为提高渔业产量，中国云南众多高原湖泊大量引种外来鱼类，食蚊鱼随着其他鱼类引种被无意引入。食蚊鱼通过捕食浮游动物、土著鱼类的鱼卵或鱼苗、两栖类的卵或幼体，造成当地部分土著种的濒危和灭绝，进而改变入侵地水生物种群落结构，影响水生生态系统功能，被纳入全球100种最具威胁的外来入侵种之一。2016年，食蚊鱼被列入《中国自然生态系统外来入侵物种名单（第四批）》。目前，食蚊鱼在中国长江以南（包括我国台湾地区）的各地小水体中均有分布，甚至在中国国家级自然保护区已经发现食蚊鱼的分布。所谓"无意"，一般为超出预期、对行为后果持排斥的态度，故"无意引进"外来入侵物种行为通常不存在主观故意。本罪为故意犯罪，"无意引进"外来入侵物种一般不能构成本罪，造成损害后果的，行为人应当依法承担行政或民事责任。但行为人如事后发现无意引进了外来入侵物种，仍不履行法定义务，采取及进、必要防范措施，放任其扩散、进入局部生态环境中，则有"明知故犯"之嫌，有可能因非法释放或者丢弃外来入侵物种构成本罪。
认定标准	刑罚标准	犯本罪的，处3年以下有期徒刑或者拘役，并处或者单处罚金。
	此罪与违法行为的区别	本罪与一般违法行为有些相似之处，包括都是违反了有关上述相关规定，行为人主观上对可能发生或已经发生的危害结果所表现出的心理状态均为出于过失等。两者的区别主要应从危害结果上理解和把握： 《生物安全法》第81条规定："违反本法规定，未经批准，擅自引进外来物种的，由县级以上人民政府有关部门根据职责分工，没收引进的外来物种，并处五万元以上二十五万元以下的罚款。违反本法规定，未经批准，擅自释放或者丢弃外来物种的，由县级以上人民政府有关部门根据职责分工，责令限期捕回、找回释放或者丢弃的外来物种，处一万元以上五万元以下的罚款。" 对从事进口活动的企业与个人来说，也要密切关注名单的更新，不能想当然地根据生活常识对交易的合法性做出判断。比如，我们在餐桌上经常吃的小龙虾，就属于原环境保护部规定第二批外来入侵物种。在国内养殖、买卖小龙虾不犯法，但如果背了一包回来，就可能不仅仅是犯法，还有可能构成犯罪。除了小龙虾，还有很多人喜欢养的巴西龟，也在第三批外来入侵物种名单中。从境外购买巴西龟，有可能构成犯罪。除了动物，植物的引进也要特别当心，很多生活中看上去很普通的物种可能也在外来入侵物种的名单中。比

认定标准	此罪与违法行为的区别	如圆叶牵牛。 《野生动物保护法》第54条违反本法第37条第2款规定，将从境外引进的野生动物放归野外环境的，由县级以上人民政府野生动物保护主管部门责令限期捕回，处1万元以上5万元以下的罚款；逾期不捕回的，由有关野生动物保护主管部门代为捕回或者采取降低影响的措施，所需费用由被责令限期捕回者承担。
	本罪罪名的认定	本罪是选择性罪名，属于对象选择性罪名，包括三种罪名形式：非法引进、释放、丢弃外来入侵物种罪。
	本罪罪数的认定	如果行为人的行为分别构成走私禁止进口货物罪与本罪的，则按照竞合的原则择一重罪定罪量刑。如果行为人的行为分别构成非法出售珍贵、濒危野生动物罪和本罪的，同样按照竞合的原则择一重罪定罪量刑。例如，徐州铁路运输检察院指控，2018年10月至2019年5月间，被告人曹某某为牟利，明知陆龟是国家保护动物，仍作为陆龟出售方代理人，利用计算机网络平台与陆龟收购方进行交易联系，采取微信转账、快递交送等方法，共出售陆龟6只。具体犯罪事实如下：（1）2018年10月至同年12月，被告人曹某某向余某某出售豹纹陆龟3只；（2）2018年12月，被告人曹某某向葛某某出售印度星龟1只；（3）2019年5月，被告人曹某某向李某某出售豹纹陆龟1只；（4）2019年5月，被告人曹某某向何某某出售缅甸星龟1只。案发后，经国家林业局森林公安司法鉴定中心鉴定，缅甸星龟（Geocheloneplatynota）属于陆龟科，为列入《濒危野生动植物种国际贸易公约》（CITES，2017年）附录Ⅰ的物种；豹纹陆龟（Geochelonepardalis）、印度星龟（Geocheloneelegans）属于陆龟科，均为列入《濒危野生动植物种国际贸易公约》（CITES，2017年）附录Ⅱ的物种。法院审理后认为野生动物是大自然的产物，珍贵、濒危野生动物因其具有较高的生态、经济和科研价值，故对于维持生态平衡、保护生物多样性具有极为重要的意义。我国对珍贵、濒危野生动物实行重点保护，对珍贵、濒危野生动物的驯养、繁殖实行了许可证制度，涉案陆龟均属于域外品种，非法引进给国内带来疫病和外来物种入侵等风险。被告人曹某某无视上述危害性，违反野生动物保护法规，非法出售国家重点保护的珍贵、濒危野生动物陆龟6只，情节严重，其行为已构成非法出售珍贵、濒危野生动物罪。公诉机关指控其所犯罪名成立。因此，法院判决被告人曹某某犯非法出售珍贵、濒危野生动物罪，判处有期徒刑5年，并处罚金人民币1万元。应当明确的是在本案中，涉案陆龟为域外品种又属于濒危野生动物，在今后处理时，根据《刑法修正案（十一）》的规定，类似行为人将陆龟买卖的行为，既触犯了《刑法》第341条对珍贵、濒危野生动物的保护规定，构成危害珍贵、濒危野生动物罪，也触犯了第344条之一有关国家生物安全管理的规定，构成非法引进外来入侵物种罪，属于构成想象竞合犯情形，应当从一重罪处罚。
	此罪与彼罪的区别（1）	本罪与危险物品肇事罪的区别。 危险物品肇事罪，是指违反爆炸性、易燃性、放射性、毒害性、腐蚀性物品的管理规定，在生产、储存、运输、使用中发生重大事故，造成严重后果的行为。两罪的主要区别在于： 1. 犯罪客体不同。本罪侵犯的是单一客体，即国家生物安全管理制度。后罪侵犯的是多重客体，即不特定多数人的生命、健康和重大公私财产的安全。 2. 犯罪对象不同。本罪的犯罪对象是特定的外来入侵物种，属于生物的物种类，涵盖了外来入侵的动物和植物。后罪的犯罪对象是特定的危险物品，即能够引起重大事故的发生，致人重伤、死亡或使公私财产遭受重大损失的危险物品，包括：爆炸性物品（雷管、导火线、导爆管、非电导爆系统等各种起爆器材，雷汞、雷银、三硝基间苯二酚铅等

认定标准	此罪与彼罪的区别(1)	各种起爆药，硝基化合物类炸药、硝基胺类炸药、硝酸类炸药、高能混合炸药、爆破剂等各类炸药，以及烟火剂、民用信号弹、烟花爆竹等）、易燃性物品（汽油、酒精、液化气、煤气、氢气、胶片以及其他易燃液体、易燃固体、自燃物品等）、放射性物品（即通过原子核裂变时放出的射线发生伤害作用的物质，如镭、铀、钴等放射性化学元素等）、毒害性物品（甲胺磷、磷化铝、砒霜、五氯酚、氯化钾、氰化钠、氧化乐果、敌敌畏、敌百虫等）、腐蚀性物品（硫酸、盐酸、硝酸等）。这些特定的危险物品都属于非生物的物种类。这是两罪的明显区别之一。 3. 犯罪客观方面不同。本罪客观方面表现为行为人违反国家生物安全管理法规，非法引进、释放、丢弃外来入侵物种，情节严重的行为。后罪客观方面表现为行为人违反危险物品管理规定，在生产、储存、运输、使用危险物品的过程中，发生重大事故，造成严重后果的行为。 4. 犯罪主体范围不同。本罪犯罪主体既包括自然人，也包括单位。后罪犯罪主体只包括自然人，不包括单位。 5. 犯罪主观方面不同。本罪主观方面表现为故意。后罪主观方面表现为过失。这是两罪的重大区别之一。
	此罪与彼罪的区别(2)	本罪与妨害传染病防治罪的区别。 妨害传染病防治罪，是指违反传染病防治法规定，引起甲类传染病传播或者有传播严重危险的行为。两罪的主要区别在于： 1. 犯罪的客体内容不同。尽管两罪侵犯的都是单一客体，但本罪侵犯的是国家生物安全管理制度；而后罪侵犯的是国家有关甲类传染病防治的管理制度。 2. 犯罪对象领域范围不同。本罪的犯罪对象是宽泛的外来入侵物种，属于生物的物种类，涵盖了外来入侵的动物和植物。后罪的犯罪对象是狭窄的病毒类中的特定传染病，包括"甲类传染病"（即鼠疫、霍乱）和"按甲类管理的传染病"（即传染性非典型肺炎、炭疽中的肺炭疽、人感染高致病性禽流感、新冠肺炎）共6种，后4种的具体范围因疫情变化会有所调整。 3. 犯罪客观方面实施方式不同。本罪客观方面表现为行为人违反国家生物安全管理法规，非法引进、释放、丢弃外来入侵物种，情节严重的行为，只能通过作为的方式来实施。后罪客观方面表现为行为人违反国家传染病防治法规定，引起甲类传染病传播或者有传播严重危险的行为，既可以通过作为的方式来实施，也可以通过不作为的方式来实施，只要引起甲类传染病传播或者有传播严重危险之一的，即可构成本罪。
相关执法参考	刑法	中华人民共和国刑法（节录） （1979年7月1日第五届全国人民代表大会第二次会议通过，1997年3月14日第八届全国人民代表大会第五次会议修订，已先后被1999年12月25日《中华人民共和国刑法修正案》、2001年8月31日《中华人民共和国刑法修正案（二）》、2001年12月29日《中华人民共和国刑法修正案（三）》、2002年12月28日《中华人民共和国刑法修正案（四）》、2005年2月28日《中华人民共和国刑法修正案（五）》、2006年6月29日《中华人民共和国刑法修正案（六）》、2009年2月28日《中华人民共和国刑法修正案（七）》、2009年8月27日《全国人民代表大会常务委员会关于修改部分法律的决定》、2011年2月25日《中华人民共和国刑法修正案（八）》、2015年8月29日《中华人民共和国刑法修正案（九）》、2017年11月4日《中华人民共和国刑法修正案（十）》、2020年12月26日《中华人民共和国刑法修正案（十一）》修改或修正） **第三百四十四条之一** 违反国家规定，非法引进、释放或者丢弃外来入侵物种，情节严重的，处三年以下有期徒刑或者拘役，并处或者单处罚金。 **第三百四十六条** 单位犯本节第三百三十八条至第三百四十五条规定之罪的，对单位判处罚金，并对其直接负责的主管人员和其他直接责任人员，依照本节各该条的规定处罚。

| 相关执法参考 | 相关法律法规（1） | 《中华人民共和国生物安全法》（节录）
（2020年10月17日第十三届全国人民代表大会常务委员会第二十二次会议通过，自2021年4月15日起生效施行）
第一条 为了维护国家安全，防范和应对生物安全风险，保障人民生命健康，保护生物资源和生态环境，促进生物技术健康发展，推动构建人类命运共同体，实现人与自然和谐共生，制定本法。
第二条 本法所称生物安全，是指国家有效防范和应对危险生物因子及相关因素威胁，生物技术能够稳定健康发展，人民生命健康和生态系统相对处于没有危险和不受威胁的状态，生物领域具备维护国家安全和持续发展的能力。
从事下列活动，适用本法：
（一）防控重大新发突发传染病、动植物疫情；
（二）生物技术研究、开发与应用；
（三）病原微生物实验室生物安全管理；
（四）人类遗传资源与生物资源安全管理；
（五）防范外来物种入侵与保护生物多样性；
（六）应对微生物耐药；
（七）防范生物恐怖袭击与防御生物武器威胁；
（八）其他与生物安全相关的活动。
第六条 国家加强生物安全领域的国际合作，履行中华人民共和国缔结或者参加的国际条约规定的义务，支持参与生物科技交流合作与生物安全事件国际救援，积极参与生物安全国际规则的研究与制定，推动完善全球生物安全治理。
第八条 任何单位和个人不得危害生物安全。
任何单位和个人有权举报危害生物安全的行为；接到举报的部门应当及时依法处理。
第十八条 国家建立生物安全名录和清单制度。国务院及其有关部门根据生物安全工作需要，对涉及生物安全的材料、设备、技术、活动、重要生物资源数据、传染病、动植物疫病、外来入侵物种等制定、公布名录或者清单，并动态调整。
第二十三条 国家建立首次进境或者暂停后恢复进境的动植物、动植物产品、高风险生物因子国家准入制度。
进出境的人员、运输工具、集装箱、货物、物品、包装物和国际航行船舶压舱水排放等应当符合我国生物安全管理要求。
海关对发现的进出境和过境生物安全风险，应当依法处置。经评估为生物安全高风险的人员、运输工具、货物、物品等，应当从指定的国境口岸进境，并采取严格的风险防控措施。
第二十六条 县级以上人民政府有关部门实施生物安全监督检查，可以依法采取下列措施：
（一）进入被检查单位、地点或者涉嫌实施生物安全违法行为的场所进行现场监测、勘查、检查或者核查；
（二）向有关单位和个人了解情况；
（三）查阅、复制有关文件、资料、档案、记录、凭证等；
（四）查封涉嫌实施生物安全违法行为的场所、设施；
（五）扣押涉嫌实施生物安全违法行为的工具、设备以及相关物品；
（六）法律法规规定的其他措施。
有关单位和个人的生物安全违法信息应当依法纳入全国信用信息共享平台。
第三十九条 国家对涉及生物安全的重要设备和特殊生物因子实行追溯管理。购买或者引进列入管控清单的重要设备和特殊生物因子，应当进行登记，确保可追溯，并报国务 |

| | | 院有关部门备案。
个人不得购买或者持有列入管控清单的重要设备和特殊生物因子。
第五十九条 利用我国生物资源开展国际科学研究合作，应当依法取得批准。
利用我国人类遗传资源和生物资源开展国际科学研究合作，应当保证中方单位及其研究人员全过程、实质性地参与研究，依法分享相关权益。
第六十条 国家加强对外来物种入侵的防范和应对，保护生物多样性。国务院农业农村主管部门会同国务院其他有关部门制定外来入侵物种名录和管理办法。
国务院有关部门根据职责分工，加强对外来入侵物种的调查、监测、预警、控制、评估、清除以及生态修复等工作。
任何单位和个人未经批准，不得擅自引进、释放或者丢弃外来物种。
第七十七条 违反本法规定，将使用后的实验动物流入市场的，由县级以上人民政府科学技术主管部门责令改正，没收违法所得，并处二十万元以上一百万元以下的罚款，违法所得在二十万元以上的，并处违法所得五倍以上十倍以下的罚款；情节严重的，由发证部门吊销相关许可证件。
第七十八条 违反本法规定，有下列行为之一的，由县级以上人民政府有关部门根据职责分工，责令改正，没收违法所得，给予警告，可以并处十万元以上一百万元以下的罚款：
（一）购买或者引进列入管控清单的重要设备、特殊生物因子未进行登记，或者未报国务院有关部门备案；
（二）个人购买或者持有列入管控清单的重要设备或者特殊生物因子；
（三）个人设立病原微生物实验室或者从事病原微生物实验活动；
（四）未经实验室负责人批准进入高等级病原微生物实验室。
第八十一条 违反本法规定，未经批准，擅自引进外来物种的，由县级以上人民政府有关部门根据职责分工，没收引进的外来物种，并处五万元以上二十五万元以下的罚款。
违反本法规定，未经批准，擅自释放或者丢弃外来物种的，由县级以上人民政府有关部门根据职责分工，责令限期捕回、找回释放或者丢弃的外来物种，处一万元以上五万元以下的罚款。
第八十二条 违反本法规定，构成犯罪的，依法追究刑事责任；造成人身、财产或者其他损害的，依法承担民事责任。
第八十三条 违反本法规定的生物安全违法行为，本法未规定法律责任，其他有关法律、行政法规有规定的，依照其规定。
第八十四条 境外组织或者个人通过运输、邮寄、携带危险生物因子入境或者以其他方式危害我国生物安全的，依法追究法律责任，并可以采取其他必要措施。
第八十五条 本法下列术语的含义：
（一）生物因子，是指动物、植物、微生物、生物毒素及其他生物活性物质。
（二）重大新发突发传染病，是指我国境内首次出现或者已经宣布消灭再次发生，或者突然发生，造成或者可能造成公众健康和生命安全严重损害，引起社会恐慌，影响社会稳定的传染病。
（三）重大新发突发动物疫情，是指我国境内首次发生或者已经宣布消灭的动物疫病再次发生，或者发病率、死亡率较高的潜伏动物疫病突然发生并迅速传播，给养殖业生产安全造成严重威胁、危害，以及可能对公众健康和生命安全造成危害的情形。
（四）重大新发突发植物疫情，是指我国境内首次发生或者已经宣布消灭的严重危害植物的真菌、细菌、病毒、昆虫、线虫、杂草、害鼠、软体动物等再次引发病虫害，或者本地有害生物突然大范围发生并迅速传播，对农作物、林木等植物造成严重危害的情形。
（五）生物技术研究、开发与应用，是指通过科学和工程原理认识、改造、合成、利 |
| 相关执法参考 | 相关法律法规（1） | |

相关执法参考	相关法律法规（1）	用生物而从事的科学研究、技术开发与应用等活动。 （六）病原微生物，是指可以侵犯人、动物引起感染甚至传染病的微生物，包括病毒、细菌、真菌、立克次体、寄生虫等。 （七）植物有害生物，是指能够对农作物、林木等植物造成危害的真菌、细菌、病毒、昆虫、线虫、杂草、害鼠、软体动物等生物。 （八）人类遗传资源，包括人类遗传资源材料和人类遗传资源信息。人类遗传资源材料是指含有人体基因组、基因等遗传物质的器官、组织、细胞等遗传材料。人类遗传资源信息是指利用人类遗传资源材料产生的数据等信息资料。 （九）微生物耐药，是指微生物对抗微生物药物产生抗性，导致抗微生物药物不能有效控制微生物的感染。 （十）生物武器，是指类型和数量不属于预防、保护或者其他和平用途所正当需要的、任何来源或者任何方法产生的微生物剂、其他生物剂以及生物毒素；也包括为将上述生物剂、生物毒素使用于敌对目的或者武装冲突而设计的武器、设备或者运载工具。 （十一）生物恐怖，是指故意使用致病性微生物、生物毒素等实施袭击，损害人类或者动植物健康，引起社会恐慌，企图达到特定政治目的的行为。 第八十八条　本法自2021年4月15日起施行。
	相关法律法规（2）	《农业转基因生物安全管理条例》（节录） 　　（2001年5月23日中华人民共和国国务院令第304号发布，根据2011年1月8日《国务院令关于废止和修改部分行政法规的决定》第一次修订，根据2017年10月7日《国务院关于修改部分行政法规的决定》第二次修订） 　　第三条　本条例所称农业转基因生物，是指利用基因工程技术改变基因组构成，用于农业生产或者农产品加工的动植物、微生物及其产品，主要包括： 　　（一）转基因动植物（含种子、种畜禽、水产苗种）和微生物； 　　（二）转基因动植物、微生物产品； 　　（三）转基因农产品的直接加工品； 　　（四）含有转基因动植物、微生物或者其产品成分的种子、种畜禽、水产苗种、农药、兽药、肥料和添加剂等产品。 　　本条例所称农业转基因生物安全，是指防范农业转基因生物对人类、动植物、微生物和生态环境构成的危险或者潜在风险。 　　第三十三条　从中华人民共和国境外引进农业转基因生物的，或者向中华人民共和国出口农业转基因生物的，引进单位或者境外公司应当凭国务院农业行政主管部门颁发的农业转基因生物安全证书和相关批准文件，向口岸出入境检验检疫机构报检；经检疫合格后，方可向海关申请办理有关手续。 　　第三十四条　农业转基因生物在中华人民共和国过境转移的，应当遵守中华人民共和国有关法律、行政法规的规定。
	相关法律法规（3）	《环境保护法》（节录） 　　（1989年12月26日第七届全国人民代表大会常务委员会第十一次会议通过，2014年4月24日第十二届全国人民代表大会常务委员会第八次会议修订，自2015年1月1日起施行） 　　第二十九条　国家在重点生态功能区、生态环境敏感区和脆弱区等区域划定生态保护红线，实行严格保护。 　　各级人民政府对具有代表性的各种类型的自然生态系统区域，珍稀、濒危的野生动植物自然分布区域，重要的水源涵养区域，具有重大科学文化价值的地质构造、著名溶洞和化石分布区、冰川、火山、温泉等自然遗迹，以及人文遗迹、古树名木，应当采取措施予以保护，严禁破坏。

相关执法参考	相关法律法规(3)	第三十条 开发利用自然资源，应当合理开发，保护生物多样性，保障生态安全，依法制定有关生态保护和恢复治理方案并予以实施。 引进外来物种以及研究、开发和利用生物技术，应当采取措施，防止对生物多样性的破坏。
	相关法律法规(4)	《海洋环境保护法》（节录） （1982年8月23日第五届全国人民代表大会常务委员会第二十四次会议通过，1999年12月25日第九届全国人民代表大会常务委员会第十三次会议修订，根据2013年12月28日第十二届全国人民代表大会常务委员会第六次会议《关于修改〈中华人民共和国海洋环境保护法〉等七部法律的决定》第一次修正，根据2016年11月7日第十二届全国人民代表大会常务委员会第二十四次会议《关于修改〈中华人民共和国海洋环境保护法〉的决定》第二次修正，根据2017年11月4日第十二届全国人民代表大会常务委员会第三十次会议《关于修改〈中华人民共和国会计法〉等十一部法律的决定》第三次修正） 第二条 本法适用于中华人民共和国内水、领海、毗连区、专属经济区、大陆架以及中华人民共和国管辖的其他海域。 在中华人民共和国管辖海域内从事航行、勘探、开发、生产、旅游、科学研究及其他活动，或者在沿海陆域内从事影响海洋环境活动的任何单位和个人，都必须遵守本法。 在中华人民共和国管辖海域以外，造成中华人民共和国管辖海域污染的，也适用本法。 第二十三条 凡具有特殊地理条件、生态系统、生物与非生物资源及海洋开发利用特殊需要的区域，可以建立海洋特别保护区，采取有效的保护措施和科学的开发方式进行特殊管理。 第二十五条 引进海洋动植物物种，应当进行科学论证，避免对海洋生态系统造成危害。 第七十三条 违反本法有关规定，有下列行为之一的，由依照本法规定行使海洋环境监督管理权的部门责令停止违法行为、限期改正或者责令采取限制生产、停产整治等措施，并处以罚款；拒不改正的，依法作出处罚决定的部门可以自责令改正之日的次日起，按照原罚款数额按日连续处罚；情节严重的，报经有批准权的人民政府批准，责令停业、关闭： （一）向海域排放本法禁止排放的污染物或者其他物质的； （二）不按照本法规定向海洋排放污染物，或者超过标准、总量控制指标排放污染物的； （三）未取得海洋倾倒许可证，向海洋倾倒废弃物的； （四）因发生事故或者其他突发性事件，造成海洋环境污染事故，不立即采取处理措施的。 有前款第（一）、（三）项行为之一的，处三万元以上二十万元以下的罚款；有前款第（二）、（四）项行为之一的，处二万元以上十万元以下的罚款。
	相关法律法规(5)	《野生动物保护法》（节录） （1988年11月8日第七届全国人民代表大会常务委员会第四次会议通过，根据2004年8月28日第十届全国人民代表大会常务委员会第十一次会议《关于修改〈中华人民共和国野生动物保护法〉的决定》第一次修正，根据2009年8月27日第十一届全国人民代表大会常务委员会第十次会议《关于修改部分法律的决定》第二次修正，2016年7月2日第十二届全国人民代表大会常务委员会第二十一次会议修订，根据2018年10月26日第十三届全国人民代表大会常务委员会第六次会议《关于修改〈中华人民共和国野生动物保护法〉等十五部法律的决定》第三次修正） 第十二条 国务院野生动物保护主管部门应当会同国务院有关部门，根据野生动物及

相关执法参考	相关法律法规（5）	其栖息地状况的调查、监测和评估结果，确定并发布野生动物重要栖息地名录。 省级以上人民政府依法划定相关自然保护区域，保护野生动物及其重要栖息地，保护、恢复和改善野生动物生存环境。对不具备划定相关自然保护区域条件的，县级以上人民政府可以采取划定禁猎（渔）区、规定禁猎（渔）期等其他形式予以保护。 禁止或者限制在相关自然保护区域内引入外来物种、营造单一纯林、过量施洒农药等人为干扰、威胁野生动物生息繁衍的行为。 相关自然保护区域，依照有关法律法规的规定划定和管理。 第三十七条　从境外引进野生动物物种的，应当经国务院野生动物保护主管部门批准。从境外引进列入本法第三十五条第一款名录的野生动物，还应当依法取得允许进出口证明书。海关依法实施进境检疫，凭进口批准文件或者允许进出口证明书以及检疫证明按照规定办理通关手续。 从境外引进野生动物物种的，应当采取安全可靠的防范措施，防止其进入野外环境，避免对生态系统造成危害。确需将其放归野外的，按照国家有关规定执行。 第三十八条　任何组织和个人将野生动物放生至野外环境，应当选择适合放生地野外生存的当地物种，不得干扰当地居民的正常生活、生产，避免对生态系统造成危害。随意放生野生动物，造成他人人身、财产损害或者危害生态系统的，依法承担法律责任。 第五十三条　违反本法第三十七条第一款规定，从境外引进野生动物物种的，由县级以上人民政府野生动物保护主管部门没收所引进的野生动物，并处五万元以上二十五万元以下的罚款；未依法实施进境检疫的，依照《中华人民共和国进出境动植物检疫法》的规定处罚；构成犯罪的，依法追究刑事责任。 第五十四条　违反本法第三十七条第二款规定，将从境外引进的野生动物放归野外环境的，由县级以上人民政府野生动物保护主管部门责令限期捕回，处一万元以上五万元以下的罚款；逾期不捕回的，由有关野生动物保护主管部门代为捕回或者采取降低影响的措施，所需费用由被责令限期捕回者承担。
	相关法律法规（6）	《草原法》（节录） (1985年6月18日第六届全国人民代表大会常务委员会第十一次会议通过，2002年12月28日第九届全国人民代表大会常务委员会第三十一次会议修订) 第二十九条　县级以上人民政府应当按照草原保护、建设、利用规划加强草种基地建设，鼓励选育、引进、推广优良草品种。 新草品种必须经全国草品种审定委员会审定，由国务院草原行政主管部门公告后方可推广。从境外引进草种必须依法进行审批。 县级以上人民政府草原行政主管部门应当依法加强对草种生产、加工、检疫、检验的监督管理，保证草种质量。
	相关法律法规（7）	种子法（节录） (2000年7月8日第九届全国人民代表大会常务委员会第十六次会议通过，根据2004年8月28日第十届全国人民代表大会常务委员会第十一次会议《关于修改〈中华人民共和国种子法〉的决定》第一次修正，根据2013年6月29日第十二届全国人民代表大会常务委员会第三次会议《关于修改〈中华人民共和国文物保护法〉等十二部法律的决定》第二次修正，根据2015年11月4日第十二届全国人民代表大会常务委员会第十七次会议修订，2021年12月24日，中华人民共和国第十三届全国人民代表大会常务委员会第三十二次会议通过《全国人民代表大会常务委员会关于修改〈中华人民共和国种子法〉的决定》，自2022年3月1日起施行) 第二条　在中华人民共和国境内从事品种选育、种子生产经营和管理等活动，适用本法。 本法所称种子，是指农作物和林木的种植材料或者繁殖材料，包括籽粒、果实、根、

相关法律法规（7）	茎、苗、芽、叶、花等。 第十一条　国家对种质资源享有主权，任何单位和个人向境外提供种质资源，或者与境外机构、个人开展合作研究利用种质资源的，应当向省、自治区、直辖市人民政府农业、林业主管部门提出申请，并提交国家共享惠益的方案；受理申请的农业、林业主管部门经审核，报国务院农业、林业主管部门批准。 从境外引进种质资源的，依照国务院农业、林业主管部门的有关规定办理。 第五十七条　进口种子和出口种子必须实施检疫，防止植物危险性病、虫、杂草及其他有害生物传入境内和传出境外，具体检疫工作按照有关植物进出境检疫法律、行政法规的规定执行。 第五十八条　从事种子进出口业务的，除具备种子生产经营许可证外，还应当依照国家有关规定取得种子进出口许可。 从境外引进农作物、林木种子的审定权限，农作物、林木种子的进口审批办法，引进转基因植物品种的管理办法，由国务院规定。 第五十九条　进口种子的质量，应当达到国家标准或者行业标准。没有国家标准或者行业标准的，可以按照合同约定的标准执行。 第六十条　为境外制种进口种子的，可以不受本法第五十八条第一款的限制，但应当具有对外制种合同，进口的种子只能用于制种，其产品不得在境内销售。 从境外引进农作物或者林木试验用种，应当隔离栽培，收获物也不得作为种子销售。 第六十一条　禁止进出口假、劣种子以及属于国家规定不得进出口的种子。 第六十二条　国家建立种业国家安全审查机制。境外机构、个人投资、并购境内种子企业，或者与境内科研院所、种子企业开展技术合作，从事品种研发、种子生产经营的审批管理依照有关法律、行政法规的规定执行。 第八十二条　违反本法第十一条规定，向境外提供或者从境外引进种质资源，或者与境外机构、个人开展合作研究利用种质资源的，由国务院或者省、自治区、直辖市人民政府的农业、林业主管部门没收种质资源和违法所得，并处二万元以上二十万元以下罚款。 未取得农业、林业主管部门的批准文件携带、运输种质资源出境的，海关应当将该种质资源扣留，并移送省、自治区、直辖市人民政府农业、林业主管部门处理。
相关法律法规（8）	《农业法》（节录） （1993年7月2日第八届全国人民代表大会常务委员会第二次会议通过　2002年12月28日第九届全国人民代表大会常务委员会第三十一次会议修订　根据2009年8月27日第十一届全国人民代表大会常务委员会第十次会议《关于修改部分法律的决定》第一次修正　根据2012年12月28日第十一届全国人民代表大会常务委员会第三十次会议《关于修改〈中华人民共和国农业法〉的决定》第二次修正　自2003年3月1日起施行） 第六十四条　国家建立与农业生产有关的生物物种资源保护制度，保护生物多样性，对稀有、濒危、珍贵生物资源及其原生地实行重点保护。从境外引进生物物种资源应当依法进行登记或者审批，并采取相应安全控制措施。 农业转基因生物的研究、试验、生产、加工、经营及其他应用，必须依照国家规定严格实行各项安全控制措施。
相关法律法规（9）	《进出境动植物检疫法》（节录） （1991年10月30日第七届全国人民代表大会常务委员会第二十二次会议通过　根据2009年8月27日第十一届全国人民代表大会常务委员会第十次会议《关于修改部分法律的决定》修正） 第五条　国家禁止下列各物进境： （一）动植物病原体（包括菌种、毒种等）、害虫及其他有害生物；

	相关法律法规（9）	（二）动植物疫情流行的国家和地区的有关动植物、动植物产品和其他检疫物； （三）动物尸体； （四）土壤。 口岸动植物检疫机关发现有前款规定的禁止进境物的，作退回或者销毁处理。 因科学研究等特殊需要引进本条第一款规定的禁止进境物的，必须事先提出申请，经国家动植物检疫机关批准。 本条第一款第二项规定的禁止进境物的名录，由国务院农业行政主管部门制定并公布。
相关执法参考	相关法律法规（10）	《中国外来入侵物种名单》第一批名单 （2003年1月10日国家环保总局与中国科学院联合发布，16个） 1. 紫茎泽兰（学名：Ageratina adenophora (Spreng.) R. M. King）：呈半灌木，高0.8-2.5米。茎紫色，叶对生、卵状三角形、棱形、边缘具粗锯齿。头状花序，排成伞房状，总苞片三四层，小花白色。有性或无性繁殖。每株可年产瘦果1万粒左右，瘦果五棱形。具冠毛，藉冠毛随风传播。根状茎发达，可依靠强大的根状茎快速扩展蔓延。原产地中美洲，1935年在云南南部发现，可能经缅甸传入。分布于云南、广西、贵州、四川（西南部）、台湾，垂直分布上限为2500米。全球性入侵物种。 2. 薇甘菊（学名：Mikaina micrantha Kunth）：多年生草质或木质藤本，茎细长，匍匐或攀缘，多分枝，茎中部叶三角状卵形至卵形，基部心形，先端渐尖，边缘锯齿，头状花序多数，在枝端常排成复伞房花序状，含小花4朵，全为结实的两性花，总苞片4枚，狭长椭圆形总苞基部有一线状椭圆形的小苞叶，花有香气；花冠白色，脊状，檐部钟状，5齿裂，瘦果黑色。原产地中美洲，1884年首次在香港登陆，1984年在深圳发现。分布于香港、澳门和广东珠江三角洲地区。全球性入侵物种。 3. 空心莲子草（学名：Alternanthera philoxeroides (Mart.) Griseb.）：多年生草本。根茎繁殖。3-4月根茎萌芽出土；匍匐茎发达，节处生根，茎的节段亦可萌生成株。叶对生，有短柄，叶片长椭圆形至倒卵状披针形。头状花序单生于叶腋，由10-20多朵无柄的白色小花集生组成，有总花梗；苞片和小苞片干膜质，宿存；花被5片，披针形，背部两侧压扁，膜质，白色有光泽；花期5-10月。原产地南美洲，1892年在上海附近岛屿出现，20世纪50年代作为猪饲料推广栽培，分布于黄河流域以南地区、天津。全球性入侵物种。 4. 豚草（学名：Ambrosia artemisiifolia L.）：一年生草木，高20-250厘米。茎直立，具棱，多分枝，下部叶对生，上部叶互生，叶片三角形，1-3回羽状深裂。头状花序单性，雌雄同株；50-60个在枝端排列成总状，花冠淡黄色，总苞倒卵形倒圆锥形，囊状，无花冠与冠毛，花柱2，丝状，伸出总苞外。瘦果倒卵形，包被在坚硬的总苞内。分布于北美洲，1935年发现于杭州，分布于东北、华北、华中和华东等地约15个省、直辖市。恶性杂草，对禾木科、菊科等植物有抑制、排斥作用。 5. 毒麦（学名：Lolium temulentum L.）：一年生草本。秆成疏丛，高20-120厘米，具3-5节，无毛。叶片扁平，质地较薄，边缘微粗糙。穗形总状花序，小穗含4-10小花，小穗轴节间长1-1.5毫米，平滑无毛；颖较宽大，与其小穗近等长，外稃椭圆形至卵形，成熟时肿胀，基盘微小芒近外稃顶端伸出，长1-2厘米，粗糙；内稃约等长于外稃，颖果为其宽的2-3倍。花果期6-7月。原产于欧洲地中海地区，1954年在从保加利亚进口的小麦中发现，除西藏外，中国大陆各省都有发现。全球性入侵物种。 6. 互花米草（学名：Spartina alterniflora Loisel.）：属禾本科，是一种多年生草本植物。秆高1-1.7m，直立，不分枝。叶长达60cm，基部宽0.5-1.5cm，至少干时内卷，先端渐狭成丝状；叶舌毛环状，长1-1.8cm。圆锥花序由3-13个长（3-）5-15cm，直立的穗状花序组成；小穗长10-18mm，覆瓦状排列。颖先端多少急尖，具1脉。第一颖短于

相关执法参考	相关法律法规（10）

第二颖，无毛或沿脊疏生短柔毛；花药长 5-7mm。原产于美国东南部海岸，1979 年作为经济作物引入上海（崇明岛）、浙江、福建、广东、香港。威胁本土海岸生态系统，致使大片红树林消失。

7. 飞机草（学名：Eupatorium odoratum L.）：多年生草本植物，根茎粗壮，横走。茎直立，高 1-3 米，苍白色，有细条纹；分枝粗壮，常对生，叶对生，卵形、三角形或卵状三角形，花序下部的叶小，常全缘。头状花序多数或少数在茎顶或枝端排成伞房状或复伞房状花序，总苞圆柱形，总苞片 3-4 层，覆瓦状排列，外层苞片卵形，麦秆黄色。花白色或粉红色。瘦果黑褐色，5 棱，花果期 4-12 月。原产于中美洲，20 世纪 20 年代作为一种香料植物引种到泰国栽培，1934 年在云南南部发现，分布于台湾、广东、香港、澳门、海南、广西、云南、贵州。全球性入侵物种。

8. 凤眼莲（学名：Eichhornia crassipes（Mart.）Solms）：浮水草本或根生于泥土中，高 30-50 厘米。茎极短，节上生根，具长匍匐枝，与母株分离后，长成新植株。叶基生，莲座状，叶片卵形、倒卵形至肾圆形，光滑；叶柄基部略带紫红色，膨大呈葫芦状的气囊。花葶单生，中部有鞘状苞片，穗状花序有花 6-12 朵，花被紫蓝色，6 裂，在蓝色的中央有鲜黄色斑点，子房卵圆形。蒴果卵形。原产于巴西东北部，1901 年从日本引入台湾作花卉，20 世纪 50 年代作为猪饲料推广。在辽宁南部、华北、华东、华中和华南的 19 个省（自治区、直辖市）有栽培，在长江流域及其以南地区逸生为杂草。大量逸生，堵塞河道，破坏水生生态系统，威胁本地生物多样性。

9. 石茅（学名：Sorghum halepense（L.）Pers.）也称假高粱：多年生禾草，有根状茎。秆直立，高 100-150cm。叶宽线形至线状披针形，先端长渐尖，基部渐狭，无毛，边缘粗糙。圆锥花序，分枝近轮生，无柄小穗椭圆形，成熟时为淡黄色或带淡紫色，主脉由齿间伸出成芒，也可全缘而无芒。雄蕊 3 枚；花柱 2 枚，仅基部联合，柱头帚状。有柄小穗雄性，较无柄小穗狭窄，颜色较深，质地亦较薄。种子千粒重 3.5 克。原产地中海地区，20 世纪初从日本引到台湾南部栽培，同一时期在香港和广东北部发现，种子常混在进口作物种子中引进和扩散，分布于中国多地，是高粱、玉米、小麦、棉花、大豆、甘蔗、黄麻、洋麻、苜蓿等 30 多种作物地里的杂草，还可与同属其他种杂交。

10. 蔗扁蛾（学名：Opogona sacchari）：成虫体色黄褐，体长 8-10mm，展翅 22-26mm，前翅深棕色，后翅黄褐色，后足长，超出翅端部，后足胫节具长毛。腹部腹面有两面三刀排灰色点列。停息时，触角前伸；爬行时，速度快，形似蜚蠊，并可做短距离跳跃。成虫多在傍晚至午夜活动，有取食补充营养和趋糖的习性，趋光性不强。原产地非洲热带、亚热带地区，1987 年随进口巴西木进入广州，20 世纪 90 年代传播到了北京。分布在 10 余个省、直辖市。威胁香蕉、甘蔗、玉米、马铃薯等农作物及温室栽培植物。

11. 湿地松粉蚧（学名：Oracella acuta）：雌成虫梨形，腹部向后尖削，触角 7 节。若虫椭圆形至不对称椭圆形，长 1.02-1.52mm，3 对足。末龄后期，虫体分泌蜡质物形成白色蜡包，覆盖虫体，雄成虫分有翅型和无翅型两种。初孵若虫孵化后聚集在雌成虫的蜡包内，天气适宜时爬出，在松树枝、梢、叶处不停活动，并随气流被动扩散，扩散距离一般为 17km，最远可达 22km。部分初孵若虫在较隐蔽的嫩梢、针叶束或球果上聚集生活。原产地美国，1988 年随湿地松进入中国广东省台山，到 1994 年，已扩散蔓延至广东省多个县市。分布于广东、广西、福建等地，引入的湿地松、火炬松和加勒比松加速了扩散，对本地的马尾松、南亚松等构成严重威胁。

12. 强大小蠹（学名：Dendroctonus valens）：成虫圆柱形，长 5.7-10.0mm，淡色至暗红色。雄虫长是宽的 2.1 倍，成虫体有红褐色，额不规则凸起，前胸背板宽，具粗的刻点，向头部两侧渐窄，不收缩；虫体稀被排列不整齐的长毛。雌虫与雄虫相似，但眼线上部中额隆起明显，前胸刻点较大，鞘翅端部粗糙，颗粒稍大。原产地美国、加拿大、墨西哥、危地马拉和洪都拉斯等美洲地区。1998 年在中国山西省阳城、沁水首次发现，可能

| 相关执法参考 | 相关法律法规（10） | 与引进木材有关。分布于山西、陕西、河北、河南，不仅攻击树势衰弱的树木，也对健康树进行攻击（尤其是油松），导致发生区内寄主的大量死亡。

13. 美国白蛾（学名：Hyphantria cunea）：雌雄异型，成虫白色。雄蛾触角双栉状，前翅上有几个褐色斑点。雌蛾触角锯齿状，前翅纯白色。美国白蛾以蛹在树皮下或地面枯枝落叶处越冬，幼虫孵化后吐丝结网，群集网中取食叶片，叶片被食尽后，幼虫移至枝杈和嫩枝的另一部分织一新网。原产于北美洲，1979年传入中国辽宁丹东一带，1981年由渔民自辽宁捎带木材传入山东荣成县并蔓延，1995年在天津发现，主要为害落叶阔叶树种，包括许多经济林，果树，行道树和观赏树木。重要的如白蜡槭，糖槭，桑，苹果，梨，山楂，李属，蔷薇属，绣球花属，桦属，桤木，栎，胡桃属，柿，杨属，柳属，榆属和悬铃木等。也取食寄主树木附近的玉米、大豆、棉花、烟草、甘薯等作物以及一些花卉和杂草。

14. 非洲大蜗牛（学名：Achating fulica）：中大型的陆栖蜗牛。成体壳长一般为7-8厘米，最大则可长到超过20厘米。夜行性，杂食性，大多是在潮湿环境中活动，喜欢在下雨及夜间出没。原产于非洲东部沿岸坦桑尼亚的桑给巴尔、奔巴岛，马达加斯加岛一带。20世纪20年代末-20世纪30年代初，在福建厦门发现，可能是由一新加坡华人所带的植物而引入。后被作为美味食物，引入多个南方省份。分布于广东、香港、海南、广西、云南、福建、台湾。全球性入侵物种。食物包括农作物、林木、果树、蔬菜、花卉等植物，甚至能啃食和消化水泥，可危害500多种作物。

15. 福寿螺（学名：Pomacea canaliculata）：个体大，每只100-150克，最大个体可达250克以上。有巨型田螺之称。外壳颜色比一般田螺浅，呈黄褐色。卵于夜间产在水面以上干燥物体或植株的表面，多的可达千粒以上。原产于亚马逊河流域，作为高蛋白食物最先被引入台湾；1981年引入广东，1984年前后作为特种经济动物广为养殖，后又被引入其他省份养殖。由于被大量遗弃或逃逸，并很快从农田扩散到天然湿地。分布于广东、广西、云南、福建、浙江，对水稻生产造成损失。威胁入侵地的水生贝类、水生植物和破坏食物链构成，是卷棘口吸虫、广州管圆线虫的中间宿主。

16. 牛蛙（学名：Rana catesbeiana）：体长约20厘米，后肢长达25厘米。成体大者体重超过0.5千克。头部宽扁。口端位，吻端尖圆面钝。眼球外突，分上下两部分，下眼皮上有一个可折绉的瞬膜，可将眼闭合。体绿或棕色，腹部白色至淡黄色，四肢有黑色条纹。常生活於静水中或其附近。春季繁殖，卵产于水中。蝌蚪呈绿褐色带有深色斑点。蝌蚪阶段持续1-3年，原产于北美洲落基山脉以东，北到加拿大，南到佛罗里达州北部。1959年作为食物被引入，遍布北京以南地区，除西藏、海南外的中国大陆地区。对本地两栖类造成威胁，甚至影响到生物多样性，如滇池的本地鱼类。 |
| | 相关法律法规（11） | 《中国外来入侵物种名单》第二批名单
（环境保护部和中国科学院联合制订，环境保护部2010年1月7日发布，19个）

1. 马缨丹（学名：Lantana camara L.）是直立或蔓性的灌木，高1-2米，有时藤状，长达4米；茎枝均呈四方形，通常有短而倒钩状刺。单叶对生，叶片卵形至卵状长圆形，花序直径1.5-2.5厘米；花序梗粗壮，长于叶柄；苞片披针形，长为花萼的1-3倍；花萼管状，膜质，顶端有极短的齿；花冠黄色或橙黄色，开花后不久转为深红色，花冠管长约1厘米，两面有细短毛；子房无毛。果圆球形，成熟时紫黑色。全年开花。原产美洲热带地区，明末由西班牙人引入台湾，由于花比较美丽而被广泛栽培引种，后逃逸。分布于台湾、福建、广东、海南、香港、广西、云南、四川南部等热带及南亚热带地区，是南方牧场、林场、茶园和桔园的恶性竞争者。

2. 三裂叶豚草（学名：Ambrosia trifida L.）是一年生粗壮草本，高50-120厘米，有时可达170厘米，有分枝，叶对生，具叶柄，雄头状花序多数，圆形，在枝端密集成总状花序。每个头状花序有20-25不育的小花；小花黄色，花冠钟形，上端5裂，外面有5紫 |

色条纹。雌头状花序在雄头状花序下面上部的叶状苞叶的腋部聚作团伞形,具一个无被能育的雌花。总苞倒卵形。瘦果倒卵形。花期8月,果期9-10月。原产于北美洲,20世纪30年代在辽宁铁岭地区发现,首先在辽宁省蔓延,随后向河北、北京地区扩散。分布于吉林、辽宁、河北、北京、天津。危害小麦、大麦、大豆及各种园艺作物。

3. 大薸（学名：Pistia stratiotes L.）是水生飘浮草本。有长而悬垂的根多数,须根羽状,密集。叶簇生成莲座状,叶片常因发育阶段不同而形异：倒三角形、倒卵形、扇形,以至倒卵状长楔形,长1.3-10厘米,宽1.5-6厘米,先端截头状或浑圆,基部厚,二面被毛,基部尤为浓密；叶脉扇状伸展,背面明显隆起成折皱状。佛焰苞白色,长0.5-1.2厘米,外被茸毛。花期5-11月。原产巴西,明末引入。20世纪50年代作为猪饲料推广,分布于黄河以南。堵塞航道,影响水产养殖业,并导致沉水生植物死亡和灭绝,危害水生生态系统。

4. 加拿大一枝黄花（学名：Solidago canadensis L.）是多年生草本,高30-80厘米。地下根须状；茎直立,光滑,分枝少,基部带紫红色,单一。单叶互生,卵圆形、长圆形或披针形,先端尖、渐尖或钝,边缘有锐锯齿,上部叶锯齿渐疏至全近缘；基部叶有柄,上部叶柄渐短或无柄。头状花序,聚成总状或圆锥状,总苞钟形；苞片披针形；花黄色,舌状花约8朵,雌性,管状花多数,两性；花药先端有帽状附属物。瘦果圆柱形,近无毛,冠毛白色。花期9-10月,果期10-11月。原产于北美,1935年作为观赏植物被引进中国,20世纪80年代扩散蔓延成为杂草。分布于浙江、上海、安徽、湖北、湖南郴州、江苏、江西。全球性入侵物种。

5. 蒺藜草（学名：Cenchrus echinatus L.）是一年生草本。须根较粗壮。秆高约50厘米,基部膝曲或横卧地面而于节处生根,下部节间短且常具分枝。叶鞘松弛,压扁具脊；叶片线形或狭长披针形,总状花序直立,花序主轴具棱粗糙；刺苞呈稍扁圆球形,小穗椭圆状披针形,顶端较长渐尖,含2小花,颖薄质或膜质,第一外稃与小穗等长,披针形,第二外稃具5脉,成熟时质地渐变硬；花药长约1毫米,柱头帚刷状,颖果椭圆状扁球形,背腹压扁,叶片表皮细胞与荸荠草。花果期夏季。原产于美洲的热带和亚热带地区,1934年在台湾兰屿采到标本。分布于福建、台湾、广东、香港、广西和云南南部等地。为花生、甘薯等多种作物田地和果园中的一种危害严重的杂草,入侵后降低生物多样性；还可成为热带牧场中的有害杂草。

6. 银胶菊（学名：Parthenium hysterophorus L.）是一年生草本。茎直立,高0.6-1米,多分枝,下部和中部叶二回羽状深裂,全形卵形或椭圆形,小羽片卵状或长圆状,常具齿,羽裂,裂片线状长圆形,全缘或具齿。头状花序多数,在茎枝顶端排成开展的伞房花序；总苞宽钟形或近半球形,舌状花1层,5个,白色,舌片卵状或卵圆形,管状花多数。雄蕊4个。雌花瘦果倒卵形,干时黑色。花期4-10月。原产于美国德克萨斯州及墨西哥北部,1924年在越南北部被报道,1926年在云南采到标本。分布于云南、贵州、广西、广东、海南、香港和福建。全球性入侵物种。

7. 黄顶菊（学名：Flaveria bidentis (L.) Kuntze.）是一年生草本植物,花冠鲜黄色,花果期夏季至秋季或全年。根系发达,耐盐碱、耐瘠薄、抗逆性强,繁殖速度惊人,一株"黄顶菊"能产数万至数十万粒种子。黄顶菊植株高低差异很大,高的能长到2米,低的只有10厘米左右,叶形近似长椭圆形,开花时花朵颜色非常鲜艳。喜光、喜湿、嗜盐,一般于4月上旬萌芽出土,4-8月为营养生长期,生长迅速,9月中下旬开花,10月底种子成熟,结实量极大,具备入侵植物的基本特征。黄顶菊种子极多、繁殖能力超强。一株黄顶菊能开1200多朵花,每朵花能结出上百粒种子。原产于南美,2000年发现于天津南开大学校园。分布于天津、河北。全球性入侵物种。

8. 土荆芥（学名：Chenopodium ambrosioides L.）是一年生或多年生草本,高50-80厘米,有强烈香味。茎直立,多分枝,有色条及钝条棱；枝通常细瘦。叶片矩圆状披针形至披针形，边缘具锯齿。花两性及雌性，花被裂片5，绿色。果时通常闭合；雄蕊5，丝形，伸出花被外。胞果扁球形，种子横生或斜生，黑色或暗红色，平滑，有光泽，边缘钝。花期和果期的时间都很长。原产于中、南美洲，1864年在台湾省台北淡水采到标本。分布于北京、山东、陕西、上海、浙江、江西、福建、台湾、广东、海南、香港、广西、湖南、湖北、重庆、贵州、云南。在长江流域经常是杂草群落的优势种或建群种，常常侵入并威胁种植在长江大堤上的草坪。

9. 刺苋（学名：Amaranthus spinosus L.）一年生草本，高30-100厘米；茎直立，圆柱形或钝棱形，多分枝，绿色或带紫色。叶片菱状卵形或卵状披针形。圆锥花序腋生及顶生，下部顶生花穗常全部为雄花；花被片绿色。在雄花者矩圆形，在雌花者矩圆状匙形，雄蕊花丝略和花被片等长或较短；胞果矩圆形，种子近球形，黑色或带棕黑色。花果期7-11月。原产热带美洲，19世纪30年代在澳门发现，1857年在香港采到。分布于陕西、河北、北京、山东、河南、安徽、江苏、浙江、江西、湖南、湖北、四川、重庆、云南、贵州、广西、广东、海南、香港、福建、台湾。全球性入侵物种。

10. 落葵薯（学名：Anredera cordifolia (Tenore) Steenis）是缠绕藤本，长可达数米。根状茎粗壮。叶具短柄，叶片卵形至近圆形。总状花序具多花，花序轴纤细，下垂，苞片狭，宿存；花托顶端杯状，花常由此脱落；花直径约5毫米；花被片白色，渐变黑，开花时张开，卵形、长圆形至椭圆形，雄蕊白色，开花时伸出花外；花柱白色，分裂成3个柱头臂。花期6-10月。原产于南美热带和亚热带地区，20世纪70年代从东南亚引种。分布于重庆、四川、贵州、湖南、广西、广东、云南、香港、福建。全球性入侵物种。

11. 桉树枝瘿姬小蜂（学名：Leptocybe invasa）个体较小；雌性成虫体长为1.1-1.4mm，褐色，略带兰绿色金属光泽；头部骨化程度较弱，易皱缩；幼虫白色。该虫每年发生2-3代，世代重叠，以成虫在虫瘿内越冬，翌年4月开始羽化。在室温条件下，平均132.6天完成1个世代，雌性成虫在提供蜂蜜及水的情况下，平均寿命为6.5天。原产于澳大利亚，2007年在广西与越南交界处首次发现，2008年相继在海南和广东发现。分布于广西、海南以及广东省的部分地区，对华南、西南等地区的桉树种植造成极大威胁。

12. 稻水象甲（学名：Lissorhoptrus oryzophilus）成虫长2.6-3.8mm。喙与前胸背板几等长，稍弯，扁圆筒形。前胸背板宽。鞘翅侧缘平行，比前胸背板宽，肩斜，鞘翅端半部行间上有瘤突。雌虫后足胫节有前锐突和锐突，锐突长而尖，雄虫仅具短粗的两叉形锐突。蛹长约3mm，白色。幼虫体白色，头黄褐色。卵圆柱形，两端圆。半水生昆虫，卵多产于浸水的叶鞘内。初孵幼虫仅在叶鞘内取食，后进入根部取食。羽化成虫从附着在根部上面的蛹室爬出，取食稻叶或杂草的叶片。成虫平均寿命76天，雌虫寿命更长，可达156天。危害时虫口密度可达每平方米200头以上。1988年在河北唐海发现，分布于河北、辽宁、吉林、山东、山西、陕西、浙江、安徽、福建、湖南、云南、台湾，主要危害水稻。

13. 红火蚁（学名：Solenopsis invicta）是一种营社会性生活昆虫，每个成熟蚁巢，有5-50万只红火蚁。红火蚁虫体包括负责做工的工蚁、负责保卫和作战的兵蚁和负责繁殖后代的生殖蚁。生殖蚁包括蚁巢中的蚁后和长有翅膀的雌、雄蚁。一个成熟的红火蚁种群有由20万-50万只多形态的工蚁、几百只有翅繁殖雄蚁和雌蚁、一只（单蚁后型）或多只（多蚁后型）繁殖蚁后及处于生长发育阶段的幼蚁（卵、幼虫及蛹）组成。原产于南美洲，2003年10月在台湾桃园发现，2004年9月在广东吴川发现。分布于台湾、广东、香港、澳门、广西、福建、湖南。全球性入侵物种。

14. 克氏原螯虾（学名：Procambarus clarkii）即小龙虾，体长6-12厘米。体形较大呈圆筒状，甲壳坚厚，头胸甲稍侧扁，前侧缘除海螯虾科外，不与口前板愈合，侧缘也不与胸部腹甲和胸肢基部愈合。颈沟明显。第1触角较短小，双鞭。第2触角有较发达的鳞片。3对颚足都具外肢。步足全为单枝型，前3对螯状，其中第1对特别强大、坚厚，故又称螯虾。末2对步足简单、爪状。原产于北美洲，20世纪30年代进入，20世纪60年

相关执法参考	代食用价值被发掘，开始养殖，20世纪80-90年代大规模扩散。分布于20多个省市，南起海南岛，北到黑龙江，西至新疆，东达崇明岛均可见其踪影，华东、华南地区尤为密集。捕食本地动植物，携带和传播致病源等方式危害土著物种。 15. 苹果蠹蛾（学名：Cydia pomonella）成虫体长8mm，翅展15-22mm，体灰褐色，前翅臀角处有深褐色椭圆形大斑，内有3条青铜色条纹，其间显出4-5条褐色横纹；翅基部外缘突出略成三角形，杂有较深的斜形波状纹；翅中部颜色最浅，淡褐色，也杂有褐色斜形的波状纹。初龄幼虫体多为淡黄白色，成熟幼虫14-18mm，多为淡红色。20世纪50年代前后经由中亚地区进入新疆，20世纪80年代中期进入甘肃省，之后持续向东扩张。2006年在黑龙江省发现，这一部可能由俄罗斯远东地区传入。分布于新疆全境、甘肃省的中西部、内蒙古西部以及黑龙江南部，对梨果类水果危害很大。 16. 三叶草斑潜蝇（学名：Liriomyza trifolii）成虫体长雌虫2.3mm；雄虫1.6mm。成虫以产卵器刺伤叶片，吸食汁液。雌虫把卵产在部分伤孔表皮下，卵经2-5天孵化，幼虫期4-7天。末龄幼虫咬破叶表皮在叶外或土表下化蛹，蛹经7-14天羽化为成虫。每世代夏季2-4周，冬季6-8周。成虫飞翔能力有限，远距离传播以随寄主植物的调运为主要途径。其中以带叶片作远距离传播为主，茎和蔓等植物残体夹带传播次之。鲜切花可能是一种更危险的传播途径。原产于北美洲，2005年12月在广东省中山市发现。分布于台湾、广东、海南、云南、浙江、江苏、上海、福建。全球性入侵物种。 17. 松材线虫（学名：Bursaphelenchus xylophilus）成虫虫体长约1毫米，雌虫尾部近圆锥形，末端圆；雄虫尾部心鸟爪，向腹面弯曲。松材线虫病是一种毁灭性虫害。它是通过松墨天牛（Monochamus alternatus）等媒介昆虫传播于松树体内，从而引发松树病害。被松材线虫感染后的松树，针叶呈黄褐色或红褐色，萎蔫下垂，树脂分泌停止，树干可观察到天牛侵入孔或产卵痕迹，病树整株干枯死亡，最终腐烂。原产于北美洲，1982年在南京中山陵首次发现。分布于江苏、浙江、安徽、福建、江西、山东、湖北、湖南、广东、重庆、贵州、云南等15省市和193个县。主要危害松属植物，也危害云杉属、冷杉属、落叶松属和雪松属。 18. 松突圆蚧（学名：Hemiberlesia pitysophila）该蚧少数卵胎生；多数卵生，但卵期很短，产卵和孵化几乎同时进行。初孵若虫一般先在母体介壳内停留一段时间，待环境适宜时从介壳边缘的裂缝爬出。刚出壳的若虫非常活跃，温度越高越活跃，在松针上来回爬动，但实际爬行距离不会超过30-60cm。松突圆蚧传播扩散速度非常迅速，雌蚧虫的生命力强，即使在砍伐后的枝叶中日晒10天，其存活率仍达70%以上，可以人为运输，或通过动物、雨水传播，所以远距离传播概率大。原产于日本和台湾。20世纪70年代末在广东发现，分布于香港、澳门、广东、广西、福建和江西。主要危害松属植物，如马尾松、湿地松、黑松等，其中以马尾松受害最重。 19. 椰心叶甲（学名：Brontispa longissima）属完全变态昆虫，一生经过成虫、卵、幼虫、蛹四个虫态。成虫体扁平狭长，雄虫比雌虫略小。体长8-10mm，宽约2mm。头部红黑色，头顶背面平伸出近方形板块，两侧略平行，宽稍大于长。触角粗线状，11节，黄褐色，顶端4节色深，有绒毛。是一种重大危险性外来有害生物，属毁灭性害虫。它在寄主上的危害部位为最幼嫩的心叶，叶片受害后出现枯死被害状，严重时植株死亡。具有繁殖快、破坏性强和防治难度大的特点。2002年6月，海南省首次发现。分布于海南、广东、广西、香港、澳门和台湾。全球性入侵物种。
相关法律法规（12）	《中国外来入侵物种名单》第三批名单 （环境保护部办公厅2014年8月20日发布，18个） 1. 反枝苋 2. 钻形紫菀 3. 三叶鬼针草

相关执法参考	相关法律法规(12)	4. 小蓬草 5. 苏门白酒草 6. 一年蓬 7. 假臭草 8. 刺苍耳 9. 圆叶牵牛 10. 长刺蒺藜草 11. 巴西龟 12. 豹纹脂身鲇 13. 红腹锯鲑脂鲤 14. 尼罗罗非鱼 15. 红棕象甲 16. 悬铃木方翅网蝽 17. 扶桑绵粉蚧 18. 刺桐姬小蜂				
	相关法律法规(13)	《中国外来入侵物种名单》第四批名单 （环境保护部办公厅 2016 年 12 月 20 日发布，18 个） 1. 长芒苋 2. 垂序商陆 3. 光荚含羞草 4. 五爪金龙 5. 喀西茄 6. 黄花刺茄 7. 刺果瓜 8. 藿香蓟 9. 大狼杷草 10. 野燕麦 11. 水盾草 12. 食蚊鱼 13. 美洲大蠊 14. 德国小蠊 15. 无花果蜡蚧 16. 枣实蝇 17. 椰子木蛾 18. 松树蜂				
	相关法律法规(14)	IUCN（世界自然保护联盟）公布的全球 100 种最具威胁的外来物种				
		哺乳类	獭狸	Nutria	Myocastor coypus	海狸鼠科
			麝鼠	Musk rat	Ondatra zibethicus	鼠科
			褐家鼠	Brown rat	Rattus norvegicus	鼠科
		鸟类	小葵花凤头鹦鹉	Sulphur-crested cockatoo	Cacatua sulpurea	鹦鹉科
			虹彩吸蜜鹦鹉	Rainbow lorikeet	Trichoglossus haematotus	鹦鹉科
			加拿大鹅	Canada goose	Anser canadensis	鸭科

续表

相关执法参考	相关法律法规(14)	鸟类	家八哥	Indian myna	Acridotheres tristis	椋鸟科
		爬行类	巴西龟		Trachemys scripta	泽龟科
		两栖类	牛蛙	Bull frog	Rana catesbeiana	蛙科
		鱼类	鳙	Bighead	Aristichthys nobilis	鲤科
			鰕虎鱼	Gobies	Gobiidae	鰕虎鱼科
			麦穗鱼	Topmouth Gudgeon	Pseudorasbora parva	鲤科
			食蚊鱼	Mosquito fish	Gambusia affinis	花鳉科
			胎鳉	Livebearers	Poeciliidae	胎鳉科
			鲢	Silver carp	Hypophthalmichthys molitrix	鲤科
		甲壳类	克氏螯虾	Crayfish	Procambius clarkii	龙虾科
			福寿螺	Amazonian snail	pomacea canaliculata	苹果螺科
			明线瓶螺		Pomacea lineata	苹果螺科
			非洲大蜗牛	Giant Africa snail	Achatina fulica	玛瑙螺科
		昆虫	白蚁		Termite	白蚁科
			松突圆蚧	Pine Scale	Hemiberlesia pitysophila	盾蚧科
			美国白蛾	Fall webworm, American White Moth	Hyphantria cunea	灯蛾科
			蔗扁蛾	Banana moth	Opogona sacchari	蜷蛾科
			湿地松粉蚧	Loblolly pine mealybug	Oracella acuta	粉蚧科
			美洲斑潜蝇	Vegetable Leaf Miner	Liriomyza sativae	潜蝇科
			稻水象甲	American rice water weevil	Lissorhoptrus oryzophilus	象甲科
			美洲大蠊	American Cockroach	Periplaneta americana	蜚蠊科
			德国小蠊	German Cockroach	Blattella germanica	蜚蠊科
			苹果棉蚜	Woolly Apple Aphid	Eriosoma lanigerum	棉蚜科
			葡萄根虫	Grape Root Louse	Phylloxera vitifolii	
		线虫	松材线虫	North American pinewood nematode	Bursaphelenchus xylophilus	滑刃总科
		真菌	甘薯长喙壳菌	Black Spot	Ceratocystis fimbriata	
			野生动物疾病	Wildlife Diseases		
			鲑鱼传染性胰脏坏死病	Infectious Pancreatic Necrosis Virus in trout（IPNV）		
		植物	土荆芥	Mexican Tea	Chenopodium ambrosioides	藜科
			水花生	Alligator weed	Alternanthera philoxeroides	苋科
			刺花莲子草	Spingflower Alternanthera	Alternanthera pungens	苋科

				续表
相关执法参考	相关法律法规(14)	植物		

	西番莲		Passiflora coerulea	西番莲科
	仙人掌	Cacti	Opuntia stricta	仙人掌科
	假连翘	Golden Dewdrop	Duranta repens	马鞭草科
	刺茄	Love Apple	Solanum aculeatissimum	茄科
	北美车前	Plantaiga	Plantago virginica	车前科
	异檐花	Venus' Looking-glass	Triodanis perfoliata	桔梗科
	藿香蓟	Tropic Ageratum	Ageratum conyzoides	菊科
	豚草	Ragweed	Ambrosia artemisiifolia	菊科
	一年蓬	Daisy Fleabane	Erigeron annuus	菊科
	紫茎泽兰	Crofton weed	Eupatorium adenophorum	菊科
	薇甘菊	South American Climber	Mikania micrantha	菊科
	加拿大一枝黄花	Tall goldenrod	Solidago altissma	菊科
	大波斯菊	cosmos	Cosmos bipinnatus	菊科
	大米草	Common cordgrass	Spartina anglica	禾本科
	毒麦	Darnel ryegrass	Lolium temulentum	禾本科
	凤眼莲（又名水葫芦）	Water hyacinth	Eichhornia crassipes	雨久花科
	五爪金龙	Palmate-leaved Morning Glory	Ipomoea cairica	旋花科
	红瓜	Ivygourd	Coccinia cordifolia	葫芦科
	马缨丹	Common Lantana	Lantana camara	马鞭草科
	五叶地锦	Virginia Creeper	Parthenocissus quinquefolia	葡萄科
	猫爪藤	Common Cat's Claw Vine	Macfadyena unguis-cati	紫葳科
	三裂蟛蜞菊	Trilobe Wedelia	Wedelia trilobata	菊科
	蓖麻	Castor-oil Plant	Ricinus communis	大戟科
	银胶菊	Common Parthenium	Parthenium hysterophorus	菊科
	苇状羊茅	Tall Fescue	Festuca arundinacea	禾本科
	大花老鸦嘴	Blue Trumpet Vine	Thunbergia grandiflora	爵床科
	飞机草	Odor Eupatorium	Eupatorium odoratum	菊科
	单刺仙人掌	Prickly Pear	Opuntia monacantha	仙人掌科
	赛葵	Coromandel Coast Falsemallow	Malvastrum coromandelianum	锦葵科
	梯牧草	Timothy	Phleum pratense	禾本科
	地毯草	Carpetgrass	Axonopus compressus	禾本科

续表

相关法律法规(14)	植物	节节草	Ramose Scouring Rush	Equisetum ramosissimum	禾本科
		毛花雀稗	Caterpillar Grass	Paspalum dilatatum	禾本科
		铺地狼尾草	West African Pennisetum	Pennisetum clandestinum	禾本科
		莠狗尾草	Knotroot Bristlegrass	Setaria geniculata	禾本科
		球茎大麦	Bulbous Barley	Hordeum bulbosum	禾本科
		熊耳草	Mexican Ageratum	Ageratum houstonianum	
		蛇目菊	Tinctorial Coreopsis	Coreopsis tinctoria	菊科
		大花金鸡菊	Lance Coreopsis	Coreopsis lanceolata	菊科
		矢车菊	Cornftower	Centaurea cyanus	菊科
		万寿菊	Aztec Marigold	Tagetes erecta	菊科
		裂叶牵牛	Whiteedge Morning Glory	Ipomoea nil	旋花科
		圆叶牵牛	Common Morning Glory	Ipomoea purpurea	旋花科
		紫茉莉	Four-o'clock	Mirabilis jalapa	紫茉莉科
		含羞草	Pink Woodsorrel	Mimosa pudica	豆科
		铜锤草	Corymb Wood Sorrel	Oxalis corymbosa	禾本科
		大麻	Hemp	Cannabis indica	大麻科
		含羞草决明	Sensitiveplant-like Senna	Cassia mimosoides	豆科
		决明	Sickle Senna	Cassia tora	豆科
		土人参	Panicled Fameflower	Talinum paniculatum	马齿苋科
		望江南	Coffee Senna	Cassia occidentalis	豆科
		美洲商陆	Common Pokeweed	Phytolacca americana	商陆科
		野茼蒿	Hawksbeard Velvetplant	Crassocephalum crepidioides	菊科
		菊苣	Common Chicory	Cichorium intybus	菊科

相关法律法规(15)

《引进陆生野生动物外来物种种类及数量审批管理办法》

（2005年9月27日国家林业局令第19号，2015年4月30日国家林业局令第37号修改，2016年9月22日国家林业局令第42号修改）

第一条 为了加强陆生野生动物外来物种管理，防止陆生野生动物外来物种入侵，保护生物多样性，维护国土生态安全，根据《中华人民共和国行政许可法》、《国务院对确需保留的行政审批项目设定行政许可的决定》（国务院令第412号）和国家有关规定，制定本办法。

第二条 实施引进陆生野生动物外来物种种类及数量审批的行政许可事项，应当遵守本办法。

第三条 本办法所称陆生野生动物外来物种，是指自然分布在境外的陆生野生动物活体及繁殖材料。

第四条 引进陆生野生动物外来物种的，应当采取安全可靠的防范措施，防止其逃逸、扩散，避免对自然生态造成危害。

第五条 需要从境外引进陆生野生动物外来物种的，申请人应当提交下列材料：

（一）申请报告、进出口申请表及进口目的的说明；

（二）当事人签订的合同或者协议，属于委托引进的，还应当提供委托代理合同或者协议；

（三）证明具备与引进陆生野生动物外来物种种类及数量相适应的人员和技术的有效文件或者材料，以及安全措施的说明。

申请首次引进境外陆生野生动物外来物种的，申请人还应当提交证明申请人身份的有效文件和拟进行隔离引种试验的实施方案。

第六条 申请材料齐全且符合下列条件的，国家林业局应当作出准予行政许可的决定：

（一）具备与引进陆生野生动物外来物种种类及数量相适应的人员和技术；

（二）具备适宜商业性经营利用和科学研究外来物种的固定场所和必要设施；

（三）有安全可靠的防逃逸管理措施；

（四）具有相应的紧急事件处置措施。

第七条 国家林业局在收到引进陆生野生动物外来物种种类及数量审批的申请后，对申请材料齐全、符合法定形式的，即时出具《国家林业局行政许可受理通知书》；对不予受理的，应当即时告知申请人并说明理由，出具《国家林业局行政许可不予受理通知书》；对申请材料不齐或者不符合法定形式的，应当在5日内出具《国家林业局行政许可补正材料通知书》，并一次性告知申请人需要补正的全部内容。

第八条 国家林业局作出行政许可决定，需要举行听证或者组织专家评审的，应当自受理之日起10日内，出具《国家林业局行政许可需要听证、招标、拍卖、检验、检测、检疫、鉴定和专家评审通知书》，并将听证或者专家评审所需时间告知申请人。

听证和专家评审所需时间不计算在作出行政许可决定的期限内。

第九条 国家林业局应当自受理之日起20日内作出是否准予行政许可的决定，出具《国家林业局准予行政许可决定书》或者《国家林业局不予行政许可决定书》，并告知申请人。

在法定期限内不能作出行政许可决定的，经国家林业局主管负责人批准，国家林业局应当在法定期限届满前5日办理《国家林业局行政许可延期通知书》，并告知申请人。

第十条 准予首次引进境外陆生野生动物外来物种进行驯养繁殖的，应当进行隔离引种试验。

隔离引种试验由省、自治区、直辖市林业主管部门指定的科研机构或者专家进行评估，评估通过后方可继续引进和推广。

隔离引种试验应当包含中间试验。中间试验未获成功的，评估不得通过。

在自然保护区、自然保护小区、森林公园、风景名胜区以及自然生态环境特殊或者脆弱的区域，不得开展隔离引种试验。

第十一条 禁止开展陆生野生动物外来物种的野外放生活动。

因科学研究、生物防治、野生动物种群结构调节等特殊情况，需要放生陆生野生动物外来物种的，应当按照《中华人民共和国陆生野生动物保护实施条例》的相关规定执行。

第十二条 经批准从境外引进的陆生野生动物外来物种及其繁殖后代、产品应当依照国家有关规定进行标记。

第十三条 陆生野生动物外来物种发生逃逸的，被许可人应立即向当地林业主管部门报告，由当地林业主管部门责令其限期捕回或者采取其他补救措施。被责令限期捕回或者采取其他补救措施而拒绝执行的，当地林业主管部门或者其委托的单位可以代为捕回或者采取其他补救措施，并由被许可人承担全部捕回或者采取其他补救措施所需的经费；造成损害的，依照有关法律法规承担法律责任。

第十四条 依法查没的陆生野生动物外来物种，应当由当地县级以上林业主管部门按照国家有关规定处理。

相关执法参考	相关法律法规（15）	第十五条　国家林业局成立陆生野生动物外来物种咨询科学委员会，负责陆生野生动物外来物种管理的科学论证、评估和咨询。 第十六条　各级林业主管部门应当建立防范陆生野生动物外来物种入侵的预警和应急防范机制。 　　在野外发现陆生野生动物外来物种的，当地林业主管部门应当立即向同级人民政府和上级林业主管部门报告，并会同有关部门采取监测和防治措施。 第十七条　省、自治区、直辖市之间引进本行政区域内没有天然分布的陆生野生动物外来物种的，按照国家和省、自治区、直辖市的相关规定办理。 第十八条　引进的陆生野生动物属于中国参加的国际公约限制进出口的濒危物种的，必须向国家濒危物种进出口管理机构申请办理允许进出口证明书。 第十九条　本办法自 2005 年 11 月 1 日起施行。

三十四、盗伐林木罪

罪名	盗伐林木罪（《刑法》第345条第1款）
概念	盗伐林木罪，是指以非法占有为目的，擅自砍伐国家、集体、他人所有或者他人承包经营管理的森林或者其他林木；擅自砍伐本单位或者本人承包经营管理的森林或者其他林木；在林木采伐许可证规定的地点以外采伐国家、集体、他人所有或者他人承包经营管理的森林或者其他林木，数量较大的行为。

犯罪构成		
	客体	本罪侵犯的客体是双重客体，即国家森林资源保护的管理制度和国家、集体、公民个人对森林或者林木的所有权。我国宪法明确规定，保障林木自然资源的合理利用，严禁利用任何手段侵占或破坏森林资源。我国森林法和有关法律对森林的保护、经营管理，主管机关的职权，森林的采伐、栽培等作了全面规定，国家通过有关部门依法对森林资源进行保护、管理。《森林法》第15条明确规定，林地和林地上的森林、林木的所有权、使用权，由不动产登记机构统一登记造册，核发证书。国务院确定的国家重点林区（以下简称重点林区）的森林、林木和林地，由国务院自然资源主管部门负责登记。森林、林木、林地的所有者和使用者的合法权益受法律保护，任何组织和个人不得侵犯。森林、林木、林地的所有者和使用者应当依法保护和合理利用森林、林木、林地，不得非法改变林地用途和毁坏森林、林木、林地。第20条明确规定，国有企业事业单位、机关、团体、部队营造的林木，由营造单位管护并按照国家规定支配林木收益。农村居民在房前屋后、自留地、自留山种植的林木，归个人所有。城镇居民在自有房屋的庭院内种植的林木，归个人所有。集体或者个人承包国家所有和集体所有的宜林荒山荒地荒滩营造的林木，归承包的集体或者个人所有；合同另有约定的从其约定。其他组织或者个人营造的林木，依法由营造者所有并享有林木收益；合同另有约定的从其约定。因此，盗伐林木的行为，既侵犯了国家保护森林资源的管理制度，也侵犯了国家、集体、公民个人对森林或者林木的所有权。 本罪的对象是森林或其他林木，即具有生态功能的正在成长的森林或其他林木，包括国家、集体所有的森林或其他林木以及公民个人所有的林木。所谓森林，包括乔木林、竹林和国家特别规定的灌木林。按照用途可以分为防护林、特种用途林、用材林、经济林和能源林。所谓林木，包括树木和竹子。所谓公民个人所有的林木，包括农村居民在房前屋后、自留地、自留山种植的林木和城镇居民在自有房屋的庭院内种植的林木。根据有关司法解释规定，盗伐以生产竹材为主要目的的竹林的定罪量刑问题，有关省、自治区、直辖市高级人民法院可以参照有关规定的精神，规定本地区的具体标准，并报最高人民法院备案。应当注意的是，如果是行为人砍伐个人所有的林木，如农村居民在房前屋后、自留地、自留山种植的林木或者城镇居民在自有房屋的庭院内种植的林木，一般不能构成本罪对象。即使构成犯罪，也是可能构成滥伐林木罪。
	客观方面	本罪在客观方面表现为盗伐森林或者其他林木，数量较大的行为。包括两点： 1. 具有擅自砍伐的行为。这里的擅自砍伐，是指不具有采伐许可证的情况下，秘密砍伐、窃取不具有所有权的森林或者其他林木，亦就是所谓的盗伐，它是在森林或者林木的所有者、经营者、管理者尚未察觉的情况下，实施的秘密窃取森林或者林木的行为。包括擅自砍伐国家、集体、他人所有或者他人承包经营管理的森林或者其他林木；擅自砍伐本单位或者本人承包经营管理的森林或者其他林木；在林木采伐许可证规定的地点以外采伐国家、集体、他人所有或者他人承包经营管理的森林或者其他林木三种情形。

犯罪构成	客观方面	2. 擅自砍伐的森林或者林木必须达到数量较大的程度，才能构成犯罪。根据有关司法解释的规定，这里的数量较大，包括盗伐 2-5 立方米以上；盗伐幼树 100-200 株以上。其中的林木数量以立木蓄积计算，计算方法为：原木材积除以该树种的出材率；"幼树"，是指胸径 5 厘米以下的树木。对于 1 年内多次盗伐少量林木未经处罚的，累计其盗伐林木的数量。
	主体	本罪的主体是一般主体，自然人和单位都可构成本罪。其中自然人应是已满 16 周岁的具有刑事责任能力的自然人；单位既可以是林业部门所属的单位，也可以是非林业部门所属的任何其他单位，也就是单位主体不以特殊行业等条件为限制，是任何单位都可以。
	主观方面	本罪在主观方面表现为直接故意，并且具有非法占有国家、集体或他人林木的目的。至于犯罪动机则是多种多样的，有的为了牟取私利，有的为了自用或送礼等。无论出于什么样的动机，都不影响本罪的成立。
认定标准	刑罚标准	1. 犯本罪的，处 3 年以下有期徒刑、拘役或者管制，并处或者单处罚金。 2. 数量巨大的，处 3 年以上 7 年以下有期徒刑，并处罚金。 3. 数量特别巨大的，处 7 年以上有期徒刑，并处罚金。 4. 单位犯本罪的，对单位判处罚金，并对其直接负责的主管人员和其他直接责任人员，依照上述规定处罚。 本罪属数额犯，只要行为人实施的盗伐森林或者林木行为达到了数量较大的程度，即构成本罪，应适用第一档量刑条款。 构成本罪，数量巨大的，适用第二档量刑条款。根据有关司法解释规定，这里的盗伐林木"数量巨大"，以 20-50 立方米或者幼树 1000-2000 株为起点； 构成本罪，数量特别巨大的，适用第三档量刑条款。根据有关司法解释规定，这里的盗伐林木"数量特别巨大"，以 100-200 立方米或者幼树 5000-10000 株为起点。
	本罪与非罪的界限	1. 看客体是否被侵害。本罪侵犯的客体是国家森林资源保护的管理制度和国家、集体、公民个人对森林或者林木的所有权。如果相关采伐林木行为实际没有侵犯客体的存在，就不能构成本罪。如在突发自然灾害的紧急时期，为保护合法权益，在不得已的情况下采伐森林或者其他林木，即使造成林木损害，也属于紧急避险情形，同时也是一种合法行为，不能按盗伐林木犯罪来处理。 2. 看手续是否合法。根据森林法规定，任何单位和个人采伐国家、集体所有的森林及其他林木，以及采伐自留山上的或承包集体的属于个人所有的林木，都必须办理林木采伐许可证。具有林木采伐许可证的合理采伐行为，不可能按盗伐林木犯罪来论处。 3. 看客观数额大小。本罪属数额犯，行为人只要实施的盗伐森林或者林木行为达到了数量较大的程度，即构成本罪。如果没有达到数量较大的程度，则属于一般违法。根据《森林法》第 76 条第 1 款规定，盗伐林木的，由县级以上人民政府林业主管部门责令限期在原地或者异地补种盗伐株数 1 倍以上 5 倍以下的树木，并处盗伐林木价值 5 倍以上 10 倍以下的罚款。根据《森林法实施条例》第 38 条规定，盗伐森林或者其他林木，以立木材积计算不足 0.5 立方米或者幼树不足 20 株的，由县级以上人民政府林业主管部门责令补种盗伐株数 10 倍的树木，没收盗伐的林木或者变卖所得，并处盗伐林木价值 3 倍至 5 倍的罚款。盗伐森林或者其他林木，以立木材积计算 0.5 立方米以上或者幼树 20 株以上的，由县级以上人民政府林业主管部门责令补种盗伐株数 10 倍的树木，没收盗伐的林木或者变卖所得，并处盗伐林木价值 5 倍至 10 倍的罚款。 4. 看主观罪过内容如何。本罪只有主观出于故意才能成立犯罪；如果出于过失，则不能成立本罪。如果是由于过失而造成非法采伐林木的危害结果，即使数量达到较大的程度，也不可能构成盗伐林木罪，除危害后果特别严重的情形外，通常不按犯罪处理。

认定标准	本罪罪数的认定	实施盗伐林木行为，构成盗伐林木罪，同时触犯盗窃罪、故意毁坏财物罪和破坏生产经营罪等罪名的，属于想象竞合犯，只能按一罪认定。对在盗伐林木犯罪中，行为人基于一个犯罪行为而又触犯其他罪名的，只能按盗伐林木罪认定和处罚。
	本罪既遂与未遂的认定	本罪属数额犯，行为人只要实施的盗伐森林或者林木行为达到了数量较大的程度，即构成本罪既遂。实践中，对于盗伐数量较大以上的林木，不仅当场将其伐倒，而且实际占有的，应认定本罪既遂；对于盗伐数量较大以上的林木，虽然当场将其伐倒，但实际尚未据为己有的，有的被护林人员发现而放弃所采伐的林木，有的没有来得及全部运走的，均属于法定的危害结果已出现，因此应当认定属于本罪既遂。
	此罪与彼罪的区别（1）	本罪与盗窃罪的区别。 盗窃罪，是指以非法占有为目的，盗窃公私财物数额较大或者多次盗窃、入户盗窃、携带凶器盗窃、扒窃公私财物的行为。两罪都是出于非法占有的目的，采用秘密窃取的手段非法占有公私财物。但两者在本质上存在明显的差别，具体主要体现在： 1. 犯罪客体不同。本罪侵犯的是双重客体，不仅侵犯了国家对森林资源保护的管理制度，也侵犯了国家、集体、公民个人对森林或林木的所有权。而后罪侵犯的是单一客体，即公私财物的所有权。 2. 犯罪对象不同。本罪的犯罪对象是国家、集体所有的森林或其他林木以及公民个人所有的林木。这里的森林和林木是指正在成长过程中的森林和林木，它们具有植物生命特征和生态系统功能，因而砍伐后的树木或已焚烧无几或枯萎的缺乏生长因素的树木不属本罪的犯罪对象。而后罪的犯罪对象不包括正在生长的森林或林木，而只能是被砍伐后的木材或者其他非林木的其他公私财产。 3. 犯罪主体不同。本罪的主体既可以是自然人，也可以是单位。而后罪的主体只能是自然人，而不包括单位。
	此罪与彼罪的区别（2）	本罪与故意毁坏财物罪的区别。 故意毁坏财物罪，是指故意毁灭或者损坏公私财物，数额较大或者有其他严重情节的行为。两罪的主要区别在于： 1. 犯罪客体属性不同。本罪侵犯的是双重客体，不仅侵犯了国家对森林资源保护的管理制度，也侵犯了国家、集体、公民个人对森林或林木的所有权，属于刑法典分则第6章第6节破坏环境资源保护的犯罪；后罪的直接客体、同类客体是公私财物的所有权，属于刑法典分则第5章侵犯财产的犯罪。 2. 犯罪对象不同。本罪的犯罪对象是国家、集体所有的森林或其他林木以及公民个人所有的林木。而后罪的犯罪对象为一切形式的动产和不动产。 3. 犯罪客观方面行为方式不同。本罪表现为盗伐森林或者其他林木，限于盗伐方式；而后罪表现为行为人采用各种破坏方式非法毁坏公私财物的行为，限于毁坏方式。 4. 犯罪主体范围不同。本罪的主体为一般主体，但既可以是自然人，也可以是单位。后罪的主体只能是自然人，单位不能构成。 5. 犯罪主观目的不同。本罪主观具有非法占有国家、集体或他人林木的目的。后罪主观具有毁坏公私财物的目的。

相关执法参考	刑法	中华人民共和国刑法（节录） （1979年7月1日第五届全国人民代表大会第二次会议通过，1997年3月14日第八届全国人民代表大会第五次会议修订，已先后被1999年12月25日《中华人民共和国刑法修正案》、2001年8月31日《中华人民共和国刑法修正案（二）》、2001年12月29日《中华人民共和国刑法修正案（三）》、2002年12月28日《中华人民共和国刑法修正案（四）》、2005年2月28日《中华人民共和国刑法修正案（五）》、2006年6月29日《中华人民共和国刑法修正案（六）》、2009年2月28日《中华人民共和国刑法修正案（七）》、2009年8月27日《全国人民代表大会常务委员会关于修改部分法律的决定》、2011年2月25日《中华人民共和国刑法修正案（八）》、2015年8月29日《中华人民共和国刑法修正案（九）》、2017年11月4日《中华人民共和国刑法修正案（十）》、2020年12月26日《中华人民共和国刑法修正案（十一）》修改或修正） 第三百四十五条　盗伐森林或者其他林木，数量较大的，处三年以下有期徒刑、拘役或者管制，并处或者单处罚金；数量巨大的，处三年以上七年以下有期徒刑，并处罚金；数量特别巨大的，处七年以上有期徒刑，并处罚金。 违反森林法的规定，滥伐森林或者其他林木，数量较大的，处三年以下有期徒刑、拘役或者管制，并处或者单处罚金；数量巨大的，处三年以上七年以下有期徒刑，并处罚金。 非法收购、运输明知是盗伐、滥伐的林木，情节严重的，处三年以下有期徒刑、拘役或者管制，并处或者单处罚金；情节特别严重的，处三年以上七年以下有期徒刑，并处罚金。 盗伐、滥伐国家级自然保护区内的森林或者其他林木的，从重处罚。
	相关法律法规（1）	最高人民检察院、公安部《关于公安机关管辖的刑事案件立案追诉标准的规定（一）》（节录） （2008年6月25日，公通字〔2008〕36号） 第七十二条　[盗伐林木案（刑法第三百四十五条第一款）]盗伐森林或者其他林木，涉嫌下列情形之一的，应予立案追诉： （一）盗伐二至五立方米以上的； （二）盗伐幼树一百至二百株以上的。 以非法占有为目的，具有下列情形之一的，属于本条规定的"盗伐森林或者其他林木"： （一）擅自砍伐国家、集体、他人所有或者他人承包经营管理的森林或者其他林木的； （二）擅自砍伐本单位或者本人承包经营管理的森林或者其他林木的； （三）在林木采伐许可证规定的地点以外采伐国家、集体、他人所有或者他人承包经营管理的森林或者其他林木的。 本条和本规定第七十三条、第七十四条规定的林木数量以立木蓄积计算，计算方法为：原木材积除以该树种的出材率；"幼树"，是指胸径五厘米以下的树木。
	相关法律法规（2）	最高人民法院《关于审理破坏森林资源刑事案件具体应用法律若干问题的解释》（节录） （2000年11月17日最高人民法院审判委员会第1141次会议通过，法释〔2000〕36号，自2000年12月11日起实施） 第一条　刑法第三百四十四条规定的"珍贵树木"，包括由省级以上林业主管部门或者其他部门确定的具有重大历史纪念意义、科学研究价值或者年代久远的古树名木，国家禁止、限制出口的珍贵树木以及列入国家重点保护野生植物名录的树木。 第三条　以非法占有为目的，具有下列情形之一，数量较大的，依照刑法第三百四十五条第一款的规定，以盗伐林木罪定罪处罚： （一）擅自砍伐国家、集体、他人所有或者他人承包经营管理的森林或者其他林木的；

| 相关执法参考 | 相关法律法规（2） | （二）擅自砍伐本单位或者本人承包经营管理的森林或者其他林木的；
（三）在林木采伐许可证规定的地点以外采伐国家、集体、他人所有或者他人承包经营管理的森林或者其他林木的。
第四条 盗伐林木"数量较大"，以二至五立方米或者幼树一百至二百株为起点；盗伐林木"数量巨大"，以二十至五十立方米或者幼树一千至二千株为起点；盗伐林木"数量特别巨大"，以一百至二百立方米或者幼树五千至一万株为起点。
第七条 对于一年内多次盗伐、滥伐少量林木未经处罚的，累计其盗伐、滥伐林木的数量，构成犯罪的，依法追究刑事责任。
第八条 盗伐、滥伐珍贵林木，同时触犯刑法第三百四十四条、第三百四十五条规定的，依照处罚较重的规定定罪处罚。
第九条 将国家、集体、他人所有并已经伐倒的树木窃为己有，以及偷砍他人房前屋后、自留地种植的零星树木，数额较大的，依照刑法第二百六十四条的规定，以盗窃罪定罪处罚。
第十五条 非法实施采种、采脂、挖笋、掘根、剥树皮等行为，牟取经济利益数额较大的，依照刑法第二百六十四条的规定，以盗窃罪定罪处罚。同时构成其他犯罪的，依照处罚较重的规定定罪处罚。
第十六条 单位犯刑法第三百四十四条、第三百四十五条规定之罪，定罪量刑标准按照本解释的规定执行。
第十七条 本解释规定的林木数量以立木蓄积计算，计算方法为：原木材积除以该树种的出材率。
本解释所称"幼树"，是指胸径五厘米以下的树木。
滥伐林木的数量，应在伐区调查设计允许的误差额以上计算。
第十八条 盗伐、滥伐以生产竹材为主要目的的竹林的定罪量刑问题，有关省、自治区、直辖市高级人民法院可以参照上述规定的精神，规定本地区的具体标准，并报最高人民法院备案。
第十九条 各省、自治区、直辖市高级人民法院可以根据本地区的实际情况，在本解释第四条、第六条规定的数量幅度内，确定本地区执行的具体数量标准，并报最高人民法院备案。 |
| | 相关法律法规（3） | 国家林业局关于未申请林木采伐许可证采伐"火烧枯死木"行为定性的复函
（2003年3月3日林函策字〔2003〕15号）
福建省林业厅：
你厅《关于采伐火烧枯死木有关问题的请示》（闽林综〔2003〕13号）收悉。经研究，现答复如下：
根据《森林法》的规定，除农村居民采伐自留地和房前屋后个人所有的零星林木外，凡采伐林木，包括采伐"火烧枯死木"等自然灾害毁损的林木，都必须申请林木采伐许可证，并按照林木采伐许可证的规定进行采伐。未申请林木采伐许可证而擅自采伐的，应当根据《森林法》《森林法实施条例》的有关规定，分别定性为盗伐或者滥伐林木行为。对情节显著轻微的，根据《行政处罚法》的规定，可以从轻、减轻或者免于处罚。 |

| 相关执法参考 | 相关法律法规（4） | 《森林法》（节录）
（1984年9月20日第六届全国人民代表大会常务委员会第七次会议通过，根据1998年4月29日第九届全国人民代表大会常务委员会第二次会议《关于修改〈中华人民共和国森林法〉的决定》第一次修正，根据2009年8月27日第十一届全国人民代表大会常务委员会第十次会议《关于修改部分法律的决定》第二次修正，2019年12月28日第十三届全国人民代表大会常务委员会第十五次会议修订）
第二条 在中华人民共和国领域内从事森林、林木的保护、培育、利用和森林、林木、林地的经营管理活动，适用本法。
第十四条 森林资源属于国家所有，由法律规定属于集体所有的除外。
国家所有的森林资源的所有权由国务院代表国家行使。国务院可以授权国务院自然资源主管部门统一履行国有森林资源所有者职责。
第十五条 林地和林地上的森林、林木的所有权、使用权，由不动产登记机构统一登记造册，核发证书。国务院确定的国家重点林区（以下简称重点林区）的森林、林木和林地，由国务院自然资源主管部门负责登记。
森林、林木、林地的所有者和使用者的合法权益受法律保护，任何组织和个人不得侵犯。
森林、林木、林地的所有者和使用者应当依法保护和合理利用森林、林木、林地，不得非法改变林地用途和毁坏森林、林木、林地。
第十六条 国家所有的林地和林地上的森林、林木可以依法确定给林业经营者使用。林业经营者依法取得的国有林地和林地上的森林、林木的使用权，经批准可以转让、出租、作价出资等。具体办法由国务院制定。
林业经营者应当履行保护、培育森林资源的义务，保证国有森林资源稳定增长，提高森林生态功能。
第十七条 集体所有和国家所有依法由农民集体使用的林地（以下简称集体林地）实行承包经营的，承包方享有林地承包经营权和承包林地上的林木所有权，合同另有约定的从其约定。承包方可以依法采取出租（转包）、入股、转让等方式流转林地经营权、林木所有权和使用权。
第十八条 未实行承包经营的集体林地以及林地上的林木，由农村集体经济组织统一经营。经本集体经济组织成员的村民会议三分之二以上成员或者三分之二以上村民代表同意并公示，可以通过招标、拍卖、公开协商等方式依法流转林地经营权、林木所有权和使用权。
第十九条 集体林地经营权流转应当签订书面合同。林地经营权流转合同一般包括流转双方的权利义务、流转期限、流转价款及支付方式、流转期限届满林地上的林木和固定生产设施的处置、违约责任等内容。
受让方违反法律规定或者合同约定造成森林、林木、林地严重毁坏的，发包方或者承包方有权收回林地经营权。
第二十条 国有企业事业单位、机关、团体、部队营造的林木，由营造单位管护并按照国家规定支配林木收益。
农村居民在房前屋后、自留地、自留山种植的林木，归个人所有。城镇居民在自有房屋的庭院内种植的林木，归个人所有。
集体或者个人承包国家所有和集体所有的宜林荒山荒地荒滩营造的林木，归承包的集体或者个人所有；合同另有约定的从其约定。
其他组织或者个人营造的林木，依法由营造者所有并享有林木收益；合同另有约定的从其约定。
第二十一条 为了生态保护、基础设施建设等公共利益的需要，确需征收、征用林 |

| 相关执法参考 | 相关法律法规（4） | 地、林木的，应当依照《中华人民共和国土地管理法》等法律、行政法规的规定办理审批手续，并给予公平、合理的补偿。
第二十二条　单位之间发生的林木、林地所有权和使用权争议，由县级以上人民政府依法处理。
个人之间、个人与单位之间发生的林木所有权和林地使用权争议，由乡镇人民政府或者县级以上人民政府依法处理。
当事人对有关人民政府的处理决定不服的，可以自接到处理决定通知之日起三十日内，向人民法院起诉。
在林木、林地权属争议解决前，除因森林防火、林业有害生物防治、国家重大基础设施建设等需要外，当事人任何一方不得砍伐有争议的林木或者改变林地现状。
第三十九条　禁止毁林开垦、采石、采砂、采土以及其他毁坏林木和林地的行为。
禁止向林地排放重金属或者其他有毒有害物质含量超标的污水、污泥，以及可能造成林地污染的清淤底泥、尾矿、矿渣等。
禁止在幼林地砍柴、毁苗、放牧。
禁止擅自移动或者损坏森林保护标志。
第四十条　国家保护古树名木和珍贵树木。禁止破坏古树名木和珍贵树木及其生存的自然环境。
第四十七条　国家根据生态保护的需要，将森林生态区位重要或者生态状况脆弱，以发挥生态效益为主要目的的林地和林地上的森林划定为公益林。未划定为公益林的林地和林地上的森林属于商品林。
第四十八条　公益林由国务院和省、自治区、直辖市人民政府划定并公布。
下列区域的林地和林地上的森林，应当划定为公益林：
（一）重要江河源头汇水区域；
（二）重要江河干流及支流两岸、饮用水水源地保护区；
（三）重要湿地和重要水库周围；
（四）森林和陆生野生动物类型的自然保护区；
（五）荒漠化和水土流失严重地区的防风固沙林基干林带；
（六）沿海防护林基干林带；
（七）未开发利用的原始林地区；
（八）需要划定的其他区域。
公益林划定涉及非国有林地的，应当与权利人签订书面协议，并给予合理补偿。
公益林进行调整的，应当经原划定机关同意，并予以公布。
国家级公益林划定和管理的办法由国务院制定；地方级公益林划定和管理的办法由省、自治区、直辖市人民政府制定。
第四十九条　国家对公益林实施严格保护。
县级以上人民政府林业主管部门应当有计划地组织公益林经营者对公益林中生态功能低下的疏林、残次林等低质低效林，采取林分改造、森林抚育等措施，提高公益林的质量和生态保护功能。
在符合公益林生态区位保护要求和不影响公益林生态功能的前提下，经科学论证，可以合理利用公益林林地资源和森林景观资源，适度开展林下经济、森林旅游等。利用公益林开展上述活动应当严格遵守国家有关规定。
第五十条　国家鼓励发展下列商品林：
（一）以生产木材为主要目的的森林；
（二）以生产果品、油料、饮料、调料、工业原料和药材等林产品为主要目的的森林； |

相关执法参考	相关法律法规（4）

（三）以生产燃料和其他生物质能源为主要目的的森林；

（四）其他以发挥经济效益为主要目的的森林。

在保障生态安全的前提下，国家鼓励建设速生丰产、珍贵树种和大径级用材林，增加林木储备，保障木材供给安全。

第五十一条 商品林由林业经营者依法自主经营。在不破坏生态的前提下，可以采取集约化经营措施，合理利用森林、林木、林地，提高商品林经济效益。

第五十二条 在林地上修筑下列直接为林业生产经营服务的工程设施，符合国家有关部门规定的标准的，由县级以上人民政府林业主管部门批准，不需要办理建设用地审批手续；超出标准需要占用林地的，应当依法办理建设用地审批手续：

（一）培育、生产种子、苗木的设施；

（二）贮存种子、苗木、木材的设施；

（三）集材道、运材道、防火巡护道、森林步道；

（四）林业科研、科普教育设施；

（五）野生动植物保护、护林、林业有害生物防治、森林防火、木材检疫的设施；

（六）供水、供电、供热、供气、通讯基础设施；

（七）其他直接为林业生产服务的工程设施。

第五十三条 国有林业企业事业单位应当编制森林经营方案，明确森林培育和管护的经营措施，报县级以上人民政府林业主管部门批准后实施。重点林区的森林经营方案由国务院林业主管部门批准后实施。

国家支持、引导其他林业经营者编制森林经营方案。

编制森林经营方案的具体办法由国务院林业主管部门制定。

第五十四条 国家严格控制森林年采伐量。省、自治区、直辖市人民政府林业主管部门根据消耗量低于生长量和森林分类经营管理的原则，编制本行政区域的年采伐限额，经征求国务院林业主管部门意见，报本级人民政府批准后公布实施，并报国务院备案。重点林区的年采伐限额，由国务院林业主管部门编制，报国务院批准后公布实施。

第五十五条 采伐森林、林木应当遵守下列规定：

（一）公益林只能进行抚育、更新和低质低效林改造性质的采伐。但是，因科研或者实验、防治林业有害生物、建设护林防火设施、营造生物防火隔离带、遭受自然灾害等需要采伐的除外。

（二）商品林应当根据不同情况，采取不同采伐方式，严格控制皆伐面积，伐育同步规划实施。

（三）自然保护区的林木，禁止采伐。但是，因防治林业有害生物、森林防火、维护主要保护对象生存环境、遭受自然灾害等特殊情况必须采伐的和实验区的竹林除外。

省级以上人民政府林业主管部门应当根据前款规定，按照森林分类经营管理、保护优先、注重效率和效益等原则，制定相应的林木采伐技术规程。

第五十六条 采伐林地上的林木应当申请采伐许可证，并按照采伐许可证的规定进行采伐；采伐自然保护区以外的竹林，不需要申请采伐许可证，但应当符合林木采伐技术规程。

农村居民采伐自留地和房前屋后个人所有的零星林木，不需要申请采伐许可证。

非林地上的农田防护林、防风固沙林、护路林、护岸护堤林和城镇林木等的更新采伐，由有关主管部门按照有关规定管理。

采挖移植林木按照采伐林木管理。具体办法由国务院林业主管部门制定。

禁止伪造、变造、买卖、租借采伐许可证。

第七十六条 盗伐林木的，由县级以上人民政府林业主管部门责令限期在原地或者异地补种盗伐株数一倍以上五倍以下的树木，并处盗伐林木价值五倍以上十倍以下的罚款。

相关法律法规（4）		滥伐林木的，由县级以上人民政府林业主管部门责令限期在原地或者异地补种滥伐株数一倍以上三倍以下的树木，可以处滥伐林木价值三倍以上五倍以下的罚款。
第七十七条　违反本法规定，伪造、变造、买卖、租借采伐许可证的，由县级以上人民政府林业主管部门没收证件和违法所得，并处违法所得一倍以上三倍以下的罚款；没有违法所得的，可以处二万元以下的罚款。
第七十八条　违反本法规定，收购、加工、运输明知是盗伐、滥伐等非法来源的林木的，由县级以上人民政府林业主管部门责令停止违法行为，没收违法收购、加工、运输的林木或者变卖所得，可以处违法收购、加工、运输林木价款三倍以下的罚款。
第八十二条　公安机关按照国家有关规定，可以依法行使本法第七十四条第一款、第七十六条、第七十七条、第七十八条规定的行政处罚权。
违反本法规定，构成违反治安管理行为的，依法给予治安管理处罚；构成犯罪的，依法追究刑事责任。
第八十三条　本法下列用语的含义是：
（一）森林，包括乔木林、竹林和国家特别规定的灌木林。按照用途可以分为防护林、特种用途林、用材林、经济林和能源林。
（二）林木，包括树木和竹子。
（三）林地，是指县级以上人民政府规划确定的用于发展林业的土地。包括郁闭度0.2以上的乔木林地以及竹林地、灌木林地、疏林地、采伐迹地、火烧迹地、未成林造林地、苗圃地等。
第八十四条　本法自2020年7月1日起施行。
相关执法参考	相关法律法规（5）	《森林法实施条例》（节录）
（2000年1月29日国务院令第278号发布，根据2011年1月8日《国务院关于废止和修改部分行政法规的决定》第一次修正，根据2016年2月6日《国务院关于修改部分行政法规的决定》（国务院令第666号）第二次修正，根据2018年3月19日《国务院关于修改和废止部分行政法规的决定》第三次修正）
第二条　森林资源，包括森林、林木、林地以及依托森林、林木、林地生存的野生动物、植物和微生物。
森林，包括乔木林和竹林。
林木，包括树木和竹子。
林地，包括郁闭度0.2以上的乔木林地以及竹林地、灌木林地、疏林地、采伐迹地、火烧迹地、未成林造林地、苗圃地和县级以上人民政府规划的宜林地。
第三条　国家依法实行森林、林木和林地登记发证制度。依法登记的森林、林木和林地的所有权、使用权受法律保护，任何单位和个人不得侵犯。
森林、林木和林地的权属证书式样由国务院林业主管部门规定。
第四条　依法使用的国家所有的森林、林木和林地，按照下列规定登记：
（一）使用国务院确定的国家所有的重点林区（以下简称重点林区）的森林、林木和林地的单位，应当向国务院林业主管部门提出登记申请，由国务院林业主管部门登记造册，核发证书，确认森林、林木和林地使用权以及由使用者所有的林木所有权；
（二）使用国家所有的跨行政区域的森林、林木和林地的单位和个人，应当向共同的上一级人民政府林业主管部门提出登记申请，由该人民政府登记造册，核发证书，确认森林、林木和林地使用权以及由使用者所有的林木所有权；
（三）使用国家所有的其他森林、林木和林地的单位和个人，应当向县级以上地方人民政府林业主管部门提出登记申请，由县级以上地方人民政府登记造册，核发证书，确认森林、林木和林地使用权以及由使用者所有的林木所有权。
未确定使用权的国家所有的森林、林木和林地，由县级以上人民政府登记造册，负责

保护管理。

第五条　集体所有的森林、林木和林地，由所有者向所在地的县级人民政府林业主管部门提出登记申请，由该县级人民政府登记造册，核发证书，确认所有权。

单位和个人所有的林木，由所有者向所在地的县级人民政府林业主管部门提出登记申请，由该县级人民政府登记造册，核发证书，确认林木所有权。

使用集体所有的森林、林木和林地的单位和个人，应当向所在地的县级人民政府林业主管部门提出登记申请，由该县级人民政府登记造册，核发证书，确认森林、林木和林地使用权。

第六条　改变森林、林木和林地所有权、使用权的，应当依法办理变更登记手续。

第十五条　国家依法保护森林、林木和林地经营者的合法权益。任何单位和个人不得侵占经营者依法所有的林木和使用的林地。

用材林、经济林和薪炭林的经营者，依法享有经营权、收益权和其他合法权益。

防护林和特种用途林的经营者，有获得森林生态效益补偿的权利。

第二十一条　禁止毁林开垦、毁林采种和违反操作技术规程采脂、挖笋、掘根、剥树皮及过度修枝的毁林行为。

第二十二条　25度以上的坡地应当用于植树、种草。25度以上的坡耕地应当按照当地人民政府制定的规划，逐步退耕，植树和种草。

第二十八条　国家所有的森林和林木以国有林业企业事业单位、农场、厂矿为单位，集体所有的森林和林木、个人所有的林木以县为单位，制定年森林采伐限额，由省、自治区、直辖市人民政府林业主管部门汇总、平衡，经本级人民政府审核后，报国务院批准；其中，重点林区的年森林采伐限额，由国务院林业主管部门报国务院批准。

国务院批准的年森林采伐限额，每5年核定一次。

第二十九条　采伐森林、林木作为商品销售的，必须纳入国家年度木材生产计划；但是，农村居民采伐自留山上个人所有的薪炭林和自留地、房前屋后个人所有的零星林木除外。

第三十条　申请林木采伐许可证，除应当提交申请采伐林木的所有权证书或者使用权证书外，还应当按照下列规定提交其他有关证明文件：

（一）国有林业企业事业单位还应当提交采伐区调查设计文件和上年度采伐更新验收证明；

（二）其他单位还应当提交包括采伐林木的目的、地点、林种、林况、面积、蓄积量、方式和更新措施等内容的文件；

（三）个人还应当提交包括采伐林木的地点、面积、树种、株数、蓄积量、更新时间等内容的文件。

因扑救森林火灾、防洪抢险等紧急情况需要采伐林木的，组织抢险的单位或者部门应当自紧急情况结束之日起30日内，将采伐林木的情况报告当地县级以上人民政府林业主管部门。

第三十一条　有下列情形之一的，不得核发林木采伐许可证：

（一）防护林和特种用途林进行非抚育或者非更新性质的采伐的，或者采伐封山育林期、封山育林区内的林木的；

（二）上年度采伐后未完成更新造林任务的；

（三）上年度发生重大滥伐案件、森林火灾或者大面积严重森林病虫害，未采取预防和改进措施的。

林木采伐许可证的式样由国务院林业主管部门规定，由省、自治区、直辖市人民政府林业主管部门印制。

第三十二条　除森林法已有明确规定的外，林木采伐许可证按照下列规定权限核发：

（一）县属国有林场，由所在地的县级人民政府林业主管部门核发；

相关执法参考	相关法律法规（5）	（二）省、自治区、直辖市和设区的市、自治州所属的国有林业企业事业单位、其他国有企业事业单位，由所在地的省、自治区、直辖市人民政府林业主管部门核发； （三）重点林区的国有林业企业事业单位，由国务院林业主管部门核发。 第三十三条　利用外资营造的用材林达到一定规模需要采伐的，应当在国务院批准的年森林采伐限额内，由省、自治区、直辖市人民政府林业主管部门批准，实行采伐限额单列。 第三十四条　木材收购单位和个人不得收购没有林木采伐许可证或者其他合法来源证明的木材。 前款所称木材，是指原木、锯材、竹材、木片和省、自治区、直辖市规定的其他木材。 第三十八条　盗伐森林或者其他林木，以立木材积计算不足 0.5 立方米或者幼树不足 20 株的，由县级以上人民政府林业主管部门责令补种盗伐株数 10 倍的树木，没收盗伐的林木或者变卖所得，并处盗伐林木价值 3 倍至 5 倍的罚款。 盗伐森林或者其他林木，以立木材积计算 0.5 立方米以上或者幼树 20 株以上的，由县级以上人民政府林业主管部门责令补种盗伐株数 10 倍的树木，没收盗伐的林木或者变卖所得，并处盗伐林木价值 5 倍至 10 倍的罚款。 第三十九条　滥伐森林或者其他林木，以立木材积计算不足 2 立方米或者幼树不足 50 株的，由县级以上人民政府林业主管部门责令补种滥伐株数 5 倍的树木，并处滥伐林木价值 2 倍至 3 倍的罚款。 滥伐森林或者其他林木，以立木材积计算 2 立方米以上或者幼树 50 株以上的，由县级以上人民政府林业主管部门责令补种滥伐株数 5 倍的树木，并处滥伐林木价值 3 倍至 5 倍的罚款。 超过木材生产计划采伐森林或者其他林木的，依照前两款规定处罚。

三十五、滥伐林木罪

罪名	滥伐林木罪（《刑法》第345条第2款）
概念	滥伐林木罪，是指违反森林法的规定，未经林业行政主管部门及法律规定的其他主管部门批准并核发林木采伐许可证，或者虽持有林木采伐许可证，但违反林木采伐许可证规定的时间、数量、树种或者方式，任意采伐本单位所有或者本人所有的森林或者其他林木；超过林木采伐许可证规定的数量采伐他人所有的森林或者其他林木，数量较大的行为。
犯罪构成	**客体** 本罪侵犯的客体是双重客体，即国家森林资源保护的管理制度和国家、集体、公民个人对森林或者林木的所有权。我国宪法明确规定，保障林木自然资源的合理利用，严禁利用任何手段侵占或破坏森林资源。我国森林法和有关法律对森林的保护、经营管理，主管机关的职权，森林的采伐、栽培等作了全面规定，国家通过有关部门依法对森林资源进行保护、管理。我国《森林法》第47条规定，国家根据生态保护的需要，将森林生态区位重要或者生态状况脆弱，以发挥生态效益为主要目的的林地和林地上的森林划定为公益林。未划定为公益林的林地和林地上的森林属于商品林。第48条规定，公益林由国务院和省、自治区、直辖市人民政府划定并公布。下列区域的林地和林地上的森林，应当划定为公益林：（1）重要江河源头汇水区域；（2）重要江河干流及支流两岸、饮用水水源地保护区；（3）重要湿地和重要水库周围；（4）森林和陆生野生动物类型的自然保护区；（5）荒漠化和水土流失严重地区的防风固沙林基干林带；（6）沿海防护林基干林带；（7）未开发利用的原始林地区；（8）需要划定的其他区域。第49条规定，国家对公益林实施严格保护。县级以上人民政府林业主管部门应当有计划地组织公益林经营者对公益林中生态功能低下的疏林、残次林等低质低效林，采取林分改造、森林抚育等措施，提高公益林的质量和生态保护功能。在符合公益林生态区位保护要求和不影响公益林生态功能的前提下，经科学论证，可以合理利用公益林林地资源和森林景观资源，适度开展林下经济、森林旅游等。利用公益林开展上述活动应当严格遵守国家有关规定。第50条规定，国家鼓励发展下列商品林：（1）以生产木材为主要目的的森林；（2）以生产果品、油料、饮料、调料、工业原料和药材等林产品为主要目的的森林；（3）以生产燃料和其他生物质能源为主要目的的森林；（4）其他以发挥经济效益为主要目的的森林。在保障生态安全的前提下，国家鼓励建设速生丰产、珍贵树种和大径级用材林，增加林木储备，保障木材供给安全。第51条规定，商品林由林业经营者依法自主经营。在不破坏生态的前提下，可以采取集约化经营措施，合理利用森林、林木、林地，提高商品林经济效益。因此，无证采伐、有证乱伐等滥伐森林、林木的行为，既侵犯了国家保护森林资源的管理制度，也侵犯了国家、集体、公民个人对森林或者林木的所有权。 本罪的对象是森林或其他林木，虽然与盗伐林木罪的对象是基本相同的，即具有生态功能的正在成长的森林或其他林木，包括国家、集体所有的森林或其他林木以及公民个人所有的林木，但由于对象范围实际受到滥伐行为发生的局限性而相对也是十分有限的，仅限于具有所有权、采伐权的森林或其他林木。所谓森林，包括乔木林、竹林和国家特别规定的灌木林。按照用途可以分为防护林、特种用途、用材林、经济林和能源林。所谓林木，包括树木和竹子。所谓公民个人所有的林木，包括农村居民在房前屋后、自留地、自留山种植的林木和城镇居民在自有房屋的庭院内种植的林木。根据有关司法解释规定，滥伐以生产竹材为主要目的的竹林的定罪量刑问题，有关省、自治区、直辖市高级人民法院可以参照有关规定的精神，规定本地区的具体标准，并报最高人民法院备案。应当注意的是，根据森林法的规定，农村居民采伐自留地和房前屋后个人所有的零星林木，不需要申请采伐许可证。但如果是行为人违反森林法有关规定而随意砍伐个人所有的林木，如农村居民在房前屋后、自留地、自留山种植的林木，也可构成本罪对象。

| 犯罪构成 | 客观方面 | 本罪在客观上表现为实施了违反森林法的规定，无采伐许可证或者不按许可证要求任意采伐本单位或本人所有或管理的森林或其他林木，数量较大的行为。包括三点：
1. 具有违反森林法规的行为。这里的森林法应作广义理解，不仅指《森林法》，还应包括《森林法实施条例》《森林采伐更新管理办法》等法规、规章以及地方性的森林保护法规等。我国《森林法》第32条规定，国家实行天然林全面保护制度，严格限制天然林采伐，加强天然林管护能力建设，保护和修复天然林资源，逐步提高天然林生态功能。具体办法由国务院规定。第54条明确规定，国家严格控制森林年采伐量。省、自治区、直辖市人民政府林业主管部门根据消耗量低于生长量和森林分类经营管理的原则，编制本行政区域的年采伐限额，经征求国务院林业主管部门意见，报本级人民政府批准后公布实施，并报国务院备案。重点林区的年采伐限额，由国务院林业主管部门编制，报国务院批准后公布实施。第55条明确规定，采伐森林、林木应当遵守下列规定：（1）公益林只能进行抚育、更新和低质低效林改造性质的采伐。但是，因科研或者实验、防治林业有害生物、建设护林防火设施、营造生物防火隔离带、遭受自然灾害等需要采伐的除外。（2）商品林应当根据不同情况，采取不同采伐方式，严格控制皆伐面积，伐育同步规划实施。（3）自然保护区的林木，禁止采伐。但是，因防治林业有害生物、森林防火、维护主要保护对象生存环境、遭受自然灾害等特殊情况必须采伐的和实验区的竹林除外。省级以上人民政府林业主管部门应当根据前款规定，按照森林分类经营管理、保护优先、注重效率和效益等原则，制定相应的林木采伐技术规程。第56条规定，采伐林地上的林木应当申请采伐许可证，并按照采伐许可证的规定进行采伐；采伐自然保护区以外的竹林，不需要申请采伐许可证，但应当符合林木采伐技术规程。农村居民采伐自留地和房前屋后个人所有的零星林木，不需要申请采伐许可证。非林地上的农田防护林、防风固沙林、护路林、护岸护堤林和城镇林木等的更新采伐，由有关主管部门按照有关规定管理。采挖移植林木按照采伐林木管理。具体办法由国务院林业主管部门制定。禁止伪造、变造、买卖、租借采伐许可证。《森林法实施条例》第28条规定，国家所有的森林和林木以国有林业企业事业单位、农场、厂矿为单位，集体所有的森林和林木、个人所有的林木以县为单位，制定年森林采伐限额，由省、自治区、直辖市人民政府林业主管部门汇总、平衡，经本级人民政府审核后，报国务院批准；其中，重点林区的年森林采伐限额，由国务院林业主管部门报国务院批准。国务院批准的年森林采伐限额，每5年核定一次。第29条规定，采伐森林、林木作为商品销售的，必须纳入国家年度木材生产计划；但是，农村居民采伐自留山上个人所有的薪炭林和自留地、房前屋后个人所有的零星林木除外。《森林采伐更新管理办法》第4条规定，森林采伐包括主伐、抚育采伐、更新采伐和低产林改造。行为人违反上述规定是构成滥伐林木罪的前提。
2. 实施了无证采伐或有证滥伐的行为。这里的无证采伐，是指未经林业行政主管部门以及法律规定的其他主管部门批准并核发采伐许可证而任意采伐本单位所有或者管理的以及本人自留山上的森林或者其他林木的行为。根据《森林法》第57条的规定，采伐许可证由县级以上人民政府林业主管部门核发。县级以上人民政府林业主管部门应当采取措施，方便申请人办理采伐许可证。农村居民采伐自留山和个人承包集体林地上的林木，由县级以上人民政府林业主管部门或者其委托的乡镇人民政府核发采伐许可证。根据《森林法》第58条的规定，申请采伐许可证，应当提交有关采伐的地点、林种、树种、面积、蓄积、方式、更新措施和林木权属等内容的材料。超过省级以上人民政府林业主管部门规定面积或者蓄积量的，还应当提交伐区调查设计材料。根据《森林法实施条例》第30条规定，申请林木采伐许可证，除应当提交申请采伐林木的所有权证书或者使用权证书外，还应当按照下列规定提交其他有关证明文件：（1）国有林业企业事业单位还应当提交采伐区调查设计文件和上年度采伐更新验收证明；（2）其他单位还应当提交包括采伐林木的目的、地点、林种、林况、面积、蓄积量、方式和更新措施等内容的文件；（3）个人还应当提 |

| | | 交包括采伐林木的地点、面积、树种、株数、蓄积量、更新时间等内容的文件。根据《森林采伐更新管理办法》第5条规定，采伐林木按照森林法实施条例第30条规定，申请林木采伐许可证时，除提交其他必备的文件外，国营企业事业单位和部队还应当提交有关主管部门核定的年度木材生产计划；农村集体、个人还应当提交基层林业站核定的年度采伐指标。上年度进行采伐的，应当提交上年度的更新验收合格证。根据《森林法》第59条的规定，符合林木采伐技术规程的，审核发放采伐许可证的部门应当及时核发采伐许可证。但是，审核发放采伐许可证的部门不得超过年采伐限额发放采伐许可证。根据《森林采伐更新管理办法》第6条规定，林木采伐许可证的核发，按森林法及其实施条例的有关规定办理。授权核发林木采伐许可证，应当有书面文件。被授权核发林木采伐许可证的单位，应当配备熟悉业务的人员，并受授权单位监督。根据《森林法》第60条的规定，有下列情形之一的，不得核发采伐许可证：（1）采伐封山育林期、封山育林区内的林木；（2）上年度采伐后未按照规定完成更新造林任务；（3）上年度发生重大滥伐案件、森林火灾或者林业有害生物灾害，未采取预防和改进措施；（4）法律法规和国务院林业主管部门规定的禁止采伐的其他情形。根据《森林法实施条例》第31条规定，有下列情形之一的，不得核发林木采伐许可证：（1）防护林和特种用途林进行非抚育或者非更新性质的采伐的，或者采伐封山育林期、封山育林区内的林木的；（2）上年度采伐后未完成更新造林任务的；（3）上年度发生重大滥伐案件、森林火灾或者大面积严重森林病虫害，未采取预防和改进措施的。林木采伐许可证的式样由国务院林业主管部门规定，由省、自治区、直辖市人民政府林业主管部门印制。
| 犯罪构成 | 客观方面 | 这里的有证滥伐，是指虽持有采伐许可证，但违背采伐许可证所规定的时间、数量、树种或者方式，任意采伐本单位所有或者本人所有的森林或者其他林木，或者超过林木采伐许可证规定的数量采伐他人所有的森林或者其他林木的行为。根据《森林法》第55条的规定，采伐森林、林木应当遵守下列规定：（1）公益林只能进行抚育、更新和低质低效林改造性质的采伐。但是，因科研或者实验、防治林业有害生物、建设护林防火设施、营造生物防火隔离带、遭受自然灾害等需要采伐的除外。（2）商品林应当根据不同情况，采取不同采伐方式，严格控制皆伐面积，伐育同步规划实施。（3）自然保护区的林木，禁止采伐。但是，因防治林业有害生物、森林防火、维护主要保护对象生存环境、遭受自然灾害等特殊情况必须采伐的和实验区的竹林除外。省级以上人民政府林业主管部门应当根据前款规定，按照森林分类经营管理、保护优先、注重效率和效益等原则，制定相应的林木采伐技术规程。根据《森林采伐更新管理办法》第7条规定，对用材林的成熟林和过熟林实行主伐。主要树种的主伐年龄，按《用材林主要树种主伐年龄表》的规定执行。定向培育的森林以及表内未列入树种的主伐年龄，由省、自治区、直辖市林业主管部门规定。第8条规定，用材林的主伐方式为择伐、皆伐和渐伐。中幼龄树木多的复层异龄林，应当实行择伐。择伐强度不得大于伐前林木蓄积量的40%，伐后林分郁闭度应当保留在0.5以上。伐后容易引起林木风倒、自然枯死的林分，择伐强度应当适当降低。两次择伐的间隔期不得少于一个龄级期。成过熟单层林、中幼龄树木少的异龄林，应当实行皆伐。皆伐面积一次不得超过5公顷，坡度平缓、土壤肥沃、容易更新的林分，可以扩大到20公顷。在采伐带、采伐块之间，应当保留相当于皆伐面积的林带、林块。对保留的林带、林块，待采伐迹地上更新的幼树生长稳定后方可采伐。皆伐后依靠天然更新的，每公顷应当保留适当数量的单株或者群状母树。天然更新能力强的成过熟单层林，应当实行渐伐。全部采伐更新过程不得超过一个龄级期。上层林木郁闭度较小，林内幼苗、幼树株数已经达到更新标准的，可进行二次渐伐，第一次采伐林木蓄积量的50%；上层林木郁闭度较大，林内幼苗、幼树株数达不到更新标准的，可进行三次渐伐，第一次采伐林木蓄积量的30%，第二次采伐保留林木蓄积的50%，第三次采伐应当在林内更新起来的幼树接近或者达到郁闭状态时进行。毛竹林采伐后每公顷应当保留的健壮母竹，不得少于2000株。第9

犯罪构成	客观方面	条规定，对下列森林只准进行抚育和更新采伐：（1）大型水库、湖泊周围山脊以内和平地 150 米以内的森林，干渠的护岸林。（2）大江、大河两岸 150 米以内，以及大江、大河主要支流两岸 50 米以内的森林；在此范围内有山脊的，以第一层山脊为界。（3）铁路两侧各 100 米、公路干线两侧各 50 米以内的森林；在此范围内有山脊的，以第一层山脊为界。（4）高山森林分布上限以下 150 米至 200 米以内的森林。（5）生长在坡陡和岩石裸露地方的森林。第 12 条规定，国营林业局和国营、集体林场的采伐作业，应当遵守下列规定：（1）按林木采伐许可证和伐区设计进行采伐，不得越界采伐或者遗弃应当采伐的林木。（2）择伐和渐伐作业实行采伐木挂号，先伐除病腐木、风折木、枯立木以及影响目的树种生长和无生长前途的树木，保留生长健壮、经济价值高的树木。（3）控制树倒方向，固定集材道，保护幼苗、幼树、母树和其他保留树木。依靠天然更新的，伐后林地上幼苗、幼树株数保存率应当达到 60% 以上。（4）采伐的木材长度 2 米以上，小头直径不小于 8 厘米的，全部运出利用；伐根高度不得超过 10 厘米。（5）伐区内的采伐剩余物和藤条、灌木，在不影响森林更新的原则下，采取保留、利用、火烧、堆集或者截短散铺方法清理。（6）对容易引起水土冲刷的集材主道，应当采取防护措施。其他单位和个人的采伐作业，参照上述规定执行。 凡是实施违反采伐许可证规定的诸如上述规定内容之一的方式采伐的，即属滥伐行为。应当注意的是，根据有关司法解释规定，林木权属争议一方在林木权属确权之前，擅自砍伐森林或者其他林木的，也属于这里的滥伐行为。 3. 滥伐行为必须达到数量较大的程度，才能构成犯罪。根据有关司法解释的规定，这里的数量较大，包括滥伐 10-20 立方米以上；滥伐幼树 500-1000 株以上。其中的林木数量以立木蓄积计算，计算方法为：原木材积除以该树种的出材率；"幼树"，是指胸径 5 厘米以下的树木。对于 1 年内多次滥伐少量林木未经处罚的，累计其滥伐林木的数量。滥伐林木的数量，应在伐区调查设计允许的误差额以上计算。
	主体	本罪的主体是特殊主体，既包括特殊自然人主体，也包括特殊单位主体。也就是本罪的主体，必须是依法对森林或者其他林木享有所有权或者管理权的单位或者公民个人。
	主观方面	本罪在主观方面是故意，包括直接故意和间接故意。前者是指行为人明知滥伐行为会侵害国家对森林资源采伐的管理制度，并且希望其行为对上述危害结果发生的心理态度。后者是指行为人明知自己的滥伐行为可能发生森林资源被破坏的后果，而对这种危害结果的发生采取放任的心理态度，或者说，行为人虽不希望危害结果的发生，但也不设法防止，而是听之任之，漠不关心的心理态度。行为人的动机可以是多种多样的，有的为了本单位或小集体的利益，有的为了解决现实生活困难，有的为了图财获利，有的为了个人报复，有的为了完成生产任务，但无论出于什么样的动机，都不影响本罪的成立。当然，如果是由于行为人的过失行为而错伐了林木的，由于不具备本罪的主观故意内容特征，因而构不成本罪。
认定标准	刑罚标准	1. 犯本罪的，处 3 年以下有期徒刑、拘役或者管制，并处或者单处罚金。 2. 数量巨大的，处 3 年以上 7 年以下有期徒刑，并处罚金。 3. 单位犯本罪的，对单位判处罚金，并对其直接负责的主管人员和其他直接责任人员，依照上述规定处罚。 本罪属数额犯，行为人只要实施的滥伐森林或者林木行为达到了数量较大的程度，即构成本罪，应适用第一档量刑条款。 构成本罪，数量巨大的，适用第二档量刑条款。根据有关司法解释规定，滥伐林木"数量巨大"，以 50-00 立方米或者幼树 2500-5000 株为起点。

认定标准	本罪与非罪的界限	本罪属数额犯，行为人只要实施的滥伐森林或者林木行为达到了数量较大的程度，即构成本罪。如果没有达到了数量较大的程度，则属于一般违法。根据《森林法》第76条第2款规定，滥伐林木的，由县级以上人民政府林业主管部门责令限期在原地或者异地补种滥伐株数1倍以上3倍以下的树木，可以处滥伐林木价值3倍以上5倍以下的罚款。根据《森林法实施条例》第39条规定，滥伐森林或者其他林木，以立木材积计算不足2立方米或者幼树不足50株的，由县级以上人民政府林业主管部门责令补种滥伐株数5倍的树木，并处滥伐林木价值2倍至3倍的罚款。滥伐森林或者其他林木，以立木材积计算2立方米以上或者幼树50株以上的，由县级以上人民政府林业主管部门责令补种滥伐株数5倍的树木，并处滥伐林木价值3倍至5倍的罚款。超过木材生产计划采伐森林或者其他林木的，依照前两款规定处罚。
	本罪罪数的认定	根据有关司法解释的规定，对于伪造、变造、买卖林木采伐许可证、木材运输证件，森林、林木、林地权属证书，占用或者征用林地审核同意书、育林基金等缴费收据以及其他国家机关批准的林业证件构成犯罪的，依照刑法第280条第1款的规定，以伪造、变造、买卖国家机关公文、证件罪定罪处罚。实践中，对于为滥伐林木而伪造、变造、买卖国家机关公文、证件行为，则不能单独按照伪造、变造、买卖国家机关公文、证件罪来定罪处罚，因为如果行为人实施的两个行为均构成犯罪的话，则应当按照牵连犯原则予以认定处理。伪造、变造、买卖国家机关公文、证件行为是方法行为，而滥伐林木的行为是目的行为，应采用从一重处断的原则进行处理，即根据行为人的两个行为所对应罪名所处的量刑档次比较法定刑轻重，以法定刑较重的那个罪名定罪处罚。 对于在滥伐林木过程中，为排除护林人员的妨碍，实施了伤害、非法拘禁护林人员或者其他有关人员的行为应区别不同情形分别处理：如果滥伐林木达到数量较大的起点，但只造成护林人员轻微伤害的，以滥伐林木罪追究其刑事责任，使用暴力手段可以作为量刑情节予以考虑；如果滥伐林木行为未达到数量较大构成犯罪的程度，但实施的非法拘禁、伤害或者杀害行为构成犯罪的，则应以非法拘禁罪、故意伤害罪、故意杀人罪定罪处罚；如果滥伐林木达到数量较大起点的，且实施了非法拘禁、伤害或者杀害行为构成犯罪的，则以滥伐林木罪和非法拘禁罪、故意伤害罪、故意杀人罪实行数罪并罚。
	此罪与彼罪的区别(1)	本罪与盗伐林木罪的区别。 盗伐林木罪，是指以非法占有为目的，擅自砍伐国家、集体、他人所有或者他人承包经营管理的森林或者其他林木；擅自砍伐本单位或者本人承包经营管理的森林或者其他林木；在林木采伐许可证规定的地点以外采伐国家、集体、他人所有或者他人承包经营管理的森林或者其他林木，数量较大的行为。两罪被规定在同一法条中，在犯罪客体、犯罪主体方面具体相同性，但也存在明显的差异，主要区别在于： 1. 犯罪对象不同。尽管两罪的犯罪对象都是森林或者其他林木，但本罪的犯罪对象限于具有所有权、采伐权的森林或其他林木。而后罪的犯罪对象不受此限，为一切形式的森林或其他林木。根据《森林法》第17条规定，"集体所有和国家所有依法由农民集体使用的林地（以下简称集体林地）实行承包经营的，承包方享有林地承包经营权和承包林地上的林木所有权，合同另有约定的从其约定。承包方可以依法采取出租（转包）、入股、转让等方式流转林地经营权、林木所有权和使用权"。可见，个人承包林木的所有权有两种形式，即承包人个人所有和国家、集体所有。如果承包人擅自砍伐所有权归承包人本人的林木，则应视为滥伐林木罪。如果承包人本人擅自砍伐国家或集体所有的承包林木，应视为盗伐林木罪。根据有关司法解释规定，林木权属争议一方在林木权属确权之前，擅自砍伐森林或者其他林木的，按滥伐林木罪处罚。如果林木的权属系为自有林木，即本单位所有或管理的林木，如属于集体所有的林木、国家所有但由某国营林场管理的林木，以及本人所有的自留山上的林木，行为人进行砍伐的，则构成本罪。反之，如果行为人擅自砍伐属于国家、集体和他人自留山上的或他人经营管理的森林或者其他林木；或本

认定标准	此罪与彼罪的区别（1）	人或他人依法承包经营管理的国家、集体所有的林木的，应定后罪。 2. 犯罪客观方面行为方式不同。本罪的滥伐林木行为以违反森林法规为前提，包括有采伐许可证而不按照其规定要求的采伐，以及无证任意采伐具有所有权的森林或其他林木的采伐。而后罪的盗伐林木行为则纯属无任何采伐许可证的采伐行为，属于林木所有人、看管人不知情而私自秘密采伐的具有非法占有的性质。 3. 犯罪主观方面表现和要求不同。本罪在主观上表现为故意，既包括直接故意，也包括间接故意，不要求特定的犯罪目的。后罪在主观上表现为故意，只能是直接故意，并且本罪在主观方面表现为直接故意，并且具有非法占有国家、集体或他人林木的目的。 4. 犯罪成立标准不同。两罪都属于数额犯，但具体标准不同。本罪数量较大标准较高，即滥伐10-20立方米以上；滥伐幼树500-1000株以上。后罪数量较大标准较低，即盗伐2-5立方米以上；盗伐幼树100-200株以上。
	此罪与彼罪的区别（2）	本罪与破坏生产经营罪的区别。 破坏生产经营罪，是指由于泄愤报复或者其他个人目的，毁坏机器设备、残害耕畜或者以其他方法破坏生产经营的行为。滥伐林木行为往往在一定程度上影响了林业的生产经营活动，但滥伐林木罪与破坏生产经营罪仍有显著区别，主要表现是： 1. 犯罪客体内容及种属不同。本罪的客体是双重客体，即国家森林资源保护的管理制度和国家、集体、公民个人对森林或者林木的所有权，属于刑法分则第6章第6节破坏环境资源保护的犯罪。而后罪所侵害的客体是单一客体，即生产经营正常秩序，属于刑法分则第5章侵犯财产的犯罪。 2. 犯罪主体不同。本罪的主体是特殊主体，既包括单位，也包括自然人，而且必须是依法对森林或林木享有所有权或者管理权的单位或公民个人。而后罪的主体是一般主体，只包括自然人，不包括单位。 3. 犯罪主观方面表现和要求不同。本罪在主观上表现为故意，既包括直接故意，也包括间接故意，不要求特定的犯罪目的。后罪在主观上表现为故意，只能是直接故意，并且必须具有泄愤报复或者其他个人目的。
	此罪与彼罪的区别（3）	本罪与故意毁坏财物罪的区别。 故意毁坏财物罪，是指故意毁灭或者损坏公私财物，数额较大或者有其他严重情节的行为。两罪的主要区别在于： 1. 犯罪客体属性不同。本罪的客体是双重客体，即国家森林资源保护的管理制度和国家、集体、公民个人对森林或者林木的所有权，属于刑法分则第6章第6节破坏环境资源保护的犯罪，如果是行为人违反森林法有关规定而随意砍伐个人所有且根据森林法规定不需要申请采伐许可证的林木，如农村居民在房前屋后、自留地、自留山种植的林木，也可构成本罪。而后罪所侵害的客体是单一客体，即公私财物所有权，属于刑法分则第5章侵犯财产的犯罪，如果行为人故意毁坏的是自己所有的财物，则不能构成后罪。 2. 犯罪对象不同。本罪的犯罪对象是森林或者其他林木。而后罪的犯罪对象为一切形式的动产和不动产。 3. 犯罪主体不同。本罪的主体为一般主体，但既可以是自然人，也可以是单位。后罪的主体只能是自然人，单位不能构成。 两罪存在关联的情形。当故意毁坏特定的财物又触犯了刑法专门规定的滥伐林木，这属于刑法理论中所称的法条竞合，即一个犯罪行为同时触犯数个法律条文，其中一个法律条文的内容与另一个法律条文的内容重合或者交错。对于该行为应当按照"特别法优于普通法"的原则进行处理，即按照滥伐林木罪进行定罪处罚。

相关执法参考	刑法	中华人民共和国刑法（节录） （1979 年 7 月 1 日第五届全国人民代表大会第二次会议通过，1997 年 3 月 14 日第八届全国人民代表大会第五次会议修订，已先后被 1999 年 12 月 25 日《中华人民共和国刑法修正案》、2001 年 8 月 31 日《中华人民共和国刑法修正案（二）》、2001 年 12 月 29 日《中华人民共和国刑法修正案（三）》、2002 年 12 月 28 日《中华人民共和国刑法修正案（四）》、2005 年 2 月 28 日《中华人民共和国刑法修正案（五）》、2006 年 6 月 29 日《中华人民共和国刑法修正案（六）》、2009 年 2 月 28 日《中华人民共和国刑法修正案（七）》、2009 年 8 月 27 日《全国人民代表大会常务委员会关于修改部分法律的决定》、2011 年 2 月 25 日《中华人民共和国刑法修正案（八）》、2015 年 8 月 29 日《中华人民共和国刑法修正案（九）》、2017 年 11 月 4 日《中华人民共和国刑法修正案（十）》、2020 年 12 月 26 日《中华人民共和国刑法修正案（十一）》修改或修正） 第三百四十五条　盗伐森林或者其他林木，数量较大的，处三年以下有期徒刑、拘役或者管制，并处或者单处罚金；数量巨大的，处三年以上七年以下有期徒刑，并处罚金；数量特别巨大的，处七年以上有期徒刑，并处罚金。 违反森林法的规定，滥伐森林或者其他林木，数量较大的，处三年以下有期徒刑、拘役或者管制，并处或者单处罚金；数量巨大的，处三年以上七年以下有期徒刑，并处罚金。 非法收购、运输明知是盗伐、滥伐的林木，情节严重的，处三年以下有期徒刑、拘役或者管制，并处或者单处罚金；情节特别严重的，处三年以上七年以下有期徒刑，并处罚金。 盗伐、滥伐国家级自然保护区内的森林或者其他林木的，从重处罚。
	相关法律法规（1）	最高人民检察院、公安部《关于公安机关管辖的刑事案件立案追诉标准的规定（一）》（节录） （2008 年 6 月 25 日，公通字〔2008〕36 号） 第七十三条　［滥伐林木案（刑法第三百四十五条第二款）］违反森林法的规定，滥伐森林或者其他林木，涉嫌下列情形之一的，应予立案追诉： （一）滥伐十至二十立方米以上的； （二）滥伐幼树五百至一千株以上的。 违反森林法的规定，具有下列情形之一的，属于本条规定的"滥伐森林或者其他林木"： （一）未经林业行政主管部门及法律规定的其他主管部门批准并核发林木采伐许可证，或者虽持有林木采伐许可证，但违反林木采伐许可证规定的时间、数量、树种或者方式，任意采伐本单位所有或者本人所有的森林或者其他林木的； （二）超过林木采伐许可证规定的数量采伐他人所有的森林或者其他林木的。 违反森林法的规定，在林木采伐许可证规定的地点以外，采伐本单位或者本人所有的森林或者其他林木的，除农村居民采伐自留地和房前屋后个人所有的零星林木以外，属于本条第二款第（一）项"未经林业行政主管部门及法律规定的其他主管部门批准并核发林木采伐许可证"规定的情形。 林木权属争议一方在林木权属确权之前，擅自砍伐森林或者其他林木的，属于本条规定的"滥伐森林或者其他林木"。 滥伐林木的数量，应在伐区调查设计允许的误差额以上计算。
	相关法律法规（2）	最高人民法院《关于审理破坏森林资源刑事案件具体应用法律若干问题的解释》（节录） （2000 年 11 月 17 日最高人民法院审判委员会第 1141 次会议通过，法释〔2000〕36 号，自 2000 年 12 月 11 日起实施） 第一条　刑法第三百四十四条规定的"珍贵树木"，包括由省级以上林业主管部门或者其他部门确定的具有重大历史纪念意义、科学研究价值或者年代久远的古树名木，国家禁止、限制出口的珍贵树木以及列入国家重点保护野生植物名录的树木。

| 相关执法参考 | 相关法律法规（2） | 第五条　违反森林法的规定，具有下列情形之一，数量较大的，依照刑法第三百四十五条第二款的规定，以滥伐林木罪定罪处罚：
（一）未经林业行政主管部门及法律规定的其他主管部门批准并核发林木采伐许可证，或者虽持有林木采伐许可证，但违反林木采伐许可证规定的时间、数量、树种或者方式，任意采伐本单位所有或者本人所有的森林或者其他林木的；
（二）超过林木采伐许可证规定的数量采伐他人所有的森林或者其他林木的。
　　林木权属争议一方在林木权属确权之前，擅自砍伐森林或者其他林木，数量较大的，以滥伐林木罪论处。
　　第六条　滥伐林木"数量较大"，以十至二十立方米或者幼树五百至一千株为起点；滥伐林木"数量巨大"，以五十至一百立方米或者幼树二千五百至五千株为起点。
　　第七条　对于一年内多次盗伐、滥伐少量林木未经处罚的，累计其盗伐、滥伐林木的数量，构成犯罪的，依法追究刑事责任。
　　第八条　盗伐、滥伐珍贵树木，同时触犯刑法第三百四十四条、第三百四十五条规定的，依照处罚较重的规定定罪处罚。
　　第九条　将国家、集体、他人所有并已经伐倒的树木窃为己有，以及偷砍他人房前屋后、自留地种植的零星树木，数额较大的，依照刑法第二百六十四条的规定，以盗窃罪定罪处罚。
　　第十一条　具有下列情形之一的，属于在林区非法收购盗伐、滥伐的林木"情节严重"：
（一）非法收购盗伐、滥伐的林木二十立方米以上或者幼树一千株以上的；
（二）非法收购盗伐、滥伐的珍贵树木二立方米以上或者五株以上的；
（三）其他情节严重的情形。
　　具有下列情形之一的，属于在林区非法收购盗伐、滥伐的林木"情节特别严重"：
（一）非法收购盗伐、滥伐的林木一百立方米以上或者幼树五千株以上的；
（二）非法收购盗伐、滥伐的珍贵树木五立方米以上或者十株以上的；
（三）其他情节特别严重的情形。
　　第十三条　对于伪造、变造、买卖林木采伐许可证、木材运输证件，森林、林木、林地权属证书，占用或者征用林地审核同意书、育林基金等缴费收据以及其他国家机关批准的林业证件构成犯罪的，依照刑法第二百八十条第一款的规定，以伪造、变造、买卖国家机关公文、证件罪定罪处罚。
　　对于买卖允许进出口证明书等经营许可证明，同时触犯刑法第二百二十五条、第二百八十条规定之罪的，依照处罚较重的规定定罪处罚。
　　第十五条　非法实施采种、采脂、挖笋、掘根、剥树皮等行为，牟取经济利益数额较大的，依照刑法第二百六十四条的规定，以盗窃罪定罪处罚。同时构成其他犯罪的，依照处罚较重的规定定罪处罚。
　　第十六条　单位犯刑法第三百四十四条、第三百四十五条规定之罪，定罪量刑标准按照本解释的规定执行。
　　第十七条　本解释规定的林木数量以立木蓄积计算，计算方法为：原木材积除以该树种的出材率。
　　本解释所称"幼树"，是指胸径五厘米以下的树木。
　　滥伐林木的数量，应在伐区调查设计允许的误差额以上计算。
　　第十八条　盗伐、滥伐以生产竹材为主要目的的竹林的定罪量刑问题，有关省、自治区、直辖市高级人民法院可以参照上述规定的精神，规定本地区的具体标准，并报最高人民法院备案。
　　第十九条　各省、自治区、直辖市高级人民法院可以根据本地区的实际情况，在本解释第四条、第六条规定的数量幅度内，确定本地区执行的具体数量标准，并报最高人民法院备案。 |

相关法律法规（3）	最高人民法院《关于在林木采伐许可证规定的地点以外采伐本单位或者本人所有的森林或者其他林木的行为如何适用法律问题的批复》 （2004年3月23日最高人民法院审判委员会第1312次会议通过，2004年3月26日最高人民法院公告法释〔2004〕3号公布，自2004年4月1日起施行） 各省、自治区、直辖市高级人民法院，解放军军事法院，新疆维吾尔自治区高级人民法院生产建设兵团分院： 　　最近，有的法院反映，关于在林木采伐许可证规定的地点以外采伐本单位或者本人所有的森林或者其他林木的行为适用法律问题不明确。经研究，批复如下： 　　违反森林法的规定，在林木采伐许可证规定的地点以外，采伐本单位或者本人所有的森林或者其他林木的，除农村居民采伐自留地和房前屋后个人所有的零星林木以外，属于《最高人民法院关于审理破坏森林资源刑事案件具体应用法律若干问题的解释》第五条第一款第（一）项"未经林业行政主管部门及法律规定的其他主管部门批准并核发林木采伐许可证"规定的情形，数量较大的，应当依照刑法第三百四十五条第二款的规定，以滥伐林木罪定罪处罚。
相关法律法规（4）	国家林业局关于未申请林木采伐许可证采伐"火烧枯死木"行为定性的复函 （2003年3月3日，林函策字〔2003〕15号） 福建省林业厅： 　　你厅《关于采伐火烧枯死木有关问题的请示》（闽林综〔2003〕13号）收悉。经研究，现答复如下： 　　根据《森林法》的规定，除农村居民采伐自留地和房前屋后个人所有的零星林木外，凡采伐林木，包括采伐"火烧枯死木"等自然灾害毁损的林木，都必须申请林木采伐许可证，并按照林木采伐许可证的规定进行采伐。未申请林木采伐许可证而擅自采伐的，应当根据《森林法》《森林法实施条例》的有关规定，分别定性为盗伐或者滥伐林木行为。对情节显著轻微的，根据《行政处罚法》的规定，可以从轻、减轻或者免于处罚。
相关法律法规（5）	《森林法》（节录） （1984年9月20日第六届全国人民代表大会常务委员会第七次会议通过，根据1998年4月29日第九届全国人民代表大会常务委员会第二次会议《关于修改〈中华人民共和国森林法〉的决定》第一次修正，根据2009年8月27日第十一届全国人民代表大会常务委员会第十次会议《关于修改部分法律的决定》第二次修正，2019年12月28日第十三届全国人民代表大会常务委员会第十五次会议修订） 　　第五十四条　国家严格控制森林年采伐量。省、自治区、直辖市人民政府林业主管部门根据消耗量低于生长量和森林分类经营管理的原则，编制本行政区域的年采伐限额，经征求国务院林业主管部门意见，报本级人民政府批准后公布实施，并报国务院备案。重点林区的年采伐限额，由国务院林业主管部门编制，报国务院批准后公布实施。 　　第五十五条　采伐森林、林木应当遵守下列规定： 　　（一）公益林只能进行抚育、更新和低质低效林改造性质的采伐。但是，因科研或者实验、防治林业有害生物、建设护林防火设施、营造生物防火隔离带、遭受自然灾害等需要采伐的除外。 　　（二）商品林应当根据不同情况，采取不同采伐方式，严格控制皆伐面积，伐育同步规划实施。 　　（三）自然保护区的林木，禁止采伐。但是，因防治林业有害生物、森林防火、维护主要保护对象生存环境、遭受自然灾害等特殊情况必须采伐的和实验区的竹林除外。 　　省级以上人民政府林业主管部门应当根据前款规定，按照森林分类经营管理、保护优先、注重效率和效益等原则，制定相应的林木采伐技术规程。

| 相关执法参考 | 相关法律法规（5） | 第五十六条 采伐林地上的林木应当申请采伐许可证，并按照采伐许可证的规定进行采伐；采伐自然保护区以外的竹林，不需要申请采伐许可证，但应当符合林木采伐技术规程。
农村居民采伐自留地和房前屋后个人所有的零星林木，不需要申请采伐许可证。
非林地上的农田防护林、防风固沙林、护路林、护岸护堤林和城镇林木等的更新采伐，由有关主管部门按照有关规定管理。
采挖移植林木按照采伐林木管理。具体办法由国务院林业主管部门制定。
禁止伪造、变造、买卖、租借采伐许可证。
第五十七条 采伐许可证由县级以上人民政府林业主管部门核发。
县级以上人民政府林业主管部门应当采取措施，方便申请人办理采伐许可证。
农村居民采伐自留山和个人承包集体林地上的林木，由县级人民政府林业主管部门或者其委托的乡镇人民政府核发采伐许可证。
第五十八条 申请采伐许可证，应当提交有关采伐的地点、林种、树种、面积、蓄积、方式、更新措施和林木权属等内容的材料。超过省级以上人民政府林业主管部门规定面积或者蓄积量的，还应当提交伐区调查设计材料。
第五十九条 符合林木采伐技术规程的，审核发放采伐许可证的部门应当及时核发采伐许可证。但是，审核发放采伐许可证的部门不得超过年采伐限额发放采伐许可证。
第六十条 有下列情形之一的，不得核发采伐许可证：
（一）采伐封山育林期、封山育林区内的林木；
（二）上年度采伐后未按照规定完成更新造林任务的；
（三）上年度发生重大滥伐案件、森林火灾或者林业有害生物灾害，未采取预防和改进措施；
（四）法律法规和国务院林业主管部门规定的禁止采伐的其他情形。
第七十三条 违反本法规定，未经县级以上人民政府林业主管部门审核同意，擅自改变林地用途的，由县级以上人民政府林业主管部门责令限期恢复植被和林业生产条件，可以处恢复植被和林业生产条件所需费用三倍以下的罚款。
虽经县级以上人民政府林业主管部门审核同意，但未办理建设用地审批手续擅自占用林地的，依照《中华人民共和国土地管理法》的有关规定处罚。
在临时使用的林地上修建永久性建筑物，或者临时使用林地期满后一年内未恢复植被或者林业生产条件的，依照本条第一款规定处罚。
第七十四条 违反本法规定，进行开垦、采石、采砂、采土或者其他活动，造成林木毁坏的，由县级以上人民政府林业主管部门责令停止违法行为，限期在原地或者异地补种毁坏株数一倍以上三倍以下的树木，可以处毁坏林木价值五倍以下的罚款；造成林地毁坏的，由县级以上人民政府林业主管部门责令停止违法行为，限期恢复植被和林业生产条件，可以处恢复植被和林业生产条件所需费用三倍以下的罚款。
违反本法规定，在幼林地砍柴、毁苗、放牧造成林木毁坏的，由县级以上人民政府林业主管部门责令停止违法行为，限期在原地或者异地补种毁坏株数一倍以上三倍以下的树木。
向林地排放重金属或者其他有毒有害物质含量超标的污水、污泥，以及可能造成林地污染的清淤底泥、尾矿、矿渣等的，依照《中华人民共和国土壤污染防治法》的有关规定处罚。
第七十六条 盗伐林木的，由县级以上人民政府林业主管部门责令限期在原地或者异地补种盗伐株数一倍以上五倍以下的树木，并处盗伐林木价值五倍以上十倍以下的罚款。
滥伐林木的，由县级以上人民政府林业主管部门责令限期在原地或者异地补种滥伐株数一倍以上三倍以下的树木，可以处滥伐林木价值三倍以上五倍以下的罚款。 |

相关执法参考	相关法律法规（5）	第八十三条　本法下列用语的含义是： （一）森林，包括乔木林、竹林和国家特别规定的灌木林。按照用途可以分为防护林、特种用途林、用材林、经济林和能源林。 （二）林木，包括树木和竹子。 （三）林地，是指县级以上人民政府规划确定的用于发展林业的土地。包括郁闭度 0.2 以上的乔木林地以及竹林地、灌木林地、疏林地、采伐迹地、火烧迹地、未成林造林地、苗圃地等。
	相关法律法规（6）	《森林法实施条例》（节录） 　　（2000 年 1 月 29 日国务院令第 278 号发布，根据 2011 年 1 月 8 日《国务院关于废止和修改部分行政法规的决定》第一次修正，根据 2016 年 2 月 6 日《国务院关于修改部分行政法规的决定》（国务院令第 666 号）第二次修正，根据 2018 年 3 月 19 日《国务院关于修改和废止部分行政法规的决定》第三次修正） 　　第二条　森林资源，包括森林、林木、林地以及依托森林、林木、林地生存的野生动物、植物和微生物。 　　森林，包括乔木林和竹林。 　　林木，包括树木和竹子。 　　林地，包括郁闭度 0.2 以上的乔木林地以及竹林地、灌木林地、疏林地、采伐迹地、火烧迹地、未成林造林地、苗圃地和县级以上人民政府规划的宜林地。 　　第二十八条　国家所有的森林和林木以国有林业企业事业单位、农场、厂矿为单位，集体所有的森林和林木、个人所有的林木以县为单位，制定年森林采伐限额，由省、自治区、直辖市人民政府林业主管部门汇总、平衡，经本级人民政府审核后，报国务院批准；其中，重点林区的年森林采伐限额，由国务院林业主管部门报国务院批准。 　　国务院批准的年森林采伐限额，每 5 年核定一次。 　　第二十九条　采伐森林、林木作为商品销售的，必须纳入国家年度木材生产计划；但是，农村居民采伐自留山上个人所有的薪炭林和自留地、房前屋后个人所有的零星林木除外。 　　第三十条　申请林木采伐许可证，除应当提交申请采伐林木的所有权证书或者使用权证书外，还应当按照下列规定提交其他有关证明文件： 　　（一）国有林业企业事业单位还应当提交采伐区调查设计文件和上年度采伐更新验收证明； 　　（二）其他单位还应当提交包括采伐林木的目的、地点、林种、林况、面积、蓄积量、方式和更新措施等内容的文件； 　　（三）个人还应当提交包括采伐林木的地点、面积、树种、株数、蓄积量、更新时间等内容的文件。 　　因扑救森林火灾、防洪抢险等紧急情况需要采伐林木的，组织抢险的单位或者部门应当自紧急情况结束之日起 30 日内，将采伐林木的情况报告当地县级以上人民政府林业主管部门。 　　第三十一条　有下列情形之一的，不得核发林木采伐许可证： 　　（一）防护林和特种用途林进行非抚育或者非更新性质的采伐的，或者采伐封山育林期、封山育林区内的林木的； 　　（二）上年度采伐后未完成更新造林任务的； 　　（三）上年度发生重大滥伐案件、森林火灾或者大面积严重森林病虫害，未采取预防和改进措施的。 　　林木采伐许可证的式样由国务院林业主管部门规定，由省、自治区、直辖市人民政府林业主管部门印制。

相关执法参考	**相关法律法规（6）** 第三十二条　除森林法已有明确规定的外，林木采伐许可证按照下列规定权限核发： （一）县属国有林场，由所在地的县级人民政府林业主管部门核发； （二）省、自治区、直辖市和设区的市、自治州所属的国有林业企业事业单位、其他国有企业事业单位，由所在地的省、自治区、直辖市人民政府林业主管部门核发； （三）重点林区的国有林业企业事业单位，由国务院林业主管部门核发。 第三十三条　利用外资营造的用材林达到一定规模需要采伐的，应当在国务院批准的年森林采伐限额内，由省、自治区、直辖市人民政府林业主管部门批准，实行采伐限额单列。 第三十四条　木材收购单位和个人不得收购没有林木采伐许可证或者其他合法来源证明的木材。 前款所称木材，是指原木、锯材、竹材、木片和省、自治区、直辖市规定的其他木材。 第三十九条　滥伐森林或者其他林木，以立木材积计算不足2立方米或者幼树不足50株的，由县级以上人民政府林业主管部门责令补种滥伐株数5倍的树木，并处滥伐林木价值2倍至3倍的罚款。 滥伐森林或者其他林木，以立木材积计算2立方米以上或者幼树50株以上的，由县级以上人民政府林业主管部门责令补种滥伐株数5倍的树木，并处滥伐林木价值3倍至5倍的罚款。 超过木材生产计划采伐森林或者其他林木的，依照前两款规定处罚。 第四十一条　违反本条例规定，毁林采种或者违反操作技术规程采脂、挖笋、掘根、剥树皮及过度修枝，致使森林、林木受到毁坏的，依法赔偿损失，由县级以上人民政府林业主管部门责令停止违法行为，补种毁坏株数1倍至3倍的树木，可以处毁坏林木价值1倍至5倍的罚款；拒不补种树木或者补种不符合国家有关规定的，由县级以上人民政府林业主管部门组织代为补种，所需费用由违法者支付。 违反森林法和本条例规定，擅自开垦林地，致使森林、林木受到毁坏的，依照森林法第四十四条的规定予以处罚；对森林、林木未造成毁坏或者被开垦的林地上没有森林、林木的，由县级以上人民政府林业主管部门责令停止违法行为，限期恢复原状，可以处非法开垦林地每平方米10元以下的罚款。
相关法律法规（7）	《森林采伐更新管理办法》 （2010年12月29日国务院第138次常务会议通过《国务院关于废止和修改部分行政法规的决定》，2011年1月8日根据《国务院关于废止和修改部分行政法规的决定》修正） 第一章　总　则 第一条　为合理采伐森林，及时更新采伐迹地，恢复和扩大森林资源，根据《中华人民共和国森林法》（以下简称森林法）及有关规定，制定本办法。 第二条　森林采伐更新要贯彻"以营林为基础，普遍护林，大力造林，采育结合，永续利用"的林业建设方针，执行森林经营方案，实行限额采伐，发挥森林的生态效益、经济效益和社会效益。 第三条　全民、集体所有的森林、林木和个人所有的林木采伐更新，必须遵守本办法。 第二章　森林采伐 第四条　森林采伐，包括主伐、抚育采伐、更新采伐和低产林改造。 第五条　采伐林木按照森林法实施条例第三十条规定，申请林木采伐许可证时，除提交其他必备的文件外，国营企业事业单位和部队还应当提交有关主管部门核定的年度木材生产计划；农村集体、个人还应当提交基层林业站核定的年度采伐指标。上年度进行采伐的，应当提交上年度的更新验收合格证。

| 相关执法参考 | 相关法律法规(7) | 第六条 林木采伐许可证的核发，按森林法及其实施条例的有关规定办理。授权核发林木采伐许可证，应当有书面文件。被授权核发林木采伐许可证的单位，应当配备熟悉业务的人员，并受授权单位监督。
国营林业局、国营林场根据林木采伐许可证、伐区设计文件和年度木材生产计划，向其基层经营单位拨交伐区，发给国有林林木采伐作业证。作业证格式由省、自治区、直辖市林业主管部门制定。
第七条 对用材林的成熟林和过熟林实行主伐。主要树种的主伐年龄，按《用材林主要树种主伐年龄表》的规定执行。定向培育的森林以及表内未列入树种的主伐年龄，由省、自治区、直辖市林业主管部门规定。
第八条 用材林的主伐方式为择伐、皆伐和渐伐。
中幼龄树木多的复层异龄林，应当实行择伐。择伐强度不得大于伐前林木蓄积量的40%，伐后林分郁闭度应当保留在零点五以上。伐后容易引起林木风倒、自然枯死的林分，择伐强度应当适当降低。两次择伐的间隔期不得少于一个龄级期。
成过熟单层林、中幼龄树木少的异龄林，应当实行皆伐。皆伐面积一次不得超过五公顷，坡度平缓、土壤肥沃、容易更新的林分，可以扩大到二十公顷。在采伐带、采伐块之间，应当保留相当于皆伐面积的林带、林块。对保留的林带、林块，待采伐迹地上更新的幼树生长稳定后方可采伐。皆伐后依靠天然更新的，每公顷应当保留适当数量的单株或者群状母树。
天然更新能力强的成过熟单层林，应当实行渐伐。全部采伐更新过程不得超过一个龄级期。上层林木郁闭度较小，林内幼苗、幼树株数已经达到更新标准的，可进行二次渐伐，第一次采伐林木蓄积量的50%；上层林木郁闭度较大，林内幼苗、幼树株数达不到更新标准的，可进行三次渐伐，第一次采伐林木蓄积量的30%，第二次采伐保留林木蓄积的50%，第三次采伐应当在林内更新起来的幼树接近或者达到郁闭状态时进行。
毛竹林采伐后每公顷应当保留的健壮母竹，不得少于两千株。
第九条 对下列森林只准进行抚育和更新采伐：
（一）大型水库、湖泊周围山脊以内和平地一百五十米以内的森林，干渠的护岸林。
（二）大江、大河两岸一百五十米以内，以及大江、大河主要支流两岸五十米以内的森林；在此范围内有山脊的，以第一层山脊为界。
（三）铁路两侧各一百米、公路干线两侧各五十米以内的森林；在此范围内有山脊的，以第一层山脊为界。
（四）高山森林分布上限以下一百五十米至二百米以内的森林。
（五）生长在坡陡和岩石裸露地方的森林。
第十条 防护林和特种用途林中的国防林、母树林、环境保护林、风景林的更新采伐技术规程，由林业部会同有关部门制定。
薪炭林、经济林的采伐技术规程，由省、自治区、直辖市林业主管部门制定。
第十一条 幼龄林、中龄林的抚育采伐，包括透光抚育、生长抚育、综合抚育；低产林的改造，包括局部改造和全面改造，其具体办法按照林业部发布的有关技术规程执行。
第十二条 国营林业局和国营、集体林场的采伐作业，应当遵守下列规定：
（一）按林木采伐许可证和伐区设计进行采伐，不得越界采伐或者遗弃应当采伐的林木。
（二）择伐和渐伐作业实行采伐木挂号，先伐除病腐木、风折木、枯立木以及影响目的树种生长和无生长前途的树木，保留生长健壮、经济价值高的树木。
（三）控制树倒方向，固定集材道，保护幼苗、幼树、母树和其他保留树木。依靠天然更新的，伐后林地上幼苗、幼树株数保存率应当达到60%以上。
（四）采伐的木材长度二米以上，小头直径不小于八厘米的，全部运出利用；伐根高 |

度不得超过十厘米。

（五）伐区内的采伐剩余物和藤条、灌木，在不影响森林更新的原则下，采取保留、利用、火烧、堆集或者截短散铺方法清理。

（六）对容易引起水土冲刷的集材主道，应当采取防护措施。

其他单位和个人的采伐作业，参照上述规定执行。

第十三条　森林采伐后，核发林木采伐许可证的部门应当对采伐作业质量组织检查验收，签发采伐作业质量验收证明。验收证明格式由省、自治区、直辖市林业主管部门制定。

第三章　森林更新

第十四条　采伐林木的单位和个人，应当按照优先发展人工更新，人工更新、人工促进天然更新、天然更新相结合的原则，在采伐后的当年或者次年内必须完成更新造林任务。

第十五条　更新质量必须达到以下标准：

（一）人工更新，当年成活率应当不低于85%，三年后保存率应当不低于80%。

（二）人工促进天然更新，补植、补播后的成活率和保存率达到人工更新的标准；天然下种前整地的，达到本条第三项规定的天然更新标准。

（三）天然更新，每公顷皆伐迹地应当保留健壮目的树种幼树不少于三千株或者幼苗不少于六千株，更新均匀度应当不低于60%。择伐、渐伐迹地的更新质量，达到本办法第八条第二款、第四款规定的标准。

第十六条　未更新的旧采伐迹地、火烧迹地、林中空地、水湿地等宜林荒山荒地，应当由森林经营单位制定规划，限期完成更新造林。

第十七条　人工更新和造林应当执行林业部发布的有关造林规程，做到适地适树、细致整地、良种壮苗、密度合理、精心栽植、适时抚育。在立地条件好的地方，应当培育速生丰产林。

第十八条　森林更新后，核发林木采伐许可证的部门应当组织更新单位对更新面积和质量进行检查验收，核发更新验收合格证。

第四章　罚　则

第十九条　有下列行为之一的，依照森林法第三十九条和森林法实施条例的有关规定处罚：

（一）国营企业事业单位和集体所有制单位未取得林木采伐许可证，擅自采伐林木的，或者年木材产量超过采伐许可证规定数量5%的；

（二）国营企业事业单位不按批准的采伐设计文件进行采伐作业的面积占批准的作业面积5%以上的；

集体所有制单位按照林木采伐许可证的规定进行采伐时，不符合采伐质量要求的作业面积占批准的作业面积5%以上的；

（三）个人未取得林木采伐许可证，擅自采伐林木的，或者违反林木采伐许可证规定的采伐数量、地点、方式、树种，采伐的林木超过半立方米的。

第二十条　盗伐、滥伐林木数量较大，不便计算补种株数的，可按盗伐、滥伐木材数量折算面积，并根据森林法第三十九条规定的处罚原则，责令限期营造相应面积的新林。

第二十一条　无证采伐或者超过林木采伐许可证规定数量的木材，应当从下年度木材生产计划或者采伐指标中扣除。

第二十二条　国营企业事业单位和集体所有制单位有下列行为之一，自检查之日起一个月内未纠正的，发放林木采伐许可证的部门有权收缴林木采伐许可证，中止其采伐，直到纠正为止：

（一）未按规定清理伐区的；

相关执法参考	相关法律法规（7）	（二）在采伐迹地上遗弃木材，每公顷超过半立方米的； （三）对容易引起水土冲刷的集材主道，未采取防护措施的。 第二十三条　采伐林木的单位和个人违反本办法第十四条、第十五条规定的，依照森林法第四十五条和森林法实施条例的有关规定处理。 第二十四条　采伐林木的单位违反本办法有关规定的，对其主要负责人和直接责任人员，由所在单位或者上级主管机关给予行政处分。 第二十五条　对国营企业事业单位所处罚款，从其自有资金或预算包干结余经费中开支。 第五章　附　则 第二十六条　本办法由林业部负责解释。 第二十七条　本办法自发布之日起施行。

三十六、非法收购、运输盗伐、滥伐的林木罪

罪名	非法收购、运输盗伐、滥伐的林木罪（《刑法》第345条第3款）
概念	非法收购、运输盗伐、滥伐的林木罪，是指非法收购、运输明知是盗伐、滥伐的林木，情节严重的行为。
犯罪构成 — 客体	本罪侵犯的客体是单一客体，即国家保护森林及其他林木的管理制度。我国有关森林保护的法律、法规都明确规定依法所有和使用森林及其他林木的单位和个人的合法权益受法律保护，盗伐林木和滥伐林木的行为具有明显的违法性质，而任何单位或个人非法收购盗伐、滥伐林木的行为必然也具有违法性质，这正是对国家保护森林及其他林木管理制度的侵犯。 本罪的对象是被盗伐、滥伐的林木，即没有生态功能的或者已经丧失生命迹象的被盗伐、滥伐的林木。非盗伐、滥伐的林木或与盗伐、滥伐有关的非林木等财物不属本罪对象。
犯罪构成 — 客观方面	本罪在客观方面表现为实施了非法收购、运输明知是盗伐、滥伐的林木，情节严重的行为。包括三点： 1. 收购、运输行为具有违法性。根据《森林法》第65条规定，木材经营加工企业应当建立原料和产品出入库台账。任何单位和个人不得收购、加工、运输明知是盗伐、滥伐等非法来源的林木。根据《森林法实施条例》第34条规定，木材收购单位和个人不得收购没有林木采伐许可证或者其他合法来源证明的木材。前款所称木材，是指原木、锯材、竹材、木片和省、自治区、直辖市规定的其他木材。根据该条例第35条规定，从林区运出非国家统一调拨的木材，必须持有县级以上人民政府林业主管部门核发的木材运输证。重点林区的木材运输证，由省、自治区、直辖市人民政府林业主管部门核发；其他木材运输证，由县级以上地方人民政府林业主管部门核发。木材运输证自木材起运点到终点全程有效，必须随货同行。没有木材运输证的，承运单位和个人不得承运。木材运输证的式样由国务院林业主管部门规定。第36条规定，申请木材运输证，应当提交下列证明文件：（1）林木采伐许可证或者其他合法来源证明；（2）检疫证明；（3）省、自治区、直辖市人民政府林业主管部门规定的其他文件。符合前款条件的，受理木材运输证申请的县级以上人民政府林业主管部门应当自接到申请之日起3日内发给木材运输证。依法发放的木材运输证所准运的木材运输总量，不得超过当地年度木材生产计划规定可以运出销售的木材总量。上述规定，对木材的收购、运输等主体资格、范围、方式等作了原则规定。无论是具有合法收购主体资格者，还是不具备合法收购手续者，只要是收购了被盗伐、滥伐的林木，均应视为具有违法收购的性质。 2. 实施了非法收购、运输的林木的行为。这里的收购，是指以营利、自用等为目的购买盗伐、滥伐的林木的行为。这里的运输，是指包括采用携带、邮寄、利用他人、使用交通工具等方法进行运送盗伐、滥伐的林木的行为。而且这里的盗伐、滥伐的林木必须是他人或单位盗伐、滥伐的林木。如果不是他人或单位盗伐、滥伐的林木而非法收购、运输的，不能构成本罪。 3. 非法收购、运输盗伐、滥伐林木，必须达到情节严重的程度才能构成本罪。根据有关司法解释的规定精神，这里的情节严重主要包括：非法收购、运输盗伐、滥伐的林木20立方米以上或者幼树1000株以上的；非法收购、运输盗伐、滥伐的珍贵树木2立方米以上或者5株以上的；其他情节严重的情形。

犯罪构成	主体	本罪的主体是一般主体，自然人和单位都可构成本罪。本罪的主体是一般主体，既包括自然人，也包括单位。其中，自然人是指16周岁以上具有刑事责任能力的自然人。
	主观方面	本罪在主观方面表现为直接故意，并且要求行为人必须具有明知是盗伐、滥伐的林木而仍实施非法收购、运输的心理态度。间接故意和过失构不成本罪。如果为了自用等非牟利目的的，也构不成本罪。根据有关司法解释的规定，其中的"非法收购"的"明知"，是指知道或者应当知道。具有下列情形之一的，可以视为应当知道，但是有证据证明确属被蒙骗的除外：在非法的木材交易场所或者销售单位收购木材的；收购以明显低于市场价格出售的木材的；收购违反规定出售的木材的。
认定标准	刑罚标准	1. 犯本罪的，处3年以下有期徒刑、拘役或者管制，并处或者单处罚金。 2. 情节特别严重的，处3年以上7年以下有期徒刑，并处罚金。 3. 单位犯本罪的，对单位判处罚金，并对其直接负责的主管人员和其他直接责任人员，依照上述规定处罚。 本罪属数额犯，行为人实施的非法收、运输的盗伐、滥伐林木，必须达到情节严重的程度才能构成本罪，应适用第一档量刑条款。 构成本罪，情节特别严重的，适用第二档量刑条款。根据有关司法解释规定精神，这里的情节特别严重主要包括：非法收购、运输盗伐、滥伐的林木100立方米以上或者幼树5000株以上的；非法收购、运输盗伐、滥伐的珍贵树木5立方米以上或者10株以上的；其他情节特别严重的情形。
	本罪与非罪的界限	本罪属数额犯，非法收购、运输盗伐、滥伐林木，必须达到情节严重的程度才能构成本罪。没有达到情节严重的程度的非法收购、运输盗伐、滥伐林木行为，属于一般违法，根据《森林法》第78条规定，违反本法规定，收购、加工、运输明知是盗伐、滥伐等非法来源的林木的，由县级以上人民政府林业主管部门责令停止违法行为，没收违法收购、加工、运输的林木或者变卖所得，可以处违法收购、加工、运输林木价款3倍以下的罚款。
	本罪罪数的认定	行为人实施了非法收购、运输盗伐、滥伐的林木行为，达到情节严重的犯罪程度，同时触犯了掩饰、隐瞒犯罪所得、犯罪所得收益罪，这属于法条竞合关系，前者是特别法，后者是普通法。根据刑法理论，法条竞合的处理原则是：当一个行为同时符合相异法律之间的普通法与特别法规定的犯罪构成时，应严格依照特别法优于普通法的原则处理。在特殊情况下，即在适用特别条款定罪处刑过轻，不能做到罪刑相适应时，则应适用重法优于轻法的原则，即按照行为所触犯的法条中法定刑较重的普通条款定罪量刑。如果两罪的法定刑设置一样，根据特别法优于普通法的原则，一行为同时触犯上述两罪时，一般应以非法收购、运输盗伐、滥伐的林木罪来定罪处罚，不能实行数罪并罚。
	此罪与彼罪的区别（1）	本罪与掩饰、隐瞒犯罪所得、犯罪所得收益罪的区别。 掩饰、隐瞒犯罪所得、犯罪所得收益罪，指明知是犯罪所得及其产生的收益而予以窝藏、转移、收购、代为销售或者以其他方法掩饰、隐瞒的行为。两罪主要区别在于： 1. 犯罪客体不同。本罪的犯罪客体是国家有关保护林木资源的管理制度，属于刑法分则第6章第6节破坏环境资源保护的犯罪。后罪的客体是国家司法机关的正常活动，属于刑法分则第6章第2节妨害司法的犯罪。 2. 犯罪对象不同。本罪的对象是盗伐、滥伐的林木，是从一般意义中的赃物中分离出来的特殊赃物。而后罪的对象范围广泛，是除了法律明确将其分离出来的特殊赃物（如洗钱罪的对象是毒品犯罪、黑社会性质的组织犯罪、恐怖活动犯罪、走私犯罪、贪污贿赂犯罪、破坏金融管理秩序犯罪、金融诈骗犯罪的违法所得及其产生的收益等）以外的通过普通犯罪活动而取得的赃款、赃物，包括被盗伐、滥伐的林木。 3. 犯罪主体不同。本罪的主体既包括自然人，也包括单位。后罪的主体只能是自然人，不能由单位构成。

认定标准	此罪与彼罪的区别（2）	本罪与非法经营罪的区别。 非法经营罪，是指违反国家规定，未经许可经营法律、行政法规规定的专营、专卖物品或其他限制买卖的物品；买卖进出口许可证、进出口原产地证明以及其他法律、行政法规规定的经营许可证或者批准文件；未经国家有关主管部门批准，非法经营证券、期货或者保险业务的或者非法从事资金结算业务；在国家规定的交易场所以外非法买卖外汇；或者从事其他严重扰乱市场秩序的非法经营，扰乱市场秩序，情节严重的行为。两罪主要区别在于： 1. 犯罪客体不同。本罪的犯罪客体是国家有关保护林木资源的管理制度。后罪侵犯的客体是国家市场管理制度。 2. 犯罪客观行为方式不同。本罪的行为方式仅仅是非法收购、运输行为。而后罪的行为方式表现为未经许可经营法律、行政法规规定的专营、专卖物品或其他限制买卖的物品；买卖进出口许可证、进出口原产地证明以及其他法律、行政法规规定的经营许可证或者批准文件；未经国家有关主管部门批准，非法经营证券、期货或者保险业务的或者非法从事资金结算业务；在国家规定的交易场所以外非法买卖外汇；或者从事其他严重扰乱市场秩序的非法经营行为。 3. 犯罪成立标准不同。本罪属数额犯，行为人实施的非法收、运输的盗伐、滥伐林木，必须达到情节严重的程度才能构成本罪。而后罪为情节犯，只有扰乱市场秩序，情节严重的非法经营行为才能构成犯罪。
相关执法参考	刑法	中华人民共和国刑法（节录） （1979年7月1日第五届全国人民代表大会第二次会议通过，1997年3月14日第八届全国人民代表大会第五次会议修订，已先后被1999年12月25日《中华人民共和国刑法修正案》、2001年8月31日《中华人民共和国刑法修正案（二）》、2001年12月29日《中华人民共和国刑法修正案（三）》、2002年12月28日《中华人民共和国刑法修正案（四）》、2005年2月28日《中华人民共和国刑法修正案（五）》、2006年6月29日《中华人民共和国刑法修正案（六）》、2009年2月28日《中华人民共和国刑法修正案（七）》、2009年8月27日《全国人民代表大会常务委员会关于修改部分法律的决定》、2011年2月25日《中华人民共和国刑法修正案（八）》、2015年8月29日《中华人民共和国刑法修正案（九）》、2017年11月4日《中华人民共和国刑法修正案（十）》、2020年12月26日《中华人民共和国刑法修正案（十一）》修改或修正） **第三百四十五条** 盗伐森林或者其他林木，数量较大的，处三年以下有期徒刑、拘役或者管制，并处或者单处罚金；数量巨大的，处三年以上七年以下有期徒刑，并处罚金；数量特别巨大的，处七年以上有期徒刑，并处罚金。 违反森林法的规定，滥伐森林或者其他林木，数量较大的，处三年以下有期徒刑、拘役或者管制，并处或者单处罚金；数量巨大的，处三年以上七年以下有期徒刑，并处罚金。 非法收购、运输明知是盗伐、滥伐的林木，情节严重的，处三年以下有期徒刑、拘役或者管制，并处或者单处罚金；情节特别严重的，处三年以上七年以下有期徒刑，并处罚金。 盗伐、滥伐国家级自然保护区内的森林或者其他林木的，从重处罚。
	相关法律法规（1）	最高人民检察院、公安部《关于公安机关管辖的刑事案件立案追诉标准的规定（一）》（节录） （2008年6月25日，公通字〔2008〕36号） **第七十四条** ［非法收购、运输盗伐、滥伐的林木案（刑法第三百四十五条第三款）］非法收购、运输明知是盗伐、滥伐的林木，涉嫌下列情形之一的，应予立案追诉： （一）非法收购、运输盗伐、滥伐的林木二十立方米以上或者幼树一千株以上的； （二）其他情节严重的情形。

相关执法参考	相关法律法规（1）	本条规定的"非法收购"的"明知"，是指知道或者应当知道。具有下列情形之一的，可以视为应当知道，但是有证据证明确属被蒙骗的除外： （一）在非法的木材交易场所或者销售单位收购木材的； （二）收购以明显低于市场价格出售的木材的； （三）收购违反规定出售的木材的。
	相关法律法规（2）	最高人民法院《关于审理破坏森林资源刑事案件具体应用法律若干问题的解释》（节录） （2000年11月17日最高人民法院审判委员会第1141次会议通过，法释〔2000〕36号，自2000年12月11日起实施） **第一条** 刑法第三百四十四条规定的"珍贵树木"，包括由省级以上林业主管部门或者其他部门确定的具有重大历史纪念意义、科学研究价值或者年代久远的古树名木，国家禁止、限制出口的珍贵树木以及列入国家重点保护野生植物名录的树木。 **第十条** 刑法第三百四十五条规定的"非法收购明知是盗伐、滥伐的林木"中的"明知"，是指知道或者应当知道。具有下列情形之一的，可以视为应当知道，但是有证据证明确属被蒙骗的除外： （一）在非法的木材交易场所或者销售单位收购木材的； （二）收购以明显低于市场价格出售的木材的； （三）收购违反规定出售的木材的。 **第十一条** 具有下列情形之一的，属于在林区非法收购盗伐、滥伐的林木"情节严重"： （一）非法收购盗伐、滥伐的林木二十立方米以上或者幼树一千株以上的； （二）非法收购盗伐、滥伐的珍贵树木二立方米以上或者五株以上的； （三）其他情节严重的情形。 具有下列情形之一的，属于在林区非法收购盗伐、滥伐的林木"情节特别严重"： （一）非法收购盗伐、滥伐的林木一百立方米以上或者幼树五千株以上的； （二）非法收购盗伐、滥伐的珍贵树木五立方米以上或者十株以上的； （三）其他情节特别严重的情形。 **第十六条** 单位犯刑法第三百四十四条、第三百四十五条规定之罪，定罪量刑标准按照本解释的规定执行。 **第十七条** 本解释规定的林木数量以立木蓄积计算，计算方法为：原木材积除以该树种的出材率。 本解释所称"幼树"，是指胸径五厘米以下的树木。 滥伐林木的数量，应在伐区调查设计允许的误差额以上计算。
	相关法律法规（3）	《森林法》（节录） （1984年9月20日第六届全国人民代表大会常务委员会第七次会议通过，根据1998年4月29日第九届全国人民代表大会常务委员会第二次会议《关于修改〈中华人民共和国森林法〉的决定》第一次修正，根据2009年8月27日第十一届全国人民代表大会常务委员会第十次会议《关于修改部分法律的决定》第二次修正，2019年12月28日第十三届全国人民代表大会常务委员会第十五次会议修订） **第六十四条** 林业经营者可以自愿申请森林认证，促进森林经营水平提高和可持续经营。 **第六十五条** 木材经营加工企业应当建立原料和产品出入库台账。任何单位和个人不得收购、加工、运输明知是盗伐、滥伐等非法来源的林木。 **第七十八条** 违反本法规定，收购、加工、运输明知是盗伐、滥伐等非法来源的林木的，由县级以上人民政府林业主管部门责令停止违法行为，没收违法收购、加工、运输的林木或者变卖所得，可以处违法收购、加工、运输林木价款三倍以下的罚款。

相关执法参考	相关法律法规（3）	第八十二条　公安机关按照国家有关规定，可以依法行使本法第七十四条第一款、第七十六条、第七十七条、第七十八条规定的行政处罚权。 违反本法规定，构成违反治安管理行为的，依法给予治安管理处罚；构成犯罪的，依法追究刑事责任。 第八十三条　本法下列用语的含义是： （一）森林，包括乔木林、竹林和国家特别规定的灌木林。按照用途可以分为防护林、特种用途林、用材林、经济林和能源林。 （二）林木，包括树木和竹子。 （三）林地，是指县级以上人民政府规划确定的用于发展林业的土地。包括郁闭度0.2以上的乔木林地以及竹林地、灌木林地、疏林地、采伐迹地、火烧迹地、未成林造林地、苗圃地等。
	相关法律法规（4）	《森林法实施条例》（节录） （2000年1月29日国务院令第278号发布，根据2011年1月8日《国务院关于废止和修改部分行政法规的决定》第一次修正，根据2016年2月6日《国务院关于修改部分行政法规的决定》（国务院令第666号）第二次修正，根据2018年3月19日《国务院关于修改和废止部分行政法规的决定》第三次修正） 第二条　森林资源，包括森林、林木、林地以及依托森林、林木、林地生存的野生动物、植物和微生物。 森林，包括乔木林和竹林。 林木，包括树木和竹子。 林地，包括郁闭度0.2以上的乔木林地以及竹林地、灌木林地、疏林地、采伐迹地、火烧迹地、未成林造林地、苗圃地和县级以上人民政府规划的宜林地。 第三十四条　木材收购单位和个人不得收购没有林木采伐许可证或者其他合法来源证明的木材。 前款所称木材，是指原木、锯材、竹材、木片和省、自治区、直辖市规定的其他木材。 第三十五条　从林区运出非国家统一调拨的木材，必须持有县级以上人民政府林业主管部门核发的木材运输证。 重点林区的木材运输证，由省、自治区、直辖市人民政府林业主管部门核发；其他木材运输证，由县级以上地方人民政府林业主管部门核发。 木材运输证自木材起运点到终点全程有效，必须随货同行。没有木材运输证的，承运单位和个人不得承运。 木材运输证的式样由国务院林业主管部门规定。 第三十六条　申请木材运输证，应当提交下列证明文件： （一）林木采伐许可证或者其他合法来源证明； （二）检疫证明； （三）省、自治区、直辖市人民政府林业主管部门规定的其他文件。 符合前款条件的，受理木材运输证申请的县级以上人民政府林业主管部门应当自接到申请之日起3日内发给木材运输证。 依法发放的木材运输证所准运的木材运输总量，不得超过当地年度木材生产计划规定可以运出销售的木材总量。 第三十七条　经省、自治区、直辖市人民政府批准在林区设立的木材检查站，负责检查木材运输；无证运输木材的，木材检查站应当予以制止，可以暂扣无证运输的木材，并立即报请县级以上人民政府林业主管部门依法处理。 第四十条　违反本条例规定，收购没有林木采伐许可证或者其他合法来源证明的木材

相关执法参考	相关法律法规（4）	的，由县级以上人民政府林业主管部门没收非法经营的木材和违法所得，并处违法所得 2 倍以下的罚款。 **第四十四条** 无木材运输证运输木材的，由县级以上人民政府林业主管部门没收非法运输的木材，对货主可以并处非法运输木材价款 30% 以下的罚款。 运输的木材数量超出木材运输证所准运的运输数量的，由县级以上人民政府林业主管部门没收超出部分的木材；运输的木材树种、材种、规格与木材运输证规定不符又无正当理由的，没收其不相符部分的木材。 使用伪造、涂改的木材运输证运输木材的，由县级以上人民政府林业主管部门没收非法运输的木材，并处没收木材价款 10% 至 50% 的罚款。 承运无木材运输证的木材的，由县级以上人民政府林业主管部门没收运费，处运费 1 倍至 3 倍的罚款。

附　　录

附录一

食品中可能违法添加的非食用物质和易滥用的食品添加剂名单（第一批至第五批汇总）

为进一步打击在食品生产、流通、餐饮服务中违法添加非食用物质和滥用食品添加剂的行为，保障消费者身体健康，全国打击违法添加非食用物质和滥用食品添加剂专项整治领导小组自2008年以来陆续发布了五批《食品中可能违法添加的非食用物质和易滥用的食品添加剂名单》。为方便查询，2011年4月19日汇总五批名单发布（见表一、表二）。

表一　食品中可能违法添加的非食用物质名单

序号	名称	可能添加的食品品种	检测方法
1	吊白块	腐竹、粉丝、面粉、竹笋	GB/T 21126—2007 小麦粉与大米粉及其制品中甲醛次硫酸氢钠含量的测定；卫生部《关于印发面粉、油脂中过氧化苯甲酰测定等检验方法的通知》（卫监发〔2001〕159号）附件2 食品中甲醛次硫酸氢钠的测定方法
2	苏丹红	辣椒粉、含辣椒类的食品（辣椒酱、辣味调味品）	GB/T 19681—2005 食品中苏丹红染料的检测方法高效液相色谱法
3	王金黄、块黄	腐皮	
4	蛋白精、三聚氰胺	乳及乳制品	GB/T 22388—2008 原料乳与乳制品中三聚氰胺检测方法 GB/T 22400—2008 原料乳中三聚氰胺快速检测液相色谱法
5	硼酸与硼砂	腐竹、肉丸、凉粉、凉皮、面条、饺子皮	无
6	硫氰酸钠	乳及乳制品	无
7	玫瑰红B	调味品	无
8	美术绿	茶叶	无
9	碱性嫩黄	豆制品	
10	工业用甲醛	海参、鱿鱼等干水产品、血豆腐	SC/T 3025—2006 水产品中甲醛的测定

续表

序号	名称	可能添加的食品品种	检测方法
11	工业用火碱	海参、鱿鱼等干水产品、生鲜乳	无
12	一氧化碳	金枪鱼、三文鱼	无
13	硫化钠	味精	无
14	工业硫磺	白砂糖、辣椒、蜜饯、银耳、龙眼、胡萝卜、姜等	无
15	工业染料	小米、玉米粉、熟肉制品等	无
16	罂粟壳	火锅底料及小吃类	参照上海市食品药品检验所自建方法
17	革皮水解物	乳与乳制品含乳饮料	乳与乳制品中动物水解蛋白鉴定-L（-）-羟脯氨酸含量测定（检测方法由中国检验检疫科学院食品安全所提供。该方法仅适应于生鲜乳、纯牛奶、奶粉，联系方式：Wkzhong@21cn.com）
18	溴酸钾	小麦粉	GB/T 20188—2006 小麦粉中溴酸盐的测定离子色谱法
19	β-内酰胺酶（金玉兰酶制剂）	乳与乳制品	液相色谱法（检测方法由中国检验检疫科学院食品安全所提供。联系方式：Wkzhong@21cn.com）
20	富马酸二甲酯	糕点	气相色谱法（检测方法由中国疾病预防控制中心营养与食品安全所提供）
21	废弃食用油脂	食用油脂	无
22	工业用矿物油	陈化大米	无
23	工业明胶	冰淇淋、肉皮冻等	无
24	工业酒精	勾兑假酒	无
25	敌敌畏	火腿、鱼干、咸鱼等制品	GB/T 5009.20—2003 食品中有机磷农药残留的测定
26	毛发水	酱油等	无
27	工业用乙酸	勾兑食醋	GB/T 5009.41—2003 食醋卫生标准的分析方法

续表

序号	名称	可能添加的食品品种	检测方法
28	肾上腺素受体激动剂类药物（盐酸克伦特罗，莱克多巴胺等）	猪肉、牛羊肉及肝脏等	GB/T 22286—2008 动物源性食品中多种β-受体激动剂残留量的测定，液相色谱-串联质谱法
29	硝基呋喃类药物	猪肉、禽肉、动物性水产品	GB/T 21311—2007 动物源性食品中硝基呋喃类药物代谢物残留量检测方法，高效液相色谱-串联质谱法
30	玉米赤霉醇	牛羊肉及肝脏、牛奶	GB/T 21982—2008 动物源食品中玉米赤霉醇、β-玉米赤霉醇、α-玉米赤霉烯醇、β-玉米赤霉烯醇、玉米赤霉酮和赤霉烯酮残留量检测方法，液相色谱-谱/质谱法
31	抗生素残渣	猪肉	无，需要研制动物性食品中测定万古霉素的液相色谱-串联质谱法
32	镇静剂	猪肉	参考 GB/T 20763—2006 猪肾和肌肉组织中乙酰丙嗪、氯丙嗪、氟哌啶醇、丙酰二甲氨基丙吩噻嗪、甲苯噻嗪、阿扎哌垄阿扎哌醇、咔唑心安残留量的测定，液相色谱-串联质谱法 无，需要研制动物性食品中测定安定的液相色谱-串联质谱法
33	荧光增白物质	双孢蘑菇、金针菇、白灵菇、面粉	蘑菇样品可通过照射进行定性检测 面粉样品无检测方法
34	工业氯化镁	木耳	无
35	磷化铝	木耳	无
36	馅料原料漂白剂	焙烤食品	无，需要研制馅料原料中二氧化硫脲的测定方法
37	酸性橙Ⅱ	黄鱼、鲍汁、腌卤肉制品、红壳瓜子、辣椒面和豆瓣酱	无，需要研制食品中酸性橙Ⅱ的测定方法。参照江苏省疾控创建的鲍汁中酸性橙Ⅱ的高效液相色谱-串联质谱法 （说明：水洗方法可作为补充，如果脱色，可怀疑是违法添加了色素）
38	氯霉素	生食水产品、肉制品、猪肠衣、蜂蜜	GB/T 22338—2008 动物源性食品中氯霉素类药物残留量测定
39	喹诺酮类	麻辣烫类食品	无，需要研制麻辣烫类食品中喹诺酮类抗生素的测定方法
40	水玻璃	面制品	无
41	孔雀石绿	鱼类	GB 20361—2006 水产品中孔雀石绿和结晶紫残留量的测定，高效液相色谱荧光检测法（建议研制水产品中孔雀石绿和结晶紫残留量测定的液相色谱-串联质谱法）
42	乌洛托品	腐竹、米线等	无，需要研制食品中六亚甲基四胺的测定方法

续表

序号	名称	可能添加的食品品种	检测方法
43	五氯酚钠	河蟹	SC/T 3030—2006 水产品中五氯苯酚及其钠盐残留量的测定气相色谱法
44	喹乙醇	水产养殖饲料	水产品中喹乙醇代谢物残留量的测定高效液相色谱法（农业部1077号公告-5-2008）；水产品中喹乙醇残留量的测定液相色谱法（SC/T 3019—2004）
45	碱性黄	大黄鱼	无
46	磺胺二甲嘧啶	叉烧肉类	GB 20759—2006 畜禽肉中十六种磺胺类药物残留量的测定液相色谱-串联质谱法
47	敌百虫	腌制食品	GB/T 5009.20—2003 食品中有机磷农药残留量的测定

表二 食品中可能滥用的食品添加剂品种名单

序号	食品品种	可能易滥用的添加剂品种	检测方法
1	渍菜（泡菜等）、葡萄酒	着色剂（胭脂红、柠檬黄、诱惑红、日落黄）等	GB/T 5009.35—2003 食品中合成着色剂的测定 GB/T 5009.141—2003 食品中诱惑红的测定
2	水果冻、蛋白冻类	着色剂、防腐剂、酸度调节剂（己二酸等）	
3	腌菜	着色剂、防腐剂、甜味剂（糖精钠、甜蜜素等）	
4	面点、月饼	乳化剂（蔗糖脂肪酸酯等、乙酰化单甘脂肪酸酯等）、防腐剂、着色剂、甜味剂	
5	面条、饺子皮	面粉处理剂	
6	糕点	膨松剂（硫酸铝钾、硫酸铝铵等）、水分保持剂磷酸盐类（磷酸钙、焦磷酸二氢二钠等）、增稠剂（黄原胶、黄蜀葵胶等）、甜味剂（糖精钠、甜蜜素等）	GB/T 5009.182—2003 面制食品中铝的测定
7	馒头	漂白剂（硫黄）	
8	油条	膨松剂（硫酸铝钾、硫酸铝铵）	
9	肉制品和卤制熟食、腌肉料和嫩肉粉类产品	护色剂（硝酸盐、亚硝酸盐）	GB/T 5009.33—2003 食品中亚硝酸盐、硝酸盐的测定
10	小麦粉	二氧化钛、硫酸铝钾	
11	小麦粉	滑石粉	GB 21913—2008 食品中滑石粉的测定
12	臭豆腐	硫酸亚铁	

续表

序号	食品品种	可能易滥用的添加剂品种	检测方法
13	乳制品（除干酪外）	山梨酸	GB/T 21703—2008《乳与乳制品中苯甲酸和山梨酸的测定方法》
14	乳制品（除干酪外）	纳他霉素	参照 GB/T 21915—2008《食品中纳他霉素的测定方法》
15	蔬菜干制品	硫酸铜	无
16	"酒类"（配制酒除外）	甜蜜素	
17	"酒类"	安赛蜜	
18	面制品和膨化食品	硫酸铝钾、硫酸铝铵	
19	鲜瘦肉	胭脂红	GB/T 5009.35—2003 食品中合成着色剂的测定
20	大黄鱼、小黄鱼	柠檬黄	GB/T 5009.35—2003 食品中合成着色剂的测定
21	陈粮、米粉等	焦亚硫酸钠	GB 5009.34—2003 食品中亚硫酸盐的测定
22	烤鱼片、冷冻虾、烤虾、鱼干、鱿鱼丝、蟹肉、鱼糜等	亚硫酸钠	GB/T 5009.34—2003 食品中亚硫酸盐的测定

注：滥用食品添加剂的行为包括超量使用或超范围使用食品添加剂的行为。

附录二

食品中可能违法添加的非食用物质和
易滥用的食品添加剂名单（第六批）

为打击在食品及食品添加剂生产中违法添加非食用物质的行为，保障消费者身体健康，我部制定了《食品中可能违法添加的非食用物质和易滥用的食品添加剂名单（第六批）》。2011年6月1日公告如下：

食品中可能违法添加的非食用物质和易滥用的食品添加剂名单（第六批）

名称	可能添加的食品品种	检验方法
邻苯二甲酸酯类物质，主要包括： 邻苯二甲酸二（2-乙基）己酯（DEHP）、 邻苯二甲酸二异壬酯（DINP）、 邻苯二甲酸二苯酯、 邻苯二甲酸二甲酯（DMP）、 邻苯二甲酸二乙酯（DEP）、 邻苯二甲酸二丁酯（DBP）、 邻苯二甲酸二戊酯（DPP）、 邻苯二甲酸二己酯（DHXP）、 邻苯二甲酸二壬酯（DNP）、 邻苯二甲酸二异丁酯（DIBP）、 邻苯二甲酸二正辛酯（DNOP）、 邻苯二甲酸丁基苄基酯（BBP）、 邻苯二甲酸二（2-甲氧基）乙酯（DMEP）、 邻苯二甲酸二（2-乙氧基）乙酯（DEEP）、 邻苯二甲酸二（2-丁氧基）乙酯（DBEP）、 邻苯二甲酸二（4-甲基-2-戊基）酯（BMPP）等。	乳化剂类食品添加剂、使用乳化剂的其他类食品添加剂或食品等。	GB/T 21911 食品中邻苯二甲酸酯的测定

附录三

人间传染的病原微生物名录

(2006年1月11日卫生部卫科教发〔2006〕15号发布)

各省、自治区、直辖市卫生厅局,新疆生产建设兵团卫生局,部直属单位:

为加强病原微生物实验室生物安全管理,规范病原微生物实验活动,根据《病原微生物实验室生物安全管理条例》的规定,我部组织制订了《人间传染的病原微生物名录》。经部务会讨论通过,现印发给你们,请遵照执行。实施中出现的问题,请及时反馈我部科技教育司。

表1. 病毒分类名录

序号	病毒名称			危害程度分类	实验活动所需生物安全实验室级别					运输包装分类[f]		备注
	英文名	中文名	分类学地位		病毒培养[a]	动物感染实验[b]	未经培养的感染材料的操作[c]	灭活材料的操作[d]	无感染性材料的操作[e]	A/B	UN编号	
1	Alastrim virus	类天花病毒	痘病毒科	第一类	BSL-4	ABSL-4	BSL-3	BSL-2	BSL-1	A	UN 2814	
2	Crimean-Congo hemorrhagic fever virus (Xinjiang hemorrhagic fever virus)	克里米亚—刚果出血热病毒(新疆出血热病毒)	布尼亚病毒科	第一类	BSL-3	ABSL-3	BSL-3	BSL-2	BSL-1	A	UN 2814	
3	Eastern equine encephalitis virus	东方马脑炎病毒	披膜病毒科	第一类	BSL-3	ABSL-3	BSL-3	BSL-2	BSL-1	A	UN 2814	仅培养物A类
4	Ebola virus	埃博拉病毒	丝状病毒科	第一类	BSL-4	ABSL-4	BSL-3	BSL-2	BSL-1	A	UN 2814	
5	Flexal virus	Flexal病毒	沙粒病毒科	第一类	BSL-4	ABSL-4	BSL-3	BSL-2	BSL-1	A	UN 2814	
6	Guanarito virus	瓜纳瑞托病毒	沙粒病毒科	第一类	BSL-4	ABSL-4	BSL-3	BSL-2	BSL-1	A	UN 2814	

附录

续表

序号	病毒名称			危害程度分类	实验活动所需生物安全实验室级别					运输包装分类[f]		备注
	英文名	中文名	分类学地位		病毒培养[a]	动物感染实验[b]	未经培养的感染材料的操作[c]	灭活材料的操作[d]	无感染性材料的操作[e]	A/B	UN编号	
7	Hanzalova virus	Hanzalova病毒	黄病毒科	第一类	BSL-4	ABSL-4	BSL-3	BSL-2	BSL-1	A	UN2814	
8	Hendra virus	亨德拉病毒	副粘病毒科	第一类	BSL-4	ABSL-4	BSL-3	BSL-2	BSL-1	A	UN2814	
9	Herpesvirus simiae	猿疱疹病毒	疱疹病毒科B	第一类	BSL-3	ABSL-3	BSL-2	BSL-2	BSL-1	A	UN2814	仅病毒培养物为A类
10	Hypr virus	Hypr病毒	黄病毒科	第一类	BSL-4	ABSL-4	BSL-3	BSL-2	BSL-1	A	UN2814	
11	Junin virus	鸠宁病毒	沙粒病毒科	第一类	BSL-4	ABSL-4	BSL-3	BSL-2	BSL-1	A	UN2814	
12	Kumlinge virus	Kumlinge病毒	黄病毒科	第一类	BSL-4	ABSL-4	BSL-3	BSL-2	BSL-1	A	UN2814	
13	Kyasanur Forest disease virus	卡萨诺尔森林病病毒	黄病毒科	第一类	BSL-4	ABSL-4	BSL-3	BSL-2	BSL-1	A	UN2814	
14	Lassa fever virus	拉沙热病毒	沙粒病毒科	第一类	BSL-4	ABSL-4	BSL-3	BSL-2	BSL-1	A	UN2814	
15	Louping ill virus	跳跃病病毒	黄病毒科	第一类	BSL-4	ABSL-4	BSL-3	BSL-2	BSL-1	A	UN2814	
16	Machupo virus	马秋波病毒	沙粒病毒科	第一类	BSL-4	ABSL-4	BSL-3	BSL-2	BSL-1	A	UN2814	
17	Marburg virus	马尔堡病毒	丝状病毒科	第一类	BSL-4	ABSL-4	BSL-3	BSL-2	BSL-1	A	UN2814	
18	Monkeypox virus	猴痘病毒	痘病毒科	第一类	BSL-3	BSL-3	BSL-3	BSL-2	BSL-1	A	UN2814	
19	Mopeia virus (and other Tacaribe viruses)	Mopeia病毒（和其他Tacaribe病毒）	沙粒病毒科	第一类	BSL-4	ABSL-4	BSL-3	BSL-2	BSL-1	A	UN2814	
20	Nipah virus	尼巴病毒	副粘病毒科	第一类	BSL-4	ABSL-4	BSL-3	BSL-2	BSL-1	A	UN2814	

续表

序号	病毒名称 英文名	病毒名称 中文名	分类学地位	危害程度分类	实验活动所需生物安全实验室级别 病毒培养[a]	实验活动所需生物安全实验室级别 动物感染实验[b]	实验活动所需生物安全实验室级别 未经培养的感染材料的操作[c]	实验活动所需生物安全实验室级别 灭活材料的操作[d]	实验活动所需生物安全实验室级别 无感染性材料的操作[e]	运输包装分类[f] A/B	运输包装分类[f] UN编号	备注
21	Omsk hemorrhagic fever virus	鄂木斯克出血热病毒	黄病毒科	第一类	BSL-4	ABSL-4	BSL-3	BSL-2	BSL-1	A	UN 2814	
22	Sabia virus	Sabia病毒	沙粒病毒科	第一类	BSL-4	ABSL-4	BSL-3	BSL-2	BSL-1	A	UN 2814	
23	St. Louis encephalitis virus	圣路易斯脑炎病毒	黄病毒科	第一类	BSL-3	ABSL-3	BSL-2	BSL-1	BSL-1	A	UN 2814	
24	Tacaribe virus	Tacaribe病毒	沙粒病毒科	第一类	BSL-4	ABSL-4	BSL-2	BSL-2	BSL-1	A	UN 2814	
25	Variola virus	天花病毒	痘病毒科	第一类	BSL-4	ABSL-4	BSL-2	BSL-1	BSL-1	A	UN 2814	有疫苗
26	Venezuelan equine encephalitis virus	委内瑞拉马脑炎病毒	披膜病毒科	第一类	BSL-3	ABSL-3	BSL-2	BSL-1	BSL-1	A	UN 2814	
27	Western equine encephalo-myelitis virus	西方马脑炎病毒	披膜病毒科	第一类	BSL-3	ABSL-3	BSL-2	BSL-1	BSL-1	A	UN 2814	
28	Yellow fever virus	黄热病毒	黄病毒科	第一类	BSL-3	ABSL-3	BSL-2	BSL-1	BSL-1	A	UN 2814	仅病毒培养物为A类，有疫苗
29	Tick-borne encephalitis virus[g]	蜱传脑炎病毒[g]	黄病毒科	第一类	BSL-3	ABSL-3	BSL-3	BSL-1	BSL-1	A	UN 2814	仅病毒培养物为A类，有疫苗
30	Bunyamwera virus	布尼亚维拉病毒	布尼亚病毒科	第二类	BSL-3	ABSL-3	BSL-2	BSL-1	BSL-1	A	UN 2814	

续表

序号	病毒名称			危害程度分类	实验活动所需生物安全实验室级别					运输包装分类[f]		备注
	英文名	中文名	分类学地位		病毒培养[a]	动物感染实验[b]	未经培养的感染材料的操作[c]	灭活材料的操作[d]	无感染性材料的操作[e]	A/B	UN编号	
31	California encephalitis virus	加利福利亚脑炎病毒	布尼亚病毒科	第二类	BSL-3	ABSL-3	BSL-2	BSL-1	BSL-1	A	UN 2814	
32	Chikungunya virus	基孔肯尼雅病毒	披膜病毒科	第二类	BSL-3	ABSL-3	BSL-2	BSL-1	BSL-1	A	UN 2814	
33	Dhori virus	多里病毒	正粘病毒科	第二类	BSL-3	ABSL-3	BSL-2	BSL-1	BSL-1	A	UN 2814	
34	Everglades virus	Everglades病毒	披膜病毒科	第二类	BSL-3	ABSL-3	BSL-2	BSL-1	BSL-1	A	UN 2814	
35	Foot-and-mouth disease virus	口蹄疫病毒	小RNA病毒科	第二类	BSL-3	ABSL-3	BSL-2	BSL-1	BSL-1	A	UN 2814	
36	Garba virus	Garba病毒	弹状病毒科	第二类	BSL-3	ABSL-3	BSL-2	BSL-1	BSL-1	A	UN 2814	
37	Germiston virus	Germiston病毒	布尼亚病毒科	第二类	BSL-3	ABSL-3	BSL-2	BSL-1	BSL-1	A	UN 2814	
38	Getah virus	Getah病毒	披膜病毒科	第二类	BSL-3	ABSL-3	BSL-2	BSL-1	BSL-1	A	UN 2814	
39	Gordil virus	Gordil病毒	布尼亚病毒科	第二类	BSL-3	ABSL-3	BSL-2	BSL-1	BSL-1	A	UN 2814	
40	Hantaviruses, other	其他汉坦病毒	布尼亚病毒科	第二类	BSL-3	ABSL-3	BSL-2	BSL-1	BSL-1	A	UN 2814	仅病毒培养物为A类
41	Hantaviruses cause pulmonary syndrome	引起肺综合征的汉坦病毒	布尼亚病毒科	第二类	BSL-3	ABSL-3	BSL-2	BSL-1	BSL-1	A	UN 2814	仅病毒培养物为A类

续表

序号	病毒名称			危害程度分类	实验活动所需生物安全实验室级别					运输包装分类[f]		备注
	英文名	中文名	分类学地位		病毒培养[a]	动物感染实验[b]	未经培养的感染材料的操作[c]	灭活材料的操作[d]	无感染性材料的操作[e]	A/B	UN编号	
42	Hantaviruses cause hemorrhagic fever with renal syndrome	引起肾综合征出血热的汉坦病毒	布尼亚病毒科	第二类	BSL-2	ABSL-3	BSL-2	BSL-1	BSL-1	A	UN2814	有疫苗。仅病毒培养物为A类
43	Herpesvirus saimiri	松鼠猴疱疹病毒	疱疹病毒科	第二类	BSL-3	ABSL-3	BSL-2	BSL-1	BSL-1	A	UN2814	
44	High pathogenic avian influenza virus	高致病性禽流感病毒	正粘病毒科	第二类	BSL-3	ABSL-3	BSL-2	BSL-1	BSL-1	A	UN2814	仅病毒培养物为A类
45	Human immunode-ficiency virus (HIV) typy1 and 2 virus	艾滋病毒（Ⅰ型和Ⅱ型）	逆转录病毒科	第二类	BSL-3	ABSL-3	BSL-2	BSL-1	BSL-1	A	UN2814	仅病毒培养物为A类
46	Inhangapi virus	Inhangapi病毒	弹状病毒科	第二类	BSL-3	ABSL-3	BSL-2	BSL-1	BSL-1	A	UN2814	
47	Inini virus	Inini病毒	布尼亚病毒科	第二类	BSL-3	ABSL-3	BSL-2	BSL-1	BSL-1	A	UN2814	
48	Issyk-Kul virus	Issyk-Kul病毒	布尼亚病毒科	第二类	BSL-3	ABSL-3	BSL-2	BSL-1	BSL-1	A	UN2814	
49	Itaituba virus	Itaituba病毒	布尼亚病毒科	第二类	BSL-3	ABSL-3	BSL-2	BSL-1	BSL-1	A	UN2814	
50	Japanese encephalitis virus	乙型脑炎病毒	黄病毒科	第二类	BSL-2	ABSL-2	BSL-2	BSL-1	BSL-1	A	UN2814	有疫苗。仅病毒培养物为A类

续表

序号	病毒名称 英文名	病毒名称 中文名	分类学地位	危害程度分类	实验活动所需生物安全实验室级别 病毒培养[a]	实验活动所需生物安全实验室级别 动物感染实验[b]	实验活动所需生物安全实验室级别 未经培养的感染材料的操作[c]	实验活动所需生物安全实验室级别 灭活材料的操作[d]	实验活动所需生物安全实验室级别 无感染性材料的操作[e]	运输包装分类[f] A/B	运输包装分类[f] UN编号	备注
51	Khasan virus	Khasan 病毒	布尼亚病毒科	第二类	BSL-3	ABSL-3	BSL-2	BSL-1	BSL-1	A	UN2814	
52	Kyzylagach virus	Kyz 病毒	披膜病毒科	第二类	BSL-3	ABSL-3	BSL-2	BSL-1	BSL-1	A	UN2814	
53	Lymphocytic choriomen-ingitis（neurotropic）virus	淋巴细胞性脉络丛脑膜炎（嗜神经性的）病毒	沙粒病毒科	第二类	BSL-3	ABSL-3	BSL-2	BSL-1	BSL-1	A	UN2814	
54	Mayaro virus	Mayaro 病毒	披膜病毒科	第二类	BSL-3	ABSL-3	BSL-2	BSL-1	BSL-1	A	UN2814	
55	Middelburg virus	米德尔堡病毒	披膜病毒科	第二类	BSL-3	ABSL-3	BSL-2	BSL-1	BSL-1	A	UN2814	
56	Milker's nodule virus	挤奶工结节病毒	痘病毒科	第二类	BSL-3	ABSL-3	BSL-2	BSL-1	BSL-1	A	UN2814	
57	Mucambo virus	Murcambo 病毒	披膜病毒科	第二类	BSL-3	ABSL-3	BSL-2	BSL-1	BSL-1	A	UN2814	
58	Murray valley encephalitis virus（Australia encephalitis virus）	墨累谷脑炎病毒（澳大利亚脑炎病毒）	黄病毒科	第二类	BSL-3	ABSL-3	BSL-2	BSL-1	BSL-1	A	UN2814	
59	Nairobi sheep disease virus	内罗毕绵羊病病毒	布尼亚病毒科	第二类	BSL-3	ABSL-3	BSL-2	BSL-1	BSL-1	A	UN2814	
60	Ndumu virus	恩杜姆病毒	披膜病毒科	第二类	BSL-3	ABSL-3	BSL-2	BSL-1	BSL-1	A	UN2814	

续表

序号	病毒名称 英文名	病毒名称 中文名	分类学地位	危害程度分类	实验活动所需生物安全实验室级别 病毒培养[a]	动物感染实验[b]	未经培养的感染材料的操作[c]	灭活材料的操作[d]	无感染性材料的操作[e]	运输包装分类[f] A/B	UN编号	备注
61	Negishi virus	Negishi病毒	黄病毒科	第二类	BSL-3	ABSL-3	BSL-2	BSL-1	BSL-1	A	UN 2814	
62	Newcastle disease virus	新城疫病毒	副粘病毒科	第二类	BSL-3	ABSL-3	BSL-2	BSL-1	BSL-1	A	UN 2900	
63	Orf virus	口疮病毒	痘病毒科	第二类	BSL-3	ABSL-3	BSL-2	BSL-1	BSL-1	A	UN 2814	
64	Oropouche virus	Oropouche病毒	布尼亚病毒科	第二类	BSL-3	ABSL-3	BSL-2	BSL-1	BSL-1	A	UN 2814	
65	Other pathogenic orthopoxviruses not in BL 1, 3or4	不属于危害程度第一或三、四类的其他正痘病毒属病毒	痘病毒科	第二类	BSL-3	ABSL-3	BSL-2	BSL-1	BSL-1	A	UN 2814	
66	Paramushir virus	Paramushir病毒	布尼亚病毒科	第二类	BSL-3	ABSL-3	BSL-2	BSL-1	BSL-1	A	UN 2814	
67	Poliovirus[h]	脊髓灰质炎病毒[h]	小RNA病毒科	第二类	BSL-3	ABSL-3	BSL-2	BSL-1	BSL-1	A	UN 2814	见注
68	Powassan virus	Powassan病毒	黄病毒科	第二类	BSL-3	ABSL-3	BSL-2	BSL-1	BSL-1	A	UN 2814	
69	Rabbitpox virus (vaccinia variant)	兔痘病毒（痘苗病毒变种）	痘病毒科	第二类	BSL-3	ABSL-3	BSL-2	BSL-1	BSL-1	A	UN 2814	
70	Rabies virus (street virus)	狂犬病毒（街毒）	弹状病毒科	第二类	BSL-3	ABSL-3	BSL-2	BSL-1	BSL-1	A	UN 2814	
71	Razdan virus	Razdan病毒	布尼亚病毒科	第二类	BSL-3	ABSL-3	BSL-2	BSL-1	BSL-1	A	UN 2814	

续表

序号	病毒名称			危害程度分类	实验活动所需生物安全实验室级别					运输包装分类[f]		备注
	英文名	中文名	分类学地位		病毒培养[a]	动物感染实验[b]	未经培养的感染材料的操作[c]	灭活材料的操作[d]	无感染性材料的操作[e]	A/B	UN编号	
72	Rift valley fever virus	立夫特谷热病毒	布尼亚病毒科	第二类	BSL-3	ABSL-3	BSL-2	BSL-1	BSL-1	A	UN 2814	
73	Rochambeau virus	Rochambeau 病毒	弹状病毒科	第二类	BSL-3	ABSL-3	BSL-2	BSL-1	BSL-1	A	UN 2814	
74	Rocio virus	罗西奥病毒	黄病毒科	第二类	BSL-3	ABSL-3	BSL-2	BSL-1	BSL-1	A	UN 2814	
75	Sagiyama virus	Sagiyama 病毒	披膜病毒科	第二类	BSL-3	ABSL-3	BSL-2	BSL-1	BSL-1	A	UN 2814	
76	SARS-associated coronavirus (SARS-CoV)	SARS冠状病毒	冠状病毒科	第二类	BSL-3	ABSL-3	BSL-3	BSL-2	BSL-1	A	UN 2814	
77	Sepik virus	塞皮克病毒	黄病毒科	第二类	BSL-3	ABSL-3	BSL-2	BSL-1	BSL-1	A	UN 2814	
78	Simian immunodeficiency virus (SIV)	猴免疫缺陷病毒	逆转录病毒科	第二类	BSL-3	ABSL-3	BSL-2	BSL-1	BSL-1	A	UN 2814	
79	Tamdy virus	Tamdy 病毒	布尼亚病毒科	第二类	BSL-3	ABSL-3	BSL-2	BSL-1	BSL-1	A	UN 2814	
80	West Nile virus	西尼罗病毒	黄病毒科	第二类	BSL-3	ABSL-3	BSL-2	BSL-1	BSL-1	A	UN 2814	仅病毒培养物为A类
81	Acute hemorrhagic conjunctivitis virus	急性出血性结膜炎病毒	小RNA病毒科	第三类	BSL-2	ABSL-2	BSL-2	BSL-1	BSL-1	B	UN 3373	
82	Adenovirus	腺病毒	腺病毒科	第三类	BSL-2	ABSL-2	BSL-2	BSL-1	BSL-1	B	UN 3373	

续表

序号	病毒名称 英文名	病毒名称 中文名	分类学地位	危害程度分类	实验活动所需生物安全实验室级别 病毒培养[a]	实验活动所需生物安全实验室级别 动物感染实验[b]	实验活动所需生物安全实验室级别 未经培养的感染材料的操作[c]	实验活动所需生物安全实验室级别 灭活材料的操作[d]	实验活动所需生物安全实验室级别 无感染性材料的操作[e]	运输包装分类[f] A/B	运输包装分类[f] UN编号	备注
83	Adeno-associated virus	腺病毒伴随病毒	细小病毒科	第三类	BSL-2	ABSL-2	BSL-2	BSL-1	BSL-1	B	UN 3373	
84	Alphaviruses, other known	其他已知的甲病毒	披膜病毒科	第三类	BSL-2	ABSL-2	BSL-2	BSL-1	BSL-1	B	UN 3373	
85	Astrovirus	星状病毒	星状病毒科	第三类	BSL-2	ABSL-2	BSL-2	BSL-1	BSL-1	B	UN 3373	
86	Barmah forest virus	Barmah森林病毒	披膜病毒科	第三类	BSL-2	ABSL-2	BSL-2	BSL-1	BSL-1	B	UN 3373	
87	Bebaru virus	Bebaru病毒	披膜病毒科	第三类	BSL-2	ABSL-2	BSL-2	BSL-1	BSL-1	B	UN 3373	
88	Buffalo pox virus: 2 viruses (1 a vaccinia variant)	水牛正痘病毒：2种（1种是牛痘变种）	痘病毒科	第三类	BSL-2	ABSL-2	BSL-2	BSL-1	BSL-1	B	UN 3373	
89	Bunyavirus	布尼亚病毒	布尼亚病毒科	第三类	BSL-2	ABSL-2	BSL-2	BSL-1	BSL-1	B	UN 3373	
90	Calicivirus	杯状病毒	杯状病毒科	第三类	BSL-2	ABSL-2	BSL-2	BSL-1	BSL-1	B	UN 3373	目前人类病毒不能培养
91	Camel pox virus	骆驼痘病毒	痘病毒科	第三类	BSL-2	ABSL-2	BSL-2	BSL-1	BSL-1	B	UN 2814	
92	Coltivirus	Colti病毒	呼肠病毒科	第三类	BSL-2	ABSL-2	BSL-2	BSL-1	BSL-1	B	UN 3373	

续表

序号	病毒名称			危害程度分类	实验活动所需生物安全实验室级别					运输包装分类[f]		备注
	英文名	中文名	分类学地位		病毒培养[a]	动物感染实验[b]	未经培养的感染材料的操作[c]	灭活材料的操作[d]	无感染性材料的操作[e]	A/B	UN编号	
93	Coronavirus	冠状病毒	冠状病毒科	第三类	BSL-2	ABSL-2	BSL-2	BSL-1	BSL-1	B	UN 3373	除了SARS-CoV以外，如NL-63，OC-43，229E等
94	Cowpox virus	牛痘病毒	痘病毒科	第三类	BSL-2	ABSL-2	BSL-2	BSL-1	BSL-1	B	UN 3373	
95	Coxsakie virus	柯萨奇病毒	小RNA病毒科	第三类	BSL-2	ABSL-2	BSL-2	BSL-1	BSL-1	B	UN 3373	
96	Cytomegalo-virus	巨细胞病毒	疱疹病毒科	第三类	BSL-2	ABSL-2	BSL-2	BSL-1	BSL-1	B	UN 3373	
97	Dengue virus	登革病毒	黄病毒科	第三类	BSL-2	ABSL-2	BSL-2	BSL-1	BSL-1	A	UN 2814	仅培养物为A类
98	ECHO virus	埃可病毒	小RNA病毒科	第三类	BSL-2	ABSL-2	BSL-2	BSL-1	BSL-1	B	UN 3373	
99	Enterovirus	肠道病毒	小RNA病毒科	第三类	BSL-2	ABSL-2	BSL-2	BSL-1	BSL-1	B	UN 3373	系指目前分类未定的肠道病毒
100	Enterovirus 71	肠道病毒-71型	小RNA病毒科	第三类	BSL-2	ABSL-2	BSL-2	BSL-1	BSL-1	B	UN 3373	
101	Epstein-Barr virus	EB病毒	疱疹病毒科	第三类	BSL-2	ABSL-2	BSL-2	BSL-1	BSL-1	B	UN 3373	
102	Flanders virus	费兰杜病毒	弹状病毒科	第三类	BSL-2	ABSL-2	BSL-2	BSL-1	BSL-1	B	UN 3373	
103	Flaviviruses known to be pathogenic, other	其他的致病性黄病毒	黄病毒科	第三类	BSL-2	ABSL-2	BSL-2	BSL-1	BSL-1	B	UN 3373	

序号	病毒名称 英文名	病毒名称 中文名	分类学地位	危害程度分类	实验活动所需生物安全实验室级别 病毒培养[a]	实验活动所需生物安全实验室级别 动物感染实验[b]	实验活动所需生物安全实验室级别 未经培养的感染材料的操作[c]	实验活动所需生物安全实验室级别 灭活材料的操作[d]	实验活动所需生物安全实验室级别 无感染性材料的操作[e]	运输包装分类[f] A/B	运输包装分类[f] UN编号	备注
104	Guaratuba virus	瓜纳图巴病毒	布尼亚病毒科	第三类	BSL-2	ABSL-2	BSL-2	BSL-1	BSL-1	B	UN3373	
105	Hart Park virus	Hart Park 病毒	弹状病毒科	第三类	BSL-2	ABSL-2	BSL-2	BSL-1	BSL-1	B	UN3373	
106	Hazara virus	Hazara 病毒	布尼亚病毒科	第三类	BSL-2	ABSL-2	BSL-2	BSL-1	BSL-1	B	UN3373	
107	Hepatitis A virus	甲型肝炎病毒	小RNA病毒科	第三类	BSL-2	ABSL-2	BSL-2	BSL-1	BSL-1	B	UN3373	
108	Hepatitis B virus	乙型肝炎病毒	嗜肝DNA病毒科	第三类	BSL-2	ABSL-2	BSL-2	BSL-1	BSL-1	A	UN2814	目前不能培养，但有产毒细胞系。仅细胞培养物为A类。
109	Hepatitis C virus	丙型肝炎病毒	黄病毒科	第三类	BSL-2	ABSL-2	BSL-2	BSL-1	BSL-1	B	UN3373	目前不能培养
110	Hepatitis D virus	丁型肝炎病毒	卫星病毒	第三类	BSL-2	ABSL-2	BSL-2	BSL-1	BSL-1	B	UN3373	目前不能培养
111	Hepatitis E virus	戊型肝炎病毒	嵌杯病毒科	第三类	BSL-2	ABSL-2	BSL-2	BSL-1	BSL-1	B	UN3373	目前不能培养
112	Herpes simplex virus	单纯疱疹病毒	疱疹病毒科	第三类	BSL-2	ABSL-2	BSL-2	BSL-1	BSL-1	B	UN3373	
113	Human herpes virus-6	人疱疹病毒6型	疱疹病毒科	第三类	BSL-2	ABSL-2	BSL-2	BSL-1	BSL-1	B	UN3373	
114	Human herpes virus-7	人疱疹病毒7型	疱疹病毒科	第三类	BSL-2	ABSL-2	BSL-2	BSL-1	BSL-1	B	UN3373	

附　录

续表

序号	病毒名称			危害程度分类	实验活动所需生物安全实验室级别					运输包装分类[f]		备注
	英文名	中文名	分类学地位		病毒培养[a]	动物感染实验[b]	未经培养的感染材料的操作[c]	灭活材料的操作[d]	无感染性材料的操作[e]	A/B	UN编号	
115	Human herpesvirus-8	人疱疹病毒8型	疱疹病毒科	第三类	BSL-2	ABSL-2	BSL-2	BSL-1	BSL-1	B	UN 3373	
116	Human T-lymphotropic virus	人T细胞白血病病毒	逆转录病毒科	第三类	BSL-2	ABSL-2	BSL-2	BSL-1	BSL-1	B	UN 3373	
117	Influenza virus	流行性感冒病毒（非H2N2亚型）	正粘病毒科	第三类	BSL-2	ABSL-2	BSL-2	BSL-1	BSL-1	B	UN 3373	包括甲、乙和丙型。A/PR8/34，A/WS/33可在BSL-1操作。根据WHO最新建议，H2N2亚型病毒应提高防护等级。
		甲型流行性感冒病毒H2N2亚型	正粘病毒科	第三类	BSL-3	ABSL-3	BSL-2	BSL-1	BSL-1	B	UN 2814	
118	Kunjin virus	Kunjin病毒	黄病毒科	第三类	BSL-2	ABSL-2	BSL-2	BSL-1	BSL-1	B	UN 3373	
119	La Crosse virus	La Crosse病毒	布尼亚病毒科	第三类	BSL-2	ABSL-2	BSL-2	BSL-1	BSL-1	B	UN 3373	
120	Langat virus	Langat病毒	黄病毒科	第三类	BSL-2	ABSL-2	BSL-2	BSL-1	BSL-1	B	UN 3373	
121	Lentivirus, except HIV	慢病毒，除HIV外	逆转录病毒科	第三类	BSL-2	ABSL-2	BSL-2	BSL-1	BSL-1	B	UN 3373	

序号	病毒名称			危害程度分类	实验活动所需生物安全实验室级别					运输包装分类[f]		备注
	英文名	中文名	分类学地位		病毒培养[a]	动物感染实验[b]	未经培养的感染材料的操作[c]	灭活材料的操作[d]	无感染性材料的操作[e]	A/B	UN编号	
122	Lymphocytic choriomen-ingitis virus	淋巴细胞性脉络丛脑膜炎病毒	沙粒病毒科	第三类：其他亲内脏性的	BSL-2	ABSL-2	BSL-2	BSL-1	BSL-1	B	UN 3373	
123	Measles virus	麻疹病毒	副粘病毒科	第三类	BSL-2	ABSL-2	BSL-2	BSL-1	BSL-1	B	UN 3373	
124	Metapneu-movirus	Meta肺炎病毒	副粘病毒科	第三类	BSL-2	ABSL-2	BSL-2	BSL-1	BSL-1	B	UN 3373	
125	Molluscum contagiosum virus	传染性软疣病毒	痘病毒科	第三类	BSL-2	ABSL-2	BSL-2	BSL-1	BSL-1	B	UN 3373	
126	Mumps virus	流行性腮腺炎病毒	副粘病毒科	第三类	BSL-2	ABSL-2	BSL-2	BSL-1	BSL-1	B	UN 3373	
127	O'nyong-nyong virus	阿尼昂-尼昂病毒	披膜病毒科	第三类	BSL-2	ABSL-2	BSL-2	BSL-1	BSL-1	B	UN 3373	
128	Oncogenic RNA virus B	致癌RNA病毒B	逆转录病毒科	第三类	BSL-2	ABSL-2	BSL-2	BSL-1	BSL-1	B	UN 3373	
129	Oncogenic RNA virus C, except HTLV Ⅰ and Ⅱ	除HTLV Ⅰ和Ⅱ外的致癌RNA病毒C	逆转录病毒科	第三类	BSL-2	ABSL-2	BSL-2	BSL-1	BSL-1	B	UN 3373	
130	Other bunyaviridae known to be pathogenic	其他已知致病的布尼亚病毒科病毒	布尼亚病毒科	第三类	BSL-2	ABSL-2	BSL-2	BSL-1	BSL-1	B	UN 3373	

续表

序号	病毒名称 英文名	病毒名称 中文名	分类学地位	危害程度分类	实验活动所需生物安全实验室级别 病毒培养[a]	实验活动所需生物安全实验室级别 动物感染实验[b]	实验活动所需生物安全实验室级别 未经培养的感染材料的操作[c]	实验活动所需生物安全实验室级别 灭活材料的操作[d]	实验活动所需生物安全实验室级别 无感染性材料的操作[e]	运输包装分类[f] A/B	运输包装分类[f] UN编号	备注
131	Papillomavirus (human)	人乳头瘤病毒	乳多空病毒科	第三类	BSL-2	ABSL-2	BSL-2	BSL-1	BSL-1	B	UN 3373	目前不能培养
132	Parainfluenza virus	副流感病毒	副粘病毒科	第三类	BSL-2	ABSL-2	BSL-2	BSL-1	BSL-1	B	UN 3373	
133	Paravaccinia virus	副牛痘病毒	痘病毒科	第三类	BSL-2	ABSL-2	BSL-2	BSL-1	BSL-1	B	UN 3373	
134	Parvovirus B19	细小病毒B19	细小病毒科	第三类	BSL-2	ABSL-2	BSL-2	BSL-1	BSL-1	B	UN 3373	
135	Polyoma virus, BK and JC viruses	多瘤病毒、BK和JC病毒	乳多空病毒科	第三类	BSL-2	ABSL-2	BSL-2	BSL-1	BSL-1	B	UN 3373	
136	Rabies virus (fixed virus)	狂犬病毒（固定毒）	弹状病毒科	第三类	BSL-2	ABSL-2	BSL-2	BSL-1	BSL-1	B	UN 3373	
137	Respiratory syncytial virus	呼吸道合胞病毒	副粘病毒科	第三类	BSL-2	ABSL-2	BSL-2	BSL-1	BSL-1	B	UN 3373	
138	Rhinovirus	鼻病毒	小RNA病毒科	第三类	BSL-2	ABSL-2	BSL-2	BSL-1	BSL-1	B	UN 3373	
139	Ross river virus	罗斯河病毒	披膜病毒科	第三类	BSL-2	ABSL-2	BSL-2	BSL-1	BSL-1	B	UN 3373	
140	Rotavirus	轮状病毒	呼肠孤病毒科	第三类	BSL-2	ABSL-2	BSL-2	BSL-1	BSL-1	B	UN 3373	部分（如B组）不能培养
141	Rubivirus (Rubella)	风疹病毒	披膜病毒科	第三类	BSL-2	ABSL-2	BSL-2	BSL-1	BSL-1	B	UN 3373	
142	Sammarez Reef virus	Sammarez Reef 病毒	黄病毒科	第三类	BSL-2	ABSL-2	BSL-2	BSL-1	BSL-1	B	UN 3373	

续表

序号	病毒名称			危害程度分类	实验活动所需生物安全实验室级别					运输包装分类[f]		备注
	英文名	中文名	分类学地位		病毒培养[a]	动物感染实验[b]	未经培养的感染材料的操作[c]	灭活材料的操作[d]	无感染性材料的操作[e]	A/B	UN编号	
143	Sandfly fever virus	白蛉热病毒	布尼亚病毒科	第三类	BSL-2	ABSL-2	BSL-2	BSL-1	BSL-1	B	UN 3373	
144	Semliki forest virus	塞姆利基森林病毒	披膜病毒科	第三类	BSL-2	ABSL-2	BSL-2	BSL-1	BSL-1	A	UN 2814	
145	Sendai virus (murine parainfluenza virus type 1)	仙台病毒（鼠副流感病毒1型）	副粘病毒科	第三类	BSL-2	ABSL-2	BSL-2	BSL-1	BSL-1	B	UN 3373	
146	Simian virus 40	猴病毒40	乳多空病毒科	第三类	BSL-2	ABSL-2	BSL-2	BSL-1	BSL-1	B	UN 3373	
147	Sindbis virus	辛德毕斯病毒	披膜病毒科	第三类	BSL-2	ABSL-2	BSL-2	BSL-1	BSL-1	B	UN 3373	
148	Tanapox virus	塔那痘病毒	痘病毒科	第三类	BSL-2	ABSL-2	BSL-2	BSL-1	BSL-1	B	UN 3373	
149	Tensaw virus	Tensaw病毒	布尼亚病毒科	第三类	BSL-2	ABSL-2	BSL-2	BSL-1	BSL-1	B	UN 3373	
150	Turlock virus	Turlock病毒	布尼亚病毒科	第三类	BSL-2	ABSL-2	BSL-2	BSL-1	BSL-1	B	UN 3373	
151	Vaccinia virus	痘苗病毒	痘病毒科	第三类	BSL-2	ABSL-2	BSL-2	BSL-1	BSL-1	B	UN 3373	
152	Varicella-Zoster virus	水痘-带状疱疹病毒	疱疹病毒科	第三类	BSL-2	ABSL-2	BSL-2	BSL-1	BSL-1	B	UN 3373	
153	Vesicular stomatitis virus	水泡性口炎病毒	弹状病毒科	第三类	BSL-2	ABSL-2	BSL-2	BSL-1	BSL-1	A	UN 2900	
154	Yellow fever virus, (vaccine strain, 17D)	黄热病毒（疫苗株，17D）	黄病毒科	第三类	BSL-2	ABSL-2	BSL-2	BSL-1	BSL-1	B	UN 3373	

附　录

续表

序号	病毒名称			危害程度分类	实验活动所需生物安全实验室级别					运输包装分类[f]		备注
	英文名	中文名	分类学地位		病毒培养[a]	动物感染实验[b]	未经培养的感染材料的操作[c]	灭活材料的操作[d]	无感染性材料的操作[e]	A/B	UN编号	
155	Guinea pig herpes virus	豚鼠疱疹病毒	疱疹病毒科	第四类	BSL-1	ABSL-1	BSL-1	BSL-1	BSL-1			
156	Hamster leukemia virus	金黄地鼠白血病病毒	逆转录病毒科	第四类	BSL-1	ABSL-1	BSL-1	BSL-1	BSL-1			
157	Herpesvirus saimiri，Genus Rhadinovirus	松鼠猴疱疹病毒，猴病毒属	疱疹病毒科	第四类	BSL-1	ABSL-1	BSL-1	BSL-1	BSL-1			
158	Mouse leukemia virus	小鼠白血病病毒	逆转录病毒科	第四类	BSL-1	ABSL-1	BSL-1	BSL-1	BSL-1			
159	Mouse mammary tumor virus	小鼠乳腺瘤病毒	逆转录病毒科	第四类	BSL-1	ABSL-1	BSL-1	BSL-1	BSL-1			
160	Rat leukemia virus	大鼠白血病病毒	逆转录病毒科	第四类	BSL-1	ABSL-1	BSL-1	BSL-1	BSL-1			

附录：Prion

序号	疾病英文名	疾病中文名	危害分类	不同实验活动所需实验室生物安全级别			运输包装分类[f]		备注
				组织培养	动物感染	感染性材料的检测	A/B	UN编号	
1	Bovine spongiform encephalopathy（BSE）	疯牛病	第二类	BSL-3	ABSL-3	BSL-2	B	UN3373	需要有134℃高压灭菌条件
2	Creutzfeldt-Jacob disease（CJD）	人克-雅氏病	第二类	BSL-2	ABSL-3	BSL-2	B	UN3373	需要有134℃高压灭菌条件

续表

序号	疾病英文名	疾病中文名	危害分类	不同实验活动所需实验室生物安全级别			运输包装分类[f]		备注
				组织培养	动物感染	感染性材料的检测	A/B	UN 编号	
3	Gerstmann-Straussler-Scheinker syndrome（GSS）	吉斯特曼-斯召斯列综合征	第二类	BSL-2	ABSL-3	BSL-2	B	UN3373	需要有134℃高压灭菌条件
4	Kuru disease	Kuru 病	第二类	BSL-3	ABSL-3	BSL-2	B	UN3373	需要有134℃高压灭菌条件
5	Scrapie	瘙痒病因子	第三类	BSL-2	ABSL-3	BSL-2	B	UN3373	需要有134℃高压灭菌条件
6	New variance Creutzfeldt-Jacob disease（nvCJD）	变异型克-雅氏病	第二类	BSL-3	ABSL-3	BSL-2	B	UN3373	需要有134℃高压灭菌条件

注：BSL-n/ABSL-n：不同生物安全级别的实验室/动物实验室。

a. 病毒培养：指病毒的分离、培养、滴定、中和试验、活病毒及其蛋白纯化、病毒冻干以及产生活病毒的重组试验等操作。利用活病毒或其感染细胞（或细胞提取物），不经灭活进行的生化分析、血清学检测、免疫学检测等操作视同病毒培养。使用病毒培养物提取核酸，裂解剂或灭活剂的加入必须在与病毒培养等同级别的实验室和防护条件下进行，裂解剂或灭活剂加入后可比照未经培养的感染性材料的防护等级进行操作。

b. 动物感染实验：指以活病毒感染动物的实验。

c. 未经培养的感染性材料的操作：指未经培养的感染性材料在采用可靠的方法灭活前进行的病毒抗原检测、血清学检测、核酸检测、生化分析等操作。未经可靠灭活或固定的人和动物组织标本因含病毒量较高，其操作的防护级别应比照病毒培养。

d. 灭活材料的操作：指感染性材料或活病毒在采用可靠的方法灭活后进行的病毒抗原检测、血清学检测、核酸检测、生化分析、分子生物学实验等不含致病性活病毒的操作。

e. 无感染性材料的操作：指针对确认无感染性的材料的各种操作，包括但不限于无感染性的病毒 DNA 或 cDNA 操作。

f. 运输包装分类：按国际民航组织文件 Doc9284《危险品航空安全运输技术细则》的分类包装要求，将相关病原和标本分为 A、B 两类，对应的联合国编号分别为 UN2814（动物病毒为 UN2900）和 UN3373。对于 A 类感染性物质，若表中未注明"仅限于病毒培养物"，则包括涉及该病毒的所有材料；对于注明"仅限于病毒培养物"的 A 类感染性物质，则病毒培养物按 UN2814 包装，其他标本按 UN3373 要求进行包装。凡标明 B 类的病毒和相关样本均按 UN3373 的要求包装和空运。通过其他交通工具运输的可参照以上标准进行包装。

g. 这里特指亚欧地区传播的蜱传脑炎、俄罗斯春夏脑炎和中欧型蜱传脑炎。

h. 脊髓灰质炎病毒：这里只是列出一般指导性原则。目前对于脊髓灰质炎病毒野毒株的操作应遵从卫生部有关规定。对于疫苗株按 3 类病原微生物的防护要求进行操作，病毒培养的防护条件为 BSL-2，动物感染为 ABSL-2，未经培养的感染性材料的操作在 BSL-2，灭活和无感染性材料的操作均为 BSL-1。疫苗衍生毒株（VDPV）病毒培养的防护条件为 BSL-2，动物感染为 ABSL-3，未经培养的感染性材料的操作在 BSL-2，灭活和无感染性材料的操作均为 BSL-1。上述指导原则会随着全球消灭脊髓灰质炎病毒的进展状况而有所改变，新的指导原则按新规定执行。

说明：

1. 在保证安全的前提下，对临床和现场的未知样本检测操作可在生物安全二级或以上防护级别的实验室进行，涉及病毒分离培养的操作，应加强个体防护和环境保护。要密切注意流行病学动态和临床表现，判断是否存在高致病性病原体，若判定为疑似高致病性病原体，应在相应生物安全级别的实验室开展工作。

2. 本表未列出之病毒和实验活动，由各单位的生物安全委员会负责危害程度评估，确定相应的生物安全防护级别。如涉及高致病性病毒及其相关实验的应经国家病原微生物实验室生物安全专家委员会论证。

3. Prion 为特殊病原体，其危害程度分类及相应实验活动的生物安全防护水平单独列出。

4. 关于使用人类病毒的重组体：在卫生部发布有关的管理规定之前，对于人类病毒的重组体（包括对病毒的基因缺失、插入、突变等修饰以及将病毒作为外源基因的表达载体）暂时遵循以下原则：（1）严禁两个不同病原体之间进行完整基因组的重组；（2）对于对人类致病的病毒，如存在疫苗株，只允许用疫苗株为外源基因表达载体，如脊髓灰质炎病毒、麻疹病毒、乙型脑炎病毒等；（3）对于一般情况下即具有复制能力的重组活病毒（复制型重组病毒），其操作时的防护条件应不低于其母本病毒；对于条件复制型或复制缺陷型病毒可降低防护条件，但不得低于 BSL-2 的防护条件，如来源于 HIV 的慢病毒载体，为双基因缺失载体，可在 BSL-2 实验室操作；（4）对于病毒作为表达载体，其防护水平总体上应根据其母本病毒的危害等级及防护要求进行操作，但是将高致病性病毒的基因重组入具有复制能力的同科低致病性病毒载体时，原则上应根据高致病性病原体的危害等级和防护条件进行操作，在证明重组体无危害后，可视情降低防护等级；（5）对于复制型重组病毒的制作事先要进行危险性评估，并得到所在单位生物安全委员会的批准。对于高致病性病原体重组体或有可能制造出高致病性病原体的操作应经国家病原微生物实验室生物安全专家委员会论证。

5. 国家正式批准的生物制品疫苗生产用减毒、弱毒毒种的分类地位另行规定。

表 2. 细菌、放线菌、衣原体、支原体、立克次体、螺旋体分类名录

序号	病原菌名称		危害程度分类	实验活动所需生物安全实验室级别				运输包装分类[e]		备注
	学名	中文名		大量活菌操作[a]	动物感染实验[b]	样本检测[c]	非感染性材料的实验[d]	A/B	UN 编号	
1	Bacillus anthracis	炭疽芽孢杆菌	第二类	BSL-3	ABSL-3	BSL-2	BSL-1	A	UN 2814	
2	Brucella spp	布鲁氏菌属	第二类	BSL-3	ABSL-3	BSL-2	BSL-1	A	UN 2814	其中弱毒株或疫苗株可在 BSL-2 实验室操作。
3	Burkholderia mallei	鼻疽伯克菌	第二类	BSL-3	ABSL-3	BSL-2	BSL-1	A	UN 2814	

续表

序号	病原菌名称		危害程度分类	实验活动所需生物安全实验室级别				运输包装分类[e]		备注
	学名	中文名		大量活菌操作[a]	动物感染实验[b]	样本检测[c]	非感染性材料的实验[d]	A/B	UN 编号	
4	Coxiella burnetii	伯氏考克斯体	第二类	BSL-3	ABSL-3	BSL-2	BSL-1	A	UN 2814	
5	Francisella tularensis	土拉热弗朗西丝菌	第二类	BSL-3	ABSL-3	BSL-2	BSL-1	A	UN 2814	
6	Mycobacterium bovis	牛型分枝杆菌	第二类	BSL-3	ABSL-3	BSL-2	BSL-1	A	UN 2814	
7	Mycobacterium tuberculosis	结核分枝杆菌	第二类	BSL-3	ABSL-3	BSL-2	BSL-1	A	UN 2814	
8	Rickettsia spp	立克次体属	第二类	BSL-3	ABSL-3	BSL-2	BSL-1	A	UN 2814	
9	Vibrio cholerae	霍乱弧菌[f]	第二类	BSL-2	ABSL-2	BSL-2	BSL-1	A	UN 2814	
10	Yersinia pestis	鼠疫耶尔森菌	第二类	BSL-3	ABSL-3	BSL-2	BSL-1	A	UN 2814	
11	Acinetobacter lwoffi	鲁氏不动杆菌	第三类	BSL-2	ABSL-2	BSL-2	BSL-1	B	UN 3373	
12	Acinetobacter baumannii	鲍氏不动杆菌	第三类	BSL-2	ABSL-2	BSL-2	BSL-1	B	UN 3373	
13	Mycobacterium cheloei	龟分枝杆菌	第三类	BSL-2	ABSL-2	BSL-2	BSL-1	B	UN 3373	
14	Actinobacillus actinomycetemcomitans	伴放线放线杆菌	第三类	BSL-2	ABSL-2	BSL-2	BSL-1	B	UN 3373	
15	Actinomadura madurae	马杜拉放线菌	第三类	BSL-2	ABSL-2	BSL-2	BSL-1	B	UN 3373	
16	Actinomadura pelletieri	白乐杰马杜拉放线菌	第三类	BSL-2	ABSL-2	BSL-2	BSL-1	B	UN 3373	
17	Actinomyces bovis	牛型放线菌	第三类	BSL-2	ABSL-2	BSL-2	BSL-1	B	UN 3373	
18	Actinomyces gerencseriae	戈氏放线菌	第三类	BSL-2	ABSL-2	BSL-2	BSL-1	B	UN 3373	

续表

序号	病原菌名称		危害程度分类	实验活动所需生物安全实验室级别				运输包装分类[e]		备注
	学名	中文名		大量活菌操作[a]	动物感染实验[b]	样本检测[c]	非感染性材料的实验[d]	A/B	UN 编号	
19	Actinomyces israelii	衣氏放线菌	第三类	BSL-2	ABSL-2	BSL-2	BSL-1	B	UN 3373	
20	Actinomyces naeslundii	内氏放线菌	第三类	BSL-2	ABSL-2	BSL-2	BSL-1	B	UN 3373	
21	Actinomyces pyogenes	酿（化）脓放线菌	第三类	BSL-2	ABSL-2	BSL-2	BSL-1	B	UN 3373	
22	Aeromonas hydrophila	嗜水气单胞菌/杜氏气单胞菌/嗜水变形菌	第三类	BSL-2	ABSL-2	BSL-2	BSL-1	B	UN 3373	
23	Aeromonas punctata	斑点气单胞菌	第三类	BSL-2	ABSL-2	BSL-2	BSL-1	B	UN 3373	
24	Afipia spp	阿菲波菌属	第三类	BSL-2	ABSL-2	BSL-2	BSL-1	B	UN 3373	
25	Amycolata autotrophica	自养无枝酸菌	第三类	BSL-2	ABSL-2	BSL-2	BSL-1	B	UN 3373	
26	Arachnia propionica	丙酸蛛菌/丙酸蛛网菌	第三类	BSL-2	ABSL-2	BSL-2	BSL-1	B	UN 3373	
27	Arcanobacterium equi	马隐秘杆菌	第三类	BSL-2	ABSL-2	BSL-2	BSL-1	B	UN 3373	
28	Arcanobacterium haemolyticum	溶血隐秘杆菌	第三类	BSL-2	ABSL-2	BSL-2	BSL-1	B	UN 3373	
29	Bacillus cereus	蜡样芽胞杆菌	第三类	BSL-2	ABSL-2	BSL-2	BSL-1	B	UN 3373	
30	Bacteroides fragilis	脆弱拟杆菌	第三类	BSL-2	ABSL-2	BSL-2	BSL-1	B	UN 3373	
31	Bartonella bacilliformis	杆状巴尔通体	第三类	BSL-2	ABSL-2	BSL-2	BSL-1	B	UN 3373	

续表

序号	病原菌名称		危害程度分类	实验活动所需生物安全实验室级别				运输包装分类[e]		备注
	学名	中文名		大量活菌操作[a]	动物感染实验[b]	样本检测[c]	非感染性材料的实验[d]	A/B	UN 编号	
32	Bartonella elizabethae	伊丽莎白巴尔通体	第三类	BSL-2	ABSL-2	BSL-2	BSL-1	B	UN 3373	
33	Bartonella henselae	汉氏巴尔通体	第三类	BSL-2	ABSL-2	BSL-2	BSL-1	B	UN 3373	
34	Bartonella quintana	五日热巴尔通体	第三类	BSL-2	ABSL-2	BSL-2	BSL-1	B	UN 3373	
35	Bartonella vinsonii	文氏巴尔通体	第三类	BSL-2	ABSL-2	BSL-2	BSL-1	B	UN 3373	
36	Bordetella bronchiseptica	支气管炎博德特菌	第三类	BSL-2	ABSL-2	BSL-2	BSL-1	B	UN 3373	
37	Bordetella parapertussis	副百日咳博德特菌	第三类	BSL-2	ABSL-2	BSL-2	BSL-1	B	UN 3373	
38	Bordetella pertussis	百日咳博德特菌	第三类	BSL-2	ABSL-2	BSL-2	BSL-1	B	UN 3373	
39	Borrelia burgdorferi	伯氏疏螺旋体	第三类	BSL-2	ABSL-2	BSL-2	BSL-1	B	UN 3373	
40	Borrelia duttonii	达氏疏螺旋体	第三类	BSL-2	ABSL-2	BSL-2	BSL-1	B	UN 3373	
41	Borrelia recurrentis	回归热疏螺旋体	第三类	BSL-2	ABSL-2	BSL-2	BSL-1	B	UN 3373	
42	Borrelia vincenti	奋森疏螺旋体	第三类	BSL-2	ABSL-2	BSL-2	BSL-1	B	UN 3373	
43	Calymmatobacterium granulomatis	肉芽肿鞘杆菌	第三类	BSL-2	ABSL-2	BSL-2	BSL-1	B	UN 3373	
44	Campylobacter jejuni	空肠弯曲菌	第三类	BSL-2	ABSL-2	BSL-2	BSL-1	B	UN 3373	
45	Campylobacter sputorum	唾液弯曲菌	第三类	BSL-2	ABSL-2	BSL-2	BSL-1	B	UN 3373	

附 录

续表

序号	病原菌名称		危害程度分类	实验活动所需生物安全实验室级别				运输包装分类[e]		备注
	学名	中文名		大量活菌操作[a]	动物感染实验[b]	样本检测[c]	非感染性材料的实验[d]	A/B	UN编号	
46	Campylobacter fetus	胎儿弯曲菌	第三类	BSL-2	ABSL-2	BSL-2	BSL-1	B	UN 3373	
47	Campylobacter coli	大肠弯曲菌	第三类	BSL-2	ABSL-2	BSL-2	BSL-1	B	UN 3373	
48	Chlamydia pneumoniae	肺炎衣原体	第三类	BSL-2	ABSL-2	BSL-2	BSL-1	B	UN 3373	
49	Chlamydia psittaci	鹦鹉热衣原体	第三类	BSL-2	ABSL-2	BSL-2	BSL-1	B	UN 2814	
50	Chlamydia trachomatis	沙眼衣原体	第三类	BSL-2	ABSL-2	BSL-2	BSL-1	B	UN 3373	
51	Clostridium botulinum	肉毒梭菌	第三类	BSL-2	ABSL-2	BSL-2	BSL-1	A	UN 2814	菌株按第二类管理
52	Clostridium difficile	艰难梭菌	第三类	BSL-2	ABSL-2	BSL-2	BSL-1	B	UN 3373	
53	Clostridium equi	马梭菌	第三类	BSL-2	ABSL-2	BSL-2	BSL-1	B	UN 3373	
54	Clostridium haemolyticum	溶血梭菌	第三类	BSL-2	ABSL-2	BSL-2	BSL-1	B	UN 3373	
55	Clostridium histolyticum	溶组织梭菌	第三类	BSL-2	ABSL-2	BSL-2	BSL-1	B	UN 3373	
56	Clostridium novyi	诺氏梭菌	第三类	BSL-2	ABSL-2	BSL-2	BSL-1	B	UN 3373	
57	Clostridium perfringens	产气荚膜梭菌	第三类	BSL-2	ABSL-2	BSL-2	BSL-1	B	UN 3373	
58	Clostridium sordellii	索氏梭菌	第三类	BSL-2	ABSL-2	BSL-2	BSL-1	B	UN 3373	
59	Clostridium tetani	破伤风梭菌	第三类	BSL-2	ABSL-2	BSL-2	BSL-1	B	UN 3373	
60	Corynebacterium bovis	牛棒杆菌	第三类	BSL-2	ABSL-2	BSL-2	BSL-1	B	UN 3373	
61	Corynebacterium diphtheriae	白喉棒杆菌	第三类	BSL-2	ABSL-2	BSL-2	BSL-1	B	UN 3373	

续表

序号	病原菌名称		危害程度分类	实验活动所需生物安全实验室级别				运输包装分类[e]		备注
	学名	中文名		大量活菌操作[a]	动物感染实验[b]	样本检测[c]	非感染性材料的实验[d]	A/B	UN 编号	
62	Corynebacterium minutissimum	极小棒杆菌	第三类	BSL-2	ABSL-2	BSL-2	BSL-1	B	UN 3373	
63	Corynebacterium pseudotuberculosis	假结核棒杆菌	第三类	BSL-2	ABSL-2	BSL-2	BSL-1	B	UN 3373	
64	Corynebacterium ulcerans	溃疡棒杆菌	第三类	BSL-2	ABSL-2	BSL-2	BSL-1	B	UN 3373	
65	Dermatophilus congolensis	刚果嗜皮菌	第三类	BSL-2	ABSL-2	BSL-2	BSL-1	B	UN 3373	
66	Edwardsiella tarda	迟钝爱德华菌	第三类	BSL-2	ABSL-2	BSL-2	BSL-1	B	UN 3373	
67	Eikenella corrodens	啮蚀艾肯菌	第三类	BSL-2	ABSL-2	BSL-2	BSL-1	B	UN 3373	
68	Enterobacter aerogenes/cloacae	产气肠杆菌/阴沟肠杆菌	第三类	BSL-2	ABSL-2	BSL-2	BSL-1	B	UN 3373	
69	Enterobacter spp	肠杆菌属	第三类	BSL-2	ABSL-2	BSL-2	BSL-1	B	UN 3373	
70	Erlichia sennetsu	腺热埃里希体	第三类	BSL-2	ABSL-2	BSL-2	BSL-1	B	UN 3373	
71	Erysipelothrix rhusiopathiae	猪红斑丹毒丝菌	第三类	BSL-2	ABSL-2	BSL-2	BSL-1	B	UN 3373	
72	Erysipelothrix spp	丹毒丝菌属	第三类	BSL-2	ABSL-2	BSL-2	BSL-1	B	UN 3373	
73	Pathogenic Escherichia coli	致病性大肠埃希菌	第三类	BSL-2	ABSL-2	BSL-2	BSL-1	B	UN 2814	
74	Flavobacterium meningosepticum	脑膜炎黄杆菌	第三类	BSL-2	ABSL-2	BSL-2	BSL-1	B	UN 3373	
75	Fluoribacter bozemanae	博兹曼荧光杆菌	第三类	BSL-2	ABSL-2	BSL-2	BSL-1	B	UN 3373	

续表

序号	病原菌名称		危害程度分类	实验活动所需生物安全实验室级别				运输包装分类[e]		备注
	学名	中文名		大量活菌操作[a]	动物感染实验[b]	样本检测[c]	非感染性材料的实验[d]	A/B	UN 编号	
76	Francisella novicida	新凶手弗朗西丝菌	第三类	BSL-2	ABSL-2	BSL-2	BSL-1	B	UN 3373	
77	Fusobacterium necrophorum	坏疽梭杆菌	第三类	BSL-2	ABSL-2	BSL-2	BSL-1	B	UN 3373	
78	Gardnerella vaginalis	阴道加德纳菌	第三类	BSL-2	ABSL-2	BSL-1	BSL-1	B	UN 3373	
79	Haemophilus ducreyi	杜氏嗜血菌	第三类	BSL-2	ABSL-2	BSL-1	BSL-1	B	UN 3373	
80	Haemophilus influenzae	流感嗜血杆菌	第三类	BSL-2	ABSL-2	BSL-1	BSL-1	B	UN 3373	
81	Helicobacter pylori	幽门螺杆菌	第三类	BSL-2	ABSL-2	BSL-1	BSL-1	B	UN 3373	
82	Kingella kingae	金氏金氏菌	第三类	BSL-2	ABSL-2	BSL-1	BSL-1	B	UN 3373	
83	Klebsiella oxytoca	产酸克雷伯菌	第三类	BSL-2	ABSL-2	BSL-1	BSL-1	B	UN 3373	
84	Klebsiella pnenmoniae	肺炎克雷伯菌	第三类	BSL-2	ABSL-2	BSL-1	BSL-1	B	UN 3373	
85	Legionella pneumophila	嗜肺军团菌	第三类	BSL-2	ABSL-2	BSL-1	BSL-1	B	UN 3373	
86	Listeria ivanovii	伊氏李斯特菌	第三类	BSL-2	ABSL-2	BSL-1	BSL-1	B	UN 3373	
87	Listeria monocytogenes	单核细胞增生李斯特菌	第三类	BSL-2	ABSL-2	BSL-2	BSL-1	B	UN 3373	
88	Leptospira interrogans	问号钩端螺旋体	第三类	BSL-2	ABSL-2	BSL-1	BSL-1	B	UN 3373	
89	Mima polymorpha	多态小小菌	第三类	BSL-2	ABSL-2	BSL-2	BSL-1	B	UN 3373	
90	Morganella morganii	摩氏摩根菌	第三类	BSL-2	ABSL-2	BSL-2	BSL-1	B	UN 3373	

续表

序号	病原菌名称		危害程度分类	实验活动所需生物安全实验室级别				运输包装分类[e]		备注
	学名	中文名		大量活菌操作[a]	动物感染实验[b]	样本检测[c]	非感染性材料的实验[d]	A/B	UN编号	
91	Mycobacterium africanum	非洲分枝杆菌	第三类	BSL-2	ABSL-2	BSL-2	BSL-1	B	UN 3373	
92	Mycobacterium asiaticum	亚洲分枝杆菌	第三类	BSL-2	ABSL-2	BSL-2	BSL-1	B	UN 3373	
93	Mycobacterium avium-chester	鸟分枝杆菌	第三类	BSL-2	ABSL-2	BSL-2	BSL-1	B	UN 3373	
94	Mycobacterium fortuitum	偶发分枝杆菌	第三类	BSL-2	ABSL-2	BSL-2	BSL-1	B	UN 3373	
95	Mycobacterium hominis	人型分枝杆菌	第三类	BSL-2	ABSL-2	BSL-2	BSL-1	B	UN 3373	
96	Mycobacterium kansasii	堪萨斯分枝杆菌	第三类	BSL-2	ABSL-2	BSL-2	BSL-1	B	UN 3373	
97	Mycobacterium leprae	麻风分枝杆菌	第三类	BSL-2	ABSL-2	BSL-2	BSL-1	B	UN 3373	
98	Mycobacterium malmoenes	玛尔摩分枝杆菌	第三类	BSL-2	ABSL-2	BSL-2	BSL-1	B	UN 3373	
99	Mycobacterium microti	田鼠分枝杆菌	第三类	BSL-2	ABSL-2	BSL-2	BSL-1	B	UN 3373	
100	Mycobacterium paratuberculosis	副结核分枝杆菌	第三类	BSL-2	ABSL-2	BSL-2	BSL-1	B	UN 3373	
101	Mycobacterium scrofulaceum	瘰疬分支杆菌	第三类	BSL-2	ABSL-2	BSL-2	BSL-1	B	UN 3373	
102	Mycobacterium simiae	猿分支杆菌	第三类	BSL-2	ABSL-2	BSL-2	BSL-1	B	UN 3373	
103	Mycobacterium szulgai	斯氏分枝杆菌	第三类	BSL-2	ABSL-2	BSL-2	BSL-1	B	UN 3373	
104	Mycobacterium ulcerans	溃疡分枝杆菌	第三类	BSL-2	ABSL-2	BSL-2	BSL-1	B	UN 3373	
105	Mycobacterium xenopi	蟾分枝杆菌	第三类	BSL-2	ABSL-2	BSL-2	BSL-1	B	UN 3373	

续表

序号	病原菌名称		危害程度分类	实验活动所需生物安全实验室级别				运输包装分类[e]		备注
	学名	中文名		大量活菌操作[a]	动物感染实验[b]	样本检测[c]	非感染性材料的实验[d]	A/B	UN 编号	
106	Mycoplasma pneumoniae	肺炎支原体	第三类	BSL-2	ABSL-2	BSL-2	BSL-1	B	UN 3373	
107	Neisseria gonorrhoeae	淋病奈瑟菌	第三类	BSL-2	ABSL-2	BSL-2	BSL-1	B	UN 3373	
108	Neisseria meningitidis	脑膜炎奈瑟菌	第三类	BSL-2	ABSL-2	BSL-2	BSL-1	B	UN 3373	
109	Nocardia asteroides	星状诺卡菌	第三类	BSL-2	ABSL-2	BSL-2	BSL-1	B	UN 3373	
110	Nocardia brasiliensis	巴西诺卡菌	第三类	BSL-2	ABSL-2	BSL-2	BSL-1	B	UN 3373	
111	Nocardia carnea	肉色诺卡菌	第三类	BSL-2	ABSL-2	BSL-2	BSL-1	B	UN 3373	
112	Nocardia farcinica	皮诺卡菌	第三类	BSL-2	ABSL-2	BSL-2	BSL-1	B	UN 3373	
113	Nocardia nova	新星诺卡菌	第三类	BSL-2	ABSL-2	BSL-2	BSL-1	B	UN 3373	
114	Nocardia otitidiscaviarum	豚鼠耳炎诺卡菌	第三类	BSL-2	ABSL-2	BSL-2	BSL-1	B	UN 3373	
115	Nocardia transvalensis	南非诺卡菌	第三类	BSL-2	ABSL-2	BSL-2	BSL-1	B	UN 3373	
116	Pasteurella multocida	多杀巴斯德菌	第三类	BSL-2	ABSL-2	BSL-2	BSL-1	B	UN 3373	
117	Pasteurella pneunotropica	侵肺巴斯德菌	第三类	BSL-2	ABSL-2	BSL-2	BSL-1	B	UN 3373	
118	Peptostreptococcus anaerobius	厌氧消化链球菌	第三类	BSL-2	ABSL-2	BSL-2	BSL-1	B	UN 3373	
119	Plesiomonas shigelloides	类志贺气单胞菌	第三类	BSL-2	ABSL-2	BSL-2	BSL-1	B	UN 3373	
120	Prevotella spp	普雷沃菌属	第三类	BSL-2	ABSL-2	BSL-2	BSL-1	B	UN 3373	

续表

序号	病原菌名称		危害程度分类	实验活动所需生物安全实验室级别				运输包装分类[e]		备注
	学名	中文名		大量活菌操作[a]	动物感染实验[b]	样本检测[c]	非感染性材料的实验[d]	A/B	UN编号	
121	Proteus mirabilis	奇异变形菌	第三类	BSL-2	ABSL-2	BSL-2	BSL-1	B	UN 3373	
122	Proteus penneri	彭氏变形菌	第三类	BSL-2	ABSL-2	BSL-2	BSL-1	B	UN 3373	
123	Proteus vulgaris	普通变形菌	第三类	BSL-2	ABSL-2	BSL-2	BSL-1	B	UN 3373	
124	Providencia alcalifaciens	产碱普罗威登斯菌	第三类	BSL-2	ABSL-2	BSL-2	BSL-1	B	UN 3373	
125	Providencia rettgeri	雷氏普罗威登斯菌	第三类	BSL-2	ABSL-2	BSL-2	BSL-1	B	UN 3373	
126	Pseudomonas aeruginosa	铜绿假单胞菌	第三类	BSL-2	ABSL-2	BSL-2	BSL-1	B	UN 3373	
127	Rhodococcus equi	马红球菌	第三类	BSL-2	ABSL-2	BSL-2	BSL-1	B	UN 3373	
128	Salmonella arizonae	亚利桑那沙门菌	第三类	BSL-2	ABSL-2	BSL-2	BSL-1	B	UN 3373	
129	Salmonella choleraesuis	猪霍乱沙门菌	第三类	BSL-2	ABSL-2	BSL-2	BSL-1	B	UN 3373	
130	Salmonella enterica	肠沙门菌	第三类	BSL-2	ABSL-2	BSL-2	BSL-1	B	UN 3373	
131	Salmonella meleagridis	火鸡沙门菌	第三类	BSL-2	ABSL-2	BSL-2	BSL-1	B	UN 3373	
132	Salmonella paratyphi A, B, C	甲、乙、丙型副伤寒沙门菌	第三类	BSL-2	ABSL-2	BSL-2	BSL-1	B	UN 3373	
133	Salmonella typhi	伤寒沙门菌	第三类	BSL-2	ABSL-2	BSL-2	BSL-1	B	UN 3373	
134	Salmonella typhimurium	鼠伤寒沙门菌	第三类	BSL-2	ABSL-2	BSL-2	BSL-1	B	UN 3373	

附 录

续表

序号	病原菌名称		危害程度分类	实验活动所需生物安全实验室级别				运输包装分类[e]		备注
	学名	中文名		大量活菌操作[a]	动物感染实验[b]	样本检测[c]	非感染性材料的实验[d]	A/B	UN 编号	
135	Serpulina spp	小蛇菌属	第三类	BSL-2	ABSL-2	BSL-2	BSL-1	B	UN 3373	
136	Serratia liquefaciens	液化沙雷菌	第三类	BSL-2	ABSL-2	BSL-2	BSL-1	B	UN 3373	
137	Serratia marcescens	粘质沙雷菌	第三类	BSL-2	ABSL-2	BSL-2	BSL-1	B	UN 3373	
138	Shigella spp	志贺菌属	第三类	BSL-2	ABSL-2	BSL-2	BSL-1	B	UN 3373	
139	Staphylococcus aureus	金黄色葡萄球菌	第三类	BSL-2	ABSL-2	BSL-2	BSL-1	B	UN 3373	
140	Staphylococcus epidermidis	表皮葡萄球菌	第三类	BSL-2	ABSL-2	BSL-2	BSL-1	B	UN 3373	
141	Streptobacillus moniliformis	念珠状链杆菌	第三类	BSL-2	ABSL-2	BSL-2	BSL-1	B	UN 3373	
142	Streptococcus pneumoniae	肺炎链球菌	第三类	BSL-2	ABSL-2	BSL-2	BSL-1	B	UN 3373	
143	Streptococcus pyogenes	化脓链球菌	第三类	BSL-2	ABSL-2	BSL-2	BSL-1	B	UN 3373	
144	Streptococcus spp	链球菌属	第三类	BSL-2	ABSL-2	BSL-2	BSL-1	B	UN 3373	
145	Streptococcus suis	猪链球菌	第三类	BSL-2	ABSL-2	BSL-2	BSL-1	B	UN 2814	
146	Treponema carateum	斑点病密螺旋体	第三类	BSL-2	ABSL-2	BSL-2	BSL-1	B	UN 3373	
147	Treponema pallidum	苍白（梅毒）密螺旋体	第三类	BSL-2	ABSL-2	BSL-2	BSL-1	B	UN 373	
148	Treponema pertenue	极细密螺旋体	第三类	BSL-2	ABSL-2	BSL-2	BSL-1	B	UN 3373	
149	Treponema vincentii	文氏密螺旋体	第三类	BSL-2	ABSL-2	BSL-2	BSL-1	B	UN 3373	

续表

序号	病原菌名称		危害程度分类	实验活动所需生物安全实验室级别				运输包装分类[e]		备注
	学名	中文名		大量活菌操作[a]	动物感染实验[b]	样本检测[c]	非感染性材料的实验[d]	A/B	UN编号	
150	Ureaplasma urealyticum	解脲脲原体	第三类	BSL-2	ABSL-2	BSL-2	BSL-1	B	UN 3373	
151	Vibrio vulnificus	创伤弧菌	第三类	BSL-2	ABSL-2	BSL-2	BSL-1	B	UN 3373	
152	Yersinia enterocolitica	小肠结肠炎耶尔森菌	第三类	BSL-2	ABSL-2	BSL-2	BSL-1	B	UN 3373	
153	Yersinia pseudotuberculosis	假结核耶尔森菌	第三类	BSL-2	ABSL-2	BSL-2	BSL-1	B	UN 3373	
154	Human granulocytic ehrlichiae	人粒细胞埃立克体	第三类	BSL-2	ABSL-2	BSL-2	BSL-1	B	UN 3373	
155	Ehrlichia Chaffeensis, EC	查菲埃立克体	第三类	BSL-2	ABSL-2	BSL-2	BSL-1	B	UN 3373	

注：BSL-n/ABSL-n：代表不同生物安全级别的实验室/动物实验室。

a. 大量活菌操作：实验操作涉及"大量"病原菌的制备，或易产生气溶胶的实验操作（如病原菌离心、冻干等）。

b. 动物感染实验：特指以活菌感染的动物实验。

c. 样本检测：包括样本的病原菌分离纯化、药物敏感性实验、生化鉴定、免疫学实验、PCR核酸提取、涂片、显微观察等初步检测活动。

d. 非感染性材料的实验：如不含致病性活菌材料的分子生物学、免疫学等实验。

e. 运输包装分类：按国际民航组织文件Doc9284《危险品航空安全运输技术细则》的分类包装要求，将相关病原和标本分为A、B两类，对应的联合国编号分别为UN2814和UN3373；A类中传染性物质特指菌株或活菌培养物，应按UN2814的要求包装和空运，其他相关样本和B类的病原和相关样本均按UN3373的要求包装和空运；通过其他交通工具运输的可参照以上标准包装。

f. 因属甲类传染病，流行株按第二类管理，涉及大量活菌培养等工作可在BSL-2实验室进行；非流行株归第三类。

说明：

1. 在保证安全的前提下，对临床和现场的未知样本的检测可在生物安全二级或以上防护级别的实验室进行。涉及病原菌分离培养的操作，应加强个体防护和环境保护。但此项工作仅限于对样本中病原菌的初步分离鉴定。一旦病原菌初步明确，应按病原微生物的危害类别将其转移至相应生物安全级别的实验室开展工作。

2. "大量"的病原菌制备，是指病原菌的体积或浓度，大大超过了常规检测所需要的量。比如在大规模发酵、抗原和疫苗生产、病原菌进一步鉴定以及科研活动中，病原菌增殖和浓缩所需要处理的剂量。

3. 本表未列之病原微生物和实验活动，由单位生物安全委员会负责危害程度评估，确定相应的生物安全防护级别。如涉及高致病性病原微生物及其相关实验的,应经国家病原微生物实验室生物安全专家委员会论证。

4. 国家正式批准的生物制品疫苗生产用减毒、弱毒菌种的分类地位另行规定。

表3. 真菌分类名录

序号	真菌名称		危害程度分类	实验活动所需生物安全实验室级别				运输包装分类[e]		备注
	学名	中文名		大量活菌操作[a]	动物感染实验[b]	样本检测[c]	非感染性材料的实验[d]	A/B	UN编号	
1	Coccidioides immitis	粗球孢子菌	第二类	BSL-3	ABSL-3	BSL-2	BSL-1	A	UN 2814	
2	Histoplasm farcinimosum	马皮疽组织胞浆菌	第二类	BSL-3	ABSL-3	BSL-2	BSL-1	A	UN 2814	
3	Histoplasma capsulatum	荚膜组织胞浆菌	第二类	BSL-3	ABSL-3	BSL-2	BSL-1	A	UN 2814	
4	Paracoccidioides brasiliensis	巴西副球孢子菌	第二类	BSL-3	ABSL-3	BSL-2	BSL-1	A	UN 2814	
5	Absidia corymbifera	伞枝梨头霉	第三类	BSL-2	ABSL-2	BSL-2	BSL-1	B	UN 3373	
6	Alternaria	交链孢霉属	第三类	BSL-2	ABSL-2	BSL-2	BSL-1	B	UN 3373	
7	Arthrinium	节菱孢霉属	第三类	BSL-2	ABSL-2	BSL-2	BSL-1	B	UN 3373	
8	Aspergillus flavus	黄曲霉	第三类	BSL-2	ABSL-2	BSL-2	BSL-1	B	UN 3373	
9	Aspergillus fumigatus	烟曲霉	第三类	BSL-2	ABSL-2	BSL-2	BSL-1	B	UN 3373	
10	Aspergillus nidulans	构巢曲霉	第三类	BSL-2	ABSL-2	BSL-2	BSL-1	B	UN 3373	
11	Aspergillus ochraceus	赭曲霉	第三类	BSL-2	ABSL-2	BSL-2	BSL-1	B	UN 3373	
12	Aspergillus parasiticus	寄生曲霉	第三类	BSL-2	ABSL-2	BSL-2	BSL-1	B	UN 3373	
13	Blastomyces dermatitidis	皮炎芽生菌	第三类	BSL-2	ABSL-2	BSL-2	BSL-1	B	UN 3373	

续表

序号	真菌名称 学名	真菌名称 中文名	危害程度分类	实验活动所需生物安全实验室级别 大量活菌操作[a]	实验活动所需生物安全实验室级别 动物感染实验[b]	实验活动所需生物安全实验室级别 样本检测[c]	实验活动所需生物安全实验室级别 非感染性材料的实验[d]	运输包装分类[e] A/B	运输包装分类[e] UN编号	备注
14	Candida albicans	白假丝酵母菌	第三类	BSL-2	ABSL-2	BSL-2	BSL-1	B	UN 3373	
15	Cephalosporium	头孢霉属	第三类	BSL-2	ABSL-2	BSL-2	BSL-1	B	UN 3373	
16	Cladosporium carrionii	卡氏枝孢霉	第三类	BSL-2	ABSL-2	BSL-2	BSL-1	B	UN 3373	
17	Cladosporium trichoides	毛样枝孢霉	第三类	BSL-2	ABSL-2	BSL-2	BSL-1	B	UN 3373	
18	Cryptococcus neoformans	新生隐球菌	第三类	BSL-2	ABSL-2	BSL-2	BSL-1	B	UN 3373	
19	Dactylaria gallopava	指状菌属	第三类	BSL-2	ABSL-2	BSL-2	BSL-1	B	UN 3373	
20	Dermatophilus congolensis	嗜刚果皮菌	第三类	BSL-2	ABSL-2	BSL-2	BSL-1	B	UN 3373	
21	Emmonsia parva	伊蒙微小菌	第三类	BSL-2	ABSL-2	BSL-2	BSL-1	B	UN 3373	
22	Epidermophyton floccosum	絮状表皮癣菌	第三类	BSL-2	ABSL-2	BSL-2	BSL-1	B	UN 3373	
23	Exophiala dermatitidis	皮炎外瓶霉	第三类	BSL-2	ABSL-2	BSL-2	BSL-1	B	UN 3373	
24	Fonsecaea compacta	着紧密色霉	第三类	BSL-2	ABSL-2	BSL-2	BSL-1	B	UN 3373	
25	Fonsecaea pedrosoi	佩氏着色霉	第三类	BSL-2	ABSL-2	BSL-2	BSL-1	B	UN 3373	
26	Fusarium equiseti	木贼镰刀菌	第三类	BSL-2	ABSL-2	BSL-2	BSL-1	B	UN 3373	
27	Fusarium graminearum	禾谷镰刀菌	第三类	BSL-2	ABSL-2	BSL-2	BSL-1	B	UN 3373	
28	Fusarium moniliforme	串珠镰刀菌	第三类	BSL-2	ABSL-2	BSL-2	BSL-1	B	UN 3373	
29	Fusarium nivale	雪腐镰刀菌	第三类	BSL-2	ABSL-2	BSL-2	BSL-1	B	UN 3373	

续表

序号	真菌名称 学名	真菌名称 中文名	危害程度分类	实验活动所需生物安全实验室级别 大量活菌操作[a]	实验活动所需生物安全实验室级别 动物感染实验[b]	实验活动所需生物安全实验室级别 样本检测[c]	实验活动所需生物安全实验室级别 非感染性材料的实验[d]	运输包装分类[e] A/B	运输包装分类[e] UN编号	备注
30	Fusarium oxysporum	尖孢镰刀菌	第三类	BSL-2	ABSL-2	BSL-2	BSL-1	B	UN 3373	
31	Fusarium poae	梨孢镰刀菌	第三类	BSL-2	ABSL-2	BSL-2	BSL-1	B	UN 3373	
32	Fusarium solani	茄病镰刀菌	第三类	BSL-2	ABSL-2	BSL-2	BSL-1	B	UN 3373	
33	Fusarium sporotricoides	拟枝孢镰刀菌	第三类	BSL-2	ABSL-2	BSL-2	BSL-1	B	UN 3373	
34	Fusarium tricinctum	三线镰刀菌	第三类	BSL-2	ABSL-2	BSL-2	BSL-1	B	UN 3373	
35	Geotrichum. spp	地霉属	第三类	BSL-2	ABSL-2	BSL-2	BSL-1	B	UN 3373	
36	Loboa lobai	罗布罗布芽生菌	第三类	BSL-2	ABSL-2	BSL-2	BSL-1	B	UN 3373	
37	Madurella grisea	灰马杜拉分枝菌	第三类	BSL-2	ABSL-2	BSL-2	BSL-1	B	UN 3373	
38	Madurella mycetomatis	足马杜拉分枝菌	第三类	BSL-2	ABSL-2	BSL-2	BSL-1	B	UN 3373	
39	Microsporum. spp	小孢子菌属	第三类	BSL-2	ABSL-2	BSL-2	BSL-1	B	UN 3373	
40	Mucor. spp	毛霉属	第三类	BSL-2	ABSL-2	BSL-2	BSL-1	B	UN 3373	
41	Penicillium citreoviride	黄绿青霉	第三类	BSL-2	ABSL-2	BSL-2	BSL-1	B	UN 3373	
42	Penicillium citrinum	桔青霉	第三类	BSL-2	ABSL-2	BSL-2	BSL-1	B	UN 3373	
43	Penicillium cyclopium	圆弧青霉	第三类	BSL-2	ABSL-2	BSL-2	BSL-1	B	UN 3373	
44	Penicillium islandicum	岛青霉	第三类	BSL-2	ABSL-2	BSL-2	BSL-1	B	UN 3373	

续表

序号	真菌名称 学名	真菌名称 中文名	危害程度分类	实验活动所需生物安全实验室级别 大量活菌操作[a]	实验活动所需生物安全实验室级别 动物感染实验[b]	实验活动所需生物安全实验室级别 样本检测[c]	实验活动所需生物安全实验室级别 非感染性材料的实验[d]	运输包装分类[e] A/B	运输包装分类[e] UN 编号	备注
45	Penicillium marneffei	马内菲青霉	第三类	BSL-2	ABSL-2	BSL-2	BSL-1	B	UN 3373	
46	Penicillium patulum	展开青霉	第三类	BSL-2	ABSL-2	BSL-2	BSL-1	B	UN 3373	
47	Penicillium purpurogenum	产紫青霉	第三类	BSL-2	ABSL-2	BSL-2	BSL-1	B	UN 3373	
48	Penicillium rugulosum	皱褶青霉	第三类	BSL-2	ABSL-2	BSL-2	BSL-1	B	UN 3373	
49	Penicillium versicolor	杂色青霉	第三类	BSL-2	ABSL-2	BSL-2	BSL-1	B	UN 3373	
50	Penicillium viridicatum	纯绿青霉	第三类	BSL-2	ABSL-2	BSL-2	BSL-1	B	UN 3373	
51	Pneumocystis carinii	卡氏肺孢菌	第三类	BSL-2	ABSL-2	BSL-2	BSL-1	B	UN 3373	
52	Rhizopus cohnii	科恩酒曲菌	第三类	BSL-2	ABSL-2	BSL-2	BSL-1	B	UN 3373	
53	Rhizopus microspous	小孢子酒曲菌	第三类	BSL-2	ABSL-2	BSL-2	BSL-1	B	UN 3373	
54	Sporothrix schenckii	申克孢子细菌	第三类	BSL-2	ABSL-2	BSL-2	BSL-1	B	UN 3373	
55	Stachybotrys	葡萄状穗霉属	第三类	BSL-2	ABSL-2	BSL-2	BSL-1	B	UN 3373	
56	Trichoderma	木霉属	第三类	BSL-2	ABSL-2	BSL-2	BSL-1	B	UN 3373	
57	Trichophyton rubrum	红色毛癣菌	第三类	BSL-2	ABSL-2	BSL-2	BSL-1	B	UN 3373	
58	Trichothecium	单端孢霉属	第三类	BSL-2	ABSL-2	BSL-2	BSL-1	B	UN 3373	
59	Xylohypha bantania	木丝霉属	第三类	BSL-2	ABSL-2	BSL-2	BSL-1	B	UN 3373	

注：BSL-n/ABSL-n：代表不同生物安全级别的实验室/动物实验室。

a. 大量活菌操作：实验操作涉及"大量"病原菌的制备，或易产生气溶胶的实验操作（如病原菌离心、冻干等）。

b. 动物感染实验：特指以活菌感染的动物实验。

c. 样本检测：包括样本的病原菌分离纯化、药物敏感性实验、生化鉴定、免疫学实验、PCR 核酸提取、涂片、显微观察等初步检测活动。

d. 非感染性材料的实验：如不含致病性活菌材料的分子生物学、免疫学等实验。

e. 运输包装分类：按国际民航组织文件 Doc9284《危险品航空安全运输技术细则》的分类包装要求，将相关病原和标本分为 A、B 两类，对应的联合国编号分别为 UN2814 和 UN3373；A 类中传染性物质特指菌株或活菌培养物，应按 UN2814 的要求包装和空运，其他相关样本和 B 类的病原和相关样本均按 UN3373 的要求包装和空运；通过其他交通工具运输的可参照以上标准包装。

说明：

1. 在保证安全的前提下，对临床和现场的未知样本的检测可在生物安全二级或以上防护级别的实验室进行。涉及病原菌分离培养的操作，应加强个体防护和环境保护。但此项工作仅限于对样本中病原菌的初步分离鉴定。一旦病原菌初步明确，应按病原微生物的危害类别将其转移至相应生物安全级别的实验室开展工作。

2. "大量"的病原菌制备，是指病原菌的体积或浓度，大大超过了常规检测所需要的量。比如在大规模发酵、抗原和疫苗生产，病原菌进一步鉴定以及科研活动中，病原菌增殖和浓缩所需要处理的剂量。

3. 本表未列之病原微生物和实验活动，由单位生物安全委员会负责危害程度评估，确定相应的生物安全防护级别。如涉及高致病性病原微生物及其相关实验的，应经国家病原微生物实验室生物安全专家委员会论证。

4. 国家正式批准的生物制品疫苗生产用减毒、弱毒菌种的分类地位另行规定。

附录四

国家重点保护野生动物名录

(2021年1月4日经国务院批准,国家林业和草原局、农业农林部(2021年第3号)2021年2月1日公告,于2021年2月5日公布,自2021年2月5日起施行)

中文名	学名	保护级别	备注
脊索动物门 CHORDATA			
哺乳纲 MAMMALIA			
灵长目#	PRIMATES		
懒猴科	Lorisidae		
蜂猴	Nycticebus bengalensis	一级	
倭蜂猴	Nycticebus pygmaeus	一级	
猴科	Cercopithecidae		
短尾猴	Macaca arctoides		二级
熊猴	Macaca assamensis		二级
台湾猴	Macaca cyclopis	一级	
北豚尾猴	Macaca leonina	一级	原名"豚尾猴"
白颊猕猴	Macaca leucogenys		二级
猕猴	Macaca mulatta		二级
藏南猕猴	Macaca munzala		二级
藏酋猴	Macaca thibetana		二级
喜山长尾叶猴	Semnopithecus schistaceus	一级	
印支灰叶猴	Trachypithecus crepusculus	一级	
黑叶猴	Trachypithecus francoisi	一级	
菲氏叶猴	Trachypithecus phayrei	一级	
戴帽叶猴	Trachypithecus pileatus	一级	
白头叶猴	Trachypithecus leucocephalus	一级	
肖氏乌叶猴	Trachypithecus shortridgei	一级	
滇金丝猴	Rhinopithecus bieti	一级	
黔金丝猴	Rhinopithecus brelichi	一级	
川金丝猴	Rhinopithecus roxellana	一级	
怒江金丝猴	Rhinopithecus strykeri	一级	

续表

中文名	学名	保护级别	备注
长臂猿科	Hylobatidae		
西白眉长臂猿	*Hoolock hoolock*	一级	
东白眉长臂猿	*Hoolock leuconedys*	一级	
高黎贡白眉长臂猿	*Hoolock tianxing*	一级	
白掌长臂猿	*Hylobates lar*	一级	
西黑冠长臂猿	*Nomascus concolor*	一级	
东黑冠长臂猿	*Nomascus nasutus*	一级	
海南长臂猿	*Nomascus hainanus*	一级	
北白颊长臂猿	*Nomascus leucogenys*	一级	
鳞甲目#	**PHOLIDOTA**		
鲮鲤科	Manidae		
印度穿山甲	*Manis crassicaudata*	一级	
马来穿山甲	*Manis javanica*	一级	
穿山甲	*Manis pentadactyla*	一级	
食肉目	**CARNIVORA**		
犬科	Canidae		
狼	*Canis lupus*	二级	
亚洲胡狼	*Canis aureus*	二级	
豺	*Cuon alpinus*	一级	
貉	*Nyctereutes procyonoides*	二级	仅限野外种群
沙狐	*Vulpes corsac*	二级	
藏狐	*Vulpes ferrilata*	二级	
赤狐	*Vulpes vulpes*	二级	
熊科#	Ursidae		
懒熊	*Melursus ursinus*	二级	
马来熊	*Helarctos malayanus*	一级	
棕熊	*Ursus arctos*	二级	
黑熊	*Ursus thibetanus*	二级	
大熊猫科#	Ailuropodidae		
大熊猫	*Ailuropoda melanoleuca*	一级	
小熊猫科#	Ailuridae		
小熊猫	*Ailurus fulgens*	二级	
鼬科	Mustelidae		

续表

中文名	学名	保护级别	备注
黄喉貂	*Martes flavigula*	二级	
石貂	*Martes foina*	二级	
紫貂	*Martes zibellina*	一级	
貂熊	*Gulo gulo*	一级	
*小爪水獭	*Aonyx cinerea*	二级	
*水獭	*Lutra lutra*	二级	
*江獭	*Lutrogale perspicillata*	二级	
灵猫科	Viverridae		
大斑灵猫	*Viverra megaspila*	一级	
大灵猫	*Viverra zibetha*	一级	
小灵猫	*Viverricula indica*	一级	
椰子猫	*Paradoxurus hermaphroditus*	二级	
熊狸	*Arctictis binturong*	一级	
小齿狸	*Arctogalidia trivirgata*	一级	
缟灵猫	*Chrotogale owstoni*	一级	
林狸科	Prionodontidae		
斑林狸	*Prionodon pardicolor*	二级	
猫科#	Felidae		
荒漠猫	*Felis bieti*	一级	
丛林猫	*Felis chaus*	一级	
草原斑猫	*Felis silvestris*	二级	
渔猫	*Felis viverrinus*	二级	
兔狲	*Otocolobus manul*	二级	
猞猁	*Lynx lynx*	二级	
云猫	*Pardofelis marmorata*	二级	
金猫	*Pardofelis temminckii*	一级	
豹猫	*Prionailurus bengalensis*	二级	
云豹	*Neofelis nebulosa*	一级	
豹	*Panthera pardus*	一级	
虎	*Panthera tigris*	一级	
雪豹	*Panthera uncia*	一级	
海狮科#	Otariidae		
*北海狗	*Callorhinus ursinus*	二级	

续表

中文名	学名	保护级别	备注
*北海狮	*Eumetopias jubatus*	二级	
海豹科#	Phocidae		
*西太平洋斑海豹	*Phoca largha*	一级	原名"斑海豹"
*髯海豹	*Erignathus barbatus*	二级	
*环海豹	*Pusa hispida*	二级	
长鼻目#	**PROBOSCIDEA**		
象科	Elephantidae		
亚洲象	*Elephas maximus*	一级	
奇蹄目	**PERISSODACTYLA**		
马科	Equidae		
普氏野马	*Equus ferus*	一级	原名"野马"
蒙古野驴	*Equus hemionus*	一级	
藏野驴	*Equus kiang*	一级	原名"西藏野驴"
偶蹄目	**ARTIODACTYLA**		
骆驼科	Camelidae		原名"驼科"
野骆驼	*Camelus ferus*	一级	
鼷鹿科#	Tragulidae		
威氏鼷鹿	*Tragulus williamsoni*	一级	原名"鼷鹿"
麝科#	Moschidae		
安徽麝	*Moschus anhuiensis*	一级	
林麝	*Moschus berezovskii*	一级	
马麝	*Moschus chrysogaster*	一级	
黑麝	*Moschus fuscus*	一级	
喜马拉雅麝	*Moschus leucogaster*	一级	
原麝	*Moschus moschiferus*	一级	
鹿科	Cervidae		
獐	*Hydropotes inermis*	二级	原名"河麂"
黑麂	*Muntiacus crinifrons*	一级	
贡山麂	*Muntiacus gongshanensis*	二级	
海南麂	*Muntiacus nigripes*	二级	
豚鹿	*Axis porcinus*	一级	
水鹿	*Cervus equinus*	二级	
梅花鹿	*Cervus nippon*	一级	仅限野外种群

续表

中文名	学名	保护级别	备注
马鹿	*Cervus canadensis*	二级	仅限野外种群
西藏马鹿（包括白臀鹿）	*Cervus wallichii*（*C. w. macneilli*）	一级	
塔里木马鹿	*Cervus yarkandensis*	一级	仅限野外种群
坡鹿	*Panolia siamensis*	一级	
白唇鹿	*Przewalskium albirostris*	一级	
麋鹿	*Elaphurus davidianus*	一级	
毛冠鹿	*Elaphodus cephalophus*	二级	
驼鹿	*Alces alces*	一级	
牛科	Bovidae		
野牛	*Bos gaurus*	一级	
爪哇野牛	*Bos javanicus*	一级	
野牦牛	*Bos mutus*	一级	
蒙原羚	*Procapra gutturosa*	一级	原名"黄羊"
藏原羚	*Procapra picticaudata*	二级	
普氏原羚	*Procapra przewalskii*	一级	
鹅喉羚	*Gazella subgutturosa*	二级	
藏羚	*Pantholops hodgsonii*	一级	
高鼻羚羊	*Saiga tatarica*	一级	
秦岭羚牛	*Budorcas bedfordi*	一级	
四川羚牛	*Budorcas tibetanus*	一级	
不丹羚牛	*Budorcas whitei*	一级	
贡山羚牛	*Budorcas taxicolor*	一级	
赤斑羚	*Naemorhedus baileyi*	一级	
长尾斑羚	*Naemorhedus caudatus*	二级	
缅甸斑羚	*Naemorhedus evansi*	二级	
喜马拉雅斑羚	*Naemorhedus goral*	一级	
中华斑羚	*Naemorhedus griseus*	二级	
塔尔羊	*Hemitragus jemlahicus*	一级	
北山羊	*Capra sibirica*	二级	
岩羊	*Pseudois nayaur*	二级	
阿尔泰盘羊	*Ovis ammon*	二级	
哈萨克盘羊	*Ovis collium*	二级	
戈壁盘羊	*Ovis darwini*	二级	

续表

中文名	学名	保护级别	备注
西藏盘羊	*Ovis hodgsoni*	一级	
天山盘羊	*Ovis karelini*	二级	
帕米尔盘羊	*Ovis polii*	二级	
中华鬣羚	*Capricornis milneedwardsii*	二级	
红鬣羚	*Capricornis rubidus*	二级	
台湾鬣羚	*Capricornis swinhoei*	一级	
喜马拉雅鬣羚	*Capricornis thar*	一级	
啮齿目	**RODENTIA**		
河狸科#	Castoridae		
河狸	*Castor fiber*	一级	
松鼠科	Sciuridae		
巨松鼠	*Ratufa bicolor*	二级	
兔形目	**LAGOMORPHA**		
鼠兔科	Ochotonidae		
贺兰山鼠兔	*Ochotona argentata*	二级	
伊犁鼠兔	*Ochotona iliensis*	二级	
兔科	Leporidae		
粗毛兔	*Caprolagus hispidus*	二级	
海南兔	*Lepus hainanus*	二级	
雪兔	*Lepus timidus*	二级	
塔里木兔	*Lepus yarkandensis*	二级	
海牛目#	**SIRENIA**		
儒艮科	Dugongidae		
*儒艮	*Dugong dugon*	一级	
鲸目#	**CETACEA**		
露脊鲸科	Balaenidae		
*北太平洋露脊鲸	*Eubalaena japonica*	一级	
灰鲸科	Eschrichtiidae		
*灰鲸	*Eschrichtius robustus*	一级	
须鲸科	Balaenopteridae		
*蓝鲸	*Balaenoptera musculus*	一级	
*小须鲸	*Balaenoptera acutorostrata*	一级	
*塞鲸	*Balaenoptera borealis*	一级	

续表

中文名	学名	保护级别	备注
*布氏鲸	Balaenoptera edeni	一级	
*大村鲸	Balaenoptera omurai	一级	
*长须鲸	Balaenoptera physalus	一级	
*大翅鲸	Megaptera novaeangliae	一级	
白鱀豚科	Lipotidae		
*白鱀豚	Lipotes vexillifer	一级	
恒河豚科	Platanistidae		
*恒河豚	Platanista gangetica	一级	
海豚科	Delphinidae		
*中华白海豚	Sousa chinensis	一级	
*糙齿海豚	Steno bredanensis	二级	
*热带点斑原海豚	Stenella attenuata	二级	
*条纹原海豚	Stenella coeruleoalba	二级	
*飞旋原海豚	Stenella longirostris	二级	
*长喙真海豚	Delphinus capensis	二级	
*真海豚	Delphinus delphis	二级	
*印太瓶鼻海豚	Tursiops aduncus	二级	
*瓶鼻海豚	Tursiops truncatus	二级	
*弗氏海豚	Lagenodelphis hosei	二级	
*里氏海豚	Grampus griseus	二级	
*太平洋斑纹海豚	Lagenorhynchus obliquidens	二级	
*瓜头鲸	Peponocephala electra	二级	
*虎鲸	Orcinus orca	二级	
*伪虎鲸	Pseudorca crassidens	二级	
*小虎鲸	Feresa attenuata	二级	
*短肢领航鲸	Globicephala macrorhynchus	二级	
鼠海豚科	Phocoenidae		
*长江江豚	Neophocaena asiaeorientalis	一级	
*东亚江豚	Neophocaena sunameri	二级	
*印太江豚	Neophocaena phocaenoides	二级	
抹香鲸科	Physeteridae		
*抹香鲸	Physeter macrocephalus	一级	
*小抹香鲸	Kogia breviceps	二级	

续表

中文名	学名	保护级别	备注
*侏抹香鲸	*Kogia sima*	二级	
喙鲸科	Ziphidae		
*鹅喙鲸	*Ziphius cavirostris*	二级	
*柏氏中喙鲸	*Mesoplodon densirostris*	二级	
*银杏齿中喙鲸	*Mesoplodon ginkgodens*	二级	
*小中喙鲸	*Mesoplodon peruvianus*	二级	
*贝氏喙鲸	*Berardius bairdii*	二级	
*朗氏喙鲸	*Indopacetus pacificus*	二级	
鸟纲 AVES			
鸡形目	**GALLIFORMES**		
雉科	Phasianidae		
环颈山鹧鸪	*Arborophila torqueola*	二级	
四川山鹧鸪	*Arborophila rufipectus*	一级	
红喉山鹧鸪	*Arborophila rufogularis*	二级	
白眉山鹧鸪	*Arborophila gingica*	二级	
白颊山鹧鸪	*Arbarophila atrogularis*	二级	
褐胸山鹧鸪	*Arborophila brunneopectus*	二级	
红胸山鹧鸪	*Arborophila mandellii*	二级	
台湾山鹧鸪	*Arborophila crudigularis*	二级	
海南山鹧鸪	*Arborophila ardens*	一级	
绿脚树鹧鸪	*Tropicoperdix chloropus*	二级	
花尾榛鸡	*Tetrastes bonasia*	二级	
斑尾榛鸡	*Tetrastes sewerzowi*	一级	
镰翅鸡	*Falcipennis falcipennis*	二级	
松鸡	*Tetrao urogallus*	二级	
黑嘴松鸡	*Tetrao urogalloides*	一级	原名"细嘴松鸡"
黑琴鸡	*Lyrurus tetrix*	一级	
岩雷鸟	*Lagopus muta*	二级	
柳雷鸟	*Lagopus lagopus*	二级	
红喉雉鹑	*Tetraophasis obscurus*	一级	
黄喉雉鹑	*Tetraophasis szechenyii*	一级	
暗腹雪鸡	*Tetraogallus himalayensis*	二级	
藏雪鸡	*Tetraogallus tibetanus*	二级	

续表

中文名	学名	保护级别		备注
阿尔泰雪鸡	Tetraogallus altaicus		二级	
大石鸡	Alectoris magna		二级	
血雉	Ithaginis cruentus		二级	
黑头角雉	Tragopan melanocephalus	一级		
红胸角雉	Tragopan satyra	一级		
灰腹角雉	Tragopan blythii	一级		
红腹角雉	Tragopan temminckii		二级	
黄腹角雉	Tragopan caboti	一级		
勺鸡	Pucrasia macrolopha		二级	
棕尾虹雉	Lophophorus impejanus	一级		
白尾梢虹雉	Lophophorus sclateri	一级		
绿尾虹雉	Lophophorus lhuysii	一级		
红原鸡	Gallus gallus		二级	原名"原鸡"
黑鹇	Lophura leucomelanos		二级	
白鹇	Lophura nycthemera		二级	
蓝腹鹇	Lophura swinhoii	一级		原名"蓝鹇"
白马鸡	Crossoptilon crossoptilon		二级	
藏马鸡	Crossoptilon harmani		二级	
褐马鸡	Crossoptilon mantchuricum	一级		
蓝马鸡	Crossoptilon aurtum		二级	
白颈长尾雉	Syrmaticus ellioti	一级		
黑颈长尾雉	Syrmaticus humiae	一级		
黑长尾雉	Syrmaticus mikado	一级		
白冠长尾雉	Syrmaticus reevesii	一级		
红腹锦鸡	Chrysolophus pictus		二级	
白腹锦鸡	Chrysolophus amherstiae		二级	
灰孔雀雉	Polyplectron bicalcaratum	一级		
海南孔雀雉	Polyplectron katsumatae	一级		
绿孔雀	Pavo muticus	一级		
雁形目	**ANSERIFORMES**			
鸭科	Anatidae			
栗树鸭	Dendrocygna javanica		二级	
鸿雁	Anser cygnoid		二级	

续表

中文名	学名	保护级别	备注
白额雁	*Anser albifrons*	二级	
小白额雁	*Anser erythropus*	二级	
红胸黑雁	*Branta ruficollis*	二级	
疣鼻天鹅	*Cygnus olor*	二级	
小天鹅	*Cygnus columbianus*	二级	
大天鹅	*Cygnus cygnus*	二级	
鸳鸯	*Aix galericulata*	二级	
棉凫	*Nettapus coromandelianus*	二级	
花脸鸭	*Sibirionetta formosa*	二级	
云石斑鸭	*Marmaronetta angustirostris*	二级	
青头潜鸭	*Aythya baeri*	一级	
斑头秋沙鸭	*Mergellus albellus*	二级	
中华秋沙鸭	*Mergus squamatus*	一级	
白头硬尾鸭	*Oxyura leucocephala*	一级	
白翅栖鸭	*Asarcornis scutulata*	二级	
䴙䴘目	**PODICIPEDIFORMES**		
䴙䴘科	Podicipedidae		
赤颈䴙䴘	*Podiceps grisegena*	二级	
角䴙䴘	*Podiceps auritus*	二级	
黑颈䴙䴘	*Podiceps nigricollis*	二级	
鸽形目	**COLUMBIFORMES**		
鸠鸽科	Columbidae		
中亚鸽	*Columba eversmanni*	二级	
斑尾林鸽	*Columba palumbus*	二级	
紫林鸽	*Columba punicea*	二级	
斑尾鹃鸠	*Macropygia unchall*	二级	
菲律宾鹃鸠	*Macropygia tenuirostris*	二级	
小鹃鸠	*Macropygia ruficeps*	一级	原名"棕头鹃鸠"
橙胸绿鸠	*Treron bicinctus*	二级	
灰头绿鸠	*Treron pompadora*	二级	
厚嘴绿鸠	*Treron curvirostra*	二级	
黄脚绿鸠	*Treron phoenicopterus*	二级	
针尾绿鸠	*Treron apicauda*	二级	

续表

中文名	学名	保护级别	备注
楔尾绿鸠	*Treron sphenurus*	二级	
红翅绿鸠	*Treron sieboldii*	二级	
红顶绿鸠	*Treron formosae*	二级	
黑颏果鸠	*Ptilinopus leclancheri*	二级	
绿皇鸠	*Ducula aenea*	二级	
山皇鸠	*Ducula badia*	二级	
沙鸡目	**PTEROCLIFORMES**		
沙鸡科	Pteroclidae		
黑腹沙鸡	*Pterocles orientalis*	二级	
夜鹰目	**CAPRIMULGIFORMES**		
蛙口夜鹰科	Podargidae		
黑顶蛙口夜鹰	*Batrachostomus hodgsoni*	二级	
凤头雨燕科	Hemiprocnidae		
凤头雨燕	*Hemiprocne coronata*	二级	
雨燕科	Apodidae		
爪哇金丝燕	*Aerodramus fuciphagus*	二级	
灰喉针尾雨燕	*Hirundapus cochinchinensis*	二级	
鹃形目	**CUCULIFORMES**		
杜鹃科	Cuculidae		
褐翅鸦鹃	*Centropus sinensis*	二级	
小鸦鹃	*Centropus bengalensis*	二级	
鸨形目#	**OTIDIFORMES**		
鸨科	Otididae		
大鸨	*Otis tarda*	一级	
波斑鸨	*Chlamydotis macqueenii*	一级	
小鸨	*Tetrax tetrax*	一级	
鹤形目	**GRUIFORMES**		
秧鸡科	Rallidae		
花田鸡	*Coturnicops exquisitus*	二级	
长脚秧鸡	*Crex crex*	二级	
棕背田鸡	*Zapornia bicolor*	二级	
姬田鸡	*Zapornia parva*	二级	
斑胁田鸡	*Zapornia paykullii*	二级	

续表

中文名	学名	保护级别	备注
紫水鸡	*Porphyrio porphyrio*	二级	
鹤科#	Gruidae		
白鹤	*Grus leucogeranus*	一级	
沙丘鹤	*Grus canadensis*	二级	
白枕鹤	*Grus vipio*	一级	
赤颈鹤	*Grus antigone*	一级	
蓑羽鹤	*Grus virgo*	二级	
丹顶鹤	*Grus japonensis*	一级	
灰鹤	*Grus grus*	二级	
白头鹤	*Grus monacha*	一级	
黑颈鹤	*Grus nigricollis*	一级	
鸻形目	**CHARADRIIFORMES**		
石鸻科	Burhinidae		
大石鸻	*Esacus recurvirostris*	二级	
鹮嘴鹬科	Ibidorhynchidae		
鹮嘴鹬	*Ibidorhyncha struthersii*	二级	
鸻科	Charadriidae		
黄颊麦鸡	*Vanellus gregarius*	二级	
水雉科	Jacanidae		
水雉	*Hydrophasianus chirurgus*	二级	
铜翅水雉	*Metopidius indicus*	二级	
鹬科	Scolopacidae		
林沙锥	*Gallinago nemoricola*	二级	
半蹼鹬	*Limnodromus semipalmatus*	二级	
小杓鹬	*Numenius minutus*	二级	
白腰杓鹬	*Numenius arquata*	二级	
大杓鹬	*Numenius madagascariensis*	二级	
小青脚鹬	*Tringa guttifer*	一级	
翻石鹬	*Arenaria interpres*	二级	
大滨鹬	*Calidris tenuirostris*	二级	
勺嘴鹬	*Calidris pygmaea*	一级	
阔嘴鹬	*Calidris falcinellus*	二级	
燕鸻科	Glareolidae		

续表

中文名	学名	保护级别		备注
灰燕鸻	*Glareola lactea*		二级	
鸥科	Laridae			
黑嘴鸥	*Saundersilarus saundersi*	一级		
小鸥	*Hydrocoloeus minutus*		二级	
遗鸥	*Ichthyaetus relictus*	一级		
大凤头燕鸥	*Thalasseus bergii*		二级	
中华凤头燕鸥	*Thalasseus bernsteini*	一级		原名"黑嘴端凤头燕鸥"
河燕鸥	*Sterna aurantia*	一级		原名"黄嘴河燕鸥"
黑腹燕鸥	*Sterna acuticauda*		二级	
黑浮鸥	*Chlidonias niger*		二级	
海雀科	Aicidae			
冠海雀	*Synthliboramphus wumizusume*		二级	
鹱形目	**PROCELLARIIFORMES**			
信天翁科	Diomedeidae			
黑脚信天翁	*Phoebastria nigripes*	一级		
短尾信天翁	*Phoebastria albatrus*	一级		
鹳形目	**CICONIIFORMES**			
鹳科	Ciconiidae			
彩鹳	*Mycteria leucocephala*	一级		
黑鹳	*Ciconia nigra*	一级		
白鹳	*Ciconia ciconia*	一级		
东方白鹳	*Ciconia boyciana*	一级		
秃鹳	*Leptoptilos javanicus*		二级	
鲣鸟目	**SULIFORMES**			
军舰鸟科	Fregatidae			
白腹军舰鸟	*Fregata andrewsi*	一级		
黑腹军舰鸟	*Fregata minor*		二级	
白斑军舰鸟	*Fregata ariel*		二级	
鲣鸟科#	Sulidae			
蓝脸鲣鸟	*Sula dactylatra*		二级	
红脚鲣鸟	*Sula sula*		二级	
褐鲣鸟	*Sula leucogaster*		二级	
鸬鹚科	Phalacrocoracidae			

续表

中文名	学名	保护级别	备注
黑颈鸬鹚	*Microcarbo niger*	二级	
海鸬鹚	*Phalacrocorax pelagicus*	二级	
鹈形目	**PELECANIFORMES**		
鹮科	Threskiornithidae		
黑头白鹮	*Threskiornis melanocephalus*	一级	原名"白鹮"
白肩黑鹮	*Pseudibis davisoni*	一级	原名"黑鹮"
朱鹮	*Nipponia nippon*	一级	
彩鹮	*Plegadis falcinellus*	一级	
白琵鹭	*Platalea leucorodia*	二级	
黑脸琵鹭	*Platalea minor*	一级	
鹭科	Ardeidae		
小苇鳽	*Ixobrychus minutus*	二级	
海南鳽	*Gorsachius magnificus*	一级	原名"海南虎斑鳽"
栗头鳽	*Gorsachius goisagi*	二级	
黑冠鳽	*Gorsachius melanolophus*	二级	
白腹鹭	*Ardea insignis*	一级	
岩鹭	*Egretta sacra*	二级	
黄嘴白鹭	*Egretta eulophotes*	一级	
鹈鹕科#	Pelecanidae		
白鹈鹕	*Pelecanus onocrotalus*	一级	
斑嘴鹈鹕	*Pelecanus philippensis*	一级	
卷羽鹈鹕	*Pelecanus crispus*	一级	
鹰形目#	**ACCIPITRIFORMES**		
鹗科	Pandionidae		
鹗	*Pandion haliaetus*	二级	
鹰科	Accipitridae		
黑翅鸢	*Elanus caeruleus*	二级	
胡兀鹫	*Gypaetus barbatus*	一级	
白兀鹫	*Neophron percnopterus*	二级	
鹃头蜂鹰	*Pernis apivorus*	二级	
凤头蜂鹰	*Pernis ptilorhynchus*	二级	
褐冠鹃隼	*Aviceda jerdoni*	二级	
黑冠鹃隼	*Aviceda leuphotes*	二级	

续表

中文名	学名	保护级别	备注
兀鹫	Gyps fulvus	二级	
长嘴兀鹫	Gyps indicus	二级	
白背兀鹫	Gyps bengalensis	一级	原名"拟兀鹫"
高山兀鹫	Gyps himalayensis	二级	
黑兀鹫	Sarcogyps calvus	一级	
秃鹫	Aegypius monachus	一级	
蛇雕	Spilornis cheela	二级	
短趾雕	Circaetus gallicus	二级	
凤头鹰雕	Nisaetus cirrhatus	二级	
鹰雕	Nisaetus nipalensis	二级	
棕腹隼雕	Lophotriorchis kienerii	二级	
林雕	Ictinaetus malaiensis	二级	
乌雕	Clanga clanga	一级	
靴隼雕	Hieraaetus pennatus	二级	
草原雕	Aquila nipalensis	一级	
白肩雕	Aquila heliaca	一级	
金雕	Aquila chrysaetos	一级	
白腹隼雕	Aquila fasciata	二级	
凤头鹰	Accipiter trivirgatus	二级	
褐耳鹰	Accipiter badius	二级	
赤腹鹰	Accipiter soloensis	二级	
日本松雀鹰	Accipiter gularis	二级	
松雀鹰	Accipiter virgatus	二级	
雀鹰	Accipiter nisus	二级	
苍鹰	Accipiter gentilis	二级	
白头鹞	Circus aeruginosus	二级	
白腹鹞	Circus spilonotus	二级	
白尾鹞	Circus cyaneus	二级	
草原鹞	Circus macrourus	二级	
鹊鹞	Circus melanoleucos	二级	
乌灰鹞	Circus pygargus	二级	
黑鸢	Milvus migrans	二级	
栗鸢	Haliastur indus	二级	

续表

中文名	学名	保护级别	备注
白腹海雕	*Haliaeetus leucogaster*	一级	
玉带海雕	*Haliaeetus leucoryphus*	一级	
白尾海雕	*Haliaeetus albicilla*	一级	
虎头海雕	*Haliaeetus pelagicus*	一级	
渔雕	*Icthyophaga humilis*	二级	
白眼鵟鹰	*Butastur teesa*	二级	
棕翅鵟鹰	*Butastur liventer*	二级	
灰脸鵟鹰	*Butastur indicus*	二级	
毛脚鵟	*Buteo lagopus*	二级	
大鵟	*Buteo hemilasius*	二级	
普通鵟	*Buteo japonicus*	二级	
喜山鵟	*Buteo refectus*	二级	
欧亚鵟	*Buteo buteo*	二级	
棕尾鵟	*Buteo rufinus*	二级	
鸮形目#	**STRIGIFORMES**		
鸱鸮科	Strigidae		
黄嘴角鸮	*Otus spilocephalus*	二级	
领角鸮	*Otus lettia*	二级	
北领角鸮	*Otus semitorques*	二级	
纵纹角鸮	*Otus brucei*	二级	
西红角鸮	*Otus scops*	二级	
红角鸮	*Otus sunia*	二级	
优雅角鸮	*Otus elegans*	二级	
雪鸮	*Bubo scandiacus*	二级	
雕鸮	*Bubo bubo*	二级	
林雕鸮	*Bubo nipalensis*	二级	
毛腿雕鸮	*Bubo blakistoni*	一级	
褐渔鸮	*Ketupa zeylonensis*	二级	
黄腿渔鸮	*Ketupa flavipes*	二级	
褐林鸮	*Strix leptogrammica*	二级	
灰林鸮	*Strix aluco*	二级	
长尾林鸮	*Strix uralensis*	二级	
四川林鸮	*Strix davidi*	一级	

续表

中文名	学名	保护级别	备注
乌林鸮	*Strix nebulosa*	二级	
猛鸮	*Surnia ulula*	二级	
花头鸺鹠	*Glaucidium passerinum*	二级	
领鸺鹠	*Glaucidium brodiei*	二级	
斑头鸺鹠	*Glaucidium cuculoides*	二级	
纵纹腹小鸮	*Athene noctua*	二级	
横斑腹小鸮	*Athene brama*	二级	
鬼鸮	*Aegolius funereus*	二级	
鹰鸮	*Ninox scutulata*	二级	
日本鹰鸮	*Ninox japonica*	二级	
长耳鸮	*Asio otus*	二级	
短耳鸮	*Asio flammeus*	二级	
草鸮科	Tytonidae		
仓鸮	*Tyto alba*	二级	
草鸮	*Tyto longimembris*	二级	
栗鸮	*Phodilus badius*	二级	
咬鹃目#	**TROGONIFORMES**		
咬鹃科	Trogonidae		
橙胸咬鹃	*Harpactes oreskios*	二级	
红头咬鹃	*Harpactes erythrocephalus*	二级	
红腹咬鹃	*Harpactes wardi*	二级	
犀鸟目	**BUCEROTIFORMES**		
犀鸟科#	Bucerotidae		
白喉犀鸟	*Anorrhinus austeni*	一级	
冠斑犀鸟	*Anthracoceros albirostris*	一级	
双角犀鸟	*Buceros bicornis*	一级	
棕颈犀鸟	*Aceros nipalensis*	一级	
花冠皱盔犀鸟	*Rhyticeros undulatus*	一级	
佛法僧目	**CORACIIFORMES**		
蜂虎科	Meropidae		
赤须蜂虎	*Nyctyornis amictus*	二级	
蓝须蜂虎	*Nyctyornis athertoni*	二级	
绿喉蜂虎	*Merops orientalis*	二级	

续表

中文名	学名	保护级别	备注
蓝颊蜂虎	*Merops persicus*	二级	
栗喉蜂虎	*Merops philippinus*	二级	
彩虹蜂虎	*Merops ornatus*	二级	
蓝喉蜂虎	*Merops virldis*	二级	
栗头蜂虎	*Merops leschenaulti*	二级	原名"黑胸蜂虎"
翠鸟科	Alcedinidae		
鹳嘴翡翠	*Pelargopsis capensis*	二级	原名"鹳嘴翠鸟"
白胸翡翠	*Halcyon smyrnensis*	二级	
蓝耳翠鸟	*Alcedo meninting*	二级	
斑头大翠鸟	*Alcedo hercules*	二级	
啄木鸟目	**PICIFORMES**		
啄木鸟科	Picidae		
白翅啄木鸟	*Dendrocopos leucopterus*	二级	
三趾啄木鸟	*Picoides tridactylus*	二级	
白腹黑啄木鸟	*Dryocopus javensis*	二级	
黑啄木鸟	*Dryocopus martius*	二级	
大黄冠啄木鸟	*Chrysophlegma flavinucha*	二级	
黄冠啄木鸟	*Picus chlorolophus*	二级	
红颈绿啄木鸟	*Picus rabieri*	二级	
大灰啄木鸟	*Mulleripicus pulverulentus*	二级	
隼形目#	**FALCONIFORMES**		
隼科	Falconidae		
红腿小隼	*Microhierax caerulescens*	二级	
白腿小隼	*Microhierax melanoleucos*	二级	
黄爪隼	*Falco naumanni*	二级	
红隼	*Falco tinnunculus*	二级	
西红脚隼	*Falco vespertinus*	二级	
红脚隼	*Falco amurensis*	二级	
灰背隼	*Falco columbarius*	二级	
燕隼	*Falco subbuteo*	二级	
猛隼	*Falco severus*	二级	
猎隼	*Falco cherrug*	一级	
矛隼	*Falco rusticolus*	一级	

续表

中文名	学名	保护级别	备注
游隼	*Falco peregrinus*	二级	
鹦形目#	**PSITTACIFORMES**		
鹦鹉科	Psittacidae		
短尾鹦鹉	*Loriculus vernalis*	二级	
蓝腰鹦鹉	*Psittinus cyanurus*	二级	
亚历山大鹦鹉	*Psittacula eupatria*	二级	
红领绿鹦鹉	*Psittacula krameri*	二级	
青头鹦鹉	*Psittacula himalayana*	二级	
灰头鹦鹉	*Psittacula finschii*	二级	
花头鹦鹉	*Psittacula roseata*	二级	
大紫胸鹦鹉	*Psittacula derbiana*	二级	
绯胸鹦鹉	*Psittacula alexandri*	二级	
雀形目	**PASSERIFORMES**		
八色鸫科#	Pittidae		
双辫八色鸫	*Pitta phayrei*	二级	
蓝枕八色鸫	*Pitta nipalensis*	二级	
蓝背八色鸫	*Pitta soror*	二级	
栗头八色鸫	*Pitta oatesi*	二级	
蓝八色鸫	*Pitta cyanea*	二级	
绿胸八色鸫	*Pitta sordida*	二级	
仙八色鸫	*Pitta nympha*	二级	
蓝翅八色鸫	*Pitta moluccensis*	二级	
阔嘴鸟科#	Eurylaimidae		
长尾阔嘴鸟	*Psarisomus dalhousiae*	二级	
银胸丝冠鸟	*Serilophus lunatus*	二级	
黄鹂科	Oriolidae		
鹊鹂	*Oriolus mellianus*	二级	
卷尾科	Dicruridae		
小盘尾	*Dicrurus remifer*	二级	
大盘尾	*Dicrurus paradiseus*	二级	
鸦科	Corvidae		
黑头噪鸦	*Perisoreus internigrans*	一级	
蓝绿鹊	*Cissa chinensis*	二级	

续表

中文名	学名	保护级别	备注
黄胸绿鹊	*Cissa hypoleuca*	二级	
黑尾地鸦	*Podoces hendersoni*	二级	
白尾地鸦	*Podoces biddulphi*	二级	
山雀科	Paridae		
白眉山雀	*Poecile superciliosus*	二级	
红腹山雀	*Poecile davidi*	二级	
百灵科	Alaudidae		
歌百灵	*Mirafra javanica*	二级	
蒙古百灵	*Melanocorypha mongolica*	二级	
云雀	*Alauda arvensis*	二级	
苇莺科	Acrocephalidae		
细纹苇莺	*Acrocephalus sorghophilus*	二级	
鹎科	Pycnonotidae		
台湾鹎	*Pycnonotus taivanus*	二级	
莺鹛科	Sylviidae		
金胸雀鹛	*Lioparus chrysotis*	二级	
宝兴鹛雀	*Moupinia poecilotis*	二级	
中华雀鹛	*Fulvetta striaticollis*	二级	
三趾鸦雀	*Cholornis paradoxus*	二级	
白眶鸦雀	*Sinosuthora conspicillata*	二级	
暗色鸦雀	*Sinosuthora zappeyi*	二级	
灰冠鸦雀	*Sinosuthora przewalskii*	一级	
短尾鸦雀	*Neosuthora davidiana*	二级	
震旦鸦雀	*Paradoxornis heudei*	二级	
绣眼鸟科	Zosteropidae		
红胁绣眼鸟	*Zosterops erythropleurus*	二级	
林鹛科	Timaliidae		
淡喉鹩鹛	*Spelaeornis kinneari*	二级	
弄岗穗鹛	*Stachyris nonggangensis*	二级	
幽鹛科	Pellorneidae		
金额雀鹛	*Schoeniparus variegaticeps*	一级	
噪鹛科	Leiothrichidae		
大草鹛	*Babax waddelli*	二级	

续表

中文名	学名	保护级别		备注
棕草鹛	*Babax koslowi*		二级	
画眉	*Garrulax canorus*		二级	
海南画眉	*Garrulax owstoni*		二级	
台湾画眉	*Garrulax taewanus*		二级	
褐胸噪鹛	*Garrulax maesi*		二级	
黑额山噪鹛	*Garrulax sukatschewi*	一级		
斑背噪鹛	*Garrulax lunulatus*		二级	
白点噪鹛	*Garrulax bieti*	一级		
大噪鹛	*Garrulax maximus*		二级	
眼纹噪鹛	*Garrulax ocellatus*		二级	
黑喉噪鹛	*Garrulax chinensis*		二级	
蓝冠噪鹛	*Garrulax courtoisi*	一级		
棕噪鹛	*Garrulax berthemyi*		二级	
橙翅噪鹛	*Trochalopteron elliotii*		二级	
红翅噪鹛	*Trochalopteron formosum*		二级	
红尾噪鹛	*Trochalopteron milnei*		二级	
黑冠薮鹛	*Liocichla bugunorum*	一级		
灰胸薮鹛	*Liocichla omeiensis*	一级		
银耳相思鸟	*Leiothrix argentauris*		二级	
红嘴相思鸟	*Leiothrix lutea*		二级	
旋木雀科	Certhiidae			
四川旋木雀	*Certhia tianquanensis*		二级	
䴓科	Sittidae			
滇䴓	*Sitta yunnanensis*		二级	
巨䴓	*Sitta magna*		二级	
丽䴓	*Sitta formosa*		二级	
椋鸟科	Sturnidae			
鹩哥	*Gracula religiosa*		二级	
鸫科	Turdidae			
褐头鸫	*Turdus feae*		二级	
紫宽嘴鸫	*Cochoa purpurea*		二级	
绿宽嘴鸫	*Cochoa viridis*		二级	
鹟科	Muscicapidae			

续表

中文名	学名	保护级别		备注
棕头歌鸲	*Larvivora ruficeps*	一级		
红喉歌鸲	*Calliope calliope*		二级	
黑喉歌鸲	*Calliope obscura*		二级	
金胸歌鸲	*Calliope pectardens*		二级	
蓝喉歌鸲	*Luscinia svecica*		二级	
新疆歌鸲	*Luscinia megarhynchos*		二级	
棕腹林鸲	*Tarsiger hyperythrus*		二级	
贺兰山红尾鸲	*Phoenicurus alaschanicus*		二级	
白喉石䳭	*Saxicola insignis*		二级	
白喉林鹟	*Cyornis brunneatus*		二级	
棕腹大仙鹟	*Niltava davidi*		二级	
大仙鹟	*Niltava grandis*		二级	
岩鹨科	Prunellidae			
贺兰山岩鹨	*Prunella koslowi*		二级	
朱鹀科	Urocynchramidae			
朱鹀	*Urocynchramus pylzowi*		二级	
燕雀科	Fringillidae			
褐头朱雀	*Carpodacus sillemi*		二级	
藏雀	*Carpodacus roborowskii*		二级	
北朱雀	*Carpodacus roseus*		二级	
红交嘴雀	*Loxia curvirostra*		二级	
鹀科	Emberizidae			
蓝鹀	*Emberiza siemsseni*		二级	
栗斑腹鹀	*Emberiza jankowskii*	一级		
黄胸鹀	*Emberiza aureola*	一级		
藏鹀	*Emberiza koslowi*		二级	
爬行纲 REPTILIA				
龟鳖目	**TESTUDINES**			
平胸龟科#	Platysternidae			
*平胸龟	*Platysternon megacephalum*		二级	仅限野外种群
陆龟科#	Testudinidae			
缅甸陆龟	*Indotestudo elongata*	一级		
凹甲陆龟	*Manouria impressa*	一级		

续表

中文名	学名	保护级别	备注
四爪陆龟	*Testudo horsfieldii*	一级	
地龟科	Geoemydidae		
*欧氏摄龟	*Cyclemys oldhamii*	二级	
*黑颈乌龟	*Mauremys nigricans*	二级	仅限野外种群
*乌龟	*Mauremys reevesii*	二级	仅限野外种群
*花龟	*Mauremys sinensis*	二级	仅限野外种群
*黄喉拟水龟	*Mauremys mutica*	二级	仅限野外种群
*闭壳龟属所有种	*Cuora spp.*	二级	仅限野外种群
*地龟	*Geoemyda spengleri*	二级	
*眼斑水龟	*Sacalia bealei*	二级	仅限野外种群
*四眼斑水龟	*Sacalia quadriocellata*	二级	仅限野外种群
海龟科#	Cheloniidae		
*红海龟	*Caretta caretta*	一级	原名"蠵龟"
*绿海龟	*Chelonia mydas*	一级	
*玳瑁	*Eretmochelys imbricata*	一级	
*太平洋丽龟	*Lepidochelys olivacea*	一级	
棱皮龟科#	Dermochelyidae		
*棱皮龟	*Dermochelys coriacea*	一级	
鳖科	Trionychidae		
*鼋	*Pelochelys cantorii*	一级	
*山瑞鳖	*Palea steindachneri*	二级	仅限野外种群
*斑鳖	*Rafetus swinhoei*	一级	
有鳞目	**SQUAMATA**		
壁虎科	Gekkonidae		
大壁虎	*Gekko gecko*	二级	
黑疣大壁虎	*Gekko reevesii*	二级	
球趾虎科	Sphaerodactylidae		
伊犁沙虎	*Teratoscincus scincus*	二级	
吐鲁番沙虎	*Teratoscincus roborowskii*	二级	
睑虎科#	Eublepharidae		
英德睑虎	*Goniurosaurus yingdeensis*	二级	
越南睑虎	*Goniurosaurus araneus*	二级	
霸王岭睑虎	*Goniurosaurus bawanglingensis*	二级	

续表

中文名	学名	保护级别	备注
海南睑虎	*Goniurosaurus hainanensis*	二级	
嘉道理睑虎	*Goniurosaurus kadoorieorum*	二级	
广西睑虎	*Goniurosaurus kwangsiensis*	二级	
荔波睑虎	*Goniurosaurus liboensis*	二级	
凭祥睑虎	*Goniurosaurus luii*	二级	
蒲氏睑虎	*Goniurosaurus zhelongi*	二级	
周氏睑虎	*Goniurosaurus zhoui*	二级	
鬣蜥科	Agamidae		
巴塘龙蜥	*Diploderma batangense*	二级	
短尾龙蜥	*Diploderma brevicaudum*	二级	
侏龙蜥	*Diploderma drukdaypo*	二级	
滑腹龙蜥	*Diploderma laeviventre*	二级	
宜兰龙蜥	*Diploderma luei*	二级	
溪头龙蜥	*Diploderma makii*	二级	
帆背龙蜥	*Diploderma vela*	二级	
蜡皮蜥	*Leiolepis reevesii*	二级	
贵南沙蜥	*Phrynocephalus guinanensis*	二级	
大耳沙蜥	*Phrynocephalus mystaceus*	一级	
长鬣蜥	*Physignathus cocincinus*	二级	
蛇蜥科#	Anguidae		
细脆蛇蜥	*Ophisaurus gracilis*	二级	
海南脆蛇蜥	*Ophisaurus hainanensis*	二级	
脆蛇蜥	*Ophisaurus harti*	二级	
鳄蜥科	Shinisauridae		
鳄蜥	*Shinisaurus crocodilurus*	一级	
巨蜥科#	Varanidae		
孟加拉巨蜥	*Varanus bengalensis*	一级	
圆鼻巨蜥	*Varanus salvator*	一级	原名"巨蜥"
石龙子科	Scincidae		
桓仁滑蜥	*Scincella huanrenensis*	二级	
双足蜥科	Dibamidae		
香港双足蜥	*Dibamus bogadeki*	二级	
盲蛇科	Typhlopidae		

续表

中文名	学名	保护级别	备注
香港盲蛇	*Indotyphlops lazelli*	二级	
筒蛇科	Cylindrophiidae		
红尾筒蛇	*Cylindrophis ruffus*	二级	
闪鳞蛇科	Xenopeltidae		
闪鳞蛇	*Xenopeltis unicolor*	二级	
蚺科#	Boidae		
红沙蟒	*Eryx miliaris*	二级	
东方沙蟒	*Eryx tataricus*	二级	
蟒科#	Pythonidae		
蟒蛇	*Python bivittatus*	二级	原名"蟒"
闪皮蛇科	Xenodermidae		
井冈山脊蛇	*Achalinus jinggangensis*	二级	
游蛇科	Colubridae		
三索蛇	*Coelognathus radiatus*	二级	
团花锦蛇	*Elaphe davidi*	二级	
横斑锦蛇	*Euprepiophis perlaceus*	二级	
尖喙蛇	*Rhynchophis boulengeri*	二级	
西藏温泉蛇	*Thermophis baileyi*	一级	
香格里拉温泉蛇	*Thermophis shangrila*	一级	
四川温泉蛇	*Thermophis zhaoermii*	一级	
黑网乌梢蛇	*Zaocys carinatus*	二级	
瘰鳞蛇科	Acrochordidae		
*瘰鳞蛇	*Acrochordus granulatus*	二级	
眼镜蛇科	Elapidae		
眼镜王蛇	*Ophiophagus hannah*	二级	
*蓝灰扁尾海蛇	*Laticauda colubrina*	二级	
*扁尾海蛇	*Laticauda laticaudata*	二级	
*半环扁尾海蛇	*Laticauda semifasciata*	二级	
*龟头海蛇	*Emydocephalus ijimae*	二级	
*青环海蛇	*Hydrophis cyanocinctus*	二级	
*环纹海蛇	*Hydrophis fasciatus*	二级	
*黑头海蛇	*Hydrophis melanocephalus*	二级	
*淡灰海蛇	*Hydrophis ornatus*	二级	

续表

中文名	学名	保护级别	备注
*棘眦海蛇	*Hydrophis peronii*	二级	
*棘鳞海蛇	*Hydrophis stokesii*	二级	
*青灰海蛇	*Hydrophis caerulescens*	二级	
*平颏海蛇	*Hydrophis curtus*	二级	
*小头海蛇	*Hydrophis gracilis*	二级	
*长吻海蛇	*Hydrophis platurus*	二级	
*截吻海蛇	*Hydrophis jerdonii*	二级	
*海蝰	*Hydrophis viperinus*	二级	
蝰科	Viperidae		
泰国圆斑蝰	*Daboia siamensis*	二级	
蛇岛蝮	*Gloydius shedaoensis*	二级	
角原矛头蝮	*Protobothrops cornutus*	二级	
莽山烙铁头蛇	*Protobothrops mangshanensis*	一级	
极北蝰	*Vipera berus*	二级	
东方蝰	*Vipera renardi*	二级	
鳄目	**CROCODYLIA**		
鼍科#	Alligatoridae		
*扬子鳄	*Alligator sinensis*	一级	
两栖纲 AMPHIBIA			
蚓螈目	**GYMNOPHIONA**		
鱼螈科	Ichthyophiidae		
版纳鱼螈	*Ichthyophis bannanicus*	二级	
有尾目	**CAUDATA**		
小鲵科#	Hynobiidae		
*安吉小鲵	*Hynobius amjiensis*	一级	
*中国小鲵	*Hynobius chinensis*	一级	
*挂榜山小鲵	*Hynobius guabangshanensis*	一级	
*猫儿山小鲵	*Hynobius maoershanensis*	一级	
*普雄原鲵	*Protohynobius puxiongensis*	一级	
*辽宁爪鲵	*Onychodactylus zhaoermii*	一级	
*吉林爪鲵	*Onychodactylus zhangyapingi*	二级	
*新疆北鲵	*Ranodon sibiricus*	二级	
*极北鲵	*Salamandrella keyserlingii*	二级	

续表

中文名	学名	保护级别	备注
*巫山巴鲵	Liua shihi	二级	
*秦巴巴鲵	Liua tsinpaensis	二级	
*黄斑拟小鲵	Pseudohynobius flavomaculatus	二级	
*贵州拟小鲵	Pseudohynobius guizhouensis	二级	
*金佛拟小鲵	Pseudohynobius jinfo	二级	
*宽阔水拟小鲵	Pseudohynobius kuankuoshuiensis	二级	
*水城拟小鲵	Pseudohynobius shuichengensis	二级	
*弱唇褶山溪鲵	Batrachuperus cochranae	二级	
*无斑山溪鲵	Batrachuperus karlschmidti	二级	
*龙洞山溪鲵	Batrachuperus londongensis	二级	
*山溪鲵	Batrachupems pinchonii	二级	
*西藏山溪鲵	Batrachuperus tibetanus	二级	
*盐源山溪鲵	Batrachuperus yenyuanensis	二级	
*阿里山小鲵	Hynobius arisanensis	二级	
*台湾小鲵	Hynobius formosanus	二级	
*观雾小鲵	Hynobius fucus	二级	
*南湖小鲵	Hynobius glacialis	二级	
*东北小鲵	Hynobius leechii	二级	
*楚南小鲵	Hynobius sonani	二级	
*义乌小鲵	Hynobius yiwuensis	二级	
隐鳃鲵科	Cryptobranchidae		
*大鲵	Andrias davidianus	二级	仅限野外种群
蝾螈科	Salamandridae		
*潮汕蝾螈	Cynops orphicus	二级	
*大凉螈	Liangshantriton taliangensis	二级	原名"大凉疣螈"
*贵州疣螈	Tylototriton kweichowensis	二级	
*川南疣螈	Tylototriton pseudoverrucosus	二级	
*丽色疣螈	Tylototriton pulcherrima	二级	
*红瘰疣螈	Tylototriton shanjing	二级	
*棕黑疣螈	Tylototriton verrucosus	二级	原名"细瘰疣螈"
*滇南疣螈	Tylototriton yangi	二级	
*安徽瑶螈	Yaotriton anhuiensis	二级	
*细痣瑶螈	Yaotriton asperrimus	二级	原名"细痣疣螈"

续表

中文名	学名	保护级别	备注
*宽脊瑶螈	*Yaotriton broadoridgus*	二级	
*大别瑶螈	*Yaotriton dabienicus*	二级	
*海南瑶螈	*Yaotriton hainanensis*	二级	
*浏阳瑶螈	*Yaotriton liuyangensis*	二级	
*莽山瑶螈	*Yaotriton lizhenchangi*	二级	
*文县瑶螈	*Yaotriton wenxianensis*	二级	
*蔡氏瑶螈	*Yaotriton ziegleri*	二级	
*镇海棘螈	*Echinotriton chinhaiensis*	一级	原名"镇海疣螈"
*琉球棘螈	*Echinotriton andersoni*	二级	
*高山棘螈	*Echinotriton maxiquadratus*	二级	
*橙脊瘰螈	*Paramesotriton aurantius*	二级	
*尾斑瘰螈	*Paramesotriton caudopunctatus*	二级	
*中国瘰螈	*Paramesotriton chinensis*	二级	
*越南瘰螈	*Paramesotriton deloustali*	二级	
*富钟瘰螈	*Paramesotriton fuzhongensis*	二级	
*广西瘰螈	*Paramesotriton guangxiensis*	二级	
*香港瘰螈	*Paramesotriton hongkongensis*	二级	
*无斑瘰螈	*Paramesotriton labiatus*	二级	
*龙里瘰螈	*Paramesotriton longliensis*	二级	
*茂兰瘰螈	*Paramesotriton maolanensis*	二级	
*七溪岭瘰螈	*Paramesotriton qixilingensis*	二级	
*武陵瘰螈	*Paramesotriton wulingensis*	二级	
*云雾瘰螈	*Paramesotriton yunwuensis*	二级	
*织金瘰螈	*Paramesotriton zhijinensis*	二级	
无尾目	**ANURA**		
角蟾科	Megophryidae		
抱龙角蟾	*Boulenophrys baolongensis*	二级	
凉北齿蟾	*Oreolalax liangbeiensis*	二级	
金顶齿突蟾	*Scutiger chintingensis*	二级	
九龙齿突蟾	*Scutiger jiulongensis*	二级	
木里齿突蟾	*Scutiger muliensis*	二级	
宁陕齿突蟾	*Scutiger ningshanensis*	二级	
平武齿突蟾	*Scutiger pingwuensis*	二级	

续表

中文名	学名	保护级别	备注
哀牢髭蟾	*Vibrissaphora ailaonica*	二级	
峨眉髭蟾	*Vibrissaphora boringii*	二级	
雷山髭蟾	*Vibtissaphora leishanensis*	二级	
原髭蟾	*Vibrissaphora promustache*	二级	
南澳岛角蟾	*Xenophrys insularis*	二级	
水城角蟾	*Xenophrys shuichengensis*	二级	
蟾蜍科	Bufonidae		
史氏蟾蜍	*Bufo stejnegeri*	二级	
鳞皮小蟾	*Parapelophryne scalpta*	二级	
乐东蟾蜍	*Qiongbufo ledongensis*	二级	
无棘溪蟾	*Bufo aspinius*	二级	
叉舌蛙科	Dicroglossidae		
*虎纹蛙	*Hoplobatrachus chinensis*	二级	仅限野外种群
*脆皮大头蛙	*Limnonectes fragilis*	二级	
*叶氏肛刺蛙	*Yerana yei*	二级	
蛙科	Ranidae		
*海南湍蛙	*Amolops hainanensis*	二级	
*香港湍蛙	*Amolops hongkongensis*	二级	
*小腺蛙	*Glandirana minima*	二级	
*务川臭蛙	*Odorrana wuchuanensis*	二级	
树蛙科	Rhacophoridac		
巫溪树蛙	*Rhacophonts hongchibaensis*	二级	
老山树蛙	*Rhacophorus laoshan*	二级	
罗默刘树蛙	*Liuixalus romeri*	二级	
洪佛树蛙	*Rhacophorus hungfuensis*	二级	
文昌鱼纲 AMPHIOXI			
文昌鱼目	**AMPHIOXIFORMES**		
文昌鱼科#	Branchiostomatidae		
*厦门文昌鱼	*Branchiostoma belcheri*	二级	仅限野外种群。原名"文昌鱼"。
*青岛文昌鱼	*Branchiostoma tsingdauense*	二级	仅限野外种群
圆口纲 CYCLOSTOMATA			
七鳃鳗目	**PETROMYZONTIFORMES**		
七鳃鳗科#	Petromyzontidae		

续表

中文名	学名	保护级别	备注
*日本七鳃鳗	*Lampetra japonica*	二级	
*东北七鳃鳗	*Lampetra morii*	二级	
*雷氏七鳃鳗	*Lampetra reissneri*	二级	
软骨鱼纲 CHONDRICHTHYES			
鼠鲨目	**LAMNIFORMES**		
姥鲨科	Cetorhinidae		
*姥鲨	*Cetorhinus maximus*	二级	
鼠鲨科	Lamnidae		
*噬人鲨	*Carcharodon carcharias*	二级	
须鲨目	**ORECTOLOBIFORMES**		
鲸鲨科	Rhincodontidae		
*鲸鲨	*Rhincodon typus*	二级	
鲼目	**MYLIOBATIFORMES**		
魟科	Dasyatidae		
*黄魟	*Dasyatis bennettii*	二级	仅限陆封种群
硬骨鱼纲 OSTEICHTHYES			
鲟形目#	**ACIPENSERIFORMES**		
鲟科	Acipenseridae		
*中华鲟	*Acipenser sinensis*	一级	
*长江鲟	*Acipenser dabryanus*	一级	原名"达氏鲟"
*鳇	*Huso dauricus*	一级	仅限野外种群
*西伯利亚鲟	*Acipenser baerii*	二级	仅限野外种群
*裸腹鲟	*Acipenser nudiventris*	二级	仅限野外种群
*小体鲟	*Acipenser ruthenus*	二级	仅限野外种群
*施氏鲟	*Acipenser schrenckii*	二级	仅限野外种群
匙吻鲟科	Polyodontidae		
*白鲟	*Psephurus gladius*	一级	
鳗鲡目	**ANGUILLIFORMES**		
鳗鲡科	Anguillidae		
*花鳗鲡	*Anguilla matmorata*	二级	
鲱形目	**CLUPEIFORMES**		
鲱科	Clupeidae		
*鲥	*Tenualosa reevesii*	一级	

续表

中文名	学名	保护级别	备注
鲤形目	**CVPRINIFORMES**		
双孔鱼科	Gyrinocheilidae		
*双孔鱼	*Gyrinocheilus aymonieri*	二级	仅限野外种群
裸吻鱼科	Psilorhynchidae		
*平鳍裸吻鱼	*Psilorhynchus homaloptera*	二级	
亚口鱼科	Catostomidae		原名"胭脂鱼科"
*胭脂鱼	*Myxocyprinus asiaticus*	二级	仅限野外种群
鲤科	Cyprinidae		
*唐鱼	*Tanichthys albonubes*	二级	仅限野外种群
*稀有鮈鲫	*Gobiocypris rarus*	二级	仅限野外种群
*鯮	*Luciobrama macrocephalus*	二级	
*多鳞白鱼	*Anabarilius polylepis*	二级	
*山白鱼	*Anabarilius transmontanus*	二级	
*北方铜鱼	*Coreius septentrionalis*	一级	
*圆口铜鱼	*Coreius guichenoti*	二级	仅限野外种群
*大鼻吻鮈	*Rhinogobio nasutus*	二级	
*长鳍吻鮈	*Rhinogobio ventralis*	二级	
*平鳍鳅鮀	*Gobiobotia homalopteroidea*	二级	
*单纹似鱤	*Luciocyprinus langsoni*	二级	
*金线鲃属所有种	*Sinocyclocheilus spp.*	二级	
*四川白甲鱼	*Onychostoma angustistomata*	二级	
*多鳞白甲鱼	*Onychostonta macrolepis*	二级	仅限野外种群
*金沙鲈鲤	*Percocypris pingi*	二级	仅限野外种群
*花鲈鲤	*Percocypris regani*	二级	仅限野外种群
*后背鲈鲤	*Percocypris retrodorslis*	二级	仅限野外种群
*张氏鲈鲤	*Percocypris tchangi*	二级	仅限野外种群
*裸腹盲鲃	*Typhlobarbns nudiventris*	二级	
*角鱼	*Akrokolioplax bicomis*	二级	
*骨唇黄河鱼	*Chuanchia labiosa*	二级	
*极边扁咽齿鱼	*Platypharodon extremus*	二级	仅限野外种群
*细鳞裂腹鱼	*Schizothorax chongi*	二级	仅限野外种群
*巨须裂腹鱼	*Schizothorax macropogon*	二级	
*重口裂腹鱼	*Schizothorax davidi*	二级	仅限野外种群

续表

中文名	学名	保护级别	备注
*拉萨裂腹鱼	*Schizothorax waltoni*	二级	仅限野外种群
*塔里木裂腹鱼	*Schizothorax biddulphi*	二级	仅限野外种群
*大理裂腹鱼	*Schizothorax taliensis*	二级	仅限野外种群
*扁吻鱼	*Aspiorhynchus laticeps*	一级	原名"新疆大头鱼"
*厚唇裸重唇鱼	*Gymnodiptychus pachycheilus*	二级	仅限野外种群
*斑重唇鱼	*Diptychus maculates*	二级	
*尖裸鲤	*Oxygymnocypris stewartii*	二级	仅限野外种群
*大头鲤	*Cyprinus pellegrini*	二级	仅限野外种群
*小鲤	*Cyprinus micristius*	二级	
*抚仙鲤	*Cyprinus fuxianensis*	二级	
*岩原鲤	*Procypris rabaudi*	二级	仅限野外种群
*乌原鲤	*Procypris merus*	二级	
*大鳞鲢	*Hypophthalmichthys harmandi*	二级	
鳅科	Cobitidae		
*红唇薄鳅	*Leptobotia rubrilabris*	二级	仅限野外种群
*黄线薄鳅	*Leptobotia flavolineata*	二级	
*长薄鳅	*Leptobotia elongata*	二级	仅限野外种群
条鳅科	Nemacheilidae		
*无眼岭鳅	*Oreonectes anophthalmus*	二级	
*拟鲇高原鳅	*Triplophysa siluroides*	二级	仅限野外种群
*湘西盲高原鳅	*Triplophysa xiangxiensis*	二级	
*小头高原鳅	*Triphophysa minuta*	二级	
爬鳅科	Balitoridae		
*厚唇原吸鳅	*Protomyzon pachychilus*	二级	
鲇形目	**SILURIFORMES**		
鲿科	Bagridae		
*斑鳠	*Hemibagrus guttatus*	二级	仅限野外种群
鲇科	Siluridae		
*昆明鲇	*Silurus mento*	二级	
鲱科	Pangasiidae		
*长丝鲱	*Pangasius sanitwangsei*	一级	
钝头鮠科	Amblycipitidae		
*金氏𫚈	*Liobagrus kingi*	二级	

续表

中文名	学名	保护级别	备注
鮡科	Sisoridae		
*长丝黑鮡	*Gagata dolichonema*	二级	
*青石爬鮡	*Euchiloglanis davidi*	二级	
*黑斑原鮡	*Glyptosternum maculatum*	二级	
*鲍	*Bagarius bagarius*	二级	
*红鲍	*Bagflrius rutilus*	二级	
*巨鲍	*Bagarius yarrelli*	二级	
鲑形目	**SALMONIFORMES**		
鲑科	Salmonidae		
*细鳞鲑属所有种	*Brachymystax* spp.	二级	仅限野外种群
*川陕哲罗鲑	*Hucho bleekeri*	一级	
*哲罗鲑	*Hucho taimen*	二级	仅限野外种群
*石川氏哲罗鲑	*Hucho ishikawai*	二级	
*花羔红点鲑	*Salvelinus malma*	二级	仅限野外种群
*马苏大马哈鱼	*Oncorhynchus masou*	二级	
*北鲑	*Stenodus leucichthys*	二级	
*北极茴鱼	*Thymallus arcticus*	二级	仅限野外种群
*下游黑龙江茴鱼	*Thymallus tugarinae*	二级	仅限野外种群
*鸭绿江茴鱼	*Thymallus yaluensis*	二级	仅限野外种群
海龙鱼目	**SYNGNATHIFORMES**		
海龙鱼科	Syngnathidac		
*海马属所有种	*Hippocampus* spp.	二级	仅限野外种群
鲈形目	**PERCIFORMES**		
石首鱼科	Sciaenidae		
*黄唇鱼	*Bahaba taipingensis*	一级	
隆头鱼科	Labridae		
*波纹唇鱼	*Cheilinus undulates*	二级	仅限野外种群
鲉形目	**SCORPAENIFORMES**		
杜父鱼科	Cottidae		
*松江鲈	*Trachidermus fasciatus*	二级	仅限野外种群。原名"松江鲈鱼"
半索动物门 **HEMICHORDATA**			
肠鳃纲 ENTEROPNEUSTA			
柱头虫目	**BALANOGLOSSIDA**		

续表

中文名	学名	保护级别	备注
殖翼柱头虫科	Ptychoderidae		
*多鳃孔舌形虫	*Glossobalanus polybranchioponis*	一级	
*三崎柱头虫	*Balanoglossus misakiensis*	二级	
*短殖舌形虫	*Glossobalanus mortenseni*	二级	
*肉质柱头虫	*Balanoglossus carnosus*	二级	
*黄殖翼柱头虫	*Ptychodera flava*	二级	
史氏柱头虫科	Spengeliidae		
*青岛橡头虫	*Glandiceps qingdaoensis*	二级	
玉钩虫科	Harrimaniidae		
*黄岛长吻虫	*Saccoglossus hwangtauensis*	一级	
节肢动物门 ARTHROPODA			
昆虫纲 INSECTA			
双尾目	**DIPLURA**		
铗虮科	Japygidae		
伟铗虮	*Atlasjapyx atlas*	二级	
䗛目	**PHASMATODEA**		
叶䗛料#	PhyUidae		
丽叶䗛	*Phyllium pulchrifolium*	二级	
中华叶䗛	*Phyllium sinensis*	二级	
泛叶䗛	*Phyllium celebicum*	二级	
翔叶䗛	*Phyllium westwoodi*	二级	
东方叶䗛	*Phyllium siccifblium*	二级	
独龙叶䗛	*Phyllium drunganum*	二级	
同叶䗛	*Phyllium parum*	二级	
滇叶䗛	*Phyllium yunnanense*	二级	
藏叶䗛	*Phyllium tibetense*	二级	
珍叶䗛	*Phyllium varum*	二级	
蜻蜓目	**ODONATA**		
箭蜓科	Gomphidae		
扭尾曦春蜓	*Heliogomphus retroflexus*	二级	原名"尖板曦箭蜓"
棘角蛇纹春蜓	*Ophiogomphus spinicornis*	二级	原名"宽纹北箭蜓"
缺翅目	**ZORAPTERA**		
缺翅虫科	Zorotypidae		

续表

中文名	学名	保护级别	备注
中华缺翅虫	*Zorotypus sinensis*	二级	
墨脱缺翅虫	*Zorotypus medoensis*	二级	
蛩蠊目	**GRYLLOBLATTODAE**		
蛩蠊科	Grylloblattidae		
中华蛩蠊	*Galloisiana sinensis*	一级	
陈氏西蛩蠊	*Grylloblattella cheni*	一级	
脉翅目	**NEUROPTERA**		
旌蛉科	Nemopteridae		
中华旌蛉	*Nemopistha sinica*	二级	
鞘翅目	**COLEOPTERA**		
步甲科	Carabidne		
拉步甲	*Carabus lafossei*	二级	
细胸大步甲	*Carabus osawai*	二级	
巫山大步甲	*Carabus ishizukai*	二级	
库班大步甲	*Carabus kubani*	二级	
桂北大步甲	*Carabus guibeicus*	二级	
贞大步甲	*Carabus penelope*	二级	
蓝鞘大步甲	*Carabus cyaneogigas*	二级	
滇川大步甲	*Carabus yunanensis*	二级	
硕步甲	*Carabus davidi*	二级	
两栖甲科	Amphizoidae		
中华两栖甲	*Amphizoa sinica*	二级	
长阎甲科	Synteliidae		
中华长阎甲	*Syntelia sinica*	二级	
大卫长阎甲	*Syntelia davidis*	二级	
玛氏长阎甲	*Syntelia mazuri*	二级	
臂金龟科	Euchiridae		
戴氏棕臂金龟	*Propomacrus davidi*	二级	
玛氏棕臂金龟	*Propomacrus muramotoae*	二级	
越南臂金龟	*Cheirotonus battareli*	二级	
福氏彩臂金龟	*Cheirotonus fujiokai*	二级	
格彩臂金龟	*Cheirotonus gestroi*	二级	
台湾长臂金龟	*Cheirotonus formosanus*	二级	

续表

中文名	学名	保护级别	备注
阳彩臂金龟	*Cheirotonus jansoni*	二级	
印度长臂金龟	*Cheirotonus macleayii*	二级	
昭沼氏长臂金龟	*Cheirotonus terunumai*	二级	
金龟科	Scarabaeidae		
艾氏泽蜣螂	*Scarabaeus erichsoni*	二级	
拜氏蜣螂	*Scarabaeus babori*	二级	
悍马巨蜣螂	*Heliocopris bucephalus*	二级	
上帝巨蜣螂	*Heliocopris dominus*	二级	
迈达斯巨蜣螂	*Heliocopris midas*	二级	
犀金龟科	Dynastidae		
戴叉犀金龟	*Trypoxylus davidis*	二级	原名"叉犀金龟"
粗尤犀金龟	*Eupatorus hardwickii*	二级	
细角尤犀金龟	*Eupatorus gracilicornis*	二级	
胫晓扁犀金龟	*Eophileurus tetraspermexilus*	二级	
锹甲科	Lucanidae		
安达刀锹甲	*Dorcus antaeus*	二级	
巨叉深山锹甲	*Lucanus hermani*	二级	
鳞翅目	**LEPIDOPTERA**		
凤蝶科	Papilionidae		
喙凤蝶	*Teinopalpus imperialism*	二级	
金斑喙凤蝶	*Teinopalpus aureus*	一级	
裳凤蝶	*Troides helena*	二级	
金裳凤蝶	*Troides aeacus*	二级	
荧光裳凤蝶	*Troides magellanus*	二级	
鸟翼裳凤蝶	*Troides amphrysus*	二级	
珂裳凤蝶	*Troides criton*	二级	
楔纹裳凤蝶	*Troides cuneifera*	二级	
小斑裳凤蝶	*Troides haliphron*	二级	
多尾凤蝶	*Bhutanitis lidderdalii*	二级	
不丹尾凤蝶	*Bhutanitis ludlowi*	二级	
双尾凤蝶	*Bhutanitis mansfieldi*	二级	
玄裳尾凤蝶	*Bhutanitis nigrilima*	二级	
三尾凤蝶	*Bhutanitis thaidina*	二级	

续表

中文名	学名	保护级别	备注
玉龙尾凤蝶	*Bhutanitis yulongensisn*	二级	
丽斑尾凤蝶	*Bhutanitis pulchristriata*	二级	
锤尾凤蝶	*Losaria coon*	二级	
中华虎凤蝶	*Luehdorfia chinensis*	二级	
蛱蝶科	Nymphalidae		
最美紫蛱蝶	*Sasakia pulcherrima*	二级	
黑紫蛱蝶	*Sasakia funebris*	二级	
绢蝶科	Parnassidae		
阿波罗绢蝶	*Parnassius apollo*	二级	
君主绢蝶	*Parnassius imperator*	二级	
灰蝶科	Lycaenidae		
大斑霾灰蝶	*Maculinea arionides*	二级	
秀山白灰蝶	*Phengaris xiushani*	二级	
蛛形纲　ARACHNIDA			
蜘蛛目	**ARANEAE**		
捕鸟蛛科	Theraphosidae		
海南塞勒蛛	*Cyriopagopus hainanus*	二级	
肢口纲　MEROSTOMATA			
剑尾目	**XIPHOSURA**		
鲎科#	Tachypleidae		
*中国鲎	*Tachypleus tridentatus*	二级	
*圆尾蝎鲎	*Carcinoscorpius rotundicauda*	二级	
软甲纲　MALACOSTRACA			
十足目	**DECAPODA**		
龙虾科	Palinuridae		
*锦绣龙虾	*Panulirus ornatus*	二级	仅限野外种群
软体动物门　MOLLUSCA			
双壳纲　BIVALVIA			
珍珠贝目	**PTERIOIDA**		
珍珠贝科	Pterlidae		
*大珠母贝	*Pinctada maxima*	二级	仅限野外种群
帘蛤目	**VENEROIDA**		
砗磲科#	Tridacnidae		

续表

中文名	学名	保护级别	备注
*大砗磲	*Tridacna gigas*	一级	原名"库氏砗磲"
*无鳞砗磲	*Tridacna derasa*	二级	仅限野外种群
*鳞砗磲	*Tridacna squamosa*	二级	仅限野外种群
*长砗磲	*Tridacna maxima*	二级	仅限野外种群
*番红砗磲	*Tridacna crocea*	二级	仅限野外种群
*砗蚝	*Hippopus hippopus*	二级	仅限野外种群
蚌目	**UNIONIDA**		
珍珠蚌科	Margaritanidae		
*珠母珍珠蚌	*Margaritiana dahurica*	二级	仅限野外种群
蚌科	Unionidae		
*佛耳丽蚌	*Lamprotula mansuyi*	二级	
*绢丝丽蚌	*Lamprotula fibrosa*	二级	
*背瘤丽蚌	*Lamprotula leai*	二级	
*多瘤丽蚌	*Lamprotula polysticta*	二级	
*刻裂丽蚌	*Lamprotula scripta*	二级	
截蛏科	Solecurtidae		
*中国淡水蛏	*Novaculina chinensis*	二级	
*龙骨蛏蚌	*Solenaia carinatus*	二级	
头足纲 CEPHALOPODA			
鹦鹉螺目	**NAUTILIDA**		
鹦鹉螺科	Nautilidae		
*鹦鹉螺	*Nautilus pompilius*	一级	
腹足纲 GASTROPODA			
田螺科	Viviparidae		
*螺蛳	*Margarya melanioides*	二级	
蝾螺科	Turbinidae		
*夜光蝾螺	*Turbo marmoratus*	二级	
宝贝科	Cypraeidae		
*虎斑宝贝	*Cypraea tigris*	二级	
冠螺科	Cassididae		
*唐冠螺	*Cassis cornuta*	二级	原名"冠螺"
法螺科	Charoniidae		
*法螺	*Charonia tritonis*	二级	

续表

中文名	学名	保护级别	备注
刺胞动物门 CNIDARIA			
珊瑚纲 ANTHOZOA			
角珊瑚目#	**ANTIPATHARIA**		
*角珊瑚目所有种	ANTIPATHARIA spp.	二级	
石珊瑚目#	**SCLERACTINIA**		
*石珊瑚目所有种	SCLERACTINIA spp.	二级	
苍珊瑚目	**HELIOPORACEA**		
苍珊瑚科#	Helioporidae		
*苍珊瑚科所有种	*Helioporidae* spp.	二级	
软珊瑚目	**ALCYONACEA**		
笙珊瑚科#	Tubiporidae		
*笙珊瑚	*Tubipora musica*	二级	
红珊瑚科#	Coralliidae		
*红珊瑚科所有种	*Coralliidae* spp.	一级	
竹节柳珊瑚科	Isididae		
*粗糙竹节柳珊瑚	*Isis hippuris*	二级	
*细枝竹节柳珊瑚	*Isis minorbrachyblasta*	二级	
*网枝竹节柳珊瑚	*Isis reticulata*	二级	
水螅纲 HYDROZOA			
花裸螅目	**ANTHOATHECATA**		
多孔螅科#	Milleporidae		
*分叉多孔螅	*Millepora dichotoma*	二级	
*节块多孔螅	*Millepora exaesa*	二级	
*窝形多孔螅	*Millepora foveolata*	二级	
*错综多孔螅	*Millepora intricata*	二级	
*阔叶多孔螅	*Millepora latifolia*	二级	
*扁叶多孔螅	*Millepora platyphylla*	二级	
*娇嫩多孔螅	*Millepora tenera*	二级	
柱星螅科#	Stylasteridae		
*无序双孔螅	*Distichopora irregularis*	二级	
*紫色双孔螅	*Distichopora violacea*	二级	
*佳丽刺柱螅	*Errina dabneyi*	二级	
*扇形柱星螅	*Stylaster flabelliformis*	二级	

续表

中文名	学名	保护级别	备注
＊细巧柱星螅	*Stylaster gracilis*	二级	
＊佳丽柱星螅	*Stylaster pulcher*	二级	
＊艳红柱星螅	*Stylaster sanguineus*	二级	
＊粗糙柱星螅	*Stylaster scabiosus*	二级	
＊代表水生野生动物；#代表该分类单元所有种均列入名录。			

附录五

濒危野生动植物种国际贸易公约附录水生物种核准为国家重点保护野生动物名录

(2018年10月9日中华人民共和国农业农村部公告第69号发布)

根据《中华人民共和国野生动物保护法》（2016年第47号主席令公布），经科学论证，现发布《濒危野生动植物种国际贸易公约附录水生物种核准为国家重点保护野生动物名录》。

自公告发布之日起，濒危野生动植物种国际贸易公约附录水生物种按照被核准的国家重点保护动物级别进行国内管理。已列入国家重点保护名录的物种不再单独进行核准，按对应国家重点保护动物级别进行国内管理，进出口环节需同时遵守国际公约有关规定。

特此公告。

附件：

《濒危野生动植物种国际贸易公约》附录水生动物物种核准为国家重点保护野生动物目录

中文名	学名	公约附录级别	国家重点保护级别	
			现行名录保护级别	经核准后保护级别
脊索动物门 Chordata 哺乳纲 Mammalia				
食肉目 Carnivora				
鼬科 Mustelidae				
水獭亚科 Lutrinae				
小爪水獭	Aonyx cinerea	II	二	
水獭	Lutra lutra	I	二	
扎伊尔小爪水獭（仅包括喀麦隆和尼日利亚种群）	Aonyx capensis microdon	I		二
海獭南方亚种	Enhydra lutris nereis	I		二
秘鲁水獭	Lontra felina	I		二
长尾水獭	Lontra longicaudis	I		二
智利水獭	Lontra provocax	I		二
日本水獭	Lutra nippon	I		二
大水獭	Pteronura brasiliensis	I		二
水獭亚科其他种	Lutrinae spp.	II		二

附　录

续表

中文名	学名	公约附录级别	国家重点保护级别	
			现行名录保护级别	经核准后保护级别
海象科 Odobenidae				
海象（加拿大）	Odobenus rosmarus	Ⅲ		二
海狗科 Otariidae				
北美毛皮海狮	Arctocephalus townsendi	Ⅰ		二
毛皮海狮属所有种（除被列入附录Ⅰ的物种）	Arctocephalus spp.	Ⅱ		二
海豹科 Phocidae				
僧海豹属所有种	Monachus spp.	Ⅰ		二
南象海豹	Mirounga leonina	Ⅱ		二
鲸目 Cetacea				
鲸目所有种（除被列入附录Ⅰ的物种）	Cetacea spp.	Ⅱ	二	
露脊鲸科 Balaenidae				
北极露脊鲸	Balaena mysticetus	Ⅰ		二
露脊鲸属所有种	Eubalaena spp.	Ⅰ	二	
须鲸科 Balaenopteridae				
小鳁鲸（除被列入附录Ⅱ的西格陵兰种群）	Balaenoptera acutorostrata	Ⅰ	二	
南极须鲸	Balaenoptera bonaerensis	Ⅰ		二
鳁鲸	Balaenoptera borealis	Ⅰ	二	
鳀鲸	Balaenoptera edeni	Ⅰ	二	
蓝鲸	Balaenoptera musculus	Ⅰ	二	
大村鲸	Balaenoptera omurai	Ⅰ	二	
长须鲸	Balaenoptera physalus	Ⅰ	二	
座头鲸	Megaptera novaeangliae	Ⅰ	二	
海豚科 Delphinidae				
伊洛瓦底江豚	Orcaella brevirostris	Ⅰ	二	
矮鳍海豚	Orcaella heinsohni	Ⅰ		二
驼海豚属所有种	Sotalia spp.	Ⅰ		二
中华白海豚	Sousa chinensis	Ⅰ	一	
白海豚属所有种（除中华白海豚）	Sousa spp.	Ⅰ		二

续表

中文名	学名	公约附录级别	国家重点保护级别	
			现行名录保护级别	经核准后保护级别
灰鲸科 Eschrichtiidae				
灰鲸	Eschrichtius robustus	I	二	
亚马孙河豚科 Iniidae				
白鱀豚	Lipotes vexillifer	I	一	
侏露脊鲸科 Neobalaenidae				
侏露脊鲸	Caperea marginata	I		二
鼠海豚科 Phocoenidae				
窄脊江豚（长江种群）	Neophocaena asiaeorientalis	I	一	
窄脊江豚（非长江种群）	Neophocaena asiaeorientalis	I	二	
印太江豚	Neophocaena phocaenoides	I	二	
海湾鼠海豚	Phocoena sinus	I		一
抹香鲸科 Physeteridae				
抹香鲸	Physeter macrocephalus	I	二	
淡水豚科 Platanistidae				
恒河喙豚属所有种	Platanista spp.	I		二
喙鲸科 Ziphiidae				
拜氏鲸属所有种	Berardius spp.	I		二
巨齿鲸属所有种	Hyperoodon spp.	I		二
海牛目 Sirenia				
儒艮科 Dugongidae				
儒艮	Dugong dugon	I	一	
海牛科 Trichechidae				
亚马孙海牛	Trichechus inunguis	I		一
美洲海牛	Trichechus manatus	I		一
非洲海牛	Trichechus senegalensis	I		一
爬行纲 Reptilia				
鳄目 Crocodylia				
鳄目所有种（除鼍及被列入附录I的物种）	Crocodylia spp.	II		二（仅野外种群）
鼍科 Alligatoridae				
中美短吻鼍	Caiman crocodilus apaporiensis	I		一（仅野外种群）

附 录

续表

中文名	学名	公约附录级别	国家重点保护级别	
			现行名录保护级别	经核准后保护级别
南美短吻鼍（除被列入附录Ⅱ的种群）	Caiman latirostris	I		一（仅野外种群）
亚马孙鼍（除被列入附录Ⅱ的种群）	Melanosuchus niger	I		一（仅野外种群）
鳄科 Crocodylidae				
窄吻鳄（除被列入附录Ⅱ的种群）	Crocodylus acutus	I		一（仅野外种群）
尖吻鳄	Crocodylus cataphractus	I		一（仅野外种群）
中介鳄	Crocodylus intermedius	I		一（仅野外种群）
菲律宾鳄	Crocodylus mindorensis	I		一（仅野外种群）
佩滕鳄（除被列入附录Ⅱ的种群）	Crocodylus moreletii	I		一（仅野外种群）
尼罗鳄（除被列入附录Ⅱ的种群）	Crocodylus niloticus	I		一（仅野外种群）
恒河鳄	Crocodylus palustris	I		一（仅野外种群）
湾鳄（除被列入附录Ⅱ的种群）	Crocodylus porosus	I		一（仅野外种群）
菱斑鳄	Crocodylus rhombifer	I		一（仅野外种群）
暹罗鳄	Crocodylus siamensis	I		一（仅野外种群）
短吻鳄	Osteolaemus tetraspis	I		一（仅野外种群）
马来鳄	Tomistoma schlegelii	I		一（仅野外种群）
食鱼鳄科 Gavialidae				
食鱼鳄	Gavialis gangeticus	I		一（仅野外种群）
蛇目 Serpentes				
游蛇科 Colubridae				
拟蚺蛇	Clelia clelia	Ⅱ		二（仅野外种群）
南美水蛇	Cyclagras gigas	Ⅱ		二（仅野外种群）
印度食卵蛇	Elachistodon westermanni	Ⅱ		二（仅野外种群）
绿滇西蛇（印度）	Atretium schistosum	Ⅲ		暂缓核准
波加丹蛇（印度）	Cerberus rynchops	Ⅲ		暂缓核准
渔异色蛇（印度）	Xenochrophis piscator	Ⅲ		暂缓核准
施氏异色蛇（印度）	Xenochrophis scnurrenbergeri	Ⅲ		暂缓核准
提氏异色蛇（印度）	Xenochrophis tytleri	Ⅲ		暂缓核准

续表

中文名	学名	公约附录级别	国家重点保护级别	
			现行名录保护级别	经核准后保护级别
龟鳖目 Testudines				
两爪鳖科 Carettochelyidae				
两爪鳖	Carettochelys insculpta	Ⅱ		二（仅野外种群）
蛇颈龟科 Chelidae				
短颈龟	Pseudemydura umbrina	Ⅰ		一（仅野外种群）
麦氏长颈龟	Chelodina mccordi	Ⅱ		二（仅野外种群）
海龟科 Cheloniidae				
海龟科所有种	Cheloniidae spp.	Ⅰ	二	
鳄龟科 Chelydridae				
拟鳄龟（美国）	Chelydra serpentina	Ⅲ		暂缓核准
大鳄龟（美国）	Macroclemys temminckii	Ⅲ		暂缓核准
泥龟科 Dermatemydidae				
泥龟	Dermatemys mawii	Ⅰ		一（仅野外种群）
棱皮龟科 Dermochelyidae				
棱皮龟	Dermochelys coriacea	Ⅰ	二	
龟科 Emydidae				
牟氏水龟	Glyptemys muhlenbergii	Ⅰ		一（仅野外种群）
箱龟	Terrapene coahuila	Ⅰ		一（仅野外种群）
斑点水龟	Clemmys guttata	Ⅱ		二（仅野外种群）
布氏拟龟	Emydoidea blandingii	Ⅱ		二（仅野外种群）
木雕水龟	Glyptemys insculpta	Ⅱ		二（仅野外种群）
钻纹龟	Malaclemys terrapin	Ⅱ		二（仅野外种群）
箱龟属所有种（除被列入附录Ⅰ的物种）	Terrapene spp.	Ⅱ		二（仅野外种群）
图龟属所有种（美国）	Graptemys spp.	Ⅲ		二（仅野外种群）
地龟科 Geoemydidae				
马来潮龟	Batagur affinis	Ⅰ		一（仅野外种群）
潮龟	Batagur baska	Ⅰ		一（仅野外种群）
黑池龟	Geoclemys hamiltonii	Ⅰ		一（仅野外种群）
三脊棱龟	Melanochelys tricarinata	Ⅰ		一（仅野外种群）
眼斑沼龟	Morenia ocellata	Ⅰ		一（仅野外种群）

续表

中文名	学名	公约附录级别	国家重点保护级别	
			现行名录保护级别	经核准后保护级别
印度泛棱背龟	Pangshura tecta	I		一（仅野外种群）
咸水龟	Batagur borneoensis	II		二（仅野外种群）
三棱潮龟	Batagur dhongoka	II		二（仅野外种群）
红冠潮龟	Batagur kachuga	II		二（仅野外种群）
缅甸潮龟	Batagur trivittata	II		二（仅野外种群）
闭壳龟属所有种（除三线闭壳龟和云南闭壳龟）	Cuora spp.	II		二（仅野外种群）
三线闭壳龟	Cuora trifasciata	II	二	
云南闭壳龟	Cuora yunnanensis	II	二	
日本地龟	Geoemyda japonica	II		二（仅野外种群）
地龟	Geoemyda spengleri	II	二	
冠背草龟	Hardella thurjii	II		二（仅野外种群）
庙龟	Heosemys annandalii	II		二（仅野外种群）
扁东方龟	Heosemys depressa	II		二（仅野外种群）
大东方龟	Heosemys grandis	II		二（仅野外种群）
锯缘东方龟	Heosemys spinosa	II		二（仅野外种群）
苏拉威西地龟	Leucocephalon yuwonoi	II		二（仅野外种群）
大头马来龟	Malayemys macrocephala	II		二（仅野外种群）
马来龟	Malayemys subtrijuga	II		二（仅野外种群）
安南龟	Mauremys annamensis	II		二（仅野外种群）
日本拟水龟	Mauremys japonica	II		二（仅野外种群）
黄喉拟水龟	Mauremys mutica	II		二（仅野外种群）
黑颈乌龟	Mauremys nigricans	II		二（仅野外种群）
黑山龟	Melanochelys trijuga	II		二（仅野外种群）
印度沼龟	Morenia petersi	II		二（仅野外种群）
果龟	Notochelys platynota	II		二（仅野外种群）
巨龟	Orlitia borneensis	II		二（仅野外种群）
泛棱背龟属所有种（除附录I物种）	Pangshura spp.	II		二（仅野外种群）
眼斑水龟	Sacalia bealei	II		二（仅野外种群）
四眼斑水龟	Sacalia quadriocellata	II		二（仅野外种群）
粗颈龟	Siebenrockiella crassicollis	II		二（仅野外种群）

续表

中文名	学名	公约附录级别	国家重点保护级别	
			现行名录保护级别	经核准后保护级别
雷岛粗颈龟	Siebenrockiella leytensis	II		二（仅野外种群）
蔗林龟	Vijayachelys silvatica	II		二（仅野外种群）
艾氏拟水龟（中国）	Mauremys iversoni	III		二（仅野外种群）
大头乌龟（中国）	Mauremys megalocephala	III		二（仅野外种群）
腊戍拟水龟（中国）	Mauremys pritchardi	III		二（仅野外种群）
乌龟（中国）	Mauremys reevesii	III		二（仅野外种群）
花龟（中国）	Mauremys sinensis	III		二（仅野外种群）
缺颌花龟（中国）	Ocadia glyphistoma	III		二（仅野外种群）
费氏花龟（中国）	Ocadia philippeni	III		二（仅野外种群）
拟眼斑水龟（中国）	Sacalia pesudocellata	III		二（仅野外种群）
平胸龟科 Platysternidae				
平胸龟科所有种	Platysternidae spp.	I		一
侧颈龟科 Podocnemididae				
马达加斯加大头侧颈龟	Erymnochelys madagascariensis	II		二（仅野外种群）
亚马孙大头侧颈龟	Peltocephalus dumerilianus	II		二（仅野外种群）
南美侧颈龟属所有种	Podocnemis spp.	II		二（仅野外种群）
鳖科 Trionychidae				
刺鳖深色亚种	Apalone spinifera atra	I		一（仅野外种群）
小头鳖	Chitra chitra	I		一（仅野外种群）
缅甸小头鳖	Chitra vandijki	I		一（仅野外种群）
恒河鳖	Nilssonia gangeticus	I		一（仅野外种群）
宏鳖	Nilssonia hurum	I		一（仅野外种群）
黑鳖	Nilssonia nigricans	I		一（仅野外种群）
亚洲鳖	Amyda cartilaginea	II		二（仅野外种群）
小头鳖属所有种（除被列入附录I的种类）	Chitra spp.	II		二（仅野外种群）
努比亚盘鳖	Cyclanorbis elegans	II		二（仅野外种群）
塞内加尔盘鳖	Cyclanorbis senegalensis	II		二（仅野外种群）
欧氏圆鳖	Cycloderma aubryi	II		二（仅野外种群）
赞比亚圆鳖	Cycloderma frenatum	II		二（仅野外种群）
马来鳖	Dogania subplana	II		二（仅野外种群）

附　录

续表

中文名	学名	公约附录级别	国家重点保护级别	
			现行名录保护级别	经核准后保护级别
斯里兰卡缘板鳖	Lissemys ceylonensis	II		二（仅野外种群）
缘板鳖	Lissemys punctata	II		二（仅野外种群）
缅甸缘板鳖	Lissemys scutata	II		二（仅野外种群）
孔雀鳖	Nilssonia formosa	II		二（仅野外种群）
莱氏鳖	Nilssonia leithii	II		二（仅野外种群）
山瑞鳖	Palea steindachneri	II	二	
鼋	Pelochelys bibroni	II	一	
鼋属所有种（除鼋）	Pelochelys spp.	II		二（仅野外种群）
砂鳖	Pelodiscus axenaria	II		二（仅野外种群）
东北鳖	Pelodiscus maackii	II		二（仅野外种群）
小鳖	Pelodiscus parviformis	II		二（仅野外种群）
大食斑鳖	Rafetus euphraticus	II		二（仅野外种群）
斑鳖	Rafetus swinhoei	II		一
非洲鳖	Trionyx triunguis	II		二（仅野外种群）
珍珠鳖（美国）	Apalone ferox	III		暂缓核准
滑鳖（美国）	Apalone mutica	III		暂缓核准
刺鳖（美国）（除列入附录 I 的亚种）	Apalone spinifera	III		暂缓核准
两栖纲 Amphibia				
有尾目 Caudata				
钝口螈科 Ambystomatidae				
钝口螈	Ambystoma dumerilii	II		二（仅野外种群）
墨西哥钝口螈	Ambystoma mexicanum	II		二（仅野外种群）
隐鳃鲵科 Cryptobranchidae				
大鲵属所有种（除大鲵）	Andrias spp.	I		二（仅野外种群）
大鲵	Andrias davidianus	I	二	
美洲大鲵（美国）	Cryptobranchus alleganiensis	III		暂缓核准
蝾螈科 Salamandridae				
桔斑螈	Neurergus kaiseri	I		暂缓核准
香港瘰螈	Paramesotriton hongkongensis	II		二级
北非真螈（阿尔及利亚）	Salamandra algira	III		暂缓核准

续表

中文名	学名	公约附录级别	国家重点保护级别	
			现行名录保护级别	经核准后保护级别
板鳃亚纲 Elasmobranchii				
真鲨目 Carcharhiniformes				
真鲨科 Carcharhinidae				
镰状真鲨	Carcharhinus falciformis	Ⅱ		暂缓核准
长鳍真鲨	Carcharhinus longimanus	Ⅱ		暂缓核准
双髻鲨科 Sphyrnidae				
路氏双髻鲨	Sphyrna lewini	Ⅱ		暂缓核准
无沟双髻鲨	Sphyrna mokarran	Ⅱ		暂缓核准
锤头双髻鲨	Sphyrna zygaena	Ⅱ		暂缓核准
鼠鲨目 Lamniformes				
长尾鲨科 Alopiidae				
长尾鲨属所有种	Alopiidae spp.	Ⅱ		暂缓核准
姥鲨科 Cetorhinidae				
姥鲨	Cetorhinus maximus	Ⅱ		二
鼠鲨科 Lamnidae				
噬人鲨	Carcharodon carcharias	Ⅱ		二
鼠鲨	Lamna nasus	Ⅱ		暂缓核准
鲼目 Myliobatiformes				
鲼科 Myliobatidae				
前口蝠鲼属所有种	Manta spp.	Ⅱ		暂缓核准
蝠鲼属所有种	Mobula spp.	Ⅱ		暂缓核准
江魟科 Potamotrygonidae				
巴西副江魟（哥伦比亚）	Paratrygon aiereba	Ⅲ		暂缓核准
江魟属所有种（巴西种群）	Potamotrygon spp.	Ⅲ		暂缓核准
密星江魟（哥伦比亚）	Potamotrygon constellate	Ⅲ		暂缓核准
马氏江魟（哥伦比亚）	Potamotrygon magdalenae	Ⅲ		暂缓核准
南美江魟（哥伦比亚）	Potamotrygon motoro	Ⅲ		暂缓核准
奥氏江魟（哥伦比亚）	Potamotrygon orbignyi	Ⅲ		暂缓核准
施罗德江魟（哥伦比亚）	Potamotrygon schroederi	Ⅲ		暂缓核准
锉棘江魟（哥伦比亚）	Potamotrygon scobina	Ⅲ		暂缓核准
耶氏江魟（哥伦比亚）	Potamotrygon yepezi	Ⅲ		暂缓核准

附　录

续表

中文名	学名	公约附录级别	国家重点保护级别	
			现行名录保护级别	经核准后保护级别
须鲨目 Orectolobiformes				
鲸鲨科 Rhincodontidae				
鲸鲨	Rhincodon typus	II		二
锯鳐目 Pristiformes				
锯鳐科 Pristidae				
锯鳐科所有种	Pristidae spp.	I		暂缓核准
辐鳍亚纲 Actinopteri				
鲟形目 Acipebseriformes				
鲟形目所有种（除被列入附录I的物种）	Acipenseriformes spp.	II		二（仅野外种群）
鲟科 Acipenseridae				
短吻鲟	Acipenser brevirostrum	I		一（仅野外种群）
鲟	Acipenser sturio	I		一（仅野外种群）
中华鲟	Acipenser sinensis	II	一	
达氏鲟	Acipenser dabryanus	II	一	
匙吻鲟科 Polyodontidae				
白鲟	Psephurus gladius	II	一	
鳗鲡目 Anguilliformes				
鳗鲡科 Anguillidae				
欧洲鳗鲡	Anguilla anguilla	II		暂缓核准
鲤形目 Cypriniformes				
胭脂鱼科 Catostomidae				
丘裂鳍亚口鱼	Chasmistes cujus	I		一
鲤科 Cyprinidae				
湄公河原鲃	Probarbus jullieni	I		一
刚果盲鲃	Caecobarbus geertsii	II		二
骨舌鱼目 Osteoglossiformes				
巨骨舌鱼科 Arapaimidae				
巨巴西骨舌鱼	Arapaima gigas	II		二
骨舌鱼科 Osteoglossidae				
美丽硬仆骨舌鱼（包括丽纹硬骨舌鱼）	Scleropages formosus	I		一（仅野外种群）

· 1061 ·

续表

中文名	学名	公约附录级别	国家重点保护级别	
			现行名录保护级别	经核准后保护级别
鲈形目 Perciformes				
隆头鱼科 Labridae				
波纹唇鱼（苏眉）	Cheilinus undulatus	Ⅱ		二
盖刺鱼科 Pomacanthidae				
克拉里昂刺蝶鱼	Holacanthus clarionensis	Ⅱ		二
石首鱼科 Sciaenidae				
加利福尼亚湾石首鱼	Totoaba macdonaldi	Ⅰ		一
鲇形目 Siluriformes				
鱼芒科 Pangasiidae				
巨无齿鱼芒	Pangasianodon gigas	Ⅰ		暂缓核准
骨鲶科 Loricariidae				
斑马下钩鲶（巴西）	Hypancistrus zebra	Ⅲ		暂缓核准
海龙鱼目 Syngnathiformes				
海龙鱼科 Syngnathidae				
海马属所有种（除克氏海马）	Hippocampus spp.	Ⅱ		二
克氏海马	Hippocampus kelloggi	Ⅱ	二	
肺鱼亚纲 Dipneusti				
角齿肺鱼目 Ceratodontiformes				
角齿肺鱼科 Ceratodontidae				
澳大利亚肺鱼	Neoceratodus forsteri	Ⅱ		二
腔棘亚纲 Coelacanthi				
腔棘鱼目 Coelacanthiformes				
矛尾鱼科 Latimeriidae				
矛尾鱼属所有种	Latimeria spp.	Ⅰ		一
棘皮动物门 Echinodermata				
海参纲 Holothuroidea				
楯手目 Aspidochirotida				
刺参科 Stichopodidae				
暗色刺参（厄瓜多尔）	Isostichopus fuscus	Ⅲ		暂缓核准
环节动物门 Annelida				
蛭纲 Hirudinoidea				

续表

中文名	学名	公约附录级别	国家重点保护级别	
			现行名录保护级别	经核准后保护级别
无吻蛭目 Arhynchobdellida				
医蛭科 Hirudinidae				
欧洲医蛭	Hirudo medicinalis	II		暂缓核准
侧纹医蛭	Hirudo verbana	II		暂缓核准
软体动物门 Mollusca				
双壳纲 Bivalvia				
贻贝目 Mytilotda				
贻贝科 Mytilidae				
普通石蛏	Lithophaga lithophaga	II		暂缓核准
珠蚌目 Unionoida				
蚌科 Unionidae				
雕刻射蚌	Conradilla caelata	I		暂缓核准
走蚌	Dromus dromas	I		暂缓核准
冠前嵴蚌	Epioblasma curtisi	I		暂缓核准
闪光前嵴蚌	Epioblasma florentina	I		暂缓核准
沙氏前嵴蚌	Epioblasma sampsonii	I		暂缓核准
全斜沟前嵴蚌	Epioblasma sulcate perobliqua	I		暂缓核准
舵瘤前嵴蚌	Epioblasma torulosa gubernaculum	I		暂缓核准
瘤前嵴蚌	Epioblasma torulosa torulosa	I		暂缓核准
膨大前嵴蚌	Epioblasma turgidula	I		暂缓核准
瓦氏前嵴蚌	Epioblasma walkeri	I		暂缓核准
楔状水蚌	Fusconaia cuneolus	I		暂缓核准
水蚌	Fusconaia edgariana	I		暂缓核准
希氏美丽蚌	Lampsilis higginsii	I		暂缓核准
球美丽蚌	Lampsilis orbiculata orbiculata	I		暂缓核准
多彩美丽蚌	Lampsilis satur	I		暂缓核准
绿美丽蚌	Lampsilis virescens	I		暂缓核准
皱疤丰底蚌	Plethobasus cicatricosus	I		暂缓核准
古柏丰底蚌	Plethobasus cooperianus	I		暂缓核准
满侧底蚌	Pleurobema plenum	I		暂缓核准

中文名	学名	公约附录级别	国家重点保护级别	
			现行名录保护级别	经核准后保护级别
大河蚌	Potamilus capax	I		暂缓核准
中间方蚌	Quadrula intermedia	I		暂缓核准
稀少方蚌	Quadrula sparsa	I		暂缓核准
柱状扁弓蚌	Toxolasma cylindrella	I		暂缓核准
V线珠蚌	Unio nickliniana	I		暂缓核准
德科马坦比哥珠蚌	Unio tampicoensis tecomatensis	I		暂缓核准
横条多毛蚌	Villosa trabalis	I		暂缓核准
阿氏强膨蚌	Cyprogenia aberti	II		暂缓核准
行瘤前嵴蚌	Epioblasmatorulosa rangiana	II		暂缓核准
棒形侧底蚌	Pleurobema clava	II		暂缓核准
帘蛤目 Veneroida					
砗磲科 Tridacnidae					
库氏砗磲	Tridacna cookiana	II	一	
砗磲科所有种	Tridacnidae spp.	II		二
头足纲 Cephalopoda					
鹦鹉螺目 Nautilida					
鹦鹉螺科 Nautilidae					
鹦鹉螺科所有种	Nautilidae spp.	II	一	
腹足纲 Gastropoda					
中腹足目 Mesogastropoda					
凤螺科 Strombidae					
大凤螺	Strombus gigas	II		二
柄眼目 Stylommatophora					
小玛瑙螺科 Achatinellidae					
小玛瑙螺属所有种	Achatinella spp.	I		暂缓核准
坚齿螺科 Camaenidae					
美丽尖柱螺	Papustyla pulcherrima	II		暂缓核准
刺胞亚门 Cnidaria					
珊瑚虫纲 Anthozoa					
角珊瑚目 Antipatharia					
角珊瑚目所有种	Antipatharia spp.	II		二

续表

中文名	学名	公约附录级别	国家重点保护级别	
			现行名录保护级别	经核准后保护级别
柳珊瑚目 Gorginaceae				
红珊瑚科 Coralliidae				
瘦长红珊瑚（中国）	Corallium elatius	Ⅲ	一	
日本红珊瑚（中国）	Corallium japonicum	Ⅲ	一	
皮滑红珊瑚（中国）	Corallium konjoi	Ⅲ	一	
巧红珊瑚（中国）	Corallium secundum	Ⅲ	一	
苍珊瑚目 Helioporacea				
苍珊瑚科 Helioporidae				
苍珊瑚科所有种（仅包括苍珊瑚 Heliopora coerulea，不含化石）	Helioporidae spp.	Ⅱ		二
石珊瑚目 Scleractinia				
石珊瑚目所有种（不含化石）	Scleractinia spp.	Ⅱ		二
多茎目 Stolonifera				
笙珊瑚科 Tubiporidae				
笙珊瑚科所有种（不含化石）	Tubiporidae spp.	Ⅱ		二
水螅纲 Hydrozoa				
多孔螅目 Milleporina				
多孔螅科 Milleporidae				
多孔螅科所有种（不含化石）	Milleporidae spp.	Ⅱ		二
柱星螅目 Stylasterina				
柱星螅科 Stylasteridae				
柱星螅科所有种（不含化石）	Stylasteridae spp.	Ⅱ		二

附录六

国家重点保护野生药材物种名录

中名	学名	保护级别	药材名称
猫科动物虎	Panthera tigris Linnaeus（含国内所有亚种）	Ⅰ	虎骨
猫科动物豹	Panthera Pardus Linnaeus（含云豹、雪豹）	Ⅰ	豹骨
牛科动物赛加羚羊	Saiga tatarica Linnaeus	Ⅰ	羚羊骨
鹿科动物梅花鹿	Cervus nippon Temminck	Ⅰ	鹿茸
鹿科动物马鹿	Cervus elaohus Linnaeus	Ⅱ	鹿茸
鹿科动物林麝	Moschus berezovskii Flerov	Ⅱ	麝香
鹿科动物马麝	Moschus sifanicus Przewalski	Ⅱ	麝香
鹿科动物原麝	Moschus moschiferus Linnaeus	Ⅱ	麝香
熊科动物黑熊	Selenarctos thibetanus Cuvier	Ⅱ	熊胆
熊科动物棕熊	Ursus arctos Linnaeus	Ⅱ	熊胆
鲮鲤科动物穿山甲	Manis Pentadactyla Linnaeus	Ⅱ	穿山甲
蟾蜍科动物中华大蟾蜍	Bufo bufo gargarizans Cantor	Ⅱ	蟾酥
蟾蜍科动物黑眶大蟾蜍	Bufo Melanontictus Schneider	Ⅱ	蟾酥
蛙科动物中国林蛙	Rana temporaria chensinensis David	Ⅱ	蛤蟆油
眼镜蛇科动物银环蛇	Bungarus multicinctus multicinctus Blyth	Ⅱ	金钱白花蛇
游蛇科动物乌梢蛇	Zaocys dhummades（cantor）	Ⅱ	乌梢蛇
蝰科动物五步蛇	Agkistrodon acutus（Guenther）	Ⅱ	蕲蛇
壁虎科动物蛤蚧	Gekko gecko Linnaeus	Ⅱ	蛤蚧
豆科植物甘草	Glycyrrhiza uralensis Fisch	Ⅱ	甘草
豆科植物胀果甘草	Glycyrrhiza inflata Bat	Ⅱ	甘草
豆科植物光果甘草	Glycyrrhiza glabra L	Ⅱ	甘草
毛茛科植物黄连	Coptis chinensis Franch	Ⅱ	黄连
毛茛科植物三角叶黄连	Coptis deltoidea C. Y. Cheng et Hsiao	Ⅱ	黄连
毛茛科植物云连	Coptis teetoides C. Y. Cheng	Ⅱ	黄连
五加科植物人参	Panax ginseng C. A. Mey	Ⅱ	人参
杜仲科植物杜仲	Eucommia ulmoides Oliv	Ⅱ	杜仲
木兰科植物厚朴	Magnolia officinalis Rehd. et Wils	Ⅱ	厚朴

续表

中名	学名	保护级别	药材名称
木兰科植物凹叶厚朴	Magnolia officinalis Rehd. et Wils. var. biloba Rehd. et wils	Ⅱ	厚朴
芸香科植物黄皮树	Phellodendron chinense Schneid	Ⅱ	黄柏
芸香科植物黄檗	Phellodendron amurense Rupr	Ⅱ	黄柏
百合科植物剑叶龙血树	Dracaena cochinchinensin（Lour.）S. C. Chen	Ⅱ	血竭
百合科植物川贝母	Fritillaria cirrhosa D. Don	Ⅲ	川贝母
百合科植物暗紫贝母	Fritillaria unibracteata Hsiao et K. C. Hsia	Ⅲ	川贝母
百合科植物甘肃贝母	Fritillaria prxewalskii Maxim.	Ⅲ	川贝母
百合科植物梭砂贝母	Fritillaria delavayi Franch.	Ⅲ	川贝母
百合科植物新疆贝母	Fritillaria Walujewii Regel	Ⅲ	伊贝母
百合科植物伊犁贝母	Fritillaria pallidiflora Schrenk	Ⅲ	伊贝母
五加科植物刺五加	Acanthopanax senticosus（Rupr. et Maxim.）Harms	Ⅲ	刺五加
唇形科植物黄芩	Scutellaria baicalensis Georgi	Ⅲ	黄芩
百合科植物天门冬	Asparagus cochinchinensis（Lour.）merr	Ⅲ	天冬
多孔菌科真菌猪苓	Polyporus umbellatus（Pers.）Fries	Ⅲ	猪苓
龙胆科植物条叶龙胆	Gentiana manshurica Kitag	Ⅲ	龙胆
龙胆科植物龙胆	Gentiana scabra Bge	Ⅲ	龙胆
龙胆科植物三花龙胆	Gentiana triflora Pall	Ⅲ	龙胆
龙胆科植物坚龙胆	Gentiana regescens Franch	Ⅲ	龙胆
伞形科植物防风	Ledebouriella divaricata（Turcz.）Hiroe	Ⅲ	防风
远志科植物远志	Polygala tenuifolia Willd	Ⅲ	远志
远志科植物卵叶远志	Polygala sibirica L	Ⅲ	远志
玄参科植物胡黄连	Picrorhiza scrophulariiflora Penneli	Ⅲ	胡黄连
列当科植物肉苁蓉	Cistanche deserticola Y. C. Ma	Ⅲ	肉苁蓉
龙胆科植物秦艽	Gentiana macrophylla Pall	Ⅲ	秦艽
龙胆科植物麻花秦艽	Gentiana straminca Maxim	Ⅲ	秦艽
龙胆科植物粗茎秦艽	Gentiana crassicaulis Duthie ex Burk	Ⅲ	秦艽
龙胆科植物小秦艽	Gentiana dahurica Fisch	Ⅲ	秦艽
马兜铃科植物北细辛	Asarum heterotropoides Fr. var. mandshuricum（Maxim.）Kitag	Ⅲ	细辛
马兜铃科植物汉城细辛	Asarum sieboldii Miq. var. seoulense Nakai	Ⅲ	细辛
马兜铃科植物细辛	Asarum sieboldii Miq	Ⅲ	细辛
紫草科植物新疆紫草	Amebia euchroma（Royle）Johnst	Ⅲ	紫草

续表

中名	学名	保护级别	药材名称
紫草科植物紫草	Lithospermun erythrorhizon Sieb. et Zucc	Ⅲ	紫草
木兰科植物五味子	Schisandra chinensis（Turcz.）Baill	Ⅲ	五味子
木兰科植物华中五味子	Schisandra sphenanthera Rehd. et Wils	Ⅲ	五味子
马鞭草科植物单叶蔓荆	Vitex trifolia L. var. simplicifolia Cham	Ⅲ	蔓荆子
马鞭草科植物蔓荆	Vitex trifolia L	Ⅲ	蔓荆子
使君子科植物诃子	Terminalia chebula Retzr	Ⅲ	诃子
使君子科植物绒毛诃子	Terminalia Chbula Retz. var. tomentella Kurt	Ⅲ	诃子
山茱萸科植物山茱萸	Cornus officinalis Sieb et Zucc	Ⅲ	山茱萸
兰科植物环草石斛	Dendrobium loddigesii Rolfe	Ⅲ	石斛
兰科植物马鞭石斛	Dendrobium fimbriatum Hook. var. oculatum Hook	Ⅲ	石斛
兰科植物黄草石斛	Dendrobium chrysanthum Wall	Ⅲ	石斛
兰科植物铁皮石斛	Dendrobium candidum Wall. ex Lindl	Ⅲ	石斛
兰科植物金钗石斛	Dendrobium nobile Lindl	Ⅲ	石斛
伞形科植物新疆阿魏	Ferula sinkiangensis K. M. Shen	Ⅲ	阿魏
伞形科植物阜康阿魏	Ferula fukanensis K. M. Shen	Ⅲ	阿魏
木犀科植物连翘	Forsythia suspensa（Thunb.）Vahl	Ⅲ	连翘
伞形科植物羌活	Notopterygium incisum Ting ex H. T. Chang	Ⅲ	羌活
伞形科植物宽叶羌活	Notoptcrygium forbesii Boiss	Ⅲ	羌活

注：本名录中的中名、学名、药材名称以《中华人民共和国药典》（1985年版一部）为依据。本名录收载野生药材物种76种，中药材42种。其中只列入同一物种有代表性的药材名称。

附录七

国家重点保护野生植物名录（第一批）

(1999年8月4日国务院批准，1999年8月4日国家林业局、农业部令第4号发布，1999年9月9日起施行)

中名	学名	保护级别	
		I级	II级
蕨类植物 Pteridophytes			
观音座莲科	Angiopteridaceae		
法斗观音座莲	Angiopteris sparsisora		II
二回原始观音座莲	Archangiopteris bipinnata		II
亨利原始观音座莲	Archangiopteris henryi		II
铁角蕨科	Aspleniaceae		
对开蕨	Phyllitis japonica		II
蹄盖蕨科	Athyriaceae		
光叶蕨	Cystoathyrium chinense	I	
乌毛蕨科	Blechnaceae		
苏铁蕨	Brainea insignis		II
天星蕨科	Christenseniaceae		
天星蕨	Christensenia assamica		II
桫椤科（所有种）	Cyatheaceae spp.		II
蚌壳蕨科（所有种）	Dicksoniaceae spp.		II
鳞毛蕨科	Dryopteridaceae		
单叶贯众	Cyrtomium hemionitis		II
玉龙蕨	Sorolepidium glaciale	I	
七指蕨科	Helminthostachyaceae		
七指蕨	Helminthostachys zeylanica		II
水韭科	Isoetaceae		
水韭属（所有种）*	Isoetes spp.	I	
水蕨科	Parkeriaceae		
水蕨属（所有种）*	Ceratopteris spp.		II
鹿角蕨科	Platyceriaceae		

续表

中名	学名	保护级别	
		Ⅰ级	Ⅱ级
鹿角蕨	Platycerium wallichii		Ⅱ
水龙骨科	Polypodiaceae		
扇蕨	Neocheiropteris palmatopedata		Ⅱ
中国蕨科	Sinopteridaceae		
中国蕨	Sinopteris grevilleoides		Ⅱ
裸子植物 Gymnospermae			
三尖杉科	Cephalotaxaceae		
贡山三尖杉	Cephalotaxus lanceolata		Ⅱ
篦子三尖杉	Cephalotaxus oliveri		Ⅱ
柏科	Cupressaceae		
翠柏	Calocedrus macrolepis		Ⅱ
红桧	Chamaecyparis formosensis		Ⅱ
岷江柏木	Cupressus chengiana		Ⅱ
巨柏	Cupressus gigantea	Ⅰ	
福建柏	Fokienia hodginsii		Ⅱ
朝鲜崖柏	Thuja koraiensis		Ⅱ
苏铁科	Cycadaceae		
苏铁属（所有种）	Cycas spp.	Ⅰ	
银杏科	Ginkgoaceae		
银杏	Ginkgo biloba	Ⅰ	
松科	Pinaceae		
百山祖冷杉	Abies beshanzuensis	Ⅰ	
秦岭冷杉	Abies chensiensis		Ⅱ
梵净山冷杉	Abies fanjingshanensis	Ⅰ	
元宝山冷杉	Abies yuanbaoshanensis	Ⅰ	
资源冷杉（大院冷杉）	Abies ziyuanensis	Ⅰ	
银杉	Cathaya argyrophylla	Ⅰ	
台湾油杉	Keteleeria davidiana var. formosana		Ⅱ
海南油杉	Keteleeria hainanensis		Ⅱ
柔毛油杉	Keteleeria pubescens		Ⅱ
太白红杉	Larix chinensis		Ⅱ
四川红杉	Larix mastersiana		Ⅱ

续表

中名	学名	保护级别	
		I级	II级
油麦吊云杉	Picea brachytyla var. complanata		II
大果青扦	Picea neoveitchii		II
兴凯赤松	Pinus densiflora var. ussuriensis		II
大别山五针松	Pinus fenzeliana var. dabeshanensis		II
红松	Pinus koraiensis		II
华南五针松（广东松）	Pinus kwangtungensis		II
巧家五针松	Pinus squamata	I	
长白松	Pinus sylvestris var. sylvestriformis	I	
毛枝五针松	Pinus wangii		II
金钱松	Pseudolarix amabilis		II
黄杉属（所有种）	Pseudotsuga spp.		II
红豆杉科	Taxaceae		
台湾穗花杉	Amentotaxus formosana	I	
云南穗花杉	Amentotaxus yunnanensis	I	
白豆杉	Pseudotaxus chienii		II
红豆杉属（所有种）	Taxus spp.	I	
榧属（所有种）	Torreya spp.		II
杉科	Taxodiaceae		
水松	Glyptostrobus pensilis	I	
水杉	Metasequoia glyptostroboides	I	
台湾杉（秃杉）	Taiwania cryptomerioides		II
被子植物 Angiospermae			
芒苞草科	Acanthochlamydaceae		
芒苞草	Acanthochlamys bracteata		II
槭树科	Aceraceae		
梓叶槭	Acer catalpifolium		II
羊角槭	Acer yangjuechi		II
云南金钱槭	Dipteronia dyerana		II
泽泻科	Alismataceae		
长喙毛茛泽泻*	Ranalisma rostratum	I	
浮叶慈菇*	Sagittaria natans		II
夹竹桃科	Apocynaceae		

· 1071 ·

续表

中名	学名	保护级别	
		I级	II级
富宁藤	Parepigynum funingense		II
蛇根木	Rauvolfia serpentina		II
萝摩科	Asclepiadaceae		
驼峰藤	Merrillanthus hainanensis		II
桦木科	Betulaceae		
盐桦	Betula halophila		II
金平桦	Betula jinpingensis		II
普陀鹅耳枥	Carpinus putoensis	I	
天台鹅耳枥	Carpinus tientaiensis		II
天目铁木	Ostrya rehderiana	I	
伯乐树科	Bretschneideraceae		
伯乐树（钟萼木）	Bretschneidera sinensis	I	
花蔺科	Butomaceae		
拟花蔺*	Butomopsis latifolia		II
忍冬科	Caprifoliaceae		
七子花	Heptacodium miconioides		II
石竹科	Caryophyllaceae		
金铁锁	Psammosilene tunicoides		II
卫矛科	Celastraceae		
膝柄木	Bhesa sinensis	I	
十齿花	Dipentodon sinicus		II
永瓣藤	Monimopetalum chinense		II
连香树科	Cercidiphyllaceae		
连香树	Cercidiphyllum japonicum		II
使君子科	Combretaceae		
萼翅藤	Calycopteris floribunda	I	
千果榄仁	Terminalia myriocarpa		II
菊科	Compositae		
画笔菊*	Ajaniopsis penicilliformis		II
革苞菊*	Tugarinovia mongolica	I	
四数木科 Datiscaceae			
四数木科	Datiscaceae		

续表

中名	学名	保护级别 I级	保护级别 II级
四数木	Tetrameles nudiflora		II
龙脑香科	Dipterocarpaceae		
东京龙脑香	Dipterocarpus retusus	I	
狭叶坡垒	Hopea chinensis	I	
无翼坡垒（铁凌）	Hopea exalata		II
坡垒	Hopea hainanensis	I	
多毛坡垒	Hopea mollissima	I	
望天树	Parashorea chinensis	I	
广西青梅	Vatica guangxiensis		II
青皮（青梅）	Vatica mangachapoi		II
茅膏菜科	Droseraceae		
貉藻*	Aldrovanda vesiculosa	I	
胡颓子科	Elaeagnaceae		
翅果油树	Elaeagnus mollis		II
大戟科	Euphorbiaceae		
东京桐	Deutzianthus tonkinensis		II
壳斗科	Fagaceae		
华南锥	Castanopsis concinna		II
台湾水青冈	Fagus hayatae		II
三棱栎	Formanodendron doichangensis		II
瓣鳞花科	Frankeniaceae		
瓣鳞花*	Frankenia pulverulenta		II
龙胆科	Gentianaceae		
辐花*	Lomatogoniopsis alpina		II
苦苣苔科	Gesneriaceae		
瑶山苣苔	Dayaoshania cotinifolia	I	
单座苣苔	Metabriggsia ovalifolia	I	
秦岭石蝴蝶	Petrocosmea qinlingensis		II
报春苣苔	Primulina tabacum	I	
辐花苣苔	Thamnocharis esquirolii	I	
禾本科	Gramineae		
酸竹	Acidosasa chinensis		II

续表

中名	学名	保护级别 I级	保护级别 II级
沙芦草*	Agropyron mongolicum		II
异颖草*	Anisachne gracilis		II
短芒披碱草*	Elymus breviaristatus		II
无芒披碱草*	Elymus submuticus		II
毛披碱草*	Elymus villifer		II
内蒙古大麦*	Hordeum innermongolicum		II
药用野生稻*	Oryza officinalis		II
普通野生稻*	Oryza rufipogon		II
四川狼尾草*	Pennisetum sichuanense		II
华山新麦草*	Psathyrostachys huashanica	I	
三蕊草*	Sinochasea trigyna		II
拟高粱*	Sorghum propinquum		II
箭叶大油芒*	Spodiopogon sagittifolius		II
中华结缕草*	Zoysia sinica		II
小二仙草科	Haloragidaceae		
乌苏里狐尾藻*	Myriophyllum ussuriense		II
金缕梅科	Hamamelidaceae		
山铜材	Chunia bucklandioides		II
长柄双花木	Disanthus cercidifolius var. longipes		II
半枫荷	Semiliquidambar cathayensis		II
银缕梅	Shaniodendron subaequalum	I	
四药门花	Tetrathyrium subcordatum		II
水鳖科	Hydrocharitaceae		
水菜花*	Ottelia cordata		II
唇形科	Labiatae		
子宫草	Skapanthus oreophilus		II
樟科	Lauraceae		
油丹	Alseodaphne hainanensis		II
樟树（香樟）	Cinnamomum camphora		II
普陀樟	Cinnamomum japonicum		II
油樟	Cinnamomum longepaniculatum		II
卵叶桂	Cinnamomum rigidissimum		II

续表

中名	学名	保护级别 I级	保护级别 II级
润楠	Machilus nanmu		Ⅱ
舟山新木姜子	Neolitsea sericea		Ⅱ
闽楠	Phoebe bournei		Ⅱ
浙江楠	Phoebe chekiangensis		Ⅱ
楠木	Phoebe zhennan		Ⅱ
豆科	Leguminosae		
线苞两型豆*	Amphicarpaea linearis		Ⅱ
黑黄檀（版纳黑檀）	Dalbergia fusca		Ⅱ
降香（降香檀）	Dalbergia odorifera		Ⅱ
格木	Erythrophleum fordii		Ⅱ
山豆根（胡豆莲）	Euchresta japonica		Ⅱ
绒毛皂荚	Gleditsia japonica var. velutina		Ⅱ
野大豆*	Glycine soja		Ⅱ
烟豆*	Glycine tabacina		Ⅱ
短绒野大豆*	Glycine tomentella		Ⅱ
花榈木（花梨木）	Ormosia henryi		Ⅱ
红豆树	Ormosia hosiei		Ⅱ
缘毛红豆	Ormosia howii		Ⅱ
紫檀（青龙木）	Pterocarpus indicus		Ⅱ
油楠（蚌壳树）	Sindora glabra		Ⅱ
任豆（任木）	Zenia insignis		Ⅱ
狸藻科	Lentibulariaceae		
盾鳞狸藻*	Utricularia punctata		Ⅱ
木兰科	Magnoliaceae		
长蕊木兰	Alcimandra cathcardii	Ⅰ	
地枫皮	Illicium difengpi		Ⅱ
单性木兰	Kmeria septentrionalis	Ⅰ	
鹅掌楸	Liriodendron chinense		Ⅱ
大叶木兰	Magnolia henryi		Ⅱ
馨香玉兰	Magnolia odoratissima		Ⅱ
厚朴	Magnolia officinalis		Ⅱ
凹叶厚朴	Magnolia officinalis subsp. biloba		Ⅱ

续表

中名	学名	保护级别	
		Ⅰ级	Ⅱ级
长喙厚朴	Magnolia rostrata		Ⅱ
圆叶玉兰	Magnolia sinensis		Ⅱ
西康玉兰	Magnolia wilsonii		Ⅱ
宝华玉兰	Magnolia zenii		Ⅱ
香木莲	Manglietia aromatica		Ⅱ
落叶木莲	Manglietia decidua	Ⅰ	
大果木莲	Manglietia grandis		Ⅱ
毛果木莲	Manglietia hebecarpa		Ⅱ
大叶木莲	Manglietia megaphylla		Ⅱ
厚叶木莲	Manglietia pachyphylla		Ⅱ
华盖木	Manglietiastrum sinicum	Ⅰ	
石碌含笑	Michelia shiluensis		Ⅱ
峨眉含笑	Michelia wilsonii		Ⅱ
峨眉拟单性木兰	Parakmeria omeiensis	Ⅰ	
云南拟单性木兰	Parakmeria yunnanensis		Ⅱ
合果木	Paramichelia baillonii		Ⅱ
水青树	Tetracentron sinense		Ⅱ
楝科	Meliaceae		
粗枝崖摩	Amoora dasyclada		Ⅱ
红椿	Toona ciliata		Ⅱ
毛红椿	Toona ciliata var. pubescens		Ⅱ
防己科	Menispermaceae		
藤枣	Eleutharrhena macrocarpa	Ⅰ	
肉豆蔻科	Myristicaceae		
海南风吹楠	Horsfieldia hainanensis		Ⅱ
滇南风吹楠	Horsfieldia tetratepala		Ⅱ
云南肉豆蔻	Myristica yunnanensis		Ⅱ
茨藻科	Najadaceae		
高雄茨藻*	Najas browniana		Ⅱ
拟纤维茨藻*	Najas pseudogracillima		Ⅱ
睡莲科	Nymphaeaceae		
莼菜*	Brasenia schreberi	Ⅰ	

附　录

续表

中名	学名	保护级别	
		Ⅰ级	Ⅱ级
莲*	Nelumbo nucifera		Ⅱ
贵州萍逢草*	Nuphar bornetii		Ⅱ
雪白睡莲*	Nymphaea candida		Ⅱ
蓝果树科	Nyssaceae		
喜树（旱莲木）	Camptotheca acuminata		Ⅱ
珙桐	Davidia involucrata	Ⅰ	
光叶珙桐	Davidia involucrata var. vilmoriniana	Ⅰ	
云南蓝果树	Nyssa yunnanensis	Ⅰ	
金莲木科	Ochnaceae		
合柱金莲木	Sinia rhodoleuca	Ⅰ	
铁青树科	Olacaceae		
蒜头果	Malania oleifera		Ⅱ
木犀科	Oleaceae		
水曲柳	Fraxinus mandshurica		Ⅱ
棕榈科	Palmae		
董棕	Caryota urens		Ⅱ
小钩叶藤	Plectocomia microstachys		Ⅱ
龙棕	Trachycarpus nana		Ⅱ
罂粟科	Papaveraceae		
红花绿绒蒿*	Meconopsis punicea		Ⅱ
斜翼科	Plagiopteraceae		
斜翼	Plagiopteron suaveolens		Ⅱ
川苔草科	Podostemaceae		
川藻（石蔓）*	Terniopsis sessilis		Ⅱ
蓼科	Polygonaceae		
金荞麦*	Fagopyrum dibotrys		Ⅱ
报春花科	Primulaceae		
羽叶点地梅*	Pomatosace filicula		Ⅱ
毛茛科	Ranunculaceae		
粉背叶人字果	Dichocarpum hypoglaucum		Ⅱ
独叶草	Kingdonia uniflora	Ⅰ	
马尾树科	Rhoipteleaceae		

续表

中名	学名	保护级别	
		Ⅰ级	Ⅱ级
马尾树	Rhoiptelea chiliantha		Ⅱ
茜草科	Rubiaceae		
绣球茜	Dunnia sinensis		Ⅱ
香果树	Emmenopterys henryi		Ⅱ
异形玉叶金花	Mussaenda anomala	Ⅰ	
丁茜	Trailliaedoxa gracilis		Ⅱ
芸香科	Rutaceae		
黄檗（黄菠椤）	Phellodendron amurense		Ⅱ
川黄檗（黄皮树）	Phellodendron chinense		Ⅱ
杨柳科	Salicaceae		
钻天柳	Chosenia arbutifolia		Ⅱ
无患子科	Sapindaceae		
伞花木	Eurycorymbus cavaleriei		Ⅱ
掌叶木	Handeliodendron bodinieri	Ⅰ	
山榄科	Sapotaceae		
海南紫荆木	Madhuca hainanensis		Ⅱ
紫荆木	Madhuca pasquieri		Ⅱ
虎耳草科	Saxifragaceae		
黄山梅	Kirengeshoma palmata		Ⅱ
蛛网萼	Platycrater arguta		Ⅱ
冰沼草科	Scheuchzeriaceae		
冰沼草*	Scheuchzeria palustris		Ⅱ
玄参科	Scrophulariaceae		
胡黄连*	Neopicrorhiza scrophulariiflora		Ⅱ
呆白菜（崖白菜）	Triaenophora rupestris		Ⅱ
茄科	Solanaceae		
山莨菪*	Anisodus tanguticus		Ⅱ
黑三棱科	Sparganiaceae		
北方黑三棱*	Sparganium hyperboreum		Ⅱ
梧桐科	Sterculiaceae		
广西火桐	Erythropsis kwangsiensis		Ⅱ
丹霞梧桐	Firmiana danxiaensis		Ⅱ

续表

中名	学名	保护级别	
		I级	II级
海南梧桐	Firmiana hainanensis		II
蝴蝶树	Heritiera parvifolia		II
平当树	Paradombeya sinensis		II
景东翅子树	Pterospermum kingtungense		II
勐仑翅子树	Pterospermum menglunense		II
安息香科	Styracaceae		
长果安息香	Changiostyrax dolichocarpa		II
秤锤树	Sinojackia xylocarpa		II
瑞香科	Thymelaeaceae		
土沉香	Aquilaria sinensis		II
椴树科	Tiliaceae		
柄翅果	Burretiodendron esquirolii		II
蚬木	Burretiodendron hsienmu		II
滇桐	Craigia yunnanensis		II
海南椴	Hainania trichosperma		II
紫椴	Tilia amurensis		II
菱科	Trapaceae		
野菱*	Trapa incisa		II
榆科	Ulmaceae		
长序榆	Ulmus elongata		II
榉树	Zelkova schneideriana		II
伞形科	Umbelliferae		
珊瑚菜（北沙参）*	Glehnia littoralis		II
马鞭草科	Verbenaceae		
海南石梓（苦梓）	Gmelina hainanensis		II
姜科	Zingiberaceae		
茴香砂仁	Etlingera yunnanense		II
拟豆蔻	Paramomum petaloideum		II
长果姜	Siliquamomum tonkinense		II
蓝藻 Cyonophyta			
念珠藻科	Nostocaceae		
发菜	Nostoc flagelliforme	I	

续表

中名	学名	保护级别	
		Ⅰ级	Ⅱ级
真菌 Eumycophyta			
麦角菌科	Clavicipitaceae		
虫草（冬虫夏草）*	Cordyceps sinensis		Ⅱ
口蘑科（白蘑科）	Tricholomataceae		
松口蘑（松茸）	Tricholoma matsutake		Ⅱ

注：标"*"者由农业行政主管部门或渔业行政主管部门主管；未标"*"者由林业行政主管部门主管。

参考文献

[1] 劳东燕主编. 刑法修正案（十一）条文要义：修正提示、适用指南与案例解读 [M]. 北京：中国法制出版社，2021.

[2] 最高人民法院司法案例研究院编. 刑法修正案（十一）新规则案例适用 [M]. 北京：中国法制出版社，2021.

[3] 时延安，陈冉，敖博著. 刑法修正案（十一）评注与案例 [M]. 北京：中国法制出版社，2021.

[4] 杨万明主编.《刑法修正案（十一）》条文及配套《罪名补充规定（七）》理解与适用 [M]. 北京：人民法院出版社，2021.

[5] 赵秉志主编.《刑法修正案（十一）》理解与适用 [M]. 北京：中国人民大学出版社，2021.

[6] 徐永安主编. 中华人民共和国刑法修正案（十一）解读 [M]. 北京：中国法制出版社，2021.

[7] 法律出版社编. 中华人民共和国知识产权法规全书（含司法解释）[M]. 北京：法律出版社，2018.

[8] 周志刚主编. 食品药品与环境犯罪侦查概论 [M]. 北京：中国人民公安大学出版社，2017.

[9] 中国法制出版社编. 中华人民共和国环境保护法律法规全书（含相关政策及典型案例）[M]. 北京：中国法制出版社，2017.

[10] 袁笋冰策划编辑. 中华人民共和国环境保护法配套解读与案例整理（第二版）[M]. 北京：中国法制出版社，2015.

[11] 环境保护部政策法规司编. 新编环境保护法规全书 [M]. 北京：法律出版社，2015.

[12] 最高人民法院中国应用法学研究所编. 环境资源审判典型案例选编（刑事卷）[M]. 北京：人民法院出版社，2015.

[13] 马倍战主编. 环境犯罪案件实务指南 [M]. 北京：法律出版社，2013.

[14] 冯卫国主编. 危害公共卫生罪立案追诉标准与司法认定实务 [M]. 北京：中国人民公安大学出版社，2010.

[15] 冯军，孙学军主编. 破坏环境资源保护罪立案追诉标准与司法认定实务 [M]. 北京：中国人民公安大学出版社，2010.

[16] 葛磊. 新修罪名诠释：《刑法修正案（七）》深度解读与实务 [M]. 北京：中国法制出版社，2009.

[17] 牛忠志，朱建华. 环境资源的刑法保护 [M]. 北京：中国社会科学出版社，2007.

[18] 李同辉主编. 危害公共卫生罪办案一本通 [M]. 北京：中国长安出版社，2007.

[19] 熊选国，任卫华主编. 刑法罪名适用指南——生产销售伪劣商品罪 [M]. 北京：中国人民公安大学出版社，2007.

[20] 熊选国，任卫华主编. 刑法罪名适用指南——侵犯知识产权罪 [M]. 北京：中国人民公安大学出版社，2007.

[21] 熊选国，任卫华主编．刑法罪名适用指南——危害公共卫生罪［M］．北京：中国人民公安大学出版社，2007．

[22] 熊选国，任卫华主编．刑法罪名适用指南——破坏环境资源保护罪［M］．北京：中国人民公安大学出版社，2007．

[23] 孟庆华．妨害社会管理秩序罪重点疑点难点问题判解研究［M］．北京：人民法院出版社，2005．

[24] 蒋兰香．环境刑法［M］．北京：中国林业出版社，2004．

[25] 祝铭山主编．危害公共卫生罪［M］．北京：中国法制出版社，2004．

[26] 付立忠．环境刑法学［M］．北京：中国方正出版社，2001．

[27] 刘明祥主编．假冒伪劣商品犯罪研究［M］．武汉：武汉大学出版社，2000．

[28] 许发民，翟中东主编．伪劣商品犯罪及相近易混淆犯罪认定处理［M］．北京：中国方正出版社，1999．